中国大百科全书

（第二版简明版）

3

中国大百科全书出版社

福州市 Fuzhou City 中国福建省辖市、省会。位于省境东部，闽江下游。辖鼓楼、台江、仓山、晋安、马尾5区和闽侯、罗源、连江、平潭、闽清、永泰6县，代管福清、长乐2市。面积12 153平方千米。人口712万(2010)。

汉高祖五年(前202)无诸(受封为闽越王)在此筑城建都，称为冶城。因“州北有福山”，唐开元十三年(725)始称福州。市中多榕树，别称榕城。属中亚热带海洋性季风气候。年平均气温19.6℃。平均年降水量1 342.5毫米。福州临江接海，海岸线长1 137千米，海洋面积近1.2万平方千米，水产鱼类620多种，是全国三大海水养殖基地之一。全市已形成以水产业为支柱，粮食、畜禽、蔬菜、水果、花卉和食用菌为主导的产业结构。工业以手工业、机械制造为主。福州港有码头泊位50多个，万吨级以上深水泊位13个，航线到欧美、日本、东南亚等40多个国家和地区。市区东南有长乐国际机场。

福州民间工艺久负盛名，传统的工艺品脱胎漆器、角梳、纸伞被称为“福州三宝”。寿山石雕、脱胎漆器、软木画被称为“榕城三绝”。还有历史悠久的闽剧和评话、古典十番、福州伬艺等传统艺术。名胜古迹有华林寺、涌泉寺、西禅寺、青芝寺、恩赐瑯邪王德政碑、乌石山摩崖石刻等。平潭海坛度假区是国家重点风景名胜区。福州是国家历史文化名城。

远眺福州城区

蝠鲼 Mobulidae; devil ray 鲼形目蝠鲼科鱼类的统称。有3属约10种，中国有2属4种。体庞大，体盘宽，可达6米，体重300千克。体盘菱形，吻端宽而横平，尾细长如鞭，具一小型背鳍；口宽大，前位或下位；牙细而多，近铺石状排列；鼻孔位于口前两侧；喷水孔较小，三角形，位于眼后，距眼有相当距离；鳃孔宽大。卵胎生。化石见于第三纪。蝠鲼行动敏捷，以翼状胸鳍自由遨游水中，平时栖息底层但常上升至近表层。张口吞食，并运用头鳍转动纳食入口。游泳时，头鳍从下向外卷成角状，向着前方；有时成群游泳，雌雄常偕行。主要食浮游甲壳动物，其次食成群的小型鱼类。肉可食，肝可制油，内脏和骨骼可制鱼粉。

抚顺市 Fushun City 中国辽宁省辖地级市。位于省境东部，邻接吉林省。辖新抚、东洲、望花、顺城4区和抚顺县、新宾满族自治县、清原满族自治县。面积11 271平方千米。人口214万(2010)，有汉、满、回、蒙古、锡伯等26个民族。战国时属燕国。明洪武十七年(1384)，为防范女真族侵扰修筑抚顺城。清光绪三十三年(1907)设抚顺县。1937年设抚顺市。矿产有煤、油页岩、铁、钛、铜、金、镁、大理石、泥炭等。农业主产水稻、玉米、高粱、大豆。山货、野果种类繁多，以产人参为著名。工业基础雄厚，已成为以能源、原材料为主的综合性重工业城市。工业部门主要有煤炭、石油炼制、冶金、电力、化工、机械、纺织、电子、建材等，其中煤产量占全省20%，素以“煤都”著称。原油加工能力1 000万吨/年，居全国领先地位，特种钢产量占全省30%。主要名胜有启运山下清永陵、高尔山城、雷锋纪念馆、平顶山惨案遗址纪念馆、抚顺战犯管理所旧址、大伙房水库游览区等。

抚松县 Fusong County 中国吉林省白山市辖县。位于省境东南部，长白山腹地，松花江上游。面积6 150平方千米。人口30万(2010)，有汉、朝鲜、回、满、蒙古等13个民族。清宣统元年(1909)置县时，治所设在“双甸子”，故取名双甸县，后改为抚松县。多峡谷河流，江河交错，水力资源理论蕴藏量52万千瓦，居全省首位。矿产有煤、铁、铜、锌、云母、石棉、硅石、浮石、大理石、玄武岩、火山渣、泥炭、矿泉水等。农产以玉米、大豆、线麻等为主。林地面积占总面积86%，木材蓄积量和出材量居吉林省之首。抚松是中国“人参之乡”。人参业已成为全县支柱产业之一，是全国最大人参生产、加工、出口基地。工业有建材、木材综合加工及制药、森工、高级滋补品、野生动植物加工、煤炭、食品和机械等。主要名胜有白龙湾、长白山天池、露水河国际狩猎场等。

抚仙湖 Fuxian Lake 中国第二深水湖。唐《蛮书》称抚仙湖为大池，宋、元称罗伽湖，明代始称抚仙湖。位于滇中澄江、江川和华宁3县之间。水面海拔1 721米，东西宽处6.6千米，南北长31.8千米，北部宽阔而深，南部窄而浅，最狭处不足4千米，形似倒葫芦。面积211平方千米，仅次于滇池、洱海，是云南省第三大湖。平均深度87米，最大水深155米，储水量185亿立方米。湖水呈微碱性。湖水由海口河流出，汇入南盘江。湖西南面以长约1千米的海门河连通江川的星云湖。河岸中段石壁刻有“鱼界石”三字，星云湖中的大头鱼与抚仙湖中的抗浪鱼都至界石而返，蔚为奇观。抚仙湖流域土地肥沃，物产丰富，主产水稻、麦、蚕豆、烤烟、油菜子等，是著名“滇中谷仓”和烟、油产地。湖中有孤山岛，湖滨有玉笋山、热水塘温泉等名胜。

抚仙湖秀色

抚养 foster 父母对子女，祖父母、外祖父母对孙子女、外孙子女的供养责任。属于广义的扶养。

《中华人民共和国婚姻法》规定，父母对子女有抚养教育的义务，包括婚生或非婚生子女、养子女和继子女，父母均应负担他们必要的生活费和教育费，这种与亲子关系相连带的抚养义务不因父母婚姻关系的破裂而解除。父母离婚后，若一方抚养子女，另一方必须负担生活费和教育费的全部或一部，直至子女能独立生活为止，具体的数额和期限可由双方协议达成。父母不履行抚养义务时，未成年的或不能独立生活的子女，有要求父母付给抚养费的权利。有负担能力的祖父母、外祖父母，对于父母已经死亡或父母无力抚养的未成年的孙子女、外孙子女，有抚养的义务。中国的刑法还规定，拒绝支付抚养费即拒绝承担抚养义务，情节恶劣的，当事者还将受到制裁。

抚远县 Fuyuan County 中国黑龙江省佳木斯市辖县。位于省境东北边陲，黑龙江、乌苏里江交汇处的三角地带，北濒黑龙江，东临乌苏里江，与俄罗斯隔江相望。面积6 260平方千米。人口13万(2010)，有汉、满、朝鲜、赫哲、蒙古、俄罗斯、回等12个民族。古为黑龙江流域人民渔猎地区。

自周秦起隶属中原各王朝管辖。辽金时在此筑城设卡。清宣统元年（1909）设绥远州，1913年废州设绥远县，1929年改抚远县，取边陲安宁之意。矿产以金矿、花岗石、草炭等为主。农业主产大豆、小麦、玉米、马铃薯等。特产大麻哈鱼、鲟鱼、鳇鱼。工业以电力、农机具修造、汽车修配、罐头、食品、酿造、建材、粮油加工、木材加工等为主。名胜古迹有莽吉塔故城遗址和“英雄的东方第一哨”——乌苏镇等。

抚州市 Fuzhou City 中国江西省辖地级市。位于省境东部。辖临川区和南城、黎川、南丰、崇仁、乐安、宜黄、金溪、资溪、东乡、广昌10县。面积18 817平方千米。人口391万（2010）。1949年组建抚州分区，

乐安流坑

1950年改为抚州区，1952年更名为抚州专区，1967年改为抚州地区，2000年撤销抚州地区，设立地级抚州市。地貌以山地、丘陵为主。河网密布。林地面积9 740平方千米，活立木蓄积量2 956万立方米，森林覆盖率53.4%。矿产有瓷土、石墨、重晶石、砂金、岩金等。素有“赣抚粮仓”之称，是国家区域性商品粮基地。特产麻姑米、南丰蜜橘、抚州西瓜、广昌通心白莲、广昌驿烟、麻姑茶、浒湾油面、疏山金橘饼、崇仁麻鸡、东乡猪等。工业以食品、建材、机械、纺织、化学为主。名胜古迹有麻姑山、万年桥、乐安流坑、日月温泉、法水温泉、金山寺、疏山寺、曹山寺等。

府 prefecture 中国唐至清代地方行政区划。唐代设置不多。开元元年（713）以京师所在雍州（治长安、万年，今陕西西安市）为京兆府，以东都所在洛州（治洛阳，今河南洛阳市）为河南府，此为唐代在地方行政区划中置府之始。以后陆续升新建的陪都和皇帝驻跸过的州为府。府与州在地方行政级别相同而地位略高。五代十国时期各国的首都、陪都都升州为府。

两宋时期，府的数量大增，除沿袭唐五代以来某些府外，多缘皇帝未即位前所封藩邸或任职之州升为府。如宋太祖以归德军节度使代周，景德三年（1006）升归德军所在宋州（治今河南商丘）为应天府。府有京府、次府、府之分。京府为首都或陪都所在地。宋有四京府。次府有真定府、京兆府、凤翔府、河中府、江宁府、江陵府、兴元府等。京府、次府设府尹、少尹或府牧，其他府之长官，称“知某府军府事”，省称知府。宋代元丰三年全国共有府十四，宣和四年有府三十八，南宋嘉定元年（1208）全境共有府二十七。

元代将前代较大的府均升为路，置总管府。元代一级行政区划为行省，其下有路、府、州、县四级。府或隶于路，或隶于宣慰司或行省。属于路的称属府。据《元史·地理志》记载，全国共有府二十二，属府十一。

明代在行省以下取消了路的建制，仅设府、州、县三级。府上隶于京师或布政使司，下辖州、县，为地方二级行政机构和区划。边远地方以府兼辖军民者，称军民府，其地位高于府。在少数民族地区设土府（见**土司**）。两京及各布政使司一般分别辖数府或十余府。有明一代府的设置多有变化，据《大明会典》记载，万历初全境有一百三十六府。

清沿明制，府成为全国最基本的二级政区。顺天、奉天二府为京府，地位特殊。雍正中，全国共设一百六十七府。乾隆时增至一百八十四府（包括顺天府、奉天府）。光绪二十五年（1899）增为一百八十七府。民国元年（1912），全国废除府制。

府兵制 garrison militia system 中国古代兵制。由西魏权臣宇文泰建于大统年间，历北周、隋至唐初期而日趋完备，唐玄宗天宝年间停废，历时约200年。府兵本泛指军府之兵。西魏大统十六年（550）前，建立起八柱国（大将军）、十二大将军、二十四开府（又称二十四军）的专门的府兵组织系统。八柱国的设置乃模仿鲜卑拓跋部的八部制度，其中宇文泰实为全军统帅，魏宗室元欣仅挂虚名，实际分统府兵的只有六柱国，所统兵士也改从各自主将之姓，这就给府兵制涂上了一层鲜卑部落兵制的色彩。府兵具有中央禁卫军性质。一人充当府兵，全家即编入军籍，不属州县。这种军民异籍的制度直到隋代才改变为兵农合一，但府兵本身归军府统领的组织系统不变。隋代军府有内府、外府（也就是内军、外军）之分。唐贞观十年（636），外府更号折冲府，内府更号中郎将府。折冲府置折冲都尉、左右果毅都尉、别将（后置），作为府一级的将领。隋代领府兵的有翊卫（左右卫所改）、骁卫（备身府所改）、武卫、屯卫（领军府所改）、御卫（加置）、候卫（武候府所改），各分左右，共十二卫。内府卫士取二品至五品官的子孙充当，外府卫士取六品以下官的子孙及白丁无职役者。在此范围内，征发原则是先富后贫，先强后弱，先多丁后少丁。府兵虽然包括官僚子弟和一般地主，但仍以均田农民为主体。府兵制创立以后，规定三年一拣点以补充缺额（玄宗时改为六年），其服役期限为21～59岁（玄宗时曾有缩减）。服役期间，府兵本身免除课役，但军资、衣装、轻武器（弓箭、横刀）和上番赴役途中的粮食，均须自备。每一火（一火10人）还得共备供运输的马6匹（或用驴），即所谓“六驮马”。自备资装对于农民是沉重的负担。

军府所在有地团，兵士不能随便迁徙出界；平时务农，农闲练武，有事出征，其主要任务是番上宿卫和征防。番上宿卫，即轮流到京师宿卫，由十二卫将军分领。出兵征防则由朝廷命将统率，调遣时必须持兵部所下鱼符，经州刺史和折冲府将领勘合后，才得发兵。战争结束则兵散于府，将归于朝。这样，将帅就不能拥兵自重。

由于废置不常，唐代军府总数也有增减，较多时有633府（一作634府），军府遍布全国。府兵在唐初具有较强的战斗力，他们是军队的骨干。由于兵役繁重、均田制被破坏以及府兵地位低落等原因，府兵制自高宗后期以至武后时就逐渐被破坏，到玄宗统治时终于被废除，由**募兵制**所取代。

府绸 poplin 布面呈现出由经纱构成的菱形颗粒的平纹**棉织物**。质地轻薄，结构紧密，颗粒清晰，布面匀净，手感滑软。经、纬纱采用相同细度，或纬纱略粗于经纱。经密大大超过纬密，经、纬密度比例为2∶1或5∶3。采用条干均匀的经、纬纱线，织成结构紧密的坯布，再经烧毛、丝光、漂白、染色、印花整理制成。宜作衬衫、外衣等服装面料，还可作绣花底布。按加工方法分有匹染府绸和色织府绸，按印染整理加工分有漂白府绸、杂色府绸、印花府绸、防缩府绸、防雨府绸，按纱线结构分有纱府绸、半线府绸、全线府绸，按原料分有纯棉府绸、涤/棉府绸等。高品位府绸须进

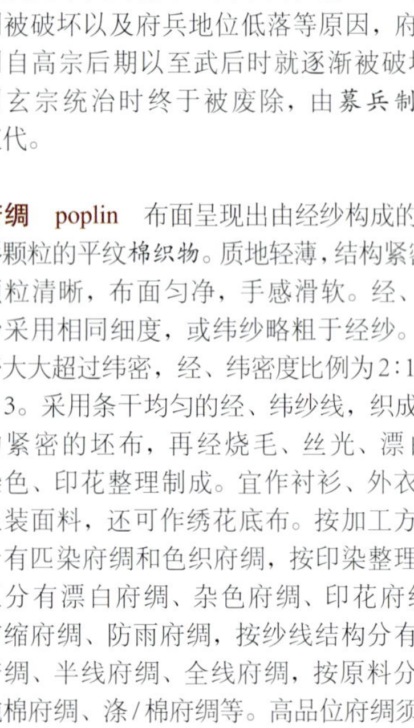

府绸的菱形颗粒状织纹

行免烫防皱整理。在纱线中加入弹力丝可织制成弹力府绸。

釜山 Pusan 韩国最大港口和第二大城市。位于朝鲜半岛东南端、洛东江河口。东南隔朝鲜海峡与日本对马岛相望。面积761.79平方千米。人口372万(2005)。

市域背山临水，因市区呈周围高、中间低的形状，形似釜，故名釜山。东南沿岸多半岛突向海洋，形成多个海湾，成为天然良港。其中釜山湾水域宽广、水深、潮差小，是太平洋沿岸著名的天然深水良港之一。气候温暖湿润，是韩国的多雨地带，冬季几乎无降雪。

原为渔村，高丽王朝时期(12～14世纪)称釜山浦。1368年始称釜山。1441年开港，1876年辟为贸易港。1950年朝鲜战争爆发后，一度成为韩国“临时首都”。1963年升为直辖市。1995年3月定为釜山广域市。

釜山是韩国第二大工业中心。第二次世界大战后重点发展了劳动密集型产业，形成制鞋、纺织、木材加工和造船四大部门。造船业一度集中全国造船能力的80%，近年来有所下降，但仍居重要地位。20世纪70年代后，重点转移到重化工业，在结构调整的同时，把投资重点引向周边地区，形成了一系列新的重化工业中心，成为仅次于京仁工业地带的东南沿海(岭南)工业地带，釜山是该地带的核心。釜山的国内生产总值约占全国10%，出口值约占全国出口总值的15%。形成了以运输、贸易、金融为主的产业体系。

釜山是近海、远洋渔业基地。渔获量居全国前列，水产加工业占全国的1/3。郊区除种植水稻等粮食作物外，多养猪、养鸡和培植蔬菜、花卉等。釜山港区以影岛为界，分为东西两港：东港为贸易港，西港为渔港和鱼市场。

釜山海陆空交通发达。有多条高速公路通往全国各地。海运与日本的福冈、大阪间有定期航班。市区西部有金海国际航空港，除国内航线外，已开辟通往日本东京、大阪、福冈等地的国际航线。市内现有地铁54.2千米。釜山港是韩国最大的对外贸易港，主要输出纺织品、鞋、船舶、钢铁、水产品和胶合板等；输入食品、肥料、棉花、羊毛、机械和化学制品等。

多名胜古迹。龙头山公园(海拔100多米)有可俯看市区的釜山塔，金井山腹的禅宗大本山梵鱼寺(建于619年)是韩国四大名刹之一。海云台海滨浴场是韩国八景之一。还有东莱温泉、松岛等旅游休憩地。有近10所高等学校。釜山体育场是2002年世界杯足球赛主赛场之一。

釜山风貌

辅酶 coenzyme 某些为酶催化活性所必需的，与酶蛋白疏松结合的小分子量有机物质。一部分酶除蛋白质部分外，尚含有与其功能直接有关的一些无机或有机成分，这些成分统称为酶的辅因子，如果缺少这些成分，酶就显不出活性。辅因子包括金属离子(如Zn^{2+}、Mg^{2+}等)和一些分子量不大的有机化合物。与酶蛋白紧密结合的辅因子称为辅基。有不少酶既含有金属辅因子也含有辅酶。

许多辅酶是维生素(特别是B族维生素)或维生素的衍生物。

硫胺素 即维生素B_1(V_{B1})。它在生物体内的辅酶形式是硫胺素焦磷酸(TPP)。

烟酰胺 又称尼克酰胺。主要有辅酶Ⅰ和辅酶Ⅱ。两者的化学组成分别是烟酰胺腺嘌呤二核苷酸(NAD^+)和烟酰胺腺嘌呤二核苷酸磷酸($NADP^+$)。

核黄素 即维生素B_2(V_{B2})。参与组成两种辅酶，是细胞内氧化还原系统的主要成分，它们是黄素单核苷酸(FMN)和黄素腺嘌呤二核苷酸(FAD)。

吡哆醛及其衍生物 吡哆醛、吡哆胺和吡哆醇总称为维生素B_6(V_{B6})。维生素B_6参与形成两种辅酶，即吡哆醛磷酸和吡哆胺磷酸。

生物素 作为一些酶的辅基而起辅因子作用。此外，生物素在蛋白质生物合成中以及转氨基作用中也起着重要作用。

泛酸 辅酶形式是辅酶A(CoA)，是酶促乙酰化作用的辅助因子。

叶酸 辅酶形式是四氢叶酸，它在嘌呤类、丝氨酸、甘氨酸和甲基基团的生物合成中起作用。此外，叶酸在核蛋白的生物合成上也是不可缺少的。

维生素B_{12}(V_{B12})又称氰钴胺素，是治疗恶性贫血的维生素。作为辅酶时，维生素B_{12}(V_{B12})中的CN被5′-脱氧腺苷基团所代替，称为辅酶B_{12}。其他重要辅酶还有辅酶Q(CoQ)、谷胱甘肽、尿苷二磷酸葡糖(UDPG)和维生素K族等。

辅仁大学 Fu Jen Catholic University 美国天主教会在中国办的高等学校。中华民国初年，天主教徒马相伯、英敛之向罗马教廷请派教师在华开办大学。后因欧战爆发，未能实现。1922年，罗马教皇庇护十一以私人名义捐资，在北京筹建学校，并委托美国天主教本笃教会办理。1925年10月，学校开始招收国学专修科新生，作为大学预科生，取名“辅仁社”。1927年改名为“私立北京辅仁大学”。学制本科4年，预科2～3年。最初只有国文、史学、英文系，后增设哲学系。1929年集文科各系成立文学院，又添设理学院、教育学院。文学院包括国文、史学、英文、哲学、社会经济5个系；理学院包括数学、物理、化学、生物、药物5个系，附设医学先修科；教育学院设有教育、心理两系，附设美术专修科。1933年，本笃会因经济困难，罗马教廷改派美、德两国天主教圣言会接办。1950年10月，中央人民政府接办辅仁大学。1952年高校进行院系调整后，辅仁大学并入北京师范大学。

腐蚀 corrosion 由环境引起的材料破坏或变质。被腐蚀的材料和制品，会显著降低强度、塑性和韧性等力学性能，恶化电学和光学性能，缩短使用寿命，甚至造成火灾、爆炸等灾难性事故。按腐蚀环境的不同，可分为湿腐蚀和干腐蚀两类。湿腐蚀是在有水存在下的腐蚀。干腐蚀则是在无水的干燥气体中发生的腐蚀。根据腐蚀机理可分为：①化学腐蚀。材料表面直接与腐蚀介质中的物质发生化学反应而引起的破坏，如高温金属在空气中的氧化即属于这类腐蚀。②电化学腐蚀。金属表面与离子导电介质因发生电化学作用而产生的破坏，这是大多数金属腐蚀的起因。③物理腐蚀。由于物理作用而引起的破坏，如合金在液态金属、熔盐、熔碱中的溶解，水泥与塑料的溶解和溶胀等。若按照腐蚀形态划分，可分为全面腐蚀、局部腐蚀和选择性腐蚀。全面腐蚀发生在整个材料表面，一般为均匀腐蚀，如碳钢在强酸中的腐蚀。局部腐蚀主要发生在材料表面的某些区域，而表面的其他部分则几乎未被破坏，如孔蚀、缝隙腐蚀、晶间腐蚀等。选择性腐蚀即金属材料的活性组元在腐蚀介质中产生选择性溶解。按腐蚀环境又分为生物腐蚀、大气腐蚀、土壤腐蚀、海洋腐蚀、高温腐蚀等。

腐殖酸 humic acid 泛指自然界中存在的、由生物(主要是植物)的残体经过微生物分解和一系列化学过程而形成的一类天然的大分子芳香族羟基羧酸。又称腐植酸、胡敏酸、富啡酸、富里酸。深色、酸性的亲水胶体。在地表分布很广，在土壤中，咸、淡水域及其沉积物中，泥炭和煤矿等碳质矿藏中都有存在。是影响环境生态平衡的重要因素，也是潜在的资源。腐殖酸的主要骨架是芳环和脂环，环上连有羧基、羟基、羰基、醌基、甲氧基等官能团。腐殖酸分子上还有一定数量的**自由基**，具有生理活性。在农业方面，腐殖酸被用于制造土壤改良剂、复合肥料和植物生长调节剂等。在工业方面的应用有：①腐殖酸钾、钠盐以及铬、铁等配合物添加在钻井泥浆中，可以起降低失水、抑制膨胀和分散等作用；②腐殖酸钠与纯碱等合用，可以提高锅炉防垢效果；③陶瓷泥浆中掺入腐殖酸钠，可以改善泥浆流动性，增加干强度，提高成品率和产品质量；④磺化腐殖酸的钠盐添加在水泥里，使水泥易于在骨料间分散，在混凝土工程中可用作减水剂等。腐殖酸对人体和动物也具有多种生理、药理作用，如消炎、止血、促进创伤愈合等。但是某些地方病，如大骨节病等与当地水源中腐殖酸含量有关。

《父亲》 *Father* 中国当代油画作品。作者罗中立，作于1980年，获同年12月“第二届全国青年美术作品展览”一等奖，现藏于中国美术馆。作品的创作构思基于作者在大巴山下乡插队的多年生活体验，在画面处理上受到“文化大革命”中巨幅领袖宣传画的影响和对**照相写实主义**的有意识参照，采用纪实手法。这件作品在当时曾引起争论，争论的焦点是如何看待和在文

《父亲》(油画)

艺作品中正确地表现中国社会主义时代的农民问题。它促使对“文化大革命”歪曲现实主义的社会反思，对推动美术创作起了一定的作用。

父亲节 Father's Day 表达对父亲的爱戴和尊敬的节日。第一个提出确定父亲节建议的是美国华盛顿的J.B.多德夫人。多德夫人母亲早亡，其父独自一人承担起抚养教育孩子的重任，把他们全部培养成人。1909年，多德夫人感念父亲养育之恩，给当地一家教士协会写信，建议确立父亲节。该协会将建议提交会员讨论并获得通过。1910年6月，人们便庆祝了第一个父亲节。当时，凡是父亲已故的人都佩戴一朵白玫瑰，父亲在世的人则佩戴红玫瑰。最初，父亲节的日期各不相同，而且有的地方用蒲公英作为父亲节的象征，有的地方则用衬有一片绿叶的白丁香作为父亲节的象征。直到1934年6月，美国国会才统一规定6月的第三个星期日为父亲节。1972年，尼克松总统签署国会两院提案，正式将父亲节定为美国的节日。

父权制 patriarchy 以父亲的血缘关系为纽带，结成原始社会基本单位的制度。又称父系氏族制。继存时间大体相当于新石器时代晚期至金石并用时代。父权制家庭中的各项事务由父亲或年长男人决定。父亲是家长，是家庭的统治者，妻子及其子女处于附属地位，亲属传袭依父系传递并按父系计算。

学术界一致认为在家庭发展史上父权制是存在的，分歧点在于有的学者认为人类社会自古至今一直是父权制；而另一些学者认为在父权制之前还有个**母权制**时期，父权制是家庭发展到一定阶段的产物。

负泥虫 Crioceridae **鞘翅目**负泥虫科昆虫的统称。中国约有200多种。

体中至大型，有时具花斑，一些类群有金属光泽，一些类群色泽十分艳丽。成虫头型前口式，后头发达，一般眼凹较深，前胸背板两侧无边框，后腿节粗大，后翅有一个臀室，雄虫外生殖器一般环式。习性比较复杂，食性范围较广，主要取食单子叶和双子叶植物，其中一些亚科或属对寄主有一定的选择范围。如距甲亚科的一些属常发生在豆科植物上，幼虫在植物的嫩梢中取食，老熟后落地，在土下做室化蛹。

一些种类是农业的大害虫，如谷子负泥虫、白蜡负泥虫和枸杞负泥虫。

负鼠 Didelphidae; opossum **有袋目**负鼠科动物的统称。共15属近62种。分布于加拿大东南部，向南通过美国东部和墨西哥到达阿根廷境内南纬47°的地区。中、小型兽类。大多数具有能缠绕的长尾。尾毛稀疏并覆以鳞片。少数种类尾短而具厚毛。四肢短，均具5趾。拇指大，无爪，能对握。北美大负鼠、灰四眼负鼠、水负鼠3属具清楚的袋囊，其余的属或不具袋囊或仅有两条皮褶。雌兽具7～25个乳头。能适应多种环境，大多营树栖或地栖生活，只有水负鼠营半水栖生活。夜行性。多杂食，也有仅食虫的和食肉的种类。繁殖率很高，

灰林负鼠

怀孕期仅10余天，幼仔出生时比蜜蜂还小，前肢十分发达，并具锐爪（到达袋囊后脱落）。幼仔在袋中发育60～70天后即可自由出入袋囊，再过一个月左右离开母体独立生活。负鼠的自卫方法是假死。寿命很少超过两年。

负像 negative 使被摄体的明亮部分表现为暗区，黑暗部分表现为亮区的摄影影像。负像通常形成于塑料或玻璃等透明材料上。将负像与感光纸紧挨在一起或将负像投射在感光纸上进行曝光，均能使负像的影调反转为正像的像片。黑白负像是由曝光时感光的银盐经显影而化学还原的金属银粒所构成。彩色负像是由三种色调相反的染料像所构成，染料像是在显影过程中和银像一起形成。银像经化学方法漂除后，便留下三个重叠在一起的不溶性套色染料像。负像的黑白同实物的明暗相反或色彩与实物互为补色。

负债 liabilities 财务报表要素之一。由过去的交易或事项所形成的将在未来按既定金额交付资产或提供劳务的义务。义务有法定义务和推定义务。法定义务通常指企业在经营管理和经济协调中，依照法律、法规必须履行的责任，如企业购货产生的付款义务，缴纳所得税的义务等。推定义务通常指企业在特定情况下产生或推断出的责任。其特征包括：①负债是基于过去的交易或事项而产生的。②负债是企业承担的现时义务，该业务的金额能够可靠计量。③负债的清偿预期会导致经济利益流出企业，通常在某一时日通过交付资产或提供劳务来清偿。④负债的偿付期或金额由合同、契约予以规定，具有法律上的约束力。

负债可分为**流动负债**和**长期负债**、确定负债和或有负债、货币性负债和非货币性负债、有担保负债和无担保负债。在资产负债表上，负债一般按偿还期分为流动负债和长期负债。

负债的确认应该符合定义，并可以可靠计量。负债的计量以现值入账较为合理，但由于流动负债偿还期限较短，到期日与

现值差距不大，基于重要性原则，中国会计实务中对流动负债大多以到期值或面值入账，不同于国际上强调按公允价值入账。

负债经营 indebted business 企业融资时的一种筹资方式。主要包括金融性负债和经营性负债两大部分。前者是企业对银行等金融机构的负债；后者是企业在经营过程中对其他经济主体的负债。

在一般情况下，企业负债经营是正常的。负债与扩大股本增资相比，不涉及企业的所有权结构，又是一种合理的避税手段。从企业经营策略上看，当总资产利润率高于一般银行利率时，企业负债经营可以用他人的钱为自己获得利润。至于企业资本结构中负债占多少合适，要看企业的行业性质和资产性质。如果企业资产流动性强，变成现金容易，负债水平就可以高一些；反之，负债水平就必须低一些。

负子蟾 *Pipa*; Surinam toad 两栖纲负子蟾科负子蟾属动物的统称。因卵在雌蟾背面窝内生长发育直到变态为幼蟾才离开母体得名。有7种。分布于南美洲和中美洲。头体扁平，体形大小相差甚大，小的负子蟾全长仅27～44毫米，而大的负子蟾体长120～200毫米，头部甚扁，呈三角形；眼小，位头背侧，无眼睑，瞳孔圆形；上唇两侧各有1～2个短触突，口角处有一大肤褶；无舌，上颌有齿，腭部光滑；无鼓膜。体背面橄榄褐色或浅黑色；腹面色浅，有的有黑斑点，咽喉部有一条黑色横纹，腹中部具一条黑色纵条纹；背面的疣粒比腹面密集，成体保留侧线器官。指细长，大小几相等，指端有4个节状隆起，呈星状；后肢粗壮，趾间满蹼或几为满蹼，外侧蹠间蹼达基部，第三、第四趾几等长，无关节下瘤。终生水栖。一旦雨季到来，则分散栖息在积满雨水的水塘或凹地水坑内繁殖。雄蟾虽然无声囊，但能发出鸣声吸引雌蟾，交配时雄蟾前肢抱握在雌蟾的胯部。雌蟾产卵40～100粒。

妇好墓 Tomb of Fuhao 中国商代第23世王武丁的配偶妇好之墓。妇好，名好，“妇”为亲属称谓。墓在河南安阳西郊小屯村北。1976年发掘。是唯一能与甲骨文相印证而确定年代与墓主身份的商王室成员墓。该墓为长方形竖穴土坑墓，南北长5.6米，东西宽4米，深8米。墓上原有房屋，可能是为祭祀墓主而建。墓内有一棺一椁，东、西两侧墓壁上各有一个壁龛，墓底设有腰坑。墓内有殉人16个，狗6只。随葬品1 928件，包括铜器、玉石器、骨牙器等，还有贝6 800余枚，分别放在棺、椁之中和填土内。青铜礼器共210件，有的两两成对，有的数件一套，多带有妇好铭文，是墓主生前宴飨或祭祀时使用的器物。其中妇好三联甗、妇好偶方彝、妇好鸮尊和司母辛四足觥等为罕见的青铜器珍品。另有两件妇好大铜钺，是死者生前拥有军权的象征。甲骨卜辞中屡有妇好率领大军对外征伐的记载，说明墓主曾是一员勇武的女将。墓中有四面铜镜，表明中国中原地区至迟在商代晚期已使用铜镜。随葬玉石器中，有商代玉器中的精品。10余件玉石人物雕像，是研究当时衣冠发式的珍贵资料。另有三件带把象牙杯，也是罕见的古代艺术瑰宝。

妇好鸮尊

妇科疾病 gynecological disease 发生于女性内外生殖系统（包括外阴、阴道、子宫、输卵管、卵巢及乳房）的功能性或器质性疾病。

分类 可从发病部位（卵巢、输卵管、子宫、阴道、外阴、乳房）和疾病性质分为炎症、肿瘤、功能性疾病以及与妊娠有关的疾病四大类，其他还有生殖损伤性疾病、遗传性疾病、子宫内膜异位症、外阴白色病变、先天发育异常、不孕症等疾病，相对较少见。

炎症 妇科常见病，有急慢性之分。下生殖道感染以慢性子宫颈炎、阴道炎为多，外阴炎次之。上生殖道感染中急性者以急性输卵管炎、急性盆腔炎最常见，输卵管积脓、卵巢脓肿、盆腔脓肿、盆腔腹膜炎已较少见。慢性者以慢性盆腔炎、慢性输卵管卵巢炎为多见，输卵管积水、输卵管卵巢囊肿已不多见。盆腔结核如输卵管结核、子宫内膜结核在不孕症常规检查中屡有发现。淋病、梅毒等属性传播疾病，有死灰复燃之势。尖锐湿疣也不罕见，衣原体、支原体感染，巨细胞病毒感染等亦常有报道。

内分泌失调 属功能性失调类疾病，如功能性子宫出血、闭经、更年期综合征等较多见，其他还有如多囊卵巢综合征、经前紧张综合征、性早熟等。

肿瘤 可发生于女性生殖器官的任何部位，有良性与恶性之分。良性肿瘤以卵巢囊肿、子宫肌瘤多见。恶性肿瘤以子宫颈癌发病率最高，其次为卵巢恶性肿瘤、子宫内膜癌、外阴癌。子宫肉瘤、输卵管癌罕见。

与妊娠有关的疾病 如各种类型的流产，良、恶性葡萄胎，绒毛膜癌等。

子宫内膜异位症和子宫腺肌症 妇科的特殊疾病。具有功能的子宫内膜组织在正常子宫内膜以外的部位生长，因其周期性出血不能由子宫排出而形成局部病变。异位内膜出现在子宫肌壁的又称为子宫腺肌症，但其病因与子宫内膜异位症不同，其发病率有上升趋势。子宫内膜异位症患者多有人工流产或剖腹产史。

损伤 由难产、手术或外伤造成。如尿瘘、粪瘘、外阴血肿、子宫穿孔、子宫腔粘连综合征等。

生殖器位置异常 先天性或后天性盆底组织松弛等原因所致，如子宫移位、子宫脱垂、膀胱膨出、直肠膨出、子宫翻出等。

先天发育异常 如处女膜闭锁、先天性无阴道、阴道横隔、双阴道、双子宫、残角子宫、两性畸形等。

乳房疾病 如发育异常、急性乳腺炎（多见于产褥期）、纤维囊性乳房病、乳腺纤维腺瘤、乳腺癌。

症状 阴道出血、白带、腹痛及盆腔肿块为妇科疾病最常见的四大症状，须与其他疾病相鉴别，外阴瘙痒也是常见症状之一。

阴道出血 阴道出血可来自阴道、宫颈及子宫，绝大多数来自子宫，后者又称子宫出血。青春期前、绝经期后发生阴道出血或生育年龄妇女的非正常经期出血均属异常。阴道出血量多可因失血发生贫血、休克，量少、淋漓不断易被忽略而延误病情。流产、分娩、月经失调、肿瘤、炎症、外伤等都可致阴道出血，但各有其临床特点。

白带异常 表现为白带量、性状、颜色及气味的改变。生殖道有炎症、肿瘤或阴道异物继发感染等，白带增多且颜色及性状等都有不同表现。

腹痛 妇科疾病引起的腹痛，一般特点是疼痛部位与病灶一致，疼痛开始于下腹，可随病情的发展而有变化，若炎症扩散引起全腹膜炎，或内出血量多，血液流入腹腔刺激腹膜，即转为全腹痛。须注意腹痛的发病时间、部位；疼痛的性质及程度；末次月经日期，有无停经史；有无其他伴发症状如发热、昏厥、阴道出血、呕吐、肛门坠痛等；过去腹内有无肿块或类似发作史。此外，下腹痛亦可来自生殖器官以外的疾病，如阑尾炎、尿路结石等。

盆腔肿块 对盆腔肿块应注意其发生的时间、部位、大小、硬度、活动度、有无压痛、增长速度，有无其他伴发症状如腹痛、发热、恶心、呕吐、大小便异常、阴道出血及白带异常等。

外阴瘙痒 多为阵发性，夜间加重，部位多在阴蒂和小阴唇附近，亦可见于大阴唇、会阴或肛门附近，见于糖尿病、黄疸、维生素B_2缺乏症等全身疾病，或为局部的刺激性因素所引起，如滴虫性或霉菌性阴道炎、生殖道瘘、皮肤病、外阴白色病变、局部皮肤过敏、卫生不良等。亦有老年妇女可见到单纯性外阴瘙痒。

诊断 诊断妇科疾病最基本的依据是病史与妇科检查。在此基础上作有关化验及必要的特殊检查，如B超、阴道镜、宫腔镜及腹腔镜，综合所得结果全面分析并须注意与内、外科等某些疾病作鉴别。

化验及特殊检查 主要如下：

白带悬滴液检查 取一滴生理盐水或10%氢氧化钾液一滴放于玻片上，再与少许白带相混，于显微镜下分别查找滴虫或霉菌等。

宫颈刮片 用特制竹板或木板绕宫颈口转一周，刮取鳞柱交界处的分泌物作涂片，以酒精或福尔马林等固定后作帕帕尼古拉乌氏染色找瘤细胞，这已成为妇科门诊的一种常规防癌检查方法。检查前应先用消毒棉球将宫颈及阴道分泌物拭净。

细胞学卵巢功能检查 以刮板于阴道侧壁上1/3处，轻轻刮取少许分泌物作涂片，帕帕尼古拉乌氏染色，进行细胞学检查。

宫颈黏液检查 包括宫颈黏液黏稠度，拉丝度（排卵前期雌激素高，宫颈黏液呈蛋清状，弹性增加，黏液拉丝长度可达10厘米；排卵后，在孕激素作用下，宫颈黏液变混浊、黏稠、拉丝度降低至1～2厘米），黏液结晶类型（取宫颈黏液放玻片上干燥后于低倍显微镜下观察，雌激素影响下形成羊齿状结晶，排卵后于孕激素影响下结晶为椭圆体，观察此前后变化，可测知有无排卵，见图）。

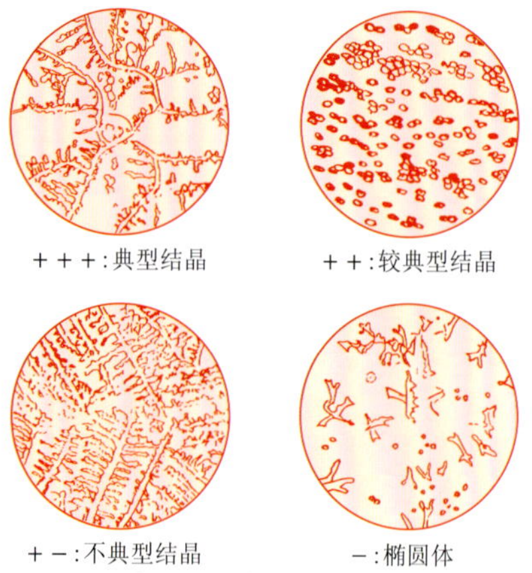

宫颈黏液涂片结晶类型

妊娠试验 胚胎滋养层分泌的绒毛促性腺激素（hCG）进入母血循环后由尿中排出。测定妇女血、尿中hCG含量，可借以诊断妊娠及与妊娠有关疾病如流产、宫外孕、滋养叶疾病等。

后穹隆穿刺术 腹腔内疑有积液（血或脓液）时，可从阴道后穹隆直接穿刺，吸出积于盆腔后陷凹的液体供检查。该法方便易行，为异位妊娠常用的急诊辅助诊断方法。

基础体温测定 基础体温指经较长时间睡眠（6～8小时），醒后尚未进行任何活动之前所测得的体温。

输卵管通畅试验 检查输卵管是否通畅，主要用于不孕症。将气体（二氧化碳）或液体（生理盐水）由宫颈管缓缓注入宫腔，观察输卵管是否通畅，前者称输卵管通气术，后者称输卵管通液术。

超声检查 常用者为B型超声显像，检查无痛苦，无害，可重复。可用以确诊早孕，了解胎儿在子宫内的情况，诊断未破裂型早期异位妊娠及葡萄胎，鉴别腹内肿块的来源与性质，鉴别巨大卵巢囊肿与腹水。腹壁太厚或肿块小、妇科检查不能肯定者，B超可协助诊断腹内有无肿块。B超还可连续观察卵泡发育，指导刺激排卵药物的应用，可指引体外授精及胚泡移植的操作。

阴道镜检查 阴道镜可将子宫颈阴道部上皮放大10～40倍，观察阴道或宫颈表面微细病变，主要用于诊断早期宫颈癌、宫颈非典型增生等。于镜下可疑处取活检可提高确诊率。

腹腔镜检查 主要用于临床诊断难以确诊的疑难病例，如原因不明的腹痛、性质不明的小肿块、内生殖器及性腺发育异常、早期子宫内膜异位症及不孕症等。在腹腔镜下也可做小手术。

宫腔镜检查 可直接观察宫腔全面情况，并可于直视下作活体组织检查提高确诊率。适于原因不明的子宫出血，如诊刮易漏诊的小型黏膜下子宫肌瘤、子宫内膜息肉，以及绝经后子宫出血诊刮未能确诊者；又用以查找闭经、习惯性流产以及不孕的原因。还可做取息肉、小的黏膜下肌瘤等小手术。

预防 预防妇科病须做好妇女各阶段的卫生保健，定期健康检查。

处理原则 手术治疗 对良性病以保守性手术为原则，如卵巢囊肿只作病侧附件切除或作肿瘤剥除术；在子宫肌瘤对要求生育的妇女尽力争取作肌瘤剥除术以保留子宫；对无生育要求的围绝经期妇女作子宫切除术时亦应尽力保留一侧正常卵巢，以免因突然去势造成人工绝经的痛苦；对恶性肿瘤如早期子宫颈癌、子宫内膜癌、卵巢癌、外阴癌均以手术治疗为主，根据各自的期别采取相应的根治性手术。

化学治疗 绒毛膜癌是唯一可以用化疗根治的实体癌。单纯化疗对其他妇科恶性肿瘤一般不能根治，主要用作术后的辅助治疗。化疗有副作用，这使其应用受到一定限制。

放射治疗 常用作宫颈癌根治性疗法或术前、术后的辅助治疗。在子宫内膜癌主要用于术前或术后辅助治疗。在卵巢癌的化疗问世前，放疗曾为卵巢癌术后唯一的辅助治疗手段。妇女接受盆腔照射后卵巢功能即被破坏而造成人工绝经。乳癌患者在根治乳癌手术后有人主张可采用放疗去势，或切除双侧卵巢，但此观点还有争议。

妇女解放 women liberation 有广义和狭义之分。狭义是指消除不平等**社会制度**对妇女的压迫，争取男女法律权利（政治的、经济的、教育的、婚姻家庭的、社会的）的平等，一般以社会制度的变革和基本法律为主要标志。广义指妇女从一切歧视和束缚中解放出来（包括妇女自身的束缚），作为个体或群体，在现实生活中实现人格、尊严、发展机会和资源占有权利上与男性平等，其中平等地参与经济和社会发展、平等地享有社会进步成果的权利是决定性因素。妇女解放现阶段的目标是实现男女法律权利和现实**社会地位**的平等，最终目标是实现妇女全面自由的发展，这将是一个漫长的历史过程。

妇女解放是资产阶级反对封建制度的产物。马克思主义在创建科学社会主义的过程中，深刻揭示了妇女解放是人类社会发展到一定阶段的产物，私有制是男女不平等的阶级和社会根源。中国共产党立足国情，将理论和实践相结合，在妇女受压迫的根源、妇女解放的条件和途径上进一步丰富和发展了妇女解放的理论认识。

附带民事诉讼 incidental civil action in criminal proceedings 刑事诉讼过程中，在解决被告人刑事责任的同时，为解决指控犯罪行为所造成损失的赔偿问题而进行的诉讼活动。典型的附带民事诉讼制度主要存在于**大陆法系**国家。其中，法国刑事附带民事诉讼制度尤为发达。在法国，遭受损害的**被害人**有权对犯罪行为直接造成的物质上、身体上、精神上的各种损害提出赔偿请求；如果检察院尚未提起公诉，被害人要求赔偿的诉讼请求将强制启动**公诉**程序；在诉讼中，被害人居于民事当事人地位，享有**当事人**的一系列诉讼权利，如就案件提供陈述时不宣誓、接受预审法官询问时必须有律师在场、有权获得重要的诉讼文书、针对损害其民事利益的任何裁定提起**上诉**等。在德国，**刑事诉讼法**只允许被害人在已经提起的公诉活动中就被指控的犯罪行为造成的财产损失提出赔偿要求，但在司法实践中，被害人几乎很少以附带民事诉讼的形式主张刑事损害赔偿。

中国实行附带民事诉讼制度。提起附带民事诉讼应当符合下述4项条件：①遭受的损失是由被指控犯罪行为造成的。②被指控犯罪行为造成的损失属于物质损失。③遭受的物质损失是由被指控犯罪行为直接造成的。④赔偿请求权人应在刑事诉讼过程中提出赔偿请求。

附带民事诉讼应当同刑事案件一并审判，只有为了防止刑事案件审判的过分迟延，才可以在刑事案件审判后，由同一审判组织继续审理附带民事诉讼。人民法院审理刑事附带民事诉讼案件，不收取诉讼费。对于附带民事诉讼的实体问题即民事赔偿问题，应当依据民事实体法的有关规定。除刑事诉讼法有明确规定外，附带民事诉讼程序可以适用**民事诉讼法**的有关规定。

附睾炎 epididymitis 阴囊内常见的炎性疾病。病原多从感染的尿液、前列腺、后尿道、精囊沿输精管蔓延至附睾。多发生于青壮年。前列腺术后及留置导尿管的患者，易患附睾炎。排尿时尿液返流至输精管也可导致附睾炎。小儿反复发作附睾炎时，应考虑输尿管开口于精囊的可能。血行感染罕见。引起附睾炎的常见致病菌为大肠杆菌、葡萄球菌、结核杆菌、淋球菌、衣原体等。

急性附睾炎 发病急，表现为阴囊肿胀疼痛，并向腹股沟及下腹部放射，站立位时疼痛加重。常有高热，附睾炎侵及睾丸时，可使二者形成一肿块，境界不清，称为附睾睾丸炎。炎症较重者，阴囊皮肤水肿、发红，并可形成脓肿。有时需与结核性附睾炎、睾丸扭转及睾丸肿瘤鉴别。采用放射性核素锝-99m作睾丸扫描，检查睾丸的血流情况，可见急性炎症时血流增加，睾丸扭转时则血流减退，甚至阙如，超声检查对诊断早期睾丸肿瘤、睾丸扭转及附睾炎亦有帮助。可采用局部热敷治疗，托高阴囊，1%普鲁卡因精索封闭，同时用抗生素。有脓肿形成者，须行切开引流。急性炎症治疗一周后，多能逐渐消退。

慢性附睾炎 较多见，可因急性期未能得到彻底治疗而转为慢性，多数患者无急性发作史而常伴有慢性前列腺炎。表现为一侧阴囊疼痛，并向腹股沟放射，有不定期的附睾肿胀疼痛史。附睾轻度增大，变硬，有轻度压痛，但很少有明显结节感。应与结核性附睾炎及阴囊内丝虫病鉴别，附睾结核常发生在附睾尾，结节，与阴囊皮肤粘连，可成寒性脓肿破溃，经久不愈。丝虫病变在附睾头附近，呈不规则结节。重在慢性前列腺炎的治疗，除多次急性发作或有化脓性附睾炎者，一般不作附睾切除。

附加税 additional tax 按一定比例随正税附加征收的税。**正税**的对称。依是否具有独立的征税对象和计税依据进行的分类。附加税一般不构成独立的税种。

附加税曾被广泛使用。美国对超过一定数额的收入常采用附加税的形式进行累进课征。中国在20世纪30～40年代附加税名目繁多，成为劳动人民在正税负担之外的沉重负担。中华人民共和国建立后，对附加税进行了严格的清理和整顿，其数量大大减少。国家先后征收过的有工商营业税附加、工商统一税附加、农业税附加、城市房地产税附加、工商所得税附加等。2006年中国的附加税只有城市维护建设税一种。

附加刑 supplementary punishment 法院对犯罪分子判处刑罚时附随于**主刑**而适用，也可以独立适用的刑罚。与主刑相对。在中国，附加刑包括罚金、**剥夺政治权利**、**没收财产**。对于犯罪的外国人，可以独立适用或附加适用**驱逐出境**。

阜康市 Fukang City 中国新疆维吾尔自治区昌吉回族自治州辖市。位于天山东段北麓，准噶尔盆地南缘。面积约8 545平方千米，人口17万(2008)，有汉、哈萨克、维吾尔、回等民族。清代初期被准噶尔蒙古部落称为尕然则，后改称特纳格尔。乾隆三十七年(1772)，平定准噶尔部落后，兴建阜康城堡，四十一年建阜康县。1991年撤县设阜康市。地形自东南向西北缓缓倾斜，南部山区，中部平原，北部沙漠。属大陆性中温带气候。主要矿产有石油、煤、天然气、铁、磷、石灰岩、石膏、芒硝等。主要野生动物有棕熊、雪豹、狐狸、猞猁、黄羊、马鹿、野猪等。药用植物有贝母、党参、柴胡、大芸、赤芍、雪莲等。工业有石油开采、冶金、发电、煤炭、化工、机械、水泥、粮油加工、食品加工等。农业以种植小麦、玉米、甜菜、油料作物、打瓜为主。境内的高山湖泊**天池**已被国家和联合国列为自然生态保护区。

高山湖泊——天池

阜平县 Fuping County 中国河北省保定市辖县。位于省境西部，邻接山西省。面积2 497平方千米。人口21万(2010)。金明昌四年(1193)置阜平县。地处太行山北段山地丘陵。属暖温带半湿润大陆性季风气候。干鲜果品主要有红枣、核桃、花椒、苹果、梨、李、杏等，红枣年产量居全国第一。名贵药材有天麻等。矿产资源有金、银、铁、煤、大理石、花岗岩、蛭石、云母、石棉等。工业有建材、农机、针织、采煤等。农业主产玉米、小麦、红薯、马铃薯等。有千人墓、阜平烈士陵园、城南庄革命纪念馆、平阳惨案纪念碑、十八烈士墓等纪念地及石佛堂、金龙洞、水帘洞、天然温泉、明长城等古迹和自然景观。

阜新市 Fuxin City 中国辽宁省辖地级市。位于省境西北部，邻接内蒙古自治区。辖海州、新邱、太平、清河门、细河5区和彰武县、阜新蒙古族自治县。面积10 445平方千米。人口182万(2010)，有汉、蒙古、回、满、朝鲜等民族。1940年建市。地处辽西低山丘陵区东缘，地势西北高东南低。属温带大陆性季风气候。阜新以煤城著称，已探明含煤面积825平方千米，可开采量5.5亿吨。其他矿产还有硅砂、珍珠岩、大理石、紫砂泥、玛瑙石、麦饭石等。农业主产玉米、高粱、大豆、花生、芝麻等。工业以煤电为主，还有建材、食品、纺织、化学、冶金、塑料、机械、电子等部门。名胜古迹有中华第一村古人类文化遗址、塔营子古城址、海棠山摩崖造像、章古台人工樟子松林、**大青沟自然保护区**等。

海棠山摩崖造像

阜阳市 Fuyang City 中国安徽省辖地级市。位于省境西北部、黄淮海平原南端、淮北平原西部。辖颍州、颍东、颍泉3区和临泉、太和、阜南、颍上4县，代管界首市。面积9 979平方千米。人口760万（2010）。清雍正十三年（1735）置阜阳县。1975年析置阜阳市。地处中国南北气候分界线秦岭、淮河一线的交界处，四季分明，雨量适中，光照充足。是安徽省油料、棉花、烤烟主产区，肉类、皮革重要供应地。矿产主要有煤、铁、石英砂、石油、胶黏土等。主要有银杏、泡桐、侧柏、香椿、桑、榆、柳、杨、槐等树木。动物资源有天鹅、鸳鸯、杜鹃、喜鹊、蟾蜍、黄鼬、刺猬、珠颈斑鸠、黄眉柳莺等。工业有食品、纺织、机械、建材、造纸、化工、电力、皮革等部门。名胜古迹有颍州西湖、刘公祠、资福寺、文峰塔等。

复摆 compound pendulum 在重力作用下能绕固定轴（轴线不通过重心）在竖直平面内摆动的刚体。又称物理摆。实际的摆都是复摆，如钟摆。如果振幅很小，复摆在其平衡位置附近作简谐运动。

复本位制 bimetallic standard 以金、银两种特定铸币同时充作本位币，并规定其币值对比的一种货币制度。单本位制的对称。其特征是：①以一定成色、重量、形式（铸币）的金和银作为价格标准或货币单位。②金币和银币均有法定的无限清偿能力。③金币和银币均可以自由铸造、自由熔毁和自由输出入。④金、银两种铸币可以自由兑换，其他通货也可任意兑换成金币或银币。但复本位制有一个致命的弱点，即铸造比价难以同国际市场上金银实际价值对比长期保持一致。在这种情况下，具有同样清偿能力的两种金属货币中，必有一种是实际价值（或在外国作为货币的价值）高于该币在国内作为货币的价值，而另一种货币则是实际价值低于其在国内的货币价值。前者俗称良币，后者称劣币。利之所在，“良币”被人们窖藏、销熔或输出，而流通中尽量使用“劣币”并输入“劣币”材料而请求官方增铸该币，结果变成了事实上的单本位制。有人形象地称之为“劣币驱逐良币”。16世纪英国人T.格雷欣首先发现这个规律，故通称格雷欣定律。

为了避免因金和银的交替占先引起经济动荡，而在形式上维持复本位制的存在，欧美国家曾采取两种做法：①在“劣币”增加到一定程度时，限制其铸造和一次支付的数额。由于银价下跌，英国于1798年停止银币的铸造，并规定银币的一次支付额不得超过25英镑。虽然在法律上银币仍和金币一样充作本位币，但实际上已降到辅币地位，被称为“跛行本位制”。②使复本位制国际化，即多个国家同时实行这个制度并采用同一铸造比价，以避免因各国铸造比价不同而发生国际金银对流的情况。1865年，法国、意大利、比利时和瑞士组成拉丁货币同盟（1869年希腊加入）。同盟成立后不久，意大利便大量发行不兑换纸币，于是金银涌入其他成员国。为了阻止银币泛滥，同盟于1874年限制法郎银币的铸造，4年之后，银币铸造完全停止，也走上了跛行本位制的道路。跛行本位制的实行，意味着复本位制向单本位制过渡。

复变函数 complex function 自变量与函数值均为复数的函数的总称。一般将单变量复变函数简称为复变函数，而多变量复变函数称为多复变函数，除此之外还有函数值为多元复数的复向量值函数。由于常把实数域直接看成为复数域的子域，因而，复变函数实际包含了全部实自变量实值函数。复变函数常用的记号是$w=f(z)$。从几何的角度看，复变函数是复平面上的点集到复平面的一个映射（也称为变换），在复平面采用直角坐标系的情况下，自变量记作$z=x+\mathrm{i}y$，函数值记作$w=u+\mathrm{i}v$，则复函数可写成$w=f(z)=u(x,y)+\mathrm{i}v(x,y)$，即一个复函数的映射等同于两个二元实函数的映射。在物理学或力学中，复变函数用来建立平面场的数学模型，例如在流体力学中，平面流速场的速度分布可用复函数$V=V(z)=V_x(x,y)+V_y(x,y)$来表示，其中，$V_x(x,y)$和$V_y(x,y)$是速度分量，$V(z)$称为复速度。在静电学中，平面静电场也可以用复函数$E(z)=E_x(x,y)+\mathrm{i}E_y(x,y)$来表示，$E_x(x,y)$和$E_y(x,y)$是场强分量，$E(z)$称为复场强。

复变函数论 functions of a complex variable, theory of 数学中分析学的分支学科。研究定义域与值域均为复数集的函数。复数是形如$a+ib$的数，其中a，b是任意实数，i称为虚单位，表示$\sqrt{-1}$，即满足关系式$\mathrm{i}^2=-1$，复数与平面上的点(a,b)具有一一对应关系。

L.欧拉在初等函数中引进了复变数，并给出了著名的欧拉公式$\mathrm{e}^{\mathrm{i}x}=\cos x+\mathrm{i}\sin x$，欧拉公式揭示了三角函数与指数函数的关系。欧拉和J.le R.达朗贝尔在研究水力学时引用了一般的复变函数$f(z)=u(x,y)+\mathrm{i}v(x,y)$，并提出$f(z)$在域$D$可导的充要条件是$u$，$v$可微且满足条件

$$\frac{\partial u}{\partial x}=\frac{\partial v}{\partial y},\frac{\partial u}{\partial y}=\frac{\partial v}{\partial x}$$

后被称为柯西-黎曼条件，而域D上的可导函数被称为解析函数或全纯函数。

A.-L.柯西定义了复变函数的积分，建立了复积分的理论，他证明了柯西积分定理：若$f(z)$是单连通区域D上的解析函数，则$f(z)$沿D内任意一条简单光滑闭曲线积分为零。从柯西积分定理可推出一系列重要结论，诸如柯西积分公式、柯西不等式、唯一性定理、最大模原理等。特别可以证明：解析函数一定存在任意阶导数，并且在解析域内任一点的一个邻域上可以展为幂级数。另外，还可以导出留数基本定理，利用这一定理可以证明重要的代数基本定理，还能计算一些较为复杂的定积分。

解析函数$W=f(z)$作为一个映射将复数z的平面上的区域变为ω平面上的区域，而且这样的映射具有局部的近似的同向相似性，因而称为保形映射。B.黎曼关于保形映射的研究奠定了复变函数几何理论的基础，他提出并证明了保形映射的存在唯一性定理：设D为边界多于一点的单连通区域，$z_0\in D$，则存在唯一的解析函数$\omega=f(z)$将D双方单值保形映射为单位圆$|\omega|<1$，且满足$f(z_0)=0$，$f'(z_0)>0$。根据这个定理，单连通区域上的解析函数常常可以化到单位圆上去研究，因而保形映射在复变函数应用上具有重要地位，N.Ye.茹科夫斯基用保形映射研究飞机机翼绕流升力问题就是著名的例子。在黎曼之后，C.卡拉西奥多里进一步提出，上述映射定理中，若D的边界是一条简单闭曲线L，则$f(z)$可以连续开拓到D上，且实现L到$|\omega|=1$的一一对应连续映射。

K.外尔斯特拉斯以幂级数为工具研究解析函数，当幂级数有正收敛半径R时，则幂级数的和函数$f(z)$在收敛圆内为解析函数，而在收敛圆周上至少有一个奇点z_0，即不存在在以z_0为心的小邻域$\varDelta$内解析。而在$\varDelta\cap(|z|<R)$上等于$f(z)$的函数，若在收敛圆周上有一点z_1不是奇点，则存在z_1的邻域$\varDelta_1$，在$\varDelta_1$上有一解析函数$g(z)$，$\varDelta_1\cap(|z|<R)$上$g(z)=f(z)$，这样$f(z)$就被解析开拓到了$|z|<R$外，用这样的方法作所有可能的开拓，得到的函数被称为外尔斯特拉斯完全解析函数。

完全解析函数可能是单值的，也可能是多值的。对于单值函数，最基本的两类是整函数和亚纯函数。整函数是在全平面上的解析函数，是多项式的推广，有推广的因式分解定理；亚纯函数是有理函数的推广，它有推广的部分分式展开定理。这两类函数的重要研究课题是值分布理论，毕卡定理是值分布理论中的古典定理，而R.奈望林纳建立了亚纯函数值分布的近代理论，对函数论的发展产生了重要影响。

对于多值性完全解析函数，存在有一些称为支点的点，当自变量绕支点一周时，函数值会由一个分支值连续地变为另一个分支值。这类多值函数在黎曼曲面上可成为单值函数，后来又建立了抽象黎曼曲面的概念，成为现代数学基本概念——流形的雏形。抽象黎曼面不仅自身理论完美，

而且它为代数几何、自守函数、复流形、代数数论等近代数学重要分支的研究提供了简单明了的模型。

单位圆上规范化的单叶函数$z+a_2z^2+\cdots+a_nz^n+\cdots$，曾由于著名的比伯巴赫猜想$|a_n|\leqslant n$而被许多数学家所研究，其研究成果促进了单叶函数几何理论的发展，这一猜想于1984年为美国数学家L.德布朗基完全证实。

L.伯斯和I.N.韦夸引入广义解析函数概念，它是与柯西－黎曼条件有关的一个偏微分方程组的复解，由这类解所确定的映照称为拟保形映射，是现代复变函数论研究的重要课题。除此之外，解析函数的边界性质、解析函数的正规族理论、H^p空间理论等都是复变函数论现代研究方向。

单复变函数论到多复变函数论的推广似乎应该是很自然的，但实际研究结果表明，由于定义域的复杂性引起了许多本质的差异，使多复变函数理论的建立需要借助于更多的近代数学工具，它还有大量的基本课题有待研究。

复变函数论以其完美的理论和精湛的技巧成为数学的一个重要组成部分，曾推动一些学科的发展，在解决某些实际问题中也是强有力的工具。

复旦大学 Fudan University 中国综合性大学。属教育部。校址在上海。原名复旦公学，1905年由中国近代教育家马相伯创办。1917年改为私立复旦大学。1937年抗日战争全面爆发后，学校内迁至重庆。1941年改为国立大学。1946年迁回上海。到1949年学校已设文、理、法、商、农5个院20多个系（科）。鲁迅、郭沫若、邹韬奋、老舍、竺可桢、马寅初等著名学者曾在校演讲或任教。1952年全国高校院系调整，成为一所文、理综合性大学。20世纪80年代以后，逐步发展成为一所包含人文科学、社会科学、自然科学、技术科学以及管理科学在内的多科性综合大学。2000年4月上海医科大学并入。

设有人文、新闻、法学、经济、管理、软件、生命科学、信息科学与工程、外国语言文学、数学科学、公共卫生、药学、护理及上海医学院等十几个学院。有培养学士、硕士和博士的教学体系；有马克思主义哲学、外国哲学、政治经济学、世界经济、国际关系、中国古代文学、汉语言文字学、基础数学、理论物理、高分子化学与物理、生态学、神经生物学、内科学、儿科学等几十个国家重点学科。图书馆藏书445万册。校园占地面积252万平方米。出版物有《复旦大学学报》等。

复调音乐 polyphony 一种以若干独立的旋律线的结合与发展为基础的音乐。构成复调音乐的各声部在横向结合上各自条理清晰，在纵向结合中按照对位法则形成节奏不一的对比和补充。复调音乐是与主调音乐相对应的思维体系。

欧洲复调音乐早期发源于单纯的格列高利圣咏。复调音乐的发展分为如下几个阶段：

9～13世纪 ①建立在格列高利圣咏基础上、以平行声部为主的起源于9世纪的奥尔加农（organum）是复调音乐最早的形式。它以格列高利的曲调为主，另外加上一个与之平行的旋律。原旋律称作“固定调”（cantus firmus）。②克劳苏拉（clausula）是在12世纪末13世纪初出现的复调音乐。其自身完整而起止分明，从而取代了奥尔加农。③当克劳苏拉发展到后期时，就演变成为经文歌（motet）的雏形。13世纪时的经文歌已成为独立作品。它既保留了平行四、五、八度进行的基本特征，又增加了不协和音程的纵向结合的新因素。④迪斯康特（discant）产生于12世纪，仍以格列高利圣咏为固定歌调，于其上方添加新的声部，两者的距离为八度或五度，声部间出现反向进行。⑤福布尔东（fauxbourdon，法）产生于13世纪，意为假低音，因低声部演唱时实际为高八度。它仍然以格列高利圣咏为固定歌调，新加的声部通常为两个。开始与结尾采用五度、八度，中间用三度、六度，音响效果较前几种丰富。

14～15世纪 随着复调音乐体裁的发展，当时已形成了一个复调音乐的专业创作群体。14世纪，在法国和意大利出现了“新艺术”，代表作家有G.de马绍、F.兰迪尼等人。14世纪，新的发展是在格列高利圣咏上添加曲调时采取自由处理，或固定歌调与新调均为自由创作。这一时期，出现了“等节奏型”的结构原则。这个原则一般用于固定旋律声部。此外，同一主音不同调式及同一调式不同主音的综合运用已很常见。兰迪尼对终止式的安排是用音阶中之Ⅶ级音与Ⅵ级音将终止的主音推出，形成著名的“兰迪尼终止式”。该时期出现对位一词，用以称呼复调音乐的写作技法。对位原意为音对音，亦即几个曲调的结合。对位是艺术化的音乐组合有量音乐与无量音乐在对位中的节奏特征也有新的变化：①等节奏与等节拍的对位。②等节奏与复节拍的对位。③复节奏的对位。

15～16世纪 15世纪后半期至16世纪的复调音乐被称为合唱复调风格的时代，并形成了复调音乐的第一个高峰期，代表作家是意大利的G.P.da帕莱斯特里纳和O.di拉索。他们创作了大量宗教音乐，并发展完善了无伴奏合唱形式。在声部进行中力求避免五度、八度的空洞效果；确定了不协和音的使用原则；调式功能的骨架作用逐步明确。当时的对位技巧也达到了相当的高度，已经形成对比复调与模仿复调两大类型。卡农的多种表现形式已广泛出现：既有单主题的，也有多主题的；既有严格模仿的，也有变形模仿的；既有运用单对位的，也有运用复对位的。模仿复调技法的丰富和调性关系的相对规律，促成了赋格的形成。套曲这种复杂形式也应运而生。

17世纪至18世纪前半叶 16世纪以后，复调音乐无论在结构方面或技术手法方面都已日趋完善，为器乐复调的兴起与发展创造了条件。这一时期的代表作家J.S.巴赫和G.F.亨德尔将复调音乐发展到第二个高峰期。在巴赫的作品中，采取以和声为基础的创作方法，并完善了大小调和声体系。当时的器乐复调体裁主要有创意曲、古代舞蹈组曲、帕萨卡里亚、恰空、赋格等。在发展赋格曲的形式方面，巴赫的贡献更为卓越，他所创作的《平均律钢琴曲集》、《赋格艺术》、《音乐奉献》等，运用了复杂丰富的复调技巧和多样的结构形式，后来的作曲家们都把他的作品视为复调音乐技术的典范。

18世纪后半叶至19世纪 18世纪后半叶起，主调音乐占优势，对位受到和声的制约，写法上从自由节奏的线条织体转变为动机式的旋律短句与和声结合。J.海顿、W.A.莫扎特将赋格运用到室内乐、交响曲等体裁。L.van贝多芬则对赋格进行了创新发展。到浪漫派后期，由于分解和弦的大量使用，旋律线条变为和声性，致使对位愈来愈和声化。总之，在浪漫派后期，复调音乐虽居于次要地位，但仍是创作中不可缺少的一种表现手段。

20世纪 进入20世纪以来，复调音乐再次受到推崇与重视，它以融合进各种风格流派的写作手法及个性化的音乐语言的多元面貌展现出来。20世纪作曲家的作品风格，比之上一世纪有巨大的改变，调性、调式与和弦结构的复杂化取代了已往的基本自然音体系的技法。自1910年后，许多作曲家都热衷于完全自由地使用半音音阶的全部12个音，有的具有调性中心，如P.欣德米特；有的否定调性中心，如A.勋伯格；有的采取双调性、多调性的结合，如D.米约。近代的线条对位一词，原是形容早期复调音乐形式的，现在则常用来形容一个与和声无关单纯旋律线交织形成的结构。除了在音阶材料、调式调性方面的发展外，节奏体系的拓展也是一个重要的创新。20世纪的赋格发展也有了新突破，作曲家们在形式上保持古典的严格程序特征，而在主题结构和调性布局上趋于复杂多样化等。

复分解 double decomposition 两种化合物相互交换组分而生成另外两种化合物的化学反应。凡是生成物为易挥发气体、难溶物或弱电解质时，复分解反应都容易发生。生成物和反应物的挥发性、难溶程度、电离程度差别愈大，复分解反应愈完全。在无机盐工业中，复分解是指含不同离子的两种盐（或碱和盐、酸和盐）在液相（或液－固相）中进行离子交换，生成另外两种盐（或碱和盐、酸和盐）的反应。复分解反应广泛用于化合物合成、分离、去除杂质及调节溶液pH等。

复合材料 composite material 以一种材料为基体，另一种材料为增强体组合而成的材料。各种材料在性能上互相取长补短，产生协同效应，使复合材料的综合性能优于原组成材料而满足各种不同的要求。复合材料的基体材料分为金属和非金属两大类。金属基体常用的有铝、镁、铜、钛及其合金。非金属基体主要有合成树脂、橡胶、陶瓷、石墨、碳等。增强材料主要有玻璃纤维、碳纤维、硼纤维、芳纶纤维、碳化硅纤维、石棉纤维、晶须、金属丝和硬质细粒等。

复合材料使用的历史可以追溯到古代。从古至今沿用的稻草增强黏土和已使用上百年的钢筋混凝土均是复合材料。20世纪40年代，因航空工业的需要，发展了玻璃纤维增强塑料（俗称玻璃钢），从此出现了复合材料这一名称。50年代以后，陆续发展了碳纤维、石墨纤维和硼纤维等高强度和高模量纤维。70年代出现了芳纶纤维和碳化硅纤维。这些高强度、高模量纤维能与合成树脂、碳、石墨、陶瓷、橡胶等非金属基体或铝、镁、钛等金属基体复合，构成各具特色的复合材料。

分类 复合材料按其组成分为金属与金属复合材料、非金属与金属复合材料、非金属与非金属复合材料。按其结构特点又分为：①纤维复合材料。将各种纤维增强体置于基体材料内复合而成。如纤维增强塑料、纤维增强金属等。②夹层复合材料。由性质不同的表面材料和芯材组合而成。通常面材强度高、薄；芯材质轻、强度低，但具有一定刚度和厚度。分为实心夹层和蜂窝夹层两种。③细粒复合材料。将硬质细粒均匀分布于基体中，如弥散强化合金、金属陶瓷等。④混杂复合材料。由两种或两种以上增强相材料混杂于一种基体相材料中构成。与普通单增强相复合材料比，其冲击强度、疲劳强度和断裂韧性显著提高，并具有特殊的热膨胀性能。分为层内混杂、层间混杂、夹芯混杂、层内/层间混杂和超混杂复合材料。

60年代，为满足航空航天等尖端技术所用材料的需要，先后研制和生产了以高性能纤维（如碳纤维、硼纤维、芳纶纤维、碳化硅纤维等）为增强材料的复合材料，其比强度大于4×10^6厘米，比模量大于4×10^8厘米。为了与第一代玻璃纤维增强树脂复合材料相区别，将这种复合材料称为先进复合材料。按基体材料不同，先进复合材料分为树脂基、金属基和陶瓷基复合材料，使用温度分别达250～350℃、350～1 200℃和1 200℃以上。先进复合材料除作为结构材料外，还可用作功能材料，如梯度复合材料（材料的化学和结晶学组成、结构、空隙等在空间连续梯变的功能复合材料）、机敏复合材料（具有感觉、处理和执行功能，能适应环境变化的功能复合材料）、仿生复合材料、隐身复合材料等。

性能 复合材料中以纤维增强材料应用最广、用量最大。其特点是比重小、比强度和比模量大。例如：碳纤维与环氧树脂复合的材料，其比强度和比模量均比钢和铝合金大数倍，还具有优良的化学稳定性、减摩耐磨、自润滑、耐热、耐疲劳、耐蠕变、消声、电绝缘等性能；石墨纤维与树脂复合可得到膨胀系数几乎等于零的材料。纤维增强材料的另一个特点是各向异性，因此可按制件不同部位的强度要求设计纤维的排列。以碳纤维和碳化硅纤维增强的铝基复合材料，在500℃时仍能保持足够的强度和模量。碳化硅纤维与钛复合，不但钛的耐热性提高，且耐磨损，可用作发动机风扇叶片。碳化硅纤维与陶瓷复合，使用温度可达1 500℃，比超合金涡轮叶片的使用温度（1 100℃）高得多。碳纤维增强碳、石墨纤维增强碳或石墨纤维增强石墨构成的耐烧蚀材料，已用于航天器、火箭导弹和原子能反应堆中。非金属基复合材料由于密度小，用于汽车和飞机可减轻重量、提高速度、节约能源。用碳纤维和玻璃纤维混合制成的复合材料片弹簧，其刚度和承载能力与重量大5倍多的钢片弹簧相当。

成型方法 复合材料的成型方法按基体材料不同各异。树脂基复合材料的成型方法较多，有手糊成型、喷射成型、纤维缠绕成型、模压成型、拉挤成型、热压罐成型、隔膜成型、迁移成型、反应注射成型、软膜膨胀成型、冲压成型等。金属基复合材料成型方法分为固相成型法和液相成型法。固相成型法是在低于基体熔点温度下，通过施加压力实现成型，包括扩散焊接、粉末冶金、热轧、热拔、热等静压和爆炸焊接等。液相成型法是将基体熔化后，充填到增强体材料中，包括传统铸造、真空吸铸、真空反压铸造、挤压铸造及喷铸等。陶瓷基复合材料的成型方法主要有固相烧结成型、化学气相浸渗成型、化学气相沉积成型等。

应用 复合材料的主要应用领域有：①航空航天领域。由于复合材料热稳定性好，比强度、比刚度高，可用于制造飞机机翼和前机身、卫星天线及其支撑结构、太阳能电池翼和外壳、大型运载火箭的壳体、发动机壳体、航天飞机结构件等。②汽车工业。由于复合材料具有特殊的振动阻尼特性，可减振和降低噪声、抗疲劳性能好，损伤后易修理，便于整体成形，故可用于制造汽车车身、受力构件、传动轴、发动机架及其内部构件。③化工、纺织和机械制造领域。有良好耐蚀性的碳纤维与树脂基体复合而成的材料，可用于制造化工设备、纺织机、造纸机、复印机、高速机床、精密仪器等。④医学领域。碳纤维复合材料具有优异的力学性能和不吸收X射线特性，可用于制造医用X射线机和矫形支架等。碳纤维复合材料还具有生物组织相容性和血液相容性，生物环境下稳定性好，也用作生物医学材料。此外，复合材料还用于制造体育运动器件和用作建筑材料等。

复合核反应 compound nuclear reaction 能量较低的入射粒子进入靶核后形成处于激发态的复合核，而出射粒子行为能反映复合核内部处于统计平衡状态的反应。特点为核反应截面出现窄而强的共振峰，表示复合核有相对长的寿命，粒子间通过相互碰撞进行充分的能量交换，达到统计平衡状态。

复合核具有激发能，在核内粒子的无规则碰撞过程中，根据统计规律，当一个核子或核子集团具有得到足够能量的概率时，可克服结合能而发射出去，称为复合核的退激发过程或蒸发过程。这种类型的核反应过程中，必须先考虑统计涨落后才能得到核反应概率的合理结果。

复合人才 interdisciplinary talent 同时熟悉若干学科领域科学技术知识，能够解决多种实际问题的人才。在中国称“复合（型）人才”，在日本则称之为“多功能人才”。在高技术领域出现技术复合化趋势，如果三位各具自己本专业知识的专家不能密切配合，那么他们的工作效果可能还比不上一位复合人才。所以，培养造就大批复合人才对于科技发展、经济竞争具有重要意义。

复合制 composite system 国家结构的基本形式之一，包括邦联制、联邦制、君合国、政合国等形式。

《复活》 *Resurrection* 俄国长篇小说。L.N.托尔斯泰著。创作于1889～1899年。青年贵族聂赫留道夫原本善良而有抱负，后来当了军官，堕落成花花公子。趁探家之际，诱奸了姑母家的养女玛丝洛娃。她怀了孕，被赶出家门，沦为妓女。十年后，玛丝洛娃被诬告谋财害命，聂赫留道夫恰巧是法庭的陪审员。法庭上的邂逅，尤其是玛丝洛娃被判服苦役时的哭声，彻底触动了他的良知。在为玛丝洛娃上诉期间，耳闻目

《复活》插图

睹专制制度的黑暗和社会的不合理。他的精神逐渐"复活"，把自己的土地分给农民，并从《福音书》中找到出路：摆脱苦难的方法就是在上帝面前永远承认自己有罪，从而完成了精神和道德的"复活"。玛丝洛娃也完成了精神和道德的"复活"。

小说男女主人公的"复活"，带有浓厚的不以暴力抗恶和道德的自我修身的"托尔斯泰式"的说教。但作者借聂赫留道夫的经历和所见所闻，揭露了俄国宫廷、法庭、监狱、教会等的阴暗面。小说情节集中，结构紧凑，情节细腻，心理描写深刻，艺术手法精纯。

复活节 Easter 基督教重要节日。又称耶稣复活节、主复活节、耶稣复活瞻礼，以纪念《圣经》所说耶稣被钉死在十字架后第三天的复活。据载，耶稣死于犹太教逾越节开始期间，因此初期教会用它来代替犹太教的逾越节。罗马教会于325年规定，从每年春分第一次月圆时算起，第一个星期日（3月21日至4月25日）为复活节。天主教、东正教与新教多数教派认可该节，只是东正教与一些东方教会的复活节因历法不同，在具体时间上比天主教与新教迟一、两周。节日里，除了举行基督教宗教仪式之外，在基督教各国都有形式不同的庆祝活动。

复活节岛 Easter Island; Isla de Pascua 智利的太平洋岛屿。位于南太平洋波利尼西亚群岛的东部。气候潮湿，年平均气温20℃。植被以灌木、草丛居多。面积约180平方千米，略呈三角形。人口3 000多人（2002），为波利尼西亚人，居民信仰天主教。首府安加罗阿。1722年4月5日复活节，荷兰航海家J.罗赫芬发现，故名。1888年9月9日归属智利。小岛四周耸立着600余尊用整块火山岩雕成的巨大半身人像（见复活节岛石雕像），吸引众多游客和研究者。1995年，复活节岛国家公园作为文化遗产被联合国教科文组织列入《世界遗产名录》。经济以旅游业、农业和渔业为主。主要农产品有甘薯、菠萝、西瓜、香蕉、番石榴、杧果等。有一国际机场。

复活节岛人 Easter Islanders 太平洋东南部复活节岛的民族。自称拉帕努伊。为波利尼西亚人的一支。属南方蒙古人种和澳大利亚人种的混合类型。使用拉帕努伊语，属南岛语系波利尼西亚语族，深受塔希提语影响；青年人通晓西班牙语。信天主教。多数认为其祖先约在1 500年前自社会群岛迁来。1722年欧洲殖民者侵入，岛上居民被劫掠到荒岛或南美从事奴隶劳动，上千人死于屠杀或瘟疫，到19世纪后半叶，仅存100～200人。1970年人口才回升到1 400人，且大多混有外来血统。传统文化已保存不多。

复活节岛石雕像 Easter Island, Stone Statues on 新石器时代宗教性质的石雕人像群。复活节岛上沿海地带共有600多尊巨石雕像。巨石雕像大多成排矗立在沿海地带的石砌平台阿胡（带围墙的墓地）上，平台下往往有埋葬死者的墓穴。这些巨石雕像约作于690～1680年间，以公元1000年为界，大致可分为前后两期。前期多系中小型等身大的玄武岩、凝灰岩或火山渣雕像，面向大海，尚未定型。后期多系巨大的火山凝灰岩头像或胸像，一般背朝大海，呈现固定的程式化风格。有些石像头顶饰有圆柱形王冠。石像一般高约3～6米，王冠重约2～10吨。最大的石像高约11.5米，重82吨，王冠重11吨。在此岛采石场上还残留着299个未完成的石像，最大的一尊高约20米，背部尚未从岩石上切割下来。目前，拉诺拉拉库斜坡上的一排15尊石像和阿基维的一排6尊石像保存得比较完整。这些巨

石雕像头部呈长方形，耳朵和鼻子拉长，眼窝深陷，下巴突出，有些雕像背部刻画着文身花纹。1774年，英国航海家J.库克推测这些石像是人们为了纪念已经埋葬的统治者或首领而建的。

复理石 flysch 一种特殊的海相沉积岩组合。由频繁互层、侧向稳定的海相砂岩和（或）较粗的其他沉积岩与页岩层组成。单层薄，而累积厚度大。它们构成了褶皱山脉内部巨厚的地层层序。在世界各造山带中复理石普遍发育，很多还被逆断层和逆掩断层所冲断或形成推覆体，因而常把复理石当作一种构造岩相。它形成于一定构造带和构造阶段，受构造活动控制。复理石的巨大厚度说明复理石的沉积必然是和活跃的沉降作用同期的。

对复理石概念学术界有不同的理解。如常在沉积建造中划分出复理石建造，认为其既有沉积学含义，又有构造含义。有人认为复理石是浊流沉积或浊积岩的同义语。另有人认为浊流沉积岩或浊积岩是沉积学或沉积岩岩石学的术语，而复理石则是构造-岩相术语，二者非同义语。

复利 compound interest 计算利息的一种方法。单利的对称。经过一定期间将所生的利息并入本金再计算利息。它既计算本金的利息，也计算利息的利息。即利息也转化为本金同原来本金一起作为计算下期利息的根据，逐渐滚算，俗称利上滚利。计算的公式为

$$A=P(1+r)^n$$

式中A代表本利之和，P代表本金，r代表利率，n代表期数。

复社 Restoration Society; Fu Society 中国明末清初江南地区政治集团。崇祯元年（1628），张溥、孙淳、吴翻等联合几社、闻社、南社、匡社等，结成复社，提出复兴古学的口号，共推张溥、张采为盟主。复社本来仅集合太仓等郡人物，后来逐渐由江南扩展到江西、福建、湖广、贵州、山东、山西等省，一时名声大振。张溥、张采等人利用其影响往往可以干预科举考试、地方行政，以至内阁辅臣的更迭，成为举足轻重的政治人物。在政治态度上，该社继承东林党，反对阉党的腐败政治。为此，引起原阉党及其他政治派别人物的仇恨和不满。崇祯末，复社多遭攻讦，势力稍衰。清兵南下后，复社成员多参加抗清斗争。南明弘光朝时，柄权的阮大铖、马士英大肆打击复社成员，并图谋杀尽复社之主盟者。顺治九年（1652）被清政府取缔。

复式记账法 double entry bookkeeping 对每项经济业务和事项以相等金额记入相互对应的两个或两个以上账户的记账方法。其主要特点：①以"借"、"贷"为记账符号，每个账户分借贷两方。凡属于资产增加、负债减少、费用增加或所有者权益和收入减少的，均分别记入有关账户的借方；凡属于资产减少、负债增加、所有者权益和收入增加或费用减少的，均分别记入有关账户的贷方。②其记账规则为"有借必有贷、

借贷必相等”，对每一项经济业务或事项都要记入两个或两个以上对应的账户中，并以相等的金额分别记入一个或几个账户的借方和另一个或几个账户的贷方。③利用各个账户借方余额合计数与各个账户贷方余额合计数必然相等的相互对照关系，来检验账簿记录的正确性。

在中国，出现过多种形式的复式记账法，主要有借贷记账法、增减记账法和收付记账法，但现在被要求采用借贷记账法。

复数 complex number　形如$a+bi$的数。式中a，b为实数，i是一个满足$i^2=-1$的数，因为任何实数的平方不等于−1，所以i不是实数，而是实数以外的新的数。在复数$a+bi$中，a称为复数的实部，b称为复数的虚部，i称为虚数单位。当虚部等于零时，这个复数就是实数；当虚部不等于零时，这个复数称为虚数，虚数的实部如果等于零，则称为纯虚数。由上可知，复数集包含了实数集，因而是实数集的扩张。

复数的产生来自解代数方程的需要。16世纪，意大利数学家G.卡尔达诺首先用公式表示出了一元三次方程的根，但公式中引用了负数开方的形式，并把$i=\sqrt{-1}$当作数，与其他数一起参与运算。由于人们无法理解$\sqrt{-1}$的实质，所以在很长时间内不承认负数的平方根也是数，而称之为虚数。直到19世纪，数学家们对这些虚数参与实数的代数运算作出了科学的解释，并在解方程和其他领域中使虚数得到了广泛的应用，人们才认识了这种新的数。

复数的四则运算规定为：

$(a+bi)+(c+di)=(a+c)+(b+d)i$，

$(a+bi)-(c+di)=(a-c)+(b-d)i$，

$(a+bi)\cdot(c+di)=(ac-bd)+(bc+ad)i$，

$\dfrac{a+bi}{c+di}=\dfrac{ac+bd}{c^2+d^2}+\dfrac{bc-ad}{c^2+d^2}i$（$c$与$d$不同时为零）。

复数有多种表示形式，常用形式$z=a+bi$称为代数式。此外有下列形式。

①几何形式。复数$z=a+bi$用直角坐标平面上点$Z(a,b)$表示。这种形式使复数的问题可以借助图形来研究。也可反过来用复数的理论解决一些几何问题。

②向量形式。复数$z=a+bi$用一个以原点O为起点，点$Z(a,b)$为终点的向量OZ表示。这种形式使复数的加、减法运算得到恰当的几何解释。

③三角形式。复数$z=a+bi$化为三角形式$z=|z|(\cos\theta+i\sin\theta)$。式中$|z|=\sqrt{a^2+b^2}$，称为复数的模（或绝对值）；$\theta$是以$x$轴为始边；向量$OZ$为终边的角，称为复数的辐角。这种形式便于作复数的乘、除、乘方、开方运算。

④指数形式。将复数的三角形式$z=|z|(\cos\theta+i\sin\theta)$中的$\cos\theta+i\sin\theta$换为$e^{i\theta}$，复数就表示为指数形式

$$z=|z|e^{i\theta}$$

复数的乘、除、乘方、开方可以按照幂的运算法则进行。

复数集不同于实数集的几个特点是：开方运算永远可行；一元n次复系数方程总有n个根（重根按重数计）；复数不能建立大小顺序。

复眼 compound eye　昆虫主要的视觉器官。由许多六角形的小眼组成。昆虫一般有1对大的复眼和1～3个小的单眼，复眼长在头部两侧上方，有圆形、卵圆形或肾形。昆虫种类不同，小眼的数目也不同，如丽蝇的每个复眼有4 000多个小眼，蜻蜓有28 000多个小眼等。一般小眼数目越多，复眼成像越清晰，它的视力也越强。昆虫复眼不但能分辨近处物体的影像，而且还更能分辨出运动的物体，同时对光的强度、波长和颜色等都有较强的分辨力。

昆虫的单眼很小，常位于头部的背面或额区上方，称为背单眼，也有位于头两侧的，称为侧单眼。单眼的功能与小眼相似。背单眼与复眼同时存在，也有很多种类无背单眼。背单眼的有无、数目和着生位置等常被用作分类特征。

复印机 copying machine　利用可见光或非可见光将书写、绘制或印刷的原件按确定的比例（等倍、放大或缩小）投射到光敏材料上，经过相应的处理后得到原件的复印品的设备。

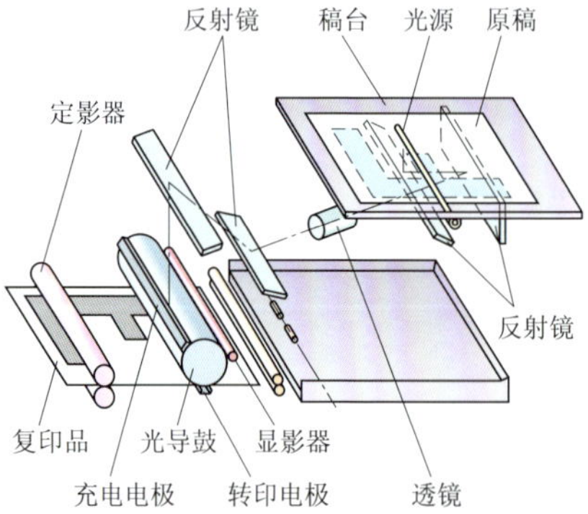

图1　静电复印机结构示意图

简史　20世纪初，文件图纸的复印主要用蓝图法和重氮法。1950年，以硒作为光导体、用手工操作的普通纸静电复印机问世。1959年出现自动复印机（914型）。此后，复印机研究和生产飞速发展，静电复印成为应用最广的复印方法。60年代开始彩色复印的研究，有少数国家生产彩色复印机。80年代，复印技术已经成熟，复印机市场处于繁荣阶段。90年代至今，随着办公自动化的需要，复印机向“三高”（高速度、高质量、高可靠性）和“四化”（小型化、一体化、数字化、全彩色化）以及联机系统（即多功能复合机）方向发展。

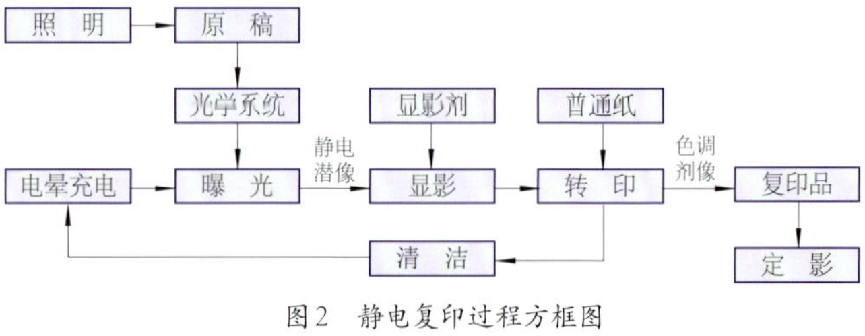

图2　静电复印过程方框图

分类　按工作原理，可分为光化学复印、热印复印、静电复印三种类型。以静电复印机为主导产品。①光化学复印。有直接影印、蓝图复印、重氮复印、染料转印和扩散转印等方法。②热印复印。根据工作原理可分为直接式和转印式。③静电复印。

静电复印机主要有三个部分（图1）：原件的照明和聚焦成像，光导体上形成潜像和对潜像进行显影，复印纸的进给、转印和定影。静电复印基本过程可分为充电、曝光、显影、转印、定影、清洁六个步骤（图2）。

复杂原子光谱 spectra of complex atoms　具有三个或三个以上价电子的原子或离子，其能级的精细结构出现四重、五重甚至更高多重性结构，其光谱的精细结构也十分复杂。如锰、铬和铁等的原子光谱。

复种 multiple cropping　一年内于同一田地上连续种植两季或两季以上作物的种植方式。耕地复种程度的高低通常用复种指数或称种植指数来表示。

复种主要应用于生长季节较长、降水较多（或灌溉）的暖温带、亚热带或热带，特别是一些人多地少的地区。主要作用是提高土地和光能的利用率，以便在有限的土地面积上，通过延长光能、热量的利用时间，使绿色植物合成更多的有机物质，提高作物的单位面积年总产量；使地面的覆盖增加，减少土壤的水蚀和风蚀；充分利用人力和自然资源。

复种是一种集约化程度较高的种植方式，复种的发展受当地热量、土壤、水利、肥料、劳力等条件的制约，其中热量条件常是主要的限制因素。中国在无霜期180天以上、≥10℃积温在3 600℃以上的地区，热量条件可满足小麦、玉米套作一年二熟的要求；无霜期在230天以上、≥10℃积温在5 000℃以上地区，可安全种植双季稻和实行稻田三熟制。由于复种增大了作物对水、肥的要求，需加强农田基本建设，增施肥料，才能满足多熟生产的需要。因此一个地区实行复种时，应根据当地的自然条件和生产条件，确

定可能的复种程度，选择适宜的种植品种和复种方式，有主有次合理搭配，才能发挥当地资源的优势，获得应有的效果。

副本收存制度 copy depositary system 中国历代王朝一项重要的档案管理制度。始见于《周礼》。王朝为便于日常政务利用和更好地保存重要档案的正本，制作档案副本，由主管部的官员保存。自周代后，历代有关重要的户籍赋役档案、律法刑狱档案、标志统治疆域的舆图档案等均要求制作多份副本，地方各级政府要定期造籍，逐级上报并分级管理。至清代，雍正七年（1729）谕："内阁本章及各衙门档案，皆应于正本外立一副本另行收贮。"乾、嘉年间又设副本库吸贮副本。中国历史上的档案副本收存制度与文书拟办过程中的文书副本制度不同。这种多层次、多套制的制作副本，均为了对档案的安全保管。

副流感病毒感染 parainfluenza virus infection 副流感病毒引起的急性呼吸道传染病。发病多见于2岁以下幼儿。潜伏期3～6日。主要临床类型有：①上呼吸道感染。②急性气管炎和支气管炎。③阻塞性（哮吼性）喉炎，有声哑、犬吠样咳嗽、呼气性喘鸣等，严重时有吸气性呼吸困难，可表现为三凹征及紫绀。④细支气管炎和肺炎。确诊可用呼吸道分泌物接种组织培养中分离病毒，也可做血清补体结合试验、血凝抑制试验及中和试验。治疗以支持和对症疗法为主。继发细菌感染时，可用抗菌药治疗。

副热带高压 subtropical high 位于南北半球20°～30°纬度带地区的高压系统。20°～30°纬度地区是哈得来经圈环流和费雷尔经圈环流（见大气环流）下沉气流区，在对流层中低层形成一条高压带，通常称为副热带高压带。在此高压带上，强度分布是不均匀的，在北半球太平洋和大西洋，南半球太平洋、大西洋和印度洋上存在高压中心，并为反气旋环流，称为副热带高压。在北半球太平洋上的高压称为北太平洋副热带高压，此高压经常分裂为两个单体，在太平洋西部称为北半球西太平洋副热带高压，简称西太平洋副高，是夏季影响中国天气的主要天气系统。

西太平洋副热带高压中下层以辐散气流为主，呈反气旋环流和下沉气流。在夏季，西太平洋副热带高压西部脊区经常伸入中国大陆。在脊区因高温下沉，经常造成高温干旱天气。因高压西部偏南气流从海洋带来暖湿空气，到高压北侧转变成偏西风并与北方冷空气相遇，形成一个副热带性质的雨带，在中国和日本称为梅雨带。而在高压南侧，因反气旋南侧的偏东风与更南侧的西南季风汇合，形成热带性质的热带辐合带雨带，在此雨带上常在海洋地区形成台风，影响中国。西太平洋副热带高压随季节而在东亚南北移动，并且移动具有跳跃性。

副伤寒 paratyphoid 由副伤寒沙门氏菌（副伤寒杆菌）引起的急性传染病。由于病原菌的不同可分为副伤寒甲、副伤寒乙及副伤寒丙。其流行学及临床特点与伤寒相似，但潜伏期较短，首发症状多为急性胃肠炎，发热不规则，玫瑰疹少见，肠出血及肠穿孔等严重并发症很少发生，预后一般良好，病后慢性带菌者少。由于副伤寒杆菌甲、乙、丙与伤寒杆菌的鞭毛抗原各不相同，故肥达氏试验可作鉴别的参考，而确诊仍有赖细菌培养。治疗及预防与伤寒相同。

赋 fu 中国古代文体名。赋用作文体的名称，最早见于战国后期荀子的《赋篇》，其中分别铺写了云、蚕、礼、知、箴五种事物，可以说是由铺陈发展到以赋名篇的肇始。但是，赋作为文学体制，则可追溯到楚辞。战国中期屈原的《离骚》、《九歌》等篇章，当时并不曾以赋题称，到西汉刘向、刘歆领校秘阁图书时，为屈原编集，始称之为"屈原赋"25篇，《汉书·艺文志》予以著录，同时还著录有"宋玉赋"16篇、"唐勒赋"4篇。楚辞与赋之间，确实存在着密切的关系，所以后代文体分类常以辞赋合称，并认屈原为辞赋之祖。但楚辞与汉以后的正宗大赋在精神和体貌上又有所不同，所以后人也有将辞与赋加以区分的。

赋在内容上大多是借物抒志，在艺术表现上注重铺陈，在语言上多用华美的辞藻。赋也很讲究声韵的美，它把散文的章法、句式与诗歌的韵律、节奏结合在一起，借助于长短错落的句子、灵活多变的韵脚以及排比、对偶的调式，形成一种自由而又谨严、流动而又凝滞的文体，既适合于散文式的铺陈事理，又能保存一定的诗意。

赋在发展演变过程中，受到同时代的诗歌或散文的影响，一直保持半诗半文的性质，而成为一种特殊的文体。赋体的形式在文学史上有几次大的演变。明代徐师曾的《文体明辨》曾把赋分为古赋、俳赋、律赋、文赋四类，大致说明了赋在不同发展时期体制上的变迁和特点。

赋格曲 fugue 复调乐曲的一种形式。赋格曲建立在模仿对位的基础之上，从16～17世纪的声乐经文歌和器乐里切卡尔演变而成。

赋格曲分两个主要部分：①呈示部。指主题依次在各声部作最初的陈述。开始主题在主调上从某一声部单独进入，接着第二声部在属调上模仿主题，称为答题，而原主题声部继续出现的与答题形成对位的旋律称为对题。答题如严格模仿主题，称为纯正答题；如与主题形成守调模仿，称为守调答题。对题在赋格曲的进行中再次出现时保持不变者称为固定对题。伴随主题或答题的旋律经常改变者称为自由对题。呈示部中主题进入的次数与赋格曲声部的数目相等。②发展部。根据赋格曲总的布局，此部分可能是最后一部分，也可能又分为中间部与再现部。因此，赋格曲有二段式和三段式两种类型。发展部中主题的进入比较自由，进入次数也无定规，调性转换亦较频繁复杂。此外，根据曲中所用主题的多寡，存在单赋格曲、二重赋格曲和三重赋格曲等多种形式。

赋役 system bus 赋税和徭役的合称。赋税指历代统治阶级用强制方法向人民征收的实物、银钱等；徭役即历代统治者强迫人民从事的无偿劳役，包括军役、力役、杂役等。最初，周王室和诸侯向臣属定期征用兵杂、武器、衣甲等，称赋；征收农产品称税或租。春秋后期，各国逐渐从田亩征赋，赋和税渐趋混合。秦汉起，按田地、人丁、户籍征收赋税。明代中叶实行一条鞭法，清雍正时实行摊丁入地，赋税就专指田赋，而将盐、铁、茶、酒以及行商、典当、契约等的征课统称征榷或杂税。到清末，习惯上把赋税作为多种税课的统称。起初，赋也包括军役。秦汉以后，赋和役始有明显区别。秦代规定，男子22岁起，每年在郡县服军役一月，称更卒，在中央服役一年，称正卒，屯边一年，称戍卒。汉代也行此制度，民夫还可出钱募代，称更赋。以后历代徭役名目繁多，办法苛刻，即使在非战争年代，为筑城挖河、营造宫室、整治园囿等征发动辄数十万人，使田地荒芜，严重破坏了社会生产力。

傅抱石 Fu Baoshi（1904-10-05～1965-09-29） 中国现代中国画家、美术史论家。原名长生、瑞麟。生于江西南昌，卒于江苏南京。少家贫，11岁时自学篆刻、书画。后入省立第一师范，在学期间著《国画源流概述》。1926年毕业于一师艺术科，留校任教。1929年著《中国绘画变迁史纲》。1933年赴日本留学，入东京美术学校研究部，攻读东方美术史及工艺、雕塑。1934年在东京举办个人画展。翌年7月回国，任教于南京中央大学艺术系。抗日战争时期，在郭沫若主持的国民政府军事委员会政治部第三厅任秘书。1942年9月在重庆举办壬午个人画展。1946年返迁南京。1952年任南京师范学院美术系教授。1957年任江苏省国画院院长。历任中国美术家协会副主席、美协江苏分会主席、江苏书法印章研究会副会长、西泠印社副社长、全国政

《潇潇暮雨》

协委员、第三届全国人民代表大会代表等职。

傅抱石的艺术道路大体可分三个阶段：①30岁以前广泛师法古人，尤其推崇石涛。在日本期间又研究日本近代绘画，融合了中外绘画方法。②居四川8年，其创作产生飞跃。蜀中山川气势磅礴，变化奇谲，云烟迷濛，孕育了他的艺术变革。他作画多用皮纸，劲毫破笔散锋，别具一格，尤善画雨景。代表作有《万竿烟雨》、《潇潇暮雨》、《大涤草堂》以及人物故事画《九歌》、《琵琶行》、《丽人行》等。③中华人民共和国建立后，三次远行，推动了创作的三变。1957年率中国美术家代表团访问罗马尼亚、捷克斯洛伐克时，用中国画形式画欧洲风光，此前尚属罕见。1959年与关山月合作，为人民大会堂绘制了巨幅山水画《江山如此多娇》，毛泽东亲为题句。翌年秋率江苏中国画工作团赴陕西、四川、湖南、广东等省做长达两万五千里的旅行写生，创作了《待细把江山图画》、《西陵峡》、《黄河清》等作品。1961年夏又远游东北三省，北国风情使他纵情挥毫，画风更为豪放。傅抱石的绘画艺术开启了现代金陵山水画派的一代新风，具有强烈的民族特点和时代感，个性突出，气魄雄健。

傅抱石先后出版画册多种。其著述主要为《中国古代山水画史的研究》、《中国绘画理论》、《人物山水技法》、《中国的人物画和山水画》、《中国美术年表》、《晋顾恺之〈画云台山记〉之研究》、《郑板桥试论》、《石涛上人年谱》、《中国篆刻史述略》、《中国之工艺》、《摹印学》。

傅抱石还善书法、篆刻。其篆书基于汉印，化入秦篆、西周金文，典雅端穆。楷书、行书具晋唐风韵，谨严遒劲，方直险峻。治印初学赵之谦，后融各家之长，自成一格，雅正刚劲，奇崛多姿。

傅承义 Fu Chengyi (1909-10-07～2000-01-08) 中国地球物理学家。原籍福建闽侯。生于北京，卒于北京。1933年毕业于清华大学物理系。1940年赴加拿大留学，1941年获麦吉尔大学物理学硕士学位。同年转赴美国科罗拉多矿业学院攻读地球物理勘探。1944年因地震首波的研究获得美国加利福尼亚理工学院地球物理学博士学位。1947年回国后在地球物理研究所工作。后在北京地质学院(1953～1956)、北京大学(1956～1961)、中国科技大学(1964～1966)创建地球物理探矿、地球物理等教研室。1977年起任中国科技大学地球物理及空间科学系系主任。长期任中国科学院地球物理研究所所长。1957年当选中国科学院学部委员(院士)。是中国地球物理学会第三届副理事长、中国地震学会第一届副理事长。

专长固体地球物理学、地震学和地球物理勘探，对地震波的传播理论做过开创性研究。对地震体波、面波、首波及地球射线的理论有独到见解。发表有50余篇学术论文及4部专著。

傅聪 Fu Cong (1934-03-10～) 英籍中国钢琴家。生于上海。自幼受到父亲傅雷的艺术教育，并向意大利钢琴家、指挥家梅百器学习钢琴。1953年参加布加勒斯特第四届世界青年联欢节钢琴比赛获第三名。1954年赴波兰学习钢琴，1955年获肖邦国际钢琴比赛第三名兼玛祖卡演奏最佳奖，是中国最早在钢琴演奏方面获得国际声誉的钢琴家。1958年底移居英国，后

入英国籍。曾在世界各地举行音乐会，并录有大量唱片。1979年以后，经常回国演奏、讲学。1982年应聘为中央音乐学院钢琴系兼职教授。在钢琴演奏中，他善于将东、西方音乐文化相融合，有很高的艺术造诣。尤其精于演奏W.A.莫扎特、F.F.肖邦和C.德彪西的钢琴作品。

傅东华 Fu Donghua (1893-04-21～1971-09-09) 中国翻译家、作家。原名则黄，笔名伍实等。浙江金华人。1912年毕业于上海南洋公学中院（中学部），翌年考入中华书局任翻译员和编辑员，开始投身文学。1916年后在浙江、北京执教英语。1921年参加文学研究会。1924年进商务印书馆任编辑。1926年起在中国公学、上海大学兼课。1928～1932年任复旦大学中文系教授。1933年任《文学》月刊执行编委，1934年起主编《文学》大型月刊，同时为生活书店主编《创作文库》20余种，收入老舍、巴金、沈从文等人的作品。1935年任暨南大学教授。1943年后隐居上海，从事文学翻译及文字学研究。中华人民共和国建立后，任中国文字改革委员会研究员、中华书局《辞海》编辑所编审、《辞海》语辞学科主编。为上海市政协委员。他的译作有《堂吉诃德》、《失乐园》、《伊利亚特》、《红字》、《飘》、《夏伯阳》、《虎魄》等十余种；著作有《文学批评ABC》、《国文法程》、《字流》、《李白与杜甫》、《李清照》、散文《山核桃集》等。

傅京孙 Fu, King-Sun (1930-10-02～1985-04-29) 美籍华裔模式识别与机器智能专家。浙江丽水人，生于南京，卒于美国华盛顿。1953年在台湾大学获理学士学位，1955年在加拿大多伦多大学获理学硕士学位，1959年在美国伊利诺伊大学获哲学博士学位。1959年在美国波音公司任工程师，1960年起在美国普渡大学任教，被授予工程学特级教授。他是美国工程院院士(1976)、台湾“中央研究院”院士(1978)、古根海姆基金会会员，曾获美国工程教育学会的高级研究奖、电气和电子工程师学会(IEEE)教育奖、美国信息处理学会联合会(AFIPS)的哈里·古德纪念奖。

傅京孙的主要贡献在模式识别方面。他是国际模式识别学会(IAPR)第一任主席，美国IEEE计算机学会机器智能与模式识别委员会的第一任主席。出版了5本专著和18本编著，发表约400篇论文。

傅科 Foucault, Jean-Bernard-Léon (1819-09-19～1868-02-11) 法国实验物理学家。生于巴黎，卒于巴黎。早年学医，后转入实验物理学的研究。1853年获物理学博士学位。1855年获英国皇家学会的科普利

奖章，1864年被选为会员。1862年被授予法国荣誉骑士二级勋章并受聘为经度局的成员。1865年为法国科学院院士。柏林科学院和圣彼得堡科学院院士。

1850年傅科采用旋转镜法，测定了光速在空气中比在水中大。1862年改进了实验仪器设备，准确地测定空气中的光速为289 000±500千米/秒。1851年在巴黎成功地进行了傅科摆的实验，直接验证了地球的自转，因此被授予荣誉骑士五级勋章。傅科的贡献还有：1841～1847年和A.H.L.斐索合作改善达盖尔照相术，并用于天文摄影；1847年实现了C.惠更斯的锥摆的设想，用被称为傅科钟的装置测地球的转动；1848年通过观察分析，认为含钠盐碳弧焰能吸收它的发射光；1855年发现了放在强磁场中的运动圆盘因电磁感应而产生涡电流（即傅科电流）；同年设计了光度计；1857年创制了偏振仪器（傅科棱镜）；1858年设计了反射式望远镜的椭球面镜；1860年创制了定日镜的跟踪装置。

傅雷 Fu Lei (1908-04-07～1966-09-03) 中国文学翻译家、作家。字怒安，号怒庵，上海南汇人。幼年丧父。曾就学于上海徐汇公学初中、大同大学附中，在校期间参加五四运动。1926年，考入上海持志大学。在校期间，开始发表小说。1928年赴法，在巴黎大学文科听课，同时专攻美术理论和艺术评论。留学期间游历瑞士、比利时、意大利等国，并开始翻译法文著作。

1931年秋，傅雷回国与刘海粟合编《世界名画集》。后受聘于上海美术专科学校，任校办公室主任兼授美术史及法文。他编写的美术史讲义，部分载于他与倪贻德合编的《艺术旬刊》上，并译出《罗丹艺术论》作为美术教材。1932年与庞薰琹（琴）和倪贻德成立“决澜社”。从1932年10月至翌年5月，他为《时事新报》“星期学灯”专栏撰文，内容涉及法国文艺、文学史研究、中国音乐与戏剧等，反映了他的博学多才以及在文学、绘画、音乐诸方面的深厚修养和高超见解。1933年9月，其母病故，他辞去美专职务，专事翻译及著述。这时期的译著均由商务印书馆出版，其中以罗曼·罗兰的《约翰·克利斯朵夫》最为重要（1937年第1卷出版，1941年2～4卷出版）。1942～1945年，译《贝多芬传》及《高老头》等作品多由骆驼书店出版。1944年4月曾以“迅雨”笔名发表《论张爱玲小说》，对她的创作倾向提出了中肯的批评。1945年，与周煦良合编《新语》半月刊，5期后停刊。

中华人民共和国建立后，傅雷专心翻译法国作家巴尔扎克的作品，一面将旧译重订，一面又另译新本。其译作行文流畅，文笔传神，翻译态度严谨。傅雷的翻译理论及实践影响了一代译者及读者。1958年被错划为“右派”，“文化大革命”中因不堪忍受迫害和凌辱，与夫人朱梅馥愤而自杀。1979年得以平反昭雪。

傅雷一生译著丰富，除巴尔扎克译作15种外，还有服尔德（现译伏尔泰）4种，P.梅里美2种，莫洛阿3种，以及苏卜、杜哈曼、丹纳等人的作品，共计30余种。1981年起，由安徽人民出版社陆续出版《傅雷译文集》15卷。《傅雷家书》整理出版（1981）后，也为读者所注目，曾多次再版。

傅里叶 Fourier, (Jean-Baptiste-) Joseph (1768-03-21～1830-05-16) 法国数学家。生于奥塞尔，卒于巴黎。1795年曾在巴黎综合工科学校任讲师。1798年随拿破仑远征埃及，当过埃及学院的秘书。1801年回法国，又任伊泽尔地区的行政长官。傅里叶很早就开始并一生坚持从事热学研究。1807年他在向法国科学院呈交一篇关于热传导问题的论文中宣布了任一函数都能够展成三角函数的无穷级数。1811年他又呈交了修改过的论文，获得1812年科学院颁发的关于热传导问题的奖金。1817年傅里叶当选法国科学院院士，并于1822年成为科学院的终身秘书。1827年又当选法兰西学院院士。他的著作《热的解析理论》于1822年出版，成为数学史上一部经典性的文献。书中处理了各种边界条件下的热传导问题，以系统地运用三角级数和三角积分而著称，他的学生以后把它们称为傅里叶级数和傅里叶积分，这个名称一直沿用至今。傅里叶在书中断言：“任意”函数（实际上要满足一定的条件，如分段单调）都可以展开成三角级数。他列举大量函数并运用图形来说明函数的这种级数表示的普遍性，但是没有给出明确的条件和完整的证明。

傅里叶的创造性工作为偏微分方程的边值问题提供了基本的求解方法——傅里叶级数法，从而极大地推动了微分方程理论的发展，特别是数学物理等应用数学的发展；其次，傅里叶级数拓广了函数概念，从而极大地推动了函数论的研究，其影响还扩及纯粹数学的其他领域。

傅里叶深信数学是解决实际问题的最卓越的工具，并且认为“对自然界的深刻研究是数学最富饶的源泉”。这一见解已成为数学史上强调通过实际应用发展数学的一种代表性的观点。

傅里叶变换 Fourier transform 一种特殊的积分变换。它来源于函数的傅里叶积分表示。

若$f\in L(-\infty,\infty)$，则

$$\hat{f}(u)=\frac{1}{2\pi}\int_{-\infty}^{\infty}f(t)e^{-iut}dt$$

称为f的傅里叶变换。若$\hat{f}(u)\in L(-\infty,\infty)$，则几乎处处有下列等式：

$$f(x)=\int_{-\infty}^{\infty}\hat{f}(u)e^{iux}du$$

上式也称为$\hat{f}(u)$的傅里叶逆变换。

当$f\in L^2(-\infty,\infty)$时，则有

$$\int_{-\infty}^{\infty}|\hat{f}(u)|^2du=\int_{-\infty}^{\infty}|f(x)|^2dx$$

这相当于傅里叶级数中的帕塞瓦尔等式。

傅里叶变换不仅在数学、物理学的理论研究中有用，而且在工程计算中有实用价值。一些手册中编制了傅里叶变换的表，以备查用。

傅里叶光学 Fourier optics 现代光学的一个分支，将电信理论中使用的傅里叶分析方法移植到光学领域而形成的新学科。又称信息光学。在电信理论中，要研究线性网络怎样收集和传输电信号，一般采用线性理论和傅里叶频谱分析方法。在光学领域里，也可采用线性理论和傅里叶变换理论研究光在光学系统中的传播。两者的区别在于，电信理论处理的是电信号，是时间的一维函数，频率是时间频率，只涉及时间的一维函数的傅里叶变换；在光学领域，处理的是光信号，它是空间的三维函数，不同方向传播的光用空间频率来表征，

需用空间的三维函数的傅里叶变换。20世纪60年代发明了激光器，使人们获得了新的相干光源后，傅里叶光学无论在理论和应用领域均得到了迅速发展。傅里叶光学运用频谱分析方法对广泛的光学现象作了新的诠释。其主要内容包括标量衍射理论、透镜成像规律以及用频谱分析方法分析光学系统性质等；其应用领域包括空间滤波、光学信息处理、光学系统质量的评估、全息术以及傅里叶光谱学的研究等。

傅里叶级数 Fourier series 由给定的函数决定的一种特殊三角级数。它是**调和分析**主要研究的对象。

设$y=f(x)$为周期2π的函数，在$[0,2\pi]$上可积。则以

$$a_n=\frac{1}{\pi}\int_0^{2\pi}f(x)\cos nx\mathrm{d}x$$

$$b_n=\frac{1}{\pi}\int_0^{2\pi}f(x)\sin nx\mathrm{d}x \quad (n=0,1,\cdots)$$

为系数的三角级数

$$\frac{a_0}{2}+\sum_{n=1}^{\infty}(a_n\cos nx+b_n\sin nx)$$

称为f的傅里叶级数。

对于傅里叶级数的收敛性有各种判别法。由这些判别法可以推出：当$f(x)$满足李普希茨条件时，f的傅里叶级数收敛于$f(x)$。当$f(x)$有连续的导函数时，f的傅里叶级数一致收敛于$f(x)$。若$f(x)$是分段单调函数，则f的傅里叶级数收敛于$[f(x+0)+f(x-0)]/2$。

傅里叶级数的系数a_n与b_n有一些重要性质。比如，当$f\in L(0,2\pi)$时，a_n与b_n趋于$0(n\to\infty)$。又如，当$f\in L^2(0,2\pi)$时，

$$\frac{1}{\pi}\int_0^{2\pi}|f(x)|^2\mathrm{d}x=\frac{a_0^2}{2}+\sum_{n=1}^{\infty}(a_n^2+b_n^2)$$

此等式称为帕塞瓦尔等式。

傅立叶 Fourier, (François-Marie-) Charles (1772-04-07～1837-10-10) 法国哲学家、经济学家，空想社会主义者。生于贝桑松，卒于巴黎。自学成才。1793年参加里昂联邦派起义，一度被捕。1809年后在里昂、巴黎等地任职员。

傅立叶认为人类社会应符合一般规律，社会全部进程有上升和下降的波动，每个历史阶段又有其上升和下降时期。傅立叶按照生产的性质把人类社会划分为原始时期、蒙昧时期、宗法制度、野蛮制度、文明制度、保障制度、协作制度和和谐制度。

傅立叶对资本主义制度进行了无情的批判，揭露资产阶级平等、自由和博爱的虚伪性。傅立叶设想的理想社会是“和谐社会”，社会基层单位是独立的自给自足的“法郎吉”。傅立叶的学说在批判资本主义制度、启发工人觉悟方面曾起过进步作用，但他幻想用宣传、说服和示范的办法实现他的理想社会。他在法国，特别是在美国建立协作移民区进行试验，结果以失败告终。主要著作有《四种运动论》(1808)、《宇宙统一论》(1822)、《新的工业世界》(1829)、《伪实业》(1835～1836)。他还创办《法郎吉》周刊和《工业改革》期刊等。

傅懋勣 Fu Maoji (1911-05-16～1988-09-13) 中国语言学家。字兹嘉。生于山东聊城。1939年毕业于北京大学。曾任华中大学、华西协合大学讲师、副教授，华中大学中文系教授兼系主任。1950年获英国剑桥大学博士学位。1951年起，先后任中国科学院语言研究所研究员、少数民族语言研究所及民族研究所副所长、中国文字改革委员会委员、国家民族事务委员会委员、《民族语文》杂志主编、中国民族语言学会会长、中国民族古文字研究会会长、中国语言学会副会长和顾问、全国政协第三至第七届委员等职。

傅懋勣主要从事中国少数民族语言研究。是中国彝缅语研究开拓者之一。所著《维西麽些语研究》、《丽江麽些象形文〈古事记〉研究》和《纳西族图画文字〈白蝙蝠取经记〉研究》对纳西族**东巴文**经书中的两部名著作了详细的译解，为纳西族语言、文化历史、民间文学以及一般文字发展史和古文字解读提供了可贵的资料和研究方法。他还在**彝语**、**羌语**、**纳西语**、**傣语**、**维吾尔语**和汉语的语音、语法、文字改革，以及少数民族语文工作等方面发表了一系列有影响的学术论文。

傅三乾 Fu Sanqian (1866～1950) 中国川剧演员。工丑。原名兴文。四川隆昌人。自幼入川戏班学艺。16岁入资阳大名班附设的三字科班深造，受业于岳春、萧遐亭、罗开堂等名角，先习武生，后改学**丑**。演戏认真、踏实、不尚卖弄。每演一戏，必先对剧本主题、人物性格作透彻了解。善于随处留心，观察揣摩世态人情，提炼入戏，并能借鉴京、汉等剧种长处，补己之短。身怀绝技，不废基本功，直到80多岁高龄，还能演出《扯符吊打》、《毛延寿奔番》等功夫戏。活跃于川剧舞台70多年，以其精湛的表演技艺塑造了不少纨绔子弟、赃官、暴君的形象。1918年，在重庆发起创办裕民科社，热情教授艺徒，对川剧艺术事业作出了贡献。**刘成基**、周裕祥、李文杰等均受其教益。

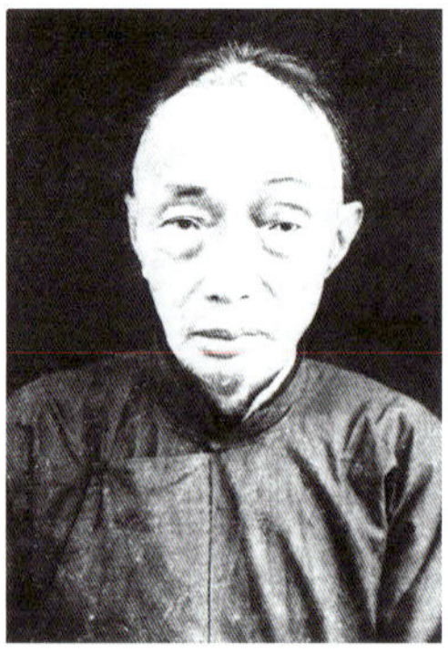

傅山 Fu Shan (1607～1684) 中国明末清初思想家、书法家、学者、医学家。初名鼎臣。字青竹，后改字青主，号真山、石道人、松侨老人等。山西阳曲（今太原）人。明诸生。明亡后，着朱色衣，居土穴中，自号朱衣道人，并参与秘密抗清活动。清顺治十一年（1654）被劾下狱，次年获释后隐居。康熙十七年(1678)，被强征博学鸿词科，授中书舍人，坚辞不就。傅山博通经史诸子和佛道之学，擅长音韵、训诂，工诗文、书画、金石，又精医学。在哲学上，傅山强调事物的发展变化，注重实际。自称崇拜老庄，薄道“仁义”，以“异端”自居。对宋明理学多有批判。他评注老、庄、墨、荀等十余家子书，旁征博引，常以佛道印证和解释诸子，并将诸子与六经并列，开清代子学研究之先河。其山水画风格古拙奇特。书法工篆、隶、楷、行、草诸体，尤精于草书，并提出“宁拙毋巧，宁丑毋媚，宁支离毋轻滑，宁真率毋安排”的书法美学观点。其楷书，笔法缓稳沉着，笔笔到家；结字从容不迫，宽博而不疏散；体势趋圆、趋转，融有篆籀遗法。行草书纵逸跌宕，生动自然，最能表现出宏逸、浑脱的艺术风格。篆隶书笔法淳古，多见于他古文字研究的批语中。傅山医术精湛，擅长内、外、儿诸科，尤精于妇科。诗文和学术著作有《霜红龛集》、《荀子评注》、《淮南子评注》等，医学著作有《外经微言》、《辨证录》、《傅青主女科》等。《傅山全书》是搜罗最全的傅山著作汇编。

《行草书五律诗轴》

傅斯年 Fu Sinian (1896-03-26～1950-12-20) 中国历史学家。字孟真。祖籍江西永丰。生于山东聊城，卒于台湾台北。1909年就

读于天津府立中学堂，1913年考入北京大学预科，1916年升入北京大学文科。受到当时“民主与科学”思潮的影响，参与组织新潮社，创办《新潮》月刊，提倡新文化。五四运动中，担任北京学生游行总指挥。1919年后，先后入英国伦敦大学研究院、德国柏林大学哲学研究院学习。1926年冬回国后，出任广州中山大学教授兼文学院院长和历史系、中文系主任。从1928年11月起，长期任中央研究院历史语言研究所所长，创办并主编《历史语言研究所集刊》，主张客观的科学研究，注重史料的发现与考订，并延揽一流人才，对推动中国的历史语言研究有重要贡献。30年代一度参加独立评论社的工作。1937年春，兼代中央研究院总干事。抗日战争全面爆发后，任国民参政会参政员、西南联大教授，主张坚持抗战，抨击贪官污吏。抗战胜利后，一度代理北京大学校长。1948年当选立法委员。1949年1月，随历史语言研究所迁至台北，并兼台湾大学校长。著作编为《傅孟真先生集》。

傅天正 Fu Tianzheng (1907～1972) 中国杂技、魔术研究家，魔术表演家。原名傅德荣，号润华。四川长寿（今属重庆）人。父亲傅志清早年留学日本，曾参加李叔同、欧阳予倩等创办的话剧团体“春柳社”。7岁随父登台演戏。稍长，因日本魔术师正意浪花来华演出，得以初识魔术。1929年先入上海中国公学文科，后入北京大学法商系。

读书期间与上海魔术家莫悟奇、张慧冲结为密友，并拜北派魔术家韩秉谦为师。1931年在北平创办维纳斯幻术社。1936年又在重庆创办环球幻术学社。抗日战争时期，与爱国人士联合义演。流动演出的同时，两度写成魔术、杂技、游艺研究初稿而两度毁于战乱。中华人民共和国建立后，先后在川、沪两地创办新中国幻术歌舞团和傅天正魔术团（亦称天正幻术创研实验社），1959年并入国营上海魔术团。20世纪60年代中期完成《中国杂技（通）史》的初稿，“文化大革命”中再度被毁。80年代以来，其后人在整理其存稿的基础上，陆续编纂出版了《中国杂技》、《中国杂技史》等书。

傅铁山 Fu Tieshan (1931-11-03～2007-04-20) 中华人民共和国全国人民代表大会常务委员会副委员长，中国天主教爱国会主席。河北清苑人。卒于北京。1941～1956年在北京天主教备修学院，北京教区小修道院、大修道院，文声学院哲学系、神学系学习。1956年后历任北京西什库天主堂神甫、北京南堂神甫、北京教区神学院外语教师。

1979年后历任天主教北京教区主教，北京市政协常委，中国国际交流协会副会长，中国天主教爱国会副主席、教务委员会副主任、主教团副团长。1992年后历任中国天主教主教团副主席兼秘书长，北京市天主教爱国会主席、教务委员会主任、北京教区主教，中华海外联谊会常务理事，北京市人民对外友好协会副会长。1998年后任中国天主教爱国会主席，北京市政协副主席。2003年当选第十届全国人大常委会副委员长。是八届、九届全国人大常委会委员，全国政协六届、七届常务委员。

傅玄 Fu Xuan (217～278) 中国魏晋间诗人、学者。北地泥阳（今陕西铜川市）人。魏齐王曹芳正始年间与王沈等共撰《魏书》。时上疏批评虚无放诞的风气，议尊儒学。傅玄年少时避难于河内，专心诵学，后虽显贵而著述不废，撰论经国九流及三史故事，评断得失，各为区别，名为《傅子》，受到世人的重视。傅玄工诗，尤以乐府著名。他的乐府诗典雅工丽，具有说教性。善写女性，而且风格清丽。著名的如《苦相篇》、《秋胡行》、《秦女休行》等，都表现了对妇女题材的关注。除此之外，傅玄的《车遥遥篇》、《吴楚歌》更以清新婉丽的风格别树一帜。《晋书》本传记载傅玄有集百余卷，两《唐志》著录为50卷，已佚。明人张溥辑其遗作为《傅鹑觚集》，在《汉魏六朝百三家集》中。他现存的诗和文、赋，分别见逯钦立《先秦汉魏晋南北朝诗》及严可均《全上古三代秦汉三国六朝文》。

傅衣凌 Fu Yiling (1911-05-29～1988-05-14) 中国历史学家，中国社会经济史学奠基者之一。原名家麟，笔名休休生。福建福州人。卒于厦门。1933年发表《秦汉之豪族》等论文，开始步入史学界。1934年毕业于厦门大学历史系。1935～1937年赴日本法政大学研究院攻读社会学。1941～1945年，先后应聘到福建协和大学、福建学院、省立师专等校任副教授、教授。

他致力于中国经济史，特别是农村经济史的研究，注重民间记录的搜、集、编，进行社会调查，先后编著出版了《福建省农村社会经济参考资料汇编》(1942)、《福建佃农经济史丛考》(1944)两书。1946年，在福建省研究院社会科学研究所任研究员，连续发表了徽州商人、洞庭商人、陕西商人、福建海商等系列论文。1947年，写成《清代中叶川陕湖三省地区的手工业生产形态》一文，首次涉及手工业中资本主义萌芽诸问题。1950年，回厦门大学工作。历任全国政协第五、六届委员，中国民主同盟中央委员、中央参议委员会委员、民盟福建省委副主委；中国史学会理事、中国经济史学会副会长；福建省社科联副主任、顾问，福建省历史学会会长；厦门大学副校长、文科学术委员会主任、古籍整理委员会主任、历史系主任、历史研究所所长、《厦门大学学报》(哲学社会科学版)主编、《中国社会经济史研究》主编、名誉主编；中国科学院历史研究所兼任研究员；日本京都大学人文科学研究所客座教授。20世纪50年代以来，他以探究中国封建社会长期迟滞问题为核心，集中研究明清社会经济史，发展了社会史和经济史相结合的治学风格，提出中国封建社会弹性论、乡族论、中国资本主义萌芽论等比较系统的独到见解，受到海内外学术界的重视。

主要著作有《明清时代商人及商业资本》(1956)、《明代江南市民经济试探》(1957)、《明清农村社会经济》(1961)、《明清社会经济史论文集》(1982)、《明清福建社会与乡村经济》(与杨国桢共同主编，1987)、《中国通史参考资料》古代部分第七册（主编，1988）。还有《明清社会经济变迁论》、《明清封建土地所有制论纲》、《傅衣凌治史五十年文编》等著作。

傅鹰 Fu Ying (1902-01-19～1979-09-07) 中国化学家。字肖鸿。祖籍福建闽侯。生于北京，卒于北京。早年就读燕京大学。1922年留学美国密歇根大学研究院并获科学博士学位。1929年回国。先后任北京协和医学院、东北大学、山东大学、重庆大学教授和厦门大学教务长兼理学院院长。

1945年再度赴美，继续从事科学研究。1950年回国。相继任北京大学化工系、清华大学和北京石油学院教授。1954年重返北京大学，1962年任副校长。1955年当选中国科学院学部委员（院士）。留美期间提出利用润湿热测定固体粉末比表面的方法（这种方法比BET气体吸附法早8年）。发现并确证溶液中吸附存在多分子层的事实和特有的温度效应，设计了计算表面活度系数和测定多孔固体比表面的方法。中国胶体与表面科学的主要奠基人，在北京大学和中国科学院分别创建了相关的教研室和研究室。编有《胶体科学》等教材，出版专著《化学热力学导论》(1963)、《大学普通化学》(1980)。

傅友德 Fu Youde (?～1394) 中国明代开国功臣，明初将领。其先宿州（今安徽宿州南）人，后徙居砀山（今安徽砀山东）。元末参加农民起义，先从刘福通部，后归明玉珍，再从陈友谅，均无所成就。元至正二十一年（1361），朱元璋攻江州（今江西九江），傅友德率众降。朱元璋奇其才，使将兵从常遇春攻取庐州（今安徽合肥）。在鄱阳湖之战中，以克武昌功授雄武卫指挥使。继而转战江淮之地，战功卓著。二十七年，从徐达北进中原，领军独当一面，连连取胜。洪武三年（1370），从徐达攻定西，大破扩廓帖木儿军，又移兵伐蜀，取汉中。是年冬，论功授荣禄大夫、柱国、同知大都府事，封为颍川侯。次年，充征虏前将军，统军10万，与汤和分道伐蜀，蜀平。四年与冯胜征西凉，获全胜。十四年入云南，出奇制胜，灭元梁王军主力，梁王自杀，全部归降，云南平。十七年，晋封颍国公。此后数征西北，斩获甚众。又练兵山、陕，屯田大同，立十六卫，以功加太子太师。友德每战必先士卒，所至多立功，明太祖朱元璋屡敕奖劳。后以请怀远田千亩，触怒朱元璋，赐死。

傅振伦 Fu Zhenlun (1906-09-25～1999-03-15) 中国博物馆学、考古学、方志学、档案学专家。字维本。生于河北新河，卒于北京。1929年毕业于北京大学史学系。曾在北京大学、北平大学、故宫博物院古物馆、白沙国立女子师范学院、北碚修志馆、沈阳东北博物院筹备委员会、国立东北大学、中国历史博物馆、南开大学等任职。

傅振伦1930年参加河北易县燕下都老姥台遗址的发掘工作。1931年参加整理研究居延汉简。1935～1936年参加中国艺术伦敦国际展览会工作。抗日战争时，在贵州保管故宫库房文物。1939～1940年赴莫斯科筹办中国艺术展览。1956年负责校订《苏联博物馆学基础》。论著主要有《博物馆学概论》、《明代瓷器工艺》、《中国伟大的发明——瓷器》、《中国美术全集·元明清陶瓷艺术》。

傅作义 Fu Zuoyi (1895-06-27～1974-04-19) 中国人民政治协商会议全国委员会副主席，爱国民主将领。字宜生。山西荣河安昌村（今属临猗）人。卒于北京。1918年毕业于保定陆军军官学校。1926年任阎锡山晋军师长。1928年参加蒋介石“二次北伐”，获胜后任天津警备司令。1930年加入反蒋“中原大战”，失败后移驻绥远。1935年当选国民党五届中央执行委员。1936年11月，在绥远击败入侵日军和伪蒙军。抗日战争全面爆发后，初任第二战区第7集团军总司令，参加忻口会战和太原保卫战；继任第八战区副司令长官，发动五原反击战，迫使日伪军撤出河套地区。抗战胜利后，大举进攻绥、热、察中共解放区，占领归绥（今呼和浩特）、集宁、丰镇等地。1946年全面内战爆发，再占晋察冀边区首府张家口。1948年起任华北“剿总”总司令。次年1月天津失守后，接受中共条件，和平交出北平（今北京）。9月，促成绥远起义。中华人民共和国建立后，历任中央人民政府委员、中央人民政府军事委员会委员、水利部部长、绥远军政委员会主席、绥远省军区司令员。1954年任国防委员会副主席。1955年获一级解放勋章。1964年任全国政协第四届副主席。

富弼 Fu Bi (1004～1083) 中国北宋大臣。字彦国。洛阳（今河南洛阳东）人。庆历二年（1042）为知制诰。辽重兵压境，富弼奉命出使辽，拒绝割地要求，以增加岁币而还。三年，任枢密副使，上当世之务十余条及安边13策，大略以进贤退不肖；止侥幸、除积弊为本。与范仲淹等共同推行庆历新政。不久被排挤，出知郓州、青州（今山东益都）。时河北大水，流民南至京东。富弼动员所辖地方出粟救灾；山林河泊之利，任流民取以为生；募数万饥民为兵。至和二年（1055），与文彦博同时被任为宰相。嘉祐六年（1061），以母丧罢相。英宗即位，召为枢密使，因足疾解职，进封郑国公。熙宁二年（1069），复相，竭力反对王安石变法，称疾求退，出判亳州（今安徽亳州市）。青苗法出，他拒不执行。后退居洛阳，仍继续请求废止新法。

富春江 Fuchun River 中国钱塘江下游河段，西起浙江省桐庐西，东至杭州市萧山区，河段长68千米。是钱塘江在这一段的别名，江宽500～1 000米。江段比降小，水流缓慢，多沙洲，受潮汐影响。沿途有绿渚江、壶源江、大源溪等支流汇入。已建成富春江水利枢纽，因位于七里乡七里垅峡口故又称七里垅水库，上距新安江水库约60千米，东至杭州110千米。总库容9.2亿立方米，水电站装机容量29.72万千瓦，年发电量9.23亿千瓦·时，是以发电为主，兼有调洪、航运、养殖、灌溉等综合效益的水利枢纽。

《富春山居图》 *Painting of Mountain Village by the Fuchun River* 中国元代山水画作品，黄公望晚年代表作。纸本，水墨。纵33厘米，横636.9厘米。黄公望曾寓居浙江富阳，熟悉富春江风物。此图写富春江沿岸景物，具有写生特点，山体画法用大披麻皴，布局严整，画风雄秀，对后世山水画影响很大。《富春山居图》现存两卷，其一是题赠僧无用的“无用本”，另一本为“子明本”。清乾隆年间，“子明本”被征入宫，乾隆皇帝定为真迹，以后入宫的“无用本”为伪迹，嘉庆年间重新鉴定予以更正。“无用本”清初曾遭火烧，分为两段，

《富春山居图》(局部)

其前边一小段称《剩山图》，现藏浙江省博物馆；后段称《无用师卷》，与子明本现藏台北“故宫博物院”。2011年6月，台北“故宫博物院”举办“山水合璧——黄公望与富春山居图”特展，两岸所藏的《剩山图》与《无用师卷》在分开360余年后首次合璧展出。

富恩特斯 Fuentes, Carlos (1928–11–11～) 墨西哥作家。生于墨西哥城。毕业于墨西哥国立自治大学，后入日内瓦国际高级研究院进修。长篇小说《阿尔特米奥·克鲁斯之死》(1962)，用你、我、他三个人称，写主人公临终前的三个不同的意识层面，展示了墨西哥革命的复杂，揭露了墨西哥政治的黑暗和腐败。小说《换皮》(1967) 通过几个人物的一次奇异的旅行，把古代希腊、古代美洲、第二次世界大战和嬉皮士时代等几段历史神奇地重叠起来，从而给出不同的解读方法。《我们的土地》(1975) 表现虚构的历史和历史的虚构，体现了一种带有一定片面性和或然论倾向的历史观和艺术观。剧作《月光下的兰花》写两位著名的女明星多洛雷斯·德尔·里奥和玛利亚·费利克斯。由于作品表现了二者的同性恋关系，曾受到影迷和舆论的非议。其他主要作品还有短篇小说集《戴假面具的日子》(1954)，长篇小说《最明净的地区》(1958)、《好良心》(1959)、《和劳拉·迪亚斯在一起的岁月》(1999) 等。

富冈铁斋 Tomioka Tessai(1837–01–25～1924–12–31) 日本水墨画家、书法家。生于京都，卒于京都。原名猷辅，字无倦，

《夜景山水图》(1908)

号铁斋。约1852年起学画。1881年以后，定居京都，过着学者兼画家的生活。富冈铁斋好收藏奇书异画，尤喜旅游。在绘画上，他主要靠自学，糅合日本水墨画与中国明清文人画样式，约50岁时，形成了富有魄力和生气的艺术风格。他的水墨画笔墨奔放，不拘程式。80岁以后诸作，更是浑厚深邃。他的书法受中国书家郑板桥、金农、何绍基影响，怪诞多变，拙中藏巧。书画作品逾万件，种类有卷轴、障屏、册页、扇面等。代表作为《不尽山顶全图》、《群仙高会图》(1918)、《武陵桃源图》(1891)、《赤壁图》、《孙真人山居图》(1921) 等。

富加德 Fugard, Athol (1932–06–11～) 南非戏剧家。生于米德尔堡。1962年曾帮助伊丽莎白港的一些黑人业余演员成立巨蛇剧团，深受黑人群众的欢迎。他的主要剧本有反映南非黑人及有色人痛苦生活的《没有益处的星期五》(1958)、《血缘》(1961)、《鲍斯曼和列娜》(1969)、《希兹尉·班西死了》(1972)、《岛》等，还有描写南非贫穷白人不幸遭遇的《哈罗和再见》(1965)、《在那儿生活的人们》等。《血缘》为他赢得了世界声誉。《鲍斯曼和列娜》拍成电影，富加德自己出演鲍斯曼，上映后观众之多，超过以前任何一部南非剧本。

富锦市 Fujin City 中国黑龙江省辖县级市。位于省境东北部，松花江下游的三江平原。面积8 227平方千米。人口44万 (2010)，有汉、满、回、朝鲜、赫哲等19个民族。古为肃慎属地。清宣统元年 (1909) 由富克锦巡检地置富锦县。1988年撤县设市。由佳木斯市代管。矿产资源有石灰岩、花岗岩、陶土等。农业盛产玉米、小麦、大豆、水稻、甜菜等，是黑龙江省重要的粮食和大豆生产基地。工业以机械、电力、食品、化工、造纸、酿造、粮食加工等为主。

富拉尼帝国 Fulani Empire 19世纪西非富拉尼人建立的穆斯林神权国家。又称索科托王国、索科托哈里发。王国缔造者奥斯曼·丹·福迪奥于1804年领导西非最大的“圣战”，1808年推翻豪萨城邦贵族统治，建立富拉尼帝国，范围包括今尼日利亚北部、贝宁（达荷美）东北部、尼日尔西南部和喀麦隆北部，面积达50万平方千米。1809年，奥斯曼将帝国分为索科托及格万杜两个王国。1817年，奥斯曼去世，其子贝洛成为富拉尼帝国的政治和宗教领袖。在他的统治下富拉尼帝国达到鼎盛时期。

1831年，索科托王国与格万杜王国合并。英国于1853年同索科托苏丹签订商务条约。1903年英国击败索科托军队，富拉尼帝国的大部分被并入北尼日利亚保护国，其余部分被法、德两国瓜分。

富拉尼人 Fulani 非洲西部跨界民族。又称菲拉尼人、富拉人、富尔人、颇尔人、富尔贝人等。有2 658万人 (2002)，为非洲第三大族，仅次于埃及人和豪萨人。分布在西非和中非广大地区：西临大西洋，东达乍得湖，北起萨赫勒地区，南及喀麦隆高原。分属尼日利亚、几内亚、塞内加尔、马里、喀麦隆、尼日尔、布基纳法索、贝宁、几内亚比绍、塞拉利昂、冈比亚、佛得角、加纳、多哥、毛里塔尼亚和乍得等国。属柏柏尔人和苏丹尼格罗人的混血人种。使用富拉尼语（又称富尔富尔德语），属尼日尔-科尔多凡语系尼日尔-刚果语族。有以拉丁字母为基础的拼音文字。多信伊斯兰教，部分信基督教或保持万物有灵信仰、自然崇拜和祖先崇拜。

富拉尼人少女

富拉尼人发祥于非洲大陆塞内加尔河流域及其南部的福塔托罗高地。7世纪开始建国。11世纪曾扩张领土，北达毛里塔尼亚广大地区。后柏柏尔人南移进入富拉尼人地区，并与之混合。自12世纪开始，富拉尼人除部分留居故地外，大多数人分为南下支系和东进支系，开始了长达6个世纪的迁移扩散。在扩散过程中与当地各族杂居混合，形成几个较大的聚居区，多数已融化于其他民族之中，失去本族语言，放弃游牧生活，改营农业、手工业或商业，皈依伊斯兰教。至今仅有30%的人继续从事传统的畜牧业。传统社会多行一夫多妻制，各妻室独居。盛行嫡堂兄妹成婚和兄死弟及的习俗。亲属称谓多为易洛魁类型。按父系续谱、居住和继承财产。在游牧富拉尼人中流行不落夫家的习俗。今日富拉尼人多以农耕为生，兼事各种手工业或商业；部分人从事畜牧业，饲养长角牛，多过季节性游牧生活。

富拉尼人散居于苏丹尼格罗各族之中，出现了复杂的民族同化或融合现象。今尼日利亚北部的1 500多万富拉尼人基本上已豪萨化，正在与豪萨人一起形成豪萨-富拉尼人。在喀麦隆北部，富拉尼人同化了当地尼格罗各族，形成富拉尼化的阿达马瓦人。

富拉尼语 Fulani language 西非的重要语言。又称富尔贝语、富尔富尔德语等。主要使用于尼日利亚北部和中部。此外，从冈比亚到喀麦隆的许多西非国家都有使用

者。属**尼日尔－科尔多凡语系**尼日尔－刚果语族西大西洋语支。富拉尼语用拉丁字母的一种变体书写，字母顺序为富拉尼语所特有。重音通常落在长元音上。历史上从阿拉伯语吸收了许多词语，当代则从法语和英语大量借词。通常语序为主－动－宾型。

富兰克林 Franklin, Benjamin (1706-01-17～1790-04-17) 美国资产阶级政治家、思想家和科学家。生于波士顿的手工业者家庭，卒于费城。自学成才。通晓法、西班牙、意大利、拉丁等多种语言。做过学徒。1729年创办《宾夕法尼亚报》。他热心公共事业，协助创办一些文化教育事业。1731年在费城建立北美第一个公共图书馆。1732～1757年编印《可怜的理查德历书》，被译成12种文字，畅销欧美各国。1751年帮助创建宾夕法尼亚大学。1736～1776年历任宾夕法尼亚议会秘书、议员。1757～1775年几次代表殖民地赴英谈判，曾幻想和平解决争端。独立战争爆发后，毅然归国参战，担任宾夕法尼亚治安委员会主席，并出席第二届**大陆会议**，参加起草《**独立宣言**》。1778年签订《**法美同盟条约**》和《法美友好通商条约》，并促使法国、西班牙、荷兰先后参战，加速了**北美独立战争**的胜利。是年，他被大陆会议委任为驻法大使。1783年9月作为美国代表团成员与英签订《**巴黎条约**》。1785年归国担任宾夕法尼亚州州长。

富兰克林是研究电学的先驱者。1752年进行震惊世界的用风筝吸引天电的实验，并发明避雷针。在光学、化学、热学、声学等方面也作出了重要的贡献。在文学方面造诣很深，生前撰写的《富兰克林自传》是一部优秀的文学作品。他在英国还获得圣安德鲁斯大学 (1759) 和牛津大学 (1762) 法学博士衔。

富勒 Fuller, Lon Luvois (1902-06-15～1978-04-08) 美国法学家，第二次世界大战后新自然法学派主要代表之一。生于得克萨斯州赫里福德。曾长期任哈佛大学法理学教授。主要著作有《法在探求自己》、《法理学》、《法的道德性》、《法的虚构》和《法的自相矛盾》。

富勒学说的基本思想是：在人类有目的的活动中，道德和法是不可分的。为了正确认识法和道德的关系，首先应分清愿望的道德和义务的道德。前者指充分实现幸福生活和人的力量的道德，后者指社会生活的基本要求。法和义务的道德十分相似，而和愿望的道德并无直接联系；法无法迫使一个人达到他力所不及的优良程度。富勒认为，法是使人的行为服从规则治理的事业。他把法当成一种活动，一种有目的的和不断努力的事业，其成功有赖于处理法的人，因而法也就注定不能完全实现自己的目的；而反对这种观点者则认为法是社会权力，只研究法现在是什么和做什么，而不是去研究法打算做什么或变成什么。

西方法学界认为富勒是第二次世界大战后最权威的法理学家之一。他的新自然法学说主要涉及他所说的自然法的程序法，对自然法的实体目的却很少论述。

富勒烯 fullerene 仅由碳原子组成的具有封闭笼形结构的碳原子簇的总称。见**全碳分子**。

富连成社 Fuliancheng Troupe 中国京剧科班。1904年在北京正式成立，初名“喜连陞”，后改“喜连成”。吉林商人牛子厚为班主，**京剧**演员叶春善任社长。1912年夏，沈姓接办，改名“富连成”(后简称“富社”)，仍由叶春善掌理。1948年停办。历时44年，培养了“喜、连、富、盛、世、元、韵”7科学生近700人，是历史最长、规模最大、造就人才最多的一所京剧科班。长期任教的教师有**萧长华**、苏雨卿、宋起山、唐宗成、蔡荣桂等。姚增禄、茹莱卿、郭春山、王长林、**尚小云**等戏曲名家都曾来社兼课授艺。所演大小剧目近400出，尤以“三小戏”和武戏的严谨整齐，形成自家风格；最为著称的是连台“三国戏”。此社只收男生，随到随考，入科年龄为6岁至11岁。坐科年限一般为7年。科班供给食宿衣履。教学设施皆沿袭传统旧制，以口传心授的方法，使学生通过学戏来掌握各门艺术技能；着重舞台演出实践，常年在固定的戏园公演，日不间断。培养的演员有雷喜福、**马连良**、**谭富英**、**叶盛兰**、**裘盛戎**、**袁世海**、谭元寿等。此外，**梅兰芳**、**周信芳**等都曾在这里搭班学艺。富连成社不仅培养了大批戏曲人才，还保留、整理、创排了大量京剧优秀剧目，为中国京剧艺术的继承、发展作出了承前启后的重要贡献。

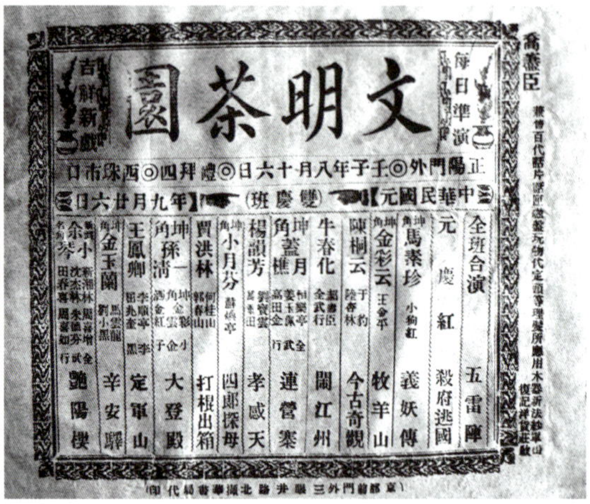

广和楼富连成社戏单

富纳富提 Funafuti **图瓦卢**首都。位于图瓦卢群岛最大环礁富纳富提环礁东部的法塔托岛。人口4 492 (2002)。有椰子加工厂和手工艺品作坊，生产、出口椰干和具有当地特色的手工艺品。

富士财团 Fuji Business Group 影响日本经济最重要的**财团**之一。又称芙蓉财团。由第二次世界大战之前的安田财阀发展而来。

安田家族原是明治维新时代的特权商人，以经营钱币兑换起家。1863年，安田善次郎在东京开设货币兑换店安田屋，创立了基业。1880年创办合本安田银行，1900年改称安田银行，以金融业为基础向纺织、建筑、铁路等部门扩展。1912年成立了持股总公司安田保善公司，初步形成安田财阀。第二次世界大战结束时，安田金融机构的实缴资本占全国同类资本总额的17.2%，位居日本四大财阀之首。战后，占领军解散日本财阀，安田银行改称富士银行，其他企业也被分割。

1952年日美条约签订后，三井、三菱等财团积极恢复。1960年底，安田集团才以富士银行为中心，开始集合第二次世界大战前的安田集团所属企业，组建起“芙蓉会”，形成新的财团。

富士集团的核心富士金融企业，包括富士银行、安田信托银行、安田火灾海上保险、安田人寿保险。富士银行分支机构多，营业面广，与东京地方关系密切，经营条件明显优于其他财阀的银行。富士财团所属工商企业中的支柱企业是鲇川义介的日产**康采恩**，旗下包括日产汽车公司、日立制作所、日本油脂等77家企业，在日本经济社会具有举足轻重的影响。在商贸方面，富士集团所属的丸红公司有很强实力，是日本和世界最大的商贸企业之一，对日本经济国际化的进程起重大作用。日产汽车公司是日本的第二大汽车企业。

富士胶片株式会社 Fuji Film Co., Ltd. 日本综合性大型跨国企业集团公司。摄影器材与感光材料制造商。始建于1934年，前身是大日本赛璐珞株式会社的照相胶片部。

1944年扩充光学部，建立富士照相机株式会社，开始生产各种照相机、镜头与光学仪器。

21世纪初，富士是日本最大的感光材料制造厂商，主要生产各种胶片、相纸及特种行业（医疗、印刷、遥感、集成电路生产等）使用的特种感光材料、磁记录材料、各种传统（中片幅、135、APS）相机、一步成像相机、镜头、放映机、复印机、缩微设备、冲洗设备、望远镜、内窥镜等。数码摄影兴起后，富士又成为知名的数码相机与数码彩扩机制造商。

富士山 Fuji-san 日本最高峰，活火山。日本国家与民族的象征。位于本州岛中南部，东北距东京约80千米，南距太平洋岸26千米。山体呈圆锥形，山峰海拔3 776米。山顶终年积雪，景色秀美壮丽，日本奉为“圣山”。山顶火口湖直径约800米，深约220米。环绕锯齿状火山口边缘的有“富士八峰”，即剑峰（最高峰）、白山岳、久须志岳、大日岳、伊豆岳、成就岳、驹岳和三岳。山麓北侧有熔岩流造成的火山堰塞湖，统称“富士五湖”，自东往西依次为山中湖、川口湖、西湖、精进湖和本栖湖。其中川口湖海拔831米，因其平静的湖面上能映出富士山的倒影而闻名。富士山地处富士火山带中部，距今约1万年前由熔岩喷发形成，喷出物最大厚度约1 500米，将小御岳和古富士两个古火山体湮没。历次喷出物相继堆积，呈层状构造，为典型的成层火山。自781年有文字记载以来共喷发18次，其中800、864、1707年为三次大喷发。现在山顶的成就岳、伊豆岳和山腹宝永火口等处仍有喷气和地热现象。富士山有寄生火山70多座，数量居全国第一。自然带呈垂直分布，山顶终年白雪皑皑。早在平安时代即为登山“圣地”，顶峰建有久须志、浅间等神社。现为日本“特别名胜地”富士箱根伊豆国立公园的核心景区，也是世界著名的游览胜地。

富士山景色

富特文格勒 Furtwängler, Wilhelm (1886-01-25～1954-11-30) 德国指挥家。生于柏林，卒于巴登-巴登。自幼学习钢琴。7岁开始作曲。17岁时已作有交响乐、合唱、室内乐等作品。后转向指挥。1905年开始，历任苏黎世、斯特拉斯堡、吕贝克等地乐队的指挥。1915～1920年任曼海姆歌剧院指挥。1920年应R.施特劳斯的招聘，入柏林国家歌剧院任指挥。1922年又兼任莱比锡布业会堂及柏林爱乐交响乐团的指挥。此后在各国演出，影响遍及欧美。1931年后，任拜罗伊特音乐节的指挥。1937年成为柏林国家歌剧院音乐总指导、柏林爱乐乐团指挥和德国纳粹政府的音乐顾问。第二次世界大战后他曾被视为战犯，1947年宣判无罪后才重新公开演出。1952年任柏林爱乐乐团终身指挥。

富阳市 Fuyang City 中国浙江省辖县级市。位于省境北部。面积1 808平方千米。人口72万（2010）。西汉置富春县。东晋太元十九年（394）改富阳县。1958年属杭州市。1994年撤县设市。由杭州市代管。主要矿产有石灰岩、白云石、高岭土、铁、铜、铅、磷等。农作物以水稻、小麦、甘薯、油菜子为主，是全国商品粮基地县之一，也是茶、桑、橘、菇、鱼、笋等主要产地。安顶“云雾茶”、富春江鲥鱼素享盛名。工业有机械、纺织、化肥、造纸、水泥等门类。名胜古迹有鹳山风景区、龙门古镇、百米瀑、龙羊奇泉等。

富阳市龙门古镇（即龙门村）

富营养化 eutrophication 湖泊、水库等水域的植物营养成分（氮、磷等）不断补给，过量积累，致使水体营养过剩的现象。富营养化是一种由来已久的环境现象，但人类活动促进和加剧了富营养化的发展。农田施肥、农业废弃物、城市生活污水和工业污水中营养物质输入都是导致水体富营养化的原因，其中农田化肥经径流排入水体占最主要地位。

水体富营养化会导致水质下降、水产资源被破坏和湖泊衰退等。在富营养化的水体中生长着以蓝藻、绿藻为优势种类的大量水藻，水质变得浑浊，湖水感官性状大为下降；而且阳光难以透射进入湖泊深层，藻类死亡后不断地腐烂分解，消耗深层水体中大量的溶解氧，使水体溶解氧降低，严重影响鱼类和其他水生生物的生存。植物富营养物质氮素在水中经微生物作用后，可氧化成硝酸根，其中间产物亚硝酸根是一种潜在的致癌物质，对人体健康有害。水体富营养化还会导致水华、赤潮的发生。

防止富营养化的发生首先要减少营养物质氮、磷排入水体。对于富营养水体也可采取疏挖底泥、去除水草和藻类、引入低营养水稀释、实行人工曝气和恢复水体生态系统并保持平衡等措施。

富祖里 Fuzuli, Mehmed bin Süleyman（约1495～1556） 突厥诗人。生于今伊拉克卡尔巴拉，卒于卡尔巴拉。精通阿拉伯语和波斯语，但主要用阿塞拜疆突厥语写作。长诗《雷莉和马杰农》（1536～1537）是一对被封建道德扼杀的情人的恋爱悲剧。旋律优美，感情表达细腻，成为穆斯林古典作品的典范。小说《怨诉之书》歌颂劳动人民的智慧和理想，揭露土耳其宫廷的腐败和横暴。他的遗著有16卷，对土耳其文学及周边各国文学的发展影响很大。曾被列为世界文化名人加以纪念。

腹地 hinterland 为港口提供出口货物和销售进口商品的内陆地区。又称港口腹地、港口吸引范围。腹地面积的广度及其经济潜力的大小，通常受内陆地区的自然条件、社会与经济水平、港口与内陆交通联系条件、港口自身基础以及对外联系能力的影响。自然条件是决定港口腹地大小的最重要的因素之一，平行于海岸线的山脉、高原、水系的分水岭往往是港口腹地的自然分界线。社会经济发展水平、铁路、运河和港口建设条件等因素的变化，则可引起港口腹地范围的扩展或缩小。由于不同港口的功能不同，对腹地的作用也不同，因此存在多个港口共用同一腹地的现象，其共同部分称为混合腹地。为一个港口服务的称为直接腹地。腹地一词除了传统含义之外，现已被引申指位于一般经济和文化中心城市周围的毗邻地区。

《腹地》 *Rebellion in the Backlands* 巴西纪实小说。作者E.da库尼亚。1902年出版。卡奴多斯是巴西腹地的一个小镇，19世纪80年代，一个名叫安东尼奥的人来此传教，信徒弃家离乡，追随他以卡奴多斯为中心建立了一个近乎原始公社的居民地。一件小事造成当地居民与地方当局的冲突，进而引发了卡奴多斯农民起义。联邦政府派军队远征卡奴多斯，对起义农民进行血腥镇压。《腹地》便是对这场历史悲剧进行纪实报道的作品。全书由《腹地》和《斗争》两个部分组成，第一部分包括《土地》和《人民》两章。在《土地》章中，作家对巴西全国，特别是对腹地的地理、地形、植物、动物等自然环境进行了研究，把沿海地区与腹地加以比较，目的在于说明自然条件对人类生活的作用及影响。在《人民》章中，作家对巴西各地区的人，特别是腹地人进行研究并加以比较，描写腹地居民的生活。第二部分《斗争》是政府军残酷镇压卡奴多斯起义农民的纪实。面对残暴的政府军，起义农民表现出了视死如归的英雄气概。双方力量的对比极其悬殊，卡奴多斯最终陷落了，然而它是一寸一寸地被征服的，起义农民没有投降，一直战斗到最后一个人。《腹地》虽然不是一部纯粹的文学作品，但因其语言和风格的高度艺术性而被视为一部伟大的文学作品、巴西民族的《圣经》。

腹毛动物门 Gastrotricha 动物界一门。已发现2目13科47属400余种，分隶于大毛虫目和鼬虫目。全球性分布，在陆地的潮湿土壤、沼泽，河流、湖泊，海洋中的河口、半咸水，从潮间带到大陆坡都可见。为水生小型的假体腔动物，体长一般不超过1毫米，少数种类体长可达4毫米，身体不分节，一般呈长椭圆形、带形或卵圆形，尾部通常分叉；腹面的表皮细胞为单纤毛型或复纤毛型；身体的前、后和侧面生有黏腺；由表皮分泌物形成的角质层覆盖于整个身体表面，其上可形成鳞片、棘刺或小钩。口位于身体前端，三射的咽部具有单层放射的肌上细胞，肠由圆柱体的上皮细胞所构成，其上具纤毛。肛门开口在近后端的腹面。咽的前方有两个相互连接的神经结，另有一对侧神经索。没有平衡器，也没有特化的循环和呼吸器官。触角、化学感受和光感受等器官均源于纤毛。

多为雌雄同体，卵巢位于身体中部之后，卵一般为1～5个，较大，精巢位于身体中部两侧。多数鼬虫目种类失去了精巢而行孤雌生殖。常以黏腺附着于沉积物的表层和其间隙中以及大型固着生物和漂浮的植物上。有些种类缺乏黏腺，营浮游生活。

腹膜炎 peritonitis 腹膜的炎症性疾病。多急性发病，可由细菌感染、化学性刺激或物理性损伤所致。主要表现为持续性剧烈腹痛，并可随腹部活动而加剧，故患者常愿采取固定体位，使腹式呼吸受限制。患者常有发热、脉搏加快、腹肌较紧张并有压痛、肠蠕动音减弱和血液中白细胞数升高等临床表现；严重患者可出现休克。

病因和分类 ①继发性腹膜炎。绝大多数继发于腹腔内原有病变。常见原发病变为腹腔内脏器穿孔、破裂，如急性阑尾炎、胃十二指肠溃疡穿孔等。其次，还有腹腔内脏器的感染扩散，如急性胰腺炎、肠梗阻所致的肠坏死、女性生殖器官化脓性炎症或产后感染等。②原发性腹膜炎。较少见。腹腔内无原发病变。多为肺炎双球菌和链球菌引起，多见于儿童。病原体经血液、淋巴途径感染腹腔，在女性生殖系统的炎症亦可蔓延至腹膜。还有一种原发性腹膜炎（又称特发性腹膜炎或自发性腹膜炎）是发生在门静脉性肝硬化腹水患者中，因抵抗力低下、肝功能较差等情况，肠道内细菌经血液至腹腔，引起腹膜炎。结核杆菌引起的腹膜炎称结核性腹膜炎。

诊断和治疗 凡持续性腹痛，有腹肌紧张、压痛和反跳痛等腹膜刺激征，并伴有发热、血中白细胞增多等全身感染和中毒现象者，即可诊断。根据病情采用手术或非手术治疗。手术目的是清除感染病灶与腹腔内脓液，非手术治疗主要是用广谱抗生素或几种抗生素联合应用。

腹水 ascites 某些病变所致腹腔内聚积一定量液体的临床体征。它不是一种独立的疾病。正常人的腹腔内仅含有少量液体，对内脏起润滑作用。腹水可由心脏病、肝脏病、肾脏病、结核病、腹腔肿瘤等多种疾病引起。在中国，肝炎后肝硬化是引起腹水最常见的原因。患者有少量腹水（300～500毫升）时，可无明显不适，或不被觉察；有中等量腹水（500～3 000毫升）时，则主观感觉腹胀，体格检查出现移动性浊音。

腹水的发生与多种因素有关，形成腹水的机制也比较复杂。例如腹膜腔肿瘤时腹膜受损而渗出液体；恶性肿瘤时血管受到破坏而出现血性腹水；腹膜炎（结核性或化脓性炎症）时，细菌刺激腹膜引起腹膜渗出液体。

疑有少量腹水须作超声波检查，可估测腹水量，辅助鉴别诊断腹水病因。常规腹腔穿刺，抽出50～100毫升腹水作化验检查，有助于确定腹水是漏出液或是渗出液。

根据病因诊断，针对原发病进行治疗。

腹痛 abdominal pain 一种常见的临床上症状，可由腹内脏器疾病或腹腔外其他内脏系统的疾病及全身性疾病引起。发病急骤的腹痛称为急腹症。

引起腹痛的腹部病变有：①炎症性疾病。如腹膜炎、胰腺炎、阑尾炎、胆囊炎、炎症性肠病等。②平滑肌痉挛。由空腔脏器或管道的梗阻引起，如肠梗阻、胆石症、输尿管结石、胰管结石等。③血管病变。如肠系膜动脉血栓或栓塞、夹层动脉瘤等。④腹壁疾病。如腹壁创伤、腹肌挨伤等。⑤腹内脏器被膜过度牵扯。如肝瘀血、肠系膜过度牵扯等。⑥病变侵犯腹腔内神经。引起腹痛的腹外病变包括：①胸部疾病。如大叶肺炎、胸膜炎、急性心肌梗死等。②脊椎疾病。如胸椎结核、转移瘤等。③引起腹痛的全身疾病。如糖尿病酮中毒、尿毒症、铅中毒、血卟啉病等。④引起腹痛的神经精神性疾病。如腹型癫痫、脊髓痨、癔症等。

腹痛的部位常为病变所在。不同疾病引起的腹痛，常具有不同的伴随症状。由于引起腹痛的原因比较复杂，诊断时常需详细的病史和全面的检查。临床上，可以根据病史、体格检查、实验室检查、X射线检查、内镜检查、B型超声检查及CT检查等进行诊断，有时还须借助剖腹探查才能确诊。

腹痛主要的治疗方法是针对病因，在有些情况可适当应用解痉药物等。

腹泻 diarrhea 排便次数多于平时，粪便的含水量增加的病理现象。根据病情急缓而分为急性腹泻和慢性腹泻，病程超过两个月者为慢性腹泻。常见的腹泻有以下几种：①渗出性腹泻。肠黏膜因受炎症、溃疡、肿瘤等影响渗出增多而发生的腹泻。此种腹泻又有感染性及非感染性两种，前者常见于痢疾、结核等，后者常见于非特异性溃疡性肠病、肿瘤、缺血性肠炎等。②渗透性腹泻。由肠腔内渗透压升高而导致的腹泻，见于口服盐类泻药之后。③分泌性腹泻。主要由于小肠分泌大量电解质，引起水的分泌增加，见于霍乱、大肠杆菌感染、胃泌素瘤。④肠蠕动过快引起的腹泻。多见于肠易激惹综合征等。⑤小肠吸收面积减少引起的腹泻。见于小肠大部切除等。对急性腹泻的诊断应着重对病史的了解，而对慢性腹泻的诊断，除询问病史体检外，尚须选择X射线、内镜等必要的检查措施。

腹胀 abdominal distention 一种常见的消化系统症状，主观感到腹部的一部分或全部胀满或客观检查发现腹部的一部分或全部胀大。主要见于胃肠道胀气、各种原因所致的腹水、腹腔肿瘤等。正常人胃肠道内可有少量气体，约150毫升。咽入胃内空气过多或消化吸收功能不良时，胃肠道内产气过多，而肠道内的气体又不能从肛门排出体外，则可导致腹胀。临床上常见的引起胃肠道胀气的疾病有吞气症、急性胃扩张、幽门梗阻、肠梗阻、肠麻痹、顽固性便秘、肝胆疾病及某些全身性疾病。晚期妊娠也可引起腹胀，但这是生理性的。

腹诊 abdominal examination 中医用手触摸按压患者腹部，以了解腹内脏腑异常变化和全身状况的按诊方法。属于切诊范畴。

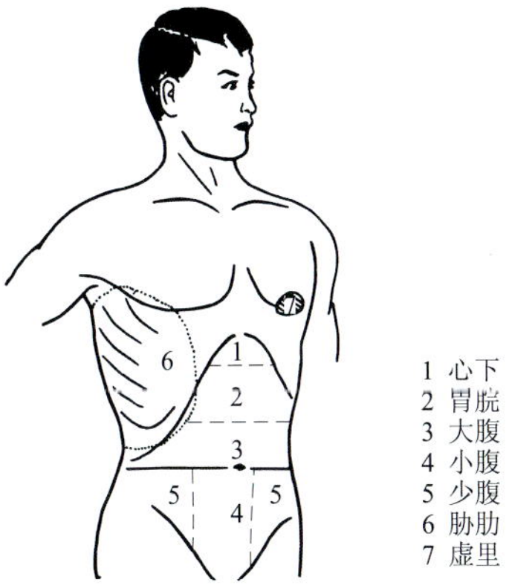

胸腹部位划分图

腹诊主要内容：①诊腹部皮肤凉热。触摸腹部皮肤凉热，可辨别病证的寒热虚实。按之不温或冷，为寒证；喜暖手按抚，为虚寒证。按之热甚而灼手，为热证；喜冷物按放，为实热证。按之灼热，为里热内伏；按之不热而脉数，是表证。热退后，腹部按之仍热，为热邪未尽。少腹冰冷，为阳气欲绝的危重病；治疗后脐下转温，是阳气来复的佳兆。②诊腹壁肌肉软硬度。轻按腹壁柔软，重按脐腹有力，为正常状况。腹壁瘦薄、脐腹按之柔软无力，多为虚证；腹壁按之坚硬，为实证。外感病，按腹未硬者为表证，按腹硬而疼痛者为里证。③诊腹部胀满。按之有充实感，有压痛，叩击声音重浊，为胀满实证；按之不充实，无压痛，叩击时空声者，为胀满虚证。腹部高度膨胀，状如鼓，称鼓胀。鼓胀分为水鼓和气鼓。以手分置腹部两侧，一手轻拍，另一手可触到波动感，按之如囊裹水，腹壁有凹痕，为水鼓；无波动感，按之无凹痕者，为气鼓。④诊腹部压痛。按腹疼痛，甚而拒按，为实证。若局部肿胀拒按，为内痈。按之疼痛，痛处固定不移，刺痛不止，为瘀血；按之疼痛，痛无定处，胀痛时发时止，为气滞。腹痛喜按，无明显压痛，为虚证。⑤诊腹部肿块。腹诊发现肿块，须注意其大小、形态、硬度、压痛、表面光滑等情况。腹部肿块疼痛为积聚。肿块固定不移，按之有形，疼痛有定处，为积病，病属血分；肿块聚散不定，按之无形，疼痛无定处，为聚证，病属气分。妇女小腹有肿块为血瘕，男子小腹有肿块多为疝病。左少腹作痛，按之累累有硬块，为宿粪；右少腹作痛，按之疼痛而有肿块，为肠痈。若形如筋结，久按转移，觉指下如蚯蚓蠕动状，腹壁凹凸不平，按之起伏聚散不定，为虫积所致。⑥诊脐间动气。又称诊冲任。是了解肾气充盛与否、诊察全身状况的重要方法。诊察时，应密布三指（食、中、无名三指），按切脐之上下左右动脉搏动情况。凡动气和缓有力，一息四至，绕脐充实，为肾气充盛；一息六至，为冲任伏热。按之躁动而细数，上及中脘（脐上4寸处），为阴虚气逆；按之分散，一息一至，为肾气虚败；按之搏动明显，为内有积热；按之搏动微弱，且空虚无力而局部冷，是肾阳不足。按之搏动明显，局部灼手，症虽寒颤、肢冷、下利，是真热假寒；按腹两旁热，脐旁四周久按却无热而冷，症虽面红、口渴，是真寒假热。

腹足纲 Gastropoda 软体动物门最大的一纲。又称单壳纲。分为前鳃亚纲、后鳃亚纲和肺螺亚纲3亚纲。种数占软体动物总种数80%强。世界上各个地带都有它们的踪迹。本纲动物，除个别翼足类以外，头部都很发达，一般呈圆柱状或略扁平，上面生有1～2对触角，第一对司触觉（头触角），第二对司嗅觉（嗅角）。头的前端腹面有口，许多种类口向外突出成吻。肉食性种类的吻极为发达。口腔内有左右成对颚片和极发达的齿舌。足部特别发达，蹠面宽广。营固着生活的种类足退化，而营浮游生活的种类足特化为鳍。有的雌雄异体，有的雌雄同体。

腹足纲的贝壳极为发达，变化多样：有的为外壳，有的为内壳，有的贝壳完全退化。一般为螺旋形，左旋或右旋。常具一个角质的或石灰质的厣掩盖壳口，起保护作用。

多数种类在陆地的浅水底下匍匐爬行，营自由生活；有些种类营固着、漂浮、寄生生活或两者共生。

腹足纲的很多种的肉可以食用。有的种类可以入药。许多种类的贝壳绚丽多彩，可供玩赏。有很多种是贝雕工艺的原料。有些肉食性种类对浅海贝类的养殖具有一定的危害。一些植食性种类对农业有害。有些种类是人畜寄生虫的中间宿主，危害人畜的健康。

蝮蛇 *Gloydius brevicaudus* 蛇亚目蝰科亚洲蝮属的一种。又称短尾蝮、土虺蛇等。在中国广泛分布于长江中下游一带和东部

沿海各省；朝鲜半岛也有分布。管牙类毒蛇。体全长约0.6～0.7米。头呈三角形，有颊窝。吻棱明显，鼻间鳞外侧尖细略向后弯。头背具对称的大鳞，头侧有上缘镶以白色细纹的黑褐色眉纹自眼后斜向口角。躯、尾背面浅褐色到红褐色，有两行并列或略交错排列的深棕色圆斑，圆斑中心色浅，外侧常开放呈马蹄形。尾后段黄白色，尾尖常为黑色。多发现在坟堆、草丛、稻田、耕地、河渠、路边、村舍附近，城市园林中也可见。11月下旬或12月初进入冬眠，次年3～4月出蛰，晨昏活动。以鸟、鼠、蜥蜴、蛙、泥鳅、黄鳝或其他鱼类为食。卵胎生。5月和9月交配，8～9月产仔1～10条。幼蛇全长140～240毫米。人被蝮蛇咬伤后，除局部症状外，常出现头晕、复视、恶心、呕吐等神经中毒症状，严重者可引起呼吸麻痹以至死亡。蝮蛇对抑制鼠类有一定作用。

G

《嘎达梅林》 *Gadameren* 中国蒙古族叙事长诗。产生流传于内蒙古哲里木盟一带。长诗共2 000余行，依据嘎达梅林起义的历史事件民间创作而成。嘎达梅林，原名为那达木德，汉名孟青山，因其排行最小，取乳名嘎达。成年后在达尔罕旗王府任梅林职，所以称他为嘎达梅林。他于1929年在哲里木盟达尔罕旗（今科左中旗）领导了旨在反对奉系军阀和蒙古王公掠夺人民的起义斗争。历时数年，扩展到四五个旗县，是蒙古族现代史上影响很大的人民起义。

长诗成功地塑造了嘎达梅林这一英雄形象。他开始因劝说王爷不要出卖土地而遭到革职处分，最后为民请命，又被张作霖投入监狱判处死刑。被救出后，毅然举行了起义。他率众转战数年，所到之处，受到人民的拥戴。最后在众多敌人的联合进攻下，他与部众全部壮烈牺牲，表现了起义者大无畏的英雄气概。长诗还侧重刻画了嘎达梅林妻子牡丹的英雄形象，描绘了众多的人物，反映了起义斗争的复杂性和较广阔的生活场景。

长诗在艺术形式上以唱为主，唱白结合。语言刚健清新，传神逼真。诗中的比兴运用得贴切自然，具有较强的艺术魅力。

嘎仙洞遗址 Gaxiandong 中国北魏拓跋鲜卑先祖所居石室。位于内蒙古自治区鄂伦春自治旗阿里河镇。1980年在洞内发现北魏太平真君四年（443）祝文刻辞，为拓跋鲜卑的起源提供准确位置。1988年国务院公布为全国重点文物保护单位。洞为天然山洞，洞口位于高出平地约25米的峭壁上。主洞长92米，宽27～28米，最高处达20多米。主洞西侧距洞口约15米处石壁上镌刻“祝文”，共19行，201字，记述了北魏第三代皇帝拓跋焘于此年派遣中书侍郎李敞来此发祥之地致祭时所刻祝辞，与《魏书》记载基本相符。刻辞字体大小不一，书体介于楷隶之间，书法古拙，笔势苍劲。洞内出土手制陶片及石镞、骨镞等，与完工、扎赉诺尔等地鲜卑遗存中的出土物特征相似。还出土有打制石器。

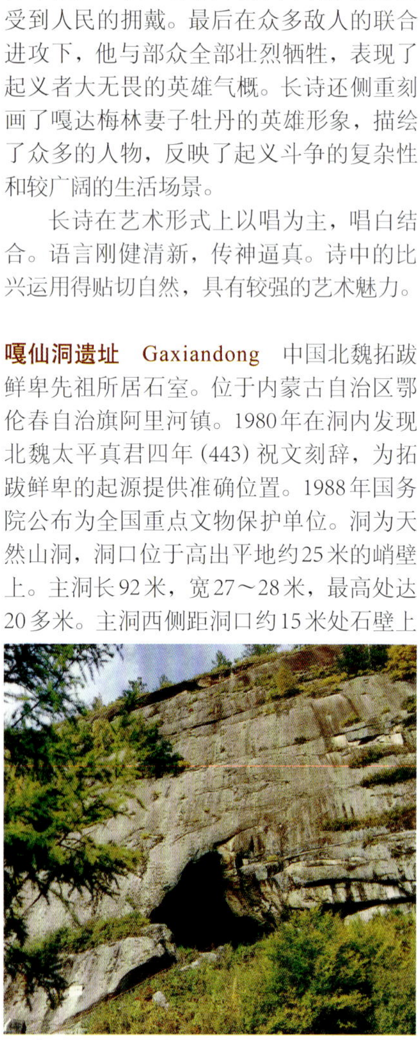

嘎仙洞遗址外景

噶卜伦 galoin 中国西藏地方政府总办事务之官员。又译作“噶布伦”、“噶伦”或“噶隆”。此名起于唐代吐蕃王朝时期，与“纰论（伦）”、“囊论”、“论充”并列，为“论茝”（大论）之下诸“论”之一，意为“承旨之官”。清代重置，如遇出缺，则在“戴琫”（代本，相当于团长）、“仔琫”（财务官）、“商卓特巴”（总管）之内拣选，由驻藏大臣会同达赖喇嘛请旨补放。乾隆十六年（1751）据策楞等奏议《西藏善后章程》设立噶厦，委放四名噶卜伦，三俗一僧，号为“四相”。以僧人为首席，共同秉承驻藏大臣及达赖喇嘛之意处理日常事务，职权颇重。五十八年（1793），颁行《钦定西藏章程》，对噶卜伦之职司又有明细厘定，遂成定制。1959年中华人民共和国国务院明令废除。

噶当派 Bka’-gdams-pa sect 中国藏传佛教宗派。藏语噶当，意谓一切佛语（经律论三藏）均为修行指导原则。1042年阿底峡应请入藏北弘法，著《菩提道灯论》，阐明显密并重和三士道的修行次第。1045年仲敦巴·甲哇迥乃迎阿底峡至卫藏传教，尽受其显密教法。1056年仲敦巴建热振寺于藏北，噶当派正式创立。仲敦巴后学分为教典、教授及教诫三支派。博多娃传教典派，其弟子有朗日塘巴、夏尔娃巴。此派重视一切佛教经论，对藏传佛教义学影响甚大。教授派始自京俄哇，以重视师长指导、注重实修而得名。这一派也分为三类：一重明见；二重明行；三见行并重。针对当时西藏佛教重密轻显的倾向，提倡以显为主，显密兼修，大小并举，入世出世并重，立论圆通。教诫派以桑浦寺为主要传法基地，由阿底峡的弟子俄·雷必喜饶传出。这一派以恒住五念（念师长为皈依、念自身为本尊、念语言为诵咒、念众生为父母、念心性为本空）为主旨，以十六明点修法为心要法门。噶当派对藏传佛教噶举派、格鲁派影响甚大，宗喀巴建立的格鲁派即称新噶当派。

噶举派 Bka’-brgyud-pa sect 中国藏传佛教宗派。藏语噶举，汉译为口授传承。此派分香巴噶举和塔布噶举两个系统。其教法在印度同源，传至西藏后，因传播的地区不同而分为两系。香巴噶举由琼波南交创立，14～15世纪时，格鲁派宗喀巴及其弟子曾习其教法，后湮没不传。塔布噶举，即通常所说的噶举派。此派为玛尔巴所创，下传米拉日巴，再传塔布拉杰。后者将噶当派之“道次第”结合“大手印”形成新的教法。于1121年建岗布寺，形成塔布噶举系统。塔布拉杰门下有4大弟子，在卫藏地区分别续传，形成噶玛、蔡巴、拔戎、帕竹4个支系。噶举派以中观论为理论基础，主要教法为大手印法，显密并重，各支派有所侧重。噶举教法不重文字，以苦修为其特色，凭观想体证而生慧。

改革开放 Reform and Opening up 中国20世纪70年代末以后社会主义建设的根本方针和社会主义初级阶段的基本路线的基本点之一。改革就是要从根本上改革束缚生产力发展的经济体制，建立社会主义市场经济体制；与此相适应，要进行政治体制改革和其他领域的改革。开放包括对内对外的全面开放。要发展对外经济技术交流与合作，更多更好地利用外来资金、资源和技术，吸收和借鉴人类社会创造的一切文明成果，包括西方发达国家的先进经营方式、管理方法。

改革开放是中国共产党在新的时代条件下带领人民进行的新的伟大革命，目的就是要解放和发展社会生产力，实现国家现代化，让中国人民富裕起来，振兴伟大的中华民族；推动社会主义制度的自我完善和发展，赋予社会主义新的生机活力，建设和发展中国特色社会主义；在引领当代中国发展进步中加强和改进党的建设，保持和发展党的先进性，确保党始终走在时代前列。

改革开放的伟大事业，是在以毛泽东为核心的中共第一代中央领导集体创立毛泽东思想，带领全党全国各族人民建立新中国、取得社会主义革命和建设伟大成就以及艰辛探索社会主义建设规律取得宝贵经验的基础上进行的。是以邓小平为核心的中共第二代中央领导集体、以江泽民为核心的中共第三代中央领导集体和十六大以来的中央领导集体，团结带领全党全国各族人民，承前启后，继往开来，接力推进的。1978年，中国共产党召开具有重大历史意义的十一届三中全会，开启了改革开放历史新时期。面对十年“文化大革命”造成的危难局面，中共第二代中央领导集体以巨大的政治勇气和理论勇气，科学评价毛泽东和毛泽东思想，彻底否定“以阶级斗争为纲”的错误理论和实践，作出把党和国家工作中心转移到经济建设上来、实行改革开放的历史性决策，确立社会主义初级阶段基本路线，提出走自己的路、建设中国特色社会主义，创立邓小平理论，指引全党全国各族人民在改革开放的伟大征程上阔步前进。从中共十三届四中全会到十六大，受命于重大历史关头的中共第三代中央领导集体，在国内外政治风波、经济风险等严峻考验面前，捍卫中国特色社会主义，创建社会主义市场经济新体制，开创全面开放新局面，推进党的建设新的伟大工程，创立“三个代表”重要思想，引领改革开放沿着正确的方向继续前进。中共十六大以来，以胡锦涛为总书记的中共中央，顺应国内外形势发展变化，抓住重要战略机遇期，求真务实、开拓进取，坚持理论创新和实践创新，着力推动科学发展、促进社会和谐，完善社会主义市场经济体制，在全面建设小康社会实践中坚定不移地把改革开放伟大事业继续推向前进。

中国共产党是改革开放事业的领导核心。要把十几亿人的思想和力量统一和凝聚起来，没有中国共产党的坚强统一领导是不可设想的。要加强党的领导，必须改善党的领导。坚持和改善党的领导，是改革开放事业胜利前进的根本保证。

中共十一届三中全会开启的这场历史上从未有过的大改革大开放，极大地调动了亿万人民的积极性，使中国成功地实现了从高度集中的计划经济体制到充满活力的社会主义市场经济体制、从封闭半封闭到全方位开放的伟大历史转折。中国人民的面貌、社会主义中国的面貌、中国共产党的面貌发生了历史性的变化。一个面向现代化、面向世界、面向未来的社会主义中国屹立在世界东方。

改革开放新时期最显著的成就是快速发展。中国共产党实施现代化建设“三步走”战略，推动中国以世界上少有的速度持续快速发展起来。国民经济从一度濒于崩溃的边缘发展到总量跃至世界第二、进出口总额位居世界第二，人民生活从温饱不足发展到总体小康，农村贫困人口从两亿五千多万减少到一千多万，政治建设、文化建设、社会建设取得举世瞩目的成就。中国的发展，不仅使中国人民稳定地走上了富裕安康的道路，而且为世界经济发展和人类文明进步作出了重大贡献。

改革开放新时期最突出的标志是与时俱进。在不断推进改革开放事业中，中国共产党坚持马克思主义的思想路线，不断探索和回答什么是社会主义、怎样建设社会主义，建设什么样的党、怎样建设党，实现什么样的发展、怎样发展等重大理论和实际问题，不断推进马克思主义中国化，坚持并丰富党的基本理论、基本路线、基本纲领、基本经验。社会主义和马克思主义在中国大地上焕发出勃勃生机，给人民带来更多福祉，使中华民族大踏步赶上时代前进潮流、迎来伟大复兴的光明前景。

改革是从农村开始的。第一步是废除人民公社制度，建立以家庭联产承包为主，统分结合、双层经营的新型集体所有制，乡镇企业异军突起。在此基础上，1984年开始了以城市为重点的全面经济体制的改革。经济体制改革需要政治体制及其他领域体制改革的配合。政治体制改革作为全面改革的重要组成部分，随着经济社会发展而不断深化，使中国社会主义政治制度不断完善和发展，中国特色社会主义政治发展道路不断拓宽。与经济体制和政治体制改革相适应，科技、教育、文化、卫生等各个领域的改革也有步骤、有秩序地全面展开。改革触及了社会生活的各个方面。在改革中要正确处理好改革、发展、稳定的关系。改革是动力，发展是目标，稳定是前提。进入新世纪新阶段，中国社会主义市场经济体制初步建立，但影响发展的体制机制障碍依然存在，改革攻坚面临着深层次的矛盾和问题。必须毫不动摇地坚持改革方向，完善社会主义市场经济体制，推进各方面体制改革创新，全面提高开放水平，着力构建充满活力、富有效率、更加开放、有利于科学发展的体制机制，为发展中国特色社会主义提供强大动力和体制保障。

实行对外开放是建设中国特色社会主义的一项基本国策。随着经济特区的建立，沿海城市的开放，引进外资、对外经济技术交流与合作的迅速扩大，中国经济摆脱了原来的封闭半封闭状态，逐步形成了全方位、多层次、宽领域的对外开放格局，形成全国范围内的对外开放。2001年12月，中国正式成为世界贸易组织的成员国，标志着中国对外开放进入了 个新阶段。随着中国参与经济全球化程度的加深，对外开放面临着一系列新的问题和挑战。为此，必须转变对外贸易增长方式，提高对外贸易效益。必须坚持“引进来”和“走出去”相结合的战略。必须切实维护国家安全。同时，要正确处理好利用国内资源和国际资源、发展国内市场和国际市场之间的关系。

在改革开放的历史进程中，中国共产党把坚持马克思主义基本原理同推进马克思主义中国化结合起来，把坚持四项基本原则同坚持改革开放结合起来，把尊重人民首创精神同加强和改善党的领导结合起来，把坚持社会主义基本制度同发展市场经济结合起来，把推动经济基础变革同推动上层建筑改革结合起来，把发展社会生产力同提高全民族文明素质结合起来，把提高效率同促进社会公平结合起来，把坚持独立自主同参与经济全球化结合起来，把推进中国特色社会主义伟大事业同推进党的建设新的伟大工程结合起来，取得了在这样一个十几亿人口的发展中大国摆脱贫困、加快实现现代化、巩固和发展社会主义的宝贵经验。

中共十一届三中全会以来的历史发展证明，改革开放是决定当代中国命运的关键抉择，是发展中国特色社会主义、实现中华民族伟大复兴的必由之路；只有社会主义才能救中国，只有改革开放才能发展中国、发展社会主义、发展马克思主义。改革开放符合党心民心、顺应时代潮流，方向和道路是完全正确的。改革开放以来中国取得一切成绩和进步的根本原因，归结起来就是：开辟了中国特色社会主义道路，形成了中国特色社会主义理论体系。高举中国特色社会主义伟大旗帜，最根本的就是要坚持这条道路和这个理论体系。

改革文学 reform literature 中国文学创作思潮。继伤痕文学、反思文学之后出现的一种文学现象。1979年发表的短篇小说《乔厂长上任记》(蒋子龙)，可视为改革文学的滥觞之作。初期的重要作品有《三千万》(柯云路)、《祸起萧墙》(水运宪)、《沉重的翅膀》(张洁)、《改革者》(张锲) 等。1982年中国农村实行联产承包责任制，城市也加快改革的步子，这促成了改革文学作品的大量涌现。较有影响的有《新星》、《夜与昼》(柯云路)、《故土》(苏叔阳)、《雷暴》(水运宪)、《鲁班的子孙》(王润滋)、《老人仓》(矫健)、《沙灶遗风》(李杭育)、《浮躁》(贾平凹) 等。有的作品还因为敏锐地触及改革生活中的道德标准、价值观念问题而引起热烈争论，如《鲁班的子孙》。改革文学潮流中出现的作品水平参差不齐，有的不无理念化、程式化的倾向。

改土归流 中国清代雍正年间在西南一些少数民族地区废除土司制，实行流官制的政治改革。为了解决土司割据的积弊，雍正四年 (1726)，云贵总督鄂尔泰建议取消土司世袭制度，设立府、厅、州、县，派遣有一定任期的流官进行管理。雍正帝对此甚为赞赏，令其悉心办理。六年，又命贵州按察使张广泗在黔东南推行改土归流政策。在废除土司世袭制度时，对土司本人，根据他们的态度给以不同的处理。对自动交印者，酌加赏赐，或予世职，或给现任武职。对抗拒者加以惩处，没收财产，并将其迁徙到内地省份，另给田房安排生活。在设立府县的同时，添设军事机构。清政府在改土归流地区清查户口，丈量土地，征收赋税，建城池，设学校；同时废除原来土司的赋役制度，与内地一样，按地亩征税，数额一般少于内地，土民所受的剥削稍有减轻。改土归流的地区，包括滇、黔、桂、川、湘、鄂6省，所涉及的民族有苗族、彝族、布依族、侗族、瑶族、水族等。云南、贵州改土归流的目标，到雍正九年基本实现。改土归流废除了土司制度，减少了叛乱因素，加强了政府对边疆的统治，有利于少数民族地区社会经济的发展。

芥蓝 *Brassica alboglabra*; Chinese kale 十字花科芸薹属的一种。一二年生草本植物。又称白花芥蓝。以肥嫩的花薹和嫩茎叶供食用。原产中国，主要分布在广东、广西、福建、台湾等南方各省。

根系浅。茎较短缩、粗壮，直立。叶互生，卵形至广卵圆形。花薹肉质，总状花序，花白色或黄色。异花授粉。角果。种子近圆形，黑至黑褐色。喜温和气候，耐热。要求充足光照。不耐旱，较耐肥，适于湿润、肥沃、富含有机质的壤土种植。按熟性不同可分为早、中、晚熟3种类型。常用品种有早花、中花、登峰中迟、双岗迟芥蓝等。行种子繁殖。夏季和冬季可进行遮阳网覆盖和保护地栽培。

芥蓝富含钾、钙和维生素C等营养物质。可炒食、凉拌生食（先用沸水氽烫）。

钙 calcium 化学元素，元素符号Ca，原子序数20，原子量40.078，属周期系ⅡA族，碱土金属。1808年H.戴维电解氧化钙（石灰）和氧化汞的混合物得到了钙汞齐，然后蒸发出汞，首次得到了纯金属钙，并命名为calcium，来自拉丁文calx，意为“从石灰中得到的”。地壳中钙含量为4.15%，占第五位。主要的含钙矿物有石灰石$CaCO_3$、白云石$CaCO_3 \cdot MgCO_3$、石膏$CaSO_4 \cdot 2H_2O$、萤石CaF_2、磷灰石$Ca_5(PO_4)_3F$等。骨骼、牙齿、蛋壳、珍珠、珊瑚、一些动物的壳体和土壤中都含有钙。

钙是银白色金属，密度1.54克/厘米^3，熔点842℃，沸点1 484℃。氧化态+2。能同空气中氧缓慢作用形成氧化钙膜，受热燃烧生成氧化钙。钙与冷水能缓慢反应，与热水则反应剧烈放出氢气。能与卤素直接作用，加热时与大多数非金属直接反应。加热条件下，钙与一些不活泼金属的氧化物、卤化物或其他化合物反应，置换出金属或合金。钙的重要化合物有氢化钙、氧化钙、过氧化钙、氯化钙、氟化钙、碳化钙、氢氧化钙、氰氨化钙、碳酸钙、次氯酸钙、硫酸钙等。

主要采用热还原法制备金属钙。即在1 200℃和真空条件下，用金属铝还原氧化钙。也可电解熔融氯化钙制备金属钙。钙可用蒸馏法提纯。

钙用作高温热还原剂，从氧化物、卤

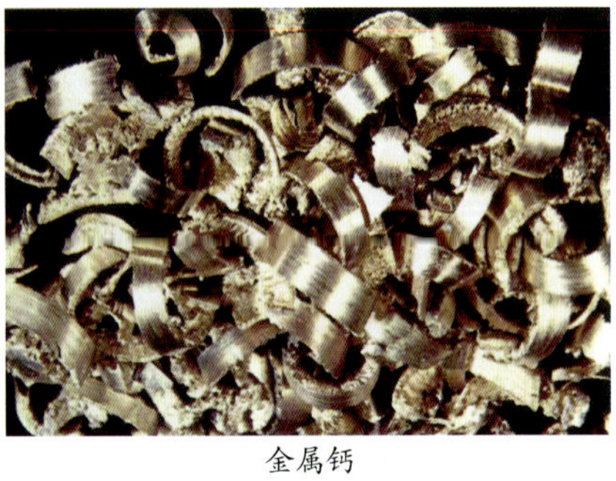

金属钙

化物制取金属铬、钍、铀、稀土元素、锆，以及磁性材料钐钴合金、吸氢材料镧镍合金和钛镍合金等。铅钙合金有较高硬度和耐蚀性能，用作电缆线外皮和蓄电池铅板；铝合金中加入钙，可增强塑性。钙还用作冶炼锡青铜、镍、钢的脱氧剂，电子管和电视显像管中的消气剂，有机溶剂的脱水剂。氟化钙用作光学玻璃、光导纤维、搪瓷的原料，用作助熔剂。过氧化钙是缓和的氧化剂，用作杀菌、防腐、漂白药剂。

钙是生物必需的元素。是人类骨、齿的主要无机成分，钙约占人体质量的1.4%，参与新陈代谢；人体中钙含量不足或过剩都会影响生长发育和健康。

钙肥 calcium fertilizer 具有钙（Ca）标明量的肥料。施入土壤能供给植物钙，并有调节土壤酸度的作用。钙肥的主要品种是石灰，包括生石灰、熟石灰和石灰石粉。石膏及大多数磷肥，如钙镁磷肥、过磷酸钙等和部分氮肥如硝酸钙、石灰氮等，也都含有相当数量的钙。但是，碳酸钙等的溶解度很低，在给作物迅速补钙时要使用水溶性钙，如硝酸钙、氯化钙。钙肥效果与土壤类型有关。缺钙土壤施用石灰，除可使植物和土壤获得钙的补充外，还可降低土壤pH，从而减轻或消除酸性土壤中大量铁、铝、锰等离子对土壤性质的影响和对植物生理的危害。石灰还能促进有机质的分解。石灰施用量因土壤性质（主要是酸度）和作物种类而异。多用作基肥，常与绿肥作物同时耕翻入土。但施用过多会降低硼、锌等微量营养元素的有效性和造成土壤板结。

钙拮抗剂 calcium antagonists; CA 能对钙离子内流产生选择性阻滞作用的药物。能产生心脏和血管平滑肌中的电－机械解脱偶联，从而起到减弱心肌收缩力、扩张血管的作用。

分类及作用机理 常用的钙拮抗剂可分为二氢吡啶类和非二氢吡啶类。前者如硝苯地平，可以堵塞钙通道，从而减少了开放的、有功能的钙通道的总数；为第一代药的代表。第二代药品如氨氯地平、非洛地平、依拉地平和尼卡地平等，均有明显的血管选择性，半衰期均较硝苯地平长。均能减少周围血管阻力。后者如维拉帕米和地尔硫卓，它们对钙离子的阻滞是减少了收缩的频率，而不是收缩力的减弱。

临床作用 心血管疾病 二氢吡啶类钙拮抗剂被用于高血压、心绞痛患者。第二代药物被用于慢性高血压患者，但对心衰病人应慎用，以免促使心功能恶化。二氢吡啶类药物不宜用于肥厚型心肌病左室流出道梗阻者。

维拉帕米为第Ⅳ类抗心律失常药，可用以终止快速性室上性心律失常，如室上性心动过速；也可降低心房纤颤和心房震颤的心室应答率，但对房颤合并应激综合征患者禁用。维拉帕米和地尔硫卓可增加肥厚型心肌病舒张期的心室充盈从而改善症状，但用药时需从小剂量开始，逐渐加量。

肢体缺血 肢体（尤其是肢端）动脉可逆性痉挛病变造成肢端缺血者，硝苯地平类药物可列为首选，可解除血管痉挛，改善肢端供血。

脑血管病 可用硝苯地平、尼莫地平等药物增加脑血流供应，并抑制钙离子内流以缓和脑细胞内的钙负荷超载。对缺血性中风、偏头痛、眩晕、早老性痴呆有一定控制作用。

钙磷代谢 calcium and phosphorus metabolism 钙和磷在食物中被机体所摄取，然后在体内进行合成和分解，以及最后被排出的全部过程。

钙、磷在体内的含量与分布 钙、磷主要以无机盐形式存在体内。成年人体内钙总量约占体重1.5%～2.0%，即1 000～1 300克；磷的总量约为750±50克。约99%以上的钙与85%以上的磷以羟磷石灰$[Ca_3PO_4 \cdot Ca(OH)_2]$的形式存在于骨骼和牙齿中。血浆中的钙每100毫升仅8.5～11.5毫克，以游离钙，或与其他离子结合、或与血浆蛋白结合的方式存在。血浆中的磷以无机磷酸盐的形式存在，成年人的含量为每100毫升约3～4.5毫克。正常人血浆中钙与磷的浓度维持相对恒定，当血磷增高时血钙降低，当血钙增高时血磷减少。此种关系在骨组织的钙化中有重要作用。

钙、磷的吸收与排泄 体内的钙主要来自食物，大部分在小肠的上段吸收。钙的吸收量与肠道内钙浓度、机体的需要量及肠内酸碱度有关。摄入的钙75%～80%从粪便排出，20%从肾排出。从肾小球滤过的钙有99%被重吸收。

磷的吸收部位也在小肠的上段。当肠内酸度增加时，磷酸盐的吸收增加。钙、镁、铁等离子与磷酸结合成不溶性盐时，不易吸收。故当血钙升高时肠内钙浓度增加，从而妨碍磷的吸收。摄入的磷从粪与尿中排出，后者占60%～80%。

钙、磷平衡的调节 血钙和血磷的相对稳定依赖于钙、磷的吸收与排泄、钙化及脱钙的相对平衡，而这些平衡主要由甲状旁腺激素、维生素D和降钙素（CT）三种激素通过对三个靶器官（肾、骨和肠）的调节而实现。机体对钙和磷的调节相互关联、密不可分。

钙铀云母 autunite 磷酸盐矿物，化学组成为$Ca(UO_2)_2[PO_4]_2 \cdot 10 \sim 12H_2O$，晶体属四方晶系。晶体呈板状或片状，集合体呈

片状钙铀云母

鳞片状、页片状、晶簇状等。柠檬黄色至硫磺色；有时带绿色调，呈浅绿黄或浅黄绿色。玻璃光泽。解理完全，解理面呈珍珠光泽。莫氏硬度2～2.5。性脆。密度3.05～3.20克/厘米^3。在紫外线照射下，发淡黄绿色强荧光。适存于常温潮湿环境。在干燥或加温条件下，会迅速脱水，转变成准钙铀云母。随脱水量增大，颜色变成浅灰绿色，透明度降低，荧光减弱或消失。产于铀矿床氧化带或泥煤中，是最常见的表生铀矿物之一，具有重要的找矿意义；有时也大量堆积，形成淋积矿床，用作铀矿石。

盖德 Guesde, Jules (1845－11－12～1922－07－28) 法国工人运动与**第二国际**领袖。原名M.巴齐尔。生于巴黎一个中学教师家庭，卒于圣芒德。20岁起从事新闻报刊工作，持资产阶级共和主义观点。1877年11月创办法国第一家马克思主义报纸《平等报》，自任主编。1879年10月，在马赛召开的法国第三次工人代表大会上，宣布

成立法国第一个工人阶级政党——工人党。1880年与**P.拉法格**前往伦敦会见**K.马克思**和**F.恩格斯**，在马克思和恩格斯的指导下，制定了工人党党纲。1889年在恩格斯指导下，参与第二国际的创建工作。1893年起多次当选众议院议员。1900年在第二国际第五次大会上，仅他一人坚持必须通过无产阶级专政以实现无产阶级的解放。1901年同拉法格一起创建法兰西社会党。1905年同J.饶勒斯的法国社会党等合并组成为法国社会党。第一次世界大战爆发后，他鼓吹"保卫祖国"，成为社会沙文主义者。1914年8月，参加资产阶级政府，在"神圣联盟"内阁中任国务部长。1916年辞职后逐渐脱离政治活动。

盖德尔夜 Laylat al-Qadr 伊斯兰教节日。盖德尔意为前定或高贵。相传该夜真主将《古兰经》降示穆罕默德心灵之中。据说是斋月伊斯兰教历9月末旬的单日之夜，一般相信是27日夜。《古兰经》说，该夜胜过1 000个月，故穆斯林多在此夜行善功，以期获得真主的千倍赏赐。该夜的宗教活动通宵达旦，中国穆斯林称之为坐夜或守夜头。

盖尔范德 Gelfand, Izrail Moiseyevich (1913－09－02～2009－10－05) 苏联数学家、生物学家。生于红奥克内，卒于美国新泽西。1930年中学未毕业时迁居莫斯科，以后自修数学。1932年入莫斯科大学攻读研究生课程，1935年获副博士学位，1940年获物理学数学科学博士学位。1943年起任莫斯科大学教授，后兼任该大学生物

数学研究所所长，1953年当选为苏联科学院通讯院士，1978年获得沃尔夫奖。盖尔范德建立了赋范环论，即交换巴拿赫代数论。他运用代数方法，引进极大理想子环空间，给出元素在其上的表示（盖尔范德表示）的概念，将线性算子谱论等学科研究引向深入。他与M.A.奈玛克合作，于1943年开创了C^*代数的研究。此外，他在西表示理论及广义函数论方面都有建树。

盖尔人 Gaels 西欧民族之一。又称戈伊德人。约有10万人(2001)。分布在英国苏格兰西北部山区和赫布里底群岛。属欧罗巴人种。大多使用英语；赫布里底岛上的少数盖尔人使用**苏格兰盖尔语**，属印欧语系凯尔特语族。19世纪以前多信天主教，19世纪初不少人改宗长老会教派。族源与**苏格兰人**相同，主要由皮克特人与斯科特人结合而成。9世纪，斯科特人与皮克特人共同建成苏格兰王国。15世纪，南部平原地区的苏格兰人（娄兰德人）已经封建化并英格兰化，与山区的苏格兰人（海兰德人）之间出现明显的差别，后者即为盖尔人，二者有时通称苏格兰人。盖尔人主要从事畜牧业。18世纪下半叶，伴随着英国的海外扩张，许多无地的盖尔人移居海外。

盖耳－曼 Gell-Mann, Murray (1929－09－15～) 美国理论物理学家。生于纽约。1948年毕业于耶鲁大学。1951年获麻省理工学院哲学博士学位。历任加利福尼亚理工学院教授，密歇根大学理论物理学教授。1972～1975年在美国总统科学咨询委员会任职。1960年当选为美国国家科学院院士。1947年在**宇宙线**中发现奇异粒子。1953年独立

提出奇异量子数的概念和盖耳－曼－西岛法则，为后来强子分类的研究工作奠定了基础。1955年提出K介子理论。1958年与**R.P.费因曼**合作，提出了**弱相互作用**的矢量－赝矢量型理论。这一理论为以后建立电磁相互作用和弱相互作用的统一理论开辟了道路（见**电弱统一理论**）。20世纪50年代末和60年代初在实验上发现了大量新的强子。1961年盖耳－曼提出强子分类的八重法，解释了大量实验事实，并预言了Ω^-粒子的存在。Ω^-粒子于1964年在实验上被发现。1964年他独自提出强子结构的夸克模型。由于对于粒子分类和相互作用研究的贡献，获1969年诺贝尔物理学奖。

盖革－米勒计数器 Geiger-Müller counter 气体电离探测器。是H.盖革和P.米勒在1928年发明的。与**正比计数器**类似，但所加的电压更高。带电粒子射入气体，在离子增殖过程中，受激原子退激，发射紫外光子，这些光子射到阴极上产生光电子，光电子向阳极漂移，又引起离子增殖，于是在管中形成自激放电。为了使之能够计数，计数器中充有有机气体或卤素蒸气，能吸收光子，起到猝熄作用。盖革－米勒计数器优点是灵敏度高、脉冲幅度大，缺点是不能快速计数。

盖叫天 Gaijiaotian (1888～1971－01－15) 中国京剧演员。工武生。原名张英杰。河北高阳人。卒于浙江杭州。童年入天津隆庆和科班。长期在上海、杭州一带演出。他继承了南派武生创始人李春来的艺术风格，又广泛吸取**京剧**、**昆曲**、地方戏中各流派武生和其他行当表演艺术的长处，并借鉴武术，着意观察自然界的物象活动姿态，

盖叫天在京剧《打虎》中饰武松

以丰富武打技术和人物形体美的造型，逐渐形成了独具特色的“盖派”表演艺术。他擅演全部《武松》，以及《一箭仇》、《恶虎村》、《垓下之战》等戏。有“江南活武松”之誉。盖叫天的表演十分讲究造型美，即使对反面人物，也不作外形的丑化。摄有影片《盖叫天的舞台艺术》、《武松》，并有艺术经验记录《粉墨春秋》出版。

盖利克 Guericke, Otto von (1602-11-20～1686-05-11) 德国物理学家。生于马德堡，卒于汉堡。1617～1623年先后在莱比锡、亥姆什塔特、耶拿、莱顿等大学学习法律、数学、城市建筑工程等。1646年起长期担任马德堡市市长。1650年发明空气泵，发现光线能穿过真空，而声音不能穿过。其中，最著名的是1654年的“马德堡半球实验”，即把两个铜制半球对接在一起，用经过松节油蜡浸过的皮环密封后抽气使其成真空，要用马队才能将此两半球拉开，演示了大气压的巨大机械力。1663年发明第一台静电起电机，1672年发现静电使硫磺球表面发光。他还发明了水柱气压计，并利用气压计预报过天气变化。他发明了比重计、空气温度计、流体压力计。他研究地磁现象，并模拟地球矿石成分做成球形模型来研究天球之间的磁性引力问题。他研究过天文学，预言彗星将有规律从外空间返回。

盖-吕萨克 Gay-Lussac, Joseph-Louis (1778-12-06～1850-05-09) 法国化学家和物理学家。生于圣莱奥纳尔，卒于巴黎。1800年毕业于巴黎综合工科学校。1802年任巴黎综合工科学校辅导教师，后任化学教授。1806年当选为法国科学院院士。1809年任索邦大学物理学教授。1832年任法国自然历史博物馆化学教授。1805年在实验中证实，水可以用氧气和氢气按体积1:2的比例制取。1808年他证明，体积的一定比例关系不仅在参加反应的气体中存在，而且在反应物与生成物之间也存在。1808年12月31日发表气体化合体积定律（盖-吕萨克定律）。1802年发现了气体热膨胀定律。1813年为元素碘命名。1815年发现氰，并弄清它作为一个有机基团的性质。1827年提出建造硫酸废气吸收塔，1842年被应用，称为盖-吕萨克塔。

盖洛普民意测验 Gallup poll 美国舆论研究所进行的调查项目之一。为了在总统竞选期间预测当选者，美国舆论统计家G.H.盖洛普于1935年创办此所，因1936年正确预测了F.D.罗斯福的当选而闻名。总部设在新泽西州普林斯顿。民意测验每年举行20～25次，总统大选年略多。调查内容涉及政治、经济、社会等。采用抽样调查方法，对统计调查结果进行分析并作出说明，提供给用户。20世纪50年代以后，盖洛普民意测验改为分层随机抽样。盖洛普民意测验有助于对社会心理倾向的了解以及对公众舆论的掌握。

盖马高原 Kaema Highlands; Kaema-kowon 朝鲜最大高原。位于朝鲜半岛北部狼林山脉、赴战岭山脉和白头山脉（摩天岭）之间。面积近4万平方千米。原为中生代末形成的准平原，后因地壳降起而形成高原。因受河流切割影响，高原内形成多条山脉、峡谷和若干小平原。地势东高西低，波状起伏，酷似马鞍，故称“盖马”高原。一般海拔1 000～1 500米，北水白山最高（2 522米），素有“朝鲜屋顶”之称。属温带大陆性气候，1月平均气温-18℃，7月平均气温16℃。年降水量580～750毫米。矿藏资源丰富，主要有铜、硫化铁、煤等。主要河流有长津川、虚川江、赴战江和厚州川等，有长津湖、赴战湖等湖泊。高原几乎为森林所覆盖，有黄花松、鱼鳞松、海松等针叶林和柞树、蒙古栎、椴等落叶阔叶树。现拥有全国水力发电量的4/5、铁矿开采量的3/4以及木材产量的绝大部分，是朝鲜重要的工业地区。农产主要有小麦、玉米、马铃薯、亚麻、甜菜等。

盖世太保 Gestapo 德国纳粹党的法西斯恐怖组织。国家秘密警察的简称。1933年4月A.希特勒当政后，由H.戈林组建并直接领导，1946年被纽伦堡国际军事法庭宣判为犯罪组织。1933年4月26日，普鲁士总理戈林将柏林警察总局的特别警察部队命名为国家秘密警察处，由警察总局第一处处长R.狄尔斯指挥，从而将魏玛共和国时期的政治警察改组为纳粹政治警察。国家秘密警察处通常被称为国家秘密警察，1933年11月30日被列为独立机构，只对普鲁士总理负责。1934年6月，H.希姆莱升任德国警察总监，国家秘密警察归其领导。1936年与刑事警察合并，组成保安警察。1936年10月1日，全国所有政治警察均以国家秘密警察命名。1939年又改组为德国中央保安局，由R.T.E.海德里希指挥。

秘密警察有“预防性逮捕权”，在纳粹德国时期，成千上万的犹太人、共产党人、左派人士、抵抗战士等都未经法律程序被盖世太保投入集中营。第二次世界大战期间，盖世太保参加特别行动队，随正规部队进驻波兰和苏联，残酷杀害纳粹占领区人民和战俘，是纳粹党对被占领国家人民进行特务恐怖统治的工具。

盖斯凯尔夫人 Mrs. Gaskell (1810-09-29～1865-11-12) 英国小说家。生于伦敦切尔西，卒于汉普奥尔顿附近。原名伊丽莎白·克莱格霍恩·斯蒂文森。周岁丧母，寄养在姨母家里，这座偏僻小城的风俗人情成为她日后创作的素材。共发表过6部长篇小说。《玛丽·巴顿》(1848) 真实地反映了工人阶级的生活和斗争，获得很大成功。《克兰福德》(1853) 用幽默的笔调描写了克兰福德小镇上目光短浅、幼稚天真的小市民中间发生的小小的悲喜剧。《露丝》(1853) 写一个贫苦的女缝工被诱骗和遗弃的故事。《北与南》(1855) 把经济落后的南方与工业发达的北方作对比，并塑造了一个理想化的资本家。

盖天说 hemispherical dome, theory of 中国古代的一种宇宙学说。据《晋书·天文志》记载的宇宙图式，天是一个穹形，地也是一个穹形，就如同心球穹，两个穹形的间距是八万里。北极是“盖笠”状的天穹的中央，日月星辰绕之旋转不息。盖天说认为，日月星辰的出没，并非真的出没，而只是离远了就看不见，离得近了，就看见它们照耀。

盖天说宇宙结构理论力图说明太阳运行的轨道，持此论者设计了一个七衡六间图，图中有七个同心圆。每年冬至，太阳沿最外一个圆，即“外衡”运行，因此太阳出于东南没于西南，日中时地平高度最低；每年夏至，太阳沿最内一圆，即“内衡”运行，因此太阳出于东北没于西北，日中时地平高度最高；春、秋分时太阳沿当中一个圆，即“中衡”运行，因此太阳出于正东没于正西，日中时地平高度适中。各个不同节令太阳都沿不同的“衡”运动。这个七衡六间图是力图定量地表述盖天说的宇宙体系，载于汉赵爽注《周髀算经》。因此，盖天说亦称周髀说。

盖头 headkerchief 遮蔽女子头面的巾。在中国源于古代女子蔽面的习俗。周代已出现，最早是用一块帛巾遮面，人称面衣。约至魏晋南北朝时，变为以较薄的深色罗縠将整个头部盖住，这种形式一直影响到后世。唐代出现“盖头”这一名称。五代之后盖头普及，至宋代尤其流行。据宋人吴自牧《梦粱录》记载，宋代妇女出嫁时戴盖头，一般在成亲前三日，男家先向女家赠送一件“催妆盖头”，到出阁之日，女子头戴盖头，待结婚仪式完毕，男方家属再将新娘的盖头挑开。新娘盖头多以红色的纱或丝绸制成。此种风俗一直沿袭到中华民国时期。

中国汉族传统婚礼中新娘用的盖头

盖瓦尔油田 Ghawar Oil Field 世界第一大油田。曾译加瓦尔油田。位于沙特阿拉伯东部的哈萨省，距波斯湾西海岸约100千米。油田分布于波斯湾盆地，处于阿拉伯地台东部边缘的哈萨构造阶地上。

油田构造是近南北向的长轴背斜，全长225千米，宽19~24千米，两翼倾角5°~8°。从南到北由哈拉德、哈维耶、奥斯曼尼耶、谢德刚、艾因达尔和法森6个闭合高点组成。1948年在艾因达尔高点打了一口探井，发现该油田。1949～1953年相继在哈拉德、谢德刚和哈维耶见油，证明盖瓦尔是一个完整的特大油田。盖瓦尔油田的主要产油层是上侏罗统阿拉伯组的D层，其下伏的上侏罗统佐贝尔层也产油。阿拉伯组D层主要由石灰岩和白云岩组成，厚约30～46米。佐贝尔层厚约50～110米。主要岩性为颗粒石灰岩（包括鲕粒、球粒及生物碎屑等）。埋深1 544～2 472米，孔隙度达30%，渗透率为$(800～1\ 500)\times10^{-3}$微米^2。盖层为阿拉伯组3个膏岩层中的最下层。盖瓦尔油田的含油面积为2 403平方千米，油田的最大垂直油柱高度为390米，原油密度为0.83～0.86。油田地质储量约370亿吨，可采储量115亿吨。

盖州市 Gaizhou City 中国辽宁省辖县级市。位于省境南部，渤海湾东岸。面积2 928平方千米。人口73万（2008），有汉、回、朝鲜、满、蒙古等民族。西汉时置平郭县，金设盖州。明设盖州卫，清康熙三年（1664）置盖平县。1965年改称盖县，1992年撤盖县设盖州市。由营口市代管。属暖温带大陆性季风气候。矿产有金、菱镁矿、大理石、花岗岩、萤石、白云岩、硅石、耐火黏土、石灰岩、铁、磷等。农产以高粱、玉米、水稻、大豆为主，盛产苹果、柞蚕。绒山羊是当地选育的绒肉兼用型优良品种。工业以机械、纺织、冶金、化工、建材等为主。名胜古迹有上帝庙、玄贞观、钟鼓楼、塔山铁塔、建安城遗址、赤山风景区、九寨石棚山大石棚，熊岳附近有温泉、北海浴场、仙人岛烽火台和望儿山等。

概率 probability 随机事件出现的可能性大小的度量。概率论的最基本概念。在一个特定的随机试验中，称每一可能出现的结果为一个基本事件，全体基本事件的集合称为基本空间。随机事件（简称事件）是由某些基本事件组成的，也就是基本空间的某些元素组成的集合（即基本空间的子集）。常用Ω表示基本空间，ω表示基本事件，空集符号$\varnothing$表示不可能事件。若A是一个事件，则“事件A不发生”也是一个事件，它由Ω中A以外的基本事件组成，记作A^C，称为A的对立事件。实际中要考察的各种各样的事件及其相互关系，正与基本空间Ω中元素所组成的各种子集及其相互关系相对应，因而概率论与集合论的语言有一一对照关系。如不可能事件对应于空集；事件A发生蕴涵事件B发生对应于集合A是B的子集；事件A与B同时发生对应于集合A与B的交；事件A与B至少发生其一对应于集合A与B的并；事件A与B不能同时发生对应于集合A与B不交。

在概率论中，并不总是把基本空间Ω的一切子集都当作事件。为了研究事件的各种关系，记全体事件所构成的集类为$\mathscr{F}$，它应具有以下性质：①$\Omega\in\mathscr{F}$；②若$A\in\mathscr{F}$，则$A^C\in\mathscr{F}$；③若A，$B\in\mathscr{F}$，则$A\cup B\in\mathscr{F}$。这样的集类$\mathscr{F}$称为域或代数。为了研究无穷多个事件的关系，还要把“$\mathscr{F}$中任意两个事件的并仍属于$\mathscr{F}$”这一条件强化为“如果任意可列多个事件A_1，A_2，…都属于$\mathscr{F}$，则它们的并$\bigcup_{n=1}^{\infty}A_n$也属于$\mathscr{F}$”。这样的域$\mathscr{F}$称为$\sigma$域或$\sigma$代数。

对给定的基本空间Ω和σ域$\mathscr{F}$，概率的公理化定义如下：概率P是$\mathscr{F}$上的实值函数，即对每一$A\in\mathscr{F}$，有一实数$P(A)$与之对应，且满足下面三条公理：

①非负性：对一切$A\in\mathscr{F}$，有$P(A)\geqslant0$；

②规范性：$P(\Omega)=1$；

③可列可加性：若A_1，A_2，…都属于$\mathscr{F}$，且两两不相交，则$P\left(\bigcup_{n=1}^{\infty}A_n\right)=\sum_{n=1}^{\infty}P(A_n)$。这样的公理化模型是由三个基本要素组成的，记为$(\Omega, \mathscr{F}, P)$，称为概率空间，它是一般测度空间的特例；$P$称为可测空间$(\Omega,\mathscr{F})$上的概率测度。

独立性是一个使概率论区别于测度论的特有概念。对于任意两事件A和B，如果它们各自发生的概率与它们同时发生的概率满足$P(A\cap B)=P(A)\cdot P(B)$，则称它们为独立的。为了计算不独立事件同时发生的概率，就需要用到条件概率。一般地，若$P(A)>0$，称$P(AB)/P(A)$为“已知A时，B的条件概率”，或“B关于A的条件概率”，记作$P(B|A)$。这是简单情形的条件概率。为了刻画复杂的非独立性，需要就更一般的情形来定义条件概率，这一定义只是在有了测度论之后才能严格给出。

概率分布 probability distribution 概率论的基本概念之一，用以表述随机变量取值的概率规律。对给定的正整数m，用$\mathbf{R}^m$表示全体m维实向量构成的集，称为m维实空间，对于：

$$a=(a_1,a_2,\cdots,a_m)\in\mathbf{R}^m$$

$$b=(b_1,b_2,\cdots,b_m)\in\mathbf{R}^m$$

$$a_j<b_j\ (j=1,2,\cdots,m)$$

用符号$(a,b]$表示$\mathbf{R}^m$中如下的超长方体：

$$(a,b]=\{x\in\mathbf{R}^m:x=(x_1,x_2,\cdots,x_m)$$

$$a_j<x_j\leqslant b_j\ (j=1,2,\cdots,m)\}$$

又用$\mathscr{B}^m$表示包含$\mathbf{R}^m$中所有超长方体的最小σ域，称为m维波莱尔域。由随机变量的公理化定义推知，若X为概率空间$(\Omega, \mathscr{F}, P)$上的m维随机向量，则对任一$B\in\mathscr{B}^m$，有$\{X\in B\}\in\mathscr{F}$。对每一$B\in\mathscr{B}^m$，定义$P_X(B)=P(X\in B)$，则P_X是可测空间$(\mathbf{R}^m, \mathscr{B}^m)$上的一个概率测度。这个概率测度$P_X$般也称为随机向量$X$的概率分布。根据随机变量所属类型的不同，概率分布取不同的表现形式。例如，表现离散型分布的分布列，表现连续型分布的密度函数，一般的分布函数以及多个随机变量的联合分布函数等。实际上，对于不同类型的随机变量X，它的概率分布P_X分别被它的分布列、密度函数和分布函数完全确定。

概率极限定理 probability limit theorems 概率论中的各种极限定理，如大数律、中心极限定理等。这些定理描述了由大量随机因素叠加而造成的随机现象的规律性。主要研究随机变量序列的各种收敛性。设$\{X_n, n\geqslant1\}$是一个随机变量序列，X是一个随机变量。记X_n和X的分布函数分别为F_n和F。若对F的每一个连续点x，都有$\lim_{n\to\infty}F_n(x)=F(x)$，则称$X_n$依分布收敛于$X$。若对任一正数$\varepsilon$，都有$\lim_{n\to\infty}P(|X_n-X|\geqslant\varepsilon)=0$，则称$X_n$依概率收敛于$X$。若$P(\lim_{n\to\infty}X_n=X)=1$，则称$X_n$以概率1收敛（或几乎必然收敛）于$X$。设$r>0$，若$\lim_{n\to\infty}\mathrm{E}|X_n-X|^r=0$，则称$X_n$ r阶平均收敛于X。

在上述常见的收敛性中，以概率1收敛

或r阶平均收敛可推出依概率收敛，依概率收敛可推出依分布收敛。以概率1收敛和r阶平均收敛不能互推。如果ξ_n是独立随机变量序列$\{Y_n, n \geqslant 1\}$的部分和$\sum_{i=1}^{n} Y_i$，那么依分布收敛、依概率收敛和以概率1收敛是等价的。经典的极限理论研究（正则化的）独立随机变量序列部分和的各种收敛性，至20世纪40年代，基本结果已相当完善。

概率论 probability theory 研究随机现象数量规律的数学分支。随机现象是指不能预先确定观察结果的客观现象。在自然界和人类社会中，存在着大量的随机现象。例如，掷一硬币，可能出现正面或反面；测量一物体长度，由于仪器及观察受到环境的影响，每次测量结果可能有差异；在同一工艺条件下生产出的灯泡，其寿命长短参差不齐等。随机现象的实现和对它的观察称为随机试验，随机试验的每一可能结果称为一个基本事件，一个或一组基本事件又通称随机事件，或简称事件。事件的概率则是衡量该事件发生的可能性大小的度量。虽然在一次随机试验中发生某个事件是带有偶然性的，但那些可以在相同条件下大量重复的随机试验却往往呈现出明显的数量规律性。例如，连续多次掷一均匀的硬币，出现正面的频率（出现次数与投掷次数之比）随着投掷次数的增加逐渐稳定于1/2。又如，多次测量一物体的长度，其测量结果的平均值随着测量次数的增加，逐渐稳定于一常数，并且诸测量值大都落在此常数的近旁，越远则越少，因之其分布状况呈现“中间大、两头小”及某种程度的对称性（即近似于正态分布）。大数律和中心极限定理就是描述及论证这些规律性的。在实际中，人们往往还需要研究在时间推进中某一特定随机现象的演变情况，描述这种演变的就是概率论中的随机过程。例如，某一电话交换台从一确定时刻起，其后的每一时间间隔内所收到的呼唤次数便是一随机过程。又如，微小粒子在液体中因受周围分子的随机碰撞而形成不规则的运动（即布朗运动）也是一随机过程。研究随机过程的统计特性，计算与过程有关的某些事件的概率，特别是研究与过程样本轨道（即过程的一次实现）有关的问题，是现代概率论的主要课题。总之，概率论与实际有着密切的联系，它在自然科学、技术科学、社会科学、军事和工农业生产中都有广泛的应用。概率论还是数理统计学的理论基础。

发展史 概率论有悠久的历史，它的起源与博弈问题有关。16世纪，意大利的一些学者开始研究掷骰子等赌博中一些简单问题。17世纪中叶，法国数学家B.帕斯卡、P.de费马及荷兰数学家C.惠更斯基于排列组合的方法（见组合数学）研究了一些较复杂的赌博问题，其方法不是直接计算赌徒赢局的概率，而是计算期望的赢值，从而导致了现今称之为数学期望的概念（由惠更斯明确提出）。使概率论成为数学的一个分支的真正奠基人则是瑞士数学家雅各布第一·伯努利，他建立了概率论中第一个极限定理，即伯努利大数律（见大数律）。这一结果被英国数学家A.棣莫弗和法国数学家P.-S.拉普拉斯加以精细化，后世称之为棣莫弗-拉普拉斯极限定理，这是概率论中第二个基本极限定理的原始形式。拉普拉斯的著作《概率的分析理论》(1812) 中首次明确规定了概率的古典定义（通常称为古典概率），并引入更有力的分析工具，从而实现了概率论由单纯的组合计算到分析方法的过渡，将其推向一个新的发展阶段。他非常重视概率论的实际应用，对人口统计学尤其感兴趣。其后对概率论作出重要贡献的还有俄国数学家P.L.切比雪夫、A.A.马尔可夫、A.M.李雅普诺夫、A.Ya.辛钦、A.N.科尔莫戈罗夫、法国数学家P.莱维、美国数学家N.维纳、W.费勒、J.L.杜布和日本数学家伊藤清等人。

在概率论发展史中特别值得一提的是科尔莫戈罗夫在1933年建立了概率论的公理化体系。虽然到19世纪下半叶，概率论在统计物理学中的应用及概率论的自身发展已突破了概率的古典定义，但关于概率的一般定义则始终未能明确化和严格化。这种情况既严重阻碍了概率论的进一步发展和应用，又落后于当时数学的其他分支的公理化潮流。1900年，D.希尔伯特在世界数学家大会上公开提出了建立概率论公理化体系的问题。20世纪初完成的勒贝格测度和勒贝格积分理论以及随后发展起来的抽象测度和积分理论，为概率论公理体系的确立奠定了理论基础。人们通过对概率论的两个最基本的概念即事件与概率的长期研究，发现事件的运算与集合的运算完全类似，概率与测度有相同的性质。到了20世纪30年代，随着对大数律研究的深入，概率论与测度论的联系愈来愈明显。例如，强、弱大数律中的收敛性与测度论中的几乎处处收敛及依测度收敛完全类似。在这种背景下，科尔莫戈罗夫于1933年在他的《概率论基础》一书中首次给出概率的测度论式的定义和一套严密的公理体系。这一公理体系着眼于规定事件及事件概率的最基本的性质和关系，并用这些规定来表明概率的运算法则。它们是从客观实际中抽象出来的，既概括了概率的古典定义、几何定义及频率定义的基本特性，又避免了各自的局限性和含混之处。这一公理体系一经提出，便迅速获得举世的公认。它的出现，是概率论发展史上的一个里程碑，为现代概率论的蓬勃发展打下了坚实的基础。

概率论的发展史说明了理论与实际之间的密切关系。许多研究方向的提出，归根到底是有其实际背景的。反过来，当这些方向被深入研究后，又可指导实践，进一步扩大和深化其应用范围。

由于科学技术中许多实际问题的推动以及概率论逻辑基础的建立，概率论从20世纪30年代以来得到了迅速的发展。其主要研究内容大致可分为概率极限理论（包括极限定理、大偏差、无穷粒子系统和渗流理论）、随机过程（包括马尔可夫过程、平稳过程、超过程或测度值过程）、特殊过程（包括鞅、随机点过程和排队过程）、随机分析（包括随机积分、随机微分方程、随机偏微分方程、马里亚万分析和白噪声分析）等。此外，包括组合概率、几何概率等在内的一些古典概率问题和方法，在20世纪70年代以来有了新的发展，产生了随机图和随机几何等新的分支学科。

应用 概率论在科学技术各领域有广泛的应用。例如，在物理学方面研究高能电子或核子穿过吸收体时产生级联（或倍增）现象的起伏，研究放射性衰变和原子核反应堆中的问题等，要用到泊松过程和更新理论。湍流理论以及天文学中的星云密度起伏、辐射传递等研究要用到随机场理论。探讨太阳黑子的规律及其预测时，时间序列方法非常有用。在化学反应动力学的研究中要用生灭过程来描述。随机过程理论还可提供描述生物现象和遗传问题的数学模型。如研究群体增长问题时提出的生灭型随机模型、两性增长模型、群体间竞争与生尅模型、群体迁移模型、增长过程的扩散模型等。有些生物现象还可以利用时间序列模型来预报。传染病流行问题要用到具有有限个状态的多变量非线性生灭过程。许多服务系统，如电话通信、船舶装卸、机器维修、病人候诊、存货控制、水库调度等，都可用一类概率模型来描述。这类概率模型涉及的过程叫排队过程。在通信、雷达探测、地震探测等领域中的信号处理，要用编码和随机滤波方法来消除噪声的干扰。在空间科学和工业生产的自动化技术中需要研究带随机干扰的控制问题，也要用到概率论方法。在计量经济学中研究最优决策和经济的稳定增长等问题，在金融学中研究交易和投资问题，也大量采用概率论方法。

概率逻辑 probabilistic logic 运用数理逻辑和其他数学工具，对概然（不确定）推理进行数量化、公理化和形式化研究的逻辑理论，是演绎化的归纳逻辑。

有穷概率逻辑是用经典一阶逻辑和概率论、数理统计来研究概然推理的逻辑。1921年J.M.凯恩斯提出了概率演算的19条初始定义和7条公理。他把概率看成命题间的逻辑关系，以及人们的合理相信度。20世纪40年代H.赖兴巴赫建立了命题序列的概率逻辑，这是取连续值的多值逻辑。50年代R.卡尔纳普区分了频率极限概率和逻辑概率。他构造了一类特殊的称为状态描述的合取句，用以定义证据句和假说句之间的确证度，即逻辑概率，从而构造了概率演算。不同学派对概率和概率演算的解释不同。60年代E.W.亚当斯提出了条件句概率逻辑，发展了卡尔纳普的工作。70年代末H.勒布朗提出了有别于塔尔斯基语义学的概率语义学。

无穷概率逻辑是用无穷逻辑（经典逻辑的扩张，允许合取和析取联结词在无穷命题集上运算）和可容集合论、测度论、模型论来研究概然推理的逻辑理论。1978年D.N.胡佛首次建立了无穷概率逻辑的公理化形式系统及其模型论。在此系统中，概率量词代替了全称量词和存在量词。80年代以后概率逻辑和**人工智能**、计算机科学相结合，出现了一些新的概率逻辑。

概念 concept 人对事物本质属性的认识。是知识和**思维**的元素。概念以词来表示，构成词的意义。

概念包括外延和内涵两个方面。概念的外延是指概念反映的本质属性对应着的事物，如鸟的外延是各种各样的鸟；概念的内涵是指概念反映的各种本质属性，如鸟的内涵包含"鸟有羽毛"、"鸟有喙"和"鸟是动物"等。概念的外延和内涵互相制约。外延确定以后，内涵也就随之确定；反之亦然。一个概念的外延增多，内涵就减少；内涵增多，外延就减少。如鸟的外延少于动物的外延，因为动物的外延包含了鸟和所有其他的动物；同时，鸟的内涵多于动物的内涵，因为鸟不仅具有动物的所有共同属性，还具有不同于其他动物的特殊属性，如"有羽毛"等。真正地掌握一个概念，既需要正确把握它的外延，也需要正确把握它的内涵，否则就会不合理地扩大或缩小概念。例如，如果将"会飞"的属性加进鸟的内涵，就会将鸭、鹅排除出鸟的外延，而把蝙蝠扩大到鸟的外延中来。

从概念的外延看，可以区分出单独概念、普遍概念和集合概念等。单独概念是关于某一特定事物的概念，它的外延只有一个事物，如"黄河"、"鲁迅"、"北京大学"等。普遍概念是关于一类事物的概念，它的外延包括全部同类的个体，如"房屋"、"汽车"等。集合概念的外延是一些事物组成的集合体，如"花束"、"词汇"等。从概念的内涵来看，概念可区分为实物概念和抽象概念。实物概念是关于事物的整体的概念，它反映完整的客体的本质属性，如"飞机"、"椅子"等。抽象概念是关于事物的某个属性、状态、与其他事物联系的概念，如"硬度"、"运动"、"平等"、"价值"等，它们都是从完整的事物中分离出来的某个方面。

个人掌握概念的过程称概念形成或概念学习。人们借助感知觉获得大量的感性知识，再通过分析综合、抽象概括等思维过程，从个别到一般，从具体到抽象，逐渐将一类事物的共同特性抽取出来，把握了一类事物的本质，形成了某一概念。

人工概念是实验者在实验室中，人为地将事物的几个属性结合起来制造出一个概念，再按照一定的程序，让被试去发现实验者所规定的各种属性，从而掌握这个人工概念。具有一个变量的概念称为单维度概念。具有两个或两个以上变量的概念称为多维度概念。

人工概念的实验实际上是一种分类实验，以有关属性为标准将一个刺激总体分成是与非两组。由有关属性或有关属性的集合所构成的分类标准也就是人工概念。被试学会正确的分类，就掌握了这一人工概念。

干宝 Gan Bao (?～336) 中国东晋史学家、文学家。字令升。新蔡（今属河南）人。少年时勤奋好学，博览群书，以才气闻名。因参加镇压荆湘流民起义首领杜弢有功，赐爵关内侯。西晋建兴四年（316）中原大乱，干宝随晋室南迁，居海盐县。元帝时因**王导**推荐召为佐著作郎，领修国史，著《晋纪》20卷。直而能婉，时称良史。今佚，仅存片段。家贫，求补山阴令，迁始安太守。后王导请为司徒右长史，迁散骑常侍。干宝信好阴阳术数，有感于生死之事，乃撰《**搜神记**》。又撰《春秋左氏义外传》15卷、《周易宗涂》4卷、《周官注》12卷、《干子》18卷等，有文集5卷。今仅存《搜神记》20卷。

干冰 dry ice 固态**二氧化碳**的商品名称。致密的雪花状物质。在常压下－78.50℃时升华，即不经熔化为液态而直接变为气态二氧化碳，故名"干冰"。干冰为分子晶体，密度1.56克/厘米^3（－79℃）。干冰的升华热很大，在－60℃时为87.2卡/克，因此可用作制冷剂，用于保存食品、低温实验、人工降雨等场合。生产干冰是首先压缩温度低于－57℃的气态二氧化碳为液态，然后使它突然膨胀到大气压，发生自发冷却现象，使液态二氧化碳冷却成细粒分散的固体，并可将其压缩成25立方厘米的块状。

干沉降 dry deposition 大气中的微量气体和悬浮粒子不经云雨过程，直接经大气运动输送并沉降至陆面、水面及其覆盖物的过程。大气中的气态污染物和**颗粒物**被清除的一个大气自净过程。但是**污染物**沉降下来之后，会对土壤、水体及覆盖的植被和建筑等产生影响，可造成环境和生态危害。通常用物质的干沉降速率（厘米/秒）表示干沉降过程的快慢，干沉降速率的大小因物质、大气和沉降表面状况的不同而异。干沉降速率与大气中物质浓度的乘积为沉降通量，即单位时间、单位面积污染物的沉降量。

干达人 Ganda 东非乌干达共和国的民族之一。又称巴干达人、瓦干达人。约445万人（2002）。另有1万人分布在坦桑尼亚西北部。属尼格罗人种班图类型。包括巴塞塞人

身着民族服装的干达人妇女

和巴辛戈人等支系，下分50个氏族，均有自己的动物图腾。使用干达语，属尼日尔-科尔多凡语系尼日尔-刚果语族。有新创的拉丁字母文字。多信**天主教**和新教，部分地区仍保持传统的自然崇拜、祖先崇拜和对历代国王的崇拜。婚姻实行一夫多妻制。按父系续谱、居住和继承财产。12世纪建立布干达王国，17～18世纪达鼎盛时期。1890年起干达人受英国殖民统治，1962年宣布独立。1967年废除王权，建立乌干达共和国。主要从事热带锄耕农业，种植薯、芋、香蕉、棉花和咖啡；兼事畜牧，饲养羊、鸡、牛。渔业和地区贸易发达。按村落定居，村落中央为酋长住屋，房舍为蜂巢式。

干将 Gan Jiang 传说中的中国春秋末年吴国铸剑名匠。其妻名莫邪。据大约成书于东汉末年的《吴越春秋》记载，干将"采五山之铁精，六合之金英"，以铸铁剑。三月不成。莫邪"断发剪爪，投于炉中，使童男童女三百人鼓橐装炭，金铁乃濡，遂以成剑"。制成两柄剑，分别被称为"干将"、"莫邪"。剑身均有花纹：干将剑"作龟文"，莫邪剑"作漫理"（水波纹）。这在一定程度上反映了战国和两汉时代的制剑工艺。

干栏式建筑 pile-dwelling 在木（竹）柱底架上建筑的高出地面的房屋。屋顶多为"人"字形，以树皮、茅草或陶瓦等覆盖。分上、下两层，上层为住人之所，下层多无遮拦，用作圈养家畜或置放农具。为防潮湿而建，适应多雨潮湿地区的生活需要。中国古代史书中又有干阑、干兰、高栏、阁栏和葛栏等名。此外，考古学和民族学中所谓的水上居住或栅居，以及日本所谓的高床住居，亦属此类建筑。自新石器时代起流行至今。属于新石器时代的浙江余姚河姆渡遗址中的木构建筑，是中国迄今发现最早的干栏式建筑设

施。在四川、贵州、湖南、江西、广东等地考古发掘中还发现过不少陶制干栏式建筑模型。干栏式建筑主要分布于中国长江流域以南，以及东南亚，中国内蒙古自治区、黑龙江省北部，西伯利亚、日本、美洲、大洋洲、非洲一些地区也有类似建筑。这种形式的建筑在中国瑶、壮、京、高山、苗、侗、水、布依、土家、傣、基诺、独龙、德昂、拉祜、布朗、景颇、佤等民族地区至今依然存在。

干酪根成油说 kerogen theory of petroleum origin 石油有机成因的一种学说。绝大多数石油地质学家或勘探工作者所接受并有效指导油气勘探的石油成因理论。该学说认为，石油和天然气主要是以分散状态赋存于烃源岩中的干酪根生成的；干酪根在一定物理化学条件下，随沉积物成岩演化，在成岩作用晚期开始并主要在深成岩作用阶段，经过热解逐渐生成石油和天然气。因此又称干酪根热降解成油说。

干酪根泛指沉积物中不溶于一般有机溶剂的有机质。1962年J.M.亨特首先在隔氧条件下加热干酪根而获得了烃类化合物。1979年亨特将干酪根定义为沉积岩中不溶于非氧化性的酸、碱和非极性有机溶剂的固态结构和组成复杂的分散有机质。根据有机质的有机岩石学类型、光学性质及碳、氢、氧元素相对含量，可将干酪根大致划分为Ⅰ、Ⅱ、Ⅲ型。其中，Ⅰ型（腐泥型）生油潜力大；Ⅱ型（腐泥－腐殖型，即混合型）生油潜力中等；Ⅲ型（腐殖型）对生油不利，但埋藏到足够深度时，可成为有利的生气母质。20世纪70年代，法国人B.P.蒂索等以巴黎盆地的下托尔页岩为研究对象，揭示了干酪根转化成油的机理（见图）：①有机质相对含量随埋藏深度变化。页岩中的干酪根含量在埋深小于1 500米时变化很不显著，而当埋深大于1 500米时，含量明显减少，这表明当埋深大于1 500米时，

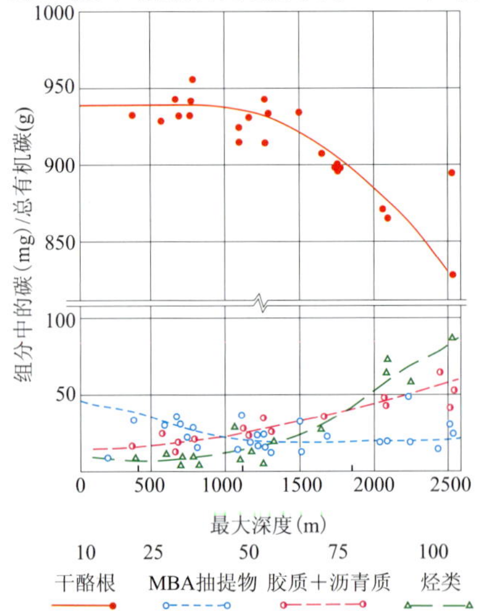

法国巴黎盆地下托尔页岩有机质各组分含量随深度的变化

干酪根转化成烃类。②泥质岩中甲醇－丙酮－苯的混合溶剂（MBA）抽提物含量随埋深增加而减少，但当埋深为1 500米上下时，其含量基本稳定。MBA抽提物是干酪根向烃类转化过程的中间产物。③胶质及沥青质含量随埋深增加的变化趋势与烃类基本一致，但不如烃类增长显著。它们是干酪根成烃过程中的副产物。④从烃类含量与干酪根含量随埋深1 500米处的转折变化表明，干酪根大量成油需要一定的埋藏深度，或者说干酪根需要一定的温度才能大量转化成油。干酪根热演化过程中所经历的形成、解聚、裂解、聚合等阶段，进一步证明除温度因素外，在干酪根的热降解中，时间是不可忽略的因素，但居于次要地位。根据化学动力原理，母质产生石油的速度和时间呈线性关系，而与温度呈指数关系。

干酪根是沉积有机质的主体，干酪根的数量，是根据地壳的有关参数、沉积岩的平均密度及沉积岩中的干酪根平均含量估算的。地壳表面积为5.10×10^{8}平方千米，地壳平均厚度为17千米，按沉积岩在地壳中只占岩石总量的5%，以此算得地球上油气资源总量（天然气是按1 000米^{3}相当原油1 000千克折算），粗略估计为10万亿吨。可见全球干酪根的数量大约是世界油气资源总量的1 000倍，为形成众多的油气田提供了足够的物质保证。干酪根成油说已经从一种假说逐步发展成为一种科学理论，并成为指导油气勘探工作和评价油气资源的一个重要依据。

干馏 carbonization 煤、油页岩、木材等在隔绝空气条件下加热、分解生成固体（如焦炭、木炭）、液体（如煤焦油）、气体（如煤气）产物的过程。煤干馏按加热的温度可分为3种：900～1 000℃为高温干馏，即焦化；700～900℃为中温干馏；500～600℃为低温干馏。低温干馏得的煤气收率低，焦油产率高，固体产品为结构疏松的黑色半焦；高温干馏可得结构致密的银灰色焦炭，煤气产率高而焦油产率低；中温干馏产品则介乎上述二者之间。干馏获得的煤气主要成分为氢气与甲烷，可作燃料和化工原料。高温干馏的焦炭主要用于冶金；焦油中含芳烃和酚类较多，分离后用作化工原料。低温干馏焦油含烃类较多，为人造石油重要来源之一。

干扰素 interferon; IFN 细胞在诱生剂作用下产生的一类蛋白质。具有广谱的抗病毒、抗肿瘤以及免疫调节的活性。根据抗原特异性将干扰素分为α、β和γ型。

干扰素的生物学活性有3个特点：①活性高。约1毫克纯化干扰素就有10亿个活性单位。只要有1个干扰素分子，就可以使1个细胞产生抗病毒状态。②具有广谱性和选择性。对绝大多数病毒具有抑制作用，而对异常细胞（如肿瘤细胞）的作用比对正常细胞的作用大。③具有相对的种属特异性。在一些不同种的动物间，甚至在种系发生相差甚远的动物间，也存在着交叉活性。

干扰素不仅能抑制病毒复制和抗肿瘤，而且对免疫应答有复杂的调节作用，γ干扰素对免疫系统的调节作用比α、β干扰素强，而且能促进α、β干扰素的活性和增加免疫球蛋白（IgE）介导的组胺的释放。IFN-α用于治疗乙肝，IFN-β用于治疗多发性硬化症（神经疾病），IFN-γ用于治疗类风湿性关节炎等。各类干扰素的临床应用各有侧重。世界上通过基因工程途径可使某些细菌和酵母产生干扰素，已获得成功。

干热风 dry and hot wind 一种高温低湿的风。又称火风、热风或干旱风。是一种农业气象灾害天气。定量确定干热风的标准时，要考虑温度、湿度和风力三个气象要素。一般定义为：日最高气温≥29～34℃，14时相对湿度≤25%～35%，14时风速≥2～3米/秒为轻干热风；日最高气温≥32～36℃，14时相对湿度≤20%～30%，14时风速≥2～4米/秒为重干热风。由于各地的作物品种不同、土壤性质各异、发生干热风时作物所处的生育期也不同，因而足以对作物构成危害的干热风指标也有差异。

干热风多发生在5、6月份。当500百帕等压面天气图上从青藏高原到河套为暖高压脊，地面天气图上从新疆至河套有热低压或变性高压东移，在这样的天气形势和天气系统所占据和移经之处，整层大气下沉增温，近地面空气干而暖，且多吹偏南风和偏东风，导致干热风发生。中国大面积干热风主要出现在秦岭和淮河以北，其中以华北和西北最为多见。

干涉 interference 两个（或两个以上）波源发出的、满足一定条件的波，在空间叠加时，在交叠区的不同地点呈现稳定的互相加强或减弱的现象。这是波的重要特性。波在交叠区域中的加强和减弱形成干涉图样。微观粒子因有波动性，也呈现干涉现象。见光的干涉。

干涉仪 interferometer 利用干涉原理测量光程之差从而测定有关物理量的光学仪器。两束相干光间光程差的任何变化会非常灵敏地导致干涉条纹的移动，而某一束相干光的光程变化是由它所通过的几何路程或介质折射率的变化引起，所以通过干涉条纹的移动变化可测量几何长度或折射率的微小改变量，从而测得与此有关的其他物理量。测量精度决定于测量光程差的精度，干涉条纹每移动一个条纹间距，光程差就改变一个波长（～10^{-7}米），所以干涉仪是以光波波长为单位测量光程差的，

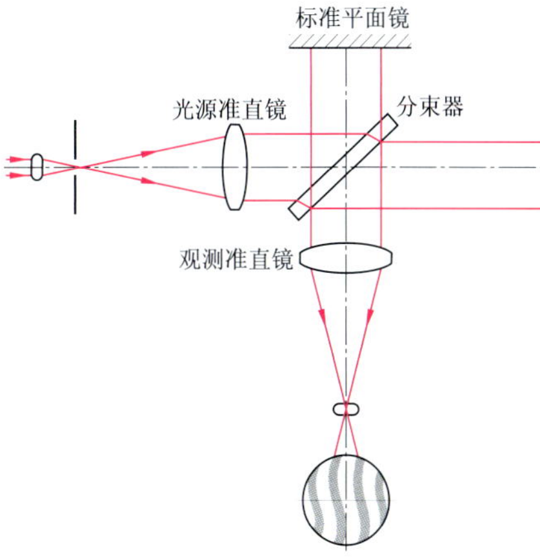

泰曼干涉仪

其测量精度之高是任何其他测量方法所无法比拟的。

干涉仪分双光束干涉仪和多光束干涉仪两大类，前者有瑞利干涉仪、迈克耳孙干涉仪及其变型泰曼干涉仪、马赫－秦特干涉仪等，后者有法布里－珀罗干涉仪等。干涉仪的应用极为广泛，主要有6方面：

①长度的精密测量。在双光束干涉仪中，若介质折射率均匀且保持恒定，则干涉条纹的移动是由两相干光几何路程之差发生变化所造成，根据条纹的移动数可进行长度的精确比较或绝对测量。迈克耳孙干涉仪和法布里－珀罗干涉仪曾被用来以镉红谱线的波长表示国际米。

②折射率的测定。两光束的几何路程保持不变，介质折射率变化也可导致光程差的改变，从而引起条纹移动。瑞利干涉仪就是通过条纹移动来对折射率进行相对测量的典型干涉仪。应用于风洞的马赫－秦特干涉仪被用来对气流折射率的变化进行实时观察。

③波长的测量。任何一个以波长为单位测量标准米尺的方法也就是以标准米尺为单位来测量波长的方法。以国际米为标准，利用干涉仪可精确测定光波波长。法布里－珀罗干涉仪（标准具）曾被用来确定波长的初级标准（镉红谱线波长）和几个次级波长标准，从而通过比较法确定其他光谱线的波长。

④检验光学元件的质量。泰曼干涉仪被普遍用来检验平板、棱镜和透镜等光学元件的质量。在泰曼干涉仪的一个光路中放置被测的光学元件，被测件的折射率或几何尺寸的任何不均匀性必将反映到干涉图样上。若在光路中放置被测的透镜，可根据干涉图样了解由透镜造成的波面畸变，从而评估透镜的波像差。

⑤用作高分辨率光谱仪。法布里－珀罗干涉仪等多光束干涉仪具有很尖锐的干涉极大，因而有极高的光谱分辨率，常用作光谱的精细结构和超精细结构分析。

⑥历史上的作用。19世纪的波动论者认为光波或电磁波必须在弹性介质中才得以传播，这种假想的弹性介质称为以太。人们做了一系列实验来验证以太的存在并探求其属性。以干涉原理为基础的实验最为精确，其中最有名的是斐索实验和**迈克耳孙－莫雷实验**。1851年，A.H.L.斐索用特别设计的干涉仪做了关于运动介质中的光速的实验，以验明运动介质是否曳引以太。1887年，A.A.迈克耳孙和E.W.莫雷合作利用迈克耳孙干涉仪试图检测地球相对绝对静止的以太的运动。对以太的研究为A.爱因斯坦的狭义相对论提供了佐证。

干燥剂 drying agent 能强烈吸收水分或水蒸气的物质。常用的干燥剂及其干燥效果见表。

常用干燥剂及其干燥效果

干燥剂	干燥后空气中剩余水分 (mg/L)	可被干燥的物质
五氧化二磷	2×10^{-5}	氧、二氧化碳、二氧化硫、氮、二硫化碳和液体如酸、烷烃等
硅胶	6×10^{-3}	氨、氧、氮、醇类、芳香族、烷烃等
氢氧化钾	2×10^{-3}	氨、氧、氮、肼、胺、醚等
氢氧化钠	8×10^{-1}	
浓硫酸	3×10^{-3}	氮、二氧化碳、氯、二氧化硫、氯化氢、卤代烷、饱和烃
分子筛	1.2×10^{-3}	氧、氢、乙醇、甲醇、乙醚、吡啶、丙酮、苯
氯化钙	2×10^{-1}	氢、氧、氯化氢、氯、硫化氢、二氧化碳、氮、甲烷、乙醚

干燥器 dryer 通过加热，使物料中的湿分汽化逸出，以获得所要求湿含量的固体物料的机械设备。干燥器可按操作过程、操作压力、加热方式、使用介质等不同特征分类。

按操作过程分为间歇式和连续式两类。

按操作压力分为常压和真空干燥器两类。真空干燥器适用于干燥热敏性、易氧化、易爆和有毒物料以及湿分蒸汽需要回收的场合。

按加热方式分为对流式、传导式、辐射式、介电式等类型。①对流式（直接）干燥器。利用热的干燥介质与湿物料直接接触，以对流方式传递热量，工业上应用最广。②传导式（间接）干燥器。利用传导方式，由热源通过金属间壁向湿物料传递热量。热效率较高，产品不受污染，常在真空下操作。③辐射式干燥器。利用各种辐射器发射出一定波长范围的电磁波，被湿物料表面有选择地吸收后，转变为热量。④介电式干燥器。利用高频电场作用使湿物料内部发生热效应进行干燥。

按使用介质种类分为空气、烟道气、过热水蒸气、惰性气体干燥器等类型。

干支 celestial stem and terrestrial branch 以六十为周期的序数，用以纪日、纪年等。

六十干支表（六十甲子表）

0甲子	10甲戌	20甲申	30甲午	40甲辰	50甲寅
1乙丑	11乙亥	21乙酉	31乙未	41乙巳	51乙卯
2丙寅	12丙子	22丙戌	32丙申	42丙午	52丙辰
3丁卯	13丁丑	23丁亥	33丁酉	43丁未	53丁巳
4戊辰	14戊寅	24戊子	34戊戌	44戊申	54戊午
5己巳	15己卯	25己丑	35己亥	45己酉	55己未
6庚午	16庚辰	26庚寅	36庚子	46庚戌	56庚申
7辛未	17辛巳	27辛卯	37辛丑	47辛亥	57辛酉
8壬申	18壬午	28壬辰	38壬寅	48壬子	58壬戌
9癸酉	19癸未	29癸巳	39癸卯	49癸丑	59癸亥

各干支前的阿拉伯数字是该干支名在六十干支周中的序号。在古代历法计算中通常以甲子为0序号。若甲子序号为n，则表中其他干支的序号相应地也须加上n。

它以十天干的甲、乙、丙、丁、戊、己、庚、辛、壬、癸和十二地支的子、丑、寅、卯、辰、巳、午、未、申、酉、戌、亥顺序相配组成。从甲子、乙丑……直至癸亥（见表）。干支在中国历法史上占有重要地位。早在殷商时代就使用六十干支纪日。一日一个干支名号，日复一日，循环使用，从不间断。中国的历史虽然很长，只要顺着干支往上推，历史日期就清清楚楚。这是中国古代创用干支纪日法的功绩。在古代历法中也使用干支法，只要求出气、朔的干支，其余就一目了然。干支法不但用于纪日，还用于纪年。古人也用十二地支纪时、纪月。地支纪时就是将一日均分为十二个时段，分别以十二地支表示，子时为现在的二十三点至一点，丑时为一点至三点等，以此类推，称为十二时辰。地支纪月就是把冬至所在的月称为子月，下一个月称为丑月等。

甘必大 Gambetta, Léon (1838－04－02～1882－12－31) 法国政治家。生于卡奥尔城一个意大利裔商人家庭，卒于巴黎。1857年赴巴黎学习法律。1869年当选立法议会议员，成为共和派著名代表。甘必大反对普法战争。1870年9月2日法国在色当战败

后，甘必大参加9月4日革命。第三共和国成立后，任国防政府内政部长。1871年10月7日，他乘气球离开巴黎，越过普军防线飞往图尔，组织力量抗击普军。1871年停战协定签订后，甘必大以辞职表示抗议，退出议会。同年7月，由塞纳省选入议会。1875年联合中间派使制宪议会通过1875年第三共和国宪法。1877年，联合各派粉碎M.-E.-P.-M.de**麦克-马洪**总统的独裁阴谋。1881年11月受命组阁，自任总理兼外长，仅维持73天就在激进派强烈反对下垮台。

甘草 *Glycyrrhiza uralensis*; ural licorice　豆科甘草属的一种。多年生草本；茎带木质。奇数羽状复叶；小叶3～8对，卵圆形，先端尖或钝。总状花序腋生，萼钟状，有5齿；花冠紫红或紫蓝色，旗瓣卵圆形，有短柄，翼瓣和龙骨瓣均具长柄。荚果弯曲成镰刀状或环状，外面密布褐色细刺。其根及根状茎粗大，圆柱形，剥去外皮呈黄色，含**甘草酸**，性平、味甘，有和中缓急、清热解毒、补脾和胃、调和诸药之功，又用作烟草加料剂及蜜饯、糖果的香料。

甘草酸 glycyrrhizic acid　五环三萜，分子

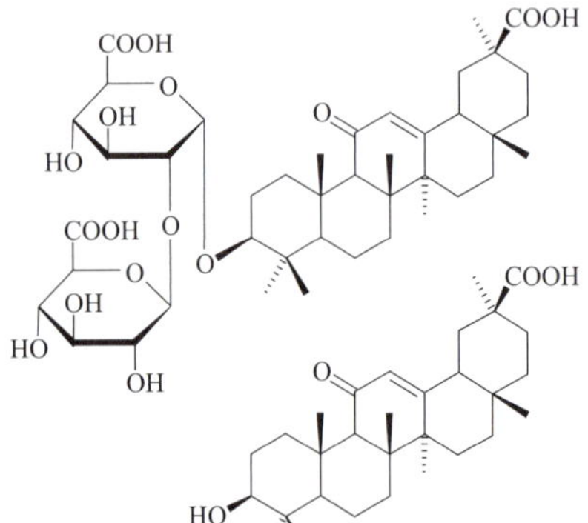

甘草次酸

式$C_{42}H_{62}O_{16}$。又称甘草甜素。为甘草次酸的二葡萄糖酸醛苷，是**甘草**的甜味成分。存在于甘草属植物中；在220℃时分解。甘草次酸分子式$C_{30}H_{46}O_4$；有两种同质异晶体，熔点分别为300～304℃和287～293℃，比旋光度$[\alpha]_D$+163。为一羟基酸。

甘丹寺 Ganden Monastery　中国藏传佛教**格鲁派**寺院。与**哲蚌寺**、**色拉寺**合称拉萨三大寺。位于拉萨以东45千米处，达孜县境内拉萨河南岸汪古尔山上。明永乐七年(1409)格鲁派创始人**宗喀巴**建寺并为住持，至其圆寂为止，皆于本寺讲经、从事著述。

甘丹寺建筑群

寺中分夏孜、绛孜两扎仓（经院）。宗喀巴灵塔建在寺内。

甘地 Gandhi, Indira (1917-11-19～1984-10-31)　印度共和国总理(1966～1977，1980～1984)，政治家。生于安拉阿巴德城阿南德宫，卒于新德里。J.**尼赫鲁**的独生女。

从小受到尼赫鲁的悉心教育。

8岁时曾加入M.K.**甘地**领导的手纺协会儿童部。1930年印度第二次**非暴力不合作运动**期间组织过“猴子队”，从事服务性工作。1936年参加**印度国民大会党**。1942年同F.甘地结婚。同年9月因参加要求英国“退出印度”运动被捕入狱，1943年5月获释。

印度独立后，因其母早逝，甘地成为总理官邸的女主人。1964年5月尼赫鲁逝世，L.B.夏斯特里继任总理，甘地担任新闻广播部长。1966年1月夏斯特里突然去世，甘地成为国大党领袖，出任总理。1967、1971和1980年三次当选总理，执政15年。

担任总理期间，遵循尼赫鲁制定的内外政策，但随着国内外形势的发展而有所调整。在内政上，坚持议会民主制度，坚持实行公私营企业并举的“混合经济”政策，为发展民族经济和建设印度作出不懈的努力。就任不久即着手开展“绿色革命”。20世纪80年代后加速放宽对私营企业的限制，实行对外开放。外交上，维护印度的国际地位，扩大印度在不结盟运动中的作用，为改善和发展中印两国关系也作出贡献。1971年签订《印苏和平友好合作条约》，肢解巴基斯坦。1975年吞并锡金。1980年以后调整外交政策，改善并加强与美国等西方国家的关系，强调不结盟方针。1978年以后担任国大党（甘地派）主席。后被锡克教徒侍卫所害（见**金庙事件**）。

甘地 Gandhi, Mohandas Karamchand (1869-10-02～1948-01-30)　**印度国民大会党**领袖，民族解放运动领导人，**非暴力不合作运动**倡导者，享有印度的“圣雄”称号。

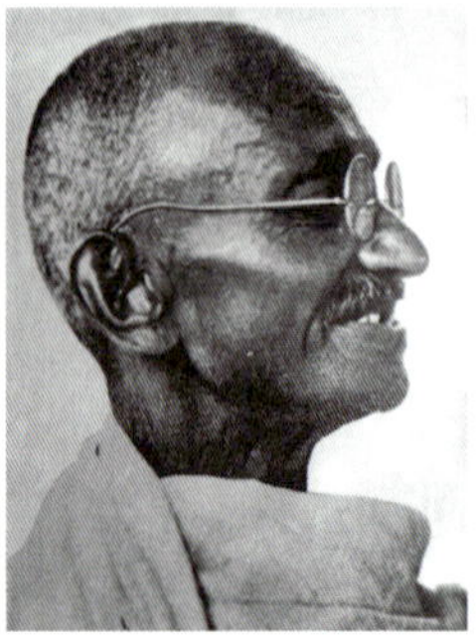

生于西印度波尔班达尔土邦的班尼亚商人种姓家庭，卒于德里。

1888年留学英国，习法律。1891年取得律师资格回国。1893年开始在南非执律师业，处理印度商行诉讼。同情华工疾苦，并领导10余万南非印度人反对种族歧视的斗争。1894年组织南非印度侨民第一个政治团体——纳塔尔印度人大会，为印度“苦力”和侨民争取生存权利。在**英布战争**和祖鲁起义(1906)中，组织野战救护队，照料英国伤兵。在南非，因从事“坚持真理”斗争而出名。

第一次世界大战爆发后回到印度。大战期间曾在古吉拉特农村招募志愿兵和组织担架队支持英国。1919年领导印度人民反对《罗拉特法》的斗争，支持穆斯林的基拉法特运动。1920年国大党年会确认非暴力不合作运动为党的反对殖民统治的主要斗争手段，从而确立了甘地在党内的领袖地位。同年开展第一次全印范围内的非暴力不合作运动，得到印度资产阶级的全力支持。1924年当选为国大党主席。1929年12月他提倡开展文明不服从运动，强调非暴力原则，并领导“食盐进军”。1931年3月5日签订《甘地-欧文协定》。国大党内外一致谴责这项协定，致使甘地于1934年一度退党。此后，居住在农村，专事“建设性纲领”工作，推广手纺土布，发展乡村工业，开展农村教育，提倡讲究卫生。同时致力于“哈里詹”(意为“上帝之子”，甘地对贱民的称法）运动，反对歧视贱民，主张妇女解放与教派团结。

第二次世界大战期间，甘地虽已到垂暮之年，仍积极投身政治活动。第二次世

界大战后，L.蒙巴顿提出印巴分治方案（见《蒙巴顿方案》）。对此甘地开始竭力反对，后在权衡得失后，欣然接受，同时呼吁人民团结一致，结束教派流血冲突。在个人生活上奉行禁欲和苦行。在反英斗争中，先后绝食17次。“坚持真理”和“非暴力不合作”是甘地思想的核心。在德里作晚祷时，被大印度教主义准军事性极端组织“民族服务团”的成员N.V.戈德赛开枪暗杀，终年79岁。

甘地 Gandhi, Rajiv (1944-08-20～1991-05-21) 印度国民大会党主席（1981～1991）、印度总理（1984～1989）。I.甘地之子。生于孟买，卒于马德拉斯利帕鲁姆巴杜尔。从小受到良好教育，先后就读于英国伦敦学院、剑桥大学。1965年获工程学士学位。后回到印度学习飞行，取得民航领航员证书。1968年在印度民航公司任领航员。1980年其弟S.甘地飞机失事遇难后，其母甘地夫人命他从政。1981年6月在补缺选举中被选入人民院。同月任青年国大党全国执行机构成员。1984年10月31日甘地夫人被刺当天，宣誓就任印度总理。几天后被选为国大党领袖。同年11月领导国大党取得人民院选举的压倒性多数席位。任内采取严厉措施整顿政府机关，实行经济自由化。但在旁遮普和克什米尔与分裂势力斗争中不力，政府也几次出现财政丑闻。于1989年11月辞去总理职务，继续担任国大党（I.甘地派）领袖。后在进行国会竞选时死于泰米尔分裂分子的自杀性爆炸中。

甘苦 Gan Ku (1924-01～1993-07-25) 中华人民共和国全国人民代表大会常务委员会副委员长。壮族。生于广西扶绥，卒于南宁。1947年7月加入中国共产党。1947～1950年任广西左江龙津游击区民兵大队指导员、凭祥县工委书记兼政委、滇桂黔边区纵队左江支队3团政委。1950～1979年历任广西壮族自治区办公厅代科长，中共龙州县委书记、崇左县委书记，河池专署专员，龙江造纸厂革委会主任，中共河池地委副书记、革委会副主任，广西水利电力局局长等职。1979～1993年先后担任广西壮族自治区政府副主席、自治区人大常委会主任。1993年3月在八届人大一次会议上，当选为全国人大常委会副委员长。

甘蓝 *Brassica oleracea*; cabbage 十字花科芸薹属的一种。一年生或二年生草本植物。根为直根系，多分枝。茎在抽薹开花前为缩短茎，上面簇生许多叶片，不向内弯曲，呈莲座状；多数为绿色或灰绿色，少数紫红色；近圆形或倒卵圆形。叶面光滑无毛，有蜡粉；少数品种叶面绉缩，称绉叶甘蓝。包括下列变种：结球甘蓝、花椰菜、球茎甘蓝、抱子甘蓝、青花菜、羽衣甘蓝。甘蓝类蔬菜起源于地中海沿岸，由野生甘蓝演化而来。广泛栽培的主要是结球甘蓝和花椰菜。

结球甘蓝又称洋白菜、卷心菜、包心菜。叶片厚，卵圆形，有黄绿、深绿或蓝绿色；叶柄短。心叶抱合成叶球，圆形或扁圆形，呈黄白色。喜冷凉气候，生长最适温度为15～20℃，在5～10℃的情况下也能缓慢生长。比较湿润的栽培环境对生长有利，土壤湿度以70%～80%为宜。充足的阳光有利于生长、发育。对土壤的适应性较广，但以含有机质较多的壤土为好。中国各地均有栽培，除作蔬菜食用外，外叶是良好的饲料。

花椰菜又名菜花或花菜。叶片长卵圆形，表面光滑，先端稍尖，叶柄稍长。茎顶由许多短缩花薹和花序柄聚合形成白色花球，即食用部分。依花球特性及生长期的长短可分为早熟种、中熟种、晚熟种3个类型。花球直径15～25厘米，大小因品种及栽培条件而异。早熟品种每一花球重0.5～1千克，晚熟品种可达1.5～2千克以至5千克以上。花椰菜的花球营养丰富，除作新鲜蔬菜食用外，还可脱水加工或制成罐头食品。

甘露糖 mannose 六碳单糖，其分子式为$HOCH_2(CHOH)_4CHO$。多种多糖的组成成分，以游离状态存在于某些植物果皮如柑橘皮中，桃、苹果等水果中有少量游离的甘露糖，象牙棕榈子、酵母、红藻、血清球蛋白、卵类黏蛋白和结核杆菌中含有D-甘露糖的聚糖。甘露吡喃糖的结构式如下：

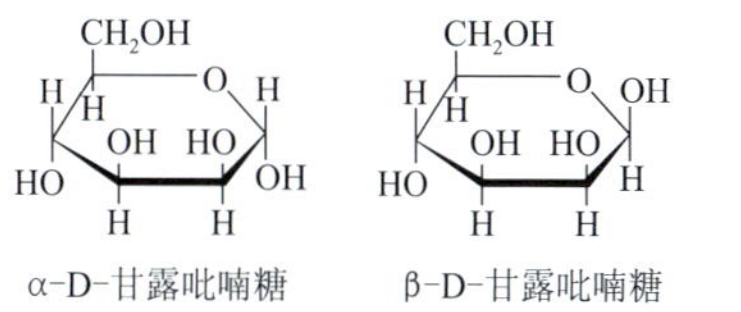

α-D-甘露吡喃糖　　β-D-甘露吡喃糖

α-D-甘露吡喃糖熔点133℃，比旋光度$[\alpha]_D^{20}$ +29.3→+14.2（水）；β型的熔点132℃，$[\alpha]_D^{20}$ −17.0→+14.2（水）。D-甘露糖与氯化钙甚易形成结晶化合物$C_6H_{12}O_6\cdot CaCl_2\cdot 4H_2O$，并显示复杂的变旋光作用。D-甘露糖可被酵母发酵。D-甘露糖可由富含D-甘露糖的聚糖水解制备；也可由D-甘露醇（海带制碘工业的副产品）在亚铁离子存在下，用过氧化氢氧化合成；也可由D-葡萄糖差向异构化；或由D-阿拉伯糖增长碳链等方法制备。

甘露之变 Ganlu Incident 中国唐朝大和九年（835）文宗和部分大臣谋诛宦官而发动的一次事变。唐朝后期，宦官擅权专政达到了极点，成为朝政的一大弊端。文宗即位后，即企图惩治宦官，夺回皇帝丧失的权力。大和八年秋，郑注、李训（原名仲言）成为文宗的亲信。次年秋，文宗提升李训为宰相，又任命郑注为凤翔节度使，作为京师外援，逐步开始打击宦官。大和九年十一月二十一日，早朝于紫宸殿举行时，左金吾大将军韩约奏报左金吾仗院内石榴树上夜降甘露。李训等建议皇帝宜亲往一看。文宗乃命神策军左右护军中尉仇士良、鱼志弘（一作弘志）等宦官，带领众宦官去察看。仇士良等至左金吾仗院时，发现埋伏了武装士兵，慌忙退出。李训等本想以观看甘露为名将宦官诱至金吾仗院一举歼灭的计划失败。宦官退到含元殿，迫使文宗乘软舆入内宫。朝臣一时惊散。李训见事不济，出宫单骑走入终南山佛寺中。宰相王涯、贾𫗧、舒元舆不明真相，退到中书省等候文宗召见。宦官挟持文宗退入内殿后，立即派遣神策军五百人，持刀出东上阁门，逢人即杀，死者六七百人。接着关闭宫城各门搜捕，又杀千余人。李训、郑注等先后被捕杀，并都遭族诛，更多的人被牵连而死。经过这次宦官的大屠杀，朝班几乎为之一空。从此宦官更加专横，凌逼皇帝，蔑视朝官，文宗因此郁郁而死。

甘南藏族自治州 Gannan Tibetan Autonomous Prefecture 中国甘肃省辖自治州。位于省境南部，南连四川省，西、西北接青海省。辖合作市和临潭、卓尼、舟曲、迭部、玛曲、碌曲、夏河7县，面积40 201平方千米。人口69万（2010），其中藏族占40%，还有汉、回、土等民族。自治州人民政府驻合作市。元为宣政院吐蕃等处宣慰司辖地，明属洮州卫、岷州卫地。1953年设甘南藏族自治区，1955年改甘南藏族自治州。地处青藏高原东北边缘。水力资源丰富。黄河第一曲——河曲及支流洮河、大夏河，嘉陵江支流白龙江流经州境。年平均气温1～13℃。年降水量450～800毫米，属温带湿润气候。矿藏有金、银、铜、铅、锌、钨、锑、大理石等。工业有皮革、食品、毛纺、木材加工、乳品加工、制药等。河曲马、欧拉羊、甘加羊、牦牛为优良畜种。北部河谷地带为半农半牧区，种植青稞、小麦、荞麦等。白龙江、洮河、大夏河流域有大片天然森林，为甘肃省主要林区。盛产党参、当归、贝母、虫草等中药材。名胜古迹有拉卜楞寺、八角城故址、桑科古城址、马家窑文化遗址、临潭磨沟遗址、唐牛头城古城址等。

甘薯 *Ipomoea batatas*; sweet potato 旋花科甘薯属的一种。一年生或多年生蔓生草本植物。又称番薯、山芋、红薯、白薯、地瓜等。块根可作粮食、饲料和工业原料。起源于墨西哥以及从哥伦比亚、厄瓜多尔到秘鲁一带的热带美洲。16世纪末从南洋引入中国福建、广东，而后向长江、黄河流域及台湾省等地传播。

形态特征 甘薯根可分为须根、柴根和块根三种形态（图1）。须根呈纤维状，有根毛，根系向纵深伸展，一般分布在30厘米土层内，具有吸收水分和养分的功能。柴根粗约1厘米，长可达30～50厘米，是须根在生长过程中遇到土壤干旱、高温、通气不良等因素，以致发育不完全而形成的畸形肉质根，没有利用价值。块根是储藏养分的器官，也是供食用的部分。分布在5～25厘米深的土层中，先伸长，后长粗。其形状、大小、皮肉颜色等因品种、土壤和栽培条件不同而有差异。具有根出芽特性，是育苗繁殖的重要器官。

甘薯茎匍匐蔓生或半直立，长1～7米，呈绿、绿紫或紫、褐等色。茎节能生芽，长出分枝和发根，利用这种再生力强的特点，可剪蔓栽插繁殖。叶片有心脚形、肾形、三角形和掌形等多种形状，叶绿色至紫色，即便在同一植株上的叶片形状和叶色也常不相同。聚伞花序，腋生（图2）。蒴果近圆形，着生1～4粒褐色的种子。

生理特性 甘薯属喜光短日照作物，

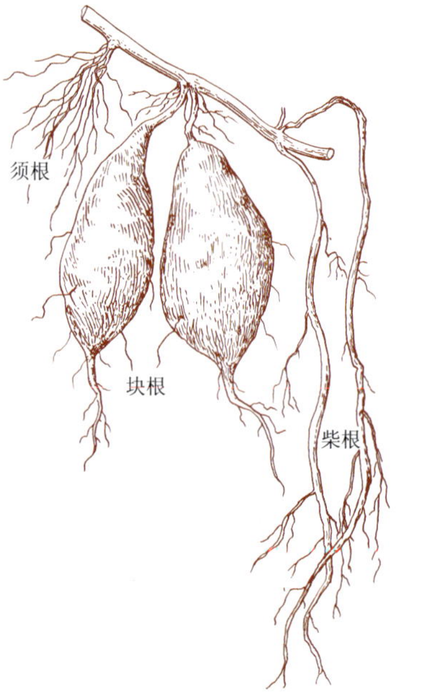

图1 甘薯根的三种形态

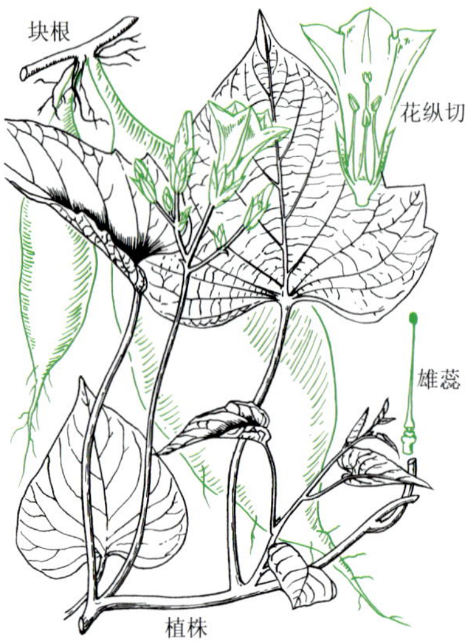

图2 甘薯植株

性喜温，不耐寒。根系发达，较耐旱。土壤水分以最大持水量的60%～80%为宜。甘薯要求土壤结构良好。耕层厚、透气排水好的壤土和砂壤土，有利于根系发育、块根的形成和膨大。土壤pH宜在4.2～8.3之间。

栽培措施 主要包括育苗、栽种、管理。甘薯育苗，以重100～250克，无病质量好的夏、秋薯块作种薯。利用人工加温的温床、太阳辐射增温的冷床、温床和采苗圃等方法育苗。甘薯栽种，多采用垄作，秋季易涝和适宜密植的地区宜双行大垄，选用壮苗，适时早栽，当土温稳定在17～18℃时，即可栽插。甘薯管理，早期要及时补苗，甘薯需钾最多，氮、磷次之。

甘薯病虫害较多，北方以黑斑病、线虫病、**根腐病**为主；南方以薯瘟、疮痂病为主；储藏期以软腐病为主。主要虫害是甘薯小象虫和薯类蛾以及**蝼蛄**、**地老虎**、金针虫等。应注意选用抗病虫品种，加强种薯、种苗处理，实行轮作倒茬和药剂防治。

用途 非洲、亚洲的部分国家以甘薯作主食；还可制作粉丝、糕点、果酱等食品。工业上提取淀粉，广泛用于纺织、造纸、医药。甘薯淀粉的水解产品有糊精、饴糖、果糖、葡萄糖等。还可生产酒精、白酒、柠檬酸、乳酸、味精、丁醇、丙酮等。根、茎、叶可用作饲料。

甘肃鸟 *Gansus* 中国的早期鸟类**化石**。生活在距今约1亿多年前的早白垩世。此化石一方面显示出与现生鸟类相似的进步性质，另一方面还残留着某些原始构造，同时还具有自身的特点。

甘肃鸟与现生鸟类有许多一致性：如胫骨末端已进化为鸟类所特有的胫跗骨关节；蹠骨已愈合为一个跗蹠骨；已形成鸟类第一趾与其他三趾相对的趾型。具有一些明显的原始特征，如胫跗骨远端无骨质腱桥（这是早期鸟类的共同性质）；跗蹠骨近端血管孔、胫肌前结节和屈肌腱管均不发育；跗蹠骨远端尚未愈合完全等。自身特点：①胫跗骨骨壁厚，内、外关节髁差异大，外髁特别宽大，内髁窄；②跗蹠骨较第三四趾骨短，顶面杯状凹大小差异大，凹间纵嵴高；③从跗蹠骨前面，骨体末端与第三滑车面呈圆柱状下伸，与蹠形目接近；④跗蹠骨第二趾滑车的位置特别高，远远上升到第三趾骨以上的骨体上；⑤第一趾骨相当长，第四趾骨较第三趾骨长，为最长者，与现生的某些鹩形目相似。

甘肃省 Gansu Province 简称甘或陇。位于中国西北部。东接陕西省，南邻四川省，西连青海省、新疆维吾尔自治区，北与宁夏、内蒙古毗邻，西北隅与蒙古国接壤。省境从东南部的泾河、渭河平原向河西荒漠内流区斜长绵亘。东西长1 665千米，南北宽530千米，最窄处仅25千米，从西北到东南呈狭长的哑铃状。辖12个地级市，2个自治州，17个市辖区，4个县级市，58个县，7个自治县（见表）。面积约43万平方千米。人口2 558万（2010）。在省内的45个民族中，以汉族人口最多，还有回、藏、东乡、裕固、保安、蒙古、哈萨克、土、撒拉等少数民族。省会**兰州市**。

建制沿革 先秦时期，中国分为九州，甘肃省境大部属雍、梁二州，旧称“雍梁之地”。秦始皇统一中国后，全国分为36郡，省境东南地区为北地郡和陇西郡。汉代先在省境置凉州，至元封五年（前106）省境先后改置武都、陇西、金城、天水、安定、北地、武威、张掖、酒泉、敦煌10郡。唐代改郡为道，省境分属关内道、陇右道和山南道，共辖22州。元代始设甘肃行中书省，辖黄河以西七路二州，黄河以东地区为陕西兴远路。明代废省设司，省境属陕西布政司、陕西都司、陕西行都司。清代设甘肃布政司，行政中心从巩昌（今陇西县）迁至兰州市，辖今甘肃、新疆、青海、宁夏省区范围。光绪十年（1884）分出新疆。1912年省境又划分为宁夏（原朔方）、西宁（原海东）、兰山、泾原（原陇东）、渭川（原陇南）、甘凉（原河西）、安肃（原边关）道。1927年废道，1929年分出青海和宁夏二省区。第二次国内革命战争时期，省境陇东地区属陕甘宁边区的陇东和关中二分区。1949年8月26日成立甘肃行政公署。1950年1月8日，成立甘肃省人民政府至今。

自然条件 地处中国东部湿润森林草原向西部干旱荒漠草原与高寒荒漠草甸草原的过渡带，为华北、华中、西北与青藏的交错毗邻区，以及东部农业区与西部游牧畜牧区的过渡带，自然条件复杂多样，具有明显的过渡性。

甘肃以高原、山地为主，可分为陇南

甘肃省行政区划表（2010）

兰州市	**平凉市**	**武威市**	**天水市**
城关区 七里河区	崆峒区 泾川县	凉州区 民勤县	秦州区 麦积区
西固区 安宁区	灵台县 崇信县	古浪县	清水县 秦安县
红古区 永登县	华亭县 庄浪县	天祝藏族自治县	甘谷县 武山县
皋兰县 榆中县	静宁县	**酒泉市**	张家川回族自治县
嘉峪关市	**定西市**	肃州区 玉门市	**临夏回族自治州**
金昌市	安定区 通渭县	敦煌市 金塔县	临夏市 临夏县
金川区 永昌县	临洮县 漳县	瓜州县	康乐县 永靖县
白银市	岷县 渭源县	肃北蒙古族自治县	广河县 和政县
白银区 平川区	陇西县	阿克塞哈萨克族自治县	东乡族自治县
靖远县 会宁县	**陇南市**		积石山保安族东乡族撒拉族自治县
景泰县	武都区 成县	**张掖市**	
庆阳市	宕昌县 康县	甘州区 民乐县	**甘南藏族自治州**
西峰区 庆城县	文县 西和县	临泽县 高台县	合作市 临潭县
环县 华池县	礼县 两当县	山丹县	卓尼县 舟曲县
合水县 正宁县	宁县 镇原县	肃南裕固族自治县	迭部县 玛曲县
	徽县		碌曲县 夏河县

山地、陇中**黄土高原**、甘南高原、祁连山地、**河西走廊**、北山山地等地形区。地势西南高，海拔3 000米以上，而东、北、西三面均低于千米。全省地势呈明显的三级地势阶梯状下降。

甘肃深居内陆，属于明显的温带大陆性季风气候，气候类型十分复杂，大致由陇南的北亚热带与暖温带湿润气候，逐渐向陇中暖温带半湿润与温带半干旱气候，河西温带、暖温带干旱气候及祁连山地高寒半干旱、半湿润气候，甘南高寒湿润气候过渡。冬春干旱而少酷寒，夏季多暴雨而冷暖变化大，年降水变率大。降水的年变化和地区变化大，年降水量从东南的807.5毫米到西北减为36.8毫米。河西的大风、沙暴及干热风，陇中的干旱、冰雹、霜冻等常给农业带来危害。河流皆发源于西南山原，呈放射状向西北、东及东南分流，大致以冷龙岭、乌鞘岭至景泰长岭山一线为界，西北部属内流区，东南部属外流区。内流区主要有哈尔腾河、**疏勒河**、**黑河**及石羊河四水系，均源于祁连山。外流区分属**黄河**和**长江**两大水系。地下水较丰富。

甘肃省动植物资源丰富。据第六次全国森林资源清查数据，甘肃省有森林面积299.63万公顷，有**白龙江**、洮河、祁连山脉、大夏河等地的成片原始森林，森林中野生植物达4 000余种，其中包括连香树、水青树、杜仲、透骨草、五福花等珍贵植物；野生动物中列入国家稀有珍贵动物的达54个种或亚种，如大熊猫、金丝猴、羚牛、野马、野骆驼、野驴、野牦牛、白唇鹿等。植被、土壤类型复杂多样，陇南山地针阔叶混交林下，发育着黄褐土。

经济概况　甘肃是中国西北部工、农业发展条件较好的省份。农作物以粮食作物为主，有小麦、玉米、马铃薯、糜、谷等高产抗旱品种。经济作物分布广，品质优。胡麻为重要而广布的油料作物，以兰州附近各县分布最为集中。土特产种类繁多，如"三红"苹果、白兰瓜、黑瓜子、百合、当归、兰州水烟、杏仁、黄花菜等。当归、大黄、党参及黄（红）芪、甘草等中药材为传统出口商品。玫瑰精油远销海外。主要用材林树种有云杉、冷杉、油松、华山松、落叶松、泡桐、椴桦、青冈及各种杨树等，主要经济林木有核桃、油桐、杏、板栗、杜仲、漆树、白蜡、栓皮栎、乌桕、花椒等。20世纪50年代以来，大力营造用材林、防风固沙林、水土保持林及经济林等。甘南高原河曲马、欧拉羊为中国有名的优良牲畜品种。

20世纪50年代以后，甘肃成为中国内地重点建设省区之一，已建为中国重要有色金属、石油、化工、石油机械基地和中国西北工业较发达省区。工业以重工业为主，石油、化工、有色金属和机械工业等基础较好，在中国工业体系中地位重要。其次，有电力、煤炭、钢铁和建材等工业部门。甘肃石油开采较早，玉门（老君庙）油矿是中国最早的石油工业基地。矿产中的镍、钴等13种金属的储量居中国首位。其中氯化稀土元素综合生产能力居世界前列。白银（铜、铅、锌、铝）、金川（镍、铜、钴及铂族元素）、靖远（稀土）、西成（矿产品）为甘肃四大有色金属生产基地。轻工业以食品和纺织为主，还有制革、医药、造纸等。食品工业中以粮油加工分布最为普遍。纺织工业有毛纺、棉纺和化学纤维纺织等，所产毛毯、地毯等产品远销国外。传统手工艺品以酒泉夜光杯、天水雕漆和甘肃洮砚等较著名。

20世纪50年代以来，铁路、公路及航空运输发展迅速，逐步形成以兰州为中心的现代化陆、空交通网。铁路运输主要有天兰、兰新、包兰、兰青4条干线。主要公路有西（安）兰（州）、甘（肃）新（疆）、兰（州）青（海）、华（家岭）双（石铺）、兰（州）郎（木寺）等干线。航空运输以兰州为中心，有通往北京、成都、上海、乌鲁木齐、西宁、广州等城市的航线。

文教科技　文教科技发达。高等院校有兰州大学、西北师范大学、兰州医学院、兰州铁道学院等。位于兰州市的重要科研机构有中国科学院兰州分院的寒区旱区环境与工程、地质、地震、近代物理等研究所。

名胜古迹　历史文物古迹、风景名胜众多。保存在省境内的历史文物古迹有1 000余处，列入省级以上重点保护的有230处，其中莫高窟被联合国教科文组织作为文化遗产列入《世界遗产名录》。莫高窟、榆林窟、麦积山石窟、炳灵寺石窟、北石窟寺、南石窟寺、嘉峪关、拉卜楞寺、重修护国寺感应塔碑、玉门关、马家窑遗址、居延遗址、大地湾遗址等系全国重点文物保护单位。名胜风景区有麦积山、兴隆山、贵清山、崆峒山、吐鲁沟、鸣沙山、月牙泉、五泉山、

图1　甘南草原藏汉民居

图2　河西走廊风貌

万象洞、文县天池、嘉峪关“七一”冰川、甘南草原、庆阳董志塬等。有国家历史文化名城天水、武威、张掖、敦煌。

甘托克 Gangtok 印度锡金邦首府。位于锡金东南的小喜马拉雅山中，下临拉尼布德河，海拔1 547米。人口约2.94万。初建于12世纪。为印度与中国西藏陆地往来必经之地，曾是印度—中国西藏传统商路上的交通要道和贸易中心，也是古代北路香客前往恒河朝拜的习惯通道。东北20千米处有著名山隘乃堆拉山口，越过山口，与中国西藏的亚东相通。气候湿暖，周围山坡宜于耕作，多梯田，产玉米、豆类、稻米和柑橘等。市区商业以集散谷物、豆类和水果为主。附近有苗圃，以培育小豆蔻等特产著称。工业有酿酒、水果加工以及地毯编织等多种家庭手工业。市郊建有小水电站。城市依山而筑，街衢基本取东北—西南走向。市内有藏式皇宫和寺院。著名的鲁姆特克寺，在市西南8千米较低山谷内，是锡金藏传佛教一个教派的主寺。

甘英 GanYing 中国东汉使者。生卒年不详。东汉初，西域分裂为50余国，与汉朝关系一度紧张。明帝时，派将军窦固率军西击匈奴。为恢复与西域各国联系，窦固派班超率吏士36人出使西域，使西域诸国归附汉朝，保护了丝绸之路的畅通。班超被任西域都护。为与西方国家建立联系，和帝永元九年（公元97年），班超以甘英为使者，出使大秦国（罗马帝国）。甘英一行从龟兹（今新疆库车）出发，经条支（今伊拉克）、安息（今伊朗）诸国，至安息西界的波斯湾。安息国向以汉丝及丝织品与罗马交易，不愿汉朝开辟直接通商的道路，向甘英备陈渡海的艰难，使甘英止步而还。这次出使虽未达大秦，但丰富了国人对中亚各国的知识。

甘油 glycerin; glycerol 最简单的三元醇，分子式HOCH$_2$CH(OH)CH$_2$OH。又称丙三醇。在自然界主要以甘油酯的形式广泛存在于动植物体内，在棕榈油和其他极少数油脂中含有少量甘油。无色黏稠液体，具有甜味。熔点20℃，沸点290℃（分解），相对密度1.261 3（20/4℃）。纯甘油可形成结晶固体，吸水性很强，与水混溶，并可溶于丙酮、三氯乙烯及乙醚－醇混合液。甘油与一元醇的反应性质相似，例如与金属钠反应生成一元甘油醇钠。与干燥的氯化氢气反应，生成2,3－二羟基－1－氯丙烷和1,3－二羟基－2－氯丙烷。氧化时生成甘油醛、甘油酸；还原时生成丙二醇。甘油于10℃左右与硫酸、硝酸混合酸反应，生成甘油三硝酸酯，俗称硝化甘油，这个化合物经轻微碰撞即分解成大量的气体、水蒸气和二氧化碳，发生爆炸。硝化甘油还常用作强心剂和抗心绞痛药。甘油与过氧化氢、过氧酸、亚铁盐、稀硝酸等反应，生成甘油醛、二羟基丙酮；与浓硝酸作用生成甘油酸。甘油也可被四乙铅或高碘酸氧化。甘油与硫酸钾或浓硫酸加热发生分子内失水，生成丙烯醛。甘油是肥皂工业的副产物，也可用特种酵母发酵糖蜜制得，或以丙烯为原料合成甘油。甘油大量用作化工原料，用于制造合成树脂、塑料、油漆、硝化甘油、油脂和蜂蜡等，还用于制药、香料、化妆品、卫生用品等工业中，以及医疗上有较多用途。

甘油醛 glyceraldehyde 含一个手性碳原子的单糖，分子式HOCH$_2$CHOHCHO。最简单的醛糖。有一对对映异构体：D－甘油醛和L－甘油醛。它是决定糖类（碳水化合物）构型D型和L型的参考标准。

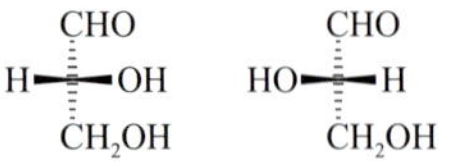

D－甘油醛 L－甘油醛

D－甘油醛$[\alpha]_D^{25}$+8.7（水），L－甘油醛$[\alpha]_D^{25}$−8.7（水）。D－和L－甘油醛均为油状液体，其外消旋体D,L－甘油醛是无色晶体，为D－和L－甘油醛各一分子组成的二聚体，熔点145℃，可真空蒸馏（浴温140～150℃/0.8毫米汞柱）。它容易通过烯醇化作用异构化为二羟基丙酮，在水溶液中呈平衡混合物，称丙糖。甘油醛因其醛基很活泼，一般制成缩醛保存。从L－山梨糖氧化断裂可制备L－甘油醛，D－果糖氧化断裂可以制得D－甘油醛，也可由3－氨基－2－羟基－丙醛与亚硝酸反应制得相应的甘油醛。

甘蔗 *Saccharum officinarum*; sugarcane 禾本科甘蔗属的一种。多年生草本植物。主要的糖料作物。世界食糖产量中，蔗糖约占60%。甘蔗栽培种有三个原种：热带种、中国种、印度种。中国是最古老的种甘蔗国之一，其栽培和制糖技术从中国传到东南亚、中东、地中海、西班牙、美洲以及大西洋岛屿。18世纪后遍及全世界。现主产区在南北纬25°之间。中国主要分布于长江以南各省区。

形态和特性 栽培用甘蔗为须根系。茎高0.5～6米，由节间和节以及节上的芽和根点组成。节和节间分界处有一明显的生长环，为分生组织，幼嫩茎易在此截断。蔗茎内部主要为维管束和薄壁细胞，蔗糖即储于薄壁细胞的液泡内。叶有叶片和叶鞘，每节一叶，互生。总复状花序，每个花轴节上着生2个小穗，一有柄，一无柄。甘蔗为四碳植物。喜光热，生长的有效温度为30℃。

栽培和管理 甘蔗栽培有新植和宿根两大类。育苗移栽可早播种、早出苗，比直播增产。经田块选、株选、砍种选等步骤，将中选茎砍留生长点以下、芽已发育健全而未老化、含糖少的一段作种。蔗芽在13℃、根点在10℃开始萌发，从根点萌发的根称种根。土壤湿度宜保持60%～70%。发芽后出现第一片真叶即进入幼苗期。苗期适宜温度在15℃以上，土壤湿度保持60%～70%即可。苗期施肥约占总追肥量的10%，宜多施磷肥，结合进行间苗、补苗、浅中耕除草和小培土，以促进分蘖。分蘖期施肥占总量的20%左右，尤应多施钾肥，并结合进行间苗、中耕培土，以巩固早生分蘖。蔗株长出12片真叶后进入伸长期，温度需在25℃以上，土壤湿度要求80%～90%，光照要求更强和更长。产量的70%左右在这时形成。宜重施追肥，施肥量占总量的50%以上，同时结合大培土覆盖肥料，防止倒伏，控制分蘖，进行定苗。伸长中、后期结合施肥进行高培土，使蔗株均匀分开，以利通风透光，防倒伏和病虫害。伸长末期土壤湿度应逐渐降至60%～70%。伸长后期及时剥除枯老叶，对防治病虫害、加强通风透光和糖分的积累等有益；但干旱时不宜进行。甘蔗成熟分为工艺成熟和生理成熟。制糖甘蔗收获期以工艺成熟为准。种子在授粉后20多天时收获。

甘蔗病害已发现有100多种，虫害、草害皆有。应因地、因害制宜，采用无菌蔗种、药防、生防、水旱轮作、耕作措施等综合防治。

用途 甘蔗含糖一般为14%，收回率90%。蔗茎是制糖的主要原料；茎渣是很好的能源，还可作饲料，造纸，制纤维板、

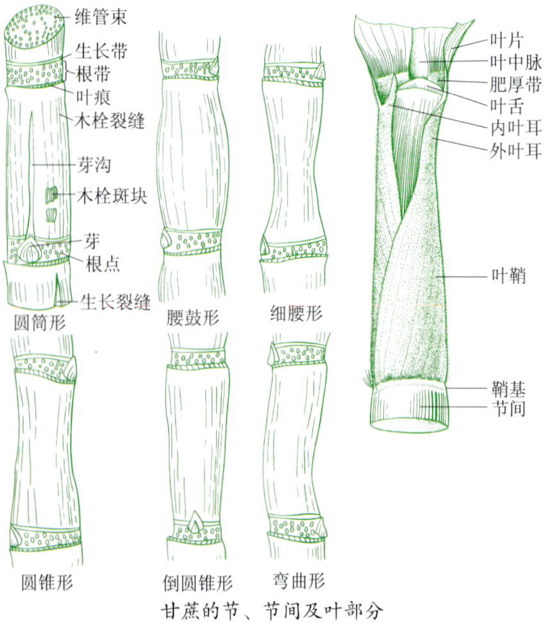

甘蔗的节、节间及叶部分

人造棉、尼龙丝、糠醛，作真菌培养基等。叶、梢可作饲料和编织材料。

甘孜县 Garzê County 中国四川省甘孜藏族自治州辖县。位于省境西北部，雅砻江上游。面积7 303平方千米。人口6万（2008），藏族最多，还有汉、回、彝、土家、羌、苗等民族。甘孜藏语为“择定吉日”之意。清宣统三年（1911）霍尔甘孜麻书、霍尔甘孜孔萨、霍尔白利、霍尔东谷、霍尔朱倭与阿都、林冲土司等改土归流后，设置甘孜委员，属邓柯府。1913年设甘孜县。1955年西康省撤销后，归四川省甘孜藏族自治州管辖。矿产有金、锑、锰、铁、煤、石灰岩、水晶、硫磺等。农业主产青稞、豌豆、小麦、马铃薯、蔬菜。畜牧业以牦牛、犏牛、黄牛、绵羊、山羊和猪为主。山区多云杉、大果圆柏、方枝柏、桦等森林资源。工业有电力、农机、建材、木材加工等。名胜古迹有白日寺、甘孜寺、大金寺、格达活佛纪念堂等。

甘孜寺远眺

甘孜藏族自治州 Garzê Tibetan Autonomous Prefecture 中国四川省辖自治州。位于省境西部，青藏高原东南缘，横断山脉北翼。邻接青海省、云南省和西藏自治区。辖康定、泸定、丹巴、九龙、雅江、道孚、炉霍、甘孜、新龙、德格、白玉、石渠、色达、理塘、巴塘、乡城、稻城、得荣18县。面积152 629平方千米。人口109万（2010），有藏、彝、回、羌、纳西、汉、苗、满、壮等民族。自治州人民政府驻康定县。1950年成立西康省藏族自治区，为全国最早成立的地州级民族区域自治的地方。1955年西康省撤销后并入四川省，改名为甘孜藏族自治州。主要河流有金沙江、雅砻江和大渡河等。属典型的大陆性季风高原气候，由于受地形和海拔高程等的影响，呈现出亚热带、暖温带、温带、寒温带、寒带（高山永冻带）等多种气候类型。矿产有金、银、铜、铁、镍、锰、铬、铅、锌、钨和砂金等。农业有旱作农业、高寒农业、立体农业和农牧交错等特色，主产青稞、小麦、玉米、马铃薯等。特产苹果、核桃、花椒、木耳、松茸，以及虫草、贝母、麝香、天麻、大黄等中药材。自治州有8.86万公顷草原，以放牧牛、马、羊等具有耐寒、耐粗饲、肉毛兼用、肉奶兼用的草食性牲畜为主，是四川省重要畜牧业基地。林区大部分为原始森林，以冷杉、云杉、高山松、高山栎等为主。工业有电力、森工、冶金、煤炭、建材、机械、医药、食品、皮革、民族特需用品等。有川藏公路及康（定）小（金）、理（塘）中（甸）等公路。名胜古迹有贡嘎山、二郎山、雀儿山、跑马山、海螺沟低海拔现代冰川、稻城亚丁自然保护区、二道桥温泉、九龙伍须海、木格错、德格新路海、德格印经寺等。

德格新路海远景

肝 liver 脊椎动物消化系统中最大的腺体和最重要的代谢、生化转化器官。它是系统发育到一定阶段的动物胚胎早期分化形成的。肝结构和功能复杂，几乎参与体内的一切代谢过程，其中发生的化学反应约有500种以上。所以，人们把肝称作“综合性高效率的生化工厂”，也被誉为“物质代谢中枢”。肝的再生能力很强。

形态与结构 脊椎动物的肝由两叶或多叶组成。人肝有4叶，肝下附有**胆囊**。肝内有毛细血管和毛细胆管，又称胆小管，进入肝的有门静脉和肝动脉，出肝的有肝静脉和胆管。肝呈红褐色，质软而脆，呈楔形，右端圆钝而厚，左端扁而薄，膈面与膈相贴，脏面左侧有肝圆韧带；肝圆韧带是胚胎时期脐静脉闭锁而成。脏面的中央为肝门；肝门是肝脏管道出入的部位。

肝的表面覆盖一层浆膜，其下是胶原纤维和弹性纤维组成的纤维囊，在肝门处增厚，随血管和肝分支进入肝实质，构成肝支架，将肝分隔为许多肝小叶。每个肝小叶是一个不规则的多边棱柱体。中轴有一条中央静脉，周围肝细胞呈放射状长索样，排列成肝索，或呈立体板状结构，称肝板，这些结构彼此吻合，连接成网。肝索之间的血管腔隙称窦状隙。窦状隙内含有吞噬作用的星形细胞，又称库普费尔氏细胞，肝依靠它摄取和清除血液中的异物。窦状隙还含有脂肪储存细胞。来自肝动脉和门静脉的血液经窦状隙流向肝小叶内的中央静脉。相邻肝细胞凹陷形成胆小管，汇集成胆管，它运送肝细胞所分泌的胆汁。肝内有淋巴管，窦状隙与肝细胞之间有肝淋巴间隙，又称迪塞氏间隙，它接受肝产生的大量淋巴，特点是其中含大量血浆蛋白。几个相邻的肝小叶间三角形或椭圆形区域内，有一组管道，即肝小叶间的动、静脉，肝小叶间胆管（肝管分支）和肝小叶间淋巴管以及神经纤维集中通过门区。交感神经和迷走神经分支进入肝，和血管、胆管伴行于结缔组织内。

肝细胞是高度分化的细胞，其数量和体积约占肝实质的70%～80%。细胞呈不规则的多面体，体积较大，内有许多细胞器。其中光面**内质网**量为糙面内质网的2～3倍，含有参与脂类、胆汁酸合成及生物转化的酶类，是各种药物和毒物的代谢场所。糙面内质网表面的**核糖体**参与蛋白质合成。肝细胞中的**溶酶体**含许多水解酶类，它还具有吞噬、储存、消化异物及运输代谢产物的作用。**线粒体**的数量多，约占细胞体积的20%，其中含有与细胞呼吸有关的酶，以及三羧酸循环和脂肪氧化等酶。**高尔基体**的体积约占细胞的10%，主要分布在核和胆小管之间，其功能与合成蛋白质，储存、加工和排出脂蛋白，分泌、浓缩、输送及排泄胆汁等有关。肝细胞的圆形**过氧化物酶体**（微体）数量仅次于线粒体，约占细胞质体积的1%～2%，成群分布于光面内质网附近，内含占微体蛋白质40%的过氧化氢酶，故对体内代谢过程产生的过氧化氢有解毒作用。此外，微体还有氨基酸氧化酶、黄嘌呤氧化酶等。

肝细胞分泌胆汁。最初分泌的胆汁称为肝胆汁，水分较多，约占96%～97%，固体物较少，约3%～4%，故较稀。在消化期间，肝胆汁浓缩，储存于胆囊内而被浓缩的胆汁，称胆囊胆汁。胆汁中含胆固醇，肝合成胆固醇的能力很强，肝每日把胆固醇氧化成胆汁酸的量约占全身胆固醇代谢总量的一半，另一半胆固醇作为胆汁成分，经胆道系统进入胆囊或排入小肠。胆汁中的磷脂主要是卵磷脂，如食物中胆碱供应不足，会使肝合成的卵磷脂减少。在胆汁中，胆汁酸、卵磷脂和胆固醇及钠可以聚合起来成为聚合体，称微胶粒。胆汁中的黏液为糖蛋白，胆汁中还含少量激素、酶和尿素。此外，胆汁中的无机物以钠、碳酸氢盐和氯最多，其次为钾、钙、镁和硫酸盐。有微量磷酸盐和可检量的铁、铜、锌等。

代谢功能　肝细胞除合成自身的蛋白质外，还能合成血浆蛋白。肝在氨基酸的分解代谢中也起重要作用，氨基酸的脱氨、脱羧、脱硫及转甲基作用，都在肝内进行。含氮物质转变成尿素也主要在肝内进行。肝是调节血糖浓度相对恒定的重要器官，当血中葡萄糖浓度升高时，肝即将葡萄糖合成肝糖原，并储存起来。反之，当血糖浓度降低时，肝糖原即分解为葡萄糖进入血液，以维持血糖的正常浓度。肝也是体内糖变脂肪的主要场所。肝能利用血脂合成脂蛋白，还能产生酮体。肝所分泌的胆汁有助于脂肪的消化、吸收。此外，肝还能合成磷脂和胆固醇，并能将胆固醇转变为胆酸，作为合成胆汁酸的原料。肝可以排泄胆固醇，也可将胆固醇转变为胆汁酸，这是体内胆固醇的两个主要去向。肝细胞摄取胆红素的能力很强。胆红素在血液中与血浆蛋白结合成复合体，转运到肝，几乎全部被肝细胞摄取。进入肝细胞的胆红素与特定的载体蛋白结合，生成葡萄糖醛酸胆红素酯，通称结合胆红素。胆红素在内质网经结合与转化后，变成极性较强的水溶性化合物，再经高尔基体、溶酶体的作用，最后排入毛细胆管，成为胆汁的一个组成部分。

肝所分泌的胆汁酸盐是脂溶性维生素被肠吸收的重要条件。维生素A、D、K、B_2、PP、B_6、B_{12}等主要储存于肝，而以维生素A的储存量最多。肝是灭活激素的主要器官。所灭活的激素主要有肾上腺皮质激素和性激素等类固醇激素。此外，胰岛素、肾上腺素、甲状腺激素及抗利尿激素等也主要在肝内灭活。

生物转化功能　肝是体内重要的生物转化器官。它能使毒性大的物质转化为毒性小的物质，把溶解度低、不易排出的物质改造为溶解度大，容易通过胆汁或尿排出的物质。它可对体内产生的氨、从体外进入的醇、药物和其他物质进行转化，其转化的方式为氧化、还原、水解和结合。同一种毒物或药物入肝后，随情况不同存在着解毒与致毒两种可能，这主要决定于毒物的性质、剂量和肝本身的功能状况。如连续引入必须由肝细胞代谢的药物，将诱导代谢它们的有关酶合成增多。

肝的再生　在正常情况下，很少见到肝细胞的分裂相。但在肝受损伤后，特别是在肝部分切除后，可见到大量肝细胞出现分裂相。肝细胞分裂是以脱氧核糖核酸合成为前提的，脱氧核糖核酸合成率与肝的部分切除量有关，肝切除得越多再生出现越早，并且再生的速度越快。

肝癌　liver cancer　常见的肝脏恶性肿瘤。中国肝癌的发病率以东南沿海最高。发病年龄多为40～49岁。男女之比为6∶1。

病因　在乙型病毒性肝炎及肝硬化患者中肝癌发病率较一般人群高9～10倍。霉变污染的黄曲霉毒素与肝癌的发生呈正相关。亚硝胺、有机氯杀虫剂、饮水污染均为值得重视的致癌因素。中华分支睾吸虫刺激胆管上皮，也可导致胆管细胞癌。

转移途径　主要通过血液循环，最早在肝内转移，引起多发转移灶。门静脉主干可因此而发生瘤栓。

临床表现　起病隐匿，早期缺乏典型症状。有些早期病例，仅甲胎蛋白(AFP)检测阳性而无症状和体征，称亚临床肝癌。

主要症状　①肝区疼痛。呈钝痛或锐痛，间歇性或持续性，可延散至右肩或右背。②消化道症状。食欲减退、恶心、呕吐，或有明显腹泻。③全身症状。乏力、消瘦、全身衰弱，晚期呈恶液质。④发热。与肿瘤组织坏死有关。⑤伴癌综合征。有的因肝癌组织异位，分泌胰岛素或分泌B细胞刺激因子，以致发生低血糖症。有少数病人可发生红细胞增多症，多因血循环中红细胞生成素增多有关。偶有高血钙症。

体征　肝脏呈进行性肿大，质地坚硬，表面凸凹不平，可触到结节。边缘不齐，上腹部可因癌肿而隆起，若向上肿大，可使横膈抬高。肝癌内血管丰富纡曲，有时在腹壁可闻及血管杂音。黄疸多在晚期出现，原因是肝细胞坏死，或因胆管受癌肿压迫。因肝癌多伴发肝硬化，故可有肝硬化的体征，如腹水、静脉侧支循环、脾肿大，门静脉高压可引起食管胃底静脉曲张。

并发症　常出现于晚期，主要有：①肝性昏迷(见肝功能衰竭)；②消化道出血，或因食管静脉破裂，或因急性胃肠黏膜糜烂损伤所致；③肝癌结节破裂大出血，引起突发的剧烈腹痛、腹胀、移动性浊音及腹膜刺激症状，严重者有失血性休克。

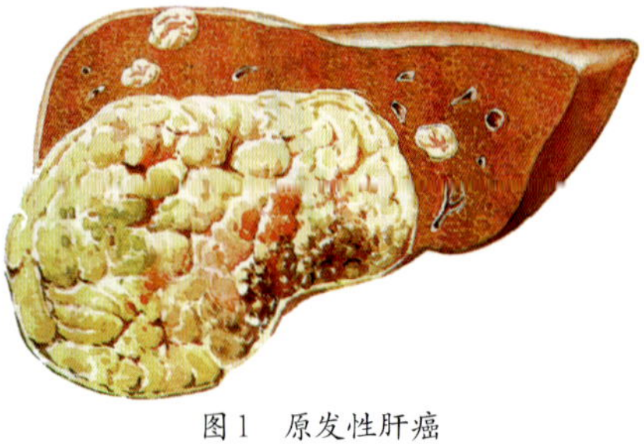

图1　原发性肝癌

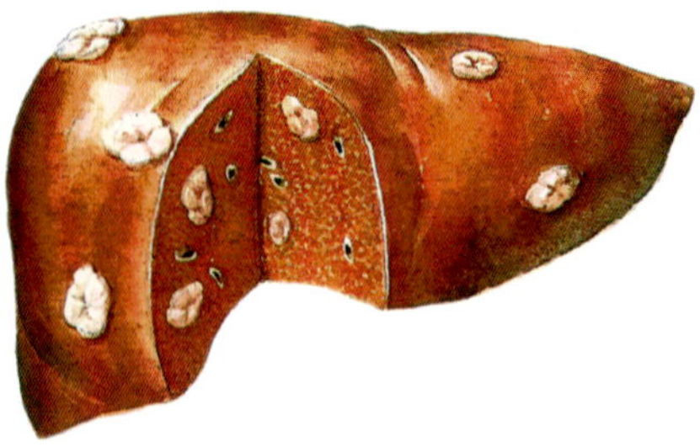

图2　转移性肝癌

诊断　B型超声、CT检查对于判断有无占位性病变及其位置、数目等具有重要价值。甲胎蛋白的测定对于本病的诊断具有较高的特异性，阳性率可达70%左右，尤其对于肝癌早期无明显症状患者的诊断具有重要意义。肝穿刺活组织检查对本病有确诊价值。

治疗　手术治疗是根治的主要途径，手术应及早。适应证为肝癌限于一叶或半叶，而无明显黄疸、腹水或他处转移者。小肝癌可做局部切除。若肝癌已到晚期，不能手术切除，可试用液氮冷冻、激光、肝动脉导管、插管、化疗等治疗。

预防　关键在于预防肝炎及肝硬化。乙型肝炎疫苗预防注射对肝癌的预防作用尚在观察之中。

肝穿刺活组织检查　liver biopsy　用穿刺针吸取肝脏活组织进行病理检查的诊断手段。此法有助于肝炎、酒精性肝损害、脂肪肝、肝癌等肝实质病变的诊断。此法操作简单、安全、穿刺针在肝脏内停留时间较短。由于穿刺有可能引起出血，故在检查前应查血小板、凝血时间和凝血酶原时间。有出血倾向或重度黄疸者不宜作肝穿刺。肝穿刺后的患者应卧床休息6小时，并监测脉搏、血压及是否有出血征象。

肝风内动证　syndrome of liver wind stirring up internally　因肝脏气血阴阳平衡失调，肝失所养引起的以眩晕欲仆、抽搐、震颤等具有动摇特点一类症状的中医学证候。多因年高肾亏或房室劳倦、七情内伤、饮食失调等综合致病；也可因温病邪入下焦、阴血耗竭而发病。病机可为肝阳化风上扰，或肝风挟痰火上冲，气血并走于上，或肝脏阴血虚极生燥生风。常见四种证候类型，即肝阳化风、热极生风、阴虚动风、血虚生风。临床表现为眩晕、头痛、耳鸣、口眼歪斜，甚则昏仆失语、不知人事，或手足麻木、震颤、偏瘫，或为抽搐、瘈疭，舌多红绛、干燥，脉多弦数，兼滑、兼长，阴血虚极生风者，脉多细数无力或弦细。肝阳化风，治宜平肝熄风，方用镇肝熄风汤、天麻钩藤饮；热极生风，治宜清热熄风，方用羚羊钩藤汤；阴虚动风，治宜滋阴潜阳，方用三甲复脉汤；血虚生风，治宜养血熄风，方用加减复脉汤、四物汤。

肝功能试验 liver function tests 用以检测、判断肝功能的一组实验室检验方法。主要用以了解肝脏各项功能有无损害及损害程度，通过动态观察判断其预后、治疗效果等。常用肝功能试验有以下几种。

血清胆红素测定 血清总胆红素、直接胆红素和间接胆红素的含量可准确地反映黄疸的程度和黄疸的种类。

蛋白质代谢功能试验 ①血清白蛋白和球蛋白测定。对肝脏疾病的诊断有一定意义。急性肝炎可无明显变化，但在慢性肝炎、肝硬化时则表现白蛋白降低或球蛋白升高。②血清蛋白质电泳检查。γ-球蛋白增加程度与肝脏损害程度相平行。③甲胎蛋白(AFP)测定。是肝癌诊断重要指标。④凝血因子测定。用于慢性肝炎和肝硬化的诊断。常用的方法是凝血酶原时间和活动度的测定。⑤血清前白蛋白测定。可反映急剧发生的肝损害。

脂肪代谢试验 血脂主要由胆固醇、甘油三酯及磷脂组成。肝脏疾病时，胆固醇的改变与肝功能的关系较为密切。人体中胆固醇以两种形式存在，即游离胆固醇及胆固醇酯。在病毒性肝炎时，胆固醇酯化障碍，血中游离胆固醇增加。严重肝功能不良时，血中总胆固醇降低，为预后不良的征兆。胆道系统梗阻时胆固醇从胆道排出障碍，可发生高胆固醇血症。胆汁酸是由胆固醇在肝脏转化而成，可经胆道排出到十二指肠。当胆道梗阻时，血中胆汁酸浓度增高。

血清酶的测定 见临床酶学诊断。

肝功能衰竭 hepatic failure 因肝实质细胞损害严重、失去正常物质代谢功能而出现的一系列代谢紊乱现象及相应的临床综合征。简称肝衰竭。可并发于任何一种肝脏疾病，如重症肝炎、肝硬变、肝癌、药物性肝病等，常是肝脏疾病的晚期阶段。临床表现凶险，救治十分棘手。

病因 肝功能衰竭多继发于各种肝病发展到严重程度时出现的肝细胞损伤。

急性暴发性肝功能衰竭 主要原因为：①病毒性肝炎。主要是甲型和乙型急性病毒性肝炎。②药物性肝炎。以化学药物中毒最为多见。③肝组织缺血。局部缺血性肝坏死可继发于布德-希阿里二氏综合征、心力衰竭等；全身性缺血主要见于持续性休克，为由于瘀血致肝细胞供氧不足所致。④其他原因。见于毒蕈中毒、急性肝豆状核变性等。

慢性肝功能衰竭 主要原因为各种类型的肝硬化，特别是坏死性和原发性胆汁性肝硬化。

临床表现 按急、慢性分述。

急性暴发性肝功能衰竭 突出表现是神经-精神症状，并以大脑网状系统刺激症状为主，最终则表现为脑干抑制。最早的症状之一为性格改变，患者可有违反社会伦理的行为或性格方面的异常。头痛及眩晕也是非特异性早期症状，谵妄、躁狂及震颤表示网状系统受到刺激，常伴有不合作行为，且意识变为迷糊、嗜睡，最后昏迷。昏迷前期可出现扑翼样震颤，并可出现踝阵挛、巴宾斯基氏征，同时可见黄疸、出血、脑水肿、脑疝、肺水肿、肝肾综合征及电解质紊乱，最后呼吸循环衰竭。

肝昏迷是急性肝功能衰竭最重要的临床表现，也称肝性脑病。常见诱因有：①消化道大量出血；②感染；③水电解质平衡失调；④镇静药、麻醉药；⑤外科手术。

慢性肝功能衰竭 主要表现：①健康状况全面衰退。虚弱、易于疲劳。②黄疸。由于肝细胞对胆红素代谢功能障碍所致。③发热与败血症。④肝臭。患者呼出气中有霉烂的口臭味，其浓度与肝细胞坏死的程度一致。⑤内分泌变化。男性患者出现睾丸萎缩、性欲及性功能减退、乳房发育等，女性患者月经过少或闭经、乳房萎缩、子宫萎缩等。⑥皮肤变化。蜘蛛状血管痣（蜘蛛痣）、掌部红斑（肝掌）、白指甲、体毛分布异常等。⑦循环及呼吸系统变化。过度的循环活动，表现为肢端红艳、脉搏洪大及毛细血管搏动，周围血流量增加，这主要是由于皮肤血流量增加之故。

诊断 肝病基础上出现意识障碍，黄疸迅速加深，皮肤、黏膜、空腔脏器出血，肝脏急剧进行性缩小，凝血酶原时间延长等，则说明已处于肝性脑病阶段。胆碱酯酶降低，转氨酶升高或酶胆分离（丙氨酸氨基转移酶下降而胆红素上升）现象以及脑电图所见等均有助于早期诊断。

治疗 及早发现、及早治疗有再恢复的可能，但相当数量的患者预后不良。患者应绝对卧床，避免并去除诱发肝昏迷的诱因，预防和控制感染，及时救治出血，加强对症支持疗法。有条件者应考虑肝脏移植手术。

肝经湿热证 syndrome of dampness-heat of liver channel 因湿热蕴结肝胆所表现的中医学证候。因肝胆相表里，病变密切相关，故肝经湿热又称肝胆湿热。多由感受湿热之邪，或偏嗜肥甘厚腻、酿湿生热，或脾胃失健、湿邪内生、郁而化热所致。临床表现为胁肋部胀痛灼热，或有痞块、厌食、腹胀、口苦泛恶、大便不调、小便短赤或深黄、舌红苔黄腻、脉弦滑数，或寒热往来、呕不能食，或身目发黄，或阴囊湿疹、瘙痒难忍，或睾丸肿胀热痛，或带下黄臭、外阴瘙痒，或外耳湿疹、疖肿疮疡、暴聋。肝经湿热证以右胁肋部胀痛、纳呆、尿黄、舌红苔黄腻、脉弦滑数为辨证要点。治宜清利肝经湿热，方用龙胆泻肝汤。

肝脓肿 liver abscess 由细菌或阿米巴痢疾所致。前者称为化脓性肝脓肿，为多发性。常因胆道感染、败血症引起。主要症状为发冷、发热、右上腹痛，可发生黄疸，严重者可发生休克。后者称阿米巴肝脓肿，常为单发性。起病多隐袭，亦可出现发热、肝区痛、肝肿大。

B型超声检查，能观察到肝内的脓肿。在B型超声指引下作脓肿穿刺，抽出脓液检查有助于明确诊断。CT及放射性核素扫描，对本病的诊断亦有帮助。

根据脓肿的性质，选用抗生素或抗阿米巴药物进行治疗。脓肿大者，常需外科治疗。

肝脾不和证 syndrome of disharmony between liver and spleen 因肝失疏泄，脾失健运，肝脾功能失调所引起的中医学证候。又称肝脾不调。常见于泄泻、腹痛、胁痛、鼓胀、月经不调等疾病。

若情志不遂，抑郁、恼怒伤肝，肝失疏泄，气机不畅，进而肝气乘脾，则导致脾失健运，形成肝脾不和证。素体脾气虚弱，思虑过度、饮食劳倦伤脾，以致脾失健运、湿阻气滞、反侮肝木，也可形成肝脾不和证。临床表现分肝失疏泄和脾失健运两个方面。肝气不疏，气机郁滞，常见胸胁胀满疼痛、喜叹息、情志抑郁或心烦易怒；脾失健运，气滞湿阻，可出现纳减腹胀、便溏不爽，肠鸣矢气，甚或腹痛泄泻、泻必腹痛、泻后痛减；肝郁湿盛，则苔白或腻、脉弦。临床以胸胁胀痛、腹胀便溏或腹痛泄泻、苔白或腻、脉弦或缓弱为辨证要点。治疗以疏肝健脾为法。临证当根据肝失疏泄与脾失健运之侧重以及主症之不同选用逍遥散、痛泻要方，以及柴胡疏肝散合胃苓汤等方剂。见肝气犯胃证。

肝片吸虫病 fascioliasis hepatica 由肝片吸虫寄生引起的人兽共患性寄生虫病。临床上以发热、贫血、肝脏肿大及末梢血嗜酸性粒细胞增多为特征。潜伏期为2～3个月。急性期持续3～4个月，此时童虫在肝脏内移行，引起嗜酸性粒细胞性脓肿，患者有发冷、发热、乏力及右上腹部疼痛、肝脏轻度或中度肿大并有触痛、末梢血嗜酸性粒细胞数明显增多。待虫体在胆管内定居，病程转入慢性期，症状逐渐减轻。虫体偶也可窜至皮下、胸腔、眼眶等处寄生，但不能发育成熟。早期诊断依据临床症状及免疫学检查。后期患者粪便或胆汁中检出虫卵即可确诊。硫氯酚或三氯苯唑治疗有效。

肝气犯胃证 syndrome of liver qi invading stomach 因肝失疏泄，横逆犯胃，胃失和

降所引起的中医学证候。常见于胃脘痛、呕吐、呃逆、胁痛等疾病。

临床表现主要有胁肋、胃脘胀满疼痛或窜痛，呃逆嗳气或呕吐，嘈杂吞酸，情志抑郁或烦躁易怒，舌苔薄白或薄黄，脉弦或弦数等。治疗以疏肝和胃为法。常用柴胡疏肝散、四逆散等方。

肝气犯胃证属于肝胃不和证的范畴，但肝胃不和证含义较广，凡是肝与胃之间生理联系失调及临床上同时出现肝失疏泄、胃失和降、胃受纳腐熟功能异常者，均为肝胃不和证。肝气犯胃证与肝脾不和证都是肝气横逆侵犯中焦所致，两者均可出现胸胁胀满疼痛、精神抑郁或烦躁易怒等临床表现。但肝气犯胃证多兼见胃脘胀满疼痛、呃逆嗳气、吞酸嘈杂、呕吐等胃气上逆的表现；而肝脾不和证多兼见食欲不振、腹胀便溏等脾失健运之症。

肝气郁结证 syndrome of stagnation of liver qi 因肝失疏泄，气机郁滞所表现的中医学证候。多因情志抑郁，或突然的精神刺激及其他病邪的侵扰而发病。临床表现：胸胁或少腹胀闷窜痛，胸闷善太息，情志抑郁易怒，或咽部梅核气，或颈部瘿瘤；妇女可见乳房作胀疼痛，痛经，月经不调，甚则闭经，舌质暗红，脉弦。肝气郁结证一般以情志抑郁，肝经所过部位发生胀闷疼痛，以及妇女月经不调为特征，肝主疏泄，具有调节情志的功能。肝失疏泄，气机郁结，则情志抑郁；久郁不解，失其柔顺舒畅之性，故急躁易怒。气郁生痰，痰随气升，搏结于咽则见梅核气，积聚于颈项则为瘿瘤，气病及血，气滞血瘀，冲任不调，故月经不调或经行腹痛。气聚血结，日久成癥瘕积聚。治宜疏肝解郁，方用柴胡疏肝散，必要时配以理气化痰，活血软坚等法。

肝肾阴虚证 syndrome of yin deficiency of liver and kidney 因肝肾两脏阴液亏虚，虚热内扰所引起的中医学证候。常见于**虚劳**、胁痛、腰痛、眩晕、头痛、**关格**、月经先期、闭经、痛经、绿风内障、圆翳内障等疾病。

先天禀赋不足所致肝肾素亏、老年精血亏损、久病失于调理、房事不节、劳倦过度、情志内伤，均可耗损肝肾之阴，形成肝肾阴虚证。温病后期因温热病邪伤津耗液，也常见肝肾阴虚证。除各种原因直接损伤肝肾两脏之阴外，也有肝阴先虚、病久及肾，使肾阴亦虚或肾水先亏、水不涵木，致肝阴亦亏，最终形成肝肾阴虚者。临床表现主要为头晕目眩，健忘耳鸣，失眠多梦，腰膝酸软，胁痛，咽干口燥，五心烦热，颧红盗汗，男子遗精，女子月经量少或闭经，舌红、少苔，脉细数。治疗以滋补肝肾为法，可选用杞菊地黄丸、一贯煎、大补阴丸、滋水清肝饮、滋水生肝饮等方剂。

肝糖 glycogen 由葡萄糖结合而成的支链多糖**糖原** $(C_6H_{10}O_5)_n$ 的别称。

肝血虚证 syndrome of deficiency of liver blood 因肝脏血液亏虚所表现的中医学证候。多因脾肾亏虚，生化之源不足，或慢性病耗伤肝血，或失血过多所致。临床表现为眩晕耳鸣、面白无华、爪甲不荣、夜寐多梦、视力减退或成雀目，或肢体麻木、关节拘急不利、手足震颤、肌肉瞤动；妇女常见月经量少、色淡，甚则经闭；舌淡苔白，脉弦细。肝血虚证一般以筋脉、爪甲、两目、肌肤等失于血的濡养以及全身血虚的病理现象为辨证要点。肝血不足，不能上荣头面，见面白无华、眩晕耳鸣、视力减退。肝主筋，血虚筋脉失养，则拘急屈伸不利，手足震颤，肌肉瞤动，爪甲干枯薄脆；血不养神，肝不藏魂，故夜寐多梦；妇女肝血不足，冲任亏虚，见月经异常，治宜补养肝血，方用四物汤、补肝汤。

肝炎 hepatitis 发生于肝脏部位的一种炎性病变。多由肝炎病毒引起，少数由药物、酗酒及误食毒蕈、苍耳子等引起。主要临床表现为厌食、乏力、恶心、呕吐、上腹不适、腹胀、发热、**黄疸**等。肝炎可由急性转变为慢性，经久不愈。由乙型肝炎引起者，甚至可发展成肝癌。常见的肝炎可分类如下。

病毒性肝炎　见**病毒性肝炎**。

药物肝炎　多因使用了某些有肝脏毒性的药物，如氯丙嗪、异烟肼、四环素等所致。占所有药物反应的10%～15%。临床表现可似急性肝炎，甚至可发生肝功能衰竭。也可表现为严重的梗阻性黄疸。结合用药史，一般诊断不难。早期发现，及时停药及保肝治疗，预后较好。

中毒性肝炎　环境中的许多化学、生物等毒物可引起肝脏损害。工业中毒性肝炎有如下共同特点：①有类似肝炎的明确病理改变；②病变严重程度与接受剂量有关；③人群普遍易感，所发生的病变类似；④容易复制动物模型。诊断主要靠临床表现，结合毒物接触史。尽早避免所接触的毒物并予以对症处理后多预后良好，少数病例短期内死于**肝功能衰竭**。

毒蕈性肝炎　主要是误食毒伞、白毒伞、鳞柄白毒伞等所引起。临床上常表现黄疸、肝肿大、丙氨酸转氨酶增高、出血等。死亡病例的肝脏多显著缩小。在夏秋季节有食蕈史，且同食者中出现多例恶心、呕吐，即应考虑毒蕈中毒，一般容易诊断。若能从现场觅得所食蕈，并能鉴定为**毒蕈**者，则能得到进一步确定。治疗很重要，应及早采取催吐、洗胃、导泻、灌肠等方法，以排除尚未被吸收的毒物。二巯基丁二酸钠有解毒作用。病情严重及有出血倾向者可用肾上腺皮质激素。严重患者可用血浆置换。

肝阳上亢证 syndrome of upper hyperactivity of liver yang 因肝阴不足，与肝阳失去平衡协调，肝阳相对偏盛、浮动上亢所引起的中医学证候。多见于头痛、眩晕、中风、**耳鸣耳聋**等疾病。

肝阴与肝阳相互依存、相互为用、对立统一，保持着相对平衡的协调稳定状态，从而维持肝的正常生理功能。若情志不遂则肝郁化火，火伤肝阴；房劳过度，损伤肝肾之阴；热病耗伤肝阴，皆可导致肝阴不足、肝阳相对偏盛而浮动上亢。临床表现以眩晕耳鸣，头目胀痛，面红目赤，目眩畏光，急躁易怒，头重足轻，舌红，脉弦有力为主；可兼见口干舌燥，失眠多梦等症。临证以头目眩晕、胀痛，头重脚轻，腰膝酸软为辨证要点。若病情进一步发展为肝阳过盛、阳化为风，形成**肝风内动证**，可兼见手足震颤、抽搐或手足蠕动，甚则猝然昏倒等表现。

肝阳上亢证的治疗以平肝潜阳为法，常用天麻钩藤饮等方。若肝阳化风，可用镇肝熄风汤等方治之。

肝阴虚证 syndrome of deficiency of liver yin 因肝脏阴液亏虚不足，虚热内扰所引起的中医学证候。多见于眩晕、胁痛、失眠等疾病（见**肝血虚证**）。肝阴与肝阳应保持动态平衡，如肝阴亏虚、阴不制阳，常导致肝阳上亢；肝阴有赖肾水滋养，故肾阴不足常是肝阴不足之由，肝阴虚每与肾阴虚并见（见**肝肾阴虚证**）。

肝硬化 cirrhosis 一种常见慢性肝脏病变，多种病因所致的肝细胞变性、坏死、纤维化。又称肝硬变。早期多无明显症状，晚期可发生门静脉高压症、肝功能衰竭以及多系统受累的表现。

病因　主要有病毒性肝炎、慢性酒精中毒、血吸虫病、胆汁郁积等。

临床表现　差异很大。

症状　早期可无明显症状，或仅有一般的食欲减退、乏力、上腹不适等非特征性症状。晚期逐渐出现失代偿的症状，此时主要表现为：①食欲减退、恶心、呕吐。②体重下降、疲倦乏力。③上腹或肝区疼痛、腹泻、腹胀。④肝功能减退，影响凝血因子合成，导致出血症状，如牙龈、鼻腔及皮肤出血等。

体征　①脸色黝黑，面容消瘦、憔悴。②皮肤可有小血管扩张、蜘蛛痣、手掌发红等。③肝脏增大，质地中等硬度，有触痛或叩痛；晚期因肝脏硬变萎缩而不易触及；脾脏一般也出现肿大、质硬。④当门静脉高压形成时，可出现腹壁静脉曲张，静脉流向脐上或脐下，明显者呈海蛇头状。⑤晚期可出现腹水，有时伴有胸水。⑥内分泌失调，可致男性乳房增大、睾丸萎缩，女性经闭、不孕等。

实验室检查 主要有以下两项：①血常规。脾脏明显增大者常有贫血，白细胞和血小板减少。②肝功能试验。主要表现为血清白蛋白下降，球蛋白增加，白蛋白与球蛋白的比值降低甚至倒置。

合并症 主要有七种：①门静脉高压。血流不能顺利地经过肝静脉，肝动脉与门静脉分支间短路形成，门静脉压可超过200毫米水柱。②腹水。③上消化道大出血。食管、胃底曲张静脉破裂可引起上消化道出血，并可导致休克、腹水或肝性昏迷。④肝性脑病（肝昏迷）。肝功能衰竭的终末期表现。⑤肝肾综合征。肝硬化晚期突发的肾脏功能障碍，表现为少尿、无尿及氮质血症，伴有低钠血症。⑥感染。包括腹水感染、败血症及结核病等。⑦肝癌。常常在肝硬化基础上发生。

诊断 询问有关病史，注意有关症状及体征，肝功能化验可出现异常。还可应用钡餐X射线检查或胃镜观察有无食管静脉曲张。腹腔镜可直接观察肝脏形态及表面有无结节。并可用一般肝脏穿刺或腹腔镜下肝脏穿刺作病理组织学检查。核素检查、B型超声波检查及CT扫描等也有一定参考意义。

治疗 肝功能代偿者可参加轻工作；有慢性肝炎活动者按肝炎治疗处理，肝功能丧失代偿或发生合并症者应卧床休息并接受相关治疗。饮食应为高热量、高蛋白质、低脂肪和富含维生素；忌烟酒；有肝性脑病趋势者应限制蛋白质摄入；有腹水者应限制钠盐或进无盐饮食；食管静脉曲张者应避免坚硬能损伤食道的食物。

药物治疗 治疗慢性活动性肝炎的药物均可试用。补充维生素，对热量摄入不足者给予葡萄糖液静脉注射或点滴，可同时加用胰岛素及氯化钾；可静脉给氨基酸液或血浆白蛋白制剂。

合并症的治疗 对中等以下腹水患者，限制钠盐摄入外，服适量利尿药。对顽固性重症腹水，更须严格限钠及水摄入，口服利尿药。

治疗食管胃底静脉破裂所致上消化道大出血，首先应输血、输液以控制失血性休克，恢复血容量，同时给以非手术的止血措施。经内科治疗后仍出血不止者，可考虑紧急手术治疗。

对肝性脑病首先是消除诱发因素。饮食以碳水化合物为主，宜禁蛋白质，待病情改善后可渐增加。补充维生素。纠正水电解质平衡及酸碱平衡，注意不宜过多补钠。为了移除肠内积存的血液或蛋白质，可服导泻药或灌肠。为了抑制肠内细菌，可服用乳酶生及其他尿素酶抑制剂。服用半乳糖苷-果糖可增加肠腔内酸度。新霉素口服与抗厌氧菌制剂甲硝唑合用，可提高疗效。为了降低血氨，可应用谷氨酸钠及谷氨酸钾溶液静脉点滴，轻症者口服谷氨酸钠片剂。支链氨基酸的复方可用以治疗肝性脑病。肝肾综合征的治疗主要在纠正低血压和水电解质紊乱，控制感染。

预防 对病毒性肝炎的防治是预防肝硬化的关键，另外如节制饮酒、防治血吸虫病等也是重要的预防措施。

肝肿大 hepatomegaly 以肝脏大小超过正常范围为特征的病理现象。有5%～10%的健康青壮年在右肋缘下可以摸到肝脏。一般不易在剑突下触及。超声波检查男性有94%肝大达剑突下2～3.5厘米，女性有88%肝大达到剑突下1～2.5厘米。若肝脏肿大超过以上范围，应考虑是肝脏疾病的体征。常见的病因有肝炎、肝硬化、肝瘀血、恶性肿瘤、良性肿瘤、肝脓肿、梗阻性黄疸、寄生虫病、先天性多囊肝等。结合肝肿大程度、硬度、表面状态、压痛特征、临床症状及其他检查综合分析确诊。常用的检查方法有：①肝功能试验。②B型超声检查。③放射性核素扫描。④CT成像。⑤肝穿刺。⑥腹腔镜检查。应针对病因治疗。

苷 glycoside 由糖类（碳水化合物）通过它的还原性基团与某些有机化合物缩合（称配基）而成的化合物。又称糖苷、配糖体，旧称甙。苷是一大类化合物的总称，如核苷、皂苷、水杨苷、强心苷等。与糖还原性基团相连的键称糖苷键，相对于糖来讲可能存在α或β两种构型（见单糖）。自然界中由葡萄糖、核糖和其他糖类形成的苷大多是β型。

柑橘 citrus fruit trees 芸香科柑橘属、金柑属和枳属植物的统称。狭义的柑橘仅指柑橘属。世界柑橘的重要种类大多起源于中国。栽培区域分布在南、北纬40°之间的热带、亚热带地区，海拔1 000米以下的范围内。中国柑橘分布于北纬18°～37°之间，包括21个省、市、自治区。

生物学特性 柑橘类根系发达。用压条或扦插方法繁殖的无主根。很多种类、品种的枝上具针刺。芽为复芽。一个叶腋一般萌发一个新梢，余呈休眠状态。新梢停止生长时，顶芽自行凋落，是柑橘类果树特有的"自剪"现象。这时由先端的一个侧芽代替顶芽作用，因此枝条常呈扭曲状态。未萌发的芽可多年保持萌发能力。复叶，由三片小叶组成，或为"单身复叶"。除枳为落叶树外，柑橘属及金柑属均为常绿树。完全花，芳香，蜜腺发达，有单花和花序两类。花器发育不全现象较为常见，容易产生少核或无核的果实；有时也有单性结实。果实由合生心皮发育而成"柑果"。从谢花到果实成熟，需时6～14个月，因种类、品种而异。生产上多用嫁接繁殖。

主要种类 ①枳属。仅1个种，即枳，又称枸橘。主要用作砧木，或绿篱、观赏树。②金柑属。常绿灌木或小乔木。此属有山金柑、罗浮、圆金柑、长叶金柑4个种。③柑橘属。常绿乔木或灌木。柑橘类果树中最重要的一属，种类繁多，品种复杂。实际上具有重要经济地位的品种，约10个，如枸橼、柠檬、来檬、酸橙等。

经济价值 果实具丰富的营养成分和独特口味，除供鲜食外，用以制成的罐头、果汁、果酱、果酒、蜜饯等已成为主要的果品加工产品；从中提取的柠檬酸、香精油、果胶等可作食品和医药工业原料。橘皮、橘络等是中药材。花可熏制花茶，也是良好的蜜源。商业上是世界畅销的水果之一。柑橘树四季常青，树姿优美，可供观赏用。

酐 anhydride 酸、碱脱水后生成的化合物。无机含氧酸脱水后的酸性氧化物，羧酸缩水产生的有机化合物，统称为酸酐；如五氧化二氮N_2O_5、三氧化硫SO_3分别是硝酸HNO_3、硫酸H_2SO_4的酸酐，乙丙酐$CH_3CO(O)OCCH_2CH_3$是乙酸CH_3COOH和丙酸CH_3CH_2COOH的混合酸酐。氢氧化物完全脱水形成的碱性氧化物称为碱酐，如氧化钙CaO是氢氧化钙$Ca(OH)_2$的碱酐。通常是借助脱水剂（如五氧化二磷、浓硫酸）或用加热的方法脱水。

疳积 infantile consumption 以神萎、面黄肌瘦、毛发焦枯、肚大筋露、纳呆便溏为主要表现的中医学儿科病证。多见于1～5岁儿童。疳积多因饮食不节，乳食喂养不当，损伤脾胃，运化失职，营养不足，气血精微不能濡养脏腑；或因慢性腹泻、慢性痢疾、肠道寄生虫等病经久不愈、损伤脾胃等引起。常见证型有：①乳食壅滞型疳积。证见精神烦躁，夜寐不安，纳呆，腹胀形瘦，腹痛，磨牙，毛发稀疏，手足心热，大便泄秽，小便混浊，舌苔厚腻，脉滑数。治宜消积导滞，方用保和丸、消乳丸等。②脾虚失荣型疳积。证见面色萎黄，形体消瘦，发稀，厌食，腹大青筋，大便完谷不化，小便如米泔，舌淡苔腻，脉濡。治宜益气理脾，方用肥儿丸等。③气血两亏型疳积。证见精神萎靡，睡时露睛，食欲不振，便秘或泄泻完谷不化，面色皖白，形瘦羸弱，四肢不温，啼哭无力，口唇干燥，舌淡红少苔，脉沉细。治宜益气养血、健脾和胃，方用人参养荣汤等。

感恩节 Thanksgiving Day 美国最古老的节日之一。又称火鸡节。节期在每年11月的第四个星期四。由移居北美大陆的第一批英国清教徒为庆祝丰收、感谢上帝而创。为躲避宗教迫害，1620年11月，102名英国清教徒乘“五月花”号船抵达今美国马萨诸塞州的普利茅斯并定居。时值严冬，许多人因饥寒和疾病而死。后来，在当地印第安人的帮助下，他们学会了渔猎与种植，并获得丰收。为感谢上帝并增进同当地印第安人的友谊，1621年秋天，普利茅斯总督W.布雷德福发表感恩宣言，用火鸡、鹿肉、南瓜等宴请印第安人，欢庆三天。19世纪末，感恩节已风行于新英格兰。1863年，A.林肯总统宣布感恩节为国家法定节日。1941年，美国国会通过法令，确定11月的第四个星期四为感恩节，延续至今。感恩节也是传统的美国家庭团聚的日子，节日晚餐必备火鸡肉和南瓜饼。加拿大也庆祝感恩节，时间为10月的第二个星期一。

感光材料 photographic material 利用物质在光照射下能发生化学或物理变化的性质而制成的影像记录材料。通常感光材料经曝光所直接产生的变化是十分微弱的，为肉眼所看不到，故称为潜影。经过化学的或物理的显影，潜影得到加强并呈现为可见的影像，再经定影和水洗就能获得稳定的图像。随着科学技术的进步，感光材料的范围不断扩大，不仅可见光可以作为影像记录的辐射源，紫外线、红外线、X射线、γ射线和电子束等均可作为影像记录的辐射源。现在常用更广义的成像材料来取代较狭义的感光材料，如一些影像记录材料是对热或压力敏感的（非银的热敏或压敏成像材料），有时也把它们列入感光材料范畴。

感光性能 为适应各种不同的用途，感光材料必须具备一定的感光性能。这种感光性能主要表现在由曝光量（对数）和光密度所构成的特性曲线上。由特性曲线可以确定感光材料以下主要性能。①感光度。感光材料对光的敏感程度。通常根据它来确定获得最佳影像效果所需的曝光量。卤化银感光材料的感光度普遍采用国际标准ISO制。非银盐感光材料的感光度常表示为获得一定光密度所需的最小能量，为毫焦/毫米^2。这个数字越小，感光度越高。②反差。原指黑白影像中两个不同区域的视觉亮度之差。卤化银感光材料的反差有不同的量度和表示方法。如平均梯度（G）为特性曲线上特定两点间连线的斜率，又称反差系数，片种不同特定两点的位置也各异；γ则是特性曲线直线部分的斜率，如照相纸一般分为软、硬、特硬等规格，就是根据特性曲线上的反差不同划分的。③分辨率。表征感光材料辨别细部的能力。又称分辨本领。通常以每毫米中可分辨的黑白线对数目来表示。④最大和最小密度。分别指充分曝光和未曝光部分的光密度。

种类 感光材料根据所用的光敏物质分为：①卤化银感光材料。其光敏物质是溴化银（通常含有少量的碘化银）或氯化银及其混合物的微晶。②非银盐感光材料。根据其影像形成机理可分为光化学体系和光物理体系，或增殖成像体系和非增殖成像体系。

特点和应用 卤化银感光材料具有感光度高、像质好、彩色还原真实及信息容量大等优点，在照相、电影、医疗诊断、无损探伤、印刷制版、缩微复制、航天航空侦察和大地测量等方面有广泛的用途。卤化银感光材料制造工艺复杂，一般需要湿法冲洗，并且不能实时显示。非银盐感光材料种类繁多，其感光度比卤化银感光材料低得多，但分辨率却高得多，而且制造工艺比较简单，可以在亮室操作，可用干法加工和实时加工。

感光化学 photosensitive chemistry 研究照相技术的化学原理以及各种光敏材料对光的物理化学反应及应用的化学分支学科。照相技术从诞生起，各种具有特性的感光材料，无论是卤化银感光材料，还是非银盐感光材料都发挥了重要的作用。氯化银成像体系的灵敏度之高，光谱响应范围之广，至今仍是其他任何光化学成像体系所望尘莫及的。此外，非银盐感光体系也由于其分辨率高、成像简便迅速等特性而在印刷、复制、微缩、视听和微电子学等领域得到了广泛的应用。

感化教育 reformatory 帮助违法犯罪者认识犯罪性质、改过自新、重建人格的社会工作。教育对象有些国家是少年犯，有些国家包括成年犯罪分子，或心理失调、行为偏颇的学生。主要做法是：①与教育对象交谈，进行说理教育，激发其上进心。②创造安全和信任的气氛，消除教育对象的积虑，缓解其紧张情绪。③帮助教育对象认识社会，理智地对待就业、升学、交往、人生价值标准、行为规范等问题。④配合医生对教育对象进行心理治疗，使其改变不健康的人格与行为。⑤帮助教育对象适应新的生活环境，消除对立情绪和自暴自弃的心理。⑥动员和组织学校、家庭、社会力量，开展各种帮教活动，给教育对象以思想上、经济上和生活上的支持和帮助。感化教育对改造罪犯、加强社会治安、维护社会稳定、促进经济发展具有积极作用。

感觉 sensation 客观刺激作用于感觉器官，经过脑的信息加工活动所产生的对客观事物的基本属性的反映。感觉作为认识过程的初级阶段，为知觉和其他复杂认识过程提供最基本的原始材料。感觉器官包括三个组成部分：①感受器。把刺激的物理能量转化为神经冲动。②神经通道。把神经冲动传输到大脑皮层，并在传输过程的不同阶段上得到有选择的加工。③大脑皮层的感觉中枢。即感觉器官的终端部分，它将刺激信息加工为人们实际体验到的具有各种不同维量（性质、强度等）的感觉。感觉的种类可依其信息的来源分为外部感觉和内部感觉两大类。外部感觉包括视觉、听觉、味觉、嗅觉和肤觉。肤觉又可细分为温觉、冷觉、触觉和痛觉。内部感觉反映机体本身的状态，包括动觉、平衡觉和机体觉。感觉器官对刺激物的感觉能力称感受性。感受性的高低用感觉阈限来度量。在刺激物持续作用下感受性的变化称感觉适应。在同一感觉道内或不同感觉道间，感受器或高级中枢相邻部位之间可发生相互抑制的作用，如侧抑制作用。

感觉异常 abnormal sensation 在反映刺激物个别属性的过程中出现困难和异常的变态心理现象。常见的感觉异常有：①感觉过敏。对外界刺激的感受能力异常增高。②感觉减退和感觉缺失。对外界刺激的感受能力异常下降。③感觉倒错。对外界刺激物的性质产生错误的感觉。④内感性不适。对来自躯体内部的刺激产生异样的不适感。有关感觉异常的脑机制的心理学研究，肯定了人类大脑皮层中央沟后部区域的损伤与感觉异常的发生有关。感觉异常对人的各种心理过程会发生广泛的影响，并可由此造成知觉障碍，使运动反馈信息紊乱而导致运动功能失调。在临床上，神经症和精神疾病都可有感觉异常的症状，前者更为多见。

感觉阈限 sensory limen 心理学中测量人的感觉器官感受性的指标。即刚能引起感觉的刺激强度。感觉阈限值小，感受性高；反之感受性低，感觉阈限与感受性之间呈反比例关系。感觉阈限可分为：①绝对感觉阈限测量的是感觉器官的绝对感受性。刚能引起感觉的最小刺激量为下绝对阈限；当刺激强度超过一定限度时，会使感觉受到破坏，引起痛觉。能够引起感觉的最大刺激量为上绝对阈限。上下绝对阈限之间的距离是感受性的整个范围。②差别感觉阈限测量的是感觉器官的差别感受性。在已有感觉的基础上，能引起差别感觉的刺激的最小变化量称为差别感觉阈限或差别阈限、最小可觉差。不同感觉通道或不同人之间，差别感觉阈限是不同的。

感冒 cold 鼻病毒、冠状病毒、腺病毒等病毒引起的以上呼吸道炎症为主要症状的感染。"感冒"一词借自传统中医术语。原指外感风寒所致的表证，表现为鼻塞流涕、恶寒发热、咳嗽喉痛等症。在现代医学中，"感冒"依所加定语不同而分指两种不同情况：流行性感冒，简称流感，系明确的病毒性疾病，专指流感病毒引发的感染；普通感冒，简称感冒，则指多种病毒引发的综合征，常称上呼吸道感染（见急性上呼吸道感染、病毒性呼吸道感染）。

感染 infection 病原体侵入人体并在体内繁殖的病理现象。感染后可引起组织损伤，导致不同的临床现象。病原体侵入人体后，人体对之产生免疫应答。由于人体防御能力的强弱不同，侵入人体的病原体的数量和毒力不同，因此斗争的表现也有所不同。一般有以下五种表现。

①病原体被消灭或排出体外。在这种情况下，人体不出现任何症状，也不出现全身性免疫应答，也就是说不产生对该病原体的特异性免疫力，如果再有该病原体侵入，仍有可能患该种疾病。

②形成病原体携带状态。即病毒携带者、带菌者和带虫者（指携带寄生虫者）。病原体能在人体内生长、繁殖并排出体外，但人体并不出现任何症状。

③隐性感染。又称亚临床感染。人体受病原体感染后，不出现症状，但能产生特异性免疫，如特异性抗体阳性、皮内试验阳性等。而且不易再感染该种病原体。

④潜伏性感染。病原体长期地潜伏在人体内，与人体的抵抗力保持平衡状态。人不能消灭病原体，病原体也不能明显地在人体内生长繁殖，不引起症状。但一旦人体抵抗力低下时，病原体就能活跃地生长繁殖，引起疾病。

⑤显性感染。感染病原体后出现症状，发生疾病。因人体抵抗力、病原体毒力和治疗措施的不同，而表现痊愈、病死、慢性化、携带病原体、潜伏感染和发生后遗症等不同结局。

见细菌性感染、病毒性感染、寄生虫病。

感染性心内膜炎 infective endocarditis 由微生物感染所致的心内膜或心瓣膜炎症。曾长期沿用"细菌性心内膜炎"一词，后发现除细菌外，病毒、真菌、立克次氏体等也可引起本病，故改称感染性心内膜炎。

分类 可分为急性和亚急性两类，二者并无绝对界限。一般来说，急性者多因微生物毒力较强，发生于原来无心脏病者；而亚急性者则微生物毒力较弱，多发生于原有器质性心脏病者。

临床表现 主要有全身性感染、栓塞、心脏病变。

治疗 主要有：①抗生素治疗。用有效的抗生素，剂量要大，疗程6周以上。②外科治疗。切除赘生物，治疗瓣膜病（包括必要时置换人工瓣膜）、先天畸形等。③全身支持疗法。增加营养，贫血者应多次少量输血。

预防 有心瓣膜病或心血管畸形的患者应注意口腔卫生，及时处理隐藏的病灶，增强身体抵抗力。若须做小手术，应在手术前后使用抗生素。在进行心脏介入性诊断、治疗和心脏直视手术时，更须应用足量的抗生素以预防本病在术后发生。

感伤主义 sentimentalism 18世纪后期欧洲资产阶级启蒙运动中出现的文学思潮。又称主情主义。因排斥理性，崇尚感情，且出现在欧洲浪漫主义运动之前，故又称前浪漫主义。感伤主义源于英国。因英国作家L.斯特恩的小说《感伤旅行》而得名。代表人物有英国的斯特恩、O.哥尔德斯密斯、T.格雷，法国的J.-J.卢梭、伏尔泰，俄国的N.M.卡拉姆津，德国的H.W.里希特、H.海涅等。

感伤主义注意内心的情感，用感情和仁爱代替理性作为批判工具，强调对个性和个人精神生活的刻画。认为文学的主要任务就是刻画人物的心理活动和不幸的生活遭遇，以唤起读者的同情和共鸣。感伤主义带有浓厚的悲观绝望情绪。作品多为日记、旅行记、书简和回忆录等形式。

感受器 receptor 动物体表、体腔或组织内能接受内、外环境刺激，并将之转换成神经过程的结构。皮肤的触觉小体细胞等。按感受器在身体上分布的部位并结合一般功能特点可区分为内感受器和外感受器两大类。外感受器包括：光感受器、听感受器、味感受器、嗅感觉器和分布在体表、皮肤及黏膜的其他各类感受器。内感受器包括：心血管壁的机械和化学感受器，胃肠道、输尿管、膀胱、体腔壁内的和肠系膜根部的各类感受器，还有位于关节囊、肌腱、肌梭以及内耳前庭器官中的感受器（通称本体感受器）。按所接受刺激的特点可将感受器分为：机械感受器、温度感受器、声感受器、光感受器、化学感受器、平衡感受器、痛感受器、渗透压感受器。

在进化过程中，有的感受器发生特异分化：如视网膜的杆细胞对光线最敏感；嗅上皮的嗅细胞对化学刺激敏感等。由于动物生存环境的变化，有的感受器也会退化，如鼹鼠的光感受细胞。有些动物有非常独特的感受器，如响尾蛇的颊窝有对红外线敏感的感受器，有些鱼类具有对微弱电流敏感的感受器等。研究感受器的功能活动，有助于了解外界和内环境的变化如何转变为信息，转至中枢神经系统形成感觉；对于仿生学、临床医学的发展也具有重要的意义。

感兴 aesthetic judgement 中国古代美学术语。感是感发，兴是兴起。作为一个美学概念，指审美过程中由对象引起的直接的心灵反应。

感兴（兴会、兴、感应等）涉及中国美学一些重要的思想。在中国美学中，审美活动能否深入，意象创造是否成功，关键在感兴。中国美学强调审美感兴的作用，是和意象中心的美学思想相关的。审美活动的关键是意象创造，而意象是在审美感兴基础上产生的。感兴是意象创造的内在动力因素。人心与外物之间"相值而相取"的共感结构，是审美感兴形成的基础。

中国美学强调审美感兴的作用，还与推崇创造力的思想相关。感兴是当下直接的感悟，而不是逻辑理性的推演。陆机提出在审美构思中，有一种不可控制的心理现象，来不可遏、去不可止。他把这称为"应感之会"，其实就是感兴。审美感兴是一种瞬间的切入，具有巨大的创造力，感兴是对人内在生命力的兴发感动。

审美感兴还是连接创造者和鉴赏者之间的桥梁，中国美学重视味外之味、意外之韵，通过意象所引起的感兴，则是实现这一目标的必然过程。

感性认识 perceptual cognition 认识过程的初级阶段和初级形式，是由感官直接感受到的关于事物的现象、事物的外部联系、事物的各个片面的认识。事物的现象是感性认识的对象和内容，直接感受性是感性认识的特征。

感应地理 geography of perception 研究对不同地理环境的反应特性、形成机制及相互关系的领域。着重研究不同居民集团对环境的感应认识过程，也研究规划决策人、旅行者、生活在特殊环境（灾害、宗教等环境）下人们的感应特点。人们对地理环境发生感应后，要作出判断，即作出选择，然后决定自己的行为，这种行为选择是对环境感应作用的反影响。虽然每一个人的行为有不少主观成分，但对一定的人类集团来说，其统计效果却有一定的客观规律表现，完全可以对它进行系统研究，为城市规划、对居民集团共同感知和行为特点的研究、重大问题决策、旅游区建设、防灾抗灾救灾等提供依据。感应地理和行为地理既有区别，又有联系。前者主要研究人们如何认识环境，后者主要研究人们认识环境后的决策反应行为，两者的研究要结合进行。

橄榄 *Canarium album*; white canary tree 橄榄科橄榄属的一种。常绿乔木。又称青榄、白榄。亚热带果树。原产中国，福建、广东沿海一带为主要产区。越南、老挝、泰国、缅甸及马来西亚也有少量栽培。

橄榄树高10～20米。叶互生，奇数羽状复叶，小叶11～15片，揉碎后有香气。圆锥花序顶生或腋生，两性花或雄花，白色。核果椭圆形，绿色至淡黄色，果核坚硬，纺锤形。常见栽培品种有“檀香”、“惠园”等。性喜高温多湿，以年平均温度20～22℃生长最适。对土壤适应范围较广。实生繁殖时种子需经层积处理始能发芽；用嫁接繁殖可提早结果，芽接在定植后2～3年进行。初植要勤施肥、除草，成年树要经常培土护根，修剪过密杂乱枝条。

橄榄果实可生食，但多用作加工制品，并可入药。核壳可制活性炭，核仁可榨油。乌榄不能生食，主要用于腌制咸菜，核仁甘香味美，可作饼馅。

橄榄球 Rugby football 球类运动之一。盛行于英、美、澳、加拿大等国家。原名拉格比足球，简称拉格比。因其球形类似橄榄，在中国被称为橄榄球。橄榄球运动起源于英国中部的一所拉格比学校。据传，该校一名学生W.W.埃利斯在一次校内足球比赛中不顾当时足球规则的规定，竟然抱起球来就跑。以后，类似情况频频发生，久而久之，逐渐被人们所接受，成为合法行动。故橄榄球比赛是从足球比赛中派生出来的。1871年英国拉格比协会成立，并制定了新的比赛规则。1906年在法国举行了橄榄球国际比赛。英国橄榄球传到其他国家以后，不断发生变化，许多国家都创造了本国形式的橄榄球运动。但大致可以分为英式橄榄球和美式橄榄球两大类。

英式橄榄球比赛时，运动员不穿护具，

图1 英式橄榄球比赛场面

图2 美式橄榄球比赛场面

基本上采用足球运动员的服装，故英式橄榄球又称为软式橄榄球。比赛场地长160码，宽75码，两球门线相距110码，端线距球门线25码，两线之间为端区。球为椭圆形，状似橄榄，上场队员每队由15人组成，8个前锋，7个后卫。规则规定上场队员不许替补。全场比赛时间为80分钟，分前后两个半时，各40分钟，中间休息5分钟。在比赛时间内，不得要求暂停。比赛由得分多寡来决定胜负。比赛开始时在中线踢定位球开球。每次得分后，由对方在中线重新开球，继续比赛。对持球队员可以采用抓、抱、摔等方法阻止其前进，不得冲撞胸前或背后。踢人、打人和绊人为严重犯规。每场比赛有3名裁判员，1名主裁判员负责执行规则，掌握比赛和计时；2名边线裁判员各管1条边线，当球或持球人出界时举旗向主裁判示意。

美式橄榄球比赛时，运动员必须穿戴规定的服装和护具，故又称为硬式橄榄球。每队上场队员为11人，其中1人为队长，比赛中换人不限，但必须在死球时，方能换人。比赛场地长360英尺，宽160英尺。球门线距端线为30英尺，两线之间为端区，两球门线相距300英尺，每隔15英尺设一条横线，距两边线70英尺9英寸处设两条相互平行的虚线。球门设在两端线中间，横木离地面10英尺，两立柱高出横木20英尺，两立柱之间的宽度为18英尺6英寸。横木以上两立柱之间为射门目标。美式橄榄球比英式橄榄球小，便于传球。每场比赛时间为60分钟，分4节进行，每节15分钟。比赛结束时，如两队得分相等，延长比赛时间15分钟，以先得分者为优胜，如两队均未得分则为平局。每队每半时可暂停3次，每次为1分半钟。比赛实行记分制，得分多者为胜。开球时，本方队员一律站在球的后面，对方队员必须站在离球10码线之后。当球踢过10码线后，比赛开始。每次进攻都从对阵开球开始，每队出7人排成对阵开球的队形，两队相距1码，当中为中区。防守队员为阻止对方持球队员的前进，可以搂抱其腰部或腿部将其摔倒。但不得打人、踢人、绊人和从背后攻击人，否则判犯规。每场比赛为6名裁判员，他们均有权判罚犯规。主裁判员1人负责掌握比赛；副裁判员1人负责检查队员装备并看管对阵开球线；边线裁判员2人，各自分管本侧的边线和越位，并负责计时、记分和暂停；场内裁判员1人，负责对阵开球后向前传球和踢球是否按规则进行；后卫裁判员1人，负责检查防守队员和接球队员的号码。

橄榄石 olivine 硅酸盐矿物，化学组成为$(Mg,Fe)_2[SiO_4]$，晶体属正交（斜方）晶系。因常呈橄榄绿色而得名。镁橄榄石与铁橄榄石，即$Mg_2[SiO_4]$-$Fe_2[SiO_4]$为完全类质同象系列。

成分中常含有Mn、Al、Ca、Ni等杂质。晶体呈短柱状、板状，常呈粒状集合体。随成分中镁含量的降低或铁含量的增高，颜色由浅黄绿色变成黄绿色、橄榄绿色（深黄绿色）至绿黑色。玻璃光泽，断口油脂光泽。解理中等。莫氏硬度6.5～7。密度3.3～4.4克/厘米^3，随含铁量的增多而增大。是基性和超基性岩、陨石和月岩的主要矿物之一。镁橄榄石还产于镁夕卡岩中。在热液蚀变条件下，橄榄石会转变成**蛇纹石**。在挪威、瑞典、澳大利亚、奥地利、日本、新西兰、津巴布韦、美国等都有丰富的橄榄石资源。透明而色泽鲜艳、无瑕疵的橄榄石晶体可作为宝石。世界著名优质橄榄石的产地有红海中的宰拜尔杰德岛、缅甸的抹谷、挪威的斯纳鲁姆、美国的亚利桑那州和新墨西哥州等。中国的东北三省、内蒙古索伦、湖北宜昌、河北张家口等地区均有产出。镁橄榄石还是优质的耐火材料。

橄榄岩 peridotite 最常见的一种超基性岩。多为深绿色或黑绿色，化学成分特点是SiO_2含量小于45%，平均值为42.30%，铁、镁含量高于其他各类火成岩。岩石结构主要为半自形粒状结构、粒状镶嵌结构、网状结构等。主要矿物为**橄榄石**和**辉石**，次要矿物有**角闪石**、黑云母，不含或偶见

基性斜长石。橄榄石含量变化于40%～90%，橄榄石多为镁橄榄石和贵橄榄石。辉石有富镁的斜方辉石和富钙的单斜辉石。常见的副矿物有尖晶石、铬铁矿、钛铁矿、磁铁矿和磷灰石等。根据橄榄石和辉石的含量比例不同，可分为纯橄榄岩（橄榄石大于90%）（见图）、辉石橄榄岩（橄榄石为75%～90%）、橄榄岩（橄榄石为40%～75%）。根据辉石的种属不同，又可分为方辉橄榄岩（含斜方辉石为主）、单辉橄榄岩（含单斜辉石为主）和二辉橄榄岩（两种辉石含量相近）。自然界新鲜的橄榄岩很少，多已次生变化，主要为蛇纹石化，其次有滑石化、绿泥石化、透闪石化、碳酸盐化等。橄榄岩的产状为独立小侵入岩体，或以包体的形式产在碱性玄武岩和金伯利岩中。橄榄岩在中国的西藏、青海、甘肃、宁夏、陕西、河北、内蒙古、康滇地轴等地有广泛分布。与橄榄岩有关的矿产有铬、镍、钴、铂、稀土等多种金属矿。非金属矿产有滑石、石棉、菱镁矿、磷灰石等。橄榄岩经蚀变形成的**蛇纹岩**，是很好的玉石材料和装饰石材。一些结晶较粗大（大于3～4毫米）的橄榄石，可作宝石。橄榄岩可与磷块岩或磷灰石一起烧制钙镁磷肥，还可为提取金属镁、镁化合物和泻利盐的原料，亦可用作耐火材料。

干细胞 stem cell 一类具有不断自我更新，有分化潜能的细胞。早期胚胎发育的桑椹胚，在8个卵裂球以下时，人为地将其分离开，种植在子宫内，均可发育为一个具有全部组织的胚胎。此种细胞核具有全部完整的基因组，可指导胚胎正常发育为一个整体。胚胎发育到囊胚时呈球形，周围为一单层细胞包围，内充有囊胚液。囊胚内在一极生出一团细胞，称为内细胞团（ICM）。ICM可分化为胚胎的内胚层、中胚层和外胚层，然后分化成机体近200种细胞，如血、肌肉、皮肤、神经细胞等，它们具有多能性，称之为多能干细胞。干细胞包括胚胎干细胞（又称ES细胞）、成年干细胞、畸胎瘤干细胞（又称EC细胞）等。脐带血中发现有大量的干细胞，其研究及开发具有重大意义。1998年首次建立了人的ES细胞等细胞系，为临床治疗开辟了广阔的前景。

赣方言 Gan dialects **汉语**重要方言之一。又称赣语，俗称江西话。江西省有多种方言，赣方言是其中最有影响的一种。分布于江西、湖北、福建、湖南、安徽5省111个县市。主要特点是：①古全浊声母今读塞音、塞擦音时，不论平仄多为送气清音；多数次方言晓、匣合口字混入〔f-〕母，影母开口呼读〔ŋ-〕母，不读零声母；梗摄字一般有文白异读；除江西西部吉安、莲花等处基本无入声外，其他绝大部分地区都不同程度地保留入声韵尾；连读变调现象不很突出。②有不少词语与邻近方言相似。③语法上人称代词复数一般在单数后加词缀，不少方言也逐渐通用"们"作复数标志；语助词"倒"的作用与普通话的"着"相仿，如"坐着吃"南昌话说成"坐倒吃"，南昌话的"到"还相当于普通话连动式"拿一本书给我"中的"给"，如"拿一本书到我"；有些方言词重叠后作状语时，词尾用"子"，相当于普通话的"地"，如南昌话："慢慢子走"（慢慢地走）。

赣江 Ganjiang River 中国**长江**中游支流。**鄱阳湖**水系第一大河。从源头桃江到南昌进入鄱阳湖，包括贡水在内全长751千米，流域面积8.1万平方千米，占**江西省**面积的51%。赣江以万安、新干为界，分为上、中、下游三段。在南昌县以北进入尾闾地区，分为干流（西支）及南、中、北支分别注入鄱阳湖。流域属中亚热带湿润季风气候，年降水量1 400～1 800毫米，多年平均年径流量664亿立方米，约占鄱阳湖水系总径流量的46.6%；入湖泥沙年约1 140万吨，占鄱阳湖水系各河入湖泥沙总量的63%。水能蕴藏量360万千瓦，约占全省水能蕴藏总量的52.8%。流域内耕地近118.5万公顷。主要粮食作物为水稻，经济作物有甘蔗、烟叶、茶叶、油茶、油菜、柑橘等，其中尤以赣江中、下游沿岸与袁水下游冲积平原上所产的三湖红橘驰名中外，遂川的狗牯脑茶及泰和的武山鸡均为名贵特产。下游地区为江西主要水产基地之一。矿产主要有钨、锡、铜、铅、锌、钴、铀及稀土等，非金属矿主要有石灰石、石膏、煤等。

赣剧 Gan opera; Jiangxi opera 中国戏曲剧种。流行于赣东北一带，是一个兼唱高腔、**昆山腔**和乱弹腔的多声腔剧种。现在的高腔有**弋阳腔**和**青阳腔**两种。弋阳腔高昂激越，青阳腔柔和婉转。乱弹腔以"二凡"、"西皮"为主。"二凡"，即二黄，来自本地的宜黄腔，"西皮"传自湖北**汉剧**。其他声腔有文南词、**秦腔**（即吹腔）、老拨子、浙调、浦江调、安徽梆子、昆腔等，其中文南词主要从民间说唱音乐演变而来，又分文词（亦称北词）、南词和滩簧三种。其他大多来自徽班和**婺剧**。赣剧由于长期演出于赣东北的广大农村和城镇，故其舞台艺术形成了一种古朴厚实亲切逼真的地方风格。表演夸张、强烈、凝练、细致。1951年，赣剧首次进入南昌市，1953年成立江西省赣剧团，从此得到飞速发展，培养青年演员，改革高腔，在音乐上加入管弦伴奏，发展滚唱，美化帮腔，并演出了由石凌鹤改编的《还魂记》、《西域记》，以及《珍珠记》等剧。

赣州市 Ganzhou City 中国江西省辖地级市。位于省境南部，赣江上游。东接福建省，南临广东省，西靠湖南省。辖章贡区和赣县、兴国、于都、宁都、石城、会昌、寻乌、安远、定南、龙南、全南、信丰、大余、崇义、上犹15县，代管瑞金、南康2市。面积39 380平方千米。人口837万（2010），有汉、畲、回、壮、瑶、满等民族。春秋战国先后为楚地、吴地、越地。秦属九江郡，汉高祖六年（前201）大将灌婴在益浆溪建城设县，隋朝开皇九年（589）改为虔州，宋高宗绍兴二十三年（1153）改为赣州，1929～1934年为中央革命根据地。1998年设立地级赣州市。地貌以丘陵、山地为主。江河纵横密布。矿产以有色金属、稀有金属矿为主，是全国有色金属和稀土金属生产基地。素有"世界钨都"和"稀土王国"之称。

陡水湖远眺

钨储量世界第一，稀土探明储量居全国第二。钨、铜、铀、稀土、钽铌被称为江西省矿产资源中的"五朵金花"。建有以脐橙为主，甜柚、甜橙、蜜橘等水果生产基地。森林覆盖率68.31%。工业有冶金、电力、煤炭、化工、机械、电子、建材、食品、纺织等。赣州市是国家历史文化名城。名胜古迹有三百山、九连山、梅关古驿道、翠微峰、武功山、陡水湖、聂都溶洞等。全国著名的革命老区之一，是第二次国内革命战争时期的中央革命根据地和中华苏维埃共和国临时政府所在地。

冈比西斯二世 Cambyses Ⅱ（约前558～前522） 波斯阿契美尼德王朝国王（前529～前522年在位）。**居鲁士二世**之子。父王在世时任巴比伦总督。即位后远征埃及。在埃及期间又计划征服埃塞俄比亚、阿蒙绿洲和迦太基。曾席卷埃塞俄比亚北部，但因粮绝而还师。另一支军队向阿蒙绿洲推进，但在途中被暴风沙吞没。

冈比亚 Gambia 非洲西部沿海国家。全称冈比亚共和国。地跨冈比亚河两岸，西临大西洋，海岸线长48千米，东、北、南三面为塞内加尔环抱，面积11 295平方千米。人口178.3万（2009）。首都**班珠尔**。居民42%为曼丁哥人，16%为富拉（颇）人，16%为沃洛夫人，余为塞拉胡里等族。90%居民信奉伊斯兰教，其余信奉基督教、天主教和拜物教。英语为官方语言。

地理 疆域狭长，冈比亚河源出几内亚福塔贾隆高原自东部入境后，横贯全国，注入大西洋。全境地势起伏不大，海拔多在50米以下，冈比亚河口圣玛丽岛海拔仅2米多。地处热带草原气候带，年平均气温27℃，年降水量1 100～1 300毫米，雨旱两季（6～10月和11月至翌年4月）分明。

历史 早在10世纪曼丁哥人开始迁入冈比亚地区，这里曾经是西非马里帝国的一部分。15～16世纪葡、法、英等殖民者先后侵入。1689年以后英法为争夺冈比亚和塞内加尔进行过多次战争。1783年根据英、法《凡尔赛和约》将冈比亚河两岸划归英国，1889年划定边界。1959年英被迫同意冈比亚成立“半自治政府”。1965年2月18日冈比亚独立，1970年4月24日成立共和国。冈比亚曾与塞内加尔于1982年2月结成联邦，1989年9月联邦解体。

冈比亚一集贸市场

冈比亚国体实行共和制，议会实行一院制。每届总统和议会任期5年。政体为多党制。爱国调整与建设联盟为现执政党。国家政府对内实行自由经济政策，优先发展教育、卫生、农业和交通，对外奉行不结盟政策，主张不干涉别国内政，和平共处，重视非洲团结，稳定区域合作。1974年12月14日与中国建交，1995年7月13日冈比亚决定与中国台湾当局恢复“外交关系”，同年7月25日中国宣布与冈比亚中止外交关系。

经济 人均国民生产总值430美元（2009）。经济以农业为主，农业人口占全国劳动力80%。发展单一种植经济，花生种植占耕地一半。其他经济作物主要有棉花、油棕等。粮食作物有稻谷、粟、玉米、高粱、木薯等。畜牧业以养牛为主。矿产资源贫乏。工业基础薄弱，以花生加工为主，次为肥皂、塑料、制盐、电子表装配、食品加工等。旅游业是国家重点发展产业和外汇来源之一，收入约占国内生产总值的6%（2003）。公路及河道组成水陆联运网。全国公路总长2 390千米。冈比亚河也是非洲唯一通行海轮的河道。班珠尔是国际海港，年吞吐量25万吨。班珠尔的云杜姆设有国际机场。出口花生及其制品是主要经济收入来源，进口主要为粮食、燃料、机械、交通设备、纺织品等。贸易对象主要为西欧国家。

文化 小学实行免费教育。冈比亚大学为最高学府，年招生约300名。《冈比亚日报》是唯一官方报纸，其他报刊有《观察家日报》、《论点》、《冈比亚新闻与报道》、《冈比亚人》等。共有三家电台，其中冈比亚广播电台为官方电台，用英语和地方语播音，覆盖国土2/3。国家电视台于1995年12月开播。全国约有50个医疗卫生单位。主要名胜古迹有圆形石场地和詹姆斯岛。

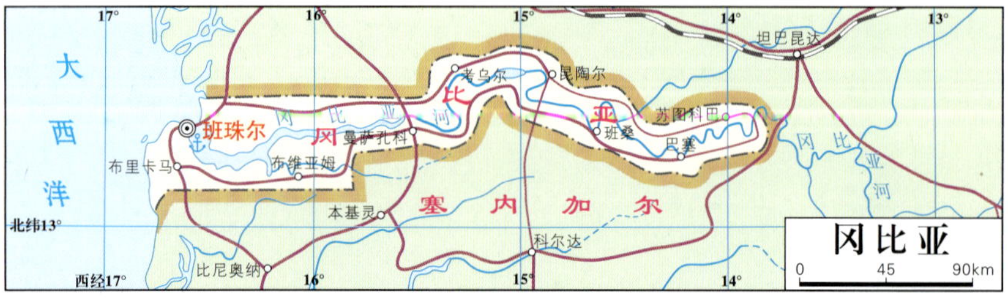

冈察洛夫 Goncharov, Ivan Aleksandrovich（1812-06-18～1891-09-27） 俄国作家。生于辛比尔斯克，卒于圣彼得堡。1834年毕业于莫斯科大学。曾任翻译、图书审查官、主编等职。1867年以四品文官退休。冈察洛夫一生共写了三部长篇小说。第一部《平凡的故事》（1847），抨击宗法制贵族庄园的生活方式。代表作《**奥勃洛莫夫**》（1847～1859）真实而细腻地描写了地主知识分子奥勃洛莫夫精神死亡的过程。作为没落地主的典型，标志着俄国文学传统“多余人”形象蜕化的极限。最后一部为《悬崖》（1869）。作为一个整体，真实反映了19世纪40～60年代俄国社会的演变。作品采用叙事诗的手法，对细节精雕细琢，语言清新优美。

冈村宁次 Okamura Yasuji（1884－05－15～1966－09－02） 第二次世界大战时期日本陆军大将、中国派遣军总司令官。生于东京，卒于东京。自幼接受军事教育，先后毕业于陆军士官学校、陆军大学。1923年任日本驻上海总领事馆武官。不久，被**孙传芳**聘为高等军事顾问。1927年任日军步兵联队长，开赴山东青岛。次年5月，奉命率部西进，蓄意制造**济南惨案**。1932年任上海派遣军副参谋长，参与指挥一·二八上海作战。随后升为陆军少将，调任关东军副参谋长。1933年5月，迫使中国当局签订《塘沽协定》。**七七事变**后，率部入关，参加华北、华中各地作战。1941年晋升为大将，任华北方面军司令官，发动5次“治安强化运动”，对抗日军民实施烧光、杀光、抢光“三光”政策。1944年发起豫湘桂战役，攻占桂林、柳州、南宁等地。11月升任为中国派遣军总司令官。日本投降后，命令日军拒绝中共军队接收。国共内战期间，成为**蒋介石**的秘密军事顾问。1949年1月，被南京国民政府法庭宣判“无罪”释放。

冈底斯山 Gangdisê Mountain **青藏高原**山脉。季风区和非季风区的分界线，西藏印度洋外流水系与藏北内流水系的主要分水岭。藏语意为“众山之主”。位于西藏自治区西南部、**喜马拉雅山脉**之北，与喜马拉雅山大致平行。冈底斯山西起喀喇昆仑山脉东南部的萨色尔山脊，东延伸至纳木错西南，与念青唐古拉山衔接。海拔一般5 500～6 000米。西段呈东南走向，主要支脉阿隆干累山以同一走向并列于主脉北侧。主峰冈仁波齐峰，海拔6 656米。冈底斯山的垂直自然带谱属大陆性半干旱类型。

冈底斯山南侧即通称的藏南地区，气候温凉稍干燥，海拔4 000米以下的雅鲁藏布江河谷地区为灌丛草原，较高地区为亚高山草原。这一地区草场辽阔，耕地集中，为西藏自治区人口集中、农牧业发达的地域。其北侧为羌塘高原内流区，气候严寒干燥，以高山草原为主，绝大部分土地只宜于放牧绵羊和牦牛或为无人居住的荒寂原野。

冈仁波齐峰 Kangrinboqê Peak 冈底斯山脉主峰，海拔6 656米。曾称开拉斯峰，藏语意为“神灵之山”或“雪的宝贝”。位于玛旁雍错、拉昂错之北，西藏自治区阿里地区普兰县境。是由近似水平的第三纪全新世沙砾岩组成的锥形断块峰体。四周悬崖绝壁，山势雄伟，顶峰四季积雪，雪线高达6 000米，冰川发育。冈仁波齐峰每年都吸引无数佛教徒香客来此朝圣，为佛教著名的圣山。遇马年佛祖释迦牟尼降生和成道的日子景象更盛。

冈瓦纳古陆 Gondwanaland 推断曾位于南半球的原始古大陆。又称冈瓦纳大陆或南方大陆。其组成大体包括现代的南美洲、非洲、南极洲、澳大利亚以及亚洲的印度半岛和阿拉伯半岛。这一名称是奥地利地质学家E.修斯根据印度冈瓦纳地区晚古生代和中生代的地层命名的。上述几个地区某些共同的地质特征，以冈瓦纳地区最为典型。南方的冈瓦纳古陆隔特提斯海与北方的劳亚古陆相对。1620年，F.培根已注意到，南美洲东海岸与非洲西海岸彼此吻合。F.B.泰勒在1908年、H.B.贝克在1911～1928年分别做过大陆漂移的设想，并进行过各大陆拼接的研究。1912年，A.L.魏格纳详细论证并拼接了各大陆。地质构造、古气候、古生物的证据，证明冈瓦纳古陆曾经存在。

地质资料表明，元古宙时，冈瓦纳大陆的各陆块已形成几个相对稳定的地台区，如西非地台、刚果地台、卡拉哈里地台、南美地台、南极地台、澳大利亚地台和印度地台等。早古生代时，这些地台分别聚集成西冈瓦纳（非洲、南美洲）和东冈瓦纳（印度、澳大利亚、南极洲）两大陆。石炭纪早石炭世后，形成具有统一地史特征的冈瓦纳大陆。晚石炭世以后，大陆内部发生差异性升降运动，形成一些陆内裂谷。侏罗纪末期（或白垩纪），印度洋大幅度张开，印度陆块与南极洲-澳大利亚陆块分开。白垩纪时由于南大西洋的扩张，南美洲与非洲分离。新生代时，澳大利亚与南极洲分离；由于红海的形成，阿拉伯半岛脱离非洲。至此，冈瓦纳大陆全面解体，逐渐形成现代的海陆分布。

刚度 stiffness 在物理学中指的是使结构产生单位变形所必需的外力值。刚度与结构的材料性能、几何形状、边界支持情况及外力作用形式有关。材料的弹性模量和剪切模量越大，则刚度越大。细杆在受侧向外力作用时刚度很小，但若与薄板组合得当、边界支持合理，使杆只受轴向力，板只受平面内分力，则也能具有较大的刚度。在机械中指的是机械零件和构件抵抗变形的能力。在弹性范围内，刚度是零件载荷与位移的比例系数，即引起单位位移所需的力。它的倒数称为柔度，即单位力引起的位移。刚度可分为静刚度和动刚度。静载荷下抵抗变形的能力称为静刚度。动载荷下抵抗变形的能力称为动刚度，若干扰力的频率远小于结构的固有频率，动刚度与静刚度基本相同。若干扰力的频率远大于结构的固有频率时，结构变形比较小，即动刚度比较大。当干扰力的频率与结构的固有频率相近时，由于共振现象动刚度最小，即最易变形。

刚度计算是振动理论和结构稳定性分析的基础。在质量不变的情况下，刚度大则固有频率高。静不定结构的应力分布与各部分的刚度比例有关。在断裂力学分析中，含裂纹构件的应力强度因子可根据柔度求得。

刚果（布） Congo (Brazzaville) 中部非洲沿海国家。位于刚果河及其支流乌班吉河下游右岸。西南濒大西洋，海岸线长170千米。

陆邻安哥拉的卡宾达省、刚果（金）、中非共和国、喀麦隆和加蓬。面积34.2万平方千米。人口380万（2007）。首都布拉柴维尔。有大小民族56个，南方的刚果人最多，约占总人口的45%，包括拉利人、巴刚果人、维利人等；次为姆博希人（16%）、太凯人（20%），以及桑加人、马卡人等，北方原始森林中还有少数俾格米人。居民半数以上信原始宗教，26%信天主教，10%信基督教，少数人信伊斯兰教。南方通行刚果语、莫努库图巴语，北方通行林加拉语，官方语言为法语。

地理 地处刚果盆地西缘，高原、山地、平原、丘陵兼而有之。北半部基本属刚果盆地底部，海拔不足300米，仅西北边境为低山，海拔500～800米。中南部为巴泰凯高原，与加蓬的夏于山相连，构成刚果河、奎卢-尼阿里河、奥果韦河三大水系的分水岭。海拔一般600～800米，边境上的莱凯蒂山1 040米，为全国最高峰。西南为丘陵山地和海滨平原。沿海平原海拔200米以下，有孤立山丘散布其间，在海边形成黑角、印度人角等岬角，造就黑角天然良港。赤道横贯中北部。除奎卢-巴泰凯以南地区，均属热带雨林气候，高温多雨，年平均气温24～28℃，受本格拉寒流影响，沿海气温低于内地。降雨属双雨季型，2～5月和10～12月多雨；年降水量奎卢-巴泰凯以南1 200～1 500毫米，往北1 500～2 000毫米。多森林，热带雨林面积占国土总面积60%以上。矿产资源丰富，西北边缘山地和巴泰凯高原的大型铁矿，储量在10亿吨以上。西南丘陵蕴藏铜、铅、锌、锡等有色金属以及钽、铀、钴等稀有金属。靠沿海有大型钾盐矿，储量数十亿吨。沿海和大陆架还有石油、天然气。沿海水域、潟湖及内河富水产资源。

历史 当地最早居民为俾格米人。后班图人大批迁入，从事农耕，并传入编织、制陶、采矿、冶炼、雕刻等手工业。15世纪左右，刚果出现了若干王国。这些王国都曾隶属于位于现在安哥拉北部和刚果（金）西南部的刚果王国。后刚果王国逐渐衰弱，各王国纷纷独立。自15世纪末起，葡萄牙和法国殖民者相继入侵，发展殖民贸易、贩运奴隶。19世纪80年代沦为法国殖民地，1910年并入“法属赤道非洲”，称中央刚果。1957年取得“半自治共和国”地位，1958年成为法兰西共同体的“自治共和国”。1960年8月15日独立，称刚果共和国，1968年改国名为刚果人民共和国，1991年恢复刚果共和国国名。

1990年实行多党制。1992年举行首次多党总统大选。2000年11月15日通过新宪法草案，规定实行总统制，设立两院制议会。现有政党约180多个，主要有刚果劳动党、泛非社会民主联盟、刚果民主与全面发展运动、民主与社会进步联盟等。国家独立后组

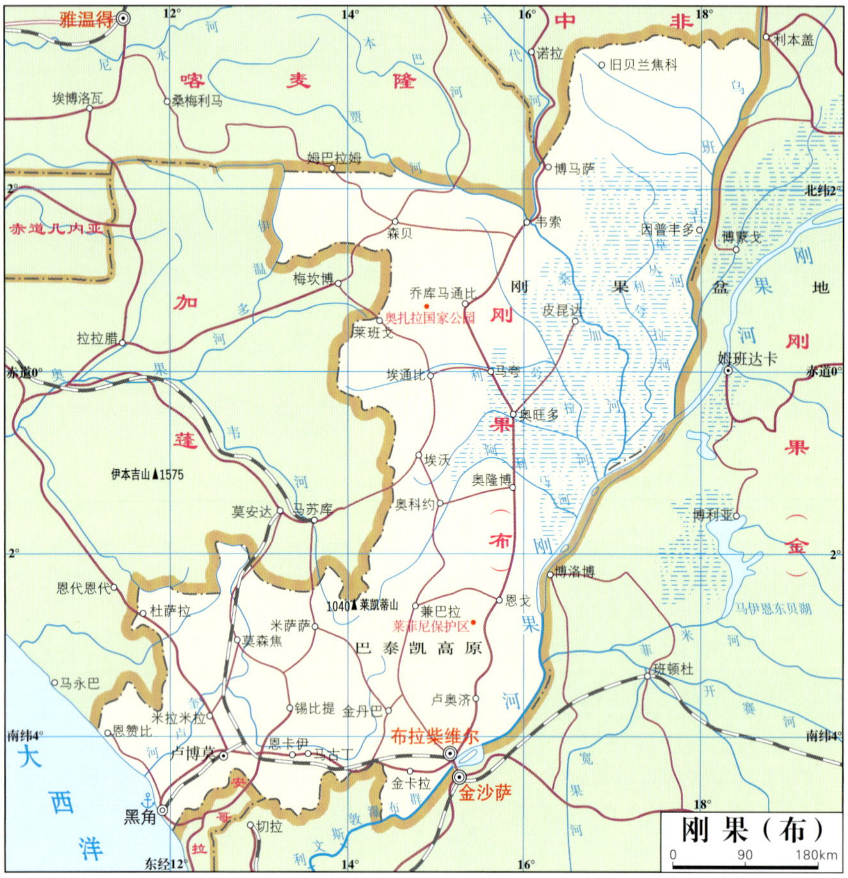

法弗尔—姆宾达支线与加蓬的空中索道相衔接，成为加蓬莫安达锰矿石输出的重要通道。

建了刚果武装部队，1966年6月22日改编并更名为刚果国家人民军。按1992年通过的宪法又恢复刚果武装部队名称。实行义务兵役制。

经济 2009年国内生产总值108亿美元。石油和木材是国家两大经济支柱。长期以森林采伐和热带作物为主的殖民开发，奠定了农林业在国民经济中的重要地位。林业发展尤为突出，森林面积2 220万公顷，约占全国面积的60%以上，以出口奥库梅、非洲桃花心木等名贵木材闻名。人工林面积居非洲国家前列，主要在马永贝地区。粮食生产不能自给，主要有木薯、玉米和水稻。经济作物有甘蔗、烟草、花生、油棕、咖啡、可可、香蕉等。其中蔗糖、棕油、咖啡、可可是重要出口商品。沿海水域和潟湖、内河的捕鱼业活跃。采矿业以石油居首。石油剩余可采储量约2.1亿吨，天然气储量约1 000亿立方米，2008年石油收入约占国家财政收入的85.7%，石油出口占出口总额的85.7%。其次是钾盐，开采始于第二次世界大战后，也是重要出口商品。中部非洲工业基础较好的国家之一，有木材加工、炼油、纺织、钢铁、金属加工、化工、玻璃、水泥、建材、制鞋、制糖、饮料、食品、鱼类加工、粮油加工等。铁路和水运较发达。铁路总长886千米，从黑角港到首都的刚果—大西洋铁路横贯南部，长510千米，并与刚果河、乌班吉河水运相衔接，构成全国交通大动脉，也是中非、乍得等邻国的重要出海通道。

布拉柴维尔鸟瞰

法弗尔—姆宾达支线与加蓬的空中索道相衔接，成为加蓬莫安达锰矿石输出的重要通道。内河航线共约5 000千米，刚果河及其支流乌班吉河、桑加河等全年可通中小汽轮；布拉柴维尔为全国最大河港，吞吐量50万～60万吨；黑角港是非洲西海岸三大商港之一，年吞吐量达约1 000万吨。公路条件差，总长约2万千米，其中沥青路1 200千米。有机场23个，其中布拉柴维尔和黑角为国际航空港。

文化 小学和初中实行义务教育。全国有小学、中学1 800多所，马里安·恩古瓦比大学是刚果唯一高等学府，中等教育分普通中学和职业技术学校两类。主要报刊有官方周报《新共和国报》、教会办的《非洲周刊》等。刚果新闻社为官方通讯社，1960年创办，出版《每日新闻》。刚果电台为官方电台，使用法语、刚果语、林加拉语等。刚果电视台建于1973年，为官方电视台。主要旅游名胜：布拉柴维尔以被称为刚果“巴黎圣母院”的大教堂、刚果河上的普尔与姆巴穆岛，以及公园般的热带城市风光著称。巴泰凯高原以神秘的蓝湖与多彩的民族风情闻名。黑角则以其岬角风光和一种最时兴的体育竞技活动——捕鱼而成为旅游热点。此外还有刚果最著名的动物保护区——莱菲尼保护区。

对外关系 奉行和平、睦邻和不结盟的对外政策。主张维护非洲国家团结和世界和平。1964年2月22日与中国建交，是非洲较早同中国建交的国家之一。

刚果(金) Congo(Kinshasa) 非洲中西部国家。因**刚果河**而得名。地跨赤道，东邻乌干达、卢旺达、布隆迪、坦桑尼亚，北接苏丹、中非共和国，南接赞比亚、安哥拉，西隔刚果河与**刚果（布）**相望，有狭长走廊通大西洋，海岸线长仅37千米。面积2 344 885平方千米，在非洲仅次于苏丹、阿尔及利亚，居第三位。人口约6 426万(2009)。首都**金沙萨**。首都以外主要城市有卢本巴希、姆布吉马伊、卡南加、基桑加尼、马塔迪等。全国有254个民族，较大民族60多个，分属班图、苏丹和俾格米三大族系。其中班图语系各族占总人口84%，包括刚果、班加拉、卢巴、蒙戈、恩贡贝、伊亚卡等部族，主要居住在南部、中部和东部；苏丹语系以居住在北部的阿赞德、韦莱河流域的芒贝图（孟格贝托）人最多；尼罗特语系包括俾格米、阿卢尔等部族，居住在热带森林区。其中身材矮小，多以耕作、采集和狩猎为生的俾格米人是刚果盆地最早的居民。居民45%信奉天主教，24%信奉基督教，13%信金邦主教，其余信原始宗教、伊斯兰教。各族具有本族语言，主要地方语言有林加拉语、基孔果语、斯瓦希里语等；官方语言为法语。

地理 地质构造上属非洲古陆块中心部分。占据**刚果盆地**大部，地势东南高西北低。平均海拔400米，最低305米。北、东、南三面为高原山地。其中西南部为海拔1 000米以下的沿海山地与宽仅100千米的沿海平原；北部的**阿赞德高原**平均海拔700～800米；东南部为海拔1 000～2 000米的加丹加高原；东缘为地势高峻、举世闻名的东非大裂谷及其山系和断层湖带。其中鲁文佐里山的最高峰玛格丽塔峰海拔5 109米，是非洲第三高峰。

非洲水网最稠密国家。刚果河是世界大河之一、非洲第二长河，流域面积大部分在刚果（金）境内。富水力资源。

全境为热带气候，大部分地区终年高温多雨，其中南、北纬4°之间宽广地带为热带雨林气候，年平均气温27℃，年降水量1 500～2 000毫米，无明显旱季；南、北纬4℃以南、以北为热带草原气候，年平均气温20～24℃，年降水量1 500毫米左右，年内雨、旱季分明。东部山地为热带高地气候，年平均气温20℃，年降水量约2 000毫米。西部沿海受本格拉寒流影响，凉爽少雨。

历史 旧石器时代末期，俾格米人已在西部、东北部繁衍生息。1世纪班图人进入。8～9世纪加丹加居民开始用土法炼青铜。13～14世纪班图人建立了库巴王国和刚果王国。15世纪末葡萄牙人进入。19世纪中叶与70年代阿拉伯人和比利时殖民者先后入侵。1884～1885年被柏林会议划为比利时国王私人采地，宣布建立“刚果自由邦”(刚果独立国)。1908年比利时政府宣布对其行使直接控制权，改称比属刚果。1960年6月30日宣告独立，成立刚果共和国〔简称刚果（利）〕，卡萨武布当选总统，卢蒙巴任总理。1964年8月改国名为刚果民主共和国。1965年11月24日，国民军总司令S.S.蒙博托发动政变推翻前政府，自任元首，宣布成立第二共和国。1966年5月首都改名金沙萨，国名简称刚果（金）。1971年10月27日国名改为扎伊尔共和国。1990年4月实行多党制，成立第三共和国。1997年5月17日以L.-D.卡比拉为首的“解放刚果民主力量同盟”武装推翻蒙博托政权，卡比拉自任总统，恢复国名刚果民主共和国及独立时的国旗、国歌。

2001年1月卡比拉遇刺身亡，其子J.卡比拉1月26日继任总统。1990年实行多党制。L.-D.卡比拉政府执政后确定“解放刚果民主力量联盟”(简称解盟）的领导地位，宣布禁止一切政治性游行，并中止所有政党活动。1999年，L.-D.卡比拉总统宣布解散“解盟”。2001年5月，颁布实施了《政党和政治团体组织活动法》，正式解除党禁，同时规定各党须进行重新登记。

刚果（金）人的村落

刚果（金）奉行独立自主外交政策，反对外来干涉，主张在相互尊重主权和领土完整与互利互惠基础上，发展同各国友好合作；积极参与经济和安全合作。已加入南部非洲发展共同体，截至2006年底与100多个国家建立外交关系。1961年2月20日与中国建交，同年9月18日因故中断，1972年11月24日实现关系正常化。

经济 矿产、森林、水能资源均极丰富，素有“世界原料仓库”和“中非宝石”之称。盆地周围高原山地富藏多种有色金属、稀有金属和非金属矿，包括铜、钴、锌、银、铂、锰、锡、钽、锗、钨、镉、镍、铬、铝、工业用金刚石、煤等；近海有石油。世界主要产铜国之一，拥有世界最重要的加丹加高品位铜－钴矿床。工业用金刚石储量居世界前列。锌、锡、锰、钽、锗、镉、镍、铂储量也很可观。森林和水能资源开发潜力巨大。国土面积一半为热带森林所覆盖。桃花心木、乌木、非洲梧桐、非洲紫檀等珍贵用材林和油棕、丝胶、三叶橡胶、金鸡纳等经济林木资源丰富。境内刚果河水能蕴藏量约5.3亿千瓦，世界排名第六；以金沙萨以下和基桑加尼以上瀑布急流段最为集中。

经济以农、矿业为主。为复兴经济，1997年政府决定实行社会市场经济，推行私有化，提出振兴国民经济有关计划，于1998年6月实行新货币刚果法郎。2009年国内生产总值约118亿美元。

农业欠发达。国土面积一半以上为可耕地，已耕地仅占3%。经济作物有油棕、咖啡、橡胶、可可，茶叶和棉花等。20世纪70年代前曾为非洲第二棕油出口国、第三橡胶出口国，此后受国际市场和国内政局影响，生产不振。粮食作物有木薯、玉米、水稻、大蕉和豆类等，粮食长期不能自给。畜牧业以矿区和城郊养牛为主。森林资源大部开发利用程度低。

采矿业为国民经济支柱，出口值占出口总值的2/3以上，是非洲和世界重要矿产国之一。铜、钴、锡、锗、镉、铌、钽和工业用金刚石生产均占世界重要地位，钴和工业用金刚石产量居世界首位。加丹加高原是主要铜、钴矿区，东、西开赛是工业用金刚石主要产区。制造业占国内生产总值的1.3%，主要集中于金沙萨和加丹加地区，包括化工、钢铁、机械、农产品加工、食品、水泥、纺织等部门。水电是主要能源，已建英加大型水利枢纽工程。

内河航运在交通运输中占重要地位。内河总长2.3万千米，通航河段1.5万千米。刚果河在境内通航里程14 000千米以上，干流和支流开赛河是航运干线。主要海港有马塔迪、博马和巴纳纳。主要河港为金沙萨、伊莱博、基桑加尼。马塔迪港与金沙萨间有铁路和输油管相连，年吞吐量150万吨，有航线通西非、地中海、北欧国家和法国、美国、日本。公路总长14.5万千米。铁路总长6 111千米，其中电气化铁路858千米，以东南部路网密度最高。空运相对发达。金沙萨、卢本巴希、戈马和基桑加尼各有一国际机场，另有35个普通机场、100个小机场，有航空公司6家。

对外贸易在国民经济中占重要地位。出口主要为铜、钴、金刚石、咖啡、石油和黄金，进口主要为粮食、石油制品、机械设备和日用品，主要贸易伙伴有比利时、美国、南非、尼日利亚和津巴布韦等国家。

文化 中、小学校分公立、私立和教会三类。全国主要大学有3所，另有19所高等技术学校、14所教育学院。全国有医院、诊所、防疫站、疗养院4 382所。

全国有近百种报刊。主要报纸有《光荣榜报》、《未来报》等。官方传媒机构主要有人民之声电台、刚果通讯社和刚果电视台。金沙萨、基桑加尼和卢本巴希设有电视台。主要旅游景区和名胜有维龙加国家公园、加兰巴国家公园、萨隆加国家公园、利文斯敦瀑布群、博约马瀑布（基桑加尼瀑布）和霍约山。其中加兰巴国家公园风光秀美，动物保护成效显著，已列入《世界遗产名录》；利文斯敦瀑布群是世界最长的瀑布群，以气势磅礴壮观吸引游客。

刚果河 Congo River 非洲第二长河。又称扎伊尔河。源于刚果盆地东南缘，向北呈大弧形流过刚果盆地，两度穿过赤道，后向西注入大西洋。以源自坦噶尼喀湖东南高地的谦比西河为最上源，全长4 640千米。全水系流经安哥拉、赞比亚、坦桑尼亚、布隆迪、中非、喀麦隆、刚果（布）、刚果（金）等国，流域面积376万平方千米，其中60%在刚果（金）境内。河口平均流量41 300米^3/秒。流域面积和流量均仅次于南美亚马孙河，居世界第二。基桑加尼以上为上游河段，长2 440千米。基桑加尼至金沙萨为中游段，长约1 700千米。河床比降小，平均每千米下降仅0.07米。金沙萨以下为下游段，长500千米。向西南切穿瀑布高原和马永贝山地，形成360千米峡谷。马塔迪以下进入沿海平原，河面展宽到1 000～2 000米，经巴纳纳注入大西洋。

刚果河鸟瞰

流域跨赤道，有南北半球丰沛降水交替补给，水量大，年内变化小。干流的中下游每年在年末和春末形成两次洪峰。水运之利主要限于中、上游的干支流，由40条干支线航道构成一庞大水运网，通航里程近20 000千米。马塔迪至河口138千米，可通行海船。

水力资源丰富。多急流、瀑布，水力蕴藏量估计达1.32亿千瓦，占世界蕴藏量的1/6。干流上的重要瀑布有：蒙博图塔瀑布、约翰斯顿瀑布、恩齐洛瀑布、鬼门瀑布、尚博瀑布、博约马瀑布，以及利文斯敦瀑布群；各支流中韦莱河、乌班吉河、桑加河、夸河－开赛河等，也有不少重要瀑布。其中落差最大的是卢菲拉河上的洛福伊瀑布，又称卡洛巴瀑布，落差340米，为非洲著名瀑布；水力蕴藏最大的是利文斯敦瀑布群，在175千米的河段内集中了32级瀑布，总落差270米，水力蕴藏量在4 000万千瓦以上。已开发的有中非共和国姆巴利河上的博阿利水电站和刚果（金）的英加水电站。

刚果盆地 Congo Basin 世界最大盆地，面积337万平方千米。又称扎伊尔盆地。位于非洲中西部，在南纬13°至北纬9°之间，东以东非大裂谷为界，西到刚果（布）西部和喀麦隆东南，包括刚果河流域大部，故称刚果盆地。大体呈不规则的六边形。从盆地边缘到中央，岩层由老到新。四周被高原山地包围，仅西南由刚果河切穿一道缺口。北缘为中非高地，平均海拔700～800米，是刚果河、尼罗河、乍得湖三大水系分水岭；东南为加丹加高原，平均海拔1 000～1 500米，系刚果河与赞比西河的发源地；西南有隆达高原，平均海拔1 000米；东缘为东非大裂谷西支西岸系列山地，其中米通巴山脉最高，玛格丽塔、卡里辛比、尼拉贡戈等火山高耸，海拔3 400～5 100米；西缘为从喀麦隆及加蓬东部直至刚果（布）西部的高原山地，平均海拔800米。盆地底部地势平坦，由东南向西北微微倾斜，海拔300～500米。大部属热带雨林气候，年降水量1 500～2 000毫米以上。刚果河及其支流水量丰富。盆地一半以上被森林占据，是非洲最大一片热带雨林，产黑檀木、乌木、红木、檀香木、花梨木等名贵木材。盆地农业以热带作物最重要，盛产油棕、咖啡、可可、橡胶，还有烟草和甘蔗等。盆地边缘的高原、山地富矿产资源，其中金刚石、铜、锰、铁矿世界闻名。

刚果王国 Kongo Kingdom 约14世纪出现的非洲中南部国家。由班图语系的巴刚果人在刚果河下游建立，其版图北达刚果河流域，南抵洛惹河，西至大西洋，东到宽果河流域。相当于今安哥拉北部和扎伊尔西南部，首都在今安哥拉北部的姆班扎。

传说巴刚果人的祖先在葡萄牙殖民者入侵前的几百年就已建立国家，15世纪，殖民者借帮助平定各部落的反抗为名，逐步渗入刚果。1569年刚果河下游爆发贾加人起义，把国王阿尔瓦罗一世赶出首都。葡萄牙殖民者镇压了起义。阿尔瓦罗一世复位后实际成为葡萄牙殖民者的傀儡。1641年加西亚二世即位，他利用葡荷殖民主义者相互的矛盾，整顿内部，使国势有所恢复。1665年葡萄牙殖民军侵入刚果，国王安东尼奥一世在安布依拉战役中战死沙场，王国军队瓦解。1709年彼得罗四世即位后局势略为稳定，但统治范围已大大缩小。1885年刚果王国最后为比利时国王及法、葡殖民者所瓜分。

王国林业资源丰富、土地肥沃、水源充足，具有优越的自然条件。葡萄牙殖民者入侵前，已形成安定繁荣的农业社会，并出现专业化分工，农业、渔业、制陶、纺织、制盐、炼铁、炼铜等行业均相当发达。葡萄牙殖民者来到这里后，王国统治者从邻近地区掠取奴隶，参与奴隶贸易。

刚架桥 rigid frame bridge 主要承重结构采用刚架的桥梁。又称刚构桥。刚架的腿形成墩（台）身，梁和腿为刚性连接，可用钢、钢筋混凝土或预应力混凝土建造。

门式刚架桥 简称门架桥，其腿和梁垂直相交呈门架形。腿所受的弯矩随腿和梁的刚度比率的提高而增大。用钢或钢筋混凝土制造的门架桥多用于跨线桥。至于T形刚构桥（特点是跨中有铰），及将腿做成V形两撑杆与梁刚性连接的连续梁桥，其外形均与多跨的门架桥相近，但内力分布规律则不同。门架桥可分为：①单跨门架桥。用钢制造时，腿脚处常设铰，形成两铰门架（图1a）。用钢筋混凝土制造时，腿脚处可设铰也可和基础固结，形成固端单跨门架桥（图1b），主要用于地质良好处。②双悬臂单跨门架桥。将梁的两端悬伸至门腿

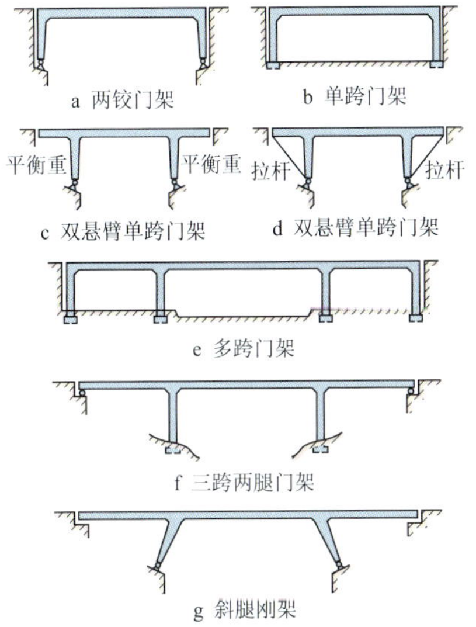

图1 刚架桥种类

之外，在悬臂端加平衡重（图1c）或在悬伸端和腿脚间设置预应力拉杆（图1d），相应地降低梁高，有利于修建跨线桥。③多跨门架桥（图1e）。多用于跨度不大的跨线桥。④三跨两腿门架桥（图1f）。这种桥在两端没有桥台，采用预应力混凝土时，可将跨度做得较大。例如，美国1981年在休斯敦航道上修建的公路桥，分跨为114.3米＋228.7米＋114.3米。

斜腿刚架桥 斜腿刚架桥的腿是斜置的，两腿和梁中部的轴线大致呈拱形（图1g），这种桥不需要拱上建筑，构件数目较少。当桥面较窄（如单线铁路桥）而跨度较大时，可将其斜腿在桥的横向放坡，以保证桥的横向稳定。著名的预应力混凝土斜腿刚架桥有：联邦德国霍雷姆铁路桥（1953年，脚铰跨度85.5米），中国邯（郸）长（治）铁路浊漳河桥（1981年，脚铰跨度82.0米），法国圣米歇尔公路桥（1957年，按墩的中心距计的分跨为60米＋5×65.2米）等。著名的钢斜腿刚架桥有：卢森堡阿尔泽特公路桥（1965年，脚铰跨度234.1米），南斯拉夫内雷特瓦铁路桥（1966年，100米），法国马蒂格公路

图2 安康汉江铁路桥

桥（1972年，210米），意大利斯法拉沙公路桥（1972年，376米）及中国安康汉江铁路桥（1982年，176米，图2）等。

刚体 rigid body 内部各质点间的距离保持不变的物体。它是经典力学中常用的理想模型之一。任何物体受力后，都或多或少发生形变，如果形变相对物体本身几何尺寸极为微小，则在研究物体的平衡和运动时，就可将其视为刚体。这样得到的结果在工程上一般有足够的精确度，并可作为进一步研究变形体力学的基础。

刚毅 Gang Yi（1837～1900） 中国清末大臣。字子良。满洲镶蓝旗人。笔帖式出身，累升刑部郎中、按察使、布政使。光绪十一年（1885），擢任山西巡抚。1888年，调任江苏巡抚。时省属各地水灾频繁，他采取积极措施，以工代赈，先后疏浚蕴藻河、吴淞江。1894年，**中日甲午战争**爆发，以附和主战言论，召授军机大臣，补礼部侍郎。1898年，任兵部尚书、协办大学士。刚毅反对变法维新，力主废黜光绪帝，得到**慈禧太后**宠信。次年，以整顿"税务"为名，奉命到江苏、安徽、浙江、广东等省大肆搜括，舆论哗然，声名狼藉。1900年，**义和团运动**发展至京郊时，他与端王载漪等人，企图利用义和团运动达到保持清朝统治的目的，向慈禧太后建议"招抚"，终被接受。遂奉命与庄王载勋同为统率义和团大臣，对义和团实行控制和利用。8月，**八国联军**侵占北京，他随同慈禧太后西逃，病死于山西侯马镇。

刚玉 corundum 化学成分为Al_2O_3，晶体属三方晶系的氧化物矿物。Al_2O_3有α、β、γ等多种变体，自然条件下稳定的α-Al_2O_3

变体称为刚玉。晶体多呈腰鼓状、柱状、板状，集合体呈块状或粒状。常呈白、灰、灰黄等色，含少量杂质染成各种颜色。含Cr^{3+}呈红色，称**红宝石**；含Ti^{4+}和Fe^{2+}呈蓝色，称**蓝宝石**。玻璃光泽至金刚光泽。无解理，常因存在聚片双晶出现裂理。莫氏硬度高达9，仅次于金刚石。密度3.95～4.10克/厘米^3。化学性能稳定，不易受风化或腐蚀。产于富铝、贫硅的火成岩和变质岩中，并常见于冲积砂矿中。世界著名的宝石级刚玉产地有缅甸的抹谷、斯里兰卡的拉特纳普勒、柬埔寨的马德望和拜林等。希腊的纳克索斯岛产刚玉砂。中国新疆、海南、山东、福建、江苏、台湾等地都有产出。一般的刚玉或刚玉砂，加入结合剂制成砂布、砂纸、砂轮等，用作超精研磨和抛光材料；与水泥、沥青调和，用作公路止滑、化工厂地板铺装及堰堤护床的表装材料。

肛裂 anal fissure 各种原因所致肛管的溃疡。多呈椭圆形。多位于肛管的背侧正中，因该处的肛隐窝较深，容易积存粪便而出现感染，破溃后即形成溃疡。由于粪便经常污染，肛管平时又处于收缩状态，引流不畅而很难愈合。排便动作不但刺激局部创伤，并刺激肛门括约肌收缩，产生剧痛，便后剧痛仍持续一段时间，结果患者不敢大便，这导致粪便干燥，排便疼痛更甚，从而造成恶性循环。热水坐浴，保持大便通畅，可以治愈。必要时采用扩肛或手术治疗。

肛瘘 anal fistula 肛管或直肠下端与肛门旁皮肤之间发生的异常通道。多见于成人，是常见病。一般肛瘘都有一个内口和一个外口，称为简单肛瘘。若内口（或外口）在一个以上，瘘管迂曲或分叉，称为复杂肛瘘。肛瘘继发于肛周感染及脓肿，由于齿状腺附近与脓肿相通，脓肿破溃于体表或引流后，即形成肛瘘，经久不愈。若肛瘘内口较大，可有少量的粪便和气体由外口排出。复杂肛瘘应注意有无结核性的可能。

诊断比较容易，在外口和肛门之间，皮下常可触及硬韧的索条。在多数情况下，外口位于经肛门中心横线的后方者，其内口在齿状线的后方，瘘管多呈弯曲走行。肛瘘很难自愈，需手术治疗。手术的原则是充分扩张肛门，找到内口后，将整个瘘管经皮肤完全豁开。可以用手术刀切开，也可以用挂线的方法。肛瘘手术成功的关键在于找到真正的内口。

肛门 anus 动物消化道末端的出口。原生动物没有专门的消化器官，刺胞动物等具有的是不完全消化系统，它们都没有肛

门。线形动物消化系统进一步发育分化，开始在消化道末端形成肛门，行使排泄功能。蚯蚓等环节动物的肛门，不但有排泄消化后残渣的功能，还具有排泄前的贮存功能。脊椎动物的消化系统高度分化，肛门位于肠道的末端。有的动物在肛门内或附近具有分泌臭液的腺体——肛门腺，如夜行虫等昆虫遭遇外敌袭击时，肛门腺放出臭气，很像浓雾，有腐蚀作用，故夜行虫又称放屁虫。人类的肛门表层皮肤因色素较多，颜色比周围皮肤深；平时受起皱肌肉的作用而呈褶缩状。其上接管道，称为肛管（又称肛道）。管内有内、外括约肌，控制排便。括约肌受损，会导致大小便失禁。肛门及其周围的组织和皮肤极易受损、感染，引发一系列的肛门疾病，包括痔疮、肛裂、肛瘘、脱肛等。

肛门疾病 diseases of anus　人体肛门部位的病变。肛门是消化道的下端开口。在解剖上肛门的概念包括整个肛管。成人肛管长2.5～3.0厘米。肛门疾病多为常见病，主要分为以下几类：①先天性畸形。如先天性肛管狭窄、肛门膜状闭锁、肛门闭锁合并肛管会阴或阴道瘘等。②损伤。③感染。如隐窝炎、肛乳头炎、肛裂、肛门周围脓肿和肛瘘等。均较常见。④肿瘤。恶性肿瘤多见，有鳞状上皮癌、基底细胞癌和腺癌等。⑤痔。

纲目体　中国古代史书体裁名称之一。编年体史书体裁的变体。这种体裁纪事效法《春秋》经传书法，以大字提要称纲，简明扼要撮录历史事件要点为一事提纲；小字叙事称目，详细记述历史事件的发展过程。创始于南宋朱熹、赵师渊撰《通鉴纲目》。朱熹在《自序》中称其书“表岁以首年，而因年以著统；大书以提要，而分注以备言。”所谓书年，即为尊正统而绌僭伪；大书即为纲，仿《春秋》而寓书法褒贬；分注即为目，法《左传》而评骘史事。其后元陈桱撰《通鉴续编》、明商辂撰《通鉴纲目续编》、清吴乘权等人撰《纲鉴易知录》等，均属此体。纲目体史书优点是创立了一种新的史书体裁，纪事颇便翻检阅读，在历史编纂学上具有一定价值；缺点是史料价值不高。

钢 steel　含碳量在2.11%以下并含有某些其他合金元素的可塑性变形的铁碳合金。钢具有良好的强韧性、加工成型性，资源丰富，生产工艺技术装备成熟，宜于大规模生产，价格合理，是应用广泛的金属结构材料。

简史　中国在春秋末年（前476年以前）已经有了人工制作的钢，马氏体淬火钢已用于制造兵器。但直到19世纪后半叶，随着转炉、平炉、电炉炼钢方法的出现，世界才扩大了钢的生产规模和提高了钢材质量。20世纪50年代以后相继出现的氧气顶吹转炉炼钢、炉外精炼、速铸、速轧等，钢的产量特别是质量提高到更高的水平。

分类　钢的分类方法有多种。按冶炼方法可分为转炉钢、电炉钢、特种冶炼工艺钢（如电渣炉钢、真空感应炉钢、真空自耗炉钢等）。按脱氧程度和钢锭结构分为沸腾钢、镇静钢、半镇静钢。按质量等级分为普通质量钢、优质钢、特殊质量钢。按化学成分分为非合金钢、低合金钢和合金钢。按组织分为：①退火状态的亚共析钢、共析钢、过共析钢、莱氏体钢；②正火状态的珠光体钢、贝氏体钢，马氏体钢、奥氏体钢；③无固态相变或部分固态相变的铁素体钢、奥氏体钢、双相钢。按用途分为建筑用钢和工程用钢、机械制造用钢、工具钢、特殊性能钢（包括不锈耐酸钢、耐热钢、电热合金、易切削钢、低温钢、电工钢、超高强度钢）等。

钢的牌号　各种类型的钢分别以各自的牌号来表示。钢号的命名，各国均有自己的规则和方法。中国国家标准采用汉语拼音字母、化学元素符号和阿拉伯数字相结合的方法。通常，用汉语拼音第一个字母表示钢的名称、用途、特性和工艺方法，如氧气转炉钢用Y、沸腾钢用F。普通碳素钢分甲、乙、特3种质量，分别用A、B、C表示，并以数字表示其含碳量；如AY2F、AY3F表示甲类氧气转炉沸腾钢，后者比前者含碳量高。优质碳素结构钢用数字或数字加元素符号表示，高级优质钢在数字后加A，数字表示其平均含碳量（以万分之几计）；如20A表示平均含碳量0.2%的高级优质钢。碳素工具钢用字母T、数字（表示千分之几计的平均含碳量）和高级优质符号A表示，如T9A。合金钢用元素符号和阿拉伯数字表示，其含碳量放在最前边。合金结构钢的含碳量以万分之几计，不锈钢、耐热钢等以千分之几计。合金钢中的合金元素含量用元素符号后边的数字表示，含量小于1.5%的不予标出；如30CrMnSi表示平均含碳量为0.3%，合金元素含量均小于1.5%的合金结构钢，铸钢用汉语拼音符号ZG和数字表示，如ZG45，表示含碳量为0.45%的铸钢。

钢笔画 pen drawing　以普通钢笔或特制的金属笔灌注或蘸取墨水绘成的画。所用的笔尖有粗、细、扁、圆等多种，不同的笔尖可以产生不同的艺术效果。钢笔画属素描的一种，也是通过单色线条的变化和由线条的轻重疏密组成的黑白调子来表现物象。但其特点是用笔果断肯定，线条刚劲流畅，黑白调子对比强烈，画面效果细密紧凑，对所画事物既能进行精细入微的刻画，也能进行高度的艺术概括，有较强

拉斐尔作《马上人与两个裸体战士的搏斗》

的造型能力。举凡人物肖像、静物、风景等题材都可以得到生动的表现，而且通过用笔的精细或奔放可以形成鲜明的艺术风格。在西方有不少精于钢笔画创作的画家。伦勃朗、P.毕加索、H.马蒂斯有许多优秀的钢笔画作品传世。

钢鼓 steel drum　击奏体鸣乐器。用汽油桶加工而成的新型敲击乐器。桶面凹下，被分割成若干音区，用橡皮包头的木锤击奏。音高由锤子敲击的不同点而改变。高音的边框较矮，称为钢盘；中、低音的边框较高，称为钢鼓。钢盘音色明亮，中音钢鼓音色柔和，低音钢鼓音色低沉。钢鼓极少单独使用，常以钢鼓乐队的形式出现。钢鼓最初产生于加勒比海的岛屿上，特别是特立尼达。钢鼓乐队为卡立普索音乐和其他流行音乐提供节奏伴奏，19世纪50年代后偶尔也在美国的爵士乐队和舞蹈乐队中使用。

钢化玻璃 tempered glass　表面具有压应力的玻璃。又称强化玻璃。采用钢化方法对玻璃进行增强，1874年始于法国。钢化玻璃的生产工艺有两类。①物理钢化法。将加热至软化点温度附近的玻璃迅速冷却到常温状态，使在玻璃的厚度方向产生残余应力，表面形成压应力。按冷却介质可分为风钢化、液体钢化和微粒钢化3种。②化学钢化法。基本原理是用改变玻璃表面组成的方法来提高玻璃的强度。有表面脱碱法、涂覆低膨胀玻璃层法、碱金属离子交换法（又称离子交换法）。常采用的工艺有低温离子交换法和高温离子交换法两种。化学法以增强薄玻璃效果最佳。钢化玻璃作为结构构件用作各类交通工具的门窗玻璃，各种高温高压容器的窥视窗玻璃，建筑门窗玻璃及玻璃幕墙，仪器仪表的面板，各种日用器皿等。新发展的彩色釉面钢化玻璃、热反射膜钢化玻璃也获得了应用。

钢琴 piano 击奏弦鸣乐器。广泛流行于世界各国的键盘乐器。它的结构复杂，音域宽广，表现力极其丰富，并具有高难度的演奏技巧。

历史沿革 现代钢琴的前身是哈普西科德和克拉维科德。钢琴的基本机械机制是1709年由意大利制作家B.克里斯托弗里（1655～1731）发明。到大约1775年，钢琴才真正确立了自己的地位，德国（维也纳装置）和英国（英国装置）已经解决了大多数乐器方面的问题。1821年，一位法国制造家S.埃拉尔发明了最后一项基本改进装置，即进退装置。1825年，A.巴布科克创造了整块浇铸的金属框架及斜向交叉重叠的琴弦设计，近代钢琴的各个关键部件到此就告定型了。

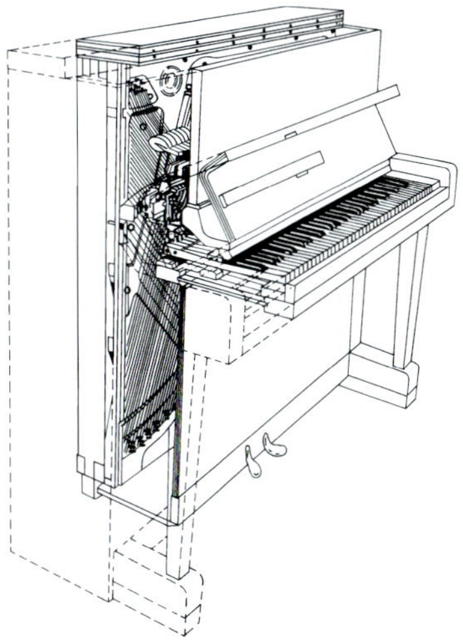

图2 立式钢琴断面图

形制和构造 钢琴是一种用琴键带动琴槌敲击琴弦并使其发音的键盘乐器。其名称piano是原名意大利语pianoforte(强弱)的缩写，指演奏者可通过在琴键上改变手指的触键（手指压力）来产生强或弱的力度变化。钢琴的结构部件主要包括键盘、踏板、击弦机、琴槌、琴弦、金属框架及共鸣板。其键盘按十二平均律半音关系排列，分黑白键。钢琴的音域比除了管风琴以外的任何乐器都宽，正好7个八度（A^2到a^3）或7个八度加1个三度（A^2到C^4）。每个琴键控制一个音，共有88个键，有的甚至有96个键。钢琴有两个踏板（有的钢琴3个）。右边的踏板称为制音踏板（也称延音踏板）；左边的踏板称为弱音踏板。击弦机是钢琴复杂结构的核心，演奏者按键时，击弦机将琴槌推送到适当的位置，再借惯性冲力击弦。琴键放开时，制音器落回此音的琴弦上，使其不发声。琴弦的声音是由一块起共鸣作用的木质琴枕与金属框架连为一体的音板来增强的。

钢琴有大三角钢琴、立式钢琴和电子钢琴。三角钢琴呈羽翼三角形，琴弦是横向排列的，音板平躺在琴弦下方，发音洪亮，传送较远。立式钢琴的外形如长方立柜，琴弦是斜向垂直排列的，音板在琴弦的后面竖立，主要优点是比三角钢琴节省空间，缺点是由于琴弦较短，比三角钢琴缺少共鸣、声音差。电子钢琴的音板由一个连接扩音器的电子并联系统所替代，扩大的声音从装在乐器底部的扬声器中放出，附加的踏板对音量进行严格的控制。连接放大器的可调旋钮改变声音的混响。

演奏艺术 钢琴的演奏技术是在哈普西科德的基础上发展起来的。D.斯卡拉蒂发展了双音、双手交叉、重复音、超过八度的琶音等弹奏技术，对键盘乐器演奏艺术的发展作出了贡献。指法最初只用3个手指，在自然律转调中，黑键用得很少。J.S.巴赫创造了平均律并把它用于哈普西科德后，在弹奏法上打破了种种限制，不仅使用黑键，也突破了只用3个手指的限制。C.P.E.巴赫首先发展了不同于哈普西科德的演奏方法，随后，M.克莱门蒂等人对钢琴演奏和教学作出了贡献。W.A.莫扎特的学生J.N.胡梅尔以辉煌的技术和典雅的风格名震欧洲。L.van 贝多芬的演奏具有强烈的戏剧性和雄伟的气势。18世纪是哈普西科德与钢琴并存的时代。19世纪钢琴在社会和家庭生活中占了绝对优势，涌现出一批钢琴演奏家。F.李斯特受小提琴大师N.帕格尼尼的影响，把钢琴演奏技术推到灿烂辉煌的境地。而另一位与他同时代的钢琴家F.F.肖邦充分发挥了钢琴的性能，其演奏音色优美，语调亲切而富于歌唱，伴奏织体中隐藏着复调因素，踏板的巧妙使用和精美的技术性走句，使钢琴演奏艺术达到了极高境界。20世纪C.德彪西和M.拉威尔的钢琴作品充满了色彩性，给演奏技术提出了新的课题。第二次世界大战后，先锋派的某些作曲家为了取得新奇的音响效果，对于演奏法也提出了特殊要求，如采用手臂和拳头弹奏等，有的还在钢琴的琴弦上加入橡皮或金属物，以改变钢琴的原有音响。

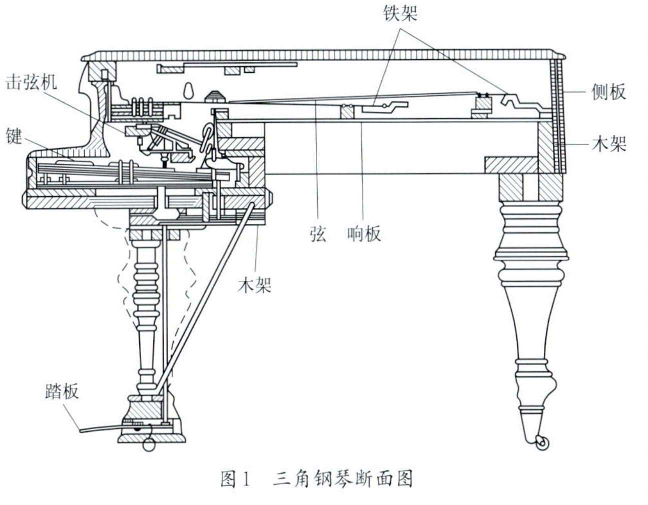

图1 三角钢琴断面图

《钢铁是怎样炼成的》 *How the Steel Was Tempered* 苏联长篇小说。N.A.奥斯特洛夫斯基著。1934年出版。小说以俄国十月社会主义革命和苏俄国内战争向国民经济恢复这一转型时期为历史背景，塑造了一个在革命烈火中百炼成钢的无产阶级战士保尔·柯察金的英雄形象。保尔出生于普通工人家庭，从小憎恶邪恶势力和不合理的制度。十月革命后他以高度的工作责任心和旺盛的革命热情投身于革命、建设之中。在全身瘫痪、双目失明之后，他又创作了现代世界文坛上一流的文学作品。《钢铁是怎样炼成的》这一书名本身已概括了作品的主题思想。保尔具有崇高的共产主义理想和为实现这一理想百折不挠、鞠躬尽瘁的精神，正是新的时代精神的反映。高度的思想性、光辉的英雄形象、卓越的艺术成就，使这部小说成为社会主义现实主义的典范作品。

《钢铁是怎样炼成的》护封图

钢铁冶炼 iron and steel making 炼钢、炼铁的工艺、方法和过程。其基本工艺过程是：在炼铁炉内以不同工艺把铁矿石炼成生铁，再以生铁、废钢为原料用不同方法炼成钢，并铸成连铸坯或钢锭。

炼铁 现代炼铁是高炉炼铁、直接还原炼铁和熔融还原炼铁三种工艺并存。高炉炼铁是将铁矿粉进行预处理制成烧结矿或球团矿，然后将焦炭和烧结矿、球团矿中的一种、两种或三种以及熔剂按一定配比装入高炉，并从其下部鼓进热风，通过燃烧、还原、熔化而生产出铁水。工艺特点是技术完善成熟，效率高，能耗低，产品质量好，设备大型化、长寿化，因此占主导地位。直接还原炼铁是随着电弧炉炼钢迅速发展而兴起的，其产品是固态海绵铁，可作为电（弧）炉炼钢的清洁炉料。熔融还原炼铁以煤代焦并直接用粉矿炼铁，既不需要炼焦，又不需要烧结或球团，使炼铁流程简化，是炼铁技术的发展方向。

炼钢 以高炉炼成的铁水及废钢、海绵铁等为原料，用不同的方法，通过升温、造渣、氧化、合金化来炼出合乎要求的钢。

主要的炼钢方法有**平炉炼钢**、**转炉炼钢**、电(弧)炉炼钢。用铁水炼钢的最好方法是转炉炼钢，特别是氧气转炉炼钢的出现，不只冶炼周期短，生产效率高，而且钢的质量大为提高，生产的钢种显著增加，还能生产高合金不锈钢。转炉炼钢不需外加热源，而依靠元素氧化的化学反应放热已足够冶炼升温所需，并有余热用来熔化废钢，所以转炉炼钢可使用部分废钢作为原料。电(弧)炉炼钢主要以废钢为原料，依靠输入的电能通过电弧转化为热能进行冶炼。随着转炉炼钢发展，大量消耗废钢的平炉炼钢比例下降，社会废钢过剩、废钢价格下降促使了电炉炼钢发展。

工艺流程 以铁矿石为铁源的高炉—转炉—炉外精炼—连铸—连轧的传统钢铁生产工艺流程，称为高炉-转炉长流程；以废钢为铁源的超高功率电弧炉—炉外精炼—连铸—连轧的电炉流程，称为电炉短流程。高炉-转炉长流程生产工艺成熟，但建设投资大，因流程长生产灵活性差，建厂条件要求高而复杂，能耗高而严重污染环境。电炉短流程有很强的竞争力，投资少，建厂条件容易满足，建设期短，成本低，环境保护好。但采用这个流程必须有充足的废钢资源和电力供应。现代钢铁生产工艺流程是紧凑式短流程：一是电炉紧凑式短流程，即废钢—超高功率电炉—炉外精炼—薄板坯连铸连轧；二是转炉紧凑式短流程，即熔融还原—氧气转炉—炉外精炼—薄板坯连铸连轧。

岗位派 Russian Association of Proletarian Writers 苏联20世纪20～30年代初最大的文学团体。见**拉普**。

岗位培训 on-the-job training 一个组织对员工按照自身发展的需要和岗位规范要求，以提高本职工作能力为目的的一种定向培训制度。岗位培训主要分为：①规范性培训。为达到岗位规范要求，取得上岗、转岗、提职、晋级资格的培训。②适应性培训。根据生产发展所产生的岗位工作新需要进行的培训，使从业人员迅速适应组织的新变化。这两类培训相互补充，分别满足组织发展和岗位工作对人员素质的重复性需要和变化性需要，共同提高从业人员本职工作能力。

岗位责任制 system of personal post responsibility 企业按照生产和工作岗位建立职能和责任的一种制度。是生产和工作岗位的综合性制度。通过岗位责任制的实施，可以把工作任务和工作方法、职责和权力、专业管理和群众管理、工作和学习有机地结合在一起，充分调动职工群众的生产和工作积极性，保证企业各项生产和工作任务的完成。

岗位责任制包括生产工人岗位责任制、各职能管理机构专业人员岗位责任制和领导人员岗位责任制。生产工人岗位责任制是岗位责任制的主要形式。它是以岗位专责制为主要内容，一般包括岗位专责制、交接班制、巡回检查制、设备维护保养制、质量负责制、岗位练兵制、安全生产制、岗位核算制等。各职能管理机构专业人员和领导人员的岗位责任制，通常以岗位职责条例或办事细则的形式来明确规定其任务、职责和权限的范围。

港币 Hong Kong dollar 中国香港特别行政区政府发行的法定流通货币。1935年至1972年7月，除日军占领期外，香港的币制实际上是英镑汇兑本位制。1968年，港

100元港币

府与英国达成协议，实行港元债券计划，标志着香港在货币政策方面开始趋向独立。1972年英国宣布**英镑**自由浮动，香港脱离英镑区，放弃英镑汇兑本位，实行独立的管理纸币本位制。1983年10月17日，港币与美元挂钩，以7.80港元兑1美元为固定汇率。从此实行港币对美元的联系汇率制，港币币值相对稳定。现在市面流通的纸币有10元、20元、50元、100元、500元、1 000元6种，硬币有1毫、2毫、5毫、1元、2元、5元、10元7种。

港口 port 供船舶往来停靠，办理客货运输或其他专门业务，具有相应的**码头**设施，由一定范围的水域和陆域组成的区域。商港是为客货运输服务的港口；军港专供舰艇停泊、物资供应及修理用；渔港专供渔船停泊，渔获物卸船、冷藏、加工、转运以及渔具的补充和修理；工业港是厂矿企业专用的港口；避风港只供船舶躲避风暴，并取得物料补充和进行维修之用。通常港口一词专指商港。吞吐量是港口生产的主要指标，最大的吞吐量为港口通过能力。

20世纪末，国际著名的港口有欧洲的鹿特丹港、马赛港、伦敦港、安特卫普港、汉堡港等；美洲的纽约-新泽西港、洛杉矶港、长滩港等；亚洲的新加坡港、釜山港、神户港以及中国的**上海港**、**香港港**、**高雄港**等。

类型 可分为内河港、海岸港和河口港。内河港是建造在河流(包括运河)、湖泊和水库内的港口，简称河港，为内河船舶及其客货运输服务。海岸港是建在海岸线上或海湾内的港口，主要为近海和远洋船舶及其客货运输服务。河口港建造在江河入海口的河段上或近海口的感潮河段上，兼为海船和河船服务。河口港和海岸港统称海港。

由国家或地方政府批准，对外籍船舶开放的港口称为对外开放港口。2005年中国经批准开放的有大连、天津、青岛、上海、宁波、深圳、广州、湛江、南京、南通等132个港口。不受海关管辖的港口或海港地区称为自由港。在该地区内外国货物可以免征关税进出港口，并可进行商品加工、储藏、买卖、装卸和重新包装。设置自由港的目的是为了吸引外资，扩大转口贸易。自由港最早出现于16世纪的欧洲国家，后扩展至地中海沿岸及中东、亚洲地区。新加坡和香港都是著名的自由港。

管理和经营机构 有港务管理局、港务公司(或码头公司)以及国家的监督部门和航运服务企业。港务管理局是行政管理机构。港务公司是港口装卸、仓储业务的经营企业。港务监督是掌管**船舶登记**、船员考核、审批船舶进出港申请及管理水域交通秩序、保障交通安全、防止水域环境污染的执法机构。在对外开放的港口，国家为维护主权，还派驻了海关、边防、检验检疫机构。航运服务企业则有货运代理、**船舶代理**、报关行、供应公司等。

基础设施 包括水域的进港航道、港池、锚地、防波堤和陆域的码头、库场、港区铁路和道路，并配备有装卸和运输机械以及其他各种辅助设施。

①进港航道。海、河主航道和港池间供船舶进出港口的水上通道须有适当的宽度、水深和导航标志。

②港池。港口内供船舶安全停泊，进行装卸作业、水上过驳作业和船舶调头所需的水域。有天然形成的，有人工建筑掩护而成的，还有人工开挖成的。港池要有足够的面积和水深，并有足够长的岸线以便布置码头。

③锚地。港口中供船舶安全停泊，接受海关、边防和检验检疫部门的检查和检疫，

防波堤

等候泊位、引航，进行过驳作业或编解船队等用途的水域。海港中的锚地分港内锚地和港外锚地。港内锚地设在港池内。港外锚地设在港池外，可靠近进港航道，但不能占用进港航道。河港一般分设到港锚地和离港锚地。危险品船舶的锚地应布置在港区和城镇的下游，并保持一定的安全距离。锚地应有适当的水深，但不能占用主航道或影响船舶的装卸作业和调度。锚地同桥梁、闸坝、水底过江管线等都要保持一定的距离。

④防波堤。建在天然掩护条件较差的海港，用于围护港池、防御波浪，保持水面平稳以便船舶停泊和作业。防波堤由块石、混凝土块体等材料构成。

⑤**码头**。供船舶靠泊、货物装卸和旅客上下的水工建筑物。供一艘船靠泊的码头称为一个泊位。码头泊位不断向大型、专用方向发展，已出现了10万号级甚至30万号级以上的泊位，以满足大型**油船**、散货船和**集装箱船**靠泊的需要。

⑥港口库场。供货物在装船前和卸船后存放的仓库和堆场。分为前方库场和后方库场。前方库场位于码头前沿近旁，供进港货物暂时存放和出港货物在装船前临时集中用；后方库场离码头较远，供货物集中和疏运的周转之用。

⑦港区铁路和道路。布置在港区运输货物用的铁路和道路。大型港口的港区铁路包括港前车站、分区车场和货物装卸线3部分；小型港口只设货物装卸线。货物装卸线布置在码头前方仓库和堆场的前后侧；分区车场靠近码头和前方库场。港区道路同港外公路和附近城镇公路相连接。港内道路构成环形，以利港口机械、运输车辆和消防车运行。

⑧装卸和运输机械。为船舶装卸货物和港区内货物搬运所用的机械。有起重机械、输送机械、搬运机械和专用机械4类。

⑨港口辅助设施。主要有：供电、照明、通信和导航设施；给水、排水设施；辅助生产建筑，如港区办公室、候工室、工具库、流动机械库、机修车间等；燃料供应站；港作船舶，如交通船、巡逻船、消防船、供水船、燃料供应船、港作拖船、驳船等。

中国港口概况　2008年底，有上海、宁波—舟山、广州、天津、青岛、秦皇岛、大连、深圳、苏州、日照、营口、南通、烟台、南京、唐山和连云港16个吞吐量超过亿吨的大港，其中上海港吞吐量突破5亿吨。2008年中国大陆港口货物吞吐量达70.2亿吨，集装箱吞吐量12 831万标准箱。连续6年居世界第一位。

港务船舶　harbour service boat　专门从事港务工作的**船舶**的总称。

港作拖船用于帮助大船进出**港口**、靠离**码头**、移泊和执行各种拖带任务。一般有较大的拖力、良好的稳性和操纵性。可兼作破冰船、供应船、救助船和消防船等使用。供油船和供水船是给停靠港口的船舶供应燃油和淡水的小型液货船、油驳或水驳。船上备有输油泵、输水泵和计量装置。引航船用于船舶引航。有供引航员生活和办公用的设施，并装有特殊的灯光信号。趸船是系泊在港口的固定地点，供船舶停靠、上下旅客、装卸货物等作码头用的无动力平底船。船岸之间用活动栈桥或跳板相连。消防船承担船舶和港口岸边消防任务。有强大的水泵、高压喷水枪和灭火剂等消防器材，并配有救护人员和医疗设备。巡逻船（巡逻艇）用于监督执行水上法令、维持水上交通秩序。浮油回收船是回收水面浮油的专用船。一种是利用某些亲油疏水材料回收浮油，再将油分离出来；另一种是利用油、水的比重不同回收浮油。

杠杆　lever　具有一个支点并在两点受力的刚性杆。**简单机械**的一种。当动力作用于动力点时，杠杆即绕其支点转动，而由阻力点实现某种机械效能，如省力、放大

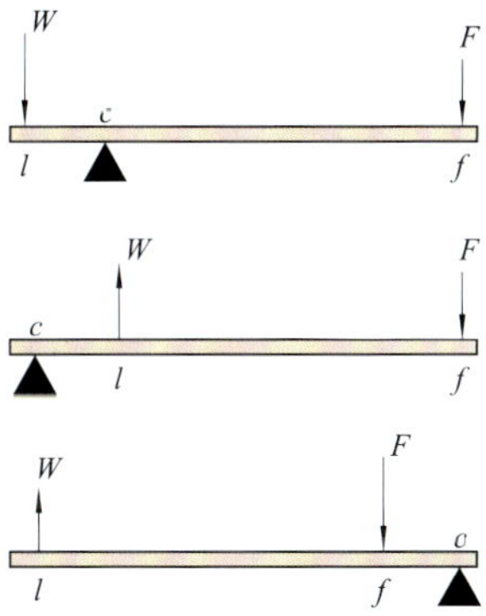

杠杆的形式

等。从杠杆支点到动力作用线和阻力作用线的垂直距离分别称为动力臂和阻力臂。杠杆在力矩作用下的平衡条件为：$F\times L_{fc}=W\times L_{lc}$，即动力$F$和阻力$W$的大小与它们的力臂成反比。图中表示杠杆的3种形式：①支点在动力点与阻力点之间，当动力臂大于阻力臂时可省力，如剪刀；当动力臂小于阻力臂时动力必须大于阻力，如火钳；当两臂相等时两力也相等，如天平。②阻力点在支点与动力点之间，动力臂大于阻力臂，可省力，如铡刀。③动力点在支点与阻力点之间，动力臂小于阻力臂，动力必须大于阻力，如镊子。

杠柳　*Periploca sepium*; Chinese silkvine　**萝藦科**杠柳属的一种。分布于中国吉林、辽宁、华北、陕西、甘肃、四川、贵州及华东等省区。落叶木质藤本，有乳汁。叶披针形或长圆披针形，长6～10厘米，宽1.5～2.5厘米，全缘，叶柄极短。聚伞花序腋生；花两性，花萼5裂，裂片卵圆形；花冠紫红色，辐射状，径1.5厘米，花冠裂片中间加厚，反卷，

里面有毛，副花冠环状，10裂，其中5裂片近成丝状向里弯曲；雄蕊5，花粉器匙形，四合花粉藏于载粉器内。蓇葖果2，圆柱形，长达15厘米，种子多，长圆形。花期5～6月，果期7～9月。生于低山丘陵地的沟谷、林缘、河畔、荒山坡。常攀缠他物上。

根皮、茎皮入药，称北五加皮或香加皮，有祛风湿、壮筋骨的功效，其中北五加皮强心作用很强，用量过多易中毒。

高安市　Gao' an City　中国江西省辖县级市。位于省境中部偏西北，锦河中下游。面积2 439平方千米。人口81万（2010）。汉高祖六年（前201）设建成县，隶属豫章郡。唐武德五年（622）改高安县，1993年撤县设市。由**宜春市**代管。矿产有煤、石灰岩、大理石、花岗岩、瓷土、耐火黏土等。森林覆盖率约40%。粮、棉、油总产量居江西省前列，为全国商品粮、生猪、棉花、乌龙茶、水产基地。工业有建材、食品、纺织、采掘、化工等。名胜古迹有大观楼、七星堆墓葬群、朱轼墓、明摩崖碑刻、相城商周文化遗址等。

高碑店市　Gaobeidian City　中国河北省辖县级市。位于省境中部。面积672平方千米。人口52万（2010）。唐大和六年（832）析范阳县（今涿州市）置新城县，县治在今高碑店市之新城镇。1993年撤县设市。由**保定市**代管。属暖温带半湿润大陆性季风气候。农作物有小麦、玉米、棉花、花生等。工业有水泥、化工、农机、服装等。有辽代开善寺、东周大屯遗址、汉代栗各庄遗址等文物古迹。

高鼻羚羊　*Saiga tatarica*; saiga/saiga antelope　偶蹄目牛科高鼻羚羊属唯一种。又称赛加羚羊。因具高高隆起的鼻骨得名。广泛分布于蒙古、哈萨克斯坦、土库曼斯坦、

俄罗斯等国。20世纪初叶至60年代以前，在中国新疆西北部准噶尔盆地、北塔山等地呈不连续分布，已近30年不见。体型中等，体长1.2～1.7米，尾长7.6～10厘米，肩高75～80厘米，体重36～69千克；仅雄性有角，角长20.3～25.5厘米，向后方伸出，淡琥珀色，具明显的环棱；夏毛背部棕黄色，冬毛色淡、浓密且长；四肢较细；鼻骨高度发育并卷曲，内布满毛、腺体和黏液管；在每个鼻孔中均有一特殊的具黏膜的囊，可使吸入的空气加热并变得更加湿润，同时也与灵敏的嗅觉有关。

栖息于荒漠或半荒漠草原地区。善奔跑，最高时速可达60千米。主要以草类及低矮的灌木为食，包括许多有毒或含盐碱的种类。极耐渴。嗅觉、视觉均非常灵敏。每年11月开始交配，妊娠期5个月，多在5月份产仔，每胎产1～3仔。

高鼻羚羊过去数量很多，但由于其角可作名贵药材，长期遭到大量捕杀，在许多地区已濒临绝迹，被列为濒危物种予以保护。

高边疆战略 high frontier strategy 美国于20世纪80年代提出的关于美国未来如何在军事、经济和科学技术等方面综合开拓和利用宇宙空间的总方略。“高边疆战略”概念最早由R.W.里根竞选总统时的国防顾问D.格雷厄姆提出。高边疆战略的主要内容：①最大限度地利用美国的空间技术优势，提供对付弹道导弹攻击的空间防御，抢占宇宙空间的战略高地，以确保生存的核战略代替确保摧毁的核战略。②获取宇宙空间的丰富资源，大力开发太空工业、商业和运输业，在高边疆谋求经济发展的大机遇，并利用空间研究与开发所带来的科技革命带动美国经济的发展，取得对苏联竞争的优势。

高仓健 Takakura Ken (1931-02-16 ～) 日本电影演员。生于福冈县中间市。原名小田敏正。1954年东京明治大学商学部毕业。1956年初登银幕，主演东竹公司的任侠影片《闪电拳术》和《流星拳术》。20世纪50年代末至70年代初，主演专门描写侠客、强盗、流浪汉式人物的任侠影片《日本侠客传》(11集)、《网走界外地》(10集)、《昭和残侠传》(10集)、《红牡丹赌徒》(3集) 等。70年代中期，纪实性影片逐渐取代任侠影片，他随之改变形象，相继主演了《八甲田山》(1977)、《幸福的黄手绢》(1977)、《野性的证明》(1978)、《动乱》(1980)、《远山的呼唤》(1980)、《车站》(1981) 等影片。这些影片多获《电影旬报》、《每日新闻》和电影艺术协会评选的男主角奖。他的表演深沉、含蓄，以富于心理活动见长，深受日本观众的喜爱。主演《追捕》(1976) 使其刚毅的性格和冷峻的面容深入中国观众之心。2005年应中国导演张艺谋之邀主演电影《千里走单骑》。

高岑 Gao Shi and Cen Shen 中国盛唐诗人高適和岑参的合称。二人并称，始于杜甫，后为盛唐边塞诗歌代表诗人的专称。高、岑的诗主要以边塞战争、塞上风光和仕途艰难为题材，善用七古等体裁来表现报国安边、奋发进取的壮志和怀才不遇、功业无成的悲愤。他们的诗意气豪迈，情辞慷慨，奇偶相生，手法多样。但“高悲壮而厚，岑奇逸而峭”。高適善于反映战士的疾苦，暴露现实，笔调严谨，直抒胸臆，以常语感人；岑参擅长讴歌胜利，描绘奇境，抒发豪情，寓情于景，以奇语动人。

高层大气 upper atmosphere 通常指距地面90千米以上的地球大气。高层大气部分是中性的，部分是被电离的，通常高层大气仅指中性的那一部分，电离的部分被称为电离层。所有的低轨道航天器都运行在高层大气之中，高层大气对轨道航天器的寿命、轨道、姿态都有很大的影响。

高层大气实际上包括热层和外逸层两个部分。从90千米往上，大气温度急剧升高，直到200千米以上才逐渐趋于等温状态，温度最高可达500～2 000K，这一部分大气被称为热层。热层顶往上的大气称为外逸层，其温度不随高度而变化。

从90千米到105千米高度，一些化学反应改变了大气成分随高度的分布；105千米以上，大气的分布主要受重力的控制，虽然大气所有成分的密度都随高度的增加而降低，但其中重的成分比轻的成分降低得快。大气的主要成分由氮气、原子氧和氧分子逐渐变为原子氧、氦和原子氢，大气的平均分子量从90千米附近的29左右下降到500千米附近的15左右。由于成分随高度变化，高层大气又被称为非均质大气。在高层大气底部，大气密度为10^{-6}千克/米^3，而在顶部则只有底部的十亿分之一。

由于高层大气的温度受太阳辐射的影响，因此太阳辐射的变化会导致高层大气状态的变化。

地球自转使得高层大气存在昼夜变化。在200千米高度以下，高层大气温度和密度的昼夜变化不明显。但随着高度的增加，大气呈现出明显的昼夜变化。当太阳直射的时候（正午），大气所能吸收的太阳辐射最多，因此日下点附近的高层大气温度与密度最大，而背日点附近最小，昼夜温差可以达到100K以上，密度可以差2倍。由于大气对太阳辐射的响应需要一定的时间，因此高层大气的温度通常在当地时间15点出现极大值，凌晨3点出现极小值，而密度的极大值和极小值则分别出现在14点和4点。午间的高温与高密度导致高的气压，这种高气压会驱动高层大气从白天的高压区向夜间的低压区运动。这种效应和由重力、地球自转等其他物理机制产生的效应一起在高层大气中驱动一个速度高达每秒几百千米的复杂风系：白天风向朝北，指向极区，风速较小，夜间风向朝南，指向赤道，风速较大；高纬地区风向明显偏东，低纬地区明显偏西。

由于地球距太阳的距离1月最近，7月最远，同时其公转轨道每年两次经过太阳赤道面，因此高层大气存在明显的半年变化，其温度和密度分别在10月和7月达到极大和极小，4月和1月分别达到次极大和次极小。一年间高层大气顶部的温差可以达到100K以上，密度相差1倍以上。

太阳活动直接改变太阳辐射强度，因此高层大气的状态会随太阳活动的变化而变化。太阳活动的逐日变化、27天周期、11年和22年周期都能在高层大气中引起对应的变化。当太阳爆发时，太阳风会带来大量的能量，这些能量通过一定的耦合机制，急剧地改变高层大气的密度、温度和运动状态。不同的太阳活动程度导致的高层大气顶部温度变化幅度高达500K以上，密度变化高达5倍以上。

另外，高层大气的一些重要物理参数还有季节、纬度等变化。

由于高层大气（仅指中性成分而言）与电离层几乎存在于相同的高度范围内，因此在它们中发生的物理过程通常是耦合在一起的。对于电离层而言，高层大气是一个背景，高层大气的状态和变化会强烈地影响电离层。相对而言，电离层变化对高层大气的影响就小一些，但有时候也非常显著。高层大气（以及电离层）还和位于它们上方的磁层和位于它们下方的低层大气有强烈的耦合。

高层建筑 high-rise building 达到相当高度、需要使用机械化的垂直交通设施（如电梯）的多层建筑。最早的高层建筑于19世纪80年代建在美国。出现于地价高涨及人口密集的城市地区。高层建筑之所以能够实现，有赖于应用钢框架结构及玻璃幕墙。到20世纪中叶，此类建筑已成为世界上大多数国家建筑风貌中通常的景色。高层建筑的基础有时须支承极大的重量，通常为深埋地下的混凝土柱墩、桩或箱基。在高层建筑的设计中，最重要的问题是必须抵御大风及地震所产生的对建筑物的横

深圳地王大厦

向推力。绝大多数高层建筑都有钢或钢与混凝土建造的框架，这些框架由柱和梁组成。高层建筑外表面由幕墙组成。幕墙由一系列垂直与水平杆件、挂装在框架上的许多非承重薄板组成。这种薄板可由玻璃、砖石或金属制造。高层建筑中上下交通的主要工具为电梯。由于高层建筑内容纳大量人口，以及高高在上离地面较远，所以设计时必须审慎安排救援与疏散设施，必须有严格的防火标准及设置合格的疏散通道及工具。

高程测量 height determination 确定地面点高程的测量工作。一点的高程是指这个地面点沿垂线方向到高程起算面的距离，又称海拔或绝对高程。测量方法通常采用水准测量、三角高程测量和气压高程测量。偶尔也采用流体静力水准测量方法，用于越过海峡传递高程。

水准测量 用水准仪和水准标尺测定地面两点间高差的方法。高程测量的主要方法，也是最精密的方法。用于建立国家水准网、监测地壳垂直运动和人为原因引起的地面沉降及建立工程测量所需要的高程控制网。

三角高程测量 通过观测两点间的水平距离和高度角求定两点间高差的方法。100多年前，三角高程测量是测定高差的主要方法。水准测量方法出现后，已退居次要地位。但因其作业简单，在山区和丘陵地区仍得到广泛应用。

气压高程测量 根据大气压力随高程而变化的规律，用气压计进行高程测量的一种方法。比水准测量和三角高程测量的精度都低，主要用于低精度的高程测量。

高程系统 height system 采用不同的基准面表示地面点的高低所产生的几种不同的高程表示法。基于不同的高程基准面和高程的定义，有正高、正常高、力高和大地高程等系统。高程基准面基本上有3种（见图）：①大地水准面，是正高的基准面。②椭球面，是大地高程的基准面。③似大地水准面，它非常接近大地水准面，是正常高的基准面。

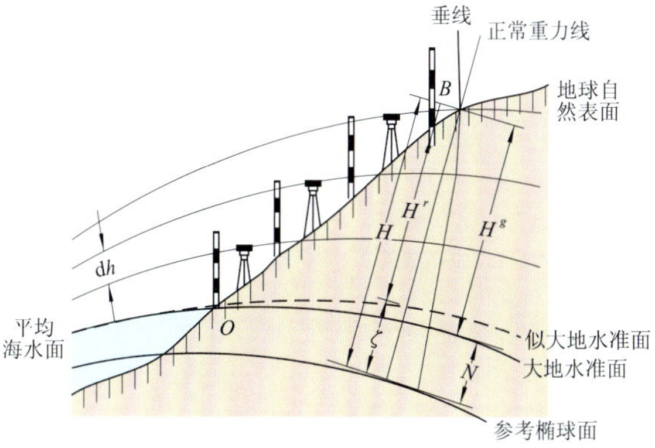

高程系统示意图

正高系统 以沿地面点*B*的垂线方向到大地水准面的距离为正高（见图）的高程系统。因不能准确知道地面点和大地水准面之间的岩层密度分布，因此只能求得正高的近似值。

正常高系统 1945年苏联M.S.莫洛坚斯基提出了正常高的概念。正常高是地面点沿正常重力线方向至似大地水准面的距离，可以精确地计算出来。似大地水准面不是等位面，没有明确的物理意义。中国《大地测量法式》规定采用正常高系统。

大地高程系统 地面点在三维大地坐标系中的几何位置是以大地经度、大地纬度和大地高程表示的系统。大地高程是地面点沿法线方向到椭球面的距离，如图中的*H*。大地高程可直接由卫星大地测量方法测定，也可由几何和物理大地测量相结合来测定。

力高系统 使同一水准面上各点具有相同高程值的系统。该系统克服了同一水准面上各点在正高或正常高系统中的高程值不同，因而对于大规模的水利工程使用很不方便的缺陷。力高一般不作为国家的高程系统，只用于解决局部地区有关水利建设的问题。

位基数 大地水准面的位与通过地面点的水准面的位之差。表示地面点的高低。也是以大地水准面为基准面，但不是以米制表示的高程，而是位差。它与水准路线无关，并且是一个唯一确定的量，同一水准面上所有点的位基数相同。位基数表示的水准测量结果，可以比较方便地换算为正高、正常高或力高。

高崇民 Gao Chongmin (1891－11－14～1971－07－29) 中国人民政治协商会议全国委员会副主席。辽宁开原人。卒于北京。1909年考入奉天（今辽宁）省立农林学堂，并加入中国同盟会。1914年留学日本，1919年在日本明治大学政治经济学系毕业后归国，先后在沈阳、哈尔滨传播反帝和民治思想。1924年加入中国国民党。1928年任奉天工商联合会总务长，被聘为张学良秘书。1929年参与成立国民外交协会。1931年九一八事变后，组织成立东北民众抗日救国会、复东会，接受中国共产党抗日主张。1935年受中共派遣到西安，促进张学良、杨虎城和解。1936年参与发动西安事变，参与起草关于抗日救国八项主张电文。事变后，任张、杨的设计委员会主任。1937年后，参与成立东北救亡总会。1941年加入中国民主政团同盟。1945年赴东北解放区，1946年加入中国共产党。历任东北行政委员会副主席、安东省人民政府主席、东北人民政府副主席。1949年参加中国人民政治协商会议第一届全体会议。中华人民共和国建立后，历任中央人民政府委员，最高人民法院东北分院院长，全国政协第四届副主席，民盟第一、二、三届中央副主席。“文化大革命”期间遭到迫害，含冤逝世。1978年平反。

高等教育 higher education 建立在中等教育基础之上的各级各类教育的总称。联合国教育、科学及文化组织1962年提出的定义是：“高等教育是由大学、文理学院、理工学院、师范学院等机构实施的所有各种类型（学术性、专业性、技术性、师范性等）的教育。”学历上一般分为专科、本科和研究生。教学组织形式有全日制的和业余教育的，面授的和非面授的，学校形式的和非学校形式的等。实施机构通常是大学、学院和专科学校。高等教育一般担负着培养各种专门人才和开展科学研究的双重任务。

在西方，高等教育的产生可追溯到公元前6～前4世纪。公元12～13世纪，出现了近代大学，最早的有意大利的博洛尼亚大学、法国的巴黎大学、英国的牛津大学和剑桥大学等。

在中国，西周时的“国学”即有实施高等教育的内容。封建社会时期，太学、国子监、书院等都曾具有高等学校的性质。近代高等教育的形成深受西方的影响。鸦片战争后，一批维新派人士创办了具有专科性质的“洋务学堂”，如福建船政学堂、京师同文馆等。1895年设中西学堂为中国近代高等教育之始。清光绪二十四年（1898）设**京师大学堂**。1911年辛亥革命后，在中华民国临时政府教育部总长**蔡元培**主持下，进一步引进了西方的科学教育内容。

中华人民共和国建立后，人民政府首先对已有的高等教育进行了改革，并参照苏联的经验对高等学校进行了院系调整。1998年的《中华人民共和国高等教育法》为规范全国高等教育的发展提供了法律依据。经过60多年的发展，中国已经基本上形成了一个包括文、理、工、农、医、财经、政法和外语门类齐全，专科、本科、硕士、博士到博士后层次完整的高等教育体系。20世纪末以后，中国的高等教育正从精英教育阶段向大众化阶段过渡。

世界高等教育的发展趋势主要有：①科研、教学、生产一体化，使大学潜在生产力转化为现实生产力，推动新兴产业的建立和新技术的开发。②课程综合化，基础教育和专业教育、应用研究和开发研究相互渗透交叉进行，培养学生适应社会发展需要及解决复杂课题的技能。③办学体制和办学形式多样化。④国际化协作增多。

高等教育自学考试制度 self-studying exam system in higher education 中国对自学者进行的以学历考试为主的高等教育国家考试制度。是个人自学、社会助学和国家考试相结合的高等教育形式，是中国高等教育制度的重要组成部分，具有灵活、开放的特征。1980年12月，中华人民共和国教育部拟定了《高等教育自学考试试行办法》，1983年成立了全国高等教育自学考试指导委员会，初步建立了高等教育自学考试制度。1988年通过了《高等教育自学考试暂行条例》，逐步规范和完善了高等教育考试制度。自学考试一般定期举行，每年两次。凡经考试一门课程合格者，发给单科合格证书；规定的课程全部考试合格者，通过政治品德鉴定，由省、直辖市、自治区高等教育自学考试指导委员会和主考学校联合颁发大学本科或专科的毕业证书。毕业证书获得者，国家承认其学历。

高等学校图书馆 academic library 高等学校文献信息中心，为教学和科学研究服务的学术性机构，学校信息化和社会信息化的重要基地。

高等学校图书馆是随着大学的发展而发展起来的。现代意义上的大学起源于中世纪的欧洲，如建于1211年的**巴黎大学**和建于12世纪中叶的**牛津大学**。这两所大学的图书馆被视为欧洲大学图书馆的先驱。

高等学校图书馆的发展水平通常和高等学校的发展水平相适应。世界一流大学的共同特点之一是拥有世界一流的大学图书馆，如剑桥大学、哈佛大学、莫斯科大学等都拥有规模庞大、藏书丰富、服务优良的图书馆。

中国古代的官办高等教育机构太学和**国子监**，私办高等教育机构**书院**，都设有一定规模的藏书处所。19世纪末，清政府兴办新式大学，**京师大学堂**、天津西学堂、南洋公学等一批具备现代大学雏形的高等教育机构应运而生，这些机构都把创建藏书楼作为新式大学的标志之一。尤其是京师大学堂，其藏书楼一度代行国家图书馆的职能。20世纪末，涌现了更多的大型高等学校图书馆，如清华大学图书馆、复旦大学图书馆、武汉大学图书馆等都是中国著名的高等学校图书馆。

20世纪90年代以来，随着互联网等信息技术的发展，知识经济的崛起，中国的高等学校图书馆发生了飞跃性变化。教育部立项启动了“中国高等教育文献保障系统”(CALIS)、“中国高等学校人文社会科学中心”(CASHL)。中国的一些大学图书馆还和美国的一些大学图书馆共同开展了“中美百万册图书数字图书馆计划”(CADAL)。这些项目推动了中国高等学校图书馆的现代化建设进程，代表了中国数字图书馆建设的水平，提升了中国高等学校图书馆在信息时代的服务能力。

高等植物 higher plant 植物体一般有根、茎、叶的分化，生殖器官为多细胞结构，受精卵发育形成胚的各植物类群的总称。包括苔藓植物、蕨类植物、裸子植物和被子植物。其中，苔藓植物和蕨类植物是进化水平比较低的高等植物，被子植物是进化水平最高的高等植物。

高低杠 uneven bars 女子竞技体操项目之一。由横置在钢索固定的支架上的一高一低两根平行木杠构成，正式比赛的器械有一定规格，可调节杠子的高度和宽度。高低杠是在双杠的基础上发展而来。19世纪末，女子体操盛行，开始在双杠上练习，后为适应女子的特点，把一杠升起，变成了高低杠。早期的高低杠混合支撑、悬垂和静止的动作较多。20世纪70年代后期，创造了许多空翻、转体、腾越及其连接，高低杠技术进入了“飞行”时期。现代高低杠成套动作包括用屈伸、大摆、回环、弧形等技术来做的转体、换握、倒立、空翻、腾越等，使整套动作形成了上下翻飞、内外穿梭，具有惊险多变、优美流畅的整体效果。1979年中国运动员**马燕红**在第20届世界体操锦标赛为中国获得首枚高低杠金牌。之后，陆莉又于1992年第25届**奥林匹克运动会**以6个满分获高低杠金牌。在第29届奥运会上，何可欣获得女子高低杠金牌。

中国运动员范晔的高低杠动作

高电压技术 high voltage technique 研究高电压的理论、实验、应用的电工技术。涉及直流电压、交流电压、持续时间为毫秒级的操作过电压、微秒级的雷电过电压等。高电压技术对电力工业、电工制造工业及近代物理的发展都有重大影响。高电压技术学科主要研究电绝缘技术、电设备故障诊断技术、电力系统过电压及其限制、高电压试验技术、电磁环境及防护，以及高电压技术在其他领域的应用等。

电绝缘技术　电力设备应能承受各种高电压的作用，并保持一定的工作寿命。包括电介质理论、电场分析和绕组电磁暂态分析、电力设备绝缘。电介质理论研究电介质在各种类型电压作用下的绝缘特性、介电强度和放电机理。掌握气体、液体、固体电介质和沿不同电介质界面的放电特性及各种影响因素，电介质的绝缘特性及老化机理。通过电场计算、实验方法，研究高压设备的电场分布；通过电磁暂态分析研究设备绕组中的电压分布；可以控制电设备中的电场强度。

电设备故障诊断技术　通过对电设备的试验和各种特性的测量，了解其特征，评估设备在运行中的状态，从而早期发现故障。

电力系统过电压及其限制　研究电力系统中各种过电压，合理确定其绝缘水平。电力系统过电压包括雷电过电压（又称大气过电压、外部过电压）和内部过电压。雷电过电压由雷云直接或间接对变电所或输电线路（避雷线、杆塔或导线）放电造成。内部过电压是因正常操作或故障等原因使电磁状态发生变化，引起电磁能量振荡而产生的，衰减较快、持续时间较短的称为操作过电压，无阻尼或弱阻尼、持续时间长的称为暂态过电压。

高电压试验技术　为了研究电介质或

设备绝缘特性，适应不同领域中高电压技术的应用，需要各种类型的高电压发生装置和测量装置。

电磁环境及防护　研究电磁环境的生成，对人体和电子设备的影响、评估及防护措施等。

高电压技术在其他领域的应用　①物理研究涉及粒子加速器、高功率脉冲发生器、受控核聚变研究、激光技术等；②生产加工包括磁流体发电、电水锤海底探油、冲击加工成型、静电喷涂等；③环境保护有静电除尘、废水处理、加速器除尘等；④生活医疗用于电视机、静电复印、人体内结石破碎等。

高鹗　Gao E（约1738～约1815）　中国清代文学家。字兰墅，一字云士。因酷爱小说《红楼梦》，别号“红楼外史”。汉军镶黄旗内务府人。祖籍铁岭（今属辽宁）。先世清初即寓居北京。他热衷仕进，累试不第，乾隆六十年（1795）始成进士。历官内阁中书、内阁侍读。嘉庆六年（1801）为顺天乡试同考官。晚年家贫官冷，两袖清风。

一般认为长篇小说《红楼梦》的后40回是高鹗所续。一说是程伟元与高鹗共同续成，也有据乾隆间萃文书屋本《红楼梦》程伟元“序”及“引言”谈及陆续购得后40回续书残抄本事，认为另有续写之人，程、高只做了修补整理工作。乾隆五十六年（1791）他们共同以活字版首次刊行120回《红楼梦》(世称“程甲本”)。翌年又大量改动前80回文字情节，续书亦多有修改，仍由萃文书屋印行（世称“程乙本”），此后坊间通行即此种刊本。

《红楼梦》后40回续书，无论在思想上还是在艺术上都显然不如曹雪芹所著前80回。但其最大贡献在于能大致遵循曹雪芹隐喻暗示的线索，完成全书的悲剧构思，使故事首尾完整，因而使《红楼梦》得以迅速广泛地流传开来。对于一些重要情节的处理，如贾府日渐衰败，大祸迭起而导致锦衣军的查抄，黛死钗嫁、宝玉出家以完成爱情故事的悲剧结局等，都能体察原作的艺术用心，与前书有所呼应，气氛也较一致，并具有一定感染力量。某些章节如夏金桂撒泼、贾政做官、黛玉焚稿及袭人改嫁等描写都较为生动。但续书存在严重缺陷，根本之点是背离了曹雪芹原著的精神，结尾写贾宝玉参加乡试中举，贾府衰败后居然又“沐皇恩”、“延世泽”、“兰桂齐芳”、“家道复初”等，显然有乖原作主旨，未能摆脱“大团圆”的窠臼。此外，程伟元、高鹗对前80回的改动，也在一定程度上损害了原著。

所著今存《兰墅十艺》(稿本)、《吏治辑要》及诗集《月小山房遗稿》、词集《砚香词·簏存草》等。

高尔顿　Galton, Francis（1822-02-16～1911-01-19）　英国科学家。生于伯明翰，卒于萨里郡黑斯尔米尔。早年进剑桥大学三一学院，又在伯明翰及伦敦学医。曾到埃及及非洲西部、南部旅行探险，撰写有关地理著作及探险经历。后研究气象学，最早论述反气旋。1823年论证指纹的永久性和独特性，制定出完整的指纹鉴别系统。他在姨表兄C.R.达尔文的进化论学说的影响下研究遗传学，提出智力有遗传性。1883年首创优生学概念，主张通过选择配偶，改进人种。他创用的心理测验的仪器和方法，有些被多年沿用，成为标准。著有《遗传天赋》、《对人类才能及其发展的调查研究》、《自然的遗产》、《指纹》等。

高尔夫球　golf　以特制的球杆将球击入目标洞穴中的一种户外球类运动。苏格兰被认为是高尔夫球运动的发源地。1864年，英国成立了第一个高尔夫球俱乐部。19世纪末传入中国，1896年上海成立了第一家高尔夫球俱乐部。1984年广东中山温泉高尔夫球场建成，从此高尔夫球运动逐渐开展起来。一个标准的高尔夫球场通常为18洞，占地面积60～100公顷，根据地形和需要各洞分别设有发球区、球道、长草区、水障碍区、沙坑、树林和球洞区等不同的区域，其大部分区域由草坪覆盖。球洞设在球洞区范围内，为嵌入地面的金属或塑质圆筒。洞穴间距离为91.44～548.64米不等。球杆大致有木杆、铁杆和推杆三大类。球员在击球或比赛中携带的球杆总数不得超过14支。球重不超过43.93克，直径不小于4.267厘米，表面有数十个小的凹窝，以保证其在飞行中的稳定性。在开始击球时，球员从一洞的发球区内发球，然后在球的停留处击下一杆，直至击球入洞。比赛方式分为比洞赛和比杆赛两大类：比洞赛是以每洞的杆数决定胜负的，通常以较少的杆数打完的一方为此洞的胜者；比杆赛适于较多人数同时比赛，所有参赛者都打完规定的一轮或数轮比赛，杆数最少的比赛者为胜者。最有影响的高尔夫球赛事是被称为“大满贯”的四大赛，即始于1860年的全英公开赛、始于1895年的美国公开赛、始于1916年的美国职业高尔夫球员协会锦标赛和始于1934年的美国名人赛。世界通用的高尔夫球比赛规则由苏格兰圣安德鲁斯皇家古老高尔夫球俱乐部（R&A）和美国高尔夫球协会（USGA）联合审定。

高尔夫球运动员击球后姿势

高尔基　Gorky, Maksim（1868-03-16～1936-06-18）　苏联作家。苏联社会主义文学的奠基人。原名阿列克塞·马克西莫维奇·彼什科夫。生于下诺夫哥罗德，卒于莫斯科。

早期生活与创作　高尔基4岁丧父，11岁起独立谋生，当过学徒、搬运工和面包师。1884年抱着上大学的梦想来到喀山。1889年因参加秘密革命组织被捕，获释后行动仍受宪警监视。1892年发表处女作《马卡尔·楚德拉》，不久开始在地方报刊当编辑、记者。1898年出版两卷集《随笔与短篇小说》，从此蜚声俄国和欧洲文坛。他只上过两年学，完全靠自学成才。

早期创作多为短篇体裁。其中《马卡尔·楚德拉》、《少女与死神》(1892)、《伊则吉尔老婆子》(1895)和《鹰之歌》(1896)等作品以黑暗与光明的强烈对比，歌颂向往光明及为人民大众的利益献身的英雄人物，具有鲜明的浪漫主义特色。《切尔卡什》(1895)、《柯诺瓦洛夫》(1897)和《因为烦闷无聊》等小说，则着力真实具体描写下层人们的苦难生活，表现他们对现实的愤怒情绪，艺术上属于现实主义。收入两卷集的短篇小说《读者》和评论文章《保尔·魏尔兰和颓废派》等，还表现了作者一开始就重视文学的社会作用和鲜明的反颓废派艺术立场。《福玛·高尔杰耶夫》(1899)和《三人》(1900)两部中篇小说，通过较广阔的现实画面，着重揭示青年主人公人生探索的主题。

从1900年起，高尔基参加并主持知识出版社的工作，通过出版《知识》丛刊团结了当时俄国大批具有民主主义倾向的作家。1901年发表的散文诗《海燕之歌》充满革命激情，被认为是“革命的宣言书”，为此遭到逮捕、流放。

1901～1905年高尔基接连写了几部剧本，其中《小市民》(1901)是俄国文学史上第一次明确表现新旧两个世界冲突的文学作品。《底层》(1902)批判对幸福的消极等待思想。《避暑客》(1904)、《太阳的孩子们》和《野蛮人》(1905)三剧则揭示了当时俄国知识分子的分化，鞭笞抛弃革命理想的人。1905年革命爆发初期，他目睹沙皇对示威群众的血腥镇压，写了《告全国公民及欧洲各国舆论界书》，声讨沙皇的暴行。

中期生活与创作　1906年初，高尔基秘密离开俄罗斯到美国，在那里宣传革命，为党募集经费。同年在美国写成剧本《敌人》和长篇小说《母亲》。前者通过一个工厂的工人群众同工厂主面对面的激烈冲突，成功地表现了工人阶级不怕牺牲的团结战斗精神；后者取材于1902年索尔莫沃工人五一游行事件，成功塑造了世界文学史上第一批自觉的无产阶级革命者的形象。在美国期间，作家还写了揭露和抨击资本主义制度的政论《我的访问记》和特写《在美国》。

1906年秋高尔基从美国到意大利，侨居卡普里岛。此后几年里，他创作了中篇小说《没用人的一生》(1907～1908)、《夏天》(1909)，奥库罗夫三部曲（《奥库罗夫镇》、《马特维·科热米亚金的一生》、《崇高的爱》，1909～1914），自传体三部曲的前两部《童年》(1913)和《在人间》(1915)，以及《意大利童话》(1911～1913)和《俄罗斯童话》(1911～1912)等一批优秀作品。他一度接近A.A.波格丹诺夫的召回派，受唯心主义哲学的影响。他的中篇小说《忏悔》(1907～1908)宣扬明显的造神论思想。经列宁的批评帮助，他逐渐提高认识，脱离召回派。

《童年》插图

后期生活与创作　1913年底高尔基回到俄国。十月革命期间，高尔基与布尔什维克党产生严重分歧，发表一组题为《不合时宜的思想》的政论文章，指责布尔什维克党和列宁本人。在后来发表的一系列文章中，他多次谈到自己的错误。1918～1921年间，他倡议并亲自主持创办多种杂志，组建新的文化队伍，成立世界文学出版社。

1921年夏，高尔基因肺病加重出国就医。旅居国外近10年时间里，先后完成了回忆录《列夫·托尔斯泰》(1919～1923)、《列宁》(1924～1930)，自传三部曲的最后一部《我的大学》，描写作家从生活底层走向革命道路的历程，长篇小说《阿尔塔莫诺夫家的事业》(1925)等。晚年的创作中，剧本《耶戈尔·布雷乔夫及其他人》(1932)和《陀斯契加耶夫及其他人》(1933)表现了资本主义的没落和社会主义的胜利。四部曲史诗巨著《克里姆·萨姆金的一生》(1925～1936，未完成）写了十月革命前俄国社会40年的历史变迁，以一个个人主义知识分子为中心人物反映出革命力量的壮大。1934年当选苏联作家协会第一任主席。

高尔基的作品从20世纪初开始陆续被介绍到中国。他的文学创作和文学理论观点，对中国五四以后新文学的发展有重要影响。

高尔基体　Golgi body　由许多扁平的囊泡构成的以分泌为主要功能的细胞器。又称高尔基复合体或高尔基器。

高尔基体是由多种膜囊组成的、有极性的细胞器。主体部分由3～10层扁平膜囊平行排列在一起形成一个扁平膜囊堆。整个高尔基体由若干个扁平膜囊堆组成，膜囊堆之间由膜性管道连在一起组成一个整体，可呈弓形、半球形和球形等多种形状。高尔基体常位于靠近细胞核的部位并与中心体为邻。

高尔基体的极性表现在它有两个不同的面，与细胞中蛋白质合成和分泌途径的方向有关。蛋白质从内质网运入高尔基体的一面称顺面，又称进面或生成面；蛋白质在高尔基体中经加工修饰后形成分泌小泡出去的一面称反面，又称出面或分泌面。

高尔基体的主要功能是将内质网送来的蛋白质和其他生物大分子进行一系列的加工和修饰，并通过分选作用把各种加工产物送到细胞的不同部位或细胞外。高尔基体的加工、修饰作用主要有对分泌物质的糖基化、硫酸盐化以及对蛋白质前体的蛋白水解作用等。高尔基体膜中有识别分选信号的受体，通过分选信号与相应受体的结合可将不同蛋白质分装到各自的运输小泡中，然后运往不同的目的地。

高尔斯华绥　Galsworthy, John (1867-08-14～1933-01-31)　英国小说家、剧作家。生于萨里金斯顿希尔，卒于汉普斯特德格洛夫洛奇。早年入牛津大学专修法律。1895年开始文学创作。长篇小说《福赛特家史》三部曲《有产业的人》、《骑虎》(1920)、《出租》(1921)和《现代喜剧》三部曲《白猿》(1924)、《银匙》(1926)、《天鹅之歌》(1928)描述了英国资产阶级的道德观念，抨击了人与人之间单纯的利益关系。高尔斯华绥写了约25部剧本，主要有《皮肤游戏》(1920)、《忠诚》(1922)和《逃跑》(1926)。1932年获诺贝尔文学奖。

高尔韦　Galway, James (1939-12-08～　)　英国长笛演奏家。生于爱尔兰贝尔法斯特市。1956年被著名长笛教授J.佛朗西斯，保送伦敦皇家音乐学院学习。1959年转入吉尔德霍尔音乐学校。1960年考取巴黎国立高等音乐学院本科，8个月后，自动退学。1961年入萨德勒斯威尔斯歌剧院任第二长笛。1965年在伯明翰国际管乐比赛中获首奖。1966～1975年，先后于伦敦交响乐团、伦敦皇家爱乐乐团、柏林爱乐乐团任首席长笛。1975年开始其独奏家生涯，赴世界各地演出，并录制了大量唱片。其改编与演奏的《安妮之歌》，被列为1979年十大畅销唱片的第三名。

高尔韦的演奏特点是：音色丰醇润朗，技巧完善、流畅，对乐曲的处理细致精密，层次分明，既充满妩媚之情，又洋溢着刚劲之美。风格上兼具德法两派之长。高尔韦的自传由伦敦夏配尔公司于1978年出版。

高分子材料　polymer material　以高分子化合物为基础制成的材料。按来源分为天然高分子、半合成高分子和合成高分子。

结构和性能　高分子的结构包括高分子的链结构和许多大分子堆砌和排列形成的聚集态结构。高分子的链结构决定于单体的选择和聚合过程，而聚集态结构不仅与链结构有关，也受后加工过程的影响。高分子材料各个层次的结构对材料的性能都有影响。

种类　高分子材料可按应用分为6种：

①橡胶，又称弹性体。具有高弹性。高分子链本身具有较高的柔性，分子链可以交联（硫化），交联后的弹性体受外力作用发生形变，除去外力后可迅速回复原状。主要包括天然橡胶和合成橡胶。

②纤维。基本特征是强度高、模量高、长径比大、结晶度高等。分为**天然纤维**和**化学纤维**两种。蚕丝、麻、棉等属于天然纤维，化学纤维则是以天然高分子或合成高分子为原料，经过纺丝和后处理得到的纤维。将天然高分子化学改性得到的纤维，称人造纤维；从合成高分子制得的纤维称为合成纤维。

③**塑料**。以**合成树脂**或化学改性的天然高分子为主要成分，加入填充剂、增塑剂和其他助剂等，在一定温度和压力下成型的高分子材料，具有一定的强度和硬度。按合成树脂的特性分为热塑性塑料和热固性塑料。

④**涂料**。涂料由成膜物质、颜料、填充剂、助剂、分散介质等组成，当成膜物质为高分子时称为高分子涂料。

⑤**胶黏剂**，又称黏合剂。以高分子化合物为主的胶黏材料，称为高分子胶黏剂。分为天然和合成两类，应用较多的是**合成胶黏剂**。

⑥高分子复合材料。以高分子化合物为基体，添加各种增强材料制备的**复合材料**。高分子复合材料的类型非常多，除具有优越的力学性能外，有些还兼有耐腐蚀、绝缘、隔热、防渗、耐辐射等。还发展了高分子功能复合材料，如具有压电、电磁、光学、电学性能等。

高分子灌浆材料　polymeric grout　由单体或低聚物与催化剂所组成的材料，将它化为浆液并借助一定的压力灌入有缺陷的地层或需要处理的建筑物部位后，就地反应生成**高分子化合物**，可与被灌对象形成整体，以达到防渗、堵漏和加固补强的目的。对理想灌浆材料的要求是：①原料来源丰富，价格便宜；②运输、储存时是固体，使用时可配制成低黏度的溶液；③对地层具有高渗透性；④灌入地层后能在常温常压下凝固，对环境中的杂质不敏感；⑤固化后与地层构成高强度、高稳定性和高抗渗性的整体；⑥凝固时间易于控制；⑦无毒、无污染、无腐蚀性。大致分下列几类：丙烯酰胺类（缺点是此单体对人体有毒）、酚醛树脂类（原料是间苯二酚和甲醛，都有毒性和腐蚀性）、聚氨酯类（多元异氰酸酯及其浆液的其他组分都有毒）。灌浆材料用于水工建设、文物保护、油井堵水、矿井建设等工程中。

高分子化合物　macromolecular compound; macromolecule　分子量从几千到几十万甚至几百万的**化合物**。简称高分子，在生命科学上也称大分子。**聚合物**是以组成（或结构）重复单元通过共价键连接起来的线型长链为基本结构的高分子量化合物，通常由**单体**经**聚合**制得。聚合物的分子量很高和具有聚集态结构时，称为高聚物。一般来说，高分子、聚合物、高聚物表达的意义大致相同，可以互换。

分类　按来源可分为：①天然高分子，在自然界中存在，如纤维素、蛋白质、核酸、棉、毛、丝、麻、天然橡胶等。②半合成高分子，是将天然高分子进行化学改性的产物，如纤维素酯化生成的醋酸纤维素等。③合成高分子，完全是由人工合成方法，如通过**加成聚合**、**开环聚合**、**缩合聚合**等方法合成的**聚乙烯**、**聚丙烯**、**聚氯乙烯**、聚环氧乙烷、**聚己内酰胺**、聚对苯二甲酸乙二酯等。按分子形状可分为线型高分子、体型高分子、梯型高分子、片型高分子、分支型（包括星形、梳形、树枝状）高分子等五类。

结构　通常高分子的一级结构是指高分子链本身的结构。二级结构指孤立的高分子链，即稀溶液中高分子的形态，如无规线团、螺旋、双螺旋、刚性棒或椭球等。而高分子链之间的堆砌则为高分子聚集态结构，即三级结构。

性能与应用　具有质轻、耐腐蚀、耐磨、易加工、美观等一般性能；具有强度、模量、黏弹、疲劳、松弛等力学性能；还具有透光、保温、隔音、电阻等光学、热学、声学、电学等物理性能。除三大合成材料塑料、合成橡胶、合成纤维外，还有各种**功能高分子**、**高性能高分子**等。广泛用于工业、农业、生活和军事等方面。

高分子化学　polymer chemistry　研究**高分子化合物**（简称高分子）的合成、化学反应、物理化学、物理、加工成型、应用等的综合性学科。高分子化学真正成为一门科学，始于20世纪20年代，发展非常迅速。它的内容已超出化学范围，因此常用高分子科学这一名词。高分子科学可以分为高分子化学（狭义的）、高分子物理和高分子工程学三部分。高分子化学又分为高分子合成、高分子化学反应和高分子物理化学。高分子物理研究高聚物的聚集态结构和本体性能。高分子工程学又分为高聚物加工成型和聚合反应工程。狭义的高分子化学，则是指高分子合成和高分子化学反应。

简史　人类利用丝、棉、木材等天然高分子已有相当长的历史，天然橡胶、树脂等的利用亦达数千年。大概从1880年欧洲人开始对纤维素、羊毛、丝、淀粉等的化学成分进行研究。最早的合成高分子是1868年的**硝酸纤维素**和1909年左右的用于绝缘材料的**酚醛树脂**。现代高分子化学的奠基人应属H.**施陶丁格**、W.H.**卡罗瑟斯**、K.H.梅耶和H.F.马克、W.库恩等。施陶丁格在20世纪20年代初提出高分子具有重复链节结构的概念，直到30年代初，这一概念才被广泛承认。许多烯类化合物，经过有机自由基的引发，就能进行链式聚合反应，迅速地形成高分子。30年代初到40年代初，许多现在的通用高分子品种，都已按此方法投入工业生产。30年代末，卡罗瑟斯又发现用缩聚方法合成高分子。后来，为了合理的加工和有效的应用，对高分子结构和性能的研究工作逐渐开展，使高分子成为广泛应用的材料。从40年代下半期起，高分子科学蓬勃地发展起来。

高分子合成　主要指小分子**单体**的**聚合**。常用的方法有：①**加成聚合**，具有双键的烯类单体的链式聚合；②**开环聚合**，具有环状结构的单体的开环聚合；③**缩合聚合**，其单体具有可以相互缩合的两种官能团，单体逐步缩合聚合。此外，可以通过高分子的官能团反应来合成新的高分子。如天然高分子**纤维素**经化学反应制备硝化纤维素、乙酸纤维素、黏胶人造丝等；又如由**聚乙酸乙烯酯**水解成**聚乙烯醇**，再与甲醛缩合，纺成聚乙烯醇纤维即维纶；接枝共聚物和嵌段共聚物的合成也是通过高分子的反应。

高分子化学反应　高分子的官能团的反应性能，受两种特有因素的影响：①高分子是长链结构，这个长链是曲曲折折的蜷曲形。有规则的蜷曲（折叠）形成晶态；无规则的蜷曲形成非晶态。②高分子的分子与分子堆砌在一起。有规则的堆砌形成规整的晶态排列；无规则的堆砌形成非晶态。规整结构中分子排列紧密，试剂不易侵入，官能团不易起反应；不规整结构中分子排列疏松，试剂容易侵入，官能团容易起反应。高分子的化学反应，有些是破坏性的，如高分子光降解、高分子热降解、高分子氧化等，它们使高分子材料老化，性能变坏，以致最后不能使用。

高分子性能　高分子与小分子不同，具有强度、模量，以及黏弹、疲劳、弛豫（松弛）等力学性能，还具有透光、保温、隔音、电阻等光学、热学、声学、电学等物理性能。由于具有这些性能，高聚物可作为多种材料应用。高聚物的结构与加工成型的方法有关。因此，要取得高聚物的优良性能，必须采用适当的加工成型方式，使它形成适当的结构。例如，成纤的高聚物，在纺丝以后必须在特定温度下进行牵伸取向，才能达到较高强度。

高聚物的应用　**高分子材料**首先用作绝缘材料，用量至今还很大，特别是新型高绝缘材料。如涤纶薄膜远比云母片优越；硅漆等用作电线绝缘漆，远胜于传统的纱包绝缘线。由于种种新型、优异的高分子介电材料的出现，电子工业以及计算机、遥感等新技术才能建立和发展起来。**塑料**主要用于包装材料和建筑材料。高分子作为结构材料，在代替木材、金属、陶瓷、玻璃等方面的应用日新月异。它质轻、不腐、不蚀、色彩绚丽等，价廉物美，拼装方便。用于机械零件，车船材料，工业管道容器，农用薄膜，包装用瓶、盒、纸，建筑用板材、管材、棒材等。还可用于医疗器械，家用器具，文化、体育、娱乐用品，儿童玩具等。合成纤维的优越性，如轻柔、不皱、强韧、挺括、不霉等，也为天然纤维棉、毛、丝、麻等所不及，尤其重要的是它们不与粮食争地。**合成橡胶**不受地区的限制，而且其各个品种各有比天然橡胶优越之处。

一般认为高分子材料强度不高、耐热不好，这是从常见的塑料得到的印象。现在最强韧的材料，不是钢，不是钛，不是铍，而是一种用碳纤维和环氧树脂复合而成的增强塑料。耐热高分子，已经可以长期在300℃使用。航天技术中，火箭或人造卫星壳体从外部空间回到大气层时，速度高，表面温度可达5 000～10 000℃。没有一种天然材料或金属材料能经受这种高温，但增强塑料可以胜任，因为它遇热燃烧分解，放出大量挥发气体，吸收大量热能，使温度不致过高；同时，塑料不传热，仍可保持壳体内部的人员和仪器正常工作和生活所需要的温度。好的烧蚀材料，外层只需损坏三四厘米，即可保全内部，完成返地任务。

研究方向　除了新高分子化合物的分子设计及合成、高分子合成与改性的新聚合反应、新聚合方法、高分子有序结构及特定凝聚态结构的控制合成或组装方法外，还应开展**功能高分子**与新材料的研究，使高分子能更好地满足能源、新材料、环境保护与医疗保健等方面的要求。

高分子老化　aging of polymer　高分子材料在加工、储存和使用过程中，由于各种因素的影响，性能和使用价值逐渐降低的现象。可归纳为：①外观的变化，出现污渍、斑点、银纹、裂缝、喷霜、粉化及光泽颜色改变等；②物理性能的变化，包括溶解性、溶胀性、流变性及耐寒、耐热、透气、透光、透水等；③力学性能的变化，如拉伸、弯曲、抗压和冲击强度及伸长率等；④电性能的变化，如绝缘电阻、介电损耗、击穿电压等。

化学老化　为不可逆的化学反应，是分子结构变化的结果，可以分为降解和交联两种类型。**降解**是指高分子受紫外线、热、机械力等因素的作用而发生的分子链断裂；交联是指高分子的碳－氢键断裂，产生的高分子**自由基**相互结合，形成网状结构。降解和交联对高分子的性能有很大的影响。降解使高分子分子量下降，材料变软发黏，拉伸强度和模量降低；交联使高分子材料变硬变脆，伸长率下降。

物理老化　不涉及分子结构的改变，仅仅是由于物理作用发生的可逆性变化。例如，有些高分子材料受潮后绝缘性能下降，但干燥后可以恢复。

原因　引起高分子老化的外在的因素包括化学的氧化作用、水分解作用，物理的热作用、光作用、电作用和机械力作用，以及生物的微生物作用等。热氧老化和光氧老化是引起化学老化的主要因素。内在的因素为高分子本身化学结构和物理状态的影响。支链高分子比直链高分子容易老化，不饱和的高分子易臭氧老化。

高分子防老化　高分子老化和防老化的研究是不能分割的，主要的防老化措施有：①在高分子中添加各种稳定剂（高分子防老剂），是防老化常用的方法；②用物理方法进行防护；③改进**聚合**和加工工艺；④进行聚合物的改性。

高凤翰　Gao Fenghan (1683～1749)　中国清代画家。字西园，号南村，别署南阜山人等。山东胶州人。曾任安徽歙县丞等。高凤翰能诗。工书法，善篆刻，喜收藏，精鉴赏，曾收藏秦汉印章及明清名家制印至万余方，各制有谱录，又收藏砚石至千百方，并制有铭词，手书后大半自行刻凿，著有《砚史》一书。尤长于绘画，多作花卉树石，笔法奔放，纵逸不拘成法。亦能画人物，造型准确，神态潇洒秀逸。右臂病发，坚持用左臂，因病一度用左臂绘画，生拗苍劲，更富奇趣，为时所称。被列为**扬州八怪**之一。有《南阜山人全集》等著作传世。

《秋山读书图》

高凤莲　Gao Fenglian (1964-10-15～　)　中国女子柔道运动员、教练员。内蒙古临河人。1983年入选国家女子柔道队。1984年获世界女子柔道锦标赛72公斤以上级亚军，无差别级季军。1985年获第2届亚洲女子柔道锦标赛72公斤以上级和无差别级冠军，并获泛太平洋柔道锦标赛72公斤以上级冠军，无差别级季军。1986年获世界女子柔道锦标赛72公斤以上级冠军，这是中国首次在世界女子柔道比赛中夺冠。1987年获世界柔道锦标赛72公斤以上级和无差别级两项冠军。1988年获亚洲柔道锦标赛72公斤以上级和无差别级两项冠军。1989年在泛太平洋柔道锦标赛和世界柔道锦标赛中均获72公斤以上级冠军。退役后曾任内蒙古女子柔道队教练。1992年任内蒙古自治区体委副主任。

高附加值产品　high value added products　附加值指产品价值扣除已消费的收购原材料、燃料、动力等的价值后的余额，相当于净产值与固定资产折旧之和。高附加值产品主要是在生产过程中科学技术含量高的产品，包括生产某种产品采用新材料、新工艺、新技术及新兴科学管理方法，耗费的原材料和人工成本费都相对低的产品。在**国际贸易**中，高附加值产品的产量逐年增加，其产品的竞争力远远大于一般工业制成品。

高岗　Gao Gang (1905～1954-08-17)　原中华人民共和国中央人民政府副主席、中国共产党中央政治局委员。生于陕西怀远（今陕西横山），卒于北京。1926年加入中国共产党。1927～1931年在国民党西北军中开展兵运工作，任中共陕西省委候补委员、甘肃特派员。1932年后任陕甘工农红军游击队队委书记，陕甘边红军临时总指挥部政委，红26军42师政委、军政委，参加创建陕甘红军根据地。1935年任西北革命军事委员会副主席兼前敌指挥部政治委员、红15军团副政委。1938年后任中共陕甘宁边区区委书记，陕甘宁边区参议会参议长，中共陕甘宁边区中央局书记、西北局书记。1945年当选为中共七届中央政治局委员。同年到东北，历任北满军区司令员、中共中央东北局副书记、东北民主联军副政委、东北人民解放军第一副司令员兼副政委、中共中央东北局书记、东北人民政府主席、东北军区司令员兼政委。中华人民共和国建立后，历任中央人民政府副主席，中央人民政府计划委员会主席兼东北行政委员会主席。1953年调到北京后，为满足个人野心，在党内制造分裂活动。1954年2月被中共七届四中全会予以揭露和批判。8月17日自杀身亡。1955年3月中共全国代表会议通过决议，开除其党籍。

高更 Gauguin, Paul (1848-06-08～1903-05-09) 法国画家。继**印象主义**之后在法国画坛上产生重要影响的艺术革新者，与V.凡高、P.塞尚等被称为**后印象主义**代表人

图1 《自画像》

物。生于巴黎，卒于太平洋马克萨斯群岛(法)阿图奥纳岛。童年在秘鲁利马度过，幼年丧父，后随母回法国。1871年做证券经纪人。这时，作为业余画家，他迷恋和收集印象主义画家的作品，并且参加了1880～1886年的印象主义展览。1883年成为职业画家，几经周折后与家庭决裂。1886～1890年到法国布列塔尼有艺术传统的古老村庄蓬塔旺和勒普尔迪生活和创作，组织了蓬塔旺画派的社团，不久解散。1888年，应凡高之邀到阿尔勒与其合作，但由于艺术志趣不一不欢而散。1891年，他到南太平洋的塔希提岛(法)生活和创作。

图3 《布道后的幻象》

1893年因经济拮据回到巴黎。1895年重返塔希提，由于健康状况的恶化和巴黎方面经济支持的中断，1897年自杀未遂。1901年，迁居到阿图奥纳岛，直至病故。

高更早期作品的手法接近毕沙罗的风格。1885年之后，特别是在塔希提岛之后，个人风格逐渐形成。这种风格的特点是：①含有浓厚的象征性。**象征主义**的文艺思潮于19世纪80年代末期在法国流行，1891年2月，众多象征主义艺术家和诗人在巴黎聚会，宣称他们的会晤“标志着象征主义的黄金时代和顶峰”，高更被推崇为象征主义画家。受象征主义美学观念的驱使，他愈来愈不满足印象派的绘画，认为他们画的是眼睛所看到的东西，不是心灵深处的东西。他认为艺术是一种抽象。《我们来自何方？我们是什么？我们走向何方？》(1897)就是典型的象征主义作品，是他自杀未遂后在塔希提岛创作的。他用梦幻的记忆形式，把观者引入似真非真的时空延续之中。在长达4.5米的大幅画面上，从左到右意味着从生命到死亡的历程。树木、花草、果实，一切植物象征着时间的飞逝和人的生命的消失。②追求艺术表现的原始性。高更一再强调要创造出原始的、本能的和暗示的艺术。他赞美原始艺术所含有的质朴、天真的情趣和神秘感。他画的《两个塔希提妇女》(1899)，含有精致的趣味性和艺术魅力。③追求色彩的平涂法，以取得综合性的效果。他被当地的原始生活方式所陶醉，在色调运用上倾向于融合为单一的调子，以取得平面的色彩效果。《布道后的幻象》(1888)，是采用这种艺术处理的代表作之一。高更将人物安排在一个不大真实的、但生动的深红色背景

图2 《我们来自何方？我们是什么？我们走向何方？》

之上，色彩是大面积的平涂，与印象主义的小笔触技法趣味迥然不同。这种技法，在西方绘画史上称作综合主义，其特征是用平涂的表面、强烈的轮廓线以及主观化的色彩来表现经过概括和简化了的形，不论是形或色彩，都服从于一定的秩序，服从于几何形的图案，从而取得音乐性、节奏感和装饰效果。

高更的理论和实践影响了一些使用象征语言的画家，他们组织起的艺术社团纳比派，推动了象征艺术的发展。高更对于20世纪的现代派艺术，特别是对**超现实主义**有重要影响。

高功率微波武器 high-power microwave weapon 利用定向发射的高功率微波射束毁坏电子设备和杀伤人员的定向能武器。又称射频(RF)武器。与传统武器相比，它具有隐蔽性强、作用范围大、速度快、产生的附带损伤小、对攻击目标方向性要求低和能攻击多点目标等特点。

高功率微波武器通常由能源、脉冲功率源、脉冲调制系统、高功率微波源和定向辐射天线等组成。其辐射频率一般为1～30吉赫兹，功率在1吉瓦以上。发射的高功率微波射束通过作用目标上的天线等接收装置进入目标内部，也可以在目标没有屏蔽好的部位（如缝隙）感生出电压或电流进入目标内部，利用电场击穿或热烧毁的方式毁坏电子元件和系统，达到干扰电子设备和破坏通信、指挥与控制系统的效果。

根据不同的辐射频谱宽度，高功率微波武器可分为窄带和宽带两种。前者波束较窄，能量集中，能造成电子器件的结构性损坏，杀伤效果较好；后者又称电磁脉冲武器，其辐射带宽几乎和中心频率一样，波束较宽，攻击范围大，通常用于软杀伤。高功率微波武器有一次性使用的微波弹和能重复发射的微波武器系统两种类型。有常规炸药激励和核爆激励两种。能重复发射的微波武器系统可以使用普通电源，并且能够进行再瞄准多次打击同一目标。

高拱 Gao Gong (1512～1578) 中国明朝嘉靖、隆庆时大臣。字肃卿，号中玄。河南新郑人。嘉靖进士。穆宗为裕王时，任侍讲学士。嘉靖四十五年(1566)以徐阶荐，拜文渊阁大学士。穆宗即位后，以帝旧臣，数与首辅徐阶相抗。科道官借此相互攻讦，高拱不自安，乞归。隆庆三年(1569)冬，召还授大学士兼掌吏部事，颇得宠信。次年，俺答汗之孙把汗那吉来降，高拱与**张居正**力排众议，使封贡得以成功，因进少师兼太子太师、尚书、大学士，后进柱国，中极殿大学士。六年春，帝病危，召高拱、张居正、高仪3人受顾命。明神宗即位后，

高拱以主幼，欲收司礼监之权，还之于内阁。与张居正谋，但张居正在太后前责高拱专恣，致被罢官。万历六年死于家中。七年，赠复原官。著作有《高文襄公集》。

高句丽 Koguryo 又作高句骊、句丽或高丽。汉元帝建昭二年（公元前37），高句丽在汉朝玄菟郡境内建国，初都纥升骨城（今中国辽宁省桓仁县五女山山城），后迁都国内城（今中国吉林省集安市）。同时为了加强防卫，又于城北修筑尉那岩城（后称丸都）。东汉时，其活动范围扩大，北至大余南界（今浑江上游一带），南抵萨水（今朝鲜清川江），东向征服沃沮（在今朝鲜狼林山脉以东），濒临日本海，西达第二玄菟郡（今辽宁省新宾县）一带。公元1世纪中叶，高句丽王宫在位时，发兵进攻东汉玄菟郡，迫使该郡治所自今新宾西迁至今抚顺市区一带。其后高句丽逐渐扩张势力，中原人多有迁徙或并入其境内者，国势日盛。

建安二年（197）辽东公孙政权与高句丽发生战争，高句丽溃败，国内城被毁。三年，高句丽复兴，山上王扩建尉那岩城（或称丸都山城），修筑大型宫殿。九年，公孙康乘高句丽统治者争夺王位之际，出兵东向，攻破其王都，迫使新王伊夷模东迁。

从东汉末到魏晋时代，由于高句丽迭遭公孙氏、毌丘俭、慕容皝等多次打击，国都屡遭焚毁，活动范围日蹙，邻近日本海的沃沮等地被曹魏夺回。

北魏始光四年（427），长寿王将都城由国内城迁到大同江畔之平壤。到了5世纪30～70年代，高句丽活动范围大致北到夫余内地（今第二松花江上游一带），南达今韩国汉江以南，西濒辽河，东临日本海。

高句丽移都平壤后，与半岛南部的百济、新罗形成三足鼎立的局面。三国之间攻城略地，征战不已。

南北朝时，高句丽一直与中原北朝各王朝通使往来，奉表进贡方物，接受册封。北魏一代，凡高句丽王嗣位，一般皆拜封为都督辽海诸军事、征东将军、领护东夷中郎将、辽东郡开国公、高句丽王，或有加使持节者。北齐乾明元年（560）封其王为高丽王，自此高句丽也称高丽。

隋朝建立后，与高句丽多有战事。从6世纪中叶以后直至高句丽灭亡，高句丽的东、西、北部的活动范围没有太大变化，南部发生了很大变化，其西段控制线大体在以北汉山城为中心的汉江下游流域，东段当在今朝鲜江原道安边一带。

唐贞观十六年（642），高句丽西部大人渊盖苏文拥兵政变，又联合百济对抗新罗。新罗处境危殆，遂请唐朝干预。贞观十九年，**唐太宗李世民**亲征高句丽，双方互有胜负。高宗总章元年（668），唐将**李勣**率大军攻占平壤，高句丽亡。唐于其地置安东都护府（府治在今朝鲜平壤市）。

高句丽遗迹 Remains of Koguryo 中国辽宁和吉林省的高句丽族遗迹。清朝末年，集安的高句丽《好太王碑》引起学界重视。20世纪40年代，日本人在集安进行调查和挖掘。1949年后，中国的文物单位对各地的高句丽遗迹作了调查和发掘。2004年，高句丽王城、王陵及贵族墓葬作为文化遗产被列入《世界遗产名录》。

古城有平原城和山城之分。早期多山城，其后常是下有平原城，旁侧山上设山城。山城中五女山山城年代较早，可能是早期的都城纥升骨城。此城位于桓仁东北7千米的五女山上，下临浑江。南北长1 000米，东西宽300米，南有城门。平原城以国内城为代表。此城平面呈长方形，城墙以石砌筑，有瓮城、角楼和垛台。西有洞沟河，另外三面设壕沟。为了防御，在城西北筑丸都山城，并在通往国内城的南道筑霸王朝山城和望坡岭关隘，北道筑关马墙山城，以拱卫都城。

五女山山城远眺

墓葬有石墓和土墓两类，以桓仁、集安最为集中。桓仁墓群时代较早，均为积石墓。集安墓群时代较晚，先为积石墓，后为封土墓。王室、贵族的封土墓构制宏敞，坟垄高大，其中有不少精美的壁画。内容有墓主人生活画、四神，以及反映佛教内容的莲花、佛像、飞天、菩萨等，从内容和形式能看到中原文化对高句丽的影响。在积石墓中出土战国西汉时期的铜钱。所出铜、铁器与汉魏时期中原地区的形制相同。

高红移星系 high-redshift galaxies 光谱向红端移动相对值较高的星系。在给定的宇宙模型中，星系的红移z越大，距离就越远，观测起来也就越困难。帕洛马山天文台5米望远镜运行十多年后，至20世纪60年代发现的**星系**最大红移只有0.46（**射电星系**3C295）。1963年，M.施密特将3C273光谱中的一组发射线证认为红移等于0.158的氢巴耳末线，认识到如果红移来自宇宙膨胀，这个貌似**恒星**的天体（**类星体**）就不是在**银河系**中，而是在遥远宇宙深处，且光度超过整个星系。多色测光法是发现高红移类星体的主要方法。它于1987年1月首次发现红移大于4的类星体Q0046-293以后，囊括了至1998年7月底发现的红移大于4的60多个类星体的60%。斯隆数字巡天（SDSS）项目显示了多色法寻找高红移类星体的巨大威力。它发现的类星体已达1万以上，超过了过去30多年全世界发现的总数，囊括了红移6以上的前8名。最高为6.42。

高欢 Gao Huan（496～547） 中国南北朝时期东魏权臣，北齐的实际创建者。小字贺六浑。渤海蓨县（今河北景县东）人。其子高洋称帝后，追尊为高祖。高欢的先祖因犯罪徙居怀朔镇（今内蒙古固阳西南），世居北边，生活习俗鲜卑化。六镇起义爆发后，他先后投靠杜洛周和葛荣；后脱离义军投尔朱荣，任晋州刺史。葛荣失败后，他收编葛荣余众，以山东的冀、定、相诸州（今河北及河南北部）为自己的据点。同年，尔朱荣被魏孝庄帝杀死后，尔朱氏族人控制朝廷。普泰元年（531），高欢起兵声讨尔朱氏，在信都（今河北冀县）拥立元朗为魏帝（后废帝）。永熙元年（532）夺取邺城，大败内部不和的尔朱氏联军，进入洛阳，废尔朱氏和他自己所立的两个皇帝，另立孝武帝元修。自任大丞相、太师、世袭定州刺史，随即平定并州，在晋阳建立大丞相府。东魏的建立，他起到了决定性的作用。

高欢为人深沉，富于机谋。善用人，不问地位高低，唯才是举。治军严明，将士乐为效死。孝武帝想依靠据有关陇的宇文泰以消灭高欢，计划不成，于永熙三年逃奔长安。高欢在洛阳立孝静帝元善见，是为**东魏**。535年，宇文泰杀孝武帝，立文帝元宝炬，是为**西魏**。东西魏皇帝，实际是高欢、宇文泰分别操纵的傀儡。

魏分东西后，彼此抗争，**柔然**的倾向对东西魏有举足轻重之势。高欢娶柔然公主，表示对柔然结交求和。孝静帝即位，高欢即决定迁都于邺，他多次与西魏作战，双方各有胜负。武定四年（546），高欢悉举山东之众攻西魏，围攻玉壁（今山西稷山西南）50余日不下，士卒战死病死者7万人，被迫退军。高欢发病。次年高欢卒。

高技术 high technology 对国家的军事、经济有重大影响，具有较大的社会意义或能形成产业的新技术或尖端技术。曾称高新技术。高技术一词20世纪60年代源于美国。1981年，美国创办《高技术》月刊。高技术具有创新性、智力性、驱动性、战略性、风险性、时效性等特征。

中国政府鼓励发展的高技术包括：①微电子科学和电子信息技术；②空间科学和航空航天技术；③光电子科学和光机电一体化技术；④生命科学和生物工程技术；⑤材料科学和新材料技术；⑥能源科学和新能源、高效节能技术；⑦生物科学和环境保护技术；⑧地球科学和海洋工程技术；⑨基本物质科学和辐射技术；⑩医药科学和生物医药工程；⑪其他在传统产业基础上应用的新工艺、新技术。

高技术产业 high-tech industry 以高新技术为核心而形成的生产体系。见**高新技术产业**。

高季兴 Gao Jixing (858～929) 中国五代十国时南平的创建者。字贻孙。陕州峡石（今河南三门峡东南）人。为富人家僮，后随其主为朱温部将。唐末，朱温势力已扩大至荆州。后梁开平元年（907），朱温即帝位后，派高季兴赴任荆南节度使。荆南镇旧辖10州（一作8州），唐末，为邻道侵夺殆尽。高季兴到镇时，仅得江陵一城。季兴招集亡散军民，又收用以唐进士梁震为首的文武官作辅佐，暗中准备割据。乾化四年（914），后梁封季兴为渤海王。后唐同光元年（923），李存勖灭后梁，季兴入朝洛阳。次年，受封为南平王。后唐灭前蜀以后，季兴得到归、峡二州。季兴还一度控制了夔（今四川奉节东）、忠（今四川忠县）、万（今四川万县市）三州，但很快又被后唐取回，故南平是十国中最小最弱之国。但因南平特殊的地理位置和复杂的政治、经济关系，高季兴得以长期割据一方。他死后，高氏父死子嗣，兄终弟及，直至963年才被宋灭亡。

高济宇 Gao Jiyu (1902-05-23～2000-04-29) 中国有机化学家。字恩波。生于河南舞阳，卒于江苏南京。1923年考取河南省官费留美，入美国华盛顿大学电机系学习，

1927年转入伊利诺伊大学研究生院攻读有机化学，获博士学位。1931年回国后任中央大学化学系教授。1949年后，历任南京大学化学系教授、理学院院长、教务长和副校长。1980年当选中国科学院学部委员（院士）。在有机合成、有机反应和二酮的研究方面，取得了一些重要成果，并在立体化学和化学反应机理等方面做了许多研究工作。他编写的《有机化学》(1960)为全国统编教材；发表论文20余篇。

高加索 Caucasus; Kavkaz 亚欧大陆黑海与里海之间的广阔地区。北起捷列克河及库班河，南至亚美尼亚、阿塞拜疆边境。面积约44万平方千米。大高加索山脉自西北向东南横贯中部，北侧常称北高加索或前高加索；南侧则称南高加索或外高加索。境内以山地为主，山地与河谷平原和低地交互分布。大高加索山脉山势陡峻，大部海拔3 000～4 000米，最高峰厄尔布鲁士山海拔5 642米，成为亚、欧两洲分界线的一部分。在大高加索山脉以南，横亘着大体与其平行的小高加索山脉，长约600千米，海拔1 500～2 000米，最高峰吉亚梅什山，海拔3 724米，小高加索山以南至伊朗、土耳其边境，为亚美尼亚高原的东北部，海拔2 000～3 000米，最高峰阿拉加茨山，海拔4 090米。在大、小高加索山脉之间，有科尔希达低地和库拉-阿拉克斯低地。前者长约100千米，海拔150米；后者长约250千米，海拔200米以下。在小高加索山脉与亚美尼亚高原间，有著名的高山湖泊塞凡湖（面积1 260平方千米，湖面海拔1 903米，深83米）。此外，连科兰低地部分地区甚至低于海平面。大高加索山脉的垂直地带分异明显。

多火山、地震。自然资源丰富。如大高加索山北坡地区的石油、天然气，大、小高加索山的煤、铁、锰、铜、铅、锌、钼、银、汞、明矾石以及森林和水力资源等。矿泉水和温泉资源分布较广。

地处温带和亚热带过渡区域，北高加索属温带大陆性气候。受大高加索山脉的屏障作用，黑海沿岸（含科尔希达低地）属亚热带湿润气候。茶叶、柑橘类（柠檬、橘、橙）、油桐、无花果等亚热带作物种植较广。里海沿岸的库拉-阿拉克斯及连科兰低地为亚热带干旱气候。

高加索地区共有50多个民族，其中人口超过百万的有俄罗斯、阿塞拜疆、格鲁吉亚和亚美尼亚人。总人口约3 000万。经济基础尚好。主要工业部门有石油、天然气开采、加工与石油化工，矿冶，机械制造，食品工业。电力、轻工、建材工业也较重要。交通以铁路为主，海运、管道及航空运输较发达。主要城市有：**第比利斯**、**巴库**、**埃里温**、克拉斯诺达尔、斯塔夫罗波尔及格罗兹尼等。

高加索人种 Caucasoid race 世界四大人种之一。又称欧罗巴人种、欧洲人种、欧亚人种、印欧人种或白色人种，俗称白种人。16世纪以前分布在欧洲、北非、中东和印度次大陆。16世纪以后，美洲和大洋洲也逐渐成为主要分布区。典型体质特征：肤色很浅（北非埃塞俄比亚人种、近东阿拉

高加索人种女性

伯人种和南亚北印度人种肤色相当深）；头发柔软，直式或卷曲，有黄、红、棕、黑等多种颜色；眼睛多色，从瑞典人的蓝色至希腊人的棕色；高鼻梁、鹰钩状鼻尖者多；口小唇薄；颧骨和颌部均不前突；男子胡须浓密，男女体毛均十分发达，男子秃顶者多等。Rh阴性血型出现率高（25%～46%）。A_2型血型的人不少（最高达37%）。分为五大族群：①西北欧人种，居住欧洲西部、北部的居民。②东北欧人种，居住欧洲东部、东北部的居民。③阿尔卑斯人种，居住法国、中欧地区居民。④地中海人种，居住地中海两岸居民，东至阿拉伯半岛、伊朗南及非洲北部、西北部。上述四个族群大致构成欧洲地理人种。⑤印度人种，包括居住印度、巴基斯坦、孟加拉和斯里兰卡的居民，相当于印度地理人种。

高加索语系 Caucasian family 分布于黑海和里海之间高加索山区的许多语言。其数量众说不一，从30种至40种不等。使用人口约500万，其中大多数居住在格鲁吉亚。分南、北两个语族。南部语族有**格鲁吉亚语**、明格雷利亚语、拉兹语和斯凡语，它们的语音比较一致，只是元音系统有些不同，除斯凡语外，元音没有长短的区别。辅音丛很常见。语法屈折形式很多，动词分人称、数、时、体、语气、语态、使役和确定主宾关系的特殊格式。名词性的词有格的变化，其数目从6～11个不等，不分性别；也没有特别的冠词。基本语序是主-宾-动，但主-动-宾型也常见。南部语族诸语言有共同的词汇。北部语族分西北和东北两个语支。西北语支的主要语言是卡巴尔达语，此外，还有阿布哈兹语、阿迪格语等。东北语支约有30种语言，主要是**车臣语**和印古什语，此外，还有阿瓦尔语、莱兹金语、拉克语、达尔金语、列兹古语和塔巴萨兰语等。西北语支诸语言的特点是：元音少，辅音多。名词系统非常简单，动词变位比较复杂。名词的领属关系用代词性前缀表示。动词的特点是：多为多式

综合词，即不同的词结合在一起，构成复合词，作为一个完整的陈述。语序多为主－宾－动。东北语支诸语言的特点：语音系统的成分丰富，基本元音有5个。在车臣语中，元音系统复杂，区别性元音达30个。词法的共同特征是按类别划分名词，名词格的变化繁多。语序多为主－宾－动。高加索语系主要的语言都采用以西里尔字母为基础的文字。

高甲戏 gaojia opera 中国戏曲剧种。又称戈甲戏、九角戏。流行于福建南部闽南方言地区、台湾及东南亚各国华侨聚居地。明末清初，闽南民间迎神赛会时，乡人常装扮梁山人物，作简短武打表演。到了清代中叶，渐有故事情节，出现了由儿童业余演出梁山故事的组织，人称“宋江仔”。随后便有了成年人组成的专业戏班，称为“宋江戏”。南安县岑兜乡宋江戏班和一“竹马戏”的艺人吸收了木偶戏及外来剧种的剧目和表演艺术，突破了只演宋江故事和武打表演的局限，演出剧目有文有武，自称为“合兴班”。到清末，又先后受昆腔、徽戏、弋阳腔和京剧的影响，很快得到丰富提高，成为具有独特风格的地方剧种。高甲戏武打多仿效京戏。生、旦的表演则多吸收梨园戏的技艺。丑是高甲戏很重要的行当。在传统剧目中，丑戏占有一半。丑行有公子丑、破衫丑、大服丑、傀儡丑、傻丑、女丑，其中又分长短衫、正反面、老与少。音乐曲牌大都取自南音和木偶戏曲调。伴奏乐器分文乐和武乐，武乐有大小鼓、百鼓、大小锣、大小钹、小叫、响盏；文乐有琵琶、大小唢呐、二弦、三弦、品箫、洞箫等。

高剑父 Gao Jianfu (1879-10-12～1951-06-22) 中国画家、美术教育家。岭南画派创始人之一。名伦，字剑父，以字行。生于广东番禺，卒于澳门。14岁开始学画。1906年东渡日本深造，以卖画为生，后毕业于东京美术学校。赴日本初期参加了同盟会，两年后归国，任广东同盟会会长，从事民主革命活动，并与陈树人、高奇峰等人先后创办《时事画报》、《真相画报》及审美书馆，宣传革命主张，倡导美育，推行中国画的革新运动。1930年到印度、斯里兰卡等地考察，举办个人画展，宣讲中国美术。其画多次参加国际展览，引起欧美画坛的重视。晚年主要从事美术教育，先后创办了春睡画院、南中美术专科学校、广州市立美术学校，并担任中央大学、中山大学教授，培养了方人定、关山月等一大批人才。高剑父一生不遗余力地提倡革新中国画，反对将传统绘画定于一尊，强调兼容并蓄，取长补短。在创作上，他对人物、山水、花鸟均有很高造诣，其画笔墨苍劲奔放、充满激情。他还长于书法，喜用鸡毫笔，风格雄厚奇拙。

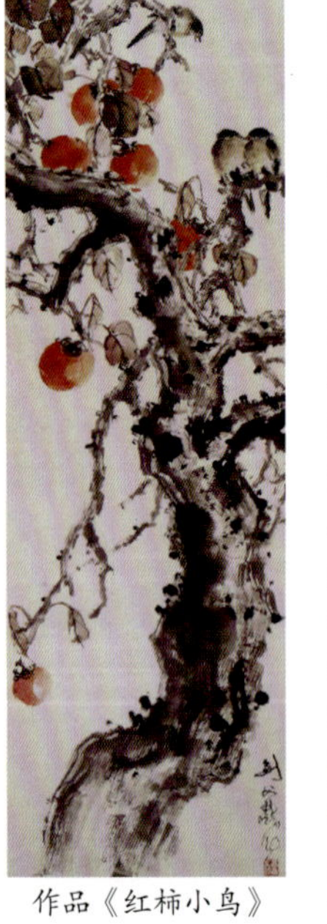
作品《红柿小鸟》

高景德 Gao Jingde (1922-02-05～1996-12-24) 中国电工专家、电工教育家。生于陕西佳县，卒于北京。1945年西北工学院毕业后入西安发电厂工作。1951年，在苏联列宁格勒加里宁工学院电机系攻读研究生，1956年获苏联技术科学博士学位。同年回国，历任清华大学教授、研究生处处长、副校长、校长；中国电工技术学会理事长、中国电机工程学会副理事长，1985年被选为中国电气与电子工程师学会特级会员。1980年当选为中国科学院学部委员（院士）。他领导的研究小组在世界上首次研制成大型发电机线性最优励磁控制器，并分别于1986、1988、1989年在10万千瓦、23万千瓦、30万千瓦大型发电机组上投运成功，处于国际领先地位；1989年率先发表一组关于电力系统非线性控制的论文，在国际上被誉为这一领域的新贡献；创立了电机多回路理论，在葛洲坝水电站和龙羊峡电站的电机内部故障保护装置设计中得到应用；提出的电机参数在线测算方法，使测算成功率高于国际一般水平；在电力系统过渡过程分析中，提出了系统暂态全过程中不同阶段的数学模型相互转移和对接的新方法，解决了长过程数字仿真中计算精度与速度间的矛盾。主编了《电力系统动态模拟论文集》。著有《同步电机理论及其运行方式的分析（复数分量法）》、《交流电机过渡历程和运行方式的分析》、《电机过渡过程的基本理论及分析方法》（上、下册）、《串联电容引起电动机自激》。

高觉敷 Gao Juefu (1896-11-06～1993-02-15) 中国心理学家。又名高卓。生于浙江温州，卒于江苏南京。早年就学于北京高等师范学校和香港大学教育系，毕业后在上海暨南学校教授心理学。1933年转任广东襄勤大学教育系主任和中山大学教育研究所心理学部主任。1978年任中国心理学会副理事长。主要致力于西方现代心理学流派的研究与翻译，以及中国古代心理学思想的研究。早期著作有《心理学名人传》(1933)、《群众心理学》(1934)、《现代心理学》(1935)、《教育心理学》(1946)；译著有E.G.波林的《实验心理学史》，S.弗洛伊德的《精神分析引论》、《精神分析引论新编》，K.科夫卡的《心之发展》，W.克勒的《格式塔心理学》等；后期的编著有《西方近代心理学史》（主编，1982）、《中国古代心理学思想研究》（论文集，1983，与潘菽共同主编）、《中国心理学史》（主编，1985）、《高觉敷心理学论文选》(1986)；论文有《心理学的历史经验教训》(1979)、《我的五十多年的心理学工作的回忆》(1980)、《西方近代心理学史的总结与展望》(1981)等。

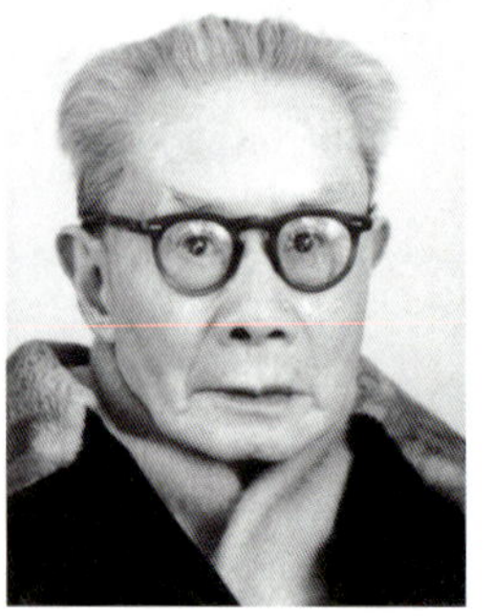

高君宇 Gao Junyu (1896～1925-03-05) 中国共产党早期活动家。山西静乐人。卒于北京。原名高尚德，字锡三。早年参加中国同盟会。1916年考入北京大学理科预科。1918年北洋政府与日本签订卖国的《中日共同防敌军事协定》，高君宇和北京高校两千余人到公府请愿。五四运动中为北京大学学生会负责人之一，演出了“痛击章宗祥，火烧赵家楼”的壮丽一幕。1920年与邓中夏等组织马克思学说研究会，同年参加北京共产主义小组。1922年初赴苏参加远东各国共产党及民族革命团体第一次代表大会，受到V.I.列宁的接见。1922年5月出席了在广州召开的中国社会主义青年团第一次代表大会，与蔡和森等一起制定团纲，当选为第一届团中央执行委员。1924年在太原正式成立山西第一个中国共产党的组织，同年赴广州参加国民党第一次全国代表大会。后任孙中山秘书，参加平定商团叛乱。1925年3月初抱病参加孙中山在北京召开的国民会议促成全国代表大会，同月5日病逝。

高克恭 Gao Kegong (1248～1310) 中国元代画家。字彦敬，号房山。大都（今北京）

《云横秀岭图》(台北“故宫博物院”藏)

房山人。青少年时接受汉文化教育。官至大中大夫。曾多次任职江南，遍游山川。善画山水、墨竹。作品元气淋漓，天真烂漫，与赵孟頫有“南赵北高”之称。主要传世作品有《云横秀岭图》、《春山晴霭图》、《墨竹坡石图》、《春云晓霭图》等。《云横秀岭图》，绢本，设色，画云山烟树、溪桥亭屋，用笔凝重苍浑，墨色淋漓酣畅。《墨竹坡石图》，纸本，水墨，画浓淡雨竹两竿，表现竹子在烟雨迷蒙中亭亭玉立的潇洒姿态，笔法凝练，墨气清润。

高空杂技 altitude acrobatics 中国杂技门类之一。演员在高达一二十米乃至更高的空中表演走钢丝、秋千飞人、火箭飞人、蹦床飞人等技巧和组合动作，习称高空杂技。早在汉代就有“凌高履索”的文献记载，画像石也发现过多幅空中表演杂技的场面。后来又出现了吊子、上刀山、大秤杆、老杆、达瓦孜等项目。19世纪末20世纪初，孙福有等杂技家又从欧洲带回大飞人、十字飞人、空中座椅等国际流行的高空杂技。20世纪50年代以来，随着国家杂技团的建立和国际杂技交往的增多，高空杂技得到了蓬勃发展。现代的高空杂技节目可分为三大类。第一类是从地面支起高架进行高空表演，如高空走索、上刀山、老杆等。第二类是由五六人至十来人组成的集体表演翻腾、飞越及抛接技巧，如秋千飞人、浪桥飞人、蹦床飞人、火箭飞人等。第三类是高空吊挂造型，20世纪50年代末齐齐哈尔马戏团的《空中体操》、上海杂技团满开兰、姚振才的《空中吊环》，以及20世纪下半叶新兴的皮条、绸吊等即属此类。

高锟 Kao, Charles (1933-11-04～) 美国物理学家。生于中国上海。1948年移居香港。1957年获伦敦大学理学士学位，1965年获博士学位。历任标准电话和电缆公司工程师，标准电信实验室主任研究工程师，香港中文大学校长。现致力于开发电信与信息工作。美国国家工程科学院院士(1990)。台湾“中央研究院”院士(1992)。1996年当选为中国科学院外籍院士。1964年提出在电话网路中以光代替电流，以玻璃纤维代替导线。1966年在标准电话实验室与何克汉共同提出光纤可以用作通信媒介。计算出如何使光在光导纤维中进行远距离传输。为此，他获得2009年诺贝尔物理学奖。他还在电磁波导、陶瓷科学（包括光纤制造）方面获28项专利。

高朗亭 Gao Langting (1774～?) 中国清代徽班演员。工花旦。艺名月官。安徽安庆人，祖籍江苏宝应。17岁随三庆徽班来北京，声名鹊起。30岁时任三庆班主。此时，三庆班已与四喜、春台、和春三班并列，史称四大徽班。高朗亭的表演，一颦一笑，一举一动，表现女性神情，无不生动逼真，给人以“耳目一新，心脾顿豁”之感。能演的戏很多，但仅《傻子成亲》留下了剧名。曾任北京戏曲艺人的行会组织精忠庙庙首（又称会首）。1827年与春台班主陈孔荪、程御铨一起主持重修北京崇文门外由戏曲艺人自行筹资设立的安庆义园。1834年，三庆班由陈金彩任班主，高朗亭或已去世。

《高老头》 *Le Père Goriot* 法国作家H.de巴尔扎克的小说。1834年出版。高老头是个乘饥荒之机发财的面条商，他给了女儿们每人80万法郎的陪嫁，使大女儿成了伯爵夫人，小女儿成了银行家夫人。可女儿婚后仍搜刮他的钱财，随着他的钱越来越少而对他日益冷淡。最后他一文不名，被她们逼得中风，看到女儿都去参加舞会了，他临终时终于明白女儿们从来没有爱过他，只是爱他的金钱。作品通过典型人物高老头的一生和悲惨的结局，控诉了资本主义社会里拜金主义对人性的腐蚀，具有普遍的现实意义。

高力士 Gao Lishi (684～762) 中国唐朝玄宗时当权宦官。潘州（今广东高州）人，本姓冯。少年被阉，圣历元年(698)入宫。武则天以其聪慧，令给事左右。一度被逐，被宦官高延福收为养子，遂冒姓高。后复入宫，为宫闱丞。李隆基为藩王时，他倾心附结，参与宫廷政变立功。后隆基（唐玄宗李隆基）即位，力士深得信任。力士常宿禁中，四方进奏文表，必先过目，小事便自行裁决。太子李亨（后为肃宗）呼之为二兄，诸王、公主呼之为阿翁，驸马辈呼之为爷。他的资产富过王侯。力士言行谨慎，竭力辅佐玄宗整肃朝政，在一些重大问题上，敢于直谏，对玄宗晚年用人行政有一定的积极作用，安史之乱中，他随玄宗奔西川，西京长安收复后返回。肃宗上元元年(760)，因保护禅位的玄宗，为当权的宦官李辅国所恶，被流放巫州（今湖南黔阳西南）。宝应元年(762)赦还，至朗州（今湖南常德）卒。

高丽 Koryo 朝鲜封建王朝。王建所建。疆域基本在今朝鲜半岛。首都开京（今开城）。

新罗末年，新罗王族弓裔建立泰封国。918年，泰封部将王建杀弓裔自立，改国号为高丽。935年灭新罗，936年灭后百济。高丽建国后即向北扩张，将统治范围扩大到鸭绿江下游东岸，统一朝鲜半岛。10世纪末至11世纪初，为争夺鸭绿江以南的渤海国故地，高丽同契丹进行了3次较大规模的战争，击退契丹。12世纪初，在东北与女真人进行了长达数年的战争，无功而返。13世纪中叶起，曾数次击退蒙古军的入侵，但最后被蒙古征服。元末农民大起义推翻元朝统治后，高丽始摆脱蒙古的控制，但因权臣跋扈、倭寇侵扰，其统治已处于风雨飘摇之中。1388年，大将李成桂自鸭绿江中的威化岛回师开京，发动政变，夺取政权。1392年废高丽末代王恭让王，自即王位，高丽王朝遂亡。

高丽王朝前期经济的发达也带来文化的繁荣。高丽以佛教为国教，在全国各地广建寺院，并赐予大量土地。儒学也很兴盛，国家兴办学校，设书学博士和国子监，958年又开始实行科举制度。高丽王朝的学术也有发展，比较突出的是史书编纂，《三国史记》、《三国遗事》即成书于这一时代。在印刷方面，在中国活字印刷技术的基础上，发明了金属活字。

高利贷 usury 榨取高额利息的贷款。是高利贷者以贷放货币或实物榨取高额利息的剥削方式。产生于原始社会瓦解时期，盛行于奴隶社会和封建社会。其特征是利息率极高。高利贷者不仅占有农民和手工业者的剩余劳动，而且常常占有他们的必要劳动。高利贷的贷放对象大部分是生活贫困的手工业者、农民等小生产者。贷放结果是加速小生产者的破产，使财富日益集中于少数人手中。在资本主义社会，现代信用已占主要地位，高利贷逐渐失去其作用，但少量的高利贷仍然存在。中华人民共和国建立前，地主、富农、商人、官僚都兼营高利贷，形式繁多，有印子钱、驴打滚、放青苗等。

高粱 *Sorghum vulgare*; sorghum/broomcorn 禾本科高粱属的一种。一年生草本植物。又称蜀黍、秫秫、茭草、茭子、芦穄、芦粟等。主要粮食和饲料作物之一，也是中国酿造工业的重要原料。现在世界热带和温带的90多个国家栽培高粱，主要的生产国有美国、印度、阿根廷、中国、墨西哥、尼日利亚、苏丹、澳大利亚等。中国主产区集中在东北、华北和西北地区。

类型 按用途可分为粒用、糖用、饲用和工艺用高粱。子粒主要供食用或饲用的高粱属粒用高粱。茎秆多汁、含糖丰富的类型属糖用高粱，用于制糖浆和糖。饲用高粱是指专用作饲草的高粱，如中国的茭草。工艺用高粱多系茎秆柔韧、色泽鲜艳和穗分枝很长的类型，用于编织和扎制扫帚或炊帚。

形态和特性 植株高大坚实，茎秆直立，高0.5～2.5米。分蘖节常生有分蘖，其上各节均可生分枝。叶片狭长，一般有10～20片。须根系庞大，多集中在耕层。圆锥花序着生于茎顶，穗紧密或松散。由于主轴和穗分枝的长短以及穗柄（花序梗）的直立或弯曲不同而有多种穗形（见图）。常异花授粉作物。子粒为椭圆、倒卵或圆形，呈红、褐、黄、白等色。高粱为喜温的四碳作物。生长最适温度为20～30℃。

高粱穗形示意图

对土壤要求不严，抗逆性强，较耐旱，成熟期抗涝，耐瘠薄，较耐盐碱。

栽培和管理 高粱不宜连作，常与玉米、大豆、粟、小麦轮作，也宜与豆类间、混作。土壤5厘米处温度稳定在12℃以上时，是适宜播种期。在春播区，播种期随纬度的北移或海拔的增高而推迟，但大多在4～5月间。中国长城以北多垄作，长城以南多平作。播种深度以2～3厘米为宜。高粱对施肥、灌水反应敏感。每公顷生产7 500千克子粒时，耗水量在4 200立方米以上。追肥的增产效果，一般以氮肥最显著，磷肥次之，钾肥不稳定。拔节至孕穗期间是吸收氮和钾的高峰期。子粒形成时期是吸收磷的高峰期。

高粱病害主要有丝黑穗病、炭疽病、大斑病等，可通过选用抗病品种及种子消毒等综合措施防治。主要虫害有高粱蚜、黏虫和玉米螟等，可用农药及生物防治。

用途 中国长城以北多以子粒作米食，碾磨成米后煮饭或煮粥；长城以南多作面食，将子粒磨成面粉后制糕、饼或面条。还可酿酒，制醋、饴糖和淀粉。子粒和茎叶可作饲料，但嫩茎叶含有毒物质，不宜青饲。茎秆为工业上造纸、隔音板、纤维板的原料和农村建房、隔壁、篱笆、棚架或编席的重要原材料。高粱穗脱粒后可制扫帚。糖高粱茎秆含糖10%～19%，可制糖和生食。

高岭石 kaolinite 硅酸盐矿物，化学组成为$Al_4[Si_4O_{10}](OH)_8$，晶体属三斜晶系。因最早发现于中国景德镇高岭村而得名。晶体属1∶1型单元层的二八面体型结构。由于堆叠中结构单元层间的相对位移，便构成了与地开石、珍珠石不同的多型。结晶度良好的高岭石，一般呈假六方片状晶体；结晶度差的，多呈椭圆形或不规则状。通常呈致密或疏松块状集合体产出。一般为白色，含杂质时呈米色。底面解理完全。解理面显珍珠光泽，块状的光泽暗淡。莫氏硬度2～2.5。密度2.60～2.63克/厘米^3。是组成高岭土的主要矿物成分，可以通过风化作用、沉积作用和热液蚀变作用形成。高岭土多呈白色，细粒具分散性、可塑性、高黏结力和高耐火度，是陶瓷和电瓷工业中的重要原材料；还可在造纸、橡胶、油漆等工业中作填充料等。中国是高岭石的主要出产国，产地有江西景德镇、江苏苏州、河北唐山、湖南醴陵等。

高岭土 kaoline 一种以高岭石为主要成分的黏土。又称高岭石黏土。因首先发现于中国江西景德镇附近高岭村而得名。质纯者含高岭石可达90%以上，是陶瓷工艺的原料，又称瓷土。

高卢 Gaul 古代西欧地名。分为两大地区：山内高卢，即阿尔卑斯山以南到卢比孔河流域之间的意大利北部地区；山外高卢，即阿尔卑斯山经地中海北岸，连接比利牛斯山以北广大地区，相当于今日的法国、比利时以及荷兰、卢森堡、瑞士和联邦德国的一部分。

高卢人抗击罗马军队入侵浮雕

公元前6世纪时，高卢的主要居民为凯尔特人，罗马人称之为高卢人。高卢的西南部住有伊比利亚人，东南部住有利古里亚人。前1世纪，高卢人社会仍处于原始公社的解体阶段。

从前2世纪起，罗马人侵入高卢，征服高卢南部，建立了纳尔博南西斯行省。前58～前51年，高卢的其余部分又为凯撒率领的罗马军队所征服。奥古斯都统治时，把高卢分为4个行省。公元1世纪末至2世纪，高卢经济繁荣，农业、纺织业、冶金业均有发展。3世纪，罗马奴隶制度危机波及高卢，引起高卢商业和手工业衰落，城市凋敝，并不断遭到日耳曼部落的袭击。486年法兰克人征服高卢北部。6世纪中叶，法兰克人统治整个高卢后改称法兰西，高卢之名遂废。

高炉炼铁 blast furnace ironmaking 现代炼铁的主要方法。炉呈直立圆筒形，以炉体细高而得名。由古代竖炉炼铁发展和改进而来。技术经济指标良好，工艺简单并成熟，劳动生产率高，设备折旧率极低，能耗低，产量大。主要产品是生铁，副产品为高炉炉渣和高炉煤气。

高炉冶炼时从炉顶装入含铁氧化物的原料、焦炭，造渣用熔剂（石灰石），从位于炉子下部沿炉周的风口吹入预热空气。在高温下焦炭（有的高炉也喷吹煤粉、重油、天然气等辅助燃料）中的碳同吹入炉内空气中的氧反应生成的一氧化碳和氢气，在炉内上升过程中与铁矿石中的氧反应，从而还原出铁。炼出的铁水从出铁口放出。铁矿石中未被还原的杂质和石灰石等熔剂结合生成炉渣，从出渣口排出。产生的煤气从炉顶导出，经除尘后，作为热风炉、加热炉、

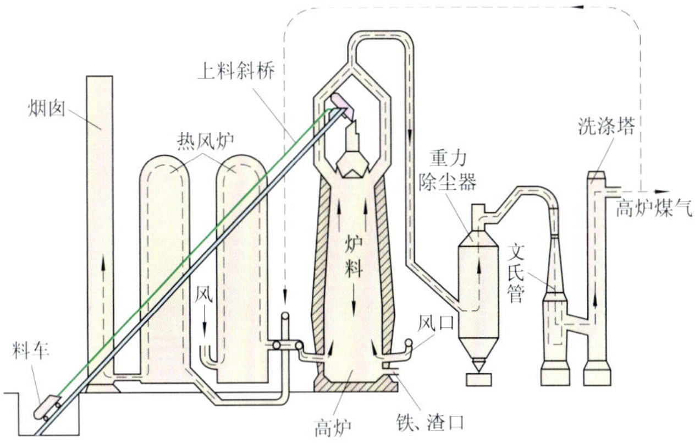

高炉冶炼流程示意图

焦炉、锅炉等的燃料（见图）。

高鲁 Gao Lu (1877-05-16～1947-06-26) 中国天文学家。字曙青，号叔钦。福建长乐人。卒于福州。在福建马江船政学堂毕业后，于1905年赴比利时布鲁塞尔大学留学，获工科博士学位。1909年孙中山在法国巴黎组织同盟会时，他积极参与活动。1911年回国任南京临时政府秘书兼内务部疆理司司长，1912年任北京中央观象台台长。1918年参加在巴黎举行的国际统一时辰会议。1922年发起创立中国天文学会，并任会长。1928年任中央研究院天文研究所第一任所长，参与紫金山天文台的选址工作。1929年创造天璇式中文打字机，在巴拿马国际博览会展出时获奖。1934年发起组织中国日食观测委员会，任委员会委员兼编纂组组长。著有《图解天文学》、《日晷通论》、《中央观象台之过去与未来》、《星象统笺》等书。所著《相对论原理》两卷（1922年出版），对相对论在中国的传播有一定的贡献。

高锰酸钾 potassium permanganate 化学式$KMnO_4$。俗称灰锰氧。亮紫色晶体。可溶于水，易溶于甲醇。可溶在乙醇、双氧水中并使之氧化分解。高锰酸钾是最强的氧化剂之一，但受pH影响很大，在酸性溶液中氧化能力最强。其相应的酸高锰酸$HMnO_4$和酸酐Mn_2O_7，均为强氧化剂，能自动分解发热，和有机物接触引起燃烧。工业上用铂作阴极电解氧化K_2MnO_4制备$KMnO_4$，首先在KOH溶液中将含60%MnO_2的软锰矿氧化转化为K_2MnO_4，再进行电解氧化。高锰酸钾广泛用作化学试剂和消毒剂，在工业上用于纤维漂白、油脂脱色。还用于饮用水的净化剂、医药及有毒气体的吸收剂。

高密市 Gaomi City 中国山东省辖县级市。位于省境中部的胶莱平原。面积1 529平方千米。人口90万（2010），有汉、满、回、朝鲜、维吾尔等民族。春秋为齐夷维邑，战国称高密邑，秦置高密县。1994年撤县设市。由潍坊市代管。矿产有重晶石、花岗岩、钠长斑岩、玄武岩、黏土、膨润土和型沙等。农业主产小麦、玉米、棉花、花生、大豆、薯类等。工业有纺织、机械、电子、化工、建材、医药、酿造、服装、工艺品等。传统工艺以扑灰年画、泥塑、剪纸并称为中国民间艺术“三绝”。古迹有高密故城遗址、郑公祠、秦王冢等。

高棉人 Khmer 亚洲中南半岛民族之一。曾译吉蔑人。约1 307万人（2001）。是柬埔寨人口居多数的民族，部分分布在越南南方、泰国东南部及老挝下寮地区。属南方蒙古人种。系由外来移民与土著居民长期融合繁衍而成。使用高棉语，属南亚语系孟-高棉语族。笃信佛教。佛教在其古老文化的发展中起过巨大作用。佛寺、佛塔至今仍是该族建筑物的主要部分。12世纪修建的吴哥城和吴哥寺举世闻名。寺庙不仅是宗教活动中心，也是教育场所。僧侣在社会上很受尊重。男孩长到一定年龄便剃发入寺为僧，修行期限一般为3个月。主要从事农业，种植稻谷和棉花，兼事渔业和手工业，如纺纱织布、生产陶器、加工金属。居住用木竹建造的高脚屋。男女传统服装都是轻而薄的各色纱笼。过去行火葬，骨灰送存庙宇，现改行土葬。使用佛历。重视新年、迎水节及送水节，节日期间举行赛龙船等传统活动。越南高棉人多受京人影响，一部分人会讲越语，穿京人服装。

高棉女子

高棉语 Khmer language 属南亚语系孟-高棉语族。国际上又称柬埔寨语。分布于柬埔寨和越南南部与柬埔寨接壤的地区。高棉语的语音较为复杂，共有33个辅音、27个元音符号和12个独立元音。辅音分高、低两大类。辅音可单独构成音节。词重音落在短元音上。无声调变化。大部分词没有词形变化。高棉语属分析型语言，语法意义主要由词序和功能词表示。语序通常为主-动-宾型。

高棉语的文字最初来源于印度南部。公元1世纪扶南王国建立后，在印度古代婆罗米字母的变体帕拉瓦字母的基础上改造而成。

高敏 Gao Min (1970-09-07～) 中国女子跳水运动员。四川自贡人。9岁开始学习跳水，1985年入选国家跳水队。1986年在第5届世界游泳锦标赛跳水比赛中获跳板冠军，初露锋芒。1987年获第5届世界杯跳水比赛跳板跳水和女子团体冠军、混合团体亚军。1988年在韩国举行的第24届奥林匹克运动会跳水比赛中获跳板冠军。1989年获第7届世界杯跳水比赛1米跳板、3米跳板、女子团体和混合团体4项冠军。1990年获第11届亚洲运动会1米跳板、3米跳板和女子团体3项冠军。同年在美国西雅图举行的第2届友好运动会跳水比赛中获1米跳板和3米跳板冠军。1991年获第6届世界游泳锦标赛跳水比赛中获1米跳板和3米跳板冠军。同年获第16届世界大学生运动会跳水比赛3米跳板冠军。1992年获第25届奥运会跳水比赛3米跳板冠军。在国内外重大比赛中，共获60余枚金牌；在奥运会、世界游泳锦标赛和世界杯跳水赛上，获得过11枚金牌，是世界上唯一突破600分大关的女子跳水运动员，有“跳水皇后”的美誉。

高明 Gao Ming (约1307～1359) 中国元代戏曲作家。字则诚，自号菜根道人。浙江瑞安人。瑞安属古永嘉郡，永嘉又称东嘉，故后人称他为高东嘉。曾师从黄溍。黄溍以至孝见称，高明受其影响颇深。南戏《琵琶记》是他得以扬名后世的代表作。高明的诗文集，有《柔克斋集》20卷，已佚。近人冒广生曾辑其诗49首、词1首，刊于《永嘉诗人祠堂丛刻》中。

高铭暄 Gao Mingxuan (1928-05-24～) 中国刑法学家。浙江玉环县人。1951年毕业于北京大学法律系，1953年毕业于中国人民大学法律系刑法研究生班。任中国人民大学法学院教授、博士生导师，中国人民大学刑事法律科学研究中心专职顾问，兼任中国法学会学术委员会副主任、中国法学会刑法学研究会名誉会长、国际刑法学协会副主席暨中国分会主席、最高人民法院特邀咨询员、最高人民检察院专家咨

询委员会委员。1983年以来，曾担任中国法学会副会长，中国法学会刑法学研究会会长。曾参加中国1979年刑法典起草和1997年刑法典修订工作，多次参与中国最高司法机关制定刑事**司法解释**的研讨咨询工作。代表著作有：《刑法学》、《刑法学原理》、《中国刑法学》、《中华人民共和国刑法的孕育和诞生》、《刑法总则要义》、《新中国刑法科学简史》、《刑法问题研究》、《新型经济犯罪研究》、《刑法专论》、《刑法肄言》等。

高乃依 Corneille, Pierre (1606-06-06～1684-10-01) 法国**古典主义**悲剧早期的代表剧作家。生于鲁昂，卒于巴黎。曾任律师。1629年第一部喜剧《梅丽特》在巴黎上演获得成功，从此专心创作。他接连写了四部喜剧、三部悲喜剧和一部悲剧《梅黛》(1635)，引起首相A.-J.du P.**黎塞留**红衣主教的注意，把他吸收进“五人写作班子”，替自己修改和润色作品。不久因意见不合而退出。

1636年他的《**熙德**》上演，为法国古典主义戏剧奠定了基础。但因违反**三一律**，引起论争。1640年，高乃依名剧《贺拉斯》上演，之后《西拿》(1640)、《波利耶克特》(1643)均获得成功。不久，高乃依又写出《庞培之死》(1643)，这是表现他前期创作风格的最后一部剧本。1644年以后，高乃依开始追求情节上的复杂离奇、布景上的光怪陆离，越来越忽视人物性格的塑造。《罗多古娜》(1644)、《妮科梅德》(1651)等是他每况愈下的剧作。高乃依一生写了30多部剧本，声名煊赫，但晚境凄凉。

高乃依的作品生动地体现了古典主义文学的特征，表现出忠君爱国的政治倾向性。他的悲剧作品以形式完善、诗句音韵铿锵、内容深刻、人物内心刻画细腻著称。

高能天体物理学 high energy astrophysics 研究发生在宇宙天体上的高能现象和高能过程的学科。20世纪60年代人造地球卫星被送上太空以后，对宇宙天体的辐射过程的研究从**可见光**、射电扩展到**X射线**、**γ射线**等高能**电磁辐射**波段。在高能辐射波段，电磁辐射的波长短到接近或小于一个原子的大小，此时的辐射可像粒子一样深入到物质深层而不再具有光波的反射、折射等波动特性，从而又被称为高能光子。公式$E=h\nu=hc/\lambda$描述了这种电磁辐射的波粒二象性，适用于整个**电磁波谱**上光子的能量E、波长λ和频率ν之间的关系。如一个波长为4 000埃（1埃=0.1纳米）的蓝光光子的能量为3.1电子伏；一个波长为1埃的X射线光子能量则为12.4千电子伏；而一个波长小于**原子核**大小（十万分之一埃）的高能γ射线光子，能量可高于1.24千兆电子伏。因此，这里所说的“高能”，首先是指单个光子的能量高，其次是指辐射的总能量比一般**恒星**、**星系**的辐射要大得多，如活动星系核、宇宙**γ射线暴**等。

高能天体物理学研究发生在天体上的这些高能光子的产生机理、辐射特征和物理规律。由于地球大气的屏障作用，高能天文观测只能在40千米以上的高空气球、火箭和人造地球卫星上进行。1962年美国的火箭载探测器首次发现了一个光学亮度很弱而X射线通量很强的天体，名叫天蝎座X-1。在以后的40年中，100余颗高能天文卫星被送上太空，现已观测到能量从1千电子伏直至1 000千兆电子伏以上天体的高能γ光子辐射，发现了上万个宇宙X射线源、数百个宇宙γ射线源（包括X射线**脉冲星**、**类星体**等一大批高能天体）、宇宙γ射线暴、X射线暴、双星致密星和**黑洞**的X射线辐射等一系列的高能辐射现象，带给人们一个全新的宇观世界。

高能天文台 high-energy observatory 载有宇宙**X射线**或（和）**γ射线**探测器或望远镜的轨道飞行器。用于探测宇宙X射线或γ射线源、γ射线暴、γ射线背景辐射等高能天象。又称X射线天文台、γ射线天文台。如美国国家航空航天局研制的“高能天文台”系列HEAO-1、HEAO-2和HEAO-3，相继于1977～1979年升空运作。1997年升空的X射线天文台AXAF成功运作后又取名“钱德拉”(Chandra)天文台（见图）。

X射线天文台AXAF

高攀龙 Gao Panlong (1562～1626) 中国明末东林党领袖。字存之，又字云从，世称景逸先生。南直隶无锡（今属江苏）人。万历十七年(1589)进士。授行人。二十一年，因语侵内阁，被谪揭阳县添注典史。翌年回归故里。三十二年，与**顾宪成**等集会讲学于东林书院，与顾宪成并称“高顾”。宪成卒后，由其主持东林大会。熹宗即位，起为光禄寺丞，累官至左都御史。支持王之寀、孙慎行、杨涟等追论梃击、红丸、移宫**三案**，借以消除外戚、勋贵及浙党势力，又力主澄清吏治，反对恢复征商，并讲学于京师首善书院。天启四年(1624)因揭露**阉党**崔呈秀贪秽事，反被削籍归里。六年，阉党遣缇骑拘捕时，以旧为大臣不可辱，自沉而死。崇祯初平反，赠太子少保、兵部尚书。遗著有《高子遗书》。

高骈 Gao Pian (?～887) 中国唐末大将。字千里。先世为渤海人，迁居幽州（今北京）。世代为禁军将领。懿宗初，统兵御**党项**及**吐蕃**，授秦州刺史。咸通七年(866)，镇安南，为静海军**节度使**，曾整治安南至广州江道，沟通交广物资运输。后移镇西川，在任上刑罚严酷，滥杀无辜。筑成都府砖城，加强防御。又在境上驻扎重兵，迫**南诏**修好，几年内蜀地较安。僖宗乾符五年(878)，徙荆南（今湖北荆州）。朝廷任高骈为镇海军（今江苏镇江）节度使、诸道兵马都统、江淮盐铁转运使。次年，又迁淮南（今江苏扬州北）节度副大使知节度事，仍充都统、盐铁使以镇压起义军和主管江淮财赋。广明元年(880)，黄巢起义军自广州（今属广东）北趋江淮，高骈坐守扬州，保存实力。起义军入长安，朝廷征高骈“赴难”，他欲割据一方，逗留不行。中和二年(882)，朝廷罢免其职。光启三年(887)，部将毕师铎返攻扬州，城陷被杀。

高平市 Gaoping City 中国山西省辖县级市。位于省境东南部。面积946平方千米。人口48万(2010)。西汉置泫氏县，北魏改置高平县，1993年改设高平市。由**晋城市**代管。农产有小麦、高粱、谷子、玉米、棉花等。蕴藏有丰富的煤、铁、铝矾土、硫铁矿、石灰岩等。全市煤田面积560平方千米，已探明储量达30亿吨，铁矿储量约1.8亿吨。工业除煤铁外，还有化工、医药、建材、食品、轻纺等。名胜古迹有二仙宫、开化寺、仙翁庙、万寿宫、羊头山石窟、定林寺、资圣寺、游仙寺等。

高其佩 Gao Qipei (1672～1734) 中国清代画家。字韦之，号且园，别号南村等。辽宁铁岭人。因父荫授官，历任工部员外郎、正红旗汉军都统等职，两次被罢官革职。雍正八年(1730)奉召入圆明园的如意馆作画，为期3年。高其佩擅长以指蘸墨代替毛笔作画。后学者日众，成为新兴的画种和画派。高氏的指头画运用了手的各部位，较之毛笔，指甲的线条易得刚劲之势，指肉则浑圆厚重。但因指蘸墨少而硬，线条不易柔韧流畅，同时也不能渲染，所以画家曾先后延请当时画家陆旸等为他的作品做一些渲染烘托工作。唯小幅扇面、册页、手卷诸作，则由本人一手绘就。高其佩的作品取材广泛，除一般的人物、山水、花鸟之外，兼善动物、草虫、肖像。其画风早年以机趣风神胜，多萧疏灵妙之作；中年以神韵力量胜，简淡古拙，淋漓痛快；晚年以理法胜，深厚浑穆。传世作品有《钟馗变相册》、《水墨杂画册》、《渡海观音图》、《虬松列岫图》、《高岗独立图》等。高氏指头画法

《高岗独立图》(故宫博物院藏)

的直接传人，有朱伦瀚、李世倬等。至晚清，指画名家竟达百余人。高氏从孙高秉少年时代曾亲见高氏用指作画，并聆听其言论，后回忆作成《指头画说》一书，计47条，较为详细地记录了高其佩指画的方法、风格和其他有关趣闻逸事。

高奇峰 Gao Qifeng (1889-07-10～1933-11-02) 中国画家。原名嵡，字奇峰，以字行。广东省番禺圆岗乡人。幼孤，随四兄高剑父学画。1907年随高剑父赴日本学习美术，同年加入同盟会，从事资产阶级民主革命运动。1912年同高剑父等在上海创办《真相画报》和审美书馆，宣传民主革命思想。20年代初，和高剑父、陈树人等共同提出

《松猿图》

艺术为人生的主张，致力于中国画的改革，与保守传统的画家有过激烈的论争。1925年任岭南大学名誉教授。他的学生中有成就的有黄少强、张坤仪、赵少昂、周一峰等人。代表作品有《怒狮》、《虎啸》、《山高水长》、《松猿图》等。出版有《高奇峰先生遗画集》。

高碕达之助 Takasaki Tatsunosuke (1885-02-07～1964-02-24) 日本实业家。曾任通商产业大臣。生于大阪，卒于东京。1906年任东洋水产公司技师长。1917年创办东洋制罐公司。1941年任日本侵略中国的经济机构满洲重工业开发公司副总裁，1942年任总裁。1947年回日本后历任日本电源开发公司总裁、东洋钢板公司会长等职。1954～1955年任鸠山一郎内阁经济审议厅长官，1955～1956年任鸠山内阁经济企划厅长官。1955年，作为日本政府代表团团长参加了万隆会议。1958年任第二届岸信介内阁通商产业大臣。晚年致力于中日友好事业，曾任日中综合贸易联络审议会会长，积极促进中日贸易。1962年率代表团访问中国，签订了发展两国民间贸易的《中日综合贸易备忘录》。1964年8月在北京和东京分别设立高碕达之助事务所和廖承志办事处。

高启 Gao Qi (1336～1374) 中国明代诗人。字季迪，号槎轩，自号青丘子。长洲(今江苏苏州)人。元末隐居吴淞青丘。明洪武元年(1368)应召入朝，授翰林院编修，纂修《元史》。后坐罪被腰斩。高启青年时代即有诗名，于诗主张取法于汉魏晋唐各代，师古之后成家。但他死于盛年，尚未达到自成一家的目的。他的诗风格多样，学习汉魏晋唐诸体，均有模拟痕迹。但他才思俊逸，诗歌多有佳作。高启做官只有三年，长期居于乡里，故其部分诗歌描写了农民劳动生活，如《牧牛词》、《捕鱼词》等。高启诗十之八九是个人述志感怀、游山玩景以及酬答友人之作，有时也对统治阶级微露讽刺。他的某些诗崇尚写实，描摹景物时细致入微；注重含蓄，韵味深长；用典不多，力求通畅，有些只有数句的小诗，更具有民歌风味。高启的词大多内容平泛，情调低沉。高启诗歌自编为《缶鸣集》，存937首。景泰元年(1450)，徐庸搜集遗篇编为《高太史大全集》。今通行的《四部丛刊》中《高太史大全集》即据此影印。高启的词编为《扣舷集》，文编为《凫藻集》，另刊于世。

高跷 stilts 中国汉族民间舞蹈。流行于中国大部分地区。表演时，舞者将上部有踏板的棍状木跷绑在小腿和足部，踩踏起舞。高跷源于古代百戏中的一种技艺性表演。唐以前称长跷伎，宋称踏跷，清以后称高跷。

高跷在发展演变中不断吸收戏曲、杂技、秧歌等艺术表现形式，有些地区称其为“高跷秧歌”。

高跷品种较多，根据风格和动作特征，可分为文跷、武跷和文武跷三种。文跷的跷腿长度一般在1米以上，最长者近3米，以全身的扭动和多种踩踏步伐为主要动作特征。武跷的跷腿大多在40～60厘米，动作以惊险高难的技巧为重。文武跷的跷腿一般长80厘米左右，表演时既有丰富的扭、踩动作，也有符合自身条件施展的技巧。民间还有一种称作寸跷的舞蹈，跷腿长10～30厘米不等，俗称踩寸子。寸跷均扮成女脚表演，表现“小脚女人”的动态。男脚和丑婆扮演者都是双脚着地而舞。

高跷表演

高跷队少则十几人，多则不限。节目取材广泛，扮演的角色有现实中的人物，也有《水浒》、《天仙配》、《西游记》等中的人物。

高跷的表演形式一般分为大场和小场两种。大场是多人表演，极富队形图案变化。小场又分为单人场、双人场、三人场，表演风格各异。或表现个人绝技，或表现男女青年逗趣，或插科打诨引人发笑。有些地区的高跷队还表演一些富有情节性、戏剧性的歌舞小戏。很多地区把高跷与其他民间舞蹈结合在一起，形成高跷龙灯、高跷狮子、高跷竹马、高跷跑驴等，艺术风采别具一格。

高清晰度电视 high definition television; HDTV 有别于现行的普通电视制式的一种全新的电视制式。根据国际电信联盟（ITU）定义，高清晰度电视系统应当满足对一个正常视觉的观众在系统显示屏高度的3倍距离上看到的图像质量与观看原景象或表演时所得到的印象相同。

高清晰度电视与常规的电视相比，图像的水平和垂直空间分辨率都提高了约一倍，即每帧扫描1 000行以上，显著改善了彩色图像的重现，屏幕宽高比也由4:3扩大到16:9，有多路的高保真声音。

高清晰度电视的研究工作始于20世纪70年代，首先由日本的广播协会（NHK）开始，1980年利用卫星正式试播，取得了很好的效果。美国于90年代末正式公布了全数字式HDTV系统，突出了数字电视的显著特点，现已成为高清晰度电视系统的主流。中国的高清晰度电视选择全数字方式，1999年开始试播。

高庆奎 Gao Qingkui (1890～1940) 中国京剧演员。工老生。名镇山，字子君，一字峻峰。山西榆次人。生于北京。幼从贾丽川习老生，12岁登台，30岁始享名。1919年随梅兰芳赴日本演出。1921年组建庆兴社。曾与郝寿臣等排演《史可法》、《醉遣重耳》、《苏秦张仪》、《窃符救赵》、《越王勾践》、《浔阳楼》、《应天球》等新戏和失传老戏，并与梅兰芳合作演出过《孽海波澜》等时装戏。早年艺宗谭派，后改学刘鸿声，戏路宽广，既擅演老生的本工戏，又常以短打武生戏、正净戏、老旦戏等唱大轴。他嗓音高亢，唱腔刚劲挺拔，善于抒发激昂、悲壮的感情。他讲究身段，表情细腻，眼神的运用尤有特色。《哭秦庭》的申包胥、《逍遥津》的汉献帝、《胭粉计》的诸葛亮、《斩黄袍》的赵匡胤、《铁莲花》的刘子忠、《赠绨袍》的范雎等为其代表作。传人有李和曾等。

高庆奎在京剧《哭秦庭》中饰申包胥

高庆狮 Gao Qingshi (1934-07-17～) 中国计算机科学家。出生于福建省鼓浪屿。1957年毕业于北京大学数学力学系。1957～1994年任中国科学院计算技术研究所实习研究员、研究员。1964～1970年兼任中国第一颗人造卫星地面计算控制中心早期设计负责人之一。1980年当选中国科学院学部委员（院士）。1994年后任北京科技大学教授。2000年后兼任中国科学院计算技术研究所终身研究员。是中国第一台自行设计的大型通用电子管和第一台大型通用晶体管计算机体系结构设计负责人之一，中国第一台十万次/秒以上晶体管计算机（109丙机）体系结构设计负责人，中国第一台超大型向量计算机新体系结构原理提出者和总体设计负责人。4次获全国科学大会重大成果奖。

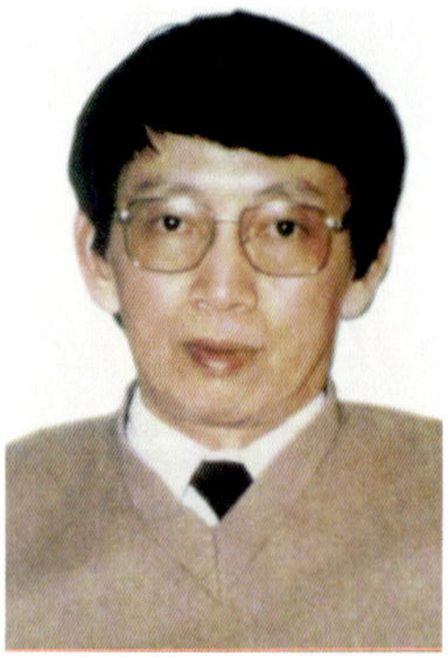

高饶事件 Gao-Rao Incident 中华人民共和国建国初期，中国共产党内发生的高岗、饶漱石反党分裂活动的重大事件。高岗曾任中华人民共和国中央人民政府副主席、中共中央东北局书记、国家计划委员会主席。饶漱石曾任中共中央华东局书记、中共中央组织部部长。为了满足自己的权力欲望，高岗从1953年6月中共中央召开的全国财经会议起，以批判薄一波为名，散布各种流言飞语攻击刘少奇、周恩来，提出所谓“党是军队创造出来的”的“军党论”，说中央有“根据地和军队的党”和“白区党”，自认为是“军党”的代表，而指责现在权力掌握在刘少奇为首的“白区党”手里。他还找中央和各大行政区领导人谈话，采取拉拢、利诱等手段，煽动支持他的谋取权力活动，反对毛泽东提议刘少奇在毛休假时期代理主持中央领导工作的意见。这一时期，饶漱石也在中央组织部和全国组织工作会议上，以批评安子文为名，把攻击矛头指向刘少奇，起到了呼应高岗的作用。高、饶的分裂活动严重威胁着党的团结，引起了中央和毛泽东的警觉。1953年12月毛泽东在中共中央政治局会议上，对高、饶发出了警告。1954年2月，中共七届四中全会揭露了高、饶分裂党的阴谋活动，通过了《关于增强党的团结的决议》。高、饶被迫作了检查。会后，根据中央决定，周恩来、邓小平分别主持中央座谈会，进一步揭发查实了高、饶阴谋活动的事实。周恩来作了关于高岗阴谋分裂党活动的总结，邓小平向中央作了关于饶漱石阴谋活动的报告，都得到中央政治局的批准。高在会议期间自杀未遂，又于8月17日（被审查期间）再次自杀身亡。1955年3月21日，中国共产党全国代表会议召开，系统地清算了高、饶的反党阴谋活动，通过了《关于高岗、饶漱石反党联盟的决议》，决定把高岗、饶漱石开除出党。反对高、饶反党活动的斗争，是中国共产党成为执政党后进行得比较成功、比较健康的一次党内斗争，斗争的胜利维护了党的纪律，增强了党的团结，对广大干部起到了重要的教育作用。

高润墓 Tomb of Gao Run 中国北齐文昭王高润的墓。位于河北磁县东槐树村。高润是北齐神武帝高欢的十四子，天保初年封冯翊王，武平六年（575）卒。此墓于1975年发掘，墓室壁画、随葬的陶俑等有较高的艺术价值。1988年国务院公布此墓所在的磁县北朝墓群为全国重点文物保护单位。高润墓为砖筑单室墓。墓室穹窿顶，平面近弧边方形，东西长6.45米。墓道、甬道和墓室内均有壁画，仅墓室北壁的举哀图保存尚好。图中部绘端坐的墓主人，两侧分别站立6名侍从，手持伞盖、羽扇等。墓室东、西、南壁的壁画绘人物、仪仗、车乘等。此墓早年被盗，仍出土陶俑381件，及青瓷器等，还出土墓志一合。

高山辰雄 Takayama Tatsuo (1912-06-26～2007-09-14) 日本画家。生于大分市。1931～1936年就学于东京美术学校日本画科，师事松冈映丘。1953年成为日展审查员。他的早期作品受P.高更影响。在他参加第13回日展的《岑》(1957)、《白翳》(1959) 以后，形成浪漫主义画风。他的《道》(1961)、《夜》(1963)、《穹》(1964)、《日月星辰》(1973) 等作品，出色地完成了色彩和结构的结合。他的画还常有神秘和朦胧的情调。《怀抱》(1977) 表现了画家的仁爱，又含有对新生

《夜》

命的神秘感，是其晚年代表作。高山辰雄不断探索新的创造道路，其艺术被认为是现代日本画中格调最高者。

高山滑雪 alpine skiing 运动员足蹬雪板手持雪杖从山上向山下滑下的体育运动。又称阿尔卑斯滑雪。高山滑雪竞赛项目包括回转、大回转、超级大回转、速降、高山两项。速降是从覆雪的高山上按规定线路高速由上向下通过门形障碍的竞赛项目，比赛山坡的坡度为5°～35°，起终点标高差男子是800～1 100米，女子是500～800米。回转是在旗门所规定的线路内不断向下转弯滑行，躲越障碍、穿越门形，线路标高差男子为180～220米，女子140～200米；大回转男子250～450米，女子250～400米；超级大回转男子500～650米，女子400～600米。这些项目均以滑完规定距离所用时间长短判定名次，短者居先。1936年在第4届**冬季奥林匹克运动会**上，首次推出了高山滑雪项目的高山两项，1948年第5届冬奥会又增加了男女回转和速降。1952年第6届冬奥会取消了高山两项，设立大回转项目。1988年第15届冬奥会设立超级大回转。在1980年第13届冬奥会上，中国首次派队参加高山滑雪项目的比赛。

《高山流水》 *Lofty Mountains and Flowing Water* 中国古代琴曲。内容与《**吕氏春秋**》中伯牙鼓琴的故事有关，亦传为伯牙所作。现存曲谱初见于《神奇秘谱》。《神奇秘谱》本不分段，而后世琴谱多分段。明清以后多种琴谱中，以清代唐彝铭所编《天闻阁琴谱》中所收川派琴家张孔山改编的《流水》有特色，又称七十二滚拂流水，以其形象鲜明、情景交融而广为流传。流行的张孔山加工后的《流水》，保留了传统作品中2、3两段中泛音曲调，加强了4、5两段的按音曲调，增加了6、7两段中流水的描写，8、9两段是4、5两段的再现，全曲由引子（1段）加4个部分，共9段组成。另有筝曲《高山流水》，音乐与琴曲不同，为同名异曲。

高山族 Gaoshan 中国少数民族。主要分布在台湾省。其中有4 000余人在大陆，主要分布在福建省。对分布在台湾省的高山族，大陆称之为**台湾少数民族**。

高尚荫 Gao Shangyin (1909-03-03～1989-04-23) 中国病毒学家。生于浙江嘉善，卒于湖北武汉。1930年毕业于东吴大学生物学系。1935年获美国耶鲁大学哲学博士学位。同年赴英国伦敦大学研究院从事短期研究工作后回国，任武汉大学生物系教授。1945年再次赴美，在洛克菲勒医学研究所从事病毒学研究。1947年回国，任武汉大学副校长、病毒学系主任、一级教授，兼任病毒研究所所长，并创办了中国最早的病毒学研究室。1955年和1978年先后在该校创办了国内大学中的第一个微生物学专业和第一个病毒学系。1980年当选为中国科学院学部委员（院士），任中国科学院武汉分院院长、武汉病毒学研究所所长。

高尚荫先后进行了烟草花叶病毒、流感病毒、鸡新城疫病毒、家蚕脓病毒、根瘤菌噬菌体、猪喘气病病原体、肿瘤病毒及多种昆虫病毒的性质及其与宿主之间的关系方面的研究，先后发表研究论文110多篇。1947年，他提出了“病毒的性质、特别是理化性质不因宿主的不同而存在差异”的正确看法。1958年他宣读的《培养脓病病毒的组织培养方法研究》，被认为是无脊椎动物组织培养方法的一个重大突破。1980年在他的指导下研制成功了中国第一个通过国家鉴定的病毒杀虫剂——W-78菜粉蝶颗粒体病毒杀虫剂。他还出版了《电子显微镜下的病毒》和《中国病毒学研究30年》等专著。1981年获美国罗林斯学院荣誉科学博士学位。

高射炮 antiaircraft gun 从地面对空中目标射击的**火炮**。简称高炮。需要时也可射击地面目标或水面目标。炮身长，初速大，射界大，自动化程度高，发射速度快，射击精度高，配有火控系统，能自动瞄准和跟踪目标。按运动方式分为牵引式和自行式高射炮，按口径分为小口径（小于60毫

日本87式35毫米双管自行高射炮

米）、中口径（60～100毫米）和大口径（大于100毫米）高射炮，按身管数量分为单管和多管（通常为2～6管）高射炮。还可按自动机的原理分类。

高射炮的构造和原理与一般火炮基本相同，多由自动机、摇架、反后坐装置、托架、瞄准机、平衡机、炮车和高射瞄准具等组成。装有自动炮闩、自动装填机构和高炮随动装置，多数能自动瞄准和跟踪目标，有的还采用对针瞄准、半自动瞄准和人工瞄准等多种方式。一些牵引式高射炮和大、中口径高射炮装有半自动炮闩和机械装填机构，大中口径高射炮还装有引信测合机。牵引式高射炮通常采用十字形或三角形炮床，方向射界可达360°。

现代高射炮多与探测跟踪装置、火控计算机接成一体，构成高射炮系统。采用多管联装和旋转式多管火炮，一门炮装有2或3种火控系统，能在电子干扰和复杂气象条件下昼夜作战。装有稳定装置的自行高射炮，能在行进中实施射击。一些自行高射炮装有三防装置、发烟装置、灭火装置，有的还具有浮渡能力。小口径高射炮与便携式地空导弹构成弹炮结合的防空武器系统，弥补了小口径高射炮射程较近的不足。

高士其 Gao Shiqi (1905-11-01～1988-12-19) 中国科学文艺作家。原名高仕錤。生于福建闽侯（今属福州市），卒于北京。1918年考入北京清华留美预备学校，1925年毕业后入美国威斯康星大学化学系。1926年转入美国芝加哥大学化学系和细菌系，1927年毕业，后入芝加哥大学医学研究院攻读医学博士课程。1928年在实验时受甲型脑炎病毒感染，留下后遗症。1930年回国，被聘为南京中央医院检验科主任，因不满于医院的腐败，于1931年辞职，在上海从事翻译和家庭教师工作。1937年到延安。1939年全身瘫痪，去香港治病。1941年太平洋战争爆发后，在流亡行旅中坚持写作。1949年从香港到北京，历任中央文化部

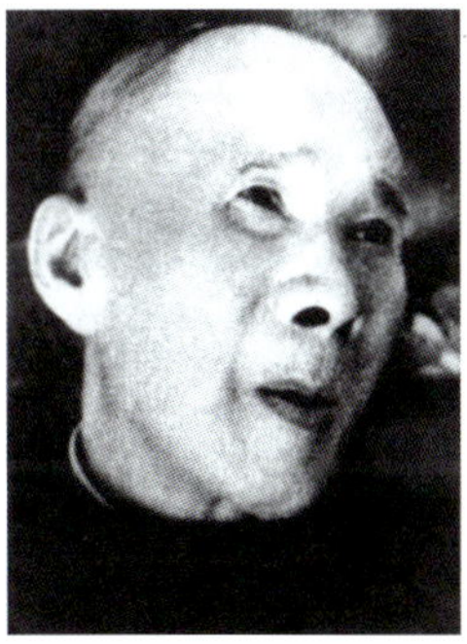

科学普及局顾问、中国科普创作协会名誉会长等职。从1933年发表第一篇科学文艺作品《三个小水鬼》起，虽数十年来“被损害人类健康的魔鬼囚禁在椅子上”，他却以惊人的毅力，毕生从事科学文艺创作。出版的主要著作有《细菌与人》(1936)、《细菌的大菜馆》(1936)、《抗战与防疫》(1937)、《菌儿自传》(1941)、《揭穿小人国的秘密》(1951)、《我们的土壤妈妈》(1951)、《自然科学通俗化问题》(1956)、《高士其科学小品甲集》(1958)、《科学诗》(1959)、《你们知道我是谁》(1978)、《高士其科普创作选集》(1980)等。他的作品大致分为三类：科学小品、科学诗、科普创作理论。他的科学小品富有趣味，善于把深奥的科学道理通俗易懂地表达出来，题材广泛，知识丰富，常常寄寓着深刻的思想与时代生活精神。

高適　Gao Shi（约701～765）　中国唐代诗人。字达夫。祖籍河北蓨县（今河北景县南），居宋中（今河南商丘一带）。少孤贫，爱交游，有游侠之风，以建功立业自期。早年游长安，过蓟门、卢龙一带求进身之路，未果。在宋中曾与**李白**、**杜甫**交结。天宝八载(749)，举有道科，授封丘尉。后辞官入河西节度使哥舒翰幕为掌书记。安史之乱后，擢谏议大夫，历淮南节度使，彭、蜀二州刺史，剑南节度使，至左散骑常侍，封渤海县侯。世称高常侍。其仕途通达，为唐代诗人所少有。高诗题材广泛，内容丰富，现实性较强，其中边塞诗成就最高。代表作如《燕歌行》、《蓟门行五首》、《塞上》、《蓟中作》、《九曲词三首》等，歌颂了战士立功报国的豪情，表现了他们从军生活的艰苦和对和平的向往，揭露了边将的骄奢淫逸和朝廷的安边无策。其反映民生疾苦的诗较深刻地揭露了统治者和人民之间的矛盾；其讽时伤乱的诗，指斥弊政，对政局流露出忧虑和愤慨。咏怀诗数量最多，思想内容较复杂。此外还有一些咏史之作和描写旅途景色的诗，也颇有佳句。高適在当时已享盛名。其诗感情深挚，意气俊爽，语言端直，笔力雄厚。就诗体而言，其古体胜于近体，七古最擅。其歌行长篇，沉雄激壮，声情顿挫；五古质朴古直，有汉魏古诗气息。近体则以七律和七绝为工。原有诗、文集，已佚。今有明代《高常侍集》。

高斯　Ghose, Sri Aurobindo（1872-08-15～1950-12-05）　印度哲学家。早期民族解放运动领袖。生于加尔各答近郊的一个婆罗门种姓家庭。7岁时到英国留学，曾在伦敦圣保罗中学和剑桥大学读书。1893年回国，在巴洛达大学任教，并着手学习梵文和印度古代哲学经典。1905年民族解放运动高潮时，他积极投入反英斗争，在加尔各答创办爱国报纸《敬礼祖国》，担任爱国人士建立的国民学院院长职务，成为当时孟加拉民族运动的主要领导人。高斯在印度现代哲学史上占有重要地位。他的哲学体系称为精神进化论，主张宇宙的最高本体是超自然的纯精神实体，称为“梵”或“宇宙精神”。梵超越时间、空间、数量、质量和一切形式，是一种不依赖他物的自在之物。在分析世界的进化过程时，高斯把宇宙分为现象世界（现象界）和超越世界（本体界）。现象世界包括物质、生命和心思。超越世界包括梵和超心思。超心思是指一种超越人的心理活动的意志——超自然意识，它起着连接现象界和本体界的媒介作用。他认为，人是梵的显现，梵以“潜在意识”的形式寓居于人的存在之中，成为人的精神本质。高斯的社会进化论是其“精神进化论”哲学在历史领域的发挥和运用。他认为，历史的发展虽然受到经济因素的影响，但归根结底还是由人类的理性决定的。他预言，社会发展的最终目标是精神化的时代或精神化的社会。高斯一生著有百余种著作，哲学著作有：《神圣生命》、《印度文化的基础》等。

高斯　Gauss, Carl Friedrich（1777-04-30～1855-02-23）　德国数学家、天文学家和物理学家。生于不伦瑞克，卒于格丁根。1795年入格丁根大学，1799年在赫尔姆施泰特大学获博士学位。1807年被聘为格丁根大学数学、天文学教授和新建的天文台台长，执教到逝世。高斯在**数论**、**代数学**、**非欧几里得几何学**、**微分几何学**、超几何级数、复变函数论以及椭圆函数论等方面均有一系列开创性贡献。1833年他和物理学家W.E.**韦伯**合作建立地磁观测台，还架设了世界上第一台有线电台。高斯长期从事数学研究并将数学应用于天文学、物理学和大地测量学等领域的研究。著述丰富，成就甚多。高斯涉足天文学始于小行星的研究。1801年，他创立三次观测决定小行星轨道的计算方法，1809年发表其计算方法。此后，几乎都用这个方法推算小行星轨道。在星历表计算中，他引进一组辅助量（又称为高斯常数），使求日心赤道直角坐标计算大大简化。**高斯定理**是物理学静电场的基本方程之一。在CGS电磁系单位制中**磁感应强度**的单位定为高斯（1932年以前曾用高斯做磁场强度单位），便是为了纪念高斯在**电磁学**上的卓越贡献。他还利用几何学知识研究光学系统近轴光线行为和成像，建立高斯光学。结合实验数据的推算，发展了概率统计理论和误差理论，发明**最小二乘法**，引入高斯误差曲线。

高斯定理　Gauss theorem　静电场的基本定理之一。可表述为电场强度$\boldsymbol{E}$对任意闭合曲面S的积分等于闭合曲面所包围的电荷的代数和$\sum q$除以真空介电常量ε_0，与闭合曲面外的电荷无关。用公式表示为：

$$\oint\!\!\!\oint_S \boldsymbol{E}\cdot d\boldsymbol{S}=\frac{1}{\varepsilon_0}\sum q$$

高斯定理可从**库仑定律**和场强叠加原理导出，它是电力平方反比律的必然结果，反映静电场是有源场的特性，正电荷是电场（电力线）的源，负电荷是电场（电力线）的汇。高斯定理可用于讨论静电场的性质和计算对称分布情形下的场强。存在**电介质**情形，高斯定理可表述为电位移矢量$\boldsymbol{D}$的对任意闭合曲面的积分等于闭合曲面所包围的自由电荷的代数和，与闭合曲面外的自由电荷无关，与极化电荷也无关，用公式表示为：

$$\oint\!\!\!\oint_S \boldsymbol{D}\cdot d\boldsymbol{S}=\sum q_0$$

式中电位移矢量：

$$\boldsymbol{D}=\varepsilon_0\boldsymbol{E}+\boldsymbol{P}$$

$\boldsymbol{P}$为极化强度矢量。静电场的高斯定理可推广到非静态的普遍情形，它是普遍**电磁场的麦克斯韦方程组**的组成部分。

高松冢古坟　Takamatsu Barrow　日本**古坟时代**终末期的贵族墓葬。位于奈良县高市

高松冢古坟人物壁画

郡明日香村。年代为7世纪末或8世纪初。1972年发掘，是第二次世界大战后日本最重要的考古发现之一。古坟的坟丘呈圆馒头形，内有横穴式石室。石室四壁绘有男女人物像、四神图和天象图，均色彩鲜艳，描绘精致，内容布局与中国唐墓的壁画相似。石室内有漆棺一具。随葬品中有铜质海兽葡萄镜一面，与中国陕西西安东郊唐代武则天神功二年（698）独孤思贞墓出土的海兽葡萄镜为用同一铸范铸成的同范镜。

高速工具钢 high speed tool steel 主要用于制造高速切削工具用的一类**工具钢**。简称高速钢，俗称锋钢。主要合金元素有钨、钼、铬、钒、钴、铝等。钨、钼、铬、钒与碳形成多种碳化物而使钢硬化。当碳含量为平衡碳时二次硬化效果最佳。钨、钼复合强化可得到组织与性能较好的钢。钴增加钢的硬度和耐热性的作用最强。铝能明显提高钢的使用性能。按用途可分成两类：①通用高速钢。硬度HRC ≥63，综合性能较好，可用于制造各类切削刀具。②特种高速钢。含钒大于3%的特种高速钢，用于制造特别耐磨的工具，但可磨削性差；粉末高速钢，碳化物细，可磨削性得到改善；含钴高速钢等，用于制造高速机床刀具和耐高温及承受一定振动负荷的刀具；超高硬度高速钢，HRC为67～70，用于加工难切削的材料。

高速公路 expressway 供汽车高速、安全、顺畅运行的现代化公路。专指具有四个或四个以上车道，设有中央分隔带，全部立体交叉并具有完善的交通安全设施和管理、服务设施，全部控制出入、专供汽车分道分向行驶的**公路**。

德国于1933年修建了世界上第一条高速公路——汉堡至柏林的高速公路。美国是世界上高速公路最多的国家，从1937年修建第一条高速公路到20世纪末，有高速公路约10万千米。

中国台湾省1978年建成基隆至高雄全长373千米的中山高速公路；于1988年建成全长18.5千米的上海—嘉定高速公路，1990年8月全长375千米的**沈大高速公路**全线竣工。20世纪90年代，相继建成京津塘、成渝、济青、京石、沪宁、杭甬、广深等一大批重要的高速公路。2000年，国道主干线京沈高速公路、**京沪高速公路**建成通车，在中国华北、东北、华东之间形成了一条快速、安全、畅通的公路运输大通道。至2009年底中国高速公路通车里程已有6.51万千米，居世界第二。

世界各国的高速公路没有统一的标准，命名也不尽相同。2007年中国发布了《国家高速公路网命名和编号规则》。国家高速公路网由7条首都放射线、9条南北纵向线

京珠高速公路鸟瞰

和18条东西横向线组成，简称为7918网，总规模约8.5万千米。

高速公路对于分散过分集中的城市人口，解决劳动就业、发展工农业生产和旅游业及开拓边疆和国防战备都起到很大作用。各国高速公路里程一般只占公路总里程的1%～2%，但所担负的运输量却占公路总运输量的20%～25%。高速公路造价高，用地多；但行车速度高，通行能力大，交通事故率小，其投资费用一般只要7～10年即可得到回偿。

高速铁路 high-speed railway 列车运行时速达到或超过250千米以上的**铁路**。1964年日本建成世界上第一条高速铁路。2007年世界高速铁路总长为8 450千米。高速铁路有以下特点：速度快，列车最高运行时速350千米，实验时速超过500千米；行车密度高，运量大，能耗低，占地少，污染小和安全好。2008年，高速列车运行时速达到300千米的国家有中国、法国、日本、意大利、西班牙、德国和韩国。2011年1月中国在京沪高速铁路动车组运行试验中最高时速达487.3千米。京沪高速铁路于2008年

列车在高速铁路上行驶

开工建设，2011年6月投入运营。法、德等国的高速铁路除了开行旅客列车外，还开行时速为160千米的货物列车。

高台教 Cao Dai 越南宗教。启定帝启定二年至五年（1917～1920）间，由吴文昭首创。其教义具有佛教、基督教、道教以及儒学等各种思想成分。**玉皇大帝**是高台教所信奉的最高神，玉皇大帝的眼睛被悬挂在最高处，称之为天眼。神殿称“高台”，故名。释迦牟尼、耶稣、老子、孔子、观世音等都是该教所供奉的诸神。

高台教有一套模仿天主教的等级制度：最高权威是红衣主教，往下依次是监察官、枢机主教、大主教、主教、牧师……等。布教者常以神话、历史、文学故事中的人物命名，被称为精神之父。其信徒大多是农民，也有不少上层人士。他们必须遵守佛教的五戒、儒家的中庸之道，出家教徒还必须遵守独身和素食的誓言。

高台教内部有许多派别，主要的有仙天派、西宁派、前江派、后江派等，各派之间矛盾重重，各自为政。20世纪40年代起，高台教带有政治色彩，特别是从1945～1955年，它在越南南方的政治事务中起重要作用，并拥有一支强大的军队。1956年初吴庭艳政府曾派兵围剿高台教武装，并接管了该教活动中心。1963年吴庭艳在政变中死后，高台教势力又迅速恢复起来，组织了自己的政党，参加议会选举，在南方政府中有自己的代表。在1975年南北统一后的越南国会选举中，它获得过4个席位。

高危妊娠 high risk pregnancy 对孕妇、胎儿、新生儿有较高危险性的**妊娠**。广义上包括下列情况：①孕妇原有某些较为严重的疾病，如糖尿病、心脏病、高血压病、肾脏疾患等。②过去有不良分娩史，如习惯性流产或早产、死胎、死产、新生儿死亡及畸形儿等。③此次妊娠有某些异常，如并发妊娠高血压综合征、羊水过多、羊水过少、前置胎盘、胎盘早期剥离等。④估计此次分娩可能有异常，如胎位不正、骨盆狭窄等。⑤孕妇及家属对胎儿方面考虑更多的，如高年初产（孕妇年龄≥35岁）、婚后多年不孕经治疗后方妊娠者。狭义者是指妊娠晚期伴有某些可能危及母儿，尤其是胎儿的情况，如妊娠高血压综合征、糖尿病、心脏病合并妊娠或由其他原因引起的胎儿在子宫内发育迟缓、母儿血型不合、过期妊娠等。

妊娠晚期，视病情轻重程度及发展情况及时住院。当继续妊娠将严重威胁母体

健康或胎儿生存时，应考虑终止妊娠。

高温合金 superalloy 在600～1 200℃高温下能承受一定应力并具有抗氧化和抗腐蚀性的合金。主要用于制造燃气轮机的涡轮叶片、导向叶片、涡轮盘、高压压气机

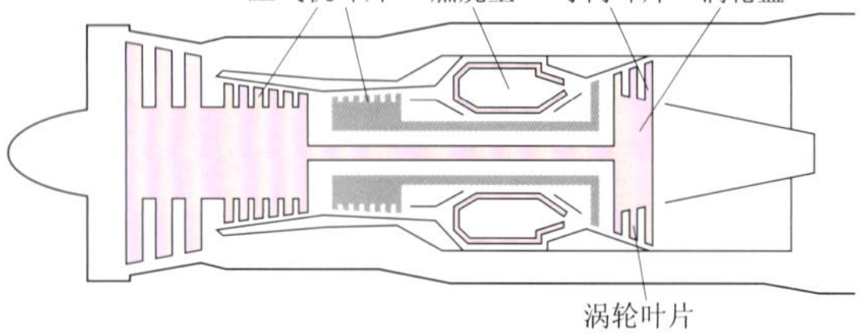

航空燃气轮机中使用高温合金部件示意图

叶片和燃烧室等高温部件（见图）。高温合金是20世纪30年代末随航空涡轮发动机的发展而发展起来的，在先进的航空发动机中，高温合金占全部材料用量的40%～60%。此外，还用于制造航天飞行器及火箭发动机、核反应堆、柴油发动机增压器和石油化工设备等的高温部件。

按基体元素分为3种：①铁基高温合金。通常含有镍，以获得奥氏体基体，故又称铁镍基高温合金。铁基高温合金耐热强度较低，抗氧化性较差，长期使用时组织稳定性较差，因此主要用于工作温度较低（600～700℃）、应力不太复杂的航空部件，以及工作时间较短的航天部件。②镍基高温合金。高温合金中最关键和主导的合金。它在650～1 000℃具有较高的强度和良好的综合性能，良好的抗氧化性和抗腐蚀性，因而得到广泛应用。③钴基高温合金。在较高温度（700～1 100℃）时有良好的抗腐蚀、抗氧化能力和抗热疲劳以及一定的强度，由于其高温强度偏低和资源的限制，只在一些特殊的使用条件下得到应用，如要求高温抗腐蚀和抗热疲劳较好的燃气轮机导向叶片和喷嘴等。

高仙芝 Gao Xianzhi（?～756-01-24） 中国唐朝玄宗时名将。高丽族人。少随父从军安西（今新疆南疆），20余岁即拜将军。开元末，为安西副都护、四镇都知兵马使。吐蕃占领小勃律（今克什米尔吉尔吉特雅辛河流域一带），唐军屡攻小勃律不克。天宝六载（747），仙芝率万骑西讨，平小勃律，以功擢安西四镇节度使。天宝九载，高仙芝进攻石国（今乌兹别克斯坦塔什干一带）先约和，后引兵攻袭，虏其国王，掠取珍宝。次年，石国王子奔大食求援，他出击大食败归。后入朝，授开府仪同三司，任右羽林大将军。天宝十四载安禄山叛乱，他以副统帅之职出征讨叛逆，前线失利，退守潼关，为监军宦官边令诚诬陷杀害。

高新技术产业 high-tech industry 以高新技术为核心而形成的生产体系。在欧美称“技术密集型产业”、“高技术产业”；在日本称“知识密集型产业”、“尖端技术产业”等。是运用高新技术开发生产性能优异和高附加值的高技术产品的产业部门，是研究开发密度高的知识密集型产业。

高新技术产业的特点是：①产品有较高的附加价值。②市场竞争激烈，产品生命周期短，产品的生产批量小。③需要高额的投资和较长的开发周期，同时具有很大的风险。④能高效优化组合高素质的人才。⑤有良好的社会功能，有利于改造传统产业、创造就业机会、提高收入、改善自然环境、推动社会进步。

界定高新技术产业的指标主要有两类：①按产业科学研究与开发（R&D）占其销售额的比例来确定；②按产业科技人员占全体职工的比例来确定。20世纪80年代以后，一般以电子计算机、软件工程、信息技术、先进制造技术、生物工程、新材料、新能源、空间技术等为高新技术产业。

高性能高分子 high performance polymer 具有高模量、高强度及耐高温性的高分子，或者具有某种重要功能的高分子。一般的高分子材料很难在250℃以上长时间使用，但一些特殊的场合，如航空、航天、某些军事用途等，甚至需要材料在300℃以上长时间使用，因此单位价值很高的高性能高分子通过合理的分子设计和合成方法应运而生，成为高分子材料领域一个重要的研究方向。重要的高性能高分子包括：聚芳酰胺、聚芳酰亚胺、芳杂环高分子、聚亚苯基等；梯形结构的高分子；某些含氟、硅的高分子以及有机-无机杂化高分子；碳纤维等。

高雄市 Gaoxiong (Kaohsiung) City 中国台湾省辖市，台湾第二大城市，台湾最大海港城市。位于台湾岛西南部，面临台湾海峡南口。辖盐埕、鼓山、左营、楠梓、三民、新兴、前金、苓雅、前镇、旗津、小港11个区。面积154平方千米。人口151万（2004）。旧名打狗（或打鼓），为当地少数民族西拉雅人社名译音。古为大陆闽、粤沿海和澎湖渔民的避风港和渔汛季节临时栖息地。1662年郑成功收复台湾后设万年县，清康熙二十三年（1684）设凤山县，同治三年（1864）开放通商，名旗后港。1895年日本侵占，设台南厅凤山支厅，1924年设高雄市。1945年光复后成为省辖市。

平均海拔44米。气候属亚热带季风气候，全年长夏无冬，气候温和。年平均气温24℃。平均年降水量1 600毫米。夏季多台风和暴雨，秋冬少雨。主要农作物有水稻、甘薯、大豆、甘蔗、香蕉、蔬菜等。台湾最大重工业中心，台湾南部军事要塞，钢铁、石油化工、机械、造船、建材、炼铝等工业基地。20世纪70年代至80年代中期，拆船量曾占世界拆船量的50%左右而有“拆船王国”之称，后因公害污染和工人工资上涨等原因逐渐萧条。1966年建成高雄加工出口区，集自由贸易区和工业区为一体，是亚洲第一个加工出口区，世界首创。交通发达，铁路有环城铁路、纵贯铁路、工厂铁路专用线，公路有南北高速公路和省、县公路网，高雄小港机场为仅次于桃园机场的国际机场，是岛内南部空运门户。高雄港为天然良港，是国际知名港口之一、台湾最大的商港。有鼓山、前镇、旗后、中洲4个渔港，远洋渔业居台湾第一，北部的左营港是台湾最大的军港和海军基地、舰艇基地。高雄古迹名胜较多，有凤山“旧城”遗址、“雄镇北门”、天后宫。此外，还有旗后山炮台、寿山寺、法兴寺、千光寺、龙泉寺、三凤宫、启明堂等古庙宇，现代景观有莲池潭、金狮湖、万寿山公园、高雄港港都风情、西子湾海水浴场等。

高雄县 Gaoxiong (Kaohsiung) County 中国台湾省辖县。位于台湾岛西南部，北邻台南县，南界屏东县，东接台东县，西临台湾海峡。辖凤山市及冈山、旗山、美浓3镇和23个乡。面积2 792平方千米。人口124万（2006）。县治凤山市。清康熙二十三年（1684）置凤山县。1945年光复后改设高雄县。境内山地、丘陵、平原各占1/3。除水稻、玉米外，盛产香蕉、菠萝、木瓜、荔枝、杧

高雄港与旗津风景区

果、槟榔、可可、椰子、西瓜等。香蕉年产量近全省1/3，菠萝产量居全省第一。是台湾五大渔业基地之一，年捕鱼量为全省各县之首。以炼油、石化、酸碱工业为中心，电子、电器、机械、合板、木制品、制糖、制盐、造纸、橡胶工业较发达。制糖业仅次于**台南县**。对外交通方便，除环岛铁路、公路和南北高速公路外，高雄至鹅銮鼻的公路、西部滨海公路也从此经过。“月世界”是其独具特色的胜景奇观。澄清湖、大岗山温泉、彩蝶谷、佛光山、龙山寺等都是名胜古迹。

高血压 hypertension 体循环动脉血压（收缩压或舒张压）增高的现象。正常成人的血压：收缩压≤140毫米汞柱（18.7千帕），舒张压≤90毫米汞柱（12.0千帕）。在高血压患者中，原发性（原因不明）高血压约占99%、继发性（为某种疾病的症状）者仅占1%。

原发性高血压的病因 牵涉因素有遗传基因、膳食影响、精神心理因素、心排血量改变、肾脏功能、细胞膜离子转运异常、血管张力增高管壁重塑、交感神经活性增加、肾素－血管紧张素－醛固酮系统调节失衡、激肽酶－激肽－前列腺素系统的缺陷、高胰岛素血症等。

继发性高血压的病因 肾脏实质病、肾动脉狭窄、嗜铬细胞瘤、原发性**醛固酮增多症**、先天性主动脉缩窄、药物引起的高血压、妊娠高血压综合征等。

分级 按血压水平分为：1级（轻度，140～159/90～99毫米汞柱），2级（中度，160～179/100～109毫米汞柱），3级（重度，≥180/≥110毫米汞柱），临界高血压（140～149/90～94毫米汞柱），单纯收缩期高血压（≥140/<90毫米汞柱）。

治疗 ①非药物治疗。ⓐ减轻体重。ⓑ采用合理膳食，包括限制盐摄入量在每日4～6克或减少平日盐量的1/3；减少膳食脂肪，补充适量优质蛋白质；注意补充钾和钙；多吃蔬菜和水果。ⓒ增加体力活动。ⓓ减轻精神压力，保持心理平衡。ⓔ戒烟，限制饮酒。②药物治疗。抗高血压药物品类甚多，各有其作用机制和有利、不利作用。用药原则：ⓐ结合患者病情特点及药物性能选用有针对性的药物。ⓑ为避免不良反应，可从较小剂量开始，根据观察到的疗效和反应逐步调整剂量至最佳疗效。ⓒ在调整药量期间，宜用短效药物。病情及药物剂量稳定后，可考虑换用长效制剂，降压后峰比值宜>50%。ⓓ单药疗效不满意或病情需要时可采用两种或两种以上药物联合治疗。ⓔ注意调动患者的积极性，学习监测和自我管理的知识及方法，以达到科学治疗，疗效稳定。③对继发性高血压要治疗其病因。

高压汞灯 high pressure mercury lamp 利用充汞电弧管高压（0.2～1兆帕）放电时产生汞蒸气获得可见光的电光源。发光效率为20～60流/瓦，寿命约12 000小时，广泛用于环境温度为-20～40℃的街道、广场、高大建筑物、交通运输、仓库和公共建筑等场所作为室内外照明光源。还可用于复印，广告，杀菌，微生物和法医学研究，荧光颜料探测，红斑治疗，涂料、墨水聚合干燥固化等。高压汞灯从启动到正常工作的时间通常为4～10分钟。灯熄灭后，须自然冷却，等待约5～10分钟才能再次启动。典型结构见图。图a为外壳内表面涂以荧光

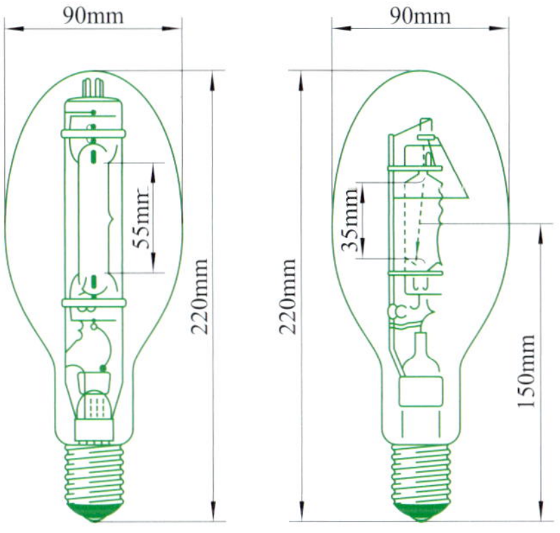

a 涂荧光粉灯　　b 自镇流型灯

高压汞灯结构示意

粉的高压汞灯。荧光粉的作用是补充高压汞灯中不足的红色谱线，同时提高灯的光效。图b为自镇流高压汞灯。它在高压汞灯外壳内部装置与放电管串联的灯丝来代替外接镇流器，可使使用简便，并可改善光色，但同时会造成灯的寿命下降和灯的发光效率从外镇式的35～60流/瓦下降到18～25流/瓦。

高压物理学 high pressure physics 研究物质在高压条件下的物理性质的学科。高压物理学一般只研究凝聚态物质（见**凝聚态物理学**）。

研究历史 20世纪以前的高压实验，由于受到技术设备的限制，只限于在3 000大气压和温度变化为200℃的范围内进行，主要研究诸如液体的压缩性、气－液并存的临界现象等宏观物理现象。进入20世纪，美国物理学家P.W.布里奇曼进一步发展了高压技术，大大地推动了高压下的物性研究。他广泛地研究了固体的压缩性，高压下的熔化过程、力学性质和电阻率变化规律等。自20世纪50年代后，新的高压技术为人工合成晶体（如金刚石等）创造了条件，而对高压下物性的研究也从静态研究发展到动态研究，并从宏观深入到微观，例如利用X射线的衍射和中子衍射研究高压下的物质结构、高压下固体中的电子过程，以及高压拉曼散射、高压核磁共振和高压穆斯堡尔谱等。能获得的静态高压可达百万大气压，用爆炸法和飞片技术产生的动态高压则可达数千万大气压。

高压下的新物质、新材料 压力是基本物理学参量，可有效地使物质的原子间距缩短、相邻电子轨道重叠增加，进而改变物质的晶体结构、电子结构和原子（分子）间的相互作用，使之达到高压平衡态，形成全新的物质状态。这些物质多具有异于常压物质的结构，新颖的物理和化学性质。在100万大气压力下每种物质平均可出现三个以上相变，即高压可提供超出现有材料数倍的新物质，为寻找特殊用途的新材料提供了丰富的来源。高压可显著提高元素在物相中的固溶度，使大量的元素替代工作成为可能。另外，压力对反应动力学有明显的影响，明显缩短反应时间，同时产生更均匀的结晶产物。高压环境还能够抑制合成温度下合成物和生成物的挥发和分解，提高熔点。高压可使一些原子具有异于传统周期表中的新价态，导致出现常压下不能发生的化学反应，形成具有特殊物理性质的化合物。如对于高温超导体的形成具有关键作用的Cu^{3+}价态最初就是在高压反应中获得的；构成有机物的六角环在高压下均变成了四面体；众多氧化物中氧三配位的四面体在高压下转变成六配位八面体。这些变化为高压合成新型功能材料及其物理性质的研究提供了广阔的空间。

有些物质在高温高压下通过相变形成的新结构往往能以亚稳态长期保存在常温常压下。利用这一点可获得新的人工合成材料。石墨在高温高压下转变成**金刚石**是其中一例。人造金刚石已能大量生产，并在相当大的工业应用范围内替代了天然金刚石。高温高压合成的立方氮化硼具有类似金刚石的晶体结构，它的硬度仅次于金刚石但耐热性却优于金刚石，在自然界中尚未发现。高压在探索其他类型新材料上也显得十分有用。在实验室里，数万大气压能使赤磷变成具有导体性质的黑磷。高压下加热非晶物质能制得平常难以得到的超导亚稳合金La_4Al、La_4Au等。高压技术在高温超导体的合成方面也扮演了十分重要的角色。由于高温超导体为类钙钛矿结构，结构高度致密，适合高温高压合成。已知的高温超导体有许多是高压合成的，或经过高压处理后性能得到改善。高温高压合成了许多常压不存在的铜氧化物高温超导体，它们可稳定地保留到常压，对研究超导机理和新材料探索起到了不可替代的作用。

研究的内容和意义 高压物理学主要研究获得高压的技术、高压下固体的状态方程（等温条件下的p-V关系）、高压相变过程及机制、高压下的光学过程、高

压下的物性及其应用、各种动态过程和高压下的固体电子论等。高压物理学已成为在极端条件下的固体物理学的一部分。高压物理学在合成新材料、高压加工、利用高压相变的释能效应获得脉冲能源等方面有着广阔的应用前景。

高要市 Gaoyao City 中国广东省辖县级市。位于省境中西部，西江中下游。面积2 206平方千米。人口75万（2010）。西汉元鼎六年（前111）置高要县，1993年撤县设市。由肇庆市代管。农业以粮食、蔬菜、水果、水产、禽畜为主。特产有肇实、麦溪鲤、端砚、竹织品、花蒲席、巴戟天酒等。矿产有金、煤、石灰岩、花岗岩、瓷土、钨、锡、天然气等。工业以纺织、建材、电子、食品、冶金为主。名胜有星湖风景区、鼎湖山旅游区、象山旅游区和文明塔等。

高怡生 Gao Yisheng（1910-07-26～1992-05-30） 中国药物化学家。生于江苏江宁（今南京市），卒于上海。1934年毕业于南京中央大学化学系。1950年获英国牛津大学博士学位。

历任中央研究院化学研究所助理研究员，北平研究院药物研究所副研究员，中国科学院上海药物研究所研究员、所长。1980年当选中国科学院学部委员（院士）。开展天然有机化合物的从提取、结构分析到全合成的系统性研究工作。从事中草药活性成分方面的研究，获1982年国家自然科学奖二等奖。在抗肿瘤药物方面，创造性地设计并参与和指导合成了数百种化合物，如甲氧芳芥、喜树碱等多种有效化合物。发表论文70余篇。

《高逸图》 中国唐代人物画作品。孙位作。

《高逸图》（局部，上海博物馆藏）

绢本设色，纵452厘米、横168.7厘米。无作者款印，卷首有北宋徽宗皇帝题字“孙位高逸图”。画魏晋时期的“竹林七贤”，现画幅上只有四人，从右至左为山涛、王戎、刘伶和阮籍，四人动作、情态各具风采。为存世罕见的唐代人物画之一。

高邮市 Gaoyou City 中国江苏省辖县级市。位于省境中部，西滨高邮湖，邻接安徽省。面积1 962平方千米。人口74万（2010），有汉、回、蒙古等民族。因秦置邮亭得名。汉元狩五年（前118）置高邮县。1991年撤县置高邮市。由扬州市代管。全境多为湖积平原。夏秋季有台风、暴雨。为全国商品粮、优质棉生产基地。农作物以水稻、麦、棉、油菜为主。盛产鳊、鳗、银鱼、金丝鱼等。工业有机械、电器、食品、丝织、服装、造纸、化工、建材等。名胜古迹有镇国寺塔、文游台、盂城驿站、净土寺塔、清真寺等。纪念地有市烈士陵园、周山烈士陵园。还有新石器时代龙虬庄遗址、商周时期周邶墩文化遗址。

高元钧 Gao Yuanjun（1916-03-29～1993-03-03） 中国山东快书演员。原名高金山。出生于河南宁陵，卒于北京。14岁在南京正式拜山东快书艺人戚永立为师，出师后在南京一带演出。

1936年离南京北上，辗转于蚌埠、徐州、济宁、泰安、潍县（今潍坊）、青岛、济南等地卖艺。1946年后再返南京，并应邀赴上海演出。1949年在上海灌制他的第一张唱片时，正式将俗称“武老二”的曲艺表演形式定名为山东快书。1950～1953年抗美援朝期间，多次参加赴朝鲜慰问中国人民志愿军的演出。归国后参加中国人民解放军，专事山东快书的表演和教学工作。

高元钧熟悉多种曲艺形式并兼演过相声、双簧、河南坠子等。早年即有意识地对山东快书进行改革，提高了作品的思想性和艺术性；其亲切自然、口风爽快、夸张幽默的表演风格，人称“高派”。所编演的代表性节目，有传统的全本长篇《武松传》，短段《鲁达除霸》、《赵匡胤大闹马家店》、《李逵夺鱼》，以及新作《一车高粱米》、《抓俘虏》、《侦察兵》等。著作出版的有《山东快书漫谈》、《我和山东快书》等。

高原 plateau 海拔高度在600米以上，一侧或数侧为陡坡，顶面相对平坦，分布范围较大的高地。形成的根本原因是新生代以来地壳的强烈抬升，抬升速度超过了外营力的侵蚀或剥蚀，地表呈现为隆起的正地形。包括多种成因的低高原（如巴西高原、南非高原），在山系旁侧的高原（如阿巴拉契亚高原），山系组成的山地高原（如青藏高原），由玄武岩熔岩堆叠而成的熔岩高原（如埃塞俄比亚高原），由熔岩和凝灰岩等大量火山物质堆积而成的火山高原，由巨大的大陆冰盖组成的冰盖高原。高原在全世界有着广泛的分布，冰盖高原除外，约占地球上全部陆地面积的30%。尤以亚洲的高原为最高和最多，如青藏高原、伊朗高原等。其中青藏高原是地球上海拔最高的高原，平均海拔在4 000米以上，西部平均海拔超过5 000米；山地多近东西走向排列，从南到北为喜马拉雅山、冈底斯山、念青唐古拉山、喀喇昆仑山、昆仑山、唐古拉山、巴颜喀喇山等。它是地壳强烈隆起的结果，自上新世末的300万～200万年以来，整个高原隆起幅度达3 000～4 000米。

高原病 altitude sickness 在高原低氧环境下机体缺氧引起的重要器官功能失代偿。又称高山病。

急性高原病 多发生于初次进入高原的施工人员、登山者、旅游者、进行军事训练的部队等。反应快者到达高原后数小时到数天内，就可出现头痛、头晕、恶心、呕吐、心慌、气促、胸闷、乏力、食欲不振、睡眠障碍、肢体水肿、尿少等症状。经休息或对症处理后数日内即可缓解或消失。称为急性高原反应。

急性高原病见于进入高原的速度较快、停留时间较长，又存在感染、疲劳、寒冷、精神紧张、饥饿、妊娠等诱因的情况下。可分高原脑水肿及高原肺水肿两个类型。前者多发生于急速进入高原者，海拔高度在4 000米以上时更易发病。表现为剧烈头痛、呕吐、表情淡漠、精神忧郁或欣快多语、烦躁不安、嗜睡、步态蹒跚、共济失调。也可出现不同程度的意识障碍如神志恍惚、蒙胧、嗜睡甚至昏迷等。后者主要表现为静息状态时呼吸困难、咳嗽、咯白色或粉红色泡沫状痰、发绀、肺部有湿啰音。X射线检查可见双侧肺野有弥漫性、不规则的点片状或云絮状阴影。

慢性高原病 呈慢性病程。以高原性红细胞增多症及高原性心脏病最为多见。前者的临床表现为头痛、头晕、乏力、睡眠障碍、发绀、眼结膜充血、皮肤紫红等多血症病状。血红细胞计数≥6.5×10^{12}个/升、血红蛋白≥200克/升。后者则表现为乏力、心悸、胸闷、呼吸困难、咳嗽、发绀、尿少、下肢水肿、肝脏肿大等。其他还可见高原性高血压、低血压及混合型等表现。

处理 对急性高原病，处理的关键在

于早期发现、早期诊断、适当休息并就地给予对症治疗。重症者可用高压氧、糖皮质激素、钙通道拮抗剂等治疗。一般患者经紧急治疗后转至低海拔地区即逐渐恢复。慢性高原病患者应转至低海拔地区治疗，一般治疗后也可完全恢复，但这样的人不宜再到高海拔地区工作。

高原气候 plateau climate 在高原条件下形成的气候。不同的高原由于它们的地理位置、海陆环境、海拔高度和高原形态上的差异，气候也各不相同。其中青藏高原平均高度3 000米以上，面积又较大，高原气候的特点更为突出。高原气候的主要特点为：①太阳辐射强而辐射差额小。高原地区的太阳直接辐射强度大，以青藏高原为例，大部分地区的年总辐射量在180千卡/厘米^{2}以上，比中国东部平原地区高出约1倍。但在高原积雪地区，因反射率大而使地面吸收的辐射量减少，又由于水汽含量少而使有效辐射增大，因此辐射差额比同纬度的平原小。②气温日变化显著。大部分高原地区的地面温度日较差比同纬度的平原大1～2倍。③高原降水受位置和地形影响大。一般在迎湿润气流的高原边缘是多雨带，而高原内部和背湿润气流一面雨量较少。④高原上风力比平原上大。

高志航 Gao Zhihang (1907-05-14～1937-11-21) 中国抗日将领。奉天（今辽宁）通化（今属吉林）人。1924年考入东三省陆军讲武堂。1925年被派往法国学习航空技术，先后毕业于牟拉纳民航学校和伊斯特陆军航空学校。1927年回国后任东北航空队飞行员、东北航校教官等。1931年九一八事变后参加中央航空队。1937年任空军第4驱逐机大队大队长。同年8月14日，日军飞机大规模空袭杭州等地区时，率领本大队起飞迎击，英勇善战，共击落日机3架（高击落2架）、击伤1架，首创中国空军击落日机的战绩。其后又多次率队升空作战，屡建战功，升任空军驱逐机司令兼第4大队大队长。1937年11月21日，遇日机空袭，冒着敌机的猛烈轰炸扫射，紧急登机起飞抗击，未及升空即中弹殉国。后被国民政府追赠为空军少将。

高州市 Gaozhou City 中国广东省辖县级市。位于省境西南部，毗邻广西壮族自治区。面积3 276平方千米。人口129万（2010），有海外侨胞和港澳台同胞40多万。隋开皇十八年（598）置茂名县。1959年改茂名县为高州县，1993年撤县设高州市。由茂名市代管。林产有橡胶、杉、松、竹、油茶、油桐等。粮食以水稻、甘薯为主。经济作物有花生、甘蔗、胡椒、木瓜等，是香蕉、荔枝、龙眼之乡。矿产有金、银、铝、铁、高岭土等。工业有橡胶、机械、建材、化肥、电力、电子、煤炭、纺织等。缅茄是全国独有的特产。名胜古迹有高凉岭、仙人洞、宝光塔、冼太庙等。

睾丸 testis 脊椎动物精巢。见生殖系统。

膏剂 paste 将中药用水或植物油煎熬浓缩而成的膏状剂型。有内服和外用两种。

内服膏剂有流浸膏、浸膏、煎膏三种。①流浸膏。用适当溶媒浸出药材中的有效成分后，将浸出液中一部分溶媒用低温蒸发除去，形成浓度较高的浸出液。具有有效成分含量高、服用量少、溶媒副作用小的特点，如益母草流浸膏。②浸膏。用溶媒将药材中有效成分浸出后，低温将溶媒全部蒸发掉，形成半固体或固体膏状。具有浓度高、体积小、剂量少的特点。③煎膏，又称膏滋。将药物反复煎煮到一定程度后，去渣取汁，再浓缩，加入蜂蜜、冰糖或砂糖煎熬成膏。体积小，冲服方便，且有滋补作用，适用于久病体虚者，如八珍益母膏。

外用膏剂分为软膏剂和硬膏剂：①软膏剂，又称药膏。用适当的药物和基质均匀混合制成，容易涂于皮肤、黏膜的半固体外用制剂。②硬膏剂，又称膏药。用植物油与黄丹或铅粉等经高温炼制成的铅硬膏为基质，并含有药物或中药材提取物的外用制剂。

糕点 cake 以面粉、食糖、油脂、蛋品、乳品、果料及多种子仁等为原料，经过调制、成形、熟制、装饰等而成的食品。习惯分为中式糕点和西式糕点。

中式糕点 中国传统的糕点食品。按生产地域分为京式、广式、苏式、扬式、潮式、闽式、高桥式等。①京式糕点。起源于华北地区的农村和满、蒙民族地区，在北京地区形成一个制作体系，在制作方法上受宫廷制作影响较大。一般重油、轻糖，甜、咸分明，注重民族风味，造型美观、精细。代表品种有京八件、核桃酥、莲花酥、红白月饼、提浆月饼、江米条、蜜三刀、状元饼等。②广式糕点。起源于广东地区的民间制作，在广州形成集中地。特点是糖、油用量大，品味香甜软润，选料考究，制作精致，品种花样多，带馅的品种皮薄馅厚。代表品种有广式月饼、梅花蛋糕、德庆酥、莲蓉酥角、椰蓉酥、大良崩砂、伦教糕、西樵大饼等。③苏式糕点。以苏州地区为代表，受扬式糕点制作影响较大。品种以糕、饼居多，多是酥皮包馅类。使用较多的糖、油、果料和天然香料，油多用猪油，甜、咸并重。代表品种有姑苏月饼、杏仁酥、蛋糕、云片糕、八珍糕等。④扬式糕点。起源于扬州和镇江地区，制作工艺与苏式基本相似。品种上米制品较多，分喜庆和时令等品种。馅料以黑芝麻、蜜饯、芝麻油为主，麻香风味突出。代表品种有黑麻椒盐月饼，香脆饼，淮扬八件中的黑麻、白麻、太师饼，粗八件中的小桃酥、小麻饼、大馓子等。⑤潮式糕点。以广东潮州地区为代表。总称潮州茶食。可分为点心和糖制食品两大类。糖、油用量大，馅料以豆沙、糖冬瓜、糖肥膘为主，葱香味突出。代表品种有老婆饼、春饼、冬瓜饼、潮州礼饼、蛋黄酥、潮州月饼等。⑥宁绍式糕点。起源于浙江宁波、绍兴等地。米制品较多，面制品较少。代表品种有苔菜千层酥、苔菜饼、绍兴香糕、印糕等。⑦高桥式糕点。起源于上海浦东高桥镇。又称沪式糕点。外形淳朴，色泽鲜明，糖和油用量少，风味淡，馅料以红豆沙、玫瑰等为主。代表品种有松饼、松糕等。⑧闽式糕点。以福州地区为代表，起源于福建的闽江流域及东南沿海地区。用料多选用本地特产，突出海鲜风味，带馅的品种多，也有不少糯米制品，口味甜中带咸，香甜油润，肥而不腻。代表品种有福建礼饼、猪油糕、肉松饼等。⑨川式糕点。以四川成渝地区为代表。品种以糯米制品、二仁（花生仁、核桃仁、芝麻仁）制品、瓜果蜜饯制品居多。用糖、油量大，但甜而适口，油而不腻。代表品种有合川桃片、仁青麻糕、成都凤尾酥和米花糖等。⑩清真糕点。根据伊斯兰教的饮食习惯而制作。产品基本上是京式或苏式品种。制作上严禁用猪油或猪肉作原料，除用一些牛、羊油和鸡油外，大多用植物油。品种较多，颇有民族特色，如京八件、提浆月饼、荷花酥、鸡丝月饼等。

按生产工艺分为焙烤制品、油炸制品、蒸煮制品和熟粉制品。焙烤制品是以焙烤为最后熟制工序的一类糕点，包括酥类、松酥类、松脆类、酥层类、酥皮类、松酥皮类、糖浆皮类、硬酥类、水油皮类、发酵类、糕类、烘糕类12类。油炸制品是以油炸为最后熟制工序的一类糕点，包括酥皮类、水油类、松酥类、酥层类、水调类、发酵类、上糖浆类七类。蒸煮制品是以蒸煮为最后熟制工序的一类糕点，包括蒸蛋糕类、印模糕类、韧糕类、发糕类、松糕类、粽子类、糕团类、水油皮类八类。熟粉制品是将米粉或面粉预先熟制，然后与其他原料混合而成的一类糕点，包括冷调韧糕类、冷调松糕类、热调软糕类、印模糕类、片糕类五类。

西式糕点　从西方欧美国家传入中国的糕点。可分为法式、德式、瑞士式、英式、俄式、日式等。西点熟制的主要方法是焙烤，多数西点是甜点，咸点较少。

按生产工艺分为面包、蛋糕、饼干和点心四类。①面包类。主要指其中的点心面包（花色面包），如油炸面包圈、美式甜面包、花旗面包、丹麦式甜面包等。②饼干类。主要指作坊式制作的饼干、工业化饼干中辅料含量多的饼干和花色饼干，如小西饼、夹馅和涂层饼干等。③蛋糕类。主要有面糊类蛋糕、重奶油蛋糕、水果蛋糕、乳沫蛋糕、戚风蛋糕等。④点心类。主要有甜酥点心（塔类、派）、帕夫酥皮点心（松饼）、巧克斯点心（又称烫面类点心，如奶油空心饼和指形爱克力）等。

加工工艺　不同糕点的生产方法和工艺不同。总的工艺流程可归纳为：①原料的选择和处理。按照产品特点选择合适的原、辅料，并对原、辅料进行预处理。②面团（糊）调制。按照配方和不同产品加工方法，采用不同混合方式（搅打、搅拌等）将原、辅料混合，调制成所要求的面团或面糊。③成形。将调制好的面团或面糊加工成一定形状。成形的方式有手工成形、模具成形、器具成形等。中式糕点需要制皮、包馅等；西式糕点则有夹馅、挤糊、挤花、切块等，有时也包括饰料的填装。④熟制加工。熟制工序中采用较多的是焙烤方式，其他方式还有油炸、蒸煮等。⑤冷却。将熟制后的产品经自然冷却至室温，以利于后面工序的操作。⑥装饰。大多数西式糕点需要装饰，所需的装饰料应在使用前制备好。

藁城市　Gaocheng City　中国河北省辖县级市。位于省境西部偏南，地处太行山东麓山前冲积平原。面积836平方千米。人口78万（2010）。西汉元鼎四年（前113）置稾城县，后几经变更，金末复改为藁城县。1989年撤县设市。由石家庄市代管。属暖温带半湿润大陆性季风气候。农作物主要有小麦、玉米、棉花等。工业有化工、轻工、机电、建材、食品、医药等。名胜古迹有台西、故献、前西关等商代文化以及肥子国、九门古城、李牧台、野台等遗址。

告缗　中国汉武帝刘彻为打击商人势力、解决财政困难而采取的一项重要政策。告缗是算缗的延伸。算缗是一种财产税，是汉初采取的抑商政策的一项重要内容。由于内兴功利，又连年对周边少数民族进行战争，封建国家的财政发生很大困难，商人乘机以高利贷盘剥贫民，促使社会矛盾日趋激化。因此，武帝元光六年（前129）即对商人所拥有的车辆征税。至元狩四年（前119)又下诏“初算缗钱”。具体办法有三：①对各类商人征收财产税，税额为每2000钱纳税一算（120钱）。②对手工业者征收财产税，税额为商贾的一半。③对车、船征税，凡不属于国家官吏、三老、北边骑士而拥有的轺车，皆令出一算，商贾所有的轺车则为二算。船五丈以上一算。但许多商人仍然隐匿财物，不肯协助政府克服财政困难。于是，元鼎三年（前114）武帝又下令“告缗”，商人隐匿财产的，别人可以告发，被告的人财产全部没收，分一半财产归告缗者，由杨可主管其事。杨可告缗遍天下，商贾中家以上几乎都被告发。武帝派遣御史和廷尉正、监等分批前往郡国清理处置告缗所没收的资产，得民财物以亿计，奴婢以千万数，田地大县达数百顷，小县也有百余顷。商贾中家以上都因此破产，武帝将没收的缗钱分配给各个部门。告缗直到元封元年（前110）才停止。告缗为武帝的内外功业提供了物质上的保证。

告诉才处理　no trial without complaint　某些犯罪必须有被害人的控告或起诉，司法机关才追究被告人的刑事责任的诉讼制度。又称告乃论、亲告罪。

告诉乃论的犯罪，一般属于比较轻微的侵犯公民个人权益的犯罪，包括轻微伤害罪、非法侵入罪、侮辱罪、诽谤罪、侵犯通信秘密罪等。由被害人行使；被害人不能行使的，由其法定代理人、监护人行使。日本、俄罗斯等国的法律，把强奸等属于严重侵犯公民个人权利的犯罪，也列为告诉乃论的犯罪，非依被害人的控诉不得提起诉讼。

《中华人民共和国刑法》规定：“告诉才处理，是指被害人告诉才处理。如果被害人因受强制、威吓无法告诉的，人民检察院和被害人的近亲属也可以告诉。”并规定，侮辱罪和诽谤罪、暴力干涉婚姻自由罪、虐待罪、侵占罪属于告诉才处理的犯罪。《中华人民共和国刑事诉讼法》将这几种案件列为三类自诉案件中的第一类，法院依自诉程序进行审判，被害人可以同被告人和解，法院判决前自诉人还可以撤回自诉，法院也可以调解。在诉讼中，被告人可以提起反诉。在第二审程序中，仍可以进行调解，当事人也可以自行和解。

诰命　imperial mandate　中国古代帝王诏令文书的文种名称之一，为皇帝封赠高级官员的凭证。诰，以上告下之意，古以大义谕众谓之。作为文书始于商周，《尚书·商书》中的《汤诰》、《尚书·周书》中的《大诰》和《康王之诰》等篇，即为商王、周王告诫臣民的文书。秦废不用，汉代偶一用之，不为常式。唐代称告身，为颁给个人的官阶凭证。宋代沿用告身，又称官告。南宋始称诰命，为封赠文书，用卷轴式五色绫纸书写。凡文武官升迁改秩，追赠大臣，贬议有罪，赠封祖父妻室，都用诰命。元代封赠文书有宣命和敕牒，宣命用于一至五品官，敕牒用于六至九品官，均用纸缮写。明沿宋制，只将宣命改称诰命。诰命为卷轴形式，分苍、青、黄、赤、黑五色。由于官员的品级不同，诰命封赠的范围及轴数、图案和轴头亦各有异。明代诰命织文，文官用玉箸篆，武官用柳叶篆。明初诰命文体比较朴实。开首为“奉天诰命”四字，内写官员本人事迹，不过百余字。其覃恩封赠祖父母及妻室，才不过六七十字。后来由于政治腐败，诰命文词多浮套冗长。

清沿明制，覃恩封赠五品以上官员及世爵承袭罔替者发给诰命。诰命用五色或三色纻丝织成。

锆　zirconium　化学元素，元素符号Zr，原子序数40，原子量91.224。属周期系ⅣB族。1789年M.H.克拉普罗特在斯里兰卡产的黄锆石中发现锆的氧化物。1797年被命名为zirconium，源于锆石的英文名zircon。1824年J.J.贝采利乌斯，在一密闭罐中加热金属钾和锆酸钾的混合物而制得不纯的金属锆。锆在地壳中的含量为0.015%～0.023%。重要矿物有锆石和斜锆石（ZrO_2）两种。所有的锆石中都含有氧化铪。

锆是有金属光泽和延展性的银灰色金属，外观似钢，物理、化学性能和机械性能类似钛，具有良好的塑性和压延性；熔点1 855℃，沸点4 409℃，密度6.506克/厘米^3（20℃）。锆的氧化态+1、+2、+3、+4。金属锆表面附着一层氧化膜，能有效地抵抗水、蒸汽、无机酸、有机酸、强碱、盐溶液和熔盐的腐蚀。室温下锆在王水中较稳定，但能被氢氟酸、磷酸和100℃的浓硫酸溶解。致密的金属锆在空气中较稳定，加热时会失去光泽，高温下会燃烧；锆粉和锆屑在空气中易燃。锆易与氧化合成二氧化锆。高温时，锆也可与碳、氮和氢气直接化合。锆的重要化合物有二氧化锆和四氯化锆等。

用镁还原四氯化锆或加热分解四碘化锆，可制得金属锆。锆矿石中同时存在铪，锆和铪难分离，只能用多级溶液萃取、分级结晶或分级沉淀法分离。纯锆作为抗腐蚀性金属被广泛用作化学工业中的容器、管道。锆在高温时容易发射电子，还具有吸收电子管中残留气体的能力。不含铪的纯锆合金具有很小的热中子吸收截面，很高的耐酸、碱溶液腐蚀性和机械强度，因此可作反应堆中铀燃料棒的包覆层。许多锆合金被用于制成闪光灯、灯丝、精细工具和外科刀具。

锆石　zircon　化学组成为$Zr[SiO_4]$，晶体属四方晶系的硅酸盐矿物。旧称锆英石、

黑云母片岩中的锆石

风信子石。常含铪、铀、钍、稀土、磷等杂质；又常因放射性元素影响，导致锆石的非晶质化及水的加入。晶体常呈双锥发育的短柱状或柱体不发育的双锥状。颜色多种多样，有紫红、黄褐、淡黄、淡红、绿、灰、无色等。金刚光泽。莫氏硬度7.5～8。密度4.4～4.8克/厘米^3。是一种分布较为广泛的矿物。主要产出于酸性和碱性火成岩及其伟晶岩中，也常见于热液脉、沉积岩、变质岩及砂矿中。主要生产国有挪威、澳大利亚、南非、美国、俄罗斯、印度、巴西等。是提取锆、铪，制取氧化铪及其化合物的重要矿物原料；可作航天器高温绝热瓦的材料；也用于汽轮喷砂机、研磨材料、特种焊条及涂料。色泽美丽而透明的锆石可作宝石。

戈宝权 Ge Baoquan (1913-02-15～2000-05-15) 中国外国文学研究家、翻译家。生于江苏东台。19岁毕业于上海大夏大学，进《上海时事报》社。22岁任《大公报》驻莫斯科记者。1938年在汉口及重庆《新华日报》社、《群众日报》社工作。"皖南事变"后赴香港从事进步文化工作。太平洋战争爆发后仍返重庆《新华日报》社。1946年去上海，1949年初秘密离沪到北平，旋即被派往莫斯科任新华社记者。中华人民共和国建立后任中国驻苏联大使馆临时代办及参赞。1954年回国后任中苏友好协会总会副秘书长，1957年起任中国科学院文学研究所和外国文学研究所（后归属中国社会科学院）研究员及学术委员。

他的主要译作有《戈宝权译文集》(5卷，含《普希金诗集》、《高尔基小说论文集》、《俄语国家作家诗文集》等)、《谢甫琴科诗集》(自乌克兰文译出)，著有《〈马克思恩格斯选集〉中的希腊罗马神话典故》、《鲁迅在世界文学上的地位》、《〈阿Q正传〉在国外》以及《中外文学因缘》等。部分研究成果被译成10余种文字。

戈壁 gobi 地面为碎石或卵砾石覆盖的荒漠地区。"戈壁"一词来自蒙古语，原意指"茫茫一片碎石覆盖，不生草木的地方"。广义的戈壁包括岩漠和砾漠；狭义的戈壁仅指大小砾石覆盖的砾漠。①岩漠地表组成物质多为粗大风化岩块和平缓的基岩露头，又称剥蚀碎石石质戈壁。地面波状起伏，水土缺乏，植被覆盖度一般在10%以下。常见小型风蚀地貌，如蘑菇石、风蚀坑、风蚀洞、风蚀残丘等。②砾漠，又称沙砾石戈壁。根据戈壁砾石层厚度和形成过程分为堆积沙砾石戈壁和风蚀沙砾石戈壁。ⓐ堆积沙砾石戈壁，简称堆积戈壁。地表物质成分主要是砾石并夹有沙土，多见于山麓倾斜平原地带。ⓑ风蚀沙砾石戈壁，简称风蚀戈壁。地表物质为一薄的砾石层，厚度大致相当于砾石的最大直径。下部仍为沙砾石、土状堆积物的混杂堆积，故也有人称其为假戈壁。分布在高平原，远离山麓的混杂堆积地区。风蚀戈壁一般分布在有季节性降水的地区，水分条件较好，植被覆盖度10%～30%，形成戈壁草原，是荒漠草原带的一部分。

戈达德 Goddard, Robert Hutchings (1882-10-05～1945-08-10) 美国火箭专家、物理学家，现代航天学奠基人之一。生于马萨诸塞州伍斯特，卒于马里兰州巴尔的摩。1908年在伍斯特工学院毕业并留校。1910～1911年任教于克拉克大学并获物理学博士学位。1919年任物理学教授。1914～1916年间利用小型固体火箭发动机从事火箭理论和试验研究。1919年出版的《到达极大高度的方法》，阐述了火箭运动的基本数学原理，讨论了用火箭把载荷送往月球的可能方案。从1920年开始研究液体火箭。1926年3月16日，他研制的世界第一枚液体火箭试飞成功。1929年在新墨西哥州罗斯维尔兴建火箭研究试验站。1931年使用与现代火箭相似的程序系统发射火箭。1932年首次用陀螺控制的燃气舵操纵火箭的飞行。1935年试验的火箭以超声速飞行，最大射程约20千米。在火箭技术方面共取得212项专利。主要著作是《液体推进剂火箭的发展》。

戈达尔 Godard, Jean-Luc (1930-12-03～) 法国电影导演，新浪潮的代表人物之一。原籍瑞士。生于巴黎。最初是《电影手册》和《艺术》杂志的电影评论员，后与F.特吕弗等形成"电影手册"派。1954年开始拍短片。1960年完成第一部长片《筋疲力尽》(获西柏林国际电影节金熊奖)。他的影片，由于从内容到形式的反传统特点，使西方影坛震惊，并引起了激烈的争论，被称为"新浪潮"的可怕的孩子。1960～1969年，他拍摄的重要作品有《一个女人就是一个女人》、《随心所欲》、《卡宾枪手》、《美国制造》、《中国姑娘》(获威尼斯电影节评委会特别奖)等。1968年"五月风暴"(发生在巴黎的大学生反对越战的运动)后，与一个学生领袖组织了战斗电影小组，拍了《东风》、《直到胜利》等"战斗电影"。1973年以后，潜心研制电视、录像片。20世纪80年代重新开始传统大银幕的制作，主要作品有《芳名卡门》、《戈达尔/戈达尔-12月份的自画像》、《向你致敬，萨拉热窝》等。1982年，威尼斯电影节授予他金狮奖；1987、1998年法国电影艺术与科学院两度授予他电影凯撒荣誉奖。

戈迪默 Gordimer, Nadine (1923-11-20～) 南非白人小说家。生于普林斯。犹太人。15岁开始发表小说。早期短篇有《明日再来》、《面对面》(1949)、《毒蛇的温柔声音》(1952)等。长篇小说有《说谎的日子》(1953)、《陌生人的世界》(1958)、《充满爱的时刻》(1963)等。戈迪默擅长以精细准确的笔触和充满反讽张力的心理刻画来再现被种族主义政策所分裂的南非社会。20世纪70年代后有作品《尊贵的客人》(1970)、《环保人士》(1974)、《崇尚自然的运动》(1987)、《无人陪伴我》(1994)以及短篇小说集《跳》(1991)等。1991年获诺贝尔文学奖。

戈蒂耶 Gautier, Théophile (1811-08-31～1872-10-22) 法国诗人、小说家、芭蕾剧作家、艺术批评家。生于塔布，卒于讷伊。年轻时学习绘画，1830年以后专门从事文学创作。1835年发表小说《莫班小姐》，在序言中提出"为艺术而艺术"的理论。1852年发表诗集《珐琅与玉雕》，是他的美学观点在诗歌方面的实践。他还写有游记和大量的文艺评论，并以大量影响深远的芭蕾评论推动了法国浪漫主义芭蕾的发展。小说有《木乃伊故事》(1857)和《弗拉格斯上尉》(1863)。戈蒂耶力图用语言再现造型艺术的感觉，把诗写成语言的绘画和语言的雕刻。提倡“为艺术而艺术”，对19世纪60年代兴起的帕尔纳斯派起了先导作用。

戈尔巴乔夫 Gorbachev, Mikhail Sergeyevich (1931-03-02～) 苏联共产党中央总书记(1985～1991)，苏联总统(1990～1991)。生于斯塔夫罗波尔边疆区的一个农民家庭。1950～1955年在莫斯科大学法律系学习。

1952年加入苏联共产党。1985年3月11日当选苏共中央总书记，并任苏联国防会议主席。1988年10月1日，当选苏联最高苏维埃主席团主席。1990年3月，当选为苏联总统。出任总书记后，大力倡导“民主化”、“公开性”和“新思维”，宣扬人类有共同利益，从阿富汗撤军，实现中苏两国、两党关系正常化。1987年主持苏共中央6月全会，决定“根本改革经济管理”。在经济改革处于“空转状态”下，于1988年6月召开苏共第19次全国代表会议，仓促转向政治改革。1990年7月，召开苏共第28次代表大会，将“人道的、民主的社会主义”定为党的理想，实行多党制和议会制。改革引发社会动荡，民族矛盾表面化。1991年八一九事件后，于8月24日辞去苏共中央总书记职务，并建议苏共中央自行解散。1991年12月21日苏联解体，25日辞去苏联总统职务。1990年获诺贝尔和平奖。著有《改革与新思维》。

戈尔德施密特 Goldschmidt, Victor Moritz (1888-01-27～1947-03-20) 挪威地球化学家、晶体化学家和矿物学家。地球化学奠基人之一。生于瑞士苏黎世，卒于挪威奥斯陆。

1908年克里斯蒂安尼亚(现奥斯陆)大学毕业，1911年获博士学位。曾任克里斯蒂安尼亚大学教授兼矿物研究所所长，国家矿物原料委员会主席，德国格丁根大学矿物岩石研究所所长。1924年当选为苏联科学院通讯院士。1911年首次提出矿物相律。1926年最先推导出80多种离子的半径，并用X射线衍射技术分析研究出75种元素、200种化合物的晶体结构，将结晶学推向新阶段。1927年提出阐明晶体成分与结构的晶体化学第一定律。将晶体化学原理和方法应用于地球化学研究，探讨化学元素在地球中分布的控制规律，把地球化学向前推进了一大步。提出了元素地球化学分类。提出地球内部分圈的假说，认为从地表至地心依次为岩石圈、硫化物氧化物圈、铁镍核心，至今为许多学者所赞同。对许多稀有贵重分散元素的地球化学行为进行了研究，对陨石进行了大量的分析，提出了陨石的平均化学组成。对地球化学元素的丰度进行了研究，提出了地壳主要元素的丰度表，并于1937年首次绘制出太阳系的元素丰度曲线。主要著作有《元素的地球化学分布规则1～9》和《地球化学》等。

戈尔丁 Golding, Sir William (1911-09-19～1993-06-19) 英国小说家。生于小圣科勒姆，卒于佩伦纳沃瑟尔。1935年毕业于牛津大学。第二次世界大战期间曾在英国海军服役。后长期在学校任教。早年发表过诗作，后写小说。长篇小说《蝇王》(1954)描写一群流落在孤岛的孩子，由于离开了文明社会而变成了残杀同类的野蛮人。其他主要作品还有小说《继承人》(1955)、《金字塔》(1967)，剧本《铜蝴蝶》(1958)，广播剧《碎心》(1962)等。他在作品中探索人与社会的关系，把人的行为看作是一种道德的表现，又被称为寓言家和道德家。1983年获诺贝尔文学奖。

戈尔什科夫 Gorshkov, Sergey Georgyevich (1910-02-26～1988-05-13) 苏联海军元帅(1967)、军事家。生于乌克兰，卒于莫斯科。1942年加入联共(布)。1927年参加苏联海军。

先后毕业于伏龙芝海军学校、驱逐舰舰长训练班和海军学院高级指挥员进修班。1932～1939年在太平洋舰队历任护卫舰舰长、驱逐舰舰长、驱逐舰支队支队长。1940年6月调黑海舰队任巡洋舰支队支队长。苏德战争期间，历任亚速海区舰队司令、新罗西斯克防区副司令、多瑙河区舰队司令等职。参加过敖德萨防御战役等一系列战役。战后，任黑海舰队参谋长、司令，海军第一副总司令。1956年1月起任苏联国防部副部长兼海军总司令。任内大力发展战略导弹潜艇和远程航空兵，同时均衡发展其他海军兵种，把苏联海军从一支近海防御力量发展成为能执行各种作战任务的“远洋导弹核海军”，对苏联海军建设和发展起了重要作用。70年代，曾两次指挥苏联海军在世界各大洋举行大规模演习。两次获“苏联英雄”称号，获列宁勋章5枚。著有《海军学术的发展》、《战争年代与和平时期的海军》、《国家海上威力》等。

戈公振 Ge Gongzhen (1890-11-27～1935-10-22) 中国新闻记者、新闻教育家。原名绍发，字春霆，号公振，以号行。生于江苏东台，卒于上海。1912年东台高等学堂毕业。

1913年冬入上海《时报》，由校对、助理编辑、编辑晋升到总编辑。创办《图画时报》和多种副刊。同时从事新闻教育和新闻学研究。1927年1月赴英、法、美、日等国考察新闻事业。1928年年底回国，先后任《申报》总经理助理，总管理处主任，并兼《申报星期画刊》主编。1932年3月，以记者身份随国际联盟调查团赴东北地区调查日本侵略中国真相，9月随调查团去欧洲。1933年3月到苏联访问，为国内报刊写了许多通讯报道，后辑为《从东北到庶联》一书出版。1935年8月回国，后参与筹办《生活日报》。著有《新闻学撮要》、《新闻学》等。所写《中国报学史》一书以资料丰富、考订精详著称，被认为是中国新闻史研究的奠基之作。

戈兰高地 Golan Heights; Ḥawrān 叙利亚西南部一个狭长高地，南北长60余千米，中部最宽处约20千米，面积1 150平方千米，构成叙利亚面积最小省份——库奈特拉省的大部分。地形上是叙利亚西南部豪兰高地的延伸部分；平均海拔500米，自东向西倾斜，多季节性间歇河，仅南部的耶尔穆克河常年有水，下入约旦河，是叙利亚和约旦的天然国界线。地处叙利亚同巴勒斯坦、约旦和黎巴嫩的交接地带，以居高临下的地理态势，俯视约旦河谷地，战略位置重要，向为叙利亚西南边防的军事重地。原有居民万余，平均每平方千米8～9人，其中1/3以上是信仰德鲁兹教派(伊斯兰教的一个特殊教派)的德鲁兹人。居民点多分布在水源较为充足的地方。主要城镇有库奈特拉(距首都大马士革不到100千米)和巴尼亚斯等，都有公路同首都大马士革相通；也有公路与邻近的约旦、黎巴嫩和巴勒斯坦相联系。南部边境沿着耶尔穆克河岸还有一条铁路通过。此外，一条国际油管南北纵贯，通往黎巴嫩的地中海沿岸港口西顿。但所有这些陆路运输线路久已中断。1967年“六五”战争中，高地大部分被以色列侵占。根据1974年5月31日叙以双方达成的部队脱离接触协议，以色列撤出戈兰高地东部的狭长地带（包括库奈特拉省首府库奈特拉），划为宽1.8～5.5千米的缓冲区，由联合国部队驻扎。现仍有面积约700平方千米的土地被以色列占领。以色列安插了一批犹太人定居点，并在1980年片面宣布予以兼并。

戈雷岛 Gorée, Île de 塞内加尔近岸小岛。位于佛得角半岛正南，首都达喀尔东3 000米的大西洋上。南北长900米，东西宽300米，面积36公顷。欧洲殖民者在西非最早开拓的殖民据点之一。1444年被葡萄牙占领。1617～1664年属荷兰。1816年被法国占领，直至1960年塞内加尔独立。非洲最大的奴隶贸易据点之一，在300年的奴隶贸易史中，约有2 000万非洲人通过该岛运往美洲，其中死亡者数百万。随着奴隶贸易的废止，小岛日渐衰落。海岛风光优美，人文历史特殊，为旅游胜地。小岛南北保留有要塞、古堡，还有奴隶贸易的一些建筑，包括关押奴隶的囚室、旧码头、殖民当局的行政楼等。1979年作为文化遗产列入《世界遗产名录》。此外，也曾是塞内加尔的主要监狱所在地。

戈里亚奇金 Goryachkin, Vasily Prohorovich (1868-01-17～1935-09-21) 苏联学者，农作力学的创始人。曾译戈里亚契金。生于维克萨（今属高尔基州）。1890年毕业于莫斯科大学物理数学系，1894年毕业于莫斯科高等技术学校。主要贡献在于他探讨了相似方法、惯性力平衡、质量和速度理论等在农机具研究设计中的应用；提出了犁的牵引力、脱粒滚筒的功率和生产率等经典性公式。创制了30多种新的测量仪器和设备，并制定了农业机械实验研究和试验的科学方法。著有《农作力学》、《农业机械和工具》和《农业机械的理论、结构和生产》等。

戈林 Göring, Hermann (1893-01-12～1946-10-15) 纳粹德国元帅，首要战犯之一。生于罗森海姆，卒于纽伦堡。第一次世界大战期间为空军上尉，任飞行中队长，得过最高战功勋章。战后在丹麦当民航试飞员。曾在慕尼黑大学学习国民经济和历史学。1921年与A.希特勒相识。1922年加入纳粹党，希特勒委以整编和领导冲锋队重任。1923年参加啤酒店暴动，失败后逃往奥地利。1927年回国，参加纳粹党竞选活动。1928年为国会议员。1932年任国会议长。1933年任不管部长、航空总监，普鲁士总理、内政部长、狩猎部长，利用国会纵火案，镇压共产党人和反法西斯主义者。建立盖世太保和集中营。1935年兼任航空部长和林业部长。1936年任扩军备战的四年计划的全权总代表。1938年获陆军元帅称号，1939年被希特勒立为继任人，1940年获德国元帅称号。

戈林是纳粹党的主要领导人，纳粹法西斯国家的重要设计者，第三帝国建立空军、重整军备和实行战时经济的主要主持人。战争末期试图取代希特勒与同盟国谈判，1945年4月被希特勒撤职。同年5月8日被美军俘获。1946年10月被纽伦堡国际军事法庭判处绞刑，刑前于10月15日在纽伦堡服毒身亡。

戈麦斯-巴埃斯 Gómez y Báez, Máximo (1836-11-18～1905-06-17) 古巴独立战争军事领袖。生于多米尼加共和国巴尼镇一个地主兼牧场主家庭，卒于古巴哈瓦那。16岁入伍，先后参加抗击海地、西班牙入侵和占领的斗争。1865年流亡古巴。1868年古巴独立战争爆发后，参加起义军，指挥战斗。因战功卓著，1876年任作战部部长。1878年离开古巴前往牙买加，后到洪都拉斯，最终移居今多米尼加共和国。1895年2月24日，古巴独立战争再次打响。3月25日，他和J.马蒂共同发表了《蒙特克里斯蒂宣言》。4月1日，两人一道离开多米尼加共和国回古巴。5月5日与A.马塞奥-格拉哈莱斯会师。10月22日，与马塞奥一起发动“西征”战役，重创殖民军，解放了大片国土。

戈麦斯·德·阿维利亚内达 Gómez de Avellaneda, Gertrudis (1814-03-23～1873-02-01) 古巴作家。生于卡马圭，卒于马德里。早年丧父，寡母改嫁，使她背井离乡。两次婚姻均以丈夫的死亡而告终；后又被情人抛弃，而出生不久的女儿也夭亡。性格刚烈、充满激情的她不得不从宗教中寻求慰藉，躲避社会，寄情于文学的创作。她被认为是19世纪女性浪漫主义文学的代表人物，同时又是现代主义女性文学的先驱。作为诗人，她以优雅、和谐的诗句深刻地演绎着她的爱情经历、她的情欲、她的宗教信仰、她对社会的种种疑忌。作为小说家，她描绘加勒比风情与习俗的历史小说《瓜蒂莫欣，墨西哥的末代皇帝》(1860) 是印第安文学的先声。另有小说《图尔墨克的酋长》(1860) 及第一部反对奴隶制的小说《萨博》(1841)；剧作有《列昂西亚》(1840)、《梦游女子》(1854) 等。

戈培尔 Goebbels, Paul Joseph (1897-10-29～1945-05-01) 纳粹德国宣传部长，主要战犯之一。生于莱茵区，卒于柏林。1917年起在波恩大学进修哲学、艺术史和文学，1921年获海德堡大学博士学位。1924年参加纳粹党。1926年后投靠A.希特勒，主持柏林党务。1928年任国会议员。1929年任纳粹党宣传部长。在1930～1933年的国会选举中，力促希特勒参加竞选，并帮助准备竞选演说，在大众中神化希特勒。希特勒掌权后，戈培尔参与策划国会纵火案，镇压共产党和进步势力。1933年3月，任国民教育和宣传部长，此后12年内操纵德国全部宣传机器，疯狂鼓吹战争，宣扬种族主义，编造谎言，吹捧希特勒，实行法西斯文化专制主义。

戈培尔是狂热的反犹排犹主义者，1935年在柏林发动反犹暴行，策划1938年11月9日砸玻璃窗之夜（又称水晶之夜）事件以迫害犹太人。1944年力主实行总体战，被希特勒任命为总体战动员委员会主任，有指挥整个战争的全权，但局势已无法挽回。1945年4月30日希特勒自杀，次日，戈培尔毒死自己的6个孩子，然后与妻子一起自杀。

戈齐 Gozzi, Carlo (1720-12-13～1806-04-04) 意大利童话剧作家。生于威尼斯，卒于威尼斯。1749年参与创办格拉涅莱斯基学院，反对启蒙主义思想。戈齐代表贵族势力，反对C.哥尔多尼进行的喜剧改革。1761～1765年，戈齐写了10部童话剧，如《三个橙子的爱情》(1761)、《图兰多》(1762)、《变成牡鹿的国王》(1762)、《美丽的小青鸟》(1765) 等。以帝王、公主、巫师为主人公，恢复“假面喜剧”的手法，把华美、离奇的场面同异国情调结合起来。其中《图兰多》被改编成歌剧，长演不衰。他的长诗《古怪的马菲萨》(1761～1768) 对哥尔多尼和其他作家的启蒙主义思想进行嘲讽。

戈瑞 gray 国际单位制中表示吸收剂量、比授能、比释动能的导出单位。简称戈。符号为Gy。是焦耳每千克 (J/kg) 的专门名称。为纪念英国物理学家L.H.戈瑞而命名。定义为质量1千克的物质吸收电离辐射的平均能量为1焦耳。它由国际辐射单位与测量委员会推荐，于1975年第15届国际计量大会通过，取代旧的吸收剂量单位拉德 (rad)。

1拉德＝100戈瑞。

戈雅 Goya, Francisco de（1746-03-30～1828-04-16） 西班牙画家。生于阿拉冈省萨拉戈沙附近的芬德托尔斯，卒于法国波尔多。约1760年随父母搬到萨拉戈沙。早年入J.卢桑－马丁内斯的画室学画。因为一个偶然的事件，宗教裁判所追捕他，于是他到了马德里。1770年去意大利。1775年重返马德里开始创作生涯。他一生的创作可分为三个阶段。

图1 自画像

早期——苦闷与呐喊时期（1808年前） 在马德里，戈雅受宫廷画家F.巴尤推荐进入宫廷，为皇家圣巴尔夫拉织造厂设计壁毯草图。从18世纪80年代末起，他的壁毯画稿开始涉及一些社会问题，逐渐由轻松转向严肃的思考。进入90年代，戈雅受法国1789年大革命的启发，对西班牙腐朽制度表示愤怒与不满，加之接受启蒙主义学说的影响，逐渐由不满转向呐喊。他画的《疯人院》（1794），反映了苦闷和不安的心情。他还创作一系列富有时代激情的肖像画，以及颇有传奇色彩的《穿衣玛哈》与《裸体玛哈》等。

戈雅向黑暗社会冲击的第一部作品是铜版组画《加普里乔斯》，组画原名叫《共同的语言》，后改的名称有荒诞不经的含义。组画于1803年最后完成。它涉及的题材很广，反映了西班牙社会的真实面貌。既反映了统治阶级和教会的专横、人民的屈辱，也痛斥了社会上一些恶俗与病态。画幅上还配有辛辣、尖锐的题词，具有强烈的鼓动性。组画没有明确的顺序，画面上大多是夜的背景，以此隐喻当时的大黑暗时代。

中期——热情战斗时期（1808～1814） 1808年，拿破仑军队入侵，西班牙上层屈辱投降，人民则四起抵抗，在人民起义的年代里，戈雅坚定地站在人民一边，作画再也用不着隐喻了。他以极大的热情讴歌战斗中的人民。《1808年5月2日的起义》、《1808年5月3日夜枪杀起义者》（普拉罗博物馆藏）是其不朽名作，真实记录了当时人民斗争与流血的场面。

这一时期，戈雅还完成了他的第二部大型铜版组画《战争的灾难》。这套组画分为两个部分，第一部分作于1808～1813年间，完全采用公开的表现形式，第二部分作于1814～1820年间，因国内形势起了变化，他不得已再次运用隐喻的方式。这套组画共计82幅，以反对拿破仑入侵和反对斐迪南七世复辟为背景，描绘了人民的奋起与反抗，并揭露了贵族投降派的卑劣行为。

后期——不息的希望时期（1814～1828） 这一时期正处在西班牙斐迪南七世复辟的年代。1819年他搬到马德里郊外。已经70多岁的戈雅尽管苦闷与寂寞，但仍然没有放下手里的画笔，他创作的不少作品寄托了对未来的希望。戈雅不是悲观主义者，像他的作品《巨人》一样，等待黎明的到来。这个时期，他还画过寓意深刻的水墨画《来自黑暗中的光明》。第二次革命失败后，戈雅最终离开西班牙宫廷，出走法国。

戈雅是继D.委拉斯开兹之后，把西班牙美术再一次推向高峰的画家。他的艺术对欧洲19世纪浪漫主义和现实主义艺术有巨大的推动作用，受他影响的有E.德拉克洛瓦、J.-F.米勒、G.库尔贝、É.马奈、K.珂勒惠支等。

图2 《裸体玛哈》（约1800～1805）

戈伊蒂索洛兄弟 Goytisolo brothers 西班牙作家三兄弟。兄长何塞·阿古斯丁（José Agustín Goytisolo，1928-04-28～1999-03-19）生于巴塞罗那。主要作品有诗集《回归》（1954）、《风中圣歌》（1956）和《光明》（1959）等。作品比较隐晦且带有逃避意识和宗教色彩。20世纪60年代弃文经商。

胡安（Juan Goytisolo，1931-01-05～ ）生于巴塞罗那。1956年移居巴黎，从事编辑和翻译工作。主要作品有《变戏法》（1954）、《为了在此生活》（1960）、《没有土地的胡安》（1970）、《战斗结束后的风景》（1982）和《在塔伊法王国》（1986）以及论文集《关于小说》（1956）等。早期作品具有社会批评色彩，后期创作由社会小说转向结构小说。

路易斯（Luis Goytisolo，1935～ ）著有《近郊》（1959）、《同样的话》（1962）、《重新计算》（1973）、《阿基里斯的暴怒》（1979）和《知觉的理论》（1981）等作品。尝试对小说结构和创作技巧进行革新，是战后新浪潮小说作家之一。

仡佬语 Gelao language 中国仡佬族使用的语言。属汉藏语系壮侗语族仡央语支。使用者约数千人，主要分布在贵州省安顺、平坝、大方、普定、黔西、织金、遵义、仁怀、清镇、镇宁布依族苗族自治县、关岭布依族苗族自治县和广西壮族自治区隆林各族自治县。分稿、阿欧、哈给、多罗4个方言。方言的差别主要表现在语音和词汇上，不同方言间不能通话。由于仡佬族人口少而居住分散，汉语已成为他们进行交际的主要工具。仡佬语各方言清的塞音、塞擦音声母（不包括带鼻冠音的）均分不送气和送气两套。哈给方言有浊塞音和塞擦音声母。稿方言在实际读音时有带浊送气成分的清塞音和塞擦音声母，但只出现在阴声调音节，可处理为清声母。有两个鼻音韵尾。稿方言和多罗方言有小舌塞音声母，还有带鼻冠音的塞音、塞擦音声母。元音不分长短。现代仡佬语稿方言和阿欧方言有6个声调，哈给方言和多罗方言有3个声调。主语在谓语前，动词谓语在宾语前。数量词组作定语时在中心语前。名词、代名词、形容词、指示词作定语时在中心语后。有丰富的四字格。

仡佬族 Gelao 中国少数民族。主要分布在贵州、广西等省、自治区。人口579 357（2000）。各地仡佬语差别很大。汉语是主要交际工具，不少人会讲苗语、彝语或布依语。

仡佬族女子

无文字，通用汉文。仡佬族与古代居住在今贵州一带的濮人、僚人有密切的渊源关系。唐以后有“葛僚”、“仡僚”等称呼，宋代文献始称“仡佬”。民间口头流传的诗歌、故事、谚语较多。其服饰、饮食、住房和风俗习惯已和邻近的汉族及其他民族大同小异。家庭为一夫一妻制小家庭。节日有吃新节、祭山和过年节。信仰多神，崇拜祖先。有很多禁忌。在贵州仡佬族聚居区及与其他民族杂居区先后成立了19个民族乡。

仡央语支 Ge-Yang branch 汉藏语系壮侗语族的语支之一。属于该语支的语言在中国有仡佬语、拉基语、普标语、布央语、羿人语等，在越南北部有仡佬、拉基、拉哈、普标（当地称布标）等语言。仡央语支语言使用人口稀少，多的几千人，如仡佬语，少的不足百人，如普标语。一些语言已于20世纪80年代前后基本消亡，如羿人语和木佬语。使用这些语言的人已转用汉语或当地少数民族语言。仡央语支语言声母系统复杂，所有语言的塞音和塞擦音都区分送气和不送气；部分语言的塞音、塞擦音有清浊对立和浊鼻音和清化音的对立；普遍存在小舌音（塞音）；部分语言有较丰富的复辅音音位。韵母系统相对简单一些，绝大多数语言的元音无长短对立；有三个元音韵尾；有鼻音韵尾没有塞音韵尾。各语言之间声调系统差别较大，数量不等，多的有6个，少的有3个。语言之间，甚至语言内部各方言之间声调的对应比较松散。句法结构属主-谓-宾型。数量词组作定语时在中心语之前；名词、代词、形容词作定语时多数在中心语之后。本语支内部各语言方言之间都有一定数量的同源词。有相当丰富的四字格。

哥巴文 Geba script 中国纳西族过去使用的一种音节文字。“哥巴”的意思是“弟子”、“徒弟”。因创制于东巴文之后，有不少字是东巴字的简化形式，故名“哥巴”，表示以东巴文为师的意思。对此两种文字产生的先后问题，美国人类学家J.F.洛克认为哥巴文早于东巴文，中国学者则认为后者早于前者，还有人认为，东巴文的图画文字最早，其次是哥巴文，东巴文一字一音的象形文字出现最晚，是在哥巴文的影响下产生的。哥巴文主要在中国云南省丽江一带使用。大多数哥巴字不表示纳西语的声调，因而常常必须依赖上下文才能读出正确的字音。哥巴字的重文别体很多。哥巴字形体结构的来源主要是东巴象形字和汉字。

哥白尼 Copernicus, Nicolaus (1473-02-19～1543-05-24) 波兰天文学家，日心说的创立者，近代天文学的奠基人。

生于波兰维斯瓦河畔的托伦城，卒于东普鲁士的弗劳恩贝格。10岁丧父，由舅父L.瓦琴洛德抚养成人。18岁进克拉科夫大学。深受数学天文学教授A.布鲁楚斯基的熏陶，立志献身天文学研究。23～30岁曾几度去意大利，先后在博洛尼亚大学、帕多瓦大学和费拉拉大学学习教会法规、法律和医学。曾师从天文学教授D.M.诺瓦拉，师生俩还于1497年3月9日共同观测了月亮掩食毕宿五的现象。1503年，在费拉拉大学获得教会法博士学位。同年回到波兰，在已任大主教的舅父那里当助手。1512年舅父去世后，他在弗龙堡教堂做僧正，把大部分精力都用在天文学的研究上。

哥白尼从护卫大教堂的城墙上选一座箭楼做宿舍，并选择顶上一层有门通向城上的平台作为天文台。这地方后来被称为“哥白尼塔”，自17世纪以来作为天文学的圣地被保存下来。

哥白尼的主要贡献是创立了科学的日心体系。当时的欧洲正处在黑暗的中世纪的末期。亚里士多德-托勒玫的地球中心说早已被基督教会改造成为基督教义的支柱。然而，由于观测技术的进步，在托勒玫的地心体系里必须用80个左右的均轮和本轮才能获得同观测比较相合的结果，而且这类小轮的数目还有继续增加的趋势。哥白尼在意大利时研究过大量的古希腊哲学和天文学著作，赞成毕达哥拉斯学派的治学精神，主张以简单的几何图形或数学关系来表达宇宙的规律。他了解到古希腊人阿利斯塔克等曾有过地球绕太阳转动的学说，受到启发。哥白尼分析了托勒玫体系中的行星运动，发现每个行星都有三种共同的周期运动，即一日一周、一年一周和相当于岁差（见岁差和章动）的周期运动。他认为，如果把这三种运动都归到被托勒玫视为静止不动的地球上，就可消除他的体系里不必要的复杂性。因此，哥白尼建立起一个新的宇宙体系，即太阳居于宇宙的中心静止不动，而包括地球在内的行星都绕太阳转动的日心体系。离太阳最近的是水星，其次是金星、地球、火星、木星和土星。只有月球绕地球转动。恒星则在离太阳很远的一个天球面上静止不动。哥白尼把统率整个宇宙的支配力量赋予太阳，而各个天体则都有其自然的运动。他系统而明晰地批判了地球中心说，并且从物理学的角度对日心地动说可能遭到的责难提出了答复。

哥白尼用了30多年的时间去测算、校核、修订他的学说。他曾写过一篇《要释》，简要地介绍他的学说。这篇短文曾在他的友人中间手抄流传。但他迟迟不愿将他的主要著作《天体运行论》公开出版。他很了解，他的书一经刊布，便会引起各方面的攻击。最终听从朋友们的劝告，将手稿送去出版。1542年秋，哥白尼因中风而半身不遂，到1543年5月24日一本印好的《天体运行论》送到他的病榻的时候，已是他弥留的时刻。

哥白尼的学说不仅改变了那个时代人类对宇宙的认识，而且根本动摇了欧洲中世纪宗教神学的理论基础。“从此自然科学便开始从神学中解放出来”，“科学的发展从此便大踏步前进”。

哥白尼体系 Copernican system N.哥白尼于1500年前后提出的太阳系模型。见日心体系。

哥本哈根 Copenhagen; København 丹麦首都。最大城市。城市大部分位于西兰岛东部，小部分位于阿迈厄岛北部，两者有大桥相连。东临厄勒（松德）海峡，与瑞典马尔默隔海相望，扼波罗的海航运要冲，地理位置重要。市区面积88平方千米，人口66.7万（2009）。哥本哈根都市区面积620平方千米，人口117万（2009）。地势平坦，海岸多由人工填筑。冬季一般无严重冰冻。气候温和，1月平均气温-1℃，7月15℃，平均年降水量700毫米，季节分配均匀。900年至12世纪中叶为西兰岛东岸渔村，名哈文，意即“港口”。1167年阿布萨隆主教在岸外小岛上建起城堡。1254年获得自治地位，成为重要港口城市（哥本哈根意即“商人的港口”）。1443年被克里斯托弗三世选为首都及王室驻地。16世纪末，市区不断扩大，经填海造陆，市区与斯特兰德霍尔姆岛连成一片。1658～1659年在与瑞典战争中城市破坏严重。1807年拿破仑战争时期，曾遭英国舰船炮轰而损失惨重。19世纪进入工业化时代，发展迅速。20世纪60年代以来，建筑群向市郊伸展，市区人口趋于减少。

哥本哈根是丹麦主要海港和商业中心，

哥本哈根城市一角

又是新兴工业城市。大哥本哈根地区工业生产占全国1/3以上，工业企业包括船舶、机械、化工、数学仪器、钟表、钢琴、巧克力、制糖、啤酒和烈性酒酿造等。瓷器和精细手工银器制品长期以来在国际上享有盛名，食品、船舶、柴油机等产品也享有很高声誉。海港分为北港、内港、外港和南港。北港是主要的远洋港区。内港水浅，主要供渡轮（至瑞典马尔默）和近海船舶停泊。在阿迈厄岛东侧的卡斯楚普有国际航空港。有数条铁路和公路经轮渡、大桥或隧道连接国内外城市。

哥本哈根老城区是商业、文化和行政管理中心。中部的市政厅广场为全市的中心，广场上耸立着高106米的市政厅塔楼，为全市最高的建筑之一。向东北有商业街通往原市中心国王新广场。在海边建有世界闻名的美人鱼铜像（出自安徒生的童话），常被当做该市的象征。新城区在老城区西、南、北三面，主要为住宅区。

高等学府有哥本哈根大学、丹麦科技大学、皇家音乐学院、皇家兽医和农业大学、哥本哈根工商管理学院。还有北欧最大的动物园。1996年被命名为欧洲文化之都。

《哥达纲领批判》 *Zur Kritik des sozialdemokratischen Parteiprogramms* K.马克思批判"哥达纲领"中拉萨尔主义观点，阐述无产阶级专政和共产主义理论的重要著作。原名为《对德国工人党纲领的几点意见》，写于1875年4～5月初。首次公开发表于德国社会民主党的理论刊物《新时代》杂志1891年第1卷第18期。"哥达纲领"是准备提交德国社会民主工党（爱森纳赫派）和全德工人联合会（拉萨尔派）将于1875年5月在哥达城举行的合并代表大会的党纲草案。马克思在著作中，批判了这一纲领草案中的拉萨尔派机会主义观点和策略思想，阐述和发展了历史唯物主义特别是无产阶级革命和无产阶级专政的原理。第一次提出了共产主义社会分为初级阶段和高级阶段的理论。指出了共产主义社会的初级阶段的特征及共产主义社会两个阶段不同的分配原则。

哥打基纳巴卢 Kota Kinabalu 东马来西亚沙巴州首府，经济中心。旧名亚庇。位于婆罗洲西北海岸，为铁路、公路和海运的连接点，沙巴州的门户。人口30.54万(2000)，居民主要为华人。市内中文招牌比比皆是，华人仍称市名为亚庇。还有原住民卡达珊（杜森）、巴瑶及马来人，外侨有来自邻近菲律宾棉兰老岛和苏禄岛的商人，印尼种植工人以及日本木材商。历史上屡遭破坏，第二次世界大战后重建。20世纪60年代后因采伐木材和开采南海大陆架石油而迅速发展为全州最现代化的城市。海边填土扩建，市内林荫道纵横交错，沿街多四五层楼房。市中心有著名的清真寺和州立博物馆，皆相当宏伟。城北力卡斯湾为计划中的现代化城市中心所在，称西苏朗区，有州行政机构等建筑，地势较高，可眺望海湾、群山与城市全景。海湾对岸的填土地带耸立着建于70年代的32层银色圆柱形高楼，为沙巴基金会总部大厦。城西南6千米的丹戎阿鲁建有国际机场和度假村。城市北方11千米处的斯潘格尔岛于90年代开始建设东马最大、规模仅次于西马红土坎的海军基地。

哥德巴赫猜想 Goldbach's conjecture C.哥德巴赫与L.欧拉1742年通信中提出的猜想：①每个大于4的偶数是两个奇素数之和；②每个大于7的奇数是三个奇素数之和。显见，从①成立可推出②成立。1923年G.H.哈代和J.E.李特尔伍德应用圆法研究这两个猜测，得到了一些条件结果。在此基础上，1937年I.M.维诺格拉多夫利用改进了的圆法和他创造的估计线性素变数指数和方法，证明了每个充分大的奇数是三个奇素数之和，并得到了表法个数的渐近公式，这称为三素数定理，基本上解决了猜想②。1997年猜想②得到完全证明。所有的数值验证都表明猜想①正确，并证明了对于几乎所有的偶数猜想①成立，但是证明猜想①成立至今仍未解决。于是转而研究较弱的命题$\{r,s\}$：每个充分大的偶数是不超过r个素因数的乘积与不超过s个素因数的乘积之和。猜想①基本上就是命题$\{1,1\}$。筛法是研究命题$\{r,s\}$的主要方法。V.布龙证明了命题$\{9,9\}$(1920)；1950年前后A.塞尔伯格宣布命题$\{2,3\}$成立；王元(1957)发表了命题$\{2,3\}$的证明。1948年，结合筛法及深刻的解析方法，A.雷尼证明：存在整数s使命题$\{1,s\}$成立，1962年潘承洞证明$s=5$，1966年陈景润得出$s=2$，这称为陈景润定理。

哥德堡 Göteborg 瑞典第二大城市和主要港口，西约特兰省首府。位于瑞典西南部。临卡特加特海峡的约塔河口。面积896平方千米，其中水面占一半。人口50.73万(2010)。气候温和。建于1603年。1611～1613年在与丹麦的卡尔马战争中被毁，1619年重建，两年后设市。当时是瑞典通向大西洋的唯一海港。19世纪随着运河和铁路的修建，港口腹地显著扩大，每到冬季，瑞典东部各港相继封冻，对外贸易便大量转移到此，遂兴起远洋运输业。城市发展更快。工业生产规模仅次于斯德哥尔摩。汽车、机械、煤油、石化、食品、纺织、木材加工等均很发达，SKF滚珠轴承厂和沃尔沃汽车厂闻名世界。主要进口石油、金属矿和水果，出口汽车、滚珠轴承、纸张和木材及其副产品。文教设施有哥德堡大学、技术学院、商业学院和社会科学学院，以及文化、航海、自然历史等多所博物馆。名胜古迹有大教堂(1633)、克里斯汀小教堂(1648年建，1780年重建)、法院大楼(1672)、市政厅大楼(1750)；米翁内特城堡、克鲁南城堡。

哥德尔 Gödel, Kurt (1906-04-28～1978-01-14) 奥地利裔美国数理逻辑学家。生于奥匈帝国的布尔诺（今属捷克），卒于美国普林斯顿。他于1924年入维也纳大学主修物理。1926年转攻数学，同年参加M.石里克主持的哲学小组。1930年春获博士学位，1931年发表著名的题为《〈数学原理〉及有关系统中的形式不可判定命题》的讲师论文。1933年任维也纳大学讲师。1938年去美国普林斯顿高级研究院，1953年任该所教授。

哥德尔一生治学大致可分为两个时期。1929～1943年主要研究数理逻辑和数学基础。1944年以后更多地研究哲学问题。1950年左右曾对广义相对论进行研究。

在数理逻辑和数学基础方面，他的重要贡献有：①1929年的博士论文证明了狭谓词演算的有效公式皆可证。②1931年的讲师论文证明了一个包括初等数论的形式系统，如果是相容的则它是不完全的（即在本系统中必存在不可证明的真命题）。同一论文还证明，这样系统的相容性在本系统中不能证明，更不能用有穷方法证明。③在1939年的《连续统假设的相容性》中证明了连续统假设相对于通常的集合论公理系统是相容的。④1958年发表的关于有穷观点的扩张一文里给出一个对于古典数论的构造性解释。他的这些工作从正面或反面、或是部分地解答了20世纪以来在数学基础方面争论的最根本的问题。同时也给希尔伯特计划以很大的冲击。他以独立的哲学见解和精湛的数学才能把数学和逻辑结合起来，创建了新方法，把数学基础研究提高到新的水平，使大部分的数理逻辑发展成为数学的分支。

在哲学方面，哥德尔在20年代虽曾参加石里克小组的讨论，但并不赞成逻辑实证主义观点，只是对用数理逻辑来分析哲学问题感兴趣。晚年致力于哲学以后，未发表过有系统的哲学论述，他的观点散见于一些论文或讲演中。他认为，健全的哲学思想和成功的科学研究密切相关。他说，他对一般数学和元数学，特别是关于超穷思想方法的客观主义观点，对于他的逻辑研究是根本的。他在《什么是康托尔的连续统假设》中指出数学对象，如集合论里的超穷集是“客观实在”，独立于人们的构造，不是像康德所断定的那样，是“纯主观”的。他自称为“客观主义”，这比称之为“柏拉图主义”更为恰当。

哥尔德斯密斯 Goldsmith, Oliver (1730-11-10～1774-04-04) 英国作家。生于爱尔兰帕拉斯，卒于伦敦。曾在都柏林三一学院、苏格兰爱丁堡大学、荷兰莱顿大学求学。做过编辑。散文有《世界公民》(1762)，小说有《威克菲尔德的牧师》(1766)，诗歌有《旅行者，又名社会景象》(1765)、《荒村》(1770)、《报复》(1774)等。作为英国18世纪后期风俗喜剧的先驱，他反对当时英国喜剧的感伤主义倾向，致力于反映生活真实、针砭社会恶习的喜剧创作，为恢复和发展英国喜剧的现实主义传统作出了贡献。他最有代表性的两部剧作是《好脾气的人》(1768)和《委曲求全》(1773)。

哥尔多尼 Goldoni, Carlo (1707-02-25～1793-02-06) 意大利喜剧家。生于威尼斯，卒于法国巴黎。16岁参加一个流浪喜剧剧团巡回演出。后遵父命学习法律，三年后因为写了一些讽刺贵族夫人的打油诗而被开除学籍。1731年从帕多瓦大学毕业后，曾任律师和领事，同时开始剧本创作。1748年受聘担任梅德巴克剧团的“诗人”，成为职业剧作家。1752年转入威尼斯的圣路加剧院。

哥尔多尼长期跟随剧团巡演，走遍大半个意大利，获得了丰富的生活经验和知识，为他写作新型喜剧提供了生活素材。但哥尔多尼从事的喜剧改革遭到剧作家C.戈齐等人的攻击，被迫于1762年离开意大利，在法国巴黎继续用意大利文、法文编写剧本，并撰写《回忆录》，叙述他一生从事喜剧改革的经历。后来一只眼睛失明，在贫病交加中度过余生。

哥尔多尼一生写了212部剧本，其中有

悲剧、传奇剧、歌剧，以喜剧最多，达100多部。

他在喜剧《剧院》(1749)和用法文写的《回忆录》里阐明了自己的喜剧理论。他摒弃假面喜剧中定型化人物，强调刻画人物的激情和独特的性格。主张发挥喜剧“颂扬美德，嘲讽恶习”的教育作用。早期最著名的喜剧《一仆二主》(1745)仍然保留了即兴喜剧定型角色的名字。《狡猾的寡妇》(1748)是第一部完全写成文学剧本的戏。三幕喜剧《封建主》(1752)对骄横恣肆、欺压农民的封建主予以辛辣的讽刺。《女店主》(1753)是哥尔多尼性格喜剧的杰作。剧中女店主米兰多林娜是哥尔多尼塑造得最成功、最光彩的女性形象。《老顽固们》(1760)展示出资产阶级思想顽固、作风专横、轻视妇女的恶劣品质。作为启蒙主义剧作家，哥尔多尼也在一些剧本中塑造出理想化的、开明的资产者形象，如《咖啡店》(1750)、《诚实的冒险家》(1751)等。

哥尔多尼大部分剧本用威尼斯方言写成，语言淳朴幽默，生动传神。他扬弃了假面喜剧的糟粕，又汲取了它的传统技巧，并从意大利文艺复兴喜剧和法国喜剧中汲取养分加以创新，使喜剧情节起伏跌宕、引人入胜，奠定了思想内容丰满、艺术力量充沛的近代意大利现实主义喜剧基础。

哥疾宁王朝 Ghaznavid Dynasty 统治阿富汗东南部的封建王朝。又称伽色尼王朝。兴起于962年，1186年被廓尔王朝灭亡。

哥伦比亚 Colombia 拉丁美洲国家。位于南美洲西北部，北濒加勒比海，西临太平洋，海岸线长2 900千米。西北临巴拿马，东接委内瑞拉和巴西，南部与厄瓜多尔和秘鲁为邻。面积1 141 748平方千米。人口4 500万。其中印欧混血种人约占60%，白人约占20%，黑白混血种人约占18%，其余为黑人、黑印混血种人、印第安人。官方语言是西班牙语，印第安人有本部落的方言。90%以上的居民信奉天主教。首都圣菲波哥大。

地理 境内显著地分为西部山地区和东部平原区。北半部年平均气温23℃以上，平均年降水量1 500毫米，干、湿季分明，属热带草原气候。南半部终年高温多雨，年平均气温23℃以上，平均年降水量2 500毫米，属热带雨林气候。主要河流有马格达莱纳河、考卡河、卡克塔河、阿特拉托河等。土地肥沃，物产丰饶。有可耕地3 700多万公顷，约占国土面积的1/3。森林面积约5 600万公顷，占国土面积的49%。主要矿藏有煤、石油、天然气、祖母绿、镍、金、白金等。拉美重要黄金生产国。水力资源仅次于巴西，居拉美第二位。

历史 原为印第安人居住地。1501年

西班牙入侵。1538年建立圣菲波哥大城。西班牙人把这一地区称为新格拉纳达。1810年7月20日，圣菲波哥大人民起义，宣布独立，后遭镇压。1819年8月7日，S.玻利瓦尔率领爱国军大败西班牙殖民军，解放圣菲波哥大，结束殖民统治。1821年同现厄瓜多尔、委内瑞拉、巴拿马组成大哥伦比亚，正式名称为哥伦比亚共和国。1829～1830年，委、厄先后退出，哥伦比亚共和国解体。1831年11月改国名为新格拉纳达共和国。1886年定国名为哥伦比亚共和国。1903年，巴拿马省在美国的策动下宣布脱离哥伦比亚而独立。

政治 实行代议制民主，三权分立。总统为国家元首、政府首脑、武装部队统帅。总统、副总统由直接选举产生，任期4年，不得连任。国会分参、众两院，4年一届。议员由直接选举产生。主要政党有自由党、保守党、民族团结社会党、民主变革中心党、激进变革党等。

经济 农牧业是哥伦比亚国民经济的基础。农业以咖啡为主，主要农作物还有棉花、甘蔗、香蕉、烟草、可可、水稻、玉米、水果、鲜花和大豆。玉米、咖啡和甘蔗成为农业的三大支柱。畜牧业在国民经济中占有十分重要的地位。

采矿业历史悠久。自20世纪20年代起，美国资本对哥伦比亚的石油业进行大量投资，石油工业得到发展，石油取代咖啡成为首要出口产品。贵金属生产以黄金、银、白金为主。白金开采量居世界第三位。祖母绿产量居世界首位。到20世纪70年代末，初步建立纺织、食品、咖啡加工、服装、石油、水泥、造纸、机械制造等多种工业部门。2009年国内生产总值1 640亿美元。货币名称比索。

交通运输以公路为主。内河航运较发达。1995年第一条地铁在麦德林建成。有3

家航空公司。主要港口有巴兰基亚、圣玛尔塔、卡塔赫纳、布埃纳文图拉。其中巴兰基亚是最大的进出口港，被誉为“黄金港”。旅游业较发达，大部分由私人公司经营。

对外贸易在国民经济中占有特别重要的地位。主要出口商品有原油和石油产品、咖啡、煤炭、棉花、香蕉、水果、鲜花、化工产品、木材制品、纺织品、食糖等。是世界第二大鲜花出口国，香蕉和咖啡出口居世界第三位。主要贸易对象为美国、欧盟、安第斯集团和日本。

文化 小学实行义务教育。中等职业教育和业余高等教育发达。著名的高等学校有哥伦比亚国立大学、安第斯大学、哈维里亚纳大学等。

主要报纸有《时代报》、《旁观者报》、《共和国报》、《新世纪报》等。主要杂志有《变革》、《星期》等。私营的哥伦比亚新闻社是最大的通讯社，向全国近20家报纸和

哥伦比亚的咖啡园

电台提供新闻。全国有582家广播电台，15家电视台。

对外关系 在政治、经济、地区安全等方面同美国关系密切。积极参与拉美一体化运动，在促进安第斯国家、加勒比地区国家的团体合作方面发挥重要作用，同

中美洲国家关系较密切。在发展同欧盟国家传统关系的同时，努力拓展同以中国和日本为重点的亚太地区国家的关系。与171个国家建有外交关系。1980年2月同中国建立外交关系。

哥伦比亚大学 Columbia University 美国私立研究型大学。校址在纽约市。原名国王学院，1754年创办。1787年改名哥伦比亚学院。1912年改现名。1767年建立医学院。19世纪中叶后设立法学院、工程与应用科学学院、政治学研究院、巴纳德学院、建筑学院、师范学院、新闻学院、商学院、牙科与口腔外科学院、国际和公共事务学院和美术学院等。现设有十几个学院，还设有俄罗斯、东亚、西欧、中东、中东欧、非洲、拉丁美洲和南亚几个地区研究所。哥伦比亚大学教育研究生院是世界上最大的教育学、应用心理学和心理健康学方面的综合研究生院。

图书馆系统由25个图书馆组成。美国一年一度的普利策新闻奖、杂志奖和广播奖在哥伦比亚大学新闻学院举行。

“哥伦比亚”号航天飞机 Columbia space shuttle 第一架成功实现近地轨道飞行的美国航天飞机。由1个轨道器、1个外储箱和2个固体火箭助推器组成。1981年4月12日首次试飞，在轨道上运行54小时后安全着陆。到2003年2月1日共飞行28次。在执行了第28次飞行任务返回时再入稠密大气层后，与地面控制中心失去联系，轨道器在空中解体坠毁，机上7名（5男2女）航天员全部遇难，被称为“哥伦比亚”号事

“哥伦比亚”号航天飞机首次发射

件。这次事故是因为左侧机翼前缘的防热层受到损伤出现孔洞，高温气体进入，机构失灵，导致解体。

哥伦比亚河 Columbia River 北美洲河流。源出加拿大不列颠哥伦比亚省境内落基山西坡的哥伦比亚湖（海拔820米），在美国俄勒冈州阿斯托里亚附近注入太平洋。全长2 000千米，流域面积66.8万平方千米，其中在加拿大境内段长748千米，流域面积10.4万平方千米。主要支流有斯内克河、库特内河、庞多雷河、斯波坎河、奥卡诺根河、威拉米特河等。流量大，河口年平均流量7 500米³/秒。水位季节变化小，春末夏初冰雪融化时水位较高。大部分河段流经深谷，比降较大，干支流多急流瀑布，水力资源丰富；河谷基岩抗蚀性强，河流含沙量小，有利于兴建水利工程。20世纪30年代开始实施哥伦比亚河流域规划，沿干支流兴建许多大小水坝，以控制洪水、水力发电、灌溉和改善航行条件。其中规模最大的是**大古力水电站**，为美国最大的水电站，装机容量达648万千瓦。斯内克河河口以下河段可通航。

哥伦比亚特区 District of Columbia 美国东部联邦首都特区。全称华盛顿哥伦比亚特区。位于马里兰州和弗吉尼亚州的交界处，波托马克河畔。为纪念开国元勋**G.华盛顿**和发现北美大陆的**C.哥伦布**定名。范围同首都**华盛顿**。行政上由联邦政府直辖。

哥伦比亚影业公司 Columbia Pictures Corp. 美国电影制片和发行公司。1920年，原来在环球影片公司工作的H.科恩、J.科恩两兄弟和J.布兰特在好莱坞成立了一家摄制喜剧短片的小公司，名叫CBC电影销售公司。1924年，改名为哥伦比亚影业公司，并于30年代发展成为美国电影业的8家大公司之一。导演F.卡普拉在公司工作10年，拍摄了喜剧《一夜风流》(1934)、《第兹先生进城》(1936)、《史密斯先生到华盛顿》(1939)等。50年代公司开始采用对独立制片人和导演资助的办法拍摄影片，影响比较大的影片有《生于昨天》(1950)、《永垂不朽》(1953)、《桂河大桥》(1957)、《**阿拉伯的劳伦斯**》(1962)、《猜猜谁来吃晚餐》(1967)等。

在20世纪50～60年代的美国电影危机中，公司通过它的子公司银幕珍品公司向电视台出售公司以前的旧片并为电视台摄制电视片，成为好莱坞最早与电视结合的大公司之一。1968年公司改组，改名为哥伦比亚影片工业公司，下属两个主要分支机构哥伦比亚影片公司和银幕珍品公司。80年代该公司属于美国可口可乐公司。1989年日本索尼电子公司收购哥伦比亚影片娱乐公司属下的哥伦比亚影片公司和三星影片公司及家庭录像的发行权、一条院线及一家收藏颇丰的电影资料馆。索尼影视娱乐(SPE)和索尼音乐娱乐(SME)是索尼（美国）有限公司(SCA)旗下的两家子公司。索尼影视娱乐公司又称索尼影业，而被收购后的哥伦比亚影片公司和三星影片公司被合并为哥伦比亚三星电影集团公司，是索尼影视娱乐旗下的影片制作和销售的旗舰子公司。重组后的哥伦比亚三星推出了《绝地战警》、《空军一号》、《霹雳娇娃》、《拳王阿里》、《蒙娜丽莎的微笑》、《洛城特警》、《达·芬奇密码》，以及《蜘蛛侠》系列、《精灵鼠小弟》系列等大获成功的影片。2005年，索尼影视娱乐有限公司收购了**米高梅公司**，进一步确立了哥伦比亚三星电影集团公司在好莱坞乃至全球电影娱乐行业领先的地位。

哥伦布 Columbus 美国俄亥俄州首府和最大城市。位于该州中部，俄亥俄河支流赛欧托河畔。市区面积545平方千米，人口75.49万(2008)；大都市区包括富兰克林等6县，人口177.31万(2008)。1797年始建定居点。1812年州议会定该地为州首府，以航海家**C.哥伦布**的名字命名。1816年州政府正式迁此。1834年设市。19世纪30～50年代，随俄亥俄—伊利运河支线、国道和铁路的通达，城市发展为商业和交通中心。19世纪下半叶工业兴起，曾以马车制造闻名，被称为“世界马车之都”。现为州内工业中心，主要工业部门有飞机及外层空间设备、汽车部件、电气设备、机械、电器、玻璃、食品加工等。信息产业发展很快。地区金融中心。交通便利，有6条铁路和多条州际公路交会于此，也是重要河港；哥伦布国际机场在城东，以货运为主的机场在城西南。文化教育事业发达，有俄亥俄州立大学(1870)、富兰克林大学(1902)等11所高等院校，巴特尔纪念研究所等研究机构，历史悠久的俄亥俄聋盲学校(1832)，以及哥伦布美术馆、科学和工业中心、巴特尔天文馆等文化设施。希腊多利斯式的州议会大厦(1861)为城市的标志建筑，还有州政府办公大楼、市政厅、俄亥俄会议中心、利雅克·林肯塔等著名建筑。

哥伦布城夜景

哥伦布 Columbus, Christopher (1451-06-26～1506-05-21) 意大利航海家。生于意大利热那亚，卒于西班牙巴利亚多利德。一生从事航海活动。先后移居葡萄牙和西班牙。相信大地球形说，认为从欧洲西航可达东方的印度和中国。在西班牙国王支持下，先后4次出海远航(1492～1493，1493～1496，1498～1500，1502～1504)。开辟了横渡大西洋到美洲的航路。先后到达巴哈马群岛、古巴、海地、多米尼加、特立尼达等岛。在帕里亚湾南岸首次登上美洲大陆。考察了中美洲洪都拉斯到达连湾2 000多千米的海岸线；认识了巴拿马地峡；发现和利用了大西洋低纬度吹东风，较高纬度吹西风的风向变化。证明了大地球形说的正确性。促进了旧大陆与新大陆的联系。他误认为到达的新大陆是印度，并称当地人为**印第安人**。

哥穆尔卡 Gomułka, Władysław (1905-02-06～1982-09-01) 波兰工人党总书记(1945～1948)，波兰统一工人党第一书记(1956～1970)。生于热舒夫省克罗斯诺县一工人家庭，卒于华沙。1926年加入波兰共产党。1931年任全国总工会委员会书记。1932年，因组织纺织工人罢工在罗兹被捕，判处4年监禁。获释后到莫斯科列宁国际学校学

习。1935年回国，担任西里西亚区委书记。1936年，再次被捕。1942年8月，任波兰工人党华沙市委书记，9月，增选为中央委员。1943年11月，当选为中央书记。1945年在党的第1次代表大会上被选为总书记，同时兼任政府第一副总理。1948年8月以“右倾民族主义”的罪名遭到批判，被解除职务。1951年7月入狱，直至1954年底。1956年8月4日，波兰统一工人党撤销谴责哥穆尔卡等人的决议。同年10月21日，当选为党中央第一书记。任内进行经济政治改革。1970年12月，因爆发罢工流血事件，辞去第一书记职务，后退休。

哥萨克 Kazaki; Cossack 俄国历史上的特殊社会阶层。“哥萨克”一词源于突厥语，意为自由人。原指从中亚突厥国家逃到黑海北部从事游牧的人。后泛称15～17世纪从农奴制压迫下出逃的农民、家奴和城市贫民。17～18世纪，大批哥萨克参加了反对沙皇封建专制制度的农民起义。哥萨克最初聚居在顿河沿岸和第聂伯河下游。随着俄国疆土的扩展，哥萨克相继出现在乌拉尔、伏尔加河下游、中亚细亚、高加索、西伯利亚等地。他们以勇猛善战著称，是沙俄兵力的重要来源，18世纪成为特殊军人阶层。第一次世界大战爆发时，俄国拥有顿河军、库班军、乌拉尔军等12支哥萨克部队，人数近30万。沙皇政府用各种办法收买哥萨克的上层分子，使之成为对外进行侵略战争、对内镇压人民革命的工具。1918～1921年苏俄国内战争期间哥萨克富裕阶层参加了白卫军。苏维埃政府对哥萨克地主、富农与上层军官实行打击、镇压，同时把广大哥萨克贫农和普通士兵吸引到苏维埃政权方面来。苏俄国内战争后，作为社会阶层的哥萨克已不复存在。多数人在集体农庄劳动。分布在顿河、捷列克河和库班河流域等地。

哥舒翰 Geshu Han (?～757) 中国唐朝玄宗时名将。安西（今新疆南疆）人，本出突厥族突骑施哥舒部落。勇而有谋。40余岁后，从军河西，为节度使王忠嗣所重，补为衙将。以抵御吐蕃战功卓著，天宝六载（747）擢授右武卫将军。将军董延光攻吐蕃石堡城（今青海西宁西南）不克，因奏劾忠嗣不积极协助，召至京推问。哥舒翰代忠嗣为陇右节度使，为忠嗣辩解，忠嗣才得免死。哥舒翰傍青海置军，于龙驹岛筑城，从此吐蕃不敢近青海。八载，率军10万拔石堡城。十二载，因病解职到长安疗养。十四载，安禄山反，高仙芝受诬被诛，玄宗命哥舒翰为皇太子先锋兵马元帅，将兵20万代高仙芝守潼关（今陕西潼关东北）。哥舒翰已患风疾，不能治事；所委部将互相争长，号令不一，军无斗志。他只好扼守潼关，不能出击。宰相杨国忠怀疑他可能回兵杀害自己，力劝玄宗促令他出战。十五载六月，哥舒翰被迫出关，战于灵宝（今属河南），遭敌伏击火攻，全军覆没。哥舒翰被部下执送安禄山，求致书招降唐将领以免死。唐将领复书拒降，并谴责他不能死节。至德二载（757）为安庆绪（安禄山子）所杀。

哥斯达黎加 Costa Rica 拉丁美洲国家。位于中美洲南部。北邻尼加拉瓜，东南接巴拿马，东临加勒比海，西濒太平洋。海岸线长1 200千米。面积5.11万平方千米。人口454.2万（2009）。白人和印欧混血种人占95%，黑人占3%，余为印第安人和华人。官方语言为西班牙语。95%的居民信奉天主教。首都圣何塞。

多山地和高原。地势中部高，两侧低。全境可分为3个地形区：中部高原、加勒比海沿岸平原、太平洋沿岸平原。波阿斯火山口直径1 600米，为世界之最。塔拉曼卡山的大奇里波山海拔3 819米，为全国最高点。沿海地区年平均气温约23～25℃，高原地区年平均气温为16～19℃。

原为印第安人居住地。1502年C.哥伦布第4次航行时发现。1564年沦为西班牙殖民地。1821年独立。1823～1838年加入中美洲联邦。1848年成立哥斯达黎加共和国。20世纪50年代以来，为中美洲政局最稳定的代议制民主制国家。1983年11月发表中立宣言，宣布将在一切军事冲突中保持永久、积极和非武装的中立。

总统为国家元首和政府首脑，由两名副总统和内阁协助。

总统和副总统由直接选举产生，任期4年，不得连任。内阁成员由总统任命。2003年4月，哥斯达黎加再次修宪，允许总统隔届连任。议会为一院制，由57名议员组成，享有立法权。主要政党有基督教社会团结党、民族解放党、公民行动党、自由运动党。

水利发展在中美洲名列前茅。历史上是农业国，主要生产咖啡、香蕉、甘蔗等经济作物。20世纪90年代中期以来，工业和服务业发展迅速。2008年制造业产值占国内生产总值的21.8%。工业以微电子产品、食品、纺织、制革、化工、冶金等为主。服务业在国民经济中占有重要地位，产值占国内生产总值的一半以上。2009年国内生产总值234.8亿美元。主要贸易伙伴是美国、日本和西欧。传统出口产品有香蕉、咖啡和蔗糖，进口机械设备、化工产品、原材料和燃料。货币名称科朗。主要旅游胜地有伊拉苏火山国家公园、波阿斯火山国家公园和西班牙殖民文化遗址等。交通运输以公路为主，公路总长35 332千米。森林资源丰富。

居民文化水平居拉美国家前列，成人识字率95.2%（2009）。中小学实行义务教育。主要高等院校有哥斯达黎加大学和国立大学。有130家电台、12家电视台和6家日报社。主要日报是《民族报》、《自由新闻》、《共和国报》。

哥斯达黎加主张不干涉原则和民族自决权，维护拉美民主代议制体制，重视加强与拉美国家的团结，支持拉美经济一体

波阿斯火山

化，努力通过扩展与中美洲国家的合作密切周边关系。政府在坚持外交多元化原则的同时，特别注意密切与美国的关系。与美国签订了自由贸易的初步协定。重视发展同西欧国家的关系，在其推动下，1984年9月成立欧洲共同体与中美洲混合委员会。已与126个国家（2009）建有外交关系。2007年6月1日与中国建立外交关系。

哥特式艺术 Gothic art 欧洲中世纪后期（12世纪中叶至15世纪）的基督教建筑、雕塑与绘画。哥特式艺术源于法国，很快遍及全欧洲。“哥特式”这一术语由意大利文艺复兴时代的艺术家首先提出，他们用“蛮族”哥特人的名称来称呼中世纪的尖拱建筑，揶揄它野蛮怪诞。对哥特式艺术的肯定始于18世纪40年代英国和法国的建筑理论。随着19世纪浪漫主义的兴起，“哥特式”的外延从特定的建筑扩展到同一风格的雕塑和绘画等其他艺术领域。

建筑 大教堂建筑在哥特式艺术的发展中起主导作用。哥特式大教堂以交叉肋拱、高扶壁、飞扶壁、尖拱结构、尖塔和新装饰体系的广泛应用为特征。它以轻盈灵巧、高耸挺拔的造型，与厚重敦实的罗马式教堂形成鲜明对比。哥特式教堂采用巨大的花格窗和彩色玻璃镶嵌画代替墙壁，使整个建筑几乎成为一个透明体。当阳光透过彩色玻璃窗投入教堂时，置身于教堂内部的人会获得一种崇高而神奇的审美感受。

哥特式建筑最先在法国兴起。一般认为，第一座真正的哥特式教堂是巴黎郊区的圣德尼教堂（1144）。法国早期哥特式教堂的代表作是巴黎圣母院。1247年动工但始终未能建成的博韦主教堂则是哥特式教堂中最高的。亚眠大教堂（1220～1269）是法国哥特式建筑盛期的代表作，是哥特式

图1 法国沙特尔大教堂

图2 意大利米兰大教堂

建筑成熟的标志。教堂内部遍布彩色玻璃大窗，几乎看不到墙面。教堂外部雕饰精美，富丽堂皇。其他盛期的著名教堂还有兰斯大教堂（1211～1290）和沙特尔大教堂（1194～1260年重建，图1），它们与亚眠大教堂和博韦主教堂一起，被称为法国四大哥特式教堂。

英国哥特式建筑出现比法国稍晚，流行于12～16世纪。其教堂往往位于开阔的乡村，作为庞大修道院建筑群的一部分，比较低矮，与修道院一起沿水平方向伸展。它们不像法国教堂那样重视结构技术，但装饰更自由多样。英国教堂的工期一般都很长，其间不断改建、加建，很难找到整体风格统一的。著名的有坎特伯雷大教堂（始建于11世纪初）、索尔兹伯里主教堂（1220～1265）等。

在德国，罗马式传统持续得较晚，哥特式建筑直到13世纪中叶才出现。科隆大教堂是德国最早的哥特式教堂之一，有法国盛期哥特式教堂的风格，歌坛和圣殿颇似亚眠大教堂。德国教堂很早就形成自己的形制和特点。无高侧窗和飞扶壁，完全靠侧厅外墙瘦高的窗户采光。拱顶上面另加一层整体的陡坡屋面，内部是一个多柱大厅。马尔堡的圣伊丽莎白教堂（1257～1283）西边有两座高塔，外观素雅，是这种教堂的代表。德国还有一种只在教堂正面建一座高大钟塔的哥特式教堂，著名的例子是乌尔姆主教堂（1377～1492）。它的钟塔高达161米，可谓中世纪教堂建筑中的奇观。砖造教堂在北欧很流行，德国北部也有不少这类哥特式教堂。

哥特式建筑于12世纪由北方各国传入意大利，影响也主要限于北部地区。意大利没有真正接受哥特式建筑的结构体系和造型原则，只是把它作为一种装饰风格，因此很难找到“纯粹”的哥特式教堂。意大利最著名的哥特式教堂是米兰大教堂（1385～1485，图2），它是欧洲中世纪最大教堂之一，14世纪80年代动工，直至19世纪初才最后完成。高高的花窗、直立的扶壁以及135座尖塔，处处表现出向上的动势，塔顶上的雕像也仿佛正待飞升。西边正面为意大利人字山墙，同样装饰着很多哥特式尖券尖塔，唯门窗已带有文艺复兴晚期的风格。

雕塑 哥特式雕塑以教堂装饰石雕为主。早期雕塑立柱像是建筑的组成部分，姿势刻板。13世纪，雕塑家开始观察和模仿自然，人体的自然比例、姿态获得了越来越准确而生动的表现，圣母和圣婴等形象被赋予温和的人间情感。盛期哥特式雕塑是纪念碑性的，强调类型而非个性。14世纪雕塑出现了表现献身精神和神秘冥想的题材，如夸张地表现死亡恐怖与悲哀的《圣母哀子像》。15世纪初的哥特式风格，强调表现物象的体积感和重量感，并有着向优雅、灵巧发展的趋势。晚期哥特式雕塑开始用世俗形式表现宗教题材。

法国兰斯大教堂西门雕塑是哥特式古典主义的代表作品，其中最著名的是《天使访问圣母》主柱群像（图3），作品有着人类情感的真实流露。

早期德国哥特式雕塑在瑙姆堡艺术家

图3 《天使访问圣母》群像局部

图4 哥特式玻璃镶嵌画《圣母像》（12世纪）

图5 《圣路易诗篇》插图：亚伯拉罕、莎拉与三位陌生人（法国国家图书馆藏）

的作品中达到高潮，其代表作有瑙姆堡大教堂唱诗席祭坛屏饰上的《基督受难》，强调了体积感和悲剧气氛。14世纪盛行一种被称为祷告图的私人宗教仪式雕塑，具有强烈的表现主义特征，圣母哀子是其中最典型、最普遍的题材。

意大利哥特式雕塑于13世纪下半叶出现，以皮萨诺父子为代表。皮萨诺父子的雕塑标志着哥特式向文艺复兴的过渡。

绘画 哥特式绘画主要包括玻璃镶嵌画、插图、壁画和镶板画。在北欧国家，玻璃镶嵌画取代壁画成为主要绘画形式。玻璃镶嵌画由各种不同形状、不同色彩的小块玻璃片拼合、镶嵌而成（图4）。玻璃镶嵌画的创作受到当时教堂雕刻的影响，二者有着同样的题材和同一类型的人物。哥特式插图在13世纪中叶法、英两国的抄本书籍中获得最充分的表现（图5）。巴黎是当时影响最大的插图创作中心。哥特式插图的特征之一是缘饰图案的发展。插图的最后繁荣出现在15世纪的尼德兰。

哥特式时期，壁画特别是大型壁画只在意大利得以继续发展。镶板画和镶嵌画也在这里继续发展。意大利哥特式代表画家有锡耶纳画派的杜乔·迪博宁塞纳和S.马丁尼、佛罗伦萨画派的乔托。这些画家也经常被归入文艺复兴先驱之列。

哥特小说 Gothic novel 18世纪末在英国流行的一种小说。它描写恐怖、暴力、神怪以及对中世纪的向往。故事通常发生在一个哥特式建筑，尤其是阴暗、荒凉的古堡之中。最早的一部哥特小说是H.华尔浦尔的《奥特朗托堡》(1764)，写了一个古堡闹鬼的故事，对当时正在兴起的浪漫主义文学运动起了促进作用。其他流行的哥特小说有A.拉德克利夫的《尤道弗的神秘事迹》(1794)和M.G.刘易斯的《僧人》(1796)。前者情节恐怖、离奇，富于神秘气氛，后者的特点在于恐怖和心理分析相结合。

哥特战争 Gothic War 535～554年，拜占廷帝国皇帝查士丁尼一世发动的征服东哥特王国的战争。拜占廷将军贝利萨留于535年率军占领东哥特王国的西西里岛，536年在意大利半岛登陆，智取那不勒斯。同年12月攻陷罗马。537年，东哥特国王维蒂吉斯倾全国兵力包围罗马城。537～538年，贝利萨留率部困守危城达一年之久，待援军到达后才解围。540年贝利萨留包围拉文纳，东哥特人被迫投降，维蒂吉斯被掳往君士坦丁堡。542年东哥特军在佛罗伦萨附近击败拜占廷军，546年收复罗马，重新控制意大利半岛的中部和南部，并派舰队进取西西里、科西嘉和撒丁岛等地。544年贝利萨留再次被派往意大利，他一度夺回罗马，但因兵力不足，无法坚守。552年查士丁尼一世集结精锐部队由纳尔塞斯统率从北部进入半岛。553年塔金那一役东哥特军战败。554年东哥特王国灭亡。

哥窑 Ge Kiln 中国古代瓷窑。据明中期传说，南宋章姓兄弟二人到处州（今浙江丽水）龙泉县烧瓷，兄名生一，所烧者，名哥窑；弟名生二，所烧者称弟窑。哥窑

葵瓣口瓷盘

器物的特点是胎薄色黑如铁，习称“铁骨”；釉面多有疏密不同的纹片，称为“百圾碎”。已知关于哥窑的最早记述出自元末文献，出土哥窑器物的纪年墓最早也在元末。因此，今日的研究多倾向于哥窑主要烧造在元末明初，窑址应在杭州或龙泉的大窑，产品则以摹仿宋代官窑为特征，如灰黑胎、开片、支烧，而如兽耳炉、贯耳瓶等造型更一如宋官窑。

鸽 *Columba*; pigeon 鸽形目鸠鸽科鸽属鸟类的统称。主要用于肉食、体育竞翔和观赏等。肉用乳鸽饲养现已发展成为一种新兴的养禽业。

生物学特性 鸽属中等体型鸟类，一般雄鸽比雌鸽大。羽毛紧凑，羽色有灰、白、红、黄、黑和雨点等。颈羽常有金属光泽。喜群飞。目光炯炯有神，眼沙清晰，眼球外有眼环，内有瞬膜。4月龄左右开始发情，5～6月龄可配种。雌鸽配种后才产蛋，每窝一般产2个蛋，随后便进行孵化，孵化期17～18天。每年可产6～8窝。适宜繁殖年龄为1～5岁。寿命一般10年左右。

类型与品种 经过长期的人工选育，全球约有1 500多个家鸽品种。按经济用途可分为肉用鸽、信鸽和观赏鸽3种类型。①肉用鸽。指4周龄左右专供食用的乳鸽品种。有蒙丹鸽、贺姆鸽等。②信鸽（图1）。

图1 信鸽

能作长距离飞行，世界较著名的有50多个品种。③观赏鸽。体型较小，一般体重约0.25～0.4千克，性情温顺，体形各异，千姿百态，动作奇巧，羽毛美丽，有红、黄、白、灰、黑等色。较著名的有披肩鸽（又称吊巾鸽）、扇尾鸽（又称孔雀鸽，图2）、鹰头鸽等。

饲养管理 鸽以植物性食物为生。饲粮配合中谷类可占2/3，豆类约占1/3。采用全价配合颗粒饲料喂养，效果更好。肉仔鸽一般在出售前进行5～7天的育肥。鸽舍的建筑应光线充足，保持干燥，同时注意防止猫、蛇、鼠等的侵害。种鸽舍面积8～10平方米，可养20～40对。

鸽的利用 乳鸽和鸽蛋是营养丰富的

图2 扇尾鸽

食品。鸽在医学上是有价值的实验动物。军用鸽被用来搜索目标和航海遇难人员。信鸽竞翔是一项有益的体育活动。

鸽形目 Columbiformes; pigeons 鸟纲的一目。广布于除两极外的世界各地。有2科：①沙鸡科，世界有2属16种，中国有2属3种。②鸠鸽科，世界有41属309种，中国有8属31种。体型中等；嘴尖平直或稍弯

曲，上嘴基部柔软，被以蜡膜，嘴端膨大而具角质（沙鸡除外）；颈和脚均较短，胫全被羽。沙鸡类栖息在沙漠、荒原地区，鸠鸽类栖息于多树或多岩石的山区和农村。在岩缝、峭壁或树木枝条上营巢。以杂草种子、农作物种子和各类植物果实为食。

割礼 circumcision 割去男性生殖器包皮和女性阴蒂的仪式。一般与信仰有关。公元前4000年，古埃及以及非洲、大洋洲、美洲的一些部落已存在这一习俗。古埃及人的割礼影响到犹太人的割礼仪式。早期基督教中，割礼是个人告别世俗家庭关系，皈依于神和亚伯拉罕立约的种族标志，后来被保罗用洗礼代替。伊斯兰教称之为“海特乃”，规定男子到12岁时，要接受“逊奈”等宗教功课，由人割去阴茎包皮作为开始宗教生活的具体标志。举行割礼时，邀请阿訇为之祈祷，亲友相贺，主人宴请宾客。现今，中国回族仍保留这种习俗。非洲部分地区仍然实行割去女子阴蒂的割礼。

割裂脑 split-brain 处于连接左右半球的胼胝体和前连合等神经纤维被切断状态的大脑。又称“分离脑”。部分切断胼胝体的大脑称为“部分分离脑”。具有割裂脑的人称“裂脑人”。裂脑研究是R.W.斯佩里和R.麦尔斯1952年开创的。割裂脑是研究一侧脑半球功能最为有效的手段，它推动了心理学家和神经学家对正常人大脑两半球功能差异的研究。在裂脑人和裂脑动物的实验中发现，割裂大脑左右半球之间的联结后，每个半球能像一个完整的脑一样独立地起作用，一个半球习得的反应行为不能传给另一半球，但是患者日常活动的意识似乎是统一的。研究表明，大多数人的大脑两半球在功能上存在明显的分工：右脑在空间知觉、直觉和其他非语言的认知功能方面占优势，左脑在数字分析和语言功能方面占优势。还有研究表明，右半球对视觉刺激的时间判断上起更大的作用。割裂脑的研究形成了大脑两半球功能不对称性或功能转化、功能单侧化的概念。

割圆术 method for determining segment areas 中国魏晋数学家刘徽在《九章算术》圆田术注中首创的用无穷小分割方法和极限思想证明圆面积公式，进而求圆周率的近似值的方法。《九章算术》方田章提出了圆面积公式“半周半径相乘得积步”，即$S=Lr/2$，其中S、L、r分别是圆面积、周长、半径。刘徽从圆内接正六边形起割圆，得到正12,24,…边形，它们的面积与圆相比都有缺失，然而“割之弥细，所失弥少，割之又割，以至于不可割，则与圆周合体而无所失矣”。因而刘徽肯定了圆面积的一个上界序列的极限就是该圆面积。最后，刘徽将与圆周合体的正多边形“觚而裁之”，即分割成无穷多个小等腰三角形，求这无穷多个三角形的面积之和，便证明了《九章算术》的圆面积公式。刘徽批评了人们长期沿袭“周三径一”的错误，从而在中国首创了求圆周率的近似值的程序。他从直径为2尺的圆开始割圆，利用勾股定理，依次求出正多边形的边心距、边长和面积，取314平方寸为圆面积近似值。将其代入圆面积公式$S=Lr/2$，求出圆周长的近似值为62寸8分。再将其与直径20寸相约，便得到圆周率157/50，相当于$\pi=3.14$。刘徽还求出圆周率3927/1250，相当于$\pi=3.1416$。后来，南朝祖冲之更进一步将圆周率值精确到8位有效数字，并确定$\pi=355/113$为密率。这些成就在世界上领先约千年。1427年卡西的值超过了8位有效数字，16世纪末德国的V.奥托、荷兰的A.安托尼兹先后提出了$\pi=355/113$。

歌川广重 Utagawa Hiroshige（1797～1858-10-12） 日本浮世绘画师。见安藤广重。

歌德 Goethe, Johann Wolfgang von（1749-08-28～1832-03-22） 德国诗人。生于法兰克福，卒于魏玛。其生平和创作可分5个时期。

学习年代和狂飙突进时期（1765～1775） 1765年歌德入莱比锡大学学法律，3年后因病回家。在莱比锡时期写出了具有洛可可风格的抒情诗和戏剧。1770年去斯特拉斯堡大学继续读法律，次年获法学博士学位。1770年9月与狂飙突进运动精神领袖J.G.von赫尔德结识，在其影响下开始采集民歌。这时他写出优美的抒情诗《欢迎与离别》、《五月歌》、《野地小玫瑰》等，开创了德国抒情诗的新时代。1771年8月回到法兰克福，任律师并为报纸撰稿。此后几年里除写了《普罗米修斯》等许多诗篇外，还创作了剧本《铁手骑士葛兹·封·贝利欣根》（1773）、小说《少年维特之烦恼》（1774）等，这些作品成为狂飙突进运动最为丰硕的成果。后者发表后引起青年人的强烈共鸣，立即风靡欧洲，奠定了歌德在国际文坛的地位。

魏玛前期（1775～1786） 1775年11月歌德应魏玛公国奥古斯特公爵的邀请来到魏玛，担任国务参议等许多职务，1782年获得贵族身份。他的职责从领导矿山开发、管理交通、领导军事到负责水利、掌管财政等，此外还要参加各种文艺活动。繁忙的公务，浮华的宫廷应酬和爱情的挫折，使他无法得到创作所需要的安静和时间。和狂飙突进时期相比，他这时期的诗歌趋于平稳，对自然和人生由热情的歌颂转变为深入的观察和探索以及对人与自然关系的思考。《漫游者的夜歌》、《人类的界限》等诗歌以及《魔王》、《渔夫》等叙事谣曲均作于这一时期。

意大利之行和法国大革命时期（1786～1793） 歌德为了摆脱使他感到厌倦和苦闷的宫廷生活，于1786年9月3日改名换姓，悄然去意大利旅行。意大利明媚的风光和完美的希腊罗马古典艺术使他陶醉。这期间他把《伊菲格涅亚在陶里斯》散文稿改为诗体，完成了悲剧《埃格蒙特》。前者借希腊神话中的人物表达自己的古典人道主义理想。后者取材于16世纪尼德兰人民反抗西班牙统治、争取民族独立的史实，把埃格蒙特塑造成一个受人民爱戴的英雄。

1788年6月歌德从意大利回到魏玛，辞去一切行政职务，只担任剧院总监，兼管矿业。意大利之行使他的诗风发生很大变化。他不再通过骚动不安的情绪来表现自然的原始力和激动的呐喊，而是追求古代希腊罗马艺术中体现的宁静、纯朴、和谐的美，以改造人的个性，实现古典人道主义理想，对诗歌形式也给予了更大关注。回魏玛后写的组诗《罗马哀歌》20首，回顾在罗马度过的幸福生活。1789年完成了剧作《托夸多·塔索》。剧本通过文艺复兴时期意大利诗人塔索在宫廷生活中的遭遇，表达了歌德自己在魏玛宫廷的苦闷和矛盾心情。

1789年法国爆发资产阶级革命，歌德不赞成暴力革命，曾写了一些嘲讽群众和革命的作品。1792年歌德随奥古斯特公爵参加普奥联军征法，翌年美因茨城响应法国革命，成立德国历史上第一个共和国，联军围攻法国军队占领的这座城市时，歌德又陪伴公爵参加了这次战役。30年后，在1822年完成的《出征法国记》和《围攻美因茨》中记述了这段经历。

和席勒合作时期（1794～1805） 1794年7月底歌德与J.C.F.von席勒结交，两人从此频繁交往，密切合作，直至1805年席勒逝世。他们的性格观点虽然不同，但互相取长补短，彼此都受益匪浅。这10年是歌德的第二个创作丰收期。除两人合作创作的锋利的《赠辞》及许多叙事谣曲外，歌德还写了许多重要的哲理诗和表达文艺观点的诗，完成了小说《威廉·迈斯特的学习时代》、长篇叙事诗《赫尔曼和窦绿苔》（1797）和《浮士德》第一部。这便是文学史上狭义的德国古典文学时期，又称魏玛古典文学时期。

晚年时期　席勒的逝世对歌德是个巨大的打击，他觉得自己失去了“生命的一半”，创作受到很大影响。后来他重新振作起来，开始写**十四行诗**，出版长篇小说《亲和力》(1809)。后者写4个男女由于两性间的吸引力的变化而重新组合的悲剧故事，诗人借此来探讨自发情感与道德规范之间的矛盾和冲突。歌德从1813年起研究阿拉伯、波斯的诗歌以及中国、印度的文学和哲学。1814～1815年到德国南部旅行又使他恢复了青春，写了许多优美的诗篇，后又加以补充，共240首，形成了《西东合集》这部重要的诗集。它和《中德四季晨昏杂咏》(1827）一样，是诗人把西方和东方文化结合起来，融为一体的出色的努力。

1816年以后他潜心创作，完成了最重要的几部作品。1831年4月完成自传《诗与真》最后一卷。《诗与真》叙述时期为童年至应邀到魏玛王国，但并不局限于歌德自己的生活，书中的第七篇全面而深入地论述了德国18世纪中叶的文学。长篇小说《威廉·迈斯特》从1777年开始写作到1828年完成，历时50年，分为《学习时代》和《漫游时代》两部分。主人公力求摆脱狭隘的环境，追求更高的理想，虽然走过迷途，但他不断自我克制，把握命运之舵，终于成为一个“完整的人”，反映了作者的人文主义理想。诗剧《**浮士德**》写作时间历经60年。作品取材于16世纪关于浮士德的传说。主人公的一生经历了书斋生活的知识悲剧，在魔鬼的引导下又经历了爱情悲剧、政治悲剧、美的悲剧和事业悲剧等阶段，从“小世界”到“大世界”，最后在改造自然的事业中得到满足，在悟出人生真谛的瞬间死去。他的一生反映了欧洲自文艺复兴到19世纪初期300年文化发展的历程。

歌德在自然科学研究方面也卓有成就，有所发明和发现。他是公认的世界文学巨匠之一。

歌德学院　Goethe-Institute　德国最大的对外文化机构。前身为德意志学院，1951年建。总部设在慕尼黑和波恩。2001年与德国国际文化交流组织（1952年建）合并。在78个国家设有144个分支机构，其中16个机构设在德国。歌德学院受联邦政府的委托从事对外文化交流活动，其基本任务是在国外推动德国语言的传播，进行国际文化合作，在国际上提供有关德国社会、政治和文化的信息。通过在当地的分支机构进行德语教学，实施各种艺术、教育、学术、传媒等方面的交流项目。歌德学院北京分院建立于1988年。

歌剧　opera　将音乐（声乐与器乐）、戏剧（剧本与表演）、文学（诗歌）、舞蹈（民间舞与芭蕾）、舞台美术等融为一体的综合性艺术。有多种样式和体裁。音乐在歌剧中是最重要的组成部分。演员必须具备歌唱与表演的艺术才能，根据剧本与作曲家所谱写的歌曲来塑造人物形象。器乐除伴奏声乐外，也担负着刻画人物性格，揭示剧情和发展戏剧矛盾冲突，烘托环境气氛等任务。

一般认为，欧洲歌剧产生于16世纪末。西方公认的第一部歌剧，是在人文主义影响下，企图恢复古希腊戏剧精神而产生的《达佛涅》，编剧O.里努奇尼，作曲J.佩里与J.科尔西，1597年于佛罗伦萨G.巴尔迪伯爵的宫廷内演出。由于公众对歌剧的欢迎，1637年威尼斯创设了世界上第一座歌剧院。19世纪以后，意大利的**G.罗西尼**、**G.威尔第**、**G.普契尼**，德国的**R.瓦格纳**，法国的**G.比才**，俄罗斯的**M.I.格林卡**、**M.穆索尔斯基**、**P.I.柴科夫斯基**等歌剧大师为歌剧的发展作出了重要贡献。中国的新歌剧《**白毛女**》、《**洪湖赤卫队**》、《江姐》等在歌剧发展史上也占有一席之地。

歌剧中的声乐部分包括独唱、重唱与合唱，歌词就是剧中人物的台词（根据样式不同，也可有说白）；器乐部分通常在全剧开幕时有**序曲**或**前奏曲**，早期歌剧还间有献词性质的序幕（包括声乐在内）。在每一幕中，器乐除作为歌唱的伴奏外，还起联接的作用。幕与幕之间常用间奏曲连接，或每幕有自己的前奏曲。在戏剧进展中，还可以插入舞蹈。歌剧的音乐结构可以由相对独立的音乐片断连接而成，也可以是连续不断发展的统一结构。

罗西尼的歌剧《威廉·退尔》剧照

歌剧中重要的声乐样式有朗诵调、咏叹调、小咏叹调、咏叙调、重唱、合唱等。歌剧体裁样式有正歌剧、喜歌剧、大歌剧、小歌剧、轻歌剧、音乐喜剧、室内歌剧、配乐剧等。

歌乐山烈士陵园　Geleshan Cemetery of Revolutionary Martyrs　中国革命纪念建筑物。位于重庆沙坪坝。此地曾是国民党“军统”特务重庆集中营（1939～1949）和“中美特种技术合作所”（1943～1946）所在地，也是1949年“一一二七”政治大屠杀的发生地。1954年起在此修建烈士公墓、烈士纪念塔、陈列大厅，1984年改今名。陵园面积350公顷。内有白公馆、渣滓洞等大小监狱旧址20余所，土洋刑具100多种，刑场遍于址内，是美、蒋特务残酷镇压中国人民的历史见证。爱国将领杨虎城、黄显声，新四军军长叶挺，中国共产党领导人廖承志、罗世文及众多革命者先后被囚禁于此，许多共产党员和爱国人士在此牺牲。陵园有基本史实陈列厅，白公馆、渣滓洞、松林坡3个烈士事迹现场陈列点和杨虎城将军纪念室。还收藏有革命者文物1 200余件。

歌乐山烈士陵园中的死难烈士之墓

歌舞伎　kabuki　日本古典舞蹈。又称日本舞蹈、日舞和邦舞等。是歌、舞、技能三位一体的综合艺术，其中的技能为戏剧因素。歌舞伎演员以这种艺术形式展示各种不同的做功和唱功手段。据说是由日本关西岛根县出云大社一位叫阿国的女祭司于江户时代的1603年，从传统的念佛舞发展而来的。经过几十年的改革，歌舞伎的艺术魅力不断提高。17世纪末的元禄年间，歌舞伎进入黄金时代，这个时期的歌舞伎在内容上确立了以戏剧家近松门左卫门的爱情悲剧为代表；在形式上确立了“荒事”、“和事”和“女形”等演技。荒事指荒诞无稽的勇士之演技，动作幅度较大，富于写意色彩；和事表演比较写实，以生活化的对白为主；女形则是指男扮女装的表演，有比较程式化的套路。

大约是在西方芭蕾形成规范的1700年，歌舞伎也开始有了以此为生的职业舞师。400年来，它在发展演变的过程中，吸收了舞乐、能乐、狂言、人形净琉璃等日本姊妹艺术的特色，丰富了自身的表现力。它粗俗放纵、艳丽奢靡、以情动人，成为日本表演艺术中最具影响力的品种。

歌舞片 musical film 音乐和舞蹈占很大比重的故事片。由专业的歌舞演员担任角色。早期歌舞片多属轻松优美的舞台艺术片。歌舞片的故事情节一般都比较简单，只起串联歌舞场面的作用，突出表现歌唱、舞蹈和音乐方面的艺术成就。歌舞片有歌、舞兼备的，也有只侧重歌唱或舞蹈的。西方歌舞片始于20世纪20年代，好莱坞华纳影片公司拍摄了极为成功的影片《四十二街》(1933) 后，歌舞片风靡一时。这类影片很多是以音乐家和舞蹈家为生活题材的。

歌行体 gexing-style verse 中国古代诗歌体裁。“歌行”之名始于唐代，由汉魏乐府诗发展而来。歌行体一般以七言句式为主，兼用杂言句，甚至还可以应用散文句式。声韵灵活自由，风格通俗酣畅，如李白的《将进酒》，杜甫的《茅屋为秋风所破歌》、《兵车行》等，均属名篇。在后世诗体分类上，有时将其从属于“乐府”，称“乐府歌行”；有时又把它与七言古诗（七古）不加区分，而从属于古诗类。

歌圩 Singing Festival 中国壮族传统歌会和歌节。流行于广西、云南等地。壮语为“窝墩”、“窝岩”，意为出野外玩耍。因这种活动相互酬唱，彼此对歌，故古人称之为墩圩。此俗由来已久，据说是《诗经》“关雎”之遗风。宋代已有记载。明代时定期在固定地点举行。歌圩一般在节日举行，春节、农历三月初三、四月初八、中秋节以及婚嫁、小孩满月、乔迁等喜庆时节都可形成歌圩。圩场一般在山林坡地，有时在赶圩（赶集）路上、劳动之余，歌逢对手，也可形成临时歌圩。歌圩上唱的歌大多是生活语言的高度提炼，具有生动、淳朴、深刻的特点，歌词有韵，能唱，易记，赋、比、兴的艺术手法经常交替运用。每当节日来临，壮家男女身着盛装，邀朋结友赶歌圩，在那里物色歌友，进行对歌、抛绣球、碰红蛋、踢毽子、抢花炮等活动。青年男女通过对歌选择意中人，如情意相投，可互赠礼物，相约下次相聚，直至结成佳偶。

歌仔戏 gezai opera 中国戏曲剧种。流行于台湾全省、福建南部和东南亚华侨聚居地区。明末清初，大批闽南人随郑成功东渡，也有人因逃荒和抗拒清廷统治相继移居台湾。许多闽南民间的歌舞曲艺，如漳州的“锦歌”，同安的“车鼓弄”，安溪的“采茶褒歌”，随他们的迁徙而流入台湾并逐渐流行。“锦歌”原为民歌小调，流入台湾后，其唱腔“四空仔”改为“七字仔调”，“五空仔”改为“倍思”和“大调”，人们统称之为“歌仔调”，刊印的唱本称“歌仔册”，乐社习唱活动的地方称“歌仔馆”，后来又从坐唱发展为节日结队边走边唱形式，称作“歌仔阵”。20世纪20年代初，“歌仔阵”逐渐与民间歌舞“车鼓弄”和“采茶褒歌”相结合，开始演唱小戏，称之为“车鼓戏”。后来又受流传在台湾的四平戏（正字戏）、高甲戏、潮州白字戏（潮剧）、京剧等剧种的影响逐渐丰富成型，搬上舞台。所演剧目主要来自“锦歌”唱本的《陈三五娘》、《山伯英台》、《孟姜女》、《郑元和》等戏。1928年，台湾歌仔戏班三乐轩以回乡祭祖为名，第一次回闽南龙溪、厦门等地演出，接着霓光班、霓进社等班社相继而来，轰动一时。歌仔戏也从此在闽南生根开花。抗日战争期间，连遭禁演，因而班社零落、艺人星散，到抗日战争胜利后，才陆续得到恢复。歌仔戏唱腔曲调的特点是曲多白少，格律较自由，具有较强的艺术表现力。伴奏乐器有壳子弦（椰壳制成，类似板胡）、大广弦（龙舌兰木制的大筒胡琴）、台湾笛、月琴等。歌仔戏唱词通俗，颇多生动的民间语汇，乡土气息浓厚。剧目除取材于锦歌唱本外，又改编小说和移植其他剧种不少剧目。

革翅目 Dermaptera 昆虫纲的一目。中、小型有翅昆虫。俗称蠼螋。全世界已知约1 800种，中国已知200余种。多分布于热带、亚热带地区，温带较少。体长而扁平。头部扁阔，复眼圆形，有些种类复眼退化，或无复眼，如鼠螋科。触角10～30节，多者可达50节，线形。上颚发达，较宽，其前端有小齿。前胸游离，较大，近方形；后胸有后背板。腹板较宽，除少数种类外，多具翅。渐变态发育。1年发生一代。卵多产，雌虫产卵可达90粒。雌虫有护卵育幼的习性。雌虫在石下或土下作穴产卵，然后伏于卵上或守护其旁，低龄若虫与母体共同生活。

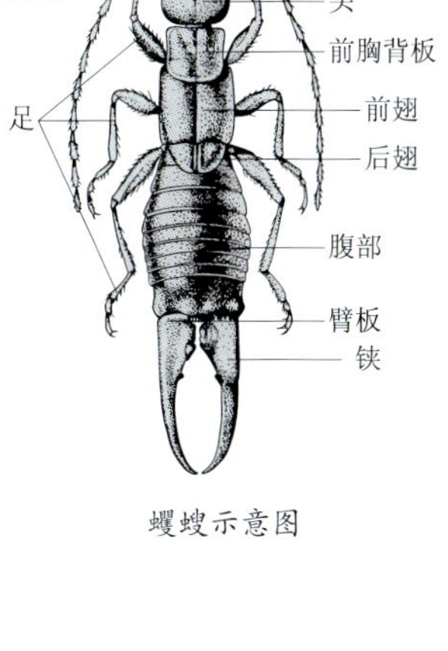

蠼螋示意图

多为夜行性，白天伏于土壤中、石块下、树皮上、杂草间。虽有翅，但很少飞翔。少数种类有趋光性。多为杂食性。某些种类营寄生生活，寄生在蝙蝠或鼠类体外。有些种类能捕食叶蝉、吹绵蚧，以及潜叶性铁甲、灰翅夜蛾、斜纹夜蛾等种类的幼虫。

革拉特科夫 Gladkov, Fyodor Vasilyevich (1883-06-21～1958-12-20) 苏联作家。生于萨拉托夫，卒于莫斯科。从小跟随父母四处漂泊。曾做过渔场童工、药铺学徒、教师等。1906年因参加革命活动被捕并被流放，1909年获释。1921年到莫斯科专事文学创作。1900年发表第一篇小说《走向光明》。小说《失去继承权的贵族》(1909) 和《一间土屋里的三个人》(1912) 均以政治流放犯为题材。国内战争结束后，创作了以社会主义生产建设为题材的长篇小说《水泥》(1925) 和《动力》(1938)。卫国战争期间，他的主要作品除一些政论外，还有中篇小说《母亲》(1942) 和《宣誓》(1944)。晚年写了自传体三部曲《童年的故事》(1949)、《自由人》(1950) 和《荒乱年代》(1954)。

《革命烈士诗抄》 *The Selected Poems of Revolutionary Martyrs* 收录为中国人民解放事业英勇献身的革命烈士的诗词选集。萧三编辑，1959年由中国青年出版社出版。初版选收43位在新民主主义革命时期牺牲的革命烈士的诗词122首。1962年经萧三

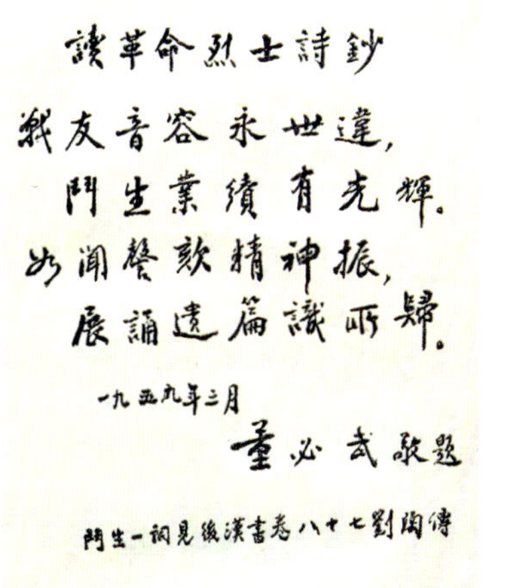

《革命烈士诗抄》题记

增订再版，共收89位作者的194首诗词。其中包括著名革命家李大钊、瞿秋白、蔡和森、邓中夏、彭湃、恽代英、何叔衡、方志敏、王若飞、叶挺、关向应、杨靖宇、李兆麟，诗人殷夫、柔石、陈辉等的作品以及数十位共产党人、革命志士的狱中题词和绝笔。诗词体式多样，字里行间洋溢着革命先烈惊天地泣鬼神的浩然正气和崇高节操。

阁楼 attic 设置在坡屋顶内的房间，供居住或储物。它利用坡屋顶内部空间，用比较经济的办法获得更多的使用面积。但受斜屋面的制约，室内净高低，进深浅，空间显狭窄。在设计时须考虑人体活动的需要，有一定的净高，能采光，可通风，具备良好的围护性能，提供健康舒适的居住环境。

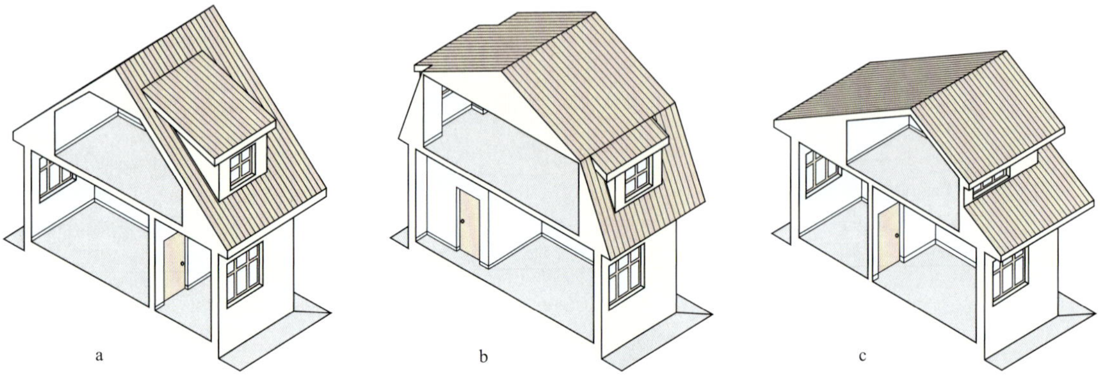

阁楼形式示意图

阁楼开窗有多种。在屋顶结构上垂直架设并凸出屋面的窗，俗称“老虎窗”（图a）；在屋顶结构上安装与斜面处同一平面的窗，称“斜面窗”（图b）；在屋面断开处设露台时，可在阁楼外墙上安装门窗；如果屋面有高低错落，可在错落处设窗（图c）。

除了供居住的阁楼外，牲口饲养房的阁楼可存放饲料，厂房的阁楼可用作辅助用房或仓库，剧场、体育场馆和会堂的阁楼可用作音响室、灯光室、拍摄室和同声翻译室等。

阁罗凤 Kag la bong（712～779） 中国**南诏**第五代王。又作觉乐凤。其父皮逻阁在唐扶持下统一六诏，唐授封其为云南王。748年皮逻阁死，阁罗凤继位，袭封。在其父未死时，他已参与削平六诏的活动，即位后，继续发展势力，消灭在其东方的东爨、西爨，控制滇东地区。阁罗凤初臣服于唐，助唐抗击吐蕃，唐云南太守张虔陀无礼于阁罗凤，又征求财物，750年，阁罗凤遂发兵攻陷姚州，杀虔陀。唐剑南节度使鲜于仲通发兵征讨，又为其所败。阁罗凤遂依附吐蕃，吐蕃封阁罗凤为“赞普钟”（“钟”意为弟），号为“东帝”。时杨国忠为唐相，又征兵全国，大举讨伐，并为阁罗凤所败。不久，**安史之乱**爆发，唐朝困于内乱，阁罗凤即趁机扩大领土，控制区域达到今云南全境及四川西南、贵州西北部。又建立制度，修筑道路，设置城邑，以汉文教授贵族子弟，吸收汉族先进文化。他在位期间（748～779），南诏成为中国西南地区强大的奴隶主政权。南诏与中原王朝已有百年臣属关系，阁罗凤几度试图与唐廷和好。766年，阁罗凤在都城太和城（今云南大理太和村）立**南诏德化碑**，表明叛唐出于不得已，愿与唐世代友好。

格 lattice 一种特殊的偏序集。在许多数学对象中，所考虑的元素之间具有某种顺序。例如，一组实数间的大小顺序，一个集合的诸子集（或某些子集）间按⊂（被包含）关系所成的顺序，一组命题间按蕴涵关系所成的顺序等。这种顺序一般不是全序，即不是任意二元素间都能排列顺序，而是在部分元素间的一种顺序即偏序（半序）。偏序集和格就是研究顺序的性质及作用而产生的概念和理论。

格论在**代数学**、**射影几何学**、**集合论**、**数理逻辑**、**泛函分析**以及**概率论**等许多数学分支中都有应用。例如，在代数学中，对于一个群G与其子群格$\mathcal{L}(G)$之间关系的研究。在数理逻辑中，关于不可解度的研究。

格奥尔格 George, Stefan（1868-07-12～1933-12-04） 德国诗人。生于比德斯海曼，卒于瑞士米努西奥。曾在巴黎、柏林、慕尼黑等地攻读哲学和艺术史。以1892年创立的文艺刊物《艺术之页》为舆论工具，反对**自然主义**、崇尚象征主义，反对理性，强调感觉，重视表现个人的内心世界和细腻的感情。在他的周围形成一个文学圈子，文学史上称之为“格奥尔格学派”。他的主要作品是诗歌，诗集有《颂歌》（1890）、《朝圣》（1891）、《阿尔加巴尔》（1892）、《心灵之年》（1897）、《新的帝国》（1928）等。

格巴尼 Qābbānī, Nizār（1923-03-21～1998-04-30） 叙利亚诗人。生于大马士革，卒于英国伦敦。1945年毕业于叙利亚大学。1945～1966年进入外交界，出任驻外使节。晚年因受到保守分子的攻击，移居伦敦。很早就开始诗歌创作。诗集《姑娘对我说》（1944），大胆描写青年男女间的爱情，引起轰动和争议。《奈赫德的童年》（1948）、《桑巴》（1949）、《你属于我》（1950），表现女性的生活、爱情及在东方社会中处于被凌辱的地位。其他主要作品还有《诗篇》（1956）、《面包、大麻、月亮……》、《我们何时宣布阿拉伯人的死亡？》等。

格比尔达斯 Kabirdas 印度印地语诗人。生卒年不详，一说1398～1518年，一说1398～1494年。他不是出家人，但他的追随者在他死后却奉他为教派始祖。他的诗全部是他的追随者记录下来的，大多是四行一首的格言诗，分为“见证者”、“短歌”和“对句和四行短诗”。格比尔达斯认为有一种宇宙精神或神明存在，主张通过理智或理性求得和神明的统一，倡导神明存在于万物之中的泛神论。他用诗歌抨击印度教、伊斯兰教等传统宗教，否定种姓制度，重视教育的作用。其诗通俗易懂，比喻贴切，运用民间的口语生动自然，有一种朴素和自然美。

格但斯克 Gdańsk 波兰中北部城市，滨海省首府。位于维斯瓦河注入波罗的海的入海处附近，临格但斯克湾。人口51.44万（2009）。997年首见记载。1260年设市。1308年被条顿骑士团占领。1793年并入普鲁士，改名但泽。1919～1939年依《**凡尔赛和约**》定为自由市，由波兰行使管辖权。第二次世界大战中遭严重破坏。战后重归波兰，恢复原名，并重建。水陆交通便利，空中航线连接着波兰各地及邻近国家。有旧区和新区两个港口区。工业以造船业为主，格但斯克造船厂是国内最大的造船厂，并有炼油、化肥（磷肥）、纺织、食品、建材等工业。为重要文化中心，有格但斯克大学（1970）等6所高等院校和海洋等研究机构。格但斯克与格丁尼亚、索波特共同组成三联城市，人口75.67万（2002）。

格但斯克造船厂船坞

格底目 Qadim 中国伊斯兰教教派。自明末清初产生门宦和新教派以后，原有的穆斯林与之相区别而称格底目（意为古老的），又称尊古派或老教。为中国穆斯林的多数派。严格尊奉伊斯兰教的基本信仰和宗教义务，并重视伊斯兰教传入中国以后形成的宗教礼仪和习俗；实行以清真寺为中心、互不隶属的教坊制；教务管理上采取教长或阿訇的聘任制，伊玛目、赫蒂布、穆艾津三道掌教制，清末改为开学阿訇、二阿訇和穆艾津三掌教制；寺务管理实行学董、乡老或清真寺董事会制。在教派纷争中持宽容和保守态度。

格调说 style theory 中国古代诗学主张。为明代前七子、后七子和清代沈德潜所提倡。强调"格调"在诗歌创作中的作用。

"格调"即体格声调。在唐代以后的诗论中，常常谈及诗歌的格、调。在前、后七子的诗论中，格调成为决定性环节。前七子代表人物李梦阳强调"格古，调逸"(《潜虬山人记》)，称"高古者格，宛亮者调"(《驳何氏论文书》)。后七子代表人物王世贞认为："才生思，思生调，调生格。思即才之用，调即思之境，格即调之界。"(《艺苑卮言》)他们都认为汉魏盛唐以后，诗的格调下降了，因此提倡"文必秦汉，诗必盛唐"，主张从格调入手模拟汉魏盛唐的诗歌。前、后七子的格调说是为反对明初台阁体的萎弱诗风而提出的，在当时有其积极意义，并产生了很大影响。但由于它拟古主义的本质，很快受到李贽、汤显祖、公安派的批判，清代的王夫之、叶燮等人继续对之进行了批判。

叶燮的学生沈德潜在诗歌理论上背离叶燮，重倡格调说。他主张诗教说和温柔敦厚。他选诗的标准是："皆深造浑厚和平渊雅，合于言志咏言之旨……凡无当于美刺者，屏也"(《明诗别裁集序》)，"惟祈合乎温柔敦厚之旨，不拘一格也"(《清诗别裁集》，"有补世道人心"(《唐诗别裁》)。从这一标准出发，沈德潜肯定前、后七子而否定公安派、竟陵派。格调说中保守的一面，如强调"学古"，注重封建礼法等，遭到当时提倡性灵说的袁枚的强烈批评。袁枚对格调说的批评相当雄辩，同沈德潜论战的几篇文章，也写得痛快淋漓，很有说服力，沈德潜的格调说逐渐趋于衰颓。

格尔木河 Golmud River 中国青海省柴达木盆地内流河。发源于青海省柴达木盆地南缘昆仑山内。上游有二源，即昆仑河(野牛沟)与雪水河(秀沟)，与主流成格状相交，北流至格尔木市复分，最后注入东达布逊湖。全长446.3千米，流域面积2.3万平方千米。河水补给来源以高山冰雪融水约占14.4%，地下水约占60%。格尔木站40年平均年径流量7.746亿立方米。上游所建水电站装机容量0.9万千瓦，年发电量0.51亿千瓦·时。格尔木市南格尔木河支流上建有水库，有东西干渠由此引水灌溉。

格尔木市 Golmud City 中国青海省海西蒙古族藏族自治州辖市。位于省境西部，西接新疆维吾尔自治区，南与西藏自治区毗邻。面积123 460平方千米。人口19万(2010)，以汉族为多，还有藏、回、蒙古等少数民族。格尔木原称噶尔穆，蒙古语"河流众多"之意。古为羌地。自东晋至清历属吐谷浑、威定县、吐蕃王国、叶厮啰政权、吐蕃等处宣慰使司、曲先卫、钦差办理青海蒙古番子事务大臣。1917年属都兰理事，1930年属都兰县。1954年成立阿尔顿曲克哈萨克族自治区，1956年成立噶尔穆临时工委，1960年设市时噶尔穆简化为格尔木，1965年改为格尔木县，1980年复设格尔木市。地处青南高原的西部和昆仑山以北的冲积平原。气候干燥、寒冷、多风。年平均气温－1.8～－4.2℃。年降水量176～484.4毫米。矿产资源有硅灰石、黏土、硼、盐、锂、铁、铅、锌、氯化钾、水晶、岩金等。盐化原料和稀有金属储量大、品位高，居全国之首。工业以盐化工、石油化工、钾肥生产、机械制造业为主，是中国主要钾肥生产基地和青海省盐化、石化工业基地。农业以种植小麦、油菜、蚕豆为主。牧业以牧养绵羊、山羊、牦牛、骆驼为主。青(海)西(藏)铁路、公路，青(海)新(疆)公路、敦(煌)格(尔木)公路纵横交错，是通达西藏、河西走廊、新疆、西宁的交通枢纽。格尔木机场通航西安、西宁等地。自然景观有"万丈盐桥"、"江河冰川"、"一步天险"、"海市蜃楼"等。万丈盐桥全长32千米，路基、路石均为盐土，平坦笔直。

格尔斯滕贝格 Gerstenberg, Heinrich Wilhelm von (1737-01-03～1825-11-01) 德国戏剧家。生于托德恩，卒于阿尔托内。在莱比锡学法律，结业后一直在丹麦的军界和政界任要职。他的《试论莎士比亚的作品和天才》(1767)一文第一次明确指出以亚里士多德的理论为基础的古典戏剧与W.莎士比亚戏剧是不同时代的戏剧，因而性质完全不同。在德国文学史上，第一次把莎士比亚看作是现代戏剧的伟大代表，从而开了所谓"莎士比亚化"的先河。格尔斯滕贝格反对任何现成的规则，认为戏剧应当表现自然和人的内心活动，真实性是最重要的标准。剧本《乌戈利努》(1769)是他的理论观点在实践中的体现。剧本中那种反专制的激情在青年中产生了很大影响，成为日后富有反抗性的狂飙突进戏剧的先驱。此外，他的剧作还有《米诺娜，或盎格鲁－撒克逊人》(1785)。

《格古要论》 *Study on Cultural Relic Identification* 中国现存最早的文物鉴定专著。明曹昭撰。曹昭字明仲，江苏松江人。书成于洪武二十一年(1388)，共3卷。上卷分为古铜器、古画、古墨迹、古碑法帖四论，中卷分为古琴、古砚、珍奇(包括玉器、玛瑙、珍珠、犀角、象牙等)、金铁四论，下卷分为古窑器、古漆器、锦绮、异木、异石五论，共十三论。是继南宋赵希鹄《洞天清录》等书之后，更完备的鉴别古物的书籍。曹昭在书中对古代瓷器、漆器等均有很重要的论述，可以代表当时金石学家的看法。此书在明景泰七年至天顺三年间(1456～1459)，由王佐增补为13卷的《新增格古要论》。王佐字功载，号竹斋，江西吉水人。他主要增补了墨迹、古碑法帖部分，又新增了金石遗文、古人善书画者、文房论、诰敕题跋和杂考等，文字虽然增加很多，但在内容上除墨迹碑帖部分有所论述之外，其他多为杂抄，远不如曹昭原著的见识。

格拉茨 Graz 奥地利第二大城市，施泰尔马克州首府。位于奥地利东南部、多瑙河支流穆尔河畔。面积127平方千米，人口25.32万(2008)。13世纪形成居民点，曾多次抵御匈牙利和土耳其入侵。1850年建市。工业有冶金、汽车、机械、仪器、车辆制造、造纸、木材加工、酿酒和电子工业等。附近盛产谷物、水果等。市郊有斯蒂里亚大水电站。穆尔河南北纵贯市区。铁路枢纽。代表性历史建筑有：11世纪的城堡，州议会大厦，圣埃吉迪马斯大教堂，16世纪的钟塔和钟楼，17世纪以收藏古代兵器为特色的博物馆，18世纪斐迪南二世的陵墓，19世纪的州立博物馆和市政厅等。有两所高等院校。

格拉芙 Graf, Steffi (1969-06-14～) 德国女子网球运动员。生于布吕尔。3岁始接受网球启蒙训练。6岁时第一次参加巡回赛。13岁步入职业网坛，此后逐渐在一系列国际大赛中取得骄人成绩。17岁时赢得个人第一个职业比赛的冠军。她右手握拍，扣杀凶狠，有"网坛玉女"的美誉。在澳大利亚、法国、温布尔登和美国世界四大网球公开赛，即大满贯赛事中夺得22次单打冠军，1次双打冠军。总共参赛1 017场，胜907场。连续188周排名世界第一，共计377周排名世界第一，均创历史纪录。是历史上唯一一位每一项大满贯赛事夺冠至少4次以上的选手。1988年，又获第24届奥林匹克运动会网球比赛女子单打金牌，成为史无前例的

"金满贯"。1999年8月退役。同年12月，国际奥林匹克委员会主席J.A.萨马兰奇亲自授予其国际奥委会奥林匹克五环勋章。

格拉古兄弟改革 Reforms of the Gracchi 公元前133～前121年古罗马政治家格拉古兄弟推行的以土地问题为中心的改革活动。兄提比留·格拉古（前162～前133）、弟盖乌斯·格拉古（前153～前121），出身于豪门贵族，受过希腊启蒙主义思想教育，长于演说。公元前133年提比留当选为保民官，提出土地法案，规定公民每户所占公有地不能超过1 000尤格；超额土地由国家偿付地价，收归国有，并划成每块30尤格的份地分给贫穷农民。经过激烈斗争，法案经公民大会通过。元老贵族保守势力竭力反对改革法案的实施。提比留在竞选下一年（前132）的保民官时，元老院贵族蓄意挑起械斗，提比留连同他的300名支持者被杀害。

前123和前122年，盖乌斯任保民官。他重申提比留的土地法，还提出了实行赈济城市贫民的粮食法和授与骑士司法权的审判法等内容广泛的法案。前121年，反对改革的元老贵族杀害了盖乌斯及其追随者3 000余众。但盖乌斯提出的法案大多保留了下来。

格拉古兄弟改革，从单纯的土地立法发展为广泛的改革运动，冲击了豪门贵族的统治，促进了罗马社会的发展。

格拉斯 Grass, Günter (1927-10-16～) 德国作家。生于但泽（今波兰格但斯克）。先后当过农业工人、矿工、爵士音乐师、石匠学徒。曾在杜塞尔多夫美术学院和西柏林造型艺术学院学习雕塑和绘画。1983～1986年任柏林艺术学院院长。诗集《风信鸡的长处》（1956）和《三角轨道》（1960）富于激情和联想。《平民试验起义》被称为"纪实戏剧"，表现1953年东柏林工人暴乱事件。长篇小说《铁皮鼓》（1959），通过奥斯卡奇特的经历和纵欲的生活，揭示了法西斯的残暴和腐败不堪的社会风尚。与《猫与鼠》（1961）、《狗们的岁月》（1963）并称为《但泽三部曲》。《比目鱼》（1977）描写渔夫与被他捕获的比目鱼订立条约，共同为男人从妇女的统治下获得解放而斗争。其他主要作品还有《田鼠》（1986）、《一片广阔的田野》（1995）、《蟹行》（2002）等。1999年获诺贝尔文学奖。

格拉斯哥 Glasgow 英国第三大城市，苏格兰经济中心和最大城市。在凯尔特语中意为"绿色峡谷"。位于苏格兰中部低地。

克莱德河横穿格拉斯哥市

面积175平方千米。人口约58.85万（2009）。550年建立主教辖区。12世纪由苏格兰国王特许辟为市场。1450年成为皇家自由市。1603年苏格兰与英格兰合并后，成为重要的外贸口岸。产业革命开始后，工业发展更加迅速，人口猛增，成为世界最大的造船工业中心之一。第二次世界大战中，遭到破坏，后重建。工业以造船、机械、电子、电器、精密仪器为主，其中造船业居全国首位。纺织、食品、卷烟、出版印刷和化学工业等也有相当规模。英国最重要的交通枢纽之一。港区沿河分布，岸线长10千米，吃水8米左右的海轮可直达。有铁路和公路网与国内其他大城市相连。建有两个航空港。著名的教育和文化、艺术中心。有多所高等院校、剧院、美术馆、博物馆、图书馆，以及植物园、动物园等。古迹以圣蒙戈大教堂最负盛名。

格拉斯曼 Grassmann, Hermann Günther (1809-04-15～1877-09-26) 德国数学家、语言学家和社会活动家。生于普鲁士波美拉尼亚省的海港城市施泰丁（今什切青，属波兰），卒于施泰丁。早年曾在柏林大学研习神学、古典语言文学，1830年开始研究数学和物理学。1832年提出一种新的几何理论，从而使J.-L.拉格朗日的《分析力学》（1788）一书的数学论证得到简化，并对P.-S.拉普拉斯的《天体力学》中有关潮汐的部分给以独特的推导。他在数学上的主要著作《线性扩张理论》（第1卷，1844），给出向量外乘法的递推定义，建立了格拉斯曼代数，以及在现代分析和微分几何中占据重要地位的外微分形式的计算。此外，还发展了一种"代数乘法"的运算，从而产生了现在称为多项式环的结构。作为《线性扩张理论》的应用，他于1845年发表了《电动力学的新理论》，1846～1856年发表了一系列文章，把他的理论用来研究代数曲线和代数曲面的生成，1847年他的《几何分析》一书获得莱比锡科学会的大奖，1862年出版了《扩张理论》（全面严格修订本）。1871年被选为格丁根科学院通讯院士。

由于在数学上的成就长期得不到世人的承认，他在19世纪50年代开始研究梵语等多种语言，后来在比较语言学上取得重要成就。他提出的关于送气音的一个规律（1863），被称为格拉斯曼律。他的《吠陀经词典》（1873～1875）代表了他在语言学研究中的高度成就，成为梵语研究的典籍。逝世前一年成为"美国东方学会"会员，蒂宾根大学名誉博士。

他也是一位积极的社会活动家，参加过引起1848年欧洲革命的许多政治事件，创办《德意志国家、教会与民生周报》，不久改为《北德意志日报》，鼓吹在普鲁士领导下统一德国，建立君主立宪制。1849年大革命遭镇压后，他对复辟活动不满而销声论坛。

格拉西莫夫 Gerasimov, Sergei Apollinarievich (1906-05-21～1985-11-28) 苏联电影演员、导演和编剧。生于车里雅宾斯克，卒于莫斯科。1928年毕业于列宁格勒国立戏剧学校，后参加"奇异演员养成所"。自1925年起参加《外套》等影片的演出，后任导演，拍摄了《七勇士》（1936）、《共青城》（1938）、《教师》（1939）、《青年近卫军》（1948）、《静静的顿河》（1957～1958）、《人与兽》（1962）、《记者》（1967）、《湖畔》（1970）、《列夫·托尔斯泰》（1984）等。曾与中国合拍纪录片《解放了的中国》（1950）。1946年起在全苏国立电影学院任教授。有《论电影艺术》、《导演的培养》

等著作。

格拉肖 Glashow, Sheldon Lee (1932-12-05～) 美国物理学家。生于纽约。1954年毕业于康奈尔大学。1959年获哈佛大学博士学位。先后在哥本哈根理论物理研究所、加利福尼亚理工学院、斯坦福大学、加利福尼亚大学伯克利分校、哈佛大学工作和执教，1967年任哈佛大学教授和希金斯讲座教授。20世纪60年代初，发现弱电理论中的$SU(2)\times U(1)$对称群，提出存在粲量子数假说，在规范场理论的基础上讨论过弱相互作用和电磁相互作用统一的问题，预言中性弱流的存在。1972年预言带电的和中性的重轻子。1975年，他又和合作者一起在温伯格-萨拉姆模型、电弱统一理论、量子色动力学的基础上提出了把弱相互作用、电磁相互作用、强相互作用统一起来的大统一理论，还提出了粲模型，预言了粲D介子和粲F介子。由于这些成就他与S.温伯格、萨拉姆共同获得1979年诺贝尔物理学奖。

格拉泽 Glaser, Günther (1912-04-25～2003-07-20) 德国计时学家和物理学家。生于斯图加特。1930～1935年在斯图加特高等工业学院和格丁根大学学习物理学，1936年获博士学位。1953～1963年在施拉姆堡的容汉斯钟表厂任开发部主任。1963～1983年担任斯图加特大学钟表技术和精密机械学院教授，兼该大学钟表和精密仪器研究所所长。1967～1983年任德国钟表学会会长。他还长期担任国际精密计时仪检查协会会长，直到1984年。他以在计时学和钟表技术方面的成就，于1980年获联邦德国政府颁发的一级联邦十字勋章。

格拉泽主要从事改善机械钟表的性能和进行优化设计，研究开发电气钟表、石英电子钟表、无线电钟表和体育钟表等工作。著有《钟表技术百科全书》、《石英钟表技术》和《计时学和钟表技术手册》等。发表过很多论文，内容涉及计时学的各个领域。

格拉祖诺夫 Glazunov, Aleksandr Konstantinovich (1865-08-10～1936-03-21) 俄国作曲家、指挥家。生于圣彼得堡，卒于法国巴黎。14岁时从N.A.里姆斯基-科萨科夫学作曲，1882年创作《第一交响曲》，受到好评。80年代中期起写了大量交响乐、室内乐和舞剧等，并与里姆斯基-科萨科夫一起续完A.P.鲍罗丁的歌剧《伊戈尔王》和《第三交响曲》。1899年任圣彼得堡音乐学院配器班教授，1905年任院长。1928年去维也纳，后定居巴黎。他的3部舞剧中最有名的是《雷蒙达》，8部交响曲中以第五、第八较出名，还有交响诗《斯捷潘·拉辛》、小提琴协奏曲、7首弦乐四重奏、4首康塔塔、20首声乐浪漫曲和若干钢琴曲等。他的音乐语言丰富，不仅以俄罗斯民间音乐为源泉，同时也广泛吸取其他民族的音乐素材，格调高雅，结构严谨，但较拘泥于传统规范。

格莱斯顿 Gladstone, William Ewart (1809-12-29～1898-05-19) 英国自由党领袖、首相(1868～1874，1880～1885，1886，1892～1894)。生于利物浦，卒于哈瓦登。1867年被选为自由党领袖。次年第一次组阁。执政期间，努力推行资产阶级自由主义政策。1880年第二次组阁。1882年拒绝接受女王授予伯爵爵位。1884年进行第三次议会改革。1886年第三次内阁期间，关注爱尔兰问题，主张"绥靖爱尔兰"。提出爱尔兰自治法案，遭到党内以J.张伯伦为首的具有帝国主义倾向的派别反对。继续保守党的对外扩张政策。1880年结束英阿战争，宣布阿富汗为英国保护国。1882年出兵强占埃及。1892年第四次组阁，又提出爱尔兰自治法案，被上院否决。反对大量增加海军经费，遭到阁员们反对。1894年辞职。死后葬于威斯敏斯特教堂墓地。

格兰德河 Grande, Rio 北美洲第四长河。发源于美国科罗拉多州西南部南落基山区的圣胡安山，向南纵贯新墨西哥州，为美国得克萨斯州和墨西哥的界河，注入墨西哥湾。墨西哥称北布拉沃河。全长3 058千米，流域面积87万平方千米。格兰德河及其主要支流佩科斯河（美）、孔乔斯河（墨）等流量均较小，且季节变化大，干流河口处年平均流量仅85米^3/秒。上游依靠雪融水补给，洪水期出现在4～6月；下游夏季多暴雨，洪水期一般在6～10月；干旱季节或遇干旱年份，流量锐减。河道水浅，无航行之利。20世纪20年代以来，美国和墨西哥已在河上兴建一系列大坝、水库等水利工程，主要用于灌溉和控制洪水。1944年，美、墨两国对格兰德河灌溉用水分配问题签有协议。河谷地带农业区主要种植棉花、蔬菜和柑橘类水果。沿河主要城市在美国境内有阿尔伯克基、埃尔伯索、拉雷多、布朗斯维尔等，在墨西哥境内有华雷斯城、新拉雷多、雷诺萨等。

格劳秀斯 Grotius, Hugo (1583-04-10～1645-08-28) 荷兰法学家，古典自然法学派主要代表之一，近代国际法奠基人。生于代尔夫特镇，卒于罗斯托克。1601年在荷兰共和国荷兰省政府任检察长，并积极参与外交活动。1618年因同莫里斯亲王发生冲突被判终身监禁，1621年越狱成功。长期侨居巴黎，从事写作。1625年发表法学巨著《战争与和平法》。对历史、文学、神学及自然科学均有研究。他主张用国际法约束国家间的关系，提出战争有正义与非正义之分。发展了古希腊罗马哲学中的自然法论，认为法律的基础是自然法，法律应当符合理性，不应当由上帝、国王和其他任何人任意改变，提出有限制的伦理主权说。又以自然法理论分析国际现象，提出以尊重人和私人财产的观点来处理战争和战俘问题，除某些原因外，进行战争是有罪的。这些思想体现了当时荷兰新兴资产阶级的利益和要求。

格雷布纳 Graebner, Robert Fritz (1877-03-04～1934-07-13) 德国民族学家。生于柏林，卒于柏林。1895年入柏林大学攻读史学。后改为研究民族学，1901年获博士学位。在柏林人类学、民族学和史前史学会上发表《大洋洲的文化圈和文化层》(1905)一文，首创"文化圈"学说。1907年任科隆民族学博物馆助理。1911年任波恩大学讲师，1921年任教授。1925年任科隆民族学博物馆馆长，1926年兼任科隆大学名誉教授。格雷布纳是西方民族学传播学派的创始人，提出"文化圈"和"传播论"。认为每一种文化现象都是在某个地方一次产生，向四周传播，形成了以当地的文化现象为中心的"文化圈"，而一个文化圈的边缘又与另一个文化圈相交叉；文化现象的传播过程，就是文化历史的基本内容；研究这种传播过程，就叫文化历史方法。因此，该学派又称文化历史学派或文化圈学派。格雷布纳及其学派完全否定各族人民的创造性，否定文化的进步发展，否定历史发展的共同规律，与19世纪进化学派的观点针锋相对。主要著作有《民族学方法论》、《民族学与历史》、《文化历史问题中的图腾崇拜》、《民族学》。

格雷厄姆 Graham, George (1673-07-07～1751-11-16) 英国钟表学家。生于英格兰坎伯兰郡，卒于伦敦。1688年在伦敦当学徒。1695年被接纳为钟匠公会会员，1719～1721年任钟匠公会理事，1722年升任会长。1720年成为皇家学会会员，1722年任学会理事。格雷厄姆于1715年发明摆钟用的直进式擒纵机构（又称格雷厄姆擒纵机构）；1721年发明水银补偿摆，有效地减少温度变化对摆钟走时精度的影响；1725年又改进工字轮擒纵机构，使之能实用于表中。他一生制作近3 000只表和约175座钟，以及多种天文仪器。

格雷戈里夫人 Gregory, Lady Augusta (1852-03-05～1932-05-22) 爱尔兰剧作家。原名伊萨贝拉·奥古斯塔·佩尔斯。生于戈尔韦，卒于库尔。1880年与威廉·格雷戈里爵士结婚，丧夫后从事文学活动。1899年后与W.B.叶芝等人在都柏林创建爱尔兰文学剧院、爱尔兰民族剧团等，共同致力于推进爱尔兰民族戏剧的发展。她创作并翻译了近40部剧本，其中包括反映爱尔兰农民生活的喜剧、爱尔兰传奇和以民间传说为依据的幻想剧。在她的剧作中，幻想与现实交织在一起，人物的性格刻画和对话生动有力。主要剧作有《七个短剧》(1916)、《形象》(1916)、《金苹果》(1916)、《龙》(1920)等。经常上演的作品有《月出》(1907)、《牢门》(1906)等独幕剧。

格里奥特 Griot 黑非洲世代相传的诗人、口头文学家、艺术家和琴师的总称。古代格里奥特一部分进入宫廷，担任相当于国王、诸侯的史官、顾问、传话人的职务。在有文字记载以前，王国的大法、家族的系谱、重要的史实，都依靠他们的记忆和口头传授得以保存。另外一部分为行吟艺人，他们周游四方、传授知识。格里奥特善于把枯燥的历史事实编成趣味盎然的传说，被称为语言大师。在殖民者入侵黑非洲以后曾被贬抑，但当代黑非洲作家认为格里奥特及其流传的口头文学是极为珍贵的文化遗产。长篇史诗《松迪亚塔》(1960)、《阿马杜·库姆巴故事集》(1947) 等优秀作品都是根据格里奥特的口述整理而成。

格里鲍耶陀夫 Griboyedov, Aleksandr Sergeyevich (1795-01-15～1829-02-11) 俄国剧作家。生于莫斯科，卒于伊朗德黑兰。1808～1812年就读于莫斯科大学。曾与十二月党人过从甚密。1825年十二月党人起义失败，受株连被捕，后获释。1829年在任驻波斯大使时被杀害。

格里鲍耶陀夫的戏剧代表作《智慧的痛苦》(1824) 深刻反映了19世纪俄国社会的政治冲突和思想斗争。在塑造具有革命倾向的贵族青年形象恰茨基的同时，也描画了以法穆索夫为首的一群贵族顽固派。同时代的不少俄国人把恰茨基看作是十二月党人的艺术形象。《智慧的痛苦》人物性格鲜明，戏剧台词生动。其他主要作品还有《年轻夫妇》(1814)、《佯装的不忠实》(1814)、《大学生》(1817)。

格里尔帕策 Grillparzer, Franz (1791-01-15～1872-01-21) 奥地利剧作家。生于维也纳，卒于维也纳。1813年毕业于维也纳大学。曾在海关、财政部、宫廷档案馆供职。

1817年以处女作《太祖母》成名。该剧通过一座贵族府邸内的爱情和凶杀事件，表现了贵族阶级的没落。次年悲剧《萨福》在维也纳上演后取得巨大成功，描写希腊女诗人萨福爱上青年法翁，但为了成全法翁与女奴梅丽塔的爱情，自己跳海而死。1820～1831年是其创作旺盛期，写有历史剧《鄂托卡国王的幸福和结局》、《他主人的一名忠仆》(1828)，悲剧《海涛和爱浪》(1831)。其他剧作还有《说谎者该死》、《哈布斯堡兄弟阋墙》(1873)、《托莱多的犹太女郎》(1873) 等。

格里尔逊 Grierson, John (1898-04-26～1972-02-19) 英国电影制片人、导演、理论家，英国纪录片运动创始人。生于苏格兰迪恩斯顿，卒于巴斯。格拉斯哥大学哲学系毕业后，曾在达勒姆大学讲学。1926年为纽约《太阳报》写评论。论述R.弗拉哈迪的影片《摩阿拿》时，首先使用了纪录片这个名词。1929年拍摄了第一部影片《漂网渔船》。1934年导演了《斯凯岛捕鱼堤》。1939年加拿大政府任命他为电影管理专员，协助建立了加拿大全国电影委员会。1941年为加拿大制作的《丘吉尔岛》获奥斯卡金像奖最佳纪录片奖。1945年辞职去美国，成立《世界今日》股份有限公司，1947年联合国教科文组织任命他为群众宣传署署长。1948～1950年任英国中央资料馆影片审计官。著作有《格里尔逊论纪录电影》。

格里菲斯 Griffith, David Wark (1875-01-22～1948-07-23) 美国电影早期最重要的导演之一。生于肯塔基州弗洛伊德斯福克，卒于好莱坞。1908年6月导演第一部影片《陶丽历险记》。自此至1913年9月共执导了450部影片。他在这些影片中创造性地运用了许多电影技巧，如交叉剪辑、平行移动、摄影机运动、特写镜头、改变拍摄角度等，

格里菲斯在《一个国家的诞生》拍摄现场

为电影成为一门艺术作出了贡献。他还最先把摄制组搬到西海岸，促成了好莱坞的形成。1915年他摄制的《一个国家的诞生》，成为电影历史中的经典作品。1916年制作史诗性的影片《党同伐异》，当时未受欢迎，使他经济上终身陷于困境。1919年1月与D.范朋克、M.璧克馥、C.卓别林一道组建联美公司，后来成为美国八大公司之一。20世纪20年代后期，他的影响逐渐减弱，1931年拍摄了最后一部影片《斗争》。1935年，美国电影艺术与科学学院为他颁发特别奖。

格里戈雷斯库 Grigorescu, Nikolae (1838-05-15～1907-07-21) 罗马尼亚画家。生于布加勒斯特近郊，卒于坎皮纳。是一位具有民族、民主特色，并善于吸收西欧绘画经验和技巧的画家。

格里戈雷斯库最初只是画一些木板圣像画谋生。1858～1861年间，为阿加皮亚修道院绘制壁画，技艺有了很大提高。1861年秋天来到巴黎。1861～1877年逐渐形成了自己独立的风格，摆脱学院派的约束，向巴比松画派学习。1867年，参加在巴黎举办的万国博览会。1868年，参加了枫丹白露画派举办的展览会。1870年回国参加罗马尼亚全国第三届美术展览，并获得一等奖。1873年成功地举办了首次个人美展。

1877年发生了俄土战争，罗马尼亚人民为完全摆脱土耳其的控制，进行了民族

《包红头巾的小女孩》

解放战争。格里戈雷斯库回国并走上前线，在前线他画了大量战地速写并创作了一些优秀作品，如《骠骑兵》、《间谍》，以及后来创作的《斯美尔塘的冲锋》(1885)等。他的军事题材画的特点是，歌颂士兵而不是统帅，他认为人民才是战争最大的贡献者。战争胜利后，他回到法国，画了色彩精致、外光丰富的《格尔维尔海边的渔家姑娘》、《维特莱室内》、《管家》等作品。1887年，格里戈雷斯库回国定居，开始了他创作的最后阶段。后期代表作品有《奥雷采车马店》、《林中空地》、《归来的羊群》、《愉快的农家姑娘》、《纺织姑娘》、《大门口的农家姑娘》、《牧童》等。格里戈雷斯库一生留下了2 000多幅作品。

格里戈罗维奇 Grigorovich, Yuri Nikolayevich (1927-01-02～) 苏联芭蕾表演家、编导。生于列宁格勒。早期任舞蹈演员，1957年开始从事编导。他在芭蕾舞剧《宝石花》和《爱情的传说》的创作中运用交响编舞法，是在继承古典芭蕾遗产基础上的创新之作，是苏联芭蕾史上的里程碑。调入莫斯科大剧院后任芭蕾舞团总编导和艺术总监达31年。其间重编或新编了芭蕾舞剧《睡美人》、《胡桃夹子》、《天鹅湖》、《宝石花》、《斯巴达克》、《伊凡雷帝》、《罗密欧与朱丽叶》，其中《斯巴达克》运用交响舞蹈的手法追求音乐与舞蹈的有机结合，揭示了作品的深刻哲理，创造出诗的意境，成为20世纪最重要的芭蕾舞剧经典。

格里格 Grieg, Edvard Hagerup (1843-06-15～1907-09-04) 挪威作曲家。19世纪下半叶挪威民族乐派代表人物。生于卑尔根的商人家庭，卒于卑尔根。6岁随母学钢琴。1858～1862年在莱比锡音乐学院学习。1863～1866年在丹麦首都哥本哈根，与挪威音乐家R.诺拉克等人共创尤特皮音乐社，创作并介绍斯堪的纳维亚国家的民族音乐。1871年创立克里斯蒂安尼亚（今挪威首都奥斯陆）音乐协会，曾任协会爱乐乐团及卑尔根和谐合唱团指挥，并多次到英、法、德、意等国举行作品音乐会。1874年被政府授予终身年俸，1890年被选为法兰西艺术院院士，曾先后获英国剑桥大学和牛津大学授予的音乐名誉博士衔。逝世时，挪威政府为他举行了国葬。

格里格一生经历了挪威民族独立运动高涨的年代，具有进步的民主爱国思想。他努力钻研民间音乐，同时，在创作实践中借鉴欧洲各国音乐传统，创作出具有挪威民族特色和浓厚乡土气息的音乐。他的创作主要是钢琴抒情小品和声乐作品（包括100余首抒情独唱曲）。

在格里格的创作题材中，最突出的是以音乐表现挪威壮丽、俊秀的自然风貌，农村山区的民间生活和童话传说中的奇幻形象。如以民间歌曲、舞曲为素材写的钢琴曲《挪威民间生活素描》(1871)、《挪威农民歌曲》(1903)等，最能代表他这创作特点的是钢琴抒情小品（共66首，编为10集发表）。这些作品通过对民间音调精雕细刻的艺术提炼，借景抒情，把挪威的大自然和民间生活乃至神话世界描绘成一幅幅色彩瑰丽、风格质朴的音乐水彩画。

1874～1875年间，格里格为H.易卜生的幻想诗剧《彼尔·金特》谱写23段音乐，后来选出8首重新配器，分别编为两部管弦乐组曲。《山魔的大厅》、《索尔维格之歌》、《阿拉伯舞曲》、《阿尼特拉舞曲》等，都由于绚丽多彩的配器色调而独具魅力。格里格具有民族特点的作品，还有早期创作的《a小调钢琴协奏曲》，弦乐曲《两首悲调》(《创伤》和《晚春》)、G大调《第二小提琴奏鸣曲》、c小调《第三小提琴奏鸣曲》、《g小调弦乐四重奏》、《e小调钢琴奏鸣曲》。为纪念丹麦民族戏剧的奠基者、戏剧家L.霍尔堡写的《霍尔堡康塔塔》和钢琴组曲《霍尔堡时代》(1884，曾改编为弦乐组曲)，以民歌主题写成的标题幻想性小品（g小调钢琴叙事曲）等，都体现了他在钢琴抒情小品里的思想情趣和清新的格调。

格里格一生的创作实践，为挪威民族音乐的发展作出了很大贡献；对19世纪下半叶欧洲其他民族的一些作曲家也产生过较大的影响。

格里格 Grieg, Nordahl (1902-11-01～1943-12-02) 挪威作家。生于卑尔根，卒于德国柏林。青年时代在奥斯陆和牛津求学，爱好旅行。小说《航船在前进》(1924)描写海员生活。1926～1927年在中国担任战地记者，发表《在中国的日子里》(1927)。回国后写了剧本《巴拉巴斯》(1927)，将中国的革命形势介绍到挪威。小说《世界还年青》(1938)写1932～1934年他在苏联的见闻。剧本《失败》(1937)描写了他参加西班牙内战的经历。诗集《我们心中的挪威》(1929)表达了对祖国炽热的爱。第二次世界大战期间服役于挪威军队，曾驻留英国和冰岛。

格里美豪森 Grimmelshausen, Hans Jakob Christoffel von (1621/1622～1676-08-17) 德国小说家。生于黑森盖尔恩豪森，卒于黑森伦兴村。当过马童、龙骑兵、步兵、军队文书、管家、村长。长篇流浪汉小说《痴儿历险记》(6卷，1669)通过“痴儿”的眼光来揭露士兵的暴行，反映人民向往美好生活和理想社会的愿望，主张由一位英雄来彻底改造德国，描绘了一幅乌托邦式的强大而统一的德国图景。其他主要作品还有《女骗子和流浪者大胆妈妈》(1670)、《神奇的鸟窝》(2卷，1672～1675)等。

格利雅 Grignard, François-Auguste-Victor (1871-05-06～1935-12-13) 法国有机化学家。生于瑟堡，卒于里昂。1893年入里昂大学学习数学，毕业后改学有机化学，1901年获博士学位。1905年任贝桑松大学讲师。1909年任南锡大学讲师，1910年任教授。1919年起，任里昂大学终身教授。1926年当选为法国科学院院士。他还是许多国家的科学院名誉院士和化学会名誉会员。1901年发现烷基卤化物易溶于醚类溶剂，与镁反应生成烷基氯化镁（即格利雅试剂），后在有机合成中有广泛用途。他研究过羰基缩合反应和烃类的裂化、加氢、脱氢等反应；还研究过光气和芥子气等毒气。因发现格利雅试剂而与P.萨巴蒂埃共获1912年诺贝尔化学奖。著有《有机化学专论》。

格利雅试剂 Grignard reagent 有机镁卤化物，通式RMgX(R为烃基；Mg为镁；X

为卤素，通常为氯、溴或碘）。1901年由F.-A.-V.格利雅首次用卤代烃与镁在醚类溶剂中反应制得。简称格氏试剂。格利雅试剂的确切组成还不能完全肯定，但分子中肯定有醚的配位。在乙醚中，氯化镁可与R_2Mg配位得到醚合的RMgX。格利雅试剂溶液中呈一种平衡状态，称为许伦克平衡：

$$2RMgX \rightleftharpoons R_2Mg + MgX_2$$

将卤代烃（常用氯代烷或溴代烷）乙醚溶液缓缓加入被乙醚浸泡着的镁屑中，加料速度应能维持乙醚微沸，直至镁屑消失，即得格利雅试剂。格利雅试剂易与空气或水反应，故制得后应就近在容器中反应。以烯基或芳基的卤代物出发制备相应的格氏试剂时，一般用四氢呋喃作溶剂。

格利雅试剂具有显著的化学活性，化学性能与碳负离子相似，广泛用于有机合成中。与格利雅试剂发生的反应称格利雅反应。如格利雅试剂与醛、酮的加成反应可生成醇，从而由RMgX可以制取RH、RCOOH、RCHO、RCH_2OH、ROH、RR′ CHOH、R_2R' COH、RR′ CO和R_nM等化合物（R、R′为烃基，n为金属的化合价，M为其他金属）。在合适的情况下，RMgX还能与α、β-不饱和羰基化合物发生共轭的加成反应。

《格列佛游记》 *Gulliver's Travels* 英国作家J.斯威夫特的寓言小说。1726年出版。主人公格列佛是英国医生，在海船上服务，小说自述他几次航海遇险的经历。第一次是遇风暴沉船，他被海浪带到小人国。这些人极矮小，只有格列佛的1/12高。格列佛逐渐学会了小人国的语言，利用自己“高瞻远瞩”的优势，发现他们之间的怨恨和争端实在是无谓的偏见。第二次是在去印度的路上成为巨人国的俘虏。当地人的身高是他的12倍，格列佛得以从细微之处观察，发现许多美妙的东西，一经放大，就显得丑陋粗俗。格列佛最后一次奇遇是在马国。这里的马善良、理智而有信用，是国家的主人。人类在这里是马的奴隶，因为他们贪婪无耻，凶残不仁。作者借此表明如果贪欲战胜理智，人类就可能堕落成人形动物。作品是对18世纪欧洲文明的讽刺。

《格列佛游记》插图（1870年版，托马斯·莫顿作）

格列高利七世 Gregory Ⅶ（约1020～1085-05-25） 罗马教皇（1073～1085）。意大利人。原名希尔德布兰德。生于格罗塞托省，卒于萨莱诺城。青年时留学法国和德意志，后入修道院成为修士。曾在格列高利六世的手下任职。领导克吕尼运动。1054年被任命为副补祭，成为左右新教皇人选的关键人物。1073年4月22日当选为教皇，称格列高利七世。1076年2月在罗马公教会议上宣布革除亨利四世教籍，废黜其帝位，迫使亨利四世于1077年冬季亲往教皇居地卡诺莎堡请罪，教皇声威大震。亨利四世的地位稳定后，于1084年3月21日举兵攻占罗马，另立教皇克雷芒三世。格列高利七世逃到南方的萨莱诺城。1606年被追谥为圣徒。

格列高利一世 Gregory Ⅰ（约540～604-03-12） 罗马教皇（590～604）。生于罗马，卒于罗马。曾当过隐修士、隐修院院长。590年被选为教皇，595年又兼任罗马行政长官，对罗马、意大利中部、西西里、撒丁尼亚和科西嘉进行政教合一的统治。格列高利一世自称天主的众仆之仆，提高罗马教皇的地位而削弱东罗马君士坦丁堡大主教的地位及职权。广建修道院，强调教规，一方面坚持修士要苦修服从，另一方面又允许修士从事经济活动，扩大教会的资产。其神学思想主要遵循奥古斯丁的学说，但较少强调预定论。著有《伦理丛谈》、《司牧训话》等。后世尊其为大格列高利。

格列柯 Greco, El（1541～1614-04-07） 西班牙画家。生于希腊克里特岛的伊拉克利翁，卒于托莱多。原名D.特奥托科波洛斯，由于出生在希腊，后被称为格列柯，意即希腊人。1560年到威尼斯进入提香的画室。1570年到罗马，醉心于拉斐尔与米开朗琪罗的艺术。也受到样式主义的影响，创作中常见有变形与激情。这一时期的作品主要有《圣母升天》（1577）、《受胎告知》（1575～1576）等。1577年春到西班牙，在故都托莱多的主要作品有《莫里斯的殉教》（1580～1582）和《奥尔加斯伯爵的葬礼》（1586～1588）。90年代画了一系列优美的圣母和圣母子像，其中最典型的是《圣家族》（1590～1595）。1600年以后，他的心情更加激动不安，性格变得古怪，反映到作品中，画面上的人物和自然风景物常常处在扭曲、拉长、变形状态之中，充满了忧郁与悲怆的气息。代表作品有《拉奥孔》（约1610～1614）、《揭开第五印》（1610～1614）、《托莱多风景》（约1610～1614）及一组使徒像。

《托莱多风景》

格列柯一生也画了不少肖像画，深入表现人物丰富而复杂的内心活动，如《红衣主教唐费尔南多·尼尼奥·德格瓦拉》（1598～1600）等。20世纪初，他的艺术重新被认识，作品中所具有的现代性备受欣赏和注目。

格林 Grin, Aleksandr Stepanovich（1880-08-23～1932-07-08） 苏联作家。原姓格里涅夫斯基。生于维亚特卡斯洛博茨，卒于克里米亚旧克里木。曾在俄罗斯各地漂泊，当过水手、渔民、采金者和士兵。1903～1910年因参加社会革命党的活动，多次被捕、流放。中篇小说《红帆》（1921）是他的成名作，其主旨是相信人，坚信世界上一切美好事物都取决于人的坚强意志。长篇小说《踏浪女人》（1928）是其代表作，主人公是一个幻想中的美女，在海上踏浪而来、踏浪而去，拯救海上的遇难者。格林是一位风格独特的浪漫主义作家，富于幻想，善于虚构奇异的情节，营造一个理想的世界。其他主要作品还有短篇小说集《隐身帽》（1908），中篇小说《沙漠的心脏》（1923），长篇小说《孤女奇遇》（1923）、《穷途末路》（1930）等。1980年，联合国教科文组织将其列为世界文化名人之一。

格林 Greene, Graham（1904-10-02～1991-04-03） 英国小说家。生于伯肯斯特德，卒于沃韦。1925年毕业于牛津大学。曾任记者、报刊编辑等。

小说《内心人》（1929）写一个私枭头子的儿子出于自卑心理而出卖了同伙，受到余党的追捕。书名象征主人公自我折磨的灵魂。《斯坦布尔列车》（1932）、《一支出卖的枪》（1936）和《密使》（1939），虽为消遣作品，但深入描写了人物的思想感情和真实的国际背景，对社会矛盾有所揭露。宗教小说《布赖顿硬糖》（1938）、《权力与荣耀》(1940)、《问题的核心》(1948)、《爱情的结局》(1950)从宗教观点探讨爱情、怜悯和责任感在当前这个堕落的世界上的价值。其他主要作品还有长篇小说《沉静的美国人》(1955)、《随姨母旅行》(1969)，短篇小说集《二十一个故事》(1954)、《我们可以借你的丈夫吗？》(1967)，自传《一种生活》(1958)，剧本《起居间》(1953)等。格林的作品总是表现人世的卑劣和丑恶。作品中的主人公总是弱小者和失败者。他善于安排情节，并运用惊险小说的手法，紧紧抓住读者。

格林 Green, Thomas Hill (1836-04-07～1882-03-26) 英国哲学家，教育家，政治理论家。新黑格尔主义者，又被认为是新康德主义者。生于约克郡，卒于牛津。早年就学于牛津巴利奥尔学院，1866年起任该学院第一个非教士的导师，1878年任牛津大学怀特讲座道德哲学教授。格林批评英国的经验论传统，认为自然界决不是不相关联的各种印象，而是处于关系之中的事物。在他看来，关系不是在意识之外的、现成的东西，而是意识的产物，意识之外的东西不能自相关联，因而也是不真实的。著有《休谟哲学导论》、《政治义务原理讲演录》等书。

格林卡 Glinka, Mikhail Ivanovich (1804-06-01～1857-02-15) 俄国作曲家，俄罗斯民族乐派奠基人。生于斯摩棱斯克省叶尔尼茨基县新斯帕斯科耶村，卒于柏林。1814～1815年跟家庭教师学钢琴，跟伯父家的农奴乐师学小提琴。1818～1822年就读于圣彼得堡中央师范学校附属贵族寄宿学校，同时跟J.菲尔德、C.迈尔等人学钢琴和音乐理论。20年代中期开始作曲。1830～1833年游历意大利并悉心研究了意大利的歌剧。1833～1834年游历维也纳和柏林，曾在柏林从著名音乐理论家S.德恩学习。1834年归国后，进入创作盛期。1834～1836年完成歌剧《伊万·苏萨宁》。1837～1839年任圣彼得堡宫廷唱诗班乐长。1837～1842年完成歌剧《鲁斯兰与柳德米拉》。1844～1845年出访巴黎。1845～1847年游历西班牙。1848年经华沙回国，主要致力于管弦乐曲的写作。以后创作渐少，在友人鼓励下写了记述自己音乐生涯的《札记》。1856年再次到柏林，深入研究复调音乐。

在格林卡的创作遗产中，占有中心地位的是两部歌剧。《伊万·苏萨宁》是具有高度艺术水平并享有国际声誉的第一部俄罗斯歌剧。初演时原名《为沙皇献身》，有明显的忠君色彩。1939年，苏联诗人戈罗杰茨基改写了剧本，使这部歌剧成为“民族英雄悲剧”。《鲁斯兰与柳德米拉》是一部浪漫主义的神话歌剧，歌颂了忠贞不渝的爱情和不畏艰险的勇敢精神。这两部歌剧开俄罗斯歌剧的两个分支——人民历史剧和神话史诗剧之先河。

格林卡用两首俄罗斯民歌写作的幻想曲《卡玛林斯卡雅》(1848)是一幅生动的民间生活风俗画。这首精致的管弦乐小品运用了民间音乐的素材和出色的对比与变奏手法，被誉为俄罗斯交响音乐赖以生发的“种子”。管弦乐曲《阿拉贡的霍塔》(1845)、《马德里之夜》(1848)，是格林卡在实地搜集和研究西班牙民间音乐的基础上写成的。它们是欧洲专业作曲家广泛地以西班牙主题写作音乐作品的先声，也为后来俄罗斯作曲家以异国主题写作效果华丽的精巧性管弦乐作品提供了范例。在俄罗斯的浪漫曲领域，格林卡也是一个标志性的人物。他创作了近80首浪漫曲，其中有不少抒情细腻的优美篇章，如《血液里燃烧着希望之火》、《北方的星》、《云雀》等。

格林纳达 Grenada 加勒比海岛国。位于小安的列斯群岛中向风群岛南端。面积344平方千米。人口9万(2009)。黑人约占82%，混血种人占13%，其他占5%。英语为官方语言和通用语。居民多信奉天主教。首都圣乔治。

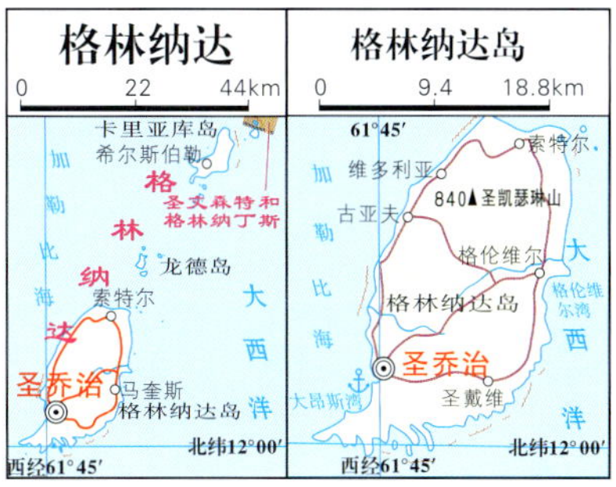

由主岛格林纳达及格林纳丁斯群岛南半部组成。境内多山，圣凯瑟琳山海拔840米，为全国最高点；地势由中央向四周降低。岛上多深谷、河流、瀑布和火山口湖。属热带海洋性气候。年平均气温26℃。

原为印第安人居住地。1498年C.哥伦布抵达这里。后英、法殖民者反复争夺，1783年《凡尔赛条约》正式确认为英国所有。1958年加入西印度联邦。1967年3月实行内部自治。1974年2月7日宣告独立，为英联邦成员国。

英王是国家元首，任命总督为代表。议会分参、众两院，众议员由普选产生。众院多数党领袖由总督任命为总理，组成政府内阁。主要政党有新民族党和民族民主大会党、格林纳达统一工党。

属中低等收入的国家。2009年国内生产总值为6.91亿美元。农业和旅游业是主要经济部门。主要农产品有香蕉、可可、肉豆蔻。有“香料之国”的美誉，曾是世界上仅次于印度尼西亚的第二大肉豆蔻生产国，但2004年“伊万”飓风使90%的肉豆蔻树被毁。近年旅游业在遭受飓风后得以恢复。游客大部分来自美国、欧洲和加拿大。工业不发达，朗姆酒是唯一重要的工业出口品，同时也出口饮料、涂料和油漆等。货币名称东加勒比元，使用固定汇率。主要出口肉豆蔻、香蕉、可可等，主要进口食品、机械、交通设备和原料等。多年来外贸均有巨额逆差。主要贸易对象为英国、美国、特立尼达和多巴哥等。

国家对5～16岁儿童实行免费义务教育。西印度大学在圣乔治设有分部。

同美国保持着密切的政治和经济关系，是东加勒比地区接受美国援助最多的国家。1985年10月1日与中国建交。1989年8月7日，因同台湾当局建立所谓的外交关系，中国宣布中断与其外交关系。自2005年1月20日起两国恢复外交关系。

格林尼治 Greenwich 英国大伦敦的一个区。位于伦敦东南、泰晤士河南岸。又译格林威治。人口22.61万(2009)。建于1675年的英国皇家天文台曾设于此。1884年国际经度会议决定以经过格林尼治的经线为本初子午线，作为全世界计算地理经度的起始点，也是世界时区的起始点。1957年天文台迁往东南沿海的赫斯特蒙苏，原址已改为皇家海军学院和国家航海博物馆，但仍设有刻着格林尼治零度子午线的铜碑。

格林尼治皇家天文台 Royal Greenwich Observatory 英国历史最悠久的国家天文台。由英王查理二世下令并拨款修建，英国天文学家J.弗拉姆斯蒂德于1675年建成。台址选在伦敦东南郊的格林尼治皇家花园。建台的初衷在于解决海上测定经度的问题。建台后主要业务在于时间工作、恒星方位、航海天文、天文历书等方面。1767年，该台开始出版以格林尼治时间为准的《航海天文年历》。1884年，世界上统一将通过该台的格林尼治子午线作为本初子午线，并作为世界时区的计算起点。1957年，该台迁至苏塞克斯郡的赫斯特蒙苏，但仍沿用格林尼治皇家天文台这一名称。留在原址的老天文台以及一些古仪器，现已成为英国国家航海博物馆的一部分。

格林尼治皇家天文台全景

格林斯潘 Greenspan, Alan (1926-03-06～) 美国联邦储备委员会主席。生于纽约曼哈顿。1977年获纽约大学经济学博士学位。1954～1974年和1977～1987年先后任纽约市工业咨询公司（汤森-格林斯潘公司）董事长兼总裁。1970～1971年任财经结构与规则委员会委员，1970～1974年任总统经济顾问委员会顾问，1971～1974年任财政部顾问并兼任联邦储备委员会顾问，1971～1972年任商务部经济顾问委员会顾问，1974～1977年任该委员会主席。1977年后任国会预算局顾问以及通用电缆、摩根、通用食品、莫森信托和飞马等公司的董事。1981年任总统经济顾问委员会成员。1981～1983年任全国社会保险改革委员会主席。1982年任总统国外情报顾问委员会成员。1983年，被美国总统R.W.里根任命为社会安全改革委员会主席。1987年8月起，先后有四任美国总统连续任命格林斯潘担任美联储主席职。

作为美国的中央银行行长，格林斯潘成功地处理了通货膨胀和经济衰退等问题，领导美国和全球的金融体系经过了多个难关。格林斯潘认为任何经济政策的核心只有一个，那就是控制通货膨胀，以获得最大程度的可持续增长。自格林斯潘1987年出任美联储主席至2006年1月31日卸任，美国维持了持续的高增长、低通胀、低失业率的经济状况，对美国经济乃至全球经济产生了深远的影响。

格林兄弟 Grimm brothers 德国语言学者、民间文学研究者。雅科布·格林（Jacob Grimm，1785-01-04～1863-09-20）和威廉·格林（Wilhelm Grimm，1786-02-24～1859-12-06），二人系同胞兄弟，均生于哈瑙，卒于柏林。1802年，二人在马尔堡大学学习法律。均曾在图书馆工作，后均任格丁根大学教授。1837年，格林兄弟等七位教授抗议汉诺威公爵破坏宪法，被称为“格丁根七君子”，二人被免去教授职务。雅科布后任柏林大学教授。他们认为各种形式的民间叙事文学蕴涵并传达了真正的“民族精神”，因而毕生搜集散落在民间的童话、传说，以免被历史湮没。编成的《儿童与家庭童话集》（1812～1815），已成为全世界儿童共同的精神财富。其中《灰姑娘》、《白雪公主》、《小红帽》等名篇更是家喻户晓。1857年出最后一版，全集共有216篇故事。1816～1818年出版两卷《德国传说》，共585篇。他们编纂的《德语词典》（未完成）、《德语语法》（1819～1837）、《德国语言史》（1848）等作品为日耳曼语言学奠定了基础。

格陵兰 Greenland; Grønland 世界最大的岛屿，丹麦属地。位于北美洲东北部，北冰洋与大西洋之间。海岸曲折，多深邃的峡湾。海岸线总长4.4万千米。面积217.6万平方千米。人口5.65万（2009），多数为格陵兰人，丹麦等北欧国家移民约占12%。通用格陵兰语和丹麦语。居民多信奉基督教路德宗。首府努克。

格陵兰系大陆岛，其构造基础是北美大陆加拿大地盾的延伸。全岛地形表现为从四周向中部低倾的高原。贡比约恩山海拔3 700米，为全岛最高峰。全岛85%的地面为巨厚的冰层覆盖，平均厚度约1 500米，中部最厚处3 200多米，仅次于南极洲的现代大陆冰川。冰原上点缀着少数突兀的山峰，形成冰原“岛峰”景象。

全岛4/5的面积在北极圈内，属极地冰原气候。年平均气温在0℃以下，绝对最低气温－70℃；平均年降水量约300毫米，全部为雪和冰霰，多凛冽的风暴和雪暴。北纬70°以南的西南岸和南端沿岸地区，因受西格陵兰暖流影响，气旋活跃，属极地苔原气候。1月平均气温－7.4℃，7月6.5℃，年降水量752毫米。受东格陵兰寒流影响的东岸，气温和降水显著低于西南岸和南岸。格陵兰岛出现极地特有的极昼和极夜现象，北部每年有连续5个月白昼和5个月黑夜。

有矮小丛生的桦、柳、赤杨、桤、桧、花楸等林木和鲜绿的草甸。哺乳动物约30种，沿岸地带主要有麝牛、驯鹿、旅鼠、北极熊和北极狐，近海水域有鲸、海豹、海象等。鱼类以鳕鱼、鲽鲑、大比目鱼、毛鳞鱼、鲨鱼和小虾为主。170种鸟类中，分布最广的是绵凫、雪鸥、渡鸟、格陵兰隼等。

公元前3000年，因纽特人首先到达该岛。10世纪挪威和丹麦航海家来此探险。985年挪威人开始建立定居点。1261年成为挪威殖民地。1380年丹麦征服挪威，格陵兰转由丹麦管辖。1894年丹麦在岛的东南岸首建殖民点。丹、挪两国长期为该岛的归属问题争执。1933年海牙国际法庭将该岛判归丹麦。1953年丹麦议会修改宪法，规定格陵兰为丹麦的一个州。1973年随丹麦一起加入欧共体。1979年5月1日起正式实行内部自治。1985年退出欧共体。全岛分为东格陵兰、西格陵兰和北格陵兰3个行政区。设有自治议会和自治政府。格陵兰在丹麦议会中有2个议席，有自己的旗帜和邮票。丹麦中央政府负责格陵兰防务、外交、司法和货币，并派驻高级专员（相当于总督）负责联络、协调和民法领域工作。其他事务均由自治政府负责。主要政党有前进党、团结党、工人党、民主党。

格陵兰人的爱斯基摩犬雪橇

经济以捕鱼业和渔产品加工业为主。约有1/4人口仍以传统的狩猎业为生，主要猎取海豹。有少量畜牧业和农业。蕴藏金、铅、锌、铬、煤、钨、钼、铁、镍、铀、石油等矿。曾是世界最大的冰晶石产地，经近百年开采，已于1963年采尽停产；其他采矿活动也受开采成本高和运输困难的限制，自1987年以来已停止。丹麦政府每年向格陵兰自治政府提供财经援助。2007年国内生产总值19.78亿美元。货币为丹麦克朗。主要贸易伙伴为丹麦、瑞典、挪威、日本等，出口渔猎产品，进口各种生产、生活资料。格陵兰的地理位置对于横越北极的空中交通有重要意义，为北极地区战略要地。美国在西北部的图勒设有空军基地、雷达站和预警系统。

实行9年制免费义务教育。主要报刊有《格陵兰邮报》、《前进报》和《团结报》。

格陵兰海 Greenland Sea 北冰洋边缘海。位于格陵兰岛与斯瓦尔巴群岛之间，以冰岛—扬马延岛—熊岛一线与其东南的挪威海分界。按北冰洋的地理分区，属北欧海域。面积120.5万平方千米。平均水深1 444米，最深处5 527米。海域在北极圈内，气候严寒，多雾。表层海水温度冬季多在0℃以下，夏季南部海域可到6℃。盐度30～33。来自北冰洋的东格陵兰寒流沿格陵兰岛东岸南下，挟带大量冰山和浮冰，不利航运。鱼类资源有鳕鱼、鲱鱼、鲑鱼、大比目鱼等。哺乳动物有海豹、鲸、海豚等。

格鲁贝尔 Gruber, Otto von（1884-08-09～1942-05-03） 德国测量学家。生于萨尔茨堡，卒于耶拿。毕业于慕尼黑工科大学机械工程系。1911年在慕尼黑工科大学讲授摄影测量学和高等测量学。1926年在斯图加特大学获得教授学衔。以后在德国蔡司工厂担任摄影测量和测量仪器分部的负责人，直到逝世。格鲁贝尔对航空摄影测量的前期发展作出重要贡献。最早提出在立体测图仪上进行相对定向和绝对定向的理论，还创立利用立体测图仪进行单航线的空中三角测量，使当时的摄影测量工作从依据像点坐标进行费时的计算进入光学机械解法的新阶段。他设计和完善了不少测量和摄影测量的仪器，如断面仪、自动调焦纠正仪和辐射三角仪等；对改进立体测图仪的结构设计也起过较大作用。编辑出版的《摄影测量学教程》（1930），成为摄影测量学的经典著作。

格鲁吉亚 Georgia; Sakartvelos 亚洲西部国家。位于外高加索中西部，北接俄罗斯，东南和南部分别与阿塞拜疆和亚美尼亚为邻，西南与土耳其接壤，西临黑海。面积6.97万平方千米。人口438.54万（2009）。居民中83.8%是格鲁吉亚族，其他主要民族有亚美尼亚族、俄罗斯族、阿塞拜疆族等。格鲁吉亚语为官方语言，通用俄语。居民多数信奉东正教，少数信奉伊斯兰教。首都第比利斯。

地理 境内大部地区为山地。北部是大高加索山脉，有许多海拔4 000米以上的高峰，南部的小高加索山脉最高海拔3 300多米。中部为科尔希达低地。主要河流是库拉河和里奥尼河。湖泊以帕拉瓦尼湖和里察湖较大。属亚热带气候，东部干燥，西部湿润，部分地区属高山气候。1月的平均气温3～7℃，8月23～26℃。年降水量400～2 000毫米。自然资源较贫乏，有煤、石油、锰、铜等，锰矿石储量丰富且质地优良。森林占国土面积的40%以上。

历史 公元前6世纪，境内已出现科尔希达王国。公元4～6世纪建立封建国家。6～10世纪基本形成格鲁吉亚民族，并于8～9世纪建立阿布哈兹王国。13～14世纪遭蒙古鞑靼人入侵。15世纪至17世纪初，格鲁吉亚境内分裂为众多的王国和公国。1801年、1803～1846年，东格鲁吉亚各公国先后并入沙皇俄国。1921年成立格鲁吉亚苏维埃社会主义共和国。1922年加入外高加索苏维埃社会主义联邦共和国。1936年加入苏联。1991年4月9日正式宣布独立。1993年10月22日加入独联体。1995年8月通过新宪法，国名定为格鲁吉亚。

政治 独立后实行立法、司法、行政三权分立的总统制。总统是国家元首兼武装力量最高统帅，有权任命总理、国防、内务、安全等重要部长。任期5年。议会是最高权力机关和最高立法机关，一院制，任期5年。司法独立，设宪法法院、最高法院、总检察院、监督院。主要政党有“统一民族运动”党、新右翼、工业拯救格鲁吉亚联盟、工党、“公正”党、共和党等。

经济 致力于建立自由市场经济，并在国际组织的指导和援助下进行经济改革。2009年国内生产总值约107.38亿美元。格

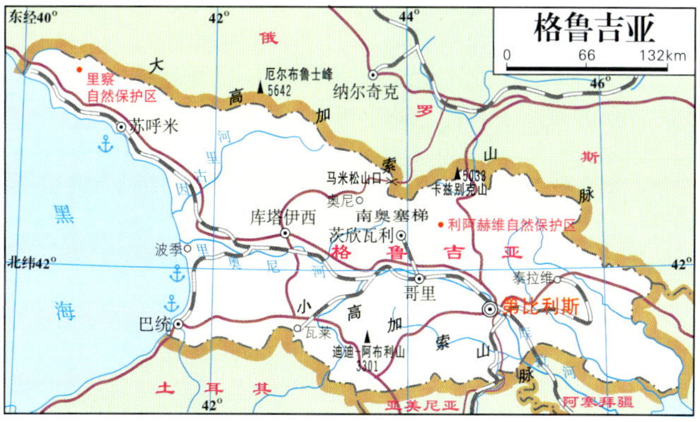

格鲁吉亚的中世纪城堡

鲁吉亚是外高加索经济发展水平较高的工农业并重地区。工业为资源型。以采矿、电力、冶金、化工、机械制造、食品为主要部门。格鲁吉亚缺乏农田，耕作困难，农业主要为亚热带作物种植业、畜牧业。主产茶叶、烟草、柑橘、葡萄等。相应的烟草加工、葡萄酒酿造等农产品加工部门亦很发达。交通以铁路、公路为主。海运和空运具有一定规模，主要海港为巴统、波季。国际机场在第比利斯。建有巴库—巴统输油管。

2009年外贸总额55.13亿美元，其中出口11.35亿美元，进口43.78亿美元。主要贸易对象国为乌克兰、哈萨克斯坦、白俄罗斯等国。

文化 有第比利斯大学、第比利斯国立工业大学和第比利斯国立医学院等高等院校。主要报刊有《格鲁吉亚共和国报》、《自由格鲁吉亚报》、《格鲁吉亚时报》等。

对外关系 主张在平等互利、尊重主权、独立和领土完整等原则基础上积极发展对外关系。奉行均衡外交战略，密切与美国关系，同时调整与俄罗斯关系。积极谋求与欧洲一体化，积极谋取经济援助。重视与独联体国家和邻国发展友好合作关系，并积极参与国际合作。1996年加入欧盟，2000年加入世界贸易组织。2009年8月宣布退出独联体。已与123个国家（2009）建立外交关系。1992年6月9日与中国建交。

格鲁吉亚人 Georgians 高加索西北地区的民族。自称卡特维尔人，曾译乔治亚人。约397万人（2001）。96%分布在格鲁吉亚共和国，少数分布在阿塞拜疆和亚美尼亚等地。属欧罗巴人种高加索类型。使用格鲁吉亚语。5～12世纪曾创制古文字，现有经改进的新格鲁吉亚文。多信东正教，部分信伊斯兰教，多属逊尼派，少数属什叶派。其祖先自古就居住在南高加索山区，公元前后由卡尔特人、斯万人和麦格列尔人3个近亲集团结合形成格鲁吉亚部落。后逐渐形成在文化、生活、语言等方面各具特点的地方性团体：基齐克人、图申人、斯万人、麦格列尔人、拉兹人、阿扎尔人、古里人等。自古从事农业，种植小麦、大麦、稻谷、甜菜、烟叶等；园艺业以栽培葡萄、柑橘、茶叶为主。十月革命后，采矿、黑色冶金、机器制

格鲁吉亚少女

造等工业得到发展。擅长金属冶炼和制革等手工业，铜铁浇铸和金银首饰制品尤为精致。男子传统服装是敞襟长上衣、大裤裆灯笼裤、长筒皮靴、毡帽或毛皮帽；妇女喜穿宽大的长连衣裙、绣花衬衫，系宽腰带，戴三角巾，外罩绣花帽圈，穿皮靴。

格鲁吉亚语 Georgian language 格鲁吉亚的官方语言。属高加索语系南部语族。主要通行于格鲁吉亚，也通行于阿塞拜疆部分地区，以及土耳其的东北部和伊朗伊斯法罕省一些地区。主要有卡尔特里方言和卡赫齐亚方言。以这两种方言为基础，19世纪中叶形成标准语言。格鲁吉亚语有5个基本元音，28个辅音。塞音和塞擦音按发音方式可分为3种：浊音、清送气音和清喉化音，这是高加索诸语言的共同特点。词类与印欧语言大体相同；没有冠词。名词有6个格。没有性的范畴。修饰性形容词习惯置于名词之前，与名词的格一致，但在数上不要求一致。动词必须根据动作的主体和客体的人称和数来变化。动词时态有现在、不定过去和完成3个系统。格鲁吉亚语是高加索诸语言中唯一创制有自己文字的语言，其文字形成于5世纪，最初采用一种称为“胡楚里文”的表音文字，11世纪时改用俗体字，沿用至今。格鲁吉亚语受希腊语、土耳其语、亚美尼亚语、波斯语和俄语的影响较大。语序较自由。

格鲁克 Gluck, Christoph Willibald（1714-07-02～1787-11-15） 德国作曲家。生于埃雷斯巴赫，卒于维也纳。1726～1732年在科莫陶（现属捷克）教会学校学习。1732年入布拉格大学学哲学，同时学习大提琴。1737～1741年在米兰从G.B.萨马蒂尼进修作曲。第一部歌剧《阿塔赛尔斯》1741年上演。1745年赴伦敦，次年演出所作的歌剧并与G.F.亨德尔相会。后任明戈蒂巡回歌剧团指挥。1750年定居维也纳，任宫廷歌剧院指挥。在维也纳时受到法国喜歌剧影响，作有歌唱剧与舞剧，后者以1761年所作《唐璜》为其代表作。同年遇歌剧剧本作家R.de卡尔扎比吉，共同进行歌剧革新的尝试。第一部代表作《奥菲欧与尤丽狄茜》于1762年首演于维也纳。此后陆续作《阿尔克提斯》、《帕里斯和海伦》等歌剧。1773年赴巴黎，在巴黎首次演出新歌剧《伊菲格涅亚在奥利斯》，获得决定性的成功。此后陆续上演《奥菲欧与尤丽狄茜》、《阿尔米达》、《伊菲格涅亚在陶里斯》等，引起巨大轰动。其间保守派推崇意大利作曲家N.皮钦尼及其歌剧，与格鲁克改革的歌剧相对抗，从而引起歌剧发展史上有名的“格鲁克派与皮钦尼派之争”。结果格鲁克派获胜。1779年重返维也纳，健康状况日差，8年后逝世。

格鲁克的创作领域是戏剧音乐。一生共写有40余部歌剧和5部舞剧。最大的艺术功绩是歌剧改革。格鲁克强调自然与真实，追求戏剧性的表现，强调人物性格、情感和环境的刻画，反对重乐轻词的倾向。他提高歌唱曲调的表现力以及合唱在戏剧进程中的作用，并以配伴奏的朗诵调代替“干朗诵调”。格鲁克强调歌剧创作的整体构思，这和他追求音乐与戏剧的高度结合有关。格鲁克这种向音乐戏剧方向进行的歌剧改革，是西方歌剧发展史上重大的里程碑。因此，格鲁克的歌剧改革为歌剧艺术摆脱封建桎梏，为此后歌剧的蓬勃发展，作出了巨大的历史贡献。

格鲁派 Dge-lugs-pa 中国藏传佛教宗派。格鲁，藏语意即善律，因格鲁派强调严守戒律，故名。因创教人宗喀巴原为噶当派僧人又被称为新噶当派。

宗喀巴曾师从14世纪西藏各大教派如萨迦、噶举等，他针对当时藏传佛教僧纪废弛、寺院生活腐化的状况，倡导宗教改革，提出僧人严格持戒、不事农作、独身不娶，并加强僧院制度管理。所著《菩提道次第广论》、《密宗道次第广论》与阿底峡《菩提道灯论》在旨趣上一脉相承。1409年，宗喀巴在帕竹地方政权支持下，在拉萨发起大祈愿法会，显示其权威地位。同年建甘丹寺为主寺，故格鲁派亦称甘丹派。以后，格鲁派又建哲蚌寺、色拉寺、扎什伦布寺等诸大寺，势力日渐扩张。16世纪中叶，格鲁派开始采用活佛转世制度。至清

代，格鲁派的达赖与班禅两转世系统均由清廷扶持确认，格鲁派成为西藏地方政权的执政教派。格鲁派除藏区四大寺外，尚有青海的塔尔寺、甘肃的拉卜楞寺及今蒙古国的额尔德尼召等教派中心。格鲁派奉龙树《中论》，持缘起性空之见，谓诸法待缘而起，毕竟空无自性。修持上主教行并重，不废戒律，兼重止观。教法包容显密二宗，强调先显后密，循序渐进。历史上格鲁派在藏族、蒙古族居住区流传甚广，影响很大。

格吕菲乌斯 Gryphiüs, Andreas (1616-10-02～1664-07-16) 德国诗人、戏剧家。原姓格莱夫。生于格洛高（现在波兰境内），卒于格洛高。1650年任格洛高议会法学参议。写有十四行诗、颂歌、格言诗等，大部分收在《星期日和星期五十四行诗集》(1639)和《德国韵体诗集》(1650)中，充满人道主义和爱国主义思想。还创作有《列奥·阿美尼乌斯》(1646)、《卡塔丽娜·封·格奥吉恩》(1646)、《卡罗鲁斯·斯图阿尔杜斯》(1649)、《卡德尼奥和塞林德》(1649)、《帕皮尼阿努斯》(1659)5部悲剧。严格遵守三一律。另有《彼得·斯库恩茨》(1657)、《霍里比利克里布里法克斯》(1663)和《可爱的玫瑰》(1661)3部喜剧。他的作品对后世影响很大。

格罗皮乌斯 Gropius, Walter (Adolph) (1883-05-18～1969-07-05) 德裔美国现代建筑师和建筑教育家，现代主义建筑学派的倡导人之一，包豪斯的创办人。生于德国柏林，卒于美国波士顿。1903～1907年就读于慕尼黑工学院和柏林夏洛滕堡工学院。1907～1910年在柏林建筑师P.贝伦斯的建筑事务所任职。1910～1914年自己开业，同A.迈耶合作设计了他的两座成名作：法古斯工厂和1914年在科隆展览会展出的示范工厂和办公楼。1919年任魏玛包豪斯学校校长。1928年同勒·柯布西耶等组织了国际现代建筑协会，1934年离德赴英开业。1937年到美国定居，任哈佛大学建筑系教授、主任。

格罗皮乌斯积极提倡建筑设计与工艺的统一，艺术与技术的结合，讲究功能、技术和经济效益，力主用机械化大量生产建筑构件和预制装配的建筑方法。在美国广泛传播包豪斯的教育观点、教学方法和现代主义建筑学派理论，促进了美国现代建筑的发展。

现代主义建筑的代表作——法古斯工厂

格罗斯 Gross, David J. (1941-02-19～) 美国理论物理学家。生于华盛顿。1966年获加利福尼亚大学伯克利分校博士学位。历任哈佛大学初级研究员，普林斯顿大学教授，加利福尼亚大学圣巴巴拉分校卡夫利理论物理研究所所长。1973年，他和研究生F.威尔切克联名发表论文，提出粒子物理强相互作用中的“渐近自由”理论，能解释夸克囚禁的事实，为量子色动力学乃至粒子物理标准模型的确立起到重要作用。同时，H.D.波利策也独立提出类似理论。为此他们三人共获2004年诺贝尔物理学奖。

格罗斯曼-斯蒂格利茨悖论 Grossman-Stiglitz paradox 价格体系与其能否完全反映市场参加者私人信息之间的矛盾状态。由美国经济学家S.J.格罗斯曼与J.E.斯蒂格利茨在1976年共同提出。他们认为：价格体系能在不同的市场参加者中间收集信息、传递信息，并指导他们对经济环境的变化作出反应。如果市场价格体系能完全收集到市场参加者的私人信息，市场参加者就不用依赖他们自己拥有的信息了，那么这时由于市场参加者没有信息了而价格体系又怎么可能完全收集到市场参加者所有的私人信息呢？这是一个悖论。格罗斯曼-斯蒂格利茨悖论告诉人们：一方面市场参加者受市场价格体系所反映的信息的影响，另一方面市场参加者也会影响价格体系的信息功能。这为研究价格体系在资源配置方面的作用提供了比较全面的思路。

格洛托夫斯基 Grotowski, Jerzy (1933-08-11～1999-01-14) 波兰导演、戏剧家。生于热舒夫，卒于意大利蓬泰代拉。1955年毕业于克拉科夫戏剧学校，后赴莫斯科戏剧学院深造。1959年担任奥波莱十三排剧院经理和导演，开始进行戏剧实验和创新活动。1964年将十三排剧院改为戏剧实验所，1965年迁至伏罗兹瓦夫市，改名为表演艺术研究所。格洛托夫斯基打破戏剧演出的传统模式，力图使演员和观众建立更亲密的关系。他取消了舞台和观众坐席的界限，使观众置身于整个演出活动中。他还要求演员有高超的表演艺术，因而制订了一套演员的训练方法，使演员在与观众的交流和接触中完成真实的戏剧动作。他的这种实验和革新被称为质朴戏剧（又译为贫穷戏剧）。80年代以后主要在美国和意大利进行“类戏剧”探索。

格木 *Erythrophleum fordii*; ford erythrophleum 豆科格木属的一种。常绿乔木。又称铁木。格木属约有17种，分布于亚洲东部、大洋洲北部和非洲的热带及亚热带地区。中国仅格木一种，生长在广西、广东、福建和台湾海拔800米以下的低山、丘陵地带。

树高可达25米，胸径40厘米以上。小枝被短柔毛。二回奇数羽状复叶，腋生圆锥花序，荚果带状扁平。种子扁椭圆形，黑褐色。喜光，喜温暖、湿润气候。幼苗、幼树怕霜冻。在土壤肥沃和湿润深厚的山坡下部、山谷生长迅速。用作一年生苗造林，可营造纯林或与木荷、红锥、马尾松等组成混交林。

格木枝、叶、花、果示意图

材质坚硬，干燥后不收缩变形，耐水耐腐，为制造名贵家具、车船、桥梁以及建筑机械的良材。格木树冠浓荫苍绿，是优良观赏树种。为中国重点保护植物。

《格萨尔王传》 *King Gesar* 中国藏族英雄史诗。广泛流传于西藏、青海、甘肃、四川、云南等省区的藏、蒙古、土、裕固、纳西族聚居区。蒙古族英雄史诗《格斯尔》与《格萨尔王传》同源异流，因此也合称为《格萨（斯）尔》。关于这部史诗的产生，一般认为是自11世纪以来，在藏族古老的神话、故事、歌谣、谚语等民间文学的基础上，由民间说唱艺人集体创作而成，是世界上至今仍属于活态传承的少数史诗之一。迄今共搜集到史诗近百部，总计达到50万行。在蒙古国、俄罗斯的蒙古族聚居地区及印度、巴基斯坦、尼泊尔、不丹等国也有流传。它集藏族历史、宗教、文学、语言、医学、民俗等于一身，全方位地反映了古代高原的社会生活。

背景与主题 学者一般认为，《格萨尔王传》产生于11世纪。当时，藏族社会长期处于分裂割据、动荡不安的局面。人民盼望有一个爱护百姓、能抵御外敌、给人民带来安定幸福生活的君王出现，这就是《格萨尔王传》产生的社会历史背景。史诗中关于生活在高原上的部落、邦国分裂割据，弱肉强食，互相侵扰、掠夺的描写正是当时高原社会状态的真实写照。《格萨尔王传》的主题一是为民除害，保护百姓；二是反对侵略，保卫家乡；三是扩大财富，改善生活。史诗通过对格萨尔王多次征战，建立以岭国为中心的多国军事联盟的英雄业绩的描写，体现了主题。

艺术特色 史诗采用了藏族人民喜闻乐见的说唱体形式。这种文体由散文和韵文两部分组成。散文部分介绍故事内容和情节，韵文部分主要是人物对话和抒情。

格萨尔王唐卡

唱词一般采用民间广泛流传的鲁体民歌或自由体民歌的形式。韵文为多段体，每段2～8句不等，每句一般为7个或8个音节。唱词继承了藏族诗歌的传统韵律并有所发展：多段回环，句首、句中、句尾重叠，每段结尾句全句重叠以及顶真格的手法被广泛使用。史诗和谐悠扬、铿锵有力、音韵优美。

《格萨尔王传》在人物形象塑造方面十分成功。史诗中从天界的诸神到人间的群雄，再到阴间的阎罗鬼魅，总计有千数之众。至高无上的神各具形态，尽职尽责；人间的妖魔各霸一方，涂炭生灵；地狱中的阎罗小鬼则执掌人们在阴间的归宿，使人们备受轮回之苦。然而史诗中着墨最多、塑造得最成功的还是人的形象，特别是主人公格萨尔及其爱妃珠牡。格萨尔作为天神之子投胎人间，被塑造成一个神人参半的形象。在他身上，既有神的力量，能呼风唤雨、变幻无穷、降伏一切妖魔；同时又具有人的一切特征：食人间烟火、有七情六欲，是一个血肉之躯，一位可亲可敬的英雄。此外，英雄也犯错误，如在征服北地魔国后与爱妃梅萨滞留魔国，致使霍尔乘虚而入，侵扰岭国。这正是史诗塑造人物的别具匠心之处，更增加了人物的真实性。珠牡是藏族妇女的杰出代表。她出身名门，却与一贫如洗的格萨尔私订终身；在外敌入侵的危难时候，挺身而出带领人民抗敌。在藏族人民心目中，珠牡成为美丽、聪颖、贤惠、忠贞等一切美好品质的代名词。

传承 《格萨尔王传》在民间呈两种形态流传。一种是最古老的传承方式——民间艺人的口头说唱。艺人在各流传地区说唱一个主题、情节和结构大致相同的故事，从传播方式到说唱内容、艺术手段等均鲜明地保留着史诗的原生态。另一种是文人们将艺人的口头说唱记录成文或根据史诗故事再创作，这类本子在民间得以辗转传抄，甚至有史诗木刻本的问世与传播。上述两种传播方式各具特色，相辅相成。说唱艺人是史诗的主要创作者、保存者和传播者。他们绝大多数不识文字，一些优秀的艺人凭记忆可以说唱几十部乃至上百部。20世纪80年代后抢救《格萨尔王传》的工作取得巨大成果。著名藏族艺人扎巴、桑珠的说唱本正在陆续问世。

1776年俄国旅行家帕拉莱斯第一次向俄国人介绍北京木刻版《格斯尔可汗传》。以后这一版本先后被译成德文、俄文出版。20世纪，法国、英国、不丹、印度等国也相继搜集、整理、出版了详略不一的各种文本。迄今为止，用德文、俄文、法文、英文、蒙古文、藏文等各种文字出版的版本近30种。

格什姆岛 Qeshm 伊朗的最大岛屿。位于霍尔木兹海峡西北侧，也是波斯湾中的最大岛屿。现属霍尔木兹省。岛形狭长，略作东北—西南向延伸，长112千米，宽11～32千米，面积1 336平方千米。与大陆隔浅而窄的胡兰海峡（旧名克拉伦斯海峡）。地表绝大部分为稍有起伏的丘陵，最高海拔406米。一般为岩岸，唯西北边缘有沙质海滩出现。岸线曲折，临胡兰海峡的岸线曲折更甚，有小岬角指向大陆。中间海面仅4千米宽。气候干燥，局部地区产谷物、蔬菜、椰枣。开采岩盐、赭石。有公路横贯全岛。扼波斯湾出口，东北与阿巴斯港隔海相望，并为其天然屏障。18世纪末，英国曾一度占据，驻泊海军舰只，1823年始撤。

格什温 Gershwin, George（1898-09-26～1937-07-11） 美国作曲家。生于布鲁克林，卒于好莱坞。少年时接受了和声、钢琴等正规音乐训练，但他十分热爱爵士音乐，并在I.伯林与J.克恩的影响下开始创作流行歌曲。1916年开始谱写了大量的流行歌曲和轻松的音乐喜剧，最初成功的作品是1919年写的歌曲《斯沃妮》。1923年，爵士音乐指挥P.怀特曼打算举行一场以宣传美国流行音乐为目的的音乐会，格什温应邀为这次音乐会写了为钢琴和爵士乐队演奏的《蓝色狂想曲》。1924年演出时由怀特曼指挥，格什温担任独奏，获得很大成功，由此奠定了格什温严肃音乐作曲家的地位。次年，格什温又完成了以爵士音乐为素材写作的《F大调钢琴协奏曲》、音诗《一个美国人在巴黎》、《第二狂想曲》、《古巴序曲》等大型器乐作品。1923年11月，著名歌唱家E.戈蒂埃在纽约举行的音乐会上第一次演唱了一组美国爵士歌曲，其中有4首格什温的作品，包括《我要修一道通向乐园的阶梯》和《斯沃妮》等。

格什温在音乐戏剧领域也有很高的成就。1924年起，他与胞兄I.格什温合作写了多部音乐剧，其中获得较大成功的是《疯狂女郎》。他的两部政治讽刺音乐剧《开始奏乐》和《我为你歌唱》虽然上座率不如《疯狂女郎》，但却有更深远的影响。《我为你歌唱》讽刺了美国总统选举中的弊病，受到观众的热烈欢迎，是获得普利策奖的第一部音乐喜剧。1935年上演了格什温根据D.海沃德的小说改编的黑人民间歌剧《波吉与贝丝》。它描写了美国南部沿海黑人渔民及贫民的生活。格什温生命的最后两年为好莱坞谱写电影音乐和歌曲。

格式合同 standard form contract 合同当事人一方为与不特定的多数相对人缔约，而事先拟定不容相对人变更条款的合同。又称定式合同、标准合同、定型化合同等。

在中国法律制度中，对格式合同的管理和限制主要体现在四个方面：①以法定义务替代格式条款的适用。如《中华人民共和国消费者权益保护法》第23条规定，提供商品或者服务的经营者，必须承担包修、包换、包退的责任，即将“三包”定为经营者的法定义务，即使格式合同未作约定，经营者也要负此义务。②免责条款的提示和说明义务。如《中华人民共和国合同法》第39条规定，提供格式条款的一方应“采取合理的方式提请对方注意免除或者限制其责任的条款，按照对方的要求，对该条款予以说明”。第40条规定：“提供格式条款一方免除其责任、加重对方责任、排除对方主要权利的，该条款无效。”③确立有利于相对人的解释原则。《合同法》第41条规定：“对格式条款的理解发生争议的，应当按照通常理解予以解释。对格式条款有两种以上解释的，应当作出不利于提供格式条款一方的解释。格式条款和非格式条款不一致的，应当采用非格式条款。”④第三人制定或审查制度。如《中华人民共和国保险法》第106条规定：“商业保险的主要险种的基本保险条款和保险费率，由金融监督管理部门制定。”

格式塔疗法 Gestalt therapy 一种心理治疗方法。强调人是有组织的整体，把心理或行为看作情感、思想、行动的整合过程。20世纪40年代初，F.S.佩尔斯在格式塔心理学理论的基础上创立。见完形疗法。

格式塔心理学 Gestalt psychology 西方现代心理学的主要流派之一。又称完形心理学。1912年由德国M.韦特海默、W.克勒和K.科夫卡创立。1912年韦特海默发表一篇关于似动的文章，可看作是格式塔心理学的开始。格式塔学派反对以W.冯特为首的构造心理学派所主张的意识经验可以分析为经验元素、复杂经验是经验元素的相加的观点，而认为人的每一种经验都是一个整体，不能从其组成部分加以说明；似动现象是一个整体经验，其刺激成分并不能说明似动现象的发生。并且认为知觉经验服从于某些图形组成的规律，这些规律也称格式塔原则，包括图形和背景原则、接近性原则、相似性原则、连续性原则、完美图形原则等。客观刺激物依照这些原则被知觉为一定的有意义的图形。

格式塔心理学主张心理经验和神经系统过程之间有一种相关关系。一种知觉经验在脑中有一种相应的物理过程，知觉现象与脑中的物理磁场是同形态的。但是，后来的研究没有证明这种磁场的存在。格式塔心理学的理论用来解释学习、问题解决、思维等问题。当动物和人掌握特定情境中各要素间的相互关系，就会出现新的经验，这种突然贯通的解决问题过程称为顿悟，表现为智力活动或创造性思维。20世纪50年代前后，格式塔理论被推广到人格、社会心理学及临床心理学等方面。临床心理学中的格式塔疗法强调个体对环境关系的正确认识，以减轻神经症和精神病症状。60年代，新兴的认知心理学吸取了格式塔心理学的某些观点，特别是格式塔心理学关于思维研究的成果。格式塔心理学的观点在个别心理学领域中仍有一定影响，如知觉研究、思维研究，但它在整个心理学中已不再作为一个独立学派进行活动了。

《格斯尔》 *Geser* 蒙古族、藏族英雄史诗。藏族英雄史诗《格萨尔王传》与《格斯尔》同源异流，因而有时也统称为《格萨（斯）尔》。与蒙古族史诗《江格尔》、柯尔克孜族史诗《玛纳斯》共同被誉为中国三大史诗。

《格斯尔》形成之初是口头传承的作品，后来以书面和口头两种形式流传。数百年来，《格斯尔》广泛流传于中国各省区居住的蒙古族民众中。同时，在蒙古国以及俄罗斯境内的布里亚特共和国和卡尔梅克共和国的蒙古语族人民中也有一定流传。

这部史诗在国内国外有数十种手抄本、木刻本和口头演唱文本。在蒙、藏文多种版本中，迄今所见最早的文字文本为1716年刊行的北京木刻本《格斯尔传》。除蒙古文和汉文刊本外，它还被译成英、法、德、俄、日等文字在国外出版，受到各国读者的赞赏，被称为东方的《伊利亚特》。蒙古文书面文本基本上都是散文体，口头演唱文本是韵文体，有些口承文本长3万余诗行。对蒙古族的《格斯尔》和藏族的《格萨尔》的源头，学术界有不同见解。有学者认为“源”就是10世纪以来在蒙、藏地区广为传诵的关于格斯尔的故事，蒙、藏人民根据这些素材各自创编了史诗文本；也有学者认为，蒙古族《格斯尔》源于藏文《格萨尔王传》。

史诗歌颂了首领格斯尔汗保卫家乡和民众的英雄业绩，斥责了侵略者的罪恶行径。以格斯尔“不要去侵犯别人，但别人若侵犯我，我绝不后退”的誓言，昭示家乡保卫战的正义性和英雄们决战决胜的信念。格斯尔原是上界天神之子，奉命下凡除暴安良。史诗也反映出人民群众保卫草场和自然环境，发展畜牧业，创建和平幸福生活的愿望。

《格斯尔》是由数十个诗章所组成的大型史诗，多数诗章都有相对独立的故事情节，章与章之间以主人公格斯尔及其他勇士的形象相串联。故事情节并不复杂，但富有想象力，充满生动形象的描写。如金巴扎木苏演唱的《格斯尔射死哈日雅勒奇哈喇鄂姆根的故事》讲述一个远方的哈日雅勒奇哈喇鄂姆根（诅咒者巫婆）仇视格斯尔，企图毁灭格斯尔家乡的一切生灵。她口念咒语挥动黑旗向格斯尔家乡播送瘟神，致使草原上瘟疫横行，草木枯萎，牛羊马驼成群死去，人们痛苦不堪。危急时刻格斯尔挺身而出远征讨伐巫婆。巫婆施展法术，先后化身为雌雉、毛驴和老鼠，格斯尔变成凤凰、灰狼追赶，最后射死了巫婆。

蒙古族民间艺人演唱的《格斯尔》是经过历代艺人精心琢磨，融会蒙古语言艺术和表演艺术于一体的综合艺术珍品，不仅具有引人入胜的故事情节和生动丰富的人物形象，而且散文体书面文中蕴涵了内在的旋律和节奏。通过说唱艺人在乐器伴奏下的吟唱，以及形体动作和表情等多方面表演，呈现出蒙古族史诗独特的艺术魅力。史诗继承和发展了古老蒙古族英雄史诗的艺术传统，在内容上吸收了古代神话、传说；体裁上采用了笑话、祝词、赞词、谚语和格言等多种文学样式；表现手法上巧妙地运用了惊心动魄的艺术夸张和生动优美的比喻；结构宏伟而缜密，长期以来被誉为蒙古族古代文学和语言的宝库，对后世作品影响深远。

格塔尼 Gaytānī, Jamāl al- (1945-03-09～) 埃及作家、文学评论家。生于上埃及。毕业于工艺美术学校。曾担任记者、报刊主编等。为埃及60年代文学的重要代表作家。作品内容往往借鉴历史题材影射现实，手法上在注意吸取民族文化遗产的同时，打破小说传统的叙事方法，并在形式和语言上独树一帜。主要有长篇小说《吉尼·巴拉卡特》(1974)、《格塔尼计划》(1980) 和《显灵书》(3部，1983～1987)，短篇小说集《千年前一个青年的日记》(1968)、《扎维尔》(1975) 和《陌生人的故事》(1976)，研究文集《埃及人和战争》(1974) 和《千年开罗》(1983) 等。

格廷 Girtin, Thomas (1775-02-18～1802-11-09) 英国画家。生于伦敦，卒于伦敦。随地形学素描画家E.戴斯学艺两年。1792～1794年为古董商J.穆尔工作。1794年起受雇于T.芒罗医生。1801年后，在伦敦展出

《查尔斯的白房子》

他的200平方米的《伦敦全景》画。这幅画对英国浪漫主义风景画的发展有一定影响。最后几年是他创作的顶峰期，特别表现在他所画的威尔士和约克郡的风景画中，这方面的作品以《查尔斯的白房子》为代表。

格瓦拉 Che Guevara, Ernesto（1928-06-14～1967-10-10） 古巴革命领导人。习称切·格瓦拉。生于阿根廷罗萨里奥市，卒于玻利维亚。1953年毕业于布宜诺斯艾利斯大学医学系。

1955年在墨西哥参加F.卡斯特罗领导的七二六运动，接受游击训练。1956年12月2日同卡斯特罗等乘“格拉玛”号游艇在古巴奥连特省南岸登陆。后开展反对F.巴蒂斯塔－萨尔迪瓦独裁政权的游击战争。1957年晋升少校，任纵队司令。他为推翻巴蒂斯塔反动统治和古巴革命胜利作出了重要贡献。革命胜利后，获古巴国籍，历任国家银行行长、工业部长等职。他发表了一系列著作，宣扬一种激进的军事革命思想，被称为“格瓦拉主义”。1965年4月放弃古巴国籍，辞去党内外一切职务，先后到刚果民主共和国、玻利维亚开展游击战争。1967年10月9日在战斗中被玻利维亚政府军俘获，次日遭杀害。主要著作有《游击战》、《古巴革命战争回忆录》、《格瓦拉日记》、《刚果革命战争回忆录》等。

格瓦拉主义 Guevaraism 试图把马克思主义同古巴、南美和非洲等国实际相结合而提出的从资本主义走向社会主义的一种道路，或者科学社会主义在发展中国家传播和发展的一种思路、探索和尝试。又称游击中心主义。

格物致知 中国宋明理学中的认识学说。始见于《礼记·大学》。原是作为道德修养方法的命题，宋代理学家**程颐**开始将其作为**认识论**的重要问题对待。程颐认为，格物是在物上穷究其理，具体方法是由逐渐积习到触类贯通，格物致知的过程实际上是体认物所固有之理的过程。在程颐思想基础上，**朱熹**提出了系统的格物致知论。他解释，格为至为尽，物为事，格物是即物而穷尽事物之理，致知是推致其知以至其极。从格物到致知是认知由近及远、由浅入深、由粗到精的过程，也是积累到贯通的过程，格物与致知是认知过程中不可缺少的两个方面。**陆九渊**从“心即理”出发，认为格物就是体认本心。**王守仁**解释格物为正心，致知为致吾心之良知。**罗钦顺**批评陆王的格物穷理与禅宗的明心见性相类。**王夫之**作批判性的总结，认为格物就是人们对于外界事物的认知，致知就是人们进行思辨的理性活动，两者必须相济。罗钦顺、王夫之论致知，都受朱熹的影响，认为致知是尽吾心中之理。**颜元**对古代的格物致知论进行了总结，认为“格”就是“手格猛兽之格”，即亲自动手去做，格物致知就是手格其物而后知至，强调认识和习行的结合。

格则勒 hezel 中国维吾尔族诗歌体裁。“格则勒”一词源出阿拉伯文，原意为“调情逗爱”，也可译为“情诗”。这种诗体随着伊斯兰教文化传入维吾尔族地区，被移植于维吾尔族诗坛。最早见于书面的，是生活于13世纪末14世纪初散文作家拉布胡兹的《先知传》中的《春歌》等。15世纪，经阿塔依、**鲁提菲**、纳瓦依等著名诗人的努力，格则勒诗体从内容到形式更趋于丰富、完美，成为历代维吾尔族古典诗人抒情诗篇的主要体裁，几乎所有古典诗人都在格则勒诗体上展示自己的才华。格则勒是一种韵律严谨的格律诗体。每首3～12联不等，多数为6～8联。首联两行同韵，以后隔行押韵，一韵到底。音律采用阿鲁孜律，长短音节组合、变换，音调铿锵和谐。每首的尾联，要求出现作者的名字或笔名。传统的格则勒绝大多数以爱情为题材。优秀的古典诗人常借“芳草美人”的描述，表达对真善美的追求，寄托人生抱负，间或也用这一形式直接抒发自己的政治、社会观点。苏非派神秘主义诗人们则以这种体裁表达对真主的挚爱和对来世的憧憬。现代诗人扩展了格则勒的表现内容，不仅用它来表现爱情，而且用来表达对祖国、人民的挚爱之情，题材涵盖了社会生活的各个方面。

格致书院 Gezhi Academy 近代中国最早的综合性科技类新型书院。由英国人W.H.麦华陀倡议，中国学者徐寿、英国学者傅兰雅创办于上海。1874年筹划，1875年建成，1876年开院，但迟至1879年才正式招生。院名取《礼记·大学》格物致知之义，以造就中国人士通晓西学和工艺为宗旨。董事会由徐寿、徐建寅、唐廷枢、王荣和（四位华董）和傅兰雅、伟烈亚力、麦华陀、福勒士（四位英董）组成。先后由徐寿、王韬、傅兰雅、赵元益主持院务。曾开设矿务、电学、测绘、工程、汽机、制造六科，每科设几门至几十门课程。内设博物房（陈列馆）、格致房（讲堂）、储书房（图书馆）等。开办科技讲座、格致书室（代售科技书籍），发行科普刊物《格致汇编》。1913年改名华童公学。1914年停办，改为工部局格致公学。抗日战争胜利后，改名上海市立格致中学。1949年10月，改名格致中学。

格致书院是当时西学在中国传播和中外人士研讨西学的中心，推动了中国近代科技教育和科学普及的发展，也促进了中国士风的转变。

葛 grosgrain 用相同原料或不同原料织制的具有明显横菱凸纹的**丝织物**。质地厚实坚牢，绸面少光泽，横菱凸纹粗细均匀。宜用作春秋冬季服装或坐垫、沙发面料等。采用经细纬粗、经密纬稀，由平纹、经重平或急斜纹组织交织。经线一般采用黏胶丝，纬线采用粗的棉纱或混纺纱，也有的经、纬线均采用桑蚕丝或黏胶丝。有不起花的素

交织印经葛

葛和提花葛两类。提花葛是在有横菱纹的地组织上起经缎花，花形突出。葛的品种有文尚葛、缎背葛、金星葛等。文尚葛经线采用有光黏胶人造丝，纬线采用3股丝光棉线，以急斜纹组织织制；织物正面形成明显横向菱纹，反面由经浮长线构成光滑背面。有素、花文尚葛之分。属厚型织物。

蛤仔 *Ruditapes*; clam 贝类帘蛤目帘蛤科蛤仔属贝类的统称。海水增养殖的重要贝类。分布于中国、俄罗斯、日本、朝鲜半岛、菲律宾、泰国、印度一带沿海。中国沿海有菲律宾蛤仔（见图）和杂色蛤仔两种。

菲律宾蛤仔又称花蛤，壳长3～5厘米，亚圆形，坚厚，壳表面有花纹或斑点色彩，内面白色。杂色蛤仔壳长约4厘米，外形及色彩与菲律宾蛤仔相似，宽度稍小。它们多生活于有淡水注入的内湾，栖息在潮间带至水深10米的泥沙中，对温度、盐度适应性较强。滤食性，食物主要为浮游及底栖硅藻类。雌雄异体。

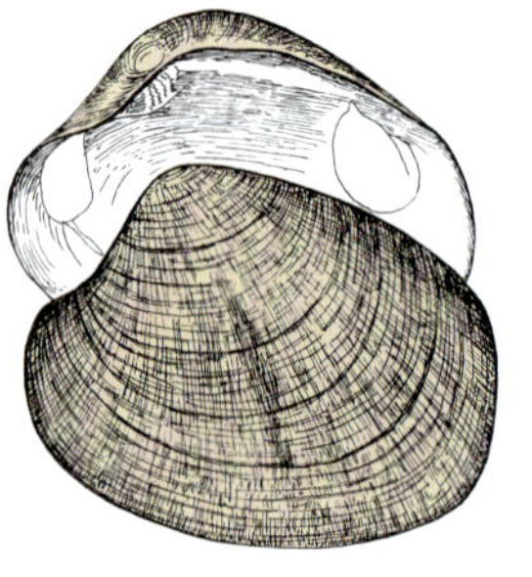

菲律宾蛤仔

蛤仔的增养殖方法简单。采用半人工采苗，在底质适宜的中、低潮区整埕筑堤，将苗种撒播于滩面上养殖，也可在池塘中进行蛤、虾混养。肉嫩味鲜，可供食用，也可作为对虾饵料。

隔离 isolation 为了避免传染病患者传染他人而将患者与其他人隔开的措施。隔离

措施有许多种，主要根据具体疾病传染性的强弱和传播途径的不同，决定采取何种措施。对于传染性极强的烈性传染病，如霍乱、鼠疫则须采取严密隔离的措施；对于呼吸道传染病，如流行性感冒、白喉、猩红热等则须采取呼吸道隔离措施；对于消化道传染病，如细菌性痢疾等则须采取消化道隔离措施；对于接触传播的传染病，如皮肤炭疽等则应采取接触隔离措施；对于昆虫传播的传染病，如疟疾、斑疹伤寒（流行性）等则应采取虫媒隔离措施。另外还有所谓床边隔离，主要用于消化道传染病。隔离期的长短应根据每种传染病的最长传染期而定。有的传染病如痢疾、伤寒等，能在患者标本中检测到病原体，则应在临床症状消失后，进行2～3次病原体检查（每次间隔2～3天），结果均阴性时方可解除隔离。有些传染病如麻疹、流行性感冒等，无法进行病原体检测但有规定的隔离期，如麻疹的隔离期为出疹后5天，流行性感冒为退热后2天等。除了传染病患者需要隔离外，接触传染病的接触者也应隔离观察，这称为留验。若托幼机构或集体单位内有多数对该种传染病的易感者，则发现传染病患者后应对接触者进行留验，留验期间若接触者发病则应立即隔离、治疗。若接触者未发病，观察期满即可解除隔离。观察期应按最长潜伏期计算。

隔振 vibration isolation 采用适当的弹性兼阻尼装置以隔离机械振动的措施。根据激振源的不同，隔振可分为两类。①积极隔振，又称主动隔振。对于本身是振源的结构物，为减少其振动对周围人和物的影响，用隔振器材（如天然或人造橡胶制品、软木、毛毡制品、泡沫塑料等）把振源与支承隔离开，以减小传给支承的不平衡惯性力。如对水泵、发动机、锻锤机械等的隔振。积极隔振系数η_z为隔振后传到支承上的力与未隔振时传到支承上的力之比，表示积极隔振效果。②消极隔振，又称被动隔振。对于振源来自支承的情况，为减少支承传给结构物的振动，把结构物安装在一个隔振台上，使它与支承隔离。如对精密仪器、车厢和舰艇上导弹发射架的隔振。消极隔振系数η_b为隔振后结构物的振幅与支承运动的振幅之比，表示消极隔振效果。隔振系数小表示隔振效果好。两类隔振系数的计算公式相同。对于单自由度隔振系统：

$$\eta_z=\eta_b=\sqrt{1+(2\zeta\lambda)^2}\,/\sqrt{(1-\lambda^2)^2+(2\zeta\lambda)^2}$$

式中$\lambda=\omega_i/\omega_n$，$\omega_i$为激励频率，$\omega_n$为隔振系统固有频率；$\zeta=C/C_c$，$C$为黏性阻尼系数，$C_c$为临界阻尼系数。

镉 cadmium 化学元素，元素符号Cd，原子序数48，原子量112.411，属周期系Ⅱ B族。1817年F.施特罗迈尔从不纯的碳酸锌中首先发现镉。英文名来源于拉丁文cadmia，原意是“菱锌矿”。镉在自然界都以化合物形式存在，在地壳中的含量约为2×10^{-5}%。有独立的镉矿物，如硫镉矿（CdS）、菱镉矿（$CdCO_3$），但极稀少；镉主要分散存在于闪锌矿和方铅矿中，因此几乎所有的镉都来自锌、铜、铅矿冶炼时的副产物，如焙烧炉的烟道灰、滤饼、粉尘。镉是银白色微有蓝色光泽的金属，质软，易被刀切割，有韧性。熔点321.07℃，沸点767℃，密度8.65克/厘米^3（20℃）。镉蒸气呈深黄色，有毒。镉的常见氧化态+2，少量化合物中为+1。不溶于碱，溶于酸。室温下镉在潮湿空气中表面形成氧化膜；加热时形成褐色的氧化镉；镉与卤素在高温下剧烈反应，形成卤化镉；镉与硫直接化合成硫化镉。镉的化合物还有硫酸镉、氢氧化镉。镉曾广泛用于电镀中。大量的镉用于制造镉镍蓄电池，这种电池可以多次充放电循环使用。镉具有大的热中子吸收截面，可用作核反应堆中的控制棒和紧急关闭棒。镉的毒性较大，被镉污染的空气和食物对人体危害严重，日本因镉中毒曾出现痛痛病。

《葛蓓莉娅》 *Coppelia* 三幕芭蕾舞剧。法国浪漫主义芭蕾舞剧的喜剧代表作。1870年5月25日巴黎歌剧院芭蕾舞团首演。编剧C.尼泰和A.圣-莱昂，编导A.圣-莱昂，作曲C.德里勃，布景设计C.康邦等，服装设计A.阿尔伯特，主要演员有G.博扎克奇、E.菲奥克尔。舞剧讲述18世纪中叶，在波兰与捷克交界小镇上，斯万妮尔达和弗朗茨结婚前，因木偶美女葛蓓莉娅而发生的种种误会。《葛蓓莉娅》在题材上为正在衰落的欧洲浪漫主义芭蕾舞剧开辟出一个以木偶的形象和动律为主体的舞剧天地，为后世的古典芭蕾舞剧《胡桃夹子》和现

《葛蓓莉娅》剧照

代芭蕾舞剧《彼得鲁什卡》提供了经验。剧中《马祖卡舞》、《加洛普舞》等的运用，为民间舞蹈作为性格舞进入芭蕾舞剧作了重要尝试。

葛家澍 Ge Jiashu (1921-02-03～) 中国会计学家。生于江苏兴化。1945年毕业于厦门大学会计学系，毕业后留校任教。历任经济系副主任、经济学院院长。

是中国会计学会副会长，国务院学位委员会学科评议组（经济学组）第一、二届成员，中国财务会计咨询公司董事。在会计学领域各个方面进行了广泛深入的研究。20世纪60年代他创建会计对象是资金运动（价值运动）的理论，被称为资金运动学派。他与李儒训合作的《社会主义经济核算与经济效果》是中国第一本此方面的统编教材。80年代，研究并介绍了西方财务会计理论。1981年提出“会计信息系统”的综合思想体系，引起学术界的普遍关注。还著有《会计学原理》、《会计基础知识》、《借贷记账法》、《社会主义经济核算与经济效果》、《通货膨胀会计》、《会计学导论》、《财务会计理论方法准则探讨》等。

葛兰西 Gramsci, Antonio (1891-01-22～1937-04-27) 意大利共产党创始人之一，国际共产主义运动活动家、学者。生于撒丁岛吉拉扎村，卒于罗马。1911年进都灵大学学习语言学、历史和哲学。1913年加入意大利社会党。1919年5月，同P.陶里亚蒂等在都灵创办社会党《新秩序》周刊，任编辑部秘书。

1921年1月，参与创建意大利共产党，当选中央委员。1922年5月去莫斯科，出席第三国际第4次代表大会，当选第三国际执行委员会委员。1923年6月回国，任意共中央总书记和《团结报》社长。1924年当选议员，领导意共议会党团工作。在1926年1月党的第3次代表大会上提出建立反法西斯统一战线主张，得到广泛支持。1926年11月8日被捕，被判处20年4个月零5天徒刑。在狱中继续斗争并坚持马克思主义理论研究，从1929～1935年写了大量信件和笔记，内容涉及历史、哲学、政治、文化各个领域，第二次世界大战后陆续编印出版。

葛利普 Grabau, Amadeus William (1870-01-09～1946-03-20) 美国地质学家、古生物学家。生于威斯康星州锡达堡，卒于

中国北平（今北京）。1896年毕业于麻省理工学院，留校任教。1900年获哈佛大学博士学位。曾任哥伦比亚大学等校教授。1920年应聘来华，任农商部地质调查所古生物部主任，兼任北京大学教授。是中国地质学会的创立会员，曾任副会长。是古生态学的创始人之一。他认为古生物形态与其生活方式、生活环境密切相关，古生物化石分类应当重视所在岩石的堆积特征和环境。提出对沉积岩的分类既要重视其成分、结构特点，也要重视其成因。在1913年出版的《地层学原理》中，按地球圈层予以论述，涵盖了广泛的地质学领域。与H.W.夏默1909～1910年合作出版的《北美标准化石》科学论述了种的发生和个体发育，是当时的重要工具书。来华后全力投入中国的古生物地层研究和教学。协助丁文江创办《中国古生物志》。所绘36幅亚洲古地理图和所著《中国地层》，成为亚洲和中国地层学的重要文献。30年代中提出脉动学说，认为地层发育、古地理变迁和古生物演化有一定的周期性。1940年的《时代的韵律》是这方面的理论总结。重要著作还有《地质学教程》、《华北奥陶纪化石》、《云南东部志留纪化石》、《中国古生代珊瑚》、《中国地质史》和《蒙古的二叠系》等。

葛饰北斋 Katsushika Hokusai (1760-09-23～1849-04-18) 日本浮世绘画家。生于江户本所（今东京墨田区），卒于江户浅草。1778年投胜川春章门下学习浮世绘。1780年开始发表小说插图。1795年前后，曾以美人画见称一时。以后，他常常革新自己的画风，并变换新的画号，如可候、北斋、画狂人等。北斋与讽刺文学界颇有交往，他还创作漫画，结集为《北斋漫画》。他熟练掌握了中国、日本以及一些西洋画技法后，形成自己的画风，这种画风表现在所创作的流行小说插图中。此后，他渐次表现出对绘画教材编写的兴趣，编有《略画早指南》等范本。1831年，北斋着手创作彩色版画《富岳三十六景》，作品开拓了风景版画的新领域，描绘了富士山的自然变化与日本民众的各种劳动、生活场面。其中《凯风快晴》、《神奈川冲浪》(1823) 等作品的外光表现和主观意境处理格外醒目。此外，《瀑布览胜》、《诸国名桥奇览》、《琉球八景》等组画亦获好评。北斋一生创作精力旺盛，而且不断追求新的发展。晚年倾向于中国画，画风奇矫，代表作《富岳百景》用墨酣畅，色彩简朴。《绘本彩色通》为北斋画论的重要部分。北斋绘画由于不断追求形式美和主观表现，其影响曾波及于欧洲19世纪后期绘画。

《神奈川冲浪》

葛庭燧 Ge Tingsui (1913-05-03～2000-04-29) 中国物理学家。生于山东蓬莱，卒于安徽合肥。1937年毕业于清华大学物理学系。1943年获美国加利福尼亚大学伯克利分校哲学博士学位。先后在麻省理工学院光谱实验室和辐射实验室、芝加哥大学金属研究所进行研究工作。1949年回国。历任清华大学物理系教授和中国科学院应用物理研究所研究员，中国科学院沈阳金属研究所研究员、副所长，中国科学院合肥分院副院长，合肥固体物理研究所所长、名誉所长。1955年当选为中国科学院学部委员（院士）。曾任德意志联邦共和国马克斯·普朗克学会金属物理研究所访问教授，法国里昂国家应用科学学院一级客座教授。被选为中法学院的通讯院士。致力于金属物理和金属内耗研究。是内耗研究领域的创始人之一。国际上已把他创制的、研究内耗用的低频扭摆称为葛氏摆，把他首次发现的晶粒间界内耗峰称为葛氏峰。他还首先观察到具有反常振幅效应的非线性内耗，提出位错气团弯结模型。

葛优 Ge You (1957-04-19～) 中国影视演员。河北饶阳人，生于北京。1979年进入中华全国总工会文工团。电影《顽主》是其成名作。之后，在《代号美洲豹》中饰演一个有学问的劫机犯，在《烈火金刚》中饰演伪军军官刁世贵，均给人留下了深刻印象。在《过年》中，葛优因成功饰演自鸣得意、流里流气的大姐夫而获得1992年第15届《大众电影》百花奖最佳男配角奖。1993年因《大撒把》获第13届中国电影金鸡奖最佳男主角奖。1994年因主演《活着》荣获戛纳电影节影帝称号。他出演的其他作品有《霸王别姬》、《有话好好说》、《甲方乙方》（获1998年第21届《大众电影》百花奖最佳男演员奖）、《没完没了》、《不见不散》、《大腕》、《卡拉是条狗》、《手机》、《天下无贼》等影片和《编辑部的故事》、《围城》等电视剧。葛优表演上的最大特点是松弛自在，摆脱了塑造的痕迹，有一种内在的幽默感。

葛洲坝水利枢纽 Gezhouba Water Control Project 中国长江干流上兴建的第一座大型水利枢纽。位于湖北宜昌境内长江三峡的西陵峡出口南津关下游2.3千米处，控制流域面积100万平方千米。是三峡水利枢纽的反调节工程。葛洲坝工程于1970年开工，后出现严重质量问题，且设计中许多重大技术问题尚未解决，1972年主体工程暂停施工。1974年复工。

坝址处河床自右至左原有葛洲坝、西坝两个小岛，将长江分为大江、二江和三江。一期工程大江过水，先建二、三江建筑物；二期工程建大江建筑物，同时利用大江上的横围堰挡水通航发电。1981年1月大江截流，6月三江船闸通航，7月二江电站第一台机组发电；1985年4月，一期工程通过国家验收。1986年6月大江电站第一台机组发电；1988年年底工程全部建成。1991年11月，二期工程通过国家验收。

葛洲坝电站由进水建筑物、电站厂房、尾水建筑物、防沙与防漂建筑物、中央控制楼、开关站等建筑物组成。自右至左枢纽主要建筑物布置：大江，大江冲沙闸、1号船闸（280米×34米）、大江电站厂房；二江，泄水闸、二江电站厂房；三江，2号船闸（280米×34米）、三江冲沙闸、3号船闸。挡水前沿全长2 606.5米，坝顶高程70米，最大坝高53.8米，正常蓄水位66米，总库容15.8亿立方米。葛洲坝水电站21台机组，装机容量271.5万千瓦，是当时中国装机容量最大、机组台数最多的低水头河床式径流电站。其中17万千瓦的水轮机转轮直径11.3米，是当时世界上转轮直径最大的轴流转桨式机组。电站包括大江电站和二江电站两部分。大江电站安装14台12.5万千瓦的机组，二江电站安装2台17万千瓦的机组和5台12.5万千瓦的机组，年发电量157亿千瓦·时。

三座船闸均为一级船闸，上下游设人字形闸门，槛上最小水深5米，可通行12 000吨大型船队。三座船闸的单向年通过能力为5 000万吨。

葛洲坝二、三江工程及其水轮发电机

葛洲坝水利枢纽鸟瞰

组获国家科技进步奖特等奖，葛洲坝一期工程获大江截流国家优质工程金质奖，二期工程1993年获全国第六届优秀工程设计金质奖。1994年葛洲坝水利工程获全国最佳工程设计特等奖。

个案工作 case work 社会工作的三大方法之一。主要以个人或家庭为对象。在个案工作中，社会工作者将对一个对象的服务过程当作一个独立的个案，服务对象称为案主，针对每个对象的具体情况展开一对一的服务。社会工作者运用相关的科学知识和社会工作方法、技巧，帮助案主减轻压力、解决问题，尽可能地挖掘其潜能，使他们逐渐依靠自身的力量摆脱困境、恢复正常，从而积极地适应社会环境、参与社会生活。1917年，美国学者M.E.里士满出版的《社会诊断》一书，首次将社会个案工作作为独立的助人方法加以系统阐述，现代意义上的社会个案工作正式问世。

社会个案工作是社会工作方法中发展最早、最为成熟的一种方法，一般过程为5个步骤：接案、协商、诊断、治疗、结案。在其发展过程中，形成了不同的个案工作模式。①心理-社会派个案工作。又称诊断派个案工作。将心理分析与社会环境分析结合起来的个案工作派别。在对案主“诊断”和“治疗”的过程中，强调内在的心理因素和外在的社会环境的互动和沟通，既帮助案主调整自身的人格以适应社会环境，又在争取环境改善的同时使案主自主自立。②功能派个案工作。主要的工作理念是：社会工作机构是可以使个人利益与社会利益相结合的地方，社会个案工作的目标不在于治疗，而在于充分发挥社会工作机构的功能，执行机构的服务方案，满足一些单靠个人努力无法实现的需求。③问题解决派个案工作。工作理念是：人类生活是由一连串的问题及解决问题的过程构成的，在日常生活中每个人都形成了解决问题的习惯方式。若个人以自己习惯的方式解决不了问题，是因为缺乏动机、资源或能力三者中的一项或若干项。在这种情况下，需要机构的介入，有目的、有步骤地从心理、物质或社会等方面帮助他们解决自己及家庭不能克服的问题。④行为修正派个案工作。工作理念是：运用学习理论，设计治疗程序，训练案主改变其偏差行为和症状。主要方法有：正向增强法、负向增强法、系统脱敏法、行为塑造法等。

社会个案工作必须遵循6个原则：①接纳案主。②个别化。③相互沟通。④案主自我认识。⑤案主参与和自决。⑥保护案主隐私。

个旧市 Gejiu City 中国云南省红河哈尼族彝族自治州辖市。又名古臼。位于省境南部，红河北岸。面积1 597平方千米。人口46万（2010）。西汉属益州郡贲古县。蜀汉、晋时属兴古郡。唐初属黎州。元至元十三年（1276）改设蒙自县，个旧位于县西南，称个旧里。清末设个旧厅。1913年从蒙自、建水2县析置个旧县，1951年改为个旧市。属亚热带高原季风气候，冬暖夏凉，四季如春。有色金属矿产丰富，主要为锡、铜、钨、铅、锌、金、银及其他稀有金属，以锡储量最丰，是世界上已知的最大锡矿床。矿业开采历史早，元、明时即从事采银，清以后渐以采锡为主。为中国最大的锡工业基地，锡制品产量占全国的40%、世界的9%。个旧有“锡都”之称。工业已基本形成了以有色金属冶炼及压延加工工业为主体，化工和纺织工业为支柱，机械、电器、建材、制药、食品等工业部门综合发展、门类较齐全的工业体系。有窄轨铁路通昆明、开远、石屏和河口等地。名胜古迹有个旧湖、宝华寺、老阴山、云庙等。

个人崇拜 cult of the individual 片面夸大个人历史作用，把个别人物神化，当作偶像崇拜的社会现象。远古时代，人们受自然力的压迫和愚昧无知，产生了对自然物、自然现象、氏族图腾、氏族首领和勇士的崇拜。进入阶级社会后，出现了国家和各类社会意识形式，形成了对上帝、神甫、君主、元首以及各种英雄人物的个人崇拜。

在复杂的社会现象中，人们往往只看到个别杰出人物的历史影响，忽视人民群众创造历史的根本作用，把历史活动的结果完全归功于个别伟大人物，这是产生个人崇拜的认识根源。在有阶级对立的社会条件下，统治者为巩固自己的统治，故意神化自己，是个人崇拜产生的阶级根源。个人崇拜是唯心史观的一种极端的和粗俗的表现，反对个人崇拜是马克思主义的一项基本原则，同承认伟人、权威及个体在历史中的作用并不矛盾。

个人购房贷款 housing mortgage loan for individuals 居民在购买住房时，向金融等机构取得的贷款。在中国，个人购房贷款主要有3种形式：政策性公积金住房贷款、金融机构和银行的商业性住房贷款、住房资金管理部门运用政策性住房资金与商业银行利用信贷资金向同一借款人发放的组合贷款。凡是缴纳住房公积金的职工，购买房改房、集资建设的房屋，通过合作方式建设的房屋、商品房、上市出售的已购公房和经济适用房都可以申请住房公积金贷款。当购房人用住房公积金贷款不能满足支付购房款的要求时，还可以向办理公积金贷款的经办银行申请组合贷款。在组合贷款中，住房公积金贷款和银行商业性贷款的贷款期限、借款日期、还款日期都是相同的，唯一的区别是贷款的利率不同。银行等金融机构发放的商业性住房贷款，是银行等金融机构向购房人发放的信用贷款。3种贷款形式都可以采用抵押贷款、质押贷款、保证贷款、抵押加阶段性保证贷款担保等各种方式。

个人混合泳 individual medley 将4种竞技游泳姿势结合起来的一种游泳比赛项目。包括男、女200米个人混合泳，男、女400米个人混合泳4个项目。比赛顺序是蝶泳、仰泳、蛙泳和自由泳。与游泳比赛中的其他项目相比，个人混合泳项目发展的历史较晚。1964年第18届奥林匹克运动会首次将其列为正式比赛项目，当时只有男、女400米个人混合泳；1968年第19届奥运会增设了男、女200米个人混合泳为正式比赛项目。个人混合泳项目要求运动员一个人须连续游4种姿势，因此对于运动员的体力要求较高，特别是400米个人混合泳，是一项非常艰苦的项目，随着泳式的转换和游进距离的不断增加，运动员的疲劳和氧债逐渐堆积，因此混合泳一定要在技术上把握省力、高效的原则，合理分配各泳段的体力，游进过程多采用均速游或加速游的方式。

个人所得税 individual income tax 对个人的所得征收的税。在经济发达国家，个人所得税通常是主体税种，在财政收入中占较大比重，对经济有较大影响。

1980年9月10日，中国公布了《中华

人民共和国个人所得税法》。同年12月14日，经国务院批准，财政部公布了个人所得税法的施行细则。2007年12月29日进行了第四次修正，自2008年3月1日起施行。

2005年10月22日，全国人大法律委员会副主任委员胡光宝在第十届全国人大常委会第十八次会议上作关于《中华人民共和国个人所得税法修正案（草案）》审议结果的报告

中国个人所得税的**纳税人**为在中国境内有住所，或者无住所而在中国境内居住满一年，从中国境内外取得所得的个人和在中国境内无住所又不居住或者无住所而在中国境内居住不满一年，从中国境内取得所得的个人。征税对象包括工资、薪金所得，个体工商户的生产、经营所得，对企业、事业单位的承包经营、承租经营所得，劳务报酬所得，稿酬所得，特许权使用费所得，利息、股息、红利所得，财产租赁所得，财产转让所得，偶然所得和其他所得等11类所得，其中大多数项目有费用扣除的规定。工资、薪金所得适用5%～45%的9级超额累进税率，个体工商户的生产、经营所得和对企业、事业单位的承包经营、承租经营所得适用5%～35%的5级超额累进税率，其余8类所得均适用20%的比例税率。

个人所有权 individual ownership **自然人**对其财产依法享有的占有、使用、收益和处分的权利。自然人个人的基本财产权之一。中国法律对个人所有权的规定多为公民个人所有权。**《中华人民共和国宪法》**规定："国家保护公民的合法的收入、储蓄、房屋和其他合法财产的所有权。"**《中华人民共和国民法通则》**规定："公民的合法财产受法律保护，禁止任何组织或者个人侵占、哄抢、破坏或者非法查封、扣押、冻结、没收。"

个人所有权的主体，应以自然人为限，不包含**法人**、社会团体及组织。凡一切自然人，不论是否成年、是否具有行为能力，一律具有个人所有权主体的资格。个人所有权的客体包括合法收入、储蓄、房屋和其他合法财产。个人所有的主要是生活资料，但不限于生活资料，还包括生产资料，只要符合法律规定的，都可以成为个人所有权的客体。通常除法律规定只能由国家或集体所有的财产（如土地、矿产、河流以及一些公共设施）外，均可成为个人所有权的客体。

个人对于自己所有的财产，依法享有占有、使用、收益和处分的权利，任何人都不得非法干涉。个人行使财产所有权，必须遵守法律，维护公共利益和社会公德；不得利用个人财产从事**违法行为**，扰乱社会秩序，破坏公共利益，妨害或侵害他人的合法权益。

个人账户 individual account 中国社会保险基金的一种筹集和管理办法。社会保险经办机构为参加基本养老保险和基本医疗保险的人员建立的专项账户。中国城镇职工的基本养老保险和基本医疗保险实行**社会统筹**与个人账户相结合的原则。

以基本养老保险个人账户为例，个人账户包括：①职工个人缴费的全部。②单位缴费中按个人缴费工资基数的一定比例划转入的部分。③上述储存额的利息。职工在同一地区内调动工作，不变换个人账户。职工由于各种原因停止工作或**失业**而间断缴纳养老保险费的，其个人账户予以保留。职工调动或中断工作前后缴费年限可以累积计算，个人账户储存额不间断计息。职工离退休，对于个人账户养老金的计发是：凡缴费年限满10年及以上的，入基本养老保险个人账户的储存额归个人所有，职工符合离退休条件离退休后，可以由本人选择一次或者多次或者按月领取。职工或离退休人员死亡后，其个人账户的储存额的结余部分一次发给其指定的受益人或者法定继承人。职工未达到规定离退休条件但遇到非常特殊的困难时，经过申请、审查和批准，可以在个人账户中提前支取一部分费用。缴费年限不满10年的，个人账户养老金按个人账户的储存额计发，一次付清。

个体工商户 individual household operating industry and commerce 在法律允许的范围内，依法经核准登记，从事工商业经营的个人或家庭。是社会主义**个体经济**在法律上的反映。个体工商户是一种既不同于**自然人**，也不同于**法人**的特殊民事主体。它必须依法核准登记，并且必须在法律允许的范围内从事工商业生产经营活动；对外以户的名义独立进行民事活动；依法享有生产资料等合法财产所有权、从事工商业的经营权、人身权；经主管部门批准，可以起字号、刻图章、在银行开立账户，也可以请帮手或自带学徒。个体工商户的债务，个人经营的，以个人财产承担；家庭经营的，以家庭财产承担；以个人名义申请登记的、用家庭共有财产投资或者收益的主要部分由家庭成员分享的，也应以家庭财产承担。

个体经济 individual economy 劳动者个人占有**生产资料**，主要依靠个人或家庭成员从事生产和经营活动的经济形式。这种经济形式是同手工劳动和机械化程度较低的生产力相适应的。中国的个体经济有两类：①农村中的个体农民和其他个体劳动者以及集体经济成员经营的农牧业、家庭副业、自留地、自留畜等，主要从事种植业、养殖业、工副业、商业、运输业和服务业。②城镇中的个体手工业者和个体商贩。主要从事手工业、商业、服务业等。中国个体经济的发展经历了曲折的道路。1953年城镇个体劳动者有898万人，1956年社会主义改造基本完成后减少到16万人。1978年中共十一届三中全会以后，中国实行鼓励个体经济发展的政策，至2006年年底，全国城镇个体劳动者已发展到5 159.7万人。个体经济作为社会主义市场经济的重要组成部分，对于活跃市场、增加就业、繁荣社会主义经济、满足社会多方面需要起着重要作用。

个性 personality 个体特有的特质及行为倾向的统一体。又称**人格**。

铬 chromium **化学元素**，元素符号Cr，原子序数24，原子量51.996 1，属周期系ⅥB族。1797年N.-L.沃克兰从西伯利亚红铅矿（铬铅矿$PbCrO_4$）中首先发现这一元素。铬的英文名来源于希腊文chroma，意思为“颜色”，因为铬的化合物色彩各异。铬在地壳中的含量为$(1.0\sim3.0)\times10^{-2}$%。自然界最重要的含铬矿石是**铬铁矿**。

铬是钢灰色有光泽的金属，有延展性；熔点1 907℃，沸点2 671℃，密度7.18～7.20克/厘米^3（20℃）。氧化态0、±1、±2、+3、±4、+5、+6。铬是较不活泼的金属，但在加热时能跟盐酸、硫酸和高氯酸等发生化学反应。金属铬在空气中缓慢氧化，或经硝酸、铬酸、氯酸或磷酸等氧化剂钝化后，可以在金属表面形成保护性氧化膜，不再与酸反应，甚至不溶于**王水**。金属铬及其合金具有强抗腐蚀能力，600～700℃时，铬能与强碱反应，铬能与硫蒸气或硫化氢形成硫化物，也能与二氧化硫反应；800℃时能与磷起作用；850℃时能与氨形成氮化物，与氧化氮形成氧化铬和氮化铬；铬能与许多金属生成合金，其中与铁和镍组成的合金称为**不锈钢**。工业用的重要铬化合物有铬酸盐（铬酸钠、铬酸钾）、**重铬酸钠**、重铬酸钾、铬酐、三氧化铬和硫酸铬等。

金属铬可通过化学还原法（用炭、铝或硅）、电解法和热分解法制备。如果为了得到不同纯度的金属铬或铬铁合金，作为冶炼合金钢的原料，可以直接利用含$Cr_2O_3$48%以上的铬铁矿和焦炭在电弧炉内进行还原反应制得，其中可含少量的碳。

铬的主要用途是制造铬合金。加入铬可使钢产品更加坚韧耐锈蚀，成为**不锈钢**。采用电镀、渗铬、阴极真空喷镀、离子注入、化学气相沉积等方法在铁或钢的表面形成铬的覆盖层或者合金层，可使外表美观、耐磨、抗腐蚀。

铬是生命体必需的微量元素。缺铬会导致人体出现类似糖尿病的症状。但是摄入大量铬对人体有毒害作用。六价铬比三价铬毒性高。皮肤大量接触铬化合物会引发皮疹。吸入铬化合物粉尘可导致萎缩性鼻膜炎、变态反应性鼻炎和支气管气喘等。吞服铬化合物，会严重损伤咽喉、胃、肠、肾和血液循环系统。铬盐对神经系统也有损害。长期处在一些铬化合物环境中会引发癌症。

铬铁矿 chromite 氧化物矿物，化学组成为 $(Fe,Mg)Cr_2O_4$，晶体属等轴晶系。成分中的铁可被镁替代，铬可被铝、铁所置换。当以镁为主时，称镁铬铁矿；以铁为主时，称铁铬铁矿。铬铁矿晶体呈细小的八面体，但通常呈块状或粒状集合体。褐黑至铁黑色。条痕浅褐至暗褐黑色。半金属光泽。莫氏硬度5.5～6。密度4.0～5.2克/厘米^3，随成分中铁含量的增多而增大，随铝含量的增多而降低。具弱磁性，磁化率的大小与Fe^{3+}的含量呈正相关。含Cr_2O_3达67.91%，是制取铬和铬化合物的主要矿物原料。仅产于超基性岩或基性岩中。大型铬铁矿矿床主要产于南非北部省布什维尔德杂岩体和津巴布韦中部省的大岩墙、分兰拉度省凯米、巴西巴伊亚州坎波弗莫索、俄罗斯南乌拉尔肯皮尔赛等地。中国的西藏、陕西、甘肃、新疆和山东等地也有产出。

根 root 维管植物的营养器官。通常生长于地面下，有固着、吸收、运输、贮藏、合成和繁殖等功能。

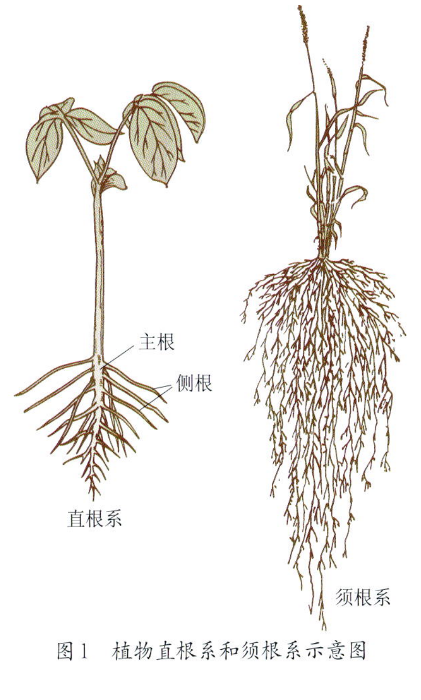

图1 植物直根系和须根系示意图

类型和根系 根一般由主根和侧根组成。从种子胚根发育而成的第一条根称为主根。主根上长出的支根称为侧根。主根和侧根的生长有一定的位置，称为定根，从茎、叶或愈伤组织上长出的根无一定位置，称为不定根。

根系（图1）是一株植物根的总体。由明显的主根与侧根形成的根系称为直根系。如主根不发达或停止发育，由茎的基部节上长出粗细相似的不定根所形成的根系称为须根系。根系的分布受土壤性质、水位、耕作和遗传特性等影响，有深根系和浅根系之分。

形态和结构 根的顶端称根尖，呈圆锥状，后部密生根毛。根毛与土壤紧密接触，吸收土壤中水分和溶解于水中的矿物质。根尖不断向前伸长，深入土壤。

自根尖顶端到生根毛的部分可分为根冠、分生区、伸长区和成熟区（根毛区）4个部分。根冠呈帽状，套在分生区外方，外壁能分泌黏液，有利于根尖在土壤中向前伸展，对根尖起保护作用。分生区的分生组织能不断进行细胞分裂，产生新的细胞。伸长区的细胞能延伸，自下而上逐渐分化成各种组织，使根伸长。成熟区的细胞伸长基本停止，一部分表皮细胞的外壁向外突出延伸形成根毛（图2）。

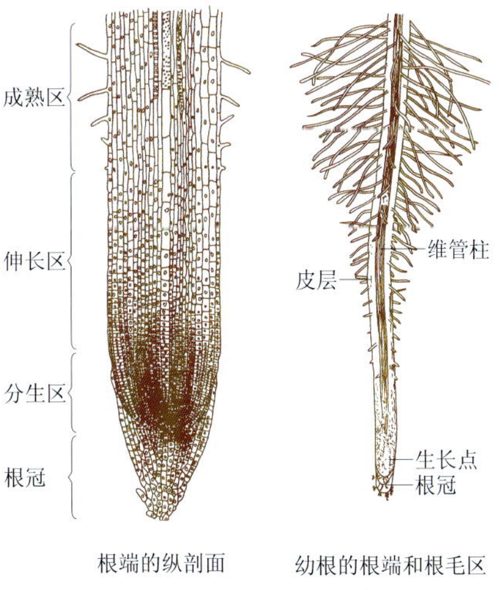

图2 幼根根端和剖面示意图

根的初生结构由外至内分别为表皮、皮层和维管柱（又称中柱）。维管柱由初生维管组织（初生木质部和初生韧皮部）及其周围的一层至多层中柱鞘细胞组成。木本植物和双子叶草本植物的初生结构形成后，继续进行次生生长，形成次生结构，包括次生维管组织（次生木质部和次生韧皮部）及周皮。次生维管组织的形成使根增粗。单子叶植物的根没有次生结构。

根的变态 有些植物的根由于长时期适应某些环境或执行某些特殊功能，在形态和功能上发生一定的变化，形成不同的变态根。常见的有：①肉质根。如萝卜、胡萝卜和甜菜。②块根。如甘薯、木薯。③气生根。附生于树干或其他物体上，从空气中吸收水分加以利用。如热带的兰科植物。④支持根。能支持植株，并有一定的吸收作用。如玉米、榕树。⑤寄生根。侵入寄主组织吸取有机养料，称为吸器。如列当和菟丝子。

生理功能 根的生理功能主要包括：①吸收水分。②吸收矿物盐。③影响地上部分的生长发育。根能进行一系列有机化合物的合成转化，并能向周围环境分泌多种物质，从而对植物本身及根周围微生物产生影响。

《根》 *Roots* 美国黑人小说家A.哈利创作的家族史小说。1976年发表。在田纳西州成长的那些年月里，哈利的祖母梅恩曾一再对他讲述他们家族的美国支系的故事。这一支系是殖民地时期由昆塔建立。昆塔原在西非冈比亚的朱富雷村过着田园牧歌式的自由生活。一天，他在附近的森林中被白人奴隶贩子捉住，送到了弗吉尼亚的种植园。年轻人被重新取名为托比。他多次逃跑未成，最后被转卖到斯波特夕法尼亚县的沃勒种植园，成为一名奴隶。他结了婚，并有了一个女儿基齐。当基齐能记事时，昆塔向她讲述自己的身世，并教她学习非洲部落的土话。基齐16岁时被卖给北卡罗来纳州的一个小种植园主，生下一个男孩，取名乔治。废奴的《解放宣言》颁布后，乔治带领着他的子孙后代以及其他的黑人家庭，驾着马车，浩浩荡荡来到田纳西州的亨宁。乔治家族的每一个成员都牢记昆塔的故事，他们一代一代传下去，直到昆塔的五世孙辛西娅·帕默，哈利的祖母梅恩，然后传到哈利一代，于是就有了这部《根》。

根雕 root carving 以各种树木或竹子的根桩为原料雕刻成家具、人物、动物等形象的技艺或雕塑工艺品。据《齐书》记载，南齐建元年间，高帝曾将竹根雕塑“如意”赠与隐士。唐、宋两代，根雕艺术更加成熟，有人物、木枕、狮子等。明清根雕名家众多。20世纪80年代以来，中国根雕主要产于浙江、辽宁、黑龙江、吉林等地。

根雕是作者根据树根、竹根的形状、质地、纹理、色泽以及疤节、孔洞等天然形态，充分发挥艺术想象力，经过巧妙的艺术构思，发现题材，然后稍加雕刻而成。根雕注重传神，不过于追求形似和逼真，以表现自然天趣为妙。作品题材广泛，无所不包。规格依据根桩的大小而定。品种有几案、桌椅、屏风、手杖等，以及供居室雅玩、陈列的欣赏品。

根腐病 root rot 由真菌、线虫、细菌引起的植物病害。主要病原物有腐霉、疫霉、丝核菌、镰刀菌、核盘菌等真菌和短体线虫属的线虫。专致根腐病的细菌极少。分布于美国、加拿大、澳大利亚、日本、中国、苏丹、埃及、俄罗斯、德国、委内瑞拉和斐济群岛等国。主要的根腐病有小麦全蚀病、甜菜根腐病、菜豆根腐病、蚕豆根腐病、细辛根腐病等。病因复杂，常由两三种病菌或两种不同类别的病原物共同引起。被害植株根部腐烂甚至坏死，病株枯死。环境条件适宜时，病株还易被一些腐生性强的病原物再侵入，加速根部腐烂，造成复合症状。根腐病是土传病害，主要通过土壤内水分、地下昆虫和线虫传播。可采取轮作、抗病育种、加强田间管理、果园内挖沟切断菌源和土壤消毒等措施进行综合防治。严重病区实行植物检疫。

根河市 Genhe City 中国内蒙古自治区辖县级市。位于自治区境东北部，大兴安岭西北坡，是中国最北部的城市。面积19 659平方千米。人口11万(2010)，有汉、蒙古、回、满等民族。1948年设额尔古纳旗，1966年撤销，分设额尔古纳左旗和额尔古纳右旗。1994年撤销额尔古纳左旗，设立根河市。由呼伦贝尔市代管。年平均气温-5.5℃。矿产有金、银、铅、锌、铜、石灰岩、萤石、珍珠岩、石墨、大理石、汉白玉等。以得耳布尔的铅锌矿品位高、储量大。农业以小麦、马铃薯、耐寒蔬菜等为主。工业有机械制造、电力、木材加工、建材、造纸、食品加工、皮革、印刷、文教用品、化工等。旅游景点有鹿鸣山、月牙滩、脚印湖、一线天、凝翠山和汗玛自然保护区等。

根瘤菌 rhizobia; root nodule bacteria 主要与豆科植物生成专性共生结瘤，固定大气氮素，为宿主提供氮素营养的一类共生固氮细菌。已知根瘤菌有4属，即根瘤菌属、慢生根瘤菌属、固氮根瘤菌属和中华根瘤菌属。根瘤菌的结瘤、固氮机制很复杂，同根瘤菌进入宿主结瘤与根瘤菌分泌脂壳寡糖（根瘤因子）息息相关。而共生的产物根瘤所产生的类黄酮可刺激相关蛋白的生成，启动、诱导根瘤形成所需基因的表达。共生固氮同根瘤菌的类菌体形态、固氮酶执行其功能有很大关系。将氮还原成氨，使得根瘤菌在农、林产业上有巨大的应用潜力。开发生产不同剂型的根瘤菌剂，其有效应用成为农牧业增产的重要手段。

根瘤蚜 Phylloxeridae; phylloxerid 同翅目根瘤蚜科昆虫的统称。有71种，主要分布于全北界，波及其他地区。中国已知仅4种，分布于东北、华北、西北、西南及华东的局部地区。

体长1毫米左右。体表无或有时有蜡粉。无翅蚜及幼蚜，触角3节。头部和胸部之和大于腹部。尾片半月形。缺腹管，罕见有产卵器。有翅蚜触角3节。前翅有3斜脉，后翅缺斜脉；静止时翅平叠于背面。中胸盾片不分为两片。性蚜无喙，不活泼。孤雌蚜和雌性蚜均卵生。根瘤蚜大都营同寄主全周期生活，少数为异寄主全周期。寄主为栎属、山核桃属，以及葡萄、梨、柳等。在虫瘿中或裸露生活。以卵或以若虫越冬。

此科中葡萄根瘤蚜是世界性害虫，被列为危险性检疫害虫。梨黄粉蚜是重要果树害虫。

艮岳 中国宋代的宫苑。宋徽宗政和七年(1117)兴工，宣和四年(1122)竣工，初名万岁山，后改名艮岳、寿岳，或连称寿山艮岳，亦号华阳宫。1127年金人攻陷汴京后被拆毁。宋徽宗赵佶亲自写有《御制艮岳记》。"艮"为地处宫城东北隅之意。艮岳位于汴京（今河南开封）景龙门内以东，封丘门（安远门）内以西，东华门内以北，景龙江以南，面积约为750亩。艮岳突破秦汉以来宫苑"一池三山"的规范，把诗情画意移入园林，以典型、概括的山水创作为主题，在中国园林史上是一大转折。苑中置石、掇山的技巧，以及对于山石的审美趣味都有提高。苑中奇花异石取自南方民间，运输花石的船队称为花石纲。

更赋 中国古代由更卒之役的代役钱转化而来的一种赋税。汉制，成年男子均须为政府服徭役，共有三种，即正卒、戍边、更卒。更卒之役是每人（除享有免役特权者外）每年须在本地为地方官府服一个月的无偿劳役，从事修路造桥、转输漕谷等。因役人轮番服役，所以称为"更"，役人称为"更卒"。有不愿或不能亲身服役者，可出钱三百（一说两千）交官府雇人代替，是谓"过更"，即把更卒之役过与他人；所出之钱，即谓之更赋。实际上，尤其在汉武帝以后，人们都不大肯亲践更卒之役，而愿意出钱了事，或是地方官府不愿役人亲身践役而强令他出钱代役，于是这笔代役钱就逐渐转变为类似人丁税的一种赋税。

更名田 中国清初将前明藩产无偿给予原种之人的田地。又称更名地。明朝的"藩封之产"，散布于直隶（约今河北）、山东、山西、河南、湖北、湖南、陕西、甘肃等省，总数近20万顷。清初，或因战乱荒芜；或因藩王勋戚逃亡，田地为农民所占有，也有不少田土为当地豪强侵占。在畿辅地区，还有被圈占为旗地的。清朝统治者从顺治元年(1644)起曾几次下诏，将这些土地收归国家所有。康熙七年(1668)，清廷为了加速垦荒、增加赋税收入，下诏将"废藩田房悉行变价，照民地征粮，其废藩名色永远革除"。次年，将土地无偿给予原种之人，令其耕种，照常征粮。因为承种者"止更姓名，无庸过割"，故"谓之更名地"。虽然诏谕中宣布更名田无偿给予原种之人，但在执行过程中，有的地方如湖南、山东，原种者仍须纳银若干，方能"更名民田"。由于在实行更名田以前，很多地主豪强侵占了不少藩产，以后又借认垦荒田名义，广为搜索，所以，更名田的好处实际上多为地主豪强所取得。

更年期 climacteric 人体从成熟走向衰老的过渡时期。主要表现为内分泌功能减退或失调（特别是性腺）所致神经功能与精神状况的稳定性减弱，引起情绪波动、感情易变，对环境适应能力下降并诱发多种疾病。生理变化如女性绝经期的出现，一般由内因决定，有其遗传基础；但社会变故主要是外因决定的，因民族文化、社会形态、地区经济等诸多因素而异。至于个人的心理反应则受各方面的影响，甚至一个人在人格形成期所受的影响（童年经历）也至关重要，因为孩童时父母应对危机的模式可能在无形中塑造了子女未来将采取的模式。

狭义上指妇女由生育阶段转入非生育阶段的过渡期，一般发生在40～50多岁。在此期间，妇女的月经由不规则至逐渐停止，相应伴随多种生理变化。而男性生育能力较长且个体变异较大。

更新世 Pleistocene Epoch 第四纪划分为更新世和全新世两个阶段，更新世为第四纪前期，介于新近纪上新世和第四纪全新世之间。1839年C.莱伊尔创立。这个时期形成的地层称更新统。更新世与上新世的分界，国际年代地层表采用180万年的数据。对中国黄土研究表明，距今258万年左右，全球气候发生明显变化，黄土堆积加速，故而主张以此作为更新世与上新世的界线，中国推荐距今260万年作为更新世的开始。更新世结束于距今约1万年，以后为全新世。

更新世时期全球海陆分布、地貌特征与现今基本相同，最重要的事件是气候发生冰期与间冰期交替、更新世特有哺乳动物种属的出现以及直立人的形成并演化为现代人。第四纪冰期主要发生于更新世。更新世期间，全球气候出现过多次冷暖变化，出现过四次大的冰期。更新世生物界的面貌和现代生物界基本相同。与上新世相比较，哺乳动物发生了较大的变化。能够直立行走的古人类——南方古猿在上新世已经出现。到更新世，出现了直立人和智人。中国的北京猿人、欧洲海德堡猿人属于直立人；中国的丁村人、山顶洞人，欧洲的尼安德特人等属于智人。晚期智人已经能制作精细的石器，有了雕刻、绘画等艺术品，为人类向现代人进化奠定了基础。

《庚道集》 道教外丹经典。中国古代炼丹术称黄金为庚辛，庚道，即炼黄金之道。

此书纂人不详，据考证，书中所载丹法，大部分为唐宋人所作，少数为元明时增补。

全书9卷，博采外丹黄白术法诀如《太上灵砂大丹》、《丹阳术》、《葛仙翁九转灵砂丹》、《升仙大丹九转灵砂诀》、《文真子金丹大药宝诀》等二十余篇。每卷俱载黄白法（或外丹法）若干条，各条又包括若干具体丹法，并记载药物名称、剂量和制法。全书所载丹法数量之多、使用药物（金石药和草木药）之广、药物配方和剂量之精确、均为现存丹书所少有，且某些药物配方剂量已与现代制作某些中医丹药之方法相同。此书是研究古代化学和药物学的重要典籍。

庚斯勃罗 Gainsborough, Thomas（1727-05-14～1788-08-02） 英国肖像画和风景画家。生于萨福克郡的萨德伯里，卒于伦敦。1740年在伦敦接受早期艺术教育，当过法国版画家H.格雷夫洛特的助手。他的第一幅油画作品是《查特修道院》(1748)，接着又画了《安德鲁斯夫妇》(1749，见图)。1752年起在伊普斯威奇画了许多当地乡绅的肖像，也画一些带风景的人物像。他于1759年迁至巴斯，并一直住到1774年。这期间他发展了一种自由而精细的肖像风格，如《基尔莫里子爵》(1768) 等。1768年被选为英国皇家美术学院院士。1774年迁至伦敦定居。他的作品强调光和奔放的笔触，加之精致的色彩，使他成为皇室宠爱的画家，并于1780年接受了皇室的第一个订件。在学习了17世纪荷兰风景画家J.van雷斯达尔等人的作品后，洛可可风格的影响在庚斯勃罗身上逐渐减弱。

晚年他也画田园景色的幻想风景画，如《丰收马车》(约1770)、《茅屋的大门》(1780) 等。在肖像画中，他探求人物不拘形式的姿势，标志着一种新风俗画——英国式的洛可可肖像画的形成。这方面的代表作品是《阿盖尔的第四个公爵约翰》(1767)、《塞夫顿的女伯爵伊沙贝拉》(1769)、《农民从市场归来》(约1767) 和《丰收马车》。从1780年起，他又创作了一组幻想画。这一组画可以与格莱兹的作品媲美。晚年，他的作品更加成熟，被认为达到了诗的境界，如《赶集的马车》(1786)。庚斯勃罗的作品笔触奔放，充满活力，是在欧洲艺术传统中占有一席地位的画家。J.雷诺兹在皇家美术学院院作第14次讲演时，称他为复活英国画派的奠基人之一。他的海景画预示着G.莫兰迪和J.M.W.泰纳的出现。晚期的风景画又明显地给J.康斯特布尔以影响。

《安德鲁斯夫妇》

庚戌之变 中国明代嘉靖二十九年（1550，农历庚戌年)，蒙古土默特部俺答汗因贡市不遂而发动的战争。俺答为获得更多的明朝物资以对付瓦剌，屡向明廷称臣纳贡，要求恢复、保持、扩大时断时续的贡市贸易。遭明廷拒绝，并杀其使者，俺答遂借此发动战争。嘉靖二十九年六月，俺答兵犯大同，杀明正、副总兵张达、林椿。明世宗朱厚熜怒杀巡抚陈耀，谪戍总督郭宗皋于辽东。八月，宣大总兵仇鸾重赂俺答，与之盟誓，使移寇他塞。十四日，俺答入古北口，营于孤山（今北京通州东北)、汝口等处，明军一触即溃，京师震恐。世宗急集官吏兵民及四方应举武生守城，飞檄召诸镇兵勤王。十八日，大同等七镇兵5万人至，世宗以仇鸾为平虏大将军，统诸镇兵。由于事变突然、毫无准备，致使军士数日不得食。首辅严嵩要求诸将勿战，任敌掳掠。二十二日，俺答攻诸陵，转掠西山、良乡以西，保定大震。明军惧敌，却扰掠民间，世宗屡闻败报，怒斩兵部尚书丁汝夔和左侍郎杨守谦，逮讯督抚数人。不久，俺答留疑兵于京城外，自引兵携带掳掠的子女玉帛西夺白羊口（今北京延庆西南)，不得出，乃复东向南，在昌平大败仇鸾，循潮河川而上，由古北口出塞，京师解严。九月 日，蒙古军全部退走。事变后，北京防务逐渐加强。

庚子赔款 Boxer Indemnity 中国清政府偿付八国联军侵华的赔款。《辛丑条约》主要内容之一，规定中国向各国赔偿白银4.5亿两，系清政府与列强所签不平等条约中最大的一笔赔款。

庚子年（1900）八国联军侵华，清政府与德、法、俄、英、美、日等11国驻华公使于1901年9月7日在北京签订了《辛丑条约》。其中第六款规定，赔偿各国关平银4.5亿两，年息4厘，分39年还清，本息合计982 238 150两，以关税、常关税和盐税作抵押，通商口岸的常关也归海关管理。这项巨额赔款使中国社会经济进一步半殖民地化。各国的分配率为俄28.97%、德20.02%、法15.75%、英11.25%、日7.73 %、美7.32 %、意5.91 %、比1.89 %，其余都不足1%。还本付息定在上海办理，先由汇丰、德华、道胜、汇理、正金五银行经收。次年，美国花旗银行在上海设行，参加组成银行委员会，所收本息摊交各国所定银行。清政府以关税收入仅能抵偿旧借外债，为筹还赔款计，将年额2 121万余两摊派各省、关，从而引起田赋、丁漕、粮捐、契税、当税、盐斤加价、关税、厘金、统税和各种苛捐杂税不断增加。1909年起，美国将所摊浮溢部分本利退回，充作留美学习基金，到1924年6月退回余款本利1 250余万美元，作为中国教育文化基金。1917年12月起，大部庚款缓付5年，德奥部分因战败取消，连同俄国缓付部分，都拨作国内公债基金。1924年5月底，苏联政府声明放弃俄国部分庚款，于清偿所担保债务后，完全充作提倡中国教育款项。1925年法、日、英、比、意、荷等国都先后声明退回赔款余额，并订立协定，充作办理对华教育文化事业，或充作外国银行营业费用和发行内债基金之用。这种退回庚款的实际使用，大都由中外合组的管理委员会主持。

耕地 cultivated land 种植农作物的土地。包括粮食作物用地、经济作物用地、蔬菜地、饲料地、间作果木地和轮作休闲地。

耕地面积占土地总面积的百分比，全球平均为11%，中国约为10%。中国的人均耕地面积约为世界平均值的1/3。全球耕地的3/4分布在亚洲、欧洲和北美洲；中国耕地的90%以上分布在东南部湿润和半湿润地区，其中质量较好的约占2/3，存在各种障碍因素的约占1/3。

中国保护耕地的措施包括：①立法保护，严格控制建设和农村居民住宅用地；②实施正确的轮作制度和合理的耕作制度；③治理中、低产农田，开展农田基本建设，建设护田林网，防止土地沙化、盐渍化和水土流失；④兴建农田水利和灌溉设施；⑤采用先进的农业技术措施，选育良种，合理施肥，防治病虫害和治理污染等。

《耕织图》 *Painting of Ploughing and Weaving* 中国古代以诗配画形式传播水稻耕种和养蚕丝织技术的图集。最早的《耕织图》出于南宋绍兴年间。作者楼璹。楼璹画有耕图21幅、织图24幅。织图从浴蚕开始，直到剪帛，每图题五言诗一章（八句）加以解释。楼璹之孙将它制成石刻本传世，影响很大。1983年在大庆市发现宋代的《蚕织图》，是宋高宗时翰林图画院依据楼璹的织图画的绢本，共24图，图上还有吴皇后用楷书写的说明。宋后历代摹本很多，元代程棨摹的摹本最接近原作。清乾隆三十四年（1769)，曾据程本刻石于圆明园贵织山堂，后园毁，摹本与刻石均散失。摹本现存美国弗里尔美术馆；刻石尚存数

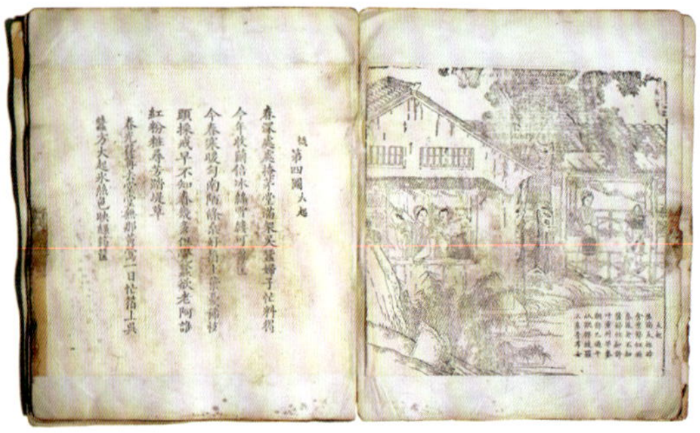

《耕织图》(清末刻本)

块，损蚀严重。日本延宝四年（1676），狩野永纳翻刻明天顺刻本，藏于日本。现今易见的是清代康熙命焦秉贞重绘的《耕织图》(织图自浴蚕至成衣共23图)。

耕作学 principle of cropping system and soil management 研究合理耕作制度的技术体系及其理论的应用科学。农艺学的一个分支。又称农作学。主要研究合理耕作制度的技术体系及其理论。内容包括农作物种植制度以及与之相适应的土地保护培养制度（农田整治、水土保持、肥力培养和土壤耕作等）的技术与理论。目的是合理利用自然资源，提高作物生产力，获得农业的全面持续稳定增产，满足社会对农产品的需要，提高经济效益，维护生态平衡。耕作学是一门综合性较强，正在发展中的边缘学科，与作物栽培学、土壤学、农业气象学、农业生态学、农业经济学等关系密切。

耿 Gunn, John Battiscombe (1928－05－13～2008－12－02) 美国物理学家。生于埃及开罗，卒于纽约芒特基斯科。1948年获剑桥大学三一学院文学士学位。1948～1953年在伦敦埃利奥特兄弟有限公司任研究工程

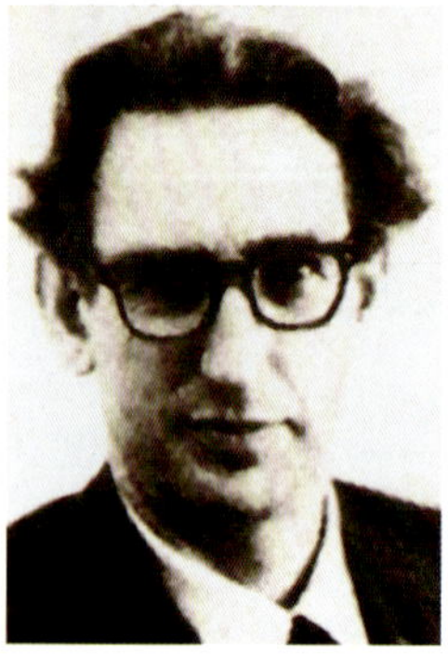

师。1953～1956年任皇家雷达部队初级研究员。1956～1959年在加拿大温哥华市任不列颠哥伦比亚大学助理教授。1959年以后在国际商用机器公司沃森研究中心任职。在半导体器件、半导体中热电子现象等方面的研究成果获多项专利。1963年发现将3 000伏/厘米的电场加到0.005英寸的砷化镓样品上时产生微波电流振荡，研制成耿氏二极管振荡器，为最简单的一种微波振荡器。

耿飚 Geng Biao (1909－08－26～2000－06－23) 中国无产阶级革命家、军事家、外交家，全国人大常委会副委员长，国务院副总理。生于湖南醴陵，卒于北京。13岁到水口山矿当童工。1925年加入中国共青团。1928年转入中国共产党。任浏（阳）、醴（陵）游击队队长。1930年参加红军，历任红1军团第3军第9师参谋、师干部教导队队长、作战教育科科长，2师4团团长、1师参谋长。先后参加了中央苏区历次反“围剿”作战和长征。1936年任红四方面军第4军参谋长。全面抗日战争时期，任八路军第129师385旅参谋长、副旅长兼副政治委员，晋察冀军区副参谋长兼联络部部长。1946年任北平军事调处执行部中共代表团副参谋长兼交通处处长。1948年任华北军区第2兵团（后改称19兵团）副司令员兼参谋长。中华人民共和国建立后，先后担任中国驻瑞典大使兼驻丹麦、芬兰公使，驻巴基斯坦大使，外交部副部长，驻缅甸、阿尔巴尼亚大使等职。1971年任中共中央对外联络部部长。1976年在粉碎“四人帮”的斗争中，完成了中央交给的任务。1978年后任国务院副总理、中央军委常委、秘书长。1981年任国防部长。1982年任国务委员。1983年当选为第六届全国人大常委会副委员长兼外事委员会主任。是中国共产党九届、十届、十一届中央委员，第十一届中央政治局委员。当选为中央顾问委员会委员、常委。

耿济之 Geng Jizhi (1899－01－20～1947－03－02) 中国翻译家。原名耿匡，字孟邕，笔名济之、狄谟等。上海县人。1917年考入北京俄文专修馆，与瞿秋白同窗。翌年翻译L.N.托尔斯泰的小说《克莱采尔奏鸣曲》；同年又与郑振铎结识，遂成挚友。1920年12月与郑振铎等人发起成立文学研究会。此时他已翻译了数量可观的I.S.屠格涅夫、L.N.托尔斯泰等俄国作家的作品，并为1921年《小说月报》的《俄国文学研究》号外撰文和译稿，还与郑振铎合译《赤色的诗歌——第三国际颂歌》(即《国际歌》)。1922年赴苏联。主要译作有：屠格涅夫的《父与子》、《猎人日记》和《村中之月》；托尔斯泰的《短篇小说集》(与瞿秋白合译)、《复活》、《黑暗之势力》和《艺术论》；F.M.陀思妥耶夫斯基的《罪与罚》(译稿曾毁于一·二八战火)、《白痴》、《少年》、《死屋手记》和《卡拉马佐夫兄弟》；A.N.奥斯特洛夫斯基的《大雷雨》；《柴霍甫短篇小说集》(与其弟耿勉之合译)；M.高尔基的《家事》、《俄罗斯浪游散记》、《马特维·科热米亚金的一生》、《蒲雷曹夫》等。在俄苏文学的翻译方面贡献甚多。

耿仲明 Geng Zhongming (?～1649－12－30) 中国明末将领，清兵入关前降清。清初三藩之一。字云台。辽东盖州卫（今辽宁盖州市）人。明登州参将，毛文龙旧部。袁崇焕督师蓟辽，杀毛文龙，耿仲明被调隶山东巡抚孙元化麾下。之后，与孔有德出兵抵御后金时，后备粮饷不至，怨愤不已，两人遂于天聪七年（明崇祯六年，1633）率所部相偕渡海降后金。崇德元年（1636），清封耿仲明为怀顺王，属汉军正黄旗。随清兵入关后，镇压农民起义军。顺治六年（1649），改封他为靖南王，与尚可喜进军广东，因收纳逃人畏罪自杀。停袭爵。八年，顺治帝亲政，以其长子耿继茂袭封，驻广州，又移福建。康熙十年（1671），继茂卒，其子耿精忠袭封。后随吴三桂叛清。

梗死 infarction 细胞组织或器官的一部分由于血流阻断而发生缺血性坏死的现象。又称梗塞。血流中断的原因有栓塞、血栓形成或动脉持续痉挛，又不能建立起足以供给该组织所需血液的侧支循环，因此组织发生缺血性坏死。梗死的组织一般呈灰白色，称白色梗死或贫血梗死，如肾、脾的梗死；有的梗死灶中有出血称红色梗死或出血性梗死，见于组织疏松、血管吻合支丰富或有双重血液循环的器官，如肺和肠的梗死。梗死对机体的意义与受累器官、梗死的大小以及有无感染关系密切，如脾梗死常不引起严重的后果。心、脑梗死，常致急死。皮肤、肝、甲状腺等由于血管丰富，梗死罕见。

工笔 中国画表现技法的一种。又称“细笔”，与简笔或“写意”相对应，意为用笔工致的画法。工笔，一指以工整的笔法和细致入微的刻画进行描绘的造型手法；二为运用这种手法创造的作品类型。

工笔作为描绘手法，一般用笔及设色工整细致；画法程序遵循规范，即有勾有勒，着色三矾九染，或运用特殊的渍染手法；以熟宣、熟绢或类似性质的材料为画底；形象刻画精致入微。据此考查，很难严格明确工笔作为画法的历史起源，但出土战国时期的楚墓帛画，其描绘手法已比

顾恺之作《列女图卷》(局部)

较工致。至东晋顾恺之时期，描法造型都已进入成熟阶段。唐宋时期，工笔画法达到顶峰。元代以后，由于水墨画法的兴起，工笔画法渐被忽视，但仍不乏擅长的大家。

工笔画，是以工笔画法为基础的作品类型。依画法不同，可分为工笔重彩、工笔淡彩、白描、没骨等品种。前三种因着色浓淡或是否着色而区别，没骨则以不勾墨线，直以色彩渍染而称名。

工场手工业 manufacture　资本主义制度下以分工和手工技术为基础的资本主义生产组织。16世纪中叶至18世纪末，工场手工业在欧洲居于统治地位，称为工场手工业时期。

工场手工业的产生有两种方式：一种是混成的工场手工业，即资本家把不同工种的独立手工业工人联合在一个工场里，实行分工协作，共同生产一种产品。例如马车工场，其中包括马具匠、铁匠、木匠、裁缝、油漆匠等。另一种是有机的工场手工业，即资本家把许多从事同一种类工作的手工业者组织在一个工场里，在互相衔接的不同工序上实行分工操作，共同完成一种产品。例如制针工场，个别工人只从事制针生产中某一工序的工作，如打眼、磨光等。

工场手工业具有独立手工业和简单协作所没有的优越性：①工场手工业工人长期重复同一种简单工作，从而把自己的整个身体变为这种操作的片面的器官，有利于总结经验，并避免了调换位置、工具等造成的浪费，可以耗费最少的力量和时间。②工场手工业的分工使劳动工具专门化，有利于工具的简化、改进和多样化，成为产生机器的物质条件之一。③分工使生产过程分解为各个相互衔接和依赖的阶段，缩短了各阶段之间的空间距离和转移所需的时间与劳力。④分工使不同生产阶段在时间上的连续性变成空间上的并存性。⑤分工使一个工人的劳动成果成为另一个工人的劳动起点，每个工人只能使用必要的时间从事自己的专门职能，提高了工人的劳动强度。

工场手工业促进了资本的增大，扩大了资本的剥削范围；把工人变成畸形物，压抑了工人的志趣和才能；使劳动隶属于资本。工场手工业的分工提高了劳动生产率，促进了生产力的发展，但这个新的生产力属于资本的生产力，为资本家生产出更多的相对剩余价值。工场手工业依然建立在手工劳动和手工工具的技术基础之上，在提高劳动生产率方面的作用有一定限度，必然被新的生产方法和生产组织形式所代替，逐渐过渡到机器大工业。

工尺谱 gongche tablature　中国民间传统记谱法之一。因用“工”、“尺”等字记写唱名而得名。最初是唐代即已使用的“燕乐半字谱”，其谱子可能是某种管乐器的音位指法记号。经过宋代的俗字谱，如张炎《词源》中所记的谱字，姜夔《白石道人歌曲》的旁谱、陈元靓《事林广记》中的管色指法谱等，至明清时期，发展为通行的工尺谱，广泛用于民间歌曲、器乐曲、曲艺、戏曲等乐种中。由于流传的时期和地区的不同，其记写方法（包括音高符号、节拍符号、字体形状）、唱名法（可动或固定）以及宫音位置等，也各有差别。近代常见的工尺谱，一般用“合、四、一、上、尺、工、凡、六、五、乙”等字样作为表示音高（同时也是唱名）的基本符号〔可等于sol、la、si、do、re、mi、fa（或升fa）、sol、la、si〕。如表示比“乙”更高的音，则在“尺、工”等字的左旁加“亻”号，如“仩、伬、仜”等；如表示比“合”更低的音，则在“工、尺”等字的末笔曳尾，如“凡、工、上”等。

工尺谱用“、”或“x－”或“㇄、○、●、△”等作为节拍符号，即板眼符号。

工尺谱的记写格式，通常用竖行从右至左记写，板眼符号记在工尺字的右边，每句的末尾用空位表示。如：

上、上、
工。工　工、
尺　尺。工
上、　四。
四　工、尺
合。工　上、
　四。合。
　尺　四
　上、上、
　合。四。
　四　上

对一些声乐曲，其工尺字也有用斜行记写的，称为“蓑衣工尺谱”。

工尺谱的调号有“上字调、尺字调、小工调、凡字调、六字调、五字调、乙字调”7种。

工程 engineering　应用科学知识使自然资源转化为结构、机械、产品、系统和过程以造福人类的专门技术。工程的主要职能有研究、开发、设计、施工、生产、操作、管理等。传统上主要的工程学科有土木、机械、电气和化学工程，每个学科又有若干各具特点的专业分支。另一些重要而独特的工程学科涉及采矿、核技术和环境控制。市政工程和交通工程是较为近代的专业。

工业革命导致机械工程成为一个专门学科。这一学科的分支学科有汽车工程、航空工程、造船工程、精密仪器工程和工艺设计以及农业机械工程等。

电气工程包括各种电气系统的设计和安装。还包括电子工程、通信工程、电子仪器工程、无线电工程、医学电子工程和计算机工程等。

化学工程是石油工业和作为化工原料的石油产品的生产所促成的。这一学科涉及各种工艺工程和设备的设计，旨在通过化学反应使石油的各种成分实现大规模的转化。

工程测量学 engineering surveying　研究工程建设在设计、施工和管理各阶段中进行测量工作的理论、技术和方法的学科。按工程种类分为建筑工程测量、线路测量、桥隧工程测量、海洋工程测量、矿山测量、城市测量、水利工程测量等。按工程建设进行的程序分为规划设计阶段的测量、施工阶段的测量、运营管理阶段的测量，各阶段的重点和要求不同。①规划设计阶段的测量。主要是利用航空摄影测量方法或平板仪测量方法，测制工程设计需要的地形图。②施工阶段的测量。主要是按照设计要求在实地准确地标定出建筑物各部分的平面位置和高程，作为施工和安装的依据。一般是先建立施工控制网，定出主轴线，然后根据现场情况，用坐标法、交会法以及准直的方法对各个细部的平面位置进行放样。用水准测量和其他方法测设高程。③运营管理阶段的测量。主要是进行周期性的重复观测，即变形观测。观测垂直位移和水平位移，并对成果进行整理分析。变形观测的特点是精度要求高。根据观测结果，可对设计和施工质量作出鉴定，借以改进设计理论和施工方案；可判断建筑物的稳定性，预测将来的变形，为运营管理提出建议。

工程技术的改进和发展，随时都对测量工作提出新的要求。其他科学技术的新成就，也都对工程测量学的发展起着促进作用。例如，激光跟踪测量系统、激光扫描仪、测量机器人、GPS接收机、电子全站仪、电子水准仪，各种专用测量仪器以及多传感集成测绘系统等现代测绘仪器，为精密测绘提供了技术保障。现代工程测量已经远远突破了为工程建设服务的狭窄概念，而向广义工程测量学发展，进一步向宏观、微观两个方向发展。宏观方面，建筑物的规模更大；微观方面，测量尺寸更小。精度从毫米、亚毫米级到微米级，并延伸到显微摄影测量和显微图像处理。

工程船舶 working ship 专门从事水上、水下各种施工作业的船舶的统称。主要包括挖泥船、打桩船、起重船、钻探船和炸礁船、碎石船、抛石船、混凝土搅拌船、布缆船等。

挖泥船 挖掘水底泥土、砂石的工程船。用于疏浚航道、开挖港池，以及挖泥造地、修筑堤坝等。主要有四种类型。

吸扬式挖泥船 在使水底泥沙形成泥

图1 抓斗式挖泥船

浆的同时，利用泥泵通过排泥管将泥浆扬到泥舱或排泥地点的挖泥船。按吸泥方式和设备又可分为静吸式挖泥船、铰吸式挖泥船、耙吸式挖泥船。船上设有泥舱，均为自航船。挖泥作业是在低速下进行，除设有双螺旋桨、双舵外，尚有侧推器等设备。为防止泥浆装入泥舱后产生过大纵倾，设有调节纵倾的压载水舱。适用于港湾和内河航道的疏浚作业。

抓斗式挖泥船 利用操纵抓斗在水底进行挖掘泥土、砂石的挖泥船。甲板上设有一台或多台旋转式抓斗机，抓斗挖掘的泥土和砂石卸入泊于其舷侧的泥驳内。多为非自航船。适于在港湾、狭窄航道及深浅变化较大的水域内作业和清除水底一般障碍物。

铲斗式挖泥船 利用铲斗在水底挖掘硬土、碎石的挖泥船。一般在船体中部设有与陆用相同的全旋转铲斗挖掘机，适于挖掘珊瑚礁、重黏土、卵砾石、块石及粗砂等。

链斗式挖泥船 利用链斗挖掘机构，在水底可连续挖掘泥沙的挖泥船。通过导链轮的转动，斗链带动链斗运转，使其相继插入水底进行挖泥。泥斗转至斗桥顶端时可自行翻转，将泥沙倒出。掘进力较强，适用范围较广，除挖掘泥沙外，还可挖掘水下矿物。

打桩船 用于水中打桩作业的工程船。主要设备有打桩机、桩架、滑道及吊锤等。桩架可前后俯仰，以适应捶击不同角度斜桩的要求。吊锤的动力方式可采用蒸汽机、柴油机、电动和电动液压等。打桩船一般非自航，工作时重心变化大，设有平衡水舱和泵。

起重船 专门从事起重作业的工程船。又称浮吊。船体呈箱形，起重设备布置在船纵中轴线上。为保证作业时的稳性，设有平衡水舱和水泵。主要用于港口装卸，也可从事船厂吊运、桥梁安装和平台运装等作业。

图2 起重船

工程地震学 engineering seismology 地震学中为工程建设服务的一个分支。主要研究强烈地震地面运动及其效应。1931年日本地震学者末广恭二赴美国讲学，讲题为“工程地震学”，侧重强地面运动的观测和建筑物振动性能的测量，这便是工程地震学成为学科名称的起源。1956年，第一届世界地震工程会议在美国举行。以后，这样的会议每四年举行一次，确立了地震工程学这门学科。它的领域愈来愈广，概括了工程地震学的内容。现在工程地震学和地震工程学作为学科名称并用，两者的范围虽有重叠，但各有侧重。

就现状来看，工程地震学研究的主题大致如下：①地震宏观考察。工程地震学的基础工作。目的在于取得强烈地震造成的实际破坏现象和震时景物等各种反应的第一手资料。②强震观测。服务于工程需要的强震观测旨在取得大地震近场地面运动过程和在它作用下建筑物反应过程的准确记录。③近场地面运动。地震造成的破坏主要来自地震近场的地面运动，因此地面运动特性成为工程地震学的主要研究对象之一。④地震区域划分和地震危险性分析。这是旨在给工程场地提供在未来一定时期内可能遭受地震袭击的危险程度（简称地震危险性），以便采取适当的防御措施。⑤地震小区划。在局部范围分清对抗震有利或不利的场地，着重研究场地条件对地震烈度（广义的）的影响。⑥近场地震学。20世纪60年代关于地震近场效应的研究日益发展，这个学科逐渐以“近场地震学”或“强震地震学”见于文献。它研究的主题是近场地面运动和震源机制的关系。

工程地质学 engineering geology 研究与工程建筑等有关的地质问题的学科。地质学的一个分支。研究目的在于查明建设地区或建筑场地的工程地质条件，分析、预测和评价可能存在和发生的工程地质问题及其对建筑物和地质环境的影响和危害，提出防治不良地质现象的措施，为保证工程建设的合理规划以及建筑物的正确设计、顺利施工和正常使用，提供可靠的地质科学依据。

研究内容 可概括为四个方面：①研究建设地区和建筑场地中岩体、土体的空间分布规律和工程地质性质，控制这些性质的岩石和土的成分与结构，以及在自然条件和工程作用下这些性质的变化趋向；制定岩石和土的工程地质分类。②分析和预测建设地区和建筑场地范围内在自然条件下及工程建筑活动中发生或可能发生的各种地质作用及工程地质问题，如地震、滑坡、泥石流，以及诱发地震、地基沉陷、人工边坡和地下洞室围岩的变形和破坏、开采地下水引起的大面积地面沉降、地下采矿引起的地表塌陷，以及发生的条件、过程、规模和机制，评价它们对工程建设和地质环境造成的危害程度。③研究防治不良地质作用的有效措施。④研究工程地质条件的区域分布特征和规律，预测其在自然条件下工程建设活动中的变化和可能发生的地质作用，评价其对工程建设的适宜性。

由于各类工程建筑物的结构和作用及其所在空间范围内的环境不同，因而可能发生和必须研究的地质作用与工程地质问题往往各有侧重。据此，工程地质学又常分为水利水电工程地质学、道路工程地质学、采矿工程地质学、海港和海洋工程地质学、城市工程地质学等。

研究方法 包括地质学方法、实验和测试方法、计算方法和模拟方法。地质学方法，即自然历史分析法，是运用地质学理论查明工程地质条件和地质现象的空间分布，分析研究其产生过程和发展趋势，进行定性的判断，是工程地质研究的基本方法。实验和测试方法，包括为测定岩体和土体特性参数的实验、对地应力的量级和方向的测试以及对地质作用随时间延续而发展的监测。计算方法，包括应用统计数学方法对测试数据进行统计分析，利用理论或经验公式对已测得的有关数据进行计算，以定量地评价工程地质问题。模拟方法，可分为物理模拟（又称工程地质力学模拟）和数值模拟，它们是在通过地质研究深入认识地质原型，查明各种边界条件，以及通过实验研究获得有关参数的基础上，结合建筑物的实际作用，正确地抽象出工程地质模型，利用相似材料或各种数学方法，再现和预测地质作用的发生和发展过程。电子计算机在工程地质学领域中的应用，不仅使过去难以完成的复杂计算成为可能，而且能够对数据资料自动存储、检索和处理，甚至能够将专家们的智慧存储在计算机中，以备咨询和处理疑难问题，即工程地质专家系统。

工程机械 construction machinery and equipment 土石方、起重装卸及各种建筑工程机械化施工作业的专用机械设备。包括挖掘机械、铲土运输机械、工程起重机械、机动工业车辆、凿岩与气动工具、桩工机械、混凝土机械、市政与环卫机械、路面及压实机械、装修机械、建筑起重机械、钢筋及预应力机械、道路工程机械、停车及洗车机械等十多类产品。

马拉石磙、石夯和起重滑轮是工程机械最早期的雏形。18世纪蒸汽机、内燃机相继发明，工程机械开始进入动力机械的时代，蒸汽式压路机、内燃机式履带推土机等施工机械相继问世。进入20世纪，随着机械技术发展，随着液压和电控技术的应用，工程机械进入全面发展时期，不断有新的机种出现，机器性能不断提高，驾驶员操作强度持续减轻。20世纪80年代以后，微电子技术、信息技术为智能化工程机械构建了新的技术平台。

工程机械主要由动力、传动及行走、作业、操纵与控制等系统和装置构成。动力系统有内燃机、电动机之分，传动系统由离合器、耦合器、变矩器、分动箱、变速箱、驱动桥、轮边减速器、轮胎、履带等组成；作业装置有斗、抓斗、吊钩、搅拌缸、压实磙、钻削、冲击、振动等；操纵分为机械式、液压式、电液式和气液式；控制分为可编程序控制器（PLC）式、微机式、遥控式、单机智能和机群智能。

工程监理制 construction supervision system 建设项目业主通过招标、投标方式确定，并委托有资格的工程监理机构按施工合同文件对承包商履约活动实施监督与管理的工程项目管理体制。由具公认资质、为业主选中的工程监理机构监督建设项目施工单位按中标合同规定内容和有关技术规范标准进行工程建设，能确保建设项目的投资目标、工期目标和质量目标。代表项目业主的工程监理单位，与施工单位、材料及设备供应单位是监督者与被监督者的关系。工程监理的责任是受业主委托对建设项目的投资、工期、质量进行控制，保证建设项目预期目标的实现。当建设项目实施中发生失误造成损失时，协助各方分析责任，按照责任划分明确赔偿事宜。当失误的原因属于工程监理单位失职时，监理单位同样要按合同规定进行赔偿。

工程科学 engineering science 直接服务于生产和其他社会实践的科学。又称应用科学。

工程控制论 engineering cybernetics 关于受控工程系统的分析、设计和运行的一门科学。控制论的一个分支学科。20世纪30年代末，美国、日本和苏联的科学家们先后创立了仅用两种工作状态的继电器组成的逻辑自动机理论，并被应用于生产实践。第二次世界大战前后，自动控制技术在军事装备和工业设备中开始应用，实现了对某些机械和电气系统的自动化操纵。1954年中国科学家钱学森所著《工程控制论》英文版问世，把能直接应用于工程设计和实验的关于受控工程系统的理论、概念和方法的研究称为工程控制论。书中对这一学科赋予的科学含义和研究范围很快为国际科学技术界接受。

理论范畴 工程控制论的研究对象和理论范畴主要有6个方面。

①系统辨识和信息处理。系统辨识的任务是找出能完全描述系统状态的全体变量，区分为输入量、受控量和控制量等类别，并确定各变量在不同条件下的变化规律。信息处理包括用滤波、预测、相关处理、逼近等方法从受噪声污染的信号中分离出具有本质意义的信息，以及寻求各变量之间的相互关系。

②模型抽象。要精细地描述受控系统的静态和动态特性有赖于建立系统的数学模型。成功的数学模型能简洁和准确地定量反映受控系统的本质特征。基于数学工具抽象受控工程对象本质特征的原理和方法称为建模理论。

③最优控制。研究以最小代价达到控制目的的原理和方法称为最优控制理论。设计最优控制的方法包括线性规划、动态规划、极大值原理、最优化理论等。为了解决最优控制的工程实现问题，还建立了很多适用于计算机程序的算法，称为最优化技术。

④自我进化。工程系统的工作环境和任务目标常会发生变化。自稳定系统能在环境条件发生剧烈变化时自动地改变结构，无需操作人员干预而始终保持稳定的工作状态。基于自适应控制理论设计的工程控制系统能辨识外界条件的变化，相应地改变结构参数，保持优良性能和精度。将具有信息存储能力的计算机引入工程系统可组成自学习系统，系统能准确地自动再现学到的操作过程来完成指定任务。把专家在某一专门领域的知识和经验存储到工程系统中，可使其获得处理复杂问题的能力，这种系统称为专家系统。自组织系统则是为完成不同任务而能自动重组结构的系统。工程控制论的研究一直受到仿生学新成果的影响，通过引进新概念并提出新理论，能使工程系统部分地模仿生物的技能。此外，能辨识人的声音和语言，认识和翻译文字，具有不断增长的逻辑判断和自动决策能力的智能系统已在工业生产领域和服务行业中得到采用。

⑤容错系统。提高系统工作可靠性一直是工程控制论的研究课题。冗余技术的基本思想是用设置备份来提高可靠性。自诊断理论是关于自我功能检查发现故障的理论，按其设计的工程系统能自动地定期诊断或连续诊断全系统和组成部分的功能，及时发现故障并确定故障位置，自动切换备份设备或器件，恢复系统正常功能。

⑥仿真技术。用简单的装置和不同的物理过程模拟真实系统的受控运行过程。早期以物理仿真为主，即用不同性质但易于实现、易于观察的物理过程模拟真实过程。模拟计算机是专用于系统模拟的仿真工具，利用电信号在电路中的变化过程去模拟物理系统的运动过程。数字计算机随着运算速度和存储容量的提高，也已成为仿真技术的主要手段，优点是只要编制相应软件就可模拟各种不同性质的物理过程。

应用领域的演变 工程控制论起源于纯技术领域。早期工业应用限于转速、温度、压力、流量等机械变量和物理变量的自动调节，自动调节原理是对这一时期控制技术的理论概括。第二次世界大战前后出现的自动化防空系统和自寻目标的导弹系统促进了伺服机构和自动控制技术的更广泛应用，并将自动调节原理提升到自动控制理论。在电子数字计算机出现的推动下，技术界开始研制具有数学运算能力和逻辑分析功能的自动机，使自动控制系统获得智能控制的功能。此后，工程控制论的概念、理论和方法开始进入众多非技术领域，派生出经济控制论、社会控制论、生物控制论、军事控制论、人口控制论等新学科，促进了系统工程这门更为广泛的学科的诞生。工程控制论进入社会科学领域是当代重大科学技术成就之一。用于状态分析、政策评价、态势预测和决策优化等，提供更好的决策和得到更好的经济与社会效益。在社会问题的模型抽象和政策优化分析中，经常要用到运筹学、对策论、规划论、排队论、库存论等独立于工程控制论之外并行发展起来的数学理论，以及有关的经济学和社会学理论。

工程塑料 engineering plastics 可作为结构材料的塑料。主要品种有聚酰胺、聚甲醛、聚碳酸酯、聚苯醚、ABS树脂、热塑性的聚酯和聚氨酯、聚砜、聚芳砜、聚苯硫醚以及其他芳杂环聚合物等。也有人将氟树脂、超高分子量聚乙烯和所有热塑性增强树脂以及相应的高分子共混物和改性材料也包括在内。主要特点是密度小、比强度高、化学稳定性好、电绝缘性优良、耐磨并具有自润滑性，可降低摩擦系数、耐热性和尺寸稳定性高、抗冲击和抗疲劳性优良等。主要是通过增韧技术、嵌段共聚或几种聚合物混炼等方法以增加品种和改进性能，使其抗冲击强度更接近金属。广泛用于电子、电气、建筑、汽车、机械、航空、航天等工业部门。

工程伪装 engineering camouflage 运用伪装器材和工程技术手段对目标实施的人工伪装。按使用的装备器材和伪装方法分为植物伪装、迷彩伪装、遮障伪装、示假伪装、灯火伪装、音响伪装。按对付侦察设备的工作波段又可分为防光学伪装、防热红外伪装、防雷达伪装、防声测伪装、防多波段伪装。

任何目标都处于背景之中。目标的外观特征、表面辐射特征、位置特征、使用活动特征等与背景的差异，构成了目标暴露征候，它是侦察设备发现、识别、确认目标的主要依据。工程伪装就是依据敌方的侦察手段、分辨能力和目标所处背景的伪装特性，采用消除、减小、改变目标与背景之间差异的方法，或模拟目标，降低敌方侦察和攻击的效果。工程伪装的基本方法：①遮蔽。②融合。③变形。④示假。

假地空导弹

20世纪70年代以来，可对付光学-红外、光学-雷达、光学-红外-雷达侦察的多波段伪装装备问世，可同时对付光学-红外-雷达等多波段侦察的工程伪装技术亦相应得到发展和应用。

工程心理学 engineering psychology 研究人在人机系统中信息加工的特点、能力和局限性的心理学分支学科。又称应用认知心理学或应用实验心理学。人类工效学研究的课题比工程心理学更加广泛。

工程心理学的研究内容随科学技术的发展而变化：在人是系统的动力源的“人控系统时代”（如人骑车），着重于人体尺寸和力学特征的研究；在人是机器的操作者的“机控系统时代”（如人开汽车），主要研究人的反应速度和能力；在高度自动化的“监控系统时代”（如人操作核电站），则主要研究人的更高级的心理过程，如人误产生的原因与机制等。

工程心理学研究的主要理论问题是：人误、人的智力负荷、情景意识、空间认知、疲劳的效应、刺激与反应的相容性、分布式认知、临境认知、决策等。随着计算机技术、互联网技术、人工智能技术的进步和全球化的进展，人与计算机的交互作用、远程合作工作、更加拟人化的人机界面、个性心理特征对工作的影响、文化对信息加工的影响、互联网支持的学习等问题正在成为工程心理学研究的重要领域。当代工程心理学家的工作主要有三个方面，即人的信息加工、特殊工作岗位的人的能力需求和人员的心理选拔与培训。

工程造价 construction cost 建筑业中的建筑工程造价。在中国现阶段，城市房地产开发是以综合开发方式进行的，所以建筑工程造价也是以综合开发造价形式出现的。主要包括：①建设用地方面的费用，其中主要是征地补偿费，拆迁安置补偿费，土地其他方面的费用。②建筑安装方面的费用，包括建筑物安装工程费用，附属工程费用，室外工程费用等。③配套工程费，主要包括公共配套工程费用，四源费（自来水厂、煤气厂、供热厂、污水处理厂建设费），大市政费，环卫绿化工程费等。④税费，即两税一费（营业税、城市维护建设税、教育附加费），管理费等。⑤建筑企业利润。

工程坐标系 engineering coordinate system 工程测量中采用的坐标系。分为平面坐标系和高程坐标系，分别用于表示点的平面位置和高程。平面坐标系有以下几种：①国家3度带高斯正形投影平面直角坐标系。当测区平均高程在100米以下，横坐标不大于40千米时采用。②抵偿投影面的国家3度带高斯正形投影平面直角坐标系。投影面不是参考椭球面，而是根据补偿高斯投影长度变形而选择的高程参考面。③任意带高斯正形投影平面直角坐标系。中央子午线不按国家3度带划分的方法确定，而是根据补偿归算时产生的长度变形而选择的子午线作为中央子午线。④具有高程抵偿面的任意带高斯正形投影平面直角坐标系。把测区平均子午线作为中央子午线，把测区平均高程面作为投影面。⑤假定的独立的平面直角坐标系。当测区面积不大于100平方千米时，直接把局部地球表面作为平面而建立的独立的平面直角坐标系。高程坐标系一般采用正常高系统。

工读教育 education of juvenile delinquent 通过一边劳动工作、一边读书学习的方式，对有违法和轻微犯罪行为而不适宜在一般学校受教育的青少年进行的一种特殊教育。瑞士教育家J.H.裴斯泰洛齐是创办近代工读教育的先驱。19世纪末20世纪初，英国的H.H.霍恩主办了“少年共和国”，通过提供充分的工作机会，防止少年犯罪。苏联教育学家A.S.马卡连柯先后创办高尔基工学团和捷尔任斯基儿童劳动公社，全力从事流浪儿童和违法少年的教育改造工作。

中国的工读学校招收12～17周岁有违法或轻微犯罪行为的青少年，学制为2～3年。其教育任务是全面贯彻国家的教育方针，把有违法和轻微犯罪行为的青少年教育成有理想、有道德、有纪律、有文化并掌握一定生产技术和职业技能的社会主义公民。中国第一所工读学校是1955年7月1日成立的北京市工读学校。

工分 work point 原是农业生产互助组组员相互换工的计算单位，以后在农业生产合作社和农村人民公社中用来计算社员参加集体生产的劳动量和劳动报酬。又称劳动工分。中国农村改革以前，集体经济组织中实行评工记分，即根据各个成员参加集体生产劳动的实际情况和各个成员的性别、年龄、体力、技术水平等，进行民主评议，确定每个人应得的工分，作为计算劳动报酬的依据。年终分配时根据集体经济单位收入的多少，积累与消费的比例和工分的总量决定分值。个人收入的多少，取决于个人一年的工分总量和分值。改革以后，中国农村普遍实行家庭联产承包责任制，取消了工分。

工会 labour union 工人阶级的群众性组织。在工人阶级与资产阶级斗争的过程中建立和发展起来的，其宗旨是维护工人群众的利益。产生于18世纪中叶的英国，以后在其他一些国家相继建立。按产业系统建立的工会，称为产业工会；按职业系统建立的工会，称为职业工会。中华全国总工会是中国工会的最高领导机构。

工件 work piece 机械加工中的加工对象。可以是单个零件，也可以是固定在一起的几个零件的组合体。

工具钢 tool steel 制造切削工具、量具和模具用的一类钢。分为非合金工具钢、合金工具钢和高速工具钢三大类。

①非合金工具钢。又称碳素工具钢。是含碳0.65%～1.35%的优质和高级优质高碳钢。特点是冷、热加工性好，淬火后硬度(HRC)达66～67，回火后硬度为60～64，耐磨性好，价格便宜。产量约占全部工具钢总产量的50%。非合金工具钢含碳量增加时，耐磨性增加，但韧性下降。这类钢的主要缺点是淬透性差，耐热性低，一般在200℃以下使用。

②合金工具钢。在非合金工具钢中分别加入铬、钨、钼、钒、硅、锰、镍和钴等元素制得。与非合金工具钢相比，其强度、硬度、韧性、耐磨性和耐热性均有提高，可满足各种用途工具的要求。合金工具钢按用途可分为8种：ⓐ量具刃具钢。含碳量较高并含有不高的铬、钨、钒、硅和锰，其HRC≥60，淬透性较好，耐磨性和热稳定性较非合金工具钢高。ⓑ耐冲击工具钢。热处理后的冲击韧性、疲劳强度和耐磨性均较高。ⓒ冷作模具钢。ⓓ热作模具钢。ⓔ基体钢。化学成分相当于不同类型高速工具钢淬火后的基体组织成分，适于制造工作温度在600～680℃的热作模具和要求耐磨性高的冷作模具。ⓕ塑料模具钢。ⓖ无磁模具钢。ⓗ轧制工具用钢。用于制造轧制工具的合金工具钢。按用途可分为轧辊用钢、导板用钢、卫板用钢、芯棒用钢、顶头用钢等。

③高速工具钢。主要用于制造各类高速切削工具。

《工具论》 *Organum* 古希腊哲学家亚里士多德的著作。公元1世纪由亚里士多德学派的安德罗尼科编辑成书。全书收集了亚里士多德6篇逻辑学著作：《范畴篇》、《解释篇》、《前分析篇》、《后分析篇》、《论辩篇》、《辨谬篇》。主要讨论了命题、范畴、三段论等问题，阐述了证明、定义、演绎等方法。该书为形式逻辑奠定了基础，对这门学科的发展有很大影响。

工具书 reference books 供查找、检索知识和信息用的图书。其特点是内容广泛、系统、概括；编排体例与方法特定；目的与功用主要是供临时查检。工具书是随着科学、文化、教育事业的进步而产生和发展的。中国周代的《史籀》、《周谱》、《山海图》为以后的工具书奠定了基础。巴比伦人制作的泥板地图、古埃及记载有关天文、气象的年历等都是古代工具书的萌芽。工具书有以提供知识为主的，如字典、词典、百科全书、政书等；有以提供事实、资料为主的，如年鉴、手册、名录、表谱、地图、图录、类书等；有以提供文献信息线索为主的，如书目、索引等。传统工具书的载体形式多为书本式，计算机技术兴起以后，出现了大量的数据库、检索系统等非书本式载体，对工具书的编撰工艺、检索技术的变革产生了深远影响。

工联主义 trade unionism 国际工人运动中一种改良主义思潮，因最早出现于英国工人联合会而得名。英国工联产生于18世纪后半叶。工联主义在19世纪中叶宪章运动衰落后开始广泛传播。主要代表人物是工联伦敦理事会领导人G.奥哲尔等。

工联主义者主张工人组成工会，在雇佣劳动制度范围内改善工人的经济条件和法律地位，不要求推翻资产阶级的统治。工联主义否定阶级斗争，主张阶级调和，宣传资本家和工人的利益是协调一致的。反对工人阶级的政治行动，主张进行纯经济的斗争。注重工人眼前的和暂时的利益，忽视工人阶级的整体利益和最终目的。早期工联运动作为组织工人的形式，在联合无产阶级为争取提高工资、缩短工时以及改善劳动条件而对资本压迫进行的斗争中多有建树。但是，随着工人运动的发展和马克思主义的传播，工联的活动愈来愈成为工人运动发展的障碍。19世纪末，随着英国资本主义向帝国主义过渡，工人运动发生巨大变化，工联主义在工人运动中的统治地位日趋动摇，逐渐同社会改良主义合流。

工贸结合 integration of industry and foreign trade 工业生产部门直接经营进出口业务的一种经营形式。即生产企业将自己生产的产品通过与外商直接洽谈并组织出口，同时可以从国外进口生产产品必需的技术设备或原材料。

1978年实行改革开放前，中国的工业生产部门没有对外贸易经营权。1979年以后，国家将外贸经营权逐步下放到各省、市、自治区以及工业部门。各工业部门先后成立了一批经营本系统、本行业产品出口的对外贸易（工贸）公司。工贸结合的外贸经营形式从参与者、结合深度到产品经营范围各有不同，一种是工业企业和外贸企业共同出资、出人，共同经营；一种是将全国的工业部门，商业、科研、外贸部门联合起来，对产品实行生产、收购、内销和出口业务一条龙服务；还有一种是生产同类产品的企业（或企业集团），独立经营本系统产品的进出口业务。

工农联盟 worker-peasant alliance 工人阶级在社会主义革命和社会主义建设的过程中与农民阶级结成的联盟。它是无产阶级专政的基础，是夺取社会主义革命和建设事业胜利的基本保证。工农联盟的思想在国际共产主义运动史上首先由K.马克思、F.恩格斯在总结1848年欧洲革命经验的基础上提出。1903年3月，V.I.列宁在《给农村贫农》一文中明确使用了“我们的联盟——农村贫农同城市工人的联盟”的概念。工农联盟是农民人口占多数的国家无产阶级革命力量配备的一个根本问题。工农联盟是由无产阶级领导的。无产阶级要实现对农民的领导，必须具备两个条件：一是率领农民为共同的目标而奋斗；二是给农民以看得见的物质利益，至少不损害其利益，同时还要加强对农民的教育。

工农武装割据 workers' and peasants' armed independent regime 土地革命时期，中国共产党创建农村革命根据地的理论和实践。1927年秋，毛泽东率领秋收起义部队进军井冈山，建立了第一个农村革命根据地。1928年冬，毛泽东在《中国的红色政权为什么能够存在？》和《井冈山的斗争》两篇文章中提出了工农武装割据的革命理论。工农武装割据的基本内容是在中国共产党的领导下，实行武装斗争、土地革命和根据地建设三者的结合。

工伤保险 industrial injury insurance 政府通过统筹或单位通过自筹建立工伤保险基金，对保险范围内的劳动者在因遭受意外伤害、职业病或死亡而暂时或永久丧失劳动能力时，向其本人及家属提供医疗救治、生活保障、经济补偿、医疗和职业康复等物质帮助的一种社会保障制度。是社会保险的一个组成部分。工伤保险费由企业或雇主按国家规定的费率缴纳，劳动者个人不缴任何费用。工伤保险具有4个基本特点：①强制性。②非营利性。③保障性。④互助互济性。

中国工伤保险的基本类型有：①社会保险基金式工伤保险制度。要求企事业单位必须向社会保险机构缴纳工伤保险税（费），然后由保险机构支付伤残抚恤金或工伤补助费。②企事业单位直接负责赔偿式工伤保险制度。根据法律规定，企事业单位用自有基金直接支付工伤职工及其遗属的伤残补助金。

工团主义 syndicalism 在工人运动中鼓吹无政府主义政治主张的一种思潮。19世纪末出现于法国，受蒲鲁东主义和布朗基主义强烈影响，20世纪初期在西欧和美洲国家得到较广泛的传播。工团主义者提出，工团是反映工人全部生活的现实单位，是工人阶级组织的自然形式，是阶级意识的“熔炉”，是组织工人阶级推翻资本主义的唯一手段。工团将消灭一切政治组织，并将完全取代国家。工团主义反对把政治斗争作为阶级斗争的主要形式，并把阶级斗争仅仅归结为罢工和经济斗争。他们主张消灭生产资料私有制，认为生产资料私有制消灭后，生产资料应归工团所有。主张在资本主义消灭后，建立一种以工团作为社会基层单位的、没有国家和军队以及法律的、以工人阶级为主体的所谓自由联合的无政府状态社会。

工业 industry 采掘（采伐、采集）自然物质资源和对采掘品或农产品、工业原材料进行加工、再加工的社会物质生产部门。

工业起源于手工业。在古代社会，手工业只是农业的副业，经过漫长的历史过程，直到18世纪60年代英国出现了工业革命，工业才最终从农业中分离出来成为一个独立的物质生产部门。19世纪末到20世纪初，内燃机、发电机、电动机和电力的出现及其在工业上的应用，使工业进入一个新的发展阶段，即电气化发展阶段。第二次世界大战以后，随着电子计算机和晶体管的问世和发展，以微电子技术为中心，产生了一大批技术、知识密集型工业，工业进入生产自动化、智能化的新阶段。

图1 18世纪英国工业革命时期的珍妮纺纱机

根据劳动对象的不同，工业可分为采掘工业和加工工业。按照产品的经济用途，可分为生产生产资料的工业和生产消费资料的工业。在中国，一般习惯称前者为重工业，后者为轻工业。按照对生产要素的使用特点，可分为劳动密集型工业、资本密集型工业和技术密集型工业。按照产生的时期和发展前景，可分为传统工业和新兴工业。

工业是唯一生产和制造现代化劳动手段的部门，是整个国民经济的装备部，决定着国民经济现代化的速度、规模和水平。它还是国家财政收入的主要源泉，是国家经济自主、政治独立、国防现代化的根本保证。

图2 1875年德国画家A.门采尔笔下描绘的轧钢厂

工业测量 industrial measurement 工业制造业中产品（包括零部件）质量检验、设备安装、调试以及整机组装后的测试和安全检测等一系列测量工作的总称。由测量仪器和计算机集成的工业测量系统，可实现精密三维坐标的测量和解算，具有如下特点：①数据采集、处理的设备和软件都是数字化和自动化的高技术产品，作业具有准确、实时和速度快等特点。②测量过程中不接触被测物体，避免了常规方法中因接触而引起的被测物体的变形、相互干扰以及中断工作等不良影响。③可实现对难以接近目标的测量，不受固定测站以及被测物体形状、大小等特殊条件的制约，具有机动、灵活和适应性强的能力。

工业测量系统已有全站仪测量系统、近景摄影测量系统、激光跟踪测量系统、激光雷达测量系统等。在汽车、航空、航天、船舶等工业制造业和桥梁、标准构件等工程建筑业以及大型抛物线型射电天文望远镜等科研领域中得到广泛应用。

工业产权 industrial property 知识产权的重要组成部分。按照《保护工业产权巴黎公约》的规定，工业产权的保护对象包括专利、实用新型、外观设计、商标、服务标志、商店名称、产地标志和原产地名称，以及禁止不正当竞争的权利。工业产权不仅适用于工业和商业，也适用于农业、采掘业、一切制造品和天然产品。

工业产权的特征包括：①专有性。非经权利人的许可，任何人不得享有这种权利，即工业产权具有排他性。②地域性。除非参加国际公约或订有多边、双边条约，在一国取得的工业产权只在该国境内有效，在他国不发生法律效力。③时间性。法律对工业产权的保护都有一定期限的规定，超过保护期限的工业产权，任何人都可以利用。

工业固体废物 industrial solid waste 在工业、交通等生产活动中产生的固体废物。

种类 工业固体废物种类与工业过程密切相关，包括诸如有色与黑色冶金废物、化工废物、煤矸石和燃煤灰渣等生产过程排放的固体废物，以及用过的废机械部件与废金属、非金属材料等。由于废矿石与尾矿在数量、处置方法以及综合利用率等方面与其他工业废物有相当大的差别，有些国家将其单独列出归入矿山废物类中，中国则将矿山废物也纳入工业固体废物类加以管理。各行业产生的工业废物中还包含大量的危险废物，如毒性较高的重金属废物，具有易燃性、爆炸性或腐蚀性的废物等。

危害 工业固体废物中含有多种有害的可溶性和挥发性物质，通过降水淋溶作用，会污染土壤、地表水和地下水系统；严重时甚至会淤塞河道，影响生物正常生长，危害人体健康。干燥的和含有挥发性物质的工业废物也会随风传输，污染大气。

处理与综合利用 提高对工业固体废物的综合利用水平是消除其污染影响的最积极和有效的途径。有些工业废物可以在一定条件下直接作为工业原料。如粉煤灰、煤矸石等均可直接作为制造水泥和建筑材料的原料。对长期遗留的废物进行加工或提取，还可生产出附加值很高的产品。如从有色金属选矿和冶炼废物中可以提取多种稀有金属和贵金属。

工业化 industrialization 一国通过发展制造工业，并用它去影响和装备国民经济其他部门，使该国由落后的农业国转变为先进的工业国的过程，也是工业在国民收入和劳动人口中的份额持续上升的过程。在这一过程中，传统的手工业生产被机器大生产所取代，技术日益成为提高劳动生产率的重要手段；传统的自然经济被商品经济和市场经济所取代，简单分工让位于社会化大分工，工厂和企业法人成为社会生产的基本组织单位；农村人口大规模流入城市，城市人口的数量和比重不断提高。

工业化开始于18世纪60年代英国的工业革命。美国、法国、德国、俄国、日本等国也于19世纪先后开始并基本实现了工业化。第二次世界大战后，广大发展中国家纷纷走上工业化的发展道路。

工业机器人 industrial robot 能够控制、可再编程、多目的和具有3个以上自由度操作或移动功能的自动机械。见产业机器人。

工业基地 industrial base 在一定地域范围内集中相当发达的工业或比较完整的工业体系，并对一个国家或地区相关产业的发展起主导作用的地域。一种工业地域组合形式。如上海既是中国工业基地，又是全国工业中心。但是并非所有的工业中心、工业地区、工业枢纽都可称为工业基地。如厦门是中国福建省南部地区的工业中心，但不是工业基地。工业基地的建设条件主要有：①基地附近自然资源丰富，原料供应条件好。②靠近燃料动力基地，能源供应有保证。③水源条件好，能满足工业发展需要。④交通运输方便。⑤劳动力来源有保证。⑥接近市场。⑦技术基础比较雄厚。按其部门结构特点分为综合性工业基地和专业化工业基地。前者的工业体系比较完整，后者以发展一两个主要工业部门为核心。

工业炉 industrial furnace 工业生产中，利用燃料燃烧所产生的或电能转化的热量，对物料或工件进行加热的热工装置。在冶金和机械工业中，一般将用来完成各种材料或工件的熔炼、加热、热处理等热加工工艺的热工装置称为炉，而将用于硅酸盐工业的称为窑。二者统称为工业炉。

简史 工业炉的创造和发展对人类早期进步与文明起着十分重要的作用。中国商代出现较为完善的炼铜炉，炉温达到1 200℃，炉子内径达0.8米。1794年世界上出现了熔炼铸铁的直筒形冲天炉。1864年法国人P.-É.马丁建造了用气体燃料加热的第一台炼钢平炉。1900年前后，开始使用各种电阻炉、电弧炉和有芯感应炉。20世纪50年代，无芯感应炉得到迅速发展。后来又出现了电子束炉、等离子炉等，可进行高熔点材料的熔炼和表面处理。

用于锻造加热的炉子最早是手锻炉。以后发展为用耐火砖砌成的半封闭或全封闭炉膛的室式炉，用煤、煤气或油作为燃料，也可用电作热源。以后，又出现了适于加热钢锭和大钢坯的台车式炉和加热长形杆件的井式炉。20世纪20年代后出现各种机械化、自动化的炉型。

工业炉的燃料由块煤、焦炭、煤粉等固体燃料逐步改为发生炉煤气、城市煤气、天然气、柴油、燃料油等气体和液体燃料。

分类 工业炉按不同方式可分为以下种类。

按供热方式 分为两类：①燃料炉。由燃料燃烧加热，一般为煤炉、油炉、煤气炉等。②电炉。电能加热，一般有电阻炉、电弧炉、感应炉、电子束炉、等离子炉等。

按热工制度 分为两类：①周期式炉。如室式炉、台车式炉、井式炉、罩式炉等。②连续式炉。炉子连续工作，炉膛内分温度区段。如连续式加热炉和热处理炉、环形炉、步进式炉、振底式炉等。

按工艺用途 分为：①干燥炉。②烘干炉。③加热炉。④热处理炉。⑤焙烧炉。⑥熔炼炉。⑦裂解和蒸馏炉。

加热炉主要用来加热金属，提高塑性（见图）。常用炉型有室式炉、台车式炉和推杆式炉。热处理炉用来对金属进行热处理，以提高力学性能。常用炉型有电阻炉、可控气氛炉、真空热处理炉、等离子热处理炉和盐浴炉。熔炼炉用于冶炼或熔化钢铁或有色金属，进行铸造生产。较常见的设备有两种：冲天炉，又称化铁炉；感应电炉。按电源频率，感应电炉分工频、中频和高频三种。

带式连续式加热炉

工业区 industrial district 以工业生产活动为主要特征的工业企业集聚区域。工业枢纽的组成部分，地域范围一般为数平方千米到数十平方千米。多为以企业联合为基础形成的工业企业群所在地，这些企业之间有密切的生产技术协作和工艺联系，或利用共同的市政工程和基础设施。据形成条件和位置分为：①城市工业区，依托城市而形成的工业区，如中国的郑州纺织工业区、兰州石油化学工业区、哈尔滨动力机械工业区。②独立工业区，不依附于城市，一般生产规模大、专业化程度高、对外联系广泛，常可代表所在地区的工业发展特点和面貌。中国山东淄博市南定、安徽铜陵工业区。中国以经济技术开发区、高技术开发区等为主体的新的工业区逐步形成壮大，成为一种新的工业区类型。

工业区位论 industrial location theory 研究工业活动的空间选择及空间内工业活动的组合规律的理论。创建人是德国A.韦伯，于1909年发表《工业区位理论：区位的纯粹理论》，中心思想是区位因子决定生产场所，将企业吸引到生产费用最小、节约费用最多的地点。以后，德国A.廖什于1940年发表《经济的空间秩序》，提出用最大利润代替最低成本的空间选择原则和动态市场圈的需求圆锥体理论。区域科学创始人美国W.艾萨德利用各种计量经济学方法进行工业区位分析，指出区位因子是互相依存的函数关系，应从区域的综合分析中研究工业区位，以充分发挥地区优势，建立最佳生产部门。现代工业区位论研究更加注重制度和文化环境因素、非正式制度以及信息技术对工业活动区位选择的影响。

工业设计 industrial design 工业时代科学技术和人类文化艺术发展相结合而产生的边缘学科。与单件制作的手工业产品设计相区别，以批量和机械化为条件，对工业产品进行预想规划的行为，包括推广这些产品而产生的广告与包装等。简称ID，又称工业美术、造型、产品设计等。工业设计的核心是产品设计，是对与人的衣食住行用相关的产品的功能、材料、构造、工艺、形态、色彩、表面处理、装饰等各种因素，从

丹麦保尔·汉宁森设计的灯饰

社会、经济、技术的角度综合处理，既要符合人们对产品的物质功能的要求，又要满足审美的需要。

工业设计是伴随工业革命的出现兴起的。17世纪开始的欧洲工业革命，到18世纪后期，在英国达到了高潮。由于大工业机械化的批量生产，使手工业时代的设计思想和方法难以适应。19世纪末期英国W.莫里斯倡导的**艺术与手工艺运动**成为工业设计史的开端。随后的**新艺术运动**、风格派、分离派等都以宣扬手工制品的精良，缅怀古典时期的细腻、恬静的情趣为宗旨，由此促进了社会对工业产品造型质量的重视。1919年德国工业联盟的创立和包豪斯设计学院的诞生是工业设计史、现代建筑史、现代艺术史上的里程碑，它标志着工业设计作为一门学科和事业的确立。**包豪斯**的最高目标是培养一批未来社会的建设者，使他们一方面能够完全认清20世纪工业时代潮流的需要，另一方面又具备充分的能力去运用当代科学技术成果和美学原则，创造能够满足人类精神与物质双重需要的环境。美国的工业设计以实用、合理著称，设计师设计了可口可乐瓶和商标、宇宙飞船登月舱、福特汽车公司T型车等产品，成为现代美国社会中创建新的生活方式和财富的主要因素。战后的日本、德国也是依靠工业设计从节能、价廉、新颖方面开发新产品，开拓市场，在国际竞争中求生存发展，获得成功。1957年欧美一些发达国家在伦敦成立了国际工业设计学会联合会（ICSID），对促进国际工业设计运动发挥了积极作用。工业设计发展到现代更多地应用高技术成果，创造现代生产、生活所需要的新产品，工业设计和工业管理的联系更加紧密，技术的发展必然要增强管理思想的灵活性。另一方面，设计不应当追求个人爱好，因为技术的复杂性使设计已成为集体活动，产品的生产必须意识到它的社会责任，如生态学、舒适性和

环境等问题。工业设计在历史的变革时期，正对世界经济的发展、人类物质生活与精神生活的改善起着重要作用，它在当今世界不仅是一种综合科学与技术的生产力，也是社会生存方式与文化方式演变的一种后工业时代的文化运动。

20世纪50年代，中国开始关注工业产品的造型与功能设计。由于当时的现代工业薄弱，设计观念相对落后。80年代以后，随着工业设计教育的开展，全国有十余所高等院校设立了工业设计专业或学科，中央工艺美术学院（后改为清华大学美术学院）是最早设立该学科的高等院校之一。1978年成立了中国工业协会，按产品和行业划分先后组建了陶瓷、电子、装潢、家具等8个学会。1987年10月中国工业设计协会在北京正式成立。随着科学技术的发展，当代工业设计已进入了新的阶段。

工业社会 industrial society 以机器化大生产为基础的社会。是继农业社会之后的社会发展阶段。有时又称现代社会。主要特征是：①以煤炭、石油和天然气为主要动力来源，以大规模机器化工业生产为基础，工业化程度越来越高，科学技术得到迅猛的发展。②劳动分工细致、复杂，专业化程度日益提高，实行生产的专门化、管理的科学化和产品的标准化。③庞大的产品销售市场，生产以商品交换获得利润为主要目的。④城市化发展很快，现代化大都市不断出现，城市规模也不断扩大，人口愈益集中于城市。⑤交通运输工具和通讯联络手段高度发达，个人、群体、组织、区域、国家日趋开放。⑥工业生产与家庭分开，农业劳动力大量流向工业，工人往往需要到离家很远的工厂去工作，促使传统的大家庭趋于解体，核心家庭逐渐成为主要的家庭形式。工业社会使人类充分享受到科技带来的物质成果，但同时也产生许多新的问题，如环境污染，资源枯竭，焦虑增加，人际交往表面化、关系疏远等。

工业炸药 industrial explosive 用于工程爆破（如岩石爆破、采煤、采矿、水利工程等）、爆炸加工、地震勘探、水声信号等作业的猛炸药。又称民用炸药。现代工业应用的主要有以下几类：①铵梯炸药。以硝酸铵和梯恩梯为主要成分的粉状炸药。生产工艺简单，起爆感度高，原料丰富，价格便宜，但在国外已渐趋淘汰。②铵油炸药。为硝酸铵和燃料油的简单混合物，价格最便宜。③含水炸药。又可分为三类：ⓐ浆状炸药，以氧化剂（如硝酸钠、硝酸铵）溶液为连续相，可燃剂（如燃料油）和敏化剂（如梯恩梯、铝粉）为分散相，经稠化和交联而成的悬浮体或凝胶状炸药，大多用于大炮孔的露天矿；ⓑ水胶炸药，采用硝酸甲胺为主的水溶性敏化剂和密度调节剂，其组成和结构与浆状炸药大致相同，多用于矿山爆破；ⓒ乳化炸药，油包水型的乳胶状炸药，密度高、爆速高、猛度高、抗水性能好、起爆感度好，在有水和潮湿的爆破场合更具有优越性。④许用炸药，也称煤矿炸药。允许在煤矿井下有瓦斯和煤尘爆炸的工作面使用的炸药，有硝化甘油、铵梯炸药和含水炸药等品种。⑤硝化甘油系炸药，又称达纳炸药。主要成分为硝化甘油和吸收剂，其爆炸性能较好，起爆感度高，传爆性能好，但生产安全性较差，成本较高。

工业中毒 poisoning in industry 工业生产过程中，接触生产性毒物引起的中毒。冶金、机械、电子、化学等工业，矿业，交通运输，建筑以及军事工业等在生产过程中往往使用或产生一些有毒物质，称为生产性毒物或工业毒物，其种类很多，且经常几种毒物同时存在。这些有毒物质在空气中的浓度达到或超过规定的最高容许浓度时，可使长期接触这些毒物的人们中毒，严重时造成死亡。有些工业毒物不仅对作业人员本人有影响，还能影响其子代健康。有些工业中毒患者经治疗可以恢复健康，有些工业中毒尚无特效治疗方法。

分类 毒物一次大剂量进入人体引起的中毒称为急性中毒；长期小剂量的毒物作用于人体所引起的中毒称为慢性中毒；亚急性中毒是指较短时间内较大剂量毒物进入人体所引起的中毒。一般情况下，常见的工业中毒多为慢性中毒，急性中毒往往是意外事故引起。

临床表现 随毒物的毒性特点而不同，有的毒物对不同的身体部位引起不同的中毒影响，如黄磷对肝脏主要造成急性中毒性肝病，而对骨骼则引起慢性中毒。工业中毒的主要临床表现可以分为：①神经精神病变。最常见的是神经衰弱综合征，如头昏、头痛、失眠、多梦、记忆力减退等。还可出现精神异常、甚至发展为中毒性精神病。还可见多发性神经炎、中毒性脑病等。②呼吸系统病变。如气管和支气管的炎症、哮喘、肺气肿、肺水肿等。③血液系统病变。如贫血、溶血、出血、白细胞减少或增多、变性血红蛋白症等。④消化系统病变。如胃肠功能紊乱、腹绞痛、中毒性肝病等。⑤循环系统病变。如心律失常、心肌损害等。⑥泌尿系统病变。如中毒性肾病、尿结石等。⑦其他。如骨骼、内分泌、晶状体病变等。一种毒物通常主要侵犯某一个或几个系统，并引起相应的症状。不同的中毒，其临床表现不同。此外，某些化合物，如氯化烯、氯丁二烯及某些多环芳烃和芳香胺类物质，具有致癌或致畸作用，可影响工人或其下一代的健康。

诊断 应结合职业史、病史、临床检查、现场劳动卫生学调查和实验室检查等进行综合分析，并要做好鉴别诊断。

治疗 大致分为病因治疗、对症治疗和支持疗法。有些毒物中毒机理明确，并有特效的排毒或解毒药物，可得到有效治疗；有些中毒缺少特效疗法，则主要采取对症治疗。对于急性中毒，首先要注意做好急救处理。

工艺画 handicraft picture 用各种材料，通过拼贴、雕磨、镶嵌、彩绘、铸锻、髹漆等工艺制成的图画。主要品种有壁画、挂屏、屏风等艺术欣赏品。

中国工艺画从附属于器物上的镶嵌图案发展而来。公元前11世纪，商代已出现金银错，即在青铜器上镶嵌金银丝、片等组成装饰图案。战国时期，金银错已很著名，并出现羽毛贴画装饰。这一时期漆器工艺形成彩绘、镶嵌、金银箔、螺钿、描金等髹饰技法，这些技法都被漆画所采用。明代，福建创制纸织画。清代出现不少工艺画的新品类，如四川和浙江的竹帘画、江苏苏州的彩蛋画、安徽芜湖的铁画、福州的软木画等。20世纪20年代以来，中国工艺画更加繁荣，陆续出现树皮画、邮票贴画、布贴画、棉花画、镶嵌画、通草画、麦秆贴画、牛角画、贝雕画、羽毛画等，成为工艺美术的一个门类。

中国工艺画按原料分，有贝雕画、羽毛画、牛角画、通草画、彩蛋画、软木画、树皮画、漆画、铁画、棉花画、布贴画、邮票贴画等；按工艺方法分，主要有髹漆画、镶嵌画、彩绘工艺画、拼贴工艺画和其他工艺画五类。

工艺美术 arts and crafts 具有实用和审美双重特性的造型艺术。曾称日用工艺、陈设工艺、美术工艺等。20世纪50年代初，“工艺美术”一词始在中国广泛使用。现代，中国对工艺美术的概念仍有不同的见解：有的认为，是指具有较高技艺和较多装饰成分的一部分工艺品，其特点是工艺技巧性和欣赏性；有的认为，是指对衣、食、住、行、用等方面的生活用品和生活环境的美化。在欧美各国，工艺美术的概念一般是指手工艺，与中国有所不同。

本质 工艺美术涉及人们生活的各个领域，直接与人们的衣、食、住、行、用有着紧密的联系，强调实用价值和功能，是融生活与艺术为一体的广义的文化形态，是民族文化水平的形象写照。因此，工艺美术在内容、形式和价值观念等方面，都体现出其本质，即具有物质的和精神的双重属性。一方面它运用技法，对材料进行加工，制成物质产品，反映一定时代、一定社会的文化；另一方面，它又在制造中体现审美观念，反映一定时代的审美观。工艺美术既不同于一般的造型艺术，也区别于一般工业产品。

分类 按艺术门类，可分为手工艺、实用美术、环境艺术、工业设计、装饰、图案等。关于工业设计和环境艺术，在中国，有的认为应属于工艺美术的范畴，有的认为不属于工艺美术的范畴，而是独立的设计门类。按材料和工艺，可分为陶瓷、雕塑、玉器、织锦、刺绣、印染、花边、编结、编织、地毯、漆器、金属工艺、工艺画、首饰、人造花等。

特点 工艺美术与功能学、美学、技术科学（材料和技术）、心理学、经济学、信息学、人体工程学等都有着密切的联系。工艺美术设计要研究人和物的关系，即人们在使用工艺美术品时，在生理和心理上的效应和反应；研究生活美、艺术美，即满足实用与功能的要求，体现材料质地美、工艺技巧美和装饰美；研究材料性能和技术特点；研究消费心理、流行心理；研究生产成本、价格、流通和市场；研究现状、信息和未来预测等；研究人的生理结构和需要，强调器物的适应性。

工艺美术对于人民生活和民族文化等，都具有十分重要的作用。它通过生活领域对人们的思想意识和审美情趣进行潜移默化的陶冶。它对人们生活影响的经常性、深入性和广泛性，是其他艺术所无可比拟的。中国工艺美术曾以优美的丝绸、独创的陶瓷，在古代开拓了通往西方的丝绸之路和陶瓷之路，加强了中外经济、文化的交流。现代工艺美术将在不断发展中发挥更大的作用。

工质 working substance 实现热能与机械能或其他能量转换或传递过程中所用的工作介质。如制冷机中的氟利昂，汽轮机中的蒸汽。工质一般是流体。气态物质有良好的流动性和压缩性，便于吸收、输运、释放或转换能量。水和水蒸气容易获得，成本低廉，并具有无腐蚀性，比热容和汽化潜热较大等优良性能，是最常用的工质。

工资 wages 劳动力价值或劳动报酬的一种形式。工资既存在于资本主义社会，也存在于社会主义社会，它们具有根本不同的性质。

在资本主义经济中，雇佣工人出卖的是劳动力商品。资本家支付给工人的工资，实质上就是劳动力价值或价格的货币转化形式。但是，劳动力的价值或价格转化为工资，却掩盖了工人的必要劳动和剩余劳动、有酬劳动和无酬劳动之间的区分；工资表现为劳动的价值或价格这一假象，工人似乎得到了他的劳动所创造的全部价值，资本家对工人的剥削的实质被掩盖起来了。资本主义工资的基本形式有计时工资和计件工资两种。计时工资是按工人的劳动时间支付的工资，如日工资、周工资、月工资等。计时工资受工资量、工作日长度和劳动强度这3个因素的影响。计件工资是根据工人完成的产品数量或作业量支付的工资。计件工资是以计时工资为基础的，是计时工资的转化形式。计件工资是最适合资本主义生产方式的工资形式。

在理解工资量的变化时，要区分名义工资和实际工资。名义工资是指资本家用货币形式支付给工人的工资，又称作货币工资。实际工资是指工人用货币工资所能购买到的生活资料和取得的劳务的数量，它较确切地反映了工人的实际收入水平和生活状况。在生活资料价格和劳务收费不变的情况下，名义工资的增长就表现为实际工资的提高；如果生活资料价格和劳务收费提高，以及赋税等等加重，那么，名义工资不变或略有提高时，实际工资就会呈现下降趋势。

社会主义工资是国家或集体经济组织根据按劳分配原则，以货币形式分配给劳动者的那部分价值。在社会主义社会中，由于生产资料公有制的建立，劳动者成了生产资料的主人，工资不再是劳动力的价值或价格的转化形式，而是按劳分配的主要实现形式，体现着国家、企业和劳动者之间根本利益一致的关系。社会主义工资的主要形式有计时工资和计件工资。在实行计时工资时，先根据劳动者的劳动能力、技术水平和劳动熟练程度等因素，确定不同质的劳动有不同的工资等级；然后，再根据劳动者劳动时间的长短，支付相应等级的工资。在实行计件工资时，劳动者的劳动报酬同劳动者实际付出的劳动的质和量，有较为紧密的联系，在一定范围内，能比较充分地体现按劳分配的本质要求。企业一般实行的是计件工资。

在中国，构成工资总额的项目有：①标准工资（包括计时工资和计件工资）。②加班加点工资。③各种奖金，如质量奖、节约奖、安全奖、发明创造奖和综合性奖等。④各种津贴，如地区津贴、夜班津贴、副食品价格补贴、交通补助等。⑤其他工资，如保留工资等。

在中国社会主义市场经济中，除个体劳动者外，劳动者报酬均采取了工资的形式。但至少有两种不同的情况：①本来意义的工资，即劳动力价值或价格的转化形式。私营企业和外商独资企业是最典型的情况。②一些不纯粹的情况，如公有私营企业、公私混合型企业等。

工作生活质量学说 theory of work-life quality 形成于20世纪70年代的关于员工对其工作内容、条件等的满意度与其工作积极性关系的学说。该学说主张，通过工作丰富化，满足员工对安全感、挑战性、成就感和职业发展等方面的需要，从而达到提高员工积极性和劳动生产率的目的。该学说认为，员工工作绩效低和离职率高的原因主要是过去的管理片面强调员工行为的改进，不重视员工工作内容的合理性。工作生活质量一般有两方面的含义，一是指一系列客观的组织条件及其实施，包括工作的多样性、挑战性，员工参与管理的程度以及工作的安全性等；二是指员工在工作后所产生的安全感、满意度以及成就感等。

实施工作生活质量计划（协议），一般首先要建立一个劳动管理指导委员会，通常包括一名或几名有关专家或参谋，然后该委员会负责提出一些具体的措施，通过工作丰富化和工作内容的再设计，提高工作的吸引力和员工的劳动生产率。在这种计划的设计过程中，还应有员工的参与。

弓鳍鱼目 Amiiformes; bowfin 硬骨鱼纲一目。属较古老的淡水鱼。此目有8科，除弓鳍鱼科的弓鳍鱼为现生种外，其余都已灭绝。分布于北美东部热带及温带各河流和大湖区。尾鳍近歪尾型；椎体如存在，不呈后凹型；前颌骨不能伸缩，紧连头骨；前胸鳍的后鳍基骨上有数块支鳍骨；鳞多为菱形硬鳞。此类鱼一般体长30～60厘米，最大可达90厘米，雄鱼略小；体圆筒形；口大，端位；上下颌及犁骨、腭骨均具齿；后鼻孔分离，前鼻孔有一短须，有一喉板；体被圆鳞；侧线存在；背鳍基长，约有48根鳍条；鳔分割成许多小室，是似肺的辅助呼吸器，水中缺氧或离水能借助鳔的作用从空气中吸收氧气。常栖息于水草丛生的水域，以鱼类、虾和软体动物为食，幼鱼摄食水生无脊椎动物。春季在沿岸淡水区繁殖。雄鱼有用植物碎屑筑巢以及护卵护仔的习性。

弓形虫病 toxoplasmosis 刚地弓形虫引起的寄生虫病。呈世界性分布，有广泛的自然疫源性。猫科动物是本虫终宿主，很多哺乳动物和鸟类可受感染而成为传染源。猫类粪便中可有弓形虫卵囊排出，污染其皮毛或水、食物等。食入污染的饮食及抚弄污染的宠物猫的皮毛，均可造成感染。本病分为先天性与获得性两种。前者表现为流产、早产、死产或畸胎、脑积水、头颅畸形、脑内钙化灶、肺炎、视网膜脉络膜炎等；后者表现为发热、皮疹、淋巴结肿大、肝炎、脑炎、心肌炎等。间接血凝试验、补体结合试验、酶联免疫吸附试验等血清免疫学试验对诊断具有重要价值，确诊依据血片、骨髓涂片或淋巴结活检中找到病原体或动物接种。检测循环抗原对早期诊断或疗效考核有用。磺胺合并乙胺嘧啶治疗有效，孕妇需用螺旋霉素。

公安派 Gong' an school 中国明代文学流派。代表人物为袁宗道、袁宏道、袁中道三兄弟，因其籍贯为湖广公安（今属湖北），故世称公安派。其重要成员还有江盈科、陶望龄、黄辉、雷思霈等人。公安派的成员主要生活在万历时期。文学主张主要表现为：①反对抄袭，主张通变。公安派诸人猛烈抨击前、后七子的句拟字摹、食古不化的倾向。②独抒性灵，不拘格套。③推重民歌小说，提倡通俗文学。这些主张发端于袁宗道，袁宏道实为中坚，是实际上的领导人物，袁中道则进一步扩大了它的影响。公安派在解放文体方面颇有功绩，游记、尺牍、小品也很有特色，或秀逸清新，或活泼诙谐，自成一家。但他们在现实生活中消极避世，多描写身边琐事或自然景物，缺乏深厚的社会内容，因而创作题材愈来愈狭窄。后人评论公安派文学主张的理论意义超过他们的创作实践，是为公允之论。

公安县 Gong' an County 中国湖北省荆州市辖县。位于省境中南部，长江中游荆江南岸。面积2 258平方千米。人口88万(2010)。汉高祖五年（前202）置孱陵县。东汉建安十四年(209)改设公安县，二十四年(219)复称孱陵县。晋太康元年(280)析孱陵县置江安县。梁太清元年(547)改为公安县。矿产资源有盐、芒硝、石膏、煤、石油、天然气和黏土、磷矿等。农业以发展水稻、小麦、棉花、油菜、花生、芝麻和生猪、家禽、淡水养殖等为重点。工业以机械（汽车配件为主）、纺织、化工、食品等为支柱。名胜古迹有黄山头风景区、南平文庙和王家岗与陈家岗新石器时代遗址、刘备城与囊萤台历史遗址等。

公差 tolerance 实际参数值规定的允许变动量。几何参数的公差包括尺寸公差、形状公差和位置公差。公差越小，精度越高。

尺寸公差 尺寸的允许变动量。设计给定的尺寸称为基本尺寸；测量得到的尺寸称为实际尺寸。允许变动的两个界限值称为极限尺寸。某尺寸减其基本尺寸所得的代数差称为尺寸偏差，简称偏差。最大极限尺寸减其基本尺寸所得的代数差为上偏差；最小极限尺寸减其基本尺寸所得的代数差为下偏差。上偏差与下偏差的代数

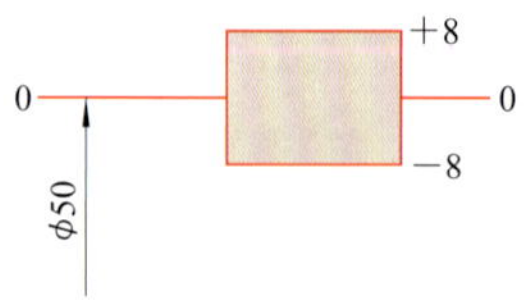

公差图解

差的绝对值即等于公差。公差图解中表示上、下偏差，两条直线所限定的区域称为公差带，其值取决于公差等级，即精度。

公差与配合均制定有国家标准和国际标准。标准中规定的公差称为标准公差。国家标准(GB/T1800.2-1998)规定，公差等级共20级，等级依次降低，公差值依次增大，精度依次降低。公差等级或公差数值选择的基本原则是：应使机器零件制造成本和使用价值的综合经济效果最优。

形状公差 实际形状对理想形状允许的变动量。形状公差包括6个项目，即直线度、平面度、圆度、圆柱度、线轮廓度和面轮廓度。

位置公差 实际位置对基准在一定方向或位置上的允许的变动量。位置公差有8个项目，即平行度、垂直度、倾斜度、同轴度、对称度、位置度、圆跳动和全跳动。位置公差一般用计算方法确定。

公法 public law 西方法学界使用的法律分类用语。私法的对称。这种分类法来源于古代罗马法。罗马法学家乌尔比安认为："公法是关于罗马国家的法律，私法是关于个人利益的法律。"但实际上罗马法的内容主要是私法而不是公法。到19世纪，公私法之分在广泛开展的法典编纂和法律改革中被普遍应用。进入20世纪后，由于国家日益卷入社会经济领域，在法律领域中出现了"法律社会化"现象，公私法之分的传统开始动摇，公法和私法相互渗透。但这一划分仍然是西方两大法系之一的大陆法系国家法律分类的基础。英美法系国家虽然没有公私法之分的传统，但在法学作品中也往往采用公私法分类。对公私法的划分标准一般为，宪法、行政法、刑法属于公法，民法、商法属于私法，诉讼法的性质依其主法而定，也有人主张诉讼法都是公法。

公费医疗 free medical care 中国对国家工作人员和部分学生实行的一种免费的医疗、预防制度。享受公费医疗待遇的有国家机关、民主党派、人民团体、全民所有制事业单位的工作人员和退休、离休人员。此外，还有二等乙级以上革命残废军人、国家正式核准设置的高等学校学生、派驻享受公费医疗单位的人民武装干部、在华工作的外籍专家及其随住家属等。中华人民共和国建立后，1952年政府发布了《国家工作人员公费医疗预防实施办法》，确立了公费医疗制度。

公费医疗的经费来源于财政拨款，属于国民收入再分配。公费医疗经费的水平，由国家根据职工对医药方面的实际需求和国家财力以及医药卫生事业所能提供的资源，确定每人每年享受公费医疗待遇的预算定额。随着社会主义市场经济体制的确立，对公费医疗制度进行了有步骤的改革。根据1998年发布的《国务院关于建立城镇职工基本医疗保险制度的决定》，原享受公费医疗的大部分人员分期分批转入城镇职工基本医疗保险制度。

公格尔山 Kongur Mountain 中国昆仑山脉的最高峰，海拔7 649米。又称大公格尔峰、贡格尔山、粪格尔山。位于新疆维吾尔自治区西南部。月平均气温均在零度以下，雪线以上的固体降水量在600毫米左右，山顶终年积雪。共有20余条冰舌向下散射，冰川面积达300平方千米。山下有盖孜河环绕，草场景色优美，是高山旅游胜地。

公共关系 public relations 一个企业或组织为获得内部及社会公众的信任和支持，为自身的生存、发展创造最佳社会关系环境所采取的各种科学的手段与活动。简称公关(PR)。公关的主要对象为内部与外部各种社会关系，主要职能为传播、管理、交际。公共关系按其对象的分布可分为内部公共关系和外部公共关系两大类。内部公共关系包括员工关系、干群关系、部门关系、股东关系等；外部公共关系包括顾客关系、消费者关系、媒介关系、社区关系、政府关系、金融关系、竞争者关系、供应者关系、经销商关系、特殊团体关系、国际社区关系等。按其模式又可分为进攻型公共关系、防御型公共关系、矫正型公共关系、建设型公共关系、征询性公共关系、宣传性公共关系、服务性公共关系、交际性公共关系等。公共关系的一般程序为调查研究、制订计划、策动传播、评价结果。公共关系就其性质来说，既是一门职业，也是一门科学、一种思想。作为一门职业，它担负着信息发布、环境监测、组织协调、决策咨询等多种任务，是现代经营管理和行政管理的重要组成部分；作为一门新兴的管理科学，它运用新闻学、传播学、社会学、心理学、管理学、统计学、经济学、市场学等学科知识研究企业或组织处理内部与外部各种关系的特点、规律及其所采取的政策和行动；作为一种思想，它是现代经营管理和行政管理的一种战略，是企业或组织获得生存发展并取得事业成功的基本原则。

公共理性 public reason 组织良好的民主社会的基本政治理念，是自由与平等的公民在关注基本政治正义的公共善的问题时所持有的理性。

公共理性的观念主要包括五个层面，即适用公共理性的是根本的政治问题；适用的人是政府官员以及公职候选人；与正义相关的一组合理政治概念赋予的内容；

在民主社会合法的法律形式的强制性规范过程中应用；来自于公民关于满足互惠准则的各种正义概念的公共共识。

公共理性的内涵由一组关于政治正义的概念所赋予。公共理性的形式是多种多样的。公共理性之间通过一组合理的政治概念加以明确的规定，公共理性的特征是互惠准则。借助这样的方式处理自由平等的公民之间的关系，公民就会认为是合理的、理性的。合理的政治概念具有如下特征：一系列特定的基本权利、自由和机会，对这些权利、自由与机会方面具有特别优先权分配方案，尤其是涉及普遍的善与至善方面的权利说明，各种确保所有公民有充分的手段去有效行使他们自由权利的措施。

公共权力 public power 通过一种公众组织建立一定的秩序，以实现其成员的共同利益和调节成员间的关系。从运行过程看，具有五个要素：公共权力主体，即公共权力的承载者和实施者；公共权力客体，即公共权力实施的对象；公共权力目的，即公共权力运作所要达到的目标；公共权力手段，即公共权力运作过程中的各种措施；公共权力结果，即公共权力运行的效果。公共权力对应于公共领域，与私人权力和私人领域相对立。按照契约论的思想方法和主权在民的思想观点，公共权力在本质上来源于人民，通过某种方式授予政府，由政府来使用公共权力以解决公共问题。政府各层次的工作人员包括领导者，是公共权力的具体实现者。这种委托授权关系是现代社会围绕公共权力而形成的基本关系。还有一种与之对立的观点，认为公共权力作为一种管理国家和社会的具有强制性的权力，来源于“神”或“上帝”，这就是“君权神授”和“朕即国家”的观点。公共权力具有内在的垄断性、公共性和使用上的时间性。国家是一种特殊的公共权力。国家作为特殊公共权力，具有普遍性、权威性、强制性和规范性。

公共图书馆 public library 由国家中央或地方政府管理、资助和支持的，免费为社会公众服务的**图书馆**。在美国、加拿大等国家主要指社区或地区图书馆，经费主要来源于地方政府的税收。在中国，主要指由国家和群众举办、为广大人民群众服务、按行政区划设置并受政府各级文化部门领导的图书馆。

公共图书馆是人类社会文明发展的产物。在早期图书馆史上即曾出现过一些具有公共性质的图书馆，如古罗马的公共图书馆向城市自由民开放。16世纪上半叶**马丁·路德**等人倡导的德意志城镇图书馆是为一般市民服务的。18世纪在英、美等国出现的会员图书馆是近代公共图书馆的先声。19世纪下半叶先是在英、美两国，后在其他国家兴起了近代意义的公共图书馆。

中国19世纪末维新派倡导的公共藏书楼和他们建立的学会藏书楼已具有公共图书馆的性质，20世纪初出现了公共图书馆。1902年**古越藏书楼**对外开放。1909年清政府颁布《京师图书馆及各省图书馆通行章程》，促进了公共图书馆的建立和发展。1912年**京师图书馆**对外开放。1914年全国共有省级公共图书馆18所。中华人民共和国建立后，建立了全国规模的公共图书馆系统，2007年底全国公共图书馆共有2 791所，藏书5亿册(2006)。

公共图书馆的馆藏大多是综合性的。通常建有地方文献的专藏。一些大中型公共图书馆常设有分馆。服务对象广泛，包括各种职业、各种年龄和各种文化程度的读者。在中国，公共图书馆担负着为科学研究服务和为大众服务的双重任务。

公共行政 public administration 国家行政机关依法管理国家和社会公共事务，有效实现社会公共利益的活动。又称行政管理。公共行政主要包含三个层面的内容：①执政，即高级行政官员的决策和领导活动。②行政，即一般高级行政人员的计划、组织、协调、监控等活动。③管理，即中下级公务人员运用各种方法和技术处理具体事务的活动。公共行政与私人行政的主要区别在于：①公共行政的目的是面向全体公民提供公共服务，谋求社会公共利益；而私人行政的目的是为了赢利，追求利润的最大化。②公共行政的物质基础是税收和公共财政支出；而私人行政的物质基础是市场运作过程中所获取的利润和投资收益。③公共行政依照法定性规范运行，其行为具有强制性；而私人行政依据市场机制运行，其行为具有自主性。

公共浴场 thermae 为公众提供洗浴兼保健、休息和交际的场所。早在古埃及宫殿已有公共浴场。现遗址残破，已无法全面分析其式样。公共浴场的标准式样，到罗马人设计了帝国大浴场之后才定型。一般包括一个空阔的大花园，周围是俱乐部用的配房，一幢浴室建在花园中央（如卡拉卡拉大浴场）或建在花园后面（如提图斯浴场）。主体建筑有三大间浴室——冷室、热室、温室，有小浴室若干间，还有庭院。东罗马帝国灭亡后崛起的土耳其文明，可以从名画《土耳其浴场》窥其一斑。

卡拉卡拉大浴场主要厅堂剖析复原图

现代公共浴场已世俗化、大众化。它为城市居民提供洗浴兼保健休闲服务。有单独设立的，也有附于宾馆、饭店内的。

公共责任 public accountability 公共部门机构和成员在实施**公共行政**、提供公共服务中，依法必须为公众履行的职责和完成的任务。公共责任机制的组织基础是普选制。从形式上看，选民一方面选举产生议会，通过议会立法，体现选民的意志；另一方面，选民直接或间接选举产生政务官、法官，执行、保障法律。公共部门机构和成员执行法律对选民负责，违法则直接或间接地受到选民追究。公共责任根据不同的公共部门，分为立法机关、行政机构、司法机构、公共服务机构等的公共责任；根据责任主体，分为政务官、文官、国家机构的职员、公共服务机构的成员等的公共责任；根据责任种类，分为政治责任、行政责任、民事责任、刑事责任等。公共责任的控制机制分为立法控制、行政控制、司法控制、道德控制、审计控制、传媒控制等。第二部门（私人部门）和第三部门（非政府组织）参与提供公共服务，也要承担一定程度的公共责任。

公共政策 public policy 政府为管理社会公共事务、实现公共利益而制定和实施的公共行为规范、行动准则和活动策略，是调整利益关系的政治过程和技术过程。公共政策是现代政府输出的主要产品，是连接政府和社会的基本纽带，政府通过一系列正式的公共政策实现其对社会各领域的管理，塑造良好的社会政治经济秩序。

对于公共政策的本质，有以下五种主要观点：①公共政策是由政治家，即具有立法权者制定的而由行政人员执行的法律和法规。②公共政策是一种含有目标、价值与策略的大型计划。③凡是政府决定做或者不做某件事的行为就是公共政策。④公共政策就是政府机构与其周围环境之间的关系。⑤公共政策是对全社会的价值作有权威的分配。国内外绝大多数学者赞同最后一种观点。

公共政策过程大致分为4个步骤：公共政策问题构建、公共政策方案的制定与通过、公共政策内容的实施以及公共政策效果的评价。

公海 high seas 国际法上指不包括国家领海或内水的全部海域。1982年《联合国海洋法公约》规定公海是不包括在国家的专属经济区、领海或内水或群岛国的群岛水域以内的全部海域。公海供所有国家平等地共同使用。它不是任何国家领土的组成部分，因而不处于任何国家的主权之下；任何国家不得将公海的任何部分据为己有，不得对公海本身行使管辖权。

公海自由 公海自由是公海法律制度的基础。1982年《联合国海洋法公约》规定，公海自由包括：①航行自由。②飞越自由。③铺设海底电缆和管道自由，但受关于大陆架的规定的限制。④建造国际法所允许的人工岛屿和其他设施的自由，但受关于大陆架的规定的限制。⑤捕鱼自由，但受公海生物资源的养护和管理的规定的限制。⑥科学研究的自由，但须遵守公约中关于大陆架和海洋科学研究两部分的规定。

船舶的国籍 每一国家，不论其为沿海国或内陆国，均有权在公海上行驶悬挂其国旗的船舶。船舶悬挂某一国家的国旗即具有该国国籍，这个国家即该船的船旗国。船舶在公海上只服从国际法和船旗国的法律。在公海上行驶的船舶，必须而且只许悬挂一个国家的国旗。船舶在一国登记、取得其国籍的条件，由该国的国内法规定。有些国家为了获取大量船舶登记费，对船舶的构造、装备、适航条件、船员的劳动条件和训练等方面要求很低，并把取得船舶国籍的条件放得很宽，借以吸引别国船舶登记。为了防止这种“方便船旗”的做法，《联合国海洋法公约》要求“国家和船舶之间必须有真正联系”。船旗国对在公海上有权悬挂其旗帜航行的船舶有专属管辖权。公海上的船舶受船旗国法律管辖并受其保护。军舰在公海上享有不受船旗国以外任何其他国家管辖的完全豁免权，专门用于政府非商业性用途的船舶亦同。

关于维护公海秩序的体制 有以下几个方面。

①制止海盗行为。海盗行为是一种国际罪行（见海盗）。任何国家的军舰、军用飞机或其他有清楚标志可以识别的为政府服务并经授权的船舶或飞机，均可扣押海盗船舶或飞机，逮捕船、机上的人员并扣押船、机上的财物。扣押国的法院可对海盗行为人进行审判处刑，并决定对船舶、飞机或财物的处理，但须尊重善意第三者的权利。

②制止贩运奴隶。贩卖奴隶是一种国际罪行。从非洲掠夺的奴隶大部由海上贩运到美洲，运送奴隶也属于贩卖奴隶的罪行。每个国家都应采取有效措施，防止和惩罚悬挂其国旗的船舶贩运奴隶。在任何船上避难的任何奴隶，不论该船悬挂何国国旗，都当然获得自由。

③禁止未经许可的广播。《联合国海洋法公约》规定，未经许可的广播指船舶或设施违反国际规章在公海上播送旨在使公众收听或收看的无线电传音或电视广播，但遇难呼号的播送除外。遇有上述情况，可向船旗国、设施登记国、广播人所属国、可以收到这种广播的任何国家或得到许可的无线电通信受到干扰的任何国家的法院，对在公海从事未经许可的广播的任何人提起诉讼。有管辖权的国家可逮捕从事未经许可的广播的任何人或船舶，并扣押广播器材。

④登临权。军舰在公海上遇到外国船舶有从事海盗行为或奴隶贩卖嫌疑、从事未经许可的广播、无国籍或虽悬挂外国国旗而事实上是与军舰同一国籍时，有权登临该船进行检查，并于必要时予以拿捕。登临权不得对享有完全豁免权的船舶行使。

⑤紧追权。沿海国有权对违反该国法律的外国船舶进行紧追。紧追必须在该外国船舶或其小艇之一在追逐国的内水、领海或毗连区内开始。如果外国船舶违反专属经济区、大陆架的法律、规章，紧追也可从专属经济区或大陆架内开始。紧追必须连续不断地进行，不得中断。当被追逐的船舶进入其本国领海或第三国领海时即应中止。紧追权只能由军舰、军用飞机或其他经特别授权的政府船舶或飞机行使。进行紧追的军舰或军用飞机，可以在公海上逮捕被紧追的船舶，并押送到该国海港。

⑥公海捕鱼与生物资源养护制度。公海捕鱼自由必须照顾到各个国家的利益和整个世界的共同利益。1958年联合国第一次海洋法会议制定了《捕鱼及养护公海生物资源公约》，规定公海捕鱼自由受该公约关于养护的各项规定的限制，并须尊重沿海国权益。所有国家，特别是沿海国和有国民在某区域捕鱼的国家，必须与其他国家合作实施养护措施。养护和管理也适用于海洋哺乳动物。

⑦海洋环境的保护和保全。海底资源的开发，陆上工业的发展，核能的利用，石油运输和使用中发生的漏油现象等情况，都会造成对海洋的污染、对海洋生物资源的严重威胁以及对海洋生态平衡的破坏。《联合国海洋法公约》肯定各国有保护和保全海洋环境的义务，各国应自己采取一切必要措施，以防止、减少和控制任何来源的海洋环境污染，在适当情况下可以与别国联合，并尽力协调它们的政策（见国际环境法）。

公害 public nuisance 由于人类活动作用于周围环境，引起环境污染和生态破坏，以致对公众的安全、健康、生命、财产和生活舒适度造成的危害。见公害事件。

公害事件 public nuisance events 因环境污染造成的、在短期内人群大量发病和死亡的事件。按其发生原因分为大气污染、水体污染、土壤污染和食品污染等公害事件。

进入20世纪后，人类社会高速发展。各种废弃物或有毒有害物质也随意排入环境，引发了多起重大环境公害事件：①马斯河谷事件。1930年12月1～5日，在比利时马斯河谷工业区，工厂排出的有毒气体逐渐积累，引起大气污染。3天后有人发病，1周内有60多人死亡。主要致害物质是二氧化硫和三氧化硫烟雾的混合物。②多诺拉事件。1948年10月26～31日发生在美国宾夕法尼亚州多诺拉镇。大气中主要污染物二氧化硫与尘粒中的金属元素反应生成致害物，使5 911人发病。重者出现肺部水肿、血管扩张出血等，死亡17人。③洛杉矶光化学烟雾事件。20世纪40年代初期发生在美国洛杉矶市。全市250万辆汽车每天向大气排放大量碳氢化物、氮氧化物和一氧化碳。5～10月汽车尾气在日光作用下形成以臭氧为主的光化学烟雾。1946年该市发生第一次光化学烟雾。1955年8月末至9月初又发生一次，造成当地老人死亡近500人，全市1/4的居民患眼病。④伦敦烟雾事件。1952年12月5~8日发生在英国伦敦市。5~8日英国全境为浓雾覆盖，燃煤产生的烟雾不断积累。4天中死亡人数较常年同期约多4 000人。主要致害物质为燃煤形成的酸雾、飘尘及其表面的锰、铁、铬、镍、钒和多环芳烃等。⑤四日市哮喘事件。发生在日本四日市。1955年以来，该市石油冶炼和工业燃油产生的废气严重污染城市空气，在厚达500米的烟雾中飘浮着多种有毒有害气体和金属粉尘，二氧化硫年度超出标准5～6倍。1961年哮喘病大发作。至1972年四日市的哮喘病患者达817人，死亡十多人。⑥水俣湾汞污染事件。1953～1956年发生在日本熊本县水俣市。含甲基汞的工业废水污染水体，使水俣湾的鱼中毒，人食用鱼后发生汞中毒，出现中枢神经性疾病症状。1972年认定的患者达784人，其中103人死亡；至80年代，死亡人数已近千人，受害者约达2万人。⑦痛痛病事件。发生在日本富山县神通川流域。锌、铅冶炼工厂排放的含镉废水污染神通川水体，两岸居民利用河水灌溉农田，使稻米含镉，居民食用含镉稻米和饮用含镉水而中毒。主要发生在1935～1960年；截至1990年12月，共认定患者129人，其中死亡117人。⑧温德斯凯尔核泄漏事件。1957年10月8日发生在英国的温德斯凯尔（现称塞拉菲尔德）。大火烧毁了一个生产钚的反应堆的核心部分，使放射性尘埃进入大气层，几年后引起数十人因癌症死亡。⑨克什特姆城核泄漏事件。1957～1958年发生在苏联乌拉尔山脉克什特姆城附近的严重核事故。在一次爆炸后，几百人因受到核辐射而患病致死。⑩米糠油事件。1968年3月发生在日本北九州市爱知县一带。生产米糠油时用多氯联苯作脱臭工艺中的热载体，由于生产管理不善而混入米糠油中，食用后中毒。中毒者超过5 000人，死亡16人。用米糠油做家禽饲料，引起几十万只鸡死亡。⑪塞维索化学污染事件。1976年发生在意大利。由于农药厂爆炸，引起二噁英污染，致使多人中毒，周围居民被迫搬迁，几年后当地畸形儿出生率大为增加。⑫“阿莫戈·卡迪茨”溢油事故。1978年发生在法国。“阿莫戈·卡迪茨”号油轮触礁，22万余吨原油入海，附近海域的藻类、潮间带动物、海鸟灭绝，工农业生产、旅游业损失巨大。⑬三哩岛核事故。1979年发生在美国。宾夕法尼亚三哩岛核电站反应堆元件受损，放射性裂变物质泄漏，使周围130平方千米的200万人口极度不安，造成直接经济损失达10亿多美元。⑭墨西哥液化气爆炸事件。1984年发生在墨西哥。墨西哥城郊石油公司液化气站54座气储罐几乎全部爆炸起火，对周围环境造成严重危害，死亡上千人，50万居民逃难。⑮博帕尔农药泄漏事件。1984年12月3日发生在印度。美国联合碳化物公司开在博帕尔市的农药厂中液态异氰酸甲酯储罐爆炸，45吨异氰酸甲酯泄漏，致使1 408人死亡，2万多人严重中毒，15万人接受治疗，20万人逃离家园。⑯威尔士饮用水污染事件。1985年发生在英国。化工公司将酚排入迪河，200万居民的饮用水被污染，44%的人中毒。⑰切尔诺贝利核事故。1986年发生在苏联。切尔诺贝利核电站的4号反应堆机房爆炸，30人死亡，203人受伤，13万人被疏散，直接经济损失达30多亿美元。⑱莱茵河污染事件。1986年发生在瑞士。化学公司仓库起火，30吨含硫、磷、汞的剧毒物入河，事故段下游160千米内鱼类死亡，480千米内河水不能饮用。⑲莫农格希拉河污染事件。1988年发生在美国。石油公司油罐爆炸，大量原油进入莫农格希拉河，沿岸100万居民生活受到严重影响。⑳“瓦尔迪兹”号油轮漏油事件。1989年发生在美国。埃克森石油公司的“瓦尔迪兹”号油轮漏油4 000多万升，周围海域被严重污染。

洛杉矶的光化学烟雾

公会议 Oecumenical Council 基督教世界性主教会议。又称大公会议。产生于基督教取得合法地位之后。325～787年，由罗马皇帝主持召开了7次公会议，即尼西亚公会议(325)、君士坦丁堡公会议(381)、以弗所公会议(431)、卡尔西顿公会议(451)、君士坦丁堡第二次公会议(553)、君士坦丁堡第三次公会议(680～681)、尼西亚第二次公会议(787)。参加者包括希腊－罗马世界及西亚北非大部分地区教会的主教和部分神学家。这7次会议得到东西两派教会的共同承认，而新教各主要宗派仅承认前4次公会议规定的三论和基督教义，是正统信仰的规范。9世纪后期的第八次公会议以后的历次公会议均是由教皇召开的天主教世界主教会议，依次为：拉特兰第一次公会议(1123)，拉特兰第二次公会议(1139)，拉特兰第三次公会议(1179)，拉特兰第四次公会议(1215)，里昂第一次公会议(1245)，里昂第二次公会议(1274)，维埃纳公会议(1311～1313)，康士坦茨公会议(1414～1418)，巴塞尔－斐拉拉－佛罗伦萨公会议(1431～1443)，拉特兰第五次公会议(1512～1517)，特兰托公会议(1545～1563)，梵蒂冈第一次公会议(1869～1870)，梵蒂冈第二次公会议(1962～1965)。

公开市场操作 open market operations 中央银行在证券市场上买进或卖出有价证券，从而影响银行体系的准备金，并进一步影响货币供应量的行为。中央银行在公开市场上买入政府债券时，银行体系的准备金会增加，并进一步为银行体系的货币创造奠定基础；反之，则会减少银行体系的准备金，从而引起货币供应量的收缩。

公开市场操作有主动性和防御性两类。主动性的公开市场操作旨在改变银行体系的准备金和基础货币；防御性的公开市场操作则旨在抵消影响基础货币的其他因素的变动的影响，从而使基础货币保持相对的稳定。中央银行的公开市场操作是以回购或返售的方式进行的。回购是买卖双方在签订协议时，“卖者”同意在未来某一天按商定的价格重新买回这些证券。返售则是买卖双方在签订协议时，政府债券的买方同意在未来某一日期以商定的价格将这些债券出售给对方的交易。

公开市场操作的优点是：①中央银行可以选择合适时机买进或卖出有价证券以改变银行体系的准备金。②灵活多变，规模可由中央银行掌握。③易于进行反向纠正。④操作方便快捷。⑤可以影响利率结构。

公理集合论 axiomatic set theory 用公理化方法重建(朴素)集合论的研究以及集合论的元数学和集合论的新的公理的研究。数理逻辑的主要分支之一。1908年，E.F.F.策梅洛首开先河，提出了第一个集合论公理系统，旨在克服集合论中出现的悖论。20世纪20年代，A.A.弗伦克尔和A.T.斯科朗对此予以改进和补充，从而得到常用的策梅洛－弗伦克尔公理系统，简记为ZF。它的非逻辑公理有：外延公理、空集公理、无序对公理、并集公理、幂集公理、无穷公理、分离(子集)公理模式、替换公理模式、正则(基础)公理。如果另加选择公理，则所得到的公理系统简记为ZFC。

ZF能避免已知的集合论悖论，并在数学基础的研究中提供了一种较为方便的语言工具。在ZF中，诸如有序对、关系、等价关系、线序、良序、函数、自然数、有理数、实数及其运算、顺序等都可以定义。数学定理也大都可以在ZFC系统内得到形式证明。

在集合论中，自然数是如下定义的。如果一集合x的元素的元素也都还是x的元素，则称x为传递集。一个集合x是自然数：如果x是传递集，x的全体元素在$\in$关系下良序，而且x的每一非空子集对序$\in$而言有最大元。这样可以把自然数变成在ZF内可以定义的一种性质，如把0定义为空集，1定义为$0\cup\{0\}$，2定义为$1\cup\{1\}$等，则$0,1,2,\cdots$都是自然数，而且只有这些是自然数。

如把自然数概念推广，就可以得到序数和基数这两种超穷数的概念。如果x是传递集并且在关系$\in$下是良序，就称x是序数。自然数都是序数，称为有穷序数；如果α是序数，则$S(\alpha)=\alpha\cup\{\alpha\}$也是序数，称为$\alpha$的后继；不是后继的序数称为极限序数，全体序数组成的类不再是集合。

根据超穷递归定理可以定义序数上的加法、乘法和幂运算。

在集合论中，序数的运算反映了良序集的叠加。如果序数α不能与比它小的序数建立一一对应，则称α为初始序数。每个有穷序数都是初始序数，现代通常以ω记第一个无穷初始序数，其后的初始序数依次记为$\omega_1,\omega_2,\cdots,\omega_\omega,\cdots$。每个良序集都能与唯一的一个初始序数建立一一对应。因此，可以把初始序数定义为良序集的基数。在基数上也可以定义加法、乘法和幂运算，它们分别反映了并集、卡氏积、映射集的基数。基数运算和序数运算当限制在自然数上时是完全相同的，但在超穷部分则完全不一样。作为序数运算$\omega+\omega>\omega$，但作为基数运算则$\omega+\omega=\omega$。集合论在研究基数时，通常都假定选择公理(AC)成立。

由于几乎全部数学都可归约为集合论，所以ZF系统的一致性一直是集合论中至关重要的问题。但根据K.哥德尔的**不完全性定理**，却无法在ZF系统内证明自身的一致性。此外，一些重要的命题，如**连续统假设**也是在ZF中不可判定的。寻找这些不可判定问题并证明其不可判定性和扩充ZF，以期在扩充后的系统中判定这些命题，就成了公理集合论研究的两个出发点。1963年，美国学者P.J.科恩创立力迫法，从而证明了集合论中的一大批独立性问题。此后的20多年中，集合论研究者一方面推广和改进科恩的力迫法，如提出迭代力迫、真力迫等新概念和新方法；另一方面则将这些方法应用于具体的数学领域。与此同时，对大基数的研究也十分引人瞩目。因为在扩充ZFC系统的各种尝试中，大基数公理多少还算直观。引入大基数之后，需要讨论各种一致性和独立性问题，而且要构造各式各样的模型，因而也就离不开力迫法。由于很多大基数，可以看作是某些组合论性质的推广，因此大基数的研究也推动了无穷组合论的研究。

在公理集合论的研究中，大量的工作是关于集合论模型的，此外，还继续此前朴素集合论对无穷组合问题的研究即组合集合论的研究。其中的一些问题是来源于柯尼希树引理和拉姆齐定理的推广。在公理集合论之外，集合论的另一分支则为描述集合论（又称解析集合论），主要是研究划分层次以后的实数子集的结构性质问题。因而这一部分与**分析学**、实数理论和**递归论**的关系较为密切。即使限于上述两个分支的研究，也有许多问题要用到ZF（或ZFC）以外的附加假设才能判定。常用的附加假设有：可构成公理、各种大基数公理以及与AC不协调的决定性公理等。

公理宗 Congregationalists 基督教新教宗派之一，因主张各个教会独立自主，由教徒公众管理，故名。又因首倡者为英国人R.勃朗，故又称“勃朗派”。16世纪后期，英国部分清教徒在勃朗倡导下，主张全体会众拥有管理本教会的权利，同时各个教会拥有独立自主的权利，反对设立上级行政机构对各教会实行自上而下的管理，而只设立各教会自愿参加的联谊机构，从而形成此宗。但其特点主要在于教会的组织管理方式，而不在于礼仪等其他方面，所以可包含公理会和浸礼会等。其信仰较接近英语国家的新教**福音派**，但比较自由。公理宗强调个人信仰自由，认为国家应对不同信仰采取宽容态度。19世纪初期传入中国。现全世界共有250余万信徒，主要分布于英国、美国和英联邦各国，并有国际公理宗协会。

公历 Gregorian calendar 全世界通用的历法。又称格雷果里历，简称格里历。是一种阳历。它是罗马教皇格列高利（又译格雷果里）十三世对原来的**儒略历**进行修订后于1582年颁行的。公元325年，基督教尼西亚公会议根据当时的天文观测，确定3月21日为春分日，以每年春分后第一次月圆后第一个星期日为复活节。由于儒略历的平均年长度是365.25日，同回归年长度365.242 2日相差0.007 8日，从325年到1582年，累差已约10天，春分日已前移到3月11日。为消除这个差数，格列高利十三世把儒略历1582年10月4日（星期四）的下一天定为格雷果里历10月15日，中间跳过10天，这样使春分日恢复到3月21日。同时还修改了儒略历置闰的法则，公元年数被4除尽的仍为闰年，但对世纪年（1600，1700，…），只有能被400除尽的才为闰年。这样在400年中只有97个闰年，比儒略历减少3个，即历年的平均长度为365.242 5日，与回归年长度365.242 2日更为接近。公历最初在天主教国家使用，后推行到新教国家，20世纪初期全世界普遍使用。中国于辛亥革命后的1912年开始采用公历，但用中华民国纪年。1949年中华人民共和国建立，采用公历纪年。

公刘 Gongliu（1927-03-07～2003-01-07）中国诗人。原名刘耿直。江西南昌人。1945年起半工半读于中正大学法学院。1948年到香港参加地下全国学联工作，并从事进步文化活动。1949年参加中国人民解放军，次年以新华社记者身份随军挺进云南，开始诗歌创作。1955年调入中央军委总政治部创作室。1957年被错划为“右派”，中断文学活动，1979年得以平反。1978年后到合肥工作，曾任《清明》和《安徽文学》编委，安徽文学院院长，安徽省作协副主席等。

1954年出版第一本诗集《边地短歌》。此后到1957年出版的诗集有《神圣的岗位》、《黎明的城》、《在北方》，长诗《阿诗玛》（与黄铁等合作整理）、《望夫云》（与林予合作）等。早期的诗多以保卫边防的士兵为抒情主体，把西南神奇美丽的自然风物与人民战士英勇豪迈的精神气质融为一体，创造了清新而凝重的抒情风格。《在北方》标志着他诗作题材和诗情的拓展，清新中增添了雄浑，思想深度有明显的增强。重返文坛后，先后出版长诗《尹灵芝》（1979），诗集《白花·红花》（1979）、《离离原上草》（1980）、《仙人掌》（1980）、《母亲——长江》（1983）、《骆驼》（1984）、《大上海》（1984）、《刻骨铭心》（1987）等。公刘这阶段的诗风转向严峻深沉，以睿智理性的思考关注着时代的前进和人民的命运，题材多取自现实生活提出的课题。他另有诗论集《诗与诚实》（1983）、《诗路跋涉》（1983），短篇小说集《国境一条街》（1957），电影文学剧本《阿诗玛》，散文集《酒的纪念》（1984）、报告文学集《裂缝》（1986）以及随笔杂文集等出版。

公路 highway 供汽车行驶、具备一定技术条件和设施的公共道路。公路是19世纪末随着汽车的发明而出现的。

公路一般按年平均昼夜汽车交通量及其使用任务和性质分级。按其在公路路网中的地位分为国家级干线公路，即国道；区域性公路，即省道；地方性公路，即县道和乡道。按技术标准分为**高速公路**、一级公路、二级公路、三级公路、四级公路。它们能适应的年平均昼夜交通量分别为25 000辆以上、5 000～25 000辆、2 000～5 000辆、200～2 000辆、200辆以下。高速公路具有特别重要的政治、经济意义；一级公路是连接重要政治、经济中心，通往重点工矿区的公路；二级公路是连接政治、经济中心或大工矿区的干线公路以及运输繁忙的城郊公路；三级公路是沟通县与县及县与城市的一般干线公路；四级公路是沟通县、乡、村的支线公路。

公路主要由路基、路面、桥梁、涵洞、隧道、公路渡口、防护与支挡工程、公路用地及公路附属设施组成。

公路运输 highway transportation 在公路上运送旅客和货物的**运输**方式。由于公路运输主要以汽车为工具，所以又称汽车运输。自20世纪90年代起，统称道路运输。

公路运输有营业性运输和非营业性运输，营业性运输是指为他人提供服务，发生费用结算的运输服务；非营业性运输是指为系统、单位内部和自身提供服务，不发生费用结算的运输服务。公路运输一般分为旅客运输、货物运输、汽车维修、搬运装卸和其他辅助服务等五个子行业。其他辅助服务主要包括物流服务、站场服务、汽车综合性能检测、客货代理、驾校和驾

用长货挂车装运65米长的乙烯精馏塔

驶员培训、从业人员培训等。

公路运输的经济特征：①投资少，见效快，吸引从业人员多，行业产值高。②活动地域和范围大，覆盖面广，机动灵活性强，其他运输方式的运作都离不开公路运输的衔接。③能够提供点到点、门到门服务，速度快，时效强，成本低。

在中国的综合运输体系中，公路运输完成的客运量、客运周转量和货运量占有主导地位。2008年中国完成公路客运量2 682 144万人次，旅客周转量12 476.1亿人公里，分别占社会总客运量的93.52%，总旅客周转量的53.78%；完成公路货运量1 916 759万吨，货物周转量32 868.2亿吨公里，分别占社会总货运量的74.08%，总货物周转量的29.80%。

公民 citizen 具有一国国籍，享有该国宪法和法律规定的权利并承担相应义务的自然人。公民概念最早从日本引入，最初特指享有参政权的自然人。在中国，从1954年宪法开始，公民这一术语就成为表示享有宪法权利、承担宪法义务的自然人的概念，为中国宪法所特有。美国宪法称“人民”，联邦德国基本法称“德意志人”、“德意志国民”或者“任何人”，日本宪法称“国民”。

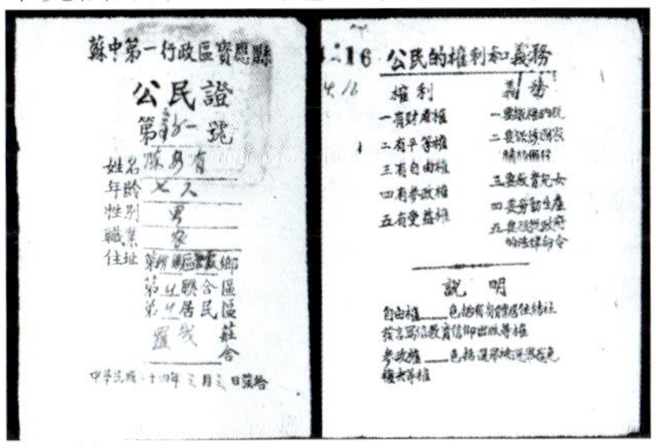

正面　　反面

1945年苏中抗日根据地颁发的公民证

公民与国籍　公民的概念与国籍密不可分。《中华人民共和国宪法》规定：凡具有中华人民共和国国籍的人都是中华人民共和国公民。因此，取得国籍是确定公民身份的唯一条件。公民有权要求国家保障其各项权利，国家也有义务和责任保障公民的各项权利。即使某个公民定居在外国，国家保护公民各种权利的义务和责任依然不能免除。

公民权利　指为宪法和法律所确认和保障的公民在政治、经济、文化、人身和精神等方面的各种权利和自由，是宪法的价值核心。中国宪法规定的公民权利，可归纳为五大类：①平等权，即中华人民共和国公民在法律面前一律平等。②政治权利和自由，即选举权和被选举权；言论、出版、集会、结社、游行、示威的自由。③人身自由，包括人身自由权、人格尊严权、住宅不受侵犯权、通信自由和通信秘密权。④宗教信仰自由。⑤社会经济文化权利，包括劳动权、休息权、退休人员生活保障权、物质帮助权、受教育权和科研文艺创作的自由。特定主体的权利，包括对妇女、儿童、老人、华侨等特殊主体公民权利的保护。

公民义务　指为宪法所规定的公民必须为某种行为或者不为某种行为的责任。公民享有权利，就必须履行义务。中国宪法规定的公民必须履行的基本义务主要是：维护国家统一和民族团结；遵守法律和尊重社会公德；维护祖国的安全、荣誉和利益；保卫祖国、依法服兵役；依法纳税。

公民大会 ecclesia 古希腊城邦和古罗马的最高权力机关。起源于公元前11世纪～前9世纪的荷马时代，希腊多数城邦都设有此类机构。在雅典称为公民大会，20岁以上男性公民均可参加，由五百人会议中一专门委员会召集，每年分为10期，每期召开一次（后增为四次），讨论和决定国家重大问题。前276年马其顿王国的安提柯王朝建立后，公民大会逐渐失去其原来的地位。

古罗马的公民大会先后有三种形式：①库里亚大会。又称大民族会议。起源于前8世纪～前6世纪的王政时代，是由各胞族的代表组成的氏族权力机关。会议由“王”（rex）召集，限于氏族成年男子参加。②森图里亚大会。又称百人团大会。约创建于前6世纪中期塞尔维乌斯·图利乌斯改革时代。当时公民按财产资格划分为五个等级和等外无产者，各等级依军队方式组成不同数目的森图里亚（百人团），森图里亚大会处理国家重大事务。③特里布大会。又称平民大会。约创始于前5世纪上半叶。起初仅是平民参加，以特里布（部落）为单位进行表决，决议只对平民有约束力；后发展成为全体罗马人参加的公民大会。前287年，霍腾西阿通过关于凡平民会议的决议可不经元老院同意即对全体公民（包括贵族）有效的法案，平民会议遂成为罗马共和国时期的最高权力机关。前1世纪下半叶，奥古斯都元首政治建立后，公民大会名存实亡。

公民教育 citizenship education 国家或社会根据有关的法律和要求，培养其所属成员具有忠诚履行公民权利和义务的知识、能力、情感等的教育。古希腊时期，斯巴达和雅典就开始实施公民教育。随着资产阶级革命的完成，一些民族国家（如法国、德国等）通过立法或颁布法案，对公民教育提出了具体要求。同时，一些思想家如G.W.F.黑格尔、J.G.费希特等人都强调推行公民教育。德国教育家G.凯兴斯泰纳强调教育应当服务于国家的目的，把每个国民陶冶成对国家有用的公民。

在中国，公民教育兴起于五四运动前后。全国教育会联合会于1919年提出编订公民教材案。1922年拟定了《中小学课程标准》，把公民科列入中小学课程。1924年江苏省教育会、中华职业教育社等团体发起全国公民教育运动。1926年江苏教育会组织公民讲习会，制定公民信条。1932年，民国政府教育部规定小学开设《公民训练课》，同时颁布了《小学公民训练课》。中华人民共和国建立后，虽未正式提出公民教育的概念，但在学校德育的目标和内容中，体现了公民教育的要求。

《公民凯恩》 *Citizen Kane* 美国故事片。1941年美国雷电华影业股份有限公司出品。编剧H.J.曼凯维奇、O.威尔斯，导演威尔斯，主要演员威尔斯。美国报业巨擘凯恩在深宅中孤寂地死去，死前念叨“玫瑰花蕊”。一记者欲知究竟，先后采访5位最接近凯恩的人。5人分别讲述他一生的经历：纯真的童年生活，青年发迹办报，叱咤风云；继而涉足政治，因性丑闻而竞选失败；隐居豪宅，妻子不堪寂寞而走，晚景越发凄凉。但5人均不知“玫瑰花蕊”的含义。处理遗物时一副印有玫瑰花蕊商标的儿童雪橇被投入炉火……该片摒弃了传统的线性叙事结构，大胆采用多视角的主观回述拼嵌主人公的人生全貌，这种表述手法较之常规的编导者客观描述更具真实感。影片还大量运用景深镜头、长镜头等新颖技巧叙事表义。影片被视为现代电影的开山之作，获1942年第14届奥斯卡金像奖最佳剧本奖。

公民权 citizen's rights 公民依法享有的人身、政治、经济、文化等方面的权利。又称公民权利。其中，由宪法规定的权利称为公民基本权利。公民权利与公民义务相对应。公民权利的基本主体是公民个人。公民权利的实现，单有宪法和法律的规定是不够的，还必须有物质保障，有国家提供的服务，有社会各方面的支持，还要有

中国哈尼族村民投票选村官

公民个人理想、信念和公民之间道义上的支持。公民基本权利在全部公民权中具有首要意义。《中华人民共和国宪法》对公民基本权利作了明确规定，体现了广泛性、真实性、平等性以及权利与义务的一致性。

《公民权利和政治权利国际公约》 *International Convention of Civil Rights and Political Rights* 联合国大会1966年12月16日会议通过的关于公民权利和政治权利的国际性公约。1976年3月23日开始生效。公约要求，每一缔约国应尊重和保证在其领土内和管辖范围内的一切个人，不分任何区别地享有公约所承认的权利，包括：人人固有的生命权，免于酷刑或残忍的、不人道的或有辱人格的待遇、惩罚权，免于奴役权，人身安全和自由权，个人的私生活、家庭、住宅、通信不受非法干涉，人人享有思想、良心和宗教自由，人人有自由发表意见的权利，有和平集会和结社的权利，以及选举和被选举权，法律面前人人平等。公约规定，在社会紧急状态下，缔约国可采取措施克减其承担的义务，但这种克减受严格限定。缔约国应当就其实施公约而采取的措施及取得的进展，向人权事务委员会提交报告。公约设立了国家之间的指控机制，允许某一缔约国就另一缔约国违反公约义务而向人权事务委员会提出控诉。《公民权利和政治权利国际公约》与《经济、社会和文化权利国际公约》共同构成联合国《国际人权公约》的核心部分，成为国际人权保护的基本法。

《公民宪章》 *Citizen's Charter* 英国政府在20世纪90年代初颁布的倡导提高公共服务质量的文件。1991年7月，英国政府以白皮书形式颁发《公民宪章》。主要内容是遵循“政府提供的公共服务质量必须与公民支付的价值相当”的原则，把允许私人部门进入公共服务领域同公共部门展开竞争作为改善公共服务质量的根本途径，要求垄断性半垄断性行业、非营利性的公共服务行业（如城市公共交通、环境卫生、公共文化设施等）、管制性部门（如公共安全、户籍管理、核发执照等）做到：制定服务标准，信守服务承诺；礼貌服务，不得歧视公民；通过公开办事规则、补救措施等，接受公众监督；向公民提供可选择的机会；设立顾客投诉、申诉的程序等。为了保障《公民宪章》的实施，内阁办公厅设置了公民宪章小组，负责指导各部门、各地的活动；开通《公民宪章》热线，提供咨询，受理投诉；把执行《公民宪章》与文职人员的绩效考核挂钩等。

公平报酬权 right to just remuneration 劳动者按其所提供劳动的数量和质量取得公平合理报酬的权利。公平报酬权的保障，主要通过规定最低工资标准和对工资的保障来实现。1944年《关于国际劳工组织的目标和宗旨的宣言》(《费城宣言》）规定，工资、收入、工时和其他工作条件的政策拟定应能保证将进步的成果公平地分配给一切人，将维持最低生活的工资给予一切就业的并需要此种保护的人。联合国大会于1948年12月10日通过并宣布的《世界人权宣言》第23条规定，人人有同工同酬的权利，不受任何歧视；每一个工作的人，有权享受公正和合适的报酬，保证使他本人和家属具有符合人的尊严的生活条件，必要时并辅以其他方式的社会保障。1979年12月18日通过的《消除对妇女一切形式歧视公约》第11条规定，缔约各国应采取一切适当措施，消除在就业方面对妇女的歧视，以保证她们在男女平等的基础上享有相同权利，特别是人人有不可剥夺的工作权利；享有相同就业机会的权利，包括在就业方面相同的甄选标准；同等价值的工作享有同等报酬（包括福利）和享有平等待遇的权利。

公平理论 equity theory 20世纪60年代由美国心理学家J.S.亚当斯首先提出的关于劳动者相对报酬和绝对报酬及其对劳动者工作态度的影响的理论。这种理论认为，员工的工作积极性不仅受其绝对收入的影响，而且还受其相对收入的影响。他们不仅关心自己的工作所得到的绝对报酬，而且还关心自己的报酬与他人报酬之间的关系。他们把自己的所得与付出比与相关他人的所得与付出比加以比较。当员工感到不公平时，他们可能会采取以下几种做法：①曲解自己或他人的付出或所得。②采取某种行为改变他人的付出或所得。③采取某种行为改变自己的付出或所得。④选择另外一个参照对象进行比较。⑤辞去他们的工作。

公顷 hectare 计量土地面积的公制单位。符号ha。是可与国际单位制单位并用的中国法定计量单位。中国采用的单位符号为hm^2。1公顷＝100公亩＝10 000平方米，又等于英国法定度量衡制和美国习用度量衡制的2 471英亩。中国把15亩称为1公顷。

公使 minister 第二等级的外交代表，通常授以“特命全权公使”衔。同大使一样，公使是一国元首向另一国元首派遣的外交代表，两衔的区别在于公使所享受的外交礼遇次于大使。但公使在接受国所享有的外交特权与外交豁免权等同于大使。第二次世界大战后，在世界各国的外交实践中，任命公使一级的使馆馆长越来越少，绝大多数国家都把公使级外交关系升格为大使级。基于对方国家既有的派驻常驻使节的历史传统，中华人民共和国在成立初期曾与芬兰、瑞典、丹麦和匈牙利互派公使级外交代表，后均升为大使级。此外，列为公使级外交使节的还有教廷公使，其派遣情况与教廷大使相同。

公司 corporation 依法定程序设立，以营利为目的的社团法人。公司制企业的法人地位一旦确立，在法律上具有独立人格，能独立地承担民事义务、拥有民事权力。与出资创办人完全分开，公司的资本和财产在法律上不再属于出资者个人所有，而归公司法人所有。同时，作为出资者的股东不能退股，只能转让他们的股权。

现代公司的形式，按照不同的特征有多种分类：①按照公司债务清偿责任的不同，分为无限公司、有限公司、两合公司、股份有限公司、股份两合公司。②按照公司经营业务的不同，分为工业公司、商业公司、运输公司、工商贸一体化公司、科学技术开发公司、保险公司、咨询公司等。③按照公司生产技术业务联系紧密程度的不同，分为专业公司、联合公司和综合性公司等。④按照公司所属企业分布情况的不同，分为地区性公司、跨地区性公司、全国性公司、跨国公司。

公司债券 corporate bond 股份公司按照法定程序申请发行并在约定期限内还本付息的债券。它与股票的最大区别是，其持有者是发行公司的债权人，而不是所有者；债权人拥有按约定条件向发行公司取得利息和到期收回本金的权利，取得利息优于股东分红；公司破产清理时，对资产的索取权先于股东，但债券持有者不能参与公司的经营管理活动。公司债券与其他债券相比，风险大、收益高。

公私合营 joint state-private ownership 中国对民族资本主义工商业实行社会主义改造所采取的国家资本主义的高级形式。大体上经过单个企业的公私合营和全行业公私合营两个阶段。单个企业的公私合营，是在私营企业中增加公股，国家派驻干部（公方代表）负责企业的经营管理。由此引起企业生产关系在多方面发生深刻变化：①企业由资本家所有变为公私共有。②资本家开始丧失企业经营管理权。③企

1956年1月上海永安公司庆祝公私合营

业盈利按"四马分肥"原则分配。1956年初，全国范围出现社会主义改造高潮，资本主义工商业实现了全行业公私合营。国家对资本主义私股的赎买改行"定息制度"，统一规定年息五厘。生产资料由国家统一调配使用，资本家除定息外，不再以资本家身份行使职权，并在劳动中逐步改造为自食其力的劳动者。1966年9月，定息年限期满，公私合营企业最后转变为社会主义全民所有制。

公诉 public prosecution 对犯罪具有追诉权的国家机关，依照侦查所搜集的证据，确认被告人犯有罪行时，为追究被告人的刑事责任，代表国家向法院提起的诉讼。自诉的对称。在中国，除告诉乃论的案件和其他不需要进行侦查的轻微刑事案件，依法可以由被害人提起自诉，直接向人民法院起诉外，其他刑事案件一律由人民检察院决定是否提起公诉。凡公安机关或人民检察院侦查终结的案件，经人民检察院审查，认为被告人的行为已构成犯罪，依法应当追究刑事责任时，由人民检察院向人民法院提起公诉。自诉案件经人民法院审查后，如认为应当由人民检察院提起公诉，应即移送人民检察院。

代表国家依法出席支持公诉的称为公诉人。在中国，根据规定，公诉人由检察长或检察员担任，助理检察员经检察长批准，可以代理检察员行使公诉人的职权。世界上许多国家都以检察机关为公诉机关，但有的国家同时还赋予其他机关提起公诉的权力。如美国除由检察官起诉外，重罪案件由大陪审团提起公诉；在英国，原则上任何公民都可起诉，实际上则绝大多数刑事案件都由警察部门起诉，有些案件则必须先取得总检察长或检察官的批准才能起诉。

公诉与自诉的不同是：①自诉由被害人直接向法院提起诉讼；公诉则由代表国家的检察长或检察官向法院提起诉讼。②自诉案件中被害人是原告；公诉案件中检察长居原告地位，被害人则处于证人地位。③自诉案件不论在审判前或审判中，当事人随时可以和解或撤诉，法院可以调解，被告人还可以反诉；公诉案件则不能以和解或调解的方法解决，被告人也不能向公诉人提出反诉。但检察长如果认为已提起的公诉根据不足，可以撤回起诉。

公孙弘 Gongsun Hong（前200～前121）中国西汉武帝时丞相。淄川薛（今山东滕州南）人，出身贫寒。早年为狱吏，有罪免职，以牧豕为生，40余岁时开始学《春秋》杂说。

汉武帝刘彻即位后征召贤良文学，公孙弘被淄川国推举，以贤良征为博士。后因使匈奴忤旨，称病免归。元光五年（前130）再度应征贤良文学，因对策第一，拜为博士，待诏金马门。公孙弘熟悉法律政事，并以儒术加以文饰。每逢朝会，善于体察武帝心意，提出各种意见以供选择，如果不合旨意，他也不坚持己见，因此博得武帝的欢心，不久被提拔为左内史。元朔三年（前126）迁御史大夫，五年代薛泽为丞相。汉初常以功臣列侯或其后嗣充任丞相，公孙弘是第一个以布衣擢居相位的人。武帝下诏以高成平津乡的650户封弘为平津侯，丞相封侯遂成定例。

公孙弘为人忌刻，外宽内深，睚眦必报。但他生活节俭，虽位居三公、俸禄丰厚，盖的依然是布被，吃的也是普通饭菜，俸禄都用来供养故人宾客。淮南王、衡山王谋反后，公孙弘自以奉职不称，上书归侯辞职，武帝不许。任丞相四年，元狩二年（前121）卒。

公孙龙 Gongsun Long（约前325～前250）中国战国时期哲学家。名家离坚白派的代表人物。战国末年赵国人。能言善辩，曾为平原君门客。他提出了"离坚白"、"白马非马"等命题，认为对于"坚白石"，"视不得其所坚而得其所白者，无坚也"；"拊不得其所白而得其所坚者，无白也"，强调视觉与触觉的差异故"坚白石二"。又分析一般与个别的关系，强调"白马"（个别）与"马"（一般）的区别，得出"白马非马"的结论。公孙龙还提出"唯乎其彼此"的正名理论，强调"名"必须有确定性，此名专指此实，彼名专指彼实。他还就概念的分类进行了初步探讨，提出了一些有关概念异同关系的重要见解。公孙龙的观点夸大了事物和概念的差别性，否定了事物和概念的同一性，但他并非通常意义上的诡辩家，其许多观点具有开创性，推动了中国古代逻辑思想的发展。《汉书·艺文志》著录、保存在明代《道藏》中的公孙龙著《公孙龙子》是研究公孙龙思想的主要资料。

《公孙龙子》 *Gongsunlongzi* 中国战国后期名家公孙龙的著作。《汉书·艺文志》著录《公孙龙子》14篇，现存6篇。其中《迹府》是后人编集的有关公孙龙的事迹，其余5篇基本可信是公孙龙的作品。其中《白马论》提出的"白马非马"命题，以及《坚白论》提出的"离坚白"命题，是公孙龙名辩思想的中心。著作着重探讨了概念的内涵和外延以及事物的共性和个性所具有的内在矛盾，这种探讨促进了人类认识的深化，是哲学思想发展的一个重要环节。《指物论》论述了指与物的关系。所谓指，就是事物的概念或名称，所谓物就是具体的事物，它们的关系也就是物质与意识的关系。《通变论》论述了对运动变化的看法。《名实论》专门讨论名与实的关系。这5篇著作共同构成了一个完整的学说体系。关于《公孙龙子》的注释，有宋人谢希深注本，近人王琯《公孙龙子悬解》，陈柱《公孙龙子集解》等多种。

公孙瓒 Gongsun Zan（?～199） 中国东汉末年军阀。字伯珪。辽西令支（今河北迁安西）人。初为郡吏，曾从涿郡卢植读经。后以孝廉为郎，任辽东属国长史。汉灵帝中平年间，中山国相张纯勾结乌桓大人丘力居，抄略边境，所至残破。公孙瓒当时为涿县令，奉命率军追讨，有功。后升降虏校尉，兼属国长史。他防御边塞，勇敢善战，使乌桓惧。青州、徐州黄巾军起，公孙瓒残酷镇压，屠杀数万人。拜奋武将军，封蓟侯。与幽州牧刘虞结怨，初平四年（193）擅擒杀之，尽有幽州之地，实行割据。统治残暴，百姓怨苦。又与冀州牧袁绍争夺地盘，连年攻战，生产受到严重破坏。后地域与人口日蹙，死守易京（今河北雄县西北）。建安四年（199）袁绍大军围城，城破，公孙瓒自焚而死。

公务机 executive airplane 在商务活动和行政事务中用作交通工具的小型飞机。又称商务飞机或行政机。属于通用航空的范畴，可乘坐4～10人。公务机大多装有两台发动机，以提高飞行的安全性。高级公务机多采用2～3台涡轮风扇发动机，个别的装4台。豪华公务机座舱内有办公桌、会议桌和能与地面联系的电话，供乘用人员使用。公务机以美国最多。

公务员 civil service 国家公务人员。西方国家一般指代表国家从事社会公共事务管理、行使国家行政权力、履行国家公务的人员，英国称"文职人员"，法国称"职员"或"官员"，美国称"政府雇员"。中国指依法履行公职、纳入国家行政编制、由国家财政负担工资福利的工作人员。

西方政治学认为，中国历史上的科举制是西方文官制度的重要来源之一。世界近现代史上的公务员及其制度发端于英国资产阶级革命胜利之后。第二次世界大战后，公务员制度在西方国家普遍实行。许多战后获得民族独立的发展中国家，也建立了本国公务员制度。各国公务员的范围不同。如英国公务员限于行政机关中常务次官以下的各级工作人员，包括非经选举产生和非政治任命的常任文官。美国公务员限于在国家行政机关中任职的工作人员，包括除政府任命以外的政府部门所有工作人员。法国公务员包括政府、公共机构、公立医院工作人员以及中小学教师。日本公务员包括政府系统的公职人员以及国会、法院、国立学校与医院、国营单位所有人员。

公学 public school 英国一种独立的文法中学。多数公学位于英格兰南部，由私人资助和管理，培养准备升入大学的学生，具有一定的历史和较高的教育质量。“公学”一词最早见于18世纪文献，但是公学实际上在文艺复兴运动时期就已形成。当时英国具有人文主义思想的人物，或者对源于中世纪的古典文法学校进行改造，或者建立新型学校。这些新兴学校既招收本教区男孩，也招收别的教区的男孩，起初是免费的，学生以来自贫民家庭为主，富贵之家为辅；课程以学习古希腊、罗马的古典著作和《圣经》为主，也学习一些实用知识；是为“公众利益”、“国家公共利益”服务的。这些私立文法学校后来约定俗成地被称为“公学”。随着办学质量的提高，公学逐渐赢得上流社会的青睐和支持，学生构成发生变化，来自贵族和中产阶级家庭的子弟逐渐占多数。虽为贫寒家庭天才子弟留有少数免费学额，但是开始收费且学费不断提高。到17世纪初，最有代表性的9所公学已经诞生，而且形成历史性的地位。这9所公学是：温切斯特公学、伊顿公学、圣保罗公学、威斯敏斯特公学（又称圣彼得学院）、什鲁斯伯里公学、拉格比公学、哈罗公学、麦钦泰勒公学和查特豪斯公学。

1861年皇家委员会对公学进行了评估，推动公学现代化改革。在长期办学实践中，公学形成了自己的传统和风格：培育海内外精英，生源不受地域限制；国家不予干涉，校政自主等。公学系统自成体系，与大学关系密切。一般只招收其预备学校的学生，办学的主要任务是为牛津、剑桥等大学输送新生，而牛津、剑桥等大学为公学提供优良的师资。学生于13周岁从预备学校毕业后，再经过考试，合格者才得入学，学习年限一般5年。学费昂贵，学生人数不多，实行寄宿制。课程设置最初注重人文学科，现在人文学科和科学学科并重。公学教育业已成为英国政界、文官行业、教会等职位的一个重要资历。

公元纪元 Anno Domini; AD 国际通用的公历纪元。532年（中国南朝梁中大通四年），基督教僧侣狄安尼西提出，应从耶稣基督诞生之年开始纪年。后来人们就以传说中的耶稣诞生之年为元年。公元元年相当于中国西汉平帝元始元年。公元元年之后，年份顺数，如公元2年，公元3年；公元元年之前，称公元前，年份倒数，如公元前1年，公元前2年。公元元年和公元前1年之间，无公元0年。

公园 public park 城市公共绿地的一种类型，由政府或公共社团建设经营，供公众游憩、观赏、娱乐等，并有改善城市生态、防火、避难等作用。

在欧洲，资本主义社会初期，一些过去属于皇家贵族的园林逐渐向公众开放，形成最初的公园，如英国伦敦的海德公园等。中国也有相似情况，如北京皇家园林、

北京北海公园景色

苏州等地私宅园林，在辛亥革命推翻封建社会后，先后向公众开放。19世纪中叶，欧洲和美国开始出现供公众游览的公园，如纽约中央公园。十月革命后的苏联重视公园的建设，莫斯科于1929年建成了大型的高尔基文化休息公园。

19世纪中叶鸦片战争以后，外国人在中国上海、天津等地租界内建了一些最初为他们享用的公园，如1868年英国人在上海黄浦江边建立“公花园”，即现在的黄浦公园。19世纪末20世纪初中国各地相继建了一批公园，如1897年黑龙江齐齐哈尔的龙沙公园，1906年无锡的锡金公花园，广州的越秀公园、中央公园、永汉公园，武汉的市府公园，昆明的翠湖公园，厦门的中山公园。1949年后，各地城市的公园建设迅速发展。1978年以后，在改革开放进程中，公园建设投资多元化，在城市总体规划和绿地系统的规划指导下，公园建设有了长足发展。截至2008年底，中国已建成公园达8 557处。

世界各国对公园的分类方法有所差异。中国公园的分类包括综合公园、专类公园等。

公约 convention 众多国家为解决某一重大国际问题而缔结的具有造法性质的多边条约。通常在国际组织主持下或在国际会议上谈判签订；内容大多为造法性的行为规则和制度；通常对非缔约国开放；一般需要批准；期限多数是永久性的。19世纪末以来，国际上缔结了大量公约。其中，第二次世界大战前比较重要的公约有1899年和1907年的《海牙公约》、1921年《巴塞罗那公约》、1926年《禁奴公约》和1928年《非战公约》等。战后，联合国主持制定了一系列公约，如1958年日内瓦海洋法四公约、1961年《维也纳外交关系公约》、1963年《维也纳领事关系公约》、1969年《维也纳条约法公约》、1982年《海洋法公约》等；联合国专门机构也主持制定了一些公约，如1970年《关于制止非法劫持航空器的公约》等。

公债 public debt 政府为筹措财政资金，运用国家信用方式，向国内外投资者所借的债务。按债务主体分为中央政府发行的国家公债和地方政府发行的地方公债。国家公债又称国债。公债的历史可以追溯到罗马时代，而以发行公债券形式举借的公债，则起源于中世纪欧洲的热那亚和威尼斯。公债作为财政收入形式的特征是：①自愿性，即举借公债应建立在投资者自愿承受的基础上。②有偿性，即通过举借公债筹集的财政资金，政府必须作为债务按期偿还，并向投资者支付规定的利息。③灵活性，即公债发行与否及其发行量，一般由政府根据财政资金的状况和社会承受能力灵活地加以确定。

公证 notarization 国家公证机关按照自然人、机关、团体、企事业单位的申请，对法律行为或者有法律意义的文书、事实，证明它的真实性与合法性的非讼活动。公证制度是国家司法制度的组成部分，其作用主要是保全证据，保障民事权利，预防纠纷，稳定社会秩序，促进市场经济的顺畅发展。

发展 19世纪初，法国首先颁布了公证人法。其后，比利时、意大利、德国、日本等国陆续实行公证制度。中国1982年4月13日由国务院颁布了中国第一部公证法规《中华人民共和国公证暂行条例》，公证制度采用行政体制的模式。1993年公证机构被列为中介机构。2002年6月18日、2006年6月18日司法部两次发布了《公证程序规则》，对公证程序予以规范。2005年8月28日十届全国人大常委会十七次会议通过了《中华人民共和国公证法》，对公证机构、公证员、公证程序、公证效力、法律责任等进行了具体规定。

公证机构及其业务范围 根据《中华人民共和国公证法》，公证机构是依法设立，不以营利为目的，依法独立行使公证职能、承担民事责任的证明机构。

在中国，公证机构根据自然人、法人或者其他组织的申请，办理下列公证事项：①合同。②继承。③委托、声明、赠与、遗嘱。

公证员将验证合格的球放进摇珠机里，准备摇珠开奖

④财产分割。⑤招标投标、拍卖。⑥婚姻状况、亲属关系、收养关系。⑦出生、生存、死亡、身份、经历、学历、学位、职务、职称、有无违法犯罪记录。⑧公司章程。⑨保全证据。⑩文书上的签名、印鉴、日期，文书的副本、影印本与原本相符。⑪自然人、法人或者其他组织自愿申请办理的其他公证事项。根据自然人、法人或者其他组织的申请，公证机构可以办理下列事务：①法律、行政法规规定由公证机构登记的事务。②提存。③保管遗嘱、遗产或者其他与公证事项有关的财产、物品、文书。④代写与公证事项有关的法律事务文书。⑤提供公证法律咨询。公证机构不得有下列行为：①为不真实、不合法的事项出具公证书。②毁损、篡改公证文书或者公证档案。③以诋毁其他公证机构、公证员或者支付回扣、佣金等不正当手段争揽公证业务。④泄露在执业活动中知悉的国家秘密、商业秘密或者个人隐私。⑤按违反规定的收费标准收取公证费。⑥法律、法规、国务院司法行政部门规定禁止的其他行为。

公证的效力 公证具有三方面效力：①证据效力。指公证文书可以证明待证事实的真实性、合法性，可直接作为认定事实的依据。②强制执行效力。对公证机关依法赋予强制执行效力的关于追偿债款、物品的债权文书，权利人可以不经诉讼程序直接申请**强制执行**。③法律关系和行为成立要件效力。即根据国家法律和法规规定或者当事人约定以公证为成立要件的法律行为，只有办理公证，其行为才产生**法律效力**。

公制 metric system 一种计量制度。国际公制的简称。又称米制。旧称米突制。18世纪末法国首创。采用当时认为最稳定的地球子午线的长度作为标准，以通过巴黎子午线长度的四千万分之一作为长度单位，定名为米；容量单位为升，等于1立方米的千分之一；质量单位为千克，等于4℃时1升纯水的质量。1875年，法、德、美、俄等17个国家的代表在巴黎签订《**米制公约**》，确认米制为国际通用的计量制度，并成立**国际计量局**，制造出铂铱合金原器作为长度和质量的国际标准。公制的几个主要单位的规定如下：①长度单位是米。单位符号为m，为保存在巴黎国际计量局的铂铱合金米国际原器在冰熔点时两标线间的距离，约等于通过巴黎子午线长度的四千万分之一。②质量单位是千克。单位符号为kg，为保存在巴黎国际计量局的铂铱合金千克国际原器的质量。③容量单位是升。单位符号为L或l，为质量是1千克的纯水在标准大气压（101 325帕）下密度最大时的体积。1升＝1.000 028立方分米。1959～1984年被确定为中国的基本计量制度。

公众人物 public figure 在社会生活中广为人知的社会成员。他们或因其取得的地位、或行为的社会辐射、或从事的职业等被社会广泛知晓。如著名演艺界人士、体育明星、著名科学家、文化艺术家、政府主要官员、社会活动家等。

公众人物是一个新闻学概念，同时也是一个法律概念。公众人物的知名度超过常人，或者承担的职责涉及公共利益或者国家利益，他们的行为关系到国家、社会的利益或者公众的知晓权。因此，人们对他们的关注和观察就远超出对一般人所关注的程度。公众人物本身在新闻媒体上比一般人拥有更大的荣誉和名气，也相应承担一些社会职能，**舆论监督**的标准也高于普通人。公众人物应容忍正当舆论监督造成的轻微损害，在新闻侵权诉讼中，其人身权的某些部分受司法保护的范围要小于普通公民。

公主岭市 Gongzhuling City 中国吉林省辖县级市。位于省境中西部，东辽河中游右岸。面积4 027平方千米。人口109万(2010)，有汉、满、朝鲜、回、蒙古等20个民族。清光绪三年（1877）设怀德县，初治八家镇，后迁公主岭，隶昌图府。1985年撤销怀德县设公主岭市。由**四平市**代管。矿产中煤、石油、天然气储量丰富，还有石灰岩、膨润土、大理石、油页岩等。盛产玉米、高粱、谷子、大豆、水稻和小麦，是吉林省和全国商品粮生产基地。工业以机械、食品、建材、饲料、冶金、化工、煤炭、造纸等为主。古迹有秦家屯古城遗址、大青山新石器时代文化遗址等。

功 work 物理学中的一个重要物理量。由于通过做功，势能、动能、内能、电能等可以互相转换，故从这个角度可定义功为能量转换的一种量度。力学中的功是机械功，指施予物体的力在物体位移方向上的分力和位移的乘积，据此也定义机械功为力的空间累积效应的量度。功是标量，机械功是力$\boldsymbol{F}$和位移$\boldsymbol{s}$这两个矢量的标积。当物体有转动或物体是弹性体时，物体上各点的位移不一致，则以力的作用点的位移为准。如汽车起动时，驱动的后轮不打滑，即轮胎与地面接触点无位移，地面对轮胎的摩擦力也不做功。在国际单位制中，功的单位是焦耳。

功夫茶 kung-fu tea 一种中国饮食习俗。又作工夫茶。流行于中国广东潮汕地区和福建漳州、泉州地区。源于宋代。得名有两种说法：一说源于功夫茶名，一说因茶具精巧、功夫独到而得名。对于茶具、水质、茶叶、冲法、饮用礼节都有一系列严格的规定。茶具完整的为12件，稍次有8件或4件。最基本的是茶壶、茶杯、茶池（盛放杯壶的陶瓷）、泥炉。水以泉水、井水为上。茶叶限于半发酵后即烘炒定型的福建岩茶、溪茶和潮汕产的凤凰水仙。冲法更为讲究，要掌握“高冲”、“低洒（斟）”、“刮沫”、“淋盖”八字诀，即纳茶、候汤、冲泡、刮沫、淋盖、烫杯、洗杯、筛点的八步法。饮用时先敬长者，依次而行。饮前闻一下，转动小杯，一饮而尽。功夫茶是一种特殊的饮茗方式。在世界上，中国的功夫茶和日本茶道是最讲究的饮茶法。

功夫片 kung-fu film 以表现中国武术技艺为主要内容的故事片。又称武打片、武术片、武侠片。功夫片以奇妙的武术技艺给人们以艺术享受。20世纪20年代初期无声电影阶段，中国银幕上就开始出现根据神怪武侠小说改编的武术打斗影片，如18集影片《火烧红莲寺》。40年代末至50年代中期，香港电影工作者拍摄了具有浓厚中国特色、讲究实战技击功夫的《黄飞鸿》后，功夫片开始成为一种影片类型。70年代初香港影星**李小龙**主演的、以中华武术为主体、以真实武功为表现手段的《精武门》，对功夫片作出了贡献。70年代中期，香港影星**成龙**主演的《蛇形刁手》和《醉拳》，将拳脚功夫与喜剧结合，形成了一种新的谐趣功夫片。80年代，由优秀武术运动员参加、以武林胜地实景拍摄的《少林寺》及其后的《武林志》等影片把功夫片推向一个新的高度。2001年《卧虎藏龙》获**奥斯卡金像奖**四项大奖，为功夫片赢得更多中外观众的喜爱。

功利主义 utilitarianism 以功利作为道德标准的伦理学说。又称功用主义、乐利主义。主要代表人物为英国的J.**边沁**和J.S.密尔。边沁提出了功利主义的基本观点，密尔继承了他的观点并最早使用功利主义一词。功利主义继承发展了历史上幸福论和**快乐主义**的伦理传统，认为，幸福就是免除痛苦，求得快乐，而利益则是幸福和快乐的基础，个人幸福就是个人的利益，人的本性就是追求快乐和幸福，追求利益是道德的标准。功利主义以追求最大多数人的最大幸福为最高道德原则，提出为了增进个人的幸福和保障个人利益，也需要增进社会的幸福和利益。但功利主义把个人利益看成唯一现实的利益，而社会利益仅仅是个人利益的总和，所以，功利主义实质上是一种更为精致的利己主义伦理学说。

功率 power 单位时间内的做功数值；量度做功快慢程度的物理量。即若物体在力$\boldsymbol{F}$作用下运动速度为$\boldsymbol{v}$，则该力的功率$P=\boldsymbol{F}\cdot\boldsymbol{v}$。做功不均匀时，上式的瞬时值表示瞬时功率，平均值表示平均功率。瞬时功率可远大于平均功率，如运动员起跑、起跳或举重和电动机起动时的功率，都远比平时功率为大。刚体作定轴转动的功率$P=M\omega$，M为使刚体转动的力矩，ω为刚体的角速度。国际单位制中的功率单位为瓦特、千瓦等。

功能材料 functional material 具有独特的物理性质、化学性质或生物功能，主要用于功能器件的一类材料。在电、磁、声、光、热等方面具有特殊性质，或者在其作用下表现出特殊的功能。功能材料主要有磁性材料（硬磁、软磁、磁流体等）、电子材料（半导体、绝缘、超导、介电等材料）、信息记录材料（磁记录、光记录等）、光学功能材料（特种光学玻璃、发光、感光、吸波、光纤、激光材料等）、敏感材料（压敏、光敏、热敏、湿敏、气敏等）、能源材料（核燃料、炸药、推进剂、太阳能光电转换材料、储能材料等），还有阻尼材料、形状记忆材料、生物技术材料、催化材料、特种功能薄膜材料等。功能材料的物理特性往往取决于材料内部的微结构、电子状态或原子核结构。功能材料常用于制造各种装备中的具有特种功能的核心部件，在自动控制、电子、通信、能源、交通、冶金、化工、精密机械、仪器仪表、航空航天、国防等部门均有重要的用途。

功能高分子 functional polymer 在合成或天然高分子原有力学性能的基础上，再赋予传统使用性能以外的各种特定功能（如化学活性，选择分离性能，光、电、磁特性，导电性，电致发光，催化活性，生物相容性，生物降解性，液晶性等）而制得的高分子。

结构特点 功能高分子一般在主链或侧链上具有显示某种功能的基团，其功能性的显示往往是复杂的、协同的，不仅决定于高分子链的化学结构、结构单元的顺序、分子量及其分布、支化、立体结构等一级结构，还决定于高分子链的构象、聚集时的高级结构等，后者对于生物活性功能的显示更为重要。

主要类别 ①选择分离功能高分子。主要指离子交换树脂、螯合树脂、大孔树脂以及高分子分离膜等。②高分子试剂。将小分子试剂通过化学键与高分子载体相结合，在溶液中或固相中与其他小分子发生化学反应，经分离纯化后得到需要的产物。重要的高分子试剂包括高分子氧化剂、高分子还原剂、高分子亲核试剂、高分子缩合剂、氧化还原树脂等。③催化功能高分子。将具有催化活性的基团引入到天然或合成高分子中，改善小分子催化剂的催化选择性、活性，提高可重复使用性。最早的高分子催化剂主要是模拟酶结构进行分子设计。另外，有些酶含有金属，如果以高分子配位体与金属络合，就得到高分子金属催化剂。④光活性高分子。主要包括感光性树脂、光致变色高分子等。感光性树脂是经光照吸收光能后在结构上发生化学变化或物理变化的高分子（见光敏高分子）。光致变色聚合物在光照下发生化学结构的互变异构化，从而导致高分子可逆的颜色变化。⑤电学功能高分子。有些具有共轭π电子的高分子和高分子电荷转移络合物等表现出特殊的电活性。例如聚乙炔等具有半导体性质，称为高分子半导体，经掺杂后表现出导体的性质。聚乙烯基咔唑与三硝基芴的电荷转移络合物，经光照后能产生光生伏打效应，称为光导高分子。聚偏氟乙烯及其共聚物，在加热、加压下能产生压电效应及热电效应，称为压电高分子或热电高分子。⑥生物医学高分子。包括医用高分子和高分子药物；医用高分子主要包括用于制造人工组织和人工器官的高分子生物材料和作为载体、助剂或药理活性物质，用于提高药物制剂的安全性、长效性及专一性的药用高分子，其中具有药理活性的高分子化合物称高分子药物。见生物医学材料。

功能失调性子宫出血 dysfunctional uterine bleeding 表现为月经量增加、经期延长、周期改变、不规则阴道出血的妇科常见病。简称功能性子宫出血。但查不到内外生殖器器质性病变及全身性病变。可分为无排卵型与排卵型两大类。前者约占90%，常见于青春期、更年期妇女；后者少见，一般为生育期妇女，常发生于流产或分娩后。

病因 任何因素干扰下丘脑-垂体-卵巢轴中的某个环节，都可能导致月经紊乱。内外因素，如情绪变化、精神过度紧张、环境和气候改变、营养不良、过度疲劳或高热及代谢紊乱等扰乱了该系统的完整性，均可导致卵巢功能失调，影响子宫内膜的正常生长与脱落，导致月经功能失调。

临床类型及出血机理 有以下两类。

无排卵型 多见于青春期和绝经过渡期，发病原因不全相同。患者的卵巢内可见有发育和闭锁的卵泡，但无成熟卵泡、无排卵亦无黄体，由于高雌激素的刺激形成多数囊性滤泡或滤泡囊肿。临床表现的最大特点是月经周期极不规律、出血时间长短不一，出血量多少不定。偶见表现为周期正常，流血量及时间与正常月经相似。因无孕激素的影响，基础体温均为单相曲线。阴道涂片也看不到孕酮的作用，宫颈黏液只能见到不同程度的羊齿状结晶或不典型结晶，看不到椭圆体。

排卵型 多数发生在生育年龄的妇女，此时下丘脑-垂体-卵巢轴反馈机制已建立，卵泡成熟并排卵，有正常的分泌期子宫内膜，但黄体功能欠佳。可分两类：①黄体功能不全。黄体期孕激素分泌欠佳。②子宫内膜脱落不全，又称黄体萎缩不全或子宫内膜不规则脱卸。患者黄体发育虽好，但萎缩过程延长。

诊断 根据详细询问病史，全面体格检查包括妇科检查及其他辅助检查，即可作出诊断。但确诊须经诊刮病理检查，诊刮时必须注意宫腔大小、形态、宫壁是否光滑等。

治疗 首先要注意营养，避免精神紧张和过度疲劳，充分休息，保持心情愉快，纠正贫血，改善全身情况。一般不需切除子宫，除非症状明显。保守治疗效果差、严重贫血、年龄大或合并其他需要切除子宫的疾病时才可考虑切除子宫。药物治疗主要采用性激素疗法或并用中药等。

无排卵型 青春期及育龄期应以止血、调整周期及促使卵巢恢复排卵功能为主。更年期妇女应以止血、减少出血量为原则，不必考虑恢复卵巢功能。

排卵型 在经前8～12天当基础体温开始上升时，肌注孕酮，每日一次，共5天，停药后3～7天即有撤退性阴道流血。可连续用三疗程，然后停止治疗，观察月经情况。亦可并用中药治疗。

攻补兼施 reinforcement and elimination in combination 中医临床将泻下药与补益药同用以治疗里实且正气不足的治法。属治疗八法中下法之一。适用于大便秘结，兼见倦怠乏力，气短懒言；或口干咽燥，唇裂舌焦；或腹部冷痛，手足不温等。常用泻下药如大黄、芒硝与补益药人参、地黄、当归等配合使用。由于里实有寒热之分，正虚有气血阴阳之别，使用攻补兼施法应根据具体病证特点选用不同的方剂。如里实热证兼气血不足，证见腹痛拒按、腹部痞满，甚或谵语、口渴、身热、神倦少气、脉虚等，用黄龙汤泻热通便、益气养血；证见热病阴亏、大便秘结、口干咽燥、唇裂舌焦等，用新加黄龙汤或增液承气汤滋阴增液、通便泻热；证见腹部冷痛、大便秘结、手足不温，用温脾汤温补脾阳、泻下冷积。临床上，若里实证正气不虚则不宜用此法。

攻击和防御行为 attack and defence behaviour 动物发动的用以伤害或吓退同种或异种个体的行为称为攻击行为。动物为减少自身或其种族被外界不利环境因素以及其他同种或异种个体所伤害而进行的行为称为防御行为。有攻击者就有防御者，所以这两种行为常是成对地在不同个体身上表现出来。有时在一个个体身上这两种行为迅速地交替表现。攻击和防御所用手段有些是一样的，有些大不相同。攻击和防御行为可以是动物个体单独进行的，也可以是集体进行的。攻击和防御可见于取食、求偶、育幼等行为中，而集体的攻击和防御行为则属于社群行为。

供给 supply 生产者在一定时期内对某种商品或劳务在各种可能的价格水平愿意而且能够提供出售的数量。包括已经处在市场上的商品的流量和生产者能够提供给市场的商品的存量。

供给的范围和水平取决于社会生产力的发展水平，一切影响社会生产总量的因素也都影响供给量；但是，市场供给量不等于生产量，因为生产量中有一部分用于生产者自己消费，作为贮备或出口，而供给量中的一部分可以是进口商品或动用贮备商品。提供给市场的商品，不仅具有满足人类需要的使用价值，而且具有凝结着一定社会必要劳动时间的价值。因此，供给不单纯是一种提供一定数量的特定的使用价值的行为，而且还是实现一定价值量的行为。

在市场经济中，供给是随商品价格的变动而变动的。一个生产部门原材料价格的变动，会决定这个部门对原材料的需求，从而决定这个部门的生产，最终影响商品的供给。如果商品价格下跌，供给就会减少；商品价格上涨，供给就会增加，供给反映了一种交换关系，因而是社会生产关系的组成部分。

供给规律 law of supply 反映商品价格与供给量之间的对应关系：在其他条件不变的情况下，商品价格与供给量之间呈同方向变动的关系。又称供给法则。见供给。

供给弹性 elasticity of supply 在其他条件不变的情况下，某商品供给量变动的百分比与引起这种变动的该商品价格变化的百分比的比值。反映供给量变化对价格变化的敏感程度。又称供给价格弹性。

影响供给弹性的主要因素有：①时间的长短。当价格发生变化时，追求利润最大化的企业会根据价格的变化调整产量。但在短期内，企业调整产量会存在一定的困难，所以供给量不能对价格变化作出充分反应，供给弹性往往比较小；而在长期，企业就会对价格的变动作出充分反应，从而供给量变动对价格变动敏感，供给弹性往往比较大。②生产成本随产量变化而变化的幅度。如果产量提高只引起边际成本的轻微提高，供给弹性可能比较大；反之，供给弹性可能比较小。③产品的生产周期。如果产品的生产周期较短，企业就可以根据市场价格的变化及时地调整产量，供给弹性一般就比较大；反之，供给弹性一般比较小。

供给学派 supply-side economics 20世纪70年代在美国出现的经济学学派。此学派强调经济的供给方面，认为需求会自动适应供给的变化。供给学派的先驱为R.A.芒德尔，主要代表人物有J.万尼斯基、P.C.罗伯茨、N.B.图尔、A.B.拉弗、M.费尔德斯坦、G.吉尔德等。

供给学派的一个显著特征是强调经济中的供给，反对“需求创造供给”的凯恩斯定律，认为“供给可以自动创造需求”的萨伊定律才是正确的。他们注意供给或生产的方面，确认生产的增长决定于资本和劳动力等生产要素的供给和有效利用，其中资本至关紧要，资本积累决定生产增长速度，应当鼓励储蓄和投资。因此，供给学派主张降低边际税率，削减社会福利支出，实行稳定币值的政策，并精简规章制度，减少政府对企业活动的限制。

供给学派使西方经济思想从单纯强调需求转向结合供给，从提倡政府干预转向注意市场机制，从赞赏收入平均转向讲究经济效率。供给学派也对美国经济政策有一定影响，里根政府曾采纳供给学派的理论和政策主张。此后，由于其理论上并无创新，影响逐渐衰减。

供给制 supply system, the 民主革命时期中国共产党在部分解放区实行的和中华人民共和国建立初期对部分工作人员实行的免费供给生活必需品的一种分配制度。供给范围包括个人的衣、食（分大、中、小灶）、住、行、学习等必需用品和一些零用津贴，还包括在革命队伍中结婚所生育的子女的生活费、保育费等。供给制是一种平均分配的形式，带有战时共产主义分配制度的性质，是特定历史条件下的产物。1950～1954年，约有10%的职工（主要是国家机关工作人员）实行供给制。1952年对实行供给制的人员统一增加津贴，津贴标准按工作职务确定，从而扩大了分配上的差距。1954年改行供给标准稍高的包干制，即由国家发给一定数量的实物和货币，由领取者自由支配使用。1955年，取消供给制和包干制，全部实行工资制度。

供求规律 law of demand and supply 市场上商品的供给与需求的相互关系及其同商品价格的关系的规律。供求关系就是供给和需求的对立统一。供求规律就是供求关系变化的基本法则。

商品的供给和需求之间存在着一定的比例关系，其基础是生产某种商品的社会劳动量必须与社会对这种商品的需求量相适应。在商品经济条件下，生产某种商品的社会劳动量和社会对这种商品的需求量之间的关系主要表现为3种情况：①生产某种商品的社会劳动量和社会对这种商品的需求量相一致。在这种情况下，部门内部生产商品的劳动耗费与社会分配的劳动量相等在市场上就表现为商品的供求一致。②生产某种商品的社会劳动量大于社会对这种商品的需求量。在这种情况下，部门内部生产商品所耗费的劳动超过社会分配的劳动量。在市场上就表现为商品的供给大于需求。③生产某种商品的社会劳动量小于社会对这种商品的需求量，亦即社会供给不能满足社会需求。因此，社会各生产部门只有按社会对各生产部门的商品需求量的比例来分配社会总劳动量，商品的供给和需求才能趋于平衡；而商品的供给和需求必须趋于平衡，是供求双方矛盾运动的内在规律。

促使商品供给和需求趋于平衡的动力是由供求双方相互作用而决定的价格。商品的价格是由商品的价值决定的，但是商品的供给和需求之间的关系却影响着价格对价值的背离程度。当商品的供给大于需求时，社会所提供的商品超过社会的需求，商品的价格就会下跌，商品只能按照低于其价值的价格出售；较低的商品价格具有抑制供给、刺激需求的作用，从而使供给和需求逐渐趋于平衡。当商品的供给小于需求时，社会所提供的商品满足不了社会的需求，商品的价格就会上涨，商品就必然按照高于其价值的价格出售；较高的商品价格具有刺激供给、抑制需求的作用，从而促使商品的供给和需求逐渐趋于平衡。因此，由供求规律作用所反映的商品价格的上涨和下跌，也是价值规律在流通领域发挥作用时必然的经济运动趋势。

供应链 supply chain 从原材料供应直到将最终产品提供给消费者的上下游企业之间联合而成的组织网络。供应链理论是随着市场竞争的加剧而生产的。最初，企业各自组织物流系统，并相互开展激烈竞争，虽然个别在竞争中得利的企业效益较高，但由于竞争而导致的物流成本转移最终仍要反映在商品的售价上，而价格过高造成的竞争力下降，将使供应链条上的所有企业受害。于是有战略眼光的企业便开始转向供应链管理，与上、下游的企业进行物流合作，共同寻求降低物流成本、提高物流服务的途径。供应链理论要求企业不再把目光局限在企业内部的物流系统，而是把物流管理延伸到企业外部，把整个供应链作为一个系统来进行管理。

宫本百合子 Miyamoto Yuriko（1899-02-13～1951-01-21） 日本作家。生于东京，卒于东京。自幼酷爱文学。17岁考入日本女子大学英文专业。同年创作描写农民贫困生活的小说《穷人》，引起社会广泛关注。不久退学，专事写作。创作的自传体小说《伸

子》(1926)，成为日本昭和时期描写知识女性寻求解放的代表作之一。

1927年偕友人访苏，其间曾前往华沙、维也纳、柏林、马赛、巴黎、伦敦等地旅行。此次游历，对其思想、生活和创作产生了巨大影响。1930年回国，加入日本无产阶级作家同盟，翌年加入已处非法地位的日本共产党。曾5次被捕，两次被禁止发表作品。

战后参与新日本文学会的创建，主编《妇女新闻》，开展妇女启蒙工作。战后的代表作《知风草》(1946)和《播州平野》(1946～1947)反映战后初期的日本社会，批判侵略战争。中国曾翻译出版《宫本百合子选集》4卷。

宫殿 palace 宫在秦以前是中国居住建筑的通用名，从王侯到平民的居所都可称宫，秦汉以后，成为皇帝居所的专用名；殿原指大房屋，汉以后也成为帝王居所中重要建筑的专用名。此后的宫殿一词习惯上指秦以前王侯居所和秦以后皇帝的居所。首都的主要宫殿是国家的权力中心，外有宫城，驻军防守。宫城内包括礼仪行政部分和皇帝居住部分，称前朝、后寝或外朝、内廷；此外，还有仓库和生活服务设施。

宫殿和都城的关系 从遗址和实物看，自春秋至唐代，宫城大多在都城中。宫城的一边或两边靠近城墙；有的则在都城外，附着一边城墙或一个城角；甚至有分建两城的。实例有临淄齐国故城、郑韩故城、邯郸赵国故城、西汉长安城、东汉和北魏洛阳城、曹魏邺城、隋唐长安城和洛阳城等的宫城或宫殿区。从北宋起，北宋**开封城**、金中都、元**大都**、明中都、明清**北京城**，宫城处在都城之中，四面为城区所包围。

自春秋至汉代，都城内多不止一座宫殿，宫殿之间为居民区。自曹魏邺城起，宫殿集中于都城北部，与居民区隔开，宫前干道两侧布置**衙署**，形成都城的南北轴线。至唐长安城发展成宫城在全城中轴线上，后宋汴梁城、元大都城、明清北京城继承了这种格局。

宫殿形制 自商迄清，历代宫殿或有文献记载，或有遗址，或有实物留存，其形制和沿革关系大致可考。

殷商宫殿 河南偃师二里头遗址，是一组廊庑环绕的院落式建筑，有人推测它是夏和早商宫殿。郑州商城内发掘出的几处较大建筑遗址，有人认为是商代中期的宫殿遗址。河南安阳**殷墟**公认是商代后期的宫殿遗址。这些宫殿都是在夯土基中埋木柱，屋顶未用瓦。但后世宫室一直沿用的院落式布局，在此已见端倪。

西周和春秋战国宫殿 西周宫殿遗址迄今未发现。据战国时《考工记》记述，周代宫殿分前朝、后寝两部分。前部有外朝、内朝、燕朝三朝（又称大朝、日朝、常朝）和皋门、应门、路门三门。外朝在宫城正门应门前，门外有阙。内朝在宫内应门、路门之间，路门内为寝，分王寝和后寝。王的正寝即路寝，前面的庭即燕朝。《考工记》所载宫室制度在汉代宫殿中并无反映，但对汉以后各代的宫室却有极大影响。这些宫室大都依此把宫室严格区分为外朝和内廷两部分，并有明确的中轴线。而《考工记》中所述的三门后扩大为五门，故以后各代宫殿外朝部分都是“三朝五门”。

春秋战国时代的宫殿通常是在高七八米至十余米的阶梯形夯土台上逐层构筑木构架殿宇，形成建筑群，外有围墙和门。这种高台建筑既有利于防卫和观察周围动静，又可显示权力的威严。影响所及，秦汉大型宫殿也多是高台建筑。如山西侯马平望古城、河北易县燕下都遗址、邯郸赵国故城、山东临淄齐国故城等，都有这种宫殿遗址。

秦、汉宫殿 秦统一中国后，建造了大批宫殿。据《史记》所载，共计关（指函谷关）内300处，关外400处。关中平原和咸阳周围主要的有：咸阳旧宫，渭水北阪上仿六国宫室的一连串殿宇，咸阳旧宫以南隔渭水在**上林苑**中建造的信宫，骊山北麓为太后所居的甘泉宫，咸阳旧宫北面“北陵”上新建的北宫等。这些宫殿和周围200里内270所宫观之间，有阁道或甬道相连。后来，又在渭水南另营宏伟的朝宫，别称**阿房宫**，作为主要朝会之所，但未完成而秦亡。

西汉初期利用秦朝残留的离宫——兴乐宫修筑成长乐宫，随后又在其西面建未央宫，作为正式宫殿，以长乐宫供太后居住。文帝、景帝时期增辟北宫供太子居住。武帝时，在城内北部兴建桂宫、明光宫，并在城西上林苑内营造**建章宫**。各宫占地大而建筑物布局稀疏，不像明清所建那样密集、严谨。每殿自成一区。

东汉建都洛阳，先营南宫，后增建北宫，两宫中隔市区，用三条阁道相连，宫中各有前殿。汉末桓帝、灵帝时又增筑东、西宫。

魏、晋、南北朝宫殿 魏晋时宫殿集中于一区，与城市区分明确。曹魏邺城和孙吴建康城宫殿都集中于城北，宫前道路两侧布置官署。两晋、南北朝宫殿大体相沿，其前殿受汉代东、西厢建筑的影响，以主殿太极殿为大朝会之用，两侧建东、西堂，处理日常政务。从南朝建康起，各代宫城基本呈南北长的矩形，有中轴线，南面开三门，隋、唐、北宋、金、元的宫城均如此，至明代又改为南面一门。

隋、唐宫殿 隋代营大兴城，于宫城前创建皇城，集中官署于内。宫内前朝一反汉至南北朝正殿与东西堂并列，即大朝与常朝横列的布置，追绍《周礼》古意，比附三朝五门南北纵列的布置方式，在中轴线上，于宫南正门内建太极、两仪两组宫殿。唐承隋制，仅改殿门的名称。唐长安大内以宫城正门承天门为外朝，元旦、冬至举行大朝会，颁布政令、大赦、外国使者来朝等，均在此举行。门内中轴线上建太极、两仪两组宫殿，前者为定期视事的日朝，后者为日常视事的常朝。五门依次是：承天门、嘉德门、太极门、朱明门、两仪门。这种门殿纵列的制度为宋、明、清各朝所因袭，是中国封建社会中、后期宫殿布局的典型方式。

唐高宗时在长安城东北外侧御苑内建**大明宫**。前部中轴线上建三组宫殿，以含元殿为大朝，宣政殿为日朝（又称“正衙”），紫宸殿为常朝（又称“内衙”）。内廷殿宇则自由布置，并和太液池、蓬莱山的风景区结合，这是汉、魏以来宫与苑结合的传统布局。隋、唐两代，离宫也很兴盛，重要的有麟游仁寿宫（唐改为九成宫）、终南山太和宫（唐改为翠微宫）、唐时的华清宫等。在赴离宫的沿途又建有大量行宫。

宋、金、元宫殿 北宋汴京宫殿是在原汴州府治的基础上改建而成。宫城面积仅及唐大明宫的十分之一左右，官府衙署大部分在宫城外同居民住宅杂处，苑囿也散布城外。宫廷前朝部分仍有三朝，但受面积限制，不能如唐大明宫那样前后建三殿。其宫城正门为宣德门，门内为主殿大庆殿，供朝会大典使用，相当于大朝。其后稍偏西为紫宸殿，是日朝。大庆殿之西有文德殿，为“正衙”。其后有垂拱殿，是常朝。三朝不在一条轴线上。北宋宫殿气局虽小，但绚丽华美超过唐代。

金中都（位于明北京城西南）宫殿因袭北宋规制，但中轴线上建筑分皇帝正位和皇后正位两大组，由于广泛使用青绿琉璃瓦和汉白玉石，建筑风采绚丽。元大都宫殿在都城南部，分三部分：大内宫城是朝廷所在，在全城中轴线上；宫城之西有太后所居的隆福宫和太子所居的兴圣宫；宫城以北是御苑。宫内继承金中都宫殿在中轴线上建大明殿、延春阁两组，为皇帝、皇后正位。

明、清宫殿 明代曾在三处建造皇宫：南京、中都凤阳府和北京。南京宫殿始建于元末（1366），宫城在旧城外东北侧钟山西趾的南麓下，填燕雀湖而建，地势有前高后低之弊。但北倚钟山，南临平野，形势显敞，且与旧城区分明确，互不干扰，也无官署与民居杂乱交混的弊病。皇城正门称洪武门，门内御道两侧为中央各部和五军都督府，御道北端有外五龙桥，过桥经承天门、端门，到达宫城正门午门。宫内中轴线上前后建两组宫殿，前为奉天、华盖、谨身三殿，是外朝主殿；后为乾清、坤宁两宫，是内廷主殿；左右有东西六宫。这种在中轴线上前后建两组宫殿的布置与金中都、元大都宫殿相同，但它又以外朝三殿比附三朝，以洪武门至奉天殿前的五座门比附五门。明代三朝与唐、宋时期每朝各为一所独立的宫院不同，只是在一所宫院中前后连建三座殿而已。明南京宫殿今只存午门和东、西华门的基座。

明北京宫殿建于永乐十五年至十八年（1417～1420），清代时虽屡加改建、重建，但基本格局未变，迄今尚有许多殿宇属于明代遗构，是中国现存最宏伟壮丽的古代建筑群。见**故宫**。

清入关前，于1636年在今沈阳市区建宫殿，规模较小，分三路建筑（见**沈阳故宫**）。入关后虽沿用明故宫，但清帝大部分时间生活在**圆明园**、**承德避暑山庄**等处。苑囿既成为清帝主要居止场所，所以都设外朝、内廷，建有大量殿宇，规模虽不及大内宫阙，也很可观。秦始皇、汉武帝所开创的离宫制度，在清代苑囿中得到了充分的发展。

宫体诗 court-style poetry 流行于中国南朝梁陈间的一个诗歌流派。“宫体”之名，始见于《梁书·简文帝纪》对萧纲的评语，但此风自齐梁已开其端。宫体诗的主要作者就是萧纲、萧绎以及聚集于他们周围的一些文人如**徐摛**、**庾肩吾**、**徐陵**等。历来对宫体诗的批评，多以为其中有不少以写妇女生活为内容，其实宫体诗也有一些抒情咏物之作，其中格调低下的也只占少数，只是情调流于轻艳，诗风比较柔靡缓弱。被称为宫体诗人的萧纲、萧绎等人，也写过不少清丽可读之作，至于庾肩吾、徐陵等，更有一些比较优秀的诗篇。

从诗歌发展史上看，宫体诗起的作用有两个方面。一方面，隋及唐初诗风流于靡弱，多少是受它的影响；另一方面，它在形式上比永明体更趋格律化。对后来律诗的形成，起到重要的推动作用。至于它用典多、辞藻秾丽的特点，对后世也有一定的积极作用，如唐代的**李贺**和**李商隐**的诗，显然曾吸取过宫体诗的某些手法。

宫廷舞蹈 court dance 古代皇室宫廷举行宴享娱乐或祭礼祈祷时所跳的舞蹈。宫廷舞蹈由宫廷艺人或祭师表演。舞蹈样式来源复杂，有的来自民间，有的是宫廷职业舞者加工创作的。内容多为帝王歌功颂德、歌舞升平，形式华丽工整，结构严谨，具有一定的技巧性和艺术性。

中国的宫廷舞蹈在夏商时代已经产生。

唐朝巾舞（陕西长安县唐墓室壁画）

周代制定的大舞、小舞均属宫廷舞蹈。当时的乐舞机构大司乐已拥有1 500多乐舞伎人。汉代设乐府，专门收集整理民间乐舞供宫廷享用。隋、唐是中国宫廷舞蹈发展鼎盛时期，七部乐、九部乐、十部伎等，显示出中国宫廷舞蹈的辉煌成就。宋、元时代宫廷的队舞，继承隋、唐《燕乐》的传统，艺术上达到可观的水平。至明、清，宫廷舞蹈趋于衰落。

世界上许多国家历史上都曾有过宫廷舞蹈，如欧洲的宫廷芭蕾、日本的雅乐、朝鲜的乡乐等。

宫外孕 extra-uterine pregnancy 孕卵在子宫以外发育的妊娠。**异位妊娠**的俗称。包括输卵管妊娠、卵巢妊娠、腹腔妊娠等。但异位妊娠不仅指孕卵在子宫腔外着床发育的异常妊娠，还包括宫颈妊娠、间质部妊娠、子宫残角妊娠等。

宫泽贤治 Miyazawa Kenji（1896-08-27～1933-09-21） 日本诗人、童话作家。生于岩手县。1915年入盛冈农林高等学校（现岩手大学）农学系。1920年参加佛教日莲宗团体国柱会，并开始童话创作。1926年辞去教职，舍弃富裕生活，去乡村从事农耕，同时从事诗歌与童话的创作。他在诗歌中把宇宙和个人融为一体，追求自然的和谐。代表诗作《春和修罗》（1924）表现个人的哀痛和宗教信仰，也反映20年代日本农民的苦难生活。童话作品主要有《生意兴隆的饭馆》（1924）和《银河铁道的夜晚》（1927）等。

恭王府 Mansion of Prince Gong 中国清朝道光帝第六子恭忠亲王奕訢的府邸。位于北京市前海西街。原为乾隆时大学士和珅的第宅。后几经易主，咸丰时成为恭亲王府。同治时期曾经整修，并在府后添建花园。现存王府总占地面积61 120平方米，由府邸、花园和马号三部分组成，有府墙围合。

府邸占地32 260平方米（含马号），建筑群体布局主要分中、东、西三路，以中路为主路，东、西路为跨院，总体呈中轴对称状。中路用作王府办事机构和驻扎八旗兵，建筑布局由南向北依次为：正门、仪门、正殿、后殿、无翼楼、后寝等。中路主体建筑全部绿琉璃瓦顶。东路由两进院组成，前院是恭亲王起居会客之所。西路院落格局与东路同，为王府的住宅部分。三路院落之后为通长150余米的后罩楼，正中偏西设穿堂门，通府后花园；后楼东段悬匾“瞻霁楼”，西段悬匾“宝约楼”，共两层，为京师王府中后楼最具规模者。

花园名萃锦园，俗称恭王府花园，占地约28 860平方米。其间散置叠石假山，曲廊亭榭，水池花木。主要建筑有安善堂、

萃锦园示意图

邀月台、蝠厅（养云精舍）、沁秋亭（流杯亭）、大戏楼、秋水山房、妙香亭、益智斋和湖心敞厅“诗画舫”等。全园斋室轩院曲折变幻，风景幽深秀丽。

恭王府是由大臣第宅改建的王府建筑，但在建筑艺术、空间布局、使用功能和私家造园等方面更为宜人、精致，是清代重要的王府建筑之一。1982年国务院公布为全国重点文物保护单位。

龚古尔文学奖 Le Prix Goncourt 法国文学奖。每年由龚古尔学院院士评选出一种当年出版的最佳小说并授予奖金。**龚古尔兄弟**是法国自然主义小说家，始终不渝的合作者。弟弟茹尔于1870年去世。哥哥埃德蒙为纪念弟弟，立下遗嘱，用遗产为基金，成立龚古尔学院。1896年埃德蒙去世。龚古尔学院于1903年成立，决定设立5 000法郎奖金，奖励当年出版的最佳长篇小说、最佳短篇小说集、最佳想象性散文作品，当年12月21日第一次颁奖。后来奖金改为50法郎，只是表示一种荣誉。

龚古尔兄弟 Goncourt brothers 法国作家、艺术批评家、历史学家。E.de 龚古尔（Edmond de Goncourt 1822-05-26～1896-07-16）和J.de 龚古尔（Jules de Goncourt

1830-12-17～1870-06-20）出身贵族家庭。哥哥埃德蒙生于南锡，卒于尚波罗赛。弟弟茹尔生于巴黎，卒于欧特伊。从1850年起，两人协力从事文学创作，后投身报界，开

始撰写文艺评论。从1854年起潜心研究18世纪的法国历史和艺术史，发表了《大革命时期的法国社会史》(1854)、《督政府时期的法国社会史》(1855)、《十八世纪的艺术》(1859) 等，整理并提供了一些鲜为人知的文献资料。

1860年以后，龚古尔兄弟合写小说，主要有《夏尔·德马依》(1860)、《玛耐特·萨洛蒙》(1867)、《勒内·莫普兰》(1864)、《翟米尼·拉赛特》(1865) 等。茹尔于1870年病逝，埃德蒙因而搁笔多年，后才恢复小说创作。作品有《少女艾尔莎》(1877) 和《亲爱的》(1884) 等。龚古尔兄弟的另一重要文献是22卷的《日记》。龚古尔兄弟强调小说应反映现代生活，动笔之前一定进行广泛的调查研究，被称为“文献小说”（以事实为根据的小说）的创始人，但因强调病理和生理因素的特殊意义，人们常把他们归之于自然主义作家的行列。

按照埃德蒙的遗嘱于1903年设立的龚古尔文学奖，是法国颇具权威的文学奖。

龚贤 Gong Xian (1618～1689) 中国明末清初画家。金陵八家之一。又名岂贤，字半千、野遗，号半亩、柴丈人。祖籍昆山，后迁居南京。一生布衣不仕。晚年定居南京清凉山。

工诗文书画。有诗文集《香草堂集》，绘画专著《画诀》、《柴丈人画稿》、《龚半千课徒画说》传世。擅山水，作品多写金陵山水，长于用墨。在笔法方面，他专主用中锋，善以苍劲凝练、沉郁浑润的笔墨，勾画出林木山石的形象，方而不板，洁而不滑。所绘《水墨山水图》鲜明体现了他的用笔特点。他继承和发扬了宋人的积墨法，山石树木多次皴擦渲染，墨色极为浓重，但浓重中又有细微的深浅变化和巧妙的明暗对比。《清凉环翠图》、《摄山栖霞图》都是他善用墨色的代表作。在如何布置丘壑方面，他提出了“奇”与“安”、“实境”与“幻境”的理论，即描绘自然既要妥帖合理又要不一般化，既要符合现实“实境”又要更美更理想。《千岩万壑图》是他在布局方面的范例。

龚贤山水发展了墨丰笔健的画法，形成浑厚苍秀沉郁的独特画风。

龚云甫 Gong Yunfu (1862-11-04～1932-06-12) 中国京剧演员。工老旦。名瑗，又名世祥。满族。生于湖南常德，卒于北京。早年学玉器手艺，1885～1886年入南宫园华兰习韵票房学老生，后入小鸿奎班客串演出。1892年拜孙菊仙为师，改搭四喜班，

龚云甫在京剧《钓金龟》中饰康氏（前）

又从熊连喜学老旦，此后成为专工老旦的职业演员。1904年被选入清昇平署外学。龚云甫对老旦行的唱、做均有革新，有“剧界革命党”之称。在他之前，京剧老旦唱腔、唱法均以模仿老生为主。龚云甫大胆吸收了青衣的唱腔旋律，把旦角娇脆柔媚的特点与老生苍老遒劲的味道融合在一起，使老旦唱腔女性化，形成老旦独特的演唱风格，对当世与后代都有很大影响。龚云甫的戏路很宽，能以老旦戏唱大轴。代表剧目有《打龙袍》、《游六殿》、《钓金龟》、《行路训子》、《徐母骂曹》等。宗其艺者有文亮臣、卧云居士等。李多奎得其传授。

龚自珍 Gong Zizhen (1792-08-22～1841-09-26) 中国晚清思想家，史学家，诗人。一名巩祚，字璱人，号定盦。浙江仁和（今杭州）人。二十七岁为举人。道光元年(1821) 官内阁中书，任国史馆校对官。九年，始成进士。官至礼部主事。十九年，弃官南归。二十一年，于江苏云阳书院猝然去世。龚自珍初承家学渊源，从文字、训诂入手，后渐涉金石、目录，泛及诗文、地理、经史百家。受当时崛起的春秋公羊学影响甚深。面对嘉道年间社会危机日益深重，他弃绝考据训诂之学，讲求经世之务，一生志存改革。青年时代所撰《明良论》、《乙丙之际著议》等文，对封建专制的积弊，予以揭露和抨击。他的思想为后来康有为等人倡公羊之学以变法图强开了先声。中年以后，虽然志不得伸，转而学佛，但是“经世致用”之志并未消沉。他支持林则徐查禁鸦片，并建议林则徐加强军事设施，做好抗击英国侵略者的准备。龚自珍一生追求“更法”，虽至死未得实现，但在许多方面产生了有益的影响。在社会观上，他指出社会动乱的根源在于贫富不相齐，要求改革科举制，多方罗致“通经致用”的人才。在哲学思想上，阐发佛教中天台宗的观点，提出人性“无善无不善”，“善恶皆后起”的一家之谈。在史学上，发出“尊史”的呼吁，并潜心于西北历史、地理的探讨。在文学上，则提出“尊情”之说，主张诗与人为一。他生平诗文甚富，后人辑为《龚自珍全集》。

龚祖同 Gong Zutong (1904-11-10～1986-06-26) 中国光学家。生于江苏川沙（今属上海），卒于西安。1930年清华大学物理系毕业后留校任助教。1936年在德国柏林技术大学应用光学专业研究生毕业。历任蓝天玻璃厂总工程师、中国科学院长春光学精密机械研究所副所长、西安光学精密研究所所长、中国光学学会副理事长等职。研制出中国第一批军用望远镜。1952

《清凉环翠图》(故宫博物院藏)

年成功地试制出中国第一批光学玻璃。此后又陆续领导研制出中国第一台红外夜视望远镜、第一台电子显微镜、第一台高速摄影机等。1980年当选为中国科学院学部委员（院士）。1985年获国家科技进步奖特等奖。曾获福托－苏尼克斯成就奖。

巩俐 Gong Li（1965-12-31～ ） 中国电影演员。山东济南人。生于沈阳。1989年于中央戏剧学院表演系毕业后，留校任教。1987年在《红高粱》中扮演“我奶奶”一举成名。之后，又连续在《一代妖后》(1988)、《代号美洲豹》(1988)、《古今大战秦俑情》(1989)中饰演主角。1990年，在《菊豆》中饰女主角菊豆。

1991年，在《大红灯笼高高挂》中扮演性格刚烈、与另几位妻妾争宠导致发疯的姨太太。在《秋菊打官司》(1992)中的表演，使她获得1993年第13届中国电影金鸡奖最佳女主角奖，并获得1992年威尼斯电影节最佳女主角奖。1997年应邀担任第50届戛纳电影节评委，2000年任柏林国际电影节评委会主席。此后又主演或参演了《漂亮妈妈》(2000)、《周渔的火车》(2002)、《2046》(2004)、《满城尽带黄金甲》(2006)、《迈阿密风云》(2006)、《谍海风云》(2010)等多部影片。

巩膜病 diseases of sclera 各种原因所致的眼巩膜部位病变。包括巩膜炎、巩膜色调异常。巩膜是眼球壁的最外一层，由致密的胶原和弹力纤维构成，质地坚硬呈磁白色，主要起着保护眼球的作用。其表面由球结膜和筋膜覆盖不与外界接触，深层几无血管。故巩膜病变较少，一旦发生病变，修复力差，反应迟缓，病程冗长，治疗效果差，且易复发。巩膜病变以炎症为多，女性多于男性。按解剖部位分为前和后巩膜炎，据其病变的深度分为表层巩膜炎和巩膜炎（即巩膜深部炎症）。但二者的病理改变与致病原因并无本质差异。且临床症状相同：眼球发红、疼痛，视力一般不受影响。表层巩膜炎分为结节型和弥漫型，常呈环形。深层巩膜炎根据部位分为前巩膜炎和后巩膜炎。治疗主要是去除病因，局部和全身应用激素。

巩县石窟 Gongxian Caves 中国佛教石窟。位于河南巩义（原巩县）洛水北岸的大力山南麓。始凿于北魏晚期，东魏、西魏、北齐、隋、唐皆增凿龛像。现存5个大窟、328龛、7 700余尊造像及186方铭刻。1982年国务院公布为全国重点文物保护单位。

第一至四窟为中心柱窟，第五窟为方形窟。中心柱窟平面方形，中心柱四面和窟内左、右、后三壁开龛，龛内雕释迦多宝、维摩文殊、弥勒菩萨及三佛等题材。造像面相圆润，体态浑厚，衣纹疏朗。前壁雕礼佛图，基坛刻十神王、怪兽和伎乐。其中第一窟规模最大，窟外入口两侧各凿一力士像龛，像龛外侧又各凿一大龛，龛内雕一立佛二菩萨像。整个崖面雕刻场面恢弘。窟内前壁门洞东侧的皇帝礼佛图和西侧的皇后礼佛图分上、中、下三排，东侧礼佛图中皇帝居上排前部，头戴冕旒，博衣宽带，手持莲花，前有比丘引导，后有王公、大臣及侍女簇拥。场面比龙门宾阳洞礼佛图更为宏大，反映了北魏崇佛之盛。此雕刻构图紧凑多变，人物顾盼传神，为中国现存此类雕刻中较完整而精美者。巩县石窟雕刻精细，形象生动，承袭了龙门石窟北魏造像的“秀骨清像”样式，蕴涵了北齐造像体态丰满的新风尚，在中国石窟艺术发展史上有重要地位。

巩县石窟第一窟皇帝礼佛图

巩义市 Gongyi City 中国河南省辖县级市。位于省境中部，黄河南岸。面积1 041平方千米。人口81万（2010）。民族有汉、回等。西周为巩伯国。秦置巩县。北宋时因皇陵在此，先后置望陵县、永安县等。元复置巩县。1991年撤巩县置巩义市。由郑州市代管。属暖温带大陆性季风气候。矿产主要有煤炭、铝矾土、高岭土等。农作物有小麦、玉米、豆类、水稻、棉花、烟草、花生、芝麻等。柿饼、蘑菇为传统产品。工业以机械、冶金、建材、纺织、采掘、卷烟、医药等为主。名胜古迹有北宋皇陵、唐三彩窑遗址、杜甫陵园、北魏石窟寺和雪花洞等。

汞 mercury 化学元素。元素符号Hg，原子序数80，原子量200.59，属周期系ⅡB族。室温下唯一液态似银的金属，故俗称水银。自然界中汞很少以单质形式存在，存在的汞矿是硫化汞，即辰砂。在地壳中汞的含量约为5×10^{-5}%。汞具有银色光泽，有流动性。凝固点－38.83℃，沸点356.73℃，密度13.546克/厘米^3(20℃)。具有很大的表面张力和良好的导电性。易与多种金属，如金、银、钠、锌、锡等形成合金（又称汞齐）。汞的氧化态+1、+2。分别形成亚汞化合物和汞化合物。一价汞化合物中汞总是以二聚体离子的形式存在，如氯化亚汞Hg_2Cl_2。汞是较不活泼金属，在室温下，不与空气、氨、二氧化碳和氮氧化合物反应；易与卤素和硫反应，与盐酸或稀硫酸不发生反应，但可与热的浓硫酸反应。汞也可与浓硝酸或冷稀硝酸反应。汞的化合物有氯化亚汞、氯化汞、硫化汞、雷汞、氧化汞、碘化汞、汞红等。

汞——常温下唯一的液态金属

传统的炼汞法是将辰砂矿在充足的空气中焙烧或与石灰共热，生成的汞为气态，将其蒸馏出来就可制得液态汞。金属汞最重要的用途就是在氯碱工业中电解氯化钠溶液生产氯气和氢氧化钠时用作汞阴极。可用于制作整流器、荧光灯、电池等。还用于制作温度计、密度计、气压计、杀虫剂、引爆剂雷汞、防腐剂、合成有机化合物（如乙酸）的催化剂和牙科材料等。

汞和大多数汞的化合物都有剧毒。汞会通过呼吸道、胃肠以及皮肤进入体内，逐步积累，引起汞中毒。装有汞的器皿必须安全密封，遗洒在地面上的汞必须立即清除干净。

拱坝 arch dam 平面上呈凸向上游的拱形，结构上为固结于基岩的壳体并起拱的作用的坝。拱坝的水平剖面由曲线形拱构成，两端支承在两岸基岩上。竖直剖面呈悬臂梁形式，底部坐落在河床或两岸基岩上。

法国罗斯朗支墩型薄拱坝，高150米，坝基处宽22米，1961年竣工

拱坝主要依靠拱的作用，即利用两端拱座的反力，同时还依靠自重维持坝体的稳定。拱坝比之重力坝可较充分地利用坝体的强度。其体积一般较重力坝为小。其超载能力常比其他坝型为高。拱坝主要的缺点是对坝址河谷形状及地基要求较高。

沿革　砌石拱坝兴建较早，早期较著名的拱坝有16世纪前后西班牙埃尔切坝及意大利蓬塔尔多坝。后者在1611年建成时坝高5米，经数次改建，到1883年坝高增至38米。20世纪40年代，著名的胡佛坝建成，高221米。50年代以后意大利、瑞士、法国等欧洲国家建成了大量双曲拱坝。日本、美国、苏联等国家也相继修建。世界现有100米以上的拱坝180余座，其中最高的是格鲁吉亚的英古里坝，高272米。中国在1927年建成福建上里砌石拱坝，高27.3米；1958年和1959年分别建成高度为87.5米的响洪甸重力拱坝及坝高78米的流溪河双曲拱坝。20世纪中国最高的拱坝是1999年建成的高240米的四川二滩水电站双曲拱坝，最高的重力拱坝是1987年建成的高178米的黄河龙羊峡水电站拱坝。2005年开工建设的中国锦屏一级水电站，为世界第一高拱坝，坝高305米。

分类　按拱坝的结构作用分为三类：①纯拱。②以拱为主。③以梁为主。习惯上相应地称作纯拱坝、拱坝和重力拱坝，也统称拱坝。按拱坝体形，可分为双曲拱坝、单曲拱坝和空腹拱坝。坝底厚度与坝高之比在0.2以下的常称作薄拱坝，大于0.35的称作厚拱坝。按建坝材料分，有混凝土拱坝和砌石拱坝。

拱北　qubbah　中国伊斯兰教先贤和门宦教主的陵墓建筑。阿拉伯文原意为圆顶建筑或圆拱形墓亭。为盛行于西亚、中亚的一种建筑形式，后为苏非教团为其教主、谢赫、圣裔墓地建造的建筑形式，供人瞻仰拜谒，举行宗教活动。中国自元代以后来华传教的先贤墓庐多为圆拱形建筑。清代以来各门宦都在其创传人、教祖墓地建造拱北，有的还附设礼拜殿、坐静室、诵经堂和居室，成为宗教活动中心。著名的拱北有宁夏金积堡鸿乐府拱北，甘肃张家川宣化岗拱北、兰州大拱北、临夏大拱北、花寺拱北，青海后子河拱北、凤凰山拱北等。

拱桥　arch bridge　以承受轴向压力为主的拱圈或拱肋作为主要承重构件的桥梁，拱结构由拱圈（拱肋）及其支座组成（图1）。拱桥可用砖、石、混凝土等抗压性能

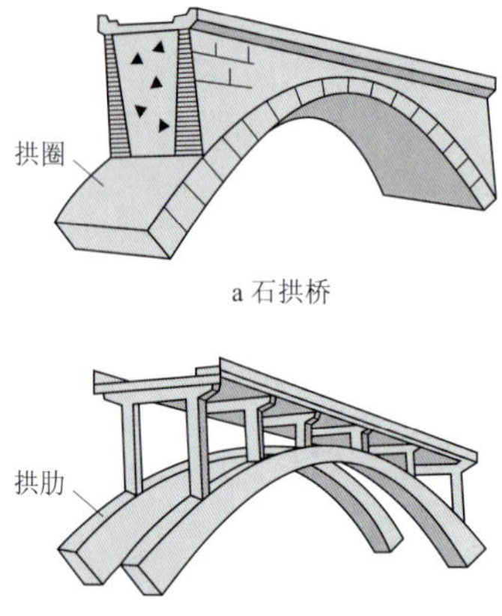

a 石拱桥

b 钢筋混凝土拱桥

图1　拱桥

图2　山西晋城丹河大桥（主跨146米，2000）

良好的材料建造；大跨度拱桥则用钢筋混凝土或钢材建造，以承受发生的力矩。按拱圈的静力体系分为无铰拱、双铰拱、三铰拱。前二者为超静定结构，后者为静定结构。无铰拱的拱圈两端固结于桥台，结构最为刚劲，变形小，比有铰拱经济，结构简单，施工方便，是普遍采用的形式，但修建无铰拱桥要求有坚实的地基基础。双铰拱是在拱圈两端设置可转动的铰支承，结构虽不如无铰拱刚劲，但可减弱桥台位移等因素的不利影响，在地基条件较差和不宜修建无铰拱的地方，可采用双铰拱桥。三铰拱则是在双铰拱的拱顶再增设一铰，结构的刚度更差些，拱顶铰的构造和维护也较复杂，一般不宜作主拱圈。拱桥按结构形式可分为板拱、肋拱、双曲拱、箱形拱、桁架拱。拱桥为桥梁基本体系之一，一直是大跨径桥梁的主要形式，不仅适用于大、中、小跨径的公路桥和铁路桥（图2），因其造型优美，更常用于城市及风景区的桥梁建筑。居世界跨径前十位的拱桥见表。

世界跨径前十位的拱桥

序号	拱桥名称	主跨径（m）	国别	完成年
1	朝天门长江大桥	552	中国	2009
2	卢浦大桥	550	中国	2003
3	新河峡谷大桥	518	美国	1977
4	贝永桥	504	美国	1931
5	悉尼港桥	503	澳大利亚	1932
6	巫山长江大桥	460	中国	2005
7	万州长江大桥	420	中国	1997
8	菜园坝长江大桥	420	中国	2007
9	克尔克大桥	390	克罗地亚	1980
10	弗里蒙特大桥	383	美国	1973

拱券　arch　拱和券的合称。块状料（砖、石、土坯）砌成的跨空砌体。利用块料之间的侧压力建成跨空承重结构的砌筑方法称发券。用此法砌于墙上做门窗洞口的砌体称券；多道券并列或纵联的构筑物（水道、屋顶）称筒拱；用此法砌成的穹窿称拱壳。

拱券技术早在公元前第4千纪已在两河流域出现，在中国出现较晚，经历了空心砖梁板、尖拱、折拱几个发展步骤，到西汉前期形成。当时用筒拱或拱壳穹窿建墓室，用券建墓门。中国拱券砌筑技术用于地上建筑始于魏晋用砖砌佛塔。筒拱东汉时已用于拱桥，宋代用于城墙水门，南宋后期用于城门洞。明初出现用筒拱建的房屋，上加瓦屋顶，仿一般房屋形式，俗称无梁殿。无梁殿的平面多为长方形，承重结构常采用筒拱；或单拱，或大拱两侧附有小拱。中国现存的有江苏省南京灵谷寺、

南京灵谷寺无梁殿内景

句容宝华山隆昌寺、苏州开元寺，山西省五台山显通寺、太原永祚寺，北京皇史宬、天坛斋宫、颐和园智慧海等十余座无梁殿。

珙桐　*Davidia involucrata*; dove tree　珙桐科珙桐属唯一种。产于中国四川、湖北、湖南西部，贵州北部和云南东北部，广东北部也有分布。落叶乔木，单叶，互生，无托叶。花杂性，排成顶生的头状花序，花序下承托白色，叶状苞片2～3片；头状花序由一朵两性花和许多雄花组成或全由雄花组成，雄花无花被，有雄蕊1～7，两性花秃裸；子房下位，6～10室。核果卵圆形或椭圆形。由于有2～3片花瓣状的苞片，初为淡绿色，继变乳白色，最后变为淡黄色而脱落，远

看像白鸽，故有中国鸽子树之称。在海拔1 600～2 000米的高山地区较为常见。这一中国特产的珍贵植物极富观赏价值，已被许多国家引种，广泛栽培。为中国一级保护植物。

共产党和工人党情报局 Information Bureau of the Communist and Workers' Parties; Cominform 第二次世界大战结束以后欧洲一些国家共产党和工人党建立的交流情报和经验的组织。1947年9月22～27日，苏联、南斯拉夫、波兰、罗马尼亚等9个国家的共产党和工人党代表在波兰举行情报局成立会议。会议通过成立情报局的决议，其主要目的是加强各党之间的联系，组织经验交流。情报局机构由各党中央各派代表2人组成，总部设在南斯拉夫贝尔格莱德。情报局成立不久，由于苏联方面的大国沙文主义态度，南斯拉夫与苏联两国关系恶化。情报局机构后迁至罗马尼亚布加勒斯特。由于受联共(布)领导大党主义的影响，情报局错误地干涉各国共产党的内部事务，阻碍它们独立自主地行动，给国际共产主义运动造成某些不良后果。1956年4月17日，情报局在机关报上发布结束共产党和工人党情报局活动的公报，机关报也随之停止了出版。

《共产党宣言》 *Manifest der kommunistischen Partei* K.马克思和F.恩格斯为共产主义者同盟起草的纲领，国际共产主义运动第一个纲领性文献，马克思主义诞生的重要标志。1847年11月共产主义者同盟第二次代表大会委托马克思和恩格斯起草一个周详的理论和实践的党纲。马克思、恩格斯取得一致认识，并研究了宣言的整个内容和结构，由马克思执笔写成。1848年2月，《宣言》在伦敦第一次以单行本问世。

《宣言》第一次全面系统地阐述了科学社会主义理论，指出共产主义运动已成为不可抗拒的历史潮流。构成《宣言》核心的基本原理是：每一历史时代主要的生产方式与交换方式以及必然由此产生的社会结构，是该时代政治的和精神的历史所赖以确立的基础，并且只有从这一基础出发，历史才能得到说明。从原始社会解体以来人类社会的全部历史都是阶级斗争的历史；这个历史包括一系列发展阶段，现在已经达到这样一个阶段，即无产阶级如果不同时使整个社会摆脱任何剥削、压迫以及阶级划分和阶级斗争，就不能使自己从资产阶级的剥削统治下解放出来。

《宣言》运用辩证唯物主义和历史唯物主义分析生产力与生产关系、经济基础与上层建筑的矛盾，分析阶级和阶级斗争，特别是资本主义社会阶级斗争的产生、发展过程，论证资本主义必然灭亡和社会主义必然胜利的客观规律，作为资本主义掘墓人的无产阶级肩负的世界历史使命。《宣言》公开宣布必须用革命的暴力推翻资产阶级的统治，建立无产阶级的“政治统治”，表述了以无产阶级专政代替资产阶级专政的思想。《宣言》还指出无产阶级在夺取政权后，必须在大力发展生产力的基础上，逐步地进行巨大的社会改造，进而达到消灭阶级对立和阶级本身的存在条件。《宣言》批判当时各种反动的社会主义思潮，对“空想的批判的社会主义”作了科学的分析和评价。《宣言》阐述作为无产阶级先进队伍的共产党的性质、特点和斗争策略，指出为党的最近目的而奋斗与争取实现共产主义终极目的之间的联系。《宣言》最后庄严宣告：“无产者在这个革命中失去的只是锁链。他们获得的将是整个世界。”并发出国际主义的战斗号召：“全世界无产者，联合起来！”

共产主义 communism 无产阶级的思想体系和理想的社会制度。1848年，K.马克思和F.恩格斯在《共产党宣言》中系统地阐明了共产主义基本原理，《共产党宣言》遂成为共产主义运动的纲领性文件。共产主义概念包括共产主义思想、共产主义运动和共产主义制度三个层面。共产主义思想是无产阶级的思想体系，共产主义运动是无产阶级的革命实践活动，共产主义制度是人类最理想的社会制度，也是人类社会发展的最高形态。共产主义作为理想的社会制度，包括初级阶段的社会主义社会和高级阶段的共产主义社会。通常所说的共产主义，是指共产主义的高级阶段。在这个阶段，生产力高度发达，社会产品极大丰富，人们具有高度的思想觉悟，劳动成为生活的第一需要，工农、城乡、脑力劳动和体力劳动三大差别已经消灭，采取“各尽所能，按需分配”的分配原则。

共产主义者同盟 Communist League 第一个以科学社会主义为指导思想的国际无产阶级的政党。是在对正义者同盟进行根本改造的基础上建立的。正义者同盟是19世纪30年代成立的德国工人和手工业者的秘密革命组织，1847年初，正义者同盟派J.莫尔邀请K.马克思、F.恩格斯加入并决定按他们的主张改组同盟。1847年6月在伦敦举行第一次代表大会，建立共产主义者同盟，拟订章程，并用“全世界无产者联合起来”的国际主义口号代替“人人皆兄弟”的旧口号。同年11月29日至12月8日在伦敦举行第二次代表大会，审查并批准章程。大会委托马克思、恩格斯起草同盟纲领，产生了国际共产主义运动第一个纲领性文献《共产党宣言》。

1848年3月初在巴黎建立以马克思为首的新的中央委员会，制定了德国革命的政治纲领《共产党在德国的要求》，并组织盟员回德参加革命。马克思、恩格斯于4月回到德国。6月在科隆创办《新莱茵报》，此报成为当时条件下革命活动的指导中心。1850年3月马克思、恩格斯起草《中央委员会告共产主义者同盟书》，提出建立独立的工人政党的任务。同年9月，因是否立即发动革命意见不一，同盟分裂。1851年5月以后科隆共产党人审判案发生，同盟组织被破坏。1852年11月17日同盟宣告解散。

共沉淀 co-precipitation 一定条件下原本不会形成沉淀的物质在其他物质沉淀过程中被载带下来的现象。又称诱发沉淀。产生的原因是：①表面吸附。由于沉淀表面的离子电荷未达到平衡，它们的残余电荷吸引了溶液中带相反电荷的离子。这种吸附是有选择性和规律的，首先吸附晶格离子，其次凡与晶格离子生成的盐类溶解度越小的离子，就越容易被吸附。离子的价数愈高、浓度愈大，则愈容易被吸附。吸附是放热过程，升高溶液温度，可减少吸附。②形成混晶。只有当共存杂质离子与沉淀构晶离子的半径相近，且沉淀的晶体结构相似、晶格大小大致相同时，才能使杂质离子因形成混晶而引发共沉淀。③包藏。在沉淀过程中，如果沉淀剂较浓又加入过快，则沉淀颗粒表面吸附的杂质离子来不及被主沉淀的晶格离子取代，就被后来沉积上来的离子所覆盖，于是杂质离子就有可能陷入沉淀的内部。这种现象称为包藏，又称吸留。由包藏引起的共沉淀也遵循上述表面吸附规律。

有时也将后沉淀现象包含在共沉淀中。沉淀反应完成后，沉淀与母液一起放置一定时间后，母液中某种本难于形成沉淀的物质随后亦沉淀下来的现象称为后沉淀。放置时间愈长，后沉淀现象愈严重。

共沉淀现象是沉淀玷污的主要因素，通常总是设法减少其影响，但亦可利用共沉淀现象分离和富集痕量物质，即利用溶液中主沉淀物（称为载体）析出时，将其他痕量组分载带下来，以实现痕量组分的富集、并与基体和干扰组分相分离。例如，为测定水中痕量Pb^{2+}，若在水中加入适量的Ca^{2+}，再加入沉淀剂Na_2CO_3，当生成$CaCO_3$沉淀时，由于共沉淀现象痕量的Pb^{2+}将被载带下来，用少量酸溶解所得沉淀后，可实现Pb^{2+}的测定。

共轭效应 conjugated effect 由于共轭分子相邻基团间的π轨道作用，π电子离域在整个π体系上，而产生的物理和化学性能的变化。共轭分子是指由σ键和π键交替连接起来的不饱和分子。它们可以是开链的线型分子如1,3-丁二烯，也可以是环状分子如苯和萘等。在同一系列的共轭分子中，共轭效应的强度取决于共轭链的长度，它可以用分子的物理性能来度量。这些物理性质包括：与前线轨道有关的物理量（如紫外吸收光谱的波长、电离电势、电子亲核能等），分子的折射率，键长平均化和氢化能等。由于共轭效应的交替性，共轭分子最典型的化学性质是加成反应的区域选择性和专一性。

根据共轭轨道的种类，共轭的方式通常有：①π-π共轭，两个以上双键（或三键）以单键相联结时所发生的π电子的离域。②多电子共轭，又称p-π共轭。③σ-π超共轭，烷基C—H键的σ轨道与相邻的π轨道互相重叠而产生的共轭。它能增大σ-氢的化学活性和酸度。④同共轭，又称p轨道与p轨道的σ型重叠。原是指β碳原子上的C—H键与邻近的π键间的相互作用。同共轭效应比超共轭效应还弱。⑤d-p共轭，又称d轨道接受共轭（缺电子共轭）。一个原子的p轨道与另一个原子的d轨道重叠而产生的共轭现象。⑥类-π共轭，类-π轨道间的作用。

此外，共轭效应还分静态和动态两类。前者存在于未反应的共轭分子中；后者指在起化学反应的一瞬间，由于进攻试剂的作用，使共轭体系中π电子密度重新分布所引起的一种化学现象。

共工 中国古代神话中炎帝的后裔。相传是古代的水神。传说共工人面蛇身朱发。关于共工的神话传说很多，其中最著名的是共工与颛顼之战。《淮南子》记载：昔者共工与颛顼争为帝，怒而触不周之山，天柱折，地维绝，天倾西北，故日月星辰移焉；地不满东南，故水潦尘埃归焉。关于共工的传说还有禹逐共工，祝融与共工战等。

共和 中国周代厉王之后、宣王主政之前的14年间（前841～前828）管理国家的决策机构。有两说，一为召穆公、周定公共同执政，称共和；一为共国的诸侯共伯和被推举为执政。周厉王胡暴虐侈傲，宠信虢公长父、荣夷公等佞臣（《史记·周本纪》）。大夫芮良夫曾加劝谏，芮良夫又告诫执政诸臣，不可“专利作威”，也未得结果（《国语·周语上》）。国人对厉王不满，“谤王”，厉王大怒，命卫国之巫监视国人，有“谤”者杀，致使诸侯怨恨不朝，国人不敢谈论政事。大臣召穆公虎进谏，指出“防民之口，甚于防川”。厉王仍不听。经过三年，国人愤而起义，攻袭厉王，厉王逃奔到彘（今山西霍州）。太子静藏在召穆公家，被国人包围，召穆公以自己之子代替，太子才得免难。

厉王出奔后，由大臣召穆公、周定公共同行政，号为共和。共和元年（前841），为中国古史有确切纪年之始。共和十四年，厉王死于彘，周、召二公共立太子静，是为周宣王，共和乃告结束。

一说厉王出奔后，诸侯推共伯和代行天子事，故称共和。厉王死，共伯和使诸侯奉太子静为王，自己回到卫国。此说与《史记·卫世家》记载不合。

共和县 Gonghe County 中国青海省海南藏族自治州辖县。位于省境东部。面积16 050平方千米。人口13万（2008）。有藏、汉、回、土等23个民族，其中藏族约占总人口的一半。古为羌地。汉属西海郡，535年吐谷浑可汗夸吕建都伏俟城。唐属吐蕃地，元属吐蕃等处宣慰司。民国元年（1912）归西宁、湟源2县，1929年从西宁、湟源2县析置共和县。1952年改为共和藏族自治区，1953年改为共和县。境北**青海湖**为全国最大咸水湖。矿产有石灰岩、砂金、铅、锌、白云母、铜、铁等。以牧业为主，牧养绵羊、牦牛、马等。农业以种植小麦、青稞、豌豆为主。工业主要有电力、制药、制革、纺织、建材等。有青藏公路过境。名胜古迹有沙索麻墓地、朱乃亥台遗址、切吉岩画和鸟岛、日月山、**龙羊峡水电站**等。

共和制 republicanism 国家权力机关和国家元首均由选举产生的政体形式。

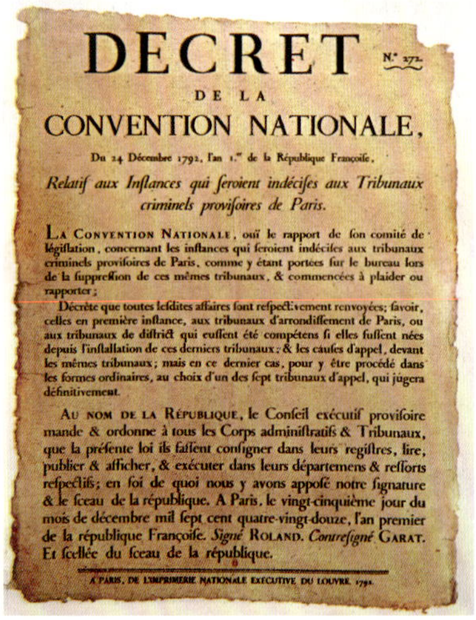

DECRET N.° 272.

DE LA

CONVENTION NATIONALE,

Du 24 Décembre 1792, l'an 1.er de la République Françoise,

Relatif aux Instances qui seroient indécises aux Tribunaux criminels provisoires de Paris.

LA CONVENTION NATIONALE, ouï le rapport de son comité de législation, concernant les instances qui seroient indécises aux tribunaux criminels provisoires de Paris, comme y étant portées sur le bureau lors de la suppression de ces mêmes tribunaux, & commencées à plaider ou rapporter;

Décrète que toutes lesdites affaires sont respectivement renvoyées; savoir, celles en première instance, aux tribunaux d'arrondissement de Paris, ou aux tribunaux de district qui eussent été compétens si elles fussent nées depuis l'installation de ces derniers tribunaux; & les causes d'appel, devant les mêmes tribunaux; mais en ce dernier cas, pour y être procédé dans les formes ordinaires, au choix d'un des sept tribunaux d'appel, qui jugera définitivement.

AU NOM DE LA RÉPUBLIQUE, le Conseil exécutif provisoire mande & ordonne à tous les Corps administratifs & Tribunaux, que la présente loi ils fassent consigner dans leurs registres, lire, publier & afficher, & exécuter dans leurs départemens & ressorts respectifs; en foi de quoi nous y avons apposé notre signature & le sceau de la république. A Paris, le vingt-cinquième jour du mois de décembre mil sept cent quatre-vingt-douze, l'an premier de la république Françoise. *Signé* ROLAND. *Contresigné* GARAT. Et scellée du sceau de la république.

A PARIS, DE L'IMPRIMERIE NATIONALE EXECUTIVE DU LOUVRE. 1792.

法国国民公会颁布法令，废除王权，成立共和国（1792）

最早的共和制政体出现在奴隶社会，可分为民主共和制和贵族共和制两种形式。古希腊雅典城邦国家是民主共和制的典型，特点是国家的最高权力集中在实行直接民主制的公民大会手中。罗马共和国是贵族共和制的典型，特点是形式上国家的最高权力集中在人民大会手中，实际上是由贵族组成的元老院掌握着国家权力。

资本主义国家普遍采用共和制作为国家的政体形式。可分为三种形式，即**议会制**、**总统制**与委员会制。议会制以英国为典型。议会共和制崇尚“议会至上”主义；总统共和制以美国为典型，民选的总统担任国家元首和政府首脑，行使国家最高行政权力，行政部门与议会分立，实行权力制衡；委员会共和制以瑞士为典型，其特点是以七人组成的联邦委员会作为行使行政权的机构，联邦委员会以民主集中制的方法来决定各项事宜。

共济失调 ataxia 支配身体协调运动的神经功能障碍。表现为运动缺乏正确性。但不包括轻瘫、肌张力异常、不自主运动所致运动不协调。正常的主动运动必须靠主动肌、拮抗肌、协同肌和固定肌在方向、速度、幅度、力的大小、主次等方面完全协调一致，才能准确完成。这种肌肉间的巧妙配合称为共济运动。共济运动的完成有赖于小脑、前庭系统、深感觉传导路和锥体系统的功能正常。以上任何结构的损害所致的协同运动障碍均称共济失调，表现为运动缺乏正确性。临床上根据损害的部位分为小脑性、前庭性、感觉性和大脑性共济失调4类。有些共济失调是混合性的，如脑干病变时，本体感觉传导中断，致感觉性共济失调；小脑脚受损，致小脑性共济失调；前庭神经核及其纤维受损，致前庭性共济失调。

共价键 covalent bond 原子间通过共享电子而产生的结合作用（**化学键**）。具有一个共价单键的典型分子是氢分子H_2（同核双原子分子）和氟化氢HF（异核双原子分子）。两种分子中的每个原子各提供一个电子构成成键电子对。它们的自旋方向相反，集中在两原子之间的区域运动。在H_2中两原子核对成键电子对的吸引力相等，分子的正负电荷中心相重合，化学键无极性。在HF中两原子核对成键电子对的吸引力不同，使成键电子对偏向一方，化学键具有

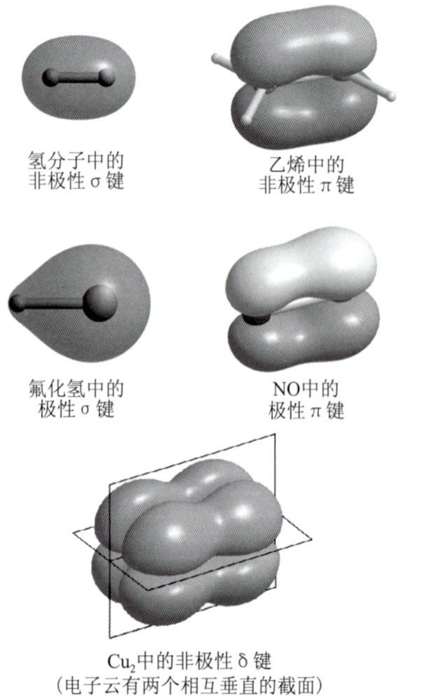

定域共价键——σ、π和δ键

极性，称为极性键。若成键电子云相对于两原子核连线均呈圆柱形对称，这种键称为σ键。如果由σ键结合的两个原子上尚有未成对电子，则后者可进一步配对形成π键或δ键。其中π键由两个轨道相互平行的价p电子配对生成，其电子云被一个通过分子轴的节面分为对称的两块，在节面上成键电子云密度为零（见图）。在多原子分子中，共价键可以存在于两个原子之间，称为定域键；也可以存在于多个原子之间，称为离域键。

共价键的特征是有饱和性和方向性。一个原子可形成共价键的最大数目等于其价电子总数，称之为原子价。共价键之间有特定的相对取向，例如水分子是弯曲形的而二氧化碳分子是直线形的。共价键的方向性使分子具有特定的几何形状。

共进会 Joint Progressive Society 中国清朝末年由一部分长江中下游和南方几省的同盟会会员组织的革命团体。8月，在日本东京成立，参加者有川、鄂、湘、赣、皖、浙、粤、桂、滇等省人士百余人，绝大多数是同盟会会员。举张百祥为会长。当即发表宣言，着重强调排满。其后，邓文翚、刘公相继任会长。共进会虽自称为同盟会的“行动队”，但实际上是自行其是。1909年后，孙武、焦达峰、邓文翚先后在湖北、湖南、江西设立共进会，积极联络会党。共进会联络会党虽进展迅速，但在1909～1910年间，湖北、湖南先后有几处会党轻率起事，致相继溃败，且使共进会的秘密活动有所暴露。孙武等领导人感到会党散漫难制，不易成事，于是将联络重点转向新军。

1911年初秋，文学社和共进会达成联合协议，组成统一指挥起义的领导机构，共同发动了10月10日的武昌起义。湖南首先响应武昌起义。焦达峰领导的共进会和会党参与了长沙起义，获得胜利，焦达峰被举为湖南军政府都督。江西共进会人参加了九江和南昌的起义。

共进会在武昌首义和湘、赣等省响应的过程中，起了很大作用。辛亥革命后，由于多数领导人分别同其他派别的人从事筹组政党的活动，共进会无形中涣散解体。

共聚合 copolymerization 由两种或两种以上单体共同聚合，生成同一分子中含有两种或两种以上单体单元的聚合物的反应。其产物为共聚物。由多种单体经共聚合反应形成的共聚物称多元共聚物，如用三元单体组成的称三元共聚物。根据两种结构单元在共聚物分子链中的排列方式，可将共聚物分为4类：①无规共聚物。两种单体结构单元的排列次序无规律性。②交替共聚物。两种单体结构单元交替排列。③嵌段共聚物。两种结构单元各自排列成段，又相互连接。④接枝共聚物。这是一种支链型聚合物，即在一种聚合物链上接另一聚合物链为支链。主链和支链可以是均聚物，也可是共聚物。

在研究共聚合反应形成共聚物的过程中，除研究反应速度、分子量及其分布和链结构等问题外，特别注意共聚物组成的变化规律。影响共聚物组成的关键是两单体在增长过程中消耗速度的比值，与引发过程关系不大。因此可用共聚方程来表示单体物料组成与共聚物组成之间的定量关系。共聚方程(2)用摩尔分数形式表示为：

$$f_1=\frac{[M_1]}{[M_1]+[M_2]} \tag{1}$$

$$F_1=\frac{r_1f_1^2+f_1f_2}{r_1f_1^2+2f_1f_2+r_2f_2^2} \tag{2}$$

式中f_1和F_1分别表示单体M_1在单体混合物和共聚物中所占的摩尔分数，r_1、r_2分别为两单体的竞聚率。共聚方程适用于自由基、阳离子和阴离子共聚合，且只适用于低转化率下的计算。高转化率时的组成可用有关的积分形式。

共青城 Komsomolsk-na-Amure; Komsomol'sk 俄罗斯远东区最大重工业城市。在阿穆尔河下游与贝阿铁路的交会处。人口27万（2010）。1932年由苏联共青团员在彼尔姆斯科耶村的基础上发展建设。第二次世界大战期间重要的军工生产基地之一。工业以机械制造为主，主要生产舰艇、飞机、铸造机械、重型机械及专用机床等，还有大型钢厂、炼油厂、木材加工及建筑材料厂等。贝阿铁路东段主要铁路枢纽，同萨哈林岛（库页岛）有复线输油、输气管相通。建有两所高等学校。

共生 symbiosis 两种不同生物个体之间任何形式的共同生活。包括互惠共生、共栖和寄生现象。因此，共生既包括有利的联合，也包括有害的联合。共生的个体称为共生体。从广义上说，生活在一起的任何两个物种种群间的联合，不论一个物种对另一物种有利、有害或毫无影响，都是共生关系。

共生星 symbiotic star 在光谱中既出现冷星低温吸收线又出现热天体高温发射线的恒星。这表明同一个天体上同时存在可见光波段温度低于4 000K左右的物质和温度高于20 000K的物质。1941年P.W.梅里尔首先把这种光谱性质很不相同但又互为依存的星取名为共生星。1969年A.A.博亚尔丘克提出共生星的三个判据：①晚型星光谱的吸收线（如TiO带，CaI，CaⅡ等）。②HeⅢ、OⅢ或更高电离电位原子的发射线（发射线的宽度不超过每秒100千米）。③亮度的变化在几周内达到三个星等。现已发现的共生星约有50颗，研究最早的是仙女座Z。宝瓶座R特具魅力，它有一条长约1 500天文单位、以2 000千米/秒的速率从中央恒星向外运动的狭窄喷流。

共生星中既有很多变星，也有一些再发新星。它是单星还是双星一直有争论。单星说认为共生星是小而热的蓝星，周围有一个变化的星周壳层。双星说认为共生星是由一颗晚型冷星和一颗低光度的热星组成的，它们有一个共同的气体包层；假定冷星是正常巨星，则热星在赫罗图上位于主星序的下方，与行星状星云的中心星、某些新星的热子星位置相近。

共同犯罪 joint offense 两人以上共同故意实施的犯罪。参与共同犯罪的每一个人都称为共同犯罪人，简称共犯。

成立的要件 ①犯罪主体必须是两人以上。这里的“人”，一般指自然人，也可以指单位。如果是自然人，必须均为已达刑事责任年龄、具有刑事责任能力的人。②犯罪客观方面必须具有共同的犯罪行为。③犯罪主观方面必须具有共同的犯罪故意。

不成立共同犯罪的情形 《中华人民共和国刑法》规定：①两人以上的共同过失行为。②单方故意与单方过失行为为共同造成某种危害结果的。③两人以上实施犯罪时故意内容不同的。④同时犯不构成共同犯罪。同时犯是指两人以上在同一或者极为接近的时间、场所，对同一犯罪对象实施同种犯罪，主观上却没有犯意联系的情况。⑤超出共同故意范围的犯罪。⑥事前未通谋的窝藏行为、包庇行为。

共同犯罪的刑事责任 共同犯罪比单独一人犯罪具有更大的社会危害性，因此，各国刑事立法对共同犯罪人的处罚通常采取从重的原则。中国《刑法》对一般共同犯罪中的主犯、从犯、胁从犯和教唆犯采取区别对待的原则，分别量刑。

共同海损 general average 在同一海上航程中，为使船舶、货物或者其他财产避免共同危害，而有意地、合理地作出的特殊牺牲或支付的特殊费用。共同海损损失由船主和货物所有人共同负担。所采取的共同海损措施称共同海损行为。共同海损的构成要件包括：①共同危险。首先是存在着危险，其次危险须是对船舶及货物的共同危险。②船长的故意处分。即共同海损行为原则上应由船长指挥，且共同海损行为必须是人为的、故意的。③特殊牺牲或特殊费用。如果是通常情形下产生的损害，不构成共同海损。④船舶或载货的保存。共同海损负担是按被保存利益为比例计算的，如果船、货不存，不构成共同海损。

国际上有关共同海损的规则是1890年在英国约克和比利时安特卫普讨论制订的

《约克-安特卫普规则》，它是欧洲一些国家的商人制订的民间共同海损规则，在全世界范围内通用。《中华人民共和国海商法》单列共同海损一章，对共同海损的范围，船舶、货物和运费的共同海损牺牲的金额的确定，船舶、货物和运费的共同海损分摊价值的确定，共同海损担保，共同海损理算等分别作了原则性规定。

共同诉讼 co-litigation 当事人一方或双方为两人（含两人）以上的诉讼。共同诉讼属于诉的合并，其意义在于节约诉讼成本，并避免法院在同一事件处理上作出矛盾的判决。在中国民事诉讼法中，共同诉讼包括必要共同诉讼和普通共同诉讼两种类型。

必要共同诉讼 当事人一方或者双方为两人以上，诉讼标的是同一的，法院必须合一审理并在裁判中对诉讼标的合一确定的共同诉讼。其目的在于防止矛盾判决。共同诉讼人应一同起诉或应诉。如果共同诉讼人未一同起诉或应诉，法院应当追加。共同诉讼的一方当事人对诉讼标的有共同权利义务的，其中一人的诉讼行为经其他共同诉讼人承认，对其他共同诉讼人发生效力。

普通共同诉讼 当事人一方或者双方为两人以上，诉讼标的是同一种类，法院认为可以合并审理并且当事人也同意合并审理的共同诉讼。其目的在于实现诉讼经济。如一人对数人实施加害行为，造成损害时，数人作为共同诉讼人分别向加害人提出损害赔偿请求。共同诉讼人之间没有共同的权利义务，对其中一个诉讼标的作出的判决，其效力不及于其他的诉讼标的。普通共同诉讼有两个以上诉讼请求，必要共同诉讼则只有一个诉讼请求。普通共同诉讼既可以单独起诉，也可以共同起诉。

共同通讯社 Kyodo News Agency 日本最大的通讯社。简称共同社。1945年11月1日成立。前身是同盟通讯社（1936～1945）。共同社作为社团法人组织，与日本各报社、日本广播协会等新闻机构合作，开展各项新闻报道活动。总社设在东京。有职工约1 800人。国内有6个总分社，46个分社。国外有41个分社，派有常驻记者200余名。

共同通讯社办公大楼

共享税 sharing tax 中央政府和地方政府按照一定方式分享收入的税收。全称中央与地方共享税。主要由中央政府直接管理，税种的开征、停征，税目、税率的调整，减税、免税、加征等都由中央政府决定。

共享税的分享方式有3种：①分征法，即对同一税源，由中央政府和地方政府分别征税。②附加法，即随中央税征收的附加税归地方政府，或者随地方税征收的附加税归中央政府，或者随共享税征收的附加税由中央政府与地方政府共享等。③分配法，即对同一税源，由中央政府征收以后按照一定规则分配给地方政府或者由地方政府征收以后按照一定规则分配给中央政府。

1985年以后，中国除明确规定的中央税和地方税以外，其他税种都属共享税。

共相 universal 欧洲中世纪经院哲学的术语。意即普遍、一般。关于共相是否真实存在的争论，在中世纪经院哲学中分为唯名论与实在论两个对立的派别。就思想渊源来说，共相问题的争论早在古希腊哲学中就已经开始。

在古希腊哲学中，爱利亚学派最早提出具体的个别事物是不真实的，只有最普遍的存在才是唯一真实的。苏格拉底曾为具体的事物寻找普遍的定义。柏拉图提出普遍的理念，断言只有理念是真实的，认为理念是先于并且脱离感性事物而存在的。与此相反，犬儒学派的安提斯泰尼认为，存在的只是个别的单个个体，普遍不是事物的本质表现，普遍概念只是人们关于事物的思想。亚里士多德在《范畴篇》中认为个别事物是第一实体，而具有普遍性的“种”和“属”则是第二实体。

3世纪时，腓尼基的学者波菲利在《亚里士多德〈范畴篇〉导论》中，对共相提出三个问题：①“种”和“属”是独立存在的抑或只存在于理智中？②如果它们真实存在，则是有形体的，还是无形体的？③它们是与感性事物分离的，还是存在于感性事物中与感性事物相一致的？博伊西斯在《波菲利〈导论〉注释》中对这些问题的解答是：“种”和“属”并不是独立存在的实体。当它们被感知时，它们是在个别事物之中；当它们被理解时，则成为抽象的共相。

罗瑟林、奥康的威廉等极端唯名论者认为，共相不是独立存在的，共相后于事物，共相只是事物的“名称”或人们语言的“声息”，真实存在的只是个别事物。另一种温和的唯名论者如P.阿贝拉尔认为，共相是存在的，但只存在于表现个别事物共性的人的概念中。实在论者如安瑟尔谟和托马斯·阿奎那等断言，共相是真实存在的。安瑟尔谟是极端的实在论者，断言共相先于事物，在事物之外独立存在。托马斯为温和的实在论者，断言共相既存在于事物中，又存在于理智中。

近代一些哲学流派也很重视共相问题。唯理论者认为普遍概念是天赋的。他们所谓的普遍概念是脱离个别的抽象共相。经验论者在不同程度上都否认共相的客观实在性。J.洛克认为共相是人心中的概念，D.休谟则认为普遍性概念产生于人的习惯。G.W.F.黑格尔把普遍与个别辩证地结合起来。他把这两者的统一体称为“具体共相”。

共形映射 conformal mapping 单叶解析函数实现的映射。若$w=f(z)$在区域D内是一个单叶解析函数，其像集合$G=f(D)$也是一个区域，则称f：$D\to G$是一共形映射。假定有两条光滑曲线α与β在D中一点z_0处相交，则共形映射f：$D\to G$使得$f(\alpha)$与$f(\beta)$在$w_0=f(z_0)$的交角等于α与β在z_0处的交角。因而，共形映射又称保角映射。

共形映射理论中最基本的定理是黎曼映射定理：复平面上边界点多于一点的单连通区域一定可以共形映射到单位圆内部。共形映射有广泛的应用，尤其是在流体力学、空气动力学、弹性力学等某些计算问题上。例如，N.Ye.茹科夫斯基利用共形映射$w=\frac{1}{2}\left(z+\frac{1}{z}\right)$来研究飞机机翼的设计。

共有 joint ownership 两个以上的主体对同一标的物共同享有同一所有权的法律状态。共有人可以是自然人，也可以是法人。《中华人民共和国民法通则》与中国台湾地区民法均将共有分为按份共有与共同共有。德国和日本民法中并无分类，共有仅指按份共有。

按份共有 共有人按各自的份额对同一财产享有所有权。又称分别共有。按份共有的特征和有关权利义务的关系是：①各共有人有确定的份额，他们按份分享权益、分担费用。②对共有财产的管理，由共有人协商进行。意见不一致的，按多数份额的意见进行管理，但不得损害其他人的利益。③对共有财产除协商处分外，各共有人对自己的份额也可出卖、赠与，并可继承。但在出卖时，其他共有人有优先购买权。④在共有财产受到侵害时，每一共有人都有权请求返还原物、排除妨碍和赔偿损失，以维护共有的权益。⑤在分割时按份分配。

共同共有 基于共同关系发生的、各共有人对共有财产享有平等的所有权。又称公同共有。包括：夫妻共有、家庭财产共有、合伙财产共有和遗产分割前的共有。共同共有的特征和有关权利义务的关系是：①共同共有的基础是共同关系，最常见的是夫妻家庭财产。他们对共有财产不分各自的份额，在共同关系存续期间也不能要求分割。②共同共有人对财产有平等的所有权，他们经平等协商进行管理、支配和处分。③共同共有人对共有财产也承担平等的义务，对外就共同财产负连带责任。④在共同关系终止时，共有财产进行分割应经平等协商，确定各自的份额。如果意见不一致，可诉请法院处理。

准共有　数人按份共有或共同共有所有权以外的财产权的共有。包括对他物权、知识产权等财产权的共有。准共有除适用财产权制度的特别规定外，相应地还要适用有关普通共有的规定。

共振　resonance　物体或系统受到频率等于其固有频率的外力作用时产生剧烈振动的现象。见受迫振动。声学系统中的共振现象称为共鸣。电学系统中的共振现象出现在频率灵敏的交流电路上，使装有这种电路的通信设备接收特定频率的信号。原子或原子核系统在电磁场的作用下吸收或发射特定频率电磁波的现象称为磁共振。

共振论　resonance theory　一种分子结构理论。适用于讨论一些不能以价键（见化学键）结构式进行描述的分子，如苯一类的芳香烃。其主要规则是：当一个分子、离子或自由基的电子结构不能用一个价键结构（路易斯结构）式描述时，则它们的真实结构就是两个或多个路易斯结构式的混合体。其中每一路易斯结构式又称为正则结构或极限结构。这种正则结构并不存在，只是各种可能的正则结构彼此之间共振的一个杂化体。例如苯（上式）或碳酸根CO_3^{2-}（下式）：

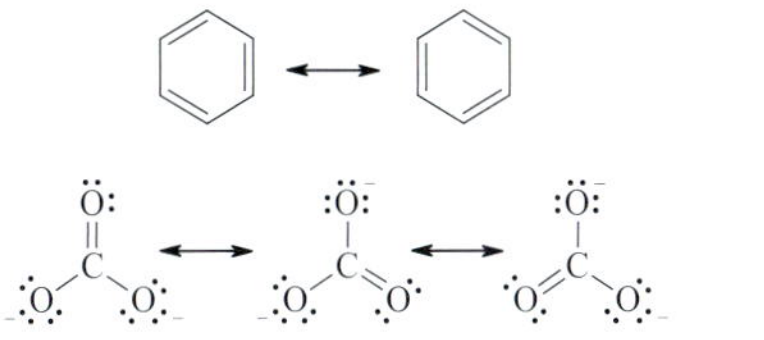

在式中⟷表示正则结构的共振。所有的正则结构中只允许电子移动，核的相对位置不变。所有的正则结构的未共享电子数必须相等。任何正则结构的能量都大于实际分子的能量，共振能导致分子的稳定，等等。共振论是建立在经典结构概念的基础上，能阐明有机化合物的一些性质，如偶极矩、键长、反应位置、酸碱性顺序等。但它是一种定性的经验理论，对有些化合物不适用，也不能说明立体化学问题。

共振态　resonance　通过强相互作用衰变的粒子。原来把它们看成是一些粒子的共振态，这些共振态的平均寿命为10^{-24}～10^{-20}秒；后来弄清楚寿命如此之短是强作用衰变的特征，因此它们和强子属于同一层次，是通过强作用衰变的不稳定的强子。它可分为重子共振态和介子共振态两类。这种不稳定强子的数量相当多，还在不断的发现中，数量超过700种。

贡榜王朝　Konbaung Dynasty　缅甸最后一个封建王朝。一译雍籍牙王朝、阿瑙帕雅王朝或瑞帽王朝、瑞波王朝。1752年由缅族领袖雍籍牙（缅名阿郎帕耶）在贡榜（今瑞波）创建，故名。1752年孟族占领东吁王朝的首都阿瓦后，雍籍牙拒不投降，以贡榜为基地，多次击溃孟族大军的进攻。雍籍牙被拥戴为王。1753年攻占阿瓦后，1756～1757年又连续攻占卑谬、大光（今仰光）和白古。至此，除阿拉干外，已基本上完成了缅甸的统一。雍籍牙在位时为缅甸的复兴采取了一系列措施，推行法治，下令编著各种缅文法典，兴修水利，发展农业。孟驳继位（1763～1776年在位）后，于1767年攻克暹罗（今泰国）王都。1768～1775年，暹罗人民在达信的领导下，把缅军全部逐出暹罗国土。孟云执政时（1782～1819），兴修翁民梨和难陀湖等水利工程，农业有了进一步发展。他在发扬本国古代文化的同时，也注意吸收外来文化，派遣留学生到印度去学习研究有关医学和各种科学，使缅甸的文化呈现出欣欣向荣的景象。中缅两国使节往来频繁。孟云时期是贡榜王朝的黄金时代。

1824年英国发动第一次侵缅战争，迫使缅甸割地赔款（见英缅战争）。敏东王执政（1853～1878）时，举行第五届佛经结集大会。又进行种种改革措施，史称敏东改革。

贡榜王朝因多次远征曼尼普尔，不断对暹罗用兵，使农业受到严重破坏，各地农民纷纷起义，宫廷内部又不断发生争夺王位的政变。1785年阿拉干并入缅甸后，英国竭力煽动阿拉干脱离缅甸，唆使逃亡到孟加拉的阿拉干武装部队经常在边境制造纠纷，挑起武装冲突。1885年英国发动第三次英缅战争，占领曼德勒，国王锡袍被俘，贡榜王朝灭亡。

《贡比涅森林停战协定》　*Armistice Agreement of the Forest of Compiègne*　1918年11月11日清晨，德国政府代表M.埃尔茨贝格尔同协约国联军总司令F.福煦在法国东北部贡比涅森林的雷道车站福煦的车厢内签署的停战协定。协定的签订宣告第一次世界大战结束。

贡舶　中国明初海外诸国贡使所乘的船舶，引申为明清时期官府的对外贸易。又称市舶。明制，外国贡使来中国，除携带贡品外，准许附带商货进行贸易。对各次朝贡的贡品，明政府均照例偿以相当代价。非朝贡国家的船舶来华互市例加禁止。明政府对海外诸国来华朝贡的贡期、贡道、船舶数和朝贡人数都有具体规定。贡期有2年、3年、10年数种，通常为3年一贡。为辨认贡舶的真伪，洪武十六年（1383），礼部制定勘合制度，并开始对暹罗等59国发放勘合文册。贡舶到达港口后，先由市舶司检验勘合，相符者方许入京朝贡。贡舶带来的商货，可由贡使带入京师，在会同馆开市3日或5日，中国商人及军民人等可将非禁货物运入馆内，在礼部派员监督下"两平交易"。也可以在市舶司所在地互市，由市舶司主持，官设牙行，与民交易。初，贡舶贸易全免课税。弘治、正德年间始行抽分制，税率不一。隆庆以后，贡舶贸易渐趋衰落。诸国来华之互市船舶，渐称市舶。入清以后，市舶成为外国商船的专称。

贡布罗维奇　Gombrowicz, Witold（1904-08-04～1969-07-25）　波兰作家、剧作家。波兰20世纪荒诞派文学的代表作家之一。生于基埃尔策奥帕托夫，卒于法国旺斯。1927年先后到华沙大学、巴黎大学学习。后在法院任见习律师。1939年后曾到布宜诺斯艾利斯、柏林、洛雅蒙、尼斯等地学习、居住。主要作品有长篇小说《费尔迪杜凯》（1937）和《横渡大西洋》（1953）。前者揭露了波兰30年代陈腐的教育制度造成的危害和社会发展的不平衡。剧本主要有《宣誓》（1953）和《轻歌剧》（1975年首演于华沙）等。

贡嘎山　Konggar Mountain　横断山脉主峰。又称贡噶山。藏文中以"贡嘎"称雪山，"贡"意为冰雪，"嘎"则为白色。当地称贡嘎山为木雅贡嘎。位于中国川西的康定、泸定、石棉和九龙之间，南北长约200千米，东西宽约100千米。山体呈南北向，海拔5 000米以上。其中，海拔超过6 000米的

贡嘎山风光

山峰有45座，主峰海拔7 556米，四川省最高峰，也是横断山区最高峰。由于地高气寒，冰川发育，雪崩频繁，雪线高度为5 000～5 200米，计有冰川110多条，面积达360平方千米，占四川全省冰川面积的60%，最长的海螺沟冰川达15千米，是亚洲位置最东的低海拔现代冰川。1987年在泸定县建成海螺沟冰川公园。贡嘎山还有中国最大冰瀑布。此外，又有不同温度的沸泉、热泉、温泉、冷泉聚于冰川森林之中，并有沸泉瀑布，为中国重点风景名胜区。主要的动物有金丝猴、扭角羚、小熊猫、苏门羚、金钱豹及野猪、麝、绿尾虹雉、藏马鸡等。1957年6月中国登山队6名运动员成功登上顶峰。

贡嘎县 Konggar County 中国西藏自治区山南地区辖县。位于自治区南部，雅鲁藏布江中游河谷地带。面积2 283平方千米，人口5万（2008），以藏族为主，还有汉、回、土家、门巴、满等民族。14世纪中叶，设立贡嘎宗。1959年成立贡嘎县。平均海拔3 750米。长冬无夏，光照充足。矿产资源缺乏。农业以种植青稞、冬小麦、春小麦、豌豆、蚕豆、油菜和蔬菜等为主。产苹果、核桃、桃和中药材冬虫夏草、黄连、贝母、雪莲花等。畜牧业以发展牦牛、犏牛、黄牛、绵羊、山羊、生猪等为主。工业以水力发电、粮油加工、建筑建材、采矿等小型工业为主。建有西藏自治区最大的羊卓雍湖抽水蓄能电站。民族手工业以姐德秀围裙著称，产品远销邻近国家。境内有拉萨机场（通称贡嘎机场）。名胜古迹有西藏佛教四大神山之一的曲果日山和多吉扎寺、热麦寺等。

贡戈拉－阿尔戈特 Góngora y Argote, Luis de（1561-07-11～1627-05-23） 西班牙诗人，文学流派“贡戈拉主义”的创始者。生于科尔多瓦，卒于科尔多瓦。15岁进入大学学习

神学。1589年在故乡教堂获得一个闲差神职。1617年在马德里获得国王宫廷小教堂神父的职位。1627年《西班牙荷马的诗作》出版后被宗教裁判所查禁，1633年重新出版，流传至今。

贡戈拉的诗歌分为两类。一类为短诗，主要体裁是谣曲、歌谣、十行诗和**十四行诗**；小部分是抒情之作，大部分是讽刺诗。以歌谣和十四行诗成就最大。另一类为长诗，主要是叙事诗和寓言诗。体现了“夸饰主义”风格。主要有《莱尔马公爵颂》（1617）、《拉拉切的攻克》（1610）和《波吕斐摩斯和加拉特亚的寓言》（1613）等。《孤独》（1612～1613）共2 100多行，主要用“西尔瓦”体裁写成。全诗主要是景象的描写，运用了大胆的比喻、奇特的形象、对偶的句式和夸张的词汇以及冷僻的典故，但是结构优美，充分表现了“夸饰主义”诗歌的特色。

“夸饰主义”以后又称为“贡戈拉主义”，是17世纪西班牙文学中巴罗克时期的代表，到18世纪才告衰落，19世纪时成为晦涩难懂的代名词。20世纪20年代出现了重新估价贡戈拉诗歌的浪潮，不少诗人模仿贡戈拉的风格进行创作。

贡萨尔维斯·迪亚斯 Gonçalves Dias, Antônio（1823-08-10～1864-11-03） 巴西诗人。生于博阿维斯塔，卒于马拉尼昂外海。1838年入葡萄牙科英布拉大学读法律。1844年毕业回国，担任过杂志编辑，在佩德罗二世学校任教。其作品反映构成巴西民族的三个主要种族人民的生活情景，《安唐修士六行诗集》（1848）描写葡萄牙白人的生活，诗作《女奴》描写黑人的生活，《廷比拉人》（1857）描写的则是印第安人的生活。在他的诗歌里洋溢着对祖国深沉的爱，如1843年旅居葡萄牙时创作的传世名篇《流放之歌》。其诗作韵律明快，节奏感强，容易被读者熟记。他写过各种题材的诗歌，给他带来声誉的是描写印第安人生活的诗作。在这些作品中，诗人满怀强烈的美洲本土主义的情感，讴歌印第安人的质朴与刚强，抨击白人殖民主义者的狡诈与虚伪，揭示殖民主义的掠夺给印第安人带来的悲剧。如长篇叙事诗《廷比拉人》、叙事长诗《伊·尤卡·皮拉马》及《皮阿加之歌》、《武士之歌》、《石头巨人》等。此外，他还著有《诗歌初集》（1846）、《诗歌二集》（1848）、《诗歌末集》（1851）等诗集和《帕特库尔》（1843）、《莱奥尔·德·门车萨》（1847）等剧本。编辑出版过印第安人使用的《图比语字典》（1858）。

贡萨莱斯·马丁内斯 González Martínez, Enrique（1871-04-13～1952-02-19） 墨西哥诗人。生于瓜达拉哈拉，卒于墨西哥城。当过乡村医生，后进入外交界，曾任驻阿根廷、智利和西班牙的外交官。1931年致力于文学创作。后在墨西哥城任教授，并担任墨西哥文化协会主席等职。初期作品《序曲》（1903）有逃避现实的倾向和**象征主义**的色彩。**十四行诗**《扭断天鹅的脖子》表达了他与现代主义诗歌决裂的决心。他认为诗歌应当具有警句格言般的思想境界，主张诗歌的风格应当明净清澈，而不是夸饰离奇。由于他抛弃了天鹅而采用猫头鹰作象征，又被人们称为“猫头鹰诗人”。其他主要诗作还有《沉默者》（1909）、《天鹅之死》（1915）、《残缺的诗篇》（1935）、《新纳尔西索及其他诗篇》（1952）等。除诗歌之外，他还创作了两部回忆录《猫头鹰人》（1944）和《平静的疯狂》（1951）。

贡山独龙族怒族自治县 Gongshan Derung-Nu Autonomous County 中国云南省怒江傈僳族自治州辖县。位于省境西北边缘，北与西藏自治区接壤，西和缅甸相邻。面积4 506平方千米。人口4万（2008），以

独龙族人剽牛

傈僳族、独龙族、怒族、藏族为主。古属越嶲郡边徼地。1933年设贡山设治局。1950年成立贡山县，1956年改为贡山独龙族怒族自治县。森林覆盖率33.3%，独龙江流域有大面积原始森林，以云杉、冷杉、云南松为主。属亚热带山地季风气候。矿产以“贡翠”大理石最负盛名，次为铁、锡、铅、锌、金、云母、绿柱石等。农业主产玉米、水稻、旱谷、豆类、麦类、高粱、青稞、马铃薯和油菜子、核桃、油桐、生漆。畜牧养殖以猪、绵羊、山羊等为主。山区盛产怒江冷杉、华山松、云南松、楠木等。工业有电力、食品、酿造、皮革、粮油加工、石材加工、农机修配等。名胜有怒江第一弯等。

贡唐·丹白准美 Gungthan Thapai Dronme; Gung thang bstan pa' i sgron me（1762～1823） 中国清代藏族学者、诗人。拉卜楞寺贡唐仓第三世活佛。又名衮秋丹白准美。生于安多地区英武乡浪坎木村（今甘南藏族自治州合作市佐盖多玛乡德合茂村）贫苦农民家庭。7岁被确认为二世贡唐仓活佛转世灵童，迎入拉卜楞寺坐床，为贡唐仓三世活佛。后从嘉木样二世吉美旺波受沙弥戒，取名衮秋丹白准美。清乾隆四十三年（1778），赴西藏拉萨深造，在哲蚌寺果芒扎仓从隆多喇嘛等名师学法。四十八年（1783），随八世达赖强白嘉措受比丘戒。五十二年（1787），获西藏寺院最高僧侣学位“拉让巴格西”。次年，返拉卜楞寺，协

助嘉木样二世主持教务。五十八年（1793）出任拉卜楞寺第二十一任法台，达10年之久。他学识渊博，名传藏区。有著作11部，收入《贡唐·丹白准美全集》。内容论及佛教之显密佛典、五明之学。所著《入中论科判》、《克珠丹僧大师教诫释》、《戒律训言集要》、《米拉日巴教诫释》、《黄教兴盛祈愿文》等，广为藏区僧众传诵。以哲理诗《水树格言》为最精，为人称道。此书有拉卜楞寺木刻版传世，今有排印本。所著《藏语口语（安多方言）》一书，对18世纪藏语安多方言有深入研究，得到国内外学者的高度评价。

勾股定理 Pythagorean theorem 中国古代几何学的成就之一。它给出了直角三角形三边的长度关系，即任意一个直角三角形的两条直角边长度平方之和等于斜边长度的平方。又称商高定理或毕达哥拉斯定理。

中国汉朝的《周髀算经》中记载，周公和商高的一段对话中提到直角三角形有勾三股四弦五的关系。实际上，在《周髀算经》中已给出一般情形的证明；虽然原证已失传，但所附的赵君卿（赵爽）的一些勾股割补图说明了他的割补证法。原勾股形是△AFB，正方形$FBEI$是勾方，正方形$DHIG$是股方。割下△DGC补到△DHA，割下△BEC补到△BFA，得到弦方$ABCD$（见图）。

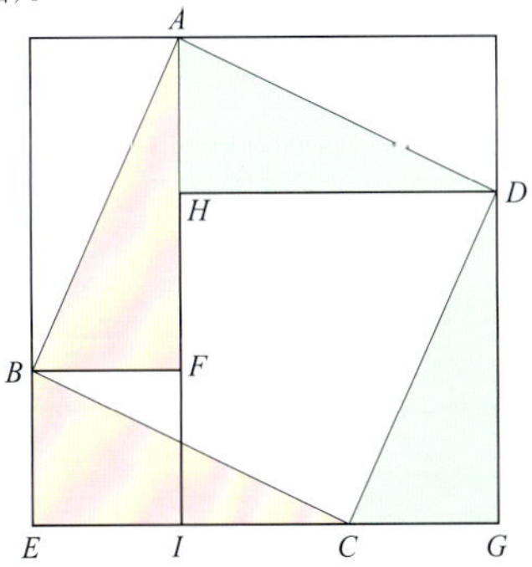

赵君卿的弦图

在欧几里得的《几何原本》第一卷末记载了勾股定理的证明。勾股定理的推广就是任意三角形的余弦定理：$c^2=a^2+b^2-2ab\cos C$，其中C是边c的对角。

勾践 Gou Jian（？～前465） 中国春秋末期越国国君，军事统帅。越王允常子。公元前496～前465年在位。公元前496年，越王允常及其子勾践将吴王阖闾击败。阖闾之子夫差立志报仇，在吴国的夫椒（今江苏吴县西南）与越激战，越兵大败。为了保存力量，勾践退兵至会稽山（今浙江绍兴南），采用范蠡之计，表面向吴称臣乞和，实则卧薪尝胆，积聚力量，时时不忘灭吴雪耻。后来勾践利用夫差与诸侯会盟、率兵北上争霸之机，一举攻入吴国并杀死吴太子友。后勾践再次举兵伐吴，大败吴军于笠泽。几年后，越军逼进吴都姑苏（今苏州），频繁侵袭，夫差屡战屡败。到公元前473年，勾践一举灭吴，夫差投降。随后，勾践又乘胜进军北方，渡过淮河，在徐州（今山东滕州东南）召集诸侯会盟，取代吴而成为天下霸主。周天子使人赐胙，命为伯。

勾栏 中国宋、元时戏曲及其他技艺在城市中营业表演的场所。又作勾阑、构栏。勾栏，原即栏杆。明代以后，又把妓院称作勾栏。宋代勾栏多设于瓦市。瓦市，又名瓦舍、瓦肆或瓦子，是大城市里娱乐场所的集中地。勾栏四周围以板壁，一面有门，供观众出入。门口贴有称作“招子”或“花招儿”的纸榜，预告演出。有的勾栏门首，还要悬挂旗牌、帐额、神帧、靠背等装饰物或演出用具，以广招徕。内部设有戏台和观众席。戏台一般高出地面，台口围以栏杆。戏台前部为表演区；后部为演员装扮、休息之所，称作“戏房”。前后台之间，以板壁、屏风或台帐隔开。由戏房通向前台的上下场门，称为“鬼门道”。

佝偻病 rickets 发生在婴幼儿、学龄前儿童的骨骼骨化不全的病变。骨骼干骺端骨样组织增生、骨骼矿化不全从而导致变形、软化以及生长障碍、矮小等。

临床表现 表现为非特异性精神神经症状及骨骼变化。多发生在一岁以内的婴儿。早期多表现为夜惊、夜啼、不安、烦躁、精神委靡、哭闹、睡眠不宁、出汗、枕部脱发形成枕秃。活动期佝偻病患儿表现迟钝，智力落后。后出现肌肉松弛，肌张力低下，起坐延迟、步行迟缓。腹大，肝脾大，贫血，常有鼓肠和便秘以及腹泻便秘交替，易患肺炎。

骨骼改变是本病的主要症状。两侧额顶生长旺盛，钙化不全，骨样组织堆积，形成方颅，多见7～8个月的小儿。颅骨软化部位用手指按后可稍凹陷，松手又能复原，这可见于3个月的正常小儿，3个月以上仍有颅骨软化者为异常。前囟大，闭合延迟。胸廓肋骨与肋软骨交接处有骨样组织堆积而膨出，呈半球形，称为串珠，第7～10肋明显。肋骨软化后不耐膈肌的收缩力，膈肌附着处的肋骨被牵拉而内陷，形成哈里森氏沟（郝氏沟）；严重的佝偻病使肋骨变形，出现鸡胸、漏斗胸，影响呼吸。四肢、腕、踝部的长骨骺端软骨增生膨大，连成环状隆起，称为手镯、脚镯，6个月以上的患儿多见。下肢长骨钙化不足，可因负重而弯曲，形成“O”型腿或“X”型腿。背肌松弛可引起脊柱后突或侧突。除上述骨骼变化外，牙齿发育也不好。

血液生物化学改变。血钙、血磷正常或降低（正常血钙9～11毫克/分升，血磷4～6毫升/分升）；碱性磷酸酶增高（正常值5～15博丹斯基氏单位）。尿钙降低。

X射线片表现为相应的骨骼组织病理学变化。钙化预备线模糊或消失，长骨骺端轻度增宽。尺、桡骨下端增宽。骺端呈杯状变形或毛刷状影，骨质稀疏，骨小梁稀疏或呈网状（恢复期增多致密），核距变宽，骨膜增厚，有时可见骨折或畸形；骨干脱钙，骨膜下有不钙化的骨样组织堆积，所以可见骨膜与骨皮质脱离。

诊断 依据病史、症状及体格检查即可诊断，化验检查及X射线检查可确诊。

治疗 一般治疗为加强户外活动，多晒太阳，注意营养，合理喂养，避免交叉感染，积极防治并发症。口服维生素D，连服1个月，或肌肉注射维生素D_2。严重者需外科手术矫形治疗。

预防 加强卫生，孕妇及乳母应经常晒太阳，体弱或缺钙者应服鱼肝油及钙剂。婴儿尽量争取母乳喂养，及时添加辅食。

沟口健二 Mizoguchi Kenji（1898-03-16～1956-08-25） 日本电影导演。生于东京，卒于京都。1923年开始独立拍片。翌年，他导演的第五部影片《败军的歌曲悲惨》引起关注。早期以每年10部的速度拍片，较著名的有《纸人在春天的私语》（1926）和《狂恋的女艺师》（1926）。20世纪30年代起开始拍摄独具风格的“女性电影”。他用现实主义手法，抓住男女之间的爱情和性欲问题，将摄影机对准社会底层的女性。1936年的《浪花悲歌》和《青楼姊妹》是这一时期的佳作。1952年拍摄的《西鹤一代女》在威尼斯电影节上获最佳导演奖，取得世界声誉。一年后的《雨月物语》在威尼斯电影节又获银狮奖。他的重要作品还有《爱怨峡》（1937）、《残菊物语》（1939）、《浪花女》（1940）等。日本政府曾授予他紫绶奖章，逝世后追赠四等瑞宝章。

钩 hook 中国古代兵器、武术器械之一。由戈演变而来。春秋战国时期，戈、钩、戟并用。从卫墓出土的铜钩看，钩的形状似戟，只是戟上边为利刃，而钩上边为一线钩形，

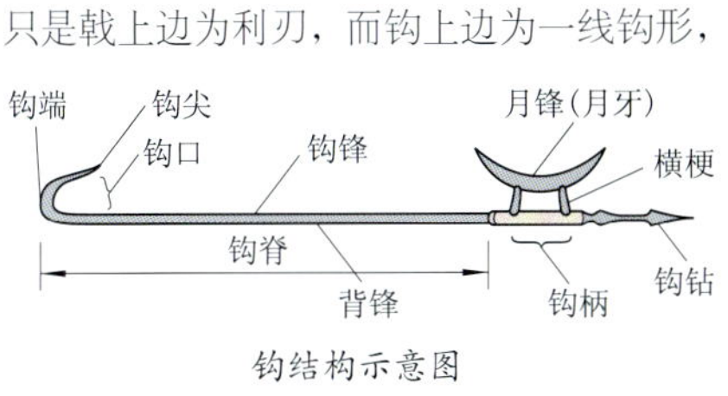

钩结构示意图

故名钩。武术所用的钩有单钩、双钩、鹿角钩、虎头钩、护手钩、挠钩等。其中，以护手双钩流行较广，因其有钩，有刃，有月牙，有钻，属于多刃器械，较难习练，容易伤及自己。但钩在用法上有自己的特点，有钩、搂、掏、带、托、压、挑、刺、刨、挂、推、拉、捉、锁等手法。钩的套路有查钩、行钩、十二连钩、梅花虎头钩、雪花钩、踔钩、卷帘钩等。对练套路有“虎头钩对枪”等。

钩虫病 ancylostomiasis; hookworm infection 由钩虫引起的寄生虫病。临床以贫血为主要症状。寄生于人体的钩虫主要有十二指肠钩口线虫和美洲板口线虫。成虫寄生于小肠上段，以吸血为生。虫卵随粪便排出体外，在温暖、潮湿的疏松泥土中孵出杆状蚴。杆状蚴发育为丝状蚴，遇寄主皮肤时会主动侵入。侵入皮肤时可引起奇痒的小丘疹（钩虫性皮炎）。幼虫随血流到心、肺，并进入肺泡发育，此时可出现咳嗽、哮喘等症状，然后经气管而达咽部，又被吞咽，经胃至小肠上部发育为成虫，需5～7周。钩虫用钩齿或板齿咬附肠黏膜吸血，并分泌一种抗凝物质，使吸附部位伤口不断渗血，且钩虫有更换咬附部位的习性，原伤口仍继续渗血。长期慢性失血可引起宿主严重贫血。钩虫病患者可有上腹部不适或隐痛、恶心、呕吐等症状，也可出现“嗜异癖”，如爱吃炕土、碎布等，尤其是泥土。钩虫病的确诊有赖于从粪便中找到虫卵或孵出幼虫。阿苯哒唑、甲苯咪唑、噻嘧啶等药物治疗有效。

钩吻碱 gelsemine 氧化吲哚型生物碱，分子式$C_{20}H_{22}N_2O_2$。是马钱科植物北美钩吻和中国钩吻中的主要生物碱。熔点178℃，比旋光度$[\alpha]_D^{20}+15.9$（氯仿）；为一强碱，有剧毒；能溶于苯、氯仿、乙醚、乙醇和丙酮，难溶于水。与多种无机酸和有机酸生成盐。钩吻碱与盐酸煮沸获得一分子水，生成阿朴钩吻碱$C_{20}H_{24}N_2O_3$，为粉质。钩吻碱具有兴奋中枢神经作用，由于毒性大，很少作药用。

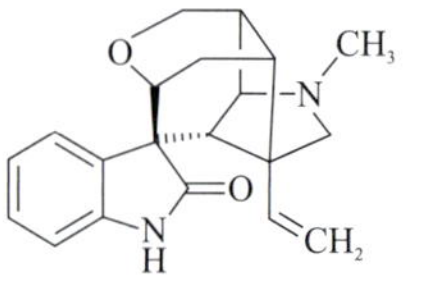

《狗儿爷涅槃》 *Uncle Doggie's Nirvara* 中国话剧作品。编剧锦云。1986年10月由北京人民艺术剧院在北京首演。多场次悲喜剧。写雇农狗儿爷眷恋土地，梦想着用自己的劳动换来“千顷牌”，压倒地主祁永年。但是，他既抵御不了无情的现实变革的打击，也摆脱不了狭隘、自私的旧观念束缚，最终在新的一代（狗儿爷的孩子）拆除“高门楼”的推土机轰鸣中，放火“涅槃”了。剧本在内容与形式上都体现了新时期中国

《狗儿爷涅槃》剧照

话剧探索创新的成果。全剧的结构打破了传统的时空关系，以主人公的情绪、思绪串联起许多生活片段，呈现历史与现实场景的跳跃式连接，从而对人物的心态作了细致入微的刻画。剧中运用了人物心理外化等手段，狗儿爷与不断出现的祁永年的鬼魂对话，体现了现实主义与表现主义等创作方法的融合。

狗母鱼 *Synodus*; lizardfish 灯笼鱼目狗母鱼科狗母鱼属鱼类的统称。有20多种。中国产10余种，均分布于东海及南海，常见的有叉斑狗母鱼和肩斑狗母鱼。体长圆形。眼大，侧前位。口大。前颌骨细长，其长超过头长的一半。两颌具侧扁细齿2～3行，内行齿大，能倒伏。腭部每侧有1组齿，通常2行。鳃孔大；鳃耙短小；假鳃很发达。胃大，盲囊数较多。体被圆鳞，易脱落。头的背面、颊部和鳃盖上均被鳞。背鳍无棘，位于体中部略前；脂鳍小，位于臀鳍后部的上方；胸鳍侧上位，向后伸到腹鳍基；腹鳍8条，内侧鳍条长于外侧鳍条；尾鳍叉形。以底栖动物和小鱼、虾为食。

狗熊 *Ursus thibetanus*; Asiatic black bear 食肉目熊科黑熊属的一种。又称黑熊。

狗鱼 *Esox*; pikes 鲑形目狗鱼科狗鱼属鱼类的统称。该科唯一属，共5种2亚种，分布于北半球。中国有2种，即黑斑狗鱼和白斑狗鱼。体细长、稍侧扁；口裂极宽大，约为头长的一半；齿发达；背鳍及臀鳍位很后并相对；体侧有斑。一般生活于北半球较寒冷地带的河川、湖泊和水库中。幼鱼常成群，成鱼则单独栖息。3～4冬龄性成熟。卵黏性。生长快，肉可食用，属经济鱼类。但因狗鱼为肉食性，贪食且食量大，对其他经济鱼类有很大的危害性。

枸骨 *Ilex cornuta*; chinese holly 冬青科冬青属的一种。又称乌不宿、猫儿刺。分布于中国长江中下游各省。常绿灌木或小乔

枸骨形态

木。单叶互生，叶片硬革质，呈长圆四方形，长3～8厘米，宽2～4厘米，先端具3硬刺。花雌雄异株，簇生叶腋；花4基数，花瓣绿白色。核果近球形，直径1厘米，鲜红色，内含4分核。花期4～5月，果期8～9月。生于山坡或溪边灌丛中。其叶和果入药，有补肝肾、养气血、祛风湿的功效。枸骨碧绿的叶和鲜红美丽的果实相映成趣，有很高的观赏价值，故园林多栽培，北方不能露地越冬，只作盆景陈于室内，为高雅的点缀品。

枸杞 *Lycium*; Chinese wolfberry 茄科枸杞属植物的统称。落叶灌木。果实称枸杞子，根皮称地骨皮，均可入药。嫩茎、叶作蔬菜。中国各地均有分布，多为野生。

宁夏枸杞形态

宁夏枸杞（见图）多为栽培种，果实称西枸杞或甘枸杞，供药用。主产于宁夏、甘肃。宁夏枸杞株高150～200厘米，枝条细长，先端通常弯曲，具短刺。叶互生或数片丛生，卵状披针形。花冠淡紫色或紫色。浆果圆形或卵圆形，成熟时呈红色。种子扁肾形。适应性强。

枸杞果实有降低血糖、抗脂肪肝作用，能抗动脉粥样硬化，并能滋补肝肾、益精明目，主治目眩昏暗、多泪、肾虚腰酸等症。根皮有降压、退热、抑菌作用，能清热凉血、退虚热，主治虚劳发热、盗汗吐血、尿血等症。果实含甜菜碱、玉米黄质素、酸浆红色素及脂肪油等；根皮含甜菜碱、谷甾醇及维生素B_1。

构成 composition 原意是组合、合成。在艺术设计学中，构成包括平面构成、立体构成和色彩构成，是现代造型学的基本概念和专业用语，其内涵是把一些各不相同的基本元素，通过重新组合形成一个新的有机体，同时在视觉和空间感受上赋予新的美学意义。构成是艺术设计创作的基础，是启发思维和创新发展的源泉。平面构成是将点、线、面等不同的基本单元形，按照一定规则在平面上组合成为有意义的图形，强调轮廓形象的视觉感受。平面构成的关键在于把既有意识中概念性视觉元素，通过形式、色彩、肌理、距离、位置等的组合，创作可视图案，同时强调感觉体现。立体构成是对平面、色彩和空间的综合认识，是建筑、雕塑、产品等一切三维设计的基础。它研究有关形态的所有可能性和造型与空间的关系，将形态要素按照一定的原则组合成空间形体。立体构成不仅要注重把握和理解造型结构、材质肌理，还要注重物体、周边环境、人的认知空间。物质性空间反映的是在三维空间中物体形态与空间环境的相互关系，通过物体的形态、大小、方向、色彩、肌理等方式，形成与环境的和谐统一或对立矛盾，加强或削弱物体的空间存在。心理性空间是物质性空间想象的延续和再现。在立体构成中，虽然强调物质形态的主体创造，但是不能忽视空间设计的效果。色彩构成从人对色彩的感知和心理反映出发，用一定的色彩规律去组合创造理想的色彩视觉效果和造型效果。通过掌握各种色的色相、明度、彩度的变化特征，利用色彩对比、色相对比、明度对比、纯度对比、补色对比等色的相互作用和建构方式，创造出诸多组合方式和配色方法。色彩构成的目的是开拓视觉艺术的创造性思维方式。

构成主义 Constructivism 20世纪初受立体主义影响的俄国前卫艺术流派，也有人把它划归为立体派的分支。这个流派背离传统艺术的理念和形式，追求抽象形式和非写实化，突出表现某种形式结构。代表

塔特林作品《反浮雕》(1917，莫斯科特列恰可夫画廊藏)

人物V.Ye.塔特林把这种观念运用到悬挂的浮雕构成物上，创作中运用多种材料，包括铁丝、玻璃、金属片等。A.佩夫斯纳和N.贾柏从立体主义引申出自己的理论，但直到1917年他们回到莫斯科时，才完全把构成主义理论系统化。1920年，构成主义者举行大展并发表《写实主义宣言》，强调艺术的重点应在空间中的势而非量感。

构件 link and structural member 在机构学中指组成机构的、彼此间具有确定相对运动关系的基本单元。如曲柄滑块机构中的曲柄、连杆、滑块和机架，凸轮机构中的凸轮、从动杆和机架。在结构学中则指结构物中的计算或制造单元，这些单元固定在一起，彼此间除由于应变有微量位移外，没有相对运动，如梁、柱、拉杆等。

构树 *Broussonetia papyrifera*; common papermulberry 桑科构属的一种。落叶乔木。又称谷浆树，古名楮。分布于中国黄河、长江和珠江流域地区，低山习见。树高6～16米，有乳汁。树皮平滑呈暗灰色，小枝和树皮纤维发达、坚韧。叶互生，边缘有粗锯齿，叶上面被粗毛，下面密生柔毛。单性花，雌雄异株，雄花为柔荑花序，着生于新枝叶腋；雌花为头状花序。聚花果肉质，球形，有长柄，熟时红色。适应性强，

构树形态示意图

喜光、耐旱、耐瘠。常野生或栽于村庄附近的荒地、田园及沟旁。萌生能力极强，种子或扦插繁殖。构树树皮纤维长而柔软，可作桑皮纸原料。果可食用及入药。嫩叶可作饲料。构树能抗二氧化硫、氟化氢和氯气等有毒气体，可作大气污染严重的工矿区绿化树种。

构图 composition 艺术家在孕育作品过程中所进行的思维活动及其诉诸形式的活动。在美术创作中，一般指在平面的物质空间上，安排和处理审美客体的位置和关系，把个别或局部的形象组成整体的艺术作品，以表现构思中预想的形象与审美效果。构图是艺术传达的第一步，也是对构思的检验和修正。一般来说，构图涉及多种形式法则，是绘画艺术的基础，在中国传统绘画中，称为章法或布局，被认为是“画之总要”。

构象 conformation 有机化合物分子中因原子或基团围绕单键旋转而产生的各种空间排列形式。如正丁烷的两个甲基沿C(2)—C(3)键旋转，当两个甲基处于邻位交叉构象或反式交错构象时较稳定，特别是后者为其能量最稳定的构象式。事实上，简单直链分子（如正丁烷）的各构象异构体处于平衡状态，由于它们之间的能叠差较小，在通常的室温条件下，分离不出任何一个构象异构体。在环状烃分子中，除了环丙烷外，其他环烷烃的碳原子都不在一个平面中。其中以环己烷的研究最为深入。环己烷分子的构象最通常为船式，另外还存在椅式和扭曲式（见图）。其中以

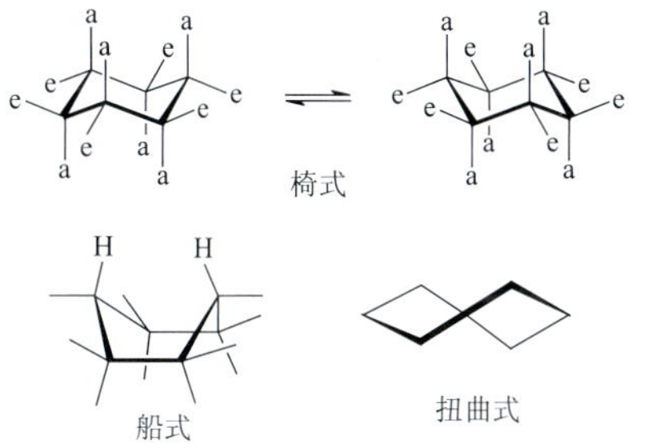

环己烷的分子构象
e键为平伏键 a键为直立键

椅式能量最低、最稳定。船式在船头上的两个氢，处于太接近位置而相互推斥。扭曲式往往是环己烷构象改变时产生的瞬间构象异构式。

构型 configuration 在给定构造(constitution)分子中各原子或基团在空间的排列。又称分子空间结构。构型未考虑分子的构象差异。通常，有机化合物中，不对称碳原子连接四个不同的原子或基团(a、b、c、d)，它们处在正四面体各个顶端，因此Cabcd可呈两种构型分子，两者互为对映体。对于一个手性分子中原子和基团在空间的排列确定的分子，其构型称为“绝对构型”，现通常用顺序规则的*R/S*系统来区分其对映体。与之相对应的“相对构型”有两种含义：①分子内的某个手性中心相对于分子内其他手性因素（包括中心、轴或面）的构型。仅说明分子中各原子和基团的相对位置（手性分子及其对映体之间的绝对构型尚未确定）。②分子间的转变。如Cabcd转变成Cabce，其中d转变成e，在a、b和c的同面，则称为具有相同的“相对构型”，也就是分子转变中“构型保留”；如e在a、b和c的异面，则是相反的“相对构型”，即分子转变中“构型反转”：

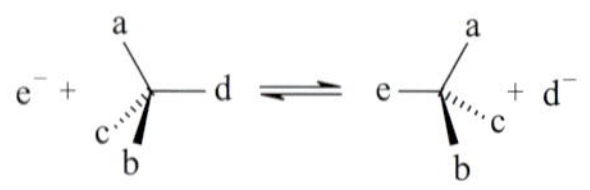

如果e=d,就是一个分子转变成为其对映体。分子构型与其化合物的物理和化学性质有密切的关系。在生物学领域中，不同构型的异构体通常具有不同的生理作用。

构造地貌 structural landform 明显反映地球内力作用和地质构造的地貌。分两类：①指地质时期构造运动所造成的各种构造(如背斜、向斜、断层等)形成的静态构造地貌。②指新构造运动形成的动态构造地貌。包括断层地貌、褶曲地貌、熔岩地貌、丹霞地貌、火山地貌等。

构造地质学 structural geology 研究组成地壳的岩石、岩层和岩体在地壳中力的作用下变形而形成的各种形象和踪迹（称地质构造）的学科。地质学的基础学科。研究这些构造的几何形态、组合形式、分布规律；测量其变形量的大小和所反映的运动方向，恢复其运动学的图像及演化过程；进而探讨其形成的环境（形成的深度、温度和围压等条件）及产生这些构造的作用力的方向、方式和大小。

研究内容 构造地质学研究的范围十分广泛，从超微尺度的晶体内的晶格变形到整个山系甚至全球的板块构造。根据研究对象和研究方法分为：①大地构造学。研究巨型尺度的构造，涉及全球或广大区域范围。如板块间的碰撞带、洋中脊、大陆上的造山带、陆内裂谷、大型平移断裂带和巨型沉积盆地等。②狭义的构造地质学。以研究中小型尺度的构造为主。中型构造如具体的单个褶皱和断层，小型构造如小褶皱、小断层、节理、劈理和各种线理等。又称岩石构造地质学。③显微构造地质学。研究微型和超微型尺度的构造。把岩石磨成薄片，分别借助光学显微镜和电子显微镜才能观察到的岩石和矿物内部的显微构造和超微构造，如矿物的变形纹、晶内位错特征等。通过对矿物晶格优选方位（组构）的研究来推导岩石变形过程中所受的应力的方位以及造成岩石变形的运动型式的分析，称为岩组学（又称构造岩石学）。④实验构造地质学。用实验的方法来模拟岩石变形的发生、发展过程，以了解岩石变形的行为、形成的构造与变形的条件(作用力、围压、温度、应变速率等）之关系。

研究方法 构造地质学的研究方法，依研究的对象不同而异。构造地质学强调野外实地观测，其研究精度随科学技术的发展而迅速提高。20世纪60年代以后遥感技术的运用，对大地构造的研究产生了极高的效益；反射地震技术的运用对于揭示地壳结构和深部构造取得了很好的效果（见地震勘探)。这些技术使在更广阔的范围内研究具体的构造单元、区域构造特征、水平运动和地质制图成为可能。实验室的显微构造与组构研究，构造变形条件的温度、压力测算，古应力差值的估算和古应力场的重建等均已实现。这些都使得不同尺度构造的研究有可能在成因和演化及运动学、动力学上结合得更好，研究得更深入。

构造体系 structural system 不同形态、不同性质、不同等级、不同序次和不同方向，但具有成生联系的各项结构要素所组成的构造带，以及它们之间所夹的岩块或地块组合而成的总体。曾称为构造系统。地质力学中的专用名词。地质力学认为地质构造具有三重基本概念，即结构要素、地块形态、构造体系。构造体系是全球性或区域性构造运动的产物,反映一定形式的构造应力场。因此，一个构造体系便构成一幅应力作用的应变图像。构造体系往往具有一定的构造型式，并且大体上在相同时期产生。

构造型式是指具有共同的组合形态特征，也即一定标准类型的构造体系。构造体系可分为三大构造类型：①纬向构造体系。其构造带走向与地球纬度线一致。②经向构造体系。其构造带走向与地球经度线一致。③扭动构造体系。包括多字型、山字型、入字型、棋盘格式构造和各种旋卷构造。从成生观点分析，这些扭动构造体系大都是东西向或南北向水平运动发展不平衡的产物，因此可以把它们看作东西向或南北向构造的变种。

成生时期是构造体系开始生成的时代及其发展演化过程。它既包含构造体系的形成时期，又包含构造体系的活动时期。如中国东部北东向的多字型构造体系，主要形成于印支运动，称为华夏构造体系；北北东向的多字型构造体系，主要形成于燕山运动，称为新华夏构造体系。还有一些构造体系，在晚近地质时期，一般指第四纪以来（有时自第三纪末），它们全部或部分地仍处于活动状态，这些构造体系称为活动性构造体系。根据地质构造、地震活动、火山活动、地貌和第四纪地质特征及地球物理等观察资料，以及各种地形变、地应力、断层位移测量和考古资料等，可以鉴定某些构造体系或其中某些部分的活动性，从而确定活动性构造体系的存在。李四光曾把发生在燕山运动以前的构造体系称为古构造体系。构造体系的新、老是相对的。由于发生在较古老地质年代的构造体系经受后来较多的干扰、破坏和掩覆，因而鉴定古构造体系必须根据地层和不整合、岩体和岩脉穿插关系、构造体系复合关系、同位素年龄测定和古地磁测定等，由新及老地进行。

构造运动 tectonic movement 地球物质运移引起岩石圈内或整个地球结构的变化，并形成各类大区域地质构造形态和变形的作用。是造成地表变化和岩石圈内地质体的大尺度变形的原因。

构造运动首先是地球内部物质运移的内因引发的内生构造运动，但也有由地球外部原因引起的外生构造运动，如直接的天外事件（陨星撞击、月地引力造成的固体潮等），但这些外因必须通过地球本身的作用，才能形成一定规律性的构造现象。构造运动主要指内生的构造作用。地球的重力促使地球内部按物质密度以及元素地球化学特征形成完好的圈层结构。这种圈层形成过程已使地球在地质史中释放出大量的重力能。现今地球的构造运动的产生，则主要因地球内部的放射热能积累导致地幔物质的热对流。地球内部物质的重新分配、岩浆源的生成和岩浆的侵位等都受构造运动及构造单元性质的控制。

对构造运动的认识观点和研究方法的不同，其构造运动分类也不同，甚至相互矛盾。构造运动在不同构造属性的构造区的表现是不同的，但两者又常互为因果，这是比较构造的原则和基础。收缩说及由此产生的地槽学说，主要是描述与重力作用方向有关的作用方式、规模及所形成的构造类型，如振荡运动、地壳波动等构造运动类型，着重反映垂向上的运动表现，并认为地表各构造单元无明显的水平运动，因此常被称为垂直论或固定论。大陆漂移说及板块构造说，则是阐述地球表层的地壳或岩石圈大规模的水平运动特征，因而常被称为水平论或活动论。其实，对水平论或垂直论的理解都不能绝对化，实质上两者只强调了运动的主要方向，并非忽视其他次要的运动方向。构造运动在时空的表现规律，在板块构造学说出现之前，主导的认识是构造发展有阶段性和周期性(即构造旋回)。板块构造学说兴起以来，由于认识到岩石圈板块是以大致均匀的速率不间断地运动的，因此在一定意义上否定了构造幕和构造旋回的存在。

购房分期付款 payment by instalment for buying house 居民在购买住房时采用的一种付款方式。20世纪90年代中期中国普遍存在的现象。住房价值巨大，使用时间较长，人们很难一次支付巨额的款项，分期付款是最普遍的方式之一。中华人民共和国国务院《关于在全国城镇分期分批推行住房制度改革实施方案》(1988）规定，在公房出售中无力一次付清房款的，应先付不少于房价30%的现款，剩下部分可向银行申请长期低息抵押贷款。购买新房的还款期限一般不超过20年，购买旧房的还款期限一般不超过10年。购房者把全部房价款缴付完毕后，即可取得房产证书。

购买力 purchasing power 商品购买力和货币购买力的合称。商品购买力是一定时期内投入市场购买商品的货币总额。又称社会购买力。它代表有支付能力的商品需求，包括居民消费品购买力、生产资料购买力、社会集团购买力等。货币购买力是一定单位的货币购买商品或换取服务的能力，它所反映的是货币本身价值与商品或服务价值的对比关系。比如，货币升值或物价、服务收费标准降低，货币购买力就会相应提高；反之，货币购买力就会相应降低。社会购买力的实现过程是社会再生产中商品价值的实现过程，还是劳动者购买必要生活资料的过程。已实现的购买力对于社会再生产的正常进行具有重要作用。

购物中心 shopping center 汇集多种零售业态的场所。一般由开发主体根据统一规划组建现代设施齐备的商业大厦，然后租赁给其他零售商经营。主要有3种类型：①居民区购物中心。为附近居民服务的小型购物中心，主要经营食品杂货，提供洗衣、修理、理发等服务。②社区购物中心。比居民区购物中心大的中型购物中心，主要经营便利商品、服装、家具等选购品。③地区性购物中心。一种大型购物中心。多建于郊外，建筑面积10万平方米以上；以一二个大型百货商店或超级市场为核心店，众多专业店为成员；以购物为主，同时伴有休闲、娱乐、餐饮、服务等多种功能；设施齐全，交通便利，除备有大型停车场外，还提供银行、邮局、医疗等多种服务。

孤岛戏剧运动 Isolated Island Drama Movement 抗日战争时期，上海沦为“孤岛”期间中国共产党领导的抗战戏剧活动。1937年11月12日，日本侵略军占领上海。中国共产党组织未撤离的剧人到法租界和公共租界继续开展抗战戏剧运动，史称“孤岛戏剧运动”。这场运动由于伶主要负责。他和欧阳予倩、阿英等组织成立青鸟剧社，公演了《雷雨》、《日出》、《大雷雨》等剧目。1938年7月，于伶等又以“中法联谊会”名义在法租界另组上海剧艺社，演出了反映现实生活的《夜上海》等以及寓有抗敌意义的外国剧和历史剧，激励“孤岛”人民在艰难的条件下保持民族气节。

孤岛戏剧运动的另一支重要力量是1938年初组成的上海业余戏剧交谊社，由沙文汉主管，姜椿芳、杨帆等负责领导。它是以若干业余戏剧团体中的中共地下党员为骨干，进步群众为基础，用交朋友联络感情的方式组织起来的群众业余戏剧活动组织。演出了《缓期还债》、《日出之前》等剧目。孤岛戏剧工作者还出版过一些戏剧刊物。1941年12月后，上海剧艺社、上海业余戏剧交谊社停止活动，孤岛戏剧运动便告结束。

孤独 loneliness 由于缺乏社会相互作用而造成的一种不愉快的、苦恼的主观感受。它不同于独处状态。有孤独感的人，即使有许多人在场也不会消除孤独感；而无孤独感的人有时则强烈地需要独处。测量孤独程度的最常用工具是美国加州大学洛杉矶分校的孤独量表，它由20道李克特式题目组成，反映对生活和人际关系的满意和不满意的程度。该量表把孤独视为一个单维的现象，只有强度的不同。

孤立主义 isolationism 美国早期奉行的一种外交政策，即美国在对外关系中应孤立于欧洲政治之外。由美国首任总统G.华盛顿在1796年9月17日向国会发表的离职告别演说中提出。华盛顿指出，为了对付外国势力的阴谋诡计，一个自由的民族必须经常保持警惕，美国的外交准则应是“在扩大我们的商务关系的同时，尽可能少与他们发生政治联系”，不要“把我们的命运与欧洲任何一部分的命运缠结在一起”，“我们的正确政策是避免与外部世界任何部分的永久联盟”。1801年3月4日，美国第三任总统T.杰斐逊在就职演说中，重申了美国应“尽可能与欧洲的体系隔绝”，并进一步提出“和平、贸易，同一切国家真诚地友好，而不同任何国家缔结纠缠不清的同盟”，作为美国外交政策的准则。

孤立主义作为在美国占主导的对外政策取向，一直到第二次世界大战才发生变化。虽然战后美国实行的是全球主义的对外政策，但是孤立主义的思潮在美国国内仍有一定的影响。

姑娘追 中国哈萨克族传统的马上游戏活动，也是青年男女表达爱情的一种方式。通常在婚礼或节庆时举行，由一对对青年男女以男逃女追的方式进行。首先将参加活动的人员按地区或部落分成两组，一组出男，一组出女，然后成双成对并辔向指定目标徐徐行进。前进中小伙子尽可向姑娘倾吐爱意或笑谑逗趣，姑娘不能反对。一到指定目标，小伙子就策马回奔，姑娘则紧追不放，追上时可举鞭抽打，小伙子不得抗拒。鞭子的轻重由姑娘对小伙子的心意决定，如果姑娘有意，鞭子往往只是虚晃几下，并不实打。回到出发地后，有情的一对便拨马离开人群，到僻静处说知心话，最后互赠信物定情。哈萨克斯坦共和国也有流行。

姑臧 Guzang 中国古代县名、城名。因姑臧山为名，一说原匈奴盖臧城，后讹为姑臧。相传地有龙形，故又名卧龙城。故址在今甘肃武威一带。汉置武威郡后为郡治。东汉初已是河西走廊的政治、贸易中心。兴平元年（194）为雍州治，三国魏黄初元年（220）后为凉州、武威郡治。十六国时前凉、后凉、南凉、北凉均曾在此建都。前凉张氏多次兴建姑臧城，增筑四城，东城果园称为讲武场，北城果园称为玄武圃，中城有四时宫，春、夏、秋、冬各有住处，殿中画以五色，饰以金银，富丽比拟中原。因城不呈方形，有头尾两翅，一称鸾鸟城、鸟城。王隐《晋书》记载，城南北七里，东西三里。北魏时温子升《凉州乐歌》：“远游武威郡，遥望姑臧城；车马相交错，歌吹日纵横。”（《初学记》）说明当时城市的繁华。唐代仍为凉州治所，并置河西节度使驻此。天宝元年（742）为武威郡治所，乾元元年（758）又为凉州治。广德二年（764）地入吐蕃，县废；作为城名，元初仍见于记载。

辜振甫 Gu Zhenpu（1917-01-06～2005-01-03） 中国台湾海峡交流基金会董事长。台北市人。祖籍福建惠安。卒于台北。1940年台北帝国大学（台湾大学前身）毕业。后赴日本东京大学深造，研究财政和工商管理。50年代开始在政、商两界发展。历任国民党中常委、“总统府”资政、工商协进会理事长、中国信托投资公司董事长、台湾水泥公司董事长等职，1990年10月被聘为台湾“国家统一委员会”委员，同年11月出任海峡交流基金会董事长。他创立的和信集团企业是台湾第二大企业集团。他与辜濂松叔侄以400亿新台币的财富净值，名列台湾五大富豪之一，美国《富比士》杂志也将其列为世界级富豪。辜振甫行事作风深受日本文化影响，礼数分明。1993年4月27～29日，他与海峡两岸关系协会会长汪道涵在新加坡举行汪辜会谈，为两岸关系的发展作出了贡献。

觚 gu 中国古代饮酒器或盛酒器。基本形制为喇叭形口，圆形长筒状身，斜张的弧腹，斜坡状高圈足。新石器时代晚期已有陶觚，由筒状陶杯（或称觚形杯）演变而来。年代相当于夏代的二里头文化，除陶觚外还有漆觚，或认为均属于礼器。商代青铜觚流行。商代贵族墓中铜觚常与铜爵共出，特别是商代晚期觚、爵等量相配，成为当时礼器组合的核心部分。西周早期铜觚数量减少，中期后消失。陶觚在商代晚期多是

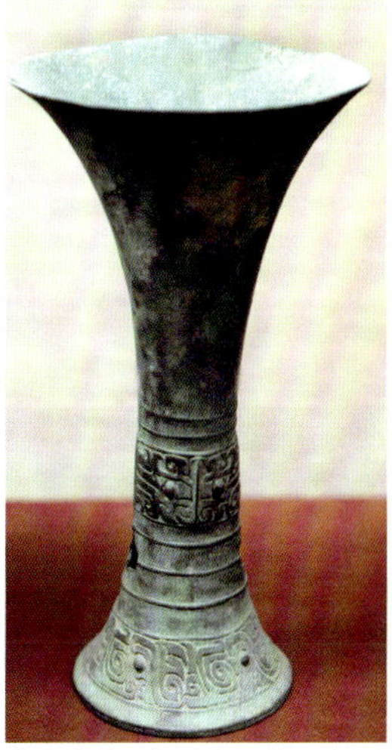

商代饕餮纹觚（陕西城固出土）

随葬明器，至西周早期消失。宋以后有供赏玩的仿商周器的铜觚和瓷觚。

古埃及 ancient Egypt 埃及一词系由古希腊语Aigyptos演变而来，起源于古埃及孟菲斯城的埃及语名Hikuptah（意为普塔神灵之宫）。埃及是历史悠久的文明古国。

大约在一二万年前，由于气候发生重大变化，北非大部分地区变成不毛之地，人们逐渐聚集到尼罗河流域，依靠河水泛滥的平原和沼泽地，过着渔猎采集生活。约公元前18000年，由于弓箭的使用，埃及进入旧石器时代末期或中石器时代。公元前6000年以后，进入新石器时代和铜石并用时代。铜石并用时代，古埃及已进入了文明时代。社会已形成贵族与平民、奴隶主与奴隶的阶级划分。

古埃及编年史家曼内托，把埃及古代史分为31个王朝。第1、2王朝习惯上被称为早王朝时代（约前3100～前2686）。传说美尼斯统一上、下埃及，成为第1王朝的第一位国王。

古埃及真正的统一是在古王国时代（第3～6王朝，约前2686～前2181）。这是古埃及史上农业、手工业、商业、建筑业等各项事业全面发展的第一个伟大时代。随着各州的被兼并，形成了统一奴隶制国家，政权机构加强，确立了以官僚体制为基础的、君主独裁的专制统治。从第5王朝起，地方贵族和僧侣集团的势力逐渐加强。王室成员垄断国家要职（宰相）的特权已被日益发展起来的地方权贵所打破。中央与地方势力、专制政权与广大人民之间的矛盾导致古王国的崩溃。

第7～10王朝（约前2181～前2040）称为第一中间期。从第6王朝末的珀辟王死后至第9王朝末，在不超过60年（约前2190～前2130）的时间里，至少历31王，可能多达40王。在第一中间期的开始，曾发生连续几十年的大饥馑，但国家仍横征暴敛，巧取豪夺，因而导致埃及史上的第一次人民大起义。

在底比斯兴起的第11王朝重新统一了埃及，埃及历史进入中王国时代（约前2040/前2133～前1786）。第12王朝时，由于青铜器的发明和使用，社会经济有了新的发展。国家在法雍绿洲进行了巨大的水利工程建设，开垦出大片土地，兴建了新的城市。奴隶制逐步发展，除战俘外，有些自由民也变成奴隶，而且他们的奴隶身份被其子孙所继承。对外关系十分活跃，与叙利亚、克里特的交往扩大。中王国国王对外远征，向叙利亚和努比亚扩张，且在尼罗河第二瀑布以南的努比亚境内建立了堡垒和商业据点。

从第13王朝开始，埃及进入第二中间期（约前1786～前1567）。第二中间期由于以宰相（维西尔）为代表的官僚势力的发展，王权有所削弱。第13王朝的宰相安库能够左右王权，甚至比国王还重要。由于严重的社会分化和尖锐的阶级矛盾，第13王朝末再次爆发人民起义。与此同时或稍后，三角洲西部出现以克索伊斯为中心的独立势力，称为第14王朝。在三角洲的东北部，喜克索人以阿发里斯为中心建立第15、16王朝。在底比斯，继第13王朝之后兴起第17王朝。第17王朝的阿赫摩斯一世（约前1570～前1546年在位）最后驱逐喜克索人，重新统一埃及，开始了第18王朝。

第18～20王朝是新王国时代，又称新帝国时代（约前1567～前1085）。这一时代的埃及国王发动了空前规模的对外侵略战争，图特摩斯三世时的埃及版图，北至叙利亚的卡赫美什，南至尼罗河第四瀑布，形成强大的军事霸国。此时君主专制的中央集权制度得到加强。法老已成为国王的正式头衔。宰相一职由两人分担，协助法老分管上、下埃及。但是，地方贵族特别是以阿蒙神庙为代表的僧侣集团的发展威胁到法老的专制统治，从而导致埃赫那吞改革。第18王朝的末代法老荷伦希布死后，拉美西斯一世继位，开始了第19王朝。第19王朝的法老谢提一世和拉美西斯二世为维护埃及在亚洲的霸权，与赫梯帝国发生冲突，经过16年之久的战争，最后以拉美西斯二世与赫梯王哈图西利斯签订和约告终。第19王朝末至第20王朝，埃及国内形势动荡不安。伊尔苏领导的奴隶起义和底比斯墓地工人罢工冲击了帝国的统治；日益强大的僧侣集团篡夺了部分王权，从而导致了新王国的崩溃。

第21～31王朝为后王朝时代（前1085～前332）。第21王朝时，埃及分裂为两部分，法老统治北部，僧侣王统治南部。第21王朝被利比亚人雇佣兵推翻后，又相继建立了第22、23王朝。第24王朝是三角洲舍易斯地方统治者的政权。努比亚人乘埃及衰落之机入侵，建立了第25王朝。第21～24王朝是埃及国家分裂、权力分散的衰落时期，又被称为第三中间期。第21～22王朝时期，商品货币关系和高利贷业开始发展起来，债务奴隶制流行。第24王朝法老博科里斯制定法律，以限制高利贷盘剥，废除债务奴隶制，但并没有真正实行。

舍易斯地方统治者萨姆提克一世重新统一埃及，建立第26王朝。这个王朝通常被称为埃及的复兴时代。铁器、金属货币普遍流行，商业和经济生活较为繁荣。尼科二世法老统治时期，开凿尼罗河通向红

古代埃及

海的运河，并派遣腓尼基水手开辟航道，绕航非洲。尼科二世及其继承者为争夺埃及在叙利亚、巴勒斯坦的霸权，曾与新巴比伦王国进行战争。

公元前525年，波斯帝国侵占埃及，建立第27王朝。波斯人在埃及的残暴统治和无情劫掠，激起了伊那路斯和阿米尔泰乌斯领导的埃及人起义（前460～前455）。公元前404年，波斯王朝被推翻，埃及获得独立，相继建立了第28～30王朝。公元前343年，波斯帝国再次征服埃及，建立第31王朝。公元前332年，希腊马其顿王**亚历山大大帝**侵入埃及，灭波斯王朝，结束了延续3 000年之久的法老时代。

亚历山大征服埃及后，埃及进入希腊化时代（前332～前30），以亚历山大城为首都。亚历山大死后，其部将、留驻埃及的总督托勒密·索特尔在公元前305年称王，为托勒密一世，创建托勒密王朝。埃及农民、士兵、奴隶等不堪希腊奴隶主贵族的统治与奴役，从公元前3世纪末至前1世纪，屡次发动起义，动摇了托勒密王朝的统治。公元前30年，罗马军队开进埃及，女王克里奥帕特拉七世自杀身死，托勒密王朝崩溃。罗马征服埃及后，罗马皇帝G.屋大维把埃及划为自己的私产，派遣行政长官代行统治。罗马帝国的专制统治激起了埃及人的强烈反抗。由农民、牧民和奴隶参加的“布科里人”在三角洲沼泽地的起义，从公元2世纪末起延续了3个世纪之久。395年，罗马帝国分裂后，埃及成为东罗马帝国的行省之一。

公元前二四世纪以后，埃及的奴隶制开始衰落，与私有领地扩张的同时，隶农制也随之发展起来，从而为向封建制过渡准备了条件。

古埃及美术 ancient Egyptian art 主要指公元前332年以前的埃及美术。包括史前期、早王朝、古王国、中王国、新王国和后期王朝时期的美术。

埃及美术的产生和发展与埃及人的宗教信仰、墓葬习惯和王权思想有很大关系。埃及人崇拜太阳神、河神和其他诸神，相信法老是神的化身，生前死后都享有神的特权。他们认为，人的生命灵魂是永恒的，人死之后，只要尸体完好无损，若干年后当灵魂回归时，死者便可复活。因此，尸体的保存受到特别的重视。另外，还备有很多死者的雕像，以保证万一尸体腐烂以后能代替死者复活。相应地，陵墓作为人的永久住宅，它的修建和装饰也受到重视。这些原因致使金字塔、雕塑、墓室壁画等一系列艺术品的产生。

图1 《拉胡泰普王子及妻子奈费尔特坐像》

埃及美术的一般特点是建筑体量巨大，宏伟壮观，具有强烈的崇高感；雕塑朴素写实，整体性强，有观念化、程式化的倾向，表现方法遵守正面律；绘画线条流畅优美，色彩丰富，人物表现采用正、侧面混合法，具有独特鲜明的风格。

史前期美术 最早的埃及美术是刻画在岩壁上的动物画，主要分布在上埃及一带。随后的美术分别在上埃及和下埃及两地各自发展。约前4千纪中叶，上埃及出现了墓室壁画，绘画技巧比以前的陶器画大大前进了一步。埃及调色石板浮雕作品《那尔迈王石板》，从内容到形式都为以后的埃及美术发展确定了基本原则。

早王朝美术 早王朝包括第1、2王朝，约从前3100年至前2686年。

建筑 国家统一后，法老们的陵墓综合了上、下埃及两地不同的建筑形式，把坟冢与房屋结合起来。

雕塑和绘画 第1王朝的一幅岩壁浮雕刻画杰特王征服努比亚的胜利，第一次以纪念物形式记载了历史事件。第2王朝期间，祭坛浮雕的内容有所增加，壁画占据了较重要的位置，内容大都是墓主未来生活的情景。

古王国美术 古王国包括第3、4、5、6王朝，约从前2686年至前2181年。

建筑 古王国时期也称金字塔时期，主要建筑是金字塔，其次是神庙和中等阶级人物的陵墓建筑。最早的金字塔为阶梯形，其后有弯曲形。典型的金字塔出现于第4、5王朝，3座大型金字塔相继而出，它们体量巨大、巍峨壮观，被称为世界七大奇迹之一。切夫伦神庙的门廊柱式多样，有简朴的方形柱，粗壮的圆形柱，还有类似捆扎在一起的芦苇秆的外凸式沟槽柱。柱式的发明使用是古王国的伟大功绩之一，它直接影响了希腊的建筑形式及以后的西方建筑。

雕塑和绘画 陵墓建筑的发展促进了雕塑的发展。墓室中不仅有墓主本人的雕像，还有大量仆人、奴隶的小雕像。雕像的主要特点是严格遵循正面律的表现方法，人物不论处于何种状态，做何种动作，其双耳、双肩、臀部及两膝构成的水平线始终互相平行，且垂直于人体的纵轴线。动作多为静态表现，或端坐，或直立。人物五官各部位由固定的比例数字确定，眼睛的刻画多有眼珠而无瞳孔。相貌与真人相像，但不突出个性特征，而以各等级的一般特性为标准，人体比例短而粗壮，骨骼结构和肌肉表现非常写实。大部分雕像原来都涂有颜色。雕像基本都附有靠背和底座，人物正面雕刻精细，背面比较粗糙。古王国时期的雕像代表作有《哈夫拉法老像》、《拉胡泰普王子及妻子奈费尔特坐像》（图1）等。浮雕大部分是线刻，并涂以色彩，而绘画也常常刻画轮廓线。古王国时期的浮雕绘画中基本法则此时更加完善。最基本的法则是人物上身为正面、头部与下肢为侧面的“正、侧面混合”。这种表现方法与统治阶级的需要和埃及人对空间的理解以及传统习惯有直接关系。人体比例也有严格的规定。浮雕绘画的内容极为广泛，构图安排是用几条长线把墙壁分成几个层次，人物被排列在每一层的横线上。有些地方是让主要人物占据整个墙面，空白处填补一些情节或象形文字。色彩主要有黑、白、灰、红、粉、棕、黄、蓝、绿等。第4王朝的《鸭群图》是古王国的杰作之一（图2）。

中王国美术 中王国包括第11、12王朝，约从前2040年（或前2133年）至前1786年。

建筑 陵墓建筑在这期间出现了背靠悬崖峭壁的倾向，并出现了坡式台阶，这些特点成为中王国陵墓建筑的主要形式。此期的金字塔已经很小，象征性地被围在柱廊中或是建在神殿的平台顶上。正门前有两座对称的方尖碑，两翼是很高的塔门。

图2 《鸭群图》（约前2600）

图3 第12王朝时期的方尖碑

方尖碑均由巨石雕刻而成，高的达19.8米。方尖碑与塔门是中王国的创造（图3）。

中等人物的陵墓多、气魄较大，多采用皇家陵墓形式。有些陵墓其柱式门廊可与古王国切夫伦法老的神庙相媲美。

雕塑和绘画 中王国时期圆雕从墓室中解放出来，出现了很多独立的雕像。这类雕像多为巨石雕刻，主要是各代法老像和斯芬克斯，作为纪念碑屹立在茫茫沙漠上。这一时期出现了大量小于真人尺寸的团块式雕刻。这种雕刻把人体缩进一块完整的方形或圆筒形的石块中，只露出头部和双脚，其他部分在石块上刻出轮廓线或全部用围裙遮盖。

这时期的浮雕和绘画也有所变化和发展。内容增加了神授王冠、神与法老拥抱、士兵操练等。构图安排过去一向以横向序列表示前后关系，现在则有了表现纵深关系的意图。此时的人体比例较为细长，表现较为细腻，色彩也更为丰富。

工艺美术 中王国出现了数量较多、制作精细的珠宝首饰，其质量、形式的华贵、打磨的光亮程度及宝石颜色的和谐配置，都超过了以往和以后各代金、银、珠宝首饰的制作水平。与首饰一起还有很多化妆用品，以及镶嵌着金子和象牙的王冠盒，盒内装有王冠、项链、戒指和胸饰等物。从中王国开始，手工艺品逐渐向外传播，外来因素也开始侵入。

图4 《奈费尔提蒂王后头像》

新王国美术 新王国包括第18、19、20王朝，约从前1567年至前1085年。

建筑 新王国的突出成就是大型神庙建筑，主要集中在中王国所开辟的山谷地带。神庙的基本组成是两边列有狮身人面像的大道，高大坚实的塔楼、方尖碑；进入塔门后，有庭院、柱廊、柱厅，最后是祭殿。有些神庙往往是几代法老共同建造。卡纳克的阿蒙神庙是规模最大的建筑群，由图特摩斯一世在中王国一个小神庙旧址上开始扩建，历经六七代法老才告完成。整座建筑群塔楼、方尖碑层层林立，最高的方尖碑高30.48米，巨大的柱厅由122根12.19米高的纸草捆形石柱组成，正中间另有10根24.34米高的圆石柱分列两排作为通道，成为整个建筑群中最引人注目的部分。

新王国建筑大量地使用石柱促进了柱式的发展。除了传统柱式外，又有棕榈树式、纸草花式、纸草花蕾式、莲花蕾式和神像式等多种柱头样式，柱身也有了纪念碑的意义，多刻有纪念性浮雕和象形文字。

雕塑和绘画 随着大型建筑的兴起，建筑型雕刻逐渐发展起来，在神庙或陵墓入口处出现了巨型人像雕塑和人像柱，通道两边则有众多的狮身人面像，这些雕像大多是利用山石就地凿刻而成或和建筑连成一体，雄浑有力、气魄宏伟，成为新王国美术的特点之一。

18王朝法老埃赫那吞即位后，迁都阿马尔奈，强行推行新的太阳神教——阿吞教，美术也因此蒙上浓厚的神秘色彩。阿马尔奈时期雕塑杰作是《奈费尔提蒂王后头像》，作品表现了一位美丽而又骄横的王后（图4）。令人惊奇的是，这尊头颅沉重硕大的雕像没有任何底座，头部的全部重量都由直径细小的脖颈支撑。

19王朝拉美西斯二世本人的雕像表现出含蓄、温柔的女性美，成为此时期雕像的基本倾向。

大量建筑物的兴建为绘画和浮雕提供了更多的场所和空间。大量的石灰岩建筑为浮雕的精雕细琢创造了有利条件。浮雕内容多是表现法老们的功绩和各种政治、军事、外交、贸易等活动，真实地记载了一些对外远征的情况，因此也被称为“战事日记”。

绘画更多地出现于墓室内，多表现法老及其家族的个人生活。

19王朝末和20王朝开始，浮雕和绘画出现了衰退现象。

工艺美术 新王国手工艺的高度发展集中反映在图坦哈蒙法老的双层金棺及其他器具、首饰的制作上。金棺的基本形状为人形，两层棺盖均为塑造逼真的图坦哈蒙本人的塑像。内、外棺上都还镶嵌有彩色宝石和玻璃，整副棺具金碧辉煌、光彩夺目。法老的宝座为木制，嵌以金箔，靠背用金片打制而成，上有精美的浮雕画（图5）。

图5 图坦哈蒙王座

后王朝美术 后王朝包括第21王朝至31王朝，约从前1085年至前332年。

建筑 神庙建筑规模和数量明显减小。一些私人陵墓出现了穹窿顶，用砖块垒砌而成。

雕塑和绘画 异族的侵略和统治给雕塑带来不同程度的变化。人物形象不再是典型的埃及人形象，而带有了非洲黑人的因素。表现手法仍是传统方法，但作品已缺乏生命力，只是机械地因袭公式而已。这一时期出现了很多肢解的人体雕刻模型和背后画有格线的标准比例人体模型。罗马统治者曾一度捡起埃及古老的传统法则，把自己打扮成法老的模样。

后王朝的浮雕和绘画没有统一的连续性发展线索，各地有各自不同的风格特点，有的以古王国的作品为原型，有的承袭18王朝的风格，有的则保留着努比亚时期的特点。人体比例较新王国时期又略显长一些，细节刻画特别考究。

由于外族的侵略和统治以及内部的政治衰败，埃及王国日趋没落，终于灭亡。古代埃及所创造的文化艺术，则作为古代历史上的重大艺术成就而得到人们的重视和研究。

古巴 Cuba 拉丁美洲国家。位于加勒比海西印度群岛中大安的列斯群岛西部。有“墨西哥湾的钥匙”之称。由古巴岛、青年岛和附近的众多岛屿组成。海岸线5 746千米。面积11.3万平方千米。人口1 124.3万（2009）。其中白人占66%，黑人占11%，黑白混血种人占22%，华裔占1%。约有85%

的居民信奉天主教，少数人信奉基督教。一些黑人信奉源于非洲的宗教，如桑特里亚教等。官方语言为西班牙语。首都哈瓦那。

地理 主岛古巴岛为西印度群岛中最大的岛屿。形状狭长，东西长约1 250千米，南北最宽191千米，最窄31千米，面积10.5万平方千米。境内大部分地区地势低平，东部和中部是山地，西部多丘陵。岛内共有200多条河流，流程短，水流急，不宜航行。考托河是最大的河流，长370千米，是唯一可通航的河流。大部分地区属热带雨林气候，仅西南部沿岸背风坡属热带草原气候。年平均温度为25℃。雨水充足，年降水量大体自西向东减少。有丰富的铜、镍、铬、锰、铁矿等矿物资源。近年来，不断发现新的油田。植物种类丰富，共有8 000多种。王棕榈是古巴的国树。比那尔德里奥省生长有十分罕见的软木棕榈。姜花是古巴的国花。出产桃花心木、黑檀等珍贵木材。动物种类繁多，有1.3万多种。咬鹃是古巴的国鸟。

历史 原为印第安西沃内、瓜纳哈达和泰诺人居住地。1492年C.哥伦布登陆古巴岛。1510年沦为西班牙殖民地。1868～1878年进行了第一次独立战争。1895～1898年J.马蒂领导进行了第二次独立战争。1898年美国向西班牙宣战，占领了古巴（见**美西战争**）。1902年5月20日古巴宣布独立，成立古巴共和国。实际成为美保护国。美国曾多次对古巴实行军事占领。1959年1月1日，F.卡斯特罗领导起义军，推翻了F.巴蒂斯塔-萨尔迪瓦独裁政权（见**古巴革命**）。1961年4月，卡斯特罗宣布古巴开始社会主义革命。同年击败美雇佣军入侵。1976年12月古巴第一次全国人民政权代表大会召开，决定取消总统制，设国务委员会。苏联、东欧剧变后，古巴处境严峻。古巴政府重申“坚持社会主义道路、坚持共产党领导、坚持计划经济”。经过数年努力，古巴度过最艰难时期，外交空间不断扩大，社会秩序稳定。

政治 宪法规定：古巴是独立的社会主义主权国家，是一个民主统一的共和国。人民政权代表大会为国家最高权力机关，每届任期5年。人代会休会期间由其常设机构国务委员会行使国家权力。部长会议是最高行政机构。国务委员会主席是国家元首，兼部长会议主席。最高人民法院是国家最高司法机构。古巴共产党是唯一合法政党，马蒂思想与马列主义并列为党的指导思想。

经济 蔗糖业是国民经济的基础。世界主要蔗糖生产和出口国之一。古巴革命前，美国资本控制了国家经济命脉。由于美国对古巴实行封锁，古巴形成了对苏联及东欧国家的依赖型经济。1991年后，东欧国家对古巴的政治经济政策发生了质的变化，取消了贸易优惠；俄罗斯也大幅减少对古巴的经济援助，面对新的国际形势，古巴政府强调坚持自力更生，将食品生产、旅游和生物工程列为国家重点发展项目。同时，政府还进一步放宽外国投资政策，将合资范围从旅游业扩大到农业和一些工业部门。国民经济中，2008年服务业所占比重高达83.4%。甘蔗种植占耕地55%，其他主要农产品有稻米、烟草、酸性水果、牛羊等。2006年，古巴经济好转，支柱产业为旅游业。镍生产已成为仅次于旅游业的第二大外汇来源。雪茄烟品质优良，居世界榜首。交通运输以公路为主。公路总长4.9万余千米，中央公路横跨全岛。铁路总长14 838千米，一半以上为运输甘蔗的专线。海、空运输发达，同41个国家通航。对外贸易长期有逆差。主要出口蔗糖、镍、蜂蜜、咖啡、雪茄烟、朗姆酒等，主要进口石油、粮食、机械、化肥、化工产品等。主要贸易伙伴有西班牙、加拿大、俄罗斯、中国、墨西哥、委内瑞拉等。2009年外贸总额197.19亿比索。2009年国内生产总值463.07亿比索。货币名称比索和可兑换比索。

文化 实行免费教育。2008年共有65所大学。适龄儿童入学率近100%，文盲率为0.2%。实行全民免费医疗制度，家庭医生保健体系覆盖全国人口99.1%。政府对科技工作十分重视，重点对生物工程、药品制造和医疗器械等进行商业性开发。主要报刊有《格拉玛报》、《起义青年报》、《劳动者报》、《社会主义古巴》月刊、《波希米亚》周刊。有2家新闻机构：拉美通讯社和国家通讯社。有5家全国性广播电台，2家全国性电视台。体育运动水平居拉美之首。

对外关系 坚决捍卫国家主权和自主选择本国发展道路的权利。以打破美国制裁、封锁为外交首要目标。冷战后，古巴加强了全方位多元化外交，加大了对拉美国家工作的力度，积极参与拉美和加勒比地区的一体化运动，努力扩展国际活动空间。古巴仍被排除在美洲国家组织之外，但参加伊比利亚美洲国家首脑会议。截至2009年5月，同187个国家有外交关系，与1个国家有领事关系。1960年9月28日同中国建交，两国保持友好合作关系。

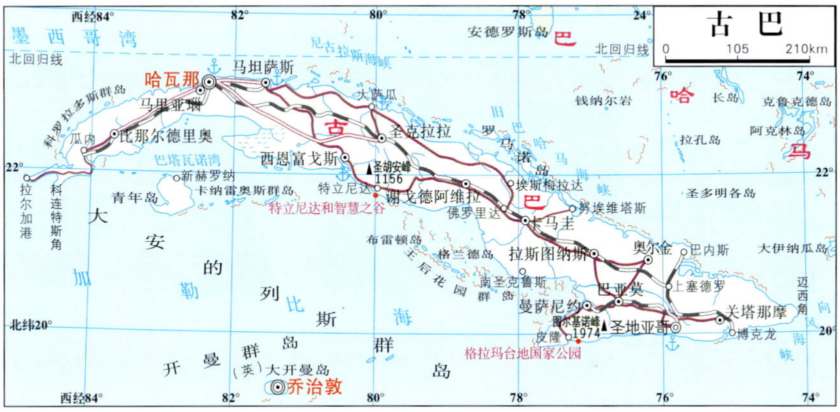

古巴比伦王国 Ancient Babylonian Kingdom

古代两河流域国家。由阿摩利人建立。公元前16世纪初为赫梯人所灭。古巴比伦王国时期，大奴隶制经济形式瓦解，青铜工具普遍使用，生产有较大发展。在此基础上，各城邦均制定法典，神庙地位下降；两河流域普遍塞姆化，苏美尔人已融合于塞姆人。

公元前21世纪下半叶，埃兰人灭乌尔第三王朝后，阿摩利人由西北乘虚而入，在苏美尔建立伊新和拉尔沙两个国家。公元前19世纪初，阿摩利人的阿姆纳努姆部落在巴比伦摆脱伊新的控制，其首领苏木阿布（前1894～前1881年在位）建立巴比伦王国，又称古巴比伦第一王朝。由于其位于两河流域商路的枢纽地区，境内水源丰富，土地肥沃，政治和经济力量不断增强。第六代国王汉穆拉比在位时期（约前1792～前1750年），先后征服伊新、乌鲁克、拉尔沙等国，并占据亚述南部，建立起从波斯湾至地中海沿岸的中央集权制奴隶制帝国，自称世界四方之王。其继承者萨姆苏伊卢纳在位时，先后遭埃兰和加喜特的侵袭，内部也发生反债务奴役斗争，导致了巴比伦第一王朝的衰微。公元前1595年，赫梯统治者穆尔西利斯一世最后将其灭亡。

古巴比伦社会分为3个等级：①阿维鲁，为全权自由民，上层是统治阶级，下层多是纳税、服兵役和徭役的自耕农和士兵。②穆什钦努，为依附于王室土地的无权自由民。③瓦尔都（男奴）和阿姆图（女奴）是奴隶阶级。

古巴比伦时代土地制度较为复杂。汉穆拉比时期王室占有的土地分为三类：供养（维持）宫廷之田；以供职为条件所授份地；以纳赋税（纳贡）为条件所授份地。以供职为条件领有份地者包括士兵、官吏、塔木卡（商业代理人、高利贷者）等。除王室土地外，古巴比伦社会还存在神庙土地、城市土地及私人土地。高利贷业甚为活跃，促进了债务奴役制的发展，导致债务人的反抗。这也是古巴比伦灭亡的重要原因之一。

古巴比伦人使用楔形文字。人们已经能区分恒星和五大行星，观测出黄道，以后又区分出黄道上的12个星座，绘制出黄道12宫的图形。而且还掌握四则运算、平方、立方和求立方根、平方根的法则，能解有3个未知数的方程。他们求出的圆周率为3，并得出直角三角形的$勾^2+股^2=弦^2$的定理。在建筑和雕刻方面，古巴比伦人也有所发展。《汉穆拉比法典》石柱柱头浮雕技法已经比较熟练，线条朴实有力。

古巴革命 Cuban Revolution 20世纪50年代古巴人民反对亲美独裁统治的民族民主革命。1952年3月10日，F.巴蒂斯塔-萨尔迪瓦在美国支持下发动军事政变再次上台，实行亲美独裁统治。1953年7月26日，F.卡斯特罗带领一批青年攻打圣地亚哥的蒙卡达兵营，失败后被捕入狱。1955年5月获释，随即建立了革命组织七二六运动。1956年12月，卡斯特罗又组织一批青年从墨西哥乘格拉玛号游艇渡海回古巴，登陆后转战到马埃斯特腊山区开展游击斗争。1957年3月13日，以J.安东尼奥·埃切韦里亚为首的一批青年学生攻打总统府，失败后建立三一三革命指导委员会，转入拉斯维利亚斯省山区打游击。1958年，另一反美组织人民社会党也在亚瓜哈依地区组织游击队。不久，这两支队伍同七二六运动领导的游击队主力汇合成一支较大的起义军。同年10月，卡斯特罗颁行土地改革法，各阶层人民组成广泛的统一战线。在革命形势的逼迫下，巴蒂斯塔于1959年1月1日逃亡国外。起义军进入首都哈瓦那，宣告古巴革命的胜利。接着，临时政府成立。卡斯特罗担任武装部队总司令，同年2月出任政府总理。

以卡斯特罗为首的七二六运动取得政权后，在经济、社会等方面实行了一系列重大改革。1961年5月1日，卡斯特罗宣布古巴是社会主义国家。90年代初东欧剧变和苏联解体后，古巴坚持社会主义制度，并逐步实行改革开放政策。

卡斯特罗（中）发表演说（1966）

古巴共产党 Partido Comunista Cubano 古巴政党。1961年4月，七二六运动、人民社会党和三一三革命指导委员会3个组织合并建立革命统一组织，1963年5月改名为古巴社会主义革命统一党，1965年12月改组领导机构，并改称古巴共产党。60年代和70年代初古巴共产党领导人民进行保卫国家主权和社会经济改革的斗争。1975年12月召开第一次全国代表大会，通过了党的基本纲领和党章，选举了新的领导机构，提出了新的宪法草案和第一个五年计划（1976～1980），决定建立经济计划管理体制。1980年12月召开二大，修改党章，制定内外政策，并通过第二个五年计划（1981～1985）。1986年2月召开三大，12月举行三大续会，正式通过党纲。F.卡斯特罗和R.卡斯特罗自1975年一大以后分别任第一书记和第二书记。党员约52万余人。中央机关报《格拉玛报》（日报），党刊《社会主义古巴》。

古北口 Gubeikou Pass 中国北方关隘。又称“虎北口”（《通鉴》、《乘轺录》）。女真语称“留斡岭”（《金史·地理志》）。即今北京密云东北长城隘口古北口。地处燕山山脉天然峡谷，两旁峻崖夹峙，一线中穿，仅容一车，为燕京通往松漠地区的险绝之道。唐为防扼奚、契丹，于此置北口守捉。916年契丹经此取山南地。辽设馆驿。北宋熙宁八年（1075）沈括等使辽皆经此。金天会三年（1125）败宋兵于此。元至正二十四年（1364）秃坚帖木儿举兵犯阙，皇太子由此北趋。明初为防御鞑靼，自山海关至此修筑边墙派兵驻守。洪武十一年（1378）于古北口建城，周四里余，十二年置守御千户所，三十年改为密云后卫。永乐十九年（1421）迁都燕京后，为都城东北门户。嘉靖以后更置参将驻守。清顺治初，改置都司。康熙三十二年（1693）置提督，为京北重镇。乾隆三十五年（1770）置顺天府理事同知、巡检司于此。

古布金 Gubkin, Ivan Mikhailovich（1871-09-21～1939-04-21） 苏联石油地质学家。生于波兹德尼亚科沃村（今属下诺伏哥罗德州），卒于莫斯科。1898年毕业于圣彼得堡师范学院。1910年毕业于圣彼得堡矿业学院。历任莫斯科矿业学院院长、苏联科学院可燃矿产研究所所长、莫斯科石油学院院长、苏联科学院副院长兼阿塞拜疆分院院长、苏联生产力研究委员会主席。1929年当选为苏联科学院院士。

古布金早期在高加索、塔曼半岛、阿塞拜疆及达格斯坦等地从事地质构造研究，发现了一批大油田，确定了库尔斯克磁异常与铁矿储量的关系。1917年以后，领导和参加了重建苏联石油工业的工作。1932年出版的《石油论》集中反映了他关于石油起源、储集、运移及油田形成的系统理论。提出了石油动植物混合生成说（或称腐泥说）、油田勘探的泥火山学说等。1940年出版的遗著《乌拉尔-伏尔加含油气区》科学地论证了乌拉尔-伏尔加石油区的工业远景，为这一油田的开发作出了卓越贡献。

古彩戏法 中国传统幻术节目。演员在卧单的掩护下，凭空变出水火生鲜等难藏难带的物品。表演形式强调古色古香，因此称为古彩戏法。这种戏法古时又称“搬

古彩戏法演出照（中国杂技团）

运法”，现代有南、北派之分。南派的道具制作精巧，演员注重表演。北派的代表是杨小亭。杨小亭的道具讲求大而多，表演特色是大抓大拿，以善变实物著称。如在《吉庆有余（鱼）》中，他先是从卧单下接二连三地拿出四只玻璃碗，碗内水草青青，有游鱼嬉戏。接着掀起直立不倒的卧单，又见台上竖着六叠由大到小宝塔似的玻璃鱼缸，缸内又是水满鱼游。然后，又端出一只大铜火盆，再端出一个摆着七只玻璃茶杯的大茶盘，杯杯香茗，热气腾腾。随后，又有各式各样的鱼缸从他的卧单里源源不断地被取出。最后他脱去长袍，全身拍打之后，就地翻一个筋斗，又从怀中托出一只晶明透亮的玻璃盆，水面上还漂浮着一对彩色鸳鸯。这一“传底”动作，叫“脱衣献彩”。杨小亭的儿子杨宝林、弟子房印亭也是表演这个节目的好手。

《古船》 *The Ancient Boat* 中国当代长篇小说。张炜著。原载《当代》1986年第5期，人民文学出版社1987年初版。小说以隋赵两姓家族的矛盾纠葛为中心，描写胶东地区处于城乡交叉地带的洼狸镇从20世纪40年代至80年代的历史变迁和几代农民的生活情状，其中，融入了作者对历史、对80年代初的社会变革，对人的个体生命和文化精神所做的思考。小说塑造了隋抱朴、隋见素、隋含章、赵炳、赵多多等性格迥异的人物。隋抱朴作为洼狸镇苦难历史的承担者、思考者、见证人，凝聚着作者的人道主义理想和道德意识。但和洼狸镇的芸芸众生相比，隋抱朴多少有些游离在外。赵炳是小说中写得最见功力的人物。他是洼狸镇宗法家长制的继承者，又是共产党农村基层组织的领导人，集精明、狡黠、阴险、从容不迫、道貌岸然于一身，是历史糟粕和“左”的思潮相结合的产物。小说熔写实、象征、魔幻、隐喻于一炉，写人、写景、状物处处投射着作者的主体体验，给人以恢弘、凝重、沉郁、厚实又扑朔迷离之感。

古代罗马 ancient Rome 公元前10世纪初在意大利半岛中部兴起的奴隶占有制城邦，公元1世纪前后扩张而成为横跨欧、亚、非3洲的庞大的罗马帝国。395年，罗马帝国分裂为东西两部。西罗马帝国亡于476年。东罗马帝国（即**拜占廷帝国**）逐渐演化为封建制国家，1453年为奥斯曼帝国所灭。

罗马起源于意大利拉提乌姆平原台伯河左岸距海约20千米处。

史称公元前8～前6世纪为王政时代。传说王政时代共有7王，第一王罗慕洛始建罗马城。公元前6世纪中叶的塞尔维乌斯·图利乌斯改革，标志着罗马国家的产生。

王政时代最后一位王高傲者塔克文暴虐无道，被愤怒的罗马人赶走，传说于公元前509年建立起由罗马贵族掌权的共和国。

平民与贵族的斗争和征服意大利，构成早期共和时代历史的主要过程。平民与贵族进行了2个世纪之久的斗争，终于取得设置保民官和平民会议、担任高级官职、颁行《**十二铜表法**》、废止债务奴役等一系列权益。

罗马立国之初，地促势微，四面受敌，屡陷危亡之境。自公元前5世纪初开始，先后战胜拉丁同盟（形成于公元前8世纪，公元前338年瓦解）中的一些城市和伊特拉斯坎人等近邻，控制了意大利中部和南部，征服了当地土著和希腊人的城邦。至公元前3世纪上半叶，整个意大利半岛除北部波河流域外，尽为罗马属地。

统一意大利之后，罗马进而向海外扩张。经过3次布匿战争，罗马势力扩及整个西部地中海。与此同时，罗马也不断向东部地中海扩张。至公元前2世纪下半叶，罗马已经扩张成为地跨欧、亚、非三洲的庞然大国。在意大利以外的广大被征服地区，罗马相继设置行省进行统治。

公元前2世纪30年代～前1世纪30年代，史称内战时代。在此期间，罗马城邦陷于危机，各种社会矛盾和阶级矛盾激化，酿成大规模的奴隶起义、公民内部利益不同的阶层和集团之间激烈的斗争以及被压迫民族武装反抗罗马奴役的战争。

公元前82年贵族派支持的苏拉率军占领罗马。次年，迫使公民大会选举他为终身独裁官，开创了罗马历史上军事独裁的先例。公元前73～前71年，斯巴达克领导的奴隶大起义震撼了整个意大利，沉重地打击了奴隶主阶级的统治，加速了共和制的灭亡。公元前27年元老院授与屋大维“奥

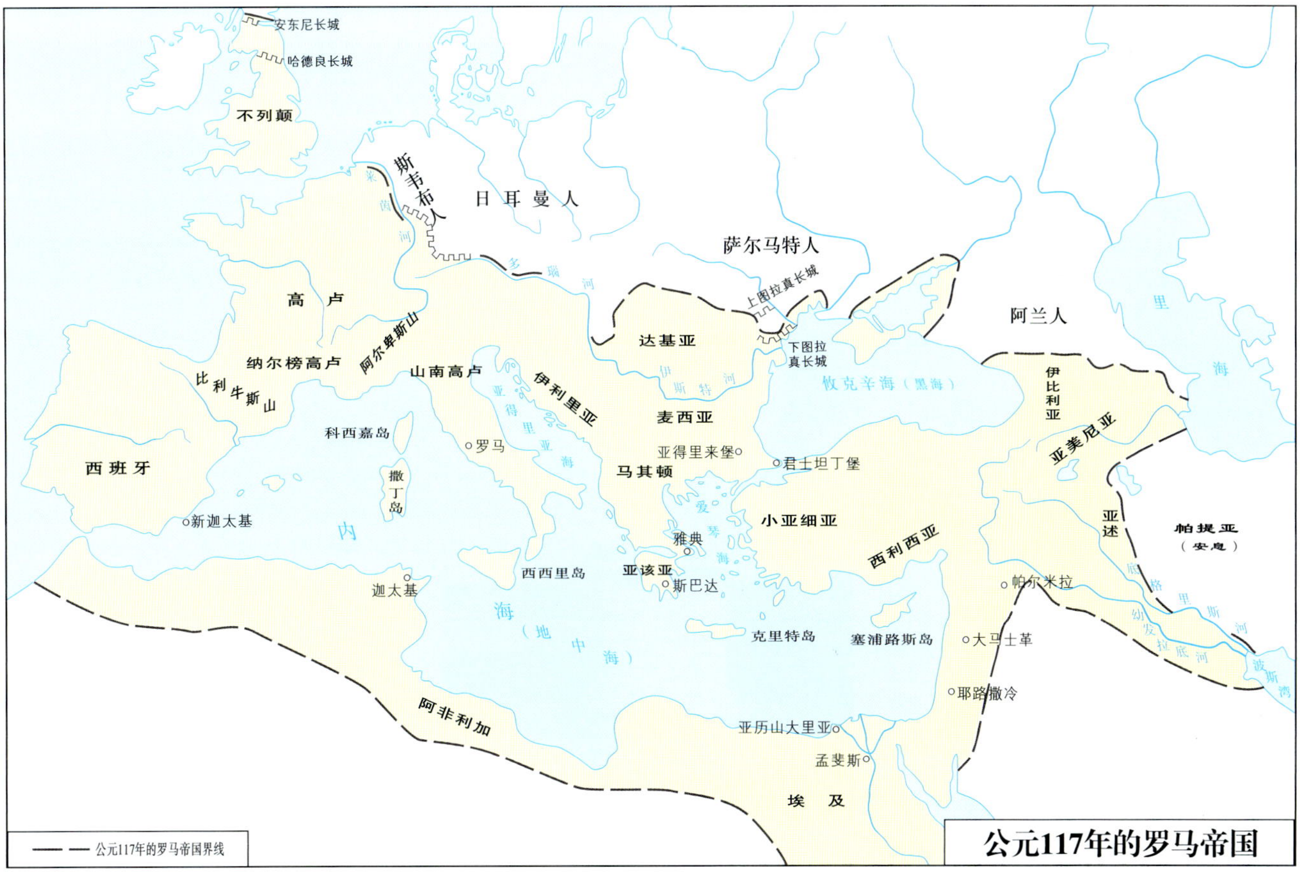

公元117年的罗马帝国

古斯都”的尊号，于是屋大维确立了个人的专制统治，共和国宣告覆亡，从此进入罗马帝国时代。

奥古斯都创建的政治制度，史称元首制，实是披着共和外衣的帝制。奥古斯都在位56年。对内强化奴隶主阶级的统治，对外继续扩张，从而营造了一个相对稳定的政治局面，为奴隶占有制生产关系的进一步发展奠定了基础。

奥古斯都死后，其养子提比略继位，从此开创了皇位继承制。安东尼王朝皇帝图拉真把帝国版图扩展到最大规模：西起不列颠，东迄幼发拉底河，北越多瑙河，南抵北非。由于政局稳定、商路畅通等原因，前期帝国的社会经济空前繁荣，对外贸易远达中国。帝国境内长达百余年的罗马和平，促进了奴隶占有制关系在欧、亚、非广大地域向深度和广度的发展。

193年塞维鲁王朝（193～235）建立后，进入后期帝国时期。始于安东尼王朝后期的社会、经济和军事危机，在公元3世纪达到空前规模。3世纪60年代在高卢开始的巴高达运动，对奴隶主阶级的统治造成很大的威胁。

近卫军长官戴克里先于284年取得帝国政权。他实行四帝共治制，整编军队，改革税制（见戴克里先改革）。其后继者君士坦丁一世废除四帝共治制，于324年成为唯一君主，330年迁都拜占廷，更名君士坦丁堡。他采取一系列措施加强专制统治，并颁布《米兰敕令》，承认基督教的合法地位。他死后，战乱又起。狄奥多西一世（379～395年在位）曾一度实现帝国的统一。395年狄奥多西一世死后，帝国分裂为东、西两部分。

在西罗马帝国，奴隶占有制生产关系的危机表现得尤为严重。人民起义和外族进犯汇成洪流，不断冲击帝国的腐朽统治。476年9月，日耳曼雇佣兵首领奥多亚克废黜最后一位君主罗慕卢斯·奥古斯图卢斯，西罗马帝国宣告灭亡。

东罗马帝国因其社会经济特点和历史条件的差异而未与西罗马帝国一起覆亡。它历经人民起义和外族入侵以及内部的一系列社会变革，于7世纪左右进入封建社会。延续至1453年，为奥斯曼帝国所灭。

罗马人在广泛吸收四邻各族优秀文化成果，特别是古代希腊人的卓越文化成就的基础上，根据本国社会、经济、政治发展的需要，创造了自己独特的文化。拉丁文字母成为许多民族创造文字的基础。富有特色的罗马法和法学，对世界各国产生了深远的影响。迄今仍然存在许多罗马时代的大型建筑，其恢弘构想和巧妙结构令人赞叹。以凯撒、西塞罗为代表的拉丁文散文，以维吉尔、贺拉斯、奥维德等人为代表的罗马诗歌，以李维、塔西佗等人为代表的罗马史学，是世界各国学者研讨的对象。在罗马帝国的具体历史条件下产生和发展起来的基督教，给整个人类特别是欧洲文化的发展打上了至为深刻的烙印。

古代希腊 ancient Greece 从公元前2000年左右到公元前30年，古代希腊人以巴尔干半岛、爱琴海诸岛和小亚细亚沿岸为中心，在包括北非、西亚和意大利半岛南部及西西里岛的整个地中海地区建立的一系列奴隶占有制国家。

希腊大陆从旧石器时代就有人类居住。克里特岛约于公元前2000多年出现了青铜文化，公元前1000多年有了国家和文字。约公元前2000年左右，一些讲希腊语的部落开始在希腊半岛定居。公元前2000～前1000年，希腊人建立过迈锡尼、梯林斯、皮洛斯（旧译派洛斯）等小国，已有文字，创造了灿烂的迈锡尼文明。与此同时，希腊人逐步向爱琴海中包括克里特在内的诸岛扩张。

在公元前12世纪以后的一二百年内，迈锡尼文明逐渐衰落了。继之而来的是荷马时代，那时原始社会末期的社会组织和生活方式在希腊半岛、爱琴海诸岛以及小亚细亚希腊人居住的地区占有统治地位。

从公元前8世纪初至前6世纪末，古代希腊世界的大部分地区处于和平环境之中，没有受到外族的严重威胁。主要的经济部门是农业，兼有一些手工业。造船技术和航海业也有长足进步，出现了三列桨战舰。公元前8世纪，希腊人在改造腓尼基字母的基础上重新创造了自己的文字。从公元前8世纪起在希腊半岛、爱琴海诸岛以及小亚细亚沿岸的希腊人中，又开始形成国家。陆续出现了一批被称为城邦的小国。

公元前8世纪中叶至前6世纪末希腊人的广泛移民活动，是社会经济变革的一个重要因素。在东起黑海东岸，西至今法国的马赛，包括意大利半岛南部和西西里岛的一部分，南达尼罗河口和利比亚，北抵今阿尔巴尼亚亚得里亚海沿岸地区的广大地域内，几十个希腊城邦先后建立了一百多个移民区。

希腊人在向外扩张的同时，也不断发展内部各地区间的交往。以宗教活动为主要内容的许多“近邻同盟”的建立，奥林匹亚、德尔斐等逐渐具有全希腊意义的宗教中心和竞技中心的产生和发展，促进了希腊人之间的相互了解和经济、文化交流。城邦之间也发生过不同性质的战争。

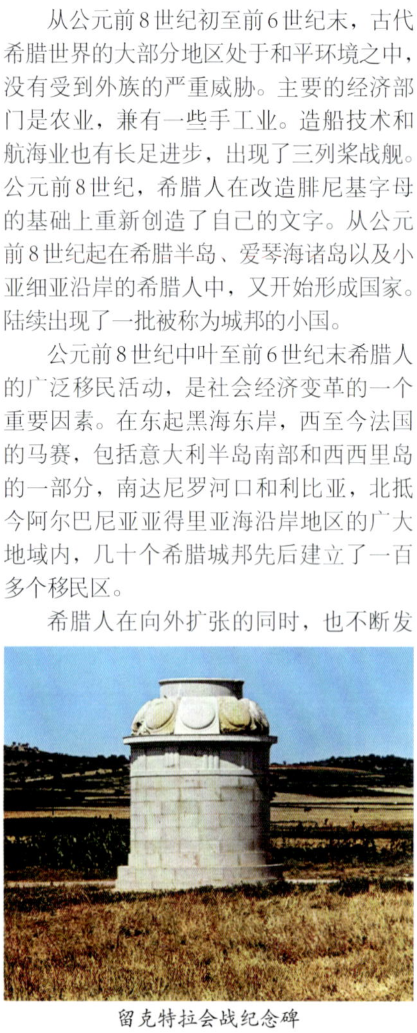
留克特拉会战纪念碑

公元前7世纪中叶以后，重装步兵逐渐成为各城邦公民兵的主要兵种。许多城邦的阶级结构和社会、政治制度发生了变化，如斯巴达的利库尔戈斯（一译莱库古）改革、雅典的梭伦改革和克利斯提尼改革。

公元前6世纪中叶起，伯罗奔尼撒半岛南部的斯巴达逐步联合半岛大多数城邦，组成伯罗奔尼撒同盟，成为希腊一个城邦集团的领袖。

公元前492年、前490年和前480年波斯军队对希腊的侵略，都以失败告终。在马拉松、萨拉米斯、普拉蒂亚等战役中，反抗侵略的数十个希腊城邦的人民表现出高度的爱国主义精神（见希波战争）。

公元前449年希波战争结束后，希腊各邦之间矛盾更加突出。伯里克利当政时期雅典臻于鼎盛。城邦之间的矛盾终于导致伯罗奔尼撒战争爆发。战争以雅典的失败告终。

公元前395年爆发了雅典等邦联合反对斯巴达的科林斯战争（前387年结束）。公元前371年留克特拉之役后，斯巴达军队被逐出中部希腊。随后，埃帕米农达率军进入伯罗奔尼撒半岛，促成了阿卡迪亚的独立，使美塞尼亚摆脱了斯巴达人数百年的统治，重新获得了政治独立。

腓力二世（前359～前336年在位）统治下的马其顿的迅速崛起，不仅极大地推动了马其顿历史的发展，而且使马其顿人的历史从此长期与希腊人的历史融为一体。公元前338年希腊诸邦联军在喀罗尼亚战役中败北，从此希腊的大部分城邦逐渐丧失了政治独立，沦于马其顿王国统治之下。

公元前334年开始的马其顿国王亚历山大大帝的远征，实质是以马其顿人为主的马其顿、希腊军队对亚洲和北非广大地区的侵略。公元前323年亚历山大大帝死后，希腊历史进入希腊化时代。经过数十年的战乱，在欧亚非三洲的广大地域内出现了以托勒密王国、塞琉西王国、马其顿王国为主的一批希腊化国家。公元前299年罗马势力开始侵入巴尔干半岛。公元前168年征服马其顿王国。公元前146年科林斯陷落，希腊被并入罗马版图。公元前30年，罗马灭亡了最后一个希腊化国家——统治埃及的托勒密王朝，古代希腊的历史随之告终。

在广泛吸收西亚和埃及等地文化成就的基础上，古代希腊人在包括数学、天文、医学、建筑、雕刻、戏剧、诗歌、哲学、历史、演说术等众多领域作出了富有创造性的贡献。在希腊化时期，由于希腊文化与亚洲和非洲各地文化在新的历史条件下发生某种程度地融合和相互影响，使传统的希腊文化有了新的内容。古希腊文化对古罗马及后世欧洲以及北美具有重大的影响。

古德尔 Goodall, Jane (1934-04-03～) 英国动物行为学家。又译古多尔。生于伦敦。1965年获剑桥大学动物行为学博士学位，她是少数未获学士学位却获哲学博士学位的学者。自幼对动物行为感兴趣。1960～1975年，在坦桑尼亚贡贝溪国家公园设立了一个营区，只身一人观察该地黑猩猩的行为；收集到大量珍贵资料，纠正了几项过去对黑猩猩的误解，例如确认黑猩猩是杂食性的，而非草食性的；黑猩猩会使用工具等。撰有许多书籍和论文，最著名的是《生活在人类的阴影中》，她将其多年观察的记录编成《贡贝的黑猩猩：行为模式》。她不停地在世界各地奔波、做演讲，筹集保护野生动物和环境的基金。1977年创办了珍·古德尔研究会，创立了“根与芽”环境保护项目，号召全球年轻人一同关注环境问题。曾多次访问中国，帮助中国推进动物保护工作。曾获得大不列颠百科全书授予的传播造福人类知识杰出工作者奖；2002年4月联合国秘书长任命她为联合国和平信使，同年荣获联合国反暴力奖。

古德里安 Guderian, Heinz Wilhelm (1888-06-17～1954-05-15) 德国装甲兵创建者，陆军上将。生于海乌姆诺，卒于施旺高。1907年从柏林军官学校毕业后服役。1913～1914年在柏林军事学院进修。参加过第一次世界大战。1922年开始研究坦克战理论。1931年起任机动战斗部队和装甲兵参谋长，领导组建装甲师。1935年10月任第2装甲师首任师长。1938年2月任第16军军长，率部侵占奥地利和苏台德区。11月任陆军快速部队司令。1939年8月任第19军军长，9月参加德波战争，首次实践闪击战理论。1940年5月率部入侵西欧，6月任古德里安装甲集群（后改称第2装甲集群）司令，7月晋上将。1941年6月参加苏德战争，10月任第2装甲集团军司令。1943年3月任装甲兵总监。1944年7月任代理陆军总参谋长。1945年5月被美军俘获。1948年6月获释。他积极倡导**闪击战**，主张集中使用**坦克**，强调快速机动与协同。著有《装甲兵及其与其他兵种的协同》、《注意！坦克》、《西欧可以防御吗？》和遗作《坦克——前进！》等。

古德曼 Goodman, Benny (1909-05-30～1986-06-13) 美国单簧管演奏家、作曲家。生于芝加哥，卒于纽约。曾从演奏家学习两年。1921年首次公演。主要从事爵士音乐演出，自组乐队，演奏风格独树一帜。1936～1939年为其顶峰，并开始拍摄电影。20世纪40年代以后，古德曼大力介绍单簧管名曲。1938年他与布达佩斯弦乐四重奏团合作，录制W.A.**莫扎特**《单簧管五重奏》唱片，于同年11月在纽约联合演出。他约请**巴托克**为他创作《对比曲》，于1939年1月和巴托克及J.西盖蒂同台首演于美国卡内基音乐厅。他几乎与所有美国著名交响乐团联合演出了以往的单簧管名曲。

古德诺 Goodnow, Frank Johnson (1859-01-18～1939-11-15) 美国政治学家、教育家。生于纽约市布鲁克林，卒于巴尔的摩。1883～1914年在哥伦比亚大学任教。1903年发起创建美国政治学会，1904～1905年任学会第一任主席。1914～1929年任约翰斯·霍普金斯大学校长。1913～1914年曾应邀任**袁世凯**的法律顾问，支持袁世凯制定《中华民国约法》，改内阁制为总统制。后又极力支持袁世凯称帝，发表《共和与君主论》一文，倡言中国宜“用君主制”。主要著作有《政治与行政：政府研究》(1900)、《美国的自由概念与政府》(1916) 等。古德诺致力于政府理论研究。主张加强对行政体制的研究，通过考察行政体制进一步理解宪法，进而认识一国的政治制度和政治生活。他在政府研究中系统阐述了政治与行政分离的理论，认为国家行为存在于政治活动和行政活动之中，政治是国家意志的表达功能，行政是国家意志的执行功能。尽管两种功能由分立的机关去行使，相互分离，但分立的机关要加强合作，两种功能要互相协调。

古登堡 Gutenberg, Beno (1889-06-04～1960-01-25) 德国地球物理学家，犹太人。生于德国达姆施塔特，卒于美国加利福尼亚州帕萨迪纳。1908年入德国格丁根大学，1911年获博士学位。曾任加州理工学院地球物理学和气象学教授、帕萨迪纳地震研究室负责人。美国国家科学院院士，英国皇家天文学会会员，美国地质学会会员。还担任过美国地震学会理事和主席。1953年获得美国地球物理联合会第15届威廉·博伊奖章。

主要从事**地震学**和地球内部物理学研究。1914年首次得出地球核面深度约为2 900千米，这一数值作为地球的核幔界面至今仍广为引用，并被称为古登堡间断面或**古登堡界面**。1935年和美国地震学家C.F.里克特一起创立地震的**震级**标度。1945年正式定义了面波震级M_S和体波震级m_b，把里克特定义的地区震级标度推广到远震和深源地震。50年代以后提出上地幔低速层。著作主要有《地球物理学教科书》、《地球的地震活动性》(与里克特合著)、《地球内部的构造》、《地球内部物理学》等。

古登堡界面 Gutenberg discontinuity **地幔**和**地核**之间的分界面。它是1914年由B.**古登堡**利用地震波走时测定的一个地震体波的速度间断面，故称古登堡界面。这个界面以上属地幔，界面以下为地核，通常称其为核-幔界面。当时推测其深度为2 900千米，这个数值和目前最通用的地球模型所使用的2 891千米很接近。核-幔界面是有起伏的，目前地震探测的结果表明至少有5～6千米的起伏。

古地磁学 palaeomagnetism 通过测定岩石和某些古物的天然剩余磁性，分析它们的磁化历史，研究导致它们磁化的古地磁场特征的学科。地磁学的一个重要分支。以古物（如古陶器和古砖瓦）为对象研究史前期地磁场特征的分支学科又称为考古地磁学。古地磁极移和地磁极性倒转是古地磁学的两大研究成果。

实测记录表明，地磁极有围绕地理极作周期性运动的趋势，其运动的周期可能为10^4～10^5年。上新世以来的岩石剩余磁性的测量表明，在最近500万年期间，地磁极是均匀分布在地理极四周的，其平均位置与现代地理极重合。

20世纪50年代以后，大量的研究结

果表明，由同一大陆、同一地质年代的岩石标本得出的古地磁极位置基本一致。但由不同大陆、同一地质年代的岩石标本得出的古地磁极位置却往往不同。由同一大陆不同地质年代所得到的古地磁极位置连成的曲线称作极移曲线。这种极移只是一种表观现象，而不是真实过程。据推断，真实过程可能是各大陆在地球上的相关位置在不同地质年代中发生了变动。不同的大陆运动情况不同，各自得出的极移曲线的形状和走向也就不同。古地磁极移第一次为地壳水平运动提供了有力的证据，从而导致了沉寂多年的大陆漂移说的复活和板块构造说的建立。

从岩石剩余磁性测量发现的另一个关于古地磁场特征的事实是地磁极性倒转。

古地理学 paleogeography 研究和重建地球表层系统在地球各历史阶段自然地理环境的学科。属自然地理学和地质学之间的边缘学科。基本任务是重建不同地质时期古地理环境。按重建的时段划分，古地理学可分为地质学方向的古地理学和自然地理方向的古地理学。前者主要研究第三纪以前，特别是新生代以前百万年以上的时间尺度的古地理环境变化，属地质学范畴；含有构造古地理、岩相（沉积）古地理和古生物古地理等分支；在指导石油、天然气、煤炭以及其他金属和非金属矿产的预测、勘探和开发方面有重要应用。后者主要研究新生代以来，特别是自人类出现以来的千年至十万年尺度的古地理环境变化，属于自然地理学范畴；包括古地貌、古气候、古水文、古土壤、古生物、古海洋等；能增进对现代地球表层系统及其关键过程的理解，增强诊断现代和预测未来环境变化的能力，是当今全球变化研究的重要领域。古地理学的基本理论是将今论古的现实主义原则，即假定自然法则不随时空的变化而变化，现代所存在的自然地理过程在过去时期都同样地存在、同样地进行，进而可以利用现代的自然地理过程和原理推论和复原过去的自然地理环境。研究基本途径有：①依靠可以获得的并能够确定其形态的时间及环境意义的各种残存证据，包括沉积物、孢粉、同位素、冰心、树木年轮、考古和历史文献记载等，重建古地理环境。②从已知的环境过程出发建立古地理环境数学模式，演绎可能的古地理环境状态及其产物。

古地图 ancient map 历代制作的各种地图，包括保存下来的地图原稿或复制品，文献中有所记载的地图及石碑上刻制的地图等。最早的地图大都绘在黏土板、陶片和石壁等上面，很少保存下来，迄今发现很少。现存最为古老的地图是公元前25～前23世纪古巴比伦人绘制在陶片上的地图，陶片上简单表示山脉、河流、海洋、城市。中国古地图留存下来的相当丰富：相传最古老的地图是4 000年前夏禹的九鼎，上有山川等各种图画。安阳花园村出土的《田猎图》是青铜器时代刻于甲骨上的原始地图，图上刻有打猎线路、山川和沼泽。在云南沧浪县还发现了巨幅崖画《村圩图》，距今已有3 500年的历史。河北省平山县发掘的前310年的刻在铜板上的《兆域图》，是中国现存发现最早的平面地图。甘肃天水附近出土的前239年的放马滩地图，已鲜明地表示了水系、关隘、道路和界域等内容。1973年在湖南长沙马王堆三号汉墓出土的地形图均绘在帛上，约为前168年以前的作品，比例尺约为1∶18万，表示了河流、山脉、居民地、道路等内容，从其测绘的准确性和地图绘制与装饰水平看，是世界上已发现的最早且水平最高的地形图。南宋人于1136年根据唐代地图学家贾耽（730～805）编制的一幅全国地图——《海内华夷图》，缩小石刻成华夷图和禹迹图，是中国保存最早的石刻地图，现保存于西安碑林。明代地图学家罗洪先编制的《广舆图》，第一次以地图集的形式系统汇总过去的地图，而且画方分幅，统一符号，是中国现存最早的刻本地图集。著名地图还有康熙年间的《皇舆全览图》，清末杨守敬的《历代舆地图》等。

《古帝王图》 中国唐代绘画作品。又称《历代帝王图》、《列帝图》、《十三帝图》。绢本，重设色，纵51.3厘米，横531厘米，无款。据宋代富弼题识，长期被认为系阎立本所作。20世纪80年代亦有学者认为是唐代画家郎余令原作的宋代摹本。郎余令，定州新乐（今属河北）人。博学多才，举进士，官至著作佐郎。善画山水、人物、花鸟。

《古帝王图》(局部，波士顿美术博物馆藏)

据记载曾画过《古帝王图》，所画古帝王，“按据史传，想象风采，时称精妙。”

《古帝王图》表现的是中国历史上自汉至隋间的13位有代表性的帝王：汉昭帝刘弗陵、汉光武帝刘秀、魏文帝曹丕、吴大帝孙权、蜀昭烈帝刘备、晋武帝司马炎、陈文帝陈蒨、陈废帝陈伯宗、陈宣帝陈顼、陈后主陈叔宝、北周武帝宇文邕、隋文帝杨坚、隋炀帝杨广。图卷以帝王及男女侍从为一组，所绘帝王或举步前行，或端坐榻辇，每位帝王画像的上角都有墨笔楷书庙号、姓名及在位年数等。

作者从鉴戒的角度，形象地塑造了帝王形象，创作上带有鲜明的褒贬态度。

古典复兴建筑 classical revival architecture 18世纪60年代到19世纪流行于欧美一些国家的采用严谨的古代希腊、罗马形式的建筑风格的建筑。又称新古典主义建筑。当时，人们受启蒙运动的思想影响，崇尚古代希腊、罗马文化。在建筑方面，古罗马的广场、凯旋门和纪功柱等纪念性建筑成为效法的榜样。采用古典复兴建筑风格的主要是国会、法院、银行、交易所、博物馆、剧院等公共建筑和一些纪念性建筑。

古典复兴建筑主要是指古希腊、罗马建筑的复兴，对柱式的应用偏重于结构而不是装饰，几何形、体量、建筑元素都服务于表现的目的。

法国在18世纪末、19世纪初是欧洲资产阶级革命的中心，也是古典复兴的中心。代表人物有J.-G.苏夫洛、E.L.部雷、C.-N.勒杜等。法国大革命前已在巴黎兴建罗马万神庙那样的古典建筑（图1），拿破仑时代在巴黎兴建了许多纪念性建筑，其中雄师凯旋门（又称星形广场凯旋门）、马德兰教堂等都是古罗马建筑复兴的典范。

德国、英国以复兴希腊建筑形式为主，英国古典复兴的代表人物有J.斯图尔特、J.索恩等，典型实例为爱丁堡中学、伦敦的不列颠博物馆等。德国古典复兴的代表人物是克伦泽和K.F.申克尔等，以雅典卫城的

图1 巴黎万神庙

图2　美国国会大厦

山门为蓝本的德国柏林勃兰登堡门，申克尔设计的柏林皇家警卫队新哨所和柏林老博物馆等都是希腊建筑形式的复兴。

美国独立以前，建筑造型多采用欧洲式样，称为“殖民时期风格”。独立以后，美国资产阶级在摆脱殖民统治的同时，借助于希腊、罗马的古典建筑来表现民主、自由、光荣和独立，因而古典复兴建筑在美国盛极一时。美国国会大厦就是一个典型例子（图2）。它仿照巴黎万神庙，极力表现雄伟，强调纪念性。希腊建筑形式在美国的纪念性建筑和公共建筑中也比较流行，华盛顿的林肯纪念堂即为一例。

古典经济学　classical economics　自由竞争资本主义时代的经济理论体系。见古典政治经济学。

古典逻辑　classical logic　从古希腊亚里士多德开创至19世纪进入现代发展阶段以前所发展起来的形式逻辑体系和理论，又称传统逻辑。见形式逻辑。

古典舞蹈　classical dance　各地区、国家、民族中具有典范意义和独特风格的传统舞蹈。古典舞蹈是经历代艺术家创造、提炼和加工而逐渐形成的。古典舞蹈在形成过程中，吸收了民间舞蹈、手语、武术、杂技等多种舞蹈因素，具有规范化的舞蹈技艺、程式化的表现手法、严谨的训练体系和相对稳定的美学原则，是地区、国家和民族舞蹈艺术的代表。

古典舞蹈《江山美人》剧照

不同地区、国家和民族，都有自己独特风格的古典舞蹈。如印度古典舞蹈由婆罗多舞、卡塔克、卡塔卡利、曼尼普里、奥迪西、库吉普迪六大传统舞系组成，具有丰富的、含义明确的手语和表情（见印度舞蹈）。欧洲古典舞蹈一般指芭蕾，具有严格的程式规范和高度凝练的舞蹈技巧以及特殊而华丽的审美趣味。

中国古典舞蹈概念大约出现在20世纪50年代初。在中国古典舞蹈的优秀作品中，舞蹈动作和姿态具有明确的目的性和造型美，能形象地描绘出所要表现的人物性格和情绪变化，体现出雍容典雅、刚柔相济、形神合一、技艺相协，以及手、眼、身、法、步完美统一的风格和美学特征。具中国古典舞风格的优秀舞剧和舞蹈作品有《宝莲灯》、《小刀会》、《金山战鼓》和《丝路花雨》等。

古典政治经济学　classical political economy　资本主义生产方式确立和上升时期代表新兴资产阶级利益的经济理论体系。产生于17世纪中叶，完成于19世纪初。在英国从威廉·配第开始，经亚当·斯密，到大卫·李嘉图结束；在法国，从P.Le P.布阿吉尔贝尔开始，经F.魁奈，到J.-C.-L. S. de西斯蒙第结束。

马克思首创古典政治经济学术语，用它指资产阶级经济学发展的一个阶段，并区别于继起的庸俗政治经济学。西方经济学沿袭了马克思的术语，但变更了它的内容，用古典政治经济学指19世纪70年代以前的资产阶级经济学，包括李嘉图以后马克思所称的庸俗经济学，甚至有人把20世纪30年代以前接受和完善李嘉图经济理论的人都称为古典经济学家。

古典政治经济学是在反对和批判重商主义过程中产生的。配第和布阿吉尔贝尔分别从英法的具体国情出发，分析各自的经济问题并提出政策建议。他们力图透过商品交换的表面现象，发现经济生活的本质和内在联系，把研究从流通领域转移到生产领域，最先提出劳动价值论，为古典政治经济学的发展奠定了基础。法国的重农学派和英国的斯密进一步发展了古典政治经济学。重农学派把农业看作唯一的生产部门，提出纯产品学说，从而接触到剩余价值的起源，为分析资本主义生产奠定了基础。重农学派还对社会资本的再生产和流通进行了初步的分析。斯密以资本主义较为发达的英国为背景，在发展经济科学方面前进了一大步。他于1776年出版的《国民财富的性质和原因的研究》，总结了前人研究的成果，第一次系统论述了劳动价值论原理，并在此基础上，正确地把利润和地租看作是从工人劳动所创造的价值的一种扣除，即资本家和地主不劳而获的收入。他也初步揭示了财富增长和经济发展的规律。古典政治经济学在李嘉图的理论中达到顶峰。李嘉图1817年出版《政治经济学及赋税原理》，对劳动价值论进行了更为精辟的论述，而且抛弃了斯密用三种收入说明价值的错误观点，并把劳动价值论作为分析整个资本主义及其经济范畴的出发点。他把工资和利润看作是劳动创造的价值的两个部分，把地租看作是一种超额利润，从而第一次揭示了工资和利润、利润和地租之间的矛盾与对立，表述了资本主义社会各阶级在经济利益上的矛盾。

古典政治经济学具有一定的科学成分，是马克思主义的三个主要来源之一。但古典政治经济学也包含有非科学的成分和严重的矛盾，李嘉图不能区别劳动力与劳动、价值与生产价格，其理论学派终于解体，也导致古典政治经济学的衰微。

古典主义　classicisme　17世纪流行于欧洲的一种文艺思潮。因其主张以古希腊、古罗马文艺为典范，在创作中对其内容和形式加以借鉴和模仿，故被称为“古典主义”。

法国是欧洲古典主义文艺的中心。从17世纪初起，诗人F.de马莱伯和语法学家C.F.沃日拉等采用宫廷和贵族阶层的用语，摒弃平民大众的口语，制定正规法语的规范。1634年，诗人梅莱在他的悲剧中首次提出并贯彻“三一律”，要求将剧情严格限

伦敦圣保罗大教堂（1675～1710，英国建筑师C.雷恩设计）

制于同一件事、同一天（24小时）和同一地点，成为古典主义剧作家悲剧创作的基本原则。N.布瓦洛的《诗的艺术》是古典主义文艺理论的重要著作。古典主义的原则在此书中得到集中阐述。古典主义的基本精神是“理性”至上；主张“师法自然”（人性的自然）；要求“逼真”和“得体”；形式完美，文风简洁、洗练、精确；主张各种文学体裁应该有严格的界限与规则。

在建筑中也形成了古典主义建筑理论。在建筑设计中以古典柱式为构图基础，突出轴线，强调对称，注重比例，讲究主从关系。巴黎卢浮宫、凡尔赛宫、英国伦敦圣保罗大教堂都是古典主义的代表作。

法国是欧洲古典主义文艺的中心。法国古典文学的代表有P.高乃依、J.拉辛、布瓦洛、莫里哀、J.de拉封丹等；古典绘画的代表有N.普桑、J.-L.大卫等；古典建筑的代表有芒萨尔、A.勒诺特尔等。

古典主义在欧洲延续了200多年。英国的代表是复辟王朝的诗人J.德莱顿和深受布瓦洛影响的诗人A.蒲柏。德国的代表是J.戈特舍德。俄国古典主义占有特殊地位，讽刺性突出，文学代表是苏马罗科夫、罗蒙诺索夫和A.P.康捷米尔等，建筑的代表是卡扎科夫、沃罗尼辛等。

古董 curio 古代的器物文玩。见骨董。

古尔班通古特沙漠 Gurbantünggüt Desert 中国第二大沙漠。位于新疆维吾尔自治区北部，准噶尔盆地的中央。面积4.88万平方千米。由4片沙漠组成：西部为索布古尔布格莱沙漠，东部为霍景涅里辛沙漠，中部为德佐索腾艾里松沙漠，其北为阔布北－阿克库姆沙漠。准噶尔盆地属温带干旱荒漠。沙漠内部绝大部分为固定和半固定沙丘，其面积占整个沙漠面积97%，形成中国面积最大的固定、半固定沙漠，为优良的冬季牧场。沙漠内植物种类较丰富，西部和中部以中亚荒漠植被区系的种类占优势，如白梭梭、苦艾蒿、白蒿、囊果苔草和多种短命植物等；在沙漠东部和南部边缘，亚洲中部植物区系种类较多，如梭梭、蛇麻黄、花棒等。沙漠西部的若干风口附近，风蚀地貌异常发育，其中以乌尔禾的“风城”最著名。沙漠西缘建有甘家湖梭梭林自然保护区和艾比湖湿地自然保护区。沙漠地下石油资源丰富。

古尔邦节 Corban Festival; ‘Īd al-Qurbān 伊斯兰教节日。又称宰牲节。时在伊斯兰教历太阴年12月10日。在中国流传于信奉伊斯兰教的回、维吾尔、哈萨克、东乡等民族中。古尔邦，阿拉伯语意为献牲。相传先知易卜拉欣梦见安拉启示他宰杀亲生儿子易斯玛仪，以示对真主的忠诚。当易卜拉欣遵命执行时，安拉派天使吉卜利勒牵一只黑头羝羊赶到以代替献生。古代阿拉伯人依据此传说每年宰牲献祭成俗。伊斯兰教创立后，奉易卜拉欣为圣祖，并继承此礼仪，定为节日。节日期间除宰牲奉献外，沐浴盛装、互致节日问候，走亲访友，宴请宾客，游坟诵经，凭吊古人。新疆地区的穆斯林还举行盛大的歌舞活动，跳起萨玛舞、赛乃姆和多朗赛乃姆，万众欢腾。

古尔琴柯 Gurchenko, Lyudmila Markovna (1935-11-12～) 俄罗斯电影演员。生于哈尔科夫。1958年毕业于苏联国立电影学院。1956年受E.A.梁赞诺夫之邀，在影片《狂欢》中扮演女主角，一举成名。随后几年，参加拍摄了多部音乐喜剧、歌剧影片和电视片，如《弹吉他的姑娘》（1958）、《草帽》（1974，电视片）等。1974年在《旧墙》中饰演女厂长，于1976年获俄罗斯联邦共和国奖。其他作品主要有《反馈》（1977）、《西伯利亚颂》（1979）、《两个人的车站》（1982）、《机械师加夫里洛夫心爱的女人》（1982）、《请听听，费里尼》（1993）、《老朽》（2000）等，所塑造的一系列主人公形象体现了她精湛的演技、幽默的情趣、细腻的情感以及开放型的表演风格。著有《掌声》、《柳霞，停！》，分别于1997年和2001年出版。

古尔斯特兰德 Gullstrand, Allvar (1862-06-05～1930-07-21) 瑞典眼科医生，生理光学家。生于兰斯克鲁纳，卒于斯德哥尔摩。1884年毕业于乌普萨拉大学医学院，1888年取得眼科行医执照。1890年获医学博士学位。1891年任皇家卡罗琳外科医学院眼科讲师，1894年任乌普萨拉大学眼科主任教授。以后一直从事眼科临床和教学以及物理光学、生理光学研究。研究人眼睛的散光、斜视、白内障、屈光学等。1911年发明裂隙灯。获1911年度诺贝尔生理学或医学奖。曾任瑞典科学院诺贝尔物理学委员会委员。

古坟时代 Kofun Period 日本古代继弥生时代之后的时代。因当时统治阶级大量营建“古坟”而得名。古坟的分布基本遍及除北海道以外的日本全境。

古坟时代的日本列岛进一步受到大陆文化的影响。很多大陆农民和工匠移居日本，带来了先进的农业、手工业生产技术，如金属冶炼、织锦工艺等。这一时代铁器进一步发展，在生产工具和武器方面完全取代石器和青铜器。农业生产水平提高，耕地面积扩大，农作物种类增多，家畜饲养业亦随之发达，已饲养马、牛、猪、狗、鸡等家畜和家禽。手工业有新的发展，与农业的分工进一步明确。出现全国性的中央政权，即以畿内地区为中心的大和政权。开始出现文字。陶器有土著的土师部民制作的土师器与来自朝鲜半岛的陶部工人用快轮制法制成的须惠器两种不同的陶系。前者为泥条盘筑，慢轮修整，烧成温度约850℃，红褐色，无花纹，系自弥生式陶器发展而来；后者烧成温度在1 000℃以上，质地坚硬，呈青灰色。装饰品主要为金银和玉石两大类，其中勾形珠最具民族特色，制作亦最精美（见图）。马具的制作很发达，藤之木古坟出土的各种马具十分精美。统治阶级的墓葬特点是堆土成丘，在坟丘中埋石室，置棺以葬死者，有大量的随葬品，考古学上特称之为古坟。各类古坟在坟丘上部及周围排列着许多埴轮。畿内地区有的古坟有壁画，如奈良县的高松冢古坟，壁画极为精美。由于大和皇室的倡导，佛教在日本广为传播。从8世纪初开始，火葬流行，古坟迅速衰落，日本最初的史书《古事记》和《日本书纪》也于此时相继编成，进入日本考古学上所称的历史时代。因此，古坟时代属日本的原史时代。

古坟时代的勾形珠

古赋 赋体的一类。见散体赋。

古格王国遗址 Site of the Guge Kingdom 中国古格王国都城的遗址。位于西藏自治区札达县西20千米象泉河南岸一座相对高度近200米的山上。古格王国是吐蕃王朝崩溃后由吐蕃末代赞普朗达玛后裔德朱贡于10世纪上半叶建立的小王国，共传27代王，1630年被拉达克人灭亡。至迟在1682年，五世达赖将拉达克人驱逐出境，古格故城日趋荒废。1961年国务院公布为全国重点文物保护单位。1979年起对遗址进行调查。

古格王国遗址远眺

遗址总面积约72万平方米，依山势从上到下分为11层，残存有建筑遗迹、窟洞、碉堡、暗道、佛塔等。外围有两道城墙，其中一道是由塔组成的塔墙。整个遗址分为宫殿区、寺庙区、居民区、军事设施区等9个区。遗址上残留有石、陶、铜、铁等质料的生活用具、生产工具和兵器，以及佛教艺术品等。宫殿建筑主要集中在山顶东南部。寺庙建筑现存6座，规模最大的是“白庙”和“红庙”，保存有700余平方米的壁画，题材有佛、菩萨、度母、吐蕃赞普世系图等。庙内天花板上的图案有500多种。壁画和图案色彩浓艳，线条流畅，借鉴了印度、尼泊尔中世纪艺术的手法，体现出古格王国独特的艺术风格。

古根海姆博物馆 Guggenheim Museum 美国现代艺术博物馆。位于纽约曼哈顿区第五街，陈列美国企业家S.R.古根海姆收藏的欧美现代艺术作品。创办于1937年。1947年，

古根海姆博物馆外景

博物馆由美国建筑师F.L.**赖特**设计建造，完工于1959年。建筑外观简洁，白色，螺旋形混凝土结构，与传统博物馆的建筑风格迥然不同。1969年又增加了一座长方形的3层辅助性建筑。博物馆由古根海姆基金会管理。20世纪70年代初，已收藏了19、20世纪的雕塑、绘画和其他艺术品3 000多件。

古公亶父 Gugong Danfu 中国上古周族领袖。**周文王**的祖父。据说他是周族始祖后稷的第12代孙。周族至公刘时迁居至豳（今陕西旬邑），开垦田畴，发展农业生产，势力渐兴。后又传9世，至古公亶父时，由于戎、狄侵扰，他率族人迁居岐山（在今陕西）下的周原。周原土地肥美，适于农耕。商代晚期，古公在那里营建城郭，划分邑落，设置官吏，定国号为周。他还变革周族遗留的戎、狄风俗，大力发展农耕经济，使周族强盛起来，邻近的部族也纷纷归顺他的统治。古公卒，少子季历继位，是为公季，后周人追称王季。王季的儿子昌，即周文王。**周武王**时尊其为周太王。

古吉拉特人 Gujaratis 南亚印度共和国的民族之一。曾译瞿折罗人。约4 000万人（2001）。主要居住在古吉拉特邦境内，其他邦也有分布。基本属欧罗巴人种，混有达罗毗荼人种和蒙古人种的成分。使用**古吉拉特语**。有以梵文天城体字母为基础的文字。大部分人信仰印度教，少部分人信仰伊斯兰教、耆那教、祆教和基督教。中世纪曾建立国家，中国古称为瞿折罗、胡茶辣。分拉吉普特、古贾尔、婆罗门和吠舍四大种姓。实行种姓内婚。农村人主要穿围裤，头包大头巾。城市人多穿无领长袖衫或衬衣，外套紧领长衣或西服，戴黑尖帽或甘地帽（船形白帽）。妇女主要围裹纱丽。城市居民以面食为主，大米为辅；农村则以高粱、粟米为主食。主要从事农业，种植水稻、小麦、玉米、甘蔗、棉花等。部分人以经商为业。爪哇的印度商人、日本的印度珠宝商，很多是古吉拉特人。印度的人工业、电影业、戏剧业以及海上贸易，大多也掌握在古吉拉特人手里。

古吉拉特语 Gujarati language 印度西部古吉拉特邦的语言，也用于孟买。印度宪法承认的语言之一。属印欧语系印度-伊朗语族印度（又称印度-雅利安）语支。

古吉拉特语源出通俗梵语的方言。标准语言形成于12世纪。它和**马拉提语**为近亲。

古吉拉特语的元音有长短之分。元音鼻化现象常见。辅音中仍然有印度语言中常见的卷舌音及送气浊塞音等。名词有3个性（阴性、阳性和中性）、两个格、两个数（单数和复数）。人称代词有敬体和非敬体的区别。动词现在时一般体和现在时进行体的形式一样，过去时一般体和过去时进行体的形式一样。基本词序为主语-宾语-动词（包括助动词）。文字采用源出梵文**天城体**的一种草书。

古交市 Gujiao City 中国山西省辖县级市。位于省境中部。面积1 540平方千米。人口21万（2010）。隋时为交城县治，1958年析交城县、阳曲县建河口工矿区，同年改古交工矿区。1988年设古交市。煤炭资源丰富，素以“煤铁之乡”著称。煤炭探明储量96亿吨，且大部分为优质焦煤，煤层厚度适中，埋藏浅，适于大规模机械化开采，是中国重点开发的能源重化工基地之一。铁矿资源也较丰富，以生产低磷铸造生铁闻名。还拥有丰富的石灰岩、石膏、铝矾土和品质优良的石英石等矿产资源。主要产品有原煤、洗精煤、焦炭、生铁、水泥等，煤炭、冶金、建材已发展成为古交的支柱产业。名胜古迹有旧石器文化遗址、千佛寺、西仙洞、南岩石窟，以及睦联坡革命烈士陵园等。

《古今和歌集》 *Kokin wakashū* 日本平安时代编撰的第一部敕撰和歌集。简称《古今集》。延喜五年（905），纪贯之等奉醍醐天皇之命编撰而成。共20卷，收录了《**万叶集**》之后约150年间创作的**和歌**1 100余首（包括部分万叶时代的作品）。内容以四季和爱情为主。署名作者120余人，有450余首佚名作。根据作品风格，一般将作品的时代分为三期：①佚名时期（850年以前）。汉诗文风行于世，和歌仅在私人生活中尚存有一席之地，作品依然保留着万叶和歌朴素率直的风格。②六歌仙时期（850～890）。和歌进入复兴时期，风格趋于优美华丽，注重修辞技巧。③撰者时期（891年以后）。随着宫廷中赛歌会和赠答歌的流行，和歌创作进入繁荣期。比喻、双关等修辞手法愈加洗练，歌风更为优雅、纤细、柔美，同时也表现出审美对象局限于春花、夏鸟、秋月、冬雪等观念性题材和过分追求语言游戏的倾向。与以五七调为主的万叶和歌不同，《古今集》的和歌在声调上多采用流利的七五调。

《古今和歌集》的诞生标志着经历过汉诗文的空前繁荣之后，和歌重新占据了日本韵文学的主流地位，日本民族的审美意识已脱离汉文化的影响形成了自己的体系。对后世文学艺术的发展有着深远影响。中国已有中译本出版。

《古今图书集成》 *Compendium of Ancient and Modern Books* 中国清代编纂的大型综

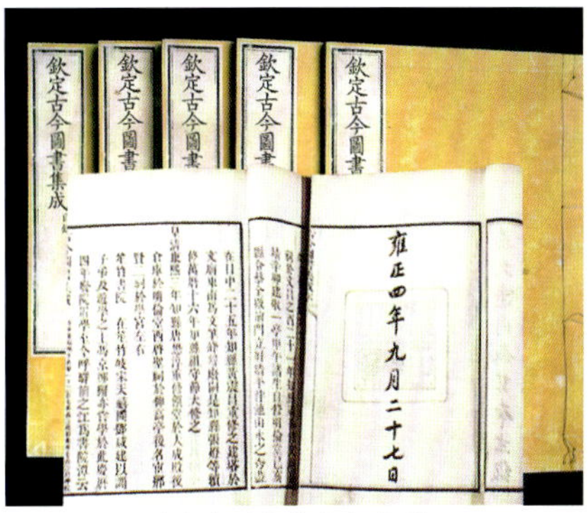

《古今图书集成》书影

合性类书。陈梦雷原集，蒋廷锡重编，于雍正四年（1726）告成。共1万余卷，约1.6亿字。武英殿修书处以铜活字印64部，每部5 020册，是中国现存规模最大、体例最完备的一部类书。

集成综合了先秦至康熙前所能集到的古籍，分历象、方舆、明伦、博物、理学、经济6个汇编32典，典下再分6 117部。分类细致，体例完善，条理清晰，材料丰富，几乎囊括中国古代各科知识。但所引古籍多录自其他类书，错漏较多。

《古今小说》 *Ancient and Modern Stories* 中国拟话本小说集。明代冯梦龙纂辑。后改名《喻世明言》，与冯氏的另两种话本小说集《警世通言》、《醒世恒言》合称“三言”。大约刻于泰昌、天启之际（1621年左右）。《古今小说》所收话本，多数为宋元旧作，少数为明人拟作，也有一些作品可能是宋元旧作而经明人改编或作了较大加工的。书中有的作品反映了市民在爱情婚姻问题上的思想和愿望，如《金玉奴棒打薄情郎》、《蒋兴哥重会珍珠衫》等；有的作品在一般道德行为方面突出歌颂朋友的情义，如《吴保安弃家赎友》、《范巨卿鸡黍死生交》等；有的作品还直接写及重大的现实政治题材，如《杨思温燕山逢故人》、《杨八老越国奇逢》等；还有一部分作品描写发迹变泰的故事，如《穷马周遭际卖䭔媪》、《赵伯升茶肆遇仁宗》等，反映出文人对功名富贵的向往。今存有天许斋原刻本。文学古籍刊行社1955年曾据涵芬楼排印本重印。

古今之争 La Querelle des Anciens et des Modernes 17世纪末叶法国文学界发生了一场关于崇古与崇今的争论，文学史上称为“古今之争”。它始于1660年左右。有人以基督教奇迹为题材写作长篇史诗，公然违背了一贯主张崇敬和模仿古代希腊罗马文学的传统精神。1680年左右，关于纪念性建筑物上的铭文以及艺术作品上题签应当用拉丁文还是用法文的问题也引起了争论。在N.布瓦洛的干涉下，法文题签一律撤换为拉丁文。1687年1月27日，C.佩罗在法兰西学院朗诵他的诗作《路易大帝的世纪》，肯定现代作家比古代希腊罗马作家并不逊色。这个大胆的意见立即引起布瓦洛、J.de拉封丹、J.拉辛、J.de拉布吕耶尔等人的反驳。支持佩罗的有B.le B.de丰特奈尔和法兰西学院的大部分院士，双方陆续发表诗歌、文章、专著，互相驳斥、讽刺、攻击。直到1716年才停止论战。古今之争的出现标志着古典主义的衰落，厚今派的崛起预示着18世纪启蒙思潮即将来临。

古今字 ancient-modern characters 同表某一字义而古今用字有异的汉字。古今字分两类：甲类等义的，即古字与今字字义完全相同；乙类不等义的，即古字与今字字义不完全相同，如莫/暮、景/影、辟/避等。

甲类古今字是一对一的关系，今字的产生不涉及汉字的孳乳分化，古今字属同字异形，是异体字的一类。乙类古今字不是一对一的关系，今字产生是汉字在发展上孳乳分化的结果；另有一些是因为字义变用而形成古今字关系的。

古近纪 Paleogene Period; Eogene Period 新生代最早的即第一个纪。约开始于距今6 500万年前，结束于2 330万年前。1866年由K.F.瑙曼命名。这一时期形成的地层称古近系，旧称老第三系。过去一直被作为第三纪的一个亚纪，曾译为老第三纪或早第三纪，并被广泛使用，其原意指近代生物的发生和启蒙时期。现包括古新世、始新世和渐新世三个时期。古新世最大特点是动物群中“古老”或“土著”类型占很大优势，与其后的动物群成员有着明显的区别。始新世是哺乳动物的巩固时代。渐新世是生物界开始具有较近代化的面貌，是向现代类型转换的过渡时期。

古近纪除形成了界限较为分明的海相、海陆过渡相和陆相地层外，近年也发现了一些非常重要的洞穴和裂隙堆积。

随着中生代结束，气候显著的变化给植物生命带来了转机，在景观上增加了多样性。被子植物在早白垩世时已出现，到古近纪极度繁盛。整个植物群景观有了较大的改观，热带、亚热带植物如棕榈等远远深入到北极地区。显花植物和草类的发展给动物界（如昆虫、脊椎动物）的繁荣创造了必要的生存条件。脊椎动物变化突出。哺乳动物迅速繁衍，它们占有爬行动物以往的各种生态领域。从中生代爬行动物占优势过渡到古近纪哺乳动物的繁盛，这是地球上生命历史变革中的一件大事。哺乳动物除白垩纪已有的多瘤齿兽目、食虫目、混齿目和踝节目外，更重要的是各种古老和土著类型的有胎盘动物类大量发展和分化。它们绝大部分与现代哺乳动物种类没有直接的系统关系，有许多种类是离奇的或特化的。始新世的哺乳动物科一级的总数比古新世约增加80%，奇蹄目和偶蹄目两大现代目是动物群中的重要角色。此外，啮形动物、食肉动物也有了较大的发展和繁衍。渐新世哺乳动物群开始具有更近代的面貌。它显示了过渡的特点，一方面是古老或土著类群的大量衰退、绝灭，另一方面是近代类群的兴起和开始发展。其他脊椎动物如软骨鱼类、硬骨鱼类、鳄、龟鳖类和蜥蜴类也是常见的古近纪的化石；双壳类、腹足类、介形类属种繁多，分布广泛；有孔虫和棘皮动物在世界上分布很广，大有孔虫主要有圆盘虫类、货币虫类等。

由于海底扩张、古陆解体，地球上整个地质构造格局、古地理环境产生了重大变化。古近纪后期，古地中海（特提斯海）最终消失，亚洲大陆最后形成，青藏高原隆起，阿尔卑斯山、喜马拉雅山、落基山和安第斯山等现代山系相继形成。在地壳运动上，古近纪最引人注目的是喜马拉雅运动的影响，这一阶段是青藏高原开始隆起时期，它对全球气候环境产生深远的影响。

古近纪的矿产资源相当丰富，主要有石油、煤、天然气、含铜砂岩和各种盐类。

古晋 Kuching 马来西亚沙捞越州首府兼第一省首府，工商业中心和主要港口，东马来西亚历史最老、最大的城市。人口约42.39万。跨沙捞越河南北两岸冲积平原，离海29千米。原为贸易小镇，因附近民都鲁海底天然气的开采而迅速繁荣。有农产品加工和锯木厂。有木雕、陶器、编织品和贝壳装饰品等手工艺品。市东为新工业区，沿沙捞越河下游4千米是新港丹那普提。郊区有国际机场。城市以宁静著名，河南为老城，华人所居，市场、商店等齐全，开发历史久，经济发达。有大伯公庙、林华寺（高大的白色观音露天塑像，底座有五龙壁）、街心公园、市政厅、邮局大楼、广播电台、新闻大厦、天主教堂等。其中沙捞越博物馆为东南亚收藏最好的博物馆之一，陈列原住民族手工艺品、生产工具和武器，以及尼亚洞穴出土的石器时代文物等。河北为新城，马来人所居，有清真寺、沙捞越州元首府（王宫）、州政府大厦、议会大厦、玛格丽特要塞等。河上有大桥连接两岸。当局将古晋分为南北两市，分界线在河南的老城区内，将南市内一些名建筑归入北市。

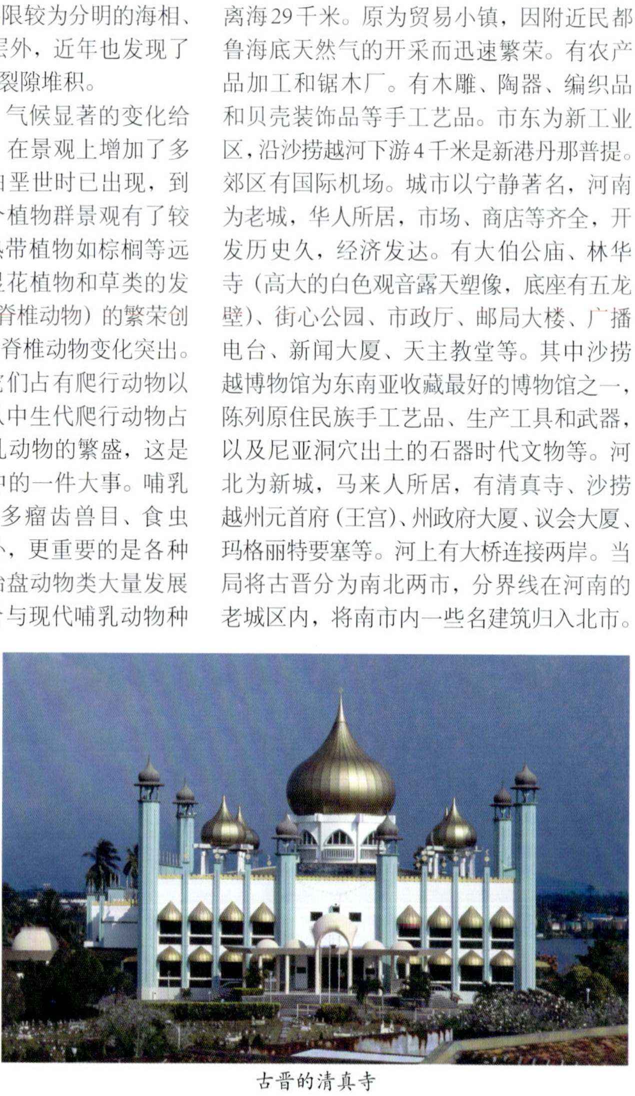

古晋的清真寺

两市居民分别选举自己族人为市长，两市长共同协商治理市政。“古晋”马来语意为“猫”，被称为“猫城”。居民爱猫，养猫，还有猫博物馆。古晋市北方37～40千米，南海岸边，有2个半岛，西半岛有沙捞越文化村，东半岛有巴科国家公园。

《古镜记》 *The Story of Ancient Mirror* 中国隋末唐初小说。作者传为唐代王度。王度生卒年不详。隋大业初为御史，大业八年(612)兼著作郎。奉诏撰国史。大业末写作《隋书》，稿未完成，约于唐武德初年去世。《古镜记》采用自述方式，记述大业七年得一古镜，能辟邪镇妖，携之外出，先后有一系列奇遇发生。后其弟王勣又携镜外出，游山玩水，一路上消除了许多妖怪。回长安后将镜归还其兄。大业十三年古镜在匣中发出悲鸣之后，突然失踪。作品以古镜为线索，连缀数篇小故事，辞旨诙诡，有六朝志怪余风。但篇幅较长，加强了细节描写和人物对话，稍有文采，代表着小说从志怪演进为传奇的一个发展阶段。该书为《太平广记》采录。

古绝句 classical quatrain 中国古代诗歌体裁。又称“古绝”。古体诗的一种。绝句之名始见于梁代徐陵编辑的《玉台新咏》，此书汇集五言四句体小诗称为“绝句”，并将晋以前的五言四句小诗冠以“古绝句”。这些诗的特点是每首四句，同古体诗一样，不受格律限制。梁、陈以后，声律之学渐兴，这种五言四句体小诗亦逐渐律化，至唐代而出现了有严密格律限制的“律绝”，后人为了加以区别，则称唐以前的绝句和唐以后并不按格律写的绝句为“古绝”，即古体绝句的意思。古体绝句不拘平仄、黏对，有的押平声韵，但以用仄声韵的居多。如李白的《静夜思》(平仄不合律)、柳宗元的《江雪》(用仄声韵)，均属“古绝”。古绝分五言、七言两类，而七言古绝比较少见。

古柯 *Erythroxylum*; cocainetree 古柯科古柯属植物的统称。常绿灌木。叶为提制古柯碱的原料。约200种，主要的种有古柯、秘鲁古柯和爪哇古柯(见图)，均原产于南美洲的秘鲁、玻利维亚、哥伦比亚等国。

爪哇古柯株高2～3米，枝条细弱。叶互生，倒卵形，全缘，主脉两侧常有弓状线条。花小，黄白色。核果椭圆形，熟时枣红色，内含种子1枚。要求充足的阳光、较高的空气湿度和1 500～2 000毫米、分布均匀的年降水量。土壤以排水良好的肥沃壤土为宜。用新鲜种子育苗繁殖，也可用枝条扦插繁殖。

古柯叶中含多种生物碱，总含量通常为1.2%左右，爪哇古柯叶可达2.5%。古柯碱是其中之一，用作局部麻醉药。南美人

爪哇古柯

很早就嚼食古柯叶以解除疲劳，经常嚼食会成瘾，许多国家都控制古柯生产并进行严格管理。

古柯碱 cocaine 莨菪烷型生物碱，分子式$C_{17}H_{21}NO_4$。又称可卡因。最初从古柯叶中分离得到。无色无臭的单斜形晶体，味先苦而后麻；熔点98℃，比旋光度$[\alpha]_D^{20}$-16 (氯仿)；几乎不溶于水，可溶于一般有机溶剂，其盐酸盐易溶于水。古柯碱为酯类，用酸或碱水解时，生成苯甲酸、甲醇、L-爱康宁。此反应可逆行，工业上多利用此反应，尤其用爪哇古柯叶为原料时，能使其中所有爱康宁衍生物变为古柯碱。古柯碱具有局部麻醉作用，其0.03%水溶液即能麻醉感觉神经末梢。对中枢神经有较大毒性，能使大脑皮层兴奋，产生欣快感。反复使用可迅速成瘾，成为一种毒品。古柯碱及其盐酸盐的水溶液在煮沸消毒时分解，现多被其他合成局部麻醉药所代替。眼科仍常用作黏膜麻醉剂。

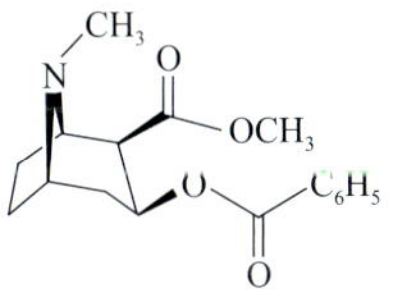

《古兰经》 *al-Qur' ān* 伊斯兰教的根本经典。古兰原意为诵读、宣读。又称《可兰经》、《宝命真经》等。穆斯林视为真主的言语，源自“天经原本”，“记录在一块受保护的天牌上”。由“忠实的精神”或天使哲卜利勒以“明白的阿拉伯语”传述给穆罕默德。穆罕默德在世时，陆续降示的启示仅由聆听者背诵记录，或在皮革、木片、石板、兽骨、椰枣叶肋上的零散记录中保存。艾布·伯克尔任哈里发时，因背诵经文者的不断阵亡，责成宰德·本·撒比特收集、汇编散存的经文，这是最早的抄本。奥斯曼·伊本·阿凡任哈里发时，各地穆斯林因经文的读法不同而发生争执，统一经文成为迫切需要。奥斯曼据胡泽法建议，命宰德·本·撒比特重新订正、整理，以古莱什部落方言为标准，统一经文内容和章次编排，形成标准定本或称奥斯曼本。原抄本保存于麦地那，抄本分送麦加、大马士革、库法、巴士拉、也门、巴林等地，其他流传抄本一概销毁。现世界通行本均为此定本。

《古兰经》定本共30卷，114章，6 236节。以具教义纲领性的赞颂词为首章，一些同宗教和社会生活联系密切的长篇编排在前，其次为阐述真主独一、谴责多神崇拜和叙述古代众先知事迹的篇章，而将早期降示的短篇置于末尾。后来，穆斯林学者在确定经文下降的时间和地点后，将经文分为麦加章和麦地那章。主要内容包括：描述世界末日和审判日的情景，宣布浩劫的临近和死者复活，讲述人的本分和善恶的报应；强调真主万能和主宰一切，是宇宙万物的创造者和养育者，而偶像是虚妄的；众先知的经历，以及古代诸民族不信天启所遭遇的厄运；有关信仰和宗教义务的规定，对于饮酒、赌博、食物的禁令，以及涉及天课和圣战等财政、军事义务和一系列民事、刑事的规章。穆斯林认为，《古兰经》包罗一切有价值的知识，是所有精神和伦理问题的最后依据，起着“详解万事，引导信士”的作用。对经文的研究、注释备受重视；教读、背诵、抄写被视为善行，许多抄本、刻本书法优美，装饰精致。自11世纪巴格达出现波斯文译本后，到20世纪已有70余种文字译本，中国也有多种汉文、维吾尔文译本。第一个阿拉伯文印本系1530年的威尼斯本，以埃及1924年官方版最流行。《古兰经》也是第一部散文形式的阿拉伯文献，在阿拉伯文化思想史上占有重要地位，对伊斯兰教的教派、学说、社会思潮和社会运动有重要影响。

古里水电站 Guri Hydropower Station 世界大型水电站。位于委内瑞拉东部圭亚那城附近的卡罗尼河下游。该河下游分四级开发，古里水电站是第一级。总库容1 350亿立方米，电站最大发电容量1 030万千瓦。主要建筑物包括：一座混凝土重力坝，最

古里水电站溢洪道泄流

大坝高162米，长1 426米；左右两座土石坝，坝基主要为片麻岩；一座泄洪量为30 000米^3/秒的溢洪道，分三个泄洪槽；两座坝后式发电厂房，第一厂房最大发电容量300万千瓦，安装10台水轮发电机组，第二厂房安装10台水轮发电机组，最大发电容量730万千瓦。

古里水电站分三期施工，并分期加高大坝蓄水发电。一期工程1963年开工，1968年完成3台机组发电。二、三期工程在电站蓄水发电的情况下施工，二期工程1977年完工；三期工程1978年开工，1986年竣工。

古利克 Gulick, Luther Halsey (1865-12-04～1918-08-13) 美国体育家。生于夏威夷，卒于南卡斯科。曾在萨金特体育学校学习。1886年秋入纽约大学学医，1889年获医学博士学位。古利克认为体育是人类进化所必需的一种心灵与精神教育。他制订的一项训练师资计划赢得国际赞誉。古利克对篮球、排球的推广也有很大贡献，这两项运动和田径的5项（100码全速跑、投12磅链球、跳高、撑竿跳高、1英里跑）被他首先列入学校课程计划。1903年组成“公立学校体育联盟”，促进了校内和校际竞赛的开展，对全国影响极大。曾担任美国体育协会会长和美国奥林匹克委员会成员。古利克使美国的体育向保健、体育、娱乐3者结合的方向发展。他是竞技游戏教育和美国体育的先驱，对美国近代体育发展有卓越的贡献。

古龙 Gu Long (1938-06-07～1985-09-21) 中国台湾武侠小说家。本名熊耀华，祖籍江西，生于香港，卒于台北。1950年随父母赴台。高中时即开始小说创作，23岁时

武侠小说处女作《苍穹神剑》问世。1964～1967年先后出版《浣花洗剑录》、《武林外史》、《绝代双骄》等。1968～1970年，出版重要作品《铁血传奇》（又名《楚留香传奇》）之一、之二、之三，1970～1979年又陆续出版其续集5种。1974～1978年，推出《七种武器》系列6种，1976～1981年则有《陆小凤传奇》系列小说7种面世。1984年出版的《猎鹰·赌局》为古龙绝笔。其一生作品达百部以上，《多情剑客无情剑》、《欢乐英雄》、《萧十一郎》、《流星·蝴蝶·剑》、《天涯·明月·刀》、《白玉老虎》等，也都拥有众多读者。不少作品被搬上银幕、荧屏。

古龙的武侠小说有意抹去具体历史朝代的背景，注重于人的情欲等真实人性的描写，多塑造变态怪异或亦正亦邪、孤寂而又多情的人物，作品有时融入侦探小说技法，句式简短利落，颇具“现代”品格，被视为港台新派武侠小说的代表作家之一。

古隆人 Gurungs 南亚尼泊尔联邦民主共和国的民族之一。曾译高隆人。约63万人(2001)。主要分布在中西部山区。属蒙古人种南亚类型。使用古隆语，属汉藏语系藏缅

古隆人老人

语族。信仰喇嘛教，行祖先崇拜，现受印度教影响。分为贾尔贾特和索拉贾特两大内婚支系，前者为贵族。支系以下分许多外婚氏族。习惯于按同一姓氏聚居，形成自然村落。实行姑舅表优先婚。人死后采用何种葬式（火葬、土葬、水葬），由喇嘛决定。传统的“罗迪卡尔”民间组织是古隆文化的一大特点，即农忙时开展互助，农闲时演出歌舞。主要从事农牧业，作物以玉米、旱稻、大麦、荞麦、稷类为主。迫于生计，出国当雇佣兵者甚多。

古罗马建筑 ancient Roman architecture 极盛于公元1～3世纪，分布于古罗马帝国整个领域的建筑物。古罗马人沿用亚平宁半岛上伊特鲁里亚人的建筑技术（主要是拱券技术），继承古希腊建筑成就，在建筑形制、技术和艺术方面广泛创新，达到西方古代建筑的最高峰。

古罗马建筑的类型很多。根据其主导功能可分为6类：①纪念性建筑，如凯旋门、纪念碑、纪念柱。②公共建筑，如会堂、剧场、斗兽场、浴场、图书馆等。③宗教建筑，如庙宇、祭殿等。④道路筑城建筑，如桥梁、道路、城堡、城墙等。⑤市政建筑，如广场、市场、法院、市政厅、排水系统、供水道等。⑥宫室建筑，如宫殿别墅、公寓私宅等。

古罗马世俗建筑的形制相当成熟。例如，罗马帝国各地的大型剧场，观众席平面呈半圆形，逐排升起，与现代大型演出性建筑物的基本形制相似。居住建筑有内庭式住宅、内庭式与围柱式院相结合的住宅，还有四、五层公寓式住宅。公寓常用标准单元，一些公寓底层设商店，形制同现代公寓大体相似。公共浴场一般都有集中供暖设施。

罗马城的提图斯凯旋门（公元82年建）
高14.4米，宽13.4米，厚4.8米

古罗马建筑依靠水平很高的拱券结构，获得宽阔的内部空间。巴拉丁山上的弗拉维王朝宫殿主厅的筒形拱，跨度达29.3米。罗马万神庙穹顶的直径是43.3米。公元1世纪中叶，出现了十字拱，同筒形拱、穹窿组合起来，能覆盖宽阔的内部空间。罗马帝国的皇家浴场就是这种组合的代表作。剧场和角斗场的庞大观众席，也架在复杂的拱券体系上。木结构技术已有相当水平，能够区别桁架的拉杆和压杆。罗马城图拉真巴西利卡（98～112），木桁架的跨度达到25米。

古罗马建筑开拓了新的建筑艺术领域，丰富了建筑艺术手法。其中比较重要的是：①新创了拱券覆盖下的内部空间，有些建筑物内部空间艺术处理的重要性超过了外部体形。②发展了古希腊柱式的构图，最有意义的是创造出柱式同拱券的组合。③出现了由各种弧线组成平面、拱券结构、内部空间流动多变的集中式建筑物。

古罗马神话 ancient Roman mythology 包括神的传说和同神的传说相关的地方历史英雄传说两部分。古罗马的神，一部分是罗马及其周围邻近部族原有的；一部分是外来的。古代意大利以农牧为主，传统的罗马神也大多同农牧有关，主要有土地神拉尔，家神佩纳特斯，灶神维斯塔，门神雅努斯，战神马尔斯，播种神萨图尔努斯，森林和原野之神皮库斯，地界神泰尔米努斯，丰收女神克雷斯，果实女神利柏拉，酒神利柏尔，花神弗洛拉等。主神朱庇特、神后尤诺、技艺女神弥涅尔瓦可能是从北方的伊特鲁里亚传来的。而且在伊特鲁里亚人和希腊人的影响下，罗马人也开始赋予神以人形，并为他们建造庙宇。希腊神话传入罗马后，罗马神承袭了希腊神的形象和传说，出现了罗马神和希腊神的混同过程，罗马的朱庇特、尤诺等，分别同以

古罗马神话中的主神朱庇特

宙斯为首的希腊诸神混同起来。罗马神的面貌随之发生很大变化。有些神司掌的范围迅速扩大，有些神的职能也有很大变动，有些神的地位迅速提高。有些希腊神话传入罗马后，吸收了地方传说中类似的成分，有些为希腊特有而罗马没有的神，则被罗马人原封不动地接受下来，如阿波罗。

随着罗马向东方扩张，许多东方神祇和传说传入罗马，公元前3世纪，弗律基亚女神库柏勒的神像被隆重地运进罗马。这些新传入的神具有宗教崇拜性质，逐渐产生单一神的概念。313年《米兰敕令》宣布基督教为国教，世俗神话被正式排挤出去。

古罗马文学 ancient Roman literature 公元前3世纪中叶至公元5世纪下半叶古罗马共和国和帝国时期的文学。古希腊文学对古罗马文学诞生和发展产生了很大的影响。罗马作家在广泛模仿和吸收希腊文学成就的同时，创造了独具特色的文学。

早期文学（公元前3世纪中叶以前） 古罗马文学萌芽和初步发展时期。首先发展的是诗歌。它以口头创作为主，形式多样，包括每年3月祭祀战神的踊者之歌及其他宗教颂歌、咒文，劳动伴唱歌曲和挽歌，宴会歌和各种嘲讽短诗等。常用诗体为萨图尔努斯诗体。戏剧萌芽于农村丰收节庆。公元前300年左右出现的阿特拉笑剧，标志着罗马民间戏剧发展的新阶段。笑剧主要角色有丑角、饶舌者、老头、驼背。之后还出现了拟剧。罗马散文也在这一时期萌芽，起初主要是政府文告。演说辞的文录是口头文学向书面文学的过渡。克劳狄乌斯·克库斯曾编过诗体的道德箴言集。

共和国繁荣时期文学（公元前3世纪中叶～前1世纪中叶） 古罗马文学发展和繁荣时期。希腊籍获释奴隶李维乌斯·安德罗尼库斯是古罗马文学史上第一个诗人和剧作家。他曾经将荷马的《奥德修纪》用萨图尔努斯诗体译成拉丁文，他依据希腊剧本改编的戏剧于公元前240年第一次上演，这是罗马戏剧的发轫。

古罗马戏剧包括喜剧和悲剧。喜剧主要是希腊式喜剧，又称披衫剧。喜剧家以普劳图斯和泰伦提乌斯最为著名。悲剧分神话剧和历史剧两种，以神话剧较为流行。主要悲剧作家有恩尼乌斯、帕库维乌斯、阿克齐乌斯等，作品均已散失，现仅存零散片断。

古罗马史诗主要取材于罗马历史传说和重大历史事件，颂扬罗马的强大和光荣。奈维乌斯的《布匿战纪》是第一部罗马民族史诗。

约公元前2世纪初，罗马散文开始发展，作家、演说家卡托（老）晚年编著的《农书》是罗马文学史上第一部完整保留下来的拉丁散文著作。

公元前2世纪中叶之后，新型喜剧长袍剧取代了希腊式喜剧，主要作家有提提尼乌斯、阿塔、阿弗拉尼乌斯等。作品都已失传。到公元前1世纪，长袍剧又被经过文学加工的阿特拉笑剧和拟剧所代替。杂咏诗在公元前2世纪也得到发展，代表作家是卢齐利乌斯。罗马演说也得到迅速发展，保民官格拉古兄弟和贵族温和派代表人物西庇阿（小）都是当时比较出色的演说家。

公元前1世纪上半叶是罗马文学发展高涨时期，主要表现在演说、散文和诗歌方面。西塞罗是最杰出的演说家。他还写了许多哲学论文、修辞学著作和书信，对罗马散文的发展和拉丁语文学语言的形成作出了重要贡献。凯撒的《高卢战记》和《内战记》、萨卢斯提乌斯的《卡提利那阴谋》、奈波斯的《名人传》等历史著作，都是这一时期散文所取得的重要成就。

哲理诗和抒情诗在这一时期也获得一定成就。卢克莱修的哲理诗《物性论》是部文笔优美的长篇巨著。卡图卢斯的抒情诗以描写个人真挚感情见长。

奥古斯都时期（公元前27～公元14） 古罗马文学的“黄金时代”，诗歌发展达到高潮。

这一时期的史诗和抒情诗获得巨大成就。维吉尔的史诗《埃涅阿斯纪》是罗马文学史上最重要的史诗。贺拉斯的《歌集》是罗马抒情诗的典范，他的《诗艺》是罗马文学史上最重要的文学批评著作。这一时期也是埃勒格体（一称哀歌体）诗歌繁荣时期，主要诗人有提布卢斯、普罗佩提乌斯。李维的《罗马史》是这一时期最重要的历史著作。戏剧在共和国末期已经衰落。

图2 《埃涅阿斯纪》插图

帝国前期文学（1～2世纪） 古罗马文学的“白银时代”。这一时期史诗和抒情诗衰落，讽刺诗获得发展。宫廷文学和在野文学出现分野。塞内加（小）的悲剧、卢卡努斯的史诗《法尔萨利亚》（一称《内战记》）、佩尔西乌斯的讽刺诗、佩特罗尼乌斯的讽刺小说《萨蒂利孔》和费德鲁斯的寓言成就较大。

传统派中，昆体良继承了西塞罗的演说风格和修辞理论，普林尼（小）的《图拉真颂》和《书信》承袭了西塞罗的传统，对晚期罗马文学产生了相当大的影响。以神话和历史为题材的史诗有瓦勒里乌斯·弗拉库斯的《阿尔戈船英雄纪》、斯塔提乌斯的《忒拜战纪》、西利乌斯·伊塔利库斯的《布匿战纪》等。马尔提阿利斯撰写的铭辞是古代铭辞体的典范。历史作家塔西佗的《历史》、《编年史》等著作反映了共和倾向。尤维纳利斯以其讽刺诗成为在野派文学的最后一个代表。

2世纪时，罗马文学出现衰退的迹象。斯维托尼乌斯是这一时期重要的传记作家，主要著作是《十二凯撒列传》。奥卢斯·格利乌斯的读书札记《阿提卡之夜》为后世保留了不少有关古代文学的材料。阿普列尤斯的《变形记》是保留至今的唯一完整的散文体罗马小说。

帝国后期文学（3～5世纪） 罗马文学的衰落时期。从2世纪下半叶起，罗马国家已开始显露出明显的政治、经济危机，文学也明显衰落。涅墨西安的诗模仿维吉尔的《牧歌》，表现了对朴素生活和自然景色的向往。随着基督教成为国教，基督教文学在4～5世纪迅速发展，拉克坦提乌斯文笔纯净，被誉为基督教的西塞罗；奥古斯丁的《忏悔录》在文学史上占有一定地位；基洛尼姆斯将《圣经》译成拉丁文，成为后世定本；阿波利纳里斯·西多尼乌斯的诗歌和书信也具有一定的特色。4～5世纪，历史散文作家阿米阿努斯续写了塔西佗的历史。翻译或改写希腊晚期小说，如《亚历山大的功勋》、《狄克

图1 古罗马传说中的一个情节：萨比尼妇女阻止罗马人与萨比尼人的战争

提斯》、《达勒斯》等是散文发展的另一方向。

476年，西罗马帝国灭亡。中世纪时，只有少数古典作家的作品继续流传。直到文艺复兴后，古罗马文学作品才重新被人传诵，在思想和艺术技巧方面对后代欧洲文学的发展，产生了不小影响。

古马尔 Kumar, Jainendra (1905～1988-12-24) 印度印地语小说家。生于北方邦阿利加尔，卒于德里。1919年入印度教徒大学求学，一年后放弃学业。因参加非暴力不合作运动等而多次被捕入狱。1928年在狱中开始写作，一生中共创作了12部中长篇小说和200多篇短篇小说。长篇小说《苏尼达》(1935) 写知识分子的彷徨、苦闷和因爱情生活得不到满足而产生的变态心理，注重细节描写，突出心理分析。《十束光》(1985) 是他的最后一部长篇小说，描写妓女的不幸和反抗的心理，着重心理分析。其他重要作品还有《辞职》(1937)、《苏克达》(1953) 等。

古米廖夫 Gumilyov, Nikolay Stepanovich (1886-04-15～1921-08-24) 俄国诗人。生于喀琅施塔得，卒于圣彼得堡。曾在巴黎大学学习法国文学和绘画，后转入圣彼得堡大学历史哲学系。曾与A.A.阿赫马托娃、O.E.曼德尔施塔姆等创办"诗人车间"，追求雕塑式的艺术形象和预言式的诗歌语言。1902年发表第一部诗作《我从城市逃进森林……》。后主要创作了诗作《征服者之路》(1905)、《浪漫的花朵》(1908)、《珍珠》(1910)、《异邦天国》(1912)、《箭袋》(1916)、《蔚蓝的星》(1917～1923)、《篝火》(1918)、《火柱》(1921) 等。他以写抒情诗为主，内容多为爱情、旅游和战争。1921年因涉嫌参加"塔甘采夫反革命阴谋暴乱"而被处决。

古诺 Gounod, Charles(-François) (1818-06-18～1893-10-18) 法国作曲家。生于巴黎，卒于圣克卢。自幼从母亲学钢琴。1836年入巴黎国立高等音乐学院学钢琴和作曲。1839年赴罗马进修。1842年回巴黎后任教堂管风琴师和歌队指挥。1852年任奥费翁合唱团指挥。1858年在抒情剧院工作。1870年迁居英国，得宠于王室。1874年返法。古诺早年热心宗教，第一部作品是《三声部弥撒曲》。1855年所作《圣塞西勒庆典弥撒曲》是对宗教音乐的一次改革。50年代转向歌剧创作，但前两部《萨福》和《残酷的修女》均归于失败。使他名垂后世的是1859年创作的抒情歌剧《浮士德》，他使用现实主义的、丰富多变而又自然的手法，将道白改为朗诵调，并增添了芭蕾场面，成为最受欢迎的歌剧之一。著名歌剧还有《罗密欧与朱丽叶》。除12部歌剧外，他还作有3部交响曲及声乐曲等，其中《教皇进行曲》被采用为梵蒂冈国歌，而最流行的是《圣母颂》。

《古泉汇》 *Classified Collection of Ancient Coins* 中国清代古钱币学著作。李佐贤撰。佐贤号竹朋，山东利津人，喜收藏古器物和古钱币，还善书法，能画竹，著有《书画鉴影》。《古泉汇》成书于咸丰年间，同治三年（1864）刊行。共64卷。集录东周至明代钱币5 000余枚，分成布币、刀币、圆钱、异泉杂品、钱范等部分。其中圆钱除各朝所铸之外，还包括农民军及地方割据势力发行的，以及朝鲜、日本、越南钱。书中材料之丰富，超过以往各家。因作者精于古钱鉴别，该书选材比较严格。考释和论证也很审慎。作者后又与鲍康合撰《续泉汇》14卷、补遗2卷，于光绪元年（1875）刊行。

古人 Palaeoanthropus 20世纪中期所认识的人类演化三个阶段中的第二阶段的名称。日译旧人。介于猿人和新人之间的人类。这个阶段的人类和文化，当时主要以尼安德特人和旧石器时代中期文化为代表。20世纪中后期，"古人"一名逐渐为早期智人或前现代人等名称所替代。见智人。

古生代 Palaeozoic Era 地史中显生宙第一个代，晚于新元古代，早于中生代。约开始于5.43亿年前，结束于2.50亿年前，持续时间将近3亿年。古生代形成的地层称古生界。古生代可进一步分为早古生代和晚古生代（见表）。

早古生代 包括寒武纪、奥陶纪和志留纪。约开始于5.43亿年前，结束于4.1亿年前，持续时间1.33亿年。早古生代形成的地层称下古生界。发生在早古生代的褶皱运动统称加里东运动（广义），但志留纪后期的加里东运动（狭义）对全球的地质和生物演化影响更大。早古生代在奥陶纪晚期及志留纪早期，南大陆发生过大冰期，但时间相对来说比较短暂，因而总的来看早古生代气候是温暖的。在生物界，早期最主要的是三叶虫大量繁育，多门类小壳动物、古杯类、腕足动物、软体动物等门类兴起。稍晚有头足类和笔石相继出现。早古生代中期，笔石兴盛，珊瑚和鹦鹉螺大量出现，双壳类、腹足类、棘皮动物的海百合、海林檎类和海蕾开始增多。早古生代晚期单列型笔石特多，珊瑚、腕足动物繁盛，节肢动物的板足鲎类开始出现，三叶虫逐渐衰减。原始的脊椎动物无颌类已相当繁盛。植物由早期的藻类发展到出现陆生裸蕨类。这显示生物在演化上的飞跃，即除去原先的海洋环境外，还向大陆上挺进。早古生代沉积矿产有铁、锰、铝、磷、钒、铅、锌、石煤、膏盐、重晶石等。

晚古生代 包括泥盆纪、石炭纪和二叠纪。约开始于4.1亿年前，结束于2.5亿年前，持续时间1.6亿年。晚古生代形成的地层称上古生界。发生在晚古生代的褶皱运动，统称海西运动。晚古生代中后期，在南半球有广泛的冰期。晚古生代也是大陆逐渐拼接的时期。晚古生代时随着陆地面积的不断扩大，陆生生物开始发生和繁盛。鱼及无颌类广布于泥盆纪，两栖类全盛于石炭纪和二叠纪。植物界从水生发展到陆生，出现了裸蕨植物群。孢子植物达到繁盛并在二叠纪晚期出现裸子植物。海生无脊椎动物中出现了菊石、有孔虫和竹节石。二叠纪末期的蜓、四射珊瑚、床板珊瑚、三叶虫以及腕足动物的大部分科属绝灭，成为划分古生代与中生代的标志。陆生植物的繁盛，造成地史上大规模煤和油页岩的堆积。与生物礁伴生的石油、天然气，与蒸发岩伴生的钾盐都是本时期著名的矿产，其他尚有铁、锰、磷、铝土矿等。

古生态学 paleoecology 研究地史时期生物与生物之间及生物与环境之间相互关系的学科。重点是研究古代生物的生活习性及其生境。古生态学的基本原理虽然与一般生态学相同，但古生态学研究的是石化的生物遗体、遗迹及其沉积围岩，因此研究者只能根据地史时期的情况推测古代生物所处的生态环境。

古生代时代划分与生物演化

代		纪	距今年龄值（百万年）	持续时间（百万年）	生物演化
古生代	晚古生代	二叠纪	250	45	两栖类时代
		石炭纪	295	59	
		泥盆纪	354	56	鱼类时代
	早古生代	志留纪	410	28	裸蕨植物出现
		奥陶纪	438	52	
		寒武纪	490	53	海相无脊椎动物繁盛
			543		

古生物学 paleontology 研究地质历史时期生物界面貌和发展规律的科学。研究对象是保存在岩层中的地质历史时期的生物遗体和遗迹，以及和生命活动有关的各种物质记录，即化石。通过化石研究，重现地史时期的生物界面貌，阐明生物的发展历程和演变规律，确定地层形成的先后顺序，了解地壳的演变规律，推断古地理环境，指导对矿产资源的普查勘探和开发利用。

发展简史 古生物学的研究对象是化石。最早对化石作出科学说明的，在国外首推古希腊时代哲学家Z.色诺芬尼（公元前约590年），在中国则为唐代颜真卿（公元771年）。他们都在著作中提出高山上的贝壳曾经是海洋生物，其后经历了沧海桑田的变化。但古生物学成为科学，则始于18世纪后期。从那时以后到20世纪中叶的百余年间，古生物学的主流是描述古生物学和生物地层学。先是西欧、北美，然后苏联、东欧、澳大利亚、日本、中国、印度，以至世界其他地区出版大量的古生物学和生物地层学专著，为古生物学的综合研究提供了事实基础。尤其是作为确立年代地层的最基本工具，古生物学在基础地层学研究和大范围区域地质调查中发挥了巨大作用。20世纪中叶以后，古生物学得到快速发展。全世界广泛开展的基础地质调查使得古生物学工作普及化、常规化。石油工业的发展和电子显微镜等高精密仪器和设备的应用，使得古生物学研究进入微观世界，发展了诸如微体和超微古生物学、古生物化学、化石岩石学等分支学科。计算机技术的普及和应用，使得定量古生物学、古生物学数字化的发展已成为必然。

研究内容 古生物学的研究内容主要有5个方面：

采集、鉴定与记述 古生物鉴定和记述是古生物学研究的基本功，也是一切古生物学研究的基础，也是描述古生物学的基本工作。

系统分类 一般分为低级的原核生物和高级的真核生物，共包括5个界：原核生物界、原生生物界、真菌界、植物界和动物界。古生物学与生物学不同，有一些现已绝灭的疑难化石，分类位置不易确定。进行古生物系统分类研究的学科，称为系统古生物学。

生物进化 生物进化的基本概念和理论包括3个层次：①微进化。②成种作用。③宏进化。研究古代生物进化的理论和规律的学科称为进化古生物学。根据化石的纵向分布和演化序列，建立生物地层层序的学科称为生物地层学。

生物与环境 生物与其生活环境是相互作用、相互制约、密切相关的，各种生物都只能适应一定的环境，如水生或陆生。运用现代海洋环境和大陆环境的特点及其对生物控制的知识，推断地质时期生物的生活习性与生活环境之间的关系，是古生态学的内容。

生物地理 借鉴现代生物地理学的基本理论和方法，研究地质时期由于环境控制因素，如隔离、温度、纬度的变化所导致的生物分布格局及其演变过程，是古生物地理学的主要内容。古生物地理学研究的趋向是以生物分类单位的分布为基础，结合生态环境因素划分古生物区系，并与生物进化史和地质发展史联系起来，分析古生物区系形成的历史过程。

研究方法 对化石的研究包括野外和室内两个阶段。野外阶段主要是采集标本和收集观察资料。室内阶段包括对化石的鉴定描述和专题研究。鉴定描述使用的分类法和描述程序与生物学相同，命名法（二名法、优先律等）遵循“国际动（植）物命名法规”的规定。

同邻近学科或分支学科的关系 传统古生物学偏重于对古生物化石的分类描述。通常分为古植物学、古动物学（包括无脊椎古生物学和古脊椎动物学）以及微体古生物学。其中微体古生物学中，除微古动物外，还包含以古植物繁殖器官孢子、花粉为研究对象的孢粉学和以10微米以下的海洋超微浮游生物化石为研究对象的超微古生物学。

在描述古生物学资料积累的基础上，近代研究逐渐向生物学方向转变，称为近代古生物学或理论古生物学，就目前发展水平，已形成的分科大致如下：①进化理论。②系统学与分类学。③形态学。④古生态学及古遗迹学。⑤古病理学。

古生物学与地质学、化学、物理学、数学、遗传学等结合，又形成下列学科：①生物地层学和生态地层学。②古生物地理学。③古生物数学。④古生物化学。⑤分子古生物学。⑥生物矿物学。⑦化石岩石学。⑧古仿生学。

发展趋向 古生物学发展趋势是：①重要生物类群的起源与演化：包括生命的起源与早期演化，多细胞生物的起源，陆生植物的起源和演化，脊椎动物的演化，古人类起源和体质演化等。②地球与生物的协同进化：包括地史重大转折时期的地球环境与生命过程，新生代以来的陆地生命系统与环境变化，古生态、古地理与古气候。③宏演化的进程与模式：包括爆发、灭绝、复苏、辐射的历史进程，进化的趋向与规律、进化的不可逆性、生物绝灭问题等。④分子古生物学和分子地层学，高精度、高分辨率生物地层学以及全球地层界线层型剖面和点的研究等。

《古事记》 *Kojiki* 日本现存的最早的历史和文学著作。7世纪天武天皇授意整理，8世纪元明天皇敕命完成。由稗田阿礼口述。

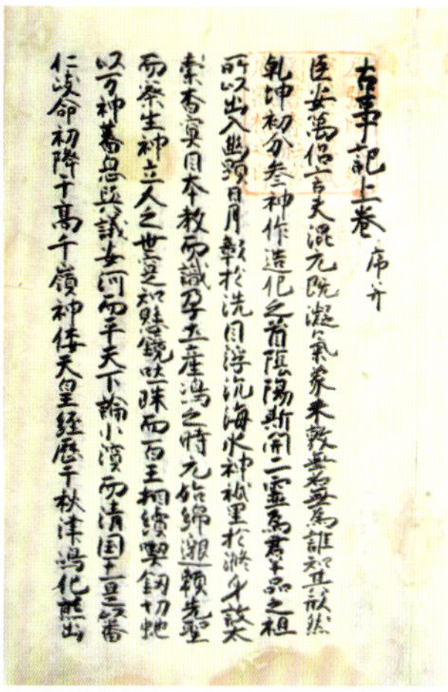

《古事记》内文一页

太安万侣撰录。成书于712年。分上、中、下3卷。上卷集日本古代神话之精华，记述了天地开辟、国土诞生、民族形成和皇室起源等。中、下卷是历史传说和一些史实的结集。主要有天皇征讨、下臣叛乱、皇室的政治举措和恋爱生活等内容。速须佐之男命力斩巨蛇的神话和倭建命立功赴死的传说，最具文学性。书中还载入112首歌谣，包含长歌、短歌、片歌、旋头歌等诗歌样式，且采用了序词、枕词等修辞手法，取得了很高的文学成就。有中译本。

《古诗十九首》 *Nineteen Ancient Poems* 中国汉代无名氏所作的19首五言诗。魏末晋初，世间流传着一批魏、晋以前文人所作的五言诗，既无题目，也不知作者，其中大多是五言抒情诗，具有独特的表现手法和艺术风格，时人统称为“古诗”。这些“古诗”，在梁代尚存59首（《诗品·古诗》），但今存仅30多首，其中就包括收录在中国现存最早的文学总集《昭明文选》中的《古诗十九首》。编者因不知道这组诗的作者，就笼统地称之为“古诗十九首”。钟嵘《诗品》曾把这组诗列入篇首，认为其“文温而丽，意悲而远，惊心动魄，可谓一字千金”。这组诗的内容大多抒写游子思妇的悲哀、朋友索居的苦闷、人生无常的感慨与对现世享乐的追求。这些无名的诗人通过高超的艺术技巧，把这些常见的感情表现得缠绵悱恻，异常感人，因而成为文学史上不朽的文学名作。《古诗十九首》除《文选》注而外，还有今人隋树森《古诗十九首集释》和马茂元《古诗十九首初探》。

《古诗选》 *Anthology of Ancient Poetries* 中国汉代至元代五言、七言古体诗选集。清代王士禛编。该诗集的编选，意在阐明古今五言、七言诗的流变，也是王士禛为自己的诗歌理论选出一部创作“范本”。全书32卷，前17卷选汉至唐的五言古诗，后15卷选先秦至元的七言古诗。编者持“源流”、“正变”之说，五言部分两汉的作品几乎全部录入，魏晋以下，选择逐渐从严；七言部分的选择较宽，“大旨以杜为宗，唐宋以来，善学杜者则取之”。凡是入选之作，一般不失为作者本人比较好的作品。全书大体反映了唐以前五言诗及宋以前七言诗发展的概貌。《古诗选》也存在不少的缺点。唐代的五言诗，仅取陈子昂、张九龄、李白、韦应物、柳宗元五家。王士禛虽然推尊杜甫，说“诗至工部，集古今之大成”，然而五言部分不录杜甫一首，白居易的名字也不见于全书。在所选录的诗中还有因袭旧说而误标作者的情况。较通用的为乾隆年间芷兰堂初刻本及上海古籍出版社的标点排印本。

《古诗源》 *Sources of Ancient Poems* 中国先秦至隋代的古诗选集。清代沈德潜选编。全书共14卷，收录诗作700余首。编者选诗，主要着眼于诗歌的发展演变，认为诗至唐代为极盛，而古诗又是唐诗的源头，故定名为《古诗源》。书中所录，皆为唐以前历代的代表性作品，诗后评语也不乏精当或具有启发性的见解。

沈德潜是一位有眼光的选家。他在此书中选录了大量古代歌谣和乐府叙事诗；并于建安诗人中特别推崇曹操、曹植；于两晋诗人中特别推崇左思、陶渊明；于刘宋诗人中特别推崇二谢和鲍照；于北朝诗人中特别推崇庾信。体现了他反对绮靡而注重诗歌社会内容的宗旨。但书中也选录了不少郊庙乐章，而将南朝民歌视为“郑卫之音”摒去不收，则反映了编者的局限。通行本有文学古籍刊行社和中华书局排印本。

《古诗纪》 *Complete Record of Ancient Poetries* 中国辑录明代以前的古诗总集。原名《诗纪》。明代冯惟讷（1521～1572）编。冯惟讷，字汝言，号少洲。山东临朐人。著有《冯光禄集》。《古诗纪》156卷。前集10卷，录先秦古逸诗；正集130卷，录汉至隋代诗歌；外集4卷，录古小说、笔记中所传仙鬼之诗；别集12卷，选录前人对古诗的评论。它收罗宏富，是中国现存最早的一部专门搜辑古诗的总集。后来编辑总集的，如明代张溥《汉魏六朝百三家集》即多从此书取材。此书有冯惟讷原刻本，明嘉靖三十七年（1558）吴琯校刻本，明万历间海宁方天眷重订吴氏刻本等。清代冯舒有《诗纪匡谬》1卷，订正原书的缺失，较为精核。有《知不足斋丛书》本。

古树名木 old tree and famous wood 古树指树龄百年以上的树木。凡树龄在三百年以上的树木为一级古树，其余为二级古树。古树已进入缓慢生长阶段，干径增粗极慢，形态上给人以饱经风霜、苍劲古拙之感。名木指珍贵、稀有的树木和具有历史价值、

北京潭柘寺古树

纪念意义的树木。树龄也多超过百年。世界上长寿树大多是松柏类、栎树类、杉树类、榕树类树木以及槐树、银杏树等。名木或以姿态奇特、观赏价值极高而闻名，如中国黄山上的“迎客松”；或以历史事件而闻名，如泰山岱庙中汉柏，是汉武帝刘彻封禅时所植；或以传说异闻而闻名，如陕西黄陵轩辕庙内的“黄帝手植柏”，树高近20米，下围10米，是中国最大的柏树，据说是传说中的中华民族始祖轩辕氏黄帝亲手所植；再如地中海西西里岛埃特纳火山上的“百骑大栗树”，相传它的庞大茂密的树荫曾为古代一位国王、王后及其随带的百骑人马遮风挡雨。古树名木是历史的见证，是历代文人咏诗作画的题材，也是名胜古迹的佳景。

古斯拉夫语 Old Slavic 见于公元10～11世纪（一说9～10世纪）文献的最古老的斯拉夫书面语言。属印欧语系斯拉夫语族南部斯拉夫语支。它的基础是古保加利亚语的一种方言：南部马其顿方言。它包括其他斯拉夫语的一些成分，受希腊语和拉丁语的影响很深。古斯拉夫语曾用两套字母记载：①格拉哥里字母，这套字母大部分按希腊古体小写字母创造，在保加利亚和

格拉哥里字母表

克罗地亚一直使用到18世纪末。②西里尔字母，因创制者圣西里尔得名。在摩拉维亚传教期间，他移植了25个希腊多角字体字母，另创了18个字母来表达斯拉夫语特有的音。

古斯拉夫语的语音和形态结构同后期共同斯拉夫语十分接近。名词有呼格和双数等范畴，形容词的短尾形式也变格，并可充当定语。

古斯拉夫语作为古代斯拉夫民族的共同文学语言，由于接触了各地不同的活的斯拉夫语言而产生各种变异。这种带有地区性斯拉夫语特点的古斯拉夫语，称为教堂斯拉夫语，它主要用于宗教，至今仍在东正教礼拜仪式中使用。

古斯塔夫一世·瓦萨 Gustav Ⅰ Vasa（1496-05-12～1560-09-29） 瑞典国王（1523～1560）。瓦萨王朝的创立者。年轻时随父参加反丹麦斗争。1518年布伦教堂战役失败后，被当作人质羁押。1519年从丹麦逃到吕贝克。1520年回瑞典，1521年发动达拉纳起义。1523年打败丹麦占领军，被拥立为国王，建立瓦萨王朝，摆脱了丹麦的统治，建立起统一的民族国家。他致力于一系列改革，实行宗教改革，接受路德宗新教并促使宗教民族化。没收天主教会占有的城堡和过量财产，解散教会的军队，废除大贵族的封地和采邑，设置直接听命于中央政府的地方政府和官员，建立起一个强有力的中央集权政府，正式确立王位世袭制，废除选举制度。去世前，全国2/3以上的土地直接归属王室。

古四声 archaic Chinese four tones 中国先秦两汉时期汉语的声调。清代段玉裁最先使用这一术语。最早研究古四声的是明代陈第。见四声。

古体诗 classical-style poetry 中国近体诗形成以前，除骚体外的各种诗歌体裁，又称古诗、古风。与近体诗相对而言的诗体。古体诗格律比较自由，不拘对仗、平仄。押韵宽，除七言的柏梁体句句押韵外，一般都是隔句押韵，韵脚可平可仄，亦可换韵。篇幅长短不限。句子可以整齐划一为四言、五言、六言、七言体，也可杂用长短句，随意变化，为杂言诗。五言和七言古体诗作较多，简称“五古”、“七古”。杂言有一字至十字以上，一般为三、四、五、七言相杂，而以七言为主，故习惯上归入七古一类。汉魏以来乐府诗原是配合音乐的，有歌、行、曲、辞等。唐人模仿前代乐府而作，有沿用乐府古题的，如李白《蜀道难》，有即事

名篇另立新题的，如杜甫“三吏”、“三别”，以及白居易的《新乐府》，都已不合乐，实属古体诗范围。另外，唐以前即有以四句为单位的绝句，或称古绝句，唐时也有作者，与讲究平仄的近体绝句不同，也属古体诗一种。

古体诗在发展过程中与近体诗有交互关系。南北朝后期有一部分诗作开始讲求声律、对偶，但尚未形成完整的格律，是古体到近体间的过渡形式，或称新体诗。唐代一部分古诗有律化倾向，如王勃《滕王阁》为古体诗，但它平仄合律，全篇8句，在声律上近似分押仄、平两韵的两首七言绝句。唐代律诗格律定型之后，诗人们的古体作品中更常溶入近体句式。如王维、李颀、王昌龄、孟浩然等人的五古中颇有律句、律联。歌行体如白居易《长恨歌》、《琵琶行》等名篇中，也有不少句子是入律的。有的诗作者则有意识与近体相区别，多用拗句，间或散文化，李白、杜甫、韩愈等均有所创造。后来明、清学者自觉注意到古诗溶入律句和用拗句避律的现象。

古田会议 Gutian Conference　1929年12月28～30日在福建上杭县古田村召开的中国共产党红军第4军第九次代表大会。会议的主要任务是克服由于红4军的组织成分和艰苦战斗环境而出现的各种非无产阶级思想，加强党对军队的领导。会议由陈毅主持，毛泽东作了政治报告，朱德作了军事报告，陈毅传达了中央《九月来信》。大会根据中央九月来信的精神，总结了红4军建军以来的经验，批判了各种错误思想。大会通过了毛泽东主持起草的《中国共产党红军第4军第九次代表大会的决议》。决议明确规定了红军的性质、任务，指出红军是一个“执行革命的政治任务的武装集团”，强调以无产阶级思想建设人民军队的原则及坚持党

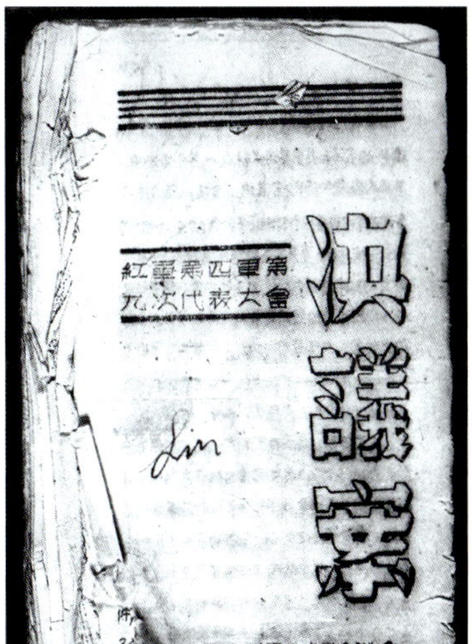

1929年12月古田会议《红军第四军第九次代表大会决议案》

对军队的绝对领导的原则。决议还阐明了关于红军的政治工作，红军要担负起宣传群众、组织群众、武装群众、帮助群众建立革命政权和党的组织的任务，对敌军采取正确的政策等问题。大会改选了红4军前委，选举毛泽东为新的前委书记，毛泽东、朱德、陈毅、林彪、罗荣桓、谭震林等11人为委员，杨岳彬等3人为候补委员。这次大会总结了党在建军方面的经验教训，划清了无产阶级军队和一切旧军队的界限，解决了如何把以农民和其他小资产阶级为主要成分的红军建设成为党领导下的新型人民军队的根本问题。

古田县 Gutian County　中国福建省宁德市辖县。著名侨乡之一。位于省境中部偏北。面积2 377平方千米。人口32万（2010）。有汉、畲、壮、苗、回、彝、满、朝鲜、蒙古、高山、布依等民族。唐开元二十九年（741）置古田县。农业主产稻谷、油菜子、花生、烟叶等。银耳大量出口，被誉为“银耳之乡”。名优特产有湖滨蜜柚、西洋油杏、大桥柿丸和水蜜桃等。食用菌生产居世界第一，出口量为全国之冠。矿产有高岭土、叶蜡石、泥炭土、花岗岩、钨、铁、铜、铋、金等。工业有农机、针织、皮革、制药、化工、冶金、纺织、木材加工等。水陆交通便利。旅游景点和纪念地有古田水库风景区、极乐寺、幽岩寺、临水宫、古田会议会址等。

古铁雷斯 Gutiérrez, Juan María（1809－05－06～1878－02－26）　阿根廷诗人、小说家、文学史家。生于布宜诺斯艾利斯。1834年获法学博士学位，1838年因政治原因入狱数月，后移居蒙得维的亚从事新闻工作。1845年迁居智利，曾任瓦尔帕莱索航海学校校长，之后任过多种报纸主编。其间出版诗集《诗的美洲》（1846），首次将新大陆11个国家的诗作辑录发表。1852年返回祖国，历任外交部长、布宜诺斯艾利斯大学校长、国民教育委员会主任等职。在文学创作中倡导浪漫主义，认为浪漫主义是一种适合反映现实的敏感手段。主要作品有长篇小说《贵族的上尉》（1864）和一部自选集《诗集》（1869）。作品多描写自然景色和民族习俗，风格稳健、严谨，接近于新古典主义。在文学史研究和文学评论方面成绩尤为显著，发表的重要专论有《南美洲几位诗人评传》（1865）等，为研究阿根廷文学的发展提供了丰富而翔实的史料。

古铁雷斯·纳赫拉 Gutiérrez Nájera, Manuel（1859－12－22～1895－02－03）　墨西哥诗人、小说家。生于墨西哥城，卒于墨西哥城。曾就读教会学校，后因家道中落辍学，走上社会。早期作品受浪漫主义影响，继而转向模仿法国高踏派和象征派。1894年创办《蓝色杂志》并以其带有明显唯美主义倾向的诗作为拉丁美洲的现代主义诗潮开辟了航道。他把西班牙“黄金世纪”宗教诗人的神秘主义同象征主义的悲观情调和唯美倾向结合起来，为拉丁美洲的早期现代主义奠定了基调。“现代主义”一词正是针对他的《诗歌全集》（1896），由墨西哥诗人胡斯托·谢拉提出来的。其他作品有短篇小说集《烟色故事》（1898）等。

古文 ancient Chinese prose　中国奇句单行、不讲对偶声律的散体文。与骈文相对而言。魏晋以后骈俪文盛行，讲究对偶，句法整齐而文辞华丽。北朝后周苏绰反对骈体浮华，仿《尚书》文体作《大诰》，以为文章标准体裁，时称“古文”，即以先秦散文语言写作的文章。其后，至唐代韩愈、柳宗元等，主张恢复先秦和汉代散文内容充实、长短自由、朴质流畅的传统，即称这样的散体文为古文。韩愈在《题欧阳生哀辞后》和《师说》中都正式提出了古文的名称，并为后世所沿用。唐代优秀的古文家，虽以复古为号召，却富有革新精神。他们既强调“道”的重要，也很注重“文”的作用，并崇尚创造，主张“惟古于词必己出”、“文从字顺各识职”（韩愈《南阳樊绍述墓志铭》）。他们所作的古文，实际上是一种新型散文，从当时口语中提炼而成为一种新的书面语言，有自己的个性与时代现实性，也有部分较为艰深僻涩的，但非主流。

《古文辞类纂》 *The Classificatory Compilation of Ancient Proses*　中国历代古文总集。编者清代姚鼐。此集是桐城派散文观点的代表选本，一度颇为流行。所选文章以唐宋八大家作品为主，其前后亦选有各朝代知名作家的文章。全书文体分为论辨、序跋、奏议、书说、赠序、诏令、传状、碑志、杂记、箴铭、颂赞、辞赋、哀祭13类，收作品700多篇，共74卷。其卷首的《序目》简要叙述了各类文体的源流及特点。成书于乾隆四十四年（1779），嘉庆时康绍庸刊刻初稿本，附有姚氏评语及圈点。1923年上海广益书局刊行了徐斯异等人编撰的《评点笺注古文辞类纂》。清末王先谦、黎庶昌都先后编有《续古文辞类纂》，分别为34卷、28卷。

《古文观止》 *Selection of Best Proses in Ancient Time*　中国历代散文选本。清代吴楚材、吴调侯编选，并经吴兴祚审定。此书于康熙三十四年（1695）镌版，上起先秦，下迄明末，收文222篇，分为12卷。据吴兴祚序称，编选者编选此书的目的是为了“正蒙养而裨后学”。所收以散文为主，兼取骈文。与《文选》以来的古文选本相比，

《古文观止》(清刻本)

它包括的时代既长，卷帙又不甚多，而且文章体裁多样，较少派别偏见，可谓广收博采，而又繁简适中。在编排上，全书按时代先后分为7个时期，每个时期都有重点作家和作品。由此可纵观古文发展的源流，也可分析各个作家的不同风格。另外，由于入选的文章多属久经传诵的佳作，所以此书至今仍广为流行。此书就选材而言，先秦文不选诸子，而汉文不选《汉书》，辽、金、元三代又付阙如，未能反映中国散文发展史的全貌。

古文经学 studies of Confucian classics 中国诠释和研究古文经的学问。以先秦古文字篆书写成的儒家经书，称为古文经。见经学。

古西伯利亚诸语言 Paleo-Siberian languages 分布于亚洲最北部的西伯利亚地区的三组语言和一种独立语言。它们彼此没有亲属关系。又称极北诸语言，俄罗斯学者多称作古亚细亚诸语言。使用人口不超过3万。这些语言并不构成一个语系，语言学家把它们归并入"古西伯利亚诸语言"，主要是从地理方面考虑，同时也沿用长期的习惯做法。

三组语言彼此处于隔绝状态，它们分别为：叶尼塞诸语言，卢奥拉维特兰诸语言，尤卡基尔诸语言，以及独立的吉利亚克语（又称尼夫克语）。叶尼塞诸语言中仅存凯特语（又称叶尼塞－奥斯恰克语），当代历史学家认为，匈奴人的语言就是古代的凯特语。卢奥拉维特兰诸语言包括：楚科奇语、科里亚克语（又称尼米兰语），以及其他几种使用人口很少的语言。尤卡基尔诸语言中仅存尤卡基尔语，其他几种语言均已消亡。19世纪20～30年代以后，尚存的西伯利亚诸语言都有了自己的标准语，并逐步采用了以西里尔字母为基础的文字。俄罗斯学者通常把北美的爱斯基摩－阿留申诸语言归入古西伯利亚诸语言，理由之一是这些语言和古西伯利亚诸语言中的楚科奇语等具有某些相似的形态特征。西方学者，如美国语言学家E.萨丕尔等则认为，古西伯利亚诸语言既然主要是地理上的归类，那么北美的爱斯基摩－阿留申诸语言应归入北美语言。有些学者还把亚洲的阿伊努语也划归古西伯利亚诸语言，但尚未取得一致意见。

古希腊建筑 ancient Greek architecture 公元前8～前1世纪，直到古希腊被罗马兼并为止时期的建筑。古代希腊是欧洲文化的发源地，古希腊建筑开欧洲建筑发展之先河。

按照历史发展的顺序，古希腊建筑的发展大约可分为三个阶段：

古风时期 公元前7～前5世纪，这时期留存下来的建筑遗迹，基本上都是石构。爱奥尼亚（又译伊奥尼亚）城邦创造出一种端庄秀雅的爱奥尼式建筑；多里安城邦形成了风格雄健有力的多立克式建筑。到公元前6世纪，这两种建筑逐渐成型，发展出一套系统做法，称为"柱式"。柱式体系的创造是古希腊人在建筑艺术上的一项重要贡献。

古典时期 公元前5～前4世纪，是古希腊繁荣兴盛时期，创造了很多建筑珍品，主要建筑类型有卫城、神庙、露天剧场（见图）、柱廊、广场等。柱式构图在这时期达到了完美的境界，雅典卫城建筑群和卫城上的帕提农神庙是古典时期最著名的建筑实例。

古典时期还出现了一种据说是在伯罗奔尼撒半岛的科林斯形成的新柱式——科林斯柱式，其柱头花饰更趋华美富丽。这种形式到古罗马时代进一步得到广泛的流行。

希腊化时期 公元前4世纪后期至前1世纪。马其顿王亚历山大大帝的远征，把希腊文化传播到西亚和北非，史称希腊化时期，为古希腊历史后期。其时原有的建筑类型已不能满足人们的需求，很多都被改造，同时产生了一批新的构图手法，风格也越来越华丽。这时期希腊建筑的影响远达中国，大同云冈石窟里可看到许多古希腊建筑的形象。

古希腊建筑中所表现出来的人文精神是古代其他地区的建筑所少有的，以美的纯净形象和高超的艺术效果受人称道。神像雕刻代表了理想的人体形象，柱式造型也参照人的体量尺寸确立。著名的多立克柱式和爱奥尼柱式，据说就是将男女人体的形象特征加以抽象概括而得。古希腊建筑本身体量不大，但在群体的总体设计上却处处考虑给人们的观赏创造条件，强调人在建筑群中行进的感受。城市中的各类设施同样体现了以人为本的精神。城市中的广场是公共客厅，广场旁边的柱廊是供人们在下雨时临时躲避的场所。广场和柱廊还可供市民交往甚至讲演。露天剧场之类的大型活动场地，也反映了古希腊社会对于公众需求的关注。

古希腊建筑中表现出来的理性精神，对于后世，特别是对于欧洲文艺复兴运动产生了重大的影响。后世的建筑师，特别是欧洲建筑师，一直从希腊建筑那里汲取营养。

埃皮扎夫罗斯剧场遗址（建于公元前4世纪的后25年间）

古希腊美术 ancient Greek art 公元前12～前1世纪希腊本土及其附近岛屿和小亚细亚西部沿海地区的美术。古希腊美术的演变大体可分为四个时期：荷马史诗时期（前12世纪至前8世纪）、古风时期（前7世纪初至前5世纪）、古典时期（前5世纪至前4世纪初）和希腊化时期（前4世纪末叶至公元时代），希腊化时期是古希腊美术向东方传播并与东方文化融合的时期。古希腊美术被尊崇为西方古代造型艺术的典范，其影响遍及欧洲和世界各地。

建筑 古希腊的城邦注重公众活动，人们都在露天的广场上进行政治和宗教的集会以及商业、体育、娱乐等活动。现存的建筑物遗址主要是神庙、剧场、竞技场等公共建筑，其中尤以神庙为城邦的重要活动中心。见古希腊建筑。

雕塑 希腊雕塑的整个发展时期长达1 000年左右，主要可划分为古风时期、古典时期和希腊化时期三个阶段。荷马史诗时期的美术还处在酝酿探索阶段，为数不多的小型雕塑造型古拙，原始风味浓厚。

古风时期 作为古风时期的希腊雕塑，通常从公元前7世纪开始。当时的人像雕塑大都为直立的形象，男像称库罗斯，女像称科雷，造型手法比较生硬。到公元前6世纪，雕塑在人体和动态的表现上都更为自由而富有生气。除了单个直立的雕像之外，还出现了具有更多动态或某种情节的雕塑作品。

古典时期 具有强健的体魄、昂扬的精神和典雅优美的造型，是古典时期希腊雕塑的共同特色。

这一时期较早的两件重要作品是德尔

图1 《海神波塞冬》铜像

斐的《驭者铜像》(约前470）和优卑亚附近海中发现的《海神波塞冬》铜像（约前460～前450)。1972年在意大利卡拉布里亚的里亚切附近海底，发现两尊古希腊铜像，年代与驭者铜像和波塞冬铜像相近，被视为20世纪西方重要的考古发现。

奥林匹亚宙斯神庙的雕刻是古典时期前期建筑装饰雕塑的重要范例。建于公元前460年前后，东西两面的山墙各有一组雕像。西面山墙雕塑中间的阿波罗的头像为古典时期雕塑中的完美形象的典型。

雕塑家米隆是古典时期较早的代表人物，他的主要活动年代是公元前5世纪中叶。作品均为青铜，其中最著名的是《掷铁饼者》，被公认为表现人体运动的典范之作。

希腊古典时期雕塑的黄金时代是公元前5世纪下半叶。在雅典政治家伯里克利的赞助之下，整修了雅典卫城，建造了堪称希腊古典艺术最高典范的帕提农神庙。卓越的雕塑家菲迪亚斯毕生最重要的成就是帕提农神庙的雕塑。除了早已被毁的用黄金象牙所作雅典娜神像之外，主要有三个部分，即东西山墙上的两组雕像、周围柱廊内的装饰壁带连续浮雕和外墙回檐上的方格浮雕。在东西山墙下面延向两侧的回檐上，是一圈间隔成方格的高浮雕。柱廊内侧的装饰壁带为较浅的浮雕，高1米许，全长约160米，现存较完整的约100余米。内容表现向雅典娜献祭的节日游行。除帕提农神庙之外，雅典卫城上还有一些较小的建筑物也附有精美的雕塑。如著名的厄瑞克透斯的6个女像柱和卫城入口处尼凯殿围栏上的《系鞋的尼凯》浮雕，这两处雕塑制作时间较晚（前420年前后），但其风格与帕提农雕塑为同一体系。

与菲迪亚斯同时期齐名的雕塑家波利克里托斯，以制作战士和竞技者雕像享有盛誉，著名的《荷矛者》为其代表作。原作已无存，现藏那不勒斯博物馆的是罗马时期复制品（发现于庞贝古城)。雕像表现肩负长矛迈步向前的裸体青年，体格强健，具有英武刚毅的气质。这座雕像的身长为头部的7倍，被认为是古典雕塑最标准的体型。

公元前4世纪进入古典时期的后期。那种庄严崇高、均衡和谐的理想化风格逐渐为更世俗化、个性化的表现所取代。这一时期希腊雕塑的最重要代表是斯科帕斯、普拉克西特列斯和利西波斯。斯科帕斯的作品以表现充满激情的战斗和悲剧性形象为特色，代表作有摩索拉斯陵墓壁带浮雕（前350年前后，伦敦不列颠博物馆藏)，表现希腊人与亚马孙人的激战场面。普拉克西特列斯的优美典雅和抒情诗般的风格与斯科帕斯急风暴雨式的艺术形成鲜明的对比。他最著名的作品是《尼多斯的阿佛罗狄忒》，是为小亚细亚尼多斯神庙所作而得名，很可能是希腊雕刻中第一个完全裸体的女神雕像，在当时曾被誉为最完美的杰作。原作已失，现存梵蒂冈博物馆的是罗马时期的摹制品。利西波斯是古典时期最后一位大雕塑家，据记载他曾作有1 500件雕像，多为青铜，但至今未发现有真迹留存下来。

希腊化时期　公元前4世纪末叶马其顿国王亚历山大大帝率领马其顿希腊联军远征小亚细亚、美索不达米亚、波斯、埃及、印度等地，希腊文化随之传播到所征服的广大地区，对当地的社会文化产生了深远影响，史称“希腊化时期”。希腊雕塑经过古典时期的发展高峰，到希腊化时期，中心移向小亚细亚的西部和爱琴海的部分岛屿。

萨莫色雷斯的《尼凯女神像》是希腊化时期雕塑的杰作。约作于公元前2世纪初。现藏巴黎卢浮宫博物馆的雕像头部、手臂都没有了，而躯体、双翅尚完整（留下部分高2.45米)。

另一件举世闻名的女神雕塑作品是米洛的阿佛罗狄忒雕像，因1820年发现于米洛斯岛而得名。从残留的台座铭文推断，属于公元前2世纪晚期所作。这尊大理石雕像被视为表现美神的典范之作。

位于小亚细亚西北沿海的小王国帕加马是希腊化时期的重要艺术中心。公元前3世纪后期，这里的统治者阿塔罗斯一世打败了多次入侵的高卢人，为了纪念这一胜利，阿塔罗斯一世聘请了第一流的希腊雕塑家、建筑师来此制作纪念性的建筑和雕塑。雕塑的青铜原作已不存，现在只能见到部分大理石摹制品，其中如《垂死的高卢人》、《自杀的高卢人》等，都以纯熟的写实手法刻画了高卢人失败时的悲剧性形象。帕加马的宙斯祭坛是帕加马的欧迈尼斯二世在公元前180年前后为纪念战胜高卢人的功绩而建造的。

希腊化时期的最后一件重要雕塑作品是《拉奥孔》群像，约作于公元前2世纪末或前1世纪中期，1506年在罗马发现。群像在写实技巧方面已达到极高的水平，以肉体的强烈扭曲表现精神的极度痛苦，打破了古典审美理想的静穆平衡。

陶瓶画　希腊绘画遗存几乎仅见于陶瓶画。希腊陶瓶器形典雅别致，装饰纹样和绘画优美独特，可分为几何风格、东方风格、黑绘陶、红绘陶、白地彩绘陶等种类。

几何风格　陶瓶画的历史比建筑、雕塑更为久远。克里特-迈锡尼文化衰落之后，制陶工艺在前10世纪又恢复并发展起来，在公元前9～前8世纪已具有相当的规模。这一阶段通称“几何风格时期”，因瓶体上的装饰均为几何形的图案，人和动物的形象也是几何化的。雅典迪皮隆墓地出土的陶瓶是这一时期的代表。

东方风格　公元前7世纪，由于和埃及、亚述和小亚细亚等地的交往不断增多，在装饰艺术上受其影响而出现了所谓东方风格（又称前阿提卡式)。其风格的特点是人物和牛羊、狮兽、禽鸟等动物的形象取代几何图案，占据了主要地位，表现手法也趋于写实，如艾莱夫西斯出土的大陶瓶(约前7世纪中期)。

黑绘陶　公元前6世纪进入瓶画艺术的重要发展时期，其中心是雅典周围的阿提卡地区。这时首先出现的是黑绘陶，是在陶土的坯件上用黑色漆釉画出图像，再用线条刻出轮廓和细部，烧成后，器物为红赭色地，衬托乌黑的人物等形象，显得浑厚凝重而有斑斓的光泽。

红绘陶　公元前6世纪末，出现了用新的画法绘制的陶瓶，即红绘陶。与黑绘陶相反，是在坯件上用黑色线条勾画出轮廓和细部，再把图像以外的底子涂成黑色，而人物等形象中间则留出，烧制后成红赭色。这种方法能更自由地描绘图像，真实感也更强，因而风行于公元前5世纪。

白地彩绘陶　在红绘陶盛行的公元前5世纪中期，同时出现新的画法，即在浅色

图2　雕塑《尼凯女神像》

陶土地上用线条和色彩作画，称为白地彩绘陶。其笔法大都较为简略如写意画，有一种轻盈淡雅的意趣。

古希腊文学 ancient Greek literature 公元前9～前8世纪流传的荷马史诗开始，到公元4世纪的文学。不限于今天的希腊本土，分布范围包括小亚细亚、爱琴海群岛和意大利南部、西西里岛等地。在亚历山大里亚时期和东罗马帝国时期，分布的地域范围更广，遍及东罗马帝国所管辖的西亚和北非等地。

诗人荷马塑像

古希腊的诗歌包括史诗、抒情诗、悲剧和喜剧，散文包括历史著作、修辞学和演说、哲学著作、文艺批评、地方志、传记文学、小说、寓言等。若不如此分类，就不足以看到古希腊文学传统的全貌。

远在公元前2000年或更早，到公元前1000年初，地中海东部的爱琴海一带，所用类似象形文字的古代文字与后来的希腊文字有密切关系。公元前9～前8世纪流传下来的两部荷马史诗的创作手法和文字技巧已相当成熟，这说明荷马史诗是在早期口头文学的基础上产生，经过好几个世纪的职业歌手不断加工而成。可以推断在荷马史诗以前应当还有过简陋得多的较原始的文学资料。

荷马史诗《伊利昂纪》(一译《伊利亚特》) 和《奥德修纪》(一译《奥德赛》) 叙述古代小亚细亚的特洛伊人与希腊人（当时统称阿凯亚人）交战的故事。此外还有许多类似荷马史诗的口头文学，但早已失传了。

古代曾有过不少类似或模仿荷马史诗的作品，大多是公元前7～前6世纪的诗人创作的。今天只知道这些史诗的大致内容、篇名和一些残句，内容是关于希腊众神的。此外，今天保留下来的还有一些献给不同神祇的短篇颂歌，称为荷马诗颂，大概是古代吟诵史诗的职业乐师所用的引子，最著名的有献给阿波罗、阿佛罗狄忒和得墨忒尔的几篇，都是很优美的歌词。

公元前8世纪末至前7世纪初，比奥细亚地方的诗人赫西奥德留下两首长篇叙事诗《工作与时日》和《神谱》。他的叙事诗用的是与荷马史诗同样的格律和方言，但内容则不同。《工作与时日》用讽喻口吻描绘了当时农民一年到头的辛勤劳动，地方贵族阶层的残酷剥削，以及不同日子的吉凶等，叙述很朴素。《神谱》叙述诸神的由来，把不同神话传说组成一个完整体系。从中可以看到小亚细亚文化（即东方文化）的影响。

公元前6世纪前后是抒情诗歌的兴盛时代。今天虽只能看到一些断章残句，但它曾对后世欧洲诗歌产生过很大影响，许多欧洲诗歌的格律形式都继承了古希腊抒情诗歌的传统。早期的抒情诗歌一般是唱的，有管弦乐器伴奏，分为箫歌和琴歌两支。公元前7世纪前后，出现埃勒格体抒情诗，这是一种每段由六音步诗行加上扬抑抑格的五音步诗行组成的双行体，用管箫伴奏。从内容看，有挽歌，也有战歌和情歌。后世称其为哀歌，但很可能埃勒格体是“箫歌”的意思。公元前7世纪初著名的哀歌体诗人有提尔泰奥斯、阿尔基洛科斯、卡利诺斯、米姆奈尔摩斯和泰奥格尼斯以及政治家梭伦。

同一时期，著名的“琴歌”诗人有泰尔潘德罗斯、阿尔凯奥斯和女诗人萨福等。从内容看有颂歌，有关于战争、政治、爱情的饮酒歌等。阿尔凯奥斯和萨福都创造了独特的诗歌格律，被后世模仿袭用。较晚的抒情诗人阿那克里翁写了5卷诗，但流传至今的都是别人模仿他的饮酒歌和爱情歌的作品。

萨福以后，古希腊抒情诗歌的中心从东方转到雅典和西西里岛一带。公元前6世纪西西里岛的抒情诗人斯特西科罗斯写了26卷诗，主要以神话、传说为题材，对古希腊抒情诗的发展产生不小影响。意大利南部诗人伊比科斯留下7卷诗，多半是爱情诗。

在保留了贵族统治的地区（主要是多里斯人居住的地区）或权力属于僭主的地区，合唱歌词和颂神诗得到发展。合唱歌的体裁较复杂，格律也较自由。重要的合唱歌诗人有阿尔克曼、西摩尼得斯、品达罗斯、巴克基利得斯等。合唱歌的内容主要是战死者的墓志铭、体育竞赛优胜者的颂歌和颂神诗等。

从抒发个人感情的短篇抒情发展到合唱歌词，再发展成为迎神赛会中的歌舞，这样就逐渐出现了古希腊的悲剧和喜剧，成为古希腊文学中最辉煌的成就之一。公元前534年左右起，悲剧由纪念酒神狄奥尼索斯的乐舞演变而来。早期悲剧表演的形式是两三个演员与合唱队进行对话，而歌队占中心地位。古希腊三大悲剧诗人中最早的是埃斯库罗斯，他写故事连续的三连剧。他之后是索福克勒斯。他的每个悲剧的故事都是独立的。题材虽也还是古代的神话和英雄传说，但明显带有雅典民主政治理想。后期作品如《俄狄浦斯王》就更多注意个人感情矛盾和复杂心理的描写。欧里庇得斯比索福克勒斯晚10年，但他属于另一时代。他的创作给传统题材赋予了新的内容，主要兴趣转向当时的社会问题，心理描写更合乎现代人的口味。他留下了17部作品，对后世文学的影响比他的两位前辈诗人更大。

古希腊早期喜剧起源于庆祝丰收的迎神赛会，开始只是俚俗的打诨，后来受到西西里岛民间拟剧的影响，发展成为有故事情节的喜剧。著名喜剧诗人克拉提努斯、欧波利斯和阿里斯托芬中，只有阿里斯托芬的11部喜剧被保存下来，他的喜剧都是政治性质的戏谑，诗人、哲学家、当权者，以及当时的政策、制度，都是他嘲笑的对象。古希腊中期喜剧作家有安提法奈斯和阿莱克西斯，他们的作品都没有被保留下来。这时期喜剧情节渐趋复杂化，歌队被取消，内容上对社会的讽刺代替了政治讽刺。约在公元前320年新喜剧出现。新喜剧都是描写当时社会上各种典型人物的悲欢离合的世态剧。作家有狄菲洛斯、菲莱蒙和米南德等，以米南德最享盛名。据说米南德一共写过105个喜剧，但是今天只保留下来《恨世者》和《萨摩斯女子》以及几部剧作的残诗。

公元前7世纪以后，用散文记录文件开始兴起。在历史方面，著名的历史学家有希罗多德、修昔底德、色诺芬等。他们的著作不仅是重要的历史文献，也是重要的文学作品。其中著名的有希罗多德的《希腊波斯战争史》、色诺芬的《希腊史》和《远征记》等。

在修辞学和演说方面，由于民主制度的兴起使得用于政治讲演和法庭答辩上的演说和修辞成为重要学术。约在公元前5世纪中叶，重要的演说家有西西里岛的科拉克斯和他的弟子提西阿斯与高尔吉亚，雅典的吕西阿斯、伊塞奥斯和伊索克拉底。公元前4世纪最著名的雅典政治演说家是狄摩西尼和他的对手埃斯基涅斯。狄摩西尼用演说来鼓动雅典人反抗马其顿的扩张，演说风格雄浑而不失细腻，充满感情。以后马其顿的统治窒息了雅典的民主制，演说术即告衰落。

公元前4世纪是哲学著作方面最辉煌的时期，这时重要的哲学家是苏格拉底，他的学生曼诺斯和安提斯泰尼等首先用对话形式写下苏格拉底的语录。苏格拉底死后，他的学生著名的哲学家柏拉图共写下20多篇对话，其中文艺性最强的是《斐德罗斯篇》、《会饮篇》等。柏拉图最好的文艺对话有很多当时情景的描写，很像美妙的散文诗。他的“对话”是古希腊文学中伟大的散文著作。柏拉图另有《理想国》10卷和《法律篇》等著作。柏拉图的学生亚里士多德是另一位古希腊著名学者和哲学家。亚里士多德的著作非常丰富，有关文学的著作流传至今的只有他的《诗学》和《修辞学》，在文艺复兴后对欧洲的文艺理论产生了很大影响。

公元前334～前323年间，马其顿的亚历山大大帝在统治全希腊后，又东征波斯、印度等地，从此整个地中海东部和西亚、中亚许多地方都处在希腊文化影响之下，希腊语变成这一广大地域的“普通话”。直到公元4世纪，亚历山大城一直是希腊文化中心。这一时期又称为希腊化时期。

公元前3世纪，亚历山大城最重要的诗人有：忒奥克里托斯，写了不少牧歌，描绘日常生活情景和年轻牧人的爱恋；卡利马科斯，主要作品是一首哀歌体4卷长篇叙事诗《起源》、6首颂神歌和一篇长达千行的叙事诗《赫卡勒》；阿波罗尼奥斯，传世的是4卷长篇史诗《阿尔戈船英雄纪》；阿拉托斯，写过一部论天文星象的长诗，曾多次被译成拉丁文。

公元前80年左右，诗人墨勒阿格罗斯曾把古希腊的抒情短诗和铭辞编成集子，名为《诗苑掇华》。公元10世纪，一位东罗马学者编出的选本共16卷收入三千多首铭辞，是今天所能看到的古希腊铭辞短诗的总集。

在历史传记文学方面，这时期的重要历史学家有波利比奥斯、狄奥尼西奥斯、阿庇安等。对日后欧洲作家影响最大的是公元1世纪的普卢塔克，他写有《希腊罗马名人传》和《道德论集》。同时期的狄奥多罗斯，写有《历史文库》40卷。

公元1世纪以后，出现了一个散文写作的复兴运动。演说家狄翁是一个讲究古典散文风格的作家。这时期最重要的散文作家是卢奇安，他的作品多半是讽刺性散文，嘲笑过去的天神和当时的迷信风尚等。公元2～3世纪间，菲洛斯特拉托斯·佛拉维乌斯写了《提阿纳人阿波罗尼奥斯传》等人物传记，阿特纳奥斯有《欢宴的智者》，共15卷，涉及伦理、美学、科学、文艺等方面，是研究古代希腊社会风俗和文学的重要资料。公元2世纪的普罗提诺是古希腊最后一位重要的哲学家和散文家。

在文学批评方面，公元1世纪左右有得墨特里奥斯的《论风格》和朗吉努斯的《论崇高》。后者分析了构成伟大文学作品的因素，认为一个伟大作家必须有崇高的思想境界和激情。文中作者表现出相当高的美学欣赏能力，对后世欧洲文艺理论的取向和发展产生很大影响。

另外，早在公元前5～前4世纪，寓言作家伊索的名字已是人所共知。公元前3世纪出现过一部《伊索寓言集》(已佚)。公元1～2世纪间，巴布里乌斯用抑扬格诗体写过一部《伊索寓言》。现存抄本还包括一些后来加入的散文寓言。在小说传奇方面，有阿里斯提得斯写的《米利都传奇》(失传)，卡里同、阿基琉斯·塔提奥斯和朗戈斯、赫利奥多罗斯等人的爱情小说，其中朗戈斯的小说《达夫尼斯和赫洛亚》抒情风格比较突出。此外还有克里特人狄克提斯和弗里吉亚人达勒斯所写关于特洛伊战争的故事。

在地理学方面，公元2世纪有著名史地学家鲍萨尼阿斯著的《希腊道里志》10卷，以及埃拉托斯泰涅斯写的有关天文地理方面不少著作。

基督教《新约》的一部分是用当时通行的希腊文写的，对后世文学产生不小的影响。

古新世 Paleocene Epoch 古近纪最早的即第一个世。1874年W.P.夏姆珀根据巴黎盆地第三系，原C.莱伊尔发现始新统下部的植物化石研究，认为这些化石要比始新世地层中发现的时代要早，因而提出古新世一名。据年代学的研究，古新世起始于距今6 500万年，直至5 500万年；持续了1 000万年（也有认为约850万年）。磁性地层极性时在29r～24r；大致相当有孔虫化石带P1～P5，钙质超微化石带NP1～NP9。古新世时期形成的地层称古新统。

古新世最引人注目的变化是在地球上称王称霸的恐龙已绝灭，古鸟类在空中开始有了较快的发展，代之而起的哺乳动物有胎盘类经历了一次重要的繁衍和进化阶段，它占有和填补了中生代末期爬行动物腾退的生态环境。除了与恐龙共同生活过的一些种类如有袋类、多瘤齿兽类、食虫类继续发展外，尤为重要的是有胎盘类哺乳动物各种古老类群如全齿兽类、踝节类、南方有蹄类大量发展和迅速分化，但它们都属于绝灭的类群，与现代哺乳动物各科没有直接的系统关系。动物群面貌离奇而特别，古老的、土生土长的种类占了绝对的优势。这与古新世以后的陆上动物群成为显明的对照。海洋中无脊椎动物在中生代繁盛的菊石和箭石均已绝灭，大型有孔虫和浮游有孔虫品种开始多且分布广，软体动物中双壳类、腹足类越来越繁盛，陆上的腹足类、介形类及昆虫等动物得到进一步发展。植物界中白垩世古老种类开始大量衰退，蕨类植物、裸子植物数量和品种已不及从前繁盛，被子植物的现生属种开始有了较多的出现，但总的面貌仍与白垩纪时相似。

古叙利亚语 Syriac language 属阿非罗-亚细亚语系闪语族。公元2世纪后中东地区基督教使用的一种语言，是罗马帝国东部仅次于希腊语的重要语言，也是把希腊文明传播到阿拉伯地区的重要媒介。伊斯兰教兴起后，才让位于阿拉伯语。8世纪以前，古叙利亚语用于礼拜仪式。现在，古叙利亚语仍是中东若干教派的礼拜仪式语言。古叙利亚语有丰富的文献，包括《圣经》译本，哲学、语法、医药和科学著作。有22个辅音字母，原来没有表示元音的字母，但8世纪初设计了三种表示元音的不同书写系统。文字由阿拉米文字草写体衍生而来，自右至左，也可自上而下书写。

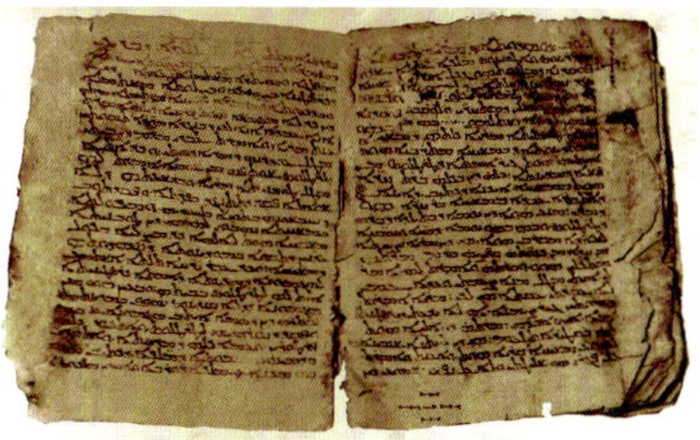

《古叙利亚语古卷》中的一页

古音 archaic Chinese sounds 汉语音韵学术语。中国先秦两汉时期的汉语语音。与隋唐语音通称今音相对。20世纪20年代以后人们把两者统称为古音，前者称上古音，后者称中古音。广义的古音包括上古音的声、韵、调，狭义的古音指以《诗经》、《楚辞》押韵为中心的先秦两汉韵，等于古韵。

古元 Gu Yuan (1919-07-10～1996-08-10) 中国版画家。生于广东中山，卒于北京。1938年入陕北公学。翌年到延安鲁迅艺术文学院美术系学习，创作木刻《开荒》等。1940年6月毕业后任乡政府文书，工作之余创作了《牛群》等木刻作品。1941年5月任鲁迅艺术文学院美术工场木刻组组长。其间创作《逃亡地主归来》、《哥哥的假期》、《刘志丹》等木刻作品。1945年任鲁迅艺术文学院美术系教师、创作组长。抗日战争胜利后，历任华北联合大学教师、东北画报社美术记者等职。这时期他创作了《焚毁旧契》、《人桥》等作品。中华人民共和国建立初期，创作了《北京劳动人民文化宫》等作品。1958年后，历任中央美术学院教研室主任、副院长、院长等职。古元还擅水彩画，作品表现自然山川，风格质朴、

版画《人桥》

清新，富有诗意。出版有《古元木刻选集》、《古元水彩画选》等。

古猿 fossil ape 地质时代的猿类。从现有化石看，猿类约从第三纪的渐新世开始出现，距今约4 000万年。最早发现于埃及的法尤姆地区。早期猿类以原上猿、埃及猿为代表。它们体形较小，在树上生活，是猴模样的猿。中新世猿类身材变大，种属数目增多，产生了许多活跃种类，分布在亚、非、欧三洲的多个地区。其中的一些成员是现代猿类的祖先类型。中新世末期，由于全球环境的剧烈变化，使多种古猿赖以生存的生态环境日趋恶化，最终导致大多数种类走向灭绝。而在某些地区，一些古猿成员开始下到地面上，逐渐改营地面生活。古猿从树栖到地栖生活方式的转变，为古猿向人的逐渐转变及直立行走奠定了基础。

19世纪中期，英国学者C.R.达尔文根据胚胎学和比较解剖学的证据，提出古猿演化到人的科学假说，得到学术界的普遍接受。一般认为，在距今800万～600万年前的中新世晚期或上新世，能够真正直立行走的最早的人类开始出现，完成古猿向人类转变的过程。非洲已发现大量200万年以上，乃至600万年前的能够直立行走的人科成员化石。而世界其他地区还未发现早于180万年的人类化石，因此一般认为非洲是人类的发祥地。但也有学者认为，亚洲或欧洲的古猿也有可能是人类最早祖先的候选者，如欧洲的乌兰诺古猿，中国云南发现的禄丰古猿，不过还有待发现令人信服的证据。

古越藏书楼 Guyue Library 中国近代图书馆。清末徐树兰（1837～1902）创办。徐树兰在西方文化的启迪和维新改良主义的影响下，参照东西方各国图书馆章程，以存古和开新为宗旨，捐献私人藏书7万余卷，于清光绪二十九年（1903）在他的家乡浙江绍兴建造此楼，三十年（1904）开放。在管理方法上除继承已往藏书楼的传统外，又吸取外国先进经验。编有《古越藏书楼书目》，其著录与分类都有创新，能够充分揭示馆藏。古越藏书楼的出现，标志着中国私人藏书楼向公共图书馆的过渡，也标志着中国近代图书馆的诞生。

古韵 archaic Chinese rhymes 汉语音韵学术语，指以《诗经》为主的中国先秦两汉韵文的韵。传统音韵学关于古韵的研究，主要成就在于古韵分部。其基本方法是首先系联《诗经》韵字，归纳韵部。然后根据谐声关系，扩大韵部范围，如此推衍，可得到完整的古韵系统，并将汉字分别归入各韵部。宋代吴棫著《韵补》，开始探求古韵面貌。明代陈第著《毛诗古音考》等书，考订古音，彻底廓清唐宋人以今音改读古韵的“叶韵”说的谬误，提出了古今音异的观点。清代顾炎武著《音学五书》，破除传统韵书的束缚，根据古韵实际归纳韵部，离析唐韵以求古音分合，并将今韵入声配阳声改为入声配阴声，分古韵为10部，其中阳、耕、蒸、歌四部已成定论。以后古音学家都是在顾氏工作的基础上，进行更加精密的研究。其中江永著有《古韵标准》，分古韵为13部，其贡献在于真元分部、侵谈分部、幽宵分部，侯部从鱼部分离出来归入宵部。段玉裁著有《六书音均表》，分古韵为6类17部，其贡献在于支脂之三分、真文分部、侯部独立，并提出同谐声的字应在同一部的古韵理论。古韵分部至段氏大体已定。戴震著有《声韵考》及《声类表》，分古韵为9类25部，每一类都阴声、阳声、入声三分，开阴阳入相配的先河。孔广森著有《诗声类》，分古韵为18部，把冬部独立；又提出“阴阳对转”的理论。王念孙分古韵为21部，江有诰也分古韵为21部。章炳麟分古韵为23部，晚年又主张冬侵合为一部，为22部。黄侃分古韵为28部。现代学者王力主张脂微分部。古韵分部的工作，至此臻于完善。

古装新戏 new drama with ancient costume 中国辛亥革命后，由梅兰芳等首创演出的旦角梳古装头、穿改良古代仕女服装的新编剧目。1915年中秋前夕，北京各大戏班纷纷上演“应节戏”。梅兰芳所在的双庆班在齐如山和李释戡的帮助下，编演《嫦娥奔月》，借鉴仕女画设计嫦娥的头饰、服装，配以简单的布景、灯光，并为嫦娥设计了一套花镰舞，取得成功。此剧被称为“畹华古装新戏鼻祖”。其后，又陆续根据历史传说、佛经故事、小说等编演了《黛玉葬花》、《千金一笑》、《天女散花》、《西施》、《洛神》、《廉锦枫》、《麻姑献寿》等戏，备受欢迎。此外，素有“北梅南欧”之称的欧阳予倩、享名在梅兰芳之前的冯子和，以及当时或稍后的名伶徐碧云、朱琴心、程砚秋、尚小云乃至老生马连良、高庆奎也都曾编演过古装新戏。古装新戏的相继出现，丰富与提高了京剧艺术特别是旦角行当艺术的表现力。

京剧《霸王别姬》剧照（梅兰芳饰虞姬，刘连荣饰楚霸王）

谷超豪 Gu Chaohao (1926-05-15～) 中国数学家。生于浙江温州。1948年毕业于浙江大学数学系，留校任教。在浙大进步学生运动中和保全杭州科技机构迎接解放做了大量工作，成效卓著。1953年到复旦大学工作。1959年获苏联莫斯科大学物理数学科学博士学位。回国后历任复旦大学教授与数学系系主任、数学研究所所长、副校长，中国科学技术大学校长，中国数学会副理事长。1980年当选中国科学院学部委员（院士）。从事偏微分方程、微分几何、数学物理等方面的研究和教学工作。在偏微分方程和规范场理论研究方面的成果，获得国家自然科学奖（1982年，二、三等各一项）、2005年何梁何利基金科学与技术成就奖等。获2009年度国家最高科学技术奖。在科研工作中解决了超声速机翼绕流等若干数学问题，其成果比国外早十多年。在正对称型方程组和混合型方程研究方面取得重要成果，首次提出高维、高阶混合型方程的系统理论。在规范场的数学结构方面也取得一系列成果，并首先提出波映照理论。在高维时空的孤立子理论及其几何应用的研究中取得新的重要进展。发表研究论文130篇，专著《齐性空间微分几何学》、《经典规范场》、《孤立子理论和应用》、《孤立子理论中的达布变换及几何应用》等。

谷盗 Trogossitidae; ostomid beetle 鞘翅目谷盗科昆虫的统称。有650余种，主要分布于热带、亚热带与温带。中国记载10余种。小型至中型，长椭圆形或细长与宽扁，背面光滑，黄褐与深褐色。前口式，上颚发达，复眼小。触角11节，较细，棒状。前胸背板与鞘翅基部分开略宽。足短，后足基节相连接；跗节5节，通常第1节小，第5节长。幼虫衣鱼型；具发达的口器，端部有尾钩一对。

除仓库发生的种类外，多栖息于树皮下、蕈类或尘屑中。幼虫性活泼，大部分为捕食性。危害储粮、豆类、干果、药材、谷物制品与蕈类。

谷登堡 Gutenberg, Johannes (1390/1400～约1468-02-03) 德国金银匠、印刷商、欧洲活版印刷术发明者。生于美因茨，卒于美因茨。1438年同几名金银匠订立研究活版印刷术的合同，秘密制作金属活字。1448年对自己研制的字模浇铸铅合金活字加以改进。从1450年起，与J.富斯特合伙经营印刷所。1452年开始四十二行本《圣经》的印制工作，1455年完成。其间，因活版印刷术发明权问题，与富斯特发生争执，富斯特胜诉。后谷登堡幸得美因茨市市长的支持，再度进行活版印刷活动。还印制有《圣经·诗篇》(1457)、三十六行本《圣经》(1460年前)、《万灵药》(1460)及《土耳其历书》(1554)等。他的发明包括：铸字盒、冲压字模、铸造活字的铅合金、木制印刷机、印刷油墨和一整套印刷工艺。

谷蛾 Tineidae; tineid moth/fungus moth 鳞翅目谷蛾科昆虫的统称。有3 000余种，广布世界各地，体小，一般为褐色，偶有艳丽色彩。头顶有稀疏的竖毛或鳞片；触角不长过翅长，第一节不扩大成眼罩；下唇须小至中等大。前翅前、后缘平行，向顶角逐渐狭窄呈圆顶状；后翅和前翅宽度差不多，更接近长卵形。后足胫节上有毛和距。卵常单产在缝隙中。幼虫灰白色，一般食害干燥动物体、植物质、菌类、皮毛、毛织品等，有的吐丝做筒囊或做成袋状随身体移动。许多种是仓储和家庭的害虫。重要种类有幕衣蛾、袋衣蛾、四点谷蛾、灰褐谷蛾、褐斑谷蛾、乌谷蛾等。

谷牧 Gu Mu (1914-09-27～2009-11-06) 中国无产阶级革命家，经济战线领导人，全国政协副主席，国务院副总理。山东荣成人。卒于北京。1931年加入共青团，1932年转入中国共产党。是“左翼作家联盟”的负责人之一。抗日战争时期，曾在东北军中任中共工作委员会书记。后任中共山东分局统战部部长、中央华东局秘书长。中华人民共和国建立后，历任中共济南市委书记、市长，中共上海市委副书记，国家基本建设委员会主任、党组书记，中共中央工交政治部主任。1969年任国务院业务组成员。在“文化大革命”中协助周恩来做了大量维持经济建设的工作。1975年被任命为国务院副总理兼国家基本建设委员会主任。1978年被任命为国务院副总理兼国家计划委员会副主任。后任国家进出口管理委员会主任，国家外国投资管理委员会主任、党组书记。曾当选为中共第十、十一、十二届中央委员。1980～1985年任中央书记处书记。1982年任国务委员。1988～1993年任全国政协第七届副主席。

谷崎润一郎 Tanizaki Junichiro (1886-07-24～1965-07-30) 日本唯美主义小说家。生于东京，卒于汤河原。1905年入东京第一高等学校（东京大学前身）英法文科，1908年考入东京大学国文系。《象》(1910)、《刺青》(1910)和《麒麟》(1910)等小说的发表，使其开始在文坛上崭露头角。尤其《刺青》一作将谷崎润一郎扭曲的美学关注表现得淋漓尽致。

谷崎润一郎的中期创作具有异端色彩，被称作所谓“恶魔主义时代”。晚期创作是谷崎文学最为重要的时期，纯化了早期创作的唯美追求与倾向，竭尽所能地实现感性美的探究与官能享乐的追索。晚期代表作有《春琴传》(1933)和《细雪》(1948)等。《春琴传》描写主人公佐助为了表达对盲女春琴的爱，故意用钢针刺瞎了自己的双眼。《春琴传》和《细雪》已有中文译本出版。

股本 share capital 股份公司通过发行股票或股东直接认股方式所筹集到的股金总额，即公司股东的投资总额。在股份公司中，股本是公司资本的组成部分，不是资本的全部，股份公司的资本有时还包括公司发行的债券或通过其他信用方式所取得的投资。股本作为股份公司的基本资本，一个显著特点是它只需要付息，而不需要还本。它是股份公司得以创办的基础性资本。申请设立股份公司必须有最低的股本额，达不到最低股本额，设立的申请就得不到批准。同时，最低股本额应由公司创办人或初始股东全部认购下来，以保证公司有最基本的经营能力。

股东 shareholder 在股份公司中拥有股票并领取股息的投资者。股东是股票的合法持有人，可以是法人，也可以是自然人。

股东的权利有：①自益权。主要包括获取股息和红利的权利，在公司清算之后分得公司剩余财产的权利，在自己的利益难以得到公司决议保障时请求公司收买自己股票的权利等。②共益权。主要包括享有出席股东大会并对有关决议进行表决的权利，享有了解公司财务和业务状况的权利。③普通股东权。主要包括自益权和共益权。④优先股东。在赢利分配和剩余财产分配方面较普通股东优先，但在表决权方面，优先股东往往受到限制。

义务包括：①缴纳股金。包括现金、实物或工业产权（商标、专利等）。②按法律规定承担企业债务。有限公司的股东对公司负债只承担有限责任，即仅以其所认股金面额为限；无限公司的股东对公司负债则需承担连带清偿责任。③向税务机关申报所获的股息、红利，并依法纳税。

股东大会 general meeting of shareholders 股份公司的最高权力机构。在有限责任公司由股东组成，称股东会；在股份有限公司由股东代表组成，称股东代表大会。

股东大会的职权是：①决定公司的经营方针和投资计划。②选举和更换董事，决定有关董事的报酬事项。③选举和更换由股东代表出任的监事，决定有关监事的报酬事项。④审议批准董事会的报告。⑤审议批准监事会或者监事的报告。⑥审议批准公司的年度财务预算方案、决算方案。⑦审议批准公司的利润分配方案和弥补亏损方案。⑧对公司增加或者减少注册资本作出决议。⑨对发行公司债券作出决议。⑩对公司合并、分立、解散和清算等事项作出决议。⑪修改公司章程。

股份 share 有两义：①指公司资本的最小计算单位，以一定的金额表示，全部股份金额的总和应为公司资本总额。②股东权利义务产生的根据。股东基于其拥有的股份享有股东权，权利义务的大小取决于其拥有股份数额。在采用授权资本制或认可资本制的国家，允许章程中所确定的资本总额分次发行，资本总额全部发行完毕之前，公司已发行股份总额总是小于资本总额。

法律特征　主要有：①股份一律平等。股份所代表的资本额一律相等，所包含的权利义务一律平等。②股份在形式上表现为有价证券，股票是股份的证券形式，股份是股票的实质内容。③股份可自由转让。采用股票这种证券形式便于股份自由转让、流通，合法取得股票者即取得股东权。

分类　股份依据不同的标准可以划分不同的种类：①依股东基于股份所享有的权利之不同，可分为普通股、特别股。特别股又分为优先股与劣后股。②以表决权有无为标准分为表决权股、限制表决权股、无表决权股。③依股票票面上是否标明股份金额，可分为额面股、无额面股。④依股票上是否载有股东姓名，可分为记名股、无记名股。⑤依股份是否可以公司收益予以收回，分为偿还股与非偿还股。⑥依股份种类是否可以转换，分为转换股、非转换股。⑦依股份发行时期，可分为旧股、新股。⑧依股份持有人特定身份分为资格股份、雇员股份、公司自有股份。

股份发行　可分为设立发行和新股发行。设立发行是公司设立过程中发行股份，新股发行是公司成立后再次发行股份。股份发行又可分为不公开发行、公开发行两种。依新股发行的目的可分为非增资的发行与增资的发行，通常的发行与特别的发行。股份可自由转让，只需当事人间合意即可成立，转让后发生股东权利与义务移转的效力。但股份转让并非绝对、毫无限制的，各国法律大多对股份转让作了必要的限制，允许公司在不违反法律的情况下，以章程对股份转让作出适当限制规定。除法定情形，公司不得收回股份，取得自有股份。

股份公司　joint-stock company　通过认购或发行股票的形式，把分散的货币资本集中起来进行经营活动的法人企业。企业财产的一种有效组织形式。通常分为无限公司和有限公司两种。前者的股东对公司债务负无限清偿责任，不受所认购股金的限制；后者的股东对公司债务负有限责任，只以所认购股金为限，不涉及个人其他资产。股份公司典型的代表形式有两种：

①股份有限公司。股份公司最基本的组织形式。其全部资本由等额股份构成并通过发行股票筹集资本，股东以其认购的股份对公司承担有限责任和义务并享受相应的权利，公司以其全部资产对公司债务承担责任的企业法人。公司的组织结构包括股东大会（又称股东会）、董事会、监事会和经理层执行机构。

②有限责任公司。由两个以上股东共同出资，股东以其所认缴的出资额对公司承担有限责任，公司以其全部资产对公司债务承担责任的企业法人。又称有限公司。无论出资多少，每位股东只享有一票表决权。此种形式一般适合于中小企业、具有法人条件的资金联合型公司，以及经营风险较大、市场供求关系变化激烈、所需信用不高的企业。

股份合作制　share-based cooperative system　股份制在合作经济中具体运用的制度。兼有合作制与股份制两种经济形态特点，实行劳动合作与资本合作相结合的一种新型的社会主义性质的合作经济组织制度。主要特点：①入股自愿，退股自由。劳动者之间是自愿、合作、平等、互利的关系。②劳动合作与资本合作相结合。股份合作制企业是实行各种生产要素联合与生产合作的实体，现阶段入股者一般具有双重性，他们既是参股者，也是劳动者或经营者。③按劳分配与按资分配相结合。股份合作制企业的收益分配，不单以入股的份额为标准，而是以股份数额和提供的劳动量为标准。④股份合作制企业不是依照国家法律设立，而是依照入股者的共同协议和企业章程而设立。

股份合作制企业　joint-stock cooperative enterprise　兼有合作制和股份制两种经济形态特点，实行劳动合作与资本合作相结合，在实践中产生并不断发展的新型社会主义集体经济组织形式。是两个以上劳动者或者投资者按照章程或协议自愿组织起来，以资金、实物、技术、土地使用权等作为股份，依法从事各种生产经营服务活动，实行民主管理，采取按劳分配和按股分配相结合的利润分配方式，留有公共积累，能够独立承担民事责任的具有法人资格的集体经济实体。它保持股份制筹集资金、按股分配和经营管理方面的合理内核，吸收股东参加劳动、按劳分配和提取公共积累等合作制的基本内核，集股份制与合作制优点于一体。

在一些国家，股份合作制企业专门为农业生产提供廉价生产资料，或进行农副产品加工、储运、销售，以及为资金融通、储蓄提供服务等。在中国，股份合作制企业是于20世纪80年代中期，为探索城乡集体企业改制之路而在合作制的基础上形成的企业组织。

股份两合公司　joint-stock limited partnership　两合公司的一种特殊形式。由一人或一人以上的无限责任股东，一人或一人以上的有限责任股东组成，资本分为股份的公司形式。其中，无限责任股东与无限责任公司的无限责任股东相同，有限责任股东以其出资额为限承担有限责任。股份两合公司是股份有限公司与无限责任公司的组合，它适用于上述两种公司的法律规定；公司资本划分为均等的股份，其中无限责任股东对公司债务负有连带无限责任。有限责任部分的资本可以发行股票，其股东仅以其认购的股份对公司债务负责。股份两合公司的股东大会只代表有限责任股东，其决议对无限责任股东没有约束力；无限责任股东和有限责任股东都可以当选为业务执行人，但只有有限责任股东可以当选业务监察人。股份两合公司是一种逐渐淘汰的公司形式。

股份制　system of shares in enterprises　市场经济中以股份方式形成的现代企业的资本组织形式和经营制度形式。是现代企业制度的基本形式。它在社会化大生产和商品经济的发展中逐步产生和完善，并普遍存在于当代不同国家的市场经济中。

形式　在现代市场经济中，规范的股份制主要有两种基本形式：①股份有限公司。是根据法律规定的条件成立，全部资本分为定额股份，股东以其所持股份为限对公司承担责任，公司以其全部资产对公司债务承担责任的企业形式。股份有限公司的股东必须达到法定人数，可以公开募集股份，发行股票。②有限责任公司。是股东以其出资额为限对公司承担责任，公司以其全部资产对公司的债务承担责任的企业形式。有限责任公司的股东最高人数由法律予以规定，不能公开募集股份，不能发行股票。

基本特点　①以股份的形式筹集资本。②股东以持有股份为限，相应地享有出资者所有权。③企业享有由股东投资形成的全部法人财产权，依法自主经营、自负盈亏。④建立一般由股东大会、董事会、监事会、经理阶层等构成的企业治理结构。

积极作用　①加快资本集中，促进资本社会化，推动社会化大生产的发展。②保障出资者的权益，保证股份制企业独立经营、自我积累、自我约束、自负盈亏并实现长期发展。③实现了资产运营的价值化、货币化和市场化，增加了资源配置的选择机会。

中国股份制　中国自20世纪80年代以后，随着经济体制改革深入进行和商品经济迅速发展，开始出现股份制企业。1984年7月，北京成立天桥百货股份公司；11月，上海飞乐音响公司向社会公开发行股票，成为中国改革开放以后第一家真正意义上的股份有限公司。1993年，中共十四届三中全会通过的《中共中央关于建立社会主义市场经济体制若干问题的决定》明确提出，建立现代企业制度是国有企业改革的方向，具备条件的国有大中型企业可依法改组为有限责任公司和股份有限公司。1999年9月，中共十五届四中全会通过的《中共中央关于国有企业改革和发展若干重大问题的决定》明确提出，要大力发展股份制，对国有大中型企业实行规范的公司制改革，股份制发展开始走上规范的轨道。

股份制商业银行　joint stock commercial bank　中国以股份有限公司和有限责任公司形式组织的商业银行。既有上市银行和非上市银行，有全部国家股或国有法人股的商业银行，也有民营企业参股的商业银行。创建于1908年的交通银行1987年4月重组开业，成为中国第一家股份制商业银行。随后，又成立深圳发展银行、中信实业银行、中国光大银行、华夏银行、招商银行、广东发展银行、福建兴业银行、上海浦东发展银行、中国民生银行。股份制商业银行与国有商业银行相比，具有较为灵活的机制，能较为充分地调动起创新能力，业务发展比较快，资产质量比较好，在中国银行业中的地位越来越重要。

股价指数　stock price index　用以表示多种股票平均价格水平及其变动并衡量股市行情的指标。它是以基期的股票价格平均数为100（即100点），然后以各期的股票价格平均数与基期相比算出的百分数，即为各个时期的股票价格指数。股票价格指数是衡量整个股市总的价格水平的尺度。股价指数一般是由大的金融公司编制，定期公布。一般而言，股价指数上升，各种股价大都上扬；股价指数下降，则多数股价回落。世界各国的股票市场都有自己的股价指数，即使在一个国家同一个股票市场也会有不同的股价指数。不同的股价指数在具体编制中，计算的对象和计算的方法以及确定的基期都会有所不同。但其编制的步骤和作法却基本相同：①从股票市场上选定几十种或几百种有代表性的股票为计算样本。②计算某一日期股票样本市场收盘的市价总和，再用总股数来除，求得股价平均数。③选定某年某月某日为基期，基期的股票价格平均数定为100或50，以后各期的股票价格平均数同基期相比计算出的百分数，即为各时期的股价指数。

股票　stock　股份有限公司向股东签发的证明股东持有股份的所有权证书，借以定期取得股息的凭证。有价证券的主要形式之一。

股票是投入股份公司的资本份额的证券化，属于资本证券；但它并非现实财富，而是独立于运营的真实资本之外的虚拟资本，凭借它所代表的资本额和股东权益在股票市场上进行独立的价值运动。

股票的特征包括：①收益性。收益主要来源于股息和红利，以及股票的资本利得。②风险性。即可能产生经济利益损失的特性。③流动性。除法律有特别规定外，股份公司一般不得限制股份的自由转让，股票持有人不得直接向股份公司退股，但可灵活转让其持有的股票，从而兑付为现金。④永久性。在股份公司存续期间，股票所载有的权利的有效性不变，股份代表股东与股份公司间的永久性投资关系。⑤参与性。股票持有人均可通过股东大会参与公司的重大决策。⑥波动性。股票价格经常变化，与股票票面价值不一致。

按股东享有的权利不同，股票可分为普通股和优先股；按是否记载股东姓名，可分为记名股票和不记名股票；按是否用

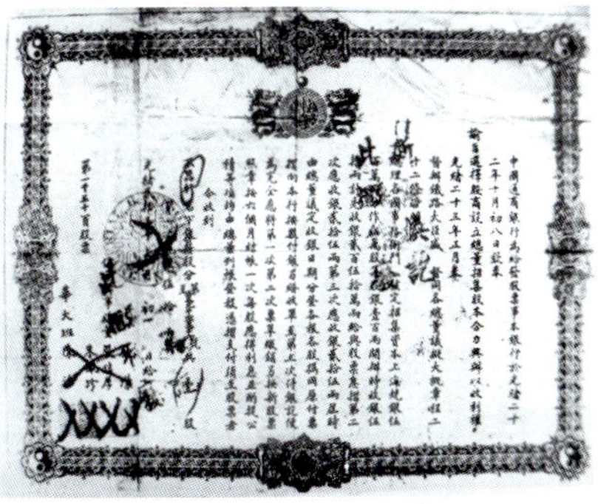

清光绪二十二年（1896）中国通商银行创办时发行的股票

票面金额表示，可分为有票面股票和无票面股票。按投资主体不同，中国股票分为包括国家股、国有法人股在内的国有股权、社会法人股（见法人股）、社会公众股和外资股等。

股票的价值可分票面价值、账面价值、清算价值、内在价值等。股票的价格包括理论价格和市场价格。

股票价格　stock price　股票在证券市场上的买卖价格。包括发行价格和交易价格，反映投资者对股票预期收益的评价水平。股票发行价格是股份有限公司在股票发行（一级）市场出售股票的价格。企业可以以不等于股票票面所标明的股票货币金额或股票账面价格发行股票。股票交易价格是股票在股票交易（二级）市场的交易价格。股票价格取决于股息和利息率，基本计算公式是：①有面值股票为：价格 $=\frac{面值\times股利}{利息}$；②无面值股票为：价格 $=\frac{股利}{利息率}$。影响股票价格最直接、最关键的因素是资金与股票之间的供求关系和对股份公司经营前景的预测。此外，还受投资者对价格的预期和投资决策行为的影响。

对于公司而言，股票发行价格决定着募集资本的数量和股票的账面价值，股票交易价格将影响公司声誉和市场形象，影响公司未来的再融资决策和并购决策；对投资者而言，股票价格则影响其投资收益与风险；对政府而言，股票价格是判断股票市场运行态势，分析宏观经济运行状况的基本依据之一。

股票市场　stock market　通过发行和交易股份制企业的股票来融通资本金，促进资金有效配置的市场。包括股票发行市场（一级市场）和股票交易市场（二级市场）。

股票发行市场是股份有限公司发行股票募集资本，也是投资者认购股票成为公司股东的投融资关系的总和。又称股票一级市场或股票初级市场，它促进社会资金向资本的转化。

根据股票形成的来源，股票的发行方式可分为发起设立、募集设立、存量转让发行、送股发行和配股发行5种方式；根据发行的公开程度，可分为公募和私募；根据承销状况不同，可分为直接募集或间接募集；根据股票的具体发行方法不同，可分为柜台发行、申请表发行或认购证方式、存款单方式、上网定价发行、全额预缴款方式等。

股票交易市场是买卖已发行股票所形成的各种市场的总和。又称股票流通市场或二级市场。它通过价格信号引导社会资金进行优化配置，通过收购、兼并调整股票市场的资源配置。

股票交易市场可分为：①场内交易市场，即于证券交易所内开展股票交易活动的场所。②场外二级市场，即投资者和证券商在证券交易所之外展开的非上市公司股票交易活动的场所。又称柜台市场或店头市场。包括两种方式：一是证券商作为买方或卖方通过柜台与投资者直接进行交易，收取买卖差价，不收交易佣金；二是证券商担任中介，在其柜台提供股票交易

美国纽约华尔街股票市场交易场景

服务，只收取交易佣金。③三级市场，即上市公司股票在场内市场和二级市场之外直接进行交易的场所，以规避交易规则和交易机会的限制，降低交易佣金。④四级市场，即由机构投资者与股东利用电子报价方式直接进行股票交易的市场。

股息　dividend　投资者从股份公司的税后利润中实际分得的投资报酬。是除红利以外公司给投资者的一种股利。股份公司的股票按股东权益和保障的差异分为普通股和优先股两种。普通股的股息随公司经营状况的好坏、利润水平的高低而上下浮动；优先股的股息是股份公司按照与投资者事先约定的股息率付给固定股利，优先于普通股股息的支付。股息与红利有区别又有联系。红利是股东从股份公司取得的超过股息部分的利润，其分配没有股东额度和比率，完全由公司的经营状况和收益水平决定。在一般情况下，只有普通股才有取得红利的权利，优先股则只能取得股息。

股癣　tinea cruris　皮肤癣菌引起的发生于股内侧并可发展至耻部、阴囊和臀部的平滑皮肤的感染。体癣的一种。可直接或间接接触传染。始为斑丘疹，向周围扩展，成环状，中央炎症减轻，边缘扩展，有小丘疹和小水疱、脱屑等。瘙痒。多见于男性。治疗：外用克霉唑软膏、咪康唑软膏、联苯苄唑软膏、萘替芬、特比萘芬、环吡酮软膏等。泛发或慢性反复发作者，可口服抗真菌药物。

骨瓷 bone porcelain 以磷酸钙作熔剂的磷酸盐－高岭土－石英－长石系统瓷。一种高级软质瓷。瓷体的显微结构主要由方石英、钙长石、莫来石、玻璃相构成。瓷质细腻，釉面光润，晶莹剔透，白度高，透光度好，但脆性较大，热稳定性较差。用于制作高档日用瓷和艺术陈设瓷。

骨瓷首先由英国的J.期波德于1794年研制成功。现仍以英国为最大生产国。日本骨瓷的品质极优异。中国唐山第一瓷厂于1965年制成第一批骨瓷产品。邯郸、淄博、景德镇、醴陵等产瓷地也有生产。

骨瓷坯料中的磷酸盐可由动物骨灰或骨胶生产的副产品——磷引入。传统骨瓷坯料配方中骨灰引入量达50%左右，习惯上称这类瓷为骨灰瓷。山东硅酸盐研究设计院已于1996年研制成功用人工合成骨粉代替动物骨灰生产合成骨瓷。

骨雕 bone carving 以牛骨、骆驼骨、乌贼鱼骨等为原料雕刻加工的技艺或雕塑工艺品。山东宁阳大汶口文化遗址（约公元前25世纪）出土镂雕的骨筒、骨梳。1973年，在浙江余姚河姆渡遗址发现雕刻双头鹰等花纹的骨匕。商代已有专业的骨雕工场，汉以后骨雕逐渐衰退。

现代中国骨雕生产以北京、浙江、内蒙古、广东等地为主。北京骨雕以牛骨为原料，雕刻成手镯、粉盒、裁纸刀等，有的还染以彩色。浙江宁波以牛骨雕刻成山水、楼阁等图案的浮雕，镶嵌在家具上。内蒙古包头的骨雕以骆驼骨为原料。广东佛山以洁白的乌贼鱼骨为原料，镂雕人物、山水等题材，玲珑剔透，精巧之极。

骨董 curio 中国古代的器物文玩。又称得体、汩董、古董。包括金石、陶瓷、珠宝玉石、字画、文房用具及各种杂器，可供鉴赏、研究和收藏。“骨董”一词源于方言，并无定字，记音而已。本为汇杂各种宝物之意，最初多指杂物，杂煮的汤羹也名“骨董羹”。南宋时期，“骨董”渐与“古玩”相同。

骨粉 bone meal 以畜骨为原料制成的粉状产品。可作家畜的矿物质饲料成分，质量较差者可作肥料。分粗制骨粉和蒸骨粉两种。粗制骨粉又名煮骨粉。先将畜骨压碎，煮沸3～8小时，除去部分油脂和骨胶并沥尽水后，在100～140℃的温度下烘干、粉碎即成。因含较多蛋白质和脂肪，较难保存。蒸骨粉是在高压罐中通入蒸汽，再反复多次放出油胶液体，然后将残骨干燥、粉碎即成。它较前者耐保存。粗制骨粉和蒸骨粉分别约含钙23%和30%，磷10%和14.5%。

骨骼 skeleton 支持和保护动物身体并成为其肌肉附着点的坚固性构造。分外骨骼和内骨骼两大类。骨和骨连接由结缔组织组成。骨骼为动物体的软组织提供保护和支持，也为肌肉提供附着的基础，构成一个连接的、可以运动的杠杆系统。骨、关节和肌肉三个密切相关的部分构成动物的运动装置。动物各种动作的完成主要是由肌肉收缩作用于骨骼的结果。运动是以骨为杠杆，关节为枢纽，肌肉收缩为动力而完成的。

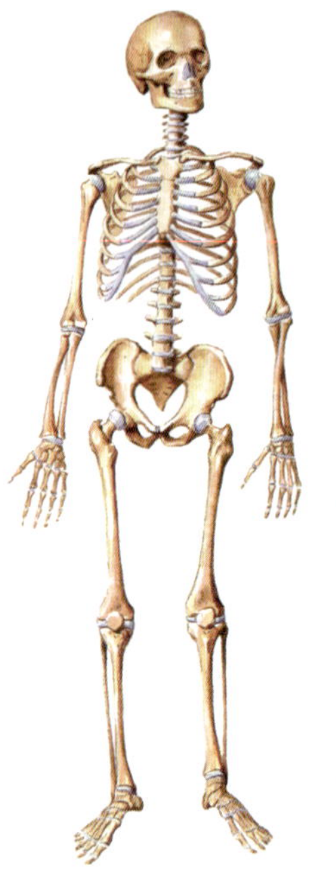

图1 人体骨骼

功能与结构 主要是供肌肉附着，作为动物体运动的杠杆；支持躯体，维持一定的体形；保护体内柔软的器官，如颅骨保护脑和延髓、胸廓保护心和肺等；协助维持体内钙、磷代谢的正常进行；骨髓腔中的红骨髓有制造血细胞的功能。

骨分密质骨与松质海绵骨。密质骨由整齐排列的骨板构成，排列在骨表面的骨板是外环骨板，在内部围绕骨髓腔排列的是内环骨板，在内、外骨板之间有很多呈同心圆排列的骨板，称为哈弗斯氏系统，其中心管称为哈弗斯氏管。在管内有血管和神经通过。密质骨主要构成长骨的骨干。松质骨呈海绵状，又称海绵骨。由许多骨质小梁形成网状结构，网孔内有骨髓。这些骨质小梁的排列与作用力的方向相适应。松质骨存在于长骨的骺端、短骨和不规则骨的内部。骨髓腔位于骨干中央和松质骨的间隙。在骨外有结缔组织形成的骨膜包被，内含血管和神经。骨膜在骨的生长和骨折的修复中起着重要的作用。

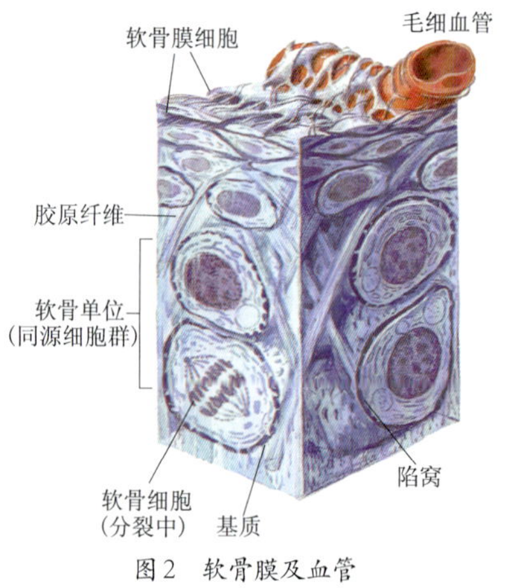

图2 软骨膜及血管

类型 由于各骨块在机体中所起的作用不同，可分为长骨、短骨、扁骨和不规则骨四种类型：①长骨。通常呈管状，两端粗大，主要见于四肢，如股骨和肱骨，起着支持和杠杆的作用。肋骨属于弓形长骨，长而弯曲，没有骨髓腔。②短骨。方形或圆形小骨，如腕骨和跗骨，骨质坚实，起着分散压力和改变受力方向的作用。③扁骨。扁平的板状骨，如头盖的各骨片，起着保护脑的作用。④不规则骨。不属于以上类型，形状不规则的都属于不规则骨，如岩状乳突骨等。

硬骨依其发生上来源的不同，分为软骨原骨和膜原骨两种类型：从间充质经过软骨阶段再变成硬骨，称为软骨原骨或替代性骨，如脊柱、肋骨、四肢骨和头骨的一部分；另一种是在间充质的基础上，不经过软骨阶段而直接形成硬骨，称为膜原骨或皮性硬骨，如头骨顶部的额骨、顶骨、颌弓上的前颌骨、上颌骨、齿骨等。软骨原骨和膜原骨只是根据发生来源不同而区分的，它们一旦变成硬骨，从形态或性质上就不易分辨。

成分 由坚硬的矿物质和骨胶的有机质结合而构成。两者的结合使骨具韧性和坚固性。骨中的矿物质主要是钙和磷，此外还需要维生素D，促进钙、磷在肠道的吸收，从而促进骨的形成。维生素D来源于食物，或在日光照射下由体内合成。

骨螺 Muricidae; rock shell 腹足纲骨螺科动物的统称。分布于世界各大洋，从潮间带到水深3 000米，但主要产于热带浅水区。壳形变化很大，由圆形、纺锤形到近

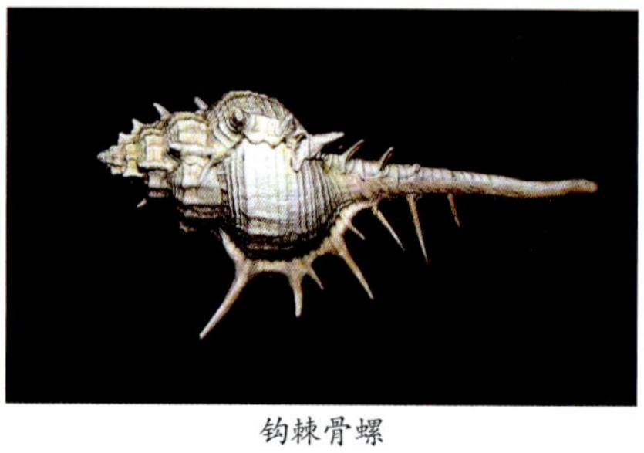

钩棘骨螺

碟形；螺旋部中等高，动物壳高从5～300毫米；壳口有变化，外缘常具齿状刻纹，有时有尖的突起，壳轴无褶；前水管沟为闭管式或开管式，长短不一，后水管不明显；壳表刻纹多变化。厣角质，核位于基部或两侧。头小而长，触角细长，眼多位于其基部外侧。足中等长，前缘多截形，在前腹面有一附属的钻孔器官，可在双壳类的贝壳上穿孔，用以捕食。外套腔内除有栉状鳃和羽状嗅检器外，尚有一个能分泌紫色液体的鳃下腺。狭齿型齿舌，无缘齿，只有中央齿和侧齿。它们雌雄异体，多在夏季产卵，卵产在附着于基质上的角质鞘内，并在其中孵化，然后破鞘而出。

骨螺为食肉动物，对双壳类的养殖构

成危害。骨螺肉除可供食用外，由于它们的壳形奇特，可作观赏用，也可加工成贝雕产品，如栉棘骨螺。

骨盆 pelvis 由一块骶骨、一块尾骨、两块髋骨组成的人体骨骼结构。每块髋骨又各由一块髂骨、一块坐骨及一块耻骨融合而成。两块髋骨各借骶髂软骨与后方的骶骨连接，前方则由两块耻骨接合形成耻骨联合，这样共同构成了骨盆。骨盆内为盆腔，中有膀胱、直肠以及女性的子宫、阴道等器官。骨盆的性别差异很明显，女性骨盆反映出适应胎儿头部通过产道的必要。处于骨盆上方的一部分称为假骨盆，它的大小、形状对阴道分娩意义不大。骨盆的下方部分为真骨盆。真骨盆的大小、形状与阴道分娩有密切关系。真骨盆的最上面即真假骨盆交界处的平面是真骨盆的入口，一般将其称为骨盆入口。分娩时头先露，即指新生儿头的部分（或大部分）已进入骨盆入口。下方为出口，中间部分为中骨盆。当人站立时骨盆略向前倾，前低后高。子宫即稳居骨盆的中央，骨盆恰似女性内生殖器的一面围墙，具有保护内生殖器的功能。

骨软骨病 osteochondrosis 一类原因不明的骨软骨坏死。又称骨软骨炎。多发生于儿童和青年，男孩较多见。病因可能是损伤或骨骺血液供应障碍所致。病程在数月乃至十余年内可自愈，也可残存畸形，部分可发展为骨关节病。发病缓慢，局部常有疼痛、压痛，可有跛行。X射线片显示病变区骨密度增高，有裂缝、碎段，但关节间隙不窄。另有一型坏死的骨软骨块剥脱于关节腔，称为剥脱性骨软骨炎。常见的部位为股骨头骨骺、胫骨结节骨骺、跗舟骨骨骺、跟骨骨骺、跖骨头、月骨及脊椎骨骺等。年轻患者有较多的自愈机会。治疗方法为早期使肢体休息、制动，石膏固定6～8周，使坏死骨自行愈合。骨软骨块尚未分离脱落时，应避免负重，停止体育运动至少一年，定期X射线复查。尚未分离的负重区大块坏死骨软骨应争取在原位用骨钉固定，非负重区已脱落的小块骨软骨片可以切除。

骨舌鱼目 Osteoglossiformes; bonytongue fishes 硬骨鱼纲一目。现生4科约20种。除月眼鱼科分布于北美洲外，均为热带淡水鱼类。口上位或端位，上颌缘由前颌骨和上颌骨构成。副蝶骨、两颌与舌具发育良好的

巨骨舌鱼

齿。鳔与内耳相连或否。如有腹鳍，则为腹位；胸鳍位低；无脂鳍；背鳍小或中等，位于体之中部或后部；臀鳍一般位于体之后部或与尾鳍相连。体被圆鳞，具侧线。

骨髓 bone marrow 充满骨髓腔和骨松质小梁间隙的结缔组织。存在于长骨骨髓腔及各种骨骨松质的网眼中，占体重的4%～6%，是最大的造血器官。骨髓所生成的红血球、白血球、血小板等细胞以及脂肪细胞等存在于骨松质的基质之间。骨髓分为红骨髓和黄骨髓，幼年时期的骨髓都是红骨髓，以后长骨干的骨髓腔内出现脂肪组织，并随年龄增长而增多，即为黄骨髓。成年的红骨髓和黄骨髓约各占一半。红骨髓由造血组织和血窦构成。主要分布在扁骨、不规则骨和长骨骺端的松质骨中，造血功能活跃。黄骨髓内仅有少量幼稚血细胞，故仍保持着造血潜能，当机体需要时可转变为红骨髓。

骨髓检查 bone marrow examination 包括骨髓穿刺和骨髓活检的血液系统疾病的重要诊断方法。

骨髓穿刺 血液系统疾病最常用的诊断方法。适应证包括：骨髓穿刺涂片细胞学检查，除用于血液病的诊断或观察治疗效果外，还可查找某些寄生虫；采集骨髓液做细菌培养以提高阳性率或用于造血干细胞培养；采集较大数量的骨髓用于骨髓移植以治疗某些疾病；有时还可直接将药物注入骨髓腔以达到治疗某些疾病的目的。

常用的骨髓穿刺部位有胸骨、髂骨和腰椎棘突三处，其中以髂前上棘或髂后上棘最常用，在两三岁以下的幼儿还可穿刺胫骨头内侧（见图）。取骨髓液中骨髓小粒部分制作涂片，动作应快。理想的涂片应厚薄均匀，有头、体、尾三部分。涂片干后应尽快染色。骨髓涂片检查，先用低倍镜计数全片中巨核细胞数量，进行分类计数；注意在涂片尾部是否有体积较大或成堆的病理细胞；总览骨髓增生程度，根据有核细胞占全部细胞（有核细胞加成熟红细胞）的比例作为增生程度的指标，常分为五级；选择涂片中有核细胞丰富、分布均匀、形态清楚、染色良好的部分再作做油镜检查。油镜检查主要做有核细胞的分类计数，同时观察其染色和形态有无异常，最后结合临床表现尽可能提出诊断或可供临床参考的意见。

骨髓活检 用骨髓活检穿刺针取骨髓以作病理检查的技术。骨髓活检可保留组织结构，有利于病理诊断。适应证包括：恶性肿瘤累及骨髓或再生障碍性贫血；某些特殊疾病如骨髓硬化症以及处于骨髓增生极度活跃期的一些白血病，因此两种情况穿刺抽吸不易成功。对经骨髓穿刺涂片检查后仍不能明确诊断者，也宜进一步做骨髓活检。穿刺部位选用髂前上棘或髂后

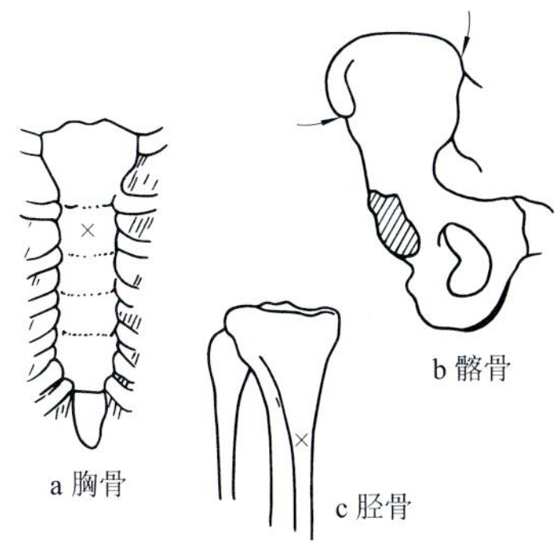

骨髓穿刺的部位

上棘；取出的活检骨髓组织，置入10%甲醛液中固定，供病理切片用。

骨髓移植 bone marrow transplantation; BMT 将正常骨髓经特殊处理后由静脉输入患者体内，以取代病变骨髓的造血干细胞移植。用此法治疗造血功能异常、免疫功能缺陷、血液系统恶性肿瘤及其他一些恶性肿瘤可提高疗效，改善预后，延长生存期乃至根治。

分类 分两类：①异基因骨髓移植。即输入与患者人类白细胞抗原（HLA）相匹配的同胞兄弟、姐妹以及无亲缘关系供髓者的异体骨髓；或家庭成员间（如父母和子女间）提供的骨髓；以及与患者HLA不很匹配的无关供者的骨髓。非同胞兄弟姐妹间提供骨髓，虽HLA相匹配，亦发生移植物抗宿主病（GVHD）。②同基因骨髓移植。即同卵双胎孪生兄弟或姐妹间的骨髓移植；还有一类为自体骨髓移植（ABMT），用自身的骨髓植入，此法简便，易于推广，可用于独生子女，且无GVHD发生。用于白血病、淋巴瘤和多种实体瘤的治疗。

适应证 青年患者最佳。异基因骨髓移植在45岁以下；自体骨髓移植在55岁以下；无重大内、外科疾病；急性白血病在第一次完全缓解6～9个月最佳，慢性粒细胞白血病在慢性期早期为佳，以上病人如有HLA相匹配的供者可考虑做异基因骨髓移植；如无HLA相匹配的供髓者，则急性白血病可在同一时期做自体骨髓移植，慢性粒细胞白血病患者，可在慢性期时采出自体骨髓，冷冻保存，待急性变期，做自体骨髓移植，使其再回到慢性期。

骨髓异常增生综合征 myelodysplasia syndrome; MDS 因细胞突变导致造血干细胞功能异常，以难治性贫血及血细胞减少为特征的一组综合征。骨髓表现为红细胞系、粒细胞系和巨核细胞系不同程度的病态造血和无效造血。部分患者在病程晚期转化为急性白血病。

分型 2001年，世界卫生组织提出的MDS分型为：①难治性贫血（RA）。②难治性贫血伴铁粒幼红细胞增多（RAS）。

③难治性血细胞减少伴多系细胞病态造血(RCMD)。④难治性贫血伴原始细胞过多(RAEB)。⑤5q-综合征（第五对染色体短臂有一段缺失）。⑥不能分类型的MDS。

实验室检查 有以下特点。

血象 红细胞、白细胞、血小板有一项或一项以上数量减少，以贫血最为明显，呈正细胞正色素性贫血。血片中可出现巨大红细胞、幼稚粒细胞及巨大畸形血小板。

骨髓象 骨髓增生活跃，显示二系或三系细胞病态造血。①红细胞系。增生明显，粒红比例倒置。各阶段幼红细胞出现核浆发育不平衡，呈巨幼样变，可见双核、多核、分叶核及核畸形的幼红细胞，胞浆着色不匀。铁染色显示数量不一的环状铁粒幼红细胞。②粒细胞系。原始细胞增多。各阶段可出现双核粒细胞，中幼粒及晚幼粒细胞核浆发育不平衡，胞浆着色不匀，颗粒阙如、减少或增多。成熟中性粒细胞出现佩尔赫尔-休二氏细胞畸形。③巨核细胞系。出现小巨核细胞。巨核细胞可呈大单个核、多圆核、分叶核、核畸形等异常，可见体积增大和畸形的血小板。

骨髓组织学改变 骨髓活检的组织学变化有一定诊断价值。①未成熟粒细胞异位。原始和早幼粒细胞正常时分布在骨小梁附近，骨髓异常增生时成簇地移位于骨小梁间隙中。此种移位和血及骨髓中的原始细胞数呈正相关，移位明显者转为白血病的百分率高。②原红细胞岛，即原始或早幼红细胞聚集成岛状。③巨核细胞大小不等。核与浆比例扩大，有核仁。可见原始、幼稚及小巨核细胞。④半数以上患者网硬蛋白增多。

造血细胞功能异常 造血细胞功能障碍表现在铁利用障碍，发生铁粒幼细胞贫血。粒细胞杀菌、吞噬能力减弱，黏附及趋化性降低。细胞动力学研究证实骨髓中S期（DNA合成期）细胞增加，M期（有丝分裂期）细胞减少，细胞周期时间延长，提示细胞分裂、分化及成熟障碍。染色体和造血干细胞体外培养异常：MDS有染色体畸变者占半数以上，其表现多种多样。

治疗 尚无满意的治疗措施。雄激素仅对部分RA、RAS患者有提高血红蛋白的作用。肾上腺皮质激素对有明显出血倾向者有一定止血效果。维甲酸、1,25-二羟维生素D3等细胞诱导分化药物的疗效尚有争论。RAEB、RAEB-T、CMML应用小剂量化疗的效果评价不一，强烈联合化学治疗的结果也不满意。异体骨髓移植治疗MDS，已有成功病例报道。

骨碎补 *Davallia mariesii*; ball fern/maries davallia 蕨类植物门骨碎补科骨碎补属的一种。又称海州骨碎补。分布于中国辽宁、山东、江苏、浙江和台湾，朝鲜半岛南部和日本也产。其根状茎肉质、粗肥横走，密被边缘有齿的阔披针形鳞片。叶片三角状五角形，四回羽状深裂，末回裂片钝尖头，或顶部有二粗齿，每齿有小脉1条。孢子囊群生于小脉顶端；囊群盖盅状，向顶端开口。骨碎补的根状茎附生石上，为较常用的中药材，有祛风湿、强筋骨、活血止痛之效。此外，还有舒州骨碎补、秦州骨碎补，效果与此种同。

骨性关节炎 osteoarthritis 发生在关节软骨的原发性或继发性慢性关节病变。属于退行性疾病。主要累及滑膜关节，伴有关节间隙狭窄或边缘骨赘形成。

临床表现 骨关节炎的临床表现和X射线往往不尽一致，即有的患者已出现明显的骨质增生，如手指末端的赫伯登结节，而本人从无局部不适；有的患者关节疼痛，不能负重，下楼梯比上楼梯时更为明显，临床上提示膝关节骨关节炎，而X射线检查可能显示膝关节正常或有轻微增生。因此骨关节炎的临床表现，可有无症状性骨关节炎（仅有体征或X射线证据）和有症状性骨关节炎，症状随受累关节不同而不尽一致。骨关节炎的主要临床表现为：发病缓慢，部位局限，活动多则加重，休息即可缓解；晨僵时间不超过半小时；受累关节以疼痛和压痛为主，偶尔伴发关节周围组织肿胀，或一过性滑膜炎；活动时关节有摩擦音，严重者可发生关节畸形。颈椎或脊椎病变可引起神经受压或刺激症状。血清类风湿因子阴性，血沉不增快和C-反应蛋白不升高。X射线片检查有助于诊断。骨关节炎好发于膝、手的远端指间关节和近端指间关节、颈椎、腰椎、肩、肘、第一趾关节和胸椎等，腕、踝和髂关节人发病少见。

手的骨关节炎是最常见的，其特征表现有以下几种：通常在手指远端指尖关节背侧出现骨性增生的结节，称为赫伯登结节；继而在近端指间关节出现类似结节，称为布卡得结节。由于结节性增生，手指各节可向尺侧或桡侧偏斜、构成蛇样手指。由于大鱼际萎缩，第一掌腕关节半脱位而呈形手指。骨性结节一般无疼痛，先为单个，尔后逐渐增多。手部操劳或下凉水，可诱发疼痛或伴发结节周围软组织红、肿、疼痛或压痛，经休息或抗炎药物短期治疗后可消失。

膝关节也是骨关节炎最常受累的关节。患者主要感觉关节酸痛，胀痛，尤以长距离行走、剧烈运动、受凉或阴雨天时加重。下楼困难，下楼时双膝发软，易摔倒。蹲起时疼痛、僵硬，被动运动时膝关节有响声或触及骨摩擦音。少数患者可出现短暂的关节肿胀和积液。关节X射线片检查可发现骨质增生，关节间隙变窄，一般无关节破坏。

颈椎是骨关节炎的好发部位，也是骨关节炎中可能导致严重并发的重要部位。通常将颈椎骨关节炎引起的症状称为**颈椎病**。国内将颈椎病分为以下6型：①颈型。主要为颈椎局部疼痛，少数可反射性引起头、颈、肩疼痛。②神经根型。指增生的骨刺和压迫神经根引起感觉，运动功能障碍，又分急性和慢性型。③脊髓型。指脊髓受压或缺血引起的脊髓传导障碍，又分中央与周围两型。前者发病从上肢向下肢发展，后者则相反。此两型又分轻、中、重三度。④椎动脉型。指椎动脉受压引起供血不足。⑤交感神经型。指颈部交感神经受压迫引起一系列反射性症状者。⑥其他型。如食道受压型。X射线片改变为椎体及椎小关节骨赘形成以及椎间孔变窄和变小。

腰椎是骨关节炎的好发部位，以第三、四腰椎最为常见。累及椎间盘、椎体或后骨突关节的骨质增生，引起腰椎及腰部软组织酸痛、胀痛、僵硬与疲乏感，甚至弯腰受限。邻近的神经根受压，可引起相应的症状，如局部疼痛、发僵、后根神经痛、麻木等。压迫坐骨神经可引起坐骨神经炎，表现为患肢剧烈的麻痛、灼痛、抽搐、窜痛、向整个下肢放射。压迫马尾神经，引起括约肌功能障碍的马尾综合征。

治疗 目的在于止痛及保持关节功能。非甾体抗炎药（NSAID）对花生四烯酸，特别是对前列腺素合成酶具特征性影响。使用时应注意避免出现穿孔、溃疡、出血或穿孔、梗阻、出血等严重并发症。结构改善性药物有：①硫酸软骨素。可有效防止膝关节间隙减少。②硫酸葡糖胺。刺激人软骨细胞合成蛋白多糖；抑制超氧自由基的生成。③透明质酸。由滑膜细胞合成，是维持滑液黏弹性关键成分，具有潜在改善结构活性。关节腔内注射透明质酸可促进软骨之间的活动及吸收震荡以保护关节。骨性关节炎病变严重而长期非手术疗法又不见效时应进行手术治疗。

骨折 fracture 骨或软骨结构断裂的现象。因多种不同原因暴力造成者称外伤性骨折。因骨髓自身病变（肿瘤、炎症、内分泌失衡等）轻微外力作用所致骨折为病理性骨折。绝大部分骨折可愈合，但须在愈合过程中和愈合后进行合理的功能锻炼，促进肌肉及关节运动的充分恢复，尽可能避免后遗症。

骨折发生机理及分类 造成骨折的直接暴力往往同时使皮肤受损伤。间接暴力通过纵向传导、杠杆或扭转作用使远处发生骨折。如从高处摔跌足部着地时，躯干急剧前屈，胸腰段脊柱发生压缩性骨折。当一种杠杆应力长期集中作用于骨骼的某一部位时，可逐渐造成疲劳骨折或应力骨折，如长跑、行军等时出现的股骨颈骨折。骨的完整性或连续性全部破坏者，为完全骨折。骨折线未完全贯通，骨的完整性或连续性仅部分破坏者，为不完全骨折，如成人的裂纹骨折。骨折经皮肤或黏膜的破裂处与外界相通者，称为开放骨折，易发生感染。骨折处皮肤和黏膜未破裂者，称闭合骨折。在管状骨上根据骨折线的走向可分为横骨折、斜骨折及螺旋骨折。骨碎裂成三块以上者为粉碎骨折。

骨折愈合 骨折时造成出血，形成血肿，局部骨细胞坏死。新生的毛细管及周围大量的间质细胞增生。血肿被清除、机化并演变成肉芽组织，纤维结缔组织将骨折端初步连接。临床上称为纤维性愈合。与此同时，骨折端附近的骨外膜以及髓腔内的骨内膜开始增生肥厚，不断生长，分别形成外骨痂和内骨痂。在骨折断端之间由血肿机化而形成的纤维组织则大部分转变为软骨，软骨细胞经过增生、变性、骨化而成骨，并与内、外骨痂相连。原始骨痂形成后，骨折局部已完全稳定，称为骨折临床愈合。破骨细胞吸收不需要的骨组织，成骨细胞产生新骨，最终正常骨结构得以恢复。凡骨折按此种方式愈合者，称为骨折二期愈合。

临床表现 骨折后局部症状有畸形、异常活动、骨摩擦音、疼痛、出血、肿胀、功能障碍等。但嵌入骨折、裂纹骨折及腕舟状骨等小骨骨折可无此种症状。

诊断 肢体畸形、局部疼痛和异常活动以及X射线照片所反映的明确移位，使大多数骨折很容易诊断（见图）。

治疗 现场急救处理及急诊处理都极为重要。骨折经常伴有多种甚至危及生命的重大损伤，或有严重的并发症。处理原则为首先检查生命体征，再查局部伤情。具体措施是：①保持呼吸道通畅。②防止休克。③伤肢临时固定。④伤口止血及包扎。⑤及时安全转送医疗单位。⑥作好急诊初步处理后，尽快转入决定性处理。

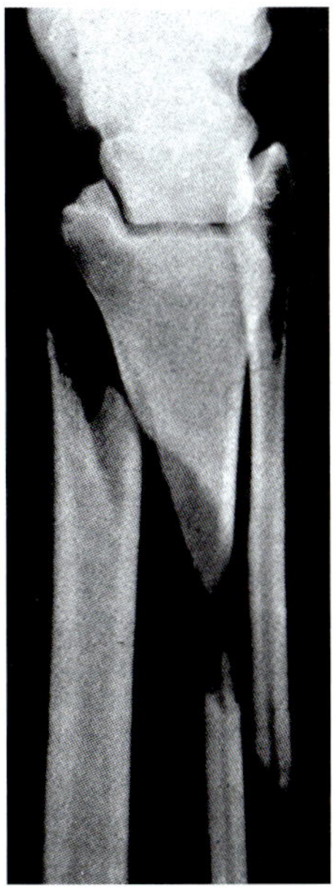

胫骨完全骨折的X射线照片

复位 骨折产生移位者，须通过手法或手术矫正其成角、旋转、短缩或侧方及分离移位。骨折端之间的良好对位、对线和紧密接触，是骨折正常愈合和关节运动功能充分恢复的基本条件。

固定 固定方法可概括为外固定及内固定两大类。

①外固定。包括石膏、小夹板、外固定架固定和牵引。②内固定。以骨折片之间的加压为基础以固定，术后可早期活动患肢，直接愈合。常用器材有螺丝钉、钢板螺丝钉、髓内针以及各种钉板。

功能锻炼 原则是主动为主、被动为辅，可使用被动功能练习器，禁止暴力被动牵拉、悬吊、推拿等；区别有利和不利的主动活动；循序渐进。

骨质疏松症 osteoporosis 各种原因引起的骨代谢性障碍。主要表现为单位体积内骨量降低，骨基质有机成分及钙盐沉着均减少，但基本结构保持不变。临床表现主要为骨痛和骨折，以脊椎骨折、股骨颈骨折及桡骨远端骨折多见。X射线表现以骨皮质变薄及骨小梁减少为特征。骨密度测定常用光子吸收测量。防治的重点在于预防骨折的发生，老年要补充钙和性激素，降钙素可同时预防和治疗骨质疏松症。

骨肿瘤 bone tumors 发生于骨组织（骨、软骨和骨膜）或其附属组织（骨髓、脂肪、脉管和神经）的肿瘤。可分为骨肿瘤及瘤样病损两大类。按性质又各分为良性（瘤细胞分化好，局部发展，不发生转移）和恶性（瘤细胞分化不好，浸润生长，易发生转移或术后复发）两类。起源于骨骼系统的称原发性骨肿瘤。从其他器官或组织的肿瘤经血循环转移至骨骼或从邻近组织侵袭骨骼的均称为继发性骨肿瘤。骨肿瘤的病因尚不清楚，但某些致癌物质或长期放射线照射可诱发骨肉瘤。骨内有些病变虽不属真性肿瘤，但它对骨骼的损害与肿瘤相似，如骨囊肿、动脉瘤样骨囊肿及纤维异样增殖等，统称瘤样病损。骨肿瘤常见的症状是局部疼痛、肿块、邻近关节活动障碍以及压迫邻近血管、神经而引起的症状。临床病史及体征、影像诊断、病理检查及免疫学检查有助于确诊。根据病情决定手术方法。良性者及一部分中间型适于刮除或切除，恶性者适于截肢或段切术，手术后可配合化疗、放疗及免疫治疗，以减轻痛苦、延长生命。良性者术后很少复发，恶性者易发生肺转移，预后不良。

钴 cobalt 化学元素，元素符号Co，原子序数27，原子量58.933 195，属周期系第Ⅷ族。1735年G.布兰特发现并制得金属钴。元素的英文名cobalt来源于德文Kobald，意为“妖魔”。钴在地壳中的含量为0.002 5%。主要有辉砷钴矿（CoAsS）、硫钴矿（Co_3S_4）、砷钴矿（$CoAs_2$）、钴华（$3CoO·As_2O_5·8H_2O$）等，钴也与镍、铁、银、铜、锰、锑等矿藏伴生。重要的放射性同位素是钴-60。

钴是银灰色金属，有金属光泽。熔点1 493℃，沸点3 100℃，密度8.79克/厘米^3（20℃）。质硬而脆，具有铁磁性和延展性，机械性能比铁优良。钴的氧化态0、+1、+2、+3、+4，主要为+2、+3。钴是中等活泼的金属，致密的钴在常温下与水和空气都不反应。高温下，钴可以和氧、硫、卤素以及水蒸气发生剧烈的氧化反应。粉末状的钴在空气中可以自燃并发生火焰。钴能缓慢地溶于稀酸中生成相应的钴盐。钴的三价氧化态在一般简单化合物中不稳定，但在某些配位化合物中却相当稳定。二价钴可以形成大量的简单化合物和配合物。由于水合作用、溶剂化作用或配位作用，钴的化合物呈现出不同的颜色。重要的化合物有氧化物CoO（橄榄绿色，氧化亚钴）、Co_2O_3（灰黑色）、Co_3O_4（黑色），氢氧化钴（粉红色），卤化物CoF_2（淡红色）、$CoCl_2$（浅蓝色）、$CoBr_2$（绿色）、CoI_2（黑色），硫酸钴（红色至淡紫色），乙酸钴（粉红色），草酸钴（粉红色），羰基钴$Co_2(CO)_8$（橘色或深棕色）、$Co_4(CO)_{12}$（墨绿）、$Co_6(CO)_{16}$（黑色）。

主要是用火冶、湿冶和电冶法从砷钴精矿中提取。第二位的是综合利用镍矿石副产的钴。钴产量的80%用于生产各种合金，它们具有良好的耐热、耐磨损、抗腐蚀性质；钴也用来生产永磁性和软磁性合金；钴的化合物可作颜料、釉料、隐形墨水、半导体原料、砂轮原料、电镀、肥料和饲料添加剂，也可作媒染剂、催化剂。钴-60源是最重要常用的γ射线源。

钴是生命体的重要元素。维生素B_{12}是一种钴化物。少量的钴能活化调节组织呼吸、造血，影响酶的活性。

鼓 drum 击奏膜鸣乐器。中国与美索不达米亚、古埃及、古印度，同为世界上鼓的最早发源地。历史上，中国鼓传至邻国，如朝鲜、日本，同时也吸收了许多外来鼓。中原地区以中国传统鼓为主流，边疆少数民族的鼓既受传统鼓影响，也受外来鼓特别是阿拉伯与印度鼓的影响。

中国传统的鼓多源于中原，秦汉前已有20余种。虽大小高矮不同，但几乎都是粗腰筒状。当时已用于诗、乐、舞以及劳动、祭祀、战争和庆典之中。从秦、汉到清代，中原地区原有的各种传统鼓几乎都得以保留并有所发展，而以阿拉伯和印度为主的外来鼓，虽然曾在中原长期流行并具有重要的地位，但后期日渐衰落以至失传，仅在文献中留下了一些不详的记载。

中国各民族流行的鼓主要有以下几类。

圆柱筒形鼓 此类主要有：①景颇族增疆，又称大长鼓。鼓身为一段长约3米的巨木挖空，双面膜以皮条拉紧。置于两

图1 壁画中的羯鼓演奏

根横木上或悬于木架。两人各击一头，或坐于鼓上，或边击边舞。常用于室外大型歌舞伴奏。②侗族大鼓贡。鼓框用整段原木挖制，长约100厘米，直径约50厘米，两面蒙牛皮，腰部稍大，两侧安大铁环。横悬于鼓楼内，仅用于节日和集众商讨大事。

粗腰筒形鼓　此类主要有：①大鼓。乐队用的大鼓膜径约50～100厘米，上下蒙牛皮。平常置于鼓架，双槌敲击。用于器乐合奏及舞蹈、戏曲的伴奏。节日庆典用大鼓膜径100厘米以上，由1人或数人各执双槌击奏。②堂鼓，又称同鼓，清代又称杖鼓。外形与大鼓相同，但较小，鼓径一般为7、8、10寸三种规格。用于器乐合奏，戏曲、舞蹈的伴奏及独奏。③战鼓。外形与大鼓相似，但较低短，又称扁鼓。发音响亮，有大小不同规格。主要用于合奏、舞蹈、杂技团和锣鼓队。④书鼓。鼓身扁圆，鼓径22厘米，鼓身高8.5厘米，发音低而响亮。置于竹制鼓架的编绳上。是北方各类说唱音乐的重要伴奏乐器。⑤腰鼓。相传由南北朝外来鼓羯鼓演变而来。鼓身中间粗，两端细，蒙以牛皮或骡子皮，鼓身一侧置两个铁环。有大小4种规格，发音清脆。常由舞者挂于腰侧，执双槌边击边舞。用于民间秧歌或节庆、迎宾仪式中。⑥朝鲜族小鼓草高。扁如书鼓，径长约25厘米，有柄。既是乐器，又是舞蹈道具。⑦朝鲜族圆鼓。形似汉族小鼓，直径37.5厘米。⑧傣族大鼓光拢。中腰稍粗而近于圆柱形，置于架上。可1人边击边舞，也可2人合击。合奏时，1人在前执槌边击边舞，另1人在后用长篾条击奏，发出咚咚啪啪的音响。⑨壮族大鼓奘络。形似堂鼓，单面蒙牛皮，两侧中部设铁环。演奏时置于地上用双槌击奏。常用于节日锣鼓合奏和狮舞、龙舞的伴奏。

浅筒形鼓　此类主要有：①单皮鼓。又名板鼓、环鼓。在纳西、侗、土家、蒙古、汉等民族中流传。鼓框上宽下窄，鼓面中间高四外低，单面蒙皮，置于木架上，以1或2支竹棍击奏，声音高亢激越。用于纳西族侗经音乐、土家族丝弦锣鼓、侗族吹打乐队及汉族的吹打乐和戏曲伴奏。②点鼓，又名怀鼓。厚木边，中间高，四边渐低，两面蒙牛皮。用于十番鼓或昆曲清唱。

细腰筒形鼓　此类主要有：①蜂鼓。流行于广西壮、瑶、毛南等民族。邕宁、武鸣等地壮族称岳鼓，环江毛南族叫长鼓，防城瑶族叫如叨，有些地方又称横鼓、瓦鼓、腰鼓等。鼓腔以黄泥煅烧而成，两头大，一端呈球形，一端为喇叭形。中间细如蜂腰，两面蒙皮。主要用于师公戏、师公舞的伴奏。②朝鲜族杖鼓，又称长鼓。木制鼓身，两端粗空，中段细实。两端鼓身大小不一，发音不同。用于长鼓舞、农乐舞和器乐合奏。

座墩形鼓　此类型主要是象脚鼓。流行于傣、佤、布朗、景颇、德昂、阿昌、拉祜、哈尼等民族中。形如高脚杯，上口蒙膜，悬于身侧。左手扶鼓边，并和右手交替拍击鼓面。在节日、喜庆场合边击边舞。

图2 腰鼓

长筒形鼓　此类主要有：①瑶族长鼓。鼓身细长，腰细中实，双面膜，斜挂于腰侧或左手握鼓腰击奏。体积大的长鼓置于架上。用于传统节日和喜庆场合的歌舞。②佤族竹鼓。长100厘米，用青竹制作。上口蒙皮，下端竹筒劈扎成束腰状，下部三足鼎立。用于歌舞。③渔鼓。又称竹琴或道筒。在长65～100厘米、直径13厘米左右的竹筒上，一端蒙以猪皮或羊皮。用时左手竖抱，右手拍击朝下的鼓膜，是道情、渔鼓、竹琴等曲艺音乐的伴奏乐器。

箍圈形鼓　此类主要有：①八角鼓。因鼓框为八角形而得名，明代已在北京流行。鼓体扁小，7个边框上各装一对小铜铃，另一边框系长穗，单面蒙蟒皮。用时以左手执鼓框，右手以指弹、挫或以指、掌拍击。用于京、津一带的单弦牌子曲。②太平鼓。于铁圈上蒙驴皮、马皮或羊皮，形如团扇。下置一柄，缀以铁环或小钹，用藤条敲击鼓面，并震动铁环作响。用于满、蒙古、汉民族的民间歌舞。③达卜。维吾尔、塔吉克、乌孜别克等民族的手鼓。圆形木框上蒙羊皮或驴皮，框内缀若干小铁环。演奏时两手把鼓框，重心置于左手，击鼓面并摇动鼓身。④萨满鼓，又称抓鼓、手鼓、单环鼓。流行于满、蒙古、达斡尔、鄂温克、鄂伦春、赫哲等民族。圆盘形鼓面，蒙驴、马、牛、羊皮或鹿皮、狍皮，背面交错扎有皮带或铁条，上系10余枚铜钱。用时左手执皮带或铁条，右手执鼓槌，用槌头或槌身敲击。用于萨满教祭祀仪式。

锅形鼓　此类主要有：①纳格拉。维吾尔、乌孜别克等民族铁鼓。鼓身上大下小，上蒙羊皮或驴皮，大者鼓面直径27.5厘米，小者面直径20厘米。常两个一对置于地上演奏，两手执槌敲击，两鼓音高成四度。②缸鼓，又称花盆鼓。由堂鼓演变而来，又称南堂鼓。鼓框木制，鼓身上大下小，两面蒙皮，形似花盆，用双槌击奏。相传南宋梁红玉曾擂缸鼓助阵。现广泛用于民间器乐合奏和戏曲伴奏。

鼓板　drum and clappers　单皮鼓和檀板（又称“牙子”、“木板”、“梆板”）两种乐器的合称。戏曲乐队的指挥乐器。鼓、板由鼓师一人掌握（左手挎板，右手持鼓签打鼓，有时放下板，双手持鼓签打鼓）。板多用在强拍（即板位）上；鼓多用在次强拍和弱拍（即眼位）上，或用在节拍自由的散板中。鼓点可以有多样变化，除按眼位击奏外，在乐曲中还可加打花点以活跃节奏。鼓师为乐队的指挥，他不仅要有相当的演奏水平，还须熟记演出剧目的情节内容和全剧的音乐布局。凡配合上下场、舞蹈、亮相等表演身段，或为突出语言的句逗、烘托语气、语调和渲染情绪气氛，或为开导各种板式唱腔、曲牌，或为场次转接、戏剧气氛转换等，所用的锣鼓，均赖鼓师开导得宜，才能获得完美的演出效果。至于舞台节奏的控制与调节、戏剧气氛的渲染和艺术结构的统一完整，几乎无一处不与鼓板的指挥有关。

鼓吹乐　wind and drum music　以打击乐器和吹奏乐器等合奏形式为主的中国传统音乐。曲目中亦常有歌词，可供歌唱。源于中国北方游牧民族的音乐，经改造而成，主奏乐器有鼗（音táo）、鼓、铙、角、箫（排箫）、笳等。

河南邓州市南朝墓画像砖上的鼓吹乐演奏图

西汉时鼓吹乐分为鼓吹和横吹，广泛应用于宫廷、军队、官府的各种仪仗、军旅、宴飨等场合。用于军队的鼓吹称为短箫铙歌，由宫廷礼乐机构掌管的鼓吹称为黄门鼓吹，在马背或马车上边行边演奏的鼓吹乐称为骑吹或横吹。

南北朝时鼓吹乐流入民间并为豪富之家使用。到明代，民间出现了专业鼓吹行。经过民间职业、半职业艺人或寺院艺僧的创新，逐渐演化成一种以打击乐和吹管乐为主的乐种和演奏形式，广泛应用于民间婚丧嫁娶等民俗活动中。南北鼓吹乐风格各异，各地已形成以"鼓吹"、"鼓乐"、"吹打"为名的近世民间器乐合奏的各种音乐。

鼓风炉 blast furnace 竖炉的一种。传统的冶金设备之一。由炉顶、炉身和炉缸或本床组成。炼铁鼓风炉通称高炉，鼓风炉则一般指有色金属的熔炼竖炉。鼓风炉可用于铜、镍、钴等金属的造锍熔炼（铜、镍、钴火法冶金流程中的一个重要工序）和铅、锌等金属的还原熔炼，还可用于熔化杂铜和处理其他物料。鼓风炉的炉料一般为块状，燃料为焦炭。炉料分批从炉顶加入，空气由下部风口鼓入。焦炭在风口区燃烧，形成高温熔炼区；炉料在此激烈反应，不断熔化。还原熔炼时，熔体在炉缸内澄清，分别放出金属和炉渣，造锍熔炼时，熔体经本床流入前床，澄清分离出冰铜和炉渣。热烟气穿过炉料上升至炉顶排出过程中，使炉料预热（熔炼混捏精矿时，还要使精矿烧结），并发生部分熔炼化学反应。鼓风炉的传热传质条件好，热效率高，单位面积日生产能力（即床能率）大。

鼓风器 blast device 古代中国人发明的一种能驱使空气产生连续气流强制送风的工具。最晚发明于西周时期，主要用于冶铸业。早期用牛皮或马皮制成一种皮囊，称为橐。外接风管，利用皮囊的胀缩实现鼓风。最初为单橐作业，操作情形如山东滕县（今滕州）出土的汉代冶铁画像石（见图）。战国时期，出现多橐并联或串联的装置，名为"橐籥"，汉代称为"排橐"。北宋时期发明木风扇。从元代王祯《农书》(成书于1313年）中卧式水排图和《熬波图》来看，其外形好像一个木箱，利用箱盖启闭实现鼓风。

汉画像石上的锻铁作业用的鼓橐图

鼓浪屿 Gulangyu Island 旧称圆沙洲、圆洲仔。中国明代时改今名。位于福建省厦门半岛西南约500米东海海域，面积1.77平方千米。传因岛西南海滨一礁石有海蚀洞，受浪冲击，声如擂鼓，称鼓浪石，岛亦以此得名。岛上林木葱翳，景色秀丽，有"海上花园"之称，为著名旅游休养胜地。名胜古迹有郑成功屯兵遗址、日光岩、菽庄花园、皓月园和水操台、龙头山寨遗址等。

鼓浪屿远眺

鼓子词 中国宋代流行的曲艺形式。特点是演唱时用鼓伴奏，一个词调反复运用。说唱运用较为灵活，或只唱不说，如欧阳修的"十二月鼓子词"，连用12首〔渔家傲〕，分咏12个月的景色；或有说有唱，如欧阳修咏西湖景物的11首〔采桑子〕、李子正咏梅花的10首〔减字木兰花〕。现存鼓子词大都是士大夫阶层的写景抒情之作，多用于朝廷州府筵席宴会。对后世影响较大的《元微之崔莺莺商调蝶恋花》，用叙事体说唱唐代作家元稹的《莺莺传》，对后来金代董解元《西厢记诸宫调》和演唱《西厢记》内容的杂剧以及南戏的产生起了一定的作用。明代编刊的《清平山堂话本》中有《刎颈鸳鸯会》一篇，说唱蒋淑珍和邻人朱秉中相恋被丈夫张二官杀害的故事，唱词为〔醋葫芦〕10首，可能是源于宋代的民间鼓子词。

《穀梁传》 *Master Guliang's Commentary on Spring and Autumn Annals* 中国古籍。与《左传》、《公羊传》同为解说《春秋》的三传之一。又称《春秋穀梁传》。旧说战国时鲁人穀梁赤"受经于子夏，为经作传"。实际应是孔门讲习《春秋》的若干代学者集体的论议，整理编著成书的年代不晚于汉初。儒家经典之一。宣帝时，为之立博士。

一般认为《穀梁传》属于"今文经"。起于鲁隐公元年（公元前722年），终于鲁哀公十四年（前481年）。全书正文2.3万多字，采用问答体解说《春秋》，重点在阐述经义即《春秋》的政治意义，与《公羊传》大抵同调，但在个别具体问题上也有歧异。

东晋范宁搜辑诸家训释著《春秋穀梁传集解》，唐人杨士勋有《春秋穀梁传注疏》。清人钟文蒸有《穀梁补注》，可供参考。

固氮微生物 nitrogen-fixing microorganisms 能还原分子态氮为氨态氮的微生物。包括细菌、放线菌和蓝细菌，约有50个属90多种。按固氮微生物与高等植物或其他生物之间的关系，可分为自生固氮微生物、共生固氮微生物和联合固氮微生物三种类型。自生固氮微生物不与其他生物发生特异关系，能独立生长繁殖，固氮作用全过程均在自身细胞进行。共生固氮微生物与一种能营光合作用的高等植物或其他生物紧密生活在一起，形成特殊的形态结构进行固氮。联合固氮微生物生长在某种植物根系中的黏质鞘套内或皮层细胞之间，但与植物不形成密切的共生关系或特殊的形态结构。

固定化酶 immobilized enzyme 通过物理或化学等手段将生物酶约束或限制在一定空间而变成的、不溶于水、仍保持酶的催化活性的酶制剂。在文献中曾用水不溶酶、不溶性酶、固相酶、结合酶、固定酶、酶树脂及载体结合酶等名称。

制备方法 ①吸附法。通过物理吸附或静电引力将酶吸附在活性炭、氧化铝、离子交换树脂、二乙氨乙基-葡聚糖凝胶等具有活泼表面的载体上。此法简便，载体可再生使用；但结合不牢，使用中容易脱落。②共价法。通过酶分子上的官能团，如氨基、羧基、羟基、酚基、巯基、咪唑基，将酶分子通过共价键结合于天然或合成高聚物载体上。此法酶与载体结合牢固，酶分子不会脱落；但反应条件有时较剧烈，可能降低酶的活性。③交联法。利用双官能团或多官能团试剂与酶分子发生化学反应，将酶分子交联起来，使之形成网状结构而不溶于水。常用的试剂有戊二醛、亚乙基二异氰酸酯等。④包埋法。将酶包藏在凝胶的网格中，或包藏在半透性的微型胶囊中。此法较简便，固定化酶具有较高的活力。

应用 固定化酶已用于L-氨基酸、糖、核苷酸、抗生素等有机化合物的生产；在分析化学上，利用固定化酶可准确而灵敏地测定复杂体系中的某一成分的含量；在医疗上，可用于诊断疾病、治疗多种先天性的缺酶疾病，能避免免疫反应。还可与电、光、热等敏感元件组成生物传感器，用于测定有机化合物和发酵自动控制中信息的传递及环境保护中有害物质的检测。

固定汇率 fixed exchange rate 由官方制订本国货币对外币的比价，只有当本国货币正式宣告升值或贬值时才加以改变的汇率。第二次世界大战后国际货币基金组织创设了以美元为中心的国际货币体系，规定各成员国的货币都要定出含金量，然后通过同美元含金量的对比定出对美元的固定汇率。其他成员国货币相互之间的固定汇率，也通过双方的含金量制定。固定汇率一般是用于一国政府本身和政府同政府之间的结算。对于日常外汇交易，国际货币基金组织还规定了最高、最低的波动幅度，即所谓“官价上下限”。20世纪70年代美元大幅度贬值，西方各国货币纷纷与美元脱钩，不再实行固定汇率制而改行浮动汇率制。

固定论 fixism 认为大陆、大洋只有原地垂直运动，没有发生过大规模的位移。1846年美国地质学家J.D.丹纳提出。见活动论。

固定资本 fixed capital 在产业资本循环中用于购买机器、设备、工具、厂房等耐用的生产资料的那部分资本。属于不变资本的一部分。它的物质形态全部参加生产过程，它的价值随着磨损一部分一部分地转移到新产品中去。经过商品销售，这部分转移过来的价值又变为货币形式收回，以备更新它本身的物质形态。

固定资本流通和周转的特殊形式是价值与物质相分离，其价值运动不同它的物质运动相一致。它从开始周转的时候起，价值便分割为二：一部分留在自身的物质形态上，一部分转移到新产品上去。前者随着磨损程度而逐次减少；后者经过生产和流通，以折旧形式逐次提取折旧费，以货币形式收回。直至前者减为零，全部转化为货币形式，再经过流通领域购买新的同类生产资料，来替换已经磨损报废的生产资料，完成它的一次周转，重新进入下一次周转。

固定资产 fixed asset 使用期限较长、单位价值较高，并且在使用过程中保持实物形态不变的资产。流动资产的对称。其基本特征是：①使用期限超过一年的营业周期，且在使用过程中保持原有实物形态不变。②单位价值在一定的标准以上。③用于生产经营活动而不是为了出售。中国《企业会计制度》规定，企业使用期限超过一年的房屋、建筑物、机器、机械、运输工具以及其他与生产、经营有关的设备、器具、工具等资产均应作为固定资产。

固定资产按经济用途可分为生产经营用固定资产和非生产经营用固定资产；按使用情况可分为使用中固定资产、未使用固定资产和不需用固定资产。固定资产的价值会随着固定资产的使用而逐渐消耗，企业在考虑固定资产的性质和消耗方式、合理确定固定资产的预计使用年限和预计净残值以及科技发展、环境变化等因素后，选择合理的折旧方法，定期计提折旧。若固定资产的期末价值低于账面价值，应计提固定资产减值准备。

固定资产折旧 allocated cost of fixed assets 以系统的、合理的方式将固定资产的成本或其他计价基础减去预计净残值后的净额，在估计使用年限内分配至特定对象中去的会计处理方法。简称折旧。

固涩法 astringing method 中医临床运用具有收涩固脱作用的药物以治疗因脏腑虚损、正气不足、失于固摄所致的气血精液耗散滑脱的治法。又称收涩固脱法。适用于脏腑虚损、正气不足所致的自汗盗汗，久咳不已，久泻久痢，遗精遗尿，或小便不禁，崩漏、带下等病证。固涩法有止咳、敛汗、固肠、涩精、止遗、固崩、止带的作用，能阻止人体的气血精津等物质进一步耗散，使正气逐步充实、脏腑功能恢复正常，防止病情加重或恶化。固涩法的具体运用可分为敛肺止咳、固表止汗、涩肠止泻、固肾涩精、固肾缩尿、固崩止带等法。

临床上凡实邪引起的汗出、遗精、遗尿、泻痢不止、崩漏、带下，不宜使用此法。邪气未尽，过早运用固涩法，则会使邪气流连不去、加重病情。

固涩剂 astringent formula 中医以固涩药为主组成的方剂的统称。有收敛固涩的作用。用治气血精液滑脱耗散，疮疡久溃不敛之证。

因功效及主治病证的不同，此类方剂可分为固表止汗剂、敛肺止咳剂、涩肠止泻剂、涩精缩尿剂、收涩止带剂、敛疮生肌剂六类。广泛用治先天不足，久病失养，正气虚极不能固密所致的自汗盗汗、肺虚久咳、久泻久痢、遗精滑泄、遗尿、尿频、小便失禁、赤白带下等滑脱不禁的证候，以及疮疡久溃不敛的病证。

固涩剂常与补益剂同用，以收标本兼顾之效。有实邪者，如热病多汗、痰浊壅肺实证喘咳、实热积滞泄泻痢疾、湿热下注或虚火扰动遗精滑泄、湿热溺涩、湿热带下及火毒疮溃初起者，均不宜用。若外邪未尽，过早使用此类药剂，则有“闭门留寇”之弊。

固态电子器件 solid-state device 利用固体内部电子运动原理制成的具有一定功能的电子器件。固体可分为绝缘体、半导体和导体3类。半导体的电学性能容易受各种环境因素如掺杂、光照等的控制，绝大部分的固态电子器件是用半导体材料制成的，因此又称半导体电子器件。半导体中可移动的带电粒子可以是电子、空穴或离子。电子是带负电荷的粒子，空穴是带正电荷的准粒子，离子可带负或正电荷。离子导电的半导体在导电过程中伴有本身成分的化学变化，不宜作电子功能器件。电子导电的半导体简称N型半导体。空穴导电的半导体简称P型半导体。锗、硅半导体材料中掺入微量的磷、砷或锑就成为N型半导体；掺入微量的硼、镓或铝，就成为P型半导体。N型半导体和P型半导体连接起来就成为一个PN结。PN结是许多固态电子器件的基本单元结构，具有整流特性，通电流时，一个方向的电阻很小，另一个方向的电阻很大。反向偏置时，PN结还可和电容器等效。

固态电子器件是20世纪40年代发展起来的。从器件的结构大致可分为两端器件（各种晶体二极管）和三端器件（各种晶体三极管）。此外还有一些特殊的器件，如晶闸管、电荷耦合器件、霍尔器件、温差致冷元件、波导器件以及传感器等。同真空电子器件相比，固态电子器件体积小、重量轻、功耗小、高可靠、易集成，主要用于大规模和超大规模集成电路。还广泛应用于如微波通信、红外探测、光纤通信、固体成像、能量转换等领域。

固态聚合 solid-state polymerization 单体分子处于固态下进行的聚合。又称固相聚合。具有反应活化能低、无诱导期和具有明显的聚合反应后效应等特点。它可以按自由基和离子链式反应机理聚合，也可以通过逐步反应进行聚合。一般采用高能辐射或紫外线引发聚合，热（包括引发剂）引发聚合只局限于少数高熔点的单体。按照单体在固态下的状态不同，固态聚合可有以下几种类型：①固态结晶相聚合。不同类别单体的聚合行为不同。乙烯类单体固态聚合时，从晶相单体得到的是非晶相无规聚合物。与此相反，一些环状单体的晶体聚合所得聚合物的晶体结构和单体的晶体结构相似。单体纯度越高，结晶缺陷越少，结晶越大，对聚合反应越有利。共轭双炔类的晶相光聚合，也能得到全共轭的高分子晶体。②玻璃态聚合。某些单体在低温下呈玻璃态，如甲基丙烯酸甲酯在玻璃态进行辐射聚合时，可以得到光学性能良好、无内应力的有机玻璃。③晶道聚合和夹层聚合。利用单体在某些晶体的晶道中能整齐排列的特性，在射线作用下进行的聚合反应，可合成定向的高分子。例如丁二烯在尿素晶道中按反式-1,4结构排列，聚合得到反-1,4-聚丁二烯。④固态缩聚反应。一些缩合聚合反应的单体在熔点以下相当宽的范围内，均能发生固态缩聚反应，得到高分子量的产物。低分子量聚合物进行固态缩聚时，可得到分子量很高的产物。

固特异 Goodyear,Charles（1800-12-29～1860-07-01） 美国橡胶硫化发明者。又译古德伊尔。生于康涅狄格州纽黑文，卒于纽约。青年时代在其父的铁器店帮助工作。

他看到橡胶虽具有弹性、防水等性能，但遇热发黏、遇冷发硬，难以广泛应用，就决心寻求改进方法。经过十几年反复钻研，终于在1839年发现天然橡胶和硫磺粉混合加热后可以使橡胶转化为遇热不黏、遇冷不硬的高弹性材料。其贡献被公认是橡胶工业划时代的里程碑。法皇拿破仑三世授予他大荣誉勋章和荣誉十字奖。美国化学会建立固特异奖章，每年授予国际上对橡胶科学技术作出重大贡献的科技工作者。

固体 solid 物质的一种凝聚态。具有一定的体积和形状，在外加切应力作用下显示有刚性。实际固体在小应力作用下变形，去掉应力能恢复原来形状，因而是弹性体。但在较大应力时，它不能恢复原来形状，因而是塑性体。液体则不同，具有流动性。流动性好与差，依赖于液体黏滞系数的大小。黏滞系数超过10^{15}泊的属于固体，小于此数值的是液体。

从结构上来说，固体可分成晶体、准晶体和非晶态固体三类。晶体内部结构在长距离范围有规则性，使它有确定的熔点，且其宏观物性一般呈现各向异性。1984年才被发现的准晶体，其组成粒子在空间的排列规则性不如晶体，即没有晶体那样的周期性和对称性，但它具有特殊的对称性，又含有许多相同或相似的局域结构，这样的原子排列结构称为准晶格。非晶态固体简称非晶体或称无定形固体，它的组成粒子在空间的排列是混乱无序的，在长距离上不再有规则性，但还保持短程有序。这是一种亚稳相。它的宏观物性是各向同性的，没有确定的熔点，温度升高，逐渐软化，流动性随之增大。玻璃、塑料、橡胶都是典型的非晶体。

固体潮 solid earth tide 在日、月引潮力的作用下，固体地球产生的周期性形变现象。引潮力是作用在地球的单位质点上的日、月引力和地球绕地月（和地日）公共质心旋转所产生的惯性离心力的合力。随着作用点的位置不同和日、月相对于地球的位置变化，引潮力的大小和方向也发生改变。由于其他天体距地球甚远，对地球的引力甚微，在固体潮的研究中一般可略而不计。地球的形变是因为它具有一定的弹性。用数学方法可计算出数种潮动分量，但其中只有4种是大到可以测出的，即太阴全日潮、太阴半日潮、太阳全日潮和太阳半日潮。全日潮的周期约为24小时，半日潮的周期约为12小时。

在引起固体地球形变的种种因素（如冰雪和海水的负荷、大陆漂移、岩石层的构造运动等）中，现在还只有固体潮能从理论上预先计算出引起形变的作用力。由于对地球内部构造模式的改进，现在已有可能以相当高的精度估算出地面点由于固体潮产生的形变量，从而可为精密大地测量工作提供地面变形的改正数据；在天文学中，可用于研究*地球自转*、*极移*、*岁差和章动*等现象；在地球物理学中，可用于研究地球内部构造。

固体地球物理学 solid earth geophysics 用*物理学*的方法和观点研究固体地球的运动、状态、组成、作用力和各种物理过程的学科。

固体地球物理学是由于20世纪50年代*地球物理学*的飞跃发展才分出来的重要分支学科。该学科发展到现阶段已经成为内容广泛的理论和应用学科，可分为以下若干分支学科。①*大地测量学*。固体地球物理学中最老的学科之一。研究地球的形状和地面上各地点的空间位置和几何关系的学科。②*地震学*。固体地球物理学的主要支柱，应用极广。不仅研究天然地震，而且还研究利用地震所产生的*地震波*来研究地球内部的结构或其他信息。③*地磁学*。阐明地球磁场的形态、成因和应用的学科。④地电学。研究地球物质的电性变化和地球内部电流分布的学科。⑤地热学。研究地球内部热源和温度分布，以及地球发展的热历史的学科。此外，*固体潮*和地球自由振荡是两个重要的地球物理课题。前者现正发展成为学科；后者常和地震波一起，作为研究地球内部结构的一个重要方法。

上述各学科基本上是根据某种地球物理场来划分的。不过一个重大的地球物理问题大多不是以某一种地球物理场为特征，而往往涉及多种地球物理场。用这个观点划分，就有地球内部物理学、构造物理学、地球动力学、勘探地球物理学等。

固体发光 luminescence of solid 固体吸收外界能量后部分能量以发光形式发射出来的现象。外界能量可来源于电磁波（*可见光*、*紫外线*、*X射线*和*γ射线*等）或带电粒子束，也可来自电场、机械作用或化学反应。当外界激发源的作用停止后，固体发光仍能维持一段时间，称为余辉。历史上曾根据发光持续时间的长短把固体发光区分为荧光和磷光两种，发光持续时间小于10^{-8}秒的称荧光，大于10^{-8}秒的称磷光，相应的发光体分别称为荧光体和磷光体。

固体发光的机制与特征 固体吸收外界能量后很多情形是转变为热，并非在任何情况下都能发光，只有当固体中存在发光中心时才能有效地发光。发光中心通常是由杂质离子或晶格缺陷构成。发光中心吸收外界能量后从基态激发到激发态，当从激发态回到基态时就以发光形式释放出能量。固体发光材料通常是以纯物质作为主体，称为基质，再掺入少量杂质，以形成发光中心，这种少量杂质称为激活剂（发光）。激活剂是对基质起激活作用，从而使原来不发光或发光很弱的基质材料产生较强发光的杂质。有时激活剂本身就是发光中心，有时激活剂与周围离子或晶格缺陷组成发光中心。为提高发光效率，还掺入别的杂质，称为协同激活剂，它与激活剂一起构成复杂的激活系统。例如硫化锌发光材料ZnS：Cu，Cl，ZnS是基质，Cu是激活剂，Cl是协同激活剂。激活剂原子作为杂质存在于基质的晶格中时，与半导体中的杂质一样，在禁带中产生局域能级；固体发光的两个基本过程激发与发光直接涉及这些局域能级间的跃迁。

固体发光光谱 固体发光的光谱一般为带状谱，不同激活剂产生不同的光谱带，同一种激活剂的原子在晶格中占据不同位置时，可产生几个发光中心和相应的光谱带。磷光的衰减规律是固体发光的另一重要特性，磷光体在受激和发射之间常常存在一系列中间过程，这些中间过程很大程度上决定于物质的内在结构，并集中表现在磷光的衰减特性上。故研究磷光衰减规律对了解物质结构和发光机制具有重要理论意义。在实用上，磷光衰减较快的称短余辉磷光体，衰减较慢的称长余辉磷光体，各用在不同场合。

固体发光的种类 根据激发方式的不同，固体发光主要分为如下几种：

①光致发光，发光材料在可见光、紫外线或X射线照射下产生的发光。发光波长比所吸收的光波波长要长。这种发光材料常用来使看不见的紫外线或X射线转变为可见光，例如日光灯管内壁的荧光物质把紫外线转换为可见光，对X射线或γ射线也常借助于荧光物质进行探测。另一种具有电子陷阱（由杂质或缺陷形成的类似亚稳态的能级，位于禁带上方）的发光材料在被激发后，只有在受热或红外线照射下才能发光，可利用来制造红外探测仪。

②场致发光，又称电致发光，是利用直流或交流电场能量来激发发光。场致发光实际上包括几种不同类型的电子过程，一种是物质中的电子从外电场吸收能量，与晶格相碰时使晶格离化，产生电子-空穴对，复合时产生辐射；也可以是外电场使发光中心激发，回到基态时发光，这种发光称为本征场致发光。还有一种类型是在半导体的PN结上加正向电压，P区中的空穴和N区中的电子分别向对方区域注入后成为少数载流子，复合时产生光辐射，此称为载流子注入发光，亦称结型场致发光。用电磁辐射调制场致发光称为光控场致发光。把ZnS：Mn，Cl等发光材料制成薄膜，加直流或交流电场，再用紫外线或X射线照射时可产生显著的光放大。利用场致发光现象可提供特殊照明、制造发光管、用来实现光放大和储存影像等。

③阴极射线致发光，以电子束使磷光物质激发发光，普遍用于示波管和显像管，前者用来显示交流电波形，后者用来显示影像。

固体废物污染 solid waste pollution 固体废物造成的污染现象。固体废物，简称废物，是指在社会的生产、流通、消费等一系列活动中产生的，在一定时间和地点无法利用的污染环境的固体、半固体废弃物质。不能排入水体的液态废物和不能排入大气的置于容器中的气态废物，由于多具有较大的危害性，一般归入固体废物管理体系。

固体废物按组成可分为有机废物和无机废物，按形态可分为固态废物、半固态废物和包装了的液态（气态）废物，按污染特性可分为有害废物和一般废物等，根据《固体废物污染环境防治法》分为城市固体废物、工业固体废物和有害废物。固体废物的产生、存放和处置不仅造成巨大的自然资源浪费，而且对土壤、水体甚至大气环境造成危害。一方面应注重清洁生产，减少工业过程的资源消耗和废物产生，同时提倡绿色消费，降低生活垃圾的总量；另一方面也要注意固体废物是“放错地方的资源”，在处置过程中应尽可能地再利用。

固体化学 solid chemistry 研究固体物质的制备、组成、结构和性质的化学分支学科。着重研究各种固体材料的提纯、制备、加工过程中的化学基本原理及有关的化学问题，其中最基本的研究内容为固体中的缺陷平衡、质点在固体中的扩散和固相化学反应。

固体中的缺陷平衡 完美的晶体为原子（或分子、离子）在三维空间按一定的方式严格地作周期性排列。具有完整空间点阵结构的完美晶体（又称理想晶体）实际上是不存在的，实际晶体中存在着位错、裂缝、杂质包藏等缺陷。这些不完善的、有缺陷的结构往往对于材料的化学反应活性和物理性质起着决定性的作用，而使它们成为具有特殊技术性能的材料。

固体中的缺陷最常见的是固体中的点缺陷，包括点阵空位、杂质原子、间隙原子、错位原子和变价原子等。晶体中点缺陷的存在，破坏了点阵结构，使得缺陷周围的电子能级不同于正常晶格位置上原子周围的能级，从而赋予晶体特殊的光学、电学和磁学性质。晶体中各类点缺陷和空穴与电子处于化学平衡中，这些缺陷可能电离、复合、互相缔合。缺陷的化学平衡也受温度、组分浓度或分压、电中性平衡、同离子效应等因素的影响。

固体中的扩散 当固体中的杂质原子和空位分布不均匀时，它们会沿着晶格点阵流动，最后达到分布均匀，这就是固体中物质的扩散。通常可从宏观和微观两个方面来认识：①对固体中物质流动和浓度变化进行实验观测和理论分析，得出扩散质点浓度随扩散时间和距离变化的关系，以讨论固相中各种物理和化学过程。②对扩散微观机理进行研究，把扩散现象与晶体中缺陷运动联系起来，建立各种扩散机理的模型。

固相化学反应 通常是指在固相内和固相之间发生的化学反应，反应中物质、电荷和能量的迁移是通过晶格振动、缺陷运动和价态变化进行的。固相化学反应一般要经过扩散、反应、成核、生长几个阶段。固相反应速率受扩散过程的制约，固相反应中反应物的形态和结构，例如物质的粒度、孔隙度、接触面积等，对于反应速率有很大的影响。将反应物磨细并混合均匀，或者预先压制成团，能够增大反应物互相接触的面积，使反应容易进行。当物质处于分解或相变过程时，或者当物质晶体粉碎时，都会具有较大的反应活性。固相中的电化学反应具有重要的科学和技术意义。通过电导率或电动势的测量，可以了解固相内缺陷的性质和扩散的机理。利用一些固体电解质的电子扩散导电现象，可以制作出各种电化学传感器及化学电池。而在晶体上面进行局域规整反应或者在表面上进行外延接续生长反应，是集成电路制作中经常应用的固相化学反应。

固体力学 solid mechanics 研究可变形固体在载荷、温度、湿度等外界因素作用下，其内部质点的位移、运动、应力、应变和破坏等规律的学科。研究内容既包括弹性问题、塑性问题和弹塑性问题，又包括线性问题和非线性问题。固体力学研究并不限于宏观力学分析，而是把对物质微观结构及其运动规律的研究同材料的宏观性质联系起来。在早期的研究中，一般假设物体是均匀连续介质，由于复合材料力学和断裂力学的形成，开始对非均匀连续体和含有裂纹的非连续体进行系统的研究。自1946年电子计算机问世及M.J.特纳等人于1956年提出有限元法的概念以后，有限元法在固体力学中得到广泛应用，解决了很多复杂的问题。固体力学的研究对象依物体形状可分为杆和杆系、板和壳、三维物体、薄壁结构。包含的分支学科有材料力学、结构力学、强性力学、塑性力学、结构稳定性理论、结构振动理论、断裂力学、复合材料力学以及疲劳、黏弹性力学、黏塑性力学等。固体力学的研究任务是通过对工程材料或结构的强度、刚度、稳定性分析来判断它们能否在要求的载荷下正常工作，同时也为设计合理结构和发展新型结构提供理论依据。现代工程技术无论是飞行器、船舶、车辆、坦克，还是房屋、桥梁、水坝、核反应堆、海洋平台以及家具、医疗器械、体育用品等，其结构设计和计算都必须应用固体力学的原理和计算方法。固体力学还在人体或生物结构分析、地层结构力学分析等方面发挥重要的作用。

固体物理学 solid state physics 研究固态物质的宏观物理性质、微观结构、内部各种粒子的运动状态，以及宏观性质与微观运动间的联系的学科。是物理学中内容丰富、应用极广的分支学科。传统固体物理学主要是对晶态固体的研究，后扩展到对非晶态物质的研究。

18世纪，R.J.阿维认为晶体是由小的基本单元有规则地重复堆积而成。19世纪中叶，A.布拉菲发展了空间点阵学说，该学说认为晶体的内部结构可概括为由一些相同的点子（这些点子代表原子、离子、分子或其他原子集团）在空间做周期性的规则排列。19世纪末，E.C.费奥多罗夫、A.M.熊夫利和W.巴洛各自独立地发展了关于晶体微观几何结构的群理论，为研究晶体结构提供了理论依据。1912年，M.von劳厄作了晶体对X射线的衍射实验，证实了晶体内部的周期性结构。晶体的许多宏观性质与组成晶体的粒子的结合方式有关，按结合力的性质可分为离子键、共价键、金属键、分子键和氢键等几种结合方式。晶体的各种物理性质（力学的、热学的、电磁学的和光学的）一般具有各向异性的特点。

晶体中微观粒子的运动状态及其变化规律确定了晶体的宏观特性，因而研究晶体内部的微观运动就成为固体物理学的研究重点。针对金属的导热性和导电性问题，P.K.L.德鲁特和M.A.洛伦兹等人于20世纪初建立了经典的金属电子论，解释了关于金属导热性与导电性关系的维德曼-夫兰兹定律，后来A.J.W.索末菲用量子统计理论代替洛伦兹所用的经典统计理论，解决了经典金属电子论无法解决的问题。F.布洛赫和L.-N.布里渊等人提出了能带理论，这个理论不仅解释了金属导电性与绝缘体和半导体间存在差别的内在原因，而且在描述金属的导电和导热等输运过程方面均获得了成功。固体比热容问题曾是另一研究热点。固体的比热与点阵振动密切相关，对点阵振动的研究导致了点阵动力学的诞生。固体的比热容在低温下不遵守杜隆-珀替定律，为此A.爱因斯坦和P.J.W.德拜分别于1907年和1912年提出了爱因斯坦模型和德拜模型，用量子统计方法计算了固体比热，固体比热在低温下的性质才得到解释。

物质的磁性一直是固体物理学要研究的基本内容之一。1905年P.朗之万建立了抗磁性和顺磁性的经典理论，后来J.H.范扶累克提出了相应的量子力学理论。1907年，P.-E.外斯建立了铁磁性的经典理论，W.K.海森伯和F.布洛赫建立了铁磁性的量子力学理论。由于铁磁物质的独特性质及广泛的应用价值，对铁磁性的研究成为**磁性物理学**的重要内容，并形成了铁磁学这个分支。

对半导体的研究开辟了固体物理学的新领域，形成了**半导体物理学**这一分支学科。研究金属导电性时初步建立起来的能带理论很好地解释了半导体的导电性，对半导体性质的进一步研究又大大充实和发展了能带理论。在实用上，利用半导体的性质制造的各种电子学器件使电子学产生了革命性的变化，为电子电路的集成化和微型化创造了条件。

超导电现象是某些固体在极低温度下表现出来的独特性质，首先由H.开默林-昂内斯于1911年发现。对**超导电性**的理论、材料和应用方面的研究开辟了固体物理学的新领域——超导物理学。高临界温度的超导现象的发现和应用，将使这一学科步入新的阶段。

固体表面无论是其微观结构或物理、化学性质均不同于体内，固体表面性质对固体材料的性状无疑起着重要的影响。自20世纪60年代发展起来的对固体表面的理论研究，以及各种能量谱仪的发展，逐渐形成了**表面物理学**这一固体物理领域的新分支。

固体内部的微观运动是复杂的，除电子运动外还有点阵振动，各阵点的振动彼此相联系，在晶体内便形成点阵波，点阵波的能量是量子化的，称为声子，声子是一种准粒子。价带中的电子可激发到导带而形成电子-空穴对（见**半导体**），电子和空穴相互束缚构成束缚态，该束缚态如同氢原子一样也是准粒子，称为激子。固体中的等离子振荡也是量子化的，其能量量子称为等离子激元。铁磁物质中的自旋磁矩是平行的并相互关联着，当某一磁矩的取向受到扰动时，会以波的形式传播出去，称为自旋波，自旋波也是量子化的，能量量子称为磁振子，也是准粒子。所有这些具有能量和动量，并能与其他粒子相互作用的量子统称为准粒子。准粒子都是由于某种激发而产生，故统称为元激发。在固体内所发生的热学、电学、磁学和光学过程中，这些元激发常扮演重要角色。固体的种种性质与这些元激发的运动和相互耦合密切相关，故研究这些元激发是固体物理中的重要课题。

总之，固体物理学的研究范围极广，不仅研究高纯度的完整晶体的物理性质，也研究杂质、缺陷等对固体性质的影响；不仅研究晶态物质，也研究非晶态物质；不仅在一般条件下研究各种物性，也研究在超低温、超高压、强电场和强磁场等极端条件下的各种现象；不仅进行纯理论的研究，也担负着新材料的开发和应用，以及建立各种实验手段和新工艺的重要使命。固体物理学正向结构复杂的、低维的、纳米的和有机的固体以及软物质、生命物质领域发展，并与液氦、液晶和流体物理研究合流，形成更为重要的学科——**凝聚态物理学**。

固原市 Guyuan City 中国宁夏回族自治区辖地级市。位于自治区南部。辖原州区和西吉、隆德、泾源、彭阳4县。面积13 458平方千米，人口123万（2010），其中回族人口占总人口的40%以上。战国设乌氏县，汉设安定郡，北魏设高平镇，北周改原州，宋建镇戎军，元立开城路，明、清复为州。1913年改固原县。1958年改为固

须弥山石窟

原专区，后改固原地区。2001年撤销固原地区设固原市。属暖温带半干旱大陆性气候。年平均气温6℃，年降水量350～650毫米。境内有煤、油页岩、铅、锌、铜、铁、石灰岩、石英砂等矿产。珍贵动物有金钱豹、林麝、豹猫、草鹭、杜鹃、白灵等，药用植物有党参、贝母、半夏、柴胡、秦艽、升麻、黄芪、芍药等。农业主产小麦、胡麻、马铃薯。畜牧业历史悠久，牛羊肉久负盛名。宁夏枸杞的主要产地之一。工业以建材、采矿、机械、电力、纺织、皮毛、造纸、食品、制药等为主。名胜古迹有始建于北魏的须弥山石窟、战国秦长城、黄铎堡宋平夏城遗址、七营北嘴明镇戎千户所遗址等。

故宫 Imperial Palace 中国现存规模最大、保存最完好的古建筑群。从明永乐十九年（1421），直至清末（1911），是明清两朝的皇宫。古代皇宫是禁地，又有紫微垣为天帝所居的神话，故称宫城为紫禁城。1925年在此建**故宫博物院**后，通称故宫。1961年定为全国重点文物保护单位。1987年列入《世界遗产名录》。

紫禁城所在位置是元大都宫殿的前部。明太祖时拆毁元宫。明成祖朱棣登位后，于永乐四年（1406）决定筹建北京宫殿。永乐十五年正式开工，十八年建成宫殿、坛庙，十九年自南京迁都北京。主持筹建的匠师有蔡信、陆祥、杨青等。正式开工后，工程由蒯祥主持。

布局 紫禁城采取严格对称的院落式布局，按使用功能分区，依用途和重要程度有等差、有节奏地安排建筑群的体量和空间形式，代表中国古代建筑组群布局的最高水平（图1）。

宫城 紫禁城城墙高10米，南北长961米，东西宽753米，外有宽52米的护城河。城每面开一门，四角建角楼。南面正门称午门，正中建重檐庑殿顶的门楼。午门前突出二亭是古代宫门前建阙制度演变的唯一遗例。紫禁城东门和西门称东华门和西华门；北门称玄武门，清代改称神武门，上面都建重檐庑殿顶门楼。

紫禁城内建筑按使用性质分外朝、内廷两区，按中轴对称地布置若干大小院落。

外朝 外朝在前部，是颁布大政、举行集会和仪式以及办事的行政区，主要由中轴线上的前三殿及其东西侧对称布置的文华殿、武英殿三组建筑群组成。在其东南、西南还有内阁公署、国史馆等。

前三殿在午门内，由门、廊庑、配楼、角库围成矩形大院落，南面开有三门，正门是太和门，东西两面有通文华、武英二殿和东华门、西华门的照和、协和二门。太和门内殿庭中建“工”字形的台基，台上自南而北依次建太和、中和、保和三殿。太和殿面阔十一间，殿内面积2 370多平方米，重檐庑殿屋顶，供元旦、冬至大朝会和其他大典使用，是外朝主殿，也是全国现存最大的古建筑（图2）。中和殿为面阔五间单檐攒尖顶方殿，供在太和殿行礼时皇帝休息之用。保和殿面阔九间，重檐歇山顶，是举行殿试和宴会外宾之处。太和殿前面两侧有体仁、弘义二阁，是面阔九间加腰檐的二层庑殿顶楼阁。前三殿一组占地面积达85 000平方米，是现存最大的殿庭。

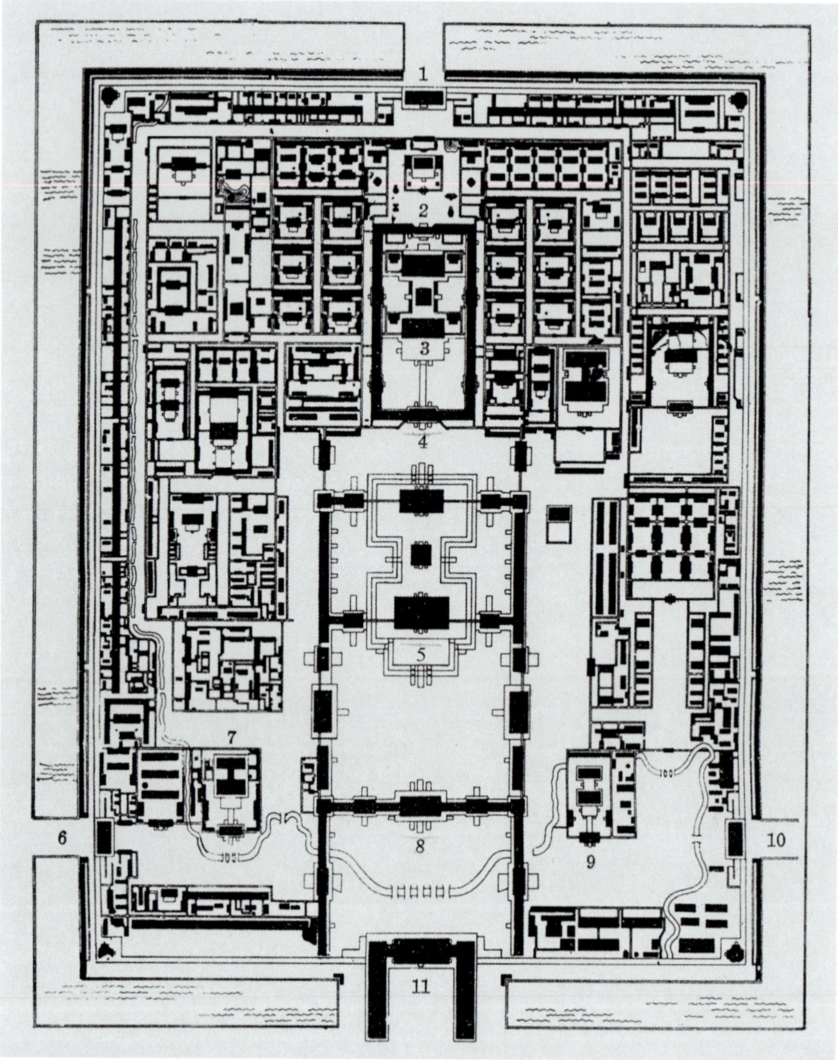

图1 北京紫禁城宫殿平面图
1 神武门 2 御花园 3 乾清宫 4 乾清门 5 太和殿 6 西华门
7 武英殿 8 太和门 9 文华殿 10 东华门 11 午门

文华殿、武英殿两组建筑物都是由门、配殿、廊庑组成的矩形院落，其中武英殿是工字殿。文华殿是皇帝听大臣讲书的地方，武英殿是皇帝斋居和召见大臣之所在。

内廷　内廷是皇帝及其家庭的居住区，主要部分分三路。中路即中轴线上的后三宫。正门是乾清门，以后依次建乾清宫、交泰殿和坤宁宫。乾清宫和坤宁宫是内廷的正殿、正寝，帝、后正式的起居场所，坤宁宫后的坤宁门通御花园。后三宫东西两侧各有两条南北向巷道。每巷自南至北各建三宫，东西各六宫，是妃嫔的住所。东西六宫之北，各建五所并排的院落，每院内前后三重殿堂，是皇子住所。东西六宫和乾东、西五所规整对称地布置于后三宫左右，即为内廷的东西路。

内廷后三宫以北是占地11 200平方米的御花园。园内亭榭对称布置，正中为供真武大帝的钦安殿。前三殿、后三宫在明代屡遭烧毁。现中和殿、保和殿是明万历四十三年（1615）工匠冯巧主持重建，又经明天启五至七年（1625～1627）大修的。

建筑艺术成就　城的基本布局是明代的，现存明代建筑尚有百余座。在建筑群组布置上，紫禁城强调中轴线，在中轴线上布置外朝、内廷最主要的建筑前三殿和后三宫。其余东西六宫、乾东西五所对称布置在左右，拱卫中轴线上建筑。它也利用院落的大小、殿庭的广狭来区分主次。前三殿是全宫最大建筑群，占地面积为宫城的百分之十二，后三宫面积为前三殿的四分之一。其余宫殿，包括太上皇、皇太后的宫殿，又小于后三宫，以突出前三殿、后三宫的主要地位。

在建筑形体上，主要是通过间数多少和屋顶形式来区分主次，间数以十一间为最，屋顶等级依次为庑殿、歇山、悬山、硬山；最重要者加重檐。宫中最重要的正门午门、正殿太和殿和乾清宫、坤宁宫等都用重檐庑殿顶，间数为十一间或九间，属最高等级；其他群组依次递降。同一群组中，配殿、殿门比正殿降一等。通过这些手法，把宫中大量的院落组成一个轴线突出、主从分明、统一和谐的整体，把君臣、父子、夫妇等封建伦常关系，通过建筑空间形象体现出来。

图2 太和殿

故宫博物院　Palace Museum　中国最大的古代文化艺术博物馆。位于北京天安门北面，系明、清两代的皇宫旧址。清亡后，1914年在故宫的前半部成立古物陈列所。溥仪被逐出故宫后，于1925年10月10日成立故宫博物院。抗日战争全面爆发前夕，故宫博物院曾将大批文物、档案运往南方，其中的精品最终被运往台湾，成为台北“故宫博物院”的主要藏品。中华人民共和国建立后，故宫博物院隶属中央人民政府文化部。

故宫博物院的文物收藏以清王朝宫廷中的旧藏为基础而不断补充和完善。截至2011年1月，共收藏文物1 807 558件，其中珍贵文物1 684 490件，为中国文物收藏数量最多、质量最精的博物馆。除了收藏明清两代皇帝、后妃的生活用品和明清典章制度用具以及宫廷的奇珍异宝外，还收藏有大量历代文化艺术作品，包括书画碑帖、碑碣雕刻、金玉陶瓷、漆器珐琅、文房四宝（笔墨纸砚）、丝织刺绣、中外钟表等，对研究中国历史和文化艺术有很大的价值。所藏青铜器西周颂鼎、春秋立鹤方壶；陶瓷器唐代鲁山花瓷腰鼓，宋代定窑白瓷孩儿枕、景德镇窑青白釉双狮枕、钧窑天蓝釉红斑盘等；碑碣雕刻中的战国秦石鼓；书画中的晋代陆机《平复帖》、王珣《伯远帖》，唐代杜牧《张好好诗并序》、韩滉《五牛图》、周昉《挥扇仕女图》，五代杨凝式行草书《神仙起居法帖》、顾闳中《韩熙载夜宴图》、董源《潇湘图》，宋代米芾《苕溪诗》、张择端《清明上河图》、王希孟《千里江山图》、宋徽宗赵佶《听琴图》、马远《踏歌图》等；玉器中的红山文化玉龙、唐代青玉扁耳瓜棱杯、清代大禹治水玉山；竹木漆器中的唐代九霄环佩琴、大圣遗音琴、玉玲珑琴、飞泉琴等四件古琴和元代张成栀子纹剔红漆盘、杨茂剔红牡丹纹漆尊等，均名闻遐迩，享誉世界。

故宫博物院的基本陈列分为宫廷史迹原状陈列和各种艺术藏品的专馆陈列两种形式。专馆有：①青铜器馆，陈列商代至战国时期的青铜器精品，反映了中国古代青铜工艺在器形、纹饰、铭文和铸造技术等方面发展演变的情况。②陶瓷馆，展出新石器时代中期至清代中期的陶瓷器，反映了中国古代陶瓷发展历史和制瓷工艺。③珐琅馆，展出各种珐琅工艺制品。④玉器馆，展出距今五六千年的玉器珍品。⑤石鼓馆，陈列着被称为“石刻之祖”的战国秦石鼓。⑥绘画馆，展出历代书画碑帖，以每年10月1日前后举办的“历代名画陈列”最为引人注目。⑦珍宝馆，展出清代帝后享用的以金、银、珠宝为原料的典章、祭祀、宗教和日常生活及陈设用的珍贵工艺品。⑧钟表馆，展出清宫做钟处及广州、苏州等地制造的和英、法等国18～19世纪制造的各种类型的钟表。⑨景仁宫捐献文物专馆，展出历年来各界人士向故宫捐赠的部分文物。此外还有各种临时展览。故宫博物院出版了院藏多种文物图录和图书档案资料。

故吏 former subordinate 中国官僚旧时的属吏和由他们辟举为官者。他们对原来长官或举荐者存在一种封建的臣属意识和关系。西汉从中央到地方各级官僚均可自辟属吏，但仕途并未被这些官僚把持，长官与属吏的封建臣属意识和关系都不明显。东汉中期以降，做官途径逐渐为豪门大姓把持垄断。一般“世单家富”的人，往往要投靠豪门大姓，才有在其属下或被其举荐做官的机会。这些先后被辟举的人，东汉总称之为长官或举荐者的故吏。东汉诸吏亦得称门下。故吏一经辟置，即同家臣，称长官为府主、举主，为其效劳，致送赙赠，甚至生死相依，同患共难。府主、举主死后，故吏要服三年之丧，并继续事其后人或经纪其家财。门生、故吏的关系可左右政治大局，在门阀大族形成和发展中起着重要作用。魏晋以降，在东汉豪门大姓的基础上出现的门阀士族，继续凭借故吏势力以壮声威。故吏对士族有一定依附关系，但地位高于门生、田客及衣食客，是门阀士族在官僚体系中的拱托力量。隋唐以后，选官权归吏部，辟召掾属之制废除，故吏一词的内涵遂有所变化，仅指旧时长官的下属，两者之间亦不必有主从依附关系。

故事片 feature film 综合文学、戏剧、音乐、绘画诸种艺术因素，通过具体视听形象反映生活，以塑造人物为主，具有故事情节的影片。故事片可以直接取材于现实生活，也可以从历史或其他方面选取题材，如神话、幻想等，对其他艺术样式的改编也占相当的比例。故事片的放映时间，大致在一个半小时左右。故事片在四大片种（故事片、科教片、美术片、纪录片）中占有重要地位。故事片按反映生活的年代，可分为历史题材影片和现实题材影片；按反映的生活领域，可分为工业题材影片、农村题材影片、城市题材影片、军事题材影片等；按风格、样式，可分为喜剧片、惊险片、武术片等。但这种划分，没有严格统一的标准，往往是约定俗成。故事片通常追求生动的人物形象、引人入胜的情节和首尾完整的结构，但电影史上也有一些非情节化、非性格化的故事片。

故意犯罪 intentional crime 行为人明知自己的行为会发生危害社会的结果，并且希望或者放任这种结果发生而构成的犯罪。《中华人民共和国刑法》第14条对故意犯罪作了规定。犯罪故意包含两项内容：①认识因素。即行为人明知自己的行为会发生危害社会的结果。②意志因素。即行为人对自己的行为将要引起的危害结果持有希望或者放任的心理态度。刑法理论上一般将犯罪故意区分为两种情况：①直接故意。指行为人明知自己的行为必然或者可能发生危害社会的结果，并且希望这种结果发生的心理态度。②间接故意。指行为人明知自己的行为可能发生危害社会的结果，并且放任这种结果发生的心理态度。

顾拜旦 Coubertin, Pierre de（1863－01－01～1937－09－02） 法国教育家。现代奥林匹克运动会创始人。生于巴黎，卒于瑞士日内瓦。青年时代即喜欢古希腊史，关心法国体育。

顾拜旦对英国拉格比学校校长T.阿诺德将户外竞技游戏纳入教育内容给予很高评价。1889年他利用万国博览会召开体育会议和学生运动会。1890年担任法兰西竞技运动协会理事长。1892年他呼吁恢复奥林匹克运动。1894年6月成立了有12个国家参加的奥林匹克委员会，顾拜旦自任秘书长，并亲自设计奥委会会徽、会旗。1896年在雅典召开了第1届奥林匹克运动会，后当选为国际奥林匹克委员会第二任主席。1924年顾拜旦辞去了担任28年之久的国际奥委会主席的职务。后任名誉主席，直至逝世。由于他对奥林匹克的功绩，被誉为奥林匹克之父。

顾颉刚 Gu Jiegang（1893－05－08～1980－12－25） 中国历史学家、民俗学家、民间文艺研究家。生于江苏苏州，卒于北京。1916年入北京大学文科哲学门。1920年毕业后留校任助教，此后先后任教于燕京大学、中山大学、云南大学、中央大学等。1954年任中

国科学院历史研究所第一所研究员。

五四运动前夕，顾颉刚在北京大学求学期间，受到当时新思潮及北大一些文科教授的影响，对民间歌谣产生浓厚兴趣。1917年起着手搜集、整理苏州民歌。1920年加入北京大学歌谣研究会，参加《歌谣周刊》的编辑工作。1926年，出版民间歌谣专集《吴歌甲集》。此后，又著有《吴歌小史》（1936）、《苏州近代乐歌》（1937）等论文，论述吴语民歌的演变历史和艺术特色。此外，他还对《诗经》作过系统的研究，力图揭示其中民歌的本来面目及其社会意义。30年代中期，他校点已经湮没300多年的明代民歌集《山歌》（又名《童痴二弄》，冯梦龙编），丰富了中国民间文学史的文献。

在传说、故事研究方面，先后著有《孟姜女故事的演变》（1924）、《孟姜女故事研究》（1927）等论文，后编辑《孟姜女故事研究集》3册和《孟姜女故事的歌曲（甲集）》。他对孟姜女传说的研究是中国现代民间文艺学史上最先取得的重要成果之一，对当时和以后民间传说及故事的研究有较大影响。

在神话方面，顾颉刚对中国神话的研究发端于他对封建史学体系的辨伪工作，并成为其这方面学术观点的重要组成部分。他的主要观点是：①中国古史，尤其是夏、商、周以前的古史基本上是传说材料，即“神话”。神话所以混入历史，是封建史学家将其历史化的缘故。②要用史实的眼光去看史实，用传说的眼光去看传说，因此要将历史与神话区别开来，恢复神话的本来面目。③神话虽然看来荒诞不经，但它是民间文学、民俗学、社会学等方面重要的研究资料。他在20～30年代及50年代以后，曾辨析大禹神话、三皇神话、《山海经》神话、楚辞神话等，主要论文收入《古史辨》第一册及第七册。此外还有《〈庄子〉和〈楚辞〉和昆仑和蓬莱神话系统的融合》（1979）、《〈禹贡〉中的昆仑》（遗著）等重要论著。

顾颉刚热心研究民间艺术和民间风俗，是民间文艺学和民俗学的积极倡导者和组织者。1927～1929年在广州中山大学任教期间，他发起成立民俗学会，主持编辑《民俗》周刊，出版民俗学会丛书，主办民俗学传习班，将民间文艺学活动扩展到中国南方。30年代，他在北京继续参加恢复后的歌谣研究会活动，同时创办风谣学会。40年代，他主编的或在他的支持下编辑的报刊专栏及刊物有《民俗》（北平《民声报》）、《谣俗》（北平《晨报》）、《民风》（南京《中

央日报》)、《风物志》等。中华人民共和国建立后，顾颉刚积极参加中国民间文艺研究会的活动。主张大力抢救传统民间文学遗产。重要著述还有《妙峰山》、《苏粤的婚丧》(合著)、《顾颉刚通俗论著集》等。

顾恺之 Gu Kaizhi (约348～409) 中国东晋画家。字长康。晋陵无锡(今属江苏)人。出身高门士族，曾任桓温、殷仲堪参军、散骑常侍。他多才艺，工诗赋，尤精绘画。善画肖像、历史人物、道释、禽兽、山水等。青年时期在建康(今江苏南京)瓦官寺作《维摩诘》壁画，轰动一时。

顾恺之的人物画，强调传神，注重点睛。认为“传神写照，正在阿堵(指眼珠)中”。其笔迹紧劲连绵，如春蚕吐丝，又如春云浮

《列女仁智图》(局部)

空，流水行地，皆出自然，通称为高古游丝描。着色则以浓色微加点缀，不求藻饰。他善于用睿智眼光审察题材和人物性格，加以提炼。顾恺之是继东汉张衡、蔡邕等以来所有士大夫画家中成就最突出的画家。他总结了汉魏以来民间绘画和士大夫画的经验，把传统绘画向前推进了一大步。与他同时代的谢安对他的评价极高，认为“顾长康画，有苍生来所无”。唐代张怀瓘有评论说：“夫像人之风骨，张(僧繇)得其肉，陆(探微)得其骨，顾(恺之)得其神，俱为古今独绝。”评语对后世颇有影响，几乎已成为定论。

顾恺之作品真迹没有保存下来。相传为顾恺之作品的摹本有《女史箴图》、《洛神赋图》、《列女仁智图》等。顾恺之著作有《启蒙记》3卷，文集20卷，皆已失传。其画论由于张彦远《历代名画记》的记录而保存了3篇，即《魏晋胜流画赞》、《论画》、《画云台山记》。其中心组成部分有：传神论、以形写神、迁想妙得等。“传神”即重视精神状态的表达。在画论中明确提出“以形写神”的概念，其目的是达到形神兼备。“迁想”是画家观察对象、体验生活中的揣摩、体会，以至构思，即想象思维的过程。“妙得”就是巧妙地把握对象内在的本质。“迁想妙得”要做到主客观的统一和作者与表现对象及读者相互间思想的交融。这些论点实为谢赫六法论的先驱，对后来中国画创作和绘画美学思想的发展有很大影响。

顾柯 Cukor, George (1899-07-07～1983-01-24) 美国电影导演。生于纽约，卒于洛杉矶。1929年从影，1931年起任导演。30年代以改编文学作品摄制的影片闻名于好莱坞。他导演的优秀影片有《小妇人》(1933)、《茶花女》(1937)、《费城故事》(1940)、《煤气灯下》(1944)、《窈窕淑女》(1964)等。其中《窈窕淑女》使他荣获奥斯卡金像奖最佳导演奖。他在改编文学作品时，力求保留原著的语言和风格，忠实地反映原著的精神。晚年与苏联合拍的影片《蓝鸟》(1976)在威尼斯电影节上获奖。

顾况 Gu Kuang (727? ～820后) 中国唐代文学家。字逋翁，号华阳山人。祖籍云阳(今江苏丹阳)，迁家海盐(今属浙江)横山。至德二载(757)进士及第。建中二年(781)至贞元二年(786)为韩滉幕府判官。贞元三年入朝为著作佐郎，五年贬饶州司户参军，八年去官归隐，于茅山受道箓，往返江浙二旧居处。传云仙去，不知所终。

顾况诗作不拘常格，一任己意。尤善七古、七绝。七古如《露青竹杖歌》、《李供奉弹箜篌歌》等，以奇纵之气，化俚俗为奇险，于开合排宕中，极尽其意。短歌与七绝，清丽可歌，含思婉转。《宫词》三首，一变李白、王昌龄风调，妙画细节情状，为王建、张祜先行。此外，四言《上古之什补亡训传十三章》以传统“补亡”形式讥刺时事，多用口语。凡此皆以今参古，通而能变者。“贞元之风尚荡”，顾况与皎然诸人为其中坚，其奇险、通俛二路，相反相成，均为“元和之风尚怪”之创始者，而适为开元、元和唐诗两个高潮期之中介。

原集30卷，久佚。《全唐诗》编录其诗4卷，《全唐文》录其文2卷。

《顾曲麈谈》 中国近世曲学最早最系统的一部专著。吴梅著。1916年12月商务印书馆出版。全书四章，总结作剧、唱曲、谱曲的方法和规律，具体而微。第一章“原曲”，详述宫调、音韵及南北曲作法。罗列一千余种曲牌，分属六宫十一调，并以清初王鵕《中州音韵辑要》为主，汇取历代各家之说，加以考订，制成一种曲韵。第二章“制曲”，论作剧法及作清曲法，而以前者为主，具体论述“结构宜谨严”、“词采宜超妙”、“宾白宜优美”，分析传奇、杂剧创作的特点和要求。第三章“度曲”，谈唱曲和谱曲。唱曲宜辨五音、四呼、四声、出字、放声、归韵、曲情；谱曲则论正赠、阴阳。第四章“谈曲”，叙说元明以来曲家的遗闻轶事。

顾荣 Gu Rong (?～312) 中国西晋末年拥护南渡的司马氏政权的江南士族首脑。字彦先。吴郡吴县(今江苏苏州)人，祖雍，任孙吴丞相。父穆，任宜都太守。顾荣在吴历任黄门侍郎，太子辅义都尉。晋灭吴后，与陆机、陆云兄弟至洛阳，号称“三俊”，历仕尚书郎、太子中舍人、廷尉正。在八王之乱中，常醉酒不问事以避祸。惠帝西迁长安，征为散骑常侍，辞不就，还吴。永兴二年(305)，广陵相陈敏起兵，企图割据江东，任顾荣为右将军、丹阳内史。他暗中联合周玘、甘卓，发兵平定叛乱。永嘉元年(307)，安东将军司马睿(即晋元帝司马睿)移镇建业(即建康)，笼络江南士族，请他出任军司，加散骑常侍，咨询军国大计。他引荐江南名士陆士光、甘季思、殷庆元、杨彦明等出仕，支持司马睿立足江南。

顾圣婴 Gu Shengying (1937-07-02～1967-01-31) 中国钢琴家。生于上海，卒于上海。她5岁开始学习钢琴，12岁师从杨嘉仁，并广泛学习音乐理论，1953年师从钢琴家李嘉禄，并首次登台与上海交响乐团合作

演出W.A.莫扎特《d小调钢琴协奏曲》，次年在该乐团任独奏演员。1955年在中央音乐学院师从苏联钢琴家塔图良、克拉芙琴柯学习。1957年获第六届世界青年联欢节钢琴比赛金质奖章，1958年获日内瓦国际音乐比赛女子钢琴最高奖。1960年毕业于中央音乐学院钢琴系，后在国内各大城市及苏联、波兰等十多个国家演出。1964年参加比利时伊丽莎白女王国际钢琴比赛获奖。她的钢琴演奏精致细腻，富于诗意，擅长演奏F.F.肖邦的作品。

顾顺章 Gu Shunzhang (1904～1935) 又名顾凤鸣，化名黎明、张华等。上海人。早年曾任南洋兄弟烟草公司事务员。后去德国留学。回国后加入中国共产党。曾任中共上海区委书记。1927年2月，任上海工人武装纠察队总指挥，参加上海工人三次武装起义。同年4月，在中共五大上当选为中央委员。同年在中共八七会议上当选为中共中央临时政治局委员。后任中央

交通局长，中央特科部长。1928年6月在中共六大上当选为中央委员。1930年9月，中共六届三中全会上增选为中央政治局候补委员。1931年4月在武汉被捕叛变，后投靠国民党特务机关。1935年因特务机关内部矛盾被处决。

顾维钧 Gu Weijun (1888-01-29～1985-11-14) 中华民国时期高级外交官。字少川。江苏嘉定（今属上海市）人。卒于纽约。1904年赴美留学，获哥伦比亚大学文学士、

政治学硕士、公法及外交博士学位。1912年5月回国后，初任袁世凯英文秘书兼国务总理秘书、外交部参事等职。1915年起先后出任驻墨西哥、美国、古巴等国公使。1917年4月美国对德宣战后，认为中国应采“联美抑日”外交政策，极力鼓动段祺瑞对德宣战。

1919年1月，被北京政府任命为出席巴黎和会的代表团成员。会议期间自始坚持对日强硬立场。会议后期更成为中国代表团的实际主持者，于最后时刻断然拒签《对德和约》。

自1922年起，先后任北京政府外交总长、财政总长、代国务总理等职。1928年6月国民革命军进驻京津后，一度被南京国民政府列为通缉对象。

1931年11月出任南京国民政府外交部长。其后长期任驻法公使、大使和驻英大使等职。参加过1942年10月开始的缔结中英平等新约的谈判。1945年5月，当选为国民党六届中央执行委员。

抗日战争胜利后，历任出席联合国首届大会代表团团长、驻美大使等职。开始主动放弃长期坚守的超党派外交立场，主张不惜以国家主权为代价，换取美国对国民党内战政策的支持，并竭力在美国朝野开展游说活动，成为1948年中国共产党通缉的42名战犯中唯一的驻外使节。1956年自请辞去台湾蒋介石当局的“驻美大使”职务后，先后任海牙国际法庭法官、国际法院副院长等职。1967年退休，定居美国。

顾宪成 Gu Xiancheng (1550～1612) 中国明末东林党领袖。字叔时，别号泾阳，人称泾阳先生。南直隶无锡县（今属江苏）人。万历八年（1580）进士，历官户部、吏部主事等职。十五年因上疏批评执政，谪桂阳州判官，后擢吏部考功司主事、员外郎。二十一年上疏反对三王并封，次年会推阁臣，举前大学士王家屏，忤神宗意，被革职为民。返无锡后潜心于学，力驳王守仁“无善无恶心之体”说，又在地方官欧阳东凤、林宰支持下，于万历三十二年修复宋代杨时讲学之东林书院，与高攀龙、钱一本、于孔兼等讲学集会其中。“讲学之余，往往讽议朝政，裁量人物”。各地不满朝政的士大夫闻风相附，又与淮抚李三才相联络，东林声势大振。四十年卒于无锡。天启初，赠太常卿，后被阉党追论削去赠官。崇祯初平反，赠吏部右侍郎。遗著编成《顾端文公遗书》共16种。

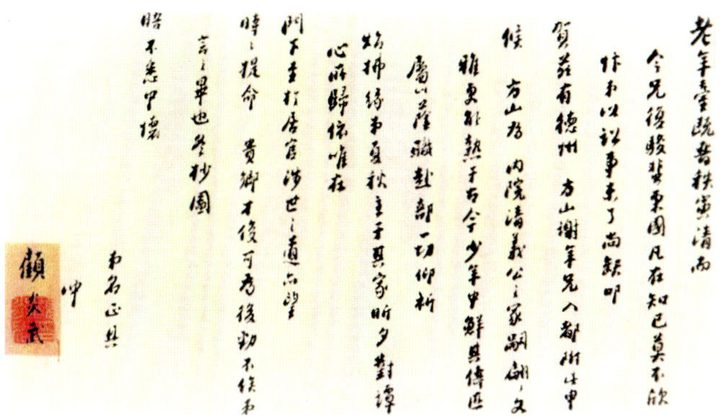

顾炎武手迹

顾秀莲 Gu Xiulian (1936-12-04～) 中华人民共和国全国人民代表大会常务委员会副委员长，中华全国妇女联合会主席。江苏南通人。中共中央党校研究生学历。高级经济师。1956年9月加入中国共产党。1953年入东北公安干部学校学习。1954年后任辽宁省本溪市公安局二处科员。1958年入沈阳冶金机械专科

学校机械系学习。1961年后历任甘肃金川有色金属公司机修厂技术员、团总支副书记、团委书记，纺织工业部科技情报所技术员。1969年后到国务院计划起草小组工作，历任国家计划革命委员会党的核心小组成员，国家计委副主任兼国务院知青领导小组副组长、国家计划生育委员会副主任。1982年后任中共江苏省委副书记、省长兼省体改委主任。1989年后任化工部部长、党组书记。1998年后任中华全国妇女联合会党组书记、副主席、书记处第一书记。1997～2000年在中央党校函授学院在职学习。2003年3月当选十届全国人大常委会副委员长。2003年8月在全国妇联九届执委会一次全体会议上当选为全国妇联主席。2006年10月获“宋庆龄樟树奖”。是中共十一届中央候补委员，十二至十五届中央委员。

顾炎武 Gu Yanwu (1613～1682) 中国明末清初思想家，史学家。原名绛，字忠清。明亡，改名炎武，字宁人，亦自署蒋山傭。学者尊为亭林先生。江苏昆山人。出身于江东望族，明末，家道中落。14岁取得诸生资格后，便与同里挚友归庄共入复社。自27岁起，断然弃绝科举帖括之学，遍览历代史乘、郡县志书，以及文集、章奏之类，辑录其中有关农田、水利、矿产、交通等记载，兼以地理沿革的材料，开始撰述《天下郡国利病书》和《肇域志》。明亡，与归庄等人以匡复故明为志，在南明政权下两次参加武装抗清斗争并决意不与清廷合作。康熙十七年（1678），清廷议修《明史》，拒不就荐；次年，更誓死不入《明史》馆。此后，即客居山西、陕西，潜心著述不再入都。康熙二十年在山西曲沃病逝。在北游的二十余年中，顾炎武遍游河南、河北、山东、山西、陕西，以二马二骡载书自随，行了万里路，亦读了万卷书。顾炎武学识渊博，在经学、史学、音韵、小学、金石考古、方志舆地以及诗文诸学上，都有较深造诣，在学术史上起了承前启后的作用。他继承明季学者的反理学思潮，不仅对陆王心学作了清算，而且在性与天道、理气、道器、知行、天理人欲诸多范畴上，都显示了与程朱理学迥异的为学旨趣。顾炎武为学以经世致用的鲜明旨趣、朴实归纳的考据方法、创辟路径的探索精神，以及他在众多学术领域的成就，宣告了晚明空疏学风的终结，开启了一代朴实学风的先路，对清代学者的治学方法影响极大。著有《日知录》、《音学五书》等近50种。

顾翼东 Gu Yidong (1903-03-04～1996-01-21) 中国无机化学家。又名大荣。生于江苏吴县（今苏州），卒于上海。1923年毕业于苏州东吴大学化学系。1925年获美国芝

加哥大学理学硕士。1926年回国后任东吴大学化学系教授。1933年再度赴美，1935年获芝加哥大学哲学博士学位。回国后历任上海交通大学化学系教授，震旦女子文理学院、上海医学院和大同大学兼任教授，复旦大学化学系教授。1980年当选中国科学院学部委员（院士）。早期从事有机化学及物理

化学的教学。60年代起，主要从事钨及稀土元素化学的研究。80年代，主要研究内在还原法制备蓝色氧化钨，并提出用倒滴加法制备粉状白钨酸，为制备各种含钨化合物开辟了新途径。发表论文50多篇。

顾毓琇 Gu Yuxiu (1902－12－24～2002－09－09) 美籍华裔自动控制教育家。生于中国江苏无锡，卒于美国俄克拉何马。1928年在美国麻省理工学院获博士学位。1929～1937年，先后任中国浙江大学电气工程系教授、系主任，中央大学工学院院长，清华大学工学院院长等。1938年出任中国国民政府教育部政务次长。1944年后曾任中央大学校长、

政治大学校长，美国麻省理工学院客座教授、宾夕法尼亚大学终身教授。1959年当选台湾“中央研究院”院士。1979年被聘为中国上海交通大学名誉教授。出版《非线性系统的分析和控制》、《线性系统的分析和控制》等著作。获美国电气和电子工程师学会（IEEE）兰姆奖，巴西人文科学院金质奖，台湾电气工程师学会金质奖。曾任美国通用电气公司（GE）和美国无线电公司（RCA）顾问，国际理论力学和应用力学联合会（IUTAM）理事等。

顾准 Gu Zhun (1915－07－01～1974－12－03) 中国思想家、经济学家。生于上海，卒于北京。1927～1940年在上海立信会计师事务所工作。1935年加入中国共产党。曾任中华民族武装自卫会上海分会主席，中共上海职业界救国会党团书记、江苏省委职委书记和文委书记等职。1940年进入中共领导的抗日根据地，先后在苏南、盐

阜、淮海区政权机关工作。1943～1945年，在延安中央党校学习。抗战胜利后，历任中共华中分局财委委员、山东省财政厅厅长等职。1949年上海解放，任上海市财政局长兼税务局长、华东军政委员会财政部副部长（兼）等职。1952年在“三反”运动中受到撤销党内外一切职务的错误处分。此后曾任中央建筑工程部财务司司长、中国科学院资源综合考察委员会副主任、中国科学院经济研究所研究员。1957年和1965年两次被错划为右派，1979年获彻底改正。顾准生前公开发表的唯一经济学论文是《试论社会主义制度下的商品生产和价值规律》。他主张应该从现实、而不是从教条出发来研究经济建设问题；主张充分利用价值规律，对过分集中的计划经济体制持批判态度。他所遗留的笔记和信札具有很高的学术价值。经整理发表和出版的论文与著作有《资本的原始积累和资本主义的发展》、《科学与民主》、《希腊城邦制度》、《顾准文集》、《顾准文存》等。译著有J.A.熊彼特的《资本主义、社会主义和民主主义》等。

顾祖禹 Gu Zuyu (1631～1692) 中国明末清初沿革地理学家、学者。字瑞五，号景范。生于江苏常熟，卒于无锡。曾徙居无锡宛溪，故又称宛溪先生。毕生专攻史地，以研究沿革地理和军事地理最为精深。从1659年起，参考二十一史、100多种地方志和其他大量文献，并进行实地考核，历时30余年，编著成130卷、280万字的《读史方舆纪要》(原名《二十一史方舆纪要》)。该书前9卷叙述历代州域形势；次114卷以明末清初的行政区划（两京十三省，即两京十三布政使司），分述各省、府、州、县的疆域沿革、山川形势、城市集镇、关塞险隘、建梁道路等；后6卷叙述川渎异同，“昭九州之脉络”；末1卷叙述分野，明“俯察仰视”之义；附“舆图要览”4卷，有当时全国总图、各省分图、边疆分图以及黄河、海运、漕运分图。该书是中国沿革地理最具代表性的著作，也是研究中国历史地理和军事地理的重要参考文献。晚年曾参与编纂《大清一统志》。

雇佣劳动 hired labour 出卖*劳动力*给资本家的无产者的劳动。无产者摆脱了封建制的人身依附关系，有权出卖劳动力，却又被剥夺了*生产资料*，只有出卖劳动力才能生存。单从劳动力市场上的现象看，劳动力买卖如同其他商品买卖一样，是双方自愿的等价交换：劳动一天，得一天的工资。K.马克思第一次揭露，资本家买的不是一天的劳动，而是一天的劳动力。劳动力的价值等于用来维持劳动力的生活资料的价值，资本家按照这个价值买得劳动力后，总是要迫使工人在创造出相当于劳动力价值的价值（也许只需要半天时间）之后，继续劳动，为他创造更多的价值，即*剩余价值*，由他无偿占取。这种剥削方式比奴隶制和封建制更隐蔽，更具有欺骗性。

鲴 Xenocyprininae; xenocyprid carps *鲤形目*鲤科密鲴亚科鱼类的统称。中小型鱼类。多分布于亚洲，中国各主要江河流域均产。

体侧扁。腹部圆，具腹棱。头小，吻钝。口下位或接近前位，口裂平横。下颌具锋利角质缘。圆鳞。背鳍具光滑硬棘。鳃耙短。背部灰黑色，腹部银白色。中国常见种有银鲴（见图）、细鳞斜颌鲴和圆吻鲴。

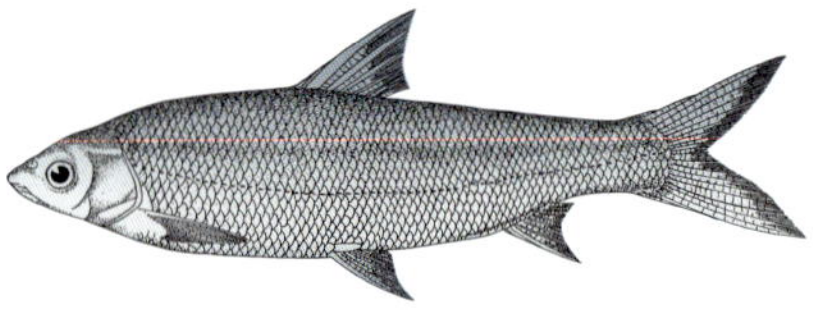

银鲴

喜栖息在江、河、湖泊等较宽阔水域的中下层，以下颌发达的角质边缘在石面或泥土表面刮食藻类、细菌和植物碎屑。2龄性成熟。繁殖盛期5～6月，发洪水时产卵。细鳞斜颌鲴在水色澄清时产卵，与洪水无关。圆吻鲴无明显产卵洄游习性。鲴在池塘内不能自然产卵，须经人工催产获得鱼苗。鲴主要供鲜食。

瓜达尔卡纳尔岛争夺战 Guadalcanal Island, Battle for 太平洋战争期间，美国和日本军队于1942年8月至1943年2月在瓜达尔卡纳尔岛（简称瓜岛）进行的岛屿争夺战。瓜岛位于西南太平洋，是所罗门群岛最大岛屿。日军在珊瑚海海战中首次受挫后，被迫停止南进。*中途岛海战*后，日军为保住战略主动权，决心恢复南进，攻占新几内亚的莫尔兹比港，威胁美军反攻基地澳大利亚。为建立前进基地，驻所罗门群岛图拉吉岛的日军于1942年6月底登上瓜岛，开始在泰纳留附近修建机场，至8月5日基本完工。美军在7月间发现日军在岛上修建机场后，决定在其启用前攻占该岛，以阻止日军继续推进。

被击毙的日军士兵

8月7日起，日美两军在岛上数度激战，美军依靠优势兵力和岛上机场，掌握了制空权和制海权。12月31日，日本御前会议决定停止瓜岛作战。1943年2月1～7日，岛上日军余部撤离。

此战，美军投入约6万人，伤亡约5800人；日军约3.6万人参战，损失约2.5万人。围绕瓜岛争夺战，双方海军共进行30余次海战，其中大规模海战6次。美军损失作战舰艇22艘，日军损失30余艘。日军从此完全丧失战略主动权，全面转入战略防御，盟军则开始转入战略反攻。

瓜达拉哈拉 Guadalajara 墨西哥第二大城市，哈利斯科州首府。位于墨西哥西南部。

德戈利亚多剧院

人口160.09万(2005)。海拔1 567米。气候温和湿润，年平均气温17℃，平均年降水量约1 150毫米。始建于1531年，1542年正式建成。初为陶瓷业中心和农牧区商业中心。19世纪时，纺织业繁荣。19世纪末开始城市基本建设。20世纪50年代始为墨西哥城与西北太平洋沿岸及美国之间的交通枢纽。经济发展迅速，成为墨西哥西部最大的商业、工业和金融中心。拥有棉纺、食品、化学、金属加工、汽车装备、水泥、制鞋、制革、电器和电子产品等工业。手工业陶瓷、玻璃工艺品等颇为著名。太平洋铁路和泛美公路经此。为航空中心。有1所州立博物馆，3所大学，瓜达拉哈拉大学为墨西哥第二大学。保留了大量殖民时期建筑物，有50多座古教堂，还有德戈利亚多剧院、政府宫、立法宫、司法宫等。

《瓜达卢佩-伊达尔戈条约》 *Treaty of Guadalupe Hidalgo* 1848年2月2日美国强迫墨西哥在瓜达卢佩-伊达尔戈镇(墨西哥城北)签订的屈辱性和约。条约规定墨西哥把得克萨斯、新墨西哥和上加利福尼亚以及塔马乌利帕斯、科阿韦拉和索诺拉的北部等大片土地割让给美国，美国付给墨西哥1 500万美元和放弃墨西哥所欠的325万美元债务作为补偿。根据该条约，沿格兰德河、希拉河、科罗拉多河直至太平洋划定美墨边界。《瓜达卢佩-伊达尔戈条约》使墨西哥丧失领土240万平方千米，占全国领土的一半以上。这片土地构成今美国的加利福尼亚州、犹他州、内华达州和新墨西哥州与亚利桑那州的大部分，以及科罗拉多州和怀俄明州的一部分。

瓜德罗普 Guadeloupe 加勒比海的法国海外省。位于小安的列斯群岛中背风群岛的南端，西北隔瓜德罗普海峡同安提瓜和巴布达及圣基茨和尼维斯相望；南隔多米尼克海峡同多米尼克相望。由主岛瓜德罗普岛及玛丽-加朗特岛、拉代西拉德岛、桑特群岛，以及位于背风群岛北部的圣巴勒米岛和圣马丁岛北半部组成，面积1 702平方千米。人口约45.3万(2006)。居民中黑人和黑白混血种人约占90%，白人约占5%，其余为印度人、黎巴嫩人和华裔。大多数居民信奉天主教。官方语言为法语，通用克里奥尔语。首府**巴斯特尔**。瓜德罗普岛东部地势低平，西部地势崎岖，岛上的苏弗里耶尔火山海拔1 467米，为小安的列斯群岛的最高峰。属热带雨林气候。

1493年C.哥伦布到此。16世纪由西班牙统治。1635年沦为法国殖民地，引进非洲黑人奴隶。1759年后，该岛曾数次被英国占据。1815年为法国重占。1946年成为法国的海外省，由法国委任省长统治。1977年被划为法国的一个大区。按法国建制，分省议会和地方议会，均由普选产生，任期6年。在法国国民议会中有4名议员。地方行政由法国中央政府指派的行政专员管理。主要政党有人民运动联盟、瓜德罗普社会主义真理联盟、社会党和瓜德罗普共产党等。

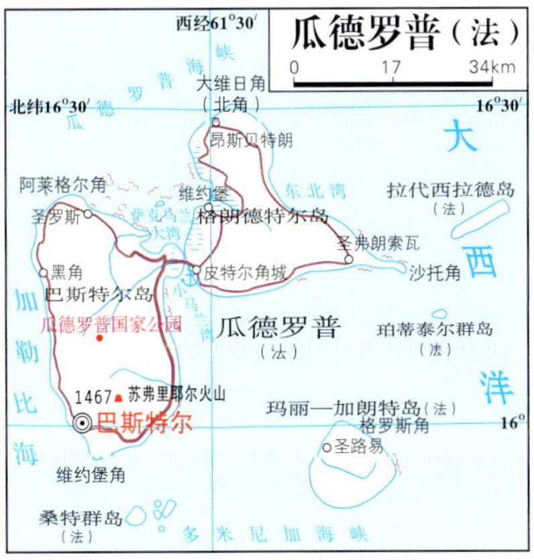

经济以农业、旅游业和轻工业为主。经济发展主要依靠法国援助。2003年国内生产总值35.13亿美元。货币为欧元。旅游业为首要产业。大部分旅游者来自美国。农作物主要有甘蔗、香蕉以及香料、可可、咖啡等。工业以榨糖、酿酒、食品和加工业为主。主要贸易对象是法国、美国，此外有德国、日本、意大利和马提尼克等。主要进口食品、机械和交通工具等；主要出口香蕉、蔗糖、食品、朗姆酒等。对外贸易每年有巨额逆差。无铁路，公路较发达，总长约2 069千米。主要港口为皮特尔角港和巴斯特尔港。有通往巴黎、安提瓜等地的航班。

公立的中小学校对6～16岁的在校学生实行免费教育。高等学校有瓜德罗普大学等。有《瓜德罗普2000报》、《亚卡塔报》等报纸，唯一的日报是法文版的《法属安的列斯群岛报》。有法国海外广播和电视台，每天24小时播出。

瓜尔豆 *Cyamopsis tetragonolobus*; guar 豆科瓜尔豆属的一种。一年生直立草本；茎有5棱。复叶互生；小叶3片，卵圆形，边近全缘或有不规则缺刻。花小，组成腋生的总状花序；萼5裂；花冠蝶形，旗瓣和龙骨瓣白色，翼瓣浅紫色；雄蕊10，连合为单体。荚果条状长圆形，有5条隆起的纵脊，先端有喙。其种子胚乳含瓜尔胶，主要用于石油开采业，配制成水基压裂液，能增加含油地层的渗透性，对提高石油产量有显著效果；瓜尔胶也广泛应用在造纸、纺织、食品、香料、药物及矿冶工业上。瓜尔豆又可食用，青豆供蔬食，种子含蛋白质26%及少量脂肪，营养丰富，可代粮；植株可作饲料及绿肥。

瓜尔内里 Guarneri, Giuseppe (1698-08-21～1744-10-17) 意大利提琴制造师。生于克雷莫纳，卒于克雷莫纳。他制作的琴用“I.H.S.”(拉丁文“救世主耶稣基督”的缩写字母)为标记，故被称为“耶稣瓜尔内里”。他的祖父安德烈亚·瓜尔内里是这一世家的创业人，与斯特拉迪瓦里皆学艺于N.阿马蒂门下，琴式完全师承阿马蒂琴。后来耶稣瓜尔内里舍弃了阿马蒂琴式，回到早期的意大利另一著名提琴产地布雷西亚的马吉尼琴式：面板弧度较平，琴身较宽广，沿指板两侧有平行的着色条纹，音孔长而别致，琴头造型雄浑，油漆呈橘黄略带褐色；整体轮廓鲜明粗放，音色浑厚有力。1742年制作的“大炮号”琴，使其名传欧洲，瓜尔内里琴的声誉日高。N.**帕格尼尼**特别喜爱其浓烈音色。他演奏过的瓜尔内里琴，现存热那亚市博物馆。瓜尔内里琴现存约有250把，其中有147把是耶稣瓜尔内里所造。

瓜拉尼人 Guaranies 南美洲巴拉圭共和国的主要居民。原称卡里约人或卡里霍人，17世纪通用现名。约200万人(2001)。属蒙古人种美洲支。使用瓜拉尼语。主要分布在巴拉那河和巴拉圭河流域及查科地区北部，除巴拉圭外，巴西、玻利维亚和阿根廷也有少量分布。分为卡因瓜人、塔鲁马人、瓜亚纳人、瓜亚基人、奇里瓜诺人、瓜拉约人等支系，此外还有居住在巴拉那河三角洲和拉普拉塔河一些岛屿上的昌杜莱人，又称岛上瓜拉尼人。多信天主教，迷信巫术。1537年后受西班牙殖民统治。由于殖民者的屠杀和疾病的蔓延，人口锐减。部分瓜拉尼人同西班牙人和黑人发生混合。瓜拉尼人昔日通常聚居在由6～8个茅草屋组成的村落里，经济以狩猎、捕鱼为主，辅以采集块根植物、水果和蔬菜。目前大部分人务农，在种植场和庄园当季节工；部分人从事编织、制陶等生产及制作羽毛工艺品等。

瓜拉尼语 Guaraní language 南美印第安人的一支——瓜拉尼人的语言。属安第斯赤道语系的图皮－瓜拉尼语族。但也有学者认为，图皮诸语言本身足以构成一个语系，图皮－瓜拉尼语族是其主要语族之一。瓜拉尼语主要分布于巴拉圭，此外，巴西、玻利维亚、乌拉圭等国也有少数使用者。在巴拉圭，它是官方承认的第二语言，其地位仅次于**西班牙语**，也是所有印第安语言中唯一具有官方地位的语言。

瓜拉尼语是一种加后缀的语言。词根是名词性的或动词性的，可通过添加词缀变成别的词类；时态仅区分将来时和非将来时；语音鼻音化和喉音化很突出；词汇来自西班牙语的借词很多；语序为主－动－宾型。

巴拉圭宪法规定瓜拉尼语应受到保护，它是学校中的必习语言。瓜拉尼语采用以拉丁字母为基础的文字，并使用一些附加符号。1950年，在蒙得维的亚议会上通过了标准化的拼写法。

瓜类 gourd **葫芦科**重要果蔬植物的统称。通常为草质藤本，具卷须，单叶，互生，无托叶。花雌雄同株，少为异株，花黄或白色，结成瓠果。中国普遍栽培的有**丝瓜**、**西瓜**、**甜瓜**、**菜瓜**、**黄瓜**、**冬瓜**、**南瓜**等。

瓜皮帽 hemispherical cap 中国明清时期男子常用便帽。因形似半圆形的瓜皮而得名。又名小帽、便帽、秋帽、帽头等。创自明太祖洪武年间，用六块罗帛缝拼，故又称六合一统帽。明代民间颇为流行，尤其南方百姓冬天多戴此帽。帽作瓜棱形圆顶，下有一寸宽的帽檐，用锦缎沿边。帽顶多以红绒或金银线结顶，俗称算盘结，也可用水晶、香木、珊瑚作顶，有的顶后垂一缕名为“红缦”的缨穗。帽内一般衬红布，服丧者用黑或蓝。为区别帽子的前后，

红色帽顶寓意吉祥，鸿运当头
（北京服装学院民族服饰博物馆藏）

帽檐正中钉一个明显的标志称为帽正。贵族用珠、玉、翡翠、珊瑚等名贵宝石作帽正，一般人用烧蓝、料器、小银片等。瓜皮帽形式很多，有平顶、尖顶及硬胎、软胎之别。此帽与清代男子的辫发相配，显得随意而儒雅，颇为盛行，从皇帝到士人皆戴此帽，延至民国初年。

瓜亚基尔 Guayaquil 厄瓜多尔最大城市和主要海港，瓜亚斯省首府。位于瓜亚基尔湾北端沿岸。地势低平。气候炎热潮湿。年平均气温24.8℃。平均年降水量1 100毫米。人口195.2万（2001）。曾是印第安部落居住地。1535年西班牙殖民者始建。1942年受地震严重破坏后大部分重建，成为现代化城市。天然良港为拉美地区太平洋沿岸最好的港口之一。全国85%的进口和50%的出口经由此港。主要出口可可、咖啡、香蕉等。为全国最大的工业基地，有纺织、制药、造船、水泥、制糖、炼油、橡胶、冶金和金属加工等工业部门。有瓜亚基尔大学（1867）、天主教大学、艺术学院、国立图书馆等。有铁路和公路与内地沟通。

瓜洲镇 Guazhou Town 中国江苏省扬州市邗江区辖镇。位于区境南部，长江北岸。系江中之沙碛，因其形如瓜而得名。面积48.6平方千米。人口4.2万（2005）。水产资源丰富，特产鲥鱼、刀鱼。工业有服装、

瓜洲古渡

纺织、印刷、制鞋、食品、玩具等行业。是长江南北交通要口之一。瓜洲古渡是高僧**鉴真**东渡时的出发处，建有纪念碑。

刮宫 dilatation and curettage of uterine; D&C 妇产科常用的一种刮取子宫内膜或宫腔内容物的小手术。是**人工流产**方式之一，操作简单，一般不需麻醉。分两类：诊断性刮宫和治疗性刮宫。

诊断性刮宫（诊刮） 指刮取子宫内膜或宫腔内容物送病理检查，以明确诊断。有一般性诊刮和分段诊刮之别。仅刮取宫腔内组织送病理检查是一般性诊刮。适用于：①月经失调。②了解不孕患者有无排卵功能。③疑有子宫内膜结核。

治疗性刮宫 将子宫内膜或宫腔内容物全部刮净，达到止血或其他诊断治疗的目的。有吸刮及钳刮之分。吸刮是用负压吸管吸出宫腔内容物，钳刮是用卵圆钳钳取宫腔内容物。治疗性刮宫的适应证如下：①妊娠3个月以内要求终止妊娠者或因慢性疾病不宜继续妊娠者可作吸刮宫，妊娠3个月以上要求终止者宜作钳刮宫，引产后必要时可作钳刮术以清除宫腔内容物。②不全流产、难免流产、过期流产、胎盘残留、葡萄胎等需排空宫腔者。禁忌证为各种急性生殖道炎症如盆腔炎，宫颈炎，滴虫性或霉菌性、化脓性阴道炎等，或合并发热、某些严重内科疾病不能耐受手术者。

刮痧 scrapping therapy 中国民间**推拿**方法之一。又作刮沙。其法为用边缘光滑的瓷器或硬币或角质板，蘸取植物油或温水，刮颈项、肩胛、背部或肋间等处，自上而下、由内向外反复多次，直至皮肤出现紫红色为止。刮痧具有舒筋活络、通畅经脉、驱除邪毒的作用。常用于治疗感冒、中暑、恶心、呕吐、头昏、头胀、胸闷、腹痛、腹泻、食积、晕车、晕船、水土不服等病症。刮痧后，皮肤会出现红、紫、黑斑或黑疱，临床称为“出痧”，是一种正常的治疗效应，数天后可自行消失。刮痧后的一二天，被刮拭的皮肤部位出现轻度疼痛、发痒，或自觉体表冒冷、热气，皮肤表面出现风疹样变化等情况，均是正常现象。两次刮痧时间一般间隔3～6天，以皮肤上的痧斑完全消失为准。3～5次为一疗程。

临床注意事项：①孕妇的腹部、腰骶部及乳头禁刮。②有出血倾向的疾病如白血病、血小板减少等禁刮。③皮肤过敏、皮肤病及外伤骨折处禁刮。④心、肝、肾功能衰竭，肝硬化腹水，全身重度浮肿者禁刮。⑤大血管显露处禁刮。⑥五官、前后二阴、肚脐处禁刮。⑦小儿囟门未合时，头颈部禁刮。

胍 guanidine 分子式$HN{=}C(NH_2)_2$，也可看作亚胺脲。在自然界中胍微量存在于甜菜、稻壳、蘑菇和豆类等多种植物中，人和动物体内也含有微量的胍。分子中含有胍基的化合物常以胍为母体命名，例如：

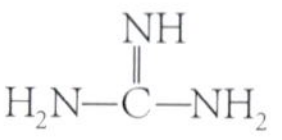

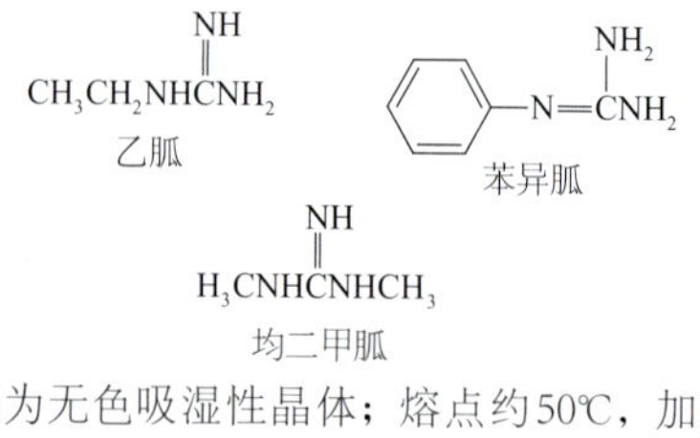

乙胍　苯异胍　均二甲胍

胍为无色吸湿性晶体；熔点约50℃，加热至160℃时分解放出氨气，并生成三聚氰胺。溶于水和乙醇。能吸收空气中的二氧化碳。胍具有仅次于四级铵碱的强碱性。加水煮沸可水解成脲（**尿素**），最后生成二氧化碳和氨。分离出游离的胍比较困难，一般商品是它的盐类，如盐酸胍、硝酸胍、碳酸胍等。胍可由脲或硫脲与氨在压力下**起缩合反应**制得。胍主要用于含氮杂环化合物的合成。医药上可用作肌肉兴奋剂和制药工业原料。胍的衍生物有很多可以作药物，如链霉素族抗生素、磺胺胍、洗必太等，有些可用作农药，有些可用作橡胶硫化促进剂，如均二苯胍和三苯胍。胍及

其衍生物的毒性一般比脲类大，并随取代基的不同而异，例如链霉素族抗生素对肾脏和听觉有损害。

栝楼 *Trichosanthes kirilowii*; mongolian snakegourd 葫芦科栝楼属的一种。多年生攀缘草本植物。又称瓜蒌、杜瓜、药瓜。果实、种子、块根均供药用。中国各地均产。朝鲜、韩国、日本亦产。野生、栽培均有。

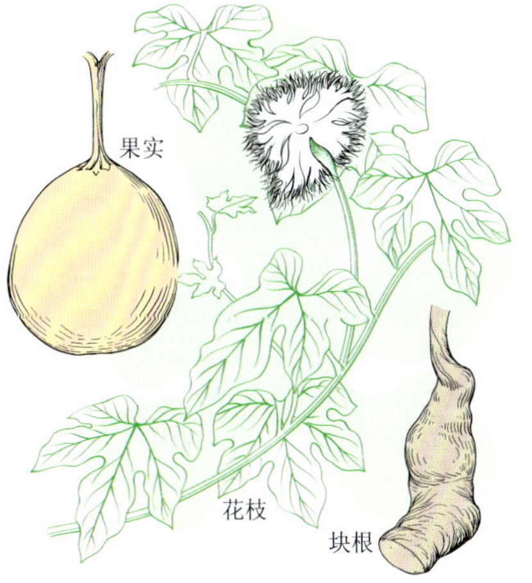

栝楼形态

茎长可达10米，多分枝，卷须2～3歧。块根肥厚。叶互生，近圆形或近心形，5～7掌状浅裂至深裂。花冠白色，单性异株。瓠果近圆形，熟时金黄色。种子多数，扁长椭圆形。喜温暖湿润环境。栽培以砂质壤土为好。用分根或种子繁殖。中药材果皮称栝楼皮，种子称栝楼仁，二者合用称全栝楼。块根入药称天花粉。

块根中含有天花粉蛋白，有引产作用。栝楼皮、栝楼仁作中药有清肺、化痰、散结、润肠功能，主治痰热咳嗽、胸痹疼痛、乳痈、便秘等症。栝楼果实制成片剂，对治冠心病心绞痛有一定疗效。天花粉能清热润燥、生津止渴、排脓消肿，主治肺热燥咳、热病伤津、口渴、痈肿等症。

寡头市场 oligopoly market 一种由少数几家寡头厂商（至少两家）提供某一市场的大部分甚至全部产品的市场结构。又称寡头垄断市场。寡头市场主要具备这样几个特征：①在寡头市场上，卖者屈指可数，即少数几家厂商垄断了某一行业的生产和销售。②不同厂商的产品可以有差别，也可以没有差别。③其他厂商进入该市场比较困难。寡头市场的成因与垄断市场类似，只是在程度上有所差别。现实中的汽车、钢铁等行业被认为比较接近于寡头市场。

由于每家寡头厂商的产量在该行业的总产量中都占有较大的份额，因而对市场供给量和价格都有举足轻重的影响。在这种情况下，每家厂商都关注其竞争对手所采取的任何行动，同时也知道所有竞争对手在其采取这些行动后会作出怎样的反应，因此每个厂商在采取行动时都必须考虑到竞争对手如何反应并根据这些反应确定其最优策略。博弈论的方法是寡头厂商行为理论使用较多的一种分析方法。

经济学家认为，寡头市场是经济效率较低的市场结构，它比较接近垄断市场。

寡头政治 politics of oligarchy 由统治阶级中极少数人掌握政权的政治制度。古希腊政治思想家亚里士多德最先提出的、与一人支配的独裁制和多数人所支配的共和制相对的一种政体类型。

公元前411年雅典发生寡头政变，建立以安提丰为首的“四百人会议”统治，即寡头政治。中世纪意大利的威尼斯和佛罗伦萨城市共和国也出现过寡头政治。后来通常指统治阶级中极少数人掌握国家政权为寡头政治。独占资本受国家支配，被称为金融上的寡头制。这种由少数人所支配的情形不仅限于国家，政党及社会团体中也存在。德国社会学家R.米歇尔斯称之为“寡头制的铁律”。

关岛 Guam 北太平洋西部马里亚纳群岛南端岛屿，美国海外领地。位于北纬13°28′，东经144°47′。面积541.3平方千米。人口约18.05万（2010）。其中查莫罗人占37.1%，菲律宾人占26.3%，来自美国大陆的居民占10%，其余主要有华人、日本人、朝鲜人等。居民多信天主教。官方语言为英语，通用查莫罗语。首府阿加尼亚。

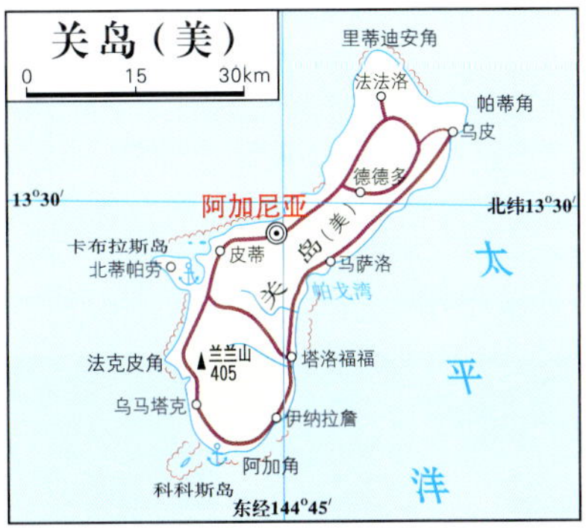

关岛自然风光

关岛为一呈东北—西南走向的长条形火山岛，长约30千米，中部最窄处仅宽6千米。该岛分为两部分：北部为珊瑚石灰岩高地，无地面河；南部为低矮的火山山脉，沿海地区有椰林，山上覆盖芒草，高地则为丛林灌木。属热带雨林气候。常有地震。

密克罗尼西亚人世居岛上。1521年F. de麦哲伦抵达此地。1565年被西班牙人占领，后有一些菲律宾劳工来此定居。1898年美西战争后被割让给美国。1941年曾被日本占领，1944年被美军夺回后成为在太平洋上的主要海、空军基地。1950年众议院通过法案，宣布关岛为美国“未合并领土”，给予关岛地方政府自治权力，归美国内政部管辖。关岛居民是美国公民，但不参加美国选举。在美国众议院有一名代表，在众议院下设委员会有表决权，但在大会上无表决权。

岛内经济主要依靠旅游业和为驻岛美军提供服务的收入。服务业是当地主要产业，游客主要来自日本。有少许农业，产品主要供当地市场。种植烟草、水果等。工业主要集中在北部安德森空军基地附近的德德多，有轻工、食品加工、炼油等。贸易对象主要为美国及亚太地区国家。进口以石油机械和运输设备、食品和活牲畜以及制成品为主，出口主要是服装、饮料、烟草、机械和运输设备。通用美元。2005年国内生产总值25亿美元。岛上公路四通八达，阿加尼亚附近有国际机场。

岛上共有各类公立中小学36所，以及若干所私立学校。有两所公立大学和两所私立大学。关岛大学于1952年创建。有《太平洋每日新闻》、《关岛论坛报》等7家主要报纸。有3家电视台和16家电台，76家因特网服务供应商（2006）。

关帝 Guandi 中国民间信仰俗神。又称关公，关圣帝君。原为三国蜀汉刘备的武将。传说关羽死后，头葬河南洛阳，身葬湖北当阳，人感其德义，岁时奉祀。宋代流传关羽应龙虎山张天师之召降魔伏怪故事。宋崇宁元年（1102）追封忠惠公，后封义勇武安王。明初祀为关壮缪公，与岳飞同祀武庙，各地称关岳庙。万历三十三年（1605）封“三界伏魔大帝神威远震天尊关圣帝君”。清康熙五年（1666）敕封为“忠义神武灵祐仁勇威显关圣大帝”。相传农历五月十二日为神诞。

关东地震 Kantō Earthquake 1923年9月1日发生于日本关东南部相模湾的巨大地震。又称东京地震。震级8.2级，震源深度25千米。波及关东一都六县及静冈、山梨等县，首都东京和日本最大的港口横滨几乎完全被破坏。这次地震的次生灾害特别严重，地震引起山崩和泥石流，震后迅即燃起大火，加重了人员的伤亡。地震造成340万人受灾，57万多户房屋被毁，死亡及下落不明者14万多人，损失达65亿日元。

地震前几分钟，研究人员曾在验潮仪上观测到明显的长周期波动。这次地震激励着日本地震学界积极开展地震预测和抗震研究。

关格 anuria and vomiting 因脾阳亏损，肾阳衰微，浊邪壅盛，三焦不畅而引起的以小便不通、呕吐不止为特征的中医学危重病证，关格是由多种疾病转化而来。感受外邪，或劳倦内伤、饮食不节、情志过极，或久病不愈等，伤及脾肾之阳；或脾肾阳衰，水湿不化，邪浊壅滞三焦而发为关格。常见以下类型：①脾阳亏损。证见尿少呕恶，形寒腹胀，气短纳呆，肌肤水肿，苔薄，脉濡细。治宜健脾温中，方用理中丸加味。②肾阳衰微。证见尿少或无、呕吐恶心，神疲腰痠、肢冷面晦暗，甚则周身浮肿，苔薄，脉沉细。治宜温补肾阳，方用金匮肾气丸加味。③浊泛三焦。偏于上焦者，兼咳痰气急，呼吸低微，汗出肢冷，脉沉细数，治宜健脾渗湿化痰，方用苓桂术甘汤。偏于中焦者，兼见肢倦无力，厌食腹胀，面色无华，舌淡胖，脉沉细。治宜健脾温中，行气化痰，方用实脾饮。偏于下焦者，兼见手指蠕动，甚则神昏抽搐，舌红无苔，脉弦细数等肝风内动之候或出现面白气促，四肢厥冷，肌肤浮肿，舌淡苔灰，脉沉细欲绝等命门衰竭之象，前者用大定风珠以平肝潜阳熄风，后者用参附汤加味以温补命门。

关汉卿 Guan Hanqing（约1230～约1300）中国元代杂剧作家。号已斋（一作一斋）。大都（今北京市）人。一说祁州（在今河北）、一说解州（在今山西）人。生卒年不详。贾仲明《录鬼簿》吊词称他为“驱梨园领袖，总编修师首，捻杂剧班头”，可见他在元代剧坛上的地位。据各种文献资料记载，关汉卿编有杂剧67部，现存18部。个别作品是否出自关汉卿手笔，学术界尚有分歧。其中《窦娥冤》、《救风尘》、《望江亭》、《拜月亭》、《鲁斋郎》、《单刀会》、《调风月》等，是他的代表作。关汉卿的杂剧内容具有强烈的现实性和弥漫着昂扬的战斗精神，深刻地再现了社会现实，充满着浓郁的时代气息。既有皇亲国戚、豪权势要凶横残暴，“动不动挑人眼，剔人骨，剥人皮”的血淋淋现实，又有童养媳、婢女的悲剧遭遇，反映生活面十分广阔；既有对官场黑暗的无情揭露，又热情讴歌了人民的反抗斗争。慷慨悲歌，乐观奋争，构成关汉卿剧作的基调。在关汉卿的笔下，写得最为出色的是一些普通妇女形象，窦娥、妓女赵盼儿、杜蕊娘、少女王瑞兰、寡妇谭记儿、婢女燕燕等，各具性格特色。她们大多出身微贱，蒙受封建统治阶级的种种凌辱和迫害。关汉卿描写了她们的悲惨遭遇，刻画了她们正直、善良、聪明、机智的性格，同时又赞美了她们强烈的反抗意志，歌颂了她们敢于向黑暗势力展开搏斗、至死不屈的英勇行为，在那个特定的历史时代，奏出了鼓舞人民斗争的主旋律。关汉卿在中国戏曲史上贡献卓著，被后人列为元曲四大家之首。他的剧作被译为英文、法文、德文、日文等，在世界各地广泛传播。

《关汉卿》 *Guan Hanqing* 中国话剧作品。作者田汉。剧作初为9场，后定为11场。1958年6月由北京人民艺术剧院首演。导演欧阳山尊，刁光覃饰关汉卿，舒绣文饰朱簾秀。

剧本是田汉为纪念世界文化名人、中国元代戏剧家关汉卿戏剧活动700周年而写的。全剧以《窦娥冤》的写作和上演为线索来展开矛盾冲突。关汉卿在他的挚友、杂剧班著名歌伎朱簾秀等人的支持和参与下，《窦娥冤》很快被搬上舞台。首演大获成功，也激怒了权贵阿合马，他强令修改剧本，关汉卿、朱簾秀宁折不弯，结果被双双投入死牢。后阿合马被刺，关汉卿在好友们的营救下与朱簾秀一起免于死刑，流放南方。剧本通过这场写戏、演戏的斗争，热情歌颂了关汉卿伟大的人道主义精神，与人民群众休戚与共的深切情怀，以及他的坚强性格。剧本不拘泥于历史事实，又切合于历史真实。戏剧结构完整，在场面描写和语言运用上体现了作者独特的抒情风格。在探索话剧创作民族化方面达到了相当完美的程度，被公认为是中国话剧史上的一座丰碑。

《关汉卿》剧照

关节 articulation 骨与骨之间借纤维结缔组织、软骨或骨组织的连接结构。由于骨间的连结组织及其运动情况的不同，骨的关节分为：①纤维连结（纤维关节）。两骨之间以少量结缔组织直接相连。此类连结的运动范围极小或完全不能活动。根据骨间连结组织的不同，又分为韧带连结、软骨连结与骨性结合。②滑膜关节（又称关节）。两骨之间以间接方式相连，其连结组织中有腔隙。人体大部分骨的连结都属于此种类型。

结构 包括主要结构与辅助结构两部分。主要结构包括关节面、关节囊和关节腔，辅助结构包括滑膜襞和滑膜囊、韧带、关节盘、关节唇。

相邻两骨的关节面，多为一凸一凹，其表面覆盖一层关节软骨，使粗涩不平的关节面变为平滑，在运动时可以减少关节面之间的摩擦；软骨富有弹性，运动时可减轻两关节面的震动和冲击。关节软骨还可使两个关节面更为适合。

关节囊是由结缔组织构成的膜囊，附着于关节的周围，封闭关节腔。可分为内外两层。

关节腔为滑膜与关节面所围成的腔隙，其形状及大小都不一致。腔内含有少量透明的黏液，称为滑液，其内含有黏液素、蛋白、细胞、脂肪滴和酶类等。有滑润及营养关节软骨的作用。关节腔内为负压，这对维持关节的稳固性有着一定的作用。

有些关节的滑膜面积大于纤维层，以至滑膜重叠卷摺，并突向关节腔而形成滑膜襞，其内含脂肪和血管，即成为滑膜脂垫。在关节运动时，关节腔的形状、容积、压力发生改变，滑膜脂垫可起调节或充填作用，同时也扩大了滑膜的面积，有利于滑液的分泌和吸收。在某些部位，滑膜从纤维膜阙如处作囊状膨出充填于肌腱与骨面之间，则形成滑膜囊，可减少肌肉活动时与骨面之间的摩擦。

韧带由致密的结缔组织构成，分布在关节的周围，有连结两骨及限制关节运动的作用。

关节盘由纤维软骨构成。位于两骨的关节面之间，其周缘与关节囊愈合。它将关节腔分为上下两部。有的关节盘呈半月形，故称为关节半月板。关节盘能缓和外力对关节的冲击和振荡，并有调整关节面的作用，使关节面之间更为适合。

关节唇为纤维软骨环，附着于关节窝的周缘，可加深关节窝及增大关节面。使关节更加稳固。

功能　关节可作不同方向的运动，关节运动必须沿某个运动轴进行，运动轴的多少与方向，决定着关节的运动形式和范围，其运动形式基本上沿三个互相垂直的轴作三轴拮抗性的运动。

关节脱位　dislocation　组成关节各骨的关节面失去正常对合关系的现象。主要为外伤性脱位。关节结构因受某种病变破坏可发生病理性关节脱位，胚胎期因关节发育不良而出现的称为先天性关节脱位。关节的对应关节面完全失去对合关系时称为完全性关节脱位，尚有部分对合时为关节半脱位。关节脱位最多见于肘、肩、髋关节及下颌关节。脱位后出现疼痛、肿胀、畸形、功能障碍、关节对合关系异常。X射线片可确诊，并可判定有无合并骨折以及是否存在其他病理改变。若未正确复位，会遗留严重的功能障碍。有些关节脱位即使获得合理的治疗，也不可避免地出现某些后遗症，如创伤性关节炎、骨缺血坏死等。治疗以手法复位为主，切忌粗暴。复位不成功者才切开复位。复位后制动3周再开始主动运动，辅以轻柔的被动运动，以恢复关节活动及肌力。

关节炎　arthritis　因关节或关节附近部位发炎所致的疼痛、僵硬以及肿胀的病变。关节炎超过一百多种，症状有的轻微，有的则造成残废。关节炎既包括仅限于关节局部的疾病，也包括某些以关节炎症为临床表现之一的全身性疾病或系统性疾病。

常见的关节炎如下：①骨性关节炎。一种非炎症性的退行性关节疾病，特征性改变是关节软骨的剥脱，关节内的软骨出现缺口或小裂缝，骨头末端彼此摩擦，形成骨刺。通常发生在手部、膝盖、臀部等承受很大重量的关节处。通常见于中老年人。②类风湿性关节炎。关节周围的包膜发炎。这种炎症会导致化学因子的释放而使包膜增厚，从而损伤关节骨与软骨。包膜的炎症会导致疼痛和肿胀。③痛风。病因是血液中的一种代谢产物尿酸含量过高。在关节中形成结晶。

关节置换　joint replacement　用人工制造的关节来代替被破坏的关节的技术。用于关节因外伤或疾病造成破坏，发生疼痛、变形及活动障碍，丧失功能时。人工髋关节应用最多，效果较好（见图）。其次为膝关节。

制作材料　要求耐磨、耐酸碱腐蚀、强度高、生物相容性好（对人体组织无刺激，无毒性）。有钴铬钼合金、氮化钛材料或氮离子注入钛合金、镁硅玉、纯刚玉、碳素、微晶陶瓷、硅胶等。

类型　有全髋关节、人工股骨头、全

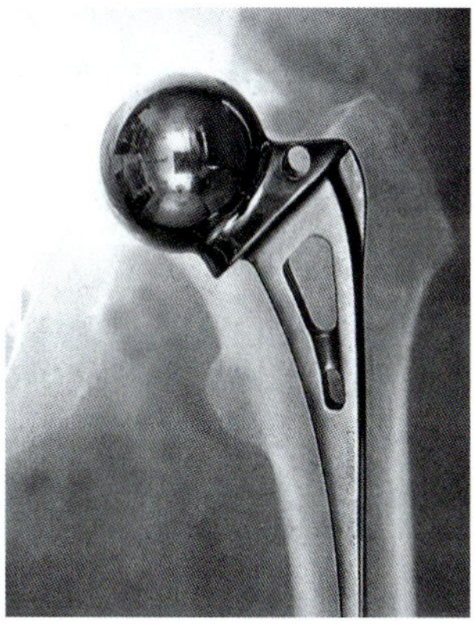

置换人工髋关节后的X射线照片

膝关节、肘关节、腕关节、肩关节、踝关节及指关节等。代替人体骨骼及其关节的有：股骨带髋关节或膝关节、人工椎体、人工骨盆、人工舟骨、人工月骨、人工桡骨远端等。

适应证　①关节的骨及软骨坏死。②关节的创伤性损坏。③骨关节炎发展到关节软骨破坏，活动功能障碍，疼痛严重。④类风湿性关节炎。髋关节和膝关节都僵直，屈曲活动困难。⑤骨端肿瘤。

并发症　主要有假体松动、磨损或折断，深部感染，异物反应及妨碍活动的软组织钙化等。

关境　customs territory　实施同一海关法规和关税制度的境域，即国家（地区）行使海关主权的执法空间。又称税境或海关境域。海关合作理事会对关境的定义是“完全实施统一海关法的地区”。一般情况下，关境等于国境。但有些国家关境不等于国境。第二次世界大战后，关税同盟和自由区、自由港大量出现，国家政治国境和关境有时不完全一致。几个国家结成关税同盟，组成一个共同关境，实施统一的海关法规和关税制度，其成员国的货物在彼此之间的国境进出不征收关税，此时关境大于其成员国的各自国境。自由港、自由区虽在国境之内，但从征收关税看，它可以被视为在该国关境之外，进出自由港（区）可以免征关税，此时关境小于国境。中国现行关境是适用《中华人民共和国海关法》的中华人民共和国行政管辖区域，不包括香港、澳门和台澎金马3个单独关境地区。

关贸总协定　General Agreement on Tariffs and Trade; GATT　关于关税与贸易政策的多边国际协定，也是执行这个协定和缔约方之间进行贸易谈判和解决贸易争端的国际组织和联合国的一个联系机构。全称关税及贸易总协定。

《关山飞渡》　*Stagecoach*　美国故事片。1939年联美影片公司摄制。编剧D.尼科尔斯，导演J.福特，摄影B.格伦农，主演J.韦恩、G.本克劳夫特、T.米切尔。19世纪80年代美国西部小镇，越狱犯灵果、妓女达拉丝、警官威尔柯克士、孕妇露茜等聚在一辆驿车上。露茜发生早产。庆祝婴儿平安降生的宴会上，达拉丝和灵果互诉身世，但达拉丝隐瞒了自己的妓女身份。灵果听从达拉丝的劝说正要逃走，警官给他戴上了手铐。印第安人开始进攻，驿车狂奔，达拉丝怀抱婴儿并保护着露茜的安全。印第安人追上了他们的车，灵果身手不凡，屡建奇功。驿车终于到达目的地，灵果报了家仇，与达拉丝远走他乡。这是一部经典的早期西部电影作品。其摄影风格成为以后西部片争相效仿的标准技法，而节奏流畅、视点多变的剪辑则成为后代许多电影大师的启蒙教材。获1939年第12届奥斯卡金像奖最佳男配角、最佳音乐奖；纽约影评协会最佳导演奖。

关山月　Guan Shanyue（1912-10-25～2000-07-03）　中国现代中国画画家。生于广东阳江，卒于广州。1933年毕业于广州市立师范学校，后入高剑父创办的春睡画院学画。40年代深入西南、西北多省深入生活，旅行写生，为日后的创作打下了坚实基础。1946年被聘为广州市立艺术专科学校教授兼中国画科主任。1947年作南洋之行，翌年在香港、上海等地举行写生画展，并出版《关山月纪游画集》。1949年春，在香港参加人间画会。中华人民共和国建立后，先后担任中南文艺学院教授兼中南文联美术部副部长、广州美术学院教授兼副院长、中国美术家协会副主席、中国美协广东分会主席等职。代表作有《新开发的公路》、《俏不争春》、《绿色长城》及与傅抱石合作的《江山如此多娇》等。关山月在艺术上坚持岭南画派的革新主张，追求画面的时代

《绿色长城》

感和生活气息。出版有《关山月画集》、《关山月、傅抱石东北写生选》、《关山月作品选》等作品集。

关市之赋 passing and marketing taxes in ancient China 中国古代在关塞要隘征收的通行税和在市场征收的商税的统称。约公元前21～前11世纪的夏、商时期，设关的目的是为了防暴和边境管理，只稽查有无违禁之物，而不税其贩卖之货；设市也是为沟通有无，只向商人存放货物的邸舍收取租金，而不税其所售物品。约公元前11世纪周王朝建立后，随着商品交换的发展，开始于关卡商市设官收税。如东周时宋、齐等国在边关设各类官员负责管理启闭关卡、盘查进出关的货物并征税；西周末年，在集市设廛人负责征收市场的各种商税和其他赋税。这时的课征即为关市之赋了。中国古代的关税，在一个长时期内，主要属于国内关卡通行税性质，与近代关税属于入境税性质不完全相同。汉代的市税是分别在贾市、集市和边境的关市征收。征市租，多属于交易税性质。唐玄宗开元二年（714）开始在广州设市舶使掌管对外国商货的征税。五代至宋、明时期，商税课征品目日广，征收日严，有藏匿者则要重罚。

关税 tariff 由一国政府设置的海关对过境应纳税货物和物品所征收的进出口和转口的税收。

关税一般分为：①进口税。进口国家的海关在外国商品进口时，向本国进口商征收的关税。在此基础上，又派生出进口附加税和差价税。进口附加税，又称特别关税，通常是一种限制进口的特定的临时性措施。差价税，又称差额税，是当某种产品国内价格高于同类进口商品的价格时，为保护国内生产和国内市场，按国内价格与进口价格间的差额征收关税。②出口税。出口国家的海关对本国商品输往国外时，向出口商所征收的关税。③过境税。又称通过税。一国海关对于通过其关境的外国货物所征收的税。后废止。

除上述3种关税外，还有优惠关税和普遍优惠制。优惠关税又称特惠关税，即某一国家对某些国家所生产的一切商品或一部分商品所规定的特别优待的关税。普遍优惠制是工业发达国家承诺对从发展中国家或地区进口的制成品或半制成品，普遍给予减免关税待遇的一种制度。

关税的征收方法主要有从量税和从价税两种，在此基础上又有混合税和选择税。混合税是对某种进口商品采用从量税和从价税同时征收的一种方法。选择税是对于一种进口商品同时定有从价税和从量税两种税率，选择其中最高的税率征收的一种关税。

关税壁垒 tariff barrier 对进口商品征收高额关税，大幅度限制甚至阻止其进入本国市场的贸易保护措施。贸易壁垒的一种。非关税壁垒的对称。一国对进口商品征收高额关税，会增加进口商品的进口成本，大大提高其在进口国国内市场的售价，削弱其竞争能力，从而达到保护本国产品在国内市场上的垄断地位。高额关税像垒起的高墙一样把国内市场与国际市场隔离开，故称为关税壁垒。

关税及贸易总协定 General Agreement on Tariffs and Trade; GATT 关于关税与贸易政策的多边国际协定，也是执行这个协定和缔约方之间进行贸易谈判和解决贸易争端的国际组织和联合国的一个联系机构。简称关贸总协定。与国际复兴开发银行、国际货币基金组织一道被称为调节世界经济贸易关系的三大支柱。协定由23个国家代表于1947年10月在日内瓦签订。以后多次修订，成员也不断增多。总部设在日内瓦。中国是23个原始缔约方之一。基本原则包括非歧视待遇原则（最惠国待遇和国民待遇）、互惠原则、关税为唯一保护手段原则、公平贸易原则、一般禁止数量限制原则和透明度原则等。宗旨是要在国际经济和贸易领域，通过各国相互削减关税和各种非关税壁垒，以消除国际贸易中的歧视和不公正待遇，实现贸易自由化，并在此基础上提高生活水平，保证充分就业，实际收入和有效需求的持续增长。为了实现这一宗旨，关贸总协定共举行了8轮的多边谈判，大幅度削减了各国关税，建立了一系列的国际贸易法律规则和制度。1995年1月，世界贸易组织在日内瓦正式成立，取代了关贸总协定这一事实上的国际组织。

关税减免 reduction or exemption of customs duties 海关依法部分或全部免除关税纳税人缴纳关税义务的行政执法行为。部分免除纳税义务称为减征关税，简称减税；全部免除纳税义务称为免征关税，简称免税。减免关税主要有以下原因：①经济政策的需要。例如，为满足国内生产的一时需要和国内消费的特殊需要，国家在一定时期内对个别产业或个别产业的发展需给予特殊扶植，国家需要引进外资和先进技术设备等。②履行国际义务或执行国际通行规则。例如，按照国际惯例或根据国际公约、协定，国际法主体之间相互给予对方政府官员、外交人员物品的关税减免；政府间为了科学、文化、教育等方面的相互交流而减免有关物品的关税；发达国家给予发展中国家的普遍优惠制、特惠制等关税减免优惠；暂时进口货物、进口后原状复出口货物。

关税税率 rates of customs duties 进出口商品关税额占课税对象量、值的比率或标准。即据以计算应纳税额的比率，是关税征税制度的核心要素。从价征税时，其税率以税款占其货价的百分比表示；从量征税时，以每计量单位的商品应征的税额表示。在进出口税则的税率栏中，由国家按税目逐一预先制定税率公布实施。税率的高低、不同税目的税率差别和关税税率结构，体现着一个国家的关税政策和财政政策。在多栏式税则中，对同一个税目的商品可以同时制定几个税率，在不同情况下使用。如：普通税率、优惠税率、最低税率等。在税率栏中还有时使用国定税率（或自主税率）、协定税率（或约束税率）等。

关税税则 customs tariff 一国对进出口的应税、免税商品及禁止进出口商品加以系统分类，并列明应税商品的税率及其是否免税的一览表。又称海关进出口税则。关税税则中各项商品的税率是根据国家关税政策制定的，体现关税政策。是一国关税制度的重要组成部分。很多国家都把关税税则列在关税法之后，作为关税法的组成部分。关税税则通常包括商品分类目录栏和税率栏两大部分。

中国现行的关税税则是根据《海关合作理事会分类目录》于1985年3月制定颁布的《中华人民共和国海关进出口税则》，包括进口税则和出口税则。

关税同盟 customs union 两个或两个以上国家缔结协定、建立统一的关境，在统一的关境内缔约国之间减让或取消关税，对外实行统一税率和外贸政策。关税同盟的缔约国，首先在同盟内部逐步降低以至取消关税，这有助于同盟内部社会分工的发展和商品交换的加强，以提高各缔约国的竞争能力。其次是缔约国统一对外贸易政策，统一对同盟以外各国进口商品的税率，以维护缔约各国的生产和市场，并做到在优惠或限制等方面一致对外。此外，缔约国还可以根据自己的利益，对进口商品规定差别税率，以促进需要商品的进口，限制不希望进口商品的进口数量。缔约国还可制定一些统一的保护性措施，以维护自己的利益。关税同盟的思想由19世纪德国经济学家李斯特提出，1826年成立了历史上最早的一个关税同盟——北德意志关税同盟。第二次世界大战后，在发达国家和发展中国家中，关税同盟都有所发展，在促进国际经济联系、发展国际经济合作方面起到了一定作用。

关肃霜 Guan Sushuang（1928-08-25～1992-03-06） 中国京剧演员。工旦。曾名关素贞。满族。祖籍湖北荆州。生于武汉，卒于昆明。父亲是京剧鼓师。8岁起同赵燕侠等一起练功。15岁拜名旦戴绮霞为师。16岁正式出台。此后随师出演于武汉、信

关肃霜在京剧《战洪州》中饰穆桂英

阳一带。1945年曾在田汉组建的前卫剧社参演《江汉渔歌》、《还我河山》等剧。1946年她随师至上海搭班，名传沪上。1949年应邀到昆明出演，自此定居昆明。1959年在北京拜梅兰芳为师。

关肃霜表演技艺全面，功底深厚，允文允武，唱念做打各功俱佳。传统戏，文能演《宇宙锋》、《玉堂春》，武能演《泗州城》、《扈家庄》，花旦能演《花田错》、《辛安驿》，闺门旦能演《人面桃花》、《吕布与貂蝉》；现代戏中演过《白毛女》、《红嫂》、《党的女儿》，并兼通其他行当，能武生戏《丧巴邱》、《连环套》、《铁公鸡》，小生戏《吕布与貂蝉》、《白门楼》、《四郎探母》(杨宗保)，老生戏《辕门斩子》、《马鞍山》，老旦戏《钓金龟》、《四郎探母》(佘太君) 等，表明其驾驭戏曲表现手段之广博熟谙。她主演的《铁弓缘》摄成彩色影片。

关塔那摩 Guantánamo　古巴东南部重要城市，关塔那摩省首府。位于加勒比海沿岸关塔那摩盆地中，南距关塔那摩湾20千米。人口20.81万(2002)。年平均气温25℃。平均年降水量587毫米。建于1819年。盆地内的平坦地区是古巴东部主要甘蔗产地之一，四周山坡盛产咖啡、可可和香蕉。农产品加工工业中心。交通便利，铁路西通圣地亚哥，南通凯马内拉港；公路东通巴拉科阿。

关天培 Guan Tianpei (1781～1841)　中国鸦片战争中抗英名将。字仲因，号滋圃。江苏山阳(今淮安市楚州区)人。出身行伍，历任把总、守备、都司、游击、参将等职。道光十四年，擢广东水师提督，驻师虎门寨。道光十九年，钦差大臣林则徐到广东查禁鸦片，关天培大力配合，截获存储鸦片的趸船20余艘。为防止英国军舰进犯，奉林则徐之命，整顿海防，在虎门附近安设木排铁链，督率水师认真操练。同时，率领舟师巡逻海口洋面，稽查来往外国船只，维护合法中外贸易。道光十九年九月二十八日(1839年11月3日)，两艘英舰在穿鼻洋攻击广东水师，关天培率领官兵奋勇还击，挫败挑衅。此后，英舰多次来犯，因广东水师早有戒备，均未得逞。鸦片战争爆发后，关天培反对对英妥协。二十年十二月(1841年1月)，英军攻陷沙角、大角炮台，虎门危急。关天培请求琦善增派援军，琦善不许。二十一年二月上旬(1841年2月末)，英军进攻虎门，关天培率兵坚守炮台，昼夜督战，负伤数十处，终因寡不敌众，壮烈牺牲。著有《筹海初集》4卷。

关仝 Guan Tong　中国五代画家。一作关同。长安(今陕西西安)人。约活动于907～960年间。他所画山水颇能表现关陕一带的山川特点和雄伟气势。在山水画的立意造境上能超出格局，而显露出独具的风貌，被称为关家山水。他的画风朴素，形象鲜明突出，简括动人，能使观者如身临其境，具有强烈的艺术感染力。传世作品有《山谿待渡图》及《关山行旅图》等。《山谿待渡图》描绘山下水滨有人待渡，画中大山矗立，石质坚凝，气象壮伟荒寒。《关山行旅图》画深秋季节荒山中的野店行旅，勾皴简括有力，景物高深，虚实富有变化，穿插各种人物活动，使画面更富生活气息。另据记载，关仝不善画人物，画中人物多为胡翼代笔。胡翼，字鹏云，五代画家，善画释道人物，也能画楼台车马，亦精于摹古。

《关山行旅图》

《关于建国以来党的若干历史问题的决议》 *Resolution on Several Historical Questions for the Party since the Founding of the People's Republic of China*　1981年6月中共十一届六中全会通过的中国共产党第二个关于党的历史问题的决议。为了从根本上纠正"左"的和右的错误倾向，中共中央认为，必须正确地认识建国以来党走过的历史道路，科学地总结历史的经验教训。这样做，势必涉及如何评价毛泽东的历史地位和毛泽东思想的问题。这就必须根据马克思主义的实事求是原则，彻底打破个人崇拜和教条主义的束缚，既要如实地指出毛泽东晚年的错误，又要正确地维护毛泽东的历史地位，坚持毛泽东思想。1979年9月，党的十一届四中全会通过叶剑英代表党中央在庆祝建国三十周年大会上的讲话，初步总结了党在建国后三十年的历史经验。在邓小平主持下，党中央于11月开始起草《关于建国以来党的若干历史问题的决议》。1980年3月，邓小平对《决议》的起草提出三条指导原则：第一，确立毛泽东的历史地位，坚持和发展毛泽东思想，是最核心的一条；第二，对建国三十年来历史上的大事，要进行实事求是的分析，包括一些负责同志的功过是非，要做出公正的评价；第三，这个总结宜粗不宜细，总结过去是为了引导大家团结一致向前看。《决议》讨论稿写出后，于1980年10月交党内4 000人讨论，而后又根据各方面的意见进行了修改。1981年6月，党的十一届六中全会通过了这个决议。

《决议》实事求是地评价毛泽东的历史地位，充分论述毛泽东思想作为党的指导思想的伟大意义，指出：毛泽东是伟大的马克思主义者，是伟大的无产阶级革命家、战略家和理论家；就他的一生来看，他对中国革命的功绩远远大于他的过失，他的功绩是第一位的，错误是第二位的。《决议》恢复了毛泽东思想的本来面目，将毛泽东晚年的错误与他的正确思想加以区别，指出毛泽东思想是马克思列宁主义在中国的运用和发展，是被实践证明了的关于中国革命的正确的理论原则和经验总结，是中国共产党集体智慧的结晶。《决议》庄严宣告：毛泽东思想是我们党的宝贵的精神财富，将长期指导我们的行动。《决议》对建国以来的一系列重大历史问题作出正确的结论，并彻底否定了"文化大革命"。《决议》总结建国以来的历史经验和教训，明确我们党已经逐步确立了一条适合中国情况的社会主义现代化建设的道路。它的要点是：党和国家工作的着重点必须转移到以经济建设为中心的现代化建设上来，在大力发展社会生产力的基础上逐步改善人民的物质文化生活；经济建设必须从国情出发，量力而行，有步骤分阶段地实现现代化的目标；生产关系的变革必须适应生产力状况，有利于生产的发展；正确认识和处理社会主义社会的阶级斗争；建设高度民主的社会主义政治制度；社会主义必须有高度的精神文明等。这是第一次对三中全会以来的路线、方针、政策作出的初步概括。《决议》的通过标志着党在指导思想上的拨乱反正胜利完成，它推进了十一届三中全会以来的伟大历史转折，对于改革开放和社会主义现代化建设事业的发展具有重要的指导意义。

《关于正确处理人民内部矛盾的问题》 *On the Correct Handling of Contradictions among the People*　毛泽东论述社会主义社会基本矛盾特别是人民内部矛盾的代表性著作。

是毛泽东1957年2月27日在最高国务会议上的讲话，后来经过整理、补充和修改，于同年6月19日在《人民日报》公开发表。收入《毛泽东著作选读》下册和《毛泽东文集》第7卷。

这篇讲话系统论述了社会主义社会矛盾的理论，创造性地提出正确区分和处理人民内部矛盾和敌我矛盾的学说，强调对不同性质的矛盾要采取不同的方法去解决；指出在中国革命时期的大规模的疾风暴雨式的群众阶级斗争已经基本结束，要把正确处理人民内部矛盾作为中国政治生活的主题；提出了正确处理人民内部矛盾的一系列正确的方针和方法，包括用“团结—批评—团结”的方法去解决思想认识等方面的矛盾，用“统筹兼顾、适当安排”的方法去解决物质利益方面的矛盾，用“百花齐放、百家争鸣”的方法去促进艺术发展和科学进步，用“长期共存、互相监督”的方法去处理共产党和民主党派的关系，等等。

这篇讲话把正确处理人民内部矛盾作为国家政治生活的主题，科学地阐明处理人民内部矛盾的一系列方针，是丰富和发展科学社会主义理论的纲领性著作。

关羽 Guan Yu (?～219) 中国东汉末将领。字云长。河东解（今山西临猗西南）人。早年与张飞追随刘备，参加兼并战争，三人情同手足。建安五年（200）刘备为曹操所破，

羽战败被俘，极受曹操优待，拜偏将军。官渡之战中，曹操与袁绍交兵，绍大将颜良攻白马（今河南滑县东），关羽策马于万众之中刺斩颜良，解白马之围，报答曹操，然后奔归刘备。建安十三年曹操南征，刘备撤离樊城（今在湖北襄阳），令关羽带领水军经汉水到江陵会合，共至夏口，与孙吴联军大战曹军于赤壁。赤壁之战后，关羽拜襄阳太守、荡寇将军。刘备西取益州，又以关羽督荆州事。建安二十四年升前将军，率众围曹操大将曹仁于樊城，适值汉水暴涨，水淹曹操七军，降于禁，斩庞德，威震北方。曹操一度计议将都城由许徙于他处，以避其锋。后纳谋士司马懿、蒋济议，利用孙、刘矛盾，以割江南地为条件，劝孙权袭关羽后方。当年，孙权派吕蒙趁关羽在襄阳作战之机，袭击荆州。关羽后方空虚，待下又骄矜少恩，江陵守将不战而降，家属均为吴军所得。关羽从襄阳赶回，将士皆无斗志，不得已西保麦城。十二月，至章乡（今湖北当阳东北），与子关平俱为吴将擒斩。谥壮缪侯。后被神化为关帝，在民间影响颇大。

关肇直 Guan Zhaozhi (1919-12-13～1982-11-13) 中国数学家和自动控制理论专家。中国系统工程学会创始人之一。生于广东南海，卒于北京。1941年毕业于燕京大学

数学系。1947～1949年在法国庞加莱研究所研究数学并攻读博士学位。1949～1979年，历任中国科学院数学研究所副研究员、研究员、副所长兼控制理论研究室主任。1980年任中国科学院系统科学研究所研究员、所长。1980年当选中国科学院学部委员（院士）。对非线性泛函分析中单调算子的发展做出开创性工作。给出中子迁移算子的谱和本征广义函数组的完整性结果。提出细长飞行器弹性控制理论。获全国科学大会奖（1978），国家自然科学奖二等奖（1982），国家科技进步奖特等奖并被追授国家科技进步奖金质奖章（1985）。

关中 Guanzhong Area 中国古代对今陕西中部地区的指称。《史记·项羽本纪》：“关中阻山河四塞。”徐广曰：“东函谷，南武关，西散关，北萧关。”潘岳《关中记》：“东自函关弘农郡灵宝县界，西至陇关汧阳郡汧源县界，二关之间，谓之关中。”《三辅旧事》：“西以散关为限，东以函谷为界，二关之中，谓之关中。”所指皆为今陕西渭河平原。或以函谷关以西秦国故地为“关中”。故汉时山东人谓“关中”为“秦中”。关中地区在汉、唐时期为全国政治中心、畿辅之地。自战国末年秦修郑国渠、汉修白渠以来，为全国最发达的农耕区，被称为“天府之国”。自汉唐以来，千年为都，人口增多，耕地开垦殆尽，难以承负庞大中央政权所需。武后、唐玄宗、德宗常驻东都洛阳以就食，有“逐粮天子”之说。宋代以后，迁都开封，关中地区西有夏国之迫，为战争前线，经济逐渐衰落。

关中平原 Guanzhong Plain 中国地堑式构造平原。又称渭河平原或渭河盆地。位于陕西省中部，介于秦岭和渭北北山之间。西起宝鸡，东至潼关，海拔325～800米，长约300千米。南北宽窄不一，东部最宽100千米，西安附近约75千米，眉县一带20千米，至宝鸡逐渐闭合成峡谷，形似新月。面积约3.4万平方千米。因在函谷关和大散关之间（一说在函谷关、大散关、武关和萧关之间），古代称“关中”。春秋战国时为秦国故地，号称“八百里秦川”。渭河由西向东横贯关中平原，干流及支流泾河、北洛河等均有灌溉之利。关中平原自然、经济条件优越，是中国历史上农业最富庶地区之一。又因交通便利，四周有山河之险，从西周始，先后有秦、西汉、隋、唐等10代王朝建都于关中平原中心，历时千余年。关中平原为中国工农业和文化发达地区之一，全国重要麦、棉产区。

观光木 *Tsoongiodendron odorum*; tsoong's tree 木兰科的单属种。又称香花木、宿轴木兰。因纪念中国植物学家钟观光而得名。星散分布于云南、广西、广东、福建、江西等省区。常绿乔木，叶椭圆形或倒卵状椭圆形，托叶与叶柄连生，延至叶柄中部以下。花腋生，芳香，花被片淡黄色，有红色小斑点，雄蕊群超出雌蕊之上，花丝圆柱状；雌蕊9～12，覆瓦螺旋状排列，受精后全部愈合发育成肉质的聚合果，聚合果卵状椭圆形，下垂，干后厚木质，不规则开裂脱落，果轴宿存。木材纹理直，结构细，质轻软，易加工，干燥后少开裂，刨面光滑，供建筑、乐器、家具及细木工用材。树干挺直，树冠宽广，枝叶稠密，花虽小而多，美丽芳香，是优美的庭园观赏及行道树种。花可提取芳香油，种子榨油，供工业用。

观念 ideas 哲学范畴。是意识对外部现实的一种能动反映形式。希腊文原意为看得见的形象。在哲学史上“观念”一词有多种解释。在柏拉图哲学中，它（译为理念）指的是永恒不变的真实存在，是具体事物的范本或模型。中世纪经院哲学中，它被视为现象世界的根据，认为它来自上帝。在近代，许多哲学家在心灵的表象或概念的意义上使用这一术语，R.笛卡尔等人主张天赋观念，J.洛克等人反对天赋观念，主张观念来自感觉经验。I.康德认为观念是理性主观自生的“先验概念”。G.W.F.黑格尔认为“绝对观念”是永恒的精神实体，是整个世界的基础和本质。辩证唯物主义则从物质与意识揭示观念的本质，认为“观念的东西不外是移入人的头脑并在人的头脑中改造过的物质的东西而已”。在心理学中，广义的观念是一切心理反映形式的总称，狭义的观念指表象。

观念艺术 conceptual art 西方现代美术流派。20世纪60年代初发端于美国，后流布欧洲及世界各地。观念艺术排除传统艺术的造型性，认为真正的艺术作品并不是由艺术家创作的物质形态，而是概念或观念的组合。因此，照片、教科书、地图、图表、录像带、录像乃至艺术家的身体都被

用作观念艺术的传达媒介，主要在于表现观念形成、发展及变异的过程。观念艺术的美学追求主要表现在两个方面：其一记录艺术形象由构思转化成图式的过程，让观众把握艺术家的思维轨迹；其二通过声、像或实物强迫观众改变欣赏习惯，参与艺术创作活动。观念艺术最初的表现样式与语言密切相关。语言是观念的物质媒介，它被陈述，同时可以无数次重复。后来观念艺术家从M.杜桑展出小便池制成品《泉》得到启发，表现手段开始多样化，只要创造者主观上认为是艺术的东西，都可作艺术品陈列出来。如法国艺术家F.阿尔芒1960年在巴黎举办个人画展，展品是两卡车垃圾。他们用这种极端的手段反对传统的艺术表现和美学观念，追求非美学的艺术表现。重要的观念艺术家在美国有L.迪比茨、D.格雷厄姆、D.许布勒、J.科萨斯、D.奥本海姆、K.林克等，在英国有K.阿纳特、V.伯金、J.克拉克、J.希利亚德、R.朗、D.特雷姆利特等。

观赏石 sight stone 天然形成，具有观赏、收藏和科学价值的石质艺术品。又称奇石、雅石、供石、趣石或玩石。其特点是艺自天成，造型奇特，纹理美妙，色泽缤纷；其质地或坚似铁骨，或细腻如脂；既蕴涵无尽的艺术内涵，也有自然科学内容可供探索。既可作庭院和室内的陈设，也可被玩赏、收藏。一般可分为如下类型。

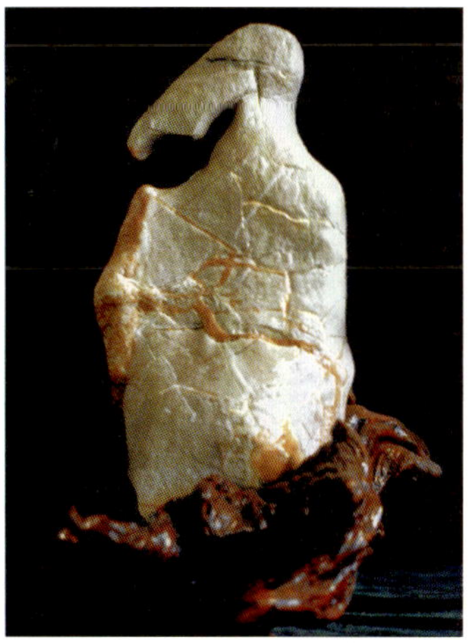

图1 造型石（形似四川樟茶鸭）

①造型石。以千姿百态的造型为特色(图1)。其中著名的品种如产于江苏太湖地区的太湖石、安徽灵璧的灵璧石、广东英德的英德石，它们大多为受到风化、水溶蚀的石灰岩等碳酸盐类的岩石；而造型独特的风棱石则是在干旱气候条件下，一些硅质岩经风蚀作用的产物。

②纹理石。以石的纹理图案为特色（图2)。以其特有纹理形成的景、物、人的形似、神似及意境引人入胜。其中南京的雨花石久负盛名。与之相媲美的有产于长江三峡的三峡石，它们多为由蛋白石、玛瑙、石髓等形成的砾石。产于广西红水河上游河谷的红河石，石质以粉砂岩为主，铁、锰等沿节理、裂隙扩散染色成多种图案。与之相似的为安徽的锦纹石。此外，著名的纹理石还有青海的丹麻石、产于汉江河谷的汉江石等。有些图案还可形成确认的“文字”，称文字石。

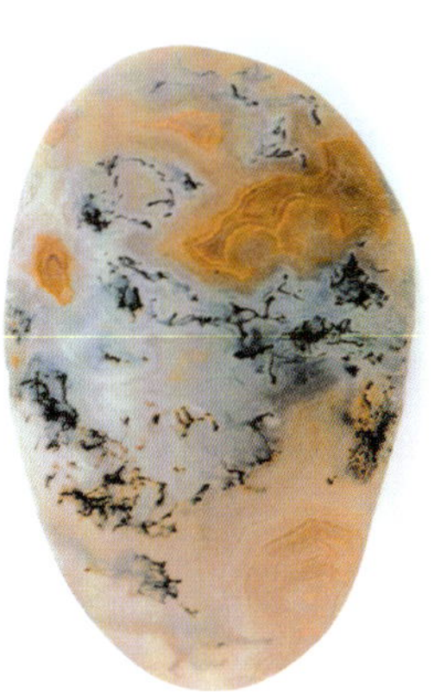

图2 纹理石

③彩石。质地细腻，色彩丰富，易琢磨。著名的彩石有福建的寿山石、浙江的青田石和昌化鸡血石、内蒙古的巴林石等。它们除可制印章还可做工艺雕刻。

④矿物晶体。天然矿物晶体，天生丽质，种类繁多，千姿百态，色泽丰富。有单体、连生体、集合体。有单独的晶体，也有多种矿物的共生组合。以方解石（或文石）、萤石、石英、辉锑矿晶族最为多见。

⑤古生物化石。包括动物化石和植物化石。

⑥陨石。观赏和收藏陨石与化石，是欧美赏石文化的一大特色。

《观无量寿经》 *Amitāyurdhyānasūtra* 净土三部经之一。见净土三经。

观音 Avalokitesvara 佛教菩萨名。中国佛教四大菩萨之一。全称“观世音”，又译为“光世音”、“观自在”、“观世自在”等。唐代避太宗讳，略称“观音”。是阿弥陀佛的左胁侍，西方三圣之一。据信观音菩萨以大慈大悲为德性，苦难众生只要念诵其名号，菩萨即时观其音声，前往拯救解脱，故又被称为“大悲菩萨”。“观自在”，意指佛、菩萨已破除尘世的种种烦恼，进入到永恒、恬静、自在和清净的境界，名为“得大自在”。又指观音能够完全自在地观察俗世，无有障碍，寻声救苦，随心所欲。相传其说法道场在浙江普陀山。观音塑像在中国多为女相。女相观音造像约始于南北朝后期，盛于唐代以后。

观音菩萨画像

观音洞文化 Guanyindong Culture 中国旧石器时代早期或中期的文化。因发现于贵州黔西沙井观音洞而得名。1964年发现，至1973年经多次发掘。发现石制品3 000多件。文化堆积分早、晚两期，据铀系法测年，早期年代为距今11.9万～7.6万年或19万～10万年，晚期年代为距今5.7万年或小于4万年。制作石器主要采用锤击法。刮削器数量最多，厚尖状器和错向尖状器有特色，还有砍砸器、石锥、凹缺器和雕刻器等。观音洞文化是中国西南地区旧石器时代早期或中期文化的代表。出土动物化石20多种，大部分属南方中更新世的大熊猫－剑齿象动物群。

观音洞文化的石器
（左 薄刃尖状器 中 雕刻器 右 三棱厚尖状器）

《官场现形记》 *Revealing Original Shape in Officialdom* 中国近代长篇小说。李宝嘉著。共60回。最初连载于光绪二十九年（1903）至光绪三十一年《世界繁华报》，其间世界繁华报馆分5编（每编12回）陆续刊印单行本。

《官场现形记》是清末四大谴责小说的第一部代表作。全书写30多个官场故事，涉及自京师至11省市大小官吏百余人。写出他们腐败堕落、贪污行贿、徇私舞弊、敲诈勒索、钻营谄媚、卑劣无耻的原形。军机大臣华中堂在京城开古董店，专门经营买卖官缺的生意。何藩台把官缺按“肥瘦”标价出售，因分赃不均，与胞弟在大堂厮打起来。朝廷卖官鬻爵，目不识丁的盐商、假充绅士的烟鬼都官运亨通，而为升官则极尽卑污苟贱之能事。管带冒得官为保住骗来的官职，把女儿送给上司玩弄。钦差大臣到浙江查案，使了一个“只拉弓不放箭”的恫吓手段，就勒索二万两银子。作者批判的锋芒甚至直指老佛爷（慈禧），借她自己的口揭露正是她“装作糊涂”，纵容官吏“捞回两个”，致使贪污风行，赃官满朝。小说进而揭露官僚对内残害百姓，对外惧洋卖国的嘴脸。全书末回借书中人物的梦，给整个晚清官场以定评：“畜生的世界。”作者用讽刺手法揭露人物的丑恶面貌，颇为生动。但有时描写过于渲染夸张，辞气浮露，笔无藏锋，流于漫画化。又官场中人之伎俩，虽五花八门，但大同小异，有杂沓重复之感。

从这部小说开始，描写商界、学界、女界等“现形”之书也接踵而起，逐渐形成晚清谴责小说的高潮。

官渡之战 Guandu, Battle of 中国东汉建安五年（200），曹操与袁绍为争夺北方在官渡（今河南中牟东北）地区进行的决战。

东汉末年，各地军阀豪强拥兵割据混战。建安四年春，北方最大割据势力袁绍，急欲南攻曹操。此时曹操“挟天子以令诸侯”，占据豫、兖、徐州。得知袁绍筹划南下，于八月渡黄河，抢占冀州重镇黎阳（今河南浚县境）。九月，曹操分兵至官渡（处鸿沟上游，临汴水）设防，保卫都城许（今河南许昌东）。

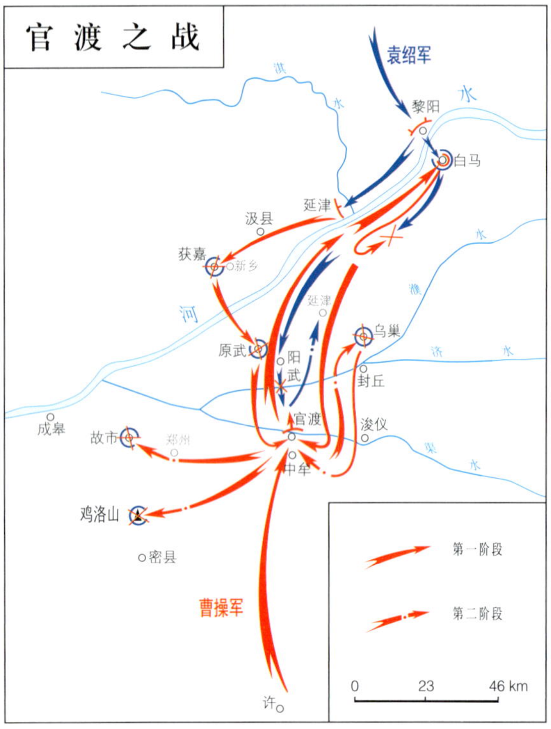

五年二月，袁绍统兵进占黎阳。曹操采用声东击西之计，于白马（今河南滑县东）、延津（今河南延津北）抗击袁军，斩其大将颜良、文丑。初战获胜，曹操鉴于彼强己弱态势仍未改变，主动撤回官渡防御。两军深沟高垒，相持半年之久。十月，袁绍谋士许攸投奔曹操，并献计偷袭乌巢（今河南封丘西）袁军粮站。曹操自率步骑5 000，连夜潜行至乌巢，放火焚烧粮草。袁绍军心动摇，内讧又起，部将张郃、高览投归曹操。曹操乘势发起进攻，大获全胜。

此战是中国历史上著名的以弱胜强的战例，奠定了曹操统一北方的基础。

官话方言 mandarin dialects **汉语**重要方言之一。主要分布于中国的北方，所以又称北方话、北方官话。由于政治、经济、文化、历史等多方面原因，官话方言通行范围之广、使用人口之多，为任何一种汉语方言无法比拟。

按语言特征和地理分布，官话方言的分区有“粗”、“细”两种分法。粗分法为华北官话、西北官话、西南官话、江淮官话4个次方言区。其中华北官话即狭义的北方话，通行于北京、天津、河北、河南、山东、辽宁、吉林、黑龙江等省市，以及内蒙古自治区的一部分，是汉民族共同语基础方言的核心地区，和普通话最为接近。西北官话，通行于山西、陕西、甘肃等省，以及青海、宁夏、内蒙古的一部分地区，新疆汉族使用的语言也属西北官话。西南官话，通行于湖北省大部分地区和云南、贵州、四川三省汉族地区，以及湖南、广西两省区北缘地带。江淮官话，通行于安徽省长江两岸地区，江苏省长江以北大部分地区（徐州一带除外），长江南岸镇江以上、南京以下地区，以及江西省沿江地带。据《中国语言地图集》，细分法把官话作为一个方言“大区”。下面分8个区，即北京官话、东北官话、胶辽官话、冀鲁官话、中原官话、兰银官话、西南官话、江淮官话。“区”下面再分方言“片”和“小片”。分区的语言标准是以古入声字今调类的不同分化为条件。官话方言内部，语法基本一致，词汇大同小异。语音的共同特点是：古全浊声母清化；声调数目一般比较少；辅音韵尾少，没有（-p、-t、-k）韵尾，一般也没有（-m）韵尾。

官僚 bureaucrats 对政府官员的统称。在用于研究古代政治和官制时，一般无褒贬之义。在现代政治研究与实际生活中，则通常含有贬义。这时，官僚与“官僚主义”可以通用，泛指政府机关及其官员不负责任的行为与作风，主要表现为高高在上、武断专横、推诿拖拉、做表面文章、繁文缛节等。

官僚资本 bureaucrat capital 在半殖民地半封建国家中，适应帝国主义侵略的需要，依靠地主买办资产阶级专政的国家政权而发展起来的国家垄断资本主义。它一般包括两个内容：一是国家出资创办由政府官僚所经营的企业；二是官僚们自己出资办的企业。19世纪后期洋务派开办的近代企业是中国官僚资本的早期形式。北洋军阀时期，官僚资本继续发展。到国民党统治时期官僚资本发展达到了顶峰。**蒋介石**、**宋子文**、**孔祥熙**、**陈果夫**、**陈立夫**四大家族组成旧中国官僚统治集团。他们与帝国主义、封建地主相勾结，利用国家政权，通过发行公债、增加赋税、通货膨胀等办法，掠夺人民财富，垄断国家经济命脉，严重阻碍社会生产力的发展，是一种反动的生产关系。没收官僚资本是新民主主义革命的一项重要任务。

官能团 functional group 有机化合物的分子结构中能反映特殊性质的原子或原子团。又称功能团。例如，胺类R—NH_2分子中的氨基—NH_2和羧酸类R—COOH分子中的羧基—COOH都是官能团，前者呈碱性，后者呈酸性。又如醇类R—OH分子中的羟基—OH反映醇的特性，炔类R—C≡C—R分子中的碳-碳三键—C≡C—反映炔烃的特性。化合物含有的官能团是有机化合物分类的依据之一。

官田 government land 中国封建社会土地所有制形式之一。宋以前，官田的含义是多重的。东汉经学家郑众说：“官田者，公家之所耕田。”**郑玄**说：“官田，庶人在官者其家所受田也。”**仲长统**《昌言·损益》说：“今者土广民稀，中地未垦……其地有草者，尽曰官田。”宋以后，土地私有制深化，凡为封建国家或皇室所有并由官府征收地租的田地为官田；为私人所有并向官府缴纳赋税的田地为民田。官田有职田、屯田、营田、官庄、学田、仓田等名目。金、元除继承宋官田外，又掠夺大量良田为官田。明官田名目极多，有官田、没官田、断入官田、学田、皇庄、牧马草场、城壖苜蓿地、牲地、园陵坟地、公占隙地、赐乞庄田、百官庄田、边臣养廉田，以及军、民、商屯田等。清官田已不重要，新设的有旗地和皇室官庄等。

官学 government school 中国封建朝廷直接举办和管辖的以及历代官府按照行政区划在地方所办的学校系统。包括中央官学和地方官学，二者共同构成中国古代社会最主要的官学教育制度。

中央官学在汉朝正式开始创办。魏晋南北朝时期政局纷乱，官学时兴时废，及至唐朝，中央官学繁盛，制度完备，南宋以后逐渐走下坡路。到了封建社会后期，中央官学逐步衰败，成为科举制度的附庸，名存实亡。清朝末年，完全被学堂和学校

汉代官学讲经画砖拓片

所代替。根据中央官学各自所定的文化程度、教育对象和教学内容的不同，可将整个中国封建社会的中央官学分为最高学府、专科学校和贵族学校三大类。

太学和**国子监**是中国封建国家的最高学府，是封建王朝培养人才的主要场所。东汉末创立的鸿都门学，南朝的史学、文学、儒学和玄学，唐、宋、明三代分别创办的书学、算学、律学、医学、画学、武学等，都是属于培养某种专业人才的专科学校。

东汉的四姓小侯学，唐朝的弘文馆、崇文馆，宋朝的宗学、诸王宫学及内小学，明朝的宗学，清朝的旗学、宗学，都属于贵族学校。

古代地方官学自汉代开始设立。西汉平帝元始三年（公元3），建立了地方学校制度，并规定：郡国曰学，县、道、邑、侯国曰校，乡曰庠，聚曰序。东汉时期，由于地方官吏多系儒者，修缮学宫，提倡兴学，因而郡国学校得以普遍建立，官学和私学交织发展，形成了“学校如林，庠序盈门”的景象。此后各代地方学校或兴或废，学制亦有沿革。自汉末建安以后，经魏、晋、南北朝，官学或兴或废。

隋代国家重归统一，隋文帝、隋炀帝虽设庠序郡县之学，但实际上“空有建学之名，而无弘道之实”。唐代除在府州和县设有由长史管辖的“儒学”外，还设有直辖于太医署的府州“医学”，直辖于中央礼部下的祠部的府州“崇玄学”。

元代地方官学制度比较完备，在路、府、州、县四级，均有相应学校，此外还设具有民族特点的蒙古字学、医学、阴阳学。明代前期是中国封建社会地方官学兴盛的时代。最盛时全国合计有学校1 700余所。清代地方官学基本沿袭明制。各地均设专职学官。

官窑　一般指中国古代专烧宫廷御用瓷器的官办窑场；亦专指宋代的官窑。宋代官窑有北宋官窑和南宋官窑。北宋官窑据记载在京师汴梁（今开封）。从北京**故宫博物院**和台北“**故宫博物院**”珍藏的北宋官窑青瓷看，不同于北宋**汝窑**和其他各窑的青瓷。北宋官窑瓷器有碗、盘、洗、瓶等，铁褐色胎，坚硬结实，施肥润的青釉，釉面有大小相错的纹片。因开封经黄河决口，地面变化极大，窑址尚未发现。

南宋偏安临安（今杭州），在临安又办起官窑。据记载，南宋官窑有修内司官窑和郊坛下官窑。修内司窑一直没有发现，有人认为可能并不存在。郊坛下窑在1930年就已发现，1950年后经多次发掘，发现制瓷作坊、窑和大批青瓷器。主要器物有碗、盘、洗、杯、瓶等。一类为高档青瓷，紫黑胎，施淡青釉，开冰裂纹，继承北宋官窑风格。另一类灰胎，施质地较粗的玻璃质釉，为百姓用品。

冠服制度　system of official dressing　中国先秦时期的服饰制度。初步建立于夏商时期，到周代逐步完善，春秋战国之交被纳入礼治。西周的社会生产力比商代有长足的进步，等级制度逐步确立，产生与此相适应的冠服制度，表现在贵贱有等、衣服有别。王室公卿在不同礼仪场合，顶冠既要冕弁有序，穿衣着裳也须采用不同的形式、颜色和图案。祭祀有吉服，朝拜有朝服，丧葬有凶服。根据地位高低，服饰的装饰纹样和颜色各不相同。冠服制度对中国封建社会的服饰发展产生深刻的影响。

冠螺　Cassidae; bonnet shell　腹足纲中腹足目冠螺科动物的统称。世界上约有60种，广分布于各大洋，特别是热带水域种类多。中国已报道15种。贝壳近球形到亚三角形，

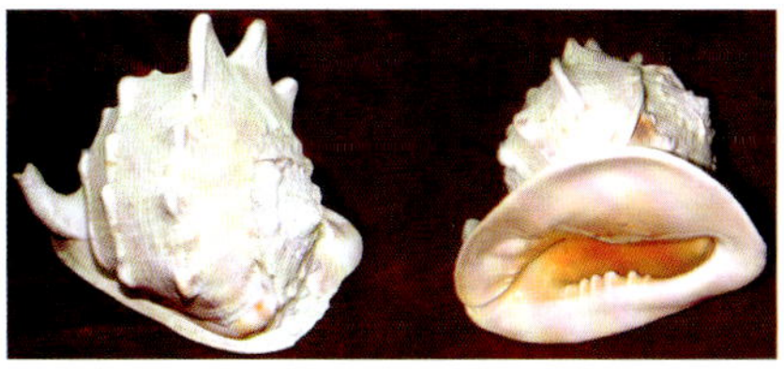

冠螺外形

壳质厚重。螺旋部低，体螺层膨大。壳口长而狭；有短而倾斜的前水管，后水管有变化；外唇加厚，内缘有齿状缺刻；内唇或壳轴经常形成宽而厚的滑层，有时有褶襞。壳中到大型，最大个体体宽可达38厘米。壳表面由平滑到有强的结节，螺旋纹或纵肋。厣角质，褐色，半圆形或扇形，其核位于内侧。头大，有中等长的细的触角，眼位于其外侧。足大，前、后缘圆，通常有厚的上皮。外套腔内有本鳃和一个羽状嗅检器。齿舌为纽舌型。唾液腺内含有硫酸，有一个能分泌作用于神经系统的酸性腺体。它用以上腺体分泌液麻醉被捕食动物，主要是棘皮动物的海胆和海星。

冠醚　crown ether　含有多个氧原子的大环状醚。又称大环醚。因其分子结构形似皇冠而得名。命名时把环上所含原子的总数标注在“冠”字之前，把其中所含氧原子数标注在名称之后，如15-冠（醚）-5、18-冠（醚）-6、二环己烷并-18-冠（醚）-6：冠醚能与正离子尤其是金属离子络合，并且随环的大小不同而与不同的金属离子络合。例如，12-冠-4与锂离子络合而不与钾离子络合；18-冠-6不仅与钾离子络合，还可与重氮盐络合，但不与锂或钠离子络

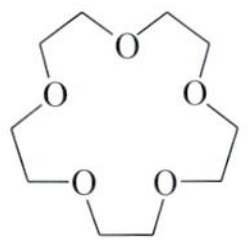

15-冠（醚）-5

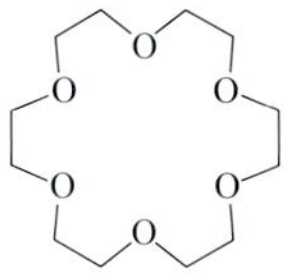

18-冠（醚）-6

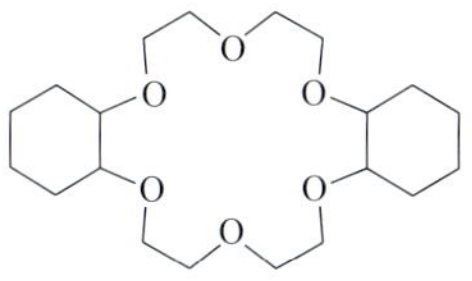

二环己烷并-18-冠（醚）-6

合。冠醚的这种性质在合成上极为有用，使许多在传统条件下难以反应甚至不发生的反应能顺利地进行。冠醚与试剂中正离子络合，使该正离子可溶在有机溶剂中，而与它相对应的负离子也随同进入有机溶剂内，冠醚不与负离子络合，使游离或裸露的负离子反应活性很高，能迅速反应。在此过程中，冠醚把试剂带入有机溶剂中，称为相转移剂或相转移催化剂，这样发生的反应称为相转移催化反应。冠醚通常采用威廉森合成法制取，即用醇盐与卤代烷反应生成。

冠心病　coronary heart diseases; CHD　冠状动脉管腔（或开口）狭窄、闭塞（冠状循环改变）而引起心肌缺血、心脏发生病理变化和功能障碍的一组心脏病。**冠状动脉性心脏病**的简称。

冠状病毒感染　coronaviral infection　由冠状病毒引起的急性感染。主要表现为普通感冒和急性胃肠炎。冠状病毒在世界上普遍流行，在普通感冒的病因中占第二位。传播方式经呼吸道飞沫传播。潜伏期一般为2～5日。典型表现为普通感冒，有鼻塞、流涕、咽痛、咽红和全身不适等，偶可导致肺炎及引起小儿哮喘。肠道冠状病毒可对新生儿和1～2岁婴儿引起急性胃肠炎，腹泻每天10次左右，呈水样便，少数可呈血水样便。可根据流行学资料、典型临床表现作临床诊断。尚无特效治疗方法，大多以对症和支持治疗为主。预后良好，多能自愈。增强体质，避免劳累和受寒，保持室内空气流通为主要预防方法。

新型冠状病毒（SARS-CoV）可引起**传染性非典型肺炎**。

冠状动脉　coronary artery　供应心脏血液的主要血管。分为右冠状动脉和左冠状动

脉。右冠状动脉起于主动脉右窦，在右心耳与肺动脉干根部之间进入冠状沟，绕行至房室交点处形成一倒“U”字形弯曲并分为二支；后室间支较粗，是主干的延续，沿后室间沟走行，分支分布于后室间沟两侧的心室壁和室间隔后1/3；左室后支，向左行，分支至左心室后壁。

左冠状动脉起于主动脉左窦，在肺动脉干和左心耳之间走行，随即分为前室间支和旋支。前室间支沿前室间沟下行，绕心尖切迹至后室间沟，与右冠状动脉的后室间支吻合。前室间支向左侧、右侧和深面发出三组分支，分布于左心室前壁，部分右心室前壁和室间隔前2/3（其中有心脏传导系右束支和左束支的左前上支通过）。因50%以上的心肌梗死系前室间支闭塞所致，通常将该支称为“猝死动脉”。当前室间支闭塞时，可发生左室前壁和室间隔前部心肌梗死，并可发生束支传导阻滞。旋支沿冠状沟左行，绕过心左缘至左心室膈面，多在心左缘与后室间沟之间的中点附近分支而终。旋支分布于左心房，左心室左侧面和膈面。旋支闭塞时，常引起左室侧壁或膈壁心肌梗死。

左、右冠状动脉在心胸肋面的分布比较恒定，但在膈面的分布范围变异较大。根据左、右冠状动脉在心膈面分布区的大小分为：①右优势型。右冠状动脉分布于右心室膈面和左心室膈面一部分，此型占71.35%。②均衡型。左冠状动脉旋支和右冠状动脉分别分布于左、右心室膈面，互不逾越后室间沟。此型占22.92%。③左优势型。左冠状动脉旋支分布于左心室膈面和右心室膈面的一部分，此型占5.73%。

冠状动脉性心脏病 coronary heart diseases; CHD 冠状动脉管腔或开口狭窄、闭塞（冠状循环改变）而引起心肌缺血，并导致心脏发生病理变化和功能障碍的一组心脏病。简称冠心病，又称缺血性心脏病。其病因有多种，但绝大多数由冠状动脉粥样硬化引起，故既往曾称本病为冠状动脉粥样硬化性心脏病。

冠心病多发生于40～50岁以后，少数可早发于20多岁，男多于女，女性发病较

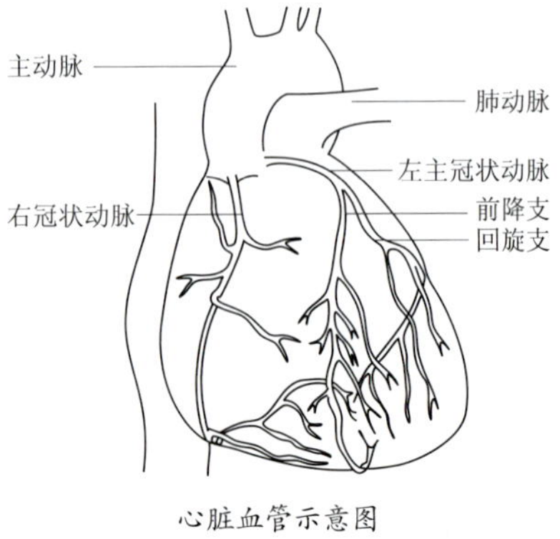

心脏血管示意图

男性约晚10年，女性在绝经期后冠心病的发生率迅速增长。冠心病不但常见，而且是心血管病患者死亡的常见原因。欧美国家的冠心病发病率和病死率都高于亚洲国家。

临床表现 有以下类型：①心绞痛。②心肌梗死。③原发性心脏骤停（猝死型）。由于心肌缺血，造成心电不稳定，突然发生心室纤颤或停搏。可有或无心绞痛及心肌梗死病史，尸解亦不见急性心肌梗死。④缺血性心肌病。突出的临床表现为慢性充血性心力衰竭。⑤各种心律失常。可以是冠心病的唯一症状。

实验室检查 包括血脂及一些血清酶的测定，然而血脂高并不等于就有冠心病，只能说明患者存在冠心病的风险因素。血清酶的测定主要用于拟似或确诊的急性心肌梗死患者。对冠心病诊断比较有意义的检查，如心电图及运动试验、放射性核素心肌灌注显像和放射性核素心血管造影以及超声心动图都是无创性检查，可以重复，且容易被患者接受。心房内起搏试验、冠状动脉造影是有创性检查，一般用于无创性检查不能解决诊断问题，或患者因某种情况不能进行无创性检查（如瘫痪者不能行运动试验）时采用。

诊断 冠心病各类型均各有其特点。急性心肌梗死或典型心绞痛诊断不难。临床上诊断比较困难的是不典型心绞痛，对这类患者的诊断需与一些以胸痛为主要表现的其他疾病相鉴别。临床上详细询问病史，注意年龄，对大部分患者可获得初步印象，确诊需根据具体情况选择上述特殊检查，对心肌梗死以心力衰竭为主要表现者需仔细与心肌病相鉴别。以心律失常为主要表现者，病因诊断最困难，首先需排除其他心脏病，结合冠心病好发年龄，寻找有无冠心病的其他表现，最后还须运用上述特殊检查确诊。

防治 见心绞痛、心肌梗死、心力衰竭、心律失常等。病因治疗见动脉粥样硬化、动脉瘤及可以引起冠状动脉炎症等疾患的治疗。

馆阁体 style of academic regular script 中国明、清时期官场和科举考试中流行的楷书风格。以均匀整齐为主要特征。从宋代开始，在负责起草、抄写公文的翰林院中就形成了规范工整、面目统一的书法风格，当时人称为“院体”或“三馆楷书”。在明朝，擅长这种实用书法风格的主要是内阁等机构的办事人员，故称“台阁体”。到清朝则称为“馆阁体”。馆阁之名来自宋代。北宋设昭文馆、史馆和集贤院编纂图书，称为三馆；又辟秘阁为图书典籍收藏之所，后将三馆与秘阁合并统称“馆阁”。因清代翰林院的职能相当于宋代馆阁，所以翰林院

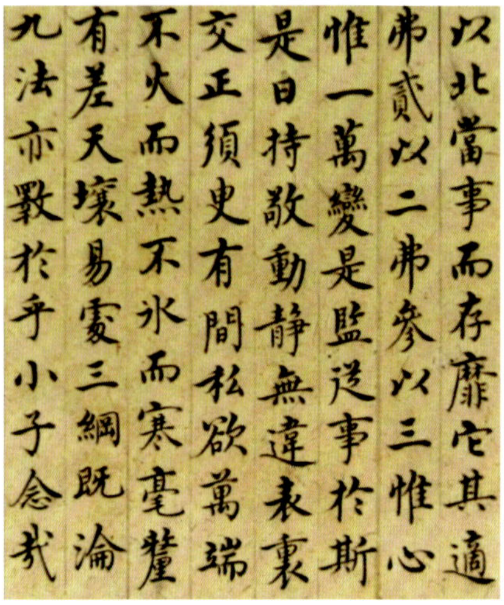

沈度作《敬斋箴》（局部，所书为馆阁体）

中人所擅长的书法风格便得名“馆阁体”。

清代馆阁体的书写标准主要体现在两方面：首先是用字要规范，古体字、别体字在奏章、试卷中都不能使用；其次是在书写技巧上要力求点画光洁清楚，字形方正统一，排列整齐均匀，当时人总结为“乌、方、光”三字诀。在风格面貌上，则随皇帝的喜好而数经变迁。馆阁体书法在清代的应用非常广泛。

管 shawm 双簧气鸣乐器。流传于中国民间的古老乐器，竖吹。汉代由西域传入中原，古称“觱篥”、“筚篥”。现代流行的管，有小管、中管、大管、双管、加键管等，用于北方民间吹打乐队。阿拉伯、朝鲜、日本、泰国及中国彝、纳西等民族也有类似乐器。

管的历史悠久，在河南邓县（今邓州）砖墓中发现的南北朝彩色画像鼓吹乐队，以及山西云冈石窟中的南北朝雕像中，都有吹管的人像。隋唐年间广泛使用于隋九部乐、唐十部乐等宫廷音乐及民间独奏音乐。宋代称筚篥为“风管”。在教坊大乐中经常用于独奏或乐队领奏，也用于杂剧、缠达的音乐伴奏，又称“头管”。明代的头管开始用于寺庙音乐。清代广泛流行于民间乐队，通称为管或管子。

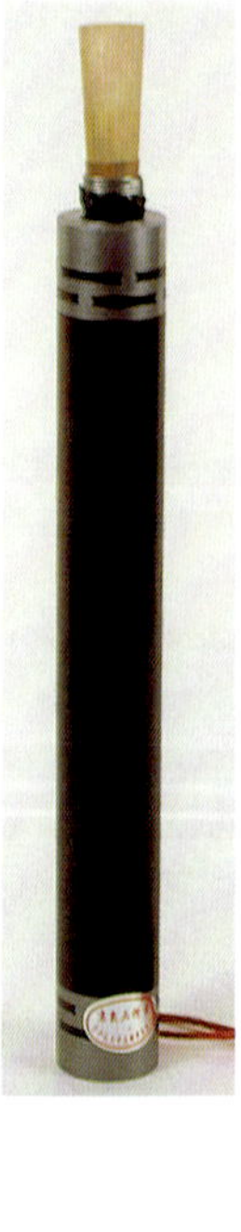

古代的筚篥种类很多，一般用竹制管身，芦苇制哨。管身上开9孔（前7后2）的称大筚篥；管身开6孔的称小筚篥。两支筚篥并排同时吹奏的称双筚篥。现代流传的管子木制，开8个指音孔（前7后1），管口插一苇制的哨子双簧，哨子有大有小，吹奏时常用更换大、小哨子的方法调节音高。高音管的筒音一般为a^1，8个指孔的音为b^1、$^{\#}c^2$、d^2、e^2、$^{\#}f^2$、a^2、b^2、d^3，音域为a^1～d^4，

音色尖锐高亢。中音管比高音管低一个八度，音色圆润明亮。低音管又比中音管低一个八度。双管一般常用高音双管，音色浑厚、柔美，音域、用法与高音管相同。

管道 pipeline 输送流体的设施。用管子、管件、阀门等连接起点站、中间站和终点站，构成管道运输线路。管道广泛应用于给水、排水、供热、供气、长距离输送石油和天然气、农业灌溉、水利工程和各种工业装置中。根据**管道运输**所输送的介质，分为**输油管道**、**输气管道**、多相混输管道及**浆体管道**。长距离输送管道一般由线路、站库设施和管道附属设施三部分组成。

线路选择 基本原则是：①线路尽可能短，一般以不超过航空直线长的5%为宜。②满足管道输送工艺的要求。③选择适宜的站址。④大型穿跨越工程尽可能少，选择工程量小、技术上可能而又安全、施工方便的地点。⑤尽可能选择沿线有充分的动力、水和建筑材料供应条件。⑥尽可能避开不良地质地段、地震区和有矿藏的地区。⑦能够妥善处理管道与其沿线城镇、工矿、农田水利及其他建筑物的相互关系。⑧交通比较方便，便于施工和维护。⑨注意自然环境保护。

输送工艺 根据流体的性质和输量，确定输送方法和流程、站库类型与位置，选择管材和主要设备，制定运行方案和输量调节措施。

流体在起点站加压进入管道后，在流动中要克服摩擦阻力，能量不断减少；长距离输送管道，必须建立中间增压站。输送距离愈长，所需的中间增压站愈多。对于天然气体管道，当气田压力能满足输气的需要时，可暂不建起点压气站。

管道阀门是油气管道为实现集输、分输和调节输量，以及为实现站内循环、设备连通、倒罐、越站、清管器收发等作业所使用的控制部件。应具有如下特点：①可靠性高，阀体具有足够强度，活动部件耐磨，在频繁操作下能长期正常运行。②密封性好，在高压下和在油、气长期浸泡下不泄漏。③开关灵敏性高。④油、气通过时阻力小。⑤重量轻，安装简便。⑥能在全天候条件下工作。常用管道阀门主要有截断阀、单向阀、调节阀、减压阀、泄压阀、安全阀等。

管道监控是对管道运行工况的监测和控制，是实现管道输送工艺，使管道安全、平稳和最优化运行所必需的手段。主要任务是：收集、处理、显示和记录管道系统的运行状态和工艺参数；按输送计划、动态工况分析结果，选择最优运行方案；协助调度人员迅速准确地开关阀门和启停设备，以实现选定的输送工艺流程；调节流量、压力和温度等运行参数；预测、分析和处理事故；进行起点站、终点站和分输站的流体交接以及账务结算等。

管道防腐目的是避免管道遭受土壤、空气和输送介质的腐蚀。通用的方法是内壁涂层加外壁涂层（或包扎层）加阴极保护。若严格施行这些措施，管道可安全运行50年。

管道运输 pipeline transportation 使用管道输送流体货物的**运输**方式。输送的货物主要是原油、成品油、液态化工产品、天然气、煤浆及其他矿浆。

运输管道分类 按所输送的物品分为5类。①原油管道。原油运输是自油田将原油输给炼油厂，或输送到转运它的港口或铁路枢纽，或两者兼而有之。特点是输量大、运距长、收油点和交油点少，故特别适宜用管道输送。世界上的原油约85%以上是用管道输送的。②成品油管道。将炼油厂生产的大宗成品油采用在同一条管道中按一定顺序输送多种油品的工艺，输送到成品油库。特点是批量多，交油点多。因此沿线管径多有变化，并且由于交油点多，成品油管道多为管网状。③天然气管道。包括集气管道、输气干线和供配气管道。就长距离运输而言，输气管道系指高压、大口径的输气干线。④**浆体管道**。将固体粉碎，掺水制成浆液，再用泵按液体管道输送工艺进行输送。⑤多相混输管道。输送油气或油气水的管道。油气水混输管道的流动规律复杂，尚无公认的、准确的热力、水力计算模型。

特点 ①运量大，一条管径1 220毫米的输油管道，年输量可达1亿吨以上。②管道多埋于地下，永久占用土地少；管道穿过各种地段，易选取捷径缩短运距。③受恶劣气候条件的影响较小，可以长期稳定运行。④便于管理，易于远程监控；维修量小，劳动生产率高。⑤易燃的油、气密闭于管道中，既可减少挥发损耗，又较其他运输方式安全。⑥耗能低。⑦运费低。⑧沿途无噪声。⑨漏失污染少。⑩适于定点、量大、单向的流体运输。但管道运输不如其他运输方式灵活，承运的货物比较单一，货源减少时不能改变路线，当输量降低较多并超出其合理运行范围时，优越性难以体现。

管风琴 organ 气鸣乐器。流传于欧洲的历史悠久的大型键盘乐器。主要用于教堂音乐。16世纪末至18世纪中叶，它在欧洲乐器中占有统治地位，被称为乐器之王，在音乐艺术发展史上占有重要地位。由风箱鼓动，将风引入笛管而发音。管风琴由键盘、音管、音栓、轨杆机、风箱、琴箱等组成。键盘由一个或更多的手动键盘和脚键盘等组成，现代的管风琴都有这两种键盘，一般手键盘有61个音，从C～c^4，5个完整的八度。脚键盘32个音，从c～

管风琴键盘

g^1，两个半八度。管风琴的音域可扩展到9个八度以上，其音量宏大，气势雄伟，音色庄重优美，对比多样，能模仿管弦乐器的音色和演奏丰富的和声。管风琴是所有乐器中最复杂的乐器，其基本原理在2 000多年以前就已被发现。音乐史上最早的管风琴为公元前250年古希腊工程师亚力山德里亚的克特西维奥斯制造的水压式管风琴，到5世纪时民间仍使用。4世纪风箱式装置替代水压式，增强了音量。13～14世纪时，流行建造大型管风琴，其音域扩大到有完整半音的3组，结构逐渐复杂，规模庞大，最有名的是德国哈尔伯施塔特1361年制造的管风琴，有三层手动键盘和一个脚键盘，20个风箱，由10人操作。13～16世纪最流行的是一种便于携带的小管风琴，一管一音，有一至两个八度的音域。1867年在巴黎首先使用电气式装置带动琴键工作。此后，各种改进都用来加强管风琴在音色变化幅度和精巧性方面的能力。

管风琴与复调音乐的发展密切相关，管风琴音乐创作是J.S.**巴赫**全部艺术成果的基础和核心，那时，管风琴的创作和演奏达到了登峰造极的程度。他的作品包括《a小调前奏曲与赋格》、《d小调托卡塔与赋格》等。19世纪，随着基督教在中国的传播，在北京、上海、天津、青岛等地的教堂内也曾设有管风琴。北京音乐厅也于1990年安装了一架管风琴。

管家 butler 富贵人家中管理家产和日常事务的地位较高的仆人。长期以来，管家一直是富贵人家的身份的象征，代表雇主家庭形象。因英国人将管家这一职业发挥到极致，故“英式管家”已成为世界家政服务领域的经典名词。

如今正规的管家须在管家学院接受专门的培训。管家学院的课程除了基本的礼仪训练之外，还包括了解真正高贵生活的课程。如学习银器、玻璃器皿的鉴定、收藏和养护，了解有关名酒和雪茄烟的知识；参观名牌鞋子的生产过程，参观掺有金丝和碎钻的高档面料的纺织过程等。

管家的工作范围很宽，如确定雇主家每天的菜谱，检查厨师的菜品质量等；指挥保姆和清洁人员，对新来者要亲自做各种服务的示范，以使其尽快进入角色；计算出雇主每月家庭的全部开支，月底向雇主汇报账目；帮助雇主经营一些投资不大而获利高的短期理财项目等。

按照国际惯例，一个英式管家的年薪从10万美元到上百万美元不等。在中国国内市场，高级管家的收入与欧美国家相差较大。月薪一般为数千元人民币，但高级管家尚非主流。

管理 management 通过实施计划、组织、人事、领导、控制等职能来协调、配置组织资源，进而有效地实现组织目标的过程。管理活动是人类基本的活动之一，凡是由两个以上的人组成的、有一定目的的组织，都离不开管理。

管理存在于组织之中。组织是完成特定使命的系统性结构，如企业、学校、医院、政府机构等，它们具有3个特征：①每一个组织都有一个或一组明确的目标。②每一个组织都是由人组成的。③每一个组织都是一种系统性的结构，有严格的规章制度、明确的职权等级以及详细的劳动分工，用于协调、规范和约束成员的行为。管理活动是围绕一定的组织目标进行的，目标不明确，就无法安排组织成员的具体工作，管理也就无从谈起；而目标设定得是否切合实际，则直接关系到管理的成效。管理是一种动态的协调过程，协调的对象是输入组织的各种资源，包括人、财、物，但最主要的还是协调人与人之间的关系。由于管理的动态性，它不可避免地会受到环境变化的影响，所以正确把握环境的变化并适应这种变化就成为管理取得成功的关键因素之一。管理的目的在于提高实现组织目标的效率。管理者不仅要关注组织目标的实现，而且要重视组织资源的有效利用。

管理的职能主要包括计划、组织、人事、领导和控制等。

管理一方面具有同生产力、社会化大生产相联系的自然属性，另一方面又具有同生产关系、社会制度相联系的社会属性。管理的二重性是马克思主义关于管理问题的基本观点，它对于正确认识管理现象、探索管理活动规律以及运用管理原理来指导实践都具有重要的现实意义。

管理是科学性与艺术性的统一。管理的科学性是指管理作为一种普遍的社会活动，是有一定客观规律可循的。说管理是一门科学，指的就是人们可以利用反映管理客观规律的理论和方法来指导其管理活动。管理的艺术性指的是管理者不仅要掌握丰富的管理理论和方法，还要具有灵活运用这些理论和方法的技巧。

管理会计 management accounting 现代会计的一个分支。企业经济管理活动重要的组成部分。是会计与管理的直接结合，利用财务会计资料和其他资料，采用会计、统计和数学的方法，帮助企业经理人员及其他管理人员进行一系列的预算、决策、规划、控制与考核，谋求提高企业经济效益，实现企业最终目标的一种会计。

一般认为，“管理会计”一词是20世纪20年代由美国会计学界将F.W.泰勒的科学管理学说引入传统会计的。50年代，为了满足企业经营控制与业绩考核的需要，出现了目标管理、责任会计及业绩考核等新的会计方法，从而使现代管理会计进一步走向成熟。

管理会计的特征是：①在作用上，主要是满足企业内部管理的需要。②在内容上，主要是规划未来，控制现在和评价过去，侧重于规划未来。③在核算对象上，可以将整个企业作为核算单位，也可以将车间、部门、小组，甚至责任人作为对象，可以是生产经营活动的全过程，也可以是某一具体方面。④在核算方法上，主要服从管理的需要，不受企业会计准则（或制度）的限制，可以采用会计的、统计的或数学的方法，更多的是采用数理统计方法。⑤在核算要求上，不要求绝对精确，只要计算近似值，能为决策所用。⑥在责任上，报告不是正式报告，不具备法律效力。⑦在时间上，报告根据需要决定，不要求定期编制。

管理模式 mode of management 通过对管理实践的高度概括和科学总结而形成的企业特有的思维方式和运作规则。是企业重要的无形资产。一套成熟的管理模式由以下几个子系统构成：①理念系统，即支配企业行为的意识集合，它决定企业的经营思想、经营策略、资本构成、资源整合、领导方式的基本取向，是企业文化、团队精神的凝聚和升华。②组织系统，即企业运行载体，是企业构建管理模式的出发点和前提。组织系统决定了企业的指挥系统、组织沟通系统和信息反馈系统。③运行系统，即一套完整的操作流程，是理念系统和组织系统规范性的体现。包括部门权责、职位职责、职业素质、作业流程、员工绩效考评、文化建设和创新等系统。④策略系统，是管理模式的智慧库，是运行系统完善化和高效化的工具准备和智慧准备，是企业核心理念的具体化、智能化，是管理艺术性的主要表现。⑤自我完善系统，它使企业有可能根据实际需要不断完善、发展和创新。管理模式是企业在长期学习、修炼、积累和创新的基础上形成的，是企业竞争优势的重要源泉。

管理信息系统 management information system 一种由人、机器和有关程序组成的复杂的综合体。企业通过收集、整理、加工和传递适当的、及时的和准确的信息，为企业的计划、组织、领导、控制工作和人员配备，以及日常的作业提供信息服务。一般由4个子系统构成，即内部报告系统、情报系统、调研系统和信息分析系统。由于复杂的管理信息系统能够极大地改变信息的数量和质量，提高信息传递的速度，因此不仅能够在一定程度上提高管理者决策的能力，而且还可改善组织的结构，使组织的层次得到精简。

建立有效的企业管理信息系统，要处理好以下环节的工作：①准确识别组织所有的决策问题及其所属层次、部门和决策者。②根据决策问题的需要，对信息需求进行分析。③决策集成，即通过识别相互重叠信息或冗余信息，使信息系统包含尽可能少的信息种类。④管理者、技术专家共同参与系统设计。⑤建立定期评审制。管理信息系统随着计算机技术的发展而发展，21世纪初已进入网络化阶段。

管理学 management 系统地研究管理活动的客观规律及其一般方法的学科。它是国民经济管理、企业管理、教育管理、工商行政管理等各门管理学科共同的理论基础。

管理学是一门横跨自然科学、社会科学和工程技术等领域的综合性学科。管理活动是非常复杂的活动，管理的目标、方式、方法不仅取决于组织的性质、规模、成员构成等内部因素，而且还受政治、法律、经济体制、科学技术、文化传统和自然条件等外部因素的制约。因此，对管理活动过程的研究，不仅要利用经济学、数学、心理学、生理学、行为科学等学科的研究成果，而且还要充分利用运筹学、系统论、信息论、控制论和电子计算机等的最新成就。

管理学研究的主要内容包括：管理原理，管理的职能，管理的方法、技术和手段，管理者和管理者群体，管理环境，管理思想及其实践的发展历史，管理效果。

管理学的形成大致经历了3个阶段：①早期的管理活动。自人类社会产生到18世纪，人们凭经验去管理，尚未对经验进行科学的抽象。②早期管理思想的萌芽。18世纪至19世纪末，对管理在社会发展中所起的作用有了一定认识，但还停留在一个较低的水平上，尚未系统化。③管理理论的形成。从19世纪末20世纪初开始，为了满足生产力发展的需要，美国、法国、德国及其他一些西方国家纷纷掀起了科学管理运动，管理理论逐渐形成。自从科学管理产生以来，管理理论大致经历了古典管理、行为科学和现代管理3个阶段。20世纪70年代以后，又出现了一些新的管理理论，如公司战略、企业文化、学习型组织、企业再造等。

古典管理理论主要包括：①F.W.泰勒的科学管理理论。②H.法约尔的一般管理理论。法国管理学家法约尔认为，任何企业都存在技术、商业、财务、安全、会计和管理等6种基本活动，而管理处于核心地位，同时其他5项活动也需要管理；管理的职能包括计划、组织、指挥、协调和控制。③M.韦伯的行政组织理论。德国的韦伯提出了一种理想的行政组织体系。即一种体现劳动分工原则，有明确定义的职权等级、详细的规则和制度，以及非人格化关系的组织模式。

20世纪20年代前后，一些学者开始从社会学、心理学、生理学等方面出发研究企业中有关人的一些问题，如人的需要、动机、情绪、行为与工作之间的关系等。行为科学应运而生。行为科学的发展大致可分为两个时期：前期称为人际关系学说，它开始于20世纪20～30年代的霍桑实验；后期从50年代开始，并正式称为行为科学。

第二次世界大战后，出现了许多新的管理理论和管理学说，形成了众多的管理学派。这些理论和学派被称为“管理理论的丛林”。主要包括：管理过程学派、系统管理学派、经验或案例学派、管理科学学派、决策理论学派和权变理论学派。

20世纪70年代以来，企业面临日益复杂多变的内外部环境和来自多方面的挑战，新问题、新要求推动了企业管理理论的不断变革与创新。现代管理理论的新发展主要包括：①管理的重心从物转向人，产生了“人本管理”的新思想。②企业战略理论成为现代企业管理理论研究的主旋律。③强调企业生产经营系统和组织结构的变革，提出了“企业再造”新思路。④提出了未来成功的组织模式——学习型组织。⑤无形资产管理成为现代企业管理的重要内容。

管平湖 Guan Pinghu (1897-02-02～1967-03-28) 中国古琴家。江苏苏州人。卒于北京。自幼先后从师九嶷派杨宗稷、武夷派悟澄老人及川派秦鹤鸣等琴家。1938年在北平组织风声琴社，1947年又与北平琴家发起组织北平琴学社，并在多所学校担任古琴教师。50年代初入中央音乐学院民族音乐研究所工作，任副研究员，从事古代琴曲的发掘和打谱，如《广陵散》、《幽兰》、《离骚》等古琴曲即是由他率先打谱。他精于古琴艺

术，所奏古琴曲《流水》被录入美国太空探测器的金唱片。著有《古琴指法考》一书。

管同 Guan Tong (1780～1831) 中国散文家。字异之。江宁上元（今南京）人。清道光五年（1825）中举。曾入安徽巡抚邓廷桢幕，终生未仕。与同乡梅曾亮同为姚鼐弟子，论学为文一遵姚氏轨辙，史称“鼐门下著籍者众，唯同传法最早”（《清史稿》）。梅曾亮即受管同影响，才改习古文。然管同颇能自立，往往直言姚氏所失，曾自叹不得复见其师而更正之（《读六韬》）。张舜徽说他“虑周思密，发昔人所未发。疑古之识，殆欲度越其师”（《清人文集别录》）。所为文章，长于议论，时有卓见。他本有志经世，然会试不中，胸怀所蓄，抒发为文。撰《拟言风俗书》、《拟筹积贮书》、《禁用洋货议》等文，纵论天下大计，指陈弊端，颇中肯綮，时具远识，皆传诵一时。文风偏重阳刚之美，特贵宏毅，“师姚先生之文而不袭其派”（邓廷桢《因寄轩集序》）。但成就不及梅曾亮。

管同亦能为诗词，有《因寄轩诗集》和《皖水词存》等，俱未刊行，仅散见于《晚晴簃诗汇》等总集所录。殁后一年，邓廷桢为其刻《因寄轩文集》初集10卷，二集6卷，补遗1卷。有光绪五年（1879）重镌本。

管惟炎 Guan Weiyan (1928-08-18～2003-03-20) 中国物理学家。生于江苏如东，卒于台湾。1951年入清华大学物理系。1953年赴苏联，先后在列宁格勒大学、第比利斯大学和莫斯科大学学习，1956年入苏联物理问题研究所，随P.L.卡皮察研究低温物理。1960年回国，任中国科学院物理研究所副研究员、研究员、副所长、所长。1980年当选中国科学院学部委员（院士）。同年赴法国低温研究中心作访问研究。1984年任中国科技大学校长，1987年免职，回物理研究所。1989年，辗转赴台北“中央研究院”物理所工作。中国低温物理和超导研究的组织者和奠基人之一。在苏联期间，曾发现固体和液氦Ⅱ的反向卡皮察电阻，研究并发现不同声阻抗的固体与超流之间的温度不连续性。回国后，他与合作者又发现正、反卡皮察电阻的可逆性，开展强磁场超导材料研究，组织并参与研制超导线材和超导磁体。在法国期间，发现某种超导合金中负磁阻效应。

管弦乐队 orchestra 乐队的一种组织形式之一。由弦乐器、管乐器和打击乐器组成的大型器乐合奏乐队。其中，在音乐会舞台上演奏交响音乐作品的大型管弦乐队称交响乐队；用以演奏室内乐作品、编制较小的称室内管弦乐队；专门演奏轻音乐作品的称轻音乐乐队等。

现代管弦乐队可分为双管、三管、四管编制，约80～110人。为庆典活动等特殊需要，可临时扩大为400～1 000人。现代大型交响乐队人数一般一半以上为弦乐器的四管编制，即每类木管乐器皆用4支，外加相应数字的铜管乐器和打击乐器，根据需要还可增加管风琴、钢琴、萨克斯管等。弦乐器是管弦乐队的支柱，音域宽广，技术灵活，表现力丰富。铜管乐器以其雄厚、威武的音响，常用于表现弦乐器与木管乐器本身无法达到的音乐高潮。

管乐队 wind band 由木管乐器、铜管乐器和打击乐器组成的吹奏乐队。泛指军队中的军乐队，或同一类型的管乐队。管乐队的编制无一定之规，不同国家的不同音乐团体各有标准，其基本特点即单簧管占绝对优势的原则（相当于小提琴在管弦乐队中的地位）始终不变。中国现代专业管乐队的编制，一般为：短笛1支，长笛2支，双簧管2支，♭E单簧管、♭B单簧管12支，大管2支，♭E中音萨克斯管2支，♭B次中音萨克斯管2支，♭E上低音萨克斯管1支，F圆号4支，♭B短号4支，♭B小号4支，♭B次中音号4支，♭B上低音号1支，长号4支，大号2支，小军鼓1个，大军鼓1个，大钹1对，共约50～60人。遇重要场合，乐队编制按比例成倍扩大，常加定音鼓和倍大提琴。

管制 public control 中国对罪犯不予关押，但限制其一定自由，由公安机关执行和群众监督改造的刑罚。

管制是中国独创的一种刑罚，最初只适用于犯某些特定罪（如反革命罪、贪污罪）的犯罪人，后来逐渐被扩大适用于其他犯罪分子。《中华人民共和国刑法》将管制列为主刑之一。

管制具有如下特征：①不剥夺犯罪人的人身自由，这是管制与拘役、有期徒刑等剥夺自由刑的重要区别。②限制犯罪人的一定自由。具体内容是：遵守法律、行政法规，服从监督；未经执行机关批准，不得行使言论、出版、集会、结社、游行、示威自由的权利；按照执行机关规定报告自己的活动情况；遵守执行机关关于会客的规定；离开所居住的市、县或者迁居，应当报经执行机关批准。③刑法规定，管制的期限为3个月以上2年以下，数罪并罚时不得超过3年。管制的刑期，从判决执行之日起计算；判决执行以前先行羁押的，羁押1日折抵刑期2日。管制期满，执行机

关应向本人和其所在单位或者居住地的群众宣布解除管制。④由公安机关执行和群众监督改造。

管仲 Guan Zhong (? ～ 前645) 中国春秋初期齐国政治家、思想家。名夷吾，字仲，谥敬。颍上（今安徽西北部）人。**齐桓公**时任为卿，协助桓公推行改革，实行“相地衰征”，即按土地等级征赋，发展农业生产。同时兴办盐铁铸造业，使齐成为春秋第一个霸主。《管子·牧民篇》提出“仓廪实则知礼节，衣食足则知荣辱”，揭示道德教化以物质生活为基础。又强调“四维（礼、义、廉、耻）不张，国乃灭亡”，重视道德教化作用。托名管仲的《**管子**》86篇，今存76篇，是以齐国法家为主兼及其他各家学术思想的著述总集。内容涉及天文、历数、舆地、经济和农业等科学知识。其中《牧民》、《权修》、《形势》、《七法》等篇是管仲言论思想的记录。

《管子》 *Guanzi* 托名中国春秋前期齐国政治家管仲的论文集。由战国中后期齐国**稷下学宫**“管子学派”佚名学者所作。汉**刘向**编定《管子》时共86篇，今本实存76篇，其余10篇仅存目录。有些被认为是记述管仲言行的著述。而另一些篇章另成体系，当是管子学派、齐法家对管仲思想的发挥和发展，学术界也有人认为是宋钘、尹文的作品（见**宋尹学派**）。《管子》一书蕴涵有丰富的哲学智慧，在《水地》篇中，提出了水是万物本原的看法。在《心术》、《白心》、《内业》诸篇中，提出了精气为万物本原的思想，并指出道是“虚而无形”的。

《管子》的思想在先秦时期有很大影响，后世的思想家如**王充**、**柳宗元**等都受过它的影响。

贯休 Guan Xiu (832～912) 中国唐末五代前蜀诗僧、画家。俗姓姜，名休，字德隐，一字德远。号禅月大师。婺州兰溪（今浙江兰溪）人。早年以能诗得名，又工于草书，有《禅月集》25卷，补遗1卷。在绘画方面，善画佛像题材，尤以罗汉像著名。其所画罗汉像，极具独特风格，多为庞眉深目、隆鼻突颚，形骨古怪，是根据当时本已流行的“胡貌梵相”而益加夸张变形而来。贯休的十六罗汉像流传摹本极多，今杭州、桂林等处还存有十六罗汉石刻画，均可作为了解其艺术形象及风格的参考。

贯众 *Cyrtomium fortunei*; fortune holly fern 蕨类植物门鳞毛蕨科贯众属的一种。又称贯节。多年生草本。广布于中国华北、西北和长江以南各省区，越南、朝鲜半岛和日本也有分布。根状茎粗短直立，连同叶

柄基部密被褐棕色、具缘毛的阔卵状披针形大鳞片。叶片一回奇数，羽状；羽片镰状披针形，边缘具缺刻状矮锯齿。叶脉网状，网眼有内藏小脉。孢子囊群圆形，生于内藏小脉顶端；囊群盖圆盾形，全缘。生于石灰质岩缝、路边或墙缝。根状茎及叶柄残基为传统中药材，有清热解毒、散瘀、驱虫、预防流行病之效；还可作农药。

冠礼 boy's coming of age ceremony 中国古代男子成年礼仪式。因加冠而得名。先秦时已流行。从《周礼》可知，通过为男性青年加冠的形式承认他的成年身份。不同地位的人举行冠礼的年龄也不同，天子与诸侯之子十二岁，卿大夫之子十五岁，庶人及士之子则二十岁。加冠要选择吉日和参加的宾客。束发加冠后宾客为他取字，拜见列祖列宗。冠礼结束后，主人设酒宴并向宾客赠礼致谢。周代通常只有地位较高的家庭才举行冠礼。后来，普通百姓也行冠礼，形式有所变化。冠礼是人生的重要转折点。冠礼举行后，个人的身份、权利、义务发生变化，即进入成年人行列，要对整个国家、民族、宗族负起直接责任，并可择偶婚配。贵族的冠礼也是巩固宗法关系的重要手段。现在，中学生举行十八岁成年宣誓礼仪即源于古代的冠礼。

惯犯 habitual criminal 以某种犯罪为常业，以犯罪所得为其主要生活来源或者腐化生活的来源，在较长时间内反复多次实施某种犯罪的犯罪类型。一般把惯犯分为两种：一种是常业惯犯，另一种是常习惯犯。常业惯犯指行为人以犯罪为常业，以犯罪所得为其主要的生活来源或者腐化生活来源的犯罪类型。常习惯犯指犯罪已成为习性，并在较长时间内反复多次实施某种犯罪的犯罪类型。《**中华人民共和国刑法**》(1979)中共有4个条文规定了6种属于惯犯的具体犯罪，即以走私、投机倒把为常业的；惯窃、惯骗；以赌博为常业的；一贯制造、运输、贩运毒品的。这6种惯犯既有常业性惯犯，也有常习性惯犯。1997年修订后的《中华人民共和国刑法》只规定了赌博罪的常业性惯犯。

惯犯的主要特征是：①主观上形成了某种病态的职业心理习惯，且行为人形成的通常是犯某特定犯罪的习性。②从客观上看，行为人在相当长的一段时间内反复多次实施犯罪。③以犯罪所得为主要生活来源或者腐化生活的来源。

惯性参考系 inertial reference frame 牛顿运动定律的参考系。又称惯性坐标系，简称惯性系。一个参考系是不是惯性系要由实验确定。地球既有自转又有公转，严格地说，以地面上任一点为原点的参考系，都不是惯性系，但因这些点的加速度很小，一般仍可视为惯性系。但在研究大气或海洋的大范围运动或航天器空间的运行时，必须考虑地球的自转，这时地心坐标系（坐标原点在地心，三坐标轴指向三颗恒星）就是一个更精确的惯性系。如果研究空间探测器的行星际飞行，还需考虑地球的公转，须使用日心坐标系作为惯性系。

相对惯性系作等速直线运动的任何参考系都是惯性系。对惯性系作加速运动或转动的参考系，牛顿运动定律就不能成立，称为**非惯性参考系**，简称非惯性系。伽利略于1632年提出任何一个惯性系中所作的任何力学实验都无法测定惯性系本身的速度，被称为力学的相对性原理，又称伽利略相对性原理。1905年，**A.爱因斯坦**在他的论文《论动体的电动力学》中将力学的相对性原理推广到物理学的其他领域（如电、磁、光学等领域），提出了爱因斯坦的相对性原理：在任何惯性系中物理定律具有相同的表达形式。爱因斯坦将这个相对性原理与光速不变原理相结合，创建了**狭义相对论**。

惯性导航 inertial navigation 通过测量飞行器的加速度，并自动进行积分运算，获得飞行器瞬时速度和瞬时位置数据的技术。组成惯性导航系统的设备都安装在飞行器内，工作时不依赖外界信息，是一种自主式导航系统。

1942年德国在V-2火箭上首先应用了惯性导航原理。1954年惯性导航系统在飞机上试飞成功。中国从1956年开始研制惯性导航系统。自1970年以来，在多次发射的人造地球卫星和火箭上，以及多种飞机上，都采用了中国研制的惯性导航系统。

惯性导航系统通常由惯性测量装置、计算机、控制显示器等组成。惯性测量装置包括加速度计和陀螺仪，又称惯性导航组合。3个自由度陀螺仪用来测量飞行器的3个转动运动，3个加速度计用来测量飞行器的3个平移运动的加速度。计算机根据测得的加速度信号计算出飞行器的速度和位置数据。控制显示器显示各种导航参数。

惯性定律 law of inertia 牛顿运动定律中的第一定律：任何物体都保持静止或作等速直线运动，除非施加外力迫使其改变这种状态。该定律中的物体仅限不作转动的平移物体或质点。物体保持自己运动状态不变的这种特性，或者说物体具有的抵抗使其运动状态发生变化的特性，称为惯性。因此，第一定律又称惯性定律。对有转动或非质点物体，物体的惯性运动将不限于等速直线运动，例如均质飞轮的等角速转动。第一定律还明确提出力是另外物体对该物体的作用，其效果是改变该物体的运动状态。而且，第一定律还是惯性参考系的依据。此外，无外力作用时物体保持运动状态不变，实质就是运动不灭；保持静止状态不变，就是运动不能自生。因此，牛顿第一定律体现了运动不能自生自灭，是运动守恒（包括动量和动能的守恒）的特例。

惯性力 inertial force 质点的质量为m、加速度为$\boldsymbol{a}$，则$-m\boldsymbol{a}$称为质点的惯性力。以$\boldsymbol{F}_{\mathrm{I}}$表示，单位是牛［顿］。由于运动着的非自由质点只受主动力与约束力的作用，并无惯性力作用，引入惯性力只是为了使用达朗贝尔原理，将动力学问题转化为静力学问题。虽然惯性力是虚构的（有人认为宜称其为惯性矢量），但确有大小及方向等于$-m\boldsymbol{a}$的力存在，不过它不作用在所讨论的质点上，而是作用在使质点产生加速度的物体上。如人推质量为m的小车，使其获得加速度$\boldsymbol{a}$，则人施的力为$\boldsymbol{F}=m\boldsymbol{a}$，受到小车的反作用力则为$-m\boldsymbol{a}$。正是通过这个力，人才感觉到小车惯性的存在。惯性力与非惯性系中的牵连惯性力及科氏惯性力虽有相同之处，即都作用在质点上却找不着施力者。但牵连惯性力与科氏惯性力在动坐标系中是真实存在的力，且大小和方向与所选的动坐标系有关。因此又常将$\boldsymbol{F}_{\mathrm{I}}=-m\boldsymbol{a}$称为达朗贝尔惯性力。

惯性约束聚变 inertial confinement fusion 实现受控热核聚变的途径之一。它依靠激光束加热氘氚靶丸，由于粒子的惯性，在尚未严重飞散之前完成适度的热核聚变。激光技术的发展为实现受控热核聚变提供了条件，现代激光技术能产生聚焦良好的能量巨大的脉冲光束。采用多路高强脉冲激光对称地集射到球形氘氚靶丸上使之加热，表面消融为高温等离子体，高速喷射出来产生强大的反冲力，挤压靶芯，使温度和密度急骤升高发生聚变。除了采用激光束外，也可采用电子束或离子束。

以高功率激光作为驱动器惯性约束聚变称为激光核聚变。激光核聚变可用于热核爆炸模拟中的核武器物理的模拟和核爆炸辐射效应的模拟。激光束以很高的功率密度将大量能量集中在靶丸上，能产生与热核爆炸时相应的高温、高压条件，因此利用激光驱动的靶丸爆聚可用于研究核爆炸动力学、爆炸稳定性以及其他物理规律，为核武器的设计和验证数值计算提供有价值的数据。核武器爆炸时会发射大量的X射线、γ射线、中子等，这些辐射造成的破坏效应及其同物质的相互作用，对核武器研究是十分重要的。现在核爆炸辐射效应的研究主要通过地下核试验进行，但试验受到全面禁止核武器试验条约的约束。激光核聚变能够产生与核爆炸相应的辐射环境，可当成热核爆炸的小型辐射场，在一定程度上可用来替代地下核试验。激光核聚变的靶丸相当于一枚微型炸弹。靶丸的设计，特别是新的设计思想对核武器的设计也有很大的参考价值。激光核聚变等离子体会产生新的不稳定性模式和强耦合作用，这对等离子体物理的研究极为重要。

惯性制导系统 inertial guidance systems 通过惯性器件对运动体进行控制使之沿预定轨迹运动的制导系统。由惯性测量装置、计算机和控制器等组成。惯性测量装置包括测量角运动参量的陀螺仪和测量平移运动参量的加速度计。计算机对测得的参量数据进行运算以确定所需操纵指令。控制器接收计算机输出信号，经转换后输入执行机构以控制运动体实现期望的运动。惯性制导系统是一种自主式制导系统，广泛用于飞机、船舶、导弹、运载火箭和航天器的制导。

按惯性测量装置安装方式分为平台式和捷联式惯性制导系统。①平台式的测量装置安装在惯性平台台体上，平台再安装在运动体上，能直接测量所需运动参量，计算量小并易于补偿修正仪表输出，但重量重、体积大、机械结构复杂。按所建坐标系又分为空间稳定平台式和本地水平平台式，前者需要补偿地球自转和重力加速度的影响，多用于运载火箭和航天器；后者不受重力加速度影响，多用于飞机、巡航导弹等。②捷联式的陀螺仪和加速度计直接安装在运动体上，工作环境条件差并受角运动影响，通过计算才能获得所需运动参量，对计算机的容量和速度要求较高，但重量轻、体积较小、功率小和成本低。捷联式系统又分位置捷联和速率捷联。

灌肠 enema 通过肛门插管，注入适量液体和药物，以达到清洁肠道、刺激排便或药物治疗的目的。临床操作可分为保留灌肠和不保留灌肠两类。

保留灌肠是以少量液体（50～100毫升）和药物混合，注入肛门较深部位（直肠或乙状结肠），保留10～15分钟以上。适用于便秘患者以软化粪便。对久治不愈的慢性腹泻患者，也可采用保留灌肠方法，以减少药物副作用如恶心、呕吐等，并能促进结肠黏膜炎症消散、收敛。对高热、惊厥、抽搐或躁动的患者，灌入冰盐水或镇静药（常用水合氯醛），可以降温、镇静。不保留灌肠根据注入液体的多少，分为大量不保留灌肠和清洁灌肠。前者一次灌入液体500～1 000毫升；后者则分次灌入5 000～10 000毫升的总量。通常灌入等渗盐水或肥皂水，达到清洁、无粪便为止，用于纤维结肠镜检查或肠道手术前的准备。对某些上消化道疾病手术禁食或进食困难的患者，为了供给营养、水分及中药汤剂，可以采用点滴灌肠的方法，用导尿管插入肛门20～25厘米，接灌肠器缓缓滴入。对小儿肠套叠，也可采用低位缓慢加压灌肠，使结肠套叠部分缓缓松开，此种方法仅适用于诊断明确，无结肠坏死的患儿。

灌顶 Guanding（561～632） 中国隋唐僧人。天台宗五祖。俗姓吴，字法云。原籍常州义兴（今江苏宜兴），后迁临海章安（今属浙江），人称章安大师。7岁时在摄静寺依慧拯出家，20岁受具足戒，后师事智𫖮，学习天台教观。开皇十五年（595），随智𫖮到建康（今南京），撰《净名经文疏》。智𫖮去世后，移住天台山。并奉杨广之命，为智𫖮设千僧斋，建国清寺。隋末隐居山寺，撰成《涅槃经玄义》2卷、《大般涅槃经疏》33卷。晚年移居会稽"称心精舍"，讲说《法华经》。灌顶还著有《观心论疏》、《涅槃玄义》、《天台八教大意》、《隋天台智者大师别传》、《国清百录》等。

灌溉 irrigation 利用人工设施，将符合质量标准的水，输送到农田、草场、林地等处，补充土壤水分，以改善植物的生长发育条件。又称作物灌溉或农田灌溉。灌溉水源有地表水、地下水和其他符合标准的水源。灌溉不仅要求水量保证，而且要求水质符合一定标准，国家专门制定了灌溉水质标准。将灌溉用水从水源输送到田间，必须通过输水系统，即渠道系统和管道系统。按照湿润土壤的方式不同，灌水方法分为地上灌、地面灌和地下灌。地上灌是水从

农田的喷灌设施

空中落到地面，如喷灌。地面灌是水从地面进入土壤，如畦灌、沟灌、格田灌等。地下灌是水通过管道从地下进入土壤，如渗灌。

灌钢 co-fusion 中国史书中记载的独特的生铁炼钢方法及产品。把生铁和熟铁按一定比例配合冶锻制成钢，又称团钢。明代改泥封为涂泥草履覆盖，并将熟铁制成薄片，淋生铁时可增加接触面积，使熟铁加快增碳成钢。后来的苏钢，也称宪钢，则是灌钢技术的进一步发展。

灌浆 grouting 把浆液压送到水工建筑物地基的裂隙、断层破碎带或建筑物本身的接缝、裂缝中的工程技术。

分类 ①按组成灌浆材料划分为水泥灌浆、水泥砂浆灌浆、黏土灌浆、水泥黏土灌浆、硅酸钠或高分子溶液化学灌浆。②按灌浆所起的作用划分为防渗帷幕灌浆，岩石固结灌浆，填充隧洞混凝土衬砌层与岩石之间空隙的回填灌浆，混凝土坝体接缝灌浆，填充钢板衬砌与混凝土之间缝隙、混凝土坝体与基岩之间缝隙的接触灌浆，填充混凝土建筑物或土堤、土坝裂缝或空洞的补强灌浆。③按被灌地层的构成划分为岩石灌浆、岩溶灌浆、砂砾石层灌浆和粉细砂层灌浆。④按灌浆压力划分为小于40×10^5帕的常规压力灌浆，大于40×10^5帕的高压灌浆。⑤按灌浆机理划分为采用一般压力的压入式灌浆，采用较高压力将岩石中原有裂隙撑大或形成新的裂隙的劈裂式灌浆。

机具 钻孔和灌浆使用的主要机具有：①凿岩机。②岩心钻机。③灌浆泵。分为往复式泵、隔膜泵和螺旋泵等。④浆液搅拌机。分为旋流式、叶桨式和喷射式。⑤灌浆塞。用以封堵灌浆段上部或下部。

施工 在砂砾石层中钻孔多采用优质泥浆固壁防止钻孔坍塌。在岩基中钻孔，为保证岩石灌浆质量，灌前要用有压水流冲洗钻孔，将裂隙或孔洞中的泥质充填物冲出孔外或推移到灌浆处理范围以外。冲孔后、灌浆前，每个灌浆段大都要做简易压水试验。

各类灌浆施工常分为一序孔、二序孔、三序孔等，随着序数增加，灌浆孔逐渐加密。单孔灌浆方法有两种：①全孔一次灌浆法。适于浅孔灌浆。②全孔分段灌浆法。适于深孔灌浆。按浆液注入方式又分为：①纯压式灌浆法。灌入的浆液都压入岩石裂隙中，不让其返回地面。如化学灌浆多为定量灌浆，常采用这种方式。②循环式灌浆法。注入的浆量大于裂隙吸浆量，多余浆液经回浆管返回搅拌机，避免浆液沉淀。

灌木 shrub 没有明显的主干且靠近地面丛生分枝，高3米以下的木本植物。如黄刺玫、紫穗槐、荆条、酸枣、三裂绣线菊等都属于灌木。分为3种类型：灌木状，指一些草本植物的茎秆木质化，如紫茎泽兰、大麻等植物；小灌木，指高在1米以下的灌木，如鬼见锦鸡儿、迎春等；半灌木或亚灌木，指在木本与草本之间没有明显的区别，仅在基部木质化的植物，如白莲蒿、冷蒿、木地肤、草麻黄、百里香等植物。见灌木林。

灌木林 shrubbery 由灌木为主体组成的植被类型。通常具单层树冠，林层高度不超过5米，多呈簇生状，无主干，盖度大于30%～40%。生态幅度较乔木林广，分布范围常比乔木林大。在气候干燥或寒冷、不适宜乔木生长的地方，常有灌木林分布。天然灌木林可分为原生和次生两类。

原生灌木林 分三种类型。①高山、亚高山灌木林。存在于高山乔木林分布带以上，再往上是高山草甸或雪线。这一灌

旱生型灌木丛

木林带较稳定，但一旦破坏不易恢复。②沙地、盐碱地灌木林。中国西北及内蒙古有大面积的沙漠戈壁及盐碱地，其中分布有旱生型的灌木林。树种组成单纯，随地域不同而异。这些灌木不仅耐旱，而且有不同程度的耐盐碱能力。在盐碱地上适生的灌木有柽柳属、盐豆木属和白刺属等。灌木和草本均具旱生结构，叶表面角质层厚，有蜡质或茸毛，根系发达，分布深广，渗透压高。③河谷地灌木林。在中国分布也很广，但成林面积不大。其建群种大多数是落叶阔叶灌木。最普遍的是沙棘灌丛，分布在陕北黄土高原以及青海、西藏、新疆等地区的河漫滩和阶地上。

次生灌木林 一般是在乔木林被破坏（滥伐、火灾）后形成的，处于演替的不稳定阶段，但也有些具相对稳定性。种类多样复杂。经营的主要任务是通过各种技术措施来恢复原有森林。

鹳形目 Ciconiiformes; storks 鸟纲的一目。世界共有6科。中国有鹭科、鹳科和鹮科。为中型涉禽。颈和脚均长，脚适于步行；嘴侧扁而直；眼先裸出；胫的下部裸出；后趾发达并与前趾在同一平面上。栖于水边或近水地。以小鱼、虫类或其他小型动物为食。营巢在高树或岩崖上。雏鸟为晚成性。

罐头 canned food 将原料或半成品加工处理后装入金属或玻璃罐或软包装容器中经排气、密封、加热灭菌、冷却（或先加热灭菌再密封）等工序制成的无菌食品。

品种 中国生产的罐头食品的品种有400多种，分为七大类：①肉类罐头。包括猪、牛、羊肉等罐头。②禽类罐头。包括鸡、鸭、鹅肉等罐头。③水产类罐头。包括鱼、贝、虾、蟹肉罐头。④水果类罐头。包括糖水、果酱、糖浆、果冻等罐头。⑤蔬菜类罐头。包括清水、盐水、酸渍、腌渍、茄汁、油焖等罐头。⑥果菜汁类罐头。⑦其他类罐头。包括坚果、粥、米饭、面条、汤品、婴幼儿副食品、混合、宠物等罐头。

预处理 对猪、牛、羊、鸡、鸭、鹅、兔等畜禽肉类罐头中的清蒸类，是将处理好的原料，直接装罐，加入食盐、胡椒、洋葱和月桂叶等调味料；对调味类，则将处理好的原料，经预煮或油炸后装罐，然后加入不同调味汁液，成为红烧、五香、浓汁、豉汁、茄汁、咖喱、沙茶等罐头；对腌制类，是将处理好的原料用由食盐、亚硝酸钠、食糖等配制的混合盐进行腌制，加香料斩拌装罐；对烟熏类，是将原料处理后经腌制、烟熏再装罐；对香肠类，是将畜肉经腌制、加香料和淀粉斩拌后，制成肉糜直接装入肠衣中，再经烟熏、预煮后装罐。对鱼、贝类，需在装罐前进行部分脱水（蒸煮或油炸），并在罐头加热灭菌后，达到产品标准固形物含量的要求。水果类的预处理是先将原料去皮、去核或子巢，再切成各种形状进行装罐，加入糖水，密封制成各种糖水水果罐头。水果切块后在水中加热软化，加入砂糖、果胶、柠檬酸，熬煮、浓缩制成各种浓度的果酱进行装罐。蔬菜类的预处理是先清洗、预煮、分级、去皮或不去皮、切成各种不同形状后装罐，再加入清水、盐水或各种调味液后进行封罐。

基本加工工艺 排气、密封、灭菌和冷却是罐头加工的基本生产过程。

排气 在食品装罐后密封前，将罐内顶隙间的空气尽可能排除，使密封后的罐头顶隙内形成部分真空的工序。一般罐内真空度在250～450毫米汞柱。

密封 密封使灭菌后的罐头内食品与外界隔绝，不再受到外界空气及微生物的污染而引起腐败变质。金属罐的密封由封罐机完成。玻璃罐依罐口造型和罐盖（内有密封胶）形式不同而以卷封式、旋转式

或套封式封盖机进行密封。塑料复合材料（袋或杯）常用高频、热压或脉冲式密封法封边、封盖。

灭菌　将食品所污染的致病菌、产毒菌、腐败菌杀灭，但允许极少残留在罐内、特殊环境下不会引起罐内食品腐败的微生物或芽孢存在，即商业无菌。罐头食品采用加热进行灭菌。加热至100℃以上的灭菌称高压灭菌；100℃以下的灭菌称常压灭菌或巴氏灭菌。也有的将装罐前的食品先灭菌，后在无菌环境中装入无菌容器内，并进行密封，这被称为无菌装罐或无菌包装。此外，灭菌方法还有火焰灭菌法（金属罐装入食品密封后直接在火焰上滚动加热灭菌）和热空气灭菌法。

冷却　罐头灭菌后应立即冷却到37～40℃，以减少对食品质量的影响。为防止冷却时罐内、外压差的急剧变化所产生的罐头突角、爆裂或瘪罐等问题，应特别注意正确控制罐外的反压。冷却水应进行氯化处理，要求排放出的冷却水中残余有效氯不少于0.5毫克/千克，以免灭菌后罐内食品受到不清洁冷却水的二次污染。罐头冷却后应进行自然或人工干燥。

光 light　狭义上，光是指能引起人眼视觉的电磁波。真空中光的波长范围介于400～760纳米。广义上，光包括各种波长的电磁波，其中有无线电波、微波、红外线、可见光、紫外线、X射线、γ射线（见图）。波长在760纳米至1毫米，介于红光和微波之间的电磁波称为红外线。从400～10纳米，介于紫光和X射线之间的电磁波称为紫外线。X射线的波长约从100～0.01纳米，介于紫外线和γ射线之间，上限与紫外线重叠，下限与γ射线相接。红外线、紫外线以及X射线不能引起人的视觉，但可用光学仪器进行检测。电磁波谱中的各个成分和可见光一样，都具有一定的能量，可与物质产生相互作用，都具有波动性，可发生反射、折射、干涉和衍射等现象。

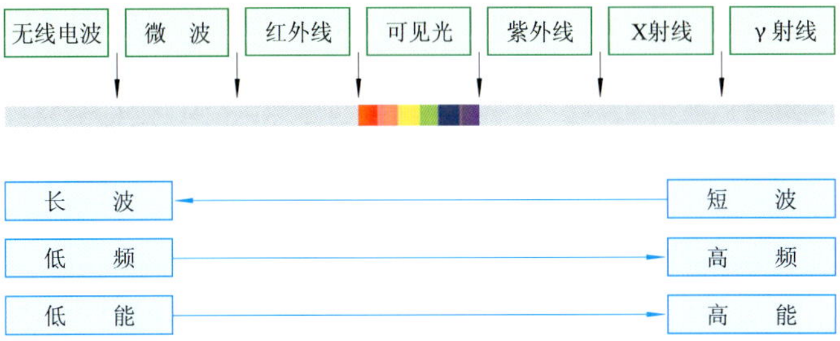

电磁波谱

光斑 faculae　太阳光球中比周围背景明亮的区域。光斑通常出现在黑子附近，呈云彩状斑块。它们在日面中部区域很难看到。但在日面边缘附近，它们与周围宁静光球背景的亮度反差增大，变得明显。光斑一般比附近的黑子早出现，寿命也比这些黑子长得多。光斑上空的色球中也存在比周围宁静色球背景明亮的发射区，称为谱斑，它们是光斑在色球层的延伸。在低分辨率的观测中光斑呈片状，高分辨率的观测中可看到它们实际上是由大量亮元组成的。单个亮元的直径小于1″，并且位于米粒之间的暗径中。每个亮元对应于一个与太阳表面大致垂直的磁流管。亮元即磁流管的顶端。在活动区附近亮元非常密集，形成了光斑亮区。在同一几何高度处，光斑磁流管内的温度实际上比周围光斑温度低。但由于辐射从横向进入光斑磁流管，在磁流管壁上形成很薄的热墙。

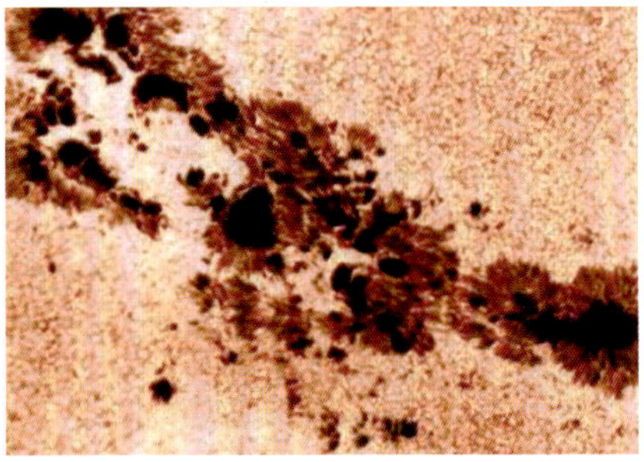
日面边缘的光斑和黑子

光波传播 light wave propagation　可见光、红外线和紫外线在大气中的传播。光波在大气中传播时，受到大气的吸收、散射、折射和闪烁等影响，影响程度与光波波长有密切关系。红外线波长范围为0.70微米～1毫米，其中300微米～1毫米区域的波又称为亚毫米波，有时也被划入无线电波的范围。大气对红外辐射传输的影响，主要表现为吸收和散射。可见光波长范围为380～700纳米。地球大气对可见光是透明的，散射、折射和闪烁是可见光在大气传输中的重要现象，同时还须考虑色散和某些吸收。可见光的波长比较短，瑞利散射的作用变得很重要，而且蓝色光的瑞利散射比红光更为强烈，因而天空看起来经常是蔚蓝色的。紫外线波长范围为10～380纳米，大气对紫外线的吸收非常强烈，只对波长300纳米以上的近紫外线才允许有一定程度的透过。对于300纳米以下的紫外线，大气几乎是完全不透明的。

光波导 optical waveguide　引导光波在其中传播的介质装置。又称介质光波导。光波导有两大类：一类是集成光波导，包括平面（薄膜）介质光波导和条形介质光波导，它们通常都是光电集成器件（或系统）中的一部分，所以称为集成光波导；另一类是圆柱形光波导，通常称为光纤（见光学纤维）。平面介质光波导是最简单的光波导，它是用折射率为n_2的硅（或砷化镓，或玻璃）作基片，用微电子工艺在它上面镀一层折射率为n_1的介质膜，再加上折射率为n_3的覆盖层制成。通常取$n_1>n_2>n_3$，以便将光波局限在介质膜内传播。条形介质光波导是在折射率为n_2的基体中产生一个折射率为n_1的长条，取$n_1>n_2$，以便将光波局限在长条内传播。这种光波导常用作光的分路器、耦合器、开关等功能器件。

光的二象性 dualistic nature of light　光既有波动的性质又有粒子的性质。关于光的本性，17世纪后期有两种学说：一种是以I.牛顿为代表的微粒说，认为光是微粒流；另一种是以C.惠更斯为代表的波动说，认为光是波动。19世纪光的干涉和衍射实验显示光有波动性，光的偏振实验进一步显示光具有横波的性质。后来J.C.麦克斯韦的电磁理论和H.R.赫兹实验表明，光是电磁波。其后黑体辐射、光电效应和康普顿效应等实验又表明，光具有微粒性。20世纪初，A.爱因斯坦将光的不能再分割的能量子取名为光量子，现在称为光子。综合来看，光具有波粒二象性。

光的二象性是用习惯的宏观概念看待光的结果，认为光波就像看到的水面上的波浪那样，而光子就像看到的空中飞行的子弹那样。实际上并非如此。以单色光的双狭缝干涉实验为例，通常情况下屏幕上呈现的干涉图样与波动说的计算结果符合。但在光源的光强非常微弱的情况下差别就被显示了出来。根据波动说，光源的光强逐渐减小时，干涉图样应按比例逐渐变暗，而它的几何形状则不变。但实验结果却不是这样。这时由于光非常弱，改用光电倍增管代替屏幕来接收光，可探测到单个光子。实验显示，光逐渐变弱时干涉图样逐渐消失，代之出现的是一个个到达的光子，到达原亮纹处的光子多些，到达原暗纹处的光子少些或没有。统计结果表明，光子的空间分布与原来的干涉图样符合。

量子电动力学解决了光的二象性的矛盾。认为光是由光子组成的，光子是微观世界的客体。光子具有粒子的性质，但光子从一点到另一点并不是沿一条轨道走，而是同时沿各种可能的路径走，每一条路径都有一定的概率。如双狭缝干涉实验，每个光子都有一定的概率同时通过两个狭缝，这样才能产生干涉图样；如果能设法探测出每个光子所经过的是哪个狭缝，就不会出现干涉图样。对于光子只能计算出它的概率（如走某条路径的概率、到达某个地点的概率等），而不能知道更多的细节。

光的干涉 interference of light　两束或两束以上的光波在一定条件下重叠时，重叠区的光强不等于各束光波强度之和的现象。大多数情形下在重叠区产生不随时间而变的强弱交替的光强分布。产生干涉的条件为：①各光束的频率相同。②在每个点上各束光的振动间有固定的相位差，这就要求各光源间有固定的相位关系。③叠加点各光振动有大致相同的振动方向。以上条件称为相干条件，满足此条件的光源和光波分别称为相干光源和相干光。

两独立光源由于其发光的随机性，两者间不可能有固定的相位关系，所发光波不是相干光，因而不能产生干涉，叠加时总光强等于两束光单独存在时的光强之和，称非相干叠加。为实现干涉，必须把从同一光源发出的光波分成两束，分别经过不同的光程，然后再叠加起来。此情形下叠加点两光振动间的相位差仅由光程差决定，故能实现干涉。根据分开光束的不同方法，可把干涉分为分波面干涉和分振幅干涉两类，前者是借助于光学装置将同一入射波前(即波阵面）分割成两部分，后者是利用光在界面上的反射和折射将同一入射振动分成两部分。

光源为点光源时，重叠区的任何地方都能观察到干涉，称非定域干涉；光源为扩展光源(或面光源，由无数不相干的点光源组成）时，一般只能在重叠区的特定区域观察到干涉，称为定域干涉。

产生干涉是一切波动的共性，光的干涉只能用光的波动理论才能解释，历史上曾作为光的波动性的证据。光的干涉原理被广泛用于各种物理量的精密测量和光学元件质量的精密检验（见**干涉仪**）。

光的偏振 polarization of light 光波电矢量振动的空间分布对于光的传播方向失去对称性的现象。只有横波才能产生偏振现象，故光的偏振是光的波动性的又一例证。在垂直于传播方向的平面内，包含一切可能方向的横振动，且平均说来任一方向上具有相同的振幅，这种横振动对称于传播方向的光称为自然光(非偏振光)。凡其振动失去这种对称性的光统称偏振光。偏振光包括如下几种：①线偏振光。在光的传播过程中，只包含一种振动，其振动方向始终保持在同一平面内。又称平面偏振光。②部分偏振光。光波包含一切可能方向的横振动，但不同方向上的振幅不等，在两个互相垂直的方向上振幅具有最大值和最小值。③椭圆偏振光。在光的传播过程中，空间每个点的电矢量均以光线为轴作旋转运动，且电矢量端点描出一个椭圆轨迹。迎着光线方向看，凡电矢量顺时针旋转的称右旋椭圆偏振光，凡逆时针旋转的称左旋椭圆偏振光。椭圆偏振光中的旋转电矢量是由两个频率相同、振动方向互相垂直、有固定相位差的电矢量振动合成的结果（见**波片**）。④圆偏振光。旋转电矢量端点描出圆轨迹的光，是椭圆偏振光的特殊情形。

利用光的偏振现象发明了立体电影，照相技术中用于消除不必要的反射光或散射光。光在晶体中的传播与偏振现象密切相关，利用偏振现象可了解晶体的光学特性，制造用于测量的光学器件，以及提供诸如岩矿鉴定、光测弹性及激光调制等技术手段。

光的色散 dispersion of light 介质折射率随光波频率(或真空中的波长)而变的现象。通常用折射率n或色散率$dn/d\lambda$与波长λ间的关系来描述色散规律，任何介质的色散均可分为正常色散和反常色散两类。

正常色散 对光透明的介质，色散率为负值，折射率随波长的增加而减小，并趋于某一极限。正常色散曲线如图所示。

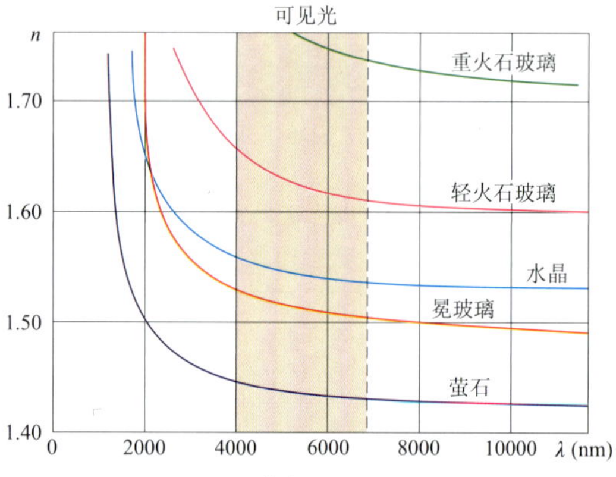

正常色散曲线

反常色散 介质对光有强烈吸收的波段内（吸收带），折射率随波长的增加而增大，色散率为正值，故称反常色散。介质往往对某个波段内的光是透明的，表现为正常色散；而在别的波段（如红外区）常对光有强烈吸收，在吸收带内表现为反常色散。反常色散发生在吸收带内，不易观察到。F.-P.勒鲁首先在碘蒸气棱镜实验中观察到反常色散现象。

利用介质的色散性质可制成色散器件(如三棱镜)，把复色光分解成光谱。另一方面，色散是成像元件产生色像差（见**像差**）的原因。

光的吸收 absorption of light 光在物质中进行时沿途都要被物质吸收的现象。实验表明，光的强度I随通过的物质厚度d成指数下降，其规律（布格定律）为：

$$I=I_0e^{-\alpha d}$$

式中I_0是$d=0$处光的强度，e=2.718 28是自然对数的底，α称为吸收系数。如玻璃的$\alpha\approx1$米$^{-1}$，所以玻璃看起来是透明的；金属的$\alpha\approx10^6$米$^{-1}$，所以金属是不透明的。

同一物质对不同波长的光的吸收是不同的，即物质的吸收系数α是与光的波长有关的量。如玻璃对可见光的α很小，看起来是透明的；但对**紫外线**和**红外线**的α却很大，所以紫外线和红外线基本上都通不过一般的玻璃。物体对某些波长的光强烈地吸收，称为选择吸收。人们所看到的自然界的大部分物体的颜色都是选择吸收所致。如在白光照射下红花对红光吸收很少，而对其他颜色的光则强烈吸收，故呈现红色。对所有波长的光都强烈吸收的物体（如煤）呈黑色，对所有波长的光都很少吸收的物体（如棉花和雪等）则呈白色。

光的衍射 diffraction of light 光在传播过程中因其波前（即波阵面）受到障碍物的限制而偏离直线传播的现象。衍射现象是一切波动普遍具有的特性，因而光的衍射是光的波动性的重要例证。障碍物是指能使入射光波前上部分区域的振幅和相位发生改变的任何物体，统称衍射物。具有边缘或通光孔的不透明物、有限大小的反射镜、透镜和棱镜等都是衍射物。入射光波越过衍射物后，空间的振幅和相位分布均发生了改变，产生不均匀的光强分布，称为衍射图样。每种衍射物都能产生特定的衍射图样，其光强分布可根据**惠更斯-菲涅耳原理**计算而得。

衍射现象是否明显与衍射物的大小及波长有关，只有当波长与衍射物的尺度可比拟或大于衍射物尺度时才有明显的衍射现象。可见光的波长很短（约10^{-7}米），大多数普通物体的尺度比光波波长大得多，所引起的衍射现象可忽略，光的直线传播定律成立，几何光学能相当精确地描述光的传播行为。

按光源、衍射物和观察衍射图样的屏幕三者的位置关系，衍射可分为菲涅耳衍射和夫琅禾费衍射两大类。当光源和观察屏离衍射物为有限远时称菲涅耳衍射；当光源和观察屏离衍射物均为无限远时称夫琅禾费衍射。夫琅禾费衍射只是菲涅耳衍射的特殊情形，关于衍射图样的计算比菲涅耳衍射容易得多，其应用也更普遍。

光电管 phototube 将光信号转换成电信号的**真空电子器件**。分真空光电管和充气光电管两种。光电管的典型结构是将球形玻璃壳抽成真空，在内半球面上涂一层光电材料作为阴极，球心放置小球形或小环形金属作为阳极。若球内充低压惰性气体就成为充气光电管。光电子在飞向阳极的过程中与气体分子碰撞而使气体电离，可增加光电管的灵敏度。用作光电阴极的金属有碱金属、汞、金、银等，可适合不同波段的需要。光电管灵敏度低、体积大、易破损，已被固体光电器件所代替。

光电倍增管的两极间还放置多个瓦形倍增电极。使用时相邻两倍增电极间均加有电压用来加速电子。光电阴极受光照后释放出光电子，在电场作用下射向第一倍增电极，引起电子的二次发射，激发出更多的电子，然后在电场作用下飞向下一个倍增电极，又激发出更多的电子。阳极最后收集到的电子可增加10^4～10^8倍，使光电倍增管的灵敏度比普通光电管要高得多，可用来检测微弱光信号。

光电集成材料 optoelectronic integrated material 用于制造光电子集成器件的材料。光子元件一般包括光源、光调制器、光探测器、光波导、光双稳等。电子元件包括三极管、二极管、电阻、电容等。如果各种光子、电子元件都制在同一衬底上，这种衬底材料称为单片光电集成材料；如果分别制在不同衬底上，然后拼接在一起，则衬底材料称为混合光电集成材料。常用的光电集成材料有3种：①砷化镓。可制作光子元件，也可制作电子元件。②磷化铟。适于制作光纤通信用的光电集成器件。③复合衬底材料。把各种光子和电子元件集成在同一衬底上，除了要解决元件结构和工艺技术的兼容性外，还要选择满足两种元件性能要求的材料。利用复合衬底材料，已制出一批光、电子元件，以及光电集成的光发射机和光接收机。

光电效应 photoelectric effect 在适当频率的光照射下金属发射电子的现象。1887年H.R.赫兹最先发现这一现象，照射金属的是紫外光，发射出的是带电粒子。1897年J.J.汤姆孙发现电子后，P.勒纳测量了金属所发射出的带电粒子的荷质比，证实为电子。金属受到光照后释放出来的电子称光电子。包含阴极和阳极的真空管称光电管。以波长一定的单色光照射光电阴极，测量所加电压V和相应的光电流I，画成伏安曲线如图。图中每条曲线是在光照强度一定的条件下测得，V_0是为使光电流为零所需加的反向电压，称阻遏电压。阻遏电压与光电子的最大初始动能E_m的关系为$E_m=eV_0$，e为电子电量。

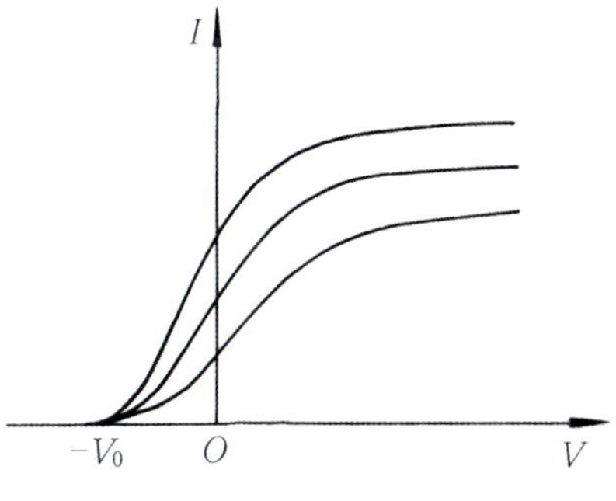

光电管的伏安曲线

若把光看成是电磁波并运用经典电磁理论，就无法圆满解释上述实验规律。A.爱因斯坦在1905年的论文中指出，不仅谐振子的能量及它所辐射的电磁辐射是量子化的，而且辐射场本身也是量子化的，即光本身是由不连续的能量单元组成的能量流，每个单元的能量为$h\nu$，称为光量子，简称光子，h为普朗克常数，ν为光波频率。根据光子假设，光电阴极中的电子只能整个地吸收光子能量，一部分消耗于从阴极脱出所需做的功，剩下的能量成为光电子的初始动能，即：

$$h\nu=E_m+W_0$$

W_0是电子从阴极逸出所需做的最小功，称为脱出功（单位电量的脱出功称为功函数，用φ表示，即$\varphi=W_0/e$）。上式称为爱因斯坦公式，它与实验规律一致。美国实验物理学家R.A.密立根于1916年通过实验验证了爱因斯坦公式，得出V_0与ν间严格的线性关系，并从直线斜率测定了普朗克常数。

按爱因斯坦的光子假设，光具有粒子性，光子具有能量、质量和动量等普通实物粒子所具有的一般属性。光子的质量为$h\nu/c^2$，动量为$h\nu/c=h/\lambda$，c为真空中的光速。A.H.康普顿利用光子概念解释了康普顿散射实验（见康普顿效应）。

根据光电效应制成的光电管和光电倍增管是重要的光电探测器件。

光电子材料 optoelectronic material 具有光学和光电动能特性的材料。广泛应用于光电子技术领域。主要有以下9类。①激光材料。主要指能产生激光的凝聚态介质，包括晶体、无机玻璃、有机染料、半导体材料等。②光学功能材料。主要利用材料的非线性光学效应，起开关、调制、隔离、偏转、变频等功能。分为电光材料、声光材料、磁光材料、光折变材料、二次非线性光学材料和三次非线性光学材料等。③光电探测器材料。光电探测器是将外部的光、电、磁、声、热、力等物理信息，通过电-光或光-电转换为有用的信号。材料分为两种：利用光电特性，如光伏打效应、光电导效应等，将光的信号变为电的信号，然后进行放大、检测和处理；通过吸收将光信号转换成热能，再通过热电、热释电或光电化学反应等转换成电信号而进行探测。④光导纤维。简称光纤。⑤光存储材料。包括光热型和光子型光存储材料。光盘存储具有存储容量大、可卸换、寿命长等优点。最常用的光盘存储材料有有机染料、磁光材料和相变材料等，采用热记录的方式。⑥发光材料。依发光的机制和激发源分为电致发光材料、光致发光材料、阴极射线发光材料等。⑦光电显示材料。一类发光材料，如电致发光材料和阴极射线发光材料等，应用于显示器时称为光电显示材料。⑧光电集成材料。主要有光波导材料和光电器件薄膜材料。前者为光介质和非线性光学材料薄膜，后者主要为半导体薄膜材料。⑨光电转换材料。主要应用于太阳能电池。主要技术要求是高转换效率和大面积成膜工艺。以单晶、多晶和非晶硅为主。为获得高的光电转换效率，GaAs单晶和CdS(Se)多晶薄膜被用来满足某些特殊应用要求。

光反射 reflection of light 光射到物体的表面上会有一部分入射光从物体表面反射出去的现象。光的反射可分为漫反射和镜面反射两种。物体的粗糙表面（如土地、树叶、衣服、书籍等的表面）上发生的反射便是漫反射，物体的光滑表面（如镜子、玻璃、金属、水等的表面）上发生的反射便是镜面反射。

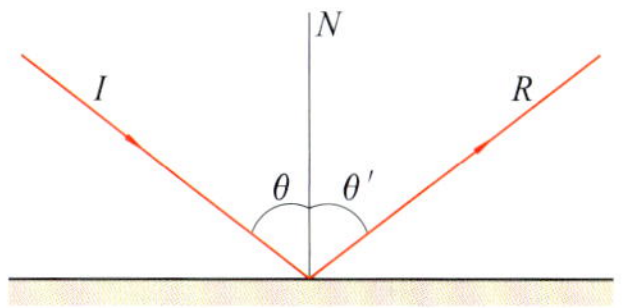

光的反射示意图

光在反射时遵守反射定律。光的反射定律包括两部分内容：①反射光线(R)在入射面内，入射面是由入射光线(I)和物体表面在该处的法线(N)所构成的平面；②反射角(θ')等于入射角(θ)，即：

$$\theta'=\theta$$

入射角是入射光线与法线的夹角，反射角是反射光线与法线的夹角，如图所示。

光复会 Korea Restoration Society 1910～1920年间朝鲜最有影响的抗日团体之一。俄国远东地区很早就成为朝鲜反日独立运动的一个主要基地。1910年日本吞并朝鲜后，一部分朝鲜反日武装力量转移到这一地区。1912年，经申采浩、李东辉和李甲等人倡议，在符拉迪沃斯托克（海参崴）成立光复会。其宗旨是："复我祖国，斥我世仇，救我同胞"。光复会最初致力于在中国东北和符拉迪沃斯托克地区建立武官学校，培养军事人才；后来以秘密结社形式扩展到国内三南地区。光复会还设有行刑部，专门负责处决日本高级官吏和朝鲜卖国贼。1917年，光复会枪杀了亲日富豪张承远与牙山面长朴容来，打击了日本殖民主义者的反动气焰，鼓舞了朝鲜人民的抗日士气。

光合细菌 photosynthetic bacteria 细胞含有光合色素，能进行光合作用的细菌。又称光细菌。在光照下可利用太阳能将二氧化碳与水转化(合成)为碳水化合物，如糖、淀粉、纤维素等。光合细菌可分为光能自养型和光能异养型；又可分好氧型和厌氧型。光合细菌在分类系统中为一个纲，下分蓝细菌、原绿菌、红螺菌和绿菌4目，均为营光合作用的**原核生物**。一切紫色细菌均为光能自养型，厌氧光照下以二氧化碳为主要碳源，还原无机物为电子供体，二分裂繁殖，胞内胞外积累硫磺。光合细菌在农业、能源、环保、食品以及医药和高科技领域均有巨大的开发潜力。还可用于检测水质和处理废水。

光合作用 photosynthesis 植物利用光能将二氧化碳和水等无机物合成有机物并放出氧气的过程。细菌利用光能将硫化氢等转化为有机物并释放氢气的过程称为细菌光合作用。

光合作用中合成的有机物是植物赖以生长的主要物质来源和全部能量来源，也是其他直接或间接依靠植物生活的生物的有机物和能量来源。光能及化能自养细菌可进行光合作用的部分过程，也能合成有机物，但总量有限。地球上的植物每年通过光合作用合成近2 000亿吨有机物，同时固定了3×10^{21}焦耳的太阳能，相当于人类每年全部能耗的10倍。地层中埋藏的煤炭、石油和天然气是古代植物光合作用形成的有机物转变而成的。光合作用释放O_2和固定CO_2，使大气中的O_2积累，CO_2含量降低。

光合作用对地球演变和生物进化有重要作用，对现有大气环境的维持及人类的生活和生产等都有重大意义。

光合作用的机构　植物的绿色部分能进行光合作用。通常**叶**是主要的光合器官。它形状扁平，有利于捕捉光能；表皮上有气孔，内部叶肉细胞间有不少空隙，便于气体交换；叶片内叶脉纵横，可进行频繁的水分及光合产物的运输。在具有真核细胞、能进行光合作用的植物（包括大部分藻类）绿色部分的细胞中，均有专门的细胞器——**叶绿体**。它外面包有双层被膜，以维持叶绿体中特别适于光合作用进行的微环境；内部含大量扁平密闭成囊状的膜片层——类囊体及无明显结构的间质。类囊体叠合成堆的部分称基粒。在原核生物蓝藻和原绿藻中，类囊体直接悬浮于细胞质内。主要的光合色素——叶绿素a全部集中在类囊体上，在高等植物和一些藻类（如原绿藻和绿藻）中，类囊体上还有叶绿素b及类胡萝卜素；有些藻类无叶绿素b而有叶绿素c等；蓝藻、红藻则在类囊体表面有藻胆素。这些色素吸收的光能也能用于光合作用。

光合作用的效率及其影响因素　植物在光合作用中每同化一个CO_2分子或碳水化合物需要8～10个光量子。按此量子需要量推算，植物利用太阳总辐射的效率可达10%左右。扣除**光呼吸**、呼吸等消耗，也可达到5%左右。实际上，大田中作物的光能利用率远低于此数。一般作物生长良好的田块，一季中光能利用率只有1%～2%，其原因和作物的生理特性、环境条件和群体的结构有关。

光合作用和植物生理状态的关系　在光合机构发育初期光合效率较低；成长后较高，且稳定一段时期；到衰老时下降。植物的生理状态对光合速率各阶段的持续时间和光合速率高低有显著影响。光合产物大部分输出到植株其他部分，供各种生命活动之需。植株的其他部分能通过**激素**等信息传递方式影响光合机构的发育和运转。当植株其他部分对光合产物需要增加时，光合速率常会提高。反之则下降。

光合作用和环境条件的关系　许多环境条件的变动可影响光合机构的运转，植物的光合机构对它的环境也有一定的适应能力。主要影响因素包括光、温度、水、气、肥等。

群体光能利用　在农田、森林、草地及各种自然植被中，常常不是单个植物进行光合作用，而是由许多植株组成群体利用光能。群体内部形成了特殊的微环境，其中的光能分布、气体流通等都与外界显著不同。决定单位地面上太阳光的捕获量的也不是单个叶片的大小，而是叶片总面积的多少。天空光特别是太阳直射光照到叶片上时的入射角大小，影响受光的强弱。另外，叶片占植物整体的比例也有最适范围。在农业生产上，常用高密度、高肥（特别是氮肥）或灌水来促进叶面积的形成和发展；用间作套种来提高地面覆盖率。

光核反应 photonuclear reaction 用光子轰击原子核引起的**核反应**。早期利用放射性同位素或带电粒子轰击靶核反应所放出的高能光子实现光核反应。后期主要是用加速器提供的高能电子轰击靶产生轫致辐射以所获得的高能光子进行实验。光子和原子核之间只存在电磁相互作用，这种相互作用了解得最为清楚，因而用光核反应研究原子核结构可以减少理论分析上的不确定因素。能量低于5兆电子伏特（MeV）的光子只能把原子核激发到离散的能级；能量高一些光子能将核激发到更高能级，放出中子、质子、α粒子或引起重核的光致裂变；能量在25MeV以上的光子可同核发生电四极作用；能量更高的光子可引起原子核的“星裂”；能量超过150MeV的光子能同核作用产生π介子等不稳定粒子。

光呼吸 photorespiration 植物绿色组织以**光合作用**中间产物为底物而发生的吸收O_2和释放CO_2的过程。此过程只在光照下发生，其生化途径和在细胞中的发生部位也与一般呼吸（又称暗呼吸）不同（见表）。

光呼吸与一般呼吸的比较

	光呼吸	一般呼吸
与光的关系	只在光下进行	光下、暗中都可进行
底物	乙醇酸和O_2	通常是糖和O_2
产物	CO_2、NH_3	CO_2、H_2O
细胞内发生部位	在叶绿体中产生乙醇酸，在过氧化物酶体内氧化，在线粒体内释放CO_2	糖酵解在细胞质中进行，三羧酸循环、呼吸链及氧化磷酸化在线粒体中进行

四碳植物（如玉米、甘蔗、高粱等）的光呼吸很弱，在光下只放出很少的CO_2。三碳植物如小麦、大豆、烟草等的光呼吸较强，有时可高达一般空气中光合强度的50%。三碳植物光合固定的碳大量的通过光呼吸重新放出，降低了其光合速率。

关于光呼吸的生理意义有几种不同看法：①认为光呼吸是有害的过程。它使植物损失有机碳和能量。②认为光呼吸有积极的生理功能。它使叶片在高光强且CO_2不足的情况下（如干旱），维持叶片中一定的CO_2且分流掉部分光反应能量，以避免光合器的光氧化破坏。③光呼吸过程中还可生成甘氨酸、丝氨酸和谷氨酸等，在氮素代谢中起作用。

光化学 photochemistry 研究光作用于物质引起化学与物理效应的**物理化学**分支学科。光化学主要是研究吸收光能后处于电子激发态的原子、分子等物质的结构，物理、化学性质及化学反应规律。光化学所涉及的光的波长范围为100～1 000纳米，即由紫外至近红外波段。比紫外波长更短的电磁辐射，如X或γ射线所引起的光电离和化学变化属于**辐射化学**的范畴。

光化学过程是地球上最普遍、最重要的过程之一，绿色植物的光合作用，人类与动物的视觉，涂料与高分子材料的光致变性，以及照相、光刻、有机化学反应的光催化等，无不与光化学过程有关。近年来同位素的光致分离、光控功能体系的制备与应用等，更体现了光化学是一个极活跃的领域。现代分子光化学是一门多学科交叉的边缘学科，包括有机光化学、无机光化学、高分子光化学、生物光化学、光电化学和光物理等门类。

光化学反应与一般热化学反应的不同之处主要表现在：①在热化学反应中，加热使分子活化时，体系中分子能量的分布服从玻耳兹曼分布；而在光化学反应中分子受到光激活时，原则上是选择性激发（跃迁能量的选择、电子**激发态**模式的选择等），体系中分子能量的分布属于非平衡分布。所以光化学反应的途径与产物往往和热化学反应不同。②只要光的波长适当，能为反应物质所吸收，即使在很低的温度下，光化学反应仍然可以进行。

光化学是一个极活跃的领域，许多高聚物、药物、新型材料的生产依赖于光化学反应；太阳能电池、水的光解、肿瘤光化学治疗等方面的研究都与光化学有关；包括有机光致变色材料、有机非线性光学材料及器件、有机/高分子电致发光材料与器件、光子型信息存储材料等新兴领域的发展为光化学的发展注入新的活力。

光化学烟雾 photochemical smog 含有氮氧化物和挥发性有机物等一次污染物的大气，在阳光照射下发生光化学反应，生成氧化性很强的二次污染物。代表性的污染物是臭氧，过程中还生成过氧酰基硝酸酯类、亚硝酸、醛类以及细粒子等。参与光化学反应过程的一次污染物和二次污染物的混合物所形成的烟雾污染现象即为光化学烟雾。氮氧化物和挥发性有机物是光化学烟雾的前提物。

光化学烟雾的主要现象和特征是：大气呈浅蓝色雾状，并具有特殊的刺激味，气团对眼睛、喉咙和呼吸道等黏膜系统有强的刺激作用。烟雾具有氧化性，能使植物叶片受害、橡胶开裂。一般发生在夏秋季晴天、气温在20℃以上、相对湿度较低、小风且有下沉逆温的情况。污染高峰出现在中午前后，白天生成，夜晚消失。污染区域在下风向，往往可以弥漫扩展到几十至几百千米。

光化学污染的生成机理可简单概括为挥发性有机物和氮氧化物在太阳辐射作用下缓慢氧化，形成高浓度臭氧等氧化性物质的过程。在光化学污染的形成过程中，一些自由基起着重要的作用。自由基具有很强的氧化能力。被污染空气中的二氧化氮光解生成臭氧，自由基氧化挥发性有机物生成过氧自由基，过氧自由基引起一氧化氮向二氧化氮转化，使臭氧得以不断积累到很高的浓度，从而形成光化学烟雾。

光环效应 halo effect 在心理学中，认为人的某些个性特质是互相关联的，如果具有其中一个特质，也必定会具有其他有关特质的现象。也称月晕效应或晕轮效应。即一个人被认为是好的，他就被一种积极的光环笼罩着，其他一些好的特质也就赋予了他。如果他被认为是坏的，他就被一种消极的光环笼罩着，其他一些不好的特质也就赋予了他。后一种效应又称为魔鬼效应。当对一个人了解不多时，光环效应便会起作用。

“光辉孤立” Splendid Isolation 19世纪60年代到20世纪初，英国政府所奉行的外交政策。“光辉孤立”一词源于加拿大财政部长G.E.福斯特于1896年1月在议会上就英国外交政策发表的演说。英国为维持欧洲大国的均势，不愿与任何大国或大国集团结盟，以保持行动自由。肩负外交重任的R.A.T.索尔兹伯里勋爵坚持孤立政策，并引以为荣。进入帝国主义时代，列强对殖民地的争夺日益尖锐。损害英国威望的事情接连发生。中日甲午战争之后，列强掀起割地狂潮，俄国占领旅顺，逼使英国舰队从港内撤走。1897年8月，俄国阴谋组织反英的欧洲大陆同盟。英国在世界事务中陷于孤立。殖民大臣J.张伯伦意识到处境危殆，为了保住英国在华利益，在1898年5月13日的演说中倡议同美国和其他大国订立同盟以阻止俄国扩张。但当时美国正忙于加勒比海事务，无暇他顾。德国也不愿为英国火中取栗。唯日本与英国抱有反俄的共同目标，于是双方于1902年结成同盟。以后又签订1904年的英法协定和1907年的英俄协定，英国“光辉孤立”的外交政策遂告结束。

光解 photolysis 分子在光的作用下分解成较小单元的化学反应，也就是由于光的诱发而使化学键断裂的过程。光解是最重要、最基本的光化学过程，通常所谓的光化学反应或激光诱导化学反应大都是指光解反应或由光解碎片引起的后续化学反应。光解方式与光源，尤其与光的波长和强度有密切关系。一般分子吸收光子后发生激发跃迁，如果能量低于离解能就不会光解，反之发生光解反应。由于激光可提供极强的光源，在非线性吸收下，分子发生双光子光解乃至多光子光解。

光解过程被广泛应用于各种化学反应的研究中。20世纪50年代建立起来的闪光光解技术，是鉴定光化学反应活泼中间体的有效手段。该技术是使反应物分子在瞬间强光激发下解离，产生高浓度的中间体，再通过对吸收谱、动力学数据所提供的信息，便可以了解到光化学反应中间体的特征和动态特征。光解离在引发光化学过程、测定激发态能量、分离同位素等方面具有广阔的应用前景。

光晶体三极管 phototransistor 将双极型晶体管的基极设计成能接受光的照射的晶体管。又称光电晶体管。通常基极处于开路状态，在发射极和集电极之间施加反向偏压。当光照射在光电晶体管上时，基极和集电极之间的耗尽层吸收光，生成的电子移向集电极，生成的空穴移向基极，这时空穴电流所起的作用如同一般的双极型晶体管中的基极电流，即当空穴进入基极使基极电位升高，降低了基极与发射极间的电子势垒，使电流比较容易地注入集电极。光电晶体管具有灵敏度高的优点，但入射光强度和输出电流之间不为线性关系、频率特性和响应速度比较差。发光二极管与光电晶体管，以及发光二极管与光电二极管可组合成光耦合器。光耦合器的输入与输出之间实现电隔离，信号传输是单方向的，多用于强电系统与电子系统之间的信号传输。

光缆 optical fiber cable 由单根或多根光学纤维（光纤）组合而成，用作光通信系统的传输介质。光学纤维是由同心的双层透明介质制成的一种纤维状细丝。所用介质一般为石英玻璃，也有用塑料、液芯和单材料的。两层介质的折射率不同，内层介质（称纤芯）的折射率高于外层介质（称包层）。光缆有许多优点：①通信容量大。一根外径10毫米左右的光缆可以传输成百万路电话或上万路电视。②通信的保密性好，中继距离长。③通信的衰减低。④所用材料资源丰富（主要是石英），可节省大量铜材。⑤光缆通信不受高压输电线、雷电、外界电磁感应、电磁辐射、串话等干扰，又没有短路、接地电位差等造成的故障。此外，光缆对温度的敏感性较小。

光疗 light therapy 应用日光、人造光源中的可见光线和不可见光线防治疾病的物理疗法。光疗法可因所用的光线波长的不同分为红外线疗法、可见光疗法和紫外线疗法。从光的相干性又可分为非相干光和相干光（激光）疗法，按所用光线来源可分自然光和人造光疗法。

红外线疗法 皮肤吸收红外线后血管扩张，血流加速，代谢增强，局部组织营养得以改善。血液淋巴循环的加速，促进了组织中异常产物的吸收和消除。红外线的温热作用降低了感觉神经的兴奋性，故红外线疗法对各种原因引起的疼痛均有一定的镇痛作用。红外线还能促使伤口愈合。红外线治疗的适应证为风湿性关节炎、风湿性肌痛和肌炎、腰肌劳损、腰椎间盘突出、肌腱炎、慢性胃炎、慢性肝炎、神经痛、急慢性气管炎、支气管哮喘等。禁忌证为恶性肿瘤、发热、出血、活动性肺结核及重症动脉硬化等。

长波红外线主要在结膜和角膜中吸收，短波红外线可达视网膜，因此红外线治疗时患者应遮盖眼部或戴绿色护目镜，防止红外线对眼部的伤害。植皮后、陈旧疤痕等部位血液循环不好，红外线的剂量要小。治疗中出现疲乏、失眠、头晕、皮炎等反应时应停止治疗。

可见光疗法 红光提高神经的兴奋性，有刺激作用。同时可见光还有加强糖代谢、促进氧化过程、加强垂体功能、提高脑皮质张力、加强交感神经系统的兴奋性、增强机体免疫力等作用。经蓝光照射后患儿黄疸消退，血清胆红素下降，排出绿色和深棕色的稀粪。

紫外线疗法　紫外线的生物学作用有：①皮肤变化，长波紫外线照射后黑色素沉着强，短波紫外线照射后色素沉着弱。黑色素可与紫外线照射下皮肤光化学过程产生的自由电子和其他化学自由基结合，防止它们对机体的损害。②促进维生素D的生成。③调整和改善神经、内分泌、消化、循环、呼吸、血液、免疫等系统的功能。④杀菌，波长230～300纳米的紫外线有杀菌作用。⑤紫外线照射具有消炎、止痛、镇痛及抗感染的作用；又能加速组织再生，可用于伤口不愈的慢性溃疡。对肌肉和神经的风湿性炎症或表浅的急、慢性化脓性炎症有良好的效果，但对结核性炎症可加剧病灶扩散，因而不宜采用。

治疗的适应证为：①内科疾病。如呼吸系统疾病，包括慢性支气管炎、肺炎、支气管哮喘和肺结核病等。对肺结核患者剂量要小，逐步增加，体温超过37.5℃或咯血时即停止照射。②外科疾病。如创伤、烧伤、皮下化脓性炎症、手术后感染、淋巴结炎、乳腺炎、丹毒等。③神经精神系统疾病。如周围神经炎、多发性神经炎、神经痛、神经症等均可采用亚红斑量或红斑量治疗。④皮肤科疾症。如皮肤化脓症、银屑病、玫瑰糠疹、斑秃、湿疹、白癜风等。

以长波紫外线与某些光敏性药物结合治疗皮肤病，或称黑光疗法或光化学疗法。由于长波紫外线能穿透到真皮，在表皮和真皮内均可抑制细胞的增殖，故可用以治疗银屑病。口服补骨脂素后用长波紫外线照射时，可促进黑色素细胞的丝状分裂使黑色素再生，引起较强色素沉着，可治疗白癜风。患者接受黑光治疗时应戴防护眼镜，剂量应从小到大。适应证为银屑病、白癜风。禁忌证为儿童或老年体弱者、皮肤癌、白内障、红斑性狼疮等。

激光疗法　激光为受激辐射光，具有发散角小、方向性好、光谱纯、单色性好，能量密度高、亮度大、相干性好等特点，具有热效应、机械效应、电磁效应。可用于许多疾病的诊治。

光敏疗法　将敏化剂注入机体，并用光使之激活，可利用所产生的荧光及单线态氧和有高度毒性的中间产物以诊断和治疗癌症。

日光疗法　日光疗法中主要是紫外线、红外线起作用。最好在饭后半小时进行，不要用毛巾包扎头面部以免中暑或出现不良反应。适应证为佝偻病、慢性腹膜炎、胸膜炎、贫血、肥胖病、糖尿病、慢性气管炎、骨折创伤、皮肤溃疡以及各部位的结核病。但活动性肺结核、心力衰竭和发热等急性病为禁忌证。

光卤石　carnallite　卤化物矿物，化学成分为$KMgCl_3·6H_2O$，晶体属斜方晶系。晶体少见，常呈粒状、致密块状、纤维状集合体。纯净者为无色透明或白色半透明，常因含有镜铁矿呈红的色调，含针铁矿等氢氧化铁时呈褐色或黄的色调。新鲜面显玻璃光泽，在空气中很快被潮解、变暗，呈油脂光泽。莫氏硬度2～3。密度1.602克/厘米^3。无解理，性脆。具强吸水性，极易溶于水。味苦而辣咸。发强荧光。是常见的钾盐矿物之一，在常温条件下，从富含钾镁的盐湖蒸发的残余溶液里结晶而成。覆盖于石盐层的顶部，与石盐、钾石盐、杂卤石、水氯镁石、水镁矾、硫酸镁石等伴（共）生。除含钾外，还含镁及少量溴、铷、铯等类质同象混入物。是制造钾肥、提取钾镁金属元素、制取钾镁化合物的矿物原料。主要分布在钾镁盐湖中。中国青海察尔汗附近的达布逊盐湖，是世界罕见的内陆盆地现代沉积型光卤石矿床；云南勐野井有第三纪光卤石矿产出，与钾石盐共生。世界著名矿床有德国马格德堡-哈尔伯施塔特地区的施塔斯富特矿床、俄罗斯乌拉尔二叠系钾镁矿床、白俄罗斯斯塔罗宾和美国新墨西哥州特拉华盆地二叠系的钾盐矿床。

光敏高分子　photosensitive polymer　在光作用下能迅速发生化学和物理变化的**高分子化合物**，或者通过高分子或小分子上光敏官能团所引起的**光化学反应**（如聚合、二聚、异构化和光解等）和相应的物理性质（如溶解度、颜色和导电性等）变化的**高分子材料**。光致抗蚀剂为用于光加工工艺的光敏高分子（又称光刻胶），大量用于印刷版和电子工业的光刻技术中。它的工作原理是受光部分发生交联，生成难溶性的硬化膜，经加工成负像（负性胶），或者是原来的不溶性胶受光照后变为可溶性的，经加工得正像（正性胶）。光固化涂层和油墨为光敏高分子的另一重要类型。具有不用溶剂，不产生污染，以及固化速率快等优点。它们的主要组成：①树脂或预聚体；②交联单体（一般为双或多官能团的丙烯酸酯类）；③光引发剂；④颜料或染料。

光敏素　phytochrome　植物细胞内的一类光敏受体。为易溶于水的浅蓝绿色的色素蛋白质。有钝化型（P_r）和活化型（P_{fr}）两种形式。光敏素接收外界的光信号调节植物的生长和发育。光敏素广泛分布于植物界。在被子植物的根、下胚轴、子叶、胚芽鞘、茎、叶柄、叶片、营养芽、花托、花序、发育中的果实和种子中都存在。

光敏素分子由蛋白质和生色团两部分组成。单体（1分子色素和1分子蛋白）的分子量在不同植物中略有不同，变化在50～150千道尔顿之间。光敏素生色团的每个亚基含有一个开链的四吡咯辅基。生色团以共价键与蛋白质相连。光敏素的两种不同形式的吸收光谱不同。P_r型为蓝色，吸收峰在波长660纳米的红光部分；P_{fr}型为黄绿色，吸收峰在波长730纳米的远红光部分。两种形式的光敏素吸收相应波长的光后分别转化成另一种形式。由于两种形式的吸收光谱有部分重叠，只是吸收率不同，所以在不同波长的光下进行不同程度的相互转化，形成不同的比值。

除了光形态发生效应以外，光敏素还参与调节膜的性质、酶的活动、叶绿素和花青素的合成、乙酰胆碱的含量、合欢等豆科植物的小叶的开合等。此外，光敏素还明显激活rRNA顺反子的转录，加强rRNA前体的形成，以及控制聚核糖体的形成和核糖体的功能。

光敏陶瓷　photosensitive ceramics　电阻随光照而发生变化的一种功能陶瓷。可制作适于不同波段范围的光敏电阻器。光敏陶瓷主要是半导体陶瓷，其导电机理分为本征光导和杂质光导。对本征半导体陶瓷材料，当入射光子能量大于或等于禁带宽度时，价带顶的电子跃迁至导带，而在价带产生空穴，这一电子-空穴对即为附加电导的载流子，使材料阻值下降；对杂质半导体陶瓷，当杂质原子未全部电离时，光照能使未电离的杂质原子激发出电子或空穴，产生附加电导，从而使阻值下降。不同波长的光子具有不同的能量。一定的陶瓷材料只对应一定的光谱产生光导效应，所以有紫外、可见光和红外光敏陶瓷。硫化镉（CdS）是制作可见光光敏电阻器的陶瓷材料。纯CdS的禁带宽度为2.4电子伏，相当于绿光波长范围。纯CdS灵敏度峰值波长为520纳米，纯硒化镉（CdSe）的灵敏度峰值波长为720纳米。将CdS与CdSe按一定配比烧结形成不同比例的固溶体，可制得峰值波长在520～720纳米连续变化的光敏陶瓷。硫化锌、硫化铅、锑化铟等是制作紫外及红外光敏电阻器的陶瓷材料。

光敏性皮炎　photosensitivity dermatitis　在某些光敏物质作用下暴露于日光后产生的一组皮肤疾病。最常见的光敏物质多为外源性，如某些药物、化妆品、植物、日常生活和工农业使用的一些化学制剂等。少数为内源性，如代谢物质中的卟啉等。早期表现为光暴露部位有红斑、丘疹、丘疱疹。自觉瘙痒、灼热。若能早期诊断，避免继续接触光敏物质，损害可逐渐消退。但有时光敏物质不易发现，此时病情会逐渐加重。一般在秋冬季好转，来年春夏季又发作。由于反复发作，损害逐渐由红斑、丘疹变成片状肥厚斑块，颜色也由淡红色或紫红色变至暗红色，可伴有色素沉着。损害常见于面、颈、上胸部及双上肢伸侧。防治原则为尽量找到诱因，避免接触或服用可能的光敏物质，避免强烈日晒。

《光明日报》 *Guangming Daily* 中国以科学、教育、文化、理论、学术、政法、统战为报道重点的全国综合性报纸。1949年6月16日在北京创刊，由中国民主同盟主办。毛泽东祝贺创刊题词：“团结起来，光明在望——庆祝光明日报出版”。1953年1月起，《光明日报》为各民主党派和无党派民主人士联合主办。1957年，《光明日报》改由中共中央宣传部和中共中央统战部领导。《光明日报》立足知识界，面向全社会，紧密联系和团结各界知识分子，成为共产党和政府联系广大知识分子的桥梁和纽带。报纸办有教育、科技、经济、文化、理论、电脑网络、书评等专刊及每月聚焦、今日话题等专栏。日出8～16版。

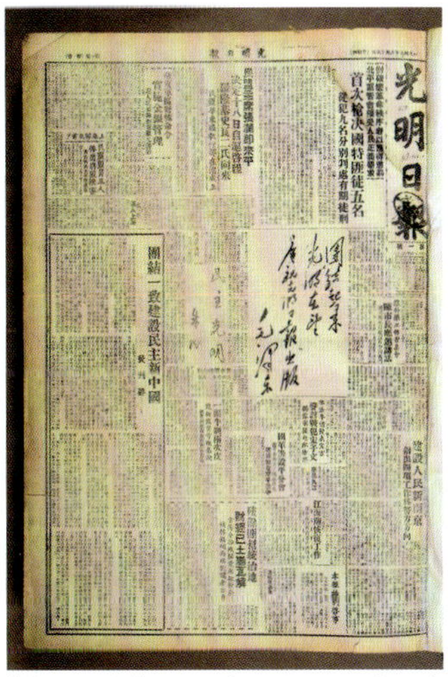
光明日報

团结一致建设民主新中国

团结起来 光明在望 庆祝光明日报出版 毛泽东

《光明日报》1949年6月16日创刊号

截至21世纪初，光明日报社在国内设有42个记者站，在国外设有20个记者站，派有常驻记者。在上海、广州、西安等15个城市设有发行分印点，它的读者遍布国内知识界及世界120多个国家和地区。1998年6月8日，光明日报报业集团成立。报业集团以《光明日报》为核心，含光明日报出版社和《文摘报》、《中华读书报》等报社，《博览群书》、《书摘》等杂志社，以及光明网。

光年 light year 量度天体距离的单位。缩写为l.y.。1光年等于光在真空中1年所走的距离。真空中光速为299 792.458千米/秒。1光年约等于94 605亿千米，或63 240天文单位，或0.307秒差距。以光年作单位通常用来量度宇宙中较大的距离尺度，并可表示光跨越该距离所需的时间。离太阳最近的恒星——半人马座比邻星到太阳的距离为4.22光年，银河系的银盘直径约为10万光年。

光盘存储器 optical disc storage 以有细微凹坑或有光致效应（光磁、相变）薄膜的高速旋转圆盘（光盘）做数据载体，在盘面上形成细微光斑的传感器做数据输入输出的存储设备。光盘驱动器驱动光盘存储器工作，包括光盘托架、光盘头、寻道跟踪机构和电路、主轴和稳速电路、自动聚焦机构和电路、读出和纠错电路以及接口电路等主要组成部分。从使用特性分，有只读光盘驱动器、一写多读光盘驱动器和可重写光盘驱动器。

光谱 spectrum 复色光经过色散系统（如棱镜、光栅）分光后，按波长（或频率）的大小依次排列的分布。光是电磁波，光谱是电磁波谱的一部分。在整个光谱中只有0.38～0.78微米的波长范围可为人眼所见，从长波到短波依次显现为红、橙、黄、绿、蓝、靛、紫等连续分布的色彩。这一光谱范围称为可见光谱。波长大于0.78微米的称为红外光谱，小于0.38微米的称为紫外光谱，这两种光谱都不能为人眼所见。光谱可按其产生方式的不同，分为发射光谱和吸收光谱。发射光谱由原子或分子所发出的全部辐射构成；吸收光谱则是由于光通过物质时有些波长的光被吸收，因而在连续光谱中会空缺某些部分，空缺的波长作为光谱中的暗线出现。按产生的物质不同，可分为原子光谱、分子光谱。按光谱显现的形态不同，可分为线光谱、带光谱和连续光谱。线光谱是发出辐射的元素的标识谱。线光谱又称原子光谱，因为这些线表示原子的电子由一个能级跃迁到另一个能级时所发出的辐射波长。带光谱的名称来源于它由几组靠得很近的线所组成，每一组看上去是一个带，如氮分子光谱。

光谱化学分析 spectrochemical analysis 用光谱学原理和实验方法确定试样的化学组成、含量及结构的分析方法。简称光谱分析。光谱化学分析因其检测限低、耗样少、分析元素的覆盖面宽、分析速度快等特点，曾是20世纪40～60年代最先进的仪器分析方法。当时是基于各物质的特征发射光谱来确定其化学成分及含量的。具体方法是：导电的金属或合金试样用火花放电激发，不导电的矿物、颗粒、粉末试样放在光谱纯石墨电极的孔穴中用直流电弧或交流电弧激发，溶液试样用雾化的方法送入火焰中激发。所发射的光经光谱仪分解为光谱，用照相法记录光谱。根据谱线的波长做定性分析，根据谱线的强度做定量分析或半定量分析。70年代后测定化学组分的多种光谱分析方法相继成熟，不仅利用发射光谱，亦利用吸收光谱，波长范围也从光学光谱区（紫外－可见－红外）扩展到全部电磁波范围，光谱化学分析的统称逐渐不再使用，代之以各种具体方法，如原子发射光谱法、原子吸收光谱法、原子荧光光谱法、紫外－可见分光光度法、红外光谱法、拉曼光谱法、荧光分析、X射线荧光分析、核磁共振、俄歇电子能谱、激光光谱法等。

光谱学 spectroscopy 研究各种物质的光谱的产生，并利用光谱研究物质结构、物质与电磁辐射相互作用以及对所含成分进行定性和定量分析的学科。光学的一个分支科学。

按所用光谱的不同，光谱学可分为以下几部分。①发射光谱学。利用原子或分子的发射光谱进行研究。每种原子和分子都有特定的能级结构和光谱系列，通过对发射光谱的研究可得到关于原子和分子能级结构的许多知识、测定各种重要常数以及进行化学元素的定性和定量分析等。②吸收光谱学。分子或原子团在各个波段均有特征吸收，主要表现为分子光谱所特有的带状吸收谱（见光谱）。广泛被采用的红外吸收光谱是由分子的同一电子态内不同振动和转动能级间的跃迁产生。红外吸收光谱主要用来研究分子的能级结构和分子结构，或进行分子的定性和定量分析等。对吸收光谱和发射光谱的研究常互为补充。③拉曼光谱学。在拉曼散射中，拉曼谱线起源于散射物质分子的振动和转动，反映了分子的内部结构和运动，通过拉曼光谱可对化合物进行定性和定量分析、测定分子的振动和转动频率及有关常数、了解分子内部或分子间的作用力、推断分子结构的对称性和几何形状等。拉曼光谱的应用范围遍及物理学、化学、生物学的许多领域。新型光源激光的应用有力地推动了拉曼光谱学的发展。④激光光谱学。以激光为光源的光谱学分支。激光的谱线宽度窄、强度高和方向性好等独特优点给光谱学带来了全新的面貌，它不仅具有极高的光谱分辨率和探测灵敏度，而且还开拓了包括非线性效应和相干拉曼光谱学等在内的许多新领域。

光谱仪器 spectroscopic instrument 将复色光分离成光谱的光学仪器。光谱仪有多种类型，除在可见光波段使用的光谱仪外，还有红外光谱仪和紫外光谱仪。按色散元件的不同可分为棱镜光谱仪、光栅光谱仪和干涉光谱仪等。按探测方法分，有直接用眼观察的分光镜，用感光片记录的摄谱仪，以及用光电或热电元件探测光谱

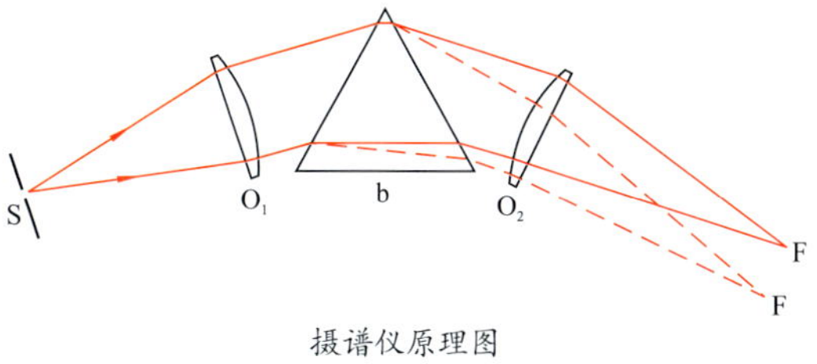

摄谱仪原理图

的分光光度计等。单色仪是通过狭缝只输出单色谱线的光谱仪器，常与其他分析仪器配合使用。

图中所示是三棱镜摄谱仪的基本结构。狭缝S与棱镜的主截面垂直，放置在透镜O_1的物方焦面内，感光片放置在透镜O_2的像方焦面内。用光源照明狭缝S，S的像成在感光片上成为光谱线，由于棱镜的色散作用，不同波长的谱线彼此分开，就得入射光的光谱。三棱镜摄谱仪能观察的光谱范围决定于棱镜等光学元件对光谱的吸收。普通光学玻璃只适用于可见光波段，用石英可扩展到紫外区，在红外区一般使用氯化钠、溴化钾和氟化钙等晶体。普遍使用的反射式光栅光谱仪有较宽的光谱范围。

表征光谱仪基本特性的参量有光谱范围、色散率和分辨本领等。基于干涉原理设计的光谱仪具有很高的色散率和分辨本领，常用于光谱精细结构的分析。

光谱仪器以其精确、敏捷、需用样品量少等特点而得到迅速发展，广泛应用于基础研究、工农业、医药等众多方面，是许多实验室必备的仪器。资源卫星经常携带光谱仪器上天，其中的多光谱扫描器是勘探地球资源非常有效的装置。

光气 phosgene 化学式$COCl_2$。又称碳酰氯。无色、剧毒、化学性质活泼、有霉烂干草味的气体，易液化，沸点8.2℃；微溶于水，并逐渐水解生成二氧化碳和氯化氢，在强碱性溶液中迅速水解；易溶于苯、甲苯、四氯化碳等有机溶剂。光气与许多无机和有机试剂反应。将纯净的一氧化碳与氯气混合送入反应器，通过活性炭催化反应制得光气。光气大量用于生产聚合物（如聚碳酸酯和聚氨酯）或其单体（如甲苯二异氰酸酯），也用于制取染料、农药和医药等。因光气有剧毒，吸入微量也能使人畜死亡。第一次世界大战期间曾被用作毒气。吸入光气后，引起咳嗽、咽喉发炎、呕吐、黏膜充血；重则引起肺部瘀血及肺水肿，导致急性窒息死亡。

光球 photosphere 太阳大气的最低层。用肉眼看到的明亮太阳圆盘，实际上是一个非常薄的发光球层，厚度不过500千米左右，这就是太阳光球层，简称光球。光球下面由于密度较大，来自太阳深层的辐射光子与太阳物质频繁相互作用（原子吸收光子后再发射出不同的光子），故对辐射来说物质是极不透明的。与此相反，在光球上方，由于密度稀薄，辐射光子与太阳大气原子几乎不再发生作用，对辐射来说物质是透明的。光球就是太阳物质由对辐射完全不透明向完全透明过渡的过渡层。因此在地面接收到的太阳辐射几乎全部是由这个过渡层，也就是光球发射出来的。研究表明，对于可见光波段的太阳辐射，这个过渡层的厚度只有100～200千米，它对应于地面观测者的张角只有几分之一角秒。肉眼看到的太阳边缘显得非常锐利，就是由于太阳可见光辐射的有效发射层非常薄的缘故。对于包括紫外直到红外的太阳主要辐射波段，有效发射层的厚度也只有500～600千米，这就是光球的总厚度。在没有特别指明的场合，提到太阳辐射、太阳光谱和太阳表面，通常都是指太阳的光球辐射、光球光谱和光球表面。一些太阳参数，如太阳半径和太阳表面重力加速度，也是以光球表面来定义的。采用未加滤光片的太阳照相仪拍摄的白光太阳照片就是光球的形象（见图），其中可看到太阳黑子和光斑，以及临边昏暗现象。

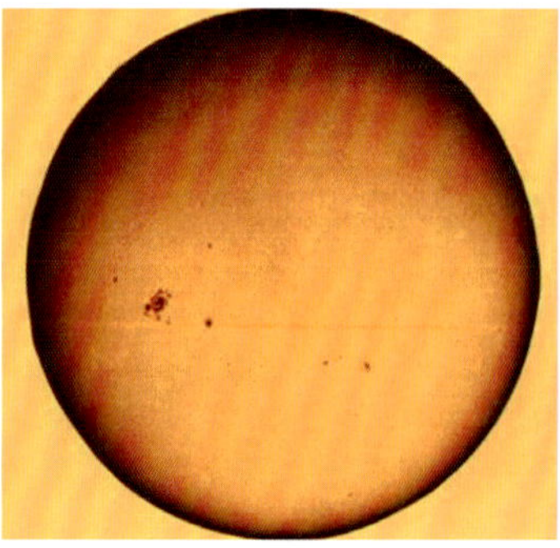

太阳照相仪拍摄的白光太阳照片

光荣革命 Glorious Revolution 1688～1689年英国资产阶级和新贵族发动的推翻詹姆斯二世的统治、防止天主教复辟的政变。西方资产阶级历史学家传统地将这次事件称之为不流血的光荣革命。

1685年詹姆斯二世（1685～1688年在位）企图恢复天主教会及专制统治，同时残酷迫害清教徒，还向英国工商业主要竞争者——法国靠拢，危害资产阶级和新贵族的利益。

1688年，由辉格党和托利党的7位名人出面邀请詹姆斯二世的女婿、荷兰执政奥兰治亲王威廉来英国，保护英国的宗教、自由和财产。1688年11月1日威廉率领1.5万人在托尔湾登陆。詹姆斯二世逃亡法国。1689年1月在伦敦召开的议会全体会议上，宣布詹姆斯二世逊位，由威廉和玛丽共同统治英国，称威廉三世和玛丽二世。同时议会向威廉提出一个《权利宣言》。该宣言于当年10月经议会正式批准定为法律，即《权利法案》。

这次政变实质上是资产阶级新贵族和部分大土地所有者之间所达成的政治妥协。政变之后，英国逐渐建立起立宪君主制。

光散射 scattering of light 光通过不均匀介质时部分光偏离原方向传播的现象。偏离原方向的光称散射光，散射光一般为偏振光（线偏振光或部分偏振光，见光的偏振）。散射光的波长不发生变化的有丁铎尔散射、分子散射等，散射光波长发生改变的有拉曼散射、布里渊散射和康普顿散射等。丁铎尔散射由英国物理学家J.丁铎尔首先研究，由均匀介质中的悬浮粒子引起的散射，如空气中的烟、雾、尘埃，以及浮浊液、胶体等引起的散射均属此类。真溶液不会产生丁铎尔散射，故化学中常根据有无丁铎尔散射来区别胶体和真溶液。分子散射是由于物质分子的热运动造成的密度涨落而引起的散射，例如纯净气体或液体中发生的微弱散射。

介质中存在大量不均匀小区域是产生光散射的原因，有光入射时，每个小区域成为散射中心，向四面八方发出同频率的次波，这些次波间无固定相位关系，它们在某方向上的非相干叠加形成了该方向上的散射光。瑞利研究了线度比波长要小的微粒所引起的散射，并于1871年提出了瑞利散射定律：特定方向上的散射光强度与波长λ的四次方成反比；一定波长的散射光强与$(1+\cos^2\theta)$成正比，θ为散射光与入射光间的夹角，称散射角。凡遵守上述规律的散射称为瑞利散射。根据瑞利散射定律可解释天空和大海的蔚蓝色和夕阳的橙红色。

对线度比波长大的微粒，散射规律不再遵守瑞利定律，散射光强与微粒大小和形状有复杂的关系。G.米和P.J.W.德拜分别于1908年和1909年以球形粒子为模型详细计算了对电磁波的散射，米氏散射理论表明，只有当球形粒子的半径$a<0.3\lambda/2\pi$时，瑞利的散射规律才是正确的，a较大时，散射光强与波长的关系就不十分明显了。因此，用白光照射由大颗粒组成的散射物质时（如天空的云等），散射光仍为白光。气体液化时，在临界状态附近，密度涨落的微小区域变得比光波波长要大，类似于大粒子，由大粒子产生的强烈散射使原来透明的物质变混浊，称为临界乳光。

波长发生改变的散射与构成物质的原子或分子的微观结构有关，通过对散射光谱的研究可了解原子或分子的结构特性。

光社 Light Club 中国摄影史上第一个具有现代组织形式的业余摄影社团。1923年成立于当时的北京大学，初名“艺术写真研究会”，后更名“光社”。发起人黄振玉、陈万里、张子静、钱景华、吴郁周、吴辑熙等。1924～1927年连续于北京中央公园（今中山公园）举办4次大型摄影作品展览。陈万里出版中国第一本摄影集《大风集》，并于1927年编辑出版中国第一部摄影年鉴《北京光社年鉴》。光社社员不足30人，活动时间不到10年，但却以卓著的创作成绩和论著，拉开了中国艺术摄影发展的帷幕。光社成员注重研究摄影技术技巧和摄影艺术理论，率先倡导艺术摄影。主要成员刘半农著有《半农谈影》，钱景华发明“环象摄影机”、“三色一摄机”，老焱若改进了放大机晒相夹等摄影器材，在中国摄影术发展和摄影艺术的探索中作出重要贡献。1927～1928年是光社活动的全盛时期。1937年，日本军队侵占北京，停止活动。

光声光谱 photoacoustic spectrum 由光声效应产生的声信号按照射光波波长的分布。物质受到光照射发出声信号的现象称为光声效应。是由A.G.贝尔于1880年试验他的“光音机”时发现的。

光声效应的产生是当物质受到光照射时因吸收光能而被激发，通过碰撞等无辐射消激发过程将所吸收的光能转化为热，并因热胀冷缩引起物质内应力的变化而导致发出声信号。此过程中产生的声能取决于物质所吸收的光能。物质对光波的吸收由物质的光学性能及光波的波长决定，所以最终产生的声信号按照射光波的波长的分布因物质成分而异。这样光声光谱便反映了物质的光吸收谱，并可据此对物质成分进行检测。基于这一原理研制的光声谱仪已广泛应用于各种气体及凝聚态物质的微量甚至痕量分析。

光速 speed of light 光波或电磁波在真空或介质中的传播速度。

真空中的光速 真空中的光速是一个重要的物理常量，国际公认值为c=299 792 458米/秒。17世纪前人们以为光速为无限大，意大利物理学家伽利略曾对此提出怀疑，并试图通过实验来检验，但因过于粗糙而未获成功。1676年，丹麦天文学家O.罗默利用木星卫星的星蚀时间变化证实光是以有限速度传播的。1727年，英国天文学家J.布拉德雷利用恒星光行差现象估算出光速值为c=303 000千米/秒。

1849年，法国物理学家A.H.L.斐索用旋转齿轮法首次在地面实验室中成功地进行了光速测量，最早的结果为c=315 000千米/秒。1862年，法国实验物理学家J.-B.-L.傅科根据D.-F.-J.阿拉戈的设想用旋转镜法测得光速为c=(298 000±500)千米/秒。19世纪中叶J.C.麦克斯韦建立了电磁场理论，他根据电磁波动方程曾指出，电磁波在真空中的传播速度等于静电单位电量与电磁单位电量的比值，只要在实验上分别用这两种单位测量同一电量（或电流），就可算出电磁波的波速。1856年，R.H.A.科尔劳施和W.E.韦伯完成了有关测量，麦克斯韦根据他们的数据计算出电磁波在真空中的波速值为3.1074×10^5千米/秒，此值与斐索的结果十分接近，这对人们确认光是电磁波起过很大作用。

1926年，美国物理学家A.A.迈克耳孙改进了傅科的实验，测得c=(299 796±4)千米/秒，他于1929年在真空中重做了此实验，测得c=299 774千米/秒。后来有人用光开关（克尔盒）代替齿轮转动以改进斐索的实验，其精度比旋转镜法提高了两个数量级。1952年，英国实验物理学家K.D.弗罗姆用微波干涉仪法测量光速，得c=(299 792.50±0.10)千米/秒。此值于1957年被推荐为国际推荐值使用，直至1973年。

1972年，美国的K.M.埃文森等人直接测量激光频率ν和真空中的波长λ，按公式$c=\nu\lambda$算得c=(299 792 458±1.2)米/秒。1975年第15届国际计量大会确认上述光速值作为国际推荐值使用。1983年17届国际计量大会通过了米的新定义，在这定义中光速c=299 792 458米/秒为规定值，而长度单位米由这个规定值定义。既然真空中的光速已成为定义值，以后就不需对光速进行任何测量了。

介质中的光速 不同介质中有不同的光速值。1850年斐索用齿轮法测定了光在水中的速度，证明水中光速小于空气中的光速。几乎在同时，傅科用旋转镜法也测量了水中的光速，得到了同样结论。这一实验结果与光的波动说相一致而与牛顿的微粒说相矛盾（解释光的折射定律时），这对光的波动本性的确立在历史上曾起过重要作用。1851年，斐索用干涉法测量了运动介质中的光速，证实了A.-J.菲涅耳的曳引公式。

光速不变原理 principle of constancy of light velocity 光在真空中总是以恒定的速度c传播，且与光源的运动无关。光速不变原理作为狭义相对论的两个基本假设之一，是爱因斯坦在1905年发表的《论动体的电动力学》论文中提出来的。目的在于定义惯性系中的同时性（或说时钟同步）。1905年狭义相对论问世以来，物理学家使用不同的实验装置和技术观测过从不同类型的宏观光源（包括发光天体）和微观粒子光源发出的不同频率的电磁波和光波，结果是在实验精度内都与光速不变原理相符。但这些实验中光信号都形成闭合路径；另一方面在所谓的单向实验中又暗含同时性的先入假定。因此，实验只证明了双程（回路）平均光速的不变性以及光速与频率和光源运动的无关性。测量所给出的光速也只是双程（回路）平均光速的数值而不是单向光速的数值。由于同时性定义和测量单向速度互为前提，所以原则上说单向速度（包括单向光速）是无法用实验独立测量的，除非能发现某种绝对的对钟方法（如发现了瞬时传播信号）。因此，单向光速的各向同性只是一个不能用实验证明的科学假定。

光未然 Guangweiran (1913-11-01～2002-01-28) 中国诗人、文学评论家。本名张

光年。湖北老河口市人。20世纪30年代起从事进步戏剧活动和文学活动，任抗日救亡秋声剧社社长、拓荒剧团团长。1935年肄业于武昌华中大学中文系。1936年在武汉发表歌颂抗日志士、反对卖国投降的歌词《五月的鲜花》，由阎述诗谱曲后，在抗日救亡活动中广泛传唱。1938年出版《街头剧创作集》。1939年1月，率领抗敌演剧第三队由晋西抗日游击区奔赴延安，同年3月创作组诗《黄河大合唱》，经冼星海谱曲后，4月在延安首次上演，此后在全国各地广泛传唱。组诗以黄河作为中华民族的象征，熔铸雄健磅礴、深沉浑厚的激情，表现出强烈的民族气节和不屈的斗争精神，是中华民族抵御外侮的英雄诗篇，也是抗日战争时代现实的悲壮图画。

1940年，光未然在重庆从事文艺活动，创作长篇叙事诗《屈原》。“皖南事变”后被迫出走缅甸。1942年回到云南。1943年3月到1944年9月，根据流传的民歌编写了长篇叙事诗《阿细人的歌》，并创作抒情长诗《绿色的伊拉瓦底》。1944年出版诗集《雷》。1946年由北平进入华北解放区，先后在北方大学艺术学院、华北大学文艺学院主持教学工作。

中华人民共和国建立后，他一直在北京从事文艺活动，先后担任《剧本》、《文艺报》、《人民文学》主编，以张光年署名写了大量文艺评论。这些文章立论谨严、文风洒脱，勇于面对重大的文艺现象发表意见，以自己的创作实践和理论研究，推动了中国新诗的创作繁荣。

光未然曾任中央戏剧学院教育长、创作室主任，中国作家协会书记处书记、党组书记，中国作家协会副主席，中国文心雕龙学会会长等职。

光未然的主要著作还有：诗集《五月花》(1960)、《光未然歌诗选》(1990)、《光未然诗存》(1998)、《光未然旧体诗百首》(2000)；论文集《戏剧的现实主义问题》(1957)、《文艺辩论集》(1958)、《风雨文谈》(1982)、《骈体语译文心雕龙》(2001)等。2002年，人民文学出版社出版《张光年文集》(五卷本)。

光污染 light pollution 光辐射过量而对生活、生产环境和人体健康产生不良影响的现象。现代城市里常用玻璃、铝合金装饰建筑的外墙，在太阳光的照射下，这些装饰材料的反射强度很大，产生眩光现象，光辐射强度超过人体所能承受的范围，造

成白亮污染。此外，核爆炸、电焊、熔炉等会发出强光；一些专用仪器设备产生的紫外线也会造成严重的光污染。光污染的直接危害是导致人的视力下降。夜间过度的霓虹灯、广告灯等，会使人正常的生物节律受到破坏，产生失眠、神经衰弱等不适症；舞厅的旋转灯光、荧光灯和闪烁的彩色光源，令人发生头昏、头疼、精神紧张等症状，长期照射有可能诱发白血病等疾病。防治光污染的主要措施有：①加强城市灯光管理，完善立法。②改善环境照明，消除或减弱眩光和强辐射的影响。③采取个人防护措施，如戴防护镜和防护面具等。

光纤 optical fiber 由玻璃制成、能传输光线、结构特殊的玻璃纤维。是光学纤维的简称。光学纤维按材质分为无机光纤与有机高分子光纤两类；按应用分为通信（石英）光纤与非通信（功能）光纤两类。商业应用最广泛的是无机光纤中的多组分玻璃光纤，如玻璃光纤传光束、传像束，纤维内窥镜，以及微光夜视仪用光学面板和微通道板。通信（石英）玻璃光纤已形成新材料产业。

光纤通信 optical fiber communication 一种利用近红外线区波长为1微米左右的光波（激光）为载波，通过光导纤维（简称光纤）传输信息的通信方式。1966年，高锟发表论文揭示了实现低衰耗光纤的可能性。1970年，美国研制出衰耗为20分贝/千米的石英光纤和室温下可连续工作的半导体激光器。此后，光纤、光器件、光系统、光网络的性能不断提高，发展迅速。光纤通信系统的基本工作原理是：在发送端将表示声音、文字和图像等业务的电信号，经过激光调制变成适于传输的光信号，送入光缆（由多根光纤组成）中进行传输；在接收端通过光电探测器，将光信号转变成电信号，并经过放大、均衡、再生等过程，最终恢复出与原发送端相同的电信号。光纤通信的主要特点是传输损耗低、通信容量大、保密性能好、不受电磁干扰、重量轻、便于敷设等。光纤通信技术的主要研究方向是高速光传输技术、宽带光接入技术、节点光交换技术和自动交换光网络技术。

光线偏折 deflection of light 广义相对论的实验检验之一。根据广义相对论，光和物体的运动一样，受到引力场的作用，会偏向引力源。1915年A.爱因斯坦计算了星光从太阳近旁通过时的偏折角为1.75″。虽然把牛顿力学用于光子，光线也会偏折，但偏折只及相对论预言值的一半。1919年5月29日在地球上的一些地区发生日全食，A.S.爱丁顿和F.W.戴森率领的两个探测小组分赴西非的普林西比岛和巴西的索布拉尔拍摄日全食太阳附近的星空照片，与太阳不在这一天区的星空照片相比较，得出的光线偏折值分别为1.61″±0.40和1.98″±0.16，与爱因斯坦的理论预言符合得很好，曾引起世界轰动。20世纪70年代以后，射电天文学的进展，在射电波段进行观测，观测精度更为提高，观测结果与理论预言符合得更好。

光效应艺术 optical art 西方20世纪60年代兴起的美术思潮。见奥普艺术。

光行差 aberration 运动中的观测者所观测到的天体的视方向与在同一瞬间、同一地点静止的观测者所观测到的同一天体的真方向之差。光行差的大小与观测者的运动速度成正比，与光速成反比，也与观测者至天体的视方向和观测者运动方向之间的夹角有关。位于地球表面的观测者随着地球运动，观测者看到的由光行差引起的天体位置的偏离，其大小和方向在随时变化。地球运动包含各种成分，由此产生各种相应的光行差。地球绕日公转造成的光行差称为周年光行差，其最大值可达20.5″。地球自转造成的光行差称为周日光行差，其值仅十分之几角秒。太阳系的天体（包括地球）随太阳在太空中运动（包括太阳本动和银河系自转两种运动）所产生的光行差称为长期光行差，由太阳本动产生的长期光行差约为13″，但方向不变；由银河系自转产生的光行差约为100多角秒，但周期很长。

光绪帝 Emperor Guangxu (1871-08-14～1908-11-14) 中国清朝入关后第九位皇帝。见清德宗载湉。

光学 optics 研究光的传播及光与物质相互作用的学科。光学不仅是物理学的基础学科之一，也是应用性很强的学科。早期的光学只研究可见光波段，当今已将研究范围扩展到人眼看不见的红外、紫外波段甚至微波和X射线波段，而且在关于光的发射、接收及光与物质相互作用等问题上，光学与微观物理学相衔接并互相渗透。光学的研究内容包括几何光学和波动光学，以及现代发展起来的各个新领域。

早在中国先秦著作《墨经》中就已有了关于光的直进性、影、针孔成像、球面反射镜等最早的光学实验记录。自《墨经》之后的漫长时期，虽已出现了凹面镜、凸面镜、透镜及透镜的组合等光学器件，而且应用也相当普遍，但人们对光的描述和应用未能形成系统的光学理论。直到17世纪，光学才得到发展。1608年，H.李普希发明了第一架望远镜，1610年伽利略创制了两级放大显微镜。在理论方面，W.斯涅耳在1621年的一篇文章中首先提出折射定律的余割形式，R.笛卡尔于1637年公布了正弦形式的折射定律。1657年，P.de费马提出了最小时间原理（见费马原理）。这样，到17世纪中叶已奠定了几何光学的基础。

17世纪后半叶，I.牛顿利用三棱镜将太阳光分解成彩色光带，并做了颜色混合实验，解开了颜色之谜。牛顿利用光的反射与颜色无关这一现象，于1672年制造出第一台无色差的反射式望远镜。牛顿与同时代的R.胡克和C.惠更斯分别提出了光的微粒说和波动说，从此开始了关于光的本性的争论（见光的二象性）。

19世纪是光的波动理论的大发展时期。由于T.杨和A.-J.菲涅耳等人的不懈努力，确立了波动理论的牢固地位。波动理论在解释光的干涉、衍射和偏振等与光的传播行为有关的光学现象时，均取得了巨大成功。19世纪60年代麦克斯韦电磁场理论的建立和光速的实验测定使人们确信光是一种电磁波，光波与电磁波的统一使古典的波动理论得到了坚实的理论基础。运用光的电磁理论研究光在晶体和金属中的传播规律时，产生了晶体光学（见晶体的X射线衍射、双折射）和金属光学这两个波动光学的分支。光的电磁理论还把几何光学和波动光学都包括在同一理论体系中。19世纪末创立的H.A.洛伦兹电子论对光的色散、散射和吸收作出了经典解释，初步研究了光与物质相互作用的问题。

20世纪初，为解释黑体辐射和光电效应的实验规律，M.普朗克和A.爱因斯坦分别提出了能量子假设和光子假设（见光电效应）。爱因斯坦重新提出了光的微粒性概念，光子概念的确立并用来解决光与物质相互作用问题标志着量子光学的诞生。与此同时，对原子和分子内部结构的探索和各种光谱仪器的发展导致了光谱学这一光学分支的建立。

20世纪60年代激光器的问世，使量子光学得到了进一步发展，还使传统的光谱学发生了深刻变化。激光这一新型光源的广泛使用，使传统光学派生出诸如傅里叶光学、纤维光学和非线性光学等新的研究领域。激光冷却和玻色－爱因斯坦凝聚的实现以及原子激光的诞生是20世纪末物理学的重大突破性进展之一。量子通信与量子计算发展成物理学与信息科学相结合的新兴交叉学科。与扫描隧道显微镜类似，发展了一系列近场光学扫描显微镜技术，分辨率已达到光波波长的数十分之一，并形成了一门光学、扫描探针显微学和光谱学相结合的新型交叉学科——近场光学。现代光学不仅促进了物理的发展，并与化学、生命科学、信息科学、材料科学等领域的交叉日渐广泛和深入，同时也为应用发展研究提供了广阔的前景，已成为高技术领域发展所依托的重要学科基础之一。

光学玻璃 optical glass 通过折射、反射、透过传递光线以及通过吸收改变光的强度或光谱分布的无机非晶态光学介质材料。狭义的光学玻璃是指无色光学玻璃，广义的光学玻璃还包括有色光学玻璃、激光玻璃、石英光学玻璃、抗辐射玻璃、紫外和红外光学玻璃、纤维光学玻璃、声光玻璃、磁光玻璃和光变色玻璃等。1768年，法国人P.L.纪南在黏土坩埚中采用搅拌方法首创均匀的光学玻璃。光学玻璃用于制造光学仪器中的透镜、棱镜、反射镜及窗口玻璃等。由光学玻璃构成的部件是光学仪器中的关键性元件。为了使光学系统传递的图像清晰、不畸变，要求玻璃具有高的光透过性能、均匀性以及特定而且精确的光学常数。

光学薄膜 optical thin film 由薄的分层介质构成的，通过界面传播光束的一类光学介质材料。光学薄膜的应用始于20世纪30年代。现代，光学薄膜广泛用于光学和光电子技术领域，制造各种光学仪器。

光学薄膜的特点是：表面光滑，膜层之间的界面呈几何分割；膜层的折射率在界面上可以发生跃变，但在膜层内是连续的；可以是透明介质，也可以是吸收介质；可以是法向均匀的，也可以是法向不均匀的。实际应用的薄膜要比理想薄膜复杂得多。因为制备时，薄膜的光学性质和物理性质偏离大块材料，其表面和界面是粗糙的，从而导致光束的漫散射；膜层之间的相互渗透形成扩散界面；由于膜层的生长、结构、应力等原因，形成了薄膜的各向异性；膜层具有复杂的时间效应。

光学薄膜按应用分为反射膜、增透膜、滤光膜、光学保护膜、偏振膜、分光膜和位相膜。常用的是前4种。光学反射膜用以增加镜面反射率，常用来制造反光、折光和共振腔器件。光学增透膜沉积在光学元件表面，用以减少表面反射，增加光学系统透射，又称减反射膜。光学滤光膜用来进行光谱或其他光性分割，其种类多，结构复杂。光学保护膜沉积在金属或其他软性易侵蚀材料或薄膜表面，用以增加其强度或稳定性，改进光学性质。最常见的是金属镜面的保护膜。

光学介质材料 optical medium material 传输光线的材料。这些材料以折射、反射和透过方式，改变光线的方向和位相，使光线按照预定的要求传输；也可以吸收或透过一定波长范围的光线而改变光线的强度和光谱。光学介质材料按形态可分为体材料、薄膜材料和纤维材料。其中体材料按结构又可分为非晶态材料（见**光学玻璃**）和晶态材料（见**光学晶体**），按材料组成分为无机光学介质材料和有机光学介质材料（见**光学塑料**）。光学介质材料的性能主要由光谱透过率和光学色散表征，此外还有损耗系数和光学均匀性。每种光学介质材料都有特定的光谱透过率和光学色散。对于光学色散，一般在不同的单色光下，用精密测角仪测量光线经过光学介质材料后的偏析。对光学薄膜用偏光测角仪测量，对光学纤维则用干涉法测定光纤折射率剖面的分布。不同的光学介质材料都有特定的光学色散的允许偏差量。损耗系数一般用光谱光度计测量，对损耗很低的光学介质材料用量热计法和光声法测量。对于光学均匀性，一般用干涉仪测量光在材料中折射率分布的均匀性。高质量的光学介质材料的折射率的偏差一般为10^{-6}～10^{-5}。

光学晶体 optical crystal 用作光学介质材料的晶体材料。主要用于制作紫外和红外区域窗口、透镜和棱镜。按晶体结构分为单晶和多晶。由于单晶材料具有高的晶体完整性和光透过率，以及低的插入损耗，因此常用的光学晶体以单晶为主。主要有：①卤化物单晶。分为氟化物单晶，溴、氯、碘的化合物单晶，铊的卤化物单晶。氟化物单晶在紫外、可见和红外波段光谱区均有较高的透过率、低折射率及低光反射系数；溴、氯、碘的化合物单晶能透过很宽的红外波段，其熔点低，易于制成大尺寸单晶；铊的卤化物单晶也具有很宽的红外光谱透过波段，微溶于水，是一种在较低温度下使用的探测器窗口和透镜材料。②氧化物单晶。主要有蓝宝石（Al_2O_3）、水晶（SiO_2）、氧化镁（MgO）和金红石（TiO_2）。熔点高、化学稳定性好，在可见和近红外光谱区透过性能良好。用于制造从紫外到红外光谱区的各种光学元件。③半导体单晶。有单质晶体（如锗单晶、硅单晶），Ⅱ－Ⅵ族半导体单晶，Ⅲ－Ⅴ族半导体单晶和金刚石。金刚石是光谱透过波段最长的晶体，可延长到远红外区，并具有较高的熔点、高硬度、优良的物理性能和化学稳定性。半导体单晶可用作红外窗口材料、红外滤光片及其他光学元件。光学多晶材料主要是热压光学多晶，即采用热压烧结工艺获得的多晶材料。主要有氧化物热压多晶、氟化物热压多晶、半导体热压多晶。热压光学多晶除具有优良的透光性外，还具有高强度、耐高温、耐腐蚀和耐冲击等优良力学、物理性能，可作各种特殊需要的光学元件和窗口材料。

光学塑料 optical plastics 具有一定的折射率和光透过波段，用做光学介质的无定形高分子材料。**塑料**应用于光学系统始于20世纪初。60年代，最先大量生产有精度要求的注塑模制光学元件。60年代末，发展了非球面透镜制造技术，形成工业生产。光学塑料主要有以下9种：①聚甲基丙烯酸甲酯。俗称有机玻璃，是一种通用的光学塑料。②聚苯乙烯。折射率较高。③甲基丙烯酸甲酯和苯乙烯共聚体。约含70%聚丙烯酸酯和30%聚苯乙烯，折射率取决于组成。④苯乙烯丙烯腈共聚物。折射率较高。⑤聚碳酸酯。使用温度范围广，抗冲击，耐久性好。⑥甲基戊烯聚合物。⑦丙烯腈、丁二烯和苯乙烯三元共聚物。⑧尼龙。⑨烯丙基二甘醇碳酸酯（又称ADC塑料）。硬度高，耐热冲击，化学耐久，是制造太阳镜和矫正视力眼镜的良好材料。

光学纤维 optical fiber 用于传导光的人造纤维。又称光导纤维，简称**光纤**。有反射型光纤和折射型光纤两种类型。

反射型光纤 反射型光纤又称阶跃折射率光纤。如图1所示，一根纤维由两种均

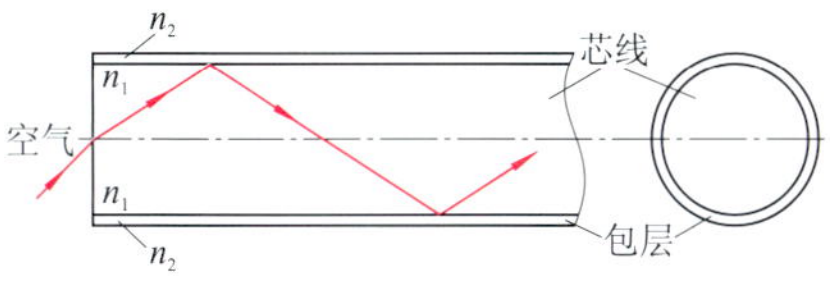

图1 反射型光纤

匀介质组成，内部称为芯线，外部包住芯线的称为包层。它们的折射率分别为n_1和n_2，且$n_1>n_2$。传输光时在芯线内进行，光从芯线内射到包层的交界面上，入射角大于临界面角$\theta_c=\arcsin(n_2/n_1)$发生全反射。这样光就被限制在芯线内沿折线向前传播。包层的作用是减少光的能量损失和保护芯线。通常把$\sqrt{n_1^2-n_2^2}$=N.A.称为光纤的数值孔径。数值孔径越大，能够进入光纤并被传输的光就越多。

折射型光纤 折射型光纤又称变折射率光纤或梯度折射率光纤，它的折射率在轴线上最大，离轴线越远就越小。根据折射定律，光从折射率较大的介质进入折射率较小的介质时，光会偏离交界面的法线；反之，光从折射率较小的介质进入折射率较大的介质时，光会靠近交界面的法线。因此，光进入折射型光纤后，所走的路径便是一条如图2所示的周期性曲线。光到轴

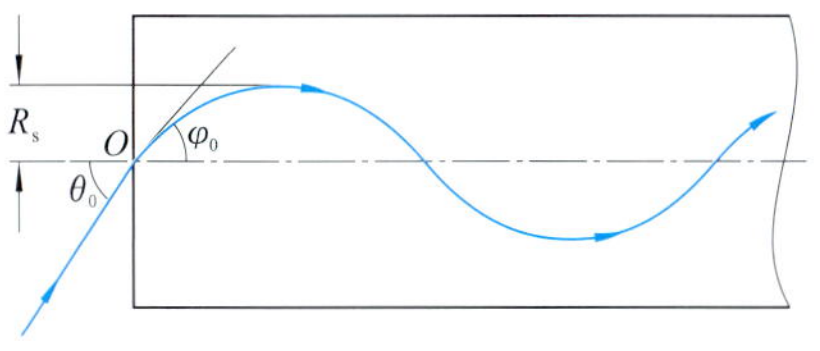

图2 折射型光纤中光线的路径是一条曲线

线的最大距离R_s相当于反射型光纤中芯线的半径，光在该处被全反射回来。但由于光不到达边界，因此就没有全反射损耗。折射率满足一定的条件，折射型光纤可使光线聚焦，称为自聚焦光纤。它可用来成像。

光纤的应用 ①非相关传光束。将多

根光纤捆成一束用于传光，输出端面上各根光纤的排列不需要与输入端面上的排列一一对应。常作成绳状，用于将光传进或传出普通光学系统不能到达的或危险的地方，尤其是需要较强光照明而又怕热的仪器设备。有的传光束一端捆在一起，另一端分开，成为分叉传光束，以便将一个光源的光通过各支分叉传到需要光的各处。②相关传光束。光束中的光纤都平行排列，每根光纤两端在光束端面上的位置相对应。传光时每根光纤单独传递一个信息元，合起来便能将图像从一端传到另一端，如图3所示。这样的传光束称为传像束，通常用作纤维内窥镜，在工业和医疗中普遍使用。

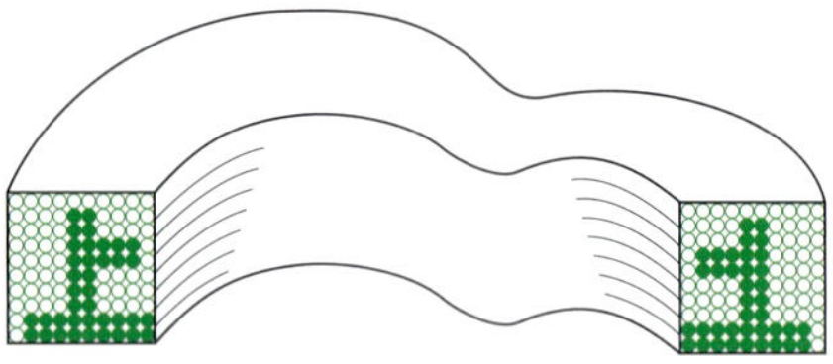

图3 传像束

③光纤面板。将多根光纤聚配成一定的几何结构。经热溶、加压、切断和研磨而成，用作各种阴极射线管和摄像管的面板。特点是有很高的集光能力，可消除用普通玻璃面板对成像所造成的变形。④光纤通信。利用光纤传光束传送信息。光纤通信容量大（一条光纤中可同时传输一万多路电话）、成本低、损耗小、绝缘好、抗干扰性和保密性都好，而且光纤耐腐蚀性强，能自由弯曲传输。用金属或塑料将多根光纤或多组光纤绞合在一起，加上包带和护层而成的光缆，已发展成为通信的重要工具。

光压 light pressure 光照到物体表面时施予表面的压力。J.开普勒在解释彗尾的形成时就已提出了光压概念。J.C.麦克斯韦根据电磁理论解释了光压现象，并算出了光压的值。当平行光垂直照射物体时，单位面积所受光压为$p=I(1+R)/c$，式中I为单位时间垂直入射到单位面积的光能量，R为表面的能量反射率，c为真空中的光速。光子概念提出后，也可用光的粒子性来解释光压现象。光子具有动量$h\nu/c$，入射到表面后或被吸收或被反射，入射前光子的总动量与入射后的总动量之差等于表面所受冲量，这样算出的光压公式与麦克斯韦的公式一致。对光压的实验测量是由P.N.列别捷夫于1901年完成的。

当彗星靠近太阳时，彗星中的尘埃和气体分子由于受到太阳辐射的光压作用而产生了彗尾，彗尾永远指向太阳的反方向。维持恒星稳定的因素除万有引力和内部压力外，内部辐射所产生的光压也是不可忽略的因素。

光压的值虽然很小，但对环绕地球的人造地球卫星来说，时间长了会使它逐渐偏离轨道，因此在设计人造地球卫星时就要考虑到这一点。

光裕社 中国曲艺班社。苏州评弹界历史最长、影响最大的行会组织。原称光裕公所。成立时间难以确考，或说在清康熙年间（1662～1722），约在清康熙、乾隆之间，据说由王周士创立。有文字记载的历史是从马如飞、许殿华、姚士章等艺人的活动开始，时在咸丰、同治年间（1851～1874）。该社订有比较严密的章程，如规定“凡弟子勿犯师长”、“以尽师生之礼，违者议罚”。该社每年举办会书，对促进艺术竞争，起过积极作用。此外还创办了裕才学校和其他一些公益事业。该社经历过几次重大分化。首先分化出来的是“润余社”，以革新为号召；后来又有了“普余社”，以男女可以拼档演出为号召。中华人民共和国建立后，光裕社的职能逐步为评弹改进协会和各地的曲艺家协会等群众性组织所代替。

光岳楼 Guangyue Tower 中国明代过街式鼓楼。位于山东聊城旧城中心。原名余木楼，因聊城曾为东昌府治，又名东昌楼。创建于明洪武七年（1374），明成化、万历和清顺治、康熙、乾隆等年间先后16次维修。1988年国务院公布为全国重点文物保护单位。

楼由基台和楼身组成，通高34.72米。基台平面方形，砖石结构，边长34.43米、高9.38米。台顶四周有雉墙。基台内有十字甬道，四面各砌券门与大街相通。东拱门内设扶梯可登台顶。楼身木构，平面方形，4层，十字歇山顶，四面有斗栱飞檐，有回廊相通，表现出宋元向明清建筑过渡的风格。楼的平座栏杆、门窗装修及梁架结点细部做法等均属明代建筑风格。楼内现存碑记、题咏刻石20余方，具史料价值，其中以清代皇帝康熙御笔“神光钟瑛”匾和乾隆诗刻等较为著名。

光折射 refraction of light 光从一种介质进入另一种介质时，一般不会沿原来的方向前进，而是在越过两介质的交界面处改变方向的现象。光折射时遵守折射定律。光的折射定律包括两部分内容：①折射光线（R）在入射面内，入射面是由入射光线（I）和交界面在该处的法线（N）所构成的平面。②入射角（θ_1）和折射角（θ_2）遵守斯涅耳定律，即：

$$n_1\sin\theta_1=n_2\sin\theta_2$$

式中入射角θ_1是入射光线与法线的夹角，折射角θ_2是折射光线与法线的夹角，n_1和n_2分别是第一和第二两介质的折射率（见图）。

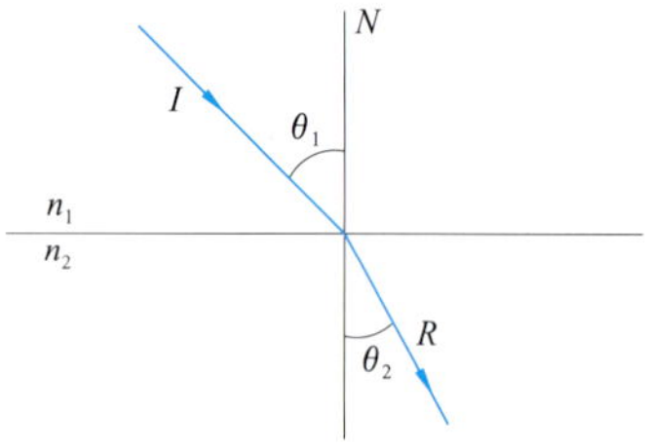

a $n_1<n_2$

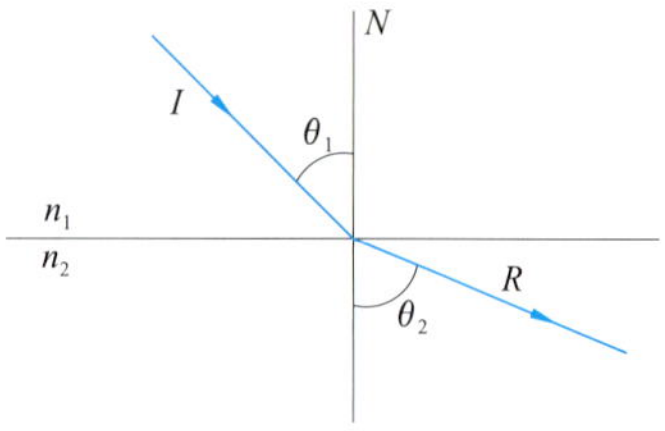

b $n_1>n_2$

光的折射

光州 Kwangju 韩国西南部最大工商业与文化教育中心，全罗南道首府。位于全罗南道中北部。面积501.11平方千米，人口约40.1万。三国时期属百济三州之一的武珍州。新罗时代改为武州，940年改称光州。1949年称光州市。1986年11月升为直辖市，1995年3月改为光州广域市。现已形成以光州为中心，包括和顺、潭阳、长城、罗州等半径30千米的一日生活圈。1970年开始生产汽车后，逐渐发展相应的化学与机械部件工业。20世纪80年代建立4个工业基地和1个农工基地，主要生产家电和电子产品等。出口纺织品、汽车、轮胎和电子部件等。第三产业发展迅速。郊区盛产稻米、棉花、蚕丝等。西南部的交通枢纽。设有国立全南大学、朝鲜大学、光州大学、湖南大学等。道立公园的无等山以石屏风绝景著名。

光子 photon 电磁场的量子，是自旋为$\hbar$，静止质量为零的中性粒子。1900年，M.普朗克在解释热辐射和吸收现象时就提出假设：产生热辐射（电磁波）的谐振子的能量是以能量量子的形式一份一份地改变的。1905年A.爱因斯坦在解释光电效应时，提出了光的波粒二象性说，即光不仅具有波动性，而且具有粒子性，光的能量是携带在分立的能量量子上。但直到1923年康普顿效应实验中研究了X射线与电子碰撞所显示的微粒性质后，光量子的概念才被普遍接受和运用，1926年正式命名为光子。光子是光和电磁波的能量动量携带者，光子能量$E=h\nu$，动量$p=h/\lambda$，h是普朗克常数，ν是光的频率，λ是光的波长。已经发现的光子有很宽的能量范围，从高能γ射线、X射线、可见光，到低能红外线、微波和热辐射。所有光子在真空中都以光速c运动。

广安市 Guang' an City 中国四川省辖地级市。位于省境东部，渠江中下游。辖广安区和岳池县、邻水县、武胜县，代管华蓥市。面积6 344平方千米。人口321万(2010)。春秋时属巴子国。秦属巴渠郡。宋太祖开宝二年(969)置广安军，取"广土安辑"之意。明曾改为宁西军，并先后置广安府、广安州。1993年7月析置广安地区，1998年撤销广安地区设地级广安市。矿产有煤、石灰岩、膨润土、盐、铁、硫磺、天然气、石膏等。农业主产水稻、玉米、小麦、油菜子、花生、烟叶、蚕桑、茶叶、

邓小平故居

蔬菜等。山区多经济林木，盛产油桐、白蜡和中药材等。工业以煤炭、电力、建材、冶金、酿造、食品等为支柱。嘉陵江航运可达重庆。有华蓥山、天池湖、九龙洞、兴国寺、广安白塔、翠云山石林等名胜古迹及草屏公园、邓小平故居等。

广播 radio broadcasting 通过无线电波或有线网络传播声音、图像的大众传播媒介。按传播媒介可分两类：只传播声音的声音广播，简称广播；既传播声音又传播图像的电视广播，简称电视。按传播手段也可分两类：通过无线电波传送节目的，称无线广播；通过导线传送节目的，称有线广播。广播电台是采编、制作各类节目并把节目转换成电信号，利用无线电波或导线公开传播的大众传播机构。

广播的主要特点为：感染力强、传播迅速、传播范围广阔、受众广泛。广播的主要弱点是：转瞬即逝，不易保存；线性播放，顺序收听，不能选择；设备复杂，费用较高。

历史沿革 无线电广播是随着无线电电子学的发展而发展起来的。世界上最早建立广播电台的一批国家是英国、美国、法国和苏俄。中国最早的广播是外国人办的。1923年1月，美国记者E.G.奥斯邦在上海创办广播电台。随后，中国人开始自办广播，第一座自办电台为哈尔滨广播无线电台，是在奉系军阀当局支持下由刘瀚于1926年10月主持建立的。1928年8月1日，国民政府在南京设立中央广播电台；1939年2月6日，又于重庆开办对国外的广播电台。1940年12月30日，延安新华广播电台（呼号XNCR）正式播音，这标志着中国人民广播事业的开始。1949年3月25日，广播电台（当时已改名为陕北新华广播电台）由河北平山迁至北平（今北京）；6月，中央广播事业管理处成立。从此，广播事业脱离新华社成为单独的宣传系统。

中国广播的管理体制与发展状况 中华人民共和国建立后施行的是四级办广播，即中央、省、地、市办无线广播，县办有线广播。国务院广播电视行政部门负责管理全国广播电视事业，并直接领导中央人民广播电台、中国国际广播电台、中国中央电视台。

在计划经济时代，中国发展广播电视事业所需的投资及全部经费由政府财政拨款。1978年后，广播电视业先是恢复开办广告业务，继而制定"广为开辟财源，以补充国家拨款不足"的经济政策，再而实行"事业单位按企业管理"体制。到1999年年底，全国广播电视的各种产业经营性收入已大大超过了国家拨款，占全部收入的85%以上。

为了解决西部部分边远地区、少数民族地区广播电视尚未完全覆盖的问题，从1998年起实施全国统一的"村村通广播电视工程"。到2000年年底，已基本实现通电行政村"村村通广播电视"的任务。2000年，为扭转西藏、新疆等西部七省区上空广播信号薄弱的状况，又实施了中国广播电视史上投资最多、规模最大的"西新工程"。1998～2002年，广播人口覆盖率增加近8个百分点。到2009年年底，广播综合人口覆盖率达96.31%。

20世纪30年代上海电台的播音室

随着数字技术的飞速发展，广播与其他媒介的整合趋势明显，出现了新的形态。数字音频广播（DAB）和数字多媒体广播（DMB）是其主要代表。新技术的出现，正在改变广播发射、传播、接收方式。网上广播就是广播跨媒体的一种方式。

国外广播业的发展 国外大部分国家的广播模式，分为政府机构、公共机构和商业机构三种。后两种模式在控制舆论导向、市场的占有率和资金运营等方面实力最强，影响力最大。美国等不少西方国家主流广播的运作体制大多是网络式集团化管理。20世纪90年代中期后，以美国媒体集团为代表，掀起了一股强劲的跨行业、跨地区、跨国界的兼并风潮。同时美国、英国、德国、日本等国家的对外广播纷纷对其发展战略和体制进行调整：对外广播办对外电视，走广播电视一体化道路；对内、对外广播电视的节目资源共享等。

广播剧 broadcasting play 用机械手段录制的戏剧形式之一。它是听觉艺术，运用语言、音乐、音响效果和录音技术描绘生活场景，展现故事情节，塑造人物形象，并通过无线电广播传达给听众。1924年1月，英国广播公司播出的《危险》(查德·休斯编剧)，是世界上第一部专为电台撰写的广播剧。从此广播剧流行各国，成为一种世界性的艺术形式。

广播剧由于自身的非视觉化特点，使它在处理空间转换、时间跨度与时态交错方面，较之舞台剧有更大的自由性。同时，因为广播剧只用声音塑造听觉形象，有"看不见"这样一个局限性，故不宜表现众多人物、复杂事件和多种矛盾冲突。它应当线索清晰、人物集中。

广播剧欣赏方式便利，有可能连续定时播放，因而出现了众多连续广播剧。

20世纪30年代，中国出现了为宣传抗日而写的广播剧。中央人民广播电台于1950年2月录制并播出了中华人民共和国建立后第一个广播剧《一块夹板》。随后，许多电台相继录制、播放了一批较有影响的剧目。

广播体操 broadcast exercises 有音乐伴奏，并通过音像系统指挥的成套徒手体操。由于早年音像系统仅有广播，故得名。简称"广播操"。一般由8～12节动作组成，包括头部、四肢、躯干的屈伸、举振、摆动、转动、绕环及跳跃等，经常练习有助于形成正确的姿势，增强关节、肌肉等运动器官的活动能力，改善内脏器官的功能，使呼吸和血液循环系统得到锻炼，促进新陈代谢。广播体操动作简单、易做，不同年龄、性别和不同健康状况的人都可以练习，因此在学校、机关、企业等机构广为开展，并经常进行群众性的广播体操比赛及表演。

中华人民共和国建立后，中国政府十分重视群众性的广播体操活动。1951年中华全国体育总会和中央广播事业局共同决定在**中央人民广播电台**和各地方人民广播电台举办广播体操节目，并于11月24日公布了第一套成年人广播体操，1954年3月1日中央人民政府下达了《关于在政府机关中开展工间操和其他体育运动的通知》，此后各机关团体、厂矿、学校便在工间或课间经常开展做广播体操活动。工间所做广播体操称工间操，课间称课间操。50多年来共颁布了成人广播操8套、儿童少年广播操各7套。1998年教育部又颁布了针对中、小学生和幼儿园的广播操各1套，2002年颁布了第二套。随着时代的发展，广播操的内容和形式发生了很大变化，动作增多，节拍加快，内容丰富，并可通过各种音像系统指挥。

广彩 Guangdong overglaze-coloured porcelain 中国清代彩绘瓷品种。以产于广东而得名。又称“河南彩”。在景德镇和湖南醴陵等地**白瓷**上施加彩绘，再入炉烘烧而成。康熙二十三年（1684），开海禁，广州

广彩人物碗（清，故宫博物院藏）

成为主要外贸港，广彩得以发展。乾隆时工场逾百。道光至光绪年间（1821～1908）开始内销，最为繁荣。早期，烧制广彩的工匠和颜料来自景德镇。乾隆、嘉庆以后，主要使用广州本地工匠和自制或改配的颜料。器物多在口沿等处加饰金彩，绚彩华丽、金碧辉煌，故又称“织金彩瓷”。装饰追求工细满密，除沿用中国传统题材外，还大量采用西方题材和表现手法。许多作品按外商订货的式样制作。

广翅目 Megaloptera 昆虫纲一目。中至大型**有翅昆虫**。有泥蛉科和鱼蛉科2科。是一个较小的类群。全世界记载约300种，分布各地区。中国已知有70多种。成虫体长8～65毫米。翅展25～175毫米。头前口式，口器咀嚼式。复眼凸出，单眼3个或缺。触角

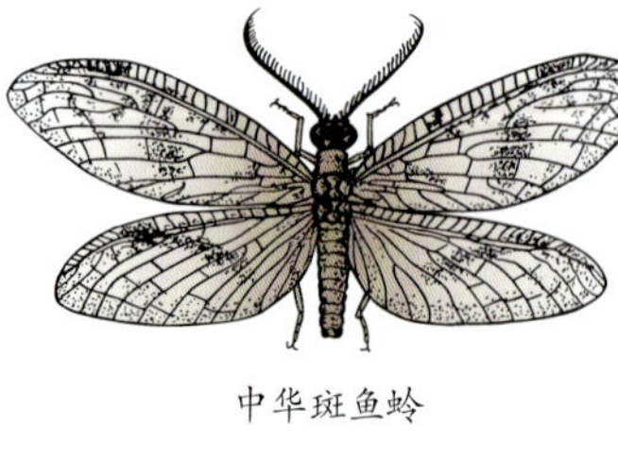

中华斑鱼蛉

丝状、锯状或栉状。翅2对，膜质，呈屋脊状置背上；翅脉较多，但到外缘不再分成小叉，可区别于**脉翅目**。雄虫外生殖器发达。完全变态。生活史较长，一般2年以上完成一代。幼虫生活在水中。成虫白天停息在水边岩石或植物上，夜晚飞翔，有趋光习性。捕食蛾类等害虫，有的种类幼虫可以入药。

广岛 Hiroshima 日本本州西南部港口城市，广岛县首府。南濒濑户内海的广岛湾。面积741.75平方千米。人口约111.88万（2003）。地势低平，气候温和。1589年筑城。江户时代即为本州大阪以西的最大城镇。1871年设广岛县时定为县首府。1889年设

广岛风光

市。1892年建成宇品港（广岛外港）。1894年山阳线铁路通车后发展迅速，成为本州西南部重要军事基地和贸易港。1945年8月6日8时15分美国在市中心投下第一颗原子弹，死伤20余万人，建筑物毁坏殆尽。后根据1949年制定的《广岛和平纪念城市建设法》重建新广岛市，在原子弹的爆炸中心中岛町一带建立了“和平纪念公园”和一条横贯东西宽100米的“和平大路”，使广岛成为著名国际和平城市。经过多年的建设，生态环境得以恢复，森林覆盖率已达73.4%，河岸整齐，桥梁众多，被誉为“美丽的水都”。濑户内工业地带的重要中心之一。以造船、汽车、机床等重工业为主。机械工业最为发达，以三菱造船、车辆制造、日本制钢为主，还有食品、印刷、橡胶、木工家具等。为水陆交通枢纽，有新干线和日本客车铁路线等通过，机场、港口与各地相连。设有广岛大学等。

《广岛之恋》 *Hiroshima Mon Amour* 法、日合拍故事片。1959年法国阿尔高斯－科莫影片公司、日本大映映画株式会社联合出品。**M.杜拉斯**编剧，**A.雷乃**导演，**S.维埃尔尼**摄影，**E.丽娃**、冈田英次主演。影片故事发生在日本广岛的一昼夜之间。女主人公是位法国演员，来日本拍摄一部关于和平题材的影片。男主人公是位日本建

《广岛之恋》剧照

筑师。两人在前一天刚认识，而且都已有了自己幸福的家庭，但还是很快相爱了。在他的家里，她讲述了自己的第一次恋爱……他恳求她留下来，但她却难忘巴黎的家。最后，两人互相道别。影片以隐喻式的时空结构代替传统的故事和线性的叙事结构，通过大量的闪回和画外音手段，打破了时空界限和对情节的外部描述，把过去与现在、经验与对经验的描述交织在一起，在对记忆与遗忘、经验与时间等问题的探讨中表现战争给人们带来的梦魇。获1959年第12届法国**戛纳电影节**国际影评家协会大奖和法国梅里爱奖，1961年获纽约影评协会最佳外语片奖。

广东菜 Guangdong cuisine 中国**八大菜系**之一。简称粤菜。由广州菜、潮州菜和东江菜三大流派组成，而以广州菜为代表。汉魏、南北朝时已见于文献，明末清初驰

生蒸龙虾

名于海内外。原料广采博收，追求生猛。善用烧、炆、煲、焗、软炸、炊炒等烹调法。口味清淡鲜和。著名菜肴有烧乳猪、蛇羹、东江盐焗鸡、白云猪手、清汤鱼肚、油泡虾仁、生蒸龙虾、冬瓜燕窝等。其菜品注重求新。

广东省 Guangdong Province 简称粤。位于中国大陆南部。北与江西、湖南相连；南邻香港、澳门，西南隔琼州海峡与海南省相望；东界福建省；西同广西壮族自治

区为邻。北回归线横贯境内。大陆海岸线长3 368.1千米。沿海有651个岛屿，岛屿岸线长1 649.5千米。陆地部分东西长、南北窄。辖21个地级市、23个县级市、41个县、3个自治县、54个市辖区（见表）。面积约18万平方千米。人口10 430万（2010）。有汉、黎、瑶、苗、壮、回、满、畲等53个民族。旅外华侨1 400多万人，侨居174个国家和地区。省人民政府驻**广州市**。

建制沿革　古为“百越”（粤）之地，故简称粤。秦始皇三十三年（前214）设南海郡，治所在番禺。汉属交州，三国属孙吴。唐置岭南道。宋初改为广南道，后又改道为路，继而又分为东、西两路。明置广东布政使司。清为广东省。在中国近、现代史上是鸦片战争、戊戌维新、辛亥革命、北伐战争、省港大罢工、广州起义等的主要策源地。

自然条件　广东主要属华南褶皱系。第四纪初期，**琼州海峡**断裂沉陷，海南岛与大陆分离。省境多地震和温泉。地势北高南低，横亘北部的南岭是珠江与长江水系的分水岭。省境多山地、丘陵、台地、平原。山脉多为东北—西南走向，有九连山、罗浮山、云开大山等，岭谷相间，排列成行。丘陵分布于山前地带，形态常与山地一致。台地主要分布在雷州半岛、海陆丰及惠来西部一带。平原主要分布于南部江河下游和入海处。**珠江三角洲**为全省最大平原。

广东地处热带和亚热带，深受季风和海洋暖湿气流影响，北、南分属亚热带和热带季风气候，高温多雨，是中国光、热、水资源特别丰富的地区。年平均气温除粤西北的连山外，均在19℃以上。大部分地区年降水量1 500～2 000毫米。夏季降水占全年降水的70%～80%。主要河流有珠江、韩江、鉴江、漠阳江等，具有流量大、含沙量小、汛期长、终年不冻、水力资源丰富等特点。**珠江**是中国南方大河，广东最大水系，径流量仅次于长江，按长度为全国第五大河。广东濒临的**南海**是位于热带季风区封闭性较大的海盆，表层水温高，蒸发盛，含盐度较大。夏季盛行西南风，冬季盛行东北风。边海潮汐现象极为复杂，雷州半岛两岸潮差较大，达4～6米，珠江口外次之。

图1　深圳特区

物种资源丰富，有植物逾5 000种，多为热带科属。重要的野生植物资源1 000余种，其中古老植物有30余种，如水松、苏铁、树蕨等。树木主要有松、杉、樟、桉等。水果有400多种。珠江口沿海的滩涂生长有成片的红树林。有野生陆生动物700种，其中哺乳类百余种，鸟类500多种，两栖类80多种。尤多热带动物，珍稀动物则有苏门羚、华南虎等。南海有鱼类860多种。有黄鱼、带鱼、鲷鱼、墨鱼、金枪鱼、马鲛鱼、红鱼、石斑鱼等，还有斑节对虾、梅花参、海龟、玳瑁、海贝和海藻等。全省淡水面积27.3万多公顷，主要淡水鱼类有鲩、鳙、鲢、鲮、鲤等。西江是中国天然鱼苗主要产区之一。

经济概况　广东历史上以农业为主。但与内地相比，商品性农业发展较早，轻工业基础较好，商业较繁荣。20世纪50年代以后，经济结构发生显著改变。大力建设以珠江三角洲为主的粮食、水果和甘蔗生产基地，开发雷州半岛的热带作物生产基地，建立了家用电器、日用机械、纺织、食品、钢铁、机械、电力、化工、建材、电子、信息等多种工业部门。乡镇企业和“三资”企业迅猛发展。1979年以来，深圳、珠海、汕头设立了经济特区，广州、湛江和珠江三角洲被列为开放城市或地区。工农业生产发展速度高于全国平均增长水平。

广东农业生产发展条件较优越，开发利用潜力大。蔗糖、花生、黄红麻、水果、茶叶、蚕茧、水产等产量在全国均占重要地位。农业多样性和商品性的特征明显，造林种果、海水养殖以及热带、亚热带作物等开发性农业发展迅速。粮食生产以水稻为主，产量占粮食总产量的81.13%。珠江三角洲、潮汕平原是主要高产稳产区。旱作有甘薯、玉米、豆类、麻类等。经济作物以甘蔗、花生、蚕桑、黄红麻、水果、蔬菜、橡胶等为主。养蚕业历史悠久。珠江三角洲曾是蚕桑集中产地，创造了种桑、养蚕、养鱼三者密切结合、循环利用的桑基鱼塘人工生态系统，经济效益很高。是中国以橡胶生产为主的热带作物重要生产基地之一，出产橡胶、剑麻、香茅和胡椒等。全省热带和亚热带水果400多种，经济栽培水果有40多种，四季不绝。柑橘、香蕉、菠萝、荔枝为四大名果，潮州蜜柑、新会及罗岗甜橙、新会大红柑、增城挂绿荔枝、东莞和高州香蕉等驰名中外。有森林827万公顷，森林覆盖率为46.49%。树种以马尾松和杉为主，阔叶林少。重要山林特产有松香、香菇、药材、笋干，松香产量占中国2/5。畜牧业以猪、鸡、鸭、鹅等为主。禽肉产量高。渔业生产基础好，海洋捕捞和淡水养殖并重。珠江三角洲为中国著名淡水渔业基地。

20世纪50年代以来，已建成以轻工业为主，轻、重工业部门较协调的全国重要工业基地，工业产业结构调整取得积极进

广东省行政区划表（2010）

广州市	龙川县　连平县	海丰县　陆河县	广宁县　怀集县
越秀区　荔湾区	和平县　东源县	**惠州市**	封开县　德庆县
海珠区　天河区	**汕头市**	惠城区　惠阳区	**阳江市**
白云区　黄埔区	金平区　濠江区	博罗县　惠东县	江城区　阳春市
番禺区　花都区	龙湖区　潮阳区	龙门县	阳西县　阳东县
南沙区　萝岗区	潮南区　澄海区	**东莞市**	**珠海市**
增城市　从化市	南澳县	**深圳市**	香洲区　斗门区
清远市	**中山市**	福田区　罗湖区	金湾区
清城区　英德市	**潮州市**	南山区　宝安区	**云浮市**
连州市　佛冈县	湘桥区　潮安县	龙岗区　盐田区	云城区　罗定市
阳山县　清新县	饶平县	**江门市**	云安县　新兴县
连山壮族瑶族自治县	**梅州市**	蓬江区　江海区	郁南县
连南瑶族自治县	梅江区　兴宁市	新会区　恩平市	**茂名市**
韶关市	梅县　大埔县	台山市　开平市	茂南区　茂港区
浈江区　武江区	丰顺县　五华县	鹤山市	化州市　信宜市
曲江区　乐昌市	平远县　蕉岭县	**佛山市**	高州市　电白县
南雄市　始兴县	**揭阳市**	禅城区　南海区	**湛江市**
仁化县　翁源县	榕城区　普宁市	顺德区　三水区	赤坎区　霞山区
新丰县	揭东县　揭西县	高明区	坡头区　麻章区
乳源瑶族自治县	惠来县	**肇庆市**	吴川市　廉江市
河源市	**汕尾市**	端州区　鼎湖区	雷州市　遂溪县
源城区　紫金县	城区　陆丰市	高要市　四会市	徐闻县

图2 肇庆星湖风景区

展。电子信息、电气机械、石油化工三大新兴支柱产业和汽车、造纸、制药三大有潜力产业的比重上升，纺织服装、食品饮料、建筑材料三大传统支柱产业所占比重下降。轻工业历史悠久，门类齐全。主要有制糖、造纸、制盐、罐头、自行车、钟表、服装和制茶等部门。重工业以冶金、煤炭、石油、化工、电力、机械等为主。广东矿产资源较丰，在已发现的116种矿产资源中，已探明储量的有85种，以有色金属居多。独居石、金红石、磷钇矿、钽铌矿、锆英石、钛铁矿的矿藏量和开采量均居全国之首。铅、锌、铜、钨、锡、铋、钼等有色金属和铁、锰、硫等矿藏在全国也占有重要地位。云浮硫铁矿是中国硫铁矿中储量最大、含硫量最高的大型矿山。茂名有大量油页岩。南海的石油和天然气资源举世瞩目。含油气的3个近海盆地总面积约28.5万平方千米。煤炭短缺。传统手工业产品有石湾陶瓷，汕头抽纱、潮绣，新会葵扇，东莞烟花和爆竹，广州牙雕、玉雕、贝雕和广绣，肇庆端砚、草席等。

广东已初步建成以广州为中心，以水运为主，铁路、公路、航空相结合的交通运输体系。全省3/4的市镇可赖内河航道与海洋沟通。全省内河航道里程达1万千米以上。西江为联系粤、桂的交通动脉。广州、湛江、汕头为海运中心和对外贸易港口。黄埔、湛江、赤湾、蛇口、盐田、澳头、水东、新沙等港口建有万吨级码头。已基本实现了各县市镇通公路。铁路主要有京广、广九、黎湛、广茂（名）、梅（州）汕（头）、粤海等线。京广铁路纵贯中部南北，为南北交通大动脉。粤海铁路是跨海与海南省连接的大动脉。航空运输以广州为中心，与北京、上海、南京等市及省内的汕头、湛江、珠海等地均有航班通航。广州白云机场是中国三大机场之一，又是若干国际航线中继站。还有现代化的深圳机场。

文教科技　广东文化教育发达，有中山大学、华南理工大学等高等院校。有上百个各类专业艺术团体，群众艺术馆、文化馆，县级及以上公共图书馆等，有博物馆、纪念馆134个。方言有粤方言、客家方言、潮州（闽）方言等。地方戏剧有粤剧，广泛流行于广东、广西和港澳等地区。潮剧主要流行于粤东的潮汕地区。

名胜古迹　全省有旅游景区（点）300多个。国家重点风景名胜有**丹霞山**、西樵山、七星岩和**鼎湖山**。省级风景名胜有白云山、莲花山、罗浮山、圭峰山、飞来峡、惠州西湖、从化温泉、大鹏湾、上下川岛、海陵岛等。古迹有**虎门炮台**、翠亨村、广州三元里和黄花岗等。旅游景点有广州世界大观、航天奇观，深圳锦绣中华、世界之窗、中国民俗文化村、明思克航母世界，珠海圆明新园等。有国家历史文化名城广州、梅州、潮州、肇庆、佛山、雷州。

广东音乐　Guangdong music　中国传统器乐丝竹乐的一种。流行于珠江三角洲一带。清末民初时，广东戏曲的伴奏乐队、街头艺人和农村的八音会常演奏戏曲过场音乐和民间小曲，被当地人称为过场、谱子、小曲等。以后逐渐形成特色而传往外地，人称广东音乐。

19世纪下半叶，广东音乐在广州地区流行时，其乐队以琵琶为主奏乐器，另有筝、箫、三弦、椰胡等。20世纪20年代以前，广东音乐使用俗称为五架头的乐队组合，即二弦（粗弦硬弓的拉弦乐器）、提琴（类似板胡的中音乐器）、三弦、月琴、横箫5种乐器，又称硬弓组合。20年代中期则以粤胡和扬琴为主奏乐器，其他乐器有秦琴、椰胡、洞箫等，称为软弓组合。之后，又在此基础上增加了许多丝竹乐器。

早期广东音乐的曲目包括古曲、**民歌**、戏曲音乐、其他地区的流行乐曲等。20～30年代是广东音乐的兴盛时期，出现了大量创作曲目，如何柳堂的《饿马摇铃》、《赛龙夺锦》，吕文成的《平湖秋月》、《步步高》等。

广东音乐采用正线、反线、乙反、士工等定弦法，这些定弦法与调式之间有紧密关系。

广告　advertisement　传播商品和劳务信息的一种方式。通过报纸、杂志、广播、电视等多种媒体传播，内容和形式须遵守国家规定的广告管理法规。

广告传播形式经历了从初级到高级的发展阶段。原始的广告信息采用吆喝、音响、实物、招牌、幌子等形式传播。近代报纸出现后，揭开了现代广告业的序幕。1612年，法国创办的《时事要闻》最先刊登广告。美国是广告业第一大国，广告占国民经济总产值的2%。

中国广告传播的历史悠久，形式多样。中华人民共和国建立后，报刊广告主要介绍体育、戏剧、电影节目和新出版的书刊，广播电台、电视台不播出广告。“文化大革命”期间，广告被视为“资本主义生意经”，在新闻传播工具上近于绝迹。1978年12月中共十一届三中全会以后，以城市为中心的广告事业开始兴旺发达。1987年10月，中华人民共和国国务院发布了《广告管理条例》，提出“广告内容必须真实、健康、清晰、明白，不得以任何形式欺骗用户和消费者”。1995年2月1日起，《中华人民共和国广告法》施行，中国的广告业进入了一个新的阶段。

广汉市　Guanghan City　中国四川省辖县级市。位于省境中部，成都平原东北部。面积551平方千米。人口59万（2010），以汉、回、满、藏等族为主。古为蜀国地。汉高祖六年（前201）置雒县，属广汉郡。东汉中平五年（188）为广汉郡治，又为益州治。后几经更迭，至清康熙二十六年（1687）降汉州为不领县单州。1913年撤府州留县，改为广汉县。1988年撤县设市。由**德阳市**代管。矿产以天然气等为主。工业有煤炭、电力、食品、化工、冶炼、机械、电机、建材、酿造等。农业主产水稻、小麦、玉米、油菜子、花生、棉花、晒烟等，为四川省粮油生产基地之一。特产以缠丝兔和川味香肠著名。名胜古迹有三星堆遗址、龙居寺、文庙、房湖公园、金雁湖等。

广藿香　*Pogostemon cablin*; cablin patchouli　**唇形科**广藿香属的一种。多年生草本植物。全草供药用和提取芳香油。原产菲律宾等地。中国广东、云南、台湾、广西等省（区）有栽培。茎直立，上部有分枝。叶对生，圆形至卵形。叶两面和叶柄均被白色短柔毛。茎叶揉之有香气。轮伞花序密集成假穗状花序。小坚果近球形。喜温暖湿润气候，怕干旱和霜冻。宜在排水良好的微酸性砂

广藿香形态

质壤土种植。作中药有化湿、解暑、和中健胃、辟浊功能，主治感冒暑湿、寒热头痛、胸腹满闷、食欲不振、呕吐腹泻等症。所含挥发油的主要成分为广藿香醇、广藿香酮等，挥发油商品习称百秋李油，可作化妆品的赋香料。

《广阔的腹地：条条小路》 *Grande Sertão: Veredas* 巴西长篇小说。作者J.G.罗萨。1956年出版。这部鸿篇巨制以巴西东北部腹地为背景，描写土匪的传奇生涯。小说自始至终是主人公里奥巴尔多一个人的独白，向过路行人追忆他青年时代的土匪生涯，以及他对往事的思考。小说的时间和空间都随着主人公的回忆而跳跃变化，只有读完全书之后，才能了解各种人物之间的关系，体会到作品内容的完整性。作家把偏僻贫困的腹地视为整个世界的缩影，通过富有鲜明地区特色的题材，提出一系列超越时代和地域范畴的有关人类命运和人生意义的共同性问题，从而使这部地区小说具有普遍意义。作家对小说的语言进行了大胆的革新，广用各种词汇和方言俚语，对腹地语言进行加工提炼。读者就像一个闯入腹地的外乡人，只有随着一步步的阅读，才能对腹地和腹地人有所了解，才能熟悉他们的语言，领略到腹地奇异的风土人情。小说在文体、语言等诸多方面进行了探索与革新，令人耳目一新，因而被视为巴西20世纪当代小说中的一座高峰，受到世界文坛的重视与赞赏。

广陵 Guangling 中国春秋吴邑、战国楚邑。魏晋南北朝军事要地。在今江苏扬州市西北蜀岗上。春秋吴王夫差所筑，名邗。《左传·哀公九年》："吴城邗，沟通江、淮。"后地入楚。《史记·六国年表》：楚怀王十年（前319）"城广陵"。秦置县。西汉为荆、吴、江都、广陵国治。东汉、东晋、南朝为广陵郡治。两汉以来为江淮间地区的政治、经济中心。城南临长江，扼南北要津。两汉时江面阔四十里，为南北天堑。三国魏黄初六年（225）魏文帝曹丕伐吴，登广陵故城，临江叹曰："天所以限南北也。"东晋南渡，淮北失土，广陵地处前线。时侨青、兖二州皆镇于此。咸和二年（327）苏峻、祖约之乱爆发，时郗鉴以都督青、兖二州诸军事、兖州刺史，加领徐州刺史镇广陵，遂自广陵起兵平乱。太元二年（377）谢玄为南兖州刺史、广陵相，监江北诸军事，镇广陵，招募徐兖二州侨民中骁勇之士，于京口（今镇江市）组建"北府兵"，为精锐之师，淝水之战即以此军为主力。东晋、南朝因中原战乱，大批北人南渡，多置侨州郡于广陵。宋元嘉八年（431）于广陵郡置南兖州，齐、梁因之。北齐改为东广州，北周复为南兖州。北周灭北齐后改为吴州，设总管统领，为军事重镇。隋开皇初为扬州，置总管府。炀帝大业时为江都郡治，太守秩与京尹同。唐时先后为邗州、扬州、广陵郡治。广陵因地处长江北岸，对京口，夹江为南北要隘；隋后广陵所在的扬州又为长江与运河交汇处，故历代为长江下游重镇。

《广陵散》 *Guangling Folk Strains* 中国古代琴曲。又名《广陵止息》，以战国时聂政刺韩王为题材的大型器乐叙事曲。东汉末至三国时已流行。"散"有散乐之意，先秦的散乐是指有别于宫廷雅乐的民间音乐。《广陵散》曾作为汉晋间相和歌及楚调曲广为流传。今传《广陵散》曲谱重要者有三：明朱权《神奇秘谱》本，明汪芝《西麓堂琴统》甲、乙两种谱本。以前者为最早，也较完整，今使用最广。全曲共45段：开指1段、小序3段、大序5段、正声18段、乱声10段、后序8段，每段皆冠以小标题。该曲旋律优美而具有叙事性。音乐特征与标题吻合，采用一种作为琴的调弦法的慢商调，即降低第二弦商音与第一弦宫音相同。双弦弹奏低音，浑厚坚实、气势磅礴，有助于表现激昂慷慨的情绪。

广水市 Guangshui City 中国湖北省辖县级市。位于省境东北部，桐柏山脉南麓，大别山脉西端。面积2 647平方千米。人口94万（2010），有汉、回、土家、满、壮、苗等民族。萧梁大同二年（536）置永阳县。隋开皇十八年（598）改为应山县。明洪武十年（1377）并入随县，十三年复为应山县。1988年撤县，设立县级广水市。由**随州市**代管。矿产资源有铁、锰、钒、铜、金和萤石、硅石、磷、黄铁矿等。工业以机械、化工、轻工、纺织、卷烟、食品、饮料、建材、服装、家具、饲料等为主。农产品主要以水稻、小麦、棉花、油菜子、花生、芝麻、烟叶、蔬菜、大蒜和生猪、牛、羊、家禽、兔、蜜蜂等为主。名胜古迹有武胜关、平靖关、宝林寺、三潭瀑布、徐家河水库风景区等。

广西大学 Guangxi University 中国综合性大学。属广西壮族自治区。校址在南宁。创建于1928年。1939年定为国立大学。1949年后发展成为有5个学院22个系的综合大学。1953年，广西大学所属农学院独立建制为广西农学院，其他各院系在全国高校院系调整中停办，陆续并入全国其他院校。1958年广西大学恢复重建。1997年3月，与广西农业大学合并，组建新的广西大学，使学校成为一所集哲、经、法、教、文、理、工、农、管等学科于一体的综合性大学。设有社会科学与管理、商学、法学、文化与传播、物理科学与工程技术、数学与信息科学、外国语、化学化工、电气工程、计算机与电子信息、土木工程、农学、生命科学与技术、中加国际、继续教育等约20个学院，有培养学士、硕士和博士的教学体系；有国家重点学科等。

广西文场 中国曲艺曲种。俗名"文玩子"，简称"文场"。流行于广西壮族自治区桂北官话区，尤以桂林、柳州、宜山、平乐、荔浦等地为盛。所谓"文场"，是与清唱桂剧的"武场"相对而名。相传由清代乾隆年间江浙等地的一些曲艺唱曲形式流入广西后，吸收当地的音乐曲调，在清末逐步发展形成。早期表演形式，为数人分持扬琴、琵琶、小三弦、胡琴和笛子围在一起坐唱。五件伴奏乐器俗称"五件头"。唱腔曲调分"大调"和"小调"两类。"大调"包括越调、滩簧、丝弦、南词，俗称"四大调"，唱词多为七言和十言的上下句；"小调"主要包括寄生草、倒扳桨、码头调等曲牌，唱词多为长短句。中长篇节目间有说白。早期的广西文场艺人组成"玩子班"行艺。另有业余爱好者组成"文场社"或开办"玩子馆"聚唱。传统节目十分丰富。长篇节目有《琵琶记》、《西厢记》等，中篇节目有《双下山》、《王婆骂鸡》等，短篇唱段有《武二探兄》、《醉打山门》等。

广西壮族自治区 Guangxi Zhuang Autonomous Region 简称桂。位于中国南部，南濒北部湾，北、东、西三面分别与贵州、湖南、广东、云南等省相邻。西南与越南毗邻。大陆海岸线长1 595千米，岛屿697座，岛屿海岸线长604.5千米。辖14个地级市、34个市辖区、7个县级市、56个县、12个自治县（见表）。面积约24万平方千米。人口4 601万（2010），有汉、壮、瑶、苗、侗、仫佬、毛南、回、京、彝、水、仡佬等41个民族。自治区壮族占全国壮族的95%。首府**南宁市**。

建制沿革 春秋战国时，广西属百越之地，居住着骆越、西瓯等民族，他们主要是壮族的先民。秦始皇三十三年（前214）置桂林郡、象郡和南海郡，广西分属岭南三郡管辖。大部分地区属于桂林郡，广西称"桂"由此而来。唐属岭南西道。宋初统一岭南道后改置广南道，至太宗淳

图1 广西壮族织锦女工在纺织

化五年（994）废道存路，至道三年（997）置广南西路，辖今广西及海南岛、雷州半岛。“广西”一名由此简化而来。元初广西属湖广行中书省，元末设广西行中书省，为广西设省之始。明设广西承宣布政使司，清置广西省，民国因之。广西设省起直至民国，省会均在桂林，1912～1936年曾一度迁到南宁。中华人民共和国建立后，广西行政区曾作多次调整。1958年建广西壮族自治区。1965年原广东省的合浦专区划入，广西由此成为沿海省区。

自然条件　地势大体从北向南倾斜。地貌类型多样，尤以喀斯特地貌分布广、发育典型。山地、丘陵广布。其中，山地占总面积的60.24%，丘陵占10.49%。喀斯特地貌分布遍及83.9%的县市，面积占自治区总面积的51%，是中国喀斯特分布广、发育典型的地区之一。

广西地处低纬地带，北回归线横贯中南部，濒临海洋，属热带亚热带季风气候。年平均气温自北往南由17℃递增到23℃。年降水量1 200～2 000毫米，多集中在4～8月（桂北）或5～9月（桂南、桂西）。广西河流分属**珠江**、**长江**或独流入海水系。年径流总量约占中国的7.1%。河网密度为0.144千米/千米2，是全国河流密度较高省区。

广西动植物资源丰富。植物计有280多科、1 700多属、8 000多种。桂西南是金花茶、蚬木、金丝李、擎天树、肥牛木、蝴蝶果、青梅等多种热带、亚热带特有珍稀树种的分布中心。自治区用材林以杉、松等为主，经济林木有油茶、玉桂、八角等300多种，药用植物有田七、罗汉果等3 600多种，香料植物有灵香草等260余种。热带、亚热带经济作物和果木有甘蔗、香蕉、菠萝、杧果、荔枝、龙眼等。野生动物种类多，列为国家重点保护的珍稀动物38种，桂西南的白头叶猴、大瑶山的鳄蜥为中国所特有。此外，海洋生物资源种类也较丰富。

图2　广西阳朔风光

广西矿产资源种类繁多，储量较大，以有色金属矿藏最富有。已探明储量的矿产有96种，有53种矿产保有储量位于全国前10位。其中，居全国首位的有锰、锡、砷、膨润土等14个矿种，锰和锡矿保有储量均占全国储量的1/3；储量居全国第2至第6位的有钒、钨、锑、银、铝、滑石、重晶石等25个矿种。以锡矿为主的多种有色金属，主要集中在南丹县的大厂矿区，占广西总储量的67.5%；平果县铝土矿占广西铝储量的78%以上；宁明县有中国罕见的特大膨润土矿。石灰岩矿床规模、质量、面积，均系全国之冠。

经济概况　20世纪80年代以来，广西逐步形成了具有全国和区际意义的以蔗糖为中心的食品工业、有色金属采冶加工、水力发电、建筑材料等工业部门为主导的工业体系，传统农业已逐步向商品性的现代化农业转化。

广西是山地、丘陵多，平原少和人多耕地少的省区。东南以水田为主，西北则多旱地。除北部少数山区外，作物一般一年两熟或三熟。粮食作物以水稻为主，双季稻产量约占粮食总产量的80%。次为玉米，还有大豆、甘薯、小麦等。经济作物以甘蔗为主，是全国最大的甘蔗产区和蔗糖生产基地。其他经济作物有蔬菜、花生、油菜、芝麻、黄红麻、苎麻、烟叶、茶叶、木薯等。南部有橡胶、剑麻等热带作物。有柑橘、橙、柚、香蕉、菠萝、杧果、荔枝、龙眼等热带、亚热带果树，其中沙田柚产量居全国首位，香蕉、菠萝居全国第2位，柑橘、荔枝、龙眼居全国第3位。还有八角、茴油、桂皮、罗汉果、田七、云耳、香菇、蛤蚧等特产。桂南八角产量约占全国80%。桂南的桂皮外销量约占国际市场总销量的1/4。森林覆盖率为41.41%，森林蓄积量3.6亿立方米。珍贵树种多，已发现的有著名的“活化石”银杉以及蚬木、格木、紫荆木、火力楠、樟树、金茶花等30余种。盛产杉、松、竹等用材林木以及油茶、油桐、八角、肉桂、栓皮栎等经济林木。渔业以海洋捕捞为主，北部湾为主要渔场。浅海养殖方面，北海、合浦一带所产“南珠”圆润艳丽，驰誉于世。

工业以电力、食品加工、钢铁、非金属制品、化工、有色金属等发展最快，逐步形成轻重工业发展比例较协调的工业体系。轻工业中，以蔗糖为主的食品工业占优势。罐头食品以菠萝、橘子、青刀豆、蘑菇为大宗。重工业以机械工业为主，门类较齐全。还有化学工业、钢铁工业、电力工业、煤炭工业等。手工艺特产有壮锦、都安瑶绣、钦州坭兴陶、北海贝雕等。

交通运输形成了以铁路为骨干，普通公路、高速公路、水运和航空相结合的较完整的体系。湘桂、黔桂、枝柳、南昆、黎湛、黎钦、南防等干线以及来合、屯秋、桂海、东罗、三罗、金红和洛茂等专用铁路交织成网。形成柳州、黎塘、南宁3个枢纽。海上运输主要有北海港、防城港、钦州港。民航运输形成了以桂林、南宁、北海国际机场为中心，包括柳州、梧州机场，联结全国主要城市，通往世界的空中运输网络。

文教科技　自治区地方文艺丰富，有

广西壮族自治区行政区划表（2010）

南宁市	鱼峰区　柳南区	灵山县　浦北县	**河池市**
青秀区　兴宁区	柳江县　柳城县	**北海市**	金城江区　宜州市
江南区　西乡塘区	鹿寨县　融安县	海城区　银海区	南丹县　天峨县
良庆区　邕宁区	三江侗族自治县	铁山港区　合浦县	凤山县　东兰县
武鸣县　横县	融水苗族自治县	**防城港市**	巴马瑶族自治县
宾阳县　上林县	**梧州市**	港口区　防城区	都安瑶族自治县
隆安县　马山县	长洲区　万秀区	东兴市　上思县	大化瑶族自治县
桂林市	蝶山区　岑溪市	**崇左市**	罗城仫佬族自治县
象山区　叠彩区	苍梧县　藤县	江州区　凭祥市	环江毛南族自治县
秀峰区　七星区	蒙山县	扶绥县　大新县	**来宾市**
雁山区　阳朔县	**贵港市**	天等县　宁明县	兴宾区　合山市
临桂县　灵川县	港北区　港南区	龙州县	象州县　武宣县
全州县　兴安县	覃塘区　桂平市	**百色市**	忻城县
永福县　灌阳县	平南县	右江区　田阳县	金秀瑶族自治县
资源县　平乐县	**玉林市**	田东县　平果县	**贺州市**
荔浦县	玉州区　北流市	德保县　靖西县	八步区　昭平县
龙胜各族自治县	兴业县　容县	那坡县　凌云县	钟山县
恭城瑶族自治县	陆川县　博白县	乐业县　西林县	富川瑶族自治县
柳州市	**钦州市**	田林县	
柳北区　城中区	钦南区　钦北区	隆林各族自治县	

粤剧、潮剧、广东音乐、南音等。壮族和其他少数民族有各自的语言、服饰、建筑物、生活习惯、风土人情、喜庆节日、民间艺术、工艺特产、烹调技术等，如壮族的三月三歌节、瑶族的达努节和盘王节、苗族的踩花山、仫佬族的走坡节、侗族的花炮节，以及别有风味的打油茶等，都充满着浓郁的民族风情。有广西大学、广西师范大学、广西师范学院、广西民族大学、广西中医学院、广西医科大学、桂林工学院、桂林电子科技大学等高等院校。

名胜古迹　喀斯特地貌是广西最主要的旅游资源，形成了“山清、水秀、洞奇、石奇”的独特风光。国家重点风景点有漓江、芦笛岩、七星岩、叠彩山、象鼻山，阳朔风光，柳州的大龙潭、鱼峰山，桂平西山、花山等，还有南宁伊岭岩、柳州都乐岩、北流勾漏洞、龙胜花坪、三江程阳风雨桥、马胖鼓楼、宁明花山古代岩画、容县真武阁、灵渠、柳侯祠、金田太平天国起义遗址等。有国家历史文化名城桂林、柳州。

广学会　Christian Literature Society for China　清末英、美基督教（新教）传教士在华组成的出版机构。由1884年设立的“同文书会”改组，1887年成立于上海。1894年，改名广学会。中国海关总税务司R.赫德任第一任董事长，英国传教士韦廉臣、李提摩太先后任总干事。宣示“以西国之学广中国之学，以西国之新学广中国之旧学”。用中文出书。在北京、奉天、西安、南京、烟台等地设专门机构，编译出版大量宗教和政治书籍。1889年复刊《万国公报》，中日甲午战争和戊戌变法运动期间，发行量激增，但它“愿华人明西方之理，不愿华人仿西方之制”，实际上企图变中国为外国的保护国。五四运动后，出版《共产主义之研究》、《基督教与共产主义》等反共书刊。太平洋战争爆发时，迁往成都。抗战胜利后，搬回上海。1957年，与青年协会书局、漫会书局等合并组成中国基督教联合书局。

《广雅》　*Expanded Erya*　汉语训诂书。中国三国魏张揖撰。张揖字稚让，魏明帝太和中为博士。张揖意在增广《尔雅》，因此所释仍用《尔雅》旧目，自《释诂》、《释言》、《释训》以下，直至《释兽》、《释畜》凡19篇。其书搜集极广，举凡汉代以前经传的训诂，《楚辞》、《汉赋》的注释，以及汉代的字书、《方言》、《说文解字》等书的解说都兼括在内，为研究汉魏以前词汇和训诂的重要著作。

《广雅》原书分上、中、下3卷，隋代曹宪作音释，因避隋炀帝杨广讳，改称《博雅》，自称所著为《博雅音》。曹宪所著本，《隋志》作4卷，《唐志》则改作10卷，书名仍称《广雅》，沿用至今。

广义函数　generalized function, distribution　古典函数概念的推广。关于广义函数的研究构成了泛函分析中有着广泛应用的一个重要分支。历史上第一个广义函数是由物理学家P.A.M.狄拉克引进的，他因为陈述量子力学中某些量的关系时引入了“函数”$\delta(x)$：当$x\neq0$时，$\delta(x)=0$，但$\int_{-\infty}^{\infty}\delta(x)\,\mathrm{d}x=1$。按20世纪前所形成的数学概念是无法理解这样奇怪的函数的。然而物理学上一切点量，如点质量、点电荷、偶极子、瞬时打击力、瞬时源等物理量用它来描述不仅方便，物理含义清楚，而且当它被当作普通函数参加运算，如对它进行微分和傅里叶变换，将它参与微分方程求解等所得到的数学结论和物理结论是吻合的。这就迫使人们要为这类怪函数确立严格的数学基础。最初理解的方式之一是把这种怪函数设想成直线上某种分布所相应的“密度”函数。所以广义函数又称为分布，广义函数论又称分布理论。用分布的观念为这些怪函数建立基础虽然很直观，但对于复杂情况就又显得繁琐而不很明确。后来随着泛函分析的发展，L.施瓦尔茨(1945)用泛函分析观点为广义函数建立了一整套严格的理论，接着I.M.盖尔范德对广义函数论又作了重要发展。从此，广义函数被广泛地应用于数学、物理、力学以及分析数学的其他各个分支，例如微分方程、随机过程、流形理论等，还被应用到群的表示理论，特别是促进了偏微分方程的发展。

广义力　generalized force　与广义坐标对应的力。在非自由质点系中，如果选q_j($j=1,2,\cdots,k$)为广义坐标，则对应于广义坐标q_j的广义力为：

$$Q_j=\sum_{i=1}^{N}\boldsymbol{F}_i\cdot\frac{\partial\boldsymbol{r}_i}{\partial q_j}$$

式中$\boldsymbol{F}_i$为作用于质点i的主动力，$\boldsymbol{r}_i$为质点i的矢径，N为质点系中的质点个数。当广义坐标为线位移时，广义力有力的量纲；当广义坐标为角坐标、体积等时，广义力有力矩、压强等量纲。

当主动力有势时，存在势能函数：

$$V(\boldsymbol{r}_1,\boldsymbol{r}_2,\cdots,\boldsymbol{r}_N)=V(q_1,q_2,\cdots,q_k)$$

由于$\boldsymbol{F}_i=-\dfrac{\partial V}{\partial\boldsymbol{r}_i}$，代入$Q_j$的表达式可得到：

$$Q_j=-\frac{\partial V}{\partial q_j}$$

广义相对论　general relativity　将仅适用于惯性系的狭义相对论推广到适用于任意参考系，且包括引力，阐明时间、空间性质与物质分布及运动之间相互依赖关系的相对性理论。A.爱因斯坦1915年对这一物理领域的建立作出杰出贡献。

狭义相对论将力学和电磁学统一起来，将时间和空间统一起来，带来了时空观念的根本变革。在狭义相对论中，速度只具有相对的意义，所有的惯性系都是平权的，没有那一个惯性系更优越，从而排除了惯性系的绝对运动；另一方面，物理作用传播的极限速度是真空中的光速c，从而在整个物理学中排除了超距作用观念。然而也正是在这两方面狭义相对论尚存在理论上的疑难，有待于进一步发展。其一，引力现象是物理学研究的广泛课题，而牛顿万有引力定律的表述是超距作用的，它与狭义相对论相抵触，狭义相对论不能处理涉及引力的问题，需要将引力问题纳入而发展相对论的引力论；其二，狭义相对论在否定绝对运动上还不够彻底，它否定了一个绝对静止的惯性系，但却肯定了所有惯性系比起其他参考系更优越的地位，而且在究竟什么是惯性系的问题上还存在逻辑循环。结果造成已知物理定律却不知定律赖以成立的参考系的困难局面，整个物理学犹如建筑在沙滩上。

爱因斯坦思考了这些问题，发展为广义相对论。其突破口是早在16世纪伽利略已经知道、而长期不能解释且未加重视的事实：物体的重力加速度为恒量，它是物体的引力质量和惯性质量相等的结果，以后又被厄缶实验等精确证实。爱因斯坦从这一事实引出引力场与惯性力场等效的等效原理。根据等效原理，物体在无引力的非惯性系中的运动与在有引力的惯性系中的运动等效，惯性系与非惯性系没有原则的区别，它们都同样好地可用来描述物体的运动，没有哪一个更优越。爱因斯坦将狭义相对性原理推广为广义相对性原理：一切参考系都是平权的，物理定律应该在广义的时空坐标变换下形式不变。它是广义相对论的另一条基本原理。另一方面，引力作用可以用加速系来抵消，在这一加速系中引力作用不复存在，例如在重力场中自由下落的参考系中，物体因失重而消除了重力。广义相对论把这一自由下落的参考系称为局部惯性系。于是前述惯性系概念上的逻辑循环不复存在，而且在此局部落体系中的物理定律就是狭义相对论的物理定律。知道了局部惯性系内的物理定律，可通过广义的时空坐标变换获得任意参考系内的物理定律。

按照广义相对论，在局部惯性系内，不存在引力，一维时间和三维空间组成四维平坦的欧几里得空间；在任意参考系内，存在引力，引力引起时空弯曲，因而时空是四维弯曲的非欧黎曼空间。爱因斯坦找到了物质分布影响时空几何的引力场方程。时间空间的弯曲结构取决于物质能量密度、动量密度在时间空间中的分布，而时间空间的弯曲结构又反过来决定物体的运动轨道。在引力不强、时间空间弯曲很小情况下，广义相对论的预言同牛顿万有引力定律和牛顿运动定律的预言趋于一致；而引力较强、时间空间弯曲较大情况下，两者有区别。广义相对论提出以来，预言了水星近日点反常进动、光频引力红移、光线引力偏折以及雷达回波延迟，都被天文观测或实验所证实。近年来，关于脉冲双星的观测也提供了有关广义相对论预言存在引力波的有力证据。

广义相对论由于它被令人惊叹地证实以及其理论上的优美，很快得到人们的承认和赞赏。然而由于牛顿引力理论对于绝大部分引力现象已经足够精确，广义相对论只提供了一个极小的修正，人们在实用上并不需要它，因此，广义相对论建立以后的半个世纪，并没有受到充分重视，也没有得到迅速发展。到20世纪60年代，情况发生变化，发现强引力天体（中子星）和3K宇宙背景辐射，使广义相对论的研究蓬勃发展起来。广义相对论对于研究天体结构和演化以及宇宙的结构和演化具有重要意义。中子星的形成和结构、黑洞物理和黑洞探测、引力辐射理论和引力波探测、大爆炸宇宙学、量子引力以及大尺度时空的拓扑结构等问题的研究正在深入，广义相对论成为物理研究的重要理论基础。

广义坐标 generalized coordinates 确定完整系统（见约束）位形（各质点位置的总和）的独立参量。一般地说，由N个质点组成的质点系，具有s个完整约束时，广义坐标的数目为$k=3N-s$，并以$q_j\,(j=1,2,\cdots,k)$表示（非完整约束不影响广义坐标的数目）。广义坐标可以是线坐标、角坐标或其他的量，一个系统的广义坐标可有多种选择。用广义坐标有时比通常用的三维直角坐标x,y,z更加方便。如当用雷达确定飞行目标的位置时就使用球坐标φ,θ,r，因为它们可由雷达装置直接给出。系统运动时，用广义坐标表示的运动方程为$q_j=q_j(t)$，$(j=1,2,\cdots,k)$。当广义坐标确定，各质点的矢径$\boldsymbol{r}$也完全确定$\boldsymbol{r}_i=\boldsymbol{r}_i(q_1,q_2,\cdots,q_k,t)$。由$k$个广义坐标$q_j$张成的$k$维空间称为广义坐标位形空间，质点系的任一位形对应位形空间中的一个点，因此研究非自由质点系的运动可化为研究广义坐标位形空间中代表点的运动。

《广艺舟双楫》 中国清代书法理论著作。一名《书镜》。康有为著。康有为书法受北魏《石门铭》、《六十人造像》等影响，结构紧密而笔势很长。他提倡魏碑，身体力行，从北魏碑刻中创出自家面目，气象雄伟，体势宽博，不斤斤于点画笔墨，有其独特风格。《广艺舟双楫》，全书6卷27章，叙目1篇。第一卷3章，叙述书法源流，提倡尊碑以及购碑的常识；第二卷4章，叙述籀篆隶楷变迁，以及对秦汉碑刻的评论；第三卷5章，主要阐发重视南北朝和隋碑刻的理论，同时提出"卑唐"；第四卷7章，主要论述南北朝碑刻渊源流变，并品评碑刻书法的艺术性；第五卷4章，叙述书法用笔等技巧和自己学书经验；第六卷4章，叙述榜书、行草、干禄体的书写要领，最后一节为论书绝句。《广艺舟双楫》最重要的意义是提倡南北朝碑刻书法，总结清代碑学，指出长期在帖学统治下书坛的弊端，想从北朝碑刻中开辟一条新路。全书结构严谨，有系统、有理论，阐发提倡碑学的观点，虽然有片面和不符合实际之处，但乃不失为重要的书法理论著作，对近代书法艺术影响极大。

《广舆图》 *Enlarged Terrestrial Atlas* 中国最早刊印的分省地图集。2卷，由明代罗洪先于嘉靖二十年（1541）前后用计里画方之法，据朱思本《舆地图》缩编增广而成。其中，舆地总图一、两直隶十三布政司图十六，按朱图改绘；其余九边图十一，洮河、松潘、虔镇、麻阳诸边图五，黄河图三，漕河图三，海运图二，朝鲜、朔漠、安南、西域图四，东南海夷图、西南海夷图、四夷图各一，均为新增。后胡松刻本又增日本、琉球二图。《广舆图》依一定的比例尺绘制，比例尺的大小因图而异。图形轮廓比较正确。山脉用写景法表示，河流用双曲线绘制，湖泊用圆圈加绘波纹表示。地名用方、圆、菱形等多种符号定点，名称注记在符号旁边。图中共有图例符号24种，还有文字说明。《广舆图》以总图为首，按行政区划分幅列图，并附有专门性地图，成为一部比较完整的、附域外地区的综合性地图集。它的编绘影响中国地图的发展历200余年，并成为明末清初西方人了解中国地理和绘制中国地图的重要参考资料。

广域网 wide area network; WAN 作用的地理范围从数十千米到数千千米，可以连接若干个城市、地区，遍及全球的一种通信网络。又称远程网。1969年，美国国防高级研究计划局（DARPA）首先采用存储转发分组交换原理开发了阿帕网（ARPA网）。此后，许多国家和大的企业集团纷纷建立起公用的分组交换网和专用的计算机通信网，国际标准化组织（ISO）制定的开放系统互连参考模型（OSI/RM）为发展新一代网络奠定了基础。后来发展起来的广域公用通信网，如公用数据网、帧中继网和综合业务数字网等大多是遵循OSI/RM的；而因特网却是以TCP/IP协议为基础的。因特网起源于ARPA网。1986年NSF网取代ARPA网，成为因特网的主干网，并对全社会开放，网上通信量激增。1989年，全美13个地区的主干网之间以1.544兆比特/秒传输速率互连。1992年年底，因特网的全部主干网由1.544兆比特/秒过渡到45兆比特/秒的传输速率。

广元千佛崖造像 Qianfoya Sculptures in Guangyuan 中国佛教石窟。位于四川广元城北嘉陵江东岸的山崖上。始凿于南北朝，隋、唐、宋、元、明各代相继凿建，以唐代石刻居多。1935年因修川陕公路，近1/4的窟龛被破坏。现存洞窟54个，龛819个，造像5 300余躯。1961年国务院公布为全国重点文物保护单位。

大佛洞右侧胁侍菩萨像

广元千佛崖位于西北入川必经之路，曾受北朝造像影响，又具地方特色。主要洞窟有大佛洞、藏佛洞、睡佛洞、大云洞、菩提瑞像窟等。大佛洞是最早开凿的洞窟之一。此窟和藏佛洞雕像造型朴拙，具有北朝造像风格，是北朝造像影响川北的重要实例。睡佛洞为唐代开凿，窟内中央设长方形佛坛，坛上雕释迦涅槃像及举哀弟子像等。像后有镂空的娑罗双树，与窟顶相连，构成背屏，颇具地方特色。左右后壁浮雕多幅不同情节的涅槃经变，有举棺、焚棺等场面。千佛崖还有少量密宗造像，如四臂观音、毗卢遮那佛等。

广元市 Guangyuan City 中国四川省辖地级市。位于省境北部，嘉陵江畔，川甘陕3省接合部，素有"蜀北门户"和"川北第一重镇"之称。辖利州、元坝、朝天3区和旺苍、青川、剑阁、苍溪4县。面积16 314平方千米。人口248万（2010），有汉、回、满、藏、蒙古、苗、羌等民族。晋置兴安县，隋改绵谷县，元为广元路治，明洪武十四年（1381）改称广元县。1985年设市。矿产有煤、金、钛磁铁矿、金、银、汞、石灰岩、大理石等。工业以电子、食品、建材、纺织、能源、有色金属为支柱。农业以粮油、畜牧、林业、水果、蔬菜、蚕桑、中药材等为主，山区盛产核桃、木耳、香菇、蕨类植物、山野菜和猕猴桃等。名胜有唐代女皇天妃庙、皇泽寺、千佛崖、剑门雄关、翠云廊、古栈道、鹤鸣道教造像、觉宛寺明清壁画等。

《广韵》 *Comprehensive Phonology* 中国古代韵书。全名《大宋重修广韵》。宋真宗大中祥符元年（1008），陈彭年与丘雍等奉敕根据《**切韵**》、《唐韵》等书编撰成中国第一部官修韵书。由于它继承了《切韵》、《唐韵》的音系和**反切**，《切韵》、《唐韵》又已亡佚，《广韵》就成为研究汉语古代语音的最重要材料。《广韵》共分5卷，平声上下2卷，上、去、入声各1卷；分206韵，平声57韵（其中上平声28韵，下平声29韵），上声55韵，去声60韵，入声34韵；收字26 194个。《广韵》从体例到音系都基本因袭《切韵》。在几种唐写本《切韵》残卷重被发现之前，学者依据《广韵》研究隋唐语音。它也是一部按韵编排的同音字典。现存《广韵》版本很多，一般认为清代张士俊泽存堂及黎庶昌《古逸丛书》所刻宋刊本较好。1960年10月中华书局出版有**周祖谟**的《广韵校本》，2000年7月上海辞书出版社出版有余廼永的《新校互注宋本广韵》，此二书的出版对宋本《广韵》的研究及汉语古音的研究贡献极大。

广州抽水蓄能电站 Guangzhou Pumped Storage Power Station 中国第一座也是世界上现已建成的最大的**抽水蓄能电站**。总装机容量240万千瓦。位于广东省从化市境内的流溪河上游。上、下水库均利用天然库盆，上库集雨面积5平方千米，库容2 408万立方米，下库集雨面积13平方千米，库容2 348万立方米，两库水平距离3千米，落差500米。电站分两期建设，一期工程（4×30万千瓦）于1989年开工，1993年1号机组投产，1994年4号机组投产。二期工程（4×30万千瓦）于1994年开工，1999年5号机组投产，2000年8号机组投产。电站采用30万千瓦可逆式高参数抽水蓄能机组，设计水头535米，额定转速500转每分钟，综合效率76%。两期枢纽相距150米左右，共用上、下水库，各自组成一洞四机布置的地下厂房或引水厂房系统。电站以500千伏出线接入广东电网。曾获国家优秀设计项目金质奖、国家优秀勘测项目银质奖、中国建设工程鲁班奖。

广州市 Guangzhou City 中国广东省辖市，省会。简称穗。别称羊城。位于省境中部。辖越秀、荔湾、珠海、天河、白云、黄埔、番禺、花都、南沙、萝岗10区，代管**从化市**、**增城市**2市。面积7 435平方千米。人口1 270万（2010），主要为汉族，还有回、壮、满等民族。是著名的侨乡。居民一般讲广东话，有的讲客家话、潮州话。

广州城垣始建于秦，名番禺城。秦始皇帝三十三年（前214）统一岭南后建南海郡（郡治设在番禺，即今广州），秦末南海郡尉赵佗在广州自立为南越武帝，将城郭向东、西扩展，称越城（赵佗城）。东汉建安二十二年（217）建交州治。三国吴黄武五年（226），析交州东部置广州。唐时为世界著名商港。宋为中国最大商业城市和通商口岸。1921年成立市政厅，1925年设立广州市，1930年改设特别市，同年复改省辖市。1949年改为直辖市，1954年划为省辖市。

市境地势东北高、西南低。北回归线过市属从化市境。1985年12月17日竣工的广州市标志塔位于北纬23° 26′ 28.44″。属南亚热带季风气候。年平均气温21℃以上。平均年降水量1 983毫米。平均相对湿度77%。全年均宜农作物生长，四季百花竞放，有“花城”之称。夏秋多台风和暴雨。

蔬菜、花卉、林果、禽畜、水产、奶业等为全市农业的主导产业，盛产甘蔗、柑橘、橙、荔枝、香蕉、木瓜等。森林公园、旅游农庄、设施农业示范场、花卉博览园等观光农业、休闲农业发展迅速。工业有制糖、食品、纺织、造纸、机械电子、石油化工、汽车业、石油化工业、电子及通信设备制造业等。

铁路有京广、广九、广茂、广梅汕等线，以广州为中心的公路干线有广汕（头）、广湛（江）、广梅（州）、广怀（集）、广罗（定）、广海（安）等。广州白云国际机场是国内业务最繁忙、功能最齐全的国际机场之一。广州港是华南地区综合性主枢纽港。

位于白云山生态保护区边缘的广州科学城是广州市现代化科学园区。有广州大学、中山大学、中山医科大学、暨南大学等高等院校。自然风光有白云山、云台花园、越秀公园、华南植物园、广州海洋馆、瀛洲生态公园、新岭南乡情果园等；历史文化有南越王墓、南越国宫署遗址、镇海楼、陈氏书院、光孝寺、六榕寺、清真先贤古墓、五仙观、南海神庙、三元宫等；近现代史迹有洪秀全故居、黄花岗、大元帅府、黄埔军校、农民运动讲习所、广雅书院、三元里人民抗英斗争纪念馆、圣心教堂、中华全国总工会旧址、广州起义烈士陵园等。广州是国家历史文化名城。

广州市景

归经 channel tropism 中药对人体某些脏腑经络的选择性作用，或者说某种药物对某些脏腑经络的病变起着主要或特殊作用。中药**药性**理论的基本内容之一。

归经理论是以脏腑经络理论为基础，以所治病证为依据总结出来的用药规律。如肺经病变，可见咳嗽、气喘等证，桔梗、杏仁能治胸闷、咳喘，说明它们能归入肺经；心经有病，每见心悸、神昏等证，朱砂、菖蒲能安神醒志，说明它们能归入心经。一味药可归一经，也可同时归数经。同归一经的药物，其作用有温、清、补、泻的不同。肺病咳嗽，虽然黄芩、干姜、百合、葶苈子都能归肺经，但黄芩治肺热咳嗽，干姜治肺寒咳嗽，百合治肺虚咳嗽，葶苈子治肺实咳嗽。同样一种病证，因病变部位不同，也应根据药物归经选用不同的药物，如同为热证，但有肺热、胃热、心火、肝火等之分，用药治疗时，鱼腥草可清肺热、芦根可清胃热、黄连可清心火、龙胆草可清肝火。临床用药时，要将药物的归经与四气五味、升降浮沉相互结合、全面分析，才能准确地对证用药。

归纳 induction 狭义的归纳是从经验证据中抽象、概括出一般原理，简称“从个别到一般的推理”；广义的归纳指一切形式的扩展推理，其结论所断定的内容超出了前提，其前提的真不足以保证结论的真，推理具有或然性。归纳逻辑就是以归纳推理和归纳方法为基本内容的知识体系。

归纳逻辑大致包括下述内容：

简单枚举法 根据某类对象中已经考察过的对象毫无例外地具有某性质，从而推出这类中的所有对象（无论是否已经被考察过）都具有某性质的结论。

排除归纳法 根据因果关系的特点——如普遍性、因果恒常伴随、先因后果、因果联系复杂多样等——设计，其基本思路是：考察被研究现象出现的一些场合，在它的先行现象或恒常伴随的现象中去寻找它的可能的原因，然后有选择地安排某些事例或实验，根据因果关系的上述特点，排除一些不相干的现象或假设，最后得到比较可靠的结论。

类比推理 根据两个或两类事物在一系列属性上相似，从而推出它们在另一个或另一些属性上也相似的结论。

假说演绎法 包括假说的提出、假说的展开和假说的检验三个关键步骤，这中间既有归纳性成分，又有演绎性因素。

概率归纳逻辑 归纳逻辑的现代形态，指以概率论和数理统计作工具，研究感觉经验证据对某个一般性假说的确证程度。有三种求初始概率的方法：古典概率、统计概率和频率概率。

归因理论 attribution theory 社会心理学中关于人们如何作出因果关系解释的理论。1958年美国社会心理学家F.海德首次提出的归因理论认为，行为的原因或者在于环境，如他人、奖惩、工作难易等；或者在于个人，如个性、动机、情绪、态度、能力等。如果在于环境，则行动者对其行为不负责任；如果在于个人，行动者就要对其行为结果负责。B.维纳发展了海德的归因理论，以个人原因作为对成功和失败的归因，涉及个性特质和动机，因此又称为成就动机归因，或个人归因理论。H.H.凯利提出了一个综合性的归因理论，称为社会归因理论。1965年E.E.琼斯和K.戴维斯提出了对应推论归因理论，认为推导出的行为意图和动机，与所观察到的行为及其结果是对应的。

归有光 Gui Youguang (1506～1571) 中国明代散文家。字熙甫，号项脊生，人称震川先生。昆山（今属江苏）人。通经史。嘉靖十九年（1540）中举人。其后20余年间8次会试不第。四十四年中进士，授长兴知县，后官至南京太仆寺丞，参与撰修《世宗实录》。

归有光是明中叶文学成就较高的散文作家。前七子、后七子的复古运动，对扫除台阁体的文风有一定作用。但至嘉靖年间，已流为盲目尊古。归有光和王慎中、茅坤、唐顺之等起而抵制，提倡唐宋古文，被称为唐宋派。他针对前后七子的“文必秦汉”的复古主张进行批判。其散文继承了司马迁和唐宋八大家散文的优秀传统，结构精巧，曲折多变，言简意赅，真切感人。有《震川先生集》40卷，通行四部丛刊本。

《归真要道》 中国伊斯兰教著译。全称《归真要道释义》。著译者伍遵契。4卷5门40篇。15万字。波斯文原著《米而撒德》系苏非主义重要著作，作者阿卜杜拉·达亚·拉齐（1256年卒）是中亚库卜拉维教团创始人奈吉穆丁·库卜拉的弟子。书中多用象征比喻手法，讲解修道、养性、近主之道。第一门3篇，阐述全书纲目大义。第二门5篇，解明万有造化根源。第三门20篇，讲述今世中正事业。第四门4篇，指明善恶归结。第五门8篇，论析士农工商修齐之道。译者按中国伊斯兰教经堂口语及中国学者所熟知的概念直译为白话，深受穆斯林经堂教育的钟爱。中华民国初年出铅字排印本，后有多种重印本。

归庄 Gui Zhuang (1613～1673) 中国清初文学家。又名祚明，字尔礼，又字玄恭，号恒轩。昆山（今属江苏）人。明代散文家归有光的曾孙。清兵南下，曾参加抗清。佯狂愤世，与顾炎武同乡齐名，因有“归奇顾怪”之称。归庄的诗文，常以悲怆沉郁的笔调，忧时感怀，倾诉国破家亡之痛。诗或质朴明畅、直抒胸臆，或工整绵丽。散文亦酣畅雄恣，有强烈的感情，《送顾宁人北游序》、《书先太仆全集后》、《书欧阳公泷冈阡表后》等可为代表。归庄还有一篇《万古愁曲》，评论历代史事，也很著名。所著《恒轩诗集》12卷、文集《悬弓集》30卷、《恒轩文集》12卷，皆亡佚。后人辑有《玄恭文钞》、《归玄恭文续钞》、《归玄恭遗著》等。1962年中华书局搜集各种辑佚本和一部分归氏手写稿本，编成《归庄集》印行。1984年上海古籍出版社进一步在此基础上增订再版，使其成为目前最完备的一个版本。

圭表 dial and gnomon 中国最古老、最简单的一种天文仪器。创制年代已不可考。它包括两个组成部分：一为直立在平地上的标杆或石柱，汉以后改用铜制，称为表；一为正南北方向平放的尺，称为圭。圭和表互相垂直，组成圭表。根据正午时度量表影的长度可以推定二十四节气，从表影长短的周期性变化可以确定一回归年（见年）的日数。表影在正北的瞬间就是当地真太阳时（见日）的正午，可用以校正漏壶。从《周礼·考工记》可知，战国以前人们已懂得使用铅垂线来校正表的垂直，用水平面来校正圭的水平。

秦以前的表的高度，文献中没有明文记载。汉代以后一致称古代表高8尺。元代郭守敬把表高增加到36尺，又在表顶上加一根架空的横梁，从梁心到圭面共40尺，这样来提高测影精度；又创制景符，以解决表高影淡的缺点，并可以测出日面中心的影长（见登封观星台）。明代邢云路曾在万历年间制60尺高表，是中国历史上最高的表。

《周礼》记载，圭长为1尺5寸，这是指便于移动的土圭。郭守敬增加表高时才

圭表（1439年造，陈列于南京紫金山天文台）

把圭长也相应增加到128尺。这条长圭被称为量天尺。清人在圭的另一端立了一个高3尺5寸的“小表”，相当于圭的延伸，称立圭，使表影落在立圭上。量度这段影的高度可以推算得10尺表的表影长度（见图）。

圭亚那 Guyana 拉丁美洲国家。位于南美洲东北部。北濒大西洋，东接苏里南，西界委内瑞拉，南邻巴西。海岸线长约378千米。面积214 969平方千米（包括现在圭亚那管辖之下、与委内瑞拉有争议的约15.9万平方千米土地，不包括与苏里南有争议的1.7万平方千米土地）。人口约77万（2009）。其中印度人占43%，黑人占30%，混血种人占17%，印第安人、华人和其他人种占10%。居民28.8%信奉印度教，17.9%信奉基督教，7.3%信奉伊斯兰教，8.1%信奉罗马天主教。英语为官方语言。首都乔治敦。

全境地势南高北低，北部为沿海平原和丘陵，是主要农、矿业区；南部和西部

为高原，西部边境的罗赖马山海拔2 810米，为全国最高峰；西南部为热带草原。境内主要河流有埃塞奎博河、德梅拉拉河、伯比斯河等。多瀑布，以**凯厄图尔瀑布**最著名。属热带雨林气候，年平均气温24～32℃。矿藏有铝土、金、钻石、锰、钼、铜、钽、钨、镍、铀等。水力资源丰富。

最早为印第安人居住地。1498年**C.哥伦布**发现圭亚那海岸。1814年沦为英国殖民地。1831年始称英属圭亚那。1966年独立。1970年2月23日成立圭亚那合作共和国。现为英联邦成员国。

总统为国家元首、政府首脑和武装部队最高统帅，总理为总统助手。议会为一院制，任期5年。主要政党有人民进步党、人民全国大会党、联合力量党、劳动人民同盟和变革联盟等。

独立后，圭亚那实行发展民族经济和保护本国资源的政策，逐步将大部分外资企业收归国有。经济发展长期迟缓。外债

凯厄图尔瀑布

总额超过年国内生产总值。被国际货币基金组织列为"重债穷国"之一。铝土、蔗糖和大米为圭亚那经济的主要支柱。工业主要有铝土采掘和加工、黄金和钻石开采、碾米、制糖、木材和水产品加工以及酿造、卷烟、制砖、纺织印染和小型船舶修造等。农产品主要有甘蔗、水稻、玉米、香蕉、木薯、柑橘、椰子、咖啡等。主要出口蔗糖、铝土、黄金、大米、虾、木材和朗姆酒等，进口食品、燃料、化工产品和机械设备等。主要贸易对象为美国、加拿大、欧盟和加共体国家等。2009年国内生产总值17.71亿美元。货币名称为圭亚那元。

风景秀丽，名胜古迹多，但旅游业欠发达。交通运输以公路和水运为主，公路长7 970千米，内河航道约5 900千米。铁路约187千米，仅供矿区专用。乔治敦和新阿姆斯特丹为主要港口。1个国际机场。

独立后政府实行教育"圭亚那化"。6～15岁少年儿童享受免费义务教育。有1所大学——圭亚那大学。主要报刊有《圭亚那纪事报》、《圭亚那报》等。圭亚那新闻社为官方通讯社。圭亚那广播公司为官方电台。另有两家私人电视台，转播美国等卫视节目。

奉行独立自主的外交政策。在积极发展与欧美等西方国家关系的同时，加强与周边国家的合作与往来。作为加勒比共同体和共同市场的创始国之一，积极推动加勒比一体化运动。2006年1月，正式加入加勒比单一市场。与委内瑞拉和苏里南均有领土争议。1972年6月27日圭亚那与中国建交。

圭亚那高原 Guiana Highlands 南美大陆的主要高原。位于南美洲东北部，地处奥里诺科河以南，**亚马孙河**以北。基底岩系主要是太古宇花岗岩、片麻岩和片岩。在湿热的气候条件下，经过长期侵蚀，一般表现为高约300～400米的丘陵状高原。全境包括委内瑞拉南半部、巴西北部、圭亚那、苏里南、法属圭亚那地区以及哥伦比亚东南的一部分。位于高原西北部的**安赫尔瀑布**，落差达979米，为世界落差最大的瀑布。属热带气候，平均年降水量在2 000毫米以上，无旱季。矿藏丰富，主要有铝土、铁、金、金刚石等，但不便开发。

龟背竹 *Monstera deliciosa*; ceriman **天南星科**龟背竹属的一种。多年常绿藤本植物。原产墨西哥等国家的热带雨林中，攀附在大树上。茎粗壮，节明显，长可达10米以上。单叶互生，厚革质，深绿色。花苞片革质，黄白色，佛焰苞淡黄色，肉穗花序白色，后变绿色（见图）。浆果成熟时暗蓝色或白色，有香蕉的香味。花期8～9月。主要园艺变种有斑叶龟背竹和小孔龟背竹。性喜

温暖湿润。要求光照充足，光照时间与叶片生长呈正相关。较耐阴，夏日可在半阴下栽培，不耐干旱。适宜富含腐殖质的沙质土壤。多用**扦插**繁殖。叶形奇特，周年常绿，果实芳香，是重要的大型室内观叶植物。果实味美可鲜食，也可以制作饮料。

龟鳖目 Testudinata 爬行纲龟鳖亚纲一目。躯干短阔，除**棱皮龟**外均包藏在背、腹甲的硬匣中。上下颌均无齿，被有角质鞘，形成喙。头、尾和四肢都有鳞。较原始，与杯蜥目的阔齿蜥接近。现存2亚目。遍布各大洋。有绝灭危险。该目动物基本保留原始体型。头、颈、四肢都可缩入骨匣。四肢短粗，覆以角鳞，指、趾5枚，短小而有爪。海生种类四肢鳍状如桨，指、趾较长，但爪数较少。尾短小。雄性尾较长，腹甲略凹。交接器单枚。泄殖孔圆形或星裂。颅顶平滑无雕饰纹，腭缘平阔无齿，而覆以坚厚角鞘，前端狭窄成喙。喙尖有外鼻孔。头侧眼圆而微突，有眼睑与瞬膜。头顶后段覆以多角形细鳞；头颅骨片连接牢固，无顶孔及颞窝；次生腭骨质完整；舌短阔柔软，黏附口腔底，不能外伸。以肺呼吸。水栖者泄殖腔两侧有肛门囊辅助呼吸。腋胯间有臭腺，在交配季节气味浓重。产卵1至数次。体内受精。雌龟在穴中产卵，然后覆以沙土，靠自然气温孵化。卵的大小与数目因种而异（1～200枚不等）。卵有皮膜或钙质外壳。孵化期随气温而异，越冷时间越长。成体肉食性、植食性或杂食性。温带种类冬季蛰伏（冬眠），热带种类以夏眠度过炎热时期。海产龟类能从数十里外返回原地交配产卵。寿命可达150年以上。

龟甲 Cassididae; tortoise beetle **鞘翅目**龟甲科昆虫的统称。有2 400余种，主要分布于热带、亚热带地区。中国已知160多种。成虫形似小龟，体背隆起或稍隆，周缘敞出，头部多隐藏于前胸之下。小至大型，某些

类群具金属光泽，有或无色斑，前胸和鞘翅敞边常透明。头向后倾斜，额唇基三角形，触角11节，端部4节稍膨大，着生位置远离口沿。前胸背板前缘微凹，月牙形，兜着部分口器。鞘翅光洁，或有脊线、瘤和刺，在小盾片后面常隆起形成驼顶；后翅有2个臀室。足中长，跗节第3叶常伸至负爪节的端部。雄性外生殖器为全环式。雌雄性征不明显，主要表现于触角的长度和粗度以及前胸背板和鞘翅敞边的形状。成虫、幼虫皆露生，取食双子叶植物，多发生在旋花科、菊科、蓼科等植物上。成虫有假死现象。死后色变失光。包括一些重要的经济种类，如南方的甘薯蜡龟甲、甘薯台龟甲，北方的甜菜大龟甲，以及危害梧桐树的中华锯龟甲等。

规范场 gauge field 与物理规律的定域规范变换不变性相联系的物质场。在力学中重力场内的物体所受的重力是确定的，而物体的势能因势能零点的选取不同而不同，势能缺乏唯一性；同样在电磁学中，电磁场由电场强度E和磁感应强度B描述，而采用标势φ和矢势A描述电磁场也缺乏唯一性。尽管存在这样的不唯一性，要求电磁场还需满足规范变换。电磁规律在规范变换下保持形式不变。

量子力学的发展赋予规范变换新的含义。在量子力学中波函数本身不是一个可观测量，只有波函数的模方$|\psi|^2$表示粒子出现的概率，这意味着波函数允许乘以一个相因子$e^{i\gamma(x,y,Z,t)}$，或者说波函数允许作一相位变换。当相因子与时空坐标有关时，为了保持量子力学方程具有不变性，要求引入适当的场量，此场量的变换正是规范变换。因此在量子力学中规范变换就是相当于相位变换。由于相位变换是随时空而变的，规范变换称为定域规范变换。相应的场称为规范场。

规律 law 事物本身所固有的、存在于现象之中并决定或支配现象的方面。又称法则。规律是事物的发展过程中同一类现象的本质关系或本质之间的稳定联系，它是千变万化的现象世界的相对稳定的方面。规律是反复起作用的，只要具备必要的条件，合乎规律的现象就必然重复出现。规律就其根本内容来说可分为自然规律、社会规律和思维规律。规律是客观的，既不能创造，也不能消灭。否认人类社会的发展有客观规律性，是唯心史观的根本特征之一，也是马克思主义产生前的一切思想体系共有的根本缺陷。人们在实践中，通过大量的外部现象可以认识或发现客观规律，并用这种认识指导实践，即利用对客观规律的认识来改造自然和社会，为人类谋福利。

规模不经济 diseconomies of scale 在生产技术不变的条件下，企业扩大自身的产量规模使得企业的经济效率下降的现象。通常表现为企业生产的平均成本随其自身产量规模的扩大而上升。它是与规模经济相对应的一个概念。

规模经济 economies of scale 人们根据生产力因素数量组合方式变化规律的要求，自觉地选择和控制生产规模，求得生产量的增加和成本的降低，而取得的最佳经济效益。规模经济或生产力规模的经济性，就是确定最佳生产规模的问题。规模经济包括部门规模经济、城市规模经济、公司规模经济和企业规模经济。在西方经济学里，规模经济主要用来研究企业经济。但作为生产力经济学的重要范畴，规模经济的含义则更为广泛，它包括从宏观到微观的能获得经济利益的各个层次的经济规模。主要有3种类型：①规模内部经济。指一经济实体在规模变化时由自己内部所引起的收益增加。②规模外部经济。指整个行业（生产部门）规模变化而使个别经济实体的收益增加。③规模结构经济。各种不同规模经济实体之间的联系和配比，形成一定的规模结构经济：企业规模结构、经济联合体规模结构、城乡规模结构等。

制约规模经济的因素主要有：①自然条件，如石油储量决定油田规模。②物质技术装备，如化工设备和装置能力影响化工企业的规模。③社会经济条件，如资金、市场、劳力、运输、专业化协作对企业规模的影响。④社会政治历史条件等。

在经济实体规模扩大时，产量的增加小于投入要素的增加比例，收益递减，就是规模不经济。在市场经济中，生产经营者总是追求规模经济，避免规模不经济。追求规模经济、研究取得最佳经济效益的合理规模及其制约因素和各种不同经济规模之间相互联系和配比，揭示经济规模结构的发展趋势，寻求建立最佳规模结构的主要原则和对策，对于发展社会生产力具有极为重要的意义。

硅 silicon 化学元素，元素符号Si，原子序数14，原子量28.085 5，属周期系ⅣA族，非金属元素。1811年J.-L.盖-吕萨克和L.-J.泰纳尔加热钾和四氟化硅得到不纯的无定形硅，根据拉丁文silex（燧石）命名为silicon。硅约占地壳总重量的25.7%，仅次于氧。在自然界中，硅都以含氧化合物形式存在，其中最简单的是硅和氧的化合物硅石。石英、水晶等是纯硅石的变体。矿石和岩石中的硅氧化合物统称硅酸盐，较重要的有长石、高岭土、滑石、云母、石棉、钠沸石、石榴石、锆石英和绿柱石等。土壤、黏土和沙子是天然硅酸盐岩石风化后的产物。

硅有晶态和无定形两种形态。晶态硅具有金刚石型体心立方晶格结构，质地硬而脆，熔点1 414℃，沸点3 265℃，密度2.32克/厘米^3，莫氏硬度7。无定形硅是灰黑色粉末，实际是微晶体。

纯硅具有本征半导体性质。在纯的晶态硅中掺入微量杂质可以大大提高其电导率。掺入ⅢA族元素，如硼原子，就形成P型硅半导体；若掺入ⅤA族元素，如磷、砷原子，则形成N型硅半导体。单晶硅可以透过波长1.3～6.7微米的红外线。

硅的氧化态+4、+2。常温下不活泼；在加热下，能与卤素反应生成四卤化硅。硅在室温下很快被氧化生成厚约10^{-9}米的二氧化硅保护膜，650℃时硅开始与氧反应。单质硅在高温下还能与碳、氮、硫等非金属单质化合，分别生成碳化硅、氮化硅和硫化硅等。高温下硅还能与钙、镁、铜、铁、铂和铋等化合，生成相应的金属硅化物。单质硅能溶于浓硝酸和氢氟酸的混合酸，生成二氧化硅，进而溶解生成四氟化硅。在氢氧化钠（或钾）的浓溶液中，单质硅能缓慢溶解，生成硅酸盐溶液并放出氢气。重要化合物有二氧化硅、一氧化硅、四氟化硅、四氯化硅、氮化硅、三氯氢硅、氟硅酸及有机硅化合物。

工业上生产硅是在电弧炉中用石油焦或木炭还原硅石（SiO_2含量大于99%）。高纯的半导体硅可在1 200℃的热硅棒上用氢气还原高纯的三氯氢硅$SiHCl_3$或$SiCl_4$制得。超纯的单晶硅可通过提拉法或区域熔炼法等制备。超纯单质硅用作半导体材料。粗的单质硅及其金属的互化物组成的合金，常被用来增强铝、镁和铜等金属的强度。硅铁合金可作炼钢的脱氧剂，含硅量较高的硅钢常用于制造耐化学腐蚀的化工设备，硅钢片可用于制发电机、电动机和变压器。

硅是人体必需的微量元素之一。占体重的0.026%。硅及含硅的粉尘对人体最大的危害是引起矽肺。

硅谷 Silicon Valley 世界上第一个高技术区。位于美国加利福尼亚州旧金山以南、圣克拉拉县帕洛阿尔托至圣何塞市之间长约50千米的谷地。因半导体工业特别发达，半导体的主要材料是硅而得名。前身是1951年斯坦福大学建立的斯坦福工业园。1955年时有7家公司设在园内，1960年发展到32家，1970年增加到70家，成为世界微电子工业中心和高技术产业密集区。1971年得名硅谷。21世纪初，这里已汇集9所高校、100多所技工学校、8 000多家高技术公司；是美国袖珍计算机、电子游戏机、家用计算机、无线电话、微处理机、数字式电子表等的诞生地。其特点是以大学或科研机构为中心，科研与生产相结合，科研成果迅速转化为生产力或商品，形成高技术综合体。它是人类研究、发展科学技术的一种重要方式，是当代发展高技术产业的成功模式。

硅化木 silicified wood 硅化的树木化石。地质时期的植物茎干经二氧化硅矿化而成。但自然界里，除硅质外尚有其他成分也可参与，或者甚至主要是由别的矿物质如钙质、铁质等矿化而成的化石。

硅化木的形成与植物体在矿物质液体里的浸泡有关。它们先是渗透进植物体，然后在细胞的空腔和间隙中沉淀，把植物组织保存下来。其最佳者，不但显微构造，连细胞的部分内含物都能保存。因硅化木可供生物学上的探索，其研究已日益受到重视。以最常见的种子植物木材的化石为例，化石木材的内部组织和现代植物的一样，有着明显的不均匀性和异向性。

硅灰石 wollastonite 化学成分为$CaSiO_3$，晶体属三斜晶系的硅酸盐矿物。$CaSiO_3$有高温相和低温相两种变体：三斜晶系的硅灰石和单斜晶系的副硅灰石属低温变体，三斜晶系的环硅灰石或假硅灰石属高温变体。在自然界，硅灰石最常见，副硅灰石与假硅灰石少见。硅灰石向假硅灰石转变的温度为1 120℃ ±20℃。晶体为板状，并常呈柱状、针状、纤维状集合体。白色或带浅灰、浅红色调。玻璃光泽或珍珠光泽。解理完全。莫氏硬度4.5～5.5。密度2.75～3.10克/厘米^3。熔点1 540℃。绝缘性能好，有良好的化学稳定性，耐酸、耐碱、耐化学腐蚀，但在浓盐酸中分解形成絮状物。在高温加热条件下，硅灰石的化学性质活泼，可与高岭石、叶蜡石、滑石等矿物发生固相反应，使其成为生产陶瓷的重要原料。是典型的变质作用产物，通常产于接触变质带，亦见于区域变质的碳酸盐建造中。除主要作为陶瓷原料外，还用以制造涂料和颜料、塑料和橡胶中的填料，以及制造水泥和轻质、抗压、隔热、绝缘的建筑材料，在土壤改良、农肥、环保和造纸工业中也有广泛的应用前景。

硅酸钠 sodium silicate 化学式Na_2SiO_3。通常也指钠的硅酸盐类，包括正（原）硅酸钠Na_4SiO_4、偏硅酸钠Na_2SiO_3和各种多硅酸钠$mNa_2O \cdot nSiO_2$（如二硅酸钠$Na_2Si_2O_5$）。无机盐工业的一种硅酸钠商品称水玻璃或泡花碱，有固态的和液态的，组成可表示为$Na_2O \cdot nSiO_2 \cdot xH_2O$。$Na_4SiO_4$为无色晶体，密度2.5克/厘米^3，熔点1 018℃。Na_2SiO_3为无色晶体，密度2.61克/厘米^3，熔点1 089℃。$Na_2Si_2O_5$密度2.47克/厘米^3，熔点874℃。硅酸钠水溶液水解显强碱性，遇酸或与空气中二氧化碳发生反应，析出凝胶状硅酸沉淀。将石英砂、碳酸钠和煤粉混合，放反射炉内，在1 100～1 350℃下反应，可制得硅酸钠，产物为玻璃体，因含铁等杂质而变成灰绿色，用水蒸气处理后，得黏稠状水玻璃。水玻璃在建筑业、造纸业中用作胶黏剂，木材、纺织品、鸡蛋用水玻璃浸泡后可防腐，水玻璃还是商品肥料和洗涤剂的填料。

硅酸盐 silicate 由硅酸根阴离子与金属阳离子结合而成的硅的含氧酸盐。无机化合物中极其重要的物质之一，天然硅酸盐是岩石、土壤和矿物的主要成分。人造硅酸盐有陶瓷、水泥、玻璃、水玻璃、砖瓦和某些分子筛等。硅酸盐化学性质稳定，熔点较高，难溶于水，只有碱金属硅酸盐能溶解于水。近代硅酸盐的分类方法是以硅氧骨架分类为基础。所有的硅酸盐的基本结构单元都是硅氧四面体$[SiO_4]^{4-}$，这些硅氧四面体单元可以通过共用角顶上的氧原子而以各种方式连接起来，构成不同结构（见表）。此外由于铝离子的半径和硅离子的半径相近，铝氧四面体可部分取代硅酸盐中硅氧骨架中的硅氧四面体而形成硅铝酸盐。

硅氧骨架分类表

结构类型	$[SiO_4]$共用O^{2-}数	形状	配阴离子	实例
岛状	0	四面体	$[SiO_4]^{4-}$	锆石 $Zr[SiO_4]$
	1	双四面体	$[Si_2O_7]^{6-}$	钪钇石 $Sc_2[Si_2O_7]$
环状	2	三元环	$[Si_3O_9]^{6-}$	蓝锥矿 $BaTi[Si_3O_9]$
		四元环	$[Si_4O_{12}]^{8-}$	*
		六元环	$[Si_6O_{18}]^{12-}$	绿柱石 $Be_3Al_2[Si_6O_{18}]$
链状	2	单链	$[Si_4O_{12}]_n^{4n-}$	透辉石 $CaMg[Si_2O_6]$
	2.5	双链	$[Si_4O_{11}]_n^{6n-}$	透闪石 $Ca_2Mg_5[Si_4O_{11}]_2(OH)_2$
层状	3	平面层	$[Si_4O_{10}]_n^{4n-}$	白云母 $KAl_2[AlSi_3O_{10}](OH)_2$
架状	4	骨架	$[Al_xSi_{4-x}O_8]_n^{xn-}$	钾长石 $K[AlSi_3O_8]$

*孤立的四元环在硅酸盐晶体中很少出现，但在长石中有四元环通过共用氧在三维空间连接成的骨架。

硅橡胶 silicone rubber 主链由硅、氧原子交替组成，并在硅原子上带有有机基团的合成橡胶。分子中的有机基团可以是—CH_3、—C_2H_3、—C_6H_5等，相应称为甲基、乙烯基或苯基硅橡胶。是耐高、低温（−60～250℃），耐臭氧化并具有良好电绝缘性能的特种橡胶，有高温硫化型（硫化温度150～200℃）、室温硫化型和加成型之分。高温硫化硅橡胶大量用于苛刻条件下的电线、电缆绝缘层、密封件、导管及医用导管、插管、人工关节等。室温硫化硅橡胶可以制成不同黏度的胶料，在室温下涂布。加成型硅橡胶主要用于电子器件灌注涂覆，作光导纤维涂料，也是人体内软组织充填、颜面整形的理想材料。

硅藻门 Bacillariophyta; diatom 藻类植物一门。细胞壁高度硅质化，成为坚硬的壳体，壳体由上、下两个半壳套合而成。藻体含有叶绿素a、叶绿素c和β-胡萝卜素、岩藻黄素、硅藻甲黄素等，呈黄绿色或黄褐色。约1万余种，通常分为中心硅藻纲和羽纹硅藻纲2纲。硅藻是单细胞种类，少数为群体。主要以细胞分裂的方式进行繁殖，有性生殖为卵配，配子融合后发育成复大孢子。有些硅藻还可产生小孢子或休眠孢子进行无性繁殖。

硅藻的多数种类为水生，在海洋和淡水中的数量大，以浮游生活为主，也有些种类附生在水中各种基质或其他水生植物体上。少数硅藻生活于土壤中。

硅藻是鱼类、贝类等许多水生动物的天然饵料，在水产养殖业中具有重要价值。硅藻死亡后，其细胞壁沉积形成的硅藻土矿有多种用途，是优良的绝缘剂、过滤剂和填充剂。硅藻还可用作水污染、油污染及放射性物质的指示生物。

鲑 Salmanidae; salmon 鲱形目鲑科鱼类的统称。世界冷水性重要经济鱼类。分布于北太平洋和东北大西洋及其沿岸水域。属北半球溯河性或淡水鱼类，无终生栖息于海洋的种类。

形态 体延长，侧扁，被细小的圆鳞，侧线完全，多数种类的幼鱼体侧有黑斑点。有一些种的牙齿发育很好，在产卵期从牙齿的变形可区分性别。口前位或亚下位。背鳍短，通常位于背部中央，分枝鳍条不超过17枚，臀鳍条不超过20枚，有脂鳍。肠有许多幽门囊。大多数种类都有透明的前后脂眼睑，而且前脂眼睑为双重。

种类 鲑科鱼类共有9属68种，主要有：①大麻哈鱼属。有大麻哈鱼、驼背大麻哈鱼、红大麻哈鱼、银大麻哈鱼（银鲑）、大鳞大麻哈鱼和马苏大麻哈鱼6种，均分布在北太平洋，全为溯河性。②鲑属。有大西洋鲑、褐鲑、堪察加河鲑、谢凡河鲑、定居型河鲑、虹鳟和短尾鳟。鲑属鱼是北半球的淡水鱼，多数为溯河性，在欧洲还有在湖泊中生长、到河流中产卵的地方性湖鲑及栖居在河流中的河鲑。③红点鲑属。分布于欧洲和美洲北部沿岸的环极地区以及北极的岛屿。中国图们江及其支流中有一种陆封的花羔红斑鲑，数量很少，无渔业价值。④哲罗鱼属。分布在黑龙江流域及日本、朝鲜半岛一带以及欧洲的多瑙河和伏尔加河流域。是大型凶猛鱼类。⑤细鳞鱼属。此属只有细鳞鱼一种，个体较小。分布在黑龙江流域及太平洋沿海到鸭绿江的一些河流中。⑥鲑鲴鱼属。仅有两种，分布在克罗地亚的达尔马提亚的水域。

鲑肉味鲜美，营养丰富，鲜食、盐渍加工、熏制、制罐头等均宜，还可以加工成鱼片、鱼块，鲑鱼子更是名贵的食品。

鲑鲤目 Characiformes; characinlike fishes 硬骨鱼纲一目。有10科约252属约1 335种，是墨西哥到南美洲及非洲特有的淡水鱼类。鲑鲤目鱼类上下颌常有齿和尾部常有脂背鳍似鲑类，又因有韦伯氏器似鲤类，因而得名。无须；有些腭骨有齿；下咽骨齿常细尖；大多有圆鳞或栉鳞；无鳍棘；腹鳍条5～12，腹位；臀鳍短或长；无假鳃；侧线常向下弯；多为小型鱼，色美丽，常作为水族馆的观赏鱼类。

鲑鲤目鱼类的形态习性变化很大。大者如刚果产的水狗鲑鲤体长达1.4米，小者如巴拿马到厄瓜多尔山区底层鱼的囊齿鲤属体长仅150毫米；凶猛肉食性鱼有体长可达1米和形似狗鱼的狗鲑鲤科，也有典型草食性的草鲑鲤类；斧腹鲑鲤科体前部腹面很突出似扁刀斧，且能跃出水面作短距离飞行；鲑鲤科中既有腹缘有锐棱棘的锯鲑鲤亚科，肉食性的锯鲑鲤属，也有体盘状、色美丽、具臼齿、食植物和可供观赏养殖的巨鲑鲤属。

鲑鲈鱼 *Percopsis omiscomycus*; trout-perch 鲑鲈目鲑鲈科鲑鲈属的一种。分布于美国及加拿大江河流域。体具背脂鳍，上颌主要由前上颌骨形成，腹鳍腹位，或亚腹位；背鳍前部具1～2鳍棘9～12鳍条；臀鳍具1～2鳍棘6～7鳍条；胸鳍位低；鳃膜条骨6，排列似鲈形目，尾下骨2块。肛门位于臀鳍之前，侧线完整。根据脂背鳍及上颌的结构等特征，被认为是鲑形目与鲈形目之间的过渡类群。

轨道寿命 orbit lifetime 人造地球卫星在轨道上存留的时间。卫星在地球大气层中运动时，因受到大气阻力的持续作用，机械能逐渐变小，卫星的轨道逐渐降低。轨道越低下降得越快。当它变成100多千米高的近圆轨道时，卫星将进入稠密大气层，结束其寿命。卫星的轨道寿命与轨道高度及所受的大气阻力有关，轨道越高寿命越长。高度超过1 000千米的卫星，其寿命甚至可达千年以上，而高度低于200千米的卫星寿命最长只有几十天。对于轨道很低的侦察卫星，由于轨道寿命很短，为了使其在轨道上工作较长的时间，必须携带相当多的燃料，定期开启星上轨控发动机，使降低的轨道恢复到原来的高度。

轨迹 locus 点在空间的位置随时间连续变化而形成的曲线。据轨迹线形，运动可分为直线运动和曲线运动。从点的运动方程中消去时间参量t，即可得到其轨迹方程。例如，由A点在Oxy平面内的运动方程$x=R\cos\omega t$, $y=R\sin\omega t$，将两式平方相加，即得到A点的轨迹方程为$x2+y2=R2$，说明A点的轨迹是以O为圆心、R为半径的一个圆周。

鬼 ghost 泛指万物的精灵，特指人死后脱离肉体独立存在的灵魂。起源于原始先民对自然界和自身无法把握，又因梦境诱发产生灵魂不死观念，他们相信灵魂有超人能力，要畏惧或依赖于它。鬼的观念至今仍存。西方传统多将“鬼”与“魔”并称，对魔的强调甚于鬼。鬼起初并不代表阴暗、邪恶，据魏何晏《论语集解》引郑玄注：“人神曰鬼”，当时未将神鬼明晰分辨。后来道教招魂劾鬼、佛教超度亡魂，逐渐把神与鬼分开，前者代表超越、清明、善，后者代表沉沦、阴浊、恶。民间传说里有著名的鬼克星钟馗。基督教及其他一些宗教也将鬼视为邪恶势力。鬼生活的世界称为阴间或冥界，被宗教发展成“地狱”观念，与“天堂”相对。鬼被描述成与人一样有欲望、社会关系和生活（如冥币、冥器的使用）。鬼大体分为善、恶两类，又可据形象、职能等作细致划分。在古今中外的传说和文艺作品中，鬼有美有丑，世人凡眼多不能见其形，鬼多惧怕阳光、血和吐沫等物。从古至今的鬼事禁忌、丧葬、祭鬼、驱鬼、招魂等民俗事象均导源于对鬼魂的崇拜和信仰。佛教的盂兰盆法会是普度冥府鬼魂的民间大集会，即阴历七月十五的中元节，外国也有类似鬼节——万圣节。

鬼笔菌 Phallaceae; stinkhorn 鬼笔菌目鬼笔菌科真菌的统称。又称鬼笔。子实体组织结构十分特殊。幼时由平滑、膜质的包被包裹，近球形或卵圆形，埋生腐物及土中。造孢组织肉质，呈迷宫状，淡绿色或褐色。当包被从顶部破裂时，海绵状管形柄部和头部伸出。此时顶端形成暗褐色腐败气味的黏液孢体。孢体中孢子有短柱状或杵状孢子，无色透明，当苍蝇被腐败气味吸引而舔食黏液时将孢子传播。

最常见的鬼笔菌有红鬼笔、白鬼笔、细黄鬼笔、重脉鬼笔和蛇头菌。长裙竹荪和短裙竹荪是鬼笔科中形态特殊的两种，菌柄上部生出网状纯白色菌裙，两种均可食用。中国已人工培养并出口国外市场。

《鬼魂奏鸣曲》 *The Ghost Sonata* 瑞典剧作家J.A.斯特林堡的三场室内剧。写于1907年。这是一部既有强烈的象征主义倾向又带有表现主义色彩的剧本，描写一个青年大学生在一座房子前遇到一个名叫赫默尔的老人，老人把学生介绍给这座房子里的一家人，其中包括一个上校和他的木乃伊妻子、女儿。老人揭露了这个家庭的罪恶，木乃伊也揭露了赫默尔的罪恶历史。大学生和上校的女儿彼此诉说一些骇人听闻的事情，姑娘受到震惊，心碎而死。这出戏不仅剧情荒诞，而且气氛也如梦魇一般，缺乏合乎逻辑的情节，更没有传统意义的

《鬼魂奏鸣曲》剧照

人物性格。大量运用鬼魂、幻象等超现实舞台形象作为隐喻来表达作者对现实世界的评判，对20世纪的西方现当代戏剧影响很大。

鬼鲉 *Inimicusi*; inimical stingfishes 鲉形目毒鲉科鬼鲉属鱼类的统称。有8种。分布于印度－西太平洋热带及暖温带。体长约250毫米。体延长，前部粗大，后部稍侧扁。头宽大，具凹陷和凸起，棱突粗钝。眼小，上侧位。口中大，口裂几垂直。上下颌及犁骨具绒毛状牙群，腭骨无牙。体无鳞，具皮瓣。侧线平直。背鳍连续；胸鳍宽大，具2游离鳍条；腹鳍大，鳍膜与体壁相连；尾鳍圆截形。为热带及暖温带近海底层小型鱼类。卵浮性。因鳍棘端部具膨大囊状毒腺组织，毒性强，被刺后剧烈阵痛，有时持续数天，故有海蝎子、虎鱼等名称。肉可供食用。

癸卯学制 guimao educational system 中国近代第一个正式实施的学制。由张百熙、荣禄、张之洞拟订，1904年1月公布，时为旧历癸卯年末，故称癸卯学制。该学制包括《初等小学堂章程》、《高等小学堂章程》、《中学堂章程》、《高等学堂章程》、《大学堂章程》、《蒙养院及家庭教育法》、《初级师范学堂章程》、《优级师范学堂章程》、《初等农工商实业学堂章程》、《中等农工商实业学堂章程》、《高等农工商实业学堂章程》、《实业教员讲习所章程》、《译学馆章程》、《进士馆章程》，还有《学务纲要》、《各学堂管理通则》、《各学堂奖励章程》和《各学堂考试章程》等，统称《奏定学堂章程》。癸卯学制规定学堂的立学宗旨和各级各类学堂的性质任务、入学条件、修业年限及

相互衔接关系。

学制纵的方面分三段六级，共25～26年：①小学教育9年。分初等小学堂和高等小学堂。初等小学堂5年，课程有修身、读经讲经、中国文字、算术、历史、地理、格致、体操等。视地方情形，可增加手工、图画1科或2科。高等小学堂4年，课程有修身、读经讲经、中国文字、算术、中国历史、地理、格致、图画、体操等。②中学教育，仅设中学堂5年。兼有升学和就业两重任务。课程有修身、读经讲经、中国文学、外国语、历史、地理、算学、博物、物理及化学、法制及理财、图画、体操。③高等教育分三级，高等学堂或大学预科、大学堂和通儒院。高等学堂3年，分为3类，皆为升入大学做准备。大学堂又称分科大学，学制3～4年，分经学科、政法科、文学科、医科、格致科、农科、工科、商科8科，下设若干门。通儒院，“为研究各科学精深义蕴，以备著书制器之所”，以5年为限。

学制横的方面有师范学堂和实业学堂：①师范学堂分为初级和优级。初级师范学堂培养高等小学和初等小学堂教员，学制5年。优级师范学堂培养初级师范学堂和普通中学堂教员及管理员。相当于高等学堂（大学预科）程度。学制4～5年。②实业学堂分初等、中等、高等。初等实业学堂分为农业、商业、商船3类，相当于高小程度。中等实业学堂分农业、工业、商业、商船4类，相当于普通中学程度。高等实业学堂分农业、工业、商业、商船4类，相当于高等学堂（大学预科）程度。此外，还设有实业补习普通学堂和艺徒学堂等。

拟订这个学制的指导思想是“中学为体，西学为用”。它是中国废除科举制度后第一个正式颁布施行的新式学制，对旧中国学校教育制度在组织形式上影响较大。癸卯学制自1904年开始逐步实行，1911年辛亥革命以后废止。

簋 gui 中国古代盛食器。质地以陶、铜为主。基本形制为圆形、大口、深腹、圈足，或有盖。用途是盛黍稷稻粱一类饭食，簋盖也可翻置盛食。

“宰兽”簋（西周，1977年陕西扶风县段家镇大同村出土）

陶簋在长江流域和东南沿海的一些新石器时代晚期文化中即有，黄河流域始见于年代相当于夏代的二里头文化。在西周晚期生活用器中已基本不见，偶有作为随葬明器的陶簋。青铜簋出现于商代前期，沿用至战国早期。最初多无盖、耳，商代晚期至西周早期簋腹两侧始有双耳，有的耳底更有被称作“珥”的下垂部分。西周早期流行圈足底加方座的形制。西周中期以后簋多有盖。青铜簋是商周时期的重要礼器，周代常以不同数目、规格的簋与鼎相组合，为用鼎制度的组成部分。春秋中期以后，簋退出随葬礼器组合。

贵港市 Guigang City 中国广西壮族自治区地级市。位于自治区境东南部。辖港北区、港南区、覃塘区和平南县，代管桂平市。面积10 596平方千米。人口412万（2010）。汉为布山县地，三国吴置阴平县，晋改郁平县，隋改郁林县，明洪武二年（1369）改为贵县。1988年改贵县为贵港市（县级）。1996年改设地级贵港市。三水铝矿储量全国第一，还有龙头山金矿、木圭锰矿等。农作物有水稻、甘蔗、肉桂、龙眼、荔枝、香蕉、柑橘、柚、菠萝等。覃塘毛尖茶闻名。郁江盛产鱼苗。工业有制糖、机械、建材、造纸、纺织、化工、冶金、医药、食品等。贵港为广西第二大河港，是中国西南和华南地区的重要河港，常年通航，可达粤、港、澳。名胜古迹有金田起义旧址、西山风景区、东湖、南山寺、平南畅岩、贵港东湖、大平山自然保护区等。

金田起义旧址

贵金属 precious metal 金、银、钌、铑、钯、锇、铱、铂8种元素的统称。后6种元素又统称铂族金属。贵金属在地壳中含量极少，以克/吨计：铑、铱、钌、锇各为0.001，金、铂各为0.005，钯为0.01，银也只有0.1。由于在地壳中储量很少，故称贵金属。中国商代已能制作厚0.01毫米的金箔和银箔，西汉时能制作直径0.14毫米金丝并编成金缕玉衣。古代埃及和美洲已使用天然铂和铂合金制作各种饰物。19世纪各铂族金属元素和一些大型铂族金属矿相继发现，开始了铂族金属的工业生产。

贵霜艺术 Kushan art 贵霜帝国在包括今中亚、北印度、巴基斯坦、阿富汗地区的艺术。贵霜为“丝绸之路”所必经之地，艺术具有混合文化特征。贵霜人信奉波斯拜火教，也尊崇佛教。贵霜艺术主要分为王朝艺术和佛教艺术两种类型。王朝艺术以贵霜王侯的石雕肖像和金币铸像为主，贵霜王被作为拜火教神明崇拜。佛教艺术既有受希腊化艺术影响的犍陀罗佛像，又有印度本土式的马图拉佛像，呈现不同的地方风格。见印度美术。

贵霜王朝时代菩萨立像（2～3世纪，马尔丹出土）

贵溪市 Guixi City 中国江西省辖县级市。位于省境东北部，南与福建省相连。面积2 480平方千米。人口59万（2008）。夏商周时为越地，唐永泰元年（765）析余干、弋阳县置贵溪县。1996年撤县设市。由鹰潭市代管。信江自东向西流贯市境中部，形成以信江侧翼为主的盆地。矿产有金、银、铝、锌、铀、稀土、滑石、石膏、石灰岩、石英石、硅石、花岗岩等。其中冷水坑银矿的白银储量为全国之冠。主要农作物有水稻、小麦、大豆、花生、油菜、甘薯、芝麻等。森林覆盖率62.7%，是江西省重点产材市。工业以冶金、化工、电子、建材、铜材、采矿、食品等为主。有中国规模最大的特大型闪速炼铜厂——贵溪冶炼厂。名胜古迹有悬棺葬、象山书院遗址、挂榜山、仙人桥、山峰山等。

贵阳市 Guiyang City 中国贵州省辖市、省会。因古代盛产竹，以制作乐器“筑”而闻名，故简称筑。位于省境中部偏南，因城区位于境内贵山以南而得名。辖南明、云岩、小河、花溪、乌当、白云6区和开阳县、息烽县、修文县，代管清镇市。面积8 034平方千米。人口432万（2010）。贵阳原名黑羊箐（今贵阳市中心）。西晋置夜郎郡。唐高祖武德四年（621）置矩州。宋称贵州。明隆庆三年（1569）迁程番府（今惠水）于贵阳，改为贵阳府。1941年置贵阳市。属温暖湿润亚热带高原气候。年平均气温14.5℃，平均年降水量942.3毫米，是“冬无严寒，夏无酷暑”的高原城市。工业以机

贵阳市夜景

械、电子、冶金、煤炭、化工、电力、建材、橡胶、医药、食品等为主。贵阳是中国重要的铝工业基地之一，卷烟和酿酒工业亦居中国西南地区重要地位。贵阳是中国西南地区铁路枢纽和贵州省公路运输中心。龙洞堡机场辟有至北京、上海、广州、香港、澳门，以及新加坡、泰国等地航线。市区有贵州大学、贵州师范大学等高等院校和中国科学院地球化学研究所、贵州科学院等科研机构。城区有黔灵山、森林公园、地下（溶洞）公园、河滨公园等名胜；城内有甲秀楼、文昌阁、阳明祠、君子亭、来仙阁、黔明寺、三元宫和八路军驻贵阳交通站旧址、中共贵州省工委活动旧址等古迹。

贵州省 Guizhou Province 简称黔或贵。位于中国西南部。内陆山区农业省。北邻四川省和重庆市，南接广西壮族自治区，东界湖南省，西连云南省。辖4个地级市、2个地区、3个自治州、10个市辖区、9个县级市、56个县、11个自治县、2个县级特区（见表）。面积约18万平方千米。人口3 475万(2010)。贵州是多民族杂居的省份，有汉、苗、布依、侗、土家、彝、仡佬、水、回、白、壮、瑶、满等民族。省会贵阳市。

建制沿革 秦以前，境内散居史书所称“南夷”的部族与部族联盟。当时，中原人习惯称国（大者）或邑（小者），其中以牂柯国（又作牂牁国）最大。牂柯国衰裂后，夜郎国兴起。秦时置夜郎、且兰等县，省境分属黔中、象、巴、蜀诸郡。汉武帝时，夜郎境内置牂牁郡，领十七县，进行戍边屯垦，又募豪民入黔垦殖。三国时，诸葛亮经营“南中”，“夷汉粗安”。晋代以后，黔西地区隶属彝族奴隶制的罗殿王国管辖。唐时置黔中道。宋时正式以“贵州”为行政区划名称载入史册。元时，今省境分别隶属湖广、四川、云南行中书省。明置贵州都指挥使司，管理军事。明永乐十一年(1413)，正式建立贵州布政使司，为贵州建省之始。清雍正五年(1727)，又将四川所属遵义府及其属县、广西红水河以北之地（今安龙、贞丰两县）和荔波县、湖广之平溪（今玉屏）和天柱之地划入贵州，基本形成了今贵州省疆域。

自然条件 贵州地貌起伏大、切割强，相对高度常达300～700米，喀斯特地貌广泛发育。除了有不同成因的山地、丘陵、山原、丘原、高原、台地和盆地外，由于碳酸盐岩出露面积达全省土地总面积的73%，因而诸如漏斗、落水洞、竖井、溶蚀洼地、盲谷、暗河、伏流、天生桥、溶洞、喀斯特湖、潭等分布普遍，峰林、峰丛地貌发育典型。

贵州冬无严寒，夏无酷暑，大部分地区年平均气温为14～16℃。降水丰富，年降水量一般为1 100～1 400毫米，热量较充足，雨热同期，利于植物生长。省境位于长江和珠江两大水系的分水岭地带，受地势影响，乌江、北盘江、清水江、都柳江、涟江等水系由西、中部向北、东、南呈帚状分流。贵州土壤、植被以地带性中亚热带常绿阔叶林红壤、黄壤为主，土壤、植物和动物均表现出明显的过渡性和在区系成分上的混杂性。生物资源丰富，全球15种植物地理区系成分中，13种在省境都有大量分布。

省境已探明储量的76种矿产中有42种名列全国前10位。其中，铝土矿居全国第1位，磷、锰居第3位，煤居全国第4位。黔西南还发现大型金矿床和冰洲石巨晶群体。

经济概况 20世纪50年代以前，全省以农业为主，基本无现代工业，生产落后。50年代以来，现代工业有相当发展，尤以煤炭、电力、有色冶金、机械和卷烟等在全国占有重要的地位。同时也是全国重要的油菜、烤烟和茶叶的产区。

贵州农业长期以来一直以种植业为主体，全省土地垦殖利用程度一般北部高于南部，河谷平坝区高于丘陵山区。省境东南部为稻作区，西北部为旱作区，中部为水旱兼作区。全省大部分地区实行一年两熟或二年三熟制，低热河谷年可三熟，“高寒”山区为一年一熟制。农作物以粮食作物为主。以水稻、玉米居多，冬小麦、甘薯、马铃薯次之。经济作物以油菜、烟草最重要。其他有甘蔗、甜菜、苎麻、黄红麻、棉花、蚕桑、茶叶等。

图1 贵州苗族姑娘

据第6次全国森林资源清查资料，贵州省森林面积420.47万公顷，森林覆盖率23.83%。经济林种类多，以产栓皮、生漆、杜仲、桐油、乌桕油、棕片和中药材著称，产量多居全国前列。此外，还盛产亚热带、温带水果，以威宁黄梨和苹果、兴义大红袍橘、赤水河谷夏橙和川橘、惠水金钱橘等品质较好。

贵州草场资源丰富。牧草种类多，草质好，再生性强，单位产草量高，全年皆可放牧。畜牧业以牛、马、猪、羊为主。

贵州原有工业基础薄弱，生产落后。现全省已建成了煤炭、电力、冶金、机械、

贵州省行政区划表(2010)

贵阳市	务川仡佬族苗族	**铜仁地区**	麻江县　丹寨县
乌当区　南明区	自治县	铜仁市　江口县	**黔南布依族苗族**
云岩区　花溪区	**安顺市**	石阡县　思南县	**自治州**
白云区　小河区	西秀区　平坝县	德江县	都匀市　福泉市
清镇市　开阳县	普定县	玉屏侗族自治县	荔波县　贵定县
修文县　息烽县	关岭布依族苗族	印江土家族苗族	瓮安县　独山县
六盘水市	自治县	自治县	平塘县　罗甸县
钟山区　盘县	镇宁布依族苗族	沿河土家族自治县	长顺县　龙里县
六枝特区　水城县	自治县	松桃苗族自治县	惠水县
遵义市	紫云苗族布依族	万山特区	三都水族自治县
汇川区　红花岗区	自治县	**黔东南苗族侗族自治州**	**黔西南布依族苗族**
赤水市　仁怀市	**毕节地区**	凯里市　黄平县	**自治州**
遵义县　桐梓县	毕节市　大方县	施秉县　三穗县	兴义市　兴仁县
绥阳县　正安县	黔西县　金沙县	镇远县　岑巩县	普安县　晴隆县
凤冈县　湄潭县	织金县　纳雍县	天柱县　锦屏县	贞丰县　望谟县
余庆县　习水县	赫章县	剑河县　台江县	册亨县　安龙县
道真仡佬族苗族	威宁彝族回族苗族	黎平县　榕江县	
自治县	自治县	从江县　雷山县	

图2　天星桥景区

电子、化工、建材、烟草、食品、饮料、纺织等工业部门，成为中国重要的能源和原材料基地。重工业中的冶金工业以汞、铝、铅、锌、锑等的采炼为主。省境黄金主产地黔西南地区为中国的"黄金金三角"之一。汞矿储量大、品位高、产量大，居中国首位。轻工业以卷烟、酿酒为主，还有日用化工、小五金、塑料、玻璃、造纸、印刷、制糖、家电、皮革、纺织等。卷烟工业是全省的支柱产业。酿酒工业历史悠久，分布普遍，质量上乘，是贵州省重要支柱产业。仁怀的**茅台酒**驰名中外。传统的手工艺品以玉屏的箫笛、大方的漆器、安顺的蜡染、威宁和安顺的地毯、贵阳的木刻等较著名。

全省地形崎岖，古代交通全靠驿道。1927年始建公路。全省现已基本形成了以贵阳为中心，以干线公路、铁路为主骨架，县乡公路、支线铁路、内河航运、民用航空等相配合，四通八达的综合交通运输网络。

文教科技　贵阳省民族民间文化资源丰富，教育事业有较大发展。有贵州大学、贵州师范大学等高等院校。

名胜古迹　贵州省自然风光秀丽，古迹众多。全省拥有黄果树瀑布、龙宫、红枫湖、织金洞等13个国家级风景名胜区，以及贵阳花溪等56个省级风景名胜区。此外，还有梵净山原始森林、茂兰喀斯特原始森林、习水原始森林、赤水桫椤、威宁草海等国家级自然保护区，以及天星桥石林、百里杜鹃林、赤水竹海、贵阳甲秀楼、遵义会议会址等名胜古迹和革命纪念地。有国家历史文化名城遵义、镇远。

《桂河大桥》 *The Bridge on the River Kwai*　英国故事片。1957年英国地平线电影公司出品。编剧P.博尔，导演D.里恩，主演A.吉尼斯、早川雪洲。第二次世界大战时日军逼迫英军俘虏在泰国北部桂河上架桥，尼科尔森上校经过斗争从斋藤大佐手里接过造桥指挥权。他全力以赴，决心造座"显示英国人才能"的桥。美军派突击队前往炸桥。突击队布设的起爆电线被上校发现，他竟领着斋藤走向爆破手。激战中身负重伤的上校满脸困惑地栽倒在起爆器上，爆炸声中大桥连同日军军车被抛向天空。里恩通过尼科尔森这一艺术形象刻画了英国人古板守旧的性格，并喻示这种性格一旦在非常状态下将被引向极端，会酿成悲剧。影片体现了里恩对英国民族禀性深沉的文化反思。该片获1957年第30届**奥斯卡金像奖**最佳影片等7项奖，1958年第11届英国电影学院奖最佳影片等4项奖。

桂花　*Osmanthus fragrans*; sweet osmanthus　**木犀科**木犀属的一种。常绿灌木至乔木。因其叶心有纵纹，形如圭得名。又称木樨、岩桂、九里香等。原产中国西南、中南地区，今湖北咸宁等地尚有野生桂花林。现长江流域广泛分布。广西栽培最多。18世纪从中国传至欧洲。

金桂

株高达20米。叶对生、革质，椭圆形至椭圆状披针形。花小，簇生于叶腋，极芳香。核果椭圆形，熟时灰蓝色，含种子一粒。主要变种、品种有：①金桂（见图），花黄色，为栽培最多的一个变种。②银桂，花黄白或淡黄色。③丹桂，为珍稀变种，花橙色、橘红至浅橙。④四季桂，为珍稀品种，植株较矮而萌蘖较多，花香不及上述品种浓郁。但每年开花次数约10次或连续不断，以秋季为盛。

性喜光，喜温暖通风环境，能耐高温，也较耐寒。要求排水良好、富含腐殖质的砂壤土。喜肥，也耐瘠薄，但不耐水湿。用**压条**、**扦插**、**嫁接**或播种繁殖均可。可孤植、丛栽或成片种植。淮河以北地区多作盆栽。秋季开花时香气四溢，沁人心脾。花朵是食品和轻工原料，枝、叶、花可入药。木质坚实细密，是雕刻良材。

桂剧　Guiju opera; Guangxi opera　中国戏曲剧种。因最初盛行于广西北部桂林、柳州一带，故名。明末清初，桂林一带已有**昆山腔**、**弋阳腔**和**乱弹**等腔流行。清雍正年间，桂林已有独秀班等昆班。清乾隆、嘉庆年间，徽班经湖南传入桂林。几种不同声腔的班社相互吸收，逐渐形成了以弹腔（南北路）为主，并兼唱高腔、昆腔、吹腔和杂腔小调5种声腔的桂剧。桂剧与湖南南部的祁剧（祁阳戏）有着较为密切的渊源关系。过去常在同一地区流动，艺人互相搭班演戏，互聘师傅传艺，在剧目、唱腔等方面，都有较多相似之处。桂剧表演上重做功，逼真细腻，讲究武戏文做。桂剧的传统剧目有"大小本杂八百出"之说，其中百分之八九十为弹腔剧目。1938年后，在欧阳予倩等的指导下，曾创作改编并演出了不少宣扬爱国精神和在当时颇有现实意义的剧目，如《梁红玉》、《木兰从军》、《桃花扇》、《人面桃花》、《渔夫恨》和时装戏《搜庙反正》、《胜利年》等。

桂林山水　Guilin landscape　中国重点风景名胜区。位于中国广西壮族自治区东北部。地处湘桂走廊南端的槽谷平原，包括桂林市、阳朔县以及临桂、灵川、兴安、永福、龙胜等县的部分地区。地势北高南低，海拔140～600米，为石灰岩岩溶地区。商周时代，这里即与中原有密切关系。秦汉时，是中原与岭南的重要通道。桂林山水有奇丽俊秀的风貌，宏伟博大的气势，气象万千的姿态，含蓄深长的意趣，极富浪漫色彩和诗画情趣。中唐时已是名闻全国的风景胜地，"桂林山水甲天下"的赞语流传

漓江风光

古今。1982年被定为全国重点风景名胜区。桂林风景资源十分丰富，尤以山水取胜。唐朝诗人韩愈的“江作青罗带，山如碧玉簪”的诗句，是桂林山水的最佳写照。而簪山、带水、幽洞、奇石，历来被誉为桂林风景的四绝，其山水洞石浑然一体的景象组合，举世无双。烟雨、光影、植物、动物、田园、村舍、名园、古迹，则被称为桂林风景的八胜。这些胜、绝的风景因素融合成各具特色的16个风景区和数百个风景点。

山水风光　桂林石山平地拔起，姿态奇异，像老人、骆驼、骑马、象鼻、独秀、书童诸山都惟妙惟肖。石山、峰丛、峰林、孤峰，星罗棋布，疏密有致，森列无际。清澄的漓江及其支流萦绕回环于秀峦奇峰之间，从桂林至阳朔的漓江两岸，峰峦峭拔连绵，绿水平滑如镜。著名的胜景有漓江烟雨、南溪新霁、西峰夕照、阳江秋月、桂岭晴岚、黄布倒影、尧山冬雪、东岭朝霞，以及由漓江（城区部分）、桃花江、木龙湖、榕湖、杉湖构成的两江四湖环城风景带等。

洞石景观　桂林无山不洞，两千多岩洞大都有奇异洞景。阳朔月亮山、穿山月岩、会仙月峰等高悬碧空；水月洞、龙隐洞、冠岩等低浮水面；碧莲洞、隐山洞群洞相连；芦笛岩、七星岩深邃幽长；龙泉洞溪流平缓，宜乘船游玩；安吉岩水声震耳，宜寻险探胜。洞内石乳、石笋、石幔、石柱、石花、石莲等缤纷幻丽、琳琅满目。吸水石、假山石在山脚、水畔、洞口、地下广泛分布。怪异奇巧的山石更是到处可见，著名的如试剑石、悬云石、芙蓉石等。

生物景观　多彩多姿的漓江翠竹、金银丹桂、盘根古榕、南国红豆、石山植被等使山水充满生机。国家规定保护的珍贵动物有12种之多。竹筏鸬鹚捕鱼，野鸭群游江面，白鹭高峰飞翔，猴群绝壁戏水等均是漓江常见景象。

名园村景　在群峰之间，江河沿岸，散布着各类名园胜境和田园村寨，如七星、雁山、南溪诸园林，芦笛、叠彩、伏波、穿山、象山、碧莲峰、大榕树等景点，都是人工与自然融汇的美妙环境。朝阳山、奇峰镇、草坪、浪石、画石、兴坪、金宝河口等地区均属典型的桃源境界。

古迹　桂林也是文物古迹荟萃之地，重点文物保护单位40多处，如秦堤灵渠、秦汉古严关遗迹、唐归义古城遗址、宋桂州城图、明王城王陵等。

桂林市　Guilin City　中国广西壮族自治区辖地级市。位于自治区东北部，邻接湖南省。辖秀峰、象山、七星、叠彩、雁山5区和灵川、兴安、全州、临桂、阳朔、平乐、荔浦、永福、资源、灌阳10县及龙胜各族自治县、恭城瑶族自治县。面积27 797平方千米。

芦笛岩

人口475万（2010），有汉、壮、回、瑶、苗等民族。汉元鼎六年（公元前111）设始安县。东汉改属始安侯国。三国吴甘露元年（265）置始安郡。隋唐属岭南桂州总管府。唐贞观八年（634）改名临桂县，明清属桂林府。1914年为桂林道，1940年设桂林市。境内有喀斯特山地、丘陵、台地、河谷、平原等地形。岩溶峰林地貌是具有世界意义的自然景观，加上漓江、湘江、洛青江、浔江、资江等河流映托，享有“桂林山水甲天下”的美誉。属亚热带季风气候，年平均气温18.9℃，平均年降水量1 949.5毫米。矿产有赤铁矿、黄铁矿、褐铁矿、滑石、重晶石、萤石、花岗岩、石灰岩、大理石等。盛产水稻、柑橘、蔬菜、毛竹、荸荠、水产品等。特产有沙田柚、夏橙、罗汉果、白果、月柿、荔浦芋等。工业有电子、橡胶、机床、医药、食品、工艺美术等。世界著名风景旅游城市，中国历史文化名城。旅游景点有七星岩、芦笛岩、叠彩山、伏波山、南溪山、穿山、象鼻山、独秀峰、隐山，以及漓江风光、桂林国家森林公园。还有新石器时代甑皮岩文化遗址，明代靖江王城、王陵等。

桂平市　Guiping City　中国广西壮族自治区辖县级市。位于广西东南部。面积4 074平方千米。人口150万（2010），有汉、壮等民族。秦汉隶属桂林郡，南朝梁置桂平县。清咸丰四年（1854）改桂平县为永秀县，同治五年（1866）复置桂平县。1994年撤县设市。由贵港市代管。矿产有锰、锡、钨、锌、铁、重晶石、大理石等。盛产水稻、甘蔗、荔枝、龙眼、柑橘、淡水鱼等。特产桂皮、八角、西山茶、罗秀米粉等。工业有制糖、机械、化肥、造纸、纺织、工艺、采矿等。名胜古迹有西山、龙潭、大藤峡、东塔、三界庙、金田村太平天国起义遗址等。

桂系军阀　Guangxi Warlords　中华民国军阀中以陆荣廷为首的西南军阀派系。因陆荣廷为广西（简称桂）人而得名。主要成员有陈炳焜、谭浩明、莫荣新、沈鸿英等。辛亥革命后，陆荣廷打着“桂人治桂”旗号，独揽广西军政大权。1916年又乘护国战争之机，进而控制了广东。1917年后，陆荣廷一面利用孙中山“护法”名义，对抗段祺瑞的“武力统一”政策；一面又暗与直系军阀吴佩孚谋和，并利用政学会等国会议员，改组广州护法军政府，排挤孙中山。1920年10月下旬，桂军被回师广东的驻闽粤军击败，退出广东。1921年，粤滇等军入桂讨陆，占领南宁和桂林，陆逃往上海。此后，陆荣廷虽然一度回到南宁，企图恢复其统治，但因国民党“一大”后，桂军将领李宗仁、黄绍竑接受广州革命政府领导，率部攻占南宁和左右江各县，迫使陆再次逃离广西。1925年2月，沈鸿英部也在桂林等地被李、黄部击败，最终结束了以陆荣廷为首的桂系军阀统治。

国民党统治时期，李宗仁、黄绍竑、白崇禧等为首的桂军长期统治广西，并以此为据点与蒋介石等争权，被称为“新桂系”。

桂圆　*Dimocarpus longan*; longan　无患子科龙眼属的一种。常绿果树。见龙眼。

桂质廷　Gui Zhiting（1895-01-09～1961-10-24）　中国空间物理学家和地球物理学家。生于湖北沙市（现荆州市沙市区），卒于武汉。1924年获普林斯顿大学博士学位。回国后，曾先后在北京协和医学院、长沙雅礼大学、沈阳东北大学、上海沪江大学任教。1930年到武昌华中大学任理学院院长兼物理系主任。1939年转至武汉大学任教，并先后任理学院院长和物理系主任。

在电离层和地磁学研究方面有重要贡献。1935年发表对极区磁扰日变化与经度的关系的分析结果，为中国地磁学研究打下基础。1937年，首次对武昌上空电离层进行常规垂直探测，发现武昌F_2层电子密度大大高于按纬度预计的数值。1946年，主持建立武汉大学游离层实验室，对武昌电离层继续进行常规观测，并指导研究人员写出关于F_2层临界频率受地磁控制而形成赤道异常的一系列论文。撰写了关于1948年5月9日日全食对武昌电离层的影响，以及有关Sq电流系的论文。中华人民共和国建立后，在武汉大学创办电离层电波传播专业。领导筹建武昌电离层自动垂直探测站和武昌地磁台。

鳜　*Siniperca chuatsi*; Chinese perch　鲈形目鮨科鳜属的一种。又称季花鱼、花鲫鱼、鳌花等。上等淡水食用鱼类。松花江鳜与黄河鲤、松江鲈、兴凯湖白鱼被誉为中国淡水“四大名鱼”，久享盛名。除青藏高原外，分布于中国各江、河、湖泊。

体稍延长，侧扁而高。头颇大。吻尖突，口大，颌牙尖锐。前鳃盖骨后缘具锯齿，鳃盖骨边缘具两扁棘，鳃耙少。体被小圆鳞。背鳍鳍棘部和鳍条部连续，鳍棘具毒腺。体灰褐带青黄色，具褐色不规则斑块和斑点，吻端至背鳍前部具一斜纹。栖息于江、河、湖泊的静水或缓流水体中，尤以水草茂盛的湖泊中数量最多。白天潜居，夜间觅食。肉食性，从幼鱼至成鱼捕食活的鱼类，甚至残食同种。

鳜已人工养殖。鱼苗靠人工繁殖获得。鳜肉味鲜美，尤以清蒸为佳。

滚杯 glasses balancing 平衡、柔术类杂技项目。演员仰卧于圆台上，四肢、额头、嘴各托一座由许多玻璃水杯叠摞而成的水晶塔。然后，演员以自己的身体为圆心，

“滚杯”演出照（广州杂技团）

在圆台上做前仰后合，展体折腰，下叉滚翻等柔术动作，其四肢、额头、嘴上的水晶塔在随之变更不同方位和角度的同时，仍稳稳地矗立不动，展示出深厚的柔韧功夫和平衡技能。与滚杯类似的还有滚灯，其区别在于道具不同。前者表现的是控制多重液体容器的平衡能力；后者则是表现对多层次烛火的控制能力。20世纪90年代出现的《双人滚杯》和由三个演员重叠造型表演的《三重滚灯》，体现了滚杯类杂技技巧和综合艺术的突破性发展。

滚动摩擦 rolling resistance 两物体相对滚动或有相对滚动的趋势时，接触面产生的阻碍相对滚动的作用。又称滚动摩阻。见摩擦。

滚环 rolling rings 力技、平衡类杂技项目。以类似体育器械“虎伏”的铁环为基本道具。战士杂技团经过设计和实验，于20世纪90年代末创作出形式新颖、热情奔放的《青春的旋律——滚环》。杂技家们首先对虎伏本身进行了改革，制作出了大小不同的环、相互套装的环、梯形环、三重叠摞的环等不同样式不同功能的别样“虎伏”。以这些形形色色的环作道具创作了脱手滚环、双人行进中分滚环、多人滚大环、单双环绕梅花形旋转、大环压人卷入上环、三层高环双向旋转等一系列花式滚环技巧。这个节目经过音乐、舞台美术、灯光等艺术的渲染，营造出充沛的青春活力和彩环交辉的意境。

滚装船 roll-on/roll-off ship 把装有集装箱及其他件货的半挂车或装有货物的带轮的托盘作为货运单元，由牵引车或叉车直接进出货舱装卸的运输船舶。世界上第一艘滚装船是1958年美国制造的“彗星”号。由于可实现水陆直达联运而得到发展，盛行于北欧各国。

滚装船一般为多层甲板船，各层甲板之间用斜坡道或升降平台连通，便于车辆通行。上层建筑位于船头或船尾。机舱设在尾部甲板下面，烟囱位于两舷。有的滚装船甲板可以移动，便于装运大件货物，或增加装载汽车的甲板层数。滚装船的开口一般设在尾部，铰接式跳板斜搭到岸上。航行时跳板可折起矗立。新型滚装船跳板宽度可达14米，长达50米，能承受负荷100～180吨，可供2～3排满载的车辆同时通过。滚装船的问题是稳性较差，舱容利用率低，抗沉性不良，舱内有大量车辆废气等。

棍 cudgel 中国武术长器械之一。人类最早使用的防卫器具，被列为五兵之一。棍术以明代为最盛，除俞大猷棍法外，还有少林棍、青田棍等。近代棍法以健身为主，在技击、体育、表演艺术各方面皆有独到之处。棍有大棍、齐眉棍、三节棍、大梢子棍、手梢子棍，等等。大棍长八尺有余，舞动时需有很大臂力和腰腿劲。齐眉棍高与眉齐，舞动时可大蹦大跳，抡、劈、扫、舞，灵活多变。三节棍是三节短木棍，中间有铁环相连接，携带方便，舞动时可长可短，可伸可缩，棍法灵活多变。大梢子棍是一长棍和一短棍中间用铁环连接。手梢子棍，是一种较为短小的梢子棍，有单手梢子棍和双手梢子棍两种。各种棍形虽不相同，

棍术表演姿势

但练起来均有劈、蹦、缠、绕、点、拨、拦、封、撩、扫等法。棍术演练的形式有单人练、二人对练和集体练，但均要求手臂圆熟，身棍合一，力透棍尖。

郭宝臣 Guo Baochen（1856～1918） 中国山陕梆子（又称蒲州梆子）演员。工老生。艺名元元红（又称小元儿红）。山西临猗县人。少年时学商于襄陵面行，后赴平阳，偶遇名伶老元儿红张世喜，惊其歌喉过人，乃引至祁县入班学艺，未出师即已享名。光绪二年（1876）进京入源顺和班，不久，声名鹊起，曾赴天津、张家口演出。光绪十四年（1888）起，领衔义顺和班凡12年，为京中山陕梆子之冠，曾多次入清宫演出。他嗓音洪亮，唱腔高亢清越，说白沉雄爽利，吐字清楚流畅，与当时京剧老生谭鑫培齐名。郭宝臣能戏甚多，除演须生戏外，兼能串演其他行当脚色。擅长剧目有《连营寨》、《空城计》、《摘星楼》、《走雪山》、《滚钉板》、《春秋笔》、《芦花记》等。

郭宝钧 Guo Baojun（1893～1971-11-01） 中国考古学家。字子衡。生于河南南阳，卒于北京。北京师范大学国文系毕业。1928年参加中央研究院历史语言研究所在安阳殷墟进行的第一次发掘，后任该所研究员。中华人民共和国建立后，任中国科学院考古研究所研究员，又曾在北京大学历史系任教。1964年被选为全国政协委员。郭宝钧毕生从事商周时代的考古研究。他参加和主持的重要发掘有山东历城城子崖遗址，河南浚县辛村卫国墓地、汲县（今卫辉市）山彪镇和辉县琉璃阁战国墓葬、安阳武官村大墓、辉县固围村大墓、郑州二里岗遗址、洛阳东周城遗址和汉河南县城遗址等。他还较早注意从考古资料出发，结合历史文献，深入考察两周时期的埋葬制度，特别是礼器制度的发展变化，首先提出列鼎问题，对商周铜器群、青铜武器、车制和玉器的综合研究作出积极贡献。主

要著作有《山彪镇与琉璃阁》、《浚县辛村》、《中国青铜器时代》、《商周铜器群综合研究》等。

郭伯雄 Guo Boxiong (1942–07～) 中国共产党中央政治局委员，中国共产党中央军事委员会副主席，中华人民共和国中央军事委员会副主席。陕西礼泉人。1961年9月参加中国人民解放军。1962年5月加入中国共产主义青年团。1963年3月加入中国共产党。曾任排长，团司令部作训股股长，军司令部作训处参谋、副处长、处长，师参谋长。1981年入军事学院学习。1983年5月起任军参谋长，兰州军区副参谋长，集团军军长。1993年12月任北京军区副司令员。1997年11月任兰州军区司令员。1999年9月起任人民解放军副总参谋长、中共中央军事委员会委员。同年10月任中华人民共和国中央军事委员会委员。2002年11月，在中共十六届一中全会上当选为中央政治局委员，任中共中央军事委员会副主席。2003年3月任中华人民共和国中央军事委员会副主席。1988年9月被授予少将军衔，1995年7月晋升为中将军衔，1999年9月晋升为上将军衔。是中共十五至十七届中央委员。

郭大力 Guo Dali (1905–09–26～1976–04–09) 中国经济学家、教育家。生于江西南康，卒于北京。1923年入厦门大学学习化学，后转入上海大夏大学攻读哲学。先后在广东文理学院、厦门大学、中共中央马列学院、高级党校任教。从1928年起，郭大力与王亚南从事《资本论》的翻译工作，1938年《资本论》在上海出版。其后又出版了《〈资本论〉通信集》，《剩余价值学说史》。1953年和1961年《资本论》重版时，他和王亚南作了认真的修订。1966年春改译《剩余价值学说史》。其他译著有大卫·李嘉图的《政治经济学及赋税原理》、亚当·斯密的《国民财富的性质和原因的研究》、T.R.马尔萨斯的《人口原理》、朗格的《唯物论史》和《凯恩斯批判》等。

郭店楚简 bamboo slips of Chu State unearthed in Guodian 中国湖北荆门郭店1号楚墓出土的战国中期竹简。1993年发掘出土。总数800余枚，保存较好，其中有字简730枚。简上文字为典型的楚系文字字体。内容包括先秦古籍13种18篇，即《老子》甲乙丙篇、《太一生水》、《缁衣》、《鲁穆公问子思》、《穷达以时》、《五行》、《唐虞之道》、《忠信之道》、《成之闻之》、《尊德义》、《性自命出》、《六德》和《语丛》一至四篇。其中，简本《老子》是迄今所见时代最早的《老子》传抄本，《缁衣》内容与《礼记·缁衣》大体相合，《五行》与马王堆帛书《五行》基本一致，《性自命出》在上海博物馆所藏楚简中可见到相似的内容。其他各书也多为重要的儒家和道家典籍，部分内容分别见于一些传世古籍。郭店楚简的发现，填补了孔、孟之间儒家文献的空白，对研究先秦学术史和思想史具有重要意义。

郭汉城 Guo Hancheng (1917–09–08～) 中国戏曲理论家、剧作家、诗人。浙江萧山（今杭州市萧山区）人。1938年至陕甘宁边区关中分区陕北公学分校及晋察冀边区华北联合大学社会科学部学习。曾任察哈尔省文化局副局长兼省文联主任、中国戏曲学院戏曲研究所所长、中国戏剧家协会副主席、中国戏曲学会副会长等。著作和作品有《戏曲剧目论集》、《郭汉城诗文戏曲集》、《淡渍堂诗抄》、《师友集》（与章诒和合著），并与张庚共同主编《中国戏曲通史》和《中国戏曲通论》。他的戏曲理论主要体现于《戏曲剧目论集》一书。戏曲批评也多有名篇，论证了具有普遍意义的创作理论问题，对中国戏曲的民族特点多有阐发。戏曲剧作《海陆缘》、《合银牌》及与人合作的《青萍剑》、《琵琶记》等4部，均系根据古典名剧或传统戏曲重新编写，有独到的理解和处理。

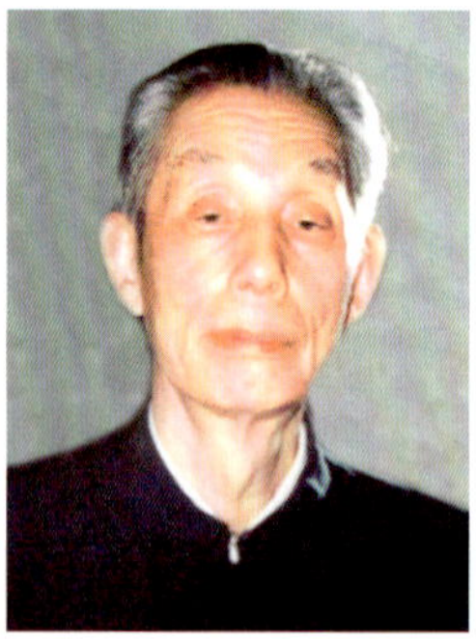

郭桓案 Guo Huan, Case of 中国明太祖朱元璋严惩户部侍郎郭桓等吞盗官粮的重大案件。洪武十八年（1385）三月，御史余敏、丁廷举告发北平承宣布政使司、提刑按察使司官吏李彧、赵全德等与户部侍郎郭桓、胡益、王道亨等通同舞弊，吞盗官粮。明太祖令审刑司拷讯，牵涉礼部尚书赵瑁、刑部尚书王惠迪、兵部侍郎王志、工部侍郎麦至德等，发现除侵吞宝钞金银外，仅贪污税粮及鱼盐等即折米2 400余万石。于是，赵瑁等皆弃市，自六部左右侍郎以下皆处死。供词牵连各布政使司官吏，系狱拟罪者数万人。核赃株连之人遍天下，中产以上民家被抄杀者不计其数。由于案件株连甚众，引起许多地主官僚的不满，纷纷指斥、攻击告发处理此案的御史和法官。为防止矛盾扩大，明太祖乃手诏公布郭桓等人罪状，而将原审法官右审刑吴庸等处磔刑，以平众怨。

郭嘉 Guo Jia (170～207) 中国东汉末曹操的重要谋士。字奉孝。颍川阳翟（今河南禹州）人。经荀彧推荐任曹操司空军祭酒。官渡之战前三年（197），郭嘉建议曹操东平吕布，以防与袁绍决战时吕布支援袁绍、双方夹击，造成被动。次年，曹操亲征并打败吕布。从此，郭嘉跟随曹操征战多年。及袁绍败，河北平定，又劝说曹操多辟青、冀、幽、并诸州名士以为掾属，借以笼络人心。建安十二年（207）曹操将北击乌桓，诸将惧荆州割据势力刘表袭击后方，郭嘉断言刘表只能空谈，又与刘备有矛盾，不足为虑。后果如其言。又为曹操袭击乌桓划策，以为兵贵神速，宜轻兵兼程，出其不意。曹操采纳此议，大获全胜。郭嘉从征还，病卒。曹操称赞他政治、军事方面的见识都超过别人。

郭晶晶 Guo Jingjing (1981–10–15～) 中国女子跳水运动员。河北保定人。1991年自河北省跳水队入选国家跳水队。1995年第9届世界杯跳水比赛获女子双人3米板及女子双人跳台跳水两项冠军，并为女子团体、混合团体冠军队中国队的主力队员。1998年获第8届世界游泳锦标赛3米板跳水亚军。1999年获第11届世界杯跳水比赛女子双人3米板和混合团体冠军。2000年获第12届世界杯跳水比赛3米板和女子团体、混合团体冠军，并获第27届奥林匹克运动会女子3米板跳水单人与双人两项亚军。2001年获第9届世界游泳锦标赛女子3米板跳水单人与双人两项冠军。2002年获第13届世界杯跳水比赛1米板、3米板和女子团体冠军。2003年获第10届世界游泳锦标赛女子3米板单人与双人（与吴敏霞合作）两项冠军。2004年第28届奥运会跳水比赛再获女子3米板单人及双人（与吴敏霞合作）两枚金牌。2005年7月、8月分别在第11届世界游泳锦标赛和第23届世界大学生运动会跳水比赛上，获女子3米板跳水单人和双人（与李婷合作）4枚金牌。2006年在第15

届世界杯跳水比赛中，获女子1米板单人和女子3米板双人（与李婷合作）2枚金牌。2007年第12届世界游泳锦标赛又一次夺得女子3米板单人与双人（与吴敏霞合作）两项冠军。2008年第29届奥运会跳水比赛获女子3米板单人及双人（与吴敏霞合作）两项冠军。2007年5月国际泳联名人堂向她颁发国际跳水界的最高荣誉奖——德拉夫克利斯跳水奖。

郭兰英 Guo Lanying (1930-12-31～) 中国女高音歌唱家。生于山西平遥。6岁学唱山西梆子。7岁于山西太原开化寺戏园初次登台，13岁已在戏曲表演方面初露头角。1946年秋，她参加华北联大文工团，1948年，她主演了新歌剧《白毛女》，获得成功。1949年，她参加了在匈牙利举行的第二届世界青年学生和平与友谊联欢节，以演唱《妇女自由歌》获奖。中华人民共和国建立后，她先后在中央戏剧学院附属歌舞剧院、中央实验歌剧院、中国歌剧舞剧院任演员。主演了新歌剧《小二黑结婚》、《刘胡兰》、《春雷》、《红霞》、《窦娥冤》等。她曾访问罗马尼亚、波兰、南斯拉夫、意大利、日本等20多个国家。郭兰英嗓音甜美，音域宽阔，吐字清晰，行腔富于韵味，具有浓郁的中国民族歌唱特色。她所扮演的人物达到了歌唱与表演的高度和谐统一，为中国新歌剧表演体系的建立作出了开拓性的贡献。

郭沔 Guo Mian (约1190～1260) 中国南宋琴家。浙派创始人。字楚望。永嘉（今浙江温州）人。一生甘居布衣，不曾入仕。中年曾在张岩门下做清客。后时局动荡，张岩被贬黜，元兵侵浙，郭沔移居湖南衡山附近。他创作了经典之作《潇湘水云》、《泛沧浪》、《步月》、《飞鸣吟》等琴曲。这些作品以景写情，寄托了作者幽思深远的爱国情怀。郭沔终生研究琴学，淳祐至景定年间（1241～1264）以琴名扬天下。他不仅创作了许多琴曲，收集、整理了许多传统琴曲，同时他对琴学的流传也有杰出贡献。有入室弟子刘志方等，再传弟子徐天民、毛敏仲等知名琴人对后世琴坛有深远影响。

郭沫若 Guo Moruo (1892-11-16～1978-06-12) 中国历史学家和古文字学家、文学家、诗人和戏剧家、革命的思想家、政治家和社会活动家，全国人大常委会副委员长。祖籍福建汀州（今长汀）。生于四川乐山沙湾镇，卒于北京。原名开贞，曾用名鼎堂，沫若为首次发表新诗时笔名。早年在嘉定中学、成都高等学校理科就学，参加了**四川保路运动**。1914年赴日本留学，开始爱国文学活动，发起成立新文学团体“创造社”，第一部新诗集《女神》影响很大。1923年毕业于九州帝国大学医科。回国后，1926年参加北伐战争，任国民革命军总政治部秘书长、副主任等职。1927年撰文谴责蒋介石的四一二政变，参加领导南昌起义，任革命委员会宣传委员会主席和总政治部主任。南下途中由周恩来、李一氓介绍加入中国共产党。1928年起长期旅居日本，从事中国古代史和古文字研究，取得开拓性的丰硕成果，出版专著《中国古代社会研究》、《甲骨文字研究》等。1930年加入中国左翼作家联盟。抗日战争爆发后，回国任《救亡日报》社长，国民政府军事委员会政治部第三厅厅长、文化工作委员会主任等职，为发展壮大抗日统一战线做了很多工作。创作歌颂民族精神的《屈原》、《虎符》等历史剧。1944年发表总结明末农民起义教训的《甲申三百年祭》，成为整风运动文件。抗日战争胜利后，赴上海、香港从事进步文化活动。1948年11月，由香港转赴东北解放区。中华人民共和国建立后，历任中央人民政府委员、政务院副总理兼文化教育委员会主任，中国科学院院长兼哲学社会科学部主任、历史研究所一所所长，中国科技大学校长，全国文学艺术界联合会一届、二届、三届主席，中国人民保卫世界和平委员会主席等职。从1954年起当选为一至五届全国人大常委会副委员长，全国政协二届、三届、五届副主席。是中共九届、十届、十一届中央委员。多次代表国家参加国际活动，为促进中国人民与世界人民的友好交流做了大量工作。在长期组织领导科学文化教育工作的同时，继续从事个人文学创作和学术研究，先后出版了诗集《新华颂》、《潮汐集》，历史剧《蔡文姬》，学术著作《中国史稿》、《中国近代史稿》、《奴隶制时代》、《管子集校》、《文史论集》等。“文化大革命”中出版著作《李白与杜甫》。1978年抱病在全国科学大会发表讲演《科学的春天》。一生中在文学、艺术、历史、哲学、考古、翻译等领域留下了丰富著述，《郭沫若全集》分为文学、历史、考古编，总计38卷。

郭品文 Guo Pinwen (1891～1969) 中国祁剧演员。工小生。湖南祁阳人。12岁入芝兰班品字科学戏6年，为祁剧名小生何月波、何翠福得意门生。能文能武，唱做俱佳。表演代表剧目有《三气周瑜》、《活捉子都》、《白门楼》、《金龙探监》等。表演花俏而多变化，刚柔相济，活泼灵巧，一举一动都有规矩可循；腕功、指功精深，有许多绝招。演唱多花腔，善用真假嗓相结合的“雨夹雪”唱法，唱来婉转自如，咬字准确，吐字清晰。他塑造了许多栩栩如生的人物形象，有“活周瑜”之称。唐清兰、何少连等均出其门下，称郭派小生。他的演出活动遍及湘南、桂北等广大地区。

郭品文在祁剧《活捉子都》中饰子都

郭璞 Guo Pu (276～324) 中国晋代学者、文学家。字景纯。河东闻喜（今属山西）人。西晋末年家乡战乱，避地东南。过江后在宣城太守殷祐幕下任参军，后又从宣城东下，被当时任丹阳太守的王导引为参军。晋元帝即位后，任著作佐郎，迁尚书郎。后任大将军王敦的记室参军。因劝阻王敦图逆，被害。

他在古文字学和训诂学方面有颇深造诣，曾注释《周易》、《山海经》、《尔雅》、《方言》及《楚辞》等古籍。他注意疏通古训，旁采方言，创造以俗语释雅言，以今语释古语的方法，对训诂学和历史地理学以及动植物学有很大贡献。郭璞“词赋为中兴之冠”（《晋书·郭璞传》），多数散佚。今尚存辞赋10篇，较完整的诗18首。《江赋》是其辞赋的代表作，《文选》收录。他最为人传诵的作品是《游仙诗》。今存14首（其中4首残缺），钟嵘的《诗品》及《北堂书钞》尚录存一些佚句。这些诗的内容多写求仙者隐居深山的情趣及其得道飞升的愿望，流露出孤高傲世、蔑视世俗的情绪。实际上反映了他企图超脱现实又不可能超脱的矛盾心境。另存四言诗4首。明张溥辑有《郭弘农集》2卷，收入《汉魏六朝百三家集》。

郭绍虞 Guo Shaoyu (1893-08-21～1984-06-22) 中国古典文学理论研究家、语言学家。原名郭希汾，字绍虞。生于江苏苏州，卒于上海。1913年7月，到上海任商务印书

馆附设尚公小学教员。五四运动中，他的思想深受《新青年》的影响，向《新潮》杂志投稿，成为新潮社社员。1920年到北京，任《晨报副刊》特约撰稿员，同时在北京大学哲学系旁听。1921年参与发起成立文学研究会。1927年7月起，在燕京大学中文系任教授14年，所著《中国文学批评史》于1934年出版。这部著作大规模收集中国古代文学理论批评著作，并轮廓分明地写出了每个历史时期的理论批评发展概况，及其前后的继承与革新关系，受到学术界的重视。

1943年秋至1946年春，郭绍虞由北平到上海担任开明书店编辑，同时在一些大学任教。著有《语文通论》(1947)及其续编(1948)。自1949年起，到复旦大学任教，先后任中文系主任、图书馆馆长、文学研究室主任等职。还担任过中国作家协会上海分会副主席、上海文学研究所所长、上海市文学艺术界联合会副主席等职。

郭绍虞的学术著作尚有：《宋诗话辑佚》(1937)、《中国古典文学理论批评史》第一册(1959)、《汉语语法修辞新探》(1979)、《宋诗话考》(1979)、《照隅室古典文学论集》(1983)等，主编《中国历代文论选》(1962)、《沧浪诗话校释》(1961)、《诗品集解、续诗品注》(1963)等。

郭士立 Gützlaff, Karl Friedrich August (1803-07-08～1851-08-09) 德国基督教路德宗来华牧师，汉学家。又译郭实腊。生于波兰斯德丁附近的佩日采，卒于香港。1821年入柏林耶尼克传教士学校。1823年在鹿特丹加入尼德兰传教会。曾在巴塔维亚布道。1828年由新加坡到泰国。不久辞去尼德兰传教会职务，成为自立传教士。1829～1831年在泰国用暹罗文翻译《路加福音》、《约翰福音》并出版《交趾支那字典》。1831年到澳门任英国东印度公司翻译，曾七次航行中国沿海口岸，在上海等地贩卖鸦片并在"阿美士德"间谍船上活动，同时散发宗教书刊。1833～1837年主编《东西洋考每月统记传》(月刊)，该刊除传教文字外，还刊载政治、科学和商业方面的文章。1834年与裨治文共同组织益智会。1835年继马礼逊任英国贸易监督的首席翻译。鸦片战争期间，随英军到定海、宁波、上海、镇江等地进行侵略活动，一度任英军占领下的定海"知县"，1842年8月参与签订《南京条约》。1843～1851年任香港英国当局汉文秘书，同时从事传教。1844年在香港设立汉会，又名福汉会，意为汉人信道得福。该会又被称为郭士立差会，专门训练中国传教人员到内地布道。他是德国教会传入华南的开创人。在华曾参与圣经汉译工作。

郭守敬 Guo Shoujing (1231～1316) 中国元代天文学家、数学家、水利专家和仪器制造家。字若思。顺德邢台(今属河北)人。郭守敬幼承家学，攻研天文、算学、水利之学。32岁出仕元廷。他多次参加整治华北水利工程，参与修复西夏(今宁夏银川一带)水利工程，颇有贡献。至元十三年(1276)受命参与制定新历法。经王恂、郭守敬等人4年努力，至元十七年编出新历，经忽必烈定名为《授时历》。

《授时历》是中国古代一部很精良的历法。郭守敬为修历而设计和监制了简仪、高表、候极仪、浑天象、玲珑仪、仰仪、立运仪、证理仪、景符、窥几、日月食仪以及星晷定时仪等新仪器。

除了对日、月、五星的运动进行系统、详细的测量之外郭守敬主持了27个地方的日影测量、北极出地高度和二分二至日昼夜时刻的测定。在大都(今北京)，通过三年半约200次的晷影测量，郭守敬定出至元十四年到十七年(1277～1280)十分精确的冬至时刻。他又结合历史上的可靠资料加以归算，得出一回归年的长度为365.242 5日，同现今世界上通用的公历值一样。

《授时历》完成后，王恂与郭守敬着手整理观测资料，编制各种数据用表。至元十八年(1281)，王恂去世，郭守敬继任太史令。他所编述的天文历法著作，有《推步》7卷等多种。

晚年，郭守敬致力于河工水利，兼任都水监。至元二十八至三十年(1291～1293)，他提出并完成了自大都到通州的运河，即通惠河工程。他巧妙地汇集、导引从昌平白浮村到西山一线的泉水溪流，解决了水源问题，又设置坝闸，令漕船顺利地自通州拾级而上，直抵积水潭。

郭淑珍 Guo Shuzhen (1927-06-01～) 中国女高音歌唱家，声乐教育家。祖籍山东长清。生于天津。1947年入国立北平艺术专科学校。1949年转入中央音乐学院。1953年赴莫斯科柴科夫斯基音乐学院留学，1958年

毕业。1955、1957年，先后参加第五届、第六届世界青年学生和平与友谊联欢节古典歌曲比赛，分别获三等奖、一等奖。1959年任中央歌剧院演员，并执教于中央音乐学院。历任声乐系副主任、声乐教研室主任、教授等职。1985年被选为中国音乐家协会第四届常务理事。其演唱熔抒情、戏剧、花腔女高音于一炉，个性鲜明，尤以演唱《黄河大合唱》中的《黄河怨》著称。邓韵、方初善、王秀芬、温燕青等歌唱家均出自其门下。

郭嵩焘 Guo Songtao (1818～1891-09) 中国清末外交官，洋务运动倡导者之一。字伯琛，号筠仙，晚又号玉池老人，学者称养知先生。湖南湘阴人。道光二十七年(1847)进士。咸丰二年至三年赞助曾国藩办团练，建立湘军，与太平军作战，授翰林院编修。1858年入京供职，次年奉旨随同僧格林沁办理天津海防。1862

年任苏松粮储道。次年授两淮盐运使，并擢署广东巡抚。在粤三年，为湘军筹捐济饷，组织攻伐太平军余部和地方起义武装，后因人事纠葛解职回籍。闲居八年中，掌教长沙城南书院和思贤讲舍，从事撰述。1875年，命入值总理衙门。旋奉诏以侍郎候补充任出使英国大臣(后兼使法)，赴英了结马嘉理案，为中国遣使驻欧之始。1876年12月至1879年1月使外期间，考察西方"朝廷政教"和历史文化，有60万言记述。记述的极少部分以《使西纪程》书名(又名《英轺纪程》)刊行后，受到守旧派的猛烈攻击，并受清廷申斥毁版，旋被召回国。此后未再起用，居乡讲学。1891年9月病故。著有《养知书屋遗集》、《玉池老人自叙》、《史记札记》、《礼记质疑》、《郭嵩焘日记》等。

郭廷以 Guo Tingyi (1904-01-12～1975-09) 中国历史学家。字量宇。河南舞阳人。卒于美国纽约。1926年东南大学历史系毕业。历任中央大学教授兼文学院院长，台湾"中央研究院"近代史研究所所长、研究员。毕生从事近代史研究，卓有贡献。

他的《太平天国历法考订》驳正了日本学者田中萃一郎所撰《天历与阴阳历对照表》的差错。1926年起，编撰《太平天国史事日志》，内容始于1796年，终于1868年，其中将太平军（包括捻军）的发生、发展及其败亡依公历逐日编排，阴历及天历一并注明。是一部研究太平天国史的重要工具书。郭廷以原拟编《近代中国大事志》，《太平天国史事日志》即其中一部分，其余部分历时共30余年完成，于1963年由台北商务印书馆出版，取名《近代中国史事日志》。是书日志始于1829年，终于1919年，其体例与《太平天国史事日志》相同。其他著作还有《近代中国史》、《俄帝侵略中国史》、《台湾史事概说》等。此外，他还曾主持编辑了几种大型近代史资料丛刊。

郭威 Guo Wei（904～954） 中国五代时后周王朝的开国皇帝。见后周太祖郭威。

郭熙 Guo Xi 中国北宋画家、绘画理论家。字淳夫。河阳温县（今河南温县）人。出身布衣，善画，初无师承，后在临摹李成山水画中受到启发，笔法大进。神宗熙宁（1068～1077）年间在汴梁为达官贵族府厅画壁画，又入宫绘制殿堂屏幛，曾与画家李宗成、符道隐等合作小殿屏风，受到宋神宗赵顼的赏识，授御书院艺学，迁待诏。当时宫廷中朝会、起居、游赏等重要场所都装饰着他的山水画。元丰（1078～1085）年间新建的中书省、门下省、枢密院、学士院的屏壁皆为郭熙所画。其中学士院壁画《春江晓景》和《秋山平远》表现了“春晴之融洽，物态之欣豫”，曾得到文彦博、苏轼、黄庭坚等赋诗作跋，大加赞赏。他的山水画曾作为政府礼物送给高丽国。现存郭熙的作品有《早春图》、《关山春雪图》、《窠石平远图》、《幽谷图》、《古木遥山图》等。《关山春雪图》（台北“故宫博物院”藏），表现雪峰直插天际，层峦叠嶂，覆雪皑皑，

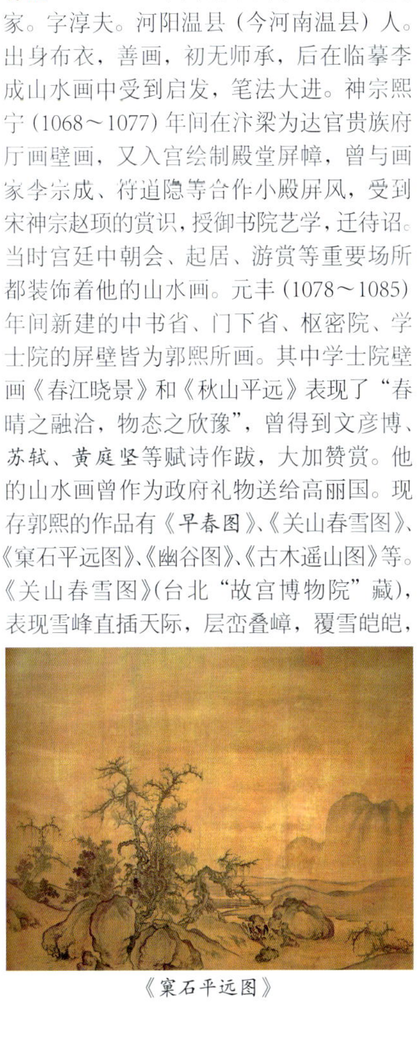

《窠石平远图》

山腰阁楼里的水磨被涧水带动，使肃穆宁静的画境顿添欢快活泼之感。《窠石平远图》（故宫博物院藏，见图），画树石平远、秋高气爽的景色，图中的卷云皴、蟹爪树体现了郭熙笔墨风格的特色。其传世绘画理论著作《林泉高致》阐述了关于山水画艺术的见解，由其子郭思整理而成。全书共分《山水训》、《画意》、《画诀》、《画题》、《画格拾遗》、《画记》6篇。前4篇为郭熙艺术论述，《画格拾遗》记述郭熙的一些画迹，《画记》系郭思追述郭熙受神宗宠遇及宫廷中作画史实，是研究郭熙生平及宫廷山水画创作的重要资料。

郭象 Guo Xiang（约252～312） 中国西晋玄学家。字子玄，河南（今河南洛阳）人。当时太尉王衍常曰：“听象语，如悬河泻水，注而不竭。”可见其才气横溢。郭象早年闲居在家，后为东海王司马越所招揽，被任命为太傅主簿。著作流传至今的主要是《庄子注》，它是在向秀《庄子注》的基础上“述而广之”的。

郭象的哲学是魏晋玄学发展中的一个重要阶段。魏晋玄学从何晏、王弼至郭象，一个非常现实的问题就是如何处理“名教”与“自然”的关系问题。郭象从理论上重新把名教与自然双方调和统一起来。

郭象认为名教完全合于人的自然本性，人的本性的自然发挥也一定符合名教。由于“性各有分”，一切贵贱高下等级，都是“天理自然”，人们如果“各安其天性”，则名教的秩序就自然安定了，所以名教与自然是相冥合而非对立的关系。他的本体理论是独化论，认为天地间一切事物的生成都是没有原因的，“物皆自然”，反对造物主的观念，“上知造物无物，下知有物之自造”。

不论是有与无，还是古与今，事物之间都不存在任何联系，也不能相互转化。各个“自生”而“独化”的“有”，成为了一种永恒的绝对。独化也有自身的限制，那就是独化于“玄冥之境”。玄冥之境是一种名无而非无的存在状态，实际上也就是天命。事物的“独化”都由其天定的“性”、“命”所决定，“天性所受，各有本分，不可逃，亦不可加”。“独化论”最终陷入了命定论。“独化论”在理论上有许多牵强之处，但基本上满足了西晋社会发展对理论的需要。

郭小川 Guo Xiaochuan（1919-09-02～1976-10-18） 中国诗人。原名郭恩大。河北丰宁人。卒于河南安阳。1933年到北平，曾在高级师范及工学院补习班读书，并参加抗日救亡活动。1936年开始写诗。1937年参加八路军，1941年到延安中央研究院学习。抗日战争胜利后任丰宁县县长。1948年起先后在《群众日报》、《天津日报》工作。1949年随军南下，任中共中央中南局宣传部处长。1950年出版诗集《平原老人》。1954年调到中共中央宣传部工作。1955年任中国作家协会书记处书记兼秘书长。1956年出版诗集《投入火热的斗争》，次年又出版《致青年公民》。以后又出有长篇叙事诗《雪与山谷》、《将军三部曲》。1962年后，受聘为《人民日报》特约记者。其间，走遍大江南北，出版诗集《甘蔗林——青纱帐》、《昆仑行》，作品讴歌了创业时代的建设者和保卫者，表现了战胜困难的昂扬精神。“文化大革命”中，屡遭迫害，到“五七”干校劳动，写有《团泊洼的秋天》、《秋歌》等具有反抗精神的诗篇。1976年10月由河南返京时不幸逝世。诗集还有《月下集》、《两都颂》、《郭小川诗选》等。2000年广西师范大学出版社出版有《郭小川全集》。

郭永怀 Guo Yonghuai（1909-04-04～1968-12-05） 中国力学家。生于山东荣成，卒于北京。1935年毕业于北京大学物理系。1941年在加拿大获多伦多大学硕士学位。后去美国加利福尼亚理工学院，在T.von卡门指导下做流体力学的研究工作，取得哲学博士学位。1946年任康奈尔大学教授。1956年回国后，任中国科学院力学研究所副所长、《力学学报》主编、中国科学技术大学化学物理系主任等职务。1959年起参与中国两弹一星研制，1960年任第二机械工业部核武器研究所副所长，1964年任核武器研究院副院长，1968年因飞机失事殉职。1957年当选中国科学院学部委员（院士）。1999年被追授中国“两弹一星功勋奖章”。

主要从事跨声速空气动力学的研究，曾负责核武器力学研究的领导工作。1946年与钱学森共同发表《可压缩流体二维无旋亚声速和超声速混合型流动和上临界马赫数》论文，指出在跨声速流场中有实际意义的是来流的上临界马赫数，而不是以往被重视的下临界马赫数。这项研究结果对航空技术中突破声障具有重要意义。1953年前后对激波与边界层的相互作用进行了深入研究，并将H.庞加莱所开创、被M.J.莱特希

尔所发展的小参数求解方法运用于远场解和近场解的对接中，得出远场超声速流动与近场边界层相互作用的速度场和压力场的表达式，得到与实验一致的理论结果。这一推广后的方法被称为庞加莱－莱特希尔－郭永怀（PLK）方法，现称奇异摄动法。60年代，郭永怀指出钝锥绕流可能产生“悬挂激波”，并给出产生二次激波的条件；指出在弹体穿过核爆区的高超声速再入大气层时，灰尘粒子对激波有重要影响。在爆轰力学的发展方面也作出了贡献。发表研究论文数十篇，并出版有《郭永怀文集》。

郭子兴 Guo Zixing (? ～1355) 中国元末江淮地区红巾军首领。定远（今属安徽）人。地主出身，曾加入白莲教，经常散财结客。至正十二年（1352）二月初一与农民孙德崖等率众起义，自称节制元帅。当日攻克濠州（今安徽凤阳东北）。朱元璋也参加到这支队伍中，郭子兴病死后不久，朱元璋成为起义军首领。

郭子仪 Guo Ziyi (697～781) 中国唐中叶名将。华州郑县（今陕西华县）人。开元中武举登第，天宝十三载（754）任天德军（今内蒙古五原东）使，兼九原太守、朔方节度兵马使。十四载十一月安禄山反，子仪为朔方节度使，领兵东讨。次年，他与朔方军将领李光弼在常山（今河北正定）会师，击败叛将史思明，收复河北十余郡。后因潼关（今陕西潼关东北）失守，奉命还军朔方（今宁夏灵武西北）。至德二载（757），随元帅广平王李俶（后为唐代宗）率领本统军队和回纥等各族联军击败叛军，相继收复两京，安庆绪北退至相州。乾元元年（758），子仪等九节度使围攻相州。次年，唐军败溃。代宗解除子仪兵柄。自安史之乱后，吐蕃攻占河陇。广德元年（763）十月，吐蕃一度进入长安，子仪被起用为关内、河东副元帅。永泰元年（765）十月，吐蕃、回纥联兵内侵，子仪领兵御之，说服回纥军反戈击吐蕃，长安的紧张局势得以缓和。大历年间（766～779），吐蕃仍连年内侵，子仪以副元帅久驻河中（今山西永济西）、邠州，承担备御任务。大历十四年（779）五月唐德宗李适继位，召子仪还朝，充当山陵使，主管代宗安葬事宜，赐号尚父，进位太尉、中书令，免去副元帅及所兼节度使等职。建中二年（781）六月去世。

锅炉 boiler 利用燃料或其他能源的热能把水加热成为热水或蒸汽的设备。锅炉产生的热水或蒸汽可为工业生产和人类生活提供所需热能，蒸汽可通过动力装置转换为机械能，也可通过发电机转换为电能。锅炉由锅与炉两部分组成。给水处理、水泵、阀门、鼓风机、引风机、燃料供给、除渣、除灰和自动控制等锅炉本体以外的装置属锅炉的辅助设备。

参数与分类 锅炉的参数包括锅炉的容量，蒸汽参数和给水温度等。锅炉可按照不同的方法进行分类。按用途分为工业锅炉、电站锅炉、生活锅炉、船舶锅炉和机车锅炉等。按燃用燃料种类分为燃煤锅炉、燃油锅炉、燃气锅炉等。按出口的蒸汽压力分为低压、中压、高压、超高压、亚临界压力、超临界压力和超超临界压力锅炉。按燃烧方式分为室燃炉、层燃炉和沸腾炉等。按水和烟气的流动路径分为火筒锅炉、火管锅炉和水管锅炉。按炉膛水冷壁内工质的循环方式分为自然循环锅炉、辅助循环锅炉（即强制循环锅炉或控制循环锅炉）、直流锅炉和复循环锅炉。

工作过程 图为一台典型的电站超高压自然循环燃煤锅炉的工作过程图。炉内过程包括燃料在炉内的燃烧、放热、排渣和受热面外部的结渣、积灰、磨损、腐蚀。锅内过程包括水在管内流动、循环、传热、锅炉内汽水分离、热化学。锅炉效率指送入锅炉的燃料热量中的有效利用的百分数。近代电站锅炉的效率可达90%以上，工业锅炉的效率可达75%以上。

锅炉承受高温高压，安全问题十分重要。对锅炉的设计计算、材料选用、制造和检验等都制定有严格的法规。锅炉排烟中所含的粉尘、硫和氮的氧化物都是污染大气的物质，必须加以控制。

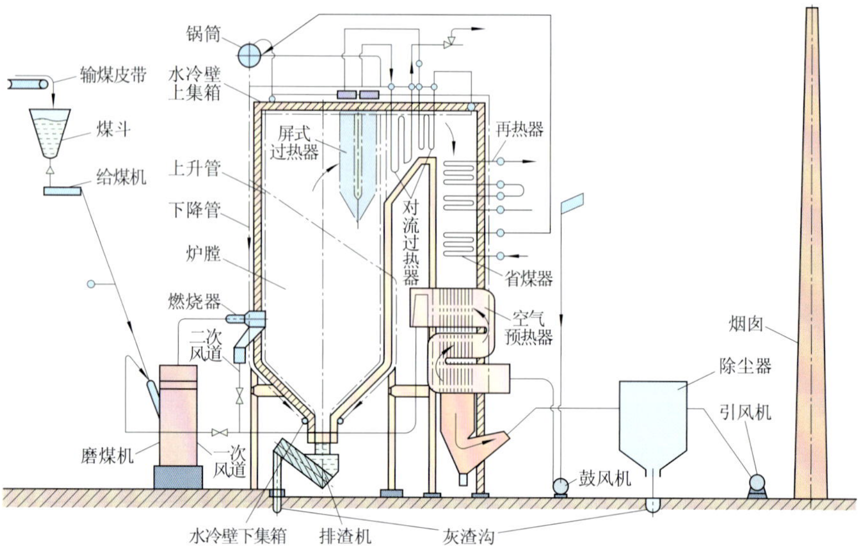

电站燃煤锅炉工作过程图

《国朝献徵录》 *Collection of Outstanding Public Figures of Ming Dynasty* 中国明代人物传记资料选编。120卷。明焦竑撰。焦竑（1540～1620）字弱侯，号澹园，江宁（今江苏南京）人。为诸生时即有盛名。万历十七年（1589）殿试第一，官翰林院修撰。善为古文，博览群书，熟习朝章典制，著述甚多。二十二年参与编修国史，分撰修成记明代典籍的《经籍志》。《国朝献徵录》约于万历中叶编成，搜集从洪武至嘉靖的十二朝的原始史料，各官分类标目，无官者以孝子、义人、儒林、艺苑等目分别记载的体例编辑，从大臣到地方官吏，几乎莫不有传。大多数人物传记，都注明引述之书。该书搜罗甚广。万斯同修《明史》时，曾利用它与官修实录对勘。乾隆中叶的《明史考证》，多据该书以校《明史》。但由于征引庞杂，故其史料价值高低参差，需要考订区分。清乾隆时列为禁书，故传本甚少。1965年台湾学生书局出版的《中国史学丛书》中有影印本。

国防经济 national defense economics 满足国家平时防务需要的经济。它既是国民经济的特殊部分，也是国防活动的一个重要方面。它的使命是将国家用于平时防务需求的那部分经济实力，适时地转化为战争需要的国防实力，以保障国家安全。

发展简史 国防经济是随着国家和军队的产生而逐渐形成和发展的。至19世纪末，工业革命完成，国防和军队进入工业化时代，军事工业逐步壮大，成为大工业的一个部门和相对独立的社会经济类别。

20世纪后，国防经济获得极大发展，国民经济战争准备成为国防经济的重要内容。第一次世界大战直接战费高达2 080亿美元，相当于1793～1907年114年间历次战争费用总额的10倍。1933年德国希特勒法西斯上台，将国民收入的60%～70%用于军事开支，第一次将战争的国民经济准备纳入国防经济范畴，并付诸实践。第二次世界大战后，尤其是20世纪80年代以后，随着知识经济的兴起和高技术局部战争的发生，国防经济日益知识化，高科技化，与民用经济的相融性日益提高。

核心内容 国防经济通常有3种含义：

①国防经济关系。指在军品和军事保

障性劳务的生产、分配、交换、消费过程中形成的军事生产关系的总和，也就是适应一定军品和军事保障性劳务生产力发展的国防经济制度。包括：ⓐ军事消费关系。广义军事消费关系，包括军事安全产品消费关系和军品消费关系。前者的消费主体是全体公民，后者的消费主体是武装力量。狭义军事消费关系仅指军品消费过程中结成的社会关系。ⓑ军事分配关系。这里主要指军事消费品分配关系。军事分配是实现军事消费需求的首要条件。国防部门为了实现消费需求，以分配对象的身份参与国民收入的分配，同国家发生分配关系。ⓒ军事交换关系。是指军事生产的交换关系和军品的交换关系。军事部门从国家取得货币之后，必须通过交换，把货币转化为消费品。ⓓ军事性质的物质生产关系，主要发生在武器装备的直接生产过程。

②国防经济活动。包含军事物质资料生产和军事保障性劳务的生产，以及相应的交换、分配和消费。军事物质资料的生产为国家武装力量提供军事装备、军事设施和军事工程等；军事保障性劳务生产为国防建设和国防威慑活动提供后勤（包括军事装备的科研、采办、供应等）保障。

③国防经济部门或总体。有时指国防经济的特定部门，有时又指既相互联系又有分工的国防经济各部门的总和。主要包括：用于军事的人力、物力和财力资源；制造武器装备、军需品及提供原材料的工业和农业；直接或间接为国防服务的交通运输、邮电、通信、财务、科研、文化教育、医疗卫生等部门，核心部门是军事工业。

国防戏剧 national defense drama　在国防文学影响下发展起来的进步戏剧。为左翼戏剧运动在中国民族革命新高潮来临后的扩大和发展。1936年上海戏剧界联谊会（又名戏剧界俱乐部，由章泯等负责）和上海剧作者协会（由张庚、周钢鸣负责）成立，提出国防戏剧口号，制定并发表《国防剧作纲领》。规定国防戏剧创作应以揭露日寇的残暴、批评一切不利于抗日的思想和言论、歌颂群众的抗日情绪和行为为主要任务。主要作品有于伶（尤兢）的《回声》、洪深的《走私》、张庚的《秋阳》、夏衍的《都会的一角》等。七七事变后，抗日战争全面爆发，国防戏剧发展为抗战戏剧运动。

《国风》 *Folk Song of States*　《诗经》的组成部分，简称《风》。包括“周南”、“召南”、“邶”、“鄘”、“卫”、“王”、“郑”、“齐”、“魏”、“唐”、“秦”、“陈”、“桧”、“曹”、“豳”15国风，共160篇。

“国”是指周代的诸侯国和地区或方域；“风”即乐曲，也就是音乐曲调。“国风”就是当时诸侯国所辖各地域的乐曲，是相

（宋）马和之作《诗经·豳风》诗意图（故宫博物院藏）

对于周天子的京都而言的各地的地方小调。《诗经》中的《国风》即指配有这种地方小调的诗歌，其中包括各地的民俗歌谣。《国风》产生的地域很广阔，大体说来，北至山西，西至陕西，南至湖北，东至山东，其中尤以河南为多。各地的风俗习尚，诗中多有反映。

《国风》大体产生于西周初期至春秋中期。西周初期的作品，如《豳风·七月》、《豳风·破斧》是《国风》中最早的作品；春秋中期的作品，如《秦风·黄鸟》、《陈风·株林》则是《国风》中最晚的作品。其他绝大部分作品产生的具体年代难于考索。

《国风》中的大部分作品都是民歌，是劳动人民的集体口头创作，凝结着他们的理想和智慧，是《诗经》精华之所在，具有高度的思想性和艺术性。主要内容包括：①反映劳动人民苦难生活，表达他们反抗剥削压迫的强烈愿望。如《豳风·七月》、《魏风·伐檀》和《魏风·硕鼠》等。②揭露徭役和兵役给劳动人民造成的巨大灾难和痛苦。如《唐风·鸨羽》、《王风·君子于役》和《豳风·东山》等。③表现爱国主义情操和对统治阶级丑行的憎恨。如《秦风·无衣》、《鄘风·载驰》、《陈风·株林》和《鄘风·相鼠》等。④反映美好爱情和婚姻家庭生活。如《周南·关雎》、《邶风·静女》和《卫风·氓》等。⑤讴歌愉快的劳动生活。如《周南·芣苢》和《魏风·十亩之间》等。

《国风》运用赋比兴手法歌咏景物、直抒胸臆，语言源于生活，鲜明生动，富于极强的表现力。

《国富论》 *An Inquiry into the Nature and Causes of the Wealth of Nations*　18世纪英国古典政治经济学的代表人物亚当·斯密的著作。全称《国民财富的性质和原因的研究》。

国歌 national anthem　代表国家的歌曲，反映一个国家的历史或现实，以鼓舞爱国主义精神为主题。国歌象征国家的尊严，通常在举行重要集会、庆典或国际交往中举行隆重仪式时演奏或演唱。

现代国家大都有自己的国歌。16世纪荷兰的《威廉·凡·拿骚》为世界上最早的国歌。中国清代于1911年9月颁布《巩金瓯》为国歌，这是中国最早正式颁布的国歌。辛亥革命后的1912年，孙中山在南京就任临时大总统时，以《五族共和歌》为国歌。

除少数国家的国歌是纯粹的器乐曲外，绝大多数国家的国歌都有歌词。国歌最典型的体裁是颂歌，进行曲和抒情曲体裁的

中华人民共和国国歌

（义勇军进行曲）

田　汉作词

聂　耳作曲

进行曲速度

歌曲在成为国歌后，常有颂歌化的趋势。

1949年9月27日中国人民政治协商会议第一届全体会议决定在国歌未正式制定前，以《义勇军进行曲》为代国歌。2004年3月15日第十届全国人民代表大会第二次会议通过的宪法修正案第31条，第一次明确以宪法的形式规定，中华人民共和国国歌是《义勇军进行曲》。

国共合作 Communist and Kuomintang Alliance 中国共产党和中国国民党合作的简称。1922年中国共产党第二次全国代表大会确定了国共合作、建立革命统一战线的基本思想。1923年中国共产党第三次全国代表大会主要讨论国共合作问题。同年，共产国际就国共两党合作的必要性作出专门决议。孙中山接受中国共产党的建议，1924年1月召开中国国民党第一次全国代表大会，确定了联俄、容共、扶助农工的三大政策，重新解释三民主义，选举有共产党员参加的中央执委会，实现第一次国共合作，建立了反帝反封建的革命统一战线，促使大革命蓬勃发展。1927年蒋介石、汪精卫发动反革命政变，第一次国共合作破裂。1931年九一八事变后，中国共产党在民族矛盾成为主要矛盾的条件下，于1935年8月1日发表《为抗日救国告全体同胞书》(即《八一宣言》)，提出停止内战、一致抗日。1936年12月中国共产党促成和平解决西安事变。1937年七七事变后，中共中央向国民党发出《中国共产党为公布国共合作宣言》。经两党谈判，9月22日国民党被迫发表了这个宣言；次日蒋介石发表谈话，承认中共的合法地位，第二次国共合作形成，建立了抗日民族统一战线。此后经历了曲折复杂的合作抗战的发展历程，中国共产党顾全大局，坚持抗战，反对投降；坚持团结，反对分裂；坚持进步，反对倒退；维护了抗日民族统一战线。1946年6月蒋介石为建立独裁统治发动全面内战，第二次国共合作破裂。

国花 national flower 被选作一个国家的表征的花卉。用以反映一个国家中人们对花卉的传统爱好和民族感情。各国对国花有不同的选择标准。有的选用在世界上有独特地位的本国特产名花，如荷兰的郁金香；有的选用本国栽培历史特别悠久的花卉，如英国的月季；有的选用有特殊观赏或经济价值的花卉，如埃及的睡莲；有的选用本国栽培特别广泛、为广大居民所普遍喜爱的花卉，如日本的樱花。此外，国花的选择还同一个国家的文化艺术传统和宗教信仰等有关。还有的国家用其所生长的某一种树种作为他们国家的表征，这就从国花发展为国树，如希腊的油橄榄树。国花由不同的途径产生：或由公众评选、政府确定，或沿用传统的或民间公认的花种，或由宗教界推荐，等等。少数国家的国花不止一种。评选确认国花和对国花的研究与栽培，对鼓舞人民爱祖国、爱自然、尊重并发展传统文化和保护天然资源有重要意义。

国槐 *Sophora*; pagodatree 豆科槐属树种的统称。中国特产树种。见槐。

国徽 national emblem 国家正式象征和标志之一，代表国家的主权和尊严。各国国徽的式样、图案、色彩和适用办法，通常由宪法或专门法律规定。国徽通常悬挂于本国政府机关、外交代表机构等处的显要位置。

中华人民共和国国徽图案于1950年6月23日由中国人民政治协商会议第一届全国委员会第二次会议提出，中央人民政府委员会第八次会议通过，同年9月20日公布。国徽呈圆形，中间是五星照耀下的天安门，周围是谷穗（最初表述为麦稻穗，1954年《中华人民共和国宪法》改为谷穗）和齿轮。它象征着中国人民自五四运动以来的新民主主义革命斗争和工人阶级领导的以工农联盟为基础的人民民主专政的新中国的诞生。1991年3月2日通过的《中华人民共和国国徽法》，对国徽的制作、悬挂、使用等作了明确规定。1990年6月28日通过的《关于惩治侮辱中华人民共和国国旗国徽罪的决定》，对在公共场合故意侮辱国徽的行为，规定了明确的法律制裁措施。

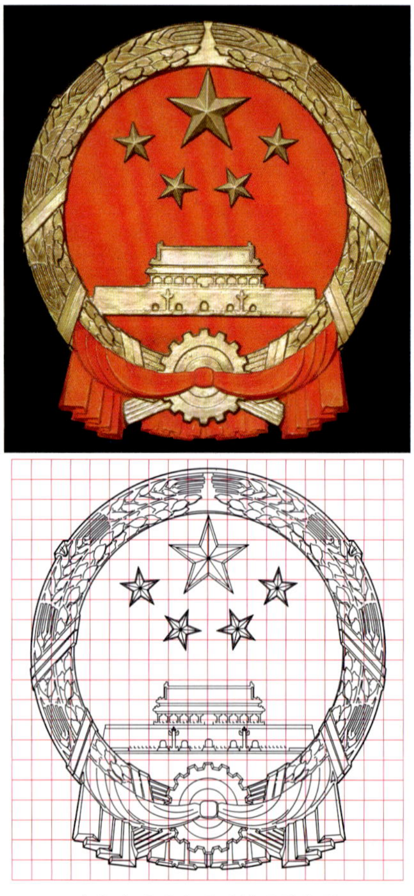

中华人民共和国国徽及墨线图

国会 congress 实行三权分立制国家议会的别称。见议会。

国会请愿运动 Congress Petition Movement 中国清末资产阶级立宪派发起的政治运动。1906年（光绪三十二年），清政府宣布"预备仿行宪政"后，一味敷衍拖延，毫无立宪诚意（见预备立宪）。立宪派认为，实行宪政的关键在于召开能够限制和削弱君主专制权力的国会。为了统一舆论、造成声势、对清政府施加压力，他们发起了国会请愿运动。

1907年湖南立宪派熊范舆等率先上书请开国会。次年，豫、苏、皖、粤、吉、鲁、晋、浙及直隶等省代表先后入京递请愿书。此外，部分督抚和驻外使节也曾上奏"请速定年限"召开国会。清政府宣布定九年为预备立宪年限以事敷衍。立宪派对九年预备立宪不满意，1909年（宣统元年）各省咨议局成立后，遂以咨议局议员的合法地位，再度发起国会请愿运动。1910年1月（宣统元年十二月），各省咨议局代表组成的请愿代表团到京，呈递联名请愿书，要求"以一年之内召集国会"。清政府予以拒绝。6月，代表团联合商、学、绅各界再次请愿，又遭拒绝。立宪派决定发动规模空前的第三次请愿。10月资政院开议，国会请愿代表团向资政院和摄政王上书，要求宣统三年召开国会。各省督抚也联名奏请。清政府被迫宣布缩短预备立宪期限为五年。部分请愿代表对此不满，谋划组织第四次请愿。清政府下令将请愿代表押送回籍，第四次请愿流产。

国会请愿运动以承认清朝为前提，具有抵制革命、削弱革命势力及其影响的性质。但在运动中，立宪派不断揭露清政府预备立宪的虚伪和朝政的腐败，客观上有助于人民的革命觉醒。由于争了几年的结果只是缩短预备年限的空文搪塞和"皇族内阁"的成立，大多数立宪派从绝望而倾向革命，清朝统治集团内部的矛盾激化，从而使少数满族贵族彻底孤立，加速了清王朝的崩溃。

国会听证会 Congressional hearings 由议员传唤和询问证人以便对相关事项进行咨询、调查或审查的会议。又称议会听证会。听证会是国会实施立法、监督、财政和人事任免等职权的重要辅助手段。如在立法方面，法治民主化程度较高的国家常规定听证会记录应成为有关法案形成的根本依据，且某些法律在通过前必须举行听证会。听证会的召开分为法定听证和议决听证。

前者指一旦提请举行听证的议员数达到法定人数或法律对有关议案有明确的听证要求时，议会有关委员会必须举行听证；后者指议会委员会对有关议案有权通过议决方式来决定是否需要举行听证。听证会通常分为听证准备和听证进行两个阶段。除涉及国家机密、商业秘密、个人隐私或经议会委员会同意举行秘密听证外，听证活动通常公开进行。

国会纵火案 Reichstag Fire 德国纳粹党策划的焚烧柏林国会大厦，借以陷害德国共产党的阴谋事件。A.希特勒以此为契机建立起纳粹党的法西斯独裁政权。

1933年2月27日晚，冲锋队队员通过戈林官邸中的隧道进入国会，放火焚烧国会大厦。纵火当晚，戈林即下令逮捕德共党员和反法西斯人士，查禁德国共产党和社会民主党报刊，封闭德共办事处。次日，总统P.von兴登堡发布《保卫人民和国家》的紧急法规，取消了魏玛共和国宪法规定的保障人民的人身、新闻、集会、结社、言论出版的自由。戈林发表公告，诬陷纵火事件是共产党发动武装起义的信号，并将当时在纵火现场的荷兰共产党人M.范·德·卢贝作为纵火犯逮捕，纳粹党掀起迫害共产党和进步力量的高潮，先后逮捕德共议会党团主席E.托尔格勒和德共主席E.台尔曼，后又于3月9日逮捕正在德国的共产国际执委会委员、保加利亚共产党中央委员G.M.季米特洛夫和保加利亚共产党人B.波波夫与W.塔内夫，并指控其为“范·德·卢贝纵火犯同伙”。1933年9月21日在莱比锡开庭审讯。季米特洛夫义正辞严地揭露纳粹分子的反动本质和血腥罪行。在世界无产阶级和反法西斯力量的声援下，莱比锡法庭被迫于1933年12月23日宣布季米特洛夫等4人无罪，但却无理判处范·德·卢贝死刑。

国籍 nationality 一个人作为某个国家成员而隶属于这个国家的一种法律上的身份。

国籍是区分本国人和外国人，决定他们不同法律地位的根据，是确定国家属人管辖权的依据，是个人和国际法联系的纽带。个人具有了某个国家的国籍，他就可以享有国际法赋予其国家的权利和义务给他带来的权益，并要承担有关的义务。

国籍的取得 一个人取得国籍的方式有两种：一是出生，二是入籍。根据出生取得的国籍称原始国籍或出生国籍；根据入籍而取得的国籍惯称继有国籍，个人因符合某些条件而恢复曾经丧失的国籍，也称为继有国籍。

出生国籍是各国国内法依个人出生的事实而赋予的。各国根据自己的民族传统、政治、经济、社会等方面的需要确定赋予出生国籍的标准，形成血统原则、出生地原则以及依血统和出生地相结合的混合原则。

入籍是取得继有国籍的基本方式，通常指外国人或无国籍人经自愿申请，通过正式程序获准取得一国国籍。通过入籍而取得国籍的情况主要有：①因婚姻取得国籍。②因收养而取得国籍。③由于认知而取得国籍。有的国家法律规定，非婚姻生子女由于取得准婚生地位，而自取得这种地位之日起，取得其父亲的国籍。④因领土变更而取得国籍。⑤个人也可以通过申请加入某国国籍而在获准后取得其国籍。

国籍的丧失 一个人可能由于某种原因而丧失其具有的某个国家的国籍。国籍的丧失可以分为自愿的和非自愿的两种：①自愿的国籍丧失又分为两种，一种是由于个人自愿申请退籍，另一种是自己选择某一国国籍，因而丧失原来国籍。②非自愿的国籍丧失，主要是指由于婚姻、收养、领土变更而丧失国籍。另外，还可能由于该人对该国家和民族不履行效忠义务或逃避兵役，被原来所属国家宣布剥夺其国籍。

国籍的恢复 指原具有一国国籍的人在丧失该国国籍后重新取得该国国籍。恢复国籍所要求的条件，最通常的是在该国有居所，有些还要求放弃外国国籍。同外国人结婚而丧失本国国籍的女子，其国籍的恢复一般以同外国人的婚姻已告解除为条件。

国籍的冲突 指一个人在同一时间具有不止一个国籍或者不具有任何国籍的法律状态。采取血统主义决定国籍的国家的国民在采取出生地主义的国家内所生的子女就具有双重国籍，个人由于婚姻、被外国人收养、被认领或加入外国国籍等原因而取得新国籍，但其仍保持原有国籍，也会成为双重国籍者，这就形成国籍的积极冲突。无国籍人在采取血统主义的国家所生的子女或采取出生地主义国居民在采取血统主义的国家内所生子女，都不能因出生而取得国籍；个人由于与外国人结婚，被外国人收养或被剥夺等原因而丧失原有国籍而又未能取得新国籍，这些都会造成国籍的消极冲突。

解决国籍的积极冲突的方法，首先是各国在国内立法中尽量避免制定可能产生双重国籍的法律条款；其次是有关国家在平等基础上通过协商签订双边条款，解决两国存在双重国籍问题；再次，国际社会签订一些国际公约，解决双重国籍问题。对于消极冲突，首先是各国通过国籍立法消除无国籍状态；其次是签订国际公约，消除无国籍现象。

中华人民共和国于1980年颁布《国籍法》，规定个人由于出生、入籍或恢复取得国籍。中国国籍法决定出生国籍的标准是血统主义为主兼采出生地主义。中国公民因其在国外定居取得外国国籍或因其退籍获准而丧失中国国籍。中国国籍法坚持平等原则、不承认双重国籍原则和避免国籍冲突原则。

国际奥林匹克委员会 International Olympic Committee; IOC 世界奥林匹克运动最高权力机构。简称国际奥委会。为国际性的、非政府的、非营利的且具有法律地位的机构。近代体育的兴起，促使希腊人产生了恢复古代奥林匹克运动会的念头和行动。德国一批学者对古代奥林匹亚遗址的发掘，对古代奥运会有了更多的了解，从而更加激起了人们恢复奥运会的愿望。1894年6月23日，由法国人P.de顾拜旦发起，在巴黎成立奥林匹克运动会国际委员会。1901年正式更用现名，1915年迁至瑞士洛桑。国际奥委会对奥林匹克运动会拥有一切权力，只有国际奥委会有权选择和决定举办奥运会的城市。国际奥委会管辖奥林匹克运动。奥林匹克运动的宗旨是：在奥林匹克理想指导下，鼓励组织和发展体育运动、体育竞赛；促进和加强各国运动员之间的友谊；保证按期举办奥运会。国际奥委会挑选它认为有资格的人为委员。委员须懂英语或法语，其居住国应有被国际奥委会承认的国家奥委会，委员应是该国公民。委员不得接受政府或任何组织的指示并受其影响。国际奥委会现有委员120余名，其中有中国委员4人。国际奥委会从其委员中选出主席1人，副主席4人，执行委员10人，组成执行委员会。主席任期8年，连选时可再任4年（见表）。执行委员会负责管理日

历任国际奥委会主席

任次	任期	姓名	国籍
1	1894～1896	D.维凯拉斯（1850～1908）	希腊
2	1896～1925	P.de顾拜旦（1863～1937）	法国
3	1925～1942	H.德巴耶-拉图尔（1876～1942）	比利时
4	1946～1952	J.西格弗里德·埃德斯特伦（1870～1964）	瑞典
5	1952～1972	A.布伦戴奇（1887～1975）	美国
6	1972～1980	M.M.基拉宁（1914～1999）	爱尔兰
7	1980～2001	J.A.萨马兰奇（1920～2010）	西班牙
8	2001～	J.罗格（1942～ ）	比利时

1894年6月23日，国际奥林匹克委员会在法国巴黎成立（此为当时部分委员合影，右三是现代奥运会先驱P.de顾拜旦，右二是第一任国际奥委会主席、希腊人D.维凯拉斯）

常事务，但具体工作由执委会任命的主任处理。执委会会议由奥委会主席召集。国际奥委会每年至少召开一次全体会议。至2008年8月已举行了120次全体会议。全会为国际奥委会最高权力机构。国际奥委会与各国国家奥委会间仅有相互承认的关系。只有获得国际奥委会承认的国家奥委会（地区）才有权派队参加夏季和冬季奥运会的比赛。国际奥委会与其他国际单项体育联合会之间也是承认与被承认的关系。只有被国际奥委会承认的单项体育组织，其所辖运动项目才有可能被列入奥运会比赛项目。国际奥委会执委会不定期地同各单项体育联合会举行会议；每两年同各国国家奥委会至少举行一次会议。在一定的时期，国际奥委会召集奥林匹克代表大会。

国际笔会 International Association of Poets, Playwrights, Editors, Essayists and Novelists; PEN 国际作家组织。总部设在英国伦敦。成立于1921年。第一任主席是英国作家J.高尔斯华绥。笔会旨在推动各国作家之间的学术交流与友好合作，主张创作自由，反对沙文主义和极端主义。

中国在中华民国时期成立了一个笔会中心，1949年移至台湾省，后改名为台北笔会中心。中国笔会中心成立于1980年，巴金为会长。

国际避税 international tax avoidance 纳税人以合法的手段跨越税境，通过人或物的流动（或不流动）来实现减少或消除纳税义务的行为。税境指税收管辖权的界限。人或物的流动是指纳税人跨越税境，从一个税收管辖权范围向另一个税收管辖权范围的转移，包括改变居民身份转移财产、投资、转移收入所得等，以达到减少纳税或消除纳税的目的。

国际避税产生的内在动机为纳税人企图通过减轻或消除纳税义务来尽可能多地增加利润，而国际避税是最有效、风险最小的方式，且避税不负法律责任。外在原因主要是：①各国税收制度对纳税义务的规定不尽一致。②各国征税的程度和方式不同。③各国税率高低不一。④各国规定的税基不等。⑤税法的有效实施，即名义税率和实际税负有较大的差异。⑥免除国际重复征税的方法不同。

国际标准 international standard 由国际性标准化组织制定并在世界范围内统一和使用的标准。即国际标准化组织（ISO）、国际电工委员会（IEC）、国际电信联盟（ITU）所制定的标准，以及被国际标准化组织确认并公布的其他国际组织制定的标准。国际标准是进行国际贸易的基本准则和基本要求。国际标准化组织确认并公布的制定国际标准的国际组织是：国际计量局（BIPM），国际信息与文献联合会（FID），国际辐射防护委员会（ICRP），国际辐射单位与测量委员会（ICRU），国际劳工组织（ILO），国际海事组织（IMO），国际法制计量组织（OIML），联合国教育、科学及文化组织（UNESCO），世界海关组织（WCO），世界卫生组织（WHO），世界知识产权组织（WIPO），世界气象组织（WMO）等。

国际标准化组织 International Organization for Standardization; ISO 世界上最大的非政府性国际标准化机构。宗旨是在全世界促进标准化及有关活动的发展，以便国际物资交流和互助，扩大科学、技术、经济领域的合作。主要任务是制定、发布和推广国际标准，协调世界范围内的标准化工作。总部设在瑞士日内瓦。其前身是国家标准化协会国际联合会（ISA）和联合国标准协调委员会（UNSCC）。

1946年10月14～26日，来自中国、英国、法国、美国等25个国家的64名代表聚会伦敦，决定成立国际标准化组织。会议通过了ISO的组织章程和议事规则（1993年修订）。美国标准协会常务委员会主席H.孔利被选为第一任ISO主席。到1947年2月23日，ISO章程获得15个国家标准化机构的批准后宣告正式成立。ISO是联合国的甲级咨询机构，同许多国际组织进行合作，除电工电子领域的国际标准化工作由国际电工委员会（IEC）负责外，其他领域均由ISO负责。

ISO制定发布的标准文件有ISO国际标准、ISO公用规范、ISO技术规范、ISO技术报告和工业技术协议。

ISO的成员有3类：团体成员（正式成员）、通讯成员和注册成员。一个国家只能有一个具有广泛代表性的国家标准化机构参加ISO。截至2010年，共有163个成员，其中正式成员106个，通讯成员46个，注册成员11个。

组织机构：①全体大会。为最高权力机构，每年召开一次。②理事会。是大会闭会期间的常设管理机构，由主席、副主席、司库、秘书长和全体大会选出的18个理事国组成。③政策制定机构。有4个委员会：ⓐ合格评定委员会。ⓑ消费者政策委员会。ⓒ发展中国家事务委员会。ⓓ信息系统与服务委员会。④技术管理局。为技术工作的最高管理和协调机构。⑤中央秘书处。负责日常行政事务。⑥标准物质委员会。⑦技术委员会。

中国是ISO创始成员国之一，也是最初的5个连任理事国之一。由于中华民国政府未按章交纳会费，1950年被停止会籍。1978年9月中国以中国标准化协会名义重新参加ISO，1985年改由国家标准局参加，1989年又改由国家技术监督局参加。2001年起由国家标准化管理委员会参加。

国际标准刊号 International Standard Serial Number; ISSN 由联合国国际标准化组织的一个技术委员会制定的，作为各种期刊简明代号的一种8位数字码。与国际标准书号（ISBN）不同的是，这个编号只用于识别刊物，而不反映学科门类、语种或出版人之类的特定内容。这一编号供图书馆人员、作者、出版人和期刊收订部门进行期刊的管理、保护版权、处理订购和编目时使用。期刊编号及改变刊名的新编号，按照国际期刊数据系统（ISDS）规定的准则分配。国际标准刊号由美国国会图书馆进行例行登录。巴黎的国际期刊数据系统还用缩微胶片出版物通报国际标准刊号的综合信息。

国际标准书号 International Standard Book Number; ISBN 国际上通用的出版物标识编码系统。由冠有英文字母“ISBN”的10位数字组成，各部分之间均用“-”隔开。即：

ISBN组号-出版者号-书名号-校验位

组号代表国家、地区或语种，由国际ISBN中心设置和分配；出版者号由代表国家、地区或语种的ISBN中心设置和分配；书名号由出版者分配，每种出版物只能有一个编号；校验位只有一个数字，用于检验ISBN编号的正确性。

2007年1月1日，新版国际标准书号全面实施。新版国际标准书号增加3位前缀元素，由冠有英文字母“ISBN”的13位数字组成，即：

ISBN前缀元素-注册组元素-注册人元素-出版物元素-校验位

中国于1982年加入ISBN组织，获得组号“7”。

国际标准舞 ballroom dance 当代标准式社交舞。简称国标舞。兼有运动、休闲、健身及社交功能的舞蹈。主要包括摩登舞和拉丁舞两部分。摩登舞从欧洲宫廷的舞会舞蹈和欧洲民间舞蹈演化而来，包括华尔兹、探戈、维也纳华尔兹、快步、狐步；拉丁舞源自拉丁美洲国家的民间舞会舞蹈，包括桑巴、伦巴、恰恰恰、斗牛舞、牛仔舞。

国际标准舞之一——探戈

20世纪后在世界各国广泛流行，并从礼仪性、自娱性的舞蹈转变为竞技性舞蹈。1920年以后，由英国皇家舞蹈教师协会规定了舞步标准和比赛章程，国际标准舞成为世界性的比赛项目。

国际裁军问题 international disarmament question 指为销毁或减少战争手段、消除战争威胁而采取的国际性裁军措施。古代希腊城邦国家已有彼此限制军备的信约。人类历史进入近代以后，裁减或限制军备的倡议和措施屡见不鲜。世界性国际会议讨论裁军和禁止某种武器问题始端于1899年海牙和平会议。

两次世界大战之间的国际裁军谈判 ①国际联盟（简称“国联”）中的裁军谈判。国联盟约规定，其会员国有裁减国家军备至最低限度的义务。1920年5月17日，在国联行政院中成立陆海空军常设顾问委员会，从事裁军研究。1924年成立裁军委员会。根据1925年9月国联决议，成立裁军会议筹备委员会，并邀请美、苏、土参加。1926年5月至1929年12月，筹备委员会召开6轮会议。1932年2月2日，国联在日内瓦举行裁军会议，有61国代表参加。1933年10月，德国通告退出裁军会议。1934年6月11日会议破裂，国联范围内的裁军谈判终以失败告终。②裁减海军军备问题。1922年2月6日，美、英、日、法、意在华盛顿缔结《限制海军军备条约》，对主力舰及航空母舰总吨位作出限制。1930年5月，又在伦敦召开限制海军军备会议，英、美、日之间签署限制主力舰以外舰只吨位的协议。1935年12月至1936年3月召开第二次伦敦限制海军军备会议。日本、意大利中途退出会议。英、美、法之间签订一项协议，规定每年通报造舰情况，协议有效期限为5年，无限制军备的意义。③地区性的裁军谈判。1923年2月7日，危地马拉、尼加拉瓜、哥斯达黎加等中美洲国家在华盛顿签署了一项限制兵员人数、飞机及军舰水平的条约，为期5年。④英德海军协定。1935年6月18日英国与德国签订海军协定，英国同意德国海军总吨位为英联邦全部海军总吨位的35%，使德国得以迅速重建一支强大的海军。

第二次世界大战后至冷战结束期间的裁军谈判 ①联合国内的裁军谈判。联合国宪章第26条规定，安理会为维持国际和平与安全，应拟订建立管制军备制度的方案。根据联大1946年12月14日决议，安理会设立常规军备委员会。常规军备委员会于1952年2月解散。六届联大决定建立裁军委员会，一并讨论裁减常规军备和禁止原子武器问题。苏联与西方国家的立场仍然对立。1953年裁军委员会的讨论陷于停顿。1978年5～6月，联合国召开了第一届裁军特别联大，通过《最后文件》。1982年6月7日至7月10日召开了第二届裁军特别联大，审议并通过《综合裁军方案》。②日内瓦多边裁军谈判。1959年，苏、美、英、法外长会议同意成立十国裁军委员会，讨论北约和华约两个军事集团的军备问题。参加国家为苏、保、捷、波、罗、美、法、英、加、意。十国委员会同联合国保持密切关系。至1986年成员国有40个。中国于1980年2月正式参加了裁军谈判委员会。③多边裁军条约的缔结。20世纪60～70年代，签署了一系列与裁军或限制军备有关的多边国际协议，诸如《南极条约》(1959)、《外层空间条约》(1967)、《拉丁美洲禁止核武器条约》(1967)等。

美苏双边裁军谈判 1968年，美苏分别表示愿就限制和削减战略核武器进行会谈。1972年5月26日，美苏首脑签订《美苏关于限制反弹道导弹系统条约》和《美苏关于限制进攻型战略武器的某些措施的临时协议》。1979年6月18日，美苏在维也纳签订《限制进攻型战略武器条约》。削减进攻型战略武器谈判历时9年，双方共进行了11次首脑会晤、近60次外长磋商，最终于1991年7月31日签订了《削减战略武器条约》。这一条约规定，双方削减核力量的1/3，并规定了核查方式及条约的期限。冷战时期，美苏双方势力对峙主要表现在欧洲。这期间，在欧洲的主要裁军事件有：①欧洲中程导弹问题。1977年，苏联在其西部和东欧部署了SS－20导弹。1979年12月北约理事会通过“双重决议”，决定从1983年底起，美国在西欧部署新式导弹共572枚，要求美、苏进行中导谈判。1987年12月8日，美苏首脑在华盛顿签署《中程导弹条约》，但双方分歧仍然存在。②中欧裁军谈判。全称为“关于在中欧共同减少部队和军备以及有关措施的谈判”，被称为“维也纳圆舞曲”（见中欧裁军谈判）。冷战期间地区性的裁军会谈主要是欧洲裁军会议，又名“在欧洲建立信任与安全措施和裁军会议”，1984年1月17日在斯德哥尔摩开幕。会议是根据欧安会马德里续会通过的最后文件举行的。冷战结束后，世界形势发生剧烈变化，与冷战时期长期僵持的状态相比，常规军备控制与裁军取得了不同程度的进展。美俄两国削减战略武器的协议打开了核裁军的局面。

多边裁军谈判出现新的进展，主要是在日内瓦裁军谈判会议上。1992年来达成的《禁止化学武器公约》，是裁军领域首次全面禁止一类大规模杀伤性武器的条约。1996年联合国大会通过《全面禁止核试验条约》。1997年12月3～4日在渥太华、1997年12月5日在纽约联合国总部签署《禁止使用、储存、生产和转让杀伤人员地雷及销毁此种地雷的公约》（禁雷公约）。在联合国及日内瓦裁军谈判会议等国际多边领域，常规军备控制与裁军也出现了新进展。

地区性的裁军谈判主要有：①欧洲地区。1989年3月9日，北约与华约削减双方欧洲常规武装力量的谈判正式举行。经过7轮共历时20个月的谈判，于1990年11月达成了《欧洲常规武装力量条约》。②亚太地区。中国早在1990年就完成裁军103.9万人。同年，中苏签订《关于在边境地区相互裁减军事力量和加强军事领域信任措施的协定》。之后，中国与俄罗斯、印度、哈萨克斯坦、吉尔吉斯斯坦、塔吉克斯坦等国签署了裁军协定。③这一时期各地达成的裁军协定还有：《关于在波黑、穆克联邦和塞族共和国之间建立信任与安全措施协定》、《非洲无核区条约》和《关于南斯拉夫、波黑和克罗地亚的次地区军控协定》等。

进入21世纪，国际裁军领域面临着诸多挑战。美国为保持其军事优势，一味要求其他国家裁军，而自己却从不进行实质性裁军，并将继续加大对国防的投入。一些已经达成的裁军协议的修改、落实工作进展缓慢，有的则可能处于久拖不决的状况，使裁军协议难以落实。国际裁军问题任重道远。

国际常设仲裁法院 International Permanent Court of Arbitration 专门受理国家间仲裁案件的常设仲裁机构。根据1899年《和平解决国际争端公约》，于1900年在荷兰海牙设立。

1907年第二次海牙会议对公约进行了修订。根据修订后的公约规定，国际常设仲裁法院的目的和任务是：为了便利把不能用外交方法解决的国际争端立即提交仲裁，各缔约国承诺保留第一次和平会议所设立的常设仲裁法院；该法院随时受理案件，除当事国另有协议外，按《海牙公约》所规定的程序规则执行；除根据争端当事国协议成立特别仲裁庭外，常设仲裁法院有权受理一切案件。

常设仲裁法院包括三个机构：①国际事务局。作为常设仲裁法院的秘书处。②常设行政理事会。由各缔约国驻荷兰的外交使节和荷兰外交部长组成，后者担任理事会主席。理事会的任务是指导和监督国际事务局的工作，决定有关仲裁法院事务的一切问题。③仲裁法院。由各缔约国挑选任命的“公认深通国际法和道德名望极高”的个人组成，仲裁员任期6年，可以连任。仲裁法院不是作为一个整体来裁决提交仲裁法院的案件，而是在有特定案件提交仲裁法院时，组成仲裁庭。常设仲裁法院可以受理一切当事国愿意提交仲裁解决的争端。常设仲裁法院体系内成立的仲裁庭，可以适用当事国在仲裁协议中规定的程序规则，也可以在没有仲裁协议的情况下适用《海牙公约》中有关仲裁程序的规定。仲裁庭不仅根据国际法原则，而且在没有当事国协议的情况下，根据其他法律原则和公平原则，即公平与善良原则来裁决争端。仲裁庭的评议应秘密进行，裁决由多数票决定。裁决和其所根据的理由应公开宣读。裁决只对争端当事国有拘束力，一经公开宣读，争端即告解决，不得上诉，当事国可以保留要求复核的权利。中国任命的仲裁员有：**倪征燠、李浩培、王铁崖**和**端木正**。

国际冲突 international conflict 国际关系中的各行为主体由于追求的利益、目标和价值不同或相背，或者由于国际社会结构性差异所引发的矛盾而处于自觉抵触、摩擦、对立、对抗的状态。国际关系中的一种常见状态。国际冲突突出地表现在国家间政治、经济、军事领域。国际冲突及其发展是一种客观存在，有其内在的必然性和特定的社会功能，不仅具有破坏性后果，也具有增强国际社会关系及其调控能力的作用。由国际社会发展不平衡的规律决定，一定程度的国际冲突是国际社会不断进化的基本要素，是国际社会的必然现象和本质特征之一。

国际冲突是一种以对抗性、敌对性为主要特征的相互作用形式，相关国家的目的往往不仅是提高自己国家的地位和获取更大的利益，而且在于压倒、削弱对方。根据国际冲突的强度可分为：语言象征性冲突、一般性冲突、对抗性冲突、国际危机和国际战争。

国际单位制 international system of units 国际计量大会（CGPM）采纳和推荐的一种一贯单位制。以**米、千克**（公斤）、**秒、安培、开尔文、摩尔**和**坎德拉**这7个基本单位为基础构成。

表1 SI词头

因数	词头名称	词头符号
10^{24}	尧[它]	Y
10^{21}	泽[它]	Z
10^{18}	艾[可萨]	E
10^{15}	拍[它]	P
10^{12}	太[拉]	T
10^{9}	吉[咖]	G
10^{6}	兆	M
10^{3}	千	k
10^{2}	百	h
10^{1}	十	da
10^{-1}	分	d
10^{-2}	厘	c
10^{-3}	毫	m
10^{-6}	微	μ
10^{-9}	纳[诺]	n
10^{-12}	皮[可]	p
10^{-15}	飞[母托]	f
10^{-18}	阿[托]	a
10^{-21}	仄[普托]	z
10^{-24}	幺［科托］	y

沿革 1948年第9届国际计量大会根据决议，责成国际计量委员会（CIPM）“研究并制定一整套计量单位规则”，为此开始征询所有《**米制公约**》签字国的意见，力图建立一种所有签字国都能接受的实用计量单位制。1954年第10届国际计量大会决议，决定采用长度、质量、时间、电流、热力学温度和发光强度6个量作为实用计量单位制的基本量。1960年第11届国际计量大会按决议，把这种实用计量单位制定名为国际单位制，以SI作为国际单位制通用的缩写符号；制定用于构成倍数和分数单位的词头（称为SI词头）、SI导出单位和SI辅助单位的规则以及其他规定，形成一整套计量单位规则。1971年第14届国际计量大会决议，决定在前面6个量的基础上，增加“物质的量”作为国际单位制的第7个基本量，并通过了以它们的相应单位作为国际单位制的基本单位。SI词头经过1964年第12届、1975年第15届以及1991年第19届国际计量大会的补充，增加到10^{-24}～10^{24}共20个（表1）。1995年第20届国际计量大会决议取消了SI辅助单位，将这一类中原有平面角的单位弧度与立体角的单位球面度，并入导出单位之列。国际计量局（BIPM）不定期地出版《国际单位制（SI）》一书的新版本，反映其最新内容。

构成规则 国际单位制按一贯计量单位制的原则构成，采用十进制构成其倍数和分数单位；只能通过SI词头构成倍数和分数的单位，其基本单位及其定义只能由国际计量大会决定，SI导出单位的专门名称及其符号只能由国际计量大会选定。

两类SI单位 在国际单位制中，7个基本单位以及按一贯性原则从基本单位导出的单位，总称为SI单位。例如：SI导出单位中既包括那些由国际计量大会赋予专门名称的单位，如**牛顿、瓦特、伏特、流明**等；也包括那些没有赋予专门名称的单位，如米每秒、焦耳每开尔文、弧度每秒等。国际单位制中，SI单位分为两类：SI基本单位（表2）和SI导出单位（其中具有专门

表2 SI基本单位

量的名称	单位名称	单位符号
长度	米	m
质量	千克（公斤）	kg
时间	秒	s
电流	安[培]	A
热力学温度	开[尔文]	K
物质的量	摩[尔]	mol
发光强度	坎[德拉]	cd

表3 包括SI辅助单位在内的具有专门名称的SI导出单位

量的名称	单位名称	单位符号	备注
[平面]角	弧度	rad	1rad＝1m/m＝1
立体角	球面度	sr	$1sr=1m^2/m^2=1$
频率	赫[兹]	Hz	$1Hz=1s^{-1}$
力	牛[顿]	N	$1N=1kg\cdot m/s^2$
压力，压强，应力	帕[斯卡]	Pa	$1Pa=1N/m^2$
能[量]，功，热量	焦[耳]	J	$1J=1N\cdot m$
功率，辐[射能]通量	瓦[特]	W	1W＝1J/s
电荷[量]	库[仑]	C	$1C=1A\cdot s$
电压，电动势，电位	伏[特]	V	1V＝1W/A
电容	法[拉]	F	1F＝1C/V
电阻	欧[姆]	Ω	1Ω＝1V/A
电导	西[门子]	S	$1S=1\Omega^{-1}$
磁通[量]	韦[伯]	Wb	$1Wb=1V\cdot s$
磁通[量]密度，磁感应强度	特[斯拉]	T	$1T=1Wb/m^2$
电感	亨[利]	H	1H＝1Wb/A
摄氏温度，温差	摄氏度	℃	1℃＝1K
光通量	流[明]	lm	$1lm=1cd\cdot sr$
[光]照度	勒[克斯]	lx	$1lx=1lm/m^2$
[放射性]活度	贝可[勒尔]	Bq	$1Bq=1s^{-1}$
吸收剂量，比授[予]能，比释动能	戈[瑞]	Gy	1Gy＝1J/kg
剂量当量	希[沃特]	Sv	1Sv＝1J/kg

名称的单位见表3)。

SI词头　当单位前加了SI词头后，即构成了一个新的整体。因而当有指数时，是指这个整体，并非只对未加词头的那个单位。例如：表达为cm^3时，是指立方厘米或三次方厘米；表达为μs^{-1}时，是指每微秒；表达为mm^2/s时，是指二次方毫米每秒。SI词头在任何情况下不能单独使用，例如不能用k代替kg或kΩ，或10^3。

无量纲量的SI单位　有相当一批物理量的量纲是"1"。例如：折射率n，动摩擦因数μ，线应变ε，相对原子质量A_r，质子数Z，功率量级L_P，平面角φ。所有这类量的SI单位是两个相同的SI单位之比。其倍数和分数单位不是用SI词头构成而是用10的幂，例如10^6、10^3、10^{-6}、10^{-3}等，也可用数学符号%代替10^{-2}，但也可以用诸如微克每克(μg/g)、毫升每立方米(mL/m^3)这样的单位来代替10^{-6}，但不应使用ppm这类的缩写符号。

中国采用国际单位制　中国于1978年11月23日成立国际单位制推行委员会。1981年7月14日经国务院批准，公布以国际单位制为基础的《中华人民共和国计量单位名称与符号方案（试行）》。1982年发布包括15项国家标准在内的《量和单位》(GB 3100～3102)，用以规定科技领域中常用物理量的SI单位、符号以及可并用的单位和符号。1984年2月27日由国务院发布有关中国法定计量单位的命令，明确在中国全面采用国际单位制。1986年7月1日起施行的《中华人民共和国计量法》第三条也指出："国家采用国际单位制。"中国制订有以国际单位制为基础的法定计量单位。

国际电信联盟　International Telecommunication Union; ITU　联合国系统中处理电信事宜的政府间国际组织。简称国际电联或电联。总部设在瑞士日内瓦。1865年，法国、德国、俄国等20个欧洲国家代表在巴黎签订《国际电报公约》，成立国际电报联盟。1906年，德国、英国、法国等27个国家代表在柏林签订《国际无线电报公约》。1932年，70多个国家代表在马德里召开第5届全权代表大会，决定把原有的两个公约合并为《国际电信公约》，制定了新的电报、电话、无线电规则，并改名为国际电信联盟。1947年成为联合国的一个专门机构。宗旨是保持并扩大国际合作，改进和合理使用各种电信手段，促进技术设施的发展和应用，研究制定和出版国际电信标准，协调各国在电信领域的行为，并提供对发展中国家的援助。截至2010年，共有191个成员国和700多个部门成员及部门准成员。最高权力机构是全权代表大会，每4年召开一次。大会闭会期间，由理事会行使职权，日常工作由总秘书处主持。出版定期刊物《电信》。中国于1920年加入国际电报联盟，自1972年起担任理事国，由工业和信息化部代表中国参加ITU。

国际电子贸易示范法　model law on international electronic commerce　具有权威性的国际机构制定的有关电子贸易的法律范本。它供各国立法者借鉴，除非被各国采纳，其本身并不具备**法律效力**。主要包括联合国国际贸易法委员会分别在1996年12月16日和2001年7月13日通过的《电子商务示范法》和《电子签名示范法》。

《电子商务示范法》允许贸易双方通过电子手段传递信息、签订买卖合同和进行货物所有权的转让，为实现国际贸易的"无纸操作"提供了法律保障。该法为各国电子商务的立法提供了一整套国际公认的规则，为国际电子商务发展提供了良好的法律环境。它既不是国际条约，也不是国际惯例，不具有任何的强制性，但随着国际电子商务的发展，它有可能演变成为一个具有某种强制力的国际惯例。

《电子签名示范法》是在《电子商务示范法》中有关电子签名条款的基础上制定的，为几种不同的电子签名提供了更确切的法律依据。同时，为与电子签名有关的当事人提供了行为准则，倡导各国至少应在国内立法中基本认可电子签名的法律效力，为各国立法者如何认可电子签名的效力提供了基本准则。

国际儿童年　International Year of the Child　联合国确定的国际发展主题年之一。1959年11月20日，联合国大会以第1386(XIV)号决议一致通过《儿童权利宣言》，强调儿童享有世界人权宣言中宣布的一切权利和自由，人类有责任给予儿童以必需的最好待遇和特别保护，并应通过法律和其他措施使其能在健康而正常的状态和自由与尊严的条件下，得到身体、心智、道德、精神和社会等方面的发展。1976年12月21日，联合国大会一致通过决议，宣布1979年为国际儿童年，动员国际社会提高对儿童特殊需求的认识，把儿童发展计划纳入到经济和社会发展计划之中，切实保障和实现儿童的各种权利；要求各国根据自己的国情具体探讨并制定有关儿童的政策，建立并健全相应的保护儿童权利的机构和设施，改善儿童的教育、营养、娱乐等工作；同时指定联合国儿童基金会为联合国系统负责协调儿童年活动的领导机构。

国际法　international law　以国家之间关系为主要调整对象的有约束力的原则、规则和制度的总和。国家之间的法律，部门法之一。又称国际公法，旧称万国法。

性质　国际法是法律的一个特殊部门。与国内法相比较，国际法有3个主要法律特征：①国际法的主体主要是国家。②国际法的制订者是参与国际关系的国家。③在强制实施方面，它没有像国内法那样集中的、有组织的强制机关——法院、警察、军队。国际法的性质决定了它的强制只能主要依靠各个国家本身单独的和集体的行动。

分类　国际法按其适用范围，有一般国际法和特殊国际法之分。从地理上分，有普遍性国际法和区域性国际法。但是，从本质上说，只有一般的、普遍性的国际法才是通常所说的国际法，而所谓特殊国际法或区域性的国际法都必须受一般的、普遍性的国际法的制约。

与国内立法的关系　国内法和国际法都是国家意志的表现，区别只是在于前者是一个国家的意志的表现，后者是协议的各国意志的表现。因此，它们是互有联系的两个法律体系。国际实践还表明，国际法和国内法之间是彼此联系、彼此补充的。

国内法与国际法发生冲突时，各国解决的办法不同。总的来说，首先在解释上推定国内法与国际法并无冲突，因为国内法和国际法都是国家的意志的表现，在原则上是不冲突的。在发生冲突时，各国通常有以下三种解决办法：国际法处于优越的地位；国内法处于优越的地位；国内法和国际法处于同等的地位，后法优于前法，时间在后者优先。但是，如果采取后两种解决办法，而适用国内法，在国际上，国家仍然要负违反国际法的国际责任（见**国家责任**）。

历史发展　国家之间有了来往关系，就有可能产生对一些国家具有拘束力的原则、规则和制度。在古代，国家之间的关系不多，它们有一些关于使节、条约、战争的原则和制度，这些原则和制度只能说是国际法的雏形。古希腊城市国家彼此独立而来往频繁，因此所形成的原则、规则和制度的范围较为广泛，与近代国际法颇有相似之处。但是，它们含有浓厚的宗教色彩。古代罗马对国际法有进一步的发展，在"市民法"之外形成一套称为"万民法"的法律，调整罗马人和与罗马有友好关系的国家的人民之间的关系（见**罗马法**），对于后来的国际法有相当的影响。

作为独立的法律体系的国家之间的法律——国际法，是近代欧洲的产物。这样的国际法是以主权独立的国家为基础的。在1648年三十年战争结束、《威斯特伐利亚和约》订立以后，在欧洲出现了为数众多的独立主权国家。这个公约标志着近代国际法的产生，国际法的发展进入了一个新的阶段。在这个时期，荷兰法学家H.**格劳秀斯**和1789年法国革命对国际法的发展产生了巨大的影响。

当资本主义发展到帝国主义阶段，国

际关系中充满着强国欺侮弱国、掠夺别国领土、争夺殖民地的现象，帝国主义国家对外实行政治压迫、经济剥削和武装侵略的政策，国际法中进步的原则、规则和制度遭到破坏，产生了一些与帝国主义政策相适应的原则、规则和制度。尽管如此，国际法在某些方面还是有发展的：①它的领域从欧洲扩大到美国和整个美洲，扩大到土耳其、日本以及亚、非的其他一些国家。②国家之间的关系增加了，多样化了，出现了一系列的国际公约，建立了不少的国际行政联合。③战争的连续不断发生及其残酷性引起了人们的注意和对于制订战争法规的要求。

第一次世界大战中，国际法遭到严重的破坏，但是，国际关系毕竟还在发展。1917年的俄国十月社会主义革命为国际法开辟了一个新的发展阶段。第一次世界大战之后，签订了《国际联盟盟约》、《国际常设法院规约》和《废弃战争作为国家政策工具的一般条约》(《非战公约》)。这些国际文件使原有的进步的国际法原则得到了恢复和加强，新的原则开始不断地建立起来，表明新的现代国际法正在形成。

第二次世界大战使国际法又一次遭到大规模的破坏。但是，在国际关系中，国际法仍然没有失去它的意义。战后，《联合国宪章》签订了；依据宪章，成立了联合国组织。特别是战后新的民族独立国家的纷纷成立，使国际法的领域扩大了，包括了全世界所有国家。在国际关系中，层出不穷地出现新的问题，如核武器、国际海底、外层空间、环境保护等等，都要求国际法加以调整，使现代国际法有了显著的发展。

现代国际法的特征　在第二次世界大战之后，国际关系的一个主要特征是新独立国家的兴起。这些新独立国家和战前已经独立的亚非拉国家，在国际舞台上是一股巨大的力量。它们对国际法的态度对国际法具有重大的影响。国际关系越来越复杂，国际组织也越来越多，除了世界性国际政治组织——联合国以外，还出现了许多区域性政治组织。此外，有18个与联合国有联系的专门机构，还有许许多多全球性或区域性专门组织。有常设性国际组织，也有临时性国际组织。在政府间国际组织之外，再加上非政府性国际组织，国际组织的数目空前庞大。这些国际组织的出现为国际法提出了一系列的新问题。

同时，国际经济关系的变化也要求国际法扩大其内容。最近几十年来国家深入地干预经济生活，国家之间的经济关系越来越繁多而复杂，因此经济因素越来越渗透于国际法之中，国际经济关系越来越多地牵涉到国际法问题。特别是新独立国家获得了政治独立以后要求经济独立，要求经济发展，要求改变原先那种存在剥削和依赖关系的旧的国际经济秩序（见**国际经济法**），建立以平等互利为基础的新的国际经济秩序。因此，国际经济法成为国际法的一个重要分支。

特别引人注意的是，还有科学技术对国际法的影响。在这种影响下，一些传统的国际法部门改变了，一些新的国际法部门产生了。此外，还有国际环境法、国际水道法、外层空间法等都成为国际法中的独立部门。

国际法院　International Court of Justice

根据1945年《联合国宪章》的规定而设立的联合国主要司法机关。成立于1946年，设在海牙，是联合国的主要机构之一。

法官　国际法院由15名不同国籍的法官组成，其中不得有2人为同一国籍。法官任期9年，可以连选连任，每3年改选1/3；院长和副院长由法官互相推选产生，任期3年，也可连选连任。中国先后有徐谟、**顾维钧**、**倪征日奥**、**史久镛**担任法官，史久镛于2003年担任院长。此外，还有一种临时法官，为审案需要而设。

适用的法　国际法院对于提交给它的各项争端，依照**国际法**加以裁判，裁判时适用：①**条约**。②国际习惯。③一般法律原则。④判例和权威国际法学家学说（作为确定法律原则的补助资料）。此外，如果经当事国同意，法院也可以本着“公允及善良”原则作出裁判。

审判管辖　法院的诉讼管辖权依照主权原则，以争端各当事国的同意为基础，而不是强制的。只有国家得为法院的诉讼当事者。国际法院的管辖包括各当事国提交的一切案件及《联合国宪章》或现行条约中所特定的一切事件。

诉讼程序　分书面和口述两部分。书面程序指以诉状、辩诉状等书状提交法院、送达当事国。口述程序指法院对**证人**、鉴定人、代理人、律师和辅佐人的审讯。审讯一般公开进行。判决由出席法官的过半数决定。如票数相等，院长或代理院长投决定票。法院的裁判除对于当事国和本案外，无拘束力。法院的判决是确定的，不得**上诉**。

咨询管辖　法院应联合国大会或安理会的请求，或应经联大授权的联合国其他机关和各专门机构的请求，就它们提出的法律问题发表咨询意见。咨询意见没有法律拘束力，但是具有一定的权威性。

《国际法制计量组织公约》　*Convention of International Organization of Legal Metrology*

关于计量问题的第二个国际条约。为在《**米制公约**》基础上进一步解决实用计量的国际协调问题，1955年10月12日由22个国家签署该公约。随即成立国际法制计量组织(OIML)。中国于1985年4月加入，成为当时该组织的50个成员国之一。该公约共4章40条。第1章，组织宗旨。目的是交流各国的法制计量情况，确定法制计量的一般原则，制订典型的法律与法规草案，促进法制计量机构之间的联系等。第2章，组织机构。分别说明国际法制计量大会、国际法制计量委员会和国际法制计量局的组成、职能及相互关系等。规定国际法制计量大会每4年召开一次，由各国代表团构成，每个国家只有一个投票权。第3章，财政条款。内容为：国际法制计量组织经费来源；会费等级、缴纳、拖欠及其处理；经费的支出等。第4章，总则。内容为公约的签署、生效、修改、失效及解散等问题。

国际分工　international division of labor

一般社会分工超越民族国家的疆界而形成的分工。是社会生产力发展到一定阶段的产物，是伴随着资本主义生产方式的产生而发展起来的分工。由于各国拥有的社会资源的充裕程度不同以及各国生产不同产品的相对成本不同，它们生产不同的产品具有不同的比较利益，因而形成了国际分工。

国际分工分为：①垂直型分工。一种产品的各个生产阶段在不同的国家里完成所形成的分工，如某些国家专门生产原料和燃料而另外一些国家专门进行加工。②水平型分工。不同的产品分别在不同的国家里生产所形成的分工，如不同的国家分别生产劳动密集型、资本密集型、技术密集型产品。③企业内分工。伴随着**跨国公司**的发展而形成的同一种产品的不同零部件或不同的工序在不同的国家里生产或完成所形成的分工。

国际分工是**国际贸易**的基础，但国际贸易的发展又深化了国际分工。随着国际分工和国际贸易的发展，**国际金融**和**国际投资**也发展起来。在经济全球化的条件下，国际分工越来越广泛和深化。

国际服务贸易法　law of international trade in services

调整国际服务贸易关系以及与服务贸易有密切联系的各种关系的法律规范的总和。

类型　按照世界贸易组织服务部门分类表，国际服务的类型有11类142个项目：①职业服务，包括医生、会计师、律师等专业服务；计算机服务；研究与开发服务；房地产服务；租赁服务；广告与科技成果咨询服务等。②通信服务，包括邮电、快件、电报、传真等电信服务；电视、电影、录音、录像等视听服务。③建筑与装饰等工程服务。④批发、零售、代理等销售服务。⑤各种形式的教育服务。⑥垃圾、污水处理、卫生等环境服务。⑦银行、保险、证券等金融服务。⑧医疗与社会保障服务。

⑨旅游及有关的宾馆、饭店等服务。⑩娱乐、文化与体育服务。⑪各种形式的运输服务等。世界贸易组织《服务贸易总协定》列举了适用该协定的4种服务类型，即跨境服务、过境消费、商业存在和**自然人存在**。

调整对象及范围 国际服务贸易法的主体，既包括参加国际服务贸易活动的国家和国际组织，也包括不同国家的公司、企业和个人。它所调整的服务贸易关系，既包括国家之间的服务贸易关系，也包括营业地位不同于国家的公司、企业或个人之间的服务贸易关系，以及国家在管理对外服务贸易活动过程中同企业、公司及个人之间发生的各种关系。

法律渊源 主要有国际条约和国际服务贸易惯例两个法律渊源。

国际条约 各国缔结的有关国际服务贸易的国际条约或公约，是国际服务贸易法的重要渊源。按照调整的服务类型，它可以分为金融服务、海运服务、航空运输服务、电信服务、专家服务和自然人移动等诸方面的国际规范。

国际服务贸易惯例 国际服务贸易法的另一个重要渊源。它虽然不是法律，不具有普遍的法律拘束力，但按照各国法律，在国际贸易中都允许当事人有选择适用国际服务贸易惯例的自由，一旦当事人在合同中采用了某项惯例，它对双方当事人就具有拘束力。在国际服务贸易中影响最大的服务贸易惯例是国际商会制定的《国际贸易术语解释通则》(2000年修订本) 和《跟单信用证统一惯例》(1994年修订本)。

此外，各国有关商事和国际服务贸易的国内立法也是国际服务贸易法的一个渊源。这些国内法主要是有关调整各种国际贸易合同的法律，以及各国管制对外贸易的法律，有关处理国际贸易争议的法律，如果涉及诉讼，还包括涉外民事诉讼方面的法律和**司法协助**等问题。

国际复兴开发银行 International Bank for Reconstruction and Development; IBRD 联合国属下的一个专门机构。于1945年10月27日与**国际货币基金组织**同时成立。总部设在美国首都华盛顿。1947年11月15日起成为联合国专门机构之一。又称世界银行。至2010年8月，共有187个成员国。世行与**国际开发协会**、国际金融公司、多边投资担保机构、国际投资争端清算中心4个相关组织共同组成世界银行集团。

宗旨是通过提供长期贷款和投资，解决成员国经济复兴和开发所需的资金，帮助欠发达成员国实现经济发展。包括向成员国提供长期贷款；对由政府担保的私人企业提供用于生产性投资的长期贷款；向成员国提供广泛的技术援助；派代表团到借款国进行考察，并派驻顾问。

国际复兴开发银行华盛顿总部

资金来源于各成员国认缴的股金，以及向国际金融市场发行债券和银行收入。

最高权力机构是理事会，由各成员国委派正、副理事各1人组成，每年开一次会议。主持日常工作的是执行董事会，由24名董事组成。其中5名由股份最多的美、英、法、德、日5国指派，其余19名由其他成员国的理事按地区组成19个选区产生，每两年选举一次，其中，沙特阿拉伯、俄罗斯和中国均单独组成一个选区。行长由执行董事会推荐。

《国际歌》 *The Internationale* 全世界无产阶级的革命歌曲。1871年6月，第一国际活动家、巴黎公社成员的法国工人诗人E.鲍狄埃为纪念巴黎公社革命精神，在蒙马特尔区写下了这首气壮山河的《国际歌》歌词。1888年，法国工人作曲家P.狄盖特为歌词谱曲，并于同年7月23日由工人的里拉合唱团在里尔的售报工人集会上首次演唱。此后，日益为人们喜爱，并被译成多种文字流传世界各国。1917～1944年，曾被苏联定为国歌。1923年传唱于中国。《国际歌》自产生以后，成为号召全世界无产阶级联合起来，推翻剥削制度，实现共产主义理想的战歌。

国际工程承包 international project contract 国际劳务合作的一种。一国具有法人地位的从事国际建设工程项目的公司或联合体，在国际市场上通过投标或接受委托等交易方式，与国外业主签订合同，根据合同要求承担某项工程项目的建设任务，以取得一定报酬的经济活动。国际工程承包主要有三种类型：①独家承包。一家承包商独家承担总承包人与业主签订合同，对整个工程项目全面负责，即包工、包料、包工期和工程质量。又称全包。②分包。在整体工程项目中，承包人只承包单项工程，或在全部工程中，只承包某项工序业务。③联合承包。由几家承包公司共同承包一项规模巨大、技术复杂的工程项目。

招标与投标是国际工程承包普遍采用的运用比价进行交易的一种方式。招标是招标人（业主或发包人）根据工程项目的要求提出条件，并制定招标文件，通过一定的方式邀请承包厂商参加投标，开展竞争，从中择优选定工程承包人的经济活动。投标是投标人（承包人）根据招标人的要求和提出的条件，对工程项目进行分析估算编制投标书，并在规定的期限内将投标书递交给招标人直至中标达成交易的经济活动。

国际工人运动 international labour movement 在各国工人阶级政党的领导下，由工人群众参加的，推翻资本主义剥削、压迫和统治，争取民族解放和民族独立，以及争取政治权利的暴力运动。从某种意义上说，国际工人运动也就是国际共产主义运动。随着《共产党宣言》的发表，国际共产主义运动逐步开展起来。

历史上国际工人运动的组织主要有国际共产主义通讯委员会、共产主义者同盟、国际工人协会、第二国际、共产国际。

19世纪上半叶的国际工人运动以政治斗争和暴力斗争为主，还没有提出消灭整个资本主义制度的主张和纲领。19世纪中期的工人运动主要包括第一国际的成立、巴黎公社革命(1871)，以及1864年欧洲工人声援波兰人民的反俄起义。这一时期，随着马克思主义的诞生和传播，工人阶级的觉悟和组织程度都有所提高，加强了国际团结。19世纪末20世纪上半叶的国际工人运动，工人阶级队伍更加壮大，工人阶级的政党普遍建立，俄国十月革命取得胜利。30年代，国际工人运动同世界反法西斯的斗争紧密联系在一起。第二次大战后，出现了一系列新的无产阶级专政的国家。

国际海事法 international maritime law 调整国际海事活动所涉及的各类法律规范的总称，**国际经济法**的一个分支。主要包括海上运输、船舶租赁、海上拖航、海上保险、船舶碰撞、**共同海损**、**海难救助**、油污责任以及海事赔偿责任限制等内容。见**海商法**。

国际海事组织 International Maritime Organization; IMO 联合国负责处理海上安全事务和发展海运技术方面的专门机构。宗旨和任务是促进各国间的航运技术合作；鼓励各国在促进海上安全、提高船舶航行效率、防止和控制船舶对海洋污染方面采用统一标准；处理与上述事项有关的法律问题。

1948年2月，在日内瓦召开的联合国国际海运会议上制定了《政府间海事协商组织公约》。根据公约，1959年1月13日成立政府间海事协商组织(IMCO)，总部设在伦敦。1982年5月22日改名为国际海事组织。2009年，共有169个正式会员和3个联系会员（香港、澳门、法罗群岛)。中国于1973年3月1日成为这个组织的会员。

国际海事组织设有大会和理事会，大会为最高权力机构，每两年召开一次。理事会由大会选出的40个理事国组成，分为三类：A类为10个在提供国际航运服务方面具有最大利害关系的国家；B类为10个在国际海上贸易方面具有最大利害关系的国家；C类为20个作为地区代表的国家。中国为A类理事国。组织的主要活动是制定和修改有关海上安全、防止海洋受船舶污染、便利海上运输、提高航行效率及与之有关的海事责任方面的公约；交流上述有关方面的实际经验和海事报告；为发展中国家提供一定的技术援助。国际海事组织还于1983年在瑞典马尔默创建了世界海事大学，并在包括中国在内的14个国家设有分校。

国际海图 international chart 按照国际海道测量组织（IHO）统一标准编制的航海图。目的是保障远洋船舶的安全航行，向国际航行的船舶提供便于使用和交换的航海资料。IHO成立于1921年，宗旨是协调各国海道测量机构活动，为成员国提供技术咨询和指导。中国是该组织的成员国。1967年第9届国际海道测量大会提出编制国际海图的方案。1987年，出版了世界海洋范围的1:1 000万、1:350万小比例尺系列海图，由英国、美国、日本、加拿大等16国参与。大、中比例尺海图大于1:200万，从1977年开始陆续出版，至2002年底，阶段性计划的1 630幅大中比例尺海图系列已出版697幅。电子海图投入使用后，国际的数字海图数据交换也成为海图国际化的一项内容。国际海图的制作促进了各国在航海图的内容、符号和风格上趋于一致，逐步接近国际海图标准的技术要求。国际海图的进一步发展主要包括：大中比例尺海图系列的完备和不断更新，制图标准的补充与修订，电子海图和数据交换标准的推行等。

国际海洋法法庭 International Tribunal for the Law of the Sea 根据《联合国海洋法公约》成立的、解决有关《公约》解释和适用的争端的司法机关。1996年10月成立，设在德国汉堡。设有海底争端分庭、简易程序分庭、渔业争端分庭、海洋环境争端分庭和临时分庭。《公约》附件6《国际海洋法法庭规约》和《国际海洋法法庭规则》规定了法庭的组织、权限等事项。

法庭由21名法官组成，法官任期9年，可连选连任。中国的赵理海、许光建先后当选为国际海洋法法庭法官。

国际航空法 international air law 规定领空主权，管理空中航行和民用航空活动的法律规范的总称。国际法的部门法。又称航空法。1919年《国际航空管理公约》(《巴黎航空公约》）在巴黎签订，成为第一部国际航空法条约。它明确规定每一国家对其领土之上的空气空间享有完全的和排他的主权。缔约国之间可在和平时期享有“无害通过”的飞越自由权利。1929年10月在华沙签订了《统一国际航空运输某些规则的公约》(《华沙公约》)，规定了国际民航活动中的损害赔偿责任制度。1944年12月在芝加哥签订了《国际民用航空公约》。该公约摈弃了在航空领域中的“无害通过”概念，发展了航空营运权利，成为现行国际航空法最基本的法律文件。为了保护国际民用航空的安全，制止劫机和破坏民用航空器安全的犯罪行为，1963年9月在东京签订了《关于在航空器内的犯罪和其他某些行为的公约》，1970年12月在海牙签订了《关于制止非法劫持航空器的公约》，1971年9月在蒙特利尔签订了《关于制止危害民用航空安全的非法行为的公约》，1988年2月在蒙特利尔签订了《制止在用于国际民用航空的机场发生的非法暴力行为的议定书》。此外，还有一批关于民用航空的地区性多边公约和条约，在国家之间则签订有大量的双边航空运输协定。

国际环境法 international environment law 调整国际法主体在保护、改善和利用环境与资源中所形成的各种法律关系的法律规范的总称。国际法的一个分支。

主要国际环境法律文件 如《联合国人类环境宣言》、《里约环境与发展宣言》、《联合国气候变化框架公约》、《荒漠化公约》、《生物多样性公约》、《濒危野生动植物物种国际贸易公约》，以及其他大量有关环境保护问题的条约、公约。

原则 国际环境法除适用国际法的一般原则之外，还有一些特有的原则。

国家主权与不损害管辖范围以外环境的原则 根据国家主权原则，国家享有按照其政策开发本国自然资源的权利。国家对其自己或其管辖和控制下的任何公共或私人活动要尽“适当注意”的义务，不得因此损害其他国家或各国管辖范围以外地区的环境。如果造成损害，应承担相应的国家责任。

国际合作原则 各国应该以伙伴的精神在养护、保护和恢复地球生态系统的健康和完整方面进行有效的国际合作。

防止环境损害原则 国家要对其管辖范围内的活动，尤其是那些可能给环境带来重大影响的活动进行环境影响评价，并对环境进行持续的监测，以减少和防止对环境的损害和不利影响。

谨慎原则 又称预防原则、风险预防原则、审慎原则。针对科学上尚无明确定论的情况（如转基因作物或食品对人类可能造成的影响)，在有可能出现严重或不可挽回的损害的威胁时，各国应采取预防措施，防止环境恶化。法律管制的方式可以是自愿或强制性的标识制度，也可以是许可证制度，甚至是举证责任倒置和完全禁止。

共同但有区别责任原则 无论发达国家还是发展中国家都承担着保护和恢复地球生态系统的健康和完整的共同责任。鉴于发达国家和发展中国家对全球环境恶化所起的不同作用，以及它们掌握的技术和财力资源的不同，发达国家应该承担有别于发展中国家所承担的责任。

可持续发展原则 包括以下内容：①满足当代人对环境和资源需求的同时不得妨碍后代人的需求，为了后代人的利益应该保护和养护好环境与自然资源。②同代所有的人都平等地享有利用环境与资源的权利，国家在开发利用自然资源时，应该顾及其他国家的利益和需求。③对自然资源的开发和利用应该谨慎、理性、合理和适当，以便达到环境与资源可持续利用的目标。④保证环境保护的目标应同经济社会发展目标、计划和规划相协调与融合。

国际环境责任和争端的解决 根据国家主权与不损害管辖范围以外环境的原则，如果造成跨界环境损害，相关国家应承担相应的赔偿责任。关于具体的赔偿制度，相关的环境条约采取不同的赔偿责任制度。关于环境争端的解决，适用一般国际法的争端解决机制。

中国与国际环境法 中国的环境法是在国际环境法的发展和促进下开展起来的，中国政府先后发表了《中国21世纪议程——中国21世纪人口、环境与发展白皮书》和《中国环境保护21世纪议程》，并签署或批准了60多个环境保护方面的多边条约。20世纪80年代以后，中国参加的条约占条约总数的90%以上，涉及的领域主要有海洋、生物、大气、外空、南极等。为了具体履行国际条约所承担的义务，中国还通过了相应的国内立法。

国际汇兑 foreign exchange 有动态和静态的双重含义。一种货币兑换成另外一种货币的行为是动态汇兑；以外币表示的可用作国际清偿的支付手段和资产为静态汇兑。外汇的全称。

国际货币基金组织 International Monetary Fund; IMF 政府间国际金融组织。1945年10月27日成立。1947年3月1日开始工作，1947年11月15日成为联合国专门机构，在经营上有其独立性。总部设在美国首都华盛顿（图1)。至2010年8月，有187个成员国。

目的与宗旨 目的是鼓励各国采取健全的经济政策，防止经济体系出现危机。向需要临时融资的成员国提供资金，解决其国际收支问题。宗旨是：①设置一个就国际货币问题进行磋商与协作的常设机构，促进国际货币领域的合作。②促进国际贸

图1 国际货币基金组织华盛顿总部

易的扩大和平衡发展。③促进汇率的稳定，保持成员国之间有序的汇率安排，避免竞争性货币贬值。④协助建立成员国间经常性交易的多边支付体系，取消阻碍国际贸易发展的外汇限制。⑤向成员国提供临时性一般资金，解决国际收支暂时失衡时产生的外汇资金需要。

组织机构 ①理事会。最高权力机构，由各成员国派正、副理事各一名组成，一般由各国的财政部长或中央银行行长担任。每年9月在国际货币基金组织与**国际复兴开发银行**（世界银行）共同举行年会时举行一次会议，各理事会单独行使本国的投票权（各国投票权的大小由其所缴基金份额的多少决定）。理事会下设国际货币和金融委员会及发展委员会。②执行董事会。最高管理当局，负责日常工作，行使理事会委托的一切权力。由24名执行董事组成，5个最大股东美、英、法、德、日，以及俄、中、沙特阿拉伯在执行董事会拥有独立席位，其余16名执行董事由其他成员分别组成16个选区选举产生，任期两年。总裁由执行董事会推选，负责基金组织的业务工作，任期5年，可连任，另外还有3名副总裁。

资金来源 主要来自成员国加入时认缴的份额（或资本金），或来自定期检查后成员国缴纳的增资份额。认缴份额时，25%为可兑换货币或**特别提款权**（SDR），75%为成员国本币。份额决定一国的认缴支付额、投票权、可从其得到的资金数额，以及它在特别提款权分配中所占比例。它有两个借款安排：①借款总安排（GAB），建于1962年，有11个参加方（10国工业集团和瑞士政府或其中央银行）。②新借款安排（NAB），建于1997年，有25个国家和机构参与。

主要活动 主要关注成员国的宏观经济政策（即与政府预算、货币和信贷管理及汇率有关的政策）及金融部门政策（包括影响就业和工资行为的劳动力市场政策）。在监督成员国经济政策方面主要关注成员国经济的整体表现，即宏观经济表现，包括总支出、产出、就业、**通货膨胀**和国际收支。此外，还关注影响宏观经济表现的结构性政策（包括影响就业和工资行为的劳动力市场政策），并就如何改善这些领域的问题向有关各成员国提出建议，以便其更有效地追求高就业、低通货膨胀和经济的可持续增长。

图2 2003年11月23日，国际货币基金组织和世界银行年会在阿拉伯联合酋长国迪拜开幕

国际货币金融法 international monetary and financial law 调整国际货币金融关系的各种法律规范的总称。**国际经济法**的一个分支，是传统的国际贸易法制度和国际投资法制度的基础。国际货币金融活动的主体包括国家政府、国际经济组织和私人，因此国际货币金融关系实际上包括以上各类主体之间以及它们相互之间的跨国货币金融关系。

主要内容 国际货币金融法主要涉及国际货币体系、国际资本跨国流动、国际货币经济机构、关于外汇的兑换与交易、关于各国国际融资交易、关于各国国际金融资产衍生金融工具交易等内容。严格地说，它包括国际货币法和国际金融法两个法律部门。国际货币法是调整国家之间因国际货币管理活动而产生的国际货币关系的国际规范和国内规范的总称，规定的是关于国际货币兑换、流动和汇率方面的法律规则。它构成一国货币金融制度的基础，具有典型的公法性质。国际金融法是调整不同国家民事主体之间因跨国金融活动而产生的国际金融关系的国际规范和国内规范的总称，规定的是关于国际贸易融资、国际贷款融资、国际股票融资、国际债券融资、国际租赁融资等金融交易的法律规则。尽管在不同国家的法律中，此类法律制度可能包含有一定的管制法内容，但具有私法的属性。

法律渊源 既有国际法的，又有国内法的。国际条约是国际货币金融法的重要渊源。其中，最重要的国际货币金融条约是《国际货币基金协定》和《国际复兴开发银行协定》。根据《国际货币基金协定》成立的国际货币基金组织，主要向成员国提供短期信贷，以解决成员国的国际收支暂时不平衡问题，维持汇率的稳定。根据《国际复兴开发银行协定》成立的国际复兴开发银行，主要向成员国提供长期贷款，以促进成员国经济的发展。作为国际货币金融法渊源的各国涉外金融法如一国的外汇管理法、涉外贷款法、涉外担保法等，都直接调整跨国金融活动。

国际货币体系 international monetary system 由大多数国家认可的用以确定国际储备资产、汇率制度、国际收支调节机制的有法律约束力的规章、制度或惯例以及由此而建立的组织形式等的总称。

第二次世界大战前的国际货币制度基本上是金本位国际货币制度。1944年7月，44国代表在美国新罕布什尔州布雷顿森林地区召开了联合国货币金融会议（又称布雷顿森林会议），为战后世界经济新秩序拟订基本方案。布雷顿森林货币体系是世界历史上第一个经过协商并以多边协议为基础建立起来的国际货币制度。从储备货币的角度看，该体系是以黄金为基础，以美元为最主要国际储备货币的一种国际货币制度。从汇率机制看，该体系建立了一种可调整的钉住汇率制度，结合了固定汇率与弹性汇率制度的特点。

20世纪60~70年代由于各国经济发展不平衡多次爆发美元危机，几乎所有国家均放弃了维持固定汇率的努力，布雷顿森林货币体系崩溃，国际货币制度陷入混乱。

1976年1月**国际货币基金组织**国际货币制度临时委员会在牙买加首都金斯敦召开会议，达成《牙买加协定》。主要内容包括：①黄金非货币化，强调**特别提款权**在国际货币中的地位。②允许会员国自由选择、制定和调整汇率，从而使浮动汇率制度合法化。③增加国际货币基金的总份额，扩大基金组织在解决成员国国际收支困难和维持汇率稳定方面的能力。事实上，达成牙买加体系在很大程度上（尤其是黄金与汇率问题上）是对事实的一种追认。在协议签订后，国际货币制度也并没有按照协议规划的方向发展，准确地说，其后的国际货币制度事实上可以用“无规则”来概括。

国际计量局 Bureau International des Poids et Mesures; BIPM 根据1875年签署的《**米制公约**》在法国巴黎建立。是《米制公约》各签约国提供经费共同管理的永久性计量实验室，在国际计量委员会的指导和监督下工作。下设6个专业室：长度室、质量及其相关量室、时间室、电学室、辐射度学与光度学室、电离辐射室。主要任务是保持或复现国际单位制7个基本单位的最高基准值。通过这些基准值满足世界范围内基本物理量值的最高溯源要求，与国际计量委员会下属的10个咨询委员会合作，组织与指导国际关键比对。

国际技术贸易法 law of international technology trade 调整过境的技术转让交易关系的法律规范的总称。国际技术贸易是指不同国家的企业、经济组织或个人之间，按照一般商业条件，向对方出售或从对方购买软件技术使用权的一种国际贸易行为。

国际技术贸易交易的标的大致分为两类：一类是受工业产权法保护的技术，主要包括专利、实用新型、外观设计和商标。它们都被认为是工业产权，其权利人享有独占权或排他权，分别受到专利法、商标法或实用新型法与外观设计法的保护。另一类是不属于工业产权的技术，主要是指专有技术，其权利人不享有独占权或排他权。一笔技术转让交易，往往既包含技术知识的转让，也包括作为技术转让交易中的组成部分的机器、设备的买卖。

调整国际技术贸易的国际条约 主要有：1969年安第斯集团各国签订的《卡塔赫纳协定》，1957年《欧洲经济共同体条约》的有关条文，1973年经济互助委员会各国签订的《通过经济、科学与技术合作组织对发明、工业品外观设计和商标以法律保护的协定》。有关工业产权国际保护的国际条约中也包含了有关国际技术贸易的有关内容，主要有：《保护工业产权巴黎公约》、《商标国际注册马德里协定》、《专利合作条约》、《商标注册条约》、《与贸易有关的知识产权协定》等。

国际技术贸易法的主要内容 包括：①总则。规定国际技术贸易法的宗旨、原则，法律关系的主体和客体，以及国际技术贸易的定义和范围。②国际技术贸易合同的种类和主要条款。合同的种类主要包括：国际技术许可合同、国际技术咨询合同、国际技术服务合同、国际合作生产合同、国际工程承包合同及其他形式的国际技术转让合同。③禁止性商业惯例，即禁止在国际技术贸易中对当事人正当的商业行为予以不合理限制的条款。④国际技术贸易合同的审批和管理。⑤国际技术贸易合同的税收和贸易管理。⑥违约及其救济方法。⑦法律适用和争议的处理。⑧附则，包括法律生效日期、法律生效前签订合同的处理等。

国际技术转让 international transfer of technology 超越国境的技术转让行为。技术转让指技术持有者通过各种方式将其拥有的生产技术、销售技术或管理技术以及有关的权利让渡给他人的行为。包括：①商业性技术转让。技术有偿转让，又称技术贸易。在有偿技术转让中，销售技术的一方成为技术出让方，购买技术的一方成为技术受让方，或技术引进方，因此，从购买者的角度来看，技术转让又可称为技术引进。②非商业性技术转让。通过政府援助、技术情报交换、学术交流和技术考察等形式进行的技术让渡。

国际技术转让主要有5种形式：许可证贸易、特许专营合同、咨询服务、技术服务与协助和承包工程。

国际价值 international value 凝结在国际贸易商品中的世界必要劳动时间，是国际价格形成的基础，体现了国际生产关系。是随着世界市场的发生和发展在国内价值的基础上形成的。马克思曾经指出：在以各个国家作为组成部分的世界市场上，国家不同，劳动的中等强度也就不同；有的国家高些，有的国家低些。于是各国的平均数形成一个阶梯，它的计量单位是世界劳动的平均单位。因此，不同的国家在同一劳动时间内所生产的同种商品的不同量，具有不同的国际价值。

商品分为：①国际贸易商品，形成国际价值。②非国际贸易商品，只形成国内价值。国际价值在性质上是由无差别的一般人类劳动创造的，计量标准是“世界劳动的平均单位”，即在世界正常的生产条件下，在世界平均的熟练程度和劳动强度下生产某种商品所需要的劳动时间。如果某个国家生产某种商品的国内价值高于国际价值，它在世界市场的竞争中将处于不利地位。反之，则处于有利地位并获得超额利润。以国际储备货币表示的国际价值形成国际价格，国际市场价格以国际价格为基础在世界市场供求的影响下发生波动。

国际减轻自然灾害十年 International Decade for Natural Disaster Reduction; IDNDR 联合国于1989年12月22日通过第44/236号决议，宣布1990～2000年为“国际减轻自然灾害十年”，在全世界范围里开展减轻自然灾害十年活动，并决定每年10月的第二个星期三为国际减轻自然灾害日。

“国际减轻自然灾害十年”的宗旨是：通过协调一致的国际行动，在世界上，特别在发展中国家，减少由自然灾害造成的生命财产损失和对社会经济的破坏。其目的是：①提高各个国家迅速有效地减轻自然灾害影响的能力，特别注意发展中国家的需要，帮助它们评估潜在的灾害破坏力，建立早期警报系统和抗灾结构物。②应用现代科学技术，建立适当的减灾原则和战略。③鼓励为了减轻生命财产损失，而在科学与工程方面填补空白的努力。④传播现有的以及新开发的与评估、预报和减轻自然灾害措施有关的技术情报和信息。⑤通过技术援助和技术转让、示范项目以及教育和培训等计划，因灾和因地制宜地发展评估、预报及减轻自然灾害的方法，并且对这些计划的效果作出评价。

国际交换 international exchange 以国际分工为基础，以国际贸易为表现形式的国际的商品交换活动。

“国际交换”这一经济范畴是由K.马克思在1847年发表的《哲学的贫困》一书中首次提出的。俄国理论家N.I.布哈林在1915年发表的《世界经济和帝国主义》一书中进一步指出：国际交换是国际分工的表现，这种国际交换是必要的。布哈林关于国际交换的论述，是对马克思关于国际交换的论述的继承和发展。

国际交换是社会生产力发展到一定阶段，社会分工及与此相适应的商品交换超越国境的必然结果。国际交换的产生和发展经历了三个阶段，是由标志着社会生产力巨大发展的三次科学技术革命而划分的。真正的国际交换开始于18世纪60年代至19世纪60年代的产业革命时期，到19世纪末20世纪初发生的第二次科学技术革命时期已具有世界的性质，再到20世纪50年代发生的第三次科学技术革命时期已达到空前的广度和深度。

国际结算 international settlement 国际的债权债务关系所引起的货币收付或结算。产生国际债权债务关系的原因很多，有国际贸易、资本流动、劳务提供、利润汇回、旅游活动、侨民汇款、政府间外事来往以及国际文化、体育交流等，其中最重要的是国际贸易。凡因国际贸易引起的结算称作贸易结算，由其他经济、政治、军事、文化活动引起的结算称作非贸易结算。21世纪初，国际结算的主要支付方式有汇款、托收、信用证、保证书、信用卡和立即付款。随着科学技术的发展，国际结算已经广泛采用综合电子技术，这使得国际结算更为迅速、安全和节省费用。

国际金融 international finance 各国之间由于经济、政治、文化等联系而产生的货币周转和运动。主要包括7方面内容。

①国际收支。包括一国和其他国家之间商品、劳务和收益的交易以及债权、债务的变化所引起的收付对比。各国的国际收支不仅反映其经济结构、发展水平的状况，而且反映各国之间的经济关系和在世界经济中的地位及其实力，因此各国都非常重视国际收支的调节。

②国际汇兑。包括外汇、汇率、外汇市场和外汇管制等。充当国际流通手段、购买手段或支付手段的外国货币或以外币表示的支付凭证即外汇。一国货币同另一国货币的比价即汇率。因国际汇兑是通过银行进行的，银行与客户及银行之间的外汇

交易即构成外汇市场。外汇市场业务包括即期业务、远期业务、套汇和套利业务等。一国政府对外汇交易的管制和限制即外汇管制。

③国际结算。办理各国货币资金往来收付业务，形式多种多样，如货运单据代替商品本身成为买卖、转让、抵押的对象，跟单票据的流通和银行集中办理国际结算等。

④国际信用。国际货币资金的借贷即国际信用。主要包括：国际贸易信用、政府信贷、国际金融机构贷款、银行信贷、发行债券、补偿贸易、租赁信贷等。

⑤国际投资。指各国官方或私人对外国进行的投资。

⑥国际货币制度。

⑦国际金融市场。按资金融通期限，国际金融市场可分为国际货币市场与国际资本市场；按经营业务的性质可分为外汇市场、黄金市场和国际信贷市场。

国际金融市场 international financial market 在国际范围内进行资金融通、有价证券买卖及有关的国际金融活动的总体。从广义上说，包括国际上的短期资金市场（货币市场）、长期资金市场（资本市场）、外汇买卖市场（外汇市场）、黄金买卖市场（黄金市场）、期货市场和期权市场。从狭义上讲，仅指国际资金借贷和融通。在国际金融市场上，资金的借贷和融通一般是通过跨国银行或证券投资机构来完成的，所以有时也指一些跨国银行和证券投资机构云集，全面集中地开展资本借贷、债券发行、外汇买卖等国际金融业务的国际大都市，也称国际金融中心。

形成一个重要的国际金融市场的条件有：①政局比较稳定。②没有外汇管制，或外汇管制比较松。③货币信用制度比较发达，金融机构比较集中。④交通和电信设施完善，联系方便。

第一次世界大战前，英国伦敦是最繁忙的国际金融市场。第二次世界大战后，美国凭借其经济优势和美元等同于黄金的有利条件，建立了以美元为中心的国际货币体系，纽约成为最重要的国际金融市场。此外，瑞士的苏黎世也是一个重要的国际金融市场。除了这三大国际金融市场外，巴黎、法兰克福、东京、香港和新加坡等都是重要的国际金融市场。

国际金融市场便利国际资金的运用调度和国际债务的结算，为扩大国际投资和国际贸易提供条件，同时也为一些国家提供发展经济、弥补国际收支所需要的资金。

国际金融中心 international financial center 全面集中地开展资本借贷、债券发行、外汇买卖等国际金融业务的国际大都市。见国际金融市场。

国际经济法 international economic law 调整国际经济关系的法律规范的总称。可归纳为广泛和狭窄的两种概念和范围。

广义国际经济法　泛指调整国际经济交往的法律。其范围包括一切关于超越国界并涉及任何经济利益的交易和交往的法律规则和制度，不论进行交往和交易的主体是国家、国际组织或机构、国营金融机构（如国家的中央银行），还是个人、法人或跨国公司。它也不区分国际法和国内法、公法和私法。主张这种概念的法学家一般认为，国际经济法是国际社会中经济关系和经济组织的国际法规范和国内法规范的总称，他们打破了法律各部门之间的界限，强调法律各部门之间的相互作用和相互渗透。这派国际经济法学者特别着重综合各种有关法规的宏观角度研究实际的法律问题。

按照广泛的概念，国际经济法主要包括：①关于外国人经济地位的国内立法和国际法。②关于国际商业交易的私法方面，包括货物买卖、运输、契约的法律，保险法，公司法和海商法。③关于国际贸易的国内法规，如关税法规、内地税法规、进出口管制法规、外汇管制法规以及关于质量和包装标准等方面的法规。④关于外国人投资的国内立法和国际法，包括外国人投资的组织和清理、投资的待遇、保护和保证，国有化和征收，解决投资争端的方法和适用的法律等。⑤关于国际贸易制度、国际货币和金融制度和国际机构投资制度的国际法和国际经济机构法，如关税及贸易总协定（包括世界贸易组织）、国际货币基金组织、世界银行、区域性国际开发银行（如亚洲开发银行）的法律，国际商品协定等。这部分法律都是通过国际条约的形式制定的，构成国家之间的条约义务，属国际公法的范围，不直接涉及或约束个人。⑥关于区域经济一体化的法律，如欧洲经济共同体（包括欧盟）、原经济互助委员会、安第斯条约组织的法律。⑦国际税法，包括课税管辖权范围、关于解决双重课税的法律。

狭义国际经济法　是国际公法的一个特殊部门。凡国际贸易、经济交易中涉及的私法问题（如国际货物买卖合同等）和国内法问题（如关于进出口管理的国内立法等）都不属于国际经济法的范畴。根据狭窄的概念，国际经济法的范围和内容主要包括：①关于一国公民（自然人）和法人在其国境外经济领域的法律地位。②关于私人国外投资的法律制度。③国际机构投资的法律制度，主要涉及世界银行和各区域开发银行的组织机构法和关于其资金来源和经营的法律。④调整国际经济关系的法律制度，其中主要包括国际贸易、金融和货币关系的国际法原则和规则。关于国际货币制度的法律涉及的问题包括：根据《国际货币基金组织协定条款》建立的关于国际货币体制的行为规则以及其实施和改革，区域性货币制度等。国际贸易法律制度如《关税及贸易总协定》体现的各项原则。⑤国际经济组织和机构法，包括组织结构、决策程序和职能范围等问题。⑥区域性经济一体化的法律制度。⑦国际税法。

国际经济法和国际经济秩序　国际经济法与国际经济秩序紧密相关，前者是为后者服务的。国际经济秩序至少包含两个意义：①国际经济关系领域中各国共同协议的价值观念体系，也就是作为指导国际经济关系的政治、经济和社会观念体系。②调整国际经济关系的法律结构，又称国际经济关系的法律秩序。从这个角度看，国际经济法可以说是国际经济秩序的法律方面，也就是作为指导国际经济秩序的政治、经济和社会观念在法律上的体现。

国际经济合作会议 International Economic Cooperation Conference　发展中国家同发达国家讨论南北经济问题的一次重要会议。这次会议被通称为“南北对话”或“南北会谈”。又因在法国巴黎举行，又称“巴黎会议”。

1973年，阿拉伯产油国通过石油斗争夺回石油价格的制定权，并推动联合国通过《新秩序宣言》。1975年12月16～19日，国际经济合作会议的部长级会议在巴黎举行。参加会议的有19个发展中国家和16个发达国家。会议成立能源、原料、发展和金融事务4个委员会，提出协商一致的议事原则。1977年5月30日至6月3日，国际经济合作会议在巴黎举行最后阶段的部长级会议，通过《国际经济合作会议报告》，达成建立稳定原料价格的共同基金和给最贫穷国家以10亿美元的特别援助基金两项协议，但未能就能源和债务问题达成协议。

国际经济技术合作 cooperation of international economics and technology　国际经济合作的重要组成部分和主要方式。是技术要素在主权国家间的移动，包括有偿和无偿两种转移方式。有偿方式通常称为技术贸易，是现代国际技术合作的最主要形式，常见的方式有许可贸易、技术协助、合作生产、合作研究等。在一项国际技术合作中可能包含上述一种或几种方式。无偿方式一般指国际技术交流，具体方式有交换科技情报、资料、仪器样品；召开科技专题讨论会；互派专家讲学或传授技术；共同研究、设计或实验科技发展项目；联合建立科技研究机构等。

国际竞争力 international competitiveness 在世界经济的大环境下，各国间或各地区间综合比较其创造增加值和国民财富持续增长的系统能力。国际竞争力的最核心内容建立在新经济增长理论的基础上，包括创造增加值和国民财富的生产理论，这构成国际竞争力成长的基本目标。从系统定量评价到各国或地区的竞争优势、劣势分析，以及一个国家或地区的国际竞争力发展战略、政策制定等构成国际竞争力研究的主要内容。

国际竞争力包括八大要素，即国家经济实力、国际化、政府管理、金融体系、基础设施、**企业管理**、科学技术和国民素质。每个要素又包括若干竞争方面，每个方面由若干具体指标组成。国际竞争力评价共有314个指标，综合47个竞争方面、八大竞争要素评价和国际竞争力总体评价。对于发展中国家，从“三位一体”即核心竞争力、基础竞争力、环境竞争力研究提升本国的国际竞争力是非常重要的。

国际救助公约 international convention on salvage 为了统一海上船舶救助打捞作业的权利、义务和救助报酬方面的法律而制定的国际公约。1910年9月23日于布鲁塞尔召开的第三次海洋法外交大会上制定了《1910年统一海难救助某些法律规定的国际公约》。公约于1931年3月1日生效，共有61个缔约国。公约的主要内容有：①适用范围。适用于海上和内河航行船舶的救助打捞作业，但不适用于军用船舶和专门用于公务活动的政府船舶。②“无效果－无报酬”原则。救助行为有效果，可获得公平的报酬；若救助无效果，则救助人无权要求任何报酬。在任何情况下，所支付报酬的金额不得超过被救助财物的价值。③救助报酬公平原则。当救助人已经由被救助人明确合理地拒绝但参与救助工作，则救助人无权要求任何报酬。④救助报酬的确定。报酬金额和救助人之间报酬分配比例由当事人协议决定，协议不成则由法院判定。⑤人道主义原则。对于人命的救助成功，救助方不应向获救人员索取报酬。⑥诉讼时效为自救助行为终止之日起算两年。

1989年4月28日，**国际海事组织**在伦敦召开外交大会，审议通过了《1989年国际救助公约》，于1996年7月14日生效。该公约对1910年救助公约作了全面修改。适用范围扩大到包括浮船坞、飞机、海上固定式或移动式钻井平台、落地卫星等船舶以外的所有财产。增加了有关海洋环境保护的内容，尤其是对油轮和液货船的救助，采用“无效果，也给予补偿”的特殊补偿原则，因为救助毕竟防止或减轻了污染。公约规定船长有权代表船货双方签订救助合同、为被救财产的所有人提供担保，被救助人有义务接受被救财产的移交。中国于1994年3月30日交存了加入文件。

国际开发协会 International Development Association; IDA **国际复兴开发银行**（世界银行）的附属机构。专门对最不发达国家提供长期无息贷款的国际金融机构。1960年9月24日成立。总部设在美国首都华盛顿。会员国分为资金捐助国和接受国，至2006年，有会员国184个。

其宗旨是在不构成债务国国际收支重负的条件下，采用低于普通贷款利率的较灵活方式，向欠发达地区会员国提供贷款，以解决其在经济发展和实现国际复兴开发银行提出的发展目标中，对资金的重要需求；同时，也为会员国的其他活动提供补充资金，以达到促进会员国经济增长、生产力扩大、生活水平提高之目的。

理事会是最高权力机构。执行董事会负责处理协会的日常业务，行使该协会授予或由理事会委托的一切权力。正副理事和正副执行董事均由国际复兴开发银行正副理事和正副董事兼任。

资金主要来自成员国缴纳的股金，成员国提供的补充资金，国际复兴开发银行从盈余中拨给的款项和协会本身业务经营的盈余。

“国际”空间站 International space station 以美国、俄罗斯为主联合加拿大、日本、巴西、欧洲空间局11国共16个国家正在建造的**空间站**。由美国的“自由”号空间站“阿尔法”方案与俄罗斯的“**和平”号空间站**方案演化而成。总质量420吨，主桁架长88米，太阳电池阵宽110米，提供110千瓦电力，可居住6～7名航天员。轨道高度426千米，轨道倾角51.6°。“国际”空间站的运输器是美国的航天飞机和俄罗斯“联盟”号及“进步”号飞船。

1984年美国决定开展永久性载人空间站计划，设想中的空间站在1988年被命名为“自由”号空间站。由于计划过于庞大，经费估计不足，特别是核心功能舱技术和航天飞机对接试验问题长期未能解决，1993年9月美国与俄罗斯达成协议，撤销“自由”号空间站计划，开始执行美、俄为首的“国际”空间站计划。“国际”空间站计划有16个国家参加，即美国、俄罗斯、欧洲空间局11个成员国（比利时、丹麦、法国、德国、意大利、荷兰、挪威、西班牙、英国、瑞典和瑞士）、加拿大、日本和巴西。美国是“国际”空间站计划的发起国，俄罗斯提供核心功能舱和“和平”号空间站作为航天飞机对接试验的目标飞行器及研制的经验。美国提供空间站的组件，包括3个节点舱、1个实验舱、分段研制的桁架结构、4套太阳能电池阵、1个居住舱、3个对接适配器、1个穹顶结构、1个不增压后勤装置和1个离心机舱等。俄罗斯除提供核心功能舱外，还提供2个研究舱、1个服务舱、1个由太阳能电池阵提供电力的科学电力平台。欧洲空间局为“国际”空间站建造1座增压实验舱和后勤运输飞行器。加拿大提供1个16.7米长的遥控机械臂，用于该站的组装和维护。日本建造1座带有暴露的外部平台的实验舱，还将研制自己的后勤补给飞行器。

“国际”空间站的建造分3个阶段。第一阶段（1994～1998）是准备阶段，主要进行9次美国航天飞机轨道器与“和平”号空间站的对接飞行，取得航天飞机轨道器与空间站交会对接以及在空间站上长期进行生命科学、微重力科学实验和对地观测等方面的经验，训练美国航天员在空间站上的生活和工作能力。第二阶段（1998～2000）是初期装配阶段，主要建立“国际”空间站的核心部分，使空间站具有初始载3人的能力。第三阶段（2000～2006）是装配及应用阶段，主要完成“国际”空间站的装配，达到6～7人长期在轨的工作能力。“国际”空间站设计工作寿命10～15年。

1998年11月20日，俄罗斯在拜科努尔航天发射场用1枚“质子”号重型火箭，成功地把“国际”空间站的第一个组件“曙光”号核心功能舱送上太空。12月14日，美国航天飞机将“团结”号节点1号舱送上太空。随后陆续发射服务舱、双货舱型空间居室、美国实验舱、多用途的后勤和气闸舱。2000年11月2日，3名乘坐“联盟”TM号载人飞船进入轨道的航天员入驻“国际”空间站，成为该站的第一组乘员。至2010年6月，“国际”空间站共接待了由“联盟”TM号飞船或美国航天飞机轨道器运送的24组长期考察乘员组。

国际会计 international accounting 会计的一个分支。从事跨越国界活动或在本国以外的国家维持生产经营而开展的一项会计管理活动。第二次世界大战后，美国、欧洲各国和日本的经济活动高度发展，使**跨国公司**大规模兴起，国际商业活动和投资活动频繁，产生了国际会计。为规范跨国证券的发行和上市，2000年5月证券委员会国际组织（IOSCO）批准和推荐了30项国际会计准则，此举成为全球财务报告协调化的一个里程碑。

一般认为，国际会计以财务会计为主，但也包括国际管理会计，甚至国际审计的内容。主要内容指各国会计原则（准则）、制度、惯例、方法的比较，以确定共同的和不同的会计惯例，建立在国际商业中处理企业有关经营活动方面的会计实务；探讨各国社会、政治、经济、文化等环境对会计制度的影响和现有会计模式的类型；研究外币折算业务的会计处理、国外分部报告的编制和财务信息的披露、合并国外子公司财务报表的编制，以及国际审计、国际税务等方面面临的实务问题；探索外汇风险及其管理、国外投资及其分析，以及国际转移价格的制定政策等；了解国际性、地区性学术和职业团体、专门机构及非会计组织在制定和促进国际会计准则，协调各国会计实务上所起的作用和取得的成就。

国际会计师联合会 International Federation of Accountants; IFAC 1977年10月7日为接替国际会计专业协调委员会（ICCAP）而成立的一个国际性会计职业界组织。秘书处设在美国纽约。其主要宗旨是建立和促进全球范围内会计职业界的协作和准则协调化。会员包括80多个国家和地区的120多个会计职业团体。IFAC与国际会计准则委员会（IASC）之间有着十分密切的合作关系，IFAC不仅为IASC提供部分经费资助，而且通过参与IASC的监管与决策机构，对国际会计协调化发挥了积极的作用。与IASC不同的是，IFAC偏重于制定《国际审计指南》，来推动审计准则与实务方面的国际协调。

国际劳动妇女节 International Working Women's Day 世界劳动妇女的节日。1909年3月8日，美国芝加哥女工和其他地区纺织业、服装业女工举行罢工和示威游行，要求增加工资，实行八小时工作制，获得选举权。这些要求得到美国和世界各国广大人民群众的支持和响应。1910年8月，在哥本哈根第2届国际社会主义妇女大会上，在德国和国际工人运动著名活动家C.蔡特金倡议下，大会决定每年3月8日作为国际劳动妇女节，以团结全世界广大妇女为反对资本压迫和剥削、争取妇女在经济上和政治上与男子权利平等而斗争。1911年，在德、奥、瑞士和丹麦等国第一次纪念三八国际妇女节。随后纪念活动逐步遍及世界各国。中国人民最早纪念妇女节是1924年在广州举行的群众大会。中华人民共和国建立后，中央人民政府政务院于1949年12月23日通过全国统一节日时，规定3月8日为妇女节。

国际劳动节 International Labour Day 全世界无产阶级和劳动人民团结战斗的节日。1866年第一国际日内瓦代表大会通过争取八小时工作制的决议。此后，经过各国工人坚持不懈的斗争，这一目标在澳大利亚、美国一些地方开始实现。为普遍实行工作、教育、休息各八小时的“三八制”，1884年美国和加拿大的工人代表在芝加哥集会，约定1886年5月1日举行示威运动。这一天，美国各地约35万工人举行罢工和示威游行，仅芝加哥一地就有4万工人参加。芝加哥工人的斗争遭到政府和资本家破坏、镇压。英、法等国工人也掀起了争取八小时工作制的斗争。1889年在巴黎召开的第二国际成立代表大会上决定，1890年5月1日组织大规模的国际性游行示威，以便所有国家的劳动者在同一天里要求执政当局从法律上把工作日限制在八小时以内，并把该日定为国际劳动节。中国第一次纪念五一国际劳动节的活动于1907年在哈尔滨市举行。1921年中国共产党建立后，即在党的领导下开展纪念五一国际劳动节的活动。1949年12月23日，中央人民政府政务院通过全国统一节日时，规定5月1日为劳动节。

国际劳工组织 International Labour Organization; ILO 在国际劳工方面从事立法和提供咨询、援助的国际组织。1919年作为国际联盟的附属机构而成立。1946年12月14日成为联合国专门机构。总部设在瑞士日内瓦。1969年获诺贝尔和平奖。至2011年6月，有成员国183个。

其宗旨是通过促进社会正义为建立持久和平作贡献；通过采取国际行动，促进充分就业，改善劳动条件和生活水平；促进劳资双方合作；扩大社会保障措施；保护工人生活与健康，以及促进经济和社会的稳定。

组织机构包括：①国际劳工大会。最高权力机构。每年6月在日内瓦举行，讨论全球的社会及劳工问题，制定并通过国际劳工公约。大会由全体成员国的代表组成，选举产生理事会。②理事会。执行委员会。每3年经大会选举产生，由56名常任理事和66名助理成员组成。③国际劳工局。常设秘书处，也是国际劳工组织的总指挥部、研究中心及出版机构。局长5年选举一次。

国际联盟 League of Nations 第一次世界大战结束后建立的国际组织。又称国际联合会，简称“国联”。1919年巴黎和会通过建立国联的决议。同年4月24日，和会通过以美英方案为基础的盟约，并将其作为对德、奥、匈、保等国和约的第一部分。1920年1月10日国联正式成立，总部设在瑞士日内瓦。中国为创始会员国之一。美国未参加国联。苏联于1934年9月18日加入。先后有63个国家加入国联。日、德、意三国先是加入，后又退出。国联的主要机构是大会、行政院和秘书厅。大会由全体会员国组成。行政院由常任委员国和由大会定期选举产生的非常任委员国组成。大会和行政院职权基本相同。大会和行政院的决议，除程序性问题外，须全体一致通过。秘书厅为国联常设事务机构，设有秘书长。国联下设独立机构和许多附属机构。国联标榜的宗旨为“促进国际合作，并保持其和平与安全”，实际上它是帝国主义列强，首先是英、法的工具。国联正是适应战胜的帝国主义国家维持战后国际关系体系的需要而产生的，它不仅被用来压制战败国，并且用来反对无产阶级革命运动和民族解放运动。由于帝国主义之间的利害冲突，国联在审理和解决国际争端方面成效很少。国联对日本侵略中国，意大利侵略埃塞俄比亚，德、意干涉西班牙，德国侵占奥地利，均采取绥靖政策。第二次世界大战爆发后，国联名存实亡。1946年4月19日正式解散，所属财产和档案移交联合国。

国际联盟召开讨论九一八事变的紧急理事会（1931）

国际联盟调查团 Investigation Team of League of Nations 国际联盟为调查中国九一八事变真相而成立的组织。又称李顿调查团。九一八事变后，蒋介石幻想通过国联制裁日本，请求国联组织调查团来华调查事变真相。1932年1月21日，国联组成以英国人V.李顿为团长，美国人F.R.麦考益、法国人H.克劳德、德国人H.A.希尼、意大利人

国际联盟调查团一行5人来华调查九一八事变

L.A.马柯迪为成员，中国人顾维钧、日本人吉田茂为顾问的调查团，于4月21日到达沈阳，并克服日方种种阻拦，在沈阳、长春、吉林、哈尔滨等城市进行了45天的调查，收集到各界投送的书函1 550余件。10月2日，在南京、东京、日内瓦同时公布《国联调查团报告书》，承认东北三省为中国领土的组成部分，日本发动九一八事变非“合法自卫”，“满洲国”是日本违背东北人民意愿强行炮制的工具。但同时又主张在东北三省建立一种受外国保护的高度自治的特殊制度，企图以国际共管取代日本独占。1933年3月27日，日本因国联通过《关于中日争端的决议》，宣布退出国联。

国际贸易 international trade 世界各国、各地区之间商品、技术和服务的交换活动。从整个世界的角度来看，又称世界贸易；从一个国家的角度来看，是对外贸易。各国的对外贸易构成国际贸易。

国际贸易分类 根据货物的流向不同，可分为：①出口贸易。将本国生产和加工的商品销往其他国家或地区的贸易活动。②进口贸易。将其他国家或地区商品输入本国的贸易活动。③过境贸易。A国货物通过B国的国境，不经加工改制就运往C国。就单一国际贸易而言，卖方是出口方，进行的是出口贸易；买方是进口方，进行的是进口贸易。一国总出口数量和总进口数量的差额，称为进出口贸易差额。当出口总额超过进口总额时，称为贸易顺差或出超；当进口总额超过出口总额时，称为贸易逆差或入超；当出口总额和进口总额相等时，称为贸易平衡。如果一国或地区对进口商品不做任何实质性加工改制就再将之出口，称为复出口；一国或地区的产品出口后未经实质性的加工改制又被该国或地区重新购回，称为复进口。

根据国家记录和编制进出口统计的标准不同，可分为：①以国境作为标准划分进出口的称为总贸易体系。凡进入国境的商品一律列为进口，称为总进口；凡离开国境的商品一律列入出口，称为总出口。总出口额与总进口额之和为贸易总额。②以关境为标准划分进出口的，称为专门贸易体系。只有从其他国家或地区、或从保税仓库进入关境的商品，才列为进口，称为专门进口；只有从国内运出关境的本国产品以及进口后未经加工又运出关境的商品，才列为出口，称为专门出口；专门出口额与专门进口额之和，称为专门贸易额。在这种体系下，过境贸易就不能列为专门贸易。很多进出口的对象是各种货物，称为有形贸易；有些进出口的对象是无形的，比如服务、技术、保险、金融、电信、旅游、专利、技术转让等，称为无形贸易。

根据有无第三方参加，可以分为直接贸易、间接贸易、转口贸易。根据货物运送方式不同，可分为陆路贸易、海路贸易、空运贸易和邮购贸易。根据结算方式的不同，可分为自由结汇贸易和易货贸易。根据交易手段不同，可分为单证贸易和无纸贸易。

国际贸易政策 各国用于限制进口的措施分为关税壁垒和非关税壁垒两类。关税壁垒国家通过对进口商品征收关税，提高进口商品在国内的售价、限制国内消费、减少进口商利润，以达到限制进口的目的。非关税壁垒是除关税以外的其他限制进口的措施。它可以通过数量限制或通过与出口相关的其他国内经济政策来限制进口。例如欧美等国通过对进口商品制定苛刻的技术标准和环保标准的技术性贸易壁垒和绿色贸易壁垒，隐蔽地达到限制进口的目的。

各国多鼓励本国的商品出口，更有一些国家以出口为导向来规划发展本国的产业。一般国家鼓励出口的措施，包括为出口企业提供出口信贷、出口退税、出口补贴，进行低价的商品倾销，通过本币贬值增加本国商品价格竞争力的外汇倾销，以及组织成立促进贸易出口的组织机构等。

国际贸易法 international trade law 调整跨越国界的贸易关系以及与贸易有关的各种关系的法律规范的总和。

调整范围和对象 国际贸易法的主体，既包括参加国际贸易活动的国家和国际组织，也包括不同国家的公司、企业和个人。它所调整的贸易关系，既包括国家之间的贸易关系，也包括营业地位不同于国家的公司、企业或个人之间的贸易关系，以及国家在管理对外贸易活动过程中同企业、公司及个人之间发生的各种关系。国际贸易法的内容包括：①国际公法，如《建立世界贸易组织协定》等多边条约，以及各国之间缔结的双边贸易条约或协定。②各国管理对外贸易的法律，如海关法、关税法、外汇管制法以及有关管理进出口贸易的法律等。③有关调整各种国际贸易合同的法律，如有关国际货物买卖合同、国际经销代理合同、国际运输合同、国际货物运输保险合同以及信贷与支付合同等方面的法律。④有关处理国际贸易争议的法律，主要是有关国际贸易仲裁的法律及仲裁和调解程序规则，如果涉及诉讼，还包括涉外民事诉讼方面的法律和司法协助问题。

历史发展 国际贸易法是随着国际经济贸易关系的发展而产生和发展起来的。现代的国际贸易法与商法有着十分密切的关系。商法这个概念是大陆法系所特有的概念。英美法系国家则没有商法这个概念。

20世纪30年代以后，有关国家管制商业和贸易的法律在传统的商法范围之外发展起来。第二次世界大战后，这类法律的数量日渐增多，其中主要包括反垄断法、税法、外汇管制法、反倾销法和进出口许可证制度等。为了适应这种变化，出现了一门新的学科——贸易法。所谓贸易法是指传统的商法加上国家干预商业贸易活动的全部法律的总称。所以，传统的商法只是贸易法的一个组成部分。1962年，在联合国教科文组织的资助下，由国际法协会召开会议，专门就国际贸易法问题进行了讨论，为国际贸易法形成一个独立的法律部门奠定了理论基础。

1966年联合国成立了国际贸易法委员会。其宗旨和任务就是协调和制定有关国际贸易的法律和规则，促进国际贸易法的统一，减少国际贸易的法律障碍，以利于国际贸易的发展。国际贸易法委员会自成立以来，先后制定了若干有关国际贸易的重要公约和规则，如1980年《联合国国际货物买卖合同公约》、联合国仲裁规则及国际商事仲裁示范法等。国际贸易法委员会实际上已经成为制定国际贸易统一法的一个最重要的国际机构。此外，国际商会、罗马国际私法统一所等国际组织也在制定统一的国际贸易法律和惯例方面做了大量的工作。

国际贸易法的渊源 主要有两个渊源：一是国际条约，二是国际贸易惯例。

国际条约 分为两种：一种是属于统一实体法规则的国际条约，如1980年《联合国国际货物买卖合同公约》；另一种是属于冲突法规则的国际条约，如《国际货物买卖适用法律公约》。此外，有些区域性的经济、政治组织也制定了一些有关国际贸易的条约，主要有：欧洲经济共同体缔结的《罗马条约》和经互会成员国制定的《交货共同条件》。

国际贸易惯例 成文的国际贸易统一惯例是由某些国际组织或某些国家的商业团体根据长期形成的商业习惯制定的。这些统一惯例虽然不是法律，不具有普遍的法律拘束力，但是按照各国的法律，在国际贸易中都允许当事人有选择适用国际贸易惯例的自由，一旦当事人在合同中采用了某项惯例，它对双方当事人就具有拘束力。在国际贸易中影响最大的贸易惯例是国际商会制定的《国际贸易术语解释通则》(2000年修订本）和《跟单信用证统一惯例》(1994年修订本)。

此外，某些国际经济组织制定的国际标准合同，各国有关商事和国际贸易的国内立法，也是国际贸易法的渊源。

国际贸易仲裁 arbitration of international trade disputes 在双方当事人自愿基础上进行的一种处理国际贸易争议的方式。其基本做法是由双方当事人在争议发生前或发生后达成书面协议，同意将争议交由中立的第三方进行裁决。裁决结果对双方均有约束力，如果一方不自动执行，对方可以申请法院强制执行。

在国际贸易中，交易双方如果发生争议，可以通过友好协商、调解、仲裁和司法诉讼等方式解决。仲裁是国际上广泛使用的一种方式，特点是：费用一般比较低廉，处理问题比较及时，双方当事人在指定仲裁机构、选择仲裁程序规则和指定仲裁员方面具有较大的选择自由，而且一般不公开进行，仲裁裁决也不在报纸或官方刊物上发表，有利于保守商业秘密。大多数国家都设有常设的仲裁机构，并制定了各自的仲裁程序规则。西方国家仲裁机构的业务范围一般不限于对外贸易仲裁，还包括纯属国内贸易的争议以及依法可由仲裁处理的其他争议。各国的仲裁机构大致可分为全国性仲裁机构和设立在特定行业内的专业性仲裁机构。

国际性的仲裁规则主要是联合国国际贸易法委员会仲裁规则和国际商会仲裁院及其制定的国际商会调解与仲裁规则。前者不是一项国际公约，对任何国家都没有法律约束力，而只是作为仲裁规则的模式，供双方当事人选用。各国仲裁机构都有自行制定的仲裁规则。一般来说，在哪个仲裁机构进行仲裁，就应按该仲裁机构的仲裁规则行事。有些国家的仲裁机构也允许双方当事人另外选择他们认为合适的仲裁规则，但不得与仲裁国关于强制执行的仲裁法规相抵触。

国际民航组织 International Civil Aviation Organization; ICAO 协调各国有关民用航空经济和法律事务，制定民航技术标准和安全航行规则的国际组织。1944年11月1日至12月7日在美国芝加哥召开了有52个国家代表参加的国际民航会议，签订了《国际民用航空公约》(简称《芝加哥公约》)，并设立了"临时国际民航组织"。1947年4月4日公约生效，国际民航组织正式成立，同年5月成为联合国的一个专门机构。2007年底有190个缔约国。总部设在加拿大的蒙特利尔。宗旨主要是：①保证国际民用航空安全地、有序地发展；②鼓励为和平用途的航空器的设计和操作艺术；③鼓励发展国际民用航空应用的航路、机场和航行设施；④满足世界人民对航空运输的需求，防止因不合理的竞争而造成经济上的浪费；⑤为保证缔约国的权利充分受到保护，每一缔约国均有经营国际航空运输企业的均等的机会；⑥促进国际航行的飞行安全。代表大会是国际民航组织的最高权力机构，每三年至少召开一次。理事会是大会的常设机构，由33个理事国组成。理事会下设航空技术、航空运输、法律、防止非法干扰国际民航委员会。日常办事机构有航空技术局、航空运输局、法律局、技术援助局、行政服务局和对外关系办公室。此外，还设立了7个地区办事处。国际民航组织的活动主要是讨论和决定涉及国际民用航空安全和发展的各种重要问题，制订涉及国际民用航空活动的各种公约，统一国际标准，提出建议措施，以及管理公海上的联营导航设备，执行联合国开发计划署向缔约国提供的民航技术援助等。

1944年12月9日，中国政府在《国际民用航空公约》上签字，并于1946年2月20日批准该公约。1971年11月19日国际民航组织第74届理事会通过决议，承认中华人民共和国为中国唯一合法的政府，驱逐台湾的代表。1974年2月15日中国政府承认《国际民用航空公约》，并自该日起参加该组织的活动。中国自1974年连续当选为该组织理事国，2004、2007年连续两次当选为一类理事国，并在蒙特利尔设有常驻理事会的中国代表处。

国际民事诉讼法 international civil procedure law 规定国际民事诉讼程序的各种法律规范的总和。在中国以往将其称为涉外民事诉讼法，或者将其定义为规定涉外民事诉讼程序的法律。

调整对象 含有国际因素的民事诉讼程序。即在有关的民事诉讼中，涉及两个或两个以上国家的人和事，或同两个或两个以上的国家存在着不同程度的联系。任何国际民事诉讼程序只有严格按照有关的国际民事诉讼法规范来进行，其法律效力才会得到有关国家的认可，基于这种诉讼程序所作出的法院判决才有可能得到有关国家法院的承认和执行。

内容 主要包括三个方面：①规定国际民事诉讼程序中外国当事人，包括外国自然人、外国法人、外国国家和国际组织的民事诉讼地位的法律规范。②规定国际民事案件中法院诉讼管辖权的法律规范。③规定国际民事诉讼程序中有关诉讼和非诉讼文书的域外送达、域外取证，以及有关法院判决在相关国家的相互承认与执行等的法律规范。

法律渊源 主要有国内法渊源和国际法渊源两个部分，而在国内法渊源和国际法渊源中，又分别包括国内立法和国内判例与国际条约和国际惯例这两个方面。

基本原则 主要包括国家主权原则、国民待遇原则、平等互利原则、尊重国际条约和国际惯例原则等。

《国际民用航空公约》 *Convention on International Civil Aviation* 1944年12月7日在美国芝加哥国际民用航空会议上通过的、协调和平时期民用航空活动的国际公约。又称《芝加哥公约》。据此产生了国际民航组织。

国际能源机构 International Energy Agency; IEA 石油消费国政府间的经济联合组织。1974年11月18日，经济合作与发展组织各国在法国巴黎签署《国际能源机构协议》，并开始临时工作。1976年1月19日协议生效。至2011年6月，有28个成员国。总部设在巴黎。

其宗旨是协调各成员国的能源政策。包括调整各成员国应对石油危机的政策，挖掘石油供应的自给能力，共同采取节能措施，加强长期合作以减少对石油进口的依赖，建立在石油供应危机时分享石油消费的体系，提供市场情报，以及促进它与石油生产国和其他石油消费国的关系等。

组织机构包括：①理事会。最高权力机构和决策机构。由各成员国政府的能源部长或高级官员为代表的一名以上代表组成。②管理委员会。理事会的执行机构，由各成员国的主要代表一人以上组成。③秘书处。常设机构，协助理事会工作。

国际农业发展基金会 International Fund for Agriculture Development; IFAD 与联合国建立关系的专门向发展中成员国提供粮食和农业发展贷款的国际金融机构。1977年11月30日成立。1978年1月1日正式工作。总部设在罗马。至2009年，有165个成员国。

其宗旨是筹集资金，以优惠条件向发展中成员国发放农业贷款，扶持农业发展，消除贫困与营养不良，促进农业范围内南北合作与南南合作。基金会的服务对象是世界人口中最贫穷的人们、小农场主、没有土地的农民、游牧的牧民、零散的渔民、土著和农村贫困妇女等。

组织机构包括：①管理大会（管理理事会）。最高权力机构。成员国各派一名理事和一名候补理事。理事有投票权，候补理事只有在理事缺席时才有投票权。管理大会每年召开一届年会。②执行局。由18个董事成员国组成，任期3年，每年改选1/3。主持基金会的日常业务活动。③秘书处。由总裁和下设的资源策略部、项目管理部、管理和人事服务部等组成。总裁是该基金的法定代表和行政首长，任期4年，只可连任一届。主持日常事务。

资金来源：①创始基金。②成员国补充捐款。③非成员国和来自其他方面的特别捐款。④基金会的投资收益。资金使用分赠款和贷款两种。赠款用于技术援助，不超过年度工作计划的7.5%。贷款分为3类：①高度优惠贷款。每年收取0.75%的服务费，贷款期40年，含宽限期10年。②中度优惠贷款。年利率相当于其他国际金融机构浮动利率的50%（2003年为3.54%），贷款期20年，含宽限期5年。③普通贷款。年利率相当于其他国际金融机构浮动利率的100%（2003年为7.07%），贷款期15～18年，含宽限期3年。贷款项目涉及农业开发，乡村发展，信贷，灌溉，畜牧，渔业，移民定居，农产品储存、加工和销售，科研推广培训9个领域，后来又强调对农村贫困妇女进行扶持。

国际企业收购 international acquisition 外国投资者通过一定的程序和渠道依法取得东道国某企业部分或全部所有权，从而掌握其经营控制权的商业行为。其结果是跨国性的参股、接管或兼并。一直是国际直接投资的主要形式之一。收购的程序或渠道是非单一性的，主要有：①间接收购。购买者并不向被购方直接提出购买的要求，而是在证券市场以高于股市价格水平的价格大量收购一家公司的普通股票，达到控制该公司的目的。②直接收购。收购者直接向一家公司提出拥有所有权的要求。如果是部分所有权要求，该公司可能会允许购买者取得增加发行的新股票；若是全部所有权的要求，则可由双方共同磋商，在兼顾共同利益的基础上确定所有权转让的条件和形式。③杠杆收购。由一家或几家公司在银行贷款或在金融市场借贷的支持下进行的企业收购。

国际企业收购是投资者迅速实现对外发展战略的有效手段，可以大大缩短投资项目的建设周期，迅速扩大生产规模。

国际清偿能力 international liquidity 一国直接掌握或在必要时可以动用作为调节国际收支、清偿国际债务的国际流通资金。其狭义内涵是指官方直接掌握的国际储备资产，称第一线储备；广义内涵还包括一国从国外借款人借入的外汇储备、该国商业银行的短期外汇资产、该国官方和私人拥有的中长期外汇资产，称第二线储备。当今各国衡量国际清偿能力的标准有所不同，有的以黄金、外汇储备相当于若干月份的进口额为标准，有的以当年支付外债本息占黄金外汇储备的若干百分比为标准。

国际清算银行 Bank for International Settlements; BIS 世界首家国际金融机构。1930年5月20日开业。是各国中央银行的国际合作中心。行址设在瑞士巴塞尔。至2007年底，拥有55家持股成员。

国际清算银行成立之初，主要是为处理第一次世界大战后德国对协约国赔款的支付问题，处理与德国赔款的“扬格计划”有关的业务。1945年国际货币基金组织和国际复兴开发银行成立后，该行宗旨也改为促进各国中央银行之间的合作和提供资金便利，办理国际清算业务。现在则为各国中央银行和国际金融机构提供政策讨论和分析的平台；是经济与货币研究中心，

国际清算银行巴塞尔总部

各国中央银行进行金融交易的主要订约方，国际金融合作中的代理人或托管人，接受各国中央银行的存款，代为买卖黄金、外汇，发行债券，办理国际性政府借款等业务。

组织机构包括：①股东大会。最高权力机构。每年3月底举行一次会议，由认购该行股票的55家中央银行派代表参加。②董事会。掌握实际权力，任期3年。每年至少开6次会议。董事会下设经理部、货币经济部、秘书处和法律处。③分组委员会。下设咨询委员会，负责准备供董事会讨论业务情况的报告。

资金来源有：①各国中央银行的认股；②私营机构和个人购买的股票。

国际人权联盟 International League for Human Rights; ILHR 国际非政府组织。在联合国经济及社会理事会享有第Ⅱ类咨询地位，在国际劳工组织、联合国教科文组织、美洲国家组织和欧洲理事会享有咨询地位。1941年以“国际人的权利联盟”的名称在纽约建立，后改为国际人权联盟。国际人权联盟以促进《世界人权宣言》和其他国际人权文书所提出的人权和基本自由的实现为宗旨，监督这些文书的实施，调查对人权的侵犯，直接与各国政府交涉，向国际机构作出报告，实施研究和教育计划，出版有关人权的专门报告，援助受害者，派遣观察员参加政治审判，派遣专门调查团调查具体的侵犯人权问题并促使其纠正，支持和帮助建立各国的人权团体，总的工作目的是要建立国际人权标准。该联盟在26个国家有41个分支机构，在60个国家有个体会员。该组织为非营利性组织，由会员会费、捐助、出版社及基金会捐赠提供资金。它每年颁布人权奖。每月出版《人权公报》，还出版《国际人权联盟年度评论》。该组织曾向联合国提供了多份关于人权状况的报告。

国际商事仲裁 international commercial arbitration 当事人各方将他们之间发生的具有国际性或涉外性的商事争议提交由一名或数名仲裁员组成的仲裁庭，由该仲裁庭作出对当事人具有约束力的裁决。解决国际商事纠纷的方式之一。

国际商事仲裁主要包括国际或涉外经济贸易仲裁和国际或涉外海事仲裁。它以私法方面带有国际或涉外因素的争议为主要对象，既不同于解决国家间某一公法上的争端的国际仲裁，也不同于一国范围内的企业和私人间的国内仲裁。在国家与企业私人间订立的国际合同中，常常订有通过仲裁解决争议的条款或仲裁协议。这种为解决国家与企业或私人实体间争议所进行的仲裁，称为跨国仲裁。跨国仲裁具有某些公法性质，例如在仲裁中经常适用国际法的一般原则，有时还涉及国家主权豁免问题，但跨国仲裁也经常适用国内商法。

在中国，受理涉外仲裁案件的机构是中国国际经济贸易仲裁委员会和中国海事仲裁委员会。仲裁庭作出裁决前，可以或应当进行调解，当事人也可以自行和解。争议未能调解或和解解决的，仲裁庭应及时作出裁决。

国际商用机器公司 International Business Machines Corporation; IBM 美国和世界最大的电子计算机制造和数据处理跨国公司。总部设在纽约州的阿尔蒙克。前身是1911年由C.R.弗林特兴办的计算－制表－记录公司，1924年改名IBM。第二次世界大战期间，IBM生产军用产品，获利丰厚。1951年开始经营电子计算机，IBM-740、750大型电子计算机进入市场，1956年提出晶体管大型计算机的开发计划，1964年采用集成电路技术生产IBM-360型商用计算机系列产品。1971年IBM-370系列产品进入市场后销售额急剧增加，经济技术实力更为雄厚，并先后研制了4300中型计算机等性能更高的产品系列。

公司极其重视研究与开发，设有数十

国际商用机器公司在美国纽约的一个大型计算机仓库

个研究所，从事计算机开发、数据处理以及半导体、超导体、磁、光、卫星通信、生物医学、电化学等应用技术和基础学科、边缘学科中重大问题的研究。

IBM重视推销与服务，设有咨询服务中心，从事推广计算机应用的研究。2007年，公司的企业、事业和研究机构分布于全世界160多个国家和地区。拥有全球雇员约38万。其主要产品包括用于信息处理、存储和检索的各类计算机，还提供文字处理设备、口授记录机、现金出纳机、复印机等各类办公自动化设备。

国际审计准则 international auditing standard 国际审计实务委员会在了解、分析和研究各国审计准则分歧的基础上负责制定的，具有一定概括性和代表性的审计准则和相关业务准则。

国际实用温标 international practical temperature scale 国际协议性温标。第七届国际计量大会于1927年通过了国际温标(ITS)。这种温标以热力学温标为标准，易于复现，但仍是一种对热力学温标近似的经验温标，其后又经多次修正。1990年修正为1990国际温标（ITS-90）。中国政府从1991年7月1日起采用ITS-90。

ITS-90的主要特点是，可从0.6K一直向上延伸，并给出了更接近热力学温度的数值。全温区的连续性、非唯一性和复现性都有了改善，特别是在630℃银凝固点温区和从银凝固点到金凝固点温区，分别用铂电阻温度计和辐射温度计代替温差电偶温度计，复现性得到很大改进。ITS-90用纯物质的平衡相变点（定义为固定点）、内插仪器和仪器的被测属性与90开尔文温度T_{90}之间的关系确定温度。ITS-90使用热力学温度T及其单位K。定义摄氏温度为：t/℃=T/K－273.15。用ITS-90定义的温度称为国际开尔文温度和国际摄氏温度，分别记为T_{90}和t_{90}并满足上述关系式。

国际市场 international market 世界各国进行商品、劳务交换及资源配置的场所和领域。又称世界市场。是世界范围内通过**国际分工**联系起来的各国之间的市场以及参与国际分工的各国内部市场的总和。在这个市场中流通的有商品、资本、劳务等。在世界某些大宗初级产品的生产地、消费地和集散地，历史上形成各种商品交易所。它们在很大程度上反映世界范围的供求关系，其成交价格对世界各地价格有很大影响。因此，人们也往往称其为国际市场或世界市场。

国际市场是在国际分工、**国际贸易**不断发展和深化的过程中逐渐形成的。18世纪末以蒸汽机应用为内容的产业革命，为世界范围的商品交换提供了生产基础和交通工具，推动了国际市场的形成。19世纪末20世纪初，自由竞争的资本主义过渡到垄断资本主义阶段，同时爆发第二次科技革命，生产力获得巨大发展，有力地促进了统一国际商品市场的最终形成。在国际分工的基础上，通过商品交换、资本输出，借助于完善的交通工具、通信工具，资本主义把世界各国在经济上互相联结起来，构成了世界各国市场及其商品交换的总体，统一的国际商品市场终于形成。

各国进行商品交换、配置资源的场所称为国际商品市场。

由国际性的资金借贷、结算、汇兑以及有价证券、黄金和外汇的买卖活动组成的市场称为国际金融市场。国际劳务市场有广义和狭义之分。广义的国际劳务市场指各国之间发生的非实物形态交易的场所。狭义的国际劳务市场指不包括国际技术贸易在内的劳务市场。

国际收支 balance of payments 一国居民在一定期间与外国居民的全部经济交易中收支活动的总称。它反映：①一个经济体和世界其他经济体之间的商品、劳务和收益方面的交易。②一个经济体的货币黄金和**特别提款权**的所有权的变化和其他变化以及对世界其他经济体的债权债务。③单方转移和需要予以平衡的对应账目，即会计上所指任何有关上述交易的变化而未能相互抵消的账目。在这个概念中，经济体就是指一个国家（或地区）。一个经济体由若干经济实体组成，包括各级政府、个人、为个人服务的私营非营利组织和企业，一般通称为该经济实体的居民。在某国居住一年以上者即为该国居民，否则为非居民。居民与非居民之间的国际经济交易就是国际收支的内容。居民之间的交易属于国内交易，不列入国际收支。

国际收支与外汇收支　二者密切相关，但并非完全对应。在商品输出中，当年收汇部分有相对应的外汇收入，但其中延期收款部分则与本国在外国的资产增加额或债权增加额相对。在商品输入中，当年付汇部分与外汇支出相对应，但延期付款部分则与本国对外国的负债或债务的增加额相对应。本国对外债权债务的变动，一部分有相对应的外汇收支，另一部分并非与外汇收支互相对应。但从长时期看，国际收支与外汇收支在规模上密切相关，国际收入与外汇收入、国际支出与外汇支出同方向变动。

国际收支与宏观经济　国际收支与一国宏观经济中许多变量直接相关。本国的商品服务输出是**国内生产总值**的一部分，又是国内总需求的一部分。本国从外国输入商品服务是国民总支出的一部分，又是国内总供给的一部分。国内供求总额的平衡，不能不考虑商品服务的输出入。本国在国外的投资是本国资金的应用，外国在本国的投资是本国资金的来源。资金供求总额的平衡，不能不考虑资金的国际交易。国际收支的规模增长、格局调整以及内容变化，都与国内经济活动息息相关。一个国家的国际收支是其宏观经济运行的重要组成部分，是国内经济活动的反映。

国际收支与微观经济活动　国际收支与本国的微观经济活动也有直接关系。商品服务输出是本国企业在外国的销售，商品服务输入是本国企业从外国的购置。这些企业的生产、经营和效益与国际交易有依存关系。企业投资的资金来源中有一部分是从外国流入的，在投资赢利的分配中相应地会有资金流出。这些企业的投资规模和效益与国际收支有关。个人家庭也可能从外国取得劳动报酬或其他收入，消费支出也有对商品服务的付款。经济开放程度越高，企业、机构、个人以至于政府同国际收支的关系也越密切。在这个意义上，国际收支是微观经济活动结果的一部分。

国际收支平衡表 statement for balance of international payments 按照复式记账原理，运用货币计量单位，系统地记录一个国家在一定时期内所有对外经济交易活动的统计表。国际收支平衡表中的一切收入项目或对外负债增加、对外资产减少的项目都列为贷方，一切支出项目或对外资产增加、对外负债减少的项目都列为借方。原则上国际收支平衡表全部借方总额和贷方总额相等。

国际收支平衡表包括经常账户、资本与金融账户、误差与遗漏3类账户。按照国际收支平衡表的记账原理，经常账户和资本与金融账户的所有借方总额应等于贷方总额，但由于资料和统计上的原因，往往不能实现借贷平衡。误差与遗漏就作为一个平衡项，抵补借贷差额，使国际收支平衡表总能实现平衡。

国际税法 international tax law 调整国家间以及国家与纳税人之间，以跨国所得为基础形成的国际税收关系的法律规范的总称。

法律渊源　国际税法的国内法渊源部分，包括各国政府单方面制定的适用于对纳税人的跨国所得、跨国财产价值征税的所得税法和一般财产税法，以及在普通法系国家法院作出的税务案件判例，主要作用在于确定国家对跨国征税对象的税收管辖权、征税范围和程度以及课税的方式和程序。国际法渊源部分，主要指各国相互间为协调对跨国征税对象的课税关系而签订的双边或多边性的国际税收协定和各国在国际税收实践中普遍遵循的国际税收习惯，主要作用在于协调各国税收管辖权之间的冲突，避免国际重复征税，确立国际税务行政协助关系。

性质 国际税法具有“跨国法”和“混合法”的性质。从调整对象来看，国际税法既包括国家间的税收分配关系，又包括国家跨国纳税人间的税收征纳关系。从法律规范来看，国际税法既包括国际税收条约、协定和惯例，又包括各国的涉外法律的冲突规范。从主体来看，国际税法的主体既包括国家，又包括跨国纳税人。

国际税收 international taxation 两个或两个以上国家政府在对跨国纳税人进行分别课税而形成的征纳关系中所发生的国家之间的税收分配关系。

其特点包括：①国际税收不能脱离国家税收而单独存在。它依附于国家税收的征收者和缴纳者。如果没有各个国家对其政权管辖范围内的纳税人进行课征，也就无从产生国际税收分配关系。②国际税收的缴纳者必须是跨国纳税人。一般情况下，一个纳税人只有在两个或两个以上国家都取得收入才有可能同时在这些国家承担双重交叉的纳税义务，成为国际税收涉及的跨国纳税人。③国际税收是关于国家之间的税收分配关系。只有当一个国家对其管辖下的跨国纳税人的课税对象进行征税，并涉及另一相关国家的财权利益，需要协调国家间的税收分配关系时，才称作国际税收。

国际税收的研究目的主要在于消除或缓和国际中重复征税，取消税收歧视待遇，使国家之间的财权利益分配公正合理，从而促进国际商品、劳务、技术和资本的自由与合理流动，促进国际经济的发展。国际税收研究内容是国家之间税收分配关系的形成，以及处理协调这种关系的准则和规范。具体包括：税收管辖权问题、国际重复征税问题、国际避税及其防范问题以及国际税收协定问题等。

国际私法 private international law 调整具有涉外因素的民商事法律关系的法律规范的总称。不同国家的法律对同一法律关系的规定不同，因而产生法律冲突，国际私法就是通过对该法律关系的定性找出连结点，并根据其冲突规范确定适用哪个国家的实体法作为准据法以解决该法律冲突问题。因此，国际私法在英美国家又称冲突法或法律冲突法。

涉外因素 或称跨国因素、国际因素。指法律关系中的主体、客体或内容（权利与义务）这三个因素中至少有一个或一个以上的因素与国外有联系。在主体为涉外因素时，作为民商事法律关系的主体一方或双方当事人是外国自然人或法人（有时也可能是外国国家、国际组织或无国籍人）；在客体为涉外因素时，作为民商事法律关系的标的物位于国外；在内容为涉外因素时，产生、变更或消灭民商事权利义务关系的事实发生在国外。在实际生活中，往往不仅一个因素与国外有联系，还可能有两个或两个以上的因素与国外发生联系。例如，中国某进出口公司与一外国公司在国外签订合同，进口一批外国货物，其中就有三个涉外因素，即主体一方、客体与法律事实都是涉外因素。

国际私法中的涉外民商事法律关系，除具有涉外因素的一般民事法律关系外，还包括具有涉外因素的商事法律关系，即广义的民事法律关系。在一些国家中，具有涉外因素的公司法关系、票据法关系、海商法关系、保险法关系、破产法关系等商事法律关系，虽不属于一般民事法律关系，但也包括在国际私法所调整的法律关系之内。

国际私法的法律调整方法 解决涉外民商事法律冲突问题的方法。分为间接调整方法和直接调整方法。

间接调整方法 在有关的内国法与外国法中选择适用一个国家的法律来确定当事人的权利与义务。间接调整方法是调整涉外民商事法律关系的主要方法。规定这种间接调整方法的规范称为冲突规范。

直接调整方法 直接确定当事人的权利与义务。规定直接调整方法的规范称为实体规范，又称统一实体规范，其重点在商事领域。

中国的国际私法 中华人民共和国建立后的一段时期，也仅在与个别社会主义国家签订的条约中有关于婚姻问题的规定，以及在少数“条例”中有关于外国人法律地位的规定。1978年以后，在改革开放的大方针下，中国对外交往日益频繁，国际私法立法有所增多，例如在《中外合资经营企业法》、《民事诉讼法》、《涉外经济合同法》、《继承法》、《民法通则》、《海商法》、《票据法》、《仲裁法》以及《合同法》等法律中，都含有国际私法的规定。

“国际通信卫星” Intelsat 国际通信卫星组织经营的商用通信卫星系列。这个组织到2006年已拥有146个成员国，使用其卫星的国家或地区达200多个。“国际通信卫星”的通信容量，从“国际通信卫星”Ⅴ号起有较大的增长。“国际通信卫星”Ⅵ号装有48台转发器，可传输24 000路模拟电话和3路模拟电视，采用数字电路倍增设备后，则可传输12万路数字电话。国际通信卫星用户以每年10%～12%的速度增长。

2001年国际通信卫星组织利用“阿丽亚娜”号运载火箭发射的两颗新一代通信卫星，分别定点于342°E、55°E赤道上空，可提供互联网、广播、电话的服务。

国际投资 international investment 各国企业、个人或政府所进行的超出本国疆界的投资。又称国外投资、海外投资。与国内投资相对。广义上包括直接投资、证券投资、借贷资金以及部分援助。狭义指直接投资和证券投资。它既是世界经济发展的产物，又是世界经济体系中的重要组成部分，还是当今各国生产国际化的重要联结方式。

存在原因：①一国资本积累丰富，需要向外国寻觅有利之途，而经济落后国家需要资金以开发资源；②商品输出后，输入国无适应商品输出以资抵补，在输入国转作投资；③因政治关系、经济条约的政治借款式经济援助，甲国允许乙国的资本输入；④资本逃避，即本国资本并无向外投资的需要，只求资金的安全，逃避到其他国家从事投资。

国际投资法 international investment law 调整国际私人直接投资关系的法律规范。国际经济法的一个重要分支。

国际投资法调整的关系既包括国内关系也包括国际关系，因此，在法律渊源上，国际投资法既包括国内法也包括国际法。国内法规范既包括资本输入国的外国投资法，也包括资本输出国的海外投资法。在国际法范围内，国际条约也是国际投资法的重要组成部分，一般分为双边条约和多边条约。前者在国际上应用最为广泛。后者又分为区域性多边条约和世界性多边公约。拉丁美洲国家制定的《安第斯共同市场外国投资规则》是区域性多边条约的典型代表。世界性多边公约只有两个：《解决国家与他国国民间投资争端公约》和《多边投资担保机构公约》。同时，世界贸易组织协议中涉及投资的《与贸易有关的投资措施协议》对于国际投资也发挥着一定作用。

国际投资法有两个最重要的原则：一是国家对自然资源永久主权原则，二是平等互利原则。国家对自然资源永久主权原则是国家主权原则的体现，平等互利原则是国际经济交往的基础。

国际投资银行 International Investment Bank; IIB 经济互助委员会附属机构。成立于1971年，总部设在苏联首都莫斯科。至1997年底，成员有保加利亚、古巴、捷克、匈牙利、蒙古、波兰、罗马尼亚、俄罗斯、斯洛伐克、越南。该行宗旨是为各种类型的所有制企业提供支持，为合资项目和企业发展提供信贷。自1991年起由经营记账卢布业务转向可兑换货币业务。同年，经互会解散后该机构独立出来，继续为原成员提供贷款。

国际图书博览会 International Book Fair 国际性的图书展销与交易集会。早在15世纪下半叶，西方国家的印刷商已开始在集市上推销书籍。欧洲一些大的贸易集市逐渐成为印刷商们的聚会地。他们定期会面，讨论共同关心的问题，互通印书计划，交换书籍，以及购置印刷器材。德国美因河畔的法兰克福书籍集市出现于1462年秋天。16世纪上半叶，里昂书市处于全盛时期。16世纪下半叶至17世纪上半叶，法兰克福逐渐成为德文图书发行中心和拉丁文图书国际市场，也是宗教改革书籍的发行中心。自1579年起，德国皇家书籍委员会对新教书商极力刁难，他们只好前往莱比锡。由于莱比锡选帝侯对出版采取宽容政策，到16世纪末，莱比锡书市的地位越来越重要，逐渐取代法兰克福，成为国际性的书商聚会地。法兰克福和莱比锡先后形成欧洲两个重要的国际书籍交易市场，它们后来成为莱比锡国际图书博览会（1948）和**法兰克福图书博览会**（1949）的根据地。

时至今日，重要的国际图书博览会均定点和定期举行（多数每年一届，个别的两年一届）。规模和影响最大的是德国的法兰克福图书博览会。

国际习用原点 Conventional International Origin; CIO 国际通用的地极坐标原点。又称国际协议原点。为统一各种地球坐标系并在一个统一的坐标系中表示极点的位置，1967年国际天文学会、国际大地测量与地球物理联合会决定采用统一的地极坐标原点（CIO）。该原点为国际纬度服务所属的5个纬度站用1900～1905年间的平均纬度所确定的平均地极位置。CIO确定了协议地球坐标系中Z轴的指向及相应的赤道面。1988年1月1日国际地球自转服务正式取代国际极移服务，国际时间局成为测定和发播极移等参数的国际组织。该组织已采用甚长基线干涉测量、激光测卫和**全球定位系统**（GPS）等多种空间大地测量方法来保持国际习用原点的稳定性。

《国际先驱论坛报》 *International Herald Tribune* 美国企业在巴黎出版的英文对开日报。1887年10月4日，美国人J.G.贝内特（小）在巴黎开始出版《纽约先驱报》的欧洲版。1935年改名为《纽约先驱论坛报》。第二次世界大战期间停刊4年，1944年底复刊。1959年由"惠特尼电台和电视台"、《华盛顿邮报》、《纽约时报》合股经营，并于1967年5月22日改为现名。着重报道国际新闻和文化动态，以迅速报道纽约股票行情而受到国际金融界重视。总部在巴黎，还以卫星传送版面在伦敦、苏黎世、香港、新加坡、海牙、马赛、迈阿密等地印刷发行，行销164个国家和地区。平均每天出16版，广告占30%。21世纪初日发行量约20万份。

国际象棋 chess 世界通行的类似中国象棋的棋种。为区别于**象棋**而冠以"国际"二字。二人对弈轮流走子，以将死对方"王"棋为胜。国际象棋的发展历史已将近2 000年。一般认为起源于中国或印度。大约在10世纪以后，经中亚和阿拉伯传到欧洲各地。15～16世纪，国际象棋终于定型成今日的样式和棋制。1851年，首次在伦敦举行了影响较大的国际比赛。1897年，在伦敦举行了第1届女子国际赛。1924年被列为**奥林匹克运动会**的正式比赛项目，同年世界国际象棋联合会在法国成立。1927年，第1届国际象棋奥林匹克赛（即世界团体赛）在英国举行，该项赛事每两年举行1次。1949年中华人民共和国建立后，在中国得到较快发展。1956年起列入国家体育项目之后，多次派员参加国际性重大比赛。1980年2月，中国选手刘文哲和梁金荣同获国际大师称号，成为中国第1批国际大师。1982年，刘适兰进入世界冠军赛前8名，晋升女子国际特级大师，成为亚洲第一位获得此称号的女子棋手。1986年底，中国国际象棋国家集训队在北京成立。1991年，**谢军**在菲律宾举行的女子国际象棋世界冠军争夺战中夺得冠军，打破了欧洲棋手长达64年的垄断。此后，她又于1993、1999、2000年3次蝉联冠军。诸宸于1994、1996年两次荣获世界女子青年冠军，王蕾于1996年荣获世界大学生冠军。2000年中国女棋手谢军和秦侃滢包揽了世界锦标赛前两名。此后，中国女选手在国际比赛中连连取得佳绩。

国际象棋的棋盘，是由颜色深浅相间的64个小方格组成的正方形盘。浅色格称白格，深色格称黑格。棋子为立体，黑白两色各16个，分别放在棋盘两方的小方格上，由对局的双方分执。白棋和黑棋分别有王、后各1个，车、马、象各2个，兵8个。白格的盘角，位于对局者的右侧；白后置于白格，黑后置于黑格（见图）。对局开始，白棋一方先走，以后双方轮流走棋，直至终局。棋子由一格走到另一空格，或是吃

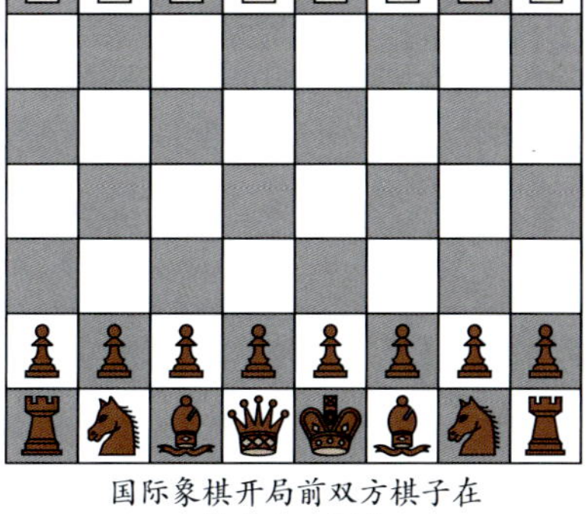
国际象棋开局前双方棋子在棋盘上的摆法

掉对方的棋子，每次白棋先走1着，加上黑棋应着，称为1个回合。各种棋子的着法如下。王：除王车易位，每次限走1格，横、直、斜均可，但所到部位必须不受对方棋子攻击。1局棋，双方各有1次王车易位的权利，使王和1个车同时走动，而只算1着棋。方法是先由王向车的方向横走2格，然后使车越过王，放在和王相邻的格子上。后：横走、直走或斜走，每次格数不限，但不许越子。车：横走或直走，每次格数不限，除王车易位，不许越子。马：每次先横走或直走1格，然后再斜走1格，可以越子。象：斜走，格数不限，不许越子。兵：在原位的兵初次走动，可以直走1格或2格，以后每次只能直走1格，不许后退。吃子方式是斜进1格。兵通过直进或斜吃到达对方底线，立即升变为后、车、马、象中的1种，同时立即具备该子的性能，这称为兵的升变。对局中，除王车易位，任何棋子走动时，都可以吃掉对方的棋子，把它从棋盘上拿开，而占有它的位置。除去王之外，其他棋子也都可以让对方吃。一方的棋子攻击对方的王，下一着要将它吃掉时，称为"将军"。被"将军"的一方必须立即"应将"，使王避开，用棋子"垫将"或是吃掉对方"将军"的棋子。如果无法应将，王被对方吃掉，就算被"将死"，对方获胜。此外，凡是一方中途认输、超过时限或是严重犯规，也算输棋，对局即告终结。另外对和棋也有明确规定。

正式比赛中，一方触摸自己的某个棋子就应走动它，触摸对方的某个棋子就应吃掉它。1着棋走了之后，不得再更改，棋子已接触棋盘上的1个格子，就不能再移到别的格子上去。双方每走一着棋之前，必须把上1着棋的记录作好，时间特别紧张时，也要标明已走的着数。每局棋的结果，胜者记1分，和者记0.5分，负者记0分，最后，以积分多少排列名次。

国际消费者权益日 International Consumer Rights and Interests Day 为了促进各国消费者组织的合作与交往，在国际范围内引起重视，以更好地开展保护消费者利益的活动，国际消费者联盟组织1983年确定每年的3月15日为"国际消费者权益日"。世界各地的消费者组织在这一天举行记者招待会或发布新闻公报，向公众介绍消费者组织的活动内容和计划等；利用各种媒体进行宣传，努力提高大众对保护消费者权益的认识；举办各种形式的征集与竞赛活动；奖励为消费者运动作出贡献的人物；组织检查有关的保护消费者权益法规的执行情况；举办各种形式的展览活动，等等。1992年以来，每年一次的315国际消费者权益日活动在中国社会产生了巨大的影响，促进了人们保护消费者权益意识的觉醒和提高。

国际协议原点 Conventional International Origin; CIO 国际通用的地极坐标原点。见**国际习用原点**。

国际新秩序 new international order 由发展中国家提出的与国际旧秩序相对的，坚持公正、合理原则的新的国际秩序。国际旧秩序是资本主义在开拓世界市场、建立殖民体系的历史过程中建立起来的，政治上主要表现为强权政治，经济上以垄断资本主义国家在国际分工、交换和货币金融领域的垄断为基本特征。由于这种秩序的不公正和不合理，所以受它损害的广大发展中国家强烈要求改变这一状况，建立新的国际秩序。20世纪60年代，发展中国家明确提出建立国际经济新秩序。1974年联合国第6届特别会议通过建立世界新秩序的宣言和行动纲领。由于发达国家的反对和垄断资本主义国家在世界经济和国际政治领域的强势地位，国际旧秩序并没有改变。围绕建立国际新秩序有各种主张。美国所提出的建立“世界新秩序”方案，是要确立美国在世界范围内的领导地位，推行美国的价值观念、意识形态和政治经济模式。欧洲和日本的国际新秩序主张与美国本质上一致。中国主张建立的国际新秩序以**和平共处五项原则**为基础，主张各国政治上相互尊重、共同协商，不应把自己的意志强加于人；经济上相互促进，共同发展，不应造成贫富悬殊；文化上相互借鉴，共同繁荣，不应排斥其他民族的文化；安全上相互信任，共同维护，树立互信、互利、平等和协作的新安全观，通过对话和合作解决争端，不应诉诸武力或以武力相威胁；反对各种形式的霸权主义和强权政治。中国主张维护世界多样性，提倡国际关系民主化和发展模式多样化；世界上的各种文明、不同的社会制度和发展道路彼此尊重，在竞争比较中取长补短，在求同存异中共同发展；各国的事情由各国人民自己决定，世界上的事情由各国平等协商。

国际信号旗 international code flags 供船与船或船与岸之间通信联络用的旗帜。共有40面，包括26面字母旗，10面数字旗，3面代替字母旗或数字旗的代旗和1面回答旗（见图）。在船上或信号台上，信号旗按顺序放置在驾驶台、工作室的专用旗柜内。

国际信号旗按《国际信号规则》的规定使用。每一单字母旗（除R旗）均有其含义，如“B”表示“我船正在装卸或载运危险货物”，“I”表示“我正在向左转向”等。“R”仅作为一个程序信号，意思是“收到了”或“我收到了你最后一个信号”。一面或几面字母旗或字母旗与数字旗组成的码组，其意义可在《国际信号规则》中查到。如“AN”表示“我需要一位医生”，“HX2”表示“我船水线以下部分受到严重损坏”等。

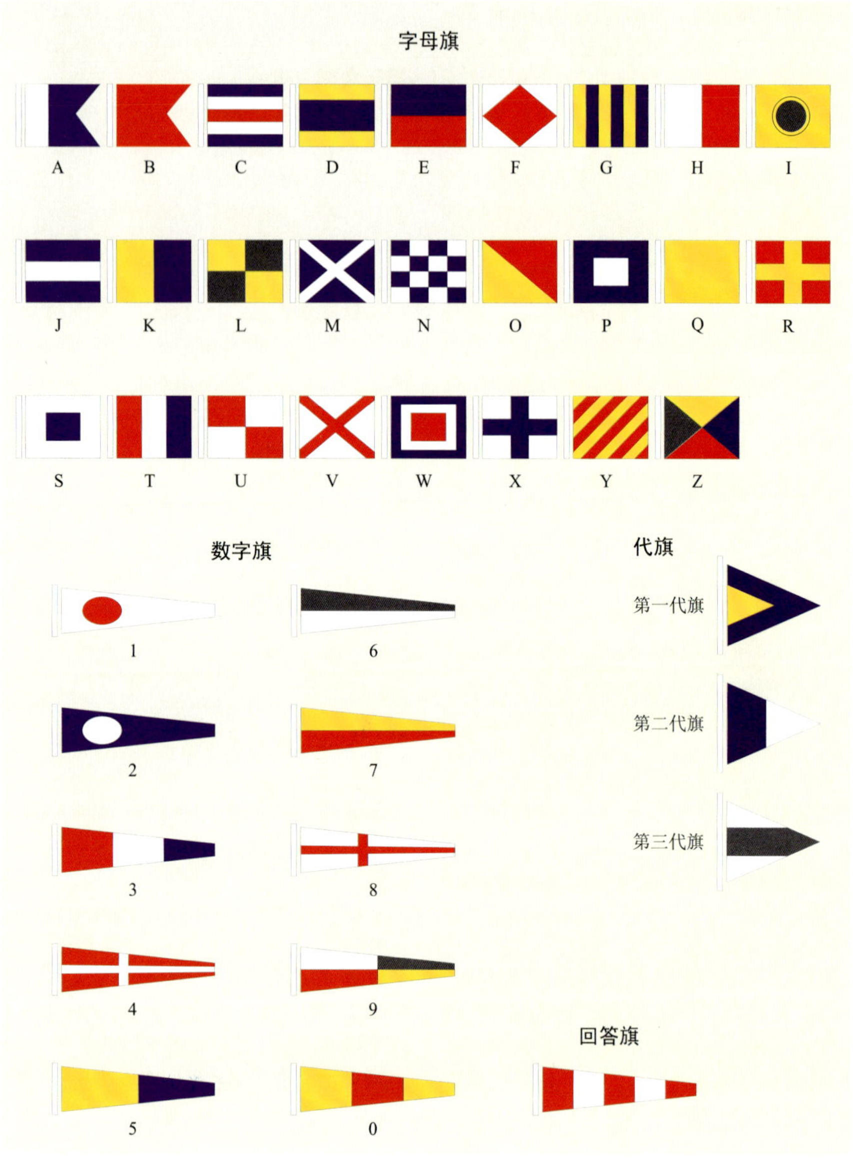

国际信号旗

国际刑法 international criminal law 预防和惩罚国际犯罪，调整国际刑事法律关系的原则、规则和制度的法律规范。现代**国际法**的一个新分支。国际刑法所规定的国际犯罪主要有侵略罪、战争罪、违反人道罪、灭绝种族罪、非法使用武器罪、种族隔离罪、贩卖奴隶罪、酷刑罪、非法医学实验罪、海盗罪、危害国际民用航空安全罪、劫持人质罪、毒品罪、贩运淫秽物品罪、侵害应受国际保护人员罪、盗窃核材料罪、破坏及盗窃国家珍宝罪、危害环境罪、贿赂外国官员罪等。预防和惩罚国际犯罪是国际刑法的主要内容。国际犯罪是指严重损害国际社会利益的，为国际刑法所禁止并应承担**法律责任**的行为。

个人是实施国际犯罪和承担刑事责任的主体。对于由国家实施的违背对保护国际社会根本利益至关重要的国际义务的犯罪行为，其法律后果一方面是追究代表国家行事的人，特别是国家领导人及高级官员的**刑事责任**；另一方面是由行为国承担消除行为后果的责任。

国际刑事合作亦是国际刑法的重要内容。为预防和惩罚国际犯罪，国家之间签订条约，规定某些行为构成国际犯罪，并要求缔约国按照有关刑事管辖的原则，特别是普遍原则，确立对国际犯罪的管辖权。同时，建立国际刑事合作的专门机构如**国际刑警组织**和国际刑事法院。此外，国际刑事司法协助也是国际刑事合作的重要组成部分。各国通过缔结双边或多边条约，在司法文书的送达、调查取证、**引渡**犯罪嫌疑人、刑事诉讼的转移管辖、外国刑事判决的承认与执行和刑事情报信息的交换等方面进行合作，以便更有效地打击国际犯罪。

国际刑警组织 International Criminal Police Organization; ICPO 协调国际合作、

预防和打击国际刑事犯罪的政府间国际组织。全称国际刑事警察组织。成立于1923年9月。最初名为国际刑事警察委员会，总部设在维也纳，第二次世界大战后迁至巴黎。1956年更名国际刑事警察组织。1989年总部迁至法国里昂。

国际刑警组织的机构包括：全体大会、执行委员会、秘书处和国家中心局。其宗旨是促进和加强各成员国刑事警察部门在预防和打击刑事犯罪方面的合作。其主要任务是汇集、审核国际犯罪资料，研究犯罪对策；负责同成员国之间的情报交换；搜集各种刑事犯罪案件及犯罪指纹、照片、档案；通报重要案犯线索，**通缉**重要罪犯和**引渡**重要犯罪分子；编写有关刑事犯罪方面的资料等。国际刑警组织的通缉令主要有红色通缉令，它在国际通缉和追捕逃犯上发挥着重要作用，是国际上唯一得到大多数国家认可并用来临时扣留嫌疑犯等待引渡处理的世界级通报。

中国于1984年加入国际刑警组织，同年组建国际刑警组织中国国家中心局。国际刑警组织中国国家中心局的办事机构设在公安部刑侦局，担负着整个公安部通过该渠道的对外联络任务，以及刑侦、禁毒、经济犯罪侦查、外事、边防、出入境、海关调查等广泛的业务联络工作，有时也参与涉外大案的追逃、取证等工作指导。

国际移动卫星组织 International Mobile Satellite Organization; IMSO 海运国家为提高**船舶**通信效率而共同投资筹建的技术经营性的国际合营股份公司。总投资额为3亿美元。其宗旨是为改进海上通信而提供所必需的空间段，从而改进海上遇险和人命安全通信、海上公众通信，并提高船舶效率和无线电定位能力。是唯一能提供海、陆、空全方位卫星移动通信的国际组织。

根据**国际海事组织**1975年通过的《国际海事卫星组织公约》，1979年10月在伦敦召开了国际海事卫星组织第一届全体大会，正式成立国际海事卫星组织，总部设在伦敦。为了更有效地使用卫星空间段和发展业务，该组织同**国际民航组织**签订协议，将业务扩大到航空及其陆上移动通信领域。1995年更名为国际移动卫星组织。2009年底共有94个会员。

中国于1979年7月13日签署了《国际海事卫星组织公约》及其业务协定，并指定北京船舶通信导航公司作为经济实体参加这一组织的经营管理。中国一直是该组织的理事，投资额为总投资额的1.23%。

国际音标 International Phonetic Alphabet 原义"国际语音字母"。国际语音协会制定的标音符号。1888年法国语音教师协会制订并发表的第一个国际音标表。1897年协会改名为国际语音协会。国际音标表经协会多次修订补充，现在通行的是1993年修订、1996年改正的方案。

早期的语言学家因各人研究需要，自定标音方法，不便交流。国际音标发表后，严格规定以一符一音为原则。为了区别于普通字母，音标一般放在方括号[]内，或放在双斜杠//内。有时候，宽式（音位）标音用双斜杠，严式（音素）标音用方括号。

国际音标表的排列，辅音大致按发音部位和发音方法来定横纵坐标，元音按舌位高低前后来定位置，便于分析和掌握。

国际音标所用字母以拉丁字母为基础，拉丁字母不够用，就以改变字形和借用别的语言字母的办法来补充。目前通行表上的音标计有辅音约82个，元音28个，用来标注语音已大致够用。

这个国际音标表是英、法两国的学者创订的，主要适用于标注印欧语言、非洲语言和一些少数民族语言。汉语各方言中的有些音该表未能包括，声调符号也不够用。赵元任曾提出了声调的五度制调符，称为"声调字母"，它适用于一切声调语言，已为国际多数学者所采用。

国际原子能机构 International Atomic Energy Agency; IAEA 根据1954年第九届联合国大会决议于1957年成立的专门致力于原子能和平利用的国际机构。总部设在奥地利维也纳。截至2009年，有成员国151个。宗旨是：加速和扩大原子能对世界和平、繁荣、健康的贡献；谋求原子能不致用于任何军事目的。主要活动有：向成员国提供技术援助；与有关国家和国际组织签订保障协定，确保技术援助不被用于任何军事目的；研究制订核能利用的安全条例，并向世界各国推荐；根据联合国决议，对疑为有违反不扩散核武器条约和秘密生产

国际原子能机构外景

核武器的国家进行技术上的核查；与成员国或专门机构共同进行科学研究；组织学术交流，建立信息网络，出版书刊。中国于1984年1月1日正式加入该机构。

国际债券 international bond 一国政府或企业以及国际金融组织为筹集和融通资金，在国际金融市场上按照市场价格发行和交易的**债券**。包括两种类型：外国债券和欧洲债券。根据国际金融市场通行原则，经过国际性权威资信机构的评级，各主权国家政府、具有良好信誉的大公司和**国际复兴开发银行**等国际性机构，都能通过一定的程序，进入国际金融市场发行债券和从事债券交易。作为国际资本流动的工具之一，国际债券的发行和交易，既可以用来平衡发行国国际收支，也可以为发行国企业的开发和生产引入资金，从而在世界范围内达到资本优化配置的效果。

国际制裁 international sanctions 国家、国家集团或国际组织对严重违反国际义务，构成国际犯罪的国家采取的强制措施。第二次世界大战以后，同盟国对德国和日本采取的占领领土、限制军备、惩罚战犯等措施即属于对该两国的国际制裁。现代**国际法**上的国际制裁主要是指联合国对违反《联合国宪章》义务的会员国采取的强制措施。

《联合国宪章》规定，联合国安全理事会有权采取不使用武力和使用武力的两种强制措施对破坏国际和平与安全的联合国会员国进行国际制裁。在联合国的历史上，由安全理事会决定采取的国际制裁时有发生，如对南非和南罗得西亚种族主义政权实施的制裁，因侵略科威特而对伊拉克实施的制裁等。

经济制裁也是经常使用的国际制裁形式之一。经济制裁手段包括三个领域：①作为财政金融方面的措施。如停止贷款，限制或停止外汇的兑换；从国际金融市场上加以排斥；对被制裁国金融市场加以干扰等。②对被制裁国在国外的资产加以限制。包括扣押和冻结其国有财产，冻结和扣押私有财产，没收国有或私有财产等。③通商贸易方面的措施，包括停止经济合作和援助，终止通商航海条约及其他经济关系的条约；停止**最惠国待遇**，部分或全部停止进出口贸易，封锁贸易港口等。

国际仲裁 international arbitration 当国家间发生争端时，经各当事国同意，由各当事国所选任的仲裁人员或选择仲裁机构组成仲裁庭，在尊重**国际法**的基础上作出有拘束力的裁决，以解决国际争端。和平解决国际争端的方法之一。又称国际公断。国际仲裁的依据可以是特别的或单独的仲裁条约，也可以是条约中的专门的条款。单独的仲裁条约可以是双边条约，也可以是多边公约；可以是为了现在已经存在的争端而临时缔结，也可以为以后可能发生的争端而事先订立。**仲裁**可以在临时法庭或常设法庭进行。仲裁庭的组成、程序以及适用的规则等，都由各当事国协议确定。

1899年第一次海牙会议通过的《和平解决国际争端公约》，经1907年第二次海

牙会议作了一些补充和修正，对国际仲裁制度作了详细规定。1900年，根据《公约》规定，在荷兰海牙设立了国际常设仲裁法院，它是专门受理国家间仲裁案件的常设仲裁机构。

国际法委员会1958年通过，并经联合国大会于同年提请会员国考虑和使用的《仲裁程序示范规则》，除包含仲裁的一般程序和规则外，还就争端各当事国在履行所承担的仲裁义务时可能发生的一些情况及解决办法作了规定。

国际主义 internationalism 国际共产主义运动的指导原则之一。无产阶级用马克思列宁主义的立场、观点和方法来认识和处理国际关系和民族问题的观点。它强调无产阶级在消灭资本主义制度、争取民族解放和建设共产主义的斗争中的国际团结。所以又被视为无产阶级坚持国际团结的根本观点，主张全世界无产阶级和劳动人民在推翻资本主义、消灭剥削压迫制度、建设社会主义和共产主义的斗争中，在政治、经济、道义等方面互相支持，互相援助。它具体表现在第一国际、第二国际、共产国际和第四国际中。第二次世界大战后，社会主义各国的工人阶级之间的合作采取了社会主义国际主义的形式。

国际资本流动 international capital flow 资本从一个国家（或地区）转移到另一个国家（或地区）。一国国际收支平衡表中的资本账户项目，反映着该国在一定时期内同其他国家（或地区）的资本流动情况。国际资本流动可分为：①取得对国外公司控制权的直接投资。②通过购买外国股票和债券（中长期）获取收益而没有取得经营控制权的间接证券投资。③其他投资，包括贸易信贷、贷款、存款以及各种应收款和应付款。20世纪70年代以后，国际资本流动的规模迅速膨胀。从内因看，因为资产组合的需要，各国资本天生具有国际化的倾向；从外因看，全球性的金融自由化为国际资本流动提供了外在制度环境，而金融技术的发展则为其提供了外在技术环境。

国际纵队 International Brigades 1936～1939年，各国工人阶级和进步人士为支援西班牙共和政府反对叛军和德意干涉军而组织的志愿军。见西班牙内战。

国际足球联合会 Fédération Internationale de Football Association; FIFA 世界足球运动的管理机构。简称国际足联。1904年由法国、比利时、丹麦、荷兰、西班牙、瑞典和瑞士7国发起，在法国巴黎成立。总部设在瑞士苏黎世。至2007年有208个会员协会和6个地区性组织。国际足联的宗旨是促进国际足球运动的开展，发展各国足球协会之间的友好联系。最高权力机构是代表大会，每两年举行一次，闭会期间由执委会行使管理权。国际足联的日常工作由执委会任命的秘书长及其领导下的秘书处负责。

国际足联掌管的主要比赛有世界杯足球赛、奥林匹克运动会足球赛、世界青年足球锦标赛等。中国1931年加入国际足联，1958年因反对其制造两个中国而退出，1979年重新成为国际足联成员。

国家 state 经济上占统治地位的阶级对被统治的阶级进行政治统治的工具。它拥有政治权力（公共权力）以及构成这种权力的武装力量、监狱、强制机关等物质附属物。国家就是以这种政治权力为核心所组成的政治机构。

国家概念 马克思主义国家学说同一切非马克思主义国家理论的分歧就是从国家概念开始的。非马克思主义的思想家对国家的解释如下：①把国家解释为人们的联合体、联盟、共同体。②把国家解释为上帝意志的表现。③把国家解释为管理的组织或统治的组织。④在现代政治学中最广泛流行的国家定义，是以主权为中心的国家三要素说。国家的主权、领土、人口三个要素，是国家存在的前提。

马克思主义国家观包括三层含义：①国家是有阶级社会的组织。这说明国家是一种历史现象，不是从来就有的，也不会永远存在下去。②国家是阶级统治。这指出了国家的本质，即统治阶级的集体意志和力量的表现，一般都是通过国家意志来实现的。③国家是个机器。它形象地指出国家是由许多部件所组成的互相联系的有机整体。国家组织有强迫被统治阶级服从国家意志的能力，有行使这种权力的官吏，有实现这种权力的军队、警察、法庭、监狱等强制机关，还有供养官吏与强制机关的捐税和国债，这些构成一种组织力量和物质力量，即特殊的社会权力。

国家的产生 在国家出现之前，人类社会处于原始社会状态。恩格斯指出原始社会制度瓦解是个逐渐的过程，物质资料生产的发展，家庭私有制的出现和阶级的形成是国家产生的前提。

在马克思主义国家起源理论提出的前后，一些不同时代的思想家提出了各种各样的国家起源理论。最有代表性的有神权论、暴力论和契约论。神权论认为，国家是根据神的意志建立的，国家的权力来源于神（天、上帝）。暴力论认为，国家起源于掠夺和征服，强调暴力是社会发展的决定性因素，政治上的奴役先于经济发展的过程，国家的产生不是社会内部发展的结果。契约论是资产阶级革命时期最有影响的学说，它把国家的产生说成人们订立契约并共同遵守的结果。

国家的职能 国家机器要实现国家的总任务和总目的的活动方向，又称国家活动的总方向、总作用。西方政治学者通常把国家职能称作国家功能，或认为国家每个组成部分的活动、具体任务和国家活动的形式是国家的职能。马克思主义认为，国家的职能就是控制社会冲突，把社会冲突保持在“秩序”范围之内。这种“秩序”的核心是政治统治，它的基础是经济统治。把冲突保持在“秩序”的范围以内，就是要维护有利于统治阶级的生产关系，维护在生产关系中占统治地位的阶级的根本利益。国家职能应被理解为全部国家机器活动的整体功能。

剥削阶级国家的职能 剥削阶级类型的国家，具有两个共同的基本职能：①内部控制多数被剥削者。②外部侵略别国领土，扩大本国的领土，或者是保护本国的领土不受别国的侵犯。内部职能是主要职能，包括兴修水利、文化教育、干预经济、社会救济、环境保护等，都是为了维护统治阶级的政治统治。

剥削阶级国家的内部职能通常又可区分为政治职能和社会职能。社会职能即国家的社会管理和公共服务功能，是为政治职能服务的。

社会主义国家职能 社会主义国家的本质是无产阶级专政，是大多数人对极少数人的统治。它是最后一种历史类型的国家。它的历史使命是消灭阶级，实现共产主义。社会主义国家有三种基本职能：①镇压被推翻的剥削阶级的反抗和对极少数敌对分子、严重危害社会的反社会分子的专政。②组织社会主义物质文明与精神文明的建设。③保卫祖国，防御帝国主义侵略。

社会主义国家的内部职能也可分为政治职能和社会职能两个方面。政治职能是为了人民当家做主；社会职能是为人民服务，提高人民的物质文化生活水平。

国家形式 即国家的组织形式，包括国家的政权组织形式和结构形式。国家政权组织形式如君主制、共和制、总统制、内阁制、委员会制等。国家结构形式如邦联制、联邦制、单一制等。国家形式是国家本质的表现，是国家政治制度的重要内容，它通常由一国的法律（主要是宪法）所确认，受到国家的法律强制力的保护。

国家的发展与消亡 国家作为社会政治现象，随着社会的发展变化而发展变化。人类进入阶级社会后经历了几个不同的发展阶段，国家的发展也表现为几种类型的更替。国家类型的变革，同社会形态的变革规律是一致的。国家作为人类社会的历史现象，最终必然会消亡。阶级的消灭是国家消亡的必要前提，消灭一切阶级和阶级差别，彻底铲除阶级产生和存在的根源，国家才会消亡。

国家安全 national security 国家利益特别是国家领土、主权和尊严免受威胁或危害的状态。是主权国家生存和发展的保障，世界各国都将维护国家安全放在首位。

传统的国家安全主要是政治安全、疆土安全和军事安全。一是主权国家要防止来自外部的政治干预、压力和颠覆，以及经济上的封锁、制裁和掠夺；二是主权国家要应对来自外部的战争威胁和军事入侵。其通常保障手段则为军事力量和战争。

冷战结束以来，经济安全地位上升，国家安全成为政治安全、军事安全和经济安全的有机结合体。保障国家安全从过去主要应对来自外部的威胁而扩展到注重国内的经济和政治发展、文化与社会生活，以及应对可能出现的各种形式的危害社会稳定的国内动乱。国家安全问题日趋具体化、多样化和复杂化，威胁国家安全问题的因素有来自国内的，有来自国外的，也有国内因素和国外因素之间相互影响的。其中，非传统安全问题日益突出，如恐怖主义、网络犯罪、犯罪全球化与金融危机等。

国家奥林匹克体育中心 National Olympic Sports Centre 中国北京大型现代化综合性体育中心。与国家游泳中心（“水立方”）、国家体育场（“鸟巢”）同为2008年奥运会主要比赛、训练场馆。1989年建成。位于北京市区正北方，距离天安门8.4千米。占地面积66万平方米。包括田径场、游泳馆、综合体育馆、球类练习馆和曲棍球场、网球场、田径与足球练习场以及中国体育历史博物馆、中国武术研究院、电子信息中心、兴奋剂检测中心和体育档案馆。

体育中心建筑布局新颖独特，以东西主通道与环型道路的结合形成中心内部的主要构架，并与整个北京古城的中轴线及棋盘式布局相互协调，采用高架桥和高架平台，使人车分流，形成立体交通。圆形的体育场，月牙形的人工湖，比赛馆两侧高高的塔筒、斜拉索式钢架结构和双坡银灰色钢板的屋顶相映生辉。先后承办过第十一届亚洲运动会、第六届远东及南太平洋地区伤残人运动会和第七届全国运动会和世界大学生运动会等大型综合赛事及各级各类单项赛事。在举办各种赛事和训练活动的间歇，还面向社会开放，开设了足球、游泳等十几个健身和娱乐项目，为各界群众和体育爱好者提供了良好的锻炼和比赛场地。

从2006年开始，对体育中心进行了大规模的改扩建，体育场面积由原来的20 000平方米扩为37 052平方米，可容纳观众的数量也由18 000人增至40 000人。还新增了广播音响、触摸式信息屏及大型彩色显示屏、烟感报警、集中空调、场地自动喷灌、保安监控、百米终点摄像、东西遮阳罩棚、光纤通信、宽带网等系统。奥运会比赛期间该中心主要承担手球、排球、水球、现代五项等项目。

中国国家奥林匹克体育中心

国家标准 national standard 由国家的政府标准化机构或政府授权的有关机构批准、发布，在全国范围内统一和使用的标准。世界各国一般都根据本国的环境和资源情况，经济和社会发展需要，生产技术水平，保障人身、财产安全，以国际标准为基础制定本国国家标准。现已有100多个国家设有国家标准机构，并制定国家标准。部分国家及其国家标准代号（括号内）如下：日本（JIS或JAS），英国（BS），美国（ANSI），法国（NF），德国（DIN），意大利（UNI），俄罗斯（GOST），中国（GB），韩国（KS）。

国家大地网 national geodetic network 在全国领土范围内，由互相连接的大地点所构成的网。又称国家大地控制网。大地点的水平位置按国家统一的大地测量规范测定，并设有固定标志，以便长期保存。国家大地网中还要用天文观测方法测定天文经度、纬度和方位角，所以还称国家天文大地网。它为国家经济建设、国防建设和地球科学研究提供地面点的精确几何位置。

布设方案 国家大地网一般采用三角测量方法，有时也兼用导线测量或三边测量方法，采取由大到小，逐级控制的原则来布设。利用三角测量布设国家大地网有两种方案：①全面布网法。②纵横锁系布网法。在用三角测量方法建立的国家大地

中国大地原点（陕西泾阳）

网中，主要误差来源是角度观测误差。因此，除起始点的大地坐标、起始边长度和方位角外，必须每隔适当的间隔测设新的起始边和方位角，以便控制精度。

大地基准 包括参考椭球的长半轴和扁率，大地原点在大地坐标系中的大地经度、大地纬度、大地高程和大地原点至一相邻点的方向上的方位角。这些数据是推算国家大地网中各点大地坐标的依据。中国大地基准的建立经历了两个阶段。开始时采用了临时的大地基准。以后在中国天文大地网整体平差时，椭球参数采用国际大地测量学和地球物理学联合会第16届大会推荐的值：α=6 378 140米，f=1/298.275。椭球在地球体中的定位是在椭球面与中国领域内大地水准面最佳拟合的条件下确定的。这是中国新的大地基准，大地原点设在陕西省西安市附近的泾阳县。

中国国家大地网 中国除青藏高原采用精密导线测量方法布设国家大地网之外，其他地区一律采用三角测量，按纵横锁系布网法分成一、二、三、四等布设大地网。中国的一等三角锁包括400多个锁段，全长约80 000千米。中国《大地测量法式》规定：一等三角锁段长度约200千米，三角形平均边长约25千米，二等三角锁中三角形的平均边长为20～25千米，三等大地网中三角形平均边长为8千米，四等三角点间的边长和角度观测中误差视需要而定。

国家档案馆 national archives 档案馆类型之一。又称国家公共档案馆或公共档案馆。由国家各级政府设立并领导，负责接收和管理一定范围的具有社会和历史价值的各种档案，并提供社会利用的文化事业机构。

世界上第一个具有近代意义的国家档案馆是法国国家档案馆。其后世界各国大都建立了国家档案馆，但设置方式依各国具体情况而有所不同。从馆藏档案的内容上可分为综合性档案馆和专业（专门）性档案馆两种类型。例如美国、加拿大、马来西亚、印度等国家，一般均为综合性的单一类型，即在中央只设一个国家档案馆，地方各级政府也只设一个档案馆，负责接收和管理

本级政府所有各部门形成的全部档案和历史档案；欧洲多数国家如瑞典、丹麦、意大利、西班牙等，地方各级政府一般只设一个综合性档案馆，中央一级除设综合性国家档案馆外，还分别设置有某些专业（专门）性的国家档案馆，如历史档案馆、照片档案馆等；还有少数国家，则按照机关性质结合专业特点和档案载体形式，分别设置若干全国性的中央国家档案馆，分别管理各种不同机关和不同内容的档案，在全国各地区，也都分别设置综合性或专业性国家档案馆。

中国以综合档案馆为主。在中央一级也设有专门档案馆；地方各级综合档案馆则有各省、自治区、直辖市档案馆，以及各地（市）、县档案馆。全国各级国家档案馆分别由中央和地方各级档案行政管理部门在业务上实行监督和指导。国家档案馆负责定期接收国家各机关、团体、企业事业单位和其他组织需要长久保存的档案，对档案进行科学整理、编目，以及现代化管理，并采取各种形式和手段，积极开发档案信息资源，为社会各方面提供服务。按照档案法的要求，各级国家档案馆所保管的档案，一般应当自形成之日起满30年向社会开放。经济、科学、技术、文化等类档案向社会开放的期限，可以少于30年；涉及国家安全或者重大利益以及其他到期不宜开放的档案向社会开放的期限，可以多于30年。凡是中华人民共和国公民和组织持有合法证明，均可利用国家档案馆已开放的档案。国家档案馆实质上是国家永久性保管档案的基地和社会各方面利用档案资料信息资源的中心，是现代社会信息的重要组成部分。

国家导弹防御系统 National Missile Defense; NMD 美国为保卫其本土免遭战略导弹攻击而构建的以陆基为主的导弹防御系统。其主要任务是拦截射程在3 500千米以上的能够打到美国本土的战略导弹。

主要由预警系统、跟踪制导系统、指挥控制系统以及拦截系统等组成。

当洲际弹道导弹发射时，“国防支援计划”预警卫星和天基红外系统首先发现目标，向指挥控制系统告警，引导预警雷达搜索来袭导弹。预警雷达依靠预警卫星送来的资料进行探测和跟踪，将所获取的目标弹道数据及落点和发射点，提前告知作战指挥中心及陆基雷达。同时，指挥中心开始实施威胁评估并制定拦截方案。当来袭导弹进入陆基X波段雷达监控范围后，雷达对目标导弹进行跟踪、识别及测轨，确认数据后，作战管理和指挥、控制、通信与信息（BM/C3I）中心对X波段雷达实施引导，并命令陆基拦截弹发射。X波段雷达通过“拦截弹飞行中通信系统”为升空的

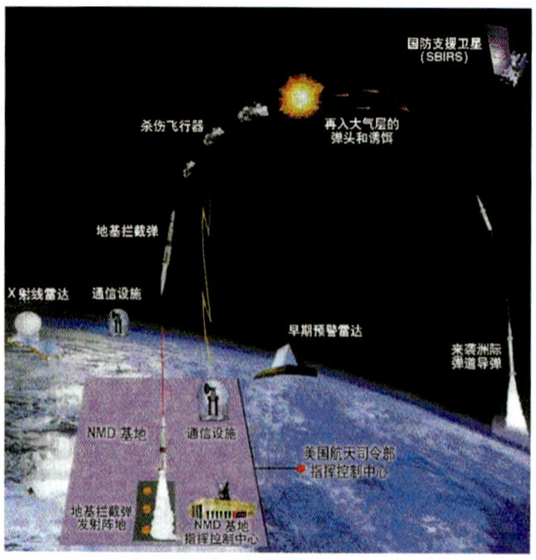

美地基拦截弹系统作战示意图

拦截弹提供准确的目标跟踪数据。拦截弹利用X波段雷达提供的数据，修正飞行路线。当接近目标时，拦截弹的红外导引头和光学瞄准镜开始识别真弹头与诱饵，进行精度校正，最后以大于6.7千米/秒的高速迎头撞击，摧毁来袭弹头。此时，陆基X波段雷达对动能杀伤器的杀伤效果进行评估，并将有关数据传输给指挥控制中心，以决定是否进行第二次拦截。

美国国家导弹防御系统的长远发展方向主要是空基、海基、天基等各个防御系统。①空基防御系统。包括“空军机载激光助推段拦截”系统和“无人机主动段拦截”系统。②海基防御系统。利用美国海军“宙斯盾”系统发展起来的，具有部署灵活、火力强大的优点，技术相对成熟，是NMD系统的有力补充。③天基防御系统。采用天基激光拦截系统，有两种部署方式：一是把激光器部署在太空的卫星或者航天飞船上，二是把激光器部署在地面上。

国家杜马 State Duma 沙皇俄国的国家代议机构（1906～1917）和俄罗斯联邦的议会下院（1993～ ）。杜马是俄文дума的音译，意为“议会”。1905年初，俄国爆发资产阶级革命（见**俄国1905年革命**）。同年的10月30日（俄历10月17日）全俄政治总罢工迫使尼古拉二世颁布《十月十七日宣言》，允诺召集立法性的国家杜马。12月24日公布了对地主资产阶级有利的选举法。1906年5月10日，第1届国家杜马开幕。1907年3月5日～6月16日召开第2届国家杜马，1907～1912年为第3届国家杜马，1912～1917年为第4届国家杜马。其中，第3届国家杜马与政府合作，审议通过了土地规划法、工人保险法、人民教育法等上千项法令。1917年俄国二月革命爆发后，沙皇于3月10日命令国家杜马停止活动。12日，“国家杜马临时委员会”成立，进而筹建了临时政府。1917年10月19日，临时政府正式解散国家杜马。

苏联解体后，俄罗斯联邦于1993年12月12日举行全民公决，通过新宪法。规定议会为两院：上院是联邦委员会，下院是国家杜马。杜马由450名议员组成，其中一半由全俄划分的225个选区各选出一名代表，另一半由参加竞选的党派和社会团体产生。1993年12月举行了第一次国家杜马的选举。

国家高程控制网 national height control network 在全国领土范围内，由一系列按国家统一规范测定高程的水准点所构成的网。见**国家水准网**。

国家公园 national park 由国家中央政府建立并正式确立依法用于保护自然资源的区域。具有促进环境和生态保护，促进科学知识普及和学术研究，增进人类身体和精神健康，以及繁荣经济等多种功能。在保证自然保护的前提下，国家公园在其规定的范围内允许开展适宜的消遣和旅游活动，因此在许多国家，国家公园成为重要的旅游地。国家公园兴起于美国，1872年3月1日经美国国会批准，在怀俄明州建立的**黄石国家公园**被确定为世界上第一个国家公园。尔后，国家公园在世界各地兴起。随着人类社会经济的发展，国家公园的概念与功能也在不断调整。一些国家公园也并非是“国家”所有，私营和地方都可以介入。根据世界自然保护同盟1978年发布的“保护区的种类、对象和标准范畴”，国家公园被列为第二类型，“保护区经营的主要目的是生态保护和游憩”。

国家机构 state organizations 广义的国家机构包括一切行使公共权力的国家部门，狭义的国家机构主要指国家行政机构。根据对公共权力的不同配置方式呈现出不同的样式。从权力的横向配置看，按照“三权分立”的原则，资本主义国家将权力分解为立法、行政、司法，并规定由三个相应的机构来掌管。议会行使立法权，总统或内阁行使行政权，法院行使司法权。这三个机构之间既相互独立，又相互制衡。在社会主义国家中，则实行“议行合一”下的“职能分离”原则，建立起以立法机关为最高国家权力机关，行政和司法机关在其授权下，分别行使行政和司法权力。从权力的纵向配置看，国家机构可以按政府管辖范围来区分，涉及中央政府权力与中层、基层政权权力的相互关系，例如单一制国家有中央政府和地方政府，在联邦制国家有联邦政府和邦或州政府。

国家继承 state succession 一国丧失其国际法律人格或丧失一部分领土时，它的国际法上的权利和义务被别国（一国或数国）所代替的情况。被取代的国家称被继承国，取代别国的国家称继承国。国家继承涉及条约、领土与国界、国家财产、国家的债务、

居民的地位和权利义务等方面。

条约的继承　指继承国对被继承国签署的条约中规定的权利、义务的继承。政治性条约一般不继承，经济性条约则根据条约的内容来确定。设定同土地有关的地方性权利义务（如边界、道路交通、河流航行、水利等）的条约，特别是为当地利益而缔结的条约，通常是继承的。关于确定各个民族、各个国家对其财富及自然资源享有永久主权的国际条约中的有关权利义务是继承的。

条约以外事项的继承　条约以外事项指国家财产、国家债务、法律制度、居民地位等。这类事项的国家继承存在分歧。总的说来，继承国对被继承国的国家财产、权利和利益一般予以继承，并承担与该项财产、权利和利益直接有关的相应义务。被继承国在国外的财产属于继承国所有。对于被继承国的国家债务，一般倾向于继承，但在实践中也不一致。关于国家财产的继承问题，联合国国际法委员会草拟的条款草案认为，通常在国家继承日期位于国家继承所涉及的领土上的国家财产，无偿地转移给继承国。新独立国家对于被继承国的债务，一般采取“白板主义”，即不继承，但为了被继承的领土的利益而承担的义务，通常继承。

国际组织成员资格的继承　关于联合国的会员资格，在联合国会员国发生国家分裂而被继承国继续存在并继续保有会员国资格时，分离出来的新国家需要履行加入手续；原为会员国的两国合并后，则作为单一的国家继续保持会员国资格。

中华人民共和国与国家继承问题　作为一个国际法主体，中华人民共和国是中华民国的延续，因而不发生国家继承问题，而只发生政府继承问题，中华人民共和国有权继续拥有中华民国的一切合法的国际权利。但是，由于政权性质的改变，中华人民共和国和中华民国的对外关系有着本质的不同，因而它不能将中华民国承担的国际义务全部接受下来。

中华人民共和国在对待清朝以来历届政府的旧条约采取了按其性质和内容区别对待的政策。清朝和中华民国时期历届政府所订的一切不平等条约、卖国条约和勾结帝国主义镇压人民革命的条约，都在应行废除之列，通过同对方国家互换照会或订立新约的方式，明文宣布某些旧条约的失效。对于不适应两国关系新情况的条约也要进行审查清理。关于边界条约，也都根据具体情况，分别对待。对于有利于国际和平、有利于在平等互利基础上进行国际交往的条约，则予以承认。中华人民共和国政府通过具体行动在实际上否定了帝国主义1840年以来强加的不平等条约和掠夺性条约的效力。

中华人民共和国继续拥有对1949年10月1日以前中国政府在国外的财产，包括公营企业的合法权利。从中华人民共和国建立之日起，所有当时属于中国的国家财产，包括动产和不动产，无论是否处于中国境内，一律归中华人民共和国所有，人民政府有权接收和处理。中华人民共和国政府曾明确宣布中国在国外的国家资产均属中华人民共和国所有。

中国在联合国及其机构的代表权在中华人民共和国政府成立后，当然属于中华人民共和国。中国是联合国的创始会员国，并且是联合国安全理事会的常任理事国。经中国政府多次声明及多年努力，1971年10月25日联合国大会终于通过决议，“恢复中华人民共和国的一切权利，承认她的政府的代表为中国在联合国组织的唯一合法代表”。

国家监督　state supervision　以国家的名义，通过经济、行政、法律等手段，运用国家权力对社会经济活动进行全面监察和督导，依此控制经济活动的全过程。作为国家经济管理的一个重要职能，国家监督是国家对社会经济活动进行有效控制的必不可少的手段，是维护市场经济秩序的有力工具。

国家监督职能集中体现在：①市场监督。其目的是保证市场活动的正常进行，维护商品流通的正常秩序和消费者的正当利益。②财政监督。包括预算监督和税收监督。预算监督主要涉及财政预算资金的集中、分配和使用；税收监督是税务部门根据国家的税收制度，落实国家税收政策，加强税收管理，保证国家财政收入。③金融监督。对金融活动的有关市场主体进行监督检查，维护金融秩序，防范金融风险。④财务监督。对相关各类财务收支关系进行审查，严肃财经法纪，保护国家财产。

在执行国家监督的过程中，审计是国家对社会经济活动实行全面监督控制的重要手段。

国家结构　structure of state　国家的整体与部分之间、中央政权机关与地方政权机关之间相互关系的构成形式。国家结构形式可分为单一制和复合制两种类型。单一制国家的整体与其组成部分的关系是中央与地方的关系。中央享有最高权力，地方享有的权力是中央授予的。国家整体是单一的国际法主体。复合制主要有邦联和联邦两种形式。邦联制是因某种特定的利益而结合在一起的国家联盟。联邦制国家的整体与部分在联邦宪法规定的权限范围内分享国家主权。此外，复合制在近代历史上还出现过君合国、政合国等形式。君合国又称人合国或身合国，是两个独立国家共拥戴一个君主，但各有自己的政府和宪法，在国际交往中都是独立的主体。政合国又称物合国，几个独立国家除共有一个国家元首外，还制定共同宪法，设立行使一定联盟政府职能的共同机构，对外关系是一个主体，但各国的内政独立，各有自己的宪法、议会和政府。

国家京剧院　China National Peking Opera Company; CNPOC　中国京剧演出团体。前身是1942年成立的延安平剧研究院。中华人民共和国建立后，改称文化部戏曲改进局京剧研究院。1951年4月成立中国戏曲研究院后，改组为该院的实验京剧团。1955年1月，建成中国京剧院，直属文化部。梅兰芳任院长，马少波任副院长兼党委书记，阿甲任总导演。建院宗旨和主要任务是：组织京剧剧本的创作、改编和整理，经常上演优秀剧目；积极慎重地，有步骤、有重点地进行京剧舞台艺术的改革实验；改造旧型剧团为新型剧院，建立正规化的科学管理制度；继续提高演员的政治思想文化艺术素质，并积极培养青年京剧艺术人才，建设成为京剧改革示范性的国家剧院。2007年11月更名为国家京剧院。

建院以来，剧院人才济济，实力雄厚。剧院演出的《野猪林》、《杨门女将》、《红灯记》、《红色娘子军》、《平原作战》、《春草闯堂》、《红楼二尤》、《燕燕》等剧，已摄成影片或录像。尤其是进入21世纪以来，剧院大胆变革，创新京剧。2003年排演大型京剧《图兰多公主》，对一个诞生于西方的中国故事进行了完全中国化的尝试；2005年排演《文成公主》，完美地融合了京剧与藏戏两大剧种。

国家开发银行　China Development Bank　中国主要承担国家基础设施和支柱产业项目

国家开发银行北京总行

金融业务的**政策性银行**。1994年3月成立。总行设在北京。主要任务是筹集和引导境内外资金，重点向国家基础设施、基础产业和支柱产业项目以及重大技术改造和高新技术产业化项目发放**贷款**；从资金来源上对固定资产投资总量和结构进行控制与调节。资金主要靠以市场方式向国内外发行金融债券筹集，资金运用领域主要包括：制约经济发展的"瓶颈"项目；直接关系增强综合国力的支柱产业中的重大项目；重大高新技术在经济领域应用的项目；跨地区的重大政策性项目等。2008年2月，国家开发银行改革方案获国务院批准，此方案将国家开发银行定位于**商业银行**。

国家科学技术奖 State Science and Technology Award of China 中华人民共和国设立的面向科学技术人员及其科学发现、技术发明和科学技术进步活动的奖项的总称。1999年5月23日，国务院发布的《国家科学技术奖励条例》中规定：中国设**国家最高科学技术奖**、国家自然科学奖、国家技术发明奖、国家科学技术进步奖、中华人民共和国国际科学技术合作奖5种国家科学技术奖项。奖励科学发现、发明创造，是中国政府坚持的一项重要制度。1963年国务院颁布《中华人民共和国发明奖励条例》。1979年国务院颁布《中华人民共和国自然科学奖励条例》。1984年，国务院颁布《中华人民共和国科学技术进步奖励条例》，并于1985年开展国家科学技术进步奖奖励活动。截至1999年年底，国家自然科学奖、国家技术发明奖、国家科学技术进步奖（包括1988～1993年间的国家星火奖）共奖励13 112项、近8万人次。1999年国务院颁布《国家科学技术奖励条例》，增设国家最高科学技术奖；规定国家自然科学奖、国家技术发明奖、国家科学技术进步奖每年奖励项目总量不超过400项；提高奖金数额，加大奖励力度。2004年1月6日，颁布修改后的《国家科学技术奖励条例》，其中规定增设三大奖（国家自然科学奖、国家技术发明奖、国家科技进步奖）的特等奖。每个奖项都须报国务院批准，其中国家最高科学技术奖须报请国家主席同意并签署。

国家利益 national interest 国际政治理论和国际关系理论中的一个重要而又颇有争议的概念。有人把它视为分析国家政治和评估外交活动的核心概念和综合标准；有人将它看作国际关系体系运行的根本动因和国家外交活动的基本目的；有人主张它是一个国家内有利于绝大多数居民的共同生存和发展的诸因素的综合。

国家利益主要包括：①安全利益。即维护本国主权独立、领土完整、人民生存不受外部势力侵犯以及国家的战略安全。②经济利益。即对内维护独立自主发展民族经济的主权，维护本国领土和领海的资源和能源主权，推动社会经济的发展、科学技术的进步和人民生活水平的提高；对外维护本国在世界经济中的相应地位，保持对外贸易、投资、货币金融关系的稳定发展。③政治利益。即维护国家现行的社会政治制度，力求扩大本国社会政治制度在世界范围的影响。④文化利益。即维护本国占统治地位的意识形态，保持历史文化传统，确立和维系民族认同感等。上述4个方面的利益是相互联系、相互影响的有机整体。安全利益关系着国家的生存，是最根本的国家利益。对内，国家利益是一个国家内部绝大多数居民的共同利益的综合。对外，国家利益是在国际政治中发挥作用最持久、影响力最大的因素，是国家外交活动的基本动因。

国家垄断资本主义 state monopoly capitalism 国家政权同私人垄断资本相结合的垄断资本主义。在现代资本主义条件下，国家机器从属于**垄断资本**，垄断资本集团利用国家权力，全面控制国民经济运行，以保证垄断组织获取最大限度的利润，并巩固金融寡头的统治。

形成与发展 19世纪末20世纪初，资本主义经济获得迅猛发展。由于私人垄断资本不足以完成一些需要巨额投资才能形成生产能力的大规模项目，就要求国家参与。国家或通过**国有企业**以垄断低价向私人垄断企业提供商品和劳务，或通过银行扩大信贷来迅速扩大私人垄断资本的规模，从而为私人垄断资本获得高额垄断利润创造条件。而私人垄断资本也利用国家政权来为自己发展服务，国家垄断资本主义应运而生。

第一次世界大战前，在一些主要资本主义国家就已经出现了国家垄断资本主义的萌芽形式。第一次世界大战的爆发加速了国家垄断资本主义的发展。1929～1933年的经济大危机和第二次世界大战的爆发，各主要资本主义国家纷纷采取各种措施对经济实行紧急调节，使国家垄断资本主义迅速发展起来。第二次世界大战结束以后，国家垄断资本主义愈益向广度和深度持续发展，成为发达资本主义国家占支配地位的生产关系体系。

基本形式 根据国家政权同私人垄断资本相结合的不同方式，可分为三种基本形式：①国有垄断资本同私人垄断资本在企业外部的结合。在这种形式中，资本运动的主体是私人垄断资本。②国有垄断资本同私人垄断资本在企业内部的结合。在这种形式中，国家以资本所有者的身份与同样作为资本所有者的垄断组织合作经营企业。③国家同垄断资本融合为一体。在这种形式中，国家直接以资本的所有者身份投资经营企业，即国有独资企业。国家垄断资本主义的三种基本形式中，国家垄断资本起主导作用，但同国家密切联系的私人垄断资本仍是在社会资本中占主要地位的资本形式，是国家垄断资本主义的基础。

作用与弊端 国家垄断资本主义在一定时期表现出某些积极作用：①能集中巨额的资本，部分地克服了个别私人垄断资本的局限性；②从垄断资本总利益出发，在一定范围内突破了私人垄断资本单纯追求眼前利润的狭隘界限；③通过对社会经济的调节，在一定程度上减轻了资本主义生产的无政府状态；④在一定时期内缓和了劳资矛盾和垄断资本同中小资本的矛盾；⑤通过国际经济调节，使资本主义各国之间的经济关系也得到了一定程度的协调。但是，它使资本主义的各种矛盾更加深刻化和复杂化；不能消除社会生产的无政府状态和周期性经济危机，还助长某些新的比例失调。

国家赔偿 state compensation 国家行政机关、审判机关、检察机关及其工作人员行使职权时违法侵犯公民、法人和其他组织的合法权益并造成损害，国家向受损害人予以赔偿的制度。它是各国普遍建立的一项重要的国家责任制度。19世纪70年代发轫于法国。中国1954年宪法确立了国家赔偿的原则，1986年《**中华人民共和国民法通则**》、1989年《**中华人民共和国行政诉讼法**》对国家赔偿作出了具体规定，1994年《中华人民共和国国家赔偿法》则对国家赔偿作出了全面、系统的规定。

归责原则 世界各国国家赔偿的归责原则主要有三种：①过错责任原则，即国家机关及其工作人员行使职权造成损害有过错时国家才承担赔偿责任。②违法加过错责任原则，即国家机关及其工作人员行使职权违法且主观上有过错造成损害时，国家承担赔偿责任。③违法责任原则，即国家机关及其工作人员因违法行使职权造成损害，无论主观上有无过错，国家都应承担赔偿责任。中国《国家赔偿法》采用的是违法责任原则。

赔偿范围 中国《国家赔偿法》规定的范围是物质损害赔偿与人身损害赔偿相结合，直接损害赔偿与人身损害情况下的有限的间接损害赔偿相结合。中国国家赔偿分行政赔偿和刑事赔偿两大类。行政赔偿指行政机关及其工作人员在行使行政职权时侵犯行政相对人人身权或财产权的，受害人有取得赔偿的权利。刑事赔偿指行使侦查、检察、审判、监狱管理职权的机关及其工作人员在行使职权时侵犯公民、法人或其他组织人身权或财产权的，受害人有取得赔偿的权利。

赔偿方式　中国《国家赔偿法》规定，以支付赔偿金为主要方式。能够返还财产或者恢复原状的，予以返还财产或者恢复原状。对于侵犯公民人身自由的，每日赔偿金按照国家上年度职工日平均工资计算。对于侵犯公民生命健康权的，赔偿金按照下列规定计算：①造成身体伤害的，应当支付医疗费，以及赔偿因误工减少的收入。②造成部分或者全部丧失劳动能力的，应当支付医疗费以及残疾赔偿金。③造成死亡的，应当支付死亡赔偿金、丧葬费。对于侵犯公民、法人和其他组织的财产权造成损害的，按照下列规定处理：①处罚款、罚金、追缴、没收财产或者违反国家规定征收财物、摊派费用的，返还财产。②查封、扣押、冻结财产的，解除对财产的查封、扣押、冻结，造成财产损坏或者灭失的，按照下列③、④两项规定赔偿。③应当返还的财产损坏的，能够恢复原状的恢复原状；不能恢复原状的，按照损害程度给付相应的赔偿金。④应当返还的财产灭失的，给付相应的赔偿金。⑤财产已经拍卖的，给付拍卖所得的价款。⑥吊销许可证和执照、责令停产停业的，赔偿停产停业期间必要的经常性费用开支。⑦对财产权造成其他损害的，按照直接损失给予赔偿。赔偿义务机关违法行使职权造成受害人名誉权、荣誉权损害的，应当在侵权行为影响的范围内，为受害人消除影响、恢复名誉，赔礼道歉。

赔偿时效　中国《国家赔偿法》规定，赔偿请求人请求国家赔偿的时效为两年，自国家机关及其工作人员行使职权时的行为被依法确认为违法之日起计算，但被羁押期间不计算在内。

国家审计　national audit　国家审计机关依法对政府各级机构经济管理责任履行情况、国有资产管理与运用情况实施的一种法定审计活动。在国家政治体制中，国家审计是国家经济乃至政治活动监督与控制机制的重要组成部分。世界各个国家的国家审计机关，依其在国家政治体制中的地位或隶属关系大体可分为4种类型：①立法型。审计机关一般是在议会领导下或者是向议会负责并报告工作。②司法型。审计机关一般都称为审计法院，拥有司法权，审计官员享有法官的地位，具有司法职能。③行政型。审计机关在政府领导下开展审计工作，要向政府负责并报告工作。中国即采用这种类型。④独立型。审计机关独立于立法、司法和行政之外，不属于其中的任何一个序列，具有独立的地位。

国家书目　national bibliography　揭示与报道一个国家在一定时期内出版的所有图书及其他出版物的目录。

国家书目产生较早。公元前1世纪，中国汉代《别录》、《七略》记载当时的国家藏书，具有国家书目的性质。1595年，A.蒙塞尔编制《英国出版图书目录》。17～18世纪，随着出版业的发展，国家书目不断增多。19世纪出现定期出版的国家书目，如1811年创刊的《法国书目》等。1858年“国家书目”一词首次出现于文献中。中国自1987年起编制《中国国家书目》。

现代国家书目通常由国家图书馆或专门建立的书目机构负责编纂。编制国家书目的资料来源大体有3种：①呈缴本。②通过版权登记征得的出版物。③图书馆馆藏或书商、出版商赠送的图书。在收录范围上，大多数国家书目仅包括本国境内某个时期用多种语言出版的图书。各国国家书目收录范围不尽一致。在收录文献类型方面，各国国家书目体例不尽相同。在编排体例上，国家书目一般采用分类编排。现代的国家书目较多地采用电子计算机技术，实行自动化编目。1977年国际图书馆协会和机构联合会的世界书目控制（UBC）计划办公室为联合国教育、科学和文化组织制定了《国家书目机构和国家书目准则》。

国家水准网　national leveling network　在全国领土范围内，由一系列按国家统一规

图1　中国国家水准网示意图

图2　中国国家高程水准原点（山东青岛）

范测定高程的水准点所构成的网。又称国家高程控制网。水准点的高程是用水准测量方法测定的，并设有固定标志，以长期保存，为国家经济建设、国防建设、地形测量和有关科学研究提供地面点高程。

中国国家水准网（图1）水准点的高程是由一、二、三、四等水准测量测定的。一等水准测量路线沿地质构造稳定和坡度平缓的交通线布满全国，构成网状，全长约93 000千米；网中共包括100个闭合环，闭合环周长在1 000～1 500千米之间。在一等水准环内布设的二等水准网将一等水准环划分为较小的环，其周长一般在500～750千米之间。一、二等水准测量统称为精密水准测量，是国家高程控制的全面基础。三、四等水准测量直接提供地形测量和各项工程建设所必需的高程控制点。

为建立全国统一的高程控制网，须确定一个水准基面，作为网中所有水准点高程的起算基准。通常采用大地水准面作为水准基面。它是由沿海验潮站长期的海水面升降观测结果取平均值而确定的。严格说来，以不同验潮站所得的平均海面为基准来求定同一水准点的高程，其结果将各不相同。因此，国家水准网一般采用一个验潮站所确定的平均海面作为水准基面。中国测定平均海面的验潮站设在青岛市，采用由该站1950～1956年的验潮资料推算的黄海平均海面作为水准基面，定名为黄海平均海面。由这一基准面起算的高程系统称为1956年黄海高程系统。为将水准基面可靠地标定在地面上，须在验潮站附近设置永久性水准原点，由精密水准测量测定这一原点对于验潮站平均海面的高程。中国的水准原点设在青岛市观象山上（图2），它相对黄海平均海面的高程为72.289米。国家各等水准点的高程都依据该点的高程推算。1985年建立新的高程系统，称为1985年黄海高程系统。由黄海平均海面起算的高程称绝对高程或海拔高程，在一般测量应用中简称海拔或标高。

国家所有权　state ownership　国家占有生产资料的所有制形式在法律上的表现。在公有制社会，它是国家为了全体人民的利益，对全民共同占有的财产享有的占有、使用、收益和处分的权利。在中国，中华人民共和国是国家所有权的统一和唯一的主体，中国国家财产是全民所有的财产。《中华人民共和国民法通则》第73条规定：“国家财产属于全民所有。”

国家所有权的客体包括：①自然资源。即矿藏，水流，国有的土地、森林、荒地和其他海陆资源。②国家专营的铁路、公路、航空、航天、海洋运输、港口、银行、邮电、广播等企业、事业和设施。③全民所有制单位的国家财产。包括所有国家机关、团体、部队、国有企业和事业单位的固定资产、流动资金和其他国家财产。④历史文物、名胜古迹。⑤国家在国外的财产。⑥其他国家财产。

在国家财产中，凡宪法和法律规定属于国家专有的资源，国家专营的企业、事业和设施等，由于它们有关国家经济命脉，或足以操纵国计民生，因此只能专属国家所有，不能成为其他所有权的客体。

在中国，国务院代表国家行使所有权，由各国有企业、事业单位，各机关团体分别进行具体经营管理。

宪法和法律规定，国家财产神圣不可侵犯，禁止任何组织或者个人侵占、哄抢、私分、截留、破坏。公民、**法人**由于过错侵害国家的财产，应当承担**民事责任**，对于未授权给公民、法人经营管理的国家财产受到侵害的，不受**诉讼时效**期间的限制。

国家体育场　National Stadium　中国北京最大的、具有国际先进水平的多功能综合性体育场。北京奥林匹克公园内的三大标志性建筑之一。2008年第29届奥运会主体育场，俗称“鸟巢”。位于北京奥林匹克公园中心区南部。场内观众坐席约为9.1万个，其中临时坐席约1.1万个。2003年12月始建，2008年建成。体育场由2001年普利茨克奖获得者——瑞士的J.赫尔佐格和P.德梅隆与中国建筑师李兴钢等共同设计。为世界上跨度最大的钢结构建筑，南北长333米，东西宽294米，高69米。主体钢结构形成整体的巨型空间马鞍形钢桁架编织式“鸟巢”结构，既能使自然空气流通，又能为观众和运动员遮风挡雨。为特级体育建筑，主体结构设计使用年限100年，耐火等级为1级，抗震设防烈度8度，地下工程防水等级1级。

2008年北京奥运会开幕式和闭幕式、田径和男子足球决赛等项目在这里举行，也是2008年残疾人奥运会的主会场。奥运会后成为承办国际国内体育比赛和北京市民广泛参与体育活动的大型专业场所。

国家体育场外观

《国家体育锻炼标准》　*National Physical Training Standards*　中国为发展体育运动，增强人民体质而推行的一项重要体育制度（下称《锻炼标准》）。目的在于鼓励广大儿童和青少年自觉积极地锻炼身体，促使身

《国家体育锻炼标准》证章

体的正常发育和全面发展，为实现社会主义现代化，培养德、智、体全面发展的建设人才服务。同时，为提高中国运动技术水平打下基础。《锻炼标准》于1956年和1958年先后两次修改，1964年改称《青少年体育锻炼标准》。1974年国家体委重新制定了锻炼标准的试行条例，1975年改称《国家体育锻炼标准》，经国务院批准在全国普遍推行。1979年对《锻炼标准》又一次进行修改，并于1982年在全国施行。1990年，国务院批准，国家体委发布了经再次修改的该标准，名称亦改为《国家体育锻炼标准施行办法》。

《锻炼标准》现已在各类学校中全面施行，机关、团体、事业单位和城市街道、农村乡镇可以根据条件实行。它按男女性别和年龄不同分为儿童、少年乙、少年甲、成年4个组别，每组规定了跑、跳、投等5类不同的锻炼项目和测验标准。参加者按所属组别，从每类项目中任选一项进行测验，根据其完成五类项目后的总分确定及格、良好、优秀三个达标等级，并由批准机关授予国家统一颁发的证章、证书。

但无论哪一级标准，其各类项目中的单项测验成绩都必须达到45分，否则不计其达标等级。经国务院批准，国家体委决定自1977年12月开始颁发《国家体育锻炼标准》证书、证章（见图）。

实践证明，推行《锻炼标准》有利于促进青少年自觉地有计划地经常参加体育锻炼，增强体质；有利于提高体育课质量和丰富学校课外活动的内容；有利于培养体育人才和提高运动技术水平；有利于掌握不同年龄、不同性别的青年、少年和儿童的体质特征，为经济建设、国防及医学卫生部门提供可靠依据。

国家图书馆 national library 国家建立的负责收集和保存本国出版物，担负国家总书库职能的图书馆。国家图书馆一般除收藏本国出版物外，还收藏大量外文出版物（包括有关本国的外文书刊），并负责编制国家书目和联合目录。国家图书馆是一个国家图书馆事业的推动者，是面向全国的中心图书馆，既是全国的藏书中心、馆际互借中心、国际书刊交换中心，也是全国的书目和图书馆学研究的中心。

国家图书馆有悠久的历史。中国西周的盟府、秦代阿房宫的藏书可视为古代国家图书馆的雏形。西方的国家图书馆源于中世纪的皇室图书馆。法国国家图书馆是欧洲较早建立的国家图书馆，其前身为14世纪的皇家图书馆，1792年改名为国家图书馆。到19世纪，世界上有20多个国家先后建立了国家图书馆。德国、英国、荷兰、瑞典、丹麦、罗马尼亚、保加利亚等国的国家图书馆都是在这一时期建立或奠定基础的。

1800年，美国国会图书馆成立，1814年藏书仅为3 000册，到1875年馆藏增至30万册，逐渐成为美国的国家图书馆。进入20世纪以后，许多国家都建立了国家图书馆。例如，中国的北京图书馆建于1909～1910年，澳大利亚国家图书馆建于1923年。亚洲、非洲、拉丁美洲许多国家的国家图书馆都是在第二次世界大战以后逐步建立和发展起来的。从藏书量和图书馆员的数量看，世界上最大的国家图书馆是美国国会图书馆和俄罗斯国立图书馆。

国家图书馆主要有4种类型：①公共性的中央图书馆，具有公共图书馆的性质，但侧重于为科学研究服务。如英国不列颠图书馆等。②国会图书馆兼作国家图书馆。如美国国会图书馆、日本国立国会图书馆等，都设有相应的研究机构，专门为国会提供服务，但同时也履行国家图书馆的职能。③大学图书馆兼作国家图书馆。如1482年建立的丹麦哥本哈根大学图书馆，1811年建立的挪威奥斯陆大学图书馆等，都兼作为该国的国家图书馆。④科学图书馆兼作国家图书馆。如美国国立医学图书馆和美国国立农业图书馆等，都兼作事实上的国家图书馆。

国家图书馆是一个国家图书馆事业的核心，其主要职能是：①完整、系统地搜集和保管本国的文献，从而成为国家总书库。②为研究和教学采选外国出版物，使其拥有一个丰富的外文馆藏。③开展科学情报工作，为科学研究服务。④编印国家书目，发行统一编目卡片，编制回溯性书目和联合目录，发挥国家书目中心的作用。⑤负责组织图书馆现代技术设备的研究、试验、应用和推广工作，开展全国图书馆网络化的设计、组织和协调工作，在推动图书馆实现现代化中起枢纽作用。⑥为图书馆学研究搜集、编译和提供国内外情报资料，组织学术讨论，推动全国图书馆学研究的发展。⑦代表本国图书馆界和广大读者的利益，参加国际图书馆组织；执行国家对外文化协定中有关开展国际书刊交换和国际互借工作的规定；开展与国际图书馆界的合作与交流。

国家图书馆多属于研究图书馆，服务对象主要是科学研究人员。各国都根据自己的国情作出了具体规定。例如，中国国家图书馆的服务对象主要是中央党政军领导机关、科学研究部门和重点生产建设单位。

国家行为 state act 广义指凡由国家机关或者其授权的机构参与的行为。又称政治行为。即国家基于自己的主权和功能而采取的行为，通常指国家元首、立法机关、行政机关和军事机关依据宪法授权实施的治理行为，例如国家的外交和国防，与他国的宣战与媾和、紧急状态的宣布等官方职务行为。在司法上，法院不受理针对国家行为而提出的诉讼，或者不对“政治问题”作出裁决。由于外交、国防等与主权有关的事项在任何国家都由全国政府负责，因此国家行为通常指一国全国政府的行为。单一制下地方政府的行为或者联邦制下各邦政府的行为，一般不受“国家行为理论”的保护，法院可以对地方政府或者邦政府的行为实施司法管辖。实施国家行为的主体尽管在国内法上不承担法律责任，但要承担政治责任。国家行为受宪法的约束，尤其是宪法有关公民基本权利的条款，主要是针对国家行为而制定的，不针对社会私人行为。在这种情况下，国家行为可以延伸到地方政府或者邦政府的行为。

国家行政学院（中国） China National School of Administration; CNSA 培养高中级国家公务员、高层次管理人员和政策研究人才，提供政府管理政策咨询、开展公共管理等领域理论研究的新型学府。全称中华人民共和国国家行政学院。位于北京西郊。1988年开始筹建，1994年正式成立。

主要职责为承担对中央和地方省（部）级、司（厅、局）级和部分处级公务员的培训；承担受香港、澳门特别行政区政府委托为其培训高中级公务员的工作；承担接受外国政府高中级公务员来华培训；承担国有重要骨干企业领导人的培训；根据国家有关规定，开展与本院主要学科有关的硕士、博士学位教育，接受外国留学生、进修生；向中央国家机关和地方党委、政府以及有关部门推荐优秀学员；围绕党和政府工作的重大问题和教学需要开展科学研究，向党中央、国务院和有关部门提出政策咨询意见和建议；开展与外国（地区）行政院校、公务员管理机构、有关国际组织和学术团体等方面的交流与合作等。已开设的主体班次为：省部级干部专题研讨班，司局级干部任职培训班、进修班、专题培训班和专门业务培训班，国有重要骨干企业领导人培训班，青年干部培训班，公共管理硕士学位班，港澳公务员研修班和外国公务员研修班等。

建院以来，承担了多项国家级科研项目，已成为中国研究行政体制改革、依法行政和政府管理创新的重要科研基地。承担了大量国家和省部级委托咨询课题，成为政府公共管理领域重要的咨询中心。1999年创刊《国家行政学院学报》。与40多个国家（地区）的行政院校和有关机构建立了长期友好合作关系。国家行政学院是国际行政院校联合会会员和该组织负责亚洲地区事务的副主席单位，也是亚太地区行政院校联合会主席单位。学院已聘请了20余位来自英国、美国、加拿大、德国、日本等国家政府和国际组织的高级官员和资深专家担任名誉教授。学院每年都派出省部级及司局级学员赴美国、加拿大、法国、德国、日本、澳大利亚等国进行短期培训。

国家游泳中心 National Aquatics Center 中国北京具有国际先进水平的游泳场馆。北京奥林匹克公园内的三大标志性建筑之一。2008年第29届奥运会比赛场馆。因其外观酷似一个蓝色的方盒子，又被称为“水立方”。位于北京奥林匹克公园中心区的南部。建筑面积约80 000平方米。固定座位6 000个，临时座位1.1万个，2003年12月始建，2008年1月建成。该体育馆由澳大利亚PTW助理董事M.巴特勒和中国中建国际（深圳）设计顾问有限公司总建筑师赵小钧、总工程师毛红卫共同设计。其创意来自于肥皂泡的结构，为世界上第一个尝试实现这一肥皂泡结构体系的建筑。由3 000多个气枕组成、覆盖面积达到11万平方米的“水立方”膜结构，是世界上规模最大的膜结构工程，也是唯一一座完全由膜结构全封闭的大型公共建筑。“水立方”的长、宽、高分别为177米、177米和31米。该建筑的

国家游泳中心夜景

围护结构采用了一种新型环保节能的ETFE膜材料，它具有很好的延展、抗压性，充气后，每块膜都能承受一辆汽车的重量。2008年北京奥运会期间，游泳、跳水、花样游泳比赛在这里举行。奥运会后成为承办国际国内体育比赛和北京市民广泛参与体育活动的大型专业场所。

国家语言文字工作委员会 State Language Commission 前身是1954年12月成立的国务院直属机构中国文字改革委员会。1985年12月改名为国家语言文字工作委员会。1998年，并入教育部，对外保留国家语言文字工作委员会的牌子。其主要职责：拟定国家语言文字工作的方针、政策；编制语言文字工作的中、长期规划；制定汉语和少数民族语言文字的规范和标准，并组织协调监督检查；指导推广普通话和普通话测试工作。

中国文字改革委员会成立后，在简化和整理**汉字**，推广**普通话**，制定和推行汉语拼音方案等方面，做了大量工作。

1985年12月中国文字改革委员会改称国家语言文字工作委员会后，为适应社会发展的需要，发布了一些社会急需的语言文字规范。计有：《现代汉语常用字表》(1988)，《现代汉语通用字表》(1988)，《汉语拼音正词法基本规则》(1988、1996，作为国家标准)，《标点符号用法》(修订，1990)，《现代汉语通用字笔顺规范》(1997)，《普通话水平测试等级标准（试行）》(1997)，《信息处理用GB13000.1字符集》的有关规范（1997～2001），印刷字形规范（1999，包括魏体、隶书字形)，《第一批异形词整理表》(2001) 等。

国家元首 head of state 主权国家对内对外的最高代表，是国家最高政权机构的重要组成部分。在君主制和君主立宪制国家，国家元首实行世袭制和终身制。在共和制国家，国家元首由直接或间接选举产生，实行限任制。在君主立宪制和共和制国家，国家元首的职权由宪法规定。在实行内阁制的国家，元首一般不直接掌握国务实权，只以国家的名义从事一些象征性和礼仪性的活动，因而被称为“虚位元首”。在实行总统制的国家，元首拥有很大的权力。在大多数国家，国家元首由一个人担任并行使其职权，称为单一元首。在有些国家，国家元首由两人以上组成，职权由集体行使，称为集体元首。

国家责任 state responsibility 一国对其国际不法行为，即违反**国际法**或条约所赋予的义务的行为而承担的责任。又称国家的国际责任。

国际不法行为包括侵犯他国主权、从事侵略战争、破坏国际和平与安全以及损害外国人的人身和财产等。一国在下述情况下对另一国的行为承担责任：①援助或协助实施国际不法行为。②指挥或控制国际不法行为的实施。③胁迫另一国。依照国际法，解除行为不法性的情况有同意、自卫、对国际不法行为采取的反措施、**不可抗力**、危难、危急情况。国家责任承担的方式有：①恢复原状，即加害国将受害国的地位恢复到未发生不当行为时的状态。②满足，即给予受害国以精神上的满足，如表示遗憾、道歉，对肇事人员给予惩罚等。③赔偿，即加害国对受害国的物质损失和精神损失予以补偿。④限制主权，即限制责任国行使主权。个人的不法行为，除非能证明有关国家事先疏于防止或事后疏于惩治，一般不构成国家责任。国家一般也不为叛乱团体的国际不法行为负责。

国家责任不仅是追究国家违反其国际义务而承担国际责任的法律依据，也将在促使各国遵守其国际义务方面起着规范作用。

国家债券 national bonds 一国政府根据信用原则以承担还本付息责任为前提而发行的**债券**。又称国债、国家公债券。分内债和外债。内债是国家在国内发行的债券，按债期长短分为长期公债和短期公债。外债是国家在国外发行或推销的公债。因系政府举债，国债具有信用度高、流通性强、抵押代用率高、发行方式简便等特点。

国家职能 state functions 国家机器活动的整体功能，体现的是国家的本质和统治阶级的意志。见**国家**。

国家指导价 government referential price 即政府指导价，价格形式之一。具体指由政府价格主管部门或者其他部门，按照定价权限和范围规定基准价格和浮动幅度，指导经营者制定的价格。这是一种具有双重定价主体的价格形式。由政府规定基准价格及浮动幅度，基准价也可以称为中准价，政府通过控制基准价格和浮动幅度，达到控制价格水平的目的。经营者可以在政府确定的基准价格及其浮动幅度以内，根据市场供求状况、企业成本状况确定具体价格。政府指导价既具有强制性的一面，又具有灵活性的一面。价格水平是有边界、可控制的，又是可以灵活波动的，既可避免大起大落，又可灵活反映供求变化，是一种较有成效的价格管理形式。中国实行政府指导价格的商品和服务主要有：部分化肥、教材、金融结算服务、重要专业服务等。

国家重力网 national gravity network 在全国领土范围内，由一系列按国家统一规范布设的（绝对和相对）重力点构成的网。又称国家重力基本网。重力点的重力值采用绝对和相对重力测量方法测定，并设有固定标志，以供长期保存。国家重力网为国家经济建设、国防建设和有关科学研究提供高精度的重力测量基准及重力资料。

中国从1895年在上海徐家汇观象台测定第一个重力值起，到1949年全国共测定200多个重力点。1949年以后，开始用摆仪和重力仪在部分地区进行相对重力测量，1956～1957年在全国范围内建立第一个国家重力基本网，称为中国国家57重力基本网。1981年又在全国测定10多个高精度绝对重力点，1983年起开始重建全国重力基本网，1984年与中国香港、日本、法国进行重力国际联测，1985年建成了中国国家85重力基本网。2001年建成中国国家2000重力基本网，均匀合理地布设了17个高精度绝对重力点，改善了中国西部地区的重力点分布，提高了网的整体精度。

国家主义 nationalism 国家至上主义，强调国家是国际法和国际关系中唯一行为主体，**国家利益**和国家主权是国家赖以生存和活动的最本质和最主要的体现。资产阶级的国家主义是狭隘的民族主义的一种表现。它认为国家为人类生存所必需，要求人们牺牲个人的自由、幸福，服从剥削阶级的国家利益；有些国家主义者还宣扬民族优胜论，鼓吹“优等民族”有权统治“劣等民族”，煽动民族仇恨。国家主义最早产生于欧洲，为德国哲学家J.G.费希特在拿破仑攻陷柏林时提出。在当时对激励德意志民族和人民起来抵抗拿破仑的侵略，维护民族独立和国家统一起过一定的作用。在第一次世界大战和十月革命后，逐步演变为**军国主义**和**法西斯主义**。

国家自然科学基金委员会 National Natural Science Foundation of China; NSFC 管理中国自然科学基金的国务院直属事业单位。1986年2月14日成立，基金主要来自国家财政拨款，同时接受国外单位和个人的捐款，是国家支持基础研究和部分应用研究经费的主要渠道之一。该会的主要职责是：①根据国家发展科学技术的方针、政策和规划，运用国家财政投入的自然科学基金，资助自然科学基础研究和部分应用研究，发现和培养人才，发挥自然科学基金的导向和协调作用，促进科学技术进步和经济、社会发展。②负责国家自然科学基金管理，制定和发布基础研究和部分应用研究指南，受理课题申请，组织专家评审，择优资助，着力营造有利于创新的研究环境。③协同国家科学技术部拟定国家基础研究的方针、政策和发展规划，接受委托，对国家高科技、应用研究方面的重大问题提供咨询并承担相关任务。④支持国内其他自然科学基金的工作。⑤同外国的政府科技管理部门、科学基金会及有关学术组织建立联系并开展国际合作。⑥负责对直属事业单位进行管理、监督和业务指导。⑦承办国务院和国家科技教育领导小组交办的其他事项。国家自然科学基金委员会主任实行任期制，每届4年，历届主任为唐敖庆、张存浩、陈佳洱、陈宜瑜。20多年来，国家自然科学基金委员会运用国家财政投入的300多亿元，支持各类研究项目10多万项。

国家最高科学技术奖 State Highest Science and Technology Award of China 中华人民共和国设立的科学技术领域的最高奖项。设于2000年。授予：①在基础研究、应用基础研究方面取得系列或者特别重大发现，丰富和拓展了学科的理论，引起该学科或者相关学科领域的突破性发展，为国内外同行所公认，对科学技术发展和社会进步作出特别重大贡献的科学技术工作者；②在科学技术活动中，特别是在高技术领域取得系列或者特别重大技术发明，并以市场为导向，积极推动科技成果转化，实现产业化，引起该领域技术的跨越发展，促进产业结构的变革，创造巨大的经济效益或者社会效益，对促进经济、社会发展和保障国家安全作出特别重大贡献的科学技术工作者。该奖每年奖励一次，每年授奖人数不超过2名。奖项要报国务院批准，并报请国家主席签署颁发证书和奖金。2000年以来，共授奖18人：吴文俊、袁隆平（2000年度），王选、黄昆（2001年度），金怡濂（2002年度），刘东生、王永志（2003年度），2004年度空缺，叶笃正、吴孟超（2005年度），李振声（2006年度），闵恩泽、吴征镒（2007年度），王忠诚、徐光宪（2008年度），谷超豪、孙家栋（2009年度）、师昌绪、王振义（2010年度）。

国界 national boundaries 划分一国领土与他国领土与公海、专属经济区或外空的分界线，是确认国家领土范围的界限。又称边界。

国库券 treasury bills 中央政府为弥补财政或国库资金不足而发行的一种有价证券。最早问世于1877年的英国。它属于短期融通性债券，包括2个月、3个月、6个月、9个月和12个月共5种期限。国库券采取贴现方式发行，票面值与发行价格之间差额为购买人全期持有的利息收入。一般通过公开投标的方式拍卖，包括定期发行和不定期发行两种类型，有无记名证券、记名证券和账簿登记等形式。国库券具有较强的流通性，发行后，即可进入债券市场进行买卖交易，交易活动通过证券中介机构进行。由于是以政府财政资金为保障，信誉高、流通性强、收益率也较高，因而是证券投资的主要对象，也是中央银行介入资本市场公开操作业务的重要手段，在证券交易中占有很大的比重。中国自1981年开始发行国库券，期限较长，包括3年至10年等不同期限。

国库制度 fiscal system 国家预算收支的收纳、拨付制度。在预算执行过程中，预算资金的收纳、划分、留解和拨付业务，由国家金库（简称国库或金库）负责办理。各国国库制度设立的方法各有不同，大致可归纳为3类：①国家金库制。由国家在财政机关内自设国库，办理预算收支的保管出纳业务。②委托金库制。国家委托中央银行办理国家金库业务。③银行存款制。国家直接将预算收入存入银行，银行按存款办法管理。中国实行由中国人民银行经理国库制。

国立北平艺术专科学校 National Beiping Art School 中国现代第一所国立高等艺术院校。1918年4月创立于北京。初名北京美术学校，第一任校长为郑锦。以培养美术师资、实用美术人才，提倡美育为办学目的。初设中等部及师范班。

1923年改称国立北京美术专门学校，招收中国画、西画、图案3系本科生，并停办中等部及师范班。1925年8月改为国立北京艺术专门学校，增设音乐、戏剧2系，由刘百昭任校长，翌年林风眠为校长。1927年并入北京大学，停办音乐、戏剧2系，改称北京大学美术专门部，刘庄为部主任。

1928年改称北平大学艺术学院，设中国画、西画、实用美术、音乐、戏剧、建筑6系。1930年春改为艺术职业专科学校，同年秋定名为国立北平艺术专科学校。1934年由严智开任校长，设绘画科（分中国画、西画组）、雕塑科（分雕刻、塑造组）、图工科（分图案、图工组）。1936年由赵畸任校长。翌年抗日战争爆发，迁校于江西牯岭。1938年南京沦陷后，与杭州艺术专科学校合并迁湖南沅陵，改名国立艺术专科学校，由滕固任校长。翌年迁至昆明。1941年学校迁至四川璧山，校长为吕凤子。1943年迁校于重庆，校长为陈之佛。1945年由潘天寿任校长。

抗日战争期间，学校南迁后，留在北平的部分师生仍沿用原校名办学。抗日战争胜利后，这一部分被改称为北平临时大学补习班第八分班，邓以蛰任主任。1946年8月1日，重建国立北平艺术专科学校，聘徐悲鸿任校长，设绘画、雕塑、图案、陶瓷、音乐5个专业。1950年初，与华北联合大学文艺学院美术系合并，并在此基础上建立了中央美术学院。

国立北平研究院 National Beiping Academy 1929年9月9日国民政府在北平（今北京）成立的学术研究机构。1927年中国国民党中央政治会议议决设立国立中央研究院时，筹备委员李煜瀛提议同时设立局部或地方性的研究机构。国民政府1928年9月通过此议案，1929年5月成立筹备委员会，李煜瀛为筹委会主任，蔡元培、张人杰为筹备员。同年8月，行政院决议以北平大学的研究机构为基础组建国立北平研究院，并于9月9日宣布正式成立，李煜瀛任院长。

北平研究院隶属于教育部，下分行政事务与研究机构两部分。行政事务设总办事处，处理全院行政事务。研究机构分理化、生物、人地三部，设9个研究所和测绘事务所。除药物、镭学两研究所设于上海外，其余各所均设在北平。各研究所设所长一人，由专任研究员兼任，另有研究员、副研究员、助理研究员、助理员、练习生各若干人，并聘所外专家为名誉研究员、通讯研究员及特约研究员。1937年7月抗日战争爆发后，李书华于1938年在昆明成立北平研究院总办事处，遂将8个研究所迁至昆明，继续开展研究工作。抗战胜利后，除生理所暂设上海外，其余各所均迁返北平。1949年11月，北平研究院为中华人民共和国中国科学院接管。

《国民财富的性质和原因的研究》 *An Inquiry into the Nature and Causes of the Wealth of Nations* 18世纪英国古典政治经济学的代表人物亚当·斯密的著作。简称《国富论》。1776年在伦敦出版。19世纪末，中国严复首次将该书译成中文，译名《原富》，1902年出版。

《国富论》产生于英国由工场手工业向大机器工业过渡的时期，反映了产业资本同封建残余作斗争、迅速发展资本主义经济的要求。作者以资产阶级人性论为出发点，以国民财富为研究对象，使用了抽象演绎和经验归纳的研究方法，贯彻全书的一个基本指导思想是自由放任，即主张在对内自由经营和对外自由贸易的自由竞争环境中发展资本主义经济。全书分5篇32章。第1篇从分工开始论及交换、分配（工资、利润、地租）和流通的规律。第2篇分析资本的性质、构成、积累和用途。这两篇包含了他的政治经济学理论的基本内容。作者指出，国民财富即是一国在一定时期内所生产出来的商品总量，它是由劳动创造出来的。增加财富的途径主要有两个：加强劳动分工以提高劳动生产率；增加资本积累从而增加从事生产的劳动者人数。第3篇从经济史角度考察了促进和阻碍国民财富增长的因素，从历史角度论证了只有采用自由放任，才有利于分工和国民财富的发展。第4篇评述了重商主义和重农主义，从经济学说史的角度论述了采取自由放任政策的必要性。第5篇论述国家的费用、公共收入的来源，以及税收政策对国民财富增长的影响，主张限制君主和国家对经济活动的干预，实行经济自由主义。

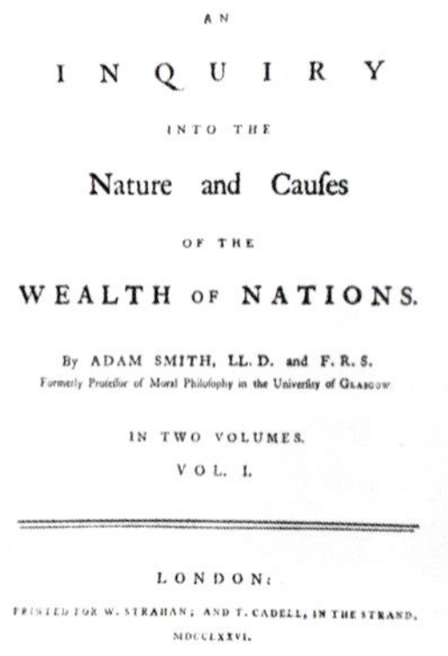
AN
INQUIRY
INTO THE
Nature and Caufes
OF THE
WEALTH OF NATIONS.
By ADAM SMITH, LL.D. and F.R.S.
Formerly Profeffor of Moral Philofophy in the Univerfity of GLASGOW.
IN TWO VOLUMES.
VOL. I.
LONDON:
PRINTED FOR W. STRAHAN; AND T. CADELL, IN THE STRAND.
MDCCLXXVI.

《国民财富的性质和原因的研究》1776年第1版扉页

斯密在《国富论》中系统地论述了劳动价值论，分析了资本主义社会的三大阶级及其收入，分析了资本、生产劳动和非生产劳动，论述了自由贸易理论、赋税理论，总结了历史上的各种经济观点，创立了一个比较完整的政治经济学理论体系，使政治经济学开始成为一门独立的科学。《国富论》在政治经济学史上占有重要的地位，对后世资产阶级经济学的发展有深远影响，对欧美各国的经济也有深远影响。

国民参政会 People' s Political Council 抗日战争开始后中华民国政府成立的一个咨询性质的机关。1938年7月正式成立。是年3～4月间，国民党召开临时全国代表大会。会前，中共中央于3月1日向大会提出成立国民参政机关的建议。大会通过了《抗战建国纲领》，决定组织国民参政机关。4月12日，国民政府公布了《国民参政会组织条例》，规定国民参政会为咨询机关，有听取国民政府施政报告、询问、建议之权，但所通过的决议案对国民政府并无强制执行的权力。6月，国民政府任命汪精卫为国民参政会议长、张伯苓为副议长；同时公布200名参政员名单。"遴选"的参政员大多是国民党员，只有极少数是中国共产党和其他党派的代表。共产党参政员有毛泽东、陈绍禹、秦邦宪、林祖涵（即林伯渠）、吴玉章、董必武、邓颖超7人。7月，第一届参政会在汉口召开，156名参政员出席了会议。通过了《拥护抗战建国纲领案》等决议案，发表了《国民参政会首次大会宣言》，并选举了张君劢、左舜生、曾琦、董必武、秦邦宪、陈绍禹等25人为驻会委员。

第一届国民参政会在武汉举行（1938）

国民参政会共历4届，举行大会13次。初期，由于国共两党和其他党派与无党派人士的努力，国民参政会对于团结全国人民，发扬抗日民主，推动全面抗战，起了积极作用；后来由于国民党推行消极抗战政策，逐步丧失其进步作用。1941年皖南事变后，中国共产党参政员董必武等为抗议国民党的反共政策，曾经几次拒绝出席参政会会议。抗战胜利前夕，国民党为准备发动内战、抢夺胜利果实，在参政会内进一步增加反动分子，排挤进步人士，维持一党专政，抵制中国共产党提出的建立联合政府的主张。抗战胜利后，国民参政会成为国民党鼓动内战、制造分裂的御用工具，完全丧失了在人民中的影响和作用，于1948年3月宣告结束。

国民大会 People' s Congress 中国南京国民政府时期名义上代表全国国民行使政权的机关。简称"国大"。先后于1946、1948年召开。1946年大会的任务为制定宪法，又称"制宪国大"；1948年大会的任务为施行宪法，选举总统，实行总统制，又称"行宪国大"。

首届国大原定于1936年召开，任务是制定宪法并决定宪法施行的日期。代表总额1 200名。选举办法规定：凡年满20岁的国民有选举权，年满25岁的选区内居民有被选举权。除上述1 200人之外，国民党中央执监委及候补执监委为当然代表，国民政府还可直接指定代表240名。1936年内，国民政府陆续公布了宪法草案、国大组织法及国大代表选举法，并进行了代表选举（有部分省区未完成）。原定1936年召开的国大，因种种原因，一再延期。

1946年初，政治协商会议决定当年召开制宪国大。鉴于10年来情况的变化，为确保国大的公平民主，中共和民盟提出国大代表应进行适当调整。经各方协商，决定原选举的1 200名代表继续有效，取消当然代表及指定代表，增加台湾、东北收复区代表150名，各党派及社会贤达代表700名，总计2 050名。各党派代表经分配后，由各党派自行提出，计国民党220名，共产党190名，民盟120名，青年党100名，社会贤达70名。按照政协决议，国民大会必须在内战停止、政府改组、训政结束、宪法草案修正完成后，始能召开。但国民党违背政协决议，于10月11日国民党军队占领张家口的当日正式下令于11月12日召开国民大会。中共和民盟断然拒绝参加。

11月15日，国大正式召开，出席代表1 381人，大多数是10年前选举的旧代表。会议的中心任务是制定宪法，但整个制宪活动缺乏民主基础。12月25日通过了《中华民国宪法》，共14章175条，虽然形式上有关于军队国家化，独立外交，发展国民经济、社会福利和文化事业等章节、条款，但与《训政时期约法》一脉相承，实质上恢复了1936年颁布的《五五宪草》的总统独裁制，用宪法形式确立了国民党对全国的集权统治。1947年1月1日，国民政府正式公布这部宪法，并规定从同年12月25日起施行。宪法公布后，中国共产党、民盟以及全国人民纷纷发表声明，不予承认。

1948年3月29日至5月1日，国民党在南京召开行宪国大，中心议题是选举国民政府总统和副总统。4月19日，国民大会选举蒋介石为总统，李宗仁当选副总统。5月20日，蒋介石、李宗仁就任国民党政府总统和副总统。

制宪国大与行宪国大清楚表明，国民党的"还政于民"实质是继续坚持一党专政。

国民待遇 national treatment 一国给予外国公民、企业、船舶以本国公民、企业、船舶所享有的民事权利待遇。缔结贸易条约的一项法律原则。《关税及贸易总协定》要求缔约方在国内税或其他国内费用、影响产品的国内销售、采购、推销、运输、分销或使用的法令、条例和规定，以及对产品的混合、加工或使用，必须符合特定数量或比例要求的国内数量限制条例，在对进口产品或国内产品实施时，不能对国内生产者提供变相保护。国民待遇原则是世界贸易组织的一项基本原则。

国民党 Kuomintang 1912年8月25日，宋教仁为夺取国会多数议席，组织政党内阁，钳制袁世凯，以中国同盟会为基础，联合统一共和党等4个小党派在北京成立的议会政党。见中国国民党。

国民党改组派 KMT Reorganization Group 南京国民政府初期国民党内的主要反对派。正式名称为“中国国民党改组同志会”，简称“改组派”。1928年国民党二届四中全会后，汪精卫集团在争夺南京国民政府最高统治权的斗争中遭到失败。同年冬，在上海成立中国国民党改组同志会总部，奉汪精卫为领袖，以陈公博为总负责人，企图通过改组国民党，与蒋介石争夺党权和政权。改组派成立后，首先发动了反对蒋介石包办国民党三大的政治攻势。接着又策动张发奎及唐生智、石友三先后起兵讨蒋，但均告失败。1930年8～9月，汪精卫为策应阎锡山、冯玉祥、李宗仁等人的联合反蒋战争，在北平主持召开国民党中央党部扩大会议，成立“国民政府”，后因军事失败而瓦解。1931年初，改组派作为一个政治组织已宣布解散，但作为政治派别仍参加了同年5月在广州召开的对抗南京国民政府的国民党中央执监委员非常会议。直到九一八事变后蒋汪再次合作才彻底瓦解。

国民革命军 National Revolutionary Army 中国国民党组建和领导的武装部队。别称“北伐军”、“国军”。蒋介石的嫡系部队又称“中央军”。初无统一名称，1925年8月才按国民革命军的统一建制编为5个军，由蒋介石任第1军军长。国民革命军成立后，首先取得了讨伐陈炯明等东征、南征战役的胜利，发展到8个军，约10万人。1926年7月9日，正式出师北伐。次年春，扩至40多个军，分编成以蒋介石、冯玉祥为总司令的两个集团军。1927年四一二政变后，大部分国民革命军追随蒋介石、汪精卫反共清党，少部分接受中国共产党的领导，参加了南昌起义、湘赣边界秋收起义和广州起义，改称为中国工农红军。1928年，国民革命军增至70个军、9个独立师，近百万人，分编成以蒋介石、冯玉祥、阎锡山、李宗仁为总司令的4个集团军，再次出师北伐。6月中旬占领京津，形式上统一了中国。接着，蒋李冯阎为争夺国家最高统治权，展开了长达三年之久的内战。继而又联合对工农红军及革命根据地进行了5次大规模军事“围剿”。在抗日战争中，国共两党再次合作。中国共产党领导的工农红军改编为国民革命军第八路军（后改称第18集团军，简称八路军）和陆军新编第四军（简称新四军），深入敌后开展独立自主的游击战争。国民党领导的国民革命军在正面战场坚持了8年抗战。当时约有430万人，其中正规军86个整编师、248个旅，约200万人，特种兵、海空军等约156万人，非正规军74万人。1946年6月，蒋介石发动全面内战，八路军、新四军陆续改称为中国人民解放军。1949年，大部国民革命军被人民解放军歼灭，余部退踞台湾。

国民革命军第八路军 Eighth Route Army of National Revolutionary Army 抗日战争时期，中国共产党领导的在华北敌后坚持抗战的人民军队。见八路军。

国民革命军东征 Eastern Battle of National Revolutionary Army 1925年广州革命政府征讨盘踞东江一带的陈炯明的战争。陈炯明自1922年冬退据东江一带后，一直和孙中山广州革命政府相对抗。1924年冬，竟乘孙中山北上之机，自封“救粤军总司令”，准备进攻广州。1925年2月，广州革命政府组成东征军，出征粤东。黄埔军校校长、粤军参谋长蒋介石统领的军校学生军和粤军一部为右路军，是这次东征的主力。军校政治部主任周恩来也随军出征。右路军在海陆丰等地农民的配合和支援下，连战皆捷，攻占海丰、潮安、汕头、兴宁等地。但左、中两路非但迟迟不进，反于6月从东江撤回广州，发动叛乱。右路军急速回师，平定叛乱。广州革命政府随即改组为国民政府，所辖各军统一编为国民革命军。其间，陈炯明又利用右路军回师平叛之机，重占东江一带。国民政府乃决定第二次东征，任命蒋介石为东征军总指挥，周恩来为东征军政治部总主任，何应钦、李济深、程潜为三个纵队的纵队长。10月初，东征军陆续出发，14日攻占惠州，11月初收复潮安和汕头，全歼陈炯明主力。不久，朱培德攻占海南岛，取得了南征的胜利。国民革命军两次东征和南征的胜利，统一了广东全境，为后来的北伐战争奠定了牢固的后方。

广东梅县商界欢迎国民革命军东征大会摄影纪念

国民革命军陆军新编第四军 New Fourth Army of National Revolutionary Army 抗日战争时期，中国共产党领导的在华中敌后坚持抗战的人民军队。见新四军。

国民公会 Convention Nationale 法国大革命时期建立的最高立法机构。国民公会拥有最高权力——立法权与行政权。重大立法都由国民公会通过。行政权由国民公会产生的21个委员会掌握，其中救国委员会和公安委员会权力最大，称“政府委员会”。1792年9月21日国民公会开幕，当选议员共749名，其中右翼为吉伦特派，约160人；左翼为山岳派，约140人；占绝大多数的中间派被称为平原派，或沼泽派。

国民公会经历了三个时期：1792年9月22日至1793年6月2日是吉伦特派在平原派支持下掌权时期；1793年6月2日至1794年7月27日是山岳派在平原派支持下掌权时期；1794年7月28日至1795年10月26日是以平原派为主的热月党人掌权时期。1795年8月22日通过《共和三年宪法》，产生新的立法机构，以元老院和五百人院代替国民公会。10月26日国民公会解散。

国民经济 national economy 一国经济活动以及与经济活动直接联系的社会活动的总体，但并非这些活动的简单加总，而是按照一定的内在联系形成的有规律运动的整体。它包括众多的部门和单位，且这些部门和单位之间的分工协作关系构成了国民经济的网状关系，由此形成全部商品和劳务相互交叉、相互转化构成的循环往复、连续不断的运动过程。这个运动过程按顺序可以分为生产、交换、分配、消费4个环节。生产包括农业、工业、建筑业等许多部门；交换包括国内和国际经济中所有销售、购买、运输和储存等活动；分配包括初次分配和再分配两个阶段，其中包含多种分配形式和分配手段；消费包括个人消费和社会集体消费等。此外，科学技术、文化、教育、卫生保健事业等，虽然本身不是经济部门，但其存在和发展对经济部门的发展起着越来越重要的作用，所以这些部门也被纳入国民经济体系之中。

运行 国民经济作为一个大系统能够自动调整自身以适应外界环境的变化，这是市场机制的自动调节作用。但是，市场机制并不能解决所有问题，这就要求政府进行国民经济管理，完成市场机制不能完成的任务，促进国民经济稳定、健康、高效运转。

产业布局　整个国民经济是一个复杂的大系统，由许多子系统组成，按照不同的分类标准，各个子系统可以划分为不同的产业。按照中国国家标准局编制和颁布的《国民经济行业分类与代码》可以把中国国民经济划分为16个门类，92个大类、300多个中类和更多小类。按照西方三次产业分类法，可以划分为第一产业、第二产业和第三产业。按照生产要素分类法可以分为劳动密集型产业、资本密集型产业和技术密集型产业。劳动密集型产业占主导地位的产业结构向资本密集型产业占主导地位的产业结构过渡，最后过渡到知识密集型产业为主导的产业结构是产业结构高度化的必然趋势。

区域布局　中国的国民经济整体可以分为东部、中部、西部三个大的部分，由于不同的地理、自然和历史、文化条件，基本上呈现经济发展水平从西向东依次升高的局面。

所有制结构　从所有制结构上来看，不同国家国民经济的所有制都不是单一的，即使在资本主义国家也存在国家所有制。中国国民经济的所有制结构在1956年社会主义改造基本完成之后，已经改造成全民所有制和集体所有制的公有制形式。随着经济体制改革和计划经济向市场经济转轨进程的推进，个体经济、私营经济、三资企业以及现代企业制度下的混合所有制经济逐渐产生、发展、壮大。从总体上看，国有经济在中国国民经济中的比重已经不占绝对优势，但仍然是中国社会主义市场经济的一支骨干力量，主导着国民经济的发展。

国民经济核算体系　system of national accounts; SNA　运用统计手段对国民经济运行过程的系统描述和说明。目的是为经济行为监测、经济分析、国际比较、制订政策和分析政策效果，以及宏观经济调控和管理服务。从内容上，它要揭示国民经济系统的主要经济功能，以及它们的相互联系。具体讲，它要说明生产如何创造或转换货物和服务，以及形成初次分配和再分配收入；说明收入如何用于消费和积累，以及经济中通过各种金融中介机构进行的融资活动；说明国内与国外发生的经常收支往来和资本收支往来，以及国民财产和财富的状况与变化。在方法上，试图通过规范的系统概念、标准分类、核算原则、表现方式及逻辑关系，更好地实现对国民经济运行过程进行统计描述的目的。从发展上，国民经济核算体系不仅是国家信息系统的重要组成部分，而且还要强化对国民经济运行过程的监测、反馈与预警的系统功能，从而更好地为宏观调控和管理服务。

中国国民经济核算体系由基本核算表、国民经济账户和附属表构成。基本核算表包括国内生产总值表、投入产出表、资金流量表、国际收支表和资产负债表；国民经济账户包括生产账户、收入分配及支出账户、资本账户、金融账户、资产负债账户；附属表包括自然资源实物量核算表和人口资源与人力资本实物量核算表。基本核算表和国民经济账户是本体系的中心内容，它通过不同的方式对国民经济运行过程进行全面的描述。附属表是对基本核算表和国民经济账户的补充，它对国民经济运行过程所涉及的自然资源和人口进行描述。

国民经济核算体系涉及的重要概念、理论和方法包括：

常住单位　国民经济核算包括对所有的常住单位进行统计。中国的常住单位是指在中国的经济领土上具有经济利益中心的所有经济单位。经济领土由中国政府控制的地理领土组成，包括中国大陆的领陆、领水、领空，以及位于国际水域，但中国具有捕捞和海底开采管辖权的大陆架和专属经济区；还包括中国在国外的所谓领土“飞地”，即位于其他国家，通过正式协议为中国政府所拥有或租借、用于外交等目的、具有明确边界的地域，如中国驻外使馆、领馆用地；不包括中国地理边界内的“飞地”，即位于中国地理领土范围内，通过正式协议为外国政府所拥有或租借、用于外交等目的、具有明确边界的地域，如外国驻华使馆、领馆用地及国际组织用地。一经济单位在中国的经济领土范围内具有一定的场所，如住房、厂房或其他建筑物，从事一定规模的经济活动并超过一定时期(一般以1年为操作准则)，则该经济单位在中国具有经济利益中心。

生产范围　国民经济核算的生产范围包括三部分：①生产者提供或准备提供给其他单位的货物或服务的生产；②生产者用于自身最终消费或固定资本形成的所有货物的自给性生产；③自有住房提供的住房服务和有酬家庭雇员提供的家庭服务的自给性生产。

消费范围　生产范围决定消费范围，用于最终消费的货物和服务只能是生产范围内所包括的货物和服务。生产范围包括所有货物的生产和除住户成员为本住户提供的家庭或个人服务之外的所有服务的生产，从而消费范围也限于包括在上述生产范围内的货物和服务。

资产范围　国民经济核算中的资产是根据所有权的原则界定的经济资产，也就是说，资产必须为某个或某些单位所拥有，其所有者因持有或使用它们而获得经济利益。根据这个定义，金融资产和由生产过程创造出来的固定资产、存货等，以及某些不是经过生产过程创造出来的自然产生的资产（如土地、矿藏、森林、水资源资产等），只要某个或某些单位对这些资产有效地行使所有权，并能够从中获得经济利益，都属于资产统计范畴。

机构单位和机构部门分类　机构单位是国民经济核算的基本单位之一，是有权拥有资产和承担负债，能够独立地从事经济活动并与其他实体进行交易的经济实体。在现实经济生活中，具备机构单位条件的单位主要有两类：一类是住户，一类是得到法律或社会承认的法律实体或社会实体。

同类机构单位构成机构部门。国民经济核算体系把所有常住机构单位划分为4个大机构部门，即非金融企业部门、金融机构部门、政府部门和住户部门。由非常住单位组成的国外部门也视同为机构部门。

产业活动单位和产业部门分类　产业部门分类是按照主产品同质性的原则对产业活动单位进行的部门分类。所谓产业活动单位是指在一个地点，从事一种或主要从事一种类型生产活动并具有收入和支出会计核算资料的生产单位。它是为生产核算而设立的，其目的在于比较准确地反映各种类型产业活动的生产规模、结构等。

国民经济核算体系根据新的国民经济行业分类标准和统计基础情况确定产业部门分类。随着统计基础的改善，产业部门的分类要逐步细化，以更好地满足宏观经济管理、社会公众和对外交流工作的需要。

核算原则　①权责发生制原则。在国民经济核算中，各种交易的记录时间是按照权责发生制原则来确定的，即交易在债权债务发生、转移或取消的时间记录。权责发生制原则意味着交易在其实际发生时记录，而不是在相应的收入与支付发生时记录。②估价原则。国民经济核算按照现行市场价格统计。市场价格是市场上买卖双方认定的成交价格，生产者价格和购买者价格都是市场价格。生产者价格等于生产者生产单位货物和服务向购买者出售时获得的价值，包括开给购买者发票上的增值税或类似可抵扣税。购买者价格是购买者购买单位货物和服务所支付的价值，包括购买者按指定的时间和地点取得货物所发生的运输和商业费用。

国民经济恢复时期　recovery period of national economy　1949年10月中华人民共和国建立到1952年年底，中国进行国民经济恢复工作的时期。

中华人民共和国建立前，由于帝国主义、封建主义、官僚资本主义的统治和长期的战争，社会经济十分落后而且破坏严重。中华人民共和国建立后，必须迅速医治战争创伤，恢复国民经济，以巩固人民政权，改善人民生活，并为社会主义建设和社会主义改造准备条件。

恢复工作面临着很大困难。帝国主义对新建立的中华人民共和国实行经济封锁

中华人民共和国建立初期经济恢复阶段，铁路工人日夜抢修被战争破坏的大桥

和战争挑衅，残留在大陆上的国民党武装尚待肃清，人民解放军还在向全国进军，军事行政开支猛增，1949年财政收入只及支出的1/3，不得不靠发行货币来弥补赤字，加以私人投机资本乘机哄抬物价，1949～1950年初，连续发生4次大规模涨价风潮。在这种形势下，平衡财政收支和稳定物价，就成为巩固人民政权和恢复国民经济必须首先解决的问题。中央人民政府1950年3月颁布《关于统一国家财政经济工作的决定》，要求统一全国财政收支，统一全国物资调度，统一全国现金管理。这一决定迅速得到贯彻并取得成效。财政收支很快接近平衡，结束了恶性通货膨胀和物价飞涨的局面，为工农业生产的恢复和顺利发展，提供了重要条件。

1949年末和1950年初，政府把重点放在铁路的修复上。在全体铁路员工的努力下，到1950年末，原有铁路基本畅通，公路、水运和航空也得到了恢复。这对整个经济的迅速恢复起了重要作用。

为恢复农业生产，人民政府采取了很多措施，最主要的是实行土地改革和发展农业生产互助合作。1950年6月，颁布了《中华人民共和国土地改革法》。到1952年8月，全国除少数民族地区外，土地改革基本完成。在这个基础上，又引导农民在自愿互利的基础上组织起来，走互助合作道路。与此同时，人民政府还从贷款、价格、投资等方面帮助农民恢复生产。广泛发动群众兴修水利，防治灾害。

恢复工业生产是这一时期中国共产党和人民政府在城市工作的重点，首先要恢复通过没收官僚资本建立起来的国营工业的生产。政府依靠工人阶级迅速修复机器设备，使之尽快复工。接着在工矿企业内部进行了民主改革，改造旧的经营管理机构，废除压迫工人的管理制度和封建把头制度，清洗潜伏的反革命分子，建立社会主义的民主管理制度。在民主改革的基础上，进一步发动群众进行生产改革，创造和推广先进的生产技术和工作方法，并开展增产节约和劳动竞赛运动。国营工业的恢复发展特别迅速。

1952年上半年物价稳定后，由于虚假购买力突然消失，私营工商业遇到商品滞销的困难。政府及时合理调整工商业，根据公私兼顾的原则，在经营范围、原料供应、销售市场、财政金融政策等方面，对私营工商业进行必要的照顾，并且采用加工订货、统购包销、经销代销等方式，使私营工商业摆脱销路呆滞、生产萎缩的困境。随后又大力开展城乡物资交流运动，积极扩大农副产品的购销，为城市工商业开辟广阔的市场，使私营工商业迅速恢复发展起来。

经过全国人民的努力，在短短三年时间内，完成了恢复国民经济的任务。到1952年年底，工农业总产值比1949年增长77.5%，其中工业总产值增长145%，农业总产值增长48.5%，主要产品产量大大超过了中华人民共和国建立前的最高年产量。社会经济结构也发生了巨大变化。到1952年年底，各种经济成分在国民生产中的比重是：社会主义国营经济占19.1%，集体所有制经济占1.5%，**公私合营**经济占0.7%，资本主义经济占6.9%，个体经济（主要是小农经济）占71.8%，社会主义国营经济的领导地位已经确立。

国民经济景气指数 climate index of national economy 运用综合指数方法，把反映国民经济运行状态的多个代表性指标综合而成的一个指数。主要用以反映国民经济运行的景气特征，从而使企业、政府、居民及社会各界比较准确了解整个国民经济短期发展过程中所处的景气位置，指导人们相机决策的经济行为。

为了准确测度宏观经济周期波动状态，需要从大量的社会经济统计指标中选取具有较好性能的、能够灵敏反映波动状态和方向的景气循环指标。景气循环统计指标由3种指标组成：①同步经济指标是指与基准循环日期相一致的经济序列，这些序列基本上可以反映经济总量的变化过程。同步经济指标主要由国内生产总值增长率和工业增长率的变化为基准确定。②先行或领先经济指标是指在反映经济运行波动时，指标值的高峰和低谷总是比同步指标先行一定时期到达。③滞后经济指标是指在反映经济运行波动时，指标值的高峰和低谷总是比同步指标落后一定时期到达。

国民经济景气指数是由若干敏感指标编制成的综合指数。主要有扩散指数和综合指数两种。①扩散指数是以上升的和即将上升的指标个数占全部选用指标个数的百分比来表示经济扩张或经济萧条，反映经济循环变动的周期和转折日期的方法。由于它能表明总体活动的景气扩张之渗透程度，故得此名。②综合指数是根据敏感性指标综合编制的指数。其方法是对于敏感性指标区分同步、领先、滞后，首先根据同步指标得出的同步运行标准对领先、滞后指标进行动态标准化，然后综合成指数。

国民军 Nationalist Army 1924年10月北京政变后**冯玉祥**所组建的军队。原为**北洋军阀**直系部队。1924年10月，冯玉祥发动北京政变，推翻**曹锟**贿选政府，将政变部队改组为中华民国国民军。公推冯玉祥为总司令兼第1军军长，胡景翼为副总司令兼第2军军长，孙岳为副总司令兼第3军军长。后因冯就任西北边防督办一职，一度改称暂编西北陆军，简称“西北军”。1926年9月，改称国民军联军，推冯为总司令，在绥远五原誓师，全体将士宣誓加入国民党，参加国民革命。1927年5月，遵武汉国民政府令，改编为国民革命军第2集团军，出师北伐。6月1日，与武汉北伐军会师郑州。但随即转向南京国民政府，支持“清党分共”。至1928年南京国民政府“二次北伐”结束后，其兵力已扩至34个师、20个旅和15个团，占有陕、甘、宁、青、豫、鲁6省。1930年5月，参加**阎锡山**等反蒋中原大战，失败后被**蒋介石**改编。

国民可支配收入 national disposable income; NDI 一国所有常住单位在核算期内初次分配和再分配的最终成果。从形成过程看，它是各部门**国民总收入**加减该部门应收和应付转移收支后的余额，反映了各部门参与收入初次分配和再分配的最终结果。从去向上看，它是实现消费的前提。扣除消费之余就是储蓄，因此它又可定义为各部门当期获得的可用于消费和储蓄的总收入。国民可支配收入核算公式为：

国民可支配的收入=国民总收入+经常转移总收入净额

国民可支配收入可按总额和净额计算，差别仍在于固定资本消耗。国民可支配收入是按总额计算，它包括固定资本消耗。按净额计算的国民可支配收入等于国民可支配总收入减去固定资本消耗，一般称作国民可支配净收入。国内各机构部门可支配收入相加之和为国民可支配收入。由于它包含了本国常住单位与他国之间发生的经常转移，因此国民可支配收入在数额上不同于国民总收入。

国民生产总值 gross national product; GNP 一个国家在一定时期内所有常住单位生产

的、以货币表现的全部最终产品和劳务的总量。等于核算期内**国内生产总值**与来自国外的要素收入净额之和。国民生产总值扣除折旧即为国民生产净值。国民生产总值是综合反映全部社会经济活动的一个重要指标。

从性质上看，国民生产总值不是一个生产概念，而是一个收入概念。它反映了一国所有常住单位初次分配以后的最终成果。联合国1993年修订的国民经济核算体系（SNA）中，已用**国民总收入**指标替代了国民生产总值指标。

国民收入 national income 一个国家在一定时期（通常为1年）内物质资料生产部门的劳动者新创造的价值的总和，社会总产品的价值扣除用于补偿消耗掉的生产资料价值的余额。国民收入在物质形态上表现为体现新创造价值的生产资料和消费资料两部分。创造国民收入的物质资料生产部门主要有工业、农业、建筑业和为生产服务的运输业、邮电业等。商业部门中的分类、包装、保管等，作为生产过程在流通领域的继续，也创造部分国民收入。

国民收入增长的决定因素主要有：①社会投入物质生产部门的劳动量的增加。在其他条件既定的情况下，投入物质生产部门的劳动量与国民收入的增长量成正比。②社会劳动生产率的提高。物质形态上的国民收入与社会劳动生产率的提高成正比。③生产资料的节约。节约生产资料可以用同量生产资料生产更多的**社会总产品**。在这3个决定因素中，社会劳动生产率的提高是国民收入增长的最重要的因素。

国民收入的初次分配是在创造国民收入的物质资料生产部门的各方面当事人之间进行的。再分配则是在初次分配的基础上在物质生产部门与非物质生产部门之间、在国民经济各部门之间、各部分人之间进行的。一般来说，国民收入再分配是借助于**税收**、**价格**、保险费、国家预算等**经济杠杆**进行的。国民收入经过初次分配和再分配以后，按其最终用途分为积累基金和消费基金，分别用于积累和消费。

国民收入是反映一个国家国民经济发展水平的综合指标，人均国民收入则是直接反映这个国家社会生产力发展水平和人民生活水平的综合指标。国民收入作为一个国家一定时期内新创造的价值的总和，能够比较准确地反映这个国家新增加的物质财富，因而也是反映宏观经济效益的综合指标。

国民政府 Nationality Government of China 1925年7月至1949年9月中华民国的国家政权。分为早期国民政府（包括广州国民政府和武汉国民政府）和南京国民政府两大阶段。前一阶段是中国国民党和中国共产党第一次合作时期的产物，是中国共产党参与领导、无产阶级在一定程度上参加的、小资产阶级和资产阶级及一部分地主阶级联合的、带有某些新民主主义色彩的政权。后一阶段则是中国国民党一党专制下的独裁政权。1949年10月1日，中华人民共和国建立，中华民国和国民政府至此结束。

早期国民政府　前身是1923年在广州成立的以孙中山为首的大元帅府。1925年7月1日，依据中国国民党第一次全国代表大会通过的《组织国民政府之必要决议案》和国民党中央执行委员会1925年7月1日通过的《国民政府组织法》，国民政府于广州正式成立，史称“广州国民政府”。1926年10月10日，北伐军攻克武昌。1927年元旦，国民政府迁至武汉，史称“武汉国民政府”。1927年4月，蒋介石在上海发动四一二反革命政变，并于4月18日在南京另组国民政府。7月15日，武汉政府的汪精卫等人亦发动反革命政变，至9月20日，国民党宁沪汉三方合流，武汉国民政府正式结束。

根据1925年7月1日中国国民党中央执行委员会通过的《国民政府组织法》，国民政府在国民党的指导与监督下行使国家权力；汪精卫为政府主席。国民政府下设军事、外交、财政三个部，分别以许崇智、胡汉民、廖仲恺为部长；聘M.M.鲍罗廷（苏联人）为国民政府高等顾问。国民政府以黄埔军校为核心，把各地方军统编为国民革命军。后又增设交通部、司法部。1927年国民政府迁至武汉后，增设劳工、农政、实业、教育、卫生5个部，共产党员谭平山、苏兆征分别被任命为农政、劳工部长。

早期国民政府没有设立正式的立法机关，一切法律均由法典编纂委员会（后改称法制委员会、法制编审委员会）起草，由国民党中央执行委员会及政治会议议决、制定。

早期国民政府尚未建立明确的司法制度。最高审判机关为大理院，武汉政府改设最高法院。司法行政初由大理院的司法行政处掌理，后由司法行政委员会、司法部管理。

南京国民政府　1927年4月12日蒋介石背叛革命后，于4月18日沿用1925年的《国民政府组织法》，在南京另组国民政府，1928年2月，国民党中央在南京召开二届四中全会，推举蒋介石为国民党中央执行委员会政治会议主席和军事委员会主席。蒋介石开始掌握国民政府军政大权。1928年7月，张学良宣布与国民政府停战，12月29日，东北易帜。至此，南京国民政府取得了全国的统治权。

1928年《中华民国国民政府组织法》规定国民政府由行政、立法、司法、考试、监察五院组成，国民政府主席兼民国陆海空军总司令。同时规定各院在国民政府中的地位、职权以及组织法要点。同日，国民党中央执行委员会常务委员会任命蒋介石为国民政府主席兼陆海空军总司令，并任命五院的正、副院长和16名国民政府委员。10月10日，五院制的国民政府正式成立。除五院及其部属外，国民政府设军事委员会为最高军事统帅机关，由国民政府直辖。南京国民政府曾先后设立军事参议院、建设委员会、全国经济委员会、国立中央研究院等直辖机构。

1930年11月和1931年6月，两次修改《国民政府组织法》，主旨是提高国民政府主席和行政院长的地位，在此时期，蒋介石担任国民政府主席兼行政院院长。1931年12月，国民党四届一中全会再次修改《国民政府组织法》，使行政院长实际总揽国民政府日常政务大权。此后至1943年9月前，《国民政府组织法》经过5次修改，但国民政府领导体制的格局均未变更。在此时期，林森担任国民政府主席，蒋介石担任行政院院长。1943年9月10日，国民党五届十一中全会公布再次修改的《国民政府组织法》，恢复了国民政府主席负实际责任的主席集权制，并规定五院院长对国民政府主席负责，国民政府主席向国民党中央执行委员会负责的责任体制。蒋介石再次任国民政府主席。

国民政府内部分设文官处、参军处、主计处为办事机构。以文官长、参军长、主计长分别综理领导各处处务。三处分别负责国民政府的文秘、机要、典礼、总务、军事报告的承转，全国岁计、会计、统计事务。

国民党对国民政府的控制　按照《国民政府组织法》规定，国民政府总揽中华民国的治权。但在整个国民政府存在期间，一直实行“以党建国”、“以党治国”的党治原则，国民政府由国民党主持产生；重要的国民政府官员由国民党任命；国民政府、五院院长向国民党中央负责；国民党对国民政府的重要法律有解释和修改权；从中央到地方，党政关系采取三种不同的形式：中央采取以党统政的形式，省级组织采用党政联系的形式，县级组织采取融党于政的方针。

国民党对国民政府的指挥是通过国民党中央执行委员会政治委员会（简称中政会）进行的。抗日战争全面爆发以后，1938年国民党中央执行委员会决定以国防最高委员会总揽战时党、政、军大权，从而取代了中政会。

抗日战争结束后，1946年6月，国民党统治集团发动反共反人民的全面内战。同年7月，国防最高委员会不顾中国共产党、中国民主同盟的坚决反对，在南京召开所谓制宪的“**国民大会**”，并于12月25日通过维护蒋介石独裁统治的《中华民国宪法》，1947年12月25日起施行。1948年

3月29日至5月1日，国民党组织召开行宪国民大会。5月20日，“行宪”后的第一届政府组成，蒋介石以国民党总裁身份出任总统，掌握绝对权力。

国民资产负债表 debt statement of national assets 国民经济核算体系中关于存量的核算。它系统反映国民经济或部门在一定时点上（年初或年末）拥有各类资产和负债的状况，包括有形资产、金融资产负债和其他资产。在国民经济核算体系中，国民资产是以所有权作为统计原则的，即能够被统计为国民资产（又称国民财产）的，必须具有经济价值，同时也必须具有被社会某一机构单位或部门拥有所有权。还没有或不能对其确立为财产的环境资产如海洋、天空等以及自然人所拥有的技能、知识和能力，则不包括在资产负债核算的范围内。

国民资产负债有各种分类，基本分类是非金融资产和金融资产。非金融资产是指非金融性的经济资产，包括各种具有实物形态的有形资产和各种不具有实物形态或依附于某种实物形态的非金融性无形资产。金融资产是指以金融债权（如通货、存款、贷款、证券等）、货币黄金、国际货币基金组织分配的特别提款权、公司股票等形式存在的经济资产。

国民自卫军 Garde Nationale 存在于1789～1871年的法国非正规军，是资产阶级领导的城市民兵组织。1789年7月14日这支军队参加了攻打巴士底狱的战斗。起义胜利后，任命M.-J.拉法耶特为总司令，定名国民自卫军，戴红白蓝三色帽徽，以别于戴白帽徽的王军。各大城市群起仿效，建立国民自卫军。1795年10月，国民自卫军因参与葡月暴动，被波拿巴·拿破仑击溃后解散。

第一帝国于1805年重组国民自卫军。复辟王朝查理十世于1827年解散国民自卫军。七月革命胜利后重新组建。1852年国民自卫军进行改组，不再按常备形式建制。

1870年拿破仑三世在普法战争中溃败后，巴黎人民在三周内组成194个营，建立工人武装。国民自卫军积极参加保卫巴黎和争取建立公社的斗争。3月28日巴黎公社成立之前，国民自卫军中央委员会是巴黎的唯一政权机关。巴黎公社建立后国民自卫军改建为巴黎公社的人民武装，为捍卫巴黎公社作出了贡献。公社失败后，1871年8月被强行解散。

国民总收入 national income; NI 一个国家或地区一定时期全部生产要素报酬的收入，即资本要素报酬收入和劳动要素报酬收入之和。又称国民原始总收入。在市场经济过程中，国民总收入是生产要素市场交换与报酬实现的过程。过去较长时间，国民总收入被称为国民生产总值（GNP），虽然现在还在广泛应用，但是联合国1993年修订的国民经济核算体系（SNA）强调国民总收入是收入指标，而不是生产指标，因此，建议不要使用国民生产总值用语，以避免误解这个指标的收入性质。

国民总收入与国内生产总值一样，是反映国民经济活动的重要概念。生产、收入分配、消费、投资、金融、对外经济是国民经济活动的基本过程的具体方面，在统计上非常受重视。国民总收入反映国民经济活动中初次收入分配的总量水平。国民收入初次分配从国内生产总值开始，经过两个阶段，第一阶段是国民总收入形成。国民总收入形成的内容是指国民经济活动从生产单位创造的增加值转变为生产要素获得的要素报酬，具体是从各机构部门包括非金融企业、金融机构、政府、住户部门所创造的增加值，按照生产过程中使用的劳动要素、企业资本、社会资本进行分配形成各种要素报酬。国民总收入形成的结果说明住户获得的劳动报酬总额，政府以生产税净额获得的社会资本报酬，企业包括非金融企业和金融机构获得的企业资本报酬即营业盈余总额。第二阶段是财产收入在机构部门之间的分配，这种分配是财产在机构部门之间转让使用权引起的分配关系，如居民储蓄、国库券、股票、企业债券、银行债券等所产生的利息收入、股票分红等。财产收入包括以下种类：①地租。②无形资产使用费。③利息。④红利。⑤准法人企业收入的提款。⑥直接投资企业的留存盈余。国民总收入的统计计算是：国民总收入=国内生产总值+国内财产收入净额+来自国外财产收入净额+来自国外劳动要素报酬净额。

国内生产总值 gross domestic product; GDP 为反映一个国家或地区一定时期生产活动及其成果而设计的统计指标或经济变量。具体是指按现行市场价格计算的一个国家（或地区）所有常住单位在一定时期内生产活动的最终成果，以增加值口径计算。是国际上统一使用的统计概念。其统计包括几个重要方面：①统计的生产范围。中国采用世界各国普遍使用的生产概念，即联合国1993年修订的国民经济核算体系（SNA）中确定的定义，这个生产范围覆盖三次产业的生产活动和范围，具体包括第一产业的农业、第二产业的工业、建筑业和第三产业的各种服务业的全部生产活动和成果。②统计包括全部的常住单位。具体指具有一定的场所，如住房、厂房或其他建筑物，从事一定规模的经济活动并超过一定时期（一般以一年为操作准则）的经济单位，包括符合上述原则的企业、金融机构、住户、政府单位等。③统计按照权责发生制和现行市场价格进行。国内生产总值有三种计算方法，即生产法、收入法（分配法）和支出法。三种方法分别从不同的方面反映国内生产总值及其构成。

国内生产总值扣除折旧即为国内生产净值。用年度的国内生产总值除以与之统计范围和年度相同的平均总人口，得到人均国内生产总值，反映一国或地区的经济发展水平。人均国内生产总值还经常用来进行国际比较或地区之间的比较，人均国内生产总值高说明经济发展水平高。

国鸟 national bird 与一个国家的历史和文化有着象征意义的鸟类。一般为该国的常见种或特产种。选定国鸟的做法，对珍稀濒危动物的保护有着重要的意义。美国是世界上最先确定国鸟的国家。1782年6月20日，美国为了保护濒临灭绝的白头海雕，经国会通过决议，将这种鸟作为国鸟，并作为国徽图案的主体。1947年，日本把在本国生活着的一种特产鸟绿雉定为国鸟。1960年，国际鸟类保护会议在日本东京召开，会议建议每个国家选定本国的国鸟。1960年，英国通过公民投票选出欧亚鸲为国鸟。印度政府于1963年选定蓝孔雀为国鸟。法国选定公鸡为国鸟，德国选定白鹳为国鸟，荷兰选定白琵鹭为国鸟，澳大利亚选家燕为国鸟，冰岛选矛隼为国鸟，新西兰选褐几维为国鸟，毛里求斯选定于1665年灭绝的该国特产鸟渡渡鸟为国鸟，以警示人类爱护鸟类，避免这一悲剧再次发生。至2000年，已有近50个国家确定了本国的国鸟。

国旗 national flag 国家正式象征和标志之一，代表国家的主权和尊严。国旗的式样、图案、色彩和适用办法，由宪法或专门法

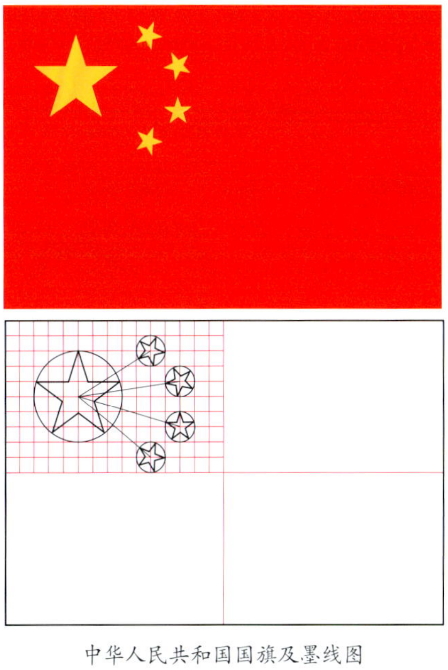

中华人民共和国国旗及墨线图

律规定。

国旗通常悬挂在本国政府机关及其驻外使领馆建筑物正门前或广场等处。一些国际组织的建筑物前和国际体育运动会场也悬挂参加国的国旗。

各国国旗的形象都具有一定的含义。中华人民共和国的国旗为五星红旗，由中国人民政治协商会议第一届全体会议于1949年9月27日决定，五星红旗旗面的红色象征革命。旗上的五颗五角星及其相互关系象征中国共产党领导下的革命人民大团结。星用黄色是为了在红地上显出光明，四颗小五角星各有一尖正对着大星的中心点，表示围绕着一个中心而团结。1990年6月28日通过的《中华人民共和国国旗法》，对国旗的制作及升挂的机构、场所、方式和时间等作了明确规定。同日通过的《关于惩治侮辱中华人民共和国国旗国徽罪的决定》，对在公共场合故意侮辱国旗的行为，规定了明确的法律制裁措施。

国清寺 Guoqing Temple 中国佛教名寺。天台宗发源地。位于浙江天台县城北天台山麓。始创于天台宗初祖**智𫖮**。隋开皇十八年（598）晋王杨广承智𫖮遗愿而完成。初名天台山寺。隋大业元年（605）赐额国清寺。唐会昌禁佛时寺毁，大中五年（851）重建。唐以后历代皆有修整。现存建筑为清雍正十二年（1734）建。今有殿宇14座，住房600余间，规模甚大。自智𫖮弟子**灌顶**始，天台宗历代祖师相继在此传法。密宗僧人一行曾于此寺居留。日僧**最澄**在唐贞元二十年（804）来寺从道邃受学，故日本天台宗以国清寺为祖庭。

国情咨文 state of the union message 美国总统咨文的一种。一般由总统在每年年初向国会两院提出。主要内容有国内经济情报、内政计划、财政及军事初步预算、外交政策及国内外重大问题的解决办法等。咨文中提出的建议如经国会同意，就以法律形式固定下来，付诸实施。

国庆日 national day 开国纪念日。又称国庆节。普遍存在于现代世界各国。一般是各国政府为纪念建国日或对建国具有重要意义的日子而订立的法定节假日，届时全国放假，举行各种庆祝活动。君主立宪制国家则延续了古代君主制国家把帝王即位、诞辰之日定为国庆日的传统。世界上第一个现代意义上的国庆日是1880年法国议会立法确认攻克巴士底狱日，即7月14日为国庆日。中国现代史上第一个由政府确定的国庆日为10月10日，称“双十节”，1912年由中华民国参议院议定，为纪念以1911年10月10日爆发的武昌起义为标志的辛亥革命。中华人民共和国国庆日为每年10月1日，由中国人民政治协商会议第一届全体会议于1949年9月决定。

1999年10月1日中国国庆阅兵

国书 letter of credence 具有正式外交关系的国家在互换外交使节时，由派遣特命全权大使或公使的国家元首致接受国国家元首的正式文书。

国书依功能分为派遣国书和召回国书。派遣国书由任使馆馆长的特命全权大使或公使前往接受国赴任时携带。召回国书是派遣国元首召回本国使节致接受国元首的正式通知，一般由继任使节在递交派遣国书时一并递交，也可由职务终止使节亲自递交驻在国元首。中国已将派遣国书与召回国书合并为一。

国书依使用方式分为国书正本和国书副本。正本由派遣国元首签署，外交部长副署，副本印国家元首、外交部长的签名，不签署。国书正本由特命全权大使或公使亲自向驻在国元首递交。使节递交国书正本前，先将国书副本交驻在国外交部部长或礼宾司司长。

特命全权大使或公使到达驻在国后要立即向驻在国外交部通知到任并送交国书副本，由驻在国确定递交国书日期，届时举行递交国书仪式。

国体 form of state 国家的阶级本质。它表明社会各阶级在国家中的地位。是国家分类的根本依据。历史上的国家可以划分为两种类型：一种是剥削阶级专政的国家，包括奴隶主阶级专政的国家、封建地主阶级专政的国家和资产阶级专政的国家；另一种是无产阶级专政的国家。不同阶级的专政形成了不同的国体。国体决定政体，并通过政体来体现。《中华人民共和国宪法》规定，“中华人民共和国是工人阶级领导的、以工农联盟为基础的人民民主专政的社会主义国家”。这就是中国现阶段的国体。

国土资源 territorial resources 一国主权管辖的疆域内全部资源的总和。国土资源有狭义和广义之分。通常所说的国土资源指前者，包括土地、江河湖海、矿藏、生物、光、热以及大气等自然资源。广义的国土资源则包括自然资源、人口资源和社会经济资源。各国国土资源的丰度、结构、分布都有自己的特点，一国之内国土资源的分布也不均衡。国土资源分布的地区差异，使其具有鲜明的区域性。根据国土资源生成和利用的特点，分为不可再生资源和再生资源。前者如煤、石油、金属矿和非金属矿等，它们是在特定的环境里经过漫长的地质年代生成的，一经开发利用，难以再生。后者如土地、光、热、风能、水能等，可以周而复始，不断使用。生物资源如草原、森林、鱼类、畜禽等，如能合理经营，把开发利用和培育繁殖结合好，也能作为再生资源永续利用。

国学 Chinese learning 中国传统学术的简称。“国学”一词最早见于《周礼·春官·乐师》：“乐师掌国学之政，以教国子小舞。”当时指学校。现代意义的“国学”一词来自日本。19世纪末20世纪初，国人称译书为“新学”，称故有之学术为“旧学”。而研究中国故有学术者不屑于“旧学”之名，以“国粹”之名相抗。1902年秋，**梁启超**写信给黄遵宪，提议创办《国学报》，用“国学”替代“旧学”、“国粹”。1904年黄节、刘师培、邓实等在上海成立“国学保存会”。1906年，**章太炎**等在日本成立“国学讲习会”和“国学振起社”，作《国学概论》的演讲。国学的名称逐渐流行起来。广义的国学泛指本国的学术，如日本亦称本国的古典学术为国学。

中国传统学术内容宏广。《汉书·艺文志》按《七略》将中国书籍分为六类：六艺略（即经学）；诸子略（哲学政治学说）；诗赋略（包括诗、赋及诸子中的小说家文学类）；兵书略（军事学）；术数略（包括算数、天文历法）；方技略（指医学）等。明清之际方以智将学问分为三类：质测之学（自然科学）；通几之学（哲学）；宰理之学（社会政治的学说）。清代《四库全书》总目将学问分为：经部（包括小学）；史部（史学、地理学）；子部（包括诸子、医家、天文、算法、艺术、小说以及释道典集——哲学、自然科学和宗教学说）；集部（文学）。清初以来，许多学者将中国学术分为三类：义理之学（今之哲学）；考据之学（史学）；辞章之学（文学）。后来增加经世之学——关于政治、经济的学问。著名的国学大师有章太炎、梁启超、**王国维**、**陈寅恪**、**胡适**、**钱穆**、**汤用彤**、**梁漱溟**、**牟宗三**、**张岱年**

等。外国学者研究中国学术，则称汉学或中国学。

国有股权 state-owned share 由有权代表政府投资的部门或机构以国有资产向股份有限公司投资形成的股份。包括公司原有国有资产经评估、确认、验证后折算的股份。

国有股权包括国家股和国有法人股。其中国家股的形成包括：①现有全民所有制企业整体改制为股份有限公司时，将其全部净资产作价入股；②有权代表国家投资的政府部门向新组建的股份有限公司投资；③经授权代表国家投资的投资公司、资产经营公司、经济实体性总公司等机构向新组建的股份有限公司投资。

国有法人股是国有企业以其依法可支配的净资产投资于股份有限公司所形成的股份。它既可列入国有股范畴，也可列入法人股范畴。

国有化 nationalization 将私人企业的生产资料收归国家所有的过程。国有化是国家所有制经济形成过程中的一条重要途径。

国有化在自由竞争资本主义时期就已产生。当时如矿山、港口、河道、铁路、公路等私人资本难以经营的企业和设施就已部分地转归国家所有。到了帝国主义时期，国有化有了显著的发展。第二次世界大战以后，资本主义的国有化有了长足的发展，通过国有化扩大资本主义国家所有制经济，已成为垄断资本主义国家发展国家垄断资本主义的主要形式。实行国有化的主要方法是资本主义国家高价收买私人企业的产权，或由国家向私人企业投资。其形式主要有：国营、国有私营（即国家所有，私人经营）和公私合营等。国家垄断资本主义的国有化，是垄断资本企图直接依靠国家机器来调节国民经济的手段，也是用国家资本来保证私人资本取得高额垄断利润的基本措施，它丝毫不改变资本主义私有制的性质。

无产阶级在取得革命胜利，建立无产阶级专政以后，在确立社会主义生产方式的过程中，也存在着将私人企业的生产资料收归国家所有的问题。例如，中国在由新民主主义社会向社会主义社会的过渡时期中，就是通过没收官僚资本、改造民族资本，实行国有化的。社会主义国有化是无产阶级掌握国民经济命脉，巩固政权，进行社会主义建设的重要基础。

国有农场 state-owned farm 国家投资兴办的农场。又称国营农场。是中国重要的粮、棉生产基地和主要的热带作物生产基地，在非农产业生产中同样占有一定地位。国家投资兴办的各种试验场、良种繁育场、林场、畜牧场、渔场，以及政府其他部门兴办的农场，也属国有农场。20世纪80年代前，政府直接管理农场的生产经营，利润上缴国家，亏损国家补贴。实行改革开放以后，逐步改变为自主经营、自负盈亏、自我约束的法人实体。农场改革主要有：兴办职工家庭农场，实行农场统一经营与职工家庭农场分散经营相结合的双层经营体制，实行场长负责制、承包制、股份合作制、租赁制、拍卖等。

国有企业 state-owned enterprise 由国家直接投资创办、资产由国家所有和控制的企业。在中国，又称全民所有制企业。国家通过法律法规、政策条例等对国有企业的生产经营活动给予指导，并规定其利润的分配，由国家最终承担企业的盈亏责任。

许多发达国家也有国有企业，它是由国家预算直接投资建立，或由国家出资收买某些私人企业而形成的。这些企业在一定程度上左右着社会经济的发展，在某些国家的某些部门居于垄断地位。中华人民共和国建立以后，国有企业得到了迅速发展，成为中国国民经济的重要支柱和主导力量，一般称为国营企业。但国营企业只有相对独立的经济地位，没有经营管理自主权，盈亏也主要由国家负责，企业缺乏生机和活力。中国经济体制改革的中心环节，就是对国有企业进行改造，使国有企业真正成为商品生产经营者和法人实体，成为市场竞争的主体。

国有企业改革 reform of state-owned enterprise 1978年以来，中国对国有企业组织制度、管理体制和经营机制等进行的调整和变革。

起因 中华人民共和国建立以后，通过原解放区和根据地公营企业的发展、没收官僚资本、对资本主义工商业进行社会主义改造、国家财政投资等途径，中国的国营企业得以诞生。在计划经济体制下，国营企业生产计划由国家统一下达，生产所需要的能源、原材料和劳动力由国家统一分配调拨，财务统收统支，资金由国家无偿拨付，利润上缴国家，亏损由国家补贴，产品由国家统一收购。国营企业没有自主权，完全成为政府部门的附属物，不是独立的经济主体。1978年以来，随着中国经济体制改革的展开，开始对国营企业进行改革。在改革的深化过程中，国营企业的概念逐渐被国有企业的称谓取代。1984年，中共十二届三中全会通过的《中共中央关于经济体制改革的决定》指出，增强企业活力，特别是增强全民所有制的大、中型企业的活力，是以城市为重点的整个经济体制改革的中心环节。1999年，中共十五届四中全会通过的《中共中央关于国有企业改革和发展若干重大问题的决定》又强调，国有企业改革是整个经济体制改革的中心环节，建立和完善社会主义市场经济体制，实现公有制与市场经济的有效结合，最重要的是使国有企业形成适应市场经济要求的管理体制和经营机制。

实施步骤 1978年以来，中国的国有企业改革主要从三个方面展开：

①从放权让利到立足于确立企业的市场主体地位，建立现代企业制度，逐步实现政企分开，使企业真正走向市场。从1978年中共十一届三中全会到1992年中共十四大前夕，国有企业改革的重点主要是放权让利，调整国家与企业的责权利关系。1978年第4季度，四川省在宁江机床厂等6家企业开始扩大企业自主权的试点。1984年，中共中央作出关于经济体制改革的决定，强调要进一步扩大企业自主权，到1988年年底，95%的国有工业企业实行了以扩权让利为核心的承包制。1992年7月国务院颁发的《全民所有制工业企业转换经营机制条例》，详细规定了企业享有的14项经营自主权。通过这一系列以扩权让利为主要内容的改革，极大地调动了企业的积极性，增强了企业的活力，特别是在改革初期，效果十分明显。但是这种改革并未根本触动原有企业制度，缺乏应有的监督和约束，企业经营机制难以彻底转变，责权利难以真正统一，随着改革的不断深化，其局限性也愈益明显暴露，需进一步把改革推向深入。

1992年，以邓小平南方重要讲话和中共十四大为标志，国有企业改革进入了机制转换、制度创新的新阶段。中共十四大确立了中国经济体制改革的目标是建立社会主义市场经济体制，中共十四届三中全会明确提出，国有企业改革的方向，是建立“产权清晰、权责明确、政企分开、管理科学”的现代企业制度。国家相继颁布了《国有企业财产监督管理条例》、《企业财务通则》、《企业会计准则》、《中华人民共和国公司法》、《中华人民共和国劳动法》等一系列重要法律法规，为实现政企分开和转换企业经营机制提供了重要保证。1994年开始，国家选择100户企业进行建立现代企业制度的试点，各地区、各部门也选择了一部分企业进行试点，全国参加试点的企业有2 500多户。

1998年在中共十五大精神指导下，国务院机构改革后，政府不再直接管理企业，开始建立国有重点企业稽查特派员制度，后又过渡为监事会制度，国务院发布《国有企业监事会暂行条例》，任命了一批国有重点大型企业监事会主席，这是国家对国有企业管理方式的重大转变。接着，又着力从管理体制上解决政企不分问题，在2000年撤销了内贸、煤炭、机械、冶金、石化、轻工、纺织、建材、有色金属9个国家局，对部分国有大型企业和企业集团继续实行国有资产授权经营。

到2000年年底，520户国家重点企业中有430户进行了公司制改革，其中282户企业整体或部分改制为有限责任公司或股份有限公司，实现了投资主体多元化，初步建立了现代企业制度框架，基本形成了公司法人治理结构。

②从着眼于搞好每个企业到立足于提高国有经济的整体素质，对国有企业实施战略性改组。

从改革初期到中国共产党第十四次全国代表大会前后，在国有企业改革的政策措施上，着眼点是力图把每个国有企业都搞活、搞好。在当时经济短缺、企业发展空间较大的情况下，所采取的一系列措施是可行的，成效也是明显的。但随着改革开放的不断深入和形势的发展，企业生存和发展的外部环境发生了很大变化，买方市场逐渐形成，市场竞争日趋激烈，企业优胜劣汰已不可避免。这种情况下，要把几十万个国有企业无一例外地全部搞好，是不可能的。为提高国有经济的素质和竞争能力，1995年中共十四届五中全会明确提出，要着眼于搞好国有经济，通过存量资产的流动和重组，对国有经济进行战略性重组。1997年中共十五大再次强调要着眼于搞好整个国有经济，搞好大的，放活小的，对国有企业实施战略性改组。为进一步推动国有企业改革向纵深发展，实施一系列重大举措：一是集中力量搞好大的，采取多种形式放活小的。二是实行兼并破产，促进国有资产向优势企业集中。三是通过资产重组，抓紧培育一批大企业大集团。

③从主要抓企业改革到立足于为企业创造良好的外部环境和必要条件，进行综合配套改革，使之相互衔接，同步推进。

改革初期，国有企业改革侧重于企业的自身改革，而且大多是单项改革。1992年中共十四大以前，一方面开始注意搞好企业内部改革的配套推进，特别是劳动、人事、工资三项制度的改革，对转换企业经营机制，增强企业活力发挥了积极作用；另一方面，围绕调整国家和企业的经济关系，在财政、税收、价格体制等方面进行了相应的改革，也取得了积极进展。但是这些改革还没有突破旧体制的束缚。

1992年中共十四大以后，加大了综合配套改革的力度。1994年起，国家对财税、金融、投资和计划等宏观经济体制相继进行了配套改革，按照统一的尺度与原则，规范了国有企业与国家的关系，使国有企业以市场主体身份与其他各种类型的企业一起参与市场竞争，从而把国有企业真正推入了市场。与此同时，还努力为国有企业参与市场竞争创造必要的条件，帮助国有企业减轻历史形成的沉重负担。围绕解决企业冗员过多、债务负担过重等重点难点问题，推进了社会保障等方面的配套改革，建立了企业下岗职工基本生活保障制度、社会统筹与个人账户相结合的养老失业保险制度、城镇居民最低生活保障制度，逐步将企业所办的学校、医院、托儿所等移交给社会，实行社会化管理。国家还通过多渠道帮助国有企业补充资本金，对一部分有条件的企业通过股票上市直接融资，发行企业可转换债券。在积极搞好外部配套改革的同时，企业内部的配套改革也在进一步深化。

1997年中共十五大和中共十五届一中全会提出，用三年左右的时间，使大多数国有大中型亏损企业摆脱困境，力争到20世纪末大多数国有大中型骨干企业初步建立现代企业制度。到2000年，这一目标已基本实现。

指导方针 1999年召开的中共十五届四中全会确定了推进国有企业改革和发展必须坚持的指导方针：①以公有制为主体，多种所有制经济共同发展。②从战略上调整国有经济布局和改组国有企业。③改革同改组、改造、加强管理相结合。④建立现代企业制度。⑤推动企业科技进步。⑥全面加强企业管理。⑦建立企业优胜劣汰的竞争机制。⑧协调推进各项配套改革。⑨全心全意依靠工人阶级，发挥企业党组织的政治核心作用。⑩推进企业精神文明建设。

改革深化 进入21世纪，国有企业改革迈向新阶段，继续取得新的进展。

①建立了新的国有资产管理体制。2003年，国务院成立了国有资产监督管理委员会，第一次在政府机构设置上实现了政府社会公共管理职能与所有者职能的分离，明确了国有资产出资人代表，在国有资产管理体制上基本实现了政企分开、政资分开。

②继续推进规范的公司制改革，完善法人治理结构。至2006年，国务院国资委所属中央企业公司制户数的比重提高到64.2%，已有33家中央企业首次在境内外公开发行股票并上市，石油石化、通信、运输、冶金等大型企业均在境内外上市；按照《中华人民共和国公司法》建立和完善现代企业制度的要求，在国有独资公司进行建立和完善董事会的试点工作；以公开招聘中央企业高级经营管理者为突破口，建立适应现代企业制度要求的选人用人新机制，初步形成了适应现代企业制度要求的多样化的经营管理者选拔方式。

③进一步调整国有经济布局结构。以核定主业和推进联合重组为主线，国务院国资委先后分七批核定并公布了153户中央企业的主业，积极推动中央企业的联合重组和主辅分离、辅业改制、分离办社会职能，促进国有资本向关系国家安全和国民经济命脉的重要行业和关键领域集中，已有77家中央企业参与了41次重组，中央企业户数已从196家减少到157家。同时，国有企业政策性关闭破产工作也取得重要进展，至2006年底，全国共实施政策性关闭破产项目4251户，安置人员837万人，已完成政策性关闭破产80%的工作量。

通过不断深化改革，国有经济的整体素质和控制力、影响力不断提高，国有企业的活力和竞争力进一步增强。至2006年底，全国国有企业户数共计11.9万户，比2003年减少3.1万户，年均减少8%，但户均资产2.4亿元人民币，比2003年增长84.6%，年均增长22.7%；中央企业80%以上的国有资产集中在军工、能源、交通、重大装备制造、重要矿产资源开发领域，承担着中国几乎全部的原油、天然气和乙烯生产，提供了全部的基础电信服务和大部分增值服务，发电量约占全国的55%，民航运输总周转量占全国的82%，水运货物周转量占全国的89%，汽车产量占全国的48%，生产的高附加值钢材约占全国的60%，生产的水电设备占全国的70%，火电设备占全国的75%。

2007年10月，中国共产党第十七次全国代表大会报告对进一步推进中国国有企业改革提出了要求，即：深化国有企业公司制股份制改革，健全现代企业制度，优化国有经济布局和结构，增强国有经济活力、控制力、影响力；深化垄断行业改革，引入竞争机制，加强政府监管和社会监督；加快建设国有资本经营预算制度；完善各类国有资产管理体制和制度。

国有商业银行 state-owned commercial bank 以经营存放款、办理转账结算为主要业务，以营利为主要经营目标的国有独资金融企业。中国国有独资商业银行是中国金融体系的主体。

中国国有商业银行是经20世纪90年代以后的国有银行商业化和相应的金融监管改革由国有专业银行转变而来，除具有商业银行的一般特征外，还有以下特征：①在所有制结构上它是以国有独资为主体的商业银行，从以国有独资公司方式初步完成产权制度改革开始，历经股份制改造和发行上市，产权和治理结构不断得到完善。②组织机构采取总分行制，实行全国范围内的统一法人管理，改变了中国国有商行名义上是一级法人，其分行实际以法人资格进行经营管理的原有格局。③受分业金融监管体系限制，不得在境内从事信托投资和股票业务，不得对非银行金融机构和企业投资，不得投资于非自用不动产。

国有土地使用权 right to use state-owned land 中国境内外的公司、企业、其他组织和个人，除法律另有规定外，依法对国有土地取得使用权并进行土地开发、利用和经营的权利。

使用权人的权利　主要有：①对所使用的土地进行开发利用和经营的权利。②取得在所使用的土地上建造的房屋、种植的林木等的所有权。③在不超过权利有效年限的条件下，可以对国有土地使用权进行出租、转让、抵押等，取得土地使用权的个人，其土地使用权可以继承。国家对土地使用权人依法取得的土地使用权，不得提前收回。如根据社会公共利益的需要，国家需要依照法定程序提前收回时，应根据使用人已使用的年限和开发、利用的实际情况给予相应补偿。

使用权人的义务　主要有：①应按照出让合同的规定和城市规划的要求，开发、利用、经营土地。②不得擅自改变出让合同规定的土地用途。确需改变的，应当征得出让人同意并经土地管理部门和城市规划部门批准，依法定程序重新签订出让合同，调整出让金，办理登记。③服从转让国有土地使用权的限制。法律规定，土地使用权人未按土地使用权出让合同规定的期限、条件投资开发、利用土地的，不得转让其土地使用权。

国有资产　state-owned asset　产权主体为国家的资产。即产权主体为国家的以货币计量的能提供经济利益的经济资源，包括各种财产、债权和其他权利。中华人民共和国是中国国有资产所有权的唯一主体。

中华人民共和国国务院国有资产监督管理委员会办公大楼

含义　①广义国有资产。所有权属于国家的一切资产。具体包括：国家以各种投资形式在企业中形成的经营性资产；国家向行政事业单位拨款形成的非经营性资产；国家依法拥有的土地、森林、河流、矿藏等资源性资产。②狭义国有资产。经营性国有资产，是国家作为出资人在企业中依法拥有的资本及权益。包括：企业使用的国有资产；行政事业单位占有、使用的资产中以获取利润为目的的资产；国有资源中已投入生产经营过程的资源。

管理体制　①产权机构。履行国有资产出资者职责的国家机构。2003年以前，中国国有资产产权分散在诸多行政部门之中，没有统一的国有资产产权机关。2003年，成立了国有资产监督管理委员会，专门行使国有资产产权职能，强化所有权约束，防止国有资产流失和低效率使用，实现政企分开。②营运机构。国家依法设立，对国家授权范围内的国有资产进行产权运作的企业法人。国家授权的国有资产营运机构主要包括国有控股公司、国有资产经营公司和符合一定条件的企业集团总公司。③参与企业，包括国有控股企业和国有参股企业。它们是运用国有资产直接从事生产产品或提供劳务的各类企业，是国有资产经营管理体系中的基层经济组织。

《国语》　*Discourses of Ancient Feudal States*　杂记中国西周、春秋时周、鲁、齐、晋、郑、楚、吴、越八国人物、事迹、言论的国别史。又称《春秋外传》。大约是春秋末鲁人左丘明所作，与《左传》同为解说《春秋》经的姐妹篇。近代学者研究证实，春秋时有称为瞽朦的盲史官，专门记诵、讲述古今历史。左丘明即是略早于孔子的瞽朦。瞽朦讲述的史事被后人笔录成书，称为《语》，按国别区分即为《周语》、《鲁语》等，总称为《国语》。战国时该书已流行于世。全书21卷，记事上至西周早期，下至战国之初，但以春秋时期为主，《国语》是价值很高的原始素材，所以司马迁编著《史记》时曾大量取材于此。三国时吴人韦昭为《国语》作解，总结了汉代学者注释的成果。清人董增龄作《国语正义》，近人徐元浩作《国语集解》，汇集历代有关解说，颇便研讨。

国语罗马字　National Language Romanization　中国第一套法定的拉丁字母拼音方案。全称国语罗马字拼音法式。1925～1926年国语统一筹备会罗马字母拼音研究委员会研究制订，1928年南京国民党政府大学院作为“国音字母第二式”公布，与注音字母同时推行。方案采用现成的26个拉丁字母，不另增加符号，声调用变换拼法来表示，规则较繁。1986年台湾当局修订后又以“国语注音符号第二式”名称公布，声调改用符号标调，拼写规则大为简化。

国债　national debt　公债的一种，专指中央财政代表中央政府发行的国家公债，包括在境内外发行的内债和外债。债务收入和本息偿还在中央财政预算中列明，由中央财政掌握使用和安排。国债是国家信用制度的一种传统形式，由于债务主体及其担保基础的特殊性，具有比银行信用、商业信用更加可靠和稳定的特点。因此，国债又被称为金边债券，其信誉级别最高，收益稳定而且安全。

国债法　national debt law　调整在国债的发行、使用、兑付、流通和管理过程中发生的经济关系的法律规范的总称。是财政法的重要组成部分。

国债专指中央政府举借的国家公债，是财政收入的一种特殊形式。为保证国债的发行和偿还，规范和维护国债市场，各国均重视国债立法。例如，美国于1917年颁布了《自由公债法》，韩国于1979年颁布了《政府债券法》。在中国，1992年国务院发布的《中华人民共和国国库券条例》等规范性文件以及1994年颁布的《中华人民共和国预算法》等法律中的有关规范，构成了中国国债法律制度。

中国国债法的主要内容包括：①国债发行制度。国家确定每年需要发行的债券种类、数额和期限后，由财政部代表中央政府发行。国债发行的对象主要有居民个人、个体工商户、企业、事业单位、机关、社会团体和其他组织。国债发行采取承购包销、认购等方式。②国债转让与国债市场制度。国债可以转让，但应在国家批准的交易场所办理。③国债管理制度。包括对国债的规模、结构、利率、外债监测和登记管理等制度。

国债回购　repurchase agreement of treasury bill　卖出一种国债时，约定于一定期间后，以预定价格或收益率，由最初出售者再将该种国债券赎回的交易方式。国债二级市场交易的一种。

国子监　Imperial College　中国封建社会的教育管理机构和最高学府。又称国学、国子学。西晋武帝咸宁四年(278)，设国子学。北齐改为国子寺，隋炀帝始改为国子监。唐宋时，国子监作为国家教育管理机构，总辖国子学、太学、四门学等。元代设国子学、蒙古国子学、回回国子学。明清国子监兼具国家教育管理机构和最高学府两重性质。明朝国子监规模宏大，分南北两监，一在南京，一在北京。

北京国子监的中心建筑——辟雍

清朝国子监沿袭明制，“设六堂为讲肄之所”，“六堂讲师，极一时之选”。后渐衰败，成了科举的附庸。清光绪三十一年（1905）设学部，国子监遂废。在监读书的生徒称监生、太学生或国子生。历代对生徒入学的资格、来源和名额都有不同的规定。监生入学常有一定的仪式。监生可在监内寄宿，发给膏火，供给膳食，享有免役权利。总管监务的官员称国子祭酒或判监事。教官名称和编制数量历代不同。国子祭酒、司业、博士要由“当代学行卓异之名儒”充当。历代统治者规定五经或**四书**为国子监的主要教材，同时对国子监的管理也很严格，颁行各种管理制度。

《虢国夫人游春图》 中国唐代绘画作品，**张萱**代表作之一。

虢国墓地 Cemetery of Marquis of Guo 中国西周晚期至春秋早期的虢国贵族墓地。位于河南省三门峡市上村岭。发现于1956年，1956～1957年、1990～1999年两次发掘。1996年国务院公布虢国墓地为全国重点文物保护单位。墓地始葬年代为西周中期偏晚段，埋葬年代下限不晚于公元前655年晋灭虢之时。

整个墓地南北长590米，东西宽550米，墓葬总数超过500座。分南北两区，8组。最北端为国君兆域区，一条界沟将它与贵族墓葬区分开。墓葬的排列组合呈现若干中小型墓围绕数座大型墓而葬的特征，与《周礼》所载周人之丧葬制度十分吻合。是已知唯一一处等级齐全、排列有序、独具特色且保存完好的大型诸侯国公墓地。共发掘墓葬250余座，车马坑6座，马坑3座。墓葬均为无墓道的土坑竖穴墓，墓底多大于墓口。墓坑四壁除两位国君（虢季、虢仲）、国君夫人（梁姬）、太子之墓因身份较高、饰以淡绿色涂料外，余者未作任何处理。棺椁分为重棺单椁加棺罩、单棺单椁加棺罩、单棺单椁、单棺、无棺数种。高等级墓葬的随葬品以质地分为铜、玉、金、铁等十余

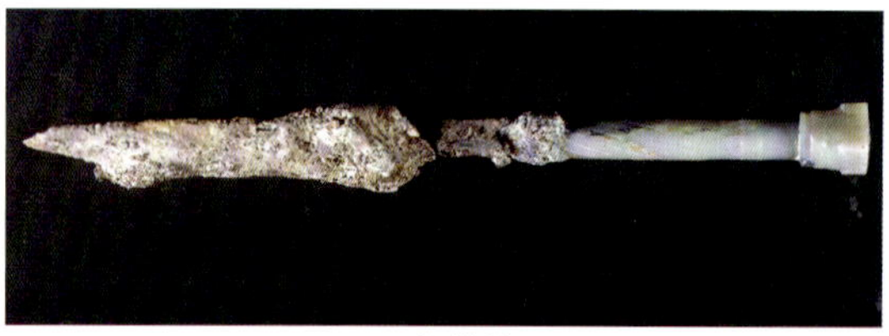
玉柄铁剑

种，其中以铜器和玉器为大宗。所有墓葬规格的大小及随葬品的多寡与品质的优劣均实行严格的等级制度。两位国君墓所出最丰。虢季墓共出土铜礼乐器67件，其中实用器45件。一套7件的列鼎、一套8件的甬编钟均有铭文。可见，虢人视钟鼎为重器。实用青铜礼器有鼎、簋、鬲、盨等。玉器共出有967件（颗），其中的七璜联珠组佩、为殓葬而特制的缀玉瞑目极为精美。还出土玉柄铁剑、铜内镶松石铁援戈，为中国最早的人工冶铁制品。虢仲墓随葬品中有铭青铜器更多，一套8件面饰人面纹的有铭钮编钟为目前所仅见。数百件玉器多为上品。

虢季子白盘 Water Basin of Guojizibai 中国西周晚期**青铜器**。因作器者为虢季子白而得名。相传清道光年间出土于陕西宝鸡虢川司，一说出土于陕西眉县礼村。据器形、器铭及历日，年代可定在周宣王十二年（公元前816）。现藏中国国家博物馆。盘高41.3厘米、长130.2厘米、宽82.7厘米，重240.5千克。横截面为椭长方形，四面各有二兽首衔环，四足作矩形。口沿下饰窃曲纹，腹饰环带纹。此盘造型奇特，形制硕大，工艺精湛，是西周晚期青铜工艺的代表作。器内底铸铭文8行111字。记虢季子白奉命在洛水

之阳征伐猃狁，因获捷而得到周王的褒奖和赏赐之事，是研究西周晚期历史的重要史料。所记史实及献禽、饮至、赏赐、册命诸礼制，可以和《诗经》的《采薇》、《出车》、《六月》等篇及传世的礼学文献互相印证。

果脯蜜饯 preserved fruits 以水果、蔬菜等为原料，经糖制加工而成的中国传统食品。主要有京、粤、闽等几大流派。按北京的习惯，把含水分低而不带汁的制品称为果脯，如苹果脯、梨脯、杏脯、海棠脯等，果脯是把原料经过处理、糖煮，然后干燥而成，产品色泽鲜亮，表面较干燥而稍有黏性，含水量在20%以下；而把经蜜或糖煮，不经干燥的制品称为蜜饯，产品表面湿润柔软，含水量在30%以上。随着人们对果脯、蜜饯区分的模糊，将糖渍果蔬产品统称为果脯蜜饯。果脯蜜饯的生产过程主要有原料预处理、糖制、沥糖、干燥、包装等工序。其中糖制是最主要的一环，糖制有腌制和煮制两种，糖煮又分为一次煮成法、多次煮成法、快速煮成法和真空煮成法。根据原料不同，采用不同的糖制方法。果脯蜜饯的生产已发展为较机械化的工业生产。

果戈理 Gogol, Nikolay Vasilyevich（1809－04－01～1852－03－04） 俄国作家。生于乌克兰彼尔塔瓦，卒于莫斯科。从小喜爱文艺和戏剧。1821～1828年在涅仁高级科学中学学习。1829年发表第一首短诗《意大利》。中学毕业后，坎坷的求职经历使他感受到专制制度小公务员命运的艰辛，为日后的创作积累了素材。《狄康卡近乡夜话》（1～2集，1831～1832）以优美的民间传说、浓郁的乡土气息，机智幽默的笔触吸引了广大读者，并使果戈理一举成名。1834年被聘为圣彼得堡大学副教授。次年辞职，专事文学创作。1835年出版作品集《米尔戈罗德》（包括4篇小说）和《小品集》（包括3篇小说），表现果戈理批判现实主义创作方法已开始形成。

果戈理还是一位讽刺喜剧作家。他的第一部喜剧《未婚夫》写于1833年。1836年4月五幕讽刺喜剧《**钦差大臣**》在圣彼得堡公演。欲通过暴露和嘲笑官场弊病使高官显贵们引以为戒，却遭到攻击和诽谤。1836年他怀着压抑的心情迁居欧洲。1842年完成《**死魂灵**》的第一部。1845年完成第二部。因感到作品缺乏真实性，他烧毁了手稿。1848年果戈理回莫斯科定居。

果戈理有“俄国小说散文之父”的美称，与A.S.**普希金**一起奠定了19世纪俄国批判现实主义文学的基础，为俄国文学的发展作出了不朽的贡献。

果核雕刻 fruit pit carving 以果核为原料雕刻成各种人物、动物、船舶等的技艺或雕塑工艺品。按材料分，有桃核雕刻、橄榄核雕刻和核桃雕刻等，以桃核雕刻为主。

明代，果核雕刻已达到很高的艺术水平。南直隶虞山（今常熟）王毅在天启二年（1622）创作的“赤壁之舟”是果核雕刻史上的珍品。舟长约3厘米，高约0.5厘米，中间为舱，左右各有小窗4扇，能开合。船上刻苏东坡及其好友黄鲁直、佛印和尚和书童等4人，船夫2人，以及细如蚊足的文字。清代，果核雕刻的艺术水平进一步提高，以江苏为传统产区。现代，果核雕刻主要产于江苏苏州、山东潍坊和广东等地。

果核雕刻的艺术特色是雕刻精细入微，形态小巧玲珑。品种有陈设品和念珠、扇坠、佩件等。单件陈设品多配以红木雕刻底座，加盖玻璃罩，以供欣赏。

果胶 pectin 一类**多糖**。存在于植物细胞壁和细胞内层，为内部细胞的支撑物质。柑橘、柠檬、柚子的果皮约含30%果胶。果胶有同质多糖和杂多糖两种类型，同质多糖型果胶如D－半乳聚糖、L－阿拉伯聚糖或D－半乳糖醛酸聚糖；杂多糖型果胶最常见，是由半乳糖醛酸聚糖、半乳聚糖和阿

拉伯聚糖以不同比例组成，通常称为果胶酸。不同来源的果胶，其比例也各有差异。部分甲酯化的果胶酸称为果胶酯酸。天然果胶中约20%～60%的羧基被酯化，分子量为20 000～400 000。果胶的粗品为略带黄色的白色粉状物；溶于20份水中，形成黏稠的无味溶液，带负电；不溶于乙醇或其他有机溶剂。果胶广泛用于食品工业，适量的果胶能使冰淇淋、果酱和果汁凝胶化。

果酒 fruit wine 以新鲜水果或果汁为原料，经全部或部分发酵酿制而成的酒精度在7%～18%（体积分数）的发酵酒。果酒按原料水果名称命名，以区别于葡萄酒。当使用一种水果作原料时，可按该水果名称命名，如草莓酒、柑橘酒等；当使用两种或两种以上水果作原料时，可按主要水果的名称来命名。西方国家果酒比较发达，种类很多。中国由于价格较高等原因，发展较慢，产量不多。

参照葡萄酒的分类方法，分为平静果酒、起泡果酒和特种果酒三类。平静果酒按糖分含量分为干（≤4.0克/升）、半干（>4.0～12.0克/升）、半甜（>12.0～45.0克/升）和甜（>45.0克/升）型果酒；起泡果酒按瓶中压力分为高起泡果酒、低起泡果酒和果汽酒。

常见的果酒有苹果酒、沙棘酒、刺梨酒、猕猴桃酒、五味子酒、黑加仑酒、红枣酒、金樱子酒、杨梅酒、山楂酒、橘子酒、酸枣酒、红豆酒、梨酒、金莓酒、柿子酒、荔枝酒、哈密瓜酒、紫梅酒等。

果壳雕刻 fruit shell carving 在果壳上雕刻各种图案、文字和形象的技艺或雕塑工艺品。按原料区分，主要有葫芦雕刻和椰壳雕刻。

葫芦雕刻又称刻葫芦。清乾隆年间称为匏器，技艺已很精巧，能在葫芦上雕刻山水、花鸟、人物、戏剧脸谱等，笔画细如毫发。现代葫芦雕刻以甘肃兰州为主。匠师们用细针浅刻各种画面和诗文。有的刻葫芦上端开口，配以盖，下端配以底座；有的可悬空吊挂。

椰壳雕刻产于海南，唐代已有，多为水罐。现代椰壳雕刻有很大发展，品种有餐具、茶具、酒具、糖果盒等。在雕刻技法上，有浅刻、浮雕、镂雕、贝壳镶嵌、割棕等。浅刻是运用雕刀在椰壳上刻画图案，在浅刻凹处涂以金色，风格富丽。割棕是近年来新创的技法，它是利用椰壳表面赤红色棕毛的纹理变化，雕刻人物、动物等，风格朴素。

现在，兰州葫芦雕刻和海南椰壳雕刻成为当地深受欢迎的旅游工艺品。

果洛藏族自治州 Golog Tibetan Autonomous Prefecture 中国青海省辖自治州。位于省境东南部，东邻甘肃省，南与四川省接壤。辖玛沁、班玛、甘德、达日、久治、玛多6县。面积76 312平方千米。人口18万（2010），藏族占总人口的88.1%。自治州人民政府驻玛沁县。“果洛”，藏语意为反败为胜的头人。古为党项羌地。1954年设立果洛藏族自治区，1955年改为自治州。地处青南高原东南部，巴颜喀拉山贯穿州境西南部，阿尼玛卿山贯穿州境北部，境内山脉连绵，沟谷交错，河流纵横，黄河自西北向东南流经境内，湖泊主要有鄂陵湖、措纳湖等。矿产有煤、铁、金、银、铜和石棉等。野生动物种类多，珍贵的有白唇鹿、雪豹、麝、盘羊、岩羊和雪鸡。名贵药用植物有冬虫夏草、雪莲、贝母、黄芪等。经济以畜牧业为主，牧养藏系绵羊、牦牛、马等。工业以采金、畜产品加工为主。纪念地与古迹有亚尔堂乡扎治村红军哨所、莫草得哇遗址。自然景观有阿尼玛卿雪山。

果品加工 fruit processing 对果品进行人工处理，以保持或改进其食用品质和增值的工艺过程和方法。加工的要求是保存果品的风味和营养价值，增强耐贮性，便于运输。主要加工方法有：①干制。利用热能或其他能源排除物料中水分的加工方法，作用在于限制果品中的有效水和降低水分活性，以抑制微生物的生长，达到保藏的目的。干制的原料处理有洗涤、去皮、切块、烫漂、浸碱、熏硫等。②酿酒。利用酵母菌及其酶的发酵作用，将果品或果汁中的糖分转化为酒精，并以之抑制有害微生物生长的加工方法。③制汁。提取果实汁液的工艺过程。④糖制（糖藏）。将高浓度糖液的水分活性降低并造成强大渗透压，使微生物因生理失水而不能活动的加工保藏方法。制品分为蜜饯和果酱两大类。⑤罐藏。将果品连同填充液装入气密性容器，再行加热杀菌的加工保藏方法。⑥速冻。果品速冻时，细胞中的水分因难以在短时间转移到细胞间隙中，被立即冻结在细胞内；同时由于游离水迅速而全部冻结，所形成的冰晶并无增大过程，对细胞组织不足以造成机械伤，因此仍能保持接近果品原来的组织结构，解冻后不至于有大量滴落液流失而变形。

果实 fruit 被子植物的雌蕊经过传粉受精，由子房或花的其他部分（如花托、花萼等）参与发育而成的繁殖器官。果实一般包括果皮和种子两部分。在自然条件下，也有不经传粉受精而结实的，这种果实没有种子或种子不育，故称无子果实。主要分为以下类型：

真果与假果 直接由子房发育而来的果实称为真果。也有些果实除子房外尚有其他部分，如子房和花被或花托一起形成果实，称为假果。

单果、聚合果、聚花果 单雌蕊或合生心皮的雌蕊形成的果实称为单果。一朵花中具有许多离生雌蕊聚生在花托上，以后每一雌蕊形成一个小果，许多小果聚生在花托上，称为聚合果（如草莓）。由一个花序发育而成的果实，称为复果或花序果、聚花果（如桑、凤梨和无花果）。

肉果与干果 果实成熟时肉质化、肥厚多汁的称为肉果，果皮干燥的称为干果。肉果中又可分为浆果（如葡萄、番茄、柿子等）、核果（如桃、李、杏等）、梨果（如苹

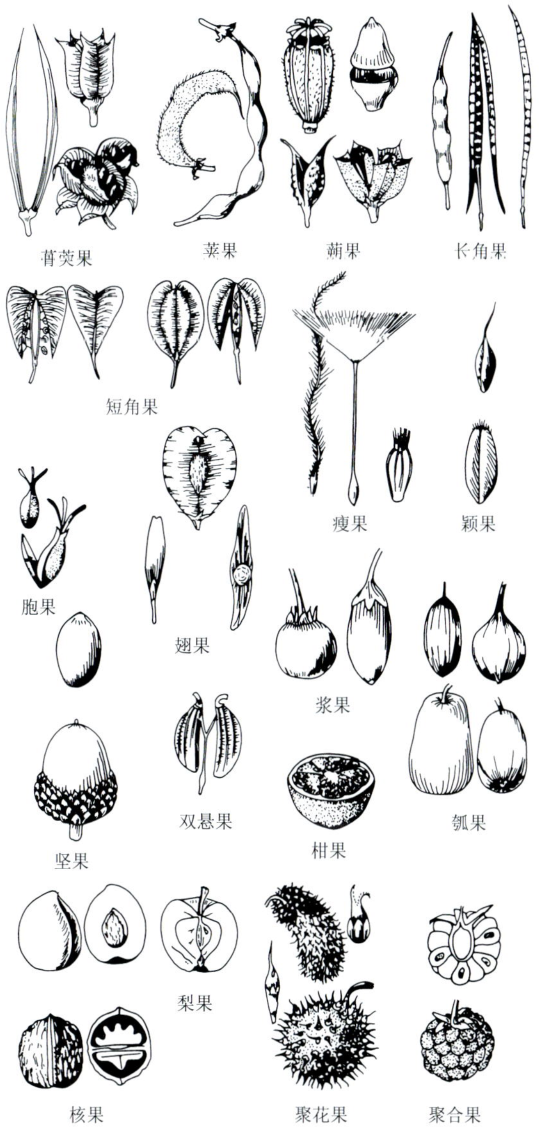

各种类型的果实

果、梨等)。干果也分为多种类型，其中果实成熟时开裂的称为裂果，主要包括荚果(如大豆、豌豆等)、蓇葖果(如牡丹、八角茴香、梧桐等)、蒴果(如罂粟、棉、紫花地丁等)、长角果(如白菜)、短角果(如荠菜)等。另有一些干果的果皮在成熟时不开裂，称为闭果，它又包括瘦果(如向日葵等)、翅果(如榆、五角枫、白蜡树等)、坚果(如栎、榛、栗等)、颖果(如玉米、小麦等)。

果实与人类的生活关系极为密切。粮食中绝大部分是禾谷类植物的果实，如小麦、水稻和玉米等。常见的果品包括苹果、桃、柑橘和葡萄等。此外，在中国民间习用的中药材中，用枣、茴香、木瓜、柑橘、山楂、杏和龙眼等果实或果实的一部分入药。

果树 fruit tree 生产食用果实的木本植物。园艺学上的果树概念也包括某些食用部分并非果实的树木和少数多年生草本植物。全世界已知果树有近3 000种，分别隶属于134科和659属。按叶的生长习性分为落叶果树和常绿果树两大类。按栽培的气候条件分为温带果树、热带果树和亚热带果树。也可按植株生长习性分为乔木果树、灌木果树、藤本果树和多年生草本果树。现在较为通用的园艺学分仁果类、核果类、浆果类、坚果类、柑果类、热带和亚热带果树类六类。产地条件虽相似，但果实构造相差很大，食用部分也不相同，有不少是假种皮。世界果树的分布范围在北纬60°至南纬60°之间，而以北半球温带和亚热带为主要栽培地区。中国有适于各种果树生长、繁衍的自然条件，种质资源丰富。中国原产和引入的果树，包括野生和砧木用的在内，共有59科158属670余种，其中以蔷薇科、芸香科等种类最多，经济价值最高。2004年全国果树栽培面积已达976.8万公顷，水果总产量1.53亿吨，居世界第一。

果糖 fructose 一种六碳糖。通常存在于果实中。果糖和葡萄糖是同分异构体，分子式为$C_6H_{12}O_6$，葡萄糖为醛己糖，果糖为酮己糖，通过异构化能互相转变。果糖是糖类中较甜的糖，它的甜度是蔗糖的1.5倍、葡萄糖的2倍。

工业化生产果糖是用淀粉为原料，经α-淀粉酶液化成糊精，由糖化酶将糊精转化成葡萄糖，再通过葡萄糖异构酶将葡萄糖的一部分转化成果糖，成为含有果糖和葡萄糖的混合糖浆，简称果葡糖浆。习惯将含果糖42%的糖浆称第一代果葡糖浆，糖分组成为果糖42%、葡萄糖50%、低聚糖8%，甜度与蔗糖相近。以第一代果葡糖浆为原料，采用离子交换树脂或无机吸附剂的色层分离柱可制成含果糖90%以上的第三代高果糖浆。将第三代高果糖浆与第一代果葡糖浆以1∶3的比例混合，可制得第二代果葡糖浆，糖的组成为果糖55%、葡萄糖40%、低聚糖5%，甜度是蔗糖的110%。用高果糖浆经结晶、干燥可制成高纯度的结晶果糖。

果蝇 Drosophilidae; pomace fly/vinegar fly 双翅目果蝇科昆虫的统称。世界性分布，已知约3 000余种，中国迄今已记载490余种。成虫体小型，淡黄至黄褐色。复眼多

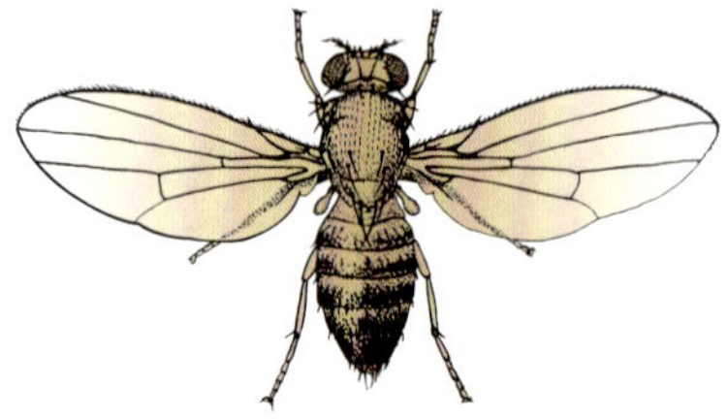

黑腹果蝇

为红色具光泽，裸或被微毛。触角基部靠近，第3节圆形或椭圆形，触角芒羽状、栉状或具分枝毛。喙短曲，口器舐吸式。中胸小盾片背面裸，一般具小盾鬃2对，某些属的小盾基鬃退化。翅透明，有时具淡褐或褐色斑纹。足胫节常有端前鬃。幼虫淡色，蛆型。蛹为围蛹。果蝇的生活周期一般较短，完成一个世代所需的时间，视种类和生态环境而异。成虫常见于熟透的瓜果及腐败植物上，舐吸糖蜜物质以补充营养，并产卵于发酵烂果的表面，每雌产卵量在200～700个。幼虫喜滋生于腐烂的果实、垃圾或醋缸等场所，多数以烂果中的酵母为食，少数有潜叶、潜茎的习性或捕食蜘蛛卵及介壳虫。一些种类，尤其是黑腹果蝇，一直作为理想的动物遗传学研究材料。

果园 orchard 集中栽培某种果树的场所。果树是多年生商品率高的作物，一经栽植，就在一地生长、结果多年，因此搞好果园规划极为重要。规划的内容有：①园址选择。包括生态条件最适区和最适树种品种。②用地计划。根据果园位置、土地和水资源状况等，依地形、面积和树种划分栽植小区。③栽植设计。包括树种、品种配置，干、鲜果搭配，以及矮化密植，早期丰产与长期稳定持续高产的设计等。果园管理包括果树栽培管理、果园土壤管理、果园施肥灌水、果园自然灾害防护。随着果树生产集约化、良种化和生产基地化的发展，大型果园已由单一栽培型向综合性果品生产企业型转化。

果子狸 *Paguma larvata*; masked palm civet 灵猫科果子狸属的一种。又称花面狸。

蜾蠃蜚类 Corophiids 蜾蠃蜚总科动物的统称。甲壳动物端足目钩虾亚目中最大的分类单元。也是分布广泛、种类繁多的一大类群。蜾蠃蜚总科包括6个科和亚科。

蜾蠃蜚类的共同特征为尾节完全，厚而肉质，仅末端可动。蜾蠃蜚类的体躯、底节板、尾部、触角、副鞭、腮足、步足和尾肢变化多样。口器为基本型，臼齿通常发达，大颚触须弱或缺乏，上唇偶为两叶，下唇内叶存在，外叶偶为缺刻状，小颚内板刚毛有或无，颚足内外板大，触须4节，偶为其第2节短，第7步足偶具长刚毛。

蜾蠃蜚类广泛分布于世界各大洋，热带、温带和寒带都有，栖息于潮间带，潮下带及少数种分布于深水，河口半咸水和淡水中也生活有不少种类。食性为底栖性，主要以海底或海水中悬浮的有机碎屑和硅藻为食。繁殖期因种而不同，一般与水温有关。蜾蠃蜚类很多种为大型底栖生物的优质基础饵料。

过程工程 process engineering 研究物质的化学和物理转化过程中物质的运动、传递和反应及其相互关系的工程学科。其应用范围涵盖具有物质的化学、物理和生物加工的工业，包括化工、冶金、材料、能源、石油炼制、石油化工、医药、生物化工、建材、轻工、食品等。是广义的化学工程。在欧洲一些国家，如德国、瑞士、俄罗斯等一直采用“过程技术”(过程工程)这个学科名称，而不是“化学工程”，设有过程工程系、过程工程研究所等；中国科技界也在更多地采用“过程工程”。中国科学院化工冶金研究所于2001年4月更名为中国科学院过程工程研究所。《化工冶金》杂志也在2001年更名为《过程工程学报》。

过程控制系统 process control system 以表征生产过程的参数为被控制量使之接近给定值或保持在给定范围内的自动控制系统。表征过程的主要参数有温度、压力、流量、液位、成分、浓度等。

过程控制系统通常采用反馈控制的形式，而在批量型的过程操作中则需要采用顺序控制系统。如化学反应器中催化剂的注入需要等到反应物升温至一定数值后才能开始，操作必须遵守严格的顺序。顺序控制常采用可编程序逻辑控制器来实现。

在实际生产过程中，往往有多个参数(被控量)需要控制，有多个变量可用作控制量。在很多情况下，被控量与控制量之间呈现出交互影响的关系，每个控制量的变化会同时引起几个被控量变化。这种变量间的交互影响称为耦合，耦合的存在会使过程控制系统变得复杂化。简化控制系统结构的一种方法是采用解耦控制，通过引入某种补偿网络或补偿通道把有耦合的多变量过程化成无耦合的单变量过程来处理，或者经过适当的变换和处理以减小耦合影响。

20世纪70年代中期以来发展起来的集散控制系统在过程控制领域得到广泛应用，大大提高了控制系统的可靠性。多变量解耦控制、多变量预测控制、推理控制、非线性控制、自适应控制等先进过程控制已经在过程控制领域得到应用，可有效解决具有时变、非线性、大时滞、强耦合、多约束等特性的复杂工业过程的控制问题。

过电压防护 protection of overvoltage 为避免电力系统中过电压造成电设备绝缘破坏而采取的防护措施。

过电压防护的基本原理是设法将形成过电压的电磁能量泄放掉或消耗掉，以达到削弱过电压幅值的目的。对于谐振过电压，则是设法避免产生谐振的条件。过电压防护的主要措施有以下几种：①安装避雷针、避雷线（架空地线）。用于变电所和输电线路，防护雷电过电压。②装设避雷器。用于发电厂、变电所，防护雷电侵入波过电压和操作过电压。③断路器并联电阻。用于发电厂、变电所，限制操作过电压。④设置消弧线圈。用于中性点绝缘的电力系统，限制弧光接地过电压。⑤装设放电器。用于配电系统及电子设备、仪器等，限制雷电侵入波过电压。⑥安装接地装置。连接于避雷针、避雷器及避雷线下部，将雷电流或操作冲击电流引入大地，防护雷电过电压和操作过电压。⑦安装电抗器。用于远距离输电线路，限制暂时过电压（空载长线的电容效应）。上述措施中，尤以安装避雷器为重要。避雷器是发电厂、变电所中广泛应用的过电压防护专用设备。

过渡轨道 transfer orbit 航天器从初始轨道或停泊轨道转移到预定目标轨道的中间轨道，又称转移轨道。航天器在火箭发动机的推力作用下实现轨道变换，简称变轨。行星探测器、月球探测器和离地球较远的人造地球卫星，都要经过过渡轨道才能到达预定目标轨道。轨道之间的转移有多种形式，按变轨次数分为一次、两次、多次和连续小推力变轨。在初始轨道和目标轨道相交时，才能用一次变轨完成转移。过渡轨道按形状分为椭圆形、抛物线形和双曲线形的过渡轨道。为了节省转移时间，过渡轨道可选用双曲线或抛物线轨道。从一条轨道变换到另一条轨道可以有多条过渡轨道。在轨道设计中需要综合考虑能量消耗小、制导精度要求低、飞行时间短、测量和控制方便等条件，选择一条可以实现的最佳过渡轨道。

过渡态理论 transition-state theory 阐释有机反应中由反应物到产物的过程中过渡态的理论。由A.G.埃文斯和M.波拉尼于1935年提出。

过渡态和活性中间体 有机反应可分为一步反应（协同反应）和分步反应两大类。其中，一步反应只有过渡态，没有活性中间体；而分步反应既有过渡态，又有活性中间体。活性中间体并非就是过渡态，两者不可混淆。如氯代叔丁烷 $(CH_3)_3CCl$ 的水解反应分两步进行，其间出现两个过渡态、一个活性中间体（见图）。一般来说，中间体很活泼，寿命很短，但比过渡态要稳定，故可用各种现代物理化学方法测定其结构。两个过渡态之间的中间体的势能越低，则中间体越稳定。利用中间体结构和性能的知识，可大致推断出过渡态的结构、性能，以阐明反应机理。

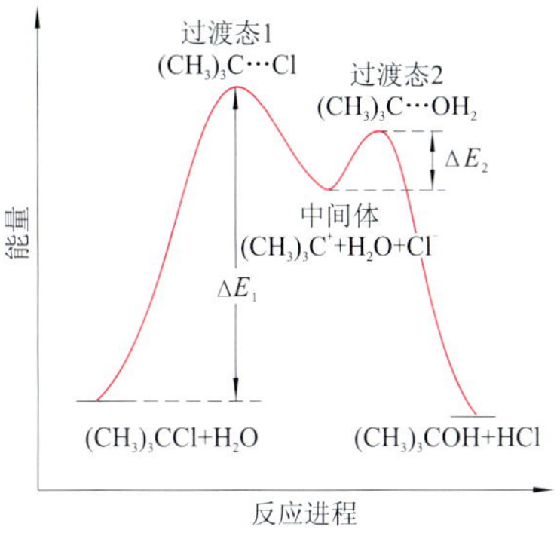

氯代叔丁烷水解反应的过渡态

反应速率决定步骤和产物决定步骤 对分步反应而言，若第一步反应的活化能比第二步反应大很多（$\Delta E_1>\Delta E_2$），则第一步反应比第二步反应慢得多。第一步反应是总反应速率的关键，在动力学上称为反应速率决定步骤，第一步的过渡状态称为速率决定过渡态。

如果在上述的氯代叔丁烷水溶液中加入第二种比水的亲核性更强的试剂，如叠氮负离子N_3^-，则反应的主要产物为叔丁基叠氮化物，而原有产物叔丁醇很少：

$$(CH_3)_3CCl \longrightarrow$$

$$(CH_3)_3C^+ \begin{cases} \xrightarrow{N_3^-} (CH_3)_3CN_3 & \text{主要产物} \\ \xrightarrow{H_2O} (CH_3)_3COH & \text{次要产物} \end{cases}$$

这是由于水和N_3^-分别与叔丁基碳正离子反应并相互竞争。对于两者来说，第一步均形成叔丁基碳正离子，是速率决定步骤，第二步反应是竞争反应，$\Delta E_2(H_2O)>\Delta E_2(N_3^-)$。第二步反应的势垒（$\Delta E_2$）比第一步（$\Delta E_1$）小得多，反应速率也高得多，是决定所得产物的步骤，因此称第二步反应为产物决定步骤。

活化熵的意义 由过渡态理论的基本公式$\Delta G^{\neq}=\Delta H^{\neq}-T\Delta S^{\neq}$可知，反应活化熵$\Delta S^{\neq}$对反应速率有一定的影响，通常其作用比活化焓$\Delta H^{\neq}$要小，然而从反应活化熵的变化可以获得有关过渡态立体化学特征的知识。通常，若$\Delta S^{\neq}$是负值，即熵值减少，则过渡态结构的有序性有所增加；反之，若$\Delta S^{\neq}$是正值，则其有序性减少，$\Delta S^{\neq}$负值过大不利于反应。此外，还必须综合比较$\Delta H^{\neq}$和$\Delta S^{\neq}$变化的相对大小对于活化自由能$\Delta G^{\neq}$的影响。

过渡元素 transition element 周期表中从ⅢB族到Ⅷ族的化学元素。随着原子序数的增加，电子逐个填入它们的d原子轨道。各系列过渡元素的原子半径自左而右缓慢递减。有时，也把铜族（ⅠB）和锌族元素（ⅡB）归入过渡元素的范围。过渡元素的特征性质有：①都是金属，具有熔点高、沸点高、硬度大、密度大、蒸气压低等；有金属光泽及延展性、高导电性和导热性。不同的过渡金属之间可形成多种合金。②d电子参与了化学键的形成，所以在它们的化合物中常表现出多种氧化态。最高的氧化态从每行起始元素（钪、钇、镧）的+3增加到第六个元素（钌、锇）的+8。在过渡元素的每个竖列中，元素的最高氧化态一般体现在该列底部的元素中，例如在铁、钌、锇这一列里，铁的最高氧化态是+6，而锇则达到+8。③具有能用于成键的空d轨道和较高的电荷/半径比，容易形成稳定的配位化合物。形成化合物后，过渡金属大都具有未充满的d轨道和未成对d电子，所以呈现颜色并具有顺磁性。铁、钴、镍及它们的某些金属间化合物如$SmCo_5$、NdFeB等具有铁磁性。这些金属存在于许多不同的矿石中。常用作重要的催化剂。

过境贸易 transit trade 别国出口货物通过本国国境，未经加工改制（重新包装、分类、混和等均不视为加工），在保持原来性状下运往另一国的贸易活动。又称转运贸易。一般分为直接过境和间接过境两种情况。直接过境贸易指在海运情况下，外国货物到达港口后，在海关监管下，从一个港口通过国内航线装运到另一港口，或在同一港口内从一艘船上转装到另一艘船上，然后离开国境；或不经卸货转船，仍由原船运出。承办过境的国家由此可获得转运费用的收入。间接过境贸易指外国货物到达国境后，先存入海关保税仓库，嗣后未经加工改制，又从海关保税仓库提出运出国境。接受间接过境的国家，除了可能得到的运费收入外，还可以从提供诸如存仓及重新包装、分类、混合等劳务中得到收益。

过冷 supercooling 物质气态（或液态）的温度降低到该物质凝结（或凝固）点以下而仍不发生凝聚为液态（或固态）的现象。温度低于凝固点但仍不凝固或结晶的液体称为过冷液体。过冷液体是不稳定的，只要投入少许该物质的晶体，便能诱发结晶，同时温度回升到凝固点。这种在微小扰动下就会很快转变的不稳定状态称为亚稳态。当用适当的方式缓慢冷却饱和溶液时，可使其变成过饱和而不析出溶质的结晶，这种现象也称为过冷，这种溶液称为过冷溶液。过冷溶液也是不稳定的。在没有尘埃、没有电荷的洁净空间中，使蒸气绝热膨胀，温度突然下降，可以不发生液化现象，而使原来的饱和蒸气变成过饱和，这种过饱和蒸气又称过冷蒸气。过冷蒸气也是不稳定的，如有微粒作凝结核心，就会出现雾滴。核物理实验中，利用过冷蒸气的不稳定性来产生液滴，以显示粒子的径迹，这种探测器叫做云室。

过磷酸钙 calcium superphosphate 用硫酸分解磷灰石直接制得的磷肥。又称普通过磷酸钙，简称普钙。灰白色至深灰色粉末或颗粒。其中主要有用组分是磷酸二氢钙的水合物$Ca(H_2PO_4)_2 \cdot H_2O$和少量游离的磷酸，还含有无水硫酸钙。过磷酸钙含有效五氧化二磷（P_2O_5）14%～20%（其中80%～95%溶于水），属于水溶性速效磷肥。可直接作磷肥，也是制作复合肥料的配料。若用磷酸与磷灰石反应，则所得产物是磷酸二氢钙，称重过磷酸钙，为灰白色粉末，约含五氧化二磷30%～45%，为普通过磷酸钙的2～3倍，所以也称三倍过磷酸钙。过磷酸钙主要用作酸性磷肥。磷酸二氢钙作为固体酸与碳酸氢钠作用，可放出二氧化碳，用于食品加工。

过滤 filtration 使含固体的流体通过多孔性过滤介质，把其中的固体颗粒截留下来以实现固体和流体分离的单元操作。分为颗粒过滤、微米级过滤、超滤、纳米级过滤和反渗透等。待过滤的液、固混合物称为滤浆，通过过滤介质的清液称为滤液，被截留的颗粒层称为滤饼，其中还保留一些液体。过滤根据推动力分为四类：①重力过滤。以滤浆液层高度产生的静压为过滤推动力。②真空过滤。把滤浆送入介质的一侧，在另一侧抽真空，使两侧产生压差以进行过滤。③加压过滤。把流体加压，使过滤介质两侧产生压差以实现过滤。④离心过滤。过滤设备高速旋转，带动滤浆旋转，产生离心力，作为过滤的推动力气－固混合物过滤的过滤介质在低温下可选择编织材料，又称为布袋过滤；高温下可选用多孔性固体材料，如陶瓷、烧结金属和玻璃等。用过滤方法可以比沉降方法分离粒径更小的微粒。

过滤机 filter 利用多孔性过滤介质截留液体与固体颗粒混合物中的固体颗粒而实现固－液分离的设备。属于分离机械，广泛应用于化工、石油、制药、轻工、食品、选矿、煤炭和水处理等部门。

按获得推动力的方法，分为重力过滤器、真空过滤机、加压过滤机、压榨过滤机四类。①重力过滤器。借助悬浮液的重

转鼓真空过滤机

力和位差在过滤介质上形成的压力作为过滤的推动力，一般为间歇操作。②真空过滤机。分为间歇操作和连续操作两种。连续操作的真空过滤机分转鼓（见图）、翻斗、圆盘、转台等多种型式。过滤原理是：在负压作用下，滤液穿过滤室上被覆的滤布介质，经轴的通道及分配头抽出，固相被阻挡于滤布的表面形成滤饼层。③加压过滤机。以压差作为过滤推动力，分间歇操作和连续操作两类。④压榨过滤机。具有带孔隙的圆筒，内有旋转的螺旋。螺旋槽深不等，物料由深槽端加入推向浅槽端，滤室空间逐渐减小，物料受到压榨由螺旋的小端排出，滤液由圆筒的孔隙排出。

过敏性紫癜 allergic purpura 以紫癜、皮疹及浮肿为临床特点的毛细血管变态反应性疾病。可伴腹痛、关节肿痛及肾炎等症状。基本病变是因免疫机制参与引起真皮层血管无菌性血管炎、纤维素样坏死、血小板堵塞微血管和间质水肿、红细胞外溢而致。

病因 部分病例由于对细菌、病毒抗原的过敏，接种牛痘及疫苗，或因食物过敏、昆虫叮咬、寄生虫感染或药物过敏。

临床表现 儿童多见，男女之比为2:1。发病前1～3周常有上呼吸道感染史，起病突然，皮肤分批出现大小不等的出血性斑丘疹，高出皮面呈对称分布，以下肢（尤其关节附近）为多，微痒，可留有色素沉着，或呈渗出性红斑，伴荨麻疹、水肿、多形红斑。有非游走性关节疼痛。腹痛多见于儿童，呈发作性绞痛，伴恶心、呕吐、黑便或呕血。体检腹部有压痛，无腹肌紧张或反跳痛，可因肠道不规则蠕动诱发肠套叠、肠穿孔、伴发胰腺炎等。25%～50%的患者累及肾脏，表现为肉眼或镜下血尿、蛋白尿、管型、血压升高等，可很快恢复或持续数月，少数转为慢性肾炎，甚至很快发生肾功能衰竭。实验室检查仅有轻度白细胞和血沉增快，血小板数正常。伴严重出血时可有贫血、束臂试验阳性，累及肾脏者有镜下血尿、蛋白尿、细胞管型。肾功能不全者尿素氮和肌酐增高。

诊断 为典型皮肤紫癜样皮损、血小板正常、受累部位组织学检查呈过敏性血管炎表现。其他非血小板减少性紫癜、过敏性血管炎或肉芽肿性血管炎除外。

防治 肾上腺皮质激素可抑制皮疹和预防肾炎，对控制急性期组织水肿、抑制抗原抗体反应有效，可作为急性期的主要支持治疗。本病常可自愈，但50%的病例易复发，预后一般良好。

过木设施 facilities for log passing 在水利水电枢纽工程中，为木材过坝而建设的设施。在实际工程中往往两种设施合一使用，如过船兼过木的船闸。

在江河中常见的木材流放方式有两种：①单根原木散漂流放。②编结成排（筏）流放。常见的木材过坝设施有放木道（见图）、

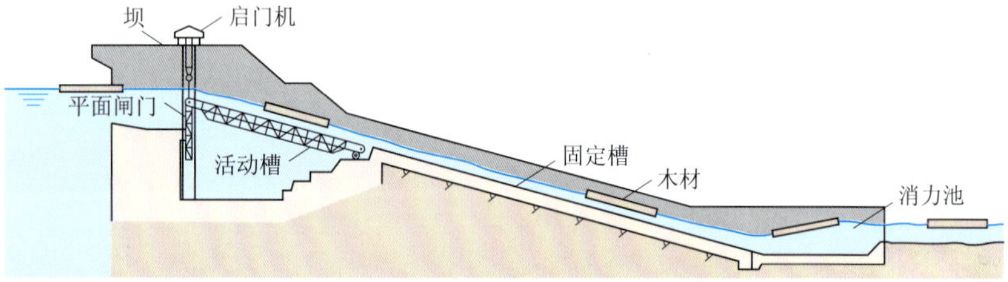

放木道

筏道和各种过木机。筏道和放木道均采用水力过坝，是最早采用的两种木材过坝设施。它们均需耗费水量，与发电、灌溉有用水的矛盾。近代水利枢纽中，采用机械过坝方式的渐多，上游水位变化较大的高水头枢纽中，多采用过木机。过木机是一种运送木材过坝的机械设施，运送木材过坝毋须耗水，并不受水头大小和水头变化的影响，多用于大中型水利水电枢纽工程。有的工程利用船闸过木或兴建与船闸类似的筏闸。在水利枢纽施工期，过木设施未建成前，常有用无压导流隧洞、导流底孔、导流明渠流放木材的。各种木材过坝设施，均可用于流放竹材过坝。对过木集中在汛期的水利枢纽，也可结合溢洪道泄洪流放原木。

过期妊娠 prolonged pregnancy 达到或超过预产期2周以上而尚未临产的妊娠。可因内分泌因素或遗传因素引起。发生率为8%～10%。过预产期后2周后娩出的胎儿称过期产儿。过期妊娠时可能出现两种情况：①分娩时常因胎儿过大，胎头过硬出现难产；②胎盘功能减退，胎儿发育受影响，死亡率增高。

预产期是按末次月经日期推算，诊断过期妊娠应认真核对停经日期、早妊反应

出现时间、首次妇科检查时子宫大小、胎动出现日期等。诊断可疑时应行B超检查测定胎头双顶间径，并注意羊水量及胎盘老化程度。若胎头双顶间径已提示胎儿足月而羊水量少，则有助于过期妊娠的诊断。确诊过期妊娠后应进一步了解有无胎盘功能减退。妊娠确已过期或有胎盘功能减退者，应尽快终止妊娠，给予人工引产或直接行剖宫产结束分娩。

过热 superheating 物质液态(或固态）的温度升高到沸（或熔）点以上仍不发生沸腾（或熔融）的现象。如压强为1标准大气压下的纯净水温度超过100℃仍不沸腾。这样的液体称为过热液体。实验表明，过热液体一旦在外界影响下出现汽化中心，可诱发剧烈沸腾，伴随着系统体积的急剧膨胀，危险的后果不亚于炸药的爆炸。过热液体像过冷蒸气一样，也是物质的一种亚稳态。防止液体过热的通常做法是人为地备制一定尺寸的气泡，如在蒸汽锅炉中放置少许像陶瓷管这样的多孔物质，随温度升高，它们释放出大量气泡，形成汽化中心。

高能粒子射入过热液体时，沿运动轨迹在损失能量的同时加热液体，形成一串气泡，勾画出粒子运动的基本特征。利用此原理设计制作的实验装置称为气泡室。它与云室一样，在核物理和高能粒子研究中得到广泛的应用。

过失犯罪 negligent crime 行为人应当预见自己的行为可能发生危害社会的结果，因为疏忽大意而没有预见，或者已经预见而轻信能够避免，以致发生这种结果而构成的犯罪。《中华人民共和国刑法》第15条对过失犯罪作了规定。刑法理论上一般将犯罪过失分为两种类型：①疏忽大意的过失。指行为人应当预见自己的行为可能发生危害社会的结果，因为疏忽大意而没有预见，以致发生了这种结果的心理态度。②过于自信的过失。指行为人已经预见到自己的行为可能发生危害社会的结果，但轻信能够避免，以致发生这种结果的心理态度。又称有认识的过失。

过氧化氢 hydrogen peroxide 氢和氧相结合形成水（H_2O）之外的另一种化合物，化学式H_2O_2。又称双氧水。医药中使用的双氧水是含30%H_2O_2的水溶液。过氧化氢分子中有一个过氧链—O—O—。熔点−0.89℃，沸点151.4℃，固体密度为1.643克/厘米^3，0℃的液体密度1.465克/毫升。能以任何比例与水混合。纯过氧化氢液体遇热（>153℃）会爆炸性分解。光照和铂、二氧化锰能催化过氧化氢的分解。过氧化氢呈弱酸性。既有氧化性，又有还原性。例如对亚硫酸，它是氧化剂；而对高锰酸钾，它是还原剂。高浓度过氧化氢会灼伤皮肤。工业制法有：①电解法。以硫酸氢铵为电解液，得过二硫酸铵，水解后得过氧化氢。②乙基蒽醌法。先用氧气氧化乙基蒽醇，生成乙基蒽醌和过氧化氢；乙基蒽醌在钯催化剂下用氢气还原成蒽醇，循环使用。主要用作纺织品和纸浆的漂白剂，作医用消毒剂，也用于合成过氧化物。

过氧化物 peroxide 含过氧基—O—O—或—O_2^{2-}的化合物。如金属过氧化物、过氧化氢、过氧酸、过氧酸盐和有机过氧化物。金属过氧化物有碱金属和碱土金属的过氧化物M_2O_2和MO_2；常见的过氧酸及过氧酸盐有过二硫酸$H_2S_2O_8$、过二磷酸$H_4P_2O_8$及其盐；过氧化氢合物有$2Na_2CO_3 \cdot 3H_2O_2$；少数稳定的有机过氧化物有过乙酸、过氧化苯甲酰等。它们都具有氧化性，不稳定，遇光分解，遇热加速分解并放出氧。

过氧化钠 Na_2O_2，淡黄色粉末，熔点675℃，有强氧化性，用作氧化剂、漂白剂和消毒剂。生产过氧化钠是将熔融金属钠借压缩空气喷入氧化炉中，连续氧化生成过氧化钠。过氧化钠可作潜艇中供氧剂。

过氧化氢合碳酸钠 俗称过氧化碳酸钠，简称过碳酸钠。过氧化氢与碳酸钠的加成化合物，用作漂白剂和洗涤剂的添加剂。

过二硫酸钾 化学式$K_2S_2O_8$。电解硫酸氢钾，在阳极生成过二硫酸钾。它在水中分解产生过氧化氢。它是强氧化剂。

过氧酸 分子中含有过氧基的酸，如过二硫酸$HOSO_2—O—O—SO_2OH$，有机过氧酸可表示为RCO(OOH)。过氧乙酸可由乙酸酐和过氧化氢反应生成。它是无色液体，沸点105℃。其稀溶液有消毒作用。

过氧化物酶体 peroxisome 富含过氧化物酶的细胞器。普遍存在于动植物细胞中。一般呈圆形或卵圆形，其基质中央有时可见电子密度较大的核心，称为类核体或类晶体。过氧化物酶体的被膜来源于内质网。所有进入过氧化物酶体基质的酶蛋白都含有两个特殊信号中的一个，即Ⅰ或Ⅱ型过氧化物酶体信号（PTS1或PTS2）。

过氧化物酶体主要包含多种氧化酶和分解H_2O_2的过氧化氢酶。其中氧化酶占总酶量的60%，如乙醇酸氧化酶、L-α-羟基酸氧化酶、D-氨基酸氧化酶、L-氨基酸氧化酶、尿酸氧化酶，其作用是利用分子氧把特定有机物（RH_2）中的H_2移去，使氧还原成为H_2O_2，氧化产生的能量以热能方式散失。过氧化氢酶占总酶量的40%，主要功能是将对细胞有害的代谢产物，如上述反应产生的H_2O_2，分解成水和氧；还可分解酚、甲醛、甲酸、亚硝酸盐及乙醇等有害物质，从而起到保护细胞的作用。植物细胞过氧化物酶体中还含有大量与乙醛酸循环有关的酶，并参与叶绿体的光呼吸作用。上述乙醛酸循环作为提供机体所需能量的反应发生于较低等的生物体内，随着生物的进化，在高等动物体内逐渐被三羧酸循环所代替。

此外，过氧化物酶体还参与β-氧化反应、胆固醇和缩醛磷脂（脑细胞生物膜的重要组成成分）的合成，具有抑制草酸盐过度合成的作用。

哈巴罗夫斯克 Khabarovsk 俄罗斯远东地区最大城市，远东联邦区驻地，哈巴罗夫斯克边疆区首府。在阿穆尔河（黑龙江）与乌苏里江汇合处。人口58.1万（2010）。中国传统名为伯力。1860年被沙俄割占。1880设市，1893年以前称哈巴罗夫卡，后改为现名。20世纪初西伯利亚大铁路建成后，成为远东地区的商贸中心。工业以机械制造（动力机械、柴油机、电机、机床、造船等）为主，还有炼油、木材加工、轻工和食品工业等。重要铁路枢纽，河港及航空要站，并有复线输油及输气管同库页岛连接。市区位于阿穆尔河东岸丘陵岗地，设5个区。远东区文化科学中心，建有铁道、农、医等8所高等学校。

哈贝马斯 Habermas, Jürgen（1929－06－18～ ） 德国哲学家、社会学家，法兰克福学派第二代的代表人物。生于杜塞尔多夫。1954年获哲学博士学位。1961年以后在海德堡大学和法兰克福大学任教。1971年任普朗克科学技术世界生存条件研究所所长。他依据发达工业社会的新情况，提出“晚期资本主义”的理论。他认为作为当代生产力的科学技术已成为奴役人的力量而不能推动社会发展。试图将“批判理论”与分析哲学、语言哲学以及解释学结合起来，对历史唯物主义的范畴作彻底的“修正”与“重建”，并以“交往行为”理论说明社会的发展。主要著作有《社会公共性的结构转变》（1962）、《理论与实践》（1963）、《社会科学的逻辑》（1967）、《认识与兴趣》（1968）、《文化与批判》（1973）、《重建历史唯物主义》（1976）、《交往行为的理论》（1981）、《后形而上学思维》（1992）等。

哈比比 Habibi, Imīl（1921－08～1996－05－03） 巴勒斯坦作家。生于海法。曾当过炼油厂工人、广播电台播音员、《联合报》主编等。参加创建巴勒斯坦民族解放联盟和以色列共产党。1952～1972年当选国会议员。后辞去职务专事创作。作品多表现巴勒斯坦人的悲惨境遇，以及他们的理想、斗争。主要作品有长篇小说《六天的六重奏》（1968）、《巨魔之女赛拉娅的荒诞》（1991），戏剧《鲁巴比卡之母》（1992），著作《为了一个没有牢笼的世界》等。

哈伯 Haber, Fritz（1868－12－09～1934－01－29） 德国化学家。生于普鲁士西里西亚布雷斯劳（现为波兰弗罗茨瓦夫），卒于瑞士巴塞尔。曾在柏林大学随A.W.von霍夫曼学习，在海德堡大学随R.W.本生学习。后在夏洛滕堡工业大学以有机化学方面的论文取得博士学位。1896年在卡尔斯鲁厄工业大学任讲师，1906～1911年任教授，后任威廉皇家物理化学和电化学研究所所长兼柏林大学教授。第一次世界大战期间，哈伯主持了炸药和毒气的生产。德国首先施放氯气毒气于战场，哈伯1916年辞去化学兵工生产的职务。1933年纳粹上台后，他因犹太血统被免去研究所所长职务，在剑桥大学卡文迪什实验室工作数月后去罗马，途中逝世。1918年提出借热化学循环来求出晶体点阵能的方法，称为哈伯循环。1909年在卡尔斯鲁厄任教期间发明氨合成法。他采用了过渡金属锇为催化剂，并使未反应的气体原料循环利用，取得具有工业化价值的合成氨方法的成功。因用氮和氢合成氨而获1918年诺贝尔化学奖。1932年获英国皇家学会的朗福德奖章。著有《工业电化学的理论基础》和《工业气体反应动力学》。

哈勃 Hubble, Edwin Powell（1889－11－20～1953－09－28） 美国天文学家，星系天文学的奠基人，观测宇宙学的开创者之一。生于密苏里州马什菲尔德，卒于加利福尼亚州圣马里诺。1910年毕业于芝加哥大学天文系。1917年获美国叶凯士天文台博士学位。从1919年起，在威尔逊山天文台工作30多年，直到去世。

1914年他提出有一些星云是银河系内的气团。他发现亮银河星云的视直径同使星云发光的恒星亮度有关。并推测另一些星云，特别是具有旋涡结构的，可能是更遥远的天体系统。1924年发现仙女座大星云的造父变星，根据周光关系，推算出它在银河系之外，是和银河系一样的恒星系统。揭开了探索大宇宙的新的一页。

20世纪初V.M.斯里弗发现谱线红移现象。哈勃根据自己测定的距离资料，于1929年指出星系的距离越远，红移越大。若假设红移是星系视向运动的多普勒效应，则红移－距离关系表明，越远的星系退行的速度越大，从而意味着那部分宇宙在膨胀。后来把红移－距离之间的线性关系称为哈勃定律。哈勃在1925年提出了河外星系的形态分类法，称为哈勃分类法。此法将星系分旋涡、棒旋、椭圆和不规则四大类，一直沿用至今。1928年哈勃还提出蟹状星云是中国古代记录到的1054年超新星爆发遗迹的观点。

哈勃于1936年出版的《星云世界》和1937年发表的《用观测手段探索宇宙学问题》都是现代天文学名著。

哈勃定律 Hubble's law 遥远河外星系的视向速度v与距离r成正比的关系。1929年由美国天文学家E.P.哈勃发现。后称哈勃定律。它的形式是：

$$v = H_0 r$$

哈勃定律中的比例系数H_0称为哈勃常数，代表宇宙当前的膨胀速率。哈勃空间望远镜核心课题组2001年观测结果报告H_0=72±8千米/（秒·百万秒差距）。

哈勃空间望远镜 Hubble Space Telescope; HST 美国国家航空航天局和欧洲空间局联合研制的口径2.4米的光学－近红外空间望远镜。以观测宇宙学奠基者、美国天文学家E.P.哈勃的姓氏命名。于1990年发射升空，在环地轨道上运行。1993年、1997年、1999年和2001年4次按计划进行过维修及更换新的元器件和附属仪器。HST在10多年间成功地运作和观天，发现了为数众多的新天象，取得了大量高质量的观测资料，据此完成了大批研究成果。如揭示100亿～130亿光年以外宇宙早期和极早期的天象，发现致使宇宙加速膨胀的暗能量，修订计量宇宙距离尺度的哈勃常数，观测到许多形态各异的恒星诞生区、褐矮星、双小行星等。

飞行中的哈勃空间望远镜

哈博罗内 Gaborone 博茨瓦纳首都。1969年前称加贝罗内斯。在东南边境，林波波河上游高地上。人口22.5万（2008）。属热带草原气候，年平均气温20.7℃。原是开普敦（南非）—布拉瓦约（津巴布韦）国际铁路线上的小镇，当地部族酋长驻地。1965

年扩建新城，行政机关从南非境内的马弗京迁入。1966年博茨瓦纳独立后成为国家政治中心。牲畜、羊毛、皮革的重要集散地。有较大的屠宰场、肉类加工厂、热电站以及纺织、服装、日用化工等小型工业。南郊70千米处的奥茨有锰矿开采。公路通连国内主要城镇，铁路连接南非和津巴布韦。有国际机场。有博茨瓦纳大学、国家博物馆和美术馆等。

哈布斯堡家族 Habsburg, House of 欧洲历史上支系繁多的德意志封建统治家族。主要分支在奥地利，又称奥地利家族。远祖系日耳曼人中的一支，最早居住在阿尔萨斯和瑞士的阿尔高。11世纪初，由于此家族的主教斯特拉斯堡的维尔纳建立哈布斯堡，其家族即以哈布斯堡为名。统治时期从1282年起一直延续到第一次世界大战结束，是欧洲历史上统治时间最长、统治地域最广的封建家族。

除统治神圣罗马帝国和奥地利帝国外，这一家族也曾是西班牙、波希米亚、匈牙利、葡萄牙等国的统治家族。

在长达640年的统治中，此家族较重要的国王和皇帝有神圣罗马帝国皇帝阿尔布雷希特二世、马克西米利安一世、查理五世、西班牙国王腓力二世、奥地利帝国皇帝玛丽亚·特蕾西亚和约瑟夫二世等。

哈代 Hardy, Godfrey Harold (1877-02-07～1947-12-01) 英国数学家。生于克兰利，卒于剑桥。13岁进入温切斯特公学。1896年去剑桥大学三一学院，并于1900年在剑桥获得院委职位。同年得史密斯奖。1906～1919年任剑桥大学三一学院数学讲师，1919～1931年任牛津大学萨维尔几何教授，1931年起回剑桥大学任萨得勒纯粹数学教授直至去世。从1912年起长期同J.E.李特尔伍德合作，共同发表百余篇论文。

哈代的贡献涉及数论中的丢番图逼近、堆垒数论、素数分布理论与黎曼ζ函数，调和分析中的三角级数理论、发散级数求和与陶伯型定理、不等式、积分变换与积分方程等方面，对分析学的发展有深刻的影响。例如以他的姓氏命名的H^p空间（哈代空间），其理论至今仍是数学中十分活跃的领域。其他如哈代-李特尔伍德极大函数、哈代不等式等，都是经常被引用的。

1908年哈代在应用数学方面的一篇论文后来被认为对遗传学很有意义，德国物理学家S.温伯格也独立地发现了相同的原理，后称之为哈代-温伯格定律。

哈代著有11部以上的书籍与300多篇文章。著名的有《纯粹数学教程》、《不等式》（与李特尔伍德、G.波利亚合作）、《发散级数》。1966年起出版了他的7卷全集。

哈代 Hardy, Thomas (1840-06-02～1928-01-11) 英国诗人、小说家。生于多切斯特，卒于多切斯特。曾学习拉丁文、希腊文、法文、文学、哲学等。当过绘图员。1866年开始文学创作，持续终生。1871年发表以爱情、阴谋、凶杀、侦破为内容的情节小说《计出无奈》。随后连续创作了《绿林荫下》(1872)、《一双湛蓝的秋波》(1873)、《远离尘嚣》(1874)，获得成功。

哈代的小说以他所生长生活的英格兰西南部地区为背景，富有浓重的地方色彩，如《还乡》(1878)、《卡斯特桥市长》(1886)、《林地居民》(1887)等。《德伯家的苔丝》(1891)写贫苦美丽的苔丝因年幼无知而失身于富家恶少，受尽煎熬，最后失去自己真心爱恋的安玑·克莱，悲愤绝望之中，杀死恶少，坦然走上绞架。《无名的裘德》(1896)写孤儿裘德奋发自学欲赴高等学府深造，但无入门之道。他与志趣相投的表妹双双摆脱法定配偶而自由结合，但为社会所排斥，流浪街头，最后家破人亡。上述这些哈代称之为"人物与环境"的小说，大多通过描述男女主人公的奋斗、追求、幻灭，反映人与环境、人与人之间的冲突，具有深刻的社会意义和哲理。

哈代作为诗人也颇有声誉。1898～1928年共出版8部近千首短诗，冷峻、深刻、细腻、优美，言简意赅，自成一格。史诗剧《列王》(1903～1908)以拿破仑战争为题材，囊括了欧洲与战争有关的种种地区和场所，出场人数达数百人，气势宏伟，语言优美，运用无韵诗、有韵诗及散文3种文体，是作者近60年文学创作的深化和总结。

哈得斯 Hades 希腊神话中的冥王。又称普路同或阿伊多纽斯。时间的化身，克罗诺斯之子，波塞冬和宙斯的弟兄。挫败提坦神的反抗以后，三兄弟瓜分世界，他得到的是冥府，亲自守护冥府。他冷酷无情，严厉地惩罚罪犯，又是地下财宝的掌管者。他把谷物女神的女儿佩尔塞福涅抢去作冥后的神话曾非常流行。在罗马，哈得斯与古代意大利的死神和冥府之神奥尔库斯和狄斯混同。在艺术作品中，他的形象是一个坐在宝座上的强壮的成年男子，手握两股叉或权杖，脚边卧着三头狗克尔柏罗斯，身旁有时站着佩尔塞福涅。

哈得斯也是希腊神话中冥府的名称，有时亦指地的最深处塔尔塔罗斯（罗马神话中则是奥尔库斯）。最古的神话说，它位于西方，在瀛海奥克阿诺斯的彼岸，是鬼魂居住的地方。

哈得孙湾 Hudson Bay 北冰洋边缘海，伸入加拿大东北部内陆的大海湾。东北经哈得孙海峡与大西洋相通；北经福克斯湾、再经布西亚湾和加拿大北极群岛诸海峡与北冰洋沟通，湾口的南安普顿等岛构成其北界；向东南伸为詹姆斯湾。1610年，英国航海家H.哈得孙最先进入海湾。海湾略呈椭圆形，面积81.9万平方千米。湾底浅平，平均水深100米，最深274米。因地处高纬，深居内陆，故气候严寒，水温很低。全年大部分时间海面封冻。海水盐度随深度而递增，水深1.8米以上表水层的盐度仅2，24米以下可达31。加拿大中部和东北部地区河流多汇注于此，如纳尔逊河、丘吉尔河、奥尔巴尼河等。海流挟带冰块由福克斯湾流入，形成逆时针环流，从哈得孙海峡流出，汇入拉布拉多寒流。因纽特人居住在东、西岸，印第安人居住在南岸，以狩猎（海豹、海象、北极熊）和捕鱼（鳕、鲑、大比目鱼）为生。沿岸地区多小型毛皮贸易站。西岸的丘吉尔港为主要港口，有铁路通加拿大南部。

哈德良长城 Hadrian's Wall 英国古代北方的防御工事。位于坎布里亚、诺森伯亚和泰恩-威尔三郡。罗马帝国时期为防御北方游牧民族南下而建造，建造原因和功能与中国长城相同。由不同时期的防御工程组成，全长118千米。最早的工程开始于公元80年，主体部分则是从罗马皇帝哈德良时期的122年开始建造。4世纪后被逐渐废

峭壁上的哈德良长城

弃。长城的结构与布局相当讲究，因地制宜选择夯筑和石筑方式，还设驿站、要塞、城堡和塔楼。罗马人有洗浴的习惯，这里还建有许多石砌浴池，以中部的霍莱佛德保存的骑兵营地浴池最为精致。哈德良长城从东岸到西岸横跨不列颠岛，是罗马帝国最北部防御系统，也是罗马时代最完整和壮观的防御工程和居住设施，在当时的城堡建设方面产生过重大影响，是已消失的古罗马文化的特殊见证。1987年，罗马帝国边境作为文化遗产被列入《世界遗产名录》，哈德良长城是其中的一部分。

哈恩 Hahn, Otto (1879-03-08～1968-07-28) 德国放射化学家、物理学家。生于美因河畔法兰克福，卒于格丁根。1901年获马尔堡大学博士学位。1904年去伦敦随W.拉姆齐进修。1905年去加拿大蒙特利尔协助E.卢瑟福工作。1910年任柏林大学教授。1912年任威廉皇家化学研究所放射性研究室主任，1928年任所长。从1907年起，他和L.迈特纳合作，先后发现放射性元素钍、锕和镤等多至9种，有些是他独自发现的。1921年他还发现了天然放射性元素之间的同质异能现象。20世纪20年代初到30年代中，他的研究重点在于把放射化学方法应用于各种化学问题。1938年哈恩和F.斯特拉斯曼做实验发现，中子轰击铀后所得的产物是比铀原子轻得多的碎片，这表明铀原子已分裂成两个较轻的原子。迈特纳将这种现象定名为裂变。随后，哈恩和斯特拉斯曼又发现钍核受快中子轰击也会产生裂变。由于发现核裂变，哈恩获得1944年诺贝尔化学奖。1966年同迈特纳、斯特拉斯曼共获美国原子能委员会费米奖金。

哈尔滨东正教堂 Orthodox Eastern Church of Harbin 中国东正教教堂。又称圣索菲亚教堂。远东地区最大的东正教堂。位于黑龙江哈尔滨道里区。始建于1907年3月。同年由俄国茶商伊·费·赤斯嘉科夫出资，在其基础上重新修建为全木结构教堂。1923年9月此堂第二次重建，历时9年，于1932年11月落成，即今之教堂。建筑深受拜占廷式风格影响。中华人民共和国建立后，教堂四周为居民楼遮蔽，曾长期不为哈尔滨市民所知。1997年，拆除教堂相邻建筑，辟建广场，对教堂按原设计进行了全面整修，将其作为哈尔滨建筑艺术馆。

哈尔滨圣索菲亚教堂

哈尔滨工程大学 Harbin Engineering University 中国工科高等学校。校址在哈尔滨。前身是1953年创办的中国人民解放军军事工程学院。陈赓任首任院长。1966年改名哈尔滨军事工程学院。1970年学院主体迁往长沙，海军工程系及其他各系部分教职员工在原址组建哈尔滨船舶工程学院。1994年改现名。设有船舶工程、航天与建筑工程、动力与能源工程、计算机科学与技术、信息与通信工程、经济管理、人文社会科学、理学、材料科学与化学工程等十几个学院及外语系、体育军事训练部。有培养学士、硕士和博士的教学体系；有国家重点学科、国防重点学科和国家重点实验室等。图书馆藏书115万册。学校占地面积125万平方米，建筑面积近93万平方米。出版物有《哈尔滨工程大学学报》。

哈尔滨工业大学 Harbin Institute of Technology 中国多学科性的工业大学。校址在哈尔滨。前身是1920年创办的为中东铁路培养技术人员的哈尔滨中俄工业学校。1928年定名为哈尔滨工业大学，由中苏共管。张学良将军任校理事会主席。1931年九一八事变后，被日本人接管。1945年抗日战争胜利后，由中苏共同接管。中华人民共和国建立后，学校正式移交给中国政府。

学校已发展为以理工为主，理、工、管、文相结合的大学。设有航天、机电、材料、能源、人文、建筑、交通、计算机、软件、外语等20多个学院及威海校区。有培养学士、硕士和博士的教学体系；有国家基础教学基地和国家重点学科以及国家和省（部）级重点实验室等。学校占地面积421.8万平方米。图书馆藏书250余万册。出版物有《哈尔滨工业大学学报》。

哈尔滨军事工程学院 Harbin Military Engineering College 中国工科高等学校。1953年建立。见哈尔滨工程大学。

哈尔滨市 Harbin City 中国黑龙江省辖市、省会。中国历史文化名城。位于省境西南部，松花江畔，邻接吉林省。辖松北、道里、南岗、道外、香坊、平房、呼兰、阿城8区和宾县、方正、依兰、巴彦、木兰、通河、延寿7县，代管双城、尚志、五常3市。面积53 840平方千米。人口约1 064万(2010)，有汉、满、回、蒙古、朝鲜等40多个民族。1097年前后，女真人建“阿勒锦”村落于此，女真语“阿勒锦”为“荣誉”、“声望”之意，元代转音为“哈儿宾”。1899年后称哈尔滨。1954年为黑龙江省省会和东北地区重要的中心城市。

属中温带大陆性季风气候。年平均气温4.9℃。平均年降水量385毫米。冬春冰期较长。煤、木材、石油、烟、麻、毛等农、林、矿产资源丰富。以机电、汽车、食品、医药、电子信息制造等为支柱产业。农业以粮食、经济作物、饲料、绿色食品、畜禽及水产养殖等为主，为国家重要的商品粮基地，粮食总产量约占全省的1/4，商品粮占全省的1/3。水、陆、空交通发达。是中国东北地区的铁路枢纽、中国8大内河港口之一和北方最大的内河航运中心。哈尔滨太平国际机场是中国重要机场之一。哈尔滨市有哈尔滨工业大学、黑龙江大学、哈尔滨工程大学、东北林业大学等高等院校。

哈尔滨冰雪大世界冰雕

名胜古迹有松花江长堤、沙滩、高塔、太阳岛、极乐寺宝塔圣殿、文庙、兆麟公园、亚布力高山滑雪场、冰雪大世界等。

哈尔格萨 Hargeysa 索马里第二大城市，哈尔格萨州首府。在国境西北奥戈高地一谷地中，海拔1 300米。气候温和宜人。历史上是畜产品集散地和贸易中心。1941年前曾作为“英属索马里夏都”，后改为英国殖民首府。独立后，成为索马里北部地区经济和交通中心。市内有畜产品加工、食品、金属制品、电力等工业，还有贸易市场。公路交通便利，东北通柏培拉，东接贝莱德文—布尔奥公路，西通埃塞俄比亚城市德雷达瓦，西北通吉布提首都吉布提市。城郊有国际机场。

哈尔科夫 Khar' kov; Khar' kiv 乌克兰第二大城市，哈尔科夫州首府。位于乌克兰东北部，哈尔科夫河、洛潘河与乌达河汇流处。面积303平方千米。人口147.09万(2001)。1650年由哥萨克人兴建为要塞。18世纪中叶为重要手工业和贸易中心。1780～1796年为哈尔科夫总督管区。19世纪下半叶随顿巴斯开发和铁路通达而兴起。1918～1934年曾为乌克兰首都。1941年10月被德军攻占。1943年8月解放。乌克兰最大的工业、交通中心。工业以机械制造、轻工业、食品工业为主，还有化工、制药、建材、木材加工业等。乌克兰最大铁路枢纽，有8条铁路在此交会。重要公路枢纽。有20多条航空线。市内有地铁。有高尔基大学、V.V.多库恰耶夫农学院等20多所著名的高等院校及科研机构。有历史艺术博物馆、自然博物馆、天文馆及剧院、音乐厅、疗养院等。市中心有著名的旅馆、餐厅、百货公司。莫斯科大街、苏梅街等为主要街道。名胜古迹有建于17～18世纪的波克罗夫斯基和圣母升天大教堂、叶卡捷琳娜宫等。

哈尔克岛 Khārk, Jazīreh-ye 伊朗岛屿，世界最大的现代化石油输出港之一。位于波斯湾西北端东侧，东距伊朗西南海岸约40千米。珊瑚岛，面积49平方千米。岛岸水深19～22米，具有极其良好的建港条件。油港始建于1958年，1976年竣工，已成为伊朗最大的原油出口基地。伊朗陆、海油田生产的原油，大都通过输油管道（包括长50千米的海底双管道）输进岛上的巨型储油库，经各个油码头装船外运。连绵数千米的油码头，拥有大批可停靠10万吨级直至数十万吨级油轮的现代化泊位。岛西的人造深海码头全部用钢材筑成，长约12千米，水深约30米，可停靠70万吨级超级油轮，作业高度自动化。全港平均每天装油最高可达1 000万桶，年输出原油数亿吨。两伊战争期间曾遭狂炸，港口设施严重受损，后逐渐恢复。

哈尔施塔特文化 Hallstatt Culture 西欧和中欧的晚期青铜时代文化和早期铁器时代文化。因奥地利萨尔茨堡东南的哈尔施塔特遗址而得名。主要分布于南斯拉夫、奥地利、波兰西部、法国等地。晚于骨灰瓮文化，早于拉登文化，可分为四期。A、B两期年代为公元前1000～前750年，C、D期年代大体为前750～前450年。

已有农业、手工业和商业。前期的主要遗物是青铜器，以别针最富特色；后期，铁器取代了青铜器，遗物主要为剑、矛等武器。冶铁业已达到较高水平，普遍发现熔炉、铸范、矿渣。见有金制品及产于北欧的琥珀和来自南欧的工艺品等，证明这一文化已同各地发生贸易联系。寨堡遗址发现较多。最著名的是德国符腾堡州的霍伊讷贝格遗址，位于多瑙河上游一支流的岸边台地上，占地约4.5公顷。设有9座望楼和2个大门。堡内有方形木构房屋，设有冶铸铁和青铜的作坊，但无厅房和宫室建筑。墓葬为火葬高冢墓。晚期出现四轮战车葬，主要用于酋长首领和其他高级人物，随葬品为武器、马具、饰物等，未见马骨。其中，法国塞纳河上游维克斯墓的墓主为一女性，尸体放于战车上，随葬品中的青铜罐高1.9米，重达250千克，是古代欧洲最大的铸器之一。当时社会已处于军事民主制阶段，尚未产生国家。此文化的居民属凯尔特人，一般以哈尔施塔特文化为凯尔特铁器文化的第一阶段，其后的拉登文化为第二阶段。

哈尔斯 Hals, Frans（约1581～1666-09-01） 荷兰肖像画家。生于安特卫普，卒于哈勒姆。哈尔斯主要画肖像画，用笔洒脱准确，使画中人形神兼备。其作品总数为250幅左右，留存至今的最早署有年代的残缺油画为《雅各布·扎菲厄斯像》(1611)。另外几幅油画包括《持头骨的男子肖像》等亦属早年作品。约1616年，哈尔斯的独特画风形成。《圣乔治射击手连军官们的宴会》(1616）等突破了传统的荷兰团体肖像画程式的束缚，画中人富有性格特征，画面气氛热烈，洋溢着荷兰人的乐观主义情绪。17世纪20～30年代，哈尔斯绘制了许多带有肖像画性质的风俗画。这些画流露出民主思想和对人物形象的浓厚兴趣，充满了欢乐而开朗的情绪，人物形象健康而愉悦。他塑造了军官、富裕的中产者及社会底层人物，如《微笑的军官》、《吉普赛女郎》(约1628～1630)、《马莱·巴贝》(俗称《哈勒姆女巫》）等。画家准确抓住了人物瞬间表情和心理状态，尤其善于描绘那种往往会转化为大笑的微笑。留存至今的哈尔斯的团体肖像画共有8幅（1616～1666)，全部陈列于哈勒姆哈尔斯博物馆中。前期的团体肖像画，色调鲜艳明快，充满

《吉普赛女郎》(卢浮宫博物馆藏)

愉快情绪；最后两幅团体肖像画《哈勒姆养老院的男主持人》和《哈勒姆养老院的女主持人》(均作于1664年）则以灰暗色调渲染了人物深沉、含蓄、内向而细腻的内心活动，画面呈现出画家后期创作特有的悲剧性气氛。哈尔斯是荷兰美术史上写实主义肖像画和风俗画的奠基人，对后来欧洲绘画技法的改进有较大启发。死后曾长期被人们忽视，直到19世纪西方写实主义和印象主义绘画运动先后兴起，哈尔斯才被重新重视，被公认为仅次于伦勃朗的17世纪荷兰大画家。

哈尔西 Halsey, William Frederick Jr.(1882-10-30～1959-08-16) 美国海军五星上将。生于新泽西州伊丽莎白，卒于费希尔岛。1904年毕业于海军军官学校。参加过第一次世界大战。

1933～1934年先后入海军军事学院和陆军军事学院进修。后历任航空母舰舰长、海军航空站司令和航空母舰特混舰队司令等职。太平洋战争初期，率部袭击日军占领的马绍尔群岛、吉尔伯特群岛，1942年4月率特混舰队首次空袭日本首都东京。同年10月任南太平洋盟军司令后，参与指挥瓜达尔卡纳尔岛争夺战、新乔治亚群岛战役、布干维尔岛战役等。1944年6月任第3舰队司令，从加罗林群岛一直打到菲律宾。10月率部参加莱特湾海战，击沉日军4艘航母和数艘战列舰、重巡洋舰等。战争后期，对台湾、东京等地实施空袭，并指挥冲绳岛周围的海战直至日本投降。1945年12月晋五星上将。1947年退役。

哈菲兹 Hāfez, Shams-al-dīn Mohammad（1327～1390） 波斯诗人。生于设拉子，卒于设拉子。幼年丧父，家境贫穷，一边谋生一边求学，20岁时成为颇有名气的诗人。因为能熟背《古兰经》，人们送他“哈菲兹”(意为“记忆力强的人”)的雅号。巴格达和印度等地君主欲聘他为宫廷诗人，被他拒绝。作品主要有抒情诗、颂诗、短诗、鲁拜诗（四行诗）。最能代表其文学成就的是近500首“伽扎尔”抒情诗。哈菲兹的抒情诗注重抒发主观的感受和描写客观景物，抒情中不乏哲理，充满浪漫主义色彩。诗中歌唱现世幸福，赞美人与人之间的真挚情感，揭露和嘲讽了社会虚伪与宗教偏见，表现了对社会道德沉沦的不满和追求自由的激情。这些诗歌珍品在艺术和内容上都

堪称波斯抒情诗的巅峰之作。

哈佛大学 Harvard University 美国私立研究型大学。校址在马萨诸塞州剑桥市。原名剑桥学院，由移民新英格兰的英国清教徒发起，1636年10月经马萨诸塞海湾殖民议会授权建立。1638年开学。1639年3月，为纪念向学院捐赠财产的牧师J.哈佛，更名

哈佛大学校园一角

为哈佛学院。1640年邓斯特为首任校长，设置以古代语言和古典文学为主的课程计划。1642年首次授予文学学士学位。1721年和1727年，先后设立神学、数学与自然哲学教授席位。1780年设医学教授席位。同年，根据马萨诸塞州宪法改称哈佛大学。后继续设立一系列专门学院，如医学院、神学院、法学院、劳伦斯理学院、牙医学院、建筑学院和园艺设计学院等。另有只招收女生的拉德克利夫学院。自1869年开始，推行自由选修制。

哈佛大学设有文理研究生院、哈佛学院、医学院、牙医学院、商学院、设计学院、神学院、教育学院、肯尼迪政治学院和法学院等十几个学院。学校共有几十位教授获得诺贝尔奖，多位美国总统毕业于哈佛。

哈佛大学1638年建立的图书馆是全美最早的图书馆，也是世界上最大的学术型图书馆，由90多个分馆组成。有7个博物馆，其中哈佛艺术博物馆最为著名，藏品名贵。

哈格斯特朗 Hägerstrand, Torsten (1916－10－11～2004－05－03) 瑞典地理学家。生于穆海达，卒于隆德。1953年获瑞典隆德大学博士学位。曾任隆德大学地理教授、国际地理联合会副主席。为地理学理论化、数量化的倡导者之一。研究证明新技术的时空扩散过程的概率分布呈正态钟形、频率分布值呈倒S逻辑推理曲线，这一成果是20世纪中期以来的地理学、社会学和经济学的主要成就之一。1971年发表的《区域预测与社会工程》，标志着理论地理学进入动态化研究。70年代起研究地理学中的时空耦合问题。

哈基姆 Hakīm, Tawfīq al- (1898－10－09～1987－07－26) 埃及小说家、戏剧家。又译陶菲格·哈基姆。生于布海拉，卒于开罗。早年留学法国，回国后在政府中任职。1951年以后，先后担任国家图书馆馆长、文学艺术和社会科学最高委员会委员、埃及驻联合国教科文组织代表、作家协会主席等职。

哈基姆是埃及现实主义小说的代表作家之一，有自传体长篇小说《灵魂归来》(1933)和《乡村检察官手记》(1937)、《来自东方的小鸟》等十几部长篇小说和几部短篇小说集。

他的戏剧创作包括60多部具有东方的阿拉伯特色的哲理剧、社会剧和历史剧。哲理剧的题材广泛，善用象征手法，有《洞中人》(1933)、《山鲁佐德》(1934)、《皮格马利翁》(1942)、《俄狄浦斯王》(1949)和《伊西斯》(1955)等。社会剧长于运用心理分析针砭时弊，有《为了美好的生活》、《渴望杀人》、《瞬息之间》、《可尊敬的女议员》、《交易》等，都接触到当代社会的一些实质性问题。哈基姆被誉为埃及当代戏剧的创建者。

哈吉 Hājj 伊斯兰教称谓。又译"哈只"、"哈志"、"罕志"。阿拉伯语音译，意为"朝觐者"。对前往麦加履行了朝觐功课的男女穆斯林的尊称。凡到圣地麦加朝觐过的穆斯林，均被视为信仰虔诚者。因他（她）们亲身完成了神圣的天命功课，瞻仰了圣地克尔白，缅怀了先知穆罕默德的圣迹，从而坚定了认主独一的信念，净化了心灵，并同世界各国穆斯林会聚，增进了团结和友谊，从而受到人们的尊敬，故在其名前冠以"哈吉"的尊称。现已成为一种头衔，穆斯林将这一称谓列名前，以示尊敬。

哈金斯 Huggins, Charles B(renton) (1901－09－22～1997－01－12) 美国泌尿外科医师、生物化学家、实验外科学家、肿瘤学家。生于加拿大新斯科舍省哈利法克斯，卒于美国芝加哥。1924年获美国哈佛大学医学博士学位。1924～1927年在密歇根大学任外科医师。1927年以来在芝加哥大学任职。1966年因首创激素治癌而获诺贝尔生理学或医学奖。

哈金斯在20世纪30年代后期设计了前列腺的实验研究方法。他用实验模型证明雄激素促进前列腺增长，使前列腺液的量增多，雌激素的效果则相反；从而证明前列腺对性激素的依赖性。他发现从血清磷酸酶浓度的变化可了解前列腺癌的进展或缓解。首次证明全身性治疗对恶性肿瘤有效。激素治癌为癌症治疗开辟了一条新途径——化学治疗。

哈卡斯人 Khakas 西伯利亚南部的居民。曾称米努辛鞑靼人、叶尼塞鞑靼人等。约6.2万人(1999)。主要分布在俄罗斯联邦哈卡斯共和国，部分分布在克拉斯诺亚尔斯克等地。属蒙古人种西伯利亚类型。使用哈卡斯语，属阿尔泰语系突厥语族。有以斯拉夫字母为基础的拼音文字。名义上信东正教，实际仍信萨满教等原始宗教。原分成卡钦人、克孜尔人、萨盖人、别尔季尔人和科伊巴尔人等5个氏族部落集团。17～18世纪，在叶尼塞吉尔吉斯人、克特人和萨莫耶德人等基础上，形成哈卡斯部族。过去，哈卡斯人主要从事半游牧业和狩猎，饲养细毛羊、牛和马，兼事农业，种植小麦、燕麦、马铃薯等。经济和文化落后，住半地窖式土屋。十月革命后，工农业得到发展。

哈科特港 Harcourt, Port 尼日利亚第二大港口城市，河流州首府。位于尼日尔河三角洲东南部，濒临邦尼河，南距几内亚湾66千米。人口109.3万(2003)。地处热带雨林，终年高温多雨，年平均气温26.7℃，平均年降水量2 460毫米。1912年建城，1916年铁路通埃努古煤田后成为港口。20世纪60年代随着石油和加工工业的发展，以及70年代奥内新港口设施的修建，成为全国重要工业中心。港口由哈科特和邦尼、奥内两个港区组成，共有23个泊位。年吞吐量近1 200万吨，其中1 100万吨为原油。新港在哈科特东南25千米。港区沿岸捕鱼业较盛，建有水产冷冻厂。为尼日利亚东部铁路干线和数条公路起点，乍得等邻国部分进出口货物经此转运。附近有国际机场。主要文教设施有哈科特大学、州立理工大学。

哈克斯 Hacks, Peter (1928－03－21～2003－08－28) 德国剧作家。生于西里西亚布雷斯劳，卒于柏林。曾在慕尼黑的大学学习，1951年获博士学位。1955年迁居东柏林。先后任柏林剧团、德意志剧院编剧。以写历史剧开始创作生涯，如《揭开印度时代》(1954)、《恩斯特大公的战事》(1955)和《无忧宫的米勒》(1958)。《忧虑和权力》(1959)反映民主德国工业生产中的矛盾和企业中的问题，因而受到严厉批判。《莫里茨·塔索夫》(1954)讲述一个共产主义空想家的故事。其他主要作品还有

以普鲁士七年战争为背景的《洛勃西茨之战》(1956)，根据古希腊神话传说和古典剧本进行创作和改编的《和平》(1962)、《美丽的海伦》(1964)、《舒胡和飞行公主》(1966)等。

哈拉夫文化 Halaf Culture 西亚铜石并用时代文化。主要分布于伊拉克、叙利亚北部和土耳其东南部的山区。最初发现于叙利亚北部哈布尔河畔的哈拉夫土丘，故名。约形成于公元前第6千纪末，晚于哈苏纳文化。前4400～前4300年为欧贝德文化所取代。哈拉夫文化以优美的彩陶为特征。陶器在双室窑中烧成，器壁薄，表面涂有奶油色或浅黄色的泥釉，饰以黑、白和橘红色图案。经过高温焙烧，陶器具有近于瓷器的表面特征。村落临河傍水，面积不大，房屋排列密集，流行建造在石基上的圆形住房。墙体以砌墙泥建成，厚达2～2.5米。年代较晚者以土坯建筑，十分坚固。居民经济生活以旱地农业为主，兼营畜牧业，还从事狩猎。制作石器的技术高超，已掌握切割石材和钻孔的技术。装饰品有石制的牛头小雕像，双斧形、小动物形的垂饰等。

哈拉夫文化的多彩陶盘

石制圆筒印章也有出土。已出现铜器。该文化在初始阶段，与安纳托利亚的新石器文化、早期铜石并用文化存在许多相似之处，并对叙利亚、巴勒斯坦的阿穆格文化C产生影响。

哈拉和林 Karakorum 蒙古古都。曾称和林。遗址位于首都乌兰巴托西南，前杭爱省北部，杭爱山脉北麓，鄂尔浑河上游。1235年窝阔台在此建都。1264年忽必烈定都燕京（后改名大都，今北京）后该城逐渐衰落。元为岭北行省治所，元亡后曾为北元都城，15世纪废弃。古城为不规则长方形，南北约2 500米，东西约1 300米，围以土墙，四面设门。城内西南部有宫殿遗址，城中央为商业和手工业区，建筑遗存集中在东西、南北向两条大道附近。蒙古最早藏传佛教寺庙额尔德尼召位于哈拉和林遗址旁。古城周围有连绵的森林，历史古迹众多，为蒙古著名的旅游胜地。交通便利，有公路通达乌兰巴托。

哈拉雷 Harare 津巴布韦首都和最大城市。原名索尔兹伯里，1982年4月改为今名。位于东北高原上，海拔1 472米。大哈拉雷地区包括高地居住区及绍特顿、沃金顿等

哈拉雷城市一角

工业区，面积559平方千米。人口约187万。全年气候温和，平均年降水量820毫米。周围是国内最富庶的农业区。水源、电力充足，矿藏资源丰富。始建于1890年，原为英国殖民者入侵津巴布韦而兴建的城堡。1899年起自莫桑比克贝拉港的铁路修通后，随着周围农矿资源的开发，成为商业和矿业中心。1935年设市。曾为前南罗得西亚殖民地的首府。全国经济中心，卷烟、纺织、食品、造纸、化肥工业规模较大。世界最大的烟叶交易市场与集散地之一，东北部农矿产品的集散地。全国重要交通枢纽，4条铁路和6条公路汇集于此，其中由哈拉雷通往莫桑比克贝拉港的铁路，是津巴布韦最近的出海通道，被称为贝拉走廊。拥有现代化设施的国际航空港。文教事业发达，始建于1953年的津巴布韦大学，是全国规模最大的综合性大学；市内有著名的维多利亚女王纪念图书馆、国家档案馆、国立罗得斯美术馆和博物馆等。欧洲风格的现代化城市，有“花园城市”之称。

哈拉帕文化 Harappan Culture 南亚次大陆青铜时代文化。见印度河文明。

哈莱姆文艺复兴 Harlem Renaissance 20世纪20～30年代美国纽约黑人聚居区哈莱姆的黑人作家所发动的文学运动。又称黑人文艺复兴或新黑人运动。其内容主要有：①黑人青年知识分子开始重新评价自己的艺术创造才能，并要求在文学艺术中塑造“一个不同于逆来顺受的汤姆叔叔型的、有独立人格和叛逆精神的‘新黑人’形象”。②广泛开展“是艺术还是宣传”的讨论。大多数作家认为必须加强黑人文艺作品的艺术表现力。也有少数作家强调“黑人艺术”的特点，用自然主义笔触宣扬哈莱姆区黑人“特殊情调”的生活，被称为哈莱姆派。哈莱姆文艺复兴运动提高了黑人文学艺术的水平，从中涌现出一批优秀的诗人和小说家，对促进黑人文化事业的发展、提高黑人民族的自尊心产生了深远的影响。

哈雷 Halley, Edmond (1656-11-08～1742-01-14) 英国天文学家、数学家和地球物理学家。生于伦敦附近的哈格斯顿，卒于格林尼治。1673年进牛津大学女王学院学习，1703年任牛津大学教授，1720年任格林尼治天文台台长。

1676年去南大西洋的圣赫勒拿岛。在那里建立了南半球的第一个天文台，并测编了第一个南天星表和星团，包含341颗南天恒星的黄道坐标。1678年星表发表后被选为皇家学会会员。1691年提出利用金星凌日测定太阳视差的方法。1695年预言月球的平均运动存在长期加速现象，后此说得到证实。1705年发表《彗星天文学论说》一书，阐述了1337～1698年观测到的24颗彗星的轨道。他发现1531年、1607年和1682年出现的3颗大彗星具有十分相似的轨道。由此，首先利用万有引力定律推断这是同一彗星，每隔75～76年回归一次，并且预言这颗彗星将于1758年底或1759年初再度回归。这颗彗星果然如期而至。后来称它为哈雷彗星。1717年，哈雷还发现了天狼、南河三和大角三颗星的自行，打破了恒星静止不动的传统观念。

在数学方面，哈雷对高等几何、对数计算和三角函数有精深的研究，1690～1693年提出了级数展开的独特方法。

在地球物理学方面，哈雷于1668年首先发现信风，系统研究主要风系与主要海流的关系；1687年创制蒸发器，并用于测量地中海海水的蒸发量，成为现代水文学的奠基人之一；1692年采用磁角线（即哈雷线）作为海上确定经度的方法；1701年制成大西洋和太平洋地磁图。他还曾研究地球引力场，证实赤道附近的地心引力小于高纬度地区。

哈雷彗星 Halley's comet 一个回归周期约为76个地球年的短周期亮彗星。1705年，英国天文学家E.哈雷分析了1531年、1607年和1682年出现的大彗星的轨道，判断三者为同一彗星的再现，并预期将于1758～1759年再次回归。后来此彗星果然如期而至，后人遂称之为哈雷彗星。

中国古代最早的哈雷彗星记录在公元前613年（春秋鲁文公十四年）。之后，中国天文学家从公元前240年至公元1910年连续29次观测到哈雷彗星回归，均有实时实录（见图）。最近的一次回归是1986年，下一次将是2061年。哈雷彗星的轨道为一偏心率为0.967的椭圆；近日距0.59天文单位，位于水星和金星轨道之间；远日距35.31天文单位，在海王星轨道以外。哈雷彗星最亮时，亮度达1星等；彗尾最长时，视角超过140°，横跨大半个夜空。

1986年回归期间共有5个行星际飞行器实现了空间探测，其中欧洲空间局的“乔托”探测器，近距离取得彗核大小（马铃薯状，长径15千米，短径8千米）、地貌、反照率、自旋（周期7.4地球日）、结构（总质量80%为分子水）、质量、密度、组成、活动（气体喷流和尘埃喷流）等数据。

1910年回归的哈雷彗星

哈里发 calipn 伊斯兰教社团领袖的称谓。原意为代理人、继任人。穆罕默德去世后，继任者阿卜·伯克尔称作真主使者的哈里发，行使除接受启示以外的一切权力，即麦地那政权的统治权。此后欧麦尔、奥斯曼、阿里等作为“哈里发的哈里发”相继继任，简称哈里发。穆阿维亚建立倭马亚王朝后，哈里发的继任成为世袭制，并为阿拔斯王朝、法蒂玛王朝、后倭马亚王朝等沿用。1258年，阿巴斯王朝末代哈里发被蒙古军队杀害后，正统的哈里发职位已不复存在。在埃及马木鲁克王朝，哈里发作为傀儡延续约250年。至近代，奥斯曼帝国苏丹为提高自身地位，对抗欧洲列强，按世界穆斯林社团领袖的概念称哈里发。印度等地穆斯林也曾掀起保卫哈里发的运动。土耳其革命成功后，实行政教分离，于1924年3月宣布废除哈里发，哈里发制度遂告终结。此后，虽有人僭称哈里发，也有人倡议恢复哈里发制度，但均未见结果。

哈里发塔 Burj Khalifa 世界第一高楼。位于阿拉伯联合酋长国的迪拜境内。原名迪拜塔。由SOM事务所设计，于2004年动工，2010年1月4日举行落成启用典礼，同时更名为哈里发塔。大楼高度达828米，超过原世界第一高楼、高为508米的中国台北101大楼。楼层总数169层，为世界楼层数最多的大楼。这座摩天大楼中有阿玛尼酒店、高档写字楼和豪华公寓、世界上最高的清真寺（158层）、最高的办公楼层（154层）以及最高的餐厅（122层）。设有室内与室外复合观景台（124层，442米）。大楼自156层（585.7米）起使用钢框架结构，而以下楼层则使用钢筋混凝土。

哈里森 Harrison, Ross Granville (1870－01－13～1959－09－30) 美国动物学家，组织培养的创始人。生于宾夕法尼亚州日耳曼敦，卒于康涅狄格州纽黑文。1894年在约翰斯·霍普金斯大学获哲学博士学位，1895年在波恩大学获医学博士学位。1896～1907年在约翰斯·霍普金斯大学任教授。1907～1938年在耶鲁大学先后任比较解剖学教授和动物学教授。1902年成功地用体外培养方法观察到活的神经纤维，这是组织培养法的真正开始。此试验不但解决了当时关于神经轴索起源问题的争论，同时还开辟了体外培养活组织的广阔前途。他的组织培养技术已用于肿瘤研究及脊髓灰质炎疫苗的研制。他还发明了组织移植的器械，因此能观察到胚胎移植的效果。他在实验中建立了脊椎动物的不对称法则，证实了动物的肢体起源于胚胎的中胚层。由于他在动物组织培养上的杰出贡献，1917年诺贝尔委员会曾推荐他为诺贝尔生理学或医学奖的获得者，后因欧洲大战而未发奖。1903年，哈里森创办《实验动物学杂志》。

哈里斯 Harris, Zellig Sabbetai (1909－10－23～1992－05－22) 美国结构主义语言学家。生于乌克兰巴尔塔。4岁时移居美国。1930年毕业于宾夕法尼亚大学，1934年获博士学位。以后一直在此校教语言学。

哈里斯的名著是《结构语言学的方法》（1951）。这本用抽象的数理方法研究语言的书出版之后，在美国语言学界引起了强烈的反响，许多赞赏者同时又是批评者。一些布龙菲尔德派学者赞成以严格的数学方法为基础，但是觉得只凭语言项目的分布情况来分析语言而不讲意义，未免片面。哈里斯在20世纪50年代首先讲转换语法，他的观点是结构主义的，只涉及表层结构间的转换。N.乔姆斯基受到他的启发，采用唯理主义观点，发展成了生成语法，一度成为主流。他的转换是指深层结构到表层结构的转换。哈里斯不赞成乔姆斯基那种极端发展。哈里斯的其他论著有《语言的数理结构》（1968）和《按数理原则的英语语法》（1982）。

哈利伯顿 Haliburton, Thomas Chandler (1796－12－17～1865－08－27) 加拿大英语作家。生于温泽，卒于英国艾尔沃恩。毕业于当地的皇家学院。律师出身，曾任下议院议员。1829年任高等法院法官，1841年任最高法院法官。退休后迁居英国。他早年所著的见闻录《新斯科舍编年纪事》（初名《新斯科舍概述》，1829），被认为是新斯科舍省的第一部史书，提供了有关加拿大早期历史的可贵资料。《钟表商》（1836）收入21篇讽刺小品。作者独具一格的写作艺术，寓幽默讽刺于故事情节和妙趣横生的对话之中；机敏而耐人寻味的谐语、双关语和北美方言的运用，都为主人公增添了情趣和活力。作者因此书成为加拿大第一个享有国际声誉的作家，并有加拿大文学奠基人之称。另有《山姆·斯利克在英国》、《山姆·斯利克名言和实例》（1853）和《老法官》（1847）等作品。

哈利法克斯 Halifax 加拿大新斯科舍省首府。位于该省南海岸中部一个半岛上。市区面积79.2平方千米，人口11.93万（2001）；哈利法克斯－达特茅斯大都市区面积5 495.5平方千米，人口37.27万（2006）。1749年英国移民在此定居，并建军事要塞。于1841年设市。1905年前一直是英国陆、海军基地。城市经济日益多样化，行政管理、商贸、旅游等各类服务业为城市居民就业主体，正在大力发展电子技术、海洋开发等，传统产业部门如渔产品加工、船舶修造、炼油、汽车装配、木材加工等的地位下降。加拿大国家铁路和横贯加拿大公路干线的东部起点。城东设国际机场。深水港湾深入内陆16千米，冬季不冻；外港窄长，多突堤码头；内港较宽，即贝德福德湾，是优良避风港。市中心在滨海湾一带，省政府大楼、市政厅、圣保罗教堂、圣乔治教堂等19世纪建筑与现代高楼大厦并存。有达尔豪西大学（1818）、皇家学院大学（1789）等5所高等学校，以及大西洋海事博物馆、新斯科舍博物馆、艺术馆等文化设施。历史遗址老钟塔（1803）、古城堡（1856）是城市的标志和象征，城堡山下的公共花园（1867）为北美最早的维多利亚式花园。

哈伦·拉西德 Hārūn ar-Rashīd（约764～809） 阿拉伯帝国阿拔斯王朝第五任哈里发（786～809年在位）。生于波斯，卒于图斯。自幼受波斯籍大臣世家巴尔马克家族的教养，博学多才。早年，曾两次领兵远征拜占廷帝国。第二次远征直抵博斯普鲁斯海峡，兵临君士坦丁堡，拜占廷摄政女皇爱利尼被迫乞和。其父为表彰他的战功，特赐拉西德（正直者）称号，并任马格里布长官。786年，继任哈里发。

哈伦即位后，继续信任巴尔马克家族，任叶海亚为宰相。哈伦·拉西德时代不仅农业发展，手工业作坊也蓬勃兴起。帝国各地生产的纺织品、玻璃器皿、瓷器、宝剑和铠甲在西方享有盛名。巴格达作为商业中心，商旅辐辏，畅通四方，直抵遥远的东方、西欧乃至北欧。阿拔斯王朝和中国唐朝间的贸易和文化往来十分频繁。巴格达和长安有水陆交通相连。水路经波斯湾穿过印度洋和马六甲海峡抵广州，即著名的香料之路；陆路取道波斯和中亚，即闻名于世的丝绸之路。经济繁荣促进了文学艺术的发展。各地的诗人、文豪、学者不受民族和宗教信仰的限制，享有极大的学术自由。

身为统治者，哈伦·拉西德还以拥有大量财富与骄奢淫逸而闻名。809年他领兵亲往呼罗珊镇压起义，途中病死。

哈罗德-多马增长模型 Harrod-Domar growth model 20世纪40年代末分别由英国经济学家R.F.哈罗德和美国经济学家E.D.多马根据J.M.凯恩斯的理论，即储蓄等于投资才能使经济实现均衡的理论而提出的一种解释经济周期和保持经济长期稳定增长的经济数学模型及理论。

R.F.哈罗德

哈罗德增长模型假设：生产中只使用了资本和劳动两种生产要素，而且它们的使用比例不变；生产技术不变，即不考虑技术进步对经济增长的影响。其公式是：

$$G=s/C$$

式中G为国民收入增长率，即经济增长率；s为储蓄率，即储蓄量在国民收入中所占的比例；C为资本-产出比率，即生产一个单位的产量所需要的资本量。多马模型是：

$$G=s\cdot\sigma$$

式中σ为资本-产出率（一单位资本的产出率），即哈罗德模型中资本-产出比率的倒数（$\sigma=1/C$）。因此，哈罗德经济增长模型和多马经济增长模型的形式和结论极为相似，且提出的时间也相近，故一般合称为“哈罗德-多马增长模型”。哈罗德-多马增长模型假定资本-产出比不变，所以模型中的资本产量比率也不改变，即C不改变。这样，经济增长率唯一取决于储蓄率s的高低。哈罗德-多马增长模型的中心论点是资本（或储蓄）的不断形成是经济持续增长的决定因素。

哈罗德还用实际增长率、合意增长率和自然增长率3个概念来说明经济在长期中稳定增长的条件和出现波动的原因。

①实际增长率。用G表示，基本公式为$G=s/C$，G是本期和上期之间实际的产量增加率，s是储蓄S与总收入Y之比，C是资本存量的实际增加量ΔK（即投资）与产量的实际增加量ΔY之比，即资本-产出比。

②合意增长率，又称有保证的增长率。用G_w表示，基本公式为$G_w=S_d/C_r$，式中S_d为合意的储蓄率，表示在一定的收入水平下，人们愿意保持的储蓄率，它决定了计划的储蓄；C_r为合意的资本-产出比率，它决定了计划的投资。实际增长率等于合意增长率是经济实现长期稳定增长的重要条件。

③自然增长率。用G_n表示，公式为：

$$G_n=S_o/C_r$$

式中S_o为一定制度结构下最适宜的储蓄率，C_r为长期中合意的资本-产出比率。自然增长率是适应于劳动力增长，实现充分就业所需要的增长率，又被称为社会最适宜的增长率。

实际增长率与合意增长率的背离会引发经济短期波动。合意增长率与自然增长率的背离也会引起经济的长期波动。所以，经济稳定增长的条件是实际增长率、合意增长率与自然增长率三者相等，即$G=G_w=G_n$。但在既定的储蓄率下，很难实现这3种增长率的一致。因此，哈罗德模型所给出的经济长期的均衡条件实际上是一条难以达到的增长“刃锋”。

哈罗德-多马增长模型重新唤起人们对增长和长期积累问题的研究兴趣，开创新的动态的经济理论，奠定现代经济增长理论的框架，是对古典增长理论思想的复兴。

哈罗公学 Harrow School 英国公学。1571年经伊丽莎白女王准许，农场主J.莱恩创办。地址在伦敦的哈罗镇。初创时仅是一所为当地贫穷男孩提供自由教育的乡村文法学校，到16世纪末发展为主要为贵族男孩提供教育的大型公学。学生13岁入学。课程有人文、科学、技术、语言、体育、宗教。第一学年是必修基础课。第二、三学年修完核心课程，还可以根据普通中等教育证书考试要求选修其他科目。到16岁时学生绝大多数都能够升入第六学级。校园生活丰富多彩，尤重体育，特别盛行板球。校长和教师多受过公学教育且毕业于牛津大学、剑桥大学、伦敦大学等著名学府。实行导师制和寄宿制。人才辈出，如政治家W.丘吉尔、诗人G.G.拜伦、物理学家及诺贝尔奖获得者瑞利等。

哈马斯 Hamas, al- 巴勒斯坦激进组织“伊斯兰抵抗运动”阿拉伯文词的缩写。成立于1987年12月。创始人和精神领袖是艾哈迈德·亚辛。其他领导人还有阿卜杜勒·兰提斯、马哈茂德·扎哈尔、伊马德·阿拉米等。

哈马斯的宗旨是在被占领土上通过圣战，以武力铲除犹太复国主义，解放整个巴勒斯坦土地，建立一个以耶路撒冷为首都的独立的巴勒斯坦伊斯兰共和国。哈马斯组织严密，纪律严明，拥有正式成员2万多人及下属军事组织伊兹丁·卡西姆旅。由于它实施慈善、济贫和福利活动，因此在被占领土上拥有比较广泛的群众基础。哈马斯反对《奥斯陆协议》和巴以和平进程，多次制造针对以色列目标的爆炸事件，并不时袭击以色列边防军，引起以国内恐慌和不安。1989年，以色列宣布哈马斯为非法组织。2000年9月，巴以大规模流血冲突爆发后，哈马斯活动频繁，并策划了一系列针对以色列的自杀式爆炸事件。以色列政府随后加强对哈马斯军事打击的力度，并以“定点清除”的手段先后杀害了亚辛和兰提斯等哈马斯核心领导人。美国和欧盟将哈马斯列入恐怖组织名单。2006年1月25日举行的巴勒斯坦立法委员会选举中，哈马斯获胜，成为第一大党，组建以伊斯梅尔·哈尼亚为总理的政府。2007年3月，与法塔赫组成联合政府。2007年6月，哈马斯与法塔赫在加沙地区发生严重冲突，逼迫法塔赫退出加沙地区。2008年末2009年初，以色列对哈马斯发动了大规模进攻。

哈梅内伊 Khamenei, Sayyed Ali（1939-07-15～ ） 伊朗伊斯兰共和国总统（1981～1989），伊朗伊斯兰教最高领袖。全名阿亚图拉·赛义德·阿里·哈梅内伊。生于伊朗马哈什德宗教世家。1963年起积极从事反对巴列维王朝的活动，多次被捕或被流放。1979年1月获释，被霍梅尼任命为伊斯兰革命委员会委员。同年2月与拉夫桑贾尼等人组建伊斯兰共和党，任中央常委。1980年5月当选议会议员，并被霍梅尼委派为驻最高防务委员会代表，行使监督权。1981年8月任伊斯兰共和党总书记。10月接任总统，兼最高国家安全委员会主席。1985年蝉联总统。1989年5月以总统身份访华。6月霍梅尼逝世后，继任最高领袖兼武装部队总司令，继续忠实地执行霍梅尼路线，成为伊朗伊斯兰化的主要推动者和捍卫者。

哈密地区 Hami Region 中国新疆维吾尔自治区人民政府设立行政公署所管理的地区。位于自治区东端。北与蒙古国接壤，东邻甘肃省。辖**哈密市**、伊吾县、巴里坤哈萨克自治县。面积138 919平方千米。人口57万（2010），有维吾尔、汉、哈萨克、蒙古、回等民族。地区行政公署驻哈密市。清光绪十年（1884）新疆建省，设哈密直隶厅。1949年成立哈密专员公署，1969年改称哈密地区。地处东天山南北，均为封闭性山间盆地。农作物有小麦、高粱、玉米、青稞、棉花、胡麻等。特产哈密瓜。矿产有煤、盐、铁、金、银、铜、宝石、大理石、黏土等。工业有化工、煤炭、电力、水泥、钢铁、食品加工等。名胜古迹有五堡古墓群、白杨沟佛寺、拉甫乔克古城遗址、天山庙、回王坟、任尚纪功碑等。

哈密顿 Hamilton, William Rowan (1805-08-04～1865-09-02) 英国物理学家、数学家、天文学家。生于爱尔兰首府都柏林，卒于丹辛克。1823年考入都柏林的三一学院，1827年聘为三一学院的天文学教授，同时获爱尔兰皇家天文学家的称号。1827年定居在都柏林附近的丹辛克天文台，从此潜心钻研数理科学。1835年获得爵位。1837年被选为爱尔兰皇家科学院院长。他还是英国皇家学会会员、法国科学院院士和彼得堡科学院通讯院士。1827年建立了光学的数学理论。后来又把这种理论移植到动力学中去，提出**哈密顿原理**，把广义坐标和广义动量作为典型变量来建立动力学方程，推动了变分法和微分方程理论的进一步研究，并在现代理论物理中得到广泛应用。1835年发现了四元数，即有四个数组成的有序数组，服从于相等、相加和相乘的一些特殊规律，1839年引进群速度概念。

哈密顿原理 Hamilton's principle 适用于受理想约束的完整保守系统的重要积分变分原理。W.R.**哈密顿**于1834年发表。其数学表达式为：$\delta\int_{t_1}^{t_2}L\mathrm{d}t=0$；式中$L=T-V$为拉格朗日函数，$T$为系统的动能，$V$为它的势函数。哈密顿原理可叙述为：拉格朗日函数从时刻t_1到t_2的时间积分的变分等于零。哈密顿原理反映了自然界中运动的一条基本规律，即真实运动或真实状态总是力图使某个量取驻值，通常是极小。由哈密顿原理可推出完整系统的各种方程。哈密顿原理适用于离散系统、连续系统及混合系统；还给动力学问题提供直接解法。由哈密顿原理可以导出**拉格朗日方程**，如替换L的内容，还可用于电动力学和相对论力学。

哈密尔顿 Hamilton 新西兰第四大城市，内陆城市。位于北岛北部怀卡托河谷地，奥克兰市东南约110千米处。人口14.15万（2009）。1864年在一个废弃的**毛利人**村庄上建立。1945年设市。奥克兰至惠灵顿的铁路和公路由此经过。新西兰最长的河流怀卡托河流经城市。为北岛西北部地区的交通枢纽和工业中心。传统工业部门有乳制品和肉类加工、酿酒等，其中乳制品加工业的规模居新西兰之首，被誉为“世界奶类产品之都”。有怀卡托大学及师范学院、怀卡托美术和历史博物馆等著名文化教育机构。

哈密尔顿 Hamilton 北美洲英属自治殖民地百慕大首府。位于百慕大岛中部，濒格雷特湾。人口5 270（2000）。1790年始建。1815年取代圣乔治岛上的圣乔治成为首府。1956年辟为自由港。天然深水良港，外有珊瑚礁屏障。旅游中心。市内建筑色彩淡雅，白色屋顶取材当地珊瑚礁（见图）。议会大厦也是政府机构办公地。有图书馆、美术馆、历史博物馆等文化设施。多不同时代教派和式样的教堂，其中新哥特式的哈密尔顿大教堂为城市标志建筑。还有帕尔拉维公园、“别罗邮局”、“海尔宫”（也称“大药房”）等胜迹。

哈密尔顿白色珊瑚礁屋顶的房屋

哈密市 Hami City 中国**新疆维吾尔自治区**哈密地区辖县级市。地区行政公署驻地。位于自治区东部，是古丝绸之路的要道。面积约81 794平方千米，人口44万（2008）。有汉、维吾尔、哈萨克、回等民族。汉文史籍称哈密为伊吾卢，简称伊吾。汉宣帝神爵二年（前60）匈奴降汉，伊吾正式归附汉朝。隋大业六年（610），设伊吾郡。唐贞观四年（630）置西伊州，六年改称伊州。元至元十八年（1281）隶属甘肃管辖。1880年划归新疆，1885年升直隶厅。1913年改为哈密县，1984年撤县设市。市域最低处为西南部的沙尔湖。矿产有金、铁、钨、煤等。野生动物有野骆驼、野驴、野山羊、黄羊。工业有电力、煤炭、炼铁、采矿、化工、农机、汽车修理、服装、水泥、木器、食品、面粉加工、酿酒及手工艺生产。农业以种植粮食、棉花、蔬菜为主。是哈密瓜的故乡，为自治区粮、棉、瓜、菜生产基地。名胜古迹有九龙树、庙尔沟、八大石、白石头、天山庙、猴娃山、白杨沟台藏遗址、拉甫乔克古城遗址、回王坟、盖斯墓、焕彩沟汉碑、克孜尔确喀古墓群等。

《哈姆雷特》 *Hamlet* 英国剧作家**W.莎士比亚**的四大悲剧之一。写于1601年。在国外求学的丹麦王子哈姆雷特因父亲暴卒回家奔丧，见叔父克劳狄斯已登上王位、又娶母后为妻，心情悲伤忧郁。父亲的亡灵向他揭露了克劳狄斯投毒谋杀、篡位夺嫂的罪恶。哈姆雷特心灵受到极大震撼，开始伺机复仇，并安排了伶人装扮谋杀的戏中戏对克劳狄斯进行试探，但在确认无误而且有机会杀死克劳狄斯时他却犹豫不决，后又误杀了大臣，反陷入被动情势。同时，深爱着他的奥菲莉亚因失恋和父亲被误杀而发疯，落水而死。其兄雷欧提斯受到挑拨，与哈姆雷特决斗。克劳狄斯设下毒计，结果哈姆雷特与雷欧提斯及王后同归于尽，哈姆雷特临终前奋力刺死了元凶。

《哈姆雷特》剧照

哈姆雷特身上集中体现着文艺复兴时期人文主义者的崇高追求以及他们的迷惘、矛盾和痛苦。哈姆雷特的精神苦闷具有超越时空的意义，因而成为世界文学中不朽的典型形象。

哈那克 Harnack, Adolf von (1851-05-07～1930-06-10) 德国基督教新教神学家，教会史家。生于爱沙尼亚塔尔图一个德国移

民家庭，卒于海德堡。先后任教于莱比锡、吉森、马尔堡和柏林大学。又任柏林科学院院士，柏林皇家图书馆主任。注重从历史角度去研究基督教教义的形成和沿革，强调基督信仰的伦理方面，被视为自由派新教神学的典型代表。著作有《信条史》、《最初三世纪中教会制度与教会法的起源和发展》、《什么是基督教？》、《普鲁士科学院史》等。

哈乃斐学派 Hanafīyah 伊斯兰教逊尼派四大教法学派之一。其前身是伊拉克的库法学派，早期一直是伊斯兰教法系统化和规范化的学术中心。艾卜·哈尼法·努尔曼继承库法学派重视法律推理的传统，专注于构筑教法的理论体系。他的学说已从地方惯例和宗教传统转向专业法律思想，为建立教法学作了开拓性尝试。后经其学生艾卜·优素福、穆罕默德·舍伊巴尼等的努力，使他成为此学派的命名人。艾卜·优素福曾任阿拔斯王朝总法官，使此学派成为官方奉行的教法学派。穆罕默德·舍伊巴尼撰写的大量著作，是此学派兴盛的理论基础。此学派的理论主要以《古兰经》为据，审慎引述圣训，灵活运用类比和公议，重视教法精神甚于文字。此学派起源于伊拉克，是阿拔斯王朝前期倚重的教法学派，流行于叙利亚。由于执法宽容开明和较少民族狭隘性，此学派很早就传至中亚、南亚次大陆。奥斯曼帝国时期是唯一享有官方地位的学派。盛行于土耳其、塞浦路斯、埃及、突尼斯、巴基斯坦、伊拉克等地，是传播最广的教法学派。中国穆斯林亦大多属于此学派。

哈尼语 Hani language 属汉藏语系藏缅语族彝语支。中国境内分布于云南省红河哈尼族彝族自治州、西双版纳傣族自治州，以及墨江、江城、普洱、镇沅、景东、澜沧、新平等县。分哈雅、碧卡、豪白三个方言。哈雅方言又分哈尼和雅尼两个次方言。在缅甸、老挝、泰国境内称阿卡语，与西双版纳一带的雅尼次方言大体一致。越南境内的哈尼语和金平县哈尼次方言基本相同。各方言都只有单辅音声母，各地擦音都分清浊两套，韵母以单元音为主，大部分地区元音分松紧，没有塞音韵尾，声调较少。语序和虚词是表达语法意义的主要手段。人称代词有形态变化，但一般限于单数第一、二人称。名词和形容词有前加或后加成分。句子成分的次序是主语－宾语－谓语。1957年创制了拉丁字母的哈尼文。

哈尼族 Hani 中国少数民族。主要分布在云南省西南部。人口1 439 673（2000）。使用哈尼语，属汉藏语系藏缅语族彝语支。原无文字，1957年创制了以拉丁字母为基础的文字。哈尼族与彝族可能同源于古羌人中逐渐南迁的一支。7世纪已居住于今哀牢山、无量山一带。南诏时，其分布区域与今哈尼族红河聚居区大体相同。主要从事农业，善辟梯田种稻谷，掘坡地植茶树。民间文学以创世史诗《窝果策尼果》、《奥色密色》为代表作。男子穿对襟上衣和长裤，用黑布或白布裹头。妇女多穿右襟无领上衣和长裤，胸前挂成串的银饰，头戴镶有小银泡的圆帽。以大米为主食，辅以玉米和荞麦等。住房有瓦房、土房、干栏房、茅草房。婚姻实行一夫一妻制，青年男女婚前社交自由。人死行土葬。传统节日有十月节、六月节、新米节、端午节、中秋节等。信仰多神崇拜和祖先崇拜。1957年建立了红河哈尼族彝族自治州，并先后与其他民族建立了5个自治县和12个民族乡。

哈珀兄弟 Harper brothers 美国19世纪出版商。他们是詹姆斯（James，1795～1869）、约翰（John，1797～1875）、约瑟夫·韦斯利（Joseph Wesley，1801～1870）和弗莱彻（Fletche，1806～1877）。詹姆斯和约翰均生于纽约长岛的新城，青年时当过印刷学徒。1817年两人创办哈珀公司，从事印刷与出版。约瑟夫·韦斯利和弗莱彻先后加入此公司，1833年改名为哈珀兄弟出版公司，专门从事出版。1850年创刊的《哈珀斯新月刊》，百余年来一直是美国最成功的文学期刊，它是《哈珀斯杂志》的前身。在哈珀兄弟经营下，公司陆续出版了许多高水平文学著作与教科书，成为19世纪美国最大的家族出版公司。1900年后，公司不再由哈珀家族控制。1928年改名为哈珀与罗出版公司。

哈普西科德 harpsichord 拨奏弦鸣乐器。16～18世纪盛行于欧洲各国。曾译"拨弦键琴"、"羽管键琴"、"拨弦古钢琴"等。哈普西科德外形近似现代三角钢琴，通常有2层键盘操纵演奏，每层键盘约有5组琴键，上层键盘主要奏高八度音（现代制造的还能奏低八度音）和某些不同音色的音。哈普西科德至少有两套琴弦，它们与键盘成直角张列，每根弦都配有拨杆和拨子。拨子用乌鸦羽管或皮革制成，按键时靠杠杆作用上升拨弦发音；手指离开琴键时，拨杆下落，并有制音器制止振动。

哈普西科德的历史可推溯到14世纪后半叶英、法和西班牙的一种拨弦键琴"棋盘琴"。巴罗克音乐时期哈普西科德是弹奏通奏低音的主要伴奏乐器之一，也是重要的独奏乐器。哈普西科德音量单薄，对指触的力度变化反映甚微，音响的强弱对比性极差。到19世纪初，哈普西科德为钢琴所取代，20世纪新古典乐派兴起又出现于乐坛。

同哈普西科德的机械结构相仿的拨弦键琴有维吉纳和斯皮内特。维吉纳主要是指长方箱式的拨弦键琴，琴弦同键盘平行，每音一弦，特别为英国人所喜爱；斯皮内特主要是指五边形的拨弦键琴，琴弦与键盘约成45°角张列，每音一弦，键盘只有一层。这3种拨弦键琴的名称早期曾彼此混称，后来通常作如上的区分。

哈恰图良 Khachaturian, Aram Ilich（1903-06-06～1978-05-01） 苏联作曲家、指挥家。亚美尼亚人。生于第比利斯附近科焦里村，卒于莫斯科。19岁开始系统学习音乐。

1922～1929年就学于格涅辛音乐中学。1929年入莫斯科音乐学院，1937年作为研究生毕业。除从事音乐创作外，他还从事指挥和教学活动。1939～1948年任苏联作曲家协会副主席。1952年任莫斯科柴科夫斯基音乐学院和格涅辛音乐师范学院教授。他的音乐富于鲜明的民族风格和个性特征。其独特的旋律音调，强烈的和声语言，复杂的节奏形式等，都与亚美尼亚的民间音乐有着血肉联系。在他大量的作品中，器乐作品占主要地位。其中影响最大的作品是芭蕾《加雅涅》、《斯巴达克》、《第二交响曲》、《钢琴协奏曲》、《小提琴协奏曲》等。

哈萨克丘陵 Kazakhskiy Melkosopochnik 哈萨克斯坦中部丘陵。东西长约1 200千米，西部宽约950千米。海拔300～500米，表面比较平坦，盐沼与沙丘广布。中部起伏较大，海拔超过1 000米，最高点阿克索兰山海拔1 565米。哈萨克丘陵处于乌拉尔－蒙古地槽带。由于受侵入岩的影响，矿藏丰富多样，主要有铁、铜、锰、金等；还有卡拉干达、埃基巴斯图兹煤田。属温带大陆性气候。1月平均气温－14～－18℃，7月平均气温20～24℃。平均年降水量300毫米。哈萨克丘陵为额尔齐斯河与内流河伊希姆河、努拉河、萨雷苏河的分水区域。有许多湖泊，其中最大的是田吉兹湖。天然植被为草原和干草原，大部分地区已被开垦，用于种植谷物。南部和东部为半荒漠和荒漠。

哈萨克人 Kazakhs 中亚地区民族之一。自称卡扎赫人或卡扎克人，曾称吉尔吉斯人、吉尔吉斯－哈萨克人、吉尔吉斯－凯萨克人。约有1 000万人（2001）。主要居住在哈萨克斯坦，部分分布在乌兹别克斯坦、土库曼斯坦、吉尔吉斯斯坦、塔吉克斯坦、俄罗斯、蒙古等国。属南西伯利亚人种类型。信教者为逊尼派穆斯林。使用**哈萨克语**，属阿尔泰语系突厥语族西匈语支。在今哈萨克斯坦，历史上先后有塞种、匈奴、柔然、铁勒、突骑施、葛逻禄、乌古斯、基马克、奇普恰克、哈剌契丹、乃蛮、蒙古等古代民族活动。15世纪后半期，哈萨克斯坦汗国建立，完成哈萨克民族的形成过程。传统经济活动为游牧畜牧业，以饲养羊、牛、马、骆驼为主。农业主要播种黍类作物和小麦。传统手工业有织毯、制毡、刺绣、金属加工、首饰制作、木雕和骨雕、皮革制品制作等。十月革命后，农业实行机械化，建立了发达的多部门大工业。传统住所为帐篷。冬季住平顶土房，也住窑洞。传统男服为衬衫、宽裆长裤和短棉袄，外罩长袍，头戴小圆帽。传统女服为衬衫式外衣，长马夹，长裤，呢料围胸。传统饮食有酸奶制品、肉类和植物类食品。喜吃羊肉抓饭。

哈萨克斯坦 Kazakhstan 世界最大的内陆国家。位于亚洲中部，北邻俄罗斯，南界乌兹别克斯坦、土库曼斯坦和吉尔吉斯斯坦，西濒里海，东与中国新疆毗邻。东西长约3 000千米，面积272.49万平方千米。人口1 581.5万（2009）。有131个民族，居民58.6%为哈萨克人，俄罗斯人为26.6%，还有乌克兰人、乌兹别克人、鞑靼人等。居民主要信奉伊斯兰教，还有东正教、基督教、佛教等。哈萨克语为国语，俄语为通用语言。首都**阿斯塔纳**。

地理 地形以平原和低地为主，60%的土地被沙漠、半沙漠所占据。西部为里海沿岸低地和图兰平原，最低点卡拉吉耶盆地低于海平面132米。中部为**哈萨克丘陵**，其中西半部一般海拔300～500米，东半部海拔500～1 000米，最高点克孜勒塔斯山的阿克索兰山，海拔1 565米。东部和东南部为阿尔泰山和天山山系，最高峰汗腾格里峰，海拔6 995米。北部为西西伯利亚平原南缘。境内有大小河流7 000多条，主要河流有额尔齐斯河、锡尔河、乌拉尔河、伊犁河等。主要湖泊有巴尔喀什湖、斋桑泊、阿拉湖、田吉兹湖以及里海和咸海的一部分。典型的温带大陆性气候。按自然条件，北部属温带草原带，1月平均气温－18℃，7月19℃，年降水量300～400毫米；中部为半荒漠带，年降水量150～300毫米；南部为荒漠带，1月平均气温－3℃，7月28～30℃，年降水量大多在100毫米以下。矿产资源种类多且储量大，已探明的矿藏有90多种，其中铜、铅、锌、铬、钨等储量丰富，煤、铁、石油、天然气、铝土矿、镍、钼、铋、银、磷灰石及盐矿储量亦较大，且大多分布较集中，开采价值较大。

历史 公元前3世纪～1世纪，哈萨克斯坦境内出现奴隶制社会。6～8世纪，建立突厥汗国、突骑施、葛逻禄等早期封建制国家。9～12世纪建有奥古兹族国家、哈拉汗国。15世纪末建立哈萨克汗国。16世纪初，哈萨克民族基本形成。18世纪30～40年代起处于沙俄统治之下，19世纪60年代，全境并入俄罗斯帝国。1917年11月至1918年3月建立苏维埃政权。1920年8月成立吉尔吉斯苏维埃社会主义自治共和国，属俄罗斯联邦。1925年4月改称哈萨克苏维埃社会主义自治共和国。1936年作为加盟共和国加入苏联。1990年10月25日通过《主权宣言》。1991年12月10日改名为哈萨克斯坦共和国，同年12月16日正式宣布独立，并于21日加入独联体。

政治 1995年哈萨克斯坦最高苏维埃通过现行宪法，1998年10月进行修改，确定了立法、行政、司法三权分立的原则。宪法规定国体制度为民主的非宗教的单一制国家。实行总统制，任期5年。议会为国家最高代表机构，行使立法职能。由上下两院组成。主要政党有哈萨克斯坦“祖国之光”人民民主党、社会民主党、“光明道路”民主党等。

经济 在苏联时期，哈萨克斯坦由一个经济落后的地区变成了工农业较发达的共和国，成为重要的有色金属、能源、铁矿石以及商品粮和畜牧业生产基地。独立后，由于原有的经济运行体制被打破，经济一度下滑。通过实施全面的经济改革，逐步向市场经济过渡，引进外资，大力发展中小企业，经济状况明显好转。2009年国内生产总值1 077亿美元，人均6 649美元。货币名称：坚戈。

工业是国民经济的主导部门，2009年工业产值605亿美元，同比增长1.7%。主要工业部门是有色冶金、钢铁、能源、化工和机械。东哈萨克斯坦的阿尔泰山是有色金属、稀有金属和贵金属矿的主要产区。同额尔齐斯河水电资源梯级开发相结合，建有厄斯克门（乌斯季卡缅诺戈尔斯克）、布赫塔尔马及舒利宾斯克3个梯级水电站，总装机容量235.5万千瓦，建立了大型铅、锌、钛、镁及铜冶炼企业，并回收多种稀有金属、金、银及硫酸等化工产品。中部的热兹卡兹甘、巴尔喀什以铜矿著称，建有大型的铜矿开采、选矿、粗炼及精炼的联合企业。南哈萨克斯坦的希姆肯特以邻近的铅锌矿为原料，建立了大型炼铅厂及回收二氧化硫废气的硫酸厂。此外，以图尔盖高原的铝土矿为原料，建立了巴甫洛达尔氧化铝厂，图尔盖铝土矿群具有含量高的特点。哈萨克斯坦铜、铅、锌产量居独联体首位。哈萨克斯坦铁矿资源主要分布于北部的科斯塔奈州（探明储量71亿吨）。钢铁工业除了炼铁、炼钢、轧钢外，还经营铁矿、锰矿和铬矿，以及焦煤、耐火材料、铁合金等的生产。在卡拉干达，利用储量丰富的优质焦炼，发展了大型钢铁联合企业，年产钢能力达800万吨。能源工业中，石油可采储量40亿吨，天然气可采储量为3万亿立方米。油气资源及开采主要分布在

哈萨克斯坦首都阿斯塔纳街景

里海沿岸的曼格什拉克半岛、布扎奇半岛和乌拉尔-恩巴油区，现正向里海大陆架推进。2002年原油产量4 757万吨，天然气产量136.7亿立方米。现有阿特劳（原名古里耶夫）、巴甫洛达尔、希姆肯特3座炼油厂，年加工原油能力2 135万吨。动力用煤主要产自巴甫洛达尔州的埃基巴斯图兹煤田。采用大规模露天开采，并建有叶尔马等大型坑口电厂。机械工业较薄弱，以机电制造、重型机器制造和农机制造业为主。化工原料资源相当丰富，拥有铬、硼、芒硝、天然硫酸盐、硝酸镁盐、磷灰石、硫铁矿等矿物原料。在开发利用磷灰石、硫铁矿、芒硝和盐湖等化工原料，以及焦炭化工、石油化工和综合利用有色金属冶炼废气的基础上，发展了氮肥、磷肥、硫酸、化纤、合成橡胶等行业。

自1954～1960年大规模开垦荒地后，耕地面积急剧扩大，粮食产量大幅度增长。2001年农用地面积8 460万公顷，其中耕地2 050万公顷，灌溉地仅235万公顷。永久性牧场6 110万公顷。2008年农牧业产值约109.43亿美元。粮食作物以小麦、玉米等谷物为主；经济作物主要有棉花、甜菜、烟叶、向日葵等。谷物的主要产区是北部各州，其次是南部和东部的山前地带。棉花多产于南哈萨克斯坦州，甜菜几乎全部产于阿拉木图、江布尔州，向日葵主要产于额尔齐斯河沿岸地区。南部山前地带是水果和葡萄的主要产区。畜牧业以牛、羊为主。荒漠和半荒漠区养驼业发达。

交通以公路、铁路和船舶运输为主。公路总长14.3万千米，其中硬质路面8.25万千米。有5条主要公路干线通连全国主要城市。铁路总长1.35万千米，其中电气化铁路2 750千米。连接中国连云港至荷兰鹿特丹的新亚欧大陆桥贯通哈萨克斯坦全境。内河航运长约6 200千米。里海、咸海、巴尔喀什湖、额尔齐斯河、锡尔河和乌拉尔河均可通航。空运有38条国内外航线。阿拉木图至莫斯科、北京、独联体各国首都及乌鲁木齐有定期航班。输油管道通往俄罗斯的鄂木斯克、奥尔斯克，土库曼的土库曼巴希，正在建设通往中国新疆阿拉山口—独山子的输油管，规划建设经里海海底至巴库的输油管，并同巴库—第比利斯—杰伊汉管道相接。

对外贸易总额716亿美元（2009），出口额432亿美元，进口额284亿美元。主要贸易伙伴为俄罗斯、意大利、中国、瑞士等。主要出口矿产品、金属及其制品、化工产品、机械设备等；进口机械设备、交通工具、仪器仪表等。

文化 实行免费教育。建有177所高等院校，是中亚地区教育最发达的国家。知名高校有哈萨克国立阿利法拉比大学、欧亚大学、哈萨克国立阿拜师范大学等。主要报刊有《哈萨克斯坦真理报》、《主权哈萨克斯坦报》、《全景报》等。哈萨克斯坦通讯社为官方通讯社。有国家控股的哈萨克斯坦国家广播电视公司。

对外关系 独立后，哈萨克斯坦把巩固新生的主权国家，摆脱经济困境，保持社会稳定作为其制定对外政策的基本出发点。对外交往中采取全方位、有重点、以经济利益为中心的务实外交政策。已加入联合国、国际货币基金组织、世界银行等主要国际组织。1992年5月，与俄罗斯、乌兹别克斯坦、土库曼斯坦、亚美尼亚、塔吉克斯坦等国签订了集团安全协议。1993年1月又签署了《独立国家联合体章程》。1992年1月3日与中国建交。

哈萨克文 Kazak writing 哈萨克族使用的拼音文字。主要分以阿拉伯字母为基础和以斯拉夫字母为基础的两种。伊斯兰教传入哈萨克地区后，哈萨克族开始采用阿拉伯字母拼写自己的语言。中亚哈萨克人分别于1917和1924年对以阿拉伯字母为基础的哈萨克文进行了改革，去掉了一些不必要的字母，并增加了软音符号。中国哈萨克族在上述两次改革的基础上，于1954年修订了以阿拉伯字母为基础的哈萨克文的字母表，共有33个字母，每一个字母有词首、词中、词末3种变体。以词为单位拼写，从右向左书写。1959年，中国哈萨克族设计了以拉丁字母为基础的新文字方案，1965年开始推行。1982年9月13日，新疆维吾尔自治区人民政府决定全面恢复使用以阿拉伯字母为基础的老文字，将新文字作为拼音符号加以保留。苏联哈萨克人于1929年改用以拉丁字母为基础的文字，1940年全面使用以斯拉夫字母为基础的文字。蒙古国西部地区的哈萨克人也使用这种文字。

哈萨克语 Kazak language 属阿尔泰语系突厥语族西匈语支。主要分布于哈萨克斯坦共和国、中国新疆和蒙古国部分地区。哈萨克语有9个元音和24个辅音。元音和部分辅音存在和谐现象，辅音同化现象较多。没有复合元音和长元音，复辅音只能出现在词末。名词、代词和数词有7个格。构词和构形附加成分均在词根或词干之后，有个别来自波斯语的前加成分。基本语序为主语-宾语-谓语，限定语在被限定语之前。借词主要来自阿拉伯、波斯、蒙古、俄、汉等语言。中国哈萨克语大体上可以分为西南和东北两种方言。阿勒班、苏万部落操西南方言，克列依、乃蛮和克宰部落操东北方言。方言差别不大，各地的哈萨克族可以互通语言。中国的哈萨克族使用以阿拉伯字母为基础的拼音文字。国外的哈萨克人从1940年起使用以斯拉夫字母为基础的拼音文字。

哈萨克族 Kazak 中国少数民族。主要分布在新疆维吾尔自治区的伊犁哈萨克自治州所属伊犁、塔城、阿勒泰三个地区及木垒、巴里坤两个哈萨克自治县，少数分布在甘肃省阿克塞哈萨克族自治县。人口1 250 458（2000）。哈萨克语属阿尔泰语系突厥语族。有以阿拉伯字母为基础的哈萨克文。先民为汉代天山北部的乌孙。15世纪中叶，从金帐汗国分裂出来的操突厥语的一些游牧部落的集合体被称为哈萨克，他们建立了哈萨克汗国。至19世纪中叶，哈萨克族已占伊犁地区居民的大多数。经济以畜牧业为主，有些人兼营农业。大部分牧民实现了定居、半定居。民间流行许多古老的诗歌、故事、谚语、格言，史诗有《萨丽哈与萨曼》和《英雄塔尔根》等。刺绣图案艺术奇特，金银、玉石装饰品造型艺术水平较高。能歌善舞。著名的民间乐器有冬布拉。青年男女精于骑术，喜欢摔跤、刁羊和“姑娘追”等运动和游戏。男子衬衣为刺绣直领，冬天多穿羊皮大氅，头戴刺绣圆帽、翻边毡帽或狐皮尖顶皮帽，穿大管裤。妇女爱穿连衣裙，冬季外罩对襟棉大衣。牧民冬季戴三叶帽，夏天姑娘们戴花帽，年龄稍长的妇女戴白色套头巾。男女都穿长筒皮靴。饮食以肉食、面食、

哈萨克族女子

奶制品为主。马奶酒是名贵的饮料。人死后行土葬。大多数信伊斯兰教，有些牧民仍信萨满教。1954年建立了伊犁哈萨克自治州，并先后在新疆、甘肃成立了3个自治县和13个民族乡。

哈桑二世 Hassan Ⅱ（1929-07-09～1999-07-23） 摩洛哥国王（1961～1999）。前国王穆罕默德五世的长子。生于拉巴特，卒于拉巴特。1951年毕业于拉巴特高等学院法律系。后入法国波尔多大学深造，获法学博士学位。1953年8月，随其父被法国先后流放到科西嘉岛和马达加斯加岛。1955年获释回国。1956年摩洛哥独立后，受命组建王家武装部队，任总司令。1957年7月9日被立为王储。1960年任副首相兼国防大臣。1961年2月穆罕默德五世去世后，他继承王位，称哈桑二世。20世纪中后期，大力发展私有经济，推动经济发展。对外一贯奉行和平中立的不结盟政策，为调解阿拉伯世界内部以及阿以（以色列）的冲突发挥重要作用，被国际社会尊称为“阿拉伯世界的冲突调解人”。

哈斯宝 Hasbao 中国清代蒙古族文学批评家、翻译家。清卓索图盟土默特右旗（今辽宁北票）人。生卒年不详，大约生活在18世纪末至19世纪中叶。存有蒙译本《今古奇观》、《镇抚事宜》，编译本《唐宫逸史》、《唐宫逸史补》，节译和评论本《新译红楼梦》等。存有1816年增补《序》的哈斯宝译本《今古奇观》，译本采用白话蒙古文形式，曾以手抄本形式广泛流传，对后来蒙古文学产生较大影响。从1847年开始节译和批评的《新译红楼梦》，是国内将《红楼梦》译为少数民族文字的首次尝试。在哈斯宝时代，汉族文学与文化对蒙古族的影响，还处于初始的阶段。《新译红楼梦》从当时蒙古族读者对内地文学与文化所能理解和接受的程度出发，主要围绕贾宝玉与林黛玉的爱情故事，对原著进行了有选择的翻译。哈斯宝关于《红楼梦》的评论，包括《回批》、《序》、《读法》、《总录》等，总计约6万字。哈斯宝认为，《红楼梦》是以“文章的神灵微妙”见长的小说。蒙汉文化的交融与反差，造成哈斯宝观察问题时的比较眼光，使他能够发现《红楼梦》在中国文学史上的崇高地位，得出《红楼梦》“绝超他书”的结论。他的评论，既注重艺术分析，又带有浓厚的感情色彩。

哈斯宝的文学批评在蒙古文学理论史上的贡献还有：①在19世纪，哈斯宝最早提出要在学习和借鉴汉民族文学与文化中，发展蒙古族文学和文化的主张，并认为每个民族都要以本民族文化为根本。②在文学翻译和文学批评活动中，哈斯宝主张独抒己见，有所创新。③从蒙古文化传统出发，形成“忠”与“奸”对立的美学概念，并将“忠”与“奸”对立的审美框架间接引申到历史人物的评论中。

哈特 Hart, Herbert Lionel Adolphus（1907-07-18～1992） 英国法学家，新分析法学派首创人。生于哈罗加特，卒于牛津。曾长期任牛津大学法理学教授。主要著作有《法的概念》、《法、自由和道德》和《刑法的道德性》、《惩罚与责任》、《法理学和哲学论文集》等。他的学说和H.凯尔森的纯粹法学构成了20世纪分析实证主义法学中的两种类型。

哈特在第二次世界大战后“复兴自然法”的条件下提出自己的新分析法学，因此，在他的学说中具有向自然法学和社会学靠近的特征。他认为，应放弃分析法学派用以分析法律概念的传统方法，即词典定义式的方法，而代之以根据这些概念的具体情况进行逻辑分析的方法。他在《责任和权利的归属》和《法理学中的定义和理论》等论文中，就以上述方法着重分析了契约和权利等法律概念。他在死刑、人工流产等问题上表明了自由主义伦理学的观点。

在《法的概念》中，他全面论述了他的学说。他认为奥斯丁关于法的定义，即法是掌握主权者责成或禁止人们从事一定行为并以威胁（制裁）作为后盾的命令，即使对现代的国内法来说，也是不适用的，主要是因为它没有提出规则的概念。作为社会控制的一种手段，法是一种规则，分为主要规则和次要规则。主要规则是设定义务的规则，即要求人们从事或不从事某种行为；次要规则是授予权力的规则。主要规则和次要规则的结合，是法律制度的核心，是法学的关键。总之，哈特既反对现实主义法学派的“规则怀疑论”，又反对老分析法学派的机械论。

在法与道德的关系上，哈特坚持奥斯丁和其他分析实证主义法学家的基本观点，认为应分清法与道德，分清“实际上是这样的法”和“应当是这样的法”。他虽然承认道德对法有影响、法往往反映或符合一定道德要求，但坚持认为法与道德之间不存在必然联系。他认为法与道德的关系，可以说是实在法和自然法的关系。

哈特曼 Hartmann, Nicolai（1882-02-20～1950-10-09） 德国哲学家，批判本体论的创始人。生于拉脱维亚里加，卒于格丁根。

早年求学于圣彼得堡、马尔堡等地。1920年任马尔堡大学教授，1925年任科隆大学教授，1931年任柏林大学教授，1945年任格丁根大学教授。他原属新康德主义中的马尔堡学派，后来脱离此派，在E.胡塞尔的现象学和G.W.F.黑格尔哲学的影响下形成了自己的哲学思想。哈特曼以实在论的本体论为其哲学出发点，故称他的哲学为“批判本体论”。哈特曼的哲学特点是用现象学的方法分析实在。他区分并分析了存在的两种形式：由特殊事物组成的实体的存在和由抽象观念组成的精神的存在，这两种存在都是客观的，而且精神的存在在逻辑上先于实在的存在。哈特曼把存在又分为无机、有机、意识以及超个体的文化即客观精神等几个阶层，与这些阶层相对应的是一系列的范畴。著有《认识的形而上学纲要》、《德国唯心主义哲学》、《本体论基础》等。

哈瓦那 Havana; La Habana 古巴首都，全国最大城市和海港。位于古巴岛西北部，同美国佛罗里达半岛隔海相望。扼守墨西哥湾通往大西洋的通道，又是加勒比海进出大西洋的北部门户，被称为“美洲大陆的钥匙”。面积740平方千米。人口214.8万（2008）。地处一瓶口状港湾的西侧。一条与海岸平行，高60米的石灰岩山冈穿过市内。阿尔门达雷斯河流经市区入海。气候冬暖夏热，年平均气温26℃，平均年降水量1 160毫米。

1515年初建在今哈瓦那西南部沿岸，1519年迁至现址。由于地理位置重要，很快成为西班牙在西半球殖民地的重要战略

哈瓦那的老街区

据点，欧洲和美洲之间通商和航运的中转站。1608年取代圣地亚哥成为古巴的首府。1762～1763年曾被英军占领。1902年古巴独立后定为首都。1976年被划为古巴的14个省级行政单位之一。

全国政治、经济和贸易中心。拥有众多的工业部门，除传统的制糖、烟草、纺织、食品等工业外，还有新建的造船、机器制造、汽车、制药、医疗器材、钢铁、炼油、化肥等工业。所产的哈瓦那雪茄驰名世界。对外贸易分别占全国进口总额的80%、出口总额的25%。全国交通枢纽。有公路、铁路和国际航班通往全国各地，国际航班通往世界各国。哈瓦那港是古巴最重要的海运港。全国最大的文化教育和科学技术中心，集中了全国最主要的文化设施和科研机构。建于1728年的哈瓦那大学是全国最高学府。

1982年联合国教科文组织将哈瓦那的历史中心和殖民时期军事防御体系作为文化遗产列入《世界遗产名录》。珍贵历史建筑有：国会大厦、哈瓦那大剧院和加利西亚中心、革命博物馆（原总统府）、国家美术馆等。

《哈瓦那宣言》 *Havana Declarations* 1960年和1962年古巴人民反对美国干涉、支持拉丁美洲各国人民民族革命运动的两个宣言。1960年9月2日，F.卡斯特罗领导的古巴政府在首都哈瓦那举行约有100万人参加的全国人民大会，通过《哈瓦那宣言》，谴责美国对拉丁美洲国家的干涉和控制。1962年1月22～31日，美洲国家组织在乌拉圭埃斯特角举行第八次外长会议，美国迫使会议通过把古巴排除出该组织和对古巴实行武器禁运等决议。同年2月4日，古巴举行第二次全国人民大会，通过了第二个《哈瓦那宣言》，号召拉美人民通过武装斗争夺取革命的胜利。

哈韦尔 Havel, Václav（1936-10-05～ ） 捷克斯洛伐克总统（1989～1992）、捷克共和国总统（1993～2002），剧作家、散文家、政治活动家。生于布拉格。先后当过舞台技师、电工和字幕校审员、剧作家、助理导演等。20岁起在文学和戏剧杂志上发表作品。因参与起草争取人权的“七七宪章”等原因3次被捕入狱，关押达5年之久。1989年参与创建公民论坛。同年当选总统。他主张建立“民主和多元化的社会制度”，走“瑞典模式的社会道路”。1993年捷克斯洛伐克解体，当选为捷克共和国首任总统。著有剧本《花园盛会》（1963）、《谒见》（1975）、《展览会的开幕典礼》（1975），杂文集《众多的无权者》（1990）等。

哈维 Harvey, William（1578-04-01～1657-06-03） 英国医师、生理学家、胚胎学家、实验生理学的先驱，首次正确解释人体血液循环系统，是近代胚胎学奠基人。生于肯特郡福克斯通，卒于伦敦。早年入坎特伯雷皇家学校。1593～1597年在剑桥大学凯厄斯学院学习。1597年赴意大利帕多瓦大学学习，师从G.法布里齐奥，1602年获医学博士学位，归国后在伦敦行医。1618年后曾任詹姆斯一世和查理一世的御医。

哈维发现静脉内的血液流动方向是向心的，自左心室喷入动脉的血自静脉回归右心室。他还论述了从哺乳动物到昆虫的生长发育，记载了哺乳类和鸟类生殖器官的构造和它们的胚胎发育过程。主要著作有《心脏运动论》、《论动物的生殖》等。

哈维尔莫 Haavelmo, Trygve（1911-12-13～1999-07-26） 挪威经济学家，当代经济计量学理论的重要代表。生于谢德斯莫，卒于奥斯陆。1933年获奥斯陆大学政治经济学学士学位。1938年任丹麦奥尔胡斯大学统计学讲师。1939年到美国芝加哥大学任教。1941年获哈佛大学博士学位。1945年，出任挪威驻美国大使馆商务参赞。1946～1947年，担任美国芝加哥大学考尔斯委员会经济研究员。1946年获得奥斯陆大学博士学位。1947年返回挪威后，在国家贸易部和财政部任职。从1948年起，任奥斯陆大学经济学教授。有“现代经济计量学之父”之称。1989年获得诺贝尔经济学奖。

哈维尔莫对经济计量学的最重要贡献在于将概率方法引入到经济计量学，对此学科的发展产生了迅速的和开拓性的影响。1944年，他在博士论文《经济计量学的概率分析法》中，利用现代数理统计的方法对经济计量学进行了重新的逻辑构成，勾画出一个统一的、一致的经济计量学的基本框架。他把随机模型看作是经济计量学的基础，这对经济计量学的建立和发展具有重大影响，使经济学理论更符合科学性。著有《经济发展理论的研究》、《投资理论的研究》、《经济计量学的概率分析法》、《经济计量学家在经济理论进步中的作用》和《对福利与经济增长的观测》等。

哈谢克 Hašek, Jaroslav（1883-04-30～1923-01-03） 捷克作家。生于布拉格，卒于利普尼采。13岁丧父，靠亲友接济生活。第一次世界大战时应征入伍。曾参加十月革命。1920年返回捷克。哈谢克创作中的最大成就是长篇小说《好兵帅克》（1920～1923）。通过主人公帅克在第一次世界大战中的经历，揭示了奥匈帝国一个历史时期的社会面貌，表现了捷克人民反对帝国主义战争、反对军国主义和教权主义的思想情绪。其他主要作品还有短篇小说《节日里的吉普赛人》、《得救》及1 000多篇小品文和政论。

哈耶克 Hayek, Friedrich von（1899-05-08～1992-03-23） 英籍奥地利裔经济学家。新自由主义的代表人物。生于奥地利维也纳，卒于德国弗莱堡。先后获维也纳大学法学和政治科学博士学位。20世纪20年代留学美国。先后任维也纳大学讲师、奥地利经济周期研究所所长、英国伦敦经济学院教授、德国弗莱堡大学教授等。1938年加入英国籍。

哈耶克早期以研究货币和经济周期理论成名，提出货币投资过度理论。他认为经济周期的根源在于信贷变动引起的投资变动。银行信贷的扩大刺激了投资，一旦银行停止信贷扩张，经济就会由于缺乏资本而爆发危机。他相信资本主义经济本身有一种自行趋于稳定的机能，反对国家对于经济生活的干预。他把70年代资本主义滞胀的出现归罪于凯恩斯主义的理论和政策。哈耶克一直反对社会主义，反对计划经济，认为社会主义限制了利己的动力，计划经济中的集中决策没有市场经济中的分散决策灵活，所以社会主义不可能有高效率；而且社会主义违背人性，计划经济导致政府极权，是“通向奴役的道路”。他还反对西欧社会民主党和英国工党的社会改良措施。他的自由主义思想在西方国家学术界有重要影响。1974年他与瑞典经济学家G.缪尔达尔共同获得诺贝尔经济学奖。著有《货币理论和经济周期理论》、《物价与生产》、《资本纯理论》、《通向奴役的道路》、《法律、立法与自由》、《货币的非国家化：共存货币理论与实践的分析》等。

哈扎拉人 Hazaras 亚洲中西部阿富汗伊斯兰国的民族之一。主要分布在阿富汗中部哈扎拉贾特山区，部分住在西北部。另有部分人住在伊朗。属欧罗巴人种和蒙古人种的混合类型。使用波斯语的一种方言，杂有大量蒙古语词，属印欧语系印度-伊朗语族。信仰伊斯兰教，多属什叶派，少数属逊尼派。保留着部落界线。哈扎拉贾特的哈扎拉人主要从事农业，种植小麦、大麦和黑麦等。西部以畜牧为主，主要饲养山羊、绵羊；以农耕为辅，种植小麦、大麦，兼种甜瓜和西瓜。擅长织布和制毛毡。传统住宅为泥土房，牧民住蒙古包式帐篷。男人穿白布长衫、灯笼裤，外罩自制粗呢长袍，缠头巾；妇女穿花色衬衫、灯笼裤和长袍，戴白布或灰布头巾。主食有烙饼和奶制品。盛行嫡堂婚和姑表婚，多为一夫一妻制。

哈兹里特 Hazlitt, William (1778-04-10～1830-09-18) 英国评论家、散文家、画家。生于肯特梅德斯通，卒于伦敦索霍。戏剧评论集《英国戏剧概观》(1818) 是英国戏剧史重要的资料。还有《莎士比亚戏剧中的人物》(1817)、《英国喜剧作家》(1819)、《伊丽莎白时代的戏剧文学》(1820)、《时代的精神》(1825)、《席间闲谈》(1821～1822) 等。哈兹里特是浪漫主义批评家，其批评常带个人感情色彩，尖锐而充满激情，富有想象和智慧。

铪 hafnium 化学元素，元素符号Hf，原子序数72，原子量178.49。属周期系ⅣB族。1923年荷兰D.科斯特和匈牙利G.C.de赫维西，在挪威产的锆石中发现了一新元素，通过X射线分析证实了铪的存在，并以发现地点哥本哈根的拉丁名Hafnia命名。地壳中铪的含量为5×10^{-4}%。自然界中铪以伴生形式赋存于锆矿中。铪是具有金属光泽和延展性的银白色金属；熔点2 233℃，沸点4 603℃，密度13.31克/厘米^3(20℃)。铪的氧化态+4；不易受无机酸、盐或碱水溶液的腐蚀；易溶于氢氟酸而形成氟合配合物；高温时与氧气、氮气、碳、硼、硅和硫等直接化合；与卤素直接反应生成四卤化铪。通过用液态镁还原四氯化铪或者通过四氯化铪在熔融的氯化铪-氟化铪中的电解而制得金属铪。金属铪可做核反应堆的控制棒。电子工业利用铪的高熔点和高电子发射能力，作为电子管的阴极。也可与铁、镍、铌、钽等金属组成耐高温合金。

哈达 hada 中国藏、蒙古等民族在敬神献佛以及日常交际礼仪中使用的一种纺织品。表示敬意和祝祷吉祥。“哈达”为藏语音译。过去多用丝、麻制，现在也用人造纤维。哈达上多织有八宝、云纹、寿字等纹饰或吉祥图案。哈达颜色有白、淡黄、浅蓝等，以白色为多。还有一种蓝、白、黄、绿、红五色织成的五彩哈达，是最贵重的礼物，专门献给菩萨和近亲，在特定场合使用。哈达长度从三五尺到一二丈、宽从数寸到一二尺不等，越长越显出敬献者的尊重之情。献哈达之俗据传源于蒙古族，元朝时由蒙古族传入藏族。后来，献哈达成为藏、蒙民间普遍的交际礼仪习俗，在生活中广泛使用。向尊者或长者献哈达时要弯腰前倾，双手捧哈达过头顶，以表恭敬虔诚。对平辈则双手平举，递给对方即可。对晚辈，一般将哈达直接搭在对方脖子上，表示祝福。受赠的哈达要珍藏起来或挂在屋内较高、洁净的地方。

献哈达

哈德成 Ha Decheng (1888～1943) 中国伊斯兰教学者。名国桢。回族。陕西南郑人。卒于云南沙甸。出身经学世家。寓居上海。1912年朝觐麦加后，游学埃及、印度等地十余年。1924年回国。1925年任上海浙江路清真寺教长，发起成立中国回教学会，任副干事长，并创办《回教学会月刊》，连载与伍特公等合译的《古兰经》(前3卷) 初稿。1928年倡议创办上海伊斯兰师范学校，曾选送马坚等赴埃及深造。日军占领上海后迁至重庆，应聘为中国回教学会编辑委员会主任委员。

《海-埃兰条约》 *Hay-Herran Treaty* 1903年1月22日，美国国务卿J.M.海与哥伦比亚驻美代办T.埃兰就修建太平洋和大西洋通航运河问题所签订的条约。条约规定：哥伦比亚准许法国新巴拿马运河公司将它对运河的一切权利转让给美国，给予美国建筑及经营运河的独占权，以100年为期，期满后可再延长100年。在运河两岸各3英里以内的地区，除巴拿马及科隆两城市外，美国有完全控制权。美国一次付给哥伦比亚1 000万美元，以后每年再付25万美元作为补偿。此条约于1903年3月17日为美国参议院所批准；但哥伦比亚国会于8月12日拒绝批准。不久，美国一手制造了巴拿马脱离哥伦比亚“独立”的事件。

海岸 sea coast 海洋和陆地相互接触和相互作用的地带。包括遭受波浪为主的海水动力作用的广阔范围，即从波浪所能作用到的深度（波浪基面）向陆延至暴风浪所能达到的地带。

世界海岸线长约44万千米。中国海岸线长1.8万余千米，另有岛屿岸线1.4万余千米。海岸带不仅是国防的前哨，又是海、陆交通的枢纽。自古以来，海岸一直是人类经济活动频繁的地带。

组成 在垂直于岸线的海岸横剖面上，有下列组成部分（见图）。①海岸（狭义）。紧邻海滨，在海滨向陆一侧，包括海崖、上升阶地、海滨陆侧的低平地带、沙丘或稳定的植被地带。②海滨。又称海滩。从低潮线向上直至地形上显著变化的地方（如海崖、沙丘等），包括后滨和前滨。③内滨。自低潮线向海直至破波带的外界。有些内滨存在水下沙坝和水下浅槽。④外滨。破波带外界向海一侧的底部较平缓地带。⑤近岸带。包括海滩和水下泥沙活动的地带，在水深10～20米的范围内。

类型 根据塑造海岸的主导因素和海岸的物质组成，可提出下列主要海岸类型。①侵蚀海岸。第四纪冰后期海面上升，海水淹没了沿岸山谷和河口，形成岬角、港湾相间的曲折岸线。在侵蚀岸段有多种多样的地貌形态，包括海蚀洞、海蚀陡崖和海蚀平台。②断层海岸。断层海岸基本上受地质构造控制。中国台湾省东部为挺直的断层海岸，北起三貂角，南至鹅銮鼻，长达360千米，有的地方高达1 800米，是世界上最高的断层海岸。它的水下岸坡陡峻，离岸30千米，便是深达4 500米的深海。③沙（砾）质堆积海岸。由不同粒级的松散泥沙或砾石组成，沿岸分布有海滩、沙堤、沙嘴、水下沙坝和风成沙丘等堆积地貌，往往伴有潟湖发育。④淤泥质堆积海岸。位于泥沙来源丰富、潮汐作用较强的岸段。可分为潮上带、潮间带和潮下带。⑤三角洲海岸。河流携带泥沙在河口堆积，形成向海伸突的三角洲海岸。⑥生物海岸。自南北回归线附近至赤道的浅海地区，繁

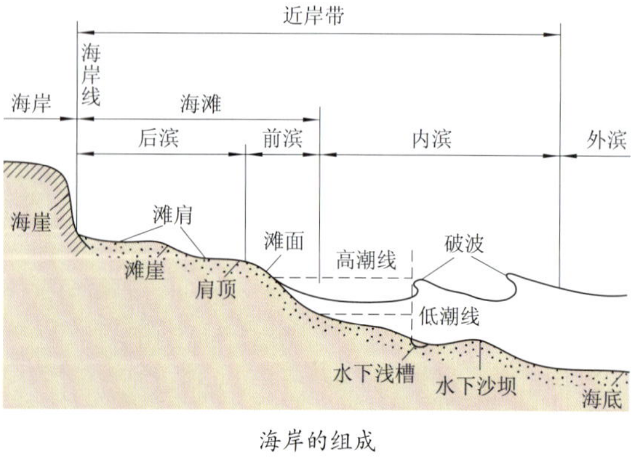

海岸的组成

殖和生长着珊瑚和红树林等生物群落，构成热带和亚热带特有的海岸类型。包括珊瑚礁海岸和红树林海岸。

海拔 altitude 地面点沿垂线方向到高程起算面的距离。见**高程测量**。

海百合 Crinoidea; crinoid 棘皮动物门海百合纲动物的统称。分为游离海百合目、可曲海百合目、圆顶海百合目和关节海百合目4个目（或亚纲）。在古生代繁盛，现已衰退。化石种类有5 000多种。现仅存关节海百合目，有610多种。分为2个类型：①柄海百合类，终生有柄，营固着生活，形状很像百合花，故称海百合。②海羊齿或称羽星类，成体无柄，营自由生活或暂时性固着生活。海百合的茎由多数环状骨板构成，常有称为根卷枝或卷枝的附属物。冠包括萼和腕2部分。现生的海百合绝大多数都是单环萼。生殖腺位于生殖羽枝内，成熟的生殖细胞破羽枝壁而放于水中，或仍附于羽枝上。柄海百合类多栖息于深海；海羊齿类多生活在沿岸浅海，最深不超过1 500米，极个别的到4 000米。多为滤食性，食物主要为浮游生物。

海豹 Phocidae; seal 鳍足目海豹科动物的统称。共12属19种。广泛分布于世界各大洋，在北半球寒带海域多，在南极和温带海域少。身体肥胖而圆，体型呈纺锤状；

象鼻海豹

头圆，颈粗，头上无外耳壳；四肢短而宽，具5趾，均呈鳍状，但后肢和尾相连在一起，永远向后，故上陆后不能步行；牙齿尖利。最大的种类为南象海豹，雄性体长6米，体重达3 000千克，并有长30厘米的鼻子，可以自由伸缩。皮粗，体被毛稀少，皮下有厚脂肪层。以鱼类为主食。吼声洪亮。配偶方式为一雄多雌。从前在南太平洋、南极数量多，现数量已稀少。在中国辽宁、山东等省沿岸最常见是港海豹，全身灰黄色，布满棕黑色斑点，颇似豹的斑纹。体长1～1.5米，体重50千克。以鱼类为主食，兼食贝类。每年2月，港海豹在大块浮冰上产仔，每胎产1仔，初生幼海豹遍体白色，为天然保护色。雌海豹的妊娠期8～9个月。因数量减少，在中国已被列为保护动物。

海北藏族自治州 Haibei Tibetan Autonomous Prefecture 中国青海省辖自治州。位于省境东北部，北与甘肃省毗邻。辖海晏县、祁连县、刚察县和**门源回族自治县**。面积39 354平方千米。人口27万（2010），有汉、回、藏、蒙古、土等民族，其中回族占总人口的26%，藏族占21%。自治州人民政府驻海晏县。古为羌地。自汉设西海郡起，经历代更名改隶。1953年设立海北藏族自治区。1955年改设海北藏族自治州。地处祁连山地。属高原大陆性气候，年平均气温0.3℃，平均年降水量280毫米。矿产有煤炭、石棉、砂金、铜、铅、锌、铬等30余种。工业以发电、采矿、冶炼、制药、毛纺业为主。农业主要种植油菜、青稞、小麦。牧业以牧养马、牛、羊为主，大通马闻名省内外。境内森林覆盖率10%。有鹿、熊、黄芪、羌活等野生动、植物资源。盛产湟鱼、鲤鱼。名胜古迹有西海郡古城、石虎、卡约文化德州墓地、汉代古城、北向阳古城、舍卜齐沟岩画等。旅游景观有中国最大的内陆咸水湖——**青海湖**。

海冰 sea ice 海水冻结而成的咸水冰。广义的海冰则指海洋中的所有冰（海水冻结冰、河冰、**冰山**等）。

生成　淡水在4℃左右密度最大，在0℃附近结冰；海水因含有盐分，其冰点和密度最大时的温度均比淡水低，且随盐度的增大而降低。盐度低于24.69的海水，其结冰情形与淡水相近，冰点低于密度最大时的温度，表面水温冷却至冰点时，上下水层易趋于稳定，对流混合很快停止，只要有凝结核，海面便开始结冰。但盐度大于24.69的海水，冰点却高于密度最大时的温度，即使表面水温降至冰点，对流混合仍不停止，只有整个对流混合层都达到冰点时，才会结冰。如南极周围海水的盐度一般都较高，故不易结冰。因此，南极冰区表层的水温多在-1.9～-2℃。海水结冰时，能将其所含的盐分排析出来，少数来不及析出的盐分就被包围在冰晶中的空隙里，形成"盐泡"。实际上，海冰是淡水冰晶、卤水和气泡的混合体，故带有咸味。

性质　海冰密度为0.85～0.94克/厘米^3，略小于海水密度，所以冰块一般都浮于海面。形状规则的海冰，露出水面部分为总厚度的1/7～1/10，尖顶冰山露出水面的高度，约为其总厚度的1/4～1/3。

分类　按运动状态分为固定冰和浮（流）冰两大类。固定冰与海岸、岛屿或海底冻结在一起；浮冰自由漂浮在海面，随风、浪、流而漂泊。浮冰和冰山的漂移，主要取决于风和流的共同作用。在弱潮流海区，风引起的冰块漂流速度约为风速的1/50，漂流方向在北半球偏于风向右方30°～40°；在强潮流海域，冰块的漂流因受潮流和风共同作用而更为复杂。

分布　海冰是极地海域最突出的海洋水文现象，有显著的季节变化和年际变化。北半球，冰界以3～4月最大，8～9月最小。北冰洋几乎全为冰所覆盖，流冰群主要绕洋盆边缘流动，多为3～4米厚的"多年冰"。南半球的海冰多为2～3米厚的"一冬冰"，其冰界分布比较规则，大致呈纬向分布，冰区范围以8月中旬最大，2月最小。固定冰分布在南极大陆周围和威德尔海；浮冰冰界在南太平洋和南印度洋分别在南纬50°～55°和南纬45°～55°，南大西洋在南纬43°～55°。南极洲是世界上最大的天然冰库，世界上85%的冰集中于此。

渤海和黄海的北部，每年冬季皆有程度不同的结冰现象。辽河、海河、黄河、鸭绿江等河口附近，均为冰情严重的区域。常年，冰期约3个月，冰厚达20～40厘米，对航行和海洋资源开发影响不大；但在个别异常严寒的冬季（如1936年、1969年、2010年），渤海曾出现严重的冰封现象，港口和航道封冻。

海部俊树 Kaifu Toshiki (1931-01-02～) 日本首相（1989～1991）。生于爱知县一宫市。爱知县东海中学毕业后，先后就读中央大学史科部法科、早稻田大学法学部本科、早稻田大学研究生院。1960年11月以后，10次当选众议员。1960年加入日本自民党后，历任自民党秘书协会代表、青年部中央常任委员、青年局学生部长、青年局局长等职。担任学生部部长时，与宇野宗佑、竹下登被称为自民党的青年三杰。1974年后，历任内阁官房副长官、内阁文部大臣等职。1989年8月8日出任自民党总裁，9日出任首相。1991年在日本自民党总裁竞选中失利下台。

海草 sea grass 生活在热带和温带的海岸附近的浅海中，被认为是在演化过程中再次下海的植物。常在潮下带海水中形成草场。已知有12属49种，其中7属产于热带，2属见于温带。世界上分布很广，3/4的种类产于印度洋和西太平洋。中国沿海已知8属，其中海菖蒲属、海龟草属、喜盐草属、海神草属、二药藻属和针叶藻属为暖水性，产于广东、海南和广西沿海；虾形藻属和大叶藻属为温水性，主要产于辽宁、河北、山东等沿海，其中的日本大叶藻的产地延伸至福建和台湾沿海，甚至粤东和香港沿海。海草场的腐殖质多，浮游生物甚丰，为幼小的鱼虾等海洋动物的繁殖场所，也利于某些海鸟栖息。大叶藻和虾形藻等干草是良好的隔音材料和保温材料。

海城地震 Haicheng Earthquake 1975年2月4日发生于中国辽宁省海城一带的大地震。震级7.3级，震中烈度Ⅸ度强。房屋大多破坏、倒塌，道路受到严重破坏，地面出现大裂缝、陷坑，并有喷沙冒水现象。这次地震的前震活动比较典型，依据震中迁移、地震空区和水准测量的结果作了中期预报，又依据大量宏观前兆作了短期预报，震前采取预防措施，极大地减少了居民伤亡。这是中国第一次成功地作出地震预报。

海城市 Haicheng City 中国辽宁省辖县级市。位于辽宁省中部。面积2 732平方千米。人口约114万(2008)，有汉、满、回、蒙古、朝鲜等14个民族。海城之名源于海州。928年辽迁渤海南京南海府之民于此，置海州南海军临溟县。金、元改澄州，明改海州卫，清顺治十年(1653)改海城县。1985年撤县置海城市。由**鞍山市**代管。千山山脉纵伸东南，东部为海拔200米以上丘陵，西部为海拔50米以下的辽河平原。矿产有煤、铁、硫化石、石英砂、石灰岩、长石、硅石、玉石、硼石、萤石、石棉、铝矾土等。滑石和镁储量堪称世界之首。农业以玉米、水稻、高粱为主，为全国商品粮生产基地。工业有陶瓷、丝绸、矿业、冶金、机械、化工、建材等。名胜古迹有析木城石棚，辽代金塔、铁塔，明代银塔等。

海带 *Laminaria japonica*; kelp 海带科海带属的一种。大型经济海藻。自然分布于太平洋西北部沿岸，属冷温带大型褐藻。

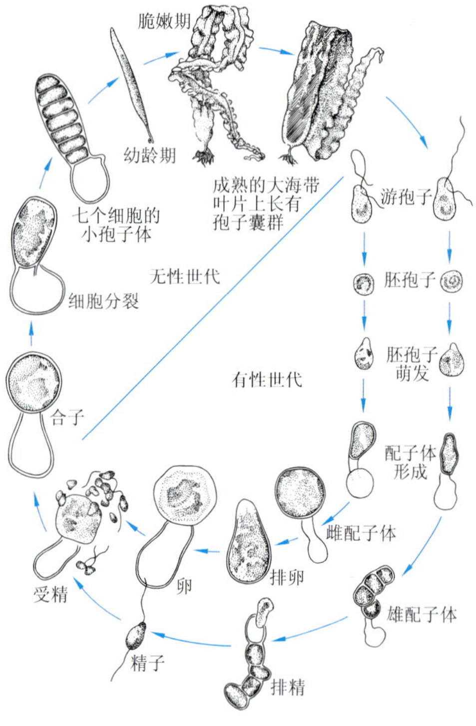

海带生活史

中国的海带是由日本移植而来。叶体由固着器、柄和叶片组成。体长一般2～3米，宽约20厘米，浓褐色或黄褐色，有光泽。生活史中有孢子体(无性)和配子体(有性)两个世代(见图)。孢子体成熟后产生游孢子，游孢子附着于基质上萌发成为雌、雄配子体。配子体再产生卵和精子，两者结合、萌发成为孢子体后逐步生长发育为海带叶体。自然生长在低潮线以下的岩礁上，中国沿海透明度小，自然生长水层在低潮线以下1～3米处。养殖采用中国首创的筏式养殖法，其工序可分为育苗、暂养、分苗和养成。海带具有较高的食疗价值，含碘量高，干品在3‰～4‰，高的达6‰～7‰，可治疗甲状腺肿等多种疾病，还可作为工业原料，提取褐藻胶、甘露醇和碘等。

海胆 Echinoidae; sea urchin 棘皮动物门海胆纲动物的统称。分2亚纲22目。化石

种约5 000种。现生种800种，分隶于225个属。分布世界各海洋，其中以印度洋－西太平洋区种类最多。中国已知约100种。体呈球形、半球形、心形或盘形。内部器官包含在由许多石灰质骨板紧密愈合构成的1个壳内。壳上布满许多能动的棘。壳板上每对管足孔相当于1个管足。肠管长而弯曲。口在下面，中央有5个白齿，系咀嚼器官。1个海胆壳由约3 000块小板愈合而成。雌雄异体，卵和精子在水中受精。有些海胆产卵时常聚在一起，若有1个海胆放出生殖细胞，附近的全部海胆都受到影响而同步放出生殖细胞，这时附近的海水呈乳状。海胆大小差别很大，垂直分布从潮间带到水深7 000米。栖息于各种底质。有少数种类营钻石生活。海胆食物有附着动物、有机碎屑或底质，甚至腐肉和粪便。大型正形海胆生殖腺(卵)是一种海珍品。海胆壳留下的化石种类很多，在地质学上有一定意义。海胆卵的变化情况可用来检验水质的污染程度。

海盗 pirate 在公海或任何国家管辖范围以外的地方为私人目的，对其他船舶、飞机或其上的人或财物施加非法暴力、扣押或掠夺行为的人。又称国际法上的海盗。

1982年《联合国海洋法公约》规定，下列行为中的任何行为构成海盗行为：①私人船舶或私人飞机的船员、机组人员或乘客为私人目的，对下列对象所从事的任何非法的暴力或扣留行为，或任何掠夺行为：ⓐ在公海上对另一船舶或飞机，或对另一船舶或飞机上的人或财物；ⓑ在任何国家管辖范围以外的地方对船舶、飞机、人或财物。②明知船舶或飞机成为海盗船舶或飞机的事实，而自愿参加其活动的任何行为。③教唆或故意便利①②项所述行为的任何行为。

海盗行为严重危害公海航行安全，**国际法**上视其为一种国际罪行，各国都有管辖权。在公海上，或在任何国家管辖范围以外的任何其他地方，每个国家均可扣押海盗船舶或飞机或为海盗所夺取并在海盗控制下的船舶或飞机，逮捕船上或飞机上人员并扣押船上或机上人员，扣押船上或飞机上财物。即各国军舰、军用飞机或经授权的政府船舶或飞机都可以在公海上对有海盗行为嫌疑的船舶，不管其悬挂何国旗帜，行使登临权。

海得拉巴 Hyderābād 巴基斯坦信德省城市。位于印度河下游东岸的丘陵上，西南距卡拉奇150千米，南距印度河口190千米。人口约130万。建于1768年，原为信德省首府。1947年巴基斯坦独立后，海得拉巴又一度(1950～1959)成为信德省的省会。市区跨普莱利运河两岸。工商业发达。工业有棉纺织、水泥、玻璃、塑料、制革、制糖、榨油等工厂，手工业以金、银饰品、编织品和刺绣著称。主要农作物有粟、高粱、水稻、小麦和棉花。交通枢纽。铁路干线通连全国各大城市，并东经米尔布尔哈斯，越过塔尔沙漠，通向印度。多古迹，主要有卡尔霍拉和泰浦尔统治者的陵墓、前信德埃米尔的王宫和建于1782年的古堡。居民屋顶普遍装有“巴德吉尔”风斗，用以在热季吸入海风，构成城市独具特色的风景。设有信德大学(1947)。

海得拉巴 Hyderābād 印度南部城市，安得拉邦首府。位于德干高原中部的穆西河(克里希纳河支流)两岸，海拔617米。人口约553.36万。1591年始建。1763年被一穆斯林土邦王据为首府。英国侵占后城区向北发展。1951年与穆西河北岸塞康德拉巴德(原为一庞大的兵营)合并。随着工业的发展，建成区逐渐向东北和西北扩大。城东的穆希拉巴德、毛莱以及西北部的萨纳特讷格，均为工业区。谷物、棉花、花生和烟草等农产品的大交易市场，钻石贸易中心。工业以农产品加工为主，有棉纺、丝织、卷烟、榨油、造纸和食品加工等，机械制造、化肥、制药、玻璃等工业的发

查尔米纳四尖塔

展也很迅速。电子信息产业中心之一。交通枢纽，有多条铁路和公路在此交会，航空站联系全国各大城市。有奥斯曼尼耶大学（1887）、尼赫鲁科技大学（1946）和海得拉巴大学（1974）。其中奥斯曼尼耶大学为印度唯一用乌尔都文授课的大学。市内宫殿、庙宇众多，寺塔高耸，有查尔米纳四尖塔（1591）和横卧穆西河上的23孔拱桥（1592），还有仿麦加清真寺形式建筑的马斯基德大清真寺、法拉克努马宫和国家考古博物馆等。城西有戈康达古城。

海德堡大学 University of Heidelberg 德国最古老的大学。建于1386年，位于巴登-符腾堡州的海德堡市。16世纪下半叶为欧洲学术中心之一，17世纪曾两度停办。1803年归属巴登，从此称鲁普莱希特-卡尔大学。19世纪上半叶，开始以哲学、历史和法学等学科而闻名，汇集了一批优秀的学者。海德堡大学以哲学、历史、东方学、汉学、数学、生物和医学等学科而闻名，先后有8位学者获诺贝尔奖。

设有神学院、法学院、医学院、临床医学院（曼海姆）、哲学院和新哲学院等十几个学院。

海德堡人 *Homo heidelbergensis* 包括德国海德堡、希腊佩特拉朗纳、法国阿拉戈、赞比亚布罗肯山、埃塞俄比亚波多等地出土人类化石的物种名。1907年据发现于海德堡附近的一件人类下颌骨定名。下颌骨粗壮，下颌体厚，在前臼齿及臼齿下方的下颌体较高。下颌颏部向后收缩，有多个颏孔。下颌支很宽，咬肌附着处清楚。牙齿较小，但臼齿的大小在北京猿人臼齿的变化范围之内，臼齿咬合面呈森林古猿型。一起发现的动物化石包括犀牛、赤鹿、古菱齿象、牛、麋鹿、河狸、狮、原始狐、马等。时代为中更新世。主张单立海德堡人物种的人认为，海德堡人是尼安德特人和智人的共同祖先。另有学者认为，上述人类化石中一部分是直立人的地区类型，一部分则属于早期智人。

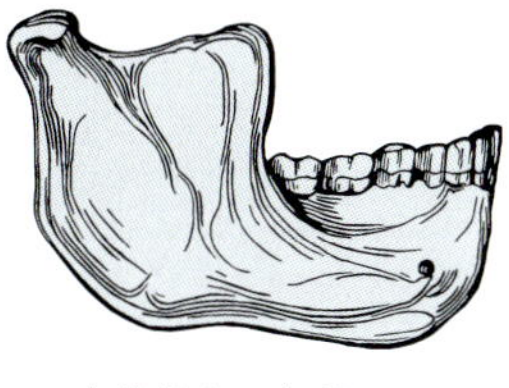

海德堡人下颌骨化石

海德格尔 Heidegger, Martin（1889-09-26～1976-05-26） 德国哲学家。存在主义的创始人和主要代表之一。生于巴登邦弗赖堡附近的梅斯基尔希，卒于梅斯基尔希。早年在弗赖堡大学研读神学和哲学，1913年获博士学位。曾任马尔堡大学和弗赖堡大学教授，并一度担任弗赖堡大学校长。海德格尔的哲学思想深受E.胡塞尔现象学的影响，其基本观点主要反映在他所提出的基本本体论学说中。他一反近代从认识论出发研究哲学的传统，从人的存在入手研究哲学。强调应当首先追问人的存在，因为只有人才能领悟到自己的“在”。他在后期从现代科学与技术的发展过程中看到人有日渐物化而丧失自身的危险，这使他不再专注于对存在的分析，去寻找一种所谓达到“在的澄明”的途径。代表作有《存在与时间》等。

海登斯塔姆 Heidenstam, Carl Gustaf Verner von（1859-07-08～1940-05-20） 瑞典诗人、小说家。生于维特恩湖以北乌尔斯哈马尔庄园，卒于厄夫拉利德。曾在斯德哥尔摩求学，17岁因病休学。后去国外游历10年。1887年回国定居。组诗《朝圣与漂流的年代》（1888）是瑞典唯美主义文学的开端。1889年，发表以《文艺复兴》为题的小册子，宣称自然主义已过时，指出文学作品应该有情感、幻想、美感、个性和生活情趣，提倡诗歌应如印象派的绘画一样富于光亮和色彩。这本小册子是瑞典写实主义与新浪漫主义文学的分界线。诗集《人民集》（1902）中最著名的一首诗为《瑞典》，表达了他热爱祖国、思念家乡的强烈感情。还著有历史小说《查理十二世和他的侍从们》（2卷，1897～1898）和《福尔孔世家》（1905～1907）等。作品涉及领域很广，有诗歌、散文、政论和长、短篇小说。1916年获诺贝尔文学奖。

海底地震 submarine earthquake 发生于浅海和大洋底部的地震。地震是地下岩石突然断裂而发生的急剧运动，主要发生在海洋地区。岩石圈板块沿边界的相对运动和相互作用是导致海底地震的主要原因。海底地震及其所引起的海啸，给人类带来灾难。

海底地震主要分布在活动大陆边缘和大洋中脊，分别相当于洋壳的俯冲破坏与扩张新生地带，两带的地震活动性质截然不同。①活动大陆边缘地震带。位于板块俯冲边界，主体是环太平洋地震带，此外还包括印度洋爪哇海沟附近、大西洋波多黎各海沟及南桑威奇海沟附近的地震带。环太平洋地震带释放的地震能量约占全球总量的80%。这里既有浅源地震，也有中源地震和深源地震，地震带较宽。震源深度通常自洋侧（海沟附近）向陆侧加深，构成一倾斜的震源带，称贝尼奥夫带。全球几乎所有的深源地震，以及大多数的中、浅源地震都发生在板块俯冲边界。全球最大震级（8.9级）即发生在这里。②大洋中脊地震带。该处为分离型板块边界，只有浅源地震，地震带狭窄、连续，宽度仅数十千米，释放的地震能量占全球总量的5%。

海底电缆 undersea cable 敷设在海底的电缆。简称海缆。是一种有线电通信电缆。1850年英国在英吉利海峡敷设了世界上第一条海缆。现在，海缆通信与卫星通信已成为洲际通信的主要手段。

海底电缆线路主要由电缆、海底增音机和海底均衡器组成。海底电缆按照不同海域采用不同的保护结构。在浅海区，尤其在渔业活动频繁的区域，为了防止被渔捞、船锚等外力损坏，电缆护套外部要加钢丝铠装；在深海区受外力损坏的可能性较少，可采用以聚乙烯作外护层的无铠装电缆。每隔一定距离在海缆线路中接入海底增音机。海缆线路的衰减经若干处增音机补偿以后积累起来的剩余偏差，用海底均衡器来补偿。海底设备难以检修，所以海底增音机和海底均衡器的设计寿命一般都在20年以上。近年来，光导纤维在海缆通信领域中崭露头角。由于它造价低、通信容量大，具有抗干扰、耐高温、易弯曲等一系列优点而备受重视。世界上最长的海底光缆于1997年9月投入使用。

海底高原 submarine plateau 具有比较平坦、宽阔顶面的海底高地。又称海台。通常高出邻近海底1千米以上。顶面比较平坦，局部有不大的起伏。侧面的坡度一般甚陡，但有的也较平缓。海底高原可分以下两种类型：①洋中海台。洋盆中孤立的海底高原。②边缘海台。发育于大陆边缘上的台地。多分布在500～4 000米水深处，为大陆坡或岛坡上的平坦面，坡度在1/100以下。

海底工程 submarine engineering 为开发利用海底资源而兴建坐落于海底的各项工程。主要有三种形式。①海底隧道。世界上已有100多条海底隧道，其中道路隧道60余条，长1千米以上的地铁隧道10余条。日本的青函海底隧道、横越英吉利海峡的海底隧道、通过直布罗陀海峡的隧道、从九龙到香港的海底隧道等均已建成。②海底储油库。利用海底建立石油、天然气储存体系。③海底公寓。为满足一部分海底旅游者、科技人员、海洋爱好者的居住要求，将来还可建造海底公寓。其他海底工程有用于引水和泄水的隧洞，用于通信的海底光缆，用于油气开采的海底管线等。

海底火山 submarine volcano 形成于浅海和大洋底部的各种火山。包括死火山和活火山。地球上的火山活动主要集中在板块边界处，大多分布于大洋中脊与大洋边缘的岛弧处，板块内部也有一些火山活动。海底火山可分三类：①大洋边缘火山。沿大洋边缘的板块俯冲边界，展布着弧状的火山链。它是岛弧的主要组成单元，与深海沟、地震带及重力异常带相伴生。②洋脊火山。大洋中脊是玄武质新洋壳生长的地方，海底火山与火山岛顺中脊走向成串出现。③洋盆火山。散布于深洋底的各种海山，包括平顶海山和孤立的大洋岛等，是属于大洋板块内部的火山。

日本西之岛附近海底火山喷发

海底扩张说 sea floor spreading, theory of 沿大洋中部穿透岩石圈的裂缝或裂谷向两侧扩展并导致新生洋壳的学说。该学说认为，地幔物质在这种裂缝带下因软流圈内的物质上涌、侵入和喷出而形成新的洋壳，随着这个作用不断进行，新上涌侵入的地幔物质把原已形成的洋壳向裂谷两侧推移扩张，致使洋底不断新生和更新。由于洋壳不断向外推移，及至海沟岛弧一线，便受阻于大陆而俯冲下插于地幔，达到新生和消亡的消长平衡，从而使洋底地壳在2～3亿年间更新一次。

H.H.赫斯于1960年首先提出洋盆的形成模式。随后R.S.迪茨于1961年用海底扩张作用讨论了大陆和洋盆的演化。赫斯于1962年对洋盆形成作了系统的分析和解释，并阐述了洋盆形成、洋底运移更新与大陆消长的关系。这一理论为板块构造说的兴起奠定了基础，并触发了地球科学的一场革命。通常用扩张速率来表示海底扩张作用的强度，一般以一侧的速率来表示。太平洋的扩张速率为每年5～7厘米，大西洋的扩张速率为每年1～2厘米。

海底热泉 hot spring on the ocean floor 热液从海底的喷口喷出而形成的热泉。它在

东太平洋海隆顶部的海底热泉喷出口

海水中如滚滚"黑烟"，蔚为奇观（见图），温度约350℃，喷出速度1～2米/秒。海底热泉位于海洋脊轴附近。这里的岩浆房接近地表，渗透性好，海水能下渗至岩浆房处，被加热至300～400℃，而溶解了岩层中的许多物质，使海水组成明显改变。

1965年在红海首次发现热泉，1977年R.巴拉德等乘"阿尔文"号潜水器在加拉帕戈斯裂谷发现热泉，1979年在北纬21°东太平洋海隆观察到热泉。这些热泉喷出的热液刚喷出时为清澈透明的均匀溶液，在与冷海水相混时便激起混浊的碱性水柱，并产生很细的铁、铜、锌等硫化物颗粒。

海底扇 submarine fan 发育于大陆坡麓，被沉积物覆盖，向海缓斜的扇形地。又称深海扇，旧称海底三角洲。多展布于海底峡谷前缘，主要由峡谷运来的大量沉积物在峡谷口外堆积而成。海底扇是大洋中最庞大的陆源沉积体。一个中等大小的海底扇，沉积厚度约0.5～3千米。世界上最大海底扇——孟加拉海底扇，长2 000多千米，宽1 000千米，最大厚度12千米以上，沉积物体积约500万立方千米。海底扇的大小、厚度和形态主要与输入沉积物数量的多少有关，在大河外侧常有大型海底扇发育。

海底隧道 submarine tunnel 在海峡、海湾及河流入海口等处的海底之下建造沟通陆地之间的交通管道技术工程。海底隧道一般分为在海底表面和海底地层之下两种类型，建筑方法也不相同。在海底表面是用沉埋管道法，即将预制好的钢筋水泥管道敷设于海底的地面上，用特殊的钢架固定在海床上；在海底地层中则是在海底的地下用钻机打洞，然后用钢筋水泥加固。现在也有人提出利用阿基米德原理，把管道设在海上的设想（即悬浮式）。

世界最长海底隧道为日本的青函海底隧道，总长54千米，1987年建成。英吉利海峡隧道于1993年建成正式通车，全长53千米。中国于1987年采用管道沉埋技术在香港建设海底隧道。青岛胶州湾海底隧道工程已于2010年4月全线贯通。

海底峡谷 submarine canyon 两侧斜坡陡峭，底部向下倾斜，深而狭的海底谷地。发育于大陆边缘，主要在大陆坡上。其谷轴蜿蜒弯曲，支谷汊道众多，横剖面呈"V"形，形似陆上的峡谷。海底峡谷的头部多发育于陆坡上部或陆架上，有的甚至直逼海岸线，峡谷头部的平均水深约100米。多数峡谷可延伸至大陆坡麓部。其末端水深多在2 000米左右，深者可达3 000～4 000米。峡谷口外通常是缓斜的海底扇。著名的哈得孙海底峡谷，从哈得孙河口开始一直延伸进入大西洋。世界上最长的海底峡谷为白令海底峡谷，长400多千米。海底峡谷两壁高陡，一般坡度约40°，有的谷壁状若悬崖。切割最深的巴哈马海底峡谷，其谷壁高差达4 400米，最宽处37千米，是陆上大峡谷难以相比的。关于海底峡谷的成因，主要有两种解释：①被淹没于海下的古河谷。②浊流侵蚀作用。

海地 Haiti 拉丁美洲国家。位于加勒比海大安的列斯群岛中的伊斯帕尼奥拉岛西半部，东与多米尼加相邻，西与古巴和牙买加隔海相望，南临加勒比海，北濒大西洋。面积27 797平方千米。人口约920万（2009）。居民中黑人占95%，其余为混血种人和白人后裔。80%的居民信奉天主教，16%的居民信奉基督教新教，农村中盛行伏都教。官方语言为法语和克里奥尔语，但

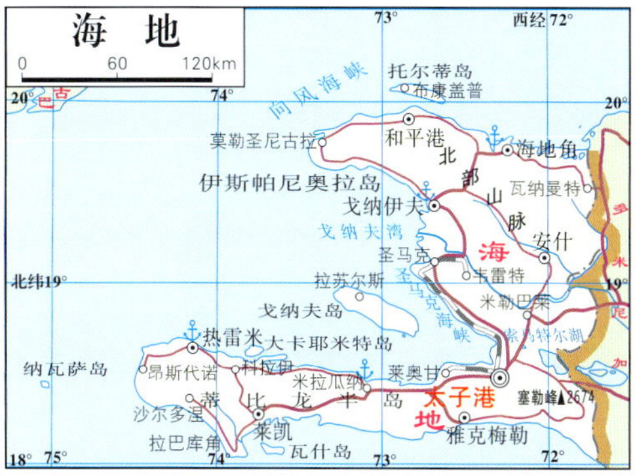

90%的居民使用克里奥尔语。首都太子港。

国土基本上是由北部半岛、南部半岛和戈纳夫岛、托尔蒂岛等若干个小岛组成，环抱着戈纳夫湾。海岸线长1 080多千米。全境75%为山地，仅沿海和沿河地区有狭窄的平原。山脉横贯东西，塞勒峰为全国最高峰，海拔2 674米。河流短小流急。阿蒂博尼特河为境内第一大河，全长约280千米。北部属热带海洋性气候，平均气温22～28℃，平均年降水量1 500～2 500毫米；南部属热带草原气候，平均年降水量1 000毫米。矿藏资源主要有铝矾土、金、银、铜、铁等，其中铝矾土储量较大；还有一些林业、渔业资源。

伊斯帕尼奥拉岛原为印第安人居住地。1492年C.哥伦布到达该岛。1502年沦为西班牙殖民地。1697年西班牙与法国签订《勒斯维克条约》，将该岛西半部割让给法国，称法属圣多明各，即今日之海地。1790年爆发反抗法国殖民统治的黑人武装起义，取得胜利后于1804年1月1日宣布独立，建立海地共和国，成为拉丁美洲第一个独立国家和世界上第一个独立的黑人国家。独立后内战频繁，还曾一度将同处一岛的多米尼加武力归并。1915～1934年美国占领海地。1957～1986年杜瓦利埃家族对海地实行长达29年的独裁统治。此后政局多次陷入混乱。1994年，联合国曾授权美国组织多国部队出兵干预。

行政权由总统、总理和两院制议会分享。议会分参、众两院。总统任期5年，不得连任。主要政党有希望党、拉瓦拉斯之家、海地社会民主党、人民斗争组织。

经济以农业为主，是拉丁美洲最贫穷的国家，也是世界上最不发达的国家之一。近些年因政局持续动荡，经济形势恶化。2009年国内生产总值为67.25亿美元。货币名称古德。全国近2/3的人口从事农业生产。缺乏耕地，单位产量很低。主要农产品有咖啡、棉花、可可、水稻、玉米、高粱、香蕉等。粮食不能自给。工业基础薄弱，以手工业为主，集中在太子港，主要有来料加工、纺织、制鞋、榨糖、建筑材料等。交通运输以公路为主。公路长约4 500千米；铁路长40千米，只用于运输甘蔗；由外国航空公司控制客货运市场。首都太子港有国际机场。主要海港有太子港、海地角、戈纳伊夫和热雷米等。旅游业收入是海地外汇收入的主要来源。主要名胜有费里埃城堡，该城堡设计精巧，易守难攻，被誉为世界建筑史上的一大奇观（见图）。托尔蒂岛历史上曾是海盗的根据地，至今仍存留若干遗迹。此外还有圣斯西宫殿、莫愁宫以及桑苏锡宫等名胜古迹。海地经济极度依赖外援，国家大部分公共支出依靠外援。主要贸易对象为美国和欧盟，同加拿大、巴西、阿根廷等拉美国家也有少量贸易往来。主要进口食品、石油、油脂、化工产品、机械、车辆等，主要出口咖啡、可可、香精油、食糖、剑麻等。

费里埃城堡遗迹

法律规定7～13岁儿童享受免费义务教育。有7所大学。主要报纸有《消息报》和《早报》。官方通讯社为海地通讯社。全国有近200家广播电台、37家电视台。

同美国关系密切。美国对海地政局有主要影响。向海地提供的官方援助主要来自欧盟。与法国保持着历史形成的最密切的联系。同40个国家（不包括中国台湾省）建立了外交关系。海地与中国无外交关系，双方互设贸易发展办事处。

海地地震 Haiti Earthquake 2010年1月12日发生于海地的大地震。震级7.3级，震中烈度Ⅹ度。震源深度10千米。震中位于首都太子港西25千米处。是海地建国200年来最大的一次地震。太子港破坏严重，房屋大面积倒塌。地震波及古巴、多米尼加、巴哈马等国。地震造成的伤亡惨重，已确认23万人遇难，30万人受伤。地震造成的直接经济损失达77.5亿美元。此震为左旋走滑型破裂。

海地革命 Haitian Revolution 1790～1804年海地黑人奴隶和黑白混血种人反对法国、西班牙殖民统治和奴隶制度的革命。1790年10月，海地混血种人J.V.奥热领导数百名混血种人和自由黑人在海地角附近举行武装起义。但起义失败，从而揭开革命的序幕。

海地民族英雄杜桑－卢维图尔

1791年8月22日，海地角附近诺埃种植园的黑人奴隶在J.弗朗索瓦、比亚苏等人的领导下举行武装起义。10月，F.D.杜桑－卢维图尔率领1 000余名奴隶加入起义军，革命烈火迅即燃遍海地北部。到年底，黑人奴隶和混血种人起义的烈火燃遍了整个海地，法国殖民统治开始动摇。1793年春，英国、荷兰、西班牙组成反法联盟。英国和西班牙出兵侵入海地。杜桑－卢维图尔等领导起义军先后加入西班牙军，联合攻打法军，占领海地北部的大片土地。1794年5月初，起义军向西班牙殖民军发动攻击，数月间将西班牙军逐出海地北部，并宣布废除奴隶制。1798年起义军直逼太子港，赶走了英国占领军。同时，杜桑－卢维图尔还率领起义军进逼法国殖民首府太子港，迫使法国总督和特派员离开海地，使海地基本上摆脱了法国的殖民统治。1801年1月，起义军统一整个海地岛。6月制宪会议召开。7月1日颁布第一部宪法。杜桑－卢维图尔任终身总督并有权选择继承人。

1801年12月，拿破仑·波拿巴任命C.-V.-E.勒克莱尔为法国远征军司令，率领54艘战舰组成的舰队和3万名士兵远征海地。1802年6月，勒克莱尔设计诱骗杜桑－卢维图尔到戈纳伊夫，将其逮捕并押送到法国。愤怒的起义军发动强大攻势，痛歼法国远征军。1803年11月18日，法军被迫投降，撤离海地。11月29日，海地正式公布《海地宣言》。次年1月1日，海地宣布独立。海地成为拉丁美洲第一个赢得独立的国家。

海地危机 Haiti, Crisis of 1991年9月至1994年10月海地发生的政治危机。1991年9月29日，武装部队总司令拉乌尔·塞德拉斯中将发动军事政变，推翻执政仅7个月的海地历史上第一个民选总统J.-B.阿里斯蒂德，建立军人政权。阿里斯蒂德逃亡美国，海地危机由此开始。

1994年5月，海地最高法院任命法院院长埃·约纳圣为临时总统，以取代宪制总统阿里斯蒂德，并组成事实上的海地新政府，局势进一步恶化。6月，美国宣布对海地实行全面制裁。7月31日，**联合国**安理会通过关于海地问题的第940号决议，授权使用武力解决海地危机（中国、巴西弃权）。9月19日，美国军队在H.H.谢尔顿将军指挥下，以执行联合国决议的名义进入海地，相继占领首都太子港、各主要港口以及国家电台和电视台，美军人数最多时达到2.2万人。10月初，海地议会通过政治赦免法。10月10日塞德拉斯辞职；13日离开海地，流亡巴拿马。10月15日，阿里斯蒂德回国复职，海地危机基本结束。

海淀区 Haidian District 中国北京市辖区。位于市区西北部，地处近郊。面积431平方千米，人口约328万（2010）。原为宛平县地，1929年为北平市（今北京市）郊区，

海淀区中关村高科技园区

1950年为第十三区，1952年改海淀区。因海淀镇而得名。是著名的科技、文教、旅游区，是首都重要的副食品生产基地。特产有京西稻和北京鸭。工业以电子信息、生物科学及医学工程、新材料、机械、纺织、食品加工等为主体。以中关村地区为中心，拥有中国农业科学院、北京大学、清华大学和中国科学院所属的20多个研究所等一批科研机构和院校，科技文化资源的优势极为突出。特别是划定的100平方千米的北京市新技术产业开发试验区，吸引了国内外众多的有识志士投资兴业。名胜古迹有**颐和园**、**圆明园**遗址、中华世纪坛、香山公园、西山大觉寺、凤凰岭自然风景区、鹫峰国家森林公园、中央电视塔、北京海洋馆、北京植物园等，以及中国国家图书馆、中国人民革命军事博物馆、中国剧院和首都体育馆等大型文化体育设施。

海东地区 Haidong Region 中国青海省人民政府设立行政公署所管理的地区。位于省境东部，东邻甘肃省。辖平安县、乐都县和民和回族土族自治县、**互助土族自治县**、**化隆回族自治县**、**循化撒拉族自治县**。面积13 161平方千米。人口140万（2010），有汉、回、藏、蒙古、土、撒拉等民族。行政公署驻平安县。1979年成立海东地区。地处黄土高原向青藏高原过渡地带，以中低山、丘陵、谷地为主。湟水流经北部，黄河流经南部。年平均气温2.2～8.6℃。平均年降水量164～528毫米。野生动物有马鹿、马熊、雪豹、雪鸡等。出产羌活、大黄、贝母、猪苓、冬虫夏草等中药材。农作物主要有春小麦、蚕豆、豌豆、油菜等。矿产有铁、磷、锰、镍、云母、芒硝等。工业有电力、冶金、建材、化工、煤炭等。兰青、青藏铁路横贯中部，有109国道等数条公路干线。名胜古迹有骆驼泉、**塔尔寺**、瞿昙寺、五峰寺、马场垣遗址等。

海都 Haidu Qaidu（1235?～1301） 中国元初西北叛王领袖。**窝阔台**之孙，合失之子。忽必烈即位后，海都以大汗位当属窝阔台后裔为理由，积极谋求自立为大汗。他为人聪明能干而狡诈，逐渐纠集部众，以海押立（今哈萨克斯坦塔尔迪·库尔干尔）为基地，势力日盛，成为窝阔台系诸王的首领。至元六年（1269），海都同八剌等**察合台**后王、**术赤**后王于答剌速（今塔拉斯）河畔召开**忽里台**。众推海都为盟主，一致对抗忽必烈和伊利汗阿八哈，誓约保持游牧生活与蒙古习俗。从此，双方不断发生战争。元军虽始终占上风，却无法彻底击败海都。八剌死后，海都扶植其子**笃哇**为**察合台汗国**之汗，建立了窝阔台、察合台两汗国的联盟，连年对元朝统治区发动侵掠。成宗大德五年（1301），海都与笃哇的联军越阿尔泰山南来，忽必烈之孙甘麻剌和皇侄海山率元军迎击，两军激战，海都和笃哇皆受伤。海都因伤死于归途，子察八儿继位。

海顿 Haydn, Joseph（1732-03-31～1809-05-31） 奥地利作曲家。生于奥匈边境下奥地利的罗劳，卒于维也纳。自幼受到民间音乐和教堂音乐的熏陶，6岁时，在教会合唱团里唱弥撒曲，并学习乐理及羽管键琴、小提琴。两年后入维也纳圣斯蒂芬大教堂唱诗班。17岁因变声被解雇，开始过着一贫如洗的生活。

1754年向意大利作曲家、声乐教师N.波尔波拉学习作曲、意大利文和声乐，同时为老师的声乐课伴奏，兼当仆人。1755年海顿的第一部《降B大调弦乐四重奏》问世。经菲恩贝格伯爵介绍，1759年海顿应聘担任了捷克莫尔津伯爵府邸中的乐队指挥和室内乐作曲家，是年创作了《第一交响曲》。次年，海顿与维也纳假发商J.P.克勒的女儿安娜结婚，婚后夫妇不睦，终无子嗣。1761年由于莫尔津伯爵遣散了乐队，海顿前去艾森施塔特任P.A.埃斯特哈齐亲王的宫廷副乐长，不久任乐长，直至1790年乐队解散。海顿大部分重要的作品都是在埃斯特哈齐宫廷中写成的，包括约60部交响曲，40首弦乐四重奏，约30首钢琴奏鸣曲，5首弥撒曲和11部歌剧等。1781年结识W.A.**莫扎特**时，他已蜚声欧洲。年近半百的海顿与初显风华的莫扎特建立了诚挚的友谊，莫扎特自认为是海顿的学生。80年代的海顿达到了创作上的成熟。1784年，他接受巴黎宗教音乐会之约写交响曲；1785年为西班牙卡迪斯大教堂写了管弦乐曲《基督在十字架上的最后七句话》；1786年他为巴黎奥林匹克音乐会写了6部交响曲。同年他又为那不勒斯国王斐迪南四世写了一些夜曲和协奏曲。

1790年尼古拉·埃斯特哈齐亲王去世，新亲王解散了管弦乐队，但保留了海顿的乐长头衔和俸禄。他立即到了维也纳，接受了英国伦敦音乐会经理、小提琴演奏家J.P.扎洛蒙的邀请，两次访问伦敦。海顿为扎洛蒙的音乐会写下了12部著名的《伦敦交响曲》，达到了一生创作的高峰。英王乔治三世请他留在英国，牛津大学授予他音乐博士学衔。海顿第一次访问伦敦时曾路过波恩，在那里发现年轻的L.van **贝多芬**的天才。1792年，贝多芬前往维也纳拜海顿为师，因两人性格迥异，师生关系为时不长。1795年8月，63岁的海顿第二次从伦敦回到维也纳，继续从事创作。

海顿的音乐创作涉及各类体裁，一般认为他在交响曲和弦乐四重奏领域成就最高。他确立了交响曲的规范，一生创作的交响曲不下104首（有人估计达150首之多）。12首《伦敦交响曲》是其交响曲的最高成就。海顿赋予交响曲以新的主调音乐风格，并使复调手法在功能和声的基础上得以发展。海顿确立了乐队的双管编制和近代配器法原则，奠定了近代交响乐队的基础。他作有80余首弦乐四重奏（最后一首未完成），内容大多是欢乐、热情的抒发。从《第十七弦乐四重奏》开始确立了4乐章的形式。1781年，海顿为俄国皇储保罗大公爵所写的6首《俄罗斯四重奏》，用谐谑曲代替小步舞曲作为第二乐章。1772年，他所写的6首《太阳四重奏》中，复调因素增多，其中3首以复杂的赋格结束。海顿的弦乐四重奏开始形成了“对话的原则”。90年代的《皇帝》、《日出》等8首弦乐四重奏被赋予更生动的节奏活力，更丰富的和声

语言，主题带有浪漫主义性格和浓郁的民间特色，可与《伦敦交响曲》相媲美。

海顿的52首钢琴奏鸣曲主要是为教学和个人演奏而写。虽写了20余部协奏曲，但不是他创作的主要领域。此外，还作有钢琴三重奏、弦乐三重奏、钢琴变奏曲、钢琴幻想曲等。18部歌剧多数是小型喜歌剧，包括《月中世界》、《天长日久》、《荒岛》、《奥兰多·帕拉迪诺》、《阿尔米达》等。海顿还写了不少声乐作品，包括8部清唱剧和12部弥撒曲。以1796～1801年为埃斯特哈齐宫廷写的6部大弥撒曲和清唱剧《创世记》、《四季》最为著名。

海蛾鱼目 Pegasiformes; seamoths 硬骨鱼纲的一目。仅1科1属5种，广布于西太平洋及印度洋热带、亚热带水域。为暖水性近海小型鱼类。中国有1属3种。因其外形似蛾而得名。体宽短，平扁，一般体长50～90毫米；躯干部圆盘状，尾部细长或较短，微能活动。头短。吻部突出，或长或短，二鼻骨愈合突出，形成一具锯齿的吻部。眼大，下侧位；口小，下位，稍可伸出。鳃孔窄小，位于胸鳍基部前方。体无鳞，完全被骨板，躯干部骨板密接，不能活动。背鳍1个；臀鳍短小，与背鳍相对，均位于尾部；胸鳍宽大，侧位，翼状。尾鳍后缘截形。常以翼状胸鳍的指状鳍条在水底匍匐爬行，活动能力较弱。主要摄食小型浮游生物。本目鱼类可作药用，治小儿麻疹、甲状腺肿瘤。

海厄特 Hyatt, John Wesley (1837-11-28～1920-05-10) 美国化学家，赛璐珞的发明者。生于纽约州斯塔基，卒于新泽西。1869年完成了赛璐珞的制造技术，并设计制造了生产赛璐珞的专用设备，1870年获得专利。1872年与其兄弟一起设厂生产赛璐珞，开创人类制造高分子材料的新纪元。后又将赛璐珞作成透明片材以代替重而易碎的玻璃片用作照相片基。此外，他还发明了用混凝剂使水净化的方法。1891年发明了在现代机器上广泛采用的滚珠轴承。还发明了甘蔗压榨制糖机，制造了机器传动皮带的缝合机。由于发明赛璐珞，1914年获珀金奖章。

海尔集团公司 Haier Corporation 在中国青岛电冰箱总厂基础上成长起来的特大型企业集团。简称海尔电器。总部设在山东青岛。为世界第四大白色家电制造商、中国电子信息百强企业之首。旗下拥有240多家法人单位，在全球40多个国家建立本土化的设计中心、制造基地和贸易公司，全球员工总数超过5万人。

海尔集团公司是从一个连年亏损的集体小厂逐步发展起来的。1984年，张瑞敏由青岛市家用电器工业公司副经理出任青岛电冰箱总厂厂长后，确立“名牌战略”思想，相继实施名牌战略、多元化战略、国际化战略和全球化品牌战略，创造了从无到有、从小到大、从弱到强的发展奇迹，20多年的发展，使公司产品从1984年的单一冰箱发展到拥有白色家电、黑色家电、米色家电在内的96大门类15 100多个规格的产品群，并出口到世界160多个国家和地区。至2008年8月，海尔品牌旗下冰箱、空调、洗衣机、电视机、热水器、计算机、手机、家居集成等19个主导产品被评为中国名牌，其中海尔冰箱、洗衣机还被国家质量监督检验检疫总局评为首批中国世界名牌。2007年，海尔品牌价值达786亿元，连续六年蝉联中国最有价值品牌榜首。集团公司现重点发展科技、工业、贸易、金融四大支柱产业。

海尔曼 Hellman, Lillian (1905-06-20～1984-06-30) 美国剧作家。生于新奥尔良，卒于温亚德。曾在纽约大学和哥伦比亚大学学习，在好莱坞担任过电影剧本审稿工作。定居纽约后开始文学创作活动。她在30～40年代曾3次访问苏联，还作为战地记者到过内战中的西班牙。50年代初期，海尔曼受到麦卡锡主义的迫害，但她拒绝在法庭上作证，并公开写信谴责非美活动调查委员会。后又被列入黑名单，直至1960年才重新获得发表剧作的机会。她采用传统的现实主义手法进行创作，作品情节曲折，富于戏剧冲突，语言明白流畅，人物心理活动的刻画细腻生动。剧作有《儿童节目》(1934)、《未来的日子》(1936)、《小狐狸》(1939)、《守望莱茵河》(1941)、《搜索的风》(1944) 等。她的几部回忆录《一个不成熟的女人》(1969)、《旧画翻新》(1973)、《邪恶的日子》(1976) 都获好评。

海尔·塞拉西一世 Haile Selassie Ⅰ (1892-07-23～1975-08-27) 埃塞俄比亚皇帝（1930～1974），非洲政治活动家。原名塔法里·马康南。生于哈拉尔，卒于亚的斯亚贝巴。

其父是埃塞俄比亚抗意战争的功臣马康南公爵。1930年11月2日加冕为皇帝，称海尔·塞拉西一世。

海尔·塞拉西一世即位后，全面推行改革。在政治上，1931年颁布了帝国宪法，仿效西方设参、众两院；但同时又规定了至高无上的皇权，皇帝将任免官吏、批准预算、签订条约、宣战媾和等大权集于一身，并有权召开或解散国会。并实行经济和文化方面的改革。

1935年10月，意大利入侵埃塞俄比亚，海尔·塞拉西一世领导抗战。1936年5月被迫流亡国外。1941年初，率领爱国武装力量同英军一道打回埃塞俄比亚，在广大人民和游击队的支持下，击败意大利占领军。同年5月，埃塞俄比亚光复独立。

20世纪60年代以后，在日益高涨的世界民族解放运动推动下，海尔·塞拉西一世积极支持非洲和第三世界人民反对殖民主义、帝国主义的斗争。在他的积极倡导下，1963年5月，30个独立的非洲国家代表在亚的斯亚贝巴举行会议建立非洲统一组织，海尔·塞拉西一世被选为名誉主席。1971年10月，海尔·塞拉西一世访问中国。

在内政方面，海尔·塞拉西一世虽然在战后继续实行若干改革，但这些措施根本不触动腐朽的封建制度，上层封建统治集团日趋腐败。海尔·塞拉西一世晚年逐渐走向自己的反面。1974年9月12日，海尔·塞拉西一世被废黜。后死于狱中。

海耳 Hale, George Ellery (1868-06-29～1938-02-21) 美国天文学家。生于芝加哥，卒于帕萨迪纳。1890年毕业于麻省理工学院。后任芝加哥大学天体物理学副教授。

组建叶凯士天文台，任首任台长。筹建威尔逊山太阳观象台（即后来的威尔逊山天文台），任首任台长。创办《天体物理学杂志》。历任美国天文学与天体物理学会（1914年易名为美国天文学会）副会长；美国国家研究委员会主席；国际科学联合委员会主席。

1889年，海耳提出了太阳单色光照相仪原理。1892年成功地拍摄了太阳单色像，第一次在非日食时看到日珥，发现太阳上明亮的钙云，他称之为谱斑。1906年拍摄了第一张黑子光谱片，证实黑子温度低于其他区域；1908年设计和主持建造的18米太阳塔竣工，发现黑子磁场；1912年建成45米太阳塔，研究太阳普遍磁场；1913～1919年，他发现了黑子群磁场极性逆转的22年周期，并建立太阳黑子磁性分类法。1923年建立海耳太阳实验室，第二年制成太阳单色光观测镜。1897年海耳在叶凯士天文台建成40英寸（1米）折射望远镜，21世纪初仍是世界上最大的折射望远镜。1908年主持建成口径60英寸（1.5米）的反射望远镜；1918年主持建成口径100英寸

(2.5米)的巨型反射望远镜。当洛杉矶的灯光影响威尔逊山天文台时，他决定另建帕洛马山天文台，装置口径200英寸（5米）的巨型反射望远镜。这架望远镜1948年正式投入使用，后命名为海耳望远镜。为纪念他，1969年12月威尔逊山天文台和帕洛马山天文台合并，称为海耳天文台。

海法 Haifa; Hefa 以色列第三大城，北部工业中心和港口。位于地中海阿卡湾（海法湾）。人口约27.08万（2002），居民大多数是犹太人，也有穆斯林、阿拉伯基督教徒（主要为马龙派）。以色列古城之一，曾名锡卡米努姆，后改今名。深水港建于英国委任统治时期，1930年扩建。现为以色列最大海港。港区有两条防波堤，岸线长4 000米。船舶可自由行驶。有12个深水泊位和若干个浅水泊位，包括集装箱泊位。工业有造船、化工、炼油、电力、水泥、纺织和食品加工、军火、电子、化肥、制药、塑料等部门。陆上有铁路沿海岸南北延伸，公路向各方辐射。输油管道通向红海亚喀巴湾岸的埃拉特。设有以色列工学院（1912）、海法大学（1963），建有海运博物馆等。城市依山面海，气候温和宜人，山巅密林葱郁，海滩、山崖景色多样，是著名旅游地。

海防 coast defense 国家为保卫主权、领土完整和安全，维护海洋权益，防备外敌入侵，在沿海地区和海疆进行防卫和管理活动的统称。国防的重要组成部分。主要任务是抗击海洋方向的外国武装侵略和挑衅；保卫国家的领海和岛屿主权；维护国家对大陆架、经济专属区、毗邻区的权益；对本国所管辖的海峡、航道和海上禁区实施管制；打击海上走私、贩毒、内潜外逃等非法活动和抢劫、杀戮、绑架等海盗行为。

海防力量主要由能在领海及相关海域巡逻、作战的海军、海岸警备部队，以及濒海地区的陆军、空军、武装警察部队、民兵、公安和国家安全部门、海关、海洋调查监督等组成。民用的船只、飞机、港口、机场、造船厂、通信设施等，在需要时也可作为海防力量的补充。

海防 Haiphong; Hai Phong 越南北部最大海港城市，直辖市。位于红河三角洲的东北端，京泰河下游。面积1 503平方千米。人口约175.41万（2003）。地势平坦，气候温暖，年平均气温23.9℃，平均年降水量1 700毫米。原为渔村。19世纪中叶建为"海进防守"的边防站，形势险要，为越南军事要地和海上门户，城市由此得名。填海造陆，城市面积不断扩大。重要的工业城市，有机械制造、造船、水泥、化学、食品、塑料等工业。手工业较发达，丝织、蒲草编织驰名国内外。沿海多鱼虾，为海产品加工中心。红河三角洲稻米的重要集散地。水陆交通发达。海防港可停泊多艘万吨轮，越南北部的木材和其他出口物资大多从这里输出。有铁路和公路与河内相通。沿海的吉婆岛有风景秀丽的涂山，石山蜿蜒，是夏季的避暑胜地；东面的下龙湾，海面上矗立着许多怪石和奇峰异洞，为知名的游览区。

海鲂目 Zeiformes; dories 硬骨鱼纲的一目。约有6科21属36种。均海产。主要分布于太平洋、大西洋、印度洋和南极。生活于深海，分布较广。中国产4科8属10种。化石始于渐新世的海洋沉积地层。其起源与鲈形目有关。体侧极扁且高；上颌显著突出，无辅上颌骨；鳞细小或仅有痕迹；背、臀鳍基部及胸腹部有棘状骨板；后颞骨不分叉且与头盖骨密切连接；第一脊椎骨与头盖骨密切连接；背鳍鳍棘部发达，与鳍条部区分明显；背鳍有5～10鳍条，棘间膜延长呈丝状；臀鳍有1～4鳍棘；背、臀鳍及胸鳍条均不分枝；腹鳍胸位，通常有一鳍棘、5～9鳍条；无眶蝶骨；鳔无管，有或无牙。

海菲兹 Heifetz, Jascha (1901-02-02～1987-08-10) 美国小提琴家。生于立陶宛维尔诺，卒于洛杉矶。4岁入维也纳音乐学校学习。9岁转到圣彼得堡音乐学院从奥尔

学习。1912年10月，指挥家尼基什约海菲兹到柏林演奏P.I.柴科夫斯基的《D大调小提琴协奏曲》，并亲自指挥乐队。1917年，他随父母迁居美国。同年10月27日，在纽约卡内基音乐厅举行旅美首次演出，随后作广泛的旅行演奏。数十年间，他几度环游世界，赢得了国际声誉。对他普遍的评论是：把炽热的情感与深邃的智慧熔于一炉，火候恰到好处，凡是在小提琴上可能做到的，他都能做到，并且做得出类拔萃，不同一般。他的艺术青春长达60年。他录制的唱片有160多种，销售量达300万张以上。1969年，加利福尼亚大学聘请他为小提琴教授。1970年他在法国举行1小时的电视音乐会，向全世界广播。1972年退休，定居美国。

海丰县 Haifeng County 中国广东省汕尾市辖县。位于省境东南部，东江与韩江之间，南临红海湾。面积1 750平方千米。人口约79万（2010）。有海外侨胞和港澳台同胞47万人。东晋咸和六年（331）置海丰县。属亚热带海洋性气候。多台风雨。农业主产稻米、甘薯、大豆、花生、甘蔗、莲藕、沙姜、水果等，海产品有马鲛、带鱼、龙虾、贝类等。矿产有锡、钨、钼、铜、铁、独居石、锰、钛、水晶等。工业以食品、服装、制鞋、建材、珠宝玉石加工为支柱产业。名胜及纪念地有玄武山革命烈士墓、赤山约农会旧址、红场旧址、红宫、彭湃故居等。

海福德 Hayford, John Fillmore (1868-05-19～1925-03-10) 美国大地测量学家。美国国家科学院院士。生于纽约，卒于伊利诺伊州埃文斯顿。1889年毕业于美国康奈尔大学土木工程系。1892～1894年在美国、墨西哥国际边界委员会主持天文测量工作，其间获得康奈尔大学的富尔特斯奖章。1909年起任美国西北大学教授和校长。1924年因地壳均衡理论方面的贡献，英国皇家地理学会授予维多利亚奖章。逝世后，美国地理学联合会在阿拉斯加命名了一座"海福德山"。海福德对均衡补偿理论在大地重力学的实际应用和计算方面作出重大贡献，对大地水准面和地球形状的研究也有特殊成就。1924年国际大地测量学协会（IAG）采用他推导出的地球椭球体数据作为第一个国际标准椭球体，并称为"海福德椭球"。主要论著有《大地天文学》（1898）、《美国的精密水准测量》（1899）、《欧洲与美国重力测量新联测》（1901）、《地球形状和地壳均衡》（1909）、《测量地球》（1913）和《太平洋上重力观测的重要性》（1916）等。

海港工程 harbour engineering 为沿海兴建水陆交通枢纽——海港所修造的各种工程设施。主要包括防波堤、码头、修造船建筑物，陆上装卸、储存、运输设施和港池、进港航道及其水上导航设施等。

海港包括水域和陆域两部分。可分为海岸港和河口港。前者位于海滨或海湾内，后者位于河口段内。按用途又可分为商港、军港、渔港、工业港和避风港等，各有其建港要求。许多海港通常根据多种用途合理布置。水域供船舶航行、回转、锚泊和水上过驳等，包括进港航道、港

口门、港池、回旋池、泊池等。各部分的控制水深称为港口水深，表明港口条件可接纳最大船舶的基本界限，它应保证在设计低水位时来港最大船舶的龙骨与港底有必要的安全距离。水工建筑物有：①防波堤。有的内侧兼用为码头。②码头建筑物。海港广泛采用直立式码头。它前缘临深水，便于船舶靠拢和装卸作业。③修造船建筑物。包括滑道船台、干船坞、浮船坞等型式。船台是修造船用的场地，设有供船舶上下水的滑道；干船坞是坞底低于水面的水池式建筑物，坞壁三面封闭，临水一面为坞首，设有可开启的坞门；浮船坞又称浮坞，是由侧墙及坞底板构成的特殊槽形船体，在其中检修船舶。

海格特公墓 Highgate Cemetery 英国伦敦的公墓。K.**马克思**及其家人墓的所在地。位于伦敦北郊的海格特地区。墓地还埋葬着英国物理学家和化学家M.**法拉第**，女小说家G.**艾略特**。马克思的墓地原在公墓内一偏僻荒凉的角落。1956年，英国共产党集资在公墓东端购买了较大的一块墓地，将马克思和其妻子燕妮及家人迁葬于此。墓前有一座高4英尺的青铜胸像，竖立在8英尺的花岗岩墓碑上。墓碑中央镶着白色大理石，上刻：卡尔·马克思，生于1818年5月5日，卒于1883年3月14日。

海沟 trench 平行于**岛弧**或沿着大陆边缘呈断续延伸的两壁较陡、狭长的、水深大于6 000米的深海槽。是岩石圈板块的会聚型边界（消亡边界）和大洋岩石圈板块俯冲、消亡的场所。主要分布于环太平洋地区，也见于印度尼西亚之西的印度洋和加勒比海域。在太平洋西部和印度洋，海沟与岛弧平行排列；在太平洋东部，海沟与陆缘火山链相伴随。海沟有以下特征：①海沟长一般在500～4 500千米，宽40～120千米。地球上最深的**马里亚纳海沟**深达11 034米。海沟在平面上大多呈弧形向大洋凸出，横剖面呈不对称的V字形，近陆侧陡峻，近洋侧略缓。②海沟两侧普遍具阶梯状的地貌，地质结构复杂，发育蓝闪石片岩相高压低温变质带。海沟中的沉积物一般较少，主要包括深海、半深海相浊积岩。海沟是大洋地壳与大陆地壳之间的接触过渡带。③海沟为重力负异常带，自由空间异常低达-200毫伽以下；热流值低，在1微卡/(厘米^2·秒)以下，低于地壳平均热流量。④沿海沟分布的地震带是地球上最强烈的地震活动带。震源通常自洋侧向陆侧加深，构成自海沟附近向大陆方向倾斜的震源带。

海狗 *Callorhinus ursinus*; northern fur seal 鳍足目海狮科海狗属的一种。又称北海狗。

多见于太平洋北部的寒带海域，沿北美西海岸和亚洲东海岸的岛屿分布。雄海狗体长1.9～2.2米，重200～240千克，雌性较雄性小1/2～1/3；毛色为灰棕褐至褐黑色。海狗有洄游习性，11月末南下越冬，春季北返。5月初到太平洋北部小岛繁殖，一雄多雌。每胎仅产1仔。幼仔平均体长60～65厘米。7～8岁时才能进行交配。捕食鳕鱼和鲑鱼，也吃海蟹、贝类。白天在近海游弋猎食，夜晚上岸休息。听觉和嗅觉灵敏。除繁殖期外，无固定栖息场所。

海关 customs 国家（或地区）设在**关境**，依据本国（或地区）海关法律、行政法规行使进出口监督管理职权的国家行政机关。最早的外国海关机构出现在公元前5世纪中叶古希腊城邦雅典。11世纪以后，威尼斯共和国成立以"海关"命名的机构即威尼斯海关。17～18世纪，海关执行保护关税政策，重视**关税**的征收，并建立一套周密烦琐的管理、征税制度。19世纪，为发展**对外贸易**，欧洲各国先后撤除内地关卡，废止内地关税，并且基本停止出口税的征收。中国早在西周和春秋战国时期，即有关于"关"和"关市之征"的记载。宋、元、明时期，先后在广州、泉州等地设立**市舶司**。清政府于1684～1685年，先后设置粤（广州）、闽（厦门）、浙（宁波）、江（上海）四海关。1840年鸦片战争后，中国逐渐丧失关税自主权、海关行政管理权和税款收支保管权。中华人民共和国建立后，人民政府接管海关，标志着社会主义性质海关的诞生。

海关的职能包括：①对进出口货物、旅客行李和邮递物品、进出境运输工具实施监督管理。②征收关税和其他税费。③查缉走私。21世纪初，有些国家的海关还对无形贸易（服务贸易）进行监管。许多国家政府指令本国海关履行国际出口管制制度，即对高科技产品、导弹技术产品、核相关双重用途产品、生化武器、常规武器、环境污染物质和有毒废料、濒危物种、文物等进行管制。

海关进出口税则 customs import and export tariff 一国对进出口的应税、免税商品及禁止进出口商品加以系统分类，并列明应税商品的**税率**及其是否免税的一览表。又称**关税税则**。

海关税务司 Commissioner of Customs 中国丧失海关行政权以后外国主持中国海关行政的首脑名称。名为中国海关监督雇佣之人，实际是中国海关的主宰。1853年9月小刀会在上海起义，设在英租界的中国海关遭到抢劫，复为英国水兵占领。英国驻沪领事借口中国海关机构不复存在，遂与美、法领事协商，宣布由各国领事代征海关税饷。中国方面为保证关税收入，于1854年2月在苏州河北岸重设上海海关，随后又在黄浦江的闵行镇和苏州河的白鹤渚设立两个税卡，征收出口丝茶关税。这些措施受到外国领事的反对。清政府迫于压力，为了恢复海关税款收入，于6月29日（六月初五）派上海道台吴健彰与三国领事会谈并达成2项协议，成立一个由三名领事代表组成的税务司署。规定作为单一体联合行动，税务司由三国领事各自挑选和推荐，由上海道台任命。他们有权检查船只的进出、货物的装卸以及报关结关等各项单据，侦察一切违章和作弊行为。海关税务司的违法和渎职，由道台和三国领事组成的混合法庭调查处理。税务司署附属机构全体华洋人员，也必须对混合法庭负责。他们的去留必须经过税务司的建议，由道台作出决定，而且不得迟延。1854年7月12日，中国历史上第一个外国税务司在上海出现，执行中国海关行政的权力。上海海关税务司成立后，10年之中，税务司制扩展到广州、汕头、宁波、福州、镇江、天津、九江、厦门、汉口、芝罘（今山东烟台）、淡水、台湾（台南）、牛庄等13个通商口岸。1861年在各关税务司之上，又设立一名总税务司。第一任总税务司是英国人李泰国。各级税务司完全听命于外国公使和领事，中国地方官甚至连将军、总督都无权加以管束。总税务司在海关范围以内，享有绝对的统治权。

1863年11月，英国人R.**赫德**接任总税务司。他在任职期间，不但把中国海关完全置于英国人控制之下，而且把他自己的活动伸向中国的军事、政治、经济、外交以至文化教育各个方面。海关税务司的统治延续了将近1个世纪，中华民国期间开始关税自主。中华人民共和国建立后，1950年，海关税务司才真正结束。

海龟 *Chelonia mydas*; green turtle 龟鳖目海龟科的一种。又称绿色龟，因脂肪呈绿色得名。广布于大西洋、太平洋和印度洋。中国北起山东，南至北部湾近海均有分布。上颌平出，下颌略向上钩曲，颚缘有锯齿状缺刻。前额鳞1对。背甲呈心形。盾片镶嵌排列。椎盾5片，肋盾每侧4片，缘盾每

侧11片。四肢桨状。前肢长于后肢，内侧各具1爪。雄性尾长，达体长的1/2。前肢的爪大而弯曲呈钩状。背甲橄榄色或棕褐色，杂以浅色斑纹；腹甲黄色。生活于近海上层。以鱼类、头足纲动物、**甲壳动物**以及海藻等为食。每年4～10月为繁殖季节，常在礁盘附近水面交尾，需3～4小时。每年产卵多次，每产91～157枚。卵呈白色圆形，壳革质，柔韧。孵化期50～70天。一般认为海龟分为大西洋海龟、太平洋海龟和日本海龟3个亚种。

海河 Haihe River 中国七大江河之一。又称沽河。海河流域东临**渤海**，南界**黄河**，西起**太行山**，北倚**内蒙古高原**南缘。流域面积26.4万平方千米。海河流域西为太行山脉，北为**燕山**山脉，东、东南为**华北平原**的一部分，又称海河平原。

水系概况 上游支流众多，有五大支流：北运河、**永定河**、**大清河**、子牙河和南运河，即为华北五河。五河分别自北、西、南三面汇流至天津，始名海河。海河自金钢桥以下干流长73千米，河道狭窄多弯道，有“七十二沽”之说。

①北运河。由蓟运河、**潮白河**和北运河构成一水系。蓟运河由泃河和州河组成，在九王庄汇合后称蓟运河，至天津北塘入渤海。潮白河源于内蒙古高原和燕山山脉西段，流入**密云水库**。自水库流出后，经人工开凿的潮白新河流经黄庄一带洼淀，至北塘入海。北运河源于北京市昌平区北部山区，上源名温榆河，通州区以下始称北运河。注入渤海。

②永定河。上源一为**桑干河**，一为洋河，分别源于晋西北和内蒙古高原南缘，二河均流经官厅水库，出水库后始名永定河，至屈家店与北运河汇合，大部分洪水经永定新河由北塘入海。全长681千米，流域面积5.08万平方千米（至屈家店）。

③大清河。上游五大支流中最短的干流。其上源北支由源于涞源县境的北拒马河（下游称白沟河）和源于白石山的南拒马河组成；南支由潴河、唐河、大沙河和磁河（后二河汇合后称潴龙河）等十余支流组成，均源于太行山东麓并汇入**白洋淀**，出淀后始称**大清河**，至独流镇与子牙河汇合。大清河全长483千米，流域面积3.92万平方千米。

④子牙河。其上游有二：**滹沱河**，源于**五台山**北坡的繁峙县内；滏阳河，其上游分支很多，均发源于太行山东坡，源短流急，经宁晋泊与滏阳河相汇。滹沱河与滏阳河于献县汇合后，始称子牙河。子牙河全长747余千米，献县以上流域面积4.63万平方千米。

⑤南运河。主要为人工河。其上源为漳河和**卫河**。漳河上源分为清漳和浊漳，两河均源于太行山南段西侧。卫河源于太行山东南麓，流至河南省新乡市纳人民胜利渠，至徐万仓纳漳河后称卫运河，临清以下即名南运河。至天津市静海县十一堡与子牙河相汇，全长1 000余千米，流域面积3.07万平方千米。

海河水系上游支流繁多分散，下游集中，为典型扇状水系，洪水极易集中；河道容泄能力上大下小，尾闾不畅，河流进入平原坡度骤减，泥沙淤积，河床垫高，形成地上河或半地上河。人类活动对海河水系变迁影响很大，历代开凿引河，河流改道或分或合的现象比比皆是。

流域概况 海河流域年平均径流量211.6亿立方米，地区分布不均，山地年平均径流深110毫米，而平原仅57.6毫米。

流域各河径流变化剧烈。洪水陡涨陡落，遇数水系同时涨水，洪水更集中，峰高量大，难以控制利用，常形成下游的洪涝灾害；多水年和少水年的径流可相差5倍。有连续丰水和连续枯水的变化规律。海河流域历史上洪、涝、旱、碱等自然灾害频繁而严重。从20世纪50年代起，共兴建大小水库1 900多座，总库容265亿立方米，控制了山区流域面积的83%。大型水库有官厅、密云、十三陵、岗南、黄壁庄、岳城、王快、西大洋、横山岭等30座，建造堤防长度4 300千米，开挖疏浚270条支流河道、50条骨干河道，新辟了漳卫新河、子牙新河、永定新河、潮白新河等8条入海河道。排洪入海能力2.5万米^3/秒，较50年代以前提高8倍。提高了防洪标准，治理了80%的平原易涝面积，初步解除了沥涝灾害。兴建水库同时，又兴建了水电站119座，总装机容量66.28万千瓦，年平均发电量17.9亿千瓦·时。

海河及沿岸景观

流域内人口约9 000万，耕田面积约0.1亿公顷。北京、天津均位于流域内。流域内煤、铁、石油等矿产资源丰富，工业发达，盛产小麦、棉花和各种干鲜水果，交通方便。

海红豆 *Adenanthera pavonina*; coral pea-tree 豆科海红豆属的一种。又称红豆、相思树。分布于中国广东、广西、云南、贵州诸省区。亚洲热带及非洲也有分布。落叶乔木，无刺。二回羽状复叶，羽片4～12对；小叶8～18，长椭圆形，长1.5～5厘米。总状花序，排列为顶生的圆锥状或单生叶腋；花小，两性，辐射对称；萼钟状，5齿裂；花瓣5，黄色，披针形，长3.5毫米，有香气；雄蕊10个，与花瓣近等长；心皮1，子房上位，1室；花期6～7月。荚果条形，弯曲，革质，长15～22厘米；种子鲜红色，阔卵形，长5.5～8毫米；果期8～9月。生长在林中山溪边和山坡。木材坚硬，可制家具、舟船，并可制红色染料。种子可制作项链等饰物。

海进 transgression 在相对短的地史时期内，海面上升或陆地下降造成海水面积扩大、陆地面积缩小，海岸线向陆地内部推进的地质现象。又称海侵。由海进作用形成的地层记录称海进序列。海进序列由下到上一般为：沉积物由粗变细或由碎屑岩相变为碳酸盐岩；沉积时的海水由浅变深；陆相沉积含陆相生物群，逐渐演变为海陆交互相沉积含海陆相混生生物群，以至海相沉积含海相生物群。海进常常具有周期性和旋回性，在时间和空间上有不同级别和规模。

海禁 ban on maritime trade or relations with foreign countries 中国明清两朝政府禁阻私人出洋从事海外贸易的政策。又称洋禁。始于明初，在明代虽时张时弛，但直至明末也未曾撤销。**明太祖朱元璋**出于政治上的需要，在对外贸易上，除允许部分国家或部族通过“朝贡”的方式进行贸易外，其他私人海外贸易一律禁止。永乐以后，禁令渐弛。嘉靖元年（1522），给事中**夏言**认为倭寇起于市舶，建议罢市舶，厉行海禁。

朝廷接受建议，封锁沿海各港口，销毁出海船只，禁止下海捕鱼捞虾，断绝海上交通。凡违禁者，必依法处以极刑。明廷严厉的海禁政策阻碍了中国与邻近国家的商品交流和国内工商业的发展，故隆庆初年，朝廷在舆论影响下，开放海禁，“准贩东、西二洋”，以征收商税，增加财政收入。开放海禁后，东南沿海地区商品性农业和手工业有所发展，为资本主义萌芽的成长提供了有利条件。但海禁的开放也是有限制的。出海贸易者，均须经海防同知批准，领取“引票”，到指定地区贸易，并在规定的期限回港。对前往贸易的国家和地区也有一定限制，日本即在禁止通商之列。另外，对出口货物的品种也有所限制。这类规定依然严重地束缚着海外贸易的正常发展。

海军 navy 主要在海洋上作战的军种。现代海军是诸兵种合成军种，主要装备作战舰艇、辅助舰船和飞机，配备有战略导弹、战术导弹、火炮、水中兵器、战斗车辆等，具备在水面、水下、空中和岸上实施攻防作战的能力，既能独立地进行海上战争或遂行海洋方向上的战略战役作战任务，也能与其他军种进行联合作战。基本任务是在海洋上消灭敌人有生力量，袭击敌方基地、港口和陆上重要目标，保护己方海上交通线和破坏敌方海上交通线，封锁、反封锁，登陆、抗登陆，保护己方海上资源和海洋权益等。有的国家海军可对内陆实施远程打击，海军陆战队可深入陆地作战。

从古代到19世纪初，海军经历了桨船时代和帆船时代两个发展阶段。东地中海沿岸国家和中国是古代海军的诞生地。早期的海军以桨船作为战船，船首装有冲角，撞击战和接舷战是主要作战形式。5世纪，北欧出现单桅和双桅战船。随着火炮的出现，风帆战舰相继装备滑膛炮和线膛炮等，舷炮战逐渐成为海战的主要形式。随着海外贸易的发展和资本主义的产生，对海外霸权和海外殖民地的争夺日益激烈，各海洋强国纷纷加强了海军建设。

19世纪上半叶，军舰开始采用蒸汽机动力。60年代，出现了鱼雷武器。70年代，装甲舰尤其是战列舰和装甲巡洋舰已成为舰队的主力战舰。20世纪初，海军出现了潜艇部队，并成为一个新的兵种。20年代，海军拥有了航空母舰和舰载航空兵、岸基航空兵，海军航空兵成为争夺海上制空权的主要兵种，海军成为能进行立体作战的合成军种。在第二次世界大战期间，航空母舰编队机动作战、袭击战、潜艇战、反潜战成为现代海战的重要形式。50年代，核动力技术首先用于潜艇，尔后又用于巡洋舰和航空母舰，有核国家把战略导弹潜艇作为核打击和核反击的重要力量。

1949年4月23日，中国人民解放军的第一支海军部队——华东军区海军在江苏泰州白马庙乡成立。21世纪初，中国海军已发展成为一支拥有水面舰艇部队、潜艇部队、航空兵、岸防兵和陆战队等的诸兵种合成军种。

现代海军一般包括：①水面舰艇部队，包括航空母舰、战列舰、巡洋舰、驱逐舰、护卫舰、布雷舰艇、扫雷舰艇、登陆舰艇、猎潜艇、鱼雷艇等战斗舰艇和勤务舰船部队。②潜艇部队，包括常规潜艇、核动力潜艇及相关的勤务舰船部队。③海军航空兵，通常分为岸基航空兵和舰载航空兵，编有各种遂行作战及作战保障任务的飞机和直升机、地面防空部队等。④海军岸防兵，是部署在沿海地段，以各种火力遂行沿岸防御作战任务的兵种，由海岸炮兵部队、海岸导弹部队组成。⑤海军陆战队，是以担负两栖作战为主要任务的兵种，并担负特种作战任务。有些国家的海军还编有特种作战部队。

海军航空兵 naval air force 海军中主要在海洋上空遂行作战任务的兵种。是海军的主要突击兵力之一。分为岸基航空兵和舰载航空兵。通常编有轰炸机、歼击机、强击机、反潜机部队和执行侦察、巡逻、预警、电子对抗、运输、救护等支援、保障任务的部队，有的国家还编有地面防空部队和专业院校。配有指挥、通信、补给、保养、修理等勤务系统。具有远程作战、高速机动和猛烈突击的能力。主要任务是独立或协同其他军种、兵种歼灭敌方空中、海上力量，攻击敌方海上交通线和海军基地、港口、沿海机场等重要目标，夺取海洋战区和濒海战区制空权；掩护和支援己方舰艇的战斗行动，夺取制海权，保护己方海上交通线和沿海机场、基地、港口和兵力部署，进行海上侦察、巡逻、反潜、布雷、扫雷、通信、引导、运输、救护等。其战略轰炸机部队是国家战略进攻力量的一个组成部分。

海军陆战队 marine corps 海军中担负登陆作战任务的兵种。有的国家称海军步兵。一般隶属于海军或海军舰队。主要装备有步兵自动武器、轻便自行火炮、水陆坦克、两栖装甲输送车、两栖舰艇、反坦克导弹及其他适于登陆作战的武器装备和技术器材。有些国家还配备有飞机、直升机和气垫船等。具有机动性强、反应快速、独立作战和执行多种作战任务等特点。通常编有师（旅）、团、营和分队，由陆战步兵、炮兵、装甲兵、工程兵、通信、侦察等部队、分队编成。

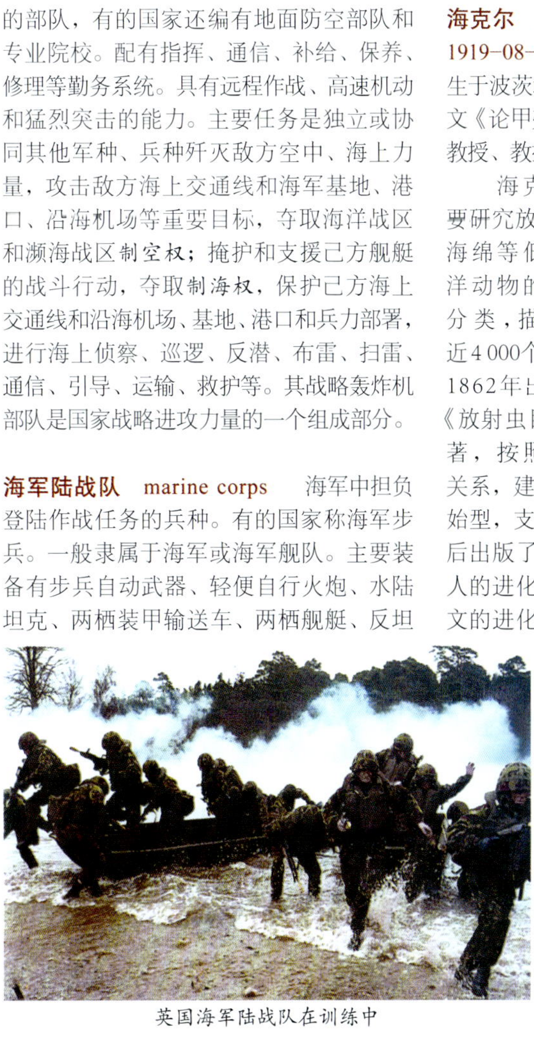

英国海军陆战队在训练中

21世纪初，世界上近50个国家和地区的军队编有海军陆战部队。

海卡尔 Haykal, Muhammad Husayn (1888-08-20～1956) 埃及作家。生于萨布拉温。巴黎大学法学政治经济学博士。曾任律师、教师、报刊主编。1938年任国务部部长，后又任教育部部长、社会事务部部长等职。1945～1950年任国会议长，1943～1952年被选为自由立宪党主席。1914年出版长篇小说《宰纳布》，描写农村男女青年的爱情、婚姻悲剧。结构精巧，文笔优美，环境描写和人物塑造均很成功，浪漫主义色彩较浓，是一部成熟的艺术小说。其他主要作品还有短篇小说集《埃及故事》(1969)，长篇小说《我生就如此》(1955)，名人传记《穆罕默德传》、《欧默尔传》，以及《我的孩子》、《信仰、知识和哲学》等。

海克尔 Haeckel, Ernst (1834-02-16～1919-08-09) 德国动物学家，进化论者。生于波茨坦，卒于耶拿。1857年写成博士论文《论甲壳动物的组织》。1862～1909年任副教授、教授。

海克尔主要研究放射虫、海绵等低等海洋动物的系统分类，描述了近4 000个新种。1862年出版的《放射虫目》专著，按照亲缘关系，建立自然分类系统，并努力寻找原始型，支持了C.R.达尔文的进化论。他先后出版了《自然创造史》、《人类的发生或人的进化史》等著作，通俗地介绍了达尔文的进化论。并根据形态学、胚胎学和古生物学的证据，提出了人类起源于动物的看法，认为这是进化论的中心问题。他的名著《宇宙之谜》，内容涉及生物学、心理学、宇宙学及神学。他试图通过《生物体普通形态学》一书引起整个生物学的改革。他在该书中提出了反映动、植物演化关系的系统树，以及生态学、生物地理学等名词及定义；同时还强调了：“个体发育是系统发育的简短而迅速的重演”，而且是由“遗传

（繁殖）和适应（营养）的生理功能所决定的"。1872年，他将其称为"生物发生律"，亦即重演律。以后他又进一步提出海绵早期胚胎所经历的内陷过程——原肠形成，也发生在多细胞动物中，认为所有多细胞动物都是从一个共同的原始型——原肠祖演化来的，这就是科学史上有名的"原肠祖说"。

海口市 Haikou City 中国海南省辖市、省会。具有热带风光的滨海港口城市。位于海南岛北岸的南渡江入海口，故名。北濒琼州海峡，隔18海里与雷州半岛相望。辖龙华、

海口市鸟瞰

秀英、琼山、美兰4区。面积2 305平方千米。人口205万（2010）。有汉、黎、苗等民族。汉元封元年（前110）属琼崖郡玳瑁县（今琼山区）地。隋末置琼山县。唐辟为琼州府城外港，设古渡驿站。宋称海口浦。元置潘营。明洪武二十八年（1395）筑城，称海口所。1926年析琼山县置海口市。1988年为海南省省会。

地处低纬度热带北缘，属季风性热带气候。年平均气温23.8℃，夏长冬短，春夏多雷雨，夏秋两季常受台风袭击。平均年降水量1 684毫米。主要作物有甘蔗、蔬菜、粮食和油料等。菠萝罐头和椰子糖等产品远销国内外。椰雕、贝雕、海石花等工艺美术品风格独特。建立了以汽车、生物医药、食品饮料、化工化纤为支柱的工业体系。海口市区与雷州半岛南端的海安港隔海相望，是海南岛连接大陆的交通枢纽。海口海港有万吨级泊位，航线可达国内沿海各港口及澳大利亚、新加坡等30多个国家和地区。有经琼州海峡火车轮渡与广东铁路衔接。海口美兰国际机场是中国第八大航空港。旅游资源以热带海滨为特色。名胜古迹有五公祠、海瑞墓、琼台书院、秀英炮台、马鞍岭火山口、人民公园、金牛岭公园、假日海滩、滨海公园等。有国家历史文化名城琼山。

海葵目 Actiniaria 刺胞动物门六射珊瑚亚纲的一目。全海产，一般为单体，无骨骼，富肉质，因外形似葵花而得名。约200属41科1 000多种。中国海区约在100种以上。广泛分布于海洋中。身体通常呈圆筒状，分为口盘、体柱和基盘（或足盘）3部分。口盘中央为口，周围有触手，一般都按6和6的倍数排成多环。触手简单，常为圆锥形，极少数有分枝。触手上布满刺细胞。体柱外壁通常粗糙，有皱纹、疣状物或结节和壁孔，少数薄而光滑。大多数海葵的基盘用于固着，有时也能作缓慢移动。少数无基盘，埋栖于泥沙质海底，有的海葵能以触手在水中游泳。一般有两个口道沟。

海葵为雌雄同体或雌雄异体。有些种类通过无性生殖，由亲体分裂为两个个体；还有些种类是在基盘上出芽，然后发育出新的海葵。多数海葵捕捉活食的能力很强，主要以小型甲壳类、软体动物和鱼等为食。

有些海葵在表皮下有虫黄藻共生。还有些海葵常附着在寄居蟹螺壳和某些蟹类的大螯或头胸甲上与其共栖，借以迁移捕食并保护共栖者免受敌害的侵袭。

海葵多数栖息在浅海和岩岸的水洼或石缝中，少数生活在大洋深渊，最大栖息深度达10 210米，在超深渊底栖动物组成中所占比例较大。有少数种类肉质肥厚可

口，可供食用。但多数种类因刺细胞含强毒性物质，当人体接触时，常引起皮炎、奇痒，不能误食，是著名的有毒海洋动物，沿岸和水下作业人员常受其害。

海拉尔区 Hailar District 中国内蒙古自治区呼伦贝尔市辖区。位于自治区东北部大兴安岭西麓低山丘陵与草原交接地带，海拉尔河和依敏河汇合处。面积1 440平方千米。人口34万（2010），有汉、蒙古、回、达斡尔、鄂温克、俄罗斯等23个民族。秦以前为东胡之地，后为匈奴驻地。汉为鲜卑所居。唐时为室韦地。辽为上京道辖。元属岭北行省和林路辖。明为奴尔干都司斡难河卫所辖。清雍正年间建城，始称为呼伦贝尔城，又称呼伦城。清末，民间以城在海拉尔河附近，故称海拉尔城。1920年建立呼伦县，1940年设海拉尔市。2001年撤市，设呼伦贝尔市海拉尔区。是大兴安岭西部地区物资集散地和交通枢纽。辖6个边境贸易口岸，与俄罗斯、蒙古国通商战略地位重要。自然资源丰富，有煤炭和金、银、钼、铅、铜、石油等矿产。农作物有小麦、马铃薯等，有蔬菜种植、奶牛饲养业。工业有毛纺、乳品和畜产品加工、煤炭、机械、采矿等。

海兰泡与江东六十四屯惨案 Hailanpao and Jiangdong 64 Villages, Massacre of 清光绪二十六年（1900）夏，俄国阿穆尔省当局屠杀中国和平居民的大血案。海兰泡原为中国居民村，位于黑龙江左岸与精奇里江汇合处附近。咸丰八年（1858）被沙俄侵占，改名为布拉戈维申斯克，以后成为阿穆尔省首府，惨案前有华侨一万余人，从事农工商业。江东六十四屯位于黑龙江左岸、精奇里江口以南至孙吴县霍尔莫勒津屯，长约150里，宽约80里，因历史上曾出现64个村屯而得名，惨案前有中国居民两万余人。中俄《瑷珲条约》明文规定，原住此处的中国居民照旧准其"永远居住"，仍由中国"大臣官员受理"，俄国人"不得侵犯"，确定了中国居民的永久居住权和中国政府的永久管辖权。光绪二十六年中国东北地区义和团运动爆发后，沙俄外贝加尔军队不断经海兰泡乘轮船下驶。7月15日，中国瑷珲（今黑龙江黑河市爱辉）驻军阻止俄轮前进，阿穆尔省当局以此为借口，下令搜捕海兰泡华侨，于17～21日将被捕者分4批屠杀和淹死在黑龙江中，殉难者5 000余人。同时，俄兵侵入江东六十四屯，恣意烧杀，将中国居民赶出家园，凡未及过江者被"一同逼入江中"，"浮尸蔽江者数日"。六十四屯的土地被沙俄霸占，中国居民的财产损失达300余万两白银。

海蓝宝石 aquamarine 绿柱石矿物的海蓝、天蓝至蓝绿色的变种。由于含微量的铁（Fe^{2+}）而致色。六方晶系，玻璃光泽，透明至

海蓝宝石原石

半透明，折射率常光下1.572～1.590，非常光下1.567～1.583。有时可具猫眼效应。莫氏硬度7～8，密度2.7克/厘米^3。以颜色淡雅赢得人们的喜爱。主要产于伟晶岩中。中国主要产在新疆、云南、内蒙古、海南、

四川等地。世界著名产地有巴西、马达加斯加。此外，印度、巴基斯坦、缅甸、坦桑尼亚、阿根廷、挪威、北爱尔兰、美国等也有产出。

海浪 ocean wave 海洋中由风产生的波浪。包括风浪、涌浪和海洋近岸波等。通常波长为几十厘米至几百米，周期为0.5～25秒，波高几厘米至20多米，特殊情况下波高可超过30米。①风浪。风直接推动的海浪。同时出现许多高低长短不等的波浪，波面较陡，波峰附近常有浪花或大片泡沫。②涌浪。风浪传播到风区以外的海域中所表现的波浪。具有较规则的外形，排列比较整齐，波峰线较长，波面较平滑，略近似正弦波。在传播中因海水的内摩擦作用，使能量不断减小而逐渐减弱。③海洋近岸波。风浪或涌浪传播到海岸附近，受地形的作用改变波动性质的海浪。随海水变浅，其传播速度变小，使波峰线弯转，渐渐和等深线平行；波长和波速减小。在传播过程中波形不断变化，波峰前侧不断变陡，后侧不断变得平缓，波面变得很不对称，以至于发生倒卷破碎现象，且在岸边形成水体向前流动的现象。

海勒 Heller, Joseph (1923-05-01～1999-12-12) 美国作家。生于纽约州布鲁克林，卒于该州东汉普顿。第二次世界大战期间任空军中尉。曾任杂志编辑。1958年开始在耶鲁大学和宾夕法尼亚大学讲授小说和戏剧写作。他的重要作品是长篇小说《第二十二条军规》(1961)，描写第二次世界大战期间美国空军内部的专横、残暴、贪婪和人们受到的迫害，反映了现代社会各种权势利欲的争夺。《出了毛病》(1974) 描写美国中产阶级经理人员日常生活中的疑惧和烦恼，使人感到，虽然在富足的物质条件下人与人之间的关系却充满了猜忌和畏惧，令人无法忍受。还著有长篇小说《像黄金一样好》(1979)、寓言《上帝知道》(1984)、剧本《我们轰炸了纽黑文》(1968) 等。

海勒是黑色幽默文学的代表人物。他的创作方法往往是从超现实角度出发，善于把令人发指的暴行和难以忍受的痛苦写成笑话，以无可奈何的心情接受既成事实，并没有想改变这个世界。

海狸鼠 *Myocastor coypus*; nutria 啮齿目海狸鼠科的单一种。又称河狸鼠、狸獭、沼狸。体型肥大，成体体长50～65厘米，重5～10千克；头大，眼小，耳圆形；尾长约为体长的2/3，圆棍状，尾鳞裸露，仅有极少数粗尾毛；四肢短，后足5趾，趾间有蹼，游泳时用来划水；体被长毛，绒毛较厚，并有部分针毛；头和背部毛暗褐色，吻部苍白色，腹毛黄褐。为南美与西印度群岛特产。

栖息于水生植物较多的溪流和湖沼地带。善游泳，能潜水。多晨昏活动。喜食各种水草的幼芽、嫩枝叶和根茎，人工饲养中也食白菜、胡萝卜及野草等。全年繁殖，妊娠期130天左右，每年2胎，最多2年5胎，每胎6～8仔，幼鼠6～7个月达性成熟，一般可活5～8年。母鼠有4～5对乳头。

海狸鼠的毛皮较珍贵，肉可食用。欧美各国早已开始人工饲养。20世纪60年代中国也引种饲养。

海里 nautical mile 计量海洋上距离的非国际单位制单位，中国选定为只用于航程的法定计量单位。曾称浬。符号为n mile。1海里＝1 852米。国际上并没有统一规定符号，n mile是英语习惯简写，中国用此作为符号。它与小时、节（航海中的速度单位）构成一贯制。在不同国家曾有不同的定义，但多相当于纬度1弧分的长度，故其准确值与所处地球的位置有关。自1928年起，大多数国家定义1海里为1 852米，曾称此为国际海里。英国至今仍使用英国海里，即地球纬度48°处1′的弧长，1海里=6 080英尺=1 853.181米。

海林市 Hailin City 中国黑龙江省辖县级市。位于省境东南部，西南隅与吉林省接壤。面积9 772平方千米。人口40万 (2010)，有汉、朝鲜、满、回、蒙古等15个民族。古为肃慎属地。1946年设新海县，1948年与五林县合并为海林县，1956年撤销后划入牡丹江市。1962年复设海林县。1992年撤县，设立海林市。由牡丹江市代管。矿产有铁、金、沸石、膨润土、硅石、大理石、花岗岩等。工业以卷烟、酿造、制糖、粮油加工、森林工业等为主。农业以水稻、玉米、大豆、小麦、甜菜、烟叶、黑加仑、蔬菜等为主。林区盛产云杉、冷杉、红松、樟子松、落叶松，以及水曲柳、黄菠萝、胡桃楸等林木。名胜古迹有林海雪原、威虎山、双峰高山滑雪场、鹭岛、鹰嘴砬子、渤海墓群、金代山城遗址、宁古塔将军旧城遗址、原始人崖画，纪念地有杨子荣烈士陵园等。

海流 ocean current 海水沿一定途径的大规模流动。又称洋流。既可以出现在海洋表层，也可以出现在海洋深层；既有水平方向的海流，又有铅直方向的海流，后者又分为上升流和下降流。海流具有非常大的规模，是促成不同海区间大规模物质交换和能量交换的主要因子，对海洋中多种物理过程、化学过程、生物过程、地质过程，以及对其上空的气候和天气的形成和变化都有影响和制约作用。

海流按成因可分为风漂流和地转流。前者是作用在海面上的风应力和水平湍流应力的合力，与地转偏向力平衡后形成的，主要分布在海洋深度小于300米的表层；后者是热盐效应造成的海水密度分布不均匀，产生水平压强梯度力，当它和地转偏向力平衡时形成的，分布在相当厚的水层中。海流按其水温低于或高于所流经海区的水温，可分为寒流和暖流。前者比流经海区水温低，后者比流经海区水温高。

海流通常用流速和流向表示。流速指单位时间内水质点移动的距离，以厘米/秒或海里/小时表示。流向指海水流去的方向。表层海流的水平流速从每秒几厘米到每秒300厘米，深处的水平流速则在每秒10厘米以下。铅直方向流速一般都很小，从每天几厘米到每小时几十厘米。

海隆 oceanic rise 宽广且坡度和缓的海底隆起区。深海底的海隆或者呈长条状，或者接近等轴状，有的还镶嵌着海山或火山岛。①无震海隆。位于板块内部的洋盆区内的海隆，不发生地震。有一些海隆的基底是变厚和抬升的洋底，其形成与洋底基性火山活动有关。②活动海隆。指较宽缓的大洋中脊，如东太平洋海隆。位于板块边缘，故构造活动强烈，地震频繁。

《海陆的起源》 *Die Entstehung der Kontinente und Ozeane* 德国气象学家A.L.魏格纳关于大陆漂移假说的重要著作，1915年出版。魏格纳在这本书里系统地阐述、论证了他在1912年提出的大陆漂移说。全书分3篇共13章。第一篇论述大陆漂移的基本内容，并把它同地球冷缩说、陆桥说和大洋永存说进行对比，指出这些学说的缺点和问题，认为只有大陆漂移说才能解释全部事实。第二篇从地球物理学、地质学、古生物学、古气候学、大地测量学等方面论证大陆漂移说的合理性。第三篇为解释和结论。从地球的黏性、大洋底、硅铝圈、褶皱与断裂、大陆边缘的构造形态等方面，讨论了大陆漂移的可能性以及漂移的动力。此书被译成多种文字出版，引起世界地质学界、地球物理学界的重视。在中国，最早的中译本是1937年由商务印书馆出版的林绍良译本《大陆移动论》。1963年又由商务印书馆出版了李旭旦的译本《海陆的起源》。

海陆风 sea-land breeze 因海洋和陆地受热不均匀而在海岸附近形成的一种有日变化的风系。在基本气流微弱时，白天风从海洋吹向陆地，夜晚风从陆地吹向海洋。前者称为海风，后者称为陆风，合称为海陆风。海陆风的水平范围可达几十千米，铅直高度达1～2千米，周期为一昼夜。

白天，地表受太阳辐射而增温，由于陆地土壤热容量比海水热容量小得多，陆地升温比海洋快得多，因此陆地上的气温显著地比附近海洋上的气温高。陆地上空气柱因受热膨胀，在水平气压梯度力的作用下，上空的空气从陆地流向海洋，然后下沉至低空，又由海面流向陆地，再度上升，遂形成低层海风和铅直剖面上的海风环流。海风从每天上午开始直到傍晚，风力下午最强。日落以后，陆地降温比海洋快；到了夜间，海上气温高于陆地，就出现与白天相反的热力环流而形成低层陆风和铅直剖面上的陆风环流。海陆的温差白天大于夜晚，所以海风较陆风强。如果海风被迫沿山坡上升，常产生云层。在较大湖泊的湖陆交界地，也可产生与海陆风环流相似的湖陆风。在较大的海岛上，白天的海风由四周向海岛辐合，夜间的陆风则由海岛向四周辐散。因此，海岛上白天多雨，夜间多晴朗。

海绿石 glauconite 硅酸盐矿物，化学组成为 $(K,Na)(Al,Fe,Mg)_2[(Si,Al)_4O_{10}](OH)_2$，晶体属单斜晶系。海绿石中钾和铁离子含量随产出的地质时代和岩性的不同而异，一般早古生代产出的，钾的含量较高；现代海洋沉积物中的，铁的含量较高。常呈细小的球粒状、鲕状、叶片状、板状、蠕虫状。新鲜海绿石呈翠绿色、暗绿色至绿黑色。不透明。莫氏硬度2～3。性脆。密度2.2～2.8克/厘米^3。是典型的海洋沉积产物，形成于水深100～300米的浅海环境，也发现于300～500米深处的绿色软泥和砂中，与蒙脱石、石英等共生。海绿石含钾，并具有离子交换性能，主要用作钾肥、处理水质和改良土壤。经处理的海绿石能吸附水中的镁、钙离子，释放出钠离子，清除水中可溶性的铁盐和锰盐。还可用作颜料、玻璃的抛光剂等。美国、比利时、澳大利亚、苏联（俄罗斯）、日本等国对海绿石开发应用较早。中国河北、湖北、辽宁、云南等地均有产出。

海伦 Helene 希腊神话中的美女。宙斯和勒达的女儿。她还是少女的时候，就曾被忒修斯劫持。曾有许多希腊英雄向她求婚。廷达瑞奥斯将她嫁给墨涅拉奥斯。后来她被特洛伊王子帕里斯拐走，引起了特洛伊战争。帕里斯死后，她又嫁给了他的弟弟得伊福波斯，待到特洛伊陷落，才回到墨涅拉奥斯身边。据另外的说法，帕里斯拐走的只是她的幻影，真正的海伦是被赫尔墨斯带到了埃及，墨涅拉奥斯在回乡途中又找到了她。墨涅拉奥斯死后，海伦被逐出斯巴达，死在罗得岛。有的神话说，她死后神又使她复活，成了阿基琉斯的妻子。罗得岛和斯巴达曾流行对她的崇拜。其实，海伦原是一位女神，曾被奉为航海省的庇护者，更早的时候还是伯罗奔尼撒的丰产和光明之神。

海伦市 Hailun City 中国黑龙江省辖县级市。位于省境中部，小兴安岭山地向松嫩平原的过渡地带。面积4 667平方千米。人口77万（2010），有汉、朝鲜、回、满、蒙古、达斡尔、锡伯等民族。清代为皇室围场。清光绪三十年（1904）设海伦直隶厅，宣统元年（1909）设海伦府，1913年废府设海伦县。1989年撤县设立海伦市。由绥化市代管。工业以食品、电力、冶金、化工、纺织、建材、机械、电子、塑料、造纸和粮油加工等为主。农业主产玉米、小麦、大豆、水稻、谷子、高粱、甜菜、亚麻、烤烟、蔬菜等。

海洛夫斯基 Heyrovský, Jaroslav（1890-12-20～1967-03-27） 捷克斯洛伐克分析化学家。生于布拉格，卒于布拉格。1914年获伦敦大学理学士学位，1918年获哲学博士学位。

1926～1954年，任布拉格大学教授。1950年为捷克斯洛伐克科学院创办极谱研究所，并任所长。1952年当选为捷克斯洛伐克科学院院士。为英国皇家学会外籍会员。曾任伦敦极谱学会理事长和国际纯粹与应用物理学联合会副理事长。1922年以发明极谱法而闻名于世。1924年与志方益三合作，制造了第一台极谱仪。极谱分析方法具有迅速、灵敏的特点，绝大部分化学元素都可以用此法测定。此法还可以用于有机分析和溶液反应的化学平衡和化学反应速率的研究。1941年海洛夫斯基将极谱仪与示波器联用，提出示波极谱法。因发明和发展极谱法而获1959年诺贝尔化学奖。著有《极谱法在实用化学中的应用》和《极谱学》等。

海洛因 heroin 吗啡的二乙酰化合物，分子式$C_{21}H_{23}NO_5$。

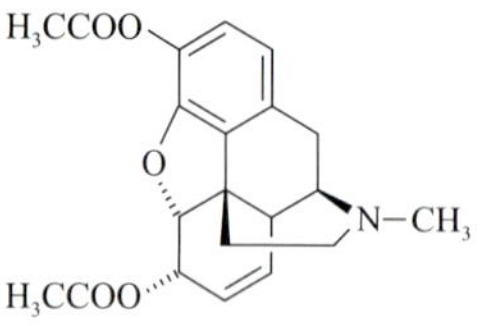

无色晶体；熔点173℃，沸点272～274℃（12毫米汞柱），相对密度1.56～1.61，比旋光度$[\alpha]^{15}_{D}$−166（甲醇）；溶于苯和氯仿。由吗啡制备。医药上用于促使睡眠和减轻病痛，有成瘾性，比吗啡成瘾性更大。

海马 *Hippocampus*; sea horse 刺鱼目海龙科海马属动物的统称。又称海马鱼。因头部如马头得名。珍贵海产药用鱼类。广泛分布于热带、亚热带及温带近、内海水域。中国沿海均产。全世界海马种类有25种，中国有6种，冠海马分布于黄海、渤海。猬海马仅见于台湾海域。刺海马和斑海马（见图）分布于东海、南海。日本海马和大海马也产于中国沿海。

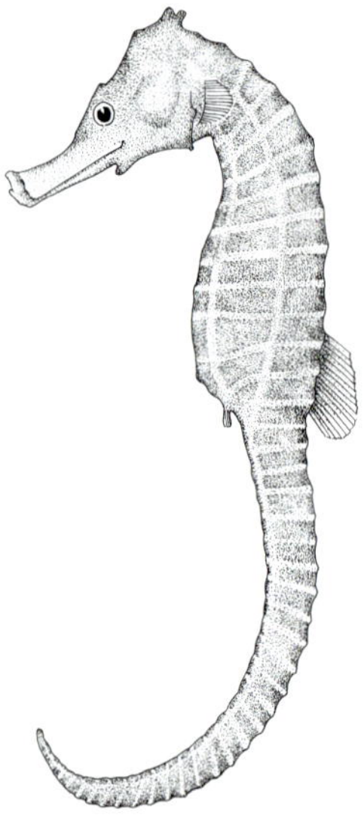

斑海马

体侧扁，较高，腹部凸出；躯干部横断面七棱形，由10～12节体环组成，尾部四棱形，尾端渐细，常卷曲。头与躯干部成直角，顶部具突出头冠，冠顶有数个小棘。每节体环也具突起或小棘。吻细长，管状。口小，前位，无牙。鳃孔小，体无鳞，由骨质体环所包。无侧线。背鳍位于躯干及尾部之间的背方，臀鳍短小，胸鳍扇形，无腹鳍及尾鳍。雄鱼腹部具育儿囊。栖息于风浪平静、水质澄清、藻类繁茂的暖温性沿海内湾低潮区。体色随环境而变，适温范围一般为10～33℃。幼海马以桡足类的无节幼体为食。成体摄食虾类及其幼体。

1957年中国开始养殖海马并取得成功。海马素有“南参”之称。性温，味甘无毒，用作中药有补肾壮阳、镇静安神、散结消肿、舒筋活络等功效。

海门市 Haimen City 中国江苏省辖县级市。位于省境东南部，南临长江，东北滨黄海。面积1 148平方千米。人口91万（2010）。古为江中沙洲，后逐渐淤涨与北岸相连，称东布洲。五代后周显德五年（958）置海门县。1994年撤县设市。由南通市代管。地处平原。主要农作物有水稻、小麦、玉米、油菜、花生等。盛产薄荷、留兰香、大蒜、芦笋、小辣椒等经济作物。工业有冶金、机械、电子、纺织、化工、食品、建材等。名胜有东洲公园、余东镇法光寺、张謇纪念馆等。

海米赛 hamse 维吾尔族传统的诗歌体裁。又称“五卷诗”。流行于中世纪的中亚和东方古典诗人中。“海米赛”一词源自阿拉伯语，有“五”、“五部”、“五卷”之意。始于12世纪波斯诗人内扎米的《五卷诗》。一般要求有固定篇目的五部叙事长诗，依据规定的主题顺序构成。第一篇哲理或劝谕性长诗；第二篇英雄式爱情叙事长诗；第三篇浪漫式爱情叙事长诗；第四篇连环性爱情叙事长诗；第五篇历史与幻想相结合的叙事长诗。由于这种体裁可以系统阐释诗人的思想，波斯、阿拉伯和突厥的诗人竞相模仿，形成“海米赛现象”。创作海米赛体诗歌要求创作者用新的思路和创作手法使用传统题材，不能因袭前人之作，因此对诗人的要求很高，是诗人艺术成就达到一定高度的表现。历史上有数百位诗人创作《五卷诗》，除内扎米外，印度诗人霍罗斯、波斯诗人加米和维吾尔族突厥语诗人纳瓦依的创作成就最高。

海绵动物门 Sponges 动物界的一门。因体壁有无数小孔，故又称多孔动物门。

海面地形 sea surface topography 平均海面与大地水准面之间的差距。表示海面起伏形态，不含潮汐影响的海面地形总共有3～4米的量级。根据所采用的、作为参考的海面不同，分为瞬时海面地形、似稳态海面地形和稳态海面地形。确定海面地形的方法主要有：①几何水准测量方法。在沿海陆地利用几何水准测量的方法确定各验潮站之间平均海面的差异。②海洋水准方法。选定某一深度处的水层作为无运动的等压面，根据多年海洋调查得到的海水的温度、盐度、密度等资料，计算各地平均海面相对于该参考面的高度，从而得到海面地形。③卫星测高方法。利用多年的卫星测高数据得到的平均海面和由某一给定的地球重力场模型计算得到的大地水准面，即可推算海面地形。海面地形在统一全球高程基准、精化海洋大地水准面、计算大洋环流方面有着重要作用。

海明威 Hemingway, Ernest (1899-07-21～1961-07-02) 美国小说家。生于芝加哥附近，卒于爱达荷州凯彻姆。早期以“迷惘的一代”的代表著称。他风格独特，文体简洁，在欧美很有影响。1917年中学毕业后进堪萨斯市《星报》担任见习记者。1918年5月，志愿参加红十字会救护队，在意大利前线受重伤。1919年初回到家乡，练习写作。1921年去欧洲担任《星报》驻欧记者，撰写关于日内瓦与洛桑国际会议的报道以及希土战争的电讯。1924～1927年担任赫斯特报系的驻欧记者。

1922年，他开始在报刊上发表作品，包括寓言、诗歌和短篇小说。1923年出版第一个集子《三个短篇和十首诗》。1924年在巴黎出版另一个集子《在我们的时代里》，包括18个短篇。次年同名的集子在美国出版，包括13篇短篇小说和夹在各篇故事之间的16篇插章。这部小说集和长篇小说《春潮》(1926)以其独特的风格引起批评界的重视。

《在我们的时代里》的一些小说描写尼克·亚当斯的青少年时期的生活；《某件事的终结》写尼克初恋的终结；《大二心河》中，尼克已从欧洲战场复员回家，整天钓鱼，以摆脱噩梦般的战争在他心灵上留下的创伤。这些作品表现了暴力世界中孤独的个人，在艺术上已经形成含蓄简约的风格。他不直接吐露人物的思想情绪，而是通过细致的动作描写透露人物的心情。

1926年，海明威发表了他第一部重要的长篇小说《太阳照常升起》(英国版题名《节日》，1927)。小说描写战后一批青年流落欧洲的生活情景，表现了第一次世界大战后青年一代的幻灭感。G.斯泰因曾经对海明威等人说过：“你们都是迷惘的一代。”海明威把这句话当作小说的一句题词。由于小说写出这一代人的失望情绪，《太阳照常升起》成了“迷惘的一代”的代表作。

1927年，海明威回到美国，并发表第二部短篇小说集《没有女人的男人》，其中著名的有《打不败的人》、《五万大洋》和《杀人者》。《打不败的人》描写西班牙一个体力已弱的斗牛士为了维护昔日的荣誉，在斗牛中竭尽全力坚持到底。《五万大洋》写一个拳击手宁可失败也要保持职业的体面。《杀人者》的主人公尼克·亚当斯面临一桩凶杀案件感到恐惧。海明威在这些小说里创造了临危不惧、视死如归的“硬汉性格”。这类人物形象对后来美国通俗文学产生了影响。

1929年，海明威发表长篇小说《永别了，武器》，主题是反对战争。主人公亨利是美国志愿兵，在意大利前线负伤，住院期间受到英国护士凯瑟琳的细心看护，两人产生了爱情。他返回部队后，在一次撤退的途中被意军误认为是德军的奸细而被捕。他在等待处决时伺机逃脱，与凯瑟琳一起流亡到瑞士，过了一段愉快的生活；不幸凯瑟琳和婴儿死于难产，亨利悲痛欲绝。海明威在这部作品中把个人在战争中所遭受的苦难看作人类的灾难。《永别了，武器》显示出海明威艺术上的成熟。情景交融的环境描写，纯粹用动作和形象表现情绪，电文式的对话，简短而真切的内心独白，托讽于有意无意之间，简约洗练的文风以及经过锤炼的日常用语等，构成他独特的创作风格。

海明威自1927年离开欧洲后，先居住在美国佛罗里达州的基韦斯特岛，后迁至古巴。20世纪30年代上半期他发表的作品有写西班牙斗牛的专著《死在午后》(1932)，短篇小说集《胜者无所得》(1933)和关于在非洲狩猎的札记《非洲的青山》(1935)。1936年，海明威发表短篇小说《乞力马扎罗的雪》，以现实与幻想交织的意识流手法描写一个作家临死之前的反省。

1937年长篇小说《有的和没有的》出版。主人公哈雷·莫根生活贫苦，以海上走私为生，他对美国社会的贫富悬殊深感不满，进行反抗，但孤军奋战，临死前才认识到“一个人不行”。

1937年，海明威以北美报业联盟记者的身份去西班牙报道战事。1938年发表剧本《第五纵队》。西班牙内战结束后，他回到古巴，在哈瓦那郊区创作长篇小说《丧钟为谁而鸣》于1940年发表。这部小说以西班牙内战为背景，叙述美国人乔顿奉命在一支山区游击队的配合下炸桥的故事，集中描写乔顿炸桥前3个昼夜的活动。作品从民主主义立场反对法西斯主义，主人公具有高度的责任感，乔顿临死之前回顾了自己的一生，肯定自己为反法西斯而牺牲是光荣而崇高的。

50年代，海明威发表长篇小说《过河入林》(1950)和中篇小说《老人与海》(1952)。《老人与海》的主题思想是人要勇敢地面对失败。主人公桑提亚哥是海明威20～30年代创造的“硬汉性格”的继续与发展。它的艺术概括程度更高，达到寓言和象征的高度。1954年，海明威获诺贝尔文学奖。

古巴革命后，海明威迁居美国爱达荷州。晚年因患多种疾病，精神抑郁。1961年用猎枪自杀。他的妻子发表了他的两部遗作：《不散的筵席》(1964)和《海流中的岛屿》(1970)。

海明威在近40年的创作中形成了独特的思想和艺术风格。他的早期作品表现了第一次世界大战后青年一代的彷徨和茫然若失的情绪。他的两部分别描写第一次和第二次世界大战的长篇小说《永别了，武器》和《丧钟为谁而鸣》成为现代世界文学名著。20年代后期，他塑造的“硬汉性格”在美国文学中产生了影响。海明威虽然没有开创一个新的文学流派，却是一位开了一代文风的语言艺术大师。

海姆 Heym, Stefan (1913-04-10～2001-12-16) 德国小说家。生于开姆尼茨，卒于耶路撒冷。1933年流亡捷克，后去芝加哥大学学习。曾参与筹办、主编报刊。1953年在东柏林成为职业作家。后作品被禁止发表，80年代末解禁。1994年当选为联邦议院议员。长篇小说《人质》(1942)揭露德国法西斯在布拉格的暴行，反映捷克人民的反抗斗争。《伦茨·帕柏》(1963)和《六月的五天》(1974)围绕“压迫”为创作主题。《施瓦岑贝格》(1984)描写一个现

实乌托邦，在西方资本主义和东方社会主义之间寻求一条民主国家形态的自主道路。有自传《悼词》(1988)和文集14卷(1984)。主要作品还有《今日十字军》(1948)、《大卫王传》(1972)、《科林》(1979)、《流浪的人》(1981)等。

海南大风子 *Hydnocarpus hainanensis*; Hainan chaulmoogratree 大风子科大风子属的一种。分布于中国广西和海南。越南北部也有分布。常绿乔木，高达15米；树皮暗灰带绿色。单叶，互生，薄革质，长圆形，长9～13厘米，宽3～5厘米，全缘或有浅波状疏锯齿；具短柄。花单性，雌雄异株；总状花序腋生。雄花密集；萼片4，椭圆形；花瓣4，肾状卵形；雄蕊多数。雌花萼片4；花瓣4；具多数退化雄蕊；心皮5，合生，子房上位，密生黄色绒毛，1室；花期4～5月。浆果球形，黑色，径4～5厘米，种子多数；果期8～10月。

生长在500米以下的热带、亚热带季雨林的低山、丘陵地。种子油富含副大风子酸和晁横酸，可药用，有消炎、祛风湿功效。为渐危树种，现已列为中国珍稀濒危保护植物。

海南岛 Hainan Island 中国第二大岛。古称珠崖、琼崖或琼州。为地处热带的大陆岛和重要的热带作物生产基地。北隔琼州海峡与雷州半岛相对，西濒北部湾与越南相望，南临南海和太平洋。南北长约245千米，东西宽258千米。面积3.22万平方千米。因位于琼州海峡之南，故名海南岛。1988年设立海南省的同时，划定海南岛为海南经济特区。

海南省 Hainan Province 简称琼。位于中国最南部，滨临南海。中国最大的经济特区。北隔琼州海峡与广东省雷州半岛相望；西临北部湾；南达曾母暗沙，与马来西亚为邻；东南濒临太平洋，与菲律宾、印度尼西亚等相望。辖海口市、三亚市2个地级市和4个市辖区，6个县级市，6个自治县和4个县（见表）。陆地面积约3.4万平方千米，海域面积约200万平方千米。包括海南岛、西沙群岛、南沙群岛、中沙群岛等岛屿。人口867万(2010)。汉族人口约占总人口的80%，少数民族人口占总人口的20%。有黎、苗、回、壮等少数民族。省人民政府驻海口市。南海和南海诸岛资源

海南省行政区划表(2010)

海口市	临高县　定安县
龙华区　琼山区	澄迈县　屯昌县
秀英区　美兰区	昌江黎族自治县
三亚市	白沙黎族自治县
省直辖行政单位	琼中黎族苗族自治县
文昌市　五指山市	陵水黎族自治县
琼海市　万宁市	保亭黎族苗族自治县
东方市　儋州市	乐东黎族自治县

丰富，位置重要，对交通、国防和海洋经济的发展有重大意义。

建制沿革　西汉元封元年（前110），海南置于汉王朝管辖，置珠崖、儋耳2郡，处于原始社会父系公社时期。从西汉至南北朝，由广东、福建等地不断迁入的移民推动了海南东北沿海地区的开发。南朝时航船已达西沙群岛。宋、元两代是海南开发的兴盛时期。宋代海南与广州、泉州、福州船只来往频繁，中国水师曾巡视西沙群岛。元代以军事屯田形式强制移民。从明代起，海南岛由广西划归广东管辖。1876年（光绪二年）海口设置琼海关。中华民国初年改为广东琼崖道，后废道划为特别行政区。1939年初日本侵占海南岛，大肆掠夺石碌、田独等铁矿和海南林木资源。1945年日本投降。1950年设立海南行政区公署，为广东省人民政府派出机关。1984年海南行政区人民政府正式成立。1988年4月13日设立海南省。

自然状况　海南地处热带，海域广阔，岛屿众多，雨量充沛，植物繁茂，资源丰富，具有典型的热带海岛自然特征。

省境由大陆型与海洋型两大类岛屿组成。海南岛为大陆型岛屿。四周低平，中间高耸，以五指山、鹦哥岭为隆起核心，向外围逐级下降，由山地、丘陵、台地、平原构成环形层状地貌，梯级结构明显。西沙、南沙、中沙群岛是在巨大的南海海盆上发育起来的珊瑚岛礁，地势较低平，一般海拔4～5米。海南省地处火山地震活动频繁地带。矿产富铁矿、钛、水晶、宝石、锆英石、石英砂等储量居全国之首。钴、锰、铜、石油、天然气等也相当丰富。开采价值最大的矿产为石碌富铁矿和莺歌海油气田。

具有热带季风和热带海洋性气候的特色，日照时数多，热量丰富。全年气温高，积温多，无冬。年平均气温22.5～26.0℃。雨量充沛，有干湿季之别。平均年降水量1 500～2 600毫米，雨量最多的五指山东南坡5 500毫米以上，是世界同一纬度地区降雨最多的地区之一。常年风大，台风频繁。除南沙群岛靠近赤道无风带外，其余各地都是大风区。海南河流短小，呈辐射状水系。河川多数属暴流性，洪水突发性强、洪峰高、历时短、急涨急落。

土壤以砖红壤为主，土壤淋溶快，有机物质易于淋失，氧化物积聚，富铝化作用明显。是中国热带生物资源最丰富的地区，维管束植物有4 200余种，其中约600种为海南省所特有。植被典型类型是由热带常绿树种组成的热带季雨林。乔木树种主要有青梅、各种桂木、榕、黄桐、见血封喉等。海南岛东北部东寨港、清澜港等地红树林十分繁茂。

海南省兽类有77种，占中国兽类总数的1/5；鸟类有344种，占全国鸟类种类的1/4。热带性食虫、食果动物种类最为繁盛。有长臂猿、坡鹿、猕猴、黑熊、云豹等珍贵动物。五指山林中有山蛭、巨蜥和飞蜥等。海南多珍禽。鸟类多数羽毛浓艳、色彩缤纷，著名的有孔雀雉、海南鹩哥、朱鹮（又称吉祥鸟）、鹦哥。南海诸岛多鲣鸟、燕鸥。

根据自然地理的差异，全省可分成6区：①海南中部山地区。为穹隆山地，多雨、多雾，湿度大，林木茂密，土壤和植被垂直地带性分布明显。②海南北部台地区。玄武岩台地、火山地貌突出，热带季雨林集中。③海南东部海岸台地平原区。低丘、台地广布，谷地、平原交错，背山面海，热量足，雨水多，受台风影响大。④海南南部台地、平原区。海岸多呈港湾形态，海湾天然景色优美。⑤海南西部台地平原区。⑥南海诸岛区。包括西沙、南沙、中沙群岛，为珊瑚岛礁，岛屿面积小，海拔一般在10米以下，最高处15米。热量高、雨水多、常年风大，植株矮小，土层浅且有鸟粪层。

图1　海南三亚亚龙湾海滨

图2　海南省大面积种植的橡胶树

经济概况　海南为历代封建王朝作为流放“叛道臣民”的地方。20世纪50年代初，黎村苗寨仍是“刀耕火种”、“结绳记事”，经济落后。1988年建立海南经济特区后，经济发展迅速。农业结构不断得到优化，冬季瓜菜、热带经济作物、热带水果种植、海水养殖业等发展迅速，逐步形成了农林牧渔业并举的产业结构。农产品运销加工得到加强。粮食、油料、甘蔗等传统农业的生产平稳上升。20世纪末，粮食播种面积和产量超历史最高水平。粮食生产以水稻为主。热带农业生物资源丰富，素有“热带宝地”、“绿色宝库”、“天然药库”之称，并且少污染，是热带绿色食品的最佳生产地。养牛有基础，兴隆牛是中国水牛良种之一。文昌猪、临高猪、万宁东山羊、琼山雍羊、文昌鸡、琼海嘉积鸭、定安四季鹅等优良畜禽在国内外享有声誉。中国两大热带林区之一。森林面积166.66万公顷（第六次全国森林资源清查资料）。热带珍贵树木200余种。坡垒、花梨、野荔枝、红花天料木（母生）、子京树为5大特类材树种。还有橡胶、胡椒、椰子、油棕、槟榔、咖啡、腰果、茶叶等热带经济作物。海域辽阔。海南岛海岸线长1 528千米，**大陆架**面积80多万平方千米，滩涂面积约5万公顷，10米等深线以内浅海面积约22万公顷，沿海拥有天然港湾84处。环岛200米水深的大陆架渔场面积较广，可供养殖的滩涂面积近3万公顷，适宜港养的港湾30多个。鱼、虾、贝、参、藻、蟹等资源丰富。北部湾、昌化、清澜为海南三大渔场。水产以海洋捕捞为主。

海南省原有工业基础相当薄弱，20世纪80年代以来有了较大发展。制糖、罐头、食品、钢铁、木材、原盐、橡胶等工业在全国占有一定地位。工矿业主要集中于海口市和昌江黎族自治县。海南是亚洲八大铁矿石开采基地之一，石碌铁矿为大型机械化露天矿，年产高品位铁矿石460万吨。是中国最大的热带海盐生产基地，年产盐25万～40万吨。莺歌海盐场最为著名。

对外运输主要依靠海运。已开辟港口20多个。其中海口为全省大门，海口秀英港是人工港口；八所港是石碌铁矿输出专业港，有万吨级泊位；三亚港有泊位5个。儋州市洋浦港是深水良港。西沙群岛的永兴岛也有良好港口，为南海渔民活动的中心。省内有海口和三亚机场。岛内运输以公路为主。粤海铁路通道是中国第一条跨海铁路。

名胜古迹　海南有美丽的热带风光，广阔的海滨，浓郁的民族村寨风情，奇特的火山、海滩、怪石、温泉和茂密的热带森林，旅游资源丰富，是避寒胜地。海滨旅游度假区有：风景秀丽的桂林洋，椰风海韵的东郊椰林湾，有“天下第一湾”之称的亚龙湾和被誉为“海上乐园”的大东海。有兴隆温泉、官塘温泉、南洋温泉、南田温泉等温泉旅游胜地。风景区主要有：东山岭、天涯海角、鹿回头公园、南山文化旅游区、红树林保护区、五指山和尖峰岭热带雨林森林保护区，南湾猕猴、屯昌坡鹿、霸王岭黑冠长臂猿保护区，以及世界上保存得最完整的石山火山口及火山溶洞。古迹有五公祠、琼台书院、东坡书院和海瑞墓。有国家历史文化名城琼山。

海南藏族自治州

海南藏族自治州　Hainan Tibetan Autonomous Prefecture　中国青海省辖自治州。位于省境东南部。辖**共和县**、同德县、贵德县、兴海县、贵南县。面积45 895平方千米。人口44万（2010），有汉、藏、回、蒙古、土、哈萨克、撒拉等23个民族，其中藏族占53.3%，汉族占37%。自治州人民政府驻共和县。1953年设海南藏族自治区，1955年改为自治州。地处共和盆地、青海湖盆地和黄河谷地。境北**青海湖**为全国最大内陆咸水湖。属高原大陆性气候，年平均气温0～3℃，平均年降水量400毫米。主要矿产有铜、汞、钨、大理石，储量均居全省首位，大理石储量居全国第10位。工业以发电、采矿、纺织、制药、制革等为主。农牧业方面，种植小麦、青稞、油菜，牧养藏系绵羊、牦牛、马，全州草场面积占土地总面积的88%。药用植物有冬虫夏草、甘草、大黄等。野生动物有雪豹、白唇鹿、麝、盘羊等，还有高山雪鸡、秃鹫等珍禽。名胜古迹有赛宗寺、日月山、**龙羊峡水电站**、西台遗址、龙哇切吾遗址、青海湖、鸟岛等。

日月山

海难

海难　maritime distress　船舶在海上遭遇**自然灾害**或其他意外事故所造成的危难。海难可给生命、财产造成巨大损失。

种类　造成海难的事故种类很多，大致有船舶搁浅、触礁、碰撞、火灾、爆炸、船舶失踪，以及船舶主机和设备损坏而无法自修以致船舶失控等。发生海难事故的原因是多方面的，如天气条件、船舶技术状态、船员技术水平和工作责任心、港口设施和管理水平等。尽管自然条件或客观原因很多，有些是属于突然性或非人力所能控制的，但人为因素还是主要的。大多数事故是由于驾驶人员的疏忽和过失造成的。不同国家和不同行业的海难统计标准不尽一样，如在海上保险业务中把扣船、窃贼、船员不法行为等也视为海难事故。

预防措施　为保障海上船舶和人命安全，国际海事组织和各国政府针对发生海难的各种原因采取了一些有力的预防措施和解决办法。如制定一系列国际公约和法规，主要有《国际海上人命安全公约》、《1966年国际船舶载重线公约》、《1972年国际海上避碰规则公约》、《1973年国际防止船舶造成污染公约》、《1978年海员培训、发证和值班标准国际公约》、《制止危害航海安全的非法行为公约》（1988）等。各航运国家也制定了有关法规，如中国的海上交通安全法，日本的船舶安全法、船员法等，并采取了很多有助于航行安全的措施，如加强天气预报，建立世界无线电航行警告系统；加强交通管理和航道整治，使港湾设施现代化；增加和改善航标的设置；实施船舶定线通航；在一些险要水域和港口实施强迫引航；举办短期船员培训班和要求船员通过考试领取救生艇操练、海上求生、消防、医疗4种合格证书；追究职责过失的法律责任和承运人的赔偿责任等。

应急措施　发生海难事故后，难船应立即采取应急措施，尽力自行抢救；情况严重确认抢救无效，且有危及人命安全或船舶有沉没危险时，应发出遇险信号求救，并迅速放下救生艇，弃船待救。在海难救助上，首先是营救遇险人员。《1979年国际海上搜寻救助公约》规定各沿海国应设有救援中心。中国已成立海上搜寻救助中心。对于难船和船上货物，需先按救助契约达成协议，然后依据救助要求施救。

海难救助　marine salvage　在海上或与海相通的水域，对遇险的船舶和其他财产进行的救助。又称海上救助。救助方与被救助方就海难救助达成协议，双方间的救助合同关系即告成立。但构成法律意义上的海难救助须有一定的条件。

《中华人民共和国海商法》在很大程度上吸收了《1989年国际救助公约》的规定，同时也作了某些限制：①关于作为救助对象的“遇险船舶”，限定其为海船和内河船，不包括用于军事的或政府公务的船舶。而内河船作为救助对象时，救助方必须是20总吨以上非用于军事的或政府公务的海船。作为救助对象的“其他财产”，指非永久性地和非有意地依附于岸线的任何财产，包括有风险的运费、船舶及其属具、物料、船载货物、浮动船坞、水上飞机、排筏及其他海上漂浮物等。②关于船舶遇险的水域，限定为“海上或与海相通的水域”。③救助对象必须处于危险之中。④救助人的救助不是出于合同义务，而是出于自愿。符合以上条件的救助，取得效果的，有权获得救助报酬；救助未取得效果的，无权获得救助报酬。

救助报酬体现为对救助作业的鼓励。中国《海商法》第180条详尽规定了确定救助报酬的金额时应综合考虑的各项因素。

《1989年国际救助公约》对海难救助事业还设立了特别补偿制度。即救助人对有构成环境污染损害危险的船舶或者船上货物进行了救助，无论救助成功与否，只要取得防止或者减轻环境污染损害效果，救助方都可以依法向被救助的船舶所有人请求特别补偿。这一规定修改了1910年救助公约确定的“无效果，无报酬”原则。特别补偿的金额，至少不能低于救助方所支出的救助费用。法律还规定，某些救助行为即使成功也无权获得救助报酬。例如中国《海商法》第186条规定，正常履行拖航或其他服务合同义务的救助行为以及不顾遇险船舶的船长、船舶所有人或其他财产所有人明确而合理的拒绝，仍坚持进行的救助，无权获得救助款项。

海鲇　*Arius thalassinus*; sea catfish　鲇形目海鲇科海鲇属的一种。又称赤鱼、青松鱼。经济鱼类。分布于印度洋、西太平洋热带与亚热带海区。中国产于南海、台湾海峡和东海。

体颇粗壮。头略平扁，头顶裸露。口亚下位。牙细尖，两颌牙排列成带状。须3对基。体裸露无鳞。背鳍与胸鳍均具锯齿的强棘，脂鳍短小，尾鳍深叉状。体背部红褐乃至青黑褐色，腹部白色，两侧有银色光泽。为暖水性底层鱼类，常在缓流的泥沙底海域活动。摄食甲壳类、软体动物及小型鱼类等。在生殖季节结成大群游向近岸产卵，活动于中上层。常使水面呈现片片黑赤色，故有赤鱼之名，易被追踪。

海鲇是北部湾重要捕捞对象。肉质较粗硬，多制成盐干品。

海涅　Heine, Heinrich (1797-12-13～1856-02-17)　德国诗人。生于杜塞尔多夫，卒于法国巴黎。父亲是犹太商人。童年和少年时期经历了拿破仑战争。

1815年在法兰克福学习经商。1819年，在汉堡的叔父所罗门的资助下开办的公司因经营不善倒闭。后入波恩大学、格丁根大学和柏林大学学习，最后仍在格丁根大学完成大学学业。1825年获法学博士学位。1821年出版了第一部作品《诗集》，此后接连发表了许多诗作。1827年将已发表的诗作稍加整理，结集出版第一部诗歌总集《歌集》。这期间还从事散文创作，根据自己1824～1830年间在各地旅行的见闻和印象写了许多游记，先后编为3卷《游行记》和1卷《游行记补遗》出版。

1830年，海涅听到法国七月革命的消息，欢欣鼓舞。1831年5月到巴黎，密切注视革命的发展，关心自己祖国的状况，为德国报纸写了大量通讯和政治评论，集为《法兰西状况》一书出版。同时还在法国报刊上撰文介绍德国文化和宗教，出版《论德国宗教和哲学的历史》和《论浪漫派》等学术著作。1835年，德国联邦议会查禁青年德意志派作家作品，禁止他的作品在德国出版发行。

1843年海涅回国，12月中旬返回巴黎后不久就结识了K.马克思，两人交往密切，成为净友。海涅最出色的政治抒情诗就是在与马克思交往的时期创作的，如《德国，一个冬天的童话》、《西里西亚织工之歌》(1844)、讽刺诗《教义》等。海涅的第二部诗歌总集《新诗集》也在1844年出版，集中收进了30年代以后的创作。

诗人的后半生一直为病魔所缠。早在30年代，海涅便出现了瘫痪症的征兆，40年代中期，健康状况严重恶化，瘫痪逐渐向全身蔓延，左眼失明。1848年法国二月革命时，他的身体几乎垮了，此后便在他称之为“褥垫墓穴”的病榻上躺了8年。在妻子的精心照护下，诗人表现了非凡的毅力，以口授的方式，创作了第三部诗歌总集《罗曼采罗》(1851)，还从40年代为《奥格斯堡总汇报》撰写的通讯中精选了一本《卢台奇亚》。直到逝世前，他还创作了最后一首诗《受难之歌》。

海涅的文学创作成就主要在诗歌、散文、评论三个方面。早期抒情诗，具有浪漫主义色彩及民歌风格和韵律，主要表现爱情的欢乐和痛苦，抒发对幸福生活的追求和对美好理想的憧憬。忧郁的情调和欢快、热烈的情绪相伴。这些诗感情真挚，语言优美，许多诗篇被音乐家谱成歌曲。他出色的政治抒情诗表现了对祖国前途和人民命运的关注。如在《西里西亚织工之歌》中，诗人对压在工人头上的骗子上帝、吸血鬼国王和腐尸祖国发出了“三重诅咒”。在长诗《德国，一个冬天的童话》中，作者把1843年汉堡之行的所见所闻用光怪陆离的梦幻表现出来，对德国反动、黑暗的现状进行了无情的揭露和抨击。犀利的讽刺、新奇的比喻、滑稽的幽默、真挚的抒情、奇特的幻想相互交叠穿插，体现了诗人政治诗的艺术特色。海涅晚期在病床上创作的诗歌，有的流露出悲怆凄凉的情绪，但仍保持着讽刺和抒情相结合的特点，有的诗里还洋溢着炽烈的战斗激情。

对大自然迷人景色的出色描绘，优美的感情抒发，对纯朴的人民的热爱，对黑暗、腐朽事物的憎恨和讽刺，对现实和革命的关注，构成了海涅散文游记的基调。而他的评论著作则对沟通德法两国的思想文化作出了贡献。

海涅一方面称自己为“人类解放斗争中的一名勇敢的战士”，预言共产主义最终将取得胜利，同时又对共产主义满怀恐惧，担心它会毁坏艺术，破坏他心爱的东西。海涅思想上的这种矛盾表现了他作为一位革命民主主义诗人在世界观上的局限。

海宁市　Haining City　中国浙江省辖县级市。位于省境东北部，钱塘江北岸。面积681平方千米。人口81万(2010)。东汉置海昌县。三国吴改盐官县。南朝陈永定二年(558)置海宁郡。元为海宁州，明降州为县。

1986年撤县设市。由嘉兴市代管。河网密布。主要农作物为水稻、小麦、玉米、油菜、麻类、棉花等。矿产资源有建筑石料等。工业有丝绸、皮革、纺织服装、化工（医药）、轻工、电子、建材、食品等。皮革服装产量和出口量均列中国县（市）之首，同时又是全国经编和家纺装饰布制造中心。名胜古迹有东山、西山风景区，安国寺唐代经幢，海神庙，占鳌塔和王国维故居，以及徐步桥、千金阁等新石器时代遗址。老盐仓为钱塘江涌潮的著名观潮胜地，在大豁口南北段潮水相涌形成"碰头潮"，潮差一般可达七八米以上，堪称"天下奇观"。

海牛 Sirenia; sirenians 哺乳纲海牛目动物的统称。现存唯一的草食性海洋哺乳动物类群，非反刍的食草动物。身体粗壮，厚而坚韧的皮肤几乎无毛，两个鼻孔位于厚的嘴吻的顶端或前方，无耳廓，无后肢，乳头位近腋部，前肢改变成为鳍肢，尾扁而水平。只有5个现代种，即儒艮科的儒艮和巨海牛（已灭绝），海牛科的加勒比海牛、亚马孙海牛和非洲海牛。现存的4种都生活在热带和亚热带。海牛类的分布受食物的影响局限在近岸的浅水区。加勒比海牛和儒艮很少潜到20米以下，活动时，在水下滞留的时间都不超过2～3分钟。但加勒比海牛在水底休息时，潜水的时间可达24分钟。它们出水呼吸的时间通常只有几秒。达到性成熟的年龄因个体及种类而异。每产1仔，仔兽约在1年后断奶。

海鸥 *Larus*; seagulls 鸥形目鸥科海鸥属鸟类的统称。中型水禽。分布几乎遍布全球水域。嘴直而尖。背羽以灰色为主，少数有褐、黑色；前3趾具蹼，后趾短。栖息

于海洋、河流、湖泊、沼泽等水域。主要以小鱼、甲壳类、软体动物、昆虫等水生无脊椎动物为食。营巢于海边的小岛上、内陆湖边缘地带、沼泽区域或河岸附近。巢主要由枯草和芦苇构成，大多紧靠水边。繁殖期为每年的4～7月，每窝产卵2～5枚，孵化期为22～28天。

中国沿海常见种类有黑尾鸥、银鸥、红嘴鸥等。黑嘴鸥和遗鸥均被列入世界濒危鸟类名录。

《海鸥》 *Seagull* 俄国4幕喜剧，A.P.契诃夫1895年所作，1896年上演。剧作描写了三个性格迥异的艺术家的三种不同命运。青年作家特里波列夫反对艺术保守，主张革新，但是脱离生活，只追求形式上的花样翻新，走进了形式主义的死胡同。作家特里果林虽然艺术上取得了很大成就，出过许多书，但他却跟不上时代。女作家妮娜如同在蓝色大海上自由飞翔的海鸥，感到天地宽阔，并且幸福。妮娜虽然在个人生活上遭到很大不幸，却执著地追求艺术，最终克服了种种困难，实现了自己的理想。《海鸥》的构思体现了作者对文艺问题的严肃思考。

海盘车科 Asteriidae 海星纲钳棘目的一科。通称海盘车。分为7个亚科：叉棘海盘车亚科、新型海盘车亚科、双钳海盘车亚科、多足海盘车亚科、背海盘车亚科、筛海盘车亚科和海盘车亚科。多分布于寒带

多棘海盘车

和温带海域，中国约有10种。北方的多棘海盘车和南方的尖棘筛海盘车是最普通的代表。腕5个或6个，有些属腕很多。反口面骨板不规则，结合为网目状。反口面棘简单，在腕上常排成稍规则的纵行。叉棘多而发达，既有直形叉棘，又有交叉叉棘。管足4行，具吸盘。见海星。

海泡石 sepiolite 层链状硅酸盐矿物，成分为$Mg_4[Si_6O_{15}](OH)_2 \cdot 6H_2O$，晶体属正交（斜方）晶系。又译为蛸螵石。通常呈白色、浅灰、浅黄色的黏土状块体。弱丝绢光泽或土状光泽。莫氏硬度2～3，若潮湿则软，若干燥则硬。密度1.9～2.1克/厘米^3。可塑性好，膨胀率和收缩率低，并具有良好的吸附性、热稳定性、阳离子交换性、抗盐性、催化性、抗腐蚀性、抗辐射等性能。用作钻井的特种泥浆原料，石油加工、油脂、酿造等工业的吸附剂、脱色剂、催化剂，生产农肥的阻凝剂、饲料添加剂等。可由沉积作用或由蛇纹岩蚀变而成。常与坡缕石、蒙脱石、高岭石、滑石、石英、一些碳酸盐和硫酸盐矿物共（伴）生。土耳其埃斯基谢希尔海泡石矿床产于蛇纹岩风化壳中，是世界上最大的海泡石矿。中国著名产地有江西乐平、湖南浏阳、安徽全椒等。

海鞘纲 Ascidiacea 尾索动物亚门的一纲。通称海鞘。壶状或囊状，因被有纤维质鞘而得名。广布于各海洋，常附着于岩石、

海鞘群体

码头木桩、船底、海藻上或埋于浅海的泥沙中。有单体海鞘，也有无性出芽生殖而成的群体海鞘。成体以一端固着于附着基上。游离端有入水孔（口孔）和出水孔（排泄孔），其四周有括约肌司孔的开闭。被囊由表皮分泌而成，内体壁的柔软部为外套膜，外套膜含有肌肉纤维。体壁内为排泄腔或围鳃腔，由排泄孔通于外界，由鳃裂通于咽腔。肛门、生殖孔即开在此腔。

雌雄同体，除有性生殖外，还有无性出芽生殖。无性生殖的结果往往形成群体。无世代交替现象。

海权论 sea power theory 主张拥有并运用优势海军和其他海上力量，以确立对海洋的控制权力，进而实现国家战略目的的军事理论。又译"海上实力论"。创立于19世纪末20世纪初，主要代表人物有美国的A.T.马汉和英国的P.H.科洛姆。此理论认为：占地球表面3/4的海洋极端重要，谁控制海洋，谁就能控制世界贸易并进而控制世界财富；构成海权的基本因素主要有地理位置、自然构造、领土范围、人口数量和质量、民族特点、政府特性等；国家海上力量优势的标志是强大的舰队、商船队以及发达的基地网；夺取制海权是海上作战的主要目标，方法是舰队决战和海上封锁。海权论的提出，对海上强国的海洋战略、海军发展和对外扩张产生了深远影响。

海瑞 Hai Rui（1514～1587） 中国明朝大臣。字汝贤，自号刚峰。广东琼山（今属海南）人。回族。嘉靖二十八年（1549）举人。初任福建南平县学教谕，后相继任浙江淳安知县、嘉兴通判、户部主事、应天巡抚和右都御史等职。仕途坎坷，屡受排挤，曾因批评皇帝被执入狱。但始终刚直不阿，执法公正，力主惩贪抑霸，整饬吏治，并平反了一些冤案。在当时和后世都被誉为清官。民间有许多关于他公平断案的传说。有《海刚峰集》和多种版本的《海瑞文集》行世。

《海瑞罢官》 *Hai Rui Dismissed from Office* 中国京剧作品。吴晗编剧。描写海瑞任应天巡抚，微服赴任，访得致仕首辅徐阶以“投献”为名，大量兼并土地，纵容子弟横行乡里；三子徐瑛抢占民妇，受到县官庇护，民怨沸腾。海瑞决心平反冤狱，处死徐瑛，并要徐阶退还强占的民田，因此被罢官离去。事见谈迁《枣林杂俎》“海瑞”及朱国祯《涌幢小品》“华亭归田”等。1961年北京京剧团首演。马连良饰海瑞，裘盛戎饰徐阶。“文化大革命”中，作者吴晗竟因此致祸，惨遭迫害，并株连许多演员与戏曲评论工作者。

海色 sea colour 海面向上光辐射的可见光的光谱分布所呈现的海洋表观颜色。海色与海洋水体所包含的物质成分密切相关，故大洋和近海的海色有明显的差别。在清洁的大洋水中，悬浮颗粒少，粒径小，分子散射起主要的作用，波长愈短，散射愈强，使大洋的颜色呈深蓝色。近海水中含有较多的无机的和有机的悬浮物质，散射系数与波长无关。同时，近岸水中不同种类的溶解物质，具有不同的光谱吸收和散射特征。因此，近海海色呈蓝绿色甚至黄褐色。此外，海洋中生活着具有多种颜色的浮游生物，它们在某些海区大量繁殖时，往往影响所在水域的颜色。

在常规的海洋调查中，采用福雷尔－乌勒标准水色液配制的常用水色计目测确定海色。方法是在舷边背阳光处，将透明度盘沉放于最大可见深度的一半的水层，根据透明度盘上呈现的颜色，在水色计中对比找出与之最相似的色级号码。号码愈小，海色愈蓝；反之，则为绿黄色直至褐色。应用海色观测仪器和遥感方法测量海色，能够确定叶绿素的浓度、悬浮物的含量等海洋环境要素，并可用此方法区分水团，观测上升流的变化和区域分布。

海森伯 Heisenberg, Werner Karl (1901-12-05～1976-02-01) 德国理论物理学家。又译海森伯格、海森堡。生于维尔茨堡，卒于慕尼黑。1923年在慕尼黑大学A.J.W.索末菲的指导下获博士学位，同年赴格丁根随N.玻尔研究3年。历任莱比锡大学教授，柏林威廉物理研究所所长。第二次世界大战后任普朗克物理和天体物理研究所所长。1924年，海森伯到哥本哈根在N.玻尔指导下研究原子的行星模型。1925年解决了非谐振子的定态能量问题，提出量子力学基本概念的新解释。矩阵力学就是M.玻恩和E.P.约旦后来又同海森伯一道在此基础上加以发展而成的。海森伯于1927年提出“不确定性”，阐明了量子力学诠释的理论局限性，对某些成对的物理变量，例如位置和动量，永远是互相影响的。虽然都可以测量，但不可能同时得出精确值。“不确定性”适用于一切宏观和微观现象，但它的有效性通常只限于微观物理学。1929年，他同W.泡利一道曾为量子场论的建立打下基础，首先提出基本粒子中同位旋的概念。1932年获诺贝尔物理学奖。在第二次世界大战期间，海森伯曾和核裂变发现者之一O.哈恩一起，为纳粹发展核反应堆。他虽然不公开反对纳粹统治，但阻止原子武器的发展。战后在格丁根他和其他科学家18人发表公告，反对德意志联邦共和国政府发展核武器。著有《量子论的物理原理》、《原子核物理学》等。

海山 seamount 孤立或比较孤立的坡度较陡的海底高地。其横截面呈圆形或椭圆形。自洋底隆起的相对高度在1 000米以上，坡度多在5°～15°。海山在世界大洋底部星罗棋布，总计约2万座，是海底地貌中令人瞩目的类型。

海商法 maritime law 调整海上运输中船、货各方有关当事人间权利、义务关系的法律规范的总称。海指海洋及与海相通的江、河、湖等水域；商指国内海上贸易及国际远洋贸易；海商法主要调整商船海事（海上事故）纠纷，但若发生海上船舶碰撞，则军舰、渔船、游艇等船舶以及水上飞机都在海商法调整范围之内。海商法的内容相当广泛。主要有：船舶的取得、登记、管理，船员的调度、职责、权利和义务，客货的运送，船舶的租赁、碰撞与拖带，海上救助，共同海损，海上保险等。

海商法属于国内民事法律，在民商法分立的国家属于商法范畴；但为解决国际通航贸易中的船货纠纷，多年来已签订了许多国际公约和规则，主要有：《统一提单若干法律规则的国际公约》(即《海牙规则》，1968年修订称《维斯比规则》)、《联合国海上货物运输公约》(简称《汉堡规则》)、《统一有关海上救助的若干法律规则的公约》、《国际海上避碰规则》、《约克－安特卫普规则》、《防止海上油污国际公约》。它们分别对承运货物的权利和义务、责任豁免、海上船舶碰撞、海难救助、共同海损等作了详细规定。

中国于1992年11月7日通过了《中华人民共和国海商法》，1993年7月1日起施行。共15章，主要内容有：①适用范围为调整海上运输关系和船舶关系。海上运输是指海上货物运输和海上旅客运输，包括海江之间、江海之间的直达运输。但海上货物运输合同的规定，不适用于中华人民共和国港口之间的海上货物运输。船舶是指海船和其他海上移动式装置，但是用于军事的、政府公务的船舶和20总吨以下的小型船艇除外。船舶包括船舶属具。②详细规定了海上货物运输合同、海上旅客运输合同、船舶租用合同、海上拖航合同、海上保险合同的成立，双方当事人的权利义务，违约责任等。③实行海事赔偿责任限制原则，即船舶所有人、救助人可依法规定限制赔偿责任。该法还规定“中华人民共和国缔结或者参加的国际条约同本法有不同规定的，适用国际条约的规定；但是，中华人民共和国声明保留的条款除外。中华人民共和国法律和中华人民共和国缔结或者参加的国际条约没有规定的，可以适用国际惯例”。

海上安全机构 maritime safety agency 由国家政权机关设置的在本国港区、领海、海上防污染区和专属经济水域执行有关海上安全的国家法令和国际协定的部门。海上安全机构在辖区对违法、违章的船舶和个人有检查、扣留和处罚权，同时根据本国承担的国际义务负责在辖区和邻近的公海进行海难搜救协调工作。

中国最早的海上安全机构是1953年在沿海港口设置的港务监督及其主管部门。1998年成立中华人民共和国海事局，并在各水域设立区域性海事局。海事局的任务是：水域巡逻、通航环境管理与通航秩序维护；船舶交通管理系统规划建设；船舶安全检查，国际航行船舶进出口岸查验；水上交通事故、污染事故、水上交通违法案件处理；船员、引航员等适任证资格培训、考试、发证；船舶登记、发证；航标设置以及无线电导航等航海保障工作。有关海上治安、查禁走私、渔业资源保护、海洋环境监测等则分别由公安部、海关总署、农业部和国家海洋局负责。

海上保险 marine insurance 对自然灾害或其他意外事故造成海上运输损失的一种补偿制度。主要有船舶保险、运费保险、保障赔偿责任保险、海洋运输货物保险和石油开发保险5类。海上运输具有一定风险，一旦发生事故就会造成巨额经济损失。海上保险就是通过分散危险的途径，为受损方提供经济保障，从而保证国际贸易和国际航行的正常进行。海上保险的标的限于特定的范围，除必须满足一般保险要求外，还必须具备海上危险这一条件，即海上发生的或与航海有关的自然灾害和意外事故。其中包括海上发生的雷电、海啸、地震、暴风、巨浪等自然灾害，或是保险标的被拿捕、掠夺、扣押等人为的意外事故，以及船舶碰撞、搁浅、触礁、沉没、火灾等，介于自然灾害和人为之间的意外事故。

海上航线 sea route 船舶在两地间的海上航行路线。世界主要的国际海运航线有大西洋航线、太平洋航线和印度洋航线。三大洋的航线通过苏伊士运河（或好望角）、巴拿马运河（或麦哲伦海峡、合恩角）和马六甲海峡（或巽他海峡）连接起来，形成一条环球航线。海上航线在几何上可分为恒向航线、大圆航线、混合航线；按航线的性质可分为推荐航线、协定航线、规定航线。海上航线按所经水域可分为大洋航线、近海航线、沿岸航线。

恒向航线　与经度线等角相交的航线。又称等角航线。恒向航线在地球表面为螺旋曲线，逐渐趋近于地极。但它在墨卡托海图上表现为直线，对海图作业和航行操舵都方便。恒向航线虽不是最短航线，但在低纬度或在不太长航程如近海、沿岸航行时都采用。

大圆航线　地面两点间距离最短的沿大圆弧的航线。适用于航程较长、跨越纬度较高、航向接近东西方向情况下的大洋航行。大圆航线与各经度线的交角都不相等。沿大圆航线航行，除沿赤道或经度线外，必须不断改变航向，操舵不便。实际上是按一定经度间隔，如5°或10°，或按一天或半天的航程将大圆航线分为若干段，每段仍按恒向航线航行。

混合航线　大圆航线和限制纬度线或恒向航线混合使用的航线。限制纬度指在某些季节或地区船舶不宜超过的纬度，如存在冰山和恶劣天气的高纬度地区。

推荐航线　航海者根据各航区不同季节的风、流、浪、雾、冰等情况，通过长期航行实践形成习惯航线，经过总结并由航路指南等航海图书推荐给航海者。

协定航线　某些海运国家或海运单位为使船舶避开对航行有危害的天气和海洋环境，避免碰撞和便于海难救助，协商确定在不同季节共同采用的航线。

规定航线　国家或地区为了维护航行安全，在所辖的某些海区或海峡明确规定过往船舶必须遵循的航线。国际海事组织公布的分道通航制是国际性的规定航线。

《海上花列传》 *Biographies of Flowers of Shanghai* 中国近代小说。又名《绘图青楼宝鉴》、《绘图海上青楼奇缘》、《海上看花记》和《海上花》。64回。作者花也怜侬，即韩邦庆（1856～1894），字子云，号太仙，自署大一山人。松江府（今属上海）人。曾在豫为幕僚。

小说以赵朴斋、赵二宝兄妹为主要线索，写他们从农村来到上海后，被生活所迫而堕落的故事。赵朴斋因狎妓招致困顿，沦落至拉洋车为生。二宝则沦为娼妓。《海上花列传》是中国第一部人物对话全用吴语（苏州方言）的小说，人物口吻毕肖，真切生动。作者自谓小说的结构是从《儒林外史》蜕化而来，使用了“穿插”、“藏闪”等技巧。描绘人物性格、刻画人情世态，细腻传神。写妓女亦个个不同，有好有坏，较近于写实。所以鲁迅称赞此书“始实写妓家”，“平淡而近自然”（《中国小说史略》）。

海上画派 Shanghai painting school 近现代中国画流派。简称海派。“海上画派”的出现与上海近代以来的历史巨变密切相关。鸦片战争后，上海迅速成为远东商业中心和文化重镇。近代上海画坛云集画家600余人，出现了有别于文人雅集的美术社团，便利于信息交流、切磋艺术和将书画推向市场。

吴昌硕《红蓼荷花图》

自上海开埠至民国初年，海上画家群英辈出。19世纪中期，任熊、张熊、朱熊并称“沪上三熊”，又有胡公寿、钱慧安等名家，赵之谦对海派颇有影响；19世纪后期，任薰、任颐、虚谷、吴友如、蒲华等影响最大；20世纪前期，以吴昌硕为领袖，又有吴石仙、倪田、陆恢、王一亭等可代表。

海派绘画从总体上呈现出商业性、趋新性、开放性和适应市民需求、雅俗兼顾的特征，但在风格上又呈现出多样性的演化。任熊、任薰、任颐并称“三任”，上承陈洪绶，兼融民间艺术，人物、花鸟画创工笔重新或兼工带写新风；赵之谦、虚谷、吴昌硕却继承发扬青藤、八大山人、扬州八怪的创造精神，化入金石书法之力，并使文人写意花鸟画产生了由水墨向浓墨重彩的演化；任颐、吴友如、吴庆云、程璋等则从不同侧面吸收了西洋画的特点。

海上平台 offshore platform 在近海区域设置或建造的具有高出海面的水平台面的空间结构物。按其结构特点和工作状态，可分为固定式和浮式两大类。

固定式平台在整个使用期内位置固定不变，其形式有桩式、蹦绳式和重力式等。

浮式平台是一种大型浮体，有的可以迁移，有的不能迁移。可移动的浮式平台又称活动平台，包括坐底式平台、自升式平台和半潜式平台等。这类平台在海底石油和天然气勘探中应用最为广泛。不迁移的浮式平台在整个使用期间或较长使用期间固定系泊于海上作业位置，有铰接式平台和张力式平台等。

海上之盟 中国宋、金联合攻打辽的盟约。因为双方使节都由海上往返谈判而得名。宋徽宗政和五年（1115），完颜阿骨打建立金朝，随后屡败辽兵。宋徽宗等决定联金攻辽，乘机收复燕云之地。重和元年（1118），徽宗派马政自山东登州（今山东蓬莱）渡海与金谈判攻辽。此后双方来往频繁。宣和二年（1120），北宋派马植赴金约盟，双方商定：宋金各按商定的进军路线攻辽，金军攻取辽的中京大定府（今内蒙古宁城境），宋军攻取辽的南京析津府（今北京）和西京大同府（今山西大同）。宋答应灭辽后，将原来输给辽的岁币转输给金。金则答应将燕云还于宋。双方均不得单独与辽讲和。结果宋攻辽失败，遂要求金军攻辽南京，金军取胜。双方几经交涉，宋允30万匹绢、20万两银给金，并纳燕京租税100万贯，金才答应交还燕云六州（蓟、景、涿、顺、檀、易）及燕京。金军将燕京城内财物和人口掳掠一空而去，宋接收的只是一座残破不堪的空城，改燕京为燕山府。

海参纲 Holothuroidea 棘皮动物门的一纲。分为3亚纲6目：即枝手海参亚纲，包括枝手目和指手目；楯手海参亚纲，包括楯手目和平足目；无足海参亚纲，包括无足目和芋参目。超过900种，中国约120种。身体延长，呈蠕虫或腊肠形。管足作子午线排列。一端为口，另一端为肛门。口周围有1圈触手。围绕食道有石灰环。消化道长而弯曲。骨板不发达，变成许多很小的石灰质骨针或骨片，埋没于皮肤之下。

海参

分布于世界各海，种类最多的是印度洋－西太平洋区。垂直分布从潮间带到水深1万米的深海沟。少数种终生营浮游生活。食物是混在沉积物里的有机碎屑和微小生物。栖息于各种底质。再生力很强。少数种海参能用自切或分裂法增殖。

海参纲中体壁厚的大型种类可食用，全世界约有40种。中国食用海参约20种，其中10种有较高的商品价值。

海狮 Otariidae; sea lion 食肉目海豹总科海狮科动物的统称。有7属16种。中国2属2种：北海狮和北海狗。北海狮体型大而强壮有力，成年雄性体长约3.1米，雌性2.28米。体重300～1 000千克。头和嘴吻粗大而宽阔，眼和耳廓相对较小。成体的触须很长。繁殖期的壮年公兽的颈和肩非常强壮并具长的枪毛形成的鬃。前、后鳍肢很长且比一般的海狮类宽。前鳍肢裸露，其顶面局部有黑色短毛。后鳍肢各趾的长度不等，拇趾的长和宽大于第2～4趾。成体的体上面淡黄色至红褐色，胸部、腹部和鳍肢黑褐色至黑色。从加利福尼亚南部至日本环北太平洋分布，北至白令海，主要见于海岸至外大陆架之间。在非繁殖季节，有些北海狮散布到远处，少数个体达到中国辽宁大连和江苏连云港。食多种鱼和乌贼，尤其偏爱底栖种类。成年雌性夏季最大潜水深度为100～250米，冬季超过250米。雌性在3～8龄时性成熟，雄性在3～7龄时性成熟。一雄多雌繁殖。子兽在5月中旬至

澳洲海狮

7月中旬出生。出生时平均体长约1米，体被厚的黑褐色胎毛，在约6月龄时脱换。1994年调查全世界的北海狮约10万头。

海市蜃楼 mirage 剧烈的温度梯度使光线发生显著折射时，在空中或地平线下出现的奇异幻景。又称蜃景。常发生在海边、雪原、沙漠和极地地区。常见的有上现蜃景和下现蜃景，有时也有侧现蜃景或更复杂的蜃景。

上现蜃景常出现在雪原、寒冷的海洋等地区。这些地区近地面冷却形成上热下冷的剧烈温度梯度。由于大气折射作用使地面实物的景象向上抬升而显示在空中，看起来远处的景物似乎处于天空的某一高度，甚至能见到远在地平线以下的景物。下现

2005年4月4日上午7时许，福建泉州市区出现的海市蜃楼景象

蜃景常出现在由于暴晒而强烈增温的水域、陆地、海滨和公路等上空。地表增温形成上冷下热的剧烈温度梯度，使地上实物的景象被折射到地面之下。这种蜃景往往为倒像。因为上重下轻的空气状态是不稳定的，所以下现蜃景存在时间一般较短。

海事法院 maritime court 受理海事、海商及与海事有关的行政案件的专门法院。海事法院受理下列案件：①海事侵权纠纷案件。如船舶碰撞损害，船舶碰撞海上、通航水域、港口码头的建筑和设施的损害，水域污染的损害等赔偿案件，以及非法留置船舶和船载货物案件等。②海商合同纠纷案件。如水上货物运输合同、水上旅客和行李运输合同、租船合同、海上保险合同等纠纷案件。③其他海事、海商案件。如海运、海上作业中重大责任事故案件等。④海事执行案件。⑤海事索赔保全案件等。海事法院与中级人民法院同级。对海事法院的判决和裁决不服的上诉案件，由海事法院所在地的高级人民法院管辖。海事法院不受理已交海事仲裁机构裁决的案件。

海事诉讼 maritime litigation; admiralty action 法院在海事诉讼当事人和其他诉讼参与人的参加下审理海事纠纷的诉讼活动。在中国，海事法院是受理当事人因海事侵权纠纷、海商合同纠纷以及法律规定的其他海事纠纷提起诉讼的专门法院，其上诉法院为海事法院所在地的高级人民法院。海事法院不受理刑事案件和其他民事案件。1999年12月25日颁布的《中华人民共和国海事诉讼特别程序法》，对海事诉讼管辖、海事请求保全、海事强制令、海事担保、设立海事赔偿责任限制基金程序、债权登记与受偿程序、船舶优先权催告程序以及审理海事案件的审判程序等作出了特别规定。该法是对《中华人民共和国民事诉讼法》及其他法律关于海事诉讼程序的必要补充。

海事卫星 maritime satellite 用于海上和陆地间无线电联络的通信卫星。海事卫星通信系统由两部分组成：卫星和地面的卫星测控站属空间部分，岸站和船站属地球部分。岸站是卫星通信的地面中转站。船站是海上用户站，设置在航行的油船、客轮、商船和海上浮动平台上。船站上的天线装有稳定平台和跟踪机构，使船舶在起伏和倾斜时，天线始终指向卫星。海上船舶可随时将通信信号发送给地球静止轨道上的海事卫星，经卫星转发给岸站，岸站再通过与之连接的地面通信网或国际卫星通信网，实现与世界各地陆地上用户的相互通信。1976年美国先后发射了3颗地球静止轨道的海事卫星，组成了全球海事卫星通信网。1981年12月欧洲空间局发射了更大容量的欧洲海事通信卫星。1983年，国际通信卫星组织发射了装有海事通信分系统的“国际通信卫星”Ⅴ号。海事卫星的应用范围，已由海上舰船扩展到车辆和飞机，实现海上、航空、陆地间综合移动通信业务。

海事仲裁机构 maritime arbitration organization 通过仲裁方式解决海事纠纷的专门机构。主要的航运国家都有常设的海事仲裁机构，并有各自的仲裁法或仲裁规则，对有关海上船舶的运输、租赁、保险、碰撞、救助和海损事故等方面发生的争议进行仲裁。在运输合同和救助合同中，常常订有仲裁条款。通常情况下，海事仲裁的裁决是终局裁决，双方当事人均不得向法院起诉，也不得向其他机关提出变更仲裁裁决的请求。

中国于1958年11月21日设立了海事仲裁委员会，1959年1月制定了仲裁程序暂行规则，并于1988年9月12日正式颁布了《中国海事仲裁委员会仲裁规则》。

1986年12月2日，中华人民共和国第六届全国人民代表大会常务委员会第十八次会议批准加入1958年的《承认和执行外国仲裁裁决的公约》，同时声明：中国只在互惠的基础上对在另一缔约国领土内作出的仲裁裁决的承认和执行适用该公约；中国只对根据中国法律认定为属于契约性和非契约性海事法律关系所引起的争议适用该公约。该公约于1987年4月22日对中国生效。

海兽 marine mammal 主要包括哺乳纲中鲸目、海牛目，食肉目的海豹科、海狮科、

海象科以及海獭和北极熊等种类。是以海洋为栖息地的哺乳动物。又称海洋哺乳动物。分布在南北两极到接近赤道的世界各海洋中，以北大西洋北部、北太平洋北部、北冰洋和濒临南极的水域占优势。

海兽中除个体大、种类最多的鲸目动物（见鲸、海豚）外，还有下述重要种类。

食肉目　为高度特化的水生食肉类。全身被短毛皮，头圆，颈部不明显，眼相对大而圆，鼻孔在眼前方，耳在眼后方位，耳廓小。口较大，周围有触毛。四肢均演变成鳍肢，趾间有蹼相连。尾较小，上下扁平，夹于两后鳍肢之间。上下颌均有齿。有海狮科、海象科和海豹科3科共36种。

海牛目　体形颇似鲸。皮肤很厚，被短而稀疏的刚毛。头部较小，前端呈截形，吻短，有很多触毛，无耳廓。无背鳍，鳍肢呈鳍状，后肢退化，尾叶扁平而宽大。无阴囊。乳头一对位于鳍肢后基部。该目共有3科，其中儒艮科的巨海牛原分布于白令海峡近岸水域，体长可达10米，在18世纪即被捕绝。现仅存海牛科和儒艮科4种，体长可达3米，鳍肢短，尾叶宽广呈新月形，背部苍灰色，腹部灰色，雄体两颗门齿呈獠牙状。

海獭　食肉目鼬科中最大的物种，也是最小的海洋哺乳动物。雄性成体体长可达1.5米，雌性约1.4米。形似鼬，体细长。头小，具小耳廓，上吻端有触毛。四肢短，后肢呈鳍状。身被刚毛和致密绒毛。体呈淡黄色或黑褐色。生活在北太平洋北部近岸海域。

北极熊　食肉目熊科中最大的物种。体形与其它熊相似，但较细长。头和颈长，耳小，前肢指间有部分蹼。全身被白毛。在北半球环北极分布，主要捕食海豹。

多种海兽可驯养成观赏动物。但是，二三百年来海兽遭到过度猎捕，许多种的种群数量剧降，有些种已濒临灭绝。因此有关国家曾采取了保护措施，使南佐治亚岛附近的海狮类和象形海豹、北太平洋的海狮类和海獭、南非的海狮类等的资源开始或已经得到恢复。为了保护南极的海豹资源，对各种海豹，特别是海狮类，继续实行有管理的开发，对海牛和儒艮各国都严禁猎捕。

海水　sea water　含有多种盐类的水溶液。海水中水占96.5%左右，含盐量约为3.5%。世界大洋水体中的总盐量约48×10^{15}吨。此外，海水中还含其他矿物质和溶解气体。海水的含盐量，常以盐度表示。1978年以后，各国先后采用1978实用盐度标度来表示盐度，其数值大约为传统盐度数值的1000倍。海水中卤素离子含量标度，当用氯度表示。海水的盐度和氯度有密切的关系。

主要溶解成分　含量大于1毫克/千克的11种化学成分包括：①钠、镁、钙、钾和锶5种阳离子。②氯根、硫酸根、碳酸氢根（包括碳酸根）、溴根和氟根5种阴离子。③硼酸分子。它们共占海水中溶质总量的99.9%以上。被河川搬运入海的岩石风化物和火山喷发物等，是其主要来源。世界大洋中海水主要溶解成分的含量之间，存在着恒比的关系。但局部海区某些溶质的含量并不严格遵守这种比例关系，其影响因素有生物影响、径流影响、结冰融冰影响、溶解氧的影响和海底热泉的影响。

微量元素　含量小于1毫克/千克的元素。它们在海水中的分布受其来源和海洋环境中各种过程的影响，其中最突出的是生物过程、吸附过程、海-气交换过程、热液过程、海水-沉积界面交换过程等。除铜外，主要以无机形式存在。存在形态有溶解态、胶态和悬浮态3种。

营养盐　海水中含量较微的磷酸盐、硝酸盐、亚硝酸盐、铵盐和硅酸盐。严格说，海水中许多主要成分和微量金属也是营养成分，但传统上只指含硅、磷、氮元素的盐类为海水营养盐，而称硅、磷、氮为营养元素。①硅。悬浮态包括硅藻等壳体碎屑和含硅矿物颗粒，溶解态主要以单体硅酸的形式存在。②磷。颗粒态为含有机磷和无机磷的生物体碎屑和某些磷酸盐矿物颗粒；溶解态为正磷酸，主要以HPO_4^{2-}和PO_4^{3-}离子形式存在。南极海域的磷酸盐含量最大，约为北大西洋的2倍。③氮。悬浮态为生物碎屑和某些排泄物，溶解态主要以NH_4^+、NO_2^-和NO_3^-等形式存在。

有机物　主要是海洋生物的代谢物、分解物、残骸和碎屑等。可分为3类：①溶解有机物。主要是氨基酸类、糖类、脂肪类、尿素等。②颗粒有机物。包括胶粒、细菌聚集体和浮游生物体等。③挥发有机物。包括一些低分子烃、氯代低分子烃、氟代低分子烃、滴滴涕残留物和一氧化碳等。其中以甲烷含量最高。

悬浮物　除有机悬浮物外，还有无机成分，包括来自大陆的矿物碎屑，如石英、长石、碳酸盐和黏土等；海水化学过程中生成的硅酸盐、钙十字石、碳酸盐、硫酸盐和水合氧化物等；生物过程中生成的硅骨架碎屑等。

溶解气体　大气中所有气体成分，如氮、氧、惰性气体、二氧化碳和人类生产过程中释放到大气中的气体成分，在海水中都有一定的溶解度。溶解在海水中的氧，为海洋生物提供了生存环境；海水二氧化碳系统，包括溶解在海水中的CO_2、H_2CO_3、HCO_3^-、CO_3^{2-}的平衡物系，它们的含量直接受生物过程的影响。

海水淡化　sea water desalination　除去海水中的盐分以获得淡水的工艺过程。又称海水脱盐。全世界的淡化装置，近3/4用蒸馏法，其次多采用反渗透法和电渗析法。①蒸馏法。因所用的能源不同，设备和流程也不同，常见的有多效竖管蒸馏、多级闪急蒸馏、蒸汽压缩蒸馏和太阳能蒸馏等法。②反渗透法。利用浓溶液中的溶剂受压而通过半透膜的反渗透过程，将海水中的水分分离出来。海水的渗透压约为25大气压，因此必须用高于25大气压的压力，才能使水分从海水中反渗透而分离。实际上采用的操作压力，为海水渗透压的2～4倍。③电渗析法。在直流电场的作用下，水中的离子可通过半透膜而分离出来。电渗析脱盐所用的半透膜，除要求电阻低、透过的选择性高、交换容量大和水的电渗小之外，还要求具备一定的机械强度、尺寸不变和化学稳定性高等。

海斯　Hayes, Herbert Kendall（1884-03-11～1972-09-09）　美国作物遗传育种学家。生于康涅狄格州，卒于明尼苏达州圣保罗市。1908年毕业于马萨诸塞农学院，获哈佛大学硕士、博士学位。曾任农艺师，并执教于明尼苏达大学；1928年起兼农艺及植物遗传学系主任直到1952年退休，为终身教授。1916～1931年兼任美国农业部谷类研究处协作员。1935年曾当选为美国农艺学会主席。早期从事玉米自交与异交研究，支持杂种优势利用，是美国发展杂交玉米的少数先驱者之一，同时也是应用生物统计和田间实验技术于育种工作的先行者之一。先后发表论文和研究报告146篇。以他为首合著的《植物育种法》(原名《作物育种》) 一书1921年出版后在长达40年的时间内广泛用作大学教材，并有几种文字的译本。他培养了众多的学生，出其门下的研究生有225名，其中博士140名，有不少人是作物育种界的佼佼者。

海笋科　Pholadidae　双壳纲海螂目一科。世界性分布。多栖于潮间带，少数栖于深水中。海生贝壳薄，两壳相等，前后端开口，白色，具淡褐色壳皮，壳面有肋、刺和生长纹；壳顶近前端，前端贝壳边缘向外卷，成为前闭壳肌和原板的附着面。有的种类贝壳的卷缘与贝壳形成一系列的隔片。绞合部无齿，无韧带。贝壳内面壳顶下方有一个支持内脏的壳内柱。外套膜边缘除足孔和水管外全部愈合。水管极发达，两水管愈合，末端具有突起或触手。足短，呈柱状，末端平，呈截形。无足丝，成体有时萎缩。贝壳的背、腹和后端常具有副壳。副壳有原板、中板、后板、腹板和水管板5种，因种类而异。海笋种类很多，有的在泥沙滩上穴居，有的在木材中穿洞生活，也有的在岩石上凿洞生活。

海獭 *Enhydra lutris*; sea otter 食肉目鼬科海獭属的单型种。分布于白令海、俄罗斯亚洲部分的海岸、日本沿岸以及加拿大、美国的西海岸。常见于多岩石的海边。外形似水獭，体长约1米，尾长30厘米，体重25～30千克。后肢宽厚，第1～5趾依次

延长，5趾连成鳍状。尾扁平状，尾与后肢均特化成专供游水的器官。牙齿宽大，齿尖短钝。栖息在海洋，在水底搜寻海胆、贝类和蟹类为食。在水面进食时常采取仰泳姿态。有时以同样姿势携带幼仔出游。每胎生1仔。海獭上岸后行动迟钝，听觉灵敏。毛皮茶褐色，质量极佳，价亦昂贵。海獭是国际条约保护动物之一。

海滩 beach 沿海岸分布，由松散泥沙或砾石堆积而成的平缓地面。海岸堆积地貌类型。一般分布在平均低潮线以上，向上延伸到组成物质或地形有显著变化的地带，即高潮线处，又称潮间带或海滨。按组成物质颗粒的大小，海滩可分为砾石滩（卵石滩）、粗沙滩和细沙滩。中国大连老虎滩、青岛海滨浴场、北戴河沿岸以及海南岛、福建长乐沿岸发育的海滩多为细沙滩。海滩是波浪及其派生的沿岸水流综合作用的产物。外海波浪传入近岸浅水区，受到海底的摩擦作用，波锋变陡，波谷变缓，水质点运动轨迹呈现往复流动，而且向岸进流速度通常大于离岸回流速度，导致底部泥沙净向岸搬运，并被激岸浪的上冲水流带至海滨线上堆积。海滩物质一般上部较粗，滩坡坡度较大；下部物质较细，滩坡平缓。由于激岸浪及其冲流和回流的反复作用，使海滩沙成为分选最佳的沉积物。

海棠 crab apple 蔷薇科苹果属中一些观花、观果树木的统称。同属植物约有35种，广泛分布于北半球温带地区。中国有海棠花（见图）等20多种。

海棠花

海棠花为落叶小乔木，树形峭立，高达8米左右。叶椭圆形至长椭圆形，有紧贴的锯齿。花蕾红艳。果实近球形，黄色。变种主要有重瓣粉海棠、重瓣白海棠等。喜阳光，性强健，较耐旱而忌积水。可用播种、分株、压条或嫁接等法繁殖。

海棠类用作园林树木时，多植于门旁、庭院、亭边、廊际、草坪或林缘。还可盆栽，或作盆景、切花材料。

海塘 seawall in China 中国沿海地区抵御海潮海浪侵袭、防止海岸坍塌、保卫城乡安全的工程。又称海堤。主要分布在江浙沿海地区。钱塘江口海塘早在汉代时就已出现。据文献统计，自唐开元元年至清乾隆四十五年（713～1780），用工万人以上，筑塘千丈以上的大型工程达35次，其他小规模工程不胜枚举，许多石塘至今仍在发挥作用。中国海塘工程重要地段有浙西海塘、浙东海塘、江苏海塘等。

钱塘江北岸海塘（浙西海塘） 浙江海塘以钱塘江口为界，北岸通称浙西海塘，自杭州狮子口起至平湖金丝娘桥止，实长137千米。历史上钱塘江出海通道有北大门、中小门和南大门3道，中小门潮灾最少，北大门潮灾最烈，全靠北岸海塘保护。

钱塘江南岸海塘（浙东海塘） 位于萧山、绍兴、上虞三县范围内的塘工为江塘，其东北则是浙东海塘。钱塘江口南岸有山，潮灾较轻，历代工程规模较北岸小。

江苏海塘 以长江口为界，北岸属苏北海堤，南岸属苏松海塘。苏北海堤从北齐杜弼在海州（今连云港市）筑海堰御潮蓄淡水起（约557），到唐开元十四年（726）海州朐山县（治今连云港西）筑永定堤“以捍海潮”，已有一定规模。大历年间（766～779）又修盐城至通州（今南通市）沿海海堤。北宋时范仲淹系统治理此堤，后人称为“范公堤”。苏松海塘记载初见于唐代，宋以后修治渐多。

江浙海塘经历1 000多年的发展，形成了一道总长650余千米的海上长城，保障了沿海地区的经济建设。这得益于海塘历史上严格的管理。1949年以后，中国政府投入大量人力物力维护修复海塘，至2000年，钱塘江河口已经建成1 020千米现代化标准海塘，有效地防御了钱塘江口潮水所造成的灾害。此外，江苏、福建等地的海堤已有大规模的改进和提高。

海图 chart 供航海使用的专用地图。是精确测绘海洋水域及沿岸地形地物，按一定比例尺和投影方法绘制而成。其中标有引导船舶在海上航行所需的各种标志，如航行水域的深度、航标、岛屿、礁石，以及沿岸的地形和地物等。海图要根据航海通告等资料和情报及时补充与修正，才能适应船舶安全和正常航行的需要。

中国是最早绘制和使用海图的国家之一。战国时代的《山海经》已有原始海图的记载。12世纪的宋代，已有海南诸岛海图。1405～1433年，明代航海家郑和率领船队下西洋7次远航，绘制了比较详尽的《郑和航海图》。欧洲最早为航海人员绘制的海图约出现于1世纪。1569年地理学家G.墨卡托采用按等角正圆柱投影原理制作世界海图，成为制作现代海图的主要方法。

现代海图可按用途、投影方法、比例尺大小、制图单位等分类。

各主要航海国家均设立专门机构测绘和出版海图。国际航道测量组织出版有国际海图，各会员国可修改复印。

海兔科 Aplysiidae 腹足纲无楯目的一科。俗名雨虎，又名海猪仔。有4亚科6属。世界各海域均有分布，主要分布于印度-西太平洋。中国已发现6属21种，仅在南海

外形像兔子的海兔

分布。成体贝壳完全退化成为内壳，呈板状或斧状，具石灰质或仅存角质膜。体呈卵圆或蛞蝓形。头部有1对触角，呈耳形；头颈部明显，有1对耳形的嗅角。腹足宽，后端呈尾状，因静止时很像坐着的兔子而得名。海兔属侧足发达，能作游泳器官。其他各属侧足小。有紫汁腺，能发射紫色汁液杀伤小型动物或逃避敌害。

海兔刮食藻类或吞食泥沙。雌雄同体。两个海兔互相交尾或数个海兔连成一串进行交尾，卵群呈索带状缠成一团，固着于海藻、石块上，中国称为海粉丝，日本称为海索面，味美可食，医药上用以治疗眼炎或作清凉剂。海兔含有海兔毒素，食用海兔肉常会引起头晕、呕吐、双目失明等症，严重者有生命危险。

海退 regression 在相对短的地史时期内，由于海面下降或陆地上升，造成海水面积缩小或陆地面积扩大，海岸线向海洋方向推进的地质现象。由海退作用形成的地层记录称海退序列。海退序列由下至上一般是：沉积物由细变粗或由碳酸盐岩变为碎屑岩；沉积时的海水由深变浅；海相沉积逐渐演变为海陆交互相沉积和陆相沉积，与之伴生的生物群也随之由海相生物群逐渐演变为海陆交互相生物群和陆相生物群。

海退序列不如海进序列保存完整。

海豚 Delphinidae; delphinid / oceanic dolphin 鲸目齿鲸亚目海豚科动物的统称。海洋哺乳动物中种类最多的科。全世界有17属约36种。分布于全球的海洋，在热带和暖温带海域种类最多。中国已知13属17种。身体纺锤形；单个的呼吸孔呈新月形。喙的长短和大小，牙齿的多少和大小都有变异。身体大小从小于1.5米到超过9米。体

短吻真海豚

色变异从黑、白二色到黑、白、灰三色的复杂色斑。所有的海豚类都有程度不等的社会性。类群的大小在不同种类差别显著，从几头海豚为一群到数千头的大群。能做乘浪、滑水、跃水、空中转体等动作。摄食鱼、乌贼和其他无脊椎动物。少数种类捕食哺乳动物，包括须鲸和鳍足类。约在6龄至16龄达性成熟，妊娠期9～16个月，每胎产1仔。

海湾 gulf and bay 海岸带向陆地凹进的海域部分。通常以湾口附近两个对应海角的连线作为海湾最外部的分界线。海湾形成的原因包括：①由于伸向海洋的海岸带岩性软硬程度不同，软弱岩层不断遭受侵蚀而向陆地凹进，逐渐形成了海湾；坚硬部分向海突出形成岬角。②当沿岸泥沙纵向运动的沉积物形成沙嘴时，使海岸带一侧被遮挡而呈凹形海域。③当海平面上升时，海水进入陆地，岸线变曲折，凹进的部分即成海湾。海湾由于两侧岸线的遮挡，在湾内形成波影区，使波浪、潮汐的能量降低。沉积物在湾顶沉积形成海滩。当运移沉积物的能量不足时，可在湾口、湾中形成拦湾坝，分别称为湾口坝、湾中坝。

海湾阿拉伯国家合作委员会 Cooperation Council for the Arab States of the Gulf 由巴林、科威特、阿曼、卡塔尔、沙特阿拉伯和阿拉伯联合酋长国6个阿拉伯海湾国家组成的区域性国际合作组织。简称海湾合作委员会（Gulf Cooperation Council; GCC）。1981年5月25日，6国元首在阿拉伯联合酋长国开会，宣告正式成立。组织机构主要有最高理事会、部长理事会和总秘书处。总秘书处为常设机构，设在利雅得。其宗旨是实现6国间在经济、社会和文化等一切领域的协调、一体化与合作，以达到国家间统一。主要活动是每年轮流在各国召开首脑会议，商讨在政治、经济、外交、军事等方面的合作与联合行动。

海湾战争 Gulf War 以美国为首的多国部队经联合国安理会授权，为维护科威特主权和领土完整对伊拉克进行的战争。萨达姆·侯赛因领导下的伊拉克指责科威特偷采边境石油，要科威特减免因战争欠下的债务，为了石油和出海口，甚至向科威特提出领土要求。在遭到拒绝后，伊拉克于1990年8月2日出兵占领科威特，8月8日宣布科威特为伊拉克第19个省，公然吞并科威特。8月3日，联合国安理会要求伊拉克撤出科威特。1990年11月29日，联合国通过决议，限定伊拉克在1991年1月15日前撤出科威特，未果。1991年1月17日当地时间深夜2时，美国领导下的多国部队向伊拉克军队发起“沙漠风暴”行动，海湾战争开始。多国部队首先对伊拉克目标进行空中打击，然后发动地面进攻。伊军在遭受38天空袭后，已无重大反击行动，无力扭转败局。2月28日，在萨达姆宣布接受联合国662号、674号决议后，多国部队同意停火，战争结束。多国部队阵亡230人，伊拉克伤亡近10万人。

海湾战争是第二次世界大战以后一场现代化高科技水平的战争，不仅成为各国研究现代化战争的范例，而且直接影响了冷战后国际政治、经济新秩序的发展趋势。

海王星 Neptune 太阳系八行星之一。19世纪40年代，根据英国天文学家J.C.亚当斯和法国天文学家U.-J.-J.勒威耶各自独立计算的轨道根数，由德国天文学家J.G.伽勒于1846年9月23日按勒威耶预期的方位观测发现并证实。至此，太阳系的领域从跨度40个天文单位扩大到60个天文单位。海王星亮度约7.8～8.0视星等（见星等），只有借助小型望远镜才能得见。

公转和自转 海王星与太阳之间平均距离约为30天文单位（AU）。海王星的轨道偏心率e小于0.01。与太阳距离的变化幅度是：近日距29.80 AU，远日距30.32AU。公转轨道和黄道的夹角为1.77°，比天王星的（0.77°）略大些。平均轨道速度为5.48千米/秒，比天王星的（6.83千米/秒）慢些。绕日公转周期164.79个地球年。从1846年发现之日算起，迄今尚未过满1个海王星年。自转一周16小时6分钟，比天王星的（17小时14分钟）略快些，但比木星和土星的自转速率慢。海王星赤道和公转轨道的倾角29.56°，比土星的（26.73°）略大些，这也使地球上的观测者能够以较大的视角交替地看到南北两极，但轮回时间要长达82个地球年。

理化状况 海王星赤道半径24 776千米，约为地球的3.9倍。椭率0.017，比外形明显扁椭的木星和土星的（0.062和0.098）小，是4个类木行星中最近似球形的行星（见图）。质量约为地球的17倍。体积约为地球的40倍。平均密度1.64克/厘米^3，比天王星的（1.27克/厘米^3）大，赤道半径（地球的3.9倍）虽然比天王星的（地球的4.0倍）略小些，但质量（地球的17.1倍）却大于天王星（地球的14.5倍）。在4个类木行星中，海王星的大小排第四，而质量排第三。海王星的赤道表面重力加速度11.00米/秒^{2}比天王星的（8.69米/秒^2）大些。赤道逃逸速度23.5千米/秒，也要比天王星的（21.3千米/秒）略大。大气的主要成分是氢，其次是氦，还有少量的甲烷。海王星的反照率0.51，比天王星的（0.57）略小。大气上层接受的太阳热量为地球的0.11%，气温是－210～－220℃。据推测，内部结构也和天王星类似，大气之下有三层，最上是分子氢层，其下是冰层，内核则是岩态核心。除了自转轴的指向之外，海王星和天王星的其他天文特征、物理性质和化学组成都很相似，是太阳系内的孪生行星。

海王星环 1984年7月的一次海王星掩星的地基光学望远镜的观测资料显示，海王星有环系的迹象。1989年11月，“旅行者”2号行星际探测器与海王星会合时，证实其确实存在。至此，太阳系的4个类木行星都确有固态颗粒组成的环系。已探测到共有5条环带。

海王星卫星 到2006年中已发现卫星11个。1846年在发现海王星之后几周，英国天文学家W.拉塞尔搜索到海卫一（Triton）。百年之后，G.P.柯伊伯于1949年发现海卫二（Nereid）。海卫一也具有和月球、伽利略卫星、冥王星等同样的同步轨道，即永远以同一半球朝向海王星。

空间探测 “旅行者”2号行星际探测器于1986年探测天王星之后，在1989年飞临海王星。首次取得海王星、环系和海卫的近景图像。测量海王星的大气组成、温度和气压，发现巨大气旋“大暗斑”。测定磁轴倾角、磁场强度和磁层特征，证实环系存在。检测到六个新卫星，观测到海卫

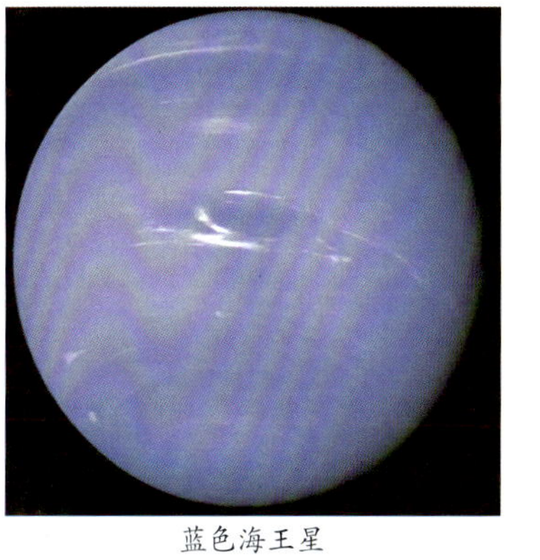

蓝色海王星

一的火山现象，确认海卫一是地球和木卫一之外第三个有火山活动的太阳系天体。

海雾 marine fog 在海洋影响下生成于海上或海岸区域的雾。海上航行常因海雾而受阻，甚至造成海难。依成因不同，可把海雾分成平流雾（包括平流冷却雾和平流蒸发雾）、混合雾、辐射雾和地形雾四种。

全球各海区的海雾，类型虽然很多，但其中范围大、影响严重的，首推平流冷却雾，而以中高纬度大西洋的纽芬兰岛为中心和以北太平洋千岛群岛为中心的两个带状雾区最为显著，以南印度洋爱德华王子群岛为中心的带状雾区也很突出。其次便是大洋东岸低纬度信风带上游的雾，如太平洋东岸的加利福尼亚外海和秘鲁外海、大西洋东岸的加那利群岛以南的海域和纳米比亚外海，都是这类雾区。这些海域的海雾多在春夏盛行，尤以夏季为最。其特点是雾浓、持续时间长，严重的大雾可持续1～2个月。平流蒸发雾多见于冷季的副极地或冰山和流冰的外缘水域，雾层薄，形似炊烟。但当它在春秋季节与平流冷却雾在中、高纬度海域交替出现时，也常构成大片浓雾区。至于散布在世界各海域（或湖泊）的零星雾区，大多有地区性，难成体系，且不一定属于同一雾型。

海西蒙古族藏族自治州 Haixi Mongol- Tibetan Autonomous Prefecture 中国青海省辖自治州。位于省境西部，北邻甘肃省，西接新疆维吾尔自治区。辖**德令哈市**、**格尔木市**、乌兰县、**都兰县**和天峻县，及冷湖、大柴旦、茫崖3个行政委员会。面积325 785平方千米。人口49万（2010），以汉族为多，有蒙古、藏、回等少数民族，其中蒙古族占总人口的6.9%，藏族占9.9%。自治州人民政府驻地德令哈市。海西以地处青海湖以西而得名。古为羌地。1917年置都兰理事，辖今州境地区，1930年改设都兰县。1954年设海西蒙藏哈萨克族自治区，1955年更名为自治州，1963年改为海西蒙古族藏族哈萨克族自治州，1985年改现名。地处**柴达木盆地**、**祁连山**南麓山地和青南高原西南部，气候寒冷干燥，年平均气温－2.1～3℃，平均年降水量173.4毫米。矿产有石油、天然气、煤、铁、铅、锌等，湖盐、氯化钾、硼、锂、石棉、石灰岩、硅灰石、溴8种矿藏储量居全国之首。境内柴达木盆地素有“聚宝盆”之称。农牧结合，农业主要种植青稞、油菜、小麦等。牧业牧养绵羊、骆驼、牛、马等。工业主要有采矿业和化工工业。古迹有新石器时代的塔里他里哈遗址、吐蕃时期的英德尔古墓和鲁荞沟岩画等。自然景观有昆仑山、唐古拉山、雅丹地貌、万丈盐桥等。

万丈盐桥

海西运动 Hercynian movement 泛指欧洲晚古生代的**造山运动**。又称华力西运动。延续的时代从石炭纪到二叠纪（约3.5亿年前～2.3亿年前）。但对这一运动的解释不尽一致，大致有两种：①指德国北部哈茨山区的晚石炭世末发生的一次造山运动；②指晚古生代发生的造山运动。由海西运动形成的褶皱带称海西褶皱带，在欧洲从葡萄牙到中欧呈近东西向分布。相当的运动还有阿尔泰运动或阿莫利加运动。在中国泛指晚古生代发生的造山运动。

海峡 strait; channel 两块陆地之间狭长的海域。如台湾海峡。这两块陆地的分离可以发生在久远的地质历史时期，也可以发生在近期。其形成或由于构造断裂使两块陆地分开，或由于海水涌入原始狭长的岩性软弱地带，经长期冲蚀使两块陆地分开。侵蚀时间越久，海峡深度越大。有的地区潮流作用强，流经海峡束窄的海域时，潮流流速加大，强烈冲刷海峡两岸岸坡。当经过海峡到达开阔海域时，流速迅速减低，携带的沙砾呈扇形堆积于海底，形成潮流三角洲。如潮流往复运动，可在海峡两端形成潮流三角洲。潮流三角洲的特征取决于潮流作用的强弱变化及所携带沉积物质的多少。海峡常为海上交通的重要通道，具有重要的经济和军事意义。

海象 *Odobenus rosmarus*; walrus 食肉目鳍足类海象科海象属的唯一现生种。体型最大的鳍足类。主要分布在北太平洋的白令海、楚科奇海，北大西洋的格陵兰、加拿大东部等海域。雄性平均体长3.2米，雌性2.7米。体重约1 000～1 300千克。吻宽，鼻扁。2枚上门齿扩大成巨大的、终生生长的獠牙，生长通常被齿的磨蚀所持平。有时另有一些很小或未萌出的齿。上唇有数百条透明黄色的触须。眼相对较小，能突出和缩回。无耳廓。刚离水身体潮湿时，体浅灰色；干燥时体黄褐色。四肢无毛。主要以底栖无脊

椎动物为食，吃得最多的是埋在海底沉积层中的双壳类软体动物。成体每日需食约25千克。每次潜水最长时间可达24分钟。雌性在7龄开始排卵，9龄首次产子。雄性在7～10龄开始性成熟，但至15龄才达到体成熟和社会成熟。一雄多雌繁殖。妊娠期15个月。幼仔体长1.5米，重60千克。吸乳期约1年。全世界现有海象数量在20万头以上。

海啸 tsunami 由海底地震、火山喷发或海底塌陷、滑坡所激起的，移行于海洋上的具有超常波长和周期的系列巨波。海岸巨大山体滑坡、小行星溅落地球海洋、水下核爆炸也可以引起海啸。日本人称海啸为“津波”，意思是涌向海湾和海港的破坏性大浪。

海啸是一种频率介于天文潮波和涌浪之间的重力长波，其波长在深海大洋一般为200千米以上，周期15分钟至1小时。在大洋中，海啸波速可达每小时几百千米至1 000千米以上。理论研究和对卫星观测结果的分析均表明，大多数海啸在震源附近的海面升高（或降低）幅度都只有数十厘米至1米左右。所以这种波陡（即波高与波长之比）极小的洋波不会被正在航行的船只所感觉到和观测到。但当它移行至浅水区域时，其波速与波长变小，而波高增大。至近岸更浅的水域，海水会堆积成高达10多米以上的“水墙”。海啸在滨海地区的表现形式是海水陡涨，骤然形成“水墙”，伴随着隆隆巨响，瞬时侵入滨海陆地，吞没良田和城镇村庄，然后海水又骤然退去，或先退后涨，有时反复多次。也正是在这些地方，海啸才成为危害生命的最可怕的自然现象，因为它的波高可骤增至35米以上，而且具有无比的能量和破坏力。历史上最大的地震海啸波高达51.8米，于1964年发生在美国阿拉斯加的瓦尔迪兹港。虽然海啸能量一般只为引起海啸的地震能量的1%～10%，但因为引起海啸的地震能量极其巨大，海啸能量也极其可观，一般为10^{14}～10^{17}焦。学者们对2004年12月26日印度洋海啸总能量的计算结果不尽相同，但一般认为相当于数百乃至数千颗1945年在日本广岛投下的原子弹的总能量。

海啸是许多国家滨海地区最猛烈的自然灾害之一。全球各大洋均有海啸发生，但因全球90%的海底大地震发生在太平洋，所以太平洋沿岸是海啸灾害多发区。印度尼西亚附近的印度洋区域是全球海啸灾害

最严重的区域。2004年12月26日波及印度洋几乎所有海岸的大海啸的死亡人数超过30万，其中印度尼西亚23.43万、斯里兰卡3.10万、印度1.07万、泰国0.54万，这次海啸的死亡人数不但突破了全球历次海啸灾害的纪录，并且超过历史海啸灾害死亡和失踪人数的总和。中国是一个多地震的国家，其中不少强震发生在中国海域的海底，但均未引起大陆沿海破坏性海啸。这是因为中国大陆沿海有宽广大陆架和岛屿链为屏障，使发生在太平洋海盆的众多次大海啸在通过岛屿链和陆架区域过程中能量大大衰减。2004年印度洋大海啸经马六甲海峡传入南海，在南沙和广东海岸的验潮站上只显示有3～8厘米的具有海啸波周期的潮位异常。

迄今为止，人们尚不能准确预报地震，因此就更无法在海啸发生前预测海啸的到来。然而，一旦地震海啸发生，只要在震中附近的验潮站首先发现海啸，则依托海啸传播时间图和现代通信技术，就能迅速地发布海啸警报，包括海啸发生源地、海啸波到达影响岸段的时间，并估计它的强度和破坏力。以上述技术为依托，1966年政府间海洋学委员会设立了太平洋海啸警报系统国际协调组。根据该协调组的建议，认定美国在檀香山的警报机构执行太平洋海啸警报中心（PTWC）的职能。2004年印度洋大海啸灾害发生后，有关国际组织已经计划把太平洋海啸警报系统的业务扩展至印度洋和全球各大洋。

海星 Asteroidea; sea-star 棘皮动物门海星纲动物的统称。分为平腕海星目、显带目、有棘目、真海星目和钳棘目。世界现存1 600种，中国已知100多种。体扁平，多呈星形。口在下边中央。从体盘伸出腕，腕数一般为5个。腕内充有生殖腺和消化腺。腕下面有开放的步带沟与口相通，沟内具有4行或2行管足。整个身体由许多钙质骨板借结缔组织结合而成，体表有突出的棘、瘤或疣等附属物。侧步带板上生的棘常因种类而异，为海星分类的重要依据之一。雌雄异体。生殖细胞释放到海水中受精。

分布于世界各海，以北太平洋区域种类最多。垂直分布从潮间带到水深6 000米。食性种间差异较大，在种内也有区别。最普通的海盘车以大的双壳类为食，故对贝类养殖业危害很大。有的国家（如美国）的牡蛎养殖场每年要进行海星的防除工作。在中国，海星对贝类养殖的危害并不很大。中国黄海渔民常把海星用作肥料，肥效甚高。辽宁一带利用海星制胃药。

不同形态的海星

海牙 The Hague;' s-Gravenhage 荷兰事实上的国家行政中心，第三大城市。南荷兰省首府。位于荷兰西南海岸，距北海约6千米。人口48.19万（2009）。1097年始见记载。13世纪中叶为伯爵官邸。其名称源出“伯爵的围场”之意。18世纪晚期，银制品和瓷器已负盛名。法国统治时期（1795～1813）城市衰落。法国占领结束后，又成为荷兰君主的驻地和行政中心。第二次世界大战期间遭严重破坏，战后重建和扩建。现为王宫和政府所在地。国会、联合国国际法院、国际法庭与外国使馆均设于此。商业金融中心。工业有印刷、造纸、食品加工与紫檀器具制造等。重要交通枢纽。文化名城和旅游胜地。有维多利亚女王的宫殿、国会大厦、设有国际法庭的和平宫；还有展览馆、博物馆、美术馆、画廊等。1899年和1907年两次在此举行国际和平会议。市区绿地宽广，多公园，其中以野营公园最著名。

海牙国会大厦

海牙公约 Hague Conventions 1899年和1907年两次海牙和平会议通过的关于和平解决国际争端和一系列战争法规文件的总称。又称海牙法规。

第一次海牙会议及公约 会议于1899年5月18日至7月29日在荷兰海牙举行，与会国有中国、俄国、英国、法国、德国、日本、意大利、美国等26个国家。会议未能就主要议题达成协议，但在和平解决争端和战争法规编纂方面签订了3项公约和3项宣言，即《和平解决国际争端公约》（1899年海牙第1公约）、《陆战法规和惯例公约》（1899年海牙第2公约）及其附件《陆战法规和惯例章程》、《关于1864年8月22日日内瓦公约的原则适用于海战的公约》（1899年海牙第3公约）、《禁止从气球上或用其他新的类似方法投掷投射物和爆炸物宣言》（1899年海牙第1宣言）、《禁止使用专用于散布窒息性或有毒气体的投射物的宣言》（1899年海牙第2宣言）、《禁止使用在人体内易于膨胀或变形的投射物，如外壳坚硬而未全部包住弹心或外壳上刻有裂纹的子弹的宣言》（1899年海牙第3宣言）。

第二次海牙会议及公约 1907年6月15日至10月18日，包括第一次海牙会议全体参加国在内的44个国家在海牙举行第二次和平会议。这次会议在裁军与和平问题上仍未达成协议，但会议对1899年的3项公约和第1宣言进行了修订，并新订了10项公约。这些修订或新订的公约和宣言包括：《和平解决国际争端公约》（1907年海牙第1公约）、《限制使用武力索偿契约债务公约》（1907年海牙第2公约）、《关于战争开始的公约》（1907年海牙第3公约）、《陆战法规和惯例公约》（1907年海牙第4公约）及其附件《陆战法规与惯例章程》、《中立国和人民在陆战中的权利和义务公约》（1907年海牙第5公约）、《关于战争开始时敌国商船地位公约》（1907年海牙第6公约）、《关于商船改装为军舰公约》（1907年海牙第7公约）、《关于敷设自动触发水雷公约》（1907年海牙第8公约）、《关于战时海军轰击公约》（1907年海牙第9公约）、《关于1906年7月6日日内瓦公约原则适用于海战的公约》（1907年海牙第10公约）、《关于海战中限制行使捕获权公约》（1907年海牙第11公约）、《关于建立国际捕获法院公约》（1907年海牙第12公约，未生效）、《关于中立国在海战中的权利和义务公约》（1907年海牙第13公约）、《禁止从气球上投掷投射物和爆炸物宣言》。

公约的主要内容 ①和平解决国际争端类，包括1899年第1公约和1907年第1、第2公约。依约，各缔约国承担“和平解决国际争端”和“尽量避免诉诸武力”的一般性义务，并确定以斡旋、调停、国际调查委员会和国际仲裁等方式达到这一目标。②战争开始和中立国权利与义务类，包括1907年第3、第5、第6和第13公约。第3公约在历史上第一次正式确立了宣战制度，规定不宣而战为非法；第6公约规定了战争开始时对敌国商船的保护制度；第5和第13公约详细规定了中立国及其人民在陆战和海战中的权利和义务。③战争法规类，包括上述两类以外的所有其他公约，是海牙公约的主体部分。这类公约从陆战、海战、空战等不同方面限制了作战手段和方法，并进一步明确和完善了战斗员、战俘和伤病员的待遇。

公约的历史意义 1899年和1907年两次海牙会议所编纂的公约，集战争法规与惯例之大成，许多至今仍然有效。海牙公约具有普遍效力，因这些公约所包括的许多原则和规则是公认的国际惯例，因而适用于一切国家。

《海牙规则》 *Hague Rules* 关于国际保险的法律规定。《统一提单的若干法律规定的国际公约》的习称。1921年由国际法协会在荷兰海牙起草，故名。1924年8月25日在比利时首都布鲁塞尔签订，1931年6月2日起生效。

《海牙规则》共16条。主要内容包括：①承运人最低限度的义务。包括提供适航船舶和妥善管理货物。②承运人货物运输责任期间为从货物装上船起至卸完为止。③实行不完全过失责任制。④承运人对货物的灭失或损坏的赔偿责任，每件或每单位不得超过100英镑。⑤运输合同中的任何条款或协议，凡是解除承运人按该规则规定的责任或义务，或以不同于该规则规定的责任或义务，或以不同于该规则的规定减轻这种责任的，一律无效。⑥托运人义务和责任。⑦诉讼时效为从货物交付之日或应交付之日起一年。⑧《海牙规则》的适用范围。1968年在布鲁塞尔通过《有关修改1924年统一提单若干法律规定的国际公约的议定书》（又称《**维斯比规则**》），对《海牙规则》作了一些修改和补充。

海牙画派 Hague school 荷兰画家群体，1860～1900年间活跃于海牙。他们致力于用写实手法绘制风俗画和风景画，以表现所熟悉的民间生活和环境，并揭示其本质。因而，

伊斯拉埃尔斯作《等待归来》

这个画派被认为是17世纪荷兰写实主义画派的延续和发展。不过，其作品往往带有某种浪漫色彩和怀旧情绪，使它与同时期的法国**巴比松画派**和**印象主义**在创作倾向上有所不同。风俗画大多取材于劳动人民生活，风景画则选择具有地方特色的题材，并着重表现外光效果。其成员有J.伊斯拉埃尔斯、J.H.韦森布吕赫、J.博斯博姆、A.毛弗、马里斯三兄弟、H.W.梅斯达等。伊斯拉埃尔斯为海牙画派中最有名的风俗画家。M.马里斯于1877年起定居英国，受**拉斐尔前派**绘画影响，他那些略嫌甜腻的风俗画洋溢着生活情趣。J.马里斯晚年成为荷兰印象派绘画的创始者。

海盐腔 Haiyan tune 中国戏曲声腔。因形成于浙江海盐而得名，与余姚腔、弋阳腔、昆山腔并称为明代南戏四大声腔。据明陆容《菽园杂记》记载，成化年间（1465～1487），嘉兴府之海盐县已“有习为倡优者，名曰‘戏文子弟’”，海盐腔已在当地兴起。

海盐腔《玉环记·玉箫传真》（选自清人绘《金瓶梅》词话插图）

至嘉靖、隆庆年间（1522～1572），流布地区已扩展到嘉兴、湖州、温州、南京、台州、苏州、松江，远及江西宜黄、北京等地。海盐腔为**曲牌联套体**结构的传奇体制，行当分**生**、**旦**、**净**、**末**、**丑**。演唱时，用鼓、板、锣等打击乐伴奏而不被管弦。采用官话，也有“滚调”唱法。腔调清柔、婉折。海盐腔与弋阳腔盛行以后，逐步取代**北曲杂剧**在戏曲舞台上的地位，对戏曲**声腔剧种**的发展产生了重要影响。**魏良辅**等革新昆山腔，就继承和吸收了海盐腔和弋阳腔，故旧有变海盐、弋阳故调为昆山腔之说。万历年间（1573～1620），新的昆山腔盛行，采用弦管伴奏，“流丽悠远，出乎三腔（海盐、余姚、弋阳）之上，听之最足荡人”（徐渭《南词叙录》）。因此，“旧凡唱南调者，皆曰‘海盐’，今‘海盐’不振，而曰‘昆山’”（**王骥德**《**曲律**》）。

海燕 Oceanitidae; storm petrel **鹱形目**海燕科约20种海鸟的统称。在南、北美沿岸，以及大西洋东部和南部及整个太平洋海岛上繁殖。体长13～25厘米，体深灰或褐色，有时下体色淡，腰白色。与大多数鹱形目种类相比，海燕翅短，翅尖呈圆形；嘴长适中；鼻管与上嘴的表面融合一起；除后趾外，均具蹼，后趾小而高位；尾长或中等长度，方形、叉形或楔形。海燕按行为及结构分为两类。南方大多数种类翅较短，尾方形，腿长，趾短；觅食时两翅张开，噼啪地飞过水面，攫起小型海生动物。北方的大多数种类翅较长，尾叉形或楔形，腿较短而趾较长；觅食时，像小燕鸥一样自水面掠过，偶尔降落水面。海燕成群繁殖，营巢于软土上自掘的洞穴或岩石裂缝中。每窝产白色卵1枚，双亲共同抱卵，夜间进出巢洞。结群的海燕叫声很大。如大多数鹱形目的幼雏一样，在羽毛完全长出前一周，双亲就离开幼雏。双亲在海上换羽时，幼雏发育成熟，即离洞穴，自行出海觅食。

海阳市 Haiyang City 中国山东省辖县级市。位于省境东部，南濒黄海。面积1 887平方千米。人口64万（2010）。明洪武三十一年（1398）设大嵩卫，于今乳山境置海阳所。清雍正十三年（1735）裁卫所置海阳县，因地处黄海之北，故称海阳。1996年撤县设市。由**烟台市**代管。矿产有大理石、花岗岩等，有“北方石材城”之称。农作物有小麦、玉米、花生、高粱、大豆、甘薯、蔬菜等；林业发达，是烟台苹果主产地之一。盛产白林鱼、黄花鱼、对虾、扇贝、海胆、海参、加吉鱼等。工业有机械、建材、化工、食品、工艺品、水产品、纺织等。名胜古迹有从麻禅院、赵疃地雷战遗址、亭子口渡槽、千里仙岛等。

海洋 sea and ocean 地表连续的咸水水体的总称。覆盖面积约3.6亿平方千米，占地球总面积的71%。平均深度约3 800米，最大深度超过11 000米。总体积约为13.7亿立方千米。中心主体部分称为洋，边缘附属部分称为海。洋与海彼此沟通，构成统一的水体。

海洋形态 洋 可分为4个大洋：①**太平洋**。北起亚洲和北美洲之间的白令海峡，南抵南极大陆，东起美洲的巴拿马运河，西迄亚洲中南半岛的克拉地峡，面积约占世界大洋的一半。②**大西洋**。位于欧洲和非洲以西、美洲以东，面积居第二。③**印度洋**。位于非洲、亚洲南部、大洋洲和南极洲之间，主体在赤道以南的热带和温带区域。④**北冰洋**。位于亚欧大陆和北美洲之间，大致以北极为中心，以北极圈为界，近似圆形，面积最小，深度小得多。

海 处于各大洋的边缘区域，附属于各大洋。可分为：①**边缘海**。处于大陆边缘，以岛屿、群岛或半岛与大洋分隔，仅以海峡或水道与大洋相连。如**白令海**、**日本海**、**东海**、**南海**等。②**内陆海**。位于大陆内部，仅以一个或几个狭窄海峡与大洋或其他海相通。如**地中海**、**黑海**、**亚速海**、**红海**、**波罗的海**等。

海底地形 海洋底部起伏的复杂程度不亚于陆地。世界大洋的大尺度地形结构可分为以下单元：①大陆边缘。一般包括**大陆架**、**大陆坡**和**大陆隆**，约占海洋总面积的22%。大陆架又称大陆浅滩，是毗连大陆的浅水区域和坡度平缓的区域，平均宽度75千米。大陆坡与大陆架连接，上界水深多为100～200米，下界多为1 500～3 500米，通常宽度为20～100千米，面积约占全球海洋总面积的5.6%。大陆隆在大陆坡与深海平原之间，水深1 500～5 000米，宽狭

世界大洋和主要海、海湾及海峡分布

不一，通常宽100千米以上，特别宽的可超过1 000千米，面积约占全球海洋总面积的4.8%。②大洋盆地。位于大洋中脊与大陆隆或海沟之间，约占海洋总面积的45%。被海岭分割成若干海盆、海槽。海盆底部发育深海平原和深海丘陵等地形。③**大洋中脊**。又称中央海岭。伴有地震和火山活动的巨大海底山系。贯串于全球的4个大洋中且互相连接，总长约8万千米，宽数百至数千千米，面积占世界大洋的33%。相对于两侧洋底的高度2 000～3 000米，其顶部的平均水深大多为2 500～2 700米。局部露出水面成为岛屿，如冰岛。④**海沟**。主要分布在大陆边缘与大洋盆地交接处，比相邻海底深2 000米以上。世界大洋共有30多条海沟。已知全球最深点深度达11 034米，位于太平洋西部的**马里亚纳海沟**。

洋域划分　在洋域的划分上，存在不同的方案。1845年曾提出5个大洋的方案，把世界大洋划分为太平洋、大西洋、印度洋、北冰洋和南大洋，将南极圈以内的海洋称为南大洋。1953年国际水道测量局发表了一个取消南大洋的划分方案，方案特别适用于航海和海图测绘作业，在实践中得到广泛应用。联合国教科文组织（UNESCO）在1967年颁布的国际海洋学资料交换手册中采用了1953年方案。现在，人们常用四大洋的方案，把世界大洋划分为太平洋、印度洋、大西洋和北冰洋。20世纪60年代以来，越来越多的海洋学者认为太平洋、大西洋和印度洋的南部相互连接的广大水域，应当单独划分为一个独立的大洋，即南大洋。政府间海洋学委员会（IOC）1970年正式提议，把“南极大陆到南纬40°的纬圈海域或更明确地到亚热带辐合带海域”划为南大洋。

海洋测绘　marine surveying and charting

以海洋水体、海岸和海底为对象所进行的测绘工作。**测绘学**分支学科。主要任务是获取海面与海底形态、海洋水文和海洋地球物理数据，编制海图，建立海域**地理信息系统**，为海洋研究、海洋经济开发和海洋防卫提供基础地理信息保障与服务。

简史　海洋测量最基本的作业是水深测量。早期测深器具主要是木制的测杆、水铊等。测杆和水铊至今仍是沿岸测量必备的测深工具。1872～1876年，英国“挑战者”号调查船以测深器测量了492处大洋深度，1920年回声测深仪用于船舶航行中连续测深。20世纪中期以后，窄波束测深仪、按不同深度段设计的测深仪、换能器并联的测深仪相继问世。20世纪70年代开始，多波束测深系统用于水深测量，被认为是发明回声测深仪以来的又一次飞跃。卫星定位技术、船只航行姿态测量技术和计算机数据处理技术的应用，使海洋测深的质量和效率迅速提高。

现存最早的直接用于航海活动的海图，是1300年前后制作的地中海区域的“波特兰”海图。1405～1433年间，郑和7次航行，并留下《郑和航海图》。1504年葡萄牙编制海图时，采用逐点注记的方式表示水深，这是现代航海图表示海底地貌方法的开端。1569年，G.**墨卡托**首次将等角正圆柱投影用于编制航海图，此方法沿用至今。现代航海图发展的重要特征是国际化。1903～1905年，出版覆盖世界海洋的《大洋地势图》，至2004年底共出版5个版本。1908年，国际航海会议倡导各国的海图符号和缩写采用统一的标准。

20世纪50年代前，中国海洋测量机构测量了部分沿岸海域和江河水道，出版和翻印海图约130幅。50年代初，开始进行沿岸、港口和岛屿的基本海道测量，建立海域测量控制网，1950年正式编制出版国家标准海图。1965年后陆续开展海域复测，对海底地形变化较快的港口、航道区域则实施定期监测，并开始近海以水深、底质为主的测量。1976年出版供应外国轮船使用的中国沿海航海图。1983年以后出版的航海图，逐步向国际海道测量组织的**国际海图**标准接近；80年代后期，进行外大陆架和深海盆区域的测量。开展微波定位、卫星定位应用研究和设备研制，1995年开始在沿海建立系统的RBN/DGPS台站。20世纪末，基本实现海洋测量数据处理和制图工序的计算机辅助作业，研制符合国际标准的电子海图。21世纪初，完成港口、沿岸及近海的详细测量，外大陆架及深海区的普查测量任务，出版覆盖中国海区的系列航海图，建立由水深、潮汐、航标等数据子库组成的具有较大规模的海洋测绘数据库。

作业特点与技术方法 海洋自然环境和物理特性复杂，使测量手段与方法有较大局限性和特殊性。深度、底质（海底表层地质结构）、海流等水文要素以声学测量为主，也采用激光技术、水下摄影测量技术等；位置测定以动态定位为主，大部分海域应用陆基无线电定位和卫星定位系统，沿岸海域还可采用激光测距等方法；测量平台以测量船为主，卫星、飞机和潜水器的使用逐渐增多；海图的规格、内容表现方法等更多地考虑海上航行与海洋工程的使用环境与条件。

按照海洋测绘通常的技术作业类别，内容包括海洋大地测量、海道测量、海洋重力测量、海洋磁力测量、海洋工程测量、海底地形测量、海岸地形测量、海洋划界测量、海洋制图与地理信息系统。区别于陆地表面测绘的技术方法主要有水声测量、海洋遥感、水下摄影测量、海上动态定位、综合测量技术、海图设计与更新方法等。

海洋测绘已从单一的保证航行安全，逐步向获取海洋地理空间信息的学科发展，对重力、磁力和海底地质结构等要素的测量日趋完整。

海洋潮汐 ocean tide 海水受引潮力作用而产生的海洋水体的长周期波动现象。这种波动又称潮波。它在铅直方向表现为潮位升降，在水平方向表现为潮流涨落。人们的多种活动与潮汐的升降和涨落有密切关系：船只航行和进港出港，舰艇活动，沿海地区的农业、渔业、盐业、港口建设、大地测量、环境保护等。利用潮汐发电，也是能源开发的一个重要方面。

任意天体对地球某处的引潮力的大小，与天体的质量成正比，与地心到天体中心的距离的三次方成反比，还与天体到该处的天顶距有关（天顶距越接近90°，引潮力越小）。因此，地球上引潮力的大小和方向都因时因地而异。虽然太阳的质量比月球大得多，但因它离地球较远，结果它的引潮力只有月球的46%。其他天体对地球的引潮力与月球或太阳相比甚小，都可以忽略。由月球引潮力引起的潮汐，称太阴潮；由太阳引潮力引起的，称太阳潮。两者都属于天文潮。

潮汐现象可看成由许多周期不同且振幅各异的分潮所组成。在这些分潮中，以太阴半日分潮M_2、太阳半日分潮S_2，太阴太阳合成日分潮K_1和太阴日分潮O_1为最重要，它们的振幅分别为H_{M_2}、H_{S_2}、H_{K_1}、H_{O_1}。因此，通常用这四个基本分潮的振幅的比值$(H_{K_1}+H_{O_1})/(H_{M_2}+H_{S_2})$作为潮汐的特征值；根据特征值的数值范围，将潮汐分为半日潮、混合的不正规半日潮、混合的不正规全日潮和全日潮四种类型。

中国沿海的潮汐主要是太平洋的潮波传入所产生的，在受到各海区的地转和地形的影响下，产生各自的潮波系统。除南海外，中国沿海大多为半日潮类型；南海大多为混合潮类型，而北部湾是世界上最典型的全日潮海区之一，这是因为该海区的固有振动周期接近24小时的缘故。

海洋沉积 marine sediment 各种海洋沉积作用所形成的海底沉积物的总称。沉积包含物理、化学和生物等过程，且往往都是综合进行的。①物质来源。包括陆地岩石风化剥蚀的产物，如砾石、砂、粉砂和黏土等；海水中由生物作用和化学作用生成的固体物质，如生物遗体、海绿石、磷酸盐、二氧化锰及黏土等；火山碎屑、溢出地幔的物质、宇宙尘等。②陆源物质的搬运。主要靠径流，其次靠浮冰和风力带入海洋，主要沉积于河口和大陆架；浮冰搬运物沉积于高纬度海域。③沉积。比重大于海水的悬浮物质或颗粒的状态和沉降的速度，主要受潮流、密度流、风海流和风浪等作用所控制，在不同海区的沉积速率不同。大型三角洲和河口区最高可达50 000厘米/千年左右；在大陆坡和大陆隆最高可达100厘米/千年；深海区一般只有0.1～10厘米/千年，因而深海洋底沉积物厚度的平均值不超过0.5千米。

海洋沉积传统分为大陆边缘沉积和深海沉积两类，前者还可分为近岸沉积、浅海沉积和半深海沉积。因气候和海底地形复杂，沉积物的组成和厚度的分布十分复杂，大致可按纬度和距陆地远近划分为不同的地带。①纬度分带。气候不同，流体力学条件不同，生态环境也不同，所以沉积的物质和沉积速度等依纬度不同而不同。极地冰川带广泛出现冰川海洋沉积，亚热带褐黏土沉积十分发育，赤道带生物沉积旺盛。硅藻软泥主要出现于纬度较高的温带海域，放射虫软泥高集于赤道带。两极和高纬度地带的沉积物富含长石和岩屑，黏土矿物以高岭土和蒙脱石为主。②环陆分带。离大陆越远，沉积速率和沉积厚度越低，沉积物的颜色从偏灰绿逐渐变为红褐。

海洋地质学 marine geology 研究地壳被海水覆盖部分的特征及其演变规律的学科。海洋科学的重要分支，地质学的一部分。与海洋物理学、海洋化学、海洋生物学等有密切关系。其发展可分为三个阶段：①学科形成阶段。19世纪后半期至20世纪40年代。1872～1876年英国“挑战者”号考察，发现了深海软泥和锰结核，发表了世界大洋沉积分布图；20世纪20年代的海洋调查，发现了中央海岭；第二次世界大战期间绘制了一批海底地形图；1947～1948年，瑞典H.彼得松等研究了大洋沉积物的结构、厚度和沉积率，并用人工地震法研究海底构造；40年代末，海洋地质学成为独立学科。②海洋地质理论蓬勃发展时期。50年代初期利用精密声呐探测，编制了各大洋洋底地形图；随后发现各大洋都有大型断裂带；1950～1958年苏联“勇士”号调查船考察了太平洋，在马里亚纳海沟发现了大洋最深点，还采集了海底长柱状样，研究了1 000万年来的气候演变和地质史；60年代初期美国H.H.赫斯和R.S.迪茨提出海底扩张说，1965年J.T.威尔逊提出转换断层说，1967～1968年W.J.摩根、D.P.麦肯齐和X.勒皮雄等提出板块构造说。这一时期，海底油气资源进入大规模开发阶段。③海洋地质研究的新时期。通过深海钻探，促进了大洋地层学的发展和古海洋学的诞生。开展了大规模国际合作，广泛采用潜艇观测、海底摄像、海底电视、海底着陆器及深海仪器拖运装置等观测手段和自动化装置。海底资源进入大规模工业开发阶段。

学科内容主要包括：①海底地形（见海洋）。基本格架受海底扩张和板块构造控制。内力作用对地形的发育起决定作用，外力作用的影响比陆地弱得多。②海底沉积。主要研究沉积物的类型、形成作用、时空分布和大洋演化史。③海底构造。研究海洋地壳结构、海底主要构造单位及其相互作用、海底岩石圈演化史。④洋底岩石。研究洋底岩石的组成、产状、分布和成因。⑤海底矿产资源。研究各种海底矿产资源的形成、分布规律及其经济意义。

海洋调查船 oceanographic research vessel 在特定海域从事海洋现场观测、采集样品和科学研究的船只。全世界第一艘海洋调查船是英国“挑战者”号，曾于1872年12月7日至1876年5月26日进行世界上第一次环球海洋考察（见英国“挑战者”号考察）。

当代的海洋调查船有如下的设备和功能：①专用的探测仪器装置、起吊设备、工作甲板、实验室、船员长期工作和生活的设施。②船体坚固，有良好的稳定性和抗浪性。③操纵灵活，且具稳定的慢速推进性能。④准确可靠的导航定位系统。⑤充足和完备的供电能力，对于水声专业调查船，须另设无干扰电源。

海洋调查船按其调查任务可分为以下三种。

综合调查船 仪器设备系统可同时

观测和采集海洋水文、气象、物理、化学、生物和地质基本资料和样品，并进行数据整理分析、样品鉴定和初步综合研究。必须具有优良的稳定性、操纵性、续航能力、自持能力，防摇、防震、防噪声干扰以及供电、导航、低速航行等性能。

专业调查船 船体较综合调查船小，任务单一。常见的有海洋测量船、海洋物理调查船、海洋气象调查船、海洋地球物理调查船、海洋渔业调查船和打捞救生船。

特种海洋调查船 按专门任务建造的结构特殊的调查船。主要有：①航天用远洋测量船。仪器设备可考察高层大气，接收卫星或宇宙飞船等太空装置发来的信号，并可向太空装置发布指令等。②极地考察船。船体特别坚固，具破冰行驶能力和防寒性能。③深海钻探船。能进行海底钻井、采样、深海调查等。

海洋法 sea, law of the 有关对海洋的控制、管理、使用的规章制度。包括有关内水、领海、毗连区、专属经济区、渔区、大陆架、公海、国际海底、用于国际航行海峡等海域的一系列法律制度。

海洋法是自古以来由习惯形成的。近代以来，海洋法规则被编纂成文的日益增多。第二次世界大战后在联合国主持下，于1958、1960、1973～1982年召开了三次海洋法会议，进行对海洋法的编纂，特别是第三次海洋法会议制定的《联合国海洋法公约》，构成了一部比较完整的海洋法法典。

对海洋法编纂的最初尝试，是1930年在国际联盟主持下召开的海牙国际法编纂会议。当时各国就领海宽度问题进行了激烈的争论。英、美等海洋大国坚持狭窄领海的观点，想迫使其他国家接受3海里的领海宽度，遭到了不少与会国家的反对。会议对于领海宽度没有达成协议，只确立了领海的法律地位。

第二次世界大战后，联合国国际法委员会1949年举行的首次会议拟定的编纂工作专题包括了海洋法。1958年2月24日～4月27日，在日内瓦举行了联合国第一次海洋法会议。会议有86个国家参加，签订了4个公约，即《领海及毗连区公约》、《公海公约》、《捕鱼及养护公海生物资源公约》和《大陆架公约》。《大陆架公约》基本上确定了大陆架制度，但这次会议关于领海宽度仍未达成协议。1960年又在日内瓦召开第二次海洋法会议，专门讨论领海宽度问题，仍无结果。1967年，马耳他常驻联合国代表建议把国际海底区域宣布为“人类共同继承财产”。据此建议，1970年第25届联合国大会通过的《关于各国管辖范围以外海床洋底及其底土原则宣言》宣告：各国管辖范围以外的海床、洋底及其底土以及该区域的资源是人类的共同继承财产。联合国第三次海洋法会议于1973年12月召开，有150多个国家参加。会议共举行了11期。经过斗争与妥协，《联合国海洋法公约》于1982年4月30日经会议通过，并于1982年12月10日在牙买加的蒙特哥湾由117个国家（包括中国）的代表在公约上签字。公约规定了12海里领海；肯定了200海里专属经济区制度；确定了沿海国对大陆架的自然资源的主权权利；根据人类共同继承财产原则建立国际海底开发制度和国际管理机构等。公约于1994年11月16日生效。

海洋锋 ocean front 海洋中特性明显不同的两种或多种水体之间的狭窄过渡带。又称锋带。可用温度、盐度、密度、流动速度、颜色、叶绿素含量等要素的水平梯度或更高阶微商来表述。即锋带的位置可用一个或几个上述要素的特征量的强度来确定。它存在于海洋表层、中层和近底层，其规模可小到几分之一米，也可大至上千千米；持续时间为数小时至数月。有行星尺度锋、强西边界流的边缘锋、陆架坡折锋、上升流锋、羽状锋和浅海锋六种类型。

在锋带附近具有强烈的水平辐合（或辐散）和垂直运动。在辐合带，海洋锋能很有效地聚集浮游生物碎屑及其他颗粒物质。已测得辐合带中重金属的浓度，比沿岸污染水体中的浓度大2～3个数量级。海难造成的石油等污染物，以及遇难的小船只、游泳者或尸体等，常集聚而排列在海面的辐合带上。这对于海上的救助工作很有帮助。但海洋锋区附近多海雾发生，对航行不利。另外，在锋带附近的某些水团中，常有浮游生物大量繁殖，因而可能有成群的鱼类在这一带活动。这可为海洋捕捞提供信息。

海洋浮标站 ocean buoy station 以锚定在海上或漂移在大洋上的观测浮标为主体组成的海洋水文气象自动观测站。前者称为锚定浮标站，后者称为漂移浮标。它们是一个综合的工程系统，包括海上测报、卫星定位和岸上接收等部分。

锚定浮标站包括：①海上测报设备。由浮标体、传感器组、数据采录装置、遥测遥控通信系统、电源和系留设备等组成。浮标体为仪器设备的载体，有圆盘形、船形、球形、圆柱形等多种形式，较普遍采用的是圆盘形和船形浮标，其上常安装风向、风速、气压、气温、湿度（或露点）、表层水温、盐度（电导率）、流向、流速、波高、波周期、波向等传感器。数据采录装置是以时钟控制的、按规定程序采集各传感器信号的工具。电源常用柴油机发电、燃料电池或其他电池供电。②岸上接收设备。主要有遥控发射机、遥测接收机、天线、时序控制器、解调译码器、电子计算机、打印机和数据存储设备等。可接收浮标体定时发送的各种信号，自动打印出真值数据并记录在数据存储设备上。

大洋上布放漂移浮标的主要目的是通过连续地测定浮标位置来测量洋流的流速和流向，有的漂移浮标附有测量水温、海水声速的装置。浮标体是一个可以潜入一定深度并能自动上标海面的装置。浮标位置通过卫星测定，测量数据则通过卫星传至陆地。

海洋工程 ocean engineering 应用海洋基础科学和有关技术学科开发利用海洋所形成的一门新兴的综合技术科学，也指开发利用海洋的各种建筑物或其他工程设施和技术措施。可分为海岸工程、近海工程和深海工程三类。①海岸工程。古来就很受重视。主要包括海岸防护工程、围海工程、海港工程、河口治理工程、海上疏浚工程、沿海渔业设施工程、环境保护设施工程等。②近海工程。又称离岸工程。20世纪中叶以来发展很快。主要是在大陆架较浅水域的海上平台、人工岛等的建设工程和在大陆架较深水域的建设工程，如浮船式平台、半潜式平台、石油和天然气勘探开采平台、浮式储油库、浮式炼油厂、浮式飞机场等建设工程。③深海工程。包括无人深潜的潜水器和遥控的海底采矿设施等建设工程。

由于海洋环境复杂多变，海洋工程除考虑海水的腐蚀、海洋生物的污着等作用外，还必须能承受台风、海浪、潮汐、海流和冰凌等的强烈作用，在浅海区还要受岸滩演变和泥沙运移等的影响。

海洋公园 the Ocean Park 中国香港以海洋为主的大型主题公园。位于香港海洋公园道。全园分山上和山下两部分。山上部分称南朗公园，山下部分称黄竹坑花园，游客可乘缆车或户外加盖自动扶梯来往于两园。山上公园西部有现代化的海涛馆，人造波浪高1米以上，拍打在岩石上，极为逼真。海洋剧场内有海豚、海狮等在导演指挥和音乐伴奏下表演各种节目。还有世界最大的水族馆——海洋馆，以及温室、蝴蝶馆、珊瑚馆等。在大树湾兴建了“百鸟居”，设有雀鸟剧场、展览厅、鹦鹉花园等。山下的黄竹坑花园，亭、阁、桥、溪小巧玲珑。有花园剧场、金鱼大观园、天幕电影院、儿童乐园等。水上乐园是一座大型的水上游乐中心，有跳台、滑水道等设备。

海洋化学 marine chemistry 研究海洋物质的化学组成、分布、化学性质和化学过程，以及海洋资源开发利用中的化学问题的科学。海洋科学的分支，化学的一部分。

与海洋生物学、海洋地质学和海洋物理学等有密切关系。

1670年前后，英国R.玻意耳研究了海水的含盐量和密度的关系，开始了海洋的化学研究。1884年W.迪特马尔进一步证实了世界大洋海水中各主要溶解成分的含量之间的恒比关系。1900年前后，丹麦M.H.C.克努森等建立了海水的氯度、盐度和密度的测定方法。随后，海水中二氧化碳系统、溶解气体、微量元素、营养盐等都得到深入研究，形成了化学海洋学。20世纪40年代以后，在海洋化学资源的开发利用过程中，形成了海洋资源化学。50年代末以后对海水中化学平衡的定量研究，建立了海洋物理化学的理论体系。

学科内容主要包括：①化学海洋学。研究海洋各部分的化学组成、物质分布、化学性质和化学过程的科学。包括海洋地球化学、河口化学、海洋生物地球化学、海洋沉积地球化学、海洋物理化学、海水分析化学和海洋有机化学。②海洋资源化学。主要研究从海洋的水体、生物体和海底沉积层中开发利用化学资源的化学问题。③海洋生物化学。研究海洋生物的化学组成、代谢及生物体在海洋环境中发生的生物化学过程。是海洋化学与海洋生物学的交叉学科。此外，金属在海洋环境中的腐蚀，是海洋工程的重要问题；生物对海洋设备及船体的污着，是海港工程和海上交通运输中亟须解决的问题。这些也属海洋化学的内容。

海洋环境科学 marine environmental science 研究人类活动造成的海洋污染、生态破坏和采取综合措施保护海洋环境的学科。

简史 第二次世界大战之后，许多沿海国家工农业生产和海洋开发迅猛发展，海洋污染事件多有发生，海洋环境问题开始引起人们的关注。1972年，联合国人类环境会议的召开，唤起了各国政府对环境尤其是环境污染的反思、觉醒和关注，以研究海洋污染为重点的海洋环境科学基本形成。1992年召开的联合国环境与发展会议，确立了可持续发展的指导思想，进一步指明了海洋环境科学研究的方向。

海洋环境问题 主要有以下两方面。①海洋环境污染。海洋是地球表面的最低位置。有史以来人们就把各种废物直接或间接地排入海洋，但由于排入量少，海洋净化的能力强，不足为害。随着工农业生产的发展和沿海国家人口向沿海城市集中，大量污染物通过河流、管道、大气等途径排入海域，加之海上排放的污染物，大大超过海洋的自净能力，使海洋环境遭到污染损害。②生态破坏。这主要是在开发利用海洋资源时，不顾及环境效益，无序、无度和掠夺式地进行开发所致。如盲目围海造田，大规模毁滩建养殖池塘，掠夺式采海砂，对渔业资源、珊瑚礁、红树林过捕、过采和过伐，以及不合理的海岸和海洋工程等。世界海洋鱼类的70%已被充分捕捞或捕捞过度；有毒赤潮频繁发生成为公害，不仅对海水养殖造成重大损害，而且威胁人体健康；海湾港口功能萎缩，影响航运业；海水入侵，不少良田盐碱化，降低抵御海洋自然灾害能力；破坏景观，影响海滨旅游价值等。

研究内容和任务 主要是：①探索人类活动对海洋环境及全球环境演化的影响规律。②了解海洋净化污染物的能力或环境容纳量。③弄清人类活动与海洋生态系统之间的关系。④揭示海洋生态环境变化对人类本身的影响。⑤研究海洋经济、环境和生态协调发展的理论和机制；研究海洋污染的监测和综合防治，海洋生态修复和生态建设的方法和技术；综合运用科技、经济、法学、法律和行政等手段对海洋环境进行综合管理和整治，包括对海洋环境进行科学区划、规划，制定环境法规和标准等。

海洋环境污染 marine environment pollution 有害物质进入海洋环境而造成的污染。可损害生物资源，危害人类健康，妨碍水产捕捞、养殖和人类在海上的其他活动，损坏海水质量和环境质量等。

海洋污染物 按来源、性质和毒性可分为以下几类：①石油及其产品在开采、炼制、储运和使用中进入海洋造成的污染。②金属和酸、碱。包括铬、锰、铁、铜、锌、银、镉、锑、汞、铅等金属，磷、砷等非金属，以及酸和碱等。直接危害海洋生物的生存和影响其利用价值。③农药。主要由径流带入海洋。对海洋生物有危害。④放射性物质。主要来自核爆炸、核工业或核舰艇的排污。⑤有机废液和生活污水。由径流带入海洋。极严重的可形成赤潮。⑥热污染和固体废物。主要包括工业冷却水和工程残土、垃圾及疏浚泥等。前者入海后能提高局部海区的水温，使溶解氧的含量降低，影响生物的新陈代谢，甚至使生物群落发生改变；后者可破坏海滨环境和海洋生物的栖息环境。

海洋污染监测 包括水质监测、底质监测、大气监测和生物监测等，都可分为沿岸近海监测和远洋监测。沿岸近海监测因海域污染较重且复杂多变，设立的监测站密，各站项目齐全且每月至少监测一次；远洋监测主要测定扩散范围广和因海上倾废和事故泄入海洋的污染物质，通常设站较稀，监测次数较少。此外，还有利用生物个体、种群或群落对污染物的反应以判断海洋环境污染情况的。

防治措施 主要有：海洋开发与环境保护协调发展，立足于对污染源的治理；对海洋环境深入开展科学研究；健全环境保护法制，加强监测监视和管理；建立海上消除污染的组织；宣传教育；加强国际合作，共同保护海洋环境。

海洋科学 marine science; ocean science 研究海洋的自然现象、性质及其变化规律，以及与开发利用海洋有关的知识体系。地球科学的组成部分。与物理学、化学、生物学、地质学以及大气科学、水文科学、环境科学等密切相关。海洋包括海水、溶解和悬浮于其中的物质、生活于其中的生物、海底沉积和海底岩石圈，以及海面上的大气边界层和河口海岸带。地球的海和洋，总面积约3.6亿平方千米，约占地表总面积的71%，相当于陆地面积的2.5倍；平均深度约3 800米，最大深度11 034米；容积约13.7亿立方千米，容纳的水量超过地球总水量的97%。海洋作为地球水圈的重要组成部分，同大气圈、岩石圈和生物圈相互依存、相互制约，成为控制地球表面的环境和生命特征的一个基本环节。

研究简史 对海洋的认识，是从在沿海地区和海上从事生产活动开始的。英国C.R.达尔文曾于1831～1836年随“贝格尔”号环球航行，对海洋生物及珊瑚礁进行了大量的研究。他在1842年发表的《珊瑚礁的构造和分布》一书中提出珊瑚礁成因的沉降说，于1859年发表的《物种起源》一书中建立生物进化理论。英国E.福布斯随后发表《欧洲海的自然史》，提出海洋生物分布分带的概念。美国M.F.莫里于1855年发表的《海洋自然地理学》，是近代海洋学第一本经典著作。1872～1876年，英国“挑战者”号考察被认为是现代海洋学研究的真正开始。“挑战者”号在12万多千米航程中观测了海洋气象、海流、水温、海水化学成分、海洋生物和海底沉积物等，取得大量成果，使海洋学从传统的自然地理学领域中分化出来，并逐渐发展形成了海洋科学。1957年海洋研究科学委员会（SCOR）和1960年政府间海洋学委员会（IOC）成立，促进了海洋科学的迅速发展。

学科体系 海洋中发生的自然过程大致包括物理过程、化学过程、地质过程和生物过程。对这些基本过程的研究，形成了海洋物理学、海洋化学、海洋地质学和海洋生物学等基础分支学科。它们是海洋科学的理论基础，对海洋资源的开发利用以及海洋环境保护、海洋管理、海洋减灾等实践起重要的指导作用，同时也促使在海洋科学研究中逐渐分化出一系列技术性很强的应用学科和专业技术研究领域，如海洋工程、海岸工程、海港工程、围海工程、河口治理、海洋石油和天然气开采工程、深海采矿工程、海水养殖、海水淡化工程、海水综合利用工程、海洋能开发工程、海洋水下工程、海洋空间开发工程、海洋环境科学、海洋水文气象预报、海洋减灾学、航海海洋学、渔场海洋学、军事海洋学等。由于海洋学是从自然地理学脱胎出来的，因而形成了区域海洋学。

研究方法 ①直接观测。对海洋自然状态和过程的直接观测。为海洋科学的基本研究方法。它包括在几厘米至几千千米的空间尺度内和数秒至成年累月甚至数千年的时间尺度内的观测。在海洋观测中，仪器和设备起着关键性的作用。除使用调查船外，还采用了浮标观测技术、航空和航天遥感遥测技术、计算机技术；高精度的温度、盐度、深度探测设备，海洋声学探测技术；回声测深、深海钻探、放射性同位素和古地磁的年龄测定、海底地震和地热测量等新技术。②模型实验和数理统计。在现代海洋科学研究中，着重应用了信息论、控制论、系统论等方法，使时过境迁的海洋过程和浩瀚无际的海洋过程都可以在很小的时空尺度进行多功能模拟模型实验和数理统计分析，对未来海况进行探索并作出预测，对大尺度甚至全球尺度的海洋过程进行研究以认识其运动规律。

海洋内波 ocean internal wave 海洋内部发生的波动现象。是发生在海洋水体内部密度稳定层结的一种波动。内波和表面波不同，最大的振幅发生在海面以下。它是一种重力波，或称为内惯性重力波。这种波动很缓慢，相速不足1米/秒。通常的内波，振幅为几米至几十米，波长近百米至几十千米，周期几分钟至几十小时。它是引起海水混合、形成细微结构的重要原因。内波是一种重要的海水运动，它将海洋上层的能量传至深层，又把深层较冷的海水连同营养物带到较暖的浅层，促进生物的生长。内波导致等密度面的波动，使声速变化的大小和方向均发生改变，对声呐的探测功能影响极大，有利于被探目标（如潜艇）在水下的隐蔽；对海上设施有破坏作用。1893～1896年北极探险过程中，F.南森发现船只莫名其妙地减速，经研究得知，船只航行在很浅的密度跃层上方时，其动力造成在跃层处产生内波，船只的动能被消耗，因此显著减速。这种现象称为死水现象。由于对密度跃层的观测困难，实际的海洋内波研究在很长时期中一直进展很慢。20世纪40年代后，特别是60～70年代，由于温深仪及各种快速取样仪器的发明，对内波的调查才迅速开展起来。这项研究与生产和军事都有密切关联。

海洋能 ocean energy 依附于海水作用和蕴藏在海洋中的可再生能源。主要包括海洋温差能、潮汐能、波浪能、海流能和盐度差能等。全世界海洋能的理论可再生总量为766亿千瓦，其中可开发利用的资源约64亿千瓦。最新的海洋能概念是发展海洋生物养殖，建立海洋能源农场，旨在最大限度地开发海洋能资源。

海洋温差能是热能，是因上下层海水的温度差而产生的能量。蕴藏量最大，约占海洋能总量的半数。潮汐能是动能，是因潮汐涨落差而产生的能量。在一些海湾和河口，潮差可达几米或十几米。修筑堤坝等水工建筑物，就能利用潮水的落差进行水力发电。中国的江厦潮汐电站装机3200千瓦。波浪能是风作用于水面，借水的重力而形成的动能。选择浪高波涌的地方收集波浪能，可以进行发电。日本等国均在研究浮式和岸式波浪电站。中国在沿海已普遍设有波浪发电的航标。海流能也是动能。海流巨大，有的流速超过江河，可用以进行海流发电。盐度差能是河口淡水与海洋咸水浓度不同形成的化学能。据估算，全世界的盐度差能约有300多亿千瓦，开发前景可观。

海洋生态 marine ecology 研究海洋生物之间及其与环境之间相互关系。是生态学的一个领域，亦是海洋生物学的重要组成部分。

沿海红树

简史 19世纪初，欧洲各国学者开始结合沿岸、浅海环境研究海洋生物的组成、分布。中期，英国E.福布斯发现海洋生物垂直分布的分带现象，并与他人合著《欧洲海的自然史》。1877、1883年，K.A.默比乌斯提出广温性生物和狭温性生物、广盐性生物和窄盐性生物、生物群落等生态概念。1887年，德国V.亨森提出浮游生物概念。1891年，德国E.海提出底栖生物、游泳生物概念。19世纪末20世纪初，开始进入海洋生态定量研究阶段。1942年出版的H.U.斯韦尔德鲁普等人的名著《海洋》，总结了以往海洋生态的研究成果。20世纪60年代至今，海洋生态研究得到迅速和全面的发展，尤其是海洋生态系研究的发展，把海洋自然生态研究和海洋实验生态研究紧密结合，使海洋生态研究进入到一个全新的阶段。

特征 海洋生态与陆地生态相比，是一个决然不同的系统，主要特征如下：①海洋环境较为简单，故与陆地相比海洋生物物种数少，但生物量大。②光是海洋生态的重要因子，形成海洋生物垂直分布的分带现象。③营养盐是海洋生态的重要因子，形成海洋生物特有的水平分布。④海流是海洋生态的重要因子，并因此生成一些海洋特殊生态类型。

类型 按不同的要素有不同的分类和类型。按生物组成划分，分为海洋生物个体生态、海洋生物种群生态、海洋生物群落生态、海洋生态系。按生物生活方式划分，分为浮游生物、游泳生物、底栖生物。按生物群落划分，有红树林生物群落、珊瑚礁生物群落、海底热泉生物群落等。按海域划分，有河口生态、潮间带生态、浅海生态、大洋生态、深海生态等。其中，河口生态、潮间带生态、深海生态等富有海洋特色，有关研究也多。

海洋生物学 marine biology 研究海洋中生命现象、过程及其规律的科学。是海洋科学的一个主要学科，也是生命科学的一个重要分支。

研究简史 海洋生物学的发展经历了3个阶段。萌芽阶段主要是海洋生物的观察与记录。随着自然科学和航运事业的发展，进入到科学研究阶段，该阶段发现了更多的海洋生物，提出了浮游生物、游泳生物和底栖生物这3个生态类群的概念，研究并出版了一批学术著作，同时建立了初期的海洋生物研究所。20世纪60～70年代以来，由于电子计算机、信息论、控制论和微量化学元素测定等数理化新成就，新技术的应用，海洋生物学的研究发展到新的阶段。特点是：①海洋生物学研究出现了大综合趋势，海洋生态系研究兴起。②实验生物学研究大力开展，并与生产实践密切联系。③向深海和远洋两个方向发展。④海洋生物药物研究兴起。

研究内容与分科 ①海洋生物分类学。以界、门、纲、目、科、属、种系统研究各种海洋生物的地位，目的是了解海洋生物的资源和进化系统。将海洋生物划分为海洋细菌、海洋真菌、海洋植物和海洋动物。②海洋生物形态学。研究海洋生物外部和内部形态的特征及其规律。③海洋生物区系分布。研究生物在海洋中的分布及其规律，阐明海洋生物区系的特点及其与海洋环境的关系。④海洋生态学。研究海洋生物之间及其与周围环境的相互关系。海洋个体生态、种群生态、群落生态、生态系的研究是海洋生态学研究的基本层次。食物是生态学最基本的研究课题之一。对海洋食物链和食物网、海洋生物生产力的研究，也是海洋生态学的重要研究内容。⑤海洋生物生理、生化和遗传研究。分别研究海洋生物机体各部分的生理机能、化学组成和代谢、遗传特性及其变化规律。⑥生物海洋学。研究生物作为海洋组成部分而产生的各种海洋现象。

研究意义 ①要研究生命的起源和演化问题，离不开海洋生物学的工作。对海洋生物，尤其是对海底热泉化能自养细菌和动物，及其生态系等的深入研究，将推动生命起源和演化问题的研究。②要了解整个生物的分类系统及其演化过程，必须研究海洋生物学。③海洋生态学的研究不但有利于保护生物的生存环境，而且直接关系到海洋生物资源的开发和利用。④海洋生物具有一些特有的生理机能和生化特点，如海洋鱼类和哺乳类的游泳能力、回声定位和体温的调节，已成为仿生学的重要研究内容。⑤在国民经济发展中，海洋生物学也占有重要地位。海洋生物是人类食品的重要来源，是工农业和药物原料，珍珠、红珊瑚、角珊瑚等海洋生物是名贵的装饰品和工艺原料，红树林和海草具有护堤防浪等作用，不少海洋生物还具有观赏的价值。另外，也有一些海洋生物对人类是有害的。

问题 海洋生物学的发展亟待调查和实验手段、仪器的革新。急需改变当前传统的狩猎式捕捞方法、对海洋生物实行系统的科学管理和开采。

海洋湍流 ocean turbulence 海洋水体杂乱无序的运动。海水运动可分为层流和湍流两类。在层流运动中，海水微团的轨迹和流线呈一族光滑的曲线，各层流体层次清晰，没有混掺现象，速度场和压力场随时间与空间作平缓的连续变化。而湍流是一种紊乱的流动，其主要特征是：海水微团的轨迹杂乱无章，有沿主流的纵向运动，也有横向运动，甚至有反向运动；各层流体之间有强烈的混掺现象，流场随时间与空间的变化十分激烈。

湍流虽然是不规则运动，但是湍流流场的各种特性量的统计平均值是有规律性的。在海洋中，若在某个区域能经常观测到小尺度湍流，则必定存在某一种或几种机制向它提供足够的能量，否则湍流运动会很快平息。由风场引起的强烈动力过程和太阳辐射及降水引起的强烈热力过程，形成了海洋表面湍流混合层。在海底，由于海流、潮流等动力因子与地形的作用，形成了海底湍流边界层。在湍流混合层内，海水的密度、温度和盐度基本上是均匀的。表面湍流混合层厚度的分布变化范围约为10～200米。表面湍流混合层的厚度及层内的湍流强度均有明显的日变化，同时也有明显的季节变化。

海洋湍流可分解成铅直方向和水平方向两个分量，分别考虑其运动特征。①铅直湍流。在铅直方向，海水密度呈稳定分层的状态。引起铅直湍流的主要因素有：风对表层海水的作用，海底对海流特别是对潮流的摩擦，因水平压力不均匀而导致海流的铅直切变。这种湍流的运动黏度一般为1～10^3厘米^2／秒。②水平湍流。海洋的水平尺度比铅直尺度大得多。引起水平湍流的主要因素有：海洋表面受到的风力大小很不均匀，海岸边界从侧向对海水的摩擦，海水内部不同部分之间的水平流速切变。水平湍流的运动黏度达10^5～10^8厘米^2/秒，比铅直湍流的黏性系数大得多。

海洋卫星 oceanographic satellite 主要用于海洋观测、海洋研究、海洋环境监测、海洋资源调查及海军作战环境调查的人造地球卫星。

海洋卫星系统与其他遥感卫星一样，由卫星星体（或称卫星平台）、传感器、地面接收站组成。卫星平台用于装载传感器，其运行特性及姿态稳定是关键，运行高度一般在500～1 000千米。海洋卫星传感器一般按其接收的电磁波谱分类，包括工作在可见光波段的多光谱扫描辐射计、中分辨率光谱扫描辐射计、高光谱扫描辐射计，工作在中红外波段的红外扫描辐射计，工作在微波波段的微波成像辐射计、微波高度计、微波散射计、微波合成孔径雷达，工作在光学波段的星载激光雷达。卫星地面接收站用于接收从卫星平台通过视频传输方式发送的卫星传感器原始数据和卫星参数，经解码、辐射校正、几何校正及成像处理后形成初级的海洋遥感数据产品。地面站由跟踪卫星的天线及其伺服系统与接收、记录、检测、定时、计算机等系统组成。

1978年美国国家航空航天局（NASA）发射的“海洋卫星”1号是世界上第一颗海洋试验卫星。其上装载了微波辐射计（SMMR）、雷达高度计（RA）、微波散射计（SASS）、合成孔径雷达（SAR）、可见红外辐射计（VIRR）5部传感器。它提供的海洋环境信息包括海表温度、海面高度、海面风场、海浪、海冰、浅海地形、内波、油污染、水汽、降雨等，获得大量极其宝贵的海洋信息。因此，被称为海洋卫星的里程碑。

经过十多年的技术准备和提高，20世纪90年代为海洋卫星大发展时期，并进入业务化运行。其中，欧洲太空局（ESA）发射的“欧洲遥感卫星”1号被称为这个时期海洋卫星计划的先驱。20世纪90年代和21世纪初国际上投入业务化运行的海洋卫星有近40颗。中国于2002年发射了第一颗海洋卫星“海洋”1号（HY-1A），如今已形成业务化运行的海洋卫星序列。

海洋物理学 marine physics 以物理学的理论、技术和方法，研究海洋中的物理现象及其变化规律，并研究海洋水体与大气圈、岩石圈和生物圈的相互作用的科学。它是海洋科学的一个重要分支，与大气科学、海洋化学、海洋地质学、海洋生物学有密切的关系，在海洋运输、资源开发、环境保护、海洋减灾、军事活动、海岸设施和海底工程等方面有重要的应用。

发展简史 海洋物理学作为海洋科学的一个独立分支学科，始于19世纪末叶，但其下属一些分支的发展历史，却可追溯到自然地理学和海洋学的萌芽时代。19世纪末叶到20世纪初，随着海洋调查的进一步发展，海洋物理学的研究进入新的发展阶段。这一阶段的主要标志是，应用流体动力学的方法来研究海洋环流。20世纪60年代以来，海洋物理要素的调查监测技术和研究设备日益完善，各种海洋过程的理论模式和海洋信息处理系统相继建立，以浮标阵为主体的海上现场观测试验及包括航天遥感技术在内的新技术得到广泛应用，都有力地促进了现代海洋物理学的研究和发展。

研究内容 主要是：①研究海水各类运动和海洋与大气及岩圈的相互作用的规律，为海况和天气的监测及预报提供依据。②研究海洋中的声、光、电现象和过程。以掌握其变化和机制。③进行为上述两项研究所必需的海洋观测，并研究海洋探测的各种物理学方法，从而实现有计划地在海上进行现场的专题观测和实验。通过这三方面的研究，形成了海洋物理学中一系列的分支学科，主要如下。

①物理海洋学。现代海洋物理学中最早发展起来的一个分支学科。其研究内容最为广泛，因此在许多海洋文献中，往往将“物理海洋学”一词作为“海洋物理学”的同义语使用。物理海洋学主要研究发生在海洋中的流体动力学和热力学过程，其中包括海洋中的热量平衡和水量平衡，海水的温度、盐度和密度等海洋水文状态参数的分布和变化，海洋中各种类型和各种时空尺度的海水运动（如海流、海浪、潮汐、海啸、内波、风暴潮、海水层结的细微结构和湍流等）及其相互作用的规律等。

②海洋气象学。物理海洋学和气象学密切结合的一个边缘学科。主要研究发生在海洋和大气边界层中的热量、动量和物质交换过程，海洋与大气的大、中尺度相互作用和中、长期的海况及气候变迁规律，海上天气过程和现象特别是危险性天气过程（如海雾、温带气旋、热带风暴等）的预报。

③海洋声学。研究声波在海洋水层、沉积层和海底岩层中的传播规律及在海洋探测和海洋开发中应用的学科。

④海洋电磁学。主要研究海洋的电磁特性，海洋中的天然电磁场和电磁波的运动形态及传播规律，电磁波在海洋探测和通信及海洋开发中的应用。

⑤海洋光学。在基础研究方面，主要是海洋辐射传递过程的研究，以及海面光辐

射、水中能见度（水中图像传输）、海水光学传递函数、激光与海水相互作用等研究；在应用研究方面，主要是遥感、激光、水中照相工程等海洋探测方法和技术的研究。

⑥河口海岸带动力学。主要研究河口地带和海岸地带中海水的各种运动规律，河口海岸带地形地貌的变化及产生这些变化的动力因素。

海洋性气候 maritime climate 受海洋影响显著的大陆边缘区的气候。如海岛或盛行风来自海洋的大陆部分地区的气候。与大陆性气候有显著不同。海洋性气候的主要特点是：气温的年变化和日变化小，极值温度出现的时间比大陆迟，最暖月出现在8月，甚至延至9月（如美国旧金山），最冷月为2月，在高纬度地区推迟到3月，春温低于秋温；降水量的季节分配较均匀，降水日数多，强度小；云雾频数多，湿度高。通常把西北欧沿海地区作为海洋性气候的典型。

海洋遥感 ocean remote sensing 利用传感器对海洋进行远距离非接触观测，以获取海洋景观和海洋要素的图像或数据资料。海洋不断向环境辐射电磁波能量，海面还会反射或散射太阳和人造辐射源（如雷达）射来的电磁波能量，故可设计一些专门的传感器，把它装载在人造卫星、宇宙飞船、飞机、火箭、气球和船舶等携带的工作平台上，接收并记录这些电磁辐射能，再经过传输、加工和处理，得到海洋图像或数据资料。遥感方式有主动式和被动式两种：①主动式遥感。先由遥感器向海面发射电磁波，再由接收到的回波提取海洋信息或成像。这种传感器包括侧视雷达、微波散射计、雷达高度计、激光雷达和激光荧光计等。②被动式遥感。传感器只接收海面热辐射能或散射太阳光和天空光的能量，从中提取海洋信息或成像。这种传感器包括各种照相机、可见光和红外扫描仪、微波辐射计等。按工作平台划分，海洋遥感可分为航天遥感、航空遥感和地面遥感三种方式。

海洋灾害 marine disaster 由于海洋自然条件发生异常或激烈变化，超过人们的适应能力，从而导致海上或滨海地区的人员伤亡、财产损失和环境、资源的损害。主要包括风暴潮、（地震）海啸、风暴海浪、海冰、海雾等突发性较强的灾害，以及海岸侵蚀、海湾淤积等缓发性的灾害，也包括人类活动严重影响海洋自然条件改变所引发的灾害，如沿海区域地表水干涸和地下水超采等所造成的海咸水入侵沿海地下含水层、海平面上升、沿海土地盐渍化，以及海洋污染所导致的赤潮灾害及其他生境或生态灾害等。这当然还不包括渊源于海洋的热带气旋（台风、飓风）登陆后，深入陆地多达千余千米所造成的危害和海洋影响大气导致陆上天气异常所造成的灾害等。

风暴潮灾害居海洋灾害之首，世界上绝大多数因暴风引起的特大海岸灾害都是由风暴潮造成的。孟加拉湾1970年一次飓风风暴潮，曾夺去恒河三角洲一带30万人的生命，100多万人无家可归。1922年8月2日中国汕头地区特大风暴潮，曾使7万人丧生。1969年美国墨西哥沿岸“卡米尔”飓风风暴潮增水曾达7.5米，这是世界第一位的风暴潮。

海啸是世界许多国家滨海地区的最猛烈海洋自然灾害之一。全球各大洋均有这类由海底地震、海底或海岸火山喷发、大陆或海岛海岸山体滑坡等引起的海啸发生，太平洋沿岸是海啸灾害的多发区。

强风和暴风引起的风暴海浪，是海洋上最频繁发生的海洋灾害。即使在造船和航海技术已经十分发达的今天，波高十数米的海浪仍是海上航行和作业的大敌。海冰和冰山是高纬度航行的最严重的威胁之一。

风暴潮、海浪、海平面上升和沿岸人类活动等，又是发生海岸侵蚀、海湾淤积、土地盐渍化、海咸水浸染等灾害的直接原因。海洋生境或生态灾害往往与全球或局部环境损坏联系在一起，如赤潮、海上溢油事故引起的灾害等。

海洋资源 marine resource 人类可利用的在海洋中生成的物质、能量和环境能力。包括海洋资源在内的一切自然资源“都是在一定的时间、地点、条件下能够产生经济价值以提高人类当前和将来福利的自然环境和条件”（联合国环境规划署定义）。就海洋资源本身而言，即是人类生存环境的一个重要组成部分，也是人们十分关注的、可被人类直接或间接利用，从而创造经济价值的那一部分海洋环境与条件。海洋资源按资源属性可分为海洋生物资源、海洋矿产资源、海洋化学资源、海洋能资源和海洋空间资源等，按资源有无生命可分为生物资源和非生物资源，按资源有无恢复能力可分为再生资源与非再生资源，按资源是否可提取可分为可提取资源与不可提取资源等。随着人们对深海研究的深入，又提出了一种有别于传统概念的新型的海洋资源，即深海资源，包括生物基因资源、天然气（碳氢）水合物资源、多金属结核资源、富钴结核资源、海底热液硫化物、深海黏土和软泥，都有开发前景。

海洋生物资源　海洋中有生命、能自行繁殖、可更新、具经济价值的资源。又称海洋渔业资源和海洋水产资源。其主要的组成是鱼、虾（蟹、磷虾）、贝（头足类、螺）、鲸、海藻及部分海参、海蜇等。海洋生物资源自古至今都是人类食物的重要来源。主要有三类：海洋鱼类、海洋软体动物和海洋甲壳动物。其中，最重要的是海洋鱼类资源。从人类对海洋生物资源的应用情况看，海洋生物资源可分为四类：①药用海洋生物资源。②工业用海洋生物资源（主要是海藻工业）。③海水珍珠资源。④观赏生物资源。

海洋矿产资源　海洋中的矿物原料。通常理解为海底矿产资源。包括海滨砂矿资源、海底矿产资源和大洋矿产资源三类。

海洋化学资源　存在于海洋中的有经济价值的化学物质。通称海水化学资源。其特征是地球上最大的连续矿体，主要是海洋无机资源。在地球上各种天然存在的元素，在海洋水体中几乎都能发现，迄今海水中已检出92种自然界存在的元素。

海洋能资源　存在于海洋中可再生的自然能源。主要包括潮汐能、潮流能、海流能、海洋温差能（海洋热能）和海洋盐差能（海洋浓度差能）等。海洋能资源的特点是：蕴藏量大，可再生，利用时直接取自于海洋，没有或几乎很少对海洋环境造成污染。

海洋空间资源　包括海面、海中、海底，以及一定范围的沿岸地区（宜港岸线、潮间带等）可作为交通、生产、生活、储藏、军事、通信、电力输送、海洋娱乐、海洋倾废等的环境。按海洋空间资源的利用方式，可分为海洋交通运输空间、海洋生产空间、海洋生活和海洋娱乐空间、海洋储藏空间、海洋通信和电力输送空间、海洋倾废空间等几部分。

海洋自净能力 marine self-purification capability 海洋环境通过自身的物理过程、化学过程和生物过程使污染物质的浓度降低乃至消失的能力。①物理净化。主要发生于河口和内湾。径流带入的污染物在这里受海水稀释，污染物不断向外海扩散，有一些杂质被吸附在固态物体上，另一些可沉淀在水底，具挥发性的污染物还可以逐渐气化，这都使水体不断净化。物理净化的速度，主要决定于水平流动和湍流扩散等物理过程。②化学净化。污染物在水中发生的氧化还原、化合和分解、吸附凝聚、离子交换和络合等化学过程中生成无害物质甚至在水体中消失。③生物净化。水体中的微生物和藻类等，在代谢过程中往往把污染物降解或转化成低毒的或无毒的物质。

海洋或湖泊尽管水体庞大，有自净能力，但如果任意倾注废料或污水，超过其自净能力时，就会造成环境污染而破坏生态，给人类生活和生产带来损害。

海耶曼斯 Heijermans, Herman (1864-12-03～1924-11-22) 荷兰剧作家、小说家。生于鹿特丹，卒于赞德福特。历任杂志编辑、新闻记者、剧团领导人等职。1893年发表

第一部小说《复活主日》和描写犹太难民的独幕剧《亚哈绥鲁》。后来创作了一系列写实主义剧本《犹太人区》(1898)、《万圣节》(1904) 和《睡美人》(1909) 等，共30余部。另著有长篇小说多部。最著名的剧本《好望号渔船》通过渔民的悲惨遭遇揭露了社会的黑暗。《万圣节》则以南生神甫诱奸年轻姑娘丽塔的罪行揭露了教会的伪善和黑暗。他的剧本都有较深刻的社会内容，表现出对荷兰工农大众的同情。

海因茨 Heinz, Wolfgang (1900-05-18～1984-10-30) 德国演员、导演。祖籍奥地利。卒于柏林。早年曾在维也纳、柏林当演员。1933年流亡瑞士，受聘于苏黎世剧院。第二次世界大战结束后重返维也纳，1956年起被柏林德意志剧院聘为演员兼导演，1963～1969年任剧院经理。海因茨一生扮演过许多重要角色，如李尔王、纳旦、伽利略、马门教授、华伦斯坦等。他将德国戏剧表演传统与K.S.斯坦尼斯拉夫斯基手法熔为一炉，声音浑厚而略显沙哑，身材适度，动作稳健，擅长塑造鲜明的人物性格。海因茨还执导过古今许多剧作，他执导的A.P.契诃夫的《樱桃园》和《万尼亚舅舅》被认为是对舞台创作的贡献。

海原地震 Haiyuan Earthquake 1920年12月16日发生于中国甘肃海原县（今属宁夏）一带的巨大地震。全球闻名的大地震之一。震级8.5级，震中烈度Ⅻ度。震源深度30千米。上海徐家汇地震台以及世界上96个地震台都记录到了这次地震。地震造成23万余人死亡。极震区为海原、西吉。地震使地面破裂错动，形成西起甘肃景泰兴泉堡，东至宁夏固原硝口长达215千米的巨大地表破裂带。地震造成的滑坡堵塞河道，形成众多的串珠状堰塞湖。地震波及内蒙古、山西、河北、河南、四川、安徽、江苏等省区。这次地震为典型的板块内部大地震，重复期很长。震后余震不断，到1921年11月，共记录到有感地震571次。

1921年北洋政府组织进行中国近代史上第一次大规模的地震考察。这次地震促使中国地学工作者开始研究中国地震。

海原县 Haiyuan County 中国宁夏回族自治区中卫市辖县。位于自治区境南部，邻接甘肃省，六盘山西北麓。面积6 374平方千米。人口39万 (2010)，有回、汉、东乡、满、蒙古5个民族，其中回族占总人口的80%以上。秦属北地郡，汉属安定郡，隋属原州，唐置他楼县，宋设西安州。清乾隆十四年 (1749) 为盐茶厅，同治十三年 (1874) 建海城县。1914年更名海原县。地处黄土高原。属温带大陆性气候。矿产有耐火黏土、硅砾石、大理岩、花岗岩、油页岩、硫、磷、煤、金、铜、铁、铅等。野生植物资源以蕨菜、发菜、甘草、柴胡、秦艽、杏仁、麻黄等为主。农业主产春小麦、糜子、胡麻，畜产山羊、绵羊、黄牛、骡马、驴。二毛裘皮全国闻名。工业以毛纺、水泥、榨油、农机制造、食品加工等为主。名胜古迹有西安州古城、天都山石窟、老爷寺，以及天都山自然风景区等。

海源阁 Haiyuange Library 中国清代杨以增、杨绍和父子的藏书楼。楼址在其故里山东聊城。杨以增（1787～1855)，字益之，累官至江南河道总督。杨绍和 (1830～1875)，字彦合。海源阁始建于道光二十年（1840)，藏书约4 000余种、22万余卷。珍本书主要得之于黄丕烈等藏书家，很多是孤本秘籍。故与常熟瞿氏铁琴铜剑楼、湖州陆氏皕宋楼、钱塘丁氏八千卷楼并称清末四大藏书楼。因与瞿氏收藏的宋元珍本最多，又有南瞿北杨之称。后藏书多散佚，一部分珍本现藏于北京图书馆。其现存的藏书书目有《楹书偶录》及《楹书偶录续编》、《海源阁宋元秘本书目》。海源阁现为省级文物保护单位，并于1992年在原聊城旧址修复落成。

海藻 marine algae 海洋植物中具叶绿素，营自养生活，无胚、无维管束的叶状体孢子植物。海洋藻类植物的简称。

海泽 Heyse, Paul (Johann Ludwig von)(1830-03-15～1914-04-02) 德国作家。生于柏林，卒于慕尼黑。中学时便开始写作。写了大量小说、剧本和诗歌，其中中、短篇小说有100多篇。最著名的作品有长篇小说《世界的孩子们》(1873)，中篇小说《犟妹子》(1855)、《特雷庇的姑娘》(1858，歌颂纯洁坚贞的爱情)、《安德雷亚·德尔芬》(1862，描写意大利中世纪反对宗教裁判所的斗争）等。1910年获诺贝尔文学奖。

海战 sea warfare 敌对双方海军兵力或以海军兵力为主在海战场上进行的战役和战斗的统称。海战的基本类型是海上进攻战和海上防御战。作战样式有：海上机动编队的进攻战和防御战，潜艇战和反潜战，海上封锁战和反封锁战，海上破交战和保交战等。基本目的是消灭敌方海军兵力，夺取制海权。重要海战的胜负，对某一海洋战区战局的转变，甚至对战争的进程产生重要的影响。

随着科学技术，特别是舰船动力及武器装备的发展，海战经历了桨船时代、帆船时代和蒸汽舰时代，由使用冷兵器的撞击战和接舷战发展到使用火炮、鱼雷、深水炸弹和导弹武器进行海战；由单兵种作战发展到诸兵种协同作战。

20世纪50年代以来，海军装备了导弹武器，舰艇采用了新型的常规动力和核动力，飞机采用了喷气动力和垂直/短距起落技术，出现了全球海洋卫星监视系统和远距离的探测设备，指挥、操纵和武器控制日益自动化。现代条件下的海战在战术上也发生了很大变化，战役和战斗的突然性和速决性空前增大。随着导弹、核武器的发展，水面舰艇、潜艇、海军航空兵等装备的不断更新，防潜、防空兵力的加强，海战将会继续出现新的内容。

海蜇 *Rhopilema esculenta*; jelly-fish 根口水母科海蜇属的一种。又称面蜇、水母等。世界重要的食用水母之一。此属有4种：海

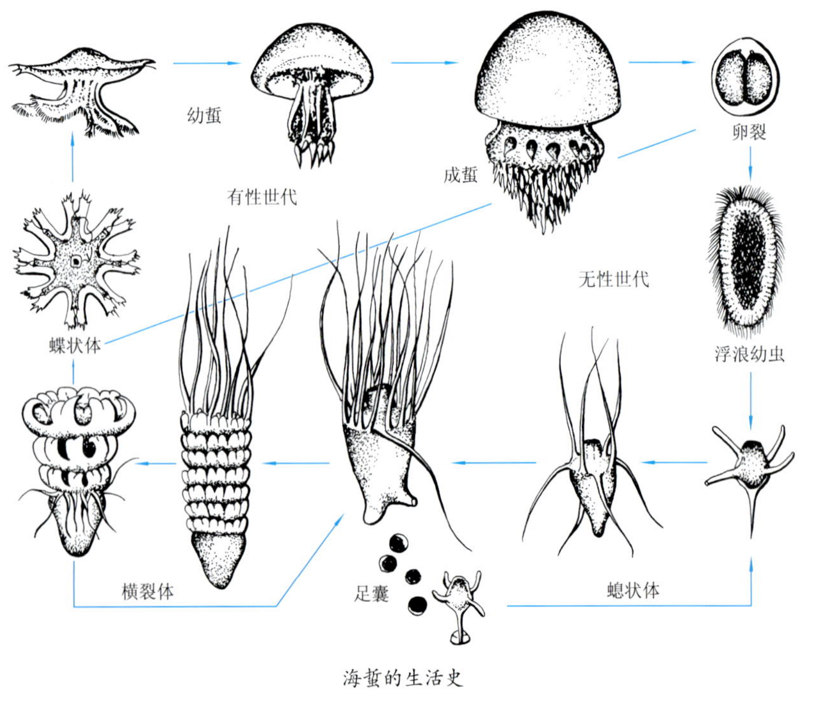

海蜇的生活史

蜇、黄斑海蜇、棒状海蜇和疣突海蜇，前3种中国均有分布。

体呈蘑菇状，分伞和口腕两部。伞体近半球形，伞径300～600毫米。外伞光滑，中胶层厚。16条辐管延伸到伞缘，各辐管间有网管相连。生殖下穴4个，肾形。肩板和口腕翼上有许多小吸口，与外界相通，摄食以硅藻、原生动物等为主。吸口捕吸食物，是胃腔与外界的通道。幼蜇体呈透明状乳白色，成蜇呈青蓝、褐红、乳白等色。

海蜇为暖水性水母，自泳能力较弱。喜栖息于半咸水，底质为泥、泥沙的河口附近海域。主要以小型浮游甲壳类、硅藻、纤毛虫以及各种浮游幼体等为食。有很强的再生能力。行世代交替生殖，水母型通过有性生殖产生无性世代水螅型。水螅型通过横裂生殖产生有性世代水母型。日常所见的海蜇是有性世代——水母型，雌雄异体，秋季性成熟。

海蜇有独特风味，能作成各种佳肴。还可用于高血压、哮喘、胃溃疡等的治疗。

海州湾 Haizhou Gulf 中国南黄海最西面的开敞海湾。位于江苏省最北端的**黄海**之滨，东以岚山头与连云港外的东西连岛的连线为界与黄海相通，面积约820平方千米。具明显季风气候特点，平均年降水量近1 000毫米。潮汐性质属正规半日潮。海州湾资源丰富。海州湾渔场是江苏省四大渔场之一，盛产鲳鱼、鲅鱼、河豚、鲐鱼、带鱼、对虾等经济鱼虾类，还可养殖海带、紫菜和贝类。矿产有煤、磷和铁矿。南端的连云港有东西连岛的天然屏障，水域开阔，为连接陇海铁路与海上运输的枢纽，是中国西北、中原地区最短线路的出海港口，为具有发展前景的综合贸易港，同时也是国家重点扩建的海洋渔港之一。

海蛛纲 Pycnogonida 节肢动物门螯肢动物亚门的一纲。又称皆足纲。状似蜘蛛而又海生，因而得名。海蛛纲的分类通常直接分到科。被多数学者接受的有8个特征明显的科。该纲目前已知有1 000种，分布于世界各海，而以南北两极的寒冷海域最为常见，多数栖息在浅海区，主要营底栖生活。

海蛛类身体通常小，体躯相当退化，由头、胴和腹3部分构成。头的前方为一较大的吻，呈圆筒形、圆锥形或纺锤形，其顶端有三角形的口。背面有一个眼丘，上有4个单眼。胴部一般由4个体节构成，腹部十分退化，末端为肛门。海蛛类为雌雄异体，在体外受精。海蛛类肉食性，深海大形种类巨吻海蛛可食沉积物中的小型动物。

亥姆霍兹 Helmholtz, Hermann von (1821－08－31～1894－09－08) 德国物理学家、生理学家。又译亥尔姆霍茨。生于柏林附近的波茨坦，卒于柏林夏洛滕堡。1838～1843年在柏林腓特烈·威廉医学院学习，1842年获医学博士学位。1843～1848年以军医从军。1848年受聘为柏林解剖学博物馆助手和柏林美术学院讲师。1849年起先后为柯尼斯堡大学生理学教授(1849～1855)、波恩大学解剖学和生理学教授(1855～1858)、海德堡大学生理学教授(1858～1871)、柏林大学物理学教授(1871～1894)。1884～1894年任夏洛滕堡帝国物理技术研究所所长。1888年任柏林生理技术学院首席院长并终生拥有此职。

1847年7月23日，在新成立的德国物理学会上发表“关于力的守恒”讲演。该讲演促成了在生理学史和物理学史上都是划时代的论文《论力的守恒》发表，第一次提出了能量守恒原理的最清晰的表述。同年，发现莱顿瓶电荷的振荡性质，后于1869年又提出在与电容器相连的感应线圈中具有同样的振荡。1850年，发明肌动描记器，首次测量了神经刺激脉冲的速度。1851年发明检眼镜(又称眼底镜)和眼膜曲率计。1855年研究眼的调节，发明屈光计。1856年和1867年先后发表《生理光学手册》第一、第二卷。1858年发表关于涡旋运动的流体力学论文，创立了原子的以太涡旋理论。1859年用此理论解释**色盲**。1862年发表《论音调的感觉——音乐理论的生理基础》，为现代音乐学和声学奠定了基础。1870年后研究电动力学，在欧洲大陆支持**J.C.麦克斯韦**的电磁理论，并引导他的学生**H.R.赫兹**测量电磁辐射，导致赫兹发现**电磁波**。1871年预言电磁感应的传播速度，1874年发现光的反常色散理论，1876年在热力学理论研究中引进自由能和约束能的概念，1881年由法拉第电解定律推断电的微粒性。他还研究过非欧几里得几何学，为**A.爱因斯坦**的相对论打下了基础。

亥维赛 Heaviside, Oliver (1850－05－18～1925－02－03) 英国物理学家。生于伦敦的卡姆登，卒于德文郡的托基。他自学成才，在电磁理论及其应用研究方面作出卓越贡献，1891年被选为英国皇家学会会员，1922年获得英国电气工程师学会的第一枚法拉第奖章。1885～1887年间从理论上预见到在远距离电报电缆的电路中电感加载会减少信号畸变。还首先建立了电报方程并求解，发现能使电缆中的电阻、电容、电感和电导等参数达到最佳值而产生信号无畸变的传播模式。他对**J.C.麦克斯韦**的电磁理论有所发展。1884年曾独立导出坡印廷定理；1885年将**麦克斯韦方程组**加以简化，使原来20个分量方程归纳为4个不完全对称的矢量方程；1889年他由电子质量来源于电磁场的假说预言电子的质量将随着它的速度趋近于光速而增加等。亥维赛对数学物理方法也有较大贡献。1902年亥维赛便提出在高空存在着电离的大气层，无线电信号是被它反射而传播到远处的。20年后这个假设得到实验证实。这种电离层被称为肯涅利－亥维赛层。

氦 helium **化学元素**，元素符号He，原子序数2，原子量4.002 602，属周期系零族元素，**稀有气体**。1868年天文学家法国P.-J.-C.让桑、英国J.N.洛基尔在观察日全食时的光谱，发现有一条黄色的谱线，相当于一种未知新元素，取名为helium，希腊文“太阳”之意。氦在地壳中的含量极少，在94种天然元素中（按重量计）居第75位。但在整个宇宙中（按质量计）氦占23%，氦在空气中的含量为0.000 5%(体积)，在天然气中的浓度较空气中高，可达1%～2%以上。氦有两种天然稳定同位素氦-3和氦-4。放射性元素衰变时放出的α粒子与电子结合就形成氦-4原子。自然界存在的氦基本上是氦-4，氦-3是氚的放射性产物。

氦为无色、无臭、无味的气体，熔点-272.2℃（2 500千帕），沸点-268.9℃，气体密度0.178 5克/升（0℃，100千帕）。氦有两种液相，He(Ⅰ)为高温液相，是普通液体，当温度下降到2.18K时，He(Ⅰ)变成He(Ⅱ)，是一种超流体，具有气体的性质。氦是最不活泼的元素，基本上不形成化合物。氦主要从天然气中获得。

氦不会燃烧，可以代替易燃的氢气充填高空气球和飞艇，在电弧焊接和稀有金属熔炼中作保护气体。因为氦在血液中溶解度比氮小，故使用氦－氧混合气可供潜水员呼吸和治疗气喘病。由于氦的熔沸点非常低，还可作气冷式核动力反应堆的优良工作流体，或作低于14K的超低温冷冻剂，以及在气相色谱法中用作载气。

氦原子光谱 helium, atomic spectrum of 氦原子能级之间跃迁发射或吸收的光谱。氦原子核外有2个电子，基态时处于1s1s电子组态；受激发时，通常1个电子被激发到较高能态，另1个电子仍处于1s态。

氦原子中2个电子角动量遵从LS耦合，2个电子合成的总自旋$S=0$和1，能级分成单层结构$S=0$和3层结构$S=1$两组。能级之间跃迁遵从LS耦合的选择定则，根据选择定则$\Delta S=0$，不同多重态之间没有跃迁，因此氦原子光谱有2个主线系，2个锐线系和2个漫线系等。单层能级之间的跃迁产生单线结构光谱，3层能级之间跃迁产生复杂多线结构光谱。人们早年对氦的两套能级尚无认识时，曾认为有两种氦，产生复杂多线结构光谱的称为正氦，产生单线结构光谱的称为仲氦；今仍沿用正氦、仲氦分别指称这两套能级和光谱。

害虫 injurious insect 危害人类、动植物及其产品、堤防和建筑物的昆虫。通常也包括蛛形纲的有害蜱螨类。害虫的概念是相对的，某些昆虫益害兼备。

害虫种类很多，分布极其广泛。已知的昆虫100多万种，约有1/2是植食性的，植食性昆虫绝大多数种类是害虫，没有一种栽培植物不受昆虫危害。还有一部分是寄生于人类和动物体或捕食有益生物的害虫。按照危害对象分为：①农业害虫。如：水稻害虫、麦类害虫、旱粮害虫、棉花害虫、麻类作物害虫等。③畜牧业害虫。有寄生于畜禽体外的吸血昆虫，有寄生于畜禽体内的，还有危害牧草的害虫。④仓库害虫。全世界已知约600多种，如米象、谷象、豆象、谷蠹、大谷盗、麦蛾、谷螟、栉衣鱼、蟑螂等。⑤医学害虫。种类繁多，如蚊类、蠓类、白蛉、蚋类、虻类等。医学害虫对人体的危害，一是在人体内外寄生（吸血），二是分泌毒物接触人体皮肤或刺叮时向人体注入毒液，三是传染各种疾病。⑥建筑物害虫。如白蚁、某些钻蛀性害虫等，主要危害堤防、建筑物，尤其是砖木结构的桥梁、房屋等。

蚶 Arcidae; ark clams 双壳纲蚶目蚶科动物的统称。又称瓦垄子。广布于世界各海区。中国有50多种，其中经济价值较大的有毛蚶、泥蚶和魁蚶。

蚶的贝壳较厚，呈卵圆形、三角形或不等四边形。壳面凸，被有放射肋或褐色绒毛壳皮。贝壳内面缺少珍珠层，白色。韧带面一般较宽，呈菱形。铰合部直或略呈弧形，具有许多片状小齿。前后闭壳肌痕相距较远，一般前肌痕小而后肌痕大。无水管。足发达，能挖掘泥沙或做短距离爬行。

多数种栖息在泥沙滩中，有些种用足丝附着在石缝中生活。自潮间带至潮下带100米以内的浅海都有分布，少数种能分布到数百和数千米的深海。

泥蚶的养殖在中国已有悠久的历史（主要在福建沿海，山东沿海也有），现在沿海许多内湾都开展大规模的人工养殖。肉含有血红素，营养价值高。贝壳可以入药。

邗沟 Hangou Canal 联结长江和淮河的中国古代运河。又称邗江、中渎水、渠水。春秋时期吴王夫差于公元前486～前484年开凿。南起邗城（今扬州）以南的长江，北经樊良湖（今高邮附近）折向东北，入射阳湖，再向西北经淮安入淮河。东汉时期向西改道取直，由樊良湖直接向北，经津湖、白马湖，北入淮。东晋永和年间，南段江水已不能引入运河，从今仪征引水。隋大业元年（605），炀帝开挖通济渠时，又开邗沟，自山阳至江都入扬子江，沟通江、淮，成为隋代大运河的重要组成部分。

邯郸瓷 Handan porcelain 中国河北省邯郸地区生产的瓷器。邯郸陶瓷的前身是磁州窑。邯郸地区早在隋唐时期就制出青瓷，宋代生产出著名的白釉黑花彩绘瓷器。磁州窑产品胎色灰白，釉色微黄，有剔花、刻花、三彩和白地黑花纹饰。这些制瓷工艺和装饰技法对朝鲜、越南、泰国、日本曾有较大影响。20世纪50年代后发展成为中国著名的陶瓷综合产区。骨瓷、强化瓷、乳白瓷、象牙瓷、色釉瓷、炻瓷器、沙锅等产品各具特色，品质优良。

邯郸市 Handan City 中国河北省辖地级市。位于省境南部，太行山东麓。辖邯山区、丛台区、复兴区、峰峰矿区和邯郸、临漳、成安、大名、涉县、磁县、肥乡、永年、邱县、鸡泽、广平、馆陶、魏县、曲周14县，代管武安市。面积12 087平方千米。人口918万（2010）。春秋时，先属魏，后归晋。自公元前386年为赵国国都共158年。秦为邯郸郡治所，至汉末仍与西安、洛阳、淄博、成都为全国五大都城之一。三国以后渐衰。1946年析邯郸县城区置邯郸市。属暖温带半湿润大陆性季风气候。矿产主要有煤、铁矿石、铝矾土、硫铁矿、石灰岩、陶土、石膏、石英石、白云石、大理石等。工业主要有煤炭、电力、纺织、钢铁、机械、陶瓷建材等。东部盛产棉花。峰峰煤矿是中国十大煤矿之一，是全国优质炼焦煤基地之一。邯郸又是全国十大陶瓷产区之一，是古磁州窑的主要产地。名胜古迹有赵武灵王丛台、赵王城遗址、响堂山石窟、学步桥、蔺相如回车巷等。邯郸是中国历史文化名城。

赵武灵王丛台

邯郸赵城 Handan City Site of Zhao State 中国战国时期赵国国都邯郸的故城。遗址位于河北邯郸市区及外围。公元前386～前222年为赵都。20世纪60年代开始勘察和发掘。1961年国务院公布为全国重点文物保护单位。故城由居西南的宫城和在东北的郭城构成，宫城与郭城分离，这是赵邯郸城布局的最大特点。宫城由3座小城组成，习称“赵王城”，每座长宽各1 000米左右。宫城内外有若干宫室夯土台基，其中西城中部偏南处的“龙台”，底部南北长296米，东西宽265米，残高19米，是战国时期最大的宫殿基址。郭城平面略作长方形，东西最宽处约3 200米，南北长约4 800米。城内有战国至汉代的手工作坊遗迹。城外西北方丘陵地带有5组赵王陵。城西沁河北岸为一般墓葬区。邯郸赵城出土的遗物有陶器、筒瓦、板瓦、瓦当、空心砖、铁锛、铜镞、钱币等。

含煤岩系 coal-bearing strata 一套含有煤层的沉积岩系。又称含煤沉积、含煤地层、煤系、含煤建造。含煤岩系顶底常以不整合面或沉积间断面与上下不含煤的地层接触。组成煤系的沉积岩大都呈灰、灰绿、灰黑和黑色，主要是各种粒度的砂岩、粉砂岩、泥岩、钙质泥岩和煤。砾岩、黏土岩、石灰岩、铝质岩、油页岩、硅质岩和火山碎屑岩等也常出现在含煤岩系中。含煤岩系富含动植物化石，有时还有碳酸盐（主要是菱铁矿）、硫铁矿结核及硅质结核。含煤岩系的岩性和沉积相在垂向剖面上作规律性变化。

含煤岩系从古生代（主要是晚古生代）至新生代（第四纪也有含泥炭层的沉积发育）在世界许多地方都有分布，各具不同特征。含煤岩系的厚度由几米到几十米甚至上万米，含煤层数由一层至一二百层不等，煤层厚度也相差悬殊，巨厚煤层的厚度超过100米。岩性组合或以细碎屑岩为主，或以粗碎屑岩为主，有的不含石灰岩，有的含多层石灰岩，少数含火山碎屑岩。

含煤岩系中最具特征的矿产是煤层。煤层的厚度和赋存状态是煤田经济评价和开发的主要依据。

含米特人 Hamites 北非、非洲之角及部分东非地区操含米特语言的非尼格罗人种诸族的昔日总称。曾译含族，又称哈姆人。约6 597万人（2002），占非洲总人口的7.85%。在昔日非洲学中，将含米特人分为北支和东支：前者系柏柏尔人，后者则指古埃及人、科普特人和库希特各族。认为语言属于闪－含语系含米特语族；体质特征统属欧罗巴人种地中海类型。

近现代研究证明，实际上并不存在统一的“含米特语族”。旧称含米特诸语言应分为柏柏尔语族、古埃及和科普特语族、库希特语族。讲这些语言的各民族也不构成统一的种族。柏柏尔人和埃及人属于欧罗巴人种，库希特人则属于埃塞俄比亚人种。闪－含语系并非闪米特语言和含米特语言的总称，也不是纯粹非尼格罗各族的语言。属于苏丹尼格罗人种的豪萨各族的语言亦属闪－含语系之列，构成独立的乍得语族。在闪米特语言与旧称含米特语言之间并无共同特征。“含米特”一词在非洲学中现已很少采用，多用“阿非罗－亚细亚语系”代替“闪－含语系”，用实际上存在的统一的民族集团称谓取代“含米特人”一说。古埃及人作为非洲大陆最早的古代民族已与阿拉伯人完全融合，形成现代埃及民族；科普特人为古埃及人中仍保持基督教信仰的后裔，是埃及的一个特殊少数民族；柏柏尔人为北非的民族集团，散布非洲各国及撒哈拉中部地区；库希特人为非洲之角和部分东非地区的一个较大民族集团，散布在埃塞俄比亚、厄立特里亚、索马里、吉布提、苏丹、埃及、肯尼亚和坦桑尼亚。

含笑 *Michelia figo*; figo michelia 木兰科含笑属的一种。因开花不张口，犹如美人含笑而得名。分布于中国华南，长江流域各地有栽培。常绿灌木，高2～3米；树皮灰褐色，芽、幼枝、花梗和叶柄均密生黄褐色绒毛。单叶，互生，革质，长椭圆形或椭圆状披针形，全缘；叶柄短；环状托叶痕长达叶柄顶端。花单生叶腋，直径约12毫米，芳香，淡黄色而边缘有时红色或紫色；两性花，辐射对称，花被片6，长椭

圆形，长12～20毫米；心皮多数，离生；子房上位；花期4～5月。聚合蓇葖果卵形；果期8～9月。多生长在向阳山坡杂木林中。花可提取芳香油，供药用；花瓣是制作花茶的香剂。

含羞草 *Mimosa pudica*; sensitive plant 豆科含羞草属的一种。多年生灌木状草本植物。又称喝呼草、知羞草。原产美洲地区，早年引入中国。植株高30～50厘米，全株具刚毛和皮刺。二回羽状复叶，小叶矩圆形，富感应性，触动时小叶折合，叶柄下垂。头状花序，腋生，花小，淡粉色。荚果扁形，

有3、4个荚节，每荚节间有一粒圆形种子。荚适应性强，喜温暖气候，不耐寒，不择土壤。用播种繁殖。含羞草多作盆栽观赏，在植物教学上常作为实验材料。全草还可供药用，有安神镇静功效。

含油气盆地 oil and gas-bearing basin 发生过油气生成作用，并富集为工业油气田的沉积盆地。沉积盆地是指在漫长的地质历史时期，地壳表面曾经不断沉降，接受沉积的洼陷区域。这里所指的沉积盆地一般是指现在仍保持盆地面貌的沉积盆地。含油气盆地必须具备的条件：①是一个沉积盆地，现今在构造上和地貌上都是盆地。②在漫长的地质时期中，曾经不断沉降和接受沉积，并具备油气生成、运移、聚集和保存的有利条件。③存在有工业性油气田。如沉积盆地中主要是气田，则称为含气盆地。

分类 沉积盆地的分类方案很多，归纳起来主要有四类：按槽台学说划分盆地类型，根据板块位置和活动的性质进行盆地分类，以古生代槽台体制和中、新生代板块构造体制为基础进行分类，按照地球动力学背景将盆地划分为伸展盆地、缩短挠曲盆地、走滑盆地和克拉通盆地。很多盆地都是由两种或两种以上盆地有规律的叠加而成，组成多旋回叠合盆地。

分布 世界沉积盆地的总面积为7 400万平方千米，其中仅有一部分产工业油气流。据M.T.霍尔布蒂统计，世界沉积盆地有600个，已证实的含油气盆地160个。但油气可采储量超过14亿吨（油当量）的沉积盆地只有25个，其中油气储量占已发现世界油气储量的86%、石油可采储量超过27亿吨的沉积盆地有8个，即波斯湾、西西伯利亚、墨西哥湾、马拉开波、伏尔加－乌拉尔、锡尔特、北海和尼日尔河三角洲盆地。

中国陆地与沿海大陆架面积大于200平方千米的沉积盆地有417个，总面积约574.8万平方千米。其中面积大于10万平方千米的含油气盆地有18个，主要盆地有松辽、渤海湾、鄂尔多斯（或称陕甘宁）、四川、准噶尔、塔里木、柴达木、珠江口、琼东南－莺歌海、东海和内蒙古二连盆地。小于10万平方千米的含油气盆地有吐鲁番－哈密、海拉尔、江汉、南襄、酒泉、焉耆、民和、台湾西、三水、百色和北部湾盆地。其中，松辽、渤海湾、鄂尔多斯、准噶尔、塔里木等盆地为中国重要的含油气盆地，四川、鄂尔多斯、塔里木、柴达木、琼东南－莺歌海、东海等盆地为重要的含气盆地。

函谷关 Hangu Pass 中国历史上豫、陕间险要的关口和军事要地，豫、陕往来必经之路。函谷关原位于河南省灵宝市城区东北140千米处的宏农涧河西岸。东起崤山，西至潼津，关城在谷中，山谷深险如函，故名。原为高100米、长25千米的黄土台，北到黄河边，南接海拔2 000米以上的小秦岭。战国、秦时于此设关，汉武帝时将关移至新安县东，称函谷新关，原关称函谷故关。由于形势险要，素被称为“一夫当关，万人莫克”之地。现仅存关门。已查清关城范围、关楼和城墙遗址及古道线路，并发现战国时期的兵器库和流水管道及汉币等大量文物；修复了太初宫、鸡鸣台、瞻紫楼等景点，开辟了“函谷关文物陈列室”。

函馆 Hakodate 日本北海道西南部重要港口城市。位于渡岛半岛南部的函馆湾内，面临津轻海峡。面积347.05平方千米。人口约28.34万（2003）。地处平原。天然良港，为北海道的门户。由于松前、龟田两半岛阻挡西北季风，使该市冬季气候较温和。原名箱馆。13世纪时曾是被废贵族、罪犯的流放地。江户时代开始有移民定居。18世纪中叶前为原住民阿伊努人的虾夷地。安政五年（1858）与美、荷、英等国缔结通商条约，翌年与横滨、长崎一起作为日本最初的贸易港对外通商，商业日渐繁荣，曾有“北方长崎”之称。1869年改今名。1907年定为国家重要港口。1922年设市，曾为东北部的大城市之一。附近农业以种植蔬菜、水果和水稻为主。近海有大渔场。工业多沿海湾分布，以水产品加工为主的食品工业最为重要，还有与渔业有关的造

船、机械、金属制品、纺织等。城市因受欧美文化影响，至今残留有欧式要塞五棱郭（现辟作公园）和俄罗斯人建的拜占廷式教堂（1859），以及日本唯一的天主教特拉伯会女隐修院（1898）等遗迹。连接函馆和本州岛青森间的跨津轻海峡的青函海底隧道于1988年通车。

函授教育 correspondence education 一种用通信方式进行教学，以自学为主的教育方式。学员利用业余时间，以自学函授教材为主，由函授学校给予辅导和考核，并在一定时间进行短期的集中面授和就地委托辅导。它为社会成员提供了继续受教育的机会。

函授教育起源于19世纪60年代英国的大学推广运动，80年代后各资本主义国家始设函授学校。在中国，商务印书馆曾于1914年创设函授学社。中华人民共和国建立后，函授教育是从中等师范函授办起的。函授教育是中国教育事业极为重要的组成部分。

函授教育的特点主要有：①学员在教师书面指导下自学，充分利用业余时间，按照函授教学计划、教学大纲学习。②学习形式灵活机动，既适应铁路、公路、地质、水利等许多流动性大的部门的职工学习，又适应工作条件特殊和有家务牵累的职工学习。③专业设置针对性强、实用，学员不脱产学习，收效快。④花钱少，不需要新建校舍，可以充分利用现有师资和各种教学设施。现代函授教育一般都与利用信息技术的远程教育结合起来。

函数 function 一个变量与另外一个或几个变量的一种确定的依赖关系。它是数学的基础概念之一。

宇宙中一切物质都在运动、发展和变化。因此，数学中研究变量及变量之间的关系是十分自然的事。观察自然或社会现象可以发现，有些变量依赖于其他变量。如自由落体降落的路程依赖于降落的时间，而一块农田的作物的产量与所施肥料的量有关。在前一个例子中，路程唯一地由时间确定，而在后一个例子中，产量则不能只由施肥量所确定。作为数学概念的函数只表述变量之间的那种确定的依赖关系。因此，自由落体的路程是时间的函数，而农作物产量不是所施肥量的函数。

起初人们把函数与常见的表达式联系在一起，认为那种由人们常见的表达式所决定的变量之间的关系才是函数。19世纪30年代，P.G.L.狄利克雷首次给出了函数的一般定义。

设X及Y是两个非空的实数集合，并假定变量x在集合X中变动，而变量y在集合Y中变动。假如有一种法则f使得对X中的每个x，在集合Y中都有一个确定的y与之相对应，则称集合X上定义了一个在集合Y中取值的函数f，记作$y=f(x)$，或f：$X \to Y$。在这里x被称为自变量，y被称为因变量。与x相对应的y被称为函数值，记作$f(x)$。集合X被称为函数f的定义域，而把全体函数值的集合Y称为f的值域，记作$f(X)$。

狄利克雷定义了一个函数：它把实数中的每一个有理数对应于1，而把每一个无理数对应于0。这便是著名的狄利克雷函数。由此可以看出，函数本质上是数集（见**集合**）之间的一种对应（或称为映射）。

在平面上取定一个直角坐标系Oxy之后，平面上的每一个点都有一个坐标(x,y)。这时一个函数f便在平面上确定了一个集合，其中每一个点(x,y)都满足关系式$y=f(x)$。这个集合被称为函数f的图形。对于常见的函数，其图形往往是一条曲线，或由几条曲线组成（见图）。

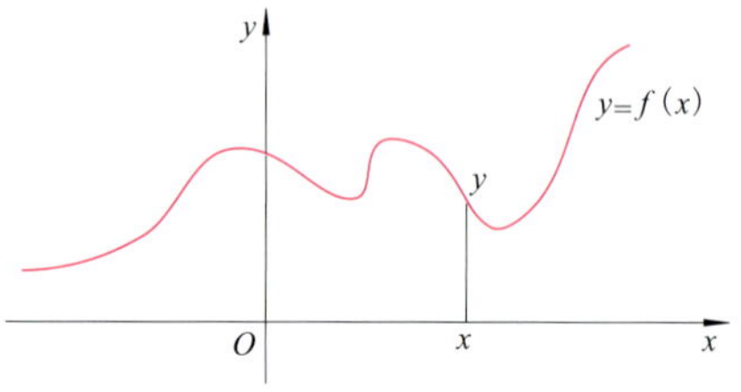

函数的图形示例

设有两个函数f：$X \to Y$和g：$Y^* \to Z$且函数f的值域$f(X)$包含于g的定义域Y^*之中。这时，对于X中的每一个x，经过f对应于$y=f(x)$，再经过g又将y对应于$z=g(y)$。这样，就得到一个从X到Z的对应：$x \to z=g(f(x))$。这个对应所形成的函数称为f与g的复合函数，记作$g \circ f$，如$z=\sin(1+x)$可以看作$y=1+x$与$z=\sin y$的复合。

定义在同一个定义域上的两个函数f与g，可以进行加法运算而得到一个新的函数$f+g$，它将x对应到$f(x)+g(x)$。类似地，可以定义函数的减法、乘法及除法运算。

函数逼近论 approximation of functions 函数论的一个分支领域，基本问题是研究函数的近似表示。

19世纪中叶俄国数学家P.L.切比雪夫由研究机械设计而研究了用n次多项式逼近连续函数的最佳一致逼近问题，也即对$[a,b]$区间上的连续函数$f(x)$，求n次多项式$P(x)=a_0x^n+a_1x^{n-1}+\cdots+a_n$使得$R_n(f)=\max\limits_{a \leqslant x \leqslant b}|f(x)-P(x)|$达到最小。切比雪夫给出了最佳逼近的充要条件。同时，为研究这一问题引进了切比雪夫多项式。

1885年K.外尔斯特拉斯证明了任何连续函数均可用多项式一致逼近，使误差小于给定的数。但多项式的次数未加限定。

20世纪初，最佳逼近问题取得了一系列的重要进展。这时的逼近函数由多项式扩展到三角多项式、有理函数等。20世纪30年代中期出现了J.法瓦尔、A.N.科尔莫戈罗夫关于周期函数借助于三角多项式的最佳逼近的精确估计以及借助于傅里叶级数部分和的一致逼近的渐近精确估计的研究成果。这两项工作使逼近论中的定量研究提高到新水平。

除定量研究之外，逼近论尚有定性理论、线性算子的逼近理论，以及数值方法等方面的研究。除实变量函数的逼近理论，尚有复变函数的逼近理论。

焓 enthalpy 化学热力学中为便于研究等压过程的热而引入的状态函数。通常用符号H表示，定义为$H=U+pV$，式中U、p和V分别为该系统的内能、压强和体积。焓曾有许多别的名称，如热焓、热容量、热函数和吉布斯热函数等。

若一个封闭的热力学系统经历一个等压过程，而且在此过程中系统只有因体积变化而由压力做的功（即体积功），则该过程系统吸收或放出的热就等于在此过程中系统的焓变，即$\Delta H=Q_p$，该式被广泛应用于计算热工及化工过程的热效应。

在热力学中，焓的绝对值是无法得到的，因此人们通常选取某些物质作为基准，人为地规定其焓值，从而得到其他物质的相对焓值，而这种人为的规定并不影响两种物质焓的差值的计算。例如，在计算化学反应的焓变时，规定在反应温度和标准压力下，所有稳定单质的焓值为零，而由标准态稳定单质生成1摩尔标准态某化合物的反应的焓变称为此化合物在该温度下的标准摩尔生成焓，记为$\Delta_f H_m$。这样，一个在某温度下进行的任意的化学反应的焓变就等于该温度下产物的总生成焓减去反应物的总生成焓。

一些常见物质在298.15K的标准摩尔生成焓可从各种化学化工手册中查到。根据类似的原理，化学反应的焓变还可通过物质的标准摩尔燃烧焓、键焓等计算。

涵洞 culvert 横贯并埋设在路堤中的供排泄洪水、灌溉或交通使用的渠道或管道。按中国公路桥涵设计规范规定：多跨桥梁的总长小于8米，或单孔跨度小于5米者称为涵洞。在半填半挖的路堤上，为排泄侧沟积水，常在相邻轨枕之间（净距约0.3米）修筑一孔或多孔的钢筋混凝土过水明渠，也属于涵洞范围，有时和涵洞一并称为涵渠。

涵洞按其截面形式分为圆形、箱形和拱形，分别简称为圆涵（或管涵）、箱涵和拱涵。涵洞过水截面上的最大水平尺寸为涵洞的孔径，如圆涵是以其内径为孔径，而箱涵、拱涵的孔径为其两侧边墙间的净距。过水涵洞进出口两端设圬工端墙、翼墙和用片石铺砌的锥体，借以将涵洞两端和路堤边坡衔接起来，防止路堤边坡、坡脚受水流侵蚀而坍塌；沟床和附近路堤坡面也要铺砌以防冲刷（见图）。锥体还有引导水流顺利流经涵洞向下宣泄的作用。非岩石地基的涵洞，每隔2～5米还应设沉降缝。

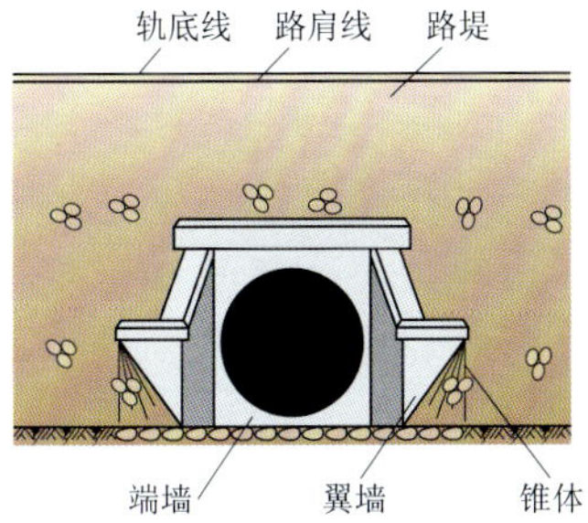

圆形涵洞洞口布置图

圆涵可用不同材料的管节铺设在基础上。预制钢筋混凝土管、铸铁管、波纹铁管等均可作圆涵管节，孔径常在2米以内。圆涵施工简便迅速，穿过铁路、公路而流量不大的沟渠一般均适宜采用圆涵。箱涵孔径较小时也可用预制钢筋混凝土箱形节段建成。孔径较大的箱涵和各种孔径的拱涵，通常都先用砌石或灌筑混凝土修筑基础和边墙，而后在边墙上铺设预制钢筋混凝土盖板形成箱涵（称盖板箱涵），或砌筑拱圈形成拱涵。箱涵和拱涵的孔径可达3～6米。也可两孔并列以获得更大的排洪能力。

韩 Han State 中国战国时期七雄之一，姬姓，出于晋公族。祖先韩武子名万，为晋曲沃恒叔之子。封于韩原（今陕西韩城东北，一说在今晋南），因以韩为氏。公元前458年，韩宣子与智氏和赵、魏共灭范氏和中行氏，而尽分其土地。公元前453年，韩康子与赵襄子、魏桓子又共灭智氏，三分晋国。公元前403年，韩景侯与赵烈侯、魏文侯被周天子正式策命为诸侯。疆域最初在今山西东南部，后逐渐扩大到今河南中部。春秋晚期，韩宣子徙居州（今河南温县东北），韩贞子又徙居平阳（今山西临汾西南）。当时韩的疆域大体在今山西临汾地区及其以东的沁河流域和沁河下游的河南温县一带。战国早、中期，韩武子徙居宜阳（今河南宜阳西）。韩景侯时又迁都阳翟（今河南禹州）。公元前375年，韩哀侯灭郑，将国都迁到郑（今河南新郑），重心遂移到今河南新郑一带和洛阳周围地区。韩所处地理位置正当所谓四战之地的中原地区，东有魏，南有楚，西有秦，北有赵，因受各大国威胁，势力一直未能发展起来。公元前355年，韩昭侯任用申不害为相，实行政治改革，一时"国内以治，诸侯不来侵伐"。但申不害死后，韩仍不能摆脱困境，来自秦的威胁尤为严重。公元前335～前301年，秦曾多次败韩，先后攻取韩的宜阳、鄢、石章、武遂、穰等地。公元前296年，齐、韩、魏联军攻入秦函谷关，秦归还韩河外及武遂。公元前293年以后，韩在与秦的战争中不断失利。公元前230年，秦派内史腾攻韩，虏韩王安，以韩地设颍川郡。韩国遂亡。

韩城市 Hancheng City 中国陕西省辖县级市。位于省境东部，东临黄河，与山西省隔河相望。面积1 621平方千米。人口39万（2010）。夏商时期称"龙门"，周称韩（侯）国，春秋战国更名夏阳，隋设韩城县。1983年撤县设韩城市。由渭南市代管。矿产以煤为主，还有铜、铁、磷、铝、石灰岩等。工业有煤炭、电力、焦化、钢铁、建材、纺织、机械、饮料和食品加工等。农业以小麦、棉花为主，盛产优质苹果、柿子、"大红袍"花椒等。名胜古迹有司马迁墓、司马迁祠、魏长城、龙门古渡、大禹庙等。韩城为国家历史文化名城。

韩德培 Han Depei（1911-02-06～2009-05-29） 中国法学家。江苏如皋人。卒于武汉。1934年毕业于南京中央大学法律系，1940年考取中英庚款留英研究生，因第二次世界大战爆发，改赴加拿大多伦多大学研究院，获硕士学位。1942年转入美国哈佛大学法学院，继续从事国际私法、国际公法与法理学的研究。回国后，曾任武汉大学法律系教授、系主任，校务委员会常委、副秘书长、副教务长，法学院名誉院长，国际法研究所所长，环境法研究所所长；中国国际私法学会会长；中国环境资源法学研究会会长；北京大学兼职教授等。1980年加入九三学社，曾任中央委员会顾问；是全国政协第六、七届委员。1984年成为中国共产党党员。独著或与人合著有《美国国际私法导论》、《韩德培文选》等。他曾应邀为政府有关部门提供咨询意见，协助解决重大涉外经济纠纷，使国家避免了重大经济损失。

韩德让 Han Derang（941～1011） 中国辽圣宗耶律隆绪时大臣。后赐名德昌，又赐姓耶律，名隆运。辽景宗时，韩德让初任东京供奉官，累迁权知南京留守事。乾亨元年（979），因守南京幽都府（今北京），击宋军有功，授辽兴军节度使。不久，入朝为南院枢密使。四年，景宗死，圣宗嗣位，承天皇太后摄政，韩德让领宿卫事，极受宠任。统和三年（985），兼政事令，与耶律休哥、耶律斜轸、室昉等重臣同心辅政，对稳定圣宗初年的政局起了重要作用。四年，宋军北伐，他随承天皇太后南征，败曹彬、米信之师，封楚国公，复进封楚王。十二年，代室昉为北府宰相兼领枢密使。耶律斜轸死后，韩德让兼北院枢密使。十八年前后拜大丞相，进封齐王，总理北南两院枢密院事。二十二年，从承天皇太后南征，澶渊之盟后，徙封晋王，赐国姓耶律；且出宫籍，位在亲王之上。他是辽臣中辅政最久、集权最多、宠遇最厚、影响最大的一人，对圣宗前期的施政，如改革制度、改善契丹族和汉族的关系，以及维护辽宋盟约等，起了重大作用。二十九年卒。赠尚书令，谥文忠。

韩非 Han Fei（约前280～前233） 中国战国末期法家学说的集大成者和法家学派的主要代表。韩国人，曾与李斯同学于荀子门下。他曾多次上书韩王，主张变法图强，但未被采纳，于是著书立说。他的著作传到秦国，得到秦王嬴政的赞赏。公元前233年，韩非出使秦国，因遭李斯的嫉妒而被陷害下狱，最后被毒死在狱中。他的著作保存在《韩非子》一书中。

政治思想 韩非总结前期法家法、术、势的理论，形成了一套中央集权的君主专制理论体系。韩非认为，君主必须：①牢牢掌握并运用好专制大权。②制定一套统一的成文法作为君臣上下行为的准则。但韩非的这一主张是建立在君主专制的政治制度上的，君主并不受法令的制约。③用好驾驭臣僚的权术。韩非的"术"的内容主要是：第一，君主要把自己装扮得高深莫测；第二，君主要明察秋毫，知奸反奸；第三，君主要善于掌握要点，操纵臣属。

伦理思想 韩非认为人皆"自为"（利己），人与人之间是利害关系，没有所谓善或恶的道德信念。他进而把德与法对立起来，否定道德和道德的社会作用，提倡"以吏为师"、"以法为教"。

矛盾之说 韩非以楚人出售无刃能摧盾和无坚不摧矛的故事为例，说明现实中矛盾关系的存在，这是中国哲学史上"矛盾"一词的由来。韩非认为矛盾是普遍存在的。他列举了短长、大小、方圆、坚脆、轻重、白黑等矛盾的范畴，指出矛盾有多种多样的表现。韩非主张对矛盾着的两个方面进行全面分析，权衡利弊，分清主次，然后决定取舍。

认识论 韩非认为人是凭借天生的感觉器官和思维器官来认知事物和对象的，那种在事物发生之前和事理发现之前凭借主观猜想下的结论，是毫无根据的。韩非还提出了"参验"的观点，指出人们的言辞是否可靠、观点是否正确，应当根据实际情况和实际功效，通过分析、比较等手段加以验证。

社会历史观 韩非的社会历史观主要有两点：一是强调社会的进化，反对厚古薄今。二是比较重视物质因素在社会历史发展中的作用，试图探索引起社会变化的物质原因。他指出，古今社会的变化决定于人口和财货的比例关系，人口增长速度高于生活资料增长速度，造成的人多财少的结果，是出现社会矛盾与社会动乱的根源。

逻辑思想 韩非从其政治思想出发，讨论了形名逻辑。形名或称刑名，是指事和言，有时也指实和名，即事物和语词、概念。韩非认为，要实现法术之治，首要的问题是要明确法律概念，确定法律标准。他提出了“审名以定位，明分以辨类”两个命题，要求审察名的含义，辨明事物的类别。韩非在逻辑上的最大贡献是提出了“矛盾之说”。其实质是，具有不相容关系的两个命题，不能都是真的。它巧妙地表达了矛盾律的精神实质，并且尖锐地提出了自相矛盾的问题。

《韩非子》 *Hanfeizi* 中国战国末期思想家韩非的著作集。原名《韩子》，唐宋后，为与韩愈相区别，改为《韩非子》。由汉武帝时的光禄大夫刘向编定。《汉书·艺文志》著录55篇，列在“法家”，与今本的篇数相同。清末王先慎将清代各家注释收集起来，编成《韩非子集解》。近代陈奇猷的《韩非子集释》校注较为详备。

韩非是先秦法家思想的集大成者。《韩非子》一书总结了商鞅、申不害和慎到三家的思想，提出了一套法、术、势相结合的法治理论。它的大量寓言故事具有很高的文学价值。它又是一部重要的哲学著作，阐述了“道理相应”的理论和注重“参验”的认知论，通过“矛盾之说”，阐发了丰富的辩证思想。《韩非子》还是战国时期一部重要的历史文献，它直接抄摘了《尚书》、《鲁春秋》、《晋乘》、《楚梼杌》、《秦纪》中的原文，它所记载的许多历史事件，可以补正现存史书的不足。

韩芙丽 Humphrey, Doris (1895-10-17～1958-12-29) 美国现代舞表演家、编导和教育家。美国古典现代舞的代表人物。生于伊利诺伊州奥克伯克，卒于纽约。在丹尼斯-肖恩舞蹈学校和学校舞团学习演出，并与R.圣丹尼斯一道完善了现代舞的音乐编舞法。后创建韩芙丽-韦德曼舞蹈学校和舞蹈团。通过研究地心引力，形成“倒地-爬起”的舞蹈动作理论，并在编舞中运用这一理论表现人类对安全的愿望与对进取、冒险之间的矛盾冲突。她同时认为动作并非必然是感情冲突的结果，动作本身也可产生意义。她善于通过抽象动作和群舞形式唤起情绪，干预生活。舞蹈代表作有《翱翔》、《G弦上的咏叹调》、《震教徒》、《人类的故事》、《西部之歌》、《地球一日》、《审讯》、《新舞蹈三部曲》等。所著《编舞艺术》是同类教材的奠基之作。

韩芙丽自编自演的现代舞《色彩和声》(1928)

韩复榘 Han Fuju (1890～1938-01-24) 中国国民党军高级将领，陆军二级上将。字向方。河北霸州人。行伍出身。原为冯玉祥部将领。曾任国民党河南省政府主席。1929年投靠蒋介石，1930年任山东省政府主席。抗日战争爆发后，任国民党第五战区副司令长官兼第3集团军总司令，不战而放弃山东。因长期截留地方税收，扩充军队，与蒋介石发生利害冲突，1938年1月在武汉被蒋处死。

韩幹 Han Gan 中国唐代画家。京兆（今陕西西安）人，一作大梁（今河南开封）人。主要活动于开元、天宝（713～756）年间。官至太府寺丞。善画肖像、人物、道释、花竹，尤工鞍马。所绘马匹，体形肥硕，态度安详，比例准确，一改前人画马螭颈龙体、筋骨毕露、姿态飞腾的“龙马”作风，创造了富有盛唐时代气息的画马风格。后人将他与当时最善画牛的戴嵩并称为“韩马戴牛”。在人物、道释画方面，他曾作《龙朔功臣图》、《李白封官图》等，并曾在长安（今陕西西安）宝应寺、资圣寺画过门神、天王、菩萨等壁画。存世的《照夜白图》画玄宗坐骑“照夜白”拴于柱上，昂首嘶鸣、前蹄腾骧的情景。《牧马图》画一牧人放黑白二马，人物线条简练，神气生动，马匹态度安详，形象逼真。

《牧马图》（台北“故宫博物院”藏）

韩国 Korea, R.O. 亚洲东北部朝鲜半岛南半部国家。东濒日本海（韩国称东海），西隔黄海（韩国称西海）同中国大陆相对，北部同朝鲜相接，南隔朝鲜海峡（韩国称南海）与日本相对。面积约9.96万平方千米，约占朝鲜半岛总面积的45%。人口4 887.5万(2009)。单一朝鲜族，通用韩国语。50%左右的人信奉基督教、佛教、大宗教、天道教和伊斯兰教。首都首尔（旧称汉城）。

地理 三面环海。背依大陆，正当亚洲太平洋地区、日本列岛通往亚洲大陆的天然“桥梁”地带；南部的朝鲜海峡是进出日本海的南大门，航运战略位置重要。

地形以丘陵、平原为主。太白山脉沿东海岸绵延257千米，余脉向南延伸形成若干较低山脉和山脊。济州岛上的汉拿山为境内最高峰（海拔1 950米），是一座峰顶为火口湖的休眠火山。平原占国土的1/4，多分布在西海岸和南海岸大河的下游地带，较大的有汉江平原和洛东江平原等。主要河流为汉江、洛东江、锦江、蟾津江等。西南部沿海多海湾，如江华湾、牙山湾、群山湾、木浦湾、顺天湾、镇海湾等。近海岛屿有2 200多个，较大者有济州岛、巨济岛等。属温带季风气候，具有从大陆性向海洋性过渡的特征。1月平均气温自西北向东南为－20.6～2℃，7月由东北向西南为21～25℃。平均年降水量约1 300～1 500毫米，集中在7～8月。矿产资源较少，已发现280多种矿产，储量不大。其中有开采价值的50多种，已开采铁、无烟煤、铅、锌、钨等。

历史 历史悠久。公元前2世纪前后半岛南部居有3个部落联盟集团，即马韩、辰韩、弁韩，史称三韩。公元3世纪左右，百济统一马韩地区，新罗统一辰韩地区，建立起国家。427年中国东北兴起的高句丽迁都平壤，于是半岛上形成三雄争霸的局面，史称三国时期。7世纪中叶，新罗与唐朝结成同盟，灭亡百济和高句丽，于735年统一朝鲜半岛大部。新罗统一后大力推行唐朝的典章制度，确立封建中央集权的统治。9世纪末叶以后，国力衰弱，国家再次分裂。10

世纪初王建建立王朝，统一半岛，国号高丽。1392年李朝取代高丽，改国号朝鲜。李朝第26代王高宗三十四年（1897）在日本胁迫下改王称帝，改国号为“大韩帝国”。1910年签订《日韩合并条约》，沦为日本殖民地，成为日本的粮食和工业原料的供应来源及工业品的销售市场。1945年日本投降时，美国、苏联军队以北纬38°线为界分别进驻南半部和北半部。1948年8月15日，南部宣布成立大韩民国。1950年6月25日朝鲜战争爆发。1953年7月27日停战。

政治 韩国实行三权分立制度，行政部门实行总统制。1987年10月全民通过新宪法，总统享有作为国家元首和武装部队总司令的权力，任期5年，不得连任。议会称国会，为立法机构，实行一院制，议员任期4年。政府称内阁。设总理、副总理和各部部长。主要政党有：大国家党（现为执政党）、开放国民党、民主劳动党、新千年民主党（简称民主党）等。

在“南北关系”问题上，韩国与朝鲜关系得到缓和，双方交流与合作有所进展，双方就南北统一、和解合作等问题达成共识。国家统一应由朝鲜民族同心协力，自主地加以解决。

经济 殖民地时期半岛推行“北工南农、北重南轻”的政策。1962年韩国开始走上工业化道路，实行五年计划，推行“输出立国”、“出口第一”的外向型经济发展战略。建立并健全经济结构，推进了经济的快速发展。被称为“新兴工业化国家”，居亚洲“四小龙”之首。1997年10月韩国发生金融危机，经济遭受严重打击。1998年经济增长率为-6.7%。在国际货币基金组织（IMF）及美、日等国的紧急资金援助下（实际使用资金134亿美元），经济得以恢复并快速增长。2006年国内生产总值8 874亿美元，人均国民收入达到约1.8万美元。2009年受国际金融危机的波及，经济有所下滑，国内生产总值为8 329亿美元，居世界第27位。

图1 济州岛风光

工业化初期重点发展劳动密集型的轻纺工业，进入20世纪80年代中期，提出“技术立国”方针，工业结构实现了从低级到高级过渡，进而向知识、技术密集型迈进，钢铁、造船、汽车、石化、电子和纺织成为骨干工业部门。2008年钢产量5 332万吨，居世界第6位；汽车产量382.7万辆，居世界第5位；造船业自2002年造船产量超过日本成为第一大造船国。电子工业起步晚，但发展快，以高新技术密集型为主，占出口总值的1/3以上，为世界十大电子工业国之一。IT业产值居世界前茅。随着工业结构的调整，工业空间结构也发生明显变化，形成了两大工业地带，一是京仁工业地带集中于首尔、仁川，约占全国工业产值的1/2；二是岭南工业地带以釜山为中心，沿海岸向北延伸到迎日湾，向西达光阳湾，沿海岸呈条带状分布，为典型的出口加工工业地带。近年正在扩建京仁工业地带，并开发西南沿岸地区（群山、木浦）。韩国已成为环黄海经济圈的重要组成部分。

第二次世界大战后，韩国农业获得较快发展。农业人口约占总人口的7.7%。农业产值（含渔林业）占国内生产总值的3.2%。农业生产以个体农户分散经营为主。户均耕地少，进行集约化经营，水稻单产居世界前位。传统水稻种植为主的种植业居绝对优势。随着人们生活水平的提高和饮食结构的变化，种植业结构有所调整，蔬菜、水果的种植面积和产量明显增加，韩国农业已从单纯的水稻生产向多种经营方向发展。水产业是韩国的传统农业部门，近海、远洋和养殖业均较发达，水产品是主要出口物资。渔港多集中在西南部沿海。

图2 首尔昌德宫

韩国陆、海、空运输均较发达。随着经济的发展，运输量迅速增长，全国已建成铁路网和高速公路网。铁路总长度7 889千米，公路全长约10.2万千米，其中高速公路3 051千米。水运主要是海运，用于对外贸易。有28个贸易港，22个沿岸港。釜山和仁川分别是韩国第一和第二大港。与81个国家有航空协定，已开通300条国际航线，飞往30多个国家的90多个城市。有8个国际机场，如首尔金浦、仁川、釜山金海和济州岛济州机场等。

自然风光优美，且多历史文化古迹，旅游观光业发达。全国拥有旅游胜地2 000多处。主要名胜有首尔的四大故宫，佛国寺古迹（庆州），海印寺（著名三大佛寺之一，在伽耶山麓），济州岛的霹雷摩芝窟（世界最长岩溶洞之一），珍岛海上奇景，雪岳山国家公园等。首尔建有规模宏大的巴黎公园和奥林匹克公园。

对外经济　韩国进出口贸易总额一般占国内生产总值的50%以上。20世纪70年代以来，外贸额骤增，2009年进出口总额6 865.6亿美元，其中出口3 637.7亿美元，进口3 227.9亿美元。与180多个国家和地区有经贸关系，其中中、日、美及东南亚诸国为主要贸易伙伴。进口原油、煤炭、焦炭、原棉、铝、纸浆等；出口电子产品、纺织品、钢铁、化工、汽车、船舶、机械等。

文化　实行9年义务教育。2009年教育预算383亿美元，占政府预算的19.4%。高校80%为私立。著名大学有首尔大学、延世大学、高丽大学、梨花女子大学等。

新闻出版业发达。有新闻机构230多家，报社120家，6大全国性韩文报纸为《朝鲜日报》、《中央日报》、《东亚日报》、《韩国日报》、《京乡新闻》和《首尔新闻》等。现有10家全国性广播公司，韩国广播公司（KBS）属政府控股公司，1961年12月成立电视台。因特网普及率较高。通讯社主要有联合通讯社，是韩国所有新闻媒体拥有其股份共办的一个合作性通讯社。

对外关系　第二次世界大战后，韩以对美、对日外交为主。韩国与美国1949年1月建交，1953年签订《共同防御条约》，建立全方位合作的特殊的同盟关系，美对韩负有安全防卫义务。20世纪70年代初推行门户开放政策。1998年金大中总统提出继续致力巩固与美、日同盟关系，同时加强与中、俄的友好关系。已与188个国家建立外交关系，驻外机构129个。1992年8月24日中韩建交，之后两国关系不断发展。2003年两国决定建立全面合作伙伴关系。

韩国菜　Korean cuisine　韩国民族风味菜肴。以辣见长，兼具中国菜肉丰味美与日本料理鱼多汁鲜等特点。一般分家常菜式和筵席菜式。酸、辣、甜、苦、咸五味并列，绿、白、红、黄、黑五色赏心悦目。泡菜、石头火锅、韩国烤肉、人参炖鸡是最有特点的菜品。

韩翃　Han Hong　中国唐代诗人。字君平。南阳（今属河南）人。生卒年不详。大历十才子之一。玄宗天宝十三载（754）登进士第。代宗宝应元年（762），侯希逸为淄青节度使，聘为其幕中从事。代宗永泰元年（765），侯希逸为其部将所逐，韩翃在长安闲居10年。后又入汴宋节度使等幕。建中元年（780），德宗亲自点名用他为中书舍人，并因当时有两个韩翃，特为批示指明是咏“春城无处不飞花”（《寒食》诗）的韩翃，可见其诗名之盛。约在贞元初去世。

韩翃在大历十才子中颇有盛名。他的诗工整清丽，多流连光景和唱酬赠别之作，流传名句甚多。如“雨余衫袖冷，风急马蹄轻”（《送故人归鲁》）、“星河秋一雁，砧杵夜千家”（《酬程延秋夜即事见赠》）、“落日澄江乌榜外，秋风疏柳白门前”（《送冷朝阳还上元》）、“蝉声驿路秋山里，草色河桥落照中”（《送王光辅归青州兼寄储侍郎》）等，都可代表其风格。但总的说来，其诗作较多地注意辞藻和技巧，缺乏深刻的社会内容。今存《韩君平集》3卷。

韩滉　Han Huang（723～787）　中国唐代画家。字太冲。长安（今陕西西安）人。官检校左仆射同中书门下平章事，封晋国公。他身为显宦，但公务之余雅好文艺、工书善画。善画人物，尤喜画农村风俗和牛、马、羊、驴等。风俗作品有《田家风俗图》、《村童戏蚁图》等。画牛能曲尽其妙，表现出牛漫步、疾驰、鸣叫、顾视等各种情态以及村童牧放的生活情趣。曾作《集社斗牛图》等。其传世作品《五牛图》纸本设色，纵20.8厘米，横136.8厘米，画5只肥壮的黄牛分别作昂首、独立、嘶鸣、回首、擦痒之状。用笔厚拙粗辣，神气生动，是现存唐画中的珍品。

《五牛图》（局部，故宫博物院藏）

韩江　Hanjiang River　中国广东省第二大河。位于省境东部。唐称恶溪，后为纪念韩愈，改称韩江。上源由汀江和梅江组成，两江在三河坝汇合后始称韩江，由此穿山南下在汕头附近注入南海。全长470千米，流域面积3万平方千米，多年平均径流量263亿立方米。汀江源出福建省长汀县，自北向南流，比降大，流域植被好，故水流含沙量小，水力蕴藏量大。梅江发源于紫金白山麓，循阴那山脉北麓，从西南向东北流，与韩江干流成陡折。梅江流域水土流失严重，河水多沙而混浊，横山站多年平均含沙量0.49千克/米^3，多年平均输沙463万吨。韩江在三河坝以上为上游，下至潮州为中游，潮州以下进入三角洲河网地带为下游。韩江到潮州分为北、东、西溪3支，分别入海，以东溪为入海主流水道。韩江三角洲以潮州为顶点，面积约1 200平方千米，是潮汕平原的核心。

韩江流域基本为人多地少地区，广东境内尤甚。汀江流域森林广布，工业不发达。梅江流域富产钨、锡、铅、锌、煤、铁等，水力资源丰富，丘陵谷地利于农业。下游三角洲人口稠密，劳力充裕，为中国著名的粮食和经济作物高产区，入海口一带盛产鱼、盐，工业和手工业也很发达。

韩礼德　Halliday, Michael Alexander Kirkwood（1925-04-13～　）　英国语言学家。又译哈利戴。曾在伦敦大学学习中国语言文学；后到北京大学和剑桥大学进修，获博士学位。1944～1975年间，曾在英国和美国多所大学任教。1963年任伦敦大学语言学教授。自1976年起任澳大利亚悉尼大学教授。

韩礼德是J.R.弗斯的学生。人们认为他是伦敦学派的主要成员，又是“新弗斯派”的领袖。他坚持讲语言体系不能不讲语言实践，讲语言表现不能不讲语言能力。

在论文《语言理论的范畴》(1961) 和专著《语言科学和语言教学》(1964) 中，韩礼德提出了他的早期理论，名为“阶和范畴的语法”。70年代韩礼德出版了《语言功能探索》(1973)、《语言的系统与功能》(1976)、《作为社会符号的语言》(1978)，指出语言有三种功能，各有其相应的结构来作为表现方法，从而把自己的理论提升到“系统功能语法”的阶段。韩礼德一向致力于英语中各种变体和文章风格的研究。1985年，他写了《功能语法引论》。这是以“系统语法”为框架来讲语言功能的，重点在讲结构，其主旨是进行篇章分析。韩礼德的学说包罗宏富，体系严密。他认为“语义与语法没有什么明显的界限”，并认为功能语法里就包含着语用学研究。

韩林儿 Han Lin'er (?～1366) 中国元末大宋红巾军领袖。栾城（今河北栾城西）人。祖辈因从事白莲教活动被徙永年（今河北永年东南），父韩山童仍以白莲教组织群众。至正十一年（1351）五月，韩山童与刘福通、杜遵道等在颍上（今属安徽）发动起义，韩山童被捕牺牲，韩林儿随母逃往武安，刘福通等攻克颍州（今安徽阜阳）。十五年春，刘福通等迎韩林儿至亳州（今属安徽），立为帝，称小明王。国号大宋，年号龙凤，以亳州为都城。仿元制建立各级政权。十八年五月，以汴梁（今河南开封）为都城。十九年八月，汴梁为元将察罕帖木儿攻破，复回安丰（今安徽寿县）。当时韩林儿虽有帝名，但实权为刘福通掌握，外出将领大多不受约束。二十三年二月，安丰受张士诚部将吕珍围攻，韩林儿被名义上尚属大宋政权的朱元璋救出，安置滁州（今属安徽），从此受朱元璋挟制。二十六年被朱元璋派人杀害。

韩琦 Han Qi (1008～1075) 中国北宋大臣。字稚圭。相州安阳（今属河南）人。天圣五年（1027）进士第二名及第。任右司谏时，宰相王随、陈尧佐老病，朝廷事多迁延不决；参知政事韩亿、石中立以私害公，他屡次上书请罢此4人。宝元二年（1039）益州、利州两路饥馑，为体量安抚使，赈济灾民。康定元年（1040）为陕西帅臣，主张对西夏取攻势，然有好水川之败。此后，和范仲淹同任抗御西夏之责，时称韩范。庆历三年（1043），为枢密副使，对有关擢用人才、整顿边防、节约财用、慎选将帅等提出建议。赞成范仲淹、富弼等推行庆历新政。嘉祐元年(1056)，任枢密使，三年，为宰相。英宗即位，封魏国公。韩琦久居相位，无甚作为。宋神宗即位后，出判相州。他以元老重臣身份，一直反对王安石变法。遗作编为《安阳集》。

韩企先 Han Qixian (1082～1146) 中国金朝汉人宰相。燕京（今北京）人，先世为蓟州玉田人，世仕于辽。辽乾统年间进士。辽亡，入仕金朝，为枢密院副都承旨、转运使、西京留守等职。天会六年（1128），代为同中书门下平章事、知枢密院事。次年，任尚书左仆射兼侍中，封楚国公。十二年正月，为尚书右丞相，应召至上京朝见金太宗完颜晟。金熙宗完颜亶时，继为右丞相。皇统元年（1141），封濮王。金世宗完颜雍曾称“汉人宰相惟韩企先最贤”，“本朝典章制度，多出斯人之手”。

韩启德 Han Qide (1945-07～) 中华人民共和国全国人民代表大会常务委员会副委员长，九三学社中央委员会主席。浙江慈溪人。研究生学历，教授，中国科学院院士(1997)。1962年入上海第一医学院医学系学习。1968年后在陕西临潼多所基层医院任临床医师。1979年入西安医学院读研究生。1982年后任北京医学院病理生理教研室教师。1985～1987年赴美国埃默里大学药理系进修。1987年后历任北京医科大学第三医院心血管研究室副主任、主任、副研究员、研究员、教授和心血管医学研究所副所长，北京医科大学副校长兼研究生院院长、心血管基础研究所所长。1997年当选中国科学院院士、九三学社北京市委会副主委。2000年后任九三学社中央副主席，北京大学常务副校长、研究生院院长、医学部主任、生物医学跨学科研究中心主任，中国科协副主席。2002年任九三学社中央主席，欧美同学会理事会会长。是十届、十一届全国人大常委会副委员长。全国政协九届常务委员。中国科协第七届全国委员会主席。

韩起祥 Han Qixiang (1915-04～1989-09) 中国陕北说书演员。生于陕西横山，卒于陕西延安。3岁因患天花双目失明，13岁拜盲艺人杜维新为师，学习陕北说书。14岁开始走乡串户，以说书算命谋生。30岁时已能说唱传统节目几十部，并会弹唱50多种民歌小调。1945年参加陕甘宁边区文协说书组，创作演出了许多反映陕甘宁边区生活与斗争情景的新节目。1946年8月应邀到杨家岭为毛泽东主席表演，而后编演了《我给毛主席去说书》。他丰富了三弦的伴奏技巧，还增加了梆子、耍板、嘛喳喳等伴奏乐器，并把陕北民歌“信天游”以及道情、碗碗腔、秦腔、眉户等曲调吸收融会到陕北说书的唱腔音乐中。其所编演的《刘巧团圆》、《张玉兰参加选举会》、《王不勤走南路》和《宜川大胜利》四个曲本曾被纳入“中国人民文艺丛书”，以《刘巧团圆》的集名出版。中国评剧院1950年将《刘巧团圆》改编成评剧《刘巧儿》上演，后被搬上银幕。中国曲艺出版社1990年出版了《韩起祥曲艺选》。

韩擒虎 Han Qinhu (538～592) 中国隋代名将。字子通。河南东垣（今河南新安）人。以具有胆略雄威见称。袭爵新义郡公，又以军功升至上仪同，先后任永州、和州刺史。屡败陈军。隋朝建立，隋文帝杨坚志在统一南北，命他为庐州总管，镇庐江（今安徽合肥），作灭陈准备。开皇八年（588）十一月隋大举伐陈，领军为先锋，亲率精兵五百，横江夜渡，袭取采石，半天之内，攻拔姑熟（今安徽当涂），接着向陈都建康进军。沿途陈军纷纷溃降。以精骑五百快速前进，占领建康城，俘陈后主陈叔宝。擒虎以平陈功，进位上柱国，出为凉州总管，不久召还。十二年病死。

韩儒林 Han Rulin (1903-11-02～1983-04-07) 中国历史学家，蒙古学家。字鸿庵。河南舞阳人。卒于南京。1930年毕业于北京大学哲学系。此后，任教于北京女子师范大学、北京师范大学。1933年起赴欧洲留学，1936年回国后，在燕京大学、辅仁大学、华西大学、中央大学等校任教。1949～1982年，任南京大学历史系主任。1962年，先后访问蒙古、苏联，参与三国合编《蒙古史》工作。并历任中国蒙古史学会副理事长、中国中亚文化研究协会名誉理事、中国元史研究会会长等职。韩儒林自留学欧洲以后，始终专注于蒙元史和西北民族史研究。他通晓多种东西方文字，熟悉并借鉴外国东方学家的成就，善于运用历史比较语言学的方法。主要著述多收入《穹庐集》。主编两卷本《元朝史》。此外尚有《成吉思汗传》、《元史讲座》等著作。

韩世昌 Han Shichang (1897～1977) 中国北方昆曲演员。工丑。字君青。河北高阳人。

幼年搭庆长班（昆、弋班），先后从白云亭、王益友学艺，初习武生，后改昆旦。1917年同陶显庭、郝振基、王益友、侯益隆等，在北京组成荣庆社。1928年率班东渡日本，在东京、京都、大阪等地演出，并观摩学习能乐等日本古典剧艺。韩世昌善于用优美的造型，创造特定的意境，表现人物的性格；尤擅长运用手势、眼神和面部表情，刻画人物的内心活动。他戏路宽广，除工正旦、闺门旦外，兼精贴旦、刺杀旦，在长期演出实践中，形成独具特色的艺术风

昆曲《牡丹亭》剧照（韩世昌饰杜丽娘，白云生饰柳梦梅）

格。代表剧目有《闹学》、《思凡》、《胖姑》、《痴梦》、《絮阁》、《佳期》、《刺虎》等。

韩世忠 Han Shizhong（1089～1151） 中国南宋抗金将领。字良臣。绥德（今属陕西）人。18岁应募入伍。宋金战争爆发后，韩世忠率部以少击众，是北宋末年官军中少见的一支劲旅。南宋初，韩世忠任御营左军统制，驻守镇江。金完颜宗弼率军渡江南侵，韩世忠退保长江口一带，在金兵北归时，以水军8 000大败金军于黄天荡（今江苏南京东北），又追至建康（今南京）。绍兴四年（1134），韩世忠伏兵大仪镇（今江苏扬州西北），击败金军。此后，韩世忠移屯淮东地区（今江苏淮安）积极发展生产，联合山东义军，以不足3万人的兵力，使淮东成为保卫东南的重要屏障。在宋廷对金乞和的岁月里，韩世忠多次上书主战。绍兴十年，在岳飞北伐的同时，韩世忠连克海州等地，十一年，奉命救援淮西，后被宋廷调回，任枢密使，解除兵权。秦桧迫害岳飞，举朝无敢言者，独韩世忠面诘秦桧误国，为岳飞伸张。绍兴和议后，他杜门谢客，以家乡清凉山为名，自号清凉居士，表示思念沦于金朝统治的故土。

韩素音 Han Suyin（1917-09-12～ ） 英国华裔作家。原名周光瑚。韩素音是笔名。生于中国河南信阳。父亲是中国人，母亲是比利时人。1948年获英国伦敦大学医学博士学位。曾当过助产士并在中国香港、马来西亚一带行过医。1975年定居瑞士。以英文撰写的小说有《目的地重庆》（1942）、《爱情至上》（1952）、《冬天的爱情》（1962）、

《迷人的城市》（1985），自传《残树》（1965）、《我家有两个门》（1980），以及毛泽东、周恩来的传记和访问西藏的报告文学等。

韩侂胄 Han Tuozhou（1152～1207） 中国南宋权相。字节夫。相州安阳（今属河南）人。北宋名臣韩琦的曾孙。父娶宋高宗皇后之妹，韩侂胄以恩荫入仕。光宗绍熙五年（1194），他与宗室赵汝愚等人拥立宋宁宗赵扩即皇帝位。宁宗即位不久，韩侂胄就逐赵汝愚出朝廷。从此，掌握军政大权达13年之久。在他擅权的前7年，制造了庆元党禁，凡与党人有牵连的，不得任官职，不得应科举。开禧元年（1205）为平章军国事，立班丞相之上。韩侂胄当权的后期，为立盖世功名发动了开禧北伐，曾取得一些进展。同年五月宁宗下诏伐金。但正式宣战后，南宋各路军队节节败退，韩侂胄遣使向金请和。开禧三年，史弥远等人谋杀韩侂胄，朝廷大权落入史弥远手中。韩侂胄被杀之后，朝廷没收他和他的党羽们的土地。嘉定元年（1208），史弥远按照金的要求，凿开韩侂胄的棺木，割下头颅，送给金朝，订立了屈辱的《嘉定和议》。

韩希孟 Han Ximeng 中国明代刺绣工艺家。杭州人。生卒年不详，约生活于明万历、崇祯年间。工画花卉，又擅刺绣，作品为世所珍，称为韩媛绣。韩希孟为上海顾寿潜之妻，且顾家有露香园，故又称其刺绣为露香园绣，简称顾绣。韩希孟的代表作品是现藏于故宫博物院的《宋元名迹册页》。崇祯七年（1634）春，韩希孟搜访宋元名迹，摹临8幅，然后“覃精运巧”，以五彩丝线绣成册页。册页主要用套针、松针、滚针、网针等针法绣成，运针灵活，丝理平顺，作品有较强的质感和艺术表现力。全幅计有“洗马”、“仕女”、“仿米山水”、“松鼠葡萄”、“蜻蜓扁豆”、“华貂渔隐”等8开，每开均绣有“韩氏女红”印章，末开绣题“韩氏希孟”款，对幅均有董其昌题赞。其中“仿米山水”和“华貂渔隐”刺绣，又辅以笔墨渲染，充分体现宋代画家米芾绘画中烟雨濛濛、江波浩渺的气韵。

韩先楚 Han Xianchu（1913-02～1986-10-03） 中国无产阶级军事家，中国人民解放军军事指挥员，全国人大常委会副委员长。生于湖北黄安（今红安），卒于北京。1928年参加反帝大同盟。1929年加入中国共青团，1930年转为中共党员。历任红

军班、排、连、营长，长征中任红15军团团长、副师长、师长。抗日战争时期，任八路军115师副团长、团长、副旅长、旅长，冀鲁豫军区分区司令员。1941年入延安军政学院和中央党校学习。后任抗日军政大学第一大队大队长，出席中共七大。解放战争时期，任东北民主联军第4纵队副司令员，东北野战军第3纵队司令员、40军军长，第4野战军兵团副司令员，湖南军区副司令员。中华人民共和国建立后，任解放军13兵团副司令员，中国人民志愿军副司令员、19兵团司令员。回国后历任中南军区参谋长，解放军副总参谋长，福州军区司令员，中共福建省委第一书记，兰州军区司令员，中央军委常委，国防委员会委员。是第六届全国人大常委会副委员长，中共第八届中央候补委员、第九至十二届中央委员。1955年被授予上将军衔。

韩小窗 Han Xiaochuang（约1828～1890） 中国清代子弟书作家。辽宁开原人。清咸丰、同治年间曾几次赴京应试，均未及第，却结识了子弟书作家鹤侣氏（本名爱新觉罗·奕赓）、王西林等人。光绪初年以后定居沈阳。光绪三年（1877）与友人缪东麟、喜晓峰、春树斋、尚雅贞、曾显堂组织“芝兰诗社”，以诗酒相酬唱，创作了大量子弟书、近体诗谜和诗歌作品。光绪九年（1883）与曾显堂共同倡议扩大诗社，吸收一些曲艺、皮影艺人参加活动，使诗社与民间艺术相结合。诗社约在光绪十四年（1888）解散。韩小窗的子弟书作品相传有500余篇，今存《长坂坡》、《得钞傲妻》、《露泪缘》、《黛玉悲秋》、《红梅阁》等35种。另有影卷《谤可笑》、《金石语》两种及诗谜一首传世。他的作品词句雅丽，刻画细腻，感情充沛。有十余种后来被东北大鼓和京韵大鼓等曲种移植演唱。

韩信 Han Xin（？～前196） 中国秦末汉初军事家。淮阴（今属江苏）人。陈胜、吴广起义后，韩信始投项梁，继附项羽，后从刘邦。汉王元年（前206），经丞相萧何力荐，始为大将，协助刘邦制定还定三秦以夺天下的方略。楚汉战争中率兵数万，开辟北方战场。破魏之战，佯作正面渡河之势，暗从侧后偷渡，攻其不备，俘获魏王豹。井陉

之战，背水为阵，使将士死地求生，大破赵军。潍水之战，借助河水分割楚军，将齐、楚联军各个击灭。四年二月，被封为齐王。参与指挥垓下（今安徽灵璧南）决战，击灭楚军。韩信熟谙兵法，战功卓著，为汉王朝的创建作出了重要贡献。其用兵之道为后世所推崇。刘邦虽用韩信而心存疑忌，故在项羽败亡后即夺其兵权，徙为楚王，继黜为淮阴侯。吕后又与萧何定计，于汉高祖十一年正月诱韩信至长乐宫，以谋反罪名杀之。韩信所著兵书均已失传。

韩永禄 Han Yonglu (1876～1940) 中国曲艺弦师。北京人。幼年随**梅花大鼓**名票文玉福（一作文玉森，或谓方天庚）学艺。早年在北京南城与**金万昌**、韩永忠和苏启元等人合作行艺，所唱梅花大鼓曲调较之流传北城的传统唱腔舒展华丽，“一字九转”，标榜为“南（城）板梅花调”。不久又与苏启元一道，在与金万昌的合作中，协助金进一步改革唱腔与唱法，革新伴奏方法与技巧，成为“金（万昌）派”梅花大鼓的创立者之一。他还将传统鼓曲伴奏所使用的中三弦改为大三弦，并在总结三弦伴奏技巧的基础上，提出了三弦伴奏的八种基本方法和具体运用的32字口诀。20世纪初期，主要转向**京韵大鼓**演唱的伴奏，先后为京韵大鼓艺人**白云鹏**、**刘宝全**和小黑姑娘等担任伴奏。1920年后，收良小楼为徒，教其京韵大鼓演唱，并一度为之伴奏，其间曾传艺于京韵大鼓弦师白凤岩。1934年，他在南京收“小彩舞”（**骆玉笙**）为徒，之后一直为其担任伴奏，协助“小彩舞”创造了独特的“嘎调”唱法，为京韵大鼓“骆（玉笙）派”的形成发挥了重要作用。

韩愈 Han Yu (768～824) 中国唐代文学家、思想家、教育家。字退之。河南河阳（今孟县）人，祖籍昌黎（今辽宁义县），世称韩昌黎。因官吏部侍郎，又称韩吏部。谥号文，又称韩文公。

生平　他3岁而孤，受兄嫂抚育，早年流离困顿，有读书经世之志。20岁赴长安考进士，三试不第。25～35岁，他先中进士，然后三试博学鸿词科不入选，赴汴州董晋、徐州张建封两节度使幕府任职。后回京师任四门博士。36～49岁，任监察御史，因上书论天旱人饥，请减免赋税，贬阳山令。宪宗时获赦北归，为国子博士，累官至太子右庶子，但不得志。50～57岁，先从裴度征讨淮西吴元济叛乱，后迁刑部侍郎。因谏迎佛骨，贬潮州刺史。移袁州。不久回朝，历国子祭酒、兵部侍郎、吏部侍郎、京兆尹等显职，政治上较有作为。

思想　韩愈思想渊源于儒家，但也有一些离经叛道的言论。他以儒家正统自居，反对佛教的清净寂灭、神权迷信，但又相信天命鬼神。他盛赞孟子，辟排杨朱、墨子，认为杨、墨偏废正道，却又主张孔墨相用；他提倡宗孔氏，贵王贱霸；而又推崇**管仲**、商鞅的事功。他抨击二王集团的改革，但在反对藩镇割据、宦官专权等主要问题上，与二王的主张并无二致。这些复杂矛盾的现象，在其作品中都有反映。

文学主张与创作　在诗文创作上，他有一整套理论。①他认为道（即仁义）是目的和内容，文是手段和形式，强调文以载道，文道合一，以道为主。②提倡学习先秦两汉古文，并博取兼资庄周、**屈原**、**司马迁**、**司马相如**、**扬雄**诸家作品。③主张学古要在继承传统的基础上创新。坚持“词必己出”、“陈言务去”。④重视作家的道德修养，提出养气论，认为“气盛则言之短长与声之高下者皆宜”。⑤提出“不平则鸣”的论点。认为作者对现实的不平情绪是深化作品思想的原因。⑥在作品风格方面，他强调“奇”，以奇诡为善。韩愈的散文、诗歌创作，实现了自己的理论。其赋、诗、论、说、传、记、颂、赞、书、序、哀辞、祭文、碑志、状、表、杂文等各种体裁的作品，都有卓越的成就。

论说文在韩文中占有重要的地位。以尊儒反佛为主要内容的中篇和长篇，有《原道》、《论佛骨表》、《原性》、《师说》等，大都格局严整，层次分明。一些嘲讽社会现状的杂文，短篇如《杂说》、《获麟解》，比喻巧妙，寄慨深远；长篇如《送穷文》、《进学解》，运用问答形式，笔触幽默，构思奇特，锋芒毕露。论述文学思想和写作经验的，体裁多样。如书信体《答李翊书》、《与冯宿论文书》，赠序体《送孟东野序》、《送高闲上人序》等，文笔多变，形象奇幻，理论精湛。

叙事文在韩文中比重较大。其中学习儒家经书的，如《平淮西碑》用《尚书》和《雅》、《颂》体裁，篇幅宏大，语句奇重，酣畅淋漓；《画记》直叙许多人物，写法脱化于《尚书·顾命》、《周礼·考工记·梓人职》。继承《史记》历史散文传统的，如名篇《张中丞传后序》，熔叙事、议论、抒情于一炉。学习《史记》、《汉书》，描绘人物生动奇特而不用议论的，如《试大理评事王君墓志铭》、《清河张君墓志铭》等。为友情深厚的文学家而作，能突出不同作家特色的，如《柳子厚墓志铭》、《南阳樊绍述墓志铭》、《贞曜先生墓志铭》等。但在大量墓碑和墓志铭中，也有一些“谀墓”之作。

抒情文中的祭文，一类写骨肉深情，用散文形式，突破四言押韵常规，如《祭十二郎文》；一类写朋友交谊和患难生活，四言押韵，如《祭河南张员外文》、《祭柳子厚文》。此外，书信如《与孟东野书》、赠序如《送杨少尹序》等，也都是具有一定感染力的佳作。韩愈另有一些散文，如《毛颖传》、《石鼎联句诗序》之类，完全出于虚构，接近传奇小说。

韩愈的散文气势充沛，纵横开合，奇偶交错，巧譬善喻，或诡谲，或严正，艺术特色多样化，扫荡了六朝以来柔靡的骈俪文风。他善于扬弃前人语言，提炼当时的口语，推陈出新。他主张“文从字顺”，创造了一种在口语基础上提炼出来的书面散文语言，扩大了文言文体的表达功能。但他也有一种佶屈聱牙的文句，对后世有一定影响。

韩愈也是诗歌名家，艺术特色主要表现为奇特雄伟、光怪陆离。如《陆浑山火和皇甫湜用其韵》、《月蚀诗效玉川子作》等一类诗，“怪怪奇奇”，内容深刻；《南山诗》、《岳阳楼别窦司直》、《孟东野失子》等，境界雄奇。但韩诗在求奇中往往流于堆砌僻语、生字，押险韵。韩愈也有一类朴素无华、本色自然的诗。韩愈擅长古体，律诗绝句数量较少，但律诗、绝句中亦有一些佳篇。

后人对韩愈评价颇高，尊他为**唐宋八大家**之首。**杜牧**把韩文与杜诗并列，称为杜诗韩笔；**苏轼**称他“文起八代之衰”。韩柳倡导的古文运动，开辟了唐代古文的发展道路。韩诗力求新奇，重气势，有独创之功。韩愈以文为诗，把新的古文语言、章法、技巧引入诗坛，增强了诗的表达功能，扩大了诗的领域，纠正了大历（766～780）以来的平庸诗风。但也带来了讲才学、发议论、追求险怪等不良风气。尤其是以议论为诗，甚至通篇议论，把诗歌写成押韵的理论，对宋代以后的诗歌产生了不良影响。

现存韩集古本，以南宋魏怀忠《五百家音辨昌黎先生文集》、《外集》为最善；廖莹中世綵堂本《昌黎先生集》、《外集》、《遗文》最为通行。

韩杼滨 Han Zhubin (1932-02～　) 中华人民共和国最高人民检察院检察长，中国法学会会长。生于黑龙江哈尔滨。1950年加入中国共产党。曾任哈尔滨铁路局站务员、车长，南下干部大队队员，长沙、衡阳、桂林办事处军运股负责人。中华人民共和国建立后，历任共青团柳州铁路局桂林地区书记、柳州分局书记，中共柳州铁路局桂林地区工委书记、局革命委员会副主任。1978年后任中共柳州铁路局党委副书记、局长，中共上海铁路局党委书

记、局长，国家铁道部党组副书记、政治部副主任、纪委书记、部长、党组书记、纪委书记。1997年后任中共中央纪律检查委员会常委、常务副书记，铁道部部长。1998～2003年任最高人民检察院检察长。2003年当选第五届中国法学会会长。是中共十四、十五届中央委员。

寒潮 cold wave 大规模极地冷空气向南爆发，侵袭中、低纬度地区的强冷空气活动过程。又称寒流。表现为剧烈的降温，并伴有冻害、雨雪和大风。春季的寒潮还容易引发沙尘暴。

中国气象部门规定，凡24小时降温≥10℃，日最低气温≤5℃的强冷空气活动称为寒潮。西北部分省区，根据当地的地理气候状况，关于寒潮的标准略有不同。影响中国的寒潮主要发生在11月至次年的4月。侵袭中国的冷空气发源于北冰洋、鄂霍次克海、西伯利亚地区和蒙古一带。冷空气侵入中国的路径有4条：①西路。冷空气由北纬50°以南基本上自西向东进入新疆。②西北路。冷空气自新地岛以西洋面，经白海、西伯利亚西部进入新疆。③北路。冷空气自新地岛以东洋面，经泰米尔半岛、西伯利亚中部、蒙古进入中国。④东路。冷空气自鄂霍次克海及西伯利亚东部，向西南方向经中国东北后南下。冷空气进入中国后，以河套地区为界，又分西路、中路和东路3条路径。不同路径的寒潮，其强度和影响时的天气等均有很大差异。

寒流 cold current 水温比流经周围的海水温度低的海流。一般来说，从高纬度流向低纬度的海流是寒流，而由低纬度流向高纬度的海流是暖流。但寒流的温度并不一定都比暖流的低，如加利福尼亚海流（太平洋东部的寒流）的水温就比北太平洋海流（属于中高纬度的暖流）的水温高些。

当北大西洋流和北太平洋流自西向东流到东岸后，大部从较寒冷的中高纬度海域折向较低纬度处，形成较强的寒流，即大西洋的加那利海流、本格拉海流和太平洋的加利福尼亚海流、秘鲁海流以及印度洋的西澳大利亚海流。与西边界流相比，它们的流幅宽广、流速小，而且影响深度也较浅。

寒人 中国东晋南北朝的一个社会阶层，往往与士族对举。东汉末出现寒门一词。寒，即官位低微之意，与大姓、冠族相对而言。他们宗族弱小，力量单薄，得不到把持乡议的大姓、冠族的品第、推荐，往往仕进困顿，沉滞下位。不过魏晋时无论士庶，只要家族在一段时期中仕宦不达，都可被称寒门。寒人作为一个阶层，是东晋以后随着门阀制度的发展逐渐形成的。他们属于地主阶级，有的在经济上还很富裕，但没有士族那样的豁免兵役、徭役的特权；在中正品第中只能得下品（见九品中正制），一般充任低级官吏、武官、浊官；不能与士族通婚、交往，所以有“士庶天隔”之说。进入南朝，士族衰落，寒人中有的致位将帅，有的出任宗室诸王镇将的典签以监视诸王的行动，在地方具有较大势力。在中央政权中，寒人充当中书省的通事舍人，参预机密，出纳王命，权势更加显赫。但是，寒人的社会地位毕竟不高，他们力图通过各种途径，包括贿赂官吏，将户籍改成士族。在北朝，寒人与士族的对立不如东晋南朝显著。到南北朝后期，寒人力量进一步壮大，与士族界限基本泯灭，寒人的称呼也从历史上消失。

寒湿困脾证 syndrome of cold-dampness disturbing spleen 因寒湿之邪内盛，脾阳受困，运化功能失常所引起的中医学证候。常见于痰饮、泄泻、霍乱、黄疸、水肿等疾病。

寒湿困脾证多因素体脾阳不振，加之饮食不节、过食生冷，使水谷精微失于输布，停滞而为水湿。内生的水湿反过来又困阻脾阳，形成恶性循环。亦可因冒雨涉水或居处潮湿，寒湿内侵，脾阳受困而形成。临床表现以脘腹胀痛、食欲不振、口腻不渴、大便稀溏、头重如裹、肢体困倦沉重、舌淡胖苔白腻、脉濡缓为主，兼有身目发黄、黄色晦暗如烟熏，肢体浮肿、小便短少，妇女白带增多，反映了寒湿内盛、脾阳不振、运化失职的病机特点。

治疗以温中化湿为法，常用胃苓汤、理苓汤、厚朴温中汤等方。

寒食节 Cold Food Festival 中国传统节日。又称禁烟节、冷节。在清明节前的一两天。是日，禁止烟火，只吃冷食，如面饼熟食或油炸食品。相传此俗是为纪念春秋时晋国大臣介子推。子推在跟随晋公子重耳（即后来的晋文公）流亡过程中曾割股肉供重耳充饥。重耳复国为王后封赏功臣，未及子推，子推与母隐居绵山。文公醒悟后请他出山，但子推至死不出。后文公在绵山上修庙纪念介子推，并下令在子推烧死之日禁烟火，只能食用冷食。据研究，寒食禁火与先秦时春季改火旧俗相关。人们在寒食节熄灭旧火，到清明再钻取新火，这期间进用冷食。南北朝以后寒食节俗流传全国，唐宋时期成为社会大节，明清以后逐渐衰微，现在山西等地还有流传。古代寒食节有祭墓、郊游、荡秋千、斗鸡蛋等活动。

寒武纪 Cambrian Period 古生代的第一个纪，约开始于5.43亿年前，结束于4.9亿年前。寒武纪形成的地层称寒武系。寒武系为1835年A.塞奇威克取名于英国西部威尔士的寒武山脉（坎布里亚山脉）。“寒武”一词是Cambric的日语汉字音译。寒武纪有不同类别的沉积岩、火成岩和变质岩，广布于全球各大洲。海洋中生活着各类低级植物和大量原始无脊椎动物。海进、海退相当频繁。

寒武系传统上一直三分，即下统、中统和上统，但目前有倾向于四分的趋势。

寒武纪是生物进化史上非常重要和关键的时代。出现了大量的几乎所有海生无脊椎动物各大门类的代表；植物方面有藻类、孢子、疑源类等。在寒武纪一开始，就出现寒武纪生命大爆发的第一幕（约5.4亿年前），出现大量个体微小的原始硬壳无脊椎动物（称小壳动物群），如软舌螺、单板类、腹足类、喙壳类、腕足类和分类位置不明的棱管壳、齿形壳等。约5.3亿年前为寒武纪生命大爆发的主幕，在中国云南澄江早寒武世地层中发现的澄江动物群是它的一个窗口，生动地再现了5.3亿年前海洋生命的壮丽景观和各门类动物的生态和原始特征。

寒武纪气候比较温暖、干燥。地壳运动比较稳定。重要矿产有磷和铀，此外还有钒、钨、铅、锌、金、银、汞、石煤、岩盐等。

寒邪 cold pathogen 中医病因学概念。寒邪致病有内寒和外寒之分。外寒本指自然界寒冷的气候和环境状态，为冬季的主气，属六气之一。这种气候和环境状态能使正气虚弱或体质虚寒的人发生疾病，对这些人来说，外寒便成为致病的因素，属六淫之一。内寒则指因多种原因引起的脏腑阳气亏虚、机体失于温煦所形成的病理状态。

病证特点 ①易伤阳气。无论外寒或内寒，均能使人体因阳气损伤而失去正常的温煦作用。如外寒侵袭人体肌表，则肌表失于温煦而恶寒怕冷。②寒性凝滞。凝滞即凝结阻滞、不通畅之意。寒邪能使人体气血运行不畅，经络不通，可见唇甲发绀和各种疼痛。③寒性收引。收引即收缩牵引之意。寒邪易使人体脏腑气机收敛、筋脉挛缩、毛窍收缩，出现发热恶寒，无汗，肢体拘急、屈伸不利或冷厥麻木，脉紧等症状。

病证分类 ①外寒病证。由寒邪侵表或直中脏腑经络所致，且有伤寒和中寒之分。伤寒病证为外寒侵袭人体肌表，可见恶寒重发热轻、头身疼痛、无汗肌栗、咳嗽、鼻塞流涕、苔白、脉浮紧等症状。中寒病症为外寒直接侵入人体脏腑经络，以侵犯部位不同而有不同的病证。如侵犯脾胃，可见脘腹冷痛喜温、呕吐泻泄；侵犯筋骨，可形成寒痹，病变部位疼痛剧烈，遇冷加重、遇热减轻。②内寒病证。由脏腑阳气虚弱，寒从内生所致。症状因病变部位不同而各异。如心肺阳虚可见畏寒喜暖，胸痛彻背，咳嗽气短，痰色白清稀，面青唇紫或面部浮肿。脾胃阳虚则腹胀便溏，胃脘冷痛，食欲不佳，口泛清水，畏寒肢冷等。肾阳亏虚则腰脊冷痛，小腹拘急甚至下利清谷，肢体浮肿，男性可有阴囊冷缩、阳痿滑精，女性可有闭经和白带清稀等症状。肾被认为是人体阳气的根本之所在，其他脏腑的阳虚久之可演变为肾阳虚。治疗寒邪病证，外寒以祛寒为主，内寒则以温补助阳为主。

罕百里学派 Ḥanbalīyah, al- 伊斯兰教教法学派。逊尼派四大教法学派之一。创始人伊本·罕百里是保守的正统派代表，坚持教法的每条规定，都要以圣训为依据，即使是可疑的圣训，也予以承认。由于否认一切形式的推理，被视为圣训学家而称不上教法学家。以他名义汇编的《穆斯奈德》，包含28 000条圣训，是学派形成的基础。为在教法中坚持法律和伦理的双重规范，该学派精心构筑了自己的教法体系，同时也不得不接受以公议，而不是以圣训为基础的教法学理论，承认类比推理。该学派兴盛于12世纪，以巴格达为中心，一度流行于伊拉克、叙利亚和伊朗。14世纪时学派中心转移到大马士革，因伊本·太米叶和伊本·盖伊木的改革活动而在叙利亚盛行。而后该学派日趋衰落。18世纪的瓦哈比派得势后，使该学派在阿拉伯半岛得以复兴。20世纪该学派在阿拉伯半岛中部和北部占据统治地位，还流传于贾希兹、阿布扎比和南亚次大陆部分地区。

汉 Han (304～318) 中国十六国时匈奴贵族刘渊所建政权。先后都左国城（今山西离石北）、蒲子（今山西隰县）、平阳（今山西临汾西）。历3主，共14年。

西晋八王之乱中，刘渊利用匈奴人民对西晋统治者的反抗情绪和西晋统治阶级内部混战的有利形势，起兵反晋。304年十月，刘渊于左国城即王位，建国号曰汉。随即向晋展开军事进攻。石勒等归附于渊，受汉官爵。308年，刘渊徙都蒲子。十月，称皇帝，迁都平阳。此后，石勒在河北各地屡败晋军。部众发展到10余万。刘渊遣将败晋军于延津，沉杀男女3万余口于黄河。310年七月，刘渊病死，太子刘和继位，

汉世系表

①高祖光文帝刘渊（304～310）－②烈宗昭武帝聪（310～318）－③少主粲（318）

渊第四子刘聪杀和自立。十月，聪遣刘曜、王弥率大军攻掠河南诸州郡。次年六月，破洛阳，俘晋怀帝司马炽。316年，刘曜等攻关中，十一月破长安，晋愍帝司马邺被俘，西晋亡。至此，中原广大地区都纳入汉的版图。但石勒的势力也在发展，形成割据，汉政权直接控制的地区只限于山西和陕西各一部。刘聪在其直接控制地区实行胡汉分治政策：设左、右司隶，各领户20余万，万户置一内史，构成统治汉族人民的组织系统；又继承刘渊时制度设大单于，其下设单于左、右辅，各主六夷10万落，万落置一都尉，以统治各少数族人民。在非直接控制地区则设置州牧、郡守。刘聪穷兵黩武，荒淫残暴，不断激起各族人民的反抗，加以饥荒，国势渐衰。318年，刘聪病死，太子刘粲继位，旋即为匈奴贵族靳準所杀，汉亡。

汉堡 Hamburg 德国最大港口、第二大城市，也是仅次于柏林的城市州。位于德国北部，易北河、阿尔斯特河与比勒河的汇流处，距北海110千米。面积755平方千米。人口177.21万（2008）。市内地势平坦，平均海拔仅6米，为温带海洋性气候，温湿多雾。

汉堡市鸟瞰

公元9世纪初始建汉玛城堡。1188年兴建城市和港口。13世纪后加入汉萨同盟，发展为贸易中心。1618年定为自由市。17世纪末为德国仅次于科隆的第二大城市。1860年兴建潮汐港。1871年德国统一后城市发展更快，19世纪末人口达70万。1933年阿尔托纳等邻近城镇并入，人口增至113万。第二次世界大战时遭受严重破坏，战后重建。

汉堡港是德国最重要海港，被称为“两海三河之港”，是德国通向世界的门户。港区面积75平方千米，65千米长的码头岸线有300多个泊位，与世界1 100个港口联系。是欧洲仅次于鹿特丹的第二大集装箱枢纽港。德国北部陆路交通枢纽。市郊建有德国北部最大的国际机场。汉堡有2 000多座桥梁，是欧洲次于威尼斯的桥梁最多的城市。工业发达，造船、炼油和石油化工、进口原料精加工（如炼铜、食品等）均居全国首位，航空航天、精密机械、光学仪器等也很著名，中小企业占重要地位。德国北部最大金融中心有德国最古老的证券交易所。汉堡有95个驻德领事馆，是世界最大的领事馆城市。

绿色文化城市，被称为“绿色大都市”。其中以阿尔斯特湖公园最著名，有“汉堡的明珠”之美誉。德国的媒体中心，德意志新闻社总部所在地。汉堡大学和同步加速器研究所世界著名。有4座国家剧院（汉堡国家歌剧院是德国最古老的歌剧院），以及博物馆10多个。汉堡交响乐团、汉堡国家爱乐乐团、北德广播交响乐团三大乐团闻名欧洲。著名音乐大师门德尔松和勃拉姆斯的诞生地。主要名胜有市政厅、米迦勒教堂、海因里希·赫兹电视塔和哈根贝克动物园。

《汉堡规则》 *Hamburg Rules* 解释国际货物买卖惯例的通则，旨在全面修订《海牙规则》和《维斯比规则》。《联合国海上货物运输公约》的习称，因在德国汉堡召开的联合国全权代表会议上通过而得名。1978年3月签订，1992年10月开始生效。

《汉堡规则》共7章34条。第1～26条是对《海牙规则》的修改和补充，第27～34条是加入、退出和修改公约的程序规定。与《海牙规则》相比，主要是加重了承运人的责任，对船货双方的权益和责任作了较为合理的规定：①承运人在其责任范围内，对于货物灭失负赔偿责任。②提高了单位货物的赔偿限额，规定每件货物或其他每一货运单位货物的最高赔偿限额为835计算单位（特别提款权）或毛重每千克2.5计算单位（特别提款权），两者中以高者为限额。③延长了货损通知时间，诉讼时效由1年延长为2年。④废除了驾驶和管理船舶的过失免责条款等。

《汉堡剧评》 *Hamburg Dramaturgy* 德国戏剧家G.E.莱辛的论著。系1767～1769年在汉堡剧院担任剧评家期间所撰写的104篇论文之合集。作者在其中明确提出了一系列现实主义理论原则，乃德国文艺史上这一理论的奠基之作，更为德国民族戏剧的建立提供了理论基础。莱辛认为，戏剧必须真实地模仿“自然”，在模仿自然的过程中，把握生活的本质，不能成为事物表面现象的俘虏。莱辛认真分析了亚里士多德的戏剧理论，抨击了法国古典主义的曲解及其清规戒律，主张通过效法W.莎士比亚来创立民族戏剧。此外，他还就戏剧的净化功能、戏剧语言、剧本创作以及表演等各个方面发表了独到的见解。

汉朝 Han Dynasty 中国秦王朝灭亡之后由汉高祖刘邦建立的统一王朝（前202～公元220）。包括西汉（也称前汉，前202～公

元8）、**东汉**（又称后汉，公元25～220）两个历史阶段。两汉之际有**王莽**新朝的短暂统治（公元8～23）。民众起义推翻新朝后，曾经出现各军事集团割据的局面，控制关中等地的是**刘玄**的更始政权（公元23～25）。西汉、新朝和刘玄的更始政权以长安（今陕西西安）为统治中心。东汉定都洛（雒）阳（今河南洛阳东）。汉高祖刘邦建立的西汉王朝，各种制度基本上沿袭秦朝而有所增益，力求在稳定中求发展。文景之治以后出现的汉武帝，巩固并发展了统一事业和专制主义中央集权制度。他统治的半个世纪，是西汉王朝的鼎盛时期。武帝以后，国力逐渐衰落，社会矛盾激化，终于暴发赤眉、绿林起义。汉光武帝企图进一步加强专制皇权，但是封建田庄经济的发展，豪强地主势力的扩张，滋长着分裂因素。外戚、宦官挟持幼帝，统治日趋腐朽。黄巾起义瓦解了东汉王朝。189年东汉政权被权臣逼迫，迁离洛阳，从此至220年，东汉正朔虽存，但历史已进入三国时期。

西汉初年的休养生息 楚汉之际四年多的战乱中，社会经济凋敝。新建立的西汉政权，府库空虚，财政困难。汉高祖刘邦把恢复农业生产，稳定封建秩序作为自己的首要任务。他采取了一些重要的措施：①兵士罢归家乡。②命令在战乱中聚保山泽的人各归本土，恢复故爵、田宅。③以饥饿自卖为奴婢的人，一律免为庶人。④抑制商人。⑤减轻田租，十五税一。汉高祖还命丞相**萧何**制定《九章律》，作为巩固统治的重要工具。又命陆贾著书论说秦失天下的原因。汉初统治者认识到，在当时的条件下，只有轻徭薄赋慎刑，才能缓和农民的反抗，巩固自己的统治。惠帝、**吕后**时期，黄老无为思想在政治上起着显著作用。文帝、景帝统治时期，继续与民休息，社会经济逐渐发展，史称**文景之治**。

汉初的历史，是社会经济从凋敝走向恢复和发展的历史，也是中央集权逐步战胜地方割据的历史。汉高祖把六国旧贵族以及其他“豪杰名家”10余万口，迁到长安附近，以抑制他们的分裂活动。另外，汉高祖消灭了除长沙王以外的异姓诸侯王。同时，在异姓王的旧地陆续分封同姓诸侯王。吕后统治时期，大封诸吕为王、侯。文帝时期同姓王的势力更加发展。景帝时，诸侯吴国跋扈，**晁错**上《削藩策》。景帝三年（前154）吴王濞发动了七国之乱（见**吴楚七国之乱**）。七国之乱平定以后，中央集权走向巩固，国家统一显著加强。针对**匈奴**常常侵扰边境，汉高祖取“家人子”为公主，与匈奴结和亲，并开放汉与匈奴之间的关市。文景时期，继续与匈奴和亲，厚予馈赠，但是匈奴仍然不断侵犯边境。文帝用晁错之议，募民迁徙塞下，垦田筑城，加强边防。南越之地本是秦的郡县，越、汉杂居。高祖十一年（前196），南越王赵佗接受了汉朝封号，愿为藩辅。赵佗一度自称南越武帝，与汉朝皇帝相抗衡。吕后因此派军出征。文帝为了休养生息，尽量避免对南越用兵。后赵佗答应取消帝号，恢复藩属关系。

西汉社会经济的发展 西汉初年，铁制农具已推广到中原以外的很多地区，并主要用牛耕。农民已有“深耕概种，立苗欲疏”的经验。这一时期，水利事业很发达。武帝时在泾水与渭水之间，修建了白渠。元封二年（前109），武帝发卒数万人堵塞黄河决口。此后黄河才流归故道，80年中未成大灾。西汉时的农业生产提高到一个新的水平。

在西汉的手工业中，冶铁业占有重要地位。西汉冶铁技术有了重大的发展。郑州冶铁遗址中炼铁的燃料，除木材外，还有原煤和煤饼，这是已知的中国历史上最早用煤的遗存。采铜和铜器手工业也很发达。丝织业是西汉的重要手工业之一，是北方居民的家庭副业。西汉的丝织物通过馈赠、互市或贩卖，大批输往边陲各地，远至中亚各国和大秦。西汉漆器产地分布广，漆器加鎏金釦或银釦，称为釦器。漆器和釦器都是名贵的手工业品，制作复杂，分工精细。此外，煮盐、酿造等业，都是重要的手工业行业。

图1 “汉并天下”瓦当（陕西临潼栎阳出土，陕西历史博物馆藏）

图2 西汉轺车、铜俑（甘肃武威雷台墓葬出土）

随着农业、手工业的发展，商业也繁荣起来。首都长安是全国最繁华最富庶的城市。洛阳、邯郸、临淄、宛、成都（当时合称五都）、番禺等城市，是全国主要的都会。全国各地区、各都会之间，有大道相连。西汉中期以后，对外贸易发达起来。沿着**丝绸之路**，运入各种毛织物和其他奢侈品，运出大宗丝织品。海上贸易的重要港口是番禺。

汉武帝时期专制主义中央集权制度的加强 汉武帝统治的54年，是西汉王朝的鼎盛时期，也是封建制度下中华民族的一个蓬勃发展时期。为加强皇权，汉武帝采取了一些措施，加强中央集权。

削弱王国势力 元朔二年（前127），汉武帝采纳**主父偃**的建议，颁布**推恩令**，使诸侯王国的辖地缩小。元鼎五年（前112），武帝又削夺106个列侯的爵位。元狩元年（前122），武帝下令尽捕贵族的宾客党羽。

实行察举制度和建立太学 元光元年（前134），武帝初令郡国举孝、廉各一人，确立了察举制度。日后，孝廉一科成为士大夫仕进的主要途径。武帝在长安城外兴建太学培养封建官僚。武帝还初步建立了地方教育系统。实行察举制度和建立太学后，一般地主子弟入仕的门径比过去宽广，少数出自社会下层的人，也得到入仕的机会。

西汉世系表

- ①高祖刘邦（前206～前195）
  - ③高后（少帝恭、少帝弘）（前188～前180）
  - ④文帝恒（前180～前157）
    - ⑤景帝启（前157～前141）
      - ⑥武帝彻（前141～前87）
        - ⑦昭帝弗陵（前87～前74）
        - 戾太子据
          - 史皇孙进
            - ⑧宣帝询（前74～前49）
              - 淮阳王钦
                - 广戚侯勋
                  - 广戚侯显
                    - ⑬孺子婴（公元6～8）
              - ⑨元帝奭（前49～前33）
                - ⑩成帝骜（前33～前7）
                - 定陶王康
                  - ⑪哀帝欣（前7～前1）
                - 中山王兴
                  - ⑫平帝衎（前1～公元5）
        - 昌邑王髆
          - 昌邑王贺
  - ②惠帝盈（前195～前188）

削弱丞相权力　西汉初年，由于丞相权重，皇帝与丞相之间，容易出现矛盾。元朔五年（前124），武帝任命**公孙弘**为相。公孙弘起自"布衣"，不敢稍违皇帝旨意。从此以后，丞相完全在皇帝的掌握之中。武帝任用一些亲信，让他们出入禁省，参与大政。这种人在皇帝左右，逐渐形成一个宫内决策的机构，称为中朝或内朝，与以丞相为首的政务机关外朝相对应。皇帝依靠中朝，加强统治；中朝则恃皇帝之重，凌驾外朝。

加强中央军力　按照汉初的军事制度，军力分散于全国各地，都城无重兵。元鼎六年（前111），武帝创建八校尉。建元三年（前138），设期门军。太初元年（前104），设羽林军。京师军力得到加强。

设置刺史　元封五年（前106），武帝在全国13州部设部刺史；征和四年（前89），武帝置**司隶校尉**。加强了中央对地方的控制，起了强干弱枝的显著作用。

任酷吏和严刑法　为了打击不法的豪强游侠，汉武帝除了迁徙强宗大姓，不许他们族居以外，还大批地任用酷吏，诛锄豪强。同时，又命酷吏**张汤**、赵禹等人条定刑法。

统一货币　汉初以来，货币质量低劣，折算困难，影响国库收入。元狩五年（前118）武帝铸**五铢钱**。元鼎四年（前113），武帝取消郡国铸钱的权力。这次禁令很严格，新币质量又高，盗铸无利可图，所以币制得到较长期的稳定，五铢钱乃成为由此至隋代700余年中国家铸币的主要形式。

盐铁和实行均输法、平准法　盐铁的办法是在产地设盐官或铁官，由官家收购发卖。盐铁和实行均输、平准，使富商大贾难以牟大利，也使物价不致暴涨暴落。同时，使一部分手工业和商业利润归于国家。此外，还起着控制诸侯王和豪强大贾的政治作用。

算缗和告缗　元狩四年（前119），武帝开始实行算缗钱，规定商人、兼营手工业的商人以及高利贷者，必须向政府申报。元鼎三年（前114）武帝下令**告缗**，鼓励告发，规定以所没收违令商人资财的一半奖给告发人。汉武帝通过算缗和告缗打击了大商贾的势力。

西汉王朝同周边各族的关系　西汉时期，中国各民族之间，出现了比以前更为密切的政治、经济、文化交往。

越　武帝建元三年（前138），闽越发兵围东瓯。东瓯内徙至江、淮之间，成为西汉的编户齐民。建元六年，武帝派兵攻闽越。汉封原闽越王无诸之孙繇君丑为越繇王，以后又封余善为东越王，封越人贵族多人为侯。元封元年（前110）越繇王和东越贵族杀余善，汉把越人徙处江、淮之间。江、淮之间的东瓯人和闽越人此后逐渐同汉人融合。元鼎五年（前112），汉军攻入南越，越人贵族很多人受汉封为列侯。

图3　五铢钱范（陕西澄城坡头铸钱遗址出土）

东汉世系表

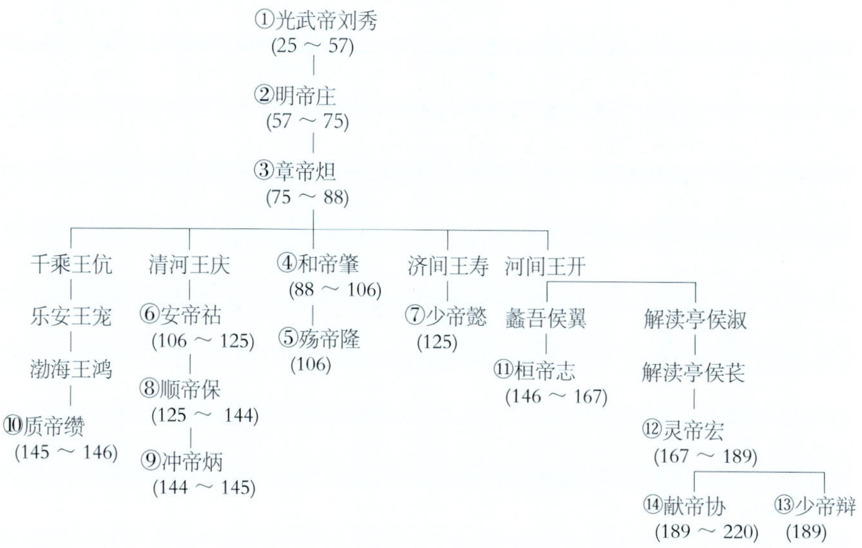

匈奴　元光二年（前133），汉武帝企图一举歼灭匈奴主力。单于发觉汉的诱兵计划，中途退归。元朔二年（前127），**卫青**夺回河套一带，解除了匈奴对长安的直接威胁。汉在那里设置朔方郡（治今内蒙古杭锦旗北）。元狩二年（前121），**霍去病**将兵远征，过焉支山（今甘肃山丹东南），缴获匈奴休屠王的祭天金人。同年夏，逾居延海，沉重地打击了匈奴右部。汉廷又在匈奴故地设立酒泉、武威、张掖、敦煌四郡，沟通了内地与西域的直接交通。元狩四年，卫青北至寘颜山赵信城（约在今蒙古杭爱山以南）而还。霍去病军至狼居胥山，临瀚海而还。经过这几次重大战役以后，匈奴力量大为削弱，百余年来，北方农业区域所受匈奴的威胁，到此基本解除，边郡和内地之间，联系大为增强。竟宁元年（前33），汉元帝以王昭君嫁给呼韩邪单于，恢复了和亲，结束了百余年来汉同匈奴之间的战争局面。

张骞通西域　西汉以后，玉门关和阳关以西即今新疆乃至更远的地方，被称作西域。张骞于建元二年（前139）率众出陇西向西域进发。元朔三年（前126）回到长安。张骞的西行传播了汉朝的声威，获得了大量前所未闻的西域资料。元狩二年（前121），汉军击破匈奴，取得了河西地带。从此，汉与西域之间的道路终于打通了。元狩四年，张骞再度出使西域，汉同西域的交通频繁起来。昭帝时汉政府在轮台、渠犁等地各驻兵屯垦，置使者校尉领护。这是西汉王朝在西域设置军政机构的开始。神爵二年（前60），汉在西域设立都护。西域诸国与汉朝的臣属关系，至此完全确定。元帝建昭三年（前36），汉军远征康居，汉和西域的通道大为安全了。西域道畅通以后，天山南北地区第一次与内地联为一体。除此以外，中原同西域乃至更远地区之间经济、文化联系日益密切。

羌　西汉初年，羌人臣服于匈奴。汉武帝击走匈奴后，从令居（在今甘肃永登境）向西筑令居塞。宣帝时，羌人与汉争夺湟水流域的牧地。宣帝令赵充国等率兵进攻，取得了胜利，置金城属国以接纳归附的羌人。昭、宣以后，部分羌人逐渐内徙，在金城、陇西一带与汉人杂居。

西南各族　西南地区，汉朝时统称为西南夷。西汉初年，西南各族地区与巴蜀等地维持着交换关系。建元末年，武帝派唐蒙到夜郎进行活动。元狩元年（前122），武帝派使者自巴蜀四出，企图找到通身毒（印度）的道路。此后，汉和滇的道路打通了，汉对夜郎及其附近各族的控制加强了。元封二年（前109），滇王降汉。

乌桓和鲜卑　汉初以来，乌桓臣服于匈奴。武帝时霍去病率军击破匈奴左地后，把一部分乌桓徙于今河北北部及辽宁南部。昭帝以后乌桓渐强，常常骚扰汉幽州边郡，也常常攻击匈奴。鲜卑自从被匈奴冒顿单于击破后，远徙辽东塞外，南与乌桓相邻，没有同西汉发生直接联系。

西汉阶级矛盾的发展与王莽改制　汉武帝统治时期，一方面社会经济发展到颇高的水平；另一方面，豪强之徒兼并土地的现象，比以前更为严重，农民起义不时发生。武帝决心与民休息，农民暴动暂时平息了。昭、宣时期社会经济有所恢复和发展。昭帝始元六年（前81），**桑弘羊**等与郡国所举贤良文学辩论施政问题，这就是盐铁之议。对于休养生息政策的继续实行，起了促进作用。汉宣帝继位后，慎择刺史守相，平理刑狱，减免田赋，降低盐价，被称为中兴之主。但当时西汉统治集团积弊已深，难以遏止。元帝时，农民由于受乡部胥吏无端勒索，实在穷困已极，就只有起为“盗贼”。成帝时，西汉王朝走上了崩溃的道路。成帝大兴徭役，加重赋敛。外戚王氏逐步控制了西汉政权，贪贿掠夺。其他的官僚也依恃权势，大占良田。成帝即位不久，今山东、河南、四川等地即相继暴发了农民和铁官徒的暴动。哀帝时，西汉王朝的危机更加严重。

孺子婴居摄三年（初始元年，公元8年），王莽自立为帝，改国号为新。王莽为缓和社会矛盾，托古改制。王莽改制未能挽救社会危机，反而使所引起的混乱愈来愈大。更始元年（公元23年），王莽政权终于在起义农民的打击下彻底崩溃。

赤眉、绿林起义 反对王莽政权的农民起义，首先发生在北方边郡地区。接着，黄河流域和长江流域也相继出现了农民暴动（见赤眉、绿林起义）。

东汉时期封建经济的发展和豪强势力的扩张 东汉时的农业生产比西汉时有了提高。铁农具的使用大大超过西汉。南方的蚕桑业逐步推广。明帝时，王景和王吴，率卒修治黄河、汴渠，使黄泛地区广大土地重新得到耕种。关东地区以至于长江以南，陂池灌溉工程也陆续兴建起来。生产工具和生产技术的改进，使农产品的亩产量显著提高。东汉初年，不少人私自冶铁铸器。和帝即位，正式罢盐铁之禁。从此各地私铸日盛。铁器的使用已遍及于人民生活的各个领域。炼铜和铜器制作，在长江以南的很多地方都很发达。铜镜远销国外，日本、朝鲜多所发现。此外蜀郡、广汉的漆器生产也有发展。北方各地有品种繁多的精美丝织品。东汉时期，北方的通都大邑，商业仍然发达。首都洛阳是东汉商业最发达的城市。官僚贵戚凭借权势，还从事西域贸易和国外贸易。东汉经济中，南方经济水平显著提高，人口大量增加。

封建经济的发展，在西汉后期导致了豪强势力的扩张。光武帝在建武十五年，下诏州郡检核垦田顷亩和户口年纪，其目的除了为掌握确实的名籍和田数，以增加赋税收入外，更重要的是企图通过户口年纪的检核，以控制和解散豪强武装。此后，豪强武装转为隐蔽状态，形势相对缓和了。豪强地主势力的基础是他们的大田庄。田庄内部“闭门成市”，基本生活所需，在一定程度上可以不必仰赖田庄外面的市场。据《四民月令》记载，大地主的田庄里，还拥有一支私家武装。

东汉统治阶级内部的矛盾 为进一步加强中央集权，在政治上，光武帝不给功臣实权实职，剥夺他们的兵柄。对于外戚，在经济方面尽量优容，但不允许干预政事。在中央政府中，实际权力在中朝的尚书台。宫内有些官职专由宦官充任，以便皇帝直接掌握，随意指使。在地方政权方面，注意减少开支，州逐渐变为具有郡以上一级地方政权性质的行政区域，州刺史变为具有统郡职能的长官。光武帝将军队指挥权完全集中在中央和皇帝之手。光武帝特别提倡讲经论理，从儒生中选择统治人才。早在建武五年，光武帝就着手建立太学，设置博士。明帝更是广召名儒。郡国学校也纷纷建立起来。此外，更重要的是用察举、征辟以及举贤良方正、明经等科目，网罗地主士大夫的子弟做官。

强化的专制体制起着相反的作用，促成了外戚、宦官的专权和他们之间的斗争。和帝10岁即位，窦太后临朝，太后兄窦宪掌握政权。和帝在深宫中可以依靠的只有贴身的宦官。永元四年（92），他用宦官郑众掌握的一部分禁军，消灭了窦氏势力。郑众从此参与政事，这是宦官用权的开始。安帝13岁即位，实际掌权的是和熹邓皇后和她的兄弟邓骘等人。延光四年（125），宦官孙程等人，拥立11岁的济阴王为帝（汉顺帝）。孙程等皆得封侯，宦官的权势大为增长。顺帝死后，梁太后和梁冀先后选立冲（2岁）、质（8岁）、桓（15岁）三帝。梁太后也任用宦官。但是根本大权还是掌握在梁冀手里。梁冀死后，宦官独揽政权，权势达于顶点。

图4 东汉君车出行（河北安平逯家庄出土）

东汉时期，士人主要通过察举、征辟出仕。东汉后期的士大夫中，出现了一些累世专攻一经的家族，通过经学入仕，又形成了一些累世公卿的家族，即所谓门阀大族。门阀大族是大地主中长期发展起来的一个具有特殊地位的阶层。东汉后期，官僚士大夫中出现了一种品评人物的风气，称为清议。安帝、顺帝时，太学成为清议的中心。太学诸生，特别尊崇李膺、陈蕃、王畅等人。延熹九年（166），发生党锢事件。直到黄巾起义发生后，党人才被赦免。

东汉王朝同周边各族的关系 东汉时期，周边各族与汉的交往比西汉时期更加频繁。

南匈奴和北匈奴 东汉初年，匈奴的势力有所发展。建武年间，匈奴分裂为南北两部。南单于同东汉和平相处，边境安宁。北匈奴离汉边较远。他们控制着西域，常常侵扰河西和北方郡县。章帝时，北匈奴贵族到武威与汉人合市。明帝永平十六年（73），汉军出击北匈奴，至天山和蒲类海（今新疆巴里坤湖），夺得伊吾（今新疆哈密西）。和帝永元元年（89），北匈奴降者20余万人。汉军出塞3 000余里，直至燕然山（今蒙古杭爱山），命班固刻石而还。永元三年，匈奴败于汉军后离开了蒙古高原，向西远徙。鲜卑族占据了匈奴的故地。

西域诸国 东汉初，西域北道诸国，复受制于匈奴。明帝永平十七年（74），东汉恢复西域都护。和帝时，窦宪连破匈奴，匈奴主力向西远徙。汉以班超为西域都护。永元九年（97），班超派甘英出使大秦（罗马帝国的东部地区）。安帝于延光二年（123）任命班勇为西域长史，再一次打通了西域道路。班勇以来，东汉以西域长史代行都护之职。建安年间，西域始与中原暂时断绝联系。

乌桓、鲜卑及东北各族 东汉初年，乌桓、鲜卑常骚扰汉北方各郡。光武帝建武二十五年（49）封乌桓渠帅为侯王君长。此后百余年，乌桓叛服不常。光武帝末年，许多鲜卑大人陆续率部归附东汉。东汉击走北匈奴后，残留的北匈奴人与鲜卑人逐渐融合。在松花江流域，居住着以农业生活为主的扶余人。光武帝时扶余遣使奉贡。扶余东南鸭绿江流域的山地，聚居着高句丽人，光武帝时，高句丽使臣曾至京师奉贡。

羌 王莽末年，羌人大量入居塞内，与汉杂处。此后，他们苦于官吏和豪强的侵夺，常常起而反抗，屡次击败东汉军队。

黄巾大起义 和帝、安帝以后，东汉统治集团腐朽，豪强势力扩张，轮流当政的宦官外戚竞相压榨农民，农民境况日益恶劣。灵帝中平元年（184）二月，以黄巾为标志的农民军起义，中国历史上第一次组织、准备比较严密的农民战争暴发。黄巾起义瓦解了东汉王朝。宦官、外戚集团失去了东汉王朝的凭借，经过短暂反复以后也就从历史上消失了。

汉代文化 随着经济的发展，社会的进步，汉代的科技文化日益繁荣。

儒学的独尊 西汉初年，道家的黄

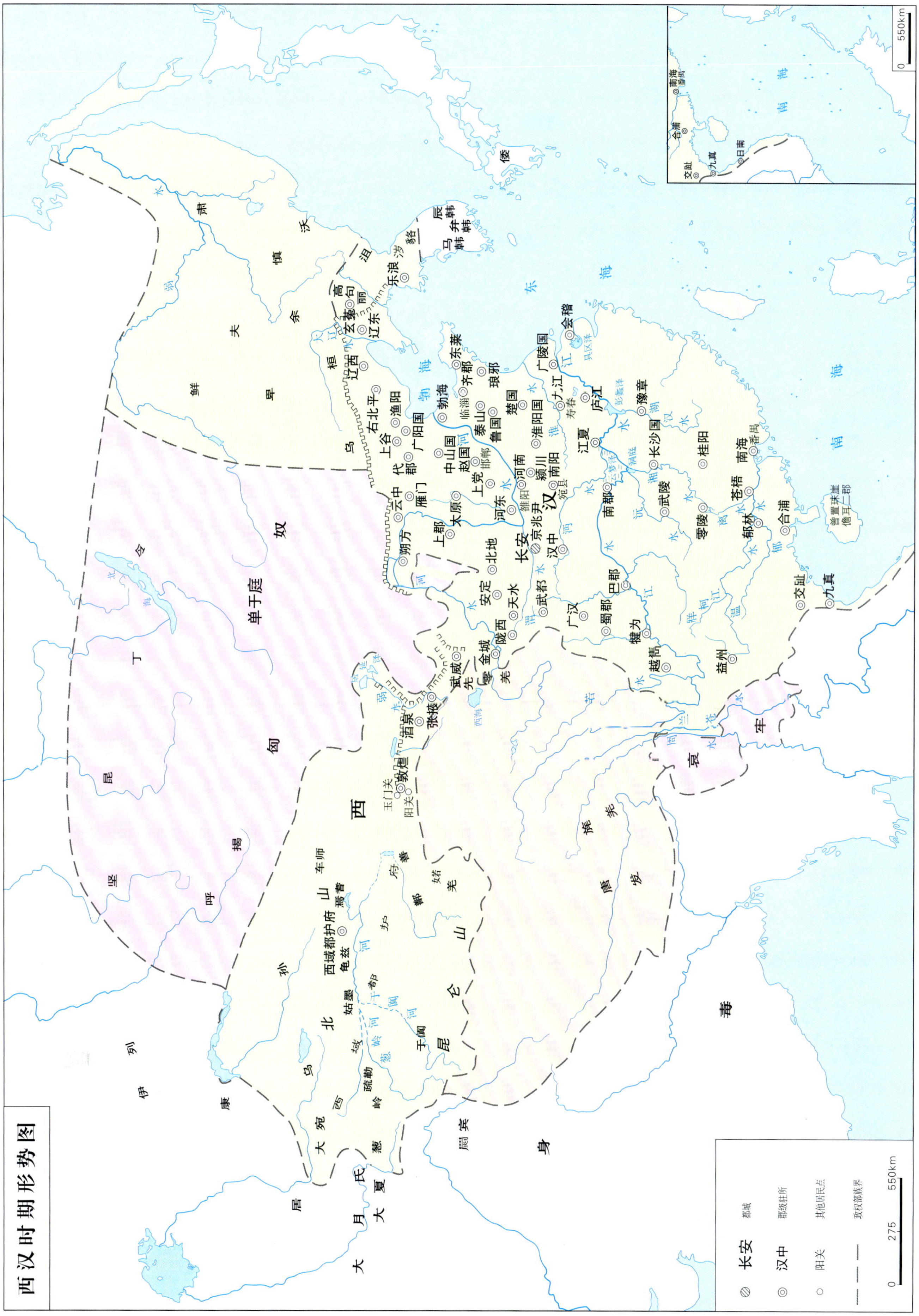
长安 都城
汉中 郡级驻所
阳关 其他居民点
政权部族界
0 275 550km
匈奴
单于庭
西域都护府
龟兹
姑墨
疏勒
焉耆
车师
于阗
楼兰
鄯善
大宛
大月氏
大夏
乌孙
康居
罽宾
身毒
坚昆
丁令
呼揭
乌桓
鲜卑
夫余
高句丽
沃沮
秽貉
辰韩
弁韩
马韩
倭
东海
南海
渤海
羌
哀牢
敦煌
玉门关
阳关
酒泉
张掖
武威
金城
陇西
天水
武都
安定
北地
朔方
上郡
太原
云中
雁门
代郡
上谷
渔阳
右北平
辽西
辽东
玄菟
乐浪
广阳国
中山国
赵国
邯郸
上党
河东
河内
河南
京兆尹
汉中
广汉
蜀郡
巴郡
犍为
越嶲
益州
南郡
江夏
南阳
颍川
淮阳国
楚国
鲁国
泰山
齐郡
临淄
东莱
琅邪
广陵国
九江
寿春
庐江
会稽
豫章
长沙国
武陵
零陵
桂阳
苍梧
郁林
合浦
南海
番禺
交趾
九真
日南
儋耳
珠崖
沅水
湘水
漓水
汉水
淮水
渭水
彭蠡泽
云梦泽
洞庭
具区泽
西海
盐泽
葱岭
昆仑山
天山
西汉时期形势图

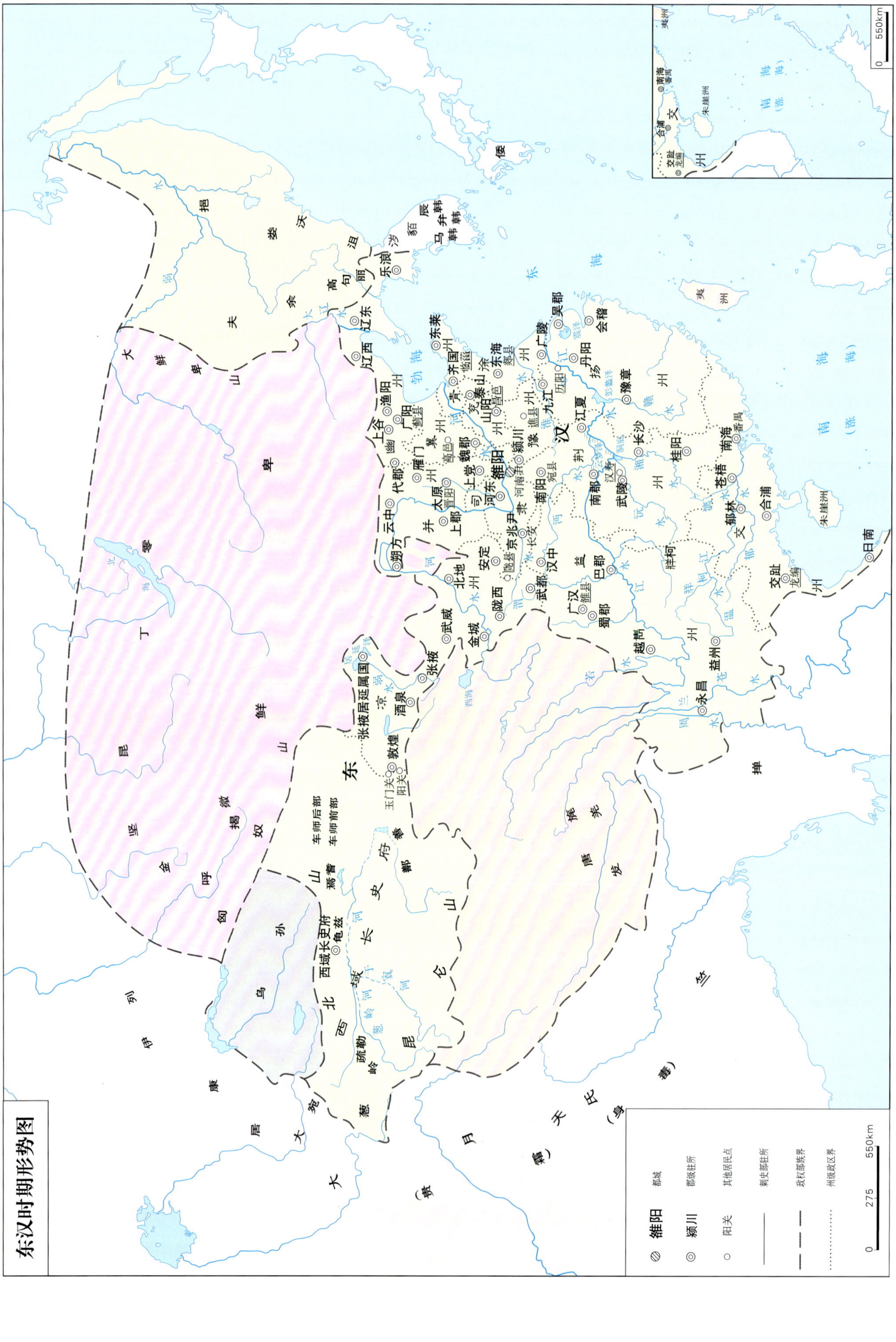

东汉时期形势图

老无为思想为汉初统治者所提倡，居于支配地位。文、景时期，出现了由无为到有为、由道家到儒家的嬗变的趋势。武帝于建元年间罢黜百家，独尊儒术，有利于专制制度的加强和国家的统一。甘露三年（前51），宣帝召集儒生在石渠阁会议讲论五经异同。儒学传授出现昌盛的局面。在儒学发展的同时，也出现了搜集与整理图书的热潮。刘向、刘歆父子完成了总校诸书的工作，并且写出中国第一部目录书《七略》。汉代，经学中出现了今文和古文两个流派，各持不同的底本，各有不同的经解。秦汉以来，出现了一种谶纬之学。谶纬的流行，今文经的谶纬化，使经学的内容更为空疏荒诞。因此，许多儒生专攻或兼攻古文经，反对谶纬。许慎编成《说文解字》，郑玄为《毛诗》、《三礼》作注，除起了抑制今文经和谶纬发展的作用外，对于古史和古文字、古文献的研究也有贡献。中国最早的官定经本《熹平石经》，对于纠正今文经学家臆造别字，维护文字的统一，起了积极作用。

王充的唯物主义思想　在反谶纬的思潮中，王充在哲学问题上跳出了经学的圈子，以唯物主义思想有力地攻击了谶纬的虚妄，批判了经学的唯心主义体系。

佛教和道教　佛教约于西汉哀帝元寿年间传入中国内地。献帝初平年间开始大规模造像和招致信徒。东汉后期，逐渐形成了早期的道教思想。东汉后期道教多被用作组织手段发动农民暴动。灵帝时，巨鹿张角创太平道。同时，还出现了五斗米道。后世以张陵为教主的天师道，主要就是从五斗米道发展而来的。

史学　官府撰修本朝历史的传统，在秦汉时期被继承下来了。司马迁撰修《史记》，这是中国历史上第一部内容完整、结构周密的历史著作。《史记》创造了历史书籍的纪传体新体裁，成为此后2000年中编写王朝历史的规范。东汉班固所撰《汉书》，是中国第一部完整的断代史。东汉时期修成的史书，还有官修《东观汉记》、赵晔《吴越春秋》和佚名《越绝书》等。

文学　汉代的文学作品，主要有汉赋、散文、汉乐府诗三种形式。汉武帝之世，是赋的成熟时期，赋家接踵而出，其中最著名的是司马相如。西汉后期，最著名的赋家是扬雄；东汉时期，则以班固、张衡最有名。两汉的散文文学，有很大的成就。西汉初年贾谊和晁错的政论文，对后代散文的发展有深远的影响。汉代散文的最高成就，是司马迁的《史记》一书。班固《汉书》也是一部文学名著。汉代的乐府民歌是两汉诗歌的最大成就。建安年间的叙事诗《孔雀东南飞》，又是汉代乐府民歌发展的最高峰。

艺术　汉代绘画艺术发达。汉代以来，装饰性的壁画流行，宫殿邸舍和墓室多有壁画。东汉时期的画像石和画像砖题材丰富，线条清晰，形态逼真。汉代的立体雕刻艺术更为成熟。东汉陶俑以成都的说唱俑和洛阳的杂技俑造型最生动，是汉代艺术珍品。西汉初年，盛行楚歌、楚舞，巴渝舞也传入了长安宫廷。武帝以后，琵琶、箜篌等乐器从西域或它地陆续传入中土，中国古典乐舞比过去更为丰富多彩。

天文历算　汉代天文学领域的代表人物是东汉张衡。他设计了一种新的浑天仪。他还创造了候风地动仪，以测定地震的方位。汉人从星辰运行中推算出一年的二十四节气，其名称和顺序与后世通行的完全符合。汉武帝于太初元年（前104）颁行《太初历》，这是中国第一部记载完整的历法。最晚到汉武帝时期，出现了中国第一部天文历算著作《周髀算经》。汉代最重要的算学著作是《九章算术》，它标志着中国古代数学的完整体系的形成，在世界数学史上，《九章算术》也占有重要地位。

农学　两汉时期，农学已成为一种专门的学科。《氾胜之书》是中国历史上第一部完整的农学著作。东汉后期成书的《四民月令》，记载了很多农业生产和管理经验。

医学　中国医学的完整体系，也是在秦汉时期建立起来的。编撰于战国时期，西汉时最后写定的《黄帝内经》，是中国现存最早的一部医书。东汉的《神农本草经》，是中国第一部完整的药物学著作。西汉医家，以淳于意最有名。建安时期的张仲景、华佗，是当时病理、医术造诣最高的人。

化学的起源　两汉时期，由于铜铁冶炼和制陶、制革、染色、酿造等手工业生产的发展，人们积累了一些化学反应的知识。汉武帝时期，方士们通过炼丹的实践，更多地了解到汞、铅、硫黄等物质。东汉时的《周易参同契》，是世界上最古的系统地论述炼丹的书籍。

纸的发明　植物纤维造纸方法的大规模推广，始于东汉和帝时。蔡伦制造出价格低廉、适于书写的纸张，人们把这种纸称作蔡侯纸。中国的造纸术后来逐步传入朝鲜、日本和中亚各国，又经阿拉伯传入欧洲，对世界文化的发展起了促进作用。

汉川市　Hanchuan City　中国湖北省辖县级市。位于省境中部，汉江下游。面积1 663平方千米。人口111万（2008）。有汉、蒙古、回、苗、满、土家等民族。北周保定元年（561）置甄山县。唐武德四年（621）改设汉川县，因汉江横穿县境而得名。1997年撤县设县级汉川市。由孝感市代管。矿产资源有岩盐、高岭土、石灰岩、煤、陶土、石英岩等。工业以冶金、电力、化工、纺织、机械、电子、建材、食品加工、塑料包装、电线电缆等为支柱产业。农业主产水稻、小麦、棉花、油菜、花生、蔬菜、水果、茶叶、花卉和生猪、家禽等为主。名胜有仙女山、汈汊湖、白石湖、南河天然溶洞等。

汉代墓室壁画　murals in tombs of Han Dynasty　中国汉代墓室中的装饰壁画，兴起于西汉早期，盛行于东汉。墓主多为高官显贵或地方豪强。汉墓壁画对于了解汉代社会的经济和文化及审美思想和绘画的发展具有重要意义。

汉墓壁画的发现，始于东北地区。从1895年到1945年间，日本人在中国东北进行田野考古，先后盗掘了辽宁省辽阳北园、迎水寺、玉皇庙、南林子及大连营城子等地的汉魏时代的壁画墓。中原汉代壁画墓发现于20世纪初，1916年前后传出河南省洛阳市旧城西八里台的一座西汉晚期空心砖壁画墓因被盗掘而发现，部分空心砖现

图1　河南洛阳烧沟西汉墓壁画

图2　河北安平东汉墓壁画《君车出行图》

藏美国波士顿美术博物馆。50年代发现12座。重要的有河北望都东汉晚期墓和河南洛阳烧沟61号西汉墓。60年代发现3座，分别是河南密县（今新密）打虎亭2号东汉墓和密县后土郭1、2号东汉墓。70年代发现9座，重要的有洛阳卜千秋西汉墓，洛阳金谷园新莽墓，河北安平逯家庄东汉墓以及内蒙古和林格尔东汉墓。80年代发现15座，主要的有河南永城西汉梁王墓、西安交通大学附小西汉墓、河南偃师杏园村东汉墓。90年代发现11座，壁画以洛阳浅井头西汉墓、洛阳机车工厂东汉墓和河南荥阳苌村东汉墓为代表。总计数量已达50余

座，发现壁画最集中的是以洛阳为中心的河南、河北汉代壁画墓群和以辽阳为中心的汉魏壁画墓群。

依据墓室壁画的题材内容、空间形式及其风格变化，参以墓室形制分布区域等考古学资料，汉代墓室壁画可分为四个阶段。第一阶段为西汉前期，以河南永城芒山梁王墓壁画为标志。主室顶部描绘四灵，表现汉代以四神标示空间方位观念的初级形态。壁面残存的仙山、神树、灵芝、鸟、兽等图像内容，表现神仙天堂的景象，初步具备汉墓壁画传达升仙主题的丧葬观念。第二阶段为西汉晚期。洛阳卜千秋墓、烧沟61号墓是这个时期壁画中的代表。壁画受阴阳五行学说的影响，墓顶绘墓主升仙与祥瑞逐疫两大主题，洛阳八里台、西安交通大学校园内大墓顶画日月星象图，是升仙主题的另一种形式。壁面新增历史人物画，拓宽了墓室壁画的题材内容。第三阶段为王莽至东汉前期，典型的壁画墓集中在洛阳地区。洛阳金谷园新莽墓及东汉早期墓壁画沿用前期的阴阳五行图像体系，画幅、场面都在扩大，布局更加灵活，呈现出承上启下的特点。属于这个阶段的壁画墓，在甘肃、辽宁等边远地区也有发现。第四阶段为东汉中晚期，壁画墓广泛分布在中原、内蒙古、辽阳、甘青四个地区。题材重点转向墓主人生前的值宦经历、属吏车马、家居宴饮、庄园劳作等方面，壁画位置下移，各墓室壁画主题划分相对明确，真实地反映了东汉后期的庄园经济和厚葬风气。东汉末年，佛教图像也出现在墓室壁画中，成为神仙祥瑞中的新成员。

汉墓壁画在造型手法上继承了春秋战国以来写实与夸张的传统。在沿用前代用线勾勒轮廓，然后平涂敷色的技法基础上又有新的发展。到东汉晚期，出现大笔涂刷和白描的形式，中原地区还能看到人物形象使用渲染的表现技法。墓室壁画中的这些成就从一个侧面反映出中国绘画在汉代的进展和取得的艺术成就。

汉德克 Handke, Peter (1942-12-06～) 奥地利剧作家、小说家。生于格里芬。1961年入格拉茨大学读法律。60年代末期开始文学创作。剧本《侮辱观众》(1966)使他一举成名。剧本既没有情节，也没有戏剧性的人物和对话，只有4名演员站在舞台上宣讲作者反幻觉主义的戏剧观。作者试图对传统的表演与接受方式进行原则性的批判。《卡斯帕尔》(1968)是他影响最大的作品。作者在剧中展示了语言对人的折磨和现代社会“舆论工业”对于人的思维的控制。其他剧本如《被保护人要作保护人》、《随想曲》(1970)、《驰骋在博登湖上》(1971)等都通过各种实验手法来揭示语言对人的控制。《无理性的人都死光了》(1974)被认为是作者试图摆脱早期戏剧风格的标志。70年代后期以来，汉德克主要从事小说、散文创作。

汉恩 Hann, Julius Ferdinand von (1839-03-23～1921-10-01) 奥地利气象学家。生于瓦尔特贝格（一说林茨），卒于维也纳。1865年毕业于维也纳大学物理、地理专业。1877年任维也纳中央气象台台长，兼维也纳大学教授。1897年起历任格拉茨大学和维也纳大学教授。1904年，获英国皇家气象学会西蒙斯纪念金质奖章。

1866年，他和C.耶利内克创办奥地利气象学会气象杂志，任主编20年，还主编德奥两国气象学会合办的气象杂志38年。1866年，汉恩发表《论焚风起源》一书，首先提出焚风成因。从1867年起，研究湿空气上升过程中的绝热变化，发表《大气中水汽含量随高度减少的规律》、《上升气流中温度变化的规律及若干结论》等文。1879年，研究等压面抬升原理以解释高空气流。1890年，首次发现在3～4千米高处存在暖高压，并首先指出气旋中有冷空气存在。还著有《大气圈和水圈》、《气候学手册》和《气象学教程》等。

汉高祖刘邦 Emperor Gaozu of Han Dynasty (前256～前195) 中国西汉王朝的开国皇帝。字季。秦朝泗水郡沛县（今属江苏）人。公元前202年称帝，在位7年，谥号高皇帝。

刘邦出身农家，早年当过亭长，为人豁达大度，不事生产。秦二世元年（前209）九月，刘邦在沛县聚众响应陈胜、吴广起义，称沛公，不久投奔项梁。汉王元年（前206）十月进抵霸上。秦王子婴投降，秦朝灭亡。刘邦宣布废秦苛法，与关中父老约法三章：“杀人者死，伤人及盗抵罪。”受到民众的欢迎。项羽击溃秦军主力后，也引兵入关，进驻鸿门，欲攻刘邦。刘邦听从张良的意见，亲至鸿门，卑辞言好。之后，项羽自封为西楚霸王，封刘邦为汉王，治巴蜀汉中。由于分封不公，引起诸侯纷争，刘邦趁机率军东出，发动了长达四年的楚汉战争。汉王五年冬，刘邦约韩信、彭越等人率军进围楚军于垓下。项羽率部突围，至乌江自刎。当年二月（按：西汉前期以十月为岁首，同年二月在十月之后），刘邦即帝位，初建都洛阳，不久迁至长安，史称西汉。

刘邦即位后，惩亡秦之弊，“与民休息”：减轻田租，招抚流亡，安置士卒，放免因饥饿自卖为奴婢的平民，贬抑商人，又命萧何制定较秦法缓和的法律。

在楚汉战争期间及战后初期，刘邦出于政治上的需要，在原关东六国的地域分封韩信、英布、彭越、吴芮等七人为诸侯王。后来，刘邦借口韩信等人企图谋反，将他们相继剪除，只留下一个势力最弱并可为汉、越之间缓冲的长沙王吴芮。在此期间，又陆续分封九个同姓诸侯王（见吴楚七国之乱）。曾与诸大臣刑白马为盟：“非刘氏而王，天下共击之。”他还接受娄敬强干弱枝的建议，把关东六国的强宗大族和豪杰名家十余万口迁徙到关中。

汉初，匈奴不断侵扰汉的边郡。高帝六年（前201），韩王信投降匈奴。次年，刘邦亲自率兵前往征讨，在白登（今山西大同东北）被匈奴30余万骑兵围困七昼夜。后用陈平计，才得脱险。此后，刘邦对匈奴采取和亲政策，并开放关市，以缓和双方的关系。

刘邦年轻时放荡不羁，鄙视儒生。称帝以后，经陆贾等大臣的劝谏，态度有所转变。刘邦晚年宠爱戚姬及其子赵王如意，几次想废黜吕后所生的太子刘盈（惠帝）而立如意，因大臣反对，只好作罢。高帝十二年，刘邦因讨伐英布叛乱，被流矢射中，其后病重不起而卒。

《汉宫秋》 *Autumn in the Han Palace* 中国元杂剧作品。全名《破幽梦孤雁汉宫秋》。马致远代表作。敷演王昭君出塞和亲故事。西汉竟宁元年（前33），元帝以宫人王嫱（昭君）嫁匈奴呼韩邪单于为阏氏。这一政治联姻客观上密切了当时的民族关系，而昭君的个人遭遇则是悲剧性的。历史上叙说、咏唱昭君出塞的作品很多，在流传过程中，曾被不断增饰，逐渐成为民间说唱文艺的题材。杂剧《汉宫秋》不拘泥史实，在前人积累的基础上进行创造。首先，把故事发生的历史背景改为汉朝羸弱匈奴强盛，昭君被迫出塞，突出她对祖国深沉的感情。其次，采用毛延寿贪贿情节，将昭君画像献给单于，成为主要谴责对象。第三，昭君未入匈奴便投河自尽。作品为“末本”，主角是汉元帝。全剧结构紧凑，有浓烈的抒情色彩。曲辞苍凉幽邈，能贴切地表达人物的心情。该剧对后世舞台影响深远。

汉光武帝刘秀 Emperor Guangwu of Han Dynasty (前6～公元57) 中国东汉王朝

的开国皇帝。庙号世祖，谥光武帝，公元25～57年在位。字文叔。南阳蔡阳（今湖北枣阳西南）人，汉高祖刘邦九世孙。

赤眉、绿林起义爆发后，地皇三年（公元22年），刘秀与其兄刘縯为恢复刘姓统治，起事于舂陵（今湖北枣阳南），组成舂陵军。地皇四年，刘秀在昆阳之战中建立大功。更始帝刘玄北都洛阳后，刘秀被派往河北地区镇抚州郡。河北地区的豪强地主率宗族、宾客、子弟先后归附刘秀，成为他的有力支柱。此后，刘秀拒绝听从更始政权的调动。同年秋，又破降和收编了河北地区的农民起义军，扩充了实力，因此，关西称刘秀为铜马帝。不久，与更始政权彻底决裂。建武元年（公元25年）六月，刘秀在群臣的拥戴下称帝于鄗（今河北柏乡北），重建汉政权，不久定都洛阳，史称东汉。东汉王朝建立的第三年，刘秀打败了赤眉农民军，控制了整个黄河中下游地区。建武六年统一了关东，使河西的窦融归附。建武九年和十二年又先后平定天水、巴蜀。经过12年时间，刘秀终于完成了统一事业。

刘秀建立东汉王朝后，首先致力于整顿吏治，加强专制主义中央集权。他虽封功臣为侯，赐予优厚的爵禄，但禁止他们干预政事。对诸侯王和外戚的权势，也多方限制。在行政体制上，刘秀一方面进一步抑夺三公职权，使全国政务都经尚书台，最后总揽于皇帝；另一方面，又加强监察制度，提高刺举之吏的权限和地位。又令全国共并省400多个县，吏职减省至1/10。与此同时，刘秀还采取了不少措施来安定民生，恢复残破的社会经济。建武六年下诏恢复三十税一的旧制。东汉初年的封建租赋徭役负担，比起西汉后期和战争期间有所减轻。他前后九次下诏释放奴婢，或提高奴婢的法律地位，使大量奴婢免为庶人，使流民返回农村，促进生产。

建武十五年，刘秀针对当时"田宅逾制"和隐瞒土地户口的严重现象，下令全国检核土地户口。郡县守、令不敢触动贵戚官僚和世家豪族，反而在清查过程中"多为诈巧，不务实核"，"优饶豪右，侵刻羸弱"。结果，激起各地农民的反抗，郡国的豪强大姓也乘机作乱。对此，刘秀采取了不同的对策。对于农民的反抗斗争是进行分化和镇压，对于大姓兵长，则在处死度田不实的十几名郡守之后，即下令停止度田，向豪强地主让步。光武帝在其统治末年还"宣布图谶于天下"，企图以儒家学说与谶纬神学的混合物作为思想武器，加强对人民思想的统治，以维护来之不易的稳定局面。

汉光武帝居安思危，勤于政务，自奉节俭，对于开创"光武中兴"的局面有直接的关系。

汉桓帝刘志 Emperor Huandi of Han Dynasty（146～167） 中国东汉皇帝。章帝曾孙。父蠡吾侯刘翼，翼卒，袭爵为侯。本初元年（146），质帝崩，梁太后使兄大将军梁冀迎入南宫，即位。梁太后临朝听政，外戚梁冀掌握大权。延熹二年（159），依靠宦官单超等诛大将军梁冀，并剪除其党羽。以功封中常侍单超、徐璜、左悺、唐衡、具瑗为列侯。自此，朝政转入宦官之手。由于宦官肆虐，残害百姓，激起官僚士大夫的不满。延熹九年，世家豪族与太学生联合反对宦官，结果李膺等200余人被捕，形成第一次党锢之祸。由于国家财政匮乏，遂公开卖官鬻爵，政治愈加腐败。桓帝本人爱好佛事，荒淫游乐无度，宫女多达五六千人。永康元年（167）卒。

《汉纪》 *Annals of Han* 记载中国西汉历史的编年体史书。共30卷，东汉荀悦撰。

献帝认为班固《汉书》文繁难读，建安三年（198）命荀悦根据《左传》编年纪事的编纂体例撰写《汉纪》，建安五年书成。全书约18万字，不到《汉书》字数的1/4。记事起于汉元年（前206），止于王莽地皇四年（公元23）。因为荀悦撰写该书主要是对《汉书》剪裁删润，去繁就简，所以内容基本不出《汉书》范围，但也间有增补，记事也偶有不同。

《汉纪》的贡献在于它继《春秋》和《左传》之后再次采用编年体，使这种修史方法渐臻成熟，成为与纪传体并重的两种基本的史书体裁。书中以"荀悦曰"的形式撰写的史论，多因事评论为政得失，言简意赅，写法灵活，为后人所称道。该书以《四部丛刊》本较为常见。

汉简 wooden and bamboo slips of Han Dynasty 中国两汉时代遗留下来的简牍。早在北周时代就有人在居延地区发现过汉代"竹简书"，北宋人也曾在今甘肃等地获得过东汉简。1906年，英籍匈牙利人A.斯坦

图1 汉代木简册

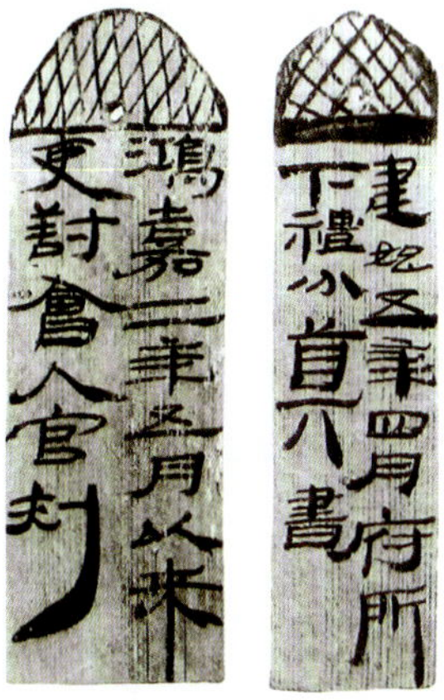

图2 居延汉简

因在新疆民丰县北部的尼雅遗址发现了少量汉简。次年，他又在甘肃敦煌县一带的一些汉代边塞遗址里发现了700多枚汉简。这是近代初次发现的汉简，此后陆续有汉简出土。已发现的汉简可以根据出土情况分为两大类：一类是在汉代西北边塞地区遗址里发现的，可简称为边塞汉简；另一类是在汉墓里发现的，可简称为墓葬汉简。

边塞汉简 主要有以下几批：

敦煌汉简 斯坦因于1907年在敦煌附近发现汉简后，1914年又在甘肃的敦煌、安西、酒泉、鼎新（毛目）等地的汉代边塞遗址里，发现了170枚左右汉简。1920年，周炳南在敦煌小方盘古城玉门关外的沙滩中采获木简17枚。1942年，向达赴敦煌考察时，在南湖古董摊上收集到十余枚木简。1944年夏鼐等对敦煌小方盘城以东的汉代边塞遗址进行考察，掘获汉简49枚。1979年，考古工作者在敦煌小方盘城以西的马圈湾汉代烽燧遗址里发现汉简1 200余枚。此外，在1977年和1981年，考古工作者还分别在酒泉西北的玉门辖地花海农场和敦煌酥油土两地的汉代烽燧遗址里采集了一些汉简。

斯坦因1914年发现汉简的地点横跨汉代敦煌、酒泉两郡，70年代发现汉简的玉门花海也应属酒泉郡，但是习惯上把这些汉简统称为敦煌简。

居延汉简 1930～1931年，中国、瑞典学者合组的西北科学考察团在甘肃、内蒙古境内的额济纳河两岸和内蒙古额济纳旗黑城东南的汉代边塞遗址里，发现1万枚左右汉简。这次发现汉简的地点，在北部的属汉代张掖郡居延都尉辖区，在南部的属张掖郡肩水都尉辖区，但是习惯上把这两个地区出土的汉简统称为居延简。1930年，考察团还在甘肃鼎新以西的北大河沿岸，斯坦因在1914年调查过的一段边塞遗址里，发现了少量汉简。这段边塞应属酒泉郡。因此，在所谓居延简里实际上还包括了极少量的酒泉简。

1973～1974年，甘肃居延考古队在破城子（居延都尉所属甲渠候官治所遗址）和肩水金关遗址等地进行试掘，获汉简近两万枚。1976年，甘肃省博物馆文物队等单位组织调查组，沿额济纳河下游，在居延地区进行了广泛调查，获汉简164枚。估计居延简今后还会大量出土。

罗布泊汉简 1930～1934年，黄文弼在新疆罗布泊北岸的汉代防戍遗址里，掘获西汉宣、元、成诸帝时木简71枚。这批简的出土地点接近所谓楼兰遗址，也有人称之为楼兰汉简。

清水沟汉简 1990年4月，敦煌市黄渠乡一位村民从清水沟汉代烽燧遗址发现汉简一册（27枚），散简14枚，无字素简一捆（2枚）。之后，敦煌市博物馆又采集到汉简数枚。

悬泉汉简 1990年10月至1992年12月，甘肃省文物考古研究所对敦煌甜水井附近的汉代悬泉置遗址进行了全面清理发掘，共出土竹木简牍35 000余枚（有字者23 000余枚），帛书10件，纸文书10件（汉纸9件，晋纸1件），墙壁题记1件。帛书均为私人信笥，纸文书为药方和文书残片。墙壁题记为前所未见，是汉平帝时太皇太后发布的诏书。悬泉置属于汉代敦煌郡，但习惯上仍称这批简为悬泉置汉简。

边塞汉简通常发现于边塞地区的官署（如都尉、候官治所等）和烽燧的遗址里，绝大多数是木简。从形制上看，除一般的简以外，还有两行、牍、觚（多面棒状木条）、符、券、检（有覆盖文书、书信用的，也有封存物件用的）、签等，种类颇多。从内容上看，主要部分是公家的各种文书和簿籍，还有与吏卒生活有关的私人书信、衣囊封检、历谱、医方、占书、九九表、字书以及其他书籍。简的年代起自西汉中期（武帝后期），讫于东汉后期，中间包括王莽新朝和更始时期。边塞汉简忠实地记录了汉代西北屯戍的风貌和生活情景。

墓葬汉简 从20世纪50年代开始陆续发现，比较重要的有以下几批：

武威汉简 1959年7月，甘肃省博物馆先后发掘了武威磨嘴子6号和18号汉墓。从6号墓出土竹、木简500余枚，为《仪礼》的9篇抄本，分甲、乙、丙三种，约抄写于西汉末至王莽时期。从18号墓出土的10枚木简，载有东汉明帝永平十五年（公元72），墓主幼伯年满七十，受赐王杖事，并转引赐高年王杖的有关诏书。1981年9月，武威县文管会在调查重点文物时，发现与上述王杖十简同一墓地出土的王杖诏书令简26枚。每简背面都署有编号，从“第一”至“第廿七”，但“第十五”已遗失，可见原册实有27简。该册载有尊敬长老，抚恤鳏寡、孤独、残疾者以及高年赐杖，处决殴辱受杖主等五份诏书，末简署“右王杖诏书令”六字。1989年还于武威旱滩坡东汉墓中出土木简16枚，分为两类，第一类内容为养老受王杖之制书和关于王杖授受之律令，第二类内容为坐赃为盗、虫灾、火灾等刑律。

甘谷汉简 1971年12月，于甘肃省天水市甘谷县渭阳乡十字道大队的一座东汉墓，清理出一批木简。简多残损，经过整理、缀合后，共计23枚。正面抄录正文，背面上端署有编号“第一”至“第廿三”，内容为东汉桓帝延熹元年十二月（159年1月）宗正刘柜关于宗室事上报皇帝的奏书和皇帝颁发的诏书。

银雀山汉简 1972年4月，山东省博物馆和临沂文物组从山东省临沂县银雀山西汉武帝初年的墓葬中，发掘出一批竹木简牍。其中1号汉墓（约当武帝初期）出竹简6 000枚左右，但大部分已残碎，包含《孙子》、《齐孙子》（即《孙膑兵法》）、《晏子》、《太公》、《尉缭子》等古书的部分抄本，以及很多其他古书（绝大部分是佚书），其中有论政、论兵的著作，关于阴阳、时令、占候的著作，篇题为《唐革（勒）》的一篇赋，以及相狗方、作酱法，等等。同时发掘的2号汉墓出武帝元光元年历谱一份。

武威医简 1972年11月，在武威旱滩坡汉墓（约当东汉前期）发掘出木简了8枚，木牍14方，内容全属医方类。共存医方30多个，所列药物有100多种。

马王堆汉墓竹简 1972年，湖南省文物考古工作者从长沙马王堆1号汉墓（约当文帝晚年）发掘出土竹简312枚，木楬49枚。竹简内容为记载随葬器物的清单，即遣册，木楬所书文字是对竹笥所盛物品的说明。1973年12月至1974年初，湖南省博物馆又从马王堆3号汉墓（文帝十二年下葬）发掘出土竹木简600余枚。其中220枚为4种医书，内容均与房中术和养生有关；其余为遣册。

定县汉简 1973年，河北省文物管理处和定县博物馆从定县八角廊40号汉墓（西汉中山怀王刘修之墓）出土一批已经炭化的残碎竹简，字迹尚可勉强辨认。其中有《论语》、《文子》、《太公》等古书的部分抄本，以及内容大都见于《孔子家语》、《说苑》、《大戴礼记》等书的一些儒家作品。此外还有《六安王朝五凤二年正月起居记》等。

凤凰山汉简 1973年和1975年，考古工作者两次发掘了湖北省江陵县凤凰山的西汉前期墓地，在好几个墓里都发现了遣册。1973年发掘的10号墓里，还发现了内容主要为乡文书的一批竹简和木牍。

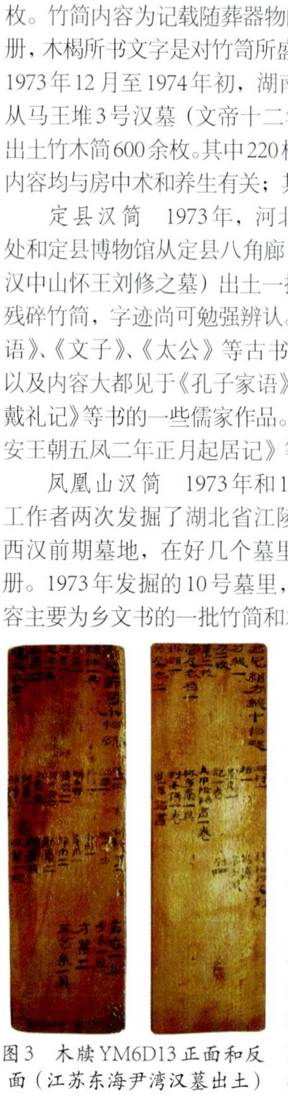

图3 木牍YM6D13正面和反面（江苏东海尹湾汉墓出土）

阜阳汉简 1977年，安徽省阜阳县双古堆1号汉墓（西汉汝阴侯夏侯灶之墓，约当文帝时）出竹简一批，残损严重。其中有《诗经》、《仓颉篇》、《刑德》、《万物》、《日书》、《儒家者言》等书的部分抄本。

大通汉简 1978年7月，青海省大通县上孙家寨115号汉墓（约当西汉晚期）出土木简400枚，大多数已经残断。内容主要为军法。

张家山汉简 1983年、1988年，湖北省荆州地区博物馆于湖北江陵张家山M247、M249、M258、M127、M136五座汉墓中，共出土竹简2 787枚。其中M247出土1 200枚，内容包括《二年律令》、《奏谳书》、《盖庐》、《脉书》、《引书》、《算数书》、《日书》和历谱、律令和遣册等；M249出土400枚，M127出土300枚，内容均为《日书》；M258出土58枚，内容为历谱；M136出土829枚，内容包括《功令》、《盗蹠》和历谱、律令、遣册等。

胥浦汉简 1984年，于江苏仪征胥浦101号汉墓（属西汉末年）出土竹简17枚，木牍2方，封检1枚。竹简为“先令券书”，“先令”即遗嘱。

尹湾汉简 1993年春，连云港市和东海县博物馆于江苏省东海县温泉镇尹湾村2号和6号汉墓发掘出土木牍24方和竹简133枚，共4万余字。其中包括东海郡的多种簿籍，是中国迄今发现时间最早和级别最高的郡级地方行政文书档案。此外还有《神乌傅（赋）》，元延元年、三年历谱，以及数术类资料等。

虎溪山汉简 1999年，湖南省文物考古研究所从湖南省沅陵县虎溪山一号汉墓（当西汉文帝时）发掘出土的千余枚竹简，约3万字。内容包括记录侯国户口、田亩、赋税、兵器等基本资料的《黄簿》，记述做饭与菜肴操作方法的《美食方》，以及《日书》等。

汉墓所出古书，对于古籍的整理和思想、文化史的研究，都有很高的价值。律令、各类行政文书、簿籍以及遣册、契约等，大大弥补了传世文献记载的疏略，为研究汉代史提供了珍贵资料。汉简也是研究汉字发展史的重要资料。

汉江 Hanjiang River 中国长江最长支流。又称汉水或襄河。源自陕西省西南部米仓山西麓。干流经陕、鄂2省，于武汉汇入长江，全长1 577千米。水系呈叶脉状，支流一般较短，个别延伸至川、豫、甘等省。流域面积15.9万平方千米。干流丹江口以上为上游，丹江口至钟祥为中游，钟祥以下为下游。上游河段穿行于秦岭、大巴山之间，长约925千米。河谷峡谷、盆地交替出现。中游河段长约270千米，平均比降0.19‰，流经丘陵及河谷盆地，河床不稳定，冲淤多变，沙滩罗列。下游河段长约382千米，平均比降0.09‰，流经江汉平原，两岸堤防紧束，河道往下游逐渐束窄，至河口附近宽不及200米，宣泄洪水能力有限。

汉江水量丰富；径流年际变化较大，最

长江最长支流——汉江

大、最小年径流量约差6倍，为长江各大支流之冠。汉江多年平均含沙量2.39千克/米^3（碾盘山站），年输沙量1.3亿吨，在长江各大支流中略低于**嘉陵江**，水土流失较严重。

全流域水能理论蕴藏量1 093万千瓦，年发电量960亿千瓦·时。可能开发的水能资源装机容量614万千瓦，年发电量249.6亿千瓦·时。汉江干流水能理论蕴藏量346万千瓦，68%集中在上游河段，其中汉中至丹江口河段适宜兴建高水头的水利枢纽。中线南水北调从**丹江口水利枢纽**开始。汉江是中国中部重要航道。江汉平原是中国重要的商品粮、棉、油基地，**汉中盆地**和**南阳盆地**为著名农业区。

汉江 Han-gang 朝鲜半岛中部河流，韩国经济利用价值最大的水道。其上游分为北汉江和南汉江两支，一般以南汉江为干流。发源于半岛东海岸太白山脉西麓的五台山，从韩国的江原道（南）三陟市的大德山流出，大体流向西南，在丹阳附近折向西经忠州后转向西北，沿途汇入众多支流，接纳最大支流北汉江后向西过汉域，江面渐宽。最后绕过金浦半岛的北部，从江华湾注入黄海。河口处形成溺谷，呈喇叭状。干流全长481.7千米，流域面积34 473平方千米（其中韩国部分为26 018平方千米）。上游流经山区，河流湍急，水力资源丰富。下游的最大平原为金浦平原，是优质稻米生产区，成为韩国的“谷仓”。江中有细鳞鱼、香鱼、小齿日本银鱼等。干流通航里程达330千米。因处朝鲜半岛中央平原地带，从新石器时代开始就成为文化发源地。百济时与东晋交往渐多，输入中国文化，于是便有中国式的“汉水”称谓。

汉景帝刘启 Emperor Jingdi of Han Dynasty（前189～前141） 中国西汉皇帝，汉文帝太子，母为窦皇后。公元前157年即位，在位16年。见**文景之治**。

汉剧 Han ju opera 中国戏曲剧种。流行于湖北及河南、湖南、陕西、四川部分地区。声腔以二黄、西皮为主。二黄腔原出自四平腔的衍变，西皮则由西北的梆子腔在湖北襄阳一带变化而成。大约在清中叶，两种腔调交流，融合为一个声腔系统。清嘉庆、道光年间，湖北艺人带着皮黄相继进入北京，搭徽班演戏，对**京剧**的形成有过重要的影响。汉剧脚色分十大行：末、**净**、**生**、**旦**、**丑**、外、小、贴、夫、杂。汉剧曲牌分唢呐、笛子、丝弦3种，共有400余首。文场以胡琴、二胡、月琴、三弦为四大件，外有笛子、琵琶、唢呐；武场锣、钹之外，还夹用马锣的“川打”，颇具特色。传统剧目有660余个，以《宇宙锋》等剧的演出最为人称赏。

汉口 Hankou 中国湖北省**武汉市**的主要商业区。曾与汉阳、武昌隔江鼎立构成武汉三镇。位于长江与汉江交汇处，东南隔长江与武昌相望，西南隔汉江与汉阳对峙。

汉口火车站夜景

面积582平方千米。因位于汉江入长江之口，故名汉口。古名夏汭、汉皋，又称夏口、沔口、鲁口。原为一片沼泽，明成化年间汉江改道，逐渐成陆，嘉靖年间置汉口巡检司。随着经济、贸易发展，至清初与朱仙镇、佛山镇、景德镇已成为中国四大名镇。1862年后迅速发展为中国内地对外贸易重要口岸和长江最大内河港口。1926年置汉口市，1949年与武昌市、汉阳县城合并，设立武汉市。境内有武汉市江岸、江汉、硚口、东西湖4区，为武汉市商业最集中地区。建有汉口火车站、汉口汽车站和武汉客运港及轮渡码头。名胜古迹有解放公园、中山公园、古德禅寺等。

汉灵帝刘宏 Emperor Lingdi of Han Dynasty（156～189） 中国东汉皇帝。章帝玄孙。永康元年（167），桓帝崩，窦太后与城门校尉**窦武**（窦太后之父）立刘宏为帝。太后临朝听政，大将军窦武辅政。建宁元年（168），宦官与外戚官僚士大夫间的矛盾激化，中常侍曹节矫诏诛大将军窦武、太傅**陈蕃**及尚书令尹勋等，并夷其族，迫太后归政。二年，中常侍侯览兴大狱，将前司空虞放、太仆杜密、长乐少府**李膺**等120余人下狱处死，此为第二次党锢之祸。汉灵帝在位期间，由于他宠信宦官，朝政被宦官赵忠、张让把持，政治腐败达于极点。生活荒淫，聚敛无度，卖官鬻爵，二千石官二千万，四百石官四百万，县令长按县土丰瘠各有定价。还大修宫殿苑囿，搜刮民财，激起人民反抗。中平元年（184）爆发了张角领导的**黄巾起义**。东汉政权从此陷入苟延残喘的局面。六年卒。

汉陵 Mausoleums of Han Dynasty 中国西汉和东汉的皇帝陵墓。分别在西汉都城陕西西安和东汉都城河南洛阳附近。年代约自公元前2世纪～公元2世纪。20世纪60年代后曾作调查和少量发掘。

西汉11陵，文帝霸陵在西安市东郊的霸陵原上，宣帝杜陵在西安市南郊的杜陵原上，其余9陵都在西安市北面渭河北岸的咸阳原上。考订后的渭北9陵，东西跨度50多千米，自西至东是：武帝茂陵、昭帝平陵、成帝延陵、平帝康陵、元帝渭陵、哀帝义陵、惠帝安陵、高祖长陵、景帝阳陵。西汉陵中，文帝霸陵采用依山为陵的形式，墓室开在山崖中，不另起坟丘，其余10陵都在地面上夯筑高大的覆斗形坟丘。坟丘一般底每边长150～200米，顶高20～30米左右。当时帝后合葬，同茔而不同陵，皇后埋在帝陵东边，后陵规模略小。从阳陵开始，帝后坟丘的四周均筑起夯土垣墙，每面中央各辟一门，门外立双阙。陵园内还设寝殿，陵园旁设庙，陵园外有大批陪葬墓。为巩固汉朝统治，从长陵到杜陵各陵皆置陵邑，迁入高官富豪之家。

据记载，东汉12陵除献帝禅陵在山阳（今河南焦作）外，其他11陵都在东汉都城雒阳（今洛阳）附近。位于北邙山与黄河之间（今河南孟津）的光武帝原陵，大致可以确定。另外10个陵，具体位置均未能确定。据记载，从明帝显节陵开始，不置陵邑，不建庙，陵园四周不筑垣墙，改用行马（临时性的竹木屏篱）；坟丘前建石殿，石殿前建神道，神道两旁列置成对的石象石马。东汉开创的这种陵寝布局，为以后各朝沿用。

汉密尔顿 Hamilton, Alexander（1755-01-11～1804-07-12） 美国建国初期政治活动家，第一任财政部部长（1789～1795）。生于英属西印度群岛的尼维斯岛，卒于纽约。1772年移居美国。**北美独立战争**期间曾任**G.华盛顿**的军事秘书，是约克镇战役指挥员之一。战后在纽约任律师。1781～1782年，在《纽约邮船报》上发表6篇文章，主张建立强大的中央政府。1782～1783年为大陆会议代表。1787年参加制宪会议。为促使宪法获得批准，在纽约《独立新闻报》等报纸上撰写有关宪法性质和作用的政论文章。

1789年4月华盛顿就任总统。汉密尔顿被任命为财政部长。任职期间，创建第一合众国银行，统一货币，征收关税和国产税以增加财政收入等。这些措施有助于全国经济的稳定。在政治上力主加强联邦政府的权力，为联邦党的领袖之一。1795年辞去财政部长职务，在纽约任律师。1801年参加创办联邦党报纸《纽约晚邮报》，1804年7月11日与政敌、副总统A.伯尔决斗受伤，翌日身亡。

汉明帝刘庄 Emperor Mingdi of Han Dynasty（公元27～75） 中国东汉皇帝。字严，庙号显宗。光武帝第四子，母为阴皇后。公元57～75年在位。刘庄即位后奉行光武帝成法，注重安定民生，整肃吏治，因此天下安平，百姓殷富。明帝时期与随后的章帝时期，史称“明章之治”。明帝尊崇经术、儒学。同时注重刑名文法，为政苛察，总揽权柄。严令后妃之家不得封侯与政，对贵戚功臣也多有防范。公元73年遣窦固、耿忠等北击匈奴，追至蒲类海（今新疆巴里坤湖），留吏士于当地屯田。其后，遣班超出使西域，使断绝了65年的中原与西域的关系恢复正常交往。

汉姆生 Hamsun, Knut（1859-08-04～1952-02-19） 挪威作家。生于洛姆，卒于格里姆斯塔附近。19世纪80年代曾两度流落美国，当过电车售票员和农业工人，并以此为素材写成《现代美国的精神生活》（1889），嘲笑美国的生活方式。自传性小说《饥饿》（1890），自称是“对自己挨饿时期的回忆”，因此成为新浪漫主义派的代表。他是挪威新诗的倡导者，并提倡心理文学，主张描写精神世界和思想活动，挑战以H.易卜生为代表的挪威文学界。小说《牧羊神》（1894）和《维多利亚》（1898）是其重要的抒情小说。《大地的成长》（1917）是一首农村赞歌，被尊为挪威小说中的经典作品，使他在1920年获诺贝尔文学奖。其他主要作品还有诗集《野地的合唱》（1904），小说《流浪者》（1927）、《生活在前进》（1933），剧本《国门》、《生活的游戏》、《晚霞》（三部曲，1897）等。1940年纳粹占领挪威时他拥护占领者。1945年以叛国罪被判刑，后因病获释。

《汉穆拉比法典》 *Code of Hammurabi* 古巴比伦王国国王汉穆拉比颁布的法律。本文部分共282条，是古代两河流域及其邻近地区楔形文字法中具有代表性的一部法典，也是世界上迄今完整保存下来的最早的一部法典。法典原文刻在一座黑色玄武岩石柱上，故又名石柱法。1901年为法国考古队在伊朗古城苏萨遗址发现。石柱现存巴黎卢浮宫博物馆。

刻在石柱上的《汉穆拉比法典》

这部法典的颁布，是汉穆拉比统治时期重大活动之一。法典是在两河流域较早制定的一些奴隶制法（如《苏美尔法典》、《俾拉拉马法典》和《利皮特－伊斯塔法典》）的基础上编纂的，保持着两河流域成文法典的传统和风格。但在内容和编纂技术上都比过去有所提高，反映了该地区社会的进一步发展。《汉穆拉比法典》在古巴比伦王国长期有效，对两河流域后来的一些成文法，如《亚述法典》等有很大影响。

《汉穆拉比法典》由序言、本文和结语三部分组成，序言和结语约占全部篇幅的1/5，语言丰富，词藻华丽。法典本文涉及当时社会生活的许多方面，如财产、婚姻、家庭、土地、房屋、商业、借贷、租赁等。这部法典维护君主专制制度、奴隶制度和自由人内部的不平等地位；保留土地国有和公社所有制；有较多关于商品交换和保护动产私有权的规定；肯定全权自由人之间的同态复仇原则，等等。

汉尼拔 Hannibal（前247～前183/前182） 迦太基军事家，政治家。自幼随父在军中研习战法。公元前221年任迦太基驻西班牙军队统帅。公元前218年第二次布匿战争爆发后，汉尼拔率领迦太基远征军从西班牙出发，历时15天翻越阿尔卑斯山突入意大利。在特拉西梅诺湖战役（前217）和坎尼战役（前216）中，大败罗马军队，创造了古代军事史上的辉煌战例。在意大利转战15年，使罗马遭到沉重打击。公元前204年罗马军队在迦太基登陆，次年汉尼拔奉召回国。公元前202年在扎马决战中败于罗马名将大西庇阿。战争结束后，在政敌和罗马的逼迫下于公元前195年出走东方。公元前183年或前182年因怕被引渡到罗马而服毒自杀。

汉诺威 Hannover 德国下萨克森州首府，会展业城市。位于中德高地和北德平原交界处，濒莱讷河和中部运河。1月平均气温－1℃，7月18℃，年降水量515毫米。面积204平方千米，人口52.63万（2010）。1150年始见史籍。1241年设市，曾为汉萨同盟成员。1495年为韦尔芬王国统治，1636年为韦尔芬王室夏宫所在地。1714～1837年曾与英国联合，市政建设具有浓厚的英国风格。1815年后为汉诺威王国都城。1866年归属普鲁士，1871年后成为德国汉诺威省的首府。1946年成为下萨克森州首府。第二次世界大战中受到严重破坏，战后很快恢复。工业发达，部门齐全。有钢铁、机械、电子、化工、纺织、食品等部门，有德国最大的橡胶厂。商业、金融、保险业、会览业和旅游业均很发达。1947年起每年举办国际工业博览会，是世界最大的工业科技盛会。东西欧联系的交通枢纽，重要河港。市北有飞机场。有高等学校和市政厅、克斯特纳博物馆、市场教堂、歌剧院等。有“花园城”之称。

汉诺威的城市花园

汉诺威王朝 Hanover, House of 1714年开始统治英国的日耳曼血统王朝。1917年改称为温莎王朝。1692年，德意志汉诺威选帝侯恩斯特·奥古斯特（1629～1698）娶巴拉丁选侯腓特烈之女、英王詹姆斯一世外孙女索菲娅为妻。他们的儿子乔治·路易（1660～1727）与吕讷堡公爵的独生女结婚。1714年英国女王安妮去世，乔治·路易到英国即位称乔治一世，从而开始英国的汉诺威王朝。

王朝的前5个国王乔治一世、二世、三世、四世和威廉四世都兼领德意志的汉诺威公国。1837年威廉四世死后无子，其弟恩斯特·奥古斯特（1771～1851）继承汉诺威王国王位，而英王位则由其侄女维多利亚继承。

1910年乔治五世即位。1917年6月，他为了表示与臣民共同反对德国的决心，宣布凡有英国国籍而带德国贵族封号者一律改封为英国贵族；7月进而宣布放弃自己及家族的一切德国尊号，明文规定王室改姓温莎，故此后改称为温莎王朝。

汉普夏猪 Hampshire 瘦肉型猪品种。原产英国南部，由美国选育而成。早期曾称薄皮猪，1904年起改称今名。颜面长而挺直，耳直立，体侧平滑，腹部紧凑，后躯丰满，被黑毛，以颈肩部（包括前肢）有一白色环带为特征。背最长肌和后躯肌肉发达，瘦肉率高。产仔数较少，平均约9头，但仔猪硕壮而均匀，母性良好。以此猪为父本

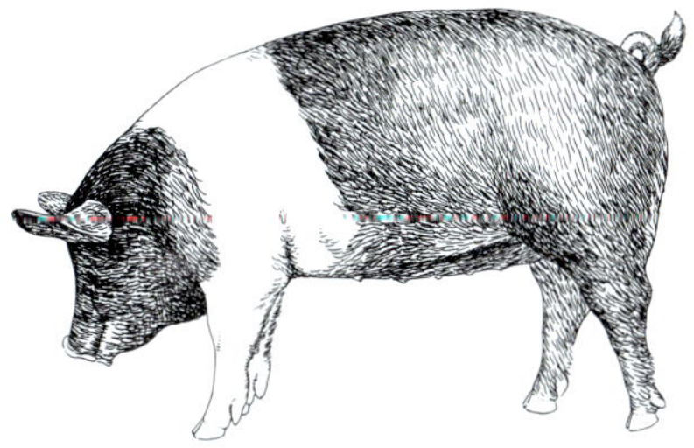

的杂交后代具有胴体长、背膘薄和眼肌面积大的优点。

汉萨同盟 Hanseatic League 德意志北部沿海城市为保护其贸易利益而结成的商业同盟。“汉萨”一词日耳曼语原意为集团。同盟形成于1356年，中心在吕贝克。

从12世纪起，北德意志商人为了同英国、佛兰德进行贸易，曾组织“科隆汉萨”和“汉堡汉萨”。

“汉萨同盟”一名首次出现于1344年，最初是共享特权的商业联盟。1356年商人汉萨发展为城市汉萨，参加者包括绝大多数北德沿海城市，吕贝克、汉堡和不来梅是其核心，后来加入者有科隆、但泽和柯尼斯堡。1358年，波罗的海东岸的里加等城亦加入。同盟垄断东欧、北欧同西欧的中介贸易。同盟商人也通过意大利商人经营东方产品，如香料及贵重纺织品等。1368～1370年，汉萨同盟的联合舰队战败丹麦，迫使丹麦签订《斯特拉尔松德和约》。汉萨同盟进入鼎盛时期，结盟城市多达160多个。同盟各城市的政权为城市贵族和大商人控制。14世纪末至15世纪初，曾发生行会起义，但遭镇压。

15世纪中叶以后，汉萨同盟渐失优势。德意志内部，勃兰登堡、普鲁士地位的上升，使汉萨同盟进一步削弱。汉萨同盟于1669年在吕贝克举行最后一次会议，只有6个城市参加。此后，同盟即解体。

汉森 Hansen, Alvin Harvey（1887-08-23～1975-06-06） 美国经济学家。生于南达科他州一个丹麦移民家庭，卒于弗吉尼亚亚里山德里亚。1918年获威斯康星大学哲学博士学位。先后任明尼苏达大学、哈佛大学教授，曾任美国经济学会主席、美国-加拿大联合经济委员会主席、美国联邦储备委员会顾问。汉森对J.M.凯恩斯的经济学说进行了宣传和解释。凯恩斯虽论证了国家干预经济的必要性，并指出财政政策是最有效手段，但未详加论述具体政策，汉森则作了补充性说明，并且加以发展，提出在萧条期政府执行赤字预算政策，在繁荣期执行预算盈余政策，以减轻经济波动。他论述了混合经济理论，说明19世纪末期以后大多数资本主义国家已成为公营、私营两部分组成的混合经济。他提出了长期停滞理论，认为20世纪20年代以后资本主义经济进入长期停滞；研究了美国经济在长期中具有停滞的倾向及其原因；并指出，由政府干预经济才能打破长期停滞局面。他还用乘数-加速原理解释资本主义生产的经济周期。他在哈佛大学长期任教，培养出P.A.萨缪尔森、J.托宾等著名经济学家，被视为新古典综合派的奠基人。著有《繁荣与萧条的周期》、《经济周期理论》、《财政政策与经济周期》、《经济政策与充分就业》、《货币理论与财政政策》、《凯恩斯学说指南》、《60年代的经济问题》等。

《汉书》 *Book of Han* 中国纪传体西汉断代史。共100篇，其中包括纪12篇、表8篇、志10篇、传70篇，后人析为120卷。作者班固。其父班彪撰写《后传》65篇，作为《史记》续篇。班固以此为基础着手撰写《汉书》。他死后，其妹班昭续补8表，马续补修《天文志》。该书首创断代为史的编纂方法。同时，把《史记》的“本纪”省称“纪”，“书”改曰“志”；又不用“世家”，载入《史记》“世家”的陈涉、外戚和汉代诸王一律编入“传”内；“列传”简称为“传”。这些体例上的变化，对后来的一些纪传体史书影响很大。同时它是研究西汉历史的重要史籍，就保存西汉历史资料来说，现存的史籍以《汉书》最称完备。《汉书》还第一次创立了《古今人表》和《百官公卿表》。由《史记》八书演变来的一些志，内容与《史记》也多有不同。在八书内容之外，《汉书》又创立了《刑法志》、《五行志》、《地理志》、《艺文志》。《汉书》的志规模宏大，内容丰富，又在篇目上有所创新，扩大了历史研究领域，因而受到后人的推誉。但由于它喜用古字古训，比较难读，东汉末年，服虔、应劭已开始注音释义。1962年中华书局出版《汉书》标点校勘本，是较好的版本。

汉斯利克 Hanslick, Eduard（1825-09-11～1904-08-06） 奥地利音乐评论家、美学家、史学家。生于布拉格，卒于巴登。早年在布拉格和维也纳学法律和哲学。大学毕业后任公务员，业余从事音乐评论。1854年出版《论音乐的美》，名声大噪。1856年任维也纳大学的美学和音乐史编外讲师，1870年任教授。他是19世纪下半叶维也纳最著名的音乐评论家。

汉斯利克在《论音乐的美》中批驳了当时占统治地位的音乐情感论观念，坚持音乐作为一门艺术的自足性和自身价值，认为音乐的本质就是“音响的运动形式”，从而奠定了近代自律论音乐美学的理论基础，对后来的形式主义音乐美学立场和观点产生了重大影响，有关的争论一直持续至今日。他的评论文章笔锋犀利，文字隽永。主要著作有《论音乐的美》（有中译本）、《维也纳的音乐会史》2卷、《现代歌剧》9卷、《我的生平》以及大量评论文章。

汉坦病毒 hantavirus; HV 布尼亚病毒科汉坦病毒属的统称。又称流行性出血热病毒或肾综合征出血热病毒。病毒形态有圆形、椭圆形或不规则。非虫媒传染，在宿主动物中产生非持续感染，可通过病毒污染的啮齿动物排泄物感染人类，被感染者引起肾综合征出血热和汉坦病毒肺综合征。根据血清学方法，布尼亚病毒科其他主要属有：①静脉病毒属，由蚊子传播，存在于绵羊、牛中，引起人类出血热病。②内罗病毒属，由蜱传播，存在于绵羊、牛、山羊中，引起人类出血热病。③布尼亚病毒属，由蚊子传播，存在于花栗鼠、松鼠中，引起人类脑炎。④白蛉热（静脉）病毒属，由白蛉传播，存在于沙土鼠中，引起人类结膜炎、肌炎。

《汉魏六朝百三家集》 *Anthology of One Hundred and Three Writers and Poets of Han, Wei and Six Dynasties* 中国汉到隋的文学专

集。明末张溥编。凡118卷。该集以明代张燮的《七十二家集》为基础，兼采冯惟讷《古诗纪》、梅鼎祚《文纪》的成果，排比附益而成。集中收入上起汉代贾谊，下至隋代薛道衡的作品凡103家。编排体例与张燮相仿，一人一集。每一集中，首列赋，次列文，后列诗，再后为作者本传。每集卷首各有题辞，对作家和作品作出评价，也时有精当的意见。今人殷孟伦将题辞加以注释，并汇集为《汉魏六朝百三家集题辞注》，人民文学出版社出版。

汉魏六朝诗派 Han, Wei and Six Dynasties poetry school 中国近代诗歌流派，以标榜宗尚汉魏六朝诗为特征，主要代表人物为王闿运、邓辅纶。属于这一诗派的作家还有高心夔、陈锐等人。高心夔诗集名《陶堂志微录》，五古、七律俱佳。陈锐有《褒碧斋集》。王闿运提倡"摹拟"，平生创作都是致力于追摹汉魏六朝的诗篇。他墨守古法，不随时代风气为转移。邓辅纶早年即与王闿运结识，互相唱和，其诗多拟古之作，有《白香亭诗》集，他的和陶诗颇能得陶诗韵调。汉魏六朝派诗人一般都功力较深，不仅能摹六朝诗形貌，而且得其神理，故在诗界颇有影响。

汉文 Chinese characters 记录汉语的文字。见汉字。

汉文帝刘恒 Emperor Wendi of Han Dynasty（前203～前157） 中国西汉皇帝。汉高祖刘邦中子，母为薄姬，初封代王。公元前180年吕后死，周勃、陈平等大臣迎立为帝。在位23年，庙号太宗。见文景之治。

汉武帝刘彻 Emperor Wudi of Han Dynasty（前156～前87） 中国西汉皇帝。汉景帝子，初封胶东王，后立为太子，16岁即皇帝位。公元前141～前87年在位54年，庙号世宗。葬茂陵。

武帝承文景之治而即位，为巩固统一的封建国家和加强专制主义中央集权，进行了多方面的活动。元朔二年（前127），武帝下推恩令。随后，又制订左官律和附益之法，严惩仕于诸侯王的犯罪官吏，严禁朝臣外附诸侯王，限制诸侯王结党营私。诸侯唯得衣食租税，不得参与政事。元鼎五年（前112），汉武帝借口列侯所献酎金分量和成色不足，夺爵106人。诸侯王、列侯的势力日益衰落。为了加强皇权，武帝于北军置八校尉，又设期门、羽林军。他在裁抑丞相职权的同时，提拔许多贤良文学或上书言事的士人，让他们参与国家大事的决策。又把京畿七郡之外的郡国划分为13州部，每州派部刺史一人，按六条问事，考察吏治。此外，还任用一批酷吏，打击各地的不法豪强，以维护封建统治秩序。

武帝即位不久，就着手准备对匈奴发动大规模的军事进攻。元朔二年，卫青击败匈奴，收复了河南地（今内蒙古河套地区）。汉置朔方郡、五原郡，并从内地移民10万到那里定居。元狩二年（前121）春，霍去病获匈奴休屠王祭天金人。同年夏，攻至祁连山。汉政府在河西地区，先后置武威、酒泉、张掖、敦煌四郡。匈奴经过汉军几次打击，被迫远徙漠北，此后再无力进行严重骚扰。为了对匈奴发动攻势，汉武帝还派张骞出使西域，沟通了汉与西域各族之间的经常联系。对闽越、东瓯和南越的少数族政权，武帝利用其内部矛盾，分别加以征服，置于汉政府的直接管辖之下。与此同时，又在西南夷地区设置郡县。汉武帝还派兵从海陆两道攻入朝鲜半岛，设置真番、临屯、乐浪、玄菟四郡。

由于对边境各族用兵，使得国家长期积累的财富趋于枯竭，许多富商大贾囤积居奇，牟取暴利。为了解决国家财政困难，武帝除了卖武功爵和募民入粟入奴婢拜官以增加收入外，又实行盐铁官营和均输、平准等经济统制措施，并法定货币官铸，府库岁入因而大大充实。他颁布算缗、告缗令，以打击积货逐利的商贾。武帝又着力治理黄河，使其几十年不再为患。由于武帝的重视，各地的水利事业也有比较大的发展，关中地区的漕渠、龙首渠、六辅渠和白渠等著名水利工程，对促进农业生产都起了重要作用。

在思想文化领域，武帝独尊儒术而罢黜百家。中国皇帝有年号，始于武帝。他还立太学、置博士弟子，令州郡举茂才、孝廉，培养和提拔了大批儒生充任各级官吏。但他真正重用和依靠的大臣，却多是熟习儒术而又深谙刑法的人。他因为幻想长生不死，又尊礼方士，迷信鬼神。武帝晚年，各地频繁发生农民起义，征和二年（前91）巫蛊事件引起戾太子的武装叛乱，与政府军在长安城内混战多日，死者数万人。次年，远征匈奴的军队又几乎全军覆没。这一系列打击，使年老的武帝深悔自己过去劳民伤财。当桑弘羊建议募民屯田轮台时，他下诏拒绝，表示不再扰劳天下。后元二年（前87）武帝病死。

汉献帝刘协 Emperor Xiandi of Han Dynasty（181～234） 中国东汉末代皇帝。汉灵帝之子。经过黄巾起义的打击，东汉政权已名存实亡。189年，灵帝死，大将军何进等立灵帝之子14岁的刘辩为帝，是为少帝。随后召董卓将兵入京，尽诛宦官。董卓入京，废少帝，改立9岁的刘协为帝，董卓为相国，独揽朝政。董卓死后，献帝又为董卓部将所劫持。196年，曹操出兵迎献帝至许（今河南许昌县东），"挟天子以令诸侯"。汉献帝在位30年，守位而已。建安二十五年（220），曹操卒，子曹丕逼献帝禅帝位，建立魏朝。献帝被废为山阳公，以寿终。

汉宣帝刘询 Emperor Xuandi of Han Dynasty（前92～前49） 中国西汉皇帝。本名病已，字次卿。公元前73～前49年在位，庙号中宗。葬杜陵。汉武帝刘彻曾孙，戾太子（刘据）之孙。出生数月，适逢戾太子巫蛊事件，被关押于郡邸狱中。后遇大赦，恢复皇族身份。元平元年（前74）昭帝死后，因无嗣子，霍光等大臣奏请皇太后迎立刘询为帝。

宣帝即位之初，委政于霍光。地节二年（前68）霍光死后始亲政事。他着力整顿吏治，强化皇帝威权，命令群臣奏封事，以疏通下情。地节四年，又借大司马霍禹谋反一事彻底清除霍氏的势力。宣帝尊崇儒学，于甘露三年（前51）诏诸儒讲论五经异同，称制临决（见石渠阁会议）。但他任用官吏比较注重名实相副，多数选用那些熟悉法令政策的"文法吏"，并以刑名考核。同时，为了维护封建法律的正常行使，宣帝设置了治书侍御史，审核廷尉量刑的轻重失当。还废除了某些苛法。宣帝招抚流亡，恢复和发展农业生产，并屡次蠲免和削减田租、算赋、口钱以及罢榷酤官，令民得以律占租，减天下盐价。设置常平仓以省边境转漕等。取得了比较显著的效果。

宣帝时，西汉王朝与周边少数族的关系大体上相安无事。神爵元年（前61），赵充国平息羌患。三年，郑吉袭破车师，西汉王朝的政令自此颁行西域。甘露二年，原来畏服匈奴的乌孙及其西至安息诸国也转而尊汉，为政治的安定和社会经济的恢复发展创造了有利条件。宣帝统治期间"吏称其职，民安其业"，史称中兴。但是由于西汉封建王朝积弊已深，元帝即位后社会矛盾进一步激化，终于使西汉王朝一蹶不振。

汉学 Sinology 国外研究中国的政治、经济、社会历史、哲学宗教、语言文字、文学艺术、天文地理、工艺科技等各种学问的综合性学科。又称中国学。

研究对象 从汉学发展的历史和研究成果看，其研究对象不仅仅是中国汉民族的历史和文化，实际上是研究包括中国少数民族历史和文化的整个中国的学问。由于汉民族是中国的主体，而且汉学最初发轫于汉语文领域，因而学术界一直沿用汉学这一名称。

汉学以整个中国为研究对象，其研究范围有广义和狭义之分。广义的汉学包括了中国的社会科学和部分自然科学；狭义的汉学只涉及哲学、宗教、历史、语言文字等部分社会科学，诸如传统的版本、目录、校勘、音韵、训诂、考证等。从课题方面看，汉学已涉及中国社会生活中已经发生和将有可能发生的各种事态，从学科体系看，汉学已经囊括了中国已经建立起来的所有知识形态。

学科历史 汉学的产生发展，同欧洲资本主义国家的殖民扩张有联系，又与国际政治、经济、文化的普遍发展相关联。一般认为，汉学萌芽于16～17世纪来华传教的教士的著述中。400余年里，汉学经历了发轫期、确立期、发展期和繁荣期4个阶段。

发轫期（16世纪末至17世纪末） 西方对于中国的了解早在古希腊就已开始。但西方对中国的研究则始于16世纪末。第一本专门讲述中国的书是1585年在罗马出版的《中华大帝国史》(门萨多著)。有影响的早期著作还有《中华帝国志》、《中国改朝及中国基督教现状》、《中国度量衡考》等。

确立期（18世纪初至19世纪初） 18世纪初清王朝和罗马教皇有“仪礼”之争，刺激西方各派传教士对中国礼俗和文化的研究。尤其是法王路易十四时期，法国科学院派来的优秀传教士，拟定了具体而系统的中国研究项目：中国的天文学和地理学史，中国古今通史，汉字的起源，中国的动植物和医学等自然科学史，中国各门艺术的历史，中国现状，国家治安、政局和习俗，矿产和物产等。其结果出现了一批汉学成果：《中国仪礼论》(李明)、《鞑靼史》(刘应)、《书经以前之时代与中国神话之关系》(马约瑟)、《中国通史》(冯秉正)、《成吉思汗及蒙古史》(宋君荣)、《大唐史纲》(宋君荣)。而作为18世纪汉学双璧的是杜赫德编著的《中华帝国史全志》(共4卷)、当时北京教士研究中国成果汇集《中国杂纂》(共16册)。在18世纪法国教士汉学成果的基础上，19世纪初出现了法国雷慕沙（1788～1832）和德国克拉勃罗德（1788～1830）两位博学多才的汉学大师。他们的研究成果涉及中国历史、语言、文学、宗教、地理学等众多领域。两人于1818年联合发起成立亚洲协会，发行期刊《亚洲学报》，主要刊发汉学研究成果。随后英国皇家亚洲学会成立（1823），刊《皇家亚洲学会会报》。以此为标志，汉学作为一门学科正式确立。

发展期（19世纪中后期） 这一时期正是西方试图将中国殖民化，与中国政府发生政治、军事冲突的时期。西方各国进一步加强对中国的研究，改变了法国垄断汉学的局面。英国、荷兰、德国、瑞典、奥地利、俄国都有一批卓有成绩的汉学家研究成果涉及中国社会和文化的各个方面。其中荷兰施古德最早研究中国天文学，德国晓特的中国边疆民族研究仍有价值，英国毕尔开中国佛教文献学的先河，匈牙利乔玛成为公认的藏学创始人。这一时期的另一特点是不少汉学家集中毕生精力翻译中国古代典籍，译文水平较前有大幅度提高。如牛津大学首任汉语教授理雅格以他对中国文化的理解，力求准确地翻译了《论语》、《大学》、《中庸》、《书经》、《诗经》、《孟子》、《春秋左传》、《易经》、《孝经》、《道德经》和《离骚》，成为汉籍西译大家。

繁荣期（20世纪） 20世纪近百年的汉学发展进入一个新的时期。20世纪初期，甘肃敦煌石窟藏经洞被发现，其中保存大量古代汉文、藏文、蒙古文和其他文字的写本卷子及文物。西方一些汉学家来到敦煌考察，并掠走大批文物文献。这批珍贵的文物文献令汉学界震惊。以此为契机，促进汉学研究的新发展。西方一些大学纷纷设立汉学课程，成立专门的汉学研究机构，出版专门的汉学研究期刊。此外还有藏学和敦煌学的一些专门组织、机构，这些汉学机构或团体都有定期或不定期的专门汉学杂志。还有研究东方或亚洲的学术刊物也是发表汉学成果的重要阵地。

美国和日本汉学研究在20世纪后来居上是汉学繁荣的突出表现。它们的汉学研究虽然晚于英、法、德等国，但在20世纪以各自的优势令汉学界瞩目。美国以其雄厚的国力广集中国文物资料，网罗汉学精英，形成超过欧洲的阵容。日本以其与中国文化同源和邻邦的条件，由传统的朱子学到20世纪初的支那学，再到第二次世界大战后的中国学，形成独具特色的研究风格和学科体系。虽然美国和日本的中国研究有其政治目的，但客观上促进了汉学的发展。

20世纪上半期，法国有沙畹、伯希和，英国有翟理斯、A.斯坦因；德国有米勒、哥隆维德，美国有夏德、劳佛尔，日本有和田清等一大批汉学大家。他们以中国考古，敦煌、吐鲁番研究带动中国研究的深入。20世纪后半期，各国都形成自己的汉学学派。将马克思主义、西方现代人类学、文化学、社会学、心理学、语言学的理论应用于中国研究，出现一大批优秀成果。德国福兰阁及其儿子福吾康关于中国古代史的著作，瑞典高本汉的《中国音韵学研究》、英国李约瑟的《中国科技史》、美国卫特夫的《中国经济与社会》、法国戴密微的《吐蕃僧诤记》、日本佐藤长的《古代西藏史研究》等都是精湛的汉学论著。汉学研究的国际性合作交流，华人入籍西方从事汉学研究等，都是促进汉学发展、繁荣的重要因素。

汉阳区 Hanyang District 中国湖北省武汉市辖区。位于市境西南部，东隔长江与武昌相望，东北隔汉江与汉口对峙。面积108平方千米。人口58万（2010）。西汉属沙羡县地。隋初为汉津县，后为汉阳县地。元、明、清为汉阳府治。1912年废府留县，为汉阳县治。1949年汉阳县城区与武昌市、汉口市合并置武汉市，为武汉市第六区。1952年改汉阳区。清末于境内建炼铁厂和兵工厂，为中国最早的冶金工业和军火工业，抗日战争时期被日军所毁。工业有冶金、机械、电子、纺织、化工、建材等。名胜古迹有龟山公园、汉阳公园、莲花湖、归元禅寺、古琴台、晴川阁等。

汉冶萍公司 Hanyeping Corporation 中国最早的钢铁联合企业。全称汉冶萍煤铁厂矿有限公司。建于晚清年间，初属官办，后为官督商办。

1890年湖广总督张之洞在大别山下动工兴建汉阳铁厂，同年查勘两湖煤铁矿藏，选定在大冶开采铁矿。汉阳铁厂经3年筹建，于1893年9月间建成。因计划不周，所购炼钢设备不适于炼制含磷较高的大冶铁矿的矿砂，以致所炼钢料不符铁路钢轨的要求。又因湖北煤炭不适于炼焦，钢铁生产遂陷于困难。

中日甲午战争后，无力维持官办企业。1896年4月，盛宣怀凑足股金100万两，接办汉阳铁厂，改为官督商办。为解决燃料困难，1898年再次集资100万两，在江西开发萍乡煤矿。随后，改用马丁炉改造全厂冶炼设备，以制造钢轨，1907年完成，但耗资巨大。1904年以后，又以大冶矿山作抵，一再向日本资本借款，日本势力遂乘机侵入，所产铁矿石和生铁输日，供日厂炼钢之用。

1908年，盛宣怀奏准将汉阳铁厂、大冶铁矿、萍乡煤矿合并，改为商办汉冶萍煤铁厂矿股份有限公司。实际生产仍靠外债维持。辛亥革命中，遭战事破坏，后渐恢复。在第一次世界大战期间始见盈余，

汉阳铁厂平炉

扩充设备，以后又经常陷于困难。该厂一直管理混乱，负债累累，又受战争影响，生产极不正常。抗战胜利后，国民党政府接收，作为敌伪产业清理结束。

汉语 Chinese language 世界上地位显著的语言之一，联合国的工作语言之一。属**汉藏语系**，是这个语系里最主要的语言。除中国以外，汉语还分布在新加坡、马来西亚等地。以汉语为母语的人超过12亿。

现代汉语的标准语是近几百年来以北方官话为基础逐渐形成的。它的标准音是北京音。汉语的标准语在中国大陆称为**普通话**，在台湾省称为国语，在新加坡、马来西亚称为华语。

语音 汉语的音节可以分析成声母、韵母、声调3部分。汉语的声调是辨义的。声母都是辅音。最复杂的韵母由介音、主要元音和韵尾3部分组成。韵尾有的是辅音，有的是元音。北京音的辅音声母有22个。介音有[i]、[u]、[y]3个。辅音韵尾有[n]和[ŋ]，元音韵尾有[i]和[u]。

语法 汉语的语素绝大部分是单音节的（手｜洗｜民｜失）。语素和语素可以组合成词（马+路→马路｜开+关→开关）。有的语素本身就是词（手、洗），有的语素本身不是词，只能与别的语素一起组成合成词。现代汉语里双音节词占的比重最大。

把汉语和**印欧语系**的语言相比较，可以看出汉语语法上的一些重要特点。汉语和印欧语的一个明显区别是没有形态变化。这种差异使得汉语语法在以下两个重要方面与印欧语语法大异其趣。首先，在印欧语里，词类的功能比较单纯。在汉语里，由于动词和形容词不变形，无论在什么句法位置上出现，形式都一样。这就造成了词类多功能的现象。其次，印欧语的句子和分句里必须有限定式动词，而词组（短语）里如果有动词的话，只能是非限定形式，不能是限定形式。因此，句子和分句是一套构造原则，词组是另一套构造原则。汉语的动词没有限定式和非限定式的对立，动词不论用在哪里，形式都一样，因此句子的构造原则与词组的构造原则是一致的，句子不过是独立的词组而已。汉语句法结构的特点还表现在主谓结构和动补结构（或称述补结构）上。汉语的主谓结构与印欧语的句子或分句不同，构造比较松散。这表现在主语后面可以有停顿，或者加上语气词。特别值得注意的是口语里常常没有主语。主谓结构的另一个特点是可以充当谓语。动补结构是现代汉语里非常重要的一种句法构造。印欧语里没有与它相对应的格式。从词序方面看，汉语的一个重要特点是所有的修饰语都必须放在被修饰成分的前边。

文字 从能看到的最早的成批的文字资料——商代甲骨文字算起，**汉字**已有3 000年的历史。由于甲骨文字已经是相当成熟的文字体系，可以推断汉字的发生一定远在3 000年以前。汉字的发展可以划分为两个大阶段。从甲骨文字到小篆是一个阶段，从秦汉时代的隶书以下是另一个阶段。前者属于古文字的范畴，后者属于近代文字的范畴。从隶书到今天使用的现代汉字形体上没有太大的变化。

从汉字本身的构造看，汉字是由表意、表音的偏旁（形旁、声旁）和既不表意也不表音的记号组成的文字体系。就汉字与它所要记录的对象汉语之间的关系来看，汉字代表的是汉语里的语素。从这个角度看，汉字可以说是一种语素文字。

方言 中国幅员辽阔，人口众多，方言情况复杂。这里把汉语方言粗分为官话和非官话两大类来说明。官话分布在长江以北地区和长江南岸九江与镇江之间沿江地带以及湖北、四川、云南、贵州4省，包括北方官话、江淮官话、西南官话几个方言区。官话区域的面积占全国3/4，人口占全国2/3。**官话方言**内部的一致程度比较高。非官话方言主要分布在中国东南部，包括**徽语**（皖南）、**吴方言**（江苏南部，浙江大部）、**赣方言**（江西大部）、**湘方言**（湖南大部，广西壮族自治区北部）、**粤方言**（广东大部，广西壮族自治区东南部）、**闽方言**（福建，台湾，广东的潮州、汕头，海南）、**客家方言**（广东省东部和北部，福建西部，江西南部，台湾）。非官话方言差别大，彼此一般不能通话，甚至在同一个方言区内部交谈都有困难。

书面语和口语 书面语和口语的差别一直相当大。以唐宋时代为例，当时人口里说的是白话，笔下写的是文言。五四运动时期开展的文学革命提出了反对文言文、提倡白话文的主张。经过几十年的实践，文言文终于让位于白话文。书面语在词汇方面的特点是双音节词的比重大，除了从文言里继承下来的一部分以外，大都是从日文转借过来或是新造的。新创造的词大都是利用原有的语素（书面上就是汉字）造成的复合词。

汉语词汇 Chinese lexicon **汉语**里词的总汇，即所有的词的集合体，其中也包括性质和作用相当于词的固定词组（如**成语**）。汉语的某个历史断代或某一方言的词语的集合体也使用词汇这个名称，如近代汉语词汇、广州话词汇；某一特殊类别或某一著作的词语的集合体也可称为词汇，如口语词汇、《红楼梦》词汇。

汉语历史悠久，词汇丰富多彩，源远流长。总括起来，汉语词汇有以下一些特点：①汉语语素绝大部分是单音节的，单独使用时就是词，不单独使用时就是构词成分。如："光"和"明"既是两个语素，又是两个词，二者合起来是一个词。②构词法与句法基本一致，这主要由于汉语缺乏形态变化，词根复合是新词产生的主要方法，因此很多复音词是由古代单音词构成的词组发展而来的，如妻子、困乏等。③汉语复音节词绝大部分是合成词，但有一部分是双音单纯词，主要表现为叠音词和联绵词。叠音词是同一个字重叠而成，如关关、交交、习习、所所等；联绵词大多数是由具备双声或叠韵关系的两个字构成的，如逍遥、流离、倜傥等。叠音词和联绵词有一个共同的特点：词中的单字不表示任何意义，只起记录音节的作用，重叠或两个字合起来后的两个音节表示具体词义。④汉语中有一大批外来词（包括少数民族词语），音译外来词自古就有，如：匈奴（Huna）、佛（buddha）等，属于古代的音译外来词；雪茄（cigar）、加仑（gallon）等，属于现代的音译外来词。汉语中的外来词主要有两种情况：纯粹音译，就像上面所举的例子；半译音半译义，如吉普车（jeep）、啤酒（beer）等。⑤汉语词汇的双音节化趋势：单音节词常常扩充为双音节，多音节词语往往被压缩成双音节，如：车—车子，鸟—飞鸟，月—月亮，窗—窗户，高级中学—高中，电视大学—电大，对外贸易—外贸，挖掘潜力—挖潜等。⑥汉语中有大量四字**成语**，就其语言结构单位说，多属于词组，就其造句功能说，相当于一个词。任何一种语言的词汇都永远处于不断变化状态，汉语词汇将随着中国社会物质文明和精神文明的发展而不断发展和丰富。

《汉语大词典》 *Grand Chinese Dictionary* 按部首编排的解释古今汉语语词的大型汉语语文词典。罗竹风主编，1986年由上海辞书出版社出版第一卷，从第二卷起，改由汉语大词典出版社（1986年成立）出版，1994年全部出齐。全书共收词37.5万余条，5 000余万字，插图2 253幅，正文12卷，另有《附录·索引》1卷。

该书于1975年9月商定编写出版，由山东、江苏、安徽、浙江、福建省和上海市的有关单位编写。其编写方针为"古今兼收，源流并重"，强调"语文性"和历史性。

此书只收汉语的一般词语，着重从语词的历史演变过程加以全面阐述。所收条目力求义项完备，释义确切，层次清楚，文字简练，符合辞书科学性、知识性和稳定性的要求。单字以有文献例证者为限，没有例证的僻字、死字一般不收。专科词只收已进入一般词语范围内的。

《汉语大字典》 *Grand Dictionary of Chinese Characters* 以解释**汉字**的形、音、义为主要任务的大型语文工具书。徐中舒主编。全书共8卷，收列单字约5.6万个，总字数2 030万字。四川辞书出版社、湖北辞书出版社出版。此书1978年被国务院列为国家重点科研项目，1983年又被列为哲学社会科学“六五”规划的国家重点科研项目。1984年编成初稿，1985年开始分卷定稿，1986年开始出版，1990年出齐。

此书注重形、音、义的密切配合，历史地、正确地反映汉字形、音、义的发展。在字形方面，于楷书单字条目下收列了能够反映形体演变关系的、有代表性的甲骨文、金文、小篆和隶书形体，并简要说明其结构的演变。在字音方面，对所收列的楷书单字尽可能注出现代读音，并收列了中古的反切，标注了上古的韵部。在字义方面，不仅注重收列常用字的常用义，而且注意考释常用字的生僻义和生僻字的义项，还适当地收录了复音词中的词素义。

汉语方言　Chinese dialects　汉民族语言的地域性变体。汉语方言的内部发展规律服从于全民族共同语，同时又具有不同于其他方言的特征，在语音、词汇、语法方面都有自己的特点。作为汉语的不同方言，必须具备两个条件：分布在不同地域，是古代汉语的发展结果。汉语方言与汉语的关系是个别同一般的关系。随着社会的进步，经济的繁荣，方言的作用将逐渐变小。

汉语方言的形成和发展与中国社会的发展和变化息息相关。相传黄帝时中原有万国，夏朝有国三千，西周分封诸侯八百，那时肯定存在汉语方言，但实际情况怎样不得而知。《左传》和《孟子》都清楚、明确地记述了方言问题。据古书记载，在秦代以前，北方话已经确立了汉语共同语的基础方言的地位，此外，吴方言、粤方言、湘方言也逐渐形成。在魏晋南北朝社会急剧变动时期，先后形成了客家方言、闽方言、赣方言。至此，汉语七大方言区基本形成。汉语方言经历了漫长而复杂的发展过程，这个发展过程是不间断的、渐变的；现代汉语方言与古代汉语方言的面貌已大不一样，如同现代汉语共同语有别于古代汉语共同语一样。事实上，每一种汉语方言都经历了复杂的发展过程。

汉语七大方言的语音系统各具特色。联系历史发展看，以北方话为基础的官话方言音系比较简单，反映了汉语语音从繁到简的发展趋势；南方各大方言音系比较复杂，更多地保存了古代语音的因素。就声、韵、调三部分说，官话方言的韵母和声调要比闽、粤、吴、客家诸方言简单得多，唯有声母方面，南北方言各有繁简。汉语方言之间在词汇上的差别，表现为各大方言区都拥有相当数量的方言词，有些方言词只通行于某个方言区或某几个方言区，有些只通行于某一个方言片、方言点。方言词汇的差异，主要表现为：来源不同；造词方法、造词角度不同；同形词词义不同；同一个词的活跃程度不同。相对说来，汉语方言在语法上的差异比较小，因为语法结构是语言体系中最稳固的。但纵观各地方言，仍反映出各种各样的语法特点，主要表现为：某些实词的构成手段不同；某些虚词的用法不同；在某些语言环境中语序不同；比较句、被动句、处置句、疑问句等的结构方式不同。

汉语方言的研究源远流长，历史悠久。从汉代扬雄的《方言》，到近代章太炎的《新方言》，古代方言学经历了1 900多年，这期间研究的是古代汉语方言，重点是词义研究，方法是传统的训诂方法——在具体语言环境中做语义比较。从五四运动到现在，汉语方言学又经历了70多年的发展过程，这期间主要研究现代汉语方言。现代汉语方言学与古代汉语方言学具有不同的特点，研究对象、目的和方法都发生了根本变化。现代汉语方言学要求全面调查研究活的方言口语，要求使用音标和运用现代语音学的原理，来记录方言事实，并分析它们的特点和结构系统，以便更好地为社会发展和经济发展服务。随着现代汉语方言资料的不断积累和研究工作的日益深入，方言分区近年来又有了新调整。李荣等主编的《中国语言地图集》将汉语划分为10个独立的方言区，即除上述“七大方言”外，还增加了晋语、徽语和平话。这在汉语方言分区方面具有里程碑的意义。

汉语拼音方案　Chinese Phonetic System　中华人民共和国的法定拼音方案。1955～1957年中国文字改革委员会汉语拼音方案委员会研究制订，1958年2月11日全国人民代表大会批准公布。汉语拼音方案采用世界通用的26个拉丁字母，分为五个部分：①字母表，规定字母的顺序、读音和写法。②、③声母表、韵母表，规定声母、韵母的拼写方法及规则。④声调符号，规定了声调的符号和标记方法。⑤隔音符号。方案推行以来，在汉字注音、统一读音、推广普通话和语文教学等方面都发挥了重要作用。它也是帮助其他民族的人和外国人学习汉语的工具。1977年联合国地名标准化会议采用汉语拼音字母作为拼写中国地名的国际标准。1982年国际标准化组织采用汉语拼音字母作为拼写汉语的国际标准。

汉语拼音正词法　Chinese pinyin orthography　用汉语拼音字母拼写普通话语词的规则。又称“拼写法”。汉语拼音正词法最主要的原则是“分词连写”，即把语言划分为词，并把多音词的各个音节连写在一起成为一个拼写单位。制定分词连写的规则除参考语音、语义、语法等因素外，还要考虑听觉心理（语感）和视觉心理的要求。

汉语拼音正词法的内容除分词连写外，还有音译外来词、文言成分、缩略语等的拼写法，同音同形词的处理法，声调的标注法，大写字母和标点符号（包括短横“-”）的使用法等。汉语拼音正词法制定以后，有一个群众大量实践和不断修改补充完善的过程，也就是约定俗成的过程。

为了使汉语拼音正词法有统一的规范，1982年3月中国文字改革委员会成立汉语拼音正词法委员会，着手制定汉语拼音正词法基本规则。1988年7月1日由国家教育委员会、国家语言文字工作委员会联合公布了《汉语拼音正词法基本规则》。1996年经国家技术监督局批准，它成为中华人民共和国国家标准。为了配合这个标准的推行，2002年1月商务印书馆出版了《新华拼写词典》，对基本规则的用法作了比较全面、详尽的例解。

汉语修辞　Chinese rhetoric　修辞是在使用语言的过程中，利用多种语言手段以收到尽可能好的表达效果的一种语言活动。所谓好的表达，包括它的准确性、可理解性和感染力，并且是符合自己的表达目的的，适合对象和场合的得体的、适度的表达。修辞运用语言（包括它的书面形式即文字）的特点，同时也受语言特点的制约。汉语的语素以单音节为主，词以单音节和双音节为主，而汉语又是非形态语言，没有词形变化的约束。这两个特点，决定汉语修辞具有以下特征：①语言单位组合灵便。②非常容易组合成音节数目相同而结构上平行的语句，通常称为对偶。并且很容易押韵。大量运用整齐押韵的语言结构是汉语修辞的特色之一。③汉语里陆续出现并且积累了数量可观的四字成语，这些成语中绝大部分富于显著的修辞效果。此外，运用汉字的特点还产生了若干特殊的修辞技法，如回文、顶针、谐音双关等。修辞与一个民族的文化传统有密切的关系。受汉民族文化传统的影响，汉语修辞中大量用“比”，用得既多且广；汉语修辞以整齐、对称为主，以参差错落为辅；汉语修辞有虚写和实写之分，在语言表达中有意识地运用虚实观点，取得某种效果，这是汉语修辞的又一个特点。汉语修辞古今一贯的主导思想是要为表达内容服务。

汉语训诂学　ancient Chinese texts, critical interpretation of　中国语言文字学中一门传统的解释语词和研究语义的学科。“训诂”的原意是用通行的语言解释不易为人所懂的古字古义，后来就作为解释词语音义的泛称。

训诂作为一门独立的学科，是近百余年间的事，但作为训诂事实——解释词义的材料——早在先秦时期就存在了。有依据字形说解字（词）义的，有依据字音推求字(词)义的，有用同义字(词)来做注释的。

训诂发展于汉代。秦末社会的大动荡，引起了语言的大变化。先秦典籍多凭口耳传授，汉代用隶书写出，称为今文经。从汉武帝时起，用“古籀”、“大篆”等书写的古文经陆续出现，其中多有古字、古义，不尽为人所识，训诂由此而兴盛发达。训诂最先从经书注释开始。《诗经》有齐、鲁、韩、毛四家传本，四种不同注释，其他经书也有各种传本和注释。同时，在汉代产生了《尔雅》、《方言》、《说文解字》、《释名》四种训诂专著这一切为训诂学的形成奠定了基础。

魏晋南北朝时期社会动荡，人民播迁流转，语言变化很大，而古书词义深奥，不易理解，于是注释之风日盛。在这一时期里，不仅儒家经典反复注释，而且还注释了《史记》、《汉书》、《老子》、《庄子》、《楚辞》等书，其中精义颇多。南朝宋齐以后，出现既注释经义，又注释注文的“义疏”体注释，从而进一步丰富了训诂学的内容。这时的字书有《字林》、《纂文》、《字统》、《文字集略》、《玉篇》等书，但大多亡佚。

隋唐时期进一步发展“义疏”体注释，儒家主要经典都有义疏，其中孔颖达《五经正义》最著名。孔颖达的义疏不仅有关于词义的注释，而且有对文法的说解。这时期还大量注释子部书籍和史部书籍等，并出现解释双音词的《兼名苑》、解释日常口语的《字宝碎金》、《俗务要名林》等。此外，又继承发展了音义书。音义书产生于魏晋，唐代陆德明编撰的《经典释文》是音义书的集大成者，还有唐代高宗时玄应的《大唐众经音义》，唐宪宗时慧琳的《一切经音义》。上述注释书代表了隋唐时期的训诂学水平。

宋元明时期的训诂有以下几个特点：①不墨守前人成说，常常另创新义。如王安石的《字说》，王圣美倡导的右文说等；②对古韵(两汉以前的韵部)开始有所认识，吴棫的《韵补》，郑庠的《古音辨》是研究古韵的先导；③明代朱谋玮的《骈雅》，方以智的《通雅》是发展雅学的著作，在双音词和方言俗语研究方面有很多创见。

清代是训诂学大发展时期，不仅对前人已经注释过的经典著作进行再注释，而且还提出训诂学的若干理论问题。这一时期出现很多训诂大家，如顾炎武、江永、桂馥、戴震、钱大昕、段玉裁、王念孙、阮元、朱骏声等。清代学者从事训诂研究的主要方法是：①依据对文字形体的分析确定本义，说明引申义。②依据音同音近的道理识别假借字，用本字去阐释文义。③用比证文句的方法考释词义。④因声求义，从同源词角度研究词义的系统性。

以章太炎、沈兼士、黄侃等人代表的近现代学者宣告传统训诂方法的结束，把西方语言学理论引进训诂学之中，最主要表现在推求字源和语根、研究同源字。从训诂学的发展历史看，两汉是第一个高峰，清代是第二个高峰。训诂一直附属于经学，直到清末才发展成一门独立的语言科学。

汉语音韵学　Chinese historical phonetics　语言学的一个分支。研究汉语各个时期的语音系统及其历史演变规律的学科。又称声韵学、汉语历史语音学。通常包括古音学、今音学和等韵学。研究的具体对象是一个音节（体现为一个汉字）声、韵、调的历史、现状及其分合异同。

汉语音韵学的发展历史大致可分为4个时期。

①从汉代至北宋。这一时期的主要成就是发明反切和编制韵书。发明反切是音韵学的开始，韵书则汇集、贮存了大量可供音韵学研究的资料。东汉以后的佛经翻译为等韵学的产生创造了条件。唐末五代产生了最早的韵图和等韵学的基本概念。韵图是对汉语语音系统研究的开始。颜之推等人提出了“南北是非，古今通塞”的问题；陆德明的《经典释文》提出“古人韵缓，不烦改字”的论断。这些都可以看成是汉语历史语音学研究的开始。

②从南宋至清代中期。吴棫的叶音说首先为古韵分部；清初顾炎武的《音学五书》使古韵学走上科学的道路，它一方面排斥叶音说的任意性，另一方面建立了古今音不同的历史观。在这一阶段，清代钱大昕开始研究古纽，提出了“古无轻唇”、“古无舌上”的论断，对后来古声母的研究产生了极其深远的影响。

③从清代陈澧撰写《切韵考》至民国初期。陈澧运用系联法详细考证了《广韵》一书的声韵系统，得出了《广韵》有多少声类、多少韵类、声类分清浊、韵类四声相承，以及韵类的等列、开口与合口、一字多音等情况分析，这与印欧语言学里“一种语言内部的上溯”大致相似。应该说音韵学研究从此已完全科学化，开始摆脱经学的附庸地位。此后研究《切韵》音，或用反切研究相应时代音系，推求上古声韵，解释古方言，调查现代方言，都以《切韵》音系为出发点。

④从（瑞典汉学家）高本汉发表《中国音韵学研究》开始。他把印欧历史语言学的比较法引入汉语音韵学研究中。他先从现代汉语各种方言入手，再通过外国记录的汉字读音（高本汉称为“域外方音”），如日本的吴音、汉音，朝鲜、越南保存的汉字读音，用比较法上溯，推求并构拟了“七世纪长安音”(洛阳及其附近地区的通语音)。高本汉为汉语音韵学研究引进了新方法——历史比较法，引进了新材料——汉语33种方言。他与陈澧的研究方法，在汉语音韵学史上具有里程碑意义。音韵学从此脱离经学而独立，成为语言学的一个分支。

汉语语法　Chinese grammar　研究汉语结构规律的学科。包括词、短语、句子的结构规则。古汉语词以单音节为主，现代汉语词以双音节词为主。双音节词中的单纯词比例很小，绝大多数为合成词。合成词有多种构词方式：并列式，如“语言”；偏正式，如“四季”；动宾式，如“司令”；主谓式，如“头痛”；补充式，如“降低”；词根加词缀式，如“木头”。短语的结构形式与词的构成形式基本相同。与印欧语系语法相比，汉语语法有以下一些特点：①语序是汉语里的重要语法手段。同样的语素，次序不同，构成不同的词，如“天明”不同于“明天”；同样的词，次序不同，组成不同的短语和句子，如“发展经济”不同于“经济发展”；句法成分的次序一般是固定的，主语在前，谓语在后，动词在前，宾语在后，修饰语在前，中心语在后，但为了强调某一成分，有时改变正常词序，如“她慢慢地走来了”是正常词序，“她走来了，慢慢地”改变了状语的正常词序，强调动作的状态。②汉语词类和句子成分的关系是错综复杂的。在印欧语言里，词类和句子成分之间有一种简单的对应关系。印欧语系语言名词与主语、宾语对应，形容词与定语对应，副词与状语对应。汉语却不是这样，几乎各类实词可以充当各种句子成分。③在现代汉语里，音节多少影响语法形式，如有些单音节词不能单用，有些双音词要求后边也是双音词，有些双音词常常联合起来造成一个短语。④现代汉语的简称多，特点突出。简称的形式有：两个（或几个）平列的修饰语共用一个中心语，如“文体活动”；用数字概括平列的几项，如“五讲四美”；简称的语法功能介于词和短语之间。⑤汉语里的量词和语气词丰富。

汉语语音　Chinese phonetics　研究汉语语音系统及其结构规律的学科。

汉语语音的特点是音节结构简单，音节界限分明，声调是音节的重要组成成分。汉语的音节结构有很强的规律性。元音是音节中不可缺少的成分，一个音节内部最多可以连续出现3个元音。辅音主要处在元音的前面，即音节的开头；只有少数辅音可以处在元音的后面，即音节的末尾。处在元音前后的辅音一般只能有一个。中国学者习惯把一个音节分为声母、韵母和声调3部分。声母指处在音节开头的辅音，音节的开头如果没有声母，就是零声母音节。韵母可以进一步分为韵头、韵腹和韵尾3部分。韵头和韵腹都是元音，韵尾可以是元音，也可以是辅音。韵腹是一个韵母不可缺少的成分。汉语是有声调的语言，声调指整个音节的高低升降，有区别意义的作用。

汉语各方言语音分歧相当大，但声母、韵母和声调的基本结构是一致的。方言之间的语音分歧主要表现在声母、韵母和声调的数目和内容的不同。从上古音到现代音的2 000多年时间内，汉语语音的基本结构并没有改变，即音节分为声母、韵母和声调3部分，演变主要是声母、韵母和声调内部的变化。最新研究成果表明，上古音声母有32个左右，上古音韵母有30个左右，上古音的声调还在讨论之中。中古音一般以隋唐时期盛行的韵书《切韵》的语音系统作为代表。《切韵》并没有系统地列出它的声母系统，根据后人分析归纳，大体上和传统的三十六字母相当。近古音一般以元代周德清所编《中原音韵》的语音系统作为代表。《中原音韵》成书于1324年，正是元代戏曲盛行时期，周德清根据当时北曲作家用韵的情况归纳整理成书，成为写作北曲用韵的准绳，对中国古代戏曲创作有很大影响。它所代表的近古音语音系统比《切韵》所代表的中古音语音系统简单得多，接近于现代北京话。《中原音韵》可能共有20个声母（不包括零声母）。汉语的声母系统从中古到近古大大简化，主要是因为中古大部分浊音声母到近古变成了清音，除[m-]、[n-]、[l-]等少数浊音声母外，其余都变成清音，与原来的清音声母合并。

1949年中华人民共和国建立以来，在全国范围内推广普通话，并制定了汉语拼音方案，这对汉语语音的学习和研究起到了巨大的推动作用。

《汉语主题词表》 *Chinese Thesaurus* 中国大型综合性中文叙词表。中国科学技术信息研究所与北京图书馆（今中国国家图书馆）主编，1980年科学技术文献出版社出版。共收正式叙词91 158条，非叙词17 410条，范畴类目分为三级。1991年自然科学部分出增订本，增补新词8 221条，删除不适用词5 434条。《汉语主题词表》分3卷10册：第一卷（2册）为社会科学部分，第二卷（7册）为自然科学部分，两部分均包括字顺主表、范畴索引、词族索引和英汉对照索引，第三卷为附表，包括世界各国政区名称、自然地理区划名称、组织机构名称及人物名称。《汉语主题词表》涵盖各个学科专业，收词量大，编制体例规范，对推动中国主题标引工作的开展和促进专业叙词表的编制起了重要作用。1985年获国家科学技术进步二等奖。

汉元帝刘奭 Emperor Yuandi of Han Dynasty（前76～前33） 中国西汉皇帝。汉宣帝之子。公元前48～前33年在位。崇尚儒学。即位后一反宣帝以刑名治国政策，以名儒萧望之、周堪领尚书事，贡禹、匡衡等为丞相。但重用宦官，听任弘恭、石显擅权。后期政治日益腐败，赋役繁重，豪强兼并之风盛行，西汉从此由盛转衰。

汉藏语系 Sino-Tibetan family 按谱系分类法划分的语系之一。有些学者曾称之为“藏汉语系”或“印支语系”。

汉藏语系的分类，主要有三种不同意见：李方桂提出汉藏语系分汉语、侗台语族、苗瑶语族、藏缅语族；这个看法得到罗常培、傅懋勣以及中国大多数学者的赞同。美国学者白保罗（P.K.本尼迪克特）认为这个语系仅包括汉语和藏-克伦语，他认为苗瑶语和侗台语与南岛语有密切的关系，同属澳泰语系。法国学者沙加尔认为南岛语与汉语有亲缘关系。邢公畹进一步提出，汉语、侗台语、苗瑶语、藏缅语、南岛语等都有同源关系。

汉语分为十个方言区，即官话区、晋语区、吴语区、徽语区、赣语区、湘语区、闽语区、粤语区、平话区、客家话区；藏缅语族分藏语支、缅语支、彝语支、景颇语支、羌语支；苗瑶语族分苗语支和瑶语支；侗台语族分壮傣语支、侗水语支、黎语支和仡央语支。

汉藏语系语言的主要特点：语音有声调。不同语言的声调发展不平衡，最少的有两个，最多的有十几个，少数语言的方言无声调，藏缅语族的声调相对较少。声调因声母清浊而分阴阳的在整个语系中具有普遍性。

许多语言的元音分长短，多数语言还保留数量不等的复辅音。复辅音存在简化、脱落的趋势。现代汉语基本已无复辅音。

虚词和词序是表达语法意义的主要手段。除藏缅语族部分语言外，多数语言的形态变化都不大丰富。除藏缅语族的藏语支语言、景颇语支语言外，一般语言都有丰富的量词。有丰富的重叠式。较普遍的是形容词、动词、量词的重叠。有些语言名词、代词也可重叠，往往表示多数。藏缅语族部分语言人称代词重叠构成反身代词，动词重叠表示“互动”。此外，还有多种表示句子成分结构关系的助词。藏缅语族语言往往加在句子成分的后面；汉语、侗台语、苗瑶语加在体词性成分前面的称介词，加在句子成分后面的称结构助词和时态（情貌）助词。

除藏缅语族有些语言有较多的多音节单纯词外，大多数语言的单纯词是单音节的，有少量双声、叠韵的多音节单纯词。合成词以派生、复合为主。普遍有四音联绵结构。中国境内汉藏语系中的少数民族语言普遍借用汉语词。

汉藏语系语言的研究很不平衡，其中汉、藏、缅等语言有许多语文学著作，如《尔雅》、《方言》、《广韵》等。但运用现代语言学的理论和方法调查研究汉藏语系语言，则始于20世纪以后。中国语言学家从20世纪30年代起开始调查中国境内的汉藏语系语言，但大规模的调查研究始于50年代。90年代已有一大批语族和语系历史比较研究的著作问世。

汉昭烈帝刘备 Emperor Zhaolie of Han Dynasty（161～223） 中国三国时期汉国（习称蜀国）开国君主。字玄德。涿郡涿县（今河北涿州）人。汉朝皇室疏宗。早年丧父，家孤贫，与母以贩履织席为业，好交结豪侠。汉灵帝末年，以聚徒众、从官府镇压黄巾起义军有功，除安喜尉。因与郡督邮冲突，弃官亡命。后投靠中郎将公孙瓒，为别部司马，数有战功，领平原国相。徐州牧陶谦为曹操所攻，备率兵相救，陶谦死，代为徐州牧。与盘踞寿春的袁术相拒，为吕布所乘，败归曹操。操荐为豫州牧，进位左将军，因与汉献帝舅董承谋杀操事泄，逃至徐州，杀刺史车胄，统众数万人。建安五年（200）被曹操击破，往依袁绍，极受尊重。官渡之战后南奔刘表，刘表始以上宾礼待之，使屯新野，后因声望日高，荆州豪杰归者日多，乃对其有所防备。曹操北征乌桓，刘备建议袭取曹操根据地许都（今河南许昌东）。刘表不纳。十三年，曹操南伐，刘表卒，子刘琮降。刘备逃至夏口，采纳诸葛亮议，与孙权联合，大败曹操于赤壁（见赤壁之战）。又南取武陵、长沙、桂阳、零陵四郡，据有荆州之地。十六年，率大军应益州牧刘璋之请，西入蜀。原为共同制御汉中张鲁，抵抗曹操，后攻下成都，降刘璋，夺得益州。二十四年，击斩曹操大将夏侯渊，曹操率军亲征，无功而还。刘备遂占领汉中，为汉中王。同年，关羽被杀，荆州为孙权夺去。蜀国规模自此基本确定。

221年刘备称帝，国号汉，都成都。当年，兴师伐吴，欲报杀关羽、夺荆州之仇。孙权遣使求和，不许。次年，两军决战于夷陵。因战略错误，蜀军大败，刘备逃归白帝城，第二年病重，托孤于丞相诸葛亮，不久，卒于永安宫，谥昭烈帝。

汉中盆地 Hanzhong Basin 中国秦岭山间盆地。位于陕西省南部，秦岭和大巴山之间的汉江上游。西起勉县武侯镇，东至洋县龙亭铺，长116千米，南北宽5～25千米。平均海拔500米左右，为一狭长槽形山间陷落盆地，由汉江冲积而成。盆地有四级阶地：一级阶地高出汉江3～5米，沙细土肥，地下水位高；10～15米是二级阶地，由黄灰色沙及黏土组成，是盆地主体，地面平整，为粮、油主产区；36～50米为三级阶地，地面破碎，多为瘠薄旱地；70～80米为四级阶地，已逐渐变为丘陵地，沟壑发育，土壤更为贫瘠。属温暖湿润的亚热带季风气候，河水不冻，冬无积雪，霜害少，风力小，有利于水稻、油菜、小麦及亚热带作物柑橘、枇杷、棕榈的生长。是陕西省的稻、麦两熟地区，也是陕西省水稻主产区。

汉中市 Hanzhong City 中国陕西省辖地级市。位于省境西南部，与甘肃、四川相邻。辖汉台区和南郑、城固、洋县、西乡、勉县、宁强、略阳、镇巴、留坝、佛坪10县。面积27 246平方千米。人口342万(2010)，有汉、回、满、苗、壮等22个民族。秦惠文王更元十三年（前312）首置汉中郡，三国时曾属蜀地，至南北朝期间归属多变。唐为梁州，五代时置兴元府至元朝。明时置汉中府，沿至清末。1913年设汉中道，1935年为陕西省第六行政督察专区。1949年，先后置南郑专区、陕南行政区、汉中专区、汉中地区。1996年2月撤汉中地区设汉中市。矿产资源富集，磷、锰、砂金以及优质石材等优势突出。市域内勉县、略阳、宁强三县交界的“金三角”地带，是全国5大黄金生产基地之一。石棉储量居全国前列，锰、磷、铁储量居全省之首。野生珍稀动物有大熊猫、金丝猴，世界珍禽朱鹮。盛产名贵中药材，有“天然药库”之称，天麻、杜仲、枣皮（山茱萸）产量居全国之首。工业主要有冶金、电力、化学、煤炭、机械、建材、医药、纺织、皮革、手表、造纸及文化用品等门类。汉中生态环境和农耕条件比较好，稻、麦一年两熟，是省重要的商品粮基地之一，水稻产量占陕西省的70%；农作物有水稻、小麦、玉米、油菜、花生、豆类、药材、茶树。纪念地有中共陕南特委代表会旧址、川陕革命根据地。名胜古迹有古汉台、韩信拜将坛、摩崖石刻、张良庙、张骞墓、蔡伦墓、武侯墓、褒斜栈道等。

陕西汉中褒斜道石门栈道

汉字 Chinese characters 中国汉族人民自古以来一直用以记录汉语、交流思想的工具。是汉族祖先在生产劳动和生活实践中创造出来的。汉字是一种音节文字，一个字代表语言里的一个音节。每一个字都有一定的音义。汉字本身有一定的结构规律和完整的系统性。尽管汉语方言比较分歧，但用汉字写下的书面语言南北各地的人都能看得懂。虽然古今语音有很大的变化，但是商周的古文和由秦汉传下来的古书现在仍然能读得懂。这不是其他民族的文字所能相比的。

汉字产生 汉字历史悠久，在战国时期曾经传说文字是黄帝史官仓颉所造。一说仓颉是古帝王。这是传说，不足为信。因为文字绝对不是一个人所能独创。汉字有繁复的体系，非经过很长的时间是不能创制成功的。

汉字开始产生的时间，还难以确切断定。今天所能见到的最古的文字是商代刻在甲骨上和铸在青铜器上的文字。商代的文字已很发达，最初产生文字的时代必然远在商代以前，那就是夏代或早于夏代。从已经认识的字来看，很明显汉字是从图画发展而来的。由图画而变为笔画简单的文字，再由笔画简单的文字进一步创制大量的新的文字。甲骨文里图画式的文字很多。凡是实物有形可画的大都用图形来表示。

汉字形体演变 商代的文字见于卜辞和铜器铭文的已经不是图画，而是一种笔画简单的记录语言的符号。秦灭六国以后，建立了统一的王朝，李斯倡议统一文字，罢其不与秦文合者，于是有了小篆。小篆对大篆而言，形体比大篆简单，结构比金文整齐，写法有一定的规范。隶书是由简略的篆书逐渐发展而成。汉代，隶书不断发展，成为日常应用的字体。在汉代隶书开始发展的时期，又有了草书。到魏晋时代又有了正书。正书又称真书。汉字的形体演变，总的趋向是由繁难变为简易。

汉字结构 汉字是方块式的文字，有的是独体字，有的是合体字。独体字来源于图画式的象形字和指事字，合体字是以独体字为基础而构成的，包括会意字和形声字。在汉字总体内，独体字很少，合体字占90%以上，而合体字中又以形声字占绝对多数。

汉字与汉语的关系 汉字是一种表意注音的音节文字，每一个汉字代表着语言里的一个音节。一个字不一定就是一个词，它可能只是构成一个词的词素（或称语素），它只代表整个词的一个音节。汉字虽然是音节文字，但是汉字本身不都能确切地表示语音。汉字在记录语言时，每一个字都有一定的约定俗成的用法，写错了就称为写“白字”。

汉字的增繁与简化 秦代的《仓颉》、《博学》、《爰历》三篇有3 300字。到清代的《康熙字典》就有47 000多字了。实际上日常使用的字不过六七千而已。由繁复趋向简化，这是汉字形体发展的规律，从商代到近代，一直如此。中国文字改革委员会在整理异体字和制定简化字方面做了大量工作，对汉字的规范化起了重大作用。

汉字简化 Chinese characters, simplification of 汉字改革内容之一。包括减省汉字笔画和减少汉字字数两种含义。前者指把笔画繁复的字，变成笔画少的字；后者指一个字原来可能有几种写法，包括正体、俗体、异体等，经过简化后，确定一个为正体，其余均废除。被简化了的汉字称为简化字。早在甲骨文和金文中就有简体字，也就是说，汉字简化工作和简化字，从中国殷商时代就开始了。以后几乎在不同历史时期都做了汉字简化工作，都产生过相应的简化字。如：从六国文字到秦统一后的小篆，秦始皇下令的“书同文”，可以看成是中国历史上第一次大规模的由官方做的汉字简化工作，小篆对六国文字说来，就是规范字、简化字。以后从小篆到隶书，从隶书到楷书，每一次书体变革，都是一次汉字简化工作。楷书定型以后，还有对楷体字的正体、俗体、讹体的甄别工作。现代汉字简化工作是从20世纪初开始的，钱玄同、陆基、黎锦熙等人做了很多工作。中华人民共和国建立以后，成立了中国文字改革研究委员会和中国文字改革委员会，于1956年公布了《汉字简化方案》。1964年中国文字改革委员会编辑出版了《简化字总表》。1986年，国家语言文字工作委员会重新发表《简化字总表》，同时废止1977年发表的《第二次汉字简化方案（草案）》。《简化字总表》所列简化字是通行汉字的正体。

汉字学 Chinese graphology 研究汉字的形体和形体与声音、语义之间的关系的一门学科。

“汉字学”的名称是现代才有的，古人称之为“小学”，近代又称为“文字学”、“中国文字学”、“汉语文字学”。

汉字早在新石器时代就产生了。最初用图画来表示语义，后来由图画发展为象形文字。以后，又以象形字为基础，向表义以及一半表义、一半表音的方向发展。汉字一直没有走上纯粹用拼音符号来记录语音的道路，始终守着方块字形没有变，在世界文字中，形成了自己的特点。研究汉字，是研究汉语的重要阶梯。汉字学主要研究文字的结构、形体的变迁、文字的发展、字形的规范化和文字改革等问题。但汉字的形、音、义三者紧紧地结合在一起，对字形的研究往往不能脱离音和义。因此，字形研究与字音、字义研究相结合，成为汉字研究的重要特点之一。

早在中国春秋战国时代就有教授童蒙识字的教科书。《史籀篇》(已失传) 是其中著名的一种。秦统一六国后，实行统一文字。在《史籀篇》的基础上，对**籀文**进行改造，努力使偏旁划一，笔画减省，字形整齐方正，形成了小篆。这次对文字的整理，在汉字发展史上有重大影响。到了汉代，汉字形体由小篆变成了**隶书**，这是汉字发展史上最关键的一步，使汉字进一步朝着符号化方向过渡。这时候着重于对汉字造字方法的研究，提出著名的六书理论。东汉**许慎**用六书分析篆书的形体结构，建立了研究文字的体系，著《**说文解字**》14篇，另有《序》一卷。全书收9 353字，重文1 163字，创造540个部首。对每个字的训释，兼顾到音形义三方面。这是中国最有创造性、最有影响的字典。晋代吕忱著《字林》七卷，用隶书书写，体例与《说文解字》相同。南朝梁代顾野王著《玉篇》30卷，是第一部**楷书**字典。魏晋南北朝的文字学主要表现在编纂字书上。唐代文字学主要表现在刊正字体上。南北朝时期，**行书**、**草书**、楷书盛行，字的写法日趋混乱，这样的现实决定了刊正字体是唐代文化中的重要内容之一。唐末五代时期，徐铉、徐锴兄弟二人开始深入研究《说文解字》，徐锴著有《说文解字系传》，徐铉入宋后校订《说文解字》。二徐的著述对《说文解字》的流传起到了重要作用。宋代开始注意对金石文字的研究。明代梅膺祚作《字汇》，把540个部首改造为214个部首，并创造同部首之中按笔画多少检字的方法。清代是汉字学大发展的时期，集中表现在对《说文解字》的研究上。这个时期研究《说文解字》的学者有百家以上，卓有成就的有十几家，其中最受人称道的有说文四大家：即段玉裁的《说文解字注》，桂馥的《说文解字义证》，王筠的《说文句读》和《说文释例》，朱骏声的《说文通训定声》。这些学者主要从订正讹误、探索《说文解字》体例、疏通字义、补充例证等方面研究《说文解字》，这对《说文解字》的广泛流传和普遍使用起到了重要作用。近代文字学主要成就表现在对甲骨文、金文的研究上。特别是由于甲骨文的发现，使学者们看到了殷商时代的文字。通过对甲骨文和金文的研究，可以进一步考证《说文解字》的得失和汉字的起源。当代汉字学的重要任务是对现有汉字加以进一步整理，以促进汉字的规范化，使它更好地为记录语言，为社会的发展服务。

汉族 Han 中国的主体民族。人口122 593万(2010，未包括香港、澳门特别行政区和台湾省数据)，占全国人口总数的91.51%。汉族的远古先民大体以西起陇山、东至泰山的黄河中下游为活动地区。公元前21世纪后，中原地区相继出现了夏、商、西周几个王朝。他们虽都自认黄帝为其祖先，实际却来自不同的部落集团，经过漫长历史年代的接近、交往、斗争和融合，形成了共同族体。西周时已出现华、夏单称或华夏连称的族名，以区别于“蛮”、“夷”、“戎”、“狄”等；至战国时，秦、楚、齐、燕、韩、赵、魏同称诸夏。后经兼并、争战，形成诸夏统一趋势，进至中原的“戎”、“狄”、“夷”、“蛮”也与华夏融合，华夏成为稳定的族体，分布区域已达东北辽河中下游、西北洮河流域、西南巴蜀黔中、东南湖湘吴越等广大地区。前221年秦兼并六国，统一诸夏，建立了中国历史上第一个统一的中央集权制的封建国家。汉族以先秦华夏为核心，在秦汉时期形成统一民族。

汉族男子

汉族的族称，是在中国统一的多民族国家形成、发展过程中确立的。前206年汉朝继秦而兴，前后历400余年，经济、文化及国家的统一有了新的发展，原称华夏的中原居民称为汉人。此后，汉人成为中国主体民族的族称，历代占中国人口绝大多数，在各方面发展中占主导地位。汉族历经与各族的共处、迁徙、融合，形成了在松辽平原及黄河、淮河、长江、珠江等农业发达地区及城市集中分布，在边疆与当地各族交错杂居的分布特点。另外，在历史发展过程中，汉族有相当数量人口移居海外，形成当地的华裔或华侨。汉族在古代创造了灿烂的文化艺术，具有鲜明的特色。拥有众多影响深远的代表人物和作品。在自然科学方面，天文学和数学成就为世人瞩目。古代农学曾有农书370余种。在古代汉文学发展中，诗歌的发展占显著地位，如楚辞、乐府、唐诗、宋词等都有许多艺术成就极高的作家与作品；其他如散文、小说等也著称于世。

汉族的语言通称**汉语**，属汉藏语系，是世界上历史最悠久、最丰富的语言之一。主要方言有七种。现代汉语的标准语是普通话。汉文(见**汉字**)起源于远古，通行的方块字从殷商的甲骨文和商周的金文演变而来。20世纪50年代以后，中国政府有计划地进行文字改革，制订了汉语拼音方案，推广普通话，简化汉字。汉族的衣、食、住和风俗习惯从古至今颇有特色，因时代的变化而变化。移风易俗，推陈出新，接受外来文化的影响，现代、文明、科学、舒适已成为生活习俗发展的趋向。汉族通行一夫一妻制婚姻，婚姻家庭以牢固稳定著称。以注重礼仪、尊长爱幼为美德。丧葬过去行土葬，现大部分通行火葬。节日以春节最为隆重。还有清明节、端午节、中秋节等。有的节日已成为汉族和一些少数民族的共同节日。汉族自古对各种宗教采取兼容并蓄的态度，有部分人信奉佛教、道教以及基督教新教、天主教等。民间尊崇孔子和儒学。

汗法 diaphoresis 中医临床通过开发肌腠，疏散外邪，用以解除表证的治疗方法。中医辨证论治**八法**之一。又称解表法。主要用于外感热病的初期，如伤寒邪在太阳、温病邪犯卫分之证。对于麻疹未透、痈肿疮疡初起、水肿、痹证初期等证也可用之。因此，汗法具有发汗解表、解肌、透疹、消散痈肿、消肿止痛等多种作用。由于汗法主治各种类型的表证，而表证又有寒热性质的不同，所以汗法又分为**辛温发汗**和**辛凉发汗**两大类型。因病人体质有虚实，邪气有兼夹，在具体运用汗法时，需参与补益、理气、祛痰等法。如补气解表、助阳解表、滋阴解表、透疹解表等均为汗法的变通。临床上具体使用汗法需注意：①汗法多选用辛散轻扬的药物，不宜过煮，以免药性挥发。②服药后酌情增加衣被促使发汗，但以遍身微汗为佳。③发汗之后，腠理疏松，宜避风寒。④汗法适用于表证，若表邪未尽，又有里证，须使用表里双解法，若病邪已全入里，则不宜再用汗法。⑤若麻疹已透、疮疡已经溃脓，以及自汗、盗汗、吐泻失水、热病后期津亏、失血等证，均不宜使用汗法。

汗腺 sweat gland 哺乳动物皮肤的真皮层或皮下组织中分泌汗液的腺。结构呈弯曲管状，分为大汗腺与小汗腺两种。大汗腺的腺体较大，随毛囊分布，常开口于毛根附近。小汗腺较小，直接开口于皮肤表面，分泌稀薄的汗液。在高温环境中，汗腺的分泌活动加强。由于大量汗液的分泌与蒸发，可以散发大量的热，有降低体温的作用。

大汗腺 哺乳动物大汗腺的结构基本相似，都是简单的管状腺体。人类的大汗腺只分布于腋窝、乳晕、阴部及肛门附近。大汗腺，特别是成群集中分布的大汗腺，一般仅分泌少量浓稠的液体，呈白、灰白、淡黄或红色，如河马的“血汗”即为红色的汗液。人类大汗腺的新鲜分泌物没有气味，但排至皮肤表面后，经细菌的分解，生成一些不饱和的脂肪酸而产生怪味，即通常所说的狐臭，因此大汗腺又称狐臭腺。各种哺乳动物的特殊气味主要来自大汗腺，这种气味在群居生活及性活动中有一定的意义。

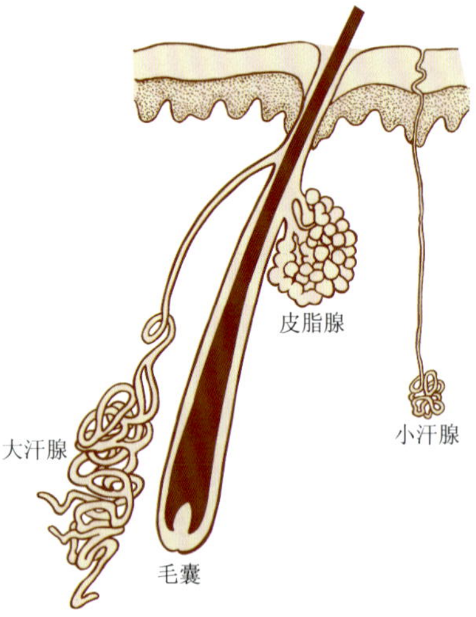

人类汗腺模式

小汗腺（外分泌汗腺） 小汗腺的结构与大汗腺相似，也是简单的弯曲管状腺体，但它的分泌部分较小，直径只有0.3～0.4毫米。小汗腺的导管直接开口于皮肤表面，与毛囊无关。小汗腺分泌稀薄的汗液，是人汗的主要来源。这种汗液的主要成分是水，约占99%以上；固体成分不足1%，其中大部分为氯化钠，也有少量的氯化钾、尿素等。与血浆相比，汗液是一种低渗的液体。当环境温度达到30℃时，小汗腺便开始分泌汗液。随着汗液中水分在身体表面的蒸发，可散失大量的热。在环境温度超过皮肤温度时，汗液的分泌和蒸发是人体散热的唯一方式。因此，小汗腺在体温调节中有重要作用。汗腺因能排出部分代谢产物如尿素，所以也是一种排泄器官。

旱獭 *Marmota*; marmots 啮齿目松鼠科旱獭属动物的统称。约有11种，5种分布在北美洲，6种见于欧亚大陆。中国有3种，旱獭（种）、喜马拉雅旱獭和长尾旱獭。最大的体长近60厘米，重7.7千克以上。具一系列适于掘洞穴居的形态特征：体短身粗，无颈，四肢短粗，尾、耳皆短，头骨粗壮，眶间部宽而低平，眶上突发达，骨脊高起，身体各部肌腱发达有力。体毛短而粗，毛色有地区、季节和年龄变异。栖息于平原、山地的各种草原和高山草甸。集群穴居，挖掘能力甚强，洞道深而复杂，多挖在岩石坡和沟谷灌丛下。从洞中推出的大量沙石堆在洞口附近，形成旱獭丘。白天活动。草食，食量大。取食时，由较老个体坐立在旱獭丘上观望，遇危险即发出尖叫声报警，同类闻声迅速逃回洞中，长时间不再出洞。秋季体内积存大量脂肪，秋后闭洞处蛰眠状态，次年春季3～4月出洞活动。出蛰后不久即交配繁殖，每年只生一胎，4～6仔。幼獭于第三年性成熟。旱獭和喜马拉雅旱獭的数量较多，每日啃食大量优良牧草，与牛羊争夺天然牧场，同时又是鼠疫杆菌的储存寄主。

美洲旱獭

旱灾 drought 因长期无降水或降水显著偏少，农业生产又缺乏其他供水条件，所需要的水分得不到满足而造成的自然灾害。对人类威胁很大。全球约有36%的土地处在干旱和半干旱的条件下，更多的地区由于降水量的年际与季节变化极大而经常受到干旱威胁。旱害的发生是天气和气候、地形、土壤和生物等多种因素综合影响的结果。天气气候是旱害的主要成因。大范围的旱害往往和大气环流异常相联系。地形影响降水的分布和再分配。土层深浅，土壤质地、结构，地下水等影响土壤储水量、渗漏量、蒸发量和地下水补给量。各种生物由于其形态结构、生理和生物学特性、生育期的不同，对干旱的敏感性和抵抗能力不同，因而旱害的影响也各异。中国旱害的发生具有准周期特点，相对频发年代和少发年代往往交替出现。不同纬度带重旱出现的频次不同。各地旱害发生的主要季节也很不相同，发生在春季称春旱，发生在夏季称伏旱。中国农业旱害最重的地区在甘肃中部、宁夏南部、山西和陕西北部、内蒙古自治区、河北坝上地区和东北三省西部一带，其次是黄淮海地区。在及时做好旱情预报的前提下可采取以下防御措施：根据当地干旱发生规律合理安排农业结构、作物布局和品种搭配，建立灌溉体系，农田蓄水，耙耱、中耕保墒，培育和推广耐旱作物品种等。

旱作农业 dry farming 降水有限地区基本依靠天然降水从事的农业。主要指降水不足的半干旱区和半湿润偏旱区，在缺乏灌溉条件的农田，采取一系列旱作农业技术利用天然降水来发展农业。

旱作农业区共同的气候特点是年降水量少于年可能蒸散量。中国以平均年降水量250～400毫米，年干燥度（年可能蒸散量/年降水量）1.6～3.5的区域划为半干旱区；年降水量400～500毫米，年干燥度1.3～1.6的区域划为半湿润偏旱区。这两个区是中国主要的旱作农业区。

旱作农业区虽然年降水量不足，但光热资源相对丰富，利用得当，有较大的生产潜力。中国半干旱区每公顷旱地平均每毫米降水可生产10～15千克粮食，与现实平均产量相比，潜力很大。中国旱作农业区主要分布于陕西、甘肃、宁夏、青海、山西、河北、内蒙古、河南和东北三省西部，主产小麦、玉米、高粱、谷子、黍稷、大豆、马铃薯等。

旱作农业区农业发展的主要限制因素是水。旱作农业的各项技术措施都围绕充

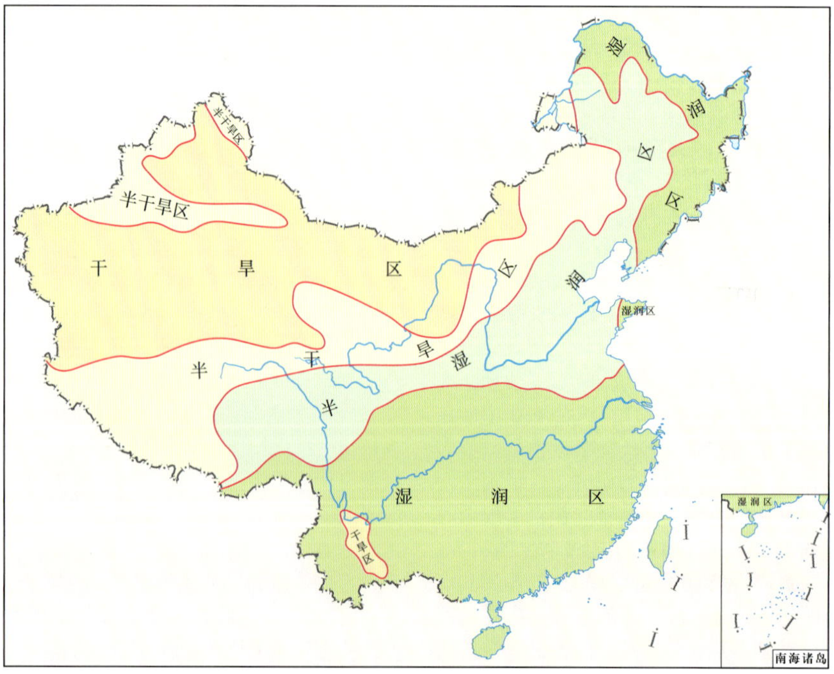

中国半干旱半湿润地区分布示意图

分利用有限降水进行：①保持水土汇集径流。防止水土流失是首要环节。②耕作保墒。前茬作物收获后及时深耕、耙耱，有利于充分接纳雨水。或实行少耕、免耕，深松土结合秸秆覆盖，可抑制农田蒸发。在缓坡地上平整土地、等高耕作，可防止水土流失。③培肥地力。④选用抗旱作物品种。⑤抗旱播种。根据当地气候和作物特性，土壤墒情，可分别采用顶凌播种、雨后抢墒、镇压提墒、深播找墒等播种方法，也可以采用抗旱剂拌种、保水剂种子包衣等提高种子出苗率。⑥抗旱栽培。包括调整农业结构、作物种植比例，地膜覆盖或秸秆覆盖栽培、粮豆间作、条带种植、轮作倒茬等栽培方式以提高水分利用效率。旱作农业并不排除灌溉，在有零星水源的农田，可采用补充灌溉、节水灌溉、农闲贮水灌溉等，以补充农田水分之不足。

焊接 welding 借助加热、加压或者两者并用，使被焊材料间形成原子（分子）结合的一种材料加工技术。除用于各种金属、非金属材料以及金属与非金属材料的焊接外，还能通过一定的工艺来改变材料表面层的成分、组织和性能，以及修复零件磨损表面和其他缺陷，或用作材料快速成形。

简史 焊接已有几千年历史。铸焊、锻焊和钎焊是最早使用的几种焊接方法。中国早在商代就用铸焊制造铁刃铜钺，战国时期制造刀剑时用锻焊连接钢刃和熟铁。19世纪末20世纪初随工业的迅速发展，焊接技术才有新的突破。当时出现的气焊和电弧焊由于以新的高温集中热源取代原始的炉火加热方式，使焊接技术发生根本性的变化。20世纪40年代以来，涌现出很多新的焊接方法。焊接已成为一种先进的材料加工技术，广泛应用于现代工业和高科技领域。

焊接工艺 可将焊接方法分为三大类：熔焊、压焊和钎焊。

熔焊 属液相焊接，一般在不加压的情况下将待焊界面处的局部加热熔化，利用材料液态时的互溶性，形成液相连接，经冷却凝固后达到固态结合（图1）。可按热源的类型进行分类。气焊和铝热焊（又称热剂焊），属利用化学反应热的焊接方法。

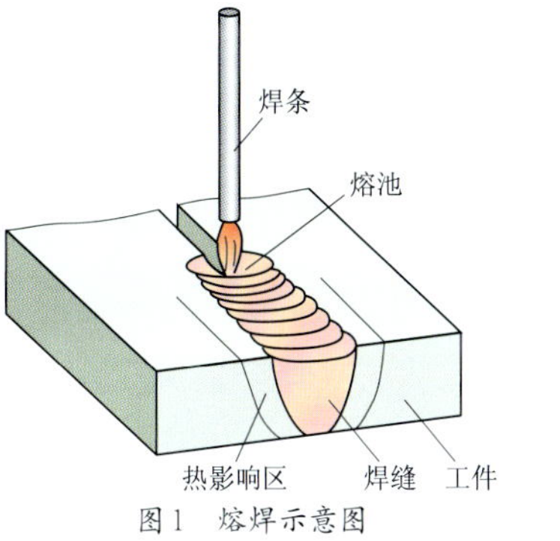

图1 熔焊示意图

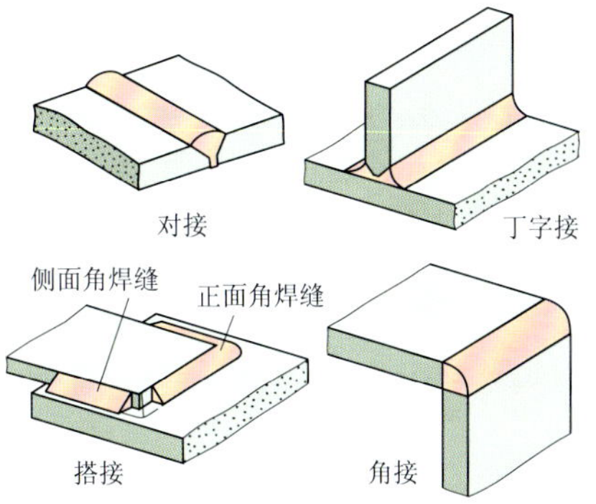

图2 焊接接头的几种形式

以电弧为热源的电弧焊是熔焊中用得最广的一大类，包括手工电弧焊、埋弧自动焊、各种保护气体的电弧焊和药芯焊丝电弧焊以及等离子弧焊。利用电阻热作为热源的有电渣焊和电阻点、缝焊。电阻点、缝焊是一类较为特殊的加压熔化焊。此外，还有一类以高能束为热源的电子束焊和激光焊。

压焊 属固相焊接，凡在固态下通过加压产生塑性变形来达到被焊界面处原子的相互接近和结合的焊接方法，无论是否加热均属压焊。根据加热情况可将压焊分为3大类：①在不加热的室温下进行压焊的方法称冷焊。②将待焊部位加热到高温塑性状态下进行压焊的方法。包括古老的锻焊和用电能加热的电阻对焊与扩散焊以及用机械能加热的摩擦焊、超声波焊和爆炸焊等。③将待焊界面迅速加热到表面轻微熔化状态，并在压力作用下将液相连同氧化物一起挤掉后，使洁净的固态表面通过塑性变形达到紧密接触和原子间结合的方法。利用电阻热的闪光对焊和高频焊以及用火焰加热的气压焊均属此类方法。

钎焊 被焊材料的连接界面既不熔化又不直接接触，借助于中间液相进行连接的方法，属固－液相焊接。钎焊时熔点低于母材的钎料熔化成液相，并充满接缝间隙，凝固后与固态母材形成原子间结合。

焊接接头 焊接结构的安全可靠性不仅与被焊材料（母材）的结合区（焊缝）有关，而且取决于整个焊接区即焊接接头的性能。焊接接头是一个组织性能不均匀的复合体，是焊接结构中的薄弱环节。正确选择焊接方法和工艺非常重要。根据焊接接头的几何形状可将焊接接头分为对接接头、丁字接头、角接接头和搭接接头等几种基本形式（图2）。

翰林院 Hanlin Academy 中国唐代始设立的宫廷供奉机构。唐初于皇帝宫殿所在处设待诏之所，安置文学、经术、医卜、书画、弈棋人才，陪侍皇帝游宴娱乐，统称翰林院，并非正式官署。玄宗以后将文学之士改为翰林学士，专掌内命，别建学士院以居之。翰林院遂成为专掌技艺供奉的内廷机构。五代因之。宋置为正式官署，领天文院、书艺局、医官院、图画院等署，隶内侍省。宋又沿唐制学士院设翰林学士院，为翰林学士供职之所。掌撰拟诏旨，批答表疏，属宫廷秘书机构。至辽改为翰林院，为南面官署，掌撰拟文诰，设翰林都林牙、翰林学士承旨、翰林学士等。西夏、金复称翰林学士院。元改并为翰林国史院，掌拟写诏令、纂修国史及备咨询。明设翰林院，除掌制诰外，始将修史、著作、图书等事务归并掌管，正式成为外朝官署。长官为掌院学士，其下设侍读和侍讲学士、侍读、侍讲、修撰、编修、检讨等官，均称翰林。明代任官特重翰林，内阁及吏、礼二部尚书、侍郎多由此出身。清沿置，掌编修国史、起居注，进讲经史，草拟祝文、册文、宝文、祭文、碑文等，**南书房**侍直、上书房教习、进士朝考、乡会试诸事，均与其选。设掌院学士满、汉各一人为长官，下设侍读学士等与明代同。下属机构有庶常馆、起居注馆、国史馆、典簿厅、待诏厅。清代翰林官为清华之选，职务虽闲散，礼遇甚优，升迁甚速。清末废詹事府（辅导东宫太子的机构），其职事亦并入翰林院。

行列式 determinant 重要的数学工具之一，给定n^2个元素（数）a_{ij}，$(i,\ j=1,2,\cdots,n)$。任取$1,2,3,\cdots,n$的一个排列$i_1i_2\cdots i_n$可作一个乘积$a_{1i_1}a_{2i_2}\cdots a_{ni_n}$。任意一对数$i,j$取自$1,2,3,\cdots,n$，若$j<i$就说$i,j$构成一个逆序，排列$i_1i_2\cdots i_n$中如有偶数个数对构成逆序，则称它为偶排列，否则称为奇排列。现在由上面n^2个元素来作出一个代数式

$$\sum \pm a_{1i_1}a_{2i_2}\cdots a_{ni_n} \tag{1}$$

其中每一项的±号由排列$i_1i_2\cdots i_n$为偶或奇来决定，且和号是对$1,2,\cdots,n$的全部$n!$个排列求和，代数式(1)称为由n^2个元素$a_{ij}(i,j=1,2,\cdots,n)$所决定的行列式。由于后面介绍的质，把上式用下面的记号

$$A=\begin{vmatrix} a_{11} & a_{12} & \cdots & a_{1n} \\ a_{21} & a_{22} & \cdots & a_{2n} \\ \vdots & \vdots & \vdots & \vdots \\ a_{n1} & a_{n2} & \cdots & a_{nn} \end{vmatrix} \tag{2}$$

来表示有很多方便。(2)式也简记成$|a_{ij}|$。

行列式的基本性质 ①行列式A中某行（或列）同乘一个数k，其结果等于kA。②将行列式A中的每一行上的元素依次放到相应的列上，得到的行列式为A的转置，记为A^{T}，则$A^{\mathrm{T}}=A$。③设行列式A中第i行（列）的元素为b_j+c_j，$(i,j=1,2,\cdots,n)$。将A中第i行（列）元素换成$b_1,b_2,\cdots,b_n$及$c_1,c_2,\cdots,c_n$分别得到行列式A_1及A_2，则$A=A_1+A_2$。④行列式A中两行（列）互换，其结果等于$-A$。⑤把行列式的某行（列）中各元素同乘一数后加到另一行（列）的各对应元上，结果仍是A。

行列式按一行（列）展开 将行列式(2)中划去第i行及第j列得到$n-1$阶的行

列式，称为元素a_{ij}的余子式，记为M_{ij}。令$A_{ij}=(-1)^{i+j}M_{ij}$，称它为a_{ij}的代数余子式。则$A=\sum_{i=1}^{n}a_{ii}A_{ii}=\sum_{i=1}^{n}a_{ii}A_{ii}$这两个等式分别称为行列式$A$按第$i$行和第$i$列的展开式，它把$n$阶行列式化为$n-1$阶行列式的计算。行列式有很多应用，特别是对线性方程组理论有重要的克拉默法则。

克拉默法则 设方程组

$$\begin{cases}a_{11}x_1+a_{12}x_2+\cdots+a_{1n}x_n=b_1\\a_{21}x_1+a_{22}x_2+\cdots+a_{2n}x_n=b_2\\\cdots\cdots\\a_{n1}x_1+a_{n2}x_2+\cdots+a_{nn}x_n=b_n\end{cases}\quad(3)$$

如果它的系数行列式

$$D=\begin{vmatrix}a_{11}&a_{12}&\cdots&a_{1n}\\a_{21}&a_{22}&\cdots&a_{2n}\\\vdots&\vdots&&\vdots\\a_{n1}&a_{n2}&\cdots&a_{nn}\end{vmatrix}\neq0$$

则它有唯一解$x_i=D_i/D\,(i=1,2,\cdots,n)$，式中$D_i$是将$D$中第$i$列的元素$a_{1i},a_{2i},\cdots,a_{ni}$分别用$b_1,b_2,\cdots,b_n$替代后得到的行列式。

杭爱山脉 Hangayn Nuruu 蒙古中部山脉。与南部戈壁阿尔泰山脉平行，自西北向东南绵延805千米，横贯扎布汗、后杭爱、巴彦洪戈尔及前杭爱四省。中国汉时称燕然山，今名蒙古语意为“马鞍”，以其山形得名。平均海拔2 000～3 000米，最高点恩赫泰万山海拔3 905米，山顶终年积雪。属海西褶皱经过削平、后期抬高形成的地垒构造，以具有平坦宽广的山顶为特征。许多地方保存有火山锥，玄武岩岩床也有广泛分布。是北冰洋水系和亚洲中部内陆水系的分水岭。北坡较缓，称后杭爱，多针叶林，色楞格河和鄂尔浑河发源于此；南坡较陡，称前杭爱，多草原牧场，河流注入咸水湖或消失在戈壁沙漠中。为全国重要的畜牧地带之一。有铜、钼、金、玉石、云母等矿产。多温泉，建有疗养所。

《杭·杜亚传》 *Hikayat Hang Tuah* 马来古典传奇小说。描写14、15世纪马六甲王朝时期马来民族英雄杭·杜亚为捍卫马来民族的尊严和独立而建立的丰功伟绩。作者不详，估计初为民间流传的传奇故事，17、18世纪由文人加工成书。加工者有意突出杭·杜亚的忠君思想，把他塑造成一生不事二君的忠臣典型。他反抗葡萄牙殖民入侵的英勇表现一直鼓舞人民的反殖民主义斗争。

杭州绸伞 Hangzhou silk umbrella 在绸、绢等伞面上装饰绘画、图案的伞。因产于中国浙江杭州而得名。又称西湖绸伞。1934年，杭州都锦生丝织厂借鉴日本素面绸伞，试制生产绸伞并获得成功。后来，又在伞面上运用刷色、喷色、绘画等工艺表现杭州西湖风景，成为杭州具有特色的工艺品，既能遮阳，又具有观赏价值。

杭州绸伞的工艺主要分为伞骨、制伞两大工序。每把绸伞有36支伞骨，由淡竹制成。制伞工艺有裁绸、绷伞面、上浆、上伞架、串花线、贴青、刷绘、装杆、胶合伞头和伞柄等工序。刷绘的题材多为三潭印月、平湖秋月、花港观鱼等西湖名胜风景，或手工彩绘仕女、花鸟等画面。伞面以绢、绸、乔其纱等制成，薄如蝉翼，有天蓝、玫瑰红、淡黄色等十多种色彩。伞柄以坚硬木材制成，呈花瓶状，并下饰流苏。伞顶多为硬木制成的三潭印月的小塔状造型。伞面上贴以篾青，折叠收拢后，外观宛如青翠润泽的天然竹筒，富有浓郁的江南地方色彩。

杭州市 Hangzhou City 中国浙江省辖市、省会。在省境北部，东濒杭州湾、钱塘江入海口，西与安徽省交界。面积16 596平方千米。人口870万（2010）。辖拱墅、上城、

杭州西湖一角

下城、江干、西湖、滨江、余杭、萧山8区和桐庐、淳安2县，代管临安、建德、富阳3市。秦置钱唐县。隋开皇九年（589）置杭州。五代为吴越都城，称西府。南宋以杭州为都城，升杭州为临安府。元改为杭州路。明清改为杭州府。1927年析杭县置杭州市。地势西南高东北低。西、南部有天目山等。东北部为平原，地势低平，河网密布。钱塘江干流斜贯全境。属亚热带季风气候。年平均气温16.2℃，1月平均气温3.8℃，7月平均气温28.6℃。平均年降水量1 435毫米。

著名传统工业品有杭州丝绸、都锦生织锦、西湖绸伞、王星记扇子、张小泉剪刀、萧山花边、富阳土纸等。主要农作物为水稻、小麦、油菜。特产龙井茶叶、西湖莼菜、西湖藕粉、杭白菊等。交通以杭州为枢纽。有沪杭、浙赣、杭宣、萧甬、金岭铁路过境，多条高速公路和干线公路纵横。京杭运河、杭甬运河、钱塘江等通水运。杭州萧山国际机场是省内最大的航空港。

杭州是长江三角洲地区重要科研和教育基地之一。有浙江大学、杭州大学、中国美术学院及农、工、商、师范、财经等高等院校和农业、海洋、茶叶、水稻等专业科研机构。

杭州山水秀美，文物众多，为全国旅游热点区。拥有西湖和富春江-新安江两个国家级风景名胜区，其中，西湖文化景观于2011年被列入《世界遗产名录》。还有天目山自然保护区和清凉峰自然保护区，千岛湖、午潮山等4个国家森林公园，之江国家旅游度假区、杭州乐园以及钱江潮、古运河等胜景。建有良渚文化博物馆。杭州是国家历史文化名城。

杭州湾 Hangzhou Gulf 中国典型的喇叭形海湾。西起澉浦—西三闸断面，东至扬子角—镇海角连线。湾口宽达100千米，自口外向口内渐狭，到澉浦仅为20千米。杭州湾北岸为长江三角洲南缘，沿岸深槽发育；南岸为宁绍平原，沿岸滩地宽广。杭州湾的形成与长江三角洲的伸展和宁绍平原成陆密切相关。湾域潮汐能源甚丰。湾口王盘洋为舟山渔场的一部分，两侧海涂逐步围垦利用。航运条件较好，沿北岸深槽可通航万吨级海轮。孙中山曾拟在此建东方大港。乍浦陈山码头和杭州湾口南岸甬江口镇海港可泊海轮。杭州湾畔海盐县建有中国第一座自行设计和建造的秦山核电站。

杭州湾跨海大桥 Hangzhou Bay Cross-Sea Bridge 中国跨海公路大桥。大桥北起嘉兴市乍浦港以西的郑家埭，跨越杭州湾海域止于宁波市慈溪水路湾，全长36千米。桥址较好地联系了杭州湾地区的国道沈海高速公路、沪杭高速公路、乍嘉苏高速公路和杭甬高速公路等，建成后缩短宁波至上海间的陆路距离120余千米。

大桥由中国自行投资、自行设计、自行建造、自行管理。双向六车道高速公路，设计时速100千米/时。大桥设南、北两个

杭州湾跨海大桥夜景

航道，其中北航道桥为主跨448米的钻石型双塔双索面钢箱梁斜拉桥，通航标准3.5万吨级轮船；南航道桥为主跨318米的A形单塔双索面钢箱梁斜拉桥，通航标准3 000吨。其余引桥采用30米至80米不等的预应力混凝土连续箱梁结构。在大桥设计中首次引入景观设计理念，兼顾复杂的水文环境特点与司机、乘客的心理因素，并设有海上观景平台。整座大桥平面为S形曲线，线形优美，生动活泼。从侧面看，在南北航道的通航孔桥处各呈拱形，使大桥具有起伏跌宕的立面形状。大桥于2003年6月8日奠基。2008年5月1日通车。

杭州艺术专科学校 Hangzhou Arts School 中国现代美术院校。1928年春创立于浙江省杭州市。倡导者蔡元培，首任校长林风眠。初名国立艺术院，后改称国立杭州艺术专科学校。宣称以“介绍西洋艺术，整理中国艺术，调和中西艺术，创造时代艺术”为校旨。曾设绘画科（分西洋画、中国画组）、图案科、雕塑科，招收初中毕业生，修业期限为六年。并曾办有研究班，出版有《亚波罗》等期刊，成立有一八艺社等社团。1937年抗日战争全面爆发后，南迁江西贵溪，与国立北平艺术专科学校合并，后西迁湖南沅陵，改称国立艺术专科学校，滕固任校长；之后又迁云南昆明，复迁四川璧山，先后由吕凤子、陈之佛任校长；再迁重庆磐溪，直至抗日战争胜利，均由潘天寿任校长。抗日战争胜利后迁回杭州，继续沿称国立艺术专科学校，汪日章曾任校长。除历任校长外，郑午昌、诸乐三等曾在该校任教国画，周碧初、李超士、关良、吴大羽、倪贻德等任教西画，雷圭元、邓白等任教图案，周轻鼎、萧传玖等任教雕塑，史岩、蔡仪等授理论课程。1950年改建为中央美术学院华东分院，1958年改名浙江美术学院，1993年更名中国美术学院。

杭州织锦 Hangzhou brocade 中国浙江杭州生产的以真丝、人造丝为主要原料的重纬多彩织锦。简称杭锦。明、清两代，杭州织锦业以工巧闻名全国。1922年，都锦生在杭州创办都锦生丝织厂。1924年，杭锦采用经线为真丝、纬线为人造丝的交织法，在图案设计上仍保持传统特色。

杭锦主要有织锦缎、古香缎和都锦生织锦等品类，其中都锦生织锦是杭锦的独特品种。①织锦缎。质地柔软，光泽明亮，色彩绚丽，手感丰富。图案多以中国传统题材为主，民族特色浓厚。②古香缎。织锦缎的派生品种。常见的有风景、亭台楼阁、古代仕女等图案，古色古香。③都锦生织锦。运用纹工技术表现摄影、绘画等艺术的丝织品。有丝织工艺品和绸缎两大类。

杭子和 Hang Zihe (1887～1967) 中国京剧鼓师。早年拜昆曲名鼓师沈宝钧为师。青年时期一度在同仁堂药店的戏社中打鼓，后参加著名的戏曲票房“春阳友会”。杭子和会戏甚多，文武昆乱均极擅长。早年为武生沈华轩和武旦阎岚秋（艺名九阵风）打武戏；后又为老生王凤卿掌鼓板多年，也曾与梅兰芳合作。1918年前后，开始为老生余叔岩打鼓。杭子和演奏简练大方；两手腕力匀称而浑厚圆足。他掌握鼓板，节奏鲜明、准确、紧凑，并饱含韵味，使唱腔和琴音浑然一体。曾为谭派、余派许多老生演员伴奏，后成为老生杨宝森专职鼓师。1957年与琴师杨宝忠同时去天津市戏曲学校任教。

航标 navigation aids 帮助船舶定位、引导船舶航行、表示警告和指示碍航物的人工标志。全称助航标志。航标也用以传送信号，如标示水深，预告风情，指挥狭窄水道交通等。永久性航标的位置、特征、灯质、信号等都载入各国出版的航标表和海图。

海区航标分为：①目视航标，又称视觉航标。能使驾驶人员通过直接观测迅速辨明水域，确定船位，是使用最多最方便的航标。灯塔、浮标、灯桩、灯船均属此种航标。②音响航标。能发出规定响声的助航标志。③无线电航标。利用无线电波传播特性，向船舶提供定位导航信息的助航设施。

内河航标各国不尽相同。中国分为：①航行标志。又称引航标志。用于标示内河安全航道的方向和位置等。②指示危险标志。用于指示内河中有碍航行安全的障碍物。③信号标志。用于标示航道深度、架空电线和水底管线位置，预告风讯，指挥狭窄弯曲航道的水上交通。中国内河航标表示右岸的漆红色，灯标发红光；表示左岸的漆白色，灯标发白光或绿光。河流的左右岸以面向下游为准，港口的左右岸以面向进港为准。

航标灯 navigation mark light 为保证船舶在夜间安全航行而安装在某些航标上的一类交通灯。在夜间发出规定的灯光颜色和闪光频率，达到规定的照射角度和能见距离。

航标灯安装在固定灯标、灯浮标、灯船和灯塔上。固定灯标及灯浮标的结构较为简单，将灯系于立标及浮标上即成。灯船是锚泊在水上无法建筑灯塔的地方，作导航和警告用的信标。灯塔的作用是在海上昼夜发出可识别的信号，供船舶测定位置和向船舶提供危险警告。

航标灯使用的供电电源主要是蓄电池组。太阳能电池已成功地在许多交通不便的小型灯塔上使用。在大型灯塔上则采用柴油发电机组作为主电源。

航海 marine navigation 驾驶船舶在海上按选定的航线航行。运用航海学的知识驾引船舶、掌握航位，按预定航向航行是航海的最重要内容。航海活动是一项涉及面广且技术性很强的活动。它包括船艺和船舶操纵技术；地文航海、天文航海和无线电导航的理论；航海仪器使用和保管方法；海上气象和水文知识；各种国际水运法规和海上通信报告系统；船上救生、防火、堵漏、防污染等技能，以及海难事故时具有应变能力等。航海活动又是一项全球性和风险性较大的活动，严格制定和执行航海的各项规章和条约是航海事业发展和技术进步的重要保证。

简史 人类在新石器时代晚期就已有航海活动。当时中国大陆制造的一些物品在台湾岛、大洋洲，以至厄瓜多尔等地均有发现。公元前4世纪希腊航海家皮忒阿斯就驾驶舟船从今马赛出发，由海上到达易北河口，成为西方最早的海上远航。公元前490年，在波斯与希腊的海战中，希腊就曾以上百英尺长的战舰参战。中国汉代已远航至印度，把当时罗马帝国与中国联系起来。唐代为扩大海外贸易，开辟了海上丝绸之路，船舶远航到亚丁湾附近。汉唐两代，航海技术已由靠山形水势及地物为导航标志的地文航海向以星辰日月为引航标志的天文航海发展。宋代将指南针应用到航海上，解决了海上航行的定向，也开创了仪器导航的先例。

15世纪是东西方航海事业大发展时期。1405～1433年，中国航海家郑和率船队七下西洋，历经30多个国家和地区，远航至非洲东岸的现索马里和肯尼亚一带，成为中国航海史上的创举。1420年葡萄牙创办了航海学校；船长B.迪亚士在1488年航海到非洲最南端，命名该地为好望角；1497年达·伽马率船队从里斯本出发绕好望角到印度。此后葡萄牙人又到达中国、日本。1492年10月意大利航海家C.哥伦布发现了美洲大陆。1499～1500年，意大利航海家A.韦斯普奇2次登上美洲大陆考察，证实这片陆地是一片新发现的陆地，而不是哥伦布当年认为的印度岛屿，故以他的名字亚美利哥命名新大陆为亚美利加洲，简称美洲。1519～1522年葡萄牙航海家F.de麦哲伦及其船队首次实现环球航行。16世纪始，航海技术迅速发展。1569年地理学家G.墨卡托发明的投影成为现代海图绘制的基础。

20世纪30年代以来，电子学的发展和电子航海仪器的出现，使航海技术发生了划时代的变化，航海人员能够迅速而准确地测定自己的船位，从而可以选择最有利的航线和航行条件。

船艺　操纵、使用和管理船舶及其舱面设备的技术和技能。现代船艺的内容主要有：水手工艺，包括帆缆作业、船体保养及锚、舵、系缆、救生、消防、堵漏、装卸设备的操作和保养；船体和舱面设备的技术管理；船舶操纵、避碰和海事处理等。

船舶操纵技术　控制船舶在水中运动的技术。运输船舶的螺旋桨俗称车。船舶操纵者按照船舶的操纵性能和车、舵效应，结合风、流和水域等客观条件，运用船舶推进器、舵及锚、缆、拖船以保持或改变船舶运动状态。最早船舶操纵者是用楫、橹推进船舶和使船舶转向。帆船时代，船赖风力推进，用舵操纵。19世纪初，蒸汽明轮问世，进入机械推进时代。从1845年第一艘螺旋桨船横渡大西洋起，推进效率和倒车能力逐步提高，舵的效能也随之增加。

船舶操纵性能是船舶保持或改变航向和航速的性能，是操纵船舶的依据。通常包括回转性，是船舶在车舵作用下由直线航行进入曲线轨迹运动的能力；航向稳定性，是航向上船舶保持直线航行的能力；应舵性，是船舶由操舵到船首开始转动的快速程度。操纵技术还应注重船舶锚泊、靠离码头、系离浮筒和特殊情况下的船舶操纵，包括狭水道、大风浪、流冰区中的操纵和海上拖带失去动力的船舶操纵等。

随着科学技术的进步，出现了电子助航仪器、船首侧推器、可变螺距车叶以及大马力拖船、无舵港作拖船等，极大地提高了船舶操纵能力。

地文航海　根据地上物标确定船位和引航的技术。又称地文导航。主要包括航迹推算和陆标定位、航线设计、航行方法等。

天文航海　在海上观测天体以确定船位的技术。又称天文导航。中国将天文应用于航海可追溯到西汉时代。欧洲则始于15世纪，用观测北极星高度或太阳中天高度求纬度。18世纪六分仪和天文钟问世，大大提高了船舶定位的准确性。1837年美国船长T.H.萨姆纳依靠天文学计算，得出天文船位线，从此可以在海上同时测定船位的经度和纬度，奠定了近代天文定位的基础。1875年法国军官圣伊莱尔发明截距法，简化了天文定位测定作业。天文定位至今仍在应用，并与其他导航仪联合使用，取长补短，成为联合导航系统。

无线电航海　利用无线电波测定船位和引导船舶沿预定航线航行。又称船舶无线电导航。根据无线电波的传播特性测量地面包括外层空间的导航台发射的无线电波参数，求得船舶相对于导航台的几何参数，从而建立船位线，实现船舶定位和导航。优点是全天候，定位精度和可靠性较高，作用距离较远。但是无线电导航必须依靠导航台的信息，易受自然和人为干扰，难免发生故障，因此不能完全代替航迹推算、陆标定位和天文定位等基本方法。

航海仪器　用于确定船位和保证船舶安全航行的仪器的统称。主要是航行定位仪器，大致分为4类。①航迹推算仪器，主要有罗经、计程仪、自动操舵仪和航迹记录器等。②陆标定位仪器，有罗经、距离仪、六分仪和测深仪。③天文定位仪器，主要是六分仪、天文钟、星球仪、索星卡、眼高差测定器以及天文计算器（依靠航海天文历进行计算）。④无线电定位仪器，有测向仪、康索尔等方位系统和罗兰、台卡、奥米加、子午仪导航等双曲线系统。此外，航海仪器还包括气象、水文观测仪，如气压表、干湿度计、风速计等。

船舶救生　包括船舶乘员使用船上救生设备救助落水人员，或在遭遇海难时按照救生部署弃船自救。广义地说也包括救助他船或接受外来援助。救生设备主要有救生艇、救生圈、救生衣、抛绳设备和救助信号设备等。

航海模型运动　**model ship sport**　设计、制造和操纵各种舰船、航海设备和装置等模型的体育运动。航海模型运动最早起源于欧美国家。16～17世纪即已开始航海模型的设计和制作活动，并逐渐出现比赛。1920年英国首先成立国际帆船模型协会。1959年世界航海模型联合会在奥地利成立，该组织于1978年在意大利举行第1届世界帆船模型锦标赛。中国早在两千多年前就有船舶模型制造工艺。1949年中华人民共和国建立后，该项体育运动逐步得到推广。1980年3月，世界航海模型联合会接纳中国为会员国。中国从1981年起参加了历届世界锦标赛，并取得优异成绩。至2010年，中国运动员共获得世界冠军143个，79次打破世界纪录，保持着6项世界纪录。航海模型分为5大类：①仿真模型（类别代号C）。要求模型的原型必须是历史上曾经有过的或现存的舰船，以及与航海、海军、造船有关的设备、装置等。竞赛以展示并评分的形式进行。②动力艇模型（类别代号M）。为自由设计艇型，通过无线电遥控在水上进行航行竞赛的模型，以速度快、绕标正确决定名次。③帆船模型（类别代号F5）。装有帆篷，以风为动力的模型船。模型通过无线电遥控，围绕三角形竞赛场地航行。④耐久竞速模型（类别代号FSR）。自由设计艇型，无线电遥控多艇同时竞赛，在规定时间内绕标航行，以航行圈数排列名次。⑤仿真航行模型（类别代号NS）。模型仿照真实船舶制作，以航行得分或航行加外观评分决定名次。

航海气象　**maritime meteorology**　应用气象知识为航海服务的技术学科。研究航海气象的目的在于充分利用有利的天气和水文条件，使船舶航行安全、省时、经济，对客船还应考虑旅客舒适，并使因灾害性天气造成的损失减小到最低限度。

1805年英国人F.蒲福根据海面征象拟定风力等级，自0到12共分13个等级，被称为蒲福风级。1847～1852年美国人M.莫利根据远洋船舶记录风和流的资料，绘制成《北大西洋风和海流图》，开现代航路图的先河。1857年C.H.D.白贝罗发现根据风向判断高压和低压的中心方位的法则，被称为白贝罗定律。随着航海气象和水文研究工作的发展，各类航海图中逐步充实了航海气象和水文资料，论述现代航海气象和水文基本原理的著作相继出版。20世纪60年代以来，海洋气象和水文的观测技术不断改进，促进航海气象和水文科学的发展。

为航海服务的气象和水文图志有各大洋的波浪、海流、水质、大风及雾等的空间与时间分布图，天气与海况要素的综合关系图，以及各种气象与水文的统计图等。航海气象和水文情报在文字上比陆上的更加简明扼要；传真天气图上天气系统的配置及其动态，则力求使航海者便于推测有关航线上或广大海区上的天气现象。船舶天气图，包括其传真图在内，此陆地气象台站应用的天气图简明，且主要范围在海洋上，仅表现与航海关系密切的有关项目。船舶天气公报是海洋气象和水文部门有计划地、定时地通过无线电台向船舶发布的有关天气与海况情报。

船舶在航行过程中主要观测气压、风、气温、湿度，此外还观测波浪和海雾等。有的船舶还常带有为船籍国作顺路观测的任务。船上测定气压的常用仪器有水银气压表和空盒气压表。后研制成船上专用的观测风速、风向、气温和湿度的船舶气象仪，可直接读取上述气象要素值，既可测瞬时风速，也可测100秒内的平均风速。

各类天气系统如热带气旋、温带气旋等都有各自的天气结构，在其范围内的海面气象要素值的分布也有各自的规律性。根据这种规律性，运用船舶沿途的气象观测值与海洋气象和水文部门提供的海洋上天气系统配置及其动态，可以确定船舶在各类天气系统中所处的部位，判断海上雾的生消趋势等，从而采取相应的航行方法，而且还可检验与订正海洋气象和水文部门的报告、预报、警报和传真图等。

航海日志　**log book**　记载船舶航行和停泊以及有关情况的文件。是为分析、总结航海工作积累重要资料，供安全检查和为处理海事提供法律上有效的原始资料。

航海日志由值班驾驶员负责填写。分左、右页。左页记载航向、船速、气象和水文情况，助航仪器数据等船舶在航的有关动态数据，以及每天正午的船位、航程、燃料和淡水存量、压载水存量等。右页为记事栏，记载左页不能包括，但同船舶航行和停泊有关的内容及发生的重大事件。

航海日志要求记载完整、确切，不得撕扯、涂改或伪造。发现错误，需要改正时，应将删去的字句加画直线并签名，以资查证。每日由大副审核，船长签字。发生海损事故，应将航海日志和有关海图封存待查。弃船时必须携带航海日志和有关海图离船。中国的远洋船舶在国外港口时，应将航海日志送中国驻外使馆签证。

航海条例 Navigation Acts 英国历史上关于航海贸易的一系列立法。最初的目的是为了鼓励发展英国的航海事业和海外贸易。1381年理查二世颁布英国最早的航海条例，1485年和1540年又陆续订立。1651年，英吉利共和国政府针对当时英国海上贸易的主要竞争对手荷兰颁布的航海条例规定。这些规定排挤了荷兰在国际贸易中的作用，危及荷兰的海上利益，先后导致两次英荷战争(1652，1665)。1651年以后颁布的航海条例是为了垄断英国和殖民地的贸易，维持英国殖民地对英国的依赖，限制殖民地的经济发展。1672年和1692年英国政府又先后颁布航海条例。随着英国工业革命的完成，英国开始实行自由贸易政策。到1849年废除大部分航海条例。1854年，外国的商船被准许从事英国沿海的贸易。至此，航海条例所规定的限制完全取消。

航海学 nautical navigation 研究引导船舶在海上安全而迅速地从一地驶抵另一地的一门技术科学。航海学涉及数学、地理学、天文学、气象学、海洋学、电子学、制图学，以及无线电技术。运用航海学的知识，并通过海图作业随时掌握船位，是航海最重要的内容。

航海学的形成和发展 古代航海家仅能利用视界内的陆标引航，这种技术称为引航术。有了磁罗经和计程方法以后开始了航迹推算，作远离海岸的航行。通过长期的实践，17世纪形成以三角计算为基础的航海学。18世纪30～40年代，六分仪、天文钟以及天文定位方法的问世，进一步解决了远洋航行中的定位问题。20世纪20年代现代海图普及后，使航海作业更方便、直观。30年代以后，航海广泛使用陀螺罗经、计程仪、测深仪、雷达、无线电测向仪和各种双曲线定位仪等新式航海仪器，提高了推算和观测船位的准确性。60年代以来，随着无线电导航系统自动观测能力和观测精度的不断提高以及通过微处理机将船舶各种航海仪器和操纵系统综合起来，初步实现了船舶航行自动化。现代航海学按照确定船位的方法，可分为地文航海、天文航海和无线电航海三部分。

航海基础知识 在地球表面航行，确定地理坐标、方向基准和距离单位是确定船位、航向、航程的基础。

航海上通常以基准北作为计算航向和方位的基准。航向指基准北线与船首向线的夹角。方位指基准北线与目标方位线的夹角。船首向线与目标方位线的夹角称舷角。舷角为90°时称为正横。航海上是用罗经指示航向和方位的。

海上距离以海里为单位，国际标准1海里＝1 852米。在航海上一般取1海里＝1′纬度平均弧长。航行速度以节（海里/时）为单位。航程通常可直接从计程仪求得。也可以按速度与航行时间的乘积求得。船舶在无风和流的影响下的速度称为航速，在风和流的影响下的对地速度称为实际航速。在风和流影响下的对地航程称为实际航程，等于实际航速乘航行时间。

研究内容 航海学的研究内容主要有船位确定、航线设计和航行方法。此外，还要研究海图和航海图书、航海仪器、航标和航海气象等。

①船位确定。航海者必须随时知道船位。船位确定的方法有航迹推算和观测定位两类。航迹推算是根据罗经和计程仪所指示的航向和航程，并计算风和流等的影响，从已知起算点推算出航迹和船位。观测定位是使用各种航海仪器观测外界已知位置的物标确定船位，有陆标定位、天文定位和无线电定位等。

②航线设计。航线应根据航行任务和航行地区的地理、气象、海洋情况，以及船舶状态、技术设备状态和船员的经验和水平等拟定。可参考《世界大洋航路》、《航路指南》、《航路设计图》等航海图书所提供的推荐航线，也可以采用气象航线。航线确定后，再制订航行的具体实施计划。主要包括：航向，航程，预计起航、到达中途港和目的港的大约时间，通过危险或困难水域的时间和避险措施，估计到达转向点的时间，转向目标和转向措施等。见海上航线。

③航行方法。侧重研究地理条件、气象条件和海洋条件等。复杂条件下的航行方法。例如狭水道航行方法是掌握航道特点，利用导标、避险位置线等，引导船舶沿预定航线航行。雾中航行方法是争取在进入雾区前测出准确船位，利用各种无线电导航仪器和测深仪测位或辨位，注意用雷达探测和瞭望，避免碰撞。冰区航行方法是选择冰量少、冰质弱的航线，掌握冰中航行的操纵要领。风暴中航行方法是正确估计风暴运动的路径，选择最利于避开大风浪的航线航行。

航空 aviation 载人或不载人飞行器在地球大气层中的航行活动。英文航空一词来源于拉丁文鸟(avia)或空气(aero)。航空器要克服自身的重力，才能达到升空的目的。轻于空气的航空器，如气球、飞艇利用空气静力升空；重于空气的航空器，如飞机、直升机则利用空气动力升空。航空按用途分为军用航空和民用航空。航空有时也泛指航空工程。

航空发动机 aero-engine 为航空器提供飞行所需动力的发动机。有三种类型。

①活塞式航空发动机。早期在飞机或直升机上应用的航空发动机，用它带动螺旋桨或旋翼。大型活塞式航空发动机逐渐为功率大、高速性能好的燃气涡轮发动机所取代，但是小功率的活塞式航空发动机还广泛用在轻型飞机、直升机和超轻型飞机上。

②燃气涡轮发动机。现代飞机和直升机上应用的发动机。包括涡轮喷气发动机、涡轮风扇发动机、涡轮螺旋桨发动机和涡轮轴发动机。涡轮喷气发动机主要用于超声速飞机，涡轮螺旋桨发动机主要用于时速小于800千米的飞机，涡轮轴发动机主要用作直升机的动力，速度更高的飞机则用涡轮风扇发动机。

③冲压发动机。无压气机和燃气涡轮，进入燃烧室的空气利用高速飞行时的冲压作用增压。适用于高速高空飞行，但不能自行启动和低速下性能不好，仅用在导弹和在空中发射的靶弹上。

这3类发动机都由大气中吸取空气作为燃料燃烧的氧化剂，所以又称吸空气发动机。航空器上应用的其他发动机还有火箭发动机、脉冲发动机和航空电动机。

航空港 airport 民用航空机场和有关服务设施构成的整体。见机场。

航空工程 aeronautical engineering 将航空学的基本原理应用于航空器的研究、设计、试验、制造、使用和维修的一门综合性工程技术。关于飞行及提供飞行保障的各种技术也是航空工程的内容。航空活动主要是在离地面30千米以下的大气层内飞行。航空工程包括空气动力（见空气动力学）、结构强度、材料与制造工艺、发动机（见航空发动机）、飞行控制、通信与导航、航空军械、风洞实验、可靠性与质量控制、安全救生、环境控制、航空仪表、飞机维护修理及垂直起落技术、电子对抗技术、隐身技术等。航空工程通常采用系统工程的理论和方法来组织实施，统筹安排，求得整个系统的最佳效果。

航空考古 aerial archaeology 考古学技术与方法。指利用飞机、气球等从空中收集考古遗址的影像资料并进行处理和分析，最后对考古遗址进行勘探、研究和成图。航空摄影等技术应用于考古工作中，始于20世纪初欧美的一些国家。英国人沙普中尉于1906年从军用气球上拍摄的斯通亨奇遗址的照片被认为是最早的航空考古照片。在两次世界大战期间，航空考古技术形成。航空摄影影像具有技术灵活、分辨率高、变形小、信息丰富等特点，可以拍摄考古遗址多角度、多时相的影像，能够真实反映遗址的情况、分析比较细微的地面与浅表地层中的考古遗迹和现象，并用于遗迹的探查、定位、标绘与大比例尺成图，以及考古遗址的三维建模等工作。从早期拍摄的航空影像中往往能发现很多现已毁坏的考古遗迹，对考古学研究有极其重要的学术价值。

航空领航 air navigation 确定飞机的位置，按预定的飞行计划，准确引导飞机从一个地点到达另一个地点的技术。又称航空导航。可分为推测领航和定位两类。

推测领航 在地图上从一个已知位置画出飞机飞行的航迹，沿航迹线标出所飞过的距离确定飞机位置，并向前推算飞向目的地的航向和预计到达目的地的时间。推测领航必须准确地测量飞机相对地面运动的方向和速度。领航员必须根据磁罗盘、空速表和偏流仪测定的航向、空速、偏流和地速等数据进行计算，确定飞机的推测位置。第二次世界大战以后，随着现代技术的发展出现了多普勒导航系统和惯性导航系统。在飞机上使用的多普勒雷达和惯性平台，与领航计算机组成自动地面位置指示系统，使推测领航实现完全自动化。推测领航是各种领航方法的基础，但是推测领航的误差是随飞行时间而累积的，即使是先进的惯性导航系统，也会因陀螺的漂移而产生领航误差累积。因此必须用其他领航方法所确定的位置来检查和更新推测位置。

多普勒导航 利用多普勒雷达和模拟领航计算器组成的推测领航系统进行领航的技术。多普勒雷达发射电磁波，自动测量飞机的地速和偏流。除通过偏流地速指示器连续指示飞行中飞机的地速和偏流外，并将地速和偏流信息输入领航计算器进行连续运算，通过显示装置显示飞机相对于预定航线的位置。领航计算器还将飞机的实际航迹与预定航线进行比较，并将得到的偏航信息输至自动驾驶仪。自动驾驶仪修正航向，操纵飞机沿预定航线飞行。

惯性导航 依靠机上设备测量飞机本身加速度，并根据加速度、速度和位移之间的相互关系计算飞机位置的技术。惯性导航系统主要由惯性平台与数字计算机组成，最重要的元件是装在惯性平台上的两个互相垂直的水平加速度计。惯性平台依靠陀螺稳定系统跟踪当地水平，使两个加速度计分别测量地理经线方向和纬线方向的两个加速度分量。数字计算机根据这两个加速度分量连续计算飞机的实际航迹、地速、风向、风速和飞机的地理位置及其他领航数据，并对照储存的预定航线的数据计算出改变航向的指令，自动引导飞机沿预定的航线飞行。

定位 航空领航有许多定位方法，最常用的是测量各个已知位置的地标或电台的方位、距离，以确定飞机位置线。飞机可以位于这条线上的任何一点。位置线可以是地球表面上的大圆、小圆、双曲线或其他曲线。两条不相平行的位置线的交点即为定位点。航空领航中的定位方法有三种。

地标定位法 用地图与地面目标相对照的方法确定飞机对已知地标的方位和距离，从而确定飞机位置。这是简单、准确的定位方法，但受天气条件和飞行地区限制较大，高速飞机和高空飞行的飞机难以依靠观测地标准确定位。

天文定位法 通过观测已知位置的天体（太阳、月球、行星、恒星）的高度角（在水平面上的仰角），确定一等高圈，并用它的一段作为天文位置线，两条以上的天文位置线的交点即为飞机的位置点。

无线电定位法 测定无线电发射台的方位、距离或距离差，以确定飞机位置线，以引导飞机航行。

航空模型运动 model aircraft sports 以放飞、操纵航空模型进行竞赛和创纪录飞行的一项航空运动。中国春秋时代，鲁国巧匠公输子（鲁班）曾制造能飞的木鹊。1903年世界上第一架有人驾驶飞机出现后，航空模型运动逐渐开展起来。20年代，美、英、法、苏等国普遍开展了航空模型运动。自1926年起，国际航空运动联合会每年都举办国际航空模型比赛。50年代后，国际航联对竞赛方法和内容进行了重大改革，分别设定了比赛项目和纪录项目。1920年中国赴美留学生桂铭新在美国举办的航空模型比赛中获第一名。1949年中华人民共和国建立后，中国航空模型运动迅速发展，从1956年起，每年都举办全国性比赛。1959年中国运动员王塨首次打破航空模型世界纪录。此后中国运动员多次打破世界纪录，并多次在世界性航空模型比赛中创造优异成绩。航空模型是一种有尺寸和重量限制的、不能载人的雏形航空器，分为自由飞行（代号F1）、线操纵圆周飞行（代号F2）、无线电遥控飞行（代号F3）、像真模型（代号F4）4大类，共计26种。航空模型按惯例分别举行自由飞行、线操纵飞行、无线电遥控特技、无线电遥控模型滑翔机、像真模型和室内模型等世界锦标赛。各项锦标赛每两年举行一次。1978年至2006年，中国运动员已有58人次打破31项世界纪录，获24项世界冠军。

航空母舰 aircraft carrier 以舰载机为主要武器并作为其海上活动基地的大型水面战斗舰艇。按排水量分为大型航空母舰、中型航空母舰和小型航空母舰；按战斗使命分为攻击航空母舰、反潜航空母舰、护航航空母舰和多用途航空母舰；按动力分为核动力航空母舰和常规动力航空母舰。主要用于攻击水面舰艇、潜艇和运输舰船，袭击海岸设施和陆上战略目标，夺取作战海区的制空权和制海权，支援登陆和抗登陆作战。

航空母舰的特点是：①具有巨大的攻

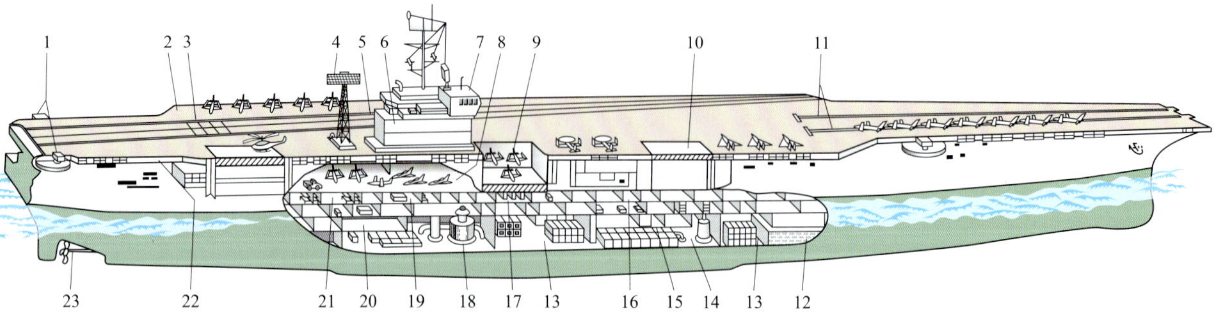

1 舰空导弹发射装置 2 飞行甲板 3 阻拦装置 4 雷达天线 5 自动着舰引导雷达天线 6 导航室 7 舰桥 8 机库 9 第二升降机口 10 第一升降机口 11 舰载机起飞弹射装置 12 油料舱 13 弹药舱 14 辅机舱 15 贮存舱 16 工作舱 17 通信中心室 18 核反应堆 19 指挥室 20 机械舱 21 生活舱 22 飞机和小艇收放吊车 23 推进器

图1 核动力航空母舰总体布置示意图

图2　美国“尼米兹”级核动力航空母舰

击力。现代大型航空母舰满载排水量6万～9万吨，载飞机70～120架；中型航空母舰满载排水量3万～6万吨，载飞机数十架。能以30分钟内弹射起飞20多架飞机的出动速度，出动飞机攻击空中、水面、水下和陆上目标。小型航空母舰（有的称为反潜巡洋舰），满载排水量在3万吨以下，载直升机和垂直/短距起降战斗机50架以内。航空母舰还装备有舰舰、舰潜和舰空导弹、水中武器和舰炮等。②具有良好的航海性能。现代航空母舰最大航速30～35节。常规动力航空母舰的续航力达8 000～16 000海里，核动力航空母舰的续航力达40万～70万海里，可连续航行到达世界各海洋活动。基本具有全天候适航能力，遇有12级（蒲福风级）风仍能安全航行。其弱点是目标大、易遭敌方攻击；舰载机起飞受环境条件影响大；需在多艘巡洋舰、驱逐舰、护卫舰等护卫下组成航空母舰编队行动。

航空气象学　aeronautical meteorology　研究气象条件与飞行活动和航空技术之间的关系，航空气象服务的方式和方法，航天飞行器在地球大气层中飞行时的气象等问题。属应用气象学范畴。在实际工作中，航空气象的主要任务是保障飞行安全，提高航行效率，在不同的气象条件下有效地运用航空技术。

现代航空气象学包括航空气象学原理、航空气象探测、航空天气预报、航空气候和航空气象服务自动化等。对航空影响较大的气象要素有能见度、云、雾、降水、烟、霾、风沙和浮尘等，直接影响飞行安全的不稳定天气包括大气湍流、低空风切变、地形波、飞机积冰、雷暴等。

航空器　aircraft　能在大气层内进行可控飞行的飞行器。航空器可分为两大类：轻于空气的航空器和重于空气的航空器。轻于空气的航空器的主体是一个气囊，其中充以密度小于空气的气体（氢或氦），利用大气的浮力使航空器升空，气球和飞艇都是轻于空气的航空器。重于空气的航空器的升力是由其自身与空气相对运动产生的。固定翼航空器主要由固定的机翼产生升力。旋翼航空器主要由旋转的旋翼产生升力。

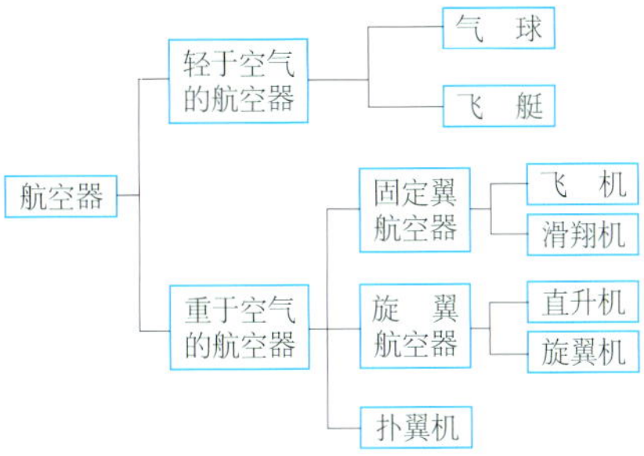

飞机是应用范围最广的航空器。它的特点是装有提供拉力或推力的动力装置，产生升力的固定机翼，控制飞行姿态的操纵面。20世纪80年代初出现的航天飞机，它靠火箭推力在发射架上垂直发射而飞出大气层，然后在近地轨道上运行。航天飞机返回时主要靠无动力滑翔着陆。

滑翔机升高以后不用动力而靠自身重力在飞行方向的分力向前滑翔。

旋翼航空器由旋转的旋翼产生空气动力。旋翼机的旋翼没有动力驱动，当它在动力装置提供的拉力作用下前进时，迎面气流吹动旋翼像风车般旋转，从而产生升力。直升机的旋翼是由发动机驱动的，升力和水平运动所需的拉力都由旋翼产生。

扑翼机是人类早期试图模仿鸟类飞行而制造的一种航空器。它用像飞鸟翅膀那样扑动的翼面产生升力和拉力，但是，扑翼机至今没有获得成功。

航空器在军事上可用于航空侦察、轰炸、反潜、空战，运输兵员、武器和作战物资；在民用上，可完成货运、客运、农业、渔业、林业、气象、探矿、空中测量、空中摄影等方面的任务。此外，航空器还是进行科学研究的一种重要工具。有关高空气象、大气物理、地球物理、地质学、地理学等方面的许多研究工作，都借助于航空器。即使在航天器出现之后，由于航空器的价格较低，运用方便，仍是在高空进行科学研究的重要工具。

飞机诞生100多年以来，性能显著提高，已研制出最大飞行速度超过3倍声速、飞行高度达30千米的军用侦察机，活动半径可达4 000多千米、载弹量超过20吨的超声速轰炸机和载客300～500人、能进行洲际飞行的旅客机。直升机的历史虽然只有60多年，但也已发展成为比较完善的、有特殊功能（垂直起降、空中悬停）的航空器。

航空摄影测量　aerophotogrammetry　在航空飞行器上拍摄地物像片，获得被摄目标信息的技术摄影过程。航空摄影测量单张像片测图的基本原理是中心投影的透视变换，立体测图的基本原理是投影过程的几何反转。航空摄影测量的作业分外业和内业。外业包括：①像片控制点联测，用测角交会、测距导线、等外水准、高程导线等普通测量方法测定其平面坐标和高程。②像片调绘，用规定的地形图符号绘注地物、地貌等要素，测绘没有影像的和新增的重要地物，注记通过调查所得的地名等。③综合法测图，在单张像片或像片图上用平板仪测绘等高线。内业包括：①加密测图控制点，以像片控制点为基础，一般用空中三角测量方法，推求测图需要的控制点、检查其平面坐标和高程。②测制地形原图。

20世纪60年代以前，模拟法测图是主要方法，模拟立体测图仪是主要测图仪器。60～70年代，解析法测图逐渐取代模拟法测图，解析测图仪成为立体测图的仪器。80年代出现数字立体测图仪和软拷贝摄影测量工作站，数字摄影测量测图技术逐渐取代解析测图方法。90年代，全数字化测图已成为中国航空摄影测量的主要测图技术和方法。航空摄影测量的原理和方法在计算机视觉中亦得到很好的应用。

航空通信　aviation communications　完成空中飞行任务和保证飞行安全的无线电联系。包括航空器通信（空-地通信，空-空通信）和航空设施间的地面通信。

现代飞机均使用无线电通信，包括电话、电报、传真、电传打字和数据通信。

民用飞机通信按照国际民用航空组织的规定主要使用甚高频波段，频率在118～136兆赫的波段中，每隔25千赫为一个频道，共设置720个频道，发射功率为10瓦左右。这个波段的通信是近距的。为了远距离通信，飞机上还附加有短波电台。发射功率为100瓦，但频道数少，通信质量差。

军用飞机的战术通信电台是特高频电台，频率在225～400兆赫的波段中，频道间隔为25千赫，共有7 000个频道，发射功率在10瓦左右。有时也用甚高频调频电台作为空中支援与地面移动电台联络用，频率在30～88兆赫的频段内，发射功率在15瓦左右。战术通信大都在视距内进行。大型军用飞机还装有短波单边带电台，发射功率达1千瓦，能同远距离的指挥控制中心通信。

航空设施间的通信包括地面上的指挥控制中心、空军基地、各种地面设施之间，以及与其他兵种之间的地-地通信。20世纪60年代的地球同步卫星通信，用于航空远距离地面通信。现在，军事上常用对流层散射通信，而短波通信仅作为备份和应急之用。

现代飞机电台广泛使用频率合成器、微处理机，实现自动调谐。计算机技术促进了数字通信。机载综合化的无线电设备具有多种功能（如通信、导航、敌我识别、防撞等）。电子对抗要求航空通信系统具有反电子对抗的能力，兼有通信、导航、敌我识别综合功能的联合战术信息分布系统，是现代航空通信的代表性设备。

航空学 aeronautics 应用各种科学和工程理论实现大气层内飞行和指导航空工程实践的综合性技术学科。航空学是人类从事航空活动的理论基础，是在基础科学和航空工程实践的基础上逐步发展起来的，包括航空器研究、设计、制造、试验、飞行、维护使用和管理等所涉及的各种科学知识。主要有：空气动力学、飞行力学、飞机结构力学、航空发动机原理、航空材料学、航空器制造工艺学、飞行自动控制理论、导航原理和领航学、航空电子学、航空系统工程、空中交通管制理论等。

航空遥感 aerial remote sensing 飞机、飞艇、气球等空中平台对地观测的遥感技术系统。包括利用机载的各种遥感器、航空摄影仪（相机）、电视摄像机、扫描仪、散射/辐射计、雷达等，涉及可见光、红外、紫外、微波、多谱段。按飞行高度分为低空遥感（600～3 000米）、中空遥感（3 000～10 000米）和高空遥感（10 000米以上）三级。航空平台的运载工具分为飞机和气球两种。航空遥感比单一的地面作业可节约经费，加快速度，减轻劳动强度，克服自然环境的障碍。优势表现在4个方面：①空间分辨率高、信息容量大，主要服务于较大比例尺的区域资源与环境详查，经济与社会效益明显。②灵活、方便，适用于专题遥感研究。可以根据用户的需求，设计航空遥感飞机的方案和路线等。获得图像较为方便，成本不高。③自成体系，有多种传感器及相应的信息处理系统。④是实验性技术系统，为各种星载遥感仪器的先行检验者，即一切星载遥感仪器都是以机载实验为前提的。

航空仪表 aircraft instrumentation 为飞行人员提供有关飞行器及其分系统信息的设备。飞行器仪表与各种控制器一起形成人－机接口，使飞行人员能按飞行计划操纵飞行器。

按功能分为飞行仪表、导航仪表、发动机仪表和系统状态仪表。①飞行仪表。指示飞行器在飞行中的运动参数（包括线运动和角运动）。主要有各种气压式仪表、陀螺仪表和加速度（过载）仪表等。②导航仪表。显示飞行器相对于地球的位置。定位和定向是导航中的两大问题。导航仪表包括导航时钟、各种航向仪表和各类导航系统。导航系统按工作原理分为航位推算导航系统、无线电导航系统、天文导航系统、卫星导航系统，以及组合导航系统。③发动机仪表。指示发动机工作状态。主要有转速表、压力表、温度表和流量表等。现代发动机仪表还包括振动监控系统。油量表通常也归属发动机仪表。

按照组成原理分为：①直读仪表。气压式高度表、空速表、升降速度表、磁罗盘、航向陀螺仪等都属此类。大量用于低空飞行的轻型飞机上，而且几乎所有飞机都还用作应急仪表。②远读仪表。传感器远离仪表板，指示器在仪表板上。大多数发动机仪表均属此类。③伺服仪表。又称闭环仪表。采用伺服机构能提高仪表测量和指示精度，输出多路信号供各系统使用。具有远读的特点。④综合仪表。又称组合仪表。有传感器综合化和显示器综合化。传感器综合化是把原理不同而功用类似的传感器组合在一起，减少了设备的重复性，又能采用较完善的测量原理，进行多种误差补偿而提高了参数测量精度。显示器综合化是把有关参数集中在一个显示器内显示，减少仪表数量、减轻飞行员的目视负担，还能得到用单一参数指示器所不能得到的有用信息。机电型指引地平仪、航道罗盘以及现代的电子综合显示仪都是显示综合化的实例。

航空运动 air sports 利用飞行器或其他运动器材在空中进行的体育运动。它是伴随着飞行器的诞生和发展而开展起来的。国际上开展的航空运动项目有几十项。①飞行运动。飞行员驾驶本身推进的飞机进行飞行的一项航空运动。飞行运动诞生于20世纪初。自1903年美国的莱特兄弟第一次成功地制成有动力、能续航、能操纵的飞机以来，飞行运动有了很大发展。飞行竞赛和特技飞行是当今开展比较普遍的飞行运动项目。②滑翔运动。驾驶滑翔机在空中滑翔和翱翔飞行的一项航空运动。③跳伞运动。利用降落伞从空中跳下的一项航空运动。④航空、航天模型运动。以放飞、操纵自制的航空模型进行竞赛和创纪录飞行的一项航空运动。⑤气球、飞艇运动。驾驶气球、飞艇升空飞行的一项航空运动。

悬挂滑翔场面

⑥悬挂滑翔运动。飞行运动员吊挂在一个硬质结构的三角翼下面，利用倾斜的山坡逆风跑下，掌握伞翼的迎风角度起飞、自由翱翔并着陆的一项航空运动。⑦滑翔伞运动。飞行运动员驾翼形伞衣利用倾斜的山坡，展开有气室并充满空气的伞衣迎风跑、产生升力起飞自由翱翔而后着陆的一项航空运动。⑧动力伞运动。飞行运动员使用滑翔伞与一台小型动力推进器相组合的飞行器升空飞行的一项航空运动。⑨牵引伞运动。利用动力设备（绞盘车、汽车、汽艇等）将飞行运动员配挂的降落伞牵引升空的一项航空运动。

航空运动在中国于20世纪初开始萌芽，30年代逐步兴起，中华人民共和国建立后得到了迅速发展。中国航空运动协会于1964年成立，并于1978年加入国际航空联合会。中国航空模型、飞机跳伞运动员多次打破世界纪录，荣获世界冠军。

航空运输 air transportation 使用航空器从事运送旅客、货物（含行李）和邮件的运输方式。又称民用航空运输、公共航空运输。属于通用航空。用于航空运输的航空器有气球、飞艇、直升机和飞机，但主要使用飞机。

航空运输具有4个主要特点：①快速性。使用涡轮螺旋桨和喷气式民用飞机的时速为500～1 100千米，连续飞行可达1万多千米，是世界上最快的一种交通工具。②安全舒适性。喷气式飞机飞行高度一般在1万米左右，不受低空气流的影响，飞行平稳舒适。有的还配备了现代化通信联络设备。航空运输的安全性已提高到每10万次起降失事数0.06，每亿人公里死亡人数0.02，安全性高于其他运输方式。③机动性。在两地之间只要有机场及必备的空中交通管制设施，就可开辟航线，因此运输距离短，而且可以及时调整航线航班和机型；特别是跨越大海大洋的旅客运输和急救运输更具优越性。④国际性。任何一位旅客、一批货物或邮件，可以通过航空运输从地球上任何一个城市，迅速、安全、可靠地被运送到另一个城市。

航空运输的缺点是运营成本高，客货邮运价贵，主要任务是运送人员以及快速邮件、包裹和高附加值的货物，属资金和技术密集型行业。由于空运成本高，在普通货物运输中难与铁路、公路和水路运输竞争。

航天 space flight 人造的飞行器在地球稠密大气层之外的宇宙空间（简称空间，又称太空）的飞行。又称宇宙航行。是20世纪50年代以来蓬勃发展的人类认识和改造自然的活动，也是人类文明高度发展的重要标志。

图1 苏联“东方”1号飞船发射

任务与宗旨 探测研究太空环境、利用开发太空资源和扩大人类生存空间，是促进航天兴起和发展的主导因素，也是航天致力完成的主要任务。和平利用太空、造福全人类则是发展航天的基本宗旨。

太空有着不同于地球陆地、海洋和稠密大气层环境的奇特环境，存在着丰盛的资源。探测研究太空环境、利用开发太空资源，能使人类获得巨大的效益。1981年召开的国际宇航联合会第三十一届年会，将太空称为与人类的第一环境——地球陆地、第二环境——地球海洋和第三环境——地球稠密大气层相并列的第四环境。1990年召开的联合国第四十六届大会，将1992年定为国际空间年，以促进各国联合起来共同迎接航天时代的挑战，使全人类都可以从空间科学的新发现和太空的实际利用中获得最大效益。1998年召开的联合国第五十四届大会，决定自2000年起每年10月4日至10日为世界空间周，以庆祝航天科技为改善人类生存条件和对提高人类生活水平作出的贡献。

取得的成就 20世纪初期，以K.E.齐奥尔科夫斯基、R.H.戈达德和H.奥伯特为代表的航天理论先驱者阐明了利用火箭发动机为动力进行航天的基本原理。第二次世界大战期间，现代火箭的研制在德国取得突破性的进展。1942年10月，德国研制的A-4火箭（后来称为V-2火箭）首次成功进行了飞行试验。第二次世界大战后，苏联和美国在V-2火箭成果的基础上发展大型弹道式导弹，并分别于1957年8月和1957年10月首次发射成功洲际导弹。

1957年10月4日，苏联将世界上第一颗人造地球卫星送入环绕地球运行的轨道。这是人类征服地球引力束缚的伟大创举，具有划时代的意义。美国也于1958年初发射该国的第一颗卫星。1961年4月12日，苏联又发射成功世界上第一个载人航天器——“东方”1号载人飞船。航天员Yu.A.加加林驾驶飞船环绕地球飞行1圈后安全返回地面，实现人类遨游太空的夙愿。1969年7月，美国研制的“阿波罗”号飞船载人登月工程系统成功地完成了人类首次登月活动。航天员N.阿姆斯特朗和E.E.奥尔德林乘坐“阿波罗”11号飞船在月球表面安全着陆。

20世纪60年代以来，主要为科学研究、国民经济和国防建设服务的各种科学卫星和应用卫星获得很大发展，并取得了显著的科学、技术、经济和军事效益。通过各种载人飞船、载人空间实验室和空间站、航天飞机的轨道器，载人航天取得长足的进步，为人类长驻太空积累了经验。多种深空探测器为深入认识太阳系中的行星进行逼近观测，实现了对月球和金星、火星的实地考察。美国于1981年研制成功航天飞机。苏联于1986年开始发射并由俄罗斯于1996年在太空最终建成的“和平”号空间站，是20世纪人类在太空部署的最大人造天体。以美国、俄罗斯为主并联合其他14个国家于1993年开始发展的“国际”空间站，2000年具备初步载人飞行能力。2010年4月22日，世界上第一架空天飞机在美国进行首次试飞，这成为航天科技发展的新跨越。

图2 美国航天员从“阿波罗”号飞船登月舱梯走下到月面

与现代科学技术的关系 航天集中应用了许多科学和工程技术的新成就。力学、热力学、光学、材料学、医学、电子技术、自动控制、喷气推进、计算机技术、真空技术、低温技术、无线电技术、半导体技术、制造工艺学、系统工程学等对航天的发展和进步发挥了重要作用。这些科学技术在航天中的应用互相交叉和渗透，产生了一些新学科，使航天成为一个完整的科学技术体系。航天不断提出的新需求，又促进了这些科学技术的发展。

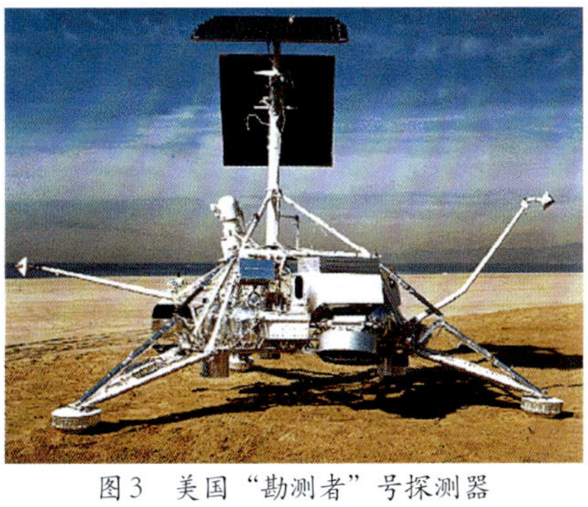
图3 美国“勘测者”号探测器

力学奠定了航天飞行的理论基础。航天器和航天运载器的运动都服从牛顿的有关物体运动的三大定律。质点动力学、气动热力学、气动弹性力学、结构力学和强度理论等，对航天器和航天运载器的设计和性能分析很重要，并形成航天动力学等新学科。

以喷气推进为原理的火箭发动机是实现航天的动力源。火箭发动机本身携带推进剂，并能把推进剂含有的化学能或来自其他能源的能量最大限度地转化成为推进剂产物的动能。

真空技术和低温技术的发展，对航天器的热控制设计、试验和高性能火箭发动机的研制有重要作用。

医学保障是实现载人航天的重要环节。航天医学是航天生命保障技术的医学基础。

电子技术、自动控制、计算机技术等与航天通信、导航、制导、控制、侦察、预警、遥感等密切相关。

系统工程学对航天的实现有特殊的重要性，需要用系统工程方法进行严密又科学的组织管理。

对社会的贡献 利用人造地球卫星进行空间探测（简称卫星空间探测）、天文观测、侦察监视、气象观测、资源勘探、通信广播、导航定位、环境监测等和利用深空探测器进行太阳系探测，利用载人航天器从事有人直接参与的各项太空活动，已成为人类深化对地球和宇宙的认识、推进科学技术进步、促进经济繁荣、加强国防力量、加速社会发展、丰富人类生活的重要途径。

卫星空间探测获取的近地空间、日地空间、太阳系及其以远的资料，极大丰富了人类对宇宙周围空间物理环境的认识，推动了空间物理学的发展。卫星天文观测突破了地球稠密大气层对天体辐射的阻扰以及对观测分辨率和灵敏度的限制，使对天体的观测波段扩大到电磁波的所有波段，促进空间天文学的兴起。卫星侦察监视能快速、实时获取军事情报，是现代军事侦察的主要手段之一。卫星气象观测获得的地球及其稠密大气层的变化情况，对灾害性天气的监测和报警，数值天气预报和大气科学研究十分重要。卫星资源勘探对地球资源开发和国民经济发展有重要作用。卫星通信广播具有通信距离远、通信容量大、便于实现多址连接等优点，能实现地

图4　中国卫星回收舱返回地面

球上无线电通信站、点之间的通信广播。卫星导航定位为地球、陆地、海洋、稠密大气层和周围空间的各类用户提供高精度的导航定位信息，在交通运输、野外作业、搜索营救等方面有广泛的应用。卫星环境检测有助于预测、控制和改善人类生息之地的环境。航天深空探测为人类探索生命起源、研究太阳系的起源和演变、提示太阳系内天体的奥秘提供了有价值的资料。载人航天器为人类本身进入太空、在太空生活和工作创造了一定的条件；人在太空直接参与工作不仅使人类从利用开发太空中取得更多的利益，还能为扩大人类生存空间创造条件。

中国航天　中国是古代火箭的发源地。中国人早在500年前就曾进行过利用古代火箭去征服地球引力的尝试。

20世纪50年代中后期，中国开始发展航天事业。1970年4月24日，中国自行发射成功本国的第一颗人造地球卫星“东方红”1号卫星。1986年，中国开始发展各类业务卫星。1992年8月，中国的业务卫星首次发射成功。同年，中国决定发展本国的第一个载人航天工程系统。2003年10月15～16日，“神舟”5号载人飞船发射并成功返回，完成了中国首次载人飞行。见“神舟”号飞船。

中国自主建立和完善了航天研究、设计、试验、生产、发射和测控体系。截至2008年10月，成功发射人造地球卫星98颗、无人试验飞船4艘和载人飞船3艘。

中国十分重视卫星的应用。中国利用本国和国外可供使用的卫星，建立了具有一定规模的卫星国土普查、卫星通信广播、卫星气象观测、卫星资源勘探、卫星海洋观测、卫星导航定位、卫星科学研究和卫星微重力实验等系统，取得了众多的成果，获得了重大利益。见中国航天。

发展　航天将进入更大规模地和更为有效地利用开发近地空间的新阶段，向推进卫星应用的商业化和产业化发展，国际空间站在太空最终建成并发挥作用，重返月球和开展载人火星飞行的研究和技术准备工作将会取得新的成果。与此同时，航天的军事功能会有更大的发挥，太空旅游也会吸引更多有志者参与。

中国于2000年11月提出的未来20年内航天发展目标：建立长期稳定运行的卫星对地观测体系、建立自主经营的卫星广播通信系统、建立自主的卫星导航系统、全面提高中国航天运载火箭的整体水平和能力、实现载人航天和建立初步配套的载人航天工程研究试验体系、建立协调配套的全国卫星遥感应用系统、发展空间科学、开展日地空间和深空探测。

航天部队　space forces　从事航天发射、导弹预警和防御、太空侦察和信息保障、太空作战、航天器研制与试验的专门部队。

苏联于20世纪50年代末在国土防空军编成内组建了导弹太空防御兵。俄罗斯于90年代初组建了军事航天力量，2001年6月1日又以战略火箭军编成内的发射与控制部队和导弹太空防御兵为基础组建太空兵，为直属总参谋部的独立兵种，2003年有5.8万人。主要任务是实施导弹预警和导弹防御，提供侦察、导航、气象、制图及其他太空信息保障和通信保障，监视空间，试验和发射航天器等。太空兵分为军事航天力量、导弹太空防御部队两部分。军事航天力量编为1个为全军提供太空保障的多用途太空轨道集团，辖1个航天器试验与控制总中心，3个与战略火箭兵和本兵种导弹太空防御部队共用的国家航天试验发射场（第1、2、5国家航天试验发射场）。导弹太空防御部队编为1个独立导弹太空防御集团，辖导弹袭击预警师、太空监视师和反弹道导弹防御师。美国航天部队于80年代初正式组建，1985年成立航天司令部，由三军人员组成，负责对各军种航空航天和弹道导弹防御部队实施作战指挥。任务是实施航天控制、航天支援和航空航天防御。下辖空军、海军和陆军3个航天司令部和若干作战及作战支援中心，共约1.2万人。2002年10月1日，美国航天司令部与战略司令部合并，称战略司令部。

此外，英国、法国、德国、日本、印度、巴西等一些有航天能力的国家，也都把航天应用于军事目的，印度等国提出了组建航天部队的构想。

航天测控站　space tracking, telemetering and command station　航天测控和数据采集网的基本组成部分。根据航天测控中心的指令与航天器通信，直接接收测量信息和将控制指令发送给航天器。在对航天器进行控制的过程中，测控站配合航天测控中心完成部分控制任务，也可根据规定的程序独立实现对航天器的控制。航天测控站一般由以下系统组成。①测量系统。测控站的主要设备，任务是跟踪航天器、测量航天器的运动参数、确定航天器的轨道和位置。②遥测系统。接收从航天器发来的关于航天器上设备工作情况、空间环境参数和航天员生理、活动等信息。③通信系统。保证地面与航天器（航天员）之间的报、话联络，传递航天员生理活动的信息、返回过程中下降段和着陆后所处方位的无线电信号。④电视系统。接收和监视卫星、载人航天器及空间探测器的动态作业情况，观察航天员在载人航天器上和宇宙空间的工作和活动能力。⑤时间统一系统。使测控站的各种设备用统一的标准时间工作。⑥计算机系统。负责对接收到的各种信息的处理和交换。

航天发射场　spacecraft launching complex　发射航天器的特定场区。场区内有整套设施和设备，用以装配、贮存、检测运载火箭和航天器，发射航天器，测量飞行轨道，发送控制指令，接收和处理遥测信息。

20世纪，世界上已建成17座具有一定规模的陆上航天发射场和一个由两艘船组成的海上发射场。其中美国的肯尼迪航天中心，苏联的拜科努尔航天中心，法国的法属圭亚那库鲁航天中心，苏联的普列谢茨克、卡普斯丁亚尔发射场，美国的范登堡、沃洛普斯发射场，意大利建在非洲东海岸的圣马科发射场，日本的鹿尔岛、种子岛发射场，印度的斯里科塔发射场，中国的酒泉卫星发射中心、西昌卫星发射中心、太原卫星发射中心等较为知名。

航天发射场一般由测试区、发射区、发射指挥控制中心、综合测量设施、勤务保障设施和管理服务部门组成。有的还包括助推火箭或运载火箭的第一级工作完成后的坠落区和返回式航天器（含美国航天飞机的轨道器）返回器的着陆或溅落区。固体火箭的航天发射场设有专门的固体火箭装配厂房及其辅助设施。航天飞机发射场还设有轨道器返回着陆设施（如跑道和其他着陆设施），设有轨道器检修、装卸载荷、有毒推进剂处理等设施和设备，以便修整后重复使用。

监测运载火箭和航天器各系统工作状况的多功能综合监测设施包括计算中心、航区测控站和测量船。测控站、测量船布设在运载火箭和航天器飞行航区的沿线，对获得的运载火箭和航天器轨道参数、遥测信息、电视图像进行处理、显示和记录，同时传送给计算机中心和发射指挥控制中心处理、显示、判断，然后发送到航天控制中心。

勤务保障设施和管理服务部门包括：各种推进剂、低温液体和润滑材料贮存库，生产液氧、液氮和液氢的工厂，通信设施，气象保障设施，供电、供水设施，大地测

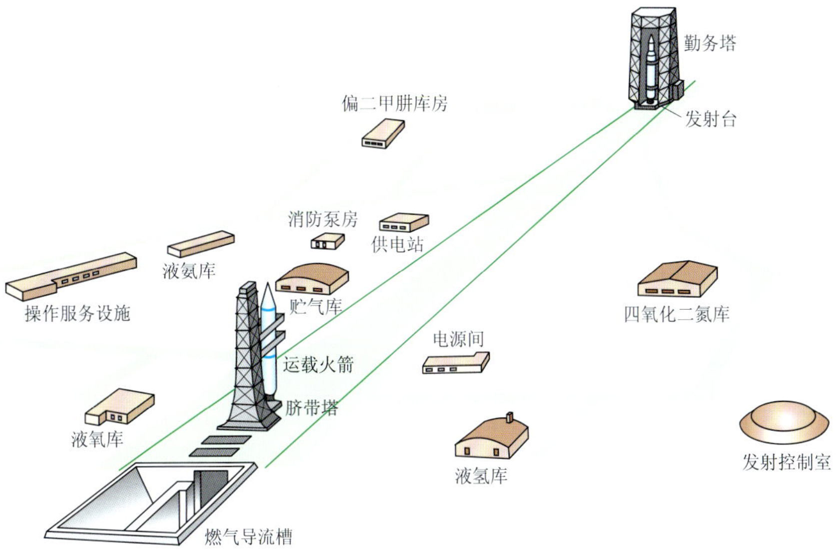

航天器发射场概貌

量部门，行政管理部门，后勤保障部门等。这些设施和工作人员生活区通常建在离发射区较远的地方。

航天飞机 space shuttle 有人驾驶，可以重复使用、往返于地面和近地轨道之间运送人和有效载荷的飞行器，兼具载人航天器和运载器功能、并按飞机方式着陆的航天系统。美国空间运输系统的简称。

1969年4月，美国国家航空航天局提出建造一种可重复使用的航天运载工具的计划。1972年1月，正式把研制航天飞机列入计划。

航天飞机由轨道器、2枚固体火箭助推器、液体推进剂贮箱3大部分组成。其中，轨道器和助推器可重复使用。航天飞机竖立在发射台上时，助推器和推进剂贮箱好像3根粗大的立柱，贮箱位于中央，助推器位于两侧。推进剂贮箱的直径8.4米、高47米，装有700多吨的液氢液氧，供轨道器内的主发动机使用。助推器的直径3.7米、高45米，每个助推器的起飞推力约12 000千

图1 “发现”号航天飞机的航天员捕捉卫星（1984年11月8日）

牛。轨道器是航天飞机的载人航天器，外形像飞机，高37米，翼展24米。

图2 将卫星送往航天飞机

航天飞机的起飞质量约2 040吨，起飞总推力约30 000千牛，最大有效载荷29.5吨。起飞时轨道器内的3台主发动机与助推器的2台发动机同时点火燃烧，带着推进剂贮箱一起上升。起飞后约2分钟、高度45千米时，助推发动机燃烧完毕后，在高空与轨道器分离，然后张开降落伞在海面上回收，装填推进剂后留作下次使用。轨道器则与推进剂贮箱在主发动机的推动下继续上升。起飞后约8分钟，高度约109千米时，轨道器的主发动机关机，并抛掉巨大的推进剂贮箱。这时的轨道器已成为一个大型的载人航天器，由自己推动继续上升入轨。入轨后在轨道上运行，执行任务。任务完毕后轨道器按预定程序返回，在预定机场着陆。

1981年4月12日美国“哥伦比亚”号航天飞机首次载人航天飞行试验成功，并于1982年11月正式投入使用。美国共有5架航天飞机。其中，“挑战者”号航天飞机和“哥伦比亚”号航天飞机在飞行中失事，现役的是“发现”号、“阿特兰蒂斯”号和“奋进”号。

航天飞机已成功地将几十颗大小不等、用途不同的卫星（包括跟踪与数据中继卫星、先进通信技术卫星）送入轨道，多次执行了在太空维护和修理卫星、回收卫星以及向空间站运送人员、物资和设备等任务。此外，它还完成了大量的微重力实验研究和一系列对太阳和地球的观测活动。

航天服 spacesuit 保障航天员的生命活动和工作能力的个人防护装备。又称宇航服。分舱内航天服和舱外航天服。舱内航天服为舱内固定式航天生命保障系统的备份，在密封舱失压时，保护航天员的生命；舱外航天服供航天员出舱活动使用。航天服由头盔、服装、手套和靴子等组成。

头盔 分面窗型和全透明型。面窗型由盔壳、通风衬垫、面窗与开关机构、进食嘴与颈圈组成；全透明型由聚碳酸酯制成头型整体，容积大、视野广、气密性好，但比较重。面窗在平时可随意启闭，紧急时可在数秒钟内自动或手动关锁。全透明头盔平时不戴，紧急时迅速戴上。舱外活动时，另有防护罩，以防护高低温和微流星体。防光玻璃能保护视网膜免受从紫外至红外波段的电磁波伤害。

服装 舱外用的航天服由外罩、真空隔热屏蔽层、气密限制层、通风结构和液冷服组成。

①外罩。具有保护气密限制层和防火、防微流星体、防太阳辐射的功能。通常采用多层防护层，包括镀铝聚酰胺薄膜（2层）、玻璃布、玻璃纱网（2层）、达可隆纱、聚酯薄膜（5层）和氯丁橡胶尼龙布。

②真空隔热屏蔽层。用于防护过热或过冷的侵袭。月球表面昼间温度最高达+130℃，夜间达−160℃，登月服必须具备良好的真空隔热屏蔽层。它由7～8层屏蔽板组成，板间抽真空以减少传热。屏蔽板用金属箔片或表面镀铝塑料薄膜制成。

③气密限制层。用于使服装内保持规定的大气环境，保护航天员免受真空环境的危害。

④通风结构和液冷服。用以排除多余的热量、水汽、二氧化碳等，确保航天员吸入新鲜空气（或氧气）。服装内部有通风管道，以调节服装内气温。当航天员产热量超过1.26～1.46兆焦/时或300～350千卡/时（空间活动时），必须采用液冷服。液冷

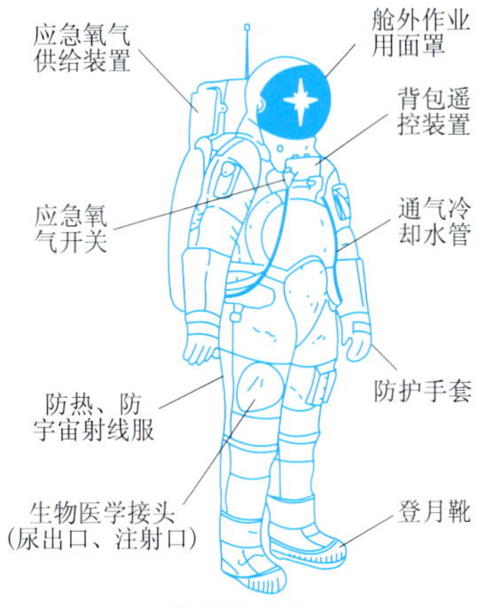

舱外航天服

管道沿躯干、肢体紧密排列。

手套　手套要具有良好的通风和隔热保暖性能。处在加压状态的手套，其指端必须与航天员手指紧配，以保证手指灵活动作。手套与衣袖通过腕部断接器连接，确保脱戴方便，手腕可随意扭转。

靴子　通常有三种类型：靴子与服装气密限制层连成整体，靴子与服装通过断接器连接，穿在服装气密限制层外面的套靴。

航天工程　astronautical engineering　探索、开发和利用太空以及地球以外的天体的综合性工程技术，通常称为航天技术或空间技术。航天技术是将航天学的理论应用于航天器和运载器的研究、设计、制造、试验、发射、飞行、返回、控制、管理等工程实践而形成的一门综合性工程技术。主要有喷气推进技术（见火箭发动机）、火箭制导和控制、航天器姿态控制、航天器轨道控制、航天器热控制、航天器电源技术、空间通信、遥测技术、遥控技术、生命保障、火箭设计、航天器设计、火箭制造技术、航天器制造技术、火箭试验技术、航天器试验技术、飞行器环境工程、航天器发射技术、航天器返回技术、航天系统工程等。

航天工程有时也指某一项大型航天活动、研制任务或建设项目。

航天救生　space escape　在应急状况下使航天员在航天飞行中迅速脱离出现险情的航天器，及时撤往另一航天器或返回地面，并在地面进行自救或求救的过程。根据不同的阶段分为以下四种。①主动飞行段救生。从运载火箭起飞到航天器进入轨道前这一阶段的航天员救生，分为低空救生和高空救生。低空救生包括在发射台上到十几千米高度的救生，如运载火箭发生严重故障，则采用逃逸救生塔或弹射座椅的方法。高空救生可采用航天器本身的返回制动发动机把载人的返回器从危险区推开，然后按正常返回程序安全降落。②轨道运行段救生。一般是迅速另派一艘载人飞船（或航天飞机）进入轨道与发生危险故障的载人航天器对接，救出航天员。③返回着陆段救生。依靠可靠的设计方案和冗余的办法以保证航天员安全，在低空时可采用弹射座椅救生。④地面营救与防护。在预定着陆区和应急着陆区配备各种营救人员和设备，如直升机、舰艇、水上飞机，并配备有效的搜索和通信手段、打捞工具、医护人员和设备。航天员则带有呼救电台、海水染色剂、烟雾剂、闪光灯和信号装置及各种救急用品等。

航天器　spacecraft　在太空基本上按照天体力学的规律运动的各类飞行器，又称空间飞行器。航天器一般由运载器送入运行轨道，在专用的航天器发射场发射。航天测控、数据采集网和用户台站（网）组成测控和信息站网。航天器、运载器、发射和回收场与测控、信息站网协调工作，共同组成航天系统。航天器是执行航天任务的主体。

分类　分为人造地球卫星、空间探测器和载人航天器。

人造地球卫星　简称人造卫星，约占航天器总数的93%以上。按用途分为科学卫星、应用卫星和技术试验卫星。科学卫星用于科学探测和研究，主要包括空间物理探测卫星和天文卫星等。应用卫星是直接为国民经济和军事服务的人造卫星，分为通信广播卫星、气象卫星、侦察卫星、导航卫星、测地卫星、地球资源卫星、海洋卫星、预警卫星、截击卫星和多用途卫星等。

空间探测器　又称深空探测器，按探测目标分为月球探测器、行星和行星际探测器。各种行星和行星际探测器分别用于探测金星、火星、水星、木星、土星和行星际空间。

图1　中国“东方红”通信卫星

载人航天器　分为载人飞船、空间实验室、空间站和航天飞机轨道器。载人飞船运送航天员到空间目的地，包括卫星式载人飞船和登月载人飞船。空间实验室接纳航天员到其中进行发展空间站的实验准备工作。空间站可接纳多名航天员在站上较长时间（数天至数百天）生活和工作。航天飞机轨道器一般兼有运载器、运输器和可重复使用的功能。

系统组成　航天器由不同功能的若干分系统组成，一般分为功能系统和保障系统。

功能系统　又称有效载荷系统，是实现航天器功能、执行航天任务的系统。种类很多，如天文卫星的天文望远镜、光谱仪和粒子探测器，侦察卫星的可见光照相机、电视摄像机或无线电侦察接收机，通信卫星的转发器和通信天线，导航卫星的双频发射机和原子钟等。单一用途航天器装有一种类型的功能系统，多用途航天器装有几种类型的功能系统。

图2　美国“水手”号探测器

图3　国际空间站

保障系统　保障航天器在寿命期间正常工作的系统。一般包括以下系统：

①结构系统。支承和固定航天器上的各种仪器设备，使它们构成一个整体，以承受地面运输、运载器发射和空间运行时的各种力学和空间环境。航天器的结构大多采用铝、镁、钛等轻合金和复合材料。

②热控制系统。又称温度控制系统，保障各种仪器设备在复杂的空间环境中处于允许的温度范围内。主要措施有表面处理，包覆多层隔热材料，使用热控百叶窗、热管和电加热器等。

③电源系统。为航天器所有仪器设备提供所需的电能。人造地球卫星大多采用蓄电池电源和太阳电池阵电源系统，空间探测器采用太阳电池阵电源系统或空间核电源，载人航天器大多采用氢氧燃料电池或太阳电池阵电源系统。

④姿态控制系统。保持或改变航天器的运行姿态。例如，使侦察卫星的可见光照相机镜头对准地面，使通信卫星的天线指向地球上某一区域等。

⑤轨道控制系统。保持或改变航天器的运行轨道。轨道控制往往与姿态控制配合，构成航天器控制系统。

⑥无线电测控系统。包括无线电跟踪、遥测和遥控3个部分。跟踪部分主要有信标机和应答机，它们不断发出信号，以便地面测控站跟踪航天器并测量其轨道。遥测部分用于测量并向地面发送航天器的各种仪器设备的工程参数。遥控部分用于接收地面测控站发来的遥控指令，传送给有关系统执行。

⑦返回着陆系统。保障返回型航天器安全、准确地返回地面。一般由制动火箭、降落伞、着陆装置、标位装置和控制装置等组成。在月球或除地球外的其他行星上着陆的航天器配有着陆系统，其功用和组成与返回型航天器着陆系统类似。

⑧生命保障系统。维持航天员正常生活所必需的设备和条件，包括温、湿度调节，供水供氧，空气净化和成分检测，废物排

图4　大型地面跟踪雷达

除和封存，食品保管和制作，水的再生等设备。

⑨应急救生系统。当航天员在任一飞行阶段发生意外时，用以保证航天员安全返回地面。包括救生塔、弹射座椅、分离座舱等救生设备。

⑩计算机系统。用于存贮各种程序、进行信息处理和协调管理航天器各系统工作。例如，对地面遥控指令进行存贮、译码和分配，对遥测数据作预处理和数据压缩，对航天器姿态和轨道测量参数进行坐标转换、轨道参数计算和数字滤波等。

展望　未来航天器的发展和应用主要在3个方面：进一步提高从空间获取信息和传输信息的能力，扩大应用范围；加速试验在空间环境条件下生产新材料和新产品；探索在空间利用太阳辐射能，提供新能源，在地球外天体寻找水、氧和其他资源，为人类驻进创造条件。从空间获取信息、材料、能源和扩大人类生存空间是航天器发展的长远目标。

航天器发射　spacecraft launching　运载火箭运送航天器起飞、加速、进入预定轨道的过程。有地面发射和空间发射两种方式。地面发射方式通常为垂直发射，但也有倾斜发射的。空间发射方式是用航天飞机（有时甚至是普通飞机）将航天器投放到预定轨道上，或投放后再利用较小的运载火箭或航天器的变轨发动机将其带到更高的轨道上。航天飞机具有较大的运载能力和轨道机动能力，可以重复使用，且一次可投放多颗卫星，因此这种方式具有较好的适应性和经济性。航天器的地面发射包括以下4个步骤：①测试区准备。为使运载火箭和航天器达到可发射状态，必须在测试区进行装配、检测、试验。②发射区准备。包括把运载火箭和航天器垂直安装在发射台上；将地面电缆、气液管路与运载火箭和航天器连接；进行各分系统检测和综合模拟试验，加注推进剂和充灌压缩气体；载人飞行时，最后将航天员送入航天器等待发射。③测控系统准备。进行测控站各系统的设备检测和试验，各站设备之间联合调试和测控系统综合演练。④发射。主要步骤是：根据发射程序依次接通运载火箭和航天器的控制仪器和其他仪器，向运载火箭推进剂箱增压，启动火箭发动机使其沿发射弹道飞行，最后将航天器送入预定轨道，同时测控系统对运载火箭和航天器进行跟踪测量并发送遥控指令。对于地球静止卫星轨道和其他需变换轨道的航天器，航天测控站还要完成航天器轨道转移、姿态调整、远地点发动机启动等测控操作。整个发射过程是在发射指挥控制中心的指挥和控制之下进行的。

航天器返回技术　spacecraft returning technique　使返回式航天器的返回器脱离原来的运行轨道进入地球稠密大气层并在地面安全着陆的技术。返回式航天器指在空间完成预定的飞行任务后，需将装载航天员、胶片、生物试样、月球或行星土壤样品的返回器运回地面的航天器。

1960年至1961年4月，美国“发现者”号卫星的返回舱和苏联“东方”号飞船先后成功地从近地轨道返回地面。1975年11月26日，中国第一颗返回式遥感卫星发射成功，3天后返回舱返回地面。2003年10月15日，中国发射“神舟”5号载人飞船，航天员杨利伟乘飞船返回舱成功返回地面。

返回器从空间轨道返回地面要经历离轨（改变运动速度离开运行轨道）、进入返回轨道、过渡（沿返回轨道飞行到稠密大气层边界）、再入（再入稠密大气层）和着陆（在陆上降落或在海面溅落）5个飞行阶段。返回器沿返回轨道进入稠密大气层，因大气阻力作用而减速。减速使返回器内的人员和设备受到过载，返回器急剧加热，其表面温度能达到2 000～3 000℃。返回器的设计必须能耐受再入的力学与热学环境和条件。返回器再入有弹道式再入和升力式再入2类，返回有弹道式返回、半弹道式返回和滑翔式返回3类。

弹道式返回　再入稠密大气层运动时只受到气动阻力作用的返回。在再入稠密大气层飞行时的运动轨迹同炮弹或弹道式导弹弹头的下降弹道。苏联“东方”号和“上升”号飞船、美国“水星”号飞船和中国返回式卫星，均采用这种返回方式。

半弹道式返回　再入稠密大气层运动时，利用其所受到的一定程度的升力，调整再入轨道的返回。它的再入轨道较平缓，但不能作较大范围的机动滑翔，不能水平着陆。一般用于要求再入制动过载小、着陆精度高的载人飞船。美国“双子星座”号和“阿波罗”号飞船、苏联“联盟”号飞船、中国“神舟”号飞船均采用这种返回方式。

滑翔式返回　再入稠密大气层运动时，利用所受到的较大升力使其轨道呈滑翔式或跳跃式的返回。采用不对称的升力体外形，分不带翼的升力体和带翼的升力体。不带翼的升力体返回器尚在研究中。实际应用的是带翼的升力体返回器，如美国航天飞机的轨道器。这种返回器的返回飞行时间和行程长。

返回器经再入过程的减速和下降到一定高度（约20千米）就达到平衡速度下降状态，而进入着陆过程。弹道式和半弹道式返回，一般用气动减速回收系统实现减速和着陆。

航天器轨道控制　spacecraft orbit control　对航天器的质心施以外力，以改变其运动轨迹的技术。航天器轨道一般由主动飞行段和自由飞行段组成。主动飞行段是航天器变轨发动机的工作段，变轨发动机熄火后是自由飞行段。

功能　在主动飞行段，航天器轨道控制的功能是导航、导引和控制。导航的作用是确定轨道，即确定航天器的位置向量和速度向量（共6个变量）。导引的作用是根据航天器现有位置和速度、航天器的飞行目标以及受控运动的限制条件，确定航天器在推力作用下继续飞行的规律（导引律）。控制的作用是把航天器的本体坐标系稳定在所要求的基准坐标系附近。根据导引律，利用控制力改变航天器运动速度的大小和方向，使它沿着要求的新轨道飞行。在自由飞行段，轨道控制主要用于导航，同时准备为下一个主动飞行段调整姿态。

分类　轨道控制按轨道测量的方式分为惯性制导、惯性无线电制导和惯性天文制导3类。轨道控制按应用方式分为以下4类。

变轨控制和轨道机动　在某一点或某一区间改变航天器的速度向量，使它从一个自由飞行段的轨道转移到另一个自由飞行段的轨道。常用于初始轨道的校正、地球同步卫星的轨道转移、地球静止卫星的定点和站址变化，用于从地球到月球的飞行和行星际飞行的中途变轨和航向校正以及从运行轨道转入返回地球或向行星着陆的轨道等。

轨道保持　使卫星轨道的一个或者几个要素保持不变。人造地球卫星的轨道保持主要有下列几种形式：①地球静止卫星的位置保持。通信卫星、广播卫星和中继卫星都要求有较高的位置保持精度，使相邻卫星发送和接收电波不产生相互干扰，便于地面接收站天线的跟踪。②对地观测卫星的轨道保持。一般选用太阳同步轨道，要求卫星轨道平面与卫星和太阳连线的夹角保持不变。这种卫星有时还在回归轨道上运行，每过一定的整数天经同一地点上空一次，因而需要控制轨道的倾角和周期。③具有轨道扰动补偿器的自主轨道保持。目的是消除气动力和太阳光压等非策略场力对轨道参数的影响。具有这种系统的卫星称为无阻力卫星，用于导航和测地任务可以提高测轨和轨道预报的精度。④相对于其他卫星的位置保持。用于组网或组成星座的多颗卫星，可以使地面用户同时看到几颗卫星。

交会和对接　见交会和对接。

再入和着陆控制　见航天器返回技术。

组成和原理　航天器轨道控制需要进行大量的测量和计算工作。

非自主导航　航天器的运动参数依赖地面设备获得的导航方法。轨道控制系统由航天器上的设备和地面设备组成。地面设备包括对航天器进行跟踪测轨的无线电装置（如雷达等），以及接收航天器姿态信息的下行遥测接收装置。地面计算机进行轨道确定和姿态确定，并按导引律要求的制导方式发出控制指令，经上行遥控发射装置指令航天器执行。

自主导航　航天器的运动参数完全由航天器上的仪器来确定而不依赖地面设备的导航方法。轨道控制系统由测量部分、数据处理部分和执行部件组成。测量部分一般由惯性导航系统和光学敏感器组成。数据处理部分主要是航天器计算机，由它完成导航、导引和控制所需要的计算。在计算机完成全部信息处理工作以后，就发出调整姿态和控制执行机构动作的信号。

航天器轨道控制系统经常采用的是脉冲工作状态的化学推进器。在人造地球卫星的机动变轨和行星际航天器的中途轨道修正中，常常采用固体火箭发动机或液体火箭发动机作为推进器。

航天摄影测量　space photogrammetry　利用各种航天飞行器为平台，采用摄影机或其他传感器获取地球或其他星球、星体的图像资料和有关数据，经过处理、量测、分析，绘制地形图或其他专题图的过程。又称卫星摄影测量。摄影测量学的一个重要领域。摄影机和其他传感器为多光谱扫描仪、电荷耦合器件（CCD）、合成孔径雷达、微波辐射计等，飞行平台包括地球人造卫星、载人飞船、航天飞机和太空站等，其中对地球的观测主要采用人造卫星。航摄机及其所摄胶片的回收，可借助航天飞机或人造卫星返回舱，如航天飞机上拍摄的中国西藏地区的照片（见图）；也可采用多光谱扫描仪或CCD成像，由卫星直接发回地面。地面接收站接收数字影像，通过摄影测量软件进行处理和测图。CCD成像是航天摄影测量的主要方式，干涉雷达也是航天摄影测量的重要方式之一。而采用多光谱扫描仪、微波辐射计等方式获取影像则主要用于绘制各种专题图，如土地利用图等。

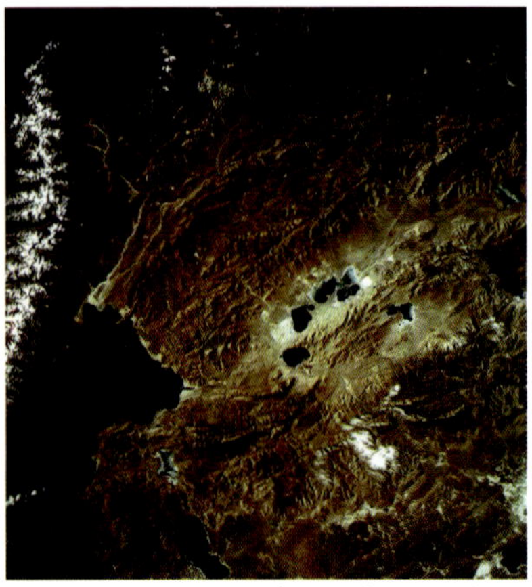

航天飞机上拍摄的中国西藏地区照片

航天食品　space food　航天员在航天飞行中的食用品。种类有热稳定食品、冷冻食品、中水分食品、复水食品、自然食品和复水饮料。20世纪60年代初，苏联和美国航天员主要食用铝管包装的肉糜、果酱类膏糊状食物。进餐时，用手压挤管壁，将食物直接送入口中。穿着加压航天服时，也可以通过头盔进食孔进食。其缺点是水分含量高，质量和体积大，食品的性状和风味不符合成年人的饮食习惯。后来，航天食品采用一口一块的压缩食品。这种食品体积和质量小，便于携带和贮存，进食方便。60年代中期至70年代初，美国“双子星座”号飞船和“阿波罗”号飞船采用燃料电池，电池发电时可产生水，于是发展了脱水复水食品，带上去的脱水食品，食用时加水复原。这种食品性状和风味更接近于地面普通膳食，能满足航天员的口味要求。随着载人航天器上食品冷藏设备和加热装置的发展，航天食品的类型和品种已接近地面膳食，航天员可吃到新鲜的蔬菜、水果和加热后的鲜汤等。

航天学　astronautics　航天基本科学和指导航天工程实践的综合性科学。又称宇航学、星际航行学。包含4个科学门类：航天基础科学，又称空间科学，包括空间物理学、行星气象气候学、行星地质学、太阳物理、天体和宇宙的结构和演化等；航天工程科学，包含航天动力学与控制、航天器材料与结构、微重力科学、空间能源、空间推进系统、小卫星和微卫星技术、测控系统、空间运输系统、对地观测系统、卫星通信系统、空间探测、空间站等；航天生命科学，包括空间生理学与医学、生命起源和各种重力环境对生命的影响等；航天社会科学，包括航天经济学、航天系统工程、空间法、航天文化等。

航天遥感　space remote sensing　以各种太空飞行器为平台的遥感技术系统。又称卫星遥感、太空遥感。航天遥感平台以人造地球卫星为主体，包括载人飞船、航天飞机、火箭和太空站，有时也把各种行星探测器包括在内。1957年10月4日苏联成功地发射了第一颗人造地球卫星，标志着人类航天遥感的开始，自此获得飞速的发展。根据服务的内容，分为气象卫星系列、陆地卫星系列和海洋卫星系列。具有轨道高度大（10万米以上）、覆盖范围广、周期性强（在较长时间序列上可以获取同一地区的多个时相的影像）、不受天气条件影响或影响小、成本较低等特点。随着遥感图像处理技术的发展，其应用领域越来越广，涉及森林、草原、农田、城市、荒漠、洪涝灾害、天气污染、水体污染、土壤污染、海洋、海冰、海雾等几乎所有的资源与环境应用领域。21世纪航天遥感有向高空间分辨率、高时间分辨率和高光谱分辨率等方向发展及从成本高、比较笨重的大型卫星向成本低、机动灵活的小型卫星及小卫星群方向发展的趋势。

航天医学　space medicine　研究航天活动对人体的影响，寻找有效的防护措施，保证航天员的健康与安全，提高完成各种飞行任务的效率以及为航天工程技术发展提供医学数据的综合性的医学分支。涉及航天生理学、航天心理学、航天医学工程等。

航天医学研究的主要内容包括：①从医学角度选拔和训练航天员。②研究飞行器的环境控制和生命保障系统，个体防护和救生设备以及卫生、营养和食品等医学问题。③研究航天中超重、失重、振动、冲击、噪声、辐射、温度、湿度和压力等环境因素对人的生理和心理影响，人体的耐受限度以及有效的防护措施。④研究航天条件下提高飞行人员工作能力和效率的问题。⑤研究和实施航天医务监督、医务保证和医学鉴定，发展有关的技术、方法和评定标准。⑥研究地面模拟设备的医学问题。⑦研究生理学、医学和环境参数的测试、显示、记录和处理。⑧从医学观点向航天工程提出要求。

航天员　astronaut　在载人航天器和其他天体上生活和工作的人员的总称。又称宇航员。航天员在航天器上可从事驾驶、维修和管理航天器，进行科研、生产等活动。从1961年苏联航天员Yu.A.加加林上天到2008年6月，全世界已有478名航天员进入太空，其中有30名女航天员。进行了约1 000人次载人航天，有12名登上月球。中国航天员杨利伟于2003年，费俊龙、聂海胜于2005年，翟志刚、刘伯明、景海鹏于2008年成功完成载人飞行。

航天员必须通过严格的选拔。要有健康的身体，良好的心理素质，较高的文化素养和崇高的献身精神。通常由负责载人航天任务的部门组织航天医学专家与临床医学专家成立选拔组，执行各选拔阶段的任务和选拔评定。医学与心理选拔极为重要，以保证航天员身心健康，提高入选

航天员走出飞船

质量。心理选拔主要了解个体的感知能力、记忆力、注意力、灵活性和动作能力。此外，还要进行航天特殊环境因素的耐受性选拔。

选中的预备航天员必须经过体格、专业等方面的训练，才能成为正式航天员。主要内容有飞机飞行训练、失重训练、超重训练、航天生活环境训练、应急救生训练等。航天员在执行任务前，要针对任务做具体训练。除了参加航天器总装、测试，还要进行专门模拟飞行。首先，航天员要熟悉各自的操作内容。其次，是飞行科目、飞行程序和各种项目的综合训练。对非职业性航天员，即参加航天的科技人员的训练内容可以适当从简，训练时间也可减少。

航天侦察 space reconnaissance 使用航天器在太空进行的侦察。高技术条件下获取信息的重要方式。按航天器的种类分为卫星侦察、无人和载人宇宙飞船侦察、空间站侦察和航天飞机侦察等。卫星侦察又分为成像侦察和电子侦察。

特点任务 主要用于战略侦察，也可用于战役和战术侦察。主要任务是：实施全球战略普查和重点地区详查，提供时效性强的情报；实施战场监视和打击效果评估，为战略武器提供打击目标资料；为军工科研、生产和新武器研制规划、计划的制订提供依据等。主要特点是：突破了传统侦察和其他技术侦察的时空限制，具有侦察空间上的全球性，时间上的全天时和气象上的全天候覆盖能力；侦察面积大、范围广、不受地理条件限制；侦察速度快，提供情报准确可靠；可定期或连续侦察一个地区，也可对重点地区或目标实施实时测控。

组织实施 航天侦察部门通常根据侦察任务和侦察区域或目标，制定侦察方案；计算航天器的运行轨道，确定侦察设备和信息回收方式；地面应用系统制订跟踪接收计划，组织协调地面接收设备跟踪接收航天器的侦察数据，对数据进行技术处理和分析判读，生成情报产品，并把情报成果分发用户使用。

毫米波 millimeter wave 波长为10～1毫米（频率30～300吉赫）的电磁波。这段频率处于微波频段的高端，有波长短、频带宽及与大气成分相互作用等特征。

由于波长短，可使用小口径天线获得窄波束，得到高的分辨率和跟踪精度；元器件的尺度减小，系统紧凑，适合于火箭、卫星、飞行器及机载使用。但元器件制造难度增加，加工精度要求高，价格昂贵。

当毫米波在大气环境中传播时，大气中的水分、烟、雾、悬浮微粒以及降雨都会使它的传播损耗增加，不如频率较低的微波，但比红外和光优越。

通信在毫米波以下的微波频段已十分拥挤，开发毫米波频段的通信已很迫切。拟议中的可实现全球无缝隙漫游的第四代移动通信系统，在地面与卫星以及卫星之间的通信链接就要求使用Ka波段。

由于固态和真空源以及电路技术的进展，毫米波技术已渐趋成熟，达到实用阶段。毫米波的其他应用还有遥感、射电天文、制导及毫米波波谱学等。

豪 Howe, Joseph (1804-12-13～1873-06-01) 加拿大英语作家。生于哈利法克斯，卒于哈利法克斯。毕生从事印刷出版事业。他阅读广泛，知识渊博，后来成为出色的演说家。创办《亚凯典》周刊（1827）、《新斯科舍人》报（1828）。1873年被任命为新斯科舍省副省长。作品包括诗歌和散文。他的散文活泼有力，《西行散记》(1828)、《新斯科舍人漫游记》(1838) 以及《新斯科舍人在英国》(1839) 都是旅途随笔，或对当时社会激烈抨击，或对各地风土人情作生动的描写，笔调幽默，文字生动。《致拉塞尔爵士书信集》(1846) 以说理严谨著称，充满对新斯科舍的热爱。被认为是发展新斯科舍地区文学特色的重要作家。

豪恩斯费尔德 Hounsfield, Godfrey Newbold (1919-08-28～2004-08-12) 英国电气工程师、放射学家。生于诺丁汉郡纽瓦克，卒于泰晤士河畔金斯顿。1944年毕业于伯明翰大学。后供职于伦敦电磁干扰中心研究实验室。1958年主持研制英国第一台晶体管计算机。1967年研究计算机对X射线显像模式的识别，提出CT扫描新思路。1971年研制成功CT摄影机。他与创立X射线断层摄影技术理论的A.M.科马克共获1979年诺贝尔生理学或医学奖。

豪放派 中国宋词风格流派。与婉约派对称。豪放作为文学风格，见于《二十四诗品》，杨廷芝解释豪放为“豪迈放纵”，“豪则我有可盖乎世，放则物无可羁乎我”(《诗品浅解》)。可见豪放的作品当气度超拔，不受羁束。北宋诗文革新派作家如欧阳修、王安石、苏轼、苏辙都曾用“豪放”一词衡文评诗。第一个用“豪放”评词的是苏轼(《答陈季常书》)，他的词也一改传统词风，如〔念奴娇〕《赤壁怀古》等，颇引人注意。据南宋俞文豹《吹剑续录》载：“东坡在玉堂，有幕士善讴，因问：‘我词比柳词何如？’对曰：‘柳郎中词，只合十七八女孩儿执红牙拍板，唱杨柳岸晓风残月。学士词，须关西大汉，执铁板，唱大江东去。’公为之绝倒。”这则故事颇能说明豪放词与婉约词风格的区别。豪放派的特点是创作视野较为广阔，气象恢弘雄放，喜用诗文的手法、句法和字法写词，用典较多，不尽守音律，有的失于粗疏平直、狂怪叫嚣。苏轼的豪放词虽为数不多，当时学苏词的人也寥寥无几，但由于他首开风气，自然受人推崇。沈义父《乐府指迷》云：“近世作词者不晓音律，乃故为豪放不羁之语，遂借东坡、稼轩诸贤自诿。”这说明南宋人已明确地把苏轼、辛弃疾作为豪放派的代表，以后遂相沿用。

豪格 haoge (1609～1648) 中国清代亲王。满族。爱新觉罗氏。清太宗皇太极长子。后金天聪元年(1627)，在锦州败明军。三年，又败明军于北京广渠门外，六年进封和硕贝勒。清崇德元年 (1636) 进封和硕肃亲王。之后，又随多尔衮攻锦州，又从征朝鲜。四年，与多铎败明宁远兵，斩明将金国凤。七年，克松山（今辽宁锦州西)，俘明将洪承畴及巡抚等人。随后，与济尔哈朗攻克塔山。顺治元年（1644)，因语侵睿亲王多尔衮而被削爵。后因其平定中原有功而恢复原封爵。三年，被任为靖远大将军，进攻陕西、四川，镇压张献忠起义军，杀张献忠。五年，被摄政王多尔衮构陷下狱，同时被削爵。后死于狱中。顺治帝亲政后，复封其为和硕肃亲王。十三年追谥武肃亲王。

豪普特曼 Hauptmann, Gerhart (1862-11-15～1946-06-06) 德国剧作家。生于上萨尔茨布伦，卒于阿格内滕多尔夫（今波兰亚格尼翁特库夫)。曾在德累斯顿和柏林的大学学习。当过农民，从事过雕塑创作。继第一部剧作《日出之前》(1889) 首演成功之后，创作了《织工》(1892)、《獭皮》

(1893)等40多部剧本。1912年获诺贝尔文学奖。1933年**A.希特勒**攫取政权后开始深居简出。《日出之前》通过罗特与海伦的爱情悲剧，以自然主义手法表现了德国资产阶级家庭的堕落。把资产阶级家庭悲剧作为社会问题来描写的作品还有《和平节》(1890)、《孤独的人》(1891)。以1844年西里西亚纺织工人起义为题材的剧本《**织工**》是他最著名的作品。《**獭皮**》是另一部优秀作品，被称为“偷窃喜剧”。其他主要作品还有“梦幻剧”《汉奈蕾升天记》(1893)、童话与传说剧《沉钟》(1897)，以及自传体小说《我的青春冒险》(1937)和游记《希腊之春》(1908)等。

豪萨人 Hausa 西非跨界民族。约3 461万人(2002)，为非洲第二大族，仅次于埃及人。主要分布在尼日利亚北部和尼日尔南部，少数散居在喀麦隆北部、乍得湖沿岸、贝宁北部、布基纳法索北部、多哥北部和加纳北部。属尼格罗人种苏丹类型。使用豪萨语，属非洲亚细亚语系乍得语族。19世纪前用阿拉伯字母书写，20世

纪初改用拉丁字母。豪萨语文受阿拉伯语影响很大；文字拉丁化后，又受到英语的影响。豪萨语和豪萨文化具有强大的同化能力。尼日利亚北部的**富拉尼人**多已豪萨化，与豪萨人一起形成为豪萨－富拉尼人。在尼日利亚和尼日尔境内已被豪萨文化同化的小民族约有20个。90%以上的豪萨人信奉伊斯兰教，属逊尼派。经济以农业为主，生产棉花、花生、小米和薯类。牲畜主要有山羊、马、驴和瘤牛等。手工业有制陶、制革、纺织、铸铁以及草编织物等。商业亦较发达。社会长期实行酋长制。在现代，酋长仍在地方基层行政机构以及社会生活各方面具有相当大的影响。婚姻实行一夫多妻制。小孩行割礼，并在脸上扎刺部落印记。

豪萨语 Hausa language 属**阿非罗－亚细亚语系**乍得语族。主要分布于尼日利亚北方10个州和尼日尔、贝宁、加纳、喀麦隆等国及乍得湖沿岸。作为商业的共同交际语通行于赤道以北的西非各地。豪萨语是西非最通行的语言，在尼日利亚北部地区具有官方语言的地位。豪萨语有多种方言，卡诺方言为标准语的基础。

豪萨语有7个元音、30个辅音，其中有4个声门辅音，又称声门塞音；有4个声调和长短音，不少词因声调和长短音的变化而引起词义的变化。语法方面，名词有阴、阳性及单、复数的变化。形容词也有阴、阳性及单、复数的变化，修饰名词时需与名词的性、数一致。豪萨语属主谓型结构，基本语序为主－动－宾型。古豪萨语吸收了大量**阿拉伯语**词语。现代豪萨语借用了大量英语词语。

古豪萨语采用以阿拉伯语字母为基础的阿贾米文字，约11世纪起有文献，内容大都是伊斯兰教义及诗歌。19世纪末采用拉丁字母拼写。20世纪初，经过若干改革，目前所使用的文字共有26个字母。

豪斯多夫 Hausdorff, Felix (1868-11-08～1942-01-26) 德国数学家。生于布雷斯劳(今波兰弗罗茨瓦夫)，卒于波恩。幼时随父母迁往莱比锡。1891年在莱比锡大学取得博士学位。1896年任该校数学讲师。早年的兴趣在哲学和文学，1902年升任副教授后，才用较多时间研究数学。1910年任波恩大学副教授，1913年在格赖夫斯瓦尔德大学任教授，1921年回波恩大学任教授。1935年因是犹太人被强制退休，1942年初在波恩自杀。

豪斯多夫的工作涉及天文学、光学、概率论及几何学等。他最重要的贡献在集合论和点集拓扑学方面，代表作为《集论》(1914)，这一著作奠定了点集拓扑学的基础。其中首次借助邻域概念定义拓扑空间，开展度量空间研究。他提出的一类拓扑空间(任两点都分别存在邻域且二者不相交)被称为豪斯多夫空间。这一著作对集合论也有诸多贡献，如将序型分类、研究序型的有序积、有序集表示等问题。他引入的极大原理可用来代替超限归纳法，并与后来常用的佐恩引理等价。

1914年，他提出$\mathbf{R}^3$中单位球的分解，后导致巴拿赫－塔尔斯基分球悖论(见**选择公理**)。同年提出测度问题：是否存在使$\mathbf{R}^n$的每个子集均可测的有限可加测度？1923年证明上述问题当$n=1$、2时存在无穷多个解，当$n\geqslant3$时无解。

豪斯多夫在其他方面的工作有：群论符号的指数公式(1906)、华林问题简化证明(1909)及提出非整维数(1919)等。

豪斯霍弗尔 Haushofer, Karl Ernst (1869-08-27～1946-03-13) 德国地缘政治学者。

生于慕尼黑，卒于西德佩尔。毕业于德国军事学院。1908年被派往东京研究日本军事，次年升为武官，并担任日军炮兵教官，开始研究日本的地缘政治。先后到过印度、缅甸、朝鲜、俄国西伯利亚和中国北部，1912年回国。1919年以少将军衔退休。后在慕尼黑大学开设地理学和军事学讲座，传播其地缘政治观点。1924年创办《地缘政治学》杂志，担任主编，公开主张国家是一个必然扩大或灭亡的有机体，可以不顾“无力开发自己领土的国家”的主权，由地缘政治学来规定其“生存空间”。在A.希特勒任德国总理后，被任命为慕尼黑大学地缘政治学研究所所长和德国科学院院长，其地缘政治思想成为纳粹德国思想体系的组成部分，被推崇为“国家科学”。1945年第二次世界大战结束后，曾在纽伦堡受审。次年与妻子一起自杀。主要著作有《太平洋的地缘政治学》、《日本及日本人》和《地缘政治学原理、实质与目的》等。

豪猪科 Hystricidae; old world porcupines 啮齿目一科。共4属12种。分布在非洲、欧洲的地中海沿岸，亚洲西南部、南部和东南部的热带和亚热带森林、草原中。中国有2属4种：豪猪属3种，分布在秦岭、长江流域及其以南地区和喜马拉雅山南坡；帚尾豪猪属1种，见于云南、四川和海南等省。体形肥大，最大者体长达70厘米以上。头小、眼小，四肢短粗；背部与尾部生有长而硬的棘刺，此系防御天敌的重要器官。头骨较细小，颧弓不外扩，而鼻腔却甚膨大。有20枚齿根很浅的牙齿。

豪猪又称箭猪，为豪猪科的常见种(有时把豪猪科统称为豪猪、箭猪)。分布于中国陕西南部、长江流域及以南地区，亦见于缅甸、印度和尼泊尔。体形较大，体长60～70厘米，体重10～15千克。全身毛棕褐色、肩部向下整个颈部有条半圆形的白纹。头、四肢及腹部被硬毛。体背前部的棘刺短，向后逐渐变长，臀部棘刺长可达

豪猪

20余厘米，棘刺直径0.6厘米左右，中空、乳白色、中间一段为褐色，平时棘刺贴在身上，遇敌时棘刺竖起，转身以臀向敌，使敌无法接近，并能倒退以刺敌；棘刺易脱落，刺中后有时会留在天敌身上。尾短，仅有体长的15%～20%，平时隐于棘刺之间，尾端硬毛的末端具有膨大的铃形角质物。栖息于山坡、草地或密林中。洞居、夜间活动、并常有一定路线。走起路来棘刺相互摩擦有声。以植物根茎、竹笋和野果为食，最喜食瓜果、蔬菜、芭蕉苗和其他农作物。每年繁殖1次，1胎4仔。为中国南方山地农区的害兽之一。肉可食用。

《好兵帅克》 *The Good Soldier Schweik* 捷克作家J.哈谢克的代表作。又译《好兵帅克历险记》。捷克语（*Osudy dobrého vojaka Švejka za sv ě atové valky*）（《好兵帅克在第一次世

《好兵帅克》插图

界大战中的遭遇》）。以作者在奥匈帝国军队中服役为素材，完成于1920～1923年。全书有60多万字，是一部杰出的政治讽刺作品，作者通过集捷克人民机智、风趣、乐观、憨厚于一身的帅克来表现捷克民族对帝国主义战争、军国主义、教权主义的反抗。帅克不仅成为捷克文学和生活中的典型，而且还是世界文学史上不朽的典型人物之一。

好来宝 蒙古族曲艺曲种。又作好力宝，汉译意为"联韵"，即每句唱词的头一个音节谐韵，故又称"联头韵"，有"连起来唱"或者"串起来唱"的意思。流布于内蒙古各地。用蒙古族语言表演。起源于12世纪前后，在蒙古族祝赞词念诵的基础上发展演变而成。至清代发展为一人表演的"单口好来宝"和二人表演的"对口好来宝"两种演出方式。其中"单口好来宝"又分为以徒口诵说为主、无乐器伴奏的"雅巴干好来宝"，和用四胡伴奏韵诵表演的"胡仁好来宝"，以后者流传较为普遍；而"对口好来宝"通常又分为"问答式好来宝"和"岱日查（论战式）好来宝"。

20世纪50年代以来，许多好来宝艺人成为专业曲艺表演团体的演员，积极创作和表演了更多服务现实的好来宝节目。还有将传统的一至二人自拉四胡伴奏表演，改为多人分持四胡、三弦、扬琴、笛子和盘鼓等进行表演，独唱、重唱、轮唱、合唱交替运用的，人称"乃日勒好来宝"或"交响好来宝"。

好莱坞 Hollywood 美国加利福尼亚州洛杉矶市内一区，美国电影制片业中心所在地，已成为美国电影业的同义词。位于市中心西北。因具备拍摄电影外景地的各种自然条件，1908年后，散居美国各地的制片商陆续集中到此，遂逐渐成为电影业中心。具体范围为：东以海佩里翁大街和里弗赛德路、南以贝弗利大街、西以贝弗利希尔斯、北以圣莫尼卡山丘陵为界。此地最早摄制的故事影片是《基度山恩仇记》（1908）。20世纪20年代有近20家公司在此拍片。之后数十年间，先后有D.W.格里菲斯、高德温、A.朱科尔、W.福斯、L.B.梅耶、D.F.柴纳克和H.科恩等著名导演、制片人在此地从业。在两次世界大战之间，好莱坞达到鼎盛时期。第二次世界大战后，不少制片厂迁出到世界各地现场实景拍摄。60年代初随着电视业的发展，好莱坞又成为美国电视节目的制作基地。好莱坞的其他名胜尚有"好莱坞碗"（天然圆形剧场）、"朝圣者"圆形剧场、希腊剧院、中国剧院、加利福尼亚艺术俱乐部等。附近的贝弗利希尔斯为电影明星的聚居地。

好望角 Good Hope, Cape of 非洲大陆南端的石质岬角。位于南非西南法尔斯湾和大西洋之间的开普半岛顶端，扼大西洋与印度洋间航运的要冲。地处南纬34°21′，东经18°30′。北距开普敦52千米，通公路。建于1849年的巨大灯塔竖立在岬角东北约1千米处海拔200余米的山顶，称开普点，晴天40千米范围内可见。1488年葡萄牙航海家B.迪亚士从大鱼河口探险返航途中，发现岬角，因附近海域多风暴，命名风暴角。1497年葡萄牙航海家达·伽马经此赴印度，后将黄金、丝绸等满载而归。次年葡萄牙国王约翰二世改命今名，表示绕过此岬角，能带来美好的希望。苏伊士运河通航前的300多年间，是沟通欧、亚的唯一海上通道，成为著名的好望角航线。至今仍是世界最著名的交通和战略要地之一，每年有4万余

好望角风光

艘船只通过。南非的主要旅游胜地之一，近海处有一块用英文、南非阿非利坎语写的"非洲最南端好望角"标牌。

郝建秀 Hao Jianxiu（1935-11～ ） 中国人民政治协商会议全国委员会副主席。山东崂山（今属青岛市）人。1949年进青岛国棉六厂当纺织工人。1951年以创造棉纺细纱挡车工先进工作法（郝建秀工作法），被授予全国劳动模范称号。1953年进入中国人民大学速成中学学习，同年加入中国共产党。当选为共青团中央委员、全国妇联执行委员、中华全国总工会执行委员。1962年毕业于华东纺织工学院。历任青岛国棉六厂技术员、国棉八厂副厂长，中共青岛市委副书记，青岛市革命委员会副主任、市总工会主任，山东省总工会副主任、省妇联主任，纺织工业部副部长、部长，全国妇联第四届副主席。是中共十一届至十五届中央委员。1982年后任中共第十二届中央书记处候补书记、书记。1988年后任国家计划委员会副主任、国务院妇女儿童工作委员会副主任。2001年任全国政协第九届常务委员。2003年当选为全国政协第十届副主席。

郝梦龄 Hao Mengling（1898-02-18～1937-10-16） 中国抗日殉国将领。字锡九。直隶（今河北）藁城人，卒于山西忻口。1919年毕业于保定陆军军官学校。1925年参加郭松龄倒戈反奉。1927年参加北伐战争，任国民革命军第30军第2师师长。1930年任国民党军第54师师长，在蒋冯阎战争中率部参加对冯玉祥军作战，旋升任第9军副军长（仍兼第54师师长）。此后，奉命率部参加"围剿"中央革命根据地和鄂豫皖革命根据地。1931年升任第9军军长。1935年被授为陆军中将。1937年进陆军大学将官班深造，得悉卢沟桥抗战爆发，立即归队请缨。10月参加忻口会战，任中央兵团总指挥，率部在忻口主阵地阻击日军。16日凌晨率中央兵团发起反击，在南怀化高地争夺战中中弹牺牲。12月6日被南京国民政府追赠为

陆军上将。中华人民共和国建立后，被追认为烈士。

郝寿臣 Hao Shouchen（1886～1961-11-26） 中国京剧演员。工架子花脸。原籍河北香河，卒于北京。幼随父迁居北京。7岁从吕福善学铜锤花脸，艺名小奎禄。唱功私淑金秀山，做功私淑黄润甫，熔铜锤、架子花脸于一炉，唱念上自成一格，世称“郝派”。先后与杨小楼、梅兰芳、程砚秋、高庆奎、马连良、言菊朋等合作，提高了花脸行当的地位。他一生曾在220多个剧目中扮演过160多个角色。传统剧目《赛太岁》、《打龙棚》、《打曹豹》、《瓦口关》

郝寿臣在京剧《野猪林》中饰鲁智深

等经他整理、上演，得以流传；在新编剧目《荆轲传》、《野猪林》、《青梅煮酒论英雄》、《牛皋招亲》等剧中也有所创造。郝派艺术以气魄胜，唱念韵味浑厚，工架结实凝练，表演浑然一体，善于刻画人物。1952年起任北京市戏曲学校校长。弟子袁世海为郝派传人。有《郝寿臣演出剧本选集》、《郝寿臣脸谱集》、《郝寿臣铜锤唱腔集》行世。

号 ideal-expressing name 古代中国人成年之后，在名和字之外另起的名称。又称别号、别字。主要流行于汉族社会。呼号不仅尊人之名，且尊人之字，故比称字更加尊敬、客气。取号之俗在春秋战国时已有，但不常见，汉魏之际此风乃盛。到宋代，文人几乎人人有号，甚至一人多号。号与名、字在意义上没有联系。有的号为赠号，是别人根据某人的特征而赠，如诸葛亮称“卧龙”，庞统被称“凤雏”。更多的情况是自号，借以表明志向、情趣等。也有的根据自己居住地的环境特征来命号，如陶潜字渊明，号五柳先生，有随遇而安、自由任达的寓意。一些人的号被叫得很响，以至掩盖了字。如宋代苏轼字子瞻，号东坡居士，人多称“苏东坡”；陆游字务观，号放翁，人多称“陆放翁”。清代郑燮号板桥，曹霑号雪芹，均以号行，其名字反而鲜有人提。还有一些特殊种类的号，如尊号、庙号、谥号、封号、法号等。到20世纪中叶，取号称号习俗日渐衰退。

号子 work song 劳动歌谣的一种。由体力劳动激发出来，伴随劳动的动作歌唱，节奏感很强，具有协调劳动动作、鼓舞和调剂情绪的作用。它是历史最久的一种歌谣。随着劳动的复杂化，逐渐形成了不同类型的号子，常见的有：建筑和开采劳动中的打夯、采石、伐木号子，搬运劳动中的挑担、装卸号子，农业劳动中的车水、舂米号子，水上劳动中的划船、拉网、拉纤号子等。在唱词内容上，劳动强度较大而协作性较强的劳动中，号子的唱词简短有力；在动作单一而负荷较轻的持续劳动中，号子的唱词较丰富多彩。演唱形式大多是一人领唱众人和，也有对唱和独唱。号子的节奏凝聚了生活中的劳动节奏。语言既程式化又带有即兴变化的特点，体现出不同劳动的需要，具有独特的艺术性。

《好逑传》 *The Fortunate Union* 中国清代中篇小说。又名《侠义风月传》。4卷18回，署名“名教中人编次，游方外客批评”。著者、批者皆不详。小说写御史铁英之子铁中玉仗义行侠之事，他曾只身闯入大夬侯养闲堂，奋力救出韩愿的妻女。又路救被恶霸逼婚的才女水冰心，二人互相敬爱，几经曲折而成婚。小说对水冰心有胆有识、敢作敢为的个性勾勒得非常鲜明，使这部小说在诸多写才子佳人之作中颇胜一筹。作者旨在宣扬“守经从权”之说，将纲常名教与青年男女正当交往调和起来，因此夹有大段说教。此书18世纪传入欧洲，有英、法、德文译本。

耗散结构 dissipative structure 远离平衡态的开放系统，通过与外界交换物质和能量，可能在一定的条件下形成一种新的稳定的有序结构。

典型的例子是伯纳德流。在一扁平容器内充有一薄层液体，液层的宽度远大于其厚度，从液层底部均匀加热，液层顶部温度亦均匀，底部与顶部存在温度差。当温度差较小时，热量以传导方式通过液层，液层中不会产生任何结构。但当温度差达到某一特定值时，液层中自动出现许多六角形小格子，液体从每个格子的中心涌起、从边缘下沉，形成规则的对流。从上往下可以看到伯纳德流形成的蜂窝状伯纳德花纹图案。这种稳定的有序结构称为耗散结构。类似的有序结构还出现在流体力学、化学反应以及激光等非线性现象中。

耗散结构的特征是：①存在于开放系统中，靠与外界的能量和物质交换产生负熵流，使系统熵减少形成有序结构。耗散即强调这种交换。对于孤立系统，由热力学第二定律可知，其熵不减少，不可能从无序产生有序结构。②保持远离平衡态。伯纳德流中液层上下达到一定温度差的条件就是确保远离平衡态。③系统内部存在着非线性相互作用。在平衡态和近平衡态，涨落是一种破坏稳定有序的干扰，但在远离平衡态条件下，非线性作用使涨落放大，达到有序。

比利时的普里高津、德国的哈肯、日本的久保－铃木等学派对远离平衡态的耗散结构理论的建立与发展作出重要贡献。但理论尚属初级阶段，有待于发掘新的概念、规律和数学工具。耗散结构理论已用于研究流体、激光等系统，核反应过程，生态系统中的人口分布，环境保护问题，乃至交通运输、城市发展等课题。

浩罕汗国 Kokand, Khanate of 中亚地区的封建国家。核心地区在包括浩罕、安集延、马尔吉兰、纳曼干等城的费尔干纳盆地。19世纪中期，人口约为150万。主要居民为乌兹别克人，其次为塔吉克人、吉尔吉斯人和哈萨克人。

16～17世纪时，费尔干纳属布哈拉汗国，后逐渐脱离其控制。1710年，乌兹别克明格氏族首领沙鲁赫建立以浩罕城为首都的独立国家。1760年（中国清朝乾隆二十五年），浩罕统治者额尔德尼曾归附中国。他的继承人纳尔布塔（1770～1800年在位）加强浩罕对费尔干纳的统治，并继续对中国称臣，阿利姆（1800～1809年在位）开始采用汗的称号，他在同布哈拉争夺霍占特和乌拉·丘别的斗争中获胜，并征服塔什干和奇姆肯特。在奥马尔汗（1809～1822年在位）和马达里汗（1822～1842年在位）的统治下，汗国进入鼎盛时期。它的疆域西北临咸海，包括锡尔河下游附近的哈萨克草原；东北扩展到巴尔喀什湖以南中国地区；南达喀拉提锦等山区领地。马达里汗多次侵犯中国喀什噶尔地区，竭力支持该地和卓后裔进行叛乱活动。在胡德亚尔汗时期（1845～1858），汗国的统治者趁新疆动乱之际，企图入侵中国领土。1865年，汗国阿克曼吉特要塞司令阿古柏侵入中国南疆地区并自己称汗。其政权后被左宗棠粉碎（见阿古柏事件）。另一方面，浩罕汗国与布哈拉汗国的对抗加剧，穆扎法尔曾两次（1863、1865）占领浩罕，从而削弱了浩罕汗国抵抗俄国侵略的力量。1876年初俄国吞并浩罕。

19世纪上半期，经济生活和文化建设出现高潮。浩罕人民进行空前规模的水利灌溉工程，促进农业特别是植棉业的发展。养蚕业和园艺也很发达。布匹、书写纸张、陶器等享有盛誉。浩罕、塔什干城为当时中亚最大的工商业中心。与附近牧区、中国、俄国等的贸易关系密切。

浩然 Haoran (1932-03-25～2008-02-20) 中国作家。原名梁金广。祖籍河北宝坻（今属天津）。生于河北唐山。1954～1964年先后任《河北日报》、北京俄文《友好报》记者，《红旗》杂志社编辑。1964年起任北京市文联专业作家。历任中国作家协会理事、名誉委员，北京市文学艺术界联合会副主席等职。

其作品有：《艳阳天》(1965)、《金光大道》(1972)、《苍生》(1988) 等长篇小说，《西沙儿女》(1974)、《浮云》(1983) 等中篇小说，《喜鹊登枝》(1958)、《花朵集》(1980) 等短篇小说集，近50种。1983年春风文艺出版社出版《浩然文集》，次年百花文艺出版社出版其“文化大革命”后的新作《浩然选集》。他的作品以农村生活和农民为描写对象。前期作品歌颂农村新人新事，生活气息浓厚，但由于多配合政治任务，有概念化倾向。“文化大革命”中，这一倾向更为严重。20世纪80年代以后，他作了较大的自我调整，寻找表现现实的新视角、新途径，取得了可喜的收获，有《大肚子蝈蝈》(儿童文学)、《苍生》(长篇小说) 等出版。

禾本科 Gramineae / Poaceae; grass family 单子叶植物纲鸭跖草亚纲的一科。禾本科有660属近10 000种，居有花植物科中的第5位，种数在单子叶植物中仅次于兰科。中国产230余属约1 500种。多年生、一年生或越年生草本。竹类茎为木质，呈乔木或灌木状。根系为须根系。茎有节与节间，节间中空，称为秆，圆筒形。节部居间分生组织生长分化，使节间伸长。单叶互生成2列，由叶鞘、叶片和叶舌构成，有时具叶耳；叶片狭长条形，或披针形，具平行叶脉，中脉显著，不具叶柄，通常不从叶鞘上脱落。在竹类中，叶具短柄，与叶鞘相连处具关节，易自叶鞘上脱落，秆箨与叶鞘有别，箨叶小而无中脉。花序顶生或侧生，多为圆锥花序，或为总状、穗状花序。小穗是禾本科的典型特征，由颖片、小花和小穗轴组成。通常两性，或单性与中性，由外稃和内稃包被着，小花多有2枚微小的鳞被，雄蕊3或1～6枚，子房1室。果为颖果，少数为囊果、浆果或坚果。禾本科是种子植物中最有经济价值的大科。是人类粮食和牲畜饲料的主要来源，也是加工淀粉、制糖、酿酒、造纸、编织和建筑方面的重要原料。

禾本科有以下5个亚科。

①竹亚科约70属。分布于美洲热带与亚洲东南部的湿热地区。营养器官特化，秆木质化，借根状茎繁殖，有性生殖退化，花部保留着原始的3数花性状。竹竿是建筑、土木、交通用材，也是工艺用品、编织和造纸原料。笋供食用。

②稻亚科小穗的二颖退化或仅在小穗柄顶端留有痕迹或熟花的稃体以其边缘互相紧扣。著名种有稻、茭白。

③早熟禾亚科最大的一个亚科，广布于全球各种生境中。草本，小穗含多花至1花。著名属有小麦属、大麦属、早熟禾属、燕麦属、芦苇属等。

④画眉草亚科著名属有画眉草属、隐子草属、野牛草属、狗牙根属、虎尾草属、三芒草属、结缕草属等。

⑤黍亚科约210属3 000余种。分布世界热带地区。著名属种有黍属的黍；狗尾草属的粟；稗属的稗；甘蔗属的甘蔗；蜀黍属的高粱；玉蜀黍属的玉米；还有薏苡、白茅等。

禾草碱 gramine 吲哚型生物碱，分子式 $C_{11}H_{14}N_2$。

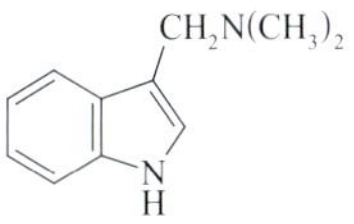

存在于亚洲芦苇和发芽的大麦中。最初从缺叶绿素的大麦变种中分离得到。有光泽针状晶体；熔点138～139℃；易溶于乙醚、乙醇、氯仿，略溶于丙酮。能与多种无机酸或有机酸生成结晶盐。禾草碱能减轻肾上腺素的作用，在浓度为1∶25 000时，能引起离体子宫收缩；兴奋哺乳类动物中枢神经系统；剂量较大时引起慢性痉挛、呼吸中枢兴奋，甚至瘫痪。禾草碱是合成色氨酸或制备烷基取代色胺的主要原料。中毒剂量63毫克/千克。

合病 disease involving two or more channels 中医学伤寒六经病中两经病证或三经病证同时出现时的称谓。合病是对六经病传变的补充，反映了疾病传变过程中的复杂情况。常见类型有：太阳阳明合病、太阳少阳合病、少阳阳明合病和三阳合病。

合成 synthesis 由一种或几种物质（元素或化合物）通过化学反应形成具有特定组成和结构的较复杂物质的过程。分为无机合成、有机合成和高分子合成，前者涉及的反应物和产物主要是无机物，包括含有机成分的配位化合物、金属有机化合物和生物无机化合物；后两者涉及的反应物和产物主要为有机分子或高聚物。20世纪90年代以来，在传统合成的基础上又发展了通过某些新的方法和原理减少或消除有害物质的使用和产生的绿色合成（见绿色化学）。

合成氨 synthetic ammonia 由氮和氢在高温、高压和催化剂存在下直接合成氨。1912年建立了第一座合成氨装置。工业上是在铁催化剂、压力15.2～30.4兆帕、温度400～520℃下合成的。主要原料有天然气、石脑油、重质油和煤等。典型的大型合成氨厂，以煤为原料，采用加压连续气化的方法制合成气，总能耗为47.73吉焦/吨液氨。以天然气为原料，采用蒸汽转化法制合成气，投资少，总能耗仅为31.38吉焦/吨液氨。

合成革 synthetic leather 模拟天然革的组成和结构并作为其代用材料的复合材料。通常，以无纺布为底基，经浸渍聚氨酯为表面层，可制成有一定透气性、与天然革相似的材料。合成革比普通的人造革更近似天然革，广泛用于制作鞋、靴、服装、箱包和球类等。

合成胶黏剂 synthetic adhesive 以聚合物为基料的胶黏剂。一般为多组分的混合物，除聚合物外，还须加入固化剂、增柔剂、无机填充剂和溶剂等。按基料的类型，可分合成树脂胶黏剂、合成橡胶胶黏剂和橡胶-树脂胶黏剂。其中以合成树脂胶黏剂的消耗量最大。合成胶黏剂在机械强度和耐介质性能方面均远大于天然胶黏剂，但耐热性和耐老化性能则较差。大量用于制造复合材料（胶合板、人造板、玻璃钢等），在木材加工、轻工、纺织、建筑、机械、电子、交通、航空、航天、医疗等部门也被广泛采用。

合成抗菌药 synthetic antibacterial agents 用化学合成方法制成的抗菌药。主要包括磺胺类、喹诺酮类、呋喃类和硝基咪唑类等。

磺胺类抗菌药 1935年磺胺类药正式应用于临床。具有抗菌谱广、性质稳定、体内分布广，不需粮食做原料、产量大、品种多、价格低、使用简便、供应充足等优点。

磺胺类药对许多革兰氏阳性菌和一些革兰氏阴性菌、诺卡氏菌属、衣原体属和某些原虫（如疟原虫和阿米巴原虫）均有抑制作用。在阳性菌中高度敏感者有链球菌和肺炎球菌；中度敏感者有葡萄球菌和产气荚膜杆菌。阴性菌中敏感者有脑膜炎球菌、大肠杆菌、变形杆菌、痢疾杆菌、肺炎杆菌、鼠疫杆菌。对病毒、螺旋体、锥虫无效。对立克次氏体不但无效，反能促进其繁殖。

毒性反应：①过敏反应。最常见为皮疹、药热。一般在用药后5～9天发生，多见于儿童。②肾脏损害。③造血系统的影响。磺胺药能抑制骨髓白细胞形成，引起白细胞减少，偶见粒（白）细胞缺乏，停药后可恢复。④磺胺药可通过母体进入胎儿循环，与游离胆红素竞争血浆蛋白结合部位，使游离胆红素浓度升高，引起黄疸。孕妇、新生儿尤其早产儿不宜使用。⑤中枢神经系统和胃肠道反应。

因其价格便宜，使用方便，且不会产生像广谱抗生素常引起的肠道菌群失调，故磺胺敏感菌仍可选用磺胺药来治疗。主要用于治疗流行性脑脊髓膜炎、尿道感染、呼吸道及咽部感染、局部感染等。

喹诺酮类抗菌药　细菌DNA螺旋酶抑制剂，其化学结构中均有4-吡啶酮-3-羧酸。这类药物的特点是：抗菌活性强；细菌对这类药物和其他类抗生素之间无交叉耐药性；对质粒介导的耐药菌高效，对染色体介导的耐药菌有不同程度活性；可口服和注射给药；吸收好，体内分布广；不良反应少。

吡哌酸可用于尿道炎、肠炎、膀胱炎及中耳炎。吡哌酸毒性低，中枢神经系统副作用小，大剂量可产生胃肠道反应，停药后即消失。诺氟沙星主要用于肠道感染和泌尿道感染。环丙沙星抗菌谱广，抗菌作用强，对金黄色葡萄球菌、链球菌、淋球菌、脆性厌氧菌、肠杆菌科、绿脓杆菌、流感杆菌等具有强大抗菌作用，其体外抗菌活性强于氟哌酸、庆大霉素、阿米卡星和β-内酰胺类抗生素，对嗜肺军团菌和支原体具有较强抗菌活性，对多重耐药菌引起的严重感染有效。口服或注射给药，作用持久，体内分布广。依诺沙星、氧氟沙星、培氟沙星和洛美沙星亦可用于治疗全身感染包括肺部感染、皮肤软组织感染、骨髓炎、肠道感染、泌尿道感染、胆道感染和妇科感染等，其主要不良反应是恶心、呕吐、头痛、眩晕、失眠、焦虑、抑郁、皮疹、肝肾损害、骨关节特别是软骨组织及光敏反应等，故孕妇、哺乳期妇女及18岁以下人群禁用。

呋喃类抗菌药　有10余种，临床应用的是呋喃西林、呋喃唑酮和呋喃妥因，其中呋喃西林仅局部应用，主要作用于微生物酶系统，抑制乙酰辅酶A，干扰微生物糖代谢而抑菌。中国曾用呋喃唑酮治疗胃及十二指肠溃疡，近期疗效较好，对幽门螺杆菌有一定抗菌作用。其不良反应为恶心、呕吐、头痛等，一般在减量后消失，偶可发生过敏性皮疹，应立即停药。较大剂量可抑制精子产生，引起低血压。有先天性红细胞6-磷酸葡萄糖脱氢酶缺乏的患者用后可发生溶血性贫血。呋喃西林还可致末梢神经炎。许多其他抗菌药物临床应用后此类药物已很少应用。

硝基咪唑类抗菌药　甲硝唑（商品名灭滴灵）为硝基咪唑类化合物。除用于治疗滴虫病和阿米巴病外，对各种专性厌氧菌有强大杀菌作用，对需氧菌、兼性厌氧菌及微需氧菌无作用。临床主要用于治疗阴道滴虫病、阿米巴病、梨形鞭毛虫病及防治厌氧菌感染。治疗牙周炎，亦效果满意。毒副作用主要有胃肠道反应，偶有白细胞减少，长疗程大剂量使用可有外周神经炎和惊厥。早期妊娠者慎用，有中枢神经系统疾患者禁用。其他具有抗厌氧菌作用的硝基咪唑类药物有替硝唑、奥硝唑和尼莫拉唑。替硝唑适应证同上，疗效优于甲硝唑，毒副作用较轻，但有抑制乙醛脱氢酶作用，可加强酒精效应，故服药期间应禁酒。

合成树脂　synthetic resin　人工合成的高分子聚合物。黏稠液体或加热可软化的固体，受热时通常有熔融或软化的温度范围，在外力作用下可呈塑性流动状态，某些性质与天然树脂相似。合成树脂最重要的应用是制造塑料。为便于加工和改善性能，常添加助剂，有时也直接用于加工成形，故常是塑料的同义语。合成树脂还是制造合成纤维、涂料、胶黏剂、绝缘材料等的基础原料。按主链结构，分为碳链、杂链和非碳链合成树脂；按合成反应特征分为加聚型和缩聚型。但一般常按热行为分为热塑性和热固性树脂。热塑性树脂可分四大类：①烯烃类（聚乙烯、聚丙烯等）。②乙烯基类（聚氯乙烯、聚乙酸乙烯酯、聚乙烯醇、聚丙烯酰胺、聚苯乙烯、ABS树脂等）。③线性杂链类（聚酯、聚碳酸酯、聚甲醛、聚苯醚、聚砜、聚酰胺等）。④其他（氟树脂、纤维素类树脂等）。热固性树脂主要有：醇酸树脂、不饱和聚酯、酚醛树脂、环氧树脂和呋喃树脂等。合成树脂的生产方法采用本体聚合、悬浮聚合、乳液聚合、溶液聚合、熔融聚合和界面缩聚等。

合成洗涤剂　synthetic detergent　由表面活性剂和各种助剂配制而成的一种洗涤用品。主要用于织物的洗涤、人体的清洁护理、硬表面的清洗。

合成洗涤剂的种类很多，产量最大的是洗衣粉和液体洗涤剂，所以通常按产品形式分类，有粉状、膏状、片剂、液体等；其次按产品功能分类，有衣料用、餐具用、织物柔软用、硬表面清洗用、工业与公共设施清洗用、清洁和滋润肌肤用、空气清新用等。

各类合成洗涤剂有不同的生产工艺，以洗衣粉最为复杂。洗衣粉的生产以高塔喷雾干燥及后配料过程最为普遍，主要工序为料浆制备、喷雾干燥、风送老化和后配料。液体洗涤剂制造简便，将表面活性剂、助剂和其他添加剂，以及经处理的水，送入混合机进行混合即可。

合成橡胶　synthetic rubber　人工合成的高弹性聚合物。又称合成弹性体。分类方法很多：①按成品状态可分液体橡胶、胶乳和粉末橡胶。②按制品形成过程，可分热塑性橡胶（如丁苯橡胶）和须经硫化才能制得制品的硫化型橡胶。③按生胶的填充剂，可分充油母胶、充炭黑母胶和充木质素母胶等。④按使用特性可分通用型合成橡胶和特种橡胶。通用型合成橡胶指可以部分或全部代替天然橡胶的胶种，如丁苯橡胶、异戊橡胶、顺丁橡胶等，常用于制造轮胎及一般工业橡胶制品；特种橡胶是具有特殊性能（如耐高温、耐油、耐臭氧、耐老化和高气密性）而用于特种场合的橡胶，如硅橡胶、氟橡胶、聚硫橡胶、氯醇橡胶、聚氨酯橡胶、乙丙橡胶和丁基橡胶等。见橡胶。

合成子　synthon　通过已知的合成方法或合成操作能够与有机分子相连接的化学结构单元。又称合成元。结构简单的合成子如甲基阴离子，而复杂的合成子如甾体的烯醇负离子等。通过对合成子的分析可以将各种有机反应进行分类，并应用于有机化合物合成路线的设计。分为两大类：含有亲核的给电子中心的合成子（d-合成子，简写为d）和含有亲电子中心的合成子（a-合成子，简写为a）。根据合成子中官能团位置和活性碳（反应中心）位置的相互关系还可以细分，例如官能团与反应活性位置都处于C^1位置的合成子表示为d^1或a^1。依此类推，官能团在远离活性中心的C^n处，合成子可以表示为d^n或a^n（$n \geq 2$）。在某些情况下，官能团中的杂原子是一个给电子中心，该合成子可以表示为d^0。碳碳键的形成是有机合成反应的重要组成部分，附表仅就一个d-合成子与一个a-合成子的结合形成新化合物中官能团的位置排列规则，说明合成子的概念在有机合成中的应用。

合成子的应用

合成子	产物
烷基a＋烷基d	非官能化产物（饱和烷烃）
烷基a＋d^1；烷基d＋a^1	单官能团产物（不饱和）
a^1＋d^1	1,2-双官能团产物
a^1＋d^2；a^2＋d^1	1,3-双官能团产物
a^1＋d^3；a^2＋d^2；a^3＋d^1	1,4-双官能团产物

合川区　Hechuan District　中国重庆市辖区。位于市境北部，嘉陵江、涪江、渠江合流处。面积2 356平方千米，人口129万（2010）。1913年置合川县。1952年析置合川市，1957年撤市入县，1992年撤县改设合川市。2006年撤市，设立重庆市合川区。矿产资源有煤、铁、天青石、天然气、重晶石等，为全国最大的特大型锶（天青石）、

盐矿床所在地。农业较发达，基本建成以粮、猪、蚕、果、鱼、禽、菜七大产业相适应的农业产业化发展体系。工业以食品、丝绸、机械、建材、医药、盐卤六大支柱产业为主，并辅以煤炭、电力、皮革、轻纺等。建有西南大学育才学院等高等院校。名胜古迹有钓鱼城遗址、双龙湖、二佛寺、涞滩古镇等。

合恩角 Cape Horn; Cabo de Hornos 智利合恩岛南部的陡峭岬角。位于南美洲最南端。海拔395米。1578年英国航海家F.德雷克首先到此。以1616年绕过这里的荷兰航海家W.斯豪滕的诞生地荷兰的合恩命名。南临德雷克海峡，气候寒冷多雾，终年盛吹强烈西风。岸外海面波涛汹涌，不宜航行。1945年建立合恩角国家旅游公园。

合法性 legitimacy 由政治权力客体所认可的政治权力主体占有及使用政治权力的正当性。虽然合法性与权力在程序上的“合法”有一定的联系，但它所表达的主要是权力客体对权力主体的心理支持程度。在逻辑上，政治权力主体是否合法不取决于政治权力主体的独断，而只能依据权力客体对权力主体的评判，尽管权力主体可以凭借自己所处的优势地位，利用所掌握的种种资源和采用各种手段对权力客体施加影响，以寻求权力客体的支持，但是在任何时候，权力主体的行为都不能取代权力客体的判断。在现代社会，权力客体的合法性主要来源于法律。合法性是有效统治的基础，社会大众是否愿意对权力主体的权威尽政治义务，是权力主体是否具有合法性的标志，而权力客体的行为符合权力主体的要求则是具有合法性的权力在社会生活中运作的必然结果。

合肥市 Hefei City 中国安徽省辖市、省会。位于江淮之间，巢湖之滨。辖庐阳、瑶海、蜀山、包河4区和长丰、肥东、肥西3县。面积6 911平方千米，人口570万（2010）。秦设合肥县，隋以后为庐州府所在地，民国元年废庐州府建合肥县。因东淝河和南淝河于鸡鸣山东麓汇合而得名。1949年设市。1952年4月成为安徽省省会。地处江淮丘陵，地势中间高，南北低，海拔20～70米。属亚热带湿润季风气候区，气候温和，四季分明。农业发达，以生产粮食为主，兼种油菜、棉花和其他作物。

合肥是以加工工业为主的综合性工业城市。有以电冰箱、洗衣机、电视机、空调机为主的日用电器和电工工业，以轮胎、日用化工、化肥为主的化学工业，以汽车、叉车、挖掘机、成套配变电设施为主的机械工业等支柱产业。

合肥是全国重要的科教基地。有中国科技大学、合肥工业大学等高等院校30多所，有包括中国科学院合肥分院在内的各类科研机构200多个，有合肥国家同步辐射实验室、全国最大的直流脉冲机组，有国家级留学生人员创业园示范建设试点。

淮南铁路、合九铁路、京九铁路与宁西铁路在此交会，使合肥成为全国铁路交通枢纽之一；有206国道、312国道和多条高速公路等数十条公路干线；合肥骆岗机场是国际备降机场，也是全国主要机场之一。合肥港通过淝河、巢湖与长江沿岸港口相连，可通航500吨到1 000吨级的驳船。名胜古迹有逍遥津、包公祠、教弩台、明教寺、大蜀山森林公园等。

合欢 *Albizia julibrissin*; silktree albizzia; mimosa tree 豆科合欢属的一种。落叶乔木。又称绒花树、马樱花。原产中国黄河、长江及珠江流域各省，日本、印度、伊朗及非洲东部也有分布。高10～16米，冠幅6米，树冠伞形。叶互生，二回偶数羽状复叶，小叶呈镰状，夜间成对闭合。伞房花序头状，萼及花瓣均为黄绿色，花丝粉红色。荚果条形，扁平。种子小，扁椭圆形。性较耐旱，喜阳光，不甚选择土壤，生长迅速，华北地区可露地栽培。播种繁殖，10月采收种子，干藏到翌年春播。同属植物约40种，栽培的还有：南洋楹、山槐、大叶合欢。合欢

树冠开阔，叶纤细优美，红花成簇，称“合欢花”，可用作行道树、庭荫树，或配植于山坡、丘陵。木材耐久，可供家具用材，树皮与花可供药用。

合伙制企业 partnership 由两个或两个以上出资者按照协议，各自提供资金、实物、技术等而共同劳动、合伙经营的企业。其合伙人就出资数额、盈余分配、债务承担、入伙、退伙、合伙终止等事项订立书面协议；合伙人投入的财产由合伙人统一管理和使用；合伙经营积累的财产归合伙人共同所有；经营活动由合伙人共同决定，合伙人有执行和监督的权力；合伙人可以推举企业负责人，合伙负责人和其他管理人员的经营管理活动由全体合伙人承担民事责任；合伙企业的债务由合伙人按照出资比例或者协议的约定，以各自的财产承担无限责任和连带责任。所谓连带责任，即合伙人财产清偿不足部分，其他合伙人要代其承担清偿责任，不以出资为限。

合金 alloy 由两种或两种以上化学元素（至少一种是金属）组成的具有金属特性的物质。由两种元素组成的合金称二元合金，由3种元素组成的称三元合金，由3种以上元素组成的通称为多元合金。纯金属由于性能的局限性，应用不广。实际中广泛应用的是合金，即在纯金属中加入其他选定的元素，使之形成具有所需性能的合金材料。构成合金的每一种元素称为组元。由于合金中各组元之间存在着复杂的物理和化学作用，因此合金中会出现众多成分、结构各异的合金相。根据形成条件、结构特点和在相图中的位置，合金相可分为固溶体和中间相（金属间化合物）两大类。绝大多数实用的合金，是由固溶体或由以固溶体为基加上分布于其中的第二相（金属间化合物）所构成。

合金钢 alloy steel 为得到或改善某些性能，在非合金钢中添加适量的一种或多种合金元素所制成的钢。合金钢中合金元素规定含量下限值（%）为：铝、钴、钼、钛为0.10，铬、铜、镍为0.50，锰为1.4，硅为0.9，钒、锆为0.12，硼为0.000 5，镧系（每一元素）0.05。

合金钢种类很多。按所含主要合金元素分为铬钢、铬镍钢、铬镍钼钢等；按室温金相组织分为铁素体钢、珠光体钢、贝氏体钢、马氏体钢、奥氏体钢、双相钢等；按质量等级分为优质合金钢和特殊质量合金钢；按特性又分为工程结构用钢、机械结构用钢、不锈耐蚀和耐热钢、工具钢、轴承钢、特殊物理性能钢等。

将一种或几种金属元素或非金属元素加入钢中使之形成合金钢的过程称为钢的合金化。合金钢的性能取决于钢的化学成分，钢合金化后的相组成、相的成分和结构，以及各种相在钢中所占的体积组分和彼此相对的分布状态。

生产工艺对提高合金的质量、改进钢的性能，以及提高合金钢零部件的可靠性具有重大的影响。合金钢的主要工艺过程包括：①配料。按规定化学成分进行，也按照钢的冶金质量进行。②冶炼和浇铸。多用复吹转炉、电炉进行初炼，用适当的炉外精炼方法进行精炼。大多数钢种采用速铸，少数采用模铸生产出高质量速铸坯和钢锭。③锻、轧工艺。热、冷速轧成材并采用控轧、控冷、在线检测、性能预报技术。④热处理。常用热处理工艺有退火、正火、淬火、回火、固溶处理、时效处理等，以提高钢的性能。

合理营养 ideal nutrition 人群和个体的膳食满足机体对营养的需求，使机体保持健康状态的营养标准。

营养素动态平衡　膳食营养素的供给与机体营养素的消耗应达到动态平衡。不同年龄、不同性别和不同生理病理状态的人群，其机体营养素的供给、营养素的储存是否合理有不同的指标。

膳食结构和食物选择　营养素的摄取供给是通过食用动物性食物和植物性食物来实现的，人群和个体的膳食结构要符合机体对营养物质的要求和增进健康防御疾病的要求，实践证明以植物性食物为主、动物性食物为辅的传统的膳食模式能满足营养需求和防御疾病的要求。

控制营养性疾病的发生　膳食中脂类的增加，是高脂血症、高血压、冠心病、脑卒中和糖尿病增高的首要因素。控制脂肪摄入，增加谷类、蔬菜、水果等含有高矿物质和微量元素、高维生素和高膳食纤维食物的摄取，有利于控制慢性病发生。

膳食合理与饮食卫生　一日三餐要合理分配，克服不吃早餐、进餐不定时和过量吃零食的习惯，防止为减肥而盲目控制饮食。饮食卫生不容忽视，食物中毒、寄生虫病和食品中有害物质的危害等食源性疾病不只对营养摄取产生影响，且直接危害健康，应该注重饮食卫生并保持良好卫生习惯。

合浦县　Hepu County　中国广西壮族自治区北海市辖县。位于自治区南部北部湾畔。面积2 380平方千米。人口87万（2010）。汉元鼎六年（前111）始设合浦县。1965年前隶属广东，1965年归广西壮族自治区钦州地区，1987年改属北海市。矿产有钛铁矿、高岭土、石灰岩、石膏矿、石英砂、花岗岩、重晶石、铅锌矿等。农作物有水稻、甘蔗、花生、黄红麻、蚕桑等。盛产龙眼、荔枝、菠萝、香蕉、柑橘等。特产有珍珠、对虾、大蚝、青蟹、香山荔、桂圆、金花茶等。沿海盛产鱼、盐，全国著名珍珠产地。工业有纺织、冶金、制盐、水产加工、工艺美术等。名胜古迹有文昌塔、东坡亭、海角亭、惠爱桥、星岛湖南珠森林公园等。

合浦珠母贝　*Pinctada martensi*; Japanese pearl oyster　珍珠贝目珍珠贝科珠母贝属的一种。又称马氏珠母贝。生产海水珍珠的重要母贝。生活在热带、亚热带海区。中国产于广西、广东和台湾海峡南部沿海。

贝壳一般高7～9厘米，斜方形，背缘略平直，腹缘弧形，表面茶褐色或黄褐色。前耳突出，近三角形；边缘鳞片致密，左壳稍凸，右壳较平。壳内面珍珠层较厚，坚硬且有光泽。栖息于低潮线附近到水深10米以内的海底，以5～7米外较多。以足丝附着在岩石上，适宜水温在15～30℃，盐度20～33。水温25～30℃时为繁殖季节。合浦珠母贝的养殖分育苗、母贝养成和育珠贝养殖三个阶段。养殖合浦珠母贝主要用于生产珍珠。贝肉是美味的食品，贝壳可制取珍珠层粉供药用和制造化妆品，也是贝雕的良好原料。

合群　affiliation　希望与别人建立联系的需要。儿童的亲子间依恋是合群的早期表现形式。心理学家H.A.默里用主题统觉测验（TAT）给合群需要判分，研究表明：在合群需要上得分高的人倾向于自认为是热情的、好心的、助人的、忠实的、慷慨的；女性在合群需要上得分高于男性；合群需要与成就需要呈负相关。成就需要的特点是关心自我提高，重视能显示个人工作效率的任务；合群需要的特点是关心他人的心理安适，关心与他人的关系。

W.麦独孤认为合群是一种本能。S.沙赫特认为合群与恐惧有关：合群能降低恐惧，恐惧程度高的人比恐惧程度低的人更倾向于合群。但焦虑则产生相反的结果，高焦虑组被试比低焦虑组被试更希望单独活动。L.费斯廷格认为，当恐惧时与他人在一起可以看到他人如何反应，据此来确定自己的反应。当人们面临不熟悉的情况时便导致合群行为。

合山市　Heshan City　中国广西壮族自治区辖县级市。位于自治区中部。面积350平方千米。人口14万（2008），有壮、汉、瑶、苗等民族。秦属桂林郡，汉为领方县地，宋至民国属迁江县。1952年并入来宾县，1981年析置合山市，2002年由来宾市代管。矿产主要有煤、大理石、石灰石等，广西最大的煤炭、火电基地，有“光热城”的美称。农业主产水稻、花生、甘蔗、玉米、大豆等。工业有煤炭、电力、机械、建材、化工、水泥、制糖等。主要名胜有八仙岩、佛山石林、龙山清泉、灵台瀑布等。

合十礼　anjali　双手五指并拢、手心相对合于胸前的礼节。又称合掌礼。原是佛教礼节，在印度和东南亚一些信奉佛教的国家与地区，如老挝、柬埔寨、泰国及中国傣族等少数民族聚居区等，合十礼被当作日常礼节施行，表示尊敬或礼貌。行礼时，一般双掌合拢于胸前，十指并拢向上，掌尖和鼻尖基本齐平，手掌向外倾斜，头略低，神情安详、严肃。合十礼包括佛教徒拜佛祖或僧侣时行的跪合十，拜见父母或师长时所用的蹲合十，以及信奉佛教的国家平民之间、平级官员之间相见或公务人员拜见长官时所用的站合十。各国各民族文化习俗不同，在具体的应用场合和行礼方式有差异。不同地位和性别的人行合十礼的姿势也不同。

合数　composite number　有非显然因数（见整除）的非零整数。如−4,6,8,15等都是合数。一个整数是合数的充分必要条件是它可表为两个绝对值都大于1的整数的乘积。每个正合数一定有一个素因数，其平方不大于这个合数。每个大于1的合数可表为素数的乘积。

合同　contract　广义的合同是指两个以上的当事人之间变动民事权利义务的双方民事法律行为。狭义的合同专指债权合同，即当事人之间以设定、变更或消灭债的关系为目的的双方民事法律行为。根据《中华人民共和国合同法》第2条的规定，该法调整的合同属于债权合同，不包括婚姻、收养等身份合同。又称契约。

合同的法律特征　①合同是双方的法律行为，即需要两个或两个以上的当事人互为意思表示。②双方当事人意思表示须达成协议，即意思表示的一致。③合同系以发生民事法律关系为目的。④合同是双方依照或符合法律规范要求而达成的协议，故为合法行为。合同一经成立即具有法律效力，在合同双方当事人之间就发生了权利义务关系，或者使原有的民事法律关系发生变更或消灭。当事人一方或双方未按合同履行义务，要承担不履行合同的责任。

合同的历史发展　合同是适应市场经济的客观要求而出现的，是商品交换在法律上的表现形式，合同制度也就逐渐成为一项重要的民事法律制度。

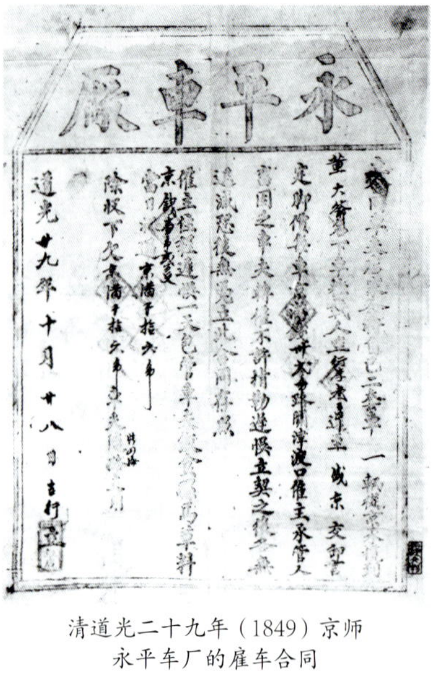
永平車廠

道光廿九年十月十八日

清道光二十九年（1849）京师永平车厂的雇车合同

西方合同制度的发展　古代罗马法用合同的法律形式把商品交换关系固定下来，使合同双方形成一定的债权、债务关系，用债的法律制度保障义务的履行，并创立了各种合同，如买卖、租赁、合伙、借贷、寄托等合同。

近代资本主义制度建立过程中，推行契约自由原则。1804年《法国民法典》从“契约或合意之债的一般规定”，到买卖、借贷、租赁、合伙、互易、寄托等各种合同，均设专章作了具体的规定。其中直接有关合同的条文占整个法典的1/3以上。

格式合同的广泛运用，使现代合同形式日趋简化。但格式合同的内容、条款是由单方拟定的，往往使另一方没有协商、议价的余地。因此，各国法律都对格式合同的效力加以限制。

中国的合同制度　合同制度在中国有悠久的历史。判书、质剂、傅别、书契都是契约的书面形式，是官府判断是非、确定债务责任的主要根据。

中华人民共和国建立后，国家相继颁布了一系列有关合同的办法、决定，确立了中国的合同制度。1981年12月13日第五届全国人大第四次会议通过的《中华人民共和国经济合同法》，对合同原则、各类合同的订立和履行、合同的变更和解除、违反经济合同的责任、合同纠纷的调解和仲裁以及国家对经济合同的管理等问题作了规定。1999年3月15日第九届全国人大第二次会议通过了《中华人民共和国合同法》（简称《中国合同法》）。该法总则中对合同的订立、效力、履行以及合同的变更、终止和违约责任作了规定；分则规定了买卖、租赁、技术、承揽、运输、委托等15种有名合同，使中国的合同制度趋于完善。

合同的分类　合同根据不同的分类标准可以划分为：

双务合同与单务合同　双务合同即缔约双方相互负担义务。如买卖、承揽等合同。单务合同指仅由当事人一方负担义务，而他方只享有权利的合同。如赠与、无息借贷、无偿保管等合同。

有偿合同与无偿合同　有偿合同为合同当事人因取得权利（包括利益）需偿付一定代价的合同。如买卖、互易合同等。无偿合同即当事人一方只取得权利（包括利益）而不偿付代价的合同。如赠与、使用合同等。

诺成合同与实践合同　以当事人双方意思表示一致，合同即告成立的，为诺成合同。除双方当事人意思表示一致以外，尚须实物给付，合同始能成立，为实践合同，又称要物合同。

要式合同与非要式合同　凡合同成立须依一定方式始为有效的，为要式合同；反之为非要式合同。一般以当事人的合意为要件，而不以履行一定形式为成立要件。

主合同与从合同　凡不依他种合同的存在为前提而能独立成立的合同，称为主合同。凡必须以他种合同的存在为前提始能成立的合同，称为从合同。如买卖合同双方为保证合同履行又设立保证合同，前者为主合同，后者为从合同。从合同既以主合同的存在为前提，故主合同消灭时，从合同原则上亦随之消灭。从合同的消灭，原则上并不影响主合同的效力。

本约与预约　约定将来订立一定合同的协议为预约。嗣后履行预约而订立的合同为本约，即本合同。凡订有预约的，即负有订立本合同的义务，违背预约而使对方遭受损失时亦应负财产责任。

涉他合同　又称第三人合同，指约定第三人为给付或受利益之合同。根据为第三人设定的是债权还是债务，分为第三人利益合同和第三人负担合同。前者是合同之债务人向第三人为给付，使第三人取得债权的合同，如人寿保险合同。后者是由第三人向债权人为给付的合同，如融资租赁合同。

有名合同与无名合同　有名合同是法律规定其内容并赋予一定名称的合同。无名合同是法律未规定其内容和名称，由当事人自由创设的合同。

此外，合同还可分为总合同与分合同、要因合同与不要因合同等。

合同的条款和形式　合同可分为基本条款和普通条款。基本条款即合同的标的、价金、期限以及当事人一方预先声明的项目。有些合同除具备上述基本条款外，双方还须对合同履行地点、方式及违约责任等条款达成协议。普通条款即除基本条款以外的合同条款。

合同的形式有口头合同、书面合同和经公证、鉴证或审核批准的书面合同等。

合同的签订　合同的签订一般经过要约和承诺两个步骤。

要约　为当事人一方向他方提出订立合同的要求或建议。提出要约的一方称要约人。要约人除表示欲签订合同的愿望外，还须明确提出足以决定合同的基本条款，并可规定要约承诺期限。在有效期限内，要约人受期约的约束。《中国合同法》允许要约人在要约到达受要约人之前撤回，或在受要约人发出承诺通知之前撤销。

承诺　为当事人一方对他方提出的要约表示完全同意。接受要约的一方称要约受领人，或受要约人。受要约人对要约表示承诺，其合同即告成立。对要约内容扩大、限制或变更的承诺，可视为拒绝原要约而为的新要约。承诺必须在要约有效期限内进行，迟到的承诺一般不能发生承诺效力，也可视为新要约。

合同的变更和解除　合同一方因故需要修改、补充合同某些条款或解除合同关系的，须符合约定或法定要件，亦可以双方达成的新合同，变更或解除原来的旧合同。在法律或合同明确规定的情况下，如当事人一方不履行或不适当履行合同义务时，另一方有权解除合同。《中国合同法》第5、6章对合同的变更和解除作了具体规定。

合同异　先秦名家的一种同异观和方法论。强调事物之间的同一性，忽视差异性，属合异为同的相对主义论辩。与离坚白相对。《庄子·秋水》载公孙龙自称能“合同异”。唐成玄英解释说“能合异为同”。惠施对“合同异”有详细论述，他认为“大同而与小同异，此之谓小同异；万物毕同毕异，此之谓大同异”，承认事物有大类和小类的区别，万物在一定意义上相同（都是物），又在一定意义上各个不同（每个事物都有个性）。认为“万物天地”普遍联系成一个整体。但惠施强调高低和今昔差异的相对性，导致“天与地卑，山与泽平”和“今日适越而昔来”的相对性论辩。

合围　envelopment on double flanks　地面、空中或海上多方向立体向敌军实施机动或进攻，达成全方位包围的作战行动。目的是为全歼或控制敌军某一集团创造条件。组织实施合围战术，应广泛实施战场侦察、保障，夺取制信息权、制空权和制海权；以快速机动部队编成数个强有力的合围集团或部队，从多方向、多维空间同时向敌正面、侧翼和后方实施机动与攻击；不间断地协调各集团的行动，力求快速突然、按时到位，控制有利地形、通道和空、海域，切断敌人可能突围的路线和对外联系。当敌人可能得到救援时，还应编组外层阻击部队。对突出冒进、侧翼暴露之敌，运用正面迎击、两翼迂回的手段达成合围；对部署严密、集中强大之敌，运用多点突破、肢解割裂的手段达成合围；对部署严密、分散之敌，运用穿插迂回、分区围歼的手段达成合围。

合众国际社　United Press International; UPI　美国第二大通讯社。国际性通讯社之一。1958年由合众社与国际新闻社合并而成。总社在华盛顿。合众社原由斯克里普斯报业集团于1907年创办，国际新闻社由赫斯特报业集团于1909年创办。第二次世界大战后两社均发展为国际性通讯社。1958年两社合并后，受斯克里普斯-霍华德报业集团控制。20世纪80年代后，由于经营不善、不断亏损，从1982年起数度易主。1991年8月申请破产，并大量削减雇员和关闭部分分社。1992年被设在伦敦的中东广播中心公司买下。新业主是沙特阿拉伯人瓦利德·易卜拉欣。有国内分社53个，国外分社48个，国内外新闻媒介订户

2 500多家。用英、葡萄牙、阿拉伯和西班牙文发稿。

合纵连横 战国时弱国联合对付强国称为合纵；随从强国对付其他弱国，称为连横。当时群雄相争，除用武力外，还需展开外交、政治上的攻势。纵横家应运而生。他们并不专崇一种主张或观点，而是根据实际需要定其取舍，故忽而用儒、忽而用道，构成所谓的一纵一横。到战国晚期，因秦强六国弱已成为定局，故凡联合关东各国抗秦者即为合纵；而秦设法破坏合纵就是连横。西汉时称纵横之说为"长短说"，长说、短说与一纵一横含义相同，都是指纵横之士从不同角度用不同观点去说服对方的一种方法。

合作市 Hezuo City 中国甘肃省甘南藏族自治州辖县级市。位于省境南部，青、川、藏区与内地的接合部。"合作"藏语原音译为"黑措"，意为羚羊聚居的地方。面积2 670平方千米。人口9万（2008），以藏族为多。古氐羌之地，曾被吐谷浑、吐蕃、角斯罗、西夏等地方政权所割据，是中原地区通往青藏及川北的交通要道，战略地位极其重要，是兵家必争之地。1928年设夏河县。1996年设合作市（县级）。矿产有锑、铜、金、

米拉日巴九层佛阁

铁、硫铁、砷等。农业以种植青稞为主。畜牧业是全市的支柱产业，牦牛、藏羊、蕨麻猪、酥油闻名。古迹有米拉日巴九层佛阁、黑错寺等。

合作医疗 cooperative medical services 中国农村的农民群众依靠集体力量，在自愿和互助共济原则下建立起来的一种社会主义性质的医疗制度。农民个人和农村集体经济在一定范围内共同筹集合作医疗基金；参加合作医疗的农民患病时所需的医疗费用，由合作医疗基金组织和个人按一定比例分担。合作医疗以集体经济为基础，经费主要来源于集体公益金补助。这一制度在20世纪50年代开始建立。1979年，中华人民共和国卫生部、农业部、财政部、国家医药管理总局、全国供销合作社联合发布了《农村合作医疗章程（试行草案）》。随着改革开放的不断深入，中国大多数农村地区集体经济大大削弱，以集体经济为基础的农村合作医疗多数解散。进入90年代后，一些富裕起来的农村地区重建了以个人缴费为主的合作医疗制度。

何炳林 He Binglin(1918-08-24～2007-07-04) 中国高分子化学家。生于广东番禺，卒于天津。1942年毕业于西南联合大学化学系。1952年获美国印第安纳大学化学系博士学位，后到芝加哥纳尔科化学公司任有机化学高级研究员。1956年回国，历任南开大学化学系教授、系主任，高分子研究所所长。1985年兼任青岛大学校长。1980年当选中国科学院学部委员（院士）。1960年指导研制成功几十种离子交换树脂。70年代末合成H吸附树脂，80年代初用它进行血液灌流，在全国推广使用。重要研究成果有：在大孔离子交换树脂及新型吸附树脂结构与性能方面的研究（获1987年国家自然科学奖二等奖）、生物医用高分子研究、高选择性吸附分离功能高分子材料。发表论文600余篇。

何长工 He Changgong (1902-01-27～1987-12-29) 中国无产阶级革命家、军事家、军事教育家，全国政协副主席。湖南华容人。卒于北京。1919年赴法国勤工俭学，1922年在法国加入少年中国共产党（后改为社会主义青年团），同年转为中国共产党党员。1924年回国后，任中共华（容）、南（县）地委常委兼军事部部长、洞庭湖西区农民自卫军总指挥。1927年加入武汉国民政府警卫团，同年参加秋收起义。1928年后任红4军28团党代表、中共宁冈中心县委书记兼32团党代表、红5军第5纵队政委。1930年后任红8军军长、红5军团13军政委、红军大学校长兼政委、粤赣军区司令员兼政委。参加开辟井冈山根据地和中央苏区历次反"围剿"斗争。长征中任中央军委教导师政委、红9军团政委。全面抗日战争时期，历任抗日军政大学大队长、总校教育长、副校长。1946年到东北，任东北军政大学副校长、代校长，中共中央东北局军工部长、军械部长。中华人民共和国建立后，历任中央政府重工业部副部长兼航空工业局局长，地质部副部长。1975年后任解放军军政大学副校长、军事学院副院长。1980年当选为全国政协第五届副主席。1982年任中共中央顾问委员会常委。

何承天 He Chengtian (370～447) 中国东晋和刘宋朝天文学和律学家、哲学家、历算家、无神论思想家。东海郯（今山东郯城）人。在晋朝累官参军、浏阳令、太学博士、御史中丞，入刘宋朝又官衡阳内史、著作佐郎等。于元嘉（424～453）年间创立乐律上的新律，即在三分损益数学计算基础上，将古代音差平分12份，然后将这平均数累加到八度内十二律上，使三分损益律获得等程律的效果。他的新律大体上可以返宫、转调。在天文学上求得精密的朔望月数值，且为后世历法家所采用。他还对佛教的"神不灭"、"因果报应"、"三世轮回"说和世界"空无"论等观点提出批评，认为生死乃自然现象，形毕则神散，精神不可能从此个体转移到彼个体。

何迟 He Chi (1920-08～1991-01) 中国曲艺、戏剧作家。满族。生于北京，卒于天津。本名赫裕昆，自幼喜爱民间艺术。抗日战争爆发后奔赴延安，后到晋察冀抗日根据地，创作表演过相声、鼓曲唱词、快板等。同时创作并参与表演过许多活报剧、话剧、戏曲和相声剧。中华人民共和国建立后，坚持包括相声在内的文艺创作。尤以1953年创作的相声《买猴儿》和《开会迷》、1956年创作的《今晚七点开始》(表演时改名《晚十点钟开始》)、1957年创作的《"统一"病》、1962年创作的《高人一头的人》与《打喷嚏》(据俄国小说家契诃夫的小说《小公务员之死》改编)、1979年创作的《似曾相识的人》、1980年创作的《高贵的女人》和《新局长到来之后》、1984年创作的《一切向钱看的人》等享名于时。所写相声作品大都由相声演员马三立与人合作搬上舞台。他的相声创作丰富了相声的艺术内涵，提升了相声的文学品位，在相声艺术的发展历程中占有重要的地位。有《何迟相声创作集》与《何迟自传》出版行世。

何干之 He Ganzhi (1906-04～1969-11-16) 中国历史学家。原名谭毓均，学名谭

秀峰。广东台山人。生于广东，卒于北京。1929年入日本早稻田大学和明治大学经济科。1931年**九一八事变**爆发后回国。在30年代的主要学术成就是参加中国社会性质和社会史问题论战。论证了中国是一个半殖民地半封建社会，批驳了那种认为中国已是资本主义社会的观点。抗日战争时期，先后在陕北公学、华北联合大学、延安大学和华北大学从事教育工作，并担任重要领导职务。出版了《近代中国启蒙运动史》、《中国社会经济结构》、《三民主义研究》、《鲁迅思想研究》等专著。其中《近代中国启蒙运动史》是中国最早系统论述鸦片战争以来近代思想运动历史发展的著作之一。尤其对洋务运动、戊戌维新运动、五四新文化运动及其代表人物作了比较客观的实事求是的评价。1950年以后任教于中国人民大学。主编的《中国现代革命史》，史论结合得当，被高等教育部规定为全国高等学校教材，并译成俄、英、越等国文字，在国外发行。

何厚铧 He Houhua (1955-03-13～) 中国人民政治协商会议全国委员会副主席，澳门特别行政区首任行政长官。广东番禺人，生于澳门。大学学历。其父是澳门知名人士何贤。在澳门接受小学教育，1969年赴加拿大学习，1978年毕业于多伦多纳克大学工商管理系，1981年获加拿大注册会计师和特许核数师专业资格，1982年从多伦多的会计师行到香港毕马域会计师楼工作。1983年返回澳门，开始经商、从政，投身社会服务和公益事业。曾任大丰银行常务董事兼总经理，澳门中华总商会副会长，澳门银行公会主席，澳门政府经济委员会副主席。1986年增补为全国政协第六届委员。1988年当选为第七届全国人大代表，后又当选为八届、九届全国人大常委会委员。同年任澳门立法会副主席、澳门特别行政区基本法起草咨询委员会副主任委员。1998年任澳门特别行政区筹备委员会副主任委员。1999年5月经选举后被国务院任命为澳门特别行政区第一任行政长官，2004年12月连任。2010年被增选为全国政协第十一届副主席。

何家村窖藏 Hejiacun Treasure 中国唐代窖藏。1970年发现于陕西西安南郊何家村，即唐长安城兴化坊内。两只陶瓮与一只银罐中贮藏了金银器、玉器、宝石、金银货币、药材等共1 000多件。其中有金银器265件，包括碗、盘、碟、杯、壶、炉、罐等。器物以钣金制作或浇铸成型，使用了切削、抛光、焊接、铆、镀、捶打、掐丝、刻凿等精细复杂的工艺。纹饰有忍冬、宝相花、折枝花、花鸟、团花、动物等。许多金银器上都用墨书标明器物的重量，反映了唐人管理金银器的方法，也为测定唐代衡制提供了条件。窖藏中出土的药材和制药器具显示了唐代药物学的发展与成就，反映了唐代炼丹的盛行，是研究中国医药史与化学史的重要证据。同出的其他遗物有东罗马金币、萨珊波斯银币等外国货币，是当时中外交通贸易繁盛的标志。窖藏的埋藏时间约在安史之乱以后。

何家村窖藏舞马衔杯仿皮囊银壶

何杰 He Jie (1888-02-15～1979-12-20) 中国矿业教育家。生于广东番禺，卒于广州。1906年入唐山路矿学堂学习采矿。1913年美国科罗拉多矿业学院毕业，1914年获美国理海大学理科硕士学位。同年回国后从事矿业教育60余年，先后任北京大学工科主任及地质系主任、北洋大学矿冶系主任及教务长、中山大学地质系主任及理学院院长、交通大学唐山工程学院矿冶系主任、重庆大学矿冶系主任、广西大学矿冶系主任及教务长、中国矿业学院教务长及副院长，还兼任过两广地质调查所所长、湖南煤矿局杨梅山矿矿长兼总工程师、广西稀有金属矿产勘探队队长等职。曾绘制广东、广西多种矿产地质图，勘探广西若干地区的铀矿和钍矿，为探明广东、广西矿产资源作出了贡献。

何景明 He Jingming (1483～1521) 中国明代文学家。字仲默，号白坡，又号大复山人。信阳（今属河南）人。20岁中进士，授中书舍人。因上书指控奸宦刘瑾而被免官。复职后任吏部员外郎、陕西提学副使等职。何景明为**前七子**的重要人物。他性耿介，鄙荣利，对当时的黑暗政治不满。《玄明宫行》等诗便讽刺了皇室的奢欲和宦官专权的现实。有的诗篇还描绘了他行经的少数民族地区的人情风物。他主张复古，文宗秦汉，古诗宗汉魏，近体诗宗盛唐，但未注重继承古代文学的现实主义传统，只是单纯从形式上师古，因此作品的成就并不太高。著有《大复集》38卷。

何老凤 He Laofeng (约1840～1900) 中国山东大鼓艺人。原名何凤仪，河北故城人。为**山东大鼓**早期老北口（“老牛大摔缰”调）派的代表人物。因所师承的孙赵门中他属长支，且德艺俱佳，深受同行爱戴，尊称为“老凤”。他师承吕方魁和郭双全，表演语言诙谐，唱腔粗犷，清醇质朴，富于乡土气息，与改良木板大鼓并创立**西河大鼓**的艺人**马三疯**齐名，民间有“南有何老凤，北有马三疯”的谣谚流传。何老凤的山东大鼓表演不仅名冠一时，而且影响深远。在他逝世之后很久，还有**河南坠子**、**京韵大鼓**和**梅花大鼓**艺人及其所表演的曲目吸收借鉴他的唱腔及其唱法的情形。他所表演的节目多属中篇，尤其擅演铁马金戈一类题材内容，代表性节目有《三全镇》、《对花枪》、《太原府》和《金锁镇》等瓦岗寨英雄故事，以精于表演《对花枪》而被听众赠以“活罗成”的绰号。

何鲁丽 He Luli (1934-06～) 中华人民共和国全国人民代表大会常务委员会副委员长。山东菏泽人。1952～1957年在北京医学院医疗系学习。毕业后历任北京市儿童医院住院医师，北京市西城区儿童医院住院医师，北京市第二医院主治医师、儿科主任、副主任医师。1984～1988年任北京市西城区副区长。1988年后任北京市副市长，民革中央副主席、北京市委员会主任委员，全国妇联副主席。全

国政协第七届、八届常务委员。1996年增选为全国政协第八届副主席。1998年后任第九届、十届全国人大常委会副委员长，民革中央主席（至2007年12月），中央社会主义学院院长。

何其芳 He Qifang (1912-02-05～1977-07-24) 中国诗人、散文家、文艺评论家。四川万县（今万州）人。原名何永芳。1930年开始在《新月》杂志发表诗作。1935年毕业于北京大学哲学系，先后到天津南开中学和山东莱阳乡村师范任教。这时期的诗作收入他和卞之琳、李广田的诗歌合集《汉园集》，散文辑为《画梦录》和《还乡杂记》。《画梦录》于1937年获《大公报》文艺奖金。他以精雕细琢的诗歌和散文抒写自己的内心独语和忧郁情思，形成了精致绮丽的艺术风格。抗日战争爆发后，他回到四川，创办《工作》杂志，从事抗日救亡的宣传。1938年8月去延安，曾随贺龙部队到冀中根据地，开始写通讯报告。次年7月到延安鲁迅艺术学院任教，后任文学系主任。1942年参加延安文艺座谈会及整风运动。1944～1947年，两次赴重庆工作，任《新华日报》副社长等职，开始从事文艺评论，并写出新作诗集《夜歌》和散文集《星火集》。1947年10月去河北平山县西柏坡，参加土改、整党等。自1948年底起，多年在马列学院（即高级党校）任教。中华人民共和国建立后，他主要从事文学研究和评论，间或有些诗文新作。曾任中国作家协会书记处书记、中国社会科学院文学研究所所长等职。在中外文学、诗歌理论研究和阐述毛泽东文艺思想诸方面，均有建树。其创作和论著大多收入人民文学出版社出版的《何其芳文集》(6卷)。2000年河北人民出版社出版了《何其芳全集》(8卷)。

何秋涛 He Qiutao (1824～1862) 中国清代地理学家。福建光泽人。卒于河北保定。字愿船。自少年时代即喜好地理学，能历数府、厅、州、县名及其四境所至。道光二十四年(1844)进士，官刑部主事。咸丰间，擢升员外郎、懋勤殿行走。他长期关注北疆形势，始著《北徼汇编》6卷。后复详订图说，搜集蒙古、新疆、东北及早期中俄关系史料，起汉晋，讫道光，增为80卷，咸丰帝阅后赐名《朔方备乘》，学术价值甚高。又考订俞正燮《俄罗斯事辑》、魏源《海国图志》诸书讹误，辨证徐继畬《瀛环志略》疏失，用力甚勤。张穆故世后，为之校订《蒙古游牧记》并付印。补辑《魏书·地理志》。自著尚有《王会篇笺释》、《一镫精舍甲部稿》等。

何绍基 He Shaoji (1799～1873) 中国清代诗人、书法家。字子贞，号东洲居士，晚号蝯叟。道州（今湖南道县）人。曾任翰林院编修、国史馆提调、四川学政等职。因谤卸官，主讲济南、长沙等地书院，晚年主持苏州书局、扬州书局。博学多才，对经学、文字学、金石、史地均有造诣。他是近代初期宋诗派的重要理论家，提出“人与文一”，主张“先学为人”、明理养气，而后直抒性情。他有过讥刺时政的诗作，但恪守温柔敦厚的诗教，诗作大都是登临唱和、书画题跋及抒写个人生活感受。其诗随境触发，不名一体，善用博喻而富于理蕴，时以议论、考订入诗，表现出学人之诗的特色。一些山水诗则以平实自然的语言白描景物，落笔轻快，意度洒脱，如《山雨》、《望飞云洞》等。诗风出入于苏轼、黄庭坚，被后人称为“晚清诗人学苏最工者”(金天翮《艺林九友歌序》)。其书法成就很高。各体书熔铸古人，自成一家，尤擅草书。著有《东洲草堂诗钞》、《东洲草堂文钞》及《说文段注驳正》等。

何叔衡 He Shuheng (1876-05-27～1935-02) 中国共产党创始人之一。字玉衡，号琥璜。湖南宁乡人，卒于福建上杭。清末光绪年间秀才。1918年4月与毛泽东、蔡和森等人共同创办了新民学会，任该会执行委员长。次年积极投身五四运动。1920年又同毛泽东共同创办俄罗斯研究会和共产主义小组，宣传马克思主义。1921年7月出席中共一大。之后在长沙建立党的地方组织，开展革命活动，任中共湘区委员会组织委员，创办了湖南自修大学，并任自修大学附属补习学校主事。1924年又任湘江学校校长，为中国共产党培养了大批干部。第一次国共合作以后，曾任国民党湖南省党部筹建处主任和第一、二届执行委员。1927年4月，当选为中国济难会湖南总会执行委员兼财务委员。马日事变后，与谢觉哉等在上海创办聚成印刷公司，开展地下工作。1928年6月，赴莫斯科参加中共六大，并在东方大学学习。1930年回国。1931年秋到中央革命根据地，当选为中华苏维埃共和国临时中央政府执行委员、中央政府工农检查部部长，后又任内务部代理部长和中央政府临时法庭主席，并兼任各级苏维埃干部训练班主任等职。1933年冬被“左”倾分子撤职。1934年10月红军长征后，留在根据地坚持战斗。1935年2月向福建转移时，被敌人包围，突围中在福建上杭水口牺牲。

何思敬 He Sijing (1896～1968) 中国哲学家、法学家、马克思主义著作翻译家。浙江杭县（今余杭县）人。卒于北京。1916年留学日本，攻读法学和哲学。1927年2月回国，任中山大学教授兼法学院副院长。1932年加入中国共产党。1938年到延安，历任抗日军政大学教授、延安大学法学院院长、延安新哲学会负责人等职。中华人民共和国建立后，历任北京大学法律系教授、中国人民大学法律系和哲学系教授兼系主任、马列主义发展史研究所教授。

早在中山大学任教期间，就研究马克思主义哲学思想。抗日战争期间，他翻译了马克思的《哥达纲领批判》和《哲学的贫困》，并受毛泽东的委托编译了C.von克劳塞维茨的《战争论》。中华人民共和国建立后，他撰写了介绍《德意志意识形态》、《家庭、私有制和国家的起源》、《实践论》等重要哲学著作的文章，同时继续翻译马克思、恩格斯的《国民经济学批判大纲》、《经济学哲学手稿》等。他在《马克思、恩格斯论教育和生产劳动底结合》和《马克思、恩格斯论共产主义的全面教育》两篇文章中，较全面地介绍了马克思、恩格斯关于教育革命的思想，还较早地介绍了马克思关于“科学技术是直接的生产力”的重要思想。

何腾蛟 He Tengjiao (1592～1649) 中国南明抗清将领。字云从。贵州黎平人。明天启举人。崇祯初授南阳知县，累迁至湖广巡抚。南明弘光政权建立后，仍留旧职，加兵部右侍郎，兼抚湖南。清顺治二年(1645)六月，清军进入南京，弘光朝覆灭。何腾蛟制定抗清的策略，收容明军残部，军势稍振。又与转战两湖地区的农民军“联合恢剿”清军。二年冬，何腾蛟誓师东征，命令诸镇水陆并进。但诸镇不听调遣，退归长沙。三年八月，隆武政权覆灭。十一月永历政权建立，晋升何腾蛟为武英殿大学士兼兵部尚书，加太子太保。次年，清军一路进攻长沙，何腾蛟檄诸镇救援不至，败走衡州。何腾蛟协同瞿式耜及郝摇旗部，击退清军对桂林、全州等地的进犯。五年，何腾蛟率部收复全州、永州、衡州。六年正月，时各镇各怀二心，为防兼并，纷纷撤离，局势恶化。何腾蛟仅以少数兵力入守湘潭。二月，清兵至湘潭，俘何腾蛟，不屈被杀。永历诏赠太师中湘王，谥文烈。著有《明中湘王何腾蛟集》。

何香凝 He Xiangning (1878-06-27～1972-09-01) 中华民国时期民主革命家，全国人大常委会副委员长，全国政协副主席，画家，廖仲恺夫人。原名谏。祖籍广东南海。生于香港，卒于北京。1902年赴日留学，次年结识孙中山。1905年加入同盟会。1911年2月回国。二次革命失败后再次赴日，加入中华革命党，参加讨袁、护法运动。自1922年起，积极支持孙中山改组国民党。1924年被选为国民党中央妇女部长，兼管广东妇运工作。1925年廖仲恺遭暗杀后，积极维护孙中山联俄、容共、扶助农工政策。1926年1月，当选为国民党二届中央执行委员。北伐期间，先后在南昌、汉口从事妇女运动和劳军救护工作。四一二政变后，拒不参加蒋介石、宋美龄婚礼，避居英、法多年，直至九一八事变后，才回国参加抗日救亡运动。抗日战争时期，长期流亡于香港、韶关、桂林等地，积极维护团结抗日大局，反对分裂投降。1946年在广州成立国民党民主促进会。1948年1月组成国民党革命委员会。5月公开声明接受中共领导。次年4月，抵北平参加新政协筹备工作。中华人民共和国建立后，历任中央人民政府委员、全国政协第二和三届副主席、中国美术家协会主席、第二和三届全国人大副委员长等职。工旧体诗，擅国画，尤长于画狮、虎、松、梅，出版有《何香凝诗画集》。

何晏 He Yan (约193～249) 中国三国时期曹魏哲学家、作家。字平叔。南阳宛（今河南南阳）人。何晏是汉大将军何进之孙，曹操为司空时纳其母，并收养晏。晏少时聪慧过人，曹操宠若诸公子。何晏娶金乡公主为妻，赐爵为列侯。官拜散骑侍郎、侍中、吏部尚书，后为司马懿所杀。主张儒道合一，引老以释儒。他在《道论》中说：“有之为有，恃‘无’以生；事而为事，由无以成。”“无”是他对《老子》和《论语》中“道”的理解。他认为天地万物都是“有所有”，而“道”则是“无所有”，是“不可体”的，所以无语、无名、无形、无声是“道之全”。何晏与王弼齐名，是魏晋玄学贵无派创始人。他的赋与诗亦有时名，但留存甚少。今存《论语集解》、《景福殿赋》、《道论》等。

何应钦 He Yingqin (1890-04-02～1987-09-21) 中国国民党军队高级将领、国防部部长。贵州兴义人。卒于台北。字敬之。1910年赴日学习军事。同年加入同盟会。辛亥革命爆发后，回国任职于沪军都督府。1913年再赴日本，入陆军士官学校。1916年回国任黔军团长等职。1924年，应蒋介石电召，任黄埔军校总教官兼教导第1团团长。1927年参与四一二政变，任北伐军总司令部总参谋长、军政部长等职。九一八事变后，任军事委员会北平（今北京）分会代理委员长，指挥长城抗战。失败后与侵华日军签订《塘沽协定》。1935年又与日本华北驻屯军司令官梅津美治郎达成《何梅协定》。1936年西安事变发生后，力主讨伐张、杨。抗日战争期间，任军事委员会参谋总长、同盟国中国战区陆军总司令，指导台儿庄、徐州、武汉等会战，组织指挥中国远征军赴缅甸和中国西南作战。日本投降后，代表蒋介石赴南京受降。1948年任国防部部长、行政院院长，推行蒋介石的内战政策。1949年8月退守台湾，任“总统府战略顾问委员会”主任等职。

何勇 He Yong (1940-10～　) 中国共产党中央书记处书记，中央纪律检查委员会副书记。河北迁西人。1958年12月加入中国共产党。1967年9月参加工作。1960～1967年在天津大学精密仪器工程系精密仪器与机械专业学习。1967～1968年留校待分配。1968～1970年担任国营二三八厂计量室技术员。1970～1975年任国营二三八厂厂部生产秘书。1975～1978年任国营二三八厂政治处主任、厂党委常委。1978～1983年任国营二三八厂党委副书记、厂长。1983～1985年任湖北省国防科学技术工业办公室副主任。1985～1986年任兵器工业部干部司司长。1986～1987年任中共中央组织部副部长兼党政外事干部局局长。1987～1992年任监察部副部长、党组成员。1992～1997年任中共中央纪委常委，监察部副部长。1997～1998年任中共中央纪委副书记，监察部副部长。1998～2002年任中共中央纪委副书记，监察部部长。2002～2003年任中共中央书记处书记，中央纪委副书记，监察部部长。2003年任中共中央书记处书记，中央纪委副书记。是中共十五届、十六届、十七届中央委员，十六届、十七届中央书记处书记。十四大当选为中央纪委委员、常委，十五大、十六大、十七大当选为中央纪委委员、常委、副书记。

何泽慧 He Zehui (1914-03-05～2011-06-20) 中国物理学家。生于山西灵石，卒于北京。1936年清华大学物理系毕业，1940年获德国柏林高等工业学校工学博士学位。随后在德国海德堡皇家学院核物理研究所和法国法兰西学院原子核化学实验室从事核物理研究。1946年与钱三强结婚。1948年回国，任职于北平研究院原子学研究所。1949年起，先后任中国科学院近代物理研究所研究员、原子能研究所和高能物理研究所研究员、副所长。1980年当选为中国科学院学部委员（院士）。1945年在W.博特的指导下，在德国发现正负电子的弹性碰撞现象，1946年在法国与钱三强等合作发现核裂变的三分裂和四分裂现象。回国后主持研究国产原子核乳胶，为开拓中国原子能科学事业并配合核武器研制作出贡献。她还积极推动中国宇宙线物理和高能天体物理的研究。

何振梁 He Zhenliang (1929-12-29～　) 中国体育工作者、领导人。生于江苏无锡。1950年上海震旦大学毕业。曾任国家体委副主任，中华全国体育总会副秘书长、副主席，中国奥林匹克委员会执委、主席等职。在国际方面，曾任国际奥委会委员、国际奥委会执委和国际奥林匹克协会副主席、国际奥委会副主席等职。1987、1993年当选为全国政协第七、八届委员。多次作为中国体育

代表团主要领导人之一参加奥林匹克运动会。曾为毛泽东和周恩来担任翻译。曾获亚洲举重联合会卓越贡献金质奖章、西班牙大十字勋章、摩纳哥圣查尔斯十字勋章、亚洲奥林匹克理事会功勋章等。获2001年度中国电视体育奖终身成就奖。为恢复中国在国际奥委会的合法席位做了大量工作。

何震 He Zhen (1535～1604) 中国明代篆刻家。字主臣，一字长卿，号雪渔。江西婺源（明属徽州）人。久寓南京。一生致力于篆刻，和文彭同为开创明、清派篆刻的奠基人，并称为“文何”。何震篆刻，初期受文彭影响较大，后以秦、汉玺印取法。他仿汉印满白文，刀痕显露，不加修饰，能得汉印苍浑厚朴之趣。何震镌刻边款用单刀直入法，轻重自然，字法敧斜错落，在当时是一创举，为后来镌刻边款开拓了新径。其篆刻对后代影响很大，追随者很多，形成徽派。

何震印作“青松白云处”

何灼强 He Zhuoqiang (1967～) 中国举重运动员。广东南海人。1984年入广东省举重队。1986年在韩国举行的第10届亚洲运动会举重比赛中获52公斤级总成绩冠军，同年获第12届世界青年举重锦标赛52公斤级抓举、挺举和总成绩三项冠军，并以抓举116公斤打破世界纪录。1987年获第61届世界举重锦标赛52公斤级挺举冠军、抓举和总成绩亚军，并以挺举153公斤打破世界纪录。同年获第19届亚洲举重锦标赛52公斤级抓举、挺举和总成绩三项冠军，并以116.5公斤打破抓举世界纪录，在第6届全国运动会举重52公斤级比赛中以117.5公斤和265公斤打破抓举和总成绩世界纪录。1988年在第20届亚洲举重锦标赛52公斤级比赛中，以119、119.5公斤两破抓举世界纪录，又以267.5公斤打破总成绩世界纪录。1989年获第62届世界举重锦标赛52公斤级抓举冠军。1990年获第11届亚洲运动会举重比赛52公斤级总成绩冠军。1992年在英国国际举重赛中，以121公斤打破52公斤级抓举世界纪录。

何兹全 He Ziquan (1911-09-07～2011-02-15) 中国历史学家。山东菏泽人。1935年北京大学史学系毕业后，去日本留学，翌年因病回国。1939～1940年在中央大学历史系研究魏晋南北朝史，并在该系讲授中国通史课。1941～1944年任国民党中央训练委员会编审。1944年秋任中央研究院历史语言研究所助理研究员。1947年赴美读书，将范文澜著《中国通史简编》译为英文。1950年回国，在北京师范大学任教，先后任副教授、教授，兼任魏晋南北朝研究室主任。

何兹全主要研究兵制史和寺院经济史。是国内最早提倡魏晋封建说的学者之一。曾发表《魏晋时期庄园制的刍形》、《三国时期国家的三种领民》、《中古时期大族寺院领户研究》等论文，论述了魏晋南北朝封建依附关系的出现和盛行。在《关于中国古代社会的几个问题》、《汉魏之际社会经济的变化》等论文中比较系统地阐发了魏晋封建说的主张。此外，他的《中国中古时期佛教寺院》(1934) 一文，在学术界颇有影响。20世纪80年代，又发表《佛教经律中关于寺院财产的规定》和《佛教经律中关于僧尼私有财产的规定》，把寺院经济的研究引向深入。在兵制史研究方面亦有创见，对世兵制、魏晋中军、孙吴兵制、十六国兵制和府兵制前的北朝兵制诸问题进行了深入探讨。《中国古代社会》一书，是他多年研究古代社会及古代向中世纪演变的重要成果。

何兹全继承了中国史学重材料、重考证的传统，又受西方史学思想包括马克思主义史学思想的影响，重视从宏观、微观看问题，又从发展上看问题、全面看问题，形成宏观与微观并重、理论与材料并重的风格。对于著述、立论，何兹全重视创始性和突破性。代表作有《中国古代社会》和《中国文化六讲》。

何作霖 He Zuolin (1900-05-05～1967-11-17) 中国地质学家。生于河北蠡县，卒于北京。1926年毕业于北京大学地质系，1940年获奥地利因斯布鲁克大学岩石学博士学位。曾任教于河北农业大学，并任中央研究院地质研究所研究员。历任北京师范大学、北京大学、山东大学教授，中国科学院地质研究所研究员、矿物研究室主任。1955年当选中国科学院学部委员（院士）。是中国近代矿物学和岩石学的奠基人之一。30年代初，他首先把费德罗夫旋转台法引入中国，并写出中国第一部《光性矿物学》教材。在岩石组构学方面发现过几种新的组构类型。是世界上最早的X射线岩组学的研究者之一。发明过一种X射线岩组相机。1935年研究白云鄂博的铁矿标本，发现两种稀土矿物。50年代，任中苏两国白云鄂博联合考察队中方队长。主要著作还有《岩石制片术》、《结晶体构造学》、《赤平极射投影在地质学上的应用》和《透明矿物薄片鉴定指南》等。

和法 harmonizing method 中医临床通过和解或调和，使表里寒热虚实的复杂证候、阴阳气血的偏盛偏衰归于平复，以达到祛除病邪，恢复健康的治疗方法。属中医治疗八法之一。和法主要适用脏腑郁遏，功能失调的各种证候。如外感少阳证，肠胃不和，肝脾不和及疟疾等病证。证见寒热往来，胸胁胀满，胁肋疼痛，默默不欲饮食，恶心，呕吐，心下痞满，肠鸣腹泻，腹痛，月经不调等。根据不同的病证，和法的具体运用也不同，常用的和法有和解少阳、调和肝脾、调和肠胃、截疟等。临床上具体使用和法时应注意：①病邪在表，未入少阳，或邪已入里，阳明热盛者不宜使用此法。②脾胃虚弱所致的脘腹痞满，恶心呕吐，腹泻等，不宜用调和肠胃法。

和服 kimono 日本传统民族服装。日文称着物。日本古代曾长期使用附袖贯头衣，称小袖，结合南方“身顷”、北方“筒袖”创制，袖裉下有“身八口”（通风口）。公元3世纪，中国袍传入日本并产生影响，“小袖”不断吸收吴服（中国三国时期吴国与五代十国时期吴国服装）、唐衣（中国唐代服装）和中国明代服装特点，在室町时期发展成摆长过膝、袖口宽大的“长丈小袖”，确定了和服的基本形式。

和服分男装、女装、儿童装及单衣、夹衣，有“表着”（外袍）、“下着”（内袍）等种类。和服长度一般齐踝，交领，右大襟，宽袖，留身八口，上下无扣无襻，系腰带，衣上印有家族徽记。男式和服采用黑、褐、

身着和服的日本年轻女子

灰、深蓝等色布料，或用细格、圆点、鸟眼图案的布料。女式和服通常采用色彩艳丽的丝绸面料，有精细的刺绣、绘画及附加饰物。女式和服腰带（奥比）质地为织花或绣花的绸缎，长约3～5米，宽约25～40厘米，通常单条织造而不加裁剪，用时裹于腰胸之间，在背后打结，结眼考究，有200多种打法。腰带后中部有一小垫衬，用以撑住腰带的褶饰。在各种社交活动中，和服一直深受日本人民喜爱。

和歌 waka 日本古典文学中最重要的一种诗歌形式。又称“歌”、“倭歌”。在形式上有一定的格律，但不讲究押韵。它是以五音句和七音句交叉组合成的诗，主要歌体有长歌（5、7、5、7……5、7、7）、短歌（5、7、5、7、7）、旋头歌（5、7、7、5、7、7）、片歌（5、7、7）和佛足石歌（5、7、5、7、7、7）等。起源于日本的古代歌谣，各种歌体在《万叶集》中确立、完善。万叶时代以五、七为基调（五七调），平安时代之后以七、五为基调（七五调），前者韵律庄重深厚，后者韵律流畅优美。以短歌为主要形式的和歌是日本古典文学的重要组成部分，主要有《万叶集》、《古今和歌集》、《新古今和歌集》、《玉叶和歌集》和《风雅和歌集》等，产生时代不同，内容形式也有所不同。

和合二仙 中国民间神话中的和美团圆之神。传说为唐代诗僧寒山与拾得，二人相交甚厚，和睦同心。清雍正十一年（1733）封天台寒山大士为和圣，拾得大士为合圣，于是有和合二仙或和合二圣之称。汉语盒与和、荷与合谐音，故民间所绘和合二仙为一持荷一捧盒相向为舞的两位和尚。旧时和合二仙图常有挂于中堂者，取和美吉

《和合二仙》（杨柳青年画）

利之意。又常于婚礼中悬挂，象征夫妻相爱美满。民间年画还有将其与其他民间神共祀的习俗，如《和合二仙、状元及第》等。

和解 compromise 民事纠纷的当事人通过协商，互相作出让步，达成解决纠纷协议的活动。和解包括以下两种类型。

诉讼上和解 指法院受理诉讼后，双方当事人在法庭上通过协商，以和解协议解决纠纷，法院无须再进行审理和判决，诉讼因和解而终结。和解协议达成后记入庭审笔录，和解笔录与法院生效判决具有相同的法律效力，一方当事人如果不履行给付义务，另一方当事人可申请法院强制执行。和解协议须体现当事人的真实意思，如存在重大误解、欺诈、胁迫等情形，一方当事人可请求法院撤销。和解被撤销后，法院应当恢复诉讼程序，对案件继续进行审判。

诉讼外和解 当事人在诉讼开始前以和解方式解决民事争议，或者在诉讼进行中当事人自行达成和解协议而不是在法官面前达成和解协议。诉讼外的和解协议是当事人为解决纠纷而订立的合同，具有合同的法律效力。诉讼外和解不能当然终结诉讼，也不具有执行力。《中华人民共和国民事诉讼法》在规定法院调解制度的同时，还规定双方当事人可以自行和解。在诉讼实务中，如果被告在达成和解协议的同时履行了协议所确定的给付义务，原告就撤回诉讼；如果被告未履行，双方当事人就会请求法院用调解书确认和解协议，将诉讼外的和解协议转换为具有强制执行力的法院调解书。

和林格尔汉壁画墓 Han Dynasty Mural Tomb at Horinger 中国东汉晚期大型砖室壁画墓。位于内蒙古自治区和林格尔新店子村西。1972～1973年发掘。为带有墓道的穹窿顶多室砖墓，全长19.85米。墓早年被盗，但壁画基本完好。壁画绘满全部墓壁及墓顶，共46组，总面积百余平方米，是已发现汉墓中壁画最多的。墓中还有墨书题榜240多条。壁画以《车骑出行图》的形式，表现墓主从举孝廉至最后官至使持节护乌桓校尉的仕宦经历。画面连车列骑，冠盖相望，声势煊赫。其中《宁城图》描绘了墓主接见乌桓首领的壮观场面。此外，还有墓主日常生活、庄园财富、庖厨宴饮、乐舞百戏、历史故事、农耕放牧等图画，以及云气、仙人、四神等图像。其中前室顶部的《仙人骑白象图》，有学者认为是中国最早的佛教图像之一。壁画画在砖壁涂抹的石灰上。大部分物像先经设色，后用墨线勾勒，也有的仅以单线勾描或直接用色渲染，造型生动、洗练。

《宁城图》（局部）

画面以鸟瞰式视角作大场面描画，物象形成远近层次，富有空间效果。壁画对研究东汉晚期的社会生活、庄园经济、边疆地区生产、东汉王朝与乌桓等北方民族的关系等有重要意义。

和龙市 Helong City 中国吉林省延边朝鲜族自治州辖县级市。位于省境东南部，图们江上游北岸，南境隔江与朝鲜相望。面积5 069平方千米。人口20万（2008），有汉、朝鲜、回、满等8个民族。“和龙”系满语之译音，意为“两峡一沟”。清曾列为封禁之地，宣统元年（1909）置和龙县。1993年撤县置和龙市。矿产主要有金、银、铜、铁、铅、沸石、大理石、矿泉水等。农作物有水稻、玉米、大豆、谷子、小麦等。其中水稻占粮食总产量的40%以上，是全国水稻生产基地之一。林地面积40.2万公顷，森林覆盖率81.5%。全国三大天然药库之一，盛产人参、木耳、鹿茸。工业主要有煤炭、森林采伐、食品、化工、医药、机械、酿酒、面粉加工等。名胜古迹有古渤海王国贞孝公主墓、金代古城、渤海古城、青龙村古墓群，以及仙景台自然风景区等。

《和平法令》 *Decree On Peace* 苏维埃俄国政府公布的第一个重要对外政策法令。由V.I.列宁起草。1917年11月8日，全俄工兵代表苏维埃第二次代表大会通过并颁布。和平法令在人类历史上第一次公布了社会主义国家对外政策的基本原则，反对并退出正在进行的帝国主义战争，号召各国人民掌握自己的命运，支持被压迫民族独立和民族解放，表明了社会主义国家与资本主义国家的根本区别。

和平共处 peaceful coexistence 当代国际社会公认的处理国际关系的基本准则。俄

国十月社会主义革命胜利后，V.I.列宁首先提出关于社会主义国家在处理不同社会制度国家关系方面实行和平共处的政策思想。全世界向社会主义过渡将经历整整一个历史时期，因此这两种社会制度将在长时间内同时存在。这样就产生了社会主义国家对于不同社会制度国家，包括帝国主义国家的关系问题。无产阶级在武装夺取政权、打败国内外敌人以后，为了赢得和平的国际环境，巩固自己的政权，进行社会主义改造和建设，与不同社会制度的国家和平共处，通过谈判和其他方式解决争端，建立、发展外交和经济合作等关系，对于社会主义国家是必要的和有利的。社会主义国家与不同社会制度国家和平共处，不是权宜之计，而是有原则的基本方针。它是针对帝国主义的侵略和战争政策，并在无产阶级国际主义的原则指导下提出来的。中国共产党及其领导下的中国政府，一贯坚持和贯彻并在某些方面发展了列宁的和平共处政策思想，提出了处理国家之间关系的得到国际上公认的基本准则。见**和平共处五项原则**。

和平共处五项原则 Peaceful Coexistence, Five Principles of 国际公认的处理国家之间关系的基本原则。即互相尊重主权和领土完整，互不侵犯，互不干涉内政，平等互利，和平共处。1953年12月，中国总理周恩来在接见印度代表团时首先提出。1954

中国总理周恩来与印度总理J.尼赫鲁举行会谈（1954-06）

年6月，中印、中缅两国总理联合声明重申并确认五项原则作为国际关系的指导原则。1955年的万隆会议把和平共处五项原则引申和发展为十项原则。和平共处五项原则反映了世界历史的潮流，符合世界各国人民的愿望和要求，因而为许多国家所接受，获得了广泛的国际承认，成为当代国际关系的公认准则，构成国际法的基本原理。

“和平”号空间站 Mir space station 俄罗斯第二种载人空间站。是世界上第一个多舱对接组合的、长期性、可变换功能的载人空间站。由核心舱和与之对接的各个功能舱段组成。核心舱轴向前后各有1个对接口，它的对接过渡舱沿周向还有4个对接口。前后轴向的对接口一般用于对接“联盟”号载人

俄罗斯“和平”号空间站

飞船和“进步”号货运飞船。在对接各功能舱时，先与核心舱上的前轴向对接口对接，再利用空间站上的机械臂把这个功能舱转移到预定的周向对接口上对接就位。

1986年2月20日，苏联发射了“和平”号的核心舱，在距地面350～380千米高度的轨道上运行。它是一个直径4.2米、长13.13米的圆筒形舱，由对接过渡舱、工作舱和服务舱3个舱段组成，总质量21吨。核心舱自进入轨道以来，几乎没有中断载人，一般都保持3名航天员值班，执行各项科研任务。1987年至1996年，先后发射了“量子”1号舱、“量子”2号舱、“晶体”舱、“光谱”舱、“自然”舱与核心舱对接，用于了解地球生态状况和研究材料科学、生命科学和生物技术。上述舱段全部对接后，“和平”号空间站形成庞大的空间复合体。在与**“联盟”号飞船**和美国航天飞机轨道器对接的状态下总质量达233吨。

“和平”号空间站原设计寿命10年，实际工作15年。2001年3月23日在地面控制下再入稠密大气层坠毁。在“和平”号上，俄罗斯航天员V.波利亚科夫创造了连续在空间驻留438天的世界纪录，美国香农·露西德创造了女航天员连续驻留188天的世界纪录。共有31艘载人飞船、62艘货运飞船和9架次美国航天飞机轨道器与它实现对接，有28个长期考察组和16个短期考察组先后访问过“和平”号。有12个国家135名航天员在“和平”号上工作，进行了1.65万次科学实验，包括空间生命科学研究、对地观测研究、天体物理学研究、材料加工研究等，获得大量的数据和具有重大价值的成果。

和平利用外层空间委员会 Committee of Peaceful Uses of Outer Space 联合国下属机构，成立于1959年。任务是审查和确定和平利用外层空间方面的国际合作范围，以实现在联合国主持下妥善确定和平利用外层空间的方案。委员会下设法律工作组和科学技术工作组。在国际法律方面，先后制定了关于各国探测和利用外层空间活动、关于援救航天员、关于外层空间物体造成损害的国际责任、关于登记射入外层空间的物体、关于在月球和其他天体上活动、关于从太空遥感地球和关于广播卫星直播电视等方面的国际协定。在科学技术方面，根据联合国的空间应用方案每年举行若干次专业会议、讲习班或训练班，组织卫星导航、定向电视广播、广播卫星、遥感遥测地球资源、气象学、大气层科学和太阳能传送等方面的技术交流，并向各国提供援助。

和平区 Heping District 中国天津市辖区。位于市中心，海河两侧。面积10平方千米。人口27万（2010），有汉、回、满等民族。1952年为一区、五区，1956年分别改称和平区和新华区，1958年两区合并称和平区。工业集中于西南部，以电子仪器、纺织、服装为主。和平路、滨江道、南市为主要商业区。解放北路为传统银行街，**天津劝业场**、天津百货大楼、天津国际商场、友谊宾馆、天津国际大厦等设于此区。名胜古迹和纪念地有张园、西开教堂、吉鸿昌故居、天津建党纪念馆、中共北方局旧址等。

和平卫士导弹 Peacekeeper missile 美国研制的地地洲际弹道导弹。曾称MX导弹，意为试验性导弹。大型4级机动式洲际导弹。导弹长21.6米，弹径2.34米，起飞重量86.4吨，射程11 100千米，命中精度（圆概率偏差）90米。战斗部采用分导式多弹头，装有10个核子弹头，每个子弹头威力为50万吨梯恩梯当量，动力装置为3级固体火箭发动机加第四级自燃液体火箭发动机，制导系统由惯性参考球平台和计算机系统等组成。导弹具有打击硬（点）目标能力，是世界上命中精度较高的洲际导弹。

和平文化 Hoabinhian Culture 东南亚**中石器时代**至**新石器时代**早期文化。因1926年在越南北部的和平省发现而得名。在东南亚本土旧石器时代文化的基础上发展起来，年代约在距今1万至6 000年之间。主要分布于越南的河山平、河南宁、清化、义静、太平等省，在老挝北部、泰国东北部亦有发现。遗址多发现于山区石灰岩洞穴或岩阴中，亦有少数滨海或滨河遗址。墓葬以屈肢葬为主，墓周堆垒石块、墓底铺碎石。早期石器厚重，加工粗糙，形状不稳定，砍砸器较多，用砾石片制成的切割器占有一定数量；中期杏仁形、盘形、短斧形工具相当普遍，砍砸器体积缩小，砾石片切割器减少；晚期遗址则出较多的磨刃斧及带有沟槽即所谓“北山痕迹”的磨石。骨角器、蚌器发现甚少。居民主要

以采集、狩猎、捕捞为生。遗址中多发现有象、野牛、犀牛、鹿、熊、猿猴、野猪等的骨骼，螺、蚌壳也很多。

和亲 peace through marriage 中国古代中原汉族封建王朝的皇室与边疆少数民族上层之间，为保持和好而联成的姻亲关系。约始于西汉，高祖刘邦曾以宗室女嫁匈奴单于，缓和了匈奴的袭扰；元帝竟宁元年（前33）以宫人王昭君嫁与匈奴呼韩邪单于，对结束汉、匈百年争战而和好起了一定作用。其后各王朝均效袭。如唐文成公主与吐蕃赞普松赞干布和亲，增进了汉与吐蕃的经济文化联系。唐时与突厥、回鹘、吐谷浑等均有联姻。宋代，契丹与党项、回鹘等少数民族上层之间的和亲，对缓和民族矛盾、维护中原王朝统治、促进民族间友好关系的发展及经济文化交流有积极作用。

明代仇英绘《明妃（昭君）出塞图》（故宫博物院藏）

和尚 Upādhyaya 佛教称谓。音译为邬波驮耶。又作和上、和阇、和社等。意译为亲教师、近诵、力生、依学等。原来是对具有一定资格，能为人师的有才能的出家人的称呼，男女不限。和尚为出家人之师表，故华严、天台、净土等宗派皆称为戒和尚。后世沿用为弟子对师傅的尊称。鸠摩罗什译为力生，意指弟子依师而生道力。《大智度论》卷十三载，沙弥、沙弥尼受戒法时，应求二师，一为和尚，一为阿阇梨，和尚如父，阿阇梨如母，意即舍本生之父母而求出家之父母。后成为对男性僧人的通俗的称呼。

和珅 Heshen（1750～1799-02-22） 中国清代乾隆时权臣。满洲正红旗人，卒于北京。钮祜禄氏，字致斋。少年家贫，为文生员，乾隆三十四年（1769），袭三等轻车都尉世职，因机灵善辩，仪表俊伟，受清高宗赏识。历任乾清门侍卫、御前侍卫。四十一年，授户部侍郎，旋擢军机大臣，居此要职24年。还兼任步军统领、户兵吏等部尚书、理藩院尚书等，宠信冠于朝列。五十一年，晋大学士。又历任四库全书馆、国史馆总裁。累封至一等公。他精明敏捷，办事干练，高宗倚为心腹。乾隆后期，权势最大，又贪得无厌。政令传宣多由其手书口传，内外大僚恃为奥援；令各省奏折皆用副折送其先阅，各地进贡珍品也多入其家。他广收贿赂，致府库空虚，吏治进一步腐败。子丰绅殷德娶乾隆爱女固伦公主。嘉庆四年（1799），高宗死，仁宗立即数其20大罪，责令自尽。查抄金银珍宝甚多。据查抄清单，总数为2 500万两左右，相当国家一年财政收入的一半。除极小部分留给公主外，其余均归入内府，故民间有“和珅跌倒，嘉庆吃饱”的谚语。著有《嘉乐堂诗集》。

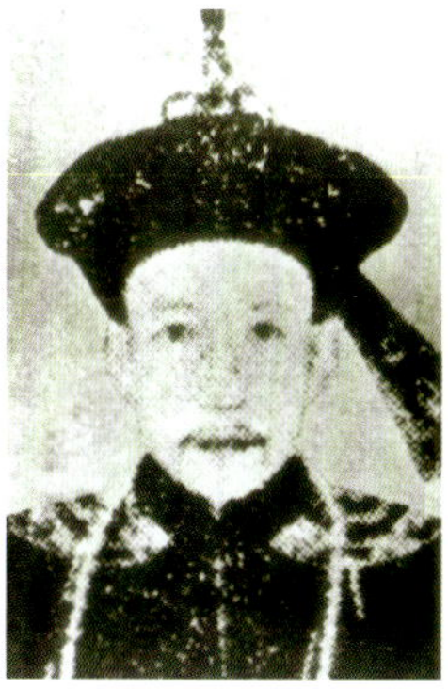

和声 harmony 两个以上不同的音按一定的法则同时发声而构成的音响组合。包括和弦与和声进行。和弦，是和声的基本素材，由3个或3个以上不同的音，根据三度叠置或其他方法同时结合构成，这是和声的纵向结构。和声进行，指各和弦的先后连接，这是和声的横向运动。和声在音乐中所起的作用是：①声部的组合作用。在统一的和声基础上，各声部相互组合形成协调的整体。②乐曲的结构作用。通过和声进行、终止式、调性布局等在构成曲式方面起重要作用。③内容的表现作用。通过和声的色彩、织体以及配合其他因素，塑造音乐形象、表现音乐内容。和声的处理是音乐创作的重要写作技巧，也是对位、配器、曲式等其他作曲技法的基础。

和食 Japanese food 日本饭菜。最有代表性的主食是米饭，副食多为鱼虾贝类、海藻等海产品及部分蔬菜。见日本料理。

和田地区 Hotan Region 中国新疆维吾尔自治区人民政府设立行政公署所管理的地区。位于自治区南部，北为塔里木盆地南部，南为昆仑山、喀喇昆仑山，西南与巴基斯坦、印度为邻。辖和田市、和田县、墨玉县、皮山县、洛浦县、策勒县、于田县、民丰县。面积248 946平方千米。人口201万（2010），有维吾尔、汉、回、塔吉克、柯尔克孜等民族，其中维吾尔族约占95%以上。行政公署驻和田市。1950年设和阗专区，1959年改和田专区。1977年改称和田地区。野生动物有牦牛、羚羊、岩羊、野驴等。药材有麻黄、党参等。水果有杏、石榴、核桃、无花果、葡萄等。农作物有水稻、小麦、玉米、棉花等。矿产有铜、镍、金、硫、黄铁矿、岩盐、云母、玉石等，以和田玉著名。工业有煤岩、电力、棉纺、丝绸、织毯、皮革等，以地毯、艾特来斯绸、玉雕著名。有公路通喀什、乌鲁木齐等地。古迹有汉代于阗国约特干遗址、丹丹马依里克遗址、尼雅遗址、麻扎塔格古堡、山普拉古墓群等。

和田河 Hotan River 中国塔里木河支流。有二源，东源为玉龙喀什河，源于策勒县南部昆仑山，在和田县同古孜洛克流出山口，流域面积1.457万平方千米，多年平均径流量22.4亿立方米。西源为喀拉喀什河，源于和田县南部喀喇昆仑山北坡，流经阿克赛钦盆地进入昆仑山峡谷，在墨玉县乌鲁瓦提流出山口，流域面积2.0万平方千米，年径流量21.8亿立方米。两河在科什拉什会合后称为和田河。年径流量34.34亿立方米。至阿克苏市肖夹克流入塔里木河的水量为11.1亿立方米，占塔里木河补给来源25.7%，占和田河总水量25%。

和田市 Hotan City 中国新疆维吾尔自治区和田地区辖市。地区行政公署驻地。位于喀喇昆仑山北麓，塔克拉玛干沙漠南缘中段。面积155平方千米。人口29万（2008），有维吾尔、汉、回、哈萨克、蒙古、锡伯、柯尔克孜等13个民族，其中维吾尔族占80%以上。1984年从和田县析出设立和田市。矿产有煤、铁、铜、镍、金等。采玉和淘金历史悠久。农业历史悠久，特产丰富。棉花、蚕茧、园艺为农业经济三大优势。公路运输较发达。主要工业有粮油、食品、塑料加工等。地毯、丝绸和玉雕是当地三宝，尤以和田羊脂玉闻名于世。古迹有丹丹马依里克遗址，属唐代古城，南北长10千米，东西宽2千米，内有古建筑群、城墙等。

和田玉 Hotan jade 产于中国新疆南部和田地区的软玉。矿物成分以透闪石－阳起石为主，常含微量透辉石、蛇纹石、方解石、

清乾隆和田玉活环双龙耳万寿纹碗

石墨、磁铁矿等。颜色有白、青白、墨绿、灰等色。质地细腻，有滑感，具油脂或蜡状光泽。莫氏硬度6～6.5。依据颜色分为三种：①白玉，又称羊脂玉，颜色洁白，光泽滋润，含透闪石约95%。②青玉，灰白至浅绿色，含透闪石约89%，颜色均一。③墨玉，灰至灰黑色，颜色不均，含有分散的碳质或石墨。和田玉产于华力西期（晚古生代）花岗岩和前寒武纪白云岩接触变质带上。

和弦　chord　3个或3个以上不同的音，按一定的音程关系同时结合，即构成和弦，它是多声部音乐的基本素材。

和弦的最低音称为根音，上方各音按与根音的音程关系而分别称为三音、五音、七音、九音等。和弦的类型特征是：由3个音构成的三音和弦称为三和弦，四音和弦称为七和弦，五音和弦称为九和弦等。根据和弦音之间音程性质的不同，三和弦又可分为4种：大三和弦、小三和弦、增三和弦与减三和弦；七和弦可分为7种：属七和弦或称大小七和弦、大七和弦、小七和弦、减七和弦、半减七和弦或称减小七和弦、小大七和弦与增大七和弦；在属七和弦上添加大九度或小九度音而构成的九和弦分别称为大九和弦和小九和弦。根据和弦低音位置的不同，凡根音位于最低者称为原位和弦，其他音位于低音者称转位和弦。此外，以主音为根音构成的三和弦称主和弦，以属音和下属音为根音者分别称为属和弦和下属和弦。

和县　Hexian County　中国安徽省巢湖市辖县。位于省境东部，临长江。面积1 412平方千米。人口56万(2010)。秦置历阳县，南北朝梁元帝承圣四年(555)改为和州，1912年改和州为和县。盛产稻、麦、豆、芋、蔬菜、棉花、油菜等，蔬菜有100多个品种，产品销往全国100多个大中城市，成为长江中下游地区最大的“菜园子”。矿产有煤、磷、铁、石灰岩、白云石、矿泉水等。珍贵的水产品有鲫鱼、河豚、河蟹、甲鱼、鳗鱼、牛蛙、珍珠等。工业以化肥、造纸、农机、酿造、采矿等为主。和县猿人头盖骨化石曾震惊世界，龙潭洞遗址被誉为“中国南方的周口店”。名胜古迹还有霸王祠、天门山、香泉、镇淮楼、陋室、鸡笼山等。

和县猿人　*Homo erectus* from Hexian　直立人化石。1980、1981年发现于中国安徽和县陶店汪家山龙潭洞。包括一个近乎完整的头盖骨、两块头骨碎片，一块破碎的下颌骨和9枚零星的牙齿。头盖骨属于男性青年个体，具有许多与北京猿人相似的特征，同时又显示出若干较为进步的特征，系统位置与北京猿人的晚期代表相当。这

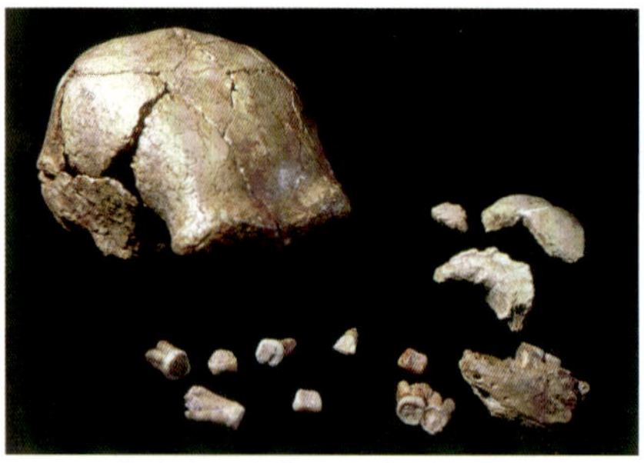

和县猿人头骨化石（顶侧面视）

个头盖骨兼具直立人与智人的常见特征，体现了两者之间的形态镶嵌。共生的哺乳动物化石包括华南洞穴大熊猫－剑齿象动物群代表和许多北方型种类，是混合类型的动物组合。时代属于更新世中期，距今30万～20万年。

和与同　harmony and identity　中国古代哲学的重要范畴。最早见于《国语·郑语》史伯与郑桓公之间的对话，内容是关于周王室的命运问题。史伯在批评统治者“去和而取同”时指出：“夫和实生物，同则不继。”并对“和”与“同”的含义作了解释。“以他平他谓之和，故能丰长而物归之；若以同裨同，尽乃弃矣。”也就是将和视为在差异之中寻求一种平衡的结合点，如果只是相同事物或因素的叠加，事物便没有发展的可能。春秋末年，晏婴发展了这一思想，并用音乐和烹调为例，说“若以水济水，谁能食之！若琴瑟之专壹，谁能听之！同之不可也如是”(《左传·昭公二十年》)。认为矛盾的因素才能“相成相济”。后来孔子也使用“和”、“同”的概念来说明为人和处理问题的原则。“君子和而不同，小人同而不和”(《论语·子路》)。坚持在承认事物的分别的前提下寻求和谐的方式，被中国思想家所推崇。

河蚌　*Anodonta*; swan mussel　双壳纲蚌目蚌科无齿蚌属种类的统称。分布于亚洲、欧洲、北美和北非。外形呈椭圆形。壳质薄，易碎。两壳膨胀，后背部有时具后翼。壳顶宽大，略隆起，位于背缘中部或前端。壳面光滑，具同心圆的生长线或从壳顶到腹缘的绿色放射线。铰合部窄，无齿。斧足发达。雌雄异体。雌体具有位于外鳃叶的育儿囊，

背角无齿蚌

成熟的受精卵发育成钩介幼虫，排出体外，寄生于鱼体上，逐渐发育成幼体而脱离鱼体，沉入水底营底栖生活。若在春季受精，约2个月可发育成钩介幼虫，排出体外。若在秋季受精，次年春季钩介幼虫排出体外。肉可食，亦为鱼类、禽类的天然饵料。有的种类可用做淡水育珠蚌，但是所产珍珠质量较差。

中国习见种背角无齿蚌（见图），又称湖蚌、菜蚌。壳长可达200毫米以上，外形成卵圆形，两壳膨胀，后背缘后部有翼，后背部有3条自壳顶发出的肋脉，最下条肋脉位于贝壳的中线上。多栖息于淤泥底、水流缓慢或静水水域内。

河北梆子　Hebei clapper opera　中国戏曲剧种。清代乾隆年间，山陕梆子（秦腔）传入北京、直隶（今河北省），经数十年音随地改的衍变，并在与京腔、徽班的艺术竞争与交融中，至清道光年间，开始形成具有河北地方特色的剧种。曾有京梆子、直隶梆子、卫（天津卫）梆子、秦剧之称。19世纪70年代至20世纪20年代，是河北梆子的兴盛时期，流行于河北、北京、天津、上海、山东以及东北三省等地，知名演员有田际云、郭宝臣（元元红）、侯俊山（十三

河北梆子《蝴蝶杯》剧照（李桂云饰胡凤莲，王晓云饰田玉川）

旦）、崔德荣（灵芝草）、赵佩云（小香水）、刘喜奎等。20世纪30～40年代，渐趋衰落。传统剧目大部分来自山陕梆子，也移植了昆曲、京剧等兄弟剧种的一些作品。脚色行当分类及其表演程式与京剧大体相似。“净生”是其与京剧不同的特殊行当，须生扮相，花脸唱腔，兼用生、净两行表演技巧，由净行应工。各行当均有特定的传统唱腔，生旦唱腔较为丰富。唱腔音乐为板式变化体。

河北省　Hebei Province　简称冀。位于中国北部偏东，黄河下游以北。东临渤海，西接山西省，北连辽宁省与内蒙古自治区，南邻山东、河南两省，环布北京、天津两市周围。既是首都与全国各地联系的通道，又是华北、西北各省区通向北方海上门户——天津港的必经之路。全省海岸线487千米，不仅是渔盐业基地，且具海运及国防意义。辖地级市11个，市辖区36个，县级市22个，县108个，自治县6个（见

河北省行政区划表)。面积约19万平方千米。人口7 185万(2010)。民族构成以汉族为主。少数民族有回、满、蒙古、壮、朝鲜等41个民族,约占全省总人口的4%。少数民族分布地区较广。其中以回族较多,集中于沧州市的孟村回族自治县和廊坊市的**大厂回族自治县**。省会**石家庄市**。

建制沿革　河北省是中国开拓较早地区,人类活动历史悠久。春秋战国时,南部先属晋、卫,后属赵国;北部则为燕国。秦统一后,全国36郡中有6郡郡治在今河北地区,即代、上谷、右北平、巨鹿、邯郸、常山等郡。两汉,北部和南部分属幽州、冀州刺史部管辖,此为幽州、冀州作为实际行政区划之始。唐属河北道,是河北作为正式行政区域之始。

元、明、清三代均建都于北京,河北为京畿重地。元为中书省直辖;明初为北平承宣布政使司,后直隶北京六部,通称北直隶;清为直隶省。1928年始更名河北省。省境古属冀州地,故简称冀,别称燕赵。1949年8月1日,河北省人民政府成立,省会保定市。1952年和1955年,先后将察哈尔省南部和热河省西南部划归河北省。1958年中央直辖市天津划入河北,省会迁驻天津市。1967年天津市改为中央直辖市,省会迁保定市。1968年省会迁石家庄市。

自然条件　省境西北部高原、山地海拔多高于1 000米,某些山峰2 000米以上;东南部平原海拔大部分不足50米,沿海在5米以下。大地貌单元分为平原、山地(包括丘陵和山间盆地)和高原3大类,在全省总面积中的比例分别为43.4%、48.1%、8.5%。

河北省多地震,多发生在新生代地壳运动形成的断裂带及其附近。截至1979年历史记载,里氏震级5级以上地震有112次。其中磁县地震(1830)、邢台地震(1966)、唐山地震(1976)都造成严重灾害。河流属内、外流两大区域。坝上闪电河以西属内流区域,河流多注入内陆湖泊(如安固里淖、察汗淖等)。其余广大地区属外流区。

属中温带、暖温带大陆性季风气候,四季分明。年平均气温大部分地区0～13℃。1月平均气温－21～－3℃,7月平均气温18～27℃。气温大体东南高西北低,各地的气温年较差、日较差较大。平均年降水量300～800毫米。

天然植被以落叶阔叶林为主,混生温带针叶林。由于开发历史悠久,山地丘陵几乎全为次生林或次生温带灌草丛,平原已开垦为农田。坝上气候干旱,植被为草原。草本植物生长繁茂,是优良畜牧业基地。

全省维管束植物共2 800多种,分属于156科807属。除粮食、经济作物外,可作为资源者有多种用材树种,如油松、华北

河北省行政区划表(2010)

石家庄市	平泉县　滦平县	南市区　定州市	故城县　景县
长安区　桥东区	隆化县	涿州市　安国市	阜城县
桥西区　新华区	丰宁满族自治县	高碑店市　满城县	**邢台市**
裕华区　井陉矿区	宽城满族自治县	清苑县　易县	桥东区　桥西区
辛集市　藁城市	围场满族蒙古族自治县	徐水县　涞源县	南宫市　沙河市
晋州市　新乐市	**秦皇岛市**	定兴县　顺平县	邢台县　临城县
鹿泉市　井陉县	海港区　山海关区	唐县　望都县	内丘县　柏乡县
正定县　栾城县	北戴河区　昌黎县	涞水县　高阳县	隆尧县　任县
行唐县　灵寿县	抚宁县　卢龙县	安新县　雄县	南和县　宁晋县
高邑县　深泽县	青龙满族自治县	容城县　曲阳县	巨鹿县　新河县
赞皇县　无极县	**唐山市**	阜平县　博野县	广宗县　平乡县
平山县　元氏县	路北区　路南区	蠡县	威县　清河县
赵县	古冶区　开平区	**沧州市**	临西县
张家口市	丰润区　丰南区	运河区　新华区	**邯郸市**
桥西区　桥东区	遵化市　迁安市	泊头市　任丘市	丛台区　邯山区
宣化区　下花园区	滦县　滦南县	黄骅市　河间市	复兴区　峰峰矿区
宣化县　张北县	乐亭县　迁西县	沧县　青县	武安市　邯郸县
康保县　沽源县	玉田县　唐海县	东光县　海兴县	临漳县　成安县
尚义县　蔚　县	**廊坊市**	盐山县　肃宁县	大名县　涉县
阳原县　怀安县	广阳区　安次区	南皮县　吴桥县	磁县　肥乡县
万全县　怀来县	霸州市　三河市	献县	永年县　邱县
涿鹿县　赤城县	固安县　永清县	孟村回族自治县	鸡泽县　广平县
崇礼县	香河县　大城县	**衡水市**	馆陶县　魏县
承德市	文安县	桃城区　冀州市	曲周县
双桥区　双滦区	大厂回族自治县	深州市　枣强县	
鹰手营子矿区	**保定市**	武邑县　武强县	
承德县　兴隆县	新市区　北市区	饶阳县　安平县	

图1　河北坝上草原风光

落叶松、栎类、白桦、山杨、榆、柳等。此外,有亚热带经济树种漆树、黄连木、泡桐等。果树种类尤多,主要有河北梨、白梨、枣、苹果、葡萄、核桃、板栗、柿、杏、山楂等。药用植物主要为党参、黄芩、远志、柴胡等。坝上草原又是著名口蘑产地。

在中国综合自然区划中,河北省辖区隶属于3个自然地理区。①内蒙古高原干草原、荒漠草原区。省境北部张北、围场一带属此区的阴山山地与丘陵亚区,习称坝上。②冀晋山地半旱生落叶阔叶林、森林草原区。包括前者冀北山地亚区和冀西山地亚区。以山地为主,多盆地,山岭叠嶂、沟谷纵横。后者为太行山中南段,多峡谷,成为晋冀交通孔道。③华北平原半旱生落叶阔叶林区。省境太行山以东平原属此区的海河平原亚区。自山麓向沿海依次为山麓冲积洪积平原、冲积平原、滨海平原三部分。山麓冲积洪积平原为河北省农业最发达地区。

经济概况　河北省是中国经济较发达省区。工业布局较合理,门类较齐全,多种工业产品居全国前列。亦为重要粮棉和干鲜果品产区之一。水陆交通方便,是首都北京联系全国的必经之地。

河北省平原广阔,人口众多,农业历史悠久,土地垦殖指数高于全国平均水平。粮食作物以小麦、玉米、水稻、薯类、豆类为主。经济作物以棉花、油料为主,是中国经济作物较发达地区之一。历史上曾被誉为"中国产棉的第一省份"。油料作物有花生、胡麻、芝麻等。畜牧业以饲养牛、马、驴、猪、羊为主,"张北马"驰名全国。经济林木种类较多,水果总产量2006年居中国第三位,其中梨产量居全国之首。京东板栗、交河鸭梨、深泽蜜桃、宣化牛奶葡萄、卢龙露仁核桃、涉县核桃、赵县雪花梨、沧州金丝小枣、兴隆山楂等均较著名。沿海有鱼、虾、蟹、贝等海产品。

图2 河北井陉苍岩山危崖峭壁

20世纪50年代前工业基础薄弱。现已建成初具规模的工业基础，轻重工业发展较协调。①纺织工业。是河北最大工业部门。②日用陶瓷。是历史悠久的工业部门。河北是中国重要的陶瓷产区之一。唐山市和邯郸市为两大日用陶瓷生产中心，分别为中国八大陶瓷产区之一。③煤炭工业。在国内最早使用机械采煤。现为中国主要产煤省区之一。煤炭蕴藏量丰富，煤种齐全，主产焦煤、气煤、肥煤、瘦煤，以燕山南北和太行山东麓为主要产区。④石油工业。是新兴部门。河北平原蕴藏有石油资源，华北油田分布在任丘、霸州、雁翎一带。⑤机械工业。有工程和矿山机械、农机、运输机械、通用机械、电工、仪器仪表等部门。⑥化学工业。拥有化肥、农药、医药、有机合成、塑料等部门。保定建有中国最大的感光材料企业。⑦建材工业。具全国意义的产品有水泥、平板玻璃和建筑陶瓷。

河北省为中国近代交通运输业发展较早地区之一。已形成以铁路为主，并与公路、水路相结合的交通运输网。京广、京沪、京九、京通等铁路纵贯南北，京沈、京包、石德、石太等铁路横贯东西，还有京承、锦承、丰沙、邯长等铁路和干线相接。高级、次高级公路路面通车里程占总里程的50%以上。海上运输发展很快，是河北省对外联系中仅次于铁路的重要运输方式。位于渤海西北岸的秦皇岛港是全国现代化大型海港之一。另有黄骅港和唐山港。

名胜古迹 河北省纪念地、文化古迹和风景名胜众多，旅游资源丰富。文物古迹有沧州铁狮子、定州塔、隆兴寺、**赵州桥**（即安济桥）、响堂山石窟、**避暑山庄**及外八庙、清东陵、清西陵、满城汉墓群、赵邯郸故城，以及西柏坡中共中央旧址、冉庄地道战遗址等。风景名胜还有秦皇岛北戴河海滨、承德避暑山庄、野三坡、苍岩山等。中国历史文化名城有承德、保定、山海关、邯郸、正定、定州。

河池市 Hechi City 中国广西壮族自治区辖地级市。位于自治区北部。辖金城江区和南丹县、天峨县、凤山县、东兰县，以及**巴马瑶族自治县**、**都安瑶族自治县**、大化瑶族自治县、**罗城仫佬族自治县**、**环江毛南族自治县**，代管宜州市。面积33 494平方千米。人口337万（2010），有壮、汉、瑶、毛南、苗等民族。秦为桂林郡地，汉属郁林郡，宋初置河池县，明为河池州。1912年降为河池县，1983年改县级河池市，2002年设立地级河池市。境内喀斯特地貌广布。水力资源丰富。属亚热带季风气候，年平均气温20.3℃，平均年降水量1 452毫米。矿产有锡、锑、铟、铝土、磷、锰、铅、锌等。农作物有水稻、甘薯、花生、甘蔗、玉米、大豆等。工业有电力、化工、机械、印刷、食品、纺织等。是国家“西电东送”重要能源基地。名胜古迹有珍珠岩、流水岩、金龟山、龙江景区和山谷祠等。

河床 river channel 河流中经常有水流动的部分。通常位于河谷的谷底，又称河槽。河水有涨有落，河床范围也随之变化。涨水时称为洪水河床，此时河面宽、水也深，包括河漫滩在内。一般情况下称为中水河床。河水位低时称为枯水河床，又称平水河床，此时河面狭、水很浅。常见的河床侵蚀地貌有：①深槽，河床中相对低洼的水下地形。由于水流侵蚀，拐弯处河床或浅滩之间较深河段被冲刷成深槽。②壶穴，基岩河床被湍急水流冲磨成的深穴，分布于山区河流或河段。③岩槛，横亘于河床底部上凸的由坚硬岩石组成的坡坎，常伴有瀑布或跌水，并构成上游河段的地方侵蚀基准面。④深切曲流，即深切到基岩之中的曲流。多发育在山地。一些曲流常在洪水期水流漫溢而裁弯取直，原来的河弯被废弃，被废弃的河曲所环绕的孤立山丘，称为离堆山。河床堆积地貌有：①浅滩，指河床底部一系列不同规模的冲积物堆积体。分布在岸边的，称为边滩；分布在河心的，称为心滩；心滩增大淤高形成江心洲，出露于中水位以上滩地。小型的江心洲称为河洲。②河漫滩，由边滩不断展宽、加高、增长而成。③天然堤，指在河漫滩近岸区或江心洲沿岸区，泥沙沉积形成与岸平行、出露水面、并向外微倾斜的堤状堆积体。

河道整治 river regulation or channel improvement 按照河道演变规律，因势利导，调整、稳定河道主流位置，改善水流、泥沙运动和河床冲淤部位，以适应国民经济建设要求的工程措施。河道整治分山区河道整治和平原河道整治（含河口段）。前者主要有渠化航道、炸礁、除障、改善流态与局部疏浚等，后者主要有控制和调整河势、裁弯取直、河道展宽及疏浚等。

河谷 river valley 河水所流经的呈线状延伸的凹地。由河水侵蚀冲刷而成，河谷形态及河谷内由河流塑造而成的各种地貌类型称为河谷地貌。河谷是流水作用的产物。①下蚀作用加深河谷，为河谷形成的最初阶段。②旁蚀作用促进谷坡剥蚀后退，使河谷拓宽。③溯源侵蚀使河谷向上延伸，加长河谷；陆地抬升或海面下降使河流下蚀作用加强，延长河谷终端，加长河谷。河谷的形成和发展还受到地壳构造运动的影响。地壳上升，河流下蚀作用占优势，形成深切峡谷；地壳稳定或下沉，河流旁蚀作用占优势，河谷得以展宽，河漫滩发育。如果地壳升降交替出现，河谷就发展成为阶梯状的复式河谷。河谷主要包括谷坡和谷底两部分。谷坡是河谷两侧的斜坡，常有河流阶地发育。谷底比较平坦，由**河床**和**河漫滩**组成（见图）。谷坡与谷底的交界处称坡麓；谷坡上缘与高地面交界处称谷肩或谷缘。一般河谷形态类型有隘谷、峡谷、宽谷、复式河谷。与岩层产状关系可分为顺向谷、次成谷、逆向谷、偶向谷。还有幼年谷、壮年谷、老年谷的侵蚀轮回分类，以及古河谷、谷中谷等。

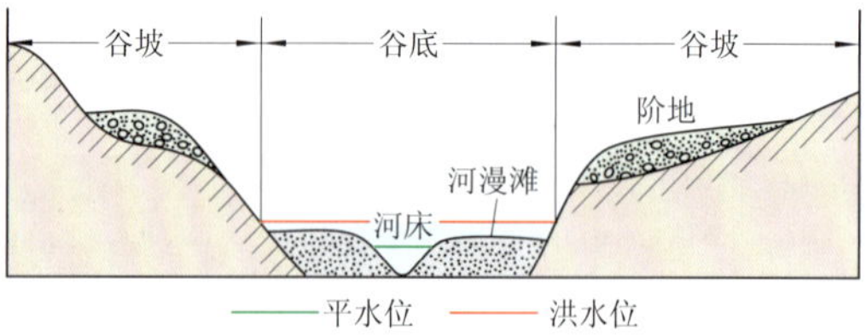

河谷断面图

河鼓二 Altair 即天鹰座α（αAql）。又称牛郎星或牵牛星。它与**织女一**（即天琴座α）和天鹅座α构成“夏季大三角”。它是**天鹰座**的主星，为全天第十二亮星，亮度为0.76v等（v代表变星），绝对星等$M_v=-2.24$。距地球16.8光年。直径是太阳的1.68倍，表面温度T_e=7 550K，发出黄白色光，质量为太阳的1.7倍，光度是太阳的10.7倍。全波辐射光度为10.5倍太阳光度。牛郎星、织女星的美丽神话盛传中国民间。天鹰座的α和β、γ星形成一副担子，传称是牛郎担着他们的儿女。牛郎星在急速自转，赤道区的速度为210千米/秒，旋转力令星球赤道地带凸出，使星球的形状变成椭圆形。据1978年发表的资料，河鼓二可能是物理双星。

河间市 Hejian City 中国河北省辖县级市。位于省境中南部。面积1 333平方千米。

人口81万(2010)。战国时属河间郡地。隋改置河间县。1990年改设市。由**沧州市**代管。属半湿润大陆性季风气候。矿产有石油、天然气和地热资源。农业盛产小麦、玉米、谷子、大豆、甘薯、棉花、花生和各种瓜果，天津鸭梨、金丝小枣、玻璃芹菜享誉各地。有机械、建材、化工等工业。

河津市 Hejin City 中国山西省辖县级市。位于省境西南部，邻接陕西省。面积593平方千米。人口40万(2010)。春秋时为耿国。战国时为魏国皮氏邑，秦置皮氏县，北魏改为龙门县。宋改河津县，以黄河要津而得名。1994年1月撤县设市。由**运城市**代管。农作物以小麦、玉米、棉花为主，果品以柿、苹果较多。山西铝厂为中国产铝最大基地，位于禹门乡放马滩。还有煤炭、冶铁、水泥、化肥等工业。禹门口在河津西北12千米的黄河峡谷中，两岸峭壁对峙，形如阙门，故名龙门。传说龙门为禹所凿，为怀念禹之功德，改龙门为禹门。河中有石岛横亘，形势险要。还有樊村戏台、薛仁贵寒窑、黄河峡谷等名胜古迹。

河口 estuaries 河口是河流与受水体的结合部位，一般多指入海河口，其范围向陆可延伸至潮汐出现的上界，向海可至河口浅滩或水下三角洲的外缘。根据动力条件和地貌形态的差异，一般把河口分为河流近口段(河口上游段)、河口段(河口中游段)和口外海滨段(河口下游段)(见图)。河流近口段以河流过程为主，口外海滨段以海洋过程为主，河口段则是径流与潮流相互消长的地段。

河口有多种分类。根据潮差大小，分为弱潮河口(潮差小于2米)、中潮河口(潮差2～4米)、强潮河口(潮差大于4米)。根据河流来沙、海域来沙的情况，分为强混合海相河口、缓混合海相河口、缓混合陆

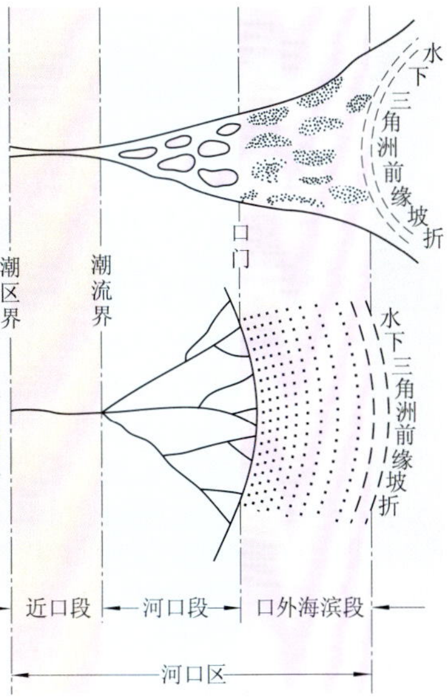

入海河口分段

海双相河口、弱混合陆相河口。根据盐淡水混合程度，分为高度成层河口，又称盐水楔型河口，淡水流量远大于潮水流量；部分混合河口，潮流加强使盐度逐渐变化而没有明显界面和分层；均匀混合河口，潮流量远大于淡水量，盐淡水均匀混合。根据成因，分为溺谷型河口、峡湾、沙坝型河口、三角洲河口等。

河口位于河流和海洋的交汇处，水文、泥沙和盐度等物理、化学条件复杂多变。独特的自然环境使其拥有丰富的资源，并形成特有的河口生态系统。广阔的湿地营造了肥沃的土地，繁衍着大量的湿地植物和底栖动物，也是鱼虾及鸟类的活动场所和栖息地。河流带来的营养物质，使河口及邻近海域成为重要的渔场。河口水道提供了港口和航道发展的空间。一些河口还蕴藏着潮汐能源和矿产资源。此外，河口地区优美的自然环境还具有旅游和休闲的功能。优越的地理位置和丰富的自然资源，使河口地区早在远古时期便已成为人类文明的发祥地之一。近代工业的发展，更使河口地区成为重要的港口和商业中心。许多著名的港口，如纽约、伦敦、汉堡、鹿特丹和上海等均为河口港，全世界80%的大城市分布在河口地区。

河口瑶族自治县 Hekou Yao Autonomous County 中国云南省红河哈尼族彝族自治州辖自治县。位于省境东南部，隔红河与越南相望。面积1 313平方千米。人口10万(2010)，有汉、瑶、苗、壮、彝、布依、傣等民族。1950年成立河口市。1955年改市为县。1963年成立河口瑶族自治县。县城附近的元江水面海拔76.4米，为全省最低点。下半年易受东南季风影响，气候湿热。橡胶等热带经济作物占有重要地位，并主产香蕉、菠萝等。粮食作物以水稻、玉米、大豆等为主。经济作物有甘蔗等。矿产有铜、铁、铅、锌、锑和汉白玉、大理石等。工业有食品、橡胶、化工、电力、汉白玉大理石加工等。河口口岸为国家一类口岸。建有4.02平方千米的边境经济合作区。名胜古迹有大围山岩溶奇景、天生桥和河口督办署旧址等。

河狸科 Castoridae; beavers 啮齿目一科。通称河狸，曾称海狸。现仅存1属，河狸属；2种，河狸与加拿大河狸。加拿大河狸俗称北美河狸。分布于欧、亚和北美洲北部的少数地区。中国有1种。

体肥大，具较厚的脂肪层，身体被覆致密的绒毛，耐寒，不怕冷水浸泡。四肢短宽，后肢粗壮有力，后足趾间直到爪生有全蹼，适于划水。尾甚大，上下扁平，并覆有角质鳞片，在游水时起舵的作用。眼小，耳孔也小，内有瓣膜，而且外耳能折起，以防

加拿大河狸

水；鼻孔中也有防水灌入的肌肉结构。头骨扁平而坚实，颧弓发达，颧骨特别大，骨脊高起；共有20枚牙齿，门齿异常粗大，呈凿状，能咬粗大的树木，臼齿咀嚼面宽阔而具较深的齿沟，便于嚼碎较硬的食物。腹部的腺体能分泌珍贵的香料——河狸香。

营半水栖生活，主要生活在泰加林和针阔混交林区的水域中。在中国新疆维吾尔自治区北部则栖居在山地草原和荒漠草原中水量较大、两岸生有杨柳树丛的小河两岸或沙洲上。夜间或晨昏活动，善游泳和潜水，能借助爪向上攀爬。主要以阔叶树的枝干、树皮，以及芦苇等为食。能用树枝和芦苇营造高出水面的巢，并用树干和树枝做拦水堤坝，挖掘溢水沟，以防巢被洪水淹没。新疆维吾尔自治区北部的河狸营穴居生活，常在河边的树根下挖洞，既有水中洞口，也有地面洞口。早春发情交配，妊娠期3个半月，雌性每年产1窝，1～5仔，多数为2～4仔，幼鼠3年后性成熟。

毛皮和河狸香很珍贵，但由于滥捕，河狸濒临灭绝。残存欧、亚和北美少数地区，在中国仅分布于布尔根河与青河一带。属国家一类保护动物。

河流 river 在重力作用下，集中于地表线形凹槽内的经常性或周期性天然水道的通称。在中国有江、河、水、溪、川、涧、藏布、郭勒等不同称谓。

河流有干流、支流之分，和流域内的湖泊、沼泽或地下暗河彼此连接组成一个庞大的系统，称为**水系**，又称河系。河流区别于运河的主要标志是河道中的水流来自河流自身的集水区。河流是地球上水分循环的重要路径，**径流**通过它输送至海洋，同时也带走各种碎屑物、盐类和化学元素。按所处的自然条件及其所决定的水文情势的主要差别，分为常流河、间歇性河流和偶然性河流。常流河一年四季均有水流通过。间歇性河流为周期性的河川径流，每年有部分时间河床干涸。偶然性河流为干旱气候区域的河流，因降水稀少，径流短暂而不规律。按所处位置分为地上河和地下河。前者发育于地表，十分常见；后者分布于可溶性岩石分布地区的地下，由侵蚀作用和溶蚀作用合力形成。较大的河流可划分为河源、上游、中游、下游和河口

5个部分。河源是河流的发源地，河流可发源于冰川、湖泊、沼泽和泉等。河口可以是入海河口、入湖河口、入主流河口。流水是地球表面陆地上最经常、最普遍活跃的地貌营力。河流的侵蚀、搬运、堆积作用贯穿于上、中、下游各个部分，使地表形成各种地貌类型。一般大河流的上游位于山地或高原，以侵蚀作用为主；中游大多位于山地、平原交界的山前丘陵平原区，经常堆积与侵蚀作用兼而有之；下游多位于平原区，河谷宽阔平坦，以堆积作用为主。河口地区是受海、湖影响的交互作用地带。古代文明的发源地，无一不与河流联系在一起。一些大河的冲积平原、三角洲地区是人类社会经济、文化等的发达地区，是人类赖以生存的重要淡水区。随着人口增长及经济发展的需要，对淡水的需求急剧增加，合理开发利用和治理保护河流是全人类共同的使命。

河流地貌 fluvial landform 河流作用于地球表面所形成的各种侵蚀、堆积地貌形态的总称。按河流作用划分为河流侵蚀地貌和河流堆积地貌两类。河流侵蚀地貌主要包括各种河床侵蚀地貌，如壶穴、深槽以及侵蚀阶地、谷坡等；河流堆积地貌包括河床堆积地貌、河漫滩、堆积阶地、冲积平原、三角洲以及大多数河口地貌。一般来说，山区河流以侵蚀下切作用为主，河流侵蚀地貌占优势。平原河流则相反，河流堆积地貌占优势。

河流阶地 river terrace 河流下切使河谷底部出现一些不再为特大洪水所淹没的阶梯状地形。又称河成阶地。河谷底部指河漫滩和河床。一般河谷中常有一级或多级阶地，每一级阶地包含：阶地面、阶地斜坡等。阶地面指阶地的表面，实际是原河谷谷底。阶地斜坡是阶地面以下的陡坡。阶地面和阶地斜坡表明了阶地发育的两个主要过程：阶地面形成时期，河流的旁蚀作用或沉积作用占优势；阶地斜坡形成时期，河流的下切作用占优势。阶地的级数是由下而上按顺序分级的，把高于河漫滩的最低一级阶地称为一级阶地，向上依次为二级、三级……阶地。一般说，阶地级数愈高年代愈老。河流阶地是河流在相当长时期内稳定在一个高度之后又突然转向深切侵蚀，使原河谷底部高悬而成。形成的条件是具备较宽广的谷底和河流的下切侵蚀。导致河流下切侵蚀的原因如下：①气候变化，形成气候阶地。②构造运动，形成构造阶地。③基准面变化，形成旋回阶地。④人为活动，如水库的兴建，使原河漫滩受不到洪水的淹没变成新的阶地。阶地按组成物质及其结构分为侵蚀阶地、堆积阶地、基座阶地、埋藏阶地。

河流泥沙 river sediment 河水挟带的岩土颗粒。泥沙按输移特性分为推移质和悬移质。在悬移质泥沙中，部分细颗粒泥沙随水流下泻，不在河槽中沉降，不参与河床泥沙的交换，称冲泻质或非造床质，其余较粗颗粒则参与河床泥沙的交换和冲淤变化，称为床沙质或造床质。推移质一般仅占悬移质泥沙的5%～10%，在山区河流，有时可占10%～20%或更多。

单位体积浑水中所含泥沙的数量称含沙量，单位为千克／米^3。一定时段内通过河道某断面的泥沙数量称为该时段的输沙量，单位为千克或吨。河流含沙量随时间而变化。在一次洪水过程中，最大含沙量称沙峰。沙峰不一定与洪峰同时出现。

含沙量沿水深的分布，通常在水面处最小，河底处最大。由于水内各种副流的影响，最大的含沙量也可能不在靠近河底，而是在河底以上的某一位置。

含沙量在河流横断面上的分布随断面上水流情况不同而异。含沙量沿河长的分布，一般从上游向下游递减，也取决于流域产沙特性、河道特性和支流汇入等因素的影响程度。黄河中游流经黄土高原，沿途有高含沙量的支流汇入，因而含沙量反而沿程增加，下游河床开阔，大量泥沙落淤，含沙量才趋向减小。

河流袭夺 river capture 位置较低、侵蚀能力较强的河流夺取位置较高河流上游段的现象。自然界中几个相邻河系在内外因素的影响下，总有一个河系发展成为主河系。其侵蚀活跃，下切较深，为其支流提供了较低的河流基准面。这些支流的溯源侵蚀和侧向侵蚀较为强烈，往往切穿分水岭，夺取分水岭另一侧位置较高河流的河源段。夺水的河流为袭夺河，被夺水的河流为被夺河。被夺河的上游因改道流入袭夺河，称改向河；被夺河的下游因上游被截，称断头河。在发生河流袭夺的地方，河道经常突然拐弯，称为袭夺弯。袭夺河的河床位置较被夺河为低，袭夺后在袭夺弯附近的流水有明显的落差，此段流水称为跌水。断头河与袭夺弯之间，原为被夺河的河谷，袭夺后成为新的分水岭，但仍保留着谷地形态，称为风口。断头河由于源头被截，水量减少，流速变缓，搬运能力降低，泥沙大量堆积，堵塞水流，往往形成一些小的沼泽或湖泊。

河马科 Hippopotamidae; hippoptamines 偶蹄目一科。巨型水陆两栖哺乳动物。现有2属2种：河马属河马种，倭河马属倭河马种。分布于非洲。体长4米，肩高1.5米，体重约3 000千克。躯体粗圆，四肢短，脚有4趾；头硕大，眼、耳较小，嘴特别大；尾较小；下犬齿巨大，长50～60厘米，重2.5千克；皮较厚，40～50毫米；除吻部、尾、耳有稀疏的毛外，全身皮肤裸露，呈紫褐色。生活在热带的水草丰盛地区。常由十余只组成群体，有时也能结成上百只的大群。单独的河马多是由群中被逐出的成年雄兽。白天几乎全在水中，食水草，日食量100千克以上。水草缺少时，便在夜间上岸觅食植物或农作物。性温驯，惧冷喜暖。善游泳，可沿着河底潜行5～10分钟。在交配季节，雄性间时有争斗。妊娠期约8个月，每胎1仔，初生的幼仔重达50千克。哺乳期1年，4～5岁性成熟，寿命30～40年。河马因食大量水草而有利于疏通河道。排粪于水，可提高鱼的产量。皮革坚韧，用途较广。牙可作象牙的替代品，制作各种雕刻工艺品的原料。河马也是著名观赏动物。倭河马数量稀少，较河马更为珍贵，被列为濒危物种予以保护。

河马外形

河漫滩 flood plain 河流洪水期淹没的河床以外的谷底部分。由河流的横向迁移和洪水漫堤的沉积作用形成。平原区的河漫滩比较发育。由于横向环流作用，V字形河谷展宽，冲积物组成浅滩，浅滩加宽，枯水期大片露出水面成为雏形河漫滩。之后洪水携带的物质不断沉积，形成河漫滩。河漫滩沉积大多具二元结构，下部是河床相沉积，上部为河漫滩相沉积。河漫滩的主要类型有河曲型河漫滩、汊道型河漫滩、堰堤型河漫滩和平行鬃岗型河漫滩。

河姆渡文化 Hemudu Culture 中国新石器时代晚期文化。以浙江余姚河姆渡遗址而命名。主要分布在杭州湾南岸宁（波）绍（兴）平原和舟山群岛一带。年代约为公元前5000～前4000年。其发现首次证明，长江流域同黄河流域一样存在灿烂古老的新石器文化。

经济生活以稻作农业为主，种植籼稻和粳稻。主要农具有翻土用的骨耜、木耜、角锄和收割用的双孔石刀、舂米用的木杵等。家畜有猪、狗和水牛。渔猎采集也是重要的经济部门。原始手工业发达。陶器基本上用手工制作，晚期出现用慢轮修整陶坯。流行夹炭黑陶，配有支脚的陶釜是常见的炊器。出土有木质打纬刀、卷布轴等，这是中国迄今所见最早的一批织机部件实物，证明已用原始腰机织布。木作工艺发达。

骨耜（河姆渡遗址出土）

除木工具和木器皿外，还发现木桨，说明已有舟楫之便。另有一件木碗，外面涂着红漆，是中国已知最早的漆器。聚落是木构干栏式建筑，木构件以榫卯相接，地板用企口板拼合，开后世中国南方干栏式建筑先河。也有普通土木建筑。人们已会打井，井壁用木框架支护，井上盖有井亭，这是迄今所知中国最早的水井。当时流行以骨、玉、石、陶为材料制作的管、珠、坠、玦、璜等小件佩饰。一件雕刻双鸟朝阳纹的象牙蝶形器不但是优秀的工艺品，还反映出当时存在崇拜日神的原始信仰。

河南梆子　Henan clapper opera　中国戏曲剧种。豫剧的别称。属梆子腔系。

河南博物院　Henan Museum　中国地方综合性博物馆。馆址在郑州市农业路。前身为1927年创建于开封市的河南博物馆。1961年迁至郑州市人民路，称河南省博物馆。1998年新馆在现址建成开放，并改现名。新馆占地面积10余万平方米，其中建筑面积7.8万平方米。收藏文物12万余件，其中珍贵文物4万余件。以史前文物、商周青铜器、历代陶瓷器最具特色。珍贵文物中有新郑裴李岗出土的椭圆形四足石磨盘和圆柱状石磨棒等距今8 000年前的谷物加工工具；郑州商代遗址出土的通高1米的兽面乳钉纹铜方鼎；新郑出土的通高1.26米的春秋时代莲鹤方壶；淅川县出土的共有铭文84字的春秋青铜器“王子午”铜鼎7件。还有战国时期的龙凤纹铜鉴、坐人漆绘灯，汉代的画像石、画像砖，北朝的造像碑，隋代的白瓷围棋盘，唐代的三彩马、三彩俑，宋金时代的钧瓷器和乐舞砖俑等。该馆有19个展厅，7个基本陈列，展出文物3 000余件。该馆还对夏、商、周三朝的乐器、曲谱、服饰等进行研究、复制、陈列，并由古乐团进行古乐演奏。

河南龙山文化　Henan Longshan Culture　中国新石器时代末期文化。因主要分布在河南省而命名。年代约为公元前2600～前1900年。

经济生活以农业为主，种植粟类作物，某些地区还种植水稻。生产工具多用

陶甑（左）和陶斝（右）
（河南洛阳西干沟遗址出土）

石、蚌、骨料制造，常见穿孔石刀、石镰、蚌镰、骨铲等；也有木耒一类工具。居民饲养猪、狗、羊、牛等家畜，以养猪最为普遍。制陶业进步，大量使用轮制技术。多灰色陶，常见鼎、鬲、斝、甗、豆、甑、盆与双耳罐等陶器。房屋多是涂抹白灰地面的建筑，一般10～20平方米，适合小家庭居住。房子周围有储藏东西的窖穴。在汤阴白营发现有深达11米的方形水井，内有加固井壁的井字形木架，这是中国北方地区较早的水井。

在登封王城岗、淮阳平粮台等发现有十余座城址。其中王城岗城址呈长方形，分为东、西两城，西城保存较好，南墙与西墙的长度均达90多米。城内发现殉人、殉兽的奠基坑。平粮台城址为方形，长宽各185米，南北城墙有城门，城内有夯筑高台建筑、土坯墙排房和陶排水管道等。河南龙山文化城址的发现，对探讨中国古代城市起源及文明起源等问题有重要的学术意义。

当时的埋葬习俗，与仰韶文化有明显差别。墓地多与住地分开，流行长方形土坑墓，多单人葬，有少数男女合葬墓；但小孩也用瓮棺葬，埋在房子附近。出现埋在房基下面的瓮棺葬，死亡的儿童当是用以奠基的牺牲品。在邯郸涧沟还发现圆坑葬，坑内埋有男性青壮年与儿童，有的头骨上留有被砍的痕迹，有学者认为反映出当时社会存在对立和斗争。普遍发现用羊、猪、鹿和牛的肩胛骨加工制成的卜骨，表明占卜习俗盛行。从生产力水平与社会形态看，当时处在父系氏族社会。河南龙山文化孕育发展了中国文明初期的青铜文化，是探索夏文化的对象并提供了追寻商文化渊源的线索。

河南省　Henan Province　简称豫。位于黄河中下游，北接河北、山西，东邻山东、安徽，南连湖北，西界陕西。辖17个地级市，50个市辖区，21个县级市，88个县（见表）。面积约17万平方千米。人口9 402万（2010）。有汉、回、蒙古、满、朝鲜、壮等42个民族。少数民族人数不多，但分布较广。回族分布遍及全省，满、蒙古、朝鲜等少数民族多分布铁路沿线城市。省会郑州市。

河南省行政区划表（2010）

郑州市	武陟县　温县	杞县　通许县	方城县　西峡县
中原区　二七区	**新乡市**	尉氏县　开封县	镇平县　内乡县
管城回族区	卫滨区　红旗区	兰考县	淅川县　社旗县
金水区　上街区	凤泉区　牧野区	**商丘市**	唐河县　新野县
惠济区　新郑市	卫辉市　辉县市	梁园区　睢阳区	桐柏县
登封市　新密市	新乡县　获嘉县	永城市　虞城县	**信阳市**
巩义市　荥阳市	原阳县　延津县	民权县　宁陵县	浉河区　平桥区
中牟县	封丘县　长垣县	睢县　夏邑县	息县　淮滨县
三门峡市	**鹤壁市**	柘城县	潢川县　光山县
湖滨区　义马市	淇滨区　山城区	**许昌市**	固始县　商城县
灵宝市　渑池县	鹤山区　浚县	魏都区　禹州市	罗山县　新县
陕县　卢氏县	淇县	长葛市　许昌县	**周口市**
洛阳市	**安阳市**	鄢陵县　襄城县	川汇区　项城市
西工区　老城区	北关区　文峰区	**漯河市**	扶沟县　西华县
瀍河回族区	殷都区　龙安区	郾城区　源汇区	商水县　太康县
涧西区　吉利区	林州市　安阳县	召陵区　舞阳县	鹿邑县　郸城县
洛龙区　偃师市	汤阴县　滑县	临颍县	淮阳县　沈丘县
孟津县　新安县	内黄县	**平顶山市**	**驻马店市**
栾川县　嵩县	**濮阳市**	新华区　卫东区	驿城区　确山县
汝阳县　宜阳县	华龙区　清丰县	湛河区　石龙区	泌阳县　遂平县
洛宁县　伊川县	南乐县　范县	舞钢市　汝州市	西平县　上蔡县
焦作市	台前县　濮阳县	宝丰县　叶县	汝南县　平舆县
解放区　山阳区	**开封市**	鲁山县　郏县	新蔡县　正阳县
中站区　马村区	鼓楼区　龙亭区	**南阳市**	**省直辖县级行政单位**
孟州市　沁阳市	顺河回族区	卧龙区　宛城区	济源市
修武县　博爱县	禹王台区　金明区	邓州市　南召县	

建制沿革 河南是中华民族文化发祥地之一。境内约在50万年前就有人类活动。6 000～5 000年前，在新石器时代已是人类活动的集中地域。殷商时河南是京畿地方。北部安阳的殷墟是商代晚期从盘庚至纣王历经273年的都城。秦统一中国，在河南有三川（治今洛阳）、颍川（治今禹州）、南阳诸郡。汉属豫州及司隶。三国时期，河南属魏。隋河南大部分地区属河南郡，唐改置河南道，北宋定都开封。元大部属河南江北行省，北部为中书省直辖，明为河南布政使司，清改称河南省，以地处黄河以南得名。民国初年河南设道制，1927年废道制设省、县两级制。

自然条件 全省大地构造位居中朝准地台南缘、昆仑秦岭地槽东延部分及扬子准地台北缘。地形西高东低，南拱北坦。北、西、南三面有太行山脉、伏牛山、桐柏山和大别山四大山脉环绕，中部和东部是辽阔平坦、土壤肥沃的黄淮平原。主要由黄、淮、卫三大河流冲积而成，其核心部分是黄河古冲积扇，海拔40～100米。境内河流众多，分属黄河、淮河、海河、长江四大水系。

河南位于中纬度地带，处于亚热带和暖温带的过渡带，在气候、土壤、植被、农作物等方面具有南北过渡的特征。属大陆性季风气候区，四季分明。全省绝大部分地区年平均气温为13～15℃，无霜期190～230天。作物一般为两年三熟或一年两熟。全省有高等植物197属、3 600多种。用材林和价值较高的品种有马尾松、杉木、水曲柳、泡桐、油茶、油桐、乌桕、漆树、核桃、茶叶、板栗、文冠果等。药用植物包括木本、草本和菌类约800种，几乎遍及全省。如温县等地的生地、山药，新密的金银花等。果树种类丰富，主要有枣、柿、梨、苹果、桃、李、杏、樱桃、葡萄、猕猴桃等。全省陆栖脊椎动物多，共有400多种，为全国种类的1/5，其中有黄鼬、水獭、水貂、松鼠、麝、大鲵、青羊、金钱豹、金雕、猕猴、天鹅等珍贵动物。

图1 河南豫南黄河故道

在中国综合自然区划中，全省分别隶属于3个自然地理区。①华北平原半旱生落叶阔叶林区。河南省东部平原属此区的黄泛平原亚区和淮北平原亚区。②冀晋山地半旱生落叶阔叶林。省境秦岭东段的北坡、崤山、熊耳山、外方山的东部和嵩山（即由黄河南岸至伏牛山）属此区的豫西山地亚区。③北亚热带秦岭、大巴山混交林区。省境西南部和西部，属此区的桐柏山－大别山亚区和南襄盆地亚区。

经济概况 河南已进入全国经济大省的行列，列中西部各省区前列。

2008年粮食总产量和油料总产量居全国首位，棉花总产量居全国第3位，水果和肉类居全国第2位。种植业主要集中在京广线以东的平原地区。粮食作物以小麦、玉米、水稻、豆类及薯类为主，经济作物以棉花、烤烟、油料为主。

河南已建成较为完整的工业体系。按国家标准行业分类，在40个行业大类中河南有39个。在逐步形成食品、纺织、机械、电力、冶金、建材、化工、烟草、煤炭等重点产业的同时，具有现代工业特征的石化、电气机械、电子等新兴产业迅速崛起。①机械工业。已发展成为由农业机械、工程机械、仪器仪表、纺织机械、石化通用、重型矿山等组成的机械工业体系。②冶金工业。主要有安阳钢铁厂、郑州铝厂和洛阳铜加工厂等一批重点骨干企业。小型棒材和中板、特厚钢板、螺纹钢、优质生铁和黄铜带等在国内外市场上享有盛誉。③煤炭工业。已形成煤田地质勘探、煤炭科教、矿井施工、煤矿设计和机械制造等配套完善的煤炭工业体系。④电力工业。已建成首阳山、焦作、郑州、新乡、开封、平顶山、小浪底等十几个大、中型火电厂、热电厂和水电站，并建有超高压输电线路与华中电网联网。⑤化学工业。基本上形成了包括化肥、农药、无机化工、有机化工、染料、涂料、感光材料、精细化工、橡胶制品和化学试剂等门类的化学工业体系。⑥石油工业。是河南的新兴工业部门。南阳、泌阳和东濮（濮阳东部）油田共开发20多个油气田。⑦纺织工业。已形成以棉纺、化纤为重点，印染、毛、麻、丝、针织、家用纺织品、服装、纺织机械和纺织专用器材等综合发展的中国纺织工业重要基地之一。⑧食品工业。河南的食品工业在面粉加工、油脂加工、方便食品、肉制品、饮料、酒业、调味品、保健品、休闲食品、乳制品、儿童食品、食品添加剂等，组成了一个比较完整的现代食品工业体系。

图2 河南安阳殷墟遗址

河南地处中原，位于中国东、中、西三大经济带的接合部和京广、陇海两大铁路干线的交会处，在全国经济发展中起着联南贯北，承东启西的重要作用。京广、陇海、太焦、焦柳、新焦、新菏、京九等铁路线在河南构成了“井”字骨架。郑州站已成为全国大型客运站之一，郑州东站为全国最大的零担货运中转站，郑州北站为亚洲最大的编组站。公路以郑州为中心辐射四周的高速公路在河南境内已构筑成型。主要有三门峡至商丘、安阳至信阳、三门峡至灵宝等。水运通航河流主要有卫河、黄河、沙颍河、涡河、淮河等。空运航线可通北京、上海、广州、南京、兰州、呼和浩特等国内大中城市，以及日本、新加坡、俄罗斯、马来西亚等国家。

文教科技 主要高校有**郑州大学**、河南理工大学、河南大学、河南农业大学、河南科技大学等。河南豫剧不仅覆盖了全省，而且河北、西藏、台湾等12个省区都有豫剧团。《花木兰》、《穆桂英挂帅》和《朝阳沟》等传统优秀剧目，演出经久不衰。

名胜古迹 河南自远古时代起就是中华民族繁衍生息之地，曾长期是中国政治、经济、文化、军事的中心，先后有20多个朝代在此建都。地下文物、地上文物及馆藏文物居全国前列，加上山水风光，拥有极为丰富的旅游资源。已建成开放的旅游景点171处，有洛阳龙门、登封嵩山、信阳鸡公山、焦作王屋山和云台山5个景区为国家级风景名胜区；还有18个省级风景区，其中登封少林寺、白云山、石人山、乌龙口、鸡冠洞、黄河游览区、包公祠等比较知名。郑州少林寺武术节、洛阳牡丹花会被国家确定为重大旅游文化节庆活动。有国家历史文化名城郑州、开封、洛阳、商丘、安阳、浚县、南阳。

河南坠子 中国曲艺曲种。俗称“坠子书”、“简板书”或“响板书”。因使用坠子弦（又名坠琴）伴奏而得名。流行于河南等中原地区和华北的部分省市。约形成于清道光年间。使用河南方音说唱表演，以唱为主，唱中夹说。所用唱腔主要包括“平腔”、“快扎板”、“武板”、“五字坎”和“垛板”等。早期艺人均为男性。常演节目为《偷石榴》、《小姑贤》、《三打四劝》等“段儿书”和移植自道情说唱的《回龙传》、《五虎平西》、《狸猫换太子》等“长篇书”。辛亥革命后，开始出现女性艺人。她们的出现以及家班的形成，使得河南坠子的表演方式，在通常自拉自唱的表演之外，出现了男拉女唱或男女对唱的方式。20世纪30年代末期，许多演员至天津坐场演出并灌制唱片。其中乔清秀和乔利元的搭档演出称“小口”、“巧口”或“乔派”；程玉兰的演唱称“老口”或“程派”；董桂枝的演唱称“大口”或“董派”。在河南本地，则有擅演“风情书”的赵言祥，擅演《三国》段子的张治坤，号称商丘“四大名演”之一的李凤鸣，以及擅演长篇大书的女艺人刘明枝、刘桂枝和刘宗琴，人称“郑州三刘”。抗日战争时期，河南坠子相继传入上海、沈阳、西安、兰州、武汉、重庆和香港等地，成为中国流行最广的曲艺形式之一。

河内 Hanoi; Ha Noi 越南首都，经济、文化中心。位于红河三角洲西北部，红河与急流江的汇合处，距河口100多千米。面积3 340平方千米（2008年8月与河西省、永富省的迷灵县、和平省的梁山县4个乡合并，组成新河内市）。人口645万（2009）。地处肥沃的冲积平原。年平均气温23.6℃，年降水量约2 000毫米，属热带季风气候。有1 000年以上的历史，古称龙渊、龙编。1010年李朝在此建都。16世纪发展为东南亚国际贸易的重要港口。1831年改名河内，意即“被环抱在红河大堤之内”。1873年为法国殖民者占领。1902年为法属“印度支那”首府，并建成专供法国人度假的城市。主要工业有机器制造、化肥、化工、建材、纺织、制糖等。重要的交通枢纽。铁路南

巴亭广场上的胡志明墓

至胡志明市，北到太原，东接海防，西北经老街、东北经谅山到中越边界。公路连接国内各地和老挝、柬埔寨。水运便捷，可通红河三角洲主要城镇。市郊的嘉林机场是全国最大的国际机场。市区面积不断扩大，已建成尚亭、永绥、文典、嘉林、东英等新工业区。西湖为旅游地。还有象山、竹山、禅光湖等风景区。市内多古建筑，主要有螺城、独柱寺、二征女王庙、玉山祠、文庙和在1076年李朝仁宗建立的第一所大学国子监。有文典新石器遗址、古螺黄铜和新铁器遗址。还有胡志明陵墓。

河曲马 Hequ horse 马的地方品种。挽乘兼用型。分布于中国甘肃、青海和四川3省的接壤处。中心产区位于黄河上游第一弯曲处，故名。其特点为对高原气候的适应性强。体质结实，稍粗糙。头长，耳长，颈长中等。鬐甲较厚，胸廓发达，背腰平直，

尻短斜。四肢关节强大，肌腱发育良好。被毛主要为黑、青、骝或栗色。母马平均体尺（厘米）：体高132.5，体长139.6，胸围164.7，管围17.8。用河曲马改良蒙古马和西藏马都收到较好效果。

河上肇 Kawakami Hajime（1879-10-20～1946-01-30） 日本经济学家、哲学家。生于周防国（今山口县）锦见村下级士族之家，卒于京都。1902年毕业于东京帝国大学法科大学政治学科。1908年任京都帝国大学法科讲师，翌年升任副教授。1913～1915年留学欧洲，获法学博士学位，回国后任教授，讲授经济学原理和经济学史。

通过研读《资本论》而走上追求马克思主义真理的道路。1932年加入日本共产党，1933年1月被捕，1937年3月出狱后退隐书斋。著述多达50余种，均收入《河上肇全集》(第1辑26卷，第2辑7卷，岩波书店)。《资本论入门》(1932)是河上翻译和研究《资本论》的心得，也是他学术研究最高水平的代表作品，该书在东亚各国广为流传，对传播马克思主义作出了很大贡献。他作为马克思主义哲学家，主要著作有《唯物史观研究》(1921)、《关于唯物史观的自我清算》(1927)、《马克思主义经济学的基础理论》(1929)、《社会问题研究》(106册，1919～1930）等。河上肇的著作对中国新民主主义革命产生过广泛而深刻的影响。

河套灌区 Hetao Irrigation District 中国最大的引黄灌区。位于内蒙古自治区西部的巴彦淖尔市。总干渠设计引水流量为565米³/秒，灌溉面积1 100万亩，灌区可控制面积1 743万亩，实灌面积861万亩。

内蒙古河套灌区始建于汉朝，历代几经兴废，至1949年灌区内形成十大干渠，灌溉面积约290万亩。1950年以来，对河套灌区进行了扩建和改造：①合并引水渠口，建闸控制。②修建引水枢纽，1961年建成黄河三盛公水利枢纽，开挖总干渠。③对灌溉渠系进行了大规模的改建、新建和配套。④开挖排水渠，治理盐碱地。从1962年开始，开挖了骨干排水工程，通过总排干沟排水入乌梁素海，改变老灌区有灌无排的不合理状况。

河套平原 Hetao Plain 中国阴山山脉与鄂尔多斯高原间的断陷冲积湖积平原。位于内蒙古自治区西南部，北至阴山南麓，南到鄂尔多斯高原北缘的陡坎，西与乌兰布和沙漠相连，东及东南与蛮汉山山前丘陵相接。东西长约500千米，南北宽20～90千米，面积约2.6万平方千米。行政区划包括呼和浩特和包头2市的大部，巴彦淖尔市的南部，鄂尔多斯市的北部和乌兰察布市的小部分地区。

黄河在甘、宁、内蒙古、陕、晋5省区境内形成马蹄形大弯曲，这一大弯曲的北部，亦即白于山（陕北）以北、贺兰山以东、阴山以南、芦芽山（晋西北）以西的地区称为河套。这一地区黄河两岸的平原称为河套平原，西南起自宁夏回族自治区中卫市的沙坡头区，东北到内蒙古自治区清水河县的喇嘛湾，可分为银川（宁夏）平原、后套平原和前套平原（又称土默特平原）3部分。一般称河套平原仅包括前套平原和后套平原。平原海拔900～1 200米，地势由西向东微倾，西北部第四纪沉积层厚1 000米以上。山前为洪积平原，面积占平原总面积的1/4，余为黄河冲积平原。年平均气温5.6～7.4℃，无霜期130～150天，农作物一年一熟。河套平原土地肥沃，适于种植春小麦、水稻、糜、高粱、大豆、玉米等，是宁夏、内蒙古的主要农业区。有“塞外米粮川”之称。

河套人 *Human remains* from Ordos 晚期智人化石。出土于中国鄂尔多斯市乌审旗

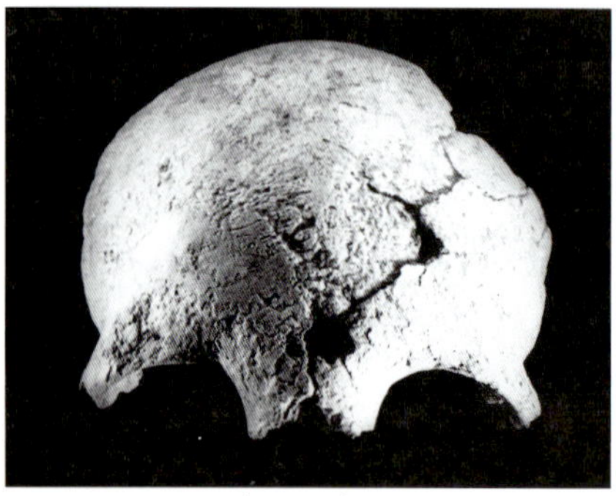

河套人头骨化石

境内的萨拉乌苏河两岸。包括1922年发现的一枚小孩上外侧门齿，1956年发现的左侧股骨的下半段和一块右侧顶骨破片，1978年和1979年发现的三件额骨、一件下颌骨残片、一件右侧股骨和一件左侧胫骨等。其顶骨在矢状方向上的长度、顶骨的曲度都与现代人接近；脑膜中动脉沟的后支比前支发达，与北京猿人接近；头骨的厚度比现代人的平均值大；眉弓显著。股骨壁厚，髓腔很小，呈原始性质；股骨中段的横径比例与尼安德特人接近，但不及他们粗壮。胫骨与现代人相似。牙齿大小与现代人的相近，门齿舌面有明显的底结节和铲形凹。河套人具有较多的现代人特征，但也保留一些较为原始的特征。距今5万～3.5万年。

河图洛书 Yellow River chart and Luo River writing 中国传说中天赐的图像。有关记载最早见于《尚书·顾命》。《周易》云："河出图，洛出书，圣人则之。"但对河图与洛书的内容已不能详考。汉代传说伏羲时有龙马出于黄河，背负河图，伏羲据以画八卦；夏禹时有神龟出于洛水，背负洛书，夏禹据以作洪范九畴。宋初道士陈抟提出龙图即河图。其后，刘牧又据以发展为河图和洛书两种图式。后宋儒认为刘牧将河图与洛书颠倒，故朱熹《周易本义》中将刘牧图名称互易，图式不变。近人有以河图与洛书为古代地理书者。

河豚 Tetraodontidae; pufferfish 鲀形目鲀科鱼类的统称。因常在河口地区活动，大部分体形似豚（仔猪）而得名。又称河鲀。广泛分布于温带、亚热带和热带海区。中国南北均有分布，个别品种也见于江河中。中国产15种，常见种有暗色东方豚、虫纹东方豚、条纹东方豚、红鳍东方豚和横纹东方豚等。河豚体粗短，亚圆筒形。头及吻宽钝。上下颌牙愈合成4个牙板，有中央缝。鼻孔两个。背鳍与臀鳍相似，均为1个，无腹鳍。尾部沿体下部两侧有皮褶。有鳔，气囊发达。气囊遇敌害时能吸入水或空气，使腹部膨胀如球浮于水面。常栖息于海底层半咸水中。性贪食，主要摄食虾、蟹、贝类及小鱼等。产卵一般在4～6月。多数种于春季由外海游向近岸，在潮间带及石砾间产卵；冬季移向外海。河豚肉鲜美，但内脏含有剧毒的河豚毒素，人畜误食均能致死。河豚青素有止血、止痛、止痉挛等医学价值。

河西走廊 Hexi Corridor 中国内地通往新疆的要道。东起乌鞘岭，西至古玉门关，南北介于南山（祁连山和阿尔金山）和北山（马鬃山、合黎山和龙首山）间，长约900千米，宽数千米至近百千米，为西北—东南走向的狭长平地，形如走廊，称甘肃走廊。因位于黄河以西，故称河西走廊，历代均为中国东部通往西域的咽喉要道。汉唐以来，成为"丝绸之路"一部分。15世纪以后，渐次衰落。

河西走廊风貌

河西走廊属于祁连山地槽边缘拗陷带。自南而北，依次出现南山北麓坡积带、洪积带、洪积冲积带、冲积带和北山南麓坡积带。走廊地势平坦，一般海拔1 500米左右。沿河冲积平原形成武威、张掖、酒泉等大片绿洲。其余广大地区以风力作用和干燥剥蚀作用为主，戈壁和沙漠广泛分布，绿洲面积更小。以黑山、宽台山和大黄山为界将走廊分隔为石羊河、黑河和疏勒河3大内流水系。河西走廊冬春二季常形成寒潮天气。夏季降水的主要来源是侵入本区的夏季风。气候干燥、冷热变化剧烈，风大沙多。自东而西年降水量渐少，干燥度渐大。

地带性植被主要由超旱生灌木、半灌木荒漠和超旱生半乔木荒漠组成。为防止风沙和干热风侵袭，绿洲地区采用钻天杨、青杨、新疆杨、沙枣等营造防风林带，效果显著。

河西走廊灌溉农业区历史悠久，是甘肃省重要农业区之一。平地绿洲区主要种植春小麦、糜子、谷子、玉米及少量水稻、高粱、马铃薯。油料作物主要为胡麻。瓜类有西瓜和白兰瓜，果树以枣、梨、苹果为主。山前地区以夏杂粮为主，主要种植青稞、黑麦、蚕豆、豌豆、马铃薯和油菜。河西畜牧业发达，如山丹马营滩自古即为著名军马场。矿产资源有玉门石油、山丹煤、金昌镍及其他多种金属。

河源市 Heyuan City 中国广东省辖地级市。位于省境东北部。北邻江西省。面积15 478平方千米。人口295万（2010）。辖源城区和龙川、紫金、和平、东源、连平5县。晋为龙川县地。南朝齐永明元年（483）析龙川县地置河源县。1988年撤县设河源市。北回归线横贯南部。森林资源除松、杉、柯、枫等外，还有格木、楠木、柏木等珍贵树种。名优特产有大蒜、三黄鸡、香菇、桂花鱼等。农作物有水稻、甘薯、花生、烟草、油菜、甘蔗、茶叶等。矿产资源丰富，如大顶铁矿，和平稀土矿、萤石和矿泉等。此外，有色金属矿产品位高，储量大。工业以水电、采矿、机械、电子、建材、医药、纺织、化纤、食品为主。可开发利用的水能资源约100万千瓦。新丰江水电站和枫树坝水电站是华南最大的2座水电站。名胜古迹有龟峰塔、万绿湖、霍山"丹霞地貌"、佗城、漳溪黄龙岩溶洞、新丰江国家森林公园等。

荷包 pouch 放在怀里或佩于腰间的精美小包。用来盛储随身小物件或香料。中国汉、满、蒙古等民族都有使用。有钱荷包、香荷包、烟荷包、针线荷包、眼镜袋、钥匙袋、扳指盒、扇袋等。先秦时已出现。宋以后始称荷包。多以布帛刺绣、绘画或以绳带编结而成，也有用金银、玉、木、牙、革、角制成者，形状有圆、方、葫芦、鸡心、花瓶、银锭等。绣制荷包时，几乎用到所有的刺绣针法。配色华丽而典雅，图案多为吉祥纹样，体现了中国传统的审美观。荷包多配系带，编出百结，饰以流苏，常作为馈赠礼品或皇帝对臣属的赏赐之物。

圆形荷包

一般男子挂于腰间，女子佩在襟前。因使用普遍，在绣庄和街头亦有出售。中华民国以后，在城市里已很少见到，但在农村和少数民族地区仍有使用。现作为传统民间工艺品，在旅游景点仍很受欢迎。

荷包牡丹 *Dicentra spectabilis*; common bleeding-heart/colicweed 罂粟科荷包牡丹属的一种。原产欧洲。栽于中国北部。多年生草本。叶互生，复叶，小叶卵形，全裂或深裂。

总状花序长10～30厘米，在花序一侧生下垂的花；花两性，双面对称；萼片2；花瓣4，粉红色，外2片基部膨大呈囊状，中部收缩，末端向外反折，内2片狭长，白色，长圆形，顶端紫红色，背面有龙骨状突起，中部收缩；雄蕊6，合生成2束；心皮2，合生，子房上位；花期4～5月。蒴果狭圆柱形；种子多数，黑色，细小，有光泽；果期6～8月。为著名观赏植物，亦用作镇痛药。

荷尔拜因 Holbein, Hans (1497/1498～1543) 德国画家。生于奥格斯堡，卒于英国伦敦。又称小荷尔拜因，以区别于其父老荷尔拜因。小荷尔拜因成就卓著，是德国文艺复兴美术主要代表，与A.丢勒、M.格吕内瓦尔德齐名。幼年随父学画，深得精工写实的家传。1514年与其兄前往瑞士的巴塞尔工作，结识了人文主义学者D.伊拉斯谟。1517年，南游意大利，归来后成为巴塞尔画坛名家。1532年定居英国，1536年任英国国王亨利八世的宫廷画家。

荷尔拜因艺术的最大成就是肖像画。

《伊拉斯谟肖像》

他19岁时画的巴塞尔市长J.迈尔的肖像是成名之作。现藏巴黎卢浮宫博物馆的《伊拉斯谟肖像》(1523)是西方最著名的肖像画之一。定居英国后，代表作有《大使像》(1533)和《莫莱特像》等。

荷尔拜因宗教画的杰作有《索洛图恩的圣母》(1522)和《达姆施塔特的圣母》(1528)，皆以所藏城市命名。他还是杰出的版画家，最成功的版画作品是1525～1526年所作的《死神之舞》组画41幅，表现手法诙谐幽默，木刻线条流畅简约，风格洒脱。

荷尔德林 Hölderlin, Friedrich (1770-03-20～1843-06-07) 德国诗人。生于劳芬，卒于蒂宾根。1793年毕业于蒂宾根神学院。先后在瓦尔特斯豪森、法兰克福、瑞士的豪普特维尔、法国的波尔多等地做家庭教师。1802年后精神失常。

《许佩里翁，或希腊的隐士》是荷尔德林的一部书信体小说(2卷，1797～1799)。主人公许佩里翁生长在18世纪土耳其统治下的希腊，为祖国被侵略而忧伤，参加了1770年反对土耳其的解放战争。后来心爱的狄奥提马不幸死去，他只有走上隐居之途。未完成的悲剧《恩培多克勒之死》(1796～1800)写哲学家恩培多克勒投身埃特纳火山口的传说。荷尔德林的诗，有古典颂歌体诗、挽歌体诗和自由节奏诗，艺术上臻于完美，主要有《致命运女神》、《海得尔堡》、《梅农为狄奥提马而哀叹》、《漫游者》、《返回家乡》、《爱琴海群岛》等。

荷尔蒙 hormone 激素的音译名。由动、植物某些特异细胞合成和分泌的高效能调节生理活动的有机物质。

荷花 *Nelumbo nucifera*; hindu lotus 睡莲科莲属的一种。多年生水生草本植物。见睡莲科。

荷加斯 Hogarth, William (1697-11-10～1764-10-26) 英国画家、艺术理论家。生于伦敦，卒于伦敦。15岁从银盘雕刻家E.甘布尔学艺。1720年以雕刻师身份在伦敦独立开店营业，并以插图画家和讽刺画家而闻名。业余时间学油画，先在圣马丁的莱恩学院，后在J.桑希尔爵士门下学习。1729

《文明结婚》组画之一

年创造了一种谈天画，把许多肖像集中于一幅画中，类似17世纪荷兰的团体肖像画，但更富于戏剧性，更着重心理刻画。代表作有《征服墨西哥》(后名《印度皇帝》，1731年)和《乞丐歌剧之一场景》。他还创作了连续性组画以讽刺社会的不良现象。代表作有《妓女生涯》(约1731，6幅，后毁于火)、《浪子行径》(1735，8幅)、《文明结婚》(1743，6幅)、《勤勉与怠惰》(1747)等。这些作品色调新颖，技巧娴熟，揭露了18世纪英国社会的腐朽与衰败。

荷加斯的油画笔触粗阔，色彩富于表现力，代表作有《卖虾女郎》(约1759)与《洛瓦特爵士》。《卖虾女郎》轻快而奔放，画面充满了生命力的笔触。《加来之门》(1748)深刻表现了被贫穷折磨及被教会奴役的法国。

1753年发表的《美的分析》，是欧洲美学史上第一篇建立于形式分析的论著。他讽刺学院派和18世纪的艺术趣味，主张用准确、优美和雅致的曲线作为达到绘画美的钥匙，这在他的许多插图和1745年的自画像中得到了充分的体现。作为18世纪英国风俗画奠基人，荷加斯的民主主义启蒙思想对英国绘画的发展有一定影响。

荷兰 Netherlands, The; Nederland 欧洲西部国家。全称荷兰王国。西、北临北海，东与德国，南与比利时为邻。国土面积41 528平方千米(包括内陆水面)，陆地面积3.39万平方千米。人口约1 657.5万(2010)。居民中90%以上为荷兰人，其余为弗里西亚人和佛拉芒人。官方语言为荷兰语，但在弗利斯兰省以弗里西亚语作为第一语言。居民中罗马天主教徒占31%，基督教新教徒占21%，伊斯兰教徒占4%，另有少量犹太教徒。约有34%的人口不属于任何教派。首都阿姆斯特丹，国会和政府所在地海牙。

地理 全境地势低平，是世界上著名的“低地之国”。全国约1/3的面积低于海平面，1/3仅高出海平面1米。西部沿海为低地，河流、运河、海湾交错；东部为冰碛平原，海拔40～60米，地势起伏和缓；

东南部为阿登高原的一部分，最高峰位于比、德、荷三国交界处的法尔斯山，海拔321米。

主要河流有莱茵河、马斯河、斯海尔德河。围海造田残留的艾瑟尔湖为荷兰最大的淡水湖。围海造田是荷兰一大特点，从13世纪开始围海造田。

温带海洋性气候，冬温夏凉。气候的区域差异较小。矿产资源贫乏，较重要的有泥炭和煤。

历史 公元前1世纪，受罗马人统治。5～9世纪，为法兰克王国的一部分。843年，《凡尔登条约》将帝国分为三部分，荷兰属于罗退尔帝国。925年，荷兰成为神圣罗马帝国的一部分。在随后的几个世纪中，荷兰和比利时地区被称为低地国家。整个中世纪，荷兰名义上仍与神圣罗马帝国保持着联系，但地方势力逐渐强盛，封建割据状态占据主导地位。15世纪勃艮第公爵控制了荷兰大多数区域。1519年，受神圣罗马皇帝和西班牙国王查理五世统治。1566年掀起了新教徒反对罗马教廷的运动。1579年促成了乌得勒支同盟成立，这是一个主要由低地国家的北方各省组成的联盟，也是构成今日荷兰国家的核心地区。联盟各省于1581年宣告脱离西班牙独立。1648年西班牙正式承认荷兰共和国的主权。

16世纪末，荷兰海军击败了西班牙海军，荷兰商船队逐步替代了西班牙商船队称霸世界的地位。17世纪中叶成为欧洲最著名的商业和海洋强国。17～18世纪荷兰与英国和法国之间发生纠纷和冲突，开始衰落。1795年法国在荷兰成立巴达维亚共和国取代七省联盟，1806年改称荷兰王国。1810年又将它并入法兰西帝国。1815年维也纳代表会议上荷兰恢复独立，成立荷兰王国，疆域包括了今日的比利时。1831年其属地比利时宣布独立。1848年成为君主立宪国。第一次世界大战荷兰保持中立。第二次世界大战爆发，持中立立场的荷兰于1940年被德国占领，1945年5月光复。战后荷兰放弃中立政策，积极参与国际事务和区域政治经济的合作。1945年成为联合国的成员。1948年与比利时、法国、英国和卢森堡一起组成布鲁塞尔条约组织。1949年加入北大西洋公约组织。1951年成为欧洲煤钢共同体的发起国。1952年加入《欧洲防务共同体条约》。1955年加入《伦敦－巴黎协定》。从而成为欧洲多国防务机构的完全成员。1958年参与创建欧洲共同体（欧洲联盟的前身）。荷兰一些殖民地除加勒比海的荷属安的列斯和阿鲁巴外，也都纷纷独立。

政治 荷兰为世袭君主立宪制国家，国王为国家元首。荷兰宪法于1814年3月29日颁布。1848年修改。宪法规定立法权属国王和议会，行政权属国王和内阁。但根据修改的宪章，政府首脑是由选举产生的首相，形式上首相还要经过国王和国务委员会的共同任命。首相负责组阁。荷兰议会分一、二两院（即上、下两院），任期均为4年。主要的立法权力事实上由二院掌握，但一院具有立法否决权。各省都有王室任命的一位总督和普选产生的省议会。地方政府只有有限的税收权利，大部分的财政靠中央政府。法院系统最高一级是荷兰高级法庭，位于海牙。在名义上所有法官都由国王任命。实行多党制。较

图1 荷兰艾瑟尔湖围海造田的堤坝

大政党有基督教民主联盟、工党、自由民主人民党和六六民主党等。荷兰于1950年3月7日宣布承认中国，1954年11月19日两国建立代办级外交关系，1972年5月18日升格为大使级。

经济 发达资本主义国家。2009年国内生产总值5 740亿欧元，人均国民收入34 620欧元。经济属外向型，60%以上的产品供出口。

工业以多种制造业为基础，主要部门是能源、化学、电子、食品加工、饮料、烟草、机械、交通设备（特别是商船）等。荷兰是一个石油净进口和天然气净出口国家。现代服务业发达，除交通、通信、商贸外，现代服务业，如金融、保险、证券、物流、信息、咨询、旅游等，已成为第三产业的主体。

农业发达且为主要出口部门。耕地占全国土地总面积的26.8%，牧草地占29.2%。农业专门化部门为畜牧业、花卉和蔬菜种植，以高度集约化和高产著称。农产品出口中，以肉类、花卉、蔬菜、黄油、奶酪等为主，粮食主要从国外进口。历史上以郁金香种植而闻名。渔业是一项传统的产业，主要捕捞鲭、鲱、鳕、鲽、贻贝、虾等。

荷兰为西欧与世界商业往来的门户，拥有世界最大的船队之一。2003年铁路通车里程2 806千米。公路运输发达，全国公路网长13.24万千米。阿姆斯特丹的斯希波尔机场是欧洲主要的国际航空港之一，格罗宁根、马斯特里赫特、鹿特丹等城市均有机场。鹿特丹是世界最大海港之一，另有主要港口阿姆斯特丹。

2002年1月1日，荷兰宣布采用欧元，原国家货币荷兰盾作为法定货币退出使用。

经济开放程度较高，为重要的转口贸易国。2009年外贸总额5 851亿欧元。主要出口货物有食品化学和化工产品、机械及工业制成品。进口货物主要为原油、机电产品、粮食、机械、轻纺产品及金属原料等。欧盟成员国是荷兰主要的进出口贸易伙伴。最大贸易伙伴是德国。旅游业较发达，沙滩、水上运动、历史遗产及文化活动是吸引游客的主要内容。2004年入境的国外游客在荷支出为26亿欧元。

文化 基础教育水平较高。全国实行5～16岁12年义务教育制。约有1/3的中小学为公立学校，非公立学校大多由罗马天主教或新教等教会机构举办。主要高等学府13所，还有数座美术学校。主要报刊有《电讯报》、《每日汇报》、《人民报》、《新鹿特丹商报》、《誓言报》、《金融日报》等。有半官方的荷兰通讯社。有5个全国广播电台、10个地区广播电台和150个地方广播电台。另有半官方的全国性电视台3个。电视广播覆盖率达100%。

图2 荷兰风车

荷兰豆 *Pisum sativum* var. *macrocarpum*; sugar pod garden pea 豆科豌豆属的一个变种。一二年生攀缘性草本植物。又称软荚豌豆、甜荷仁豆、甜脆豌豆。为豌豆中以嫩荚供食的一个变种。由原产地中海沿岸和西亚的普通粮用豌豆演化而来。美国、欧洲栽培较多，中国四川、云南及东南沿海多有种植，北方也有栽培。

直根系，侧根少。茎矮生或蔓生，中空。偶数羽状复叶，叶面略被蜡质或白粉。短总状花序或单生。荚扁平或圆棍状。种子球形、圆粒或皱粒。喜冷凉湿润，较耐寒，不耐热。结荚期要求较强光照和较长日照时间。不耐涝。对土壤适应性较强。按生长习性可分为矮生、半蔓生和蔓生种。用种子繁殖。中国南方多为秋播春收，北方为春播夏收或春夏播夏秋收（东北、西北）。

荷兰豆以肥嫩多汁的嫩荚供食用，富含蛋白质（约7.2克/100克鲜样）以及糖类、各种维生素和矿物质等。并具有益脾和胃、生津止渴等保健功效。

荷兰侵占台湾 17世纪初荷兰殖民者对中国大陆东南沿海和台湾的侵略。荷兰在17世纪继西班牙之后成为世界上最大的殖民国家。明万历三十二年（1604）以后，荷兰殖民者多次企图强占澎湖未逞，就于天启四年（1624）八月转而侵占中国台湾岛西南部，先在大员建台湾城（荷人称热兰遮城），后又在赤嵌地区建赤嵌城（荷人称普罗文查城）等城堡，作为军事侵略统治据点，并使用武力镇压高山族，烧毁村庄。崇祯十五年（1642），荷军又打败于天启六年侵占台湾北部鸡笼（基隆）、淡水的西班牙殖民者，夺占了台湾的西南部和北部。顺治十八年（1661）四月，民族英雄郑成功率军在台湾登陆，于翌年二月一日迫使荷兰侵台长官揆一投降，将其全部赶出，结束了荷兰在台湾38年的殖民统治。

荷兰人 Netherlanders; Dutch 西欧荷兰王国的主体民族。主要分布在荷兰北部和中部地区。部分散居美国、加拿大、奥地利、比利时、德国。属欧罗巴人种。语言为荷兰语，属印欧语系日耳曼语族。荷兰人主要由属于日耳曼部落群西支的弗里西亚人、巴塔维人、法兰克人、撒克逊人同凯尔特人结合而成。15世纪末，为尼德兰的居民。16世纪，尼德兰处于西班牙统治之下。1566年开始了反对西班牙的战争，即尼德兰资产阶级革命。战争过程中，尼德兰北部居民脱离西班牙，于1581年成立荷兰共和国，发展成为荷兰人。17世纪时，荷兰人是欧洲最发达的民族。当时工商业和航运业都很发达。在文化方面，出现了唯物主义无神论哲学家B.斯宾诺莎、近代国际法奠基人H.格劳秀斯、画家伦勃朗等杰出人物。工业以造船和电子工业著称。农业以生产奶、肉的畜牧业为主，传统种植小麦、亚麻、甜菜、土豆、蔬菜、花卉。沿海居民从事捕鱼业。

手捧郁金香的荷兰女子

荷兰语 Dutch language 荷兰的官方语言，也是比利时的官方语言之一。属印欧语系日耳曼语族西支。分布于荷兰、苏里南和比利时（在比利时称佛拉芒语）。南非、荷属安的列斯群岛也有使用者。使用总人口约2 000万。

荷兰语起源于原始日耳曼语。它的发展可分为3个时期：①古荷兰语（约公元1100年前）。特点是元音a、o、i、u没有弱化现象。②中古荷兰语（1100～1500）。在中世纪，标准荷兰语尚未形成，但由于商业繁荣和其他历史原因，荷兰省方言逐渐成为共同语。

③近代荷兰语，约始于1600年。当时荷兰南部被西班牙占领，不少佛兰德和布拉邦地区的人移居北方，促进了北方的繁荣和大城市的兴起，南方的印刷业随之北移，文学得到很大发展，形成了标准荷兰语。

荷兰语有元音13个，辅音19个。单词重音一般落在第一个音节上。荷兰语介于英语和德语之间，比其他任何日耳曼语言都更接近英语。荷兰语名词的格已经消失，语法形式比德语简单，许多词尾屈折已经脱落。动词有直陈、祈使、虚拟3种语气；有过去分词和现在分词。代词有3种人称。名词分单、复数。双数的概念已不存在。荷兰语使用以拉丁字母为基础的文字。

荷马 Homer; Homeros 相传为古希腊史诗《伊利昂纪》(一译《伊利亚特》) 和《奥德修纪》(一译《奥德赛》) 的作者。最早关于荷马的记载，见于残存的前6世纪克塞诺芬尼的讽刺诗，但是根据希腊地方志家鲍萨尼阿斯的记载，在前7世纪初的诗人卡利诺斯的诗篇里已经有关于荷马的记载，所以荷马这个名字早在前8～前7世纪已经为人所共知。对于荷马的活动年代、出生地以及名字的说法很多，较为合理、可信的是：荷马可能生活在公元前8～前9世纪，出生于希腊东部靠近小亚细亚一带。荷马很可能是一位盲乐师。

荷马史诗《伊利昂纪》和《奥德修纪》，每部都长达万行以上；《伊利昂纪》共有15 693行，《奥德修纪》共有12 110行，两部都分成24卷。这两部史诗开始时只是根据古代传说吟咏的口头文学，靠着歌手的背诵流传下来的零散篇章，荷马大概就是最后把这两部史诗初步定型的职业吟诵诗人。

今天所能看到的荷马史诗的旧抄本，最早约成文于10世纪左右。它们所根据的都是前3～前2世纪间亚历山大城的几位学者的校订本。那时最后校订荷马史诗的学者中最著名的有三人，他们是泽诺多托斯、阿里斯托芬及其弟子阿里斯塔科斯。

荷马史诗采用六音步诗行，不用尾韵，但节奏感很强。这种诗体显然是为朗诵或歌吟而创造出来的。诗中常常重复不少惯用的词句，甚至整段重复，给人以更深的美的感受。使用比喻来加强气氛，使得人物形象更加鲜明，也是荷马史诗里一个突出的艺术手法。此外，荷马史诗还善于用简洁的手法描写，寥寥数语表达出很深的感情。荷马史诗在西方古典文学中一直享有最高的地位。

荷马时代 Homeric Age 公元前11～前9世纪古代希腊氏族制度解体的历史阶段。因反映该时期社会情况的主要史料是荷马史诗，故名。因史诗描述的是神话中英雄的故事，又称英雄时代。荷马时代当氏族社会末期，已有阶级萌芽，虽然存在原始民主，但军事首长的权力日见增大，在社会发展阶段上属于军事民主制时期。在荷马时代，迈锡尼文明中心的城市、宫殿、文字，以及以宫殿为中心的经济组织和官僚机构消失了。希腊人日益广泛地掌握冶铁技术，并在农业和手工业中普遍使用铁制工具。农业、畜牧业是主要的生产部门，公社土地由每个家庭耕种。贫富分化日趋严重，开始出现私有制和奴隶制，但作为奴隶主的氏族贵族还没有脱离生产劳动。战争中氏族贵族起重大作用。公元前9～前8世纪第一批希腊城邦产生，荷马时代告终。

荷属安的列斯 Netherlands Antilles 加勒比海中的荷兰属地。由相距800多千米的南北两组岛屿组成。北组位于小安的列斯群岛中的背风群岛北端，包括圣马丁岛的南半部、萨巴岛和圣尤斯特歇斯岛，属热带雨林气候。南组位于加勒比海南部、委内瑞拉的近海海域，包括库拉索、博奈尔两岛，属热带草原气候。两组岛屿总面积800平方千米(不包括阿鲁巴)。人口约22.7万(2009年估计)，85%为黑白混血种人。荷兰语和帕彼曼都语为官方语言。82%的居民信奉天主教。首府威廉斯塔德。

南部岛屿于1527年被西班牙殖民者占领，1634年易手荷兰。北部岛屿于17世纪中叶被荷兰占据，此后多次易主，1816年最后确定为荷兰属地。1954年该群岛获得完全内部自治权，成为荷兰王国自治领地。总督由荷兰女王任命，掌管外交和国防事务。政府由总督和部长会议组成，部长会议主席即政府总理，任期4年。议会为一院制。主要政党有安的列斯重建党、新安的列斯运动和工人解放阵线等。

旅游业在20世纪80年代以后发展迅速，已取代传统的炼油业，成为最重要的经济部门。重要的离岸金融中心，金融服务业发达。制造业规模小，主要有食品、造纸和纺织等。农业不发达，耕地面积8 000公顷，主要种植芦荟、蔬菜、热带水果等。外贸以进口原油和出口石油产品为主，主要贸易对象是美国、荷兰和委内瑞拉等国。2007年国内生产总值约为36亿美元。货币名称荷属安的列斯盾或弗罗林。各岛均有良好的公路网，总长813千米，但无铁路。空运有通往美国、阿鲁巴、委内瑞拉及加勒比国家的航线。主要港口为库拉索。

教育较发达。主要通讯社为荷兰通讯社。有15家广播电台，5家电视台。

核材料 nuclear material 核工业中所用材料的总称。包括裂变反应堆和聚变反应堆建造、核武器制造及核燃料循环中使用的材料，如核燃料、增殖材料、包壳材料、反应堆控制材料、慢化剂、冷却剂、屏蔽材料等。其中有些材料在传统工业中很少应用，只是为满足核工业所要求的特殊性能而发展起来的，如含铀、钚、钍、氘、氚、锆、铪等材料。此外，在传统工业中已被广泛采用的材料，如铝合金、不锈钢、石墨、钠等，在核工业中应用时，对它们的化学成分和对环境(如辐照、腐蚀)的适应能力也有特殊要求。在某些场合核材料专指易裂变材料铀-235、铀-233、钚-239，聚变核燃料氚和锂-6。这些材料是核武器的关键材料，为保证其安全和合法利用，各国的核安全当局都将其列为核材料管制范围。

核磁共振 nuclear magnetic resonance 在恒磁场中磁矩不为零的原子核对特定频率的电磁波的吸收或发射现象。见核磁共振波谱学。

核磁共振波谱学 nuclear magnetic resonance spectroscopy 通过核磁共振研究物质的性态、结构和运动的学科。在恒定外加磁场中具有自旋的原子核受射频辐射照射，当射频频率等于原子核在恒定磁场中的进动频率时产生的共振吸收谱的现象称核磁共振(NMR)。宏观物质的核磁共振现象于1946年被E.M.珀塞耳和F.布洛赫等人发现。

在强度为B的外加恒定磁场作用下，核

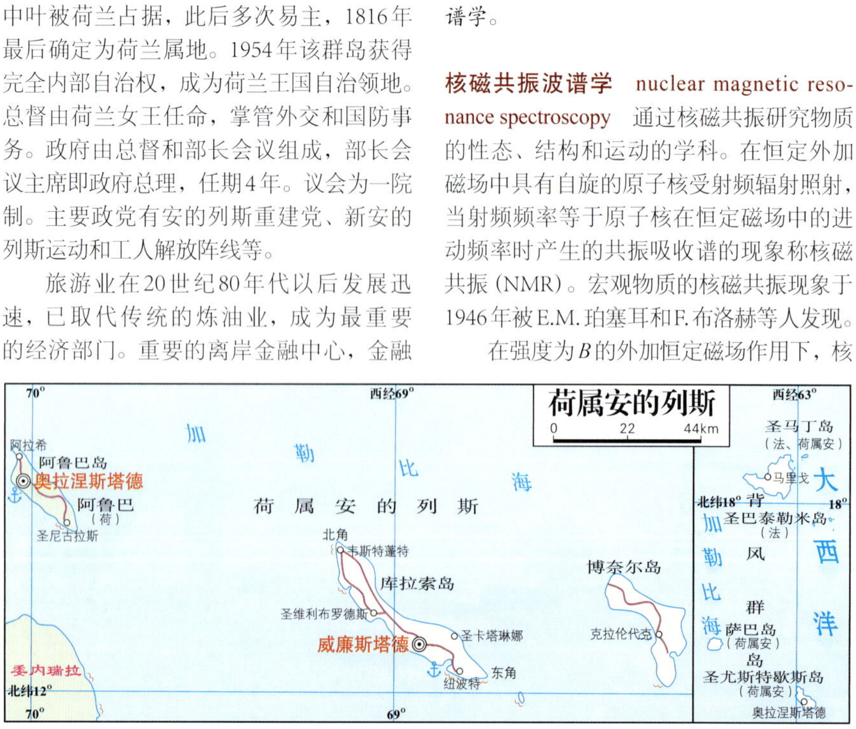

一方面自旋，另一方面绕磁场进动，进动频率$\nu=\gamma|B|/2\pi$。如果在与B垂直的方向上再加一个频率为ν_1的交变磁场H_1，当ν_1和ν相等时即发生核磁共振。根据量子力学原理，核自旋为I的原子核具有自旋角动量p，其绝对值为$|p|=\sqrt{I(I+1)}\,\hbar$，相应的核磁矩为$\mu_N=\gamma p$，式中γ为核的旋磁比。在外加恒定磁场作用下，核磁矩有$2I+1$个取向，称为塞曼分裂，代表$2I+1$个能级。当频率为ν的射频辐射能量$h\nu$等于核自旋磁矩在恒磁场中相邻两个能级之差ΔE时，原子核吸收辐射，从低能级跃迁至高能级，这就是核磁共振现象。

固定外磁场连续改变射频辐射频率，或固定外射频辐射频率连续改变磁场记录核磁共振谱的方法，称为连续波方法，所用仪器叫作连续波核磁共振谱仪。

脉冲傅里叶变换核磁共振（FT-NMR）是指用一定宽度的强而短的射频脉冲辐射样品，使样品中所有被观察的核同时被激发，产生一个时间域的响应函数，称为自由感应衰减（FID）信号。用计算机对它进行傅里叶变换，仍可得到普通的频率域核磁共振谱。据此原理制造的仪器叫作傅里叶变换核磁共振谱仪。该谱仪适合于对同位素丰度低的核（如^{13}C核）进行累加实验，测量时间可大大缩短。液体高分辨NMR是NMR波谱学应用最早、范围最广泛的技术。固体中的分子缺乏运动自由度，相邻核间以及核与周围环境间的相互作用就突现出来，使得强磁场下的NMR谱具有很强的各向异性，导致观测谱线的严重展宽。使用魔角旋转技术或多脉冲技术压制固体中核间的相互作用，可获得固体高分辨NMR谱。

核磁共振波谱学是最成功的分析技术之一，应用范围包括化学的每一个分支学科。二维和多维NMR波谱学的创立使NMR研究领域进一步扩展到**分子生物学**，出现了新的学科分支——生物核磁共振波谱学。

核电四极矩 nuclear electric quadrupole moment 原子核的重要性质之一。任意带电体系的电性质用多级展开为电多极矩描述，可分为零级描述球对称分布，一级描述电偶极性质，二级描述电四极性质，级更高则描述更细致。**原子核**的电偶极矩为零，电四极矩则成为表征核电荷分布偏离球对称程度的重要参数。原子核一般可看成回转椭球形，当核内电荷均匀分布时，电四极矩为$Q=2Z(b^2-a^2)/5$。式中Z是核电荷数，b为对称轴方向上的半轴，a为垂直于对称轴方向上最大圆截面半径。电四极矩具有面积量纲，单位为靶恩，1靶恩=10^{-28}米^2。有的核电四极矩$Q=0$，则$a=b$，说明核为球形；有的核$Q>0$，则$b>a$，说明核是长椭球形；有的核$Q<0$，则$b<a$，说明核是扁椭球形。一般核的电四极矩都不大，说明核偏离球对称并不大。核电四极矩的改变会影响**原子光谱**的超精细结构，由此可测定核的电四极矩。另外，通过散射实验也是测量核电四极矩的重要方法。

核电站 nuclear power station 利用核反应堆作为热源产生高温高压蒸汽以驱动汽轮发电机发电的工厂。又称核电厂。它的发电方式与火电厂相似，只是所用燃料不同，世界上首座核电站是1954年苏联建造的奥布宁斯克实验电站（5MW）。截至2006年底全世界共有443座核反应堆在运行，总装机容量约3.72×10^5兆瓦。法国的核电比例最高，达77%，依次为日本34%，德国30%，英国27%，美国20%，中国2003年核电比例为2%。根据中国核电中长期发展规划，到2020年核电将达到4.0×10^4兆瓦，占中国总发电量的4%；到2050年估计将达到1.0×10^5兆瓦。中国已有多座核电站，第一座是**秦山核电站**（见图）。

电站组成 主要有核岛、常规岛、配套设施等部分。核岛是电站的核心，主要部件核反应堆、蒸汽发生器、主循环泵、稳压器和主冷却剂4路系统等均置于安全壳内。核电站发电所用高温高压蒸汽即在核岛内产生。常规岛是电站的发电部分，主要有汽轮发电机组和输变电系统，将电站所发电能送至电力系统。配套设施主要有反应控制系统和紧急停堆系统、堆芯应急冷却系统、安全壳喷淋系统、容积控制系统和化学控制系统等，主要功能是保障核电站及环境的安全。

安全防护 核能具有放射性，因此核电站的安全防护格外重要。主要是将核燃料及产物严密禁锢在3道屏障内。第一层屏障是核燃料元件包壳，由锆合金管或不锈钢制成，核燃料元件（通常是棒状）即被密封于包壳内。第二层屏障是压力壳，壳体为厚合金钢板，通常90万千瓦的压水堆，压力壳壁厚200毫米以上。压力壳需能承受17.7兆帕的压力和350℃的温度。第三层屏障是安全壳，即反应堆厂房，是一座顶部呈球形的预应力钢筋混凝土建筑物，壁厚约1米，内衬6～7毫米钢板。除此之外，核电站在选址方面也有极严格要求，要预防地震、洪水等危害及其他意外事故的影响，还要注意风向，并要有充足的流动水源。计算表明，每生产100万千瓦电能，平均发生的死亡人数对煤电、油电和核电分别为1.8、0.3和0.25。所以核电是一种安全能源。

秦山核电站主控室

运行、控制与管理 核电站通常按基荷运行，以保证电站的经济性和运行安全，还可提高设备利用率。核电站反应堆的反应速率通常用控制棒以及反应堆冷却剂中硼酸浓度和氙气的变化来调节。电站从低负荷快速回到满负荷的过程，可根据电网要求分两阶段进行，先用控制棒，以每分钟≤5%额定负荷的速率提高到70%额定负荷，再通过调节硼酸浓度和氙气的变化，从70%逐渐回升到100%额定负荷。返回速率为每分钟0.2%～2%。核电站的维修以预防为主，一般情况下，按核电站40年设计寿命，规定在役检查的项目、方法和进度。

核电子学 nuclear electronics 在核辐射探测技术和电子技术基础上发展起来的电子学与核科学间的一门交叉学科。核电子学形成于20世纪50年代。内容包括核科学、高能物理和核技术中有关核辐射（和粒子）探测的电子技术；核爆炸和外层空间的辐射对电子系统的效应和抗辐射的加固技术；核技术应用中所需的核电子技术。

发展简史 核辐射现象（天然放射性）发现于1896年。1926年，H.盖革等发明G-M计数管，单次辐射通过时发出一个电脉冲，经电子管放大后，可驱动电话发出声响。这项发明使核物理实验得到了电子技术的支持，促成了20世纪30年代以来核物理学和高能物理学上一系列重要的发现。1930年，B.罗西用三重符合电路发现了**宇宙线**在东西方向上的不对称性。1932年，P.M.S.布莱克特等人又用此电路启动**云室**拍照，大大提高了云室的效率。C.D.安德森用这样的云室研究宇宙射线时发现了**正电子**（1932）和**μ子**（1936），获得了1936年诺贝尔物理学奖。1931年，卢瑟福实验室制成包括放大器、甄别器、计数器和电源的成套电子仪器，成为核物理实验中早期的有力工具。

第二次世界大战开始后，核电子学围绕核武器的研究得到更大的发展，逐渐形成了一门学科。1949年，R.霍夫斯塔特发明了用碘化钠（铊）晶体制成的闪烁计数器，推动了核γ谱学和相应的测量仪器γ谱仪的发展。20世纪50年代初，由于闪烁探测器的快速时间响应，核电子学已开拓了纳秒脉冲技术，应用在放大、甄别、计数、符合、时间测量等技术上。50年代中、后期，高能加速器出现，物理学家开始寻找新的基本粒子。1958年，第一次国际核电子学会议在贝尔格莱德召开，此后，核电子学的名称正式为有关学术界采用。进入60年代时，已研制出各种半导体探测器，特别是锗（锂）漂移半导体探测器。其γ能量的分辨能力比闪烁探测器约高两个数量级。60年代中期，核电子仪器的晶体管化几乎已全部实现。1968年，G.夏帕克发明了多丝室探测器。1970年，他又研究出**漂移室**，比多丝室定位更准。这两种丝室的尺寸可做到6米×6米，信号丝数可达数万，因此，要求有快、准、稳的电子读出电路。这种全电子式探测器在高能物理实验中逐步取代了1952年发明的**气泡室**。

1974年，**丁肇中**和B.里克特分别用全电子学方法发现J/ψ粒子，间接地证实了第四种夸克（粲）的存在，打破了粒子物理界近10年的停滞状态，因而同获1976年诺贝尔物理学奖。

1983年初，欧洲核子研究中心的实验组在SPS质子－反质子对撞机上观察到中间玻色子W^+、W^-和Z^0的衰变现象。它们是电磁作用和弱作用力统一理论所预言的粒子。进入80年代后，新的探测器件和材料（如锗酸铋BGO、氟化钡BaF_2）相继出现，使核电子仪器的性能指标不断刷新。

核电子学是在不断吸收其他科学技术的成就，特别是各电子学分支学科的成就中发展的。同时也不断地向其他领域扩散自己的知识。核电子学中对脉冲幅度和时间间隔的精密测量和甄别等技术，对40年代雷达和电子计算机的迅速发展提供了有用的经验。纳秒脉冲技术也是在核电子学中领先得到发展的。现代的高速模－数转换技术起源于核电子学中多道脉冲幅度分析技术。

基本研究对象 ①各种辐射探测器及与之相应的电子电路或系统。②针对核信息的随机性、统计性或单次性等特点的电子学测量技术，时间间隔（微秒到皮秒）、空间分辨（毫米到微米）。③配有在线电子计算机的核电子系统，用于在核科学技术和高能物理实验中实时获取并处理巨量核信息，在实验全过程中不间断地对整个系统工作的监测和控制。④电子原材料、电子元器件和电子设备或系统在核辐射、核电磁场下的辐射效应和相应的抗辐射加固技术。⑤核技术在工业、农业、军事、医学、生物研究等方面应用时所需的各种辐射探测技术和电子技术。

应用 核技术逐渐更多地从军事转向民用领域，对核电子学也提出了更广泛而深入的要求。20世纪70年代以后，核医学诊断吸收了核电子学方法，使同位素扫描技术发展成γ照相机技术，又进而发展成断层照相技术。

核冬天 nuclear winter 核爆炸后对环境及人类造成严重威胁的理论。1982年德国P.J.克鲁岑和美国J.伯克斯共同提出。他们以当时美国和苏联所拥有的核武器相互投射的30%，即相当于50亿吨爆炸力作依据，进行了模拟计算。基本观点是，大规模核爆炸所产生的微尘和因大火形成的浓烟，能在长达数周或更长的时间内屏蔽掉北半球大部分地面的阳光，造成全球性气候的变化，使地球处于黑暗和严寒之中，大部分生物濒临灭绝，人类生存面临严重威胁。

核动力潜艇 nuclear-powered submarine 以核能为推进动力源的潜艇。简称核潜艇。分为战略导弹核潜艇和攻击核潜艇。一次核装料最多可运行30年，航行数十万海里。其水下航速高，自给力强，续航力大，能在水下长期隐蔽航行和作战。见**潜艇**。

核反应 nuclear reaction 用一定能量的粒子轰击原子核，使之变为他种核或状态发生变化的过程。轰击的粒子可以是α粒子、质子、中子、光子、氘核或重离子。一般表示为A（a,b）B或（a,b），式中a为入射粒子，A为轰击的对象，称为靶核，b为反应后出射的粒子，B为剩余核。在某些情况下，反应后的产物可以是三体或多体，例如反应引起核裂变，并发射其他粒子。E.卢瑟福于1919年第一次观察到的核反应是$^{14}_{7}N(\alpha,p)^{17}_{8}O$或写成

$$^{14}_{7}N+^{4}_{2}He\longrightarrow ^{17}_{8}O+^{1}_{1}H$$

此后，人们已完成几千种核反应。

核反应遵从电荷数守恒、质量数守恒、能量守恒、动量守恒、角动量守恒和宇称守恒。反应前后系统的总动能不同，反应前后系统的静质量也不等。有的核反应静质量减少，反应后动能增大，为放能反应，反应能$Q>0$；有的核反应静质量增大，反应后动能减少，为吸能反应，反应能$Q<0$。对于吸能反应，并不是只要入射粒子具有$|Q|$的动能就能引起反应。由于生成物还要占用一部分动能，因此要求入射粒子具有比$|Q|$更大的动能才能引起吸能反应，所需的最低动能称为阈能。

核反应由出射粒子不同，可分为：①弹性散射。A（a,a）A，出射粒子与入射粒子相同，反应Q值为0，反应前后系统总动能不变。②非弹性散射。A（a,a）A*，出射粒子与入射粒子相同，但反应后靶核处于激发态（右上角*号表示），反应Q值为剩余核A*的激发能。③重整碰撞。A(a,b)B，又称核子交换反应。这种核反应过程中，入射粒子与靶核之间发生核子交换，出射道产生新的原子核和粒子。④俘获反应。A（a,γ）C*，入射粒子进入靶原子核而形成复合核C*，处于激发态的复合核通过放出γ射线退激到基态。

核反应由入射粒子不同可分为：①由**中子**引起的核反应。②由带电粒子引起的核反应。③由**光子**引起的核反应。

人们通过核反应的研究发现了中子、反粒子，制备人工放射性核素和超铀元素，还提供大量关于核结构、性质的信息。

核反应堆 nuclear reactor 核电站中进行可控自持链式裂变反应以产生热能的装置。见**裂变反应堆**。

核反应截面 nuclear reaction cross section 入射粒子与靶粒子之间发生的某种特定反应概率的定量度量。用截面表示。具有面积量纲，标准单位为米^2（m^2），通用的单位为靶恩（b），$1b=10^{-28}m^2$。截面越大表示核反应发生概率越大。核反应截面的大小由入射粒子及靶核体系自身的固有性质决定，并与入射粒子能量有密切关系。不同反应体系的反应道各有其特定的反应截面。一种反应道的截面以σ_i表示（$i=1,2,\cdots$）。一个核所有反应道截面之和称为总截面。为了更细致地描述核反应特征，还经常用微分截面来描述。其中有单位出射能量间隔内的反应截面，称为谱截面或能谱（$d\sigma/dE$）；单位立体角内的截面称为角分布（$d\sigma/d\Omega$）；而单位能量间隔及单位立体角内的截面称为双微分截面[$d^2\sigma/(dEd\Omega)$]。通过对各种核反应截面的分析，可了解核的内部结构和直接揭示**原子核**之间的相互作用特征，也是核能和核工程应用中的重要参数。

核废料 nuclear waste material 泛指在**核燃料**生产、加工和核反应堆用过的不再需要的并具有放射性的废料。也专指核反应堆用过的乏燃料，经后处理回收钚－239（^{239}Pu）等可利用的核材料后，余下的不再需要的并具有放射性的废料。核废料按物理状态可分为固体、液体和气体3种；按比活度又可分为高水平（高放）、中水平（中放）和低水平（低放）3种。

核废料的特征是：①放射性。核废料的放射性不能用一般的物理、化学和生物方法消除，只能靠放射性核素自身的衰变而减少。②射线危害。核废料放出的射线通过物质时，发生电离和激发作用，对生物体会引起辐射损伤。③热能释放。核废料中放射性核素通过衰变放出能量，当放射性核素含量较高时，释放的热能会导致核废料的温度不断上升，甚至使溶液自行沸腾，固体自行熔融。

核废料的管理原则是：①尽量减少不

必要的废料产生并开展回收利用。②对已产生的核废料分类收集，分别贮存和处理。③尽量减少容积以节约运输、贮存和处理的费用。④向环境稀释排放时，必须严格遵守有关法规。⑤以稳定的固化体形式贮存，以减少放射性核素迁移扩散。

国际原子能机构（IAEA）对于核废料的处理和处置有严格的规定，要求各国遵照执行。核废料处理的基本方法是稀释分散、浓缩贮存以及回收利用。核废料处置包括控制处置（稀释处置）和最终处置。核废料的控制处置是指液体和气体核废料在向环境中稀释排放时，必须控制在法规排放标准以下。核废料的最终处置是指不再需要人工管理，不考虑再回取的可能。因此，为防止核废料对环境和人类造成危害，必须将其与生物圈有效地隔离。最终处置的主要对象是高放核废料。

核苷 nucleoside 原指来自核酸的嘌呤和嘧啶糖苷，后扩展至其他天然和合成的杂环碱基核糖苷，也包括糖上的碳原子（C^1）连接到杂环碱的氧原子或碳原子上的化合物。核酸中的核苷由嘌呤或嘧啶碱与核糖或脱氧核糖缩合而成。核糖分子中的碳原子（C^1）与嘧啶分子中的氮原子（N^1）或嘌呤分子中的氮原子（N^9）之间形成苷键，生成N－糖苷，即嘧啶或嘌呤的呋喃核糖苷，称为核糖核苷。2-脱氧核糖分子中的碳原子（C^1）与嘧啶分子中的氮原子（N^1）或嘌呤分子中的氮原子（N^9）之间形成苷键，成为嘧啶或嘌呤的呋喃脱氧核糖苷，称为脱氧核糖核苷。

结构 常见的核苷有：尿嘧啶核苷（尿嘧啶-1-β－D－呋喃核糖核苷，见结构式a）、腺嘌呤核苷（腺嘌呤-9-β－D－呋喃核糖核苷，b）、胞嘧啶核苷（胞嘧啶-1-β－D－呋喃核糖核苷，c）、鸟嘌呤核苷（鸟嘌呤-9-β－D－呋喃核糖核苷，d）、胸腺嘧啶核苷（胸腺嘧啶-1-β－D-2′-脱氧呋喃核糖核苷，e）。还有碳－碳键连接在一起的假尿嘧啶核苷（f）。

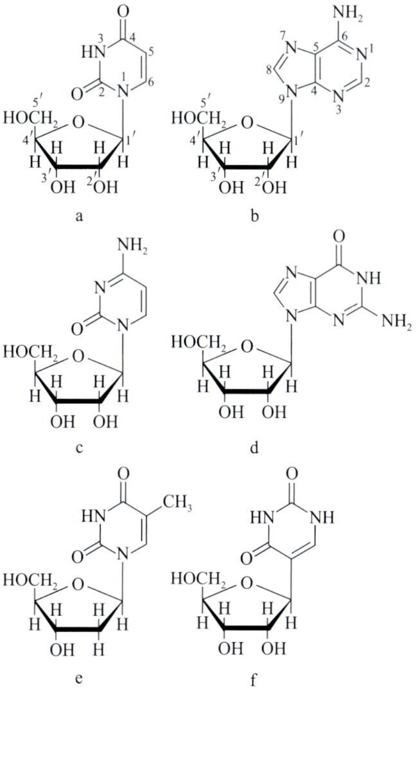

性质 一般核苷为无色的高熔点结晶；易溶于热水，难溶于冷水，嘧啶核苷较嘌呤核苷更易溶于水，难溶于有机溶剂，苯甲酰化后可溶于醇。腺嘌呤核苷、胞嘧啶核苷为弱碱性，尿嘧啶核苷为弱酸性，溶于强碱中；可制成铅盐、银盐、苦味酸盐、苦酮酸盐。核苷上的羟基可起烷基化反应，也可进行各种酰化反应，核糖核苷可进行丙酮叉化、苄叉化反应，还可以与原酸酯反应。

制法 核苷可从水解核酸来制备。用吡啶水溶液、氧化铝或酶促水解核糖核酸RNA，可得到核糖核苷；用氧化铝或酶水解脱氧核糖核酸DNA，可得到脱氧核糖核苷。核苷也可用化学方法合成。适当保护的核糖或脱氧核糖与碱基衍生物缩合，可得到相应的核糖核苷和脱氧核糖核苷；或在糖的C^1上先形成碳－氮和碳－碳键，然后闭环成杂环碱基而得到核苷。

生理功能 核苷是核酸的主要组分。有些核苷及其衍生物具有显著的生理功能，如次黄嘌呤核苷（肌苷）可治疗急性和慢性肝炎及风湿性心脏病，并有增加白血球等功效。5-氟尿嘧啶脱氧核苷能抗肿瘤，毒性比5-氟尿嘧啶低，对肝癌、胃癌、直肠癌、卵巢癌、膀胱癌有一定疗效。胞嘧啶阿拉伯糖苷对缓解白血病有显著效果。5′-脱氧-5′-碘尿嘧啶核苷是治疗病毒性角膜炎的特效药。

核苷酸 nucleotide 一类由碱基（主要是嘌呤碱和嘧啶碱的衍生物）、戊糖（核糖或脱氧核糖）和磷酸依特定方式连接而成的化合物。构成核酸（DNA、RNA）的基本组成单位。组成RNA的核苷酸是核糖核苷酸，又简称为核苷酸；构成DNA的是脱氧核糖核苷酸，可简称为脱氧核苷酸。两者分别由碱基—核糖—磷酸和碱基—脱氧核糖—磷酸依次连接而成。许多核苷酸衍生

图1 5种主要碱基的结构式

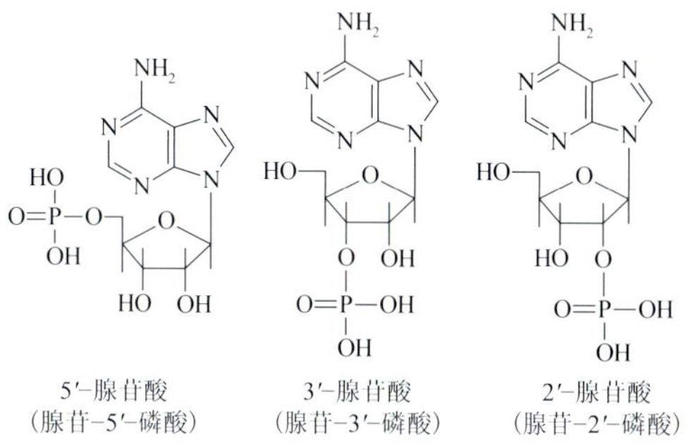

图2 3种腺苷酸的结构式

物是重要的生物功能分子。如腺苷三磷酸（ATP）、和腺苷二磷酸（ADP）是体内参与氧化磷酸化的高能化合物；环腺苷酸（cAMP）是体内信号传递的第二信使。

碱基 核酸中的碱基主要有5种：腺嘌呤、鸟嘌呤、胞嘧啶、尿嘧啶和胸腺嘧啶（图1）。腺嘌呤、鸟嘌呤和胞嘧啶是RNA和DNA共有的3种碱基组分，第4种组分在RNA中为尿嘧啶，在DNA中则为胸腺嘧啶。基因突变在本质上就是碱基的变化或核苷酸的增减。

核苷 碱基和核糖或脱氧核糖的第1个碳原子连接而成的糖苷化合物，前者称核糖核苷（简称核苷），如RNA中腺嘌呤核苷（腺苷）；后者称脱氧核糖核苷（简称脱氧核苷），如DNA中腺嘌呤脱氧核苷（脱氧腺苷）。

核苷酸 核苷的磷酸酯。因为核苷的核糖上有3个游离羟基，所以核糖核苷酸（简称核苷酸）有3种形式。以腺苷酸为例，见图2。脱氧核苷的脱氧核糖上只有2个游离羟基（没有2′－羟基），因而脱氧核糖核苷酸（简称脱氧核苷酸）有2种。

核化学 nuclear chemistry 用化学方法或化学与物理相结合的方法研究原子核及核反应的学科。

简史 核化学起始于1898年居里夫妇对钋和镭的分离和鉴定。

1934年约里奥－居里夫妇制备出第一个人工放射性核素磷-30。由于中子的发现和粒子加速器的发展，通过核反应产生的人工放射性核素的数目逐年增加，而1938年O.哈恩等发现核裂变更加速了这种趋势，并且为后来的核能利用开辟了道路。由于粒子加速器、核反应堆、各种类型的探测器和分析器、质谱仪、同位素分离器及计算机技术等的发展，使得核化学研究取得了令人瞩目的进展。

研究范围 核性质放射性核经过衰变最终成为稳定核。任何衰变过程必须遵从能量守恒、动量守恒、角动量守恒等规则。核的不稳定性有程度上的差别，它表现为寿命或半衰期、电荷、质量（包括能量）、半径、自旋、磁矩、电四极矩、宇称和统计性质等。核性质反映了核的结构，通过

对核性质的研究，可以更深入地认识原子核的本质。

核转变　包括原子核在其他原子核或粒子作用下发生的各种变化（即核反应）和不稳定的原子核自发发生的衰变。核反应是取得新核的主要途径。

核反应堆产生的中子引起的核反应，主要包括中子俘获反应和中子裂变反应（见**裂变化学**）。新核还可用各类加速器所产生的不同能量的离子（从氢到铀）和电子以及由核反应所产生的次级粒子（如快中子、光子、π介子和μ子等）轰击各种靶核来产生。根据以上两种途径，已找到近3 000种不稳定核素，但仍有很多尚待发现。它们的寿命极短，需要产物核的快速传输、快速化学分离和在线**同位素分离**（原理同质谱仪）技术才能鉴定它们。重离子核反应是发现新元素的主要途径。

此外，对核反应的研究还包括测量各种**核反应截面**及其与轰击粒子的能量的关系（称激发函数），测量出射粒子和产物核的质量、电荷、能量和角度（方向）的分布情况，并由此探索核反应的机理。这是深入了解核力和核子在核内运动和相互作用规律的重要方法。

核转变的化学效应　在核转变中，产物核由于动量守恒获得反冲动能，这一能量足以使起始核所属原子与周围原子之间的**化学键**断裂，从而形成脱离原来分子的具有一定动能的热原子。在核衰变中，有时会因电子震脱或空穴级联而引起化学变化。核转变过程中产生的热原子与周围介质之间所起的化学变化就是热原子化学研究的内容。

奇特原子化学　普通原子中的电子或质子被其他基本粒子代替后形成**奇特原子**，如正电子素和μ子素等。奇特原子化学主要研究化学环境对奇特原子的影响，并利用奇特原子来研究物质结构和化学反应。

应用　核化学研究成果已广泛应用于各个领域。例如中子**活化分析**，可准确地测定样品中60种以上元素的含量，并且灵敏度很高；该法已广泛应用于材料科学、环境科学、生物学、医学、地学、宇宙化学、考古学和法医学等领域。一些短寿命（特别是发射正电子）核素的放射性**标记化合物**广泛应用于医学。正电子湮没技术已用于材料科学及化学动力学等方面的研究。

核聚变　nuclear fusion　轻核聚合为较重核的反应。反应过程中释放大量能量，如：

$$^2_1H+^2_1H\longrightarrow ^3_1H+^1_1H+4.0MeV$$

$$^2_1H+^2_1H\longrightarrow ^3_2He+^1_0n+3.3MeV$$

$$^3_1H+^2_1H\longrightarrow ^4_2He+^1_0n+17.6MeV$$

$$^3_2He+^2_1H\longrightarrow ^4_2He+^1_1H+18.3MeV$$

在这些反应中共消耗6个^2_1H，释放能量43.2兆电子伏特（MeV），平均每个核子释放能量3.6 MeV，比裂变反应中平均每个核子释放的能量约大4倍，1千克氘全部聚变释放的能量相当1.1万吨煤的燃烧热。聚变物质H在自然界蕴藏极为丰富，普遍存在自然界的水中，重水（D_2O）约占普通水的1/7 000，估计地球上的海水约1×10^{18}吨，按此计算，氘核的含量为3×10^{16}千克，共可释放聚变能为1×10^{31}焦耳，足供人类使用百亿年。聚变产物主要是稳定的^4_2He，和裂变反应相比，放射性污染小得多，也容易处理得多。因此轻核聚变是一种解决地球上终将枯竭的能源问题的理想途径。

要从核聚变获取能量，只能采用高温等离子体的聚变反应方式，即热核聚变反应方式。非受控的即爆炸式的热核聚变，即热核弹已经实现。而实现受控热核聚变的困难在于，很难维持热核反应连续进行所需要高温条件，而不被反应物（处在高温等离子体状态）的高速飞散、巨大能量的很快扩散和温度的急剧下降所破坏。

核聚变也是宇宙中能量的主要来源，太阳和其他许多恒星能不断光芒四射，是轻核聚变的结果。

核力　nuclear force　使核子组成原子核的作用力。属于**强相互作用**的类型。核力的基本性质是：①短程性。力程约为2×10^{-15}米，强度随两核子间距离的加大，从短程的强排斥变成中程的较强的吸引力，继而迅速变弱至零。②饱和性。原子核中的核子仅与邻近的少数核子发生较强的作用。③电荷无关性。对于给定的相对运动状态，核力与核子所携带的电荷近似无关。④交换性。两核子相互作用时可交换它们的自旋和电荷。⑤非中心力。核力中还具有一定的非中心力成分，即张量力、自旋－轨道耦合力等。

核力的研究一是通过对核性质和核子－核子散射实验结果的分析以了解核力的性质，二是从核子具有内部结构的观点出发研究核力的形式，两种研究相互补充。

核裂变　nuclear fission　重核分裂为两个或更多个中等质量碎片的反应。1938年O.**哈恩**和F.斯特拉斯曼用**中子**轰击铀做了一系列严格的化学实验鉴别反应产物，确认为原子量较小的镧和钡，从而发现核裂变现象。以后发现除中子外，**质子**、γ射线、氘核以及其他粒子也能使重核裂变，甚至某些重核可自发裂变。1947年**钱三强**、**何泽慧**发现铀核俘获中子后可发生三分裂或四分裂，但概率很小。

裂变释放很大的能量，根据比结合能曲线，一个重核裂变为两个中等质量核释放的能量大约有210兆电子伏特（MeV），1千克铀全部裂变释放的能量约相当2 500吨煤的燃烧热；裂变碎片的质量分布很广，在$30<Z<60$和$72<A<164$的范围内，其中以$A=96$和140的概率最大，占7%；裂变的同时平均放出2～3个中子，碎片也是不稳的，含有过多的中子，还可放出中子或通过一系列的**β衰变**和**γ跃迁**成为稳定核；对于不同的重核，中子引起裂变的截面不同，^{235}U和^{239}Pu有很大的裂变截面，是很好的核燃料。而天然铀中含量较多的^{238}U，热中子不能引起裂变，只有中子的动能大于1.4 MeV才能引起裂变，而且截面不大。

1939年N.**玻尔**和J.A.惠勒用核液滴模型说明了核裂变反应的机制，中子被俘获形成复合核，处于激发态，其形状发生集体振荡，其中两种力相互竞争，表面张力力图使核恢复球形，而库仑力力图使核形变增大，椭球更长，这两种力使得相应的表面能和库仑能合起来形成一个势垒。当核的激发能超过势垒的顶点，可使得形变增大，最后导致液滴断裂。

核裂变是核物理学的重要研究领域。核裂变有着重大的实用价值，通过**裂变链式反应**找到大规模利用核能的途径，核裂变产生的丰富的放射性同位素在科学技术领域内得到广泛的应用。

核能　nuclear energy　**原子核**（简称核）中隐藏的能量。又称原子能。可在一定条件下释放出来被人类利用。结合成核的**核子**（质子或中子）之间有很强的相互吸引的**核力**。当核的结合状态在某种反应中变得更紧时，就会因为核力的做功而把多余的“结合能”以核能的形式释放出来；同时反应后核的总质量也会有一定的减少。19世纪末和20世纪初，H.贝可勒尔、居里夫妇和E.卢瑟福等关于天然放射性和核反应的发现和实验，揭示了潜藏在核中的巨大能量。1905年A.爱因斯坦根据**狭义相对论**提出的质能关系：$E=mc^2$。从理论上阐明了核反应中核能释放量和核质量变化的关系。释放核能最重要的两类反应是重核（核中总核子数$A>200$，如铀、钚）吸收**中子**所引起的**核裂变**和轻核（A小于15，如氢、氘、氚）在高温下产生的**核聚变**。见**核燃料**。

核潜艇　nuke　用核能源作为动力的潜艇。见**核动力潜艇**。

核燃料　nuclear fuel　可在核反应堆中通过**核裂变**或**核聚变**产生实用核能的材料。重核的裂变和轻核的聚变是获得实用铀棒核能的两种主要方式。铀－235（^{235}U）、铀－233（^{233}U）和钚－239（^{239}Pu）是能发生核裂变的核燃料，又称裂变核燃料。其中^{235}U存在于自然界，而^{233}U、^{239}Pu则是钍－232（^{232}Th）和铀－238（^{238}U）吸收中子后分别形成的人工核素。从广义上说，^{232}Th和^{233}U也是核燃料。氘（D）和氚（T）是能发生核聚变的核燃料，又称聚变核燃料。D存在于自然界，T是锂-6（^{6}Li）吸收中子后形成的人工核素。核燃料在核反应堆中“燃烧”时产生的能量远大于化石燃料（见表）。1千克^{235}U完全裂变时产生的能量约相当于2 500吨煤。

核能与化学能的比较

反应方式	释放能量
1个^{235}U原子发生裂变	约200MeV
2个D原子聚合成^{3}He原子	3.3MeV
2个D原子聚合成T原子	4.0MeV
1个D原子与1个T原子聚合成^{4}He原子	17.6MeV
1个C原子燃烧生成CO_2	4.1eV

已经大量建造的核反应堆使用的是裂变核燃料^{235}U和^{239}Pu，很少使用^{233}U。至今由于还未有建成使用聚变核燃料的反应堆，因此通常说到核燃料时指的是裂变核燃料。由于核反应堆运行特性和安全上的要求，核燃料在核反应堆中“燃烧”不允许像化石燃料一样一次烧尽。为了回收和重新利用就必须进行后处理。核燃料后处理是一个复杂的化学分离纯化过程，曾经研究过各种水法过程和干法过程。各国普遍使用的是以磷酸三丁酯为萃取剂的萃取法过程，即所谓的普雷克斯流程。核燃料后处理过程与一般的水法冶金过程最大差别是它具有很强的放射性和存在发生核临界的危险。因此，必须将设备置于有厚的重混凝土防护墙的设备室中并实行远距离操作以及采取防止核临界的措施。所产生的各种放射性废物要严加管理和妥善处置以确保环境安全。实行核燃料后处理，可更充分、合理地使用已有的铀资源。

核仁 nucleolus 真核细胞细胞核内含核糖核酸（RNA）的结构。参与核糖体核糖核酸（rRNA）的合成和核糖体的形成。在光学显微镜下观察，核仁一般为圆球形或卵球形的嗜碱性结构，常处于细胞核内偏中心的位置。其大小因细胞类型和生理状态不同而有很大差别。在蛋白质合成旺盛的细胞，通常核仁大，反之则体积小；前者如分泌细胞、神经元和肿瘤细胞等，后者如分裂球和肌细胞等。

亚显微结构 很多类型细胞的核仁是由核仁丝组成的网织状结构，其中空隙填充着无定型基质。核仁区周缘的一部分围绕着核仁相随染色质。以上3种成分所组成的三维结构，即使在同一个细胞中也会因其生理状态不同而发生改变。许多细胞的核仁与核被膜存在直接或间接的连接。

核仁组织区（NOR） 在细胞有丝分裂过程中，核仁出现周期性变化。一般在分裂前期逐渐消失，其纤丝和颗粒成分散失于核基质之中；在分裂末期又重新出现。核仁的形成常与特定染色体的一定区域密切相关。在核仁消失后，这一区域就形成染色体上的次缢痕。次缢痕一般起着核仁组织区的作用。许多动、植物细胞只有一对这样的染色体，称为随体染色体。但也有不少种类的细胞有几对，甚至许多对这样的染色体参与核仁形成。核仁常表现很强的融合倾向，因此在许多有多对核仁染色体的细胞核里，常常只形成一个核仁。

染色体外核仁 两栖类卵母细胞发育早期阶段（减数分裂前期的粗线期），rDNA大量复制，这一过程称为基因扩增。这些新复制的rDNA并不与染色体相整合，而是以环形分子的形式存在于几百个至上千个染色体外核仁之中，为胚胎发育过程中合成大量核糖体所需要的rRNA作准备。

核乳胶 nuclear emulsion 记录带电粒子径迹的探测器。由溴化银微粒与明胶的混合物构成。成分与照相乳胶十分相似，不同之处在于核乳胶的溴化银颗粒更细，乳胶层更厚，有利于对带电粒子的探测。带电粒子穿过乳胶，形成银离子的潜影中心，经过显影、定影处理，使潜影中心还原、放大，成为可在显微镜中观察到的银颗粒，它们构成了带电粒子的径迹。根据径迹长短、银颗粒密度来确定粒子的能量、速度、种类等。对于中性粒子，可通过其产生的次级带电粒子来推算出它们的能量和通量。

核乳胶具有空间分辨本领较好、轻便、经济等优点，因此在核物理、粒子物理早期的研究中有较普遍的应用，π介子、K介子、Σ超子等粒子就是在核乳胶中发现的。计数器出现后，快速、自动化、可适时处理等优点是核乳胶所不可比的。尽管如此，在一些领域内，如超高能宇宙线粒子的探测、高本底下裂变产物的探测以及某些特别的实验中仍离不开核乳胶。2000年，美国的费米实验室发现τ型中微子就使用了核乳胶。

核酸 nucleic acid 由数十至数十亿个核苷酸通过磷酸二酯键形成的一类生物大分子。所有生物都含有核酸。根据组成成分不同，可分为脱氧核糖核酸（DNA）和核糖核酸（RNA）两大类。DNA是绝大多数生物的遗传物质。某些病毒和类病毒则以RNA为遗传物质。遗传信息的传递和表达是通过核酸分子的复制、转录和翻译等过程实现的。

核苷酸是核酸的组成单位，由碱基、戊糖和磷酸按特定方式连接而成。核苷酸的排列顺序称为核酸的一级结构。核酸还具有二级和三级结构。1953年J.D.沃森和F.H.C.克里克提出的DNA双螺旋结构就是DNA的二级结构。DNA的超螺旋结构和转移核糖核酸（tRNA）的倒L型立体结构被称为核酸的三级结构。

由于核酸含有大量的磷酸基团，呈强酸性，在生物体内一般以盐的形式存在。核酸中含有嘌呤碱和嘧啶碱，它们的共轭双键结构具有强烈吸收紫外光的性质，使核酸显示较强的特定的紫外光吸收光谱，高峰为260纳米，低峰为230纳米。核酸水解成核苷酸后，其紫外光消光系数有所增加，称为增色效应。核酸中戊糖的颜色反应常作为检测核酸的方法。

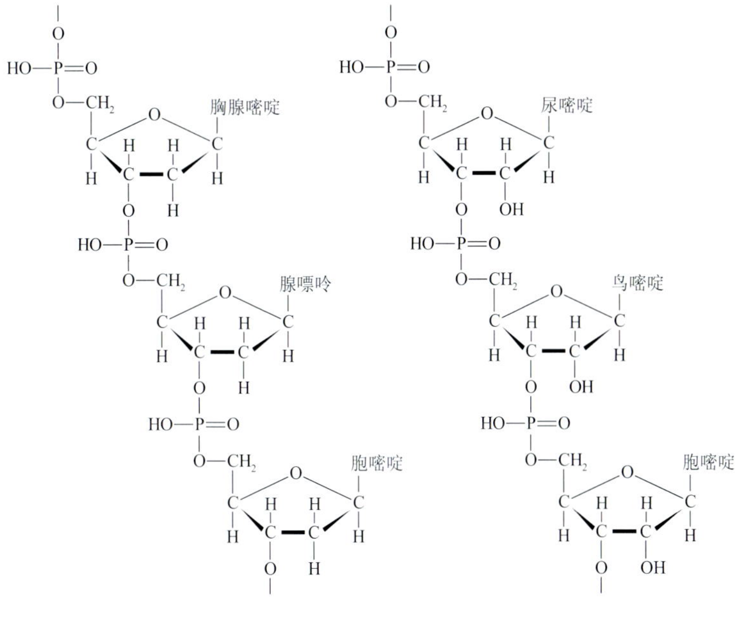

DNA的一个片段 可简写成……dpTpApC……

RNA的一个片段 可简写成……pUpGpC……

核酸分子内核苷酸的连接方式

核酸片段简式是有方向性的，一般左端为5′-端（来自戊糖的5′-羟基），右端为3′-端（戊糖的3′-羟基）。因此pN（N为核苷）代表5′-核苷酸，Np代表3′-核苷酸，2′-核苷酸则写成$N^{2'}p$以示区别核酸的碱基（嘌呤或嘧啶）是从氨基酸、二氧化碳以及一碳化合物等合成的。脱氧核糖核苷酸由核糖核苷酸还原而生成。核酸在生物体内降解时，生成寡核苷酸或核苷酸、核苷、碱基等，在不同动物中再经降解成为一些小分子。这些代谢产物排泄出体外或再利用。

1955年以后，用化学和酶促相结合的方法，已合成了许多核酸。核酸的人工合成无论对结构与功能的理论研究或是在近年来飞速发展的基因工程都有极为重要的意义。

核糖 ribose 分子式$HOCH_2(CHOH)_3CHO$，五碳单糖，结构式举例（D-核糖）：

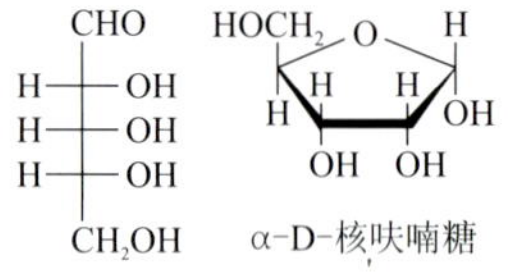

α-D-核呋喃糖

D-核糖和D-2-脱氧核糖是核酸中的碳水化合物组分，以呋喃糖型广泛存在于植物和动物细胞中。D-核糖也是多种维生素、辅酶以及某些抗生素的成分。D-核糖为片状结晶；熔点87℃；在水溶液中它是呋喃糖和直链糖的平衡混合物，呈现复杂的变旋光作用，比旋光度$[\alpha]_D^{24}$-25（最终，水）。它不能为通常的酵母发酵。D-核糖可由核酸酵母水解制备，也可用化学合成方法由D-赤藓糖增长碳链的方法或者由D-阿卓糖氧化降解法制得。D-阿拉伯糖差向异构化也能得到D-核糖。核糖是核糖核酸分子的一个组成部分，是生命现象中非常重要的一种糖。

核糖核酸 ribonucleic acid; RNA 由至少几十个核糖核苷酸通过磷酸二酯键连接而成的一类核酸。因含核糖而得名，简称RNA。普遍存在于动物、植物、微生物及某些病毒和噬菌体内。一般是单链线形分子；也有双链的，如呼肠孤病毒RNA；或环状单链的，如类病毒RNA；1983年还发现了有支链的RNA分子。1965年R.W.霍利等首次测定了酵母丙氨酸转移核糖核酸的一级结构。除一级结构外，RNA分子中还有以氢键连接碱基形成的二级结构。利用X射线衍射分析以及核磁共振法已测定三级结构的RNA有tRNA、锤头状核酶、5*S*rRNA等。参与蛋白质生物合成过程的RNA有3类：转移核糖核酸（tRNA）、信使核糖核酸（mRNA）和核糖体核糖核酸（rRNA）。tRNA是一类小分子RNA，一般含有75～95个核苷酸。主要功能是携带并转运氨基酸。mRNA是合成蛋白质的模板。rRNA是组成核糖体的主要成分。20世纪80年代还发现一类具有催化功能的RNA，即核酶。此外，由于RNA在细胞内存在的部位不同，有核内不均一核糖核酸（hnRNA）、核内小分子核糖核酸（snRNA）、端粒RNA、线粒体RNA、叶绿体RNA等。除RNA病毒外，生物体内RNA的合成是以细胞内双链DNA中的一条链作为模板，以腺苷三磷酸（ATP）、鸟苷三磷酸（GTP）、胞苷三磷酸（CTP）和尿苷三磷酸（UTP）为原料，通过RNA聚合酶的催化而进行的。除用于蛋白质的生物合成外，RNA还可以携带遗传信息，参与信号转导等生物调控过程。在应用方面，核酶、反义RNA技术、RNA干扰及其小干扰RNA、适配体等技术都前景广阔。

核糖体 ribosome 细胞内合成蛋白质的场所。普遍存在于细胞、线粒体和叶绿体内的无膜包被的颗粒结构，成分为核糖体核糖核酸（rRNA）和蛋白质。原核生物如细菌的核糖体（70S）游离在细胞质中；真核生物核糖体（80S）除游离在细胞质中的以外，还有部分结合在糙面内质网膜上。

所有核糖体的形状基本相同，由大小2个亚基组成。在细胞核内，以rRNA为结构骨架和蛋白质结合可自行组装成有活性的大小亚基，并以亚基形式从细胞核输出。核糖体呈不对称结构，大小亚基结合后，在两亚基间形成V形隧道，蛋白质合成所需的重要位点均在其内。核糖体为蛋白质合成的起始、延伸和终止提供了必需的活性，提供了mRNA上密码子与tRNA上反密码子间识别的环境。当核糖体沿mRNA移动时，各种氨基酸依次按N-末端向C-末端方向装配成蛋白质。

核桃 *Juglans regia*; persian walnut 胡桃科胡桃属的一种。又称胡桃。落叶乔木。原产伊朗。西汉时传入中国，主产分布在陕西、山西、云南、河北、北京、河南、甘肃、新疆、山东和辽宁等地。世界核桃产量居坚果类首位。树高10～15米，冠径可达20米。一般寿命300～400年。奇数羽状复叶，卵圆形至广卵圆形，全缘。雌雄异花。核果状果实近球形或长圆形，绿色。性喜温暖，适栽区年平均温度在10～14℃。长期以来用实生繁殖，但近代均用嫁接法（多为芽接，也可枝接）繁殖优良品种，以本砧或野生近缘种做砧木。核桃有雌雄花异熟现象，栽植时需适当配置授粉树。种植后6～10年（早结实类型种植后2～3年）开始结果。核桃仁含脂肪60%～70%，蛋白质17%～27%，维生素A、B、C及矿质元素，营养丰富，除做滋补品和制作糕点、糖果的原料外，树皮含单宁，可提取栲胶。

核桃楸 *Juglans mandshurica*; manchurian walnut 胡桃科胡桃属的一种。落叶乔木。又称胡桃楸、楸子或山核桃。胡桃属约20种，分布于北温带，中国有5种1变种。核桃楸主要分布于小兴安岭、完达山脉、长白山区及辽宁东部。树高可达25米，胸径80厘米左右。小枝粗，髓心片状分隔，幼枝密被腺毛。奇数羽状复叶，椭圆形或卵状椭圆形，边缘有锯齿。花单性，雌雄同株。核果，近卵形，先端尖。喜光。耐寒性较强，但有干风吹袭时易引起干梢。适生于腐殖质深厚、湿润、排水良好的谷地或山坡下腹。生长较快。种子繁殖或用萌蘖更新。材质坚硬耐久，纹理美观，为军用及细工珍贵用材。种仁含油率40%～63%，营养丰富，可榨油，果壳可制活性炭。树皮含单宁，可制栲胶。此种常用为嫁接核桃之砧木。

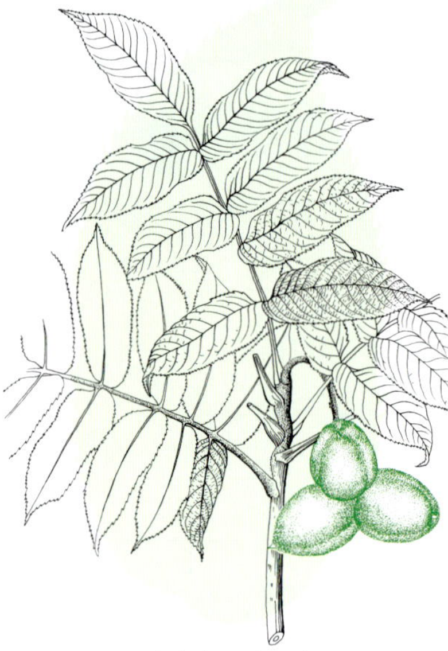

核桃楸果枝形态

核突击 nuclear attack 使用能投射的核武器对敌方重要目标实施的突击。使用核武器作战的基本样式。以一定数量的核武器，经过周密的计划，选择有利时机、方向和目标，采取发射核火箭、核导弹、核炮弹、核鱼雷和投掷核炸弹等方法，达到预定的毁伤目的。可由单一军种组织实施，也可由几个军种按照统一的计划，协同一致地联合实施。

第二次世界大战期间，美国于1945年8月6日、9日分别在日本广岛、长崎各投掷了一颗原子弹，使日本遭到重大损失。这是迄今世界上仅有的两次核突击。

核突击的组织与实施方式，取决于突击的目的，目标数量、面积、性质、重要程度，核武器的性能和数量，快速组织突击与协同作战的能力，双方态势变化等情况。包括战略核突击、战役战术核突击、首次核突击、而后核突击、同时核突击、逐次核突击、密集核突击、集群核突击、单个核突击。

核威慑理论 nuclear deterrence theory 主张以核武器作为对外政策的支持能力，并作为达到外交政策目标的威慑力量的一种理论。该理论最早由美国国务卿J.F.杜勒斯于1954年提出，以后又经H.A.基辛格等加以系统阐述。

核威慑理论认为，核武器可以作为对外政策的支持力量。为了对付可能的外来侵略或核打击，必须拥有足够的核反击和报复能力，使对手相信，如果采取冒险行动，他所受的损失和付出的代价将大大超过所能获得的利益，从而使其不敢首先发动战争。而威慑的成功与否取决于3个必要条件：①一方的核力量足以使另一方面临最大限度破坏力的威胁时，是否具有无法摧毁的第二次打击力量。②使用核力量的一方确信自己有使用这种力量的决心和意志；③是否能使对方确信这种威慑能力的存在。因此，核威慑的效果只能是物质效力和心理效力的综合。该理论还可分为象征性核威慑理论和无限度核威慑理论。前者认为只要拥有少量对准对方城市的核导弹，即可保持局势稳定；后者主张必须拥有数量和技术上的核优势，通过第一次打击解除对方的核武装，并具有第二次打击力量。

核武器 nuclear weapon　利用能自持进行原子核裂变或聚变反应瞬时释放出巨大能量，产生爆炸，并具有大规模杀伤破坏作用的武器。其中主要利用铀–235（$^{235}_{92}U$）或钚–239（$^{239}_{94}Pu$）等重原子核的裂变链式反应原理制成的裂变武器，通常称为原子弹；主要利用重氢（$^{2}_{1}H$，氘）或超重氢（$^{3}_{1}H$，氚）等轻原子核的热核反应原理制成的热核武器或聚变武器，通常称为氢弹。核武器一般是指由核弹头及其投掷发射系统组成的武器系统。有时核武器一词仅指能产生核爆炸的装置本身，通常简称为核装置。核装置由核装料和高能炸药爆炸系统组成，它与引爆控制系统一起组成核战斗部，装入弹头壳体（一般还包括制导、突防装置），即构成核弹头，或称核弹。核武器投掷发射系统有导弹、飞机、火炮等。

核武器分类有以下几种：①按核装置原理结构可分为原子弹、氢弹和特殊性能核弹。后者包括中子弹、冲击波弹、弱剩余辐射弹。通常称原子弹为第一代核武器，氢弹和中子弹、冲击波弹为第二代核武器。②按投射系统可分为核导弹、核炸弹、核炮弹、核深水炸弹、核鱼雷、核地雷等。③按作战使用可分为两大类，即用于打击敌方战略目标和防御己方战略要地的战略核武器和主要用于打击敌方战役战术纵深内重要目标的战术核武器。核武器的分类方法与地理条件、社会政治因素有关，并不十分严格。自20世纪70年代末以来，美国官方还使用过“战区核武器”、“非战略核武器”等，并把中远程、中程核导弹也归入这一类。④按威力大小可分为高威力核武器（100万吨梯恩梯当量以上）、中等威力核武器（10万～100万吨梯恩梯当量之间）和低威力核武器（小于10万吨梯恩梯当量），但其界限也不是很严格的。

核武器通常可采取空中核爆炸、地面核爆炸、水下核爆炸、地下核爆炸、高空核爆炸等爆炸方式，在地面以上爆炸时将产生冲击波、光辐射、早期核辐射、放射性沾染和核电磁脉冲等杀伤破坏效应。自20世纪40年代中期核武器问世以来，美国、苏联、英国、法国和中国等国家先后研制成功核武器。随着科学技术的发展，核武器性能不断提高，品种不断增多，出现低当量和小型化趋向。中国政府在爆炸第一颗原子弹时即发表声明：中国发展核武器，并不是由于相信核武器的万能，要使用核武器。恰恰相反，中国发展核武器，是被迫而为的，是为了防御，为了打破核大国的核垄断、核讹诈，为了防止核战争、消灭核武器。此后，中国政府又多次郑重宣布：在任何时候、任何情况下，中国都不会首先使用核武器，并就如何防止核战争问题一再提出了建议。

核心–边缘论 core-periphery theory　解释区域空间演变模式的理论。主要是从发达与欠发达地区之间关系的角度阐述自由市场经济中空间结构演变的理论。由美国地理学家J.弗里德曼提出。认为在一个地区中，一个或几个区位的初始增长中心会持续吸引劳动力、资本和商品的流入，从而加大这些核心与其他地区的差异，即产生倒流效应或极化效应。同时，核心对边缘也有扩散效应或涓滴效应，如产业扩散、技术扩散等。在这些扩散机制的作用下，边缘地区会出现次中心。最终，整个区域会变成一个功能上相互依赖的城市体系。一般说，核心地区是城市或城市群及其周围地区，边缘界线由核心与外围的关系来确定。但实践中很难明确画出核心和边缘的地理界线。

核心家庭 nuclear family　由父母及其未婚子女所组成的家庭模式，也包括只有夫妻二人组成的家庭，以及由父或母和其未婚子女组成的家庭。又称夫妇家庭或血缘家庭。核心家庭中包含两种最基本的家庭关系：夫妇关系和亲子关系。以已婚夫妇离开父族、母族独居为开端。特点是对亲属网络的依赖性较小，独立性、灵活性、机动性较大，具有性爱、生育、教育、经济、娱乐、情感交往等功能。这种家庭有利于形成家庭中的平等关系、平等权利、平等嗣系，简化家庭人际关系，实现家庭生活中的民主，有利于培养青年人的独立性，满足不同代人对不同生活方式的追求。同时，它也削弱了两代人之间的关系，不利于两代人在家庭生活中相互帮助和救援，在老人赡养和儿童抚育方面带来了一些实际问题。核心家庭是现代社会最主要的家庭模式。

核医学 nuclear medicine　由核科学技术与医学相结合而形成的交叉学科。主要研究方向之一是用同位素和核辐射技术进行疾病的诊断和治疗。另一方向是用以加速器为主的核装置产生的粒子束流对癌症等疾病进行放射治疗。

放射性药物　含有放射性核素的医用化合物统称为放射性药物，可分为体内和体外放射性药物两大类。体内放射性药物主要用于诊断和治疗，而体外放射性药物主要用于放射免疫分析和受体放射分析。放射性药物进入人体后，选择性地分布和蓄积在某些脏器或组织中。当在体外用核辐射探测器进行扫描分析时，可将放射性药物在体内的分布和代谢活动记录下来，实现静态甚至动态诊断的目的。放射性药物的特点是方法简便，安全可靠，灵敏度高，能反映体内生理生化过程、能反映组织器官动态功能的定量信息，应用范围广。放射性药物已广泛应用于脑、心、肾、肺、肝等主要组织和器官的形态及功能诊断。放射性药物还可能富集在患病部位（如癌组织），药物放出的核辐射可破坏患病组织的细胞，起到局部且定向的辐射治疗作用。

放射性药物的体外诊断在核医学中亦占有重要位置。属于这一类的有放射免疫测定法（RIA）、放射受体测定法（RRA）、竞争蛋白质结合分析法（CPBA）、核酸探针法（如DNA探针法）等。体外放射性药物的治疗方面主要有^{60}Co、^{198}Au等，尤以^{60}Co应用最广，常用于肿瘤治疗。

核医学成像技术　核科学技术与现代图像理论相结合的产物，是核医学临床诊断的重要手段。其基本原理是通过亲脏器的放射性核素及其标记化合物将放射性浓集于特定脏器，然后在体外应用放射性测量技术来显示脏器影像及放射性在脏器中的分布。人体的主要脏器几乎皆可用核医学成像技术显示，再结合其他临床诊断技术即可诊断脏器的疾病。

放射治疗　利用由放射性核素（^{131}I、^{60}Co、^{192}Ir等）或各种加速器、反应堆产生的核辐射治疗疾病的手段，可分为外部放射治疗和内部放射治疗两类。内部放射治疗最常用的放射性核素是^{131}I，可用于治疗甲状腺功能亢进（甲亢）。外部放射治疗的主要目的是杀死癌细胞，利用γ辐射、带电粒子或中子与癌细胞作用达到治疗目的。

药物学研究　利用放射性同位素研究药物作用的原理、药物活性以及药物代谢产物。几乎所有新药在临床试验之前，都要用同位素加以标记，以研究药物在生物体内的分布、蓄积以及代谢过程，并评价其药理作用。此外，放射免疫分析法是定量监测血液中药物浓度的可靠方法，既可保证治疗中有效而又安全地用药，还可发现患者是否服用毒性药物。

核战略 nuclear strategy　筹划和指导国家核力量建设与运用全局的方略。核力量运用方式分为核威慑战略、核实战战略、核力量建设发展战略以及核军备控制战略；按性质分为进攻性核战略和防御性核战略等。主要任务是研究和解决核力量建设和运用的方针、原则；分析核战争爆发的可能性及条件，核战争的特点、样式和作战方法；研究核打击目标的选择和运用，核力量的指挥与控制，以及对核战争的心理准备，核军备控制等。核战略受政治、军事、经济、科学技术、地理和文化等因素的制约明显，从属于国家战略和军事战略并受其指导，是同时具有国家战略、军事战略和军种战略特性的三位一体的特殊战略类型，在军事战略中具有核心与基石的作用。

形成发展　第二次世界大战后，美国实行以导弹核武器为主要手段的“威慑与实战”相结合的核战略。苏联提出了准备全面打赢核战争的“火箭核战略”、火箭核武器威慑战略、全球进攻战略、均势威慑战略等。进入21世纪，英国、法国等相继提出并确立了“最低限度核威慑”战略和“有限核威慑”战略，印度也提出了“地区性有限威慑”战略等。

基本特征　具有全局性、对抗性、谋略性和超前性。要素主要包括：①核战略目标。其核心目的是为了实现和达成国家、民族的根本利益。②核战略方针。用以确定核战略任务、核战略力量建设的重点、主要的核突击方向和核力量的部署与运用等问题。③核战略力量。由国家核作战实力和核战争潜力构成，以各军种的核作战力量为核心，以综合国力为后盾，是核战略运用的物质基础和支柱。④核战略环境。包括国际核战略格局、核军事斗争形势、有核国家的核力量结构以及世界核力量对比等。⑤核战略手段。主要包括实现核战略目的的方法、措施和谋略等。

类型特征　①进攻性核战略是立足于率先使用或威胁使用核武器主动攻击对方的方略。主要特征是：建设上追求核优势，运用上坚持首先使用，目标上追求霸权扩张，为了强权利益不顾政治和道义上的后果，企图以恐怖的核威胁与“先发制人”的核进攻谋求最大的政治、经济和军事利益。②防御性核战略是立足防范并抗击对方核进攻的方略，又称反击型核战略。主要特征是：核力量数量规模有限，主张自卫防御、后发制人，强调通过有限的核反击，对敌实施有效报复，以维护和保证本国的安全。

中国核战略　作为世界上有核国家之一，中国奉行积极防御核战略，基本精神体现在：在核力量建设上坚持有限发展，不与核大国搞核军备竞赛；在核力量运用上坚持后发制人，公开承诺不首先使用核武器，不对无核国家和无核地区使用核武器；在核军备控制上，始终主张全面禁止和彻底销毁核武器，并积极参与国际核军备控制活动。

核子 nucleon　质子和中子的统称。质子和中子是组成原子核的组元，它们都是自旋为1/2的费米子，质量仅有约0.15%的差别。质子和中子被视为是核子的两种状态。理论上引入同位旋的概念，指定核子同位旋为1/2，质子和中子状态分别相应于两个不同的同位旋第三分量+1/2和−1/2。核子是最轻的重子——一种参与强相互作用的粒子。在夸克结构模型中，核子由三个夸克组成，即两个上（u）夸克和一个下（d）夸克构成质子，两个下（d）夸克和一个上（u）夸克构成中子。核子内部夸克运动规律可用量子色动力学来描述。

核自旋 nuclear spin　原子核的总角动量，是核内所有核子的自旋角动量和轨道角动量耦合的结果。核自旋角动量的简称。反映了原子核的内禀特性。通常以约化普朗克常数$\hbar$（$h/2\pi$）为衡量单位，核自旋角动量的最大投影值I称为核自旋，它也就是核的自旋量子数。核处于基态时，偶A核的自旋为零或整数，属于玻色子，其中偶偶核的自旋为零，奇奇核的自旋为整数；奇A核的自旋为半整数（见原子核），属于费米子。核自旋是核内部结构的反映，根据核壳层模型可以相当好地说明基态核的自旋值。核处于各激发态时，核子轨道运动状态不同，因而有不同的核自旋。各激发态的核自旋是核能级的标记之一。

菏泽市 Heze City　中国山东省辖地级市。位于省境西南部。邻接江苏、安徽、河南3省。辖牡丹区和定陶、曹县、成武、单县、巨野、郓城、鄄城、东明8县。面积12 238平方千米。人口829万（2010）。秦分属东郡、砀郡，西汉置济阴郡。唐武德初改郡为曹州。清雍正十三年（1735）升曹州为曹州府。1949年分属平原省菏泽专区和湖西专区。1952年平原省撤销，归山东省。1967年改专区为地区。2000年撤销菏泽地区和县级菏泽市，设立地级菏泽市。属暖温带大陆性气候，年平均气温13.6℃，平均年降水量680.8毫米。矿产有煤、石油、天然气等。农业主产小麦、棉花、大豆、玉米、油料、蔬菜、水果等。森林覆盖率20%以上。是农、林、牧、渔商品生产基地。工业以电力、机械、纺织、化工、桐木加工等为主。京九铁路与新亚欧大陆桥在此交会，105、106、220、327国道过境。菏泽是著名的“牡丹之乡”、“戏曲之乡”、“书画之乡”。菏泽牡丹历史悠久，是世界面积最大、品种最多的牡丹生产、科研、出口和观赏基地，有栽培面积5万余亩，九大色系，600多个品种，每年4月18日至5月5日举办“菏泽国际牡丹花会”。名胜古迹有曹州书画院、南华温泉、鄄城孙膑故里、百狮坊、百寿坊、尧王墓、范蠡湖、秦王避暑洞等。

貉 *Nyctereutes procyonoides*; raccoon-dog　食肉目犬科的一种。分布于西伯利亚、朝鲜、日本和中国。在中国分布十分广泛。中等体型，外形似狐，但较肥胖，体长50～65厘米，尾长25厘米左右，体重4～6千克；吻尖，耳短圆，面颊生有长毛；四肢和尾较短，尾毛长而蓬松；体背和体侧毛均为浅黄褐色或棕黄色，背毛尖端黑色，吻部棕灰色，两颊和眼周的毛为黑褐色，从正面看为八字形黑褐斑纹，腹毛浅棕色，四肢浅黑色，尾末端近黑色。貉的毛色因地区和季节不同而有差异。

貉生境颇广，穴居。白天在洞内睡眠，夜间外出觅食，行动缓慢。主要以鱼、虾、蛇、蟹、小型啮齿类、鸟类及鸟卵等为食，也吃植物性食物如浆果、真菌、谷物等。北方貉在冬季有蛰眠习性，但与真正的冬眠不同，呈昏睡状态，代谢活动并不停止。天敌有狼和猞猁等。每年3月间交配，一雄配多雌，5～6月间产仔，每胎4～8只，多者达10多只，幼兽生长很快，当年秋天即可独立生活。

贺国强 He Guoqiang（1943–10～　）中国共产党中央政治局常务委员会委员，中央纪律检查委员会书记。湖南湘乡人。1966年1月加入中国共产党。1966年9月参加工作。1961～1966年在北京化工学院无机化工系无机物工学专业学习。1966～1967年留校待分配。1967～1978年任山东鲁南化肥厂合成车间技术员、车间主任、车间中共支部书记。1978～1980年任山东鲁南化肥厂副厂长兼副总工程师。1980～1982年任山东省化学石油工业厅调度室主任。

1982～1984年任山东省化学石油工业厅副厅长。1984～1986年任山东省化学石油工业厅厅长。1986～1987年任中共山东省委常委、济南市委副书记。1987～1991年任中共山东省委常委、济南市委书记。1991～1996年任化学工业部副部长、党组副书记。1996～1997年任福建省委副书记、代省长。1997～1999年任福建省委副书记、省长。1999～2002年任中共重庆市委书记。2002～2007年任中共中央政治局委员、中央书记处书记，中央组织部部长。2007年任中共中央政治局常委，中央纪律检查委员会书记，中央组织部部长。2007年10月不再兼任中共中央组织部部长。是中共第十二至十四届中央候补委员，第十五至十七届中央委员，第十六届中央政治局委员、中央书记处书记，第十七届中央政治局委员、常委。在中共十七大上当选为中央纪委委员、常委、书记。

贺敬之 He Jingzhi (1924-11-05～) 中国诗人、剧作家。山东峄县（今枣庄市）人。1940年到延安，入鲁迅艺术学院文学系学习。抗战胜利后，随文艺工作团到华北，在华北联合大学文艺学院工作。1949年被选为中国戏剧家协会理事和中国文学工作者协会理事。后到中央戏剧学院创作室工作，任中国作家协会和戏剧家协会理事，《剧本》、《诗刊》编委，剧协书记处书记等职。粉碎“四人帮”后，先后出任文化部副部长、代部长，中共中央宣传部副部长，中央书记处文艺领导小组副组长等职。作品有与丁毅共同执笔集体创作的中国新歌剧《白毛女》，此剧赢得了广泛的声誉，并获得1951年斯大林文学奖金。诗作有《回延安》、《放声歌唱》、《雷锋之歌》、《中国的十月》、《“八一”之歌》等。

贺拉斯 Horatius, Flaccus Quintus (前65～前8) 古罗马诗人、文艺批评家。生于意大利韦努西亚（今韦诺萨）。在雅典学习文学和哲学，推崇希腊文化。后应募参加了共和派军队，并被委任为军团指挥。公元前42年共和派战败，贺拉斯自称“弃盾而逃”。前40年回到罗马，在贫困中写作诗歌。后获赠庄园，有了安定的生活。一生未担任过官职。诗歌作品有：《讽刺诗集》2卷、《长短句集》、《歌集》4卷、《世纪之歌》、《书札》2卷。《讽刺诗集》和《长短句集》是早期作品，主要进行道德说教，嘲笑吝啬、贪婪、

淫靡等各种社会恶习，宣扬中庸的生活之道和闲适的田园之乐。《歌集》前3卷发表于公元前23年，收入诗88首，大部分为抒情诗，主要描写爱情、友谊、酒乐等。前6首又称《罗马颂歌》，官方思想意识倾向更为明显。第4卷发表于前13年，收诗15首，主要是对奥古斯都统治的歌颂。前17年，贺拉斯奉奥古斯都之命，为世纪庆典作颂诗《世纪之歌》，歌颂奥古斯都统治下罗马道德的复兴。全诗用萨福诗体写成，音调和谐，风格庄重。

《书札》用六音步扬抑抑格诗体写成，第1卷写于前23～前20年之间，内容同讽刺诗相近，主要谈论生活哲学。第2卷包括诗3首，内容以文艺评论为主，集中体现了他的文艺观点。其中第3首致皮索父子的信是一首长诗，计476行，又称《诗艺》，是欧洲古代继**亚里士多德**《诗学》之后出现的又一部重要文艺理论著作。

《诗艺》肯定诗歌的教化作用，强调诗歌对社会的良好影响，称道诗人是神圣的，作诗是崇高的事业。认为诗人写诗的目的或给人教益，或供人娱乐，或既给人乐趣又有益于生活。贺拉斯主张后者。还重视形式的完美。《诗艺》对欧洲文艺理论的发展产生过不小影响。在文艺复兴和古典主义时期，《诗艺》对诗歌的开化和教育作用的论述，成为人文主义者同教会的禁欲神秘主义进行斗争的思想武器。

贺兰山 Helan Mountain 中国宁夏回族自治区和内蒙古自治区的界山，中国西北地区的重要地理界线。西北为阿拉善高原，东为银川平原和鄂尔多斯高原。山脊是中国温带荒漠与温带荒漠草原及内外流域的分界线，又为宁夏引黄灌溉区的天然屏障。

贺兰山古长城远眺

贺兰山呈东北—西南走向，延伸200余千米，东西宽20～60千米。中段为山脉主体，山脊海拔多在2 000～3 000米，主峰敖包圪瘩3 556米。宁夏境内的贺兰山地森林覆盖率11%，主要分布于山脉中段。贺兰山植被垂直带变化明显。山中有高等植物665种，野生动物180余种，包括马鹿、獐、盘羊、金钱豹、兔狲、黑鹳、青羊、石貂、蓝马鸡等珍贵动物。1982年建立贺兰山自然保护区，1988年划为国家级自然保护区，区境面积6.1万公顷。贺兰山区有丰富煤矿，已建成石嘴山现代化矿井。有**西夏陵**、贺兰山岩画、滚钟口、拜寺口双塔和三关口古长城等名胜古迹。

贺麟 He Lin (1902-09-20～1992-09-23) 中国哲学家、黑格尔哲学研究专家。字自昭，四川省金堂人。卒于北京。1919年入清华留美预备学堂学习。1926年赴美国留学，先后在奥柏林大学、芝加哥大学和哈佛大学学习，攻读西方哲学，获奥柏林大学学士学位和哈佛大学硕士学位。1930年由美国到德国，入柏林大学，学习德国古典哲学。1931年回国，任北京大学讲师，1932年任副教授，1936年任教授。1955年调中国科学院哲学研究所任研究员，曾任西方哲学研究室主任、哲学研究所学术委员会副主任、中华全国外国哲学史学会名誉会长，中文《黑格尔全集》编译委员会名誉主编，全国政协第三、第五届委员，中国民主同盟中央委员等职。主要著作:《德国三大哲人处国难时之态度》(1934)、《近代唯心论简释》(1942)、《文化与人生》(1947)、《当代中国哲学》(1947)、《黑格尔理则学简述》(1948)、《现代西方哲学讲演集》(1984)、《黑格尔哲学讲演集》(1986)、《五十年来的中国哲学》(1989)、《哲学与哲学史论文集》(1990)等；译作:《**小逻辑**》(黑格尔，1954)、《**精神现象学**》(黑格尔，1962)、《哲学史讲演录》(黑格尔，1957)、《黑格尔早期神学著作》(黑格尔，1988)、《致知篇》(斯宾诺莎，1943)、《知性改进论》(斯宾诺莎，1952)、《**伦理学**》(斯宾诺莎，1958)及《黑格尔》(凯尔德，1936)、《黑格尔学述》(J.罗伊斯，1936)等。

贺龙 He Long (1896-03-22～1969-06-09) 中国无产阶级革命家、军事家、政治家，中国人民解放军创建人和领导人之一，中华人民共和国元帅。原名贺文常，字云卿。湖南桑植人。卒于北京。

1914年参加孙中山领导的中华革命党。1918年后任湖南靖国军营长、团长等职。1922年率部入四川，任川东边防军警备旅旅长、四川“讨贼军”混成旅旅长。1924年返湘，先后任澧州、湘西镇守使。1926年起，任国民革命军独立第15师师长、第9军第1师师长，率部参加北伐战争后升任国民革命军第20军军长。1927年8月1日，与周恩来、叶挺、朱德、刘伯承等领导南昌起义，任起义军总指挥。同年9月，加入中国共产党。1928年7月任中国工农革命军第4军军长、中共湘鄂西前敌委员会书记，参与创建湘鄂边革命根据地。1930年7月任中国工农红军第2军团总指挥兼第2军军长。1931年6月，率第3军（第2军团改编)开辟鄂西北革命根据地。1932年秋，率部经豫西南、陕南、川鄂边到湘鄂边开展游击战。1934年5月，率部创建黔东革命根据地。1934年10月，红3军与红6军团会师，红3军恢复红2军团番号，他和任弼时统一指挥2、6军团。后发动群众，建立革命政权，创建湘鄂川黔革命根据地，任中央革命军事委员会湘鄂川黔分会主席、湘鄂川黔省革命委员会主席和军区司令员。1935年根据遵义会议决议精神，指挥所部进行反“围剿”作战。1935年11月从桑植出发，开始长征。1936年7月，红2、红6军团及红32军合编为第二方面军，任总指挥。抗日战争爆发后，任八路军第120师师长，与关向应等率部开赴晋西北抗日前线，开辟了晋西北抗日根据地。1938年12月，奉命率120师主力东进冀中，兼任冀中军政委员会书记。1940年11月，任晋西北军区(后改为晋绥军区）司令员。1942年6月，任陕甘宁晋绥联防军司令员兼财政经济委员会副主任。1945年6月，被选为中共第七届中央委员，同年8月，指挥所部参加对日大反攻。解放战争时期，历任晋绥军区、晋绥野战军司令员，陕甘宁晋绥联防军司令员，西北军区司令员，中共中央西北局第二书记等职。1945年10月，率领晋绥野战军，协同晋察冀野战军发起绥远战役。1947年3月，指挥联防军地方兵团积极配合彭德怀指挥的西北野战军作战。同时，领导发展后备兵团，加强根据地建设，巩固战略后方，在困难条件下，集中陕甘宁晋绥人力物力，支援解放西北的作战。1949年底率第18兵团及第7军一部入四川，协同第二野战军发起成都战役，解放西南广大地区。

1950年，任西南军区司令员，中共中央西南局第三书记。在中共中央西南局统一部署下，领导对国民党军起义、投诚部队和被俘人员的整编及改造工作，指挥部队肃清国民党军残余武装力量和土匪，稳定了西南地区的局势。同年10月，指挥进藏部队解放昌都，促进了西藏的和平解放。1954年6月，任中央人民政府人民革命军事委员会副主席，9月任国务院副总理、国防委员会副主席。1955年被授予中华人民共和国元帅军衔和一级八一勋章、一级独立自由勋章、一级解放勋章。1956年被选为中共第八届中央委员、政治局委员。1959年任中共中央军事委员会副主席，1960年任中共中央军委国防工业委员会主任，1964年起主持中央军委的日常工作，参与领导人民解放军革命化、现代化、正规化建设。从1952年起还兼任国家体育运动委员会主任。

1966年“文化大革命”开始后，遭到林彪、江青反革命集团的诬陷，1969年6月9日被迫害致死。1978年12月中共十一届三中全会后彻底平反。著有《关于整军问题》、《论甄家庄的歼灭战》、《中国人民解放军的民主传统》等。

贺绿汀 He Luting (1903-07-20～1999-04-27) 中国作曲家、音乐理论家。生于湖南邵阳，卒于上海。1924年考入长沙岳云学校艺术专修科学钢琴、小提琴及和声。

1931年，在上海音乐专科学校从黄自学习作曲。1934年以钢琴曲《牧童短笛》获俄罗斯音乐家齐尔品（即A.N.切列普宁）的“征求中国风味钢琴曲”第一名。1934年，开始为电影作曲，先后为《乡愁》、《风云儿女》、《都市风光》、《船家女》、《长恨歌》、《狂欢之夜》、《生死同心》、《清明时节》、《春到人间》、《压岁钱》、《十字街头》、《社会之花》、《马路天使》、《上饶集中营》、《宋景诗》、《曙光》等20多部影片谱写音乐及歌曲。其中大部分创作于20世纪30年代。他创作的电影歌曲，除早期的《天涯歌女》、《四季歌》外，主要是抗日爱国歌曲，如《保家乡》、《募寒衣》、《垦春泥》、《胜利进行曲》等，这些歌曲在群众中广泛流行。抗日战争期间，贺绿汀先后在救亡演剧一队、重庆育才学校、延安鲁迅艺术学院、延安中央乐团担任艺术领导职务。其间创作了著名的《游击队歌》、《嘉陵江上》等歌曲。中华人民共和国建立后，贺绿汀任上海音乐学院院长、教授，中国文联副主席、中国音乐家协会副主席。除电影音乐和歌曲外，还创作了3部大型合唱曲、6部歌剧、5部话剧配乐和一些管弦乐曲和器乐独奏曲等。出版有《贺绿汀音乐论文选集》。

贺孟斧 He Mengfu (1911～1945) 中国话剧和电影导演、舞台美术家。原名善柯。生于江苏武进（今属常州）。1931年毕业于国立北平大学艺术学院戏剧系。1934年参加上海联华影业公司，编导影片《联华交响曲》、《将军之女》。1936～1937年与赵丹等组织上海星期实验小剧场，并先后参加业余剧人协会、业余实验剧团，任舞台设计和导演。1938年加入西北影业公司任编导。1941年在重庆参与组建中华剧艺社并任理事，导演了话剧《心防》、《家》等剧。一生导演了20余部话剧、电影作品，并且多半由他自己担任美术设计。1939年编导的影片《风雪太行山》，是抗日战争初期的优秀电影作品之一。话剧《风雪夜归人》(1943)，导演手法简练，风格典雅。他在舞台美术设计方面成就突出，曾为《奥赛罗》、《桃花扇》等设计布景。

贺若弼 He Ruobi (544～607) 中国隋代名将。字辅伯。河南洛阳人。能文，博涉书记，北周时为小内史。大象元年（579）他协助韦孝宽攻取陈淮南之地，以功封襄邑县公，为寿州（今安徽寿县）刺史。

杨坚辅政时，他被免官。隋朝建立，隋文帝杨坚因高颎荐举，委任若弼为吴州总管，镇广陵，作平陈准备。他献取陈十策，获得文帝赞赏。开皇八年(588)十一月，隋军大举伐陈，他为行军总管，主攻建康。九年春正月攻拔京口。接着进军直抵钟山，带领甲士八千，拼死苦战，击溃陈军主力，活捉陈大将萧摩诃，随后进入建康。若弼以平陈功，加位上柱国，晋爵宋国公，为右领军大将军。但他自以功高，因未能进位宰相而大为不满。十二年，被免官为民，虽即复官，却不再受重用。大业三年(607)，他从隋炀帝杨广至榆林（今内蒙古托克托西南)，与高颎等以诽谤朝政罪被处死。

贺盛瑞 He Shengrui 中国明代建筑管理专家。字凤山。明万历二十年（1592）任工部屯田司主事，二十三年任工部营缮司郎中。任职期间曾负责修建泰陵、献陵、公主府第、宫城北上门楼、西华门楼以及乾清宫、坤宁宫等项工程。乾清宫工程原估算造价白银160万两，他采用大小60余项改革措施，节约工银92万两，为原估价的57.5%。他的节约措施可概括为：杜绝钻营请托积弊，严格控制办事机构的设置，明确施工组织管理责任制，重视经济核算。因此阻断了太监和官吏贪污的途径，而遭到诬陷。他所撰《两京鼎建记》就是详述种种节约措施，为自己辩诬的。

贺宜 He Yi（1915-01-09～1987-08-20） 中国儿童文学作家。上海金山人。原名朱莘园。早年当过小学教师。1949年后，曾任上海团市委《新少年报》社长兼总编辑、北京《中国少年报》副总编辑等。1936年出版第一部童话集《小草》。主要作品还有：童话《凯旋门》(1939)、《小公鸡历险记》(1956)、《鸡毛小不点儿》(1958)，小说《野小鬼》(1939)、《刘文学》(1965)、《咆哮的石油河》(1978) 等。贺宜始终坚持儿童文学的时代性、阶级性以及教育性原则。早期如《凯旋门》等充满时代特色，反对侵略战争。1949年以后如《刘文学》等，体现出鲜明的阶级性、教育性。他提出童话的根本特征是幻想，并强调象征性、夸张性、逻辑性等童话创作“根本三要素”，在20世纪60～70年代对中国的儿童文学创作有较大影响。出版的儿童文学论著有《童话的特征、要素及其他》(1962)、《小百花园丁杂说》(1979) 等。

贺友直 He Youzhi（1922-11-21～ ） 中国连环画家。生于上海。曾学习工商美术，后致力于连环画创作，为上海人民美术出版社编审。一度兼任中央美术学院教授。历任中国美术家协会连环画艺术委员会主任、中国连环画研究会副会长、美协上海分会副主席。1949～1960年是贺友直连环画创作的第一阶段，包括与别人合作的作品约40多套，代表作为《火车上的战斗》。1961～1965年是他创作的第二阶段。据周立波同名小说创作的《山乡巨变》，以抒情风格、民族特色获得美术界的高度评价，在1963年全国第一届连环画创作评奖会上荣获一等奖。此间代表作尚有《南京路上好八连》、《李双双》等。新时期是其创作的第三阶段，兼用白描与水墨技法，代表作有《朝阳沟》、《十五贯》、《白光》等。以构思细腻、表现手法新颖多样著称。著有《贺友直谈连环画创作》等。

连环画《山乡巨变》中的一页

贺知章 He Zhizhang（659～744） 中国唐代诗人。字季真，越州永兴（今杭州市萧山区）人。早年移居山阴（今浙江绍兴）。武后证圣元年 (695) 登进士第。玄宗开元中，历任秘书少监、礼部侍郎、太子右庶子、秘书监、太子宾客等官职。天宝二年 (743) 十二月上疏请度为道士，还乡里。翌年正月由长安出发，玄宗亲自赋诗赠行。同年卒。

知章少以文辞知名，与包融、张旭、张若虚合称“吴中四士”。性放旷，好饮酒，善谈笑。晚年自号“四明狂客”，纵放不拘礼度，每遨游里巷。工书法，尤擅草书，其草书《孝经》真迹尚存。今存诗20首，其中七绝5首都很出色。如《咏柳》，构思新颖，设喻巧妙，是咏物诗中的杰作；《回乡偶书二首》，用浅易的语言，真切表现了许多久客还乡者经历过而又道不出的复杂感受，令人体味不尽。这些诗不尚藻彩，不事雕饰，无意求工而时有新意。

贺州市 Hezhou City 中国广西壮族自治区辖地级市。位于自治区境东部，与广东、湖南两省相邻。辖八步区、昭平县、钟山县、富川瑶族自治县。面积11 854平方千米。人口195万 (2010)，有汉、壮、瑶、苗、回等民族。汉元鼎六年（前111）置临贺县、封阳县，属苍梧郡。隋开皇九年（589）废郡设贺州。明洪武十年（1377）改州为县。1997年设县级贺州市，属贺州地区。2002年撤销贺州地区和县级贺州市，设立地级贺州市。矿产有锡、钛、锰、钨、钽、铌、锆、独居石、大理石等。森林覆盖率70.3%。农业主产大米、甘蔗、蔬菜、荸荠、水果等。工业有能源、造纸、化工、陶瓷、采矿、冶金、制药、建材、机械、纺织、食品等。名胜古迹有文庙牌坊、浮山、大汤温泉、盘谷壮寨风情园、瑶寨风情园等。

贺铸 He Zhu（1052～1125） 中国北宋词人。字方回，号庆湖遗老。卫州（今河南卫辉）人。宋太祖孝惠皇后族孙，授右班殿直。曾任泗州、太平州通判。晚年退居苏州，杜门校书终老。贺铸能诗文，长于词，好以旧谱填新词而改易其调名，谓之“寓声”。其词刚柔兼济，风格多样，善于锤炼字句，以深婉浓丽之作为多，风格承袭温、李，婉转多姿，饶有情致。如名作〔青玉案〕，辞藻工丽，即景抒情，比喻新颖鲜明，当时即以“语精意新，用心良苦”，“兴中有比，意味更长”而脍炙人口。另如〔踏莎行〕、〔石州慢〕、〔生查子〕等，都是辞美情深的婉约佳作。此外，贺铸的爱国忧时之作，如〔六州歌头〕等，慷慨悲凉，直抒胸臆，显然受苏词影响，隐然下接南宋前期的豪放诸家。其词意境开阔，辞韵优美，不失为北宋词之大家。其诗弱于词。有《庆湖遗老前后集》20卷。词集有《东山词》(一名《东山寓声乐府》)。

赫茨普龙 Hertzsprung, Ejnar（1873-10-08～1967-10-21） 丹麦天文学家。生于腓特烈堡，卒于罗斯基勒。化学工程师出身，曾任职于德国的格丁根大学和波茨坦天体物理台。历任荷兰莱顿大学天文台副台长、台长。1945年回丹麦。1905～1907年，提出恒星有巨星序和矮星序之分。1910年，H.N.罗素也独立地发现了这一关系，为此，恒星的颜色-星等（光谱-光度）图被称为赫茨普龙-罗素图，简称赫罗图。1911年，赫茨普龙注意到北极星亮度的微小变化，并证明它为造父变星。1913年，他根据勒维特于1912年发现的造父变星光变周期和亮度之间的关系，利用几颗银河造父变星的绝对星等，定出造父变星的周光关系。他根据小麦哲伦云中的造父变星的光变周期和视星等之间的周光关系求得这个星云的距离。由此得到推求任何含有造父变星的天体系统距离的手段。1922年他还发现赫罗图上方黄巨星和A型主序星之间有一明显的空区（后被称为赫茨普龙空区）。

赫达亚特 Hedāyat, Ṣādeq（1903-02-17～1951-04-04） 伊朗作家、学者。生于德黑兰，卒于法国巴黎。留学欧洲期间（1926～1930）广泛研读西方文学名著。1930年回国，并发表第一部短篇小说集《活埋》。中篇小说《瞎猫头鹰》(1936) 和《哈吉老爷》(1945) 获得极大声誉。主要以创作小说著称，也写过剧本、童话、讽刺杂文、旅途随笔等。其作品尖锐讽刺伊朗现实生活中的丑恶，充满忧国伤时的苦涩。1950年底，赫达亚特赴巴黎，次年在一家公寓打开煤气开关，结束了自己的一生。

赫德 Hart, Sir Robert（1835-02-20～1911-09-20） 清末英国在华活动的代表人物之一。北爱尔兰人。生于波塔当，卒于白金汉郡。在中国任海关总税务司长达45年（1863～1908），被清廷视为“客卿”。他于1854年来华，先后在英国驻宁波和广州领事馆担任翻译和助理。1859年起任粤海关副税务司。1861年起，代理总税务司职务。1863年11月任海关总税务司。1908年休假离职回国，仍挂总税务司的头衔。在主持中国海关的近半个世纪中，赫德不仅在海关建立了总税务司的绝对统治，而且其活动涉及中国的军事、政治、经济、外交以至文化、教育各个方面。他侵夺中国港口的引水权，扩大海关税务司对海关案件的审判权，把中国的邮政权控制在海关税务司手中，直接参与中国举借外债的活动，曾以总理各国事务衙门顾问的身份参与清政府与西方国家之间的各种交涉，甚至被清政府派驻伦敦直接代表中国政府同外国商议条约草案。他还插手中国的文教事业。他深受清政府信任，以至封疆大吏如总督的任命，有时也要咨询和采纳他的意见。1911年他卒于英国。清王朝追授为太子太保。

赫顿 Hutton, James (1726-06-03～1797-03-26) 英国地质学家。火成论和均变论的创始人。生于苏格兰爱丁堡，卒于爱丁堡。他从爱丁堡大学法律系毕业后，转而从事医药学研究。1749年获荷兰莱顿大学医学博士学位。1768年后专门从事地质学研究。1788年在爱丁堡皇家学会学报上发表《地球的理论》一文，反对“水成论”观点，认为火和水两者都对地壳的地层系统的形成起重要作用。文中还认为地球的历史可用现在进行的过程来解释，并提出地球均变论思想。他多次到苏格兰、英格兰和阿尔卑斯山进行考察，1795年发表《地球的理论及其证据和解说》(第1、第2卷)，进一步充实自己的论点。他强调地质时代的无限性；确认地层系统之间的不整合现象的事实和意义，并据此提出地球的发展存在着平静的沉积时期和激烈的抬升或“革命”时期相交替的“地质旋回”的概念；发现了花岗岩同其他岩石的接触带具有接触变质现象，花岗岩并非最古老的原始岩系；认为地质构造的变化如陆地的抬升是地内热力作用如深部火成岩侵入的膨胀力所造成的。主要著作还有《雨的理论》、《关于花岗岩的观察》、《光、热和火的哲学》、《知识原理研究》和《地球的理论及其证据和解说》(第3卷) 等。

赫尔巴特 Herbart, Johann Friedrich (1776-05-04～1841-08-12) 德国教育家、心理学家、哲学家。生于奥尔登堡，卒于格丁根。从小受到严格的家庭教育。1794年，在耶拿大学读书时，受I.康德、G.W.莱布尼茨哲学思想影响。1802年在格丁根大学讲授哲学和教育学。1809年任柯尼斯堡大学哲学和教育学教授，并创办教育研究班培训教师，另附设一所实验学校，供教育研究班的师生作教育实习和教育实验之用。赫尔巴特的教育思想主要包括三方面：管理论、教学论、德育论。他认为管理是教育过程的前提，并提出了威吓、监督、命令、禁止和惩罚等管理的方法。在教学论方面，他视教学为教育的最基本的手段；而教学应以多方面的兴趣为基础。他把教学过程分为4个阶段：①明了——向学生明确讲述新的教材。②联想——通过教师和学生谈话，使学生把新旧观念联合起来。③系统——学生在新旧观念联系的基础上，去寻找结论、定义和规律。④方法——把已学得的知识应用于实际，培养学生逻辑思维的技能。道德教育在他的教育体系中占有重要地位。他认为道德教育不仅直接影响儿童的心灵，而且能指导他们的感情、愿望和行为，形成他们的性格。著有《普通教育学》和《教育学讲授纲要》等。

赫尔岑 Gertsen, Aleksandr Ivanovich (1812-04-06～1870-01-21) 俄国作家、政论家、哲学家、革命活动家。生于莫斯科，卒于法国巴黎。1833年毕业于莫斯科大学。1834年因筹划出版宣传革命思想的杂志，被沙皇当局逮捕并流放，1840年获释。从19世纪40年代起，接连写出多篇小说。带有自传性质的中篇小说《一个青年人的札记》(1840～1841) 写他在流放时的所见所闻，真实描写知识分子的精神成长。长篇小说《谁之罪》(1841～1846)，通过描写3个不同类型的青年男女之间错综复杂的爱情悲剧，对残酷的封建农奴制度提出强烈控诉。赫尔岑在反对俄国专制农奴制度的斗争中确立和发展了他唯物主义美学观和现实主义文艺观，认为艺术是社会生活的反映，反对“为艺术而艺术”和“为金钱而艺术”。

1847年赫尔岑携家到欧洲。曾建立印刷所，创办《钟声》等报刊，号召人民推翻沙皇专制制度。

其他主要作品有中篇小说《克鲁波夫医生》(1847)、《偷东西的喜鹊》(1848)，哲学著作《自然研究通信》(1844～1845) 及包括日记、书信、散文、随笔、政论和杂感的巨型回忆录《往事与随想》(1852～1868) 等。

赫尔德 Herder, Johann Gottfried von (1744-08-25～1803-12-18) 德国思想家、作家。生于东普鲁士莫龙根，卒于魏玛。曾任教会学校教师、教会总监、首席牧师等职。1769年的法国之旅，得以结识当时著名的学者和作家，开阔了眼界。在他的影响下，德国掀起了狂飙突进运动。主要撰写了《关于人类历史哲学的思想》(1784～1791)、《关于促进人性的通信》(1793～1797)、《论语言的起源》(1772)、《论德国现代文学片断》(1766～1767) 等论文、论著。收集大量民歌，出版民歌集《民歌中各族人民的声音》(1807，1778年初版时名为《民歌》)。他的著作涉及文学、美学、哲学、医学等极广的范围，他的思想是德国启蒙文学向古典文学过渡的一个重要环节。

赫尔墨斯 Hermes 希腊神话中众神、宙斯的使者，兼司商业等多种职能的神。主神宙斯之子，奥林波斯神之一。最初可能是一个古代的原始神，自然力的化身。后来成为畜牧神，牧人的保护神。他教会人们在祭坛上点火，让人们焚化牲品献祭。他还具有下界神祇的特点，伴送亡魂前往冥土。他挥动手杖能使神祇和凡人入睡，也能使他们随时醒来。他又是使节和传令官的保护神。与此相联系，他保护行路人，还是各种竞技比赛的保护神。他天生机灵、狡诈，出生不久便偷走了阿波罗的牛群，因此又被视为偷窃神。希腊化时期，他与埃及的智慧之神透特混同，成为魔法的保护神。罗马时期，他与意大利的商业神墨丘利混同，成为商人的庇护神。赫尔墨斯的形象多种多样，与他的职能变化有关。他起初只是一个模糊的男性形象，后来作为牧神，被描绘成肩负羊羔的牧人形象，作为商贾、贸易之神，他的雕像手拿钱袋。自古典时期起，他是头戴盔帽、身披斗篷、手执蛇杖、脚登翼靴的模样。

赫尔墨特 Helmert, Friedrich Robert (1843-07-31～1917-06-15) 德国大地测量学家，

椭球面大地测量学和物理大地测量学的奠基人。生于弗赖贝格，卒于波茨坦。1870年起，历任亚琛大学、柏林大学教授，波茨坦普鲁士皇家大地测量研究所所长和国际大地测量学协会中央局主席。他第一次系统地论述最小二乘法平差计算的理论，所阐述的“等值观测”理论是相关观测理论的基础。在现代误差分析和误差统计方面，首先提出分析函数。所著《大地测量学的数学和物理学原理》首次系统地论述大地测量学的数学基础和物理基础，给大地测量学以系统、明确的概念。他于1880年提出面积法代替经典的弧度测量法，这一方法成功地被用于推算地球椭球。他所推求出的地球扁率接近于最新精确值。在地球测量方面，提出“水准椭球”新概念。1901年推导出正常重力公式，根据可倒摆理论测出波茨坦大地测量研究所的绝对重力值。此值被定为国际重力基准，称为波茨坦重力系统，世界各国采用该系统长达70年。还著有《垂线偏差》(1886)、《可倒摆理论》(1886)、《重力与地球质量分布》(1910)等。

赫尔姆林 Hermlin, Stephan (1915-04-13～1997-04-06) 德国诗人、作家、翻译家。原名鲁道夫·莱德。生于开姆尼茨，卒于柏林。曾在印刷厂工作并从事反纳粹地下活动。1936年起流亡国外。1947年在东柏林成为职业作家，历任作协副主席、理事，国际笔会副主席等职。诗集《大城市的十二首叙事谣曲》(1945)给处在困境中的人们以勇气。叙事长诗《曼斯菲尔德清唱剧》(1951)叙述曼斯菲尔德铜矿工人从建矿到成为铜矿主人长达750年的苦难斗争史。其他主要作品还有散文集《前列》(1951)，短篇小说《瓦尔腾堡的约克中尉》(1944)、《同生死的时代》(1950)，诗歌《诗人之死》(1958)等。

赫尔辛基 Helsinki 芬兰首都和最大港口城市。位于芬兰南部凸向芬兰湾的小半岛上。市区面积448平方千米，人口57.9万(2009)。海岸线曲折，外有群岛屏蔽。虽地处北纬60°，但因受海洋影响而气候温和。夏季平均气温16℃，冬季-6℃。1550年瑞典国王古斯塔夫一世建城于现址以北4.8千米处的万塔河口，1640年南迁至现址。1809年芬并入俄国，1812年成为芬兰大公爵领地的首府。1917年成为芬兰共和国首都。芬兰重要的经济和文化中心。工业发达，集中了全国约1/3的产业工人，主要工业有造纸、纺织、酿酒、化工、造船、电子、瓷器及金属制品等，沃特西拉造船厂和阿拉伯瓷器厂（欧洲最大的瓷器厂之一）的瓷器享有国际盛誉。近年发展起来的高新信息技术产品也开始打入世界市场。农业和

赫尔辛基城市一角

乳制品、木材和木制品等也有相当数量的出口。商业活动主要集中于港区。市区北郊有国际航空港。市内水面和绿地面积占很大比重，环境幽美，市内建筑材料多用当地浅色花岗岩，有“北方洁白城市”之称。建筑既有代表古老风味的路德大教堂，也有E.沙里宁1914年设计的代表现代建筑的火车站。重要文化建筑有J.西贝柳斯纪念碑、乌斯彭斯基大教堂、阿塔纽姆艺术博物馆，以及剧院和音乐会大厦等。赫尔辛基体育场为举办1952年奥林匹克运动会而建。赫尔辛基大学在整个斯堪的纳维亚排名第二。

赫尔辛基大学 University of Helsinki 芬兰规模最大的综合性大学。也是芬兰第一所有自主权的公立高等学校，设于赫尔辛基。1640年，芬兰还是瑞典的一部分时，瑞典女王克里斯蒂娜在芬兰当时的首府图尔库建立图尔库大学。1809年瑞俄战争结束后，更名为亚历山大大学。1828年迁现址，更名为皇家亚历山大大学。1917年芬兰共和国独立后改现名。1919年，芬兰宪法赋予大学完全独立的自主权。芬兰共和国第一位总统和许多内阁大臣都曾在校任教。第二次世界大战后，大学获得很大发展。设有神学、法学、医学、艺术、自然科学、教育、社会科学（含经济和政治科学）、农林和兽医等学院，80多个系所。其中，神学院在世界上久负盛名。该校还拥有理论物理研究院、地震研究所、大学药店、大学艺术室、大学钱币和奖章藏品室等研究所和服务机构。附设的继续教育研究中心和开放大学提供成人教育和职业教育。

赫耳 Hull, Albert Wallace (1880-04-19～1966-01-22) 美国物理学家。生于康涅狄格州的辛顿，卒于纽约州的斯克内克塔迪。1909年获耶鲁大学哲学博士学位。1909～1914年在伍斯特工学院任教。1914～1950年在通用电气研究实验室任研究员和斯克内克塔迪实验室副主任。赫耳长期从事电子管、X射线、结晶学、压电现象、冶金、玻璃等方面研究。他发明了四极管、闸流管，研制出能与玻璃实现无应力真空密封封接的铁镍钴合金。1921年发明整块阳极磁控管。赫耳是美国国家科学院院士，1942年任美国物理学会主席。美国无线电工程师学会曾授予利布曼奖金和荣誉奖章，富兰克林研究所曾授予菠茨奖章。

赫拉 Hera 希腊神话中的神后。克罗诺斯之女，宙斯的姊妹和妻子。希腊文化成形之前，她的名字就已存在。她曾和宙斯一样，掌管云雨、霹雳和闪电，赐予人以收成，后来逐渐成为司婚姻和夫妇之爱的女神，是女性尤其是孕妇和产妇的庇护者。她为宙斯生了青春女神赫柏、匠神赫菲斯托斯和战神阿瑞斯。她好用权势，嫉妒而残酷，不宽容宙斯所爱的任何女性及她们的子女，为此受到宙斯的惩罚。传说她出生在萨摩斯岛，对她的崇拜在阿尔戈斯、迈锡尼和斯巴达占有特殊的地位。在罗马，她与尤诺混同。尤诺是朱庇特的妻子，起初与朱庇特有同样的职能，后来才成为女性的庇护神。

赫拉克勒斯 Herakles 希腊神话中的大英雄。罗马神话中称之为海格立斯。他是宙斯与忒拜王安菲特律之妻阿尔克墨涅的儿子。赫拉克勒斯出生后，神后赫拉尤意中给他喂了奶，使他获得了超人的力量。赫拉为了报复，派两条巨蟒企图把他咬死在摇篮里，均被他扼死。他长大后随多人学得各种武艺和知识，杀死基泰戎山的猛狮，剥下的狮皮作为服饰。18岁时回到忒拜，使忒拜摆脱了弥尼埃人的欺压，为此国王

赫拉克勒斯与猛狮搏斗

克瑞翁把女儿墨伽拉嫁给了他。此后他受命于欧律斯托斯，先后完成12件神奇的苦差事，获得自由。后来他去过许多地方，曾因杀人而给吕底亚女王昂法勒为奴3年，参加过阿尔戈船寻取金羊毛的远航和卡吕冬狩猎，攻打特洛伊和伯罗奔尼撒的皮罗斯，声名显赫。赫拉克勒斯死于抹有马人涅索斯的毒血的衬衣；死后成为神，并娶青春女神赫柏作妻子。赫拉克勒斯故事包含西亚和埃及、意大利的传说，成为整个古希腊罗马普遍知晓的大英雄。一些晚期传说改变了他的形象，把他描绘成暴食者和好色之徒，成为喜剧中的笑料。在现代语言中，赫拉克勒斯是“大力士”的同义语。

赫拉克利特 Herakleitos（约前540～前480） 古希腊哲学家。出生于小亚细亚的爱非斯城，

是爱非斯学派的创始人。他认为万物的始基是“火”。世界是包括一切的整体，是永恒的活火，是运动变化的。“一切皆流，无物常住”。“人不能两次走进同一条河流”。他肯定万物变化的规律性和可知性，并以逻各斯表征事物的变化规律。他指出宇宙中存在着矛盾、对立和转化，斗争是万物之王。在伦理观上，他认为道德和幸福快乐相联系，幸福在于获得智慧。他具有丰富的朴素辩证法思想，被列宁称为“辩证法的奠基人”。著有《论自然》。

赫拉特 Herāt 阿富汗西部城市，赫拉特省首府。临内流河哈里河北岸，海拔922米。东距首都喀布尔635千米。人口约17.15万。建于公元前4世纪。东西间的交通要冲、贸易名城和军事重镇。中国古代通往西亚和古罗马的“丝绸之路”从这里穿行。地居全国人口最稠密、物产最富庶的农业区的中心，又当北通土库曼斯坦（相距90千米）、西入伊朗（相距120千米）的国际性公路的交会点。有纺织、轧棉、碾米、磨粉和榨油等工业，尤以地毯织造著称。紫羔皮贸易兴隆。附近有机场和军事基地。多历史胜迹，城北高坡上有圣者兼诗人阿卜杜拉·安萨里的墓。附近有几座古城。

赫雷罗人 Herero 西南非洲跨界民族。有34万人（2002），主要分布在纳米比亚北部和安哥拉南部。属尼格罗人种班图类型，与奥万博人血缘相近。使用赫雷罗语，属尼日尔-科尔多凡语系西南班图语群。在班图人自大湖地区向南迁徙的过程中，赫雷

赫雷罗人妇女

罗人赶着牲畜独自向西南进发。至迟在17世纪已渡过库内内河，进入奥万博兰以西的卡奥科兰地区。约于18世纪中叶，大部分赫雷罗人继续向南向东迁移，占据了奥阿斯山脉以北地区。仍然滞留于卡奥科兰的赫雷罗人形成了两个人口不多的部落：欣巴人和津巴人。以畜牧为生，以牛奶为主食。普遍通行一夫多妻制和双系制，每个人都属于父系和母系两个亲属集团。

赫里谢金德尔 Harishchandra, Bharatendu（1850－09－09～1885－01－06） 印度印地语作家。生于北方邦贝拿勒斯（今瓦腊纳西）。曾主编多种文学刊物，并建立诗社、文学俱乐部和文化协会等。创作了13部剧本（包括4部小笑剧和1部未完成作品），改编并翻译了9部剧本，还写了不少散文和诗，被认为是印地语戏剧和散文的启蒙者。《印度惨状》（1876）带有活报剧和象征剧的特点，展示了印度所处的悲惨境遇。其他重要剧作还有历史剧《尼勒德维》（1881）、《信守不渝的赫里谢金德尔》（1876）等。他对以克利方言为标准的印地语的规范化作出了贡献。

赫连勃勃 Helian Bobo（？～425） 中国十六国时期夏的创建者。南匈奴后裔，刘渊的同族。在位约19年。北魏明元帝曾改其名为屈孑，意为卑下。原为铁弗部，勃勃称王后，以为帝王“徽赫与天连”，因而改姓为赫连氏。父刘卫辰，率部服属于苻坚，屯驻代来城（今内蒙古杭锦旗东），为北魏所灭。勃勃逃亡到后秦，受到姚兴的宠遇。任为安北将军、五原公，镇朔方（今陕西延安）。407年，勃勃自称天王、大单于，国号大夏，据有河套之地。勃勃体格魁伟，雄略过人，而凶暴好杀。善于用兵，多次向西进攻南凉，向南进攻后秦，俘掠大量人口牲畜等。413年，营建首都，蒸土筑城，如用铁锥能刺进一寸，即杀工匠一并筑入。他说自己将要统一天下，君临万邦，因此定城名为统万（今内蒙古乌审旗南白城子）。东晋将领刘裕灭后秦南归后，勃勃乘机南下，418年攻克长安，作为南都，自称皇帝，关中郡县都投降。425年赫连勃勃死。子赫连昌继位。

赫鲁晓夫 Khrushchev, Nikita Sergeyevich（1894－04－17～1971－09－11） 苏联共产党中央第一书记（1953～1964），苏联部长会议主席（1958～1964）。生于库尔斯克省卡利诺夫卡村一个矿

工家庭，卒于莫斯科。幼年当过牧童、雇工。15岁起在顿巴斯的机械厂当学徒和钳工，因参加罢工被开除。俄国十月社会主义革命期间在卡利诺夫卡村任贫农委员会主席。1918年下半年加入俄国共产党（布）。1919年初参加红军。1929年进莫斯科斯大林工学院学习。1934年2月在联共（布）第17次代表大会上当选为中央委员。1935年1月任莫斯科州委和莫斯科市委第一书记。1938年1月当选为联共（布）中央政治局候补委员，派往乌克兰任党的第一书记和基辅省委、市委第一书记。1939年3月当选为联共（布）中央政治局委员。苏联卫国战争期间历任基辅特别军区、西南方面军、斯大林格勒方面军、南方方面军和乌克兰第一方面军军事委员会委员。1949年12月任联共（布）中央书记，主管农业，兼任莫斯科州委第一书记。1952年10月在苏共第19次代表大会上作关于修改党章的报告，当选为苏共中央主席团委员兼中央书记。J.斯大林逝世后，于1953年9月在苏共中央全会上当选中央第一书记，同年兼任苏共中央俄罗斯联邦局主席。他采取一系列措施纠正斯大林晚年的错误。1956年2月，在苏共第20次代表大会上作《关于个人崇拜及其后果》的秘密报告，用确凿的事实揭示斯大林的错误，打破对斯大林的个人崇拜，进而在平反历史错案、维护党的民主集中制原则、加强法制建设等方面做了一些工作。在经济方面，他强调物质刺激原则，提高农产品收购价格，扩大集体农庄自主权，推动农业发展，改善人民生活。在对外关系方面，他提出两个社会经济体系和平共处、和平竞赛的原则，认为世界大战并非绝对不可避免。但他并没有突破斯大林模式，在内外政策上经常瞎指挥，犯有众多错误。1958年3月兼任苏联部长会议主席，集党政大权于一身。1962年将中程导弹运进古巴，又被迫运出，给苏联带来耻辱。1964年10月14日，苏共中央全会解除其苏共中央第一书记和苏共中央主席团委员职务。次日又解除其苏联部长会议主席职务。

赫罗图 HR diagram 用恒星的表面温度（或光谱型或颜色）和光度（或绝对星等）作为坐标轴画出的图。赫罗图代表天文学和天体物理学中对观测的最大综合。一颗恒星在赫罗图中的位置决定于它的质量和年龄，赫罗图以绝妙的方式找到了恒星演化的规律，既提供了对**恒星演化**理论一个最严格的检验，又提供了研究银河系整体历史的一个最有力的工具。

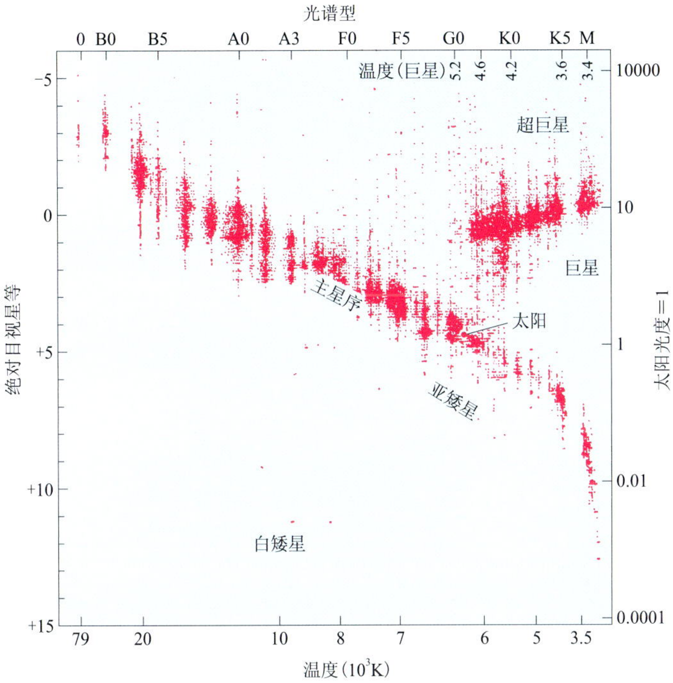

亮于8.5照相视星等的6 700颗恒星的赫罗图

丹麦天文学家E.**赫茨普龙**在1905年和1907年的论文中指出，一般蓝星是亮的，而红星却有亮、暗两种。他把亮星称为巨星，把暗星称为矮星。1911年他测定了几个银河星团（如昴星团、毕星团）中的恒星的光度和颜色，并将这二者作为纵坐标和横坐标。结果表明，这些星点大都落在一条连续带上，其余的星（巨星）则形成小群。美国天文学家H.N.罗素研究了恒星的光度和光谱，画出一系列表明恒星光度和光谱型之间的关系图，于1914年在《自然》上发表。经过对比，发现颜色等价于光谱型或表面温度。他们两人的图所表示的是同一回事。因此，后来将这类光度-表面温度（光谱型或颜色）图称为赫茨普龙-罗素图，简称赫罗图。

因为恒星的绝对星等可以换算成光度；同时光谱型与表面有效温度有关，恒星的颜色也与温度有关，高温星呈蓝色，低温星呈红色。因此，赫罗图的横坐标可以是光谱型，也可以是温度或色指数；纵坐标可以用光度，也可以用绝对星等。然而计算绝对星等和光度需要知道恒星的距离。对于星团的成员星，可以认为它们离开太阳都一样远，因此，星团的赫罗图纵坐标也可以用视星等。

在赫罗图上，大多数恒星落在从左上角到右下角的一条带中，这条带叫主星序，也称矮星序，这些恒星则叫主序星。沿着主星序，恒星的光度由大到小，温度由高到低，太阳位于中部；一些星位于主星序右上方，光度大于同样温度的主序星，这些星叫做巨星，这个密集序列，称为巨星序；再上面是光度更大的超巨星；在主星序下面，有一群温度高、光度小的白矮星；另外，在主星序与巨星之间有亚巨星，而在主星序下方靠近主星序处，则有亚矮星（见图）。

赫罗图是帮助我们理解恒星演化的有力工具。因为每个恒星都可以用赫罗图上一个点表示，点的疏密表示恒星处于各演化阶段的时间长短。赫罗图上，主星序点子密集，表示恒星整个寿命的大部分时间处于主序阶段；而在主星序和巨星序之间，只有为数极少的星星落在其中，表示由矮星到巨星的演化时标很短。在恒星生命的各个阶段，其光度取决于释放能量的物理过程，因而取决于温度高低和表面积大小。随着恒星的演化，其代表点在赫罗图上移动，从而给出演化轨迹。

赫迈扎尼 Hamadhānī, Badī ‘az-Zamān al-（969～1007） 阿拉伯作家。生于波斯哈马丹，卒于阿富汗赫拉特。11岁曾离家游历呼罗珊等地。他创作的玛卡梅韵文故事传世的有51篇（一说52篇），讲述的是人如何运用智谋摆脱生活的困境。每篇玛卡梅都是一篇短小的故事，各篇玛卡梅有一个共同的、虚构的主人公，故事由一个虚构的说书人讲述。各篇玛卡梅故事在内容上没有联系，独立成篇。每篇故事都用韵文写成，间有少量诗歌。

“玛卡梅”原意为“集会”、“聚会”，引申为在集会场所讲述的故事，是阿拉伯古典小说的雏形。

赫蒙人 Hmong 亚洲中南半岛越南社会主义共和国的少数民族之一。又称苗人。约42万人（2001）。主要分布在越南北部。属蒙古人种南亚类型。分为白苗、花苗、红苗、黑苗、汉苗5个支系，多以服装式样或颜色而得名。使用苗语，属汉藏语系苗瑶语族。无本族文字。信仰多神。其祖先系从中国西南各省陆续迁入。深受中国文化影响，习惯贴汉字对联，中越边境的赫蒙人能讲中国云南话。村寨多建在海拔1 000米以上的高山上。主要以耕种山坡地为生，少数地区种水田。节日主要有春节和端午节。

赫斯 Hess, Harry Hammond（1906-05-24～1969-08-25） 美国海洋地质学家、地球物理学家。生于纽约，卒于马萨诸塞州伍兹霍尔。毕业于耶鲁大学，1934年起在普林斯顿大学任教，1950年担任该校地质系主任。他在海沟重力、岛弧造山作用、洋壳与蛇绿岩套的研究方面均有重要贡献。第二次世界大战期间他在美国军舰上任军官，通过回声测深发现太平洋海底存在众多的平顶海山，并将其命名为盖奥特。1962年，他在《洋盆的历史》中提出海底扩张的概念，指出在大洋中脊轴部地幔物质上涌，形成大洋地壳；随着中脊轴部新洋壳不断形成，先形成的洋壳向洋中脊两侧扩张，最后在海沟地区俯冲返回地幔。**海底扩张说**复兴了A.L.魏格纳的**大陆漂移说**，奠定了**板块构造说**的理论基础。

赫梯古王国 Hittite Old Kingdom 小亚细亚地区奴隶制国家。公元前17世纪拉巴尔纳斯始建，约前14世纪发展成赫梯帝国。首都先在库萨尔，后迁至哈图沙什。前17世纪，拉巴尔纳斯（约前1680～前1656年在位）获得库萨尔王位，号“大王，库萨尔王”。其子哈图西利斯一世统治期间（约前1650～前1620）迁都哈图沙什，征服西里西亚，其疆界达到地中海岸。其孙穆尔西利斯一世（约前1620～前1590年在位）继位后，首先与幼发拉底河中游的喀西特人城邦哈纳结盟，以破坏哈尔帕和巴比伦的联盟。约前1595年攻占并毁灭哈尔帕城，接着灭亡巴比伦第一王朝（见**古巴比伦王国**）。穆尔西利斯一世死于宫廷阴谋。此后赫梯进入大动荡时代，篡夺王位事件不断发生，至铁列平（约前1525～前1500）即位时，赫梯版图缩小，仅限于安纳托利亚中部一带。铁列平之后的历史不详，有人称这一时期为中王国时期。约前14世纪，国势渐盛，发展成赫梯帝国。赫梯古王国的农业已成为主要生产部门，实行轮耕制，主要种植小麦、大麦、豌豆等。国王由贵族选举产生，王位继承须经贵族会议承认，王权受到限制。国王以“大王，塔巴尔那”为王衔。

赫梯语 Hittite language 属印欧语系中已消亡的安纳托利亚语族。曾分布在小亚细亚（今土耳其的亚洲部分）一带。赫梯语并不是小亚细亚本土的语言，而是外来的原始印欧人带来的。其历史可上溯到公元前1200年前。赫梯语文献于20世纪初发现于土耳其。1986年，学者们又发现了新的楔形文字铜质书板，据专家们分析，这是前12世纪赫梯王国使用的书板。前1400～前500年间，还有用象形文字书写的另一类赫梯语文献，称象形文字赫梯语。1915年，语言学家B.赫罗兹尼首次发现了赫梯语和印欧语言之间的相似点，进而确认赫梯语属印欧语系。这一观点很快得到语言学家的普遍认可。赫梯语的发现，一度导致有些学者提出：应把赫梯语视为印欧语的“姊妹语言”，而不是“后裔语言”，甚至有人建议用“印度-赫梯语系”之说来取代原有的“印欧语系”。

语音方面，赫梯语保留了印欧语的腭音，其中的一部分后来又变成了咝音；赫梯语有喉头音，而在其他印欧语言中却消失了。词汇方面，虽然赫梯语保留了印欧语言中的一些古词语特征，但许多词语与印欧词语并无同源关系，创新成分较多。语法方面，赫梯语的语法系统比印欧语中印度-伊朗诸语言和希腊语的语法系统更简单。在名词屈折变化方面，赫梯语在形式上与拉丁语和希腊语很相似。

赫图阿拉 中国后金都城。又名黑图阿拉、赫图阿喇或黑秃阿喇，满语“横岗”之意。故址在今辽宁新宾满族自治县西老城里。明万历三十一年（1603）努尔哈赤始建城堡于此。三十三年增修外城环之。因山为城，垒土为郭，三面临水，一面靠山。内城周四里，南一门，东二门，北一门，为努尔哈赤及其亲族居地。外城周九里，南三门，北三门，东二门，西一门，城高七尺，杂筑土石，或用木植横筑之。城上环置射箭穴窦，状若女墙。居住精悍部卒。外城北门外，铁匠、弓匠分区居住，专制铠甲和弓箭。东门外则有仓廒一区，乃贮谷之所。内外城共有居民两万余户。四十四年（1616）努尔哈赤即汗位，建立大金（史称后金），建元天命，定都于此。天命六年（1621）始迁都至辽阳。天聪八年（1634）尊为兴京。现仅内外城墙有部分残存，城门遗迹尚清晰可辨，其余建筑已荡然无存。

赫维西 Hevesy, George Charles de（1885-08-01～1966-07-05） 匈牙利放射化学家。生于布达佩斯，卒于德国弗赖堡。1908年在德国弗赖堡大学获博士学位。1920～1926年，在丹麦哥本哈根大学理论物理学研究所工作。1926年起，在德国弗赖堡大学任物理化学教授。1935年离德去丹麦。1943年任斯德哥尔摩大学教授。他利用同位素之间难以分开的特点创立了放射性示踪法。1923年他和D.科斯特在哥本哈根发现了元素铪。他和V.M.戈尔德施密特一起提出了镧系收缩原理。1934年他用示踪法对人体生理过程进行研究，测定了骨骼中无机物组成的交换。1936年和H.莱维完成了历史上首次中子活化分析。因在化学研究中用同位素作示踪物，获1943年诺贝尔化学奖，并获1959年和平利用原子能奖。还曾获法拉第奖章、科普利奖章、玻尔奖章和福特奖金。著有《人工放射性》、《X射线化学分析》、《放射性指示剂》、《放射性同位素事件研究》等。

赫西奥德 Hesiodos（前8世纪末～前7世纪初） 古希腊诗人。自称祖籍在小亚细亚的库墨，后移居比奥细亚境内赫利孔山麓的小村阿斯克拉。创作有长诗《工作与时日》。全诗共828行，用六音步诗行写成。诗中宣传每人都应努力劳动，恪守正义，并用普罗米修斯胆大妄为而受惩罚和人类五个时代更迭的传说证明他的论点，然后详细叙述一年四季的田功农时，最后以历数每个月的吉日和凶日结束。这首诗反映了受氏族贵族压迫的农村平民的意识，并对自然景色作了出色的描写。相传他所写的另一首长诗《神谱》收集了很多古代传说，试图依据对宇宙的一定认识将诸神的相互关系系统化。此外还有《盾》、《列女传》（仅存残诗）等也曾被认为是他的作品。

赫歇耳 Herschel, Friedrich Wilhelm（1738-11-15～1822-08-25） 英国天文学家。生于德国汉诺威，卒于英国斯劳。早年为音乐师。1757年移居英国。1773年起业余磨制反射望远镜。是使反射望远镜大型化的一代宗师。1783年和1789年先后制成口径46厘米、焦距6米以及口径122厘米、焦距12.2米的金属面反射望远镜，后者是当时世界上口径最大的。1779年起用自制望远镜从事巡天观测，1781年3月发现一颗他以为是彗星的星，并持续进行观测，有人根据其观测资料推算轨道，发现它是太阳系中一颗新的行星——天王星。他因此声名显赫，1782年任皇家天文学家，从此以天文工作为职业。同年定居于英国达奇特，1786年以后定居在斯劳。1783年通过一些恒星自行资料的分析，推出太阳有向武仙座方向的空间运动，被称为太阳的本动。通过多年巡天观测，对一些拟定选区的恒星进行采样统计，1785年获得一幅扁而平、轮廓参差、太阳居中的银河系结构图，从而初步确立了银河系的概念。1787年发现两颗天王星卫星——天卫三、天卫四，1789年发现两颗土星卫星——土卫一、土卫二。通过对双星的长期观测，1782、1785和1821年先后刊布包含848对新发现的双星的表。1802～1804年指出大多数双星并非在方向上偶然靠在一起的光学双星，而是物理双星，还发现双星两子星的互相绕转。通过对星团、星云的系统观测，1786、1789和1802年3次出版星团和星云表，其中刊载了2 500个星团和星云。1800年发现太阳光谱中红外波段有辐射，这是首次探测到天体的红外辐射。1816年受封为爵士，1821年当选为刚建立的英国皇家天文学会首任会长。他的妹妹C.L.赫歇耳也是一位天文学家，终身未嫁，长期当他的助手，还独立发现了14个星云和8颗彗星。他的儿子J.F.赫歇耳也是天文学家。一家三人常被合称为赫歇耳一家，是18～19世纪英国一个对天文学有卓越贡献的家庭。

赫胥黎 Huxley, Aldous（1894-07-26～1963-11-22） 英国小说家、诗人、剧作家。生于萨里戈德尔明，卒于美国洛杉矶。1915年毕业于牛津大学。1919～1921年任文学周刊《雅典娜神殿》编辑。1937年主编《和平主义全书》。1940年移居美国。

赫胥黎是一位多产作家。自1916年发表诗集《燃烧的轮子》开始，40年间一共写了11部长篇小说、5部短篇小说集、7部诗集、4部剧本、1部游记以及大量的文艺评论和杂文。《旋律与对位》（1928）描写第一次世界大战后伦敦上流社会及其知识分子的各种思想矛盾，深刻而细腻地描绘了“迷惘的一代”的苦闷和彷徨。其他主要作品还有长篇小说《美妙的新世界》（1932）、《猿与本质》（1948），短篇小说集《地狱的边缘》（1920）、《短暂的蜡烛》（1930），诗集《蝉及其他》（1931），散文集《在边缘》（1923）等。

赫胥黎 Huxley, Thomas Henry（1825-03-04～1895-06-29） 英国博物学家、人类学家、教育家和作家。生于英格兰伊灵，卒

于依斯特伯恩。1845年毕业于伦敦查林·克劳斯医院医学院。1851年被选为英国皇家学会会员，1883年当选皇家学会会长。赫胥黎在海洋生物学、比较解剖学、古生物学、哲学、古人类学、人种学、民族学等方面作出重要贡献。首次指出刺胞动物的内外两层体壁，相当于高等动物的内外两胚层；首次提出**不可知论**一词，在研究自然科学与人类学时坚持唯物主义立场，支持和宣传进化论；第一个提出人类起源的问题，首次提出人猿同祖的科学论断，用进化理论证明了人类在自然界中的位置；首次科学鉴定尼安德特人在人类演化过程中的地位；提出四大人种分类法等。还在多所学校任教，致力于英国的教育改革。著有论文160多篇和一批著作。主要著作《进化论与伦理学》中的一部分，被**严复**编译为《**天演论**》。他博学多才，对科学发展的推动和对同时代人的思想、行为的影响，很少有人能与之相比。国外有53个科学协会授予他荣誉称号。

赫哲语 Hezhen language 属阿尔泰语系满-通古斯语族满语支。分布于中国黑龙江省同江市的街津口、八岔两个民族乡，饶河县西林子乡四排村。赫哲族只有少数老人还能讲本族语。分奇楞话和赫真话。能讲赫真话的人极少。在国外和赫哲族自称相同、语言相近的有俄罗斯境内那乃族使用的那乃语。语音方面，有7个元音、28个辅音，有不太严整的元音和谐律。语法方面，名词有7个格，动词有人称范畴，多用人称副动词和带格附加成分的形动词作从句的谓语。表示渔猎生产活动的词汇丰富。

赫哲族 Hezhen 中国少数民族。主要分布在黑龙江省部分地区。人口4 640人(2000)。使用赫哲语，属阿尔泰语系满-通古斯语族满语支。无文字。通用汉语文。其先民活动在东北松花江、黑龙江和乌苏里江等三江流域。明朝时为女真的一支。主要从事渔业，桦皮、鱼皮手工艺品很有特色，图案艺术别具一格。民间文学具有鲜明的渔猎文化特征，民间说唱文学“伊玛堪”广泛流传。男女衣服曾用鹿皮和鱼皮制作，现在大部分人的服装与汉族无异。日常吃鲜鱼、兽肉。临时住房有用桦皮、茅草搭成的棚子，称“撮罗子”、“草窝棚”；固定住房较普遍的是泥墙草顶房屋，称“马架子”

从事渔猎的赫哲人

或“正房”。冬以滑雪板或狗拉雪橇为交通工具，夏以桦皮船、舢板从事运输和捕鱼。婚姻行一夫一妻制。丧葬以土葬为主，也有风葬和火葬。1984～1985年在赫哲族聚居区建立了3个民族乡。

赫兹 hertz **国际单位制**中表示频率的导出单位。简称赫。符号为Hz。为纪念德国物理学家H.R.**赫兹**而命名。定义为每秒周数或周期为1秒的周期现象的频率，即1赫＝1/秒。任何具有规律的周期性变化的现象，都可用赫兹作计量单位。赫兹用于交流电、电磁波（包括光、雷达等）和声音的计量。1933年10月由国际电工委员会通过采用。

赫兹 Hertz, Heinrich Rudolf (1857-02-22～1894-01-01) 德国物理学家。生于汉堡，卒于波恩。1876年入德累斯顿工学院学习工程，1880年获柏林大学哲学博士学位。

作为H.von**亥姆霍兹**的助手从事科学研究工作。1885年任科劳尔施物理研究所物理学教授。1889年继R.**克劳修斯**任波恩大学物理学教授。1887年用自己设计的振荡器第一次通过实验证实了电磁波的存在，证明了J.C.**麦克斯韦**理论的正确性，后又研究电磁波的各种性质（反射、衍射、折射、形成驻波等），证实了电磁波在空气中的传播速度等于光速，确立了电磁波和光波基本特性的等同性。1886～1887年观察并描述了紫外光电效应，研究了共振回路理论、紫外光对放电的影响、阴极射线的性质等。赫兹曾多次获得意、法、奥、德等国科学院和学术团体的奖章和奖金，并被选为柏林科学院、剑桥哲学学会等重要学术组织的通讯会员。为纪念他，人们以赫兹作为振荡频率的单位。

褐矮星 brown dwarf 由星际气体云的引力塌缩而形成，但没有足够质量在其核心部位引发氢聚变为氦的**恒星**。有时称为未成功的恒星。这种情况仅当恒星质量小于太阳质量的8%才有可能[氢燃烧的临界质量约为84M_J(M_J为木星质量)]。通过引力能转变为热，这样的恒星能微弱地发光1亿年左右。褐矮星继续发射红光和红外光是早期氘核和锂合成时剩余的热。褐矮星的温度范围是2 300K到700K。全部褐矮星都随时间推移而冷却，质量大的比质量小的冷却得慢。1995年11月30日《自然》公布发现褐矮星GL229B，它是双星，光谱型为MIV，位于天兔座，距地球19光年。褐矮星的发现是20世纪末恒星**天体物理学**的重大进展之一，因为它是恒星和**行星**之间的桥梁，为恒星和行星的形成和演化的研究注入崭新的观点，恒星和褐矮星似乎以同样方式形成。

褐几维 *Apteryx australis*; brown kiwi 几维目鸟类中形体最小的一种。曾误称“无翼鸟”。因发声似“kiwi……”得名。体型如鸡，雌大雄小。上体羽毛大多暗褐色，

腹侧略呈皮黄色，并有黑褐色条纹。羽毛无副羽，羽轴仅有粗羽片，缺羽小支。嘴细长而稍下曲，有鼻孔，位于喙端，有利于在夜间靠嗅觉觅食蚯蚓等食物。在嘴裂边缘有许多嘴须。第二趾阙如。翅极退化，从体外仅见残留的飞羽。尾羽不发达，仅有小的尾综骨。砂囊不发达，盲肠狭长。幼鸟羽色和成鸟相似，但羽衣松软。骨骼坚实，不具气腔。

栖息在新西兰茂密的灌木丛中。主要在夜间单独活动，以昆虫、昆虫幼虫、蠕虫或掉落的浆果为食。雌鸟在冬末产卵1～2枚。卵白色，长形，重约450克。雄鸟孵卵，孵卵期75～80天。刚孵出的幼雏被松软雏羽，孵出后5天以内不取食，只利用剩余的卵黄获取营养。5天后由雄鸟带领寻找食物。幼鸟生长缓慢，2岁以上性成熟。

褐煤 brown coal 由**泥炭**经过成岩作用形成的煤化程度最低的**煤**。褐色至黑褐色，条痕褐色，光泽暗淡或呈沥青光泽，水分大、挥发分高(>37%)、密度小、发热量低(一般为25～30.5兆焦/千克)、不具黏结性。褐煤中碳含量一般为60%～70%，氢含量5%～6.5%，氧含量常达15%～30%，在空气中易风化碎裂和自燃。褐煤分类各国不

同，德国将褐煤分为软褐煤、暗褐煤和亮褐煤三类；美国则分为木质褐煤和亚烟煤两类。中国按透光率不同分为年轻褐煤（称褐煤一号）和老褐煤（称褐煤二号）两类。褐煤主要产于古近系和新近系。著名的大型褐煤矿床如德国下莱茵盆地和中国云南开远的小龙潭盆地、广西的百色盆地等。褐煤一般用作燃料或气化原料，也能作提取褐煤蜡和制造腐殖酸盐类的原料，含油率达到工业要求时可用于低温干馏制取焦油及其他化工产品。

褐铁矿 limonite 以含水氧化铁为主要成分的天然多矿物混合物。早先认为褐铁矿是一种成分为$2Fe_2O_3 \cdot 3H_2O$的独立矿物，但X射线衍射分析表明，它们是以隐晶质的针铁矿、纤铁矿、富含水的氢氧化铁胶凝体为主，并含有铝的氢氧化物、泥质物、赤铁矿、石英、黏土等的混合物；成分复杂而可变，但基本上为$FeO(OH) \cdot nH_2O$，有时含Co、Ni、Cu、Pb、Au等。常呈致密块状、疏松多孔状、钟乳状、葡萄状、土状等产出，也常呈黄铁矿晶形的假像出现。物理性质变化大，呈各种色调的褐色（褐黄色、褐色、褐黑色或红褐色等）。莫氏硬度1～4。密度3.1～4.2克/厘米^3。自然界分布广泛，主要由铁的硫化物、铁的氧化物、铁的碳酸盐等氧化而成。铁锈也由褐铁矿组成。在硫化矿床氧化带中常以“铁帽”形式出现，可作为找矿标志。也可在沼泽、湖泊及泉水沉积中通过无机或生物沉淀而形成。英国北安普敦、法国洛林、德国巴伐利亚、卢森堡、比利时、瑞典等地都有具重要价值的褐铁矿床。褐铁矿含铁量低，是钢铁工业次要的铁矿石，但较易冶炼；还可用作颜料。

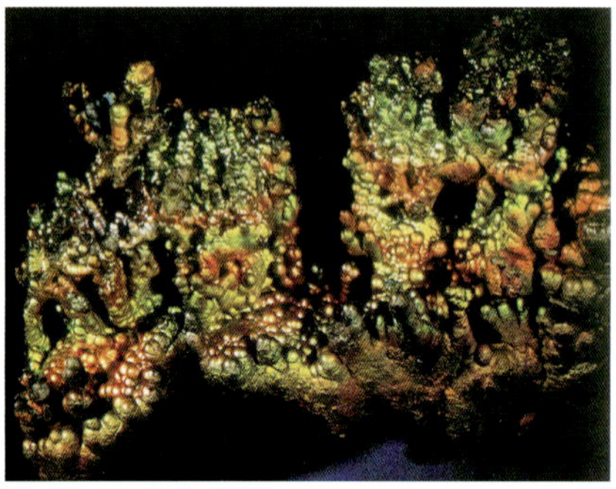

褐土 cinnamon soil 发育于暖温带半湿润区旱生森林与灌林草原植被下的半淋溶土壤。又称褐色森林土。在欧洲南部、北美洲西南部、南美洲西部、澳大利亚东西部都有分布。在中国主要分布于从辽西经河北、北京、山西、河南西部、关中到甘肃西秦岭一带的低山、丘陵与高阶地，以及山东泰沂山地的北部与西部，面积为2 500余万公顷。褐土的主要特征是：表土呈褐色至棕黄色；剖面中、下部有黏粒和钙的积聚；呈中性（表层）至微碱性（心底土层）反应。土壤剖面构型为有机质积聚层－黏化层－钙积层－母质层。中国境内褐土多发育于碳酸盐母质上，具有明显的黏化作用和钙化作用。呈中性至碱性反应，碳酸钙多为假菌丝体状广泛存在于土层中、下层，有时出现在表土层。褐土除适宜农作物生长外，也适宜于栽培苹果、梨、枣、杏、柿等果树作物。但为防止旱、瘠和水土流失的影响，须加强水土保持、培肥和灌溉措施。

褐藻胶 algin 由β-D-甘露糖醛酸和α-L-古罗糖醛酸各自或互相交替或无规律地通过1,4（部分为1,5）键合而成的多糖可溶性盐。又称藻酸铵。甘露糖醛酸与古罗糖醛酸之比为0.3～2.35，聚合度约680。广泛存在于巨藻、海带、墨角藻和马尾藻等褐藻的细胞壁中，多数以钙盐和镁盐的形式存在。制法是将上述藻类用碳酸钠水溶液提取，然后用盐酸或氯化钙精制，最后再转化成钠盐或铵盐。可用作医药和化妆品的乳化剂和胶黏剂、乳化体系的稳定剂、药片的分散剂、食品的增稠剂、纺织品印染浆料的增稠剂、整理浆以及纸的胶料等，还可制成医用手术线、离子交换纤维和防火织物用纤维。

褐藻门 Phaeophyta; brown algae 藻类植物的一门。褐藻含叶绿素a、c，还含有较多的墨角藻黄素等褐色素，大多呈褐色。约250属1 500种以上，绝大多数海产，极个别生于淡水中。藻体均由多细胞构成，最简单的藻体为单列细胞组成的丝状体。大小差别很大。大多数种类都有不同程度的组织分化。细胞壁由藻胶组成。细胞中的储藏物质主要是淀粉，其次为甘露醇等。褐藻的繁殖有营养繁殖、无性繁殖和有性生殖多种方式。大多数种类的生活史均为世代交替（墨角藻目除外）。主要分布于寒带和温带海洋，生长在低潮带和潮下带的岩石上。褐藻的经济价值较大，很多种类可以食用，如海带、裙带菜等；许多大型种类如海带、马尾藻、巨藻等是提制褐藻胶的原料。有些褐藻可以直接药用，如海带、昆布、羊栖菜等有主治瘿瘤结气瘘疮、利小便、消水肿等作用，并对由缺碘引起的甲状腺肿有治疗效果。

鹤 *Grus*; crane 鹤形目鹤科鹤属鸟类的统称。世界有15种，中国有9种。大型迁徙性涉禽。头顶通常裸露，嘴强直，鼻孔呈裂缝状。初级飞羽11枚，次级飞羽比初级飞羽长。胫、跗跖和趾均细长，后趾很小，且位置高于前3趾。栖息于沼泽湿地、草原或宽阔的农田。营地面生活，从不停栖树上。飞行时头、颈和两腿前后伸直，并常排成整齐的队形。雏鸟为早成性。

蓑羽鹤

鹤壁市 Hebi City 中国河南省辖地级市。位于省境北部，西靠太行山。辖淇滨、山城、鹤山3区和浚县、淇县2县。面积2 299平方千米。人口157万（2010）。民族有汉、回等。原为汤阴县属镇。1957年建鹤壁市。属暖温带大陆性季风气候。矿产资源有煤、大理石、石膏、铝矾土、金刚石等。煤炭储量丰富，为中国煤炭基地之一。农作物主要有小麦、玉米、谷子、棉花等。畜牧业有豫北黑山羊等优良畜种。工业有煤炭、机械、建材、电子、化工、纺织、冶金、酿酒、橡胶等。名胜古迹有天宁寺大石佛、玄天洞石塔、卫国墓碑和上峪地幔窗口等。

鹤岗市 Hegang City 中国黑龙江省辖地级市。位于省境东北部小兴安岭东麓，濒临三江平原。隔黑龙江与俄罗斯相望。辖向阳、工农、南山、兴安、东山、兴山6区和绥滨、萝北2县。面积14 784平方千米。人口106万（2010）。原称鹤立岗，满语意为鹿栅。1914年发现煤矿，兴山镇逐渐兴起。1945年12月成立鹤岗矿务局，并将镇改为兴山市。1950年改为鹤岗市。矿产主要有煤、石墨、黄金等。工业有煤炭、电力、煤化工、机电、冶金、机械、建材、电子、医药、食品、粮油加工等。农业盛产大豆、水稻、玉米、小麦、马铃薯、甜菜等。森林资源丰富，主要经济树种有红松、鱼鳞松、杨树、水曲柳、黄菠萝等。林区有马鹿、狍子、熊、野鸡等野生动物，以及中草药。渔产丰富，“三花五罗”、鲟、鳇鱼等水产品驰名中外。名山口岸为国家一级口岸。名胜古迹有松鹤公园、邵家庄古城、奥里米古城、中兴古城、同仁遗址和日本侵华罪证遗址——东山“万人坑”等纪念地。

《鹤林玉露》 中国笔记集。宋代罗大经撰。此书分甲、乙、丙3编，共18卷。半数以上评述前代及宋代诗文，记述宋代文人逸事，有文学史料价值。如乙编卷四《诗祸》

一则，记宋理宗宝庆、绍定间江湖诗案一事，有助于对江湖派的了解；卷三《东坡文》一则，论苏轼文章深受《庄子》、《战国策》影响，因为作者善文，其议论自具眼力；卷五《二老相访》一则，记杨万里与周必大晚年的亲密交往，可与史书所记二人不甚相合对比研究。有《稗海》本、《四库全书》本、《丛书集成初编》本，中华书局1983年出版有点校本。

鹤山市 Heshan City 中国广东省辖县级市。位于省境南部。面积1 108平方千米。人口49万（2010）。著名侨乡。旅外华侨和港澳台同胞30多万人。清雍正九年（1731）析新会县、开平县置鹤山县，因县城有山形似鹤而得名。1993年撤县设市。由江门市代管。夏秋多台风。建有蔬菜、水果、水产、禽畜等农业生产基地。矿产有稀土、铅锌、铜、钾长石等。工业以纺织、机电、食品等为主。名胜古迹有东坡亭、址山兴义土坊、惠济桥、古榕奇观、石门瀑布等。

鹤形目 Gruiformes; cranes 鸟纲一目。除少数种类外，概为涉禽。世界有8亚目11科189种。中国有4科33种。眼被羽或裸出；翅大都短圆，第1枚初级飞羽较第2枚短；尾短，有12枚尾羽。颈和脚均较长，胫的下部裸出；脚趾一般细长，后趾不发达或完全退化，存在时位置亦较高；趾间无蹼，有时具瓣蹼。不具真正的嗉囊，盲肠较发达。鸣管由气管与支气管的一部分构成；气管发达。

此目鸟类体形多样，有鹑形（例如三趾鹑）、鹤形、鸭形（如骨顶鸡）、秧鸡形和鸵鸟形（如大鸨）。小型种类体重仅50～100克，如三趾鹑。大型种类大鸨的体重可达18千克，为世界上能飞翔鸟类中最重者。

栖息于水域附近的沼泽草地或草原，涉水或奔走取食小型脊椎动物、蠕虫、软体动物、昆虫以及植物的嫩芽和种子。较少飞翔。两性共同筑巢。在湿地以干草茎编成简陋的板状或皿状巢，或仅在土穴中敷以少许茎叶。巢多置于水草丛中或地表；一些生活于热带雨林中的种类主要在树上筑巢；极少数（如喇叭声鹤）能在树洞中营巢。大型种每窝产卵2～3枚，小型种产卵4～10枚。卵的形状和色泽多种多样。雌雄共同孵卵，但以雌鸟为主，少数种类（如三趾鹑）由雄鸟孵卵。小型种类孵卵期为10余天，大型种类28～36天。刚出壳雏鸟被有暗色密绒羽，短时间内即有离巢能力，为早成性。已离巢的幼鸟尚需亲鸟饲喂数天至1个月。多成家族群聚活动，直至迁徙。

黑斑侧褶蛙 *Pelophylax nigromaculata*; pond green frog 蛙科侧褶蛙属一种。又称青蛙、田鸡、黑斑蛙。分布于中国、俄罗斯远东地区、日本和朝鲜半岛。在中国分布于东部各省区，向南止于广东北部，向西止于四川凉山区。雄蛙体长62毫米、雌蛙74毫米左右。头长大于头宽，吻较窄，吻端钝圆，瞳孔横椭圆形；体背面皮肤较粗糙，有背侧褶，其间有多行长短纵行肤棱；指、趾端钝尖，趾间有蹼。体背面颜色变异颇大，有淡绿、黄绿、深绿、灰褐等色，其上杂有许多黑斑，背侧褶浅棕色。有的个体从吻至肛有一条淡黄色脊纹。四肢背面多为浅棕色或棕黄色，前臂及股、胫部均有棕黑横纹，股后有酱色云斑；腹面乳白或肉色。

生活于海拔2 000米以下的平原、丘陵和山区的稻田、池塘、水沟、湖泽岸边等静水水域附近。白天常隐匿，夜晚出外觅食昆虫、蚁类及蚯蚓，是农作区害虫的主要天敌之一。每年3月出蛰，11月伏蛰冬眠；繁殖季节在3～5月，南方早于北方；每年产卵一次，每次产卵600～6 305粒，卵群产在静水域内。卵群呈团状。蝌蚪全长64毫米左右；两口角有乳突，下唇乳突1排完整；头体背面灰绿色，有深色斑点；尾部有黑斑；蝌蚪在静水中生活3～4个月后变态成幼蛙，登陆幼蛙需越过两个冬季达性成熟。

黑贝尔 Hebbel, Friedrich (1813-03-18～1863-12-13) 德国戏剧家。生于韦瑟尔布伦，卒于奥地利维也纳。家境贫寒，14岁丧父。在女作家和缝补女工的资助下得以学习大学课程。

黑贝尔最初写作抒情诗和短篇小说，但主要成就在戏剧方面。一生创作了15部剧本。《玛丽亚·玛格达莱娜》(1844)取材于现实生活，写女主人公克拉拉不幸的爱情故事。其他主要剧作还有《阿格妮斯·贝尔瑙厄》(1851)、《吉格斯和他的指环》(1856)和《尼伯龙根三部曲》(1862)等。还有长篇小说《施瑙克，一幅尼德兰的画》(1850)，中篇小说《马特渥》(1855)、《猎户家中的一夜》(1855)，诗集《弗里德希·黑贝尔诗集》(1857)等。

黑贝尔 Hebel, Johann Peter (1760-05-10～1826-09-22) 德国作家。生于瑞士巴塞尔，卒于施魏岑根。1岁丧父，13岁丧母，18岁时经人资助入埃朗根大学学习。毕业后曾做过教师、副牧师、校长等。同时进行文学创作。《莱茵家庭之友的小宝盒》(1811)里的故事一部分取材于16世纪的笑话集，一部分收集于民间，大多反映农村生活，形式短小精悍，幽默风趣，带有启蒙思想色彩。用南德方言写的《阿勒曼尼方言诗集》(1803)，歌颂青春、母爱和大自然，倡导人道、和平和自由，风格质朴，音韵优美。

黑便士邮票 Penny Black Stamp 1840年英国发行的世界第一枚邮票。面值1便士，用黑色油墨印制，故名，习称黑便士。1840年5月1日发售，5月6日正式使用。在R.希尔的主持下，邮票图案采用维多利亚

首枚黑便士邮票

女王侧面头像，原图由W.怀恩设计，H.科尔布尔德改绘成邮票所需要的侧面头像，C.希思和F.希思雕刻。邮票使用小皇冠水印的白色无底纹纸雕刻凹版印制，图幅19毫米×22.5毫米，无齿孔，有背胶。全张邮票枚数为240（12×20），在每枚邮票图案左下角小方格内自上而下顺序印有“A”至“T”20个大写英文字母，右下角小方格内则从左至右顺序印有“A”至“L”12个大写英文字母，以此表示每枚邮票在全张中的位置。总发行量7 200万枚。

黑潮 Kuroshio Current 北太平洋副热带总环流系统中的西部边界流。具有流速强、流量大、流幅狭窄、延伸深邃、高温高盐等特征。因其水色深蓝，远看似黑色，因而得名。

黑潮由太平洋北赤道流在菲律宾群岛以东向北流动的一个分支延续而来。其源地位于中国台湾省东南和巴士海峡以东海域。沿台湾东岸北上，通过苏澳和与那国岛之间的水道流入东海。主轴指向东北，在陆架外缘和陆坡之间流动。当它在奄美诸岛西北分出对马暖流分支后，转向东流，通过吐噶喇海峡北部流出东海，进入日本以南的太平洋海域。再沿日本诸岛沿岸流向东北，在本州铫子附近离开陆坡向东流去，成为黑潮续流。约至东经165°处再延伸为北太平洋流。狭义的黑潮指自台湾东南海域至铫子一段紧沿陆坡流动的高速带状水流，广义的黑潮流则包括黑潮续流。

吕宋岛以东，北向最大流速约80～100厘米/秒。在巴士海峡和台湾岛南端及东岸，最大流速约150厘米/秒或以上。台湾以东，黑潮流幅125～170千米，向北流幅逐渐变窄；离岸距离为60～100千米。

流轴上最大流速平均约为95厘米/秒。流量的年际变化很大，为（19～42）$\times10^6$米^3/秒。东海中的黑潮是黄海、东海流系的主干，其影响还远及南海。

黑潮在自西向东流动中，沿途还汇合了其他水体，到达日本以南时，流速增强，流量增大，途径变异也最复杂。熊野滩以南经向断面上的地转流速分布显示了黑潮的典型结构。表层最大流速可达190厘米/秒以上，流轴（流速>50厘米/秒）宽约125千米，深约600米。流量约为71×10^6米^3/秒。约在北纬35°处，黑潮离开日本海岸后分为两支，其一为续流主干，向正东流动，保持狭窄强流性质，直到东经160°附近。它在东经150°附近又分出一支，为黑潮逆流，几乎沿椭圆形途径向琉球群岛和台湾岛方向流动。另一支为续流分支，流向东北，直到北纬40°处又转向东流。这一分支与其西、北两侧的亲潮，形成了寒暖两流系十分显著的锋面。这里渔业资源很丰富。

黑潮的途径和流轴位置，流幅和伸展深度，流速、流量以及热盐结构等，无时不在变化之中。变化周期从十几年、几年直到几小时，甚至更长或更短。其中，日本以南的黑潮，其途径曾多次出现周期为几年或十几年的大弯曲现象（日本学者称为大蛇形），并在远州滩外伴生大冷水团。黑潮大弯曲现象的持续性非常突出。在1934～1980年的47年间竟有25年黑潮途径发生弯曲。

黑船事件 Black Ship's Event 19世纪50年代中期，西方列强以武力强制日本放弃锁国政策，对外实行以建立国交和开港贸易为中心的开放政策。见日本开国。

黑洞 black hole 广义相对论所预言的一种特殊天体。它具有一个封闭的视界。视界就是黑洞的边界，外来的物质和辐射可进入视界内，并被撕碎和高度凝聚；而视界内的任何物质和辐射都无法跑到外面。黑洞的引力和潮汐力异常巨大。

1798年，P.-S.拉普拉斯曾根据牛顿引力理论预言存在一种类似于黑洞的天体。他的计算结果是，一个直径比太阳大250倍而密度与地球相当的恒星，其引力场足以捕获它所发出的所有光线，而成为暗天体。1939年，J.R.奥本海默等根据广义相对论证明，一个无压的尘埃球体，在自引力作用下将能坍缩到它的引力半径的范围以内。引力半径$r_g=2GM/c^2$。式中G为万有引力常数，c为光速，M为球体的总质量。一个太阳质量的恒星其引力半径约为2.96千米。当物质球坍缩到半径为r_g，这个球体所发射的光线或其他任何粒子，都不能逃到r_g球以外，这就形成黑洞。黑洞的性质只要用三个参数就可完全表征。这三个参数是质量M、角动量J和电荷Q。这表明黑洞对外仅有引力和电磁力两种相互作用。黑洞的磁矩可用$m=QJ/M$来表征。当$J=Q=0$时是球对称的史瓦西黑洞；当$Q=0$时是轴对称的克尔黑洞。黑洞的一个重要物理参量是它的视界的面积A，其值为（在$c=G=1$单位系）：

$$A=8\pi[M^2+M(M^2-a^2-Q^2)^{1/2}-Q^2/2]$$

式中$a=J/M$。A的基本性质是，黑洞的演化过程（如通过与物质相互作用，或黑洞之间的相互作用）中，它的面积总不减少，这称为面积不减定理。它是物质只能进入黑洞而不能跑出黑洞这一特性的定量表述。

在黑洞的观测搜寻上，哈勃空间望远镜和钱德拉X射线探测卫星起了重要作用。到2003年底，认为最可能是黑洞的候选者约有33个，其中星系级黑洞约11个，它们的质量在$2\times10^6\sim10^9$太阳质量的量级。而恒星级黑洞几乎全部是双星系统中的X射线源。

但严格来说，黑洞还尚未被真正“观测到”，它的很多疑团还有待人们进一步揭示。

黑粉病 smut 由真菌黑粉菌引起的植物病害。亚洲、非洲、美洲均有分布。寄主范围很广，以禾本科植物发生最为普遍。

黑粉菌种类很多，不同的种类危害植物的不同部位，因而病名不一。如禾本科植物，有黑穗病、粒黑粉病、秆黑粉病、叶黑粉病、瘤黑粉病等。

黑粉菌有多种侵染循环类型：①以菌丝潜伏在种子内越冬，从花器侵染。②病菌在种子表面休眠，从幼芽侵染。③病菌在土壤中休眠，从幼芽侵染。④病菌在土壤中休眠，从植株的任何分生组织侵入，一个生育期中有多次重复侵染。如玉米黑粉病。⑤病菌在土壤中休眠，从花器侵入，每年只侵染1次，如稻粒黑粉病。

根据不同侵染类型，相应采用抗病品种、建立无病种子田、温水或石灰水浸种处理、杀菌剂（多菌灵、三唑酮等）拌种、调节播种期、处理病残体、粪种隔离、连续拔除病株、割除病瘤等不同措施防治。

黑格尔 Hegel, Georg Wilhelm Friedrich (1770-08-27～1831-11-14) 19世纪德国古典哲学家，客观唯心主义者。

生平与主要著作 黑格尔生于德国符腾堡公国首府斯图加特，卒于柏林。1788年10月黑格尔到图宾根神学院学习哲学和神学。1801年来到了当时德国哲学和文学的中心耶拿，开始了他一生中具有决定意义的一个阶段。1805年获得副教授职。1816年黑格尔到海德堡任哲学教授，开始享有盛誉。1818年普鲁士国王任命黑格尔为柏林大学教授。1822年，黑格尔被任命为大学评议会委员。1829年10月黑格尔被选为柏林大学校长并兼任政府代表。1831年黑格尔被授予三级红鹰勋章，同年夏他的《论英国改革法案》一文发表，因普鲁士国王下令中止，文章只发表了前半部分。主要著作包括《精神现象学》、《逻辑学》、《哲学全书》(其中包括逻辑学、自然哲学、精神哲学3部分)、《法哲学原理》、《美学讲演录》、《哲学史讲演录》、《历史哲学讲演录》等等。

哲学思想 在黑格尔1788年进入图宾根神学院深造的几年里，受I.康德、B.斯宾诺莎和J.-J.卢梭等人的思想影响。在大学时期的生活和学习，引导他开始研究政治和宗教，并对现实进行批判。他把哲学家与民众联系起来，把批判的锋芒同时指向宗教和专制制度。此时，黑格尔尚未形成自己的哲学思想体系，仍然认为宗教高于哲学，认为哲学作为反思的思维不能把握生命和精神的无限性。这一看法不同于他以前的观点，到耶拿以后，黑格尔很快又放弃了这一观点，转入论证绝对知识。黑格尔在耶拿时期，是他把自己的理想变为体系的一个转折点。1801年黑格尔写了《费希特和谢林哲学体系的差异》一文，参加当时的哲学争论。这是黑格尔发表的第一篇哲学论文。黑格尔这一时期还发表了一些批评康德、费希特和F.H.雅各比等人的著作。这些人的哲学被黑格尔看作主观的反思哲学、需要克服的片面性哲学，因而必须把它们同以总体为基础的“真正的哲学”区别开来。

1805年开始写《精神现象学》，于1807年3月出版。它标志着由康德开始的德国哲学革命进入了新的阶段，也标志着黑格尔已经成为一位成熟的和独树一帜的哲学家。黑格尔在这部巨著中划时代地提供了一部人类意识的发展史。它从内容上将人类意识发展分为5个阶段：①意识，②自我意识，③理性，这3个阶段属于主观精神；④精神，即客观精神；⑤绝对精神。黑格尔的整体观和伟大的历史感，均体现在这部意识发展史中。《精神现象学》作为人的意识发展诸阶段的缩影，深刻地揭示了人的个体发展及人类社会发展两个方面的历史辩证法。

在纽伦堡，黑格尔完成了另一部巨著即1812、1813、1816年先后分3卷出版的《逻辑学》。这部著作的重要意义和它出版后遭到的冷遇形成鲜明的对照。它只是在马克思主义哲学中才得到了正确的理解、改造并加以应用。在黑格尔的体系中，《逻辑学》占有核心的地位。除了《精神现象学》之外，他把自己的其他著作都看作是《逻辑学》的展开和应用。《逻辑学》集中地体现了黑格尔把宇宙看成一个运动、变化、发展的有机整体的合理思想。在逻辑史上具有革命的意义。

1816年黑格尔开始在海德堡担任哲学教授，他根据讲课提纲编辑成《哲学全书》于1817、1827、1830年出版，每次重版都作了重要修改。他还发表了政论《评1815年和1816年符腾堡王国等级议会的讨论》，坚持他的君主立宪制观点，批评邦议员们要求恢复法国革命前的旧法制。

1818年黑格尔被任命为普鲁士王国的教授。在柏林时期的主要著作是《法哲学原理》。在这一时期，黑格尔还讲授历史哲学。黑格尔在历史哲学中通过理性主宰世界这一客观唯心主义原则，把历史看作一个有规律的、不以人的意志为转移的过程，从而结束了把历史看作非理性的、一团紊乱的观念。

宗教哲学是黑格尔在柏林时期开讲的一个课程。他的宗教思想是促成他死后黑格尔派分裂的一个重要原因。在这一点上他继承了亚里士多德以来理性主义的神学传统，表现了明显的近代色彩。从来不把宗教归结为教士的欺骗，而把它看作是历史和当代深刻矛盾冲突的表现及其解决。人对神的观念同人对自己的观念相应，这是黑格尔的一个重要观点。黑格尔在柏林作了6次关于哲学史的讲演。他把哲学史和哲学统一起来，哲学史在他看来是在时间中发展的哲学，而哲学是在逻辑体系中的哲学史。因此哲学史在总体上可以说是哲学本身，哲学离开哲学史本身便不能成为哲学。哲学史上的多样性对于哲学的实存不仅绝对必要，而且具有本质意义。他的哲学史讲演达到了前人未曾达到的高度。

伦理思想　黑格尔集以往西方伦理思想之大成，特别是继承和发展了康德的伦理思想，建立了一个完整的理性主义伦理思想体系。黑格尔关于伦理的学说就是他的法哲学，其中包括抽象法、道德、伦理3个部分，中心是揭示自由理念的辩证发展过程。从哲学上看，黑格尔伦理思想的形式是唯心的，但其内容是现实的，方法是辩证的，它的成就对后世伦理思想包括马克思主义伦理思想的形成和发展有着重要影响。

美学思想　黑格尔的美学思想主要反映在他的《美学讲演录》一书中，这是他整个哲学体系的一个组成部分，也是他的哲学体系在美学和艺术领域中的具体表现。艺术的根本特点，是理念通过感性的形象来显现自己、认识自己，“美是理念的感性显现”成为黑格尔美学思想的核心。黑格尔分别对艺术的性质和特征、艺术发展的历史类型和各门艺术的体系，进行既是逻辑的又是历史的分析。逻辑方面，他建立了一个庞大的有关艺术的唯心主义哲学体系；历史方面，他开创了艺术社会学的研究，展示了宏伟的历史观。黑格尔的美学思想在西方美学史的发展过程中，起了划时代的作用，成为古典美学的集大成者。

黑格尔哲学是19世纪德国资产阶级的世界观体系。它集德国古典哲学之大成，具有百科全书式的丰富性，居于整个资产阶级哲学的高峰。它不仅反映了当时德国资产阶级的革命性与软弱性，也在一定程度上反映了当时整个西方资产阶级的特点。在黑格尔哲学中，表现了丰富的辩证法内容与保守体系的深刻矛盾。

20世纪，黑格尔哲学重新受到广泛重视。黑格尔研究成了国际现象，不同阶级、不同的学派，都提出自己的解释，从中引出自己的结论。今天东西方很少有哲学家和哲学派别不同黑格尔发生直接和间接的关系。黑格尔派或新黑格尔主义，成了历史现象。但黑格尔哲学却在发挥自己的作用，启发当代人的思想。在中国，黑格尔作为德国古典哲学中最有影响的一位哲学家，他的哲学也正在得到较以往更深入的研究。

《黑格尔哲学批判》 *Zur Kritik der Hegelschen Philosophie*　L.费尔巴哈的哲学论文。1839年发表。批判G.W.F.黑格尔否定感性事物的实在性、以存在的概念或抽象的存在作为哲学的开端的唯心主义。标志着作者与黑格尔唯心主义的决裂。他指出黑格尔哲学论述的出发点存在是不真实的，是想象出来的存在，是空的思维。从思维派生存在，从无创造世界，是违反理性而有害的。书中认为，哲学应从现实的存在开始，哲学的最高原则应是人的本质。

黑海　Black Sea　欧洲东南部和亚洲小亚细亚半岛之间的内海。因水色深暗、多风暴而得名。向西通过博斯普鲁斯海峡、马尔马拉海、达达尼尔海峡与地中海相通，向北经刻赤海峡与亚速海相连。形似椭圆形。东西最长1 130千米，南北最宽611千米，中部最窄263千米，面积42.2万平方千米。海岸线全长4 090千米。平均水深1 315米，最大水深2 210米。

黑海是古地中海的一个残留海盆。在古新世末期小亚细亚半岛发生构造隆起时，黑海与地中海开始分开，并逐渐与外海隔离形成内海。随着地壳运动和历次冰期变化，黑海与地中海间经历了多次隔绝和连接的过程。现在与地中海的相连状态是在6 000～8 000年前的末次冰期结束后冰川融化而形成的。黑海大陆架一般宽2.5～15千米，只西北部较宽，达200千米以上。少岛屿、海湾。海底地形从四周向中部倾斜。中部是深海盆，水深2 000米以上，约占总面积的1/3。

黑海冬季盛行偏北大风，凛冽的极地冷空气不断袭来，在黑海尤其西北部海区掀起巨浪，景象十分壮观。强冷空气还沿某些山口隘道急速下泻，风速可达20～40米/秒，形成少有的强风，称布拉风。黑海地区年降水量600～800毫米，同时汇集了欧洲一些较大河流的径流量，年平均入海水量达355立方千米（其中多瑙河占60%）。这些淡水量总和远多于海面蒸发量，淡化了表层海水的含盐量，使平均盐度只有12.0～22.0。表层盐度较小，在上、下水层间形成密度跃层，严重阻止了上、下水层的交换，使深层海水严重缺氧。在220米以下水层中已无氧存在。在缺氧和有机质存在的情况下，经过特种细菌的作用，海水中的硫酸盐分解而形成硫化氢等。硫化氢对鱼类有毒害，因而黑海除边缘浅海区和海水上层有一些海生动植物外，深海区和海底几乎一片死寂。同时硫化氢呈黑色，使深层海水呈现黑色。黑海淡水的收入量大于海水的蒸发量，使黑海海面高于地中海海面。盐度较小的黑海海水便从海峡表层流向地中海，地中海中盐度较大海水从海峡下层流入黑海，由于海峡较浅，阻碍了流入黑海的水量，使流入黑海的水量小于从黑海流出的水量，维持着黑海水量的动态平衡。

黑海在航运、贸易和战略上具有重要地位。沿岸有许多著名的疗养地和旅游区。

黑海海峡　Black Sea Straits; Karadeniz Boğazı　博斯普鲁斯海峡（伊斯坦布尔海峡）、马尔马拉海和达达尼尔海峡（恰纳卡莱海峡）的总称。又称土耳其海峡。

黑河　Heihe River　中国甘肃省河西走廊最大河流。内流河。古名弱水。上游称甘州河，源出祁连山脉走廊南山与托来山间的分水岭，东南流经纵谷草地，至黄藏寺纳东南来的鄂博河后，转向西北，穿走廊南山80千米横谷，至莺落峡口出山。莺落峡水文站多年平均年径流量15.8亿立方米。莺落峡以北为中游，入走廊平地于张掖市乌江堡以北，汇山丹河转向西北流，是为黑河。高台正义峡以北为下游，经金塔盆地东端，水量大减，至鼎新后有北大河由西来汇（今已无水），复东北流，进入居延海盆地千三角洲，又称额济纳河（弱水），河道宽浅流缓，过青山头后，分东、西两河。东河（纳林河）流入淡水湖苏古诺尔（1992年干涸）；西河（木林河，常干涸）流入咸水湖嘎顺诺尔（居延海）（1961年干涸）。全长810千米。出山口多年平均年径流量35.6亿立方米。

黑河市 Heihe City 中国黑龙江省辖地级市。中国北方重要边境贸易中心、沿边开放城市。黑龙江省北部边境口岸城市。位于中国东北边陲，黑龙江中游右岸，与俄罗斯隔江相望。辖爱辉区和嫩江、逊克、孙吴3县，代管北安、五大连池2市。面积67 000平方千米。人口167万(2010)，有汉、满、蒙古、达斡尔、鄂伦春、鄂温克等32个民族。清置瑷珲道、黑河府，1912年撤销，置黑河道。1949年设黑河区。1980年析置黑河市。1993年升地级市。矿产资源有金、银、铜、铁、煤、矿泉水等。农产品以粮食、油料、甜菜、蔬菜，以及肉、禽、蛋、水产品等为主。工业以采矿、电力、建材、机械、纺织、医药、服装、木材加工、食品、塑料等为主。建有边境经济合作区和大黑河岛现代大型国际商贸城。黑河港是中俄沿边进出口的国家级重要口岸。名胜古迹有五大连池自然保护区、逊河自然保护区、胜山狩猎场、逊别拉河天然垂钓、卧牛河景区、爱辉历史陈列馆、魁星楼等。

黑火药 black powder 火药的一种。因燃烧时有烟，又称有烟火药。它是由硝酸钾、硫磺和炭等组成的混合物，一般配比为75%、10%和15%。硝酸钾为氧化剂，燃烧时分解出氧，用以氧化硫磺和炭，放出热量和气体产物而产生爆炸。黑火药是最早的火药，是中国古代四大发明之一。因为硝石、硫磺等在中国古代都是药物，混合后易点火并猛烈燃烧，故称为火药。火药起源于中国古代的炼丹术。古代炼丹家们利用早在汉朝已经掌握了的金石药物硝、硫，经过长期的炼丹实践，至迟在唐宪宗元和三年（808）以前已经发明了火药，并在五代末北宋初（10世纪）用以制造出纵火用的火药兵器。在宋、元两代不断创造新火器的实践中，火药性能不断提高，炸弹用火药和金属管形射击火器用的发射药等均已制造出来，并在明朝达到了成熟的程度。戚继光所著《纪效新书》(1548)中的火药配方已与现代标准军用黑火药基本相同。13世纪火药传入欧洲。1340年在奥格斯堡建立了欧洲最早的黑火药工厂。15世纪末，西方出现了大型火炮，战争中普遍使用黑火药作为发射药。自16世纪起，黑火药配方基本稳定在硝酸钾75%、硫10%～12%、炭12.5%～15%。黑火药的能量低、威力小，燃烧时有烟和固体残渣。在军事上广泛用作火药装药的点火药和传火药；在引信中用作延期药、扩焰药和时间盘药；还可用于照明弹、信号弹、燃烧弹和烟幕弹的抛射装药。在民用方面多用于爆竹、礼花，也可用于导火索、猎枪发射器以及某些矿山的爆破作业等。

黑角 Pointe-Noire 刚果(布)第二大城市和最大海港。直辖市、奎卢区首府。位于国境西南大西洋岸同名黑角岬角上。人口66.34万（2005）。城市坐落在沿海平原上，属热带草原气候，平均年降水量约1 000毫米。19世纪末被法国殖民者据为殖民据点。1934年刚果—大西洋铁路修通，遂成为刚果（布）最重要的出海口，城市由此迅速兴起。1950～1958年成为法属赤道非洲中刚果大区首府。1960年国家独立后，成为全国重要工业中心，有“经济首都”之誉。20世纪60年代沿海油田相继开发投产。1982年作为全国大型企业的黑角炼油厂建成，年加工能力100万吨。此外还有金属加工、船舶修造、食品、榨油、制糖、木材加工等工业。非洲西海岸三大商港之一。有13个深水泊位，还有渔码头和木材泊位等非深水泊位。出口以石油为大宗，次为农矿产品；进口以机械设备、食品、纺织品为主。是深入刚果盆地的刚果—大西洋铁路和1号公路的起点，成为刚果（布）对外门户，也是乍得、中非和加蓬部分进出口货物转运口岸。刚果（布）重要海洋渔业基地。黑角机场为国际航空港。

黑井千次 Kuroi Senji (1932-05-28～) 日本小说家。生于东京。毕业于东京大学经济学部。早期作品有《蓝色工厂》(1958)、《米竣的楼房》(1960）等。这些小说中的人物没有名字，而代以极端抽象的符号，目的在于解剖现代企业中非人的机械主义对于人性的扭曲。代表作品《时间》(1969) 涉及的公司职员有参与学潮运动的背景，而通过大学学友的“五一事件”受审，他认识到过去的一切不会完全消失。长篇小说《五月巡礼》(1977) 则从企业、家庭两个方面，对现代社会进行了综合性、尝试性的深刻描写。其他重要作品还有《穴与空》(1968)、《群栖》(1984) 等。

黑克尔 Heckel, Erich (1883-07-31～1970-11-27) 德国画家。生于德布林，卒于拉多尔夫采尔。表现主义社团——桥社的组织者之一。1904年入德累斯顿理工学院建筑系学习，1905年与同学组织桥社。从1911年11月起，定居柏林。从事油画、装饰画、雕塑和铜版画的创作。早期油画作品学习印象主义的技法，色调比较明亮、鲜艳，定居柏林以后受立体主义影响，色调变得沉闷，形象结构显示出几何化的倾向。1912年参加科隆的分离同盟的展览，并为一座教堂创作装饰画。1914年应征入伍，在比利时境内的德军医院工作。在这里，他结识J.S.恩索尔和M.贝克曼。1918年第一次世界大战结束后回到柏林，常在农村作画。黑克尔的油画色彩强调对比，爱用急速运转的大笔触勾画形象，产生粗犷、有力的艺术效果。他的人物画如《姊弟》

《坐在桌旁的两个男人》

(1911)、《坐在桌旁的两个男人》(1912)，造型有些几何化，外轮廓线形成锐角，线条追求折断的美感效果，色彩沉静，含有悲凉情调。1944年，他在柏林的画室在空袭中被炸，被迫移居康斯坦茨湖附近。1949～1954年，在卡尔斯鲁厄学院任教。

黑客 hacker 掌握大量计算机系统、网络系统和网络安全技术知识的网络入侵者。根据黑客的动机和行为，可以分为善意和恶意两种，即白帽和黑帽。黑客技术是指在黑客攻击中使用到的各种方法和技巧。黑客对网络的攻击主要是通过网络中存在的拓扑漏洞以及对外提供服务的实现漏洞进行成功的渗透，还可利用人为运行管理中存在的问题对目标网络实施入侵。通过欺骗、信息收集等社会工程学的方法，完成对网络用户身份的窃取，进而完成对整个网络的攻击。

黑劳士制度 Helotry system 古希腊斯巴达人在对外扩张过程中实行的一种奴役被征服者的制度。大约形成于公元前8世纪后期。黑劳士（又译希洛人），是从事农业劳动的奴隶，实质上是国有财产，只有国家才能释放或贩卖他们。斯巴达国家对黑劳士操有生杀予夺之权。黑劳士不论是否有过错，每年都必须挨一次鞭打，以使他们不忘自己的奴隶身份。每年新监察官上任，都要进行一次“宣战”，任意屠杀黑劳士。黑劳士于公元前7世纪末和公元前464～前455年进行过规模很大的长期武装斗争。公元前369年美塞尼亚获得独立，黑劳士逐渐摆脱其受奴役的地位。

黑龙江 Heilongjiang River 中俄界河。位于中国黑龙江省北缘，满语称“萨哈连乌拉”（意即黑水），流经中国东北北部。北源石勒喀河源于蒙古肯特山东麓，南源额尔古纳河源于中国大兴安岭西坡。南北两源在洛古河村汇流后称黑龙江，东流至俄罗斯境内注入鄂霍次克海。从额尔古纳河上源的海拉尔河开始到黑龙江河口，全长4 370千米，居世界第11位。流域面积184.3万平方千米，居世界第10位，在中国境内的流域面积约占全流域的48%，包括黑龙江省和吉林省的大部及内蒙古自治区的一部分。黑龙江流域是中国历史上开发较早的地区之一，19世纪由于沙皇俄国的侵略，胁迫清朝政府签订不平等条约，强行侵占中国黑龙江以北、乌苏里江以东广大地区。现今的黑龙江流域地跨中国、俄罗斯和蒙古三国，下游在俄罗斯境内。黑龙江的支流共约200余条。其中较大的有松花江、乌苏里江、结雅河、布列亚河等。

干流概况　黑龙江干流自洛古河村至黑河附近的结雅河口为上游，长905千米；自结雅河口至乌苏里江河口为中游，长994千米；自乌苏里江河口以下至入海处为下游，长930千米。

气候与水文　黑龙江流域位于寒温带与温带，具有明显的季风气候。黑龙江是以雨水补给为主、季节积雪融水补给为辅的河流，全部径流中雨水补给占75%～80%，融水补给占15%～20%，地下水补给占5%～8%。黑龙江水系大部分分布于森林区，水土流失较轻，是中国含沙量最少河流之一。

流域多年年降水量400～600毫米，自上游向下游渐增，山地多于平原。降水季节分配不均，4～10月降水量占全年总量的90%～93%，其中6～8月集中了60%～70%，且多暴雨。

黑龙江封冻期近半年。每年10月上旬上游出现初冰，中游10月下旬始见初冰。初冰之后一个月为封冻期，自上游始，漠河附近河段平均于11月上旬封冻，中游为11月中下旬封冻。至翌年4月中下旬先中游后上游解冻。封冻期上游160天以上，中游140～160天。冰层较厚，平均最大冰厚上游1.25～1.50米，中游1.00～1.25米。

经济概况　黑龙江水系径流资源丰富，沿江平原农业发达，盛产小麦和大豆。境内山地森林茂密，是中国重要的林业基地。黑龙江水能资源较丰，总蕴藏量约3 200万千瓦。并多有经济价值的鱼类。黑龙江水系共有港站158个，其中哈尔滨、佳木斯、沙河子为直属大港。主要航线有哈尔滨—富拉尔基、佳木斯—黑河、哈尔滨—沙河子等。沿黑龙江干流，小汽船可直抵漠河镇。松花江在哈尔滨以下江段，1 000吨级江轮通行无阻。黑龙江冬季冰层坚厚，可通行汽车和拖拉机等。

黑龙江省　Heilongjiang Province　简称黑。位于中国东北部，中国国土的北端与东端均位于省境。因省境东北有黑龙江而得名。东部和北部以乌苏里江、黑龙江为界河与俄罗斯为邻，与俄罗斯的水陆边界线长约3 045千米；西接内蒙古自治区，南连吉林省。辖12个地级市和1个地区、64个市辖区、18个县级市、45个县、1个自治县（见表）。面积约46万平方千米。人口3 831万（2010）。其中，少数民族有54个，人口约占总人口数的5%，是中国少数民族成分较多的省份之一。少数民族主要有满、朝鲜、回、蒙古、达斡尔、锡伯、鄂伦春、赫哲、鄂温克、柯尔克孜族等。省会哈尔滨市。

黑龙江省行政区划表（2010）

哈尔滨市	**黑河市**	嘉荫县	**鸡西市**
松北区　道里区	爱辉区　北安市	**鹤岗市**	鸡冠区　恒山区
南岗区　道外区	五大连池市	兴山区　向阳区	滴道区　梨树区
香坊区　平房区	逊克县　嫩江县	工农区　南山区	城子河区　麻山区
呼兰区　阿城区	孙吴县	兴安区　东山区	虎林市　密山市
双城市　尚志市	**大庆市**	萝北县　绥滨县	鸡东县
五常市　依兰县	萨尔图区　龙凤区	**佳木斯市**	**牡丹江市**
方正县　巴彦县	让胡路区　大同区	前进区　向阳区	东安区　爱民区
通河县　宾县	红岗区　肇州县	东风区　郊区	阳明区　西安区
木兰县　延寿县	肇源县　林甸县	同江市　富锦市	穆棱市　绥芬河市
齐齐哈尔市	杜尔伯特蒙古族	桦南县　桦川县	海林市　宁安市
建华区　龙沙区	自治县	汤原县　抚远县	东宁县　林口县
铁锋区　昂昂溪区	**伊春市**	**双鸭山市**	**绥化市**
富拉尔基区	伊春区　南岔区	尖山区　岭东区	北林区　安达市
碾子山区	友好区　西林区	四方台区　宝山区	肇东市　海伦市
梅里斯达斡尔族区	翠峦区　新青区	集贤县　友谊县	望奎县　兰西县
讷河市　龙江县	美溪区　金山屯区	宝清县　饶河县	青冈县　庆安县
依安县　泰来县	五营区　乌马河区	**七台河市**	明水县　绥棱县
甘南县　克山县	汤旺河区　带岭区	桃山区　新兴区	**大兴安岭地区**
拜泉县　富裕县	乌伊岭区　红星区	茄子河区　勃利县	呼玛县　塔河县
克东县	上甘岭区　铁力市		漠河县

建制沿革　东北地区各族很早就在此劳动生息。商、周以后的肃慎人与中原王朝建立了隶属关系。东胡人曾建立强大的部落联盟。其后，夫余奴隶制政权臣属于两汉王朝。唐时在今省境设黑水都督府、渤海都督府、室韦都督府。辽时在黑龙江地区建置了五国部节度使、生女真节度使、泰州等。12世纪初，女真人兴起，灭辽国建立金国。元代属辽阳行省。明时属辽东指挥使司和奴儿干都指挥使司。清政权建立后，先属宁古塔将军（1757年后改称吉林将军）管辖。康熙二十二年（1683），于（黑龙江北）瑷珲设黑龙江将军，后将军衙门逐渐南迁至新瑷珲城（今爱辉镇）、墨尔根（今嫩江镇）、齐齐哈尔。1689年中俄《尼布楚条约》在法律上划定中俄疆界。19世纪中叶至20世纪初，沙俄强迫清政府接受不平等的《瑷珲条约》和《北京条约》，强行侵占了黑龙江以北、乌苏里江以东100余万平方千米的中国土地。光绪二十二年（1907）清廷废东北三省将军，改设行省，各省置巡抚。松花江以北属黑龙江省管辖，松花江以南属吉林省管辖。1912年后，黑龙江先后设都督府、行政公署、巡按使公署、省长公署及省府。1932年日本侵占黑龙江后，划该地区为7省。抗日战争胜利后，境内设立黑龙江省、松江省、合江省、绥宁省、嫩江省、黑嫩省、牡丹江省。中华人民共和国建立时已合并为黑龙江、松江两省。1954年松江省撤销，并入黑龙江省。

图1　黑龙江大地俯瞰

自然条件 黑龙江省土地肥沃，水资源丰富，石油、天然气、煤储量丰富，森林、草原面积广大，自然条件优越。

全省地质构造单元主要属于天山－兴安地槽褶皱区，以及滨太平洋褶皱区的一部分。全省山地平原交叉分布，地势大体西北高，东南略低，西南、东北低平。山地又可分为东部山地、小兴安岭、大兴安岭三部分。平原可分为三江平原、松嫩平原两部分。

省境位于中国最北部，属于寒温带大陆性季风气候，为气温最低的省份。冬季漫长、严寒、干燥。1月平均气温－31～－15℃，7月平均气温18～23℃。省内南北温度差异明显。东西降水差异也甚明显，东部年降水量600毫米以上，向西递减，平原西南部仅400毫米左右。省内河流密布，水量充足。河流主要属于黑龙江水系。黑龙江南北两源在漠河镇以西的恩和哈达附近汇合后，流经省境北部边缘，是中国北方重要的边境河流，沿途接纳松花江、乌苏里江等支流后，流入俄罗斯境内。黑龙江干流江宽水深，自漠河镇以下可通轮船，冰期长达6个月。中、俄两国界湖兴凯湖是省内最大湖泊，镜泊湖是中国最大的堰塞湖。

在中国综合自然区划中，黑龙江省隶属于中国东部季风区东北湿润、半湿润温带地区的大兴安岭针叶林区，东北东部山地针阔叶混交林区，东北平原森林草原区。省境东部山地的地带性植被为针阔混交林，树种较多。主要针叶树有红松、鱼鳞松、沙松、红皮云杉，并有第三纪的活化石紫杉；阔叶树有水曲柳、胡桃楸、黄菠萝等，林中还有藤本植物。动物种类较多，珍贵动物有东北虎、紫貂、马鹿等。三江平原植物种类丰富，原始地带性植被为分布在低山丘陵区的针阔混交林，多为次生阔叶林。三江平原多为低平原，多漫滩、湖泊、沼泽，排水不良，形成大面积的沼泽植被，还有草甸及水生植被等。松嫩平原主要植被类型是羊草草甸草原。扎龙地区有中外驰名的丹顶鹤扎龙自然保护区。

经济概况 黑龙江省土地辽阔，石油、煤炭、森林、草原等自然资源丰富。从20世纪50年代起，逐步建成了中国重要的工业基地和农林牧业基地，并有较大的发展潜力。在全省范围内相继建立起哈尔滨经济技术开发区，哈尔滨、大庆高新技术开发区，黑河、绥芬河边境经济合作区等共23个省级开发区、外商投资区、边境经济合作区和旅游度假区，开通了25个贸易口岸，促进了外向型经济的迅速发展。

土地资源丰富，农业开发条件优越，平原面积约占全省土地总面积的37%。松嫩平原、三江平原是中国东北平原的重要组成部分。黑龙江省的农场为全国规模最大、机械化程度最高的现代化农场群。中国重要的粮食、大豆主产区。特色农业有亚麻、甜菜、烟叶、向日葵、蔬菜、瓜果、山野菜、食用菌、中药材等。森林面积、森林蓄积量和森林覆盖率均居全国各省（自治区、直辖市）前列。畜牧业以饲养牛、羊、生猪、马、家禽等为主。松花江的鳌花、哲罗、鳊花，镜泊湖的鲤、鲫，兴凯湖的大白鱼，黑龙江和乌苏里江的鳇鱼、大麻哈鱼等是著名的鱼类珍品。

黑龙江省已建立起以煤炭、石油、木材、机械、冶金、化工、食品、电力、纺织、医药、电子、汽车等产业为重点，门类比较齐全、布局较合理的工业体系。原油产量居全国首位，原煤、天然气、化学纤维、汽车等的产量也在全国名列前茅。主要工业部门有：①能源工业。石油和天然气资源丰富，石油工业产值居全省各工业部门之首。②机械工业。全省主要工业部门之一，在全国占有重要地位。③木材采运及加工业。伊春、大兴安岭、牡丹江和合江等林区为主要采伐基地。④化学工业。全省化学工业经过不断发展，已具有一定的规模。⑤冶金工业。全省重要的原材料工业。黑龙江省以产黄金著称。⑥纺织工业。盛产石油、木材、亚麻和羊毛，具有发展纺织工业的三大资源优势。全省已建成麻纺、毛纺、化纤纺、棉纺、丝绸和印染相配套的纺织工业体系。⑦食品工业。以乳制品、制糖、粮油加工和酿酒等为突出，是全国重要的乳制品、甜菜糖、粮油加工、肉制品加工基地。⑧电子工业。新兴支柱产业之一。以计算机及外部配套设备、敏感器件产品、彩电、逆变焊机、通信器材等的开发生产为主。

图2 黑龙江大庆油田油井

黑龙江地处中国东北边陲，国内与国际运输地位重要。已初步形成以铁路为骨干，联系公路、内河航运、航空和管道运输等的综合性立体交通运输网络。哈大、滨绥、滨洲、滨佳等几大主要铁路干线均已建成复线。滨洲、滨绥线还是国际运输线。已基本形成了以哈尔滨为中心，以国道、省道为骨架，以县道、乡道为网络的四通八达的公路运输体系。除省内航运外，还利用16个水运对外开放口岸，开辟了至俄罗斯的国际旅游客运航线，以及至日本、韩国及东南亚各国和国内沿海港口的江海联运航线。哈尔滨太平国际机场是东北亚重要国际航空港。

文教科技 黑龙江省文化教育事业比较发达，现已初步形成了综合、理工、师范、农业、医药、财经、体育等学科专业较为齐全的高等教育体系。全省拥有哈尔滨工业大学、黑龙江大学、东北农业大学、哈尔滨医科大学、哈尔滨工程大学、哈尔滨理工大学、佳木斯大学等高等院校。

名胜古迹 名胜古迹众多，主要有镜泊湖、兴凯湖、五大连池、牡丹江火山口地下森林保护区、扎龙自然保护区、七星砬子自然保护区、林海雪原、汤旺河石林、亚布力冰雪运动场和风车山庄、乌吉密和玉泉滑雪场、桃山国际狩猎场、伊春恐龙馆、漠河北极村、乌苏镇日出，以及珍宝岛、松峰山、太阳岛、东北虎园、大庆世界石油文化公园、石油技术博物馆、铁人王进喜同志纪念馆等。哈尔滨是国家历史文化名城。

黑麦 *Secale cereale*; rye 禾本科黑麦属的一种。一年生或越年生草本植物。粮食和饲料兼用作物。原产于小亚细亚、外高加索、阿富汗、伊朗、土耳其一带。主要栽培区域在北欧，其次为波兰、德国、捷克、斯洛伐克、加拿大和美国等。因适应性和抗逆性强，多分布在贫瘠地区的沙性土壤中。黑麦须根系发达，可深入土中120～180厘米。茎秆细长有韧性，叶较小麦短小。穗状花序，穗形细长，每穗有30～40个小穗，每小穗通常有两朵结实小花，结实率70%左右。子粒细长，顶端有毛，淡褐色或青灰色。有冬春性之分，冬黑麦产量高于春黑麦。对白粉病免疫，抗条锈和秆锈病的能力也较强，但抗叶锈病较差，且易感染赤霉病和麦角病。栽培管理与小麦相似。黑麦子粒含蛋白质9%～11%，略低于小麦，但赖氨酸含量高于小麦。可食用、酿酒和作精饲料，茎秆可作饲料、造纸、编织工艺品和绿肥等。

黑麦草 *Lolium*; rye grass 禾本科黑麦草属植物的统称。一年生或多年生草本植物。重要的栽培牧草和绿肥作物。约20种，其中多年生黑麦草和多花黑麦草是具有经济价值的栽培牧草。多年生黑麦草，株高70～100厘米，有时可达1米以上。茎秆丛生，质地较软。叶在芽中呈折叠状，叶鞘光滑，叶耳细小，叶舌短而不明显。穗状花序。无芒，内稃与外稃等长。黑麦草喜湿润温和气候，不耐严寒和炎热，夏季发育缓慢，生长不良，甚易死亡。15～25℃的气温条件最为适宜。多年生黑麦草在适宜条件下，可生长两年以上，在中国只能作越年生牧草利用。单株稀植时，一般有分蘖100个以上，最高可达数百个，且耐放牧、刈割，是禾本科中产量较高的一种牧草，常与三叶草混播作牲畜饲草。在盐碱地与豆科越年生绿肥混播，可培肥地力。多花黑麦草还可用作鱼饲料。

黑梅萨煤浆管道 Black Mesa Coal Slurry Pipeline 21世纪初世界上运距最远、输煤量最大的浆体管道。起自美国亚利桑那州东北部的卡因塔露天煤矿，终于内华达州拉夫林的莫哈夫电厂。管道全长440千米，管径分为457和305毫米两种，1970年11月建成投产。设计输量为每年450万吨。采用密闭输送工艺。所输送的煤精选、破碎成粒径为50毫米以下的颗粒后制浆输送。煤浆输至电厂后，先进入储罐，经脱水、干燥、研磨制粉，然后才可进入锅炉燃烧。

《黑奴吁天录》 *Black Slave's Cry to Heaven* 中国早期话剧作品。1907年曾孝谷根据同名翻译小说改编，同年6月由中国留日学生演剧团体春柳社首演于东京。剧本已佚。小说《黑奴吁天录》的原作是美国

1907年6月春柳社于东京演出《黑奴吁天录》海报

H.B.斯托的《汤姆叔叔的小屋》，描写黑奴汤姆多次被白人奴隶主转卖的悲惨故事。译者林纾、魏易。剧本共5幕，内容无以详考。据演出当事人回忆，全剧的重心从汤姆转移到另一名富于反抗精神的黑奴哲而治身上，加强了反抗民族压迫的主题。为中国新剧的第一个创作剧本，对此后兴起的中国早期话剧产生了重大影响。

黑旗军 Black Flag Army 中国清代咸丰年间的农民起义军。曾助越南抗击法军，因以七星黑旗为战旗，故称。太平天国革命时期活跃于粤桂边界。太平天国失败以后，在刘永福率领下转移到中越边界地区，逐步发展到2 000余人。1873年，法国殖民军进占越南河内，越南朝廷向黑旗军求助，刘永福便率黑旗军奔赴前线。1883年5月19日，在河内城以西两里处的纸桥与法军展开激烈战斗，击毙法军司令韦鹥、上校李威利及以下官兵200多人，缴获大量武器。这一仗震动中、越、法朝野，鼓舞了中越人民的抗法士气。与此同时，爱国将领冯子材率领的壮、汉族抗法部队于1885年3月23日在镇南关（今友谊关）与法军决战，取得了镇南关大捷。河内战役后，越南国王任命刘永福为副提督。黑旗军控制着红河上游地区，成为法国侵略者通过红河入侵中国的屏障。后来清政府向法国政府妥协，清朝廷软硬兼施，迫使黑旗军回国，但有一些坚持留在越南，与越南人民共同坚持抗法斗争。

黑热病 kala azar 即内脏利什曼病。英文名源出印地语，意为“黑病”，因严重病例的面部、四肢乃至躯干皮肤变黑，本病因此得名。见利什曼原虫病。

《黑人和马尔加什法语新诗选》 *Anthologie de la Nouvelle Poésie Nègre et Malgache de Langue Française* 由塞内加尔诗人L.S.桑戈尔编辑的黑人诗选。1948年出版。法国作家J.-P.萨特为这部诗选写了长序《黑肤的奥尔甫斯》（一译《黑歌手》）。萨特借用希腊神话中优秀的音乐家奥尔甫斯的形象歌颂黑人和马达加斯加诗人。这篇序文在美国黑人中引起强烈的反响。从此“黑肤的奥尔甫斯”成了黑人诗人的代名词。

《黑人和马尔加什法语新诗选》介绍了16个黑人诗人的100多首诗篇，每个作家都附有小传。但是大部分诗人属于安的列斯群岛，真正属于非洲的只有塞内加尔的B.狄奥普、桑戈尔、D.狄奥普，以及马达加斯加的让-约瑟夫·拉伯亚利维洛、J.拉贝马南雅拉和弗拉维安·拉奈沃。从此，这种黑非洲法语文学不再从属于法国文学的范畴，而是直接进入世界文学的殿堂。

黑人性 Négritude 20世纪30年代初旨在恢复黑人价值的文化运动。又译黑人学。由塞内加尔的L.S.桑戈尔、圭亚那的莱昂·达马和马提尼克的A.塞泽尔于1934年在巴黎创办刊物《黑人大学生》时所发起。

黑人性作家的刊物是《非洲存在》。1948年，桑戈尔编辑的《黑人和马尔加什法语新诗选》的出版，标志着黑人性文化运动高潮的到来。桑戈尔的诗、B.狄奥普编写的故事、尼亚奈整理的史诗《松迪亚塔》、S.巴迪安的剧本、B.达迪耶的小说等，都是典范作品。

非洲国家陆续获得独立后，一些青年作家和政治家批评这种理论忽视社会的发展，无助于解决非洲的现实问题，而且从种族的立场出发全盘继承文化遗产的做法是错误的。

黑塞 Hesse, Hermann (1877-07-02～1962-08-09) 瑞士籍德国作家。生于德国卡尔夫，卒于瑞士蒙塔尼奥拉。1891年入毛尔布龙修道院学校，半年后逃离。当过学徒工、书店店员等。1904年长篇小说《彼得·卡门青》问世，奠定了他在文坛上的地位。1923年入瑞士籍。1931年起，隐居蒙塔尼奥拉村。1946年获诺贝尔文学奖。

黑塞早期作品主要是浪漫主义诗歌、田园诗风格的抒情小说和流浪汉小说。如《彼得·卡门青》、《在轮下》(1906)、《克努尔普》(1915) 等。中期作品由于受第一次世界大战和家庭破裂的影响，充满苦恼和迷茫、彷徨的气息。如《德米安》(1919)、《席特哈尔塔》(1922)、《荒原狼》(1927) 等。《纳尔齐斯和戈尔德蒙德》(1930) 是中、后期交替时的重要作品。晚期的《东方之行》(1932) 是一篇带有自传性质的小说。《玻璃球游戏》(1943) 的主人公克乃西特是一个孤儿，由宗教团体抚养成人，因不满足于这个团体与世隔绝的生活而离开，企图用教育改善整个世界。最后为了学生的成长，无畏地迎向死亡。黑塞以小说著名，不过他的散文和诗歌也都十分优美，感情与思辨并重。

黑色金属 ferrous metal 铁、铬、锰三种金属及其合金的统称。也有仅指铁和铁基合金。黑色金属名称在俄罗斯应用较普遍，但在世界范围内应用不广。

黑色影片 film noir 20世纪40～50年代前后拍摄的一类情调忧郁、情节悲观、表现阴沉的影片。法国影评家N.法兰克在1946年受黑色小说启发而创造出来的电影词汇。它是侦探片、惊险片、悬念片的变种。当时法兰克使用这个词，是为了区别40年代好莱坞的侦探片与传统的侦探片。二者的不同在于黑色影片的主人公多半是私家侦探，受官方和犯罪集团两面夹击。主人公在和对手较量中总会获胜，但是却又不得不服从社会法则，而这个社会的法则是以其和犯罪相融合为规范的，因而主人公的道德价值是双重的。第二次世界大战打断了黑色影片的发展势头，直到战后才又再次兴起。战后黑色影片里的主人公已不是私家侦探，而多半是些愤世嫉俗的人，他们对世道有了认识，但却陷入无保障的孤独之中。

黑色影片在手法上的特点是悬念多、

惊险多、影调阴沉，规定情境给人以阴郁可怖、前途莫测的危机感。美国的黑色影片主要有J.休斯顿的《马耳他之鹰》(1941)、M.科蒂斯的《卡萨布兰卡》(1943)、E.德米特里克的《走投无路》(1945)、B.怀尔德的《日落大道》(1950)、R.奥尔德里奇的《拼命吻我》(1955) 等。受美国黑色影片影响，法国在第二次世界大战以后也拍摄了一些调子低沉、逃避现实的黑色影片，如H.-G.克鲁佐的《巴黎警察局》(1949)、《曼侬》(1949)，J.达辛的《男人的殴斗》(1955)，J.贝克尔的《不准动用这笔钱》(1954) 等。

20世纪60年代，法国黑色影片开始触及现实，作者试图通过对迷惘人群的描写和对厌世者灰暗心理的揭示，勾画出一幅病态社会图画。如J.-P.梅尔维尔的《痛苦》(1963)、《第二次呼吸》(1966) 和《武士》(1967)，F.特吕弗的《密西西比河的美人鱼》(1969) 等。70年代，法国黑色影片较大胆地表现社会实况，力图暴露社会的黑暗面。如J.乔瓦尼的《城市的两个人》(1973) 以及J.贝尔托的《白面》(1981，一译《雪》)、C.贝里的《告别往昔》(1983) 等。也有人把黑色影片作广义的解释，甚至把20世纪20年代德国的表现主义影片和30年代好莱坞的强盗片都称为黑色影片。

黑色幽默 black humour 20世纪60年代在美国兴起的一个文学流派。多见于小说和戏剧。它是病态与荒诞、阴沉与幽默的结合，视荒谬的人生为痛苦的玩笑。因此又被称为“病态的幽默”或“绝望的幽默”。黑色幽默作家力图揭露现实的荒诞、丑恶和疯狂，同时认为世界上的丑恶和荒谬是永恒的，令人绝望、悲痛又无可奈何。作品往往没有完整的故事情节，时序颠倒，神秘怪诞。主要人物或丑态百出，或古怪离奇。作家力图通过人物荒诞怪癖、愚蠢可笑的行为和无奈的挖苦、嘲讽的反话来表现心目中荒谬丑恶的世界。代表作家有美国J.海勒、T.平钦和K.冯尼格特。

黑山 Montenegro; Crna Gora 南欧国家。位于巴尔干半岛中西部、亚得里亚海东岸。与塞尔维亚、阿尔巴尼亚、波斯尼亚和黑塞哥维那、克罗地亚等国相邻。面积1.38万平方千米，人口62万 (2007)。民族以黑山人为主，占43.16%；其次为塞尔维亚人，占31.99%。居民多信仰东正教。官方语言为黑山语。首都波德戈里察。

7世纪，部分斯拉夫人在此定居。9世纪时建立杜克里亚王国。1040年获得独立，1077年称泽塔王国。以后又改称黑山 (又译门的内哥罗)。12世纪末并入塞尔维亚王国。15世纪，土耳其人入侵。1878年柏林会议承认黑山独立。1910年建立黑山王国。

1918年加入塞尔维亚－克罗地亚－斯洛文尼亚王国 (1929年改称南斯拉夫王国)。第二次世界大战后，黑山是南斯拉夫联邦人民共和国 (1963年改称南斯拉夫社会主义联邦共和国) 的成员共和国。20世纪90年代初，南斯拉夫联邦解体。1992年4月27日塞尔维亚和黑山联合成立南斯拉夫联盟共和国 (简称南联盟)。2003年2月4日南联盟议会两院分别通过了《塞尔维亚和黑山宪法宪章》，改国名为塞尔维亚和黑山。2006年6月3日，黑山宣布独立，2006年6月22日，黑山加入欧安组织，同年6月28日，黑山加入联合国。

地处迪纳拉山脉南端，山岭起伏，东北部杜米托尔山最高峰博博托夫库克山2 522米。岩溶地貌广泛发育。亚热带地中海型气候，夏季炎热干燥，冬季温暖湿润。气候垂直变化较明显。森林和水力资源丰富，蕴藏铝矾土、铅、锌、煤矿。

传统经济以畜牧业为主，养羊业居重要地位。有电力、钢铁及有色金属冶炼、纺织、食品等工业部门。2009年国内生产总值26.7亿欧元。

旅游业发达。境内保存有古罗马、拜占廷、威尼斯、奥斯曼等不同文化的遗迹。自然美景也得天独厚。

黑山人 Montenegrins 欧洲巴尔干半岛的民族之一。约60万人 (2001)。主要分布在塞尔维亚和黑山。属欧罗巴人种巴尔干类型。族源和语言与塞尔维亚人相同，文化习俗也相似。信教者多为东正教徒。7世纪斯拉夫人来到黑山地区定居。9世纪建立国家，起初名为杜克里亚，1077年改为泽塔，约在1435年得名“黑山”。12世纪末一度并入塞尔维亚国，1366年重获独立。从15世纪末起，黑山人民对土耳其人的入侵进行了长期的反抗，保持和发展了本民族的独立。与此同时，巴尔干半岛其他地区如塞尔维亚、黑塞哥维那等地的一些难民以及阿尔巴尼亚人进入，融入黑山人中。地理环境的闭塞，连绵不断的战争，以及由此形成的军事化生活，阻碍了黑山社会经济的发展，使之长期保持古老的宗法部落制度。

黑社会 underworld society 一种有组织的犯罪集团。常从事大规模军火或毒品走私、赌博、色情行业及拐卖妇女儿童、抢劫银行等有组织的犯罪活动，还进行劫机、爆炸、劫持人质、暗杀等恐怖活动，并且通过洗钱，把非法所得用于金融、保险投资，或从事各种大型工商企业的经营，有些还插手娱乐行业。黑社会拥有庞大的组织系统和网络。在经营黑色事业的同时，也经营公开合法的工商、金融、保险、娱乐业；黑社会的头子则以企业经理、董事长的身份跻身于上流社会，与政府、特别是警方勾结，利用政府的高级官员作为保护伞，而政府官员则利用黑社会为自己拉选票、谋私利。黑社会组织甚至渗透到一些国家的政党内部，操纵

国家的政治生活。黑社会通过经营非法的黑色事业和合法的工商、金融业而拥有稳定、庞大的经费来源。有的黑社会组织甚至拥有用现代化武器装备起来的武装力量。黑社会大多以血缘关系或虚拟的血缘关系来增强内部凝聚力，有一套独特的价值观、行为准则及礼仪、帮规、戒约等，其活动一般处于秘密状态，具有强烈的掠夺性和反社会性。

黑市交易 black market transaction 违反国家法律、法规，暗中进行非法买卖，以牟取非法利润为目的的商业行为。黑市是指相对于合法的公开市场而言，秘密交易国家法律、法规明令禁止的商品或物品的市场。在黑市交易的商品，都是法律禁止自由交易的，如毒品、走私物品以及文物、珠宝、外币等。黑市交易的非法性，一是商品本身非法，如毒品；二是流通渠道非法，如走私物品；三是交易本身非法，如禁止交易的国家文物等；四是交易方式非法，即所有的黑市交易皆暗中进行，逃避国家税收。黑市交易的目的在于牟取非法利润。

黑视 blackout 部分或暂时丧失意识或视觉。在航空航天活动中，人体在正加速度的影响下，血液受惯性力作用而向下半身流动，头部血压下降，因而发生视觉模糊。正加速度若继续增大，则周边视觉消失，视野缩小，发生灰视。加速度若再继续增大，则中心视觉消失，两眼发黑，这就是黑视。

且正加速度环境消失，飞行员或航天员的意识和视觉会很快恢复正常。

黑陶 black pottery 中国传统陶器品种。出现不晚于6 000年前，新石器时代晚期已相当发达，而后逐渐衰落。时代较早的河姆渡文化、大溪文化产品多属夹炭黑陶，胎质较疏松，造型欠规整。新石器时代晚期的大汶口、龙山、屈家岭、良渚等文化的黑陶多为泥质黑陶，胎质颇紧密，因采用快轮成型，造型周正规范。约公元前

黑陶单耳平底罐

2500～前2000年，山东龙山文化的制品达到古代黑陶艺术的顶峰。其器物黝黑，坯体经打磨，表面熠熠发光。虽大多胎体较厚，但也出现了造型考究、胎厚仅0.3～1毫米的高足杯等，被称为“蛋壳陶”，代表原始陶器造型的最高成就。原始黑陶多素面，若加装饰，则主要采用镂空或刻划。在战国时代的北方，还出现过一种黑色砑花陶（又称暗纹陶），是在陶坯未干时压印出花纹，图案朦胧隐约，效果别致，至今仍有少数地区烧制，但基本为供观赏的艺术品。

黑体辐射 black-body radiation 温度一定的黑体以**电磁波**的形式向外界发射能量。一个物体若能一点也不反射地全部吸收任何频率的辐射，则它被称为黑体（或绝对黑体）。黑体是一个理想模型，但它可通过带小孔的空腔（图1）近似模拟。单位时间里从物体的单位面积发射的频率为ν的单位频率范围内的辐射能量$e(\nu,T)$称该物体的单色发射本领（或辐射能谱）。

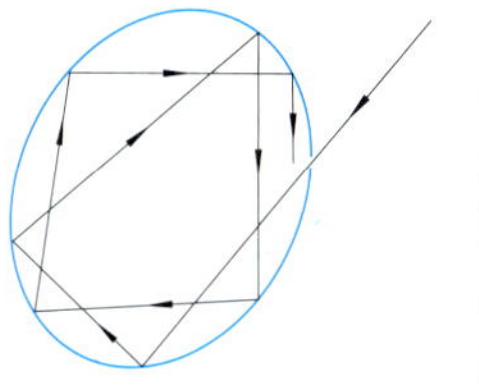

图1 绝对黑体示意图

实验测定的不同温度黑体的辐射本领如图2所示。在试图应用从经典的能均分定理和玻耳兹曼分布律出发得到的瑞利－金斯公式和维恩公式解释普朗克的实验曲线结果失败后，M.**普朗克**提出全新的见解，使他的理论曲线与实验曲线吻合。他认为可把空腔壁看作一群频率不同的、能量为ε的谐振子集合，它们一方面辐射出各种频率的电磁波，另一方面也吸收来自腔内的电磁辐射。普朗克还对谐振子可处的能量状态提出了与经典理论截然不同的能量子假设：①谐振子只能处于一系列不连续的（量子化的）能量状态，它们等于最小能量ε_0的整数倍：

$$\varepsilon_n = n\varepsilon_0 \qquad n = 0, 1, 2, \cdots$$

对于频率为ν的谐振子来说，这个被普朗克

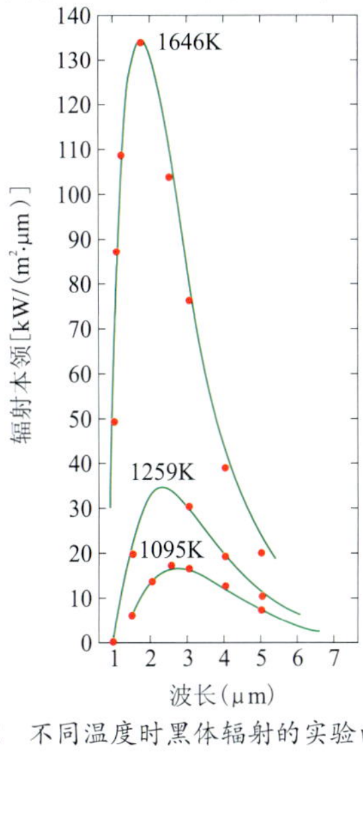

图2 不同温度时黑体辐射的实验曲线

称作能量子的最小能量为$\varepsilon_0 = h\nu = \hbar\omega$和$\hbar = h/2\pi$。$h$是普朗克常数。②谐振子只当从一个量子化的能量状态跳到（或跃迁到）另一个量子化的能量状态时，它才发射或吸收能量，这个能量只能是能量子ε_0的整数倍。在能量子假设的基础上得出普朗克公式，使解释黑体辐射实验时获得了巨大成功，从而揭开了20世纪**量子力学**发展的序幕。

黑天 Krishna 印度神话中大神**毗湿奴**的化身之一。当人世间不能忍受暴君和妖魔的肆虐时，毗湿奴答应下凡为民除害。他化身为黑天，托生在暴君刚沙的妹妹家里。刚沙曾得到天启，得知他的第八个外甥将会置他于死地，他就把妹妹和妹夫关进牢房，他们每生下一个孩子，刚沙就杀死一个孩子。当他们生下第八个孩子即黑天后，父亲连夜把孩子送到牛庄的牧民家。刚沙一再派妖魔去杀害黑天，都未成功。黑天在牧民家长大，多次为民除害。他和大力罗摩到了京城，终于杀死了刚沙，救出被囚禁的父母。

有关黑天的神话故事很多，而且随着时代的不同，黑天的形象也有很大的变化。在《**摩诃婆罗多**》中，黑天是天才的军事战略家，在般度族战胜俱卢族中起了很大的作用。在《薄伽梵往世书》中，他作为牧童的形象很突出，铲除暴君和消灭妖魔是他显赫的业绩。《诃利世系》中系统叙述了他和他的家族的故事。黑天的神话故事为后世的文学作品提供了丰富的题材。

黑田清辉 Kuroda Seiki（1866-06-29～1924-07-15） 日本油画家。生于鹿儿岛，卒于东京。号水光。少年时在东京外国语学校学法语，1884年留学法国研究法律。其间，他对美术大感兴趣，于是向外光派画家L.-J.-R.科兰学画。1891～1893年，先后以《读书》、《朝妆》入选沙龙。1893年经由美国回国。刚回国的黑田清辉在展览会上公开陈列了裸体画创作《朝妆》，了结了关于裸体画的一场争论。1896年，他与同道创立白马会并成为其首领，被视为油画界新派紫派的旗帜。同年，东京美术学校新增设西洋画科，他应聘为教授兼科主

《湖畔》

任，促进了日本油画教育的正规化和油画的繁荣。1919年创立帝国美术院并为会员，1922年当选为第二任院长。

他坚持外光派的写实主义画风，以明快的色调与轻柔的笔法打破了当时灰暗陈旧的画风的束缚。其代表作还有《故事》、《铁炮百合》、《舞伎》(1893)、《湖畔》(1897)。

黑土 black soil 温带湿润或半湿润地区草原化草甸植被下，具有深厚的腐殖质积累和淋溶过程的土壤。曾称退化黑钙土、变质黑钙土或淋溶黑钙土，也曾称湿草原土、黑钙土型草甸土。分布于欧亚大陆和北美洲的温带中部。在中国主要分布于松辽平原的北部和中东部，面积730余万公顷。

黑土的母质为黄土状黏质沉积物。在高温多雨的夏季，土壤水分丰富，草原化草甸植物生长繁茂，地上及地下有机物质大量积累；而在寒冷而又漫长的冬季，土壤冻结，微生物活动微弱，有机质分解缓慢，而以腐殖质形态积累于土壤中，形成了深厚的腐殖质层。黑土虽处湿润地区，但因土壤质地黏重和冬季存在冻土层，所以淋溶程度并不很强，各种矿质元素因生物富集作用而积累于土体，土壤的盐基交换量和盐基饱和度均高。性状是：①土层深厚。②有机质含量高，品质好。③矿质营养丰富。④结构疏松，耕性良好。⑤蓄水量大。

黑土是中国自然肥力最高的土壤类型之一，是重要的商品粮油产区。但随着开垦年限的延长，许多地方出现了肥力明显下降的现象。保持和提高黑土土壤肥力的关键措施有：①保持水土，防治土壤侵蚀。②培肥地力。此外，还应增施磷肥和硼肥，搞好平衡施肥，以发挥黑土生产潜力。

黑钨矿 wolframite 氧化物矿物，化学成分为(Fe,Mn)WO_4，晶体属单斜晶系。又称钨锰铁矿。是$FeWO_4$-$MnWO_4$类质同象系列的中间成员。在这个系列中，含$FeWO_4$或$MnWO_4$分子在80%以上的分别称为钨铁矿或钨锰矿。镁、钙、铌、钽、钪、钇、锡是黑钨矿中常见的混入物。黑钨矿晶体呈板状、柱状或粒状。通常是黑色，半金属

黑钨矿与水晶（白色）共生

光泽，不透明。其光学性质随成分中铁和锰的含量变化而变化。含铁高者，色深；含锰高者，多呈褐红色。金刚光泽至半金属光泽，半透明至不透明，具一组完全解理，密度7.25～7.60克/厘米^3，莫氏硬度4.0～4.5，性脆。属电磁性矿物，化学性质比较稳定，一般不溶于水，难溶于酸碱溶液，但可被王水溶解。主要产于高温热液型石英脉中，常与石英、锡石、辉钼矿、辉铋矿、毒砂、黄铁矿、黄玉、绿泥石、电气石、铌铁矿、钽铁矿、稀土矿物等共生。经长期风化，形成钨华、水钨华、高铁钨华、水铝钨华等次生钨矿物。以中国赣南为主体的南岭及其邻区的钨矿，在储量与产量方面均居世界前列。其他主要产地有俄罗斯西伯利亚、缅甸莫契、泰国恩戈姆山、加拿大普莱森特山、玻利维亚乔赫亚、澳大利亚卡拜因山等。黑钨矿含WO_3约76%，是提炼钨的最主要矿物原料之一。

黑匣子 black box 民航机中安装供事故分析用的飞行记录器。又称黑盒子。

黑箱 black box 内部结构状态不明的系统。这种系统内部结构不十分清楚，既无法通过对其功能的分析获得了解，也无法通过其元件特性和元件之间的联系推断系统特性。对一个黑箱来说，如果不把它打开，那么研究其功能的唯一办法就是给黑箱不同形式的输入，以观察其对应的输出。通过对这种输入-输出关系的分析，可以建立关于它的行为的某些规律，以便预测黑箱在各种输入下的反应，并对其内部的可能结构加上某些限制。这种方法又称黑箱方法。20世纪60年代后期形成的系统辨识为研究黑箱提供了理论基础和有效的手段。

黑猩猩属 *Pan*; chimpanzees 灵长目猿猴亚目猩猩科的一属。统称黑猩猩。分布在非洲中部。有黑猩猩和小黑猩猩2种。是猩猩科中最小的种类，体长70～92.5厘米，站立时高1～1.7米，体重雄性56～80千克，雌性45～68千克；身体被毛较短，黑色，通常臀部有1白斑，面部灰褐色，手和脚灰色并覆以稀疏黑毛；幼猩猩的鼻、耳、手和脚均为肉色；耳朵特大，向两旁突出，眼窝深凹，眉脊很高、头顶毛发向后；手长24厘米；犬齿发达，齿式与人类同；无尾。

栖息于热带雨林，集群生活，每群2～20余只，由1只成年雄性率领。食量很大，吃水果、树叶、根茎、花、种子和树皮，有些个体经常吃昆虫、鸟蛋或捕捉小羚羊、小狒狒和猴子。孕期8～9个月，每胎1仔；哺乳期约1～2年，性成熟约12年，雌性30岁龄可生第14胎。寿命约40年。能辨别不同颜色和发出32种不同意义的叫声。能使用简单工具，是已知仅次于人类的最聪慧的动物。其行为和社会行为都更近似于人类，在人类学研究上具有重大意义。

黑熊 *Ursus thibetanus*; Asiatic black bear 食肉目熊科黑熊属的一种。有5个地理亚种：指名亚种（西藏黑熊）、长毛亚种（喜峰黑熊）、四川亚种（四川黑熊）、台湾亚种（台湾黑熊）、东北亚种（东北黑熊）。分布于东

亚的森林区域，从乌苏里地区向南到柬埔寨、越南，向西经过喜马拉雅山麓到克什米尔、阿富汗。中型，体长120～220厘米，肩高75厘米，尾长7.5～10厘米，体重90～180千克。体呈亮黑色，故名。颈下胸前有一条月牙状的白纹，故有月熊之称。头宽，吻短，眼睛较小，耳壳大圆，嗅觉、听觉灵敏，与狗相似，故有狗熊、狗驼子之称。视力较差，又称黑瞎子。前爪稍长于后爪。为林栖动物，主要栖息于阔叶和针阔混交林中，南方的热带雨林和东北的柞树林也有栖息。最高栖息地可达海拔4 000米左右的山地寒温带针叶林。杂食性，以植物为主，也吃鱼、蛙、鸟卵等，喜欢挖蚂蚁窝和掏蜂巢。发情交配在6～8月，孕期6～7个月，每胎产2仔，也有1或3仔者。平时性情温顺，但为自卫或保卫幼仔有时会变得凶猛。为观赏动物。由于森林面积的缩小或消失，许多地方的黑熊已绝迹。

黑羊王朝 Black Sheep Dynasty; Kara Koyunlu Dynasty 土库曼游牧部落在伊朗西北部建立的封建王朝。统治阿塞拜疆、亚美尼亚及伊拉克一带。因以黑羊为标志，故名。约1375年起，黑羊部落联盟崛起于小亚东部和上美索不达米亚，称藩于伊拉克和伊朗的哲拉伊尔朝。卡拉·穆罕默德在位时（1380～1389）开始强大，王朝以大不里士为都城。卡拉·穆罕默德之子卡拉·优素福在位时（1390～1400,1406～1420），正值帖木儿向西亚扩张。1400年卡拉·优素福被帖木儿击败逃亡埃及。1406年，重新占领大不里士，乘势东进，攻克苏丹尼耶和哈马丹。1411年，灭哲拉伊尔朝，拓境南至巴士拉。卡拉·优素福死后，其子伊斯坎达尔（1420～1438年在位）和杰汉·沙（1438～1467年在位）先后嗣位。杰汉·沙在位期间，黑羊王朝达于极盛。1447年取得原属帖木儿王朝的卡兹文、赖伊等地的

统治权。他采用“汗”和“苏丹”的称号。1467年他出征白羊王朝，失败被杀。1469年领土尽归白羊王朝。

黑泽明 Kurosawa Akira（1910-05-23～1998-09-06） 日本电影导演。生于东京，卒于东京。1929年参加日本普罗美术同盟。1939～1941年与人合导影片《马》，并写了《青春的气流》、《航空兵的凯歌》等7个电

影剧本。1943年创作《姿三四郎》显露才华。1950年拍摄的《罗生门》获威尼斯电影节大奖。1951年尝试改编F.M.陀思妥耶夫斯基的名著《白痴》，并成功导演了《活着》。后者被评为1952年度《电影旬报》当年最佳10部影片之首。1954～1970年，作品有《七武士》（1954）、《蜘蛛巢城》（1957，根据W.莎士比亚《麦克白》改编）、《深渊》（1957，根据M.高尔基《底层》改编）、《恶人睡得香》（1960）、《红胡子》（1965）等。1969年与导演木下惠介、小林正树等成立了“四骑会”。1971年12月因创作苦闷自杀未遂。20世纪70年代后的作品有《德尔苏·乌札拉》（1975）、《影子武士》（1980）、《乱》（1985，取材于莎士比亚悲剧《李尔王》）、《八月狂想曲》（1991）等。1990年美国艺术与科学学院授予他特别荣誉奖。

黑扎兹 Hijāzī, Salāma al-（1852～1917） 阿拉伯歌唱家、歌剧演员。埃及人。早年以歌唱宗教赞美词出名，后来专门从事歌剧演出。1890～1904年他参加A.A.K.喀巴尼和亚历山大·法拉赫的剧团。1905年单独组织剧团，建立了剧场，以演出歌剧为主。他演出的剧本多是W.莎士比亚、V.雨果等英、法名家的名剧，但人物和情节都经过了修改，穿插了许多诗歌和唱段，很受观众欢迎。黑扎兹嗓音洪亮，委婉动听，表演技巧娴熟，被认为是1916年以前埃及舞台上歌剧表演艺术的大师。

黑种人 black race 世界四大人种之一。见尼格罗人种。

痕量分析 trace analysis 测定含量低于10^{-2}%级的物质成分及其含量的方法。主要应用于地球化学、材料科学、生物医学、环境科学、表面科学以及罪证分析等领域。痕量的含义随着分析技术的发展而有所变化。

主要任务是测定痕量目标成分的主体浓度或总浓度，痕量成分在固体样品中的分布及局部浓度，痕量成分在试样中的实际存在形式等。

痕量分析涉及取样、样品预处理和测定三部分。由于被测元素在样品中含量很低、分布很不均匀，特别是环境样品，往往随时间、空间变化波动很大，要充分注意取样的代表性和保证一定的样品量。样品预处理指测定前对样品进行必要的分离、富集，以消除干扰，改善分析的灵敏度和选择性。常用的方法有挥发、沉淀和共沉淀、电解、液-液萃取、离子交换、色谱、萃取色谱、电泳等。在分离、富集过程中对于污染和痕量组分的损失要予以充分注意。

常用的测定方法有：①光学方法。②电化学方法。③X射线法。④放射化学法。⑤质谱法。⑥色谱法。

亨策 Henze, Hans Werner（1926-07-01～ ） 德国作曲家。生于威斯特伐利亚的居特斯洛。曾学习钢琴、打击乐及作曲理论。1950年任威斯巴登的黑森州立歌剧院的芭蕾音乐指导。

1952年以《第一钢琴协奏曲》获得舒曼奖，其广播歌剧《乡村医生》获1953年意大利奖。60年代初应聘于萨尔茨堡莫扎特音乐馆任作曲研究班主任。1963年首次访美，聆听L.伯恩斯坦指挥他的《第五交响曲》的首演。他的创作甚丰，有歌剧、舞剧、交响曲、各类协奏曲、弦乐四重奏及乐队作品、声乐作品等近百部（首）。他的作品题材广泛，体裁多样，风格各异。著有《女水神：一部芭蕾的日记》、《论文集》、《逃亡的奴隶：一个工作报告》及《音乐与政治：论文与谈话》等。

亨德尔 Händel, George Friderich（1685-02-23～1759-04-14） 英籍德国作曲家。生于德国哈雷，卒于伦敦。幼年就显示出优异的音乐才能，9岁从音乐教师F.W.察豪学习，10岁即写了一首三重奏鸣曲，并擅长演奏羽管键琴和管风琴。虽遵从父亲意愿于1702年入哈雷大学学习法律，但仍不放弃音乐创作和演奏，为当地教堂乐团写了大量清唱剧。父亲去世后转学音乐。1703年，受荐去汉堡歌剧院担任第二小提琴手。在这里他与作曲家、歌唱家和音乐理论家J.马特松结为好友，并在其帮助下写了歌剧

《阿尔米拉》，获得很大成功。歌剧院的工作使他提高了音乐写作能力。这期间他还写了另外几部歌剧。亨德尔还写了不少奏鸣曲和其他体裁的作品，其共同特点是曲调较弱而和声对位的技巧较强。亨德尔的音乐才能受到在汉堡访问的意大利贵族费迪南多亲王的赏识，邀请他去佛罗伦萨。1706年秋亨德尔到达意大利，他与D.斯卡拉蒂于奥托博尼宫的键盘乐器演奏竞赛，在音乐史上被传为美谈。他的歌剧《罗德里戈》在佛罗伦萨上演，1708年清唱剧《复活》上演时使用布景，并在科雷利指导下采用45人的乐队伴奏，实际上接近于一部歌剧的演出。同年，歌剧《阿格里皮纳》于威尼斯狂欢节时演出了27场，大获成功。意大利之行对亨德尔的一生起了决定性的影响。

1710年经A.斯泰法尼的介绍，亨德尔去德国汉诺威担任选侯的宫廷乐长。由于汉诺威选侯与英国王室的密切关系，到任不久即被聘赴英国。1713年，亨德尔由于女王的赏识，取得英国“宫廷作曲家”的位置。1714年，安妮女王逝世，汉诺威选侯入主英国，为乔治一世。亨德尔从此长期留在英国，并于1726年加入英国籍。他不仅进行创作、演奏，还经营歌剧演出事业。

亨德尔一生创作了50部歌剧（其中有5部未上演、1部未写完），其中36部是在英国上演的。亨德尔的歌剧作品也未能完全脱离当时习俗，但在音乐的宏伟和深刻方面却高于与他同时代的作曲家。他的歌剧作品中比较重要的有《尤利乌斯·凯撒在埃及》（1724）、《塔麦拉诺》（1724）、《罗德林达》（1725）和《奥兰多》（1733）等。1728年，伦敦上演了一部由诗人J.盖依编剧、J.C.佩普施编曲的具有英国民族风格的民谣歌剧《乞丐歌剧》。由于内容密切结合现实生活，又选用人民熟悉的民间歌谣曲调，获得轰动性的成功，使亨德尔的意大利歌剧受到沉重打击。其后，亨德尔虽然作过几次东山再起的努力，但都没有成功。从18世纪40年代起，他的创作重心逐步移到清唱剧方面。

亨德尔的清唱剧均为气象宏伟、富于戏剧性、又不失抒情色彩的大型音乐作品。题材大都选自《圣经》，少数选自古代传说。如有根据英国诗人J.弥尔顿的诗剧改编的《力士参孙》，还有叙述摩西率领以色列人逃出埃及的《以色列人在埃及》等，其中都蕴涵着被压迫民族经过斗争取得解放的思想。又如《弥赛亚》，表现了上帝派耶稣降生人世以至受难、复活、升天的过程。1745～1746年，英国朝野掀起了反击篡位者查理·爱德华的运动，亨德尔为此写了清唱剧《犹大·马加比》，借古喻今，号召人民起来反抗侵略，反映了英国人民的爱国主义精神。亨德尔的清唱剧符合当时资产阶级和市民的愿望，受到了更为广泛的欢迎，重新巩固了他在英国音乐界的显要地位。亨德尔一生所写的23部清唱剧中，有19部是在英国演出的。

亨德尔一生还写有相当数量的器乐作品。他的室内乐作品本来是可以向奏鸣曲形式发展的，他却退向了组曲。他的管弦乐曲包括12首大协奏曲、歌剧、清唱剧的序曲以及《水上音乐》、《焰火音乐》等露天演奏的乐曲。早在1715年，亨德尔为乔治一世巡游泰晤士河写了《水上音乐》，1749年为庆祝《艾克斯拉沙佩勒和约》的签订而举行的焰火大会写了《焰火音乐》，它用小号、法国号、双簧管和大管等乐器组成的百人大乐队演出，非常适于庆典的热烈气氛。1759年4月6日，他不顾久病和双目失明，仍然顽强地指挥了《弥赛亚》的演出，后卧床不起。

亨克尔 Heinkel, Ernst Heinrich (1888-01-24～1958-01-30) 德国飞机设计师，喷气飞机的先驱。生于格朗巴赫，卒于斯图加特。1911年毕业于斯图加特工艺学院，同年试制出经过改进的法尔芒双翼机。从1912年至第一次世界大战后期，亨克尔担任欧洲几家飞机公司的工程师和技术顾问，以设计军用飞机闻名。1922年组建亨克尔飞机工厂，研制和生产各种轰炸机、旅客机和水上飞机。亨克尔设计的飞机在两次世界大战中均得到使用。从1935年起与火箭专家W.von布劳恩合作研制火箭飞机，1937年研制成的He-112火箭飞机单独使用火箭发动机试飞成功。1939年研制的He-176，飞行时速达880千米。同年8月，又与H.-J.P.von奥海因合作研制成世界上第一架涡轮喷气发动机飞机He-178，1939年8月27日试飞成功。1955年他在施佩耶尔重建亨克尔飞机制造有限公司。

亨利 henry 国际单位制中表示电感的导出单位。简称亨。符号为H。韦伯每安培(Wb/A)的专用名称。为纪念美国物理学家J.亨利而命名。若通过某一线圈的电流变化率均匀地为1安/秒，在此线圈或另一线圈中产生的感应电动势为1伏，则该线圈的自感或两线圈间的互感为1亨。过去使用的国际亨利，符号为H_{int}。1国际亨利=1.000 49亨利。

亨利 Henry, Joseph (1797-12-17～1878-05-13) 美国物理学家。生于纽约州奥尔巴尼市，卒于华盛顿。13岁辍学，后刻苦自学并于1819年进入奥尔巴尼学院学习。1826年在奥尔巴尼学院教授数学和物理学。1832年任新泽西学院物理教授。从1846年起，担任史密森研究院秘书和首任院长。1867年被选为国家科学院院长。亨利最初从事化学研究。1827年开始研究电磁现象，曾独立观测到电磁感应现象，并揭示了欧姆定律的意义。1832年首先发现了自感现象，1935年发表解释自感现象的论文，受到普遍重视。为纪念他这一成就，电感的实用单位命名为亨利。亨利先后发明了电动机、模型电报机和继电器。他还改进了互感器，发明了无感应线圈，并指导S.F.B.莫尔斯发明了第一架实用电报机。

亨利八世 Henry Ⅷ (1491-06-28～1547-01-28) 英国都铎王朝第二代国王（1509～1547年在位）。生于伦敦附近格林尼治，卒于伦敦。亨利八世初娶其寡嫂西班牙公主凯瑟琳为后。随着英、西关系恶化，亨利八世准备与凯瑟琳离婚另娶，但遭到罗马教皇的阻挠和国内一些教俗贵族的反对。此时，宗教改革之风已传入英国，亨利于1529～1536年间操纵议会通过一系列法案。1534年的《至尊法案》，使英国教会脱离罗马教廷。英王为英国国教会的最高首脑。

亨利八世任用改革派T.克伦威尔从事政府改革，改进政府财政机构，并开始建立由治安法官和教区职员管理地方行政的制度，进一步强化专制王权；同时致力于增强国力，扩充国土，建立皇家海军。

亨利八世在位期间，英国社会经济、政治、文化、宗教各方面都发生了重大变化。作为专制君主，亨利八世推行的一些顺应时代潮流的政策，客观上有利于英国资本主义因素的发展。

亨利定律 Henry's law 描述溶液气液平衡规律的基本定律之一。1803年英国医生和化学家W.亨利研究气体在液体中的溶解度时发现：在一定的温度下，在稀薄溶液上方的溶质的蒸汽分压与溶液中溶质的浓度成正比。用数学式表达为：$p_B=Kx_B$。式中p_B为溶液上方溶质B蒸汽的平衡分压，x_B为平衡时溶液中溶质B的摩尔分数，K是一个与溶质、溶剂的性质及温度有关的常数，称为亨利常数。式中溶质B的摩尔分数也可用溶质的质量摩尔浓度m_B或浓度c_B代替。浓度单位不同，K的单位及值也随之而改变。该定律只适用于溶质在气相和液相中分子形态相同的情况，如果溶质在液相中发生聚合或解离则不适用。

亨利二世 Henry Ⅱ (1133-03-05～1189-07-06) 英国国王（1154～1189年在位），金雀花王朝（安茹王朝）奠基人。生于法国勒芒，卒于法国希农。母亲玛蒂尔达是英国国王亨利一世的长女，被指定为王位继承人。父亲杰弗里·普兰他日奈是法国的安茹伯爵。1154年12月19日亨利加冕为英国国王，称亨利二世，是为金雀花王朝第一位国王。

亨利二世在英国历史上颇有建树。为加强王权，依靠骑士、市民和自由农民上层的支持，采取一系列措施，进行行政和司法改革。从而健全了行政管理和司法制度，安定了社会秩序，加强了王权。亨利二世通过战争，使英王控制的版图空前扩大，除不列颠群岛外，还占领了欧洲大陆南起比利牛斯山、北至法国大部分地区的广阔疆域，获得“安茹帝国”的称号。

亨利二世统治后期被内忧外患所困。法国国王为削弱其在法国的势力，不断煽动诸侯叛乱。1173、1181年，他的几个儿子在法国国王、苏格兰国王和弗兰德国王支持下，依靠封建贵族发动叛乱。

《亨利四世》 *Henry Ⅳ* 英国剧作家W.莎士比亚历史剧的代表作。写于1597～1598年。分为上、下篇。亨利四世因堂兄理查二世寡德无能而取而代之，但因担有篡位罪名，内心不安。诸侯潘西、诺森伯兰、道格拉斯与约克大主教等联合起来，图谋反叛。而王子哈尔放荡任性，不走正道，整天与福斯泰夫等人在酒店食肆厮混闹事。后在父王面前承认错误，决心洗心革面，并在平定各路叛军的战斗中表现英勇。不久，亨利四世病逝，哈尔王子即位，称亨利五世。他执政严明，并与福斯泰夫等人绝交，成为一位有道明君。哈尔王子的转变，表明了莎士比亚对理想君王的肯定，反映了作者对社会安定与国家统一强盛的愿望。

亨利希·曼 Heinrich Mann (1871-05-27～1950-03-12) 德国小说家。生于吕贝克，卒于美国圣莫尼卡。作家**托马斯·曼**的哥哥。曾入柏林、慕尼黑大学学习。毕生从事反战、反法西斯斗争。曾任普鲁士艺术科学院主席、“德国人民阵线”主席等职。1933年纳粹上台后作品被焚。后流亡法国、美国等。

他一生创作了19部长篇小说，55篇中、短篇小说，11部剧本和大量政论、散文。作品讽刺犀利，以怪诞、夸张手法刻画人物，对社会进行批判。长篇小说《垃圾教授》(1905) 借描写一个平时道貌岸然、其实道德败坏的垃圾教授，尖锐抨击德国教育制度，被改编为电影《蓝天使》。《小城》(1909) 指出法西斯主义崛起的危险。《臣仆》(1914) 塑造了一个德意志帝国忠顺臣仆的典型形象。还有《大事业》(1930)、《严峻的生活》(1932) 等4部“共和国小说”、历史小说《亨利四世》(2部，1935～1938) 等。

亨佩尔 Hempel, Carl Gustav (1905-01-08～1997-11-09) 美籍德国哲学家。**逻辑实证主义**后期的主要代表。生于德国奥拉宁堡，卒于美国新泽西州普林斯顿。1934年获柏林大学哲学博士学位，同年移居布鲁塞尔，1937年赴美国，1944年加入美国籍，曾任耶鲁、普林斯顿、匹兹堡等大学哲学教授，1981年应邀到中国讲学。

亨佩尔虽然持逻辑实证主义的立场，但也承认逻辑实证主义单纯用逻辑重构的方法处理科学与其经验基础之间的关系存在着严重的局限，其哲学观点主要表现在有关意义标准、确认理论、科学说明和科学的合理性等问题的论述中。他放宽了意义标准，提出了意义的基本单位应是陈述系统。代表作有《科学说明的诸方面》等。

亨廷顿 Huntington, Ellsworth (1876-08-16～1947-10-17) 美国地理学家。生于伊利诺伊州盖尔斯堡，卒于康涅狄格州纽黑文。1897年毕业于威斯康星州贝劳特学院。1901年入哈佛大学学习。曾考察中亚、印度北部、中国塔里木盆地和罗布泊、俄国西伯利亚。

1909年获耶鲁大学博士学位，并在该校任教，至1945年退休。曾任美国生态学会会长(1919)、美国地理学会会长(1923)和美国优生学会会长(1934～1938)。是环境决定论的主要代表，把气候视为社会发展、国家强弱、种族优劣、经济盛衰的决定因素。代表作有《亚洲的脉搏》、《文明与气候》和《文明的源泉》等。

亨廷顿 Huntington, Samuel Phillips (1927-04-18～) 美国政治学家，西方政治发展理论的重要奠基人之一。在比较政治学和国际政治领域的研究中也有重要建树。生于美国纽约。1951年获哈佛大学博士学位。1977～1978年担任国家安全委员会的安全计划负责人。1986～1987年任美国政治学会会长。

《外交杂志》发起人和两主编之一。主要著作有《变革社会中的政治秩序》(1968)、《第三次浪潮——20世纪晚期的民主化》(1991)、《文明的冲突与世界秩序的重建》(1996)等。20世纪60年代末，亨廷顿主要关心发展中国家建立稳定的政治秩序，提高国家制度化和组织化水平，认为当时大多数发展中国家的主要问题在于缺乏政治上的一致，以及高效、权威的合法政府。他系统地探讨了在政治现代化过程中实现政治稳定的各种条件。进入90年代后，他最早提出了“第三次民主化浪潮”概念，并对其前提、进程和未来走向进行了研究。面对“冷战”结束后新的国际政治格局，他提出“文明冲突”理论，认为世界的主要矛盾不再是意识形态、政治和经济的冲突，而是各种文明间的冲突。

恒河 Ganges River 亚洲南部大河。发源于喜马拉雅山脉南麓，有阿勒格嫩达河（东源）和帕吉勒提河（西源）两源。两河流势汹涌，海拔由3 150米急降至300米。于代沃布勒亚格附近汇合后始称恒河。继而穿越西瓦利克山脉，在赫尔德瓦尔附近进入平原，逐渐向东南弯曲。流至安拉阿巴德，再降至120米，最大支流亚穆纳河从右侧来汇，水量陡增，河面变宽，河道弯曲，地势越发平坦，坡降每千米仅9.3厘米。自安拉阿巴德以上为上游，下至西孟加拉邦段为中游，再下为下游。其中从印度的杜连至孟加拉国的萨尔达一段，构成印、孟的天然国界线。进入孟加拉国后，与东来的布拉马普特拉河汇合，通过广阔的复合三角洲，注入孟加拉湾。自汇流点以上，全长2 580千米，流域面积90.5万平方千米。上游水源主要来自3～5月的冰雪融水，平原段则来自6～9月的季风雨。水量年内变化显著：冬季为枯水期，4月底5月初开始上涨，8～9月间升至最高值，水位平均高约10米，大洪水时可达15米以上。与布拉马普特拉河一起，河口流量平均为3万～3.8万米^3/秒，平均年输沙量15亿吨。由于雨量丰，流量大，泥沙淤积，河床日高，常泛滥成灾。下游地势低平，河网密布，是天赐的交通大动脉，主干通航里程1 450千米，干支通航里程合计超过8 000千米，溯流而上可至阿拉哈巴德等地。但自19世纪铁路运输兴起以来，航运的重要性相对大为降低。但灌溉意义古今依然，12世纪起就逐渐建立完备的灌溉系统。恒河流域是世界上人口最稠密的地区之一，人口总数估计在5亿左右，平均每平方千米550人。有千万人口城市两座，百万人口城市7座。恒河流域在历史上为印度斯坦的核心地带，是印度文化的摇篮。由恒河及其支流冲积而成的恒河平原，是印度经济最发达的地区，也是世界著名大米产区之一。蕴藏着丰富的水力资源，已在主流及一些大支流上兴建综合利用水利工程，其中赫尔德瓦尔的上恒河渠、纳罗拉的下恒河渠和北方邦的萨尔达渠等，均兼发电和灌溉之利。沿岸多宗教圣地（安拉阿巴德、瓦拉纳西、赫尔德瓦尔、胡格利河等）。印度教徒们笃

流经圣城瓦拉纳西的恒河

信教义，将恒河称为“圣河”、“信仰之河”。认为恒河水沐浴可以净罪。在一年一度的恒河大庙会之际，各地信徒千里迢迢前来朝拜、沐浴，盛况空前。

恒河–布拉马普特拉河三角洲 Ganges-Brahmaputra Delta 世界上最大三角洲之一。也可简称为“恒河三角洲”。位于南亚次大陆东部，顶点在印度的法拉卡，西起巴吉拉蒂–胡格利河，东至梅克纳河，南濒孟加拉湾。面积7万平方千米。大部分在孟加拉国南部，小部分在印度的西孟加拉邦。平均海拔10米。三角洲汇集恒河、布拉马普特拉河、梅克纳河三大水系。7～9月为雨季，加上孟加拉湾潮水顶托形成的涌浪，常使三角洲受到淹灌，酿成灾患。地势低平，土壤肥沃，农业发达，人口密集，城镇相望，为南亚最重要的经济中心之一。盛产黄麻、水稻、甘蔗等。大小河道互为串联，水上运输发达。沿海有大片红树林沼泽。

恒山 Hengshan Mountain 中国五岳中的北岳。又称太恒山，古称“元岳”、“紫岳”、“恒宗”。国家级风景名胜区。位于山西省

恒山北岳庙远眺

北部的浑源县境内。景区面积147.51平方千米。主峰玄武峰，海拔2 016.1米。山上怪石争奇、古树参天，林中有楼台殿宇，古有“恒山十八景”，今现存朝殿、九天宫、会仙府、悬空寺等10多处。悬空寺始建于北魏后期，面对天峰岭，背倚翠屏山，造型奇特，结构惊险。于峭壁腰间悬桥做屋，层楼叠阁，雄伟壮观。站在谷底仰望，犹如空中楼阁。现存为明清建筑，为全国重点文物保护单位。山腰有辽金时代寺庙建筑群，部分已毁坏。汤头温泉水温60℃，能治疗多种疾病，设有疗养所。此外，有大字岭的突峰峦、虎风口、果老岭、朝殿（又称北岳庙）、舍身崖、白云洞、紫芝峪等胜景。为中国著名的旅游胜地。

恒星 star 由自身引力维持，靠内部的核聚变而发光的炽热气体组成的球状或类球状天体。太阳就是一颗典型的恒星，离地球最近。其次是半人马座比邻星，它与地球的距离为4.22光年。银河系拥有几千亿颗恒星，在晴朗无月的夜晚，在远离城市的地球表面，用肉眼可以看到3 000多颗恒星。借助于望远镜，可看到几十万乃至几百万颗以上的恒星。恒星并非不动，因为离地球实在太远，不借助特殊工具和特殊方法，很难发现它们在天球上的位置变化，因此古代人把它们称作恒星。

描述恒星物理特性的基本参量有距离、亮度（视星等）、光度（绝对星等）、质量、直径、温度、压力和磁场等。测定恒星距离最基本的方法是三角视差法，即先测得地球轨道半长径在恒星处的张角（称为周年视差），再经过简单的运算，可求出恒星的距离。恒星的亮度常用星等来表示。恒星越亮，星等数值越小。有关恒星的知识主要来自能揭示其物质成分、表面温度和运动状态的光谱研究。恒星的真直径可根据恒星的视直径（角直径）和距离计算出来。多数恒星存在于双星系统中。天文学家根据某些特殊的双星系统能测出恒星的质量；经过多年的观测，又确定了质光关系。一般恒星质量能根据质光关系进行估算。恒星表面的大气压和电子压可通过光谱分析来确定。根据恒星光谱中谱线的塞曼分裂（见塞曼效应）或一定波段内连续谱的圆偏振情况，可测定恒星的磁场。

与在地面实验室进行光谱分析一样，对恒星的光谱也可进行分析，借以确定恒星大气中形成各种谱线的元素的含量。多年来的实测结果表明，正常恒星大气的化学组成与太阳大气差不多。按质量计算，氢最多，氦次之，其余按含量依次大致是氧、碳、氮、氖、硅、镁、铁、硫等。

观测发现，有些恒星的光度、光谱和磁场等物理特性都随时间发生周期的、半规则的或无规则的变化。这种恒星称为变星。

恒星光谱 stellar spectra 恒星辐射分光后的光谱。光谱的形态决定于恒星的物理性质、化学成分和运动状态。光谱中包含着关于恒星各种特性的最丰富的信息。关于恒星本质的知识，几乎都是从光谱研究中得到的。从观测角度来看，主要有三种途径：第一种是证认谱线和确定元素的丰度。第二种是测量多普勒效应引起的谱线位移和变宽，由此来研究天体的运动状态和谱线生成区。第三种是测量恒星光谱中能量随波长的变化，包括连续谱能量分布、谱线轮廓和等值宽度等。这些特性同恒星大气中的温度、压力、运动、电磁过程以及辐射转移过程有关，是恒星大气理论的主要观测依据。

大多数恒星光谱是连续谱上有吸收线，少数恒星兼有发射线，或只有发射线。恒星连续谱的能量分布、谱线的数目和强度以及特征谱线所属的化学元素，均有极大的差异。恒星的光谱就是根据这些差异来分类的。最常用的分类系统是美国哈佛大学天文台于19世纪末提出的，称为哈佛系统。这个系统的光谱型用拉丁字母表示，组成如下的序列：

```
                   S
                  /
O—B—A—F—G—K—M
                  \
                   R—N
```

各型之间是逐渐过渡的，每型又分为十个次型，用阿拉伯数字表示：O0,…,O9；B0,…,B9；…这一序列由左到右，对应于温度的下降。最热的O型星温度约40 000K，最冷的M型星约3 000K。序列右端的S、R和N等分支则可能反映化学组成的差别。

哈佛大学天文台于1918～1924年发表的《亨利·德雷伯星表》（HD星表）载有20余万颗星的光谱型。到20世纪70年代初，全世界按哈佛系统作过分类的恒星总数达90万左右。

美国天文学家W.W.摩根和P.C.基南等人于20世纪40年代提出一个二元分类系统。所依据的物理参量也是温度和光度。温度型沿用哈佛系统符号。光度级比威尔逊山系统精确，共分七级，用罗马数字表示：Ⅰ超巨星，Ⅱ亮巨星，Ⅲ正常巨星，Ⅳ亚巨星，Ⅴ主序星（矮星），Ⅵ亚矮星，Ⅶ白矮星。如能进一步细分，则在罗马数字后面附加小写拉丁字母来区别。到70年代初，已按MK系统分类的星仅2万余颗。

有人尝试以光谱型（指温度型）、光度级和化学元素丰度为参量的“三元分类”，从20世纪60年代开始研究，至今还没有形成完整的系统。

恒星时 sidereal time 以地球自转周期为基准的一种时间计量系统。见时间测量。

恒星演化 stellar evolution 研究恒星形成后其结构和化学组成如何随时间变化以及在赫罗图上的演化程，找出不同类型恒星之间存在的演化序列，描绘恒星从形成到死亡的全过程。天文学中的恒星演化指的

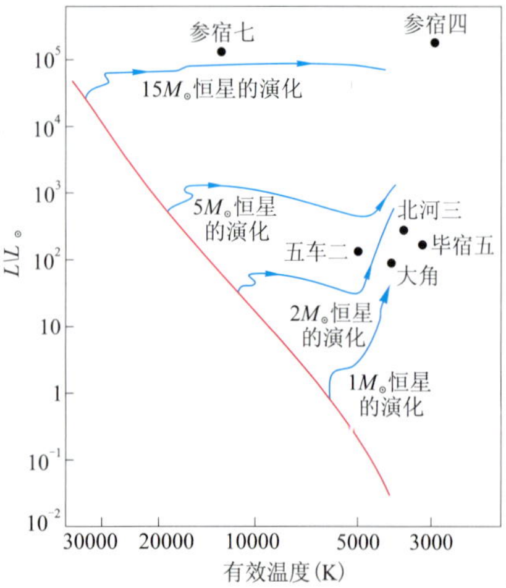

各种质量恒星演化图

是恒星从诞生到死亡的过程。恒星一生所历经的主要过程为：巨分子气体云—原恒星—主序星—红巨星—红超巨星—行星状星云或超新星—终期（白矮星、中子星和黑洞）。恒星的生命周期可通过观测不同年龄的恒星，以及将观测与理论模型进行比较得到了解。

恒星的演化依赖于它的初始质量，质量不同而化学成分相同在赫罗图上构成了一条等化学成分的曲线（见图），恒星沿着主序从光度大的一端（左上角）移向光度小的一端（右下角）。若恒星演化过程中质量基本上保持不变，则光度和有效温度的变化取决于核反应引起的化学成分的改变，反映在赫罗图上为恒星脱离主序移动。零龄主序也可看作化学成分相同而质量不同的恒星的序列。

一颗星到达主序，便开始了它一生中最漫长的演化阶段。恒星到达主序的时间被称为时间零点，该序列称“零龄主序”。它指的是在赫罗图上描述满足下列条件星的集合所构成的轨迹。这些条件是：都有完全相同或非常相近的化学组成，都处于流体静力学和热力学平衡，能量只来源于核燃烧。恒星在主序上的时间占总的演化时间的绝大部分，如一颗0.7$M_\odot$的恒星$t\approx$350亿年（$M_\odot$为太阳质量）。恒星内部结构的理论指出，恒星中心部分氢聚变为氦的过程中，当氦的质量约占恒星总质量的12%时，恒星的结构就发生明显变化，开始离开主星序，不同质量恒星在赫罗图上的演化过程不同。另一方面，主星序上的恒星存在质光关系，即它的光度和质量的3.5次方成正比。因此，大质量恒星的氢的消耗得快，很短的时期内中心部分氦的质量就达到恒星总质量的12%，因而停留在主星序的时间比小质量星远为短促。如高光度、大质量的O、B型星停留在主星序上只有几百万年、几千万年；而低光度、小质量的M、K型星停留在主星序上可达几千亿年、几万亿年。太阳应停留在主星序阶段100多亿年，现已停留了50亿年左右。

可靠资料表明，不管恒星如何演化，它们只有四种可能的结局：①一无所有。②白矮星。典型的质量为0.7$M_\odot$；典型的半径为10^9厘米，其大小类似于地球。③中子星。典型的质量为1.4$M_\odot$；典型的半径为10^6厘米，其尺度稍大于珠穆朗玛峰的高度。④黑洞。典型的质量等于或大于2～3个$M_\odot$，史瓦西半径为$2GM/c^2$。

恒星抛失质量在演化中起着不可忽视的作用。除新星、超新星的大量抛失质量外，恒星在不同程度上也不断在抛失质量。不过恒星在主星序阶段抛失的质量是微不足道的，对演化没有多大影响。但在红巨星阶段，它体积庞大，表面引力较小，对流大气中又有上升的气流，质量易于抛失。从观测获知存在不少质量小于1$M_\odot$的白矮星，就可证明这点。因为质量小于1$M_\odot$的恒星要经历红巨星阶段而后演化成白矮星，所需时间要比银河系的年龄（约2×10^{10}年）还长。这些白矮星大概是从质量较大的恒星演变成的，也就是说它们原来质量大，因而演化也快，经过质量抛失终于形成白矮星。

20世纪天体物理学最大的成就之一是基本上说明了恒星演化和元素演化两个重要问题。元素的核合成演化是在恒星内部完成的，是恒星演化的动力。恒星的能源供应以引力收缩和热核反应两种方式交替进行。核能的供应占90%以上。引力收缩主要是使恒星中心温度增高。随着温度的逐步升高，较重核子发生热核反应，逐级聚变形成更重的核子。恒星演化晚期，中心温度达10^9K时带走绝大部分能量的是中微子而不是光子。中微子在超新星爆发中起尤为重要的作用（见中微子天文学）。所以宏观的恒星演化过程是和微观的原子核反应息息相关的，也可以说微观的核反应过程控制着宏观的恒星演化过程。恒星一生是引力和压力抗争的一生。不论星云、原恒星和恒星，它们都有不同的磁场和自转运动，一般说来，磁场和自转都起着抵制收缩的作用。它们和引力效应比较起来，固然处于次要地位，但却不能忽略不计。

恒星质量 stellar mass 恒星最重要的物理参量之一。也是恒星结构和恒星演化的决定性因素。求恒星质量最基本的方法是利用物理双星的轨道运动。所求得的质量称为动力学质量。恒星质量的范围大约是在百分之几个太阳质量（如某些红矮星，特别是物理双星的子星）到120个太阳质量之间，有时可能更大，但大多数恒星的质量在0.1～10个太阳质量之间。1978～1979年有人综合X射线双星的资料得出其中中子星平均质量为1.6±0.3太阳质量。恒星的质量范围比光度和直径范围小得多。

鸻形目 Charadriiformes; plovers/ snipes/ sandpipers 鸟纲的一目。有12科57属218种。中国有9科74种。为中、小型涉禽。奔跑快速并善于疾飞，翅狭而长；嘴一般较细长，嘴形随取食方式不同而有很大变异；腿较细长，胫跗部下方常裸出；后趾退化，若存在时位置较高；前趾间或具微蹼。雌雄大多羽毛相似；体背羽色以斑驳的黑、白、褐色为主，适于隐蔽。

鸻行目种类栖息在海岸或河、湖边，奔走快捷，边走边在泥沙中啄食小型水生动物。在地表挖穴为巢，有的垫以石砾或干草；多产4枚洋梨形卵，呈淡青色且具褐色斑。大多数为雌雄轮流孵卵，孵化期20余天。雏鸟早成，出壳后即独立活动。

横滨 Yokohama 日本第二大城市，贸易港，京滨工业地带的重工业、化学工业中心之一，神奈川县首府。位于东京湾西岸，北距东京港仅30千米。面积437.13平方千米。人口约365万（2008）。市区西北部为多摩丘陵的一部分，南部则山地、丘陵、台地、低地相间，西部为相模原台地，鹤见川沿岸为冲积平原，东部沿海多人工海岸。本牧岬到大冈山低地之间为填海造陆的新市区。

1859年成为日本最早对外开放的港口之一。1871年设神奈川时，定横滨为县府。1872年东京—横滨铁路通车，横滨遂成为首都的外港。1889年设市。为适应海外贸易量急速增长的要求，1889、1896、1917年曾3次进行大规模港湾建设，使横滨发展成为日本的国际贸易港，贸易额常年居全国首位。1923年关东大地震使港口设施几乎全部毁坏。20世纪20年代末开始恢复建设。第二次世界大战后，在迅速修复战争破坏的基础上，以最新技术装备加以建设，同时大规模进行填海造陆，扩大码头。横滨港为世界著名港口之一，仅次于东京港，居全国第2位。进出口贸易额占全国9.2%，居第3位。出口以汽车及其关联产品为主，占出口货物总量的50%以上；进口多为原料和农副产品，仅原油和液化天然气即占进口货物总运量的1/3。

服务业为全市最大的经济部门，产值占GDP的22.0%，房地产业占16.5%，制造业占16.0%，批发零售业占12.8%。

制造业以重工业、化学工业为主，产值占制造业总产值的80%左右，其中基础材料型工业和加工型工业的比例大体为3∶7。属京滨工业地带重要的组成部分。

陆上交通发达，有多条新干线和高速公路通过境内。市内建有四通八达的地铁网。由市中心的关内到伊势佐木町、野毛町一带是繁华的商业街，元町和山手地区为欧美风格的商业区。山下町的中华街为

横滨港湾大桥

华侨华人集中地。有横滨国立大学、横滨市立大学等高等院校和博物馆、图书馆等。市内有开港纪念会馆、弘名寺、金泽文库和被称为日本建筑史缩影的三溪园等名胜古迹。

横波 transversal wave 振动方向和波的传播方向垂直的波。水面上的涟波和电磁波都是横波。简单的横波可以用正弦曲线或余弦曲线来表示，这是因为曲线上任何点的振幅与一个角的正弦（或余弦）成比例。

横断山脉 Hengduan Mountain Range 世界最年轻山系之一。中国最长、最宽和最典型的南北向山系，唯一兼有太平洋和印度洋水系的地区。位于青藏高原东南部，通常为川、滇两省西部和西藏自治区东部南北向山脉的总称。因“横断”东西间交通，故名。其范围界限有广义和狭义之说。按广义说，东起邛崃山，西抵伯舒拉岭，北界位于昌都、甘孜至马尔康一线，南界抵达中缅边境的山区，面积60余万平方千米。狭义仅指怒江、澜沧江和金沙江并列南流“三江地区”的南北走向山地。境内山川南北纵贯、东西并列，自东而西有邛崃山、大渡河、大雪山、雅砻江、沙鲁里山、金沙江、芒康山（宁静山）、澜沧江、怒山、怒江和高黎贡山等。山间盆地、湖泊众多，古冰川侵蚀与堆积地貌广布，现代冰川作用发育，重力地貌作用造成的山崩、滑坡和泥石流屡见。同时，地震频繁，是中国主要地震带之一，著名的有鲜水河、安宁河和小江等地震带。

横断山脉气候受高空西风环流、印度洋和太平洋季风环流的影响，冬干夏雨，干湿季非常明显，一般5月中旬至10月中旬为湿季，10月中旬至翌年5月中旬为干季。气候有明显的垂直变化。植被和土壤依气候、地势而变，从东南到西北，可划分为：①边缘热带季风雨林-红壤带。②亚热带常绿阔叶林-红壤黄壤带。③暖温带、温带针阔叶林-褐色土、棕壤带。④寒温带亚高山森林草甸-暗棕壤和亚高山草甸土带。

横断山脉是中国重要的有色金属矿产地和中国主要水能资源分布区。区内自然条件对动植物的生存发展极为有利。多古植物的孑遗种属，如乔杉、铁杉、连香树、水青树、珙桐等，特别是第三纪的古老植物种类如云杉属和冷杉属种类占全国一半以上。森林资源富饶而广布，是中国第二大林区——西南林区的主体部分。经济林木和果木丰富。盛产贝母、冬虫夏草、天麻、大黄、三七、麻黄等中药材。动物兼具东洋界西南区、古北界青藏高原区和北方华北区等多种成分，兽类、鸟类和鱼类约占全国总数一半以上；珍贵稀有动物属国家保护的有大熊猫、金丝猴、滇金丝猴、白唇鹿、牛羚、野牛、野象、长臂猿、小熊猫、斑羚、林麝、豹、云豹、马麝、水鹿、藏雪鸡、绿尾红雉、血雉等。

横贡缎 sateen 采用纬面缎纹组织的棉织物。布面上呈现细密纬纱浮长线，光泽明亮，有绸缎的风格，故名。坯布经染色或印花，再经轧光、电光整理，使光泽更明亮。也可进行树脂整理，增加防缩性和防皱性。适宜作妇女衣裙、儿童棉衣和羽绒被面料等。经、纬纱一般选用优质精梳细棉纱，按照五枚三飞纬面缎纹组织织制。由于纬纱浮长覆盖织物正面，使纬密大于经密，纬密和经密的比值约为5:3。

横贯大陆铁路 Transcontinental Railway of USA 从美国大西洋沿岸的纽约市至太平洋沿岸的圣弗朗西斯科（旧金山）市的铁路。横贯美国大陆，全长4 850千米。1862年为了大规模开发西部，美国国会通过了《太平洋铁路法案》，授权联合太平洋铁路公司从密苏里河西岸的奥马哈城向西修建铁路，中央太平洋铁路公司从加利福尼亚州首府萨克拉门托向东修建铁路。两公司对向修建的铁路于1869年5月10日在犹他州普罗蒙特里接轨。其间，奥马哈城到纽约的铁路亦被整顿。随后，萨克拉门托至旧金山段铁路建成，遂使横贯美国大陆的铁路全线通车。旅美华工是修筑这条铁路的主力，工作极其艰辛。这条铁路加快了美国西部经济和社会的发展步伐。

横光利一 Yokomitsu Riichi（1898-03-17～1947-12-30） 日本小说家。生于福岛。1916年入早稻田大学预科。1923年加入菊池宽创办的《文艺春秋》，同年发表短篇小说《蝇》和《太阳》，引起文坛注目。成名作《蝇》通过蝇的视角观察人类，写它所耳闻目睹的充满变异的人类世界。因其在结构、文体上的大胆革新，被看作是新感觉派文学的开山之作。1924年与川端康成等人共同创办《文艺时代》，发起“新感觉派”文学运动。但“新感觉派”文学维续时间很短。小说《机械》(1930)开始转向新心理主义。而《家徽》(1934)和《旅愁》(1937)等，则已转回传统的写实主义。倾7年心血的力作《旅愁》被称作“一种思想小说”。作品深沉地思考了颇具文化反思性的东方与西方、传统与科学等根本问题，揭示了一批身处异境（欧洲）的知识分子对于文化、传统问题的思考与选择。

横井小楠 Yokoi Shōnan（1809-09-22～1869-02-15） 日本江户幕府末年改革派政治家、思想家。生于肥后藩（今熊本县），卒于京都。1839年到江户（今东京）游学，结识尊王攘夷论指导者藤田东湖（1806～1855）。翌年归藩，开塾讲学，与藩内革新派结成实学党，提倡学习西方医学、炮术、兵制等，推动藩政改革。1853年日本被迫开国；他提倡开国通商、富国强兵，成为开国进取论的首倡者之一。从1858年起，先后4次应聘到福井藩（今福井县）任藩主松平庆永（1828～1890）的政治顾问。1862年松平庆永就任幕府政事总裁后，他积极支持公武合体派，主张改造幕府，以达到幕府与各藩联合。1867年为松平庆永拟国是十二条，主张一国以独立为本、尊天朝、敬幕府、正风俗、举贤才、开言路、兴学校、仁士民、信赏必罚、富国强兵、亲列藩、交外国等。1868年明治政府成立后被召到京都，为新政府推行各项资产阶级改革出谋划策。因主张开国进取而遭保守派忌恨，遇刺身亡。

横山大观 Yokoyama Taikan (1868-09-18～1958-02-26) 日本画家。生于水户市，卒于东京。本名秀磨，旧姓酒井，以后一直随母亲姓横山。1889年，他成为东京美术学校日本画系第一期学生，师事桥本雅邦，特别

《老子》

受校长冈仓天心的奖掖。1895年成为京都美术工艺学校教谕。1898年，随冈仓天心创立日本美术院，发起新日本画运动，当时的代表作有《屈原》、《迷儿》。他与菱田春草在新日本画中以色彩的面来代替传统的墨线，因而被称为朦胧体。1903年与菱田同游印度，翌年与冈仓、菱田巡游美国和欧洲数国。1907年文展开设后，陆续发表《流灯》、《山路》(1911)、《潇湘八景》等名作，成为新日本画的中心人物。横山大观的代表作还有《游刃有余》、《老子》、《生的流转》(1923)、《飞泉》、《夜樱》(1929)、《野花》。

横须贺 Yokosuka 日本本州东南部港口城市和军港。北邻横滨，扼东京湾口要冲。面积100.62平方千米。人口约43.54万(2002)。地形以丘陵为主，沿岸为沉降式海岸，天然良港。原为小渔村。1865年始建钢铁厂，1871年改为造船厂。1884年东海镇守所从横滨迁此，遂成为扼守东京湾和拱卫首都

的军港。1907年设市。第二次世界大战前，沿长浦湾和久里滨湾等地建设了一系列海军军事设施。1948年定为贸易港。战后转向和平产业。现仍为日本海上自卫队舰队司令部所在地，设有军事院校、军事研究机构和原子能研究所等。工业以造船、汽车制造为主，还有电机、建筑机械、化学、金属加工等。市街沿湾岸延伸，呈长条形，市中心为商业和住宅区。

衡平法 equity 从14世纪起，由大法官在审判实践中发展起来的旨在对普通法的不足进行补救的法律体系。在英国，自14世纪，人们日益感到自己的很多权利要求无法通过普通法法院来实现，因而诉诸英王的“正义”。这种申诉一般由王室咨询机关枢密院负责司法事务的大法官来受理。这种不经普通法法院所作的特殊审理称为衡平。到16世纪时，随着衡平案件的不断增加，大法官的官署发展成为与普通法法院并列的、同样是王室法院的法院，即衡平法院或称大法官法院。大法官法院所作出的判决也就形成一批与普通法并列的另一种法律——衡平法，它实行书面审、秘密的和审讯式的程序。这样的结果引起了衡平法院与普通法法院之间的对立。为简化司法制度，英国议会于1873年通过《最高法院审判法》，使普通法法院和衡平法院两个系统合并，建立起单一的法院体系，统一适用普通法和衡平法，并明确在普通法规则和衡平法规则发生抵触或不一致时，以衡平法规则为准。

衡器 weighing instrument 通过衡量物体的重量（所受重力的大小）来测定该物体质量的器具。利用力的形变平衡原理（虎克原理）或力的杠杆平衡原理测定物体质量。主要由承重系统、传力转换系统和示值系统三部分组成。习惯上将某些衡器称为秤。广泛应用于工业、农业、商业、科研、医疗卫生等部门。

衡器按结构原理可分为机械秤和电子秤两大类。机械秤又分为杠杆秤和弹簧秤。还可按衡量方法分为非自动衡器和自动衡器。非自动衡器即在称量过程中需要由人来操作的衡器；自动衡器是指不需要操作者的干预，而是按照预先确定的自动处理程序进行称量的衡器。衡器的主要品种有天平、案秤（计重秤、计价秤、计数秤、邮政秤、珠宝秤等）、台秤、地上衡（汽车衡、钢材秤等）、轨道衡、家用秤（体重秤、厨房秤等）、袖珍秤、吊秤、皮带秤、料斗秤（定量包装秤、非连续累计秤等）、分检秤、车载称重仪和各种专用秤等。

衡山 Hengshan Mountain 中国五岳中的南岳。古称岣嵝山。位于湖南省中部，湘江西侧。长约32千米，宽17千米。山峦突兀峥嵘，主峰祝融峰，海拔1 300.2米。紫盖、天柱、石廪、芙蓉、华盖、白石、岣嵝等峰，逶迤参差，一般高约1 000米。祝融峰上建有祝融殿，又称老圣殿。有白龙潭、华严湖、半山亭、磨镜台、南天门、高台寺、麻姑仙境和望日台等胜迹。祝融峰之高，藏经殿之秀，方广寺之深，水帘洞之奇，素称南岳“四绝”。又因云雾幻变，故祝融峰有“云起峰流”的壮观。南岳历史悠久，多文学遗产，一度曾为理学渊薮和宗教福地。现存南岳大庙、磨镜台、福严寺、南台寺、藏经殿、方广寺、望日台等古典建筑。衡山植物资源丰富，天然生长有银杏、青钱柳、绒毛皂荚、香果树、银鹊树、柯楠树、湖南白檀、天目紫茎、短柄青冈、天目槭等稀有珍贵树种。建有南岳树木园，为搜集、展览、引种、改造利用森林资源的露天实验场。

衡山南岳大庙圣帝殿

衡水市 Hengshui City 中国河北省辖地级市。位于省境东南部，邻接山东省。辖桃城区和枣强、武邑、武强、饶阳、安平、故城、景县、阜城8县，代管冀州市、深州市。面积8 815平方千米。人口434万（2010），有汉、回、满、蒙古、朝鲜、苗、壮等民族。秦属巨鹿郡，明主要为冀州、深州、景州地。1928年直隶河北省。1949年始置衡水专区，1970年改名衡水地区。1996年撤地区设衡水市。农作物主要有小麦、玉米、高粱、棉花等，产天津鸭梨。矿产主要有石油、天然气、地热等。工业主要有机械、酿酒、建材、化工等。土特产有“老白干”酒、衡水毛笔。名胜古迹有封氏墓群、景州塔、马君起造像碑、安济老石桥、衡水湖等。

暮色中的衡水湖国家级自然保护区

衡阳盆地 Hengyang Basin 中国江南地区具有地域特点的红层盆地。位于湖南省中东部，南岳衡山之南，属湘江中下游转折地带。盆地自西南至东北长约108.5千米，西北至东南约77千米。面积6 000多平方千米，南抵阳明山及大义山北侧，北迄衡山南麓，东西界于荆紫山与大云山地之间，地势周高中低，并自西南向东北倾斜。属中亚热带季风气候，冬冷夏热、干湿交替的气候特征。年平均气温17.5～18.1℃。平均年降水量1 200～1 400毫米。矿产资源有岩盐、硬石膏、钙芒硝、铜矿、硼、煤、锰、重晶石、高岭土、铅、锌等。农产以稻米为大宗，兼有豆类、麦类和油菜子等；养殖业和园艺业较发达，产鱼、柑橘、甜橙、枣、莲、藕等。油茶面积分布较广。

衡阳市 Hengyang City 中国湖南省辖地级市。位于省境南部，湘江中游，因地处衡山之南而得名。辖雁峰、珠晖、石鼓、蒸湘、南岳5区和衡阳县、衡南县、衡山县、衡东县、祁东县，代管常宁市、耒阳市。面积15 302平方千米。人口714万（2010）。春秋战国时属楚。三国时吴置衡阳郡。隋以后为衡州及州、路、府治。1943年由衡阳县析置衡阳市。地处湖南连通粤、桂要冲，历史上为兵家必争之地。海拔约60米。属中亚热带湿润季风气候。矿藏有煤、铁、铅、锌、钠长石等。高岭土、铅、锌、钠长石储量居全国之冠。农作物有水稻、小麦、豆类、烟叶等。南岳有金钱松、摇钱树、银杏等珍稀树种。工业有冶金、机械、化工、建材、采掘等。中小型拖拉机、变压器远销国内外。京广铁路与湘桂铁路在此交会。衡阳北编组站为全国铁路大型编组站之一。名胜古迹有石鼓书院（清初王船山讲学处）、八路军驻衡阳办事处旧址、珠晖塔、来雁塔、衡州窑址、花药寺和岣嵝峰国家级森林公园等。

轰炸 air bombardment 从航空器上对地面或水上目标投掷航空炸弹、鱼雷和发射导弹的战斗行动。航空兵消灭敌有生力量，摧毁其兵器和破坏敌指挥体系及其他目标的主要方式。随着高技术航空武器装备的发展，特别是精确制导航空弹药的发展，轰炸的范围和效能大大提高。轰炸的主要方式是小编队多目标精确轰炸。

高技术条件下的轰炸异常复杂，作战手段、环境、空间与其他作战行动有很大区别，轰炸的组织、指挥、协同要求高，难度大。基本原则是：立足强攻，力争奇袭；集中使用，攻敌要害；隐蔽突然，出敌不意；行动准时，轰炸准确；常备不懈，连续作战。

轰炸机 bomber 专门用于对地面、水面（水下）目标实施轰炸的飞机。是作战飞机的主要机种之一。机上除装有用于自卫的航炮（或机枪）外，主要武器是空地（舰）导弹、炸弹、水雷、鱼雷等。特点是载弹多，航程远，突击力强，生存能力强。按载弹量多少，分为重型（10吨以上）、中型（5～10吨）和轻型（5吨以下）轰炸机；按航程远近，分为远程（8 000千米以上）、中程（3 000～8 000千米）和近程（3 000千米以下）轰炸机；按遂行任务不同，分为战略轰炸机和战术轰炸机。还可以按飞行速度的快慢，分为超声速和亚声速轰炸机。

轰炸机最早出现于第一次世界大战。20世纪50年代初，美国B-52远程战略轰炸机问世。60年代末，苏联图-22M可变后掠翼超声速重型轰炸机研制成功。80年代以来，一些布局新颖、设计独特、具有一定隐身能力的先进轰炸机相继服役，如苏联的图-160超声速战略轰炸机和美国的B-2隐身战略轰炸机等。这些新型轰炸机多采用可变后掠翼（或飞翼式）布局、涡轮风扇发动机，机上装备有先进的通信导航设备、多功能火控雷达、大屏幕显示器、电子对抗系统、敌我识别装置、全向告警系统，并广泛采用多余度电传操纵技术。先进的火控系统可保证轰炸机具有全天候轰炸能力和较高的轰炸命中精度，不仅能完成常规轰炸，还能携带空地导弹在敌防空火力之外实施空中打击。战略轰炸机生存能力强，灵活性大，仍是一些军事大国空军发展的重点之一；而战术轰炸机已从50年代中期起逐步被歼击轰炸机取代。

图1　苏联图-160轰炸机

图2　美国B-2轰炸机

《弘明集》　中国佛教文集。南朝梁僧祐撰于天监年间（502～519）。14卷。该书序云："道以人弘，教以文明，弘道明教，故谓之《弘明集》。"所收佛教文论，自东汉末年至南朝梁时。《牟子理惑论》便赖此书得以保存。集中还有数篇排佛的论著，如范缜《神灭论》等。其中另有作者自撰《弘明论》，意在驳斥非佛疑佛之说。本书价值在其文献性，载文总计183篇，涉及作者122人，为研究中国佛教史的重要材料。

弘仁　Hongren（1610～1664）　中国明末清初画家。见渐江。

弘文馆　Institute for the Advancement of Literature　中国古代收藏、校理典籍，教授生徒，并参议朝廷制度沿革、礼仪行施事项的官署。东汉至南北朝各代曾有东观、崇文馆、聪明馆、士林馆等名，皆著述文史、聚集生徒之所。唐宋弘文馆由此延续而来，并有所发展，与集贤书院、史馆合称"三馆"。

唐高祖武德四年（621），置修文馆。九年，改为弘文馆。后避李弘讳，改名昭文馆。唐玄宗开元七年（719），复旧名。馆中藏书20余万卷，置讲经博士。

宋太宗太平兴国三年（978），创立昭文馆、集贤院、史馆三馆书院，赐名崇文院。宋太宗端拱元年（988），于崇文院中殿建秘阁，收藏"三馆"真本典籍、书画。

元代和明太祖洪武初曾设弘文馆，不久即废，明宣宗宣德间复设，后并入文渊阁。

红安县　Hong'an County　中国湖北省黄冈市辖县。位于省境东北部，大别山南麓，北邻河南省。面积1 796平方千米。人口60万（2010）。春秋战国属楚。明嘉靖四十二年（1563）置黄安县。1931年改称红安县。1945年改为黄安县。1952年复改为红安县。矿产有萤石、蛇纹石、大理石、硅石、水晶、金红石等。农业以水稻、花生、油菜、棉花、烟叶、蔬菜、茶叶、水果和生猪、牛、家禽等为主。山地、丘陵地区多马尾松、杉、桐、油茶、板栗、猕猴桃等。工业以卷烟、食品加工、机械、建材、包装印刷、纺织、塑料制品、粮油加工等为主。名胜古迹有天台山、双城塔和黄麻起义纪念地七里坪等。

红袄军　Red Coats Army　中国金末山东、河北农民起义军。身穿红袄为标记，故名。金代自熙宗时猛安谋克人户南迁，农民与屯田军的矛盾激化。贞祐二年（1214），深受括地之害而失去土地的农民，纷纷起义，众至数十万。三年，金朝的赋税率比以前增加了三倍，山东、河北农民起义更趋扩大。其中著名的有益都杨安儿、泰安州刘二祖、潍州（今山东潍坊）李全等。贞祐二年夏，杨安儿在莱州（今属山东）建立政权，置官属，年号天顺。各路起义军转战山东、河北，所到之处，杀贪官污吏，开仓救济贫民。后在金军镇压下，杨安儿兵败身死，余部由其妹杨四娘子（名妙真）率领，与李全合为一股，起义军势力复振。李全投宋后，对一些义军首领进行残害，并以益都为中心，发展个人势力。正大三年（1226）九月，蒙古军围益都，城破投降。刘二祖在贞祐三年被俘牺牲。其部由彭义斌率领转战山东、河北一带，军队发展到几十万人，金和蒙古都视为劲敌。正大二年，彭义斌被蒙古军击败，被俘牺牲。其余各部红袄军仍分散在各地活动，在金和蒙古军镇压下相继失败。

红斑狼疮　lupus erythematosus; LE　机体免疫调节功能紊乱的一种自身免疫性疾病。主要分为盘状红斑狼疮和系统性红斑狼疮两型。介于两型之间还有深在性红斑狼疮、亚急性皮肤型红斑狼疮、新生儿红斑狼疮及药物诱发红斑狼疮等。好发于20～40岁的女性。病因未明，一般认为与遗传、病毒、免疫异常、药物、环境、内分泌有关。临床表现为皮损，特征是红斑或伴有萎缩。盘状红斑狼疮主要累及皮肤，典型皮损为境界清楚的紫红色斑块，表面有黏着性鳞屑、毛囊角栓、中心萎缩、毛细血管扩张等。系统性红斑狼疮早期症状多是关节痛，接着发热及皮疹，有时血小板减少性紫癜或肾炎也可成为早期症状。各系统症状可陆续出现，血液系统有白细胞、血小板减少，血沉加快；皮肤有蝶形红斑，可有光敏、脱发、掌红斑、紫癜、多形红斑样损害及大疱性皮损等。也可有关节炎、心肌炎、心包炎、胸膜炎、肺炎、肾病综合征、癫痫、偏瘫等其他系统症状。实验室检查系统性者可见贫血、白细胞减低、血小板减低、抗核抗体呈阳性等。治疗慢性患者可用氯喹，系统性患者需用皮质类固醇激素，配合中药内服。

红宝石　ruby　矿物刚玉的宝石品种之一。晶体属三方晶系。化学成分Al_2O_3，因含有微量铬（Cr）而呈红色。由于含Cr量的不同或有其他微量元素如Fe、Ti、V、Ni等与Cr共存而使其出现以红为主色调的红、橙红、暗红、粉（紫）红等色，其中以纯红色为最佳色，被誉为最高品质的"鸽血红"即是一种饱和度较高的纯正红色。透明至半透明。玻璃光泽至金刚光泽。折射率1.76～1.77。硬度9，仅次于钻石。无解理，但有时因聚片双晶等而产生平行底面、菱面

红宝石戒指

体或柱面的裂理。密度3.98～4.28克/厘米^3。可含有固态或气、液两相的**包裹体**。包裹体矿物种类繁多，以**金红石**最为常见，还可能有尖晶石、方解石、榍石、橄榄石、云母等。有时包裹体按红宝石晶体对称性定向分布，通过光线的折射、反射作用，可在弧面宝石垂直c轴方向出现六射星线，形成星光红宝石。红宝石质坚、艳美，堪称红色及有色宝石之冠。但天然高质量的红宝石产出较稀少。矿床主要见于夕卡岩化大理岩、玄武岩、斜长杂岩、斜长石伟晶岩、云母片岩、片麻岩以及有关砂矿中。著名产地有缅甸、泰国、坦桑尼亚、斯里兰卡、越南、澳大利亚等。

红堡 Red Fort 莫卧儿王朝都城。见**阿格拉古堡**。

红茶 black tea 全发酵茶。基本茶类之一。见**茶**。

红筹股 red chip share **股票市场**中经营效益好或发展前景良好的上市公司**股票**。

“红筹”一词源于西方赌场。在赌场白、红、蓝3种颜色的筹码中，红色筹码是仅次于蓝筹的筹码。20世纪90年代以后，红筹股成为香港证券市场上与中国内地投资相关的股份概念。广义上，既包括中国内地资本直接控股的上市公司股票，也包括海外中资控股但主要业务和**资产**在中国内地境内，在香港联合证券交易所（下称香港联交所）上市的公司股票。狭义上，仅指在香港联交所上市的中资公司或有中资背景的公司的股票，包括红筹实力股、红筹买壳股和H股3种。随着中国恢复对香港行使主权，“红筹股”又演化为“大陆概念股”或“内地概念股”，是对股票的非正式归类。

红椿 *Toona sureni*; suren toona **楝科香椿**属的一种。落叶或半落叶乔木。又称红楝子、印度椿。分布于中国云南、广东、广西及湖南南部。印度、马来西亚、印度尼西亚、越南等国也有分布。树高可达35米，胸径约1.1米。树干通直，树皮灰褐色。叶互生，偶数羽状复叶，圆锥花序顶生。花两性。蒴果倒卵状椭圆形。种子两端具膜质翅。喜光，不耐阴。喜亚热带温暖多雨湿润气候，适宜砖红壤性土及黄壤。在深厚、肥沃、湿润、排水良好的酸性及中性土上生长迅速。种子细小，宜随采随播，一年生苗造林。材质轻软，抗蛀耐腐，是建筑、家具、船车、胶合板、室内装饰良材。树皮含单宁11%～18%，可提制栲胶。属中国重点保护野生植物。

《红灯记》 *The Red Lantern* 中国京剧作品。**阿甲**、翁偶虹根据上海爱华沪剧团同

京剧《红灯记》剧照（高玉倩饰李奶奶，刘长瑜饰李铁梅）

名**沪剧**改编。沪剧本取材于电影剧本《自有后来人》。1964年，由中国京剧院首演。导演阿甲，主要演员**李少春**、高玉倩、刘长瑜、**袁世海**。故事发生在抗日战争时期的东北。铁路工人、共产党员李玉和执行传递密电码任务，由于叛徒出卖，与母亲、女儿先后被捕。他们同日本宪兵队长鸠山展开了不屈不挠的斗争，李玉和、李奶奶英勇牺牲，李铁梅在群众帮助下，终将密电码送交北山游击队。剧作从地下秘密活动的一个侧面，反映了中国共产党领导下的中国人民同日本帝国主义者所进行的英勇斗争，歌颂了李玉和一家人临危不惧、临难不苟、前仆后继的革命精神。“文化大革命”中，以剧组的名义，对原本的某些细节作了改动，定为**样板戏**。根据电影剧本《自有后来人》改编的戏曲作品还有**京剧**《革命自有后来人》、昆剧《红灯传》等，在艺术上都有不同创造。

红豆 *Vigna angularis*, adzuki bean 豆科豇豆属的一种。一年生草本植物。见**小豆**。

红豆草 *Onobrychis viciaefolia*; esparcet 豆科驴豆属的一种。多年生草本植物。又称驴喜豆、驴豆。**牧草**和**绿肥**兼用作物。寿命一般3～7年，适于干旱地区栽培。本属约130余种，大多野生。栽培最多的为普通红豆草，原产欧洲，分布于欧洲和非洲北部以及亚洲温暖地区。此外还有高加索红豆草，原产俄罗斯，中国新疆天山北坡有野生种。普通红豆草在中国西北、华北地区种植，其根系发达，主根入土3～4米。茎高80～100厘米，多分枝，密被灰白色短茸毛。奇数羽状复叶。总状花序，花冠多为红色、淡黄色。荚果扁平，含种子1粒。喜干燥凉爽气候，有一定的耐寒性，耐旱力强，且耐瘠，但不耐水淹。温暖地区以秋播为主，寒冷地区可春播或夏播。作牧草常与**紫花苜蓿**和无芒雀麦混播，年收获两次。作绿肥常用于禾谷类前作，年收获2～3次。栽培一次可利用3～5年。可青饲、青储、调制干草或放牧，是家畜喜食的优质饲草。红豆草蜜腺发达，开花期长，也是一种**蜜源植物**。

红豆杉科 Taxaceae; taxus family/yew family 裸子植物门松柏纲的一科。又称紫杉科。常绿乔木或灌木。共5属约23种，除单种属植物澳洲红豆杉产于新喀里多尼亚，其他属种均分布于北半球。其中红豆杉属种类较多；白豆杉属仅白豆杉1种，特产于中国浙江、江西、湖南、广东及广西；穗花杉属共3种；榧属共7种。叶条形或披针形，螺旋状排列或交互对生。雌雄异株，偶为同株。雄球花球状或穗状而单生叶腋，或相互对生排成穗状花序而集生枝顶；雌球花单生或成对生于叶腋或苞腋。种子全部包于肉质假种皮内。

红豆杉科植物属于强耐阴或喜阴的阴性树种，常随森林环境的破坏而消失。材质坚实，硬度大，韧性强，结构细致，纹理均匀，耐腐性强，为制高级家具、细木工、雕刻及文化体育用具等的优质良材。多数种叶色四季深绿，秋季有具红色或白色假种皮的种子生于叶腋或下垂，很美观，可作庭园树。香榧（榧树的栽培变种），种子炒熟后味美香酥，种子油也可食用。

红豆树 *Ormosia*; ormosia hosiei 蝶形花科红豆属植物的统称。常绿乔木。约120种，主产于热带美洲和热带亚洲。中国约有35种，大都分布在黄河流域以南各地低山丘陵、河边及村庄附近。树高可达26～35米，胸径约1米。小枝绿色，无毛。奇数羽状复叶，圆锥花序，花白色或淡红色。荚果木质，种子1～2粒，鲜红色。性喜光，幼龄稍耐庇荫。适宜温暖、湿润雨水充足气候。在酸性、石灰性土层深厚、肥沃、湿润的立地生长良好。不耐干旱瘠薄。主、侧根发达，有根瘤菌。播种前可用热水浸泡，再置于冷水中浸1～2天；也可擦伤种皮，用湿沙储藏，以促进发芽。木材坚重，收缩性小，强度中等。边材易受虫蛀，心材坚硬有光泽，木材色调和排列形成很别致的花纹，是上

等家具、工艺雕刻、特种装饰和镶嵌的珍贵用材。为中国国家重点保护植物。

红桧 *Chamaecyparis formosensis*; formosan cypress 柏科扁柏属的一种。中国台湾特有树种，分布于中央山脉海拔1050～2600米地区。木材致密、坚韧，边材淡红黄色，心材淡黄色，耐腐，不变形，可供建筑、桥梁、家具等用材。树干通直，树皮薄而呈淡红褐色；小枝平扁；鳞叶对生，先端锐尖；球花单性，雌雄同株；球果椭圆形；种子繁殖，宜随采随播。造林季节以雨季为宜。红桧幼年虽耐庇荫，但杂草、灌木过密影响其生长，造林后每年宜刈除杂草1～2次。用材林轮伐期为40～60年，造林2年后，每隔10年间伐1次，以促进其生长。

红海 Red Sea 位于亚洲阿拉伯半岛和非洲大陆之间，是印度洋西北部狭长的内陆海。南经曼德海峡与阿拉伯海的亚丁湾相通，北通苏伊士运河与地中海相连。北端分为亚喀巴湾和苏伊士湾。长2253千米，最大宽度306千米，面积45万平方千米。平均水深558米，最大水深2922米。

红海是亚、非大陆间的一条断裂峡谷，近300万～400万年来，由于海底扩张，两岸仍以每年2.2厘米的平均速度继续分离着。20世纪60年代以后，在北纬20°～21°的红海中段的海底裂隙中发现有若干水温和盐度特别高的地点，水温达34～56℃，盐度达74～310。这是由于裂谷扩张时，上涌的熔岩加热了沿裂隙下渗的海水，而富含溶解盐类和矿物质的热水重新上升所致。

红海大部处于副热带，在副热带高压长期控制下和东、西两侧热带沙漠夹持下，常年空气干热，沙尘弥漫。8月份水温南部达32℃，北部为27℃。年均降水量北部仅28毫米，南部为127毫米；而年均蒸发量高达2100毫米。海区周围无大河注入，红海水量的支出大于收入，因印度洋流入多量海水给予补充，红海才不致干涸。红海的强烈蒸发增大了红海海水的含盐度，年平均盐度北部达41.0，运河附近达43.0，南部也有36.5，成为世界上盐度最高的海域之一。红海高温、高盐的水域环境，适宜于蓝绿藻大量繁殖，因而海水在通常情况下呈蓝绿色，当红海束毛藻大量繁殖时，海水又转变为红褐色。潮汐属半日潮性质，具有比较典型的谐振潮特征，南北两端潮汐位相几乎相反。潮差小，南北两端大潮潮差分别为1.0米和0.6米。

红海是沟通地中海和印度洋的重要通道，尤其苏伊士运河开通后，红海成为印度洋与大西洋间最便捷航路。沿岸港口主要有苏伊士、塞法杰、古赛尔、苏丹港、米齐瓦、阿萨布、亚喀巴、吉达、荷台达等。

红河 Red River; Song Hong 中南半岛大河。又称滔江。源于中国，称元江。至河口县出中国国境，进入越南，称为红河，是越南最长河流。向东南流经河内，最后注入北部湾。全长1 280千米，其中越南境内长508千米，流域面积75 700平方千米。河流大部分流经热带红壤地区，因水中掺杂着红土颗粒，故称红河。干流至老街—安沛段河谷狭窄，水流湍急，有26个险滩。在越池附近纳入沱江（黑水河）和泸江（明江）两条支流，水量增加了3倍。该河段以下，河流弯曲，河岔纵横，流速缓慢，河面宽500～1 000米。冬夏季水位变化很大，七八月下游水位高出沿河平原约10米，为确保农田安全，沿河修筑大堤防洪。富灌溉及通航之利。平水位时汽轮可由河口上溯至河内；高水位时可抵老街。红河沿岸林木葱郁，农业发达。下游三角洲地区是越南富庶的农业生产区。

红河哈尼族彝族自治州 Honghe Hani-Yi Autonomous Prefecture 中国云南省辖自治州。位于省境南部，与越南为邻。辖个旧市、开远市、蒙自市和绿春、建水、石屏、弥勒、泸西、元阳、红河7县以及金平苗族瑶族傣族自治县、河口瑶族自治县、屏边苗族自治县。面积32 930平方千米。人口450万（2010），有汉、哈尼、彝、苗、傣、壮、瑶、回、布依、拉祜等10个民族。自治州人民政府驻蒙自市。1914年置蒙自道。1950年置蒙自专区，1954年置红河哈尼族自治区，1957年两区合并，成立红河哈尼族彝族自治州。以红河流经州境得名。以元江为界，东北部基本属滇东高原，西南部为哀牢山。大部分属亚热带高原季风气候，垂直变化十分显著，生物资源较丰富。矿产以锡、铅、锌、铜和锰、铁、钛、铂、钯、石膏、煤、高岭土等为主。锡储量居全国第一。农业主产水稻、小麦、花生、甘蔗和烤烟等。其中稻谷、小麦、甘蔗产量分别居全省第1位、第3位、第5位。蒙自为重要的蚕桑基地。部分低热河谷和山丘有橡胶、紫胶寄主树等。工业以有色金属、卷烟、制糖、化工、建材、食品、煤炭、电力等为主。自治州内拥有河口、金水河2个国家一类口岸。旅游景点有建水风景名胜区和南洞风景名胜区、大围山风景名胜区、黄连山自然保护区、哀牢山梯田等。

哀牢山梯田

红花 *Carthamus tinctorius*; safflower 菊科红花属的一种。一年生草本。又称红蓝花、草红花。原产欧洲、美洲、埃及、印度。中国各地普遍栽培。叶互生，卵形或披针形，两面光滑无毛，边缘有刺齿，先端锐尖。头状花序，全部为两性的管状花，花冠橘红色，含红花素，可作纺织用的红色染料。花又可作通经药，有破血、活血、消肿止痛的作用，主治妇女月经不调。种子可以榨油，是一种重要的油料作物。红花种子油中含有较高的亚油酸，有降低血脂及血清胆固醇、软化和扩张动脉、防止动脉粥样硬化、增加血液循环、调节心脏和老化了的内分泌系统的效果。红花种子油也是良好的工业和医药用油。

红花天料木 *Homalium hainanense* 天料木科天料木属的一种。常绿大乔木。又称母生。天料木属共约180种，分布于热带、

亚热带和温带地区；中国产12种和1变种。红花天料木产于中国西南部至东部，是海南省珍贵用材树种。广东、福建、广西等地引种，生长尚好，大部分地区已开花结实。

树高可达40余米，胸径80～100厘米。树干通直，树皮灰褐色。小枝褐色，圆柱形。单叶互生，椭圆形至长椭圆形。总状花序腋生，花细小。蒴果纺锤形。幼龄稍耐庇荫，大树需光性强。喜肥沃、疏松、排水良好的土壤，在坡度较缓、土层深

厚、腐殖质丰富的土壤生长良好。根系发达，具有抗风能力。多用播种育苗，也可扦插繁殖。幼年生长较慢，要精细管理。

红花天料木心材红褐色，结构坚硬而具韧性，切面光滑，干燥时不翘不裂，并抗虫耐腐。主要用于造船、车辆、家具、水工及细木工等。

《红楼梦》 *A Dream of Red Mansions* 中国清代长篇小说。一名《石头记》。作者曹雪芹。

思想内容 《红楼梦》以贾宝玉、林黛玉、薛宝钗之间的恋爱婚姻悲剧为主线，描写了以贾家为代表的四大家族的兴衰，揭示了封建大家庭的各种错综复杂的矛盾，表现了封建的婚姻、道德、文化、教育的腐朽、堕落，塑造了一系列贵族、平民以及奴隶出身的女子的悲剧形象，展示了极其广阔的封建社会的典型生活环境，曲折地反映了那个社会必然崩溃、没落的历史趋势。作品还歌颂了贵族的叛逆者和违背封建礼教的爱情，体现出追求个性自由的初步的民主主义思想，并深刻而全面地揭示了贾、林、薛之间爱情婚姻悲剧的社会根源。但由于历史的局限，作者在写出封建大家族没落的同时，也流露出惋惜和感伤的情绪，蒙有一层宿命论和虚无主义的色彩。

贾宝玉是小说的中心人物。作为荣国府嫡派子孙，他聪明灵秀，是贾氏家族寄予厚望的继承人。但他的思想性格却促使他背叛了家庭。其性格的核心是平等待人，尊重个性，主张各人按照自己的意志自由生活。在他心里，人只有真假、善恶、美丑的划分。他憎恶和蔑视世俗男性，亲近和尊重处于被压迫地位的女性。与此相连，他憎恶自己出身的家庭，爱慕和亲近那些与他品性、情趣相投而出身、地位寒微的人物。贾宝玉对个性自由的追求，集中表现在爱情婚姻方面。封建的婚姻要听从父母之命，取决于家族的利益。可是贾宝玉一心追求真挚的思想情谊，毫不顾及家族的利益。他和林黛玉相爱，是以含有深刻社会内容和深厚的思想感情为基础的。这种爱情与封建主义的矛盾，又推动他步步克服自身的劣点和弱点，日益发展他进步的、叛逆的思想性格。但他的思想并未达到否定君权、族权亦即封建主义统治权的高度。他所深恶痛绝的，正是他所仰赖的。他无法与封建主义统治彻底决裂，又不可能放弃自己的民主主义思想要求。因而他的出路在现实中是不存在的，最后只能到虚无缥缈的超现实世界中去。

林黛玉是一个比贾宝玉更多一些悲剧色彩的艺术典型。她出生在一个已经衰微的封建家庭。封建礼教和世俗功利对她的影响很有限，她保持着纯真的天性，敢爱敢恨，我行我素，很少顾及后果得失。因父母相继去世，她不得不寄居在声势显赫的荣国府里。环境的势利与恶劣，使她自矜自重，警惕戒备；用直率与锋芒保卫自我的纯洁，免受轻贱和玷辱。在这个冷漠的环境中，宝玉是她唯一的精神寄托，她执著而强烈地向宝玉要求彼此知心、忠于自我的严肃专一的爱情。但两人的恋爱注定是一个悲剧。因为它违背了父母之命、媒妁之言的封建婚姻制度，恋爱的叛逆思想内核又与整个封建主义相冲突，触及封建家庭的根本利益，毫无调和余地。终于，林黛玉怀抱纯洁的爱和对环境的怨愤永远地离开了尘世，实现了她的誓言："质本洁来还洁去"。

薛宝钗出生在一个豪富的皇商家庭，性格本质与林黛玉截然不同。她们都同样博览诗书，才思敏捷，但林黛玉一心追求美好丰富的精神生活，而薛宝钗却牢牢把握着现实的利益，孜孜以求的是富贵荣华。薛家母子3人在贾家长期住下的用意是要实现薛宝钗与贾宝玉的金玉良姻。薛宝钗虽然得不到贾宝玉的爱情，但握有实现婚姻的优势。她以自己的人品和才干，逐渐在封建家长的心目中造成了"宝二奶奶"非她莫属的牢固地位；再加上薛家拥有贾家所急缺的财富，她所追求的婚姻势在必成。然而"金玉良姻"只是徒具形式的婚姻，这种婚姻的成功意味着薛宝钗悲剧的开始。

艺术成就 《红楼梦》在艺术上取得了辉煌的成就。它的叙述和描写就像生活本身那样丰富、深厚、逼真、自然。《红楼梦》在艺术表现上普遍地运用了对比的手法。作者安排了鲜明对照的两个世界：一是以女性为中心的大观园，这是被统治者的世界；一是以男性为中心的社会，这是统治者的世界。作者还常常拿一个人对两件事的不同态度对比，拿两个人对同一件事的态度对比，在对比中揭示人物灵魂深处的隐秘，表达作者的爱憎倾向。《红楼梦》善于处理虚实关系，它实写而不浅露，虚写而不晦暗，创造出一个含蓄深沉的艺术境界。作者善于运用春秋笔法，也就是文笔曲折而意含褒贬。比如将王夫人对林黛玉的憎恶写得十分含蓄。《红楼梦》是一部百科全书式的长篇小说。它以一个贵族家庭为中心展开了一幅广阔的社会历史图景，社会的各阶级和阶层都得到了生动的描画。《红楼梦》的博大精深在世界文学史上是罕见的。

版本及研究 《红楼梦》早期流传的抄本带有"脂砚斋"等人批语，题名《脂砚斋重评石头记》。"脂评本"仅80回，现存版本完整的很少。另有《乾隆抄本百二十回红楼梦稿》，则为120回，前80回主要据"脂评本"抄集校改。乾隆五十六年（1791）由程伟元、高鹗活字排印《红楼梦》，题《新镌全部绣像红楼梦》，120回。乾隆五十六年排印本称程甲本，第二年程伟元和高鹗对程甲本修订后的排印本称程乙本，合称程高本。

小说在当时已广为流传，封建朝廷屡禁不绝。其杰出的现实主义创作成就，给后人提供了丰富的艺术经验，历来以《红楼梦》为题材创作的诗词、戏曲、小说、电影不胜枚举。对《红楼梦》的评论和研究也日见繁盛，人称红学。知名的学派有评点派、索隐派、新红学派。

《红楼梦研究》批判 Critique on *A Dream of Red Mansions Research* 中国20世纪50年代继电影《武训传》批判之后开展的批判运动。俞平伯是"新红学派"重要代表人物之一。中华人民共和国建立后，他将旧著《红楼梦辨》修改更名为《红楼梦研究》重版，并将散见于报刊的评《红楼梦》文章汇编为《红楼梦简论》出版。1954年，青年研究者李希凡和蓝翎分别在《文史哲》、《光明日报》上发表了《关于〈红楼梦简论〉及其他》、《评〈红楼梦研究〉》等文章，对俞平伯的研究提出政治倾向性批评。这两篇文章引起毛泽东的注意，他于1954年10月16日写信给中央政治局成员，称李、蓝的文章是"三十多年以来向所谓红楼梦研究权威作家的错误观点的第一次认真的开火"，提出要开展反对胡适派资产阶级唯心论的斗争。此后中国作家协会和中国文学艺术界联合会从当年10月31日起，连续召开8次会议，组织了对俞平伯"红学"研究的批判，先后发表批判文章300多篇，主要文章后来结集成《红楼梦问题讨论集》(4册)出版。这种从政治上将学术问题的不同观点定于一尊的做法，给以后学术事业的发展带来了极大损害。"文化大革命"结束后，为俞平伯的"新红学"研究恢复了名誉。

红麻 *Hibiscus cannabinus*; kenaf 锦葵科木槿属的一种。一年生草本植物。又称洋麻、槿麻，台湾称钟麻。韧皮纤维作物，是20世纪初发展起来的麻纺工业原料。

世界各地都有种植，以中国、泰国、印度栽培面积较大，其次是孟加拉、越南、巴西、古巴、印度尼西亚和伊朗等国。

茎直立，高3～5米，有绿、紫、红各色。按叶形不同可分为掌状裂叶型和阔卵叶型，

但苗期叶为心脏形，生育末期为披针形，只在发育盛期才表现出两种不同叶形。花淡黄或乳白色。种子肾形，黑灰色。性喜温，为短日照作物。生长发育的适宜温度为25℃左右。宜于无霜期150天以上，生长期间的降水量不少于500毫米且分布均匀，土层深厚的砂质壤土上种植。幼苗期怕涝，但成株后抗涝能力增强。是涝洼地区的稳产作物。生长期间日照时数延长，有利营养生长，抑制生殖生长；缩短光照则可促进生殖生长。故宜在低纬度区繁殖晚熟良种种子，于高纬度区种植收麻。采用合理密植可增加初生纤维比重，提高纤维品质。麻株在开花并结有少量蒴果时达到工艺成熟，即可收获。随即剥皮沤洗或整株沤洗。

纤维银白色，有光泽，吸湿散水快。适宜织麻袋、麻布、麻地毯以及制绳索。带皮麻秆可作造纸原料，剥皮后的麻骨用于烧活性炭和制纤维板。叶可作牲畜饲料。

《红梅记》 *Story of Red Plum* 中国明代传奇作品。作者周朝俊（1599～1684），鄞县（今浙江宁波）人，字夷玉，生员。所作传奇今存《红梅记》一种。《红梅记》一名《红梅花》，今存明广庆堂本、玉茗堂评本、剑啸阁本等刊本。叙南宋书生裴禹游西湖时，偶遇权相贾似道拥歌妓姬妾乘画舫至，李慧娘相随其中。她见到裴生，发出一声感叹："美哉少年！"因此被贾似道怒杀。另有卢指挥之女昭容遇见裴生，以红梅一枝相赠。贾似道看中昭容，欲强纳为妾，故拘裴生。李慧娘的鬼魂帮助裴生脱险。最后裴生高中探花，与卢昭容团聚。李慧娘事出自瞿佑《剪灯新话》卷四《绿衣人传》，卢昭容事则出于作者杜撰。《甬上耆旧诗》所附李鄴嗣《甬上旧耆传》小传记载，此剧盛传于当世，远达蜀中。县中士大夫每宴客，诸伶人无不唱《红梅花》。20世纪50年代，孟超改编本《李慧娘》，由北方昆曲剧院演出。京剧《李慧娘》亦据此改编。

红娘 matchmaker; go-between 热心促成别人姻缘的人。原为中国元杂剧《西厢记》中的人物。崔莺莺的婢女红娘，蔑视封建礼教，热情促成了莺莺与张生的婚姻。后世遂以红娘指称婚姻中介人。随着出版、电视、广播等的发展，红娘还走进了报刊、杂志、屏幕、广播节目中。此外，婚姻介绍所的建立及电子计算机、互联网的使用，为独身男女结成婚姻提供了更广泛的机会，被称为电脑红娘。另外，红娘还可引申为中间人、介绍者。人们在提及撮合两方或数方共同合作完成某项目的中介人时，也称其为红娘。

红其拉甫山口 Khunjerab Pass 中国与巴基斯坦国界上喀喇昆仑山的重要山口。位于新疆维吾尔自治区西南缘、塔什库尔干塔吉克自治县塔什库尔干以南104千米处。"红其拉甫"是塔吉克语"有房子的山口"之意，因山口有牧民住房而得名。山口为东西走向，海拔4 732米，宽300米左右。多大风，气温变化大，年平均气温－2℃。1982年对巴基斯坦开放，1986年建中国—巴基斯坦公路，并对第三国开放。在县城设有红其拉甫海关，是中国与巴基斯坦间唯一的边境陆路口岸海关。

《红旗飘飘》 *The Red Flag Waves* 中国当代文学丛刊。1957年5月创刊，中国青年出版社出版。至"文化大革命"前出刊16集。"文化大革命"后复刊。1988年5月停刊。以回忆录、传记为主，也有部分小说、诗歌。主要内容为记述无产阶级革命前辈的奋斗历史和英雄业绩，歌颂他们的革命英雄主义精神和高尚品质。因其形象、真实地反映了中国共产党在新民主主义革命时期的斗争历史，具有较高的史料价值和一定的文学价值。另有中国青年出版社1979年5月至1983年4月版《红旗飘飘》(选编本)。

红旗渠 Red Flag Canal 中国河南省西北部林州市（原林县）境内的灌溉工程。1960年2月开工，工程历时10年，逢山凿洞，遇沟架桥，削平1 250个山头，架设152个渡槽，凿通211个隧洞，修建各种建筑物12 408座，共挖砌土石1 515.82万立方米，建成后被称为"人造天河"。

红旗渠穿越隧洞

总干渠墙高4.3米，宽8米，长70.6千米。在分水岭分为三条干渠，南北延伸至林州腹地。红旗渠灌区共有干渠、分干渠10条，长304.1千米；支渠51条，长524.2千米；斗渠290条，长697.3千米。合计总长1 525.6千米。沿渠还兴建"长藤结瓜"式的水库48座，塘堰346座，提水站45座，小型水力发电站45座。有效灌溉面积达54万亩。全市有14个乡镇410个村受益。红旗渠年均引水2.8亿立方米，解决了67万人的吃水问题。

红壤 red earth 发育于中亚热带常绿阔叶林或常绿针阔混交林下中度脱硅富铝的土壤。主要特征是缺乏碱金属和碱土金属而富含铁、铝氧化物，呈酸性，红色。分布于亚洲、非洲、大洋洲和南北美洲的亚热带湿润地区。在中国主要分布于长江以南的低山丘陵区。红壤的形成是在高温多雨、植被茂密的条件下，土壤中富铝矿物和生物富集相互作用的结果。根据成土条件的变化和富铝化作用的强度，中国境内红壤可分为砖红壤、砖红壤性红壤、红壤、黄壤4个亚类。前2类多见于热带和南亚热带，土体中碱金属及碱土金属含量均低，pH4.5～5.0，适宜种植热带和亚热带作物及水稻。第3类多见于亚热带低山丘陵地带，土壤pH5.0左右，富铝化程度较前2类弱，适宜种植亚热带经济作物和水稻、玉米等。为更好地利用红壤，须对其淋溶作用强、矿质养分少、酸性大、易产生铝锰毒害、保肥性能差和质地黏重或砂粒过多等不良性状进行改良。

红山文化 Hongshan Culture 中国新石器时代晚期文化。以内蒙古赤峰红山后遗址而命名。主要分布在内蒙古东南部西拉木伦河流域和辽西、冀东北地区。年代为公元前4500或4000～前3000年。

居民主要从事农业，以石耜和石刀为农具。还饲养猪、牛等家畜。赤峰市敖汉旗西台遗址出土两件浇铸金属钩形物的泥质陶范，牛河梁遗址积石冢出土一件铸造的小铜环，说明作为文明因素之一的冶铜术至少在红山文化中期就已出现。陶器以压印"之"字形纹的夹砂筒形罐和泥质钵、罐、筒形器为代表。彩陶在东北地区新石器时代遗存中最为发达，花纹以黑色为主，也有少量红彩，流行宽带纹、鳞形纹、连涡纹等。出现结构进步的双火膛连室陶窑。玉制品种类多，质地精良，最常见的造型有动物类的鸮、龟、鱼、蚕和猪龙，以及璧、环、瑗、玦、镯、勾云形和箍形玉器等。其中高7.9厘米的玉猪龙是龙的象征物，与中华文明息息相关。聚落一般坐落在岗丘阳坡，有大小之别，小的数千平方米，大的可达两三万平方米。有的聚落外围挖有环壕。房屋往往建成若干排，均为长方形

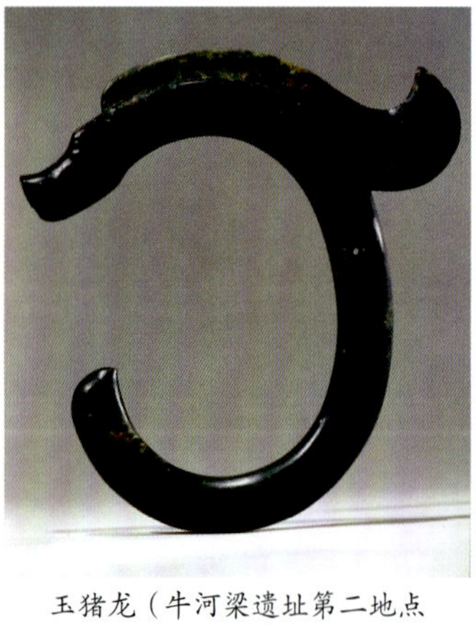

玉猪龙（牛河梁遗址第二地点1号冢4号墓出土）

或方形的半地穴式建筑。

红山文化盛行祭祀，以祭祀遗存规模大而著称。辽宁喀左东山嘴祭祀遗址由石砌方形基址、石圆圈和三个相邻的圆形石堆组成，占地面积2 400平方米，出土玉璜、玉鸮、陶塑女性像残片以及大量用于献牲的猪和其他兽骨。牛河梁遗址已发现积石冢20多座，绵延50平方千米，为规模最大的一处史前积石冢群，出土玉器、作祭器用的彩陶无底桶形器等。红山文化聚落和祭祀址大体上有三种大小不同的规模，反映出红山文化晚期金字塔式的社会组织结构。学界有人认为，红山文化晚期已出现最早的国家；也有人认为，当时只是在祭祀方面出现代表不同层级的中心，社会发展仍处于史前阶段。

红十字会 Red Cross Society 世界性的人道主义机构。1863年由瑞士人J.-H.迪南创建。以瑞士国旗（红底白十字）的颜色翻过来的白底红十字为标志；一些伊斯兰国家抵制红十字标志，成立了红新月会，以红新月为标志（见图）；2005年12月，第29届红十字与红新月国际大会引入新标志红水晶，从而为以色列加入国际红十字运动铺平道路。

红十字、红水晶和红新月的标志

1965年10月在维也纳召开的第20届红十字国际大会讨论通过了红十字原则：人道性，公正性，中立性，独立性，志愿服务，统一性，普遍性。红十字会的国际组织包括三部分：①红十字会协会。1919年5月5日建立于巴黎。1939年，协会永久设在红十字会发祥地日内瓦。1983年第3次协会大会决定正式改名为红十字会与红新月会国际联合会，是各国红十字会的国际联合组织，设有理事会和执行委员会。协会的主要任务是联络协调各国红十字会的活动，从事救济工作、医疗和护理、宣传和社会活动、青少年工作。②红十字国际委员会。由瑞士人组成。总部在日内瓦。日内瓦公约和国际红十字章程给了它一些特别职权，主要是维护红十字会的中立和人道主义原则，承认各国红十字会的成立和改组等。它办理的具体业务有：在战时进行有关援助战俘、伤病员和受战争影响的平民的各种活动；在平时进行国际间查寻下落不明人员、传递信件、研究改进日内瓦公约等工作。③红十字国际大会。人们通常说的“国际红十字”，指的是由红十字会和红新月会、红十字国际委员会和各国的红十字协会组成的一个整体。“国际红十字”的最高审议机构是国际大会。参加国际大会的不仅有上述各红十字组织派出的代表团，也有日内瓦公约各缔约国的代表团。1867年第一届大会于巴黎召开，原则上每4年召开一次大会，讨论决定重大事情，不处理政治问题。常设委员会在大会闭会期间处理职权范围内的问题。

红树林 mangrove forest 热带、亚热带海岸以红树植物为主体的**生物群落**。一般分布于高潮线与低潮线的潮间带，对盐土的适应能力特强，红树林带外缘的海水含盐量为3.2%～3.4%。

红树林的组成以红树科植物如红树属、木榄属、秋茄树属、角果木属为主，也有其他科的植物如紫葳科的桐花树、海桑科的海桑等。

红树林树木有支持根以保持植株稳定，根部的气生根供呼吸之用。果实在母株上发芽，长出20～30厘米的胚根，落入水下泥中后，可长成新个体，有“胎生现象”之称。林内的动物有浮游生物、海生贝类、浅海鱼类、水鸟，也有兽类如野猪、狸类等。

红树林有防海浪护坡的作用，也有净化污染的功能。

红水河 Hongshui River 中国**珠江**流域西江水系的干流。上游称南盘江，发源于云南省宣威市马雄山，与北盘江汇合后始称红水河。因流经红色岩系地区，河水呈红褐色，故名。流经**云贵高原**的红水河呈东北—西南向，至广西天峨县西北部折向东南，至象州县西南石龙镇三江口，与北来的**柳江**汇合后称黔江。黔江流至桂平市汇郁江后始称浔江。红水河全长659千米，较大支流有蒙江、曹渡河、布柳河、灵岐河、刁江、清水河等。流域面积3.3万平方千米。流域内雨量充沛，年降水量1 200毫米以上。河流流经高原、低山和丘陵，蕴藏可开发的水力资源1 000余万千瓦，占广西壮族自治区水力蕴藏量的60%以上；居珠江水系之首，为全国第6位。位于南盘江上的天山桥水电站，总装机容量252万千瓦，是中国“西电东送”骨干电站。流域内矿产蕴藏丰富，以有色金属及黑色金属为主，有金、银、铜、铁、锡、铅、锌、钨、铬、钼、钛、铀、汞、石棉、萤石、锰、煤等。南丹大厂的锡矿和来宾凤凰的锰矿闻名全国，合山煤矿是广西最大的煤矿。上游高山区多产木材。

红水河龙滩上游河段

红外光谱法 infrared spectroscopy; IRS 利用物质（分子）吸收或发射红外辐射的能力及其光谱特征（峰位、峰形、峰宽以及峰强度等）鉴定未知物的结构组成或其化学基团，以及对特定分子的组成或其化学基团进行定量分析和纯度鉴定的仪器分析方法。

红外光谱 反映红外辐射强度或其他与之相关性质随波长（波数）变化的光谱图。据波长(波数)范围分为近红外光谱（波长0.8～2.5微米，波数为12 500～4 000厘米$^{-1}$）、中红外光谱（波长2.5～25微米，波数为4 000～400厘米$^{-1}$）和远红外光谱（波长25～1 000微米，波数为400～10厘米$^{-1}$）。实验上已能测定到2 500微米，波数为4厘米$^{-1}$的红外辐射。红外光谱又分为红外发射光谱和红外吸收光谱。红外发射光谱是指样品在受激或自发辐射的条件下，所发射的红外线的强度随波长（波数）变化的光谱图；红外吸收光谱是指样品对红外辐射的吸收能力随波长（波数）变化的光谱图。本质上，红外光谱主要涉及分子的振动能级跃迁，但振动跃迁过程中也常常伴随转动跃迁，使红外光谱不是线状光谱而是带状光谱。20世纪80年代，I.诺达提出实现红外二维光谱（以两个独立的频率为变量的红外谱图）的方法，二维光谱有更好的鉴别能力，更适于基团性质相关性的研究，有力地推动了红外光谱法的研究和应用进展。

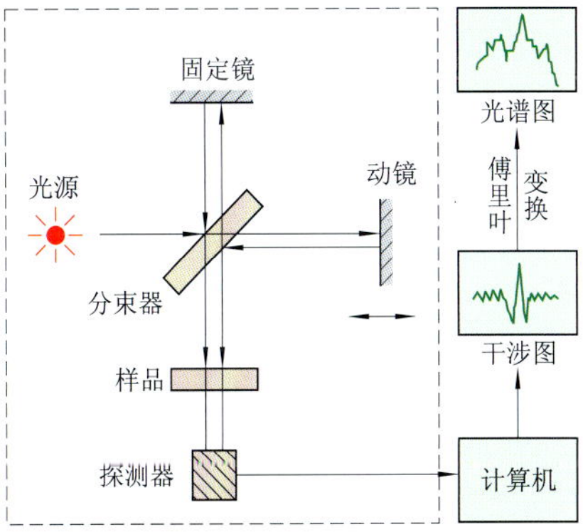

傅里叶变换红外光谱仪的方框图

红外光谱仪 观

测物质的红外发射光谱和吸收光谱的仪器。20世纪70年代中期出现第一台商品化傅里叶变换红外光谱仪以来，它已基本取代了原有各类红外光谱仪（特别在中红外和远红外区）。它主要由光学探测部分（干涉仪、光源和探测器）和计算机部分组成（见图）。核心部分是一台干涉仪（如迈克耳孙干涉仪）。傅里叶变换红外光谱仪的主要优点是：①同时测量所有光谱元信号，测量速度快，可多次叠加，信噪比高；②没有入射和出射狭缝限制，因而光通量高，提高了仪器的灵敏度；③以氦、氖激光波长为标准，波数值的精确度可达0.01厘米$^{-1}$；④动镜移动的距离增加就可提高光谱分辨率（最佳可达0.000 8厘米$^{-1}$）；⑤工作波段可从可见区延伸到毫米区（已达50 000～4厘米$^{-1}$），使远红外光谱的测定得以实现；⑥使用调制音频测量，检测器仅对调制的音频信号有反应，杂散光（包括样品自身的红外辐射）不影响检测；⑦样品置于分束器后测量，大量辐射由分束器阻挡，样品仅接受调制波，热效应极小；⑧扫描速度最快可达每秒117张光谱图，可用于动力学研究，并可实现与气相、液相等色谱仪等联机检测。

应用　分子中的许多基团（如甲基、亚甲基、羰基、氰基、羟基、胺基等）或化学键在不同化合物中所对应的谱带波数基本上是固定的或只在小波段范围内变化，通过对分子红外光谱，特别是在低波数区（通常为1 300～900厘米$^{-1}$，因具有像指纹一样高度的特征性，称为指纹区）红外光谱的解析，就可以判定（与标准化合物的红外光谱对比）未知样品存在哪些有机官能团。由于分子内和分子间相互作用，有机官能团的特征频率会由于官能团所处的化学环境不同而发生微细变化，这为研究表征分子内、分子间相互作用创造了条件。因此，红外光谱还是分子层次上研究和表征物质结构、化学键及分子间相互作用的有力手段。此外，在高聚物的构型、构象、力学性质的研究，以及物理、天文、气象、遥感、生物、医学等领域，也广泛应用红外光谱。各种联用技术（如与色谱技术、显微镜方法联用）和附件（如镜反射、衰减全反射、漫反射、红外偏振器、振动圆二色和振动线性二色等附件）的开发，也推动了红外光谱分析的应用。

红外技术　infrared technique　研究红外辐射（红外线）的产生、传播、转化和测量及其应用的技术科学。红外辐射包括介于可见光与微波之间的电磁波段。红外技术主要包含4个内容：①红外辐射的性质。如受热物体所发射的辐射在光谱、强度和方向的分布；辐射在媒质中的传播特性；热电效应和光电效应等。②红外元器件的研制。③把红外元器件组成系统的光学、电子学和精密机械。④在军事和国民经济中的应用。1940年以前研制成热敏型红外探测器。20世纪50年代半导体物理学的迅速发展，推进了光电型红外探测器的发展。60年代中叶起，红外探测器向两个方向发展：①在1～14微米范围内的探测器，由单元向多元发展。②响应波段向长波延伸，从几十微米到几百微米以至几千微米。激光的出现极大地影响了红外技术的发展，很多重要的激光都在红外波段，其相干性便于移用电子技术中的外差接收技术。激光的探测性能比功率探测高好几个数量级，可以得到更高的分辨率和更大的信息容量。红外技术在军事上可用于目标探测、通信和夜视，在工业、医学和科研方面可用于热源探测、温度测量与过程控制、红外光谱分析、红外加热干燥、红外遥感、红外天文学等。

红外天文学　infrared astronomy　利用波长介于1毫米至1微米的红外波段来研究天文现象的天文分支学科。进行红外观测的重要原因是由于尘埃的消光在此波段最小；紫外和高红移星系及类星体都移向该波段，而这些天体的氢在短于91纳米的消光无法用光学观测。表面温度近于3 000K的物体的主要辐射能量集中在近红外波段，且温度越低，辐射的峰值波长就越长。因此，诸如红巨星、原恒星、恒星延伸大气中的尘埃包层、气体星云和星际介质等均宜于在红外波段进行观测研究。由于星际介质对红外光的吸收较小，因此对掩埋在气体和尘埃区域的天体只好用红外波段进行观测研究。红外探测是观测被宇宙尘埃掩蔽的天体的得力手段：红外波段有许多重要的分子谱线；许多河外天体在远红外区的辐射较强。随着半导体物理学的发展和军事侦察的需要，研制出了灵敏度很高而热噪声很低的单元（测辐射热计）和阵列红外检测器件（红外CCD），红外天文学在近年获得了巨大的发展。

1800年，英国天文学家F.W.赫歇耳在观测太阳时，用普通温度计首次发现红外辐射。1869年，罗斯用电偶测量了月球的红外辐射。1965年，美国加利福尼亚理工学院的G.诺伊吉保尔等人用简易的红外望远镜发现了红外星。1990年4月24日2.4米的哈勃空间望远镜升空，用红外新窗口观测宇宙，揭开了红外天文学新的篇章。

在地面上进行红外天文观测，受地球大气的限制很大。必须到高空和大气以外去进行中、远红外探测。用得较多的探测器是液氮制冷（77K）的硫化铅光电导器件，液氦制冷（从4K到小于1K）的锗掺镓探测器。最成功的红外探测计划是口径60厘米的红外天文卫星（IRAS）（1983年1月25日发射，观测到245 839个红外源）。其次有红外空间天文台（ISO）、大视场红外实验装置和深空近红外巡天装置等。美国国家航空航天局（NASA）四大空间望远镜之一的空间红外望远镜设备（SIRTF），定名为斯必泽空间望远镜（SST），是一台装有口径85厘米的液氦制冷的望远镜，在远轨道运行。它于2003年8月25日升空，工作波段是18～200微米，可进行成像和拍摄光谱。它补充其他三台空间望远镜的空缺波段，观测目标是早期星系、褐矮星以及寻找类太阳恒星等。

红外望远镜　infrared telescope　在红外波段（波长760纳米至1 000微米）进行天文观测的望远镜。近红外（波长短于2微米）望远镜可设在海拔较高且湿度较小的地基天文台，但远红外望远镜则只能置于空间天文台中。2003年，口径85厘米的斯必泽空间望远镜已投入使用。

红外线　infrared ray　波长范围约为760纳米至1 000微米的电磁波。又称红外辐射。1800年，F.W.赫歇耳测量太阳光谱中各部分的热效应，发现红端辐射温度较高。他注意到红端以外区域也具有热效应，从而发现了红外线。红外线可分成三个区域，波长靠近可见光的（小于1微米）称近红外区，靠近微波波段的（波长大于10微米）称远红外区。它们中间的称中红外区。赤热固体和一切有一定温度的物体，包括天体均能发射连续谱红外线。通过激发分子可得具有带状光谱的红外线。现在常用半导体发光二极管或激光器作为红外光源。红外线的频率接近于多数物质分子的固有振动频率，极易被物质所吸收并产生热效应，检测红外线就利用它的热效应，如温差电偶、半导体热敏器件等。红外线能穿过可见光不易透过的雾或云。对可见光透明的普通玻璃不能透过红外线，但是氯化钠、溴化钾和氟化钙等晶体可透过，因此常用这些材料作为红外波段的光学元件，远红外区还可用锗或硅等材料。

夜视镜可利用红外线在夜间观察。在卫星遥感、遥测技术中红外线是一个重要波段。军事上常利用红外线制导导弹。电视机和录像机的遥控器利用的也是红外线。光谱学中红外光谱可研究物质结构。红外探测也是天文学的重要手段。

红外线摄影　infrared photography　以波长为700～1 350纳米的近红外光作主要光源的摄影。简称“红外摄影”。红外线摄影使用的胶片主要有黑白与彩色反转片两种。黑白红外胶片可以同时感受可见光与红外线，由柯达在1933年首先推上市场。使用黑白红外胶片时为突出红外效果，可使用深红的滤光镜滤除部分甚至大部分可见光。

彩色、黑白红外摄影照片

红外彩色胶片将传统胶片感受红、绿、蓝光的感光层改为感受红外、红、绿光，使照片的色彩与目视的颜色产生明显的差异，因此又称为“伪彩色摄影”。

彩色红外摄影时为保证清晰度，应尽量缩小光圈拍摄。

各种物体对红外线的吸收、反射均与可见光不同，例如红外照片中绿叶呈红色或浅色，水面呈青、蓝色或深色。这种特殊的色彩与影调，不仅使红外摄影成为艺术摄影的一个分支，更广泛应用于军事、遥感、医学、考古、刑侦等特殊摄影领域。

红丸案 Red Pills, Case of 中国明末三案之一。发生于泰昌元年（1620）。光宗病重，鸿胪寺卿李可灼进红丸，光宗服后去世，从而引发东林党人与郑贵妃及宦官之争。见三案。

红卫兵 Red Guard 中国“文化大革命”中以学生为主体自发成立并取得毛泽东支持的群众造反组织。1966年“文化大革命”的发动，将一大批满怀冲动激情而又对社会缺少认识的青年学生作为先锋推上了政治舞台。5月29日，北京清华大学附中一些中学生秘密集会，决定在大字报上署名“红卫兵”，以此为组织进行活动。7月28日，他们把两篇大字报托人转给毛泽东。8月1日，毛泽东复信，表示“对反动派造反有理，

“文化大革命”期间，红卫兵集体诵读《毛主席语录》

我向你们表示热烈的支持”。此后，红卫兵在北京的中学迅速发展起来。8月18日，在北京天安门广场举行了有百万人参加的群众大会。毛泽东接见了来自全国的师生代表和1万多红卫兵。会后，红卫兵组织迅速蔓延到全国，并纷纷走上街头开展“破四旧”活动，造成了严重的社会破坏。随后，红卫兵“大串连”运动蓬勃兴起。从8月18日至11月26日，毛泽东8次接见来京的全国各地师生和红卫兵共1 100多万人。最早成立的红卫兵，多以干部子女为核心（俗称“老红卫兵”），主要采取“破四旧”、打击所谓“阶级敌人”的行动。他们中一些头脑比较清醒者对乱打杀人现象试图加以控制，但收效甚微。在中央派去控制局势的工作组撤出以后，曾被工作组组织批判的一些人也纷纷成立红卫兵（俗称“造反派红卫兵”），主要采取对“走资派”造反、批判工作组的行动。1967年“一月夺权”后，红卫兵扩大到工厂、农村、机关，已经不再是单纯的学生组织，各地都形成了对立的几大派群众组织，互相攻击，发生武斗，进入了“全面内战”阶段。为了控制局势，毛泽东在南巡中作出了大联合的指示，跨行业、系统的红卫兵组织逐渐解体，回到原单位。1968年，随着知识青年上山下乡和学生毕业分配，原来的红卫兵不再存在，红卫兵运动基本结束。此后，中学里虽然还存在以班级为建制的红卫兵组织，但已不是自发群众组织。1978年8月19日，中共中央批准共青团十大筹委会报告，宣布撤销学校中的红卫兵组织。红卫兵是“文化大革命”中无政府主义思潮的产物。在当时的历史环境下，无论哪一类红卫兵都是错误的。

红细胞 erythrocyte 脊椎动物血液中一种含有血红蛋白成分的细胞。又称红血球。红细胞对动物机体内氧和二氧化碳的交换和在血液中运输起着重要作用。

人的红细胞直径约7.5微米，边缘厚约1.9微米，中央厚约1微米。这种形态有利于通过微细血管时的变形，也有利于细胞内外气体的交换。正常成年人的红细胞数目，以每立方毫米血液计算，男人约为400万～500万，女人为350万～400万；新生儿红细胞数量较多，可超过600万。

红细胞内容物质总量的33%是血红蛋白，除此还有少量的酶类。红细胞最先发生于卵黄囊，人类的红细胞始于妊娠13～15天。妊娠6周后，红细胞生成的主要部位转为肝脏，12周后脾脏开始造血。妊娠第四个月后骨髓开始造血，此时肝脏、脾

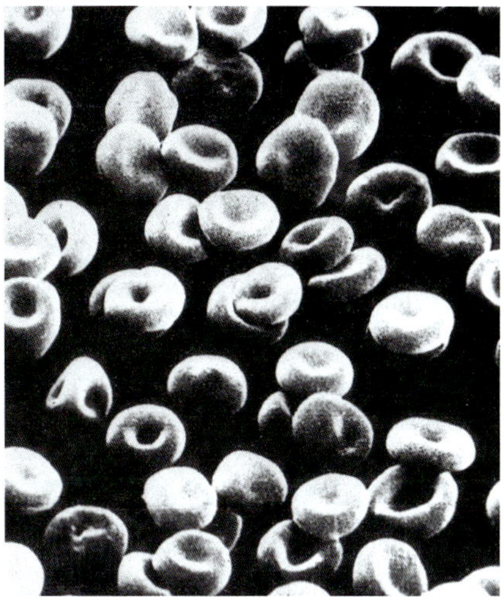
显微镜下看到的人血红细胞

脏的造血功能逐渐减退。胎儿出生后，骨髓是主要生成红细胞的场所。在红细胞的生成过程中，除骨髓造血功能必须正常外，还需要供给一些必要的造血原料，包括足够量的蛋白质和铁，以及提供红细胞生长发育所必需的维生素B_{12}和叶酸。

由于红细胞没有细胞核和核糖体，不能制造任何蛋白质，红细胞内糖代谢所需的酶、细胞膜的钙泵等蛋白质都不能更新。当其衰老时，在肝、脾和骨髓等器官被单核巨噬细胞所吞噬破坏。人体红细胞的寿命为100～120天。

红线女 Hongxiannü（1927～　）中国粤剧演员。工旦。原名邝健廉。广东开平人。幼年在广州、澳门读书，13岁学戏，初以小燕红艺名登台。1942年，参加马师曾剧团演出，逐渐成名。1945年后，演出范围扩大到中国香港、澳门及越南、新加坡、马来亚（今马来西亚）、菲律宾一带。曾在香港组织真善美剧团，并参加拍摄《家》、《春》、《秋》等多部影片。1955年自香港回广州，加入广东省粤剧团（广东粤剧院的前身）。红线女结合自身的嗓音特点，在继

红线女在粤剧《昭君公主》中饰王昭君

承粤剧传统唱腔的基础上，又吸收其他剧种乃至曲艺、西洋声乐的演唱技巧，形成独树一帜的“女腔”，是当代粤剧舞台上流传最广的唱腔流派。代表剧目有《搜书院》、《关汉卿》、《李香君》、《昭君公主》和现代戏《山乡风云》等。

红小兵 Little Red Guard 中国“文化大革命”期间的小学生组织。1967年12月，中共中央、中央文革小组批转北京市香厂路小学关于取消少先队、建立红小兵的一份材料。材料认为，少先队基本上是一个全民性的少年儿童组织，抹杀了阶级斗争，不突出毛泽东思想，失去了先锋战斗作用；红小兵则是一种少年儿童的很好的组织形式。此后，全国各地的小学以红小兵取代少先队达11年之久。1978年10月，中国共产主义青年团十届一中全会通过关于取消红小兵组织，恢复中国少年先锋队组织的决定。

红学 redology 研究小说《红楼梦》及相关课题的学科。清光绪年间，喜读此书的士大夫“自相矜为红学”。红学真正成为一种学术研究，是在20世纪20年代初新红学创建之时，顾颉刚为俞平伯所著《红楼梦辨》作序，推重胡适的研究方法，第一次提出了“旧红学”和“新红学”的名词，从此沿用至今。

现在人们包括红学史家往往把“红学”作宽泛的理解，即把与《红楼梦》同时产生的题咏和评点都看作最早的红学。嘉道以降，评点大盛，影响最大的是“护花主人”王雪香、“太平闲人”张新之和“大某山民”姚燮三家。此外还有专书和杂记，现今可见的约20余种，如周春的《阅红楼梦随笔》，裕瑞的《枣窗闲笔》等。

20世纪初，红学逐渐成为现代意义的学术，其标志是王国维《红楼梦评论》的发表。这是红学史上第一篇从哲学和美学的角度评价《红楼梦》的系统论文，在学术观念和思想方法上具有开拓的意义，可惜在当时影响不大。倒是起于乾嘉时期的“索隐”研究，至清末民初大为盛行，其代表有王梦阮、沈瓶庵的《红楼梦索隐》，蔡元培的《石头记索隐》，以及邓狂言的《红楼梦释真》。

胡适在1921年发表《红楼梦考证》，廓清了索隐派的迷雾，从实例到方法批驳了附会之说。他和顾颉刚、俞平伯共同讨论、寻找证据，考得了《红楼梦》的作者和家世，同时也促成了俞平伯《红楼梦辨》(1923)一书的产生。胡、俞这两部著作的出现，为“新红学”奠定了学术的基础。新红学最主要的贡献是在作者和版本两个方面。积累于40年代，成书于50年代的周汝昌的《红楼梦新证》(1976)是这方面集大成性质的代表著作。

20世纪的上半叶可以说是新红学影响广泛、占据主导的时期。这一时期的红学也是多元的，不仅对王国维的卓见有所响应，而且还有学者以文学批评的路子作出了独立研究的成果。如吴宓在中西比较的背景上发表了不少独到的见解，成部的著作则有李辰冬的《红楼梦研究》和太愚的《红楼梦人物论》，后者的影响尤其深远。

50年代由于政治的干预，对新红学的批判带来了负面影响。从学术的层面上看，强调用历史唯物主义和现实主义典型论的方法来阐发《红楼梦》的价值，是有意义的倡导。由此时到60年代初产生过一些有影响的成果，除李希凡、蓝翎的文章《红楼梦评论集》(1957)外，还有何其芳、蒋和森等人的著作，俞平伯的《红楼梦八十回校本》也完成于这一时期。

20世纪的最后20年，红学出现了空前繁荣的局面。一方面，新红学的实证精神依旧为研究者所承继，家世和版本研究成果丰硕，档案资料有所发现。另一方面，文本的研究受到了前所未有的重视，人们从多个角度用多种方法来诠释小说的主旨意蕴，探究它的艺术奥妙。红学已经从以考证的历史文献学为主要特征进入到与文本、文化研究彼此贯通相互提升的新境地。

与此同时，中国台湾、香港地区，以及美、英、日、法等国的《红楼梦》研究也取得了可喜成果。

《红岩》 *Red Crag* 中国现代长篇小说。作者罗广斌(1924～1967)、杨益言(1925～　)。1961年中国青年出版社出版，此后曾多次再版。小说描写全国解放前夕，被囚禁在重庆“中美合作所”的中国共产党人和革命志士与敌人顽强斗争的英勇事迹，人物和故事大多有原型。两位作者曾是被囚禁的受难者和越狱脱险的幸存者。重庆解放后，他们积累整理了大量狱中斗争的书面材料，于1957年合作撰写了长篇革命回忆录《在烈火中永生》。1958年在此基础上完成长篇小说初稿，题为《禁锢的世界》。经过重大修改，于1961年定稿出版，定名《红岩》。作品塑造了许云峰、江姐（雪琴）等可歌可泣的革命英雄形象，深刻展示了革命者的崇高精神境界。在国外有10种以上不同文字的译本，并被改编成影视和多种戏剧形式问世，产生了广泛的影响。

《红岩》插图

红衣主教 cardinal bishop 天主教教职。枢机主教在中国的俗称，因其礼服为红色而得名。是最高级别的主教。必须由教皇直接任命，在教皇逝世后的枢机主教团会议中可选举或被选举为教皇。罗马教廷各部和许多国家的主要教区的领导人往往由枢机主教担任。约产生于8世纪。

红移 red shift 天体光谱中某一谱线相对于实验室光源的光谱中同一谱线向长波方向的移动。对于可见光就是向红端的移动。红移z的定义是：$z=\Delta\lambda/\lambda$。式中λ为源发射谱线的波长。$\Delta\lambda$为观测到的波长改变量。$\Delta\lambda>0$，表示波长增加，即红移；$\Delta\lambda<0$，表示波长减少，即蓝移。

1914年，美国天文学家V.M.斯莱弗发现观测到的15个旋涡星云（现在知道它们都属于银河系所在的本星系群）中，11个的光谱都呈现红移。实际上，在本星系群以外迄今尚未发现有蓝移的星系光谱。1929年，E.P.哈勃发现了星系的红移量和距离成正比的规律，即哈勃定律$v=H_0r$。式中比例系数H_0称为哈勃常数，观测值约为71千米/（秒·百万秒差距），仍有百分之几的误差。光速与哈勃常数的比值具有长度的量纲，称为哈勃半径，粗略地说等于光自宇宙大爆炸以来走过的距离，即可观察宇宙的半径，约140亿光年。利用哈勃定律，可由观测到的红移求出星系的距离，从而得到星系在三维空间的分布，了解宇宙的大尺度结构。更重要的是，若将红移解释为多普勒退行速度效应，则能得出可观测的宇宙作整体膨胀的结论。所以，星系的红移的发现成为20世纪以来影响最为深远的宇宙现象。

多年来，还提出了许多解释红移的假说，如光子老化说、物理常数变化理论等。只有以广义相对论为基础的宇宙膨胀论不仅可解释哈勃定律，还能说明如宇宙微波背景辐射和奥伯斯佯谬等一系列观测到的现象，因而得到人们公认。

《红与黑》 *The Red and the Black* 法国作家斯丹达尔的长篇小说。1830年出版。在法国小城维立叶尔，相貌英俊、野心勃勃的青年于连·索黑尔对当木匠的父亲和自己的微贱出身感到不满，决心飞黄腾达。他背熟了拉丁文的《圣经》，因此得以到市长德·瑞那家里去做家庭教师，并与市长夫人关系暧昧，被市长的政敌揭露后不得不去贝尚松神学院进修。于连投靠神学院院长彼拉神甫，卷入了教会内部的斗争。后来由彼拉神甫介绍当了木尔侯爵的秘书，并受到赏识，参与了保王党的复辟阴谋，习惯了上流社会的生活，还成了侯爵女儿玛特尔的情人。玛特尔怀孕后，侯爵把大量的土地和钱财送给于连，并且设法改变他的出身。正当名利地位都唾手可得的时候，市长夫人写信揭发于连。于连因开枪击伤市长夫人被判处死刑。在受审期间，于连和德·瑞那夫人彼此宽恕，体验到了崭新的幸福和爱情。德·瑞那夫人在于连死后三天去世，玛特尔则亲手埋葬了情人的头颅。

作品通过于连的奋斗和悲剧，描绘了法国复辟时期尖锐复杂的政治斗争，揭露了政府、教会的黑暗内幕和保王党的复辟阴谋，批判了封建势力以门第和出身对平民青年的压制，颂扬了个性的自由和发展。小说揭示人物的心理活动，是法国文学史上第一部批判现实主义的名著。

红藻门 Rhodophyta; red algae 藻类植物的一门。藻体含有叶绿素a、叶绿素d、叶黄素和胡萝卜素，以及大量的藻红蛋白和藻蓝蛋白，常呈紫、紫红、暗紫红色或鲜红和粉红色等。约有760属4 410种，绝大多数海产，少数生于淡水，分布于世界各地，包括极地区域。中国已知有127属300种，分布于南北各海区，淡水种类极少。植物体外形多样，除少数是单细胞或群体外，绝大多数为多细胞体，其中有简单的单列细胞或多列细胞组成的丝状体，或由许多藻丝组成的圆柱状、亚圆柱状、叶状、囊状或壳状、分枝或不分枝的宏观藻体，其中少数藻体钙化。藻体直立或匍匐，基部由假根状分枝丝体或多细胞盘状固着器固着于基质上。红藻的细胞壁外层由琼胶或卡拉胶等胶质组成，内层为纤维素。红藻内均含色素体，形状随种类而异。光合作用产物为红藻淀粉，小颗粒状，附着在色素体表面或存在于细胞质中。红藻的生殖分为无性和有性两种。红藻缺乏具鞭毛的生殖细胞，无性生殖是由藻体产生的单孢子或四分孢子直接萌发为新个体。有性生殖均为卵式生殖。雄性生殖器官是精子囊；雌性生殖器官称为果胞，受精后形成果孢子。红藻的绝大多数种类都有三种类型的藻体进行世代交替，即孢子体、配子体和果孢子体。红藻生长的深度可达200米；在潮间带则多生于岩石的背阴处、石缝或石沼中，也有少数喜生于暴露的风浪大的岩石上。大多数种类固着于岩石或其他生长基质上，也有附生或寄生在其他藻体上的。红藻中有一些营养丰富、味道鲜美的食用种类如紫菜、麒麟菜、海萝等。还有一些重要的经济种类，用来提取琼胶和卡拉胶，如石花菜属、江蓠属、麒麟菜属等植物。

红蜘蛛 spider mites 蜱螨亚纲前气门目叶螨科动物的统称。又称叶螨、黄蜘蛛。世界性分布，已记录1 200余种，中国已记145种。多数种类体长0.2～0.6毫米，大型种类可达1毫米。圆形或椭圆形，体色红、

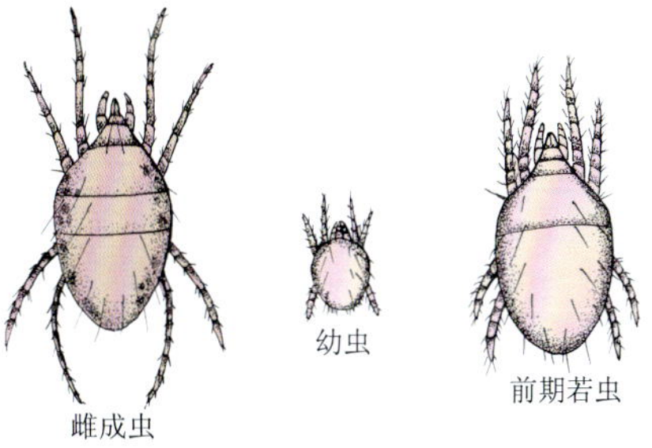

棉红蜘蛛

红褐、黄绿等色，体侧有黑色斑点或斑块。体壁柔软，表皮具线状、网状表皮纹。有1对眼。背毛刚毛状、叶状或棒状。颚体包括须肢和螯肢，是感觉器官和取食器官。生活史包括卵、幼螨、前期若螨、后期若螨和成螨。繁殖方式为两性生殖，但也可进行孤雌生殖。取食植物叶片，是重要的农业害螨，危害棉花、粮食作物、果树、林木和观赏植物。

红柱石 andalusite 硅酸盐矿物，化学组成为$Al_2[SiO_4]O$，晶体属正交（斜方）晶系。与蓝晶石、夕线石成同质多象。通常呈柱状晶体，横断面接近正方形。晶体中含有碳质包裹体的红柱石，称空晶石。集合体多呈放射状或粒状；呈放射状者，称菊花石（见图）。红柱石常呈粉红色、玫瑰红色、红褐色或灰白色。玻璃光泽。解理中等。莫氏硬度6.5～7.5。密度3.10～3.20克/厘米^3。主要产于泥质岩和侵入体的接触带，是典型的接触热变质矿物。南非和法国是红柱石主要生产国。中国北京西山、吉林桦甸、

浙江瑞安、甘肃漳县等地也盛产红柱石。红柱石加热至1 350～1 450℃转变为莫来石，体积膨胀4%，是优质耐火材料、技术陶瓷、硅铝合金的原料。淡红色或绿色透明的晶体可作为宝石材料。空晶石和菊花石常被加工成装饰工艺品。

宏观经济调控 macroeconomic control 政府根据国民经济协调发展和均衡增长的要求，在市场经济运行的基础上，综合运用计划的、经济的、法律的和行政的政策手段，对国民经济总量和总体进行管理、计划、调节和控制，使社会总供给和社会总需求趋于基本平衡，有效地实现社会发展和经济增长的目标。

宏观调控的基本目标是在国家调控下充分发挥市场对资源配置的基础性功能，通过运用各种调控手段，保证经济发展以及整个社会发展所需要的均衡条件。其中，短期目标主要是调节总需求，对经济增长率等总量指标进行控制，创造实现保证短期经济增长所需要的总量均衡条件；中期目标主要是通过总供给调控，优化经济结构，提高国民经济运行质量，维持经济持续增长，为实现经济发展创造均衡条件；长期目标主要是通过消除妨碍协调发展的种种因素，促进经济和社会长期协调发展。

宏观经济调控总体可分为直接调控手段和间接调控手段两大类。直接调控手段主要运用计划、价格等调控方式对国民经济运行进行直接干预；间接调控手段主要运用经济手段对国民经济运行进行调控。财政政策和货币政策是宏观经济调控的两大基本政策手段。利用价格、税收、利率、汇率等调节手段干预市场，进而实现国民经济管理的目的。

宏观经济学 macroeconomics 经济学中与微观经济学相对应的一个组成部分。它以国民经济总过程的活动为研究对象，考察和说明国民收入、就业水平、价格水平等经济总量如何决定和如何发生波动，所以又称为总量分析或总量经济学。

宏观经济学一词最早由挪威经济学家R.弗里希于1933年提出，但对宏观经济现象的研究与考察，可以上溯到18世纪法国重农学派创始人F.魁奈的《经济表》。现代宏观经济分析以英国经济学家J.M.凯恩斯《就业、利息和货币通论》一书的出版（1936）为确立的标志。在第二次世界大战以后，宏观经济学逐渐发展为独立的理论体系。最主要的代表为凯恩斯主义（或新古典综合派的宏观经济学理论体系）。60、70年代以后，资本主义经济中出现“滞胀”，凯恩斯主义失效，货币主义、供给学派、理性预期学派等宏观经济理论及政策先后出现，并逐渐形成新古典学派宏观经济学和新凯恩

斯学派宏观经济学对峙的局面。

宏观经济学研究的主要内容包括：国民收入决定论、经济周期论、货币与价格理论、宏观经济管理论等。国民收入决定论从供给和需求两个方面分析封闭型经济、存在对外贸易经济、存在政府税收和支出经济等的国民收入的构成，说明储蓄投资是国民收入均衡的基本条件，国民收入的水平，反映整个社会生产与就业的水平。**经济周期理论**研究资本主义经济为什么发生周期性波动。认为经济周期是由经济中的内生力量造成的，例如投资过度，消费不足，银行体系扩大和紧缩信用。并且用乘数理论（投资增加，通过连锁反应，使国民收入增加额达于投资增加额的数倍）和加速原理（收入或消费的变动，将导致投资发生更为剧烈的变动，其增加的比率大于收入或消费需求增减的速率）具体解释经济的周期性波动。经济周期被分为短期、中期、长期等。在具体解释经济周期中，又有多种理论：货币周期理论、投资过度理论、消费不足理论、心理因素理论、创新理论、太阳黑子影响理论等。货币与价格理论研究货币的供给与需求，以及同一般价格水平的关系，分析通货膨胀的产生、类型、特点。宏观经济管理理论研究政府是否应该和如何对经济进行干预，分析财政政策、货币政策等的运用、效果和影响。凯恩斯主义宏观经济管理的目标为“充分就业均衡”和“没有通货膨胀的充分就业”。主张在经济萧条时期，采用扩张性的财政政策（减税、扩大政府开支）和货币政策（扩大货币供给量、降低利率）；在通货膨胀时期，采用紧缩性的财政政策（增税、减少政府开支）和货币政策（减少货币供给量、提高利率），通过增加或减少总需求，平抑经济周期波动。但经济“滞胀”的出现使这种需求管理失灵。20世纪70年代以后，强调供给分析和反对国家干预经济的理论出现，宏观经济学出现供给分析与需求分析相结合、微观分析与宏观分析相综合的趋向。

宏观量子现象 macroscopic quantum phenomena 某些物质在极低温度下表现出来的宏观尺度上的量子效应。微观粒子（如电子、原子核等）的微观运动是量子化的，即其动量和能量不能连续取值，只能取某些允许的离散值。但在低温条件下，大群粒子的整体也可在宏观尺度上表现出量子效应，**液态氦**和超导体的许多特殊性质与宏观量子现象密切相关。这种宏观体系的状态称宏观量子态。

液态氦的温度低于λ(两液相间转变温度）点后，会发生玻色－爱因斯坦凝聚，即大量氦原子凝聚到同一量子态（基态）中，成为高度有序的结构，宏观上表现出熵等于零，无黏滞性（即超流动性）；温度升高时，大量处于基态的氦原子又可激发到激发态（正常态），熵不等于零，有黏滞性。这种大量氦原子在整体上参与的量子过程是典型的宏观量子现象。另外，根据HeⅡ的二流体模型，同时存在超流流体和正常流体两部分，当流速较大时会产生涡流，此时超流流体环绕正常流体流动，这种宏观尺度上的环流强度是量子化的，也是宏观量子现象。

超导体的温度低于临界温度后，费米面附近的两个动量和自旋方向均相反的电子可结合成库珀对，库珀对可看成是准粒子——玻色子，它不受**泡利不相容原理**的约束，允许不同玻色子处于同一量子态中。大量库珀对凝聚到同一量子态（基态）中，构成了宏观尺度的超导凝聚体，可用一个宏观波函数来描述这个凝聚体的行为，这种宏观波函数与微观粒子的波函数一样具有量子性质。当两块超导体弱连接成为约瑟夫森隧道结时，结两侧超导凝聚体的宏观波函数间存在一定相位差，由于隧道效应，两者间互相关联并产生干涉（相位的干涉），从而引起约瑟夫森效应。对一个超导环，存在超导电流时，通过环面积的磁通量是量子化的，其值只能是$\Phi_0=h/2e$的整数倍，Φ_0称为磁通量子。对第二类超导体，当外磁场H满足$H_{c1}<H<H_{c2}$时，同时存在超导态和正常态，此称混合态（见**超导电性**），超导态区中的超导电子环绕正常态区作涡旋运动，故又称涡旋态。这种涡旋超导电流产生的磁通量也是量子化的。磁通量子化是宏观量子现象的典型例子之一。

虹 rainbow 阳光射入水滴（雨滴、毛毛雨滴或雾滴）经折射和反射而形成在雨幕或雾幕上的彩色或白色光环。它对观测者的角半径约42°，色序排列是内紫外红，总宽度约2°，又称主虹。在主虹的外侧，有时还能看到角半径约52°的同心光环，称为霓，又称副虹。副虹的色序和主虹相反，外紫内红，宽度约为主虹的两倍，但亮度比较弱。

通常雨滴越大，虹越鲜艳明亮。当雨

雨幕中的虹

滴平均直径在1～2毫米时，紫和绿光环特别鲜明，红光环也很纯净，但蓝光环几乎消失；当雨滴平均直径为0.5毫米时，红光环的亮度大为减弱；当雨滴平均直径为0.2～0.3毫米时，不出现红光环，其余的光环却很清晰，虹带显得宽些；当雨滴平均直径为0.08～0.1毫米时，虹带较宽较淡，只有紫色较显著；当雨滴平均直径小于0.05毫米时，则出现淡白光环，又称白虹。

虹口区 Hongkou District 中国上海市辖区。位于市区北部东侧，南连黄浦江、苏州河交汇处。面积23平方千米。人口85万(2010)。1945年设虹口区，因虹口港得名。区内工业以中小企业为主。商业繁盛，全长3.7千米的四川北路是上海著名的商业街之一。苏州河畔多大厦，有上海大厦、新亚大酒店、大名星苑饭店、远洋宾馆等。高等院校有上海外国语大学、上海财经大学、上海大学文学院等。江湾镇及大柏树地区为苏州河进入市区要道。沿黄浦江有公平路码头、国际客运码头。纪念馆有鲁迅故居、鲁迅纪念馆、朱屺瞻艺术馆、左联纪念馆及中共四大会址。有虹口体育场和鲁迅公园、和平公园。

虹膜睫状体炎 iridocyclitis 眼虹膜睫状体部位的炎症。起病常较急，多表现为急性虹膜睫状体炎（见图）。虹膜与睫状体构成前葡萄膜，故虹膜睫状体炎也称前葡萄膜炎。它与中间葡萄膜炎、后葡萄膜炎合称葡萄膜病。

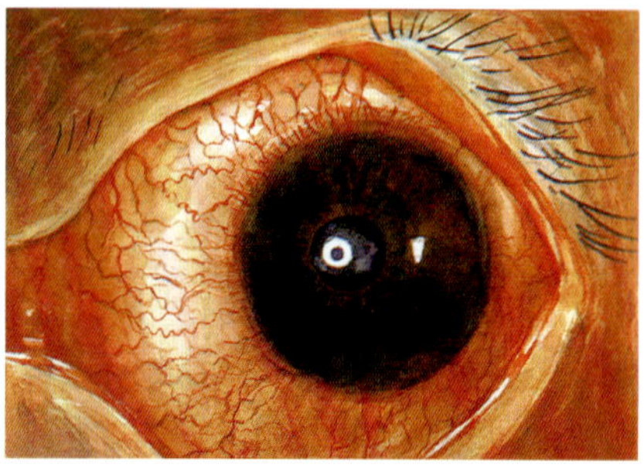

虹膜炎

症状有眼痛、怕光、流泪和视力减退。检查可见角膜缘充血，瞳孔小，房水混浊，用裂隙灯显微镜检查时，对流的混浊房水出现闪辉，称为廷德尔氏现象。重时可见前房积脓，还可见虹膜后粘连，甚至瞳孔闭锁或瞳孔膜闭，眼压升高时可见虹膜膨隆。

慢性虹膜睫状体炎多为肉芽肿性，起病慢，角膜后沉着物多呈羊脂状，病程迁延。

治疗以散瞳为主。为防止发生虹膜后粘连，减少或解除虹膜括约肌和睫状肌的痉挛，应立即散瞳。病因未能确定时，可用皮质类固醇滴眼液、发热疗法等。

虹桥 Hong Bridge 以穿插梁木成为木拱的桥。位于中国河南开封市东门外，跨汴水。建于宁庆历年间。构造奇特，其承重结构由两套多铰木拱各若干片相间排列组成，其中一套木拱拱骨为长木3根，做梯形布置，另一套木拱拱骨为长木2根、短木2根，做尖拱关布置。各以端头抵紧，形成铰。一套拱骨的铰，恰好在另一套拱骨长木的中点之上；用篾索将两套木拱夹着的横木扎紧，就构成稳定的拱结构。北宋名画家张择端所作《清明上河图》的虹桥，即本于此。木拱桥技术创于900多年前，是中国木结构桥梁独具匠心之作。

虹鳟 *Oncorhynchus mykiss*; rainbow trout 鲑形目鲑科大麻哈鱼属的一种。因成熟个体沿侧线有一棕红色纵纹且似彩虹得名。世界广泛养殖的重要冷水性鱼。原产北美洲的山涧、河流中。加拿大、美国、墨西哥的太平洋沿岸部分水域以及哥伦比亚的河流里都有分布。中国从1959年起开始养殖。

体纺锤形，稍侧扁。头较小。吻圆钝，牙发达，体被小圆鳞。有背鳍、臀鳍、胸鳍和尾鳍。鱼体及鳍上布不规则小黑斑。喜栖息于清澈、水温较低、溶氧较多、流量充沛的水域，水温10～18℃、pH6.5～8为最适宜，对盐度适应性强。虹鳟有陆封型（终生在湖泊、河川中生活）和降海型（指入海生长的硬头鳟）两种。两者的杂交了代可以入海。虹鳟为肉食性鱼类。仔鱼和稚鱼摄食浮游生物、底栖动物和水生昆虫，幼鱼蚕食小杂鱼和两栖类等，成鱼主食鱼类，兼食小虾、底栖动物、水生昆虫、藻类等。雌鱼3龄开始性成熟，雄鱼为2龄。虹鳟生长迅速、适应性强。受精卵在水流中孵育，约需45天。养成可在池塘、水库、河道、沿海潮间带内进行。主要饲以人工配合颗粒饵料。养殖水源需水流畅通。虹鳟肉多，刺少，为高级食用鱼。此鱼还是欧、美国家重要游钓对象。

洪帮 中国清代秘密结社。习称天地会。

洪堡 Humboldt, Alexander von (1769-09-14～1859-05-06) 德国自然科学家、探险家，近代地理学、地质学、气候学、生态学、地磁学创建人之一。曾译洪堡特。全名中译为亚历山大·冯·洪堡。生于柏林，卒于柏林。1789年入格丁根大学，1790～1792年在弗赖堡矿业学院学习地质学，并旅行西欧各地。后到普鲁士矿产部供职。1799～1804年，和法国植物学家A.J.A.邦普朗去美洲考察，登上5 876米高处，创造了当时登山的世界纪录。并合作写成《新大陆热带

地区旅行记》(30卷)。在柏林大学举办过自然地理专题讲座，参与建立柏林地理学会的工作，并组织第一届国际科学会议(1828)。1829年应俄国政府邀请，到西伯利亚考察，并在回途中考察里海。晚年在柏林从事著书和讲学，写成《宇宙》(5卷)、《植物地理学论文集》(1805)和《中央亚西亚》(3卷，1843)等。洪堡主要贡献：首创世界等温线图，指出气候不仅受纬度影响，而且与海拔高度、离海远近、风向等有关；研究气候带分布、地形对气候的形成作用；发现植物分布规律，论述气候同植物分布的关系；确立了植物区系的概念，创建了植物地理学；首次绘制地形剖面图；指出火山喷发和变质岩对地壳形成的作用，纠正地表全由沉积岩构成的错误观点；认识到地层愈深，温度愈高的现象；发现美洲、欧洲、亚洲在地质上的相似性；根据地磁测量得出地磁强度从极地向赤道递减的规律；发现秘鲁海流（又名"洪堡海流"）。沸点高度计的发明和山地测量学的发展。洪堡的科学考察和著作对近代科学的发展起到了推动作用。

《宇宙》(全名为《宇宙：物质世界概要》)是洪堡最重要的著作，汇集了他一生的研究和发现。全书共5卷，分别于1845、1847、1850、1858、1862年出版。总结了自然地理学的研究原理和区域地理研究的法则，是近代地理学也是近代自然科学最为重要的著作之一。

洪堡 Humboldt, Karl Wilhelm von (1767-06-22～1835-04-08) 德国语言学家、哲学家、政治家。曾译洪堡特。又译威廉·冯·洪堡。生于波茨坦。1787～1789年就读于法兰克福大学和格丁根大学。1801～1810年任普鲁士宗教和教育大臣，致力于教育事业的改革。1810年创建柏林大学，即现在的洪堡大学。

1810～1819年任外交官。1819年以后辞去公职，专门从事学术研究。

洪堡终生从事人文学科研究，包括宗教、哲学、文艺学、史学、人类学、语言学，他把这些都视为"人学"。这符合德国18～19世纪人文研究的潮流。他对古希腊文明极为景仰，又推崇康德和席勒，追求会通和完美，成为德国文化史上集大成的人物。在语言研究中他的视野也异常广阔，而且观察十分深入，形成了独特的语言世界观。

洪堡研究过巴斯克语、美洲语言、埃及语言、梵语、汉语、日语等，是比较语言学创始人之一。他的语言学著作《论爪哇岛的卡维语》在他去世后才刊行（3卷，1836～1840），其中长达300多页的前言"论人类语言结构的差异及其对人类精神发展的影响"为语言学研究开辟了新道路。

洪堡认为，"语言不是一个实体或已完成的事物，而是活动"，是人的心灵不断地用声音来表达思想。他说，民族语言具有本民族的精神特征，"即使是最野蛮的部落的语言也不应该受到谴责或轻视，因为每一种语言都是人类原有的创造语言的能力的表现"。

洪堡把世界语言（除汉语外）分为屈折语、黏着语和综合语3种，但是他说一切语言都或多或少地包含3种成分。他认为梵语每一个词都结构紧密，是最发达的语言；汉语虽然在单词方面没有语法形式，却给人以深刻的庄严感。

洪堡认为，人类言语不但是表达手段，而且是认知手段，"言语要适合于思维的需要，那它就必须在构造上尽可能地对应于思维的有机体"。他认为言语是一种创造，是有限规律的无限运用。他还区分言语的内在形式和外在形式，区分言语的抽象方面和现实方面、一般现象方面和个别现象方面。

洪堡的语言学理论启发了他的学生H.斯坦塔尔和心理学家W.冯特。而后L.魏斯格贝尔等"新洪堡特派"、F.博厄斯、E.萨丕尔和B.L.沃尔夫也受到他们的影响。社会文化语言学和认知语言学亦在一定程度上得益于洪堡的语言学思想。

洪堡大学 Humboldt University 德国综合性大学。又称柏林洪堡大学、柏林大学。校址在首都柏林市中心菩提树下大街。建于1810年。最初称柏林大学，1828～1949年称弗里德里希·威廉大学（曾译腓特烈·威廉大学），1949年德意志民主共和国政府根据威廉·冯·洪堡和亚历山大·冯·洪堡兄弟的名字改称现名。

大学建立之初，就汇集了一批著名的学者，如哲学家J.G.费希特、神学家F.D.E.施莱尔马赫、法学家F.K.von萨维尼、历史学家R.尼布尔等。19世纪末20世纪初，洪堡大学更拥有一批世界著名的学者，如化学家A.W.von霍夫曼、物理学家H.von亥姆霍兹等。19世纪30～40年代，著名学者有哲

学家G.W.F.黑格尔、历史学家L.von兰克、地理学家C.李特尔、自然科学家A.von洪堡、物理学家M.普朗克和A.爱因斯坦等。大学先后有29位学者获诺贝尔奖。

洪堡大学沿袭传统的大学结构，设神学、法学、医学和哲学4个学院，1934年柏林农业学院并入，建立了农学院。第二次世界大战后，柏林一分为二，洪堡大学被划在东柏林。1948年，在柏林西部建立了柏林自由大学。1990年德国统一后，洪堡大学的内部结构又有了重大调整。洪堡大学学科门类齐全，覆盖自然科学、人文社会科学和医学等各个领域，特别以数学、医学、物理、化学、生物学，以及历史、文化科学、斯堪的纳维亚研究、经济学和法学而著称。

2007年洪堡大学有11个学院，即法学院、农艺学院、数学-自然科学一院、数学-自然科学二院、医学院、哲学一院（哲学、历史、图书馆、欧洲人类学）、哲学二院（德国文学、德语及语言学、北欧研究、英美文学、法国文学、斯拉夫文学、古典语文学）、哲学三院（社会科学、亚非研究、文化研究）、哲学四院（教育学、康复科学、体育学）、神学院和经济学院；两个研究机构（自然博物馆和英国中心）和两个跨学科研究中心。图书馆藏书600多万册。

洪堡基金会 Alexander von Humboldt-Stiftung 德国以科学家A.von洪堡名字命名的基金会。1860年在柏林成立。最初限于资助德国科学家到国外进行科学考察，资金主要依靠私人捐款、英国皇家学会和俄国圣彼得堡科学院资助。第一次世界大战后停止活动，1925年重建。1945年后再度停止活动，1953年再次重建，总部设在波恩。资金主要来自德国政府，并以资助外国科学家和博士到德国研究和进修为主，也资助德国博士生到国外进修。1933年开始资助中国青年科学家赴德研修，后一度中断，1979年恢复资助。

洪朝生 Hong Chaosheng (1920-10-10～) 中国物理学家。生于北京。1940年毕业于清华大学电机工程系，1948年获美国麻省理工学院博士学位。1952年回国，先后在清华大学、北京大学和中国科学技术大学物理学系任教。历任中国科学院物理研究所研究员，低温技术实验中心主任，中国物理学会副理事长。1980年被选为中国科学院学部委员（院士）。是中国低温物理与低温技术研究的创始人之一。1950年在美国普渡大学进行半导体锗单晶低温输运现象实验研究时发现了反常电导与霍耳效应，提出杂质能级上导电的新概念。这个结果成为国际上关于无序系统电子输运机制研究的开端。创建中国科学院物理研究所低温物理实验室，建造氢和氦的液化系统，开始了中国的低温、超导实验研究。参与创办中国科技大学低温物理专业。负责组建中国科学院低温技术实验中心。

洪承畴 Hong Chengchou (1593-10-16～1665-04-21) 中国明末降清大臣。字彦演，号亨九。福建南安人。明万历四十四年（1616）进士。崇祯七年（1634）任兵部尚书，兼督河南、山西、陕西、湖广等处军务，镇压农民起义。后专督关中，俘高迎祥，逼李自成走商洛，明末农民起义转入低潮。十二年调任蓟辽总督。十四年率八总兵、十三万人，与清军决战于松山、锦州地区，大败后被困松山城。翌年城陷，降清，后隶汉军镶黄旗。

顺治元年（1644）四月，随清军入关。抵京后以太子太保、兵部尚书兼右副都御史衔，列内院佐理机务。二年闰六月，受命至南京招抚江南各省。先后杀黄道周、金声、夏完淳等南明抗清义士。他坚持讨伐与招降并用，平定了江南抗清义军和南明鲁王、唐王（隆武）政权。五年回北京，仍入内院办事。十年五月，受命经略湖广、广东、广西、云南、贵州等处，总督军务兼理粮饷。到南方后，提出先固湖南，后安广西，得尺守尺，酌量进止的方针，对南明桂王（永历）政权所属抗清力量，实行长期军事围剿政策。十六年，督清军攻占云南后回北京。十八年自请致仕。清廷仅给予三等轻车都尉世职。康熙四年（1665）卒，谥文襄。

洪都拉斯 Honduras 拉丁美洲国家。位于中美洲北部。北濒加勒比海，南临太平洋的丰塞卡湾，东与尼加拉瓜为邻，西南和萨尔瓦多交界，西同危地马拉接壤。面积112 492平方千米。人口770.7万（2008年5月）。其中印欧混血种人占83%，印第安人占10%，余为黑人和白人。居民95.8%信奉天主教。官方语言为西班牙语。首都特古西加尔巴。

全境除沿海为平原，均为山地高原，约占国土的75%。海岸线长1 033千米。马德雷山脉由危地马拉入境，由西往东蜿蜒起伏。主要河流有帕图卡河和乌卢阿河等。内陆高原气候温和，属亚热带森林气候，沿海属热带雨林气候。主要矿藏有金、银、铜、铅、锌、煤、铁、锑等，其中银产量曾居中美洲各国之首。森林资源丰富，占全国面积的70%。盛产松木、杉木和红木等优质木材。

原为印第安玛雅人居住地，古代玛雅文化中心之一。1502年C.哥伦布曾在此登陆，取名洪都拉斯（西班牙语意为“深水

洪都拉斯境内的玛雅文化遗址

之地”)。1524年沦为西班牙殖民地。1821年9月15日独立。1823年6月加入中美洲联邦，1838年10月退出联邦成立洪都拉斯共和国。19世纪中叶英、美势力开始渗入，美资控制了洪都拉斯经济命脉。20世纪50年代后，国民党、自由党交替执政。

国家实行共和代议制。立法、司法和行政三权分立。总统为国家元首、政府首脑和军队统帅。由直接选举产生，任期4年，不得连任。国民议会为一院制，是全国最高立法机构。议员由直接选举产生，任期4年。主要政党有自由党、国民党、民主团结党、基督教民主党、社会民主革新团结党和洪都拉斯共产党。

经济以农业为主，香蕉生产和出口居世界前列，素有“香蕉共和国”之称。为拉丁美洲不发达和贫困国家之一。近些年来，经济有一定发展。2009年国内生产总值2 716.63亿伦皮拉。全国60%的就业人口从事农业。主要农产品为香蕉、咖啡、甘蔗、玉米、棉花等，粮食依赖进口。工业以传统木材加工和制糖业为主，也有化工、水泥等，仅供内需。交通运输以铁路为主，公路主要有泛美高速公路和两大洋间公路。主要港口有科尔特斯、特拉、拉塞瓦和特鲁希略。特古西加尔巴、圣佩德罗苏拉、拉塞瓦和塔兰加等主要城市设有机场，航线通往美国、墨西哥和其他中美洲国家。旅游业发展迅速，收入连年增加。科潘遗址、巴伊亚群岛和约华湖为著名旅游胜地。外贸出口以香蕉和咖啡为主，也出口蔗糖、冻肉、木材、烟草和银、铅、锌等矿产品。进口机器设备、交通器材、化工产品、燃料、润滑油和粮食等。主要贸易伙伴是美国、欧盟、日本、墨西哥和其他中美洲国家。美国和其他西方国家是其贷款和外援的主要来源。货币名称为伦皮拉。

教育、卫生事业均较落后。城市小学6年制、农村小学3年制。有高等院校10所。设在首都的国立自治大学成立于1846年，在中美洲有一定影响。主要报纸有《新闻报》、《时代报》和《论坛报》。

同中美洲其他5国1962年建立中美洲共同市场。同尼加拉瓜、萨尔瓦多存在由来已久的边界领土争议，20世纪80年代同尼加拉瓜的关系极为紧张。90年代同尼加拉瓜、萨尔瓦多就一些边界问题达成协议，同地区有关国家签订了自由贸易协定。同美国保持传统的密切关系。美国在洪都拉斯设有军事基地，向其提供重要经贸援助。

洪泛区 floodplain 江河沿岸、湖周、滨海易受洪水淹没的地区。也是洪水泛滥形成的冲积平原，又称洪泛平原。洪泛区一般位于江河流域的中下游，地面高程与高河漫滩接近，分布范围取决于洪水漫溢的范围。洪泛区土地肥沃，交通发达，有发展工农业的良好条件，但也是最易遭受洪灾的地区。如何合理利用这些地区，并结合一定数量的防洪工程，以发展生产、减小洪灾，成为十分重要的问题。

目前还没有统一的区划标准，一般根据地形、洪水频率、淹没水深、流速以及可能造成危害的程度进行划分。一般将低洼易涝的地方划为行洪、蓄洪、滞洪区，把地势较高、一般不易受洪水淹没或修筑有较高标准堤防保护的地方划为允许开发区。

在洪泛区区划的基础上，通过颁布法令、条例或其他方式，对区内土地使用和建筑物的修建使用等实施管理，并绘制标明分区图以供使用。洪泛区管理的内容包括：①在开发区采取减少洪水灾害损失的措施。②限制与洪水风险不相适应的经济和社会发展。③对减少洪灾损失和土地利用等进行综合安排。④保持洪泛区的行洪、滞洪作用等。

洪河 Honghe River 中国**淮河**上游支流。又称洪汝河。上游小洪河，源出河南省方城县东**伏牛山**祖师庙南麓，东南流至新蔡县班台与右岸支流汝河相汇，下流至淮滨县麻里店附近入淮。班台以下称洪河或大洪河，其左岸有洪河分洪道，流经安徽省阜南县，于王家坝以下入濛河分洪道。洪河全长298千米，流域面积1.238万平方千米。

洪湖 Honghu Lake 中国湖北省最大湖泊。洼地湖。位于湖北省南部洪湖市和监利县之间。东与长江以宽4～8千米的自然堤相隔，内荆河－内河在北面成弧状绕流。湖面海拔25米，与湖周围地面相差仅1～2.5米。湖面北宽南窄，略呈三角形。水位25米时，湖长23.4千米，平均宽14.7千米，面积344平方千米，平均水深1.91米，储水量6.58亿立方米。与长江相通，水位随雨季和江汛涨消。由人工节制，常年水位25米。湖内鱼类以鲭、鲢、鲤、鳙、鲩、鲫、鲇、鳝、鳢、鳊、鳜等较常见。洪湖白莲为著名特产。洪湖为候鸟冬栖地，常见的有青头鸭、黄鸭、中鸭、八鸭等18种；蒲鸭、黑鸭已定栖于此，为湖北省羽绒天然产地。土地革命战争时期，是湘鄂西革命根据地。

《洪湖赤卫队》 *Red Guards on Honghu Lake* 中国六场歌剧。朱本和、张敬安、欧阳谦叔、杨会召、梅少山编剧，张敬安、欧阳谦叔作曲。湖北省实验歌剧团1959年首演于武汉。歌剧描写了第二次国内革命战争时期，韩英、刘闯率领洪湖赤卫队在中国共产党的领导下，不畏牺牲，与彭霸天白匪军进行不屈不挠斗争的故事。音乐以天沔花鼓戏和天门、沔阳、潜江一带民间音乐为主要素材。该剧公演后，在全国产生了广泛影响。1960年北京电影制片厂将该剧拍为同名歌剧艺术片，并获得1961年首届电影百花奖最佳音乐奖，1960年湖北人民出版社出版了该剧剧本和曲谱。

《洪湖赤卫队》剧照（王玉珍饰韩英）

洪湖市 Honghu City 中国湖北省辖县级市。位于省境南部，长江中游北岸，江汉平原东南端。面积2 519平方千米。人口82万（2010)。1951年为纪念洪湖革命历史，成立洪湖县。1987年撤县，设立县级洪湖市。由**荆州市**代管。市境属古云梦泽长江泛滥平原。矿产资源有石油、天然气等。农业以发展水稻、小麦、棉花、油菜、芝麻和黄红麻、苎麻、蔬菜、瓜果及生猪、羊、家禽、水产养殖等为主。水产品产量居湖北省各县（市）之首，以产鱼、虾、龟、鳖和野鸭而闻名。工业有机械、电子、化工、纺织服装、建材、金属制品、食品饮料、造纸及纸制品等。名胜古迹有洪湖、黄连山、三国古战场遗址乌林寨、湘鄂西革命根据地首府瞿家湾、湘鄂西烈士陵园等。

洪积扇 proluvial fan 干旱、半干旱地区暂时性山地水流出山口堆积形成的扇状地貌。见冲积扇。

洪江市 Hongjiang City 中国湖南省辖县级市。位于省境西部，沅江上游。面积2 279平方千米。人口41万(2010)，有汉、苗、瑶、侗等民族。古称雄溪，因清水江、渠水、巫水在此汇合，气势磅礴，故得名洪江。北宋元祐五年(1090)设洪江寨，属沅州黔阳县，后改属靖州会同县。1950年由会同县析设洪江市。由怀化市代管。农作物以水稻、蔬菜为主，并有甘薯、小麦、玉米、大豆、油菜、花生、甘蔗、水果、茶叶等。其中“洪江香柚”为全省优质品种。工业有纺织、陶瓷、造纸、塑料、食品、电力、机械、建材、化工、电子等。高档茶具和餐具、方木家具远销国内外。名胜古迹有雄溪公园、嵩云庵等。

洪亮吉 Hong Liangji (1746～1809) 中国清代文学家。字君直，一字稚存，号北江，晚号更生居士。阳湖（今江苏常州）人。乾隆五十五年（1790）考中进士，授翰林院编修，充国史馆编纂官。后督贵州学政。嘉庆元年（1796）回京供职，以越职言事获罪，充军伊犁。五年赦还，从此家居撰述至终。洪亮吉精于史地和声韵、训诂之学，善写诗及骈文。他的《北江诗话》，论诗强调“性情”、“气格”，认为诗要“另具手眼，自写性情”。他一生好游名山大川，因此山水诗颇多，诗笔于质直明畅中有奇峭之致，有不少佳构。他的骈文高古遒迈，“每一篇出，世争传之”(袁枚《卷施阁文乙集序》)。还著有《卷施阁诗文集》、《附鲒轩诗集》、《更生斋诗文集》、《春秋左传诂》等。

洪迈 Hong Mai (1123～1202) 中国南宋文学家。字景卢，号容斋。鄱阳人。绍兴十五年(1145)进士，授两浙转运司干办公事。官至中书舍人兼侍读、直学士院、翰林学士。卒谥文敏。洪迈及其兄弟以文章取盛名，时人称为“三洪”(包括其兄洪括适、洪遵)。他的文学成就主要在笔记、小说上。《容斋随笔》是他重要的笔记，在文学、史学、典章名物、文献学方面都有不少独到的论述，具有较高学术价值。上海古籍出版社1987年出版有校点本。《夷坚志》是他创作的志怪体小说，篇帙浩繁，记载神仙怪异、当时人物轶事及社会习俗，内容博杂，多荒诞不经之语，对后来的话本和文言小说有较大影响。中华书局1981年出版有何卓校点本。诗集《野处类稿》2卷，今存《四库全书》本、《豫章丛书》本。清人劳格补辑有《洪文敏公集》8卷。

洪谦 Hong Qian (1909-10-21～1992-02-27) 中国哲学家。又名洪潜，号瘦石。安

徽歙县人。早年经康有为推荐曾从学于梁启超。1927年赴德国求学，次年转赴奥地利，后在维也纳大学师从维也纳学派创始人M.石里克研究哲学。1934年，他在石里克指导下撰写了《现代物理学的因果问题》的博士论文，该文在海森伯测不准关系理论的基础上批评了当时流行的新康德主义的因果观。获得哲学博士学位后，留在维也纳大学研究所工作。1937年初回国后，历任清华大学教师、北京大学讲师、西南联合大学教授、英国牛津大学新学院研究员、武汉大学哲学系教授兼系主任、燕京大学哲学系教授兼系主任、北京大学哲学系教授兼外国哲学史教研室主任、北京大学外国哲学研究所所长等职，并兼任中国社会科学院哲学研究所研究员、学术委员会委员和中国现代外国哲学研究会名誉会长等职。他在西南联大系统地讲授了维也纳学派的理论原则和思想方法，对逻辑经验主义（见逻辑实证主义)的研究做了开拓性的工作。他主编的《西方现代资产阶级哲学论著选辑》、《逻辑经验主义》和《现代西方哲学论著选辑》，全方位地总结了西方哲学及维也纳学派的发展历程，对逻辑经验主义进行了全面的分析和评价。其他著作有:《维也纳学派哲学》、《哲学史简编》、《石里克和现代经验主义》(《美国哲学和现象学研究》，1949年英文版)、《维特根斯坦和石里克》(《维特根斯坦讨论会会刊》，1981年德文版)、《论确证》(《综合》第64卷，1985年第3期)。主要译著有费尔巴哈的《未来哲学原理》、《关于哲学改造的临时纲要》和马赫的《感觉的分析》等。

洪仁玕 Hong Rengan (1822-02-18～1864-11-23) 中国太平天国后期重要领导人。字益谦（一作谦益），号吉甫。广东花县（今广州市花都区）人。洪秀全族弟。原为私塾教师。1843年参加洪秀全创立的拜上帝会。1851年金田起义后应召赴广西桂平，未赶上太平军，折回广东。1852年在广东发动小规模起义失败，曾被捕，脱险后逃亡香港。留港期间，学习西方社会、自然科学知识，成为近代中国传播资本主义思想的启蒙人物之一。后离香港北上，1859年5月到天京（今江苏南京）。5月封干王，任军师，总理朝政。向洪秀全提出施政纲领《资政新篇》，主张革新政治，学习西方科学技术，发展资本主义经济。1860年为解天京之围，献策奇袭杭州，分散敌兵，迅速回师击垮清军江南大营。又建议东进苏、杭，建立江南根据地，再返师西征，以解安庆之围。1864年7月天京陷落，在湖州护持幼天王，拟去江西会合李世贤、汪海洋部。10月在江西石城被俘。11月23日在南昌就义。

洪森 Hun Sen (1951-04-04～) 柬埔寨人民党领导人，柬埔寨王国政府首相(1993～)。生于磅湛省斯栋德朗县。1967年参加红色高棉部队。1969年参加波尔布特领导的柬革命部队。1973年在反美斗争中多次负伤，并失去一只眼睛。1975年升任团长。1977年7月参与韩桑林反政府活动，1978年5月失败后逃亡越南，12月韩桑林在越南创建“柬埔寨救国民族阵线”，洪森出任中央委员和柬埔寨救国青年联盟主席。1979年1月韩桑林宣布成立“柬埔寨人民共和国”，洪森任外交部长。同年当选为柬埔寨人民革命党中央委员。1981年5月当选为政治局委员、中央书记及国会代表。同年6月出任部长会议副主席兼外交部长。1985年1月任部长会议主席兼外交部长。1986年12月内阁改组，任部长会议主席。1991年10月柬埔寨四方在巴黎签订和平协定，成立以诺罗敦·西哈努克亲王为主席的柬埔寨最高委员会，洪森是委员。1993年柬埔寨王国政府成立，出任第二首相。1998年7月大选，人民党获胜。同年11月30日柬埔寨国民议会批准洪森出任柬埔寨王国政府的唯一首相。之后多次连任。

洪深 Hong Shen (1894-12-31～1955-08-29) 中国戏剧活动家，话剧和电影作家、导演，戏剧理论家。字浅哉，号伯骏，学名洪达。生于江苏武进（今属常州），卒于北京。中国现代话剧的奠基人之一。

生平 1912年入北京清华学校，曾编演《卖梨人》(1915)、《贫民惨剧》(1916)，初步显示出编剧和表演才能。1916年赴美入俄亥俄州立大学学习。1919年转入哈佛大学学编剧，同时在波士顿表演学校学习表演艺术。1922年回国。翌年加入戏剧协社任排演主任，并进行了一系列艺术

革新：建立正规的导演制，实行严格的排练，实现男女合演；舞台布景、灯光等也作了重大改革。1924年由他改编、导演的《少奶奶的扇子》获得巨大成功，标志着中国话剧完全摆脱文明戏阶段而建立起现实主义的演剧体制。1928年提议用“话剧”一词来统一指称这种新型戏剧。洪深曾先后在复旦大学、暨南大学、中山大学、北京师范大学等校任教达30年之久。1925～1937年曾在明星影片公司任编导。

1930年先后参加了中国左翼作家联盟和中国左翼戏剧家联盟。抗日战争全面爆发后，和田汉一起组建了10个抗敌演剧队，编写和导演了大量抗日救亡戏剧作品。抗战胜利后回到上海，继续从事话剧和电影创作。1949年后，洪深主要从事中外文化交流工作。曾当选全国政协委员，全国人大代表。1953年当选中国戏剧家协会副主席。1957～1959年，中国戏剧出版社出版《洪深文集》4卷。

创作成就　洪深一生创作、编译了38部话剧剧本。主要有回国后的第一部剧作《赵阎王》(1922)，30年代初“农村三部曲”《五奎桥》(1930)、《香稻米》(1931)和《青龙潭》(1936)，四川方言话剧《包得行》，3幕闹剧《鸡鸣早看天》(1945)等。

洪深在话剧舞台艺术方面的成就更为卓著。30年间先后导演了《少奶奶的扇子》、《法西斯细菌》、《丽人行》(田汉编剧)等大小剧目约40个。写有许多介绍话剧知识和中外戏剧历史与理论的专著，涉及编、导、演、舞台美术各个方面，如《洪深戏剧论文集》(1934)等。

洪深对中国早期电影事业作出过重要贡献。他创作的历史电影剧本《申屠氏》(1925)，是中国第一个比较完整的电影剧本。在编导《旧时京华》(1931)时引进了有声电影技术。主要导演了《铁板红泪录》(1932)，创作了电影剧本《劫后桃花》(1935)等。

洪昇　Hong Sheng (1645-08-21～1704-07-02)　中国清代戏曲作家、诗人。字昉思，号稗畦、稗村，又号南屏樵者。钱塘（今杭州）人。父起鲛在清初曾出仕。外祖父黄机康熙二十一年(1682)任文华殿大学士兼吏部尚书。洪昇的妻子黄蕙是黄机的孙女。洪昇于康熙七年(1668)进国子监肄业，次年离京回乡。不久，因与父母关系恶化分居，过着飘零寄旅的贫困生活。十八年其父“被诬遣戍”，更使他在坎坷生活中多了一桩灾难。洪昇18岁时开始创作《沉香亭》，后改名《舞霓裳》，23岁时又将《舞霓裳》修改为《长生殿》，历经数年，三易其稿，27岁时三稿《长生殿》问世，一时轰动京师，到处搬演。二十八年八月，因在“国恤”期间演出《长生殿》被劾下狱，

《长生殿》插图

受株连者近50人，后被革去国学生籍，逐出北京，返回故里，过着郁郁寡欢的生活。四十三年六月初一，舟经乌镇，酒后失足坠水而死。

洪昇的戏曲创作，据他的朋友徐材《天籁集·跋》说有40余种，现知传奇存目有《长生殿》、《回文锦》、《回龙记》、《锦绣图》、《闹高唐》、《孝节坊》、《天涯泪》、《青衫湿》、《长虹桥》9种。杂剧有《四婵娟》。今仅存《长生殿》和《四婵娟》。自谓《长生殿》是其一生精力之所在（徐材《天籁集·跋》）。洪昇又是一位诗人，诗风以清整、疏澹见称。今存诗集《啸月楼集》、《稗畦集》和《稗畦续集》，诗稿《幽忧草》和词集《啸月词》、《昉思词》已佚。此外，著有《诗骚韵注》，仅存残稿。

洪水　flood　由暴雨或急骤融冰化雪等自然因素、水库垮坝等人为因素引起江河湖水量迅速增加，水位急剧上涨的自然现象。自古以来洪水给人类带来很多灾难，如黄河和恒河下游常泛滥成灾，造成重大损失；河流洪水同时也给人类带来一些益处，河流洪水泛滥形成了冲积平原，给下游三角洲平原农田淤积肥沃的泥沙，有利于农业生产。

洪水按地区可分为河流洪水、暴潮洪水和湖泊洪水等。按成因可分为：①暴雨洪水。由较大强度的降雨而形成的洪水。按暴雨的成因可分为雷暴雨洪水（又称骤发暴雨洪水）、台风暴雨洪水和锋面暴雨洪水。此外，山洪和泥石流也多由暴雨引起。②风暴潮。由强风作用和气压骤变等强烈的天气系统引起的沿海和河口水面异常升高的现象，又称风暴潮增水。风暴潮如与天文高潮和江河洪水遭遇，则会形成较大洪水。③融雪洪水。以积雪融水为主要来源的洪水。在高纬度严寒地区，冬季积雪较厚，春季气温大幅度升高时，积雪大量融化而形成洪水。一般发生在4月至5月，最迟6月就结束，例如新疆北部和东北地区的一些河流。④冰川洪水。以冰川融水为主要来源的洪水。在中国的天山、昆仑山、祁连山和喜马拉雅山北坡高山地区有丰富的永久积雪和现代冰川，夏季气温高，积雪和冰川开始融化，是易形成冰川洪水的地区。冰川洪水按其成因可分为冰川融水型和冰湖暴发洪水。⑤冰凌洪水。由于江河中大量冰凌壅积形成冰塞或冰坝，使水位大幅度升高而形成的洪水。中国的冰凌洪水主要分布在北方的河流，如黄河上游宁夏至包头及下游兰考至河口，松花江下游干流的通河以下河段。⑥溃坝洪水。挡水坝在蓄水状态下突然崩溃而形成的向下游急速推进的巨大洪流。因地震、滑坡或冰川堵塞河道引起水位上涨后，堵塞处突然崩溃而暴发的洪水也归入溃坝洪水。

洪水预报　flood forecasting　根据洪水形成和运动规律，利用前期和现时水文、气象等信息，预测未来一定时段内的洪水情况，揭示和预测洪水的发生及其变化过程的应用科学技术。它是防洪非工程措施的重要内容之一。

沿革　中国在1027年就将水情分为12类。16世纪70年代在黄河流域已有比较正常的报汛方式。1910年奥地利林茨和维也纳的水文局，首次安装水位自动遥测和洪水警报电话装置，发展了洪水预报方法。在美国，1932年L.R.K.谢尔曼提出单位过程线，1933年R.E.霍顿建立下渗公式，1935年G.T.麦卡锡等人提出马斯京根法原理，为根据降雨过程计算流量过程和河道洪水演进提供了方法。20世纪50年代以来，洪水预报技术提高很快。60年代以后迅速发展的各种流域水文模型，日益得到广泛应用，并在不断研究改进和完善，特别是分布式物理性流域水文模型的出现为洪水预报开辟了新的道路。

中国自1949年以后，洪水预报业务技术得到迅速发展提高。1954年长江、淮河特大洪水，1958年黄河特大洪水和1963年8月海河特大洪水，1981年长江上游、1983年汉江上游特大洪水，1998年长江大洪水和2003年淮河大洪水，都由于洪水预报准确及时，为正确作出防汛决策提供了科学依据。

分类与方法　按预见期的长短，可分为短、中、长期预报。通常把预见期在2天以内的称为短期预报，预见期在3～10天以内的称为中期预报，预见期在10天以上、一年以内的称为长期预报。短期洪水预报方法多系基于一定物理成因分析基础上的经验方法。中长期预报更与天气气候、气象预报紧密关联，由于影响长期天气过程

变化的因子尤为复杂，故其预报方法尚处于研究探索阶段。

洪水预报按洪水成因要素可分为暴雨洪水预报、融雪洪水预报、冰凌洪水预报、海岸洪水预报等。预报项目则包括洪峰水位（流量）、洪峰出现时间、洪水涨落过程（或洪水总量）。世界上绝大多数河流的洪水是暴雨产生的，并造成灾害，故暴雨洪水预报是洪水预报的一个主要课题，它包括产流预报和汇流预报。

洪洞县 Hongtong County 中国山西省临汾市辖县。位于省境南部，临汾盆地北端。面积1 494平方千米。人口73万（2010）。汉置杨县，隋改名为洪洞至今。因境内有“洪崖”、“古洞”两个自然地貌而得名。1954年赵城与洪洞2县合并为洪赵县，1958年仍名洪洞县。农作物以小麦、玉米、棉花为主，土特产品有红枣、花椒、核桃、苹果等。矿产以煤为主。工业有煤炭、电力、机械、造纸、棉织、水泥等。名胜古迹有飞虹塔、水神庙、明代监狱（苏三监狱）、霍泉、广胜寺、“古大槐树”等。

洪宪帝制 Hongxian, Monarchy of 1915年袁世凯推翻共和，复辟帝制的事件。袁世凯镇压二次革命后，迫使国会选举他为正式大总统，后又解散国会，废除《中华民国临时约法》，改责任内阁制为总统独裁制。1915年8月14日，杨度等人在袁的示意下，以“研究共和政治得失”为名，联合发起成立筹安会，公开进行复辟帝制的活动。但袁世凯却又故作姿态，表示改行帝制“不合时宜”。于是梁士诒等组织“全国请愿联合会”，制造“民意”，并与筹安会争功。10月6日，参政院以“尊重民意”为词，召开“国民代表大会”，举行“国体投票”，一律“赞成”君主立宪，并推定参政院为国民大会总代表，上书推戴袁世凯为中华帝国皇帝。袁接受帝位后，随即封官晋爵，改总统府为新华宫，并发行一种以他的头像和龙作图案的纪念金币和银币，下令废除民国纪年，改中华民国为“中华帝国”，民国五年（1916）为“洪宪元年”，准备于1916年元旦正式登极。袁帝制自为的行径，激起了全国人民的强烈反对。12月25日，唐继尧、蔡锷、李烈钧在云南宣布独立，讨伐袁世凯背叛共和，护国战争爆发。外国列强也撤回了对袁的支持。袁世凯众叛亲离，内外交困，被迫于1916年3月22日宣布取消帝制。

洪秀全 Hong Xiuquan（1814-01-01～1864-06-03） 中国近代太平天国的创始人和思想指导者。广东花县（今广州市花都区）官禄布人。青少年时屡试不中，颇受刺激。1843年（道光二十三年）一次应试落第后，阅读了基督教布道书《劝世良言》，自信为上帝使者，并按书中所言，自行施洗。他又在两广传教，1847年后成为广西拜上帝会的首领。他制定了宗教和道德的戒律“十款天条”和各种仪式，组织和约束拜上帝会会众，进行推翻清朝而另建新朝的活动。其间，洪秀全与冯云山及广西人杨秀清、萧朝贵、韦昌辉、石达开形成领导核心，洪秀全自称天父次子、天兄耶稣胞弟，其余五首领并为天父之子，以坚定信徒信心。1850年夏，他通知各地信徒到桂平金田村会合。半年间会集万人，编组成军。1851年（咸丰元年）1月11日建号太平天国，称天王。同年，设官封王，建立各项制度。1852～1853年，统帅所编太平军与清军作战，入湖南进湖北，沿长江攻占南京建都（号天京），统治长江中下游广大地区。

建都后，洪秀全颁布了《天朝田亩制度》。这一文件勾画出一个平均的、自给自足的、公有的小农社会的理想模式。但其中主要内容如平分土地等并未实行。在思想文化方面，洪秀全以上帝为独一真神，打击佛、道异教，在建都天京后又发起了严禁一切孔孟诸子百家书籍的运动，以图加强思想统治。

1856年9月，太平天国发生内乱。其主要领导者杨秀清、韦昌辉被杀，石达开带兵出走，极大地打击了太平天国，损伤了实力。1858年，洪秀全重建领导核心，提拔后起的陈玉成、李秀成、李世贤等为方面军统帅，自己兼任军师。1859年，任命新到天京的族弟洪仁玕为精忠军师、干王，引起宿将不服。洪秀全遂普遍加官晋爵，以团结人心，却导致了各将领据地自雄的局面。

洪秀全在太平天国中致力宗教甚于实际政务，即使在后期亲掌大权时亦如此。此外，他虽对外国侵略势力有所抵制，但一度同意外国教士可在太平天国内自由传教，又轻易同意了外国在长江的航行通商权。

1863年（同治二年）太平天国统治区相继失陷，天京遭清军包围，粮尽援绝。李秀成建议“让城别走”，洪秀全不从，坚持株守天京。城内缺粮，他亲自在宫中草地寻拣百草，制作成团，称为甜露，要人民以甜露为食。1864年6月3日，因病去世。7月19日，清军攻破天京，太平天国中央政权灭亡。洪秀全所著诗文及诏旨、文告很多，留传者已大略备于1949年后编辑出版的《太平天国》、《太平天国史料》等书中。

洪学智 Hong Xuezhi（1913-02～2006-11-20） 中国无产阶级革命家、军事家，中国人民解放军现代后勤工作的开拓者，全国政协副主席。生于河南商城（今安徽金寨），卒于北京。1929年加入中国共产党，参加商南起义。历任红军排长、连长、营政

委、团政治处主任、师政治部主任、红4军政治部主任。参加了长征。1936年入中国人民抗日红军大学学习。抗日战争时期，任抗日军政大学队长、支队长、副大队长，太行军区军政大学团长、五分校副校长，苏北盐城卫戍司令，盐阜军区司令员，新四军3师副参谋长、副师长。解放战争时期，任辽西军区副司令员、黑龙江军区司令员、东北野战军6纵队司令员、第四野战军43军军长。中华人民共和国建立后，历任广东军区副司令员、中国人民志愿军副司令员兼后勤司令员、人民解放军总后勤部部长。1959年受彭德怀错案株连被撤职。后任吉林省农机厅厅长、重工业厅厅长。1977年后恢复名誉，历任国防工业办公室主任、中共中央军委副秘书长、总后勤部部长。是第一、二届国防委员会委员，全国政协第七、八届副主席，中共第八届中央候补委员和第十一、十二届中央委员。1955、1988年两次被授予上将军衔。

洪泽湖 Hongze Lake 中国五大淡水湖之一。位于江苏省西部，环湖为洪泽、泗阳、泗洪、盱眙4县和淮阴区。湖南北最大长度60千米，东西最大宽度58千米，高程15.5米时，面积3 180平方千米。流域面积16万平方千米，总库容130亿立方米。湖面主要属洪泽县。

12世纪黄河南侵夺淮入海，黄淮汇合处清口严重淤塞，使黄河干支流来水蓄积其中，形成大湖。明清二代为防止湖水东溢，屡次加筑大堤，以提高洪泽湖水位。20世纪50年代以来，又对洪泽湖大堤全面改建加固，堤顶高程19米，大堤设计防洪水位为16米，校核防洪水位为17米。堤内湖底高程一般10～11米，高于湖东地面4～8米，成为“悬湖”。

20世纪50年代以来，因垦殖，湖面逐渐缩小。上游来水以淮河干流为主。下游出湖有淮河入江水道、苏北灌溉总渠和淮沭河三大排水河道，以出三河闸经入江水道为主。

洪泽湖鱼类共有16科84种，主要经济鱼类有20余种，虾、蟹为重要水产品。20世纪70年代以来，螃蟹捕捞量增加到水产总捕捞量的1/5，成为江苏省的螃蟹新兴基地。湖区有野鸭、獐鸡等野禽，有在此越冬的丹顶鹤、天鹅等珍稀动物。盛产芦苇、茭草、芡实、莲藕、菱角等。沿湖渔港有高良涧、三河闸、老子山、临淮头、

洪泽湖秋景

尚嘴头和高渡嘴等。湖畔的洪泽盐矿已正式开采。

洪泽湖是淮河航线与**京杭运河**航线衔接的纽带，洪泽湖大堤也是宁淮公路所必经。

鸿沟 Honggou Canal 中国古代最早沟通黄河和淮河的人工运河。战国魏惠王十年（前361）开始兴建。修成后，秦、汉、魏、晋、南北朝，一直是黄淮间主要水运交通线路之一。西汉时又称狼汤渠。隋代在黄河和淮河间开通济渠，即唐宋时的**汴渠**，成为交通主干道，鸿沟的作用削弱，但相当于鸿沟位置的蔡河仍部分起着沟通黄淮的作用。元代开始，建都北京，开**京杭运河**，水运干线东移，蔡河开始湮塞。

鸿雁 *Anser cygnoides*; swan goose 雁形目鸭科雁属的一种。家鹅的原祖。分布于西伯利亚和中国，雄鸟全长约900毫米。雌鸟稍小。嘴呈黑色，较头部长；头顶呈白色，正中呈棕褐色，上体大部呈灰褐色，羽缘色淡直至白色；前颌下部和胸部均呈肉桂色，向后渐淡至下腹呈纯白色；两胁具暗色横斑；尾下覆羽和尾侧覆羽均呈白色。老年雄雁的上嘴基部有疣状突；跗跖呈橙黄色；爪呈黑色。

栖息于河川、沼泽地带。夜间觅食植物，白天在水中游荡。在河中沙洲、湖中小岛或洼地的草丛中营巢。每窝产卵4～8枚。卵呈乳白色。秋季南迁，在中国东部至长江中、下游以南地区过冬。

侯宝林 Hou Baolin (1917-11-29～1993-02-04) 中国相声演员。原名侯保麟，满族。生于北京，卒于北京。11岁开始学艺。初学京剧。16岁改学相声，先后拜常宝臣、朱阔泉为师。曾在北京鼓楼和天桥一带“撂地”演出。1939年在北京天桥新民茶社演出。1940年赴天津，注意净化相声表演语言，并成名，经常进入剧场和电台演出，往来于京、津和沈阳等地行艺。1950年参与发起组织了“北京市曲艺公会相声改进小组”，在剔除旧相声的思想糟粕，纯洁相声的艺术语言，提高相声的艺术品位等方面，作出显著成绩。1952年为中央人民广播电台表演录制了大量相声节目。1979年退出表演舞台，专事相声及曲艺的理论研究。与人合著《侯宝林谈相声》、《曲艺概论》、《相声艺术论集》和《相声溯源》等著作。

侯宝林的相声表演台风儒雅，风格清新，语言洗练，“学唱”传神，尤其善于摹学各种方言市声和多种戏曲与唱曲流派的演唱风格，人称“侯派”。所编演的代表性节目如《婚姻与迷信》、《一贯道》、《妙手成患》、《夜行记》、《戏剧杂谈》、《戏剧与方言》、《改行》、《关公战秦琼》等。所演多为对口相声，搭档以郭启儒和郭全宝最为默契；传人甚多，以**马季**最为著名。

1989年以相声唱片《关公战秦琼》获得中国唱片总公司颁发的第一届“金唱片奖”。他创作和表演的相声作品，多次以不同介质出版，主要有《侯宝林郭启儒表演相声集》(1956)、《侯宝林相声选》(1980)、《侯宝林相声精选》(1994)、《侯宝林表演相声精品集》(2003)，8片集《侯宝林相声全集》(1993)、14片集《侯宝林相声全集》(2002)等。2002年北京音像公司为纪念他诞辰85周年，还制作出版了8集大型电视专题片《侯宝林》。

侯宝璋 Hou Baozhang (1893-05～1967-03-12) 中国病理学科先驱者。字又我。生于安徽凤台，卒于北京。1916年，保送入北京协和医学堂，1918年分入山东齐鲁大学医学院学习，1920年毕业留校任职。1926年后到美国、德国和英国学习，回国后任齐鲁大学病理学系教授及主任。抗日战争期间代理齐鲁医学院院长。1938年受聘于教育部任教授，兼中央大学医学院病理系教授。1948年任香港大学医学院病理系主任、教授，代理院长。1962年任北京中国医科大学副校长，兼病理教研室主任。

他首次证明寄生物（华支睾吸虫）在人体肝内可引起恶性肿瘤，阐明了此病与种族无关，而与喜食生鱼的习惯密切有关。他是绒癌组织有自然消退现象的发现者之一。所著《实用病理组织学》(1939)一书，系中国首部病理组织学教材。与国外病理学家合著《胆汁性肝硬变》。1942年发表《为司马相如的病下一诊断——中国糖尿病史》，撰有《医学丛话》、《中国解剖学史》、《中国牙医史》、《疟疾史》、《杨梅疮考》等。

侯德榜 Hou Debang (1890-08-09～1974-08-26) 中国化工专家，中国化学工业的先驱。字致本。生于福建闽侯，卒于北京。早年入清华留美预备学堂高等科学习，毕业后进美国麻省理工学院学习化学工程。1921年获美国哥伦比亚大学哲学博士学位。1922年任塘沽永利制碱公司技师长，于1926年生产出高质量纯碱，产品随后在美国费城万国博览会上获金质奖章。这一成果被誉为中国近代工业起步的象征之一。中国工程师学会于1935年公推他为第一届金质奖获得者。1934年，负责永利化学工业公司宁厂筹建的技术工作，于1937年2月建成投产，陆续生产合成氨、硫酸、硫酸铵、硝酸等产品。1938年着手开发联产纯碱与氯化铵的生产工艺。1938～1941年，先后在香港、上海和美国纽约进行试验。1941年3月15日，工艺开发初获成功，被誉为**侯氏制碱法**。1943年，完成联合制碱工艺的研究，在中国化学学会年会上获“中国工程学会一届化工贡献最大者奖”。此法于1964年实现工业化，命名为联合制碱法。1943年被聘为英国化学工业学会名誉会员。曾获美国哥伦比亚大学荣誉科学博士学位及英国皇家学会荣誉会员、美国化学工程学会荣誉会员、美国机械学会荣誉会员、美国机械工程师协会终身荣誉会员等称号。1955年当选中国科

学院学部委员（院士）。

1949年以后，历任中央财政经济委员会委员、重工业部化工技术最高顾问、化学工业部副部长等职。曾任中国化学学会及中国化工学会理事长、中国科学技术协会副主席。1932年，写成*Manufacture of Soda*（即《纯碱制造》），全面介绍制碱技术。

侯德封 Hou Defeng（1900-05-06～1980-02-24） 中国地质学家。生于河北高阳，卒于北京。1923年北京大学地质系毕业。曾任实业部地质调查所技师，晋绥矿产测探局技正，四川省地质调查所所长，中央地质调查所技正，中国科学院地质研究所所长兼中科院地球化学研究所所长，中国第四纪研究委员会主任，中国科学技术大学地球化学系主任，中国地质学会副理事长。1955年当选中国科学院学部委员（院士）。早年编著《中国矿业纪要》第三、第四、第五卷，1937年编著《黄河志》中的《地质》篇。30～40年代，主要从事北方煤田的调查，以及四川铁矿和其他矿产的研究工作。50年代初，为湘潭锰矿找到原生矿层，推动了成矿理论研究。参与导致大庆油田发现的地质学工作，获1982年国家自然科学奖一等奖（集体），指导和推动了陆相生油理论的研究。1961年提出核子地球化学观点，创导稀有金属、稀土元素矿床学等的地球化学研究。主要著作还有《从地层观点对中国锰、铁等矿产的寻找提供几点意见》、《关于陆相沉积盆地石油地质的一些问题》、《核子地球化学》、《金属成矿论》、《金属成矿各论》和《核转变能与地球物质的演化》等。

侯方域 Hou Fangyu（1618～1654） 中国清代文学家。字朝宗。河南商丘人。明末诸生。时人以他和方以智、冒襄、陈贞慧为“四公子”。入清以后，于顺治八年（1651）应河南乡试为副贡生。侯方域擅长散文。他提倡学习韩愈、欧阳修，尊唐宋八大家，以写作古文雄视当世。他早期所作华藻过甚、功力不深。后来日臻妙境，时人以侯方域、魏禧、汪琬为“清初三大家”（宋荦《三家文钞序》）。其作品有人物传记，如《李姬传》写品行高洁、侠义美慧的李香君，写反面人物阮大铖，有声有色，形象生动；《马伶传》写伶人刻苦学艺故事，情节曲折，精神感人，均有唐代传奇笔法，具有短篇小说特点。有论文书信，或痛斥权贵，或直抒怀抱，都能显示出他的散文具有流畅恣肆的特色。侯方域也能诗，但成就总体上不如散文突出。著有《壮悔堂文集》10卷及其补遗1卷，《四忆堂诗集》8卷。

侯光炯 Hou Guangjiong（1905-05-07～1996-11-14） 中国土壤学家。生于江苏金山（现属上海市），卒于四川。1928年毕业于北平农业大学农化系。曾任四川大学、西南农学院教授。1985年获全国总工会优秀教育工作者称号和五一劳动奖章。专长土壤地理学、土壤分类和土壤肥力的研究。20世纪30年代与他人共同提出水稻土的三育（淹、潴、潜）分类法和中国土壤分类方案。后又提出利用土壤黏韧曲线作为判断土壤肥力的方法。60年代提出土壤生理性见解，70年代运用土壤肥力理论试验成功水稻自然免耕法。著作有《土壤学附地质学基础》和《土壤学（南方本）》等及学术论文70余篇。

侯加昌 Hou Jiachang（1942-08～ ） 中国羽毛球运动员、教练员。广东梅县人。生于印度尼西亚。1960年回国，进入广东省羽毛球队，1972年入选中国羽毛球队。1963、1972、1973年3次获全国男子单打冠军。以快拉快吊结合突击打法独具一格，多次在国际羽毛球单打比赛中获胜。1974年第7届亚洲运动会羽毛球比赛获男子单打冠军。1976年第4届亚洲羽毛球锦标赛取得男子单打冠军。1978年第1届世界羽毛球锦标赛获男子双打冠军。1979年起任国家羽毛球队教练，1981年获国家级教练称号。2002年入选国际羽毛球联合会名人堂。

侯景之乱 Hou Jing, Riot of 中国南朝梁武帝萧衍统治末年东魏降将侯景发动的叛乱。萧衍称帝后，一贯执行宽纵皇族、优容士族的政策，使统治集团中贪残、侈靡、轻视武备之风日益严重，吏治极端黑暗，形成了“人人厌苦，家家思乱”的严重局面。

侯景（？～552），字万景，原为北魏怀朔镇（今内蒙古包头东北）戍卒。六镇起义时，投降尔朱荣，为镇压葛荣的先锋。后高欢诛灭尔朱氏，他又投靠高欢，官至司徒、河南道大行台，将兵10万，专制河南达14年之久。太清元年（547）高欢死，侯景与高欢子有隙，乃据河南叛，并派人向梁洽降。梁武帝不顾多数朝臣的反对，纳降侯景，封为河南王，都督河南南北诸军事，并派萧渊明领兵5万进攻东魏。十一月，梁军被东魏歼灭，渊明被俘。次年正月，侯景亦败于涡阳（今安徽蒙城），中途夺取寿春。而梁武帝则企图以侯景换回萧渊明。于是侯景将寿春居民充作军士，勾结萧正德（萧衍侄），于八月举兵反叛。并攻入建康，直指台城（宫城，中央台省与宫殿所在地）。三年三月攻破台城。五月，被软禁的梁武帝病饿而死，侯景立太子萧纲为帝（简文帝），自居相国、宇宙大将军、都督六合诸军事，派兵攻占三吴等地。所到之处，专以焚掠为事。大宝二年（551），侯景被荆州刺史湘东王萧绎击败，从此一蹶不振。八月，侯景废简文帝，十一月自立为帝，国号汉。台城陷落后，萧衍子孙间争夺帝位的斗争迅速激化。承圣元年（552），萧绎将领王僧辩与陈霸先进抵建康，侯景东逃，四月为其部下杀死，持续四年之久的叛乱终告平定。

侯景之乱所造成的后果极其严重。江南社会遭空前浩劫。首都建康成为废墟。三吴原最富庶，经侯景烧杀抢掠，残破不堪。东晋以来经营数百年而形成的三大经济文化中心，均遭到毁灭性的破坏。士族门阀在此次战乱中不仅充分暴露了腐朽无能，而且受到了极其沉重的打击，从而大大加速了南朝士族的衰亡过程。

侯镜如 Hou Jingru（1902-10-17～1994-10-25） 中国爱国民主人士、政治活动家，中国国民党革命委员会领导人，全国政协副主席。河南永城人。卒于北京。1924年郑州大学肄业，入黄埔军校第一期学习，加入中国国民党。历任排长、副营长。1925年参加第二次东征，秘密加入中国共产党。任北伐军东路军团参谋长、师党代表兼政治部主任。参加组织上海工人第三次武装起义。大革命失败后，到贺龙部任第25军教导团团长，参加南昌起义。后调中共顺直省委工作。1931年与中共失去组织关系而脱党。先后任国民党军开封行营咨议、师参谋长、旅长。抗日战争时期，率部参加忻口、徐州、长沙会战，升任92军师长、军长。1945年后历任国民党军第17兵团司令、塘沽防守司令、长江防务预备兵团副司令和徐州绥靖公署副主任兼华东军官团总团长等。1949年率部起义，脱离国民党军去香港。1952年返回祖国大陆，任国务院参事。1954年后当选为全国政协第五、六届常务委员。1978年后任北京市人大常委会副主任，民革北京市委主任委员，民革中央副主席、中央名誉主席，黄埔军校同学会副会长、会长，中国和平统一促进

会会长。1989年及1993年当选为全国政协第七、八届副主席。

侯君集 Hou Junji（？～643） 中国唐初大将。豳州三水（今陕西旬邑）人。隋末战乱从秦王李世民征讨有功。唐武德九年（626）的玄武门之变，君集之策居多。太宗即位，任左卫将军，封潞国公，迁右卫大将军。贞观四年（630），任兵部尚书，参议朝政（即宰相）。九年，为积石道行军大总管，随李靖平吐谷浑。十二年，迁吏部尚书，仍参朝政。君集出自行伍，素无学术，及被任用，方始读书。他出为将领，入参朝政，获得当时称誉。贞观十二年至十四年，负责对吐蕃、高昌的征伐，取得平定高昌的大捷。但他入高昌时，私取宝物，还朝后被揭发下狱，虽免罪，却无赏。太子承乾与魏王泰因争位各树其党，君集与承乾结纳。十七年，有人告发承乾策划政变，承乾被废黜，君集也被杀。

侯俊山 Hou Junshan（1853-10-15～1935-06-01） 中国山西梆子、河北梆子演员。工花旦，兼擅武生。名达，小名瑞子，早年艺名喜麟。山西洪洞县人。出生于河北张家口附近。9岁在太原学唱山西北路梆子。13岁

侯俊山在《伐子都》中饰子都

成名，因得艺名“十三旦”。在晋北、张家口一带演出。17岁入京搭全胜和班演出，名大著。清光绪十八年（1892）被选入昇平署外学。后期以演河北梆子为主，曾多次赴京、沪演出。他扮相俊美，做功细腻传情；音色不甚圆润，唯口齿有力，吐字真切，感情充沛，颇能补其不足。代表剧目有《辛安驿》、《九花娘》、《红梅阁》、《玉堂春》等。武功根底扎实，武生戏《伐子都》、《八大锤》等亦甚拿手。他还将《小放牛》传入北京，广为流传；又将板胡引入山西北路梆子，促进了北路梆子伴奏音乐的发展。

侯马金墓 Tombs of Jin Dynasty at Houma 中国山西侯马地区金代墓葬的统称。习惯上特指董玘坚、董明兄弟之墓。二人葬于金大安二年（1210）。1959年发掘。两墓形制相同，董玘坚墓保存完整。它们是金代仿木建筑雕砖墓的典型实例，对研究金代社会文化习俗及建筑装饰有重要价值。董玘坚墓平面近方形（2.26米×2.08米），墓室高4.2米。顶为八角形藻井，四壁雕砌成四面有木结构房屋的庭院。北壁砌堂屋3间，明间雕墓主人夫妇分坐桌两旁；两次间各立雕花屏风和侍童侍女。东西两壁各雕6扇四抹格子门，障水版上雕花卉人物。南壁墓门两侧砌镇宅狮子和盆花。墓门上方砌一匾状买地券，记墓主姓名、买墓地的经过和下葬年月。北壁厅堂屋檐上方正中砌一山花向前式歇山顶小戏台。台上排列5个涂彩杂剧砖俑，均做表演状，与元陶宗仪《辍耕录·院本名目》中记载的金院本5个脚色行当相吻合。一般认为这是金院本演出场面的模型，为研究中国古代戏曲史提供了重要资料。侯马地区其他金墓也多属金代晚期雕砖墓，墓葬形制和雕砖题材与董氏墓相近。

侯马晋城 Houma City Site of Jin State 中国东周时期晋国的都城新田。遗址位于山西侯马。公元前585～前403年此处为晋都。遗址于1952年发现，1956年起钻探和发掘。1961年国务院公布为全国重点文物保护单位。整个遗址总面积逾40平方千米。时代约当春秋中期至战国早期。已发现7座城址。其中白店、台神、牛村、平望4座较大，面积各约1～2平方千米。白店古城年代稍早，可能是建都以前的新田故址。其余3座呈品字形排列，均发现建筑台基，应是当时的宫殿遗迹。这4座古城东面和东北面的3座古城面积较小，可能是大夫城。牛村古城南有铸铜、制石、制骨、制陶等作坊遗址，呈王古城东南有祭祀和盟誓遗址。还发现墓地5处。出土遗物有陶器、铜器、陶范、板瓦、筒瓦、瓦当和盟书（见侯马盟书）等。侯马晋城包括多座小城，有别于东周时期其他诸侯国的都城，代表了中国早期城市的一种类型。

侯马盟书 Oath of Alliance from Houma 中国春秋晚期至战国早期晋国卿大夫举行盟誓时的誓词文书。用毛笔写在玉石片上。1965年发掘山西侯马晋城遗址时发现，是第一次以科学方法发掘出土的古代盟誓文书。其发现对研究古代盟誓制度、东周时期晋国历史及古文字有重要意义。盟书又称载书，一式两份，一份藏在盟府，一份埋于地下或沉入河中，以取信于鬼神。在侯马盟誓遗址内，共发现瘗埋牺牲和盟书的坎（坑）400余个，计出土盟书5 000余件，其中形体基本完整、字迹较清晰者656件。每件上写10余字至200余字。侯马盟书的

书写侯马盟书的玉石片

玉石片多呈圭形，字迹大多为朱红色，少数为黑色，字体接近春秋晚期的铜器铭文。侯马盟书按内容可分为宗盟、委质、纳室、诅咒、卜筮等几类。宗盟类的与盟者主要是主盟者之族亲和近臣，盟书中心内容是效忠盟主，遵守誓言。委质类的与盟者主要是原在敌方、新近投靠过来之人，盟书中心内容是与盟者表示决不再与敌方来往，忠于盟主及其子孙后代。纳室类的内容为禁止纳室，即不准兼并别人的家室和财产，同时也反对和声讨宗族中的其他人纳室。对有关的主盟者、盟誓年代等问题尚未得出一致意见。

侯马市 Houma City 中国山西省辖县级市。位于省境南部。面积274平方千米。人口24万（2010）。古称“新田”，是春秋战国时期的晋国故都。公元前584年，晋景王迁都于此。北魏置曲沃县，唐贞观十年（636）设新田府，故址在今侯马市西。明洪武八年（1375）设驿丞，为明清时期中国北方最大的驿站之一。因配备马匹多，过往的朝政要员多在此等候，故称侯马。1958年11月设侯马市。由临汾市代管。作物以小麦、棉花、玉米为主，是晋南地区重要的蔬菜生产基地。有机械、电力、纺织、汽车修配、建材、烤烟、化工、冶炼、医药等工业。古迹有侯马晋城遗址、侯马铸铜遗址、战国车马坑、金代砖雕戏台模型等。

侯仁之 Hou Renzhi（1911-12-06～ ） 中国历史地理学家。原籍山东恩县，生于河北枣强县。1936年燕京大学毕业后留校深造并任教。1946年入英国利物浦大学，

1949年获博士学位。回国后历任燕京大学教授，北京大学教授、系主任、校副教务长，北京都市计划委员会委员、中国地理学会副理事长、国际地理联合会地理学思想史专业委员会委员等职。1980年当选中国科学院学部委员（院士）。1984年，

英国利物浦大学授予荣誉科学博士称号。是中国现代历史地理学创始人之一。他最先明确论述历史地理学学科的性质和任务；开创中国城市历史地理研究，长期研究北京城市历史地理，为北京旧城改造、城市总体规划和建设作出贡献；开创中国沙漠历史地理研究，为防治土地沙化工作提供了科学论据。著有《历史地理学的理论与实践》、《城市历史地理的研究与城市规划》、《侯仁之文集》等，主编有《中国古代地理学简史》、《北京历史地图集》、《黄河文化》等。1999年获何梁何利基金科学技术成就奖、美国地理学会乔治·戴维森勋章。

侯赛因–麦克马洪信件 correspondences between Husayn ibn ‘Ali and Henry McMahon 第一次世界大战期间，英国驻埃及高级专员H.麦克马洪和麦加谢里夫侯赛因·伊本·阿里之间的秘密通信。通信主要涉及侯赛因参加协约国对土耳其作战、英国保证战后在阿拉伯半岛和“肥沃新月”地带建立一个独立的阿拉伯国家，以及英国在这一地区享有特权等问题。1915年7月14日，侯赛因写信给麦克马洪，提出双方结盟的基本条件：①英国承认下述疆界内阿拉伯国家的独立：北界，自梅尔辛—阿达纳—乌尔法—马尔丁—阿马迪亚，直到波斯边界；东界，从波斯边界南至波斯湾；南界，印度洋；西界，沿红海和地中海岸到梅尔辛。②侯赛因政府承认英国在未来的阿拉伯国家内享有15年经济上的优先权。③英国和未来的阿拉伯国家签订联合防御条约。④英国同意废除外国在阿拉伯国家内享有的特权。英国政府拒绝了这些条件。10月24日，麦克马洪致函侯赛因，表示英国政府同意确定疆界，但梅尔辛和亚历山大勒塔以及叙利亚的大马士革、霍姆斯、哈马和阿勒颇以西部分，不能视为纯阿拉伯地区，应排除在侯赛因提出的疆界之外。经过上述修正，英国接受侯赛因提出的疆界。1916年5月16日，英、法两国签订了违背侯赛因–麦克马洪信件的赛克斯–皮科协定。同年6月5日，侯赛因率众起义，进攻土耳其驻汉志的军队。10月，侯赛因宣布成立阿拉伯王国，自立为国王。但英、法、意三国只承认他是汉志的统治者。

侯赛因·伊本·塔拉勒 Hussein ibn Talal (1935–11–04～1999–02–07) 现代约旦王国的创建者阿卜杜拉国王的长孙，约旦哈希姆王国第3任国王（1952～1999）。生于安曼，卒于安曼。按照圣裔家族的谱系，他是伊斯兰教创始人穆罕默德的第39代嫡系外孙。幼年在安曼的王宫接受教育，后被送往埃及和英国读书。1952年8月，其父塔拉勒国王因健康原因逊位，约旦议会确定侯赛因为王位继承人。1953年5月2日举行加冕典礼，由此开始长达近半个世纪的治国生涯。

在位期间，约旦王国经历了各种变故。他凭借精明、干练和老谋深算的政治家眼光，着力排除内忧外患，治理国家。同时在社会、经济和政治等领域不断实施改革，推进国家的现代化发展，特别是他奉行的灵活务实、积极推动中东和平进程的全方位外交策略，为约旦在“夹缝”中生存和发展营造了适宜的外部环境，从而使约旦这个小王国逐渐告别贫穷、落后和封闭状态，迅速走上富裕的发展道路，并进入世界中等收入国家的行列，约旦在中东和国际上的地位也得到不断提高。

侯氏制碱法 Hou’s process 制纯碱（碳酸钠）与合成氨联产的方法。由中国化工专家侯德榜在1926年创造。又称联合制碱法。此法克服了氨碱法排放废液的缺点，利用合成氨厂生产的氨和二氧化碳（CO_2），加

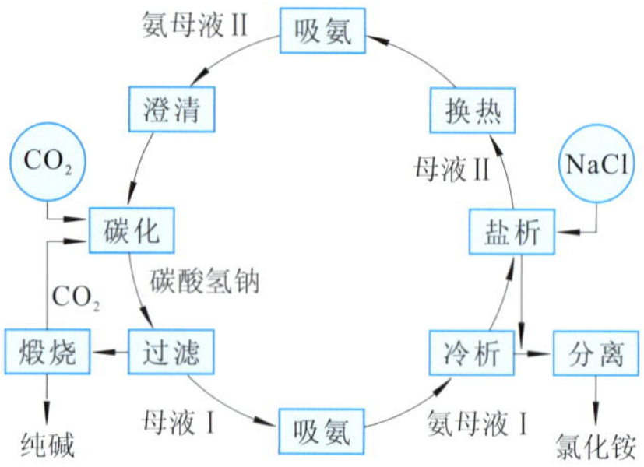

侯氏制碱法过程

入食盐（NaCl）以生产氯化铵和纯碱。盐的利用率可高达95%以上。此法第一次在永利碱厂工业化，产品获得了美国费城万国博览会金质奖章，被誉为中国近代工业进步的象征。1941年由范旭东建议命名为“侯氏制碱法”。

侯外庐 Hou Wailu (1903–02–06～1987–09–14) 中国历史学家。原名兆麟，又名玉枢，自号外庐。山西平遥人。生于平遥县西王智村，卒于北京。1922年到北京求学，分别考入北京法政大学和北京师范大学，兼攻法律和历史。1927年赴法留学。1930年回国。九一八事变后，在北平大学、北平师范大学等校任教授。抗日战争期间，他在重庆一面从事抗日民族统一战线工作，一面从事学术研究，在中国古史和思想史研究领域内取得了突出的成就。中华人民共和国建立后，历任中央人民政府政务院文教委员会委员、北京师范大学历史系主任、西北大学校长、中国科学院历史研究所副所长等职。

侯外庐坚持应用马克思主义的理论和方法研究中国历史，对上下几千年的社会史和思想史做了广泛、深入的研究，著作丰富，自成体系，开创了一个独具特色的学派。著作有《中国古代社会史论》、《中国封建社会史论》、《苏联历史学界诸论争解答》、《中国古代思想学说史》、《中国近世思想学说史》、《中国思想通史》（与杜国庠、赵纪彬、邱汉生等合著，5卷）、《中国思想史纲》、《宋明理学史》、《韧的追求》（回忆录）等。长期担任中国史学会理事。晚年，担任中国哲学史学会名誉会长，中国孔子基金会名誉顾问。他还曾当选第一、二、三、五届全国人大代表，第六届全国政协委员、常务委员。

侯喜瑞 Hou Xirui (1892～1983–02–22) 中国京剧演员。工架子花脸。字霭如，回族。原籍河北衡水。生于北京，卒于北京。11岁入喜连成科班，从萧长华、韩乐卿等学京剧，同时拜名净黄润甫为师，得其真传。后融合各家之长，形成自己的风格，世称“侯派”。表演矫健、细腻，注重形式美，并坚守懂剧情、懂戏理、懂戏词、“发于内，形于外”的原则。唱念口劲严紧、字韵准确，根据本人嗓音条件，常用炸音、沙音、立音，唱法简洁大方，讲究顿挫、收放，字字真切。武功精湛，做功身段边式利落，层次分明，继承黄润甫擅用“大工架”的特点，利用长腰、立腰等弥补身材瘦小之不足。脸谱细致干净、形象生动，自成一家。代表作有《战宛城》的曹操、《取洛阳》的马武、《连

侯喜瑞在京剧《岳家庄》中饰牛皋

环套》的窦尔墩、《法门寺》的刘瑾、《清风寨》的李逵等。还擅演重要配角，如《红拂传》的虬髯客、《回荆州》的张飞、《失街亭》的马谡、《群英会》的黄盖等。演次要配角亦精彩，如《硃痕记》的李仁、《荒山泪》的杨德胜、《岳家庄》的牛皋等。弟子有马崇仁、袁国林、尚长荣、李荣威等。著有《学戏和演戏》。

侯祥麟 Hou Xianglin（1912-04-04～2008-12-08） 中国化学工程、燃料化工专家。曾名侯波。生于广东汕头，卒于北京。1935年毕业于燕京大学化学系。后任重庆西南运输处炼油厂副工程师、重庆兵工署炼油厂正工程师等职。1948年获美国卡内基理工学院化学工程博士学位。1949年任麻省理工学院燃料研究室副研究员。1950年回国，历任清华大学教授、中国科学院大连石油研究所研究员、石油科学研究院院长。1978～1982年任石油工业部副部长。中国石油学会第一、二届理事长。1955年当选中国科学院学部委员（院士），1994年当选中国工程院院士。组织领导了重大炼油新技术的科研攻关会战，这些新技术在生产上的应用，使中国炼油技术接近当时世界水平；组建队伍，研制并及时提供导弹、原子弹等尖端武器所需的各种润滑材料。1986年获意大利通用石油公司颁发的第一届恩里科·马泰伊国际科学技术奖，1996年获何梁何利基金科学与技术成就奖。主编《中国页岩油工业》（1984）、《中国炼油技术》（1991、2001）、《中国炼油技术新进展》（1991）等书，发表论文数篇、文章多篇。

侯孝贤 Hou Xiaoxian（1947-04-08～ ） 中国台湾电影编剧、导演。广东梅县人。1972年毕业于台湾板桥艺专影剧科。1975年开始编剧，作品有《早安台北》、《我踏浪而来》等。1980年编导了喜剧《就是溜溜的她》和《风儿踢踏踩》。1982年编导的《在那河畔青草青》引起影坛重视。1983年的《儿子的大玩偶》获好评。1986年编导的《冬冬的假期》获法国南特三大洲国际电影节最佳剧情片奖、瑞士洛迦诺国际电影节特别奖。《童年往事》亦获多项国际电影奖。其他驰骋国际电影节的影片还有《恋恋风尘》、《尼罗河女儿》、《悲情城市》。20世纪90年代创作了《戏梦人生》、《好男好女》、《南国再见，南国》、《海上花》等。他长于使用长镜头和远景镜头，画面富有中国古典美学的诗意。

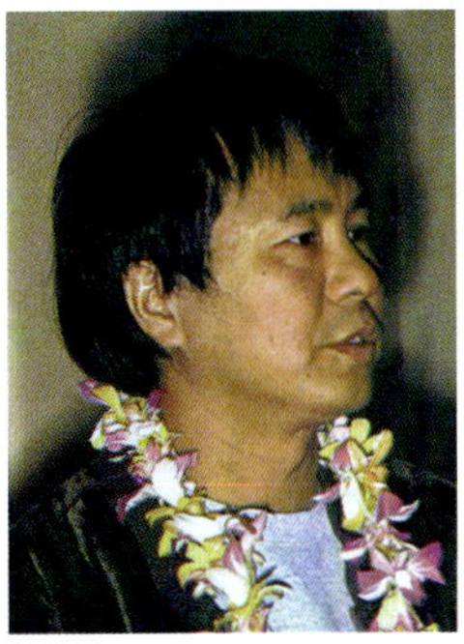

侯玉山 Hou Yushan（1893～1996-11-04） 中国北方昆曲演员。工花脸。河北高阳县人。卒于北京。11岁在河北获鹿和丰昆弋班从刘桐德学武丑，17岁后师事北昆名净郃老墨，改学花脸。1919年至北京参加荣庆社，先后与韩世昌、王益友、侯益隆、陶显庭、郝振基、魏庆林等合作。抗日战争爆发后，归家务农，课徒授艺。中华人民共和国建立后，不顾年迈，积极参加北方昆曲剧院的建院工作与演出，还课徒授艺，为北派昆曲培养出一批演员。侯玉山的戏路宽，功夫硬，气质淳朴，表演富于乡土气息。昆曲界素有“净怕《嫁妹》”之说，侯玉山演来却举重若轻，身段工架能于稳健严谨中透出风趣妩媚，演唱则高亢、洪亮、雄浑，并有翻身上椅背的特技，把钟馗的形象刻画得生动传神，一时有“活钟馗”之誉。侯玉山对河北的弋腔也非常熟悉，晚年还能演唱《华容道》、《敬德钓鱼》等弋腔唱段。

侯玉山在昆曲《嫁妹》中饰钟馗

喉癌 larynx cancer 发生于喉部的恶性肿瘤。按照病期和发生部位的不同而呈现各种症状，有咽喉异物感、声音嘶哑、呼吸困难、颈淋巴结肿大等。若能早期发现和治疗，后果多数良好。

病因 吸烟、粉尘、放射性物质、铬等与发病也有一定关系，女性激素可抑制喉癌的发生。

临床分型和病理 按发生的部位不同可分为声门上型、声门型、声门下型和贯声门型四型。以鳞状细胞癌为最多，约占90%以上，临床表现为菜花状增生、浸润及溃疡等。发生在喉的良性病变有些可能转化成癌，称为癌前病变。包括慢性增生性喉炎、喉乳头状瘤、喉角化症、喉白斑等。临床观察证明，只有少数癌前病变发展成癌，即或如此，也应注意发现癌前病变。

诊断 常用的检查方法有：①间接喉镜检查。在明视下，钳取活体组织作病理检查，或涂片行细胞学检查。②纤维喉镜检查。用可弯曲的纤维喉镜检查，并钳取活组织。③影像学检查。辅助喉镜检查，以明确病变部位、范围、形态及软骨情况等。④显微喉镜检查。通过直接喉镜，用手术显微镜观察喉的微细改变。此法还可用于手术，以确保癌切除彻底。

治疗 多采用放射治疗和手术，或两者综合治疗，5年生存率可达60%以上，Ⅰ期声带癌可以达90%以上。

喉麻痹 laryngoparalysis 因喉运动神经麻痹所致的声带运动障碍。可由喉局部或其周围器官病变引起，也可由中枢神经系统疾病引起。

病因 ①神经受压或受牵引。各种原因所致的左心肥大、主动脉瘤、肺动脉扩张。②外伤。③恶性肿瘤，如肺癌、食管癌和甲状腺癌。侵犯喉返神经。④周围神经炎，如中毒性神经炎、感染性神经炎等。⑤不明原因。约有1/4喉麻痹的病例找不出任何原因。

诊治 通过喉镜检查观察声带的活动情况即可诊断。进一步观察可利用喉肌电图、喉动态镜和超高速摄影等技术。治疗喉麻痹的目的是解除呼吸困难和恢复发声，常用方法有以下几种：①气管切开术；②声带固定术和杓状软骨切除术；③其他治疗方法。声带松弛或内收功能不佳者可在声带内植骨，或注入聚四氟乙烯或硅胶以增进其闭合功能，改善发声状态。

喉盘鱼 Gobiesociformes; clingfishes 硬骨鱼纲喉盘鱼目鱼类的统称。共有2科36属120种。分布广泛，几乎遍布各大洋的热带、亚热带水域中。有4个属的种类产于中美洲的淡水中，其余均为海产鱼类。中国有6属6种，如小姥鱼、纹头锯齿喉盘鱼、盘孔喉盘鱼、黄喉盘鱼等。体长一般50～70毫米，产于南非的巨喉盘鱼个体最大，体长可达300毫米以上。体前部平扁，光滑无鳞，体表覆以黏液。头前部平扁，头部侧线孔发达。腹鳍常存在，且特化为一吸盘，具鳍棘，鳍条，最后一鳍条有膜与胸鳍基下缘相连。除腹鳍外，各鳍均无鳍棘。背鳍、臀鳍各1个，多位于体之后部。尾鳍圆形。胸鳍宽阔，圆形。吸盘有两种类型，一为双吸盘型，其前后吸盘间有游离缘；二为单吸盘型，其前后吸盘间无游离缘，腹表面有一些小而平扁的乳头突起。无鳔。

喉盘鱼大多生活在海藻丛生且有岩礁的浅海，有的可以在潮间带底层生活，少数为淡水鱼类。常以发达的吸盘吸附在岩石或黏附在水底上。产于智利的杯吸盘鱼常生活在风浪较大的潮间带，能吸附在岩石上。食性杂，摄食海藻、双壳类、腹足类及藤壶。栖息水层可由沿岸浅海到深达60米的海域。

喉炎 laryngitis 由发声不当、变态反应和各种理化刺激引起的喉部软组织感染。由于病因复杂，临床表现各异，所以有不同的分类方法（见表）。

喉炎的分类举例

分类	举例
急性喉炎	急性会厌炎、急性喉气管支气管炎、急性喉软骨膜炎
慢性喉炎	萎缩性喉炎
喉部变态反应免疫	喉血管性水肿、喉韦格纳氏肉芽肿
喉部特异性炎症	喉白喉、喉结核、喉狼疮、喉梅毒

急性喉炎是喉黏膜的急性炎症。常由急性上呼吸道感染引起，也常与一些发热性或发疹性病变有关；发声过度、吸入刺激性气体或烟雾（包括吸烟过多）均为常见的原因。

成人的主要症状是喉部不适和声哑，一般无疼痛，也不发生呼吸困难；儿童容易发生严重水肿、喉阻塞。

成人急性喉炎一般可在数日内自行减轻，但声哑可能持续较久。可适当应用抗生素。儿童的治疗原则是防止发生窒息等严重情况，宜大剂量应用抗生素，呼吸困难严重者加用皮质类固醇，缺氧者应吸氧，空气宜保持湿润，必要时蒸气吸入。如呼吸困难不缓解者应及时施气管切开术。

急性会厌炎是急性喉炎的一个特殊类型。炎症主要局限于会厌，使会厌肿胀或形成脓肿，阻塞喉入口而造成呼吸困难。本病常由嗜血流感杆菌感染引起。应用大剂量抗生素配合全身皮质类固醇治疗，呼吸困难严重者应行气管切开。

慢性喉炎可波及黏膜下层及喉内肌。病理改变是喉黏膜充血、水肿和肥厚。以肥厚性病变为主者称肥厚性喉炎，肥厚性病变侵及声带、室带和他处黏膜，并可侵犯至声门下。治疗主要是发声休息，感染明显的可应用抗生素，一切刺激因素包括吸烟、粉尘刺激等应当避免；局部可用含薄荷脑和安息香酊的喷雾剂，以减轻症状。

喉阻塞 laryngeal obstruction 各种原因导致喉腔狭窄或闭锁引起的一系列临床表现。又称喉梗阻。喉阻塞时出现的呼吸困难称为喉源性呼吸困难。严重者可发生窒息和死亡。尤其是小儿喉腔相对窄小，一旦发生喉阻塞，病情重，进展快，因缺氧造成窒息。

病因 一切能引起喉腔狭窄和闭锁的疾病都是喉阻塞的原因（见图）。

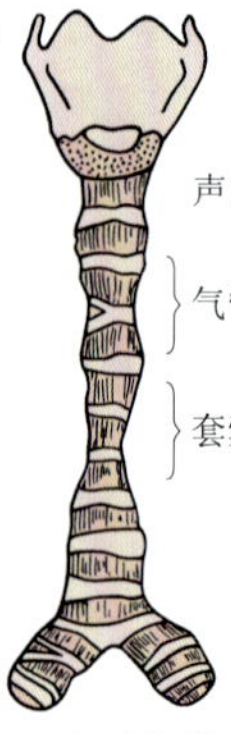

容易发生阻塞的气管狭窄部位

急性喉阻塞 ①喉部炎症性疾病。小儿急性喉炎、急性喉气管支气管炎，成人急性会厌炎，以及喉白喉、喉结核、喉梅毒和喉硬结病等（见喉炎）。②喉外伤。喉切割伤、顿挫伤、烧伤、气管插管和喉部手术所致的外伤等。③喉异物。多见于小儿，嵌顿于声门或气管内，异物造成机械性阻塞。④喉水肿。除喉部炎症和外伤所致的喉水肿外，主要是变态反应所致的喉部血管性水肿和变应性喉炎。⑤喉麻痹。即声带不能活动，双侧声带不能外展时声门不能张开而有喉阻塞的表现。⑥先天性喉畸形。较少见，如喉蹼。

慢性喉阻塞 ①喉部肿瘤。良性肿瘤中以小儿多发性乳头状瘤多见；恶性肿瘤中以喉癌多见。②喉瘢痕狭窄。

临床表现 主要有以下几方面：①吸气性呼吸困难。主要表现为吸气运动加强，吸气深而费力，重者吸气时头后仰。②吸气性喉鸣。为吸入的气流急速通过狭窄的喉腔和声带颤动而发生的一种特殊的声音。③吸气性软组织凹陷。即所谓"三凹征"，表现为胸骨上窝、锁骨上窝及各肋间隙在吸气时向内凹陷，有时剑突下也有凹陷。④嘶哑。

诊断 根据其特征不难诊断。喉阻塞确定后应根据病史、症状和有关检查确定病因。在患者情况允许的情况下作间接喉镜检查、直接喉镜检查、喉部X射线检查和CT等。

治疗 抢救措施有以下几方面。①氧气吸入。②可酌情给予适量镇静剂。③气管内插管术。插管留置时间48～72小时，若已超过应行气管切开术。④气管切开术。

猴 Cercopithecidae; monkey 灵长目猴科动物的统称。共计21属，约132种，占灵长类总种数的38%。广义上的猴指除类人猿（长臂猿、猩猩、黑猩猩、大猩猩）以外的所有灵长类动物。除猴科动物外，还包括原猴类，以及新大陆的阔鼻猴类。共计40属，约193种，占全部灵长类种数的55%。主要分布于非洲和亚洲的热带和温带地区。

猴科动物是生存于中新世晚期到现代的高等灵长类。其共同特征是体形中等，四肢等长，或后肢略长；有尾巴，或长或短，不具缠绕性；具颊囊；有臀疣，即臀部上裸露的胼胝体。脸部有裸区。鼻间隔狭窄，鼻孔向下开口。拇指（趾）与其他指（趾）相对，可抓握物体。性机敏，灵活；视觉发达，听觉、嗅觉次之。皮毛较为粗糙，颜色各异。多数种类树栖，少数种类生活在地面或多岩石的地区。成群活动，绝大多数种类具有严格的社会等级。杂食性，以嫩芽、嫩枝叶、果实等植物性食物和昆虫等无脊椎动物、鸟卵、小型脊椎动物等动物性食物为主。热带地区的种类一般无固定的繁殖季节，不同种类的繁殖期不同。寿命通常在15～50年。猴类虽种类多，但多数种群数量稀少，濒于灭绝，须严加保护。

猴面包树 *Adansonia digitata*; monkeybread tree 木棉科猴面包树属的一种。原产非洲热带。中国福建、广东、云南热带和南亚热带地区有栽培。寿命可达5 000年。落叶高大乔木。叶集生枝端，掌状复叶，互生，小叶通常5，长圆状倒卵形，叶柄长10～20厘米；托叶小。花两性，单生或成对生于枝顶叶腋；花萼革质，花前闭合，花时撕裂为5个几相等的裂片；花瓣5，外翻，白色，皱波状，长12～15厘米；雄蕊多数，花丝合生成管，白色；心皮5～10(15)，合生，子房上位，5～10室(15)。蒴果长椭圆形，下垂，长25～35厘米，粗10～16厘米。种子多数，藏果肉内，有假种皮。未成熟果皮可食。猴面包树是热带稀树草原上象征性树种，在原产地茎干极粗大，胸径可达12米，储存大量水分，当地人取其茎内水分饮用，或利用其树干作住宅、畜栏或储水站。

猴拳 houquan; monkey boxing 中国武术象形拳之一。模仿猴子的各种神态、动作，结合攻防技击汇集创编而成。早在西汉时就有了猴舞和猴拳。猴拳在发展过程中形成了不同的流派和技术风格，且南北各异，南方重短打连发，北方擅长刁巧击。但基

本要领是共同的，特点均为轻灵、形象、寓猴形于武技之中。要求形似、意真、步轻、法密、身活，即在眼、身、手、步等方面要做到22个字：刚、柔、轻、灵、绵、巧、躲、闪、神、束、抓、甩、采、切、刁、拿、扣、顶、缠、蹬、踹、弹。前10个字指的是整个动作的神态，中间8个字指的是上肢手法，后4个字是指腿法。中华人民共和国建立后，猴拳在动作质量、套路编排、表演效果等方面都有提高。自1953年全国民族形式体育表演竞赛大会以来，历届全国性武术表演比赛都有猴拳项目。

《后村诗话》 *Houcun's Comments on Poetry* 中国宋代诗歌理论著作。作者刘克庄。

后发座星系团 Coma cluster 银河系附近的一个富星系团。位于北银极附近的后发座方向，又名A1656。直径约2亿光年，距离太阳约2.8亿光年，星系总数达3 000个，

后发座星系团中最突出者为巨椭圆星系（选自美国国家光学天文台）

其中已知红移的星系超过450个。X射线观测得到的热气体结构显示出明显的块斑，提示新近有一些较小的星系群落入团中。由星系速度估计出团的质量为太阳质量的2×10^{15}倍。后发团是英仙－双鱼超星系团的一部分。这个超星系团几乎占了天空中视野的一半。

后冈遗址 Hougang 中国新石器时代与青铜时代遗址。位于河南安阳高楼庄。1931～1971年多次发掘。在这里首次发现了仰韶文化、河南龙山文化、商文化三种文化层位的上下叠压关系，由此确定了三者的相对年代。这里仰韶文化的彩陶钵、碗、罐形鼎，以及三角斜线纹、多道短线纹等彩陶纹样特征鲜明，其遗存被命名为仰韶文化后冈类型，年代为公元前4390～前4180年。河南龙山文化的建筑遗迹很重要，有房址39座，有的房屋还用幼童作奠基牺牲。还发现商代大墓与圆形祭祀坑，坑内埋有73个人的骨骼，多是男性青壮年及儿童，少数为女性青年。此坑是商代晚期杀人祭祀的重要遗迹，反映了商代奴隶社会的残酷人性制度。

后工业城市 post-industrial city 具有后工业化社会特点的城市。按照工业化发展程度，人类社会可分为前工业化、工业化和后工业化三个时期。发达国家的后工业化时期一般从20世纪50年代开始。后工业化社会城市化进程加快，使得后工业城市市区的人口和企业大量向郊区迁移，产生郊区化和逆城市化现象，形成卫星城镇以及城市地域互相重叠连接而形成的城市群和大都市带。跨国公司的迅速发展，造成生产过程的全球化，出现搜集、传播信息和决策的办公大厦位于国际性城市内，而生产产品的工厂、车间散布在可提供廉价劳动力的发展中国家。后工业城市的特点是：①中枢管理职能更加强化。②消费者要求更加多样化。③城市布局趋于分散，出现郊区化、逆城市化，城乡逐步一体化。④形成城市群、大都市带。

后工业社会 post-industrial society 工业社会之后的一种社会模式。由美国社会学家D.贝尔提出。见信息社会。

后汉 Later Han Dynasty 中国五代之一（见五代十国）。刘知远（即后汉高祖）所建。都开封。盛时疆域约为今山东、河南两省，山西、陕西的大部及河北、宁夏、湖北、安徽、江苏的一部分。历2帝，前后约4年。

后汉世系表

①高祖刘知远（947～948）——②隐帝刘承祐（948～951）

开运三年十二月十七日（947年1月11日），契丹陷开封，后晋亡。次年正月，耶律德光称帝于开封，国号辽。二月，刘知远亦在太原称帝。他下诏诸道禁止为辽搜括钱帛，并诏慰抗击辽之民众，人心归附。三月，辽兵北撤。五月，刘知远出兵占领洛阳、开封，收复河南、河北诸州。六月，改国号大汉，史称后汉。改开运四年（947）为天福十二年，次年建元乾祐。与南唐、吴越、楚、南汉、后蜀、南平等政权并立。

乾祐元年（948）正月，刘知远死，次子李承祐（931～951）继位，是为隐帝。承祐初立，大臣史弘肇、杨邠、苏逢吉、郭威等专权。史弘肇为侍卫亲军马步军都指挥使，掌握禁军，酷虐滥杀；杨邠为枢密使，权势最重。承祐疑惧，于乾祐三年十一月杀杨邠、史弘肇及三司使王章，以苏逢吉权知枢密院事；又密令杀邺都留守、枢密使郭威。事泄，郭威起兵攻入开封，十一月二十一日（951年1月1日）承祐被杀。后汉亡。

汉元通宝

后汉高祖刘知远 Emperor Gaozu of Later Han Dynasty（895～948） 中国后汉王朝的开国皇帝。沙陀部人。居住太原。石敬瑭为后唐北京（即太原）留守，以知远为押衙。敬瑭密谋称帝，以称儿、称臣、割地、岁输金帛为条件，求契丹主出兵助己灭后唐。知远进谏，认为称臣已可，以父事之太过，只用金帛贿赂也可以使契丹发兵，不必割地，否则，恐异日为中原之大患。敬瑭不从。天福元年（936）敬瑭建立后晋，先后以知远为陕州、许州、宋州、河东节度使，邺都、北京（太原）留守，加侍中。七年，敬瑭死，侄重贵嗣位，封知远为北平王。时吐谷浑部归附河东，后来又有反复，知远杀其首领白承福等，收其精骑，得其财畜，河北富强冠于诸镇。开运年间，契丹军南下中原，知远不出一兵支援朝廷。开运三年（946）冬契丹陷开封，灭后晋。知远上表奉贺，契丹主耶律德光赐诏，称"知远儿"。次年正月，耶律德光称帝，国号辽。二月，知远见辽帝贪残不能统治中原，于是在太原即位，仍称天福十二年，意在争取后晋旧臣归附。三月，辽帝在中原人民的反抗下，被迫北返。辽所署的汴州节度使萧翰矫称辽帝命，拥立后唐明宗子李从益知南朝军国事。知远乘虚入洛阳，从益被逼死于开封。知远入开封，改国号为汉，史称后汉。次年正月改元乾祐，更名暠，当月卒。

《后汉书》 *Book of Later Han* 纪传体中国东汉断代史。共120卷，包括纪10卷、传80卷、志30卷。纪、传为南朝宋范晔撰。志为晋司马彪撰，一般称《续汉书》。范晔撰写《后汉书》以前，已经出现了多家后汉史作。范晔博采众书，斟酌去取，成一家之言。其中对《东观汉记》吸取尤多。他原拟效法《汉书》，撰写10志，但因被杀而未及完成。范书记事简明扼要，疏而不漏，后来居上。《后汉书》纪、传的编次与《汉书》有所不同，纪的最后一篇是《皇后纪》，相当于《汉书·外戚传》。传于《汉书》之外创立了7篇类传，包括《党锢传》、《宦者传》、《文苑传》、《独行传》、《方术传》、《逸民传》、《列女传》。志中《舆服志》为《汉书》所无。《汉书》有《百官公卿表》，记述西汉职官制度。司马彪改表为志，创立《百官志》，叙述东汉分官设职情况。这两篇志，后人修史多有因袭。志中未设《食货志》，漏载一代经济制度。后来《晋书·食货志》追述了前代经济状况，多少弥补了这一不

足。南朝梁刘昭第一个集各家后汉史书同异以注范书，并从司马彪《续汉书》中抽出志，也加以注释，补入范书。唐高宗之子李贤和张大安、刘纳言等为范书作注，征引广博，训释简当。今存最早刻本是南宋绍兴本，其中残缺5卷。1965年中华书局出版标点校勘本，是质量较好的本子。

后湖黄册库 中国明代专门收贮全国赋役档案的中央档案库。建于明代初年，位于南京后湖（今玄武湖）中的群岛上。明洪武十四年（1381）推行黄册制度，规定各地每10年编造一次赋役册籍，共4套。其中3套用青色封面（称青册），由布政司、府（州）、县各存1套；1套用黄色封面（称黄册），上交中央户部。万历三十年（1602），后湖册库达667间，收贮黄册153万余册，至明代末年黄册多达179万余册，同时藏有全国丈量土地绘制的鱼鳞图册。为中国古代规模最大的档案库。该库初由户部侍郎代管，明都北迁后，由南京户科给事中一员和户部广西清吏司主事一员专管。库房管理制度严密。1644年明朝灭亡，后湖黄册库随之消失，库存黄册也损毁殆尽。明正德年间南京户科给事中赵维贤辑有《后湖志》一书，记述了该库事迹。

后记 postscript 写在书籍或文章之后的文字。多用以说明写作经过，或评介内容等。又称“跋”、“后序”或“书后”。唐代韩愈作《科斗书后记》，便有“后记”之称。古人多用“书”某书或某文“后”这一题名，偶用“读”某书或某文“后题”这一名称。后世所谓题跋，都是后记。后记实际是列在书后的序文（见序），但与序文稍有不同。其差异之处在于“后记”或“跋”在内容方面往往无须如序说得那么全面，体制规模亦皆小于序文。

后金 Later Jin 中国清朝政权的前身。万历四十四年（1616），努尔哈赤在赫图阿拉（辽宁新宾老城）建都称汗，建元天命，国号大金，史称后金。

后晋 Later Jin Dynasty 中国五代之一（见五代十国）。石敬瑭（即后晋高祖）所建。都开封。盛时疆域约为今山东、河南两省，山西、陕西的大部及河北、宁夏、甘肃、湖北、江苏、安徽的一部分。历2帝，前后约11年。

后唐清泰三年（936）夏，石敬瑭与桑维翰勾结契丹，认契丹主辽太宗耶律德光为父，并将幽蓟十六州拱手献给契丹，另加岁贡帛30万匹。十一月，契丹主在太原册

后晋世系表

①高祖石敬瑭 （936～942）	②出帝石重贵 （942～947）

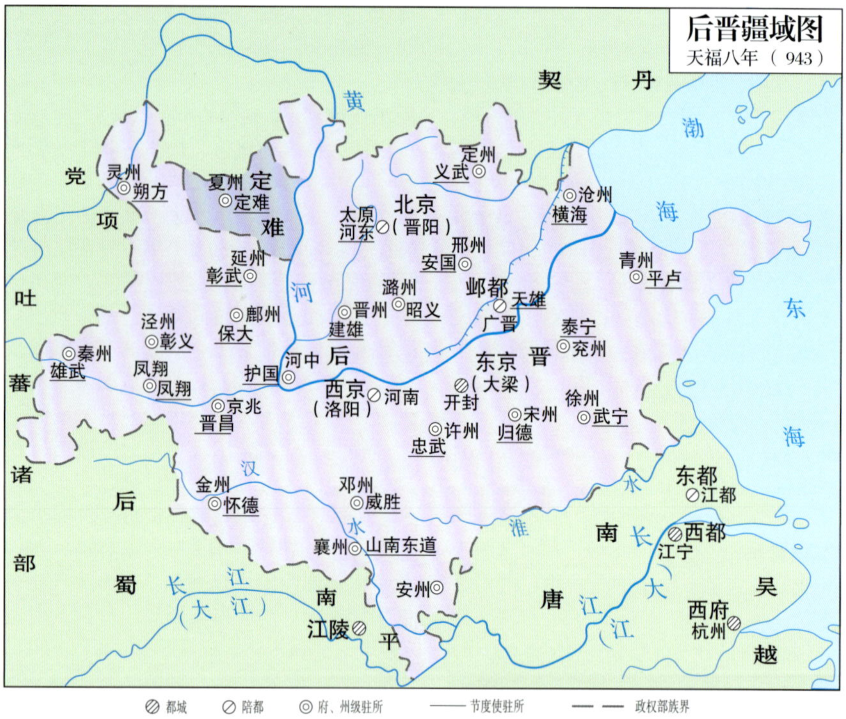

立石敬瑭为大晋皇帝，改元天福，国号晋，史称后晋。后晋大致与南唐、吴越、闽、楚、南汉、南平、后蜀等政权并存。天福元年闰十一月二十六（937年1月11日），石敬瑭攻入洛阳，后唐末帝李从珂自焚死。二年，石敬瑭迁都汴州，三年升为东京开封府。天福七年石敬瑭死，侄石重贵继位，史称少帝或出帝。大臣景延广掌权。在向契丹告知敬瑭死讯时，用对等的书式，称孙不称臣，契丹主于是驱兵南下。晋军士兵英勇作战，开运元年（944）和二年两次击退契丹军。三年十月，重贵任其姑父杜威（即杜重威）为元帅，率军抵御契丹。杜威效法石敬瑭，暗中进行勾结，契丹主答应立杜威为中原皇帝。杜威信以为真，决意投降，遂引契丹军南下，十二月十七日入开封，虏重贵北迁，后晋灭亡。

后晋高祖石敬瑭 Emperor Gaozu of Later Jin Dynasty（892～942） 中国后晋王朝的开国皇帝。沙陀部人，妻后唐贵族李嗣源女。庄宗同光四年（926），嗣源即位，是为明宗。明宗先后以敬瑭为保义、宣武、天雄、河阳、河东节度使。长兴四年（933）明宗死。子李从厚继位，是为闵帝，加敬瑭中书令，徙成德，复镇太原。次年，李从珂反，杀闵帝继位，是为末帝。末帝猜忌敬瑭，清泰三年（936）命敬瑭移镇天平（郓州军号）。敬瑭遂与桑维翰、刘知远谋反，上表论末帝不当立，请立从益为明宗嗣。末帝下诏讨敬瑭。

石敬瑭以割地、称臣、称儿为条件，求契丹出兵相助。十一月，契丹主耶律德光立敬瑭为帝，国号晋，史称后晋。改元天福。后晋割幽蓟十六州给契丹，并每年献帛30万匹。从此河北大平原无险可守。

闰十一月，契丹、后晋兵攻下洛阳，末帝自焚死，后唐亡。天福二年（937），敬瑭迁都汴州。三年，升汴州为东京，置开封府，改洛阳为西京。他谄事契丹贵族，凡遇吉凶庆吊，都额外进奉金玉珍玩，契丹太后、太子、贵族、大臣都有礼品赠送。

敬瑭在位七年，连年发生兵乱。成德节度使安重荣指斥敬瑭父事契丹，困耗中原。敬瑭发兵斩重荣，将他的头送与契丹。天福七年，吐谷浑部不愿降契丹，附于河东，契丹主因此责问敬瑭，敬瑭忧郁成疾而死。

后凉 Later Liang 中国古代十六国之一。氐族吕光所建。都姑臧（今甘肃武威）。盛时有今甘肃西部和宁夏、青海、新疆各一部。历4主，共18年。

后凉世系表

①太祖懿武帝吕光（386～399）
- ②隐王吕绍（399）
- ③灵帝吕纂（399～401）
- ④后主建康公吕隆（401～403）

前秦主苻坚统一北方后，于382年命吕光进军西域。西域30余国陆续归附。淝水之战后，前秦趋于瓦解。吕光于385年率兵载物东归，入据姑臧，自称凉州刺史。386年，光自称凉州牧、酒泉公，都姑臧。389年改称三河王，396年自称天王，国号大凉，史称后凉。399年光病死，太子吕绍继位，光庶长子吕纂旋杀绍自立。401年，光弟吕宝之子吕隆又杀纂自立。吕隆以南凉、北凉不断侵逼，内外交困，于403年

七月请降于后秦主姚兴，后凉遂亡。后凉初建时，国势颇盛。但立国不久，境内各族便纷纷割据，建立政权。吕光死后，诸子争立，互相杀夺，百姓饥馑流亡，死亡大半。至灭亡前夕，姑臧城谷价斗值5 000文，民人相食，饿死10余万人；国土除姑臧而外，仅存昌松（今甘肃武威南）、番禾（今甘肃永昌）二郡之地。

后梁 Later Liang Dynasty 中国五代之一（见五代十国）。朱温（即后梁太祖）所建。都开封。盛时疆域约为今河南、山东两省，陕西、湖北的大部以及河北、安徽、江苏、山西、甘肃、宁夏、辽宁的一部分。历3主，共17年。

后梁世系表

①太祖朱晃（朱温）（907～912）——②朱友珪（912～913）
└③末帝朱友贞（913～923）

朱温降唐后，与李克用等协同镇压黄巢起义。天祐元年（904），朱温挟持唐昭宗至洛阳，杀昭宗，立昭宗子柷为帝，是为唐哀帝。天祐四年（907），朱温称帝，改名晃，改元开平，国号梁，史称后梁。升汴州为开封府，称东都；以洛阳为西都。开平三年（909），由开封迁都洛阳；乾化三年（913），末帝即位，还都开封。

朱温在称帝前后，革除了一些唐朝积弊，奖励农耕，减轻租赋，基本上统一黄河中下游地区，与河东（今山西太原西南）的晋（李克用），南方的吴、吴越、楚、闽、南汉，剑南的前蜀，凤翔的岐（李茂贞），幽州的燕（刘守光）等政权并立。后梁与晋连年作战，黄河两岸遭到严重破坏。乾化二年二月，朱温统军与晋争河北，得病返洛阳。六月，次子朱友珪杀朱温，自立为帝。次年二月，朱温第三子朱友贞发动洛阳禁军兵变，友珪自杀。友贞在开封称帝（先后改名锽、瑱），是为后梁末帝。友贞猜忌方镇大臣，内部分裂，国力进一步削弱。龙德三年（923）十月，后唐庄宗李存勖攻入开封，末帝自杀。后梁亡。

后农业社会 post-agricultural society 介于传统农业社会和现代工业社会之间的一种过渡性社会形态。在后农业社会中，农业在社会经济结构中的重要性已经降低，经济发展的重心趋向于非农业活动，可用资源大多集中于工业投资领域，农业劳动人口大量流失，失业率居高不下，贫富差别日益悬殊，国家的整体经济状况并未真正获得改善，政治上也因此困难重重。一些学者认为，后农业社会是一种两头落空的社会，它既失去了自给自足的传统农业社会的好处，又无法享受到现代工业社会的成果。

后七子 Later Seven Masters 中国明代文学流派。由嘉靖、隆庆年间的李攀龙、王世贞、谢榛、宗臣、梁有誉、吴国伦和徐中行7人组成。他们在李梦阳、何景明等前七子之后，继续提倡复古，彼此标榜，声势更为浩大，世称后七子。后七子的文学主张基本上与前七子相同，强调文必秦汉，诗必盛唐。李攀龙、王世贞是后七子的代表作家，他们认为古文已有成法，今人作文只要"琢字成辞，属辞成篇"，模拟古人就可以了。并且武断地认为散文自西汉以后、诗歌从盛唐以后，都不值一读。把复古运动引到了极端。后七子在文坛上活跃的时间较长，他们的文学主张彼此间有不少差异，而且有所发展和变化。李攀龙死后，王世贞主盟文坛近20年之久，后来他也渐渐地觉察到复古主义的某些弊病，认识到"代不能废人，人不能废篇，篇不能废句"的道理。由于后七子立论有的褊狭，有的通达，故其创作中的模拟仿古程度也有所区别，其中李攀龙最为严重。后七子在近体诗方面都有一定功力，李攀龙俊洁响亮，王世贞精切雅致，吴国伦整密沉雄，徐中行闳大雄整，谢榛神简气逸。但都带有模拟的毛病。加之才气不足，生活不厚，常有重复雷同的现象。

后秦 Later Qin 中国古代十六国之一。羌族姚苌所建。都长安（今陕西西安）。盛时控有今陕西、甘肃、宁夏及山西、河南的一部分。历3主，共34年。

后秦世系表

姚弋仲——姚襄
└①太祖昭武帝姚苌（384～393）——②高祖文桓帝兴（393～416）——③后主泓（416～417）

西晋永嘉（307～312）年间，羌部落的一支由豪酋姚弋仲率领，从赤亭（今甘肃陇西西）迁徙到隃糜（今陕西千阳东）一带居住。后赵时石虎徙关中豪杰及羌戎于关东，333年，以姚弋仲为西羌大都督，率羌众数万迁于清河之滠头（今河北枣强东北）。石虎死后，弋仲遣使降晋，受东晋官爵。352年弋仲病死，子姚襄继领部众，与东晋关系破裂。姚襄欲率众还关中，357年与前秦军战于三原，兵败被杀。襄弟姚苌率众降于前秦，为苻坚将领，累建战功。淝水战后，姚苌起兵反秦。384年苌自称大将军、大单于、万年秦王，率军进屯北地（今陕西铜川市耀州区），渭北羌胡10万余户归附，势力发展很快，385年擒杀苻坚。及至慕容永率鲜卑30余万离关中东归，姚苌于386年入据长安称帝，国号大秦，史称后秦。

393年姚苌病死，太子姚兴继立。次年，打败前秦的残余势力苻登，灭前秦，据有关陇。乘西燕败亡，取得河东。随后攻占东晋的洛阳，臣服西秦，攻灭后凉。416年姚兴病死，太子姚泓继位。东晋刘裕北伐，进攻后秦，收复洛阳。后秦宗室却骨肉相残，自相削弱。417年刘裕攻占长安，八月姚泓兵败出降，后秦亡。

后生动物 metazoa 原生动物以外所有动物的总称。机体均由多细胞组成，故又称多细胞动物。包括多孔动物、刺胞动物、扁形动物等无脊椎动物和鱼类、爬行动物、哺乳动物等脊椎动物。其特征是体躯由大量形态有分化、机能有分工的细胞构成。依体制形态的对称情况，可分为不对称动物、辐射对称动物，两侧对称动物。根据体腔的有无和结构，分为无体腔动物、假体腔动物和体腔动物。

古生物学、形态学和胚胎学的证据表明，多细胞的后生动物起源于单细胞的原生动物。单细胞动物与多细胞动物之间并没有绝对的鸿沟。

后蜀 Later Shu 中国五代时十国之一（见五代十国）。孟知祥所建。都成都（今属四川）。盛时疆域约为今四川大部、甘肃东南部、陕西南部、湖北西部。历2主，共40年。

后蜀世系表

①高祖孟知祥（926～934）——②后主孟昶（934～965）

同光三年（925）后唐灭前蜀，以孟知祥（874～934）为西川节度使。次年正月，孟知祥入成都。长兴三年（932），知祥杀东川节度使董璋，得东川地。四年，封为蜀王。后唐闵帝应顺元年（934）知祥称帝，年号明德，国号蜀，史称后蜀。同年，孟知祥死，子孟昶（919～965）继位，仍用明德年号，明德五年（938）改元广政。

契丹灭后晋时，秦（今甘肃秦安北）、成（今甘肃成县）、阶（今甘肃武都东）三州附后蜀。后蜀又攻取凤州（今陕西凤县东），疆土遂与前蜀相同。广政十八年（后周显德二年，955），秦、阶、成、凤四州又为后周攻占。北宋乾德三年（965）发兵攻蜀，孟昶降，后蜀亡。同年，孟昶卒。

蜀地富庶，后蜀与南唐同为五代时期经济文化较发达的区域。后蜀宰相毋昭裔与赵崇祚辑唐、五代词500首为《花间集》，对后世影响很大。毋昭裔还曾出私财百万营学馆，并奏请雕版刻印"九经"。当时节度使往往兼领禁军，住在成都。孟昶嗣立后，命文臣出任这些地区的知节度事，这一措施，开宋代削弱藩镇的先例。

《后四声猿》 中国清代杂剧作品集。作者桂馥（1736～1805），字冬卉，号未谷。山东曲阜人。乾隆五十五年（1790）进士，选云南永平知县，居官多善政。

仿照徐渭《四声猿》杂剧体式，作《后四声猿》，包括《放杨枝》、《题园壁》、《谒府帅》、《投溷中》4部短剧，描写4位诗人的故事。《放杨枝》写白居易年老多病，欲命家中歌妓樊素自行择配改嫁，而又不能忘情。《题园壁》取材于周密《癸辛杂识》、蒋一葵《尧山堂外纪》，写陆游前妻唐琬不见容于陆母，放归后再嫁赵士程，与陆游在沈园不期而遇，彼此以诗酬答。《谒府帅》写苏轼为凤翔判官，朔望日例行请谒府帅，因不会逢迎，竟不得见，一怒之下，冠带醉游东湖。《投溷中》写李贺死后，其表兄黄居难忌才，赚来遗稿，尽数投入溷中，受到阴谴。这4部作品，北杂剧、南杂剧各2部。篇幅短小精干，长于刻画人物内心活动，有较强的艺术感染力。

后唐 Later Tang Dynasty 中国五代之一（见五代十国）。李存勖（即后唐庄宗）所建。都洛阳。盛时疆域约为今河南、山东、山西3省，河北、陕西的大部及甘肃、安徽、宁夏、湖北、江苏的一部分，并短期占有四川。唐末，河东节度使、晋王李克用与宣武节度使（今河南开封）朱温争霸，长期进行激烈战争。后梁开平二年（908）李克用死，存勖继晋王位。后梁乾化元年（911）大败后梁兵，取得河北。龙德三年（923）四月，李存勖称帝，是为庄宗，改元同光，国号唐，史称后唐。同年十月，灭后梁，十二月，迁都洛阳。割据凤翔的岐王李茂贞与吴越、楚、闽、南平都称臣于后唐。同光三年（925）庄宗令郭崇韬等攻灭前蜀（不久，孟知祥又占蜀地，史称后蜀），进一步统一北方，并扩展到长江上游。南方诸国中，仅南汉、吴与后唐抗衡。存勖骄淫乱政，激起魏州（今河北大名北）兵变。四年三月，李克用养子蕃汉总管李嗣源（沙陀人，原名邈佶烈）借兵变力量，夺取汴州（今河南开封）。四月，存勖在洛阳被乱兵杀死，李嗣源入洛阳称帝，改名李亶，是为明宗，改元天成。嗣源即位后，改革弊政，政局小安。明宗死，子李从厚继位，是为闵帝。应顺元年（934）四月，河东节度使李从珂（本姓王，嗣源养子）起兵杀从厚，自立为帝，是为末帝。清泰三年闰十一月二十六日（937年1月11日）嗣源女婿石敬瑭勾结契丹攻入洛阳，从珂自杀，后唐亡。

后唐世系表

晋王李克用
- ①庄宗李存勖（923～926）
- ②明宗李嗣源（926～933）
  - ③闵帝李从厚（933～934）
  - ④末帝李从珂（934～937）

后唐庄宗李存勖 Emperor Zhuangzong of Later Tang Dynasty（886～926） 中国后唐王朝的开国皇帝。沙陀部人。小字亚子，时人或谓之亚次。晓音律，善骑射。祖朱邪赤心，被唐懿宗赐姓名为李国昌。父李克用，被封晋王，据太原，与朱温相攻达20余年。唐哀帝天祐四年（907），朱温灭唐，建后梁，晋仍用唐天祐年号。五年，克用临终前以三矢付李存勖说：一矢讨据有幽州的燕王刘仁恭，一矢击契丹，一矢灭朱温。十年，存勖灭燕，杀刘仁恭、守光父子。十九年，驱逐南下的契丹兵出境。天祐二十年（923），存勖在魏州（今河北大名北）即帝位，是为庄宗，国号唐，史称后唐。同年，灭后梁，迁都洛阳。同光三年（925），庄宗诏括天下私马，发兵灭前蜀，势力扩展至长江上游。后梁既灭，存勖遂以享乐为事。皇太后行诰令，皇后行教令，令出多门，政治紊乱。庄宗又亲信宦官、伶官，宦官总数达千余人；伶官景进居中用事，败政乱国。庄宗又重用租庸使孔谦，峻法厚赋，民众穷困。皇子继岌与枢密使郭崇韬争权，存勖妄杀郭崇韬。当时两河大水，户口流亡，军士乏食，危机隐伏。庄宗猜忌大将李嗣源，朝官、武将、军士离心。四年，赵在礼反，据邺都（原魏州）。存勖派嗣源平乱，嗣源随即据汴州（今开封）反。伶官郭门高（即郭从谦）攻入宫城，乱兵将存勖射死。

后现代主义美术 postmodern art 20世纪60年代之后，与现代主义相悖的西方（主要是美国）前卫美术思潮的总称。中文又译为后现代派。后现代主义的概念最早出现在建筑领域，后来逐渐扩展到美术的其他部门。它的含义没有明确的界定，艺术评论家对是否存在着后现代主义美术也有不同的认识。某些评论家推出这一名称，意在表示20世纪60年代之后西方后工业化社会文艺的发展，有别于以前的现代主义。其主要特征是：企图打破审美范畴，打破艺术与生活的界限；对主流美术思潮的质疑和对少数民族、边远地区、女性艺术的关注，主张多元和承认多中心；从传统艺术与现代艺术的形态学范畴转向方法论，用艺术表达多种思维方式；从表达主观感情转向客观世界，对个性和风格的漠视或敌视；从对机械和工业社会的反感到与工业机械的结合；主张艺术平民化，广泛运用大众传播媒介。这个时期出现的对古典传统的某种复归和融合古典传统与现代倾向的绘画、雕塑，被纳入后现代主义艺术范畴。在后现代主义时期还出现了波普艺术、环境艺术、大地艺术、表演艺术、行动艺术、观念艺术和装置艺术等。

后燕 Later Yan 中国古代十六国之一。鲜卑族慕容垂所建。都中山（今河北定州）。盛时有今河北、山东及辽宁、山西、河南大部。历7主，共26年。十六国后期中原地区最强盛的一个王国。

前燕慕容暐在位时，慕容垂因宗室内部矛盾投奔前秦，为苻坚将领。淝水之战后，与前秦决裂。384年，垂自称大将军、大都督、燕王，建元立国，史称后燕。386年，垂自立为帝，定都中山。392年消灭割据河南的丁零族翟魏政权，394年灭西燕，基本上恢复了前燕版图。395年垂命太子宝率军8万进攻北魏，在参合陂（今山西阳高境）大败。396年四月垂病死，子宝继位。北魏拓跋珪以步骑40万来攻，夺取晋阳，进围中山。397年十月北魏攻下中山，河北郡县尽为魏有，后燕被分截为两部分。

后燕世系表

①世祖成武帝慕容垂（384～396）
- ②烈宗惠闵帝宝（396～397）
  - ⑤中宗昭武帝盛（398～401）
  - ⑦惠懿帝高云（宝养子）（407～409）
- ③开封公详（397）
- ④赵王麟（397）
- ⑥昭文帝熙（401～407）

398年鲜卑贵族兰汗杀宝，宝子盛又杀汗自立。401年盛为臣下所杀，垂少子熙立。407年汉人冯跋等杀熙，拥立宝养子慕容云（高句丽人，本姓高氏）为主。409年，云为其宠臣离班等杀死，后燕亡。

后燕崔遹墓表刻石拓本
（辽宁朝阳崔遹墓出土）

后燕大体承袭前燕制度，除州郡县治理的编户之外，还有不隶郡县而属军营的人口。后燕以坞堡主为守宰，与汉族豪强大族合作，共同统治。后燕原不采用胡、汉分治政策，但慕容垂时已由太子宝领大单于，置留台于龙城。慕容盛时曾立燕台于龙城，以统诸部杂夷。慕容熙即位，将北燕台改为大单于台，置左右辅。后来在龙城实行了胡、汉分治。

后印象主义 postimpressionism 法国美术史上继印象主义之后的美术现象。又译作“印象派之后”，曾译为“后期印象派”。存在于19世纪80～90年代，不含有风格的意义。19世纪80年代法国一群美术

塞尚作《奥维尔的曲径》

家，反对印象主义和**新印象主义**，片面追求客观表现及外光和色彩，主张重新重视美术中形成的观念和强调作者主观的重要性。他们强调艺术形象要异于客观物象，要渗透作者的主观感情和情绪。一般被称作后印象主义的画家是**P.塞尚**、**V.凡高**和**P.高更**。后印象主义不是一个社团，也不是一个派别，仅仅是后人为了把他们和印象主义区别开来所使用的名称。“后印象主义”一词的广泛流行和**R.E.弗赖伊**于1910～1911年在伦敦举行的“马奈和后印象主义画家们”这一展览有关，这个展览引起英国艺术家的热烈争论并促使英国画派伦敦社建立。后印象主义艺术家对20世纪西方的艺术有直接影响。塞尚重理念，注重结构，注意画面的建筑美，孕育着**立体主义**的因素。凡高、高更注意感情，强调色调的美和艺术表现的象征意义，对**野兽主义**和表现主义影响很大。如果要寻找20世纪**抽象主义**与他们之间的关系，则塞尚给几何形的抽象派以启发，高更和凡高则被抽象主义中直抒感情的一派所推崇。由于塞尚强调主观创造性，否定模仿自然，被20世纪的艺术家们推崇为“现代绘画之父”。

后赵 Later Zhao　中国古代**十六国**之一。羯族**石勒**所建。都襄国（今河北邢台），后迁邺。盛时疆域有今河北、山西、陕西、河南、山东及江苏、安徽、甘肃、辽宁的一部分。历7主，共32年。

后赵世系表

①高祖明帝石勒（319～333）
　├②海阳王弘（333～334）
　└③太祖武帝石虎（334～349）
　　　├④谯王世（349）
　　　├⑤彭城王遵（349）
　　　├⑥义阳王鉴（349～350）
　　　└⑦新兴王祗（350～351）

319年，汉国将领石勒脱离**前赵**，自称大单于、赵王，定都襄国，史称后赵。他在基本统一北方后，于330年改称大赵天王，行皇帝事，同年称帝。石勒病死后，334年其养子**石虎**篡权称王。以后，石虎迁都于邺，337年改称大赵天王。349年称帝。石勒于314年下令州郡检查户口，征收田租户调。称赵王后，较留意于农业生产，常遣使者循行州郡，劝课农桑。

后赵采用胡、汉分治政策，设置大单于统治各少数族人，又设置专门的官职管理胡人辞讼和出入，甚至强行规定称汉人为“赵人”，胡人为“国人”，并严禁呼羯为胡。

石勒、石虎均沿用刘汉的徙民办法，将被征服地区的各族人民迁往其统治中心襄国、邺及其周围地区，以便控制。对人民的统治，除以州、郡行政管理外，同时存有以军事组织形式管理并占有人口的制度。

石勒是较有作为的君主，他注重发展经济，对一些士族委以要职，并留心于倡导儒学。继任的石虎是十六国时期有名的暴君。在其统治期间，军旅不息，众役繁兴，征调频仍，刑罚严酷。他有意“苦役晋人”，严重地破坏了农业生产，使阶级矛盾和民族矛盾日益激化，起义不断发生。349年石虎病死，后赵内乱，诸子争立，互相残杀。350年，石虎养孙汉人冉闵（即石闵）乘政局混乱，杀石鉴，政权落入冉闵之手。次年，称帝于襄国的石祗也被冉闵消灭。

后周 Later Zhou Dynasty　中国五代之一（见**五代十国**）。郭威所建。都开封。盛时疆域约为今山东、河南2省，陕西、安徽、江苏的大部，河北南部、湖北北部及内蒙古、宁夏、甘肃、山西的一部分。历3帝（2姓），共10年。

后周世系表

①太祖郭威（951～954）──②世宗柴荣（954～959）──③恭帝柴宗训（959～960）

后汉乾祐三年（950），郭威以枢密使出为邺都留守。十一月，起兵攻入开封。次年正月，即帝位，是为太祖。改国号周，史称后周。改元广顺，仍都开封。郭威进行改革，减轻刑罚，废止苛税，在一定程度上减轻了对人民的压迫剥削。显德元年（954）正月，郭威病逝，养子**柴荣**（柴皇后之侄）继位，是为世宗。柴荣继续进行改革，整顿吏治，严明军纪，士卒精强，为统一准备了条件。柴荣即位时，后周疆域除今山西中部和北部为北汉盘踞外，略同于后汉，与**南唐**、**吴越**、**南汉**、**后蜀**、**南平**等国并立。世宗有雄才大略，致力于全国统一，显德元年，亲率大军大败北汉军，迫辽军退走，初步巩固了北部边防。二年，发兵击败后蜀。此后，他3次亲征南唐。南唐被迫献淮南、江北14州、60县，与后周划江为界。六年，世宗又亲自统军北征，很快收复莫（今河北任丘北）等3州和瓦桥（今河北雄县）等3关，计17县。途中柴荣病重，遂回师开封。六月，病逝，子宗训继位，是为恭帝。显德七年（960）正月，殿前都点检赵匡胤发动陈桥兵变，废恭帝，建立北宋王朝，后周亡。

后周世宗柴荣 Emperor Shizong of Later Zhou Dynasty（921～959）　中国后周皇帝。邢州龙冈（今河北邢台）人。后周太祖郭威的内侄和养子。柴荣善骑射，略通书史黄老。曾贩茶江陵，对社会积弊有所体验。显德元年（954）继郭威为帝，对军事、政治、经济继续进行整顿。检阅禁军，裁汰老弱，募天下壮士，选取精锐，强化中央禁军。严禁贪污，惩治失职官吏。停废朝廷给予寺名以外的寺院，禁私度僧尼，收购民间铜器佛像铸钱。招民开垦逃户荒田，颁《均田图》，均定河南等地60州租赋。此外，还扩建京城开封，恢复漕运，兴修水利，修订刑律和历法，考正雅乐，纠正科举弊端，搜求遗书，雕印古籍等。显德二年起，伐后蜀，收秦（今甘肃秦安北）、凤（今陕西凤县东）、成（今甘肃成县）、阶（今甘肃武都东）4州；此后又3次亲征南唐，至显德五年，得南唐江北、淮南14州。六年，北伐辽，收复瀛（今河北河间）、莫（今河北任丘北）、易（今河北易县）3州及瓦桥（今河北雄县）、益津（今河北霸州）、淤口（今河北霸州东信安镇）3关。欲乘胜进取幽州，因病班师，六月死。柴荣在政治、经济、军事上的成就，为北宋统一全国奠定了基础。

后周太祖郭威 Emperor Taizu of Later Zhou Dynasty（904～954）　中国后周开国皇帝。邢州尧山（今河北隆尧）人。18岁从军，历事后唐、后晋、后汉。后汉隐帝时以枢密使出为邺都（今河北大名东北）留守。隐帝疑忌诛杀大臣，又令人杀郭威。郭威起兵入开封。时河北报称辽兵入侵，郭威领兵北征，至澶州（今河南濮阳南），军士裂黄旗披郭威，拥以为帝。次年，郭威即位，国号周，史称后周。改元广顺，都开封。

郭威改革累朝弊政：免除后汉所设“斗余”、“秤耗”等额外苛敛，以及中唐以来地方官进奉的“羡余物色”；废止后晋、后汉一些残忍的刑法，规定除反逆罪外，不得灭族及没收家产；民众与蕃人“一听私便交易”，遣散诸州所差散从亲事官等；对累朝严酷的盐、酒、皮革的禁令稍予放宽；对后梁以来强迫沿淮诸州农民负担的“牛租”，特予免除。对恢复农业生产也采取了有效措施：广顺元年（951）和二年，授无主田土给数十万归中原的幽州饥民，放免其差税。三年，罢营田，以田分给现佃户充永业，使编户增加三万多。又废共城稻田务，任人佃种。无主荒地听任农民耕垦为永业，提高了农民生产的积极性。他还提倡节俭、严惩贪官、严禁军队扰民。唐末以来极为混乱的北方社会开始走上安定的道路。

厚朴 *Magnolia officinalis*; medicinal magnolia 木兰科木兰属的一种。落叶乔木。中国特产的重要药材及工艺用材树种。木兰属约90种，分布于中美洲、北美洲，以及亚洲的热带和温带地区。中国约30种。

树高可达20米，胸径35厘米。树干通直，树皮纵裂。叶集生枝端。花单生枝端，与叶同放。聚合果圆柱形，种子鲜红色，内皮黑色。喜凉爽、潮湿气候，多生于相对湿度大、阳光充足，疏松、肥沃、含腐殖质较多、排水良好、弱酸至中性土壤。播种育苗种子需置冷水中浸泡3～5天，擦去红色假种皮，然后播种。也可用压条、扦插和分蘖等法繁殖。

皮含有厚朴酚、木兰醇、生物碱、挥发油等成分，是重要中药材。芽、花、果均可入药。种子含油率35%，可榨油，供制肥皂。材质轻，纹理细密，适于作图板、雕刻、漆器、乐器、铅笔、火柴等用。树态雅致，花大而芳香，可作庭园观赏树木。被列为中国重点保护植物。

候风地动仪 houfeng seismograph 中国古代测验地震方位的仪器。见张衡地动仪。

候鸟 migrant birds 随着气候的季节变化而改换栖息地的鸟类。依据迁徙时间可分为：①夏候鸟。春季到北方繁殖、孵卵、育雏，秋后幼鸟长大，换好新羽，迁回温暖地带；翌年春季又返回繁殖地的鸟类。如家燕每年春季来中国繁殖，秋后迁往东南亚、印度等地过冬；杜鹃也是中国的夏候鸟，秋后漂洋过海，飞往大洋洲或非洲越冬。②冬候鸟。在北方地区繁殖、育雏，入冬迁往南方，在南方称之为冬候鸟。如多种雁鸭类在西伯利亚或北欧繁殖，在中国越冬，均为中国的冬候鸟。

鲎 Talypleidae; horseshoe crab 剑尾目鲎科动物统称。为海生节肢动物。又称马蹄蟹。水产经济动物。古生代时鲎广泛分布于欧亚大陆、澳大利亚等地。现仅存有3属4种：美洲鲎、中国鲎（见图）、巨鲎、圆尾鲎。

鲎形似蟹，体青褐色或暗褐色。体被坚硬的甲壳，分为头胸部、腹部、剑尾三部分。头胸部呈马蹄形。背面有三条纵脊，中央脊前有一对中央眼（单眼），左右侧脊外侧生有一对复眼。头胸部腹面中央周围有六对胸肢，前五对末端呈钳状，用以摄食。腹部有

中国鲎

六对板状腹肢，为双支型。腹肢既是游泳器官，又是呼吸器官。剑尾坚硬，呈三角棱柱状，与腹部连接处有一关节，游泳时起舵的作用。为暖水性底栖节肢动物，栖息于泥沙质的浅海底。以泥沙中的薄壳贝类、沙蚕、海豆芽，甚至动物尸体为食。

鲎肉、生殖腺和卵可食，头胸甲可作水杓。血液内含铜，食用过量会中毒。鲎的血液可制检测细菌内毒素的试剂。

呼和浩特市 Hohhot City 中国内蒙古自治区辖市、首府。位于自治区中部，大青山南麓，大黑河畔。辖新城、回民、玉泉、赛罕4区，以及托克托、清水河、武川、和林格

呼和浩特市标志性雕塑“中国乳都”

尔4县和土默特左旗。面积17 271平方千米。人口287万（2010），有蒙古、汉、满、回、朝鲜、鄂温克等民族。呼和浩特蒙古语意为青色的城，简称青城，又被称为“中国乳都”。这一地区土地丰腴肥美，古有“云中”、“敕勒川”、“白道川”、“哈罗川”、“丰州”诸称。16世纪初，蒙古族土默特部阿勒坦汗率部驻牧大黑河平原，此地从此称土默特川。明万历九年（1581）阿勒坦汗修建弘慈寺（大召），次年修呼和浩特城（当时音名库库和屯），呈明朝赐名为“归化”，即城市汉名之由来。清雍正十三年（1735），于归化城东北另筑新城绥远城。1911年设绥远县，1913年改为归绥县，1928年设归绥市，为绥远省省会。1952年为内蒙古自治区人民政府驻地，1954年改呼和浩特市。市境以平原为主。地势东北高，西南低。属中温带大陆性草原气候。年平均气温6.1℃。平均年降水量400毫米左右。经济以工业为主，20世纪90年代以毛纺、乳制品和制糖等为主，电子工业在国内也占有较重要地位。农作物以发展小麦、糜黍、燕麦、马铃薯、油料、甜菜、蔬菜，以及牛、羊等为主。盛产甜菜，素有“塞北甜源”之称。有内蒙古大学、内蒙古师范大学、内蒙古农业大学、内蒙古医学院等10余所高等院校。京包铁路过境，数条高速公路和公路经过。白塔机场为国内的国际定期航班机场之一。名胜古迹有大窑文化遗址、昭君墓、万部华严经塔、大召、金刚座舍利宝塔（五塔寺）和希拉穆仁草原旅游区等。呼和浩特是国家历史文化名城。

呼啦舞 hula 美国夏威夷民间舞蹈。见草裙舞。

呼伦贝尔草原 Hulun Buir Grassland 中国温带天然优良草场。因境内有呼伦、贝尔2湖，故名。位于内蒙古自治区东北部的呼伦贝尔市，北邻俄罗斯，西、南与蒙古接壤，东连大兴安岭。东西宽约350千米，南北长约300千米，面积约9.3万平方千米。草原夏季温和短促，冬季严寒漫长。年平均气温0～3℃。年降水量250～350毫米，自东北向西南递减。区内水系属黑龙江水系上游，主要由海拉尔河—额尔古纳河水系及呼伦湖水系组成。东部低山丘陵河网较发育，主要有海拉尔河、伊敏河、特尼河等河流。湖泊主要分布在河流沿线，以呼伦湖最为著名。

呼伦贝尔草原的天然草场以干草原为

呼伦贝尔草原牧场

主体，包括林缘草甸、草甸草原、河滩与盐化草甸及沙地草场等多种类型。占优势的牧草种类主要有羊草、贝加尔针茅、大针茅、克氏针茅、冰草。优质牧草在草群中比重大于60%的优质草场约占草场总面积的46%，且毒草种类少。是传统牧区。牧业生产在全国占有一定地位，是著名的三河牛、三河马和锡尼河牛、锡尼河马产地。大规模种植业始于1958年，已建成一些规模较大的国营农牧场。

呼伦贝尔市 Hulun Buir City 中国内蒙古自治区辖地级市。位于自治区东北部，北和西北部与俄罗斯为邻，西和南部与蒙古国接壤。辖海拉尔区和阿荣旗、新巴尔虎右旗、新巴尔虎左旗、陈巴尔虎旗、鄂伦春自治旗、鄂温克族自治旗、莫力达瓦达斡尔族自治旗，代管满洲里市、扎兰屯市、牙克石市、根河市、额尔古纳市。面积263 953平方千米。人口255万（2010），有蒙古、汉、达斡尔、鄂温克、鄂伦春、满、回、朝鲜等民族。以呼伦、贝尔2湖得名。清初于此设索伦、达斡尔、巴尔虎、额鲁特各部，后设呼伦贝尔副都统管辖各部。光绪时设呼伦直隶厅。1945年在该地区设呼伦贝尔盟、纳文慕仁盟、兴安盟。1949年呼伦贝尔盟和纳文慕仁盟合并为呼伦贝尔纳文慕仁盟，1954年与兴安盟合并称呼伦贝尔盟，1980年兴安盟析出。2001年撤销呼伦贝尔盟和县级海拉尔市，设立地级呼伦贝尔市和呼伦贝尔市海拉尔区。

大兴安岭纵贯市域中部，岭东为低山丘陵和河谷平原区，岭西为**呼伦贝尔草原**。地处高纬度地区。寒温带和中温带大陆性季风气候显著。矿产主要有煤、铁、铜、铅、锌、钼、芒硝、萤石、重晶石、天然碱、玛瑙等。玛瑙储量居全国首位。农业机械化和规模经营程度高，主产小麦、大豆、玉米、谷子、高粱、水稻、马铃薯、油料、甜菜、蔬菜等。畜牧业发展集中于呼伦贝尔草原，以牛、马、羊为主，以产三河牛、三河马著称。林业发展以大兴安岭林区为重点。工业以毛纺、乳品、皮毛、肉类加工，以及煤炭、电力、牧业机械、造纸、化工等为主。名胜古迹有扎赉诺尔头骨化石、鲜卑旧墟石室、元代古城、金代边壕、哈克遗址等。

呼伦湖 Hulun Lake 构造遗迹湖。又称呼伦池。位于内蒙古自治区境内。是内蒙古自治区最大湖泊。形似斜向东北的长方形。长93千米，平均宽25.2千米，面积2 339平方千米。储水量138.5亿立方米。湖面海拔545.3米，湖水平均深5.92米，浅处不过3米。为半咸水湖。湖水每年11月上旬封冰，至次年5月初解冻，冰层厚达1米以上，是中国封冻期最长的湖泊之一。湖中盛产鲤、鲫、白、鲶等鱼类。湖滨水草丰美，景色秀丽。

呼玛县 Huma County 中国黑龙江省大兴安岭地区辖县。位于省境北部，黑龙江上游右岸，隔江与俄罗斯相望。面积14 285平方千米。人口5万（2010），有汉、满、鄂伦春、回、达斡尔、蒙古、朝鲜、俄罗斯、鄂温克等13个民族。古为肃慎、鲜卑属地。清康熙二十一年（1682）建，雍正五年（1727）设呼玛尔卡伦，光绪三十四年（1908）设呼玛直隶厅。1912年置呼玛设治局，1914年改为呼玛县。矿产资源有黄金、褐煤、高岭土、石灰石等。已探明的黄金储量占黑龙江省的45.9%，品位高，储量大，遍布全县各乡镇，自古即有“黑水镶边，黄金铺路”之称。产小麦、燕麦、大豆、水稻、马铃薯等，为世界上水稻种植分布纬度最北的地区。工业以采金、农副产品加工、林产加工、煤炭、电力、建材、造纸、机械等为主。建有省级边境经济合作区和呼玛口岸。名胜古迹有呼玛河自然保护区、呼玛尔木城遗址等。

呼吸 respiration 动物或植物与外界环境之间的气体交换过程。动物通过呼吸，从外界环境摄取并利用氧，产生并排出二氧化碳；植物通过光合作用利用二氧化碳和水，合成糖类并释放氧，通过光呼吸作用释放二氧化碳（见**植物呼吸**）。呼吸还参与维持鸟类和哺乳类动物机体的体温恒定以及酸碱平衡。变形虫、鞭毛虫等原生动物，水螅、水母等低等多细胞动物，呼吸过程较简单，氧和二氧化碳直接通过细胞膜进行交换。随着动物的进化，呼吸过程逐渐复杂与完善起来，包括呼吸器官与外界环境之间的气体交换，呼吸器官与血液之间的气体交换，血液与组织细胞之间的气体交换。

呼吸器官与外界环境之间的气体交换 不同动物的呼吸器官不完全一样，包括皮膜、气管、鳃和肺。因此，呼吸器官与环境之间进行气体交换的呼吸方式也不同，主要有皮膜呼吸、气管呼吸、鳃呼吸、肺呼吸。

皮膜呼吸 细胞膜对氧和二氧化碳都有通透性，有些动物的皮膜可以起到气体交换作用。水蛭、蚯蚓等环节动物无特化的呼吸器官，它们的皮肤布满血管，具有气体交换作用。蛙已有肺，但皮肤仍在呼吸中起重要作用，冬眠期间的蛙，几乎全靠皮肤进行呼吸（图1）。

图1 蛙用肺或皮肤进行气体交换

气管呼吸 气管是昆虫的呼吸器官。气管由上皮细胞组成，通过气门和外界相通。昆虫一般有12对气门，胸部3对，腹部9对。气管在体内经过多次分支以后，形成微气管。微气管的终末为盲端。微气管直接伸入细胞，实现细胞与气管之间的气体交换（图2）。

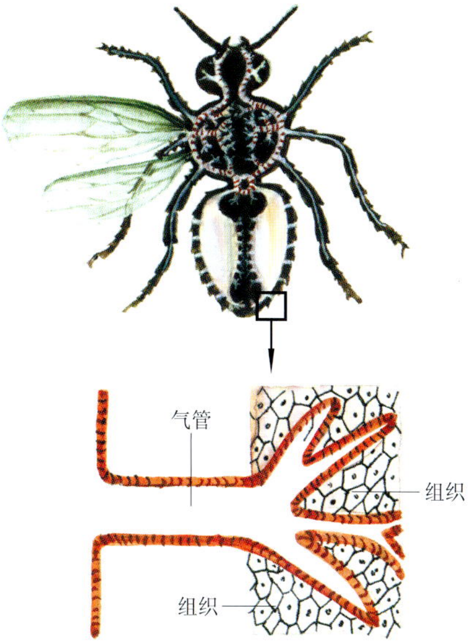

图2 昆虫的气管及其示意图

鳃呼吸 除鱼纲动物外，软体动物头足类如章鱼、乌贼，甲壳动物如虾、蟹等也用鳃呼吸。这些动物头的两侧各有鳃弓4个，位于鳃腔内，每一鳃弓上有两列鳃丝，鳃丝由鳃小片组成。鳃小片里密布毛细血管，是水与血液实现气体交换的场所。各类动物促使水流经过鳃丝的机制是不同的，鱼类靠口腔底部的升降和鳃盖的协同动作（图3）；虾类靠腹部附肢的活动；乌贼靠外套膜的开合。营半寄生生活的七鳃鳗用口吸在其他鱼体上，借鳃囊壁上肌肉的舒缩进行呼吸。

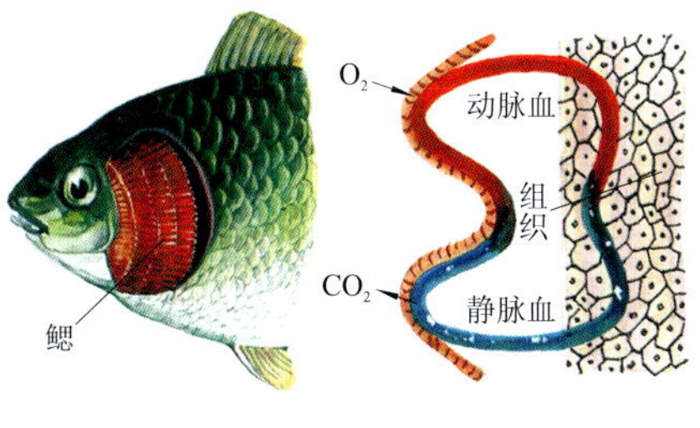

图3 鱼的呼吸器官及气体交换示意图

肺呼吸 即肺通气，是通过呼吸运动实现的。①两栖纲动物，如青蛙、蟾蜍，肺的结构较简单，由两个囊状的薄壁组成。肺内分隔并含有平滑肌纤维，薄壁表面布满毛细血管。肺通气过程中，声门关闭，鼻孔开放，口底下降，空气进入咽部；声门开放，肺回缩，肺内的气体经鼻孔排出；关闭鼻孔，口底上压，将贮存在咽部的新鲜空气压入肺内；声门关闭，鼻孔开放，口底几次运动，使咽部的气体更新。②爬行纲动物，如龟、蛇、蜥蜴和鳄的肺比两栖动物的肺复杂。肺经气管、声门、鼻孔和外界相通；肺壁有弹性纤维和平滑肌纤维；肺内分隔；肺的前部毛细血管丰富，是血液和肺交换气体的部位；肺的后部是囊泡样结构，血管较少，可能是贮气结构。肺由肋骨和肋间肌形成的胸廓所包围，胸腔和腹腔之间有横膈相隔，肺通气靠胸廓的扩张与缩小来完成（图4）。龟的肋骨已

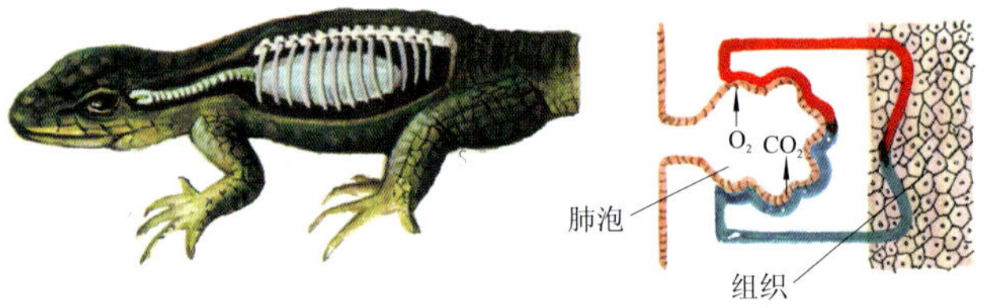

图4 爬行类借助胸廓的扩张，使空气吸入肺内

与龟壳融合，体壁不能扩大、缩小，其肺通气靠四肢的伸缩改变体腔的容积来实现。③鸟类有两叶肺，位于胸腹腔的背面，由结缔组织和毛细气管组成，并与多对气囊相连。气囊是膜性结构，不仅与肺相通，而且延伸到内脏、四肢和颅骨中。由于气囊的作用，鸟在吸气和呼气过程中都有新鲜空气通过肺部。(图5)。④哺乳纲动物肺

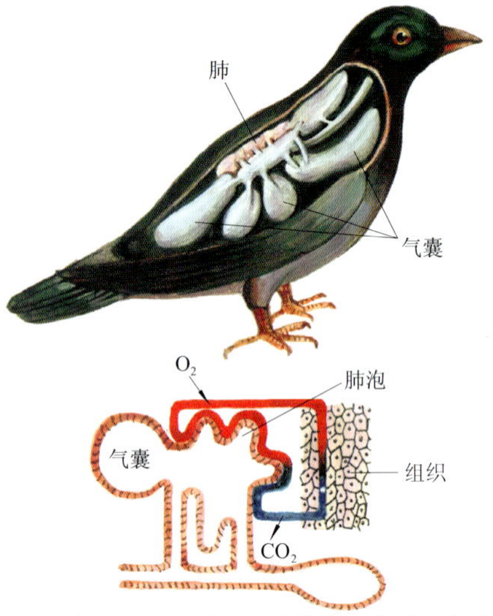

图5 鸟类利用肺进行气体交换示意图（在呼气和吸气时，气囊可使气体交换不会间断）

的结构单位是肺泡，无气囊结构。气管入肺后，分成左右两支主支气管。主支气管在肺内经过多次分支形成终末支气管。终末支气管再发出呼吸性支气管和肺泡相连。在呼吸性支气管之前的各段支气管是气体的通道，与血液之间无气体交换作用。在呼吸性支气管和肺泡上布满毛细血管网，是肺与血液进行气体交换的部位。

肺通气是在肺泡与外界环境之间的压力差的推动下实现的。哺乳动物平静呼吸时，膈肌和肋间外肌收缩，胸腔的上下、前后和左右径增大，引起胸腔和肺容积增大，肺内压低于大气压，外界气体进入肺内，完成吸气；当膈肌和肋间外肌舒张时，肺依靠其自身的回缩力而回位，并牵引胸廓，使之缩小，从而引起胸腔和肺容积减小，肺内压高于大气压，肺内气体被呼出，完成呼气。用力吸气时，除膈肌和肋间外肌收缩外，辅助吸气肌也参与收缩，使胸廓进一步扩大，更多的气体被吸入肺内；用力呼气时，除膈肌和肋间外肌舒张外，还有肋间内肌和腹肌参与收缩，使胸腔和肺容积进一步缩小，呼出更多的气体。

呼吸器官与血液之间的气体交换 气体分子不停地进行着无定向的运动，其结果是气体分子从分压高处向分压低处发生净转移，这一过程称为气体扩散。呼吸器官与血液之间的气体交换就是以扩散方式进行的。在呼吸器官气体与血液气体之间存在着气体分压差，血液氧分压较低，二氧化碳分压较高，因此，当血液流经呼吸器官时，氧便在氧分压差的推动下由呼吸器官向血液净扩散；相反，二氧化碳在二氧化碳分压差的推动下由血液向呼吸器官净扩散。这一过程称为肺换气。肺内的气体通过由6层结构组成的呼吸膜与血液进行交换。

血液与组织细胞之间的气体交换 血液与组织细胞之间的气体交换称为组织换气，其原理与呼吸器官与血液之间气体交换的原理完全相同，但方向相反。血液氧分压高于组织细胞氧分压，所以氧由血液向组织细胞净扩散；而血液二氧化碳分压低于组织细胞二氧化碳分压，所以二氧化碳由组织细胞向血液净扩散。

气体运输 由呼吸器官摄取的氧通过血液运输到组织细胞利用，由组织细胞产生的二氧化碳通过血淋巴或血液运输到呼吸器官排除。氧和二氧化碳都以物理溶解和化学结合两种形式存在于血淋巴或血液中，物理溶解的量极少，主要以化学结合形式运输。

氧的运输 氧在血液或血淋巴中物理溶解的量甚微，主要靠血液和血淋巴中的呼吸色素携带。动物界的呼吸色素有血红蛋白、血蓝蛋白、血绿蛋白以及血褐蛋白等，以血红蛋白为主。呼吸色素都能和氧作可逆性结合，与氧结合的程度取决于氧分压的高低。血液和血淋巴在循环系统的推动下，周流全身，借呼吸色素的氧合作用，将氧由呼吸器官运输到全身组织。

一氧化碳能与呼吸色素结合，占据氧的结合位点。一氧化碳与呼吸色素的亲和力比氧大得多，所以一氧化碳中毒既妨碍呼吸色素与氧的结合，又妨碍对氧的解离，其危害极大。

二氧化碳的运输 与氧相似，二氧化碳除少量溶解于血液或血淋巴之外，主要以化学结合形式运输。化学结合的形式有两种，即碳酸氢盐和氨基甲酰呼吸色素。

二氧化碳进入血液或血淋巴以后，与水反应生成H_2CO_3，H_2CO_3解离成HCO_3^-和H^+，反应极为迅速并且可逆。红细胞内含有较高浓度的碳酸酐酶，在其催化下，上述反应可加快5 000倍。呼吸色素也具有运输二氧化碳的作用。血液或血淋巴与二氧化碳结合的程度取决于二氧化碳分压的高低。

呼吸运动的调节 呼吸运动是肺呼吸的基础，是一种节律性的活动，其深度和频率随体内外环境的改变而受到调节。对呼吸运动的调节的研究主要集中在哺乳动物。

呼吸中枢与呼吸节律的形成 正常节律性呼吸运动的形成和调节是在各级呼吸中枢的相互配合下实现的。呼吸中枢分布在脊髓、延髓、脑桥和大脑皮层等中枢神经系统各级部位，它们在节律性呼吸运动的产生和调节中所起的作用不同（图6）。

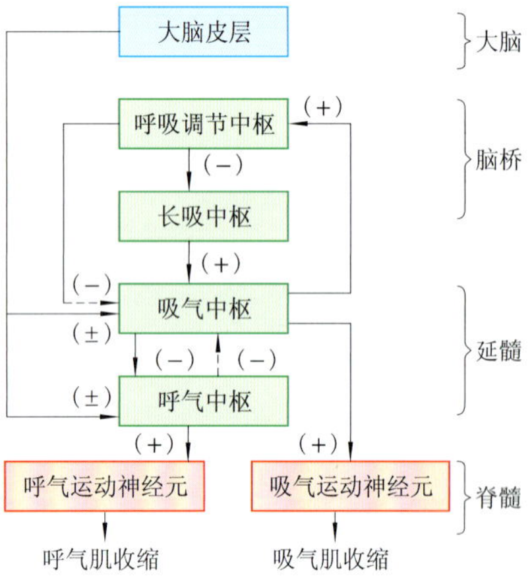

图6 高等动物各级呼吸中枢及其相互关系
(+)兴奋作用 (−)抑制作用
虚线箭头表示作用不肯定

脊髓是联系高位脑和呼吸肌的中继站和整合某些呼吸反射的初级中枢；延髓内有呼吸的基本中枢，延髓头端腹外侧区的所谓前包钦格复合体可能是呼吸节律起源的关键部位；脑桥头端有呼吸调整中枢，其作用为限制吸气，促使吸气向呼气转换；呼吸运动还受脑桥以上部位的影响，如大脑皮层可在一定程度内随意控制呼吸运动，以保证其他重要的呼吸相关活动的完成，如屏气、发音、咳嗽、吞咽、排便等。

呼吸的反射性调节 化学感受性呼吸反射 血液、组织液或脑脊液中的氧、二氧化碳和H^+等化学因素的改变可以被化学感受器感受，反射性调节呼吸运动。化学感受器是指其适宜刺激是上述化学物质的感受器，根据其所在部位的不同，分为外周化学感受器和中枢化学感受器。外周化学感受器位于颈动脉体和主动脉体，它们对动脉血中的PO_2、PCO_2、pH的变化敏感，当受到刺激时，信号分别经窦神经（舌咽神经的分支，分布于颈动脉体）和迷走神经（分支分布于主动脉体）传入延髓，反射性地引起呼吸运动加深加快。中枢化学感受器位于延髓腹外侧浅表部位，左右对称，生理刺激是脑脊液和局部细胞外液中的H^+，而不是二氧化碳。但是，血液中的二氧化

碳能迅速通过血脑屏障，使化学感受器细胞外液中的H^+浓度升高，从而刺激中枢化学感受器，再引起呼吸中枢兴奋，使呼吸运动加深加快。血液中的H^+不易通过血脑屏障，故血液pH的变动对中枢化学感受器的直接作用较小，也较缓慢。

肺牵张反射　在麻醉动物，肺扩张或肺充气可引起吸气抑制；肺萎陷或由肺内抽气可引起吸气兴奋。切断迷走神经后，上述反应消失，说明是由迷走神经参与的反射性反应。这种由肺扩张或肺萎陷引起的吸气抑制或兴奋的反射称为肺牵张反射或黑－伯反射。肺牵张反射包括肺扩张反射和肺萎陷反射。扩肺反射是肺扩张时抑制吸气的反射。感受器位于从气管到细支气管的平滑肌中，是牵张感受器，其阈值低，适应慢。当肺扩张牵拉呼吸道时，感受器兴奋，信号经迷走神经粗纤维传入延髓，在延髓内通过一定的神经联系使吸气转为呼气。肺萎陷反射是肺萎陷时引起吸气的反射，在较强的缩肺时才出现，它在平静呼吸的调节中意义不大，但对阻止呼气过深和肺不张等具有一定作用。因此，肺牵张反射可加速吸气和呼气的交替，使呼吸频率增加。

防御性呼吸反射　主要包括咳嗽反射和喷嚏反射。咳嗽反射的感受器位于喉、气管和支气管的黏膜。大支气管以上部位的感受器对机械刺激敏感，二级支气管以下部位对化学刺激敏感。传入信号经迷走神经传入延髓，触发咳嗽反射。咳嗽时，先是短促或深吸气，接着声门紧闭，呼气肌强烈收缩，肺内压急剧上升，然后声门突然打开，由于气压差极大，气体便以极高的速度从肺内冲出，将呼吸道内异物或分泌物排出。喷嚏反射类似于咳嗽反射，不同的是刺激作用于鼻黏膜感受器，传入神经是三叉神经，反射效应是腭垂下降，舌压向软腭，而不是声门关闭，呼出气主要从鼻腔喷出，以清除鼻腔中的刺激物。

呼吸道　respiratory tract　肺呼吸时气流所经过的通道。有肺脊椎动物的呼吸道分上、下两部：鼻、口、咽和喉合称上呼吸道。气管及其以后一分再分的管道，合称为下呼吸道，或称为气管树。气管树是随着动物的进化逐渐复杂化的。

整个呼吸道内表面都分布有分泌液和纤毛（鼻孔、咽后壁和声带黏膜除外），它能温暖（或冷却）、湿润和净化吸入的空气，对于呼吸器官和人体有着保护作用。

在呼吸道黏膜的上皮细胞间隙中有杯状细胞分泌黏液；黏膜下层中有黏液腺分泌黏液和浆液。呼吸道黏膜的每个上皮细胞约有200条纤毛，经常进行规则而协同的摆动，向咽部方向摆动时坚挺有力而快速，向相反方向摆动时弯曲柔软而缓慢，这样，纤毛顶部的黏膜层连同黏着的异物颗粒，都朝着咽部推移，然后经口吐出，或被咽下。呼吸道黏膜下层有丰富的传入神经末梢，能感受机械的或化学的刺激，引起喷嚏和咳嗽等反射，以高速度的气流把呼吸道的异物排出口、鼻之外。

在呼吸道的不同部位，其口径和内壁的几何形状是各不相同的，下呼吸道的管壁内横亘有平滑肌纤维，这些肌纤维的活动状况直接关系到下呼吸道的口径（尤其是缺乏软骨的膜性细支气管），因此，关系到呼吸的气流阻力。

呼吸道合胞病毒感染　respiratory syncytial virus infection　呼吸道合胞病毒侵犯呼吸道，使病变细胞融合成多核巨细胞引起的感染。呼吸道合胞病毒是一种RNA病毒，属副黏液病毒科。该病经空气飞沫和密切接触传播。多见于新生儿和6个月以内的婴儿。潜伏期3～7日。婴幼儿症状较重，可有高热、鼻炎、咽炎及喉炎，以后表现为细支气管炎及肺炎。少数患儿可并发中耳炎、胸膜炎及心肌炎等。成人和年长儿童感染后，主要表现为上呼吸道感染。确诊可分离病毒及做血清补体结合试验和中和试验。应用免疫荧光技术检查鼻咽分泌物中病毒抗原，可作快速诊断。治疗以支持和对症疗法为主，有继发细菌感染时，可用抗菌药治疗。预防同其他病毒性呼吸道感染。

呼吸困难　dyspnea　呼吸时有紧迫费力的不快感的一种主观感觉。患者往往诉说气促或气短，有的感到胸闷或胸部发紧。

许多疾病都表现有呼吸困难症状。最常见的是呼吸系统疾病，包括肺炎、肺水肿、气胸、大量胸腔积液等。各种心脏病引起的心功能不全是呼吸困难的第二位原因。尿毒症、糖尿病酸中毒等代谢性改变，重度贫血等血液病也可引起呼吸困难。神经、肌肉疾病如脑瘤、脑出血、颅内压增高、多发性神经根炎、重症肌无力等因影响呼吸中枢或呼吸肌也可表现呼吸困难。精神障碍（如癔病）时也可出现呼吸困难症状。

不同原因所致呼吸困难临床表现不同：上气道阻塞表现为吸气性呼吸困难；支气管哮喘则表现为呼气性呼吸困难（呼吸费力、呼气延长及哮鸣音）；急性左心功能不全时常出现夜间阵发性呼吸困难；代谢性酸中毒时呈深大而慢的呼吸。应针对发生呼吸困难的原发病进行治疗。

呼吸衰竭　respiratory failure　各种病因导致呼吸功能严重障碍，发生缺氧或二氧化碳潴留，引起一系列生理功能和代谢紊乱的临床综合征。

病理生理类型　可分为：①Ⅰ型呼吸衰竭。氧动脉分压（PaO_2）<60毫米汞柱，二氧化碳动脉分压（$PaCO_2$）正常或降低。由于通气/血流比例失调（V/Q失调）、弥散障碍，或肺内分流所致。见于肺间质性肺炎、急性呼吸窘迫综合征。②Ⅱ型呼吸衰竭。又称通气衰竭。患者PaO_2<60毫米汞柱，$PaCO_2$>50毫米汞柱，由于V/Q失常及肺泡低通气所致。见于重症慢性阻塞性肺疾病（COPD）。按照病变发生的快慢可分为：①急性呼吸衰竭。病情发展迅速，持续数分钟至数天，如溺水、电击、脑或胸部外伤等使肺功能突然发生衰竭。②慢性呼吸衰竭。病情发展较缓慢，持续数月至数年。

临床表现　除原发疾病表现的症状外，由于缺氧、二氧化碳潴留的程度、病情演变速度的不同，临床表现常各异。患者首先表现为呼吸困难，呼吸频率加快并节律紊乱、辅助呼吸肌活动加强、鼻翼扇动。其次出现皮肤、黏膜紫绀。同时表现精神神经症状，早期有头痛、烦躁、精神不集中，记忆力减退。此时若误用镇静药或吸氧浓度不当，或由于病情自身发展，二氧化碳潴留加重，患者可表现神志淡漠、嗜睡、昏睡、肌肉震颤，最后昏迷。或称为“肺性脑病”，即所谓二氧化碳麻醉。缺氧和二氧化碳潴留可引起心率增快，心搏出量增加，血压上升，严重心肌缺氧，可出现心律不齐。肺循环小血管收缩，肺动脉压增高。浅表静脉扩张，皮肤潮红、温暖、湿润多汗、结膜充血、水肿。重者表现深度昏迷、休克，神经检查可见腱反射减低或消失，锥体束征阳性等。严重缺氧、二氧化碳潴留患者，可发生消化道出血、肾功能损害。

诊断　根据病史、临床表现，结合实验室检查，对呼吸衰竭可作出诊断。血气分析是重要的客观依据。呼吸衰竭的血气诊断标准是静态状态下呼吸空气、位于海平面时，PaO_2<60毫米汞柱和（或）$PaCO_2$>50毫米汞柱。

治疗　急性呼吸衰竭是一种急症，治疗时须保持气道通畅，合理的氧疗，同时治疗原发病。当病情仍不能给予改善，自主呼吸不能维持正常气体交换时，须建立人工气道，行气管插管，进行机械通气。通气机、通气模式、各项通气参数的选择和维持最好是在重症监护专业人员指导下进行。

而慢性呼吸衰竭的治疗宜针对原发疾病的治疗和尽可能改善和维持已经损伤的肺功能。何时和如何进行机械通气是需要慎重考虑的，在不得已必须给与机械通气时，若无创性机械通气能满足改善气体交换的要求时，可用之代替有创性的通气方式。

《呼啸山庄》　*Wuthering Heights*　英国小说家E.勃朗特所著长篇小说。发表于1847年。呼啸山庄的主人恩萧将弃儿希斯克利夫带回收养，希斯克利夫长大后和恩萧的女儿凯瑟琳产生爱情。恩萧之子辛德雷对希斯克利夫没有好感，恩萧死后，辛德雷将希斯克利夫降为仆人，横加虐待。希斯克利夫生性倔犟，当他得知凯瑟琳不能嫁给他便负气出走。3年后致富而归，开始了他的报复。他先娶凯瑟琳丈夫之妹为妻，婚后又虐待她；他使凯瑟琳因不能与他结合而凄惨死去；他通过赌博从辛德雷手中夺走山庄并逼死了辛德雷。目的达到后，他无限追悔地呼唤着凯瑟琳的名字离开了人世。作者以浪漫主义和抒情的笔法描写了自然环境和主人公的感情生活，使用质朴无华、诗一般的盎格鲁－撒克逊来源的语言，使小说像一首完美、动人的叙事诗。

忽必烈 Khubilai; Qubilai 大蒙古国第五代大汗，中国元朝的创建者。见元世祖忽必烈。

忽里台 quriltai; qurilta 蒙古和中国元朝的诸王大会、大朝会。又作忽邻勒塔。最初，蒙古人的忽里台是部落和各部联盟的议事会，用于推举首领，决定征战等大事。1206年，铁木真（即元太祖成吉思汗）建蒙古国，召开忽里台，即大汗位。此后，历朝大汗即位，都由忽里台推戴。蒙古没有固定的嫡长继承制，汗位继承权或由先朝大汗生前指定，或通过明争暗斗强取，但形式上总要召开忽里台，由诸王、贵戚推举，才能即汗位。新大汗在忽里台召开期间，照例向诸王大臣颁发大量赏赐，笼络人心，因而忽里台也成了蒙古显贵瓜分劄藏的一种形式。入元以后，忽里台即大朝会的形式依旧保存下来，历朝皇帝即位都要召开忽里台，举行仪式，颁发赏赐。但忽里台远非决定帝位继承的具有实权的议事会，元朝大多数皇帝都是通过权臣拥立、武力争位或流血政变即位的。

忽里台又是决定和宣布重大军事行动，分派征伐任务，宣布新定制度的会议。如1235年窝阔台汗召开忽里台，决定遣以拔都为首的诸王、将领远征钦察草原和斡罗思等国，开始了西征。

滹沱河 Hutuo River 中国海河西南支子牙河的支流。古称虖池河。源于山西省繁峙县泰戏山，向西南流经恒山与五台山之间，至界河铺折向东流，切穿系舟山和太行山，东流至河北省献县臧桥与子牙河另一支滏阳河汇合。全长605千米，流域面积2.39万平方千米（至北中山）。主要支流有阳武河、云中河、牧马河、清水河、南坪河、冶河等。流域内天然植被稀少，水土流失较重。瑶池以上为上游。瑶池至岗南为中游，流经太行山区，河谷深切，呈"V"形谷，宽度均在200米以下，落差大，水流湍急。黄壁庄水库以下为下游，流经平原，河道宽广，最宽处6 000米，水流缓慢，泥沙淤积，渐成地上河或半地上河，两岸筑有堤防。流域属温带大陆性季风气候。年平均径流量约22亿立方米。径流年内分配不匀，年际变化大。由暴雨酿成的洪水，峰高量大，陡涨陡落，主要来自干流和冶河，多发生在7～8月。多年平均年输沙量约2 900万吨。流域内建有大中水库10座，以及众多的小型水库、塘坝，洪水灾害基本被控制住，灌溉、发电效益显著。流域内矿藏丰富，尤富煤。

狐 fox 哺乳纲犬科中几个狐属动物的统称。狭义上是对几种名贵毛皮狐种的统称。世界上的狐约有13种，分布在欧、亚及北

图1 赤狐

美洲。中国主要产赤狐、藏狐和沙狐等。生物学狐属，体形较小，体重约10千克。鼻吻部较细长，四肢短，尾长且蓬松。狐皮是高档制裘原料。人工养殖的种类主要有狐属的赤狐、银黑狐（赤狐的野生毛色突变型）和北极狐属的北极狐。北极狐分布于北极圈以内，以及阿拉斯加和西伯利亚等地。有白色（白狐）和浅蓝色（蓝狐）两种。体型比赤狐小，四肢短，尾长25～30厘米。公狐体重5.5～7千克，母狐4.6～6.0千克。寿命8～10年。

图2 北极狐

繁殖以银黑狐和北极狐为例。它们都是季节性一次发情的动物，一年繁殖1次，9～10月龄性成熟。妊娠期为51～52天。银黑狐的配种季节在1月中旬至3月，大多在3月下旬至4月末产仔，每胎4～5仔；北极狐在2月下旬至4月配种，4月中旬至5月末产仔，每胎8～10仔。仔狐45～50日断乳。

狐步舞 fox-trot 交谊舞和国际标准舞的一种。狐步舞的舞步主要是走步、快滑步

和1/4的旋转。步伐随音乐变化，自由灵活，快慢由人，也可糅进迪斯科的节拍。男女舞者相对搂抱而舞，也有的采取其他舞姿。舞者跳起来既兴致盎然，又不至于太疲劳。它那种欢快的舞步后来在查尔斯顿、黑臀、林蒂跳步舞、哈叟等舞蹈中得到发扬光大。

狐蝠 Pteropodidae; flying foxes 翼手目狐蝠科动物的统称。又称果蝠。共42属近166种。主要分布于旧大陆热带，往东至澳大利亚及其邻近岛屿。中国境内分布5属7种，见于华南区，包括台湾和海南。体型一般较大，但有些种类很小，体长5～40厘米，最小的体重15克（如食花粉、花蜜者），大者达900克。狐蝠属尾甚短，或阙如。股间膜不发达，仅沿后肢留存很狭的一条边缘；第2指具爪，且呈一定程度的游离状（个别种类例外）；耳壳简单，卵圆形，耳缘联成圆圈，无耳屏和对耳屏；眼发达，视觉良好；头骨吻部较长，腭部后缘超出臼齿，臼齿齿冠平坦，中央具纵沟，适于软质食物；舌很发达，食花粉、花蜜的种类尤其突出，可伸出口外很远。夜行性。远距离飞行觅食，有时可达15千米。主要靠嗅觉发现食物。仅棕果蝠等少数属有超声定位功能。大型者多聚居，小型者多独栖。终年繁殖，或集中在9～11月间，翌年2月产仔。最多每年1胎，每胎1～2仔。饲养条件下可活20年。

狐猴 Lemuridae; lemurs 灵长目原猴亚目狐猴科动物的统称。有2亚科6属13种。体型差异很大，外形与鼠、猫、狐和猴都有相似处。体长13～60厘米。体重60～3 000克；尾长17～60厘米，相当于或超过体长，尾毛密而长，多呈扫帚状；眼大；被毛浓密，且具鲜明的颜色；大型种类的吻部延长，形似狐嘴；外耳壳半圆形，或被毛浓密；后肢长于前肢，指、趾具扁指甲，较小的种类第二脚趾上是带沟槽而弯曲的爪；有36个牙齿，只有鼬狐猴为32个牙齿，缺上门齿。所有种类均产于马达加斯加岛，多栖息于热带雨林或干燥的森林或灌丛，吃昆虫、果实、芦苇、树叶，偶尔吃小鸟。单独或以家庭方式结群。

狐狸 *Vulpes vulpes*; red fox 食肉目犬科狐属的一种。又称赤狐。

弧光放电 arc discharge 呈现弧状白光并产生高温的气体放电现象。在稀薄气体、金属蒸气或大气中，当电源功率较大，能提供足够大的电流（几安到几十安），使气体击穿，发出强烈光辉，产生高温（几千到上万度），即是弧光放电。产生的方法是使两电极接触后随即分开，因短路发热，使阴极表面温度陡增，产生热电子发射。热电子发射使碰撞电离及阴极的二次电子发射急剧增加，从而使两极间的气体具有良好的导电性。弧光放电的特征是电压不高，电流增大的两极间电压反而下降，有强烈光辉。

还有一种冷阴极弧光放电，阴极由低熔点材料（如汞）做成。阴极表面蒸发出的蒸气被电离，在阴极表面附近堆积成空间正电荷层，此电荷层与阴极间极为狭窄区域内形成的强电场引起场致发射，使电流剧增，产生电弧。

弧光放电可用作强光光源，在光谱分析中用作激发元素光谱的光源，在工业上用于冶炼、焊接和高熔点金属的切割，在医学上用作紫外线源（汞弧灯）等。但是大电流电路开关断开时产生的弧火极其有害，应采取灭弧措施。

胡 hu 中国古代北方和西方各族的泛称。匈奴人曾自称为“胡”，并为汉人所熟知，故对于活动在匈奴之东的民族称为“东胡”。战国时期活动于榆中（今内蒙古鄂尔多斯市准格尔旗一带）的有“林胡”，活动在林胡之西的楼烦（今山西娄烦）亦被称为“胡”。汉通西域之后，西域各族也被称为“胡”。于是把匈奴称为“北胡”；把乌桓、鲜卑称为“东胡”；而把匈奴以西、葱岭以东各族称为“西胡”。魏晋以后，“胡”字应用更加广泛，活动于中原的各少数民族大多被称为“胡”。

胡安·卡洛斯一世 Juan Carlos I（1938－01－05～ ） 西班牙国王。生于罗马。波旁王朝末代国王阿方索十三世之孙，巴塞罗纳伯爵唐胡安之子。1969年7月，由佛朗

哥指定、经议会批准成为西班牙王位合法继承人，被授予陆、空军准将和海军少将军衔。1975年11月22日F.佛朗哥死后两天即位。即位后，对内主张改革和民主化，支持恢复各政党合法地位，对政治犯实行大赦；对外主张同世界各国保持友好关系。曾于1978年6月、1995年3月两次访问中国。

胡安·曼努埃尔 Juan Manuel（1282－05－05～1348－06－13） 西班牙散文作家。生于新卡斯蒂利亚，卒于科尔多瓦。出身王族，斐迪南四世和阿方索十一世在位期间任摄政王。他主张平等、博爱和世界大同；提倡勤奋，反对懒惰。后期隐居在一家修道院里从事创作。作品以《卢卡诺尔伯爵》（1335）最为著名，又名《帕特罗尼奥之书》，为卢卡诺尔伯爵同老师帕特罗尼奥之间的有关人生问题的问答。全书分两部分。第一部分包括51个内容独立、情节完整的故事，占5/6篇幅；其余部分为谚语和寓言。《卢卡诺尔伯爵》的问世，使西班牙散文逐渐成为文学创作的主流，对后来欧洲各国产生了一定的影响。

胡传揆 Hu Chuankui（1901－04－01～1986－03－17） 中国皮肤性病学家。生于湖北江陵，卒于北京。1927年毕业于北京协和医学院，获美国纽约州立大学医学博士学位。

留校历任皮肤花柳病科住院医师、助教、讲师、副教授。1932年去美进修。1939年第二次赴美开展实验梅毒研究工作。1941年自行开业。抗战胜利后任北平医学院附属医院皮肤花柳科主任、教授。翌年，兼任附属医院院长。1948年任北京大学医学院院长。1949年11月，组织医护人员参加封闭妓院和性病治疗的工作。参与制定中国梅毒防治方案。

在国内外发表论著80多篇，如《梅毒学、皮肤病及性病学》、《新中国的梅毒的控制和消灭》、《梅毒在世界的传播及在中国的消灭》等专著。

胡登洲 Hu Dengzhou（1522～1597） 中国伊斯兰教经师、经堂教育开创人。字明普，穆斯林尊称其为胡太师。陕西咸阳渭城人。回族。通晓阿拉伯语和波斯语，对伊斯兰教经籍的研究颇深。因当时流传中原的伊斯兰教典籍皆为阿拉伯或波斯文本，难读难解，经师匮乏，遂立志兴学，倡导讲授经典，并在家收徒讲学。其后各地清真寺纷起效法，招徒授课。南北各地创办经堂教育之第一代名师多出其门下。

胡蒂拉 Hutyra Ference（1860－09－06～1934－12－20） 匈牙利医学家和兽医学家。1886年始任教于布达佩斯兽医学院，1899年任该院院长。曾任匈牙利科学院名誉院士、国际兽医学会常务理事长、国际家畜卫生委员会主席、国际科技协会会长等职。毕生从事家畜传染病学许多领域的研究，特别是在猪瘟的防治方面，使疫苗的应用成为现实。曾参与匈牙利现代家畜卫生立法的工作。著述主要有《病理解剖诊断学》（1888）、《法兽医家畜剖析指南》（1925）等。与他人合著的《家畜特殊病理和治疗学》一书，是兽医科学文献中的一部重要著作。

胡蝶 Hu Die（1907～1989－04－23） 中国电影演员。广东鹤山人。生于上海，卒于加拿大。原名胡瑞华。1925年考入中华电影学校，曾在影片《成功》中扮演配角。

电影学校停办后在影片《秋扇怨》中饰演主角。1926～1928年，出演《夫妻之秘密》、《梁祝痛史》、《珍珠塔》等20多部影片。1928年加盟明星影片公司，先后主演《血泪黄花》、《红泪影》、《啼笑因缘》等30多部影片，并在中国第一部蜡盘发音的有声片《歌女红牡丹》中饰演女主角。一·二八事变之后，主演《自由之花》、《战地历险记》、《脂粉市场》、《姊妹花》、《劫后桃花》等影片。在20世纪30年代被誉为电影皇后。抗战中演《绝代佳人》、《春之梦》等片。抗日战争胜利后赴香港。50年代又有《后门》、《街童》等作品。60年代退出影坛。1986年出版《胡蝶回忆录》。

胡风 Hu Feng（1902～1985－06－08） 中国文艺理论批评家、诗人、翻译家。本名张光人，除胡风外，还曾用谷非、高荒、张果等笔名。生于湖北蕲春，卒于北京。高中期间开始接触五四新文学作品，并加入中国共产主义青年团。1925年夏起先后在北京大学预科和清华大学英文系学习。

1929年秋东渡日本，进庆应大学英文科学习，成为中国左翼作家联盟东京分盟负责人之一。1933年春因在日本的中国留学生中组织左翼抗日文化团体被捕，于同年6月被驱逐出境，回到上海。

在上海，结识了鲁迅、冯雪峰等人，担任过“左联”宣传部长、行政书记。1936年初，在鲁迅的倡议和支持下，主办《海燕》

文学杂志。1936年5月发表《人民大众向文学要求什么？》一文，提出了“民族革命战争的大众文学”的口号，导致支持“国防文学”口号的作家的反驳，引起了“两个口号”的论争。鲁迅逝世后，胡风为整理、出版和译介鲁迅的遗著做了大量工作。同时撰写有《悲痛的告别》、《作为思想家的鲁迅》等多篇纪念文章，对鲁迅的思想发展、思想特点都作了深入的阐释。这个时期出版了《文艺笔谈》、《文学与生活》、《密云期风习小记》等著作，成为左翼活跃的文学批评家。

1937年抗战全面爆发后在上海创办《七月》文学周刊，先后担任“中华全国文艺界抗敌协会”常委、研究股主任和郭沫若主持的文化工作委员会的专任委员等职，并兼任复旦大学教授。在此期间写下大量理论和评论文章，结集出版了文学批评论文集《剑·文艺·人民》、《论民族形式问题》、《在混乱里面》、《逆流的日子》，诗集《为祖国而歌》，译文集《人民与文学》等。同时还编辑出版了《七月诗丛》和《七月文丛》，发现和扶植了大批文学新人，对七月派青年作家的出现和成长起了重要的作用。

1949年7月，胡风在第一次中华全国文学艺术工作者代表大会上被选为中国文学艺术界联合会委员、中国作家协会全国委员会常委，并作为文艺界代表参加了同年9月召开的中国人民政治协商会议第一届全国委员会会议。1954年当选为第一届全国人大代表。胡风认为“现实主义的发展是在两种似是而非的不良倾向中进行的，一种是主观公式主义（标语口号是它原始的形态），一种是客观主义（自然主义是它的前身）”。他对于革命文艺运动中庸俗社会学倾向的批评具有积极意义。他提出“主观精神和客观真理的结合或融合”的观点，强调“主观战斗精神”并将其作为“主动地把握以及改造客观现实的人底素质”，认为现实主义所应表现的“真实的人生”是存在于光明与黑暗、肯定的人物与否定的人物搏斗中间的，认为应当“为文艺请命：不要逼作家说谎，不要污蔑现实的人生”。这种观点具有创见性。1954年7月，胡风向中共中央写了《关于解放以来文艺实践状况的报告》（即“三十万言书”），对于自己在文艺论争中所受到的批评进行了反批评，并结合文艺发展的历史提出对当时文艺工作和若干文艺理论问题的意见。他的关于文艺问题的意见被夸大为政治问题，进而他被作为敌对分子处理。1955年在全国掀起了“粉碎胡风反革命集团”的斗争，胡风被捕入狱，被认为属于胡风派的一大批作家受到株连，有的甚至被迫害致死。1979年，胡风获释。胡风一案先后经1980年、1986年和1988年3次平反得到彻底昭雪。胡风恢复自由后，先后被选为全国政协常务委员、中国文联第四届委员会委员，并任中国作家协会顾问和中国艺术研究院顾问。

胡蜂 Vespidea; wasp 膜翅目胡蜂总科昆虫的统称。俗称黄蜂、马蜂。全世界已知5 000种以上。中国记载200余种。为捕食性蜂类。成虫体壁坚厚，光滑少毛。体多呈黑、黄、棕三色相间，或为单一色；具大小不同的刻点或光滑；茸毛一般较短。口器发达，上颚较粗壮。翅发达，飞翔迅速，静止时前翅纵折。足较长。雄蜂腹部7节，无螫针；雌蜂腹部6节，末端有由产卵器形成的螫针，上连毒囊，分泌毒液，毒力较强。

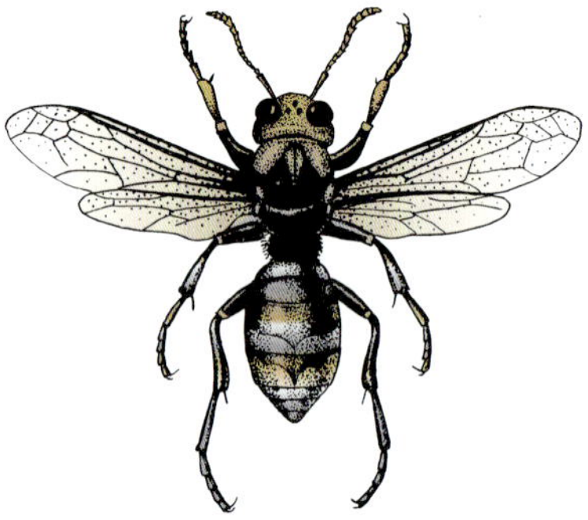

胡蜂为有社会性行为的昆虫类群。大部分胡蜂一生营巢而居。蜂群中有后蜂、职蜂（又称工蜂）（雌性）和雄蜂的区别。后蜂为前一年秋后与雄蜂交配受精的雌蜂。雄蜂在交配后不久即死亡。职蜂负责筑巢和饲育幼虫。胡蜂成虫、幼虫和蜂巢可入中药，或内服，或外敷，可治毒虫螫咬、毒肿疔疮等症。

胡蜂食性广，可防治多种农林害虫，特别是对鳞翅目害虫的防治。胡蜂也能捕食蜜蜂、柞蚕等，在果园地区，常咬食果实造成减产。蜂毒毒性很大，受伤者非常疼痛，严重时可造成伤残或死亡。但是，胡蜂一般不主动攻击人畜。除在养蜂、养蚕地区和果园附近外，胡蜂实为一类消灭害虫的天敌昆虫。

胡佛 Hoover, Herbert Clark (1874-08-10～1964-10-20) 美国第31任总统（1929～1933）。生于艾奥瓦州西布兰奇，卒于纽约。1895年毕业于斯坦福大学。1917年美国参加第一次世界大战后任美国粮食署署长。战争结束后受命在欧洲组织大规模粮食救济事业。曾参与外国对俄国苏维埃政权的干涉。1921

年和1925年两度任政府商业部部长。1929年就任总统。同年10月美国爆发历史上最严重的经济危机（见美国1929～1933年经济危机）。胡佛依据自由放任主义，以自愿原则劝告地方政府、企业界、劳工界采取行动。1932年初成立复兴金融公司，后又签署联邦土地银行法令和联邦住宅贷款银行法。1932年7月，签署紧急救济与建设工程法。到1932年底，只贷出3 000万美元，作为各州失业救济与以工代赈之用。这样，胡佛政府主要是帮助富人，对缓解生产过剩危机和失业救济作用很小，导致经济危机日益严重。

1932年大选中被F.D.罗斯福击败。卸任后在加利福尼亚州帕洛阿尔托撰写回忆录，并不时攻击新政。著有《美国的个人主义》(1922)和《回忆录》(1951)等。

胡佛坝 Hoover Dam 美国高重力拱坝。曾改称博尔德坝，1947年4月又恢复原名，用以纪念美国H.C.胡佛总统。最大坝高221米，坝顶长度379米，顶宽13.7米。建于美国内华达州和亚利桑那州之间科罗拉多河的布莱克峡谷。工程于1931年4月开工，1936年3月竣工。水库名米德湖，总库容352亿立方米。总装机为134.5万千瓦。两个泄洪隧洞引水明渠长约198米，泄量为11 340米^3/秒。工程的兴建从解决南部干旱缺水出发，建成后发挥了综合利用效益，在防洪、灌溉、城市及工业供水、水力发电等方面发挥了巨大作用，1955年美国土木工程师学会将其评选为美国现代土木工程七大奇迹之一。

胡佛重力拱坝

胡服 Hu dress 中国古代服饰。战国时期胡服指东胡、楼烦等少数民族的服饰。公元前307年赵武灵王颁胡服令，推行胡服骑射。胡服的特征是衣长齐膝，腰束郭洛带，用带钩，穿靴，便于骑射活动。当时的其他国家争相仿效赵国的改革，胡服的应用不断扩大。胡服轻便实用，很快从军队传至民间，被广泛采用。从此，胡服新装不断涌现。唐代流行于西域地区以及印度、波斯等国的胡服，形制为锦绣浑脱帽、翻领窄袖袍、条纹小口裤和透空软锦靴。流行的原因是初唐至极盛时期，中原与西域经济、文化交往及胡舞的兴盛。

胡格诺派与胡格诺战争 Huguenots and Huguenot Wars 法国加尔文派新教徒1562～1598年间和天主教集团之间的内战。又称宗教战争。

J.加尔文在法国的信徒称为胡格诺派。参加者有手工业者、农民、小商贩以及部分贵族，知识界一些著名人物也改宗新教。胡格诺战争爆发时，法国约有新教修会2 000多个，教徒达百万人。

自部分贵族改宗新教后，宗教纠纷演变为新教与天主教两派封建主争夺政治权力和经济利益的武装冲突。1562年3月1日，天主教派的吉斯公爵在瓦西镇屠杀新教徒，胡格诺战争开始。1572年8月24日天主教派在巴黎制造圣巴托罗缪惨案，屠杀新教徒2 000多人，使战争激化。1576年，胡格诺派在法国南部建立联邦。同年北方的天主教徒建立天主教同盟，内战日趋激烈。后来两大派为维护共同的利益，寻求妥协。1598年4月13日亨利四世颁布宽容胡格诺派的《南特敕令》，承认一国两教。历时36年的宗教战争至此结束。

胡果刚 Hu Guogang (1921～1983-12-08) 中国舞蹈理论家、编导。四川璧山（今属重庆）人。他长期从事部队舞蹈的创作和领导工作，为部队舞蹈专业队伍的建立和发展、为军事题材舞蹈作品的创作演出、为舞蹈理论的研究和建设都作出过贡献。参加创作和演出的舞蹈和舞剧有：《张治国》、《反攻战鼓》、《练兵舞》、《进军舞》、《母亲在召唤》、《湘江北去》、《骄杨颂》及音乐舞蹈史诗《东方红》、《中国革命之歌》等，发表的讲演和论文主要有《论战士舞蹈》（1951）、《为表现我们时代的英姿》（1964）和《开掘舞蹈反映生活的深度和广度》（1980）等。

胡汉民 Hu Hanmin (1879-12-09～1936-05-12) 中华民国时期国民党元老、南京国民政府立法院院长。字展堂。生于广东番禺（今属广州），卒于广州。1902年赴日留学。1905年在东京加入中国同盟会，任评议部议员、《民报》编辑，多次参加孙中山领导的反清武装起义。武昌起义后，先后任广东都督、南京临时政府总统府秘书长等职。1914年在日本参与组建中华革命党。1917年任孙中山广州护法军政府交通部长。五四运动后，与朱执信等人在上海创办《建设》杂志，支持学生爱国运动和新文化运动。1924年1月，出席国民党一大，当选为中央执行委员。孙中山逝世后，约集孙科等人商议反共对策，诋毁坚持国共合作的廖仲恺，一度成为"刺廖"案的重大嫌疑人。1927年4月，出任南京国民政府中央政治会议主席、立法院院长等要职，助蒋介石巩固政权。1931年2月，因制定"约法"问题与蒋严重对立，被蒋软禁于南京。获释后与邹鲁等人组织"新国民党"，宣言以"抗日、反蒋、剿共"为宗旨。1935年12月，举国要求"团结御侮"，经蒋介石授意，被国民党五届一中全会推为中央常务委员会主席。

胡宏 Hu Hong (1105～1162) 中国南宋哲学家。字仁仲，号五峰。福建崇安人。师从杨时、侯仲良，也深受其父亲胡安国的影响，是程颢和程颐的再传弟子，南宋湖湘学派（性学）的创始人。胡宏生活于两宋之交，后半生隐居于湖南衡山五峰下著述和讲学。胡宏最早对北宋学术进行了整理，将周敦颐、邵雍、张载和二程等"五子"的学术总括为"道学"，即后来的"理学"。胡宏的哲学以性为本，在道物观上主张人不离道，性外无物，善恶不足以言性，这一观点后来通称为"性无善恶"。在性理关系上强调性一而理殊，性立天下之大本。在心性论上提出性体心用，性动为心，尽心以成性。这一模式后来被朱熹概括为"心对性说"。它与朱熹推崇的张载的"心统性情"属于两种不同的理学本体论结构。在理欲观上倡导天理人欲同体异用、同行异情，客观上肯定了人欲的合法地位。著有《皇王大纪》80卷、《知言》6卷和《五峰集》5卷。中华书局点校出版了《胡宏集》。

胡厚宣 Hu Houxuan (1911-12-20～1995-04-16) 中国甲骨学家、商史学家。河北望都人。卒于北京。1934～1940年在中央研究院历史语言研究所工作。1940～1946年在成都齐鲁大学任国学研究所研究员兼中文系、历史系主任、教授。1947～1956年在上海复旦大学任教授兼中国古代史教研室主任。1956年调入中国科学院历史研究所，任研究员、学术委员会委员兼室主任。又任中国先秦史学会副理事长，中国史学会、中国古文字研究会、中国考古学会理事等职。胡厚宣于1934～1935年参加安阳殷墟考古发掘，并整理殷墟甲骨，为《殷虚文字甲编》作过全部释文。他研究甲骨，力图材料齐全并结合商史与商代遗迹、遗物进行研究，对商代卜龟来源、记事刻辞、四方风名、农业生产、宗法制度等有关甲骨学和商史上的一些问题作过专题研究，还积极从事甲骨文的搜集著录工作。他开创的分期、分类的甲骨著录编纂体例，为科学地著录甲骨开辟了新途径。撰有《甲骨学商史论丛》、《五十年甲骨文发现的总结》等学术论著170多种。还是《甲骨文合集》的总编辑。

胡华 Hu Hua (1921-12～1987-12) 中国历史学家。原名胡家骅。生于浙江奉化，卒于上海。1937年肄业于浙江省立高等师范学校。毕生从事教育工作，以研究中共党史见长。在华北联合大学工作期间，先后讲授《中国近代革命史》、《中国革命基本问题》、《中国通史（两晋至唐、五代）》等课程。

1946年10月任华北联大史地系副主任。他重视对现实问题的研究，1947年开设新课《中国外交史》，出版《日本投降以来英美帝国主义侵华史》和《日本投降以来中国政局史话》（主编）等著作。中华人民共和国建立后，主要致力于中国革命史的研究。1950年出版《中国新民主主义革命史（初稿）》一书。1950～1955年间，主编出版《中国革命史讲义》，与范文澜、翦伯赞等人合著出版《中国历史概要》一书，并撰写《论中苏友好同盟互助条约》等多篇论文。同时，兼任中国科学院近代史研究所学术委员、中国史学会中国现代史组副组长和北京史学会理事。1978年任中国人民大学中共党史系主任。1979年出版了《青年时期的周恩来》。为了科学评价历史人物，还主编出版了《五四时期的历史人物》，用历史唯物主义观点评价陈独秀、胡适等有争议的历史人物。

胡华晚年身兼多种社会职务，主要有全国中共党史研究会常务副会长、中国史学会常务理事、全国中共党史人物研究会副会长。他主编的大型丛书《中共党史人物传》，被译成多种文字或直接转载在国外出版，影响较大。1987年获吴玉章奖金历史学一等奖。还兼任国际交流协会理事。

胡焕庸 Hu Huanyong (1901-11-20～1998-09-30) 中国地理学家，中国人口地理学创始人。生于江苏宜兴，卒于上海。1923年南京高等师范学校毕业。1926年赴巴黎大学进修。1928年回国，历任中央大学地理系教授、系主任，中国地理学会理事长，华东师范大学地理系教授兼人口研究所所长等职。1934年考察苏北的水利和盐垦工作，并开始系统地研究人口地理学，发表《中国人口之分布》(1935)一文，编制中国第一张等值线人口密度图，以瑷珲—腾冲线分全国为东南和西北两半壁，此线沿用至今，被称为“胡焕庸线”。1936年发表第一张中国农业区域图。1950年参加治淮工作。著有《中国八大区人口密度与人口政策》、《中国八大区人口增长、经济发展的过去与未来》、《胡焕庸人口地理选集》等。

胡寄窗 Hu Jichuang (1903-10-09～1993) 中国经济学家。原名钟睿，四川天全县人。1926年毕业于北平大学法学院，1938年获英国伦敦大学经济科学硕士学位。回国后历任四川大学、华西大学、东北大学教授，兼任北京大学、北京师范大学教授。1949年后，历任之江大学财经学院国际贸易系主任、院长，浙江财经学院院长，上海财经学院、上海社会科学院、江西大学教授。并任中国经济思想史学会会长，外国经济学说研究会名誉理事，中国社会科学院特约研究员。胡寄窗长期从事经济史的研究，曾创办《经济学报》、《经济评论》杂志。著有《中国经济思想史》、《中国古代经济思想的光辉成就》、《中国近代经济思想大纲》、《当代西方基本经济理论》等。

《胡笳十八拍》 *Eigteen Passages of Hujia Music* 中国古代琴曲。根据汉代流传的同名叙事诗谱曲。原诗一说为汉蔡琰所作，但《后汉书·蔡琰传》未见记载，故难以定论。其音乐为唐人传谱。六朝时已有《胡笳调》、《胡笳曲》流传，宋人郭茂倩《乐府诗集》引南朝宋元嘉（424～453）时人张永《元嘉正声技录》所列曲目有“但曲”(器乐合奏曲)《大胡笳鸣》、《小胡笳鸣》。唐宋以后《胡笳十八拍》在唐人传谱基础上，成为流传甚广的琴曲，琴书、琴谱多有著录。今存琴谱有两种：一是清初《澄鉴堂琴谱》及其后各谱所载的独奏曲；二是明代《琴适》中与歌词配合的琴歌。琴曲音乐带有深沉的倾诉性，虽流于平铺直叙，仍耐人寻味。另有同名琴歌，始则深沉隽永、继而慷慨悲歌，是一首优秀的古代艺术歌曲。

胡椒碱 piperine 生物碱，分子式$C_{17}H_{19}NO_3$。存在于多种胡椒属植物的果实中，为其辛辣成分之一。

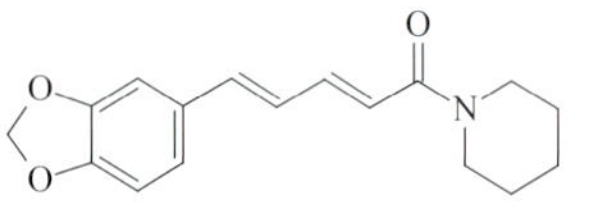

在商品黑胡椒和白胡椒中，胡椒碱的含量为5%～9%，有时高达11%。胡椒碱为无色单斜棱柱状晶体；熔点130～133℃；溶于乙酸、苯、乙醇和氯仿，微溶于乙醚，在水和石油醚中几乎不溶；入口最初无味，后有辛辣味；能与强酸生成结晶盐。胡椒碱是一种广谱抗惊厥药，对戊四氮、印防己毒素、士的宁，以及脑室内注射筒箭毒碱、谷氨酸等引起的惊厥发作和听源性发作，都有不同程度的对抗作用。对某些类型的癫痫也有疗效。胡椒碱对蝇类的毒性比除虫菊高。

胡椒科 Piperaceae; pepper family 双子叶植物纲木兰亚纲的一科。有8～9属约3 100种，分布于热带、亚热带。胡椒属约2 000种，豆瓣绿属约1 000种，齐头绒属仅1种。中国3属71种。直立或蔓生草本、灌木、稀乔木，草本的常多汁。叶互生、对生或轮生，往往肉质，具叶柄，托叶如存在，则与叶柄合生。花极小，有苞，常两性；有些种单性，常密集成肉质的穗状花序，或由穗状花序再排列成伞状。果实为小型核果。

该科以产胡椒著名，商品上有黑胡椒、白胡椒之分，当果穗基部果实开始变红时，剪下果穗晒干或烘干后，果皮变黑、皱缩，称黑胡椒；如全部果实均已发红时采收，用水浸渍数日，去外果皮晒干，则果实表面呈白色，称白胡椒。胡椒味辛辣，但刺激性比辣椒小，除供调味外，药用内服作祛风健胃剂，外用可作刺激剂、发热剂。豆瓣绿属中，多观叶植物，在庭园栽培。

胡锦涛 Hu Jintao (1942-12～) 中国共产党中央委员会总书记，中华人民共和国主席，中共中央军事委员会主席，中华人民共和国中央军事委员会主席。安徽绩溪人。1964年4月加入中国共产党，1965年7月参加工作，清华大学水利工程系河川枢纽电站专业毕业，大学学历，工程师。1959～1964年在清华大学水利工程系学习。1964～1965年在清华大学水利工程系学习，并任政治辅导员。1965～1968年在清华大学水利工程系参加科研工作，并任政治辅导员（“文化大革命”开始后终止）。1968～1969年在水电部刘家峡工程局房建队劳动。1969～1974年任水电部第四工程局八一三分局技术员、秘书、机关党总支副书记。1974～1975年任甘肃省建委秘书。1975～1980年任甘肃省建委设计管理处副处长。1980～1982年任甘肃省建委副主任，1982年9～12月任共青团甘肃省委书记。1982～1984年任共青团中央书记处书记，全国青联主席。1984～1985年任共青团中央书记处第一书记。1985～1988年任中共贵州省委书记，贵州省军区党委第一书记。1988～1992年任中共西藏自治区委员会书记，西藏军区党委第一书记。1992～1993年任中央政治局常委、中央书记处书记。1993～1998年任中共中央政治局常委、中央书记处书记，中央党校校长。1998～1999年任中共中央政治局常委、中央书记处书记，中华人民共和国副主席，中央党校校长。1999～2002年任中共中央政治局常委、中央书记处书记、中共中央军事委员会副主席，中华人民共和国副主席，中华人民共和国中央军事委员会副主席，中央党校校长。2002～2003年任中央委员会总书记、中共中央军事委员会副主席，中华人民共和国副主席，中华人民共和国中央军事委员会副主席，中央党校校长（2002年12月不再兼任）。2003～2004年任中央委员会总书记，中华人民共和国主席，中共中央军事委员会副主席，中华人民共和国中央军事委员会副主席。2004～2005年任中央委员会总书记，中华人民共和国主席，中共中央军事委员会主席，中华人民共和国中央军事委员会副主席。2005年后任中央委员会总书记，中华人民共和国主席，中共中央军事委员会主席，中华人民共和国中

央军事委员会主席。是中共第十二届中央候补委员、中央委员，十三届、十四届、十五届、十六届、十七届中央委员，十四届、十五届中央政治局委员、常委、中央书记处书记，十六届、十七届中央政治局委员、常委、中央委员会总书记。中共十五届四中全会增补为中共中央军事委员会副主席。第九届全国人大第一次会议当选为中华人民共和国副主席。第九届全国人大常委会第十二次会议任命为中华人民共和国中央军事委员会副主席。第十届全国人大第一次会议当选为中华人民共和国主席。中共十六届四中全会任中共中央军事委员会主席。第十届全国人大第三次会议当选为中华人民共和国中央军事委员会主席。中共十七届一中全会任中共中央军事委员会主席。第十一届全国人大第一次会议当选为中华人民共和国主席、中华人民共和国中央军事委员会主席。政协第六届全国委员会常务委员。

胡锦涛“六点意见” Hu Jintao's Six Opinions 2008年12月31日胡锦涛在纪念《告台湾同胞书》发表30周年座谈会发表的讲话，在中共十七大关于对台工作总体要求和中央对台大政方针基础上，根据两岸关系和台湾局势的发展变化，深刻阐述了中央为继续推进两岸关系和平发展，促进祖国和平统一提出的重大主张和方针政策，是新形势下指导对台工作的纲领性文件。讲话在继承中央对台工作大政方针的基础上，首次全面系统地阐述了两岸关系和平发展的思想，提出了推动两岸关系和平发展的六点意见，科学地回答了为什么要推动两岸关系和平发展、怎样推动两岸关系和平发展的重大问题。讲话强调，要牢牢把握两岸关系和平发展的主题，把坚持大陆和台湾同属一个中国作为推动两岸关系和平发展的政治基础，把深化交流合作、推进协商谈判作为推动两岸关系和平发展的重要途径，把促进两岸同胞团结奋斗作为推动两岸关系和平发展的强大动力，携手共进，戮力同心，努力开创两岸关系和平发展新局面。六点意见包括：①恪守一个中国，增进政治互信。②推进经济合作，促进共同发展。③弘扬中华文化，加强精神纽带。④加强人员往来，扩大各界交流。⑤维护国家主权，协商涉外事务。⑥结束敌对状态，达成和平协议。讲话体现了中央对台工作大政方针的一贯性和连续性，体现了对两岸关系发展规律的深刻认识，体现了构建两岸关系和平发展框架的战略思考，体现了为两岸同胞谋福祉、为台海地区谋和平、为中华民族谋复兴的决心和诚意。

2011年7月12日，胡锦涛在北京人民大会堂参加两岸万名青年交流主题联欢活动

胡经甫 Hu Jingfu (1896－11－21～1972－02－01) 中国生物学家。生于上海，卒于北京。1917年毕业于苏州东吴大学生物学系，获理学学士学位，1919年获理学硕士学位。1920年公费留美，1922年获美国康奈尔大学哲学博士学位。历任南京东南大学、苏州东吴大学、北京燕京大学教授，美国康奈尔大学和明尼苏达大学客座教授，中华教育文化基金会委员，中央研究院第一届评议会评议员，中华海产学会会长，中国动物学会会长，北京博物学会会长和《北京博物学杂志》总编辑等职。1950年辞去燕京大学职务，开业行医。1953年起在中国人民解放军军事医学科学院任一级研究员。1955年当选为中国科学院学部委员（院士）。

他从事生物学和昆虫学教学科研工作50余年，作出重要贡献，所编《中国昆虫名录》(共6卷)，网罗全世界有关中国昆虫的记载，列示每一虫种的分类地位、地区分布、同物异名和文献出处等，为研究中国昆虫提供了最基本的查考资料。全书几经修订为20世纪20～40年代中国昆虫学研究的一个里程碑。1949年后他集中力量从事医学昆虫的调查研究和人才培训。1952年因参加反细菌战工作曾获中央卫生部颁发的爱国卫生模范奖状。1964年因科研和教学成绩卓著而在军内荣立三等功。主要编著还有《中国水生昆虫》、《无脊椎动物学》、《中国重要医学动物鉴定手册》(合编）等。

胡厥文 Hu Juewen (1895－10－07～1989－04－16) 中国政治活动家、实业家、爱国主义者，全国人大常委会副委员长，中国民主建国会的创建人和领导人之一。上海嘉定人，卒于北京。1918年毕业于北京高等工业专门学校。1921年起，先后创办上海新民机器厂、合作五金厂、长城砖瓦公司等实业，任上海市机器业同业工会主任委员。抗日战争全面爆发后，联合同业支援1937年的淞沪会战。带头迁厂到西南，在重庆、桂阳等地创办机器厂，任中南区机器工业协会理事长。1945年参与发起成立中国民主建国会，任常务理事。抗战胜利后返回上海兴办实业，参加停止内战请愿、护厂保产等爱国活动。中华人民共和国建立后，历任中央人民政府政务院财经委员会委员、上海市副市长、上海市政协副主席。当选为民建上海市主任，民建一届、二届中央副主任，三届中央主任，四届中央主席，五届中央名誉主席。1975年起当选为四届、五届、六届全国人大常委会副委员长。

胡可 Hu Ke (1921－02－28～) 中国剧作家。满族。生于山东益都（今青州）。1937年参加八路军，曾在军区的“抗敌剧社”做文艺宣传工作。历任总政治部文化部副部长、解放军艺术学院院长、中国戏剧家协会副主席等职。

胡可在抗日战争和解放战争期间，先后创作了揭露日军细菌战罪行的多幕儿童剧《清明节》(1942)，根据拥军模范的真实事迹编写的多幕话剧《戎冠秀》(1944)，以及独幕话剧《枪》(1945)和《喜相逢》(1947)。写于1949年的《战斗里成长》是其代表作。20世纪50年代，创作了《英雄的阵地》(1951)、《战线南移》(1953)、《槐树庄》(1959)。后者与《战斗里成长》都曾被拍摄成同名电影。

胡克 Hooke, Robert (1635－07－18～1703－03－03) 英国物理学家。生于怀特岛，卒于伦敦。1653年入牛津大学学习，担任R.玻意耳的助手，1663年获硕士学位。1665年担任伦敦格雷舍姆学院几何学教授。1663年成为英国皇家学会会员，1677～1683年任学会秘书，并负责出版刊物。协助玻意耳改进了空气泵而使后者得以建立起玻意耳定律，还改进及创新出许多仪器，如钟表的摆轮、毛发湿度计、航海仪器、显微镜与望远镜。1678年首次公布了固体弹性定律，即经后人修整作为弹性力学基础的胡克定律。他的《显微图集》首次显示了动植物和矿物的显微结构，并引入了细胞一词；该集中还载有他所观察到的空气薄膜在光照下的彩色环带及其颜色与亮暗的周期变化；集中表明他是光的波动说创导人之一。1679年提出引力的反平方关系。他虽未能以此来解决行星的轨道问题，但却促进了I.牛顿对万有引力定律的深入研究。在热学方面，胡克断定常压下冰的熔点及水的沸点为固定点，建议以水的冰点为温度计的零度；他相信热的动力说并较早地观察到矿物晶体的有序排列。

胡克的研究领域很广，有燃烧、呼吸、化石、天文观测、地震、海洋、城市建筑设计等方面，他实验技术精湛并且物理思想活跃。

胡克定律 Hooke' s law 力学和物理学的基本定律之一。由英国物理学家R.胡克于1678年首先提出。内容是：在材料的线弹性范围内，固体的单向拉伸变形与所受的外力成正比；也可表述为：在应力低于比例极限的情况下，固体中的应力σ与应变ε成正比，即$\sigma=E\varepsilon$，式中E为常数，称为弹性模量或杨氏模量。胡克定律为弹性力学的发展奠定了基础。把胡克定律推广应用于三向应力和应变状态，则可得到广义胡克定律。当应变微小时，在物体给定点上的应力分量为该点应变分量的线性齐次函数。对于沿任何方向力学性质都相同的各向同性弹性体，与材料有关的独立弹性系数只有两个；对于一般的各向异性弹性体，独立的弹性系数达21个。若物体是不均匀的，则弹性系统是空间点的函数。

胡林翼 Hu Linyi (1812～1861) 中国晚清大臣，湘军首领。字贶生，号润之（一作润芝）。湖南益阳人。1836年（道光十六年）中进士。在贵州任知府时曾举办保甲团练，自练壮勇，镇压各族群众有功。1854年（咸丰四年）奉调带勇赴湖北、湖南抗击太平军。曾国藩令其自领一军，随同作战。他不断整顿、扩充所部湘军，采取围城打援战术攻陷武昌，又遣军夺武昌县（今湖北鄂城）、黄州（今湖北黄州）等地。因收复湖北失地，实授湖北巡抚，加头品顶戴。他大力整饬吏治，广泛引用人才，并整顿厘金，增设局卡，严防偷漏，力杜中饱。还改革漕粮征收，奏定新章，厘正积弊。对境内群众斗争和武装起义，悉以武力镇压。1857年，在黄州督战，击溃进入鄂东的太平军陈玉成部。次年5月攻占九江。1861年9月，所遣之军攻陷安庆，被推为首功，加太子太保衔。时人以与曾国藩并称曾胡。著作有《读史兵略》，所遗奏稿、书牍辑为《胡文忠公遗集》。

胡萝卜 *Daucus carota* var. *sativa*; carrot 伞形科胡萝卜属的一个变种。一二年生草本植

胡萝卜形态

物。原产亚洲西南部，阿富汗为最早演化中心。约在13世纪，胡萝卜引入中国，发展成中国生态型。叶柄细长，三回羽状全裂叶，裂片狭小，从生于短缩茎上。顶端各着生一复伞形花序，花小，白色。异花传粉。双悬果，肉质根有长筒、短筒、长圆锥及短圆锥等不同形状，黄、橙、橙红、紫等不同颜色。胡萝卜属半耐寒性，喜冷凉气候。为长日照植物。肉质根在18～20℃时发育良好。中国多于夏秋播种。胡萝卜营养丰富。有治疗夜盲症、保护呼吸道和促进儿童生长等功能。此外还含较多的钙、磷、铁等矿物质。生食或熟食均可。还可腌制、酱渍、制干或作饲料。

胡宁 Hu Ning (1916-02-11～1997-12-26) 中国物理学家。生于江苏宿迁，卒于北京。1938年毕业于清华大学物理系，1943年获美国加利福尼亚州理工学院物理学博士学

位。先后在美国、爱尔兰、丹麦等国从事研究工作，任威斯康星大学原子核研究所研究员。1950年回国，历任北京大学物理系教授，中国科学院近代物理研究所、原子能研究所研究员，苏联杜布纳联合核子研究所理论物理实验室任小组负责人、教授，中国科学院理论物理研究所、北京大学合聘教授。1955年当选为中国科学院学部委员（院士）。从事理论物理和基本粒子研究。早年曾致力于流体力学中湍流理论研究。20世纪40年代旅外期间研究介子的核力理论和广义相对论、S矩阵理论、量子电动力学和粒子理论。50年代同时研究高能多粒子产生理论和强相互作用理论。60年代研究强子内部结构的层子模型理论，强子的相互作用、电磁相互作用和弱相互作用性质与动力行为结合实验等。著有《场的量子理论》等。

胡启立 Hu Qili (1929-10～) 曾任中国共产党中央政治局常务委员会委员。陕西榆林人。1948年4月加入中国共产党。1946～1951年在北京大学物理系、机械系学习。1951～1956年任北京大学党委常委、团委书记。1956～1966年任全国学生联合会主席，驻捷克斯洛伐克布拉格国际学生联合会书记处书记、副主席，共青团中央书记处候补书记。1966～1972年在“文化大革命”中受迫害，下放“五七”干校劳动。1972～1977年任中共宁夏回族自治区西吉县委副书记，宁夏回族自治区固原地委副书记，宁夏回族自治区党委办公厅主任。1977～1978年任清华大学党委副书记、副校长。1978～1980年任共青团中央书记处书记，全国青年联合会主席。1980～1982年任中共天津市委书记、市长。1982～1987年任中共中央办公厅主任，中共中央书记处书记、中共中央政治局委员。1987～1989年任中共中央政治局委员、常委，中共中央书记处书记。1991～1993年任机械电子工业部副部长。1993年3月至1998年任电子工业部部长。1998年3月当选为政协第九届全国委员会副主席。2000年12月起任宋庆龄基金会主席、中国福利会执行委员会主席。是中共第十二至十四届中央委员，第十二届（十二届五中全会增选）、十三届中央政治局委员（十三届四中全会免职），第十三届中央政治局常委（十三届四中全会免职），第十二、十三届中央书记处书记（十三届四中全会免职）。

胡乔木 Hu Qiaomu (1912-06-01～1992-09-28) 中国新闻工作者、政论家。江苏盐城人。卒于北京。1930年入北平清华大学学习。在北平（今北京）工作期间，任青年团市委委员、宣传部长。1935～1937年在上海工作期间，参加左翼文化运动的组织领导工作和中国共产党地下组织的领导工作。1937年到延安，任中共中央青年工作委员会委员，并主编机关刊物《中国青年》。1941年起任毛泽东的秘书、中共中央政治局秘书。1948年始，曾先后任新华通讯社社长、人民日报社社长、中央人民政府新

闻总署署长、中共中央宣传部副部长、中共中央书记处候补书记等职。1977年起任中国社会科学院院长、毛泽东著作编辑委员会办公室主任。1978年起任《中国大百科全书》第一版总编辑委员会主任。曾当选中国共产党第八届、第十一届中央委员会委员，第十二届中央政治局委员。1987年当选中央顾问委员会常务委员会委员。

胡庆树 Hu Qingshu (1933-10-18～2002-09-21) 中国话剧演员。生于安徽安庆，卒于武汉。1951年考入上海市立戏剧专科学校（后改名上海戏剧学院）表演系。1955年毕业后到吉林省话剧团、武汉人民艺术剧院任演员、导演。20世纪80年代起历任武汉话剧院院长、武汉市文化局副局长、中国民主同盟武汉市委副主任委员、湖北省戏剧家协会副主席等职。胡庆树一生主演了50多部话剧和电影电视作品，表演风格细腻又富于激情，曾成功塑造了《雷雨》中的周萍、鲁贵，《李尔王》中的李尔王，《贵人迷》中的汝尔丹，《同船过渡》中的高船长等一系列各有特色、性格饱满的舞台形象。主演的电视剧《戏剧人生》、《人生一台戏》和《汉正街》等，也给观众留下了深刻的印象。

胡铨 Hu Quan (1102～1180) 中国南宋政治家、文学家。字邦衡，号澹菴。庐陵（今江西吉安）人。高宗建炎二年（1128）进士。授文林郎、抚州军事判官。绍兴五年（1135），应贤良方正直言极谏科试，授枢密院编修官。八年，秦桧主和，铨上疏力斥和议，乞斩秦桧、孙近、王伦三人头，声振中外，贬监广州盐仓。二十六年（1156），秦桧卒，量移衡州。孝宗即位，起知饶州，历官至权兵部侍郎。由于始终反对和议，与朝廷分歧，力求去职，归庐陵，从事著述。卒，谥忠简。

胡铨为人慷慨有气节，常敢言人之所不敢言，诗文亦如其为人，耿介有气。他推崇韩愈、欧阳修，主张以文"传道"。他的文章内容丰富，驰骋古今，多长篇大论。代表作如《上高宗封事》，决然表示"不与桧等共戴天"，"愿斩三人头（指王伦、秦桧、孙近）竿之藁街"。文章一出群臣振奋，奸佞失色。其他文章如《应诏言事状》、《应诏集议状》、《上孝宗封事》、《与王中丞相书》、《跋陈了翁帖》也都痛快淋漓、激昂慷慨。胡铨的诗词亦具风采，一如其文，多激愤之语，如《好事近》直斥"豺狼当辙"。

胡铨的诗文在身后由其子胡澥编为《澹菴文集》100卷，刊刻于南宋庆元间。原集久已散佚，清乾隆时其裔孙重辑为《澹菴集》32卷，今存清乾隆、道光刊本；又有四库本《澹菴集》，收诗文6卷。胡铨词有单刻本《澹菴长短句》1卷行世。清人还将其词与李光、李纲、赵鼎词合刻为《南宋四名臣词集》。

胡如雷 Hu Rulei (1926-01-22～1998-01-19) 中国历史学家。山西定襄人。1949年考入清华大学历史系，1952年毕业。曾在河北省一些大专院校与河北省社会科学院从

事历史教学和研究工作，历任助教、副教授，教授。

胡如雷青年时代就接受了唯物史观，并确定了以隋唐五代史和中国封建社会形态为主要研究方向。他治学严谨，注重理论探索。所撰《中国封建社会形态研究》依照政治经济学体系的要求，从剖析地主土地所有制入手，全面考察封建社会的经济、政治，揭示了中国封建社会的基本经济规律。这本书在研究中国封建社会形态方面有卓越建树，受到国内外史学界的广泛赞誉。在隋唐五代史研究方面，也取得了多方面的成就。所著《唐末农民战争》通过对唐末社会各阶级、阶层生存状态的考察，论述了农民起义的历史作用。《李世民传》史料翔实，侧重从学术上探讨唐太宗在中国古代政治史上的独特地位。有关隋唐五代经济、政治方面的学术论文数十篇，分别收入《隋唐五代社会经济史论稿》和《隋唐政治史论集》。20世纪80年代以后，撰写了《时代赋予历史学家的中心使命》、《历史研究法刍议》等文，积极探索新时期史学家的使命和史学发展的方向，这些论文后来收入《抛引集》。

胡如雷曾担任中国史学会理事，中国哲学社会科学规划组成员，中国唐史学会会长，全国政协七届、八届常委等多项学术和社会职务。

胡萨克 Husák, Gustáv (1913-01-10～1991-11-18) 捷克斯洛伐克共产党中央委员会总书记（1971～1987）、捷克斯洛伐克社会主义共和国总统（1975～1989）。生于布拉迪斯拉发，卒于布拉迪斯拉发。斯洛伐克人。1933年加入共产党。1939年捷克斯洛伐克沦亡后从事地下革命活动，多次被捕。为斯洛伐克共产党地下中央委员会成员。领导1944年斯洛伐克民族起义。1944年9月任

斯共中央副主席。1946～1950年任斯洛伐克行政委员会主席、斯共中央主席团委员。由于坚持在革命和建设中应考虑民族特点，1950年被控为"资产阶级民族主义分子"，并撤销职务和开除党籍。1954年被判处无期徒刑。1960年获释，1963年恢复党籍。1968年4～12月出任副总理。1968年8月至1969年4月任斯共中央第一书记。1969年4月，任捷克斯洛伐克共产党中央第一书记（1971年起为总书记）、国防委员会主席。1975年5月，任总统、武装力量总司令。1987年12月，被解除党中央总书记职务。1989年12月，辞去总统职务。

胡塞尔 Husserl, Edmund (1859-04-08～1938-04-27) 德国哲学家，现象学创始人。生于捷克斯洛伐克的普罗斯涅兹城，卒于弗莱堡。犹太族后裔。早年攻读数学、物理学，1881年获博士学位，1883年起追随F.布伦塔诺钻研哲学，先后在哈雷、格丁根和弗赖堡大学任教。

胡塞尔哲学思想的发展分为三个时期，即前现象学时期（1900年以前）、现象学前期（1901～1913）、现象学后期（1913年以后）。前两个时期主要是建立了从个人特殊经验向经验的本质结构还原的描述现象学，并提出"本质还原法"。后期则力图使现象学还原深化为纯粹意识或纯自我，以便使知识的客观性或确定性建立在纯主观的基础上。胡塞尔在现象学中的先验唯心主义与彻底主观主义的立场、观点，在现象学学派内部不断受到批评。但他提出的一些分析方法，在20世纪初以来的西方哲学与人文科学中一直具有重要影响。著有《算术哲学》、《逻辑研究》、《纯粹现象学通论》等。

胡三省 Hu Sanxing (1230～1302) 中国宋元之际史学家。字身之。台州宁海（今浙江天台）人。南宋理宗宝祐间进士。历任县令、府学教授等职。应贾似道召，从军至芜湖，屡有建言，贾似道专横不用。后隐居不仕。自宝祐四年（1256）开始专心著述《资治通鉴广注》，得97卷，论10篇。临安（今浙江杭州）失陷后，手稿在流亡新昌（今广东

台山）途中散失。宋亡后，重新撰写。元世祖至元二十二年（1285）完成《资治通鉴音注》294卷及《释文辩误》（12卷），对《通鉴》作校勘、考证、解释，对《释文》作辩误，并对史事有所评论。

胡绳 Hu Sheng（1918-01-11～2000-11-05） 中国人民政治协商会议全国委员会副主席，历史学家、理论家、哲学家。原名项志逊。祖籍浙江钱塘。生于江苏苏州，卒于上海。1934年考入北京大学哲学系。1935年下半年起，在上海一面自学一面写作，同时从事共产党领导的文化活动和抗日救亡运动。1938年加入中国共产党。先后在武汉、上海等地党组织中担任文化和统战工作，主编进步报刊或撰稿，曾任中共中央南方局文委委员，《读书月报》主编，《新华日报》编委，上海、香港生活书店总编辑等。1949年9月，出席中国人民政治协商会议第一届全体会议。

中华人民共和国建立后，历任中央人民政府出版总署党组书记、中共中央宣传部秘书长、《红旗》杂志社副总编辑、中共中央马列主义研究院副院长。中共中央党史研究室主任、中国社会科学院院长、中国史学会会长、中国科学院哲学社会科学部委员及常委。为中共十二届中央委员，四届、五届全国人大常委会委员，全国政协七届、八届副主席。1990年欧洲科学、艺术与文学科学院授予他院士称号。

在60多年的学术生涯中，胡绳应用马克思主义广泛地研究中国政治、思想、文化等方面的历史和现实问题，写下大量的文章和若干部著作。20世纪80～90年代，发表了一系列建设有中国特色社会主义的论著，从理论上解答重大疑难问题，提出富于新意的精辟见解，为各方所关注。

在史学领域，他以中国近现代史和中共党史的研究为主。《帝国主义与中国政治》（1948）是深入揭示鸦片战争后80多年间中国政治的学术力作，连同50年代初撰写的《中国近代史提纲》和《中国近代历史的分期问题》提出的思路和论点，形成中国近代史研究和学科建设中的一个有特色有影响的体系。1981年出版《从鸦片战争到五四运动》。他主编的《中国共产党七十年》是具有权威性的中共党史读本。晚年着力研究社会主义与资本主义关系问题，对深化中国当代历史研究富有启示意义。《胡绳全书》（1998）集中地反映了他一生研究和写作的成果。

胡什哈尔·哈塔克 Khushhal Khattak（1613～1689-02-25） 阿富汗诗人。生于阿科拉（巴基斯坦白沙瓦附近），卒于丹巴拉。哈塔克部族酋长，被尊称为胡什哈尔汗。曾领导部族人民举行大规模起义，反对占领阿富汗的莫卧儿帝国。诗作题材广泛，不少诗篇富有爱国主义斗争精神。因反对异族占领被长期监禁，获释后仍继续斗争。他的诗歌是他为祖国战斗的真实记录。他的田园诗和爱情诗富有哲理，对后世诗人影响很大。有《胡什哈尔·哈塔克诗集》传世。

胡适 Hu Shi（1891-12-17～1962-02-24） 中国学者、诗人。五四文学革命的倡导者。初名麇，学名洪骍，字适之。安徽绩溪人，生于上海，卒于台北。幼年在家乡私塾读书。思想上深受程朱理学影响。1904年春到上海进入新式学堂。1910年考取庚子赔款官费生赴美国，先后就读于康奈尔大学和哥伦比亚大学。1914年就学于哲学家J.杜威，深受其实用主义哲学的影响。1917年1月，他的《文学改良刍议》一文在《新青年》杂志发表，提出文学改良八事，强调以白话代替文言作正式的文学语言，为以新文学取代旧文学打开了缺口，被诩为文学革命"首举义旗的先锋"，一时享誉全国。1917年夏回国，受聘为北京大学教授。1918年加入《新青年》编辑部，大力提倡白话文，宣传个性解放、思想自由，与陈独秀、李大钊等同为新文化运动的领袖人物。他陆续发表一些文章，从创作理论的角度阐述新旧文学的区别，提倡新文学创作，翻译法国A.都德、G.de莫泊桑、挪威H.易卜生的部分作品，又率先从事白话文学的创作。他于1917年发表的白话诗是现代文学史上的第一批新诗。胡适信奉实用主义哲学。五四运动后，同李大钊、陈独秀等接受马克思主义的知识分子分道扬镳，由"问题与主义"论战开其端，倡导改良，从此改变了他原想20年不谈政治的态度。他于20年代办《努力周报》，30年代办《独立评论》，40年代办独立时论社，都属政治性刊物。1938～1942年出任国民政府驻美大使。1946～1948年任北京大学校长。1949年去美国。1958年返台湾任中央研究院院长。胡适一生的学术活动主要在史学、文学和哲学几个方面，著有《中国哲学史大纲》（上）、《尝试集》、《白话文学史》（上）和《胡适文存》（4集）等。他在学术上影响最大的是提倡"大胆的假设、小心的求证"的治学方法。晚年潜心于《水经注》的考证，但未及写出定稿。

胡斯 Goes, Hugo van der（约1440～1482） 尼德兰佛兰德斯画家。生于根特，卒于布鲁塞尔。是J.凡·爱克的学生。1467年，在根特成为画家行会的画师，从事典礼装饰的绘制。1475年或1478年成为布鲁塞尔附近奥古斯汀派红廊修道院在俗的修士，并继续作画，直至去世。胡斯对宗教题材的戏剧性构图与市民修辞会的戏剧演出有关，在色彩处理上显示出他曾注意在户外进行过光、色效果的观察。他的绘画造型坚实有力，为当时尼德兰绘画中所仅见。代表作有《波蒂纳里祭坛画》（约1476）、《原罪》、《哀悼耶稣》、《牧羊人膜拜》等。

《牧羊人膜拜》（局部）

胡斯 Hus, Jan（1372/1373～1415-07-06） 捷克宗教改革家。曾任布拉格大学教授和校长，布拉格伯利恒教堂神父。他受到英国宗教改革家威克里夫的影响，对捷克当时的状况极为不满。反对天主教会及德意志帝国对捷克的控制，反对教会占有土地，反对教皇兜售赎罪券，抨击教士的奢侈堕落；主张平信徒在圣餐中可与教士一样领取圣体血；提倡用捷克语举行宗教仪式，并亲自将《圣经》译为捷克文。1415年因异端罪名被处死。由此激起捷克人民的极大义愤，引起了胡斯战争的爆发。著有《论教会》一书。

胡斯被处火刑（绘画作品）

胡斯战争 Hussite Wars 15世纪上半叶，捷克人民反对天主教会和德意志皇帝、封建贵族的民族解放战争。战争爆发的直接导火线是J.胡斯遇害，故名。

15世纪初，以胡斯为首的宗教改革家批判天主教会，主张实行宗教改革。1415年7月6日，康士坦斯宗教会议处死胡斯。1419年7月30日，布拉格群众举行起义。其他城市和广大农村纷纷响应，胡斯战争爆发。

胡斯战争参加者分为两大派，代表农民和城市平民的塔博尔派和代表捷克封建贵族和城市中产阶层的圣杯派。为了镇压胡斯革命，1420年春，由罗马教皇和神圣罗马帝国皇帝西吉斯蒙德对胡斯革命军发动了十字军征剿。胡斯革命军在统帅J.杰士卡和大普罗科普的指挥下，先后五次大败十字军。

欧洲反动势力无法用军事手段镇压胡斯革命，转而利用塔博尔派与圣杯派的矛盾分裂胡斯革命军，各个击破。在1434年5月里旁战役中，塔博尔派军队战败。1436年7月在伊赫拉伐正式公布了《巴塞尔协定》，“圣杯派”首领波杰布拉迪的乔治即位为捷克国王，封建势力复辟。塔博尔派最后一支武装罗加奇支队于1437年被歼，战争最后失败。

胡斯战争沉重地打击了德意志封建主和天主教会势力，使捷克在一定时期内脱离神圣罗马帝国，保持独立的政治地位。它加强了捷克和斯洛伐克两个民族语言和文化的联系，也对16世纪欧洲宗教改革产生深远的影响。

胡桃 *Juglans regia*; English walnut 胡桃科胡桃属的一种。通称核桃。分布于中国各地。中亚、南亚和欧洲也有分布。落叶乔木，枝具片状髓；奇数羽状复叶，互生，小叶5～9，椭圆状卵形至长椭圆形，全缘。花单性，雌雄同株，雄花成柔荑花序，下垂，雄蕊多数；雌花1～3朵生于当年枝条顶端，苞片1及2小苞愈合成一壶状总苞，花被片4，心皮2，合生，子房下位，2室；花期5月。果为核果状坚果，近球形，外果皮由苞片及花被发育而成，肉质，内果皮（核壳）骨质；果期10月。生长在海拔400～1 800米的山坡、沟谷及丘陵地带。现多为栽培。胡桃木材纹理平，耐冲撞，适于加工成器械木柄、制家具及用于雕刻等；胡桃种仁含油量高，可生食，亦可榨油食用。

胡同 hutong 中国北京对四合院相互毗排构成的街巷的称谓。北方其他一些城市对类似的街巷也有同样的叫法。本作“衚衕”，为蒙古语音译。此种街巷始于元代建大都时期，明清两代发展迅速，成为城区街巷主要形式。胡同与四合院是北京传统居住文化的标志，其走向横竖笔直，因四合院多坐北朝南，故东西向多于南北向。胡同命名反映了城市的历史和生活：与旧衙

北京的扬威胡同

署和权贵宅第有关的，如司礼监胡同、东厂胡同；以手艺行或店铺主要货物命名的，如磨刀儿胡同、豆腐陈胡同；按巷道形状特征命名的，如扁担胡同、头发胡同、耳朵眼胡同。除具有交通功能外，胡同也是邻里交往的公共场所。20世纪末期以来，随着旧城区改造，传统的胡同消失较快，也有一些因对传统四合院的保护而留存下来。

胡颓子科 Elaeagnaceae; oleaster family 双子叶植物纲蔷薇亚纲的一科。有3属80余种，主要分布于亚洲东南部热带和亚热带的丘陵或低海拔地区，亚洲其他地区、欧洲和北美洲也有。中国有2属57种，广布全国。灌木或乔木，稀为藤本。单叶互生，稀对生或轮生，全缘。花单生或几朵组成腋生伞形花序或短总状花序；两性或单性，整齐，淡白色或黄褐色，具香气，花萼常联合成筒，顶端4裂（胡颓子属）或2裂（沙棘属），在子房上面缢缩；无花瓣；雄蕊与花萼裂片同数，生于萼筒喉部（胡颓子属），或为花萼裂片倍数，生于萼筒基部（沙棘属），子房上位，包被于萼筒内。瘦果或坚果，为增厚而肉质的萼筒所包被，核果状。

沙棘

胡颓子科经济价值较大，是野生核果类植物，多数种类果实含丰富的维生素、糖类和有机酸，可生食及制果酱、果糕、果汁和酿酒。翅果油树的种仁（子叶）含油脂，油可食用及工业用。有许多种类可作药用。胡颓子属还有一些种是著名的庭园观赏花木或绿篱。中国北方常以沙棘和沙枣作为固沙造林植物。

胡惟庸案 Case of Hu Weiyong 中国明太祖朱元璋借口丞相胡惟庸谋反，大肆株连杀戮功臣宿将的重大政治案件。与蓝玉案合称胡蓝之狱。起于明洪武十三年（1380），终于二十五年。明初，朱元璋对丞相胡惟庸专权擅政、结党营私、骄横跋扈的举动极为不满，采取种种方式对其制约。洪武十三年正月，有人上书告胡惟庸谋反，朱元璋遂以“枉法诬贤”、“蠹害政治”等罪名，将胡惟庸和涂节、陈宁等处死。胡惟庸死后，其谋反“罪状”陆续被揭发。朱元璋为肃清“逆党”，株连杀戮者达3万余人，前后延续达10年之久。朱元璋并作《昭示奸党录》布告天下。因胡惟庸案而受株连至死或已死而追夺爵位的开国功臣有韩国公李善长、南雄侯赵庸、荥阳侯郑遇春、永嘉侯朱亮祖、靖宁侯叶跻等1公、21侯。胡惟庸被杀后，朱元璋遂罢丞相，革中书省，并严格规定嗣君不得再立丞相；臣下敢有奏请说立者，处以重刑。丞相废除后，其事由六部分理，皇帝拥有至高无上的权力，中央集权得到进一步加强。

胡文虎 Aw Boon Haw（1882-01-16～1954-09-05） 中国华侨企业家、报业家，星系报纸创办人。祖籍福建永定。生于缅甸仰光，卒于美国檀香山。童年被送回家乡接受传统文化教育，1896年重返仰光。后继承父业永安堂，与弟胡文豹合作研制万金油、八卦丹、清快水等中成药，畅销东南亚各地。从1912年开始投资办报，在缅甸与人合资创办《仰光日报》，稍后独资创办《仰光晨报》。1929～1947年的18年中，相继投资创办以“星”字打头的一系列商业报纸，计有新加坡《星洲日报》、汕头《星华日报》、香港《星岛日报》、槟榔屿《星槟日报》及在香港、新加坡同时出版的英文《虎报》(Tiger Standard)，形成星系报业集团。胡文虎任董事长。被称为“报业大王”。

胡亚雷斯 Juárez，Benito Pablo（1806-03-21～1872-07-18） 墨西哥民族英雄，总统（1858～1872）。生于瓦哈卡州萨波特克，卒于墨西哥城。1847～1852年任瓦哈卡州州长。1855年参与推翻A.L.de圣塔安纳独裁政权斗争，在阿尔瓦雷斯政府中任司法部长。参与领导制定1857年宪法。1858年2月任临时总统，在瓜纳华托组织政府，领导革新运动和“革新战争”（1858～1860）。战争期间颁布一系列改革法令。1860年1月打败保守派军队，重返首都。次年6月当选总统。由于财政困难，

1861年决定暂停支付外债两年。债权国西、英、法以此为借口出兵入侵。1862年4月，英、西撤军。法皇拿破仑三世组织远征军，扩大干涉战争，并于1863年6月占领墨西哥城，7月扶植奥地利马克西米利安大公为傀儡皇帝。胡亚雷斯领导共和政府长期抗战，广泛开展游击战，困扰侵略军。1867年初法国被迫撤军。5月马克西米利安被俘，傀儡政权被推翻，胡亚雷斯再次当选总统。任内着手战后恢复工作，并继续兴建连接首都与韦拉克鲁斯的铁路，大力兴办教育。1871年，再次当选总统。

胡耀邦 Hu Yaobang (1915-11-20～1989-04-15) 曾任中国共产党中央委员会总书记。生于湖南省浏阳县（今浏阳市）的一个贫农家庭。卒于北京。1929年冬加入中国共产主义青年团。1930年11月到位于湘赣交界处的革命根据地工作。1931年1月奉调至中央革命根据地工作。1933年转入中国共产党。1934年参加红一方面军长征。到达陕北后，任共青团中央宣传部部长、组织部部长。抗日战争全面爆发后，任延安中国人民抗日军事政治大学政治部副主任。1938年4月改任抗大第一大队政治委员。后调任中央军委总政治部组织部部长。抗日战争胜利后，先后担任冀热辽军区代理政治部主任，晋察冀军区第4纵队、第3纵队政治委员，18兵团政治部主任，中共川北区委书记、川北行政公署主任。1952年任中国新民主主义青年团中央书记处书记。1957年任中国共产主义青年团中央第一书记。注重在实践中以共产主义思想教育青年，按照青年特点开展丰富多彩的活动，提倡“朝气蓬勃，实事求是”的作风，使团的工作得到巨大发展。1956年在中共第八次全国代表大会上当选为中央委员。1965年兼任中共西北局第二书记、陕西省委第一书记。“文化大革命”中受到林彪、江青反革命集团迫害。1975年恢复工作，主持中国科学院工作，根据邓小平的指示，起草了《科学院工作汇报提纲》，对科学技术工作进行整顿。1975年冬在“反击右倾翻案风”中再次遭到错误的批判。粉碎“四人帮”后，从1977年3月起先后任中共中央党校副校长、中央组织部部长。1977年8月在中共十一大上重新被选为中央委员。1978年12月在中共十一届三中全会上被选为中央政治局委员、中央纪律检查委员会第三书记，随后兼任中央宣传部部长、中央秘书长等职。组织和推动了关于真理标准问题的讨论，为重新确立马克思主义的思想路线作了理论准备；组织和领导了平反冤假错案、落实干部政策的工作，使大批遭受冤屈的领导干部、知识分子、人民群众得到平反昭雪、恢复名誉；重视调动农民的积极性，主持制定和执行了发展农村经济的一系列方针政策。对正本清源、拨乱反正、党和国家工作重点的转移发挥了重要作用，作出了重大贡献。1980年2月在中共十一届五中全会上当选中共中央政治局常委、中共中央总书记。1981年6月在中共十一届六中全会上当选中共中央主席。1982年9月在中共十二大上作《全面开创社会主义现代化建设的新局面》的报告，在十二届一中全会上当选中央政治局常委、中央委员会总书记。1987年1月在中共中央政治局扩大会议上辞去中央总书记职务。同年11月在中共十三届一中全会上当选为中央政治局委员。

胡一川 Hu Yichuan (1910-04-16～2000-07-14) 中国版画家、油画家、美术教育家。原名胡以撰。生于福建永定，卒于广州。少时入厦门集美师范学校，从张书旂学中国画。1929年考入杭州艺术专科学校，学习中国画和油画，课余参加一八艺社活动。1930年参加左翼美术家联盟，在新兴版画影响下自学木刻，陆续创作《流离》、《失业工人》、《到前线去》等作品，积极从事进步美术活动。1937年到延安，先在儿童剧团和抗战剧团工作，后调鲁迅艺术文学院美术系任教。翌年任该院木刻工作团团长，并为《新华日报》华北版编辑《敌后方木刻》。1942年创作了《不让敌人通过》、《胜利归来》、《攻城》等套色木刻。1949年调国立北平艺术专科学校任教授，参与创建中央美术学院。1953年任中南美术专科学校校长。1958年任广州美术学院院长。此间创作了油画革命历史画《开镣》、《前夜》等。出版有《胡一川油画风景选》、《胡一川油画》等画册。曾当选为中国文联委员，中国美术家协会常务理事、顾问、美协广东分会副主席等。

胡应麟 Hu Yinglin 中国明代文学家。见《诗薮》。

胡愈之 Hu Yuzhi (1896-09-09～1986-01-16) 中国进步文化出版事业的先驱和奠基人、政治活动家，全国政协副主席，全国人大常委会副委员长。生于浙江上虞，卒于北京。1914年入上海商务印书馆，1919年参加上海支援五四运动斗争。发起成立上海世界语学会。1925年参加五卅运动。1928年入法国巴黎大学国际法学院学习。1931年后主编《东方杂志》、《生活》周刊等，宣传抗日救国。1933年加入中国民权保障同盟，

任临时中央执委。1933年加入中国共产党。抗日战争爆发后，在上海文化界组织进行抗日宣传活动，编辑翻译《西行漫记》、《鲁迅全集》。1938年到武汉任国民政府军委会政治部第三厅处长。1940年赴新加坡，主编《南洋商报》；组建中国民主同盟马来亚支部，任主任。中华人民共和国建立后，历任《光明日报》总编辑，中央人民政府出版总署署长、文化部副部长，中国文字改革委员会副主任，中国人民外交学会副会长，中国世界语协会理事长。曾任民盟三届、四届、五届中央副主席，代主席。当选为全国政协五届副主席，六届全国人大常委会副委员长。

胡瑗 Hu Yuan (993～1059) 中国北宋初学者。字翼之，泰州如皋（今属江苏）人。世称安定先生。任苏州、湖州府学教授20余年，后又执掌太学，培养了大量人才。胡瑗与孙复、石介并称“宋初三先生”，是宋代理学酝酿时期的重要人物。胡瑗在当时以所谓“明体达用之学”授诸生。“体”是指儒家万世不变的纲常名教。“用”是将儒家的纲常名教付诸实施。理学的创始人程颐对胡瑗非常敬重。胡瑗在苏、湖实行分科教学，分经义、治事二斋，“经义”斋以学习六经为主，“治事”斋研究诸如治民、讲武、堰水、算数等致用之学。他的教法对后世教育发生了一定的影响。胡瑗著作很多，大多已佚，现存有《周易口义》12卷、《洪范口义》2卷，均收入《四库全书》。

胡正详 Hu Zhengxiang (1896-06-04～1968-11-12) 中国病理学家。生于江苏无锡，卒于北京。1921年在美国哈佛大学医学院获医学博士学位后，继续在美国波士顿马萨诸塞总医院攻读病理学三年。1924年谢绝哈佛医学院聘请，回北京协和医学院任教。1942～1946年任北京大学医学院教授、病理系主任。1951～1957年任教于中国协和医学院、1957～1968年任中国医学科学院实验医学研究所一级教授、病理学系主任，1962～1968年任中国医学科学院副院长。1951年与秦光煜、刘永两位教授编写、出版中国第一部以国内病理资料为主体的《病理学》。20世纪30年代他证实白蛉传染利什曼－多诺万二氏体的途径，发现严重贫血也可在颅骨内板形成局灶性的髓外骨髓增生。曾任中华医学会理事、中华病理学会主任委员、《中华医学杂志》编辑、《中华病理学杂志》总编辑。1950年发起死后捐

献遗体供尸检的倡议并首先签字。

胡志明 Ho Chi Minh（1890-05-19～1969-09-03） 越南共产党的缔造者，越南民主共和国首任主席（1945～1969），国际共产主义运动活动家。生于越南中部义安南坛，

卒于河内。原名阮必成，从事革命活动时改名阮爱国，先后用过李瑞、王山、胡光、宋文初等化名。1943年改名胡志明。早年于顺化普通中学求学，曾在潘切任小学校长。1911年以海员身份出国，遍历法国及西欧、非洲和美国等国家与地区。1915～1917年侨居英国。1917年移居法国，参加法国社会党，创立越南爱国者联谊会，在旅法越侨中开展活动。1923年6月前往苏联，入东方大学学习。10月出席国际农民代表大会，当选为农民国际执委会委员。1924年，作为法共代表出席共产国际第五次代表大会。后在共产国际东方部工作。同年12月陪同孙中山的苏联顾问M.M.鲍罗廷到达广州。1927年离开广州回莫斯科。次年秋，到暹罗开展活动。1930年2月3日代表共产国际在香港主持3个越南共产主义组织的统一会议，成立越南共产党。10月改名印度支那共产党。共产党发动的义静苏维埃运动失败后，被殖民当局缺席判处死刑。1931年在香港被捕，1933年春被营救获释。1937年7月出席在莫斯科召开的共产国际第七次代表大会。1938年底到中国，赴延安同毛泽东会晤。1941年2月回到越南。1942年8月再次来到中国，在广西被国民党当局逮捕。翌年9月获释。1945年领导越南八月革命总起义，在国民大会上当选为临时政府主席。9月2日在河内巴亭广场发表《独立宣言》，宣告越南民主共和国诞生。1946年3月当选越南民主共和国主席兼总理。1951年2月印度支那共产党改称越南劳动党，当选为中央委员会主席。1946～1954年领导越南抗法战争。20世纪60年代又领导越南抗美救国战争。他是越中友好的奠基人，曾多次访华。

胡志明市 Ho Chi Minh City; Thanh Pho Ho Chi Minh 越南最大城市和港口，工商业中心。原名西贡市。位于湄公河三角洲的东北部、同奈河支流西贡河右岸，距河口约80千米。面积2 090平方千米，人口700万（2007）。地势平坦。气候湿热，1月平均气温26℃，5月平均气温30℃；年降水量约2 000毫米，5～10月降水量占年降水量的

西贡河畔胡志明市鸟瞰

90%以上。17世纪初期为一小城镇，名西贡。18世纪末发展成繁忙的国际贸易港口，集市繁荣。1858年起曾多次遭受殖民主义者侵占。1975年改称现名。城市建筑具有法国风格，建有林荫大道、广场、公园和罗马式教堂。西贡河以西街道整齐，多政府机关、公园和高级住宅。摩托车在市内交通占很大比例，有“摩托车之都”的称号。主要工业部门有纺织、化学、造船、机械、碾米、玻璃、制糖、造纸和酿酒等。市郊有大片稻田和橡胶、甘蔗园。湄公河三角洲的大米和经济作物大部分在此集散，有东南亚“米市”之称。越南南部的重要交通枢纽，铁路、公路与国内各重要城镇相联系，并有国际公路通柬埔寨。水路运输便捷，同奈河下游河道一般宽300米，水深10米，2万～3万吨的海轮可沿河口上溯至胡志明港。北郊有现代化的国际新山机场。有胡志明市国家大学等文教、科研机构。

胡子昂 Hu Zi' ang（1897-02-20～1991-11-19） 中国社会活动家、实业家、民族工商业代表、爱国民主人士，全国政协副主席，中华全国工商业联合会中央主席。重庆人。卒于北京。1923年毕业于北京农业大学农业经济系。后历任重庆市教育局局长，重庆华西公司、自来水公司经理，四川省建设厅厅长，重庆川康兴业公司、华康银行董事长兼总经理，重庆市参议会议长，国民参政会参政员，国民政府立法院立法委员。1949年参加中国人民政治协商会议第一届全体会议。同年加入中国民主建国会。中华人民共和国建立后，历任西南军政委员会、财经委员会委员，重庆市副市长，重庆市政协副主席，四川省政协副主席，全国政协五届、六届、七届副主席。是民建一届、二届、三届中央副主任，四届中央副主席；中华全国工商联合会执行委员会一届、二届、三届副主任，四届主任，五届主席，六届名誉主席。

胡仔 Hu Zi（1110～1170） 中国南宋文学家。字元任。绩溪（今属安徽）人。舜陟次子。以父荫补官。绍兴六年（1136），为广西经略安抚司书写机宜文字，就差本路提刑司干办公事。后丁忧，赋闲20载，卜居苕溪之上，自号苕溪渔隐。三十二年（1162）起为福建转运司干办公事，后知常州晋陵县，未赴。胡仔能诗词，往往多隐逸之趣，如“日高春睡无人唤，撩乱杨花绕梦飞”（《题苕溪渔隐图》）。他的主要文学成就见其所撰《苕溪渔隐丛话》。

胡宗南 Hu Zongnan（1896-04-04～1962-02-14） 中国国民党高级将领。字寿山。浙江孝丰（今属安吉县）人，卒于台北。1924年6月入黄埔军校第一期。1926年7月参加北伐战争，经福建、浙江，进驻南京。1928年参加“二次北伐”，任第1军第22师师长。1930年中原大战时率部与冯玉祥、阎锡山部作战。1932年5月前往鄂豫皖苏区“围剿”红四方面军。1936年后升任第1军军长、第17集团军总司令。先后参加过淞沪抗战、武汉会战。此后兼任国民政府军事委员会西安办公厅主任、第八战区副司令长官。1943年7月准备大举进攻延安，后被国内外舆论和抗日军民制止。胡宗南1944年奉命空运部队至贵州反击发动湘桂战役的日军。1945年任第一战区司令长官，主持郑州日军受降仪式。1946年任西北军政长官公署副长官兼西安绥靖公署主任。1947年3月率部进犯延安。1948年8月至1949年7月，所部有14万多人被中国人民解放军歼灭。后率残部退至四川。1949年末，残部覆灭，逃往台湾。

胡宗宪 Hu Zongxian（?～1565） 中国明朝大臣。字汝贞。徽州绩溪（今属安徽）人。嘉靖十七年（1538）进士。三十三年出任浙江巡按御史。时东南沿海倭患严重，严嵩党羽赵文华督察沿海军务，打击陷害总督张经、巡抚李天宠，将抗倭著名战役王江泾大捷之功归于胡宗宪，擢其为右佥都御史，代李天宠之职。不久再升兵部右侍郎，代新任总督杨宜之职。三十九年，又以平海盗王直，加太子太保，晋兵部尚书。胡

宗宪主持东南御倭战争期间，以戚继光为参将，招募新军，使戚家军成为御倭主力。又以剿抚兼行及反间计，先后诱捕通倭海盗王直、徐海、陈东等，有抗倭之功。但其阿附严嵩、严世蕃父子，为保浙江放倭寇南掠福建，嫁祸抗倭名将俞大猷，又以累献祥瑞等手段，讨好世宗，人视为严党。严嵩败后，被革职逮问，初世宗特令释放闲住，后因发现其与严世蕃勾结信件下狱，病死狱中。著有《筹海图编》。

壶口瀑布 Hukou Falls 中国黄河唯一的大瀑布。黄河晋陕峡谷中段的胜景。壶口瀑布又名“龙王走丝山”。位于山西省吉县县城西南49千米南村坡与陕西省宜川县壶口乡之间。在昕水河以南，黄河切过吕梁山西南端的壶口山（又称“孟门山”），500余米宽的黄河洪流骤然被两岸坚硬的三叠纪绿色砂岩所束缚，上宽下窄，河口束狭状如壶口，故名。河床宽度由250米收束为50米，河水被夹于壶口般的地形中，河底岩石被冲刷，形成宽30米、深50米的石潭，河水由断层石崖上陡然跌落，倾泻而下，会集一处，形成瀑布。瀑布高度，枯水期15～20米，夏秋之际约45米。瀑布四季景

黄河壶口瀑布

色各不相同。夏季浊浪排空，吼声震天；冬季冰封雪冻，形成冰凌；春季落凌时节，冰块跌落，声如雷鸣。

葫芦 *Lagenaria siceraria*; bottle gourd 葫芦科葫芦属的一种。一年生蔓性草本植物。见瓠瓜。

葫芦岛市 Huludao City 中国辽宁省辖地级市。位于省境西南部，东南临辽东湾，西邻河北省。辖龙港、连山、南票3区和绥中、建昌2县，代管兴城市。面积10 375平方千米。人口262万（2010），有汉、满、蒙古、回、朝鲜等民族。清属锦州府锦县。光绪三十二年（1906）设江家屯抚民厅，称锦西厅。中华民国二年（1913）改为锦西县。1985年改为县级锦西市，1989年升为地级

兴城古城

市，1994年改名葫芦岛市。因境内葫芦岛得名。矿产主要有煤、钼、锰、硫化铁、铁、铜、铅、锌、金、银、硫磺、水晶、石棉、滑石、萤石、石灰岩、重晶石等。农业主产高粱、玉米、谷子、水稻、花生、大豆、棉花、甘薯、烟叶、水果等。海产品有鱼、虾、螃蟹、贝类、对虾等。工业以石油化工、有色冶金、机械造船三大骨干产业为特色。名胜古迹有兴城古城、望海亭、金代砂锅屯石塔，纪念地有辽沈战役塔山阻击战烈士纪念碑等。

葫芦科 Cucurbitaceae; gourd family 双子叶植物纲五桠果亚纲的一科。约有126属900种，多数种类分布在世界亚热带和热带地区，少数分布在温带。中国有32属约160种，主要分布于秦岭、长江以南，少数散布在黄河以北地区。草质或木质藤本，大部分有卷须（中国仅产喷瓜1种无卷须），卷须侧生。花绝大多数为单性，极少两性，雌雄同株或异株；单生、簇生或成各式花序，花萼及花冠裂片5数，雄蕊3或5枚，子房下位或半下位，由3心皮合生，果实为瓠果。除瓜类（南瓜、西瓜、香瓜、冬瓜、黄瓜、丝瓜、苦瓜、蛇瓜、佛瓜）作为蔬菜或水果之外，许多种类有重要经济或药用价值，如雪胆、盒子草、木鳖子、马㼎儿、栝楼、罗汉果、王瓜等。油渣果的种子含油量达68%，可榨油食用，味甘香，也可生食。

葫芦藓 *Funaria hygrometrica* 苔藓植物门葫芦藓科葫芦藓属的一种。分布于世界各地。外形矮小，有茎叶分化，高仅0.5～1厘米，稀分枝，黄绿色，无光泽，多丛集生长。叶常簇生茎的上部，阔舌形，全缘；中肋单一。多雌雄同株。雄苞顶生，花苞状。孢子体的蒴柄纤细，长3厘米，橙黄色或红棕色；孢蒴梨形，垂倾而背腹不对称，台部明显，具环带，蒴齿两层，蒴盖圆盘状，略凸起。蒴帽兜形，罩覆孢蒴上部。多喜氮而见于庭园、温室及火烧后的开旷林地。由于其取材较易、叶细胞大形、蒴齿构造齐全，被作为植物学教学和遗传学研究的基本材料。

湖北评书 中国曲艺曲种。以湖北方音徒口说演。流布于湖北的武汉、沙市、宜昌等长江沿岸城市，以及与之相近的荆州、孝感、黄冈、宜昌等地区。相传早在明代末年即已形成，但繁荣发展始于清同治（1862～1874）年间，以武汉三镇最为兴盛。湖北评书在发展过程中形成了两个创演路子及其节目类型：一是根据古代演义小说敷衍讲述的“底子书”，以及由艺人在演义小说的基础上进行发挥说演的“雨夹雪”，如《三国》、《水浒》、《隋唐》、《岳飞传》等；二是艺人自编自演的“路子书”，如《王莽忠孝图》、《八门斗智》等。中华人民共和国建立后，湖北评书在加工整理传统书目之外，根据当代小说编演了《铁道游击队》、《烈火金钢》、《林海雪原》等一批长篇新书，也出现了一些优秀短篇书目，如《智闯鄱阳》、《芒种喂马》、《挂牌成亲》等。

湖北省 Hubei Province 简称鄂。位于中国中部、长江中游、洞庭湖以北。北接河南省，东连安徽省，东南和南邻江西、湖南两省，西靠重庆市，西北与陕西省为邻。全省辖12个地级市、1个自治州、38个市辖区、24个县级市、38个县、2个自治县和1个林区（见表）。面积约19万平方千米。人口5 724万（2010）。有汉、土家、苗、侗、满、壮、蒙古、白、朝鲜等43个民族。汉族约占总人口的95%，各少数民族约占5%。少数民族以土家族最多，苗族次之，土家族和苗族集中分布在鄂西南地区。省会武汉市。

建制沿革 春秋战国时属楚，秦汉置江夏、南郡2郡，三国分属魏吴，晋置荆州，唐分属淮南、山南二道，宋置荆湖北路（简称湖北）及京西路，湖北之名始此。元大部属湖广行中书省，明属湖广布政使司，清康熙三年（1664）析置湖北省。

自然条件 在地质构造上，湖北省位于秦岭褶皱系与扬子准地台的接触带上。在地貌上，湖北省正处于中国地势第二级阶梯向第三级阶梯过渡地带，地貌类型多样，山地、丘陵、岗地和平原兼备。地势高低相差悬殊，西部号称“华中屋脊”的神农架最高峰神农顶，海拔3 105米；东部平原的监利县谭家渊附近，地面高程为零。

省境沉积地层完备，地质构造复杂，岩浆活动频繁，成矿条件优越，矿产资源丰富。全省已发现各类矿产136种，其中已探明储量的矿产有86种。蒙脱石黏土、碘、溴、石榴子石和化肥用橄榄岩、建筑用辉

湖北省行政区划表（2010）

武汉市	**襄阳市**	华容区	夷陵区　枝江市
江岸区　江汉区	襄城区　樊城区	**黄石市**	宜都市　当阳市
硚口区　汉阳区	襄州区　老河口市	下陆区　黄石港区	远安县　兴山县
武昌区　青山区	枣阳市　宜城市	西塞山区　铁山区	秭归县
洪山区　东西湖区	南漳县　谷城县	大冶市　阳新县	长阳土家族自治县区
汉南区　蔡甸区	保康县	**孝感市**	五峰土家族自治县
江夏区　黄陂区	**咸宁市**	孝南区　应城市	**随州市**
新洲区	咸安区　赤壁市	安陆市　汉川市	曾都区　广水市
荆门市	嘉鱼县　通城县	孝昌县　大悟县	随县
东宝区　掇刀区	崇阳县　通山县	云梦县	**省直辖县级行政单位**
钟祥市　沙洋县	**黄冈市**	**荆州市**	仙桃市　天门市
京山县	黄州区　麻城市	沙市区　荆州区	潜江市　神农架林区
十堰市	武穴市　红安县	石首市　洪湖市	**恩施土家族苗族自治州**
茅箭区　张湾区	罗田县　英山县	松滋市　江陵县	恩施市　利川市
丹江口市　郧县	浠水县　蕲春县	公安县　监利县	建始县　巴东县
竹山县　房县	黄梅县　团风县	**宜昌市**	宣恩县　咸丰县
郧西县　竹溪县	**鄂州市**	西陵区　伍家岗区	来凤县　鹤峰县
	鄂城区　梁子湖区	点军区　猇亭区	

绿岩6种矿产的探明储量居全国之首。铁、铜、金、银、盐、石膏、硒等52种矿产储量名列全国第2～10位。江汉平原一带已发现储油构造数十个，成为全国十大油田之一。

主要属北亚热带季风气候，具有从亚热带向暖温带过渡的特征。光照充足，热量丰富，无霜期长，降水丰沛，雨热同季，利于农业生产。全省年平均气温15～17℃。平均年降水量800～1 600毫米，自东南向西北逐渐减少。长江由西向东横贯全省，在川、鄂边境切过巫山，形成雄伟壮丽的长江三峡。水力资源丰富，可开发水能3 308.1万千瓦（其中三峡水利枢纽可装机容量2 500万千瓦）。省境淡水湖泊众多，有“千湖省”之称，多分布在江汉平原上，洪湖、梁子湖面积均在200平方千米以上。湖北是中国生物资源较丰富的省份之一。全省有植物资源3 700多种。树种有1 300余种。省内植物资源以神农架林区最富，森林覆盖率70%左右，是中国重要的原始林区之一，有“绿色宝库”之称。世界稀有或中国特有植物有30多种，主要有珙桐、香果树、领春木、水青树、银杏、铁坚杉、马溜光、野生蜡梅等。有野生动物570余种，其中20多种列为国家保护对象，主要为金丝猴、闽中羊、苏门羚、金钱豹、毛冠鹿等，还有白化型的神农白熊、白麝、白鹿、白蛇等。此外，在鄂西山地的山溪涧还盛产大鲵（娃娃鱼）。

在中国综合自然区划中，全省分属于4个自然地理区。①北亚热带秦岭、大巴山混交林区。分属3个亚区：大巴山、米仓山亚区，南襄盆地亚区，桐柏山—大别山亚区。②北亚热带长江中下游平原混交林区。省境中南部江汉平原属此区的两湖平原亚区。③中亚热带长江南岸丘陵盆地常绿阔叶林区。鄂东南丘陵属这个林区的中南丘陵亚区。④中亚热带贵州高原常绿阔叶林区。包括巫山和武陵山，属这个林区的东部山地丘陵亚区。

经济概况　湖北省是中国中部最大经济中心之一，农业大省。中国重要的工农业生产基地和最大的水电基地。

农业以种植业为主。粮食作物以水稻、玉米、小麦、薯类和大豆为主。经济作物以棉花、油料（油菜、花生、芝麻）、烟草、麻类等为主。为中国重点产棉大省之一，全国名列前茅。全省林特产品资源丰富，乌桕、板栗、白果、生漆、木耳、香菇等的产量在全国位居前列。全省江河纵横，湖泊棋布，水域面积大，素有“千湖之省”、“鱼米之乡”的美称。盛产青、草、鲢、鳙四大家鱼和河蟹、龟鳖、青虾、鳜鱼、银鱼、武昌鱼等名特优水产品。名贵的武昌鱼、中华鲟等在国内外享有较高的声誉。2006年全省淡水水产品总产量331.4万吨，居全国第1位。

从20世纪50年代起，湖北省为中国工业重点建设地区，建设了大冶铁矿、荆襄磷矿、应城石膏矿等大型矿山基地。80年代以来，工业布局日趋合理。①冶金工业。湖北省传统工业之一，主要包括钢铁、有色金属、黄金三大行业。武汉钢铁公司是特大型钢铁联合企业，是中国重要的板材生产基地。大冶钢厂是中国著名的特种钢厂。②机械工业。以汽车工业为主体的交通运输机械制造业，在机械工业中占有突出地位，成为湖北工业行业的第一大支柱产业。十堰是第二汽车制造厂所在地，为中国最大的汽车制造中心之一，有“汽车城”之称。③电力工业。是全国电力工业发展较早的省区之一。先后建成了丹江口、隔河岩、高坝洲、王甫洲和葛洲坝等大中型水电站，三峡水电站是全球最大的水力发电站。④纺织工业。包括棉、麻、毛、丝、化纤等部门，以棉纺织工业为主，是省内轻工业中最重要的部门。武汉是省内最大的纺织工业基地和中国著名的棉纺织中心之一。

湖北历来为中国水陆交通运输枢纽。长江、汉江和京广铁路相交于武汉市，使武汉成为名副其实的“九省通衢”。武汉天河国际机场是华中地区重要的航空港。

文化教育　湖北省是中华民族的发祥地之一和楚文化的摇篮。从郧县青曲镇弥陀寺村发掘的“南猿头骨化石”即“郧县人”，表明在距今240万年前就有远古人类于此生息劳作；从长阳钟家湾“长阳人”化石的发现，标志着长江流域以南也是中国古文化的发祥地。从京山出土的距今4 000年的蛋壳彩陶，是新石器时代**屈家岭文化**的代表，而距今3 500年前的黄陂盘龙城遗址则是商代文明的代表。在3 000年前，湖北就已出现了大规模的铜采掘和冶炼技术，创造了光辉的青铜文化。在随州发掘的距今2 400多年的**曾侯乙墓**，出土的成套大型青铜编钟等古乐器，更是弥足珍贵。

湖北省文化教育和科技事业比较发达。以武汉市最为集中，拥有**武汉大学**、**华中科技大学**、华中师范大学、华中农业大学等高等院校。

名胜古迹　湖北省名胜古迹众多，主要以雄伟的长江三峡和列入《世界遗产名录》的武当山古建筑群及明显陵等著称于世。同时，还有武当山、大洪山、古隆中、九宫山、东湖等国家重点风景名胜区及神农架世界生物圈保护区，武落钟离山、天柱中武当、陆水湖、木兰湖、高岚、东湖

神农架林区

磨山、金银湖、莲花湖、腾龙、神农溪、五峰山、“清江八百里画廊”和百岛湖等著名风景名胜区及葛洲坝、隔河岩和三峡大坝等水利枢纽工程。此外，还有三国赤壁（又称武赤壁）和长坂坡、麦城、当阳桥、锦屏山等三国古战场遗迹及炎帝神农纪念馆、屈原祠和屈原故里牌坊、王昭君故里、黄鹤楼、归元寺、古琴台、湖北省博物馆编钟馆等。

湖笔 Huzhou writing brush 中国浙江湖州善琏镇出产的毛笔。

湖南菜 Hunan cuisine 中国八大菜系之一。又称湘菜。由湘江流域、洞庭湖区、湘西山区三种地方风味菜肴组成。

湖南菜发端于东周时期。《吕氏春秋·本味篇》中曾称赞湖南洞庭湖区的鳟为“鱼之美者”。可见当时的湖南菜已具雏形。至汉代，逐渐形成了从用料、烹调方法到风味特色的较完整的烹饪体系。晚清至民国初年，官府菜品及其烹调技法大量流入饮食市场，湘菜流行日广。

湘江流域以长沙、湘潭、衡阳为中心，长沙为代表，菜肴用料广泛，制作精细；常用煨、炖、腊、蒸、炒、煮、烧、熘、烤、爆等技法，注重刀工火候；口味浓淡分明，讲究酸、辣、软嫩、香鲜、清淡、浓香。洞庭湖区以常德、益阳、岳阳等地为中心，菜肴以烹制家禽、野味、河鲜见长；色重、芡大、油厚，咸辣香软。湘西山区以吉首、怀化、张家界等地为中心，擅长制作山珍野味、烟熏腊肉和各种腌肉；口味咸香酸辣。多种调味与精巧的烹饪技法相结合，并吸收南北各地烹饪之长，形成了湘菜浓郁的地方特色。常用的烹饪技法有近50种之多，尤以小炒、滑熘、清蒸见长。主要名菜有东安子鸡、组庵鱼翅、腊味合蒸、麻辣子鸡，龟羊汤、吉首酸肉、五元神仙鸡、冰糖湘莲等数百种。

湖南大学 Hunan University 中国以工科为主的综合性全国重点大学。属教育部，校址在长沙。1926年由湖南工业专门学校、商业专门学校、法政专门学校合并组成，设于岳麓书院旧址。至1949年，已成为设7个学院、25个系、1个科的综合大学。1953年，院系调整为以土木建筑类系科为主的工科大学，改名中南土木建筑学院。1958年又改名湖南工学院。1959年复名湖南大学。2000年湖南财经学院并入。设有几十个院系，有培养学士、硕士和博士的教学体系；有国家重点实验室和国家高效磨削工程技术研究中心等。

湖南省 Hunan Province 简称湘。位于中国中南部、长江中游，洞庭湖以南。东邻江西，南连广东、广西，西接贵州、重庆，北界湖北。辖13个地级市、1个自治州、34个市辖区、16个县级市、65个县、7个自治县（见表）。全省面积约21万平方千米。人口6 568万（2010）。湖南是多民族省份，有56个民族，其中世居的有汉、苗、土家、侗、瑶、回、维吾尔、壮、白等民族。少数民族大多聚居在湘西和湘南山区。在少数民族中，土家族人口最多，主要分布于湘西北。省会长沙市。

湖南省行政区划表(2010)

长沙市	云溪区 汨罗市	**郴州市**	**永州市**
岳麓区 芙蓉区	临湘市 岳阳县	北湖区 苏仙区	冷水滩区 零陵区
天心区 开福区	华容县 湘阴县	资兴市 桂阳县	东安县 道县
雨花区 浏阳市	平江县	永兴县 宜章县	宁远县 江永县
长沙县 望城县	**株洲市**	嘉禾县 临武县	蓝山县 新田县
宁乡县	天元区 荷塘区	汝城县 桂东县	双牌县 祁阳县
张家界市	芦淞区 石峰区	安仁县	江华瑶族自治县
永定区 武陵源区	醴陵市 株洲县	**湘西土家族苗族自治州**	**娄底市**
慈利县 桑植县	攸县 茶陵县	吉首市 泸溪县	娄星区 冷水江市
常德市	炎陵县	凤凰县 花垣县	涟源市 双峰县
武陵区 鼎城区	**湘潭市**	保靖县 古丈县	新化县
津市市 安乡县	岳塘区 雨湖区	永顺县 龙山县	**怀化市**
汉寿县 澧县	湘乡市 韶山市	**邵阳市**	鹤城区 洪江市
临澧县 桃源县	湘潭县	大祥区 双清区	沅陵县 辰溪县
石门县	**衡阳市**	北塔区 武冈市	溆浦县 中方县
益阳市	蒸湘区 雁峰区	邵东县 邵阳县	会同县
赫山区 资阳区	珠晖区 石鼓区	新邵县 隆回县	麻阳苗族自治县
沅江市 南县	南岳区 常宁市	洞口县 绥宁县	新晃侗族自治县
桃江县 安化县	耒阳市 衡阳县	新宁县	芷江侗族自治县
岳阳市	衡南县 衡山县	城步苗族自治县	靖州苗族侗族自治县
岳阳楼区 君山区	衡东县 祁东县		通道侗族自治县

建制沿革 春秋战国时为楚国辖地。秦为长沙郡和黔中郡。西汉为长沙国，东汉属荆州。唐置湖南观察使，辖州。宋为荆湖南路、荆湖北路，元属湖广行中书省，明属湖广布政使司，清置湖南省。

自然条件 省境处于云贵高原向江南丘陵和南岭山地向江汉平原的过渡地区。全省总面积中，山地占51.2%，丘陵占15.4%，岗地占13.9%，平原占13.1%，河湖水面占6.4%。省境西南东三面为山地环绕，北部地势低平，中部为丘陵盆地；地势向北倾斜而又西高于东。西部主要为武陵和雪峰两大山地。湘南以山地为主，间有部分丘陵、岗地。湘东山地有幕阜、连云、大围、罗霄等山。湘北有中国第二大淡水湖——洞庭湖，洞庭湖平原海拔50米以下，地势平坦，水面广阔，土壤肥沃，是全省重要的农业区。湘中多为波状起伏的丘陵盆地，以广谷残丘为主。中南部的衡山，山势雄伟、风景优美，号称“南岳”，是幽雅的避暑胜地。

属中亚热带季风湿润气候，气候温和，热量丰富，降水充沛，无霜期长，但湿热分配不均。全省年平均气温16～18℃，东南高于西北，东高于西。全省年降水量1 200～1 700毫米，是中国雨水较多地区之一。雨热大致同季，利于主要农作物生长。近1/2降雨集中于春末夏初，滨湖与湘、资、沅、澧下游常有洪水；夏秋则多干旱，尤湘中丘陵为重。

全省河流较稠密，水系完整，水量大，水力资源丰富。境内河流总长9.93万千米，多年平均径流量1 623亿立方米。全省水能蕴藏量1 532万千瓦，多集中于各河上中游。河流最高水位及流量最大时期常出现在4～6月，正值梅雨来临，水势暴涨、洪峰迭起，“四水”沿岸易酿成灾害；夏末秋初，长江洪峰顶托，湖区也易出现外洪内渍。境内水资源丰富，有利于经济的发展，但也带来隐患。洞庭湖的防洪是全省治水的焦点。

红壤和黄壤是具有代表性的地带性土壤。红壤主要分布于雪峰山以东低山、丘陵和河谷盆地，黄壤多集中于湘西。全省森林植物资源丰富多样，常见用材树种有杉、松、楠、柏、樟、檫、竹等，其中杉树较著名。经济树种有湘西的油桐、漆树、白蜡树、柑橘，湘南和湘东的油茶，湘中的茶树和柑橘等。动物资源有多种国家重点保护的野生动物，如黑鹿、华南虎、金钱豹、水獭、香獐、大鲵、穿山甲等。有湘南莽山自然保护区和张家界自然保护区、南岳自然保护区。

经济概况 湖南是中国传统农业大省之一，为全国粮、棉、油、猪、鱼等主要农产品的重要商品生产基地。粮食作物在种植业中占主导地位，产量大、用地多、分布广、商品率高。有约80%的耕地种植水稻，其中双季稻面积占水田总面积的3/4

左右。稻谷产量一般占粮食总产量的90%以上。经济作物以油菜、麻、棉、茶为主，是中国油菜子主要产区之一。森林资源较丰富。据第六次全国森林资源清查资料，全省森林覆盖率40.63%，林木蓄积量3.021亿立方米，是江南重要木材产区。畜牧业以养猪为主，牛、羊和其他家禽次之。外销商品猪已成为广东和港澳猪肉市场的第一供应大省。浓缩饲料的年产量居全国首位。应用科技方法培育了独有的湘白猪和新桃源猪等品种。是中国淡水鱼主产区之一。主要经济鱼类有鲤、青、草、鲢、鳙、鲫等40余种。

工业方面湖南注重发展重工业、轻纺工业，加强能源工业等薄弱环节和优化产品结构，工业布局更为合理。湖南是中国有色金属工业重要基地之一。境内矿藏丰富，素称“有色金属之乡”。锑的储量居世界首位，钨、锰、铅、锌、锡、铜、银、金等居国内前列。冷水江市锡矿山为中国最大的锑产地，有“锑都”之称，产品畅销国际市场。有充足的煤炭和水能用于发电。机械制造业主要有矿山采掘与冶金机械、机车车辆修造和电机制造。化学工业发展较快。岳阳、株洲、冷水江为全省三大氮肥中心。全省已建成五大化工基地。农药、磷矿石等产量位居全国前列。20世纪80年代以来涌现出一大批电子企业。主要产品有计算机终端、彩色显像管、集成电路、半导体器件等。国防科技大学研制成功的100亿次计算机和10亿次仿真机，使中国的计算机水平和仿真技术达到国际先进水平。食品工业为湖南的支柱产业之一。出省销售的产品主要有卷烟、酒类、大米、猪肉、茶叶等。外销的产品有卷烟、白酒、冻猪肉、罐头、茶叶、饲料等，主要出口到东南亚、日本、俄罗斯和欧盟等国家和地区。此外，知名的传统工艺品有长沙湘绣、醴陵瓷器、浏阳花炮和夏布、邵阳竹雕、益阳凉席和竹器等，在国内外享有盛誉。

20世纪80年代以来，交通运输业快速发展，多功能立体运输网络基本形成。湖南居长江以南铁路交通中枢地位。境内贯通南北、横穿东西的有京广、焦柳、湘黔、湘桂、浙赣、石长等主要铁路干线。株洲有长江以南最大的列车编组站。公路网络四通八达，每个乡镇和行政村都通公路。湘、资、沅、澧四水纵横全省，干支相连、汇于洞庭，注入长江，对内辐射省内经济区腹地、外联长江经济带，与沿海各地的江、河、湖、海相连为一体，成为天然水运网。民用航空拥有长沙黄花国际机场和张家界机场。由长沙可直达北京、上海、重庆、广州、香港等全国45个以上大、中城市和地区，并开通了至大阪、曼谷等的多条国际航线。

文化教育　湖南高等院校有**湖南大学**、**湖南师范大学**、湖南医科大学、国防科技大学、中南大学等，科研单位有农业科学院和社会科学院等。地方剧种知名的有湘剧、花鼓戏、祁剧。群众文体活动以汨罗的赛龙舟闻名中外，湘西的清明歌会、苗族鼓舞和土家族摆手舞有浓厚的民族特色。

名胜古迹　湘西张家界武陵源风景名胜区，因砂岩峰林地貌面积之广、形态之奇，被列入《世界遗产名录》。还有名胜古迹衡山、君山、岳阳楼、炎帝陵、永顺溪州铜柱、常德铁经幢、凤凰黄丝桥古城、长沙马王堆汉墓、岳麓书院、芷江龙津桥，以及黄兴墓与故居、韶山毛泽东故居、宁乡刘少奇故居、汨罗任弼时故居、湘潭乌石彭德怀故居、浏阳秋收起义旧址等纪念地。长沙、岳阳、凤凰为国家历史文化名城。

湖南师范大学　Hunan Normal University　中国师范类高等学校。位于长沙。前身为1938年建立的湖南国立师范学院。1949年并入湖南大学。1953年由湖南大学分出独立建校，为湖南师范学院。1984年改现名。1999年湖南教育学院并入。设有20多个学院以及教学部和研究所（中心）等。有培养学士、硕士和博士的教学体系；有国家重点学科等。

湖南丝弦　中国曲艺曲种。流传于湖南各地。因用丝弦乐器伴奏而得名。由江浙一带流入湖南的时调小曲和湖南本地的民歌曲调融合发展形成，时间约在清代初叶。用湖南方音表演，在湖南各地的流传中又形成了各具特色的支派。其中主要有以常德为中心的“常德丝弦”、以长沙为中心的“长沙丝弦”、以浏阳为中心的“浏阳丝弦”、以平江为中心的“平江丝弦”、

芷江龙津桥

湖南丝弦自娱演出（武冈丝弦演唱组）

以衡阳为中心的“衡阳丝弦”和以邵阳为中心的“邵阳丝弦”等。以“常德丝弦”最为繁盛。

湖南丝弦的传统表演形式为多人分持扬琴、鼓板、京胡、二胡、三弦和琵琶等围坐一圈，轮递说唱，座次及乐器的位置有一定之规，即“扬琴对鼓板，京胡对二胡，三弦对琵琶”。以唱为主，间有道白。节目多为《西厢记》、《二度梅》、《秦香莲》等长篇传奇故事。后来走上高台，多为一至二人以简板等节拍站唱，另有多人分持扬琴、鼓板、京胡、二胡、三弦和琵琶等专司伴奏。节目也趋于精短，如《秋江》、《追韩信》、《徐策跑城》、《四季相思》等。所用的唱腔体式分为“牌子丝弦”和“板子丝弦”两类。中华人民共和国建立后，湖南丝弦的编演有较大的发展。

湖南渔鼓　中国曲艺曲种。俗名“道情”或“渔鼓道情”。流布湖南全境。表演采用湖南方音说唱，形式为说唱相间，以唱为主。唱腔曲调为板腔体。现有资料表明，至迟在清代初期，湖南渔鼓在古代道教用以传播教义的道歌基础上发展演变形成。道光、咸丰年间，湖南渔鼓进入大城市，至清末进入兴盛期，出现了各具特色的支派。邵阳的杨天禄（1882～1942）因设计制作了“渔鼓架”，人称其表演为“钞子渔鼓”；澧州的马开地（1883～1969）因嗓音清亮、说唱工整，被誉为“美笛子”；湘西永顺的黎兰庭（1885～1949）及其弟子和衡阳的彭金山（1897～1962）等艺人，也以各自的艺术创造而自成一派。湖南渔鼓的曲本刊刻和出版，在当时也比较常见。《八美图》、《儿女英雄传》、《天宝图》等借着刊刻从艺人的口头走向了案头。中华人民共和国建立后，湖南渔鼓开始走上高台演出。邹祖西表演的《廖仁福的互助组》、武嵩皋表演的《抢渡大渡河》等是具有一定代表性的短篇新节目。

湖畔诗社　Poetry Society by the Lake　中国现代文学社团。1922年3月，**冯雪峰**、应修人、潘漠华、汪静之出版了他们的合集《湖畔》，同年，又出版了汪静之的个人诗集《蕙的风》，1923年再次出版合集《春的歌集》。文学史上称这四人及后来加入的

魏金枝、谢旦如（澹如）等诗人为“湖畔诗人”。诗社没有固定的组织和章程，只是一种友爱的结合，成员绝大多数是浙江第一师范学校的学生。1925年2月创办小型文学月刊《支那二月》，仅出2期。五卅运动之后，因为各成员的思想变迁，湖畔诗社不复存在。与早期白话诗派的新诗先驱者不同，他们不是新、旧时代的过渡性人物，而是五四之后崛起的一代新人。他们的作品以抒情短诗为主，多表现对美好自然的向往和对幸福的憧憬，独具一种单纯、清新、质朴的美。

湖泊 lake 陆地上相对封闭的洼地积水形成的、水域比较宽广、换流缓慢的水体。湖泊称呼很多，在中国有陂、泽、池、海、泡、荡、淀、泊、错和诺尔等称谓。按湖盆成因，湖泊可分为构造湖、冰川湖、火口湖、堰塞湖、河成湖、风成湖和人工湖等。按湖水排泄条件分外流湖和内陆湖。按湖泊热状况分热带湖、温带湖、寒带湖。按湖水上、下循环现象，分为无循环湖、冷单循环湖、暖单循环湖、双循环湖、寡循环湖、多循环湖。按湖水矿化度分淡水湖、咸水湖、盐湖。按湖水中的营养物质分富营养湖、中营养湖和贫营养湖。还有一些按其他标准划分的各类湖泊。世界湖泊总面积约210万平方千米，占全球大陆面积的1.4%，以北美和北欧分布较为集中。中国湖泊总面积达8万平方千米以上，主要分布于东部平原、青藏高原、内蒙古和新疆地区、云贵高原及东北地区。青海湖面积为4 000多平方千米，是中国最大的湖泊。西藏的纳木错，湖面海拔4 718米，在全球湖面积1 000平方千米以上的湖泊中海拔最高。

湖水是水资源的重要组成部分，地球上湖泊总水量约176 400立方千米，其中淡水储量约占52%，约为全球淡水储量的0.26%。湖泊淡水储量的地区分布很不均匀，贝加尔湖、坦噶尼喀湖和苏必利尔湖等40个世界大湖储存的淡水量占全球湖泊淡水总量的4/5。中国的鄱阳湖、洞庭湖、太湖、巢湖和洪泽湖的淡水总量约为553亿立方米。湖泊利于舟楫，是水路交通的重要组成部分。湖泊盛产鱼、虾、蟹、贝，生产莲、藕、菱、芡和芦苇等，是水产和轻工业原料的重要来源。湖泊作为旅游资源，正日益受到重视。湖泊资源的不合理开发会造成湖泊渔业资源衰减、湖泊面积缩小和湖泊周围土地的沼泽化等不良后果。

湖泊河道养鱼 fish culture in lake and river 利用湖泊、河、渠等水体养殖和增殖鱼类的一种生产方式。中国江苏、浙江一带称外荡养鱼。湖泊水库养鱼成本低，效益高。主要生产环节有：①放养。投入鱼种数量及其种类要与水体中的饵料生物资源相适

网箱养鱼

应，以充分合理利用水体中的各类生物饵料，防止放养过度而影响饵料生物再生产能力。中国投放的鱼类主要是鲢、鳙，也搭养鲴、鲤、鲫、草鱼、鲂、蟹苗等。②拦鱼。水库养鱼需在建库时做好库底清理，在溢洪道及水源上游敷设拦鱼设备，防止养殖鱼类逃逸，蓄水后清除凶猛鱼类和其他敌害。湖泊一般用网箔和竹箔作拦鱼设施，水库常用网拦和铁栅、电栅。在交通要道应设过船箔门。③清除害鱼。鳡、鲌等凶猛鱼类掠食放养鱼种，应用流刺网歼捕。低值鱼类也应尽可能清除。④捕捞。在易集群和有驱赶习性的鲢、鳙水域，可用赶、拦、刺、张联合渔法下拦网和张网，然后通过三层刺网、拖曳白板或进行电刺激，将鱼群驱赶入张网后捕捞。大拉网和底拖网适用于底部平坦的水域捕捞下层鱼。围网适用于底形复杂的水域捕捞各种杂鱼。有的可常年捕捞，有的可冬季集中捕捞，更可以采用轮捕轮放、捕大留小的方式。有些鱼类生态条件好的湖泊水库还可用网围起来，实行精养，以提高渔获物产量。

湖社画会 中国画社团。前身为中国画学研究会。1926年9月，研究会领导人之一金城逝世，研究会内部出现分裂，同年12月，金城之子金开藩等在北京钱粮胡同金城故宅墨茶阁另立湖社画会。画会名称取自金城别号藕湖渔隐之“湖”字，以为纪念。画会成员多以湖字为号。画会总干事为金开藩，副总干事为惠孝同。画会活动主要为招收学员，传授绘画技艺，每半月举办观摩性质的研究会，定期举办画展。主要成员有胡佩衡、陈成栋、陈缘督、秦仲文、徐燕孙、陈少梅、刘子久、金章（女）等。1931年，湖社在天津举办国画传习所，在上海、广东等地设有分会。

湖社自1927年11月出版《湖社半月刊》，由胡佩衡、惠孝同等编辑，不久改为月刊，至1936年3月停刊，共出100期。《湖社月刊》曾长期连载金城《画学讲义》及陈师曾、朱启钤、寿石工等人的史论及技法研究等著作，在绘画界有广泛影响。

湖社画会与日本美术界有密切交往。七七事变后画会活动锐减，1946年金开藩逝世，湖社解体。中华人民共和国建立后，许多湖社的骨干成员在美术院校、画院中担任重要职务，对中国画的发展起了薪火相传的作用。

湖丝 Huzhou silk 中国明代浙江湖州府出产的蚕丝。明代湖州盛产蚕丝，质地良好，全国闻名，其中又以产于乡村市镇七里的蚕丝质量最佳，被称为七里丝，在市场上很受欢迎，比一般丝价每两必贵一分。湖丝有头蚕、二蚕之分。质量以头蚕为上。其细而白者，称为合罗，专为皇帝织造御服所用；稍粗者，称为串五；又粗者，称为肥光。湖州皆产，而独盛于归安。因为湖丝产量多质量好，故销路甚广。三吴闽越的丝织业取给于湖丝，闻名全国的潞绸亦多依靠湖丝为原料。此外，湖丝还远销日本、南洋等地。每当蚕丝上市，四方富商大贾都云集湖州购买湖丝，归安东南的菱湖镇是有名的湖丝贸易中心，镇上临水处有不少专门经营湖丝的商店。每当四五月间，乡人卖丝船只沿溪而泊，贸易很盛。

湖湘学派 Huxiang school 中国南宋时期形成于湖湘地区的理学派别。缘起于两宋之际胡安国率其家人避难于湖南衡山。胡安国利用注解《春秋》传播“尊王”、“攘夷”的思想，维护和强化儒家纲常。他与程颢、程颐的弟子杨时、尹焞等一道，实际担负起了接续两宋理学的使命。胡安国之子胡宏是湖湘学派的实际创始人。青年时受父命问学于二程弟子杨时和侯仲良。湖湘学派虽然源出于二程，却与二程的“道学”不同，是以性为本的“性学”。胡宏初随其父于衡山下创建碧泉书院、文定书堂授徒讲学，是湖湘学派的发端。胡安国故去后，胡宏隐居衡山20多年，刻苦钻研，著书立说；又招徒授学，培养了大批弟子，湖湘学派正式创立。胡宏著作主要有《皇王大纪》、《知言》和《五峰集》等。

胡宏最早将周敦颐、邵雍、张载和二程“五子”的学术总括为“道学”，即后来的“理学”。性学作为理学的一派，在道物观上主张人不离道，性外无物，善恶不足以言性，这一观点后来通称为“性无善恶”。在性理关系上强调性一而理殊，性立天下之大本，为天命的全体。在心性论上提出性体心用、性动为心，尽心以成性。这一模式后来被朱熹概括为“心对性说”。胡宏所创立的性学与气学、道学、心学共同构成理学的基本理论体系。

胡宏辞世后，由于弟子张栻、彪居正、吴翌等均在潭州（今长沙）活动，湖湘学派的中心也随之转移。乾道二年（1166），张栻主教于岳麓书院，湖湘学派开始兴盛

起来。次年，张栻与朱熹于岳麓、城南两书院进行“会讲”，长达两个多月，听讲者多至千人，盛况空前。湖湘地区遂成为当时的学术中心之一，湖湘学派进入鼎盛时期。

湖湘学派的鼎盛由于张栻的早逝而遭遇挫折，自南宋中期以后湖湘学派开始走下坡路。湖湘学派的开创和鼎盛在两宋理学的过渡和发展中具有其他学派不可替代的独特的地位和作用。

湖羊 Hu sheep 中国羔皮用绵羊品种。以生后一二日所宰剥的小湖羊皮著称。因产在中国江苏、浙江之间的太湖流域，故名。具短脂尾型特征。公母羊皆无角。颈细长，背平直，胸浅，体躯长，四肢高。毛色洁白，呈波浪状花纹。脂尾扁圆形，不超过飞节。终年繁殖，小母羊四五月龄性成熟，六至八月龄开始配种，可两年产三胎或一年二胎，一胎产羔二三只。泌乳量多，羔羊生长迅速。湖羊羔皮可染成各种颜色，裁制大衣、披肩、帽子、围巾等。成年羊羊毛可制粗呢。

湖州市 Huzhou City 中国浙江省辖地级市。位于省境北部，东界江苏省，北滨**太湖**。辖南浔、吴兴2区和长兴、德清、安吉3县。面积5 794平方千米。人口289万(2010)。秦置乌程县。隋置湖州。1912年置吴兴县。1949年于城区设湖州市。矿产有金、银、铜、铅、煤、锰、铁和大理石、花岗石、石灰岩、硅灰石等。农作物以水稻、油菜为主，并产蚕茧、茶叶、淡水鱼，是著名的“鱼米之乡”。特产小湖羊皮，誉为“东方的软宝石”。工业有丝绸、纺织、化纤、制革、食品、建材、机械、电子、钢铁等。丝绸工业历史悠久，堪称发达，素有“丝绸之府”之称。传统工艺品有湖笔、羽毛扇。云鹤牌花绫、双羊牌湖笔、天工牌羽毛扇被称为湖州工艺品中的“三朵花”。有亚洲最大的抽水蓄能电站——安吉天荒坪蓄能电站。德清县莫干山是国家重点风景名胜区。古迹有宝塔奇观飞英塔、千年古刹铁佛寺、历史名园莲花庄、江南亭园小莲庄，还有嘉兴堂藏书楼、丘城新石器时代遗址、昆山春秋战国时期遗址。

小莲庄

㝬簋 Hu Gui 中国西周青铜器。1978年5月出土于陕西扶风齐村。通高59厘米，口径43厘米，腹深23厘米，重60千克。簋为青铜器中的食器，多以小型为主，但此簋形制较大。据内底铭文记载，此簋为周厉王为祭祀先王而作，以祈皇天赐降福寿

智慧，说明此簋已超出实用范围，而具礼器功能。簋身圆形，底下有一方形座，形成上圆下方的对比，簋的主体全用单纯的垂直梭纹，与底座的直梭纹相呼应，口沿及圈足为两条钩云纹，增添了画面的层次。左右各有一高大的附饰兽形耳。因铭文中有此簋作于周厉王十二年（前866）的记载，故此簋对于商周青铜器的断代鉴定有标准器的作用。

蝴蝶 Rhopalocera; butterfly **鳞翅目**中与蛾类对应的一类昆虫。见**锤角亚目**。

《蝴蝶夫人》 *Madame Butterfly* **G.普契尼**作曲的三幕歌剧。初为二幕。剧情取自美国作家J.L.隆的同名小说，G.贾可萨和L.伊利卡根据D.贝拉斯科的剧本改编。完成于1904年，同年在米兰首演失败，同年修改后由**A.托斯卡尼尼**指挥演出获得巨大成功，以后成为歌剧剧目中常演不衰的作品。剧情是：厌倦了艺妓生活的乔乔桑（蝴蝶夫人）和美国海军军官平克尔顿在日本的港口城市长崎举行婚礼，婚后不久，平克尔顿随舰回国，一去3年杳无音信。乔乔桑生下一子，她深信总有一天平克尔顿会回到自己的怀抱。后来，平克尔顿领着他的美国妻子来到蝴蝶夫人的住处，并希望带走孩子。乔乔桑终于明白了一切，同意把孩子交给他，自己自尽身亡。这是一部抒情性的悲剧，在音乐中直接采用了日本民歌，美国国歌也被引用。全剧充满独特的音乐色彩和浓厚的异国情调，环境气氛的描写和人物性格的刻画都很出色。

蝴蝶兰 *Phalaenopsis aphrodite*; butterfly orchis 兰科蝴蝶兰属的一种。中国仅分布于台湾的恒春半岛、兰屿、台东。菲律宾也有分布。茎短，被叶鞘所包。叶片稍肉质，3～4片，上面绿色，下面紫色，椭圆形、长圆形或镰状长圆形，长20厘米，宽6厘米，具宽短鞘。花序侧生茎基部，长50厘米，花序轴略回折状。花白色，中萼片近椭圆形，侧萼片歪卵形。花瓣菱状圆形，长3.4厘米，先端圆形，基部短爪状。唇瓣3裂，基部有爪。侧裂片直立，倒卵形，长2厘米，有红

色斑点。中裂片菱形，长1.5～2.8厘米，先端渐狭并有2卷须。花期4～6月。生于热带、亚热带丛林树干上。

蝴蝶鱼 Chaetodontidae; butterflyfish 鲈形目蝴蝶鱼科动物的统称。约有18属190种。分布于大西洋、印度洋和太平洋的热带和暖温带海洋。中国有14属约57种，主

格纹蝴蝶鱼

要分布于南海，只有少部分进入东海南部。体甚侧扁而高，菱形或近于卵圆形。口小，前位，略能向前伸出。两颌齿细长，尖锐，刚毛状或刷毛状；腭骨无齿。鳃盖膜多少与鳃颊相连。后颞骨固连于颅骨。侧线完全或不延至尾鳍基。体被中等大或小型弱栉鳞，奇鳍密被小鳞，无鳞鞘。臀鳍有三鳍棘，尾鳍后缘截形或圆凸。个体颜色大部分鲜艳美丽。

蝴蝶鱼一般个体较小，数量较少。生活在热带珊瑚礁分布的海区。以浮游甲壳动物、珊瑚虫、蠕虫、软体动物和其他微小动物为食。

虎 *Panthera tigris*; tiger 食肉目猫科豹属的一种。为大型食肉兽。有10亚种：孟加拉虎、印度支那虎、华南虎、华北虎、西北虎、东北虎、黑海虎、爪哇虎、苏门答腊虎和巴厘虎。其中华北虎、西北虎、黑海虎、

白虎（孟加拉虎的变异）

爪哇虎和巴厘虎于20世纪40～80年代初相继灭绝，现仅有5个亚种的野生种群残存于亚洲地区。分布于印度、印度尼西亚、中南半岛、亚洲中部、中国的新疆维吾尔自治区、华南及东北以至朝鲜半岛和西伯利亚南部。体长2米，重200千克左右，最大的虎全长有4米，重达350千克，尾较长，约1米；头圆，耳短，颈粗，牙齿尖利，犬齿特别发达；四肢强壮有力，爪尖硬；全身呈淡黄或黄褐色，并布满黑色横纹；雌雄毛色一致，雄性个体大于雌性。

栖息于山林、灌木与野草丛生的地方，独居。无固定巢穴，但有一定范围的巢域。多在晨昏和夜晚活动，白天隐匿林中、草丛休息。行动谨慎，动作敏捷，听觉、嗅觉较敏锐。善游泳。喜食野猪，也猎捕鹿、狍、麂、麝等有蹄动物，饿时还吃蚱蜢和蝼蛄等昆虫。多在冬季发情，交配期过后雌雄分开生活。妊娠期100天左右，每胎产2～4仔。幼兽2年后离开母兽营独立生活，寿命约20年。

由于人类经济活动的扩展，森林植被的破坏，虎的分布范围日益缩小，数量急剧下降。全世界虎总量不超过7 700只，中国野生虎的数量不足130只。现各国均已采取保护措施。

虎蛾 Agaristidae; agaristid moth 鳞翅目虎蛾科昆虫的统称。全世界已知约300种，多分布于热带和亚热带地区。中国已记载约30种。中大型，色斑艳丽。形态特征与夜蛾极为近似，但触角端部粗厚是与夜蛾的主要区别。喙发达，下唇须向上伸，额有锥形突或角突，复眼大，少数具毛。前翅翅脉属四岔型，许多种类翅面有银蓝色鳞片。幼虫多具绚丽的色彩和鲜明的斑纹。体常有长毛，第8腹节背面隆起，腹足4对，在地表土中化蛹，蛹为裸蛹。成虫日间活动，吸水和取食花蜜，飞翔力强，某些种类飞翔时可发出声响。中国已知葡萄修虎蛾和艳修虎蛾危害葡萄。

虎耳草 *Saxifraga stolonifera*; creeping rockfoil 虎耳草科虎耳草属的一种。分布于中国华南、西南、台湾及河南。朝鲜半岛、日本也有分布。多年生草本植物；匍匐茎细长分枝，红紫色。叶通常基生，有长柄，肉质多汁，圆形或肾形，边缘有不规则的浅钝锯齿，叶下面及叶柄紫红色。圆锥花序稀疏；花两性，不整齐；萼片5，稍不等大，卵形；花瓣5，白色，3个小，卵形，有红色斑点，下面2个大，披针形；雄蕊10；心皮2，合生，子房上位，2室；花期5～8月。蒴果卵形，具喙；种子多数。生长在海拔1 900米以下的山地阴湿处。全草可入药，能清热解毒、凉血、止血。

虎符 tiger tally 中国古代专门用来调遣军队的凭证。符节的一种。因外形多作伏虎状，故名；也有因其功用而称“兵符”者。一般用青铜或铜制成，间有金制。主要流行于战国至隋，到唐代则为鱼符所取代。使用时，朝廷与将帅各执左右一半，合之

杜虎符

以验真假。已知最早的虎符为战国时期物，著名的有秦国的杜虎符、新郪虎符。秦始皇统一六国后则有阳陵虎符。汉代亦用虎符，大体沿袭秦制。

虎符上皆铸刻文字，如杜虎符有40字。虎符铭文可用来考察历代兵制，有重要史料价值。秦虎符文字错金，汉虎符多错银。西晋虎符通体有虎斑条纹，不能容字，故于背缝处凸起长条形窄台刻背文，肋间之字移于胸前或符阴。西晋虎符亦错银，唯太守符凿款；东晋以后皆凿款。宋元以后盛行的**腰牌**也有“虎符”之称，但形制已变成牌式，仅以虎头为纹饰或以伏虎为符趺，也无“合符”之说。

虎甲 Cicindelidae; tiger beetle 鞘翅目虎甲科昆虫的统称。俗称拦路虎、导路虫。世界已知约2 100种，主要分布于热带和亚热带地区。中国记载100多种。成虫小至中型。复眼十分突出，触角丝状，两触角间距离较近；上颚长而弯，在头前交叉，内缘有大齿。鞘翅宽于前胸，两侧多平行。腹部腹板雌6节，雄7节。足细长。在热带地区1年一代，在寒冷地区可延长至2～3年1代。卵产于土中，散产。

成虫、幼虫均为捕食性，捕食其他小昆虫或小动物，因而在害虫生物防治中常被用作捕食性的天敌。大多数种类生活于地面，也有少数树栖。地面种类体色多鲜艳，常有金属光泽，鞘翅常具金色条纹或斑点，一般出现于道路或河边沙滩上。在阳光下最活跃，有时停止于路面或作短距离低飞，飞行迅速。树栖种类，如树栖虎甲属和缺翅虎甲属，常在咖啡树或茶树的嫩枝上钻洞产卵，成为热带地区经济作物的害虫，但幼虫捕食介壳虫，又是有益的。

虎鲸 *Orcinus orca*; killer whale 鲸目海豚科逆戟鲸属的一种。又称**逆戟鲸**。

虎牢关 Hulao Pass 中国古代洛阳以东重要关隘。因西周穆王（约公元前10世纪）曾把狩猎时生获之虎圈于此，故名。位于今河南省荥阳市汜水镇西1千米处。周灵王元年（前571），晋悼公筑虎牢城。秦置虎牢关。此后曾有成皋关、汜水关、武牢关、行庆关和古崤关之称。古关城处于沟壑壁立的深谷之中，北濒黄河，南依嵩山，西接大山，东临汜水河，地处古代中原腹地东西交通之要冲，有九州咽喉之称，历为兵家争战之地。汉王二至四年（前205～前203），楚、汉双方投入百万大军相持于成皋、荥阳之间，汉军凭虎牢之险，与楚军抗衡，迫楚军议和，划鸿沟为界，为灭楚兴汉奠定了基础。现关城已废，清雍正八年（1730）所立“虎牢关”石碑尚存。今有陇海铁路从关南经过。

虎林市 Hulin City 中国黑龙江省辖县级市。位于省境东部，东部和南部隔乌苏里江和松阿察河与俄罗斯相望。面积9 329平方千米。人口29万（2008），有汉、蒙古、回、苗、彝、壮、布依、朝鲜等民族。清宣统元年（1909）设呢吗厅，次年改设虎林厅，以境内的七虎林河得名。1913年改为虎林县。1996年撤县，设立虎林市。由鸡西市代管。完达山绵延市境西部和北部，低平的沼泽平原分布于中部和南部。矿产有煤、大理石、花岗岩、石灰岩、石墨、铜等。

珍宝岛鸟瞰

农业主产水稻、小麦、玉米、大豆、马铃薯、向日葵、烤烟、蔬菜等。工业以机械、建材、食品、医药、酿造、造纸、印刷、粮油加工等为主。旅游景点有珍宝岛、虎头镇卧虎雕塑、六角亭和地下军事要塞等。

虎门 Humen 中国珠江要塞，入海口之一，广州海上咽喉。位于珠江三角洲东南侧，伶仃洋北部，为东江及北江沙湾等水道出口。河道水深，潮差2米，潮流较强，巨轮可进出。两岸山丘夹峙，江心大虎、小虎等石岛错落，故名虎门。东侧有沙角山，西侧有大角山。沙角山以南海面称穿鼻洋。虎门出海口东侧的虎门要塞彪炳史册。明崇祯八年（1635），英军舰曾首次炮击虎门，揭开了帝国主义者入侵广东罪恶史。清康熙五十六年（1717）建炮台于此。1840年鸦片战争时，林则徐、关天培等在虎门一带布防架炮，痛击英国侵略军，虎门销烟震撼中外。其时有炮台11座，今仅剩沙角、威远两炮台。虎门镇上有林则徐纪念馆、节兵义坟和销烟池等纪念地。

虎门、广州之战 Humen Fortress and Guangzhou, Battle of 鸦片战争中，清军在广东虎门、广州地区抗击英军入侵的作战。

清道光二十年（1840）夏，英国发动侵华战争，英军自广东沿海北犯，攻陷浙江定海后，在天津大沽口与清政府商定于广东举行谈判。十一月钦差大臣琦善抵达广东，英军为迫使中方就范，于十二月十五日率先攻占虎门沙角、大角炮台。

道光帝得知沙角、大角炮台失陷，决定对英宣战，任命御前侍卫内大臣奕山为靖逆将军，赴广东前线指挥作战。英军代表义律探悉清方调兵遣将，便中断谈判，于二十一年二月初五出动舰船抢占了未设防的下横档岛，并进犯上横档岛。在炮台争夺战中，广东水师提督关天培以身殉国，炮台相继失守。英军占领虎门要塞后，溯江而上，兵临广州城下。

三月二十三日，奕山抵达广州，决定以城东南、西南为防御重点，将清军分拨四郊守卫。四月初四下午，英军向广州城发起进攻。初五，四方等炮台落入敌手，广州城完全暴露在英军炮火之下。初六，奕山急派广州知府余保纯出城乞和，与义律签订了屈辱的《广州和约》。中旬，英舰船撤出广州、虎门地区。

虎门炮台 Humen Battery 鸦片战争中中国广州军民抗击英军入侵的炮台。位于广东东莞珠江出海口处虎门两岸的大角山、沙角山、武当山和大虎山等处，北通黄浦，屏卫广州，形势险要。清康熙五十六年（1717）修建。1839年6月虎门销烟至1840年6月鸦片战争爆发前夕，林则徐为防御英

虎门炮台遗址

军侵犯，加固和新建炮台11座，设置大炮300多门，以沙角、大角炮台为第一重门户，南山、威远、镇远、靖远等炮台为第二重门户，大虎炮台为第三重门户，组成三道防线。在鸦片战争中，虎门炮台屡挫英军的进犯，守将关天培等在此牺牲。炮台多为条石和灰、砂、糯米浆砌筑，平面圆形或半月形，分为露天台（即明台）和暗台两类。威远炮台保存完整，以花岗石砌筑，全长360米，高4.5米，有25个券顶暗炮位，炮位旁设储藏室和官兵休息室等。1982年国务院公布虎门炮台和林则徐销烟池为全国重点文物保护单位。

虎门销烟 Destruction of Opium at Humen 1839年6月3～25日湖广总督林则徐率广州地方官吏在虎门海滩销毁鸦片的事件。

自19世纪初，以英国为首的西方资本主义国家急于开拓中国市场，于是利用鸦片作为打开中国大门的手段。鸦片开始大量输入中国，不仅损害吸食者的健康，造成白银外流，而且引起银贵钱贱，直接破坏社会生产，影响广大劳动人民的生活，加深了清朝封建统治的危机，使清朝财政陷入困境。道光十八年（1838），鸿胪寺卿黄爵滋上疏主张以死罪严惩吸食者。道光帝令各地督抚各抒己见，林则徐坚决支持黄爵滋的严禁主张，提出六条具体禁烟方案，并率先在湖广实施，成绩卓著。十一月清廷受命其为钦差大臣，前往广东禁烟，并节制广东水师，查办海口。十九年正月，林则徐抵广州会同两广总督邓廷桢等传讯洋商，令外国烟贩限期交出鸦片，采取撤买办工役、封闭商馆等正义措施，挫败英国驻华商务监督义律和烟贩的狡赖，收缴英国趸船上的全部鸦片。四月二十二（6月3日）起在虎门海滩销烟，20天中销毁鸦片约2万箱、2 000余袋，共计237万余斤。虎门销烟打击了外国侵略者的气焰，维护了中华民族的尊严。

《虎皮武士》 *Warriors Dressed in Tiger Skin* 格鲁吉亚史诗。见S.鲁斯塔维里。

虎皮鹦鹉 *Melopsittacus undulatus*; budgerigar 鹦形目鹦鹉科虎皮鹦鹉属仅有的一种。澳大利亚大陆为数最多的一种鸟类。

上体有黑色和黄色的横斑，腰和下体呈绿色，额和脸呈黄色，颊的羽毛尖端呈紫罗兰色，喉部有许多黑色的斑点，翅下覆羽呈绿色；尾羽呈绿蓝色。栖息于林缘的溪流、疏林草地、干燥灌丛和开阔的平原。通常不怕人。飞翔时从一棵树飞到另

一棵树，常结群移动，声音嘈杂。除觅食外，多栖息于树上。听觉灵敏。主要以种子为食。营巢在树洞或地上的木头洞内。每窝产卵4～6枚。各国从澳大利亚引种，培育出许多品种，成为最常见的观赏鸟。

虎钳 vice 利用螺杆或其他机构使两钳口作相对移动而夹持工件的工具。一般由底座、钳身、固定钳口和活动钳口，以及使活动钳口移动的传动机构组成。按使用的场合不同，有钳工虎钳和机用虎钳等类型。钳工虎钳安装在钳工工作台上，供钳工夹持工件以便进行锯、锉等加工。机用虎钳是一种机床附件，又称平口钳，一般安装在铣床、钻床、牛头刨床和平面磨床等机床的工作台上使用。按精度可分为普通型和精密型。精密型用于平面磨床、镗床等精加工机床。机用虎钳按结构还可分为带底座的回转式、不带底座的固定式和可倾斜式等。机用虎钳的活动钳口的快速夹紧也可采用气动、液压或偏心凸轮的方式来驱动。

虎鲨 Heterodontiformes; bullhead sharks 软骨鱼纲板鳃亚纲虎鲨目动物的统称。仅1科1属约8种。分布在太平洋、印度洋的热带与温带海区。中国现有2种，即宽纹虎鲨和狭纹虎鲨。体粗大而短，头高近方形。眶上突起显著，吻短钝，眼小，椭圆形，

宽纹虎鲨

上侧位，无瞬膜。鼻孔具鼻口沟。口平横，上、下唇褶发达。上、下颌牙同型，每颌前、后牙异型，前部牙细尖，3～5齿头；后部牙平扁，臼齿状。喷水孔小，位于眼后下方。鳃孔5个，最后3～4个位于胸鳍基底上方。背鳍2个，各具一硬棘；具臀鳍；尾鳍宽短，帚形，下叶前部三角形突出，尾基无凹洼；胸鳍宽大。栖息底层，食贝类及甲壳类动物。用背鳍棘御敌害。每次产卵2枚，卵具螺旋瓣的圆锥形角质囊，卵囊末端曳有长丝，借以固着于附着物上。

虎食人卣 中国商代后期青铜器。传出土于湖南安化、宁乡两县交界处。共发现同形制器物两件：一件藏日本泉屋博物馆，高32.5厘米；另一件藏法国巴黎市立东方美术馆，高35厘米。此器基本形状为踞坐之虎与人相抱持。有盖和提梁，下部以虎之双足与尾构成三器足，器形属于酒器中的卣类。虎与人的造型均富有神秘色彩，虎口大张，齿牙森列，双前爪抱于人的腰际。人朝向虎胸蹲坐，披发，着方领衣，赤足。背部衣领有方格纹，背上作兽面，臀部有双蛇纹。人侧首纳于虎口下，双手上伸，搭扶虎肩，足登于虎的后爪上。虎身上也装饰着各种纹饰。背后正中以突起的扉棱

虎食人卣（巴黎市立东方美术馆藏）

为中轴，饰以有重角的大型兽面纹，构成对称、完整的背视效果。虎前爪侧面饰小、大夔纹，后爪外侧饰虎纹。口开于虎顶，盖上铸立兽。提梁饰夔纹，两端有象首。整个器物为立体雕塑与浮雕、线刻纹饰相结合，有云雷地纹，装饰风格繁缛，结构严密，表现了青铜器成熟时期的艺术特色。

虎跳峡 Hutiao Gorge 世界深窄峡谷之一。位于中国滇西北玉龙纳西族自治县与香格里拉县之间的**金沙江**河段上。金沙江流至石鼓附近突作大拐弯，流向由南北转为东偏北，为著名的长江第一弯，河谷逐渐收窄，形成峡谷。峡谷两岸雪山对峙，左岸为哈巴雪山，右岸为**玉龙雪山**，峭壁千仞，自谷底到山顶高差3 000多米，比美国**科罗拉多大峡谷**深1 500多米。虎跳峡全长约16千米，始于金沙江及其支流硕多岗河汇合处下方长胜村附近，止于玉龙纳西族自治县大具村大坝子一带。两侧岩石为片岩和大理岩组成，山坡崩塌，形成江内多处险滩。枯水时，江中巨砾裸露，以猛虎可一跃而过得名。在虎跳峡全长16千米的河段上，其宽度仅60～80米，天然落差200余米，水流湍急，水力资源丰富。

虎纹石磬 Tiger-designed Chime Stone 中国商代石质打击乐器。1950年春发现于河南安阳武官村商代大墓椁顶。以青灰色石料制成，长84厘米，高42厘米，厚2.5厘米，

中国国家博物馆藏。正面以双勾线条刻出伏卧欲起的虎，虎头大尾短，与青铜器上的虎纹相似，线条遒劲，反映当时石刻艺术的水平。背面几处涂红，有很细的划纹。轻微敲击，发金属声，音韵清越。商代石磬屡有发现，表明使用渐广。在今见商代石磬中，该虎纹石磬为形体最大、艺术加工最完美的一件。

虎颜花 *Tigridiopalma magnifica*; magnific tigridiopalma 野牡丹科虎颜花属的一种。又称大莲蓬、熊掌。特产于中国广东西南部。草本植物。叶基生，心形，膜质边缘有细齿，基出脉9条；叶柄圆柱形。蝎尾状聚伞花序腋生，具长花序梗（花莛）；花两性，辐射对称；花萼漏斗形，具5棱，棱上具翅；花瓣5，暗红色；雄蕊10；心皮5，合生，子房上位，卵形，5裂；花期11月。蒴果漏斗状杯形，孔裂；种子小，楔形；果期翌年3～5月。生长在海拔480米山谷密林下阴湿处、溪旁、河边或岩石上。

虎尊 Bronze Tiger-shaped Zun 中国西周时代青铜器。传出土于陕西省宝鸡市斗鸡台，现藏美国弗里尔美术馆。共1对，各长75.2厘米。背上有方口，盖已失。器物造型为伫

立的虎形，长身，尾下垂。纹饰结合躯体结构，饰以不同斑纹。其总体形象承袭商代以来青铜、玉器中虎的造型特点，有较强的装饰性而不十分写实。与商代雕塑神秘的色彩不同，其正面虽瞪目，齿牙森列，但并无狰狞恐怖之感。《周礼·春官·司尊彝》记载，古代祭祀用的礼器中有虎彝，用于裸祭。但实物发现很少，青铜虎形器仅见此一对。

浒苔 *Enteromorpha* 绿藻门石莼科浒苔属藻类的统称。世界上约有40种，中国约有11种。多数种类海产，广泛分布于全世界各海洋中，有的种类在半咸水或江河中也可见到。藻体直立，管状中空或者至少在藻体的边缘部分呈中空，管状部分由单层细胞组成。藻体单条或者有分枝，圆柱形，有时部分扁压。藻体基部细胞生出假根丝，向下形成固着器。营养繁殖时，藻体断裂形成新藻体。无性生殖时形成顶端有4条等长鞭毛的游动孢子。有性生殖时在配子体上产生顶端有2条鞭毛的配子，同配或者异配。生活史为同形世代交替。常生长在潮间带岩石上或石沼中，或泥沙滩的石砾上，有时也可附生在大型海藻的藻体上。中国常见种类有浒苔、扁浒苔、条浒苔、缘管浒苔等。均可食用。福建南部用浒苔作调味品和食品。江苏、浙江称浒苔为“苔条”，为市场上常见食品。肠浒苔还可供药用。

琥珀 amber 化学通式为$C_{2n}H_{3n}O$，属非晶质有机似矿物。式中的n一般在5～15，最大可达19。主要由琥珀树脂酸、琥珀松香酸、琥珀酯醇、琥珀油等组成。是由史

银镶琥珀吊坠

前植物的松脂状沉淀物经地质埋藏，失去挥发组分并石化而成。成分中还可含有少量的氮、硫、铁等元素。呈不规则的瘤状、水滴状、结核状或块状。内部经常包裹有无数的气泡以及昆虫或植物的碎片。表面常保留着松脂流动时的条纹构造。金黄或淡黄色，有时具有红、橘黄或褐色等色调。透明至半透明，树脂光泽。莫氏硬度2～3，密度1.05～1.09克/厘米^3。约在150℃开始软化。具有较高的绝缘常数，是有效的绝缘材料。溶

于乙醚和酒精中。经加工琢磨可成为雅致瑰丽的工艺品和饰物。中医作为利尿、镇惊安神的药物。劣质琥珀用于制造琥珀酸和黑色假漆。琥珀是沉积作用的产物，主要产于白垩纪或第三纪的砂砾岩、煤层的沉积物中。中国辽宁抚顺、河南西峡盛产琥珀。抚顺煤田始新世琥珀中的昆虫化石，以其保存完美、种类繁多、种群独特而驰名于世。波罗的海沿岸的第三纪海绿石砂里产出的琥珀举世闻名。

互变异构 tautomerism 某些有机化合物的结构以两种官能团异构体互相迅速变换而处于动态平衡的现象。例如，乙酰乙酸乙酯是酮式和烯醇式的平衡混合物：

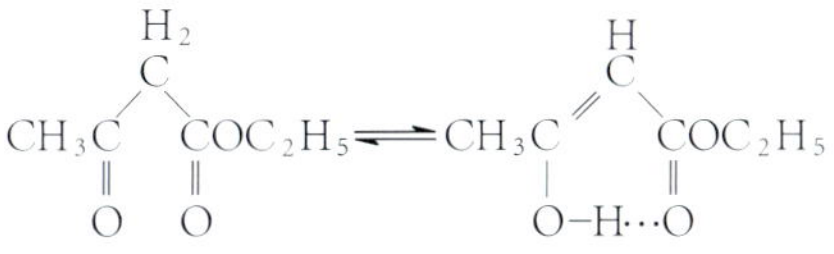

酮式　　　　烯醇式

两种异构体迅速互相变换，互为互变异构体。这两种异构体在低温（-78℃）时互变速率很慢，可将它们分开。在乙酰乙酸乙酯中加入能与酮作用的足够试剂后，乙酰乙酸乙酯将全部以酮式起反应；同样，加入足够量的烯醇试剂后，则能全部以烯醇式起反应。这两个互变异构体有不同化学反应特征。环己酮也有类似的酮式和烯醇式的互变异构现象。

互换 swap 将不同的债务、不同利率的债务或交割期不同的同种货币的债务，由交易双方按照市场行情签订预约，以事先约定的公式在约定的期限内交换现金流的金融交易行为。互换已被视为一系列远期合约的组合。

互惠待遇 reciprocal treatment 缔约国双方相互给予对方国民以某种对等待遇或权利。缔结贸易条约的一项原则。

互惠待遇的特点在于它的对等性和双边性，是一种差别待遇和双边协定，与最惠国待遇原则上是对立的。在贸易条约实践中，二者又是彼此联系的。缔约国双方给予的互惠待遇通过最惠国待遇条款，其他国家便可同样享受。在形式上，互惠待遇是差别待遇和双边协定，实际上具有无差别待遇和多边的性质。

互惠待遇原则是世界贸易组织的基本原则之一。其含义：①它要求缔约方在互惠互利基础上大幅度地、普遍地降低关税，以及在修改关税减让表的谈判中要实现互惠互利。②当新成员加入时，要作出一定的互惠承诺。

互联网 interconnection network 由开关部件按一定的拓扑结构构成，以实现并行和分布计算机系统中的多台处理机，或多个功能部件之间的相互连接的网络。互联网分为静态和动态两类。

静态互联网中每个开关部件都与系统中的一个结点固定相连，建立该结点与邻近结点之间的连接通路。任何结点要与非邻近结点通信，必须逐一经过其邻近结点的应答转接才能完成。这种结构的主要优点是可扩展性好，常用于通信模式可预测的计算机系统。

动态互联网的结点只与互联网边界上的开关元件相连，在控制信号的作用下，通过开关的工作，建立结点间可控的直接连接通路。系统中的结点要与其他结点通信，无须逐一经过其邻近结点的应答转接。这类网络一般用于对通信模式限制较小的多处理机系统。

互联网要获得较高的性能价格比，还必须解决好以下几项主要关键技术：①路由技术。即如何组织信息，确定寻径方式和算法，保证从源结点有效地找到合适路径将信息传送到目的结点。②流控制技术。即在信息传送过程中如何控制连接通路不发生拥塞。③容错技术。当链路或结点发生故障时还能保证信息传送到目的结点。

互训 mutual annotation 汉语训诂学术语。用同义词或近义词互相训释，即用甲解释乙，又用乙解释甲的训诂方式。在经传注解和字书及训诂书里往往采用这种方法解释词义。汉代许慎《说文解字》里就有很多互训的例子。后代的字书也多因袭。互训的方法固然简便，但遇到两者之中有一个难以理解，或两者意义有广狭之分，解释就失去作用。所以现代的辞书字典里尽量不用互训的方法，而代之以精确的说明。

互助土族自治县 Huzhu Tu Autonomous County 中国青海省海东地区辖自治县。位于省境东北部，东北与甘肃省毗连。面积3 321平方千米。人口36万（2010），以汉族为多，土族占总人口的17%，还有藏族、回族等。古为羌地。从西汉至清代，历属临羌、西都、鄯城、西宁等县，1930年从西宁县析置互助县。1953年改设互助土族自治区，1955年改为互助土族自治县。矿产有黏土、石灰岩、白云石、芒硝、煤、硫铁矿。工业以酿酒、采矿、搪瓷、纸板、木器、地毯、食品加工等为主。农业以种植小麦、青稞、油菜、蚕豆、豌豆等为主。是青海省商品粮、肉、禽、蛋生产基地。名胜古迹有卡约文化遗址、总寨墓群、白马寺、钟鼓楼、佑宁寺建筑群、五峰寺等。旅游景观有北山国家森林公园。

佑宁寺白塔远眺

互助组 mutual aid team 中国劳动农民在自愿互利的基础上组织起来的劳动互助组织。全称农业生产互助组。一般由几户或十几户农民组成，组员的土地、耕畜、农具等生产资料和农产品仍为私有，各自独立经营；组员之间在劳动力、畜力、农具等方面实行换工互助。

农业生产互助组有两种形式：①临时互助组。由几户农民在农忙季节组织起来进行换工互助，农忙过后即行解散。②常年互助组。是农业生产互助组的高级形式，其规模比临时互助组大一些，一般七八户或十几户，组员之间除全年在主要农事活动上进行换工互助外，还在工副业和小型水利方面进行互助合作，组内有简单的生产计划和初步的分工分业，有的还有小量的公共财产。

户调 household tax 中国魏晋时期按户征收的赋税。十六国、南北朝时继续沿用。户调制产生于东汉末年，献帝建安五年（200）。曹操在兖、豫两州征收户调，其征敛物为绵、绢。九年正式颁布户调令。规定每户征收绢2匹、绵2斤。这是历史上首次颁布的户调制度。

西汉有田租和人头税，没有户调。此外，统治者在应付迫切需要时也向人民“调”其他实物。东汉时，“调”逐渐成为人民经常的负担，但还没有规定数额及缴纳物。直到曹操时“调”始固定化，成为按户征收的新兴税目，取代了汉代的人头税，与田租一起成为国家的正式赋税。

太康元年（280），西晋灭吴统一全国以后，制订户调式，规定以丁男为户主的户，每年交纳绢3匹、绵3斤。丁女及次丁男立户，减半征收；边郡民户户调只纳规定数目的2/3，更远者纳1/3；少数民族每户纳“賨布”1匹（巴人称赋为賨），远地或纳1丈。户调数额只是平均标准，在具体征收时，采用九品混通的办法，即依据资产多寡将农户分为九等，按照户等高低征收不同数量的绢绵。但其征收户调总数应与各地丁男、丁女及次丁男户数须纳户调总额相等。

西晋灭亡后，在南方，东晋南朝继续实行户调制。南朝后期梁、陈时才改户调为丁调，南朝户调的征敛物常为布。在北方，十六国时期和北魏前期大致仍行户调制。太和九年（485）实行**均田制**后，改为按丁征收赋税，户调制和九品混通制从此废止。

户籍 household registration system 中国历代政府为掌握户口数量而设置的一种簿籍登记制度。至迟在战国时期已建立了这种制度。秦始皇十六年（前231），命令男子不论是否成丁，一律登记年龄，补充了旧有的户籍制度。汉代户籍又称名数。汉代政府非常重视户口数，它是政府制士处民，征收贡赋，制造器物，规定禄食，兴发力役，组织军旅的基本根据。汉沿袭前代旧制，每年县、道官吏负责进行登记验查户口，当时称为案户比民或案比，在案比的基础上，县、道编造户籍。户籍的内容包括每户男女人口、姓名、年龄、籍贯、身份、相貌、财富情况等。

三国战乱，民多脱籍。西晋统一全国后，国家户籍制度开始趋于稳定。时户籍皆用经过药物处理的黄色的木牍，故称黄籍。东晋南朝承西晋之制，仍用黄籍，但却有为侨居江南的北方流民所设立的临时户口，时称白籍。凡入白籍者，无徭役赋税。此外，依附于门阀士族的部曲、佃客亦不在黄籍之内。针对这种现象，为保证国家财政收入，东晋南朝曾多次进行“**土断**”。其中心内容是整理户籍，将部分白籍户纳入黄籍，并清查隐匿漏户。由于流民不断南下，土断政策贯穿整个东晋、南朝。在北朝，户籍制度亦逐步完备。孝文改制，颁均田令，行三长制，当有较严密的户籍制相配合。西魏、北周，有计账、户籍之法。

唐代户籍主要包括户口、土地、赋役三项内容。规定三年一造，其依据是每年登记一次的计账和手实。户籍登记得非常具体详悉。目的是为了加强控制，防止逃亡，保证赋役剥削的对象不致减少。但是逃亡仍然不能避免，作伪亦层出不穷。宋代官府依据民户有无税产的情况，把全国居民划分为主户和客户两大类，在主户中，又依据税钱或家业钱的多少，将乡村户划分为五等，坊郭户划分为十等。

宋代版籍有户口版籍和二税版籍。户口版籍有时简称版籍或户籍，又称人户产业簿、丁产等第簿，或五等簿、五等丁产簿等。二税版籍又称税租簿、夏秋税簿、夏秋税管额账等。分别相当于唐代三年一造的户籍和一岁一造的计账。熙宁年间实行募役法和保甲法以后，五等户簿虽未明令废止，但逐渐被保甲簿所代替。辽代人户分隶诸斡鲁朵（宫账）、部族和五京州县。金代人户分别隶于州县和猛安谋克（汉人、渤海人不得充猛安谋克户）。其户口计账三年一籍。

蒙古建国（1206）之初，即按千户制编籍全国游牧民，共编九十五千户，并在成吉思汗子弟中实行领民分配。这些都登记在青册上。元统一全国后，居民按职业分为一般民户及军户、站户、匠户、盐户、儒户、医户、乐户、僧道、鹰房、打捕等十几种，分别著籍，称为诸色户计；一经定籍，即不得更易，世袭其业，承担不同的赋役。由于没有实行定期籍户的制度，元代户籍脱离实际的情况尤为严重。

明太祖洪武三年（1370），命户部籍全国户口，置户籍、户帖。户帖格式由户部制定，颁行各州县，各州县照式刻印，给予里甲人户。十四年编制赋役黄册后，户帖逐渐失实以至废弃不用。所谓赋役黄册，是明朝用以管理户口、征调赋役的制度。因皆以黄纸为面，故名。十四年，明太祖朱元璋在全国推行里甲制度的基础上，诏令编制赋役黄册。规定每里（110户）编为一册，册首类总为图，记载税粮户口之数。册凡四：一本进户部，所在司、府、县各存一本。黄册以户为单位，所编皆民户，故又名民籍黄册。黄册编定之后，发给各户一纸帖文，按四柱式写明该户所纳粮签数额，据此纳粮当差。黄册每十年编造一次。依据旧册，重填各户人丁事产的变迁。这既能掌握全国每户人丁事产的变迁，也是为了使赋役负担尽可能比较合理。民籍黄册外，又有军籍黄册。

清沿明制，以丁口定赋役，需确查人丁数目，据以征丁赋，故有编审户口制度。大致为五年编审一次。编审办法，将户分军、民、匠、灶四籍，各定上中下三等。城乡各籍军民每百一十户划为一单元，城中称坊，近城称厢，乡村称里。坊、厢或里，推其中丁多者十人为甲长，其余百户分为十甲，各户将16～60岁的丁男（个别省份，如江西，曾一度包括妇女）数目报告甲长，甲长以上逐级呈报，由户部汇齐全国总数，具疏奏报皇帝。清代历次编审，弊端甚多，编审数字往往虚假不实。康熙五十一年（1712）规定盛世滋生人丁永不加赋，以康熙五十年钱粮册内载名的丁数为准，赋役永为定额；雍正年间丁税地税合一，将丁银摊入地粮。这样，为定赋役而实行的人丁编审已经失去意义，故于雍正四年（1726）议停。乾隆五年（1740），令各督抚于每年十一月将户口数与谷数一并造报。乾隆三十七年谕永停编审。

户口 住户和人口的总称。户口登记簿是户籍管理的原始凭证。中国户口登记的主要项目是：姓名、性别、年龄（出生年月日）、民族、职业、籍贯、文化程度、宗教及变动事项和日期等资料。单身居住的自立一户，以本人为户主；与主管人共同居住一处的立为一户，以主管人为户主；居住在公共宿舍的户口，应共立一户或分别立户。

户税 taxes according to property 中国古代按资产定户等征收的税。又称户税钱。西汉景帝后，列侯封君不领经费，以封地食邑内的租税包括户税在内，供作俸禄。按人户资财征税，这是户税的开始。北齐时，民户分九等，对六等以上富户调令出钱，贫户则出劳役。此后按户等高低分别征税制度趋于成熟。唐高祖武德六年（623），以**资产**将户分为三等，按等征收户税；九年改按九等征收。此外，对工匠、将士及“诸色浮客”、“权时寄住户”等的计税户等也作了详尽的规定，将一切有户者不分农工商、不分等级地位，原则上都纳入了课税范围。户税一般以货币缴纳，但也可以实物折纳。唐德宗时，户税并入两税征收（见**两税法**）。

户县 Huxian County 中国陕西省西安市辖县。位于省境中部，秦岭北麓。面积1 213平方千米。人口56万（2010）。西周为鄠邑，汉设鄠县，1964年改鄠县为户县。矿产有金、铜、钛、锰、钼、石墨等。工业以化工、电力、造纸、玻璃、医药、电器和农产品加工为主。农业以种植小麦、玉米、水稻为主，产苹果、梨、桃等。户县农民画著名，有“农民画乡”之称。名胜古迹有周王季陵、草堂寺、萯阳宫、古城钟楼、化羊庙、公输堂、大观楼以及高冠峪瀑布等。

护法战争 Constitutional Protection War **孙中山**为维护《**中华民国临时约法**》，反对**北洋军阀**的独裁专制统治而发动的战争。1917～1922年先后进行两次。

第一次护法战争 1917年7月**段祺瑞**在**张勋复辟**失败后，再次出任总理，掌握北京政府实权，拒绝恢复《临时约法》和召集国会。孙中山决定发动护法斗争。7月中旬，他同**廖仲恺**、**朱执信**、**章炳麟**等到达广州，提出护法的宗旨是打倒假共和，建设新共和。桂军和滇军的首领**陆荣廷**、**唐继尧**为抗衡段祺瑞而对孙中山表示支持，但企图对护法斗争加以控制，为其所用。北京政府海军总长程璧光也响应孙中山号召率第一舰队南下。八九月间，到达广州的国会议员百余人召开国会非常会议，通过《中华民国军政府组织大纲》，决议成立中华民国军政府，选举孙中山为军政府海陆军大元帅。

护法军政府所统辖及响应护法的军队有湘、桂、粤军等约15万人以上，组成联军，10月在湖南与北洋军接战，开始了护法战争。11月护法联军转为优势，先后攻占长沙、岳阳。各省护法军纷纷响应。战场扩展到湖南、湖北、四川、广东、福建等省。11月下旬陆荣廷等暗中与直系军阀谋和，用内部改组的方法，剥夺孙中山的领导权。1918年2月26日，拥护孙中山的海军总长程璧光被暗杀。同年5月桂系操纵国会非常会议，用“总裁合议制”代替大元帅制，迫使孙中山辞去大元帅职务，离开广州。第一次护法战争宣告失败。

第二次护法战争 直系军阀在直皖战争后控制了北京政府的主要权力，推行武力统一政策，支持桂系军阀进攻首次护法战争中保留下来的闽南护法区。1920年8月驻闽粤军响应孙中山号召，回师广东讨伐桂系军阀。粤军占领广州后，孙中山于11月底回到广州，宣布重建军政府，继续执行护法职务。1921年4月，国会非常会议通过《中华民国政府组织大纲》，选举孙中山为非常大总统。6月，孙中山命令粤、赣、黔、滇各军进攻广西，陆荣廷被迫下台，两广统一。12月，孙中山到桂林组成大本营，准备抽调部队取道湖南北伐。当时陈炯明担任军政府内政兼陆军总长和粤军总司令兼广东省长。他暗中勾结直系军阀，反对北伐，准备推翻广州革命政权。孙中山决定以广东省境内的韶关为大本营，改道江西北伐，并免去陈炯明的部分职务。1922年夏季，孙中山发动讨伐直系军阀的战争，6月中旬攻占赣南重镇赣州城。在此关键时刻，陈炯明在直系军阀和英国支持下，发动了反对孙中山的武装叛乱。6月1日，孙中山被迫从韶关回到广州。16日，陈部炮轰总统府，欲置孙中山于死地。孙中山移至永丰舰坚持斗争，直到北伐军回师韶关失利。8月9日，离粤赴沪，第二次护法战争又告失败。

护国战争 National Protection War 中华民国初年反对袁世凯“洪宪帝制”的战争。1915年起，袁世凯加紧推行帝制复辟计划，准备正式登基，激起了全国人民的坚决反对。1915年12月22日，云南将军唐继尧召开军事会议，与会者一致赞同蔡锷所提立即兴师讨袁的主张。23日，唐继尧等向袁世凯发出最后通牒，要求取消帝制，惩办元凶。袁世凯拒不答复。25日，唐继尧、蔡锷等通电全国，宣布云南独立，以唐继尧为都督，又将云南陆军编成护国军第1、2、3军。由蔡锷、李烈钧分任第1、2军总司令，统兵出征；唐继尧兼任第3军总司令，留守云南，护国战争正式爆发。护国军以夺取四川为首要目标。蔡锷亲率护国第1军向四川进发。1916年1月下旬～3月下旬，在川南与优势袁军展开激战。此外，护国军还先后开辟了湘西和滇桂边两个战场。1月27日，贵州响应云南独立。2月21日，李烈钧率护国第2军进军广西，迫使袁军缴械投降。3月15日，陆荣廷宣布广西响应云南独立，护国战争达到高潮。袁世凯见大势已去，被迫于3月22日宣布取消帝制，命四川将军陈宧与蔡锷谈判议和，妄图退保总统地位。护国军坚持袁不退位，无调停可言。此后，广东、浙江先后宣布独立。袁世凯内部又分崩离析，陕西、四川、湖南纷纷宣布独立。6月6日，袁世凯在恐惧和怨恨中死去。29日，继任大总统黎元洪宣布恢复《中华民国临时约法》和国会。7月14日，唐继尧通电撤销军务院，护国战争宣告结束。

护理 nursing 协助患者进行医疗性恢复、维持以促进健康（或安详死亡）等需要的服务工作。减轻（或消除）因伤病带来的痛苦、满足其日常生活需要，帮助其恢复（或获得）执行正常活动的能力。研究护理及其规律的科学称为护理学，是医学科学中的一门独立学科。

临床护理 临床护理工作的功能包括两个方面，协作性功能和独立功能。前者指传统的护理功能，即作为医师的合作者，遵医嘱给患者进行各种药物及其他治疗；后者指护士在职责范围内，诊断和处理患者的护理问题。临床护理的内容包括基础护理和专科护理。

基础护理 是各专科护理的基础，其内容包括生活护理（如保持患者整洁、饮食护理、排泄护理）、确保患者的安全与舒适、观察生命体征、预防院内感染，执行各种给药技术及临终关怀等。

专科护理 包括：①对患有各种疾病的患者实施具有专科特征的护理，如心力衰竭患者的护理、石膏和夹板固定患者的护理等；②患者在接受手术及特殊检查前、后的准备和护理，如对器官移植患者的术后监测和护理；③急危重症患者的抢救、监测和护理；④健康教育和心理护理，包含于前三项的护理内容之中，贯穿于患者的整个护理过程。

临床护理工作模式 在20世纪，曾出现如下几种不同的护理工作模式：

功能制护理 美国在20世纪30～40年代受当时工业管理中关于流水作业和人员综合利用启发而设置的一种护理工作方式，以缓解护理人员严重不足的问题。

个案护理 常用于危重症患者（包括大手术如心脏手术、器官移植手术后的患者）的护理。一般一名护士专门护理1～2名危重症患者，对患者实施全面、细致的监测及护理，及时发现病情恶化，使患者得到早期处理或抢救，并满足其各种需求，这种个案护理又称特别护理。

小组护理 一组不同水平的护理人员连续照顾一组患者（约10～15人），负责除给药、治疗以外的其他护理工作。护理小组由一名资历较高或经验丰富的护士任组长，负责给小组成员分配工作。

责任制护理 为适应医学模式从生物医学模式向生物－心理－社会医学模式（见现代医学）转变的需要，于20世纪80年代实施的一种护理工作方式。一般一名护士负责照顾几位患者，按护理程序的工作方法为患者提供系统、整体的护理，这名护士称为责任护士。责任护士不在岗时，其他护士按责任护士的计划实施护理。

整体护理 把“人”作为一切护理活动的中心，在护理患者的过程中全面考虑患者的身体、生理、心理、精神和社会的需要，强调人的完整性、自主性和独特性，尊重患者的权益，为其提供整体性、连续性、协调性和个体性的护理服务。

社区护理 在公共卫生护理、地段保健和居家护理的基础上逐步发展、完善而形成的一个护理学分支。社区护理以一定范围的居民或社会团体为服务对象，以人群的健康为中心，综合应用公共卫生学及临床护理学的理论和技能，结合社区的特点，深入到社会、家庭、学校、工厂和机关等场所，开展疾病预防、妇幼保健、家庭护理、健康教育、健康咨询、预防接种及防疫灭菌等工作，达到促进和维护社区人群健康的目标。

护身符 amulet 被认为可以保护平安的神符或饰物。又称护符。或随身佩戴，或置于需要招吉避凶的处所，如屋顶或田地。流行于世界各宗教和各民族。有天然和人造之分。用作护身符的天然物有宝石、金属、牙齿、爪甲、草木等。人造护身符有动物、器械物的模型，刻有宗教人物像或经文的小牌等。源于古代的图腾崇拜。这些图腾形象被模拟为各种宗教仪式中的符箓，成为在特定的仪式中按照特定的程序制作或祝圣的饰物。如道教初入道者必佩镇妖驱邪的符命，称为护身符。在中国民众生活中，护身符有各种类别，如长命锁、虎头帽、兜肚，行医者手中称“虎撑”或“虎衔”的响铃护身符，还有苗族、瑶族的胸饰——云纹形银牌护身符等。在国外，常有把骷髅、十字架、佛像、属相、星座等与宗教有关的事物作为护身符。护身符可代代相传。人们之所以相信其灵验，与个人的神秘体验及对超自然力和宗教教义的信仰有关。现今人们身上佩戴的护身符已渐变为一种纯粹的吉祥装饰物，如项链、手镯或一些带有特殊文字图案的造型物。

护士 nurse 从事护理工作的专业技术人员。护士必须接受严格的护理教育，课程设置包括公共基础课、医学基础课、人文社会学科课程、护理专业课程和至少一年的护理临床实践训练，毕业时需在专业知识、专业技能和职业素质方面达到一定的培养目标，获得执业证书并经过注册后的护士便成为法律意义上的"护士"，可以依法履行护士的职责和义务，享受护士的权利。

护卫舰 frigate 以导弹、舰炮、反潜武器为主要装备的轻型或中型水面战斗舰艇。主要用于舰艇编队反潜、防空，以及护航、巡逻、警戒、侦察、支援登陆和抗登陆作战等。按排水量大小，护卫舰分为轻型（500～1 800吨）护卫舰和远洋（1 800～5 000吨）护卫舰。轻型护卫舰多数以反潜为主，在近海海区执行作战任务；远洋护卫舰主要在海洋交通线上执行反潜、防空和反舰等多种作战任务。按作战任务不同，分为防空型护卫舰、对海型护卫舰、反潜型护卫舰和多用途护卫舰。现代护卫舰满载排水量500～5 000吨，航速24～32节，续航力3 000～7 800海里。动力装置为柴油机动力装置、柴油机－燃气轮机联合动力装置或全燃气轮机动力装置等，总功率0.6万～4.5万千瓦，双轴推进。武器主要有舰舰导弹、舰空导弹、反潜导弹、鱼雷、深水炸弹、中小口径舰炮等。有的舰上可载反潜直升机或多用途直升机1～2架。电子设备主要有雷达、声呐、电子对抗系统、指挥自动化系统、卫星和数据链通信系统、综合导航系统等。

中国053H2型导弹护卫舰

沪剧 Shanghai opera 中国戏曲剧种。主要流布于上海、苏南及浙江杭、嘉、湖地区。源出农村中的"小山歌"，在长期流传中受到弹词及其他民间说唱的影响演变为说唱形式的滩簧调。到清道光年间，已有两名艺人自奏自唱的"对子戏"，后又发展成由三个以上演员装扮人物，另设专人操乐器伴奏的"同场戏"。这时期的剧目以唱为主的居多，大多取材于农村城镇生活，着清装，即传统剧目中的"清装戏"。同治七年（1868）江苏巡抚丁日昌严禁花鼓戏后，艺人纷纷流入上海租界。光绪三年（1877）开始有男女同演，以坐唱形式演出，逐渐立足于上海，称为本地滩簧。1914年，邵文滨、施兰亭、丁少兰等发起组织"振新集"，从事改良，易名为"申曲"。20世纪30年代初，陆续出现取材时事新闻和电影故事的剧目，如《黄慧如与陆根荣》、《阮玲玉自杀》、《空谷兰》、《姐妹花》、《情天血泪》等。剧中人物着西装、旗袍登场，后来被称为"西装旗袍戏"。1941年，又有从事话剧、电影的人士参与共编剧、导演、舞美工作，成立了上海沪剧社，开始把申曲改称沪剧。第一个上演的剧目是由美国电影改编的《魂断蓝桥》。从上海沪剧社开始，逐步在各剧团建立编导制，采用立体舞台装置代替软布画景，把水粉化妆改为油彩化妆，并运用了灯光、效果。在音乐方面，经过长期吸收、发展，形成以二胡、扬琴、三弦、琵琶"四大件"为主的乐队。中华人民共和国建立后，沪剧进入改革发展的新时期，1953年成立了上海人民沪剧团（上海沪剧院前身），积极编演现代戏，如《罗汉钱》、《星星之火》、《鸡毛飞上天》、《芦荡火种》、《红灯记》、《一个明星的遭遇》等。

瓠瓜 *Lagenaria siceraria*; bottle gourd 葫芦科葫芦属的一种。一年生蔓性草本植物。又称瓠子、扁蒲、葫芦。以幼嫩果实供食用。原产印度和热带非洲。在中国广泛分布，而以长江以南为主。

根系发达，茎为蔓性，长可达3～4米，分枝性强。单叶，互生，叶腋生卷须，叶片呈心脏形，茎、叶有茸毛。雌雄异花同株，有时也产生两性花。花白色，多夜开明闭。瓠果。果实形状变异很多（见图），可分为长瓠子或蒲瓜、长柄葫芦、杓蒲或称大葫芦、细腰葫芦或通称葫芦和观赏葫芦或小葫芦。瓠瓜为喜温植物。生长适温20～25℃。栽培时一般先育苗，然后定植到露地。种皮较厚，发芽较慢。

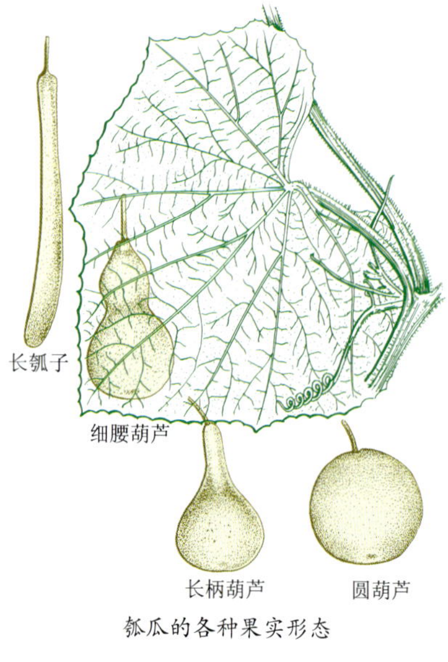

瓠瓜的各种果实形态

瓠瓜幼果含水量达95%，每100克鲜重含维生素C10～15毫克，以及少量的糖和磷、钙等。味清淡，品质柔嫩，适于煮食，不宜生吃。有些品种因果肉中含葫芦苷的配糖体而带苦味。生产上选用无苦味的双亲本并控制授粉，所结种子的后代即无苦味。

鹱形目 Procellariiformes; shear water 鸟纲的一目。该目共有4科，中国有3科：信天翁科、鹱科和海燕科。中、大型海鸟。嘴强大具钩，由很多角质片覆盖；鼻呈管状，故又称管鼻类。两翅长而尖，善于飞行，几乎终日翱翔海上。尾呈凸尾或方尾状。前趾具蹼，后趾甚小或不存在。在远岛的地面或岩崖上营巢。雏鸟为晚成性。其中短尾信天翁是中国国家一级保护动物。

花 flower 被子植物的生殖器官。

形态结构 花由花萼、花冠、雄蕊群和雌蕊群组成，着生在花柄顶端的花托上（图1）。

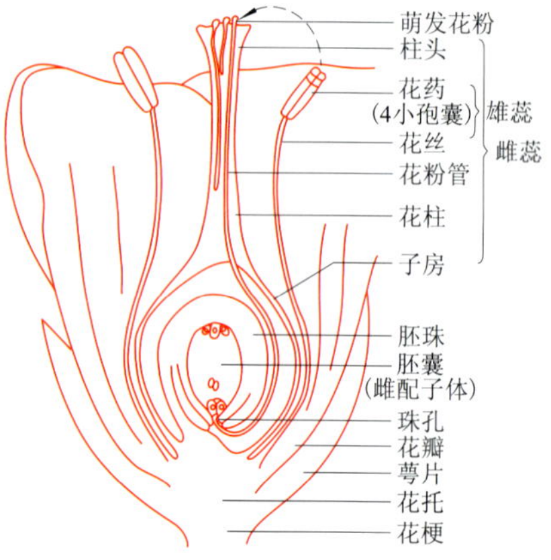

图1 花的纵切面图解

花萼是花的最外一轮，由萼片组成，常呈绿色，近似叶片，也有呈花瓣状的。萼片离生，也有的合成。萼片通常早落，有的开花后花萼仍留存，称宿萼。

花冠位于花萼内层，由若干花瓣组成，常具各种颜色，为花中最显著的部分。常有分泌组织，具有吸引昆虫传粉、保护雌蕊和雄蕊的功能。花瓣分离的花称为离瓣花，有十字形、蝶形等形状；花瓣全部或基部连合的，称为合瓣花，有筒状、漏斗状、钟状、轮状、唇形、舌形等形状（图2）。花萼和花冠总称花被。

雄蕊群是一朵花中雄蕊的总称，位于花冠内方。每个雄蕊由花丝和花药组成。花丝起支持和伸展花药的作用，常等长和离生，4个花丝较长，2个较短，称四强雄蕊；2长2短，称二强雄蕊。花丝连合成一束，

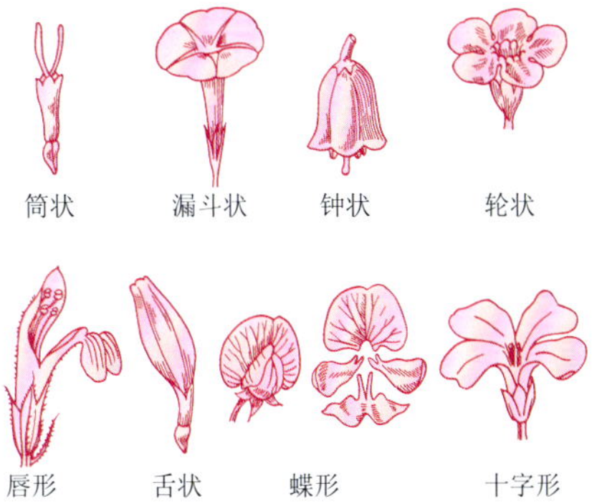

图2　花冠的类型

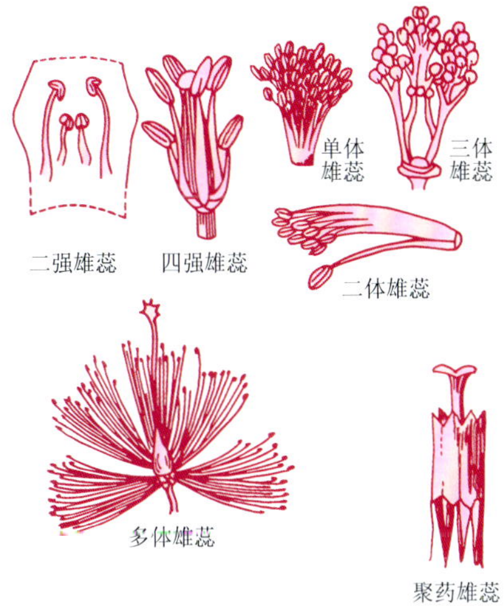

图3　各种雄蕊

称单体雄蕊；花丝连合成两束，称二体雄蕊。相反，花丝分离，花药连合的，称聚药雄蕊（图3）。花药是雄蕊花丝顶端的膨大部分，呈囊状，囊内产生花粉。花粉成熟后，花粉囊开裂，散出大量花粉进行传粉。

雌蕊群是一朵花中全部雌蕊的总称，位于花的中心。每个雌蕊由1个或多个心皮（具有生殖作用的变态叶）组成。雌蕊分为柱头、花柱和子房3部分。柱头是承受花粉的地方，有助于花粉粒的固着和萌发。花柱支持柱头，为花粉管进入子房的通道，位于柱头和子房之间。子房是雌蕊最重要的部分，由子房壁、胎座和胚珠组成。根据子房在花托上着生情况的不同，分为上位子房、下位子房和半下位子房（图4）。

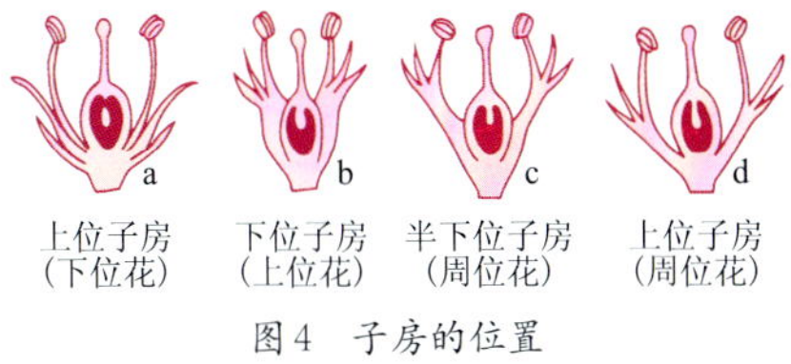

图4　子房的位置

子房的内壁上常着生1个或多个胚珠，胚珠在子房内着生的地方称胎座。

一朵具备花萼、花冠、雄蕊群和雌蕊群的花称完全花；缺少某些部分的称不完全花。一朵花兼有雌蕊群和雄蕊群的称两性花；只有一种的称单性花（雌花或雄花）。雌花和雄花生于同一植株上，为雌雄同株；分生于两株上的，为雌雄异株；同一株上两性花和单性花都有的为杂性花。花中既无雌蕊、又无雄蕊的称中性花或无性花。

花序　有些被子植物的花单生于枝的顶端或叶腋，称为单生花；而很多被子植物为多朵花，按照一定顺序排列在花序轴上，称为花序。根据花序的生长方式，可以分为无限花序和有限花序两大类。无限花序在开花期花序轴可继续向上生长，不断产生苞片和花芽，花自下而上或从边缘向中央依次开放。无限花序有总状花序、圆锥花序、伞房花序、伞形花序、复伞形花序、穗状花序、复穗状花序、肉穗花序、柔荑花序、头状花序、隐头花序等。有限花序在开花期，花序轴顶端的花先开，因而限制花序轴继续生长。开花顺序是自上而下，由内向外。有限花序有单歧聚伞花序、二歧聚伞花序、多歧聚伞花序几种类型。

开花　当花粉和胚囊（或二者之一）已经成熟，花被张开，露出雌蕊和雄蕊时，即为开花。各种植物的开花习性不同。花期是指一株植物从第一朵花开放到最后一朵花开毕所经历的时间，或一朵花自开放至开毕的时间。不同植物的开花期长短不同，从数天至数月不等。被子植物开花后经过传粉和受精，胚珠形成种子，子房膨大发育成果实。

花边　lace　以棉线、麻线、丝线或各种织物为原料，经过绣补或编织而成的带状或片状装饰性织物。中国俗称抽纱。

花边源于古埃及与古秘鲁。中世纪，欧洲花边生产集中在修道院，制品用于祭坛装饰和僧衣。文艺复兴后，花边生产普遍发展。17世纪是欧洲花边生产的繁荣时期，意大利威尼斯的针绣花边以用工精细、价格昂贵而著名，称威尼斯花边。19世纪，欧洲出现机制花边。19世纪后欧洲花边生产逐渐衰落，手工花边的产地向亚洲的中国、土耳其、斯里兰卡，拉丁美洲的巴拉圭、巴西等国家转移。20世纪20年代，中国花边一度风靡欧洲市场。

按工艺技法花边分为五类：①针绣花边。以绣花针引线绣成的花边。根据针法分为万缕丝、雕绣花边、抽纱花边、彩平绣花边等。②棒槌花边。以棉线、麻线为原料，以木制小棒槌为绕线工具，按花边图纸进行扭绞、缠结而编制成的花边。③编制花边。以棉线、麻线为原料，以梭子、钩针、棒针为工具编织而成的花边。④混合花边。用各种花边混合拼镶而成的花边。⑤机制花边。用花边织机织成的花边。主要有机织花边、针织花边、机制刺绣花边、机制编织花边等。

《花部农谭》　清代学者焦循的戏曲论著。全书1卷，今存原稿本和《怀豳杂俎》本。完成于嘉庆二十四年（1819），是焦循（1763～1820）在柳荫豆棚之下和乡邻谈论“花部”剧目的札记，是中国戏曲理论批评史上研究地方戏曲的第一部专门论著。清代乾隆年间，新兴的地方戏曲，即花部已在全国蓬勃发展起来。统治者认为有碍风化，严加禁止；文人学士以为村野俚俗，予以鄙薄。焦循却独持己见，旗帜鲜明地提出“余独好”花部。在序文中，他首先从声腔上作了比较，认为“吴音繁缛”，而“花部”音调更富有慷慨动人的特色。他进而指出，昆山腔虽谐于音律，但曲文艰深，“听者茫然不知所谓”，而“花部”语言质朴通俗，妇孺能解，得到广大人民群众的喜爱。《花部农谭》还叙述了“花部”所演的10部著名剧目故事梗概，并加以考证和评论。其中最为焦循赞赏的是《清风亭》和《赛琵琶》。

花部　雅部　中国清代乾隆年间区分戏曲剧种的两个名称。清李斗《扬州画舫录》（乾隆六十年刊行）卷五记载：“两淮盐务，例蓄花、雅两部，以备大戏。雅部即昆山腔。花部为京腔、秦腔、弋阳腔、梆子腔、罗罗腔、二黄调，统谓之乱弹。”这里所谓的“以备大戏”，是指当时两淮盐务为了迎接乾隆皇帝的多次南巡而准备的例行供奉演出，其中包括多种戏曲剧种和戏班。为了便于管理和随时应召，当地官绅将各种戏班集中到扬州，分列为花、雅两部，原来只是对两个不同演出部门的称谓，后来就演变成为对剧种的代称。花、雅之分，沿袭了历来分乐舞为雅、俗两部的旧例，具有崇雅抑俗的倾向。所谓雅，就是正的意思，即奉昆曲为雅乐正声；所谓花，就是杂的意思，言其声腔花杂不纯，多为野调俗曲，故花部诸腔戏，又有“乱弹”的称谓。但“花部”的设立，及其能与“雅部”昆曲一起被列入供奉大戏的事实，说明地方戏曲蓬勃兴起的趋势。

花茶　scented tea　再加工茶类之一。见茶。

《花传书》　*Kadensho*　日本古代戏剧家世阿弥的第一部能乐理论著作。又名《风姿花传》。写于1400年，与《能作书》构成了作者戏剧理论的主要内容。共由7篇组成，分别论述演员如何积累基本功，表演中写实与象征的关系，演员与观众的关系和演出效果，能乐的历史，能乐的各种流派特点，能乐脚本编写的基本原则以及对演技、能乐演出的见解等问题。《花传书》对后世日本的表演艺术有深远的影响。

花道　kadō　日本传统造型艺术。它将植物的枝、叶、花按一定程式和造型插入花器，既起装饰作用，又表现自然万象，寓示宇宙哲理。有各种名称，如插花、立花、投入花、盛花、自由花等数十种，但一般不外插花和立花两个系统。插花崇尚自然，倾向于自由姿态；立花崇尚信仰，倾向于程式化构成。至少在8世纪，日本就有将樱花或梅花插入瓶中的习俗，单纯地赞美自然，插法无规律，被认为是插花的起源。立花，则公认为起源于同期佛前供花的宗教仪式，后渐世俗化和艺术化。15～17世纪，以池坊专业和池坊专好为代表的池坊派，建立与茶道、居室相结合的花道程式和理论，完善了立花样式。明治维新后，花道作为妇女必备的道德修行和家政教养，受到鼓励而推广。花道流派繁多，主要有池坊流、草月流、小原和未生流等。

花灯 festive lantern 中国传统民间工艺品。流行于全国各地，汉、土家、苗等许多民族都有使用。以竹、木作架，丝绸、布料、纸张等均可作为灯衣。多在传统节日、

天津古文化街元宵节花灯展

婚寿喜庆活动悬挂，以烘托气氛。因多出现在元宵节期间，又被视为元宵节的标志。花灯随着人类运用火、发明灯、制造灯具等发展而来。周朝已有烛灯。南北朝开始在元宵节放灯。唐朝形成盛况空前的灯市。宋代花灯发展到高峰，最著名的是“鳌山”，亦称灯山，即搭木架成台，上面堆叠各种彩灯成山形，成为元宵节花灯会上的亮点。明代迁都北京后，设专区悬灯，增设灯市，专卖各种彩灯。清代花灯在样式、种类上都有所发展。现代花灯则将传统的制灯工艺和现代科学技术紧密结合，把电子、建筑、机械、遥控、声学、光导纤维等新技术、新工艺用于彩灯的设计和制作。

花灯题材丰富，精美奇巧。民间花灯主要有走马灯、肖形灯、莲花灯、剔墨纱灯、龙灯、盒子灯、西瓜灯等，东北的冰灯、山东的萝卜灯也别具特色。最盛行的灯种是宫灯、纱灯和纸灯。最著名的花灯流行地区有：浙江温州（珠国，大型珠串宫灯），江苏南通、四川自贡地区（狮灯），福建、台湾（闹伞灯），四川全境（牛儿灯），陕北（“九曲黄河”灯）等。

花灯 flower-lantern song-dance 中国民间歌舞。主要流行于云南、贵州、四川、湖南等省汉、侗、苗、布依、土家等民族聚

四川古蔺花灯

居地。各地有不同的名称，贵州称地灯、红灯、小唱灯等，湖南称花灯、耍灯或玩灯等。根据演唱的时间和目的，又有贺灯、元宵灯和愿灯之别。花灯有两种主要类型：一种偏重舞蹈，由男女青年边歌边舞或对唱对舞；另一种向民间小戏发展，偏重表现故事情节，形成歌、舞、戏相结合的花灯戏。各地的花灯音乐是在吸收当地山歌、小调的基础上，根据歌舞和戏情需要加以改编，并使用不同的方言演唱，因而形成了不同的曲调和地方风格。一般都具有结构短小、曲调流畅、节奏鲜明、情绪欢快的特点。伴奏乐器常用胡琴、月琴、三弦、笛子、锣、鼓、镲等。有的地方只用打击乐伴奏。花灯的动作各地不尽相同，共同特点是：①手不离扇、帕，尤以舞扇为其基本功。手法灵活、变化快、花样多。②身体摆动追求曲线美，始终保持“S”形。③多与当地民间歌舞相融合，形成独特的地域风格。花灯的表演形式主要有手持各式彩灯的灯舞、集体歌舞和小型歌舞。

花粉 pollen 由花粉母细胞减数分裂产生的小孢子进一步分裂和分化形成的多细胞结构。种子植物特有的结构。各类植物的花粉各不相同。根据花粉形状大小，对称性和极性，萌发孔的数目、结构和位置，壁的结构以及表面雕纹等，往往可以鉴定到科和属，甚至可以鉴定到植物的种。花粉形态的研究可为分类鉴定和花粉分析中鉴定化石花粉提供依据，同时也为植物系统发育的研究提供有价值的资料。

花粉症 pollinosis 由花粉引起的呼吸道变态反应病。又称枯草热。主要影响呼吸道和眼部，表现为鼻炎、哮喘或结膜炎。花粉症属于盖尔和库姆斯二氏分型的Ⅰ型变态反应。

并不是所有植物的花粉都能引起花粉症，这主要决定于花粉的抗原性。能引起花粉症流行的植物必须具备以下条件：①花粉具有较强的抗原性。②花粉的数量必须多。③花粉必须小而轻，可以随风飘散。④植物有较强的适应能力，可以广泛生长。风媒花植物大多符合以上条件，所以是引起花粉症的主要原因。

该病的特点是：①症状发作有明显的季节性，并与致敏花粉的播粉期一致。②发病有明显的地区性，只有在致敏花粉飘散的地区才能产生临床反应。因此，根据患者所在的地区和发病季节，可以初步估计可能的致敏花粉。

对于怀疑的花粉，可用花粉浸液进行皮肤试验，阳性的皮试反应，结合病史，可确定致敏花粉；必要时还可用花粉进行鼻内或眼的激发试验来确诊。避免接触致敏花粉是最可靠的治疗方法，但不易做到。

花岗岩 granite 富硅的酸性侵入岩。

特征 花岗岩多为肉红、浅灰、灰白色。SiO_2含量高，大于66%；富含K_2O、Na_2O，平均含量为6%～8%；而FeO、Fe_2O_3、MgO、CaO含量较低。一般矿物成分主要由石英、碱性长石和酸性斜长石（有的也可为中酸性斜长石）组成，含量达85%以上，其中石英含量大于20%。碱性长石包括正长石、微斜长石、条纹长石和含钙长石分子小于5%的钠长石。次要矿物为黑云母，也可有角闪石和辉石，含量为10%左右。副矿物常有锆石、榍石、磷灰石、电气石、磁铁矿等。花岗岩常见的次生变化有钠长石化、云英岩化、绢云母化、泥化、硅化、绿泥石化等。根据K_2O、Na_2O与SiO_2的关系，可分为钙碱性系列和碱性系列花岗岩。

花岗岩的结构多为半自形粒状结构，又称花岗结构，可有粗、中、细不同粒级，也可见似斑状结构、斑状结构。花岗结构的暗色矿物比较自形（结晶较好），斜长石自形程度又比钾长石好，石英自形程度最差。花岗岩多为块状构造，也可有斑杂构造、条带状构造、晶洞构造、似片麻状构造，少数花岗岩还有特殊的球状环斑构造（又称更长环斑结构）。

分类 根据铁镁矿物不同，钾长石与斜长石含量的差别，花岗岩还可分为不同

的种属，常见的有黑云母花岗岩、角闪花岗岩、白云母花岗岩、二云母花岗岩、碱长花岗岩、二长花岗岩、白岗岩、花岗闪长岩、霓辉石花岗岩、霓石花岗岩、钠铁闪石花岗岩、英云闪长岩、更长环斑花岗岩、紫苏花岗岩、花岗斑岩、花岗闪长斑岩等。

分布　花岗岩是地壳中分布最广泛的侵入岩，常成大规模的岩基，也有岩株、岩盖、岩脉产出的。大型花岗岩岩基常是同一时代或不同时代多次侵入形成的复式岩体。自前震旦纪至新生代，伴随着每一次构造运动均有花岗岩体形成，尤以前震旦纪和燕山期最广泛。主要分布在褶皱区及地台结晶基底上。前震旦纪的花岗岩多为交代形成，燕山期以后的花岗岩以岩浆成因为主。中国东部华南地区有广泛的花岗岩出露，西部地区如昆仑山脉中也有不少花岗岩分布。

矿产　花岗岩与矿产关系密切，常见钨、锡、钼、铜、铅、锌、锑、铍、铌、钽、铀、金等多金属和稀有金属矿床。中国江西、广东、福建、湖南等省有钨、锡、铍、铀等著名矿床。花岗岩还是优良的建筑石材，颜色美观的是高档装饰石材。

花鼓舞　flower-drum song-dance　中国民间歌舞。又称花鼓子、打花鼓、地花鼓、花鼓小锣等。主要流行于安徽、浙江、江苏、湖南、湖北、山东、山西、陕西等地。

花鼓舞的表演形式通常是一男一女，男执锣、女背鼓，以锣鼓伴奏、边歌边舞。安徽花鼓以流行于凤阳的最具代表性，称凤阳花鼓（见图）。安徽花鼓中，有用两根较长鼓槌击鼓的，称“双条鼓”。山东花鼓主要流行于聊城、淄博、苍山等地，以流行于禹城、乐陵、惠民等地的花鼓最有特点。舞者背小鼓，鼓槌系长穗，在旋转跳跃时挥舞长穗，绕头、背、腰、腿等部位后以穗头击鼓，舞姿矫健豪放，技巧性高。湖南花鼓主要流行于长沙、常德、岳阳、浏阳、益阳、宁乡等地。湖北花鼓主要流行于天沔、

凤阳花鼓

襄阳、远安、随州等地。两湖地区的花鼓以一旦一丑表演的称单花鼓，以一丑二旦表演的称双花鼓。单花鼓较为流行。山西花鼓主要流行于沁县、万荣、闻喜等地，又称晋南花鼓。晋南花鼓分为低鼓、高鼓和多鼓3种。低鼓舞者将鼓系于腰左，以骑马蹲裆势击鼓；高鼓舞者将鼓系于胸前；多鼓是把几只鼓分别系于头、肩、腰、腿、膝等处，以直立姿势击鼓。晋南花鼓击鼓动作灵巧传神，鼓点准确清脆，表演时常有数名少女持小锣穿插其间、陪衬表演，舞姿柔和优美，与打花鼓者刚健有力的舞姿形成对比。

清代以后，花鼓舞吸收民歌和戏曲唱腔，逐渐增加故事情节，发展成为地方小戏在舞台上表演，如湖南花鼓戏、湖北花鼓戏等。作为民间歌舞形式的花鼓舞仍在民间流传。

花龟　*Ocadia sinensis*; Chinese stripe-necked turtle　龟鳖目龟科花龟属唯一种。又称草龟。分布于中国福建、台湾、广东、海南、广西等省区。越南也有报道。体型中等，甲长约220毫米、宽约160毫米、高约90毫米。头较小，头背皮肤光滑，橄榄绿色；头腹侧和颈的四周有多条黄色纵线纹。背甲橄榄棕色，沿隆起的棱有淡黄色斑。腹甲黄色，每块角盾有暗棕色斑。四肢亦具细浅黄色纹。幼体背上有3条不连续的钝棱，成体侧棱消失，脊棱明显。颈盾六角形，短边在前，脊盾5枚，窄长；肋盾4对；缘

盾11对；臀盾1对；背、腹甲以骨缝相连。腋盾、胯盾大。腹甲与背甲几乎等长，前缘平切，后缘凹陷，内腹骨板为肱－胸线截切。指、趾间全蹼，具爪。尾中等长，末端尖细。幼体尾较长。生活在池塘和缓流的河中。草食性，取食水草。4月间产卵，可产3枚，卵壳通常为钙质。肉可食，龟板可入药。

花卉　flower and greenery　具有一定观赏价值的草本植物。其花、叶、茎、果或形态奇特，或色彩艳丽，或具芳香。广义的花卉还包括草坪植物以及一部分观赏树木和盆景植物。全球有观赏植物3万多种，原产中国的约2万种。

花卉种类繁多，分类方法有多种。可按生态习性、自然分布、栽培方式、科属关系以及园林和经济用途等不同标准分类。通常分为露地花卉、温室花卉和栽培应用花卉。

花卉除可美化环境、绿化庭院和作室内装饰，给人以美的享受外，还可陶冶情操，丰富人们的文化生活。有些花卉还具药用价值，或用作制造香精、油脂、饮料等原料。专营花卉的企业，集约生产切花、盆花、盆景、种苗、珠根、草皮等，作商品销售，既为林园建筑提供植物材料，又能获得可观的经济效益。

花会　flower festival　中国传统节庆期间举办各类民间游艺活动的统称。主要流行于北京等地区。又称走会、过会、香会等。明代中叶已有花会。最初特指在皇宫里为

《妙峰山庙会图》局部（1815）

皇帝登基、大婚、祝寿等大典表演的民间杂艺，清代从宫廷传到民间，一年四季重大节庆都有活动，但主要指春节期间的游艺。花会一般分文会、武会两种。武会指有表演项目，可分4类：①演艺类，如地秧歌、高跷、小车会、旱船等。②道具类，如狮子、龙灯、中幡等。③音乐类，如挎鼓、吵子、十番等。④武术类，如少林会（又称英雄会）、五虎棍、耍钢叉等。花会活动可走街串巷表演，人称“踩街”；可在村中场院或宽敞之地集中表演，谓之“撂档”；可集中在寺庙等地会演，名曰庙会。文会只是单纯给寺庙和茶棚供应物资，为朝山香客服务，现已停止活动。作为民间传统大型娱乐活动，花会几乎包括了所有的民间表演艺术，具有极高的审美价值。现在花会多由政府或民间团体组织，每逢春节、国庆等重大节庆与商品展销同时举行。比较有名的花会有农历二月的成都花会、农历四月的北京妙峰山庙会等。

《花间集》　*Among the Flowers: the Hua-Chien Chi*　中国晚唐五代词选集。10卷。五代赵崇祚辑，后蜀广政三年（940）编成，欧阳炯为之作序。赵崇祚，字弘基，生卒年、籍贯不详。后蜀明德间（935～937）曾任大理少卿。广政三年（940），兼卫尉少卿。

《花间集》以人编次，选录晚唐五代词

作500首，词人18家，依次是：晚唐温庭筠、皇甫松，五代韦庄、薛昭蕴、牛峤、张泌、毛文锡、牛希济、欧阳炯、和凝、顾敻、孙光宪、魏承班、鹿虔扆、阎选、尹鹗、毛熙震和李珣。其中温庭筠词作入选最多，有66首。温庭筠词秾艳华美，韦庄词疏淡明秀，代表了《花间集》的两种风格。唐末五代词作，多赖此以传，对研究词体产生与发展演变具有重要价值。

《花间集》现存最早的刻本，为南宋绍兴十八年（1148）晁谦之建康刻本（1955年古籍刊行社有影印本），其次为淳熙年间鄂州刻本。今人李一氓《花间集校》（1958）博采群书，校勘精审，讨源溯流，足资借鉴。另有李冰若《花间集评注》（1935、1993），华连圃《花间集注》（1935、1983）。

花椒 *Zanthoxylum bungeanum*; bunge prickly ash 芸香科花椒属的一种。落叶灌木植物。又称秦椒、凤椒。中国除新疆、内蒙古、黑龙江、吉林、辽宁北部外，各地都有栽培。树高3～5米，主干上有木钉状皮刺。奇数羽状复叶，小叶2～5对，矩圆状卵形，长1.5～7厘米，宽1～3厘米，叶缘具细钝齿，齿缝中有透明腺点。聚伞状圆锥花序，顶生；花单性，花被片4～8。蓇葖果球形，红色至紫红色，密生疣状腺体。性喜光，较喜温，大树可耐－25℃低温，根系发达。花椒可作食品调料，也可入药；种子还可榨油供工业用。

花拉子米 Khawārizmī, al-（约780～约850） 中世纪阿拉伯数学家。生于波斯北部城市花剌子模（现属乌兹别克斯坦），曾长期生活于巴格达，在阿拔斯王朝哈里发马蒙的朝廷中任职。对天文历法、地理地图等方面均有所贡献。他的著作，通过后来的拉丁文译本，对欧洲近代科学的诞生产生过积极影响。他有两部数学著作传世。第一部只有拉丁文译本，书名为《花拉子米算术》（*Liber Algorismi*），书中介绍了印度传入的十进位值制记数法和以此为基础的算术知识。现代数学中算法（algorithm）一词即来源于这部著作的书名，即花拉子米的人名。第二部著作的书名为《阿尔热巴拉和阿尔穆卡巴拉》（*al-jabr w' almuqabala*）。此书共分三部分，第一部分是关于一、二次方程的解法，他首次给出二次方程的一般解法。第一部分在12世纪被单独译为拉丁文，有两个译本，在欧洲一直流行到16世纪。此书的书名后来衍变成为*algebra*，即代数学一词。书的第二部分是实用测量术，第三部分是遗产计算问题。在天文历法方面，他编成的天文表曾在阿拉伯国家长期流行，译成拉丁文后曾被用作编制《托莱多天文表》的依据。在地理方面，他也有著作传世。他还曾制作过阿拉伯世界的地图。

花剌子模 Khorezm; Khwārezm 阿姆河下游的古国。位于今乌兹别克斯坦境内。中亚地区古代文化中心之一。中国《新唐书》称其为火寻。《元史》译为花拉子模。

约公元前10世纪至前5世纪，花剌子模形成最初的国家组织。公元前6世纪，由于波斯军队的入侵，花剌子模成为波斯帝国的行省。公元前5世纪末或前4世纪初，摆脱异族的统治，完全独立。后来受贵霜帝国控制。公元2世纪末至3世纪初，再次独立。3世纪，花剌子模为萨珊王朝的势力所占据。6世纪后，又为塞尔柱突厥人占领。7世纪前后，花剌子模被阿拉伯人征服，传统文化遭到彻底破坏。

古代花剌子模的农业与水利灌溉事业高度发达。灌溉工程的修建在早期贵霜时期达到顶峰，居民皆供奉专门的灌溉保护女神——阿娜希特。

花剌子模与叙利亚、埃及及黑海北岸诸城市有贸易往来。7世纪初，曾派遣使臣向中国进贡。艺术上也受到斯基泰、犍陀罗和古希腊文化的影响。花剌子模居民大部分信仰祆教，同时还保留更为古老的宗教习惯。这种状况一直到7世纪的伊斯兰化时代才改变。

花剌子模沙三王朝 Khwārezm-Shāhs, Three Dynasties of 10～13世纪中亚历史上先后存在过的3个伊斯兰教花剌子模沙王朝。第一个王朝于951年创始于北花剌子模，995年其君主马蒙·伊本·穆罕默德统一花剌子模全境，在玉龙杰赤（今伊朗戈尔甘）建首府。1017年，被伽色尼王朝马赫穆德苏丹所灭。第二个王朝由马赫穆德苏丹的都督、突厥奴隶出身的阿勒吞塔什创建于1017年。该王朝基本上是伽色尼王朝的藩属，首府为玉龙杰赤，1043年被塞尔柱帝国创始者图格里勒伯克所灭。第三个王朝称为大花剌子模沙王朝。1097年忽特不丁建立大花剌子模沙王朝。以玉龙杰赤为首府。1128年，其子阿忒昔思继位。后脱离塞尔柱帝国而独立，并征服锡尔河下游，扩大疆土。1142年，西辽军攻打花剌子模，阿忒昔思向西辽称臣纳贡，从此成为西辽藩属。1194年，阿忒昔思之孙帖基什攻杀塞尔柱王朝末代苏丹，占领其领土，自称苏丹。1196年，他战胜阿拔斯王朝（黑衣大食）哈里发纳绥尔的军队，被哈里发封为所征服地区君主。1220年帖基什之子阿拉丁·穆罕默德继位后，继续对外扩张。最后征服锡尔河、阿姆河流域，阿富汗及波斯地区，建立一个庞大帝国，以撒马尔罕为京城。但这个帝国只是一个不稳固的行政军事联合体，1219年在成吉思汗统率的蒙古大军攻击下，帝国迅速土崩瓦解。1231年，最后一个君主札兰丁·明布尔努死，该王朝遂亡。

10世纪至13世纪前叶的花剌子模地区农业发达，又因位居中西交通的要道，一些城市的商业十分繁荣。首府玉龙杰赤从10世纪初即为北花剌子模的工商业中心，到11、12世纪及13世纪初叶，工商业更为繁荣。1221年被蒙古军攻陷时，该城居民超过百万，其中工匠10余万人。文化艺术在8世纪被阿拉伯人征服后逐渐具有伊斯兰教世界一般特征。

花莲县 Hualian County 中国台湾省辖县。位于台湾岛东部中段。辖花莲、吉安2市及凤林、玉里2镇和9个乡，县治设在花莲市。面积4 628平方千米，台湾省面积最大的县份。人口约35万，其中台湾少数民族占全县人口的1/5，是台湾少数民族的主要聚居区。平地以阿美人为主，多分布于纵谷地带。北部山地（立雾溪流域）则以泰雅人为主。清光绪元年（1875）置卑南厅，光绪十三年改花莲港厅。1945年设花莲县。县境多山，除台东纵谷及花莲溪口有小块沿海低地外，山地约占全县面积87%，中央山脉占据大部分，境内3 000米以上的高峰20余座，南部海岸山脉紧迫太平洋。气候因山脉走向、纵谷地形、黑潮暖流等影响，雨量较多，气温较高。平地平均年降水量2 000毫米左右，北部山地可逾3 000毫米。年平均气温平地在22℃以上，山地在20℃以下。花莲溪和秀姑峦溪为较大河流。矿产除煤、石油、天然气外，大理石产量占全省产量的70%左右。是石灰岩和水泥的主要产地之一。其他非金属矿物如白云石、云母、水晶、滑石、石棉、石膏等的产量在全省均占有重要地位。农业仅集中于纵谷地带，尤以纵谷北口附近的平原条件较优，农特产以橄榄著名。农作物以水稻、玉米、花生、大豆、甘蔗等为主。县境尚未形成重要工业区。水力利用木瓜溪较发达，有铜门、龙涧等中型水电站。环岛铁路、公路和东海岸公路从台东纵谷和沿海纵贯南北，中部横贯公路横跨东西。还有花莲港和花莲机场。花莲县以雄伟险峻而著称，有太鲁阁、清水大断崖、鲤鱼潭、大港口、石梯坪等风景区。南部瑞穗乡舞鹤村的“扫叭石柱”和花莲市附近吉安乡阿美文化村的里漏独木舟，都是阿美人先人珍贵遗物。

花脸 painted-face role in Chinese opera 中国戏曲表演行当之一。见净。

花柳千代 Hanayagi Chiyo（1924-09-26～） 日本歌舞伎表演家、教育家和编导。生于东京。创办花柳千代舞蹈研究所，旨在传承和发展花柳流派的歌舞伎艺术。代表作有《藤姑娘》、《母子狮》等传统经典舞蹈，以及《河西回廊》、《大敦煌》等新编舞剧。

多次来华访问、考察、讲学和演出，曾向多位中国舞蹈演员精心传授歌舞伎艺术。花柳千代舞蹈研究所与中国艺术研究院舞蹈研究所结成姊妹所，为密切中日舞蹈交流，增进两国传统友谊作出贡献。著有《日本舞蹈基础》。2002年出版中译本。

花鲈 *Lateolabrax japonicus*; Japanese sea-bass 鲈形目叉鲈尾科花鲈属的一种。又称鲈鱼、花寨。经济鱼类。分布于中国、朝鲜半岛、日本近岸浅海，中国沿海及各大江河下游均有分布。体延长，侧扁。口大，

斜裂。两颌牙细小，犁骨与腭骨具绒毛状牙。前鳃盖骨后缘具细锯齿，隅角处具钝棘。体被小栉鳞，侧线完全。背鳍两个，仅在基部相连。臀鳍具三鳍棘。胸鳍较小，下侧位。腹鳍位于胸鳍基底下方。尾鳍分叉。体侧及背鳍鳍棘部常散布着黑色斑点。喜栖息于河口半咸水处，或生活于淡水中。肉食性，主要摄食虾类和小杂鱼等。生长快，个体大，重达1.5～2.5千克。肉质细嫩，多鲜销。

花蜜 nectar 植物花朵的蜜腺中分泌出来的味甜并有芳香味的汁液。是蜜蜂采集和酿蜜的主要原料。花蜜是蜜腺中的营养物质在蜜腺酶作用下形成的，在适当的条件下通过表皮细胞分泌到体外。花蜜产生的数量不仅取决于植物的遗传性、营养水平、蜜腺的分泌能力，还取决于相应的光合作用、糖的运输、呼吸作用和生长情况等。植物的泌蜜数量因种类不同而异。花蜜的浓度随植物的种类、生长情况、天气、时间、空气和土壤湿度、光合作用、运输和代谢等的变化而变化。蜜蜂喜欢采食含糖量高的花蜜，对含糖量为50%～60%的花蜜不仅爱采，而且采食的速度也快。含糖量低于5%的花蜜，蜜蜂一般不采食。雌花在受精前分泌的花蜜量多，一经受精后泌蜜量就迅速减少或停止。花蜜和蜂蜜是不同的，蜂蜜是由内勤蜂将花蜜吸入反刍口中，再咽入蜜囊，又反刍口中，一滴花蜜如此反复120～240次后，便吐入蜂巢。花蜜经过一系列的转化过程后，经过失水，最后才酿造成蜂蜜。

花面狸 *Paguma larvata*; masked palm civet 灵猫科果子狸属的一种。因面纹黑白相衬明显而得名。因在夏、秋季取食大量果实，又称果子狸。广泛分布在亚洲南部各国。在中国可见于长江流域及以南各省区，最北可分布到北京和山西大同，是中国灵猫科动物分布最北的一种。体型似家猫而较大，四肢短，尾颇长，几乎等于体长；尾毛紧贴，尾型细，故又称牛尾狸；体背面毛色棕灰，头部、四肢和尾尖呈棕黑色；自鼻端至额顶有一条显著白纹，眼下方和眼后各有一小白斑。栖息在热带、亚热带的山林、灌丛地区。居住在树洞或岩洞中。昼伏夜出，晨昏活动频繁。善攀援，常在树冠活动。主要以各种带酸甜味的浆果、核果为食，亦捕食小鸟、鸟卵、青蛙、小鼠、田螺、昆虫等。秋季能随各种果实的不同成熟期而择取树果。年初发情交配，怀孕期2个月以上。每年春末夏初在树洞内产仔，每胎2～3仔。幼狸毛色灰，背部有模糊的黑纹，体侧具斑点。秋末可长到与成体近似。

花呢 fancy suiting 花式毛织物的简称。精纺呢绒中的重要品种。织物表面呈现点子、条子、格子、隐条、隐格等多种花纹。宜制作套装、上衣、西裤、休闲装及便装等。主要以花式为主，综合运用各种起花方法，如纱线起花、组织起花、染整起花等。纱线起花常利用各种不同原料、粗细、捻度、捻向、颜色构成异色合股花线、多股花线、花式纱线等。组织起花利用织纹形成花纹。常用组织有平纹、平纹变化、2/1斜纹、2/2斜纹、联合组织、重组织和双层组织等。还可改变经纱穿筘密度，将组织和色纱结合构成各种几何图形。染整起花采用特殊的印染工艺。花呢按原料分为纯毛花呢和毛混纺花呢。按重量分，每平方米重195克以下的为薄花呢，195～315克的为中厚花呢，315克以上的为厚花呢。按呢面风格分，有纹面花呢、呢面花呢和绒面花呢。呢面风格，薄型着重滑、挺、爽或滑、挺、糯；中厚型经过光洁整理着重织纹清晰、呢面光洁、紧密挺括，经过缩绒整理后呢面有短而匀的绒毛，手感柔糯丰满；厚花呢风格与中厚花呢相同。

花鸟画 flower and bird painting 以动植物为主要描绘对象的中国画传统画科。又可细分为花卉、翎毛、蔬果、草虫、畜兽、鳞介等支科。中国花鸟画集中体现了中国人与作为审美客体的自然生物的审美关系，具有较强的抒情性。它往往通过抒写作者的思想感情，体现时代精神，间接反映社会生活，在世界各民族同类题材的绘画中表现出十分鲜明的特点。其技法多样，分为工笔花鸟画和写意花鸟画；又以使用水墨色彩上的差异，分为水墨花鸟画、泼墨花鸟画、设色花鸟画、白描花鸟画与没骨花鸟画。

早在工艺、雕塑与绘画尚无明确分工的原始社会，中国花鸟画已萌芽，发展到两汉六朝则初具规模。南齐谢赫《画品》记载的南朝宋画家刘胤祖，是已知第一位花鸟画家。经唐、五代、北宋，花鸟画发展成熟。五代黄筌、徐熙两种风格流派已能通过不同的选材和手法，分别表达或富贵或野逸的志趣。北宋的《圣朝名画评》更列有花木翎毛门与走兽门，花鸟画已独立成科。北宋的《宣和画谱》中的《花鸟叙论》，深入论述花鸟画的审美价值与社会意义，阐述了花鸟画创作“与诗人相表里”的思维特点。此后，画家辈出，流派纷呈，风格更趋多样。在风格精丽的工笔设色花鸟画继续发展的同时，风格简括奔放以水墨为主的写意花鸟画和水墨写意“四君子画”（梅、兰、菊、竹）相继出现于南宋及元代。以线描为主要手段的白描花卉亦兴起于同时。随着写意花鸟的深入发展，出现了以明末徐渭为代表、自觉实现以草书入画并强烈抒写个性情感的变革，至清初朱耷则达到空前的高水平。中国花鸟画经过数千年的发展积累了丰富的创作经验，

徐渭作《墨笔花册》（故宫博物院藏）

形成了独特传统，终于在近现代产生了齐白石等花鸟画大师。

中国花鸟画适应中国人的社会审美需要，形成了以写生为基础，以寓兴、写意为归依的传统。其立意往往关乎人事，紧紧抓住动植物与人的生活遭际、思想情感的某种联系而给以强化的表现。它既重视真，又非常注重美与善的观念的表达，强调其“夺造化而移精神遐想”的怡情作用，主张通过花鸟画的创作与欣赏影响人的志趣、情操与精神生活，表达作者的内在思想与追求。

花坪自然保护区 Huaping Nature Reserve 中国亚热带常绿阔叶林和银杉林保护区。1961年建立自然保护区，1978年列为国家重点自然保护区。位于广西龙胜各族自治县与临桂县的交界处。保护区面积约为6 667公顷。银杉是第三纪孑遗植物中最珍贵的常绿针叶乔木，国家一级重点保护植物。保护区内地形复杂，海拔1 200～1 600米，最高峰蔚青岭1 778米。气候属亚热带山地型，温暖湿润，冬冷夏凉，多雨多雾，年降水量约2 000毫米。区内植物种类多达1 114种，并成片保存有银杉及广东五针松、福建柏、红豆杉、鹅掌楸、樟木等名贵树种和稀有的紫竹、黑竹、四方竹等。杜鹃有16种之多。还有马尾千金草、鸡爪莲、独角莲、灵香草等名贵药材。动物资源500余种，有黑熊、青猴、野猪、角麂、獐、梅花鹿、野兔、角雉、白鹇、四川太阳鸟、钩嘴眉等珍禽异兽。溪流中有大鲵（即娃娃鱼）和半鳞鱼。保护区仍保持自然风貌，空气清新，风景迷人，是旅游胜地。

花期控制 flowering control 人工改变植物自然花期的技术。这对提高花卉的观赏、展览功能和植物育种工作有重要意义。

常用的方法主要有以下几种。①栽培措施。对某些一年生花卉或球根花卉，用分期播种或栽植的方法，使花期有早有晚；采取修剪、摘心等措施也能控制花期。②温度调节。多数花卉在冬季通过加温都能提前开花。对含苞待放或初开的花卉，也可放入2～5℃的冷室中来延缓植物新陈代谢，从而延迟花期。③光照调节。包括加光、遮光及光暗颠倒等不同方法。④水肥控制。某些球根花卉，在干燥条件下，休眠分化完善后的花芽仍停留在球根中，直至供水时才生长开花。对陆续开花的草本花卉，在开花末期增施一次氮肥，可延长花期；花卉生长前期，如偏施多施氮肥，常会延迟开花。⑤应用生长调节物质。在花期控制上常使用的生长调节物质以赤霉素、乙烯利和矮壮素为多，其中赤霉素促进开花的效果较为显著。

花期控制的各种措施中有起主导作用的，有起辅助作用的，可同时使用或先后使用。应根据植物种类、品种的不同而加以选择，同时注意其他相应措施和环境条件的配合。

花鳅 Cobitinae; loaches 鲤形目鳅科花鳅亚科动物的统称。有15属，约25种和亚种；中国有6属12种。分布于欧亚大陆（青藏高原中心除外）、大巽他群岛、非洲的摩洛哥和埃塞俄比亚。体长，侧扁或稍侧扁；体和头部被细鳞或裸露；无上咽垫；颅顶具囟门；眼下刺分叉（泥鳅属和副泥鳅属例外）；骨质鳔囊是由第四椎骨的腹肋和悬器构成的，游离的鳔后室退化；须叶发达，中间由一条纵沟隔成为左右两片，外缘锯

泥鳅

齿状或呈须状；须3对或5对，其中吻须2对，分生，呈1行排列，口角须1对；颏须2对或阙如；尾鳍内凹，圆形或截形；侧线完全或不完全或阙如；臀鳍分枝鳍条5根。为淡水小型底栖鱼类，生活在江河、湖泊、小溪、池塘和稻田里。

花蕊夫人 Huarui Madam 中国五代后蜀诗人。姓费，名字及生卒年不详。青城（治今四川都江堰市）人。以才色事后蜀后主孟昶，拜贵妃，号花蕊夫人，又升号慧妃。一说花蕊夫人姓徐，为徐国璋之女。乾德三年（965），后蜀亡于宋，花蕊夫人随孟昶入宋，备后宫。其后被宋太宗用箭射死。曾作诗咏孟昶亡国云：“君王城上竖降旗，妾在深宫哪得知。二十万人齐解甲，宁无一个是男儿。”费氏自蜀入宋时，途中曾作《采桑子》词，传诵一时：“初离蜀道心将碎，离恨绵绵，春日如年。马上时时闻杜鹃。三千宫女皆花貌，妾最婵娟。此去朝天。只恐君王宠爱偏。”有《花蕊夫人宫词》1卷，凡99首，皆七言绝句体，歌咏宫廷风物及游乐生活，语言精巧工丽，风格富艳典雅。《花蕊夫人宫词》有明末毛氏汲古阁刊《诗词杂俎·三家宫词》本、北京中国书店1990年影印临榆田氏景宋刊《十家宫词》本。前蜀另有一花蕊夫人，姓徐，为王建妾，时称小徐妃。前蜀亡，被杀。

花色素 anthocyanin 3，5，7-三羟基花（色）锌的衍生物。又称花青素。存在于植物的花、果、叶和茎内，呈红、紫或蓝等显著颜色。由植物中分离出的花色素分子中，C_3（或C_3、C_5）位上的羟基常与葡萄糖、鼠李糖、半乳糖以及某些戊糖缩合成花色素苷。花色素类依其结构可分为3种基本类型：缔纹天竺素，矢车菊素和金银草素，飞燕草素。野草莓苷是缔纹天竺素-3-半乳糖苷，矢车菊双苷是矢车菊素-3,5-二葡萄糖苷，芍药花苷是金银草素-3,5-二葡萄糖苷，堇菜花苷是飞燕草素-3-鼠李糖葡萄糖苷加对羟基桂皮酸。花色素类大多可溶于水、乙醇等亲水性溶剂，不溶于乙醚、苯、氯仿等。其水溶液常因pH值改变而表现出不同的颜色。花色素和花色苷类常用作天然色素。

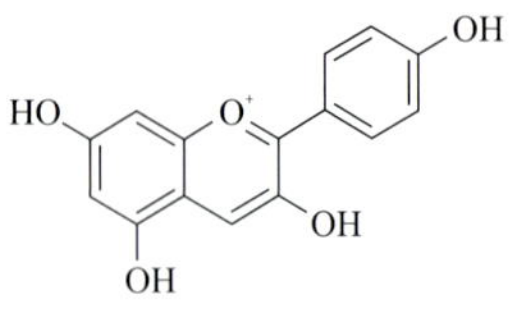

缔纹天竺素

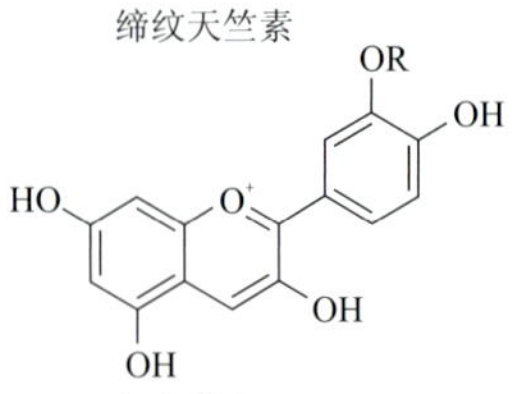

矢车菊素　R=H
金银草素　R=CH_3

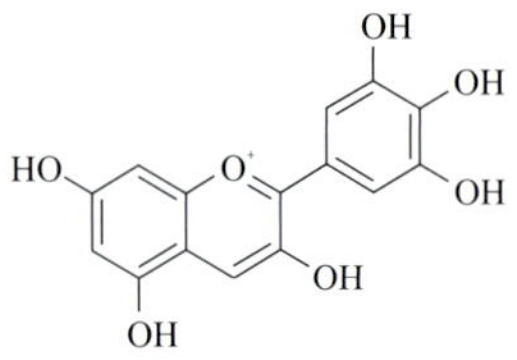

飞燕草素

花山节 Huashan Festival 中国苗族传统节日。又称耍花山、踩花山、跳坡节、跳花节。流行于云南、贵州、广西、四川等地苗族聚居区。具体日期各地不一，一般在农历正月初一至十五，有的地区在农历五月初五或六月下旬。节日当天，苗族人民着盛装来到集会场，围着花杆对歌，跳蹬脚舞、芦笙舞、狮子舞。重要活动是爬花杆，花杆以一根高几丈的杉木或松木做成，杆顶挂鲜花、彩旗、芦笙和一壶美酒。爬杆人

四川省宜宾市兴文县仙峰苗族乡芭茅坡的花山节节日活动

只能凭臂力和脚上功夫，用顺爬、转爬、倒爬等多种方式，爬到花杆顶端，赢得芦笙和美酒，也赢得姑娘们的爱慕和敬仰。节日期间还要举行赛马、武术、斗牛、射箭等活动。当代花山节增加了贸易活动，盛况空前。

花生 *Arachis hypogaea*; peanut 豆科落花生属的一种。一年生草本植物。因地上开花，地下结果，故又称落花生、落地参。还称长生果、万寿果、番豆。世界生产花生的国家有100多个，亚洲最为普遍，其次为非

洲。印度和中国栽培面积最大。中国各地都有种植。

形态和特征　圆锥根系，入土可达2米，但主要分布在地下30厘米左右的耕作层中。根上着生根瘤菌。主茎直立，绿色，高度因品种和栽培条件而异，从十几厘米到几十厘米不等。叶互生，为4小叶偶数羽状复叶。总状花序，每个花序一般可着生4～7朵花，多的可达10朵以上而形成长花枝，蝶形花，橙黄色。雄蕊10个，柱头羽毛状，子房基部有子房柄，受精后约经3～6天伸长形成棍状物，称果针，一般长10～15厘米。果针伸长后向地生长，将子房送入土中，达到一定深度后，子房开始向水平方向生长发育而形成荚果。荚果果壳坚硬，成熟后不开裂。每个荚果有2～6粒种子，以2粒居多。种子呈圆柱形、椭圆形、桃形等，种皮有白、粉红、红、紫、红白或紫白相间等颜色。

对微酸性土壤有一定适应能力，是开发红壤土的先锋作物。属短日照作物，对光周期并不太敏感。需较高热量，日平均气温稳定在12℃以上时才能播种，主要生育期中要求20～28℃的气温。生育期100～150天，个别晚熟品种可达180天。土壤中花生根瘤菌受根系分泌物的吸引，使根细胞受刺激而形成根瘤，具有固氮能力，有利于花生的生长发育。

栽培管理　覆土不宜过厚，墒情较好时以5～7厘米为宜。花生需水量大，适期灌水很重要；南方多雨地区则要注意排水。一般以大部分荚果的内壁或内果皮颜色变褐至黑色时开始收获。常见的病害有花生锈病、早斑病、褐斑病和晚斑病等危害叶部的真菌病害。一般用轮作换茬、抗病育种、精选种子、加强管理、注意排水等综合性措施防治。主要虫害有蛴螬、蝼蛄、**地老虎**和**种蝇**等地下害虫，用毒土、毒谷、诱饵防治均有效；危害叶片的有苜蓿蚜虫、**棉铃虫**、斜纹夜蛾和卷叶虫等，可用**杀虫剂**防治。

用途　花生油除供食用外，在印染、造纸工业上可作乳化剂，在纺织工业上用作润滑剂，机械制造工业上用作淬火剂。花生种子可炒制、油炸或做花生糖、花生酥等糖果糕点以及花生酱。茎和叶为优质饲料。荚壳可作黏胶纤维的原料。茎、叶、果壳、种皮、花生仁等还具有药用价值。

花生四烯酸　arachidonic acid　不饱和**脂肪**

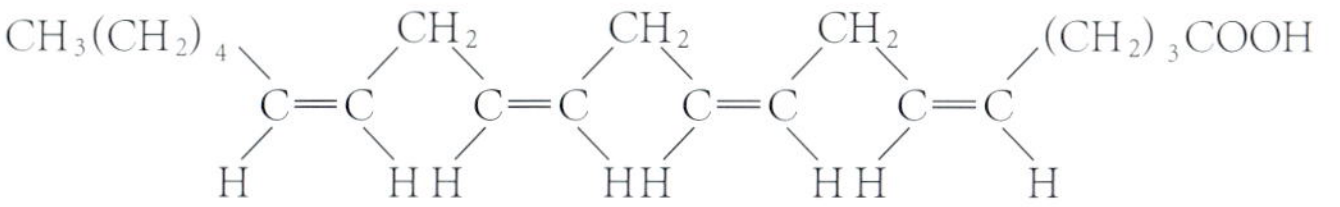

酸，分子式$C_{20}H_{32}O_2$。系统命名为顺，顺，顺，顺-5,8,11,14-二十(碳)四烯酸。无色液体。熔点-49.5℃，沸点163℃（1毫米汞柱）。溶于乙醇和乙醚。花生四烯酸是必需**脂肪酸**，以甘油酯的形式存在于哺乳动物细胞膜的磷脂中，分布很广，但含量极低。花生四烯酸在环氧化酶和脂氧化酶的作用下可形成一系列的信息分子如前列腺素、白三烯等，在一些细胞反应诸如发炎、疼痛、血栓形成等中有着十分重要的作用。花生四烯酸在动物体内由**亚油酸**分步引入2个双键和增长2个碳原子合成而得。

花生酸　arachidic acid　饱和**脂肪酸**，分子式$CH_3(CH_2)_{18}COOH$。学名正构廿（烷）酸。存在于某些油脂中，含量约1%或更低。花生油含有2.4%的花生酸。有光泽的白色晶体；熔点77℃，沸点203～205℃（1毫米汞柱），相对密度0.824 0(100/4℃)；不溶于水，溶于苯、氯仿和热的无水乙醇。花生酸除可从花生油水解分离外，也可由石蜡氧化生成的脂肪酸混合物中分离取得。

花石纲　rock convoy　中国宋代徽宗时运输东南花石船只的编组。宋代陆运、水运各项物资大都编组为纲。如运马者称马纲，运米的称米饷纲。宋徽宗酷爱花石。最初，蔡京命朱勔密取江浙花石进呈，后来规模越来越大，使朱勔主持苏杭应奉局，专门索求奇花异石等物，运往东京开封。这些运送花石的船只，每10船编为1纲，从江南到开封，沿淮、汴而上，故称花石纲。花石纲之扰，波及两淮和长江以南等广大地区，而以两浙为最甚。凡民家有一木一石、一花一草可供玩赏的，应奉局立即派人以黄纸封之，称为供奉皇帝之物，强迫居民看守，稍有不慎，则获“大不恭”之罪。搬运时，破墙拆屋而去。凡是应奉局看中的石块，不管大小，或在高山绝壑，或在深水激流，都不计民力千方百计搬运出来。前后延续20多年，给东南人民造成极大的灾难，成为激起**方腊起义**的重要原因之一。

花市　flower market　销售**花卉**和园艺用品的市场的简称。随地区和时间不同而有不同的形式和内容，大致可分为长期性的固定花市和临时性的节日展销及花卉拍卖市场。进入21世纪以来，鲜花速递、网上订花、网上花卉交易等的开展，为花卉市场的繁荣注入了新的活力。

花丝　filigree　用金、银、铜等金属细丝经掐丝、编织、堆垒、平填、镶嵌、烧焊而成的细金工艺品。中国著名传统手工艺品。

商代已制作出金叶、金片、金丝、金虎、金面罩、金杖等饰品。战国时期花丝工艺已与金银错和镶嵌等工艺相结合。汉代花丝工艺造型精巧，式样众多，工艺手法丰富，已出现掐、编、堆、垒等手法。明代花丝发展形成高潮，并有不少精品，如明定陵出土的金丝翼善冠和凤冠，编织、堆垒技艺精致。清代完善了历代花丝镶嵌工艺技法，并有所发展。光绪年间，四川成都创制出平填花丝制品。

明“凤簪”

花丝产地以北京、四川成都为主。北京花丝多与镶嵌结合，称花丝镶嵌，以编织、堆垒技法见长，20世纪80年代又采用新的无胎透空镶嵌技法。四川成都的银丝制品无胎成型，结构严谨，玲珑剔透，技法以平填花丝为主，兼有穿丝、搓丝、垒丝等。花丝分为两类：欣赏品主要有炉、熏、建筑、人物、动物、盘、盒、瓶等摆件，日用品有手镜、烟盒、首饰盒、酒具、花插等。

花样滑冰　figure skating　将冰上技巧与音乐、舞蹈艺术结合在一起的一项体育运动项目。起源于18世纪英国。1860年俄国已有人将民间舞蹈融入滑冰动作，丰富了滑冰的内容和形式。1892年，国际滑冰联盟决定每年举行一次花样滑冰世界锦标赛和欧洲花样滑冰锦标赛。1896年在俄国举行

申雪/赵宏博双人滑舞姿

了首届男子世界花样滑冰锦标赛，1906年在瑞士首次举行了女子世界花样滑冰锦标赛，1908年在俄国举行了首次双人花样滑冰世界锦标赛，1952年在法国巴黎世界花样滑冰锦标赛上首次将冰上舞蹈列入正式比赛项目。1908年花样滑冰被列入奥林匹克运动会正式比赛项目，1924年被列为首届冬季奥林匹克运动会比赛项目。现代花样滑冰包括单人滑、双人滑、冰上舞蹈和队列滑行四大项目。各大项目的技术动作、时间、音乐和艺术表达方式都不相同。花样滑冰比赛在60米×30米场上进行，冰面要求光滑、平整。选手的着装须朴素、典雅，女子穿连身短裙，男子穿长裤、上衣。评分采用6分制。滑冰在中国也有悠久的历史，《宋史》已有关于“冰嬉”的记载。明代《帝京岁时记胜》有“冰床”、“冰擦”的记载。19世纪30年代现代花样滑冰由西方传入中国。1949年中华人民共和国建立后，花样滑冰运动发展很快。1953年在哈尔滨市举行的首届全国冰上运动会上，男女单人滑列入正式比赛项目。1980年中国首次派队参加在美国举行的第13届冬奥会和在德国举行的世界花样滑冰锦标赛。从此中国花样滑冰优秀选手在多项世界大赛中崭露头角并屡夺冠军。陈露在1995年世界锦标赛中取得女子单人滑冠军；申雪/赵宏博在2002、2003和2007年世界花样滑冰锦标赛中三次获得双人滑冠军并且连续四次获得亚冬会冠军。显示了中国在该项目中的整体高水平。

花样游泳 synchronized swimming 在水中做出各种图形、造型和优美舞蹈动作的艺术性游泳。被誉为“水中芭蕾”。20世纪20年代起源于德国、英国等欧洲国家，当时以艺术游泳而著称，后传入加拿大和美国。所谓艺术游泳，就是指随音乐节奏在水上和水下做出各种动作优美的造型及完成多种队列图形。这项运动的特点是把游泳、舞蹈、音乐、技巧融为一体，成为具有浓厚艺术特点的体育运动，受到人们广泛喜爱。1956年国际游泳联合会确定花样游泳为正式竞技项目。1984年第23届奥运会将花样游泳的单人和双人项目列为正式比赛项目。花样游泳的世界性大赛还有世界锦标赛和世界杯赛。花样游泳比赛按单人、双人和集体三项分别进行技术自选和自由自选的比赛。有5～7名裁判员对运动员的预赛和决赛进行评分，最高分是10分。花样游泳水平以美国、加拿大、日本、俄罗斯、法国、中国等较为突出。

花蝇 Anthomyiidae; anthomyiid fly 双翅目花蝇科昆虫的统称。已知约1 200种，为古北界的优势蝇种，其中古北界和北美的种类占花蝇科种类的80%。中国已知400余种。成虫小至中型，体长多在10毫米以内，山区有时有大型种类。体色一般黑色、灰黑或灰黄，少数种类有明显斑纹。通常雄性为接眼型，雌性为离眼型，少数种类两性复眼均远离或均接近。胸背有时具暗色纵条或斑纹，小盾片端腹缘一般有立纤毛。腹部多较瘦长、扁平，部分种类呈长锥形。

一般为卵生，少数为卵胎生。幼虫食性极复杂，主要有植食性、粪食性、腐食性和寄生性4种类型。成虫主要栖息在野外的植物上。性嗜花，很少接近人群。凡是植被比较丰富的地方，成虫的种类也比较多。耐寒力强，成虫多在早春或晚秋出现，入夏以后少见。

花蝇科昆虫包括很多农林害虫，例如，灰地种蝇的幼虫危害花生、棉花和十字花科蔬菜；球果花蝇属危害松柏球果，其中落叶松球果花蝇的幼虫为黑龙江、吉林两省落叶松种子的重要害虫。

花园口 Huayuankou 原黄河渡口。位于中国河南省郑州市北18千米处的黄河南岸。宋为建闸治水，曾营居造屋于此，后渐形成村落，名桂花庄。明吏部尚书曾于此修建花园，方圆36公顷。后河道南移，村落与花园均为河水吞没，成为黄河渡口，名花园口。1938年6月，日军侵入河南东部，国民党为掩护撤退，于此炸毁黄河大堤，使河水泛滥于豫东、皖北、苏北3省14县市，受淹面积5.4万平方千米，造成1 250多万人流离失所和89万人溺死。经20世纪50年代治理，花园口乡修建4座引黄闸和提灌工程，种植水稻。在大堤上营建了防护林带。利用水源养鱼、养鸭、种植水生作物。

《花月痕》 *The Flower and the Moon Trace* 中国近代小说。全名《花月痕全传》，又名《花月因缘》。52回。眠鹤主人编次，栖霞居士评阅。眠鹤主人即魏秀仁（1819～1874），字子安，一字子敦。福建侯官（今福州）人。《花月痕》首有咸丰戊午（1858）自序，约作于咸丰末年，同治初年修改定稿。

书中主人公韦痴珠、韩荷生均为才子。韦风流文采，狎妓刘秋痕；然时运不济，致困顿羁旅，落魄而亡，秋痕亦殉情而死。韩得达官贵人赏识，聘作幕府，因镇压农民起义和消弭外患之功，累迁官至封侯。其所狎妓杜采秋，后从归，亦封一品夫人。作者写韦、韩穷达升沉的不同结局，借前者抒发自己的怀才不遇之感，以后者表达对功名利禄的渴望追求。

《花月痕》是中国第一部以妓女为主要人物的长篇小说。内容题材虽属“狭邪”，但表现手法却颇似明末清初才子佳人类小说。有清光绪十四年（1888）闽双笏庐原刻本。此后翻刻本甚多。1982年人民文学出版社出版新整理本。

华 corona 天空有薄云时，透过云层在太阳或月亮周围看到的彩色光环。其色序为内紫外红，最多可重复出现3次。最靠近华发光体的光环称华盖。华的内侧呈白色或

天空中的华

青白色，中间是黄色，外缘呈红褐色。其角半径通常小于5°，一般只包含华盖部分，然而发展完善的华，其角半径可达10°。华是由于日光或月光在云中水滴或冰晶间发生衍射而生成的。因日光太亮，所以日华不易被观测到；月华则较为常见。云滴直径越小，光环越大。云滴的大小越均匀，光环的色彩越鲜明。火山爆发后，空中悬浮大量和光波波长大小相近的火山尘，当它们飘浮在太阳或月亮光盘之下时，因衍射作用也能生成类似于华的彩色光环，角半径约22°，称为毕旭甫光环。华是一种地方性的天气预兆，如果从晕变到华，而且华张角又在减小，则表示云中水滴增大、云层变厚，因而有降水的可能。

华北地域人种 North China local race 亚洲地理人种的一个亚群。美国学者S.M.卡恩所分32个地域人种中的一个，相当于一个遗传隔离种群。又称北中国蒙古人种。分布中国长江以北和朝鲜、韩国、日本等地。典型体质特征：肤色浅黄至浅褐色；头发黑色，直而粗硬；胡须较少，体毛极稀；眼珠呈黑褐色或深褐色，内眦褶出现率高；面部较扁平，颧骨高；鼻子较小，鼻梁较低；铲状门齿出现率高。O型血出现率高，B型血出现率高于A型血，无A_2型血。

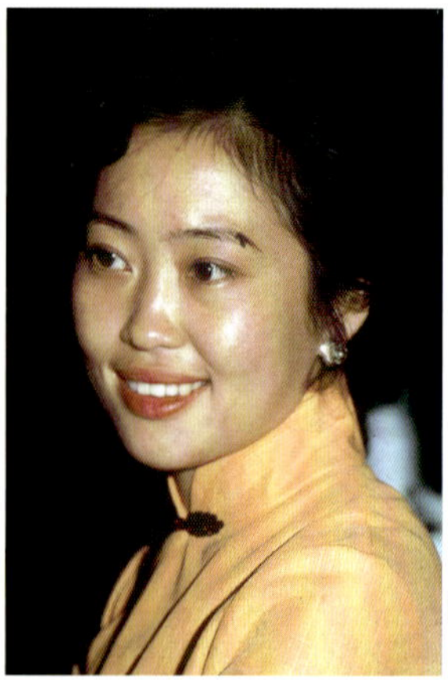
华北地域人种女性

华北平原 North China Plain 位于中国东部，黄河下游。又称黄淮海平原。北抵燕山南麓，南达大别山北侧，西倚太行山、伏牛

俯瞰华北平原

山，东临渤海和黄海，跨越京、津、冀、鲁、豫、皖、苏7省、直辖市。南北长约900千米，东西宽约450千米，面积30多万平方千米。

地质与地貌 华北平原是华北地台上的新生代断陷区。海拔多不及百米，地势平缓倾斜。由山麓向滨海顺序出现洪积倾斜平原、洪积-冲积扇形平原、冲积平原、冲积-湖积平原、海积-冲积平原、海积平原等类型。黄河、淮河、海河、滦河等河流所塑造的地貌构成了华北平原的主体，即黄河冲积平原、淮河中下游平原、海河中下游平原和滦河下游冲积扇平原。黄河在孟津以下形成了巨大的冲积扇，扇缘向东直逼鲁西南山地丘陵的西侧。黄河冲积扇的中轴部位淤积较高，成为华北平原上的分水脊，将淮河、海河两大水系分隔南北。历史时期黄河频繁迁徙，北至天津、南及苏北的广大平原遍受黄河影响。

气候与水文 华北平原大体在淮河以南属于北亚热带湿润气候，以北则属于暖温带湿润或半湿润气候。冬季干燥寒冷，夏季高温多雨，春季干旱少雨，蒸发强烈。春季旱情较重，夏季常有洪涝。年平均气温和年降水量由南向北随纬度增加而递减。河湖众多，黄河、淮河、海河为平原最主要河流。京杭运河在华北平原上起过重要的历史作用。

土壤与植被 华北平原地带性土壤为棕壤或褐色土。平原耕作历史悠久，各类自然土壤已熟化为农业土壤。从山麓至滨海，土壤有明显变化。沿燕山、太行山、伏牛山及山东山地边缘的山前洪积-冲积扇或山前倾斜平原，发育有黄土（褐土）或潮黄垆土（草甸褐土），平原中部为黄潮土（浅色草甸土）。平原大部分属暖温带落叶阔叶林带，原生植被早被农作物所取代，仅在太行山、燕山山麓边缘生长旱生、半旱生灌丛或灌草丛，局部沟谷或山麓丘陵阴坡出现小片落叶阔叶林；南部接近亚热带，散生马尾松、朴、柘、化香树等乔木。广大平原的田间路旁，以禾本科、菊科、蓼科、藜科等组成的草甸植被为主。

经济概况 华北平原是中国开发较早、人为活动影响较大地区。平原及其邻近地区拥有丰富的煤、铁、石油等矿藏，煤炭、电力、石油、化工、钢铁、纺织、食品等工业在中国占重要地位。有开滦、峰峰、徐州、淮南、淮北、兖州等大煤矿及山东的胜利油田。华北平原以北京为中心的铁路、公路、航空等交通网与中国各地沟通。

华北平原是以旱作为主的农业区，黄河以北农作物以小麦、玉米、棉花和花生为主。黄河以南作物以小麦、玉米、水稻、烟草、芝麻、棉花、大豆等为主。华北平原盛产苹果、梨、柿、枣等。

华北平原农业生产长期以来受到干旱、洪水、沥涝、盐碱、风沙、蝗灾的危害，特别是黄河的南北改道和洪水泛滥，为害极大，影响甚广。1949年以来，对华北平原进行了大规模的治理，先后在淮河流域与海河流域有计划地进行水利建设，使华北平原抵御自然灾害的能力逐步增强。

华北事变 Huabei Incident 1935年侵华日军策动中国华北各省实行所谓“自治”的一系列事件。1月中旬，日军首先制造了“察东事件”，迫使南京国民政府承认察哈尔沽源以东地区为“非武装区”。5～7月，又胁迫南京政府批准“何梅协定”和“秦土协定”，接受其所提取消冀、察两省的国民党党部等多项要求。10月20日，日军继“丰台夺城事件”后，再次收买汉奸、流氓制造“香河暴动事件”。同时加紧对平津卫戍司令宋哲元实施策变活动，于11月11日向宋提出《华北高度自治方案》，诱其出任“华北共同防赤委员会”委员长。25日，见宋未宣布“自治”，转而先策动滦榆区兼蓟密区行政督察专员殷汝耕在通县成立脱离南京政府的“冀东防共自治委员会”，同时继续对宋及南京政府施加压力。经过日军、宋哲元、南京政府之间的一系列讨价还价，12月18日，终于在北平正式成立了既保存南京政府和宋的体面，又有一定“自治”之实的“冀察政务委员会”。华北事变是日本侵略中国、称霸世界的一个重要步骤，遭到中国人民的坚决反对。

华达呢 gabardine 用精梳毛纱织制、有一定防水性能的紧密斜纹毛织物。商业上有时也称轧别丁，是英文gabardine的音译。呢面平整光洁，正面斜纹纹路清晰、挺直、饱满，呢身紧密丰厚，光泽柔和。宜作雨衣、风衣、制服和便装等。华达呢经纱覆盖织物正面，经密是纬密的两倍，斜纹纹路角度为63°左右，经向强力较高，坚牢耐穿。长期穿着受摩擦部位的纹路被压平，纤维受磨损，易形成极光。原料以全毛为主。毛混纺中以毛/涤为多。色谱较全，以藏青、米色为主。也有简洁的条、格品种。全毛产品宜作男女西服、套装、春秋大衣等。按织纹组织不同，分双面、单面和缎背华达呢。双面华达呢的正面呈现陡急的右斜纹条，组织为2/2斜纹，重270～320克/米^2；单面华达呢质地较轻薄，组织为2/1斜纹，重250～290克/米^2；缎背华达呢质地厚重，手感丰糯，重330～380克/米^2。这三种华达呢多为素色，也有闪色和夹花华达呢。棉华达呢以棉纱线为原料，是仿效毛华达呢风格织制的，分为两类：经纬均采用股线的称全线华达呢，线经纱纬的称半线华达呢。此外，还有毛经棉纬交织华达呢和各种化纤混纺华达呢。

华东理工大学 East China University of Science and Technology 中国工科高等学校。属教育部。校址在上海。原名华东化工学院。创建于1952年，由交通大学、震旦大学、大同大学、东吴大学和江南大学的化工系合并组建而成。1993年改为现名。已发展成为一所以工为主、理工农医经管文法等多学科协调发展的大学。

设有十几个专业学院。有培养学士、硕士和博士的教学体系；有国家重点学科和国家重点实验室等。图书馆藏书250万册。有3个校区，总面积163.9万余平方米。出版物有《华东理工大学学报》等。

华东师范大学 East China Normal University 中国以教师教育为主的综合性大学。属教育部。校址在上海，有闵行校区和中山北路校区。创建于1951年10月，建校时以私立大夏大学、光华大学为基础。1952年全国高等院校院系调整前后，又调进圣约翰大学、大同大学、同济大学、复旦大学、浙江大学、交通大学、沪江大学、震旦大学和东亚体育专科学校等高等院校的部分系科和教师。1997～1998年，上海幼儿师范专科学校、上海教育学院、上海第二教育学院先后并入。

设有人文、教育科学、教育管理、学前教育与特殊教育、外语、生命科学、对外汉语、艺术、设计等十几个学院，有培养学士、硕士和博士的教学体系；有国家重点学科和国家重点实验室等。设在学校的教育部中学校长培训中心，是从事省级重点中学校长以及其他教育管理干部培训的国家级基地。图书馆藏图书文献380余万册。2个校区占地面积共193万余平方米。出版物有《华东师范大学学报》等20余种。

华顿 Wharton, Edith (1862-01-24～1937-08-11) 美国小说家。生于纽约，卒于法国。1899年开始发表短篇小说。她写了10余部长篇小说和一些中、短篇小说以及游记、评论、回忆录等。重要的有成名之作《快乐之家》(1905)、中篇小说《伊坦·弗洛美》(1911，1936年由O.戴维斯改编为剧本)、小说《天真的时代》(1920)、《黎明的寂静》(1927) 等。她的作品描写新兴资产阶级的庸俗与卑鄙，维护贵族资产阶级传统的道德观念。她笔下的人物和社会习惯势力之间经常发生矛盾，并总是以人物的失败或妥协告终。她创作风格细腻精致，善于表现人物的内心感情和心理活动。

《华尔街日报》 *The Wall Street Journal* 美国英文对开日报。美国金融界最具权威的专业报纸。1889年7月8日由C.H.道在纽约创办。1940年以后，由金融专业性报纸发展为以金融为主的综合性报纸。每日发布的道·琼斯公司汇编的主要工业企业股票平均价格，是西方经济界衡量美国政治与经济形势的重要依据之一。为该报服务的编辑、记者中，至21世纪初，已有十余人获普利策奖。读者主要为企业界和金融界高、中层管理人员及个人投资者。1976年起在香港出版《亚洲华尔街日报》。1983年起在布鲁塞尔出版欧洲版。每周星期一至星期五出版。20世纪末全国版日发行174万多份。

华尔兹 waltz 舞会舞蹈。曾译圆舞。原为奥地利、德国民间舞蹈，18世纪下半叶出现于城镇舞会，后进入宫廷，但仍在城市和民间流行。跳华尔兹的男女舞伴面对面站立，一手相握，一手托腰或扶肩，它没有规定的复杂花样，只是按三拍子的节奏双脚交替走步或滑行，形式自由，便于发挥，容易掌握。华尔兹分为快速旋转的维也纳式和起伏滑步的波士顿式等多种。19世纪华尔兹压倒了一切舞会舞蹈，风靡欧美各国。至今，它仍是交谊活动中一种有生命力的舞蹈。它的音乐轻快活泼，旋律流畅，节奏鲜明，许多世界著名作曲家如F.舒伯特、F.F.肖邦和施特劳斯父子等人都创作了大量华尔兹舞曲，其中尤以施特劳斯父子的华尔兹舞曲著称于世，小施特劳斯被誉为“华尔兹舞曲之王”。许多芭蕾舞剧都采用了华尔兹舞段。

华盖木 *Manglietiastrum sinicum*; canopy-tree 木兰科华盖木属的一种。中国特有木兰科单属种植物，仅分布于云南西畴县法斗草果山和南昌山两处。常绿大型乔木，可高达40米；树皮灰白色，当年生枝绿色。单叶，互生，革质，长圆状倒卵形或长圆状椭圆形，全缘。花两性，辐射对称，芳香；花被9～11片，肉质，外轮3片，长圆形，外面深红色，内面白色，长8～10厘米，内2轮白色，基部具爪；雄蕊多数；雌蕊群长卵圆形，有短柄；心皮13～16，离生，子房上位；花期4月。聚合蓇葖果倒卵形，长5～8厘米；蓇葖厚木质，种子1～3粒，外种皮红色；果期9～11月。生长在海拔1 300～1 550米的山坡上部向阳的沟谷潮湿山地。华盖木是木兰科顶生花木兰族中的原始类群，对研究木兰科的分类系统、古植物区系方面有学术价值。已被列为中国珍稀濒危保护植物。

轻快活泼的华尔兹舞

华莱士 Wallace, Alfred Russel (1823-01-08～1913-11-07) 英国博物学家，进化论者。与C.R.达尔文共同提出自然选择学说，动物地理学的奠基人。生于蒙茅斯郡阿斯克，卒于多西特郡布罗德斯通市。他主要靠自学及丰富的博物采集经验进行研究。1855年，他发表了《论控制新物种发生的规律》的短文，已表现出明确的进化观点，但对进化机制尚一无所知。1858年他写了《论变种极大地偏离原始类型的倾向》的论文，提出以自然选择原理来说明物种的起源，并立即把文稿寄给达尔文。1859年达尔文的《物种起源》出版。华莱士很赞许达尔文的《物种起源》，但是，他的进化观点与达尔文的并不完全一致，特别是在人类起源问题上更是如此。认为全世界的人都是一家，未开化的人在智慧上不亚于文明的人，只是他们的文化落后罢了。

对动物地理分布，华莱士有重要贡献。他根据哺乳类的分布情况，把全世界的动物分布划为若干区，各区有自己的特点。他提出位于龙目岛和巴厘岛之间有一条东洋界与大洋洲界的分界线（华莱士线）以及动物地理的分布区域，到现在仍然大部分有效。

华莱士 Wallace, DeWitt (1889-11-12～1981-03-30) 美国出版商，世界发行量最大的期刊《读者文摘》创办人。生于明尼苏达圣保罗，卒于芒特基斯科。青年时代在巴西当图书推销员时即酝酿创办一种文摘式期刊。1922年2月与夫人莱拉·艾奇逊在纽约创办《读者文摘》。这种便于携带的袖珍型期刊选摘或缩编各种报刊发表的优秀文章，并保持原文风格和文采，是一个创举。由于它内容广泛，兼具知识性与趣味性，赢得读者的欢迎。至1965年华莱士一直兼任总编辑。

《华伦夫人的职业》 *Mrs. Warren's Profession* 英国剧作家萧伯纳的剧作。写于1894年。剧本写华伦夫人出身贫苦，后靠开设妓院发了财。为了让女儿有个好的前途，她让女儿接受高等教育。女儿发现了母亲的职业，便质问母亲。母亲诉说了自己受苦的经历以及她两个异父姐姐的遭遇。女儿认识到是社会迫使母亲干了这一行当，但还是离家出走，到伦敦去寻求新的生活。剧目由于揭示了产生娼妓的社会根源，因而一度被禁止演出，直到1925年伦敦才公演。在美国与德国，则在20世纪初就有演出。

华纳兄弟影业公司 Warner Bros. 美国电影制片和发行公司。1923年4月由华纳四兄弟创建。当时总部设在纽约，H.华纳任总裁，A.华纳主管财务；制片厂设在好莱坞附近的伯班克，由J.华纳和S.华纳负责。1925年接管维泰葛拉夫制片公司，并于1927年摄制、发行电影史上第一部有声影片《爵士歌王》，从而使华纳公司于20世纪30年代初进入好莱坞八大电影公司的行列。

公司30年代以拍摄强盗片、歌舞片和传记片著称。50年代美国电影萧条时期，华纳把财力转向制作电视系列片。从60年代开始，越来越多地采用向独立制片人投资的制片方式。

1967年加拿大发行电视片的七艺公司买下华纳，改名为华纳-七艺公司。两年后，该公司又转让到一个大企业集团金尼全国服务公司手中，改组为华纳交流公司。1982年公司重构，出售了与公司娱乐业务关系不大的非主流公司，向电影电视节目的发行与制作、音乐录制、出版三个主要娱乐业务发展。华纳在好莱坞拥有设备和规模一流的制片厂，数量可观的电影和电视片资料馆。从80年代中后期开始，华纳票房每年持续增长。

1990年时代公司收购华纳公司，成立了时代-华纳公司。90年代，时代-华纳公司在斯堪的纳维亚投资卫星广播，在英国投资调频电台以扩大海外市场。1991年华纳和日本大公司合作，在日本建立了一家大型多银幕院线，上映日本和美国新片及经典电影。2008年并购新线影业。

华南虎 *Panthera tigris amoyensis*; South China tiger 食肉目猫科豹属虎的亚种。中国特有种。原分布于华南、华中、华东、西南的广阔地区及陕南、陇东、豫西、晋南的个别区域，以湖南、江西数量较多。体形较小，尾较细短；头大；眼大而圆；小而整齐的门齿上下各6个，犬齿长而锋利，发达裂齿上齿尖极锐利，可撕裂猎物厚硬的皮肉；舌上多刺，利于舐净骨上碎肉；咀嚼肌发达，故头圆，面较平。头颈、背、尾及四肢外侧毛为黄色，毛色较深，常为橘黄甚至略带赤色，胸腹部及四肢内侧乳白色。身上有黑色条纹，宽而密集，体侧常出现上下两纹相接连成的菱形纹。毛较短。体长平均2米左右，重140～200千克。夜行，听觉、嗅觉均较敏锐，以野猪、羚羊、鹿类、野兔等为食。善于游泳。一年四季均可发情及产仔，妊娠期95～110天，每胎2～4仔，幼兽随母生活，1.5年后独立生活，3～4岁性成熟。栖于山林、灌木及野草丛生处。独居，有较强领域性，

雄虎占80平方千米，雌虎占60平方千米。生活区域与人类居住区较近，且性格凶猛、动作敏捷，有时捕猎家畜。现代，华南虎的分布范围日益缩小，存活数目极少，行踪罕见。在中国属一级保护动物。

华南理工大学 South China University of Technology 中国以工科为主的多科性大学。属教育部。校址在广州。原名华南工学院，组建于1952年，由中山大学、岭南大学、华南联合大学，以及湖南大学、广西大学等中南5省12所院校的有关系科调整合并而成。1988年1月更名为华南理工大学。设有20多个学院，有培养学士、硕士和博士的教学体系；有国家重点学科、国家重点实验室和国家工程研究中心等。

华南师范大学 South China Normal University 中国师范类高等学校。校址在广州。1951年建校，初名华南师范学院，由原广东文理学院、中山大学师范学院、华南联合大学教育系合并建成。1970年改名广东师范学院。1977年恢复原校名。1982年改现名。设有教育科学、生命科学、体育科学、政法、人文、外文、教育信息技术、信息光电子科技、经济管理等20多个学院。有培养学士、硕士和博士的教学体系，有国家重点学科等。

华清宫 Huaqing Palace 中国唐代离宫。遗址位于今陕西省西安市临潼区城南的骊山绣岭。西周时期，周王即于骊山建离宫别院和烽火台等。自秦汉始，骊山温泉闻名于世。唐初，高祖和太宗经常到此沐浴。贞观十八年（644），太宗在此营建离宫，赐名汤泉宫。咸亨二年（671），高宗更名为温

莲花汤遗迹

泉宫。天宝六载（747），玄宗更名为华清宫，并进行大规模扩建。20世纪80年代初，对华清宫遗址进行考古调查和发掘。1996年国务院公布为全国重点文物保护单位。

华清宫依山而筑，范围广大，占地60万平方米，发现建筑遗址多处。在宫城东区发现一组豪华的温泉浴池。其中，被认为是唐玄宗用的莲花汤，池内砌白石，石质精细，晶莹如玉，石面上浮雕有鱼龙凫雁莲花图案。池内侧有两层台座，池中有两个白石雕刻的莲头，泉水自莲头喷出，注入池内。被认为是杨贵妃用的芙蓉汤位于莲花汤西南，规模稍小。此池平面呈海棠花状，内侧有两层台座和三个入水的踏步。池底铺青石板，中央有一直径10厘米的圆形水口。池四周砌石上有阴线雕刻的海棠花图案。另外的几个浴池，可能是记载中的太子汤、星辰汤、少阳汤、尚食汤和宜春汤。这一组浴池已原地建成遗址博物馆，供游人参观。

华沙 Warsaw; Warszawa 波兰首都，全国最大城市，经济、文化和科学中心。位于华沙平原中部，跨维斯瓦河中游两岸。面积约500平方千米。人口171.4万（2009）。

城市附近为波状起伏的冰碛平原，海拔90～116米。温带大陆性气候。年平均气温8.1℃，1月平均气温-3.5℃，7月19.2℃。平均年降水量542毫米，2/3集中于夏季。

13世纪末始建于维斯瓦河西岸。14世纪初具规模。15世纪成为马佐夫舍省首府，1611年定为波兰王国都城。18世纪后半叶成为波兰文化启蒙运动中心。1806年12月被法国占领，1807年7月在此建立华沙公国。后又长期受俄国统治。1918年起复为波兰首都。1920年人口超过百万，为当时欧洲大城市之一。第二次世界大战使城市变成一片废墟，85%的建筑被毁，居民死亡人数超过60万。战后重建不仅保持了中世纪古城的风貌，而且兴建了新市区。

全国最大的工业中心。以机械制造业最著名，包括电机、精密机械、机床、汽车、发动机、农机等部门。冶金、化学（制药、化纤、塑料）、纺织、食品等工业也很发达。又是全国最大印刷工业中心。市郊有高度专业化的园艺业和乳酪业。

地处东、西欧陆上交通中心，又居波罗的海和黑海之间最短的交通线上，自古以来一直是重要的交通枢纽。有2个河港，千吨级轮船可通维斯瓦河的重要河港。华沙-奥肯切国际机场为全国最大的航空港。

全国文化中心。设有科学院及所属研究机构、华沙大学和华沙理工大学等10多所高等院校以及国家图书馆、博物馆和艺术陈列馆、文化科学宫等。战后修复和重建的古建筑有号称“波兰民族文化纪念碑”的王宫城堡、波兰宗教中心、圣约翰教堂，

华沙文化科学宫远眺

以及居里夫人、肖邦等著名人物的旧居博物馆。华沙有“世界绿都”之称，绿化面积达126平方千米。美人鱼铜像已成为华沙的城徽。

华沙公国 Warsaw, Duchy of 法兰西第一帝国的属国，根据1807年7月7日法皇拿破仑一世和俄皇亚历山大一世签订的《提尔

西特和约》建立的国家。由普鲁士在1793年、1795年两次瓜分波兰时得到的领土（不包括格但斯克和比亚韦斯托克地区）组成，面积10.4万平方千米，人口260万。1809年法、奥战争后，奥地利在第三次瓜分波兰时得到的领土也并入华沙公国，面积扩大到15.04万平方千米，人口增加到430万。君主是萨克森的国王奥古斯都二世。公国的议员和政府官员均是波兰人，波兰语为官方语言。1813年，拿破仑一世进攻俄国失败后，华沙公国被俄军占领。根据1815年**维也纳会议**决议，华沙公国被一分为四：公国的大部分组成**波兰王国**，并入俄国；在波兹南地区成立波兹南公国，并入普鲁士；原奥属波兰重归奥地利；克拉科夫及其毗邻地区组成克拉科夫共和国，由俄、普、奥三国共同管理，1846年后并入奥地利。

华沙起义 Warsaw Uprising 1944年波兰人民反对德国法西斯占领者的武装起义。1944年7月22日波兰民族解放委员会颁布《七月宣言》，宣告波兰人民政权的诞生。8月1日波兰流亡政府所属国家军领导人T.科莫罗夫斯基将军利用首都军民的爱国热情和对占领者的仇恨，在苏、波军队逼近华沙之际，在华沙发动了代号为“风暴”的武装起义。经过战斗，起义军于8月5日攻占了华沙大部分地区。面对敌人优势兵力，华沙军民筑起路障和街垒，用简陋的武器奋勇抵抗。

华沙约85%的建筑被德军炮火毁坏

苏联对华沙起义事先并不了解，更无支援准备。起义爆发后，苏军停止进攻。英美积极支持起义，派飞机向华沙空投武器和补给品，但经常落入德军手中。由于力量对比悬殊，起义军又得不到有效的外来援助，在英勇战斗63天后被镇压下去。10月2日起义军签署投降协定。约22.5万华沙军民牺牲，德军损失近3万人。起义失败后，华沙成为一片废墟。

《华沙条约》 *Warsaw Pact* 苏联、东欧国家为抗衡**北大西洋公约组织**而签订的军事同盟条约。见华沙条约组织。

华沙条约组织 Warsaw Treaty Organization 苏联、东欧国家为抗衡**北大西洋公约组织**，根据《华沙条约》结成的军事政治联盟。简称华约。1955年5月14日苏联、东欧国家在华沙签订军事同盟条约，同年6月5日生效，有效期20年。条约规定，如将来北约解散，华约也将失效。1975年条约自动延长10年。1985年条约再延长20年，到期后还可顺延10年。1989年东欧剧变后，华沙条约组织衰落。1991年7月华约首脑会议正式宣布华约“不复存在”。《华沙条约》由序言和11项条文组成。条约规定，缔约国保证“以和平的方法解决它们的国际争端”（第1条）；“就一切有关它们的共同利益的重要国际问题彼此磋商”（第3条）；建立“政治协商委员会”（第6条）和“武装部队的联合司令部”（第5条）。最重要的军事互助条款是：“如果在欧洲发生任何国家或国家集团对一个或几个缔约国的武装进攻，每一缔约国应根据《联合国宪章》第51条行使单独或集体自卫的权利，个别地或通过同其他缔约国的协议，以一切它认为必要的方式，包括使用武装部队，立即对遭受这种进攻的某一个国家或几个国家给予援助”（第4条）。

华沙条约组织最高决策机构是政治协商委员会，由各缔约国党中央第一书记、总理、国防部长、外交部长组成，讨论和决定缔约国的政治、经济、外交等重大问题。下设常设委员会、外交部长委员会、国防部长委员会、联合司令部、联合武装部队军事委员会、联合武装部队参谋部和技术委员会。华约常设机构均在莫斯科。联合武装部队总司令和参谋长均由苏联人担任。

华生 Watson, John Broadus (1878-01-09～1958-09-25) 美国心理学家、行为主义心理学的创建人。生于南卡罗来纳州格林维尔，卒于纽约州。16岁入格林维尔城的福尔

满大学，1900年获硕士学位；后入芝加哥大学，1903年获哲学博士学位。1908年任约翰斯·霍普金斯大学**比较心理学**教授。1915年当选为美国心理学会主席。

华生的行为主义思想首先是1908年提出的。以后他又于1913年发表论文《行为主义者心目中的心理学》，1914年出版《行为：比较心理学导论》，1919年出版《在行为主义者看来的心理学》，1925年出版半通俗读物《行为主义》。他认为，心理学研究行为而不研究意识，行为最后可分析为肌肉收缩和腺体分泌，心理不过是轻微而内隐的行为；心理学的研究方法应该是客观观察而不是自我内省；除最简单的反射外，一切行为都是通过条件反射过程而后天习得的；心理学的任务就在于预测和控制行为。

华盛顿 Washington, D.C. 美国首都。全称华盛顿哥伦比亚特区，为纪念美国首任总统G.华盛顿和1492年发现美洲新大陆的意大利航海家C.哥伦布而命名。位于美国东部马里兰州和弗吉尼亚州之间，临大西洋。市区面积179平方千米，其中20.7平方千米为水域面积；人口59.18万（2008）。华盛顿-巴尔的摩大都市区扩及马里兰州、弗吉尼亚州和西弗吉尼亚州24个县，人口814.76万（2008）。

图1 美国国防部五角大楼鸟瞰

城市坐落在波托马克河畔，阿纳卡斯蒂亚河汇入处。地势低平，平均海拔仅22米。气候冬冷夏热，全年湿润。1月平均气温-3～6℃，7月22～31℃。平均年降水量980毫米。

1790年国会决定在波托马克河畔建新都，具体城址由华盛顿亲自选定，该地处于新独立的国家13州的中点位置。1791年总统委托法国建筑师P.-C.朗方主持城市规划设计。1800年城市初步落成，国会和政府机关由临时首都费城迁入，当年12月1日华盛顿正式成为美国首都。1802年设市。1812～1814年英美战争中，一度被英军占领，城市遭毁。战后重建。

华盛顿哥伦比亚特区在行政上直辖于联邦政府。1874年起，由总统任命市长，国会选出市政委员会成员，市民无选举权。1974年起，市长和市政委员均经市民选举产生。

作为美国的政治中心，华盛顿是总统府（白宫）、国会、国务院、国防部（五角大楼）等许多国家机构的驻地，联邦政府行政管理为城市主要职能，也是城市经济的主要驱动力。全市就业人口中，1/3以上在政府机关工作。华盛顿的巨大国内、国际影响力，吸引国内外许多大工商业公司、文教医疗机构

图2　华盛顿纪念碑

等在此设立总部或分部，也是世界银行、国际货币基金组织等许多国际机构的所在地。旅游业是城市经济的第二大产业。丰富多彩的旅游资源，特殊的行政地位，便捷的交通，又是国际会议中心，每年接待国内外游客达1 800万人次。除印刷出版、食品加工等外，城市没有其他制造业部门。交通发达。设有杜勒斯国际机场、华盛顿－巴尔的摩国际机场和华盛顿国家机场。

华盛顿市区依然保持当年朗方规划的格局，即棋盘形格状街道与斜行放射状街道相结合。以国会山为中心，市区分为西北、东北、西南、东南4个区。耸立在国会山上的国会大厦，高88米，由中央圆顶大厅和北翼参议院大楼、南翼众议院大楼组成，为城市的标志性建筑。从国会山沿着宾夕法尼亚大街西北行2千米处，是美国政治中枢——白宫的所在地，除首任总统华盛顿外，美国历届总统均在此居住和办公。国会大厦和白宫之间的“联邦三角”建筑群为联邦政府各部大楼和联邦储备大厦、国家档案馆等。最高法院在国会大厦的东南。国防部五角大楼在波托马克河西南岸。全市有各种纪念堂、塔、碑、像等300余座，大部分与历届总统有关。华盛顿纪念碑（169.3米）、第3届总统T.杰斐逊纪念堂、第16届总统林肯纪念堂，均坐落在国会大厦以西的长条形宽阔草坪带上。附近还有1997年新增的第32届总统F.D.罗斯福纪念堂，2004年开放的第二次世界大战国家纪念馆，以及阿灵顿国家公墓等。

美国著名文化城市之一。有乔治敦大学（1789）、乔治·华盛顿大学（1821）、美国天主教大学（1889）、霍华德大学（1867）等10所高等院校。在众多的科研、学术机构中，最著名的是国家科学院、史密森学会、布鲁金斯学会、全国卫生研究院、华盛顿卡内基学会、约翰斯·霍普金斯国际问题研究中心等。全市拥有数十所各类博物馆，其中最著名的首推**华盛顿国立美术馆**以及国家航空航天博物馆、美国历史博物馆、国家自然史博物馆、国家肖像馆、弗里尔美术馆、国家技术史博物馆等。国会图书馆（1800）是世界藏书量最大的图书馆之一。肯尼迪表演艺术中心（1971）包括音乐厅、歌剧院和艾森豪威尔剧院等，吸引全国一流艺术团体前来演出。还有华盛顿剧院、国家剧院等。主要体育设施有肯尼迪体育场等。市内多公园、绿地。罗克克里克公园（1890）是世界最大的城市天然公园之一，国家动物园以多小型哺乳动物著称于世，波托马克河上的西奥多·罗斯福岛是景色优美的自然保护区，还有波托马克公园、阿灵顿公园等。

华盛顿　Washington, George（1732-02-22～1799-12-14）　美国首任总统（1789～1797）、**北美独立战争**大陆军总司令。祖籍英国。生于弗吉尼亚州，卒于弗吉尼亚州。

没有受过系统的学校教育，通过实际锻炼，掌握了土地测量和农牧生产技术。1748年任英国殖民当局土地测量员。1752年成为维农山庄园的主人。18世纪50年代，曾参加英法**七年战争**（1756～1763），积累了军事指挥的经验。1759年当选为弗吉尼亚议员。后成为弗吉尼亚最大的种植园主。1763年，积极参与弗吉尼亚议会反英活动。七年战争后，走上争取独立的道路。1774年和1775年，先后作为弗吉尼亚议会的代表出席第一届、第二届**大陆会议**。1775年6月15日，当选为大陆军总司令。战争初期，连丢数城。1776年12月25日，乘敌之虚，深夜突袭特伦顿，大获全胜。1777年1月2日深夜，巧攻普林斯顿，重创英军，结束了大陆军连打败仗的局面。同年10月，大陆军在北方的萨拉托加大败英军。美法联盟正式建立后，整个战争形势大为改观。1781年10月19日，英军在突围时惨遭失败，全军投降。通过1783年的《**巴黎条约**》，迫使英国承认美国的独立。战争结束后，华盛顿解散了大陆军。1783年12月23日递交辞呈，解甲归田。1789年当选为美国第一任总统。他组织机构精干的联邦政府，颁布司法条例，成立联邦最高法院。他在许多问题上倾向于联邦党人的主张，但力求在联邦党和民主共和党之间保持平衡。1789年9月，在华盛顿主持下，通过了《法院法》，开始建立美国的司法系统。1793年，再度当选总统。同年4月22日发表中立宣言，宣布美国对正在欧洲进行的反法斗争采取中立立场。1796年9月17日，华盛顿发表“告别词”，要求人民凡事以国家利益为重，告诫美国切勿同任何国家缔结永久性的同盟，更不要卷入不必要的战争。同时，他表示不再出任总统，从而开创美国历史上摒弃终身总统、和平转移权力的范例。因对美国独立作出重大贡献，被尊为美国国父。

华盛顿国立美术馆　National Gallery, Washington　美国国家美术馆。位于华盛顿美国国会大厦附近。筹建于1937年，A.W.梅隆捐赠大量世界名画和雕塑给国家，并出资兴建馆舍，制订建馆计划。因此，也有人习惯地称之为梅隆画廊。另外还收到多人

华盛顿国立美术馆东馆外观

的捐赠，使藏品初具规模。1941年正式开放。1968年扩建东馆，由**贝聿铭**设计，1978年竣工。美术馆设有陈列室，资料、图书的收集机构和美术教育机构。馆内设备齐全。长期陈列欧美国家的艺术杰作，并经常举办各种展览会、艺术讲座、音乐会和学术研究报告会。在匹兹堡还设有修复制作室和独立研究机构。现馆藏作品近10万件。

华盛顿会议　Washington Conference　**第一次世界大战**后，美、英、日等帝国主义国家为重新瓜分远东及太平洋地区的殖民地和势力范围而由美国建议召开的国际会议。又称太平洋会议。1921年11月12日至1922年2月6日在华盛顿举行，美、英、法、意、日、比、荷、葡和中国北洋政府的代表团参加。华盛顿会议实质上是**巴黎和会**（1919）的继续，其目的是要解决《**凡尔赛和约**》未能解决的问题，即帝国主义列强之间关于海军力量对比和在远东、太平洋地区特别是在中国的利益冲突。会议标榜废除秘密外交，实际上所有重大问题都由美、英、法、日四国代表团团长会议先行讨论决定。会议期间签订了三项条约：①《四国条约》。1921年12月13日签订，全名《美英法日关于太平洋区域岛屿属地和领地的条约》，通称《四国条约》。有效期10年。规定：“互相尊重它们在太平洋区域内岛屿属地和岛屿领地的权利”；“缔约国之间发生有关太平洋某一问题的争端”，应召开缔约国会议解决；缔约国在太平洋区域的权利遭受任何国家威胁时，缔约国应协商采取有效措施。还规定：“1911年7月13日英国和日本在伦敦缔结的协定应予终止。”②《五国海军条约》。1922年2月6日签订全名《美英法意日五国关于限制海

军军备条约》，通称《五国海军条约》。规定：美、英、日、法、意主力舰总吨位的比例为5∶5∶3∶1.75∶1.75；航空母舰总吨位比例依次为13.5∶13.5∶8.1∶6.6∶6.6。英国被迫承认美国与英国海军实力的平等地位。美、英达到了限制日本海军力量的目的；作为让步，规定了美、英、日要塞和基地维持原状。③《九国公约》。1922年2月6日签订，全名《九国关于中国事件适用各原则及政策之条约》，通称《九国公约》。条约规定："尊重中国之主权与独立及领土与行政之完整"；"给予中国完全无阻碍之机会，以发展并维持一有力的巩固之政府"；"施用各种之权势，以期切实设立并维持各国在中国全境之商务实业机会均等之原则"。实质上是要挟中国政府执行"门户开放"、"机会均等"原则。

华盛顿会议签订的各项条约和通过的决议案构成华盛顿体系。这一体系是在承认美国占优势的基础上，确定了凡尔赛体系未能包括的远东、太平洋区域的帝国主义国际关系体系。它是凡尔赛体系的补充，但它并未消除帝国主义之间的矛盾。此后，美、日两国之间在远东及太平洋地区的争夺愈演愈烈。

《华盛顿邮报》 *The Washington Post* 美国有影响的英文对开日报。1877年在华盛顿创刊。1933年为金融家E.迈耶所有后，以独立的编辑方针和全面准确的报道逐渐确立了报纸的声誉，发展成为大报。1948年起控制和购买广播电台、电视台、《华盛顿先驱时报》、《新闻周刊》，1962年与《洛杉矶时报》合办洛杉矶时报－华盛顿邮报通讯社。属以格雷厄姆家族为代表的华盛顿邮报公司。

注重报道美国国会和政府的消息，是了解和研究美国内政外交的重要报刊之一。20世纪70年代由于报道五角大楼关于越南战争的秘密文件和率先报道"水门事件"而对美国的政治和社会生活产生重大影响。截至2008年，共47次获普利策奖。21世纪初，发行量平日81.3万份、星期日108.7万份。

华盛顿州 Washington State 美国太平洋沿岸一州。别称"常青州"。北以北纬49°线和胡安·德富卡海峡与加拿大不列颠哥伦比亚省分界，东与爱达荷州毗连，南与俄勒冈州相邻，西濒太平洋。面积184 666平方千米，其中陆地面积172 445平方千米。人口654.92万（2008），其中白人占81.8%，亚裔占5.5%，黑人占3.2%。州府奥林匹亚。主要城市有西雅图、斯波坎、塔科马等。

地形以山地高原为主。西部山地纵贯，约占全州面积1/3，海岸山脉紧逼太平洋岸；内侧为高大的喀斯喀特山脉，耸立一连串火山峰，其中雷尼尔山海拔4 392米，为全州最高点。喀斯喀特山脉以东地区约占全州面积2/3，主要属哥伦比亚熔岩高原，北落基山脉斜贯东北角，哥伦比亚河及其主要支流斯内克河等流贯其间，地面深受切割，多峡谷，富水力。西部属温带海洋性气候，1月平均气温0～4℃，7月约16℃；平均年降水量2 000毫米以上，迎风坡超过3 000毫米。东部属温带大陆性半干旱气候，1月平均气温－1～－7℃，7月18～24℃，平均年降水量200～500毫米。森林覆盖率51%，主要分布在西部，山地遍布针叶林；东部植被以草原为主。

原为印第安人居住地。16世纪中叶起，西班牙、英国等欧洲探险家先后到此。1818年后为英、美共管，两国争议不断。1846年6月签订《俄勒冈条约》，确定北纬49°线以北属英国，以南属美国。1848年美国国会设立俄勒冈领地，其范围包括今俄勒冈、华盛顿和爱达荷三州以及怀俄明州、蒙大拿州部分地区。1853年设立华盛顿领地，1863年该领地包括的爱达荷和蒙大拿先后脱离。1889年华盛顿领地作为美国第42州加入联邦。

农业收入的70%来自种植业，主要种植谷物、饲料作物和水果、蔬菜等。其中小麦、大麦、马铃薯、豌豆等产量均位居各州前列，干草、玉米、芦笋、洋葱等也是华盛顿州重要大田作物；盛产苹果、梨、桃、杏等各种温带水果，苹果产量高居各州之首。畜牧业以饲养肉牛、乳牛、家禽为主。近海渔业捕捞鲑鱼、大比目鱼、鳕鱼、鲱鱼等。林业发达，美国主要木材产地之一。首要工业部门是运输设备制造，其中以飞机制造为主，还包括船舶、卡车、宇航设备等，波音飞机公司闻名于世。其他主要工业部门有食品加工、仪表器械、机械制造、纸浆造纸、木材加工等。在廉价水电基础上发展电气冶金和电气化工，炼铝业尤为突出。计算机软件等发展较快，因州内著名的微软公司总部而成为高科技服务业中心。电力工业发达，其中水电占70%，大古力水电站装机容量居世界第三位。西雅图为全州最大工业中心，素有"飞机城"之称；其次是斯波坎、塔科马等。西雅图也是横贯大陆的铁路、公路、航空线终点站和重要海港。

州内火山、森林、冰川等自然景色壮观，辟有奥林匹克、雷尼尔山、北喀斯喀特三大国家公园和许多州立公园。奥林匹克国家公园被联合国列入《世界遗产名录》，每年吸引大批游客。有华盛顿大学、华盛顿州立大学、西雅图大学、西雅图太平洋大学等高等院校。1982年10月与中国四川省建立友好州省关系。

华氏温度 Fahrenheit temperature 历史上是华氏温标定义的温度。现为由摄氏度t(℃)按换算关系$t_F=32+(9/5)t$换算得出。是一种与热力学温度一致的温度表示，仍使用于西方国家的日常生活。华氏温标为第一个实用的经验温标，18世纪初由德国的D.G.华伦海特首先提出。华氏温标使用汞为测温物质，并规定标准大气压下水的冰点为32℉，沸点为212℉，其间等分为180个间隔，每格1度，称为华氏度，符号为℉；高于沸点和低于冰点的温度测量，按温度与汞柱高度之间存在线性关系外推确定。

华西列夫斯基 Vasilevsky, Aleksandr Mikhailovich（1895-09-30～1977-12-05） 苏联元帅。生于伊万诺沃州新戈利奇哈镇，卒于莫斯科。1915年加入俄军，参加第一次世界大战。1919年参加红军。1937调总参谋部任职，次年加入联共（布）。苏德战争期间，曾任苏军副总参谋长兼作战部部长、总参谋长兼副国防人民委员、方面军司令等职，主持制订一系列战役计划，参与组织、实施斯大林格勒（今伏尔加格勒）、库尔斯克等重大战役。1945年6月任远东苏军总司令，指挥对日作战，击败关东军。战后任苏军总参谋长，武装力量部副部长、部长。1953～1961年任国防部副部长、总监组总监。他具有领导、指挥大军团作战的卓越才能，其军事活动业绩对推动苏联军事学术的发展有积极作用。曾两次荣膺苏联英雄称号，获列宁勋章8枚。著有回忆录《毕生的事业》。

华西协合大学 West China Union University 1906年由英国、美国和加拿大各教会在中国联合创办的教会大学。校址在四川成都。先成立协合中学一所，1910年成立大学部，设有文、理、教育三科，开哲学、英文、中文、历史、经济学、物理、化学、生物、解剖学、教育学等课程。1913年设医科，1914年设牙科，1927～1928年医牙连科合并为8年制医牙学院。华西协合大学1933年正式立案，分设文、理、医牙三学院。附设的护士学校到20世纪40年代发展为护理学系。该校除设立综合性的附属医院外，尚有口腔病院、麻风病院、结核病院、眼耳鼻喉病院。1950年春，由中央人民政府接管，改为华西大学。1952年院系调整后，于1953年更名为四川医学院。1985年改名华西医科大学。2000年并入四川大学。

华夏文化 Huaxia culture 古代中华民族创造的文化。华夏又称诸夏，是中国和汉族的古称。“华”意为荣；“夏”意为中国，初指中国中原地区，后包含中国全部领土。华夏文化区经历了由小而大的过程：上古时期仅仅包括中原农耕区，随着周边少数民族与华夏族的不断融合，中原士民不断向南迁北移，华夏文化区渐次拓展，既包括黄河流域，也包括长江流域、珠江流域以及塞外和西域。

华夏文化是世界上历史最为悠久的文化之一，其创造的文明与古埃及、古印度、古巴比伦文明共同构成世界最早的四大文明。距今170万年前，长江流域出现元谋猿人，随后黄河流域出现蓝田猿人、北京猿人；距今30万～20万年前，黄河、长江流域进入早期智人时代；距今5万年前，黄河、长江流域进入晚期智人阶段。随后，相继形成磁山文化、裴李岗文化、仰韶文化、马家窑文化、红山文化、大溪文化、河姆渡文化、马家浜文化、屈家岭文化、良渚文化、金沙文化等。距今约5 000年前，华夏大地生活着黄帝及炎帝部落，太昊及少昊部落，以及九黎部落等。这些部落在长期的交流、兼并中，逐步融合，特别是炎、黄部落之间的合并，构成了华夏族的主干。尧、舜、禹时代，华夏族在中原地区形成统一的部落联盟。自夏代始建立国家。商周时期，中国的青铜文化和城市文明发展到一个新的高度。秦代实行“书同文”的政策与中央集权的政治制度，成为华夏文化不断扩展的思想和制度保障。几千年来，华夏文化一直是世界上最为强盛和繁荣的农业文明之一，至晚清时受到欧美近代工业文明强有力的冲击，在历史性转型中向近现代过渡。华夏文化是世界文化中唯一没有中断过的文化。

华夏文化主张“天人合一”、“和而不同”，崇尚“礼乐”和“仁义”，提倡“忠恕”和中庸之道，重视伦理道德和修身养性。春秋战国时代有诸子百家，以后有儒、释、道，汉“独尊儒术，罢黜百家”以后，儒学思想一直居于统治地位，成为华夏文化的核心。

北京天坛回音壁

华夏文化具有浓厚的农耕文明特性，是世界农作物的重要栽培中心（包括中国南方的稻、北方的粟等）：上古有神农氏的传说；早期文化遗址中出土有双齿木耒、带柄石镰、蚌镰等农具，春秋战国时期铁器和牛耕技术的应用；曲辕犁又称江东犁，出现在唐代江南地区，翻车和筒车等农业耕作和灌溉工具的不断发明；《齐民要术》、《陈旉农书》、《王祯农书》、《农政全书》等农学著作的相继涌现等。

华夏文化的重要载体是汉语、汉字。汉语是世界上使用人数最多的语言，尽管其中的各种方言互通性较差，但汉字的统一弥补了这个缺点。汉字是世界上最古老的文字之一，已有6 000年左右的历史。它的使用和统一为华夏文化的统一和发展作出了贡献。而且，它多为形声字，既表形，又表意；又一字一义、一字一个音节、同音多字等，极大地丰富了华夏文化，特别使其文学形式丰富多彩。

华夏文明在科技领域的一系列发明创造，为人类历史和文化的发展作出卓越的贡献。例如，在世界上最早发明制造测报地震的地动仪和观测天象的浑天仪，第一个精确计算出圆周率，最早使用纸张，最早利用石油和煤炭，还有造纸术、火药、印刷术、指南针四大发明和独特的建筑（见图）等。

由于东亚大陆地理隔绝机制的作用，华夏文化的发展具有相对独立性，成为世界上独树一帜的文明形态，与伊斯兰文明、基督教文明并称为世界三大文明。同时，它又具有开放性、宽容性，通过陆上丝绸之路和海上丝绸之路，与世界各国进行贸易往来，在唐代已开创世界上最长的海上航线，并善于吸收外来文化，例如对佛教、伊斯兰教的吸收，乃至并存等。

华兴会 Society for the Revival of China 中国清朝末年由黄兴在湖南创立的反清革命团体。1904年2月15日成立于长沙。黄兴为会长，宋教仁、刘揆一为副会长。其主张主要为“驱除鞑虏，恢复中华”的“国民革命”。

1904年初，黄兴亲赴湘潭，会见洪江会首领马福益，商洽起义计划。相约当年11月16日慈禧太后70岁生日前，于长沙皇殿埋置炸药，炸毙来行礼的湘省大吏，乘机起事。随即派宋教仁、陈天华等赴鄂、赣等地联络会党，届时相应。9月初，华兴会起义计划泄露，湖南官厅即着手戒备。至中旬，长沙城厢内外差弁密布，搜查起义据点，缉捕首事诸人。黄兴化装逃离长沙，抵上海，旋赴日本。宋教仁、陈天华、刘揆一等也相继东渡。马福益逃他省以图再起，次年在萍乡被捕，解长沙遇害。

1905年夏，孙中山到日本，会见黄兴、宋教仁、陈天华等，商洽联合组织全国性的革命团体。在同盟会筹备期间和成立以后，华兴会员绝大多数先后加盟入会，不少人成为同盟会的领导骨干。

华兴会的成立和起事，推动了两湖革命运动的兴起，并对同盟会的组成和发展起了很大的促进作用。

《华严经》 *Avataṃsaka Sūtra* 佛教经典。全称为《大方广佛华严经》。约成于公元2～4世纪间，初流行于南印度。有三种汉译本：《六十华严》，东晋佛陀跋陀罗译，60卷34品；《八十华严》，唐实叉难陀译，80卷39品；《四十华严》唐般若译，40卷，亦称《贞元经》，实即《华严·入法界品》之别译。

此经主要思想在三界唯心、深入法界、佛性现起等命题。讲菩萨的十信、十住、十行、十回向、十地等法门行相及修行的不同果报；从法性本性说一切法界等同一味，了无差别而无尽缘起；其对普贤愿行及十方成佛思想的强调，对大乘佛学发展影响甚为深远。此经在隋唐时传习甚隆，华严宗便以此为本据。智俨（华严二祖）弟子新罗僧人义湘曾受学此经，成为朝鲜华严宗初祖；唐道璿东渡日本传此经，为日本华严宗初祖。

此经注疏甚多，印度即有龙树《大不思议论》、世亲《十地经论》等；在中国，隋时有吉藏《华严经游意》、杜顺《华严五教止观》；唐时有智俨《华严搜玄记》、《华严孔目章》，法藏《华严经探玄记》，澄观《华严经疏》等。

华严宗 Huayan sect of Buddhism 中国佛教宗派。因以《华严经》为根本经典，故名。实际创宗人为法藏，世称贤首大师，故又名贤首宗。华严宗谱系为杜顺—智俨—法藏—澄观—宗密。华严宗本源可追溯至南北朝时的地论学派。《十地经论》即对《华严经·十地品》的解释。华严早期创始人为陈隋间的杜顺（法顺，557～640）初祖，二祖智俨（602～668）所撰的《华严孔目章》、《华严五十要问答》等影响深远；三祖法藏将师说加以系统化，撰有《华严经探玄记》、《华严经旨归》、《华严经义海百门》、《华严一乘教义分齐章》、《华严金师子章》等。四祖澄观（737～838）撰《华严经疏》并《随疏演义钞》。五祖宗密（780～841）虽说华严义理，却以南宗禅为旨归，实启后世禅教一致之端。华严宗判教体系主张五教十宗，以《华严经》为最高经典，自称一乘圆教、别教一乘。其教理核心为法界缘起说，认为宇宙万法相即相入，相互依持，不仅现象与现象之间，而且现象与终极原理之间都有一种圆融无碍的共存关系。华严宗以四法界说、六相圆融说、十玄缘起说说明理彻于事，即事显理的关系。这种本质与现象同一又有差别的理论，为后来的儒家新理学所继承。澄观在唐德宗时受封"清凉国师"，宪宗时又为全国僧统，故华严势力大张。武宗灭佛后，一蹶不振。北宋时子璿（964～1038）、净源（1011～1088）中兴宗学。高丽王子义天携该宗散失的疏钞来学于净源，教典始得再备。晚唐至宋末，华严宗学不出宗密禅顿融通的传统。宋元明三代，此宗略能守成。元有妙文（1237～1319）、文才（1241～1302）两家；明代华严学者多兼习法相。祩宏、德清、智旭皆习圆教。终清一代，华严宗学不绝如缕，且时有可观者。

《华夷图》 中国现存最早的石刻地图。绘图人不详。于刘豫阜昌七年十月朔（南宋绍兴六年，1136年10月27日）上石，现藏于西安碑林博物馆。《华夷图》刻于石的背面，正面刻《禹迹图》。《华夷图》上方朝下，下方朝上，与《禹迹图》正相反，因而这是一块作为印刷用的两面刻有地图的石版。图纵横各约79厘米。根据图上无宋政和七年（1117）以后建置的行政区名，可以推定制图时间的上限是政和七年。又图右上方记有"契丹即今称大辽国"，可知作图时辽尚未亡，而辽亡于金的时间是宋宣和七年（1125）。故《华夷图》的绘制时间当在1117～1125年间。图上内容以中国为主，图上不画方格，有山脉、河流、长城和各州的名称，其位置大体与实际相近，但山东半岛出入较大。山脉用人字形表示，河流为单曲线，河流名称注记在河源处。图上所绘长江，其上游显然是岷江之上的一条大江，但"江水"二字却注记在岷江之源，这是受《尚书·禹贡》"岷山导江"的影响。黄河源在积石山西南，是"河出昆仑说"的反映。长城的符号很形象。域外地名注记在图的四周。此《华夷图》可能是以唐代贾耽的《海内华夷图》为底图编绘缩制而成的。

华蓥山 Huaying Mountain 中国川中丘陵和川东平行岭谷的天然界山。又称西山。位于四川省东部和重庆市西北部。地质构造为褶皱背斜山地。山脉作北东向展布，长约300余千米，有九峰山、缙云山和中梁山3支脉。山势东缓西陡，海拔700～1 000米，主峰高登山1 704米，为四川盆地底部最高峰。华蓥山是四川主要产煤区之一，已建有华蓥山煤矿、天府煤矿、中梁山煤矿。华蓥山西南余脉缙云山位于重庆市北碚区境内，为重庆市名山和中国著名风景名胜区之一，古称巴山。全山有九峰并峙，气势雄伟，有"小峨眉"之称。共有植物1 700多种，其中有北碚猴欢喜、缙云槭、香果树、红豆杉等珍稀植物。1979年建立缙云山自然保护区。

华蓥市 Huaying City 中国四川省辖县级市。位于省境东部，四川盆地区的华蓥山西侧。面积466平方千米。人口36万（2008），以汉族为主。1978年析岳池县、广安县等置华蓥工农示范区。1979年改华云工农区。1985年改置华蓥市。由广安市代管。华蓥山是四川省重要产煤区，煤炭储量5亿多吨，煤种多样，建有绿水洞、高二矿、李子垭等煤矿。华蓥山石灰岩分布广，品位高达80%左右，有利于发展水泥、石灰工业。此外，有丰富的硫铁矿、石膏、滑石、方解石、铝矾土等。工业以煤炭、电力、建材、机械、食品、化工、冶金、造纸等为主。名胜古迹有华蓥宋墓、华蓥山森林公园、佛教圣地宝鼎、天池湖、褒先寺、回龙寺等。

华中科技大学 Huazhong University of Science and Technology 中国多科性高等学校。属教育部。校址在武汉。2000年由华中理工大学、科技部干部管理学院、同济医科大学、武汉城市建筑学院合并重组而成。华中理工大学的前身是1953年建立的华中工学院。同济医科大学是1951年由原同济大学医学院及武汉大学医学院合并组成。重组后的华中科技大学有哲学、经济学、法学、教育学、文学、理学、工学、医学、管理学、史学、农学11个大门类。有培养学士、硕士和博士的教学体系，有国家重点学科、国家工程研究中心和国家专业实验室等。

华兹华斯 Wordsworth, William（1770-04-07～1850-04-23） 英国诗人。又译渥兹渥斯。生于英格兰科克茅斯，卒于吕达尔芒特。8岁丧母，13岁丧父。由舅父照管。1787年入剑桥大学。1795年从一位朋友那里接受了一笔遗赠年金，有了实现回归大自然夙愿的可能，便同妹妹多萝西移居乡间。1795年同诗人S.T.柯尔律治相识。后两人共同出版《抒情歌谣集》(1798)。1798～1799年间在德国创作了《采干果》、《露斯》和组诗《露西》，并开始创作自传体长诗《序曲》。《序曲》共14章，回忆他的童年、剑桥、阿尔卑斯山漫游等各个生活时期的感受和思想，总结自己作为一个诗人的成长过程。1805年完成。诗歌创作的黄金时期是1797～1807年。1843年被封为英国桂冠诗人。由于他与柯尔律治等诗人常居住在英国西北部多山的湖区，被称为湖畔派诗人。

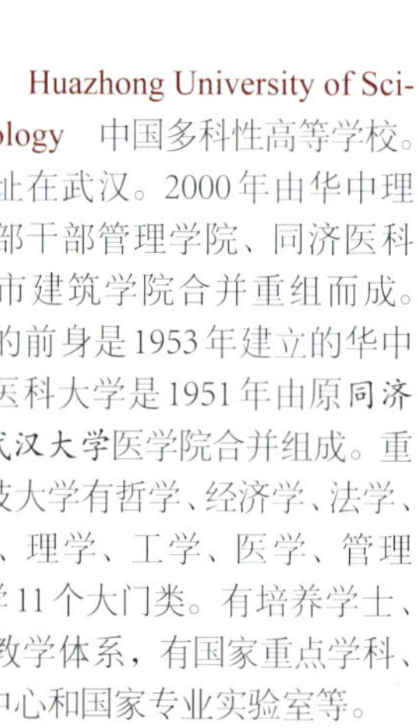

早期诗歌《黄昏信步》和《写景诗》，主要是对大自然的描写。从《抒情歌谣集》开始，将一种崭新的风格带到诗歌创作中，开创了英国文学史上浪漫主义诗歌的新时代。他为《抒情歌谣集》再版所写的序言被认为是浪漫主义文学的宣言。主要作品还有《不朽的征兆》(1802～1804）以及由《序曲》和《漫游》两部分组成的哲理性长诗《隐者》(1888）等。

滑板 skateboarding 脚踩装有轮子的小板在坚硬地面上滑行的一项体育运动。滑板形似冲浪板，由板面、2个轮架和4个轮子组成。滑板运动兴起于美国加利福尼亚州。最初人们受冲浪运动的启发，在短冲浪板上安上轮子做滑行游戏。后来，芝加哥滑轮公司开始生产滑板。1965年开始举办滑板正式比赛。20世纪70年代末有了世界性的比赛。90年代初，滑板运动传入中国。滑板运动有自由滑和速度滑两种，可在平坦的柏油路上进行，也可在斜坡上滑行。专供滑板运动用的场地呈"V"字形。滑板动作有大回转、小回转、90°转体、跳转180°等。

滑冰 skating 借助专用冰刀或其他器材，在天然或人工冰场上进行的体育运动。滑冰最早是劳动人民的一种交通运输手段，后逐步发展为滑冰游戏，直到现代的滑冰运动。1889年，在荷兰阿姆斯特丹举行了第一次国际速度滑冰比赛。1892年国际滑冰联盟正式成立，决定每年举行1次世界、欧洲速度滑冰锦标赛和世界、欧洲花样滑冰锦标赛。1924年，举办第1届冬季奥林匹克运动会，速度滑冰和花样滑冰先后被列为比赛项目。中国的滑冰运动历史悠久。宋、元、明、清各代都有滑冰活动的有关记载。19世纪末期，西方滑冰运动传入中国。中华人民共和国建立后，1953年第一届全国冰上运动会，速度滑冰和花样滑冰被列为比赛项目。此后，在一系列国内、国际比赛中，中国滑冰运动员均获得了优异的比赛成绩。

滑稽 comic 美学范畴的一种。又称喜剧、喜剧性。从审美对象的角度说，它包含某种丑的因素；从审美经验的角度说，它主要引起主体无伤的嘲笑和无害的快感。

早在古希腊时期，亚里士多德就将喜剧作为美学范畴来研究。在亚里士多德看来，喜剧是对比一般人较差的人物的无伤的嘲笑，给人一种无害的快感。I.康德认为，喜剧是主观理性对喜剧对象的一种自由轻松的嘲弄。他认为“在一切引起活泼的撼动人的大笑里必须有某种荒谬背理的东西存在着”。马克思认为，喜剧是旧势力在新事物已经取得了主导地位之后，还以伪装的面目粉墨登场，其结果是在人们的嘲笑声中，现出自己真实的本质，并在强大的新事物面前走向灭亡。

一些美学家还就滑稽的笑的发生机制进行了探讨，如康德认为，“笑是一种从紧张的期待突然转化为虚无的感情”。T.霍布斯认为，“笑的情感不过是发现旁人的或自己过去的弱点，突然想到自己的某种优越时所感到的那种突然荣耀感”。H.柏格森认为，喜剧的关键因素是机械和僵直，最可笑的是将“一些机械的东西加盖在生活上”。N.哈特曼则认为，喜剧中常常会产生某种“透明错觉”：在观察者面前某种属于深远内层的东西被虚构成为伟大而重要的事物，为的是最后化为某种无意义的东西。

滑稽戏 harlequinade opera 中国戏曲剧种。1921年文明戏演员王无能在一次堂会中，表演了单口的滑稽节目，受到欢迎，不久便挂牌演出，初名“独脚戏”，后称“滑稽”。接着有江笑笑、刘春山等崛起，三人风格各异，有“滑稽三大家”之称。20世纪30年代，演员队伍不断扩大，演出形式亦由单人发展为“双档”和“多档”。40年代初，江笑笑、鲍乐乐、杨天笑、赵宝山等滑稽演员联合文明戏演员，在苏州演出整本大戏《一碗饭》，这是由“滑稽”发展为滑稽戏的第一个剧目。其后，杨天笑、赵宝山等组织“天宝剧团”，在苏州、无锡一带演出；江笑笑、鲍乐乐等组织“笑笑剧团”，在上海演出。此后，滑稽戏剧团纷纷组建，成为流行于上海和江苏、浙江部分地区的戏曲剧种。

滑稽戏擅演喜剧和闹剧，讲究情节滑稽、表演夸张。剧中人物杂用各地方言，唱调吸收南方戏曲与曲艺的腔调，以及民间小调、流行歌曲等。剧目大多取材于民间笑话、社会新闻，或改编文明戏剧目。

滑轮 pulley 由轮缘带沟槽的小轮以及跨过沟槽的柔性绳、索、缆、链、带等组成。简单机械的一种。轮能绕中心轴自由旋转，通过槽内绳索或链条的运动来实现机械效能。工作依据是杠杆原理。滑轮组由若干定滑轮和动滑轮组成，相当于多个杠杆的组合。定滑轮相当于支点居中的杠杆，不能省力，只能改变力的方向。动滑轮相当

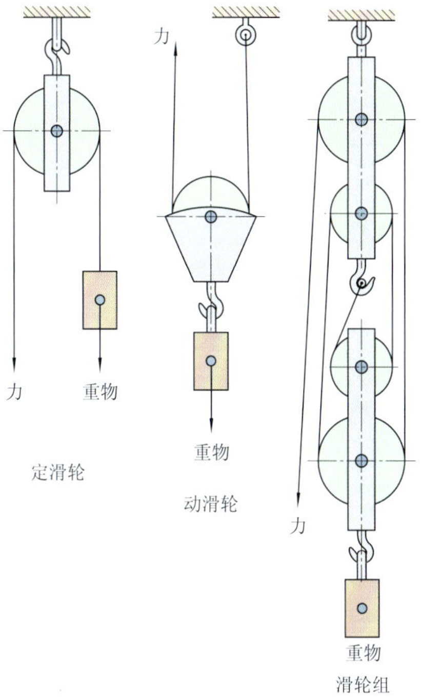

滑轮的形式

于阻力点居中的杠杆，可省力一半。滑轮组省力效果显著，组合方式不同时省力的程度也不同。

滑坡 landslide 土体、岩块或堆积物在重力作用下沿滑动面作整体下滑运动的过程和现象。又称塌方。是一种危害极大的灾害性地貌现象。滑动的岩块、土体称为滑动体；下滑的底面称为滑动面。斜坡是滑坡发生的基础，大多数滑坡发生在坡度小于40°～50°的缓斜坡上。类型很多。按组成物质分为土质滑坡和岩质滑坡：土质滑坡又分为黏土滑坡、黄土滑坡、碎屑滑坡；岩质滑坡又分为沉积岩滑坡、风化岩浆岩滑坡、变质片岩滑坡等。按滑动体厚度分为浅层滑坡（厚数米）、中层滑坡（厚数米至20米）、深层滑坡（厚20米以上）。滑坡的运动速度差异大，有慢得人们的肉眼难以觉察的滑坡；有快如崩塌型的滑坡；不少滑坡的活动具有间歇性。

滑石 talc 化学组成为$Mg_3[Si_4O_{10}](OH)_2$、晶体属三斜晶系的硅酸盐矿物。假六方片状单晶少见，常呈致密块状、叶片状、纤维状或放射状集合体。白色、灰白色，也常被杂质染成各种颜色。玻璃光泽或蜡状光泽。底面解理完全，解理面上呈珍珠光泽。具很强的滑腻感。莫氏硬度1。密度2.58～2.83克/厘米^3。耐强酸、强碱，化学稳定性好；具优良的电绝缘性、耐热性、分散性、易加工性；煅烧后硬度和机械强度大增，莫氏硬度可达到6；收缩率和膨胀率都很小。用途广泛，是制造特种陶瓷和耐火材料的原料；在造纸和橡胶等工业中用作填料。质软、滑腻、光泽柔和的块滑石用于雕琢工艺品。滑石还是传统的中药。属典型的热液蚀变矿物，通常是富镁岩石经热液蚀变而成。蛇纹石化橄榄岩在晚期热水溶液及CO_2的作用下，也可形成滑石。所以滑石常呈橄榄石、顽火辉石、角闪石、透闪石、白云石等矿物的假

像。中国滑石探明储量居世界前列。著名产地有辽宁海城、本溪，山东海阳、平度、莱州，四川冕宁，广西环江、桂林，新疆库米什等。

滑水 water skiing 水上运动之一。以一定的动力牵引，使人能够在水面上滑行，集体能、技能与表演于一体。现代滑水起源于20世纪初。1946年国际滑水联合会成立。滑水运动大致分为：跳跃滑水、花样滑水、回旋滑水、尾波滑水等。

跳跃滑水指运动员使用一对较长较重的水橇板，在一定的恒定船速拖带下滑上跳台，腾空跃起后着水。比赛时以运动员的着水点和跳台台端之间的距离评定成绩。跳台台面呈斜坡形，长7.45米，宽4.25米，跳台顶端距水面高度因跳跃者而异，女选手使用1.5米或1.65米，男选手使用1.65米或1.8米台高。当前男选手最好成绩为70米以上，女选手最好成绩接近60米。花样滑水指运动员使用的水橇是一个短而较宽、两端呈弧形的单板，两只脚的脚套固定在板上。运动员须根据国际滑水联合会批准的规定动作进行比赛，花样动作主要分为尾流（运动员手握拖绳拉把）和脚勾（运动员用脚钩住拖绳拉把）动作。每个花样动作均有规定的分值。运动员要在2组20秒钟之内完成一整套的动作编排。回旋滑水指运动员使用的水橇是一个较长而窄的单板，一端较

回旋滑水场面

宽是橇头部分，另一端较窄为橇尾，下部装有尾鳍。运动员两只脚的脚套固定在这块单板上。比赛时，要在规定的船速拖带下首先穿过一组2.5米宽的门标，然后以S形连续绕过按规则放置的左右各3个球标，最后至滑水场地另一端的门标。每成功滑行一次，为完成一个滑程。尾波滑水是20世纪90年代新兴并快速普及的一种滑水项目。尾波水橇类似于花样水橇，但比花样水橇更宽大，两端底部均装有尾鳍。尾波滑水者主要是利用拖船行驶中尾部形成的尾浪完成一系列转体和空翻动作。滑水运动还有如赤脚滑水、伞翼滑水、跪板滑水、索道牵引滑水等其他形式。中国滑水协会于1986年成立，同年加入国际滑水联合会。中国滑水运动起步较晚，但发展很快，在国际滑水比赛中多次获得冠军。

滑膛炮 smoothbore gun 身管内壁无膛线的火炮。早期的火炮都是前装滑膛炮，从炮口装填弹药，发射球形实心弹或球形爆炸弹。因滑膛炮的炮弹与炮膛弥合不严，造成火药燃气外泄，使火药推力减小，故射程近，射击密集度差。19世纪中叶以后，线膛身管在火炮上广泛使用，滑膛身管仅在迫击炮、无坐力炮上使用。现代滑膛炮发射带尾翼的炮弹，弹丸的稳定飞行靠尾翼保持。滑膛反坦克炮发射尾翼稳定脱壳穿甲弹，可充分提高穿甲弹比动能，有效地击毁坦克；发射尾翼稳定碎甲弹，可提高对直射距离内目标的命中率和碎甲效果。20世纪60年代以后，滑膛炮作为反坦克武器得到发展，一些主要的军事国家相继研制出90、100、105、115、120、125毫米口径的多种滑膛反坦克炮和滑膛坦克炮。其中100、115、125毫米的滑膛炮可以发射炮射反坦克导弹，使滑膛炮攻击远距离装甲目标的能力大为提高。

滑铁卢 Waterloo 比利时中部城镇。位于布鲁塞尔以南18千米。面积21.41平方千米。人口2.96万（2009）。1815年6月18日，英荷联军和普（普鲁士）军与法国军队在此决战，拿破仑一世遭到彻底失败，从而结束了法国与欧洲其他国家连续23年的战事。古战场遗址建有滑铁卢纪念碑，它矗立在一座高约50米、方圆300米的人造小丘上。碑顶有纪念滑铁卢之战的雄狮和大炮青铜像。附近建有滑铁卢之战纪念馆，内有一幅高约7米、长约110米的滑铁卢之战全景油画。

滑铁卢之战 Waterloo, Battle of 拿破仑战争期间，法军同反法联盟军队在布鲁塞尔以南滑铁卢地区进行的决战。1815年3月，拿破仑一世从被囚禁的厄尔巴岛回到法国再登帝位并重建军队。英、俄、普、奥等国立即组成第七次反法联盟，准备调集70万大军分路进攻法国。英荷联军和普军率先进驻比利时。拿破仑决定先发制人，于6月15日率军约12万人进入比利时，16日在利尼之战中打败普军，随即分兵追击，主力则转向英荷联军。18日，A.W.威灵顿率英荷联军6.8万人在滑铁卢附近占领阵地，依托圣让安山阻击法军。拿破仑于正午前以7.3万的优势兵力发起进攻，未能达成突破。傍晚，普军主力赶到战场。夜里，联军发起全面反击，迫使法军全线崩溃。拿破仑率随从逃离战场。此战，法军损失3.4万人，联军损失2.3万人。战后，拿破仑再次退位，被流放到大西洋上的圣赫勒拿岛。

滑铁卢纪念碑

滑翔机 glider 大多没有动力装置、重于空气的固定翼航空器。可由飞机拖曳起飞，也可用绞盘车或汽车牵引起飞，还可从高处的斜坡上下滑到空中。在无风情况下，滑翔机在下滑飞行中依靠自身重力的分量获得前进动力，这种损失高度的无动力下滑飞行称滑翔。在上升气流中，滑翔机可像老鹰展翅那样平飞或升高，通常称为翱翔。现代滑翔机主要用于体育运动，分初级滑翔机和高级滑翔机。前者主要用于训练飞行，后者主要用于竞赛和表演，有的还可以完成各种高级空中特技，如翻筋斗和螺旋等。20世纪70年代以后，悬挂滑翔机在现代科学技术的基础上（结构材料的改进和制造工艺水平的提高）开始复苏，吸引了大量飞行爱好者。

滑翔机具有狭长机翼，机身外形细长，呈流线型。高级滑翔机的机翼展弦比可达30以上，驾驶员躺卧舱中，以减小机身截面积。机体表面光滑，借以提高滑翔机的升阻比，减小滑翔飞行中的下滑角。有的滑翔机机翼上还装有可操纵打开的减速板，用于在必要时增加阻力，或是在着陆下滑时调整下滑角。动力滑翔机装有小型辅助发动机，不需外力牵引即可自行起飞，当到达预定高度时关闭发动机进行滑翔飞行。现代滑翔机采用强度高、重量轻的材料制造。主要结构材料有木材、层板、织物、铝合金和玻璃钢等。20世纪70年代以后出现了用碳纤维复合材料制造的高级滑翔机。现代悬挂滑翔机的机翼大多为刚性的掠翼和柔性伞翼（见图）。

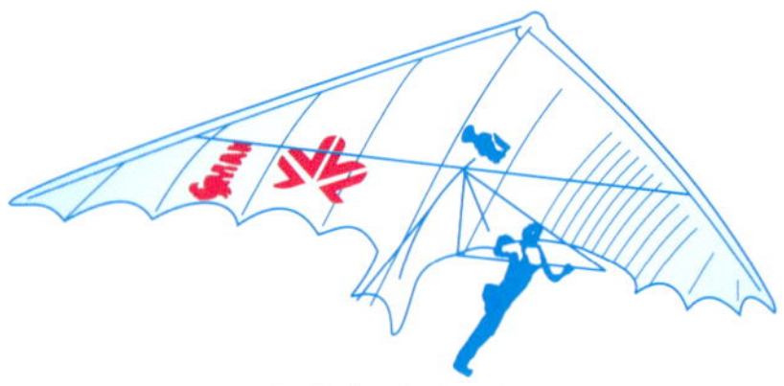

悬挂伞翼滑翔机

滑翔运动 gliding 驾驶滑翔机在空中进行翱翔训练、竞赛、表演的一项航空运动。自古即有人研究鸟类的飞行，制造出最原始的飞行器。中国春秋时代有公输子（鲁班）削木为雕（即“鹊”）“成而飞之，三日不下”。在欧洲，1891年德国人O.李林达尔设计制造出第一架能飞的悬吊式滑翔机。被世界公认为滑翔运动的先驱。中国的滑翔运动始于20世纪30年代。隋世新、朱晨于1931年设计制造出中国第一架滑翔机。中华人民共和国建立以后，滑翔运动发展很快，先后建立了滑翔站、滑翔机制造厂，成立了航空俱乐部和滑翔学校等。滑翔机是一种重于空气且不主要依靠发动机在空中自由飞行的固定翼飞行器。滑翔机外形和操纵原理与飞机基本相似。滑翔机多由木质、金属、复合材料等制成。滑翔机起飞一般有3种方式：橡筋弹射、地面牵引（汽车或绞盘车）或飞机牵引，常用的是绞盘车牵引和飞机牵引。滑翔机升到一定的高度时，主要依靠大气中的上升气流滑翔。滑翔比赛的项目主要有留空时间、升高高度、飞行距离和飞行速度，主要以比赛速度为主。国际航空联合会滑翔委员会于1950年成立，负责组织举办大型国际比赛和世界锦标赛，制定竞赛规则，批准世界纪录。1964年中国航空运动协会成立。国际航联设有滑翔运动银质证章、金质证章和宝石证章。对一次完成1 000千米以上滑翔距离的滑翔员，可获得国际航联颁发的专项证章。

滑雪 skiing 运动项目之一。以立姿，持雪杖，借助于雪板在雪地上滑行。早在约5 000年前，在北欧、西伯利亚等地已有人滑雪。1733年，挪威人写出世界第一部指导滑雪运动的书。1877年挪威成立了世界最早的滑雪俱乐部。1883年挪威滑雪联合会成立。1924年1月第1届冬季奥林匹克运动会举行，并成立国际滑雪联合会，进行了北欧项目的比赛。1936年第4届冬奥会增加高山滑雪比赛项目。世界性滑雪比赛，除冬季奥运会外，还有世界滑雪锦标赛、世界杯滑雪比赛等。中国的滑雪运动历史亦很久远。古籍《北史》有“地多积雪，惧陷坑阱，骑木而行”的记载。20世纪30年代初，近代滑雪运动在中国初步展开。1949年中华人民共和国建立后，滑雪运动得到进一步发展。2006年第20届冬奥会上，中国的韩晓鹏获得自由式滑雪空中技巧金牌。

现代滑雪运动可分为娱乐健身滑雪、竞技滑雪、实用滑雪及探险滑雪几类。竞技滑雪类项目有**高山滑雪**、**北欧滑雪**、**自由式滑雪**和**单板滑雪**。竞技滑雪类项目，一直向着提高速度、难度、远度、高度、表演技巧和不断创新的方向发展。冬季滑雪运动的用具包括滑雪板、雪杖、鞋、盔形帽、防风镜等。

滑雪运动员的空中动作

化肥 chemical fertilizer 化学肥料的简称。见**无机肥料**。

化感作用 allelopathy 植物通过根、茎或叶向周围环境释放特定的化学物质，从而对邻近植物产生影响的作用。也包括微生物对植物的作用及各种生物间的作用。又称异种克生现象或种间感应作用。数株异种的树生长在一起，有些树被昆虫吃得树叶稀少，而周边异种的树则很少被昆虫吃掉，这是因为某些树释放的化学物质被周围的树接收，并对其抗虫性产生了有益的影响。化感作用也会产生有害的影响，如抑制其他种植物的生长。化感作用在构建群落结构、病虫害防治等方面有重要作用。利用化感作用可以抑制由于水体富营养化产生的藻类（如蓝藻）。

化工 化学工业、**化学工程**和**化学工艺**的总称或简称。现代汉语中的惯用词。《中国大百科全书》第一版就有《化工》卷，即包括工业、工程和工艺的全部内容。此外，如“化工学会”、“化工学报”、“石油化工”、“**煤化工**”等名称中的“化工”都是工业、工程和工艺的总称。

化工机械 chemical machinery 化学工业生产中为实现化学反应和单元操作过程而使用的机器和设备。

分类 按主要部件的运动情况，可分为两大类。①化工机器。主要部件为运动件的化工机械，如泵、压缩机、风机、分离机械、**粉碎机械**等。②化工设备。主要部件静止或很少运动的化工机械，如各种容器、反应器、塔器、热交换器、萃取设备（见图）、储罐、槽车等。

按在化工装置中的作用，可分为：①反应设备。主要有搅拌式反应设备、固定床反应设备、沸腾床反应设备和管式反应设备。根据化工工艺要求，反应设备可设计为连续式的或间歇式的，并可带混合装置、加热或冷却装置、加压或减压装置、流体分配装置和催化剂支承装置等。②换热设备。又称换热器或热交换器。③分离设备。包括塔器、萃取设备、吸附器、离心机、过滤设备、**蒸发器**和**干燥器**等。④储运设备。可分为固定式和移动式两类。固定式包括球形储罐、圆筒形储罐等；移动式包括气瓶、罐式集装箱和直接将储存容器安置在运输工具上的汽车槽车、铁路槽车等。⑤流体输送机械。包括泵、**通风机**和压缩机。

特点 现代化工要求化工机械：①具有连续运转的安全可靠性。②在一定操作条件（如温度、压力）下，具有足够的机械强度。③具有优良的耐腐蚀性能。④密封性好。⑤高效和低能耗。

化合量定律 combining weight, law of 每种**化合物**中的各元素的化合量之间的比例都可用一个确定的数或这个数的整倍数表示。化合物是由元素按一定质量比例化合而成的，如下表所示。表中所列的12种化合物中各元素的质量百分组成之间似乎毫无规律可循。但是如果选定^{12}C（质量数为12的碳的同位素）为3.00，或选定氧为8.000，或氢为1.008作基准，则表中所列各元素的相对质量却极有条理。4种含硫化合物中硫的相对质量都是8或8的整倍数；6种含碳化合物中碳的相对质量都是3或3的整倍数。以^{12}C、H或O为基准的各元素化合的相对质量称化合量或当量。

化合物名称	各元素的质量百分组成		各元素的相对质量				
			H	O	S	C	Cu
水	O(88.8)	H(11.2)	1	8			
硫化氢	S(94.1)	H(5.9)	1		16		
乙炔	C(92.2)	H(7.8)	1			12	
一氧化碳	O(57.1)	C(42.9)		8		6	
二氧化碳	O(72.8)	C(27.2)		8		3	
二氧化硫	O(50.0)	S(50.0)		8	8		
氧化铜	O(20.1)	Cu(79.9)		8			32
氧化亚铜	O(11.2)	Cu(88.8)		8			64
二硫化碳	S(84.2)	C(15.8)			16	3	
硫化铜	S(33.5)	Cu(66.5)			16		32
乙醚	O(21.6) H(13.6)	C(64.8)	5	8		24	
乙醇	O(34.7) H(13.2)	C(52.1)	3	8		24	

19世纪中叶**原子**概念还没有获得直接证明，**原子量**问题尚未解决，为确定原子量而测定了许多化合物的百分组成，从大量实验测得的数据中总结出这个化合量定律，它对确定原子量起了极其重要的作用。

化合物 chemical compound 由两种或两种以上**化学元素**的**原子**借**化学键**结合而生成的组成固定、物相单一的物质。如水H_2O是由氢和氧两种元素组成的化合物。至今已知113种元素，它们可以组合成的化合物超过2 500万种。化合物可以分为**有机化合物**和无机化合物两大类。在已知的化合物中绝大多数是有机物。有些简单的有机化合物（如乙烯、丁二烯等）还可以经过聚合反应，使千万个小分子重复连接，并蜷曲交织在一起，其分子量可达几千甚至几百万，这类物质称**高分子化合物**，如蛋白质、纤维素、聚乙烯、丁苯橡胶等。无机化合物是指除碳氢化合物及其衍生物之外，所有元素生成的化合物。如氯化钠NaCl、二氧化硅SiO_2、一氧化碳CO、碳酸钠Na_2CO_3等，无机化合物涉及元素种类虽然很多，但无机物的种类比有机物少得多。

另有一类组成在小范围内变动的化合物称为非整比化合物。

化觉巷清真寺 Mosque of Huajue Alley 中国伊斯兰教清真寺。又称西安清真大寺，俗称东大寺。刻于明万历三十四年（1606）的冯从吾碑记中名清修寺。位于陕西省西安市化觉巷内。始建年代说法不一，一说为明洪武二十五年（1392）由赛哈智奉谕始建，重修于成化二年（1466）。成化十八年（1482）奏请改寺名为敕赐清修寺。此后历经嘉靖元年（1522）、万历三十四年、清乾隆三十年（1765）多次修葺扩建。化觉巷清真寺规模宏大，东西向呈五进院落，南北建筑对称，设门楼，厅堂前后贯通。主体建筑为前后大殿、省心楼、凤凰亭、朝阳殿，合称“五凤朝阳殿”。中央凤凰亭为六角形，飞檐尖顶，形若

化觉巷清真寺省心楼

凤头；两侧亭为三角形，左右翘翼，三亭相连呈凤凰展翅状。大殿可容2 000人礼拜，殿前两侧内山墙为巨幅砖雕花卉。殿壁布满《古兰经》阿拉伯文雕刻。寺内存有历代碑碣匾额及香炉、经匣、静物画等宗教文物。著名的有米芾"道法参天地"碑和董其昌书"敕赐礼拜寺"木匾，阿拉伯文"一真"木匾，清雍正十年（1732）阿拉伯文"月碑"等。明末清初，该寺曾为陕西穆斯林经堂教育的中心。

化隆回族自治县 Hualong Hui Autonomous County 中国青海省海东地区辖自治县。位于省境东部，黄河北岸。面积2 740平方千米。人口20万（2010），回族约占总人口的一半，还有藏族、汉族、撒拉族。古为羌地。西汉属晋城郡，东汉属西平郡。东晋咸康元年（335），在今群科镇筑黄河城。北魏置石城县，西魏改石城县为化隆县。后几经更名。1929年青海建省时更名巴燕县。1931年改为化隆县。1954年改设化隆回族自治区，1955年改称化隆回族自治县。矿产有硅石、岩金、铜、镍等。工业以采矿、农机修造、建材、粮油加工为重点。农业以种植小麦、油菜、青稞为主。名胜古迹有卡约文化巴燕遗址、日干墓地、丹斗寺、阿河滩清真寺等。旅游景观有八宝山风景区。

化脓性骨髓炎 pyogenic osteomyelitis 化脓菌感染引起的骨、骨膜、骨髓腔的炎症。病原菌多为金黄色葡萄球菌，占75%～90%；溶血性链球菌、白色葡萄状球菌次之；肺炎双球菌、伤寒杆菌、大肠杆菌及绿脓杆菌也可引起。感染途径有血源性、蔓延性及外伤性。血源性者病菌自远处病灶经血行感染于骨，好发于长管状骨的干骺端，形成脓肿，经骨皮质扩散形成骨膜下脓肿，又经哈弗斯氏管进入髓腔，阻断血运，形成死骨。该病好发于童年，男性较多。病变发展快，破坏性大。早期表现为高热、骨痛及压痛；晚期为患区炎性反应、肿胀及脓肿形成。核素检查在发病24小时即可见到病区药物浓聚。X射线片在发病10日以后才能见到病灶，4周才能确定死骨。白细胞增高，血沉加快，血培养、局部穿刺取脓培养有助于确诊。早期治疗包括休息、制动、输血、输液、增加营养及大剂量有效的抗生素，一般可以控制感染。治疗无效者可局部切开病骨，钻孔减压，若脓液侵入髓腔或已有死骨，则可切开皮质骨排脓并清除死骨。

化脓性汗腺炎 hidradenitis suppurativa 因大汗腺口阻塞，继发金黄色葡萄球菌和链球菌感染引起的大汗腺脓肿。多见于青年和中年妇女。好发于腋窝、腹股沟、肛周、臀部等处。先出现红色皮下结节，硬、痛，

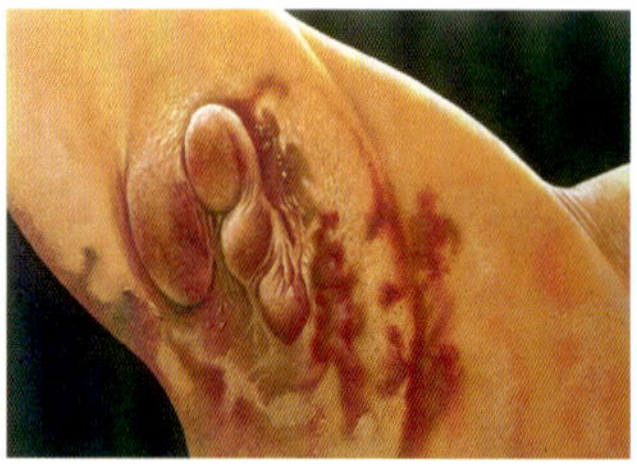

发生于腋窝处的化脓性汗腺炎

以后出现波动、破溃、化脓。可单发或多发，也可形成瘘道和潜行性溃疡，有时形成慢性，时好时犯。早期急性可用抗生素，必要时配合外科手术。

化生 metaplasia 一种分化成熟的组织（上皮或间叶细胞）由于适应生活环境的改变或受理化刺激，在形态上和功能上完全由另一种成熟组织所取代的可逆转的适应现象。常见的化生有上皮化生、骨与软骨化生、浆膜化生、脂肪化生和骨髓化生。化生是局部组织在病理情况下的一种适应性表现，在一定程度上对人体可能是有益的。鳞状上皮的化生能增强黏膜的抵抗力，使黏膜在不利的情况下仍能生存。但支气管柱状上皮发生鳞状上皮化生时，丧失了纤毛，削弱了呼吸道的防御功能使之易受感染。有时化生的细胞可以发生恶性肿瘤。如化生的鳞状上皮，有时未能分化成熟，产生不典型增生，可进而发生恶变，发生浸润成为鳞状细胞癌。胃黏膜的肠上皮化生与胃癌的发生可能有密切关系。

化石 fossil 保存在岩层中的地质历史时期（距今38亿至1万年）的生物遗体或生物活动所留下的遗迹的统称。**古生物学**研究的唯一对象。通常将地质历史的最后一个时间阶段，即**全新世**以前的生物划入古生物的范围。

化石通常根据生物所属分类的不同，而分别被称为古无脊椎动物化石、古脊椎动物化石、古植物化石，及按不同生物门类而统称的如珊瑚化石、龟鳖化石、松柏化石等。同时，还根据生物个体大小的不同，将能用于研究的化石称为大化石，如腕足动物、三叶虫、**高等植物**、**脊椎动物**等的化石；但对于这些生物的微细构造进行研究时仍然要使用显微镜，如珊瑚化石和具介壳动物的壳的构造等。对于必须利用显微镜才能进行观察和研究的微小的化石，称为微体化石，如有孔虫、介形虫、硅藻等。随着石油地质勘探和海洋地质调查工作的发展以及电子显微镜等技术的应用，在地层中发现了许多极为微小的化石，它们的直径在10～30微米以下，被称为超微化石，包括颗石、盘星石、微锥等。

将古生物遗体或遗迹保存为化石的各种作用被称为化石化作用。形成化石的条件：①古生物要具有能保存为化石的硬体，不具硬体的古生物在特殊的条件下也可以形成化石，但机会极少。②死亡生物的遗体要能在绝氧的环境下被保存，并不被机械作用破坏。③要有足够的时间，使古生物遗体在沉积物成岩过程中及成岩作用后具有更为坚硬的物理特性和更具化学稳定性。④在以后的地球内、外力的作用下没有被再次破坏而终于保存下来。一个动物群死亡后，首先形成死亡群。死亡群中一部分或大部分尸体经搬运或仍在原地堆积形成尸积群。尸积群中未被有机和无机条件破坏而保留下来的硬体被沉积物掩埋的就称为埋藏群，被搬到远离原来生物生活地区的叫异地埋藏，否则叫原地埋藏。被埋藏的生物遗骸或遗迹在成岩过程中和以后未被破坏而保存下来的就构成了一个化石群。由此又可以看出，能形成化石的只是当时生物群的一小部分，而每一化石群的组成可能是很复杂的。

地层中的化石按其保存特点可分为实体化石、模铸化石、遗迹化石和化学化石。化石是自然产物，它的出现及保存状态以及种类等都不是人的力量所能左右的。其时代下限为1万年左右，上限已达38亿年。

化痰止咳平喘 dissipating phlegm and relieving cough and asthma 中医临床运用以化痰为主兼有止咳平喘作用的药物治疗肺和气管疾患的治法。痰滞于肺，影响肺气的肃降而致咳嗽、喘息、咯痰等症。化痰止咳平喘法是通过化饮祛痰、宣肺、润肺、降气等方法，达到治疗咳喘的目的。咳喘有内伤外感的区别。内伤之咳喘多由肺肾阴亏、虚火上炎引起，表现为咳嗽气喘、痰中带血、咽喉燥痛、手足烦热，治以养阴清热、润肺化痰、止咳平喘，方如百合固金汤等。外感之咳喘多为外邪侵袭、咳嗽日久不愈、肺伤有加或素有痰饮咳喘、又为外感引发者，症见痰多、咳嗽、喘息等。兼表证者，治宜解表化饮、止咳平喘，方用小青龙汤；兼脾虚者，宜健脾渗湿、温化痰饮、止咳平喘，方用苓桂术甘汤；兼肾虚者，当用八仙长寿丸治之。偏寒者宜降逆平喘、温化痰湿，用苏子降气汤；偏热者宜宣肺平喘、清热化痰，用定喘汤。

化痰止咳平喘法重在化痰，对于干咳无痰者不宜使用。

化性 voltinism 生活史较短的昆虫在一年内发生的世代数。如两种不同的水稻螟虫在中国长江流域因每年发生的世代数不同而分别名为二化螟和三化螟。同种昆虫，如家蚕，可因化性的不同而成为不同的品种：多化性种和单化性种。

化性除同气候条件有关外，还同昆虫本身的遗传性有关。完成世代发育所需的时间和滞育类型的不同就是遗传性的表现。昆虫滞育可分为专性滞育、兼性滞育和无滞育等类型。无滞育的昆虫称为同动态昆虫。温带地区同动态昆虫一年发生的世代数决定于当年的气候条件、食物的质和量以及完成世代发育所需的时间。有滞育的昆虫一般是异动态昆虫，其中包括兼性滞育的种类。兼性滞育的发生常是由于短日照、低温或食物含水量不足等条件的诱导。如果没有这些条件，便不发生滞育，于是一年中的世代数目可以增多。专性滞育的昆虫发育到一定阶段必然发生滞育，所以一年只能完成一个世代。

昆虫发生滞育，大多受神经内分泌系统的活动控制。环境条件的变化通过神经内分泌系统决定滞育发生和终止的时间，从而决定昆虫的化性（见滞育）。

化学 chemistry 研究物质的性质、组成、结构、变化和与之相伴随的能量转变的科学。化学是重要的基础科学，在与物理学、生物学、天文学等学科的相互渗透中，不仅本身得到了迅速的发展，同时也推动了其他学科和技术的发展。例如，核酸化学的研究成果使生物学从细胞水平提高到了分子水平，建立了分子生物学；对地球、月球和其他天体的化学成分的分析，得出了元素分布的规律，发现了星际空间简单化合物，为天体演化和现代宇宙学研究提供了重要数据，创建了地球化学和宇宙化学。

发展简史 人类从学会用火起，就开始了用化学方法认识和改造天然物质的进程。人类掌握了火和燃烧现象，逐步学会了制陶、冶铜、炼铁。酿造和印染术等发明使越来越多的天然物质被加工成制品，在这些生产实践中，积累了丰富的化学知识。

公元前4世纪或更早，中国提出了阴阳五行学说，认为万物是由金、木、水、火、土五种基本物质组合而成的，这是一种朴素的唯物主义自然观。公元前4世纪，希腊也提出火、风、土、水四元素说和古原子论。公元前3世纪，中国出现了炼丹术，到了公元前2世纪以后，炼丹术大为盛行，并于公元8世纪传到阿拉伯，与古希腊哲学相融合，形成了阿拉伯炼金术，约12世纪传入欧洲，又形成了欧洲炼金术，后逐步演进为近代的化学。英文中化学（chemistry）的词根chem即来源于炼金术的拉丁文alchemia。炼丹术和炼金术的指导思想是深信物质能转化，用此思想修炼长生不老之药和用普通金属炼制黄金、白银。为此，炼丹家设计了研究物质变化用的各种器皿，如升华器、蒸馏器、研钵等，也创造了各种实验方法，如研磨、混合、溶解、结晶、灼烧、熔融、升华、密封等，有目的地将各类物质进行系统的搭配烧炼，逐步形成化学实验方法的雏形，他们所用的许多器具和方法经过不断的改进，仍在今天的化学实验室中沿用，他们所研究的物质性质，特别是相互反应的性能，仍然是化学知识宝库中的一部分。炼丹家在实验过程中发明了火药，发现了汞、锌、砷、锑、磷等元素，制备和提纯了许多化合物，如明矾、硫化汞等，冶炼了多种合金，如黄铜、青铜、白铜，并发展了它们的铸造技术。

近代化学起源于17世纪。1661年R.玻意耳为化学元素作出了科学而明确的定义。1772～1785年，A.-L.拉瓦锡对一系列燃烧现象进行了周密的定量研究，推翻了燃素说，提出了氧化学说，并用严格的定量实验确立了质量守恒定律。19世纪初，J.道尔顿提出原子概念和原子论，强调了元素原子质量是其最基本的特征，并由此总结出定比定律和倍比定律，化学开始从定性转变到定量阶段。1811年A.阿伏伽德罗提出分子概念和分子学说，补充了原子学说的不足，使人们对化学反应的认识建立在分子反应的基础上。19世纪中叶元素周期律的发现，形成了无机化学的体系。19世纪以后，新发现的元素急剧增多，工业生产和地质矿物研究、开发，促进了分析化学由最初的定性分析发展为定量分析，后来又发展了光谱化学分析。19世纪前期，化学界对有机化合物的生成问题普遍流传着“生命力说”，认为它的生成要靠动、植物生命体，所以人们只能将一种有机物转变为其他有机物，而无法从单质合成有机物。1828年F.维勒由氰酸铵制得尿素，1844年H.科尔贝用木炭、硫磺、氯水合成了乙酸，使有机合成得到发展，从此有机化学成了化学中最庞大的分支学科。19世纪中叶，化学家注意到有机化合物如此繁多而构成它们的元素则屈指可数，引起思考：这几种元素以什么方式构成如此多的有机化合物。有机结构理论推动了有机化学的发展，染料、药物、香料、炸药工业和电石化学相继兴起。1887年W.奥斯特瓦尔德和J.H.范托夫合办的《物理化学杂志》创刊，标志着物理化学学科的诞生。20世纪20年代，H.施陶丁格提出高分子具有重复链节结构这一概念，从有机化学中又分立出了高分子化学这门新型的化学分支学科。

学科分类 传统上可分为无机化学、有机化学、物理化学、分析化学、高分子化学、放射化学6个分支学科。

无机化学 研究无机物质的组成、性质、结构、制备和反应的分支学科。包括元素化学、无机合成、配位化学、无机固体化学、有机金属化学、生物无机化学等。

有机化学 研究有机化合物的来源、性质、结构、合成、应用及有关理论的分支学科。包括天然有机化学、有机合成、元素有机化学、物理有机化学、有机分析等。

物理化学 以物理的原理和实验技术为基础，研究化学体系的性质和行为，发现并建立化学体系的特殊规律的分支学科。包括化学热力学、溶液的性质和溶液理论、结构化学、量子化学、磁化学、晶体化学、化学动力学、催化作用、热化学、光化学、电化学、胶体化学、表面化学等。

分析化学 以化学基本理论和实验技术为基础，并吸收物理、生物、统计、电子计算机、自动化等方面的知识来充实本身，从而解决科学和技术所提出的各种分析问题的分支学科。包括定性分析、定量分析、电化学分析法、光化学分析、色谱法等。

高分子化学 研究高分子化合物的合成、化学反应、物理化学、物理、加工成型、应用等方面的分支学科，包括高分子合成、天然高分子、高分子化学反应、高分子物理化学、高分子物理、高聚物加工成型、高聚物应用等。

放射化学 研究放射性物质及与原子核转变过程相关的化学问题的分支学科。包括放射性元素、核化学、放射分析化学、同位素化学、辐射化学、核燃料、反应堆和裂变产物化学、人工放射性核素的制备和应用、放射性废物处理等。

边缘学科 化学与其他学科相互渗透，又产生了一些边缘学科，例如生物化学、地球化学、海洋化学、大气化学、环境化学、宇宙化学、天体化学等。

20世纪的化学 人类进入20世纪以后，化学受到社会生产迅速发展和科学技术日新月异的影响，各方面都有了长足的进展。

20世纪是有机合成的黄金时代。化学分离手段和结构分析方法的高度发展，圆满地解决了许多天然有机化合物的结构问题，还发现了许多新的重要有机反应和专一性的有机试剂。在此基础上，精细有机合成，特别是在不对称合成方面取得了很大的进展，合成了从不稳定的自由基到有生物活性的蛋白质、核酸等生命基础物质，例如胰岛素、大肠杆菌脱氧核糖核酸、酵母丙氨酸转移核糖核酸等。另外，还合成了结构复杂的天然有机化合物，如吗啡、血红素、叶绿素、甾族激素、维生素B。合成的有特效的药物有磺胺类和各种抗生素。

分子设计已成为化学合成的重要理论工具。

无机合成制备出人造红宝石、人造水晶、硼氢化合物、人造金刚石、砷化镓半导体、超导材料、二茂铁、金碳分子和具有特殊空间结构的化合物，还有稀有气体化合物的合成，都有力地推动了材料科学、生命科学和高新技术的发展。

合成高分子材料（塑料、合成橡胶和合成纤维）的陆续问世和推广应用，为现代工农业、交通运输、医疗卫生、军事技术，以及人们的衣食住行等方面，提供了多种性能优异而成本较低的重要材料，成为现代物质文明的重要标志之一。

近代物理理论和技术、数学方法和计算机技术的应用，加上量子力学的发展，使结构化学的研究更加深入。应用X射线衍射、电子衍射、中子衍射等手段，建立了测定化学立体结构的方法。红外光谱、核磁共振谱、电子自旋共振谱、光电子能谱、穆斯堡尔谱已逐步代替原有的有机分析和结构测定方法，通过与电子计算机的联用，积累了大量物质结构与性能相关的资料，正使化学由经验向理论发展。扫描隧道显微镜和原子力显微镜的发明，已能直接获得固体表面上原子的排布特征，分子中化学键合的信息还可以用来移动表面上的原子，使原子成为可以直接观察和“操作”的实体。

在化学反应理论方面，由于量子化学方法和计算机技术的发展，以及各种快速时间分辨技术的建立，发展了过渡态理论、分子轨道对称守恒原理和前线轨道理论。分子束技术和态态化学的发展代表了用于化学反应研究的实验技术的长足进步。皮秒时间分辨光谱技术的普及和飞秒化学的建立，使在分子水平上跟踪和研究化学反应的细节已有了良好开端。

在分析化学方面，新的有效的分析方法层出不穷，灵敏度大大提高，所用试样量可少到皮克和亚皮克（10^{-12}～10^{-10}克）的水平，向超微量和痕量分析发展。仪器的微机化和自动化使工作效率和准确度都有很大提高。各种新的方法已可进行结构分析、构象测定、同位素测定以及各种活泼的中间体（如自由基、离子基、卡宾、氮宾等）的直接测定。现代航天技术对各行星成分的遥控分析，充分反映出分析技术的现代化水平。

人工放射性的发现，实现了核裂变。新的超铀元素的不断合成，使元素周期表一再扩充。与元素起源说和演化学说密切相关的核素年龄测定等工作，正在不断补充和更新元素的概念。

化学变化 chemical change 一种或多种物质转变成化学性质与原来不同的另外一些物质的过程。变化前的原物质叫反应物，变化后产生的新物质叫生成物或产物。如氢气和氧气发生化学反应生成水，生成物水与反应物氢气、氧气或二者的混合物的化学性质不相同。

化学变化过程中，分子内部原子间的结合方式（化学键）和结合能（键能）有所变化。化学变化就是反应物化学键的断裂和生成物化学键的形成过程。伴随着化学变化过程的热效应，来源于化学键改组时能量的变化。

化学地理学 chemical geography 研究地理环境的化学组成、化学元素和物质的分布、迁移转化规律及其与人类关系的学科。是地理学与化学的边缘学科。化学地理学研究有助于从化学过程了解该系统内、外间物质和能量的交换形式、方向和强度，与地理物理过程、地理生物过程相互作用的关系，并从化学层次认识地理环境的整体性及其要素间相互作用、相互影响、相互联系的机理。按研究方向分为部门化学地理、区域化学地理和普通化学地理。部门化学地理研究各个自然地理要素的化学组成和化学元素的分布、迁移、转化规律。区域化学地理研究各级区划单元的化学组成和化学元素的分布、迁移、转化规律。普通化学地理从总体上对岩石圈、水圈、大气圈和生物圈之间复杂的化学元素迁移转化过程进行分析，阐明各圈带间的地球化学联系，以及地理环境的化学演化等，研究化学地理学的基本理论和基本方法，进行化学地理区划。研究方法除运用野外考察、定位观测等地理学研究方法外，还广泛使用化学试验分析方法。20世纪70年代以来，遥测、遥感、模拟实验（化学的和数学的）和系统分析方法开始应用于化学地理学。

化学动力学 chemical kinetics 研究化学反应速率和反应机理的物理化学分支学科。化学动力学的研究内容是化学反应的速率，化学反应过程中诸内因（物质的结构、性质等）和外因（浓度、温度、催化剂等）对反应速率的影响；解释反应速率规律的反应机理（即反应过程的细节）。由于化学动力学研究的是反应体系的性质随时间的变化，所以时间是化学动力学中重要的变量。

宏观化学动力学 从宏观上研究一个总反应的机理和表观动力学行为。又称唯象化学动力学。其研究方法是通过实验得到反应体系物质的浓度随时间的变化关系，建立起元反应和复合反应的速率方程式，经过分析得到表征反应速率规律的动力学参数，如速率常数、活化能、指前因子等。用反应速率方程式和这些动力学参数可以表征反应的速率特征，以及反应的外部条件，如浓度、温度、压力、催化剂等对反应速率的影响。

反应的速率方程式和动力学参数是推测反应机理的重要依据，但反应机理的最终确认要依赖于反应中间活性物质的检测。现代电子学和激光化学的发展促进了快速反应动力学的发展，现在激光光谱技术对时间的分辨率已可达到飞秒级。

在化工生产中，宏观化学动力学结合反应过程中传递现象的研究形成的化学反应工程，成为大规模化学工业生产中反应器设计、操作和控制的理论基础。

微观化学动力学 在分子水平上，即从微观物质的特性如分子尺寸、几何构型，以及分子和电子的运动出发，研究元反应的速率规律和历程。其研究结果不仅能从理论上阐明速率方程的微观本质，更重要的是有可能从微观的物质特性预测反应的宏观动力学特征。

从分子水平看，一个元反应是具有一定量子态的反应物分子互相碰撞，原子重排，生成一定量子态的产物分子，称为态-态反应。宏观的元反应则是许多态-态反应的总和。建立在气体动理论基础上的反应速率碰撞理论和建立在量子力学基础上的过渡态理论都导出了借助反应粒子的微观性质计算反应速率和动力学参数的公式。利用分子束技术，可以直接研究态-态反应，得到微分反应截面和态-态反应速率，再利用量子力学和统计力学方法，将大量态-态反应结果进行统计平均，得到元反应速率。在此基础上建立的分子反应动态学已成为化学动力学的前沿领域。分子反应动态学的研究领域正在不断扩大，正从基态转向激发态，由小分子的反应转向大分子，由气相反应发展到界面反应和凝聚相反应。

化学发光 chemiluminescence 化学反应释放的能量以辐射形式转换成光能的过程。在一般的化学反应中，化学能大都以热的形式放出，但有些化学反应的能量能激发电子，而产生光辐射，此种发光与物质温度升高所发的光不同，一般称为“冷光”。

化学发光有直接发光与间接发光两种方式。前者是反应分子本身被激发并产生有效发光；而后者是反应分子提供能量，经能量转移而使荧光剂发光。发生在生物体中的化学发光，称为生物发光。化学发光的主体是分子的单重或三重激发态，分别发射荧光或磷光。一般用光子产率来定量地描述化学发光的荧光和磷光的强弱。

化学发光有许多应用，可用来做冷光源；可通过其光谱研究分子结构；可研究化学反应的过程、机理、反应的能量分配；可用作分析工具，根据发光的光谱和强度，灵敏地测出某些物质的含量。高光子产率的反应还是理想的化学激光体系，如氟与氢的反应已被用作高能量的氟化氢红外化学激光器。

化学发光分析 chemiluminescence analysis 依据化学发光信号强弱进行分析的方法。能产生化学发光的反应通常应该满足三个条件：①化学反应能够产生足够的能量；②反应产物能够吸收化学能而跃迁至电子激发态；③电子激发态产物回到基态时能以光的形式释放能量，或将能量转移给其他会发光的分子。化学发光反应主要涉及氧化反应、电子转移反应和过氧化物碎裂反应等。

按照化学发光物质所处的相，分为气相、液相和固体表面发光分析等。按照被分析物质的种类，分为无机物、有机物发光分析。当发光是由生物物质所产生时，则称为生物发光分析。

化学发光分析仪器通常由反应室、单色器、检测器和记录装置组成。反应室分为静态和流动式两种。单色器通常采用干涉滤光片，亦可用光栅或棱镜单色器。检测器通常采用光电倍增管，亦可采用电荷耦合检测器进行化学发光成像检测。

化学发光分析的灵敏度高，化学发光标记技术又没有放射性污染，从而在环境监测、临床分析、生物化学等领域，如污染物测定、酶分析、免疫分析和痕量金属分析等方面得到广泛应用。

化学反应 chemical reaction 一种或多种物质转变成另外一些物质的化学过程。化学反应使物质发生了本质的变化，反应时物质分子中的化学键断裂，分子中的原子或原子团重新排列组合，借助形成的新化学键而结合成新的分子。

原理 化学反应能否发生和进行是由反应的自由能改变决定的。如果各产物的自由能小于各反应物的自由能，即反应自由能改变为负值时，该反应可以发生，负值愈大，反应愈易进行。化学反应通常很少是由反应物直接碰撞而产生稳定的产物分子，大部分的化学反应都是吸收一定的能量（活化能），经过一系列中间步骤，产生一系列高活性的反应中间体或过渡态。这些中间体大部分是原子、自由基、离子或活性很高的分子。研究化学反应历程（反应机理）可以掌握反应的内在规律，从而控制反应。

另外，还要考虑化学反应进行的速率。以A和B两种物质互相反应生成C和D两种物质为例：

$$A+B \rightleftharpoons C+D$$

在一定温度、压力下，A分子和B分子互相混合碰撞，生成C分子和D分子；同时，C和D也可互相碰撞生成A和B，即上述反应是可逆的。反应的速率决定于分子碰撞的频率，反应速率与单位体积中分子的数目（浓度）成正比。当正、逆向反应速率相等时，反应处于化学平衡状态。影响反应速率的因素还有温度、压力、溶剂、催化剂等。对于吸热反应，提高反应体系的温度，可供给反应物分子能量，从而可提高反应速率。如果反应物是气态的，增加反应体系的压力，即增加了反应物的浓度，则可提高反应速率。

类型 化学反应根据各种不同的性质、过程、目的有多种分类，往往一种反应能归属于数种类型。一般按反应过程的特征可分为化合、分解、置换反应、复分解、聚合、降解；按反应特征可分为中和反应、氧化还原反应、酯化反应、皂化反应、磺化反应、硝化反应、取代反应、电化学反应、光化学反应等；按反应机理可分为链反应、串联反应、取代反应、加成反应、消除反应、重排反应、协同反应等；也可以发现者的名字来命名，如沃尔夫-基希纳反应等。高分子化合物分子量很大，但是它们所具有的官能团，仍然与小分子有机化合物有一样的反应性能。

快速化学反应 化学反应半衰期$t_{1/2}$短于1秒的反应称为快速化学反应，而$t_{1/2}$短于10^{-8}秒的则称为超快速化学反应。化学和生物体系中许多重要反应，如无机金属络合物的生成反应、电子和质子的传递反应、生物酶催化反应、核酸与药物的相互作用以及分子内和分子间能量转移过程等都属于快速化学反应甚至超快速化学反应的范畴。

化学反应工程 chemical reaction engineering 以工业上化学反应过程为主要研究对象，以反应技术的开发、反应过程的优化和反应器设计为主要目的的化学工程的分支学科。普遍应用于化学、石油化工、生物化工、医药、冶金及轻工等许多工业部门。

沿革 随着化工生产趋于大型化，对化学反应过程的开发和化工设备放大的设计可靠性提出迫切要求；化学反应动力学和化工单元操作的理论和实践有了深厚的基础；数学模型方法和大型电子计算机的应用为反应工程理论研究提供了有效的方法和工具等，为反应工程学科的发展提供了充分的条件。在1957年第一届欧洲化学反应工程讨论会上正式命名，确立了化学反应工程这一分支学科。

化学反应工程的早期研究主要是针对流动、传热、传质对反应结果的影响，着眼于对化学动力学作出一些修正以应用于工业反应过程，发展了化工动力学或宏观动力学。随后对反应器内部发生的一些重要的、影响反应结果的传递过程，如返混、停留时间分布、微观混合、反应器的稳定性等进行了研究，获得了丰硕的成果，并把应用范围扩大到较复杂的领域，针对实际问题，扩展基础理论的研究。如应用于石油炼制工业和石化工业，需要处理复杂组分的油品，发展了用集总组分和反应网络处理反应动力学的方法；应用于高分子的聚合反应，出现了聚合反应工程；应用于电化学过程，出现了电化学反应工程；应用于生物化工的生化反应体系，形成了生化反应工程；应用于冶金工业的高温快速反应过程，形成了冶金反应工程学等一系列新的分支。

化学反应过程分类 ①按物理特征的相态分类，可划分为单相反应过程，如气相反应、液相反应、固相反应；多相反应过程，包括气固相反应、气液相反应、液液相反应、液固相反应、固固相反应和气液固相反应等。工业反应过程大多在催化剂作用下进行，催化剂大部分是固相。当催化剂与反应物具有不同的相态时，称为多相催化反应过程；当催化剂与反应物同处于均匀的液相或气相时，则称为单相催化或均相催化过程。②根据所进行的化学反应可分为氧化、还原、加氢、脱氢、卤化、烷基化、硝化、磺化、羟基化、酰化、重氮化、聚合、裂化、催化重整、碱解、酸解等。

研究内容 ①研究化学反应规律，建立反应动力学模型。以简化的数学式表达反应速率、选择性与温度和浓度的定量关系。②研究反应器的传递规律，建立反应器的传质模型。对各类反应器内的流动、传热、传质等物理过程进行理论和实验研究，得出其中的规律并用数学式给予表达；也可以改变反应器的结构或内构件，使之具有更好的性能。所做的实验，可以用空气、水、沙子等模拟体系，简称冷模试验。可以用不同尺寸的装置进行放大规律的研究，作为工业装置设计的依据。③研究反应器内传递过程对反应结果的影响。原则上对一个特定的反应器内进行的特定反应过程，在其反应动力学模型都已确定的条件下，与过程的热量衡算、物料衡算耦合，建立描述反应器和反应过程的模拟方程。通过对这些方程的联立求解，就可以预测反应结果和反应器的操作性能，进行设备的放大设计和优化计算。但由于实际工业过程的复杂性，至今尚不能对所有工业过程都建立可供实用的理论模型。

应用 ①工业反应过程的开发和反应器放大。用大冷模与小热模结合的方法，即先利用小型试验确定反应器的传递模型和放大效应，再利用这些结果建立反应器的数学模型，并对各种不同工艺条件下的反应器数学模型进行模拟计算，预测反应结果，进行工艺条件的优化。采用这种方法时，往往也需要进行适当的中间试验，不需要自小而大作多级放大，已脱离了纯经验放大。②工业反应过程的操作优化。通过化学反应工程的理论分析，结合模拟研究，可找出生产中的薄弱环节和进一步调优的方向。可据此变动操作条件以获取更大的经济效益。③新型反应器和反应技术的开发。根据化学反应工程理论对现存的设备和过程进行分析，可以为发展新型反应器和新的反应技术提供新方向。

化学方程式 chemical equation 用化学式表明化学变化的式子。又称化学反应式。如氢气和氧气发生化学变化生成水，可以用下列化学方程式表示：

$$2H_2+O_2 \xlongequal{\quad} 2H_2O$$

反应物的化学式写在左边，生成物（也叫产物）的化学式写在右边，中间以等号相连。按质量守恒定律，反应前后各元素原子数目不变，所以各化学式前面应加上适当的系数，使方程式两边各元素的原子数目相等。在讨论化学平衡问题时常用$\rightleftharpoons$代替$=\!=\!=$，以强调反应的可逆性。有时也用$\longrightarrow$代替$=\!=\!=$，以强调反应的单向性，或用$\dashrightarrow$表示同时发生副反应。

化学方程式不仅表明反应物、生成物各是哪些物质，而且还表明了它们之间的质量关系，按照化学方程式可以进行基本化学计算。

电解质在水溶液里电离成离子，离子间的化学变化可以用离子化学方程式表示。如氯化钡溶液和硫酸钠溶液作用，发生反应的是钡离子Ba^{2+}和硫酸根离子SO_4^{2-}，所以它们的离子化学方程式是：

$$Ba^{2+}+SO_4^{2-} \longrightarrow BaSO_4$$

Na^+和Cl^-在溶液中没有发生变化，所以可以不列入方程式，这种化学方程式简称离子方程式。

化学变化总是伴随着热量变化，凡注明热量变化的化学方程式称热化学方程式。如1摩氢气和1/2摩氧气在25℃、101千帕的条件下生成1摩水时，总是放出286千焦的热，它们的热化学方程式是：

$$H_2(g)+\frac{1}{2}O_2(g) \longrightarrow H_2O(l)$$

$$\Delta H=-286\text{kJ/mol}$$

式中l表示液态，g表示气态，若是固态则用s表示。ΔH代表反应热，负值表示放热反应，即生成物的焓小于反应物；正值表示生成物的焓大于反应物，是吸热反应。

化学符号 chemical symbol 化学元素和由它们组成的化合物的符号和标记体系。元素的化学符号也称元素符号，通常以元素拉丁文名称的第一个大写字母表示，如氧的名称是oxygenium，氢的名称是hydrogenium，它们的符号就分别是O和H。有些元素名称的第一个字母和其他元素相同，则要用两个字母表示，第一个字母大写，第二个字母小写。如氦的名称是helium，符号是He；铝的名称是aluminium，符号是Al。19世纪初，T.汤姆孙和J.J.贝采利乌斯建议用化学符号代表各种元素，至19世纪中叶得到普遍采用。元素的化学符号不仅代表元素的名称，还代表该元素的1个原子或1摩尔原子。

化学工程 chemical engineering 研究化学工业和其他过程工程中所进行的化学过程和物理过程共同规律的工程学科。化学过程指物质发生化学变化的反应过程。物理过程指物质不经化学反应而发生的组成、性质、状态、能量变化过程，包括分离、混合、传热、相态转变等。通过对化学工程的研究，认识和阐释这些过程的规律性及它们间的相互关系，并将其应用于生产过程和装置的开发、设计、操作和优化控制，可以提高生产、研究效率，降低能耗和物耗，并减少环境污染。

学科的形成和发展 1901年，英国G.E.戴维斯出版了《化学工程师手册》，作者根据他多年的化工生产实践，认为化学工业发展中的许多问题往往是工程问题，各种化工生产工艺，都是通过为数不多的基本操作如蒸馏、干燥、过滤、吸收、萃取等来完成的，可以对它们进行综合的研究和分析。这些观点构成了该书的基本内容。这是世界上第一本阐述各种化工生产过程共性规律的著作，首次明确地显然还不够完善地提出了化学工程的概念。它的出版为化学工程学科的形成奠定了基础。

19世纪末至20世纪初，美国W.H.华克尔、A.D.利特尔比较深入地探讨了如何把物理化学和工业化学知识结合起来，去解决化学工业发展中面临的工程问题。1905年，华克尔在讲述工业化学的课程中，已系统地发挥了化工原理的基本思想。1915年，利特尔在化学工程已取得的成就的基础上，提出了单元操作的概念：任何化工生产过程，无论其规模大小，都可以用一系列称为单元操作的技术来解决。只有将纷杂众多的化工生产过程分解为构成它们的单元操作来进行研究，才能使化学工程专业具有广泛的适应能力。这些观点对化学工程产生了深远的影响。1923年，华克尔、W.K.刘易斯、W.H.麦克亚当斯合著的《化工原理》一书出版，它成为世界上第一本阐述各种单元操作的物理化学原理和计算方法的著作。

20～40年代，对于气固相催化反应过程和燃烧过程的研究，使化学工程师开始认识到在工业反应过程中质量传递和热量传递对反应结果的影响。50年代初，随着石油化工的兴起，在对连续反应过程的研究中，提出了一系列重要的概念，如返混、停留时间分布、反应器稳定性等。化学工程师更加清醒地认识到，所有的单元操作都可以分解为动量传递、热量传递和质量传递这三种传递过程或它们的结合，在工业反应器中传递过程对化学反应有着明显的影响。化学工业的发展不断提出新的课题，如在聚合物加工中，要处理高黏度物料，在喷雾干燥设备的设计中，必须对流动模型和传热、传质速率进行详细分析。这一切活动的结果便是“三传一反”的概念的形成。这些概念在R.B.博德等人编写的《传递现象》一书中得到完整的表述。50年代中期，电子计算机开始运用于化工领域。用数学模拟化工设备、过程乃至整个工艺流程成为可能。50年代后期即出现了第一代的化工模拟系统。在计算机上进行模拟试验，提供生产中的参数，它通过计算机软件接收化工流程的输入信息，进行对过程开发、设计、操作有用的系统分析计算，以求化工系统的整体优化，这便是化学工程研究的一个新领域——化工系统工程。至此，化学工程形成比较完整的学科体系。

自50年代起，大型化的化工系统发展十分迅速，化学工程领域的化学反应工程、传递过程、化工系统工程取得了突破性的进展。70年代以后，化学工业的规模继续扩大，并面临着环境污染和能源紧缺的严重挑战，从而使化学工程学科的研究的广度和深度以及其应用前景都已超出传统化学工程的含义。21世纪生物化工、能源化工和环境化工亦成为化学工程大有发展的分支。化学工程与固体物理、结晶化学、材料科学的组合，对制备光电元件、集成电子元件、超导材料、纳米材料和其他新型材料等都起着重要的作用，又孕育着新的分支学科。

学科内容 主要包括单元操作、化学反应工程、传递过程、化工热力学、化工系统工程、过程动态学及控制等。新的分支学科有分离工程、粉体工程、聚合反应工程、电化学反应工程，及探索在离心力场、电场、磁场等作用下的过程规律的场效化学工程等。

研究方法 化学工程学科的理论基础主要是化学、物理学和数学。如化工热力学是化学热力学和工程热力学的结合；流体动力过程的单元操作直接建立在流体力学的理论基础上；数学模型、因次分析、相似论等化学工程的研究方法都要大量运用数学知识。化学工程常用的研究方法有3种：①经验放大方法。化学工程早期的研究方法，即通过多层次、逐级放大的试验，探索、总结放大规律。这种经验方法耗资大、费时长、效果差，但可靠性较大，因而在一些特别复杂或对过程的机理、规律掌握得很少的过程，还不得不求助于或部分求助于这种方法。②相似论和因次分析法。这种方法是将影响过程的众多变量通过相似变换或因次分析归纳成为较少的无因次数（无量纲）形式，然后设计模型试验，求得这些数群的关系。相似论在化学工程领域里，主要用于传递过程和单元操作的实验研究，是对这些分支学科的形成和发展起过重要作用的一种研究方法。与相似论相比，因次分析法不需要先列出描述过程的微分方程式，只需要确定有关物理量，因此，应用范围较相似论法广，但因次分析法并不能指出哪些物理量是有关的和必要的。用这两种方法归纳实验结果，可取得良好的效果。但对于反应过程，由于不可能在满足几何相似和物理量相似的同时满足化学相似条件，因此试图用无因次数群关联实验结果以获得反应过程的规律的努力未获成功。③数学模型方法。于50年代开始广泛应用于化学反应工程领域，已广泛应用于化学工程的各个领域。此法是对过程进行研究，以得到表示过程各有关参数与变量之间的关系的数学表达式。化学工程领域的过程往往都比较复杂，难以进行如实的数学描述。通常是对复杂过程作必要的、合理的简化，使之易于数学描述，得到过程各有关参数与变量之间关系的数学表达式——过程的数学模型，通过实验，检验和修正数学模型并确定模型参数。这一方法产生的重要条件是电子计算机的普及使数学模型方法所需的数值计算成为可能。

化学工艺 chemical technology 将原料经化学反应转变为产品的方法、过程和各种措施。又称化工技术或化学生产技术。化学生产过程可以概括为3个主要步骤：①原料处理。包括对原料进行净化、提浓、混合、粉碎等预处理。②化学反应。把合格的原料在一定的温度、压力和配比下进行反应，以达到所要求的转化率和收率。③产品分离和精制。把反应产物中的主产品、副产品和杂质分离，并把主产品精制达到规定的要求。必须从生产的全过程综合考虑，以决定各个过程的操作参数，即工艺条件。另外，各生产过程进行的先后次序（工艺流程）是多样性的。工艺流程影响着设备投资、操作费用、能耗、废物排放等。选择适宜的工艺流程以及全生产过程的工艺条件是化学工艺研究的最主要任务。化学工艺早期多是经验性的，在生产和科研的长期发展中，现已发展为以科学理论为基础的现代生产技术。

化学混沌 chemical chaos 化学反应体系中某些组分的宏观浓度不规则地随时间变化的现象。这种浓度变化的不规则性并不是由实验条件的不确定性或测量仪器的不准确性造成的，而是由于系统内部非线性的反应动力学因素而产生的。已在发生化学振荡反应、电化学反应、表面催化反应和生物化学反应等的许多系统中发现了化学混沌。此外，大量实验已经证实，在金属的阳极电溶解、金属的电沉积和电催化等电化学反应中也存在着各种类型的混沌现象。

化学计量学 chemometrics 运用数学、统计学、计算机科学以及其他相关学科的理论与方法，优化化学量测过程，并从化学量测数据中最大限度地获取有用化学信息的学科。

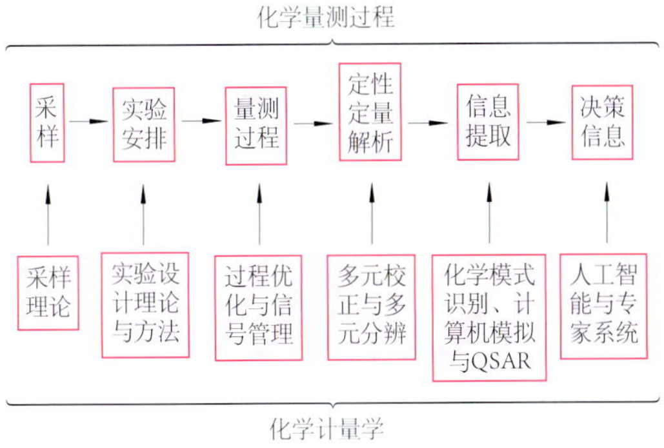

化学量测过程与化学计量学中相关理论及方法的关系（QSAR表示定量构效关系）

1971年，瑞典化学家S.沃尔德首次将研究从化学实验产生的数据中提取相关化学信息的学科分支称为化学计量学，并于1974年与美国科学家B.R.科瓦尔斯基共同发起成立了国际化学计量学学会。化学计量学针对不同的体系和过程提出的多种数学和统计学新方法几乎涉及和涵盖了化学量测的全过程，为化学量测提供了新的理论和方法。

化学计量学包括分析化学的信息理论基础、化学采样理论与方法、化学量测过程的实验设计与优化、化学量测数据的多元校正和多元分辨的定性定量解析，一直到分析过程的机理研究、数值模拟和计算机波谱解析、有用决策信息的提取，其中包括化学模式识别、化学构效关系研究直至人工智能与化学专家系统的所有内容。由于化学计量学采用了多变量的观点，可使它得到很多从经典分析化学中（习惯用单变量观点）得不到的信息。随着分析仪器的发展，化学计量学还将为分析仪器的智能化提供新理论和新方法，为新型高维联用仪器的构建提供新思路和新方法，这是21世纪分析仪器向软件主体化发展的新突破口。此外，随着微型计算机的飞速发展，化学波谱数据库的建立与检索以及化学人工智能和专家系统的研究也将取得长足进步。在采用计算机网络技术将多种波谱仪器连接的基础上，将数值化计算技术与基于经验的逻辑推理方法有机结合起来，可望解决化合物结构自动解析的难题，并使得长期困扰分析化学家的混合物波谱同时定性定量解析成为可能。

化学键 chemical bond 分子中近邻原子（离子）之间存在的具有净吸引力的强相互作用。其作用力将原子结合成有确定组成和几何结构的分子。例如，一个氧原子通过两个化学键与两个氢原子结合成水分子。化学键的基本类型有离子键、共价键和金属键三种。**离子键**是由正、负离子间的静电库仑吸引力而形成。例如氟与钠以离子键结合成Na^+——F^-分子，其中钠原子和氟原子分别以一价的正、负离子的形态存在。**共价键**是两个或多个原子通过共享电子而产生的吸引作用，典型的共价键是由两个原子共享一对成键电子而形成的。例如，两个氢核同时吸引一对电子形成稳定的氢分子。**金属键**则是通过在金属原子排布的空间内可自由流动的价电子而将原子结合在一起的相互作用。除此以外还有过渡类型的化学键：成键电子偏向两原子中之一方的共价键称为极性共价键。在有些化合物中，共享电子对是由一个原子提供的，所形成的极性共价键称为**配位键**，当共价配位键的极性较大时则具有离子键的特征，其极限情况就是离子配位键。

化学键的概念是在总结长期实践经验的基础上建立和发展起来的。依据化学键的概念解释原子结合成分子或晶体，以及在化学反应中原子重新排列、组合生成新的化合物的理论称为化学键理论。该理论的建立经历了漫长的历程。19世纪初J.J.**贝采利乌斯**基于正负电吸引原理提出了电化二元说，为经典化学键理论的物理机制提供了理论依据。在N.**玻尔**的原子结构理论基础上，20世纪20年代形成了原子价的电子理论，它包括离子键理论和共价键理论。1927年W.H.海特勒和F.伦敦根据氢分子的量子力学计算结果，认为两氢原子的结合是因为电子密度分布集中在两原子核之间的区域从而形成化学键。其后，L.**鲍林**提出了共振论和杂化轨道理论，对共价键理论作了重要的补充。1928年R.S.**马利肯**和F.H.洪德等提出分子轨道理论，将分子看成一个整体，认为参与成键的电子在属于整个分子的一组分子轨道上运动。量子力学理论和处理方法的运用有力地推动了现代

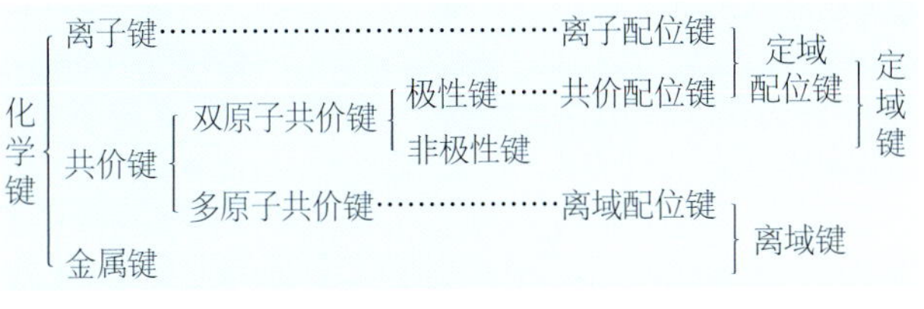

化学键理论的完善和不断发展，将后者由定性逐步推进到定量的水平。它使许多过去迷惑不解的现象得以满意解释。

化学键理论的建立和发展，大大丰富了人类在原子－分子层次上对物质组成、结构及其微观运动规律的认识。其理论和研究成果被应用于指导新化学反应的探索以及特殊性能新材料的设计和合成。

化学酶 chemzyme 具有类似酶的高效催化作用的人工合成手性催化剂。例如，E.J.科里于20世纪80年代后期将硼杂噁唑烷试剂改进，发展成为用硼烷对羰基化合物进行不对称还原的催化剂，改进的催化剂（用量为5%～10%）对反应底物具有更广泛的适用性和更优秀的对映选择性（大于95% ee值），科里将这种类型的硼杂噁唑烷催化剂称为CBS催化剂（见图），由发明人名字

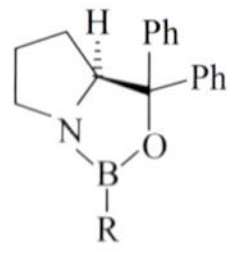

CBS

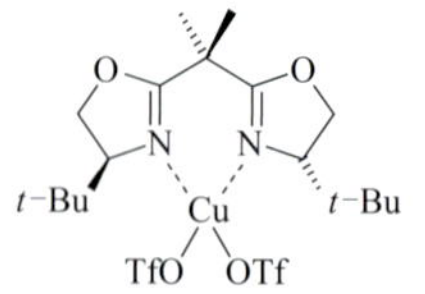

BOX-Cu

Corey、Bakshi、Shibata的第一个字母组成。又如，丹麦化学家在研究杂狄尔斯－阿尔德反应的过程中，发现双噁唑啉-Cu（BOX-Cu，见图。图中t-Bu为叔丁基，OTf为—OSO_2F_3）络合物是这一反应的高效率、高选择性催化剂。即使将催化剂用量降低至万分之五，仍能够以高达99.8% ee值得到杂狄尔斯－阿尔德反应产物。

化学能 chemical energy 物质发生化学变化（化学反应）时释放或吸收的能量。人类开发利用最早的能源之一。物质是由分子组成的，分子又是由原子组成的，原子之间是靠化学键连接的。不同的化学键均具有不同的键能。当物质发生化学变化时，旧的化学键断裂，原子之间发生重新组合，形成新的化学键，因而会发生能量变化。有些化学反应放出能量（称为放热反应），有些化学反应吸收能量（称为吸热反应）。化学能的释放不仅可以以热的形式释放，有时也可以以光或电的形式释放。物质燃烧过程是最常见的一种放热反应，同时也放出光。

化学平衡 chemical equilibrium 在一定的条件下，当化学反应达到极限时，系统内各物质的量不再随时间而改变的状态。化学平衡是动态平衡，从微观上看，反应并未停止，只是正向反应和逆向反应的速率相等，所以系统的组成不再变化。

平衡条件 化学反应的通式一般写作：

$$\sum_{B}\nu_{B}B=0 \qquad (1)$$

式中B表示反应式中的任一物质；ν_B是反应式中物质B的化学计量数，对反应物取负值，产物取正值。如果反应系统为一封闭系统，在系统没有非体积功的条件下，化学平衡的条件为：

$$\sum_{B}\nu_{B}\mu_{B}=0 \qquad (2)$$

式中μ_B为物质B的化学势，是与物质的状态性质（温度、压力、浓度）有关的物理量。(2) 式表明，当反应系统中各物质的化学势的代数和为零时，反应达到平衡。

平衡常数 当系统在一定条件下达到平衡时，产物和反应物数量之间将保持一定的比例关系，此种比例关系可用平衡常数来描述。

一个化学反应的标准平衡常数K°被定义为：

$$K^\circ=\exp\left(-\sum_{B}\frac{\nu_{B}\mu_{B}^\circ}{RT}\right)=\exp\left(-\frac{\Delta_r G_m^\circ}{RT}\right) \qquad (3)$$

式中μ_B°为反应物质B的标准化学势，即物质B在标准状态下的化学势；R为摩尔气体常数；T为系统的热力学温度；$\Delta_r G_m^\circ=\sum\nu_B\mu_B^\circ$称为反应的标准摩尔吉布斯自由能变。标准平衡常数$K^\circ$是无量纲的量。对一个指定的反应方程式，$K^\circ$的值仅仅取决于温度和标准态的选择。如果将一个化学反应写作不同的计量方程式，则因ν_B的改变，K°的值也不同。

在不同聚集态物质的反应中，可以根据物质B的化学势表达式和 (3) 式写出K°和系统平衡组成的关系式。例如，若反应系统中的所有气体物质均为理想气体，则：

$$K^\circ=\prod_{B}\left(\frac{p_B^{eq}}{p^\circ}\right)^{\nu_B} \qquad (4)$$

式中Π是连乘积的符号，p_B^{eq}是反应达平衡时气体B的平衡分压，p°是标准压力。

一个化学反应的标准平衡常数是反应进行限度的标志。K°的值可由反应系统的平衡组成计算，也可利用已知的反应物和产物的热力学数据求出反应的$\Delta_r G_m^\circ$，根据式 (3) 计算。

反应温度的变化将会改变平衡常数的值。K°与温度T的关系为：

$$\frac{d\ln K^\circ}{dT}=\frac{\Delta_r H_m^\circ}{RT^2} \qquad (5)$$

式中$\Delta_r H_m^\circ$是反应的标准摩尔焓变。(5) 式表明，若反应是吸热的，则温度升高会使平衡常数的值增大，从而使平衡混合物中产物的量增加；若反应是放热的，则温度升高使平衡常数的值减小，从而使平衡混合物中产物的量减少。

影响平衡的因素 已经处于化学平衡的系统，如果环境条件发生了变化，系统的平衡态将被破坏，平衡混合物的组成将发生变化，系统将在新的反应条件下重新达到一个新的平衡态。这种情况称为平衡的移动。温度、压力、惰性气体等因素的改变都可能引起平衡的移动。

化学热力学 chemical thermodynamics 用热力学原理和实验技术研究化学系统的宏观性质和行为的物理化学分支学科。主要研究物质系统在各种条件下的物理过程和化学变化伴随着的能量转化所遵循的规律，从而对系统的性质和行为、过程的方向和限度作出判断。研究的主要问题有：①所有物质都具有能量，各种能量之间可以互相转化，总能量守恒。②物质系统的过程总是自发地趋于平衡态。③处于平衡态的物质系统可用几个可观测的宏观物理量描述。

化学热力学是在三个基本定律的基础上建立起来的。热力学第一定律为热、功、内能三者之间相互转化和守恒的定量关系。热力学第二定律是在研究热机中热能转换为功的效率过程中提出来的。R.克劳修斯提出“不可能把热从低温物体传递到高温物体而不产生其他影响”，开尔文认为“不可能从单一热源取热使之完全变为有用的功而不引起其他变化”，还有几种不同的叙述，它们之间是等效的。热力学第三定律是为在研究物质熵值时，需要确定参考态而提出的。G.N.路易斯和M.兰德尔认为“在热力学温度0K时，纯物质完美晶体的熵值为零”。这个定律为物质的熵值规定了相对的基准，以此可以计算物质在指定状态下的规定熵值和化学反应的熵变。J.W.吉布斯提出用几个热力学函数描述系统的状态，使化学反应和物理变化的描述更为实用和方便，表述的形式更为完善。吉布斯还提出了著名的相律，对相平衡的研究具有重要的指导作用。20世纪60～70年代，L.昂萨格建立了不可逆过程热力学和I.普里戈金提出耗散结构理论，对非平衡态热力学的发展作出了杰出贡献。

化学热力学的基本方法是从经过大量事实总结出的三个定律出发，用严格逻辑推理和数学证明得出描述物质系统的热力学函数及函数间关系，再结合必要的热化学实验数据，解决化学反应和物理变化的方向和限度以及物质的宏观性质和行为。热力学理论适用于一切物质系统，具有高度的可靠性。这些理论根据宏观现象得出，称宏观理论，也称唯象理论。它不依赖于物质的微观结构，分子结构理论的发展和变化，都无需修改热力学理论和概念。化学热力学只处理平衡问题而不涉及该平衡态达到的途径，知道系统的起始状态和终了状态就可得到可靠结果，不涉及变化机理和变化速度率，所以不能解决过程的机理和反应速率。

化学热力学作为基础理论，广泛地应用于物理化学各个领域，如热化学、化学

平衡、相平衡、溶液理论等。在电化学、表面化学、化学动力学等领域也起着至关重要的作用。

化学生物学 chemical biology 广义的化学生物学是应用化学理论和手段来研究生命科学的化学分支学科，基本任务是揭示生命运动的化学本质，发展生命调控的化学方法，提供生命研究的化学技术；狭义的化学生物学指主要通过合成的手段来改变小分子的结构以探索生物体分子结构与功能之间关系的研究领域。

较为狭义的化学生物学衍生于19世纪有机化学家E.费歇尔在研究酶作用时提出的锁钥关系学说，这一学说认为生命过程中的各种反应、信号的传递等是通过生命体内各种生物分子间的选择性识别和进一步的作用而实现的。生物化学或分子生物学主要是通过对酶、蛋白质这样的大分子，也就是相当于锁的研究来进行的。采用诸如基因突变这样的手段来修饰改变蛋白质（锁）的结构来实现。化学生物学则主要是通过化学合成的手段来改变小分子（钥匙）的结构来探索生物体系的结构与功能关系。因为化学生物学在后基因组时代的研究主要是小分子与各种基因表达的蛋白质之间的识别和作用，因此又称化学基因学。

化学生物学或化学基因学有两种研究方式或途径，一是正向的，即已知一种小分子能抑制或引发某种生物现象，从而去探索此小分子在生物体内可能的作用靶点——蛋白质或其他生物大分子。最典型的例了如阿司匹林，对它解热镇痛作用的认识甚至可上溯至19世纪，但仅在近百年之后从分子水平的研究才知悉它作用于细胞内一种称为环氧化酶的蛋白质，抑制这一酶催化产生的引起过敏反应的另一些信息分子的过程。另一种反向的研究方式，则是先认识到一种小分子与一类生物体系内的蛋白质或其他生物大分子的作用，然后再进一步探索这一作用所能引发的生物现象。如西地那非（Sildenafil）或称伟哥（Viagra）这一有机小分子，先知悉它是与心脏疾病有关的cGMP磷酸二酯酶的抑制剂，但后来在临床使用中则又发现它可引起海绵体充血而勃起的生物功能。

化学式 chemical formula 用化学符号表示物质组成的式子，是实验式、分子式、结构式的统称。用化学符号表示化合物中各元素原子比例的式子称为实验式。用化学符号表示物质分子组成的式子称为分子式。用化学符号表示分子中各原子间化学结合方式的式子称为结构式。

实验式可由化合物组成的实验数据和原子量求得。如实验测定苯含碳92.3%，含氢7.7%，又知碳的原子量为12.011，氢的原子量为1.007 94，由此可求得C和H的原子比是1∶1：

$$\frac{C}{H}=\frac{92.3/12.011}{7.7/1.00794}=\frac{7.7}{7.7}=\frac{1}{1}$$

所以苯的实验式是CH，它只表明C和H两种元素的原子比。若再测定苯的分子量为78，就可求得苯的分子式为C_6H_6，它表示1个苯分子由6个C原子和6个H原子组成。

分子式表明一个分子中所含各种元素的原子数目。如C_2H_4是乙烯的分子式，它表示1个乙烯分子由2个碳原子和4个氢原子组成。严格地说，只有分子型化合物（如CO_2、C_2H_5OH）或分子型单质（如O_2、N_2）才有分子式；而离子化合物氯化钠不论在固态还是在溶液中都没有NaCl分子存在，只有钠离子和氯离子，所以NaCl是氯化钠的化学式或实验式而不是分子式。

结构式不仅表明分子中各元素原子的数目，还表明这些原子是怎样连接的，如乙醇的结构式（右式）。只标明分子中各原子间的排列次序的叫结构简式，如乙醇的结构简式为C_2H_5OH。

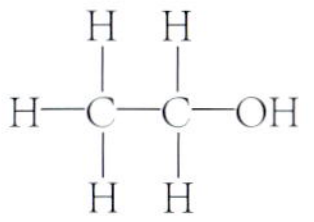

一般无机化合物常用实验式表示，如NaCl代表氯化钠，$CaCO_3$代表碳酸钙；而有机化合物则需要用分子式或结构式表示，因为几种不同的有机化合物，可以有相同的实验式。如乙炔和苯的实验式都是CH，这是两种性质不同的有机化合物，因此必须用它们的分子式C_2H_2和C_6H_6来表示。有的化合物实验式、分子式均相同，甚至还需要用结构简式来表示。例如乙醇和甲醚的分子式都是C_2H_6O，需要用它们的结构简式乙醇C_2H_5OH、甲醚$(CH_3)_2O$来分别表示。这类分子式相同、结构式不同的化合物称为同分异构体。

化学试剂 chemical reagent 具有标准纯度，为实现化学反应而使用的化学药品。一般按应用范围分为通用试剂、分析试剂、标准试剂、临床化学试剂、电子工业用试剂等。按成分为无机试剂、有机试剂、生化试剂、同位素标记试剂等。按纯度分为：①高纯试剂。通常又称超纯试剂。其主体成分的含量应接近理论量（99.99%以上），其杂质含量以百万分率（ppm）、十亿分率（ppb）计。高纯试剂常用于生物化学、药物研究和物理化学的痕量分析，也用作微电子、半导体和光电子通信等新型工业的功能材料。②优级纯试剂。主体成分含量高、杂质含量控制严格，如优级纯冰醋酸中，CH_3COOH含量在99.8%以上。主要用于精密度高的分析测定和试验研究等。③分析纯试剂。主体成分含量较高、杂质含量控制较次于优级纯的试剂。可用于要求具有一定准确度的分析测试和实验研究等。如分析纯冰醋酸中，CH_3COOH含量在99.0%以上。④化学纯试剂。杂质含量略高于分析纯的试剂。可用于一般实验和研究。在中国国家标准中，将一般试剂划分为3个等级：一级试剂为优级纯（通常用绿色标签），二级试剂为分析纯（红色标签），三级试剂为化学纯（蓝色标签）。定级的根据是试剂的纯度（含量）、杂质含量、提纯的难易，以及各项物理性质。

化学统计力学 chemistry, statistical mechanics for 根据统计力学原理解决有关化学系统的性质和行为的物理化学分支学科。统计力学（又称统计物理学）认为物质的宏观性质为相应微观量的统计平均值，它从物质微观性质出发，导出统计分布律，求出统计平均值，从而阐明并推断物质的宏观性质及其规律性。

统计力学可根据物质的结构光谱数据（如核间距、键角、振动频率、转动惯量、对称数、统计权重等）求出配分函数，进而计算出物质的宏观热力学性质（如压力、热容、熵、吉布斯自由能等）。因此统计力学是物质宏观与微观性质联系的桥梁。

物理化学主要是研究物质的化学变化、相转变、物质结构和物质性质间的关系的基本规律。统计力学可以阐明唯象热力学基本定律和热力学函数的微观意义，对系统的宏观性质阐明了更深入（微观结构）的本质的认识。统计力学从物质的微观性质可以计算物质的热力学性质（如化学变化、相转变、物质的性质和行为所需要的热力学函数），阐明唯象化学动力学的规律。化学反应速率的碰撞理论、过渡态理论都是以统计力学为基础的，并可估算出某些动力学参数。在气态、液态、固态、溶液、混合物、两相平衡、吸附、界面等领域统计力学理论也得到广泛的应用。化学统计力学也存在某些局限性，如对分子结构做简化假设处理，使得理论结果与实际情况符合得不够好。对于大的游离分子、凝聚系统应用统计力学还存在着很大困难。复杂分子的振动频率、分子的内旋转及非谐性振动等问题仍需进一步研究，某些问题采用简化近似方法不够严密等。在理论和应用上仍有许多问题需要进一步研究。

《化学文摘》 *Chemical Abstracts*; CA 化学化工文献摘录期刊。1907年创刊，其前身为《美国化学研究评论》（1895～1906）。由美国化学会化学文摘社（CAS）编辑出版。原为半月刊，全年24期为一卷。1967年改为周刊，全年两卷，各26期。每期收录文摘约1.5万条。

内容编排 自2002年第136卷起，每期2册，共设80个类目。每个类目为一主题，80个类目又按主题的性质划分为5部分：①生物化学。②有机化学。③高分子化学。④应用化学和化学工程。⑤物理化学、无机化学和分析化学。上册内容为：①至④部分，即第1～64类目，下册内容为⑤部分，即第65～80类目和本期的索引。

特点 ①摘录广泛，专业面宽。约70%的文摘取自期刊，来源期刊约15 000种，来自150多个国家。②报道及时。CA的文摘与其原文二者的出版时差一般为二三周。③文摘编写的质量高。④索引体系完备。

索引体系 CA按期和卷编制索引。期索引附在各期下册的文摘部分之后，卷索引则单独出版。期索引包括关键词索引、专利索引和作者索引。卷索引包括普通主题索引、化学物质索引、作者索引、专利索引、分子式索引、环系索引、登记号索引、资料来源索引、索引指南和累计索引。还出版了登记号手册和母体化合物手册等。

其他出版形式 CA还出版专题文摘汇编《化学文摘选辑》(双周刊)，内容选自同一时段CA期文摘。尚出版过缩微版（胶卷和平片）和机读磁带版，现已为光盘版所取代。CA的网络版已日渐普及。

化学武器 chemical weapon 以毒剂的毒害作用杀伤有生力量的武器。包括毒剂及装有毒剂的化学炮弹、化学航空炸弹、化学火箭弹、导弹化学弹头、化学地雷、化学航空布洒器、毒剂气溶胶发生器以及装有毒剂前体的二元化学弹药等。化学武器在使用时，借助于爆炸、热气化或空气阻力等作用，将毒剂分散成蒸气、气溶胶和液滴、微粉等状态，作用于人体造成伤亡或使之暂时失去战斗力，以达到削弱对方有生力量、干扰对方军事行动的目的。1948年联合国安理会常规军备委员会通过决议，将化学武器列为**大规模杀伤性武器**。

化学武器按毒剂的分散方式可分为三种基本类型：①爆炸分散型。通常由弹体、毒剂、爆管、炸药和引信组成，借助炸药爆炸分散毒剂，如各种化学弹药、化学地雷。②热力分散型。通常以烟火剂的化学反应产生的热源或高速热气流，将毒剂蒸发或升华，形成毒剂气溶胶，如各种毒烟发生器。

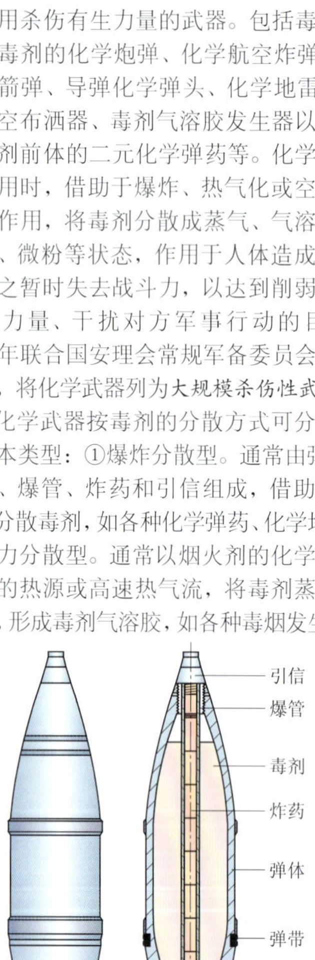

化学炮弹

③布洒型。通常由毒剂容器和气压源装置等构成，利用气压将容器内的液体状毒剂经喷口喷出，造成地面和空气染毒，如航空布洒器。

化学武器与常规武器相比，具有杀伤途径多、杀伤范围广、杀伤作用时间长、使用选择性大等特点，但使用效果受气象、地形影响大。

化学武器问世以来，国际社会为禁止化学武器作了不懈的努力。1992年11月30日，第41届联合国大会一致通过了《关于禁止发展、生产、储存和使用化学武器及销毁此种武器的公约》(《禁止化学武器公约》)。各缔约国将在公约生效后10～15年内销毁所有的化学武器及其生产设施。

化学吸附 chemical adsorption 吸附质分子与吸附剂表面原子间发生电子的交换、转移或共有，形成化学键的**吸附**作用。化学吸附的基本特点是：有显著的选择性；吸附热大（近于化学反应热），大多为放热过程；是单分子层吸附；常是不可逆吸附，解吸困难，常伴有化学变化的产物析出。化学吸附可分为需要活化能的活化吸附和不需要活化能的非活化吸附，前者吸附速率较慢，而后者则较快。发生化学吸附的温度远高于吸附物的沸点。化学吸附是多相催化反应不可缺少的关键步骤，反应物分子在催化剂表面上发生化学吸附成为活化吸附态，大大降低了反应活化能，加快了反应速率，并能控制反应方向。

化学纤维 chemical fiber 用天然的或人工合成的**高分子化合物**为原料经化学加工制成的纤维。简称化纤。又称人造纤维。根据原料来源不同可分为：①再生纤维，以天然高分子物质（如**纤维素**等）为原料，有**黏胶纤维**、大豆蛋白纤维等。②合成纤维，以合成高分子物质为原料，有**涤纶**、**锦纶**等。按性能分，有普通纺织纤维、差别化纤维、高性能纤维和功能纤维等。

化学纤维的制备，通常是先把天然的或合成的高分子物质或无机物制成纺丝熔体或溶液，然后经过滤、计量，再经喷丝头（板）挤出成为液体细流，凝固成为纤维。此时的纤维称为初生纤维。它的力学性能很差，不能直接使用，必须通过拉伸和热定形及水洗、上油和干燥等工序，以提高纤维的力学性能和尺寸稳定性。拉伸是使初生纤维中的大分子或结构单元沿着纤维轴方向整齐排列，热定形主要是使纤维中的内应力松弛。纺制长丝时，经过上述工序即可卷绕成筒；纺制短纤维时，还需要增加卷曲、切断和打包等工序。

化学纤维的地位日趋重要，从1995年起化学纤维在**纺织纤维**中的比重已超过一半。化学纤维正向着仿真超真的方向发展，

化学合成纤维

出现诸如仿棉、仿麻、仿羊毛、仿丝绸等产品。高性能纤维和功能纤维的出现扩大了化学纤维的用途，特别是在产业领域的用途，如飞机和航天器的轮胎帘子线，**宇航服**，极地服，防弹衣，防火服，水利工程、铁路和高速公路建设中使用的土工布，通信光缆及其保护罩，膜结构建筑物的膜材料，农业用的丰收布，医疗用的人造血管、人工心脏和透析血液用的过滤材料等。化学纤维生产最多的国家是中国、美国和日本等。

化学元素 chemical element 具有相同的核电荷数（质子数）的同一类**原子**的总称。简称元素。一种化学元素E的质子数Z一定相同，但中子数N可以不同，即一种元素可以有几种**质量数**A不同的原子，表示为$^{A}_{Z}E$。如氧元素可以有质量数为16、17、18的三种原子$^{16}_{8}O$、$^{17}_{8}O$、$^{18}_{8}O$，是氧的三种核素，互称**同位素**。化学元素能够互相化合，形成复杂的物质，称为**化合物**。在自然界里，物质的种类虽然非常多，但组成这些物质的化学元素并不多。到2006年为止，已经确认的化学元素共有113种（见**元素周期表**）。其中，常温下是气体的有11种，它们是氢、氟、氯、氧、氮、氦、氖、氩、氪、氙、氡；两种是液体，即汞和溴；其他都是固体。在这些化学元素中，有32种是**放射性元素**，其中8种是天然放射性元素；24种是自然界极少存在或完全没有的，是用**核反应**制取的人工放射性元素。元素性质随**原子序数**递增呈周期性变化（见**周期律**）。

元素概念的演变 最古老的哲学家都认为所有的物质都是由少数几种元素组成的，这些元素是空气、土、火、水；有的则认为元素是4种最原始的性质（热、冷、干、湿），这些性质的组合构成了万物。最早为化学元素下科学定义的是英国**R.玻意耳**，1661年他在《怀疑派化学家》一书中指出："它们（指元素）应当是某种不由任何其他物质所构成的或是互相构成的、原始的和最简单的物质"，"应该是一些具有确定性质的、实在的、可觉察到的实物，用一般化学方法不能再分解为更简单的某些实物"。随着**原子论**和原子结构理论的出现，明确了决定化学元素性质的主要因素

是核外电子数和核电荷数，才有了阐明元素本质的现代定义。

起源　比较公认的元素起源的假设是：质子（氢原子核）聚变和中子俘获是宇宙中形成化学元素的两个主要过程。这种假设认为，宇宙中所有化学元素都起源于氢，在非常高的温度下，质子发生聚变反应，形成较重的原子核，首先是氦，其次是轻元素（锂、硼、铍等）。氦原子轰击轻元素的原子，就会产生中子，这些中子被元素的原子核俘获，形成较重的元素，从碳、氮、铁一直到原子序数为82和83的铅和铋。这两种产生元素的过程现仍在恒星内部继续进行。

存在　只有少数的化学元素以游离状态存在于地壳中，如氧、氮、氦、氖、氩、氪、氙、氡、硫、铜、银、金、铂。大多数化学元素都是以化合物状态（氧化物、硫化物、含氧酸盐）存在。地壳中含量最丰富的化学元素是氧，其次是硅。

对太阳和行星的光谱分析和对陨石的组分分析所得的结果说明，宇宙中含量最多的元素是氢，占99%左右，其次是氦，还有碳、氧、镁、硅、硫、氩、钒、铬、锰、铁、钴、镍、锂、铍、硼等。

大约99%以上的生物体是由10种含量较多的化学元素构成的，它们是氧、碳、氢、氮、钙、磷、氯、硫、钾、钠；镁、铁、锰、铜、锌、硼、钼的含量较少；硅、铝、镍、镓、氟、钽、锶、硒的含量非常少，被称为微量元素。

化学振荡　chemical oscillation　某些化学反应在一定的条件下，其反应物、产物或中间产物的浓度随时间发生周期性变化的现象。1921年W.C.布雷在过氧化氢与碘酸盐的反应中偶然发现了化学振荡现象。30年后苏联生物物理学家B.P.别鲁索夫和A.M.扎勃京斯基又发现了一系列的化学振荡反应，现被称为别鲁索夫-扎勃京斯基反应，简称B-Z反应。

后来不但在许多化学系统，而且在许多生物化学系统中，都发现广泛存在着化学振荡现象。化学振荡已在许多方面得到应用。例如，在分析化学中，利用化学振荡反应的振荡频率、振幅及诱导期等与体系中某些组分的依赖关系，可测定这些组分的含量。在化学振荡基础上发展起来的电化学振荡更广泛地运用于理论研究和实践，如仿生学、临床医学等。由于生命体系中存在许多振荡现象，因此利用化学振荡模拟生物体中的相似反应对于揭示生命现象的本质有着重要意义。在工业生产中，有许多国家正在开发和研究将以前的稳流操作改为周期变速的强制振荡，不仅可以提高反应的产率和选择性，还可起到对生产过程进行调解和控制的作用。

化州市　Huazhou City　中国广东省辖县级市。位于省境西南部，与广西壮族自治区毗邻。面积2 354平方千米。人口118万(2010)。北宋太平兴国五年（980）置化州，1912年化州改名化县，1961年称化州县，1994年撤县设市。由茂名市代管。夏秋多台风。农业主产水稻、红麻、蚕桑、柑橙、蔬菜等。特产橘红、沙姜、榕树茶等。矿产有金、银、钛、铅锌、铁、石灰岩、花岗岩等。工业主要有电力、建材、机械、化工、纺织等。名胜古迹有清风楼、鼓楼、孔庙、宝岭烈士陵园等。

化妆品　cosmetics　以涂抹、喷洒或其他类似方法，施于人体表面（如表皮、毛发、指甲、口唇等），起清洁、保养、美化或消除不良气味等作用的产品。对使用部位有缓和作用，具有令人愉快的香气，能使人的容貌整洁美观，并有益于身心健康。应具有安全性、稳定性、使用性（功能性），其中以安全性为第一位。

分类　中国化妆品按产品的功能、使用部位进行分类，对于多功能、多使用部位的化妆品，以产品的主要功能和主要使用部位来划分。据此可分为三类。①清洁类化妆品。起清洁卫生或消除不良气味的作用。如用于毛发部位的洗发液、洗发膏、剃须膏等，用于皮肤部位的洗面奶、清洁霜、卸妆水、沐浴液、面膜、花露水等，用于指甲部位的指甲液等，用于口唇部位的唇用卸妆液等。②护理类化妆品。起保养作用。如用于毛发部位的护发素、发乳、焗油膏等，用于皮肤部位的护肤膏霜或乳液、化妆水等，用于指甲部位的护甲水、指甲硬化剂等，用于口唇部位的润唇膏等。③美容或修饰类化妆品。起美容、修饰、增加人体魅力的作用。如用于毛发部位的染发剂、烫发剂、定型摩丝、发胶、生发剂、脱毛剂、睫毛膏等，用于皮肤部位的粉饼、胭脂、眼影、眉笔、眼线笔、香水、古龙水等，用于指甲部位的指甲油等，用于口唇部位的唇膏、唇彩、唇线笔等。

原料　大致可分为六类。①油质原料。化妆品中的滋润成分。常用的有天然动植物油脂、蜡类，如水貂油、橄榄油、霍霍巴油、鳄梨油、羊毛脂、小烛树蜡、蜂蜡等；矿物油类，如白矿油、石蜡、凡士林等；化学改性与合成类，如角鲨烷、羊毛脂衍生物、硅油及其衍生物、脂肪醇、脂肪酸及其酯类等。②粉质原料。在化妆品中起遮盖、滑爽、吸收、展延作用。一般为天然矿产粉末，如滑石粉、高岭土、二氧化钛等。③胶质原料。可作为化妆品中的胶合剂、增稠剂、成膜剂、分散悬浮剂、助乳化剂、保湿剂。常用的有从天然动植物中提取的，如明胶、褐藻酸钠胶等；化学改性与合成类，如纤维素衍生物、聚乙烯醇、丙烯酸聚合物等。④表面活性剂。在化妆品中主要用作乳化剂和去污发泡剂，亦具有润湿、分散和增溶作用。常作为膏霜乳液乳化剂的有乙氧基化脂肪醇系列等，常作为洗涤用品中去污发泡剂的有脂肪酸硫酸盐类等。⑤保湿剂。具有维系皮肤角质层水分平衡的作用。常用的有甘油、丁二醇、透明质酸、乳酸钠、神经酰胺等。⑥添加剂。常用的有防腐剂、香精、着色剂及各种天然动植物提取物和多种生化活性物质。

华岗　Hua Gang (1903-06-09～1972-05-17)　中国哲学家、史学家。生于浙江龙游，卒于济南。1925年加入中国共产党。第一次国内革命战争时期从事青年团的宣传和组织领导工作。

大革命失败后，从事地下工作，历任共青团中央宣传部长、中共中央组织局宣传部长、华北巡视员等。曾出席中国共产党第六次全国代表大会和共产国际第六次代表大会。1937年负责筹办重庆《新华日报》，任总编辑。40年代后曾任中共中央南方局宣传部长、中共上海工作委员会书记。中华人民共和国建立后，曾任山东大学校长，创办《文史哲》杂志，提倡哲学、文学、史学要融会贯通。1955年蒙冤入狱，在狱中坚持著述，直至逝世。1980年中共中央为其平反昭雪，恢复名誉。1930年他翻译出版的《共产党宣言》是中国共产党成立后，由共产党人翻译的第一个全译本。主要著述有《一九二五至一九二七中国大革命史》(1931)、《中国民族解放运动史》(1940)、《社会发展史纲》(1940)、《中国历史的翻案》(1946)、《辩证唯物论大纲》(2册，1954～1955)，以及在狱中完成的《美学论要》(1981)、《规律论》(1982)等。

华国锋　Hua Guofeng (1921-02-16～2008-08-20)　曾任中国共产党中央委员会主席，中华人民共和国国务院总理，中国共产党中央军事委员会主席。山西交城人。卒于北京。1938年10月加入中国共产党，1938年6月参加革命工作。1938年6月至1945年8月任山西省交城县牺盟游击

队、县牺盟会秘书、县抗联主任兼分区农民部部长，中共交城县委宣传部部长兼抗联主任。1945年8月至1949年2月任中共交城县委书记，晋绥八地委组织部副部长，交城县委书记，阳曲县委书记，晋中南下支队一地委宣传部部长。1949年2月至1956年3月任中共湖南省湘阴县委书记，湖南省湘潭县委书记，湖南省湘潭地委副书记、专员、地委书记。1956年3月至1959年8月任湖南省人民委员会文教办公室主任，中共湖南省委文教部部长、省委统战部部长。1959年8月至1967年7月任湖南省副省长、中共湖南省委书记处书记。1967年7月至1971年1月任湖南省革命委员会副主任、代主任，中共湖南省委第一书记，湖南省军区第一政治委员、省军区党委第一书记，广州军区政治委员、军区党委书记。1971年1月至1975年1月任国务院业务组副组长，中共中央政治局委员。1975年1月至1982年9月任国务院副总理兼公安部部长，国务院代总理、总理，中共中央政治局委员、常委，中共中央第一副主席、主席，中共中央军委委员、常委、主席，毛泽东主席著作编辑出版委员会主任，中共中央党校校长（兼）（1981年6月中共十一届六中全会上辞去中共中央主席、中共中央军委主席职务，其后至1982年9月任中共中央政治局常委、中共中央副主席）。是中共第九至十五届中央委员，第十至十一届中央政治局委员，第十届（1976年4月经毛泽东提议和中央政治局通过任职）、十一届中央政治局常委，第十届中央委员会第一副主席（1976年4月经毛泽东提议和中央政治局通过任职）、中央委员会主席（1976年10月经中央政治局通过任职），第十一届中央委员会主席（十一届六中全会上辞职）、中央委员会副主席（十一届六中全会增选），1976年10月经中共中央政治局决定任中央军委委员、常委、主席，中共十一届一中全会任中央军委委员（十一届六中全会上辞职）、常委（十一届六中全会上辞职）、主席（十一届六中全会上辞职）。

华蘅芳 Hua Hengfang（1833～1902） 中国清代数学家、机械制造家、翻译家、教育家。字若汀，江苏金匮（今江苏无锡）人，卒于无锡。他积极参加洋务运动的科学技术活动。1885年制造一直径5尺（约1.7米）充以自行制备的氢气的气球，演放成功，为中国第一个氢气球制造者。1862年他到安庆军械所，与徐寿等一起研制机动船，1865年造出载重25吨的木质蒸汽机轮船“黄鹄”号。同年，曾国藩于上海创办江南制造局，他参与其事，主持试制硝酸。后来长期在该局与傅兰雅等翻译《代数术》、《微积溯源》、《三角数理》、《合数术》、《决疑数学》等西方数学著作，以及《金石识别》、《地学浅释》等矿物学、地质学著作。其中《决疑数学》是中国第一部概率论译著。他的数学著作结集为《行素轩算稿》6种27卷。他先后应聘讲学于上海格致书院、天津武备学堂、湖北自强学堂、两湖书院及无锡竢实学堂。1896年任常州龙城书院院长兼江阴南菁书院院长。对于发展中国近代数学和人才的培养多有贡献。

华建敏 Hua Jianmin（1940－01～ ） 中华人民共和国全国人民代表大会常务委员会副委员长、国务院国务委员兼秘书长。江苏无锡人。大学学历，高级工程师。1961年5月加入中国共产党。1957年入清华大学动力系燃气轮机专业学习。1963年后历任上海汽轮机锅炉研究所自控室技术员、党支部副书记、研究所副所长。1979年后任上海发电设备成套设计研究所科研办公室主任、副所长。1982年在美国参加汽轮机技术培训，1984～1986年在中央党校培训部培训班学习。1986年在中央办公厅工作。1987年任上海申能电力开发公司总经理。1991年后任上海市计委副主任、主任、党组书记，申能公司总经理，市综合经济工作委员会副书记。1994年任中共上海市委常委，副市长。1996年后任中央财经领导小组办公室副主任，中央财经领导小组副秘书长、办公室主任。2003年3月任国务委员兼国务院秘书长。2003年5月兼任国家行政学院院长。是中共十六届、十七届中央委员，十一届全国人大副委员长。

华君武 Hua Junwu（1915－04－24～2010－06－13） 中国漫画家、美术活动家。笔名华潮、彤哥、端父。江苏无锡人，生于浙江杭州，卒于北京。1933年开始在上海报刊发表漫画作品。抗日战争爆发后加入抗日救亡协会。1938年到陕北公学学习，同年底到延安鲁迅艺术文学院任研究员。1945年秋参加鲁艺文工团到沈阳，不久到《东北日报》当记者。中华人民共和国建立后，任《人民日报》美术组长、文学艺术部主任，中国美术家协会秘书长、书记处书记，《漫画》编委。历任全国政协第五、六、七届委员，中国文联委员，中国美术家协会副主席等职。2001年获中国美术家协会终身成就奖。

《决心》

华君武在解放战争时期创作的政治时事漫画《磨好刀再杀》、《在反革命的后台》等，发挥了漫画艺术打击敌人、教育人民的作用。20世纪60年代初和“文化大革命”以后创作的讽刺漫画，如《误人青春》、《永不走路永不摔跤》等，巧于构思，富于独创性与幽默感，善于夸张与想象。自1948年以来出版多部漫画集、文集，2003年汇编为《华君武集》10卷。

华罗庚 Hua Luogeng（1910－11－12～1985－06－12） 中国人民政治协商会议全国委员会副主席、中国数学家。生于江苏金坛，卒于日本东京。1924年初中毕业后，刻苦自学。1930年后在清华大学任教。1936年，作为访问学者去英国剑桥大学工作。1938年回国任西南联合大学教授。1946年，应苏联科学院邀请去苏联访问三个月。同年应美国普林斯顿高级研究院邀请任研究员，并在普林斯顿大学执教。1948年开始，他为伊利诺伊大学教授。1950年回国，先后任清华大学教授，中国科学院数学研究所所长、数理化学部委员和学部副主任，中国科学技术大学数学系

主任、副校长，中国科学院应用数学研究所所长，中国科学院副院长、主席团委员等职。任《中国大百科全书》第一版总编委会副主任。还担任过多届中国数学会理事长。

华罗庚被选为美国国家科学院外籍院士，第三世界科学院院士，联邦德国巴伐利亚科学院院士。又被授予法国南锡大学、香港中文大学与美国伊利诺伊大学荣誉博士。

华罗庚在**解析数论**、矩阵几何学、典型群、自守函数论、多复变函数论、偏微分方程、高维数值积分等广泛数学领域中都作出了卓越贡献。

华罗庚在20世纪40年代解决了高斯完整三角和的估计这一历史难题，得到了最佳误差阶估计。这一结果在**数论**中有广泛的应用。同一时期，他还对G.H.**哈代**与J.E.李特尔伍德关于华林问题及E.赖特关于塔里问题的结果作出了重大改进，至今仍是最佳纪录。在代数方面，他证明了历史长久遗留的一维射影几何的基本定理。还给出了体的正规子体一定包含在它的中心之中这个结果的一个简单而直接的证明。这个结果，现在称为嘉当－布饶尔－华定理。

他的专著《堆垒素数论》系统地总结、发展与改进了哈代与李特尔伍德圆法、维诺格拉多夫三角和估计方法及他本人的方法，其主要结果至今仍居世界领先地位，先后被译成俄、匈、日、德、英文出版，成为20世纪经典数论著作之一。又如专著《多个复变数典型域上的调和分析》，以精密的分析和矩阵技巧，结合群表示论，具体给出了典型域的完整正交系，从而给出柯西与泊松核的表达式，这项工作在调和分析、复分析、微分方程等研究中，有广泛深入的影响，曾被译成俄文与英文出版，还获得中国自然科学一等奖。

他共发表专著与学术论文近300篇。有许多用他的姓名命名的定理、引理、不等式、算子与方法。

华罗庚还倡导应用数学与计算机研制。他身体力行，亲自去27个省市普及应用数学方法长达20年之久，为经济建设作出了重大贡献。

华山 Huashan Mountain 中国名山。“五岳”中的西岳，著名风景名胜区，被誉为“奇险天下第一山”。位于陕西省华阴市境，因其西约20千米另有少华山，故又称太华山。华山是**秦岭**支脉分水脊北侧的花岗岩石山，东、南、西三峰突起，壁立千仞，北峰和中峰虽略低，但甚峻峭。五峰如莲花五瓣，古“花”、“华”通用，故名华山。由于花岗岩性和纵横节理发育，易风化侵蚀，加上南北两大断层错动和东西两侧流水下切，造成华山四面如削、断崖千尺、

华山风光

陡峭险峻的山势。华山北峰又称云台峰，海拔1 614.7米，三面皆绝壁，登山所必经。北峰南上，有仙人砭、阎王砭、苍龙岭。金锁关是登华山东峰、南峰、西峰的咽喉。中途千尺幢、百尺峡尤为险狭，山顶旁仅有苍龙岭一道南通华山主峰。人们以“自古华山一条路”形容其险要。苍龙岭受两侧的断层影响，顶部最窄处仅1米，坡度超过54°。中峰又称玉女峰，海拔2 042.5米，位于东、南、西3峰之间。东峰又称朝阳峰，清晨可观日出，东北望黄河如带；峰下有一岩壁，形如手掌，称“华岳仙掌”。南峰是华山主峰，海拔2 154.9米；一峰双顶，东曰松桧，西曰落雁，峰上苍松翠柏，峰南绝壁陡峭。西峰又称莲花峰，西侧断崖绝壁。五峰庙宇，今仅存西峰古刹。1949年后，在西峰建立了高山气象站。秦、汉帝王举行封禅，曾于华山下建华岳庙。山上庙宇多为明、清时所建，是道教圣地。

华佗 Hua Tuo (145?～约208) 中国东汉医学家。一名旉，字元化。沛国谯(今安徽亳州)人。华佗医术高超、全面，《三国志》上载有华佗治疗的20多个病例，包括传染病、寄生虫病、妇产科病、小儿科病、皮肤病、内科病等。华佗尤长于外科，他创制了麻沸散，施行全身麻醉下的手术治疗。他还长于养生，发明了“五禽戏”，模仿动物动作进行医疗体育锻炼。华佗生平著作多种，均已亡佚，今传《中藏经》、《华佗神医秘传》等，皆为后世托名之作。华佗弟子中有名可考的有吴普、樊阿、李当之等，吴普著有《吴普本草》，李当之著有《李当之药录》，樊阿善针灸及养生。

华县地震 Huaxian Earthquake 中国明嘉靖三十四年十二月十二日（1556年1月23日）夜发生于陕西省南部秦岭以北渭河流域的巨大地震。中国人口稠密地区影响广泛和损失惨重的著名历史地震之一。估计震级为8级。据记载，以华县、渭南县和华阴县的震灾最重，故称华县地震。《中国地震目录》归纳史书记载对此震的描述是：“秦晋之交，地忽大震，延及千里，川原坼裂，郊墟迁移，或壅为岗阜，或陷作沟渠，山鸣谷响，水涌沙溢。城垣、庙宇、官衙、民庐倾颓摧圮，十居其半。军民被害，其奏报有名者八十三万有奇，不知名者复不可数计。”此震是典型的板块内部大地震，重复期很长。渭河流域从地质构造上看，南面是秦岭北麓大断裂，北面是凤翔－澄城大断裂，中间是近东西走向的渭河断陷盆地。此处地壳的垂直升降运动很强烈，有发生大地震的地质背景。

华喦 Hua Yan (1682～1756) 中国清代画家。字秋岳，号新罗山人。福建上杭人。卒于杭州。早年曾做过造纸坊学徒。自小喜爱绘画，勤奋好学。一生贫困，终老布衣。卒后有《离垢集》5卷藏于室，至道光五年(1825)始刊刻行世。

华喦由学习民间绘画入手，进而学习**文人画**，花鸟、人物、山水兼善。其花鸟画于造型严谨的没骨法技法中，融汇进率意、潇洒的水墨技巧，干笔湿笔并用，设色淡而艳、雅而丽，形成独特的小写意画法。取材广泛，观察精微，善于捕捉自然中各种花鸟千姿百态的变化，生趣盎然。主要有《桃潭浴鸭图》、《山雀爱梅图》、《秋树斗禽图》等。人物画多取材历史人物等。构思巧妙，立意新颖，通过富有生活的情节选择，着意于环境气氛的烘托，创造出饶有风趣、耐人寻味的作品。人物形象稍事夸张，个性鲜明，不落前人程式。主要有《天山积雪图》、《寒驼残雪图》、《钟馗嫁妹图》等。他能作肖像

《自画像》(故宫博物院藏)

画，有《自画像》传世。山水画笔致清新，色调明快。用笔洒脱，变化有致。主要有《白云松舍图》、《溪山晴雪图》等。工诗。有“三绝”之称。

华彦钧 Hua Yanjun (1893?-07～1950-12) 中国民间音乐家。人称阿炳，江苏无锡人。父名华清和，是无锡洞虚宫道观偏殿雷尊殿的当家道士，精于道教音乐。从小受到父亲严格训练的阿炳学会演奏笛子、琵琶、二胡、鼓等乐器，十五六岁已成为无锡道教界一名出色的乐师。1918年左右，华清和去世，阿炳继为雷尊殿当家道士。约1928年，阿炳双目失明，时人因称其为“瞎子阿炳”。由于社会动乱，道产亦变卖殆尽，开始了流浪卖艺生涯。他的大部分器乐作品出于这个时期。他所作的3首二胡曲：《寒春风曲》约成于20年代末，《听松》约作于30年代初，《二泉映月》约作于30年代末。这些作品表达了他对辛酸的现实生活的沉思，也寄托了对生活的热爱和憧憬。还作有3首琵琶曲是《昭君出塞》、《大浪淘沙》和《龙船》。阿炳的二胡演奏细腻深刻，淳朴苍劲，多以短弓见长，滑音的演奏给旋律增添了独特的韵味；在琵琶演奏方面，他左手触弦坚实、右手以大指开板为特点，气质淳直、粗犷健朗。以自己的创作、演奏（包括编唱新曲）等，鲜明地反映了当时的社会生活现实，表现了被压迫阶层的思想感情和生活愿望。阿炳创作与演奏的器乐曲数量较多，但大多已散佚，中华人民共和国建立之初，抢录了他的3首二胡曲和3首琵琶曲，辑有《阿炳曲集》(杨荫浏等编，1952)。

《华阳国志》 中国记述巴蜀地区历史与地理的著作。东晋常璩撰。分为巴志，汉中志，蜀志，南中志，公孙述、刘二牧（刘焉、刘璋）志，刘先主（备）志，刘后主（禅）志，大同（指晋统一）志，李特、雄、期、寿、势志，先贤士女总赞，后贤志，序志并士女目录，共12卷。常璩，字道将，蜀郡江原（今四川崇州东南）人，生卒年无考。初仕成汉李氏，桓温灭李势(347)，以璩为参军，随至建康。该书撰成约在永和十一年(355)之前。

该书是后世地方志的创始，它以地理志、编年史及人物志三者结合的形式，记述4世纪以前以益州为中心的西南地区的历史与地理。书中包含不少政治经济、郡县沿革、古代氏族等方面的重要史料。先贤、后贤志及士女目录等所收西汉至东晋益、梁、宁三州（今四川及陕西、汉中、云南一部分）人物近400人，皆可补正史之不足。注释该书的有刘琳《华阳国志校注》。

华阴市 Huayin City 中国陕西省辖县级市。位于省境东部，南依华山，东滨渭河。面积817平方千米。人口26万(2010)。春秋时为晋国阴晋邑，战国时秦设宁秦县，西汉高祖八年（前199）改华阴县。1958年并入渭南县，1961年析出复设华阴县，1990年撤县设华阴市。由渭南市代管。境内有金、铁、铝、铅、花岗岩、水晶、矿泉水等矿产资源。工业以机械、采金、电力、制药等为主。农业以产小麦、大豆、蔬菜等为主，盛产黄河鲤鱼和优质酥梨。华阴市是国家重点风景名胜区，名胜古迹有西岳华山、西岳庙、渭长城遗址、华仓遗址、横阵遗址、玉泉院等。

《画禅室随笔》 *Huachanshi Studio's Essays* 中国明代书法、绘画理论著作。董其昌撰。全书4卷。卷一包括论用笔、评法书、跋自书、评古帖各节。卷二包括画诀、画源、题自画、评古画各节。卷三、卷四基本上与书画无关。此书论书主张“以奇为正”，“字之巧处在用笔，尤在用墨”，强调“结字得势”，“作书最忌位置等匀”，虽亦讲“临帖”，但主张领会其“精神流露处”，提倡“以意背临”。其论画以南北宗论为中心，提倡文人画，贬抑“行家画”。对于绘画的发展，推崇自唐而宋由“工”变“畅”，但批评由宋入元某些画家由“畅”而“佻”。对于艺术境界则以“生”、“秀”、“真”为极诣。

该书非董其昌自撰，是明末清初画家杨补辑录董其昌《容台集》所未收进的零篇散帙而成，故与《容台别集》、《画旨》、《画眼》、《画说》中某些条目每有大同小异之处。

画法几何 descriptive geometry 研究在平面上用图形表示形体和解决空间几何问题的理论和方法的学科。其核心是应用投影的方法研究多面正投影图、轴测图、透视图和标高投影图的绘制原理。画法几何还包含投影变换、截交线、相贯线和展开图等内容。

《画继》 *Supplement to History of Painting* 中国南宋绘画史著作。邓椿著。邓椿，字公寿。四川成都双流人，生卒年不详。出身于世代显宦家庭。祖父邓洵武北宋末官知枢密院，拜少保。邓椿生活于北宋南宋之际，官至通判。家富书画收藏，又多方接触收藏家所藏名迹，见闻颇广。因感郭若虚《图画见闻志》后，90余年无人续著绘画史，乃稽考文献，根据见闻，写成此书。

此书记述了北宋神宗熙宁七年(1074)至南宋孝宗乾道三年(1167)共93年间的有关绘画见闻，是继《图画见闻志》之后的又一重要绘画史著作。全书共分10卷。卷首有作者自撰序文，记述编订的缘起、经过、方法、体例等，并阐述了自己的艺术见解。1～7卷辑录了219位画家的传记材料，按画家身份地位先后分类排列。卷一为圣艺，通篇记述宋徽宗赵佶的绘画活动；卷二为侯王贵戚；卷三为轩冕才贤；卷四为缙绅韦布；卷五为道人衲子和世胄妇女（宦者附)；卷六、七按仙佛鬼神、人物传写、山水林石、蔬果药草及小景杂画等画科分类，记录了画院画家及职业画工的生平事迹、绘画专长等资料；卷八为铭心绝品，著录了作者目睹的私家收藏绘画精品目录；卷九为杂说论远；卷十为杂说论近，以杂记体裁，记述了唐、五代以迄北宋中期的画坛传说见闻，并对绘画品评欣赏提出自己的见解。此书一方面强调画家的文化修养与艺术意趣，记载了有关早期文人画旨趣，同时也记载了有关画院制度及创作活动和社会上职业画工的活动史料及对国内外美术交流的情况，为后世留下了宝贵资料。

画廊 gallery 收藏、陈列或销售美术作品的场所。16世纪以来，西方将搜集到的美术作品陈列于府邸的回廊，为画廊之滥觞。以后，在贵族邸宅中也多有类似设置。19世纪以后，画廊成为观众鉴赏美术作品的公开陈列场所，与今天的美术馆的性质基本相同。画廊的另一意义是美术作品陈列、销售的场所。西方从19世纪以来，随着资本主义经济的发展，艺术越来越商品化，以专营美术品为业的画商应运而生。画商陈列和销售美术品的场所也称画廊。

中国古代的画店、南纸店等经营艺术品的店铺类似画廊的功能。自20世纪70年代末期以来，由于对外开放的需要，以及人民生活水平的提高和艺术的普及，市场上出现了对艺术品的需要，在一些大、中城市相继开设了画廊或类似性质的画店。20世纪末，由于艺术市场的开发，经营性质的画廊大量涌现，成为艺术品尤其是中国书画流通的主要渠道之一。

画论 painting, theory of 绘画理论的简称。包括绘画审美、绘画批评、绘画技法理论等内容，标志人类对于绘画艺术的审美特点与表现手段的认识水平。

文艺复兴时代欧洲才真正形成具有理论体系的绘画理论，透视学和解剖学是当时画论的主要内容。达·芬奇的画论笔记是当时欧洲画论的杰出代表。近现代以来，有关绘画的理论大量见之于画家的言论、日记、书信和美学家、文艺批评家的各种著述中。

中国的绘画理论，最早散见于先秦诸子关于伦理或哲学的言论中。自东晋顾恺之开始，出现了专门的画家论画的著作。经历代发展，形成了自成系统的中国古代画论体系，著作宏富，体裁多样（包括画论、画评、画史、著录、题画诗等），门类丰富（包括人物、山水、花鸟等门类的理论），阐述精微，是有待于进一步整理和研究的古代艺术理论遗产。

画眉 *Garrulax canorus*; babbler/ hwamei 雀形目画眉科噪鹛属的一种。因眼圈呈白色且向后延伸成眉状得名。分布于中国南

部和越南及老挝的北部。体形似鸫，全长197～245毫米。通体呈棕褐色，腹部中央呈灰色。雌雄外形相似。栖息在山丘和村落附近的灌丛、草丛中，在城郊的灌丛、竹林间也可见到。喜单独活动，有时也结小群，性机敏而胆怯。雄鸟好斗，常追逐其他种鸟类。受惊时，急速窜逃。飞翔能力不强，常在灌丛中边飞边跳，不作远距离飞行。主要以昆虫为食，有时也吃野果、植物种子。鸣声婉转，善于模仿其他鸟类鸣叫。在作物生长时期，能摄食大量害虫，对农林业有益。

画品 comments on paintings and painters 中国古代对画家及作品作出品评的文体。一般分品论述，鉴赏优劣得失。作者见解通过品评画家及作品来表达，较少记载传记材料。这种体裁是受魏晋时期士族阶层对人物气质、品格、风貌进行评鉴的风习影响而产生的，盛于六朝、隋唐，元明之后渐为稀少。梁武帝萧衍的《昭公录》（已佚），约为最早的专著，对画家技艺方面的特长、师承、风格、优劣作出评鉴。南朝谢赫的《画品》是保存至今的最早一部著述，除对27位画家分品以鉴评外，在序中提出“画有六法”（见六法论）作为品评绘画的标准，对后世影响极大。陈、隋之际的姚最（535～602，或531～601）著《续画品》接续谢书，不分品第优劣而评鉴80余人。唐代彦琮《后画录》、李嗣真《画后品》（又名《续画记》或《续画品录》）、窦蒙《画拾遗录》（均只存佚文辑录），承继前人撰著体例，进而评鉴唐代画家优劣。朱景玄《唐朝名画录》合数家文论定，分神、妙、能、逸四品，载画家124人，记其小传、轶事，述其风格特长，既为画史增补了真切、生动史料，又拓宽了画品囿于识鉴的程式。五代及北宋刘道醇《五代名画补遗》、《圣朝名画评》，更以画家专擅分门别类，条分缕析，形成评传之风格。北宋董逌《广川画跋》，所论则偏重考证，谨严精细，为考辨古代绘画的重要典籍。

《画品》 *Comments Grading Paintings and Painters* 中国南朝绘画理论著作。谢赫著。因《画品》中收有卒于梁武帝萧衍中大通四年（532）的画家陆杲，故推断该书约成书于梁武帝时。《画品》是中国现存最早的一部完整的评论画家艺术的论著，与钟嵘《诗品》、庾肩吾的《书品》一样，同是齐梁时期文艺评论和品藻成为一时风气的产物。《宋史·艺文志》中称此书为《古今画品》，明刊本则标名为《古画品录》。《画品》在序中首先阐明“夫画品者，盖众画之优劣也”，即本书系品评画家艺术高下之著作，又提出绘画的社会功能为“明劝戒，著升沉，千古寂寥，披图可鉴”。特别是提出了“画有六法”（见六法论），并以此作为衡量画家艺术优劣高下的标准，进而对自三国迄当时的古今画家27人的画艺，按其优劣分别纳入六品，加以论评。该书最早开创了画品体例，为后世沿用，作为该书续编的陈、隋间的姚最《续画品》，以及相继出现的唐代彦琮《后画录》和以后的画品类著述，都在不同程度上受到此书的启发。该书首倡六法论，不但全面地概括出绘画批评的艺术标准，也完整地确立了绘画创作的艺术规范，成为绘画美学思想优秀遗产的一个重要组成部分。

《画筌》 *On Landscape Paintings* 中国清代绘画理论著作。笪重光撰。笪重光（1623～1692），字在辛，号江上外史，晚号逸叟，京口（今江苏镇江）人。顺治九年（1652）进士，官御史。善书画，精鉴赏，名重一时，与清初画家王翚、恽寿平友善。另著有《书筏》。

《画筌》全篇4 000余字，不分章节，通篇用对偶文字，一气贯注地讲述山水画理论和技法，亦略兼及人物花鸟。文中有王翚、恽寿平逐段所加的评语，篇末为著者康熙七年（1668）夏付印前跋语。

据汤贻汾《画筌析览》解析，此书可析为以下各节：缘起、论山、论水、论树石、论点缀、论时景，论皴、点、染，论用笔用墨、论设色、杂论以及总论。全篇荟萃历代画理画法，以朴素辩证方法，取其精华，去其糟粕，尤能于“意境”的虚实、“通体”与“段落”的联系，土与石、笔与墨、“师化工”与“抚缣素”、“守家数”与“变门庭”、画工与文人等多种关系，发挥见解。持论精微透彻，发前人所未发。

《画室》 *The Studio* 法国19世纪写实主义画家G.库尔贝的作品。原题《我的画室：概括我七年创作生活的真实寓言》。库尔贝在1855年送交世界博览会美展的11件作品中，最重要的两幅《奥尔南的葬礼》和《画室》落选。于是他撤回全部作品，自租场地举行《现实主义——库尔贝40件作品展》，并宣布：“我要根据自己的判断，如实地表现我所生活的时代的风俗和思想面貌”。《画室》是库尔贝生活环境的集中反映，画中有他的自画像和他最好的朋友——志同道合的评论家和画家，有各种年龄的模特，有象征人民的罢工工人和爱尔兰妇女，还有一个正在聚精会神地观看画家创作风景的男孩。这些毫不相干的人物被安排在一

个画面之中，真实反映出该画副标题所示：“我的创作生活”。源于生活的这种真实美，既摧毁了浪漫主义的夸张美，又代表了强调个性的时代精神。

画像石 stone relief 汉代的石刻画。主要用于墓室、墓前祠堂、石阙等墓葬建筑的建造与装饰。产生于西汉，盛于东汉，魏晋之际仅有个别实例，故又称汉画像石。宋以后受到金石学家的注意。20世纪50年代后在考古发掘获得大量材料的基础上开始综合研究。画像石主要分布在山东、河南、江苏、陕西、山西、四川等地。

内容 画像石的主要内容可分为6类：①生产劳动。作品记录生产过程或特点胜于刻画人的神态。②体现墓主人仕宦身份、经历的礼仪与象征物。③墓主人生活。描绘的是贵族地主典型的社交与享乐方式。④历史故事和历史人物画像。⑤神话故事、祥瑞与天象图。⑥各种以植物为母题的花纹和图案。其中部分象征吉祥，主要作为画像石的边饰，也有单独的画面。

画像石是汉代厚葬习俗的产物。统治阶级提倡孝廉，使厚葬成为与仕途相关的社会行为。与此同时，死后灵魂升天的希冀在战国木椁墓向汉代砖石墓演变之后，更多赋予墓室以象征意义，即墓

河南南阳出土画像石

室是墓主生前环境的缩影。功利目的与“死即再生”的观念吻合，不仅导致画像石在墓中的数量渐多，而且规定了画像石的功能，通过它们在墓中的位置体现出来。画像石在墓中的分布一般为：墓门通常带有朱雀、龙、虎的铺首衔环，或是文武门吏；中心位置的前室或主室壁上和横楣上是阙、车骑、宴饮、乐舞；后室或侧室壁上是庖厨、农作等；后壁上方是西王母，室顶是天象图；祥瑞物与图案则穿插于壁面、立柱与室顶上。

艺术风格　画像石艺术风格是构图方式、造型特点、雕刻技法统一的体现。主要的构图方式遵从平面散点和分层方式，形成分栏对称的图像布局，在历史、神话故事及车骑出行等画面最为明显。在表现庄园、收租、宴饮、乐舞等题材时，则采用高视点俯瞰式构图。人物形象有序向上方发展，上下间距表示远近关系。建筑和坐榻、几案、容器等用具的透视造型，加强了场景感。

画像石的雕刻技法主要有阴线刻、平面浅浮雕、弧面浅浮雕、平面凹雕、高浮雕、透雕、阳线刻等。最普遍的是平面浅浮雕加阴线刻，即在平整的石面上刻去形象轮廓之外的部分，使形象呈浅浮雕状，然后用阴线刻出轮廓内的细部。以此为基本方法，有的用线绘加彩代替阴线刻，有的在背景刻出规则的线纹。阴线刻在早期较简单，到晚期画像石中熟练细腻，高浮雕与透雕只用于少数作品。有的画像石局部敷染色彩，目的是强调某形象的功能。

画像砖　brick relief　中国古代用于墓室建筑的砖刻或模印绘画。有空心砖与实心砖之分，通常空心画像砖形体较大。画像砖作为具有装饰作用的建筑构件，一般认为始于战国晚期，盛于汉代，三国两晋南北朝时期继续流行，且取得很高的成就。其中，汉代画像砖在出土数量、砖块形制、画幅形式、题材内容及表现手法等方面，均较其他时代丰富。

画像砖在明清时期就因墓室被盗或被毁而流入民间。清代晚期，已有收藏家对其进行著录。1949年以后，随着考古工作的深入开展，画像砖在河南、四川、山东、陕西、江苏、江西、湖北、云南等省都有出土，其中以河南和四川两省出土数量最多。河南出土的画像砖其时代分别属于西汉至东汉晚期及南北朝时期。四川出土的画像砖其时代为东汉。

画像砖的图像内容与当时的社会生活和丧葬观念有密切的关系。题材可分为：①表现经济生活和生产劳动。如耕种、收获、渔猎、采莲等。②炫耀墓主人生前社会地位。包括身份、经历、宅院及享乐生活等。③历史故事。如泗水取鼎、荆轲刺秦王、二桃杀三士、狗咬赵盾等。④神仙灵异。如伏羲、女娲、东王公、西王母等。⑤动、植物形象及图案。如猛虎、奔鹿、骏马、飞鹰等，图案既有波浪纹、勾云纹、云雷纹、百乳纹、钱币纹及各种几何纹样，又有动植物与几何图形结合的纹样，如双龙菱形纹、兽面纹等。

西王母画像砖（四川）

画像砖的表现手法多为印模压印，部分图像用锐器刻画。大型画像砖有用印模依次压印的方法，形成连续的图案。也有一种是将多种不同图像内容的印模，按一定的构图方式，压印在砖画上。

由于模印图像的线条、形体块面凹凸加工手法不同，其表现手法也呈现多种面貌，一般可分为：①线刻。分阴线和阳线两种。②浅浮雕。有浮雕和浮雕加线刻的变化。③高浮雕。部分画像砖出土时砖画上带有颜色，表明当时画像砖还借助色彩来增强效果。

画院　painting academy　原指中国古代宫廷中掌管绘画的官署。除为皇家绘制各种图画外，还承担皇家藏画的鉴定和整理及绘画生徒的培养。“画院”被沿用至今，作为中国现代美术创作和研究机构的名称。

宫廷画院始于五代，盛于两宋。但早在汉代已有画室署长之设，负责管辖尚方画工或黄门画者。汉明帝刘庄喜爱绘画，曾另立画室，令画工描绘儒家经籍所载史事。唐代无画院，但有些皇帝对书、画有特殊爱好，曾招聘画家入翰林院，并授以待诏、内廷供奉之职。五代的西蜀和南唐都设立宫廷画院，前蜀设内廷图画库，主要职责是保管皇帝的藏画。后蜀明德二年(935)，蜀主孟昶创立翰林图画院，是中国历史上最早出现的画院。南唐中主李璟也在宫中设立翰林图画院，集中一大批有成就的画家。宋代开国之初，收罗各方画家于翰林院。宋太宗雍熙元年(984)始建翰林图画院。宋徽宗赵佶富于绘画才能，为画院订立了一套完整的制度，画院画家的地位也较前提高，宣和画院遂成为后代画院的典范，它对两宋绘画的繁荣起了很大作用。画院至元代中断。明代御用画家归工部将作司管辖。清代乾隆年间设如意馆和画院处，分别管理御用画家。后归并为如意馆画院，院画家被称为画画人。慈禧专权时改称画士。

话本　Huaben; script for storytelling　中国古代说话艺人的底本。是随着民间说话技艺发展起来的一种文学形式。话本起源于中国唐代人的说话，也称作话。话本在宋代逐渐盛行，开始有刻本流传。话本一般指小说、讲史、说经等说话人的底本，但皮影戏、杂剧和诸宫调的底本，也称作话本。后来还有人把明清人摹拟话本而写的短篇白话小说也称为话本。又有人只把小说家的底本称作话本。话本多数以叙说为主，中间穿插一些诗词，也有以唱词为主的。明代人则称为评话或词话。元代以前的话本留存不多，讲史家的话本一般称作**平话**，小说家的话本多称作小说，还有称作诗话的。话本本来是说话人演讲故事的底本，往往只是略具梗概的提要，编印成书，就成为一种通俗读物，形成一种特殊的体裁和风格，代表中国白话小说的一个发展阶段。明清人模仿话本体裁而写作的短篇白话小说，近人称为**拟话本**；讲史类的作品则称为演义。

话剧　drama　戏剧种类之一。中国的一种特殊称谓。在欧洲，一般将发端于古希腊**悲剧**和**喜剧**的舞台演出形式称之为drama，通常译为戏剧，并将它与歌剧、舞剧、哑剧等相区别。这个剧种从20世纪初传到中国，最初称之为新剧、文明戏、爱美剧等。1928年，中国戏剧家洪深提议定名为话剧，将之与传统戏曲、歌剧、舞剧、哑剧等相区别。它综合文学、表演、导演、美术、音乐、舞蹈等多种文艺成分，而以说话（对白、独白、旁白）为主要表现手段；演员的表演则是以说话和动作来塑造各种各样的人物形象，直观地展现社会生活中的各种矛盾和斗争。随着时代和社会的发展，话剧的题材、体裁、风格、手法和艺术形式，也不断丰富发展。

桦甸市 Huadian City 中国吉林省辖县级市。位于省境中部。面积6 624平方千米。人口44万（2010），有朝鲜、满、回、汉等民族。1907年置桦甸县。1988年撤县设市。由吉林市代管。主要河流有松花江、辉发河、金沙河等。市内水能资源丰富，有长白水力发电厂和红石发电厂等，装机容量居东北之首。矿产有金、铜、铁、铅、锌、钼、硅石、硅藻土、油母页岩、大理石、煤炭等。其中金储量大，年产黄金5万两左右。农作物以玉米、水稻、大豆为主。是人参、白瓜子、甜菜主要产区。主要树种有红松、黑松、桦树等。森林覆盖率68%。工业以水电、采矿、橡胶、建材、化工、造纸为主。古迹有苏密城，为渤海国长岭府遗址。

桦树 *Betula*; birch 桦木科桦属植物的统称。落叶乔木或灌木。约有100种，主要分布于北温带，少数种类分布至寒带。中国产30种，几乎全国都有分布，而以东北、西北及西南高山地区为最多。主要种类有白桦（见图）、红桦、硕桦和黑桦、岳桦、垂枝桦等。

树皮多光滑，多为薄层状剥裂。单叶互生，多复锯齿，稀单锯齿。花单性，雌雄同株。柔荑花序，雄花序2～4枚簇生；雌花序单1或2～5枚生于短枝的顶端。坚果具膜质翅，果苞革质，先端3裂。种子单生，具膜质种皮。桦树喜光，不耐庇荫。较喜湿润，对土壤要求不严，在较肥沃的棕色森林土中生长良好。萌芽力很强，采伐后可自行萌芽更新。

木材较坚硬，富有弹性，结构均匀，心边材不明显。抗腐能力较差，受潮易变形。可作胶合板、卷轴、枪托、细木工家具及农具用材。树皮可热解提取焦油，还可制工艺品。此外，其树形美观，秋季叶变黄色，是很好的园林绿化树种。

白桦枝叶、果、苞形态

怀化市 Huaihua City 中国湖南省辖地级市。位于省境西部，沅江流域，南接广西壮族自治区，西连贵州省。辖鹤城区和沅陵、辰溪、溆浦、中方、会同5县，以及麻阳苗族自治县、新晃侗族自治县、芷江侗族自治县、靖州苗族侗族自治县、通道侗族自治县，代管洪江市。面积27 564平方千米。人口474万（2010），有汉、侗、苗、土家、瑶等民族。西汉置武陵郡。南朝陈置沅陵郡。隋置辰州。1914年置辰沅道。1979年改置怀化市。矿产有煤、磷、铁、锑、铅、锌、锰、金、石英石、高岭土等。农作物有水稻、棉花、油菜、花生、芝麻、烟叶等。林业用地占全市总面积80%以上。林产有杉、松、樟、楠、油茶、油桐、漆树、板栗等。油茶产量高，素有“油茶之乡”的誉称。中药材有900种以上，较珍贵的有苦木、山苦瓜、金栗兰、细辛、杜仲、朱砂根、八角莲和麝香等30余种。是全省乃至全国的重要中药材基地之一。茶苓和天麻的产量分别居全国、全省首位。工业有煤炭、纺织、化工、机械、电子、食品等。怀化是中国十大水电基地之一，水能蕴藏量和可开发水能均居全省之首。名胜古迹有高坎垅遗址、珍珠泉和诸葛城、白衣观、回龙桥、白蛇洞、天星洞等。

怀仁可汗 Kutluɣ Bilgä Kül Kaɣan（?～747） 回纥汗国的建立者。名骨力裴罗，又名逸标苾。后突厥汗国白登利可汗后，争夺汗位的变乱迭起。742年，原属于后突厥汗国的回纥、葛逻禄、拔悉密三部一起推翻了后突厥乌苏米施可汗，尊拔悉密酋长为颉跌伊施可汗，回纥酋长骨力裴罗与葛逻禄酋长自称左、右叶护。744年，骨力裴罗联合葛逻禄部杀颉跌伊施可汗，自立，称骨咄禄毗伽阙可汗，南居突厥故地，建立了包括铁勒诸部的回纥汗国（见回鹘）。骨力裴罗迁牙帐于乌德鞬山、嗢昆河之间。745年初，又攻杀后突厥白眉可汗，尽有突厥故地，东邻室韦，西抵阿尔泰山，南控大漠。唐朝始封之为奉义王，后又封为骨咄禄毗伽阙怀仁可汗。747年卒。子磨延啜立。

怀柔区 Huairou District 中国北京市辖区。位于市境东北部，北接河北省。面积2 128平方千米。人口37.3万（2010），有汉、满、壮、回、土家、蒙古、苗等民族。唐贞观二十二年（648）置怀柔县，取“怀远以德”之意。2001年撤县设区。地处北京市饮用水源保护区，年水资源8.6亿立方米，占全市水资源总量的1/5。以农业为主，板栗产量和出口量均占北京市的70%以上，玉米制种、西洋参为全国最大的种植、加工基地，鲟鱼、虹鳟鱼养殖居北京市之首，也是华北地区最大的饮料生产基地。名胜古迹有雁栖湖、慕田峪长城、红螺寺等。

怀圣寺 Huaisheng Mosque 中国伊斯兰教寺院。怀圣取怀念穆罕默德圣人之意。又称狮子寺、番寺、礼拜堂。与泉州圣友寺、杭州真教寺、扬州仙鹤寺合称中国沿海伊斯兰教四大古寺。该寺为伊斯兰教传入中国后最早兴建的清真寺之一。位于广州市越秀区。寺内有礼拜殿、望月楼、水房等。寺南有光塔，故又称光塔寺。始建年代传说不一，一般认为是唐初到中国传教的阿拉伯人赛尔德·宛葛斯所建。南宋方信儒《南海百咏》称：“番塔始于唐时。曰怀圣塔，下有礼拜堂。”元、明、清各代，几经重修。中华人民共和国建立后，1957年和1972年又进行了较大规模的修缮。该寺对研究中国与伊斯兰国家的文化交流、贸易往来，以及中国海外交通史、伊斯兰教史均有重要意义。

怀圣寺光塔

怀斯 Wyeth, Andrew（1917-07-12～2009-01-16） 美国画家。生于宾夕法尼亚州恰兹福德，卒于恰兹福德。从小随父学画，但主要靠自学，以独具的观察力，很快显露出创作才华。1937年，在纽约举办了首次个人画展，展出一系列风格清新的水彩风景画。不久，他选择干笔画和蛋胶粉画，色彩更为柔和，笔触更加细腻，并具有油画的厚重感，奠定了以后风格的基调。1948年的《克丽丝蒂娜的世界》使他一举成名，被誉为乡情写实主义画家。

怀斯的作品通常表现出超级写实风格，人们首先捕捉到的是准确的造型。但它又是非常主观的，带有感伤的情调，隐寓抽

《克丽丝蒂娜的世界》(1948)

象的几何形体。他以眷恋故乡之情，描绘美国农村的风土人情。

美国从18世纪末逐渐形成了写实主义传统，怀斯则是此传统的继承者和发展者。他保持着绘画的纯洁性，技巧高超而纯熟，善于用线，笔法精巧而微妙，色调低沉、柔和、细腻，肌理中透现出质感，富有韵味。有些作品构图奇特，出人意外。怀斯的画始终贯穿着哲学思考，包含对大自然永恒生命力的赞美和对人生的伟大、宝贵和脆弱、短暂的思考，还带有悲剧色彩和忧郁情感。1967年，美国总统授予他美国最高荣誉——自由勋章。怀斯的艺术在70年代末和80年代初很大程度上影响了中国一代青年画家，他们曾掀起一股“怀斯风”。

怀素 Huaisu (737～799) 中国唐代书法家。俗姓钱，字藏真。永州零陵(今湖南永州)人，后移居长沙。自幼出家为僧。经禅之余，从事艺文，尤好草书。怀素好饮酒，及酒酣兴发，遇寺壁里墙，衣裳器具，无不书之，时人称“醉僧书”，与张旭合称“颠张狂素”。怀素草书笔法瘦劲圆转，飞动自然，而法度完备。曾以“夏云多奇峰”、“飞鸟出林，惊蛇入草”、“壁折之路，一一自然”等喻笔法之妙，皆其独到心得。传世书迹有《怀素自叙帖》、《藏真帖》、《苦笋帖》、《论书帖》等。

《怀素自叙帖》 *Huaisu's Calligraphy on Autobiographic Note* 中国唐代怀素书迹。此帖怀素曾多次书写，宋代即流传有三本。

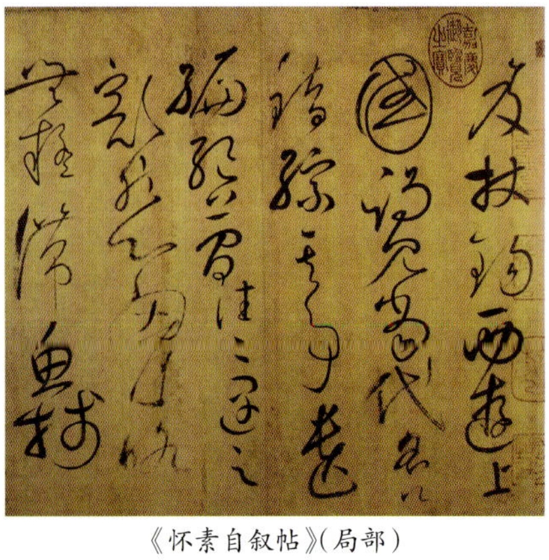

《怀素自叙帖》(局部)

今存摹本墨迹长卷一种，白麻纸本，草书横卷，高28.3厘米，长755厘米，书于唐代宗大历十二年(777)十月，计162行，698字，有收藏、鉴赏印多方，台北“故宫博物院”藏。此外尚有石刻拓本数种，其中清刻《莲池书院法帖》中所收一种书于大历十一年(776)八月。现存诸本内容基本相同，书体皆为草书。《怀素自叙帖》的内容为怀素自述学书渊源、经历并摘录当时名人赞扬其草书的序文诗句。此帖书法用笔迅捷果敢，随势入锋，笔势连绵飞舞，气势恢弘，字形飘逸错落，风格狂纵奔放，激情澎湃，变化丰富。清乾隆帝题道：“藏真字画豪迈中有淳穆之气，此其所以神也。”自宋代以来一直被视为怀素草书巨迹，是欣赏和临习草书的典范之作。

《怀唐伊条约》 *Treaty of Waitangi* 英国政府诱迫新西兰毛利人酋长签订的吞并新西兰的条约。又称《威坦哲条约》。1840年2月6日在新西兰北岛北端岛屿湾的怀唐伊镇签订，故名。条约主要内容为：①毛利人各酋长让出其领土主权，凡岛上出生者均受英国法律管辖。②保证新西兰各部落酋长的土地、森林、渔场及其他财产不受侵犯；如出售土地，应优先售与英国女王。③许诺毛利人可得到英国女王的保护，并可享有“英国国民所享有的一切权利和特权”。1840年5月21日，新西兰副总督W.霍布森宣布新西兰成为英国的领地，并定奥克兰为首府。

怀特 White, Leonard Dupee (1891-01-17～1958-02-23) 美国行政学家、历史学家，行政学奠基人之一。生于马萨诸塞州阿克顿。1921年获芝加哥大学哲学博士学位，后任该校政治学和历史学教授，1940～1948年任政治系主任。曾任美国文官委员会主席。主要著作有《公共行政学导论》(1926)和4卷本的《美国行政管理史》。怀特的《公共行政学导论》是美国行政学的第一本教科书，对行政学成为一个独立的研究领域起了重要的作用。怀特与H.法约尔都相信管理有普遍的适用性和普遍的原则。怀特在书中阐明公共行政学不是以法律和司法制度为主体，而是以管理为主体，以政治学为基础的一个独立研究领域。他还把人事管理看成行政的中心，后来把财务管理也摆在重要的位置。怀特在实践中积极致力改革美国政府的人事管理，对公务人员招聘、解职、工资标准化、考核、晋升、行政道德等问题进行研究。他的观点和研究活动为后来联邦公务人员招聘制度奠定了理论基础。

怀特 White, Patrick (Victor Martindale) (1912-05-28～1990-09-30) 澳大利亚小说家、剧作家。生于英国伦敦，卒于悉尼。就读于英国剑桥大学国王学院，深受欧洲文化的影响。第二次世界大战期间为英国情报部门工作。1948年回到澳大利亚定居，经营农牧场，后专门从事写作。一生发表过11部小说，2册短篇小说集，6部剧本和1部自传。早期作品如诗集《农夫和其他诗》(1935)、《幸福谷》(1939)和《生者与死者》(1941)。战后有小说《姨母的故事》(1948)、《人类之树》(1955)、《沃斯》(1957)、《暴风眼》(1973)等。

他的小说不以情节取胜，而着重人物的塑造和心理刻画，深入探索人生的真实含义。同时常隐含着对现实社会的批评和嘲弄。1973年成为获诺贝尔文学奖的第一个澳大利亚作家。

怀特海 Whitehead, Alfred North (1861-02-15～1947-12-30) 英国数学家，逻辑学家，过程哲学的创始人。生于肯特郡的兰姆斯格特，卒于美国马萨诸塞的剑桥。就学于剑桥大学三一学院，曾任伦敦大学、哈佛大学教授。1931年当选英国科学院院士。怀特海所创立的过程哲学不承认存在着客观的物质实体，

而只承认存在着一定条件下由性质和关系所构成的“机体”，认为机体的根本特征是活动，活动表现为过程，整个世界就是一种活动的过程。著作有《数学原理》(与B.A.W.罗素合著)、《过程与实在》等。

怀疑论 skepticism 对客观世界和客观真理是否存在、能否认识表示怀疑的学说。随历史条件的变化，所怀疑的具体对象各有不同。古希腊怀疑论的创立者皮浪认为，事物是不可认识的，因为每一事物都有两种相互排斥的意见，不能确定。欧洲文艺复兴时期的怀疑论者则对各种宗教教条表示怀疑。18世纪英国哲学家D.休谟怀疑知觉是由外物引起的。德国哲学家I.康德怀疑人能够认识物自体。现代西方的怀疑论者承袭休谟和康德的思想，拒绝研究感觉经验之外的实在或现象之后的本质。

怀远县 Huaiyuan County 中国安徽省蚌埠市辖县。位于省境东北部，地处淮河中游。面积2 400平方千米。人口103万(2010)，有汉、满、回、蒙古等民族。南宋宝祐五年(1257)置怀远县。属暖温带半湿润季风

气候。有铅、石灰岩等矿藏。是全国商品粮生产基地，盛产优质水稻、小麦、玉米、蔬菜、棉花、油菜、花生、淡水鱼、螃蟹、畜禽等。拥有化工、酿造、机械、建材、造纸、纺织、食品等工业门类。多条国道、省道穿境而过，淮河、涡河等河道常年可通航。名胜古迹有白乳泉、卞和洞、禹王庙、荆涂山风景区、启母石等。

淮安市 Huai' an City 中国江苏省辖地级市。位于省境中部偏北，西邻洪泽湖。辖清河、清浦、楚州、淮阴4区和盱眙、洪泽、金湖、涟水4县。面积8 962平方千米。人口480万（2010），有汉、回、满、壮、蒙古等民族。春秋属吴越，战国属楚，秦置淮阴县。建制多变。1945年设清江市。1958年清江市与淮阴县合并称淮阴市，1964年复设清江市，1983年改淮阴市。2000年将地级淮阴市更名为淮安市。矿产有凹凸棒土、石灰岩、白云石、石油、石英砂、蓝晶石、岩盐等。工业有纺织、食品、机械、冶金、化工、水产加工、建材等。农作物以水稻、麦类、玉米、豆类、花生、棉花、烟草、药材为主。新淮猪闻名全国。桑树栽培甚广，为苏北重要蚕桑基地。名胜古迹有韩侯祠、韩母墓、漂母墓、胯下桥、韩侯钓台，纪念地有周恩来故居、周恩来纪念馆、苏皖边区政府旧址、盱眙县黄花塘新四军军部旧址、淮阴区刘老庄八十二烈士陵园等。

淮北市 Huaibei City 中国安徽省辖地级市。位于省境北部，地处苏豫皖3省交界处。辖相山、杜集、烈山3区和濉溪县。面积为2 802平方千米。人口211万（2010），有汉、回、蒙古、满、苗、朝鲜等14个民族。1960年由濉溪县、萧县析置濉溪市。1971年改称淮北市。地势由西北向东南倾斜。属温带季风气候，四季分明。作物以旱粮为主，盛产冬小麦、棉花、油菜子、红黄麻等，还盛产桃、梨、杏、苹果等温带水果。矿藏有煤、铁、铜、金、银、镍、石灰岩、大理石等。符夹、青阜两条铁路贯通境内。名胜古迹有相山森林公园、老龙脊山、春秋时期古城墙、晋代古刹、隋唐古运河码头遗址、淮海战役总前委旧址、烈山水上公园、乾隆湖度假村等。

淮海战役 Huaihai Campaign 解放战争时期，中国人民解放军华东野战军、中原野战军和华东、中原军区及华北军区所属冀鲁豫军区地方武装一部，以徐州为中心，在东起江苏海州、西迄河南商丘、北起山东临城（今薛城）、南抵淮河的广大地区，对国民党军进行的一次战略决战性战役。是中国人民解放战争中具有决定意义的三大战役（另两大战役为辽沈战役、平津战役）之一。当时，国民党军徐州"剿总"总司令刘峙所部80万人，分布在津浦路徐州至蚌埠段及陇海路海州至商丘段两侧。1948年11月6日，遵照中共中央军委的作战部署，淮海战役总前委刘伯承、陈毅、邓小平、粟裕、谭震林等指挥华东野战军、中原野战军等60万人发起了淮海战役。

华东野战军某部向淮海战役前线开进

战役共分三个阶段。第一阶段从11月6日至22日，华东野战军在中原野战军配合下，在徐州以东碾庄圩地区全歼黄百韬兵团，击毙兵团司令黄百韬。国民党第三绥靖区所属第59、第77军大部在副司令何基沣、张克侠率领下举行战场起义。第二阶段从11月23日至12月15日，中原野战军在华东野战军等配合下，在徐州南双堆集地区歼灭黄维兵团，俘兵团司令黄维。同时，华东野战军一部将由徐州西逃的杜聿明部三个兵团包围于永城东北青龙集、陈官庄地区，并将其中单独突围的孙元良兵团歼灭。此后，为配合平津战役的进行，按照中共中央军委的统一部署，部队进行20天的战场休整。第三阶段从1949年1月6日至10日，华东野战军在中原野战军配合下，在青龙集、陈官庄地区全歼杜聿明部，俘徐州"剿总"副总司令杜聿明，淮海战役结束。此役，共歼国民党军55.5万人，解放了长江中、下游以北广大地区，使国民党军在华东、中原战场的主力丧失殆尽，国民党统治中心南京已处在解放军的直接威胁之下。

淮河 Huaihe River 中国东部主要河流之一。淮河流域由淮河水系和泗、沂、沭河水系组成。西起桐柏山和伏牛山，南以大别山和江淮丘陵与长江流域分界，北以黄河南堤和沂蒙山与黄河流域分界。流域东西长约700千米，南北平均宽约400千米，面积27万平方千米，其中淮河水系19万平方千米，泗、沂、沭河水系8万平方千米。流域西部、南部和东北部为山地丘陵区，面积约占1/3，其余为广阔平原。

水系概况 淮河流域以废黄河故道为界，分为淮河和泗、沂、沭河两大水系。

①淮河干流源于河南省桐柏山北麓，流经河南、安徽2省至江苏省扬州三江营入长江，全长1 000千米，总落差196米，平均比降0.2‰。河南、安徽2省交界的洪河口以上为上游，长360千米，流域面积3万平方千米，比降0.5‰；洪河口至洪泽湖出口处的三河闸为中游，长490千米，流域面积16万平方千米，比降0.03‰；洪泽湖以下为下游，面积3万平方千米，入江水道长158千米，比降0.04‰。淮河中游正阳关是上中游山区洪水汇集处，古有"七十二水归正阳"之说。

②泗、沂、沭河水系发源于山东沂蒙山区。泗河源于新泰市南部太平顶西麓，流经南四湖，汇湖东西诸水后，经韩庄运河、中运河，又汇邳苍地区来水，经骆马湖由新沂河入海。南四湖、骆马湖流域面积分别为3.17万平方千米和5.1万平方千米。沂河源于沂源县鲁山南麓，南流经临沂至江苏境内入骆马湖，流域面积1.16万平方千米。沭河源于沂山南麓，南流至临沭县大官庄分新、老沭河，老沭河南流经江苏新沂市入新沂河，新沭河东流穿马陵山经江苏石梁河水库和沙河故道，至临洪口入海，流域面积5 700平方千米。

淮河流域较大湖泊有洪泽湖、南四湖、骆马湖、高邮湖等，其中洪泽湖最大容积135亿立方米，为淮河流域最大淡水湖。

气候与水文 淮河流域地处中国南北气候过渡地带。年降水量南部大别山区最大达1 300～1 400毫米，北部黄河故道沿岸最小仅600～700毫米。经常出现连旱年或连涝年。淮河流域汛期多暴雨，造成不同程度的洪水。

淮河流域年平均地表径流深为231.0毫米，年地表径流量为622亿立方米，属中国水资源短缺地区。流域内平原地区的浅层地下水较丰，一般在地面以下60米内均有较好的含水层，地下水由雨水补给。平原区地下水资源量年平均为296.7亿立方米。

经济概况 淮河是中国重要的自然地理界线。以南温暖湿润，以北寒冷干燥。流域有耕地约0.133亿公顷，人口1.3亿多。农作物淮北以旱粮为主，淮南以水稻为主。经济作物以棉花、花生、油菜、烟草等为大宗。流域内煤炭资源丰富，全流域已探明的煤炭储量为518亿吨。河南的平顶山，安徽的淮南、淮北，山东的兖州、枣庄，江苏的徐州都是全国重点产煤地区。内河航道以京杭运河和淮河干流为骨干，较大支流和下游水网地区都能通航。

历史灾害与变迁　12世纪前，淮河独流入海，尾闾通畅。宋代时海潮可上溯至江苏省的盱眙县城。泗、沂、沭河均为淮河下游支流。1128年，黄河在李固渡附近向南决口，在徐州以下夺泗河，在淮阴以下夺淮河，并泛及河南省的沙颍河、涡河和山东省的泗河流域；直到1855年，黄河才在河南省兰考县铜瓦厢北决改走现道。1851年淮河被迫从洪泽湖东南角冲决三河改道入长江。泗、沂、沭河也由于黄河夺泗夺淮，失去入淮的流路，渐潴水成现今之南四湖和骆马湖。

1938年国民党政府在郑州附近的花园口炸开黄河南堤，造成黄河又一次严重侵淮，到1947年方才堵复。黄河洪水泛滥面积达5万余平方千米，在颍河、涡河之间，河南、安徽2省有2万余平方千米的土地遭泥沙淤积，成为荒无人烟的黄泛区。淮河流域的洪、涝、旱灾频繁。1400～1900年，共发生较大水灾350次，较大旱灾280次，形成"大雨大灾，小雨小灾，无雨旱灾"的困境。

治淮成就　20世纪30年代初，导淮委员会、江苏省先后整治了张福河与淮阴以下的废黄河故道。1949年以来，首先进行了沂、沭河的治理工程，开挖了新沭河和新沂河，使泗、沂、沭河洪水有了出路。1950年起开始全面治淮，成立了治淮委员会，先后进行了3次治淮规划。规划内容以防洪、除涝、灌溉为主，并包括水土保持、水力发电、航运等方面。治淮半个多世纪以来，各方面取得显著效果，苏北地区已成为高产稳产的商品粮基地，水、旱、碱灾害严重的豫东、皖北、鲁西南地区也发生很大变化。

淮军 Huai Army　中国晚清时期在曾国藩指使下由李鸿章招募淮勇编练的一支军队。淮军营制，出自湘军。1862年3月（同治元年二月）在安庆编成，称淮勇，又称淮军。其后，前往上海与英国侵略军共同对抗太平军。淮军成立时有6 500人，以后扩编部队，至1864年，淮军先与英、法侵略军和常胜军相勾结，在上海附近对抗太平军，继配合湘军在苏、浙等地进攻太平天国。1865～1868年，先后在曾国藩、李鸿章率

淮军队列

领下，作为清军主力与捻军作战。捻军被镇压后，淮军担负北自天津、保定，南迄上海、吴淞，南北数千里江海要地的防守。李鸿章以淮军势力为基础，成为晚清政局中的重要人物。淮军主要将领张树声、刘铭传、周盛波、潘鼎新、吴长庆、丁汝昌、叶志超、卫汝贵、聂士成等，形成淮系军阀，是统治阶层中一个重要的武装政治集团。

淮军虽承袭湘军制度，但训练用洋操，兵器是洋器，并聘有西洋军官为教习，这和当年湘军用土法土器与由书生自任教练者迥然有别，成为中国军队近代化的开端。但淮军并未改变勇营旧制，因而体制本身存在种种矛盾和弊端。1884年中法战争时，淮军在广西战败，张树声、潘鼎新被革去督、抚职。中日甲午战争中，丁汝昌指挥的北洋海军和叶志超、卫汝贵统率的陆军遭到惨败，淮军势力遂逐渐衰落。袁世凯的新式陆军产生后，淮军变为次要的巡防队。淮军巡防队迄清亡尚存。

淮南市 Huainan City　中国安徽省辖地级市。位于华东腹地，淮河中游。辖田家庵、大通、谢家集、八公山、潘集5区和凤台县。面积2 526平方千米。人口233万（2010）。汉代设淮南国，后经历了淮南郡、淮南道、淮南路等以"淮南"命名的建置。1930年，国民政府在九龙岗设淮南煤矿局，发展成为淮南矿区，标志着现代"淮南"的开始。1950年设淮南市。气候温和，四季分明，属暖温带季风气候区。盛产小麦、水稻、大豆、油菜子等。矿产主要有煤、磷、岩盐、石膏等，其中煤炭储量150亿吨。淮河水运四季通航。阜淮铁路可与京沪、京广、京九、陇海四大铁路动脉相接通。206国道穿市而过。名胜古迹有淝水之战古战场八公山、古寿州窑窑址、茅仙古洞、距今约10亿年的古生物化石群等。

淮南小山 Huainan Xiaoshan　中国西汉辞赋作者。姓名、生卒年均不详。淮南王刘安门客。今存辞赋《招隐士》。《汉书·艺文志》著录"淮南王群臣赋四十四篇"，《招隐士》当是其中仅存的一篇。此篇始见于东汉王逸的《楚辞章句》，题为淮南小山作，然而萧统《文选》则题刘安作。关于文章写作的背景，说法也不一。王逸说是小山之徒"闵伤屈原"之作，王夫之《楚辞通释》说是淮南小山"为淮南王召致山谷潜伏之士"而作，而不少研究者则认为是淮南小山思念淮南王的作品。作品的内容是铺写山中凄厉可怖的景象，召唤隐居的"王孙"，劝他不可久留，切盼他及早归来。作者采用夸张、渲染的手法，极写深山荒谷的幽险和虎啸猿悲的凄厉，营造出怵目惊心的艺术氛围，成功地表达了渴望隐者早日归还的急切心情，艺术构思似受到《楚辞·招魂》的影响。从题材说，它是后世招隐诗之祖。

《淮南子》 *Book of Prince of Huainan*　中国西汉初淮南王刘安组织门客编撰的一部著作，又称《淮南鸿烈》。《汉书·艺文志》杂家类著录《淮南子》内21篇、外33篇。现只流传内21篇。《淮南子》有汉代高诱、许慎为其作注。高诱注本尚存，清代孙冯翼辑《许慎淮南子注》一卷。近代刘文典集诸家之精华作《淮南子集解》。

《淮南子》的文辞着意雕琢、奇丽宏放，为后世所推崇。全书体系庞杂，不过中心是发挥老子思想，继承了汉初的黄老之学。在哲学上，《淮南子》阐明了以"道"为世界本原的宇宙生成论和演化论，认为道始于虚廓，虚廓生宇宙，宇宙生气，天地万物都是由阴阳二气构成的。在形神关系问题上，提出了著名的"形者生之舍也，气者生之充也，神者生之制也"的观点。在历史观上，《淮南子》描述了社会发展的大致过程，主张礼乐法度要"与化推移"，反对"法古"、"循旧"。《淮南子》的美学思想在中国美学史上也具有重要地位，是先秦至魏晋美学思想发展的一个重要环节。在政治思想上，《淮南子》批判了先秦道家的消极无为思想，提出无为而无不为的政治理想，主张施政之要在于去掉浮华、达到虚静，从而符合于道。

《淮南子》一书内容丰富，涉及哲学、政治、经济、军事、科学技术等各个方面，可以说是中国古代的一部百科全书式著作。

槐 *Sophora*; pagodatree　豆科槐属植物的统称。落叶乔木。又称国槐、槐花树。中国特产树。槐属约80种，分布温带、亚热带地区。中国约23种，除黑龙江、吉林、西藏外，几乎各地都有栽培。越南、日本、朝鲜半岛和欧美国家也有栽培。

株高15～25米，胸径2米或以上。枝叶密生。羽状复叶。圆锥花序顶生，花蝶形。荚果肉质，念珠状不开裂，黄绿色。种子肾形，棕黑色。主要的变种、品种有龙爪槐（盘槐）、畸叶槐（五叶槐）、紫花槐。

喜光，幼时稍耐阴。耐寒性较差。根深而发达。抗风，也耐干旱、瘠薄。多用种子繁殖。秋冬采种，翌年春播。

槐树枝叶茂密，绿荫如盖，适作庭荫树。龙爪槐则宜门前对植或列植，或孤植于亭台山石旁。也可作工矿区绿化树种。夏秋可观花，并为优良的蜜源植物。木材富弹性、耐水湿，可供建筑、船舶、枕木、车辆及雕刻等用。种仁含淀粉，可供酿酒或作糊料、饲料。树皮、枝叶、花蕾、花及种子均可入药。

坏死 necrosis　机体局部组织或细胞死亡后经一系列酶作用发生的形态学改变。坏

死可局限于一个细胞，可大到一个器官的大部分或肢体的一部分。一般情况下，坏死是由变性逐渐发展而来的。在形态上，坏死的细胞主要表现为细胞核浓缩、核碎裂及核溶解消失。最后胞膜破裂，细胞消失。坏死一般分为凝固性坏死及液化性坏死，另外还有一些特殊形式的坏死：①坏疽性坏死。②新生儿皮下坏死。③干酪样坏死。④酶性脂肪坏死。⑤纤维素样坏死。坏死的组织对机体成为异物，可被机体清除，留下的缺损由邻近健康组织再生修复。坏死组织的结局有溶解吸收、分离排出、机化和包裹钙化。

坏账 bad debt 不能收回的账款。因此而造成的损失称坏账损失。对坏账损失的处理方法有两种：①直接转销法。即坏账发生时，将其实际损失直接从应收账款中转销。在中国，**国有企业**发生坏账损失时，按规定在营业外支出中列支。②备抵法。即按期估计坏账损失，转作费用，记入备抵账户，作坏账准备。待实际发生时，以坏账准备充抵。坏账准备的提取，一般有3种方法：一种是销货百分比法。即根据以往经验，对赊销的商品金额估计一个百分比，然后按每期赊销金额乘以坏账百分比计提。一种是账龄分析法。即根据应收账款时间的长短来估计坏账。一般说来，拖欠时间越长，坏账可能性越大。一种是应收账款余额百分比法，即按应收账款余额百分比估计坏账，它是前两种方法的综合。

坏账准备金 bad debt reserve **商业银行**在业务经营过程中，为能及时处理应收账款的坏账损失、正确计算损益，按年末应收账款余额的一定比率提取的**准备金**。应收账款是指银行在正常经营过程中应向债务人收取的欠款。符合下列条件的应收账款称为坏账损失：①因债务人破产或者死亡，以其破产财产或遗产清偿后，仍不能收回的应收账款。②因债务人逾期3年不能履行偿债义务的应收账款。商业银行的坏账损失需要从提取的坏账准备金中冲减，若坏账准备金不足，差额部分可以直接计入当期成本。坏账准备金核销是银行内部的一项财务处理制度，坏账的核销是“账销案存”，即银行核销了坏账并不等于借款人不必还款，银行对核销后的债权仍然享有追索权。

獾 badgers 食肉目鼬科兽类的通称。约5属共9种。分布于欧亚大陆和北美洲。中国有3种：狗獾、猪獾和鼬獾。狗獾广泛分布于中国各地，猪獾和鼬獾多见于长江以南各省。是鼬科动物中体型较大的杂食性兽类。全身黑棕色与灰白色混杂。头部和四

狗獾

肢棕黑色，头部具3条明显的白色纵纹。鼻端具有发达的软骨质鼻垫，类似猪鼻。四肢较粗而强，趾端均生有强而粗的长爪，爪长近似趾长。獾依靠灵敏的嗅觉，拱食各种植物的根、茎，亦吃蚯蚓、地下的昆虫幼虫，或在溪边捕食蛙、蟹，在灌丛捕鼠，甚至食腐尸。白天隐匿洞内，夜间出来活动。每年繁殖1次，夏季交配，翌年春天产仔，每胎3～5只。

还原反应 reduction reaction 物质失去**电子**，氧化数升高的反应。在冶金工业中，几乎所有的金属单质都是利用还原反应制得的，常见方法有三种：①碳热还原法。用焦炭还原金属氧化物矿石来制取金属，如高炉炼铁。②金属热还原法。用金属还原氧化物或氯化物以制取金属或合金，如用镁还原四氯化钛以生产海绵钛等。③气体还原法。用氢气、一氧化碳还原氧化物以制取金属钨、钼、铁等。

还原剂 reducing agent 能还原其他物质而本身被氧化的物质。即在**氧化还原反应**中会失去电子、氧化数升高而发生氧化反应的物质。常见的还原剂有氢气、碳、硫化氢、硫化钠、锌粉、铁屑、氯化亚锡和甲醛等。

还原论 reductionism 生物学中试图把生命运动形式归结为物理－化学运动形式，用物理－化学规律取代生物规律的一种思潮。18～19世纪的还原论用力学规律取代生物学规律，其代表有J.O.de拉美特里与L.毕希纳等人。20世纪的还原论者把生物学规律还原为分子运动规律，甚至把人类活动还原为低等动物的反应，再把这些反应还原为物理－化学过程。现代还原论的代表人物有J.洛布与K.F.沙夫纳。洛布主张用物理学、化学代替实验生物学，并试图从机械论的原理中推导出一种关于人类本能的伦理体系。沙夫纳认为，当代分子生物学的成就支持还原论，不仅遗传过程已还原为化学的相互作用，而且其他生物现象也将还原为化学过程。在他看来，一门科学被还原为另一门科学，既可增加新的信息，又可提高其预言力量。生物学中的还原论者所说的还原，有的还指两门学科之间的还原。如果一门科学的理论、规律可以用另一门科学的理论、规律说明，前者则被认为已还原为后者。1961年E.纳格尔提出科学之间的还原有两个形式化条件，即可连结性条件与可推导性条件，满足这两个条件便认为实现了一门科学还原为另一门科学。基于这两个条件，还原论者认为不少学科之间已成功地实现了还原。他们还举出了若干典型的实例，如热力学已还原为统计力学，牛顿力学可以从爱因斯坦力学推导出来，经典遗传学概念在分子生物学中得到了很好的说明，等等。反还原论者则认为，以纳格尔所提出的两个形式化条件衡量，学科之间从来就没有发生过还原，提出把生物学还原为物理、化学过程还为时过早。

环比价格指数 chain index of price 在一个价格指数数列中，每个指数都以计算期的前期为基期（月指数为上月，季指数为上季，年指数为上年）而计算的**价格指数**。其特点是基期随计算期的变动而有规律地变动。编制环比价格指数的目的在于观察物价的逐期变动趋势和程度。以上年同期为基期（月指数为上年同月，季指数为上年同季）的价格指数称年距环比价格指数。

环丙烷 cyclopropane 环烷同系列中第一

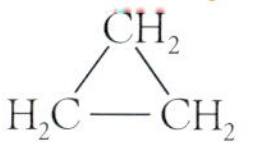

个成员，分子式C_3H_6。无色易燃气体；熔点－127.6℃，沸点－32.7℃，相对密度0.72（－79/4℃）。环丙烷的三元环容易开环，如它与溴反应生成1,3－二溴丙烷；在铂催化剂存在下，加热到50℃就重排成丙烯。环丙烷的特殊反应与三元环的张力有关。环丙烷可由1,3－二溴丙烷与锌粉作用制得。用于有机合成，医药上可作麻醉剂。

环渤海经济圈 economic region around the Bohai 中国北方环绕渤海沿岸跨行政区的经济区域。

包括辽宁、河北、山东、山西、内蒙古中东部和北京、天津在内的七省、市、区，陆地面积112万平方千米，人口约2.4亿，分别占全国的12%和20%，经济总量占全国的1/4以上，是中国乃至世界上城市群、工业群、港口群最为密集的区域之一。

环渤海经济圈位于太平洋西岸，地处东北亚的中心地带，是中国东北、华北、西北三大区域的交会点。

其在经济发展上的优势主要有：①交通便捷。拥有全国一流的海陆空交通网，是连接东北亚地区的黄金地带，全国重要的南北运输和通信通道均穿过或起始于此，是中国北方地区与世界160多个国家和地区贸易往来的通道。②资源丰富。已发现矿种110个，黄金、金刚石、煤炭、铁矿石、石油等储量均居全国前列，有辽河油田、大港油田、胜利油田等重要石油生产基地和山西煤炭生产基地。是中国重要的粮、棉、

果产区，粮食产量占全国的23%以上。是国家重要的鱼、盐和畜牧业产地。③工业基础雄厚。是中国高新技术、装备制造和重化学工业的基地，已形成以高新技术产业、电子、汽车、机械制造业、钢铁和重化工为主导的产业集群。④科学技术领先。拥有的大专院校占全国总数的30%。⑤对外开放程度不断扩大。已形成多层次的对外开放格局。

环糊精 cyclodextrin 环状的低聚葡萄糖。在通常情况下，环糊精是由6、7或8个葡萄糖单元以α,1→4键环状连接的晶体，分

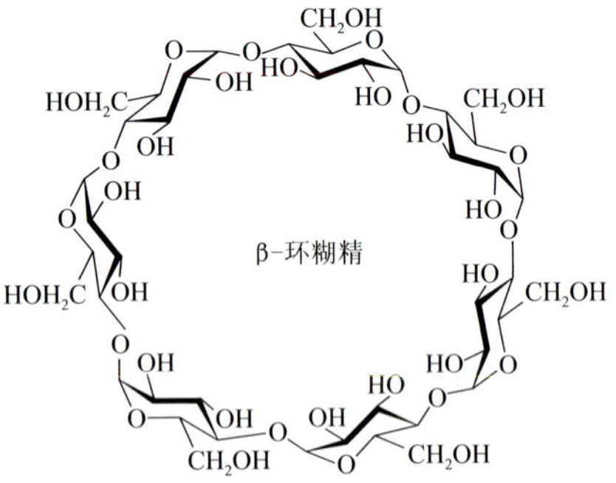

别称α-、β-或γ-环糊精。分子呈环状，不具有还原性末端，对酸有一定的稳定性，普通的淀粉酶难将它们水解。各种环糊精与碘的颜色反应不同，比旋光度和溶解度也各不相同，其中β-环糊精的溶解度最小，具有易结晶、易分离的特性。

环糊精能与多种有机和无机化合物形成分子络合物，称为包合化合物，并能改变被络合化合物的物理和化学性状。环糊精也是一类表面活性剂和相转移催化剂，能选择性地进行某些有机反应；根据离子半径的大小，能选择性地络合阳离子，应用在分析化学、医药、食品等行业。

环己酮 cyclohexanone 环己烷的一个碳原子形成羰基而成的酮，分子式$C_6H_{10}O$。无色液体，具有薄荷的气味；熔点-16.4℃，沸点155.6℃，相对密度0.947 8（20/4℃）；微溶于水，溶于乙醇、乙醚等有机溶剂。化学性质与开链饱和酮相同。在催化剂存在下用空气、氧或硝酸氧化均能生成己二酸，是制耐纶66的原料。在碱存在下容易发生自身缩合反应；也容易与乙炔反应。大规模生产环己酮是用苯酚催化氢化然后氧化的方法。环己酮主要（总量的95%）用于制取己内酰胺和己二酸，少量作为工业溶剂用于橡胶、涂料、皮革、油墨和农药等工业中。

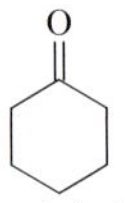

环己烷 cyclohexane 脂环烃，分子式C_6H_{12}。又称六氢化苯。存在于某些石油中。无色易燃液体。熔点6.5℃，沸点80.7℃，相对密度0.7785（20/4℃）。不溶于水，能与乙醇、乙醚等有机溶剂混溶。环己烷经氧化反应可生成己二酸或环己醇和环己酮；在光照下与亚硝酰氯NOCl反应，生成环己酮肟。己二酸是合成耐纶66的原料；环己酮肟则是合成耐纶6的原料。环己烷在无水氯化铝作用下异构化成甲基环戊烷；在铂或钯催化剂存在下脱氢生苯。工业上环己烷主要由苯的催化加氢生产，也可从裂化汽油中提取。

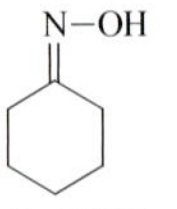

环己酮肟

环加成反应 cycloaddition reaction 两个共轭体系结合成环状分子的双分子反应。通过环加成反应，两个共轭体系分子的端基碳原子彼此头尾相接，形成两个σ键，使这两个分子结合成一个较大的环状分子，例如丁二烯与乙烯（或它们的衍生物）的加成反应（称狄尔斯-阿尔德反应）：

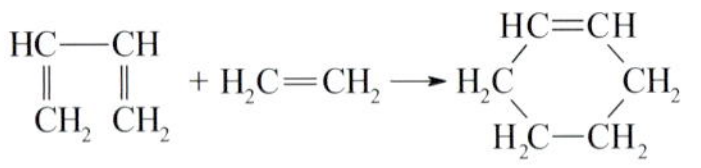

环加成反应是应用分子轨道对称守恒原理讨论其立体化学特征的典型反应。在环加成反应中形成σ键时，对于每一对端基的碳原子都可以按照同面或异面的方式进行。按分子轨道对称守恒原理可确定环加成反应进行的主要方式如下：当两个反应分子中共轭碳原子数之和为4的整数倍时，热化学反应主要按同面-异面或异面-同面方式进行，光化学反应主要按同面-同面或异面-异面方式进行；而两个反应分子中共轭碳原子数之和为非4整数倍的偶数时，则热化学反应主要按同面-同面或异面-异面方式进行，光化学反应主要按同面-异面或异面-同面方式进行。例如，上述反应的共轭碳原子之和为6，是非4整数倍的偶数，因此其热化学反应主要按同面-同面或异面-异面方式进行。

环江毛南族自治县 Huanjiang Maonan Autonomous County 中国广西壮族自治区河池市辖自治县。位于自治区北部，与贵州省接壤。面积4 558平方千米。人口38万（2008）。有毛南、壮、汉、瑶、苗等民族。唐贞观十二年（638）年始置环州。1951年置环江县，1986年成立环江毛南族自治县。矿产有煤、铁、铅锌、硫磺、滑石等。农作物主要有水稻、玉米、黄豆等。特产有环江菜牛、凉席、花竹帽、红窖酒、香猪、香鸭、香牛、香菇、香粳等。工业有采矿、化肥、钢铁、煤炭、建材、食品等。名胜古迹有龙潭瀑布、毛南族古墓群、下庙旅游度假山庄、神龙宫、姻缘洞、北宋牌坊等。

环礁 atoll 珊瑚礁的一种形态类型。围绕潟湖呈环形生长的礁体，直径一般在2～3千米，大者可达100千米。环礁有的有全封闭潟湖，如中国西沙群岛的羚羊礁环礁；有的以通道与外海相通，如西沙群岛北礁环礁有1个潮道，而永乐环礁则有7个缺口。

环节动物门 Annelida 动物界一门。为两侧对称、分节、多具刚毛和疣足的蠕虫样动物。分多毛纲、寡毛纲和蛭纲3纲13 000余种。体长从几毫米到3米不等。分节现象沿虫体前-后轴由若干相似而重复排列的体节或环节组成，相邻体节间外部具环形沟（体节接合部），内部以隔膜为界。虫体可分为体前端的头部（常由口前叶和围口节组成），体后1节或若干节的肛部（尾部），头和肛节之间的躯干部。除大部分蛭类，多具疣足和几丁质刚毛，以利运动、游泳、锚定、摄食、感觉、呼吸或孵卵。具真体腔，相邻体腔由隔膜隔开。寡毛纲、蛭纲雌雄同体，雄性先性成熟，异体交配受精，具卵茧，且直接发育。多数多毛纲动物生殖产物常直接排放在水中，受精卵经螺旋卵裂发育成倒梨形的担轮幼虫。常见的有沙蚕、蚯蚓、蚂蟥等。海生、淡水或陆栖于潮湿的土壤，通常潜居或生活于栖管中。环节动物可提高土壤肥力，有利于改良土壤，可促进固体废物还原；可供做饵料；有的种可作为环境指示种；有的种可入药；有的种则是有害的海洋污着生物。

环境 environment 人群周围的境况及其中可以直接、间接影响人类生活和发展的各种自然因素和社会因素的总体。包括自然因素的各种物质、现象和过程及在人类历史中的社会、经济成分。环境是一个非常复杂的体系，还没有形成统一的分类方法。

按环境的主体来分，有两种体系：一种是以人或人类作为主体，其他的生命物质和非生命物质都被视为环境要素，即环境就是指人类的生存环境，在环境科学中多采用这种分类法；另一种是以生命体（界）作为环境的主体，不把人以外的生物看成环境要素，在生态学中常采用这种分类法。

按环境的范围分类比较简单。如把环境分为特定空间环境（如航空、航天的密封舱环境等）、车间环境（劳动环境）、生活区环境（如居室环境、院落环境等）、城市环境、区域环境（如流域环境、行政区域环境等）、全球环境和宇宙环境等。

按环境要素分类则较复杂。如按环境要素的属性可分成自然环境和社会环境两类。自然环境虽然由于人类活动的强度和规模不同而产生不同程度的变化，但其本身的演变和作用过程仍然受制于自然规律。在自然环境中，按其主要的环境组成要素，可再进一步划分为大气环境、水环境（如海洋环境、湖泊环境等）、土壤环境、生物环境（如森林环境、草原环境等）、地质环境等。社会环境是人类社会在长期的发展中，为不断提高人类的物质和文化生活而

创造出来的。社会环境还常依人类对环境的利用或环境的功能再进一步划分，如聚落环境（如院落环境、村落环境、城市环境）、生产环境（如工厂环境、矿山环境、农场环境、林场环境、果园环境等）、交通环境（如机场环境、港口环境）、文化环境（如学校及文化教育区、文物古迹保护区、风景游览区和自然保护区）等。

此外，在医学和生态学上，还有内部环境和外部环境之分。前者指人或生物体内的系统和功能总体，后者则指前述的环境内容。

环境安全 environmental safety 与人类生存息息相关的生态环境及自然资源基础，特别是可更新资源保持良好的状态或不遭受不可恢复的破坏。又称绿色安全或生态安全。20世纪80年代，环境安全的概念开始被纳入联合国的考虑中。1992年，联合国秘书长B.加利在其发表的《和平议程》讲话中告诫说，生态破坏对世界稳定构成新的威胁。

生态破坏对国家安全和整个人类构成的威胁大致包括5个方面：①资源稀缺造成的冲突与不稳定。②环境恶化对生存环境的威胁及所引发的社会动乱。③跨界污染和危害转移造成的国家间冲突。④经济发展、科技进步和国际贸易带来的生物、基因威胁。⑤生态威胁论对国际关系的毒化和对主权的挑战。

环境安全建设就是对人类生存环境的改良。如国际上提出的零排放措施、绿色革命措施、《生物多样性保护公约》、《气候变化框架公约》、减轻自然灾害十年计划、《全球森林保护及沙漠化防治公约》等。环境安全建设从生态系统对人类的服务角度看，就是维护生态系统所具有的服务功能和在环境安全时期所保存的服务价值；从资源经济的角度来看，制订区域经济发展规划时，要探讨处在不同环境容量的地区环境安全的产业结构与经济结构。

环境保护 environmental protection 在区域、国家和全球的范围内，采取行政、法律、经济和科学技术的多方面措施，合理利用自然资源，防止环境污染和破坏，保持生态平衡，保障人类社会的可持续发展。

20世纪60年代以前，人们过高地估计了“废物”人工处理技术的潜力，因此在政策上多集中于局地性和“末端”处理技术措施。随着世界范围内公害事件频繁发生，特别是1962年出版的R.卡森的《寂静的春天》一书指出农药污染导致生态危机，人们发现，环境问题不仅是区域性的，而且是全球性的问题，是一个涉及人类生存和发展的根本性问题。1972年联合国召开人类环境会议以后，大部分国家转向对环境的关注，并开始建立环境保护机构，环境管理在环境保护的实践中产生并发展起来。环境保护已不同于最早的只是使用技术治理的方法控制污染物的排放，而是创新性地把管理手段引入环境保护领域。

20世纪80年代“可持续发展”概念的提出表明：人口和经济的发展必须与自然资源和环境承载力相协调，“既要满足当代人的需求，又不危及后代人满足其需求的能力”。时代新的发展形势催生了全新的环境保护途径，即广义的环境管理概念。广义环境管理要求把环境保护的理念渗透到社会生活的方方面面，使之内化为人们的生存方式，最终达到建立一个生态型社会的目的，协调社会经济与环境的关系，实现可持续发展。

环境保护中的矛盾和困难主要有：①在环境保护与经济发展相协调中，往往是在经济中管理环境，而不是从环境的角度管理经济；把环境保护仅看成是一种狭隘的专业活动，而不是社会活动的全过程。②国家的和国际性的环境管理机构是独立的、分散的，存在着国家和部门之间的利益冲突和矛盾，是妨碍环境有效管理的体制因素。③缺乏科学的环境预测方法和系统的资料数据，对自然环境在人为影响下对人类社会的反作用后果还不能作出科学的预测。④衡量可持续发展的经济和环境指标有待确定。⑤缺乏资源有效利用和生态环境的综合规划方法，在解决具体环境问题时往往与整体环境问题产生矛盾。⑥发达国家与发展中国家的差距还在扩大。这种人类社会本身不协调的因素，使自然与人类社会发展的和谐更为艰难。

环境保护法 environmental protection law 关于保护和改善环境合理开发、利用，保护自然资源以及防治污染和其他公害的法律规范的总称。是国家法律体系中的一个独立的部门法。见环境法。

环境背景值 environmental background value 环境中的水、土壤、大气、生物等要素，在其自身的形成与发展过程中还没有受到外来污染影响下形成的化学元素组分的正常含量。又称环境本底值。环境背景值在时间与空间的概念上都具有相对的含义。实际上是指相对不受直接污染的情况下，环境中水、土壤、大气与生物的基本化学组成。包括水体环境背景值、大气环境背景值、土壤环境背景值和生物环境背景值等。正确确定环境背景值的方法是：在远离污染源的地方采集样品，在精密的分析仪器上测定化学元素含量，在此基础上运用数理统计的方法，检验分析结果，然后取分析数据的算术平均值和几何平均值（或数值范围）。

环境承载力 environmental carrying capacity 在维持环境系统功能与结构不发生变化的前提下，整个地球生物圈或某一区域所能承受的人类作用在环境上的规模、强度和速度的限值。实际应用中，环境承载力主要从环境可以供给的自然资源的数量和可以消解的污染物的最大负荷量角度，分析环境可以承受的人类活动的影响。可分为不可再生资源承载力、可再生资源承载力、水环境承载力与大气环境承载力等。根据最小限制规律，整体的环境承载能力应选用所有环境要素承载力中最小的那个要素的承载力。

一般情况下，环境承载力可用下式表示：

$$C=P\times E\times T$$

式中C表示环境容量，P为人口数量，E为人均经济规模，T为单位经济活动对环境的影响力度。可见，人类活动受到环境容量的约束，至少可从两个角度描述：人口数量与经济规模，它们分别称为人口承载力与经济承载力。人口承载力表示环境可以承载的人口数量，而经济承载力表示环境可以承载的一定经济活动的规模。显然，当人口数量较多时，环境容纳的人均经济活动较小；而当人均经济活动较大时，环境容纳的人口数量较小。两者都与相应的经济活动性质有关。当单位经济活动对环境的影响较大时，如采用重污染技术，相应的承载能力较小；而当单位经济活动对环境的影响较小时，如采用较为清洁的技术时，相应的人口承载力或经济承载力则变大。

虽然在地球的有限空间内环境承载力客观存在，但预测方法的差异导致估算结果差异较大。

环境地学 environmental geoscience 研究人类地球环境系统的组成、结构及其演化与发展，人类活动对地球环境系统的影响及其对人类社会的反馈作用，并探讨对人类地球环境系统的优化调控、利用与改造的学科。广义上，人类地球环境系统可以认为是由人类及其活动所及的地球环境构成的系统。环境地学涉及的范围向下达到地壳深处，向上进入近地空间，甚至可以说包括整个地球系统。主要侧重于研究人类活动对地球环境的影响及其反馈作用。

环境地学的孕育过程源远流长。18世纪地理学中出现人地关系学派。19世纪，德国地理学家F.拉采尔提出环境决定论。19世纪末至20世纪初，法国人文地理学家P.维达尔-白兰士提出“可能论”的人地相关论点，认为自然环境为人类活动提供若干发展的可能性，而采取哪一种可能性则决定于人。第二次世界大战后，随着人口增长、资源短缺、工业化和城市化进程的加速，出现环境恶化等一系列问题。1992年，联合国召开环境与发展大会，通过《21世纪议程》，推动了人地关系研究的进一步发展。

环境地学的研究内容广泛，主要的分支学科有：环境地质学，主要研究人类活动和地质环境的相互关系；环境地球化学，研究环境中天然的和人为释放的化学物质的迁移转化规律及其与环境质量、人体健康的关系等；环境地理学，研究人类和地理环境的相互作用与影响，着重研究人类活动对地理环境结构、功能和演化的影响及其对人类生存发展的反馈作用；环境气候学，研究气候与环境各要素、气候与人类社会发展的相互作用；环境水文学，研究水体或流域水文与环境之间的相互作用机理、水环境演化规律及自然条件与人类活动因素的影响，特别是对环境变化与污染引起水域和流域的水质与水量变化进行研究，并对水环境的变化进行评价与预测；环境土壤学，主要研究人类活动与自然因素影响下土壤环境质量的变化以及这种变化对人体健康、社会经济、生态系统结构和功能的影响，探索调节、控制和改善土壤环境质量的途径和方法；环境海洋学，研究人类活动与海洋环境演化规律之间相互作用的关系，寻求人类社会与海洋环境协同演化和持续发展的途径。

环境地质学 environmental geology 应用地质学的理论与方法，研究地质环境的基本特性、功能和演变规律，研究人类活动与地质环境之间的相互作用、相互制约的关系，预测人类开发利用自然中遇到和可能引发的地质问题，探索在发展社会经济的活动中合理利用与保护地质环境途径的学科。是地质学中综合性、应用性很强的前缘学科，也是环境科学的重要组成部分。其研究目的是保护人类的健康和安全，保护人类的环境质量，促进土地及其他各类资源的合理利用。

研究简史 20世纪50年代以来，环境问题成为突出的社会问题，影响到人类的生存和健康。因此大批地质学家关注环境问题的研究。60年代初期环境地质学在国外书刊上出现。如美国人E.A.科勒（1975）指出："环境地质学是一门应用地质学，主要研究人与自然环境之间的相互作用的各个方面。"苏联学者把环境地质学定义为地质生态学。20世纪以来，人类大规模经济建设，由于CO_2大量排放，气候变暖，大气圈的变化深深地影响着地球环境。国际地科联环境规划地质科学委员会1992年出版的《地学在规划和管理人类环境中的重要作用》一书中指出"改善规划和维持人类社会的方式，是环境地质科学的目的"。中国地质学家刘东生（1972）首先探讨环境地质学的范畴、理论和方法，并在中国科学院地球化学研究所组建了中国第一个环境地质研究机构。从1986年以来，中国加强了环境地质工作，开展了长江、黄河、珠江等大江大河及一些重要城市的环境地质评价与编图工作，为国土整治及重大工程的合理布局提供了科学依据。

研究内容 大体可以归纳为六个方面。①气候与地质环境的相互关系。海岸带历来是各国经济发展带，也是气候与地质环境的相互关系最为敏感的地带。研究人类活动对气候变暖的影响，探讨气候变化的周期性，防患于未然，是环境地质研究重要命题。②地质灾害引起的环境问题。地质灾害是人类历史上最早出现的环境问题。如火山爆发、地震、滑坡和泥石流等。对于这些环境问题，人类至今还无法控制和准确预测。预警、预报、防治和减缓、减轻这类地质灾害造成的环境影响是环境地质学研究的重要内容之一。③城市化与城市地质。城市是人类与地质环境两者冲突最为尖锐的地方，处在不同地质地理环境的城市和不同开发规模的城市，存在着不同的环境地质问题，其中城市地下空间的开发与浅表空间地质保障密切相关，关系到城市化的可持续发展。城市化进程中由于人口高度集中、能源和资源大量消耗、废弃物大量排放，以及大型建筑物建设，形成了特殊的、综合性的城市环境地质问题。这些问题与城市建设、发展和人民生活息息相关。④地下水资源与环境。地表水与地下水是一个完整的水文循环系统，正确的水资源开发可以减轻开发引起的环境地质问题，而且对缓解水资源紧缺至关重要。其中饮用水安全是21世纪环境地质研究重中之重。⑤大型工程和资源开发引起的环境地质问题。如露天矿开采后的环境塑造和植被恢复，河流大坝和水库建设综合性生态环境影响的预防等。预先评估、提出防治和缓减大型工程建设对环境的不良影响，也是环境地质学的基本任务。⑥废料储存。废料、废渣特别是核废料的储存已经成为当今各国环境地质研究的一项崭新的内容。

环境毒理 environmental toxicology 利用毒理学理论和方法研究环境污染物对人体健康的影响及其机理的学科。主要研究环境污染物及其在环境中的降解和转化产物对机体造成的损害和作用机理，在此基础上探索环境污染物对人体健康损害的早期观察指标，以便及早发现和预防，并定量评定有毒环境污染物对机体的影响，确定其剂量－效应或剂量－反应关系，为制定环境标准提供毒理学依据。

环境污染物对机体的作用一般具有下列特点：接触剂量较小；长时间内反复接触甚至终生接触；多种环境污染物同时作用于机体；接触的人群既有青少年和成年人，也有老幼病弱者，易感性差异极大。

环境毒理的研究以动物实验为主，观察实验动物通过各种方式和途径接触不同剂量的环境污染物后出现的各种生物学变化。为探明环境污染物对机体是否有致畸、致突变、致癌等作用，研究者又建立了致突变试验、致畸试验和致癌试验等试验方法。

环境法 environmental law 关于保护和改善环境合理开发、利用，保护自然资源及防治污染和其他公害的法律规范的总称。

18世纪末19世纪初的产业革命，使社会生产力大发展，也使大气污染和水污染日趋严重。20世纪后，化学和石油工业的发展对环境的污染更为严重。一些国家先后采取立法措施，以保护人类赖以生存的生态环境。一般先是地区性立法，后发展成全国性立法，其内容最初只限于工业污染，后来发展为全面的环境保护立法。随着全球性的环境污染和破坏的发生，国际环境法应运而生。

各国环境法的内容包括：环境保护的基本方针、政策和原则；对自然资源的保护；对污染和其他公害的防治；保护环境和防治污染的法律制度；各种环境质量标准和排放标准及违反环境保护法应承担的法律责任；执法机构和诉讼程序。

中国非常重视环境保护立法工作。《中华人民共和国宪法》明确规定："国家保护和改善生活环境和生态环境，防治污染和其他公害。"《中华人民共和国刑法》将严重危害自然环境、破坏野生动植物资源的行为定为危害公共安全罪和破坏社会主义经济秩序罪。1979年，全国人民代表大会常务委员会原则通过并颁布了《中华人民共和国环境保护法（试行）》。自1982年以后，全国人民代表大会常务委员会先后通过了《中华人民共和国海洋环境保护法》、《中华人民共和国水污染防治法》和《中华人民共和国大气污染防治法》。1989年12月26日第七届全国人民代表大会常务委员会第十一次会议通过了《中华人民共和国环境保护法》。另外，国务院还颁布了一系列保护环境、防止污染及其他公害的行政法规。

《中华人民共和国环境保护法》共6章，包括总则，环境监督管理，保护和改善环境，防治环境污染和其他公害，法律责任和附则。主要内容有：①适用范围。包括：大气、水、海洋、土地、矿藏、森林、草原、野生生物、自然遗迹、人文遗迹、自然保护区、风景名胜区、城市和乡村等。该法规定应防治的污染和其他公害有：废气、废水、废渣、粉尘、恶臭气体、放射性物质以及噪声、振动、电磁波辐射等。②通过规定排污标准，建立环境监测、防污设施建设三同时，交纳超标准排污费等制度，保护和改善生活环境与生态环境，防治污染和其他公害。

环境风险 environmental risk 环境损害的发生概率。相当于个人面临的某一类环境损害的严重程度，乘以面临这一类环境损害的人数。如果某一类环境损害影响的人数有限，即使每个受害者受到的损害程度比较大，环境风险仍比较小；反之，如果某一类环境损害的影响面大，受害者人数众多，即使每个受害者受到的损害程度不大，环境风险仍比较大。这一概念是从环境污染导致的健康风险发展而来的。衡量它的基本方法是先用污染物进行动物实验，然后根据剂量-反应模型推算污染物对人类的损害程度。由于环境风险的大小与受害者人数的多少有关，因而环境风险大的环境损害往往引起公众的关注。对环境风险大小的分析，有助于确定解决环境问题的先后顺序。

环境工程学 environmental engineering 研究运用工程技术和有关学科的原理和方法，保护和合理利用自然资源，防治环境污染和生态破坏，以改善环境质量的学科。环境科学的分支学科。

20世纪以来，运用卫生工程、给排水工程、化学工程、机械工程等技术原理和手段解决废气、废水、固体废物、噪声污染等问题，使单项治理技术有了较大发展，逐渐形成治理技术的单元操作、单元过程，以及某些水体和大气污染治理工艺系统。50年代末，中国提出资源综合利用的观点。60年代中期，美国开始技术评价活动，并在1969年的《国家环境政策法》中规定环境影响评价的制度。人们认识到控制环境污染不仅要采用单项治理技术，还要采取综合防治措施，并对控制环境污染的措施进行综合的技术经济分析。环境系统工程和环境污染综合防治的研究工作迅速发展。随后陆续出现关于环境工程学的专门著作，形成了新的学科。现代环境工程学的范畴还包括环境规划与管理、环境监测技术等。随着工业污染防治战略由末端治理向全过程控制的转移，清洁生产工艺和技术的研究也成为环境工程学的重要组成部分。

环境工程学的基本内容包括：①水污染防治工程。根据水体功能制定各类水质标准和废水排放标准，加强水资源管理，合理利用和保护水资源。②大气污染防治工程。研究各类污染源中污染物的形成及控制，应用物理、化学的原理和方法减少有害物质的生成，或对已生成的有害气体进行治理。③固体废物的处理与利用。实现固体废物的无害化、减量化和资源化。④环境污染综合防治。对环境问题进行系统分析，采取经济手段、管理手段和工程技术手段相结合的综合防治措施，以取得环境污染防治的最佳效果。⑤清洁生产。包括选择无污染、少污染的原材料、能源，采用能耗低、污染轻、经济效益好的先进工艺和设备，生产无污染、少污染的产品，以及开展生产过程中物料的回收利用，强化管理及改进操作等。⑥环境系统工程。利用系统工程的原理和方法，对区域性的环境问题和防治措施进行整体的系统分析，以求得最优化方案。

环境功能区划 environmental function division 地方环境保护部门为实现分类管理、分期实施环境目标，根据环境功能区保护的必要性与可行性，并体现重点保护政策而进行的各种环境功能区域的划分。通过环境功能区划，决策者可以依据环境功能区的重要程度、经济开发的特点，提出环境保护的重点和目标，确定控制污染的强制性措施。包括水环境功能区划、大气环境功能区划和声学环境功能区划。

水环境功能区划 将地表水划分为五类七种：自然保护区及源头水，水环境质量执行《地面水环境质量标准》Ⅰ类；生活饮用水水源区，指城镇居民生活饮用的集中取水点水域、作为取水点的自然水域和人工蓄水单元，水环境质量执行《地面水环境质量标准》Ⅱ类；水产养殖区，指珍贵鱼类、主要经济鱼类的产卵、索饵、养殖、洄游通道和历史悠久或新辟人工放养和保护的渔业水域等，水环境质量执行《地面水环境质量标准》Ⅱ类；旅游区，指长期（或季节）用作游泳或景观的自然水域和用作划船的自然水域与人工构筑单元，水环境质量执行《地面水环境质量标准》Ⅲ类；工业用水区，指工矿企业生产用水的集中取水水域，水环境质量执行《地面水环境质量标准》Ⅳ类；农业灌溉区，用于粮食、蔬菜、水果等食用性作物灌溉的水域，水环境质量执行《地面水环境质量标准》Ⅴ类；排污口附近为混合区。

大气环境功能区划 根据城市气象特征和国家大气环境质量标准要求，将城市大气环境划分为三类功能区：一类区指自然保护区、风景游览区、名胜和疗养区；二类区指规划居民区，商业、交通、居民混合区，文化区，名胜古迹及广大农村；三类区指工业区及城市交通枢纽、交通干线。一类、二类、三类区分别执行《大气环境质量标准》一级、二级、三级。

声学环境功能区划 将声学环境划分为五种区域：特殊住宅区（特别需要安静的疗养区、高级宾馆区），一类居民文教区（纯居民区、文教和机关区），二类混合区（工业、商业、少量交通与居民混合区，商业集中的繁华地区），工业集中区（规划明确确定的工业区），交通干线道路两侧区域。

环境管理 environmental management 运用行政、法律、经济、科技与教育等手段，预防与禁止损害环境质量的行为，通过全面规划与综合决策，处理好发展与环境的关系，使社会经济发展在满足今世与后代的物质文化需求的同时，改善环境质量，维护生态平衡。

1974年，联合国环境规划署和联合国贸易与发展会议在墨西哥联合召开资源利用、环境与发展战略研讨会，会上“环境管理”的概念首次被正式提出。1982年联合国环境规划署在内罗毕召开的特别会议和1992年的环境与发展大会上，进一步强调进行环境管理的必要性以及发展与环境的密切关系。广义的环境管理概念逐步被国际社会所普遍接受。此后，世界各国的环境管理有了新发展，其主要内容正如世界银行1997年编著的《里约后五年——环境政策的创新》一书中所概括的四个方面：利用市场、创建市场、实施环境法规和鼓励公众参与。

环境管理根据范围可分为：①资源环境管理。主要是水资源、土地资源、矿产资源、森林资源、草地资源、水产资源、海洋资源等自然资源的开发、利用与保护的环境管理。②区域环境管理。主要是协调区域的经济发展目标与环境目标的关系，制订区域环境规划等，包括国土环境管理、经济协作区和各级行政区的环境管理、城市环境管理、流域环境管理。③部门环境管理。主要包括工业企业环境管理、农业与农村环境管理、交通运输环境管理等。

根据性质可分为：①环境计划管理。制订和管理工业交通污染防治计划、城市污染控制计划、流域污染控制计划、自然环境保护计划、环境科技发展计划、环境教育计划，以及区域环境规划等。②环境质量管理。组织制定各种环境质量标准和各类污染物排放标准及其监督检查工作，组织调查、监测和评价环境质量状况并预测其变化趋势等。③环境技术管理。确定防治环境污染与生态破坏的技术战略和技术政策，确定环境科技的发展方向；组织信息咨询服务；组织国内外科技合作交流等。

根据对象，可分为水环境管理、大气环境管理、固体废物管理、噪声管理和辐射环境管理等。

环境管理具有综合性、区域性和广泛性三个显著特点，要综合运用行政、法律、经济、科技与教育等多种手段。

环境规划 environmental planning 在一定时期内对环境保护的目标与措施所作出的规定。国际经济与社会发展规划的组成部分。其目的是在经济与社会发展的同时，切实保护环境，维持生态平衡。

类型 从规划的范围和层次可分为：

①国家环境规划，协调全国经济、社会发展与环境保护之间的关系，作为全国发展规划的组成部分和环保工作的指令性文件。②区域环境规划，是针对一个行政区或协作区的环境规划，包括城市环境规划、乡镇环境规划、资源与能源开发区环境规划和专题环境规划等。③部门环境规划，包括工业部门环境规划、农业部门环境规划、交通运输环境规划等。从规划的性质可分为生态环境规划、污染综合防治规划、自然保护规划和环境科技发展规划等。

内容 ①环境调查与评价。这是制订规划的基础，通过环境调查与评价获得规划所用的各种数据信息。②环境预测。应用现代科技手段与方法定量或半定量描述与分析未来的环境状况与发展趋势。③环境功能区划。根据区域内的自然环境特点和经济社会发展状况，把特定的空间划分为不同功能的环境单元，研究各个功能单元的环境承载能力（环境容量）、质量现状与发展变化趋势，提出不同功能单元的环境目标和环境管理对策。④环境目标。根据经济负担能力和对环境质量的要求确定环境保护目标。⑤环境规划设计。其主要依据为面临的环境问题、有关政策规定、环境目标、污染物削减量、投资能力、措施的可行性等。其内容包括环境区划及功能分区、环境综合整治方案、产业结构调整、生产力布局、自然保护等。⑥选择环境规划方案。比较关于实现环境目标应采取的措施及相应的环境投资的多个方案，选出最佳或次佳方案。⑦实施环境规划的支持与保证。包括投资预算、年度实施计划、技术支持、环境监督管理等。

环境化学 environmental chemistry 运用化学的理论和方法，鉴定和测量化学组分在大气圈、水圈、土壤-岩石圈和生物圈中的含量，研究它们在环境中的存在形态及其迁移、转化、归宿和影响的规律的学科。化学与环境科学的交叉学科。20世纪60年代后，对化学物质在大气、水体、土壤等自然环境中引起的化学现象的研究发展迅速，一些原来不受重视的化学问题，从保护自然生态和人体健康的角度出发，成为重要的、亟待解决的问题。为探讨这些问题，逐渐发展了新的研究方法和手段，提出了新的观点和理论，形成新的学科——环境化学。

环境化学研究的对象是一个多组分、多介质的复杂体系。化学污染物在环境中的含量很低，但分布范围广大，且处于很快的迁移或转化中。为求得这些化学污染物在环境中的含量和污染程度，环境化学的分析技术和方法相应地具有一些新的特点，如要求对污染物进行灵敏、准确、连续、自动的分析等。

研究化学污染物在环境中的迁移、转化和归宿，特别是污染物在环境中的积累、相互作用和生物效应等问题，需要应用化学、生物学、医学和地学等学科的基础理论和方法进行综合研究，因此环境化学具有跨学科的特点。

环境化学的基础理论尚处于发展过程中，研究领域主要有：环境污染化学，研究化学污染物在环境中的变化，包括迁移、转化过程中的化学行为、反应机理、积累和归宿等方面的规律；环境分析化学，研究运用现代科学理论和实验技术分离、识别与测定环境物质的组成种类、成分与含量及其化学形态；环境监测，间断或连续地测定污染因子的强度（或浓度），观测和研究这些污染因子在空间上和时间上的变化趋势、规律及其对环境的影响。

环境激素 environmental hormone 外来的、影响生物体的正常性生长发育、生殖器分化和机能或阻碍生物体内正常激素的合成、分泌、输送和结合作用的化学物质。又称生物体内分泌干扰物。现今许多人工合成的化学物质通过不同的途径进入人体或野生动物体内，在极微量的水平下即可对人体和动物的内分泌系统产生干扰作用。其中大部分具有与生物体天然内源激素相似的性质，通过模拟内源激素的作用引起生物体内分泌系统的功能异常。另外，也有一小部分化合物通过破坏内源激素或其受体的合成和代谢过程而干扰内分泌系统的正常功能。已发现的对生物体内分泌系统具有干扰作用的人工化学品多达数十种，其中包括以滴滴涕和阿特拉津为代表的一系列农药、以有机锡化合物为代表的涂料、以壬基苯酚为代表的非离子表面活性剂、以双酚A和邻苯二甲酸酯为代表的塑料、以己烯雌酚为代表的医药和以二噁英为代表的垃圾焚烧副产物等。

环境监测 environmental monitoring 对环境的化学污染、物理污染和生物污染因素进行间断或连续的监视和测定，并研究它们对环境质量的影响的过程。目的是发现环境质量中的污染现象，准确、及时、全面地反映环境质量现状及发展趋势，评估环境质量改善措施的实际效果，为环境管理、污染源控制、环境规划等提供科学依据。

环境监测按监测对象可分为生物监测、颗粒物监测、化学污染物监测、噪声监测、放射性监测和电磁辐射监测等。按监测目的可分为4种：①环境质量监测。为搞清环境质量及变化趋势，必须做长期的环境质量跟踪监测，以便积累更多的监测数据进行比较分析。②污染源监测。分污染源的自我控制监测和监督性监测。③重大环境污染问题的研究性监测。为搞清一个特定的重大环境问题，开展环境调查研究而进行的监测活动。④环境监测技术与方法学的研究性监测。包括监测布点采样的科学性研究，监测分析方法的先进性、规范化研究，监测仪器的准确性、灵敏性研究，监测数据的采集、存储、处理分析及成果表达方法的研究。

环境监测井 environmental monitoring well 用钻探方法对环境和地质灾害进行监测的井（孔）。已广泛用于监测地震、地面沉降、地下水和土质污染、水位变化、岩体和大坝位移等。在选定部位按要求施工一定直径和深度的井（孔），并采取实物样品（固、液、气）和下入测量仪器，进行定期或长期监测。地震监测井主要在地震频发区（含水库诱发区）钻进几百米至几千米深的永久性垂直深部监测井，并在井内放置地震仪（检波器），可以获取微弱的地震波信息，乃至数万米深度内里氏1.5级的微弱地震和地壳活动情况，以起预警作用。地面沉降监测井则在沉降区打钻孔并埋设分层观测标和基岩标，与地面标对比进行不间断的观测。地下水污染监测井按常规水井施工法进行，也可施工成水平定向井，扩大集水面积。凡有污染源的地区，都宜设监测井，经常取水样测试。在滨海地带设监测井观测水位和防止海水入侵。观测岩体和大坝位移的重要方法是用钻探方法施工高垂直度监测孔，并垂吊放置垂直仪，可以不间断地观测并记录测到的数据，以随时掌握位移情况。

环境监理 environmental supervision and management 对海洋环境、建设项目环境和污染源等的现场监督检查。

海洋环境监理 环境监理部门对海洋工程与陆源污染进行的现场监督检查。为有效地管理海洋环境，中国政府规定要建立由国务院环境保护行政主管部门统一协调和监督、国家有关部门分工负责、中央和地方分级管理的海洋环境管理体系。海洋环境监理的主要内容有海洋环境巡视、海岸工程监理、陆源环境监理、船舶污染监理、海上倾倒废弃物监理、海洋石油开发环境监理等。

环境经济核算 environmental economy accounting 在一国国民经济核算体系中，为防止环境恶化，保持国民经济的可持续发展而对自然资源环境进行的核算。是针对人类社会工业化进程中，由于片面追求生产率的增长，导致自然资源匮乏、环境质量恶化，进而危害人类健康、降低社会福利水平的错误行为而建立的与国民经济核算体系有机衔接的核算制度。

环境经济核算以环境资源核算为基础。

开展环境核算，就是以环境自身为主体，同时以反映环境与人类的社会经济活动、自然界的活动之间的关系为主体建立统计制度。在具体建立环境统计制度时，可将环境大致划分成自然环境和人类活动区，将人类活动、自然活动与环境间的关系按顺序展开，反映人类活动、自然活动对环境的影响。

环境核算与国民经济核算一样，采用价值量指标核算。环境经济核算又存在两个分支，即狭义环境经济核算和广义环境经济核算。

狭义环境经济核算是指国民经济核算本身已存在的关于环境保护活动的核算。包括在环保业及政府的产业部门生产账户中有关环保业增加值的核算。政府的环保活动所生产的环保产品和劳务是非市场产出的一部分。居民个人的环保活动在国民经济核算体系中不予虚拟。将企业生产的环保产品与劳务同政府生产的环保产品与劳务相加，便可得到全社会的环保最终产品。

广义环境经济核算是将环境作为一种资产，纳入国民经济核算的分类当中，是非经济、非生产的自然资产。当环境作为一种资产时，环境的耗竭和退化可视为环境资产的消耗，性质如同固定资产消耗。为了保持国民经济核算体系结构的相对稳定性，将广义环境经济核算相对独立出来，建立一个附属的核算体系。

环境经济学 environmental economics 以环境（包括自然资源）与经济间的相互关系为特定研究对象的环境科学与经济学之间的交叉学科。有狭义与广义之分。狭义的环境经济学仅仅研究环境污染防治的经济问题，而广义的环境经济学还研究自然资源的合理利用和生态平衡的破坏与恢复中涉及的经济问题。因此，广义的环境经济学通常被分成污染控制经济学和自然资源经济学。由于对环境经济学概念的狭义理解根深蒂固，人们在论及广义的环境经济学时，常称之为环境与自然资源经济学。

以1987年发表的世界环境与发展委员会的报告《我们的共同未来》和1992年在巴西里约热内卢举行的联合国环境与发展大会为标志，可持续性或可持续发展作为处理人口、环境、资源、生态与经济发展的关系的伦理准则得到公认。在这种背景下，环境经济学兴起并迅速发展，成为公认的一个新的经济学分支。

环境经济学的研究内容主要有四个方面：①环境经济学的基本理论。包括社会制度、经济发展、科学技术进步与环境保护的关系，以及环境计量的理论和方法等。②社会生产力的合理组织。把环境质量的改善作为经济发展成就的重要内容，使生产和消费的决策同生态学的要求协调一致；研究把环境保护纳入经济发展计划的方法，以保证基本生产部门和消除污染部门按比例协调发展；研究生产布局和环境保护的关系，按照经济观点和生态观点相统一的原则，拟定各类资源开发利用方案。③环境保护的经济效果。包括环境污染、生态失调的经济损失评估的理论和方法，各种生产、生活废弃物最优治理和利用途径的经济选择，区域环境污染综合防治优化方案的经济选择，各种污染物排放标准确定的经济准则，各类环境经济数学模型的建立等。④运用经济手段进行环境管理。通过税收、财政、信贷等经济杠杆，调节经济活动与环境保护之间、污染者与受污染者之间的关系，促使和诱导经济单位与个人的生产消费活动符合国家保护环境和维护生态平衡的要求。

环境经济学的研究方法主要有环境影响费用效益分析法（见费用效益分析）和环境核算（见环境经济核算）。

环境决定论 environmental determinism 强调自然环境对社会发展的决定性作用的学说。简称决定论。又称地理环境决定论。古希腊时代的思想家已开始注意人与气候的关系。希波克拉底、柏拉图和亚里士多德等人都认为，人的性格和智慧与气候相关。18世纪法国启蒙思想家孟德斯鸠在《论法的精神》中以气候是世界上最高威力的观点，提出应根据气候修改法律，使它适合气候所造成的人们的性格。19世纪中叶，英国历史学家H.T.巴克尔认为气候是影响国家或民族文化发展的重要外部因素，并认定印度的贫穷落后是气候的自然法则所决定的。德国地理学家F.拉采尔在《人类地理学》一书中，认为人是环境的产物，人和生物一样，其活动、发展和分布受环境的严格限制，环境“以盲目的残酷性统治着人类的命运”。他的学生E.C.森普尔把这一思想传播到美国，并大加发挥。其后，美国地理学者E.亨廷顿在《气候与文明》一书中，特别强调了气候对人类文明的决定性作用。第二次世界大战后，澳大利亚地理学家G.泰勒提出决定行止论（又称有限决定论），认为人类可以改变一个地区的发展进程，但如果不顾自然的限制，就一定会遭受灾难。

环境考古 environmental archaeology 考古学分支学科。将研究自然环境的方法与考古学的调查、发掘和研究相结合，探讨古代的自然环境状况及其与古代人类的关系。20世纪30年代兴起于英国，60年代在西方考古界迅速发展。环境考古的研究贯彻以今证古的原则，既要肯定自然环境状况对人类生存活动特征的制约，也注重人类能动作用对自然环境的影响。研究范围包括古代的气候、地貌、水文、动物、植物、人类和文化等。研究方法及对象大致包括地质地貌的野外调查，对遗址内及周围地区采集的各种样品进行土壤微形态、湖泊季节纹层、树木年轮等观察，对出土的动物骨骼、植物遗骸、孢粉、植物硅酸体等进行鉴定，对相关样品进行氧、碳同位素与微量元素的测定及考古学研究等。环境考古的研究对于复原古代遗址周围的生态环境，研究人类起源、农业起源与自然环境的相互关系，揭示考古学文化的发展背景，探讨古代人类的生产活动等都具有重要意义。

环境科学 environmental science 研究人类社会发展活动与环境演化规律之间相互作用关系，寻求人类社会与环境协同演化、可持续发展途径与方法的科学。

发展历史 可分为各相关学科的探索和环境科学作为综合性学科的形成与发展两个阶段。

相关学科的探索 19世纪下半叶，环境问题开始受到人们的重视，地学、生物学、化学、物理学、医学和一些工程技术等学科的学者分别从本学科的角度开始对环境问题进行探索和研究。德国植物学家C.N.弗拉斯在1847年出版的《各个时代的气候和植物界》一书中论述了人类活动影响植物界和气候的变化。美国学者G.P.马什在1864年出版的《人与自然》一书中，从全球的观点出发论述人类活动对地理环境的影响。英国生物学家C.R.达尔文在1859年出版的《物种起源》一书中论证了生物的进化与环境的变化有很大关系，生物只有适应环境才能生存。给排水工程是一个历史悠久的技术部门。1897年英国建立污水处理厂。消烟除尘技术在19世纪后期已有所发展。这些基础学科和应用技术的发展，为解决环境问题提供了原理和方法学基础。

形成与发展 环境科学作为独立的学科是在20世纪50年代环境问题成为全球性重大问题后形成的。许多科学家，包括化学家、地理学家、生物学家和社会学家等对环境问题进行调查和研究，通过这种研究逐渐形成一些新的边缘学科，如环境地学、环境生物学、环境化学、环境物理学、环境医学、环境工程学、环境经济学和环境管理学等。在这些分支学科的基础上孕育产生了环境科学。

最早提出“环境科学”这一名词的是美国学者，当时指的是研究宇宙飞船中的人工环境问题。1964年国际科学联合会理事会制定国际生物学计划，研究全球各类生态系统生产力和人类福利的生物基础。1968年国际科学联合会理事会设立环境科学委员会。

20世纪60年代末，西方10国的30多

位自然科学家、经济学家和工业家在意大利开会讨论人类当前和未来的环境问题，成立罗马俱乐部，先后发表D.L.梅多斯等人撰写的《增长的极限》和E.戈德史密斯的《生存的战略》。70年代英国经济学家B.沃德和美国微生物学家R.杜博斯受联合国人类环境会议秘书长的委托，主编出版《只有一个地球》，这被认为是环境科学的一部绪论性质的著作，从而形成了环境科学相对独立的研究体系。

在环境污染治理和研究过程中，人们逐渐认识到单靠科学技术手段是不可能从根本上解决环境问题的，要有效地保护环境，就必须对人类社会自身的经济行为加强管理。由此产生环境评价学、环境经济学、环境法学等一系列新的交叉边缘学科。

随着研究的深入，人们又逐渐认识到人类活动是与环境系统整体关联的，不能把环境问题简单地分解成某些学科问题的集合进行解决。各分支学科及各分支学科之间开始寻求相互渗透、交融的具体途径，努力实现从学科的分散状态向聚合状态的转变。环境科学进入跨学科交融的发展阶段，逐渐形成自己学科结构体系的雏形。

环境科学正寻求正确处理自然生态系统和社会经济系统对立统一关系的理论和方法，形成自己独立的理论框架、概念体系、逻辑方法和技术体系。

主要任务 通常认为环境科学应回答三个问题：①人类赖以生存与发展的环境是如何演变的。②人类活动，如资源的开发、污染物的排放以及人们的生活、生产方式是如何影响环境的。③人类应如何与自然协同进化，人类在自身的不断发展中如何建立新的价值观、发展模式，发展新的、与自然和谐的技术，以保证人类文明不断持续发展及生物圈、大气圈等圈层的可持续性。环境科学的主要任务包括：①探索全球范围内环境演化的规律。②揭示人类活动同自然生态系统的相互作用关系。③探索环境变化对地球生命支持系统的影响。④揭示环境污染物在环境中的变迁及其对人体健康与生物的影响。⑤研究环境污染治理技术与资源循环利用技术。⑥探索人类与环境和谐共处的途径。

学科体系 环境科学已发展成为横跨自然科学、技术与工程科学、社会科学的综合性学科。具有明显的层次性、实用性。在解决全球环境问题上，又具有明显的国际性。在现阶段，环境科学主要运用自然科学和社会科学的有关学科的理论、技术和方法来研究环境问题，形成与有关学科相互渗透、交叉的庞大的学科体系。其分支学科中属于自然科学领域的有环境地学、环境生物学、环境生态学、环境化学、环境物理学等，属于技术与工程科学的有环境医学、环境工程学等，属于社会科学领域的有环境管理学、环境经济学、环境法学、环境哲学、环境社会学等。环境科学技术的发展体现了当代科学技术综合、集成的发展趋势。环境科学是当今发展最快的学科之一。

环境流行病学 environmental epidemiology 环境医学的分支学科。应用流行病学的理论和方法，研究环境中自然因素和污染因素危害人群健康的流行规律，尤其是研究环境因素和人体健康之间的相关关系和因果关系，即阐明暴露（接触）-效应关系，以便为制定环境卫生标准和采取预防措施提供依据。

内容 环境流行病学调查研究的内容包括：①调查不同地区人群的特异性疾病的地区分布、人群分布、时间分布、发病率和死亡率，并连续观察其发展变化规律。②调查并检测环境中的有害因素，包括污染物和某些自然环境中固有的微量元素在大气、水体、土壤以及食物中的分布、负荷水平、时空波动、理化形态、转化规律和人群暴露水平，以及引起危害和疾病的条件。③分析调查资料，确定污染的范围和程度，以及对人体健康的影响，即确定暴露-效应关系和剂量反应曲线，并以此为基础，研究污染物的阈限负荷，为制定环境卫生标准提供基础参数。④综合分析调查资料，为公害病或环境病的病因提供线索或建立假说，进而查明因果关系。

方法 进行环境流行病学调查，必须遵循以下基本原则：①调查样本要具有代表性。②调查设计要有对比性。③获取资料要注意有效性。

应用 在环境流行病学研究中，运用分析流行病学方法（包括定群追踪研究和病例对照研究）对探讨环境性疾病的病因有很大作用。

环境伦理观 environmental ethics 关于人与自然关系中的伦理原则、伦理范畴和德行规范的知识领域。又称生态伦理。研究两个问题：①大自然是否拥有独立于人类利益的“内在价值”和人类必须予以尊重的“权利”。②道德的界线应当划在哪里，大自然中的哪些实物应当被包括进道德共同体中。对这些伦理问题的不同回答，形成了观点迥异的各种环境伦理观。以伦理主体为宗旨，可将诸多环境伦理观归纳或概括为人类中心主义和非人类中心主义。

人类中心主义 以人类自身的利益作为环境伦理研究的出发点和归宿，并以此构建自己的环境价值体系的一种伦理学说。又称表层生态学。进入20世纪80年代后环境伦理学中影响较大且具有代表性的理论之一。代表人物有J.帕莫尔、H.J.麦克洛斯基、美国哲学家B.G.诺顿和美国植物学家W.H.墨迪等。其主要观点为：①人类需要依赖生态环境生存。②人类应把自己的道德关怀扩展到自然客体。③人类自身的利益是环境道德的基础。④自然客体的价值主要表现为其对人类的价值。

非人类中心主义 非人类中心主义认为，把道德关怀的界线固定在人类的范围内是不合理的，必须突破传统伦理学对人的固恋，把道德义务的范围扩展到人之外的其他存在物身上去。主要流派有以下4种。

动物福利论 西方当代论证动物道德地位的伦理学说，包括动物解放运动和动物权利论两个相关的思潮。

动物解放运动的代表人物是P.辛格。他指出：如果一个存在物能够感受苦乐，那么拒绝关心它的苦乐就没有道德的合理性，不管存在物的本性如何，平等原则都要求我们把它的苦乐看得和其他存在物的苦乐同样重要；如果一个存在物不能感受苦乐，那它就没有什么需要我们加以考虑的了。一切神经阈以上的动物都是有感受能力的，因而具有道德地位，应得到道德关怀。

动物权利论的代表人物是T.雷根。他认为，某些动物，至少哺乳动物，符合成为生命主体的条件，它们因而具有固有价值。具有固有价值的个体因其具有固有价值而拥有受到同等尊重的权利。最低限度，这意味着我们有自明的义务，不去伤害它们。

生物中心论 生物中心论认为，一切生命形式都存在固有的和内在的价值，人类无权控制、支配自然界的一切。

生态中心论 亦即自然中心论。是一种主张自然客体具有自身价值，应和人类具有同等的存在和发展权利，把“价值的焦点定向于自然客体和过程”的环境伦理观。生态中心主义者认为，人类必须看到世界上各种对象之间的关系，把人类的行动限制在不使地球生命支持系统退化或遭到破坏的范围内。

生态女权主义 一种把妇女的解放与“大自然的解放”联系起来的观点。代表人物有斯普雷特纳克等。生态女权主义试图在认识论层面上阐明各种压迫制度之间的相互联系，并致力于根除二元思维方式和价值等级制度观念，在关联主义、整体论和多元论的基础上构建起新的理论框架。

环境权 environmental right 公民有在良好、适宜环境中生活的权利。

1972年联合国在瑞典首都斯德哥尔摩召开的人类环境会议上通过的《联合国人类环境会议宣言》提出的26条原则的第一项中列出：“人人都享有在良好的环境里享受自由、平等和适当生活条件的基本权利。”1998年35个国家和欧共体在奥胡斯签署《公众在环境方面获得信息、参与决策和诉诸司法的公约》。公约在更广泛的国家和公众范围以及更广泛的环境要素方面给予环境权，并在程序设计方面向世界展示了落实公众参与环境权的具体方案。有些国家已将环境权作为公民享有的一种基本权利写入宪法。

有两种不同的环境权理论：一是绝对环境权说，认为公民享有的环境权是绝对的，未经“全体居民的同意”不得改变环境。另一是相对环境权说或称忍受限度论，认为任何环境的改变都会造成一定的危害，同时也给居民带来一定的利益，因此应权衡利害来评价环境变化。如环境变化未超过人们的“忍受限度”，且又给人们带来较大的利益，则这种环境变化是合理的，不能以绝对环境权加以非议。很多国家采用相对环境权理论。

环境容量 environmental capacity 在人体健康、人类生存和生态系统不致受损害的前提下，一定地域环境中能容纳环境有害物质的最大负荷量。是为适应环境管理中实施污染物总量控制或浓度控制而提出的概念。包括绝对容量和年容量两个方面。

绝对容量 某一环境所能容纳某种污染物的最大负荷量。达到绝对容量没有时间限制。环境绝对容量由环境标准的规定值（W_s）和环境背景值（B）决定，数学表达式有以浓度单位表示的和以质量单位表示的两种。以浓度单位表示的环境绝对容量W_g的计算公式为：

$$W_g=W_s-B$$

其单位为毫克/千克。

任何一个具体环境都有一个空间范围，如一个水库能容多少立方米的水；一片农田有多少亩，耕作层土壤（深度按20厘米计算）有多少立方米（或吨）；一个大气空间（在一定高度范围内）有多少立方米的空气等。某一具体环境的绝对容量常用质量单位表示。以质量单位表示的环境绝对容量W_q的计算公式为：

$$W_q=M(W_s-B)$$

当某环境的空间介质的质量M以吨表示时，W_q的单位为克。

年容量 某一环境在污染物的积累浓度不超过环境标准规定的最大容许值的情况下，每年所能容纳的某污染物的最大负荷量。年容量的大小除了同环境标准规定值和环境背景值有关外，还同环境对污染物的净化能力有关。若某污染物对环境的输入量为A（单位负荷量），经过一年以后，被净化的量为A'，$(A'/A)\times100\%=K$，K称为某污染物在某一环境中的年净化率。以浓度单位表示的环境年容量W_a的计算公式为：

$$W_a=K(W_s-B)$$

以质量单位表示的环境年容量的计算公式为：

$$W_a=KM(W_s-B)$$

年容量与绝对容量的关系为：

$$W_a=KW_q$$

应用 主要用于环境质量控制，并作为工农业规划的一种依据。任一环境，它的环境容量越大，可接纳的污染物就越多；反之则越少。污染物的排放，必须与环境容量相适应。

在应用环境容量参数来控制环境质量时，还应考虑污染物的特性。非积累性的污染物，如二氧化硫气体等，在环境中停留的时间很短，依据环境的绝对容量参数来控制这类的污染有重要意义，而年容量的意义却不大。积累性的污染物在环境中能产生长期的毒性效应。对这类污染物，主要根据年容量这个参数来控制，使污染物的排放与环境的净化速率保持平衡。污染物的排放必须控制在环境的绝对容量和年容量之内，才能有效地消除或减少污染危害。

环境生态学 environmental ecology 研究在人类干扰的条件下，生态系统内在的变化机理、规律和对人类的反效应，寻求受损生态系统的恢复、重建及保护的生态对策的学科。由环境科学与生态学相互渗透而形成的交叉学科。环境生态学的产生开始于20世纪60年代初叶。1962年，美国海洋生态学家R.卡森的环境科普著作《寂静的春天》出版，标志着环境生态学的诞生。70年代后，有关受干扰或受害生态系统的恢复和重建的理论与应用研究受到重视。80年代是环境生态学快速发展的一个时期，一些新的理论逐渐形成。1987年B.福尔德曼的《环境生态学》出版，标志着环境生态学的理论框架已基本形成。90年代以来，随着全球变化和生物多样性保护成为国际科学研究的热点，作为环境生态学重要分支之一的保护生态学逐渐形成。

维护生物圈的正常功能，改善人类生存环境，并使两者间得到协调发展，是环境生态学的根本目的。运用生态学理论，保护和合理利用自然资源，治理被污染和破坏的生态环境，恢复和重建生态系统，以满足人类生存发展的需要，是环境生态学的主要任务。除涉及经典生态学的基本理论外，环境生态学的主要内容还包括：人为干扰下生态系统内在变化的机理和规律，生态系统受损程度的判断，各类生态系统的功能和保护措施的研究，解决环境问题的生态对策。根据研究的内容，环境生态学可进一步细分为污染生态学、环境生物学、人类生态学、保护生态学和经济生态学等多个分支学科。

在应用生物学和生态学等学科研究方法的基础上，环境生态学已经形成一套独特的研究方法，主要有野外调查、室内实验和生态模拟三类。

环境生物学 environmental biology 研究生物与受人类干预的环境之间相互作用的规律及其调控机理，探讨生态平衡的维持、环境污染的生态监测与治理，以及生物资源保护等的学科。环境生态学的分支学科。

从19世纪中叶起，人类开始注意到水污染对水生生物的影响，随后研究了水污染的生物监测和生物处理。1902年德国人B.科尔克维茨和M.马松对水中的微型生物进行分类，并提出“污水生态系统”的概念。20世纪50年代以来，随着环境问题日益尖锐，关于受人类干扰环境对生物的影响以及两者之间相互作用的规律和机理的研究日益受到人们的重视。60年代开始，环境生物学逐渐从生物学中分化出来，发展成为独立的学科。70年代以来，在水、气污染的生物监测和生物净化、遗传毒理学和生态毒理学、土壤污染和土地处理系统以及自然保护等领域开展了很多研究。

环境生物学的研究对象是受人类干扰的生态系统。人类干扰包括两个方面：一是指人类活动对生态系统造成的污染；二是指人类活动对生态系统的影响和破坏，主要是人类对自然资源的不合理利用。环境生物学研究的主要内容包括环境污染所引起的生物效应和生态效应及其机理，生物对环境污染的适应及抗性机理，利用指示生物对环境进行生态监测、评价的原理和方法，生物或生态系统对污染的控制净化原理及相关生物技术的应用，生物资源与生态系统的保护原理，以及生态农业与人类社会的可持续发展等。

环境退化 environmental degradation 由自然或人为原因引起的环境结构异常和环境质量改变，从而导致环境朝着不利于社会经济发展和人类生活条件改善的方向变化的过程和结果。环境退化的尺度有全球性和区域性的差别，具体表现在以下几个方面。

臭氧层的破坏是全球尺度环境退化的重要表现。导致臭氧减少和臭氧层空洞的主要原因，是工业中使用的一些化学物质的破坏作用，特别是制冷剂所含的氯氟烃。此外，温室效应增强，使地球表面变暖而平流层变冷，也是导致臭氧洞出现的原因之一。喷气式飞机的增加使排出的硝酸盐和硫酸盐与臭氧结合，消耗大量的臭氧，削弱其保护作用。

矿物燃料燃烧和工业生产产生各类大气污染物，如二氧化硫、氮氧化物和烟尘、粉尘等颗粒物，使大气环境质量下降。由大气污染物形成的酸沉降造成环境的酸化，如湖泊酸化、土壤酸化，土壤肥力衰退，森林生长发育减缓等。酸沉降往往是涉及多地区、多国家的区域性环境问题。

土地退化成为全球瞩目的环境退化问

题。由于自然环境复杂多样，人类活动历史悠久，退化土地广泛分布。主要的土地退化类型包括：①沙质荒漠化。主要分布在干旱、半干旱地区以及周边的半湿润地区，由气候变化和不合理的人类活动引起，以沙漠化和土地沙化为主要表现形式，呈现类似沙漠的景观，危害、破坏土地资源，降低土地生产能力。②坡地土壤水蚀。水蚀造成水土流失，洪涝灾害频繁发生，河道淤塞，河流资源难以开发利用。③土壤盐渍化。盐渍化的产生与低洼地形、高矿化度地下水的经常涝渍及潜在的蒸发力有关。在不合理的耕作和灌溉条件下，易溶盐类在表土积聚，使得土壤肥力降低，农牧业生产能力和生物生产量下降。通常出现在干旱、半干旱和半湿润地区。④草场退化。是草地生产力降低的主要原因。由干旱、风沙和盐碱等不利因素或过度放牧、滥割滥挖草地植物引起。主要表现为生物多样性减少，鼠害加重，可食草类减少等。

海洋污染造成的海洋环境的退化及水生生态系统的破坏，也是重要的环境退化问题。

环境危机 environmental crisis 生态环境的严重污染和破坏，日益加剧的人口压力以及资源、能源面临枯竭等一系列问题对人类生存和发展所造成的威胁。

环境危机的实质是现有人类生存方式和发展方式与有限的环境资源发生尖锐矛盾，是人类生产和消费活动的规模和强度超出自然环境和生态系统的承载力和同化力，破坏社会存在和持续发展的自然基础。危机的根源则是人类对自然界所持的侵犯态度，即认为自然界应该屈从于人类，无休止地为人类服务；人类可以按照自己的利益，为追求物质生活繁荣而支配和开发环境。形成并不断加强这种侵犯态度的力量和因素，包括科学技术、工业化、大规模物质商品生产、城市化、资源私有制、不合理的社会经济组织运作方式和国际政治经济秩序等。

环境危机有客观基础，但也在一定程度上反映着不同国家和地区在不同历史发展阶段的社会文化选择，表现出某种社会建构性质。人类社会中现实存在的环境危机取决于人类社会对环境系统的实际破坏程度，以及环境系统的破坏对人类社会生活的实际危害程度；同时也取决于人们对它的认识、感知和反应，取决于社会的整体发展水平、社会成员的需求结构、文化科学知识和公众环境意识等社会因素。

一个地区的环境危机可以转化为政治危机、经济危机、政府信任危机、国际关系危机和其他社会危机。政府对环境危机的解决负有不可推卸的责任。环境危机的解决需要一定的政治、经济和社会条件。从根本上讲，则需要国际社会共同努力，重建理性、公正的社会、经济、政治新秩序，彻底改变传统的发展观念和生产、消费方式，建设可持续发展的新文明。

环境污染 environmental pollution 人类社会经济的发展，导致地球环境系统改变，使环境质量下降的程度超过地球环境系统的自净能力，造成危害人体健康和生态系统正常功能退化的现象。当外来物质，如有害的化学物质、放射性物质、病原体、噪声、热等，侵入到自然环境中，而自然环境又没有足够的容量或自身净化能力把这些物质净化消除，就会导致环境污染。

环境污染按环境组成要素可分为大气环境污染、水环境污染、土壤环境污染、海洋环境污染等，按有害污染物的形态可分为废气污染、废水污染、废渣污染、噪声污染、辐射污染等，按环境污染发生的原因可分为工业生产污染、农业生产污染、交通运输污染及生活污染等，按环境污染的分布范围可分为全球性环境污染、区域性环境污染、局部地方性环境污染等。

人类的社会生产和生活使有毒有害物质在短期内大量进入环境，造成非常严重和复杂的环境问题。如煤燃烧排放的烟尘和二氧化硫、汽车尾气中的氮氧化物和碳氢化物，造成许多城市和区域的颗粒物污染、光化学烟雾污染，以及大面积的酸沉降，导致大气能见度下降，并危害人体健康。有些人工合成物质，如农药、除草剂、环境激素等在短期内甚至数十年上百年不可能降解，又通过食物链的浓集进入人体，引起突变、畸变、癌变，威胁人类的生存。

地域或国家的环境污染不但会引起本地或本国的生态环境破坏，而且会引起邻近地区和周边国家的环境污染。

环境污染防治 environmental pollution, control of 环境污染防治的基本点是防与治的综合，实质上就是为达到区域质量控制目标，对各种污染控制方案的技术可行性、经济合理性、区域适应性和实施可能性等进行最优化选择和评价，从而得出最优的控制技术方案和工程措施，以达到保护和改善环境质量的目的。这种环境污染综合防治的思想是近50年逐渐形成的。基本指导思想是将环境作为一个有机整体，根据当地的自然条件，按照污染物的产生、变迁和归宿的各个环节，采取法律、行政、经济和工程技术相结合的综合措施，以期最大限度地合理利用资源，减少污染物的产生和排放，用最经济的方法获取最佳的防治效果。环境污染防治技术包括大气污染防治技术、水污染防治技术和固体废物控制的工程技术体系。

大气污染防治技术 以大气质量标准和大气污染物排放标准为依据，对各种大气污染源和污染物采取的防治技术措施。见大气污染防治。

水污染防治技术 包括城市水污染防治、工业水污染防治、农村水污染防治和流域或区域水污染综合防治。

城市水污染防治 完善城市下水道系统，建设城市污水处理厂，对城市污水进行集中处理（见废水处理方法）是消除城市水污染的重要措施。

工业水污染防治 工业废水成分和性质相当复杂，处理难度大，费用高，必须从宏观性控制、技术性控制以及管理性控制三个方面着手进行整治。主要做法是：①优化产业结构，对工业进行合理布局。②加强源头控制，积极推行清洁生产。③节水减污，提高工业用水重复利用率。④当工业企业排放的工业废水不能达到《污水综合排放标准》时，应在工业企业内部建设工业废水处理设施，加强对工业废水的终端处理。⑤在建有城市污水集中处理设施的城市，应尽可能地将工业废水排入城市下水道，进入城市污水处理厂与生活污水合并处理。

农村水污染防治 农村水污染的特点是除点污染源外，还常见各类面污染源。污染源面广而分散，污染负荷也很大。应采取的主要对策是节约灌溉用水，发展节水型农业；合理施用化肥和农药；加强对畜禽排泄物、乡镇企业废水及村镇生活污水的有效处理，实现农村的良性生态循环。

流域或区域水污染综合防治 应注意：①全面分析和调查流域或区域内的水环境问题以及水污染现状。②制订流域或区域性水质管理规划，划分水体保护区，明确保护目标，注意把城市饮用水源地的保护放在首位。③注意防治地下水的污染。④在水资源紧缺地区，把水污染防治和水资源利用结合起来，充分重视污水资源化。⑤合理利用自然净化能力，按流域或区域实行污染物排放总量控制。⑥制订污染物总量削减方案，减少排入水体的污染物总量。

受污染水环境的水质修复 对受污染的水体，应在分析水体主要污染物和水体特征的基础上，确定合理的水质修复技术，采取适宜的物理、化学和生物化学手段，对水体中的污染物加以去除，以恢复水体的原有功能。

固体废物控制的工程技术体系 包括废物的综合利用与资源化系统和减量化技术、焚烧技术、稳定化技术、最终处置技术等。

废物的综合利用与资源化系统 固体废物中含有大量的可再生资源和能源，在使固体废物无害化处理的同时，可以实现其资源的再生利用。废物的资源化可以通过进行废物交换，建立回收站或回收中心，进行分选、提纯或将废物制成有用材料等措施进行物质回收，也可通过焚烧、分解或制造燃料进行能量回收。堆肥化技术可将其中的有机成分转变为有用的肥料和土壤改良剂，是一种有效的资源化技术。

减量化技术　减量化是防治和减少已产生固体废物污染环境的终端措施。对于城市垃圾，减量化技术主要包括分选、破碎、压实、脱水以及焚烧和热分解等方法；对于工业废物，除上述方法外，还普遍使用化学分离、去污和浓缩等化学回收技术。

焚烧技术　直接将废物放在特殊设计的焚烧炉中焚烧，以彻底破坏有害的有机物、稳定无机污染物。适用于无法再生利用且不能直接填埋处置的可燃性废物。

稳定化技术　向废物中加入稳定剂、吸附剂或其他固化剂，将其中的危险物质固定下来，以防止有害物质向外界迁移。主要用于对工业废物、危险废物以及废物中有害物质的控制。经减量化处理的固体废物，均须经过稳定化处理后，才能进行最终处置或加以利用。

最终处置技术　将废物填埋在专门设计的、对于有害成分具有良好屏蔽效果的填埋场中，以保证它们与生态圈长期隔离。对于几乎所有类型的固体废物都是最重要的处置方式。经过各种无害化、减量化处理的废物残渣，都将集中到填埋场处置，因而是对废物的最终处置。

环境物理学　environmental physics　研究物理环境同人类的相互作用的科学。环境科学的分支学科。20世纪初，人们开始研究声、光、热等对人类生活和工作的影响，并逐渐形成在建筑物内部为人类创造适宜的物理环境的科学——建筑物理学。50年代后，物理性污染日益严重，对人类造成越来越严重的危害，促使物理学的分支学科如声学、热学、光学、电磁学、力学等开展对物理环境的研究，逐渐形成边缘学科——环境物理学。环境物理学就其自身的学科体系而言，还没有完全定型。主要研究声、光、热、加速度、振动、电磁辐射对人类的影响及其评价，以及消除这些影响的技术途径和控制措施。目的是为人类创造一个适宜的物理环境。环境物理学的研究特点：不仅研究消除污染，而且研究适宜于人类生活和工作的声、光、热、电磁等物理条件；注重物理现象的定量研究。

环境物理学根据研究的对象可分为：①环境声学。研究声环境及其同人类活动的相互作用。主要研究噪声的产生、传播和接收，以及对人体产生的生理、心理效应（见噪声污染）；研究改善和控制声环境质量的技术和管理措施。②环境光学。研究人的光环境。主要内容包括天然光环境和人工光环境、光环境对人的生理和心理的影响、光污染的危害和防治等。③环境热学。研究人的热环境。研究内容包括热环境及其对人体的影响、人类活动对热环境的影响，并研究如何控制热污染。④环境电磁学。主要研究电磁污染的产生及其对人类生活环境的影响。⑤环境空气动力学。主要研究近地面大气中风的各种空气动力学特征以及各类物质在其中的迁移扩散规律。⑥环境辐射学。研究环境中各类天然和人工电离辐射的来源及其在环境中的分布、迁移和转化。

环境系统　environmental system　地球表层围绕人类的各种自然要素（又称环境要素）及其相互关系的整体。环境要素包括非生物的和生物的。环境系统是一个不可分割的整体，通常认为由大气圈、水圈、岩石圈（或土壤-岩石圈）和生物圈组成；其实人类本身也属于自然界，而且已成为环境变化的重要驱动力，所以人类圈（又称智能圈）也被看作环境系统的一部分。在这些圈层的交界面上，各种物质的相互渗透、相互依赖和相互作用的关系表现得尤其明显。环境系统的基本整体特征可概括为：①气体、液体、固体物质以同心球状呈圈层分布，并相互渗透。②地球的内能与太阳能相互渗透。③有机物与无机物相互转化。④是人类居住的场所，人是使环境系统呈动态的重要因素。环境系统具有整体性、相关性、有序性、动态性和开放性等基本属性。按照环境系统的概念来认识和揭示其基本属性及其具体表现，对于研究和解决环境问题具有重要意义。

环境效应　environmental effect　环境系统诸要素在发展过程中相互作用、发生变化后导致的对生态系统和人体健康的可能影响和结果。按产生原因分为自然环境效应和人为环境效应。自然环境效应是以地能和太阳能为主要动力来源，环境中的物质相互作用所产生的环境效果；人为环境效应则是由于人类活动而引起的环境质量变化和生态变异的效果。按产生的机制过程分为环境生物效应、环境化学效应和环境物理效应。①环境生物效应。各种环境因素变化而导致生态系统变异的效果。如气候剧变、大型水利工程的建设、废水污水大量排入江河湖海、森林的大量砍伐、植被的大规模破坏，以及致畸、致癌、致突变物质的污染等。环境生物效应的后果在时间上有长有短，程度上有重有轻。②环境化学效应。在各种条件的影响下，物质之间的化学反应所引起的环境结果。如环境酸化、土壤盐碱化、地下水硬度升高、光化学烟雾发生等。③环境物理效应。物理作用引起的环境效果。如热岛效应（见城市热岛）、温室效应、噪声、地面下沉等。自然环境效应和人为环境效应都伴随有生物效应、化学效应和物理效应。

环境艺术　environmental art　创造人类生活环境的综合艺术。有效地运用艺术、设计、技术、科学的各种手段，将一切可感知的审美因素和谐、有机地组织成有秩序的整体，完成生活环境美的创造。环境艺术以原在

埃克托尔·吉马尔设计的法国巴黎地铁入口（1899～1904）

的自然环境为出发点，以科学与艺术的手段协调自然、人工、社会三类环境之间的关系，使其达到最佳的互动状态。其内容涉及自然生态环境与社会人文环境的各个领域，是关系艺术、场所艺术、对话艺术和生态艺术的总体设计艺术。环境艺术是既与建筑学、园林学、城市规划等学科有交叉、渗透，又有自身特点的新兴边缘学科。按照具体对象的范围、层次，可分为城市艺术、建筑艺术、园林艺术、室内艺术、景观、雕塑、壁画和工艺美术等。

环境异常　environmental abnormality　一定地域范围内，因人类行为造成自然环境的某个或多个环境要素发生显著变化，破坏生态系统的相对平衡关系，使人群生存、人体健康或生物种群的正常生存受到威胁或被灭绝的现象。

环境异常源于化学元素的地球化学异常。在地球演化过程中，成矿作用造成矿体或矿体附近地域出现某些化学元素的富集；外生风化侵蚀作用也可造成在矿体外围更大的地域范围出现一些化学元素的富集。两种富集作用的结果是该地域呈现出化学元素晕圈似的空间分布。因成因而异，前者称为原生分散晕；后者称为次生分散晕。分散晕的形成导致一定地域范围内化学元素自然的地球化学异常，甚至形成矿床。

人为释放环境物质导致环境异常。人为释放的环境物质具有浓度高、数量大和

类型新的特点，这就可能在一定的地域中形成新的环境物质富集现象。但是，自然环境和生态系统演化的过程中，人体和其他生命机体与各环境要素之间已经建立并保持着一种物质的或能量的动态平衡关系，以维系人群或其他生物群落的正常生存。只有当人为释放环境物质富集后对人群生存、人体健康和生命机体造成不良影响时，才构成环境异常。

人为释放环境物质导致的环境异常包括暂时异常和永久异常。如果环境物质富集造成环境异常，但在一段不太长的时期内借助于自然过程自行调节，环境质量得到改善，富集的环境物质在数量和类型上不再继续构成对人群生存、人体健康和生命机体的影响，这种现象称为暂时环境异常；如果人为释放的环境物质富集后在一定时期内单靠自然能力不能使环境恢复原有状态或达到新的平衡状态，或者导致生态系统产生了不可逆转的变化，这种现象称为永久环境异常。

广义的环境异常还包括地质环境灾害。如火山爆发、地震、山崩、泥石流和洪涝灾害等地质灾害对人群和生态群落的生存构成重大的或严重的不良影响；一些地区自然环境中某种元素严重不足或过剩引起地方性疾病；人为大型工程和资源开发改变地质景观，诱发地震，构成对环境的不良影响，留下一些难以处置的环境问题等。

环境异常按区域范围可分为局地性、区域性和全球性的环境异常：①局地性环境异常主要由点污染源引起。②区域性环境异常主要是城市或工业区排出的大量废水、固体废物和废气，使城市及其周围地区的环境质量恶化造成的。③全球性环境异常，如矿物燃料消耗量不断增长，燃烧产生的二氧化碳随之增加，致使大气中的二氧化碳含量每年增加约0.2%，引起地球的热辐射平衡发生变化。

环境影响评价 environmental impact assessment 广义指对拟议中的人为活动（包括建设项目、资源开发、区域开发、政策、立法、法规等）可能造成的环境影响（包括环境污染和生态破坏，也包括对环境的有利影响）进行分析、论证的全过程，并提出防治措施和对策；狭义指对拟议中的建设项目在兴建前的可行性研究阶段，对其选址、设计、施工等过程，特别是运营和生产阶段可能带来的环境影响进行预测和分析，提出相应的防治措施，为项目选址、设计及建成投产后的环境管理提供科学依据。

建设项目的环境影响评价应包括：①建设项目概况。包括项目名称、性质，项目所在地点，建设规模（扩建项目需说明原有规模）、占地面积及厂区平面布置（应附平面图），产品方案和主工艺方法，职工人数和生活区布局，土地利用情况和发展规划，采用的主要原料、燃料及其来源和储运，水的用量、来源及回用情况，产生废水、废气、废渣、粉尘、放射性废物等的种类、排放量和排放方式以及其中所含污染物的种类、性质、排放浓度，产生的噪声、震动的特性和数值等，废弃物回收利用、综合利用和处理、处置方案等。②建设项目周围环境状况。包括所处的地理位置，项目周围的地质、地形、地貌和土壤情况，江、河、湖、海、水库的水文情况，气候与气象情况，矿藏、森林、草原、水产和野生动植物、农作物等情况，现有工矿企业分布情况，生活居住区分布情况和人口密度、健康状况、地方病等情况，大气、地面水、地下水环境质量的现状等。③建设项目对环境可能造成影响的分析与预测。包括预测环境影响的时段；对周围地区的地质、水文、气象可能产生的影响，对周围地区自然资源可能产生的影响，对周围地区自然保护区、风景游览区、名胜古迹、疗养区等可能产生的影响，各种污染物最终排放量，对周围大气、水、土壤的环境质量及居民生活区的影响范围和程度，噪声、震动、电磁辐射等对周围生活居住区的影响范围和程度等；预测的内容及方法；预测结果及其分析、说明等。④环境保护措施及其经济、技术论证。根据建设项目对环境可能造成的影响的分析和预测，有针对性地提出防范和减少这种影响的各种措施，包括生物措施和工程措施等，并对提出的各种环境保护措施进行经济合理性、技术可行性等方面的研究论证，提出各项环境保护措施的投资估算。⑤环境影响经济损益分析。根据建设项目对环境可能造成的影响的分析和预测，进一步分析研究这些环境影响可能对建设项目的经济效益带来的影响，包括有利的和不利的影响。⑥对建设项目实施环境监测的建议。包括环境监测布点原则，环境监测机构的设置、人员、设备等的建议。⑦环境影响评价结论。这是环境影响报告书中最重要、最关键的内容。要求必须清楚地说明建设项目对环境质量的影响；项目的建设规模、性质和选址是否合理，是否符合环境保护要求；建设项目所采取的防治措施在技术上是否可行，经济上是否合理；是否需要再作进一步的评价等。对涉及水土保持的建设项目，还须提出水土保持方案，由水行政主管部门审查同意后，再由环境保护行政主管部门统一审批。

环境灾害 environmental hazard 由人类活动引起的环境恶化所导致的灾害。是除自然变异因素外的另一个重要致灾因素。主要指人类过度开发资源和遗弃废物造成的大面积和跨地区的灾害，包括：①滥伐森林、陡坡开荒等不合理的土地利用行为，导致流域严重水土流失、河水含沙量增多、河道淤塞、排洪能力减小。②过量开采地下水，造成湖泊萎缩、沙化土地增加、沿海海水入侵，进一步促使土壤盐碱化，影响土地生产潜力的发挥和工农业用水。③大型工程对环境的危害。④工农业生产与生活排放污染物引起的全球变暖及臭氧层损耗等问题。前三项是人类活动直接干预地表状态所引起的灾害，第四项则是人类活动间接造成的影响社会经济和人类健康的灾害。与前三项相比，第四项并不直接作用于地表，而是需要较长的时间才产生效果。

环境自净 environmental self-purification 进入到环境中的污染物，随着时间的变化浓度不断降低和消除的现象。环境的一种自我调节功能。引起污染物浓度自然降低的原因可分为环境的物理净化、化学净化和生物净化三个过程，任何环境的自净都是这三个过程共同作用的结果。它们同时同地发生，又相互影响、相互作用，但其中经常起作用的是生物净化过程。

物理净化过程　包括稀释、扩散、混合、吸附、沉降和挥发等作用。稀释和混合是水环境中最一般的过程，也是湖泊、水库、河流等水环境中最普遍而又相当复杂的现象。水体表层与底层水温的差异，常引起上下水层的混合。一部分支流水体的加入，稀释和混合另一部分被污染的水体，使水体的污染程度减轻。含有烟尘的大气，通过气流的扩散、降水的淋洗和重力的沉降等作用得到净化。这些都属于物理净化过程，其净化过程的强弱取决于环境的物理条件与污染物的物理性质。

化学净化过程　包括分解与合成、氧化与还原、水解和聚合等作用。在这些作用中大部分反应是与有生命的物质及其发酵系统结合在一起进行的。实际上化学净化过程又受到生物的催化。环境化学净化过程的动力因素是太阳能及空气中的氧。由于污染物的分解与合成作用常产生水环境中溶解氧的亏损与再补充，因此溶解氧成为水环境化学净化作用的标志。环境中某些有机污染物，经氧化与还原作用最后可以生成二氧化碳和水。化学净化过程也受许多因素的影响，如环境的酸碱条件、氧化还原电位、环境的温度和污染物的化学成分等。一般情况下，环境中化学反应的结果是生成沉淀物，这就有利于水环境和大气环境的净化。

生物净化过程　有两个主要方面：①陆地生物区系在环境中的自净作用是将有毒有害的污染物分解转化为无害的物质。包括植物对大气污染物的净化作用和土壤－植物系统对土壤污染物的净化作用。植物叶片可以吸收二氧化碳，放出氧气，维持人类的生存和环境中氧气的平衡；同时叶片还能滞留空气中的飘尘，某些植物在本身具有的抗性范围内，通过吸收作用可以降低空气中的二氧化硫、氟化氢、氯气等有害气体的含量。植物还可以从土壤中吸收酚、氰等有毒污染物，并在自己身体内转化为酚糖苷和氰糖苷等。陆地生物区系的科属、环境的水热条件和供氧条件是影响生物净化的因素。在温度、养分、湿度和供氧良好的情况下，陆地生物的净化作用可以是很强的。②淡水生物区系的净化作用较强。河流、湖泊、水库等淡水水体中生活着细菌、真菌、藻类、水草、原生动物、贝类、昆虫幼虫、鱼类等生物，它们会对进入水体中的污染物产生较强的净化作用。当污染物进入水体后，就开始氧化分解过程。氧化分解可分三个阶段进行。第一阶段是易氧化的有机化合物的化学氧化分解，这个阶段在几小时内就可以完成；第二阶段是有机物质在微生物作用下的生物氧化分解，这个阶段随温度、有机物的浓度、微生物的种群和数量的不同而有不同，一般要延续几天的时间；第三阶段是含氮有机物的硝化过程，这个阶段最慢，一般要延续一个月的时间。进入水体中的有机污染物，其氧化分解过程的强度有很大不同，主要视水体中溶解氧的多少而定。通常以五日生化需氧量（BOD_5）和化学需氧量（COD）这两个参数作为衡量水体中生物降解有机污染物的综合指标。

环论 ring theory 研究一类具有两个二元运算（加法与乘法）的代数结构的理论。代数学中应用广泛的重要分支。这种代数结构称为环，它对加法是一个交换群，乘法对加法有分配律。最常用的环对乘法又满足结合律，称为结合环（如整数环$\mathbf{Z}$、$[0,1]$上的实连续函数环以及实（复）n阶矩阵环$\mathbf{R}^{n\times n}$（$\mathbf{C}^{n\times n}$））。非结合环有两个重要类型：满足$a^2=0$与雅可比恒等式$(ab)c+(bc)a+(ca)b=0$的李环与乘法满足交换律与$[(aa)b]a=(aa)(ba)$的若尔当环。对乘法同时满足交换律与结合律的环又称交换环。研究交换环（通常还要求它们有乘法单位元1，使$1a=a1=a$）的理论称为交换环论（与交换代数密不可分），在代数几何、数论及其他数学分支中有重要应用。

设环R的一个非空子集S对R的加法成交换群且$RS\subseteq S$（$SR\subseteq S$），则称S为R的左（右）理想。S同时为R的左、右理想时，称S为R的理想。对（左、右）理想不存在无穷升（降）链$S_1\subsetneq S_2\subsetneq\cdots\subsetneq S_n\subsetneq\cdots$（$S_1\supsetneq S_2\supsetneq\cdots S_n\supsetneq\cdots$）的环又称（左、右）诺特环（阿廷环）。在环$R$的理想$P$满足"$P\neq R$且对$R$的任意理想$A$，$B$，$AB\subseteq P$时必有$A\subseteq P$或$B\subseteq P$"时，称$P$为$R$的素理想；$P$满足"$P\neq R$且不存在$R$的理想$N$使得$P\subsetneq N\subsetneq R$"时，称为$R$的极大理想。用拓扑工具研究交换环的素理想集（素谱）与极大理想集（极大谱）已成为交换环论中的重要方法。

环之间保持加法与乘法运算的映射称为环同态。若环同态还是一一对应，则称为同构。具有同构映射的两环称为同构的，即它们具有相同的环性质，可不加区别。利用同态也常能沟通两环的一些性质。对环R的任意理想N与$a\in R$，称$a+N$为以a为代表元的陪集。可定义加法$(a+N)+(b+N)=(a+b)N$与乘法$(a+N)(b+N)=ab+N$，所得的环记为R/N，称为R关于N的商环（剩余类环）。使$a\mapsto a+N$得到的环同态$\pi:R\to R/N$称为自然同态。当R不存在理想的无穷升（降）链时，R/N也同样如此。

幂零元（有正整数n使n次幂为0的元素）及幂等元（平方仍等于自己的元素）的研究在环论中有重要应用。幂零元的研究与环的根论有密切关系（最重要的根类为雅各布森根）；幂等元的研究借助于孙子定理可将环R分解为直积（直和）：$R=R_1\oplus R_2\oplus\cdots\oplus R_n$，研究这些$R_j\ (j=1,\cdots,n)$常比研究$R$容易且这些$R_j$的共有性质常可传到$R$。比如，所有$R_j$都是阿廷环等价于$R$是阿廷环。

环论的起源可追溯到19世纪关于实数域的扩张及其分类的研究，交换环论则起源于数论中关于费马问题以及代数几何中关于曲线与曲面的研究。在环论的发展过程中，1907年J.H.M.韦德伯恩关于域上代数结构的研究，1927年E.阿廷将域上的代数结构推广到阿廷环，20世纪40年代环的根论（尤其是雅各布森根与半单环以至本原环的理论）的迅速发展，1958年A.W.哥尔迪对于诺特环得到系统结果等，起到了关键性的作用。20世纪50年代起，同调代数学在环论中日渐广泛的应用更使环论向更深层次活跃地发展。

环太平洋地震带 circum-Pacific, seismic zone of the 地震主要分布在太平洋周围各地区，主要是岛弧－海沟系和安第斯型大陆边缘。这里既有浅源地震，也有中源和深源地震。震源深度从大洋一侧向大陆逐渐加深，形成一个连续的倾斜的震源层，称贝尼奥夫带或和达清夫－贝尼奥夫带。这个地震带所释放的地震能量约占全球释放总能量的75%～80%。中国的台湾省属于环太平洋地震带，地震活动强烈。

环戊二烯 cyclopentadiene 化学活性很高的不饱和脂环烃，分子式C_5H_6。存在于煤焦油中。石油馏分如石脑油或瓦斯油裂解时，也生成环戊二烯。无色有强烈刺激性液体。熔点－97.2℃，沸点40℃。环戊二烯在室温下聚合，生成二聚环戊二烯（又称双环戊二烯），工业品也是二聚体。双环戊二烯在100℃以上聚合，生成三聚体、四聚体。二聚环戊二烯熔点33.6℃，沸点170℃(分

环戊二烯　二聚环戊二烯　三聚环戊二烯

解)。二聚环戊二烯加热时部分分解成环戊二烯。因此，在常压下蒸馏二聚环戊二烯时，若分馏柱顶上的温度保持在41～42℃，即可安全转变为环戊二烯。环戊二烯是化学活性很高的共轭二烯，容易与不饱和化合物发生反应，生成数目众多的环状化合物。环戊二烯可合成不同牌号的石油树脂，并用于印刷油墨和胶黏剂。还可用于生产农药和阻燃剂等。

环氧丙烷 propylene oxide 环氧乙烷的同系物，分子式C_3H_6O。

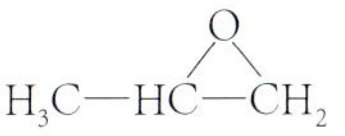

又称氧化丙烯。无色易燃液体；沸点34.3℃，相对密度0.859(0/4℃)；以一定的比例溶于水（40.5%，20℃），也溶于乙醇、乙醚等有机溶剂；与空气形成爆炸混合物，爆炸极限为2.7%～37%（体积）。环氧丙烷与多元醇反应，聚合成为聚丙醚。环氧丙烷可由丙烯经邻氯丙醇，通过氢氧化钾脱去氯化氢闭环制备；也可直接用过酸氧化丙烯生产。环氧丙烷是生产丙二醇、聚酯纤维的原料，还用于制取非离子表面活性剂、破乳剂，也可用作消毒剂和溶剂。

环氧化反应 epoxidation reaction 烯键氧化形成氧杂三元环的反应。工业上，乙烯在银催化下用空气直接氧化生产环氧乙烷：

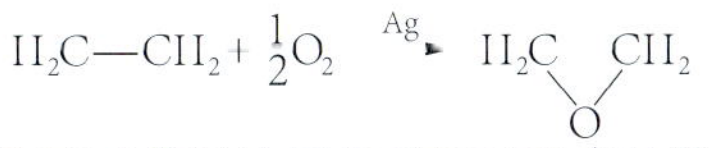

烯烃还可用氢过氧化烃ROOH或过酸氧化。过酸氧化烯烃是亲电环加成，带有吸电子基的过酸活性较高。几种过酸的环氧化速率次序是：过三氟乙酸CF_3CO_3H>过甲酸HCO_3H>过乙酸CH_3CO_3H>过苯甲酸$C_6H_5CO_3H$，其中以过苯甲酸和过乙酸最为常用。α,β-不饱和酮（包括醌）或醛常用碱性过氧化氢代替过酸进行环氧化：

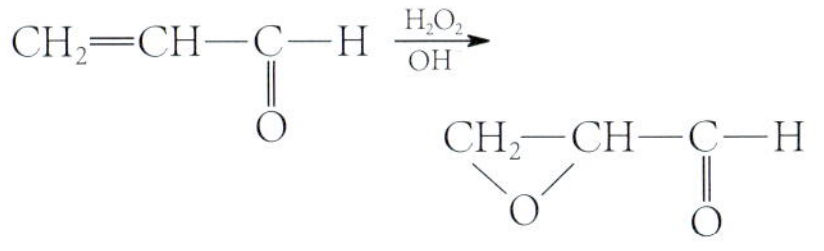

此外，可用间接方法，将β-氯代醇用碱处理，发生分子内亲核取代反应，脱去氯化氢而闭环生成氧杂三元环。

环氧树脂 epoxy resin 分子结构中至少含有两个环氧基团的单体（或其预聚物）与固化剂反应所形成的热固性合成树脂。英文缩写EP。品种很多，其中双酚A型树脂是主要品种。环氧树脂是一类综合性能优良的多品级树脂，黏合性强；收缩性低；可选用不同的固化剂、改性剂、填料以获得

不同性能；操作性能良好，多数树脂可以在室温下操作；电性能、力学性能、耐化学药品性能均优良。在机械、电子、建筑、化工等工业部门广泛用作涂料、浇铸品、模塑件和胶黏剂等。

环氧乙烷 ethylene oxide 含有一个氧杂

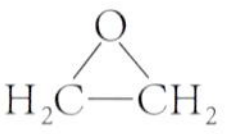

原子的三元杂环化合物，分子式C_2H_4O。又称氧化乙烯。无色易燃气体；熔点-111℃，沸点13.2℃（746毫米汞柱），相对密度0.882 4（10/10℃）；溶于水和乙醇、乙醚等有机溶剂。应储存于钢瓶内。化学性质非常活泼，能与许多亲核试剂，如水、醇和胺等作用，开环生成相应的乙二醇、醇醚和羟基胺等。工业上由乙烯通过银催化剂的催化氧化法生产。环氧乙烷是一个非常重要的原料和合成试剂，是工业生产乙二醇的原料。它还可用作食物的熏蒸剂和材料的气体杀菌剂。

桓宽 Huan Kuan 中国西汉时大臣。字次公，汝南（今河南上蔡）人。治《公羊春秋》，博通善属文。宣帝时，举为郎，官至庐江太守丞。汉朝自武帝起，大搞统制经济，用桑弘羊之说，设榷酤（酒官卖）盐铁（盐铁官卖）之法。汉昭帝时，召集天下贤良、文学60多人开会，辩论得失。最后由倾向儒家的桓宽编成纪录，成《盐铁论》60卷。

桓温 Huan Wen (312～373) 中国东晋大将。字元子。东晋谯国龙亢（今安徽怀远西北）人。娶明帝女南康公主为妻，拜驸马都尉。曾率军三次北伐，志在收复中原，以代晋称帝。

偏安江南的东晋朝廷尽力牵制和阻挠主张北伐者。永和二年（346），桓温乘成汉政权腐败，人心涣散之际，率军沿江直上，次年，平定蜀地。五年，北方再度混乱，桓温多次请求乘机北伐，六年，朝廷以扬州刺史殷浩为中军将军、都督扬、豫、徐、兖、青5州诸军事，委以北伐重任，企图以此对抗桓温。九年，殷浩大败而回，免为庶人，内外大权遂集于桓温一身。十年二月，桓温第一次北伐前秦。四月，桓温在今陕西蓝田击败前秦派来堵截的数万大军，前秦主苻健以数千人退守长安。但桓温未乘胜进攻长安，而是坐待敌军自溃，终因军粮不继而于六月被迫撤退。十二年七月，桓温第二次自江陵北伐，八月，大败羌族豪酋姚襄的军队，收复洛阳。隆和元年（362），桓温建议迁都洛阳，主张永嘉以来流播的北人全部迁回河南。南下士族纷纷反对。东晋大臣相互猜忌和牵制，力量内耗，给前燕可乘之机。洛阳终于被前燕占领。兴宁元年（363），桓温已进位大司马、都督中外诸军事。为了树立更高的威望以便代晋，决定北伐前燕。四月，桓温率步骑自姑孰（今安徽当涂）出发，仅数月，就以惨败告终。太和六年（371），桓温废帝奕为东海王（即海西公），改立简文帝，自己以大司马镇姑孰专擅朝政。次年，简文帝死，桓温要求加九锡，作代晋的图谋，但不久即病死，由其弟桓冲代领其众。

桓玄 Huan Xuan (369～404) 中国东晋末权臣。字敬道，一名灵宝。谯国龙亢（今安徽怀远西北）人。桓温子，袭爵南郡公。初拜太子洗马，太元二十年(395)任义兴太守，后弃官居江陵。隆安二年（398），受命为广州刺史，不就职，与南兖州刺史王恭、荆州刺史殷仲堪等起兵，反对执政的司马道子父子。朝廷任为江州刺史，以求妥协。复击走殷仲堪，夺取荆州。隆安三年，领荆、江二州刺史，都督荆、江等八州诸军事，控制长江中游地区，与朝廷相对抗。元兴元年（402），司马元显讨伐桓玄，桓玄亦举兵东下，攻入建康，杀元显父子，专擅朝政。二年底代晋自立，国号楚，年号建始，旋改永始。次年北府兵旧将刘裕、刘毅等起兵征讨，桓玄败退江陵，为部将所杀。

《寰宇通志》 *Comprehensive Geography of Great Ming Empire* 中国明朝官修地理总志。永乐十六年（1418），夏原吉等受命纂修《天下郡县志》，书未成。景泰五年（1454）七月，为继成此业，复遣进士王重等29人分行全国各地，博采有关舆地事迹，又命陈循、高偲、王文等总裁纂修。七年五月书成。共119卷。该书所载景泰时的政区，为以后的《大明一统志》、《明会典》、《明史》所不载。编制分类也较过去的地理总志详细，各府、直隶州均分为建置沿革、郡名、山川、形胜、风俗、土产等几十个门类，逐项介绍。该书体例完善，采摭详富，但所载政区亦有疏漏。另外历代总志多列户口之数，而该书详列科甲，不列户口，为欠缺之处。该书修成后，适夺门之变事发，景泰帝退位，未能颁行。天顺二年（1458），明英宗朱祁镇命李贤、彭时等重编《大明一统志》。《一统志》颁行后，《寰宇通志》即遭毁版，流传甚少。1947年，郑振铎将其收入《玄览堂丛书续集》印行。

缓步动物 Tardigrada 动物界缓步动物门动物的统称。全世界有5目15科52属，共计600余种。此门动物下分为异缓步纲、中缓步纲和真缓步纲。①异缓步纲。头部都有成对的感觉附器——前触须和侧触须，咽部几丁质板呈纵线状，每腿有4个形状相似而又彼此分开的爪或盘，通常半水生或海水生。②中缓步纲。头部具有侧触须，每腿有6个大小不等的爪，仅有一目一科一属一种，在日本云仙温泉里发现。③真缓步纲。头部没有成对的感觉附器——前触须和侧触须，体表没有角皮背甲板，每腿有两个双分叉的爪，通常淡水生或半水生。由于在生物学考察中多见缓步动物，它们可以作为研究物种多样性、资源调查以及环境质量评价的对象。

缓冲溶液 buffer solution 被稀释或加入少量酸或碱时，能保持其氢离子浓度基本不变（通常指pH改变小于0.1）的溶液。它们可以是浓度相近的弱酸及其盐（如乙酸-乙酸钠）、多元弱酸的酸式盐及其次级盐（如磷酸二氢钠-磷酸一氢钠）、弱碱及其盐（如氨水-氯化铵）组成的溶液。现以乙酸-乙酸钠（$CH_3COOH - CH_3COONa$）溶液为例说明其缓冲作用。在此溶液中乙酸存在下列电离平衡：

$$CH_3COOH \rightleftharpoons CH_3COO^- + H^+$$

而CH_3COONa在溶液中完全电离，因CH_3COO^-的同离子效应降低了CH_3COOH的电离度，使溶液中CH_3COOH和CH_3COO^-浓度都处于较大的状态。若往其中加入少量强酸，H^+和CH_3COO^-结合成CH_3COOH，平衡向左移动，H^+的浓度不会明显增大；若加入少量强碱，OH^-和CH_3COOH结合，溶液中H^+浓度也改变不大。许多化学反应及人体内的生化反应都需要在缓冲溶液的帮助下维持一定的酸碱度才能正常进行。例如人体血液中有碳酸-碳酸氢盐、磷酸二氢盐-磷酸一氢盐组成的缓冲对，严格控制着酸碱平衡，使血液的pH保持在7.4左右。

缓蚀剂 corrosion inhibitor 加入少量于腐蚀介质中，即能明显减缓或防止金属腐蚀的物质。又称阻蚀剂或腐蚀抑制剂。根据作用机理分为三类：①阳极型缓蚀剂。通过增加阳极极化来减小腐蚀电流，常用的有铬酸盐、亚硝酸盐、苯甲酸盐等。缓蚀剂加入量要适当，如用量不足，反而会加速腐蚀，因此阳极型缓蚀剂又有“危险型缓蚀剂”之称。②阴极型缓蚀剂。通过增加阴极极化来减小腐蚀电流，常用的阴极型缓蚀剂有酸式碳酸盐、硫酸锌、砷离子、锑离子等，又称安全型缓蚀剂。③混合型缓蚀剂。对阳极过程和阴极过程同时起抑制作用，如含氮、含硫的有机化合物、生物碱等。缓蚀剂的缓蚀效率与它的使用浓度以及介质的pH、温度、流速等有关，因此应根据被保护的对象及环境条件严格选择。既要有高的缓蚀效率，又要保证不造成环境污染。

缓释肥料 slow-release fertilizer 溶解度低或养分释放缓慢、肥效持久的一类化学肥料。又称长效肥。以氮肥居多。控制缓释肥料的养分释放速率与某种作物的养分吸收速率相近或一致，可提高肥料的利用率，减少损失。

通常分为：①合成缓溶性有机氮肥。由尿素与甲醛或乙醛等有机物直接反应而成。主要品种为脲醛肥料，如脲甲醛、脲乙醛和异丁叉二脲等。含氮量31%～35%。②合成缓溶性无机肥。以磷酸镁铵为主，为白色固体，约含氮9.02%、磷11.95%、镁15.65%，溶解度很低，在土壤中主要靠微生物分解。③包膜肥料。肥料颗粒表面包有一层半透性或不透性（难溶性）膜状物以减缓养分释放速度。④添加抑制剂肥料。在尿素中添加脲酶抑制剂，或在铵态氮肥中添加硝化抑制剂，以延缓尿素水解和铵态氮转化为硝态氮的速率，达到延长肥效的目的。除上述各类缓释肥外，尚有缓释磷肥和缓释钾肥。

缓释肥料施用的特点，一是多用作基肥，施用一次可满足作物整个生长期对营养的要求而无须追肥，既可节省劳力又可解决作物生长后期追肥不便的困难；二是在施用量过大时，不易使作物发生烧苗、徒长、倒伏等现象。但缓释肥料生产成本较高，售价昂贵，推广应用受到一定限制。

缓刑 probation 对于被判处短期剥夺自由刑的犯罪人，附有一定条件，暂缓执行刑罚或不执行原判刑罚的制度。

缓刑不同于暂予监外执行。监外执行是因犯罪人患有严重疾病需要保外就医或生活不能自理或怀孕哺乳等情况，对其刑罚可暂予监外执行。需要监外执行的情况消失后，犯罪人刑期未满的，仍应及时收监执行。

《中华人民共和国刑法》规定，缓刑适用于被判处拘役、3年以下有期徒刑，根据犯罪情节和悔罪表现，确认暂缓执行刑罚不致再危害社会的犯罪分子。如被宣告缓刑的犯罪分子同时又被判处附加刑的，附加刑仍须执行。缓刑不适用于累犯。关于缓刑的考验期限，拘役刑为原判刑期以上1年以下，但不能少于2个月；有期徒刑为原判刑期以上5年以下，但不能少于1年。

被宣告缓刑的犯罪分子在考验期间必须做到：①遵守法律、行政法规，服从监督。②按照考察机关的规定报告自己的活动情况。③遵守考察机关关于会客的规定。④离开所居住的市、县或者迁居，应当报经考察机关批准。

被宣告缓刑的犯罪分子缓刑考验期满，原判刑罚不再执行，并公开予以宣告。考验期内如犯新罪或被发现有漏罪，则撤销缓刑，数罪并罚；有严重违法情形的，也撤销缓刑，执行原判刑罚。

中国《刑法》第449条还规定了战时缓刑制度："在战时，对被判处3年以下有期徒刑没有现实危险宣告缓刑的犯罪军人，允许其戴罪立功，确有立功表现时，可以撤销原判刑罚，不以犯罪论处。"

幻灯机 epidiascope 可将图片或物体用光源均匀照明后，经放映物镜成像在屏幕上的投影仪器。幻灯机的光学部分由照明系统和放映物镜组成，而照明系统则包括光源和聚光镜两部分。来自光源的强光经聚光镜后均匀照亮幻灯片，并由放映物镜成像。依据照明方式不同，幻灯机分为透射式和反射式两类。前者用于放映透明底片，后者则可放映不透明的图片、文件等。一些幻灯机兼有透射和反射两种放映功能。图为透射式幻灯机的示意图。

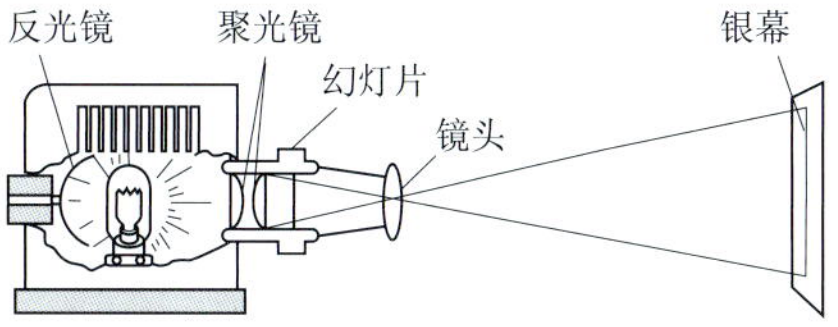

透射式幻灯机示意图

借助电子技术的自动幻灯机可配录音机，以磁带发出的信号控制换片结构，使画面与解说同步。若再配以有线控制或无线遥控部件，则可进行远距离的物镜调焦或自动换片，使用更加方便。

幻觉 hallucination 没有相应的客观刺激的情况下出现的主观知觉体验。患者对幻觉的感受常常是生动逼真的，并因此引起情感和行为反应，如喜、怒、惊、忧、逃避乃至攻击别人。除少数例外，绝大多数幻觉被认为是精神病性症状，可见于各种不同的精神病。

根据感官，幻觉可分为：①幻听。听到各种声音，由单调的音响到复杂的语声。②幻视。看到各种形象，如动物、猛兽、人物和场面。③幻嗅。闻到各种特殊气味，如异香、异臭、烧焦的皮肉、血腥味等。④幻味。患者进食或饮水时尝到特殊味道。⑤幻触。感到皮肤黏膜有虫爬、电击、火灼、手挠等异常感觉。⑥本体幻觉。包括内脏幻觉和运动幻觉等。

幻觉不是感官和周围感觉神经的障碍，而是感觉中枢某种程度的兴奋所致，原因尚不清楚。

《幻灭》 *Illusions Perdues* 法国小说。H.de巴尔扎克写于1837～1843年。小说深刻反映了复辟王朝时期尖锐的阶级对立和党派斗争，描写了经济领域的自由竞争和吞并现象。

幻想 fantasy 一种指向未来的有意想象，并且与个人的愿望相结合，表现为一个人对未来的憧憬。

幻想曲 fantasia 形式自由洒脱、乐思浮想联翩的器乐曲。16～17世纪的幻想曲常由弦乐器或键盘乐器演奏，多用复调手法自由发展主题。其后，幻想曲常作为赋格曲和奏鸣曲的前奏，与结构严谨的赋格曲和奏鸣曲形成对比。此外，幻想曲也用作独立的器乐曲，性质类似随想曲，如W.A.莫扎特的d小调和c小调钢琴幻想曲，F.F.肖邦、R.舒曼等人的钢琴幻想曲常表现如梦的意境。

"幻影"2000战斗机 Mirage 2000 fighter 法国达索飞机制造公司研制的单座单发超声速多用途战斗机。主要用于防空截击和制空作战，也可用于对地攻击、近距空中支援和侦察等。1978年3月10日首飞，1983年交付使用。载弹品种多、数量大、火力强，法国20世纪80年代中期以后的主力战斗机。有C、B、N、D、2000-5等型号。除装备法国空军外，还向国外出口。

"幻影"2000C战斗机为单人座舱，机长14.36米，翼展9.13米。动力装置为1台M53-P2涡轮风扇发动机，最大平飞速度（高空）2 340千米/时，巡航速度马赫数0.9，实用升限16 000米。作战航程625～1 852千米，转场航程3 900千米。起飞滑跑距离460米，着陆滑跑距离640米。机载设备有RDI脉冲多普勒雷达、惯性导航系统、中央数字计算机、平视和下视显示器等。武器配备有"德发"554航炮、空空导弹，或多种空对地导弹、火箭弹及炸弹等。最大外挂质量6 300千克。"幻影"2000-5为多用途改进型战斗机。配装RDY多功能雷达、中央数据处理系统和平显设备，可携带4～6枚"米卡"空空导弹，具有多目标跟踪和攻击能力。

宦官 eunuch 中国古代从事君主及其家族生活服务以及宫廷警卫、诏令传达、监视臣下等活动的阉割的男子。有些国家（如古希腊、罗马、奥斯曼帝国等）历史上也有使用阉人的情形，但影响不大。中国的宦官势力曾在历史上产生过深远的影响。

宦官在史书上有阉宦、阉人、中人、内臣、刑臣、太监、公公等多种称谓，主要来自因罪被处宫刑者、自愿阉割进宫者、自宫者、阉割的战俘及被拐卖人口等。设置宦官的直接目的是因为既要有人服侍君主及其众多后妃等皇室成员，又要确保君主对宫中女性的独占和皇家血统的纯洁性。有关宦官的记载始见于周代的《诗经》和《周礼》。在中国的皇位嫡长子继承制度下，往往选立幼儿、弱智、昏庸之辈登上皇位，造成事实上的权力真空，这就很容易使活动于皇帝身边、担负联系皇帝和大臣重任的宦官势力乘虚而入，窃弄威柄。加上皇帝以一人专制天下，对外廷官员"举无可信"，而宦官则没有后代，社会地位极其低贱，君主往往更愿意委政于这些家奴，从春秋战国至明末，宦官专政之祸防不胜防。

宦官由于自身生理畸形、地位卑贱而极易产生病态的补偿报复心理，加之他们缺少文化教养和必要的权力合法性资源，宦官干政、专权之时，往往就是历史上矛盾最尖锐、政治统治最黑暗的时期。

换汇 switching 在外汇市场上买进或卖出即期外汇，同时又卖出或买进同种货币的远期外汇的做法。见掉期。

浣熊 Procyonidae; raccoon 食肉目浣熊科动物的统称。因进食前总是先把食物浸入水中，然后食用得名。共6属18种，分布于南北美洲，只有小熊猫一种单独分布于亚洲。体长65～75厘米，尾长25厘米，体重7～9千克；全身毛色为灰棕色混杂，面部有黑色眼斑；尾部有多条黑白相间的环纹；裂齿和臼齿的形状与熊类相似。取食各种果、菜、鱼、蛙、鼠、小鸟和昆虫等。

白天蜷伏窝内，夜间出来觅食。喜在溪边、河谷的近水处捕食鱼、虾和昆虫。亦喜上树，以树洞为窝。妊娠期65～70日，春季产仔，每胎4～5只。在北方寒冷地区有冬眠习惯。

荒诞派戏剧 absurd theatre 现代戏剧流派之一。兴起于法国。荒诞派戏剧的哲学基础是存在主义，否认人类存在的意义，认为人与人根本无法沟通，世界对人类是冷酷的、不可理解的。他们对人类社会失去了信心，这正是第二次世界大战后西方知识分子对现实的一种感受。荒诞派戏剧在艺术上有几个特点：①反对戏剧传统，摒弃结构、语言、情节上的逻辑性、连贯性。②通常用象征、暗喻的方法表达主题。③用

《椅子》剧照

轻松的喜剧形式来表达严肃的悲剧主题。代表作品有S.贝克特的《等待戈多》(1952)、E.尤内斯库的《秃头歌女》、《椅子》，J.热内的《女仆》、《阳台》，H.品特的《一间屋子》、《生日晚会》等。

荒诞派戏剧在开始出现时受到批评界的冷遇，后在西方剧坛声名鹊起，到20世纪50～60年代曾成为一种强大的戏剧潮流，对西方剧坛影响深远。

《荒凉山庄》 *Bleak House* 英国小说家C.狄更斯所著长篇小说。最早是在1852～1853年间以小说连载的形式在杂志上发表。小说中包含数条情节线索。一条主线是大法官审理的遗产官司，另一主线是女主人公埃丝特的身世之谜。在作品的结构中起关键作用的是贫民窟的孤儿乔。狄更斯通过乔，让"被鸿沟分隔在两边"的人相遇相碰。整部小说由两个声音轮流讲述，一个用第三人称，另一个是埃丝特的第一人称叙述，两边虽无直接的交流，但所涉及的人物和情节互相交叉。小说嘲讽了英国的议会政治、政府制度以及保守党和自由党争权夺利的斗争。

荒漠 desert 陆地表面气候干旱、植被贫乏、土地贫瘠、景观荒凉的区域。通常分为干旱荒漠和寒冻荒漠。干旱荒漠形成的条件是气候的大陆性强，降水稀少，蒸发强烈，植被因缺乏水分而难以生存，主要分布在经常受副热带高压控制的南北半球15°～40°纬度范围，有7大集中分布区：北非、西南亚、亚洲中部、西南非、北美中西部、南美西南部和澳大利亚。面积5 336.7万平方千米，占世界陆地面积的1/3以上。寒冻荒漠分布在两极地附近和高海拔的高原、山地，因常年低温，水分呈固态，不能被植物利用（生理性干旱）而形成。

干旱荒漠按地面组成物质分为：岩石暴露的石质荒漠，称岩漠；砾石覆盖的砾质荒漠，称砾漠；沙子覆盖的沙质荒漠，称沙漠；泥土组成的泥质荒漠，称泥漠；盐分出露地表形成盐质荒漠，称盐漠。从成因可以把荒漠归类为：①风力作用形成的沙漠、砾漠、岩漠和风蚀地。②流水侵蚀形成的劣地和砾漠。③土壤盐渍化形成的盐漠。④低温生理性干旱形成的寒漠。

荒漠气候的突出特点是干燥无雨或少雨。有热带、亚热带和温带荒漠气候之分，多以250毫米等降水量线作为荒漠气候的上限。按平均年降水量划分为：超干旱荒漠为0～20毫米，极端干旱荒漠为20～50毫米，干旱荒漠为50～150毫米，半荒漠为150～250毫米，高温地区可达400毫米。降水和蒸发强度决定了地区气候的干旱程度，一般用干燥指数（可能蒸发量与降水量之比）来显示气候干燥的程度，分为极度干旱区（又称荒漠气候区）、干旱区和半干旱区3部分。荒漠有一些旱生、超旱生或耐盐植物生存，在极端干旱荒漠的河岸和湖岸特殊生境有适应的植物生长。荒漠与非荒漠没有明确的植被盖度界限，半干旱生境有干草原，干旱荒漠生境有荒漠草原或草原化荒漠。荒漠中在水源较充足地区会出现绿洲，具有独特的生态环境利于生活与生产。

皇甫谧 Huangfu Mi (215～282) 中国西晋文学家、医学家。字士安，幼名静。安定朝那（治今宁夏彭阳县古城镇）人。年轻时不好学，游荡无度，后感奋学习，遂博综典籍百家之言。沉静寡欲，以著述为务，自号玄晏先生。朝廷屡征不起，故称征士。患风痹，犹手不释卷，潜心钻研医学，尤以针灸方面成就最大。他总结前人成果，结合自己临证经验，写成《黄帝三部针灸甲乙经》(《针灸甲乙经》)。全书12卷128篇。是中国第一部体系较为完备的针灸专著，也是《内经》的重要古传本。他文史类著述甚丰。《晋书》本传说他所著诗、赋、诔、颂、论、难甚多，又撰述有《帝王世纪》、《年历》、《高士传》、《逸士传》、《列女传》、《玄晏春秋》等。《隋书·经籍志》著录有集2卷。今仅存《高士传》及后人所辑《帝王世纪》。《帝王世纪》宋以后已佚，今存世以清宋翔凤集校本较为详备。此书上起三皇，下迄汉魏，专述帝王世系、年代及事迹，多采经传图纬及诸子杂书，史事多出《史记》、两《汉书》以外，足为研究古史之参考。另有10余篇文章，载严可均《全上古三代秦汉三国六朝文》，又有佚诗2首，载逯钦立《先秦汉魏晋南北朝诗》。

皇甫湜 Huangfu Shi (777～835) 中国唐代散文家。字持正。睦州新安（今浙江建德）人。元和元年(806)进士，历陆浑县尉、工部郎中、东都判官等职。他与李翱都是韩愈的学生，与韩处于师友之间。李翱发展了韩文平易的一面；皇甫湜则发展了韩文奇崛的一面。皇甫湜在阐述韩愈反对因袭、主张独创的理论时说："夫意新则异于常，异于常则怪矣；词高则出于众，出于众则奇矣。"今传《皇甫持正文集》6卷，文30多篇。

皇姑屯事件 Huanggu Village Incident 1928年6月4日日本关东军在皇姑屯制造的爆炸

张作霖所乘列车在皇姑屯被炸现场

张作霖专列的事件。张作霖本是日本长期扶植的对象，后因“满蒙五路”修筑问题与日讨价还价，引起日本强烈不满。特别是南京国民政府发动“二次北伐”，日本为维护自己在东三省的特殊权益，强令其撤离京津，退守关外后，张不仅当面向日本公使表示“严词拒绝”，且发表书面声明，提出严重抗议，更激起了日本军方的愤怒。关东军司令官村冈长太郎决心尽快除掉张作霖。1928年6月2日，张作霖迫于战事失利，不得不发表“出关通电”，给村冈的暗杀图谋提供了最佳机遇。村冈派人最后选定皇姑屯以东约1 000米处的京奉路与南满路交叉点作为炸车地点。3日凌晨，张作霖等登上开往奉天的专列。4日5时30分，列车驶至皇姑屯关东军预埋炸药处，随着一声巨响，黑龙江督军吴俊陞当场被炸死，张作霖身受重伤，急送奉天抢救无效，于9时30分身亡。日本为掩盖真相，伪造证据，诬指为中国“南方便衣队”所为。

皇后 empress 中国古代对皇帝正妻的称呼，是主持宫中大计的正宫娘娘，对治理皇家事务和协调后宫妃嫔之间的关系负有主要职责。皇后之名，始于秦朝。汉高祖建立汉朝后，沿袭秦的称号，尊其妻吕氏为后，后为历代所沿称。在中国历史上，大凡创业之君或年富力强、奋发有为之主，一般而言都有一个贤惠的皇后从旁辅佐，有利于国家的发展和繁荣，如宋英宗的高皇后、明太祖的马皇后，她们的事迹也为千古所称道；但当皇帝昏耄、不理国政，或嗣君年幼、无能的时候，皇后就有可能乘虚而入，拨弄权柄，干出种种危害国家的罪恶活动，如吕后在汉高祖死后，惠帝软弱无能时，乘机揽权，打击刘氏家族和正直大臣，最后导致“诸吕”叛乱，使汉王朝一度岌岌可危。

万历皇帝孝靖皇后凤冠（北京定陵出土）

皇家戏剧艺术学院 Royal Academy of Dramatic Art 英国由国家资助的最古老的戏剧学校。位于伦敦。1904年由演员兼导演H.B.特里爵士创建。1905年迁入高尔大街，取名戏剧艺术学院。由当时一批著名的戏剧家组成一个管理委员会管理。1909～1957年，K.巴恩斯爵士担任院长，促进了学院的发展。1920年学院被冠以现名。在学院百年历史中，培养了大批享誉世界的著名戏剧家，如A.J.吉尔古德、J.利特伍德等，剧作家H.品特也曾在学院学习。1924年起，学院接受政府年度津贴。这为以后的戏剧学校开了先例。

皇历 tradition almanac in China 中国古代民间普遍使用的历书。每年岁末由朝廷钦天监颁布，故称。又以用黄纸印刷，俗谓黄历。以预报农时月令、时日吉凶为主。以黄道日、黑道日逐日依序标示。标有危、定、执、成、开等字样者为黄道日，标有建、满、平、破、收者为黑道日。黄道吉日，万事顺利；黑道凶日，诸事不宜。出行、动土、求财、置业，甚至洗澡、理发、剪指甲等都有特定时日。民间每春得新书，必先研检讨论几龙治水和芒神的预兆，再按节令标示备耕、开犁、播种。后世皇历，曾增刊农业耕作技术、急病救治汤头歌、节令习俗、星象、农谚、春联，以及《治家格言》、《百家姓》和《三字经》、《千家诗》等历史、宗教、文化、科普内容。皇历曾是一部实用价值很高的农耕普及型小百科全书。中华民国时期仍由有关部门刊布、编印、发行，1949年中华人民共和国建立后废止。

皇南大冢 Large Tomb at Hwangnam-dong 新罗时期最大的王陵。又称皇南洞98号坟。位于韩国庆尚北道庆州市皇南洞。1973～1975年发掘。埋葬于5世纪，墓主可能为奈勿麻立干王和王妃，或讷祇麻立干王和王妃。坟丘南北相连呈瓢形，南北114米，东西82米。为积石木椁墓。墓底铺满卵石，其上建造木结构的主椁和副椁，椁上和周围堆积卵石以防盗掘，最后覆盖封土，形制同中国的封土墓，但以石块包盖木椁的做法受高句丽和西伯利亚积石冢的影响。南坟的建造早于北坟，主椁内有棺和随葬品箱。墓主戴着鎏金铜冠、颈饰，腰佩鎏金铜腰带和环头大刀。随葬品箱中有金冠、银冠及武器。副椁内随葬有圆底壶等陶器、铁镞等铁器以及鞍等马具。北坟在单椁内置棺。棺和随葬品箱中有金冠、颈饰、带铐等佩戴饰物，玻璃器和陶器，环头大刀等武器。椁的上部还出土了耳饰、珠、马具、陶器等。与南坟相比，北坟多装饰品而少武器，据金属带饰上的“夫人带”铭文可知，北坟为夫人墓。

皇史宬 Imperial Archives of Ming and Qing Dynasties 中国明清时期的皇家档案库。位于今北京南池子大街。始建于明嘉靖十三年（1534），为中国保存最完好的古代档案库。初建时，命名神御阁，拟藏历代帝王画像、实录、圣训；建成后，更名为皇史宬，收藏圣训、实录，帝王画像则另由景神殿庋藏。总面积8 460余平方米。除收藏实录、圣训外，还收藏明清两代玉牒、《永乐大典》副本、《大清会典》、题本的副本、《朔漠方略》以及各将军印信等。明代由司礼监管理。清代由内阁满本房掌管收藏事宜，另设守尉3人，守吏16人，负责守卫和管理。

1900年，八国联军侵占北京并进驻皇史宬，建筑、设备及所藏蒙受很大损坏。中华人民共和国建立后，几经修缮，1982年被列为全国重点文物保护单位，由中国第一历史档案馆管理和使用。

皇史宬正殿外景

皇太极 Huang Taiji（1592-11-28～1643-09-21） 中国后金第二代君主，清朝创建者。见清太宗皇太极。

《皇舆全览图》 *Atlas of the Chinese Empire* 中国第一幅绘有经纬网的全国地图。由清康熙皇帝亲自主持并聘请西洋传教士经过经纬度测量绘制而成。测绘从康熙四十七年（1708）正式开始，至五十七年基本告成，其范围之广，内容之精详，超过了以往任何中国地图。康熙五十六年曾出木刻版《皇舆全览图》，有总图1幅，分省图和地区图28幅，唯西藏及蒙古极西地方多空白。康熙六十年再次刊印，总图已详绘有西藏和蒙古极西地方，分省图和地区图增至32幅，其范围东北至萨哈林岛（库页岛），东南至台湾，北至白喀尔鄂博（贝加尔湖），南至海南岛，西北至衣里必拉（伊犁河），西南至拉打克河屯（列城）以西。在西藏边境还标注出朱母朗马阿林（珠穆朗玛峰）。图上以通过北京的经线为中经线，经纬网用桑逊投影法（即伪圆柱等面积投影）。康熙五十八年还印行过铜版图，以纬差8°为1排，共分8排，41幅。比例尺为1∶140万。这种以经纬度分幅的方法在中国是第一次。铜版图的范围与康熙六十年木刻版大致相同，但在文字记注上则是内地各省注汉字，东北和蒙藏地区注满文，故后人又题名为《满汉合璧清内府一统舆地秘图》。

《皇舆全览图》在中国地图发展史上具有划时代的意义，自清中叶至中华民国初年国内外出版的各种中国地图基本上都渊源于此图。

皇泽寺摩崖造像 Cliffside Sculptures at Huangze Temple 中国佛教**石窟**。位于四川广元城西嘉陵江西岸的乌龙山麓。旧名乌奴寺，因武则天出生于广元，改名为皇泽寺。石窟位于寺院后临江绝壁上，始凿于南北朝，隋、唐、宋等朝代续有开凿。现有龛窟50多个，造像1 203尊。1961年国务院公布为全国重点文物保护单位。

皇泽寺摩崖造像中心柱窟内景

洞窟主要有中心柱窟、大佛窟、五佛亭和则天殿等。中心柱窟为北朝时开凿。中心柱形体较小，有上、下两层。上部四角各雕一单层佛塔，与云冈石窟北魏第6窟中心柱相似，表现出北朝的雕刻特点。佛塔身四面各开一龛，龛内雕一佛二菩萨，造像形象与甘肃天水**麦积山石窟**北朝塑像相似。窟内三壁各凿龙首圆拱龛，属北朝样式。龛内雕一佛二弟子二菩萨，造像丰满圆润，表现出隋末初唐的风格。大佛窟是皇泽寺最大的洞窟，内雕一佛二弟子二菩萨二力士像，群像身后浮雕双树和人形化的天龙八部护法神像，形象奇伟，具有地方特色。皇泽寺地处川北，是中原通往蜀中的交通要道，早期石窟造像沿袭了北朝石窟造像的特点，反映了北朝造像对西南地区的影响。

皇庄 royal fields 皇室直接经营的庄田。中国历代皇室勋戚都占有大量土地，通称为庄田，其中拨归皇室的称皇庄，拨给王、公、勋戚的称勋贵庄田，明代称官庄，清代称宗室庄田。西汉开始有皇庄，此后一直沿袭到明清，但其内容和名称各代有些微不同。明代皇庄始建于天顺八年（1464），到正德九年（1514）扩大至3.7万多顷。皇庄主要集中在北直隶的顺天等8府，尤以顺天、保定、河间等府为最多。皇庄除皇帝庄田外，还有皇太后及皇太子庄田。清代皇室庄田约3.9万顷。皇庄土地不准买卖，其土地免田赋，其佃户多免徭役。皇庄土地来源较多，主要有原属国家官田的牧马草场地，夺还勋戚的庄田，侵占的民田，“奸民”向管庄太监投献的部分官民田地，未就藩的王府辞还地等。皇庄内部的管理人员大多由宫廷直接委派管庄太监管理，另有官校、庄头、家人等，负责收取皇庄子粒银。

黄百韬 Huang Baitao (1900～1948-11-22) 中国国民党军将领。原名新，字焕然。天津人。江苏军官教育团毕业。初在江苏省防部队任排长、连长。被奉系军阀张宗昌俘虏后，投靠奉系，升任旅长。张宗昌被蒋介石消灭后，投靠蒋介石，任国民政府军第41师师长。1938年任国民党冀察战区参谋长。1940年调任国民党政府军司令部高参。1941年任国民党第三战区参谋长。1943年升为陆军中将。1944年任国民党陆军第25军军长。解放战争时期，任国民党第7兵团司令。1948年在**淮海战役**中被击毙。

黄包车 rickshaw 人力挽拉的城镇载人交通工具。又称人力车。1874年由法国人从日本引入上海，时称东洋车。1913年将车身一律漆成黄色，故名黄包车。曾流行于中国大部分城镇，各地俗称不一：北京称洋车，广州称车仔，天津称胶皮（车轮用胶皮）。通常为椅状单座，下设两轮，两侧往前有两根长木柄，柄端以横木相连供人挽拉，有的座位上有车篷遮阳避雨。一般坐一人。载客时车夫在前拉着奔跑，有的还尾随一推车人。车夫称人力车夫、洋车夫、拉洋车的、黄包车夫或拉黄包车的。大城市内有车行，车夫向车行租车，所交租金称车份儿，个别车夫独立营业。长期受雇于固定顾客称拉包月，不固定的称拉零活。随着城市交通的发展，黄包车逐渐被脚踏三轮车、机动小三轮摩托车等所取代。20世纪80年代后，在一些城市旅游景点可见。

黄宾虹 Huang Binhong (1865-01-27～1955-03-25) 中国近现代中国画画家。初名懋质，应试改名质，字朴存，以所居潭渡村有滨虹亭，因号滨虹，后改写宾虹，中年后以号行。原籍安徽歙县西乡潭渡村，

生于浙江金华。擅长山水画，兼作花鸟画，并致力绘画史论和篆刻的研究、教学，以及中国美术遗产的发掘、整理、编纂、出版工作。

其生平可分为4个时期：①金华至歙县时期（1865～1907）。自幼攻读诗文经史，学习书画及篆刻。他临摹**浙江**、**石涛**等古人的作品，有时即景写生。1886年，应童子试，入县学，后得补岁贡生。在扬州从陈崇光学画花卉。在安庆从郑珊学山水，得“实处易，虚处难”六字诀。1895年，致函康有为、梁启超，赞成维新变法。在安徽贵池会见了谭嗣同，引为知己。1907年，被控为革命党人，被迫出走上海。②上海时期（1908～1937）。1909年，参加柳亚子发起的南社，多次发表论画谈印的文章。1911～1927年间，先后编辑《神州国光集》、《神州大观》、《历代名家书画集》、《中国名画集》等金石书画图册，任《国画月刊》编辑、商务印书馆美术部主任等职，搜集、整理、出版美术遗产。1925年，画史专著《古画微》刊行。1926年，组织金石书画艺观学会，主编《艺观》双月刊。1928年后，逐渐转向教学和绘画创作。1928～1933年多次赴广西、四川讲学作画。1934年，刊行《黄宾虹纪游画册》，发表《画法要旨》等论著。③北平时期（1937～1948）。1937年6月，应北平古物陈列所和**国立北平艺术专科学校**之聘，赴北平鉴定书画和担任教授。7月，抗日战争爆发，北平沦陷，遂杜门谢客，埋头创作和著述。这时他的山水画直追北宋，并整理历年游历的写生画稿，融化古人与造化，独创风格日益鲜明。④杭州时期（1948～1955）。1948年，应**杭州艺**

术专科学校聘请，赴杭州定居西湖栖霞岭，曾任中央美术学院华东分院（后改浙江美术学院）教授、中央美术学院国画研究所（后改为民族美术研究所）所长。1955年，当选为华东美术家协会副主席、中国人民政治协商会议第二届全国委员会委员。

黄宾虹的山水画创作道路，经历了师古人、师造化和融化古人造化形成独创风格三个阶段。

在师古人方面，他师长舍短，合众长为己有。他从明人入手，直追北宋，而以元人为归依。黄宾虹师造化，以黄山为基点，向周围扩展，一生旅行纪游画稿当以万计。

风格浑厚华滋，意境郁勃澹宕，是黄宾虹山水画的基本特点。其间，又因写景抒情和相应笔墨章法的不同而呈现出多种面貌。其笔墨，属于繁体的“黑、密、厚、重”，即积笔墨数十重，层层深厚，是他的山水画最显著的特点，也有简洁疏朗仅以墨线勾勒，或稍加淡墨渲染的减笔，即疏体。前者实中见空灵，后者虚中见雄逸。其章法，有山重水复，或层峦叠嶂，或平远千里的全景山水，也有半边一角，竹树岩泉的小景山水。其色彩，有水晕墨章，元气淋漓的水墨山水，也有丹青斑斓的青绿设色，更有色墨交辉的泼墨重彩，以及纯用线条的焦墨渴笔。

注重画论画史的研究，是黄宾虹艺术实践的组成部分。主要是：①浑厚华滋。针对清代山水画出现气格柔靡软弱的现象，他发展了前人“山川浑厚，草木华滋”的画评，简括为“浑厚华滋”4字。②主张创造。主张：“绝似又绝不似于物象者，此乃真画。”③笔墨虚实。在技法理论方面，他总结中国画用笔用墨的规律，提出平、圆、留、重、变5种笔法和浓、淡、泼、破、渍、焦、宿7种墨法。用笔贵在刚而能柔，用墨贵在淋漓而不臃肿。章法讲究虚实关系，要求实中有虚、虚中有实，守黑知白、阴阳开合，起伏回环、气脉连贯，离合参差、变化无穷。④学人画。黄宾虹论画，对文人画有具体分析。他提倡学识渊博、人品高尚、功力扎实，有创造性的学人画。认为学人画磊落大方，英华秀发，静穆渊深，为画正格。

《万松烟霭》

出版有山水、花鸟画册多种，《黄宾虹文集》6卷。

黄秉维 Huang Bingwei（1913-02-01～2000-12-08） 中国地理学家。生于广东惠阳县（今惠州市），卒于北京。1934年中山大学地理系毕业。曾任北平地质调查所研究生，浙江大学副教授，资源委员会经济研究所专门委员、研究委员；1949年后历任南京市生产建设研究委员会副主任，华东工业部工业经济研究所副所长，中国科学院地理研究所研究员、所长、名誉所长，中国地理学会副理事长、理事长和名誉理事长。1955年当选中国科学院学部委员（院士）。1964年当选罗马尼亚科学院院士。1980年被授予英国皇家地理学会名誉通讯会员。1996年获国际地理联合会（IGU）授予的特别荣誉奖。1997年获何梁何利基金科学与技术成就奖。积极倡导和实践地理学综合研究，主张地理学面向经济建设；长期致力于中国自然环境和自然资源的综合研究，曾主持中国自然区划，主编《中国综合自然区划》；主持编制中国第一幅1∶400万黄河中游土壤侵蚀分区图和水力、风力侵蚀程度图；提出发展地理定位观测与研究，筹建中国科学院北京大屯、山东禹城等农业生态系统试验站，推动中国地理学的现代化进程；倡导、参与中国的全球变化研究，并对陆地系统科学与区域可持续发展问题进行研究。主编《中华人民共和国自然地图集》和《中国自然地理》。论著均收入《自然地理综合工作六十年——黄秉维文集》和《地理学综合研究——黄秉维文集》。

黄檗 *Phellodendron amurense*; amur cork-tree 芸香科黄檗属的一种。又称黄柏、黄波罗。分布于中国东北、华北。朝鲜半岛、日本、俄罗斯也有分布。落叶乔木；树皮灰褐色，有发达的木栓层，内皮黄色。奇数羽状复叶，对生，小叶5～13，卵状披针形，边缘有细钝锯齿，齿间有黄色透明腺点。花小，雌雄异株，聚伞圆锥花序顶生；雄花小，黄绿色；萼片5；花瓣5；雄蕊5，有退化子房；雌花萼片5；花瓣5；退化雄蕊成鳞片状；雌蕊心皮5，合生，子房上位，5室；花期5～6月。浆果状核果球形，熟时黑色，有特殊气味和苦味；种子2～5粒，半卵形，黑色；果期9～10月。生长在杂木林或沟谷中。

树皮含黄檗碱、小檗碱，味甚苦，有强力消炎、杀菌作用，在中药里有清热泻火、燥湿解毒作用。木栓层可制软木塞，内皮可制黄色染料；木材纹理美观，耐水湿和耐腐蚀，是军工、家具良材；果含甘露醇和不挥发油，可供工业和医用；种子含油7.76%，可制皂和润滑油。已被列为国家珍稀保护植物。

黄肠题凑 cypress-laths-made coffin frame-work 中国西汉帝王陵寝椁室四周用柏木枋堆垒而成的框形结构。“黄肠题凑”一名初见于《汉书·霍光传》。本是帝王陵墓中的葬具和敛具，但经朝廷特赐，勋臣贵戚也可享用。黄肠题凑由先秦墓中的木椁演变而成。“题凑”结构至迟在战国已出现，迄今在考古发掘中尚未见到。汉代黄肠题凑均发现于竖穴木椁墓中，其结构是将枋木层层平铺、叠垒而不用榫卯，枋木（或条木）与同侧墓壁垂直，由枋木端头构成墓内四壁壁面，“题凑”之名即因此种构筑方法而衍生出来。所用木料一般为柏木，木色淡黄，故称之为“黄肠”。已知年代最早的黄肠题凑墓，是河北石家庄小沿村的西汉初年（前202）赵景王张耳墓。西汉早期的长沙象鼻嘴1号墓和陡壁山曹女巽墓，黄肠题凑形制结构清晰。西汉晚期的北京大葆台汉墓1号墓，黄肠题凑属于成熟形态。到东汉，黄肠题凑葬制随大型砖室墓的流行而消失。

江苏高邮神居山1号西汉黄肠题凑木椁墓

黄巢 Huang Chao（？～884） 中国唐末农民战争领袖。曹州冤句（今山东曹县西北）人。屡举进士不第，以贩私盐为业。乾符二年（875）率众起义，五年引兵南下，六年九月攻占广州，冬天回师北伐，攻下长安。广明元年十二月十三日（881年1月16日）黄巢即位于含元殿，国号大齐，改元金统。中和三年（883）四月东撤，作战屡不利，次年兵败自杀。

黄大仙 Huang, the Grand Immortal 中国民间俗神。又称赤松大仙。一说为葛洪弟子黄野人，因其为民除害，造福乡梓，民众建黄大仙祠，世代供奉。一说为黄初平两兄弟，黄初平晋代人，号赤松子，于金华山洞中修炼成仙，后其兄黄初起亦至金华，双双成道。世人于金华山中建祠供奉，祠又名赤松观。黄大仙信仰遍传东南沿海一带，其中香港黄大仙祠香火尤盛。

黄疸 jaundice 因血中胆红素增高所致的皮肤及巩膜黄染。可见于多种疾病。新生儿可见生理性黄疸。

分类 临床上可将其分为四类。

肝细胞性黄疸 由肝实质的疾病引起，常见于传染性肝炎。血中直接胆红素和间接胆红素都增高，以前者为主。总胆红素一般不超过170微摩/升（10毫克/分升）。尿中可出现胆红素及尿胆素原。

梗阻性黄疸 由胆管梗阻所致，常见于胆石症、胆管癌或胰腺癌。血中直接胆红素常超过170～510微摩/升（10～30毫克/分升）。尿中出现胆红素，尿胆素原减少。完全梗阻性黄疸时大便呈陶土色，其中不含胆汁。

溶血性黄疸 由红细胞破坏增多所致，血中增加的主要是未结合胆红素，总胆红素量一般不超过83.5微摩/升（5毫克/分升），尿中尿胆素原增加，而无胆红素。

小儿黄疸 新生儿生后第1周可出现生理性黄疸。原因是新生儿出生后，需要自己处理过多的红细胞破坏后血红蛋白的代谢产物——未结合胆红素，但自己体内的葡萄糖醛酰转移酶至少要5～7天才成熟。新生儿还可发生溶血性黄疸。这有两种情况：一种是由于ABO或Rh血型不合，另一种是先天性6-磷酸葡萄糖脱氢酶（G-6-PD）缺乏性黄疸。

诊断 多数黄疸患者依据病史、体格检查及化验室检查即可确诊，部分患者尚需依靠B型超声检查、CT成像、内镜下逆行胰胆管造影、肝穿刺活组织检查等帮助诊断。

黄道 ecliptic 地球绕太阳公转的轨道平面与天球相交的大圆。从地球上看，黄道很接近于太阳在天球上作周年视运动的轨迹。由于地球公转受到月球和其他行星的引力作用，地球公转轨道并不是严格的平面，即在空间产生不规则的连续变化，这种变化包括多项短周期的和一项缓慢的长期运动。短周期运动可以通过一定时期内的平均加以消除，消除了周期运动的轨道平面称为瞬时平均轨道平面。黄道的严格定义是：地月系质心绕太阳公转的瞬时平均轨道平面与天球相交的大圆。黄道是天球上黄道坐标系的基圈。

黄道光 zodiacal light 日落后在西方或日出前在东方肉眼可看到的沿黄道方向延伸的微弱光锥。它主要是由行星际尘埃散射太阳光而形成的。由于裂碎的小行星残迹和瓦解的彗星遗撒微粒基本上都散布在黄道面附近，所以它们散射的太阳光也在天球黄道上，并因而得名。

黄道婆 Huang Daopo（约1245～?） 中国元代棉纺织技术革新家。宋末元初松江乌泥泾（今上海市徐汇区华泾镇东湾村）人。早年流落到崖州（今海南三亚西北）。元贞年间，黄道婆回到故乡，把在崖州学到的纺织技术改革成一套扦、弹、纺、织工具：去子用搅车，弹棉用椎弓，纺纱用三锭脚踏纺车，同时纺三根纱，大大提高了纺纱功效。在织造方面她用一套错纱、配色、综线、絮花等工艺技术，织制出有名的乌泥泾被。她的棉纺织技术传遍江浙一带。松江曾一度成为全国棉纺织业中心。元顺帝至元三年（1337）为她建立祠院，1362年重建。1957年在东湾村修建墓园，立碑纪念。上海豫园内有清咸丰时作为布业公所的跂织亭，供奉黄道婆为始祖。

黄道周 Huang Daozhou（1585～1646） 中国明代书法家。字幼平、幼玄，号石斋。漳浦（今属福建）人。曾任礼部尚书、武英殿大学士。率兵抗清，兵败而死。清廷谥曰忠端。黄道周学问渊博，精天文历数诸术，工书善画，以文章风节高天下，为人严冷方刚，不谐流俗。著有《易象正》、《石斋集》等。擅长楷、行、草书，楷书用笔方劲刚健，主张遒媚加之浑深，虽刚健如斩钉截铁，而丰腴处仍流露其清秀遒媚。他的行、草书一反元、明以来柔弱秀丽的弊病，以刚健笔锋和方整的体势表达出晋人的风韵。其草书波磔多、含蓄少，方笔多、圆笔少，表现出雄肆奔放的美感。传世书法作品楷书有《孝经》、《石斋逸诗》等，行草书有《山中杂咏卷》、《洗心诗卷》等。

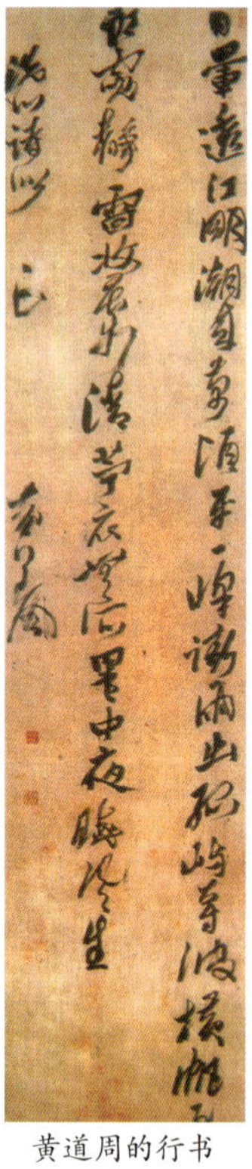

黄道周的行书墨迹

黄帝 Yellow Emperor 中国古史传说时代的古帝。原为一个古族的名祖、华夏集团的代表人物，后被尊为中华民族的“人文初祖”。

相传黄帝姬姓，名轩辕，因居轩辕之丘或谓作轩冕之服而得名，又以为号，所以汉以后文献中多留下“黄帝轩辕氏”的称谓。还有传说黄帝为有熊国君，号曰有熊氏之说；或说黄帝号缙云氏，又号帝鸿氏、帝轩氏，等等。传说黄帝母曰附宝，见雷电绕北斗枢星，感而怀孕，生黄帝于寿丘。相传轩辕修德振兵，发展农业，改革军队，团结周围古族氏，与炎帝战于阪泉之野，与蚩尤战于涿鹿之野，又进行了一系列的征战，建立了新秩序，结束了“无制令而民从”（《淮南子·氾论训》）的神农氏时代。

轩辕黄帝像（山东武梁祠石刻）

《周易·系辞》、《世本·作篇》等不少文献都盛称黄帝时代有许多发明创造。属于生产技术方面的有穿井、作杵臼、作弓矢、服牛乘马、作驾、作舟等；属于物质生活方面的有制衣裳、旃冕、扉履等；文化方面则有作甲子、占日月、算数、调历、造律吕、笙竽、医药、文字等。这些创造发明加速了迈向文明的进程，所以后世将黄帝尊为“人文初祖”。一般认为黄帝时代为距今五千多年前，所以又有中国“五千年文明”之说。

在中国古史传说中，保存了黄帝和炎帝族的先世的来历，说原是从互为婚姻集团的原始氏族中分裂出的两个女儿氏族。《国语·晋语》说“昔少典娶于有蟜氏，生黄帝炎帝，黄帝以姬水成，炎帝以姜水成，成而异德，故黄帝为姬，炎帝为姜”。姬水约在东起渭水西迄湟水之间，姜水在今陕西岐山、武功附近注入渭水。姬、姜两姓直到商周仍世代互通婚姻，而在漫长的历史进程中，两个古氏族的后裔各有一支东向发展，沿着不同路线进入中原，也曾有过争雄的战争，最终结为联盟，共同构成华夏集团的核心。

到战国时期，形成了以华夏、东夷、苗蛮三大部族集团中的一些古族为核心的华夏族。随着古族的融合，《世本》及《大戴礼记》的《帝系》将各族的宗神和祖先合并成黄帝一系的分支，构成大一统的谱系，为黄帝成为中华民族共祖奠定基础。黄帝虽然在中原登上历史舞台，但这个古族却发祥西北的黄土高原，远古有殡葬时要将死者灵魂送回祖居之地的习俗，所以汉武帝北巡朔方后，于上郡阳周（今陕北横山、子长、绥德间）拜祭了桥山黄帝冢。后来，如《大清一统志》等考订，由于地名的搬迁，今陕西中部黄陵县的桥山黄帝陵自唐代以来已成为举行祭祀黄帝的场所。

《黄帝内经》 *Inner Canon of Yellow Emperor* 中国现存最早的中医理论经典著作，也是中医学的奠基之作。简称《内经》。共18卷，162篇。由《素问》和《灵枢》（各9卷）组成。

黄鼎臣 Huang Dingchen（1901-08-13～1995-01-07） 中国致公党中央主席。广东海丰人。卒于北京。1928年毕业于日本医科大学后，参加东京留学生反日大同盟，任组织委员会主任。同年回国从事爱国民主运动，任上海反帝大同盟分会主任，先后两次被捕。1932年后在澳门、广东、广西、云南、四川等地行医。1946年加入中国致公党，次年当选为致公党中央常委兼组训部部长。1949年出席中国人民政治协商会议第一届全体会议。中华人民共和国建立后，历任卫生部局长、司长，中华医学会副会长，中国防痨协会理事长。当选为中国致公党第七、八届中央主席和第九、十届中央名誉主席，中华全国归国华侨联合会第三届副主席，全国政协第五、六、七届常委。

黄冈市 Huanggang City 中国湖北省辖地级市。位于省境东部，大别山南麓，长江中游北岸。辖黄州区和团风、红安、罗田、英山、浠水、蕲春、黄梅7县，代管麻城市、武穴市。面积17 453平方千米。人口616万（2010）。汉为江夏郡，南朝齐置齐安郡，唐为黄州，宋为黄州齐安郡，元为黄州路，明、清为黄州府。1914年属江汉道。1949年设黄冈专区，1970年改称黄冈地区。1996年改设地级黄冈市。矿产有金、铁、铜、铅、钨和花岗岩、大理石、白云岩、稀土等。工业以电力、冶金、机械、电器、纺织、服装、建材、造纸、印刷、食品、饮料等为主。农产以水稻、小麦、棉花、油料、蔬菜、茶叶、水果、蚕桑、板栗和生猪、牛、家禽、水产等为主。水陆交通方便，京九铁路贯穿市境。长江航运建有黄州港及深水码头。名胜古迹有龟峰山、大崎山、白潭湖、东坡赤壁、禹王城、黄麻起义遗址、青云塔等。

黄公略 Huang Gonglüe（1898-01-24～1931-09-15） 中国第二次国内革命战争时期平江起义领导人，中国工农红军高级指挥员、军事家。字汉魂。湖南湘乡人。早年参加湘军，曾任连长。1926年参加北伐战争。同年底进黄埔军校高级班学习。1927年加入中国共产党。后回湖南任国民革命军独立第5师随营学校副校长、第3团第3营营长。1928年7月参与领导平江起义，任中国工农红军第5军第13师第14团党代表。后任第2大队大队长，湘鄂赣红军游击支队支队长，创建湘鄂赣革命根据地。1929年任第5军副军长。1930年1月调任第6军（后改为第3军）军长，在赣西南地区使分散的游击区连成一片。曾率部在中央苏区反击国民党军第一、二、三次“围剿”。1931年9月，在江西省吉安县东固与国民党军的作战中牺牲。

黄公望 Huang Gongwang（1269～1354） 中国元代画家。元四家之一。本姓陆。常熟（今属江苏）人。因过继给黄氏，改姓名，字子久，号一峰、大痴道人，晚号井西老人。中年任过小吏，因“经理钱粮”事获罪，出狱后隐居不仕，寄情山水，卖卜云游。工书法、诗词，善散曲，50岁左右才开始山水画创作，作品大都表现江南秀丽的山川景色。有水墨和浅绛两种面貌。风格苍劲高旷，气势雄秀。主要传世作品有《富春山居图》、《九峰雪霁图》、《丹崖玉树图》、《天池石壁图》、《溪山雨意图》、《剡溪访戴图》及《富春大岭图》等。《丹崖玉树图》和《天池石壁图》均为绢本，设色，表现手法略同，均绘重峰叠岭、高松层崖，结构繁复而笔法简练，烟云流润，气势雄浑。《九峰雪霁图》，绢本，水墨，纵116.4厘米，横54.8厘米，用笔简练，意境深远，表现了寒冬季节雪山寒林的萧索气氛。他总结前人和自己的山水画创作经验，撰著《写山水诀》，对山水树石的笔墨、设色、布局、结构、意趣等都有精辟论述，被认为是南宗山水画理论的真传，对明清山水画创作和理论影响深远。

《天池石壁图》（故宫博物院藏）

黄瓜 *Cucumis sativus*; cucumber 葫芦科甜瓜属的一种。一年生蔓性草本。又称胡瓜。原产喜马拉雅山南麓。汉代张骞出使西域时传入中国，经长期栽培，形成了华北生态型品种群。另由东南沿海传入的，形成了华南生态型品种群。黄瓜已成为世界各地普遍栽培的重要蔬菜。中国栽培黄瓜的主要类型有：华北型、华南型、英国温室型、欧美凉拌生食型、酸渍加工型。

黄瓜根系分布浅，再生能力较弱。茎蔓性，长可达三米以上，茎节上生卷须。叶掌状，大而薄，叶缘有锯齿。花通常为单性，雌雄同株。瓠果，长数厘米至70厘米以上，圆筒形或棒形。嫩果颜色由乳白至深绿。有刺，刺基常有瘤状突起。种子扁平。属喜温作物。对土壤水分条件的要求较严格。土壤pH以5.5～7.2为宜。可四季栽培。黄瓜属常异交作物，应隔离采种。嫩果作蔬菜食用。果肉中每100克鲜重含维生素C约14毫克，可生食。所含蛋白酶有助于人体对蛋白质的消化吸收。果实可酸渍或酱渍。酱黄瓜是中国特有的传统佐餐佳品。

黄果树瀑布 Huangguoshu Falls 中国重点风景名胜区。位于贵州省西南镇宁布依族苗族自治县境内，北盘江支流打帮河上游。原名白水河瀑布，后因瀑布右岸有一参天大树黄桷树，改称黄桷树瀑布，又谐音为黄果树瀑布。明崇祯十一年（1638），地理学家徐霞客来此考察，因而传名久远。黄果树瀑布为上起白水河、下至螺丝滩瀑布群中最高的一级巨大跌水，高66米、宽80米，年平均流量16米^3/秒，洪峰时流量2 000多米^3/秒，极为壮观。瀑布以上为宽谷，以下为马蹄形峡谷。瀑布壁面陡直，瀑水飞流直下，在瀑布壁面上除有厚达8米的流水钙华外，在钙华与壁面间形成长42米的“水帘洞”。瀑下又有多处冲蚀坑——“犀牛潭”、“马蹄滩”等。右侧有暗河，往下游还有从河床涌出的冒水塘，构成了黄果树瀑布的独特景观。黄果树瀑布是在三叠系白云质灰岩基础上，由于地面抬升，

黄果树瀑布景观

河流溯源侵蚀而形成裂点，在形成过程中由于喀斯特发育，下游暗河塌顶，瀑布自身又侵蚀后退而成。又因该地区喀斯特发育，奇峰异洞、怪石丽水与飞水惊涛、激雾凝虹浑然一体，成为贵州省最瑰丽的游览胜境。

黄海 Yellow Sea; Huanghai Sea 中国三大边缘海之一。位于中国大陆与朝鲜半岛之间，北起鸭绿江口，南以长江口北岸启东角到韩国济州岛西南角连线与东海分界，西北以渤海海峡与渤海相连，濒临中国的辽宁、山东和江苏三省。海域约在北纬31°40′～39°50′，东经119°20′～126°50′之间。南北长870多千米，东西宽近670千米，面积约38万平方千米。从山东半岛成山角到朝鲜的长山串之间海面最窄，习惯上以此连线将黄海分为北黄海和南黄海两部分，北黄海面积约7.1万平方千米，南黄海面积约30.9万平方千米。

古黄海经历了由陆地变海洋的变化过程。直至距今2500年前，黄海的海洋轮廓才趋于稳定。它与中国大陆有着密切的联系，是一个半封闭式的大陆架浅海。海底地势由北、西、东三面向中央及东南方向倾斜，大部分水深不到60米，平均水深44米。北部较浅，向南渐深，南黄海水深较大。在济州岛北面水深可达140米，苏北沿海一带最浅，水深不足20米。黄海的形态虽较渤海开阔，但它仍处在陆地的环抱之中，无论气候还是水文特征，以及水中生物等，都在很大程度上受到大陆的影响。黄海长期受黄河、淮河、长江大量的黄褐色泥沙注入影响，成为世界上接受泥沙最多的陆缘海，黄海因此而得名。黄海环流主要由黄海暖流（及其余脉）和黄海沿岸流组成。从大陆流来的随季节而变化的河川径流使黄海西部的水温、盐度和海流都显出明显的季节变化：夏季水温高、盐度低；冬季水温低、盐度高。黄海盐度一般在30.0～32.0。年平均水温14～19℃，北部沿海冬季有结冰现象。黄海温跃层最强而盐跃层最弱。温跃层主要是海面增温和风混合引起的季节性跃层。黄海大部分区域为规则半日潮，潮差东部大于西部。海区东部潮差一般为4～8米，仁川港附近最大可能潮差达10米，是世界闻名的大潮差区之一。

黄海盛产鲐鱼、黄鱼和海盐。苏北盐场为中国四大盐场之一。浅海盆地蕴藏丰富的石油和天然气资源。辽东、山东半岛和朝鲜沿海海岸大多为岩岸，海岸曲折，多港湾、岛屿。在中国沿岸重要的港湾有大连湾、胶州湾、海州湾等，港口有大连港、烟台港、青岛港、连云港、石臼港等。

黄海海战 Yellow Sea, Naval Battle of 中日甲午战争中，双方海军主力在黄海北部海域进行的战役。又称大东沟海战。

1894（清光绪二十年）9月，中、日两国政府同时宣战。9月17日，北洋海军提督丁汝昌率舰艇18艘为运兵船护航后准备返航时，在鸭绿江口大东沟附近海域与日联合舰队相遇。丁汝昌下令全队以舰首向敌，列"犄角雁行阵"（实际列成弧形阵）迎敌。联合舰队根据各舰航速，将12艘战舰分成本队和第一游击队。战斗开始后，日第一游击队向北洋舰队右翼猛攻，"超勇"和"扬威"二舰被击中起火沉没。同时，"定远"舰因飞桥塌毁，丁汝昌受伤，指挥信号设备被击毁，全舰队失去统一指挥。"定远"等三舰遂集中火力攻击联合舰队本队后尾的"比睿"、"赤城"舰，将其击伤。联合舰队本队和第一游击队实施机动，对北洋诸舰进行攻击。北洋"致远"、"经远"舰先后中弹沉没，管带邓世昌、林永升及官兵400余人殉国；"定远"、"镇远"诸舰则重创日军旗舰"松岛"。后联合舰队司令伊东祐亨见天色渐晚，数舰已伤，遂收兵撤退。北洋舰队也返回旅顺。

此战，日方虽有"松岛"等五舰被击伤，死伤官兵290余人，但其指挥灵活，发挥第一游击队航速高、舰炮射速快等优势，掌握了战场主动权。中方战术运用不当，战场指挥中断，"致远"等五舰沉毁，"定远"等四舰受伤，官兵伤亡约1 000人。战后，黄海制海权落入日本联合舰队手中。

黄河 Yellow River; Huanghe River 中国第二大河。因河水黄浊而得名。古代称为"河"，《汉书》中始称黄河。发源于巴颜喀拉山北麓约古宗列盆地，流经青海、四川、甘肃、宁夏、内蒙古、陕西、山西、河南、山东9省（区），在山东省垦利县注入渤海。全长5 464千米，流域面积75.24万平方千米。黄河流域西起巴颜喀拉山，东临渤海，北界阴山，南至秦岭。西高东低。

干流概况 干流可分为三段：从河源到内蒙古自治区托克托县的河口镇为上游，河口镇至河南省桃花峪为中游，桃花峪以下为下游。

①上游。黄河上游流域面积38.6万平方千米，河段长3 472千米，落差3 464米（从约古宗列盆地下口计算），有白河、黑河、大夏河、洮河、湟水、祖厉河、清水河、大黑河等支流汇入。黄河源头称玛曲。河出约古宗列盆地，向东穿过芒尕峡谷，进

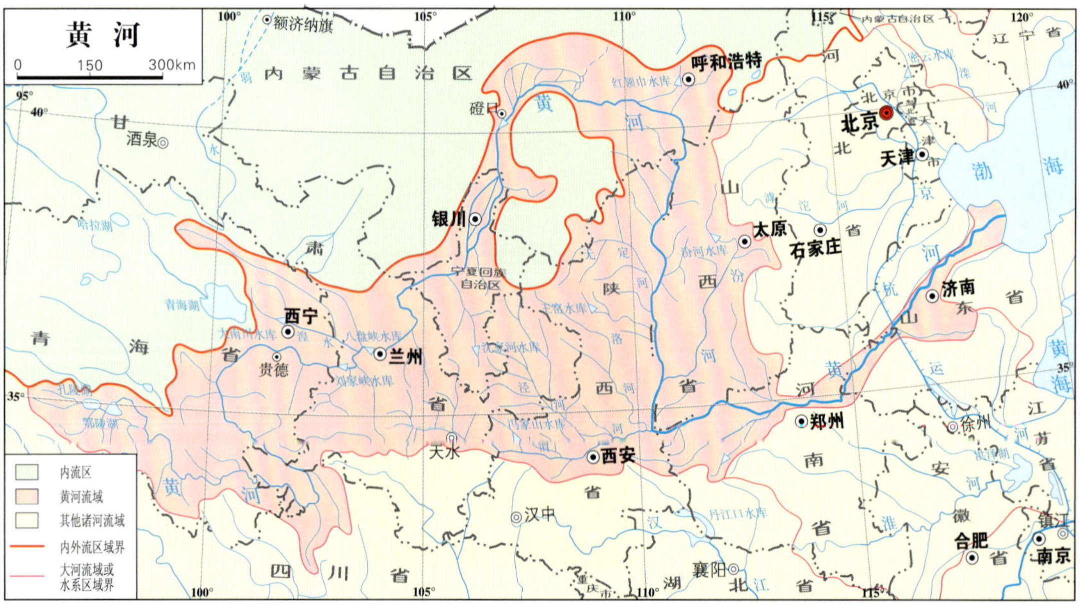

黄河鸟瞰

入星宿海。在星宿海东部，玛曲分别从左、右岸接纳扎曲和卡日曲。黄河出星宿海后，穿过扎陵湖和鄂陵湖，至玛多县城附近的黄河沿。嗣后穿行巴颜喀拉山和阿尼玛卿山间的古湖盆和丘陵宽谷，至松潘草地，东受岷山所阻，绕阿尼玛卿山作180°的大弯，重进崇山峻岭中，穿过一系列峡谷流入龙羊峡。从龙羊峡到青铜峡段水力资源蕴藏丰富，可开发水电装机容量占黄河干流的43%。河出青铜峡流经银川平原，流入内蒙古自治区河套平原。

②中游。黄河中游流程1 200多千米，落差896米，流域面积34.38万平方千米。河流穿行于峡谷中，成为陕西、山西两省的天然分界线。绝大部分河谷两岸崖壁陡立，多急流险滩，有著名的壶口瀑布。壶口以下65千米为禹门口（又称龙门），龙门山和梁山左右环抱。出禹门口，河面开阔到3～15千米，有汾河、渭河、泾河、北洛河等支流汇入。黄河在甘、宁、内蒙古、陕、晋等省（区）形成马蹄形大弯，到潼关受秦岭阻挡，折向东流，进入豫西峡谷。过三门峡，河心有两座石岛，把河道隔成“人门”、“鬼门”、“神门”，古称“三门天险”。三门之下有一小岛挺立河中，为著名的“中流砥柱”。三门峡水利枢纽工程即建于此。自孟津县小浪底以下进入低山丘陵区，河道逐渐放宽至1～3千米。

③下游。黄河下游长780多千米，落差95米，流域面积2.26万平方千米。河道平坦，水流缓慢，泥沙大量淤积，黄河带到下游的泥沙平均约有3/4被送到入海口，约1/4淤积在河道内，使河床逐年抬高，成为世界著名的“悬河”（黄河河床一般高出大堤外地面3～5米，甚至高出10米）。黄河下游的主要支流有大汶河等。除山东的平阴、长清一带有山地屏障外，两岸全靠大堤约束。见黄河大堤。

气候与水文　黄河流域大部分属干旱、半干旱的大陆性季风气候。平均年降水量478毫米，北部雨量较少，年平均最少仅约150毫米；南部雨量较多，年平均最多800多毫米。6～10月降雨占全年的65%～80%，多暴雨且强度大，一次降雨甚至可达当地多年平均降雨量。黄河天然年径流量合计为570多亿立方米。黄河的输沙量和含沙量均居世界各大江河首位，年平均输沙量16亿吨，年平均含沙量36.9千克/米^3（以陕县站为代表），90%的泥沙来自黄河中游黄土高原。

黄河干流仅部分河段通行木船和小型驳船。黄河水力资源居全国第二位。干支流水力发电理论蕴藏量4 000万千瓦，年发电量3 500多亿千瓦·时，其中干流可开发水电资源2 500万千瓦。

人文概况　黄河流域共有耕地约0.18亿公顷。上游草原辽阔，是中国羊毛、皮革和其他畜产品的主要产地。中、下游有广大的黄土高原和冲积平原，是中国农业发源地之一。陕、豫、鲁等省的小麦、棉花在全国占重要地位。矿产有煤、石油、铁、铜、铝、铅、金、银、钨、铬、镁等，已逐渐形成上游水电基地、中游煤炭基地、下游石油基地的能源工业布局，是中国重要的三大常规能源基地。

黄河是中华民族的摇篮。远在80万年以前，黄河流域就有人类活动，新石器时代已有定居农业。距今约3 500年前，位于黄河流域的商王朝已成为当时世界三大文明中心之一。

灾害及治理　黄河的洪水灾害闻名于世。危害最烈的是在下游。黄河一年中有4个汛期：夏季的“伏汛”、9～10月的“秋汛”、3～4月的“桃汛”和春初的“凌汛”。伏汛和秋汛通常合称为“伏秋大汛”。20世纪50年代以前，黄河常发生决口泛滥以致改道的严重灾害。1955年第一届全国人民代表大会第二次会议通过了《关于根治黄河水害和开发黄河水利的综合规划的决议》，开展了大规模综合治理黄河的工作。现今黄河干流上已建成龙羊峡、李家峡、刘家峡、盐锅峡、八盘峡、青铜峡、三盛公、天桥、万家寨、三门峡、小浪底等大型水利水电工程。全河灌溉面积466万余公顷。过去没有引黄灌溉工程的黄河下游，现已建成了多座引黄涵闸、虹吸和扬水站工程。引黄灌溉和补源面积达200万公顷，成为中国最大的自流灌区。在黄河流域还广泛开展了水沙的综合利用，小浪底水利枢纽为黄河的防洪和改变下游的泥沙淤积发挥了重要作用。

黄河大堤　Yellow River Levee System　黄河防洪工程系统的主要组成部分。上游甘肃省和宁夏回族自治区、内蒙古自治区黄河干流河段均设有堤防。1949年以前只有零星堤防，近50余年随着社会经济的发展，堤防也迅速修筑起来，截至2006年，三省（区）共有堤防1 690千米。黄河中游的堤防始建于20世纪60年代三门峡水库蓄水后，现有堤防与河道工程601千米。黄河下游堤防是防御洪水的主要屏障。据2008年6月统计，黄河下游（北岸孟州、南岸孟津以下）共有各类堤防长2 430千米。

黄河大堤历史悠久。远在春秋时期就有堤防，战国以后即把堤防作为抗御洪水的主要设施。历史上黄河多次决口改道，每次大改道，都沿着新的河道修筑堤防。黄河下游现行河道，在河南兰考东坝头以上两岸大堤，为明清时代的老堤，有500年以上的历史。东坝头以下至山东省垦利河口两岸大堤，是清咸丰五年（1855）铜瓦厢改道后，在民埝的基础上逐渐形成的，已有近150年的历史。

黄河大堤，以防郑州花园口站22 000米^3/秒（相当于1 000年一遇）洪水为设计标准。在山东省东阿县陶城埠以下大堤，按防11 000米^3/秒洪水设计。大堤超出设计洪水的高度（超高），是根据各河段的河宽及风速计算出风浪高度，再加安全超高1米。截至2008年6月，黄河下游（不含支流）共有各类险工145处，坝、垛和护岸5 376道，工程长327千米；控导工程228处，坝、垛和护岸4 748道，工程长459千米；滚河防护工程89处，防护坝429道。筑堤已部分由人力施工发展为机械化施工，并规定堤身土料干容重须达到1.5吨/米^3。大力消灭堤身隐患，捕捉害堤动物、堤旁种树、

黄河山东险工坝岸

堤身植草、消杀风浪、加强防守，现已安度50多年伏秋大汛。

《黄河大合唱》 *Yellow River Cantata* 中国合唱曲。光未然词，冼星海曲。1939年3月31日完成于延安，4月13日由抗敌演剧队第三队首演于延安，邬析零指挥。演出获得成功，并迅速传遍全国。其中许多歌曲在群众中广为传唱。1941年冼星海在苏联对作品作了进一步加工整理。作品以黄河为象征，歌颂了中华民族悠久的历史，展现了中国人民英勇的抗日斗争，塑造了伟大的民族形象，向全中国、全世界发出民族解放的战斗警号。全曲共分《序曲》、《黄河船夫曲》、《黄河颂》、《黄河之水天上来》、《黄水谣》、《河边对口曲》、《黄河怨》、《保卫黄河》、《怒吼吧！黄河》等9个乐章。

黄河凌汛 Yellow River, ice-jam flood of 黄河特有的一种水文现象。一般出现在从上游到下游，从低纬流向高纬地区的河段。在冬初和春末，由于下游结冰或未融冰，而上游的水或融冰后河水受阻，造成水漫河堤成灾。使冰凌破坏两岸护堤造成凌汛危机。

特征 ①凌汛开河时，河槽蓄水释放，凌峰流量在沿程传播中往往呈现递增趋势。②由于冰的阻力作用和封冻后冰盖下积聚大量冰花，水位上升很高。③狭窄弯曲河段卡冰机会多。黄河下游河道上宽下窄，在有记载的10次冰坝中，窄河道处占9次。

防凌措施 20世纪50年代的防凌，主要采用堤防、破冰、炸冰等措施。60年代开始，三门峡水库等黄河上的大型水利枢纽建成投入运用，为蓄水防凌提供了有利条件。黄河两岸引黄涵闸的大量建成，也可分水防凌。黄河现行的防凌措施，可归纳为工程防凌措施和非工程防凌措施两种。

黄河三角洲 Yellow River Delta 黄河尾闾在历次淤积延伸-摆动-改道过程中形成的扇形地带。广义的黄河三角洲指河南省巩义市以东、北至天津、南到苏北废黄河口的广大黄河冲积平原；狭义的指近代三角洲，是1855年黄河在铜瓦厢决口夺大清河道于山东利津入渤海后形成的扇形地带。以利津以下的宁海为顶点，东南至淄脉沟河口，西北到徒骇河（套尔河）入海处，前缘突出于渤海湾与莱州湾之间，包括山东省东营市的垦利县、河口区和东营区，以及利津县、广饶县、沾化县的部分地区。近代黄河三角洲面积6 000余平方千米。黄河口继续向外延伸，三角洲以年均150米的速度向渤海扩展，年造陆面积23平方千米。

1979年（左）、2000年（右）的黄海与黄河三角洲景象

三角洲地势低平，地面高程2～10米，自然资源丰富。土层深厚，部分地区适宜种植小麦、棉花、大豆、水稻；有滨海草地20多万公顷，是很有发展前景的天然牧场；浅海区海底平坦，黄河带来大量的营养物质和有机盐，饵料丰富，宜于鱼、虾、蟹、蛤等生长繁殖，优质鱼有鲚、鲈、梭、黄姑等，素称“百鱼之乡”。地下蕴藏有丰富的石油、天然气资源，是胜利油田的主要产油区。

黄褐斑 melasma 多种原因所致的面部黄褐色斑。俗称“蝴蝶斑”、“肝斑”。斑块形态不规则，边缘较清楚，典型者为蝴蝶形，分布于颧部、面颊部，可累及前额、鼻梁及口周。常在春夏季加重，秋冬季减轻。中年女性多见。无自觉症状。患者应避免强烈日晒，外涂防晒霜。局部外涂脱色剂如氢醌霜、壬二酸霜、二氧化钛霜等。

黄鹤楼 Yellow Crane Tower 中国江南三大名楼之一。楼址在湖北武汉市蛇山的黄鹄矶头。相传始建于三国吴黄武二年（223），

历代屡毁屡建，1884年最后一次焚毁。历代名人如崔颢、李白、白居易、陆游等均有题诗。1985年，在蛇山的高观山西坡重建，楼高五层（加夹层为十层），是一座钢筋混凝土结构的仿木构建筑。高50.4米，攒尖顶，层层飞檐，四望如一。主楼建筑面积约4 000平方米，其周围还有胜象宝塔、碑廊、山门等建筑，颇具民族风格。

黄宏嘉 Huang Hongjia（1924-08-05～ ） 中国光电子学家。生于湖南临澧。1944年毕业于西南联合大学电机系。1948年留学美国密歇根大学，1950年获硕士学位后回国。历任北方交通大学副教授、教授，兼中国科学院电子学研究所微波研究室主任，1964年起任上海科技大学（今上海大学）教授、副校长、名誉校长。1980年当选中国科学院学部委员（院士）。

黄宏嘉长期致力于毫米波传输的研究，发展了耦合波理论。提出关于非完全正交函数集的剩余耦合思想，引入表面阻抗微扰概念。最早将正交函数展开法推广于复合封闭区域。1980年在中国首次研制成功单模光纤。提出统一处理微波传输和光纤传输的理论问题。

1989年应聘为美国麻省理工学院电磁科学院院士，1991年被美国密歇根大学授予名誉理学博士。1990年以来获美国发明专利3项和中国发明专利多项。著有《微波原理》、《耦合模和非理想波导》、《耦合模理论》等。

黄花岗七十二烈士 72 Revolutionary Martyrs at Huanghuagang 中国宣统三年三月二十九（1911年4月27日）广州起义牺牲后葬于广州市东北郊黄花岗（原名红花岗）的革命党人。1910年秋，孙中山与同盟会的许多重要骨干集议于庇能（今槟榔屿），决定在广州发动新的起义。会后，孙中山到各地募款。黄兴、赵声负责筹划起义，主持总机关“统筹部”。大批革命党人集中香港。广州城内建立了约40个据点。由于情势的变化，起义日期一再变动。当黄兴最终决定1911年4月27日发难时，不得不把原计划的十路并举改为四路突击。但当举义时实际上只有黄兴率领的一支队伍直扑两广总督衙门，并分兵攻打督练公所等处，孤军转战，最终失败。喻培伦、方声洞、陈更新、林觉民等约百余人死难，后收殓烈士遗骸72具，史称“黄花岗七十二烈士”。这次起义极大地振奋了广大群众的斗志，有力地打击了清朝统治者的气焰，成为辛亥革命的前奏。

黄华 Huang Hua（？～1284） 中国元代前期福建地区人民起义领袖。福建政和人。13世纪70年代，元朝灭南宋，统一全国。在统一过程中，元朝军队大肆屠杀掳掠；统一以后，又对南方横征暴敛，激起各族人民的强烈反抗。至元十五年（1278），元军占领福建，黄华聚集盐民，联络浙江南部起义群众进行反抗，但不久就为元军招降，被任命为建宁（今福建建瓯）招讨使。二十年，江南各族人民起义风起云涌，多达200余处。四月，黄华在各族人民斗争浪潮推动下，重新起兵，用宋祥兴年号，行用两浙安抚司印。起义队伍号称20万，剪发文身，名为头陀军，又称畲军。黄华分

兵攻打福建的崇安、浦城、松溪、古田等处，浙东青田也有人起兵响应。当时，元朝政府正在扬州地区集中军队和装备，准备再次远征日本，得到黄华起义的消息，立即派遣刘国杰率领精锐部队南下，与两浙、福建的驻军会合，向黄华的队伍大举进攻。至元二十一年正月，起义队伍的根据地赤岩山被攻破，黄华兵败自杀。

黄华 Huang Hua (1913-01-25～2010-11-24) 中国无产阶级革命家、外交战线领导人，全国人大常委会副委员长、国务院副总理。原名王汝梅。河北磁县人。卒于北京。燕京大学肄业。

1935年参加领导一二·九学生运动，同年加入共青团。1936年加入中国共产党，任北平学联党团书记。同年到延安，任中国工农红军总部翻译、西北青年救国会组织部部长、全国学联党团书记、延安青年干部学校教育长、朱德政治秘书、中共中央海外工作委员会秘书长。曾为来延安采访的美国记者埃德加·斯诺担任翻译。1945年后任北平军调处执行部中共代表秘书、中共方面新闻处处长。中华人民共和国建立后，任天津、南京军管会外事处处长。1953年朝鲜停战谈判中任中国人民志愿军代表团政治谈判代表。1954年出席日内瓦会议和万隆会议，为中国代表团顾问、发言人。历任外交部欧非司司长，中国驻加纳、埃及、加拿大大使。1971年作为副团长，率领中国代表团第一次出席恢复中国合法权利后的联合国大会，后任中国常驻联合国代表。1976年起任外交部部长。1980年后任国务院副总理、国务委员兼外交部长。1983年当选为第六届全国人大常委会副委员长。是中共十届至十二届中央委员。1987年当选为中共中央顾问委员会常委。

黄骅市 Huanghua City 中国河北省辖县级市。位于省境东部，北靠天津，东临渤海。面积1 545平方千米。人口44万(2010)。1935年置新海设治局，1937年改新海县。1942年析置城县，与新海县合并称新青县。1945年改称黄骅县（以纪念黄骅烈士）。1989年撤县设黄骅市。地处滨海平原。海产品有对虾、螃蟹、鱼类、贝类等。工业有机械、造船、盐业、化工等。农产品以小麦、玉米等为主。黄骅冬枣明清时已成贡品，又称“贡枣”。黄骅自古以“渔盐之利雄天下”。黄骅港位于市区东部漳卫新河与宣惠河交汇入海处，建有塑黄铁路与内地连接。黄骅还是大港油田的主产区。有海洋地质遗迹古贝壳堤自然保护区。市区有烈士陵园。

黄化现象 etiolation 植物幼苗在黑暗中生长时呈现黄色和其他变态特征的现象。植物在黑暗中不能合成叶绿素，显现出类胡萝卜素的黄色；节间伸长很快；叶片不能充分展开和生长；根系、维管束和机械组织不发达。很弱的光就能消除幼苗的黄化现象，使叶片展开并变绿，恢复正常生长。因为叶肉细胞中的原叶绿素只有在光照下才能转变为叶绿素。这种作用通过光敏素发生。黄化现象是植物对环境的一种适应。当种子或其他延存器官在无光的土层下萌发时，可使贮存量有限的有机营养物质最有效地用于胚轴或茎的伸长，保证幼苗出土见光。

黄淮海平原 Huanghuaihai Plain 位于中国东部，黄河下游。见华北平原。

黄昏鸟 *Hesperornis* 已绝灭的有牙齿的鸟类。为鸟纲今鸟亚纲齿颌总目黄昏鸟目的一属。生活于中生代白垩纪（0.65亿年前）。从骨骼化石可以看出，黄昏鸟体长约2米，脚特大，如桨状，翅很小，胸骨扁平无龙骨突，长颌骨上具许多向后弯曲的牙齿，是适应于白垩纪海相生活环境的食肉鸟类。

黄昏鸟目已知7属13种，大部产自北美的海相沉积。有人推测黄昏鸟可能营群居生活，在海域、海岛或近海地区活动，而在筑巢、孵化期集群北移。

黄火青 Huang Huoqing (1901-05-05～1999-11-09) 中国无产阶级革命家，政法战线的领导人，最高人民检察院检察长。湖北枣阳人。卒于北京。1926年加入中国共青团，

同年转入中国共产党，在家乡组织农民运动。1927年赴苏联莫斯科东方大学学习。1930年回国，任中国工农红军第14军1团政委兼参谋长、红军学校总支书记、国家保卫局特派员、红5军团14军政委兼政治部主任、红军第一步兵学校政委。1933年赴福建人民政府做统战工作。1934年任红一方面军9军团政治部主任，参加长征，因反对张国焘分裂主张被撤职。1936年参加西路军，失败后到新疆，任新疆民众反帝联合会秘书长。1940年到延安，历任军政学院副院长、中央党校秘书长、中共冀察热辽中央分局副书记兼组织部长、中共热河省委书记。中华人民共和国建立后，历任中共天津市委、辽宁省委第一书记，中共中央东北局书记，辽宁省革命委员会副主任。是中共八届中央候补委员、十一届中央委员。1978～1983年任最高人民检察院检察长。领导了审判林彪、江青反革命集团案件工作。1982年当选为中共中央顾问委员会常委。

黄吉安 Huang Ji' an (1836～1924) 中国川剧作家。名云瑞，号余僧。生于安徽寿春。曾入清廷军营帮办文案，到县衙做幕僚。后终因性情耿介，触犯上司，被解聘。从此迁居成都，寄情诗酒，与川剧艺人和“玩友”(票友) 结识，由喜爱川剧进而掌握这一戏曲艺术形式。从光绪二十七年(1901)到去世，先后创作大小川剧剧本80多部，世称“黄本”。这些剧本部分由川剧艺人和川剧爱好者传抄，部分由成都古卧龙桥书局以木版刊行，在西南各地广为流传。此外，黄吉安还编写四川扬琴唱本20余个，大部分传唱至今。黄剧着力歌颂英雄好汉，鞭挞逆贼、贰臣，并刻画了一批在川剧舞台上断熠熠生辉的妇女形象。四川省戏曲研究所编校的《黄吉安剧本选》，于1960年出版，共收《闹齐宫》、《春陵台》、《缇萦救父》、《鞭督邮》、《江油关》、《金牌诏》、《柴市节》、《百宝箱》等优秀剧本18种。

黄汲清 Huang Jiqing (1904-03-30～1995-03-22) 中国地质学家、大地构造学家。生于四川仁寿县，卒于北京。1928年毕业于北京大学地质学系，获理学学士学位。1935

年获瑞士纳沙泰尔（曾译浓霞台）大学博士学位。曾任中央地质调查所所长、中央大学和北京大学教授、西南地质调查所所长、西南地质调查局局长、地质部石油地质局总工程师、中国地质科学院副院长、中国科学院生物地学部副主任、中国地质学会理事长。1948年被选为中央研究院院士，1955年当选中国科学院学部委员（院士）。1980年获瑞士苏黎世联邦理工学院荣誉科学博士学位，1985年被选为北美地质学会名誉会员，1988年当选为苏联科学院（1989年后改为俄罗斯科学院）外籍院士。

他首倡二叠纪三分，出版了《中国南部二叠纪地层》(1932)，奠定了中国二叠纪地层划分和对比的基础。他完成了《中国主要地质构造单位》(1945)，建立了中国大地构造格架，划分了构造单元（现在仍被使用），提出了多旋回造山运动学说。从70年

代开始，他又结合板块构造，发展了多旋回构造的理论体系，并专题论述了中国及邻区特提斯海的演化。他是中国第一个工业天然气田(圣灯山气田)的发现者(1938)、第一个工业油田（玉门老君庙油田）发现的组织者。40年代他组织新疆石油考察，提出陆相生油论和多层生油、多层储油的见解。50年代，为中国石油天然气的普查勘探制订工作蓝图。因在“大庆油田发现过程中的地球科学工作”，获1982年国家自然科学奖一等奖（集体）。他开拓了中国地质图类的编图工作。因“中国地质图类及亚洲地质图”，获1982年国家自然科学奖一等奖（集体）。他的《中国大地构造基本特征》系列论文及专著获得1982年国家自然科学奖二等奖。1994年获陈嘉庚地球科学奖，1995年获首届何梁何利基金优秀奖（后改称何梁何利基金科学与技术成就奖）。主要著作还有《多旋回构造运动观点初步探讨地壳发展规律》、《中国大地构造基本轮廓》和《中国大地构造及其演化》、《中国及邻区特提斯海的演化》等。发表论文250余篇，专著20余部。2001年中国地质学会设立“黄汲清青年地质科学技术奖”。

黄籍 yellow resident registration　中国两晋南朝时的正式户籍。因写在用黄色药物处理过的木牍而得名。其后，常以黄纸代替木牍。东晋前只有黄籍，东晋时出现白籍，它是由于东晋政府设置侨州郡县以安置北来流民而产生的。流民在以其原籍命名的地方行政机构里登记临时户籍，以白纸书写，故称白籍。入白籍的侨人享受免调役的优待。东晋政府后来实行**土断**，省并侨州郡县，命令侨人在其定居之处编入正式户籍，取消其免调役的优待，白籍户便成为黄籍户。当时称为土断白籍或土断侨流郡县。由于历次土断多不彻底和流民的继续南下，所以虽经土断而白籍户仍长期存在，至南朝后期消失。又魏晋**九品中正制**的中正品第皆用黄纸写定并藏于司徒府，也称黄籍。此外，唐代称正式的职田、公廨田簿籍为黄籍，临时的则称为白簿。

黄继光 Huang Jiguang (1931-01～1952-10)　中国人民志愿军特级战斗英雄。通信员。四川中江人。

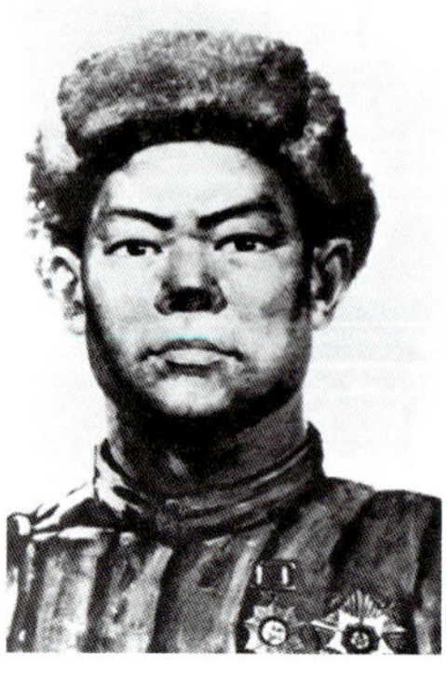

1951年3月参加中国人民志愿军。曾荣立三等功一次。1952年10月19日夜，在朝鲜上甘岭战役夺取597.9高地的战斗中，担负爆破任务，在身体多处负伤、弹药用尽的情况下，用胸膛堵住敌地堡的机枪射孔，为保证部队攻克高地而壮烈牺牲。所在部队党委追认他为中国共产党党员，追授“模范青年团员”称号。志愿军总部于1953年4月为他追记特等功，追授“特级英雄”称号。同年6月，朝鲜民主主义人民共和国最高人民会议常任委员会追授“朝鲜民主主义人民共和国英雄”称号和金星奖章、一级国旗勋章。

黄家驷 Huang Jiasi (1906-07-14～1984-05-14)　中国胸腔外科学专家、医学教育家。生于江西玉山，卒于北京。1933年毕业于协和医学院，获得医学博士学位，

1935年到上海医学院任教。1941年考取清华大学庚款留美唯一医学名额，到美国密歇根大学医学院钻研胸腔外科学，1943年获外科硕士学位，并取得外科专家称号。回国后在上海开展胸外科，筹建胸科医院。曾担任上海第一医学院、北京中国医科大学的领导职务。自20世纪50年代起，主持编写了《外科学》第一、二、三、四版。晚年致力于中国生物医学工程学的奠基工作。

黄建新 Huang Jianxin (1954-06-14～　)　中国电影导演。祖籍河北深县（今深州）。生于陕西西安。1970年参加中国人民解放军。1979年毕业于西北大学中文系。1983年毕业于**北京电影学院**导演进修班。1985

年以处女作《黑炮事件》震动影坛。其后陆续执导了《错位》(1986)、《轮回》(1988)、《站直啰，别趴下》(1992)、《背靠背，脸对脸》(1994)、《红灯停，绿灯行》(1995)、《埋伏》(1996)、《说出你的秘密》(1999)、《谁说我不在乎》(2000)和《求求你，表扬我》(2005)等。多部影片在国内外获奖。他不同于其他第五代导演的创作特点是，目光几乎都集中于城市，关注现实，关注青年；影片的主题总是直面人生，表现出对社会的使命感和责任感；艺术手法朴素、平实、自然、沉稳，注重社会化、写实性。

黄巾起义 Yellow Turban Rebellion　中国东汉末年张角领导的一次有组织、有准备的全国性农民起义。因起义军头戴黄巾为标志，史称黄巾起义。东汉末年，社会危机日益深重，广大农民与豪强地主及封建国家的矛盾激化。黄巾起义正是在农民斗争蓬勃开展的基础上爆发的。

黄巾起义的领袖张角，冀州巨鹿（今河北平乡西南）人，太平道的首领，自称“大贤良师”，以传道和治病为名，在农民中宣扬教义，进行秘密活动。10余年间，徒众达10万，遍布青、徐、幽、冀、荆、扬、兖、豫八州，分为36方，大方万余人，小方六七千人，每方设一渠帅，由他统一指挥。张角广泛传播“苍天已死，黄天当立，岁在甲子，天下大吉”的谶语。又在各处府署门上用白土涂写“甲子”字样，作为发动起义的信号。中平元年(184，甲子年)初，张角命于三月五日同时起义。但预定起事前一月，因叛徒告密，张角派人飞告各方提前起义。于是36方“一时俱起”，众达数十万人。张角自称“天公将军”，弟张宝称“地公将军”，张梁称“人公将军”。旬日之间，天下响应，京师震动。灵帝慌忙调集各地精兵，进剿黄巾军。各地豪强地主也纷纷起兵，配合官军镇压起义，其中著名的有**袁绍**、**袁术**、**公孙瓒**、曹操、**孙坚**、**刘备**等。

起义初期，黄巾军的主力分散在巨鹿、颍川、南阳等地，他们各自为战，攻城夺邑，焚烧官府，取得了很大胜利。与此同时，各地还出现了许多独立的农民武装。但黄巾军各自为战，缺乏战斗经验，以致东汉王朝能集中兵力各个击破。颍川、陈国、汝南、东郡和南阳的黄巾军相继失败。冀州黄巾军在张角病死后，由张梁统率固守广宗。当年十月，皇甫嵩率官军偷袭黄巾军营，张梁阵亡。3万多黄巾军惨遭杀害，5万多人投河而死，张角被剖棺戮尸。张宝也随即于下曲阳兵败阵亡，10余万黄巾军被杀害。之后，黄巾余部和各地的农民武装仍然坚持斗争。青州黄巾一度发展到拥众百万。后来因作战失利，被迫接受曹操的收编。曹操平定冀州时，张燕领导的黑山军也投降。

黄巾起义和在它影响下的各族人民起义，持续了20多年。由于起义农民本身的弱点，起义被残酷镇压，但在农民起义的打击下，腐朽的东汉王朝已名存实亡。

黄金储备 gold reserve　一国政府或货币当局持有的货币性黄金。一国国际储备的重要组成部分。在金本位制度普遍实行的时期，黄金是各国的本位货币，并为**银行券**等信用货币提供价值上的支撑。在这个时期，黄金是最主要的国际储备资产。但第一次世界大战之后，由于黄金数量的匮

乏，不能满足经济发展对追加货币供给的要求，使得以黄金作为本位的货币体系难以维持，因而许多国家纷纷放弃金本位制，转而实行金块本位制和金汇兑本位制。这两种本位制度削弱了信用货币发行与黄金储备之间的关联，黄金在货币体系中的地位有所削弱，但它仍然是国际支付的最后手段，依然是国际储备资产的主要内容。

美国联邦储备体系金库

第二次世界大战之后，随着布雷顿森林货币体系的崩溃，各国货币制度彻底与黄金脱钩。在1976年《牙买加协定》之后，全世界开始了黄金“非货币化”进程，黄金不再作为各国货币发行的基础以及国际支付手段而存在。但由于黄金价值高、易于保存，且在国际范围内有较高的认同度，所以仍然是各国储备资产的重要组成部分，在大国中尤其如此。

黄金分割 golden section 分已知线段为两部分，使其中一部分是全线段与另一部分的比例中项的数学问题。作法很简单，

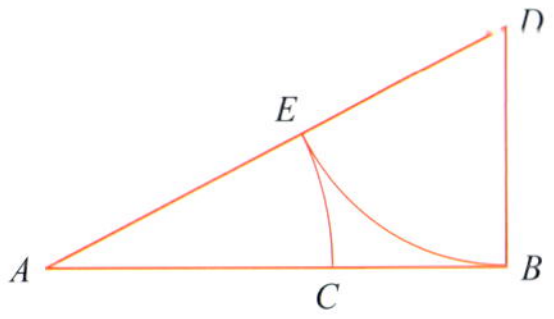

黄金分割示意图

如图设已知线段为AB，作$BD\perp AB$使$BD=AB/2$，连接AD，以D为心，BD为半径作弧交AD于E，再以A为心，AE为半径作弧交AB于C，则C就是所求的分点。

$$AC=\frac{\sqrt{5}-1}{2}AB,\text{记}G=\frac{\sqrt{5}-1}{2}=0.618\,033\,9\cdots$$

G称为黄金比或黄金分割数，它有很多奇妙的性质。上述的分割通常叫做黄金分割，或者说将线段分成中末比、中外比或外内比。对中末比作系统的研究，最早是希腊数学家欧多克索斯。但更早的毕达哥拉斯可能已经知道。黄金分割的实际应用，最著名的例子是**优选法**中的黄金分割法或0.618法。它是美国J.基弗在1953年首先提出来的。1970年以后在中国推广，取得很大的成绩。0.618是G的近似值，在实用上已足够精确。优选法的另一种方法——分数法，是以斐波那契分数列作为依据的。分数列的极限就是黄金分割数。

黄金荣 Huang Jinrong（1868-12-14～1953-06-20） 中华民国时期上海帮会首领。字锦镛。祖籍浙江余姚。生于江苏苏州，卒于上海。早年入裱画店学艺，后被店东开除，当了法租界巡捕房包探。因办事干练，深得法租界当局赏识，由此一路青云，直升至警务处唯一的华籍督察长；并借此特殊地位和权势，通过开赌局、办走私贩毒公司、经营以敲诈勒索为目的的娱乐场所等途径，敛得巨额财富，成为军阀、官僚、政客们争相结交的对象。1927年从法租界警务处退休后，积极支持**蒋介石**“清党”反共，被委任为国民党军事委员会少将参议、行政院参议，成为南京国民政府的新贵。1931年耗资350万银元，在上海漕河泾建成占地60余亩的黄家花园，声称从此退隐闲居，不问外事。1937年**抗日战争**全面爆发后，一度拒绝日本筹组上海伪政权的邀请，但又派员出席**汪精卫**南京伪政权的成立“庆典”，且与日伪显要过从甚密。1946年2月，受到还都南京的蒋介石的接见。同时组建“荣社”，欲有所图，后被上海市人民政府取缔。晚年热衷佛事。

《黄金史》 *Golden History of the Mongols* 记述蒙古历史的史书。包括以下三种版本：《蒙古黄金史纲》、《成吉思汗黄金史纲》和《大黄金史》。

①《蒙古黄金史纲》，全称为《诸汗源流黄金史纲》，作者不详。成书于1627～1634年间，与《蒙古秘史》、《蒙古源流》并称蒙古文三大历史文献，是研究蒙古史、特别是14～17世纪蒙古史有价值的著作。书中记述**元顺帝妥欢帖睦尔**退出大都以前的蒙古世系和故事，以及明洪武至天启为止的诸帝纪年，而以元顺帝北走应昌以后至林丹汗即位为止约270余年的蒙古历史，包括诸汗世系、**鞑靼**与**瓦剌**之间的战争、**俺答汗**与明朝的关系、喇嘛教的传布等内容最有价值。该书的手抄本最先由俄国学者瓦希里耶夫教授从远东获得。1958年发表于《皇家考古学会东洋学部报告》第六册(彼得格勒版)。书名题为《黄金史纲——蒙古编年史》。1925年，北京蒙文书社另以《圣成吉思汗传》为题，刊印该书，1927年再版。1940年前后，北京文殿阁书庄分别以《黄金史纲》为题，重印了该书的前半部即《蒙古黄金史》。1980年，中国蒙古史学会该年年会发表了朱风、贾敬颜根据《黄金史纲》译注的《汉译蒙古黄金史纲》。同年内蒙古人民出版社又出版了留金锁校注该书的蒙古文版本。前者也于1985年由内蒙古人民出版社出版。

②《成吉思汗黄金史纲》，又译《成吉思汗金鉴》。系手抄本，作者不详。1958年11月内蒙古语文研究所道荣嘎发现于达茂联合旗哈撒儿陵帐旁的石洞中。现藏内蒙古社会科学院图书馆。内容从也速娶妻开始至成吉思汗终年结束，大部分与《蒙古黄金史》相同，但多用口语，构词方面也有自己的特点。《蒙古黄金史》的著者似曾利用该书。

③《大黄金史》，又称《罗·黄金史》。全名为《综述古代诸汗根源起自印度西藏迄于蒙古初代圣成吉思汗其孙忽必烈薛禅汗支脉达延汗以至林丹呼图克图〈黄金史〉》。约成书于1643年后，但也有人认为成书于1628～1634年间或1649～1736年间。罗卜藏丹津著。该书最早由“蒙古人民共和国”科学院首任院长札木扬于1926年获得，1937年在乌兰巴托出版，题名《黄金史》。其内容采自佛教的《创世记》、《印藏王统史》、《蒙古秘史》、《成吉思汗金册》、《蒙古黄金史》等书。叙述印藏王统较《蒙古黄金史》为详备。1983年，内蒙古人民出版社出版了该书的校勘注释本，名为《黄金史》。

黄金世纪 El siglo de oro 西班牙古典文学的一个重要时期。始于16世纪初，终于17世纪中。当时，西班牙完成了“光复运动”，领土扩展到北非和美洲，成为欧洲最强盛的国家之一。经济繁荣，推动了西班牙的文艺复兴。阿方索·德·巴尔·德斯和胡安·路易斯·比维斯提倡复兴古代的文化和哲学，主张一切以人为本，肯定现实生活，反对教会的禁欲主义。诗人J.博斯坎-阿莫加维尔首先把意大利的新诗体引进西班牙。**加尔西拉索·德·拉·维加**是受意大利文艺复兴运动影响最深、成就最大的诗人。他创造出新诗体，给M.de**塞万提斯**、洛佩·德·维加等人以重大影响。在黄金世纪的全盛时期，文坛人才荟萃，流派庞杂，佳作纷呈。诗歌方面，L.de**莱昂**和费尔南多·德·埃雷拉分别代表萨拉曼卡派和塞维利亚派。小说和戏剧方面最突出的作家是塞万提斯和洛佩·德·维加。后期的优秀作家有散文家、小说家、诗人弗朗西斯科·德·克维多，戏剧家卡尔德隆·德·拉·巴尔卡，诗人路易斯·德·贡戈拉等。

黄金市场 gold market 专门经营黄金交易的**金融市场**。包括银行间黄金市场、黄金现货市场、黄金期货市场、黄金零售市场等。提供即期、远期、期货和期权交易，进行实物交易、交割及期货的投机和套期保值。

市场参与者包括各国官方机构、国际金商、银行、对冲基金等金融机构，各种企业、私人投资者以及经纪公司。黄金市场主要买卖金条、金砖和金币，以及黄金期货合约、黄金凭证和期权。

国际黄金市场的主要供给者包括：产金国提供稳定的经常性供给的黄金；还原重用的黄金；由于各种因素刺激而导致的诱发性供给，如一些国家官方机构、国际货币基金组织和私人抛售囤积的黄金与金矿增产的黄金，以及受各种因素影响的调节性供给，如产油国因油价低迷，收入减少而抛售黄金。黄金市场的主要需求包括：各国官方的储备、工业及首饰用黄金、投资需求。

黄金市场分为3种类型：①通过五大金商的联系进行交易的伦敦市场、以银行为主买卖黄金的苏黎世以及香港的伦敦黄金无形市场，是以无形交易为主的欧洲式市场，其作用在于提供金条提炼、金币兑换和黄金买卖。②设立在商品交易所的以期货交易为主的美国式市场，其作用在于套期保值和转移风险。如纽约商品交易所和芝加哥商品交易所。③独立设立的黄金交易场所，如香港金银业贸易场、新加坡黄金交易所等。

黄酒 Chinese rice wine 以稻米、黍米、黑米、小麦为原料，加曲和酒母作糖化发酵剂，酿制而成的发酵酒。成品的酒精含量在15%～18%（体积分数），还有一定含量的糖、有机酸、酯、醛和低分子蛋白，特别是游离氨基酸的含量达400～500毫克/100毫升，是氨基酸含量最丰富的酒种。色橙黄，清亮透明，有独特的浓郁香气，味醇和、鲜美，营养成分丰富。黄酒除作饮料酒外，还可作中药引子和丸散膏丹的重要辅料及烹调菜肴的调味料等。

黄酒是中国历史最为悠久的传统饮料酒。以浙江绍兴生产的黄酒最为有名。黄酒的主要产区为浙江、江苏、江西、福建、台湾和上海等省市，其中浙江省的产量占总产量的60%。各地所产的黄酒，由于原料、曲和酿造工艺的差异，品种繁多，各具地方特色。中国黄酒的定名方式很多。以产地为名，黄酒有绍兴酒、丹阳黄酒、山东即墨老酒等。在绍兴以外地区按绍兴酒工艺生产的称仿绍酒，以示区别。按米饭冷却方式定名，用凉水淋凉的称淋饭酒，摊凉的称摊饭酒，米饭分几次加入发酵醪中的称喂饭酒，增加米饭比例的称加饭酒等。为保证产品质量，便于管理和组织质量评比，一般按原料分为稻米黄酒和非稻米黄酒，按成品酒中糖的含量分为干黄酒、半干黄酒、半甜黄酒、甜黄酒、浓甜黄酒5类。

黄菊 Huang Ju（1938-09-28～2007-06-02） 中国共产党中央政治局常务委员会委员，中华人民共和国国务院副总理。浙江嘉善人。卒于北京。1966年加入中国共产党。1963年5月参加工作。1956～1963年在清华大学电机工程系电机制造专业学习。1963～1967年任

上海人造板机器厂动力车间、铸钢车间技术员，厂长秘书。1967～1977年任上海中华冶金厂动力车间技术员、车间党支部副书记。1977～1980年任上海中华冶金厂革委会副主任、副厂长、工程师。1980～1982年任上海市石化通用机械制造公司副经理。1982～1983年任上海市第一机电工业局副局长。1983～1984年任中共上海市委常委兼市工业工作委员会书记。1984～1985年任中共上海市委常委兼市委秘书长。1985～1986年任中共上海市委副书记。1986～1991年任上海市委副书记、副市长。1991～1994年任上海市委副书记、市长。1994～1995年任中共中央政治局委员，上海市委书记、市长。1995～2002年任中共中央政治局委员，上海市委书记。2002年任中共中央政治局常委。2003年3月任国务院副总理。是中共第十三届中央候补委员，第十四至十六届中央委员，十四届四中全会增选为中央政治局委员，第十五至十六届中央政治局委员，第十六届中央政治局常委。

黄克诚 Huang Kecheng（1902-10-01～1986-12-28） 中国无产阶级革命家、军事家、中国共产党和人民军队的领导人。中国人民解放军大将。湖南永兴人。卒于北京。1925年参加中国共产党。1926年起在国民革命军唐生智部任营政治指导员、团政治教官等职。1928年湘南起义中参与领导永兴起义，后历任工农革命军第4军第12师第35团团长，第2路游击司令，红军第5军的团、师政治委员，军政治部主任，第3军团代理政治部主任。先后率部参加巩固和发展湘鄂赣苏区的斗争和中央苏区历次反“围剿”。长征中参加了3军团进行的主要战斗、战役。到陕北后曾任第一方面军政治部和红军总政治部组织部部长。抗日战争初期，任八路军第115师第344旅政治委员，与徐海东率部转战晋冀豫。1940年后，历任八路军第2纵队政治委员、第4纵队政治委员、第5纵队司令员兼政治委员，新四军第3师师长兼政治委员，苏北军区司令员兼政治委员，中共苏北区委员会书记。曾参与创建苏北抗日根据地。抗日战争胜利后，历任西满军区副政治委员、司令员，中共西满分局副书记、代理书记，东北民主联军副司令员兼后勤司令员、政治委员，中共冀察热辽分局书记兼军区政治委员，东北野战军第2兵团政治委员。1949年1月任中共天津市委书记。中华人民共和国建立后，历任中共湖南省委书记，湖南军区司令员、政治委员，解放军副总参谋长兼总后勤部部长，国防部副部长，中央军委秘书长，解放军总参谋长。1955年被授予大将军衔和一级八一勋章、一级独立自由勋章、一级解放勋章。1959年在中央政治局扩大会议（庐山会议）上，因批评“大跃进”和“人民公社化”，与彭德怀等被定为“反党集团”，后被撤销职务，长期受审查。“文化大革命”期间又遭打击迫害。1977年12月复出，历任中央军委顾问，中共中央纪律检查委员会常务书记、第二书记。是中共第七届中央候补委员、中央委员，第八届中央委员、书记处书记，1978年在中共十一届三中全会上增补为中央委员。

黄宽 Wong Fun（1829～1878-10-02） 中国早期出国学习医学的学者。字绰卿，号杰臣。生于广东香山（今中山）东岸乡，卒于广州。1841年赴澳门，就读于马礼逊教会学堂。1849年毕业于马萨诸塞州孟松学校。1850年赴英入爱丁堡大学学医，以第三名成绩毕业。1856～1857年留英研究病理学与解剖学，获博士学位。1857年返香港，供职于香港伦敦会医院，同时在博济医院兼职。1858年接办合信氏之惠爱医馆。1862年参与博济医院培养中国医生的教学工作。同年受李鸿章聘，任医官，未及半载即辞归，返广州自设诊所。1863年受聘于广州海关医务处，是该处唯一的中国籍医官。1866年博济医院创设南华医学院，他与嘉约翰共同负责教学，任解剖学、生理学和外科学教官。1867年博济医院首次进行尸体解剖，由他执刀剖验。时人称之为好望角以东最负盛名的外科医师。1875年兼任西南施医局主任。晚年一直在海关任医务官，兼医学校教学。

黄昆 Huang Kun（1919-09-02～2005-07-06） 中国物理学家。生于北京，卒于北京。1941年毕业于燕京大学物理系，1944年获北京大学硕士学位，1947年获美国布里斯托尔大学博士学位，导师是N.F.莫脱。此后在英国爱丁堡大学物理系、利物浦大学理论物理系任研究员。1951年回国历任北京大学物理系教授、

系副主任，中国科学院半导体研究所所长、名誉所长，瑞典皇家科学院外籍院士，中国物理学会理事长。1955年当选为中国科学院学部委员（院士）。主要从事固体物理理论、半导体物理学等方面的科学研究，

是中国半导体物理学研究的开创者之一。40年代首次提出固体中杂质缺陷导致X光漫散射的理论，成为研究固体中杂质缺陷的一项有力手段。50年代与合作者首先提出多声子的辐射和无辐射跃迁的量子理论，被国际学术界称为“黄-佩卡尔理论”。1951年首先提出晶体中声子与电磁波的耦合振动模式，1963年被国际上的拉曼散射实验所证实，系固体光学研究中一种基本运动形式，被称为一种元激发。当时提出的基本方程，至今经常被采用。黄昆组织和推动了中国半导体超晶格材料和物理研究工作的开展，并在超晶格电子态、晶格振动理论、拉曼散射微观理论等方面进行了系统深入的研究。70年代后期关于无辐射跃迁绝热近似和静态耦合理论等价性的证明，澄清了20多年来在这方面理论发展中存在的问题。与M.玻恩合著的《点阵动力学理论》一书，被公认为该领域的权威著作。1985年7月被选为第三世界科学院院士。2002年荣获国家最高科学技术奖。

黄老道 Huang-Lao sect 假托黄老思想而形成的教派。中国战国时期稷下学宫的一批学者假借黄帝、老子之名著书立说，形成“黄老学派”。学派祖述《黄帝书》和《老子》，将儒、道、墨、阴阳、名、法诸家之说融会贯通，力倡“无为”，承袭和发挥了道家贵生、养神的思想。至汉代，黄老思想广为流行。

此时，谶纬神学大兴，黄帝、老子被神化，黄老之学和神仙养生之学融为一体，成为方仙道的理论基础。东汉时，方仙道又将黄帝、老子及其学说宗教化和方术化，形成了黄老道。汉明帝时楚王英已奉事黄老道，桓帝时在宫中建祠祭祀黄老，并三次遣使祀老子，黄老道成为统治者推崇的宗教信仰。

黄老之学 Yellow Emperor and Master Lao, school of 中国战国时期兴起的哲学政治思想流派。又称黄老学派。“黄”指黄帝，“老”指老子。该学派以道家创始人老子为宗师，又因攀援中国古代传说中的黄帝为远祖，故称黄老之学。一般认为，黄老之学发源于战国时期的齐、楚等地，盛行于西汉初期。黄老连用最早见于《史记》。《史记·乐毅列传》记载的黄老学者有河上丈人、安期生等。汉代的曹参、陈平等也是黄老之学的信奉者。

黄老之学以道家思想为主，兼采诸子百家，尤其注重与法家、儒家思想的结合。在哲学上，它继承和发展了老子的道论思想，认为“道”是天地万物的总规律，强调“道”的客观必然性，必须以“虚无为本”，“因循为用”。在政治上，黄老学派主张“贵清静而民自定”，“无为而治”；还主张以法治国，赏罚必信，循名责实。黄老学派的著作大部分已亡佚，其思想散见于《管子》、《文子》、《吕氏春秋》和《淮南子》等书中。1973年12月长沙马王堆汉墓出土帛书《老子》乙本卷前有《经法》、《十六经》、《称》、《道原》4篇古佚书，是黄老学派的重要著作。

汉初统治者信奉黄老之学，对于恢复社会经济起了重要的作用，出现了“文景之治”的繁荣局面。除汉初以外，唐、宋初年也有相似的做法。但黄老之学过分强调“无为”，不利于加强中央集权。战国至西汉的黄老之学本是经世之学，到东汉时，黄老之学蜕变为“自然长生之道”，一些方士把黄老之学与神仙长生、鬼神祭祷、谶纬符箓等方术杂糅一起，视黄帝、老子为神仙，形成了原始道教。

黄鹂 *Oriolus*; orioles 雀形目黄鹂科黄鹂属鸟类的统称。世界有27种，广布于古北界和东洋界，以东洋界为分布中心。中国有5种，以黑枕黄鹂为典型代表。羽色呈鲜黄色，但也有的以红或黑或白色为主。

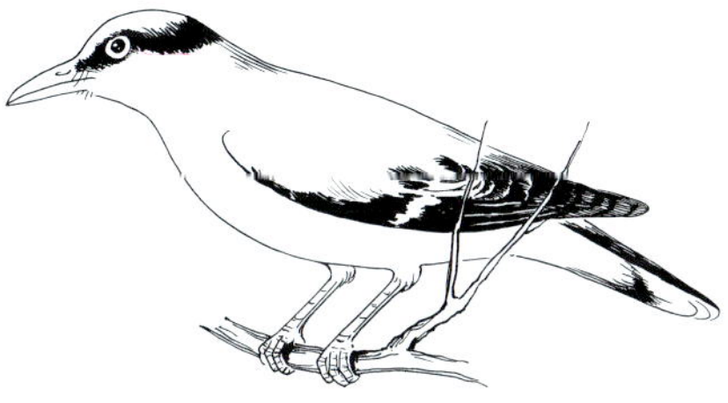

黑枕黄鹂

主要生活在阔叶林中。取食蝗虫、蛾类、甲虫、蝇类，秋季也吃浆果。雌雄共同以树皮、麻类纤维、草茎等在水平枝杈间编成吊篮状悬巢。每窝产卵4枚，卵呈粉红色，杂以稀疏的紫色和玫瑰色斑点，卵壳有光泽。雌鸟孵卵。孵化期13～16天，育雏期约16天。幼鸟离巢后仍家族群聚，至迁徙时离散，在印度及东南亚一带越冬。为著名食虫益鸟。

黄连 *Coptis chinensis*; Chinese goldthread 毛茛科黄连属的一种。多年生常绿草本植物。又称川连、味连、鸡爪黄连。以根状茎入药。因其根如连珠而色黄，故名。主要产于中国四川、湖北、陕西等省。同属中尚有三角叶黄连，又称雅连、峨眉连，主产于四川；云南黄连，又称云连，主产于云南。其根状茎也供药用。

株高15～25厘米，根状茎黄色，有多数须根。复叶基生，叶片卵状三角形，3～5全裂，有锯齿。春季开花，黄绿色，2歧或多歧聚伞花序。蓇葖果。种子长椭圆形，褐色。喜冷凉潮湿气候。用种子繁殖，直播或育苗移栽均可。生长期间均须搭棚遮阴，荫蔽度保持在70%以上，但可逐年减少。

根状茎有泻火解毒、清热燥湿功效，可治时行热毒、高热烦躁、泄泻痢疾、口疮、痈疽疔毒等症。有抑菌及抗病毒、抗原虫作用，并能降低血压，扩张冠状动脉。黄连含小檗碱、黄连碱等多种生物碱，另含黄柏酮、黄柏内酯等成分。

黄连素 berberine 常见的异喹啉型生物碱。即小檗碱。

黄量 Huang Liang (1920－05－22～) 中国有机化学家、药物化学家。生于上海。1942年毕业于上海圣约翰大学化学系。1949年获美国康奈尔大学博士学位后，继续在美国从事研究工作。1956年回国任中国医学科学院药物研究所研究员，《中国医学百科全书·药物学和药理学》分卷主编。1980年当选中国科学院学部委员（院士）。多年从事甾体激素、抗肿瘤药物的研究，关于“三尖杉酯碱”和“甲异靛”等抗肿瘤药物的合成，以及有抗男性生育作用的消旋“棉酚”的拆分研究，得到国际学术界的重视，获部委级以上奖10项。1964年与人合著《肿瘤学进展——化学治疗》和《仪器分析及其在生理科学中的应用》。发表论文100余篇。

黄陵县 Huangling County 中国陕西延安市辖县。位于省境中部，西与甘肃省为邻。面积2 288平方千米。人口13万（2010）。东晋设中部县，隋改内部县，唐复称中部县，1944年更名为黄陵县，以黄帝陵得名。煤炭资源十分丰富。工业有酿酒、电力、粮油加工、机械修配、建材、采煤等。农业主产小麦、油菜子、糜、谷、玉米、苹果、烤烟等。名胜古迹有黄帝陵、轩辕庙、万安禅院石窟、万佛洞、子午岭原始森林等。

黄瘤病 xanthomatosis 因含有脂类的细胞在真皮或皮下组织内聚集，皮肤表面形成的黄色瘤状损害。一种脂类代谢性疾病。皮疹形态和分布多种多样。

常见类型 主要有以下几种。

睑黄瘤 皮肤损害为局限性柔软的小

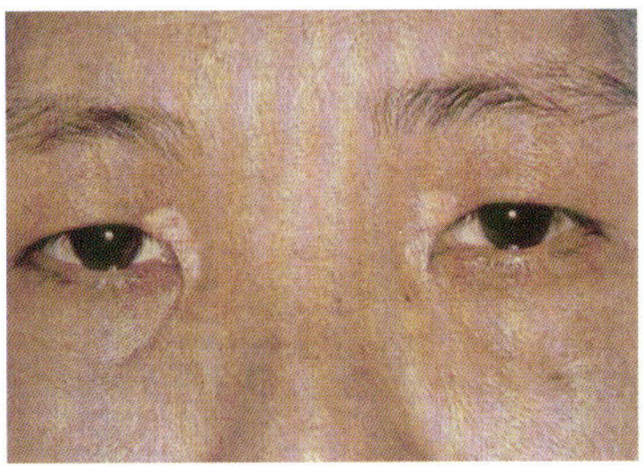

睑黄瘤

斑块，直径0.5～1厘米，境界清楚，稍高出于皮肤表面，对称分布于上眼睑内眦部(见图)，有时上下眼睑均可发病。

结节性黄瘤　皮损为黄色或橘红色的丘疹或结节，逐渐增大，融合至直径2～3厘米大小，分布于四肢伸侧关节处和易受压迫与摩擦的部位，如肘、膝、髋、手足背、手掌等。

腱黄瘤　附着在肌腱、韧带、筋膜。直径0.5～2.5厘米，质硬，好发于跟腱、手足背肌腱上，可随肌腱而活动，常有家族史。血清中脂蛋白增高，可导致心血管和肝胆的脂质沉积，从而引起相应的系统性表现。

播散性黄瘤　一种少见的皮肤黏膜黄色瘤。皮损为小的黄红色或棕色结节。好发于四肢屈面，口腔、咽喉、小支气管等黏膜和眼结合膜也常受累。主要见于青年男性。为慢性良性疾病，数年后皮损自然消退。

幼年性黄色肉芽肿　良性、自限性黄棕色丘疹或结节。常于出生后或生后一年内出现，多发性，12～18个月内自然消退。少数可以发生于眼、肺、心包、脑膜、肝、脾等处。

治疗　首先查找类脂代谢障碍的原因，如饮食、遗传、糖尿病等，针对病因予以矫治。体重过重者应降低体重，调节膳食，进低脂肪、低热能、低胆固醇饮食，并应用降血脂药物。当血浆脂类降至正常时，几周内皮疹可以消退。皮损可以液氮冷冻、二氧化碳激光治疗；大的结节也可行手术切除。

黄龙寺–九寨沟自然风景区　Huanglongsi-Jiuzhaigou Scenic Spots　中国自然风景区，大熊猫自然保护区。位于四川省九寨沟县和松潘县境的岷山主脉中。风景区包括九寨沟、大录神仙池和毗邻的松潘县黄龙寺等3个风景点。九寨沟地处岷山北麓，因四周分布有荷叶、树正等9个藏族村寨而得名。九寨沟山高谷深，海子棋布，瀑布栉比。其主沟呈“Y”字形，即由树正群海、日则、则查洼3条沟组成，呈Y形。其间有108个湖泊、17个瀑布群、5处钙华滩流、47眼泉水、11段激流，以1 000余米的高差，穿行于雪峰、林、谷之间，主沟长40多千米。沟内最大的长海，面积7.5平方千米，湖水晶莹清澈。断崖分布于上、下海子之间，每当上海子湖水由断崖滴落流入下海子时，便形成一道道银白色瀑布。最壮观的有树正、诺日朗、珍珠滩瀑布。环绕九寨沟的群山，原始森林茂密。主要树种有岷江冷杉、黄果冷杉、紫果云杉、麦吊杉、圆柏、华山松、油松等针叶树，阔叶树有红白桦、槭树、辽东栎、椴树、山杨等。林内有大熊猫、金丝猴、扭角羚、白唇鹿、梅花鹿、毛冠鹿、雪豹、马鹿、鸳鸯、绿尾虹雉等珍禽异兽。是中国唯一、世界罕见的巨大的以高山湖泊群和瀑布群为特色，集群海、溪流、瀑布、雪峰、林莽、钙华滩流等自然景观和藏族风情为一体的风景名胜区。1978年已划定为九寨沟自然保护区，面积约6万公顷，是四川仅次于卧龙自然保护区的第二大自然保护区。保护区东面还辟有白河自然保护区。

九寨沟的诺日朗瀑布

黄龙寺在松潘县城东北35千米的黄龙乡。相传夏禹治水至茂州，黄龙负舟导江，后人因而立庙祭祀，故称黄龙寺。明曾建前、中、后三寺，首尾相距7千米。每年农历六月十六日，当地均举行黄龙庙会，盛况空前。黄龙沟长3.5千米，沿沟结成了一层层的乳白色的石灰华，天长日久变成金黄色，在阳光下好似一条金光闪闪的黄龙。黄龙沟内有数量繁多、形态各异的五彩梯湖，如迎宾池、木沙椤倒影池、宝塔镇海池、珍珠海、荷花池、黄龙洞、石山洞、洗身洞、神仙洞、金瀑布、银瀑布及洗身洞瀑布群等。黄龙寺附近的雪山、林海也是重要美景。

1992年，黄龙风景名胜区和九寨沟风景名胜区作为自然遗产被列入《世界遗产名录》。

黄栌　*Cotinus coggygria*; common smoketree　漆树科黄栌属的一种。分布于中国华北、陕西、浙江和西南地区。灌木或乔木，高达8米，树冠呈圆形。单叶互生，叶片倒卵形，长达8厘米，宽达6厘米；叶柄细长。圆锥花序顶生；花小，杂性；花萼5裂，花瓣5，雄蕊5；子房1室；有花盘；紫绿色。核果小，肾形，红色。花期4～5月，果期6～7月。习生向阳山坡。其木材入药，除烦热，解酒疸。

黄栌的变种之一称为红叶。分布于中国河北、山东、河南。欧洲东南部也有分布。叶卵圆形或近圆形，两面有毛，下面毛更密生，花序有柔毛。其叶入秋红色美丽，北京香山红叶即此。

黄麻　*Corchorus*; jute　椴树科黄麻属植物的统称。一年生草本韧皮纤维作物。又称络麻、绿麻、荚头麻。中国的主产区在长江以南，以广东、浙江、台湾等省面积较大。

圆果黄麻

黄麻属约有40个种。有栽培价值的为圆果黄麻和长果黄麻。主根入土深达1米左右。茎高2～5米，粗1.5～2厘米，带有深浅不同的青、红或紫等色。长果黄麻品种均有腋芽，圆果黄麻多数品种有腋芽。叶卵圆至披针形，基部缺刻延伸成须状，而以长果黄麻的须状延伸较长。圆果黄麻的多数品种叶有苦味。聚伞花序，花黄色。长果黄麻的花比圆果黄麻（见图）的大，前者雄蕊30～60个，后者20～30个。蒴果，圆果黄麻的为球形，有纵棱和疣状突起，种子褐色；长果黄麻的为圆筒形，有棱，种子墨绿或灰黑色。黄麻单纤维长度500～6 500微米，直径10～30微米，纤维强力约为40千克力/克，圆果黄麻一般大于长果黄麻；纤维支数为300～500公支，一般长果黄麻大于圆果黄麻。

系热带和亚热带作物，适宜20℃以上高温多湿气候。发芽最低温度为13～14℃。要求土质肥沃、排水良好的砂质壤土。属短日照作物，长果黄麻比圆果黄麻对日照反应更为敏感。在中国选用南方良种到北方种植，可延长营养生长期，增加纤维产量。

由于黄麻种子小，顶土能力弱，应创造好播种出苗土壤环境。苗期生长慢，怕旱、涝，应勤中耕除草，排水防涝，早间苗、定苗。麻茎韧皮组织含初生纤维（来自原分生组织，束长、柔软、品质好）和次生纤维（由形成层分化、品质差）。植株半花半果时，即开花后半月时为工艺成熟收割期，收后沤麻脱胶清洗。黄麻纤维白而有光泽，吸湿性好，散水快。供制麻袋、麻布、造纸、绳索、织地毯和窗帘。麻骨制活性炭、纤维板。

黄梅戏 Huangmei opera 中国戏曲剧种。在皖、鄂、赣三省毗邻地区以黄梅采茶调为主的民间歌舞基础上发展而成。清代乾隆末期到辛亥革命前后，逐渐从歌舞发展成“两小戏”和“三小戏”。演唱时，只用打击乐器伴奏，人声帮腔，以载歌载舞为特点。演出以业余为主，后来出现了利用农闲活动的半职业班。早期班社的成员很少，一般是“三打七唱”（三人操打击乐器，七个演员）。辛亥革命后，安庆周围出现了比较固定的班社。1926年，著名演员丁永泉（旦）和曹增祥（生）、丁和寿（丑）等进入安庆市区，作营业性演出。中华人民共和国建立后，黄梅戏迅速发展，从流行安庆一隅的民间小戏一跃而成为安徽的地方大戏。1953年成立安徽省黄梅戏剧团后，先后整理、改编和创作了《打猪草》、《夫妻观灯》、《天仙配》、《女驸马》、《牛郎织女》等剧目。音乐方面增强了“平词”类唱腔的表现力，创造了与传统唱腔相协调的新腔。伴奏上，建立了以中国乐器为主的中、西混合乐队。在表演上，保持了载歌载舞的特点，继承了富有生活气息的传统表演，吸收其他表演艺术之长，提高了表现力。出现了严凤英、王少舫、潘璟琍等有成就的演员。现已成为颇受全国广大观众欢迎的剧种。

黄梅县 Huangmei County 中国湖北黄冈市辖县。位于省境东部长江北岸，东邻安徽省、南邻江西省。面积1 701平方千米。人口86万（2010）。隋开皇十八年（598）置黄梅县。唐武德八年（625）废州复置黄梅县，沿袭至今。矿产以磷铁矿、磷、煤、石英长石、重晶石、石膏、高岭土等为主。农业以粮食、油料、棉花、柑橘和生猪、牛、羊、畜禽、水产养殖等为主。工业以纺织、机械、建材、冶金、化工、轻纺、塑料、皮革等为主。水陆交通方便，京九、合九铁路交会于此，还有长江航运。名胜古迹有五祖寺、四祖寺、乱石塔和晋梅、挪步园风景区等。

黄孟复 Huang Mengfu（1944-01～　）中国人民政治协商会议全国委员会副主席，中华全国工商业联合会主席。爱国人士黄

炎培之孙。上海市人。中国民主建国会成员。中国共产党党员。1962年入北京钢铁学院冶金系钢铁冶金专业学习。1968年后历任南京钢铁厂工人、工长、技术员、工程师、炼铁分厂技术科副科长、分厂副厂长、副厂长、高级工程师。1992年后任南京市副市长，民主建国会江苏省委会副主委、主委。1997年后任民建中央副主席，南京市副市长，江苏省人大常委会副主任，全国工商联副主席、主席。是全国政协第八届委员、九届常务委员。全国政协第十届、十一届副主席。

坎布拉国家森林公园

黄鸣龙 Huang Minglong（1898-07-03～1979-07-01） 中国有机化学家。生于江苏扬州，卒于上海。1924年获德国柏林大学博士学位。回国后曾先后在中央研究院化学研究所及西南联合大学任教授及研究员。后又三次出国，在德国维尔茨堡大学、先灵药厂研究院，英国密得塞斯医院的医学院生物化学研究所，美国哈佛大学、默克药厂等单位任研究员。1952年回国，历任中国人民解放军医学科学院化学系研究员、中国科学院上海有机化学研究所研究员，国际《四面体》杂志名誉编辑。1955年当选中国科学院学部委员（院士）。早期研究植物化学，后研究甾族化学，他和合作者最先发现甾族化合物中的双烯酮酚反应。1946年，他对沃尔夫-基希纳反应进行了卓有成效的改进，为世界各国广泛应用，并普遍称为“黄鸣龙还原法”。中国甾族激素药物工业的奠基人。甾体激素的合成与甾体反应的研究，获1982年国家自然科学奖二等奖。发表论文80余篇、专著及综述近40部（篇）。

黄南藏族自治州 Huangnan Tibetan Autonomous Prefecture 中国青海省辖自治州。位于省境东南部，东、南与甘肃省接壤。辖同仁县、尖扎县、泽库县和河南蒙古族自治县。面积为17 921平方千米。人口26万（2010），藏族占总人口的60%以上，还有蒙古、汉、回、保安等民族。自治州人民政府驻同仁县。古为羌地。1953年成立黄南藏族自治区，1955年改自治州。地处青南高原东北部山地和黄河、隆务河谷地，境内有河流60多条。年平均气温－0.3～9.3℃，平均年降水量430.2～535.5毫米。水利资源十分丰富。矿产有金、铜、铅、锌、锑等。工业以电力、采矿、冶炼、建筑、建材和畜产品加工业为主。农业以种植小麦、青稞、油菜、瓜果为主。牧业以牧养绵羊、牦牛、马等为主，是驰名中外的河曲马、欧拉羊产地。野生动物有羚羊、雪豹、白唇鹿、马鹿、岩羊等。药用植物有冬虫夏草、党参、黄连、麻黄、大黄、秦艽、羌活等。吴屯的绘画、雕塑、石刻等民间工艺被誉为“热贡艺术”。名胜古迹有坎布拉国家森林公园、李家峡电站库区风光、麦秀原始森林、同仁西卜沙温泉、河南仙女洞、隆务寺、铁城山古城遗址等。

黄牛 yellow cattle 中国原有的普通牛种。中国的饲养头数在大家畜中或牛类中均居首位。饲养地区几乎遍布全国。在农区主要作役用，半农半牧区役乳肉兼用，牧区则乳肉兼用。

黄牛被毛以黄色为最多，品种可能因此而得名，但也有红棕色和黑色等。头部略粗重，角形不一，角根圆形。体质粗壮，结构紧凑，肌肉发达，四肢强健，蹄质坚实。其体形和性能因自然环境和饲养条件不同而有差异，可分为北方黄牛、中原黄牛和南方黄牛三大类型。饲养方法大致可分为舍饲、半舍饲和放牧三种。

黄埔军校 Whampoa Military Academy 第一次国共合作时期，孙中山在苏联和中国共产党帮助下创办的培训陆军初级军官的学校。正式名称为“中国国民党陆军军官学校”，因创办时校址选在广州黄埔长洲岛，

黄埔军校旧址

通称黄埔军校。

1921年，孙中山接受共产国际代表马林的建议，在改组国民党的同时，建立由国民党自己掌握的革命武装，创办军官学校。苏联派来数十名军事干部担任教官，并提供办校经费和军械武器。1924年6月16日举行开学典礼，孙中山任军校总理，蒋介石任校长，廖仲恺任党代表，下设办公厅、政治部、教授部、教练部、总教官室等部门。除国民党人士外，周恩来等许多共产党人也在校内任职，苏联专家A.I.切列帕诺夫、加伦（V.K.布柳赫尔的化名）等为军事顾问。军校仿效苏联红军的经验设立党代表和政治部，除军校设党代表、各学生队设政治指导员外，在各教导团和后来的党军中，从连至师均设立党代表。军校学制为三年，实际为半年至两年半不等，从第二期起分步、炮、工、辎重和宪兵科（第四期以后增设政治、骑兵、交通和无线电等科），从第三期起实行入伍生制度，新生要经过三个月入伍教育，考试及格者升为正式学生。其军事教育分学科（步兵操典、射击教范、战术学、兵器学、交通学、筑城学、军制学等）和术科（制式教练、战斗教练、实弹射击、野外演习等）两大类。1924年冬，黄埔军校成立教导第1、第2团。次年4月，以教导团为基础成立国民党军第1旅，后又扩编为国民党军第1师，参加统一和巩固广东革命根据地的作战，许多毕业生参加了北伐战争。从1925年起，黄埔军校先后在潮州、南宁、武汉、长沙设立分校。1926年3月国民革命军各军所属军校与黄埔军校合并，改组为中央军事政治学校。1930年9月，军校停办。黄埔军校前后历时6年，共招收7期学生，毕业8 783人，培养出大批军事、政治人才，在中国现代军事史上占有重要地位。

《黄埔条约》 *Treaty of Whampoa* 法国与中国签订的第一个不平等条约。即《中法五口贸易章程》。鸦片战争后，法国利用中国战败的困难局面，继英美之后派遣特使刺萼尼率兵船八艘，于道光二十四年六月三十日（1844年8月13日）到达澳门，与清两广总督耆英谈判。1844年10月24日，双方在停泊广州黄埔的法舰阿吉默特号上签约，共36款，附《海关税则》。法国不但轻易取得英、美已得到的各种重大权利如五口通商、协定关税、领事裁判权以及片面最惠国待遇等，而且攫取一些新特权。条约给予法国人在五口建造礼拜教堂、墓地等权利，并规定中国政府承担保护的义务。条约签订后，法使又强迫清政府取消对天主教的禁令。

黄浦江 Huangpu River 长江入海前接纳的最后一条支流。上海市境域主要河流。古名东江。上源为拦路港，主源来自淀山湖，过松江后始称黄浦江。3世纪以前，黄浦江流程很短，向南于杭州湾入海。后几经改道，流向折向东北，流程随之延长，至15世纪前后渐趋稳定，方形成今黄浦江。全长114千米。在市区汇合苏州河，至吴淞口入长江。因有长江和淀山湖及稠密河网调节，水源足而水量丰，全年水位变化较小，具航运、灌溉之利。江宽约400米，闵行处宽约320米，至吴淞口增至800米。1万～2万吨级轮船可直达上海港内各深水泊位。

黄浦江鸟瞰

黄浦区 Huangpu District 中国上海市辖区。位于市区东南部。面积12平方千米。人口43万（2010）。1945年设黄浦区，因临黄浦江得名。黄浦区金融机构云集，中国人民银行、中国银行、中国工商银行、中国农业银行、中国建设银行和浦东发展银行、汇丰银行、麦加利银行、东亚银行等60多家中外银行集中于外滩一带。黄浦区是上海商业中心。南京路上有市第一百货商店、永安百货、第一食品商店、上海时装公司等，以及协大祥、恒源祥、张小泉等老字号商店。有古色古香的豫园商业旅游城。黄浦区是上海的文化中心。上海博物馆、上海自然博物馆、上海美术馆、上海市工人文化宫、解放日报社、文汇报社、黄浦体育馆均在区内。有上海大剧院、中国剧场、人民大舞台、共舞台、逸夫舞台、大光明电影院、上海音乐厅等娱乐休闲场所。纪念地有中国社会主义青年团中央机关旧址、任弼时同志旧居、《中国青年》编辑部旧址和中共中央政治局机关旧址等。豫园、黄浦公园、人民公园及外滩为区内著名游憩地。2011年6月，国务院正式批复黄浦区和卢湾区合并成新的黄浦区，面积达20.5平方千米，户籍人口90.9万。

黄芪 *Astragalus*; alpine milkvetch 豆科黄芪属植物的统称。多年生草本植物。又称黄耆。根供药用。主要有膜荚黄芪（东北黄芪）和内蒙古黄芪（绵芪，见图）两个种。膜荚黄芪原产中国，主要产区在山西、甘肃、黑龙江、内蒙古等地。朝鲜、韩国也有分布。内蒙古黄芪主产于内蒙古、吉林、辽宁、河北、山西等地。

膜荚黄芪株高50～80厘米。主根深而长，棒状。茎直立，上部多分枝。奇数羽状复叶互生。总状花序腋生，花冠黄色。荚果半卵圆形，先端尖刺状，被黑色短毛。种子肾形，黑色。内蒙黄芪叶片较小，荚果光滑无毛。黄芪喜凉爽气候，耐旱、耐寒，怕热、怕涝。宜生长于土层深厚、富含腐殖质的砂质壤土。忌连作。用种子繁殖。一般采用条播。栽种二三年，于秋季采挖根部，干燥后即可供药用。种子需分批采收。

黄芪根作中药炙用能补中益气，主治内伤劳倦、脾虚泄泻、脱肛、气虚浮肿、崩带、子宫脱垂等症。生用能固表、利水、清肿、

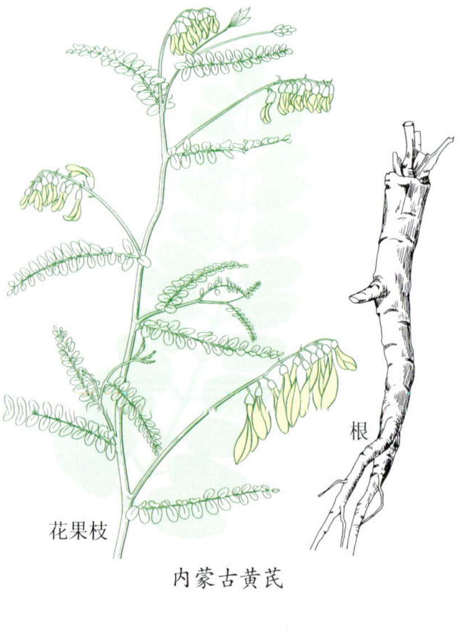

内蒙古黄芪

托毒、生肌，主治自汗盗汗、脾虚、水肿、痈疽不溃或溃久不敛。有利尿、降压和增强机体免疫功效。膜荚黄芪根含黄酮化合物，黄芪多糖，膜荚黄芪皂苷甲、乙、丙，胆碱，甜菜碱，数种氨基酸及微量叶酸等。

黄桥战役 Huangqiao Campaign 抗日战争时期，中国共产党领导的新四军苏北指挥部在江苏泰兴以东黄桥地区粉碎国民党顽固派军队进攻的自卫反击作战。

在第一次反共高潮被打退后，国民党顽固派将反共重心由华北移至华中地区，大举进攻华中新四军。为执行中共中央关于独立自主开辟苏北、发展华中敌后抗战的战略方针，新四军江南主力于1940年7月初挺进苏北，连续突破国民党顽固派军队和日伪军的拦截和围攻，于7月下旬到达黄桥地区。8月，八路军第5纵队东进至淮海地区，形成南北配合、苏北抗战局面的有利态势。

国民党军鲁苏战区副总司令兼江苏省主席韩德勤自恃拥兵10万，为苏北抗战的主要障碍。韩德勤为保持苏北反共阵地，企图先消灭立足未稳的新四军，再歼击南下的八路军，于是，挟其优势兵力进犯黄桥。新四军江南主力北渡长江后建立苏北指挥部，陈毅、粟裕任正、副指挥。下辖3个纵队共9个团7 000余人。苏北指挥部坚持有理、有利、有节的自卫原则，针对国民党顽军内部的派系斗争情况，灵活运用斗争策略，成功地争取了驻泰县（今泰州）的鲁苏皖边区游击军李明扬部和驻曲塘的税警总团陈泰运部保持中立；在营溪首战中击退韩部进攻，进而攻取姜堰后仍然向其呼吁“停止内战，团结抗日”。韩德勤却以新四军退出姜堰相要挟。陈毅慨然允诺，让出姜堰由李明扬、陈泰运部接防。这种顾全抗战大局的举动进一步争取了李、陈，使韩德勤更加孤立。此时，韩德勤倾其主力1.5万余人，分3路从海安、曲塘一线南犯；以李明扬、陈泰运部及5个保安旅分置左右两翼，配合作战，企图于黄桥地区聚歼新四军苏北部队。苏北指挥部决心集中兵力，采取积极防御、诱敌深入的战法，于运动中歼击韩军。

10月4日15时，韩部第33师由分界直扑黄桥东北前沿阵地，一部突入东门，经第3纵队顽强反击，予以重大杀伤。自恃装备精良的独立第6旅经高桥南进，企图袭击黄桥侧背。第1纵队经3小时激战，全歼该旅，旅长翁达自杀毙命，首战告捷。

4日午夜至6日，第1、2、3纵队全歼第89军主力，军长李守维毙命，韩德勤率残部千余人向兴化溃逃。与此同时，八路军第5纵队由涟水南下，进占阜宁、盐城，歼韩部保安旅一部。10月10日，新四军先头部队与八路军第5纵队先头部队会师于东

陈毅、粟裕率领部队向黄桥开进

台以北的白驹镇。在战役过程中，黄桥地区人民奋起支援新四军作战，对保证战役的胜利起了重要作用。

此役共歼国民党顽军1.1万余人。黄桥战役的胜利奠定了苏北抗日根据地的坚实基础，打开了华中抗战的新局面。

黄秋葵 *Hibiscus esculentus*; okra 锦葵科秋葵属的一种。一年生草本植物。又称羊角豆、秋葵。原产非洲。中国南方大城市郊区有零星栽培。

直根系，株高1～2.5米，茎圆柱形。叶掌状，3～5裂，叶柄长，互生。花大，黄色，中心绯红，完全花。蒴果，长角状，果面被茸毛。种子近圆球形，灰绿黑色。喜温暖，耐热，怕霜冻。喜强光。较耐旱，不耐涝。土壤适应性广。黄秋葵按荚果外形不同有圆荚和棱角荚、短荚和长荚，按颜色有红荚和绿荚，按植株高度有矮生和高生之分。采用种子繁殖。

黄秋葵营养丰富，含有蛋白质、果胶、牛乳聚糖和阿拉伯聚糖等物质，具有健肠胃、护肝等保健功效。嫩蒴果作蔬菜，可炒食、煮食、凉拌，也可腌渍、制罐或速冻后食用。

黄筌 Huang Quan (?～965) 中国五代后蜀画家。字要叔。成都人。卒于汴梁（今河南开封）。主要活动在后蜀（925～965）时期。17岁时即以画供奉内廷。曾任翰林待诏、如京副使等。与其子黄居宝（字辞玉）、黄居寀（字伯鸾）供职画院，先后达40年之久，图画殿庭墙壁、宫闱屏幛不可胜纪。擅山水、人物、龙水、松石，尤精花鸟草虫，在中国古代花鸟画发展史上占有重要地位。黄筌不但学力博赡，而且能自出新意，与黄居宝、黄居寀使工笔花鸟画达到成熟。黄筌的《写生珍禽图》和黄居寀的《山鹧棘雀图》，其表现翎毛、昆虫等自然物态的精确性及作为艺术形象的审美趣味性，已达到妙造自然、形神兼备的程度。黄筌重视观察体会禽鸟的形态习性，以精细的笔致和赋色技巧表现动植物的生动情态。黄筌、黄居寀长期供职宫廷画院，所见所画多为禁苑所有珍禽瑞鸟、奇花怪石，因此后人有“黄家富贵”之评。

黄雀 *Carduelis spinus*; Eurasian siskin 雀形目燕雀科金翅雀属的一种。又名芦花黄雀。繁殖于欧亚北部，越冬于中亚至东南亚。在中国大小兴安岭山地繁殖，迁徙时少数

留在河北、江苏，大多数飞向长江中下游、浙江、福建、广东、台湾等地越冬。

雄黄雀头顶呈黑色且具黄色眉纹；肩部呈绿色且具黑纹；腰呈绿黄色；尾上覆羽呈黑色，具绿端；飞羽呈黑色，各羽镶有狭小黄绿色边；飞羽羽基大多呈黄色；中央尾羽呈黑色；外侧尾羽先端黑，羽基黄色；下体呈黄绿，喉部中央呈黑色；两胁和尾下覆羽均杂以黑纹；下腹呈白色。雌鸟上体呈暗绿色，杂有黑色纵纹；腰部呈黄色，亦具黑纹；下体黄色不显，颏、喉呈灰黄色。

黄雀是中国东南地区较常见的鸟类，多结群栖息于针叶林中。主要以针叶树球果种子为食，也吃草子，夏季兼食昆虫。在密叶高枝上营巢。雌鸟以苔藓、地衣、草茎叶和蜘蛛丝等筑成杯状巢，内垫以羊毛、马鬃、绒羽等。每窝产卵5～6枚。卵呈淡蓝色且有淡紫色粗斑，缀以淡棕色和暗红褐色细点。雌鸟孵卵时，由雄鸟喂食。孵化期约14天。雏鸟由双亲共同抚育。

黄壤 yellow earth 发育于中亚热带湿润地区常绿阔叶林或常绿针阔混交林下的黄

色酸性土壤。分布于南、北纬23.5°～30.0°之间的局部湿润地区；中国以贵州省分布面积最大。黄壤同时受富铝化作用、生物累积作用和氧化铁水化作用的影响，除因水化作用形成的针铁矿使土壤呈现黄色以外，其余基本性状同于**红壤**，表现酸、黏、瘦的特征，只是富铝化程度弱于红壤，生物累积强于红壤。所以有机质含量通常较高，另因主要分布于山地，土层大多较为浅薄。黄壤是中国南方重要的森林土壤，其利用应以林业为主。

黄热病 yellow fever 由黄热病病毒引起的急性**传染病**。患者常出现黄疸伴发热，本病因此得名。黄热病仅分布于中南美洲和非洲。巴拿马运河开凿时曾有数万人患本病。传播媒介是伊蚊，临床表现轻重不一，极轻者类似感冒，只有1～2日发热、头痛；重者常突然高热、全身疼痛，眼结膜充血、白细胞降低。持续数日后，症状减轻，然后再出现黄疸、肝功能异常、出血、蛋白尿，甚至无尿。可行对症和支持治疗，无特效治疗。预防的重点是灭蚊，疫苗效果慢。赴流行区工作者应预先接种。

黄瑞采 Huang Ruicai (1907-04-10～1998) 中国土壤学家。生于江苏南京。1929年毕业于金陵大学森林学系。1937年获美国明尼苏达州立大学理学硕士学位。曾任金陵大学、南京农学院、南京农业大学教授，中国土壤学会第一届和第四届理事长。长于土壤发生分类学和土壤微形态学。20世纪70年代末，研究中国暗色黏性水稻土的分类和利用，其成果为联合国粮农组织修正《世界土壤图》的中国图幅提供了科学依据。著有《土壤学——基础理论及土壤各论》等。

黄瑞纶 Huang Ruilun (1903-02-22～1975-01-13) 中国农业化学家。生于河北任丘，卒于北京。1928年毕业于南京金陵大学化学系。1933年获美国康奈尔大学哲学博士学位。历任浙江大学农学院、广西大学和北京大学农学院教授。1949年后任北京农业大学教授兼土壤农业化学系主任，中国植物保护学会副理事长。20世纪40年代，在植物性杀虫剂的研究中，首先发现并分离出豆薯种子的杀虫有效成分为鱼藤酮和拟鱼藤酮类化合物；60年代主持灭蚕蝇药剂的研究，1978年获全国科学大会奖。其农药混合粉剂（乙六粉）的研究，也获得全国科学大会奖。著有《杀虫药剂学》(1956)、《植物化学保护》(1961)等，并撰有论文数十篇。

黄润甫 Huang Runfu (1845～1916) 中国**京剧**演员。工架子花脸。满族。北京人。

京剧《打焦赞》剧照（黄润甫饰焦赞，朱文英饰杨排风）

排行第三，故人称“黄三”。初为翠峰庵票房票友，后拜四喜班朱志学（朱大麻子）为师，入**程长庚**主持的三庆班演出。所演《群英会》、《战宛城》、《阳平关》等曹操戏，多宗其师而又有所发展，时有“活曹操”之誉。唱多沙音、炸音，尤以炸音为主。唱法上似散实凝，以顿挫取胜。唱腔平直，但讲求字韵。念韵白，声慢而文，常以拔高的炸音表现情感的变化。尤重工架身段，讲究造型美，于步法、身段等均有突出创造，多为后人所师法，在艺术上自成一派。弟子**侯喜瑞**得其传授，**郝寿臣**虽非正式门人，亦深受其教益。

黄山 Huangshan Mountain 中国名山，风景旅游区。1990年作为文化与自然遗产被列入《世界遗产名录》。2004年被联合国教科文组织评为世界地质公园。位于安徽省南部、黄山山脉中段，面积约1 200平方千米，其中有154平方千米划为风景区。秦称黟山，唐天宝六载(747)改名黄山，别称“黄岳”。自然风景优美，明代地理学家、旅行家**徐霞客**曾有“五岳归来不看山，黄山归来不看岳”之赞。黄山山体主要由燕山期花岗岩构成，垂直节理发育，侵蚀切割强烈，多悬崖峭壁和深谷，形成石柱、石笋等独特的黄山花岗岩峰林地貌。山顶覆盖古老的砂岩、页岩，经风化剥蚀作用而呈奇峰怪石，多姿多彩。区内有已命名山峰72座，其中莲花峰、天都峰、光明顶为黄山三大主峰。莲花峰海拔1 864.8米，为安徽省最高点。黄山自然风景兼有泰山之雄伟，华山之峻峭，衡山之烟云，庐山之飞瀑，峨眉山之清凉，并以山石、青松、云海、温泉为“黄山四绝”；黄山飞泉、瀑布很多，尤以九龙瀑、百丈瀑、人字瀑等著名。九龙瀑为黄山最壮丽的瀑布，位于罗汉峰与香炉峰之间，因上下计九叠故名。人字瀑在紫云、朱砂两峰之间，分左右两路走壁下泻，因其形似“人”字故名。此外，有2湖、16泉、24溪等胜景。山上盛夏平均气温仅18℃左右，山下温泉水温42℃左右，宜避暑、疗养。黄山植物覆盖率达56%，种类多达1 452种，是华东植物荟萃之地，尤以产黄山松和名茶“黄山毛峰”、名药“灵芝草”驰名中外。鸟类有170种，兽类48种，主要珍禽异兽有白颈长尾雉（山鸡）、猕猴（黄猴）、短尾猴（青猴）、梅花鹿、野山羊、麋鹿（四不像）、豹、八音鸟、白鹇鸟、相思鸟等。

黄山市 Huangshan City 中国安徽省辖地级市。位于省境最南端。西南与江西省、东南与浙江省交界。辖屯溪、黄山、徽州3区，歙县、休宁、祁门、**黟县**4县。面积9 807平方千米，人口136万(2010)。隋开皇十一年(591)置歙州，北宋宣和三年(1121)改名徽州，1949年置徽州专区，1971年改徽州地区，1987年撤销徽州地区，设黄山市。因**黄山**得名。地处亚热带，属于湿润性季风气候，温和多雨，四季分明。河流有**新安江**、青弋江，均属长江水系。森林资源经济价值较高，属于国家重点保护的珍贵树种有香果树、红楠、花榈木、红椿，省定保护木种有金钱松、南方铁杉、三尖杉、银杏、鹅掌楸、黄山木兰、樟树、天目木姜子、连香权、领春木、天女花、青钱杉和中华猕猴桃等15种。有国家级保护的珍贵鸟兽20多种，包括金丝猴、大灵猫、熊、蕲蛇、短尾猴、猕猴、香狸、獐、白颈长尾鸡、八音鸟、相思鸟等。矿产有石灰岩、花岗岩、瓷土、石英岩，以及金、铜、钼、钨、锑等，土特产有香菇、徽州贡菊、徽州雪梨、三潭枇杷、黄山猕猴桃等。工业有机电、化工、机械、冶金、医药、纺织、丝绸、工艺美术等。皖赣铁路横贯全境，北同京沪线接轨，南与浙赣线相连，有慈张、徽杭、大青等公路干线。黄山机场有通往

黄山云海

合肥、北京、上海、广州、香港等地航班。名胜有黄山、齐云山、太平湖及牯牛降等自然保护区，歙县为国家历史文化名城。

黄鳝 *Monopterus albus*; mud eel 合鳃目合鳃科黄鳝属的一种。又称鳝。淡水经济鱼类。分布于中国（西北地区除外）、泰国、印度尼西亚、马来半岛、日本和朝鲜半岛等的泥塘、沟渠或稻田的水陆交界处。

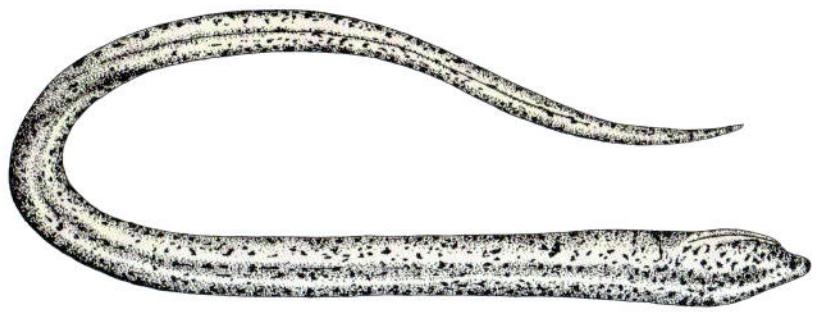

体呈鳗形。头大。眼小，为皮膜所覆盖。前、后鼻孔分离较远。口大，前位。上下颌及腭骨具细牙。唇厚。左右鳃孔在腹面合而为一，呈“∧”形。体无鳞，富黏液。背鳍与臀鳍退化，仅具低皮褶，胸鳍和腹鳍消失。体黄褐色，布满黑色斑点，腹部灰白色。常钻洞穴居，喜集群，白天隐居，夜晚出穴觅食。主要摄食昆虫幼虫、虾、蝌蚪和小鱼等，兼食有机碎屑和丝状藻类。生长适温为15～30℃。

中国已人工繁殖成苗种，用以养成商品鱼。黄鳝肉味鲜美，营养丰富，尤以小暑时的为佳。

黄慎 Huang Shen (1687～1768年后) 中国清代画家。扬州八怪之一。初名盛，一作胜，字恭寿、恭懋，号瘿瓢子、东海布衣。宁化（今属福建）人。少年丧父，为侍养母亲，弃举子业，学画以谋生计。后离家出游，先后3次至扬州卖画。晚年归里，不知所终。主要工画人物，早年用笔工细，后风格变为粗犷，气象雄伟。多取材于历史人物故事，以及神仙佛道，樵夫渔父。主要作品有《商山四皓图》、《漱石捧砚图》、《醉眠图》等。曾创作《群乞图》，描写灾荒年景中，饥民们行乞街头，受人凌辱，表现出对人民痛苦生活的同情。他也画花鸟，笔法洗练概括，作风大胆泼辣，勃勃有生气，作品有《芦鸭图》、《花卉册》等。山水以小品最精，境界开阔，诗趣盎然，有《山水册》等作品传世。黄慎的绘画着重于写意，描写对象，不拘泥于形似。黄慎草书用笔枯劲，上下勾连，自成风格。诗亦佳，有《蛟湖诗钞》刻本行世。

《漱石捧砚图》(故宫博物院藏)

黄石国家公园 Yellowstone National Park 世界上最早建立的国家公园。主要位于美国西部怀俄明州西北部，小部伸入蒙大拿州和爱达荷州境内。面积8 983平方千米，是美国本土面积最大的国家公园。1872年美国国会通过提案，正式建立。1976年、1978年先后被联合国定为国际生物圈保护区和列入《世界遗产名录》。公园地处北落基山与中落基山间的黄石熔岩高原，曾历经多次火山活动，1959年发生里氏7.5级大地震，地壳至今不稳定。地面山峦崎岖，海拔2 100～2 400米，东边的伊格尔峰海拔3 462米，为全园最高峰。黄石河自南向北纵贯园区，途中流经的黄石湖，面积339平方千米，湖面海拔2 357米，是北美洲海拔最高的湖泊；在北部切割成长30千米、深370米的黄石河大峡谷，河水跌落形成壮观的上瀑布和下瀑布。园内有300多处间歇喷泉和3 000多处温泉，数量和种类之多，世界罕见。其中包括喷发很有规律的“老忠实泉”、以喷发高度著称的斯廷博特泉及著名的马默斯温泉等。还有泉华丘、泥火山、蒸气孔、黑曜岩悬崖和化石森林等胜景。生境多样。有大片原始森林，主要树种为黑松、扭叶松、云杉、冷杉等；也有广阔的草原和艾灌丛沙漠。园内生活着多种野生动物，大型哺乳动物有野牛、麝、巨角野羊、黑熊、灰熊、驼鹿、土狼等；鸟类300余种，包括秃鹰、鱼鹰、白鹈鹕、加利福尼亚鸥等。交通便利，各种旅游设施齐全。

黄石国家公园内的黄石河

黄石市 Huangshi City 中国湖北省辖地级市。位于省境东部，长江南岸。辖黄石港、西塞山、下陆、铁山4区和阳新县，代管大冶市。面积为4 576平方千米。人口243万（2010）。黄石原为大冶县临江两小镇。1890年大冶铁矿开采后，发展为铁矿转运港口。1948年设黄石镇。1950年置黄石市。矿产主要有铁、铜、钴、金、银、锰、钨、锌、锶、硅化石、透辉石、煤等。铁山铁矿和铜绿山铜矿早已露天开采，是中国富铁、富铜矿的重要采掘基地。工业有冶金、机电、建材、化工、医药、轻工、纺织、服装等。农业以粮油、畜禽、林果、蔬菜、水产5大主导产业为重点。黄石港是长江航线重要港口。黄石长江公路大桥是沪蓉高速公路的重要通道。名胜有东方山、西塞山、磁湖、飞云洞等。

黄蜀芹 Huang Shuqin (1940-09-09～) 中国影视导演。广东番禺人。生于上海。1964年毕业于北京电影学院导演系，先后任上海电影制片厂场记、副导演、导演。执导的影片有《连心坝》(1977)、《当代人》(1981)、《青春万岁》(1983)、《超国界行动》(1986)、《人·鬼·情》(1987)、《画魂》(1993)、《我也有爸爸》(1996)、《嗨，弗兰克》(2002)等。执导的电视剧有《围城》、《孽债》、《承诺》、《啼笑姻缘》等。她导演的影片人物个性鲜明，艺术表现手段多样。她编导的《人·鬼·情》以对人性的精微探索而获得1988年里约热内卢国际电影节电影电视大奖金鸟奖、1988年第8届中国电影金鸡奖最佳编剧奖；《围城》获1990年第11届全国优秀电视剧飞天奖长篇电视连续剧二等奖、优秀导演奖、优秀男主角奖。

黄铁矿 pyrite 化学成分为FeS_2，晶体属等轴晶系的硫化物矿物。含硫量达53.45%，工业上又称硫铁矿，是提取硫磺、制造硫酸的主要矿物原料。常有Co、Ni和As、Se分别替代Fe和S；有时含有锑、铜、金、银等，它们多呈细微的包裹体分散在黄铁矿中，含量较多时可综合利用。

黄铁矿常见的晶形是立方体、五角十二面体、八面体及其聚形。立方体晶面上常有平行晶棱方向的条纹。在沉积岩或煤层里，常形成黄铁矿结核或浸染状黄铁矿。黄铁矿呈浅铜黄色，表面常有锖色；褐黑或绿黑色条痕；金属光泽。莫氏硬度6～6.5，性脆。密度4.9～5.2克/厘米^3。具顺磁性和弱导电性。还具有热电性和检波性。

黄铁矿是自然界分布最广的硫化物矿物，主要矿床类型为黄铁矿型铜矿和黄铁矿多金属矿床，黄铁矿与铜、铅、锌、铁的硫化物和磁铁矿等氧化物共生。在地表条件下易风化成褐铁矿，并常见褐铁矿依

立方体黄铁矿

黄铁矿晶形而成的假像。在干旱地区矿床氧化带中，黄铁矿易分解而形成黄钾铁矾、针铁矿等铁的硫酸盐或氢氧化物。世界最著名的黄铁矿产地是西班牙的里奥廷托。中国黄铁矿探明储量居世界前列，主要分布在粤、皖、川、黔、甘、浙、湘、内蒙古等省区，著名产地有广东英德、安徽马鞍山、甘肃白银、山西阳泉、浙江龙游等。

黄庭坚 Huang Tingjian (1045～1105) 中国北宋诗人、书法家。字鲁直，号山谷道人，又号涪翁。洪州分宁（今江西修水）人。治平四年（1067）进士，以校书郎为《神宗实录》检讨官，迁著作佐郎。后以修实录不实，遭到贬谪。黄庭坚为**苏门四学士**之一，是**江西诗派**的开山祖师，生前与**苏轼**齐名。世称苏黄。

在创作上，黄庭坚奉行“自作语最难，老杜作诗，退之作文，无一字无来处”，“虽取古人之陈言入于翰墨，如灵丹一粒，点铁成金也”。《冷斋夜话》载黄庭坚“夺胎换骨”之法，被江西诗派效法，在宋代影响颇大。所谓取古人陈言点石成金，就是根据前人的诗意，加以变化形容，推陈出新，“以腐朽为神奇”。但“夺胎换骨”说不见于山谷的著作中，未必是他诗歌创作的重要主张，他有“文章最忌随人后”、“自成一家始逼真”的名言，他矢志在诗歌上“独立门户”，终于以其独特的诗歌风貌卓然自立。其存诗一千五六百首，内容丰富，风格奇拗，如表现百姓疾苦、关心时政的代表诗作有《流民叹》、《次韵子由绩溪病起》等。另如写景、寄识、遣怀、赠答、题画等抒情诗，集中体现了黄诗的独特个性。古体诗《题竹石牧牛》、《次韵子瞻寄眉山王宣义》，命意新颖，笔力奇崛。七言律绝诗《登快阁》洒脱坦荡，《寄黄几复》情思缠绵，《雨中登岳阳楼望君山》摹写江南胜景，《清明》寄托世事人生的感慨等，诗风思致幽远，情趣深浓，确为佳作。其独树一帜的诗之个性，还体现在其诗立意深曲，章法细密，起结无端，出人意表，精炼句法，点石化金，下语奇警上。如“桃李春风一杯酒，江湖夜雨十年灯”，“鱼游悟世网，鸟语入禅味”等。黄庭坚发展了**韩愈**、**杜甫**偶一为之的拗句、拗律，以音调反常，句法变更强化诗的拗峭挺拔。黄庭坚避熟就生，翻新出奇的诗法，矫正了晚唐、西昆的熟滑丽靡，形成瘦硬峭拔、老朴沉雄的主调。方东树称之为“英笔奇气，杰句高境，自成一家”。但因过分追求奇拗，也难免有晦涩生硬之弊。

黄庭坚填词不如写诗谨严有力，今存词约180余首，有风花雪月、伤别艳情之作近柳永，也有疏宕洒脱、豪迈清壮之词似苏轼。

黄庭坚工书法，兼擅行、草，以侧险取势，纵横奇崛，自成风格，为北宋书法四大家之一。

所著《豫章先生文集》30卷，《四部丛刊》本，诗文兼收；《山谷全集》39卷，《四部备要》本，只收诗赋；自选诗文集《山谷精华录》，词集《山谷琴趣外篇》等。墨迹有《华严疏》、《松风阁诗》等。

《黄庭经》 *Classic of the Yellow Courts* 中国道教经典。约出于魏晋之际，道教传说此经乃上界仙真降授南岳**魏华存**。经文分《太上黄庭内景玉经》及《太上黄庭外景玉经》，两书内容大致相同，皆以七言韵文体写成。但《外景经》文句较为简略，不分篇章；《内景经》分作36章，文字亦较繁琐。一般认为《外景经》出于《内景经》之前，亦有学者考证《外景经》出于《内景经》之后。此经以道教思神守一，宝精爱气之说与古代医家脏腑理论相结合，阐述修炼长生成仙之术。经中宣称人首脑室及面部五官、胸腹内五脏六腑及肠胃等器官，皆有神仙真人居住其处。修道者若能常诵经书，默念神名，存思身神之形状、服色、居处及其职司，便能通神感灵，使脏腑安和，形神相守，延年却老，不死成仙。除诵经思神外，经中又言及漱津咽液、吐纳元气、房中固精、服食五牙、飞奔日月等方术，而特别重视积精累气之术。自晋代以来，此经流传颇广，历代道士注解者甚多。早期**上清派**奉此经为主要经典之一，唐宋内丹家亦深受此经影响。

黄铜 brass 以锌为主要添加元素的铜合金。因美丽的黄色而得名。简单的铜锌二元合金称普通黄铜。添加了第三组元或更多组元的铜锌合金称特殊黄铜。锌含量5%～10%的低锌黄铜多用于要求强度和抗变色性优于纯铜，但导电、导热性接近纯铜的金属构件。随黄铜中含锌量的递增，强度也增加，由紫铜的200兆帕上升到高锌黄铜的500兆帕。俗称的炮铜又称弹壳黄铜，即含锌30%的黄铜。为改善黄铜的切削性能，合金中添加1%～3%的铅，形成系列的铅黄铜。海军黄铜是在黄铜中添加少量锡（0.5%～1.0%）的又一种特殊黄铜。海军黄铜是为克服黄铜在海水中的脱锌腐蚀行为而发展起来的耐蚀合金。黄铜具备良好的综合性能，易于加工成型，原材料成本相对低廉，便于回收再利用，在铜材中其用量仅次于纯铜。

黄铜矿 chalcopyrite 化学成分为$CuFeS_2$，晶体属四方晶系的硫化物矿物。含铜34.56%，常含有少量的金、银、锌、铟、铊、硒等元素。是炼铜的最主要矿物原料。呈

黄铜色，金属光泽。粉末呈绿黑色。莫氏硬度3.5～4.0。密度4.1～4.3克/厘米^3。不完全解理。晶体具四方四面体习性，常呈致密块状或分散粒状于各种矿石中。黄铜矿是分布最广的铜矿物，也是仅次于**黄铁矿**分布最广的硫化物矿物之一。在岩浆矿床中，与磁黄铁矿、镍黄铁矿共生。主要形成于热液矿床，与方铅矿、闪锌矿紧密共生。在地表条件下，易风化成**孔雀石**和蓝铜矿，是氧化带、次生富集带中各种次生铜矿物的主要来源。中国主要产区集中在长江中下游、川滇、山西中条山、甘肃河西走廊及西藏高原等地区，著名产地有江西德兴、西藏江达等。世界著名产地有美国亚利桑那州的比斯比、德国曼斯弗尔德、西班牙里奥廷托、墨西哥卡纳内阿、加拿大萨德伯里、智利丘基卡玛塔等。

黄酮类化合物 flavonoids 以2-苯基色原酮为母核而衍生的一类黄色化合物的总称。

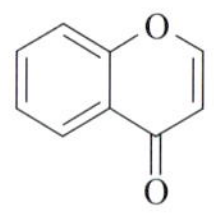

色原酮

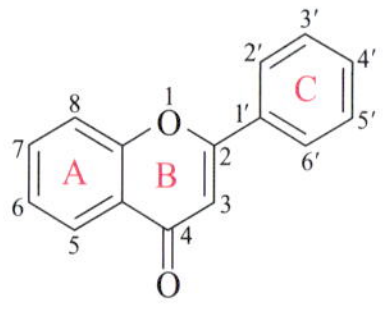

黄酮母核

其中包括它的**同分异构体**及其氢化的还原产物，亦即以C_6-C_3-C_6为基本碳架的一系列化合物。它们在植物界分布很广，在植物体内大部分与糖结合成**苷**类或碳苷的形式而存在，也有以游离形式存在的。天然黄酮类化合物母核上常含有羟基、甲氧基、烃氧基、异戊烯氧基等取代基，由于这些助色团的存在，使该类化合物多显黄色，又由于分子中γ-吡酮环上的氧原子能与强酸生成锌盐而表现为弱碱性，因此曾称为黄碱素类化合物。

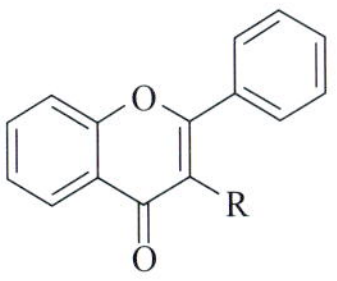

黄酮　　R=H
黄酮醇　　R=OH

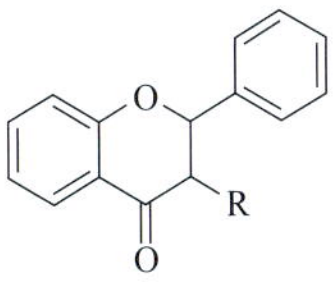

黄烷酮　　R=H
黄烷酮醇　　R=OH

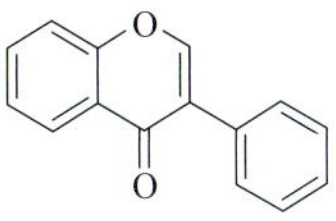

异黄酮

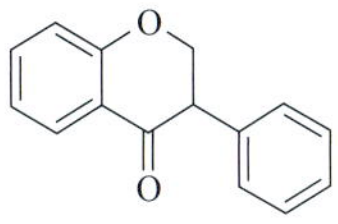

异黄烷酮

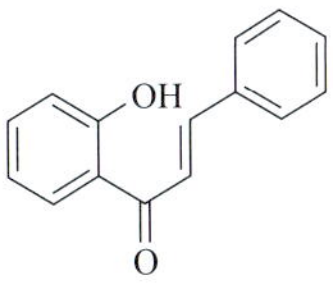

查耳酮

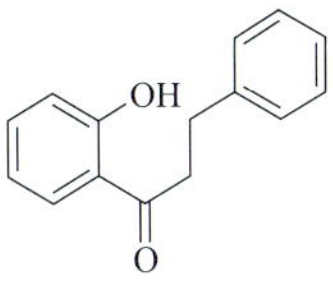

二氢查耳酮

分类　根据三碳键（C_3）结构的氧化程度和B环的连接位置等特点，黄酮类化合物可分为下列几类：①黄酮和黄酮醇。②黄烷酮（又称二氢黄酮）和黄烷酮醇（又称二氢黄酮醇）。③异黄酮。④异黄烷酮（又称二氢异黄酮）。⑤查耳酮。⑥二氢查耳酮。⑦橙酮（又称澳咔）。⑧黄烷和黄烷醇。⑨黄烷二醇（3, 4）（又称白花色苷元）。⑩花（色）鎓〔又称2-苯基苯并吡（喃）鎓〕。另一类

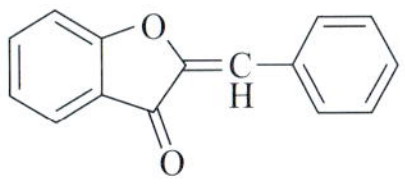

橙酮

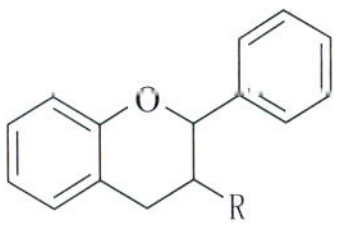

黄烷　　R=H
黄烷醇　　R=OH

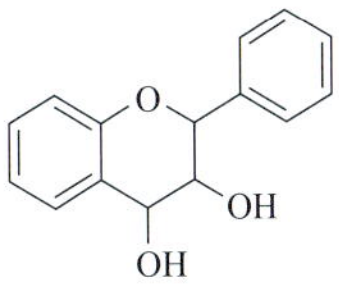

黄烷二醇

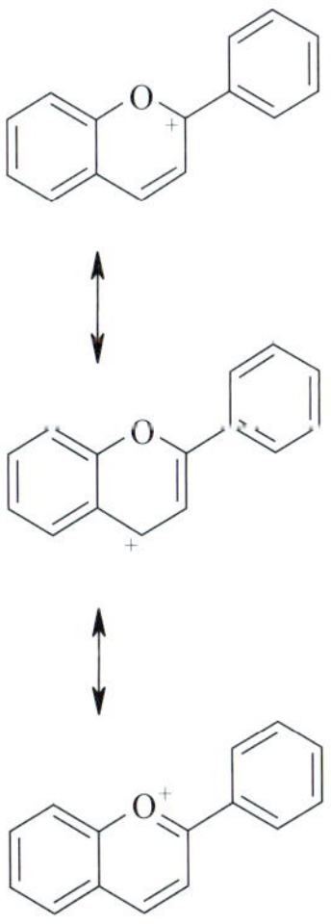

花(色)鎓

新黄酮类化合物新黄烷是4-苯基色原烷的衍生物，也符合C_6-C_3-C_6的通式。

生理活性　黄酮类化合物中有药用价值的化合物很多，如槐米中的芦丁和陈皮中的陈皮苷能降低血管的脆性，用于防治老年高血压和脑出血。由银杏叶制成的制剂含有黄酮和双黄酮类，用于冠心病、心绞痛的治疗，并有显著的降低血清胆固醇和增高磷脂的作用。全合成的乙氧黄酮又名心脉舒通或立可定，有扩张冠状血管、增加冠脉流量的作用。许多黄酮类成分具有止咳、祛痰、平喘、抗菌的活性。水飞蓟素具有护肝作用，用于肝炎和肝硬化治疗。有些黄酮类成分，如紫檀素有一定抗癌活性；鱼藤酮有较强杀虫毒鱼作用，用作农业杀虫剂。

黄土　loess　第四纪(240万年前）以来，干旱、半干旱气候条件下地表形成的松散的黄色沉积物。也有的研究提出黄土是中新世（2 200万年）以来形成的。基本特点是：颜色基调为黄色，以灰黄、棕黄、褐黄为主；颗粒成分中以粉沙土（0.05～0.005毫米）为主，颗粒分选性好，分布均匀；富含大量的碳酸钙和少量的钙结核，含量一般在6%～8%以上；具有无层理性，肉眼可见大孔隙，自然剖面柱状节理发育，能保持直立陡壁，遇水湿陷。黄土地层记录了大量的第四纪的生物气候信息，是研究第四纪气候和古环境变化的信息库。成因有4种假说：①以风营力为主的风成说。②以流水为营力的水成说，包括冲积说、洪积说、冰水说。③以寒冻机械风化营力为主体的残积说。④以多种营力交互的多成因说。

黄土覆盖着全球陆地表面的11%左右的面积，集中分布于温带沙漠外缘的半干旱地区和南北半球中纬度地带的森林草原和荒漠草原地带，呈现东西向带状断续分布。中国是世界上黄土分布最广、厚度最大的国家。其范围北起阴山山麓，东至松辽平原和大小兴安岭山前，西至天山、昆仑山山麓，南至秦岭。长江中下游也有零星分布。总面积约44（一说63）万平方千米。其中以黄河中游的黄土高原分布最为集中，连片分布的面积约27.3万平方千米，占中国黄土面积的62%（或43%），一般厚度30～200米，（兰州处）达439米，最新研究资料认为黄土最大堆积厚度是500米（甘肃靖远）。

黄土地貌的基本特点是沟壑众多、地面支离破碎。依据地貌部位和形态特征，分为黄土沟间地貌、黄土沟谷地貌、黄土潜蚀地貌。黄土沟间地貌又称黄土谷间地貌，包括黄土塬、梁、峁。黄土塬是顶面平坦宽阔、面积较大的黄土高地，又称黄土台地。塬的周围为深切的沟谷。黄土梁为长条状延伸的黄土丘陵。顶面平坦的称平梁，又称塬梁，一般分布在黄土塬的边缘，是黄土塬经过长期强烈的沟谷侵蚀切割形成。黄土梁受两侧坡面上沟谷长期溯源侵蚀，梁顶出现许多马鞍形凹地，长条梁顶波状起伏。黄土峁指顶部呈穹隆状或馒头状黄土地形，又称黄土塔。峁顶的面积不大，以3°～10°向四周倾斜，并逐渐过渡为15°～25°的峁坡。

黄土沟谷地貌，按沟谷发育规模分有细沟、浅沟、悬沟、切沟、冲沟、坳沟和河沟7类。前4类是黄土地层中的现代侵蚀沟谷；后2类是古代侵蚀沟谷，都已发展为基岩沟谷；冲沟有现代侵蚀沟和古代侵蚀沟。黄土潜蚀地貌是由地面径流沿着黄土裂隙和孔隙下渗产生侵蚀形成的地貌。这类独特的地貌包括黄土碟形洼地、黄土漏斗、落水洞、陷穴、盲沟、天生桥、土柱、黄土墙等，其中前5类一般发育在湿陷性黄土地层中，后3类发育在湿陷性小的黄土地层中。黄土是一种很肥沃的土层，对农业生产极为重要。但植被稀少，水土流失，给农业生产和建设都造成严重的危害，需要科学治理。

《黄土地》　*Yellow Land*　中国故事片。广西电影制片厂1984年摄制。编剧张子良；导演陈凯歌；摄影张艺谋；主要演员王学圻、薛白、谭托、刘强。翠巧是个淳朴、深情而又具有反抗精神的陕北农村女民歌手。在前来采风的八路军文艺工作者顾青启发下，她想参加八路军以躲避早年订下的娃娃亲。顾青走后，在父亲安排下，她还是嫁人了。婚后，她离家东渡黄河，寻找新生活，不幸淹死。顾青回来了，翠巧爹依旧过着愚昧的日子。影片运用造型语言和色彩描写表达意念，抒发情感，故事情节被造型画面代替，戏剧的高潮也变成了色彩鲜明、动作强烈、场面浩大、力度刚劲的造型画面及喷涌而出的感情（如求雨、打腰鼓的壮观场面）。获1985年第5届中国电影金鸡奖最佳摄影奖；1985年连续获得瑞士第38届洛迦诺国际电影节银豹奖、法国第7届三大洲电影节摄影奖、英国第29届伦敦国际电影节"朗特兰杯"奖等国际奖。

黄土高原　Loess Plateau　中国四大高原之一，世界上黄土覆盖面积最大的高原。中华民族古代文明的发祥地之一。横跨青、甘、宁、内蒙古、陕、晋、豫7省区。东西长约900千米，南北宽400～500千米，面积约

黄土高原风光

40万平方千米。高原由西北向东南倾斜，海拔多在1 000～2 000米。除石质山地外，大部分为厚层黄土覆盖。经流水长期强烈侵蚀，逐渐形成千沟万壑、地形支离破碎的特殊自然景观。黄土高原面积广阔，土层深厚，地貌复杂，水土流失严重。

地质与地貌　地处华北准地台的西部和祁连山地槽的东部。高原上主要山脉太行山、吕梁山和六盘山把高原分隔成3部分：①山西高原。吕梁山以东至太行山西麓，有许多褶皱断块山岭和断陷盆地，山岭多呈北北东走向，山地下部多为黄土覆盖。②陕甘黄土高原。吕梁山和六盘山（陇山）之间黄土连续分布，厚度很大，其堆积顶面海拔一般在1 000～1 300米。地层出露完整，地貌形态多样，是中国黄土自然地理最典型地区。③陇西高原。六盘山以西，高原海拔约2 000米，黄土厚度逐渐增大，成为波状起伏的岭谷。

黄土高原最基本的地貌类型有：①沟间地地貌。主要类型是塬、梁、峁，沟谷除河流的干支河谷外，还有为数众多的大小沟谷。②沟谷地貌。黄土高原沟谷发育，切割最严重的是黄河峡谷河曲黄道沟一带。黄土高原主干沟谷切割深度一般都在200～300米。沟谷地貌按其大小、形态特征和发育过程，可分为细沟、浅沟、切沟、冲沟和河沟等。③黄土微地貌。黄土微地貌是地表水沿着黄土中的裂隙下渗，机械侵蚀和化学溶蚀的结果，破坏了黄土结构，形成洞穴，并引起地面沉陷，造成黄土特有的潜蚀地貌。常见者有黄土碟、陷穴、黄土桥和黄土柱等。

气候与水文　黄土高原属暖温带半湿润至半干旱气候，主要特征是冬季寒冷干燥，夏季温暖湿润；雨量稀少，变率大；日光充足，日照时数多，热量条件较优越。高原从西北向东南，年平均气温8～14℃。平均年降水量200～700毫米，其中65%以上集中于7～9月。

区域水系以黄河为骨干，源于黄土高原的河流约有200条。含沙量很高，往往一次洪水含沙量占全年70%～80%以上。大部分地区地下水贫乏，埋藏很深。

土壤与植被　高原土层富含碳酸钙和磷、钾、硼、锰等元素，土壤反应多偏碱性，腐殖质和氮素养分贫乏。因长期滥垦滥伐，土地利用不合理，自然植被残留较少、分布零散。森林覆盖率仅5%。植被由东南向西北为森林草原、干草原和荒漠草原。沟谷和荒坡上，草本植物多旱生种类。高原农业垦殖条件最好的地区，如关中平原、晋中盆地、晋南盆地等，是中国著名的小麦和棉花产地。陕北、甘肃和晋西北条件差，一般仅能种植耐干寒的莜麦、荞麦、糜子、胡麻、薯类等。

水土流失及其治理　黄土高原严重水土流失面积约27万平方千米。水土流失冲走耕地的熟化土层，降低蓄水保墒能力，作物生长不良，产量低而不稳。大量泥沙下泄，造成渠道、水库淤积和河流淤塞，增大了流域开发治理的困难。中华人民共和国建立后，对黄土高原开展了群众性的水土保持工作，设立了水土保持科学试验站，总结历代劳动人民水土保持的经验，根据土壤侵蚀特点和沟道的输沙特性，创造出许多有效的办法。

黄维　Huang Wei (1904～1989-03-20)　中国国民党军将领。号培我。江西贵溪人。卒于北京。早年就读于黄埔军校第1期、陆军大学特别班第1期。曾任第18军第11师第32旅旅长、第11师副师长。1934年5月，任第11师师长。1935年4月，授陆军少将。1936年赴德国学习军事。回国后，任第18军军长。1939年6月，授陆军中将。1940年11月，任第54军军长。1943年调任国民政府军事委员会中将高级参谋、军委会督训处副处长。1945年任青年军第31军军长。抗日战争胜利后，任青年军编练总监部副监。1946年6月，任联合后勤总司令部副总司令，新制军官学校校长兼陆军第3训练处处长。1948年9月，调任第12兵团司令官，仍兼新制军官学校校长。同年12月，在淮海战役中被俘。1975年3月，获特赦。后任全国政协文史专员，全国政协第五、六届常委，黄埔同学会理事。

黄维垣　Huang Weiyuan (1921-12-15～　)　中国有机化学家。生于福建莆田。1943年毕业于福建协和大学化学系。1949年在广州岭南大学化学系获硕士学位后赴美留学。

1952年获美国哈佛大学有机化学哲学博士学位。1952～1955年任美国哈佛大学博士后研究员。1955年回国后，历任中国科学院上海有机化学研究员、所长，中国科学院上海分院副院长，《化学学报》主编、*Chinese Journal of Chemistry*（《中国化学》）主编，中国化学会理事长。1980年当选中国科学院学部委员（院士）。重要研究成果有：①全氟润滑油的研制，获1965年国家创造发明奖。②甾体激素的合成与甾体反应的研究，获1982年国家自然科学奖二等奖。③亚磺化脱卤反应研究，获1988年国家自然科学奖二等奖。④第一代氟碳代血液化学合成与扩大试验。1998年获陈嘉庚化学科学奖。发表学术论文200余篇。

黄纬禄　Huang Weilu (1916-12-18～　)　中国火箭技术专家。生于安徽芜湖。1940年毕业于中央大学电机系。1945年入伦敦大学攻读无线电专业，获硕士学位。1947年

回国，在资源委员会无线电公司上海研究所任研究员。1949年后在重工业部电信局上海电工研究所、通信兵部电子科学研究所任研究员。1957年调入国防部五院二分院，历任研究室主任、设计部主任、研究所所长。后任航天部一院、二院副院长，二院科技委主任，四部科技委副主任、总工程师，航空航天部、航天工业总公司高级技术顾问。1991年当选中国科学院学部委员（院士）。国际宇航科学院院士。

黄纬禄长期从事导弹研制工作。主持中国液体战略导弹控制系统的仿制和改型设计，解决了远程、多级火箭的液体晃动，弹性弹体稳定，级间分离及各种制导，稳定方案等的理论和工程技术问题。组织研制成功中国第一代固体潜地战略导弹和第一代陆基机动固体战略导弹武器系统。1985年获全国五一劳动奖章。1985年获国家科技进步奖特等奖。1999年获中共中央、国务院、中央军委“两弹一星功勋奖章”。

黄文狄　Huang Wendi (1895～1967)　中国莆仙戏演员。工小生。艺名仙笛。福建莆田人。11岁卖身于莆田高舞台戏班，先后受业于莆仙戏艺人张福、黄奋。擅长扮演梁山伯、李陵、王魁等20多个角色，远近知名。22岁起兼任说戏和教授科介的师傅。32岁受莆田双赛乐戏班之聘，担任导演和演员，曾到新加坡、马来亚等地巡回演出达4年之久，深受欢迎。回国后，与在莆田授艺的徽剧艺人交流经验，并融会其他剧种的艺术成就，丰富了莆仙戏的表演程式。中华人民共和国建立后，挖掘整理了几十个濒临湮没的莆仙戏古典剧本，如《拜月亭》、《荆钗记》、《高文举》、《高继祖》、《严明嫂》等。1957年在莆田县戏曲学校任教时，口述整理了《莆仙戏传统科介》一书，对莆仙戏各行当别具特色的表演程式作了精详的论述。

黄文山　Huang Wenshan (1901～1988)　中国社会学家。号凌霜，广东台山人。1921年毕业于北京大学，获文学士学位。1922年留学美国，后获哥伦比亚大学文学硕士学位。1927年回国后历任上海国立劳动大学教授、教务长，建设大学校长，广东法

商学院院长，中央大学社会学系教授兼系主任，中山文化教育馆研究部主任等职。1949年赴美，曾任洛杉矶中国文化学院院长、台湾大学及香港中文大学客座教授。

黄文山运用文化学派的观点和方法分析和研究社会进化，认为社会进化不外是文化的演进；文化的演进源于社会进化，又支配社会进化的方向。他长期致力于建立一门“文化学”学科。《文化学体系》是他30余年文化学研究的结晶。其他著作还有《社会进化》、《黄文山学术论丛》、《当代文化论丛》、《文化学及其在科学体系中的位置》、《中国古代社会史方法论》。

黄翔鹏 Huang Xiangpeng (1927-12-26～1997-05-08) 中国音乐学家。曾用名黄祥鹏、祥鹏、羊鹏等。生于江苏南京，卒于北京。1946年入南京金陵大学物理系，一年后转入南京国立音乐院理论作曲系。1951年毕业后，任职于中央音乐学院。1958年调入民族音乐研究所，后任中国艺术研究院音乐研究所研究员。1985～1988年任中国艺术研究院音乐研究所所长。曾任中国音乐家协会常务理事兼民族音乐委员会主任、中国传统音乐学会会长、《中国音乐文物大系》主编等职。

黄翔鹏在音乐文物、古代律学、民族音乐学、曲调考证等方面的研究颇有建树。他具有创新意识，并以治学严谨而著称，受到学术界普遍赞誉。主要著作有研究论集《传统是一条河流》、《溯流探源》、《中国人的音乐和音乐学》、《乐问》等。

黄兴 Huang Xing (1874-10-25～1916-10-31) 中国资产阶级民主革命家。原名轸，字廑午，号杞园，又号克强，后改名兴。湖南善化（今长沙）人。卒于上海。1902年赴日留学，并参与创办《湖南游学译编》杂志。1903年4月，为反对沙俄拒不从东北撤兵，组织拒俄义勇队（后改称学生军、军国民教育会）。随后以军国民教育会运动员的名义归国，暗中进行反清活动。1903年创建华兴会，并任会长，因筹划起义事泄，被迫流亡日本。在东京，他大力支持孙中山筹组全国革命团体中国同盟会。同盟会成立后，被选为庶务，成为同盟会中仅次于孙中山的重要领袖。此后，他以主要精力从事武装起义，1907年起，先后参与或指挥钦州、防城起义，镇南关（今友谊关）起义，钦州、廉州、上思起义、

云南河口之役和广州新军起义。1911年4月27日（三月二十九）发动黄花岗起义，他率敢死队猛攻两广总督衙门。10月10日武昌起义爆发，黄兴赶到武汉，被任命为革命军战时总司令，率民军在汉阳前线与清军奋战。汉阳失陷后，转赴上海。1912年1月1日，南京临时政府成立，任陆军总长兼参谋总长。临时政府北迁后，任南京留守。因军饷无着，于是大量裁遣南方各军。又自行取消留守府，退居上海。8月25日，同盟会改组为国民党，黄兴被推为理事。1913年7月初，孙中山决定兴师讨袁，黄兴表示赞同。二次革命爆发，黄兴被推为江苏讨袁军总司令。二次革命迅速失败，孙中山、黄兴再次流亡日本。1914年孙中山在日本将国民党改组为中华革命党，黄兴同孙组党意见不合，拒绝加入。同年夏离日旅居美国。1916年袁世凯死后回到上海，同孙中山恢复了往日的亲密关系。著有《黄兴集》等。

黄炎培 Huang Yanpei (1878-10-01～1965-12-21) 中国爱国主义教育家、政治活动家，中国民主建国会主要创始人和领导人之一，全国人大常委会副委员长，全国政协副主席。字任之，别号抱一。江苏川沙（今属上海）人。卒于北京。1902年中乡试举人。1903年返乡兴办小学堂。1905年经蔡元培介绍加入同盟会。曾参加辛亥革命和反对袁世凯的斗争。辛亥革命后，历任江苏省教育司司长、省教育会副会长、省议会议员。1917年赴美国考察教育。回国后在上海创立中华职业教育社，任理事长。抗日战争期间，任国民参政员。1940年年底参与筹组民主政团同盟。同年年底发起筹建中国民主建国会，争取和平民主反对内战。1945年7月访问延安，会见毛泽东主席和中共中央领导人，回重庆后写了《延安归来》，如实介绍陕甘宁边区情况，对中共深表敬佩。1949年9月出席中国人民政治协商会议第一次全体会议。中华人民共和国建立后，历任中央人民政府委员、政务院副总理兼轻工业部部长，第一、二、三届全国人大常委会副委员长，全国政协第二、三、四届副主席，民建中央第一、二届主任委员等职。著作编有《黄炎培教育文选》、《延安归来》等。

黄羊 *Procapra gutturosa*; Mongolian gazelle 偶蹄目牛科黄羊属的一种。又称黄羚、蒙古原羚、蒙古瞪羚。世界上见于蒙古和俄罗斯西伯利亚南部。中国分布于吉林西北部、内蒙古、河北北部、山西北部、陕西北部、宁夏贺兰山、甘肃北部和新疆北部等地。亚洲温带草原的一种较常见的有蹄类动物。体型纤瘦，四肢细长，体长为100～150厘米，肩高大约为76厘米，体重一般为20～35千克，但最大的可达60～90千克。尾短，臀斑白色，明显高过尾基。仅雄兽有角，角短而尖，角上有明显而紧密的环形横棱，环的数目最多不会超过23个，尖端平滑，略微向后方逐渐斜向弯曲，呈弧形外展，最后两个角尖彼此相对。

栖息于草原上的黄羊

主要栖息于平原、丘陵地带的草原和半荒漠草原。性喜群栖，集群的时间比较长，移动的距离和范围也大，一般随着牧草的生长情况而移动。冬季主要以枯草、积雪来充饥和解渴。夏季通常于清晨和下午进行觅食活动，并且常到有盐碱结晶的咸水湖畔去舔食，取食长芒、针茅、多须葱等杂草和锦鸡儿等灌木，以及蒿类、猪毛菜和豆类等。

黄羊善于跳跃，跳跃高度可达2.5米，平地一个纵跳可达6～7米远，下坡时甚至能跳到13米远。善于奔跑，最高时速为90千米左右。雄羊在繁殖期到来之前首先单独组成群体，与雌羊分开活动，到晚秋和初冬时的交配季节再回到大群中。1～2岁达到性成熟，寿命为7～8岁。在中国属国家二级保护动物。

黄杨科 Buxaceae; boxwood family 双子叶植物纲蔷薇亚纲的一科。有4属约100种，散布于热带和亚热带。中国有黄杨属、野扇花属和板凳果属3属共27种，主要分布于东南部和西南部。灌木或小乔木，稀草本。单叶，互生或对生，无托叶。花小，整齐，无花瓣，单性；雌雄同株或异株，花序总状或密集的穗状，有苞片，雄花萼片4，雌花萼片6，均2轮；雄蕊4，与萼片对生，分离，花药大，花丝多个扁阔；雌蕊常由3（稀2）心皮组成，子房上位，3（稀2）室。蒴果，室背裂开，或为肉质的核果状。黄杨为中国特产，充分生长时可成中型乔木，木质致密坚韧，为制作工艺品良材，旧时以此制梳，刻印亦佳；根入药，治风湿痹痛，叶捣烂敷热疖；又为园林绿化的重要树种。

黄永玉 Huang Yongyu (1924-07～) 中国画家、诗人。土家族。生于湖南凤凰。1936年入厦门集美师范学校，开始学习绘画，1939年学习木刻。1946年赴上海任中

《阿诗玛》

国木刻协会常务理事，从事木刻插图创作。1948年以后，辗转于台湾、香港、广州等地。1953年任教于中央美术学院。历任全国政协委员、中国美术家协会副主席。1986年被意大利总统授予荣誉勋章。《阿诗玛》(1956)套色木刻插图，以浓郁的民间情调、强烈的民族装饰风格和新颖的版画技巧受到广泛好评。60年代初期，他的木刻技巧愈臻成熟，代表作有《春潮》等。70年代后主要从事彩墨画创作。除绘画外，黄永玉还在其表叔沈从文的引导下从事文学创作，涉及诗歌、散文、杂文、小说和剧本。出版有散文集《太阳下的风景》、《比我老的老头》及杂文集《永玉三记》等。

黄友葵 Huang Youkui (1908-04-03～1990-09-01) 中国女高音歌唱家、声乐教育家。生于湖南湘潭，卒于南京。1927年入苏州东吴大学学习生物，同时进修钢琴。1930年赴美国入亨廷顿大学主修声乐，1933年毕业获学士学位，同年回国。1939年在昆明国立艺术专科学校任声乐教授，1940年在重庆国立音乐院任声乐教授兼声乐系主任。中华人民共和国建立后任教于南京大学艺术系、南京师范学院音乐系、南京艺术学院，1979年任南京艺术学院副院长。被选为中国音乐家协会第三、四届常务理事，音协江苏分会主席。30年代中期以后曾在上海、南京等地举行独唱音乐会，在歌剧《柳娘》、《茶花女》、《蝴蝶夫人》中任女主角。她擅长演唱中外艺术歌曲。她从事声乐教学50年，培养了许多声乐人才，如张权、魏启贤等。

黄玉 topaz 硅酸盐矿物，化学组成为 $Al_2[SiO_4](F,OH)_2$，晶体属正交(斜方)晶系。宝石名称托帕石。晶体通常呈有纵纹的短柱状，集合体粒状或块状。无色透明或白色，多为浅棕黄至黄棕色，也有淡蓝、浅绿、玫瑰红等颜色。受日光长久曝晒颜色可逐渐减退，适当加热会变成粉红色。玻璃光泽。解理完全。密度3.52～3.57克/厘米^3。莫氏硬度8。典型的高温气成热液矿物。产于花岗伟晶岩、酸性火山岩的晶洞、云英岩和高温热液钨锡石英脉中。工业上用作研磨材料及精密仪表的轴承，是重要的宝石原料之一。自然界分布甚广，但达到宝石级的不多。著名产地有巴西的米纳斯吉拉斯、

美国科罗拉多州和加利福尼亚州、俄罗斯的乌拉尔地区、德国、英国苏格兰、日本和巴基斯坦等。

黄藻门 Xanthophyta; yellow-green algae 藻类植物的一门。藻体含有叶绿素a、c，β-胡萝卜素及叶黄素，常呈现黄绿色。植物体为单细胞、群体、多核管状或丝状体。细胞壁含大量果胶质。运动的个体和动孢子具有两条不等长鞭毛，极少数具1条鞭毛。多数种类为单核。同化产物为油滴、金藻昆布糖及脂肪。多为无性繁殖，产生动孢子、不动孢子或静孢子。黄藻门多数种类喜钙，尤喜生活于半流动的清洁水体中；蛇胞藻属为淡水普生性，也生活在污水中。大部分种类可作鱼的饵料。不易保存和培养。

黄志红 Huang Zhihong (1965-05-07～) 中国女子田径运动员。浙江兰溪人。1978年始进行田径训练，后入浙江省田径队，1979年入选国家田径队。1986年在韩国举行的第10届亚洲运动会上获铅球冠军。1989年在西班牙巴塞罗那获第5届世界杯田径赛铅球冠军，同年还获第15届世界大学生运动会铅球冠军。1990年在美国西雅图举行的第2届友好运动会上获铅球亚军。1991年获第3届世界田径锦标赛铅球冠军。1992年在西班牙巴塞罗那第25届奥林匹克运动会上获铅球亚军。1993年获第4届世界田径锦标赛铅球冠军。1994年先后获第7届世界杯田径赛铅球冠军和第3届友好运动会铅球亚军。1995年获第5届世界田径锦标赛铅球亚军。

黄种人 yellow race 世界四大人种之一。见蒙古人种。

黄胄 Huang Zhou (1925-03-08～1997-04-24) 中国画家。原名梁黄胄。生于河北蠡县，卒于北京。1940年从赵望云学画。1948年在西安参加中国人民解放军，历任北京军区政治部创作员、中国人民革命军事博物馆创作员、中国画研究院副院长。晚年创办黄胄艺术馆，任馆长。他还当选为全国政协委员、中国美术家协会常务理事。

黄胄的中国画以速写为基础，多表现少数民族风情，富于生活气息。兼擅花鸟走兽画，尤以画驴闻名。在中国画革新的探索中，他渐次形成了豪放爽劲的风格。

《牧驴图》

其代表作有《苹果花开的时候》、《打马球》、《载歌行》、《丰收图》、《赶集》、《刁羊图》、《牧驴图》等。先后出版有《黄胄作品选》、《黄胄作品集》、《动物写生集》等。

黄子卿 Huang Ziqing (1900-01-02～1982-07-23) 中国物理化学家。字碧帆。生于广东梅县，卒于北京。1921年毕业于清华学堂留美预备班。1924年获美国威斯康星大学理学学士学位。1925年获美国康奈尔大学理学硕士学位。1925年入美国麻省理工学院

研究生院学习，1927年回国。先后在协和医学院生物化学系和清华大学任教。1934年再次入美国麻省理工学院，1935年获博士学位。同年回国，先后任清华大学、西南联合大学教授。1948年应聘为美国加州理工学院客座教授。1949年任清华大学教授。1952年任北京大学化学系教授。1955年当选中国科学院学部委员（院士）。先后从事电化学、生物化学、热力学、溶液化学等研究。曾测定水的三相点为0.009 80±0.000 05℃，此结果成为1948年国际温标（IPTS-1948）基准点（水的三相点）的参照数据之一，他因此被录入美国1948年出版的《世界名人录》。他开创了中国溶液理论研究。著有《物理化学》（1956）、《电解质溶液理论导论》（1964，1983年修订版）和《非电解质溶液理论导论》（1973），发表科学论文50余篇。

黄自 Huang Zi (1904-03-23～1938-05-09) 中国作曲家。江苏川沙（今属上海市）人。卒于上海。1916年入北京清华学校，开始接触西方音乐，参加学校乐队、合唱队，学习钢琴和声乐。1924年赴美国学习心理学。1926年入奥柏林音乐学院学习作曲。1928年入耶鲁大学音乐学院学习作曲，1929年毕业，获得音乐学士学位。毕业作品管弦乐序曲《怀旧》曾在学院演出，这是中国作曲家创作的第一部交响音乐作品。1929年回国后任教于沪江大学。1930年任上海国立音乐专科学校作曲理论教授兼教务主任。1931年起创作了多首抗战歌曲，如《抗敌歌》、《旗正飘飘》等。1934年与萧友梅等人创办《音乐杂志》，1937年辞去教职，专事编写专业教材。他倡导音乐创作走民族乐派的道路，探索音乐的民族风格。他的音乐创作以声乐为主，作品的作曲技法娴熟，表现情感细腻，具有很高的艺术性。代表作品还有清唱剧《长恨歌》、歌曲《点绛唇》、《南乡子》、《玫瑰三愿》等。他还主持并实际参与编写了《复兴初级中学音乐教材》（共6册）。

黄宗羲 Huang Zongxi (1610～1695) 中国明末清初史学家、思想家。浙江余姚人。字太冲，号南雷，学者尊为梨洲先生。其父因东林党狱被阉党迫害而死。崇祯帝即位，宗羲赴京为父鸣冤，被许为"忠臣孤子"。清顺治二年（1645）清军南下，弘光政权崩溃，鲁王朱以海监国于绍兴。他募乡民在余姚举兵抗清，时称"世忠营"。鲁王政权授以监察御史兼职方之职。兵败返回故里，课徒授业，著述以终，至死不仕清廷。黄宗羲为学领域极广，成就宏富，史学造诣尤深。他身历明清更迭之际，认为"国可灭，史不可灭"。他论史注重史法，强调征实可信。所著《明儒学案》，搜罗极广，用力极勤，是中国第一部系统的学术思想史专著。在哲学上，认为气为本，无气则无理，理为气之理，但又认为"心即气"，"盈天地皆心也"。在政治上，他深刻批判封建君主专制，提出君为天下之大害，不如无君，主张废除君主"一家之法"，建立万民的"天下之法"。他还提出以学校为议政机构的设想。他精于历法、地理、数学以及版本目录之学，并将其所得运用于治史实践、辨析史事真伪、订正史籍得失，多有卓见，影响及于整个清代。他一生著述大致依史学、经学、地理、律历、数学、诗文杂著为类，多至50余种，近千卷。著有《明儒学案》、《宋元学案》、《南雷文定》、《南雷文案》、《南雷文约》、《明夷待访录》等。

黄遵宪 Huang Zunxian (1848-05-29～1905-03-28) 中国改良主义先驱、诗人。字公度，别署人境庐主人、东海公等。广东嘉应州（今梅州市）人。出身于大商人兼

黄遵宪塑像

官僚家庭。光绪二年（1876）考中举人。次年出国，此后10余年先后在中国驻日本、美国、英国等国使馆任职。这对他变法维新的资产阶级改良主义政治思想的形成起了重要作用。1895年回国后，积极参加以康有为为首的资产阶级改良主义运动，在上海加入强学会，创办《时务报》，鼓吹变法。后为湖南长宝盐法道，不久又署理湖南按察使。在湖南时，积极协助湖南巡抚陈宝箴厉行新政。戊戌变法失败后，遭到清政府迫害，放归故里。

黄遵宪是中国近代文学史上诗界革命的最早倡导者。年轻时即写诗反对拟古主义，务求写出"我之诗"。黄遵宪的诗歌主张和实践，为资产阶级改良派的诗界革命奠定了重要基础。他以"旧风格含新意境"为追求目标。运用现实主义方法，反映近代史上的重大事变，特别是反映近代中国社会的主要矛盾，因而有"诗史"之称。他的诗表现了强烈的爱国主义精神和对封建专制主义、封建学术文化和旧礼教的批判精神。还利用诗歌直接为改良主义运动服务，宣传改良主义思想，宣传外国的科学文明。在艺术表现和艺术风格上，多写古体，常采用散文化笔法，内容丰富，篇幅较长，热情洋溢，豪迈奔放，给人以博大宏深之感。著有《日本杂事诗》、《日本国志》、《人境庐诗草》等。

黄佐临 Huang Zuolin (1906-10-24～1994-06-01) 中国导演、艺术家。原名作霖。生于天津，卒于上海。1925年毕业于天津新学书院，赴英国伯明翰大学学习。1929年回国后在南开大学兼课。1935年入剑桥大学研究W.莎士比亚，在伦敦戏剧学馆学习导演。1937年取得硕士学位后回国，在重庆国立戏剧专科学校任教，导演了《阿Q正传》（田汉改编）。1940年参加上海剧艺社，导演《小城故事》等剧。后组建上海职业剧团、苦干剧团等，导演了《蜕变》等剧目。1946年导演的《升官图》尤其成功。此后，他转到电影界，在上海文华影片公司导演了《假凤虚凰》、《夜店》等影片。

1949年后，历任中国戏剧家协会副主席、上海人民艺术剧院院长等职，并多次当选全国人大代表、全国政协委员。在上海人民艺术剧院导演了《考验》、《一千零一天》、《大胆妈妈和她的孩子们》等数十部作品。1962年在广州提出"写意戏剧观"的主张，并在《激流勇进》（1963）、《伽利略传》（1979）等剧中作了有益的尝试。1987年导演的《中国梦》，通过舞台时空自由灵活的流转、虚拟化的表演，以及高技术灯光、音响的运用，较充分地实现了他写意戏剧的理想。

湟水 Huangshui River 中国黄河上游支流。发源于青海省海晏县境内的包呼图山，流经青海省大通山-达坂山与拉脊山之间的纵谷，为羽状水系。主要支流有药水河、水峡河、南川河、北川河、沙塘川、大通河等。至甘肃省兰州市与永靖县间流入黄河八盘峡水库。湟水全长373.9千米，流域面积3.29万平方千米，多年平均年径流量46.5亿立方米。富水力资源和灌溉之利。沿河为青海省的主要农业区。

湟中县 Huangzhong County 中国青海西宁市辖县。位于省境东北部，湟水中游。

面积2 430平方千米。人口44万（2010），有汉、回、藏、土、蒙古等民族。古为羌地。清代为西宁县。1946年更名为湟中县。地处湟水谷地及两侧山地。属高原大陆性气候。矿产有金、铜、镍、彩玉、石英石、硅石、石膏等，其中石灰岩、硅石和石英石储量大、品位高。工业品以酒、水泥、地毯为主。农业以种植小麦、蚕豆、油菜为主，副业以饲养猪、牛、羊、禽为多。有文物古迹包括新石器时代遗址、卡约文化遗址、藏传佛教圣地**塔尔寺**、鲁沙尔清真寺、积善塔等。

煌斑岩 lamprophyre 一种暗色脉岩。具斑状结构和自形晶结构（煌斑结构）。SiO_2含量低，镁、铁、钙含量较高。暗色矿物主要为黑云母、角闪石和辉石，浅色矿物为斜长石和正长石。根据暗色矿物和浅色矿物组合的不同，可分为云煌岩（以黑云母、正长石为主）、闪辉正煌岩（以角闪石、辉石和正长石为主）、云斜煌岩（以黑云母、斜长石为主）、斜闪煌斑岩（以普通角闪石和斜长石为主）等。多呈脉状产出，分布很广，多在侵入岩体周围形成脉群。

蝗虫 Acridoidal; locust **直翅目**蝗科昆虫的统称。俗称蚂蚱。一般形体较大，体绿色或黄褐色。头部卵圆形或圆锥形。具一对复眼、三个单眼。颜面垂直或向后倾斜，为咀嚼式口器。触角一对，呈丝状、剑状或棒状。前胸背板较短，常具中隆线和侧隆线。前翅较狭长，后翅略呈三角形。具前、中、后3对足。腹部第一节两侧各有一孔，为听觉器官。腹部每节背板下缘各有一小孔，为呼吸器官。雄性产卵器向后突出，顶端呈钩状。蝗虫为不完全变态，生活发育史由卵经若（幼）虫、成虫三个阶段。若虫称为蝗蝻，生活在草丛中。若虫和成虫食性相同，食量很大。主要取食禾本科植物。蝗虫全世界已知10 000余种，其中，60来种可对农业生产造成不同程度的危害，有30多种如飞蝗、稻蝗、日本黄脊蝗、竹蝗、蔗蝗和棉蝗等，为重要的农业害虫（见**蝗灾**）。蝗虫有群居型和散居型两种形态。前者在高密度蝗群的大发年出现，危害尤重；后者在小发生年密度很低时存在，危害较轻。

蝗灾 locusts, plague of 由蝗虫造成的农业灾害。

为害蝗虫 包括多种类型。①飞蝗。对作物破坏最严重。中国分布有两个亚种，即东亚飞蝗和亚洲飞蝗。以分布最广、为害最大的东亚飞蝗为代表。危害玉米、小麦、粟、稷、高粱、水稻等作物，以及芦草、红草等禾本科植物，饥渴时也食害豆类、烟草、棉花、麻类，甚至树木的枝叶。②大青蝗。又称棉蝗。危害棉、甘蔗、豆类等。③跳八丈。又称曲背蝗。主要危害谷子、黍、玉米、高粱等禾本科作物及禾本科杂草。④短星翅蝗。危害豆类、马铃薯、莜麦、谷子、玉米、黍、亚麻、甜茶、小麦、高粱、瓜类、甘薯及多种菊科植物。⑤亚洲小车蝗。危害谷子、黍、玉米、莜麦、高粱等禾本科作物。⑥黄胫小车蝗。主要危害谷子、黍、玉米、莜麦、高粱等禾本科作物。⑦大垫尖翅蝗。夏季主要危害玉米、高粱、谷子、黍、莜麦等禾本科作物，苜蓿、大豆，以及禾本科、菊科、豆科、藜科等的杂草。秋季在冬小麦地区危害麦苗，在其他地区危害莜麦、谷子等。⑧斑角蔗蝗。主要危害水稻、甘蔗等禾本科作物。⑨短额负蝗。危害棉花、豆类、麻类、甘蔗、马铃薯、芝麻、蓖麻、大麻、青麻、烟草、蔬菜等作物。⑩中华稻蝗。主要危害水稻、陆稻、玉米、高粱、甘蔗、芦草。⑪小翅雏蝗。主要危害莜麦、小麦、谷子等禾本科作物及禾本科杂草。⑫笨蝗。危害甘薯、马铃薯、小麦、大麦、玉米、高粱、谷子、芋头、绿豆、豇豆、豌豆、棉、蔬菜、瓜类，甚至树木的幼苗亦受其害。

防治 ①扑打。人们围成圈用工具扑打或采取挖沟掩埋的方式消灭蝗虫。②药物防治。用氟矽酸钠、六六六、亚砷酸钠配制毒饵，或施用六六六、氰化钠等毒物，能收到很好的治蝗效果。但由于这些药物对人畜和生态遗留危害，已很少使用。③天敌防治。采用成群的鸡鸭灭蝗，既灭蝗，又增加农牧民的收入。草原招引粉红亮鸟灭蝗，也形成规模。④生物防治。以蝗虫微孢子虫疾病在蝗虫种群中的流行规律等理论为基础，研制出适合不同蝗区的蝗灾持续治理对策和技术体系。⑤改造蝗虫滋生地。改造蝗虫适生基地，消灭虫源，可有效地控制蝗害。

磺胺类药 sulfa drugs 人工合成的抗菌药物。1932年G.J.P.多马克发现皮革染料百浪多息能控制链球菌感染。1935年磺胺类药正式应用于临床。见**合成抗菌药**。

磺酸 sulfonic acid 磺酸基与有机基团（包括烷基、烯基、炔基、芳基、杂环等）的碳相连接而成的有机硫化合物。式中R为有机基团。磺酸大都是合成产品。

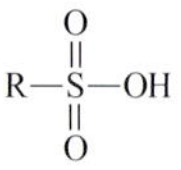

性质 磺酸基团为一个亲水性的强酸性基团，磺酸都是易溶于水的强酸性化合物。例如萘溶于乙醚而不溶于水，而β-萘磺酸则溶于水而不溶于乙醚。磺酸的碱金属盐和铵盐都是溶于水的。有机化合物分子中引入磺酸基可以大大增加水溶性，已被用于染料和药物。芳香族磺酸分子中的磺酸基团可被羟基、氰基所取代，是制备**酚**、**腈**的中间体。

磺酸可由**芳烃**的磺化反应、**硫醇**的氧化反应制备。甲磺酸是一种非氧化性强酸，可做酯化、水解、烷基化和**聚合反应**的**催化剂**。三氟甲磺酸是酸性更强的非氧化性强酸，它的盐可作为易爆炸的高氯酸盐的替代物。十二烷基苯磺酸钠可做洗涤剂。高分子磺酸可用作阳**离子交换树脂**和电解隔膜。由磺酸可制得氯化砜，在有机合成中用途很大。

磺酸分子中的—OH部分，可被卤原子、氨基等取代，重要的有：①磺酸酯RSO_2OR'。**醇**在碱催化下与磺酰氯反应得磺酸酯。对甲苯磺酸酯、甲磺酸酯、三氟甲磺酸酯含很好的离去基团，在亲核取代反应中被广泛用于将羟基转化为卤素、叠氮、烷基，以及在**消除反应**中用于将醇转化成**烯烃**。②磺酰氯RSO_2Cl。在光照条件下，**烷烃**与二氧化硫和氯起自由基反应，生成相应的磺酰氯；芳烃与氯磺酸反应，则得芳基磺酰氯。磺酰氯是有机合成和分析化学中常用的中间体。③磺胺RSO_2NH_2。可由磺酰氯经氨化反应制得。磺胺熔点清晰，是一类容易纯化的结晶固体，常用于鉴定磺酸及其芳烃的衍生物。**糖精**也是一种磺胺。

鳇 *Huso dauricus*; huso sturgeon 鲟形目鲟科鳇属的一种。分布于黑龙江中下游及乌苏里江、松花江、嫩江下游，黄河口附近也有过记载。一般体长2～3米，重200～400千克；最大个体长达5米以上，重达1 000千克。体长梭形，被5纵行骨板状大硬鳞。头略呈三角形。吻长而较尖。与鲟类的区别在于口裂宽大，呈新月形。背部黑青色，两侧黄色，侧硬鳞骨板黄褐色。为江河的底层鱼类，常分散活动，平时多栖息在汇流及回水中，冬季在深水越冬。

怀卵量约38.34万～328万粒，卵灰黑色、黏性。食鱼，以鮈类为主，其次是鲤、鲫、雅罗鱼等，食量较大。

《灰阑记》 *Story of Chalk Circle* 中国元杂剧作品。全名《包待制智勘灰阑记》，存《**元曲选**》本。作者李潜夫，字行道，一作行甫，绛州（今山西新绛）人，生卒年不详。《灰阑记》描写包拯断狱的故事，戏剧性很强。富翁马均卿娶妾张海棠，生有一子。马妻与奸夫合谋，毒杀亲夫，反诬海棠，并欲夺取其子为己子。海棠被判死罪。后来，包拯推详案情，知有冤弊，便亲自鞫问。他用石灰在小儿周围画一圆圈，令马妻和海棠对拽，谁能拽出孩儿，就是亲生母亲。海棠恐怕伤害了儿子，不忍使力；马妻却悍然不顾，将小儿强行拉出。包拯由此断定小儿为海棠亲生，并昭雪了她的冤枉。该戏决疑断狱，颇合情理，突出了包拯的睿智。这类审判二母夺一子的公案故事，在古代印度、希腊、罗马等国家也有流传。德国戏剧家B.布莱希特作《高加索灰阑记》(1948年在美国用英语首演)，吸取了灰阑拉子的情节。

灰六鳃鲨 *Hexanchus griseus*; grey six-gilled shark 六鳃鲨目六鳃鲨科六鳃鲨属的唯一种。分布于太平洋、大西洋的热带和亚热

带海域。体长约2米，前部较粗大。头宽而扁，约为全长的1/5。尾中长，尾基上、下方无凹洼。吻短而钝。眼卵圆形。口大，牙上、下颌异型，上颌无正中牙，下颌具一正中牙，喷水孔细小。鳃孔6个，很宽大。背鳍1个，中大，起点对着腹鳍基部后端；尾鳍颇长，尾椎轴低平；臀鳍较小，起点对着背鳍基底后部；胸鳍大，宽与长约相等。体暗褐色或棕褐色，有时体侧具一浅色纵条；腹面浅褐色或白色。胎儿在母体内生长可达650毫米。体长达2米时性成熟。行动缓慢，栖息底层。以鱼类和甲壳动物为食。

灰市 grey market 既不按照商业流通原则和方式，也不按照竞争市场的原则和方式进行的一类商品交易。即民间所谓的靠人情或"后门"关系进行的交易。灰市一词源于苏联民间。它形成的基本前提是存在国家固定计划价格条件下的市场短缺。因短缺商品可以出售给任何消费者，所以存在着掌握商品销售权的个人得以在销售中，给予特定的消费者以购物优惠的可能性。灰市有3种形态：初级形态是"走后门"购物，中级形态是"灰市场中间人"，高级形态是"灰市场中间商"，后者一般要有"公司"为依托。灰市的受惠者不是国家或企业，也不是消费者，而是"倒卖者"或"走后门者"，因此，灰市会导致消费者支付价格的提高，却不会因此刺激生产者增加生产。

灰喜鹊 *Cyanopica cyana*; azure-winged magpie 雀形目鸦科灰喜鹊属的一种。又称山喜鹊。在欧亚大陆北部呈显著的不连续分布。为中国东北至华北地区留鸟。

外形似喜鹊，但个体较小。全长370～391毫米。头、颈呈黑色；背羽呈土灰色；翅及尾呈灰蓝色；下体接近白色。翅短圆；尾远较翅长，呈楔形。嘴、腿、脚等呈纯黑色。雌雄羽色相似。

栖息于针叶林或针阔混交林内。平时

小群活动，秋冬集结成上百只的大群向平原地区游荡。鸣声单调。主食昆虫，也食浆果、水果等。喜在高大的松柏树或杨树上集群营巢。每窝产卵6枚。孵化期14～16天。雏鸟为晚成性，双亲饲喂18～20天后离巢。

灰指(趾)甲 tinea unguium 甲部真菌感染性疾病。因指(趾)甲失去光泽、增厚、色灰，故名。特征为甲灰白、增厚、蛀空、畸形。以成年患者为多，绝大多数伴有脚气和鹅掌风。治疗以外治法为主。

灰指(趾)甲多由于脚气、鹅掌风之湿毒蔓延至甲床，毒邪内蕴，爪甲失于营养所致。初起甲旁微痒或无自觉症状，继则指(趾)甲灰白，出现高低不平、逐渐增厚或蛀空而残缺不全，失去光泽并变形，亦可呈褐色或污秽色。轻者只有一两个指(趾)甲受损，重者所有的指(趾)甲皆可累及，指(趾)甲过厚者可引起疼痛。治疗：因多数药物不易渗透，常需拔甲后再用药。若有强力渗透的药物(如4%～8%丙酮胺甲涂剂)外用也可不拔甲而治愈。

辉铋矿 bismuthinite 化学成分为Bi_2S_3，晶体属正交(斜方)晶系的硫化物矿物。含铋量达81.3%，是提炼铋和制取铋化合物的最主要矿物原料。常有铅、铜、锑、硒替代铋。晶体呈长柱状或针状，集合体呈放射柱状、毛发状、粒状或致密粒状。微带铅灰色的锡白色。金属光泽。莫氏硬度2～2.5。密度6.5～7.0克/厘米^3。是分布最广的铋矿物，但极少形成以辉铋矿为主的独立矿床。主要产在伟晶岩、接触变质矿床及高、中温热液矿床等以其他金属为主的矿床中。中国赣南一带的钨锡矿床、玻利维亚波托西锡银矿床、美国科罗拉多州莱

针状辉铋矿(2.5cm，广东)

德维尔和科尔曼铅锌矿床中均富产辉铋矿。在地表辉铋矿易风化成铋华(Bi_2O_3)、泡铋矿($Bi_2[CO_3]O_2$)等铋的氧化物或碳酸盐。

辉长岩 gabbro 基性深成侵入岩。辉长岩类中最常见的一个岩石种属。SiO_2平均含量为50%，岩石为灰色、灰黑、灰白等色。多为半自形中细粒－中粗粒粒状结构，称为辉长结构。块状构造，也有部分为带状构造。主要矿物成分为基性斜长石和富钙的单斜辉石(异剥石、普通辉石、透辉石)，斜长石和辉石含量约各占一半。次要矿物有橄榄石、斜方辉石、角闪石和黑云母，有的也可含少量的钾长石和石英。副矿物常有磷灰石、榍石和磁铁矿。根据暗色矿物含量的不同，可分为暗色辉长岩(暗色矿物含量大于65%)和浅色辉长岩(暗色矿物含量小于35%)。根据暗色矿物的种类不同，又可分为异剥辉长岩(异剥辉石为主)、苏长岩(全为斜方辉石)、辉长苏长岩(单斜辉石和斜方辉石含量均大于5%)、橄长岩(辉石含量很少，主要为橄榄石)、角闪辉长岩、石英辉长岩。常见的次生变化有纤闪石化、帘石化、绿泥石化和碳酸盐化、绢云母化及泥化。中国山东、云南、四川、吉林等地均有辉长岩分布，产状多为岩盆、

岩床、岩盖、小岩株和岩脉。月球上也有辉长岩，但其成分与地球上的辉长岩有所不同，月球辉长岩贫碱富钙，斜长石更基性，主要为培长石；钛铁矿较多(约10%～18%)，还有少量宇宙外来物如陨硫铁、金属铁等。与辉长岩有关的矿产主要为铜镍硫化矿床、铬铁矿和钒钛磁铁矿床。辉长岩可作良好的建筑石材和装饰石材。

辉格党 Whig 英国政党。产生于17世纪末。19世纪中叶演变为英国自由党。"辉格"一词起源于苏格兰的盖尔语，意为马贼，英国资产阶级革命时有人用它来讥讽苏格兰长老派。1679年，议会就詹姆斯公爵是否有权继承王位问题展开争论，一批议员反对公爵的王位继承权，被政敌讥称为"辉格"。他们也渐以此自称。辉格党人参加了1688年的"光荣革命"。威廉三世统治时期，该党成为强有力的政治集团，代表新兴资产阶级和新贵族的利益。1714年以后的半个世纪，一直在政治上占优势，连续执政46年。该党的政策反映资产阶级的

利益。19世纪60年代，辉格党土地贵族的代表、保守党的R.皮尔派分子，以工商业资产阶级为基础组建自由党。也有人认为，辉格党是1839年改称自由党的。

辉光放电 glow discharge 低压气体中显示辉光的气体放电现象。在置有板状电极的玻璃管内充入低压（约几毫米汞柱）气体或蒸气，当两极间电压较高（约1000伏）时，稀薄气体中的残余正离子在电场中加速，有足够的动能轰击阴极，产生二次电子，经簇射过程产生更多的带电粒子，使气体导电。辉光放电的特征是电流强度较小（约几毫安），温度不高，故电管内有特殊的亮区和暗区，呈现瑰丽的发光现象。辉光放电的主要应用是利用其发光效应（如霓虹灯、日光灯）以及正常辉光放电的稳压效应（如氖稳压管）。

辉绿岩 diabase 基性岩的一种浅成侵入岩。岩石的化学成分和矿物成分与辉长岩基本相同，但岩石结构不同。暗色矿物与浅色矿物约各占一半，故岩石多呈灰黑色、灰绿色、黑绿色等。具有典型的辉绿结构，辉石一般为他形粒状，充填在结晶较好的基性斜长石之间，部分辉石还可包含斜长石晶体，形成包含结构。主要矿物成分为辉石类（包括碱性辉石类）和基性斜长石，其次有橄榄石、角闪石、黑云母和碱性长石，可有少量石英。副矿物常为磁铁矿、钛铁矿和磷灰石。根据次要矿物或暗色矿物的成分不同可进一步划分为橄榄辉绿岩、石英辉绿岩、角闪辉绿岩、黑云母辉绿岩和碱性辉绿岩。辉绿岩多成岩床、岩盆、岩脉产出。辉绿岩的次

生变化常为钠长石化、绿泥石化、绿帘石化、黏土化和碳酸盐化。颜色翠绿、墨绿的辉绿岩是良好的装饰石材，辉绿岩还是制造铸石和岩棉的主要原料。

辉钼矿 molybdenite 化学成分为MoS_2，属于六方或三方晶系的硫化物矿物。含钼59.94%，是提炼钼的最主要矿物原料；常含铼，是自然界已知含铼最高的矿物，也是提炼铼的最主要矿物原料。晶体呈板状、片状，通常以片状、鳞片状或细小分散粒状产出。铅灰色。强金属光泽。莫氏硬度1～

与石英共生的辉钼矿

1.5。密度4.7～5.0克/厘米^3。极完全的一组解理。薄片有挠性。是分布最广的钼矿物，主要产于高温和中温热液或夕卡岩矿床中，与黑钨矿、锡石、辉铋矿等共生或与石榴子石、透辉石、白钨矿、黄铜矿、黄铁矿等共生。在地表易风化成钼华（MoO_3）。美国科罗拉多州的克莱马克斯、尤拉德－亨德森是世界著名辉钼矿产地。中国河南、陕西、山西、辽宁等省也都有出产，总储量已跃居世界前列。

辉石 pyroxenes 化学通式为$XY[Z_2O_6]$，晶体属正交（斜方）或单斜晶系的单链状结构硅酸盐矿物族的总称。式中X为大半径的钠、钙等阳离子，Y代表小半径的锰、铁、镁、铝等阳离子，Z主要是硅和少量铝、铁等。

国际矿物学会1987年公布的《辉石命名法》，将辉石族矿物划分为20个矿物种，分属于斜方辉石和单斜辉石两个亚族。按成分又可分为4个化学组：钙－镁－铁辉石组、钠－钙辉石组、钠辉石组和其他辉石组（见表）。它们之间存在着广泛的类质同象替代现象。但任一辉石中，X阳离子的半径总是大于或等于Y阳离子半径。

辉石晶体呈短柱状、柱状，横截面为正方形或八边形。集合体呈粒状、柱状或放射状等。但硬玉总是由很细小晶体紧密交织组成致密块状集合体。辉石有多种颜色，从白色、灰色、浅绿色到绿黑、褐黑以至黑色，随含铁量的增高而变深；较为富镁的顽火辉石（原称古铜辉石）呈古铜色。玻璃光泽。莫氏硬度5～7，其中硬玉和锂辉石硬度最高，钙－镁－铁辉石组的成员硬度稍低。密度也随成分而异，从锂辉石的3.16克/厘米^{3}至铁辉石的4.0克/厘米^{3}左右，主要随铁含量的增高而增大；常见辉石的密度都介于3.2～3.6克/厘米^3。具有平行柱面的中等解理，解理面夹角87°。

辉石是镁铁质火成岩（基性岩、超基性岩）、高级变质岩（麻粒岩、榴辉岩）中的重要造岩矿物。其中普通辉石常见于火成岩、变质岩和月岩中。铁辉石在自然界很少见，但顽火辉石则是超基性、基性火成岩中很常见的矿物。较富铁的顽火辉石（原称紫苏辉石）产于深变质岩中，富镁的顽辉石常见于陨石中。透辉石和钙铁辉石是典型的夕卡岩矿物，透辉石在一些基性、超基性火成岩和高级区域变质岩中也有产出。霓石和霓辉石主要产于碱性火成岩中，它们在岩石学中常被称为碱性辉石。锂辉石（见图）只见于富锂的花岗伟晶岩中，晶体往往很大。美国南达科他州基斯通伟晶岩中的一个锂辉石晶体，重将近30吨。中国新疆阿尔泰产出的锂辉石巨晶，重达36.2吨。此外，美国加利福尼亚、北卡罗来纳等州和巴西、马达加斯加等地也是著名的锂辉石产地。硬玉只见于变质岩中，缅甸的密支那流域和中国的西藏、云南等地是硬玉的著名产地。

锂辉石

锂辉石是提炼锂及其化合物的主要矿物，也是高级耐火材料。透明而呈淡紫色或祖母绿色的锂辉石分别称为紫锂辉石和翠铬锂辉石，可作为宝石。硬玉是最名贵的玉石，即翡翠的主要矿物成分。

辉锑矿 stibnite 化学组成为Sb_2S_3，晶体属正交（斜方）晶系的硫化物矿物。是生产锑和锑化物的重要矿物原料。常呈柱状或针状晶体，柱面有纵向聚形纹，晶体常弯曲；通常呈针状、柱状、束状、放射状、块状和晶簇状集合体。铅灰色，晶体表面常带蓝的锖色。条痕灰黑色。金属光泽。莫氏硬度2～2.5。薄片具有挠性。密度4.50～4.65克/厘

辉锑矿晶簇

米^3。解理完全，解理面上常有横向聚片双晶纹。α粒子能激发出脉冲导电性。热导率异向性明显。易熔（546℃熔化，约650℃开始挥发）。是分布最广的锑矿物。主要产于低温热液矿床中，呈脉状或层状产出，与辰砂、石英、重晶石、萤石、方解石等共生。在含金石英脉和多金属矿床中，与铜、铅、锌、锑、铁等硫化物共生；在氧化带中易分解成锑的氧化物，转变成锑华、锑赭石、黄锑华等。中国锑储量居世界首位，湖南、广东、广西、贵州、云南都盛产辉锑矿，其中湖南新化锡矿山锑矿闻名于世。世界其他著名产地有玻利维亚的卡拉科托、南非的默奇逊、吉尔吉斯斯坦等。

辉铜矿 chalcocite 化学成分为Cu_2S，晶体属于正交（斜方）晶系的硫化物矿物。Cu_2S的六方晶系高温变体，称为六方辉铜矿（105℃以上稳定）；等轴晶系高温变体，称等轴辉铜矿（460℃以上稳定）。在所有铜的硫化物中，辉铜矿的含铜量最高，达79.86%；有时含铁、银、金、硒等。是提炼铜的重要矿物原料。晶体呈板柱状，但极少见；通常呈致密块状或烟灰状（粉末状）。新鲜面呈暗铅灰色，表面风化呈带锖色的黑色。金属光泽。莫氏硬度2.5～3.0。密度5.5～5.8克/厘米^3。解理不完全。主要产于铜的硫化物矿床次生富集带中，是下渗的硫酸铜溶液交代黄铜矿、斑铜矿及黄铁矿等其他硫化物而成。在热液矿床中，辉铜矿呈块状与斑铜矿、黄铜矿共生。在地表条件下，易风化变成赤铜矿、蓝铜矿、孔雀石或自然铜。中国云南东川等地铜矿床中有大量辉铜矿产出。世界著名产地有美国阿拉斯加州肯尼科特、内华达州伊利、亚利桑那州莫伦西，俄罗斯乌拉尔的图林斯克，哈萨克斯坦科恩拉德，纳米比亚楚梅布等。

辉县市 Huixian City 中国河南省辖县级市。位于省境北部，太行山南麓，西北与山西省毗连。面积2 007平方千米。人口74万（2010）。民族有汉、回等。周为共伯国。汉置共县，隋改共城县。金设辉州，明改为辉县。1988年设辉县市。由新乡市代管。属暖温带大陆性季风气候。矿产有铁、煤、铝、耐火黏土等。农作物有小麦、水稻、玉米、棉花、花生等。盛产东山楂、枣仁、丹参、连翘等中药材。工业有化工、制药、建材、电力、钢铁、煤炭、食品、皮革、印刷等。名胜古迹有百泉景区、白云寺、天王寺善济塔、白龙洞、十字岭、石门等。

辉银矿 argentite 化学成分为Ag_2S，晶体属等轴晶系的硫化物矿物。成分相同，但晶体属于单斜晶系的称螺硫银矿。螺硫银矿产于低温条件，或由辉银矿在降温过程中发生同质多象转变而成。二者转变温度为179℃。辉银矿和螺硫银矿含银量均为87.06%，有时含铜、铅、铁混入物。是提炼银的重要矿物原料。晶体呈等轴状或立方体与八面体聚形，但很少见。主要呈粒状、块状、毛发状、树枝状等集合体。暗铅灰色至铁黑色。金属光泽。莫氏硬度2～2.5。密度7.2～7.4克/厘米^3。辉银矿是典型的低温热液矿物，与方铅矿、闪锌矿、自然银、银的硫盐共生。辉银矿还广布于银硫化物矿床氧化带中。世界著名产地有墨西哥萨卡特卡斯、瓜纳华托和帕丘卡，挪威孔斯贝格，德国萨克森州施内贝格，美国内华达州卡姆斯托克等。

辉银矿晶体

徽菜 Hui cuisine 中国安徽菜的简称。

徽号 honorific name 中国古代在皇帝、后妃的尊号之上再加的一些歌功颂德的称号。徽号之制始行于唐，盛行于宋，至明清两代，略有变化，即皇帝多不允臣僚之请，不给（或少给）自己上徽号，而是主要给皇太后、太皇太后上徽号。如康熙二十年（1681）年底，清廷平定三藩之乱后，群臣请上皇帝尊号、皇太后、太皇太后徽号。康熙帝不允皇帝上尊号之请，而给皇太后、太皇太后上徽号。如在孝庄太皇太后原有的徽号“昭圣慈寿恭简安懿章庆敦惠温庄康和仁宣”之上又加“弘靖”二字。一般而言，尊号和徽号的区别是，尊号只能上一次，而徽号则每遇庆典或重大事件，则可多次加上。唐、宋、明、清，徽号少的有16字，多的有24、28字。如清太祖努尔哈赤的徽号为“太祖承天广运圣德神功肇纪立极仁孝睿武端敦钦安弘文定业高皇帝”。

徽剧 Huiju opera 中国戏曲剧种。形成于安徽徽州（今安徽黄山市、绩溪县和江西婺源）、池州、太平（今当涂）一带。明末清初，西秦腔等乱弹声腔流入安徽，受当地诸腔影响，逐渐衍变，形成了徽调主要唱腔之一的拨子。拨子高亢激越，常和当地委婉柔和的吹腔在同一个剧目中配合使用，习称“吹拨”。文戏部分唱吹腔，武戏部分唱拨子。这种互取其长的配合运用，渐渐发展、融合、衍变，产生了二黄腔。清代中叶，二黄腔就已盛行于皖南、鄂东、赣东北相邻地区，出现了二黄、西皮合流的情况。早期徽剧的脚色分为：末、生、小生、外、旦、贴、夫、净、丑9行。在表演上具有动作粗犷、气势豪壮的特点，有翻台子、跳圈、窜火、飞叉、滚灯、变脸等许多特技。乾隆五十五年（1790）三庆班进入北京，自此逐步兴盛起来，到嘉庆、道光年间，汉调艺人也进京搭入徽班演戏，徽汉合流，集众所长，发展成以唱西皮、二黄为主的京剧。徽剧本身却日益衰落。中华人民共和国建立后，重新建立了安徽省徽剧团，吸收徽剧老艺人，积极进行培养年轻演员和挖掘整理剧目的工作。

徽剧《水淹七军》剧照（章其祥饰关羽，谷化民饰周仓）

徽商 Hui merchants 中国古代商人集团。以居于徽州（今安徽黄山市、绩溪县和江西婺源）而得名。又名新安商人、歙商、休宁商、黟商、婺源商等。大致起源于宋代，明清时期发展到与西商并雄。徽州物产丰富，为徽州商业活动提供了物质条件，且徽州位于东南经济区苏浙中心，交通便利，有利于徽州人从事商业活动。徽商的主要活动范围在长江流域，也到达山东、河南、陕西、河北、辽东、广东、福建等地，以及一些边疆海岛和少数民族地区，有的甚至营商海外。

徽商经营的行业十分广泛，以盐业为最重要。明清时期江淮和浙海食盐的贩卖，几为徽商垄断，粮食、茶叶、木材、典当、棉布、丝织品、陶瓷、书籍、墨砚以及仓库旅馆业和海外贸易等，徽商亦插足其间。有的还兼营行商、坐贾、牙行。此外，徽商也兼营金融业务，接受存款，因此资金比较充足。明清时期，不少徽州富商因经商盈利而移居他乡，并投资于铁冶、浆染以及陶瓷等业。徽商以殖盐为第一生业，而盐又是封建国家的专卖商品。因此，从明代中叶起，他们已成为豪富特权商人。随着政府对工商业限制的加剧，为得到政府的庇护，徽商日趋缙绅化，其商业资本亦成为国家财政的组成部分。徽商还带有浓厚的地域性和家族性。其资本宗族合伙，活动亦往往是全乡经营、集团移徙，且热衷于创办同乡会或会馆等，以保护本地区商人的利益。其积蓄往往用于乡里的慈善事业。他们广泛经营典当业，发放子母钱，进行高利贷盘剥。清代中期之后，徽商因失去政治庇护而逐渐衰落。

徽语 Hui dialects 中国**汉语**重要方言之一。又称徽州方言，俗称徽州话。集中分布于安徽南部和浙江西北部，并延伸到江西的婺源、德兴及景德镇市郊，包括安徽、浙江、江西三省的16个县市。

主要语言特征。语音方面：①古全浊声母清化，今逢塞音塞擦音声母，不论平仄，以读送气清音为主。②古鼻韵尾及-i、-u元音韵尾今音大量脱落或弱化。③声调以六调为主，平声绝大多数分阴阳，上去入也多分阴阳。词汇和语法方面：①徽语分布区域有一些共有的特征词为邻近方言所少见，如尔（你）、自家（自己）、脚膝头（膝盖）、反手（左手）。②表禁止的副词“不要”常以合音形式“覅”出现，可以说是官话“别”字的滥觞。③性状范畴的表达形态丰富。

回避 withdrawal **侦查**、**检察**、**审判**人员等同案件有法定的利害关系或者其他可能影响案件公正处理的关系，不得参与办理该案件或者参与该案的其他诉讼活动的一项诉讼制度。目的是防止徇私舞弊或发生偏见，以利于诉讼的正常进行和对案件的公平、正确处理。

《中华人民共和国刑事诉讼法》第28、29、31条规定，审判人员、检察人员、侦查人员有下列情形之一的，应当自行回避，**当事人**及其法定代理人也有权要求他们回避：①是本案的当事人或者是当事人的近亲属的。②本人或者他的近亲属和本案有利害关系的。③担任过本案的**证人**、鉴定人、**辩护人**、**诉讼代理人**的。④与本案当事人有其他关系，可能影响公正处理案件的。审判人员、检察人员、侦察人员接受当事人及其委托的人的请客送礼，以及违反规定会见当事人及其委托的人，当事人及其法定代理人有权要求他们回避。上述关于回避的规定，也适用于书记员、翻译人员和鉴定人。当事人及其法定代理人对回避的申请被驳回时，可以申请复议一次。

《中华人民共和国民事诉讼法》对回避问题也作了专门规定。关于审判人员、书记员、翻译人员、鉴定人、勘验人自行回避和当事人申请回避的理由，与刑事诉讼法的规定基本相同。被申请回避的人员应当暂停执行职务。但是，案件需要采取紧急措施的除外。申请人对决定不服的，可以申请复议一次。复议期间，被申请回避的人员不停止参与本案的工作。

《中华人民共和国行政诉讼法》第47条规定，当事人认为审判人员与本案有利害关系或者有其他关系可能影响公正审判，有权申请审判人员回避。审判人员认为自己与本案有利害关系或者有其他关系，应当申请回避。上述规定，适用于书记员、翻译人员、鉴定人、勘验人。当事人对决定不服的，可以申请复议。

回购贸易 buy back deal 出口方在出口机械设备或技术时，根据进口方的要求承担购买一定数量或金额商品义务的一种贸易方式。又称互购贸易或相对采购。在使用这种贸易方式时，买方不使用**外汇**，而是在信贷基础上，用双方商定的与进口货物无关的产品清偿货款。中国习惯上把这种方式称为间接补偿贸易。它是对等贸易的一种形式。**发达国家**和**发展中国家**之间的贸易常采用此方式。一般由双方在签订的协议中规定，设备或其他货物的出口方，在一定时期内购买对方一定数量（或金额）的商品。回购不是以与进口产品直接相关的产品进行抵偿，无须等到进口的设备安装、投产后再回购，一般偿还的时间较短，回购产品有一定的选择余地，所以在对等贸易中，回购贸易方式较受欢迎。

回归分析 regression analysis **数理统计学**的一个分支。研究与一问题有关的诸变量之间的关系。这些变量中有一个是问题中主要关心的对象，称为目标变量，简称因变量。其值受随机性误差的影响。其余的变量是目标变量有变异的原因，称为解释变量，简称自变量。它们可以受也可以不受随机误差的影响。

回归分析的一般统计模型是

$$Y=f(X_1,\cdots,X_k)+e$$

这里Y为因变量，$X_1,\cdots,X_k$为自变量。它们的取值影响Y的取值，其主要部分由函数$f(X_1,\cdots,X_k)$来刻画。f称为回归函数，而方程$Y=f(X_1,\cdots,X_k)$称为回归方程。e是误差项。e的存在表明：Y的取值并非全由$X_1,\cdots,X_k$决定，还有其他的影响存在。这些影响中包括大量随机性的、难于预知且不可控的因素，如随机性的测量误差、周围环境的微小变化之类。此外，还可能包括一些在研究中未加控制或难于控制（因成本太高）的因素。如在一项关于农作物产量的研究中，“虫害”是一个可以测量的因素，但在工作中未计入，则它会以随机误差的形式归入到e这一项中。又如在一项关于工业产品质量（Y）的试验中，考虑了反应温度X_1、反应时间X_2、某添加剂用量X_3等3个对Y有影响的变量。其他对Y有影响的因素都被归入到e内。因此，要求把对Y有重要影响的因素尽可能选进来，且其数目选取应得当：太少，误差项e增大，分析精度受影响；太多，模型过于复杂，处理不易，同样不利于发现主要问题和提高精度。这一问题的妥善解决很大程度上依靠专业知识，数理统计学方法——关于变量选择的方法，也可为之助一臂之力。

回归分析的主要任务，是通过观察或试验数据去估计回归函数f。有了f的估计$\hat{f}$后，就可利用它来作预测：预测在自变量取何值时，因变量将取何值。如在上面工业产品质量的例子中，有了$\hat{f}$，可以预测：当把X_1,X_2,X_3控制在某值a_1,a_2,a_3时，该产品的（平均）质量指标将为$\hat{f}(a_1,a_2,a_3)$。这个预测的精度如何，取决于$\hat{f}$作为f的估计的精度，而这又取决于数据的多少（样本量），及误差项e的影响大小。

依回归函数形式的不同，回归分析可划分为一些子领域。有一类问题，其回归函数的数学形式可认为（或假定为）已知，如指数函数形式、对数函数形式或多项式形式等。但式中包含一些未知参数，如多项式的系数。这种形式的回归称为参数回归，其统计问题归结为估计这些未知参数。如果参数是以线性的形式出现在回归函数中，则称为线性回归，否则称为非线性回归。线性回归是历史最久、研究最深入且应用最广的一种回归形式，至今仍在回归分析中占主导地位。但其他形式的回归的研究和应用也在日渐增加。另一类问题，其回归函数的数学形式未知，称为非参数回归，其理论和方法都更复杂。非参数回归是近30年来回归分析研究中的热门课题。

“回归”一词，得名于英国遗传学家兼统计学家F.高尔顿于19世纪下半叶的一项研究工作。他研究子代平均身高对父代平均身高的依赖关系，发现子代平均身高有向中心回归的趋势，以保持各代身高分布大体上的一致性，而不致产生身高的两极分化。他的这项研究是近代统计回归分析研究的发端。而他所引进的、适用于这一特例的“回归”这一名称，日后就被统计学家用来泛指在任何情况下自变量与因变量之间的统计关系，即使这种关系中并不含有“回归于中心”的成分。

回归热 relapsing fever 由回归热螺旋体所致的急性虫媒传染病。根据传播媒介的不同可分为虱传（流行性）回归热及蜱传（地方性）回归热两类，前者流行于卫生条件差的地区，以冬春季为多。病原体为回归热疏螺旋体，仅一种。患者是唯一的传染源，体虱是其主要媒介。蜱传回归热散发于热带、亚热带，有严格的地区性，以春夏季节为多。病原体包括10多种疏螺旋体；鼠类和患者是传染源。两种回归热的临床特点基本相同，起病急、反复发热、剧烈头痛、全身痛、肝脾肿大；发热期与间歇期交替出现，每次发热时间逐渐缩短，病情减轻；呈自限性感染。严重者可有昏迷、谵妄、黄疸及出血倾向，预后较差。四环素、青霉素治疗有特效，但治疗中可发生严重的休克反应。主要预防措施是及时隔离患者；灭虱、防鼠、灭鼠、灭蜱及野外作业时应防蜱叮咬。

回归文学 returnees literature 在苏联过去遭禁、无法与读者见面，后来得以发表的作品。这一术语出现在20世纪80年代中期。主要有3种情况：①在苏联写成，没有获准发表，或者是作者将它封存起来，后来才发表的作品，如A.N.雷巴科夫的《阿尔巴特街的儿女们》、M.A.布尔加科夫的《大师和玛格丽特》等。②在苏联写成，在国外发表，后来重新在苏联发表的作品。如B.L.帕斯捷尔纳克的《日瓦戈医生》、A.I.索尔仁尼琴的《第一圈》、《癌病房》等。③在国外写作发表，后来又“回归”苏联发表的作品。主要有D.S.梅列日科夫斯基、B.K.扎伊采夫、V.P.阿克肖诺夫等人的诗歌、散文和小说。这些作品重抽象的人道主义、人性论，重个人直观感受，用讽刺、怪异等假定性手法表现现实。

回归线 tropics 地球上北、南纬各23° 27′的两个纬度圈。一般是地球上热量带的北、南两个界线。夏至日太阳到达北回归线后即转向南去，冬至日太阳到达南回归线即转向北去。南北半球季节出现正好相反，北半球为夏季和秋季时，南半球为冬季和春季。

回鹘 Uighur 中国古代北方与西北操突厥语的民族之一；亦为建立于漠北的游牧汗国名。本为铁勒的一部，游牧于漠北鄂尔浑河及色楞格河流域。北魏袁纥、隋代韦纥系同名异译，即唐代回纥。唐贞元四年（788），回纥可汗自请改称回鹘，取“回旋轻捷如鹘”之意。曾臣服突厥汗国。隋大业年间，与仆固、同罗、拔野古等成立联盟反抗突厥，总称回纥。唐贞观年间，与薛延陀在漠北共建汗国。助唐灭东、西突厥。7世纪后期被后突厥汗国征服。744年灭后突厥建立汗国，尽取突厥故地。曾助唐平安史之乱，与唐朝关系密切。汗国主要用突厥文，也使用粟特文，并在此基础上创制了回鹘文，均有碑铭传世。以摩尼教为国教。840年为黠戛斯所破，一部分南下附唐，其余部众西迁。西迁的一支到河西，曾以甘州（今张掖）为中心建立政权。一般认为甘州回鹘即今肃南裕固族的祖先。西迁的另一支到达今新疆境内，曾以高昌（今吐鲁番）为中心建立政权并改宗佛教。西迁回鹘的一部分到10世纪中还参与了建立黑汗王朝（两首府分别在八拉沙衮和喀什噶尔）的活动。《突厥语大词典》的编者马合木德·喀什噶里，据信即属黑汗王朝的王族。迁到西域的回鹘人后来都改宗伊斯兰教，成为今维吾尔族的祖先。

回鹘文 Uighur script 回鹘人使用的拼音文字。又称回纥文。自中国唐代至明代（8～15世纪）主要流行于今吐鲁番盆地和中亚楚河流域。用这种文字记载的文献，于近代在哈密、吐鲁番和甘肃等地被发现。11世纪的《突厥语大词典》、13世纪的《蒙鞑备录》都曾记述过这种文字。回鹘文是在粟特文字母的基础上形成的，开始使用的年代，尚无定论。10世纪后，今新疆南部回鹘人虽已改用阿拉伯字母，但回鹘文并

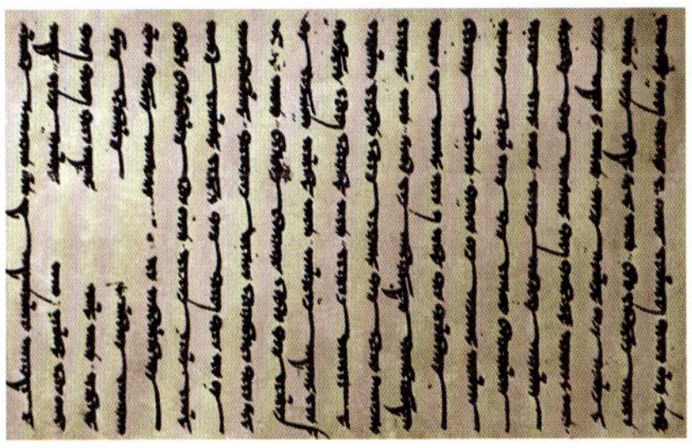

回鹘文《弥勒会见记》

未完全停止使用。清康熙二十六年（1687）重抄的《金光明经》回鹘文译本，证明这种文字一直到17世纪仍在使用。字母数目各个时期不尽相同，最少为18个，最多达23个。23个字母中有5个字母表示8个元音，18个字母表示22个辅音。字母分词首、词中、词末等形式。有句读符号。分印刷体和书写体，书写体又分楷书、草书两种。楷书用于经典，草书用于一般文书。行款起初由右往左横写，后改为从左往右竖写。

回火 tempering 将淬火后的工件重新加热到相变临界温度以下的一定温度，保温后在空气或水、油等介质中冷却的热处理工艺。主要用于钢。对其他合金多称为时效。钢回火的目的是：①消除淬火应力，改善韧性，避免开裂。②提高淬火组织的稳定性，以保证工件几何尺寸和使用性能的稳定性。③获得要求的力学性能，提高工件的工作能力和安全性。

用途不同的工件应在不同温度下回火：①150～250℃低温回火，主要用于工具、轴承、渗碳件、超高强钢件等，尽量保持高硬度、高强度和耐磨性，同时消除淬火应力，降低脆性。②350～500℃中温回火，主要用于各类弹簧和锻模，保证高的弹性极限和屈服强度，同时改善塑性和韧性。③500～650℃高温回火，用于各种关键零件特别是受动载和复合应力的联杆、轴、齿轮件等，保证具有良好的综合力学性能。淬火加高温回火的热处理工艺总称为调质。有些合金元素含量较高的合金钢，在某一温度范围回火时，会析出一些颗粒细小的金属化合物，使强度和硬度上升。这种现象称为二次硬化。

钢在250～400℃左右回火时，常有脆性增大，称为第一类回火脆性。一般不应在此温区回火。某些中碳合金结构钢在450～525℃间回火后，缓慢冷至室温，也易于变脆，称为第二类回火脆性。在钢中加入钼，或回火时在油或水中冷却，可以防止第二类回火脆性。将有第二类回火脆性的钢重新加热至原来的回火温度，可以消除这种脆性。

回教 Islam 伊斯兰教在中国的旧称。伊斯兰教是国际性宗教，其信仰者除中国回族外，国内外还有许多其他民族。因此，中国国务院于1956年6月发出通知，规定“今后对伊斯兰教一律不要使用‘回教’这个名称”。但至今海外仍有使用者。

回扣 rebate 经事先协商，买主在收到商品或劳务全部付款后退给卖主的其中一部分款项。在19世纪，回扣常被用作价格斗争的武器。大实业家常用回扣缓和与同行竞争以保持或扩大自己势力。他们秘密地给大主顾以回扣而其他买主无从知晓。19世纪，铁路企业常用回扣作为价格歧视的工具。另外，有些回扣常用作促使顾客采取良好行动的一种正当鼓励。

回良玉 Hui Liangyu（1944-10～ ） 中国共产党中央政治局委员，中华人民共和国国务院副总理。吉林榆树人。回族。1966年加入中国共产党。1964年吉林农业学校经济管理专业毕业后，任中共吉林省榆林县委组织部副部长，中共吉林省榆林县于家人民公社党委书记，中共吉林省榆树县委副书记，吉林省农业局副局长、农牧厅副厅长。1984年任中共吉林省白城地委副书记，白城子行署专员。1985年后任中共

吉林省委常委、农村政策研究室主任、农村工作部部长。1987年任吉林省副省长。1991年后任中共中央政策研究室副主任。1992年后历任中共湖北省委副书记，湖北省政协主席，中共湖北省委副书记，安徽省委副书记，安徽省副省长、代省长。1995～1998年任中共安徽省委副书记、安徽省省长。1998～1999年任中共安徽省委书记。1999～2002年任中共江苏省委常委、书记。2002～2003年当选中央政治局委员。2003年后任国务院副总理。是中共第十四届中央候补委员、十五至十七届中央委员，十六届、十七届中央政治局委员。

回声测深仪 echo sounder 利用声波反射的信息测量水深的仪器。其中有一类超声波测深仪，所使用的声波频率在2万赫以上。回声测深仪的工作原理是利用换能器在水中发出声波，当声波遇到障碍物而反射回换能器时，根据声波往返的时间和所测水域中声波传播的速度，就可以求得障碍物与换能器之间的距离。声波在海水中的传播速度，随海水的温度、盐度和水中压强而变化。在海洋环境中，这些物理量越大，声速也越大。常温时海水中声速的典型值为1500米/秒，淡水中的声速为1450米/秒。所以在使用回声测深仪之前，应对仪器进行率定，计算值要加以校正。

回声测深仪类型很多，可分为记录式和数字式两类。通常都由振荡器、发射换能器、接收换能器、放大器、显示和记录部分组成。回声测深仪可以在船只航行中快速准确地连续测量水深，常用于航道勘测、水底地形调查、海道测量和船只导航定位等。

回文诗 palindromic verse 中国古代诗歌体裁。反复回环均可成诵的诗，又作“廻文诗”。刘勰《文心雕龙·明诗》：“回文所兴，则道原为始。”道原已不知何人。相传晋傅咸有回文反复诗、温峤有回文虚言诗，均已失传。现存最著名的回文体诗为十六国时前秦苻坚时代的女诗人苏惠所作《璇玑图》诗。回文诗对后代文人作品有一定影响，仿作者不乏其人。一般凡可以正读，也可以倒读的诗都可归入回文体诗。南朝齐王融，梁简文帝萧纲、邵陵王萧纶，北周庾信等都作有回文诗。至唐代作者更多。据《唐音癸签》说：“唐人刘宾及皮（日休）、陆（龟蒙）倡和，并有回文诗。”宋代著名文学家王安石、苏轼亦写有回文诗。

回文体这种特殊形式，还被其他多种文体所采用。如在汉魏时有曹植的回文镜铭，南朝时梁简文帝有回文纱扇铭。另外还有回文词、回文曲等。在回文诗中，也还有所谓“盘中体”、“反复体”，其特点也是反复回环，读起来皆成诗意。

回旋加速器 cyclotron 利用磁场使带电粒子作回旋运动，在运动中经高频电场反复加速的装置。1930年E.O.劳伦斯提出其工作原理，1932年首次研制成功。主要结构是在磁极间的真空室内有两个半圆形的金属扁盒（D形盒）隔开相对放置，D形盒上加交变电压，其间隙处产生交变电场。置于中心的粒子源产生带电粒子射出来，受到电场加速，在D形盒内不受电场，仅受磁极间磁场的洛伦兹力，在垂直磁场平面内做圆周运动。粒子绕行半圈的时间为$\pi m/Z_eB$，其中Z_e是粒子电荷，m是粒子的质量，B是磁场的磁感应强度。如果D形盒上所加的交变电压的频率恰好等于粒子在磁场中做圆周运动的频率，则粒子绕行半圈后正赶上D形盒上极性变号，粒子仍处于加速状态。由于上述粒子绕行半圈的时间与粒子的速度无关，因此粒子每绕行半圈受到一次加速，绕行半径增大。经过很多次加速，粒子沿螺旋形轨道从D形盒边缘引出，能量可达几十兆电子伏特（MeV）。回旋加速器的能量受制于随粒子速度增大的相对论效应，粒子的质量增大，粒子绕行周期变长，从而逐渐偏离了交变电场的加速状态。进一步的改进有同步回旋加速器。

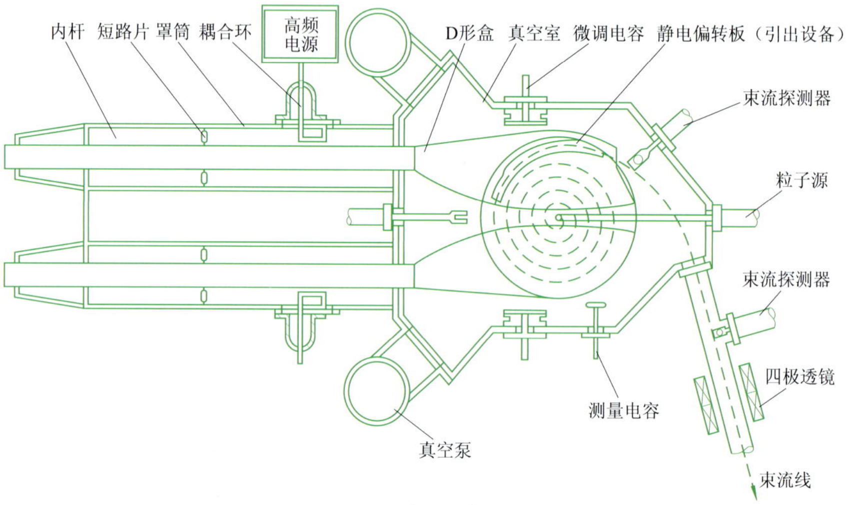

回旋加速器示意图

回阳救逆 restoring yang and rescuing patient from collapse 中医临床用温热药物治疗阳气极虚、阴寒内盛危重证的治法。属治疗八法中的温法之一。具有振奋阳气，使阳气恢复以消除阴寒的作用。适用于阳气极虚、阴寒内盛所致的四肢厥冷，恶寒蜷卧，呕吐腹痛，下利清谷，精神萎靡，嗜睡，脉沉细等证候。常用附子、干姜、肉桂等大温大热的药物。代表方剂有四逆汤。

运用该法时注意：①阳热炽盛，郁遏于里，不能达于外而见四肢厥冷的真热假寒证忌用此法。②阳气将脱，浮越于外，证见面赤、烦躁的真寒假热或服热药入口即吐者，可少佐寒凉药物或冷服。③厥证见四肢厥逆，神志不清，非阳气虚脱所致者不宜使用回阳救逆法。

回忆说 anamnesis 古希腊哲学家柏拉图为论证他的理念论而提出的一种认识学说。他认为，人的感觉只能认识变灭的、不真实的现实事物，而不能认识永恒的、真实的理念。人们关于理念的知识只有通过回忆的途径才能获得。柏拉图在《美诺篇》中以一个童奴为例，说他虽然从没有学过几何学与数学，但通过诘难和启发，却能解答几何学的难题。由此证明：这些知识是人心中固有的，只是通过辩难引起回忆而已。在《斐多篇》中，柏拉图将灵魂不灭说与回忆说结合起来阐述他的认识学说。他认为，人在出生以前，灵魂原已有了理念的知识，只是在灵魂和肉体结合出生之时忘记了。出生以后通过一些具体事物的认识，并加以启发，人们便回忆起和这些具体事物相类似的知识。柏拉图的回忆说为后来的天赋观念说等唯心主义先验论开了先河。

回族 Hui 中国少数民族。散居全国，主要聚居于宁夏回族自治区，河南、新疆、青海、云南、河北、山东、安徽等省、自治区也有大小不等的聚居区。人口9 816 805人（2000）。是由中外多种民族成分在长期历史发展中形成的民族。伊斯兰教的传入及其在中国的发展，对回族的形成起了重要的纽带作用。7世纪中叶，大批穆斯林商人来华，在广州、西安等城市定居，当时被称为“蕃客”或“土生蕃客”，元代被称为“回回蕃客”或“南蕃回回”。13世纪初叶，大量迁来中国的中亚人、波斯人和阿

回族女子

拉伯人，不断同当地的民族融合，逐渐形成回族。回族在其东迁初期，同时使用阿拉伯语、波斯语和汉语。后逐渐习用汉语、汉文，保留了一些阿拉伯语和波斯语词汇。主要从事农业，经营畜牧业或运输业、手工业、商业。以善于经营著称，传统行业有珠宝玉石业、运输业及牛羊屠宰加工业等。习惯在住地建礼拜寺（又称清真寺），围寺而居。衣着一般与汉族相同，使用汉族的姓和名。实行一夫一妻制。人死行土葬。信仰伊斯兰教，人出生后要请阿訇起经名，结婚时请阿訇证婚，死亡后请阿訇主持殡葬。忌吃猪肉及一切动物的血和自死之动物等。1958年成立了宁夏回族自治区；1953～1986年，在青海、新疆、甘肃、贵州、云南、河北等地相继建立了2个自治州、6个自治县和5个联合自治县。

回族菜 Hui cuisine 既体现伊斯兰教习俗，又具有中国饮食风格的菜肴的统称。见清真菜。

茴香 *Foeniculum vulgare*; fennel 伞形科茴香属的一种。多年生宿根草本植物。又称小茴香。以嫩茎叶供食用。原产地中海沿岸。中国北方普遍栽培。

株高30～45厘米，茎直立，有分枝，表面有白粉。叶羽状分裂，线形。复伞形花序，花小，金黄色。双悬果，长椭圆形。有种子两枚，灰白色。喜冷凉，适应性广。茴香的另一个种称为大茴香（学名*F.dulce*），山西、内蒙古等地有栽培。采用种子繁殖。多进行撒播或密条播。

茴香含有茴香醚及茴香酮等，具有特殊的芳香，还含有较多的胡萝卜素和钙，并具有温肝肾、暖胃气、散寒结等保健功效。为主要的辛香蔬菜之一，多用于馅食或炒食。

茴鱼 *Thymallus arcticus*; arctic graylings 鲑形目茴鱼科茴鱼属的一种。又称斑鳟子。分布于亚洲和北美洲北部的河流中。体形长而侧扁。吻钝而短，上下颌各有1列细齿。眼大。鳞细小，排列很密。背鳍长且高，呈旗状，背缘圆凸；脂鳍小，位于臀鳍基后段上方；雄体的背、臀鳍较雌体为大。体背部黑紫色，体侧上方有许多黑褐色小斑点；生殖期色彩鲜艳。有许多地理种群。中国有3亚种：黑龙江茴鱼，产于黑龙江流域；北极茴鱼，产于额尔齐斯河流域；鸭绿江茴鱼，产于鸭绿江上游。

为冷水性山溪栖居的鱼类。冬季在山溪深水处越冬。主食动物性饵料，多在夜间摄食。为名贵的食用鱼类。

洄游 migration 鱼类在一年或一生中所进行的周期性定向往返移动。许多鱼类有这种习性。洄游距离长的可达几千千米，短的只有几十千米。洄游是鱼类在系统发生过程中形成的一种特性，是鱼类对环境的一种长期适应，它能使种群获得更有利的生存条件，更好地繁衍后代。研究并弄清鱼类洄游的状况和规律，是准确进行渔情预报和资源量估算、提高捕捞效率的重要前提条件，同时对鱼类资源的保护、管理和放流增殖等具有重要意义。

类型 鱼类洄游的分类方法很多。按鱼类不同的生理需求，可分为产卵性、索饵性和越冬性洄游；以鱼类生活史不同阶段可分为成鱼洄游和幼鱼洄游等。而按鱼类所处不同生态环境则可分为海洋鱼类的洄游、溯河性鱼类的洄游、降海性鱼类的洄游与淡水鱼类的洄游4种类型。

海洋鱼类的洄游 完全在海洋中生活和洄游，同种鱼往往分成若干种群，每一种群有各自的洄游路线，彼此不相混合，各海区的鱼群有不同的变异特征，每个海区都分布有它自己的洄游群体。如中国东海、黄海的小黄鱼可分为4个种群，分别有其自己的越冬、产卵与索饵的洄游路线。

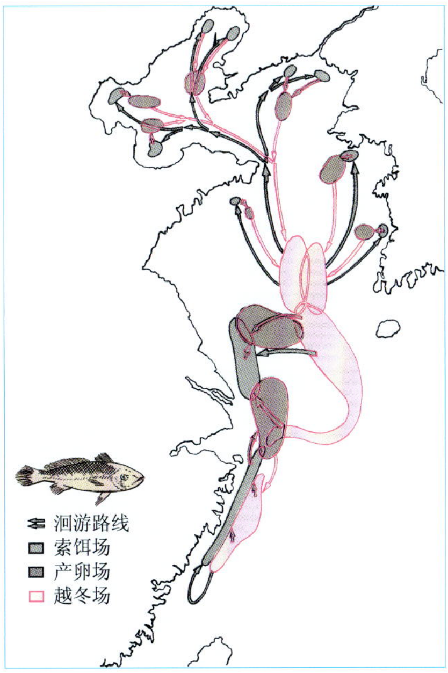

小黄鱼洄游路线示意图

溯河性鱼类的洄游 溯河性鱼类生活在海洋，但溯至江河的中上游繁殖。这类鱼对栖息地的生态条件，特别是水中的盐度有严格的适应性。如北太平洋的大麻哈鱼溯河后即不摄食，每天顶着时速几十千米的水流上溯数十千米，在洄游过程中体力消耗很大，到达产卵场时，生殖后亲体即相继死亡。幼鱼在当年或第二年入海。但某些生活在河口附近的浅海鱼类，生殖时只洄游到河口，如长江口的凤鲚等，溯河洄游的距离较短。

降海性鱼类的洄游 降海性鱼类绝大部分时间生活在淡水里而洄游至海中繁殖。鳗鲡是这类洄游的典型例子。欧洲鳗鲡和美洲鳗鲡降海后不摄食，分别洄游到数千千米海域后产卵，生殖后亲鱼全部死亡。其幼鱼回到各自大陆淡水水域的时间不同，欧洲鳗鲡需3年，美洲鳗鲡只需1年。中国的鳗鲡、松江鲈等的洄游也属于这一类型。

淡水鱼类的洄游 淡水鱼类完全在内陆水域中生活和洄游，其洄游距离一般都较短。洄游情况较为多样化。有的鱼生活于流水中，产卵时到静水处；有的则在静水中生活，到流水中去产卵。中国鲤科鱼类中的青鱼、草鱼、鲢、鳙等通常在湖中育肥，秋末到江河的中下游越冬，次年春再溯至江河的中上游产卵。

海、淡水盐度不同，渗透压有差异，因此作溯河或降海洄游的鱼类，过河口时往往需要在咸淡水区停留一段时间，以适应这种生理机能的转变。

原因 产生鱼类洄游的原因，一般认为首先是由于鱼类本身的生理要求，包括对饵料丰富水域、适宜的产卵地或越冬场所的追求。影响鱼类洄游的环境因子有水流、底形、温度、盐度、水质、光线等，其中水流是对洄游的定向起决定性作用的因子。在具有一定流速的条件下，鱼类通常都逆流而游。

蛔虫病 ascariasis 由蛔虫寄生于人体肠道引起的寄生虫病。蛔虫成虫外形如蚯蚓，故学名称为似蚓蛔线虫。蛔虫成虫雌雄异体，以半消化食物为营养。成虫交配后产卵，虫卵随宿主粪便排出，在温度适宜的土壤内，经2～3周发育为感染期虫卵，为人们吞食后，其幼虫在小肠内脱出，钻入肠壁，经血液循环而达肺脏，继续发育后，幼虫自气管移行至咽部，随吞咽动作进入小肠，发育为成虫（见图）。幼虫移行期可有发热、咳嗽、哮喘、末梢血液酸性粒细胞数增高等征象。肠蛔虫症可引起脐周围痛，在幼儿可引起磨牙、烦躁不安、惊厥、营养不良等现象。当寄生环境发生变化时，蛔虫可扭结成团而导致肠梗阻，也可窜至胆管

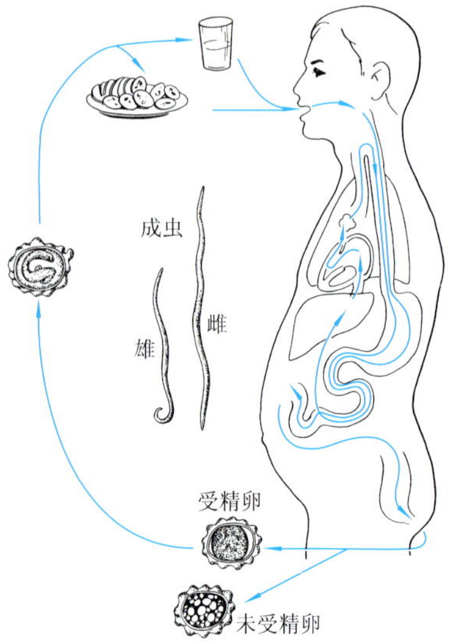

蛔虫生活史示意图

或阑尾，引起胆道蛔虫症或阑尾蛔虫症，也可穿破肠壁引起急性腹膜炎。诊断主要依据在患者粪便中检出蛔虫卵。甲苯咪唑、阿苯哒唑等驱虫有效，与左旋咪唑合用可避免发生蛔虫游走现象。

汇编程序 assembler 把汇编语言书写的源程序翻译成等价的机器语言程序的处理系统。以汇编语言书写的源程序作为输入，以机器语言表示的目标程序作为输出，主要工作过程是：①输入汇编语言源程序。②检查语法的正确性，如果正确，将源程序翻译成等价的二进制或浮动二进制机器语言程序；如果语法有错，则输出错误信息。③对目标程序进行必要的处理。

在广泛使用汇编程序的过程中，相继研制出模块汇编程序、宏汇编程序、高级汇编程序、条件汇编程序等。模块汇编程序提供模块单独汇编功能，支持模块的并行设计、编程、调试和连接装配等能力。宏汇编程序是在汇编程序的基础上增加宏加工程序功能，允许用户在源程序中方便地定义和使用宏指令。高级汇编程序是用汇编语言编写源程序中的数据加工部分，而用高级语言的控制语句编写控制部分。条件汇编程序允许用户在源程序中设置条件汇编指示，并通过预置不同参数值的方法灵活地剪裁（选择或跳过）、汇编不同的程序段。

汇率 exchange rate 一国货币单位同他国货币单位的兑换比率，或一国货币用另一国货币所表示的价格。又称汇价或兑换率。

汇率是由国际结算中本币与外币折合兑换的需要而产生的。在纸币流通条件下，由于各国货币发行量超出了兑换黄金的物质制约，汇率作为两国货币间的比价，便由两国货币在外汇市场上的供求状况决定。而决定汇率走向的更深层因素在于：两国通货膨胀率差异，两国利率差异，两国经济增长差异，中央银行干预和市场预期等。

汇率有直接标价、间接标价两种标价方式：①直接标价法。以一定单位的外国货币为标准，用本国货币来表示这一定量外币的价格，即一定单位的外国货币值多少本国货币。又称应付标价法。②间接标价法。以一定量的本国货币为标准，用外国货币来表示价格，即计算应收多少外国货币。又称应收标价法。

汇率可分为固定汇率、浮动汇率和联合浮动汇率；基准汇率和套算汇率；官方汇率和市场汇率；贸易汇率和金融汇率；单一汇率和多种汇率；电汇汇率、信汇汇率、票汇汇率；即期汇率和远期汇率；同业汇率和商人汇率。

汇率是国际汇兑得以进行的前提条件，它的高低和变动有极其广泛的影响。因此，世界各国都把汇率当成一项重要的政策工具来使用，通过汇率的制定和变动来达到一定目的。

汇票 exchange, bill of 出票人签发的、委托付款人在见票时或在指定日期无条件支付确定的金额给收款人或持票人的票据。为一种委付证券。持票人应于规定期限内向付款人提示承兑，付款人办理承兑手续后持票人方才获得票据的付款请求权；当票据到期日提示付款被拒绝时可向其前手或出票人行使追索权；基本当事人是出票人、付款人和收款人。在中国，出票人在票据上必须记载的内容有：①表明“汇票”的字样。②无条件支付的委托。③确定的金额。④付款人名称。⑤收款人名称。⑥出票日期。⑦出票人签章。⑧付款日期。⑨付款地。⑩出票地。汇票按照出票人不同分为银行汇票和商业汇票；按承兑人不同分为商业承兑汇票和银行承兑汇票。

会昌废佛 Abolishing Buddhism in Huichang Period 中国唐朝武宗会昌年间的一次废佛运动。唐代后期，由于佛教寺院土地不输课税，僧侣免除赋役，佛教寺院经济过分扩张，损害了国库收入。唐武宗崇信道教，深恶佛教，在道士赵归真的鼓动和李德裕的支持下，于会昌五年（845）四月，下令清查天下寺院及僧侣人数。八月，令天下诸寺限期拆毁；括天下寺4 600余所，兰若（私立的僧居）四万所。拆下来的寺院材料用来修缮政府廨驿，金银佛像上交国库，铁像用来铸造农器，铜像及钟、磬用来铸钱。没收寺产良田，奴婢15万人。僧尼迫令还俗者共26万余人，释放供寺院役使的百姓50万人以上。政府从废佛运动中得到大量财物、土地和纳税户。在灭佛同时，波及大秦景教、袄教。佛教徒称之为会昌法难。第二年宣宗即位，又下令复兴佛教。

会馆 guild hall 中国明清时期都市中由同乡或同业组成的社会团体。始设于明代前期，迄今所知最早的会馆是建于永乐年间的北京芜湖会馆。嘉靖、万历时期趋于兴盛，清代中期最多。明清时期的会馆大体可分为3种：北京的大多数会馆，主要为同乡官僚、缙绅和科举之士居停聚会之处，故又称为试馆；北京的少数会馆和苏州、汉口、上海等工商业城市的大多数会馆，是以工商业者、行帮为主体的同乡会馆；四川的大多数会馆，是入清以后由陕西、湖广、江西、福建、广东等省迁来的客民建立的同乡移民会馆。早期的会馆绝大部分设于北京。这一时期的北京会馆，主要以地域关系作为建馆的基础，是一种同乡组织，与工商业者绝少关系。明中叶以后，具有工商业性质的会馆大量出现，会馆制度开始从单纯的同乡组织向工商业组织发展。后期的工商业会馆还可能同中国古代的纲运制度有着渊源关系。明代后期，工商性质的会馆虽占很大比重，但这些工商业会馆仍保持着浓厚的地域观念。即使到了清代后期，突破地域界限的行业性会馆仍然相当个别，大多以同业公会的面目出现。明清时期大量工商业会馆的出现，对于保护工商业者的自身利益起了某些作用。但会馆与乡土观念及封建势力的结合，也阻碍了商品交换的扩大和社会经济的发展。

河南开封山陕甘会馆

会审公廨 mixed court hearing in concessions between foreign colonial officials and the Qing Dynasty functionaries 清末中国地方官与列强领事官就中国人与外国侨民之间发生的争讼进行会审的机构。即会审公堂。1864年后，先后于上海、汉口、哈尔滨、厦门鼓浪屿等地设立。根据列强与清政府签订的《上海洋泾浜设官会审章程》等协议的规定，会审公廨设立于各国在中国的租界内，名义上是中国司法机构在租界内的分支机构，由中国政府派员主持审判，并适用中国法律。但实质上，不仅直接与外国人有关的华洋案件外国领事有权参加，就是无约国侨民之间的诉讼以及外国人雇用的中国人的诉讼，外国领事也可参与会审。名为会审，实则由外国领事一手把持。尤其在辛亥革命后，驻沪领事乘混乱之机，完全控制了会审公廨。会审公廨的设立，使得中国司法主权受到极大损害，是帝国主义列强在华领事裁判权的进一步延伸。在五卅运动的冲击下，1926年由江苏省政府与驻沪各国领事签订《收回上海公共租界会审公堂暂行章程》，改会审公廨为上海临时法院，1930年又改为上海特区法院。但是中国的司法主权并没有因此而完全恢复，直到1949年中华人民共和国建立以后，这一问题才得到根本解决。

清末会审公廨，中外法官在审理中国人的案件

会同县 Huitong County 中国湖南怀化市辖县。位于省境西南边陲，沅江上游，西邻贵州省。面积2 245平方千米。人口32万（2010），有汉、苗、侗、瑶等民族。秦属黔中郡。唐置朗溪县。宋崇宁元年（1102）置三江县，次年改会同县，以沅、巫、渠水过境相会而得名。矿产有煤、铁、金、铝、铅、锌、铜、锑、锰、水晶等。农作物有水稻、玉米、小麦、甘薯、辣椒、烟叶、茶叶等。林地面积占全县总面积的70%，是国家重点林业县之一。盛产杉、松、楠竹、油茶、油桐等。珍贵树种有伯乐树、香果树等。工业有采矿、森工、电力、建材、化工、机械、食品等。名胜古迹有金龙山石塔、诸葛井、林城公园等。

会要 institutional history 中国古代分门别类记载各朝代典章制度的史书。创始于中唐苏冕撰唐高祖至唐德宗九朝《会要》，晚唐崔铉、杨绍复等续撰唐德宗至唐宣宗八朝《续会要》，北宋王溥又增补唐懿宗至唐哀帝四朝典制，合编成《唐会要》。王溥又撰《五代会要》。宋元明清时期，会要成为官修史书的重要内容。宋代极为重视本朝会要的修撰，先后重修和续修达十余次之多。宋修会要原本已不存，今有清人徐松从《永乐大典》辑出的《宋会要辑稿》。元修会要别名《经世大典》。明修《明会典》和清修《清会要》卷帙浩大，内容详备。除此之外，宋元明清时期还有学者补撰前代会要，如宋徐天麟撰《西汉会要》、《东汉会要》，清孙楷撰《秦会要》，清杨晨撰《三国会要》，清朱铭盘撰《两晋会要》、《宋会要》、《齐会要》、《梁会要》、《陈会要》等。历代会要所记典章制度包括政治、经济、军事、职官、刑法、天文、地理、文化各方面沿革损益情况，具有较高的史料价值。

会议展览中心 convention center 提供举办产品展示、科技成果推介和贸易洽谈的大型多功能公共建筑。由展览会、博览会建筑组成的贸易中心。世界上第一个具有现代意义的博览会建筑是1851年英国的水晶宫，之后世界各国陆续兴建和举办各色各样的博览会。世界上德国的博览业最为发达，像汉诺威、慕尼黑甚至成为博览会城市。中国1954年建成当时国内规模最大的综合性展览馆——北京苏联展览馆（现名北京展览馆），1959年建成中国最大的专题性展览馆——全国农业展览馆。1959年广州建成中国出口商品交易展馆，1974年又建设了新馆。2003年建成亚洲规模最大的广州国际会议展览中心。

现在的会展中心与早期展览会、博览会建筑不同，在商品展示的同时更强化了商品贸易的功能，又扩展了它的使用内容，增加餐饮娱乐功能，逐步地发展成会议、展览、贸易的大型综合体。一般由展览中心、会议中心、服务配套设施三大部分组成。

会子 huizi 中国南宋时期发行的可与铜钱兑换的纸币。会子原是一种文字凭证的名称，北宋时期，曾用于支领钱物，故有时又称交子为会子。北宋末年，民间有私营寄附便钱会子，性质类似汇票。南宋绍兴六年（1136）曾发行与铜钱兑换的交子，随即收回。绍兴末年，知临安府钱端礼禁止私营便钱会子，奏准发行官营会子。绍兴三十年，改为由户部发行。次年，建行在会子务，设六个分支机构，将会子推行于东南各路，规定准许民间以会子代铜钱纳税，颁布了禁止伪造的法令。乾道初年，发生信用危机，经过整顿，乾道四年（1168）改为按界发行，三年一界，每界一千万贯，两界相沓而行。界满以旧换新，每贯收费20文。一

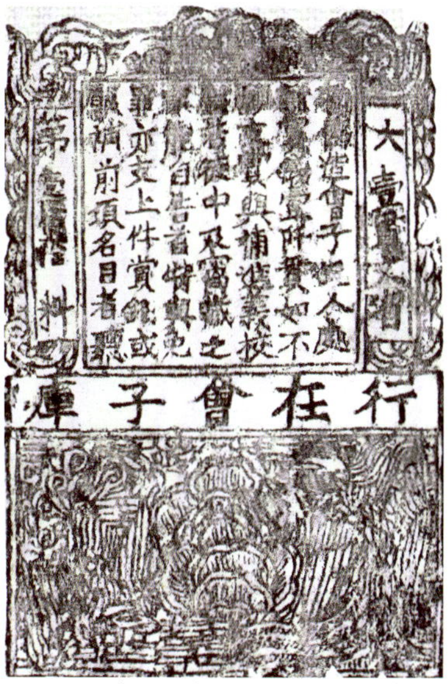

南宋行在会子库版拓本，此为行在（临安）会子务所印发的会子版

贯以下10文。随又在官方收支中较普遍地实行了钱会中半的制度。淳熙三年（1176），每界改为六年；绍熙元年（1190），又改为九年。会子发行的前三十年，会价较为稳定。嘉泰以后，发行量逐渐失控，会子贬值越来越严重。景定五年（1264），官方又发行了新纸币关子，会子贬值愈加严重。

还有湖北会子，又称湖广会子、直便会子，简称湖会。南宋孝宗隆兴元年（1163）湖广总领所发行直便会子，有一贯、五百文两种面额，于京西、湖北路行用。淳熙十二年始定三年一界。但此后几次延期兑界，迄宝祐二年（1254）共发行八界。贬值情况逐渐严重。不详所终。

绘画 painting 用色彩和线条在平面上描绘形象的美术种类。绘画是一切画种和品类及其所有样式、形式的统称，广义还包括图案装饰纹样和建筑设计图等。它借助于可被利用的物质材料和相应的制作方法以创造艺术形象，包括运用笔、刷、刀、手指等各种绘画工具和挥洒、涂抹、拓印、腐蚀等各种绘制手段，将颜料、墨汁、油墨及其他有色物质描绘和移置到纸张、纺织物、木板、皮革、墙壁或岩石等平面上，以线条块面、色彩、明暗等造型因素，通过构图形成视觉形象的画面或图像。

绘画是一种古老的艺术门类，可以上溯到原始社会。迄今发现的最早的绘画作品大约是15 000年前旧石器时代晚期西班牙的阿尔塔米拉和法国的拉斯科的原始洞窟壁画。人类社会出现阶级和国家后，在宫廷、神殿、寺庙、陵墓等处，普遍都有装饰性壁画。除壁画外，以独立的画幅形式出现的绘画作品，在中国主要是历千年而不衰的卷轴画。

欧洲于15世纪以前，非壁画的绘画形式有祭坛拼板画，置于祭坛上的圆龛中。

在希腊、罗马和伊朗，曾普遍流行以手抄书插图为主的细密画。7世纪以后，基督教的圣经和祈祷书上普遍应用此画种。8世纪，印度流行贝叶经的插图。中国明清以来的小说书刊中所附人物绣像，以及故事内容的全图，也属插图一类。欧洲14～15世纪发明了油画技术，出现了流行的独幅画，俗称“架上油画”。

绘图笔 drawing pen 用以绘制技术图纸的专用笔。根据绘图工作的需要，采用自来水笔的原理和结构，进行设计和制造。笔杆内部有储墨水结构，在绘图时能连续不断地供墨水。20世纪50年代，联邦德国推出针管型笔头绘图笔，现已为国际上普遍采用。绘图笔墨水采用碳素类颗粒颜料为显色剂。

绘图笔按用途分为手工使用和仪表使用两大类，后者包括数控绘图仪、计算机控制自动绘图仪及计算机终端输出记录用笔等。按吸水方式，分为吸水式、灌水式和换芯式等。

绘图笔规格按笔头画出线条的宽度共分九档，每档规格用笔杆上的色标表示（见表）。

笔迹宽度和色标对照

宽度(mm)	0.13	0.18	0.25	0.35	0.50	0.70	1.00	1.40	3.00
色标	紫	红	白	黄	棕	蓝	橘	绿	灰

彗星 comet 太阳系的一种轨道偏心率高，与黄道面的倾角任意，绕太阳运行方向随机的小天体。它们的固态部分称彗核，成分是冰和不易熔解的物质。当运行在临近内太阳系或太阳附近空间时，蒸发出名为彗发的尘埃包层，并能够挥发由气体和尘埃组成的彗尾。俗称“扫帚星”。中国古代对彗星还有其他称谓，如孛星、星孛、妖星、蓬星、长星、异星、奇星。

直到19世纪以前，彗星一直是令人畏惧的天象和不祥的征兆。古代中国传统地认为带有长尾的大彗星的出现总是重大事件的警示。历代的史官和钦天监在史书中，还有地方志内，记录了连续2 000多年间出现的彗星动态。

发现和命名 天文望远镜发明之后，天文学家和天文爱好者都是用望远镜目视寻彗。1892年开始利用天体照相仪发现和观测彗星等快速移动的天体。20世纪末，则演进到借助配备CCD辐射接收装置和计算机程序管理的大视场望远镜自动搜索彗星和其他移动天体。1995年，国际天文学联合会（IAU）颁布现行的彗星命名法。首先用前缀为彗星分类：

P/——周期小于200年的短周期彗星

C/——周期大于200年的长周期彗星

X/——尚不能计算出轨道的彗星

A/——可能是小行星

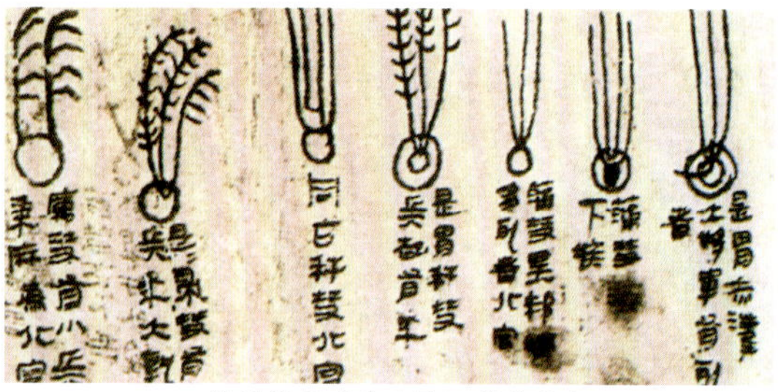

彗星帛画（马王堆汉墓出土）

D/——不再回归的彗星

在前缀之后用4位阿拉伯数字表示发现年份，如1997。随后是发现时的月份，用大写拉丁字母。再后是用阿拉伯数字表示的发现累计号，如1994J3是指1994年5月上半月发现的第三个。最后是括号之内的发现者姓氏，如C/1996B2（百武）。

轨道 彗星并不具有严格意义上的圆锥曲线轨道，它们因受大行星，尤其是木星的摄动，轨道不断演变。

结构 彗星通常分彗核、彗发和彗尾3个组成部分。彗核：根据雷达探测，小的几千米，大的达40千米，密度0.5～1.2克/厘米^3，为高度渗透性多孔而松散的物质，色黑灰，典型的反照率为0.04。彗发：根据分光观测，彗发中的主要原子和离子为CN、CH、C_2、C_3、NH、NH_2、OH、CO^+。彗尾：按物态有气尾和尘尾之分，气尾的主要成分是H_2O^+、CO^+、CO_2^+、OH^+等分子和离子。

起源 彗星是原始太阳云的残余物，或许还是地球水分子、其他有机分子和生命的来源之一。奥尔特云可能是长周期彗星的发源区，短周期彗星则出自柯伊伯带。

空间探测 1986年，哈雷彗星回归时曾有5个飞行器对其进行了空间探测，其中欧洲空间局的“乔托”号取得的近距观测资料最为丰厚。

惠安县 Hui' an County 中国福建泉州市辖县。位于省境东南沿海，介于湄洲湾与泉州湾之间。面积762平方千米。人口72万（2010），有汉、回、畲、蒙古等民族。宋太平兴国六年（981）置惠安县。属南亚热带气候，暖热湿润。农作物有水稻、甘薯、高粱、大豆、花生、甘蔗等。盛产带鱼、鳀、鲳、乌贼、鱿鱼、鳗鱼等，以养殖江瑶贝、海带著名。工业有制盐、榨油、造船、石雕、工艺美术等。名胜古迹有科山风景区、洛阳桥、崇武城墙等。

惠栋 Hui Dong（1697-11-18～1758-06-27） 中国清代学者。汉学中吴派的代表人物。字定宇，号松崖。江苏元和（今苏州）人。祖周惕，父士奇，皆治《易》学，三世传经，传为一代佳话。早年，随其父至广东提督学政任所，父卒归里，课徒著述，终身不仕。其学沿顾炎武，一生治经以汉儒为宗，以昌明汉学为己任，尤精于汉代《易》学。所著《易汉学》、《易例》、《周易述》等，驳诘宋人《河图》、《洛书》、先天、太极之说，为清代吴派经学奠基，深得乾嘉学者推重。但固守汉儒《易》说，不复甄别，以致当时及后世有“株守汉学”、“嗜博泥古”之讥。又撰《古文尚书考》，继清初阎若璩之后，辨证《古文尚书》为晋人伪作。主要著述尚有《后汉书补注》、《九经古义》、《明堂大道录》、《松厓文钞》等。

惠更斯 Huygens, Christiaan（1629-04-14～1695-07-08） 荷兰物理学家、天文学家、数学家。生于海牙，卒于海牙。1645～1647年在莱顿大学学习法律与数学，1647～1649年转入布雷达学院深造。在阿基米德的著作和R.笛卡尔等人的影响下，致力于力学、光学、天文学及数学的研究。1663年当选英国皇家学会会员。1666年当选刚成立的法国科学院的成员。1681年返回荷兰定居。

惠更斯首先发明了摆钟并对有关时计的若干种摆（单摆、复摆、旋轮摆等）做了研究，对当时天文与航行上所用和后来时计的发展起了重要作用。惠更斯是创建经典力学的先驱之一，在研究钟摆、圆周运动、完全弹性体碰撞等问题中，他阐明了许多动力学的概念和规律（摆的运动方程与周期、向心力与离心力、摆动中心、转动惯量、简单情况下的动量及机械能守恒定律等）。他精通几何光学和擅长应用光学技术，设计了新的透镜研磨法并制成消除像差的惠更斯目镜以及优质的显微镜和望远镜，其中物镜焦距长达数十米的天文望远镜沿用了近一个世纪。

惠更斯是经典物理光学的奠基人。他提出的光的波动理论是以“光是以太媒介中的波动”为前提和波的惠更斯原理为核心的光波理论。这原理的现代表述为：在行进波的波阵面上各点发出的许多次波所形成的包络面，就是原波面在一定时间内所传播的新波面；它适用于一切的波动。据此，惠更斯不但解释了光的反射与（在各向同性介质中）光的折射定律和光的定性的衍射现象，尤为精彩的是他用这一原理定量说明了光在单轴晶体如冰洲石中的双折射现象。原始的惠更斯原理“不能说明及确定光衍射强度的定性分布”的不足之处，由后来菲涅耳加以补充而使之完备（见惠更斯－菲涅耳原理）。

在数学方面，惠更斯主要在1658年求得摆线（旋轮线）曲线的长度。在天文学方面，他发现了土星的光环、土卫六和猎户星云等。他还对空气泵和气压计的改进，提出测微计的初步设想，发明钟表的弹簧游丝，改进测温术，对引力及地球形状的研究，提出各种动力机的设想等工作与成就。《光论》是他的经典名著。

惠更斯–菲涅耳原理 Huygens-Fresnel principle 用波动理论解释光的衍射的基本原理。A.-J.菲涅耳于1818年在惠更斯原理的基础上发展而成。菲涅耳保留了首先由C.惠更斯提出的次波概念，加进了次波相干叠加的概念，建立了该原理。如图S为光源，P点为衍射场中任一点，Σ是包围S的任意封闭曲面。曲面上每个面元都可看成是发出球面次波的波源，次波间有固定的相位关系，它们在P点的相干叠加决定了该点的合振幅。设在Σ上P_1点处取面元$d\Sigma$，法线方向为$\boldsymbol{n}$，离P点的距离为r，θ为衍射角，P点的复振幅可表示为：

$$U(P)=C\iint_{\Sigma} F(\theta)\frac{U(P_1)}{r}e^{ikr}d\Sigma$$

此即菲涅耳的衍射公式。式中$U(P_1)/r$为球面波的振幅因子，kr为相位因子（波矢$k=2\pi/\lambda$），$F(\theta)$称倾斜因子，描述次波在不同方向上有不同的振幅，C为比例系数。

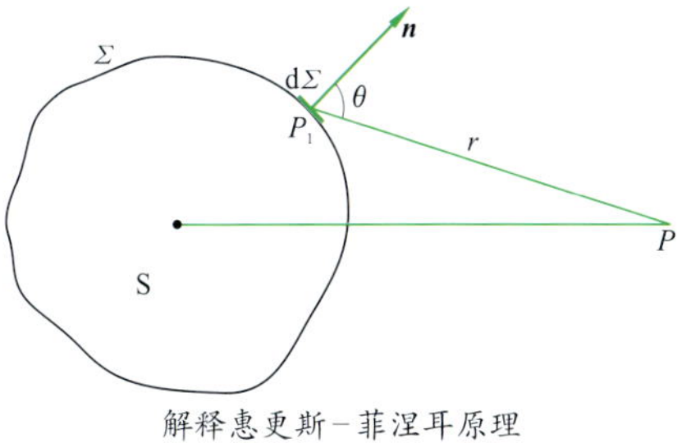

解释惠更斯－菲涅耳原理

惠更斯－菲涅耳原理并不是严格理论的结果，对倾斜因子也未给出具体的函数形式。60多年后，G.R.基尔霍夫发展了一种严格的理论，用波动理论导出了与菲涅耳的公式十分接近的衍射公式，并给出了倾斜因子的函数形式。基尔霍夫的理论为惠更斯－菲涅耳提供了较严格的理论诠释。

菲涅耳和基尔霍夫的衍射理论不仅成功地解释了光的衍射现象，而且以此为基础衍生出傅里叶光学这一新分支，在空间滤波、图像处理、全息术、像差分析和像质评估等方面有广泛应用。

惠灵顿 Wellington 新西兰首都，全国第二大港，重要的工商业城市和文化中心。

惠灵顿海滨景观

位于北岛南端附近，濒临库克海峡。人口约38.6万（2009）。

市区依山临海，沿天然港湾尼科尔森港西岸延展，丘陵起伏。气候温和湿润，最冷月（7月）平均气温8℃，最热月（1月）平均气温17℃。平均年降水量1 271毫米，各月之间差别不大。原为毛利人的居住地。1773年英国航海家J.库克在航海考察中驶入尼科尔森港。1839年英国的新西兰公司在港湾北岸的哈特河口附近建立居民点，主要服务于货物储存和转运。次年在现址建市，称不列颠尼亚。后以第一任惠灵顿公爵的姓氏命名。1865年殖民地首府自奥克兰迁此。新西兰独立后定为首都。

主要商业区和港口码头建在沿海的狭窄平地和人造陆地。住宅区大多分布于丘陵坡地，与由大小公园、天然草地或树林所形成的绿化地带相间分布。郊区分布有许多中小型卫星城镇。市区及附近地区有服装、靴鞋、运输设备、机械、纺织品、化学药品等工厂。地处北岛与南岛间交通要冲，为国内最重要的交通运输中心之一。惠灵顿国际机场是仅次于奥克兰的国内第二大航空枢纽。港口主要进口石油产品、汽车和汽车零件、煤、矿石，出口冻肉、新闻纸、乳品、羊毛、皮张和水果。

市内有维多利亚大学等多所高等院校。有国立博物馆、议会大厦、圣公会大教堂、藏书丰富的国立图书馆，以及1876年建成的世界最大的木结构建筑之一旧政府大厦（政府宫）等著名的建筑。近郊山冈上建有天文台、地震观测站和具有南太平洋特色的规模宏大的植物园和动物园。

惠灵顿 Wellington, Arthur Mellen（1847－12－20～1895－05－16） 美国土木工程师，铁路选线经济理论的奠基人。生于马萨诸塞州沃尔瑟姆。1867～1887年历任布鲁克林园林局测量员，布法罗—纽约—费城铁路首席副工程师，密歇根中央铁路定线工程师，多伦多—南加拿大—底特律铁路主任工程师，纽约—费城—俄亥俄铁路首席副工程师，墨西哥国家铁路主任选线勘测工程师、副总经理，韦拉克鲁斯—墨西哥城铁路总工程师。1887年以后，他又任《工程新闻》杂志编辑、尼加拉瓜运河工程师和波士顿城市铁路顾问。

惠灵顿的《铁路选线经济理论》是19世纪20年代蒸汽机车牵引铁路诞生以来最早提出的、系统的铁路选线技术经济理论著作，当时正处于美国以及许多其他国家的铁路建设高潮时期，此书在以后的几十年中，对于美国以及许多其他国家的铁路建设曾有重大影响。

惠施 Hui Shi（约前370～前310） 中国战国时期哲学家、名家代表人物。宋国人。生卒年不详。据传曾任魏相十余年，博学善辩，同庄子相与甚密。《庄子·天下》记载了惠施历物十事，即：①至大无外，谓之大一；至小无内，谓之小一。②无厚不可积也，其大千里。③天与地卑，山与泽平。④日方中方睨，物方生方死。⑤大同而与小同异，此之谓小同异；万物毕同毕异，此之谓大同异。⑥南方无穷而有穷。⑦今日适越而昔来。⑧连环可解也。⑨我知天下之中央，燕之北、越之南是也。⑩泛爱万物，天地一体也。学者大多认为其中①③⑤⑩等命题表达了惠施“合同异”的思想，②④⑥⑦⑧⑨等命题指出了事物的相对性。惠施注意到事物的联系与发展及其辩证性质，对古代逻辑思想的发展有一定贡献，但也具有相对主义的局限。据《汉书·艺文志》记载，惠施著有《惠子》一篇，已佚。其学说散见于《庄子》、《荀子》、《韩非子》、《吕氏春秋》中。

惠斯勒 Whistler, James McNeill（1834－07－14～1903－07－17） 美国画家。生于马萨诸塞州洛厄尔，卒于英国伦敦。1855年去巴黎，在学院派画家C.-G.格莱尔的画室学习，不久与H.方丹－拉图尔及A.勒格罗交往，并组成“三人团”。1858年他的画作《在钢琴旁》已体现很高的技巧。他的《白衣女郎》（1862）虽遭沙龙拒收，却在落选沙龙中引起轰动。1859年定居伦敦，艺术上受到D.G.罗塞蒂的影响。在19世纪60年代的画中，表现出对东方艺术的兴趣，《灰与黑的

《白衣女郎》

构图第一号：艺术家的母亲》(巴黎卢浮宫博物馆藏)在构图上可看到日本浮世绘的影响。在1874年第一次个人画展中展出一批取名为夜曲、交响曲的风景画，震动了英国观众。1892年的作品回顾展，使他得到美国与海外公众的承认。在80年代中期，惠斯勒被选为不列颠美术家协会主席。惠斯勒也是著名的版画家，曾创作《法国组画》(1858)、《泰晤士河组画》(1871)、《第一套威尼斯组画》(1880)，一生共制作400多幅人物、肖像、风景铜版画。1878年后，还创作过160多幅石版画。

惠特曼 Whitman, Walt (1819-05-31～1892-03-26) 美国诗人。生于纽约长岛，卒于卡姆登。11岁开始在律师事务所当勤杂工，并学排字和印刷。不久开始发表一些感伤主义的短篇小说和诗歌，1836年创办周刊《长岛人》。曾当乡村教师。27岁时任《布鲁克林之鹰》的编辑。惠特曼喜欢漫游、冥想，喜爱大自然。1848年到新奥尔良当《新月报》编辑，不久到纽约和布鲁克林。此后帮助其父承建房屋，经营小书店和小印刷厂。1848年后转向文学创作。

1855年7月初，《草叶集》初版问世，共收诗12首和一篇综述作者文艺观点的长序。《草叶集》的初版无论在形式上或内容上都在美国文学史上具有开创意义。诗中多次提到草叶：草叶象征着一切平凡、普通和众多的人和物。在这首诗中出现许多生动的普通人形象：印第安捕兽人和他的新娘、寂寞而怀春的少女、赶马车的黑人、逃亡的黑奴……反映了各劳动阶层的生活。全诗以“我自己”为纲，这个“我自己”不只是诗人，也代表任何一个普普通通的“我自己”。同情他人并与他人合而为一，一直是诗人终身恪守的思想。这首诗中的上帝和“宇宙灵魂”的存在反映出诗人思想中的唯心主义和神秘主义观点。1856～1892年，陆续出版了《草叶集》的第二版到第九版。从第五版开始，不再变动诗篇的前后顺序。第九版共收诗400首左右，是现在通用的《草叶集》。

惠特曼在19世纪50年代后期和60年代曾草拟过许多演讲词，其中最重要的一篇是《论第十八届总统选举》(1856)，支持新成立的反对奴隶制的共和党及其总统候选人。南北战争时期，惠特曼创作有组诗《鼓声哒哒》和《纪念林肯总统》等，后者受到评论家和读者的高度评价。1871年发表的长篇文章《民主远景》，总结了作者的文艺观和政治主张，后来收入散文集《典型的日子》(1882)。

惠特曼创造的自由诗体接近口语和散文节奏，没有韵；常采用思想、形象和用词、造句上的平行法；诗句不以逻辑构成，而是通过积累到达高潮。惠特曼诗歌艺术的最大成就是单句和全篇的比较，含蓄而丰富的音乐感。

惠特尼山 Whitney, Mount 美国本土最高峰。位于加利福尼亚州东部内华达山脉南段。海拔4 418米。由结晶岩组成。东坡陡峭，从欧文斯河谷陡直升起3 000米；其东侧100余千米的死谷，则为美国最低点，海拔-86米。两者自然环境迥异，构成极大反差。1864年美国地质学家J.D.惠特尼率探险队发现该山，后人遂以他的姓氏命名。1873年A.H.约翰逊首先登上山顶。

惠州市 Huizhou City 中国广东省辖地级市。位于省境东南部。辖惠城区、惠阳区、惠东县、博罗县、龙门县。面积10 922平方千米。人口460万(2010)。唐为循州，宋初始称惠州。1988年设惠州市。属南亚热带季风气候。夏秋多台风暴雨。盛产稻谷、甘蔗、花生、荔枝等。沿海盛产鱼、盐。是省内粮食、禽、肉、鱼、菜、果生产基地。特产有梅菜、糯米酒、三黄鸡、百草油、小桂鱿鱼、三门鲍鱼等。矿产有铁、煤、钨、钛等。工业以电子、汽车、化工、纺织为支柱。处于京九、广梅汕铁路和多条公路交会点，惠州港对外籍船舶开放，惠州湾通航至香港。风景名胜有九龙潭、惠州西湖、罗浮山、大亚湾海滨浴场、飞鹅岭、龙潭瀑布等。

喙 beak; bill 鸟类取食、喂雏、防御及梳理羽毛的器官。鸟类特有的结构，由头骨前部显著前伸的前颌骨、颌骨及鼻骨以及外面被覆的角质鞘所构成。角质鞘通常是完整的，少数海鸟，如短尾信天翁的角质鞘是由多个角质片拼合而成。已灭绝的古代鸟类，如始祖鸟，喙内具有成排的槽齿。现生鸟类的牙齿均已退化，靠喙尖和边缘来撕、切食物，因而喙的形态与食性和取

食方式有密切的关系。许多鸟类的雏鸟在胚胎发育后期，上喙尖端的背方生有一个角质结构，称为卵齿，用以在出壳时破壳，于孵出之后1～2天脱落。这个结构与脊椎动物的牙齿没有同源关系。

喙头蜥 *Sphenodon punctatus*; tuatara 喙头目喙头蜥科的一种。又称楔齿蜥。因其前颌骨在头骨的前部形成一种悬垂而带齿的“喙”得名。喙头蜥从三叠纪初期出现生存至今，是喙头类残留下来的唯一代表，有“活化石”之称。形似蜥蜴，体长500～800毫米。背面和腹面皮褶处有大鳞片；背、尾脊部有由较大的三角形鳞片构成的鬣。颅顶眼外观呈半透明，能感受光线。无鼓膜和鼓室。雄性大于雌性，无交接器，通过与雌性泄殖肛孔相对接时输精。通身橄榄棕色，每一鳞片中央有1小黄色点。白天栖息在海鸟的地下栖穴内，夜晚活动觅食。体温可比周围环境温度低，变动于6.2～13.3℃之间。主要以昆虫、蠕虫和软体动物为食，也食鸟卵或雏鸟。每年11月至第二年1月(赤道以南的夏季)，在远离栖居洞穴的沙滩浅穴中产卵10枚左右，产卵后将卵穴填平。沙穴中的卵经13个月才能孵出。从幼蜥到性成熟需20年。现仅存于新西兰北部沿海的少数小岛上，濒临绝灭。